世界轨道交通技术及解决方案系列丛书·中国篇

铁路供电运行安全与技术研究

TIELU GONGDIAN YUNXING ANQUAN YU JISHU YANJIU

（2023版）

◎ 主　编　刘玉辉
◎ 副主编　戚亮亮

中南大学出版社
www.csupress.com.cn

·长沙·

图书在版编目（CIP）数据

铁路供电运行安全与技术研究：2023 版／刘玉辉主编.
—长沙：中南大学出版社，2023.10
　ISBN 978-7-5487-5593-7

Ⅰ．①铁… Ⅱ．①刘… Ⅲ．①电气化铁道—供电—运
行—安全技术—研究—中国 Ⅳ．①U223.8

中国国家版本馆 CIP 数据核字（2023）第 185545 号

铁路供电运行安全与技术研究
（2023 版）
TIELU GONGDIAN YUNXING ANQUAN YU JISHU YANJIU

刘玉辉　主编

□责任编辑	刘　辉　刘颖维	
□责任印制	唐　曦	
□出版发行	中南大学出版社	
	社址：长沙市麓山南路	邮编：410083
	发行科电话：0731-88876770	传真：0731-88710482
□印　　装	北京金特印刷有限责任公司	

□开　本	889 mm×1194 mm　1/16	□印张 64.5	□字数 2182 千字
□版　次	2023 年 10 月第 1 版	□印次 2023 年 10 月第 1 次印刷	
□书　号	ISBN 978-7-5487-5593-7		
□定　价	680.00 元		

编委会

序

截至 2022 年底，全国铁路营业里程达到 15.5 万千米，其中，高速铁路营业里程达到 4.2 万千米，复线率 59.6%，电化率 73.8%。国家铁路营业里程 13.4 万千米，复线率 61.9%，电化率 75.6%。郑州、济南、武汉、太原等多个铁路局集团公司铁路电气化率达到近 100%。我国高速铁路里程和电气化铁路里程双双跃居世界第一。

随着路网规模的扩大和高速铁路成网运行，列车开行数量、密度不断增加。供电设备受外界环境影响大，特别是接触网设备具有高空、高压、无备用特点，一旦发生故障，严重影响运输秩序，造成较大的社会负面影响，确保电气化铁路的安全对整个铁路网的安全运营至关重要。同时，保障世界上最大规模的电气化铁路节能低碳及安全运行是实现"双碳"目标的重要举措。

目前，我国电气化铁路已建成了世界上规模最大的 SCADA 系统，构建了以 6C 系统为主要内容的供电安全检测监测体系，供电检测维修装备迈入标准化、规模化、系列化的发展轨道，智能牵引供电技术体系和工程实践取得了重大突破。安全技术水平的进一步提高，供电专业管理的进一步规范，高铁供电安全管理的不断强化，设备运行质量的不断提升，使得中国铁路供电系统在打造安全优质高效供电网方面取得了大量的工作经验和重要成果。

为适应不断扩大的高速铁路网的运营与维护新要求，做好高速铁路十余年运营总结，研究现代化铁路供电发展方向，管好世界最大运营网络的供电设备，做好大数据、节能、新技术的创新，打造世界一流的供电维修管理体系，中国国家铁路集团有限公司工电部、世界轨道交通发展研究会、《世界轨道交通》杂志继续联合编制《铁路供电运行安全与技术研究（2023 版）》（以下简称《汇编》）。

在 2014 版、2016 版、2018 版、2020 版的基础上，2023 版的出版是全路供电系统工作方式的延续和创新，其内容更加丰富和完整。《汇编》围绕"安全管理、设备质量、工艺工法、提质增效、修程修制、检测监测、抵御风险、应急处置、技术创新、经营管理、安全文化"等目标主题，汇集技术研究、解决方案、应用案例、问题分析、管理思路等文章，进一步开展电气化技术优化研究与发展探讨的课题。《汇编》具有实用性、前瞻性、资料性、创新性，可为运营一线提供直接参考，便于交流、培训、学习、借鉴。

在本书的编写过程中，全路供电系统各个单位既是问题的提出者，又是其他兄弟单位所遇到问题的解决者，这种互动，对全路供电系统今后的工作有着十分良好的示范作用。利用好《汇编》的平台，发动全路供电系统的专家来解决实际工作中存在的问题，一直是我们的目标。

我们希望通过《汇编》精神的传承，启发行业对供电工作中存在问题进行深入探讨，以促进整个系统供电工作水平的不断提高，进而促进全路供电系统向更安全、更绿色、更高效、更智能的方向高质量发展。

中国国家铁路集团有限公司工电部

2023 年 5 月

前　言

　　《铁路供电运行安全与技术研究(2023版)》是由中国国家铁路集团有限公司工电部与世界轨道交通发展研究会共同编纂,为铁路供电系统提供相关技术问题的解决方案,也为研究项目的成果汇集提供重要平台。《铁路供电运行安全与技术研究》从2014年8月开始第一版(2014版)的内容收集、审核、编辑,一直到2016版、2018版、2020版的出版,得到了全路供电系统和中国国家铁路集团有限公司工电部的高度重视和大力支持。

　　为了继续汇集铁路供电行业的技术探讨和研究成果,我们征集了《铁路供电运行安全与技术研究(2023版)》,经由世界轨道交通发展研究会和中南大学出版社的编辑加工,最终集结成书。

　　本书汇集了来自中国铁路哈尔滨局集团有限公司、中国铁路沈阳局集团有限公司、中国铁路北京局集团有限公司、中国铁路太原局集团有限公司、中国铁路呼和浩特局集团有限公司、中国铁路郑州局集团有限公司、中国铁路武汉局集团有限公司、中国铁路西安局集团有限公司、中国铁路济南局集团有限公司、中国铁路上海局集团有限公司、中国铁路南昌局集团有限公司、中国铁路广州局集团有限公司、中国铁路南宁局集团有限公司、中国铁路成都局集团有限公司、中国铁路昆明局集团有限公司、中国铁路兰州局集团有限公司、中国铁路乌鲁木齐局集团有限公司、中国铁路青藏集团有限公司等18家铁路局下属供电部、供电段等运营单位的研究成果,有来自中铁第一勘察设计院集团有限公司、中铁二院工程集团有限责任公司、中国铁路设计集团有限公司、中铁第四勘察设计院集团有限公司、中铁第五勘察设计院集团有限公司、中铁工程设计咨询集团有限公司、中铁电气化局集团有限公司等设计院和工程单位,以及江苏亨通电力电缆有限公司、西安和其光电科技股份有限公司等优秀装备制造企业积极参与,共征集了200多篇论文,涵盖了当前铁路供电系统中运营、设计、维护、管理、设备等方面存在的诸多问题,具有很强的研究和实际应用意义。

　　论文提交后,经过专家的评审,最终从提交的200多篇论文中选定了200篇进行了精选和编辑,并汇集成书。

编辑出版《铁路供电运行安全与技术研究（2023 版）》的目的是配合铁路供电系统的中心工作，全力打造安全、优质、高效的供电网，规范管理、提升质量、推进标准化建设、改进生产过程控制、加强检测体系建设、完善快速应急机制、强化专业管理责任、提高基层专业队伍快速解决问题的能力，全面推动供电工作整体发展，使供电管理向更高水平迈进。

《铁路供电运行安全与技术研究（2023 版）》旨在集中交流我国铁路供电系统近年来在技术创新、管理创新、技术装备现代化、运营维护安全体系方面取得的最新成果和思考，交流行业在运营、维护、安全管理、科学体系方面的经验，汇集科研、设计、建设、施工、装备制造、运营维护等单位的智慧，鼎力支持和积极配合中国铁路供电系统的健康发展，打造安全、优质、高效的中国铁路供电网。

《铁路供电运行安全与技术研究（2023 版）》的主要内容包括安全管理、设备质量、工艺工法、提质增效、修程修制、检测监测、抵御风险、应急处置、技术创新、经营管理、安全文化等主要内容，分为接触网、供变电、电力、安全管理、技术创新等几个部分。本书印刷出版后，将有针对性地发行到中国国家铁路集团有限公司及相关单位，如全国 18 家铁路局集团公司供电部、供电段、运营维护单位，铁路电气化设计、建设、咨询、研究等单位，往届"中国铁路电气化技术与装备交流大会"参会代表单位。

我们相信，《铁路供电运行安全与技术研究（2023 版）》是各铁路局集团公司供电部、供电段、运营维护单位、设计部门对照问题和发现问题的一本专业参考，更是供电系统内运营、设计、工程、装备等不同单位相互交流的一个平台。

本书的出版，要感谢中国国家铁路集团有限公司、铁路局集团有限公司、铁路设计院、铁路工程局等单位为本书提供了研究成果，感谢所有参与审核、编辑的专家们，他们从专业、技术、运营等诸多角度，秉持着认真负责的严谨态度，对所有论文提出了修改建议和审核意见；还要感谢世界轨道交通发展研究会、《世界轨道交通》杂志和中南大学出版社的编辑们，他们从研究成果邀约、文章收集、专家审核沟通、编辑、排版设计等方面做了大量的辛勤工作。有大家的积极参与，《铁路供电运行安全与技术研究（2023 版）》才能保质保量地与广大读者见面。在此，对参与相关工作的专家们表示衷心的感谢！

由于此书的内容涉及面广，审核及编纂工作量大，可能存在疏漏之处，请大家指正并提出宝贵意见，我们将在今后的工作中修正和提升。

编者

2023 年 5 月

目　录

第一篇　接触网

第二篇　供变电

第三篇　电　力

第四篇　安全管理

第五篇　技术创新

第六篇 其 他

第七篇 供电专业大师工作室优秀案例

第一篇

接 触 网

接触网JJC+多编组作业车集中修作业管理模式探讨

王　超

摘　要：本文介绍了电气化铁路接触网传统车梯检修作业模式和接触网采用JJC+多编组作业车集中修作业模式，对接触网采用JJC+多编组作业车集中修作业模式重点从人员分工、JJC检修特点、作业流程方案、检修模式等进行了分析，根据现场作业和日常管理需要，编制了JJC作业流程表、JJC检修列车管理办法、JJC检修列平台使用管理办法、JJC检修列操作指导书、JJC检修列应急操作指导书等，确保检修列各项制度齐全、有效。通过分析对比发现，接触网采用JJC+多编组作业车集中修作业模式的作业效率明显提高，现场安全得到有效卡控，有效地降低了职工劳动强度、提高了作业效率和安全可靠性。

1　引言

传统的接触网设备全面检查时大部分采用车梯检修作业的模式(图1)，一台车梯往往需要配备7~8名作业人员，其中小组监护1人，车梯辅助人员4~5人，高空作业人员只有2人。在检修长大区间、上桥口位置较少的区段时，搬、抬车梯需要花费较长时间，高空作业人员占比较小。以管内接触网集中修作业为例，分别统计了该月6个天窗日内作业时间、作业人数、检修工作量等作业情况，平均每个天窗日的作业时间为87 min，出动车梯4台，作业人员34人，检修1.269条公里，可以发现存在作业劳产率不高、检修效率较低等问题。

图1　车梯检修作业模式

表1　部分车梯作业检修工作量统计表

日期	线路	作业时间/min	作业人数	检修工作量
10月10日	大北环线	90	32	1.212
10月14日	大北环线	103	38	1.137
10月15日	大北环线	75	31	1.109
10月17日	大北环线	91	35	1.388
10月21日	大北环线	90	33	1.195
10月22日	大北环线	73	35	1.273

《接触网运行维修规则》明确提出，接触网的维修应按照"定期检测、状态维修、寿命管理"的维修原则，遵循精细化、机械化、集约化的检修方式，依靠科技进步，采用先进检测和维修手段，保障接触网设备技术状态正常，确定采用JJC综合检修列+轨道车组完成接触网设备集中维修将成为常态。为此，针对每年的接触网全面检查计划，根据JJC综合维修列和轨道车的使用特点，本文分别从作业车编组、作业人员布局、现场作业流程、检修质量等几方面，对JJC综合检修列+多编组作业车集中修作业管理模式进行优化。

2　接触网综合维修列车组生产模式

2.1　作业车编组模式

接触网集中修采用JJC接触网综合维修列车组的作业车编组方式，即按JJC综合检修列车组+2台DPT三平台作业车共计3台作业车的顺序编组连挂。作业车进入封锁区段时由综合检修列车组作为本务机车牵引运行，返回时则采用多平台作业车牵引运行模式，并根据实际需要适时编组(图2)。

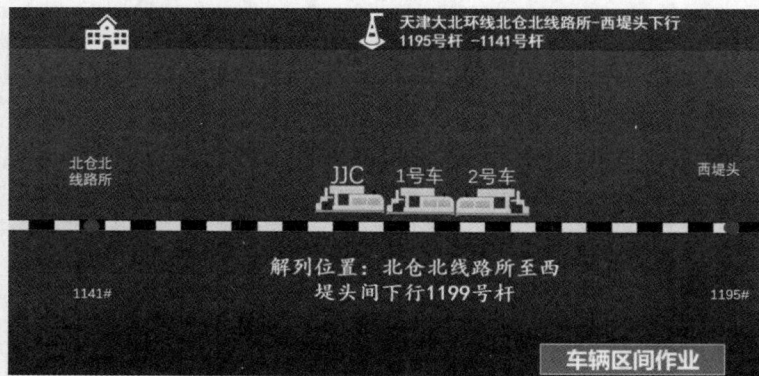

图2　作业车编组模式

2.2　作业人员布置模式

JJC综合检修列车组安排14人，设1名工作领导人在11号车通过"综合检修列视频监控系统"指挥作业；设1名平台操员在11号指挥车平台负责平台升降、渡板展开、栏杆升降，作业中利用视频终端监护作业人员的人身安全和检修质量，并记录作业环节占用天窗时间。平台两端设置人员负责平台短接线的摘挂，以及停车标志的摘挂。平台作业人员13人，分4个作业组，每组3人，其中1人监护，1人检查定位、腕臂状态，1人检查吊弦情况，对小组范围的内接触悬挂区域进行检查，另设置1人作为平台指挥，负责通知轨道车司机开车、停车及小组监护人开始作业。

三平台作业车作业组安排3人，设1名小组负责人，小组负责人一般在主平台负责操作平台上升、下降。田野侧副平台安排2人负责附加悬挂区域检查以及重大缺陷的处理。

2.3　JJC作业流程模式

根据JJC检修特点、作业流程方案和检修模式等，为确保作业安全和提高效率，明确了作业分工。JJC作业流程方案具体如表2所示。

表 2　JJC 作业流程方案

项目	时间	要求	具体措施	负责人
点前协调	点前 6 h	由工作领导人组织盯控干部、轨道车负责人、高空小组负责人对次日工作进行细化分析	①学习设备状况。对本次作业区段的设备情况进行学习，重点对区段涉及分相、隔离开关、线索型号、供电方式等进行介绍，要求各监护人员学习并掌握	工作领导人
			②加强风险研判。对作业区段环境（曲线段、高架桥、涵洞、山区、隧道、上跨桥、上跨线等）、高空作业重点环节提前进行风险预测，并采取安全措施	工作领导人
			③细化作业措施。登录供电信息系统对作业区段内的缺陷进行统计分析并打印，按照缺陷类型、分布区段、缺陷大小等进行 JJC 综合检修列与轨道车作业分工，合理布置，统筹安排，确保检修有序	工作领导人
预想分工	点前 3 h	由工作领导人组织作业人员召开安全预想会	①对封锁范围、作业范围、停电馈线、安全措施、作业分工等进行宣读，并组织人员进行安全预想	工作领导人
			②按照作业区段要求，由安全员组织参加作业人员进行事故案例学习，确保案例入脑入心	安全员
			③动力设备车间轨道车负责人讲解作业区段外轨超高作业注意事项及高空负责人与轨道车配合程序、轨道车连挂、解列等的注意事项，并提出作业结束后轨道车连挂、返程需要时间，由作业工作领导人提前做好时间预留准备	轨道车负责人
			④当日盯控干部对作业中的预想风险站点进行重点提示，提出要求，作业人员认真履责	盯控干部
			⑤工作领导人组织全体作业人员站起来，举起右手，进行作业前安全宣誓，"执行标准，杜绝违章，集中精力，确保安全"	工作领导人
点前准备	预想会后至天窗点开始	工作领导人组织人员对全车水电、车门、作业材料工具进行检查	①预想会结束后，由作业高空负责人及 JJC 平台总指挥根据当日作业区段缺陷及日常检修料具，对当日准备材料、料具进行检查确认，检查确认齐全后及时汇报给工作领导人，确保准确充分	高空负责人
			②预想会后 10 分钟，由 JJC 作业车水电负责人对车体上水进行拆除，并对车体电源进行倒闸作业，作业完成检查车辆水电无异常后，上报工作领导人	水电负责人
			③列车转线前 30 分钟，轨道车高空监护人带领作业人员、料具由 JJC 列车沿田野侧登陆轨道车，待人员、料具全部上车后，及时通知作业负责人	轨道车高空监护人
			④列车转线前 15 分钟，JJC 列车平台总指挥带领车门管理人员，对全车车门进行检查，并锁闭全车车门，检查完成后及时通知工作领导人，由工作领导人通知轨道车负责人全体车辆已准备好，列车具备转线条件	平台总指挥
			⑤封锁前 10 分钟，JJC 作业车每小组负责人组织人员携带材料、工具到达 2 车、4 车、11 车梯口进行作业前准备待命	小组负责人

续表2

项目	时间	要求	具体措施	负责人
作业流程	天窗时间内	工作领导人与驻站联络员及现场负责人间联系制度	①坐台人员按照要求提前到达车站运站室办理调度手续,并向当日工作领导人汇报,及时掌握最新信息	维修天窗提前1小时,施工天窗提前1.5小时
			②驻站联络员通知工作领导人封锁命令及停电命令,工作领导人通知地线人员进入线路到达地线位置后验电接地,地线挂设完毕后通知工作领导人	驻站联络员、工作领导人
			③轨道车接到封锁命令后,轨道车负责人及时通知工作领导人轨道车具备发车条件,准备发车。工作领导人掌握后,及时通知作业区段装设地线人员注意轨道车进入区间,同时工作领导人通知轨道车负责人注意加强瞭望,发现区间地线装设人员时鸣笛提醒,确保人身安全	轨道车负责人、工作领导人
			④轨道车按照列车运行计划到达解列位置后,由轨道车负责人组织人员进行解列。完成且具备作业条件后,轨道车负责人通知工作领导人轨道车具备作业条件	轨道车负责人工作领导人
			⑤JJC要求:JJC作业车作业时,应指定作业平台操作负责人,人员上、下作业平台应征得作业平台操作负责人的同意;作业车平台未解锁前,严禁平台升降;作业平台工作时,平台下方严禁站人。栏杆门未收回、车挡防护链未拆除严禁栏杆升降。JJC作业车高速行车必须确定以下内容:全车泵站停止;全车转向架解锁;全车护栏下降;全车平台下降;全车平台锁定;全车渡板收回,确认全车栏杆锁定;作业人员处于安全范围	作业平台操作负责人
			⑥JJC列车平台总指挥收到开工通知后,整合各小组负责人组织人员上车准备料具,待尾车短接线打好、平台升降到位后,开始作业,车辆检修牌由前车负责人进行组织加挂,挂设在接触线吊弦醒目处,确保后车及时掌握作业范围,并由尾车负责对检修牌进行摘除保存	平台总指挥、小组负责人
			⑦工作领导人每半小时对各作业组工作进度进行询问以掌握情况,根据检修及缺陷处理进度,按照计划进行合理安排,如有特殊检修发现问题,由工作领导人及时合理调配轨道车与JJC作业范围,确保检修有序,安排合理	工作领导人
			⑧JJC作业过程中,由JJC平台总指挥指挥车辆前进检修,为确保车辆起停稳当,JJC平台总指挥按照"20米停车-10米停车-5米停车"程序,提前与轨道车负责人连续沟通,确保轨道车司机提前掌握起停距离	平台总指挥
			⑨作业结束后,工作领导人通知地线挂设人员撤出地线,并按照要求消除停电及封锁命令	工作领导人
收工总结	天窗点结束后	工作领导人组织人员对本次作业进行收工总结	①工作领导人组织当日作业人员召开收工会,会中主要由各小组负责人对本次作业区段处理的缺陷情况、检查区段发现的新问题及处理情况、作业工作量完成情况进行汇报	工作领导人、各小组负责人
			②各作业人员、小组负责人、盯控干部对作业中存在的安全隐患、不标准作业程序、现场防护与地线挂设、轨道车连挂、解列、运行状态等进行总结点评	各作业人员、小组负责人、盯控干部
			③会后对当日工作量及缺陷处理进行汇总,按照要求及时做好记录	值班负责人

3　接触网 JJC+多编组作业车集中修作业生产管理

3.1　制定制度

根据现场作业和日常管理需要，制定了 JJC 检修列车管理办法、JJC 检修列平台使用管理办法、JJC 检修列操作指导书、JJC 检修列应急操作指导书等，确保 JJC 检修列各项制度齐全有效。

3.2　组织学习

为确保作业人员作业安全、检修列使用规范，集中修前组织作业人员重点学习检修列各车厢功能、作业流程，安全卡控重点以及注意事项等。

3.3　风险研判

为确保作业过程中人身安全及设备检修质量，作业前对全体作业组成员进行安全预想，重点对检修列使用的关键环节进行针对性提问和讲解。

3.4　实时监测

通过 11 号车平台操作台控制平台的升降高度、栏杆的升降收回，同时利用每节车厢的视频监控系统，实时盯控作业组人身安全，检查作业后平台工具材料清理情况(图 3)。

3.5　规范流程

根据检修列停靠车站后作业人员跨越线路的情况，要求作业组列队行进，设置行车防护后统一跨越，确保作业组人身安全。作业开始后人员登上检修列平台，按照标准化作业流程，分别采取安装端部栏杆、展开车厢连接渡板、设置车厢防护链等措施(图 4)。

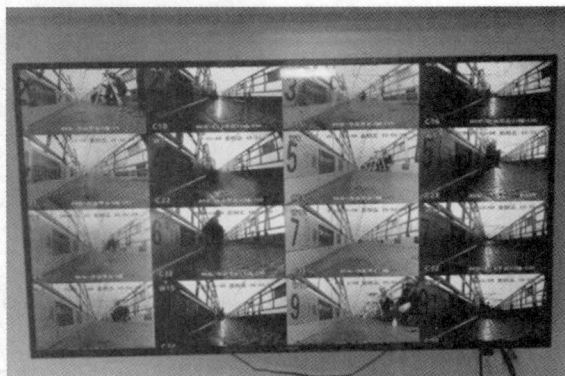

图 3　实时监测系统

图 4　现场规范作业

4　实施效果及效益

接触网集中修采用以 JJC 综合检修列+2 台作业车编组的检修模式，分别在津霸客专、津山线、京哈线、大北环线进行接触网集中修作业。

对四个阶段的集中修作业检修列走行进行记录统计数据如下。

（1）津霸客专集中修作业检修列走行进行记录统计。

表 3　津霸客专集中修作业检修列走行进行记录统计

日期	走行车位/个	作业总时长/min	纯作业时长/min	单车位最长用时/min	单车位最短用时/min	单车位平均用时/min	走车用时/min	接挂用时/min
2 月 18 日	9	117	110	21	5	12	23	7
2 月 19 日	6	135	122	27	9	20	17	3
2 月 21 日	12	113	101	18	3	8	30	6
2 月 22 日	10	136	119	24	3	12	26	2
2 月 25 日	13	147	127	14	4	10	33	24
2 月 26 日	12	128	114	29	3	10	31	4

（2）津山线集中修作业检修列走行进行记录统计。

表 4　津山线集中修作业检修列走行进行记录统计

日期	走行车位/个	作业总时长/min	纯作业时长/min	单车位最长用时/min	单车位最短用时/min	单车位平均用时/min	走车用时/min	接挂用时/min
3 月 5 日	7	122	109	30	2	16	28	3
3 月 6 日	7	113	96	27	4	14	14	2
3 月 8 日	7	91	84	15	8	12	14	1
3 月 11 日	6	90	83	17	7	14	13	1
3 月 13 日	4	115	100	72	3	25	7	1
3 月 14 日	6	106	101	22	7	17	13	2
3 月 15 日	5	124	120	41	8	24	10	1
3 月 19 日	5	120	113	38	7	23	29	1
3 月 20 日	6	106	101	27	4	17	14	3

（3）京哈线集中修作业检修列走行进行记录统计。

表 5　京哈线集中修作业检修列走行进行记录统计

日期	走行车位/个	作业总时长/min	纯作业时长/min	单车位最长用时/min	单车位最短用时/min	单车位平均用时/min	走车用时/min	接挂用时/min
4 月 10 日	14	90	50	7	2	4	25	24
4 月 11 日	12	87	73	10	3	6	18	25
4 月 12 日	14	91	68	14	2	5	21	15
4 月 15 日	10	82	65	17	3	6	17	20
4 月 16 日	10	79	57	12	4	6	22	26

续表5

日期	走行车位/个	作业总时长/min	纯作业时长/min	单车位最长用时/min	单车位最短用时/min	单车位平均用时/min	走车用时/min	接挂用时/min
4月17日	9	77	49	9	3	5	18	17
4月18日	4	68	33	10	5	8	7	26
4月19日	11	92	70	14	3	6	17	20

（4）大北环线集中修作业检修列走行进行记录统计。

表6　大北环线集中修作业检修列走行进行记录统计

日期	走行车位/个	作业总时长/min	纯作业时长/min	单车位最长用时/min	单车位最短用时/min	单车位平均用时/min	走车用时/min	接挂用时/min
10月10日	7	101	75	13	8	10.7	17	19
10月14日	7	108	94	20	9	13.4	15	21
10月21日	7	102	80	15	8	11.4	11	18
10月24日	7	92	78	14	10	11.1	16	19
10月28日	5	103	69	17	12	13.8	12	18

根据现场作业效率和统计数据可以得出，接触网JJC+多编组作业车集中修作业管理模式与既有单纯车梯作业模式相比，利用JJC综合检修列+2台作业车编组的接触网集中修组织模式优势明显。①作业效率明显提高。通过分析检修列作业写实情况可知，使用接触网综合维修列车组进行的天窗集中作业，相同时间内比纯车梯作业效率提高了123%，处理4c缺陷的效率也明显提高。②高空作业人员占比增加。对于同等规模的作业量，采用既有单纯车梯作业时，4台车梯需要30人，其中高空作业人员8人；采用JJC综合检修列车组检修后，JJC+2台作业车需要22人，其中高空作业人员12人，高空作业人员占比明显增加，参加作业人员可以减少30%，提高人员上网率。③现场安全得到有效卡控。现场作业组少，作业人员较为集中，有利于管理人员集中精力组织和盯控，同时作业平台条件好，提高劳动安全的可靠性，有效地降低了职工劳动强度、提高了作业效率。

5　结束语

通过上述分析可知，利用接触网JJC+多编组作业车的接触网集中修模式优势明显。作业效率明显提高，现场安全得到有效卡控，有效地降低了职工劳动强度、提高了作业效率和安全可靠性，对电气化铁路接触网维修管理具有一定的现实指导意义。

参考文献

[1] 于万聚.高速铁路电气化铁路接触网[M].成都：西南交通大学出版社，2003.
[2] 中国铁路总公司运输局.高速铁路 接触网运行维修规则[S]：铁总运[2015]362号.北京：中国铁道出版社，2016.
[3] 中国铁路总公司运输局.普速铁路接 触网运行维修规则[S]：铁总运[2017]9号.北京：中国铁道出版社，2017.

作者简介

王超，中国铁路北京局集团有限公司天津供电段供电维修车间，车间主任，工程师。

接触线抬升量分析

马超群

摘　要：在铁路供电系统修程修制改革背景下，供电 6C 检测专业作为运、检、修分离作业模式中的重要环节应运而生。随着检测手段不断丰富和 6C 检测监测装备的深度普及应用，企业安全成本不断降低，设备运行质量大幅提升。但现阶段 6C 检测大数据处于积累阶段，检测数据利用率较低，深度挖掘 6C 检测数据价值的方法仍在不断探索中。本文以现有 1C、4C 装置检测数据为基础，大胆尝试探索 6C 检测数据综合分析与应用方式，获得了丰富的研究成果，并已结合生产实际推广应用，为摸清掌握接触网设备变化规律、指导接触网设备运行管理与养护维修提供了数据及理论支持。

2017 年，铁路总公司配属我段高铁接触网检测车 1 台。按照规程要求，我段利用高铁接触网检测车每季度对管内高铁线路进行覆盖检测，积累汇总了大量 1C、4C 检测数据。通过分析数据发现，由于 250 km/h 速度等级线路接触网结构多样，不同悬挂类型、接触线高度、张力组合等条件下的接触网动、静态检测数据具有较大差异。为了更好地利用检测数据，探索数据变化规律，本文对部分典型线路 1C、4C 检测数据进行深入分析。

1　数据综合分析方法

接触线抬升量是反映接触网动态性能的重要参数，本文将利用 1C 动态、4C 非接触式静态检测数据，采用接触网动-静态数据综合分析方法对线路连续抬升量进行分析。

表 1　抬升量分析线路信息

序号	线路	悬挂类型	接触线高度/结构高度/mm	接触线参数	承力索参数	关节形式	分析区间
1	霸徐线	全补偿简单	6000/1600	CTS 150/25 kN	JTM 120/20 kN	四跨	K92.00~K123.310
2	石济客专	全补偿弹性	5500/1600	CTS 150/25 kN	JTMH 120/20 kN	五跨	K35.000~K220.929
3	津霸客专	全补偿简单	5500/1600	CTS 150/25 kN	JTMH 120/20 kN	四跨	K25.00~K74.500

表 1 中三条正线设计时速为 250 km/h，石济客专为全补偿弹性链型悬挂，接触线高度设计值为 5500 mm；其余两条线均为全补偿简单链形悬挂，且接触线高度设计值分别为 6000 mm、5500 mm。

分析采用检测数据，静态测量数据来源于高铁接触网检测车，动态检测数据则全部来自 2019 年 1 月—2019 年 2 月的高速综合检测列车。表 2 为每条线路检测数据的具体来源。

表 2　线路检测概况

序号	线路	静态数据	动态数据				
		检测列车	检测列车	受电弓型号	静态接触力/N	最高检测速度/(km·h⁻¹)	平均接触力/N
1	霸徐线	CRH380BJ-A-0504	CRH380BJ-A-0504	CX-NG	70	200	84~122
2	石济客专	高铁接触网检测车	CRH2C-2150	DSA380	80	200	110~146
3	津霸客专	CRH2 A-2010	CRH2C-2061	SSS400+	70	200	115~148

2　线路结构特征分析

囿于地形以及经济性等其他方面的原因,现有 200~250 km/h 速度等级线路结构比较多样,而这些差异又直接决定了接触线抬升量的特性,因此本节将对上述线路的静态结构特征进行分析与总结。

2.1　跨距特征分析

接触网几何参数检测数据中,可以通过拉出值的拐点特征识别出定位点的所在位置,进而通过两根支柱间的公里标和测得的数据点个数获得跨距长度。据此对线路的跨距特征进行分析。

图 1 为三条线路的跨距统计分布情况。由于 200 km/h 速度等级线路在桥梁区段普遍采用简支梁桥,跨距与桥跨相当,所以均存在一定比例的 32 m 跨距。其中以霸徐线为最,32 m 跨距的情况接近线路总体的 50%;而石济客专在本次分析区段内则未含有 32 m 跨距的情况,更多的则是 45~50 m 跨距的情况;津霸客专、霸徐线和石济客专还存在一定比例的 55 m 以上跨距的情况。

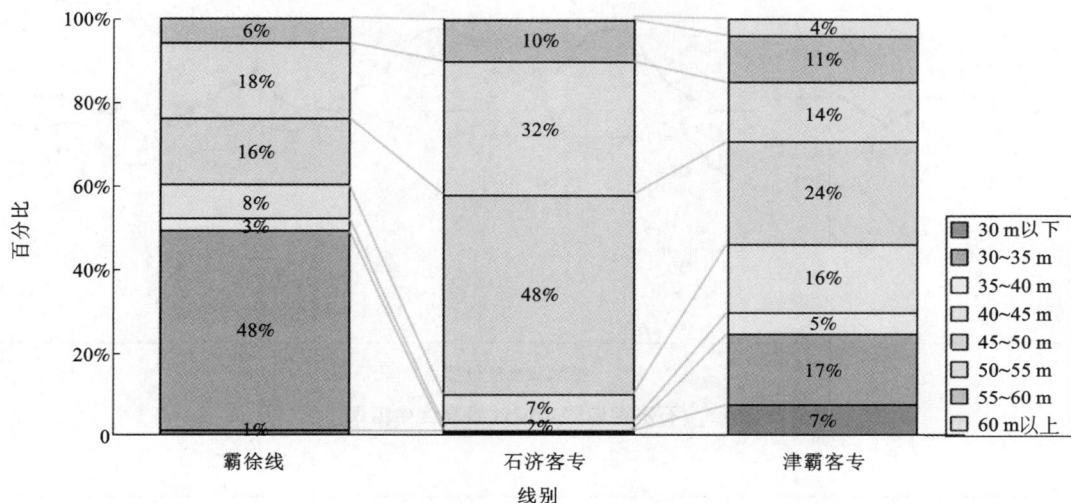

图 1　跨距统计分布图

2.2　静态接触线高度分析

静态接触线的平顺度对于接触线在动态运行时的抬升量有一定影响,故在此先对接触线高度的布置情况进行分析。

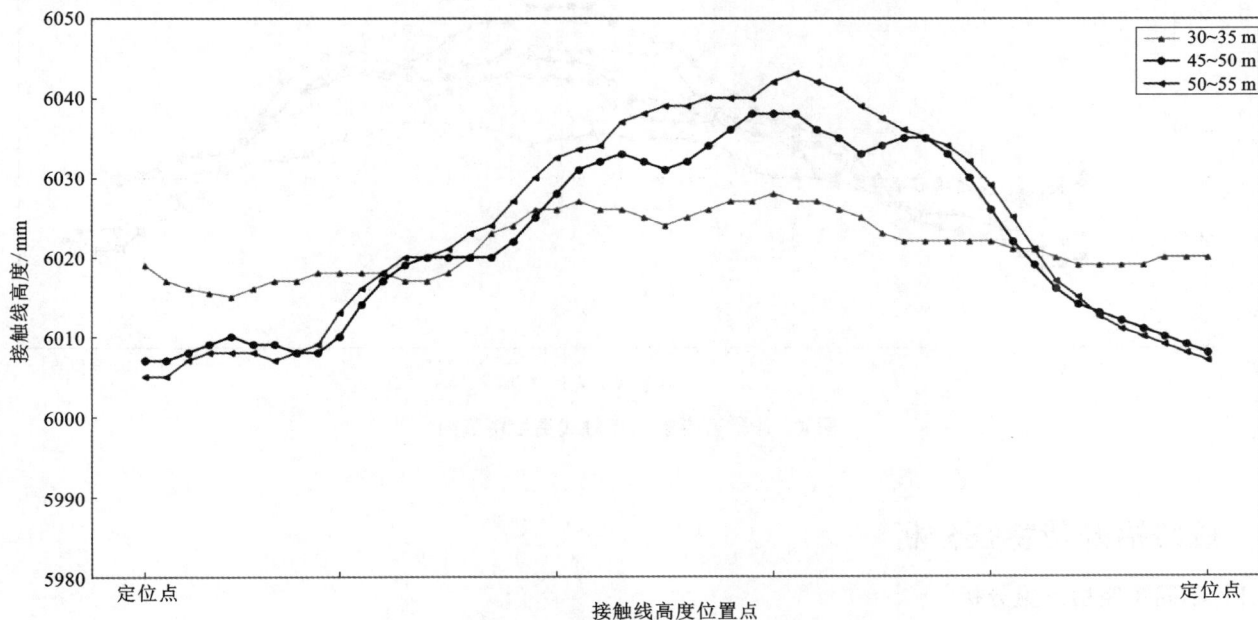

图 2　霸徐线静态接触线高度中值图

　　图 2~图 4 以跨距为分组分别给出三条线的跨内静态接触线高度中值图。其中数据点取值方法描述如下：将所分析线路检测数据按照跨距进行分组，在每跨数据中等距取 50 组数据，代表在跨内 50 个不同的位置点，然后对每个位置点所有数据再取中值，形成图中所示曲线。由图可知，30~35 m 跨距内的静态接触线高度通常分布比较均匀，一致性很好；跨距越大，则跨内接触线高度极差越大；另外，线路基本都呈负弛度。

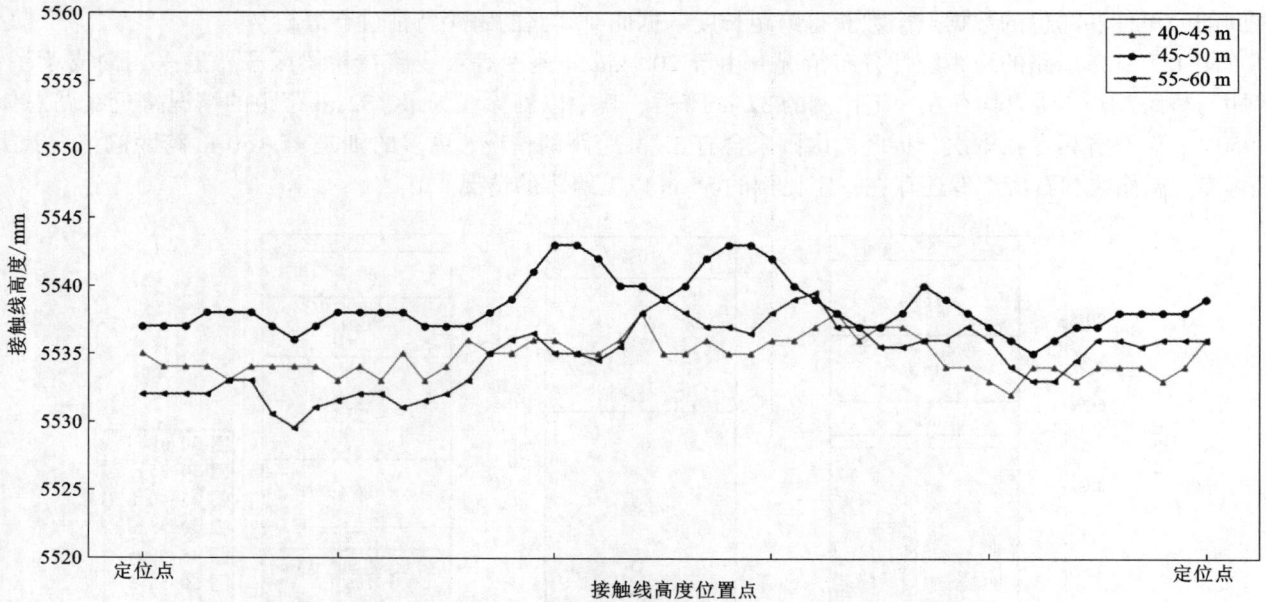

图 3　石济客专静态接触线高度中值图

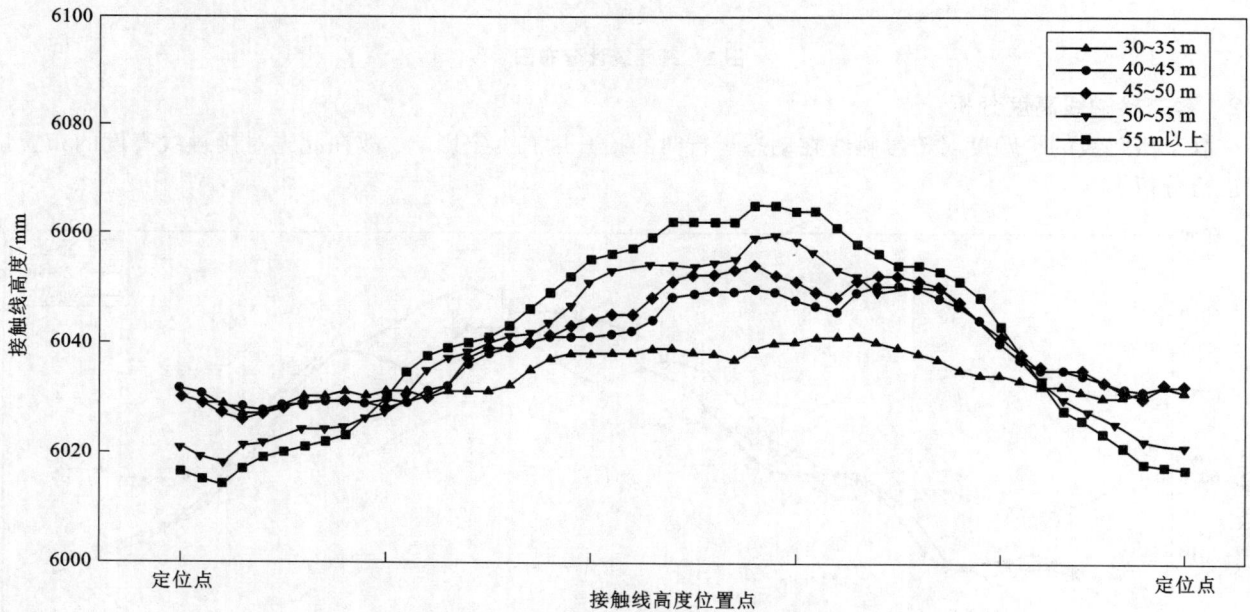

图 4　津霸客专静态接触线高度中值图

3　线路抬升量特征分析

3.1　不同跨距抬升量分析

　　本文所采用方法能够获得线路连续抬升量，因此分析的目标之一是找到抬升量在一个跨距内的波动特征。图5~图7以跨距为分组给出了三条线路的接触线抬升量,图中的跨距选取了在整个分析区间占比相对较大的组合。

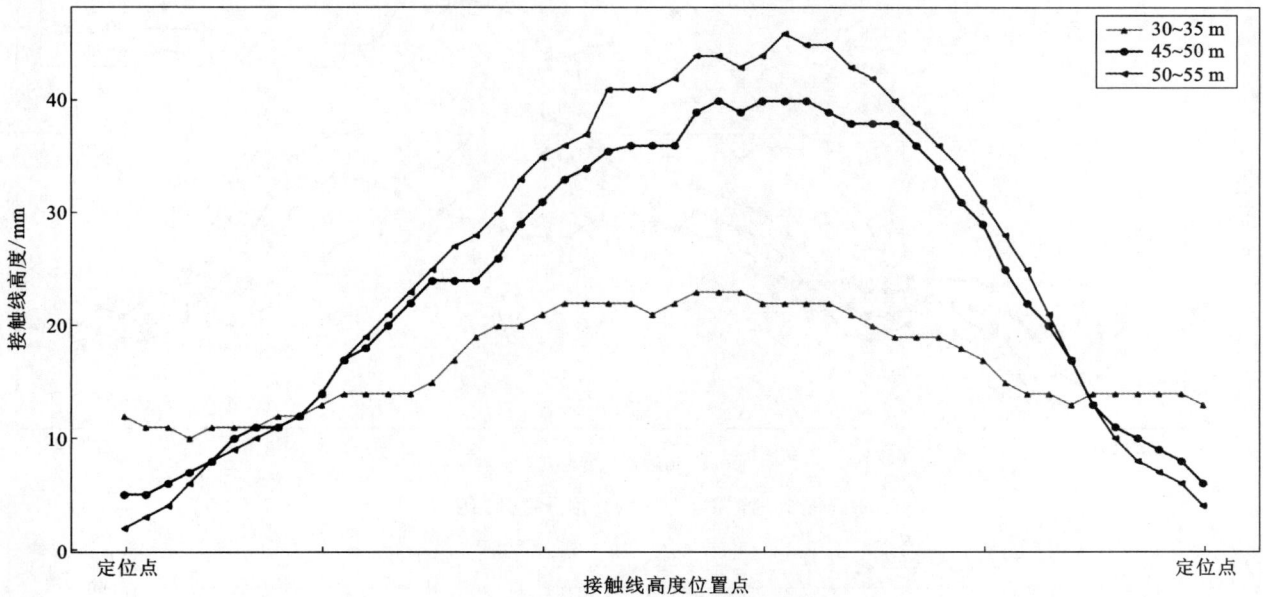

图5 霸徐线接触线抬升量分布图

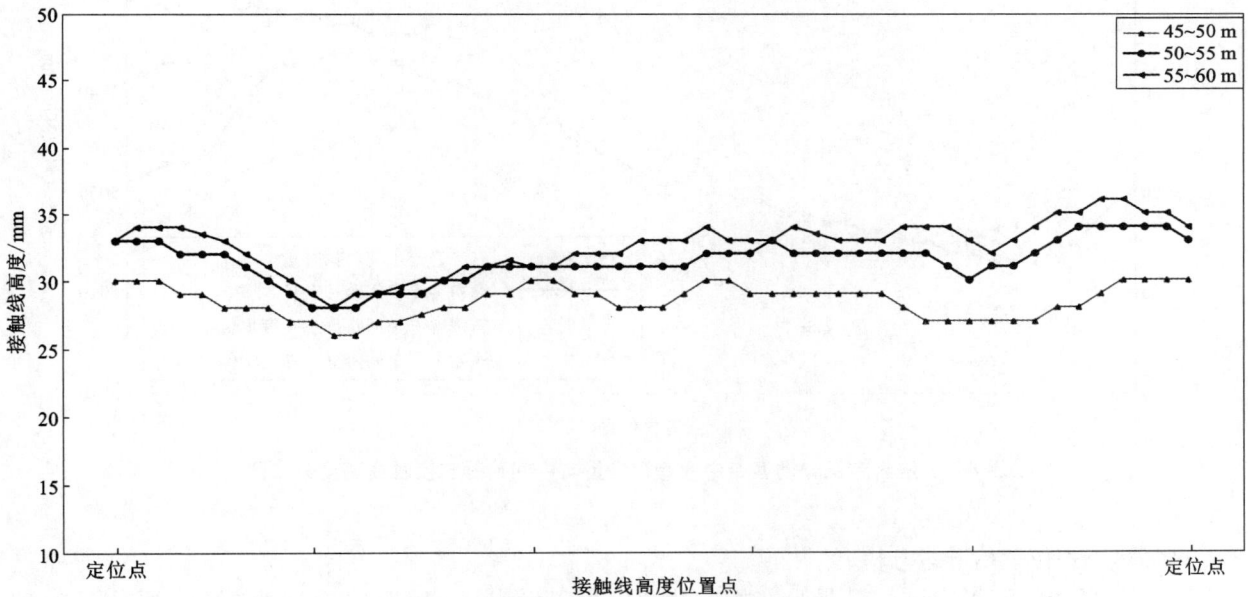

图6 石济客专接触线抬升量分布图

图6为石济客专接触线抬升量分布图。图中所示的三种跨距情况下抬升量分布情况非常接近,跨内抬升量极差不到10 mm。

除石济客专外,另外两条线路的跨内抬升量分布都呈现出明显的跨中高、两侧定位点低的特点,其中霸徐线和津霸客专的跨内抬升量最大点都出现在接近每跨正中位置,如图5和图7所示。

3.2 中间跨抬升量情况分析

(1)抬升量与静态高度的相关性分析以石济客专线和津霸客专线为例,图8为这两条线路中间跨跨内接触线抬升量与静态高度平均值的变化曲线。从图8中可以看出,这两条线路中间跨的抬升量变化趋势与静态接触线高度的变化趋势基本一致。

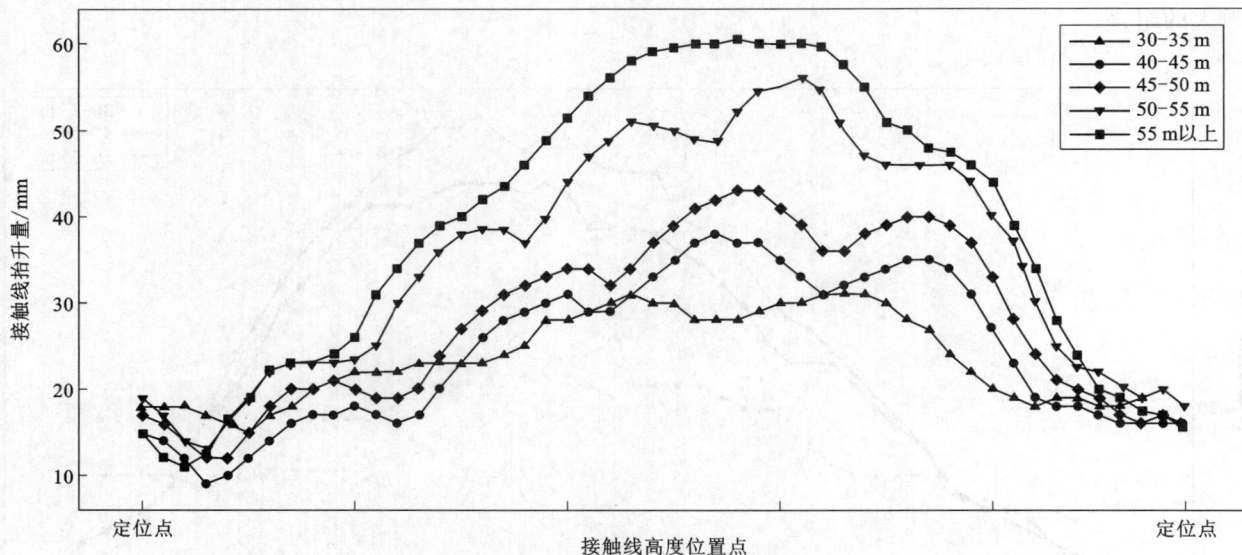

图7　津霸客专接触线抬升量分布图

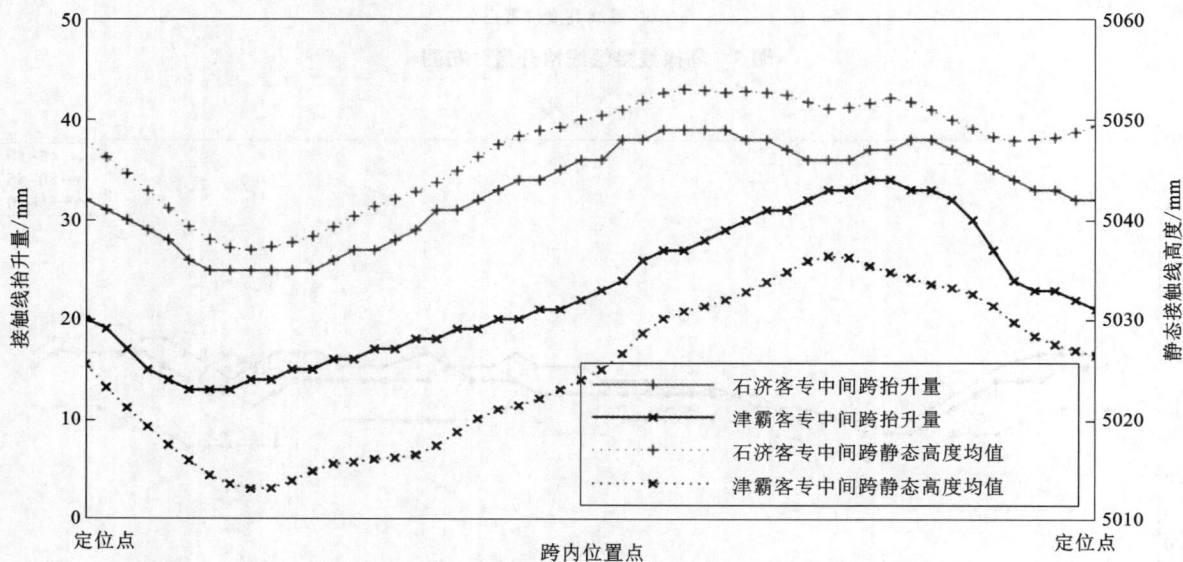

图8　石济客专及津霸客专中间跨抬升量与中间跨静态接触线高度分布图

（2）每跨正中位置抬升量分析

图9为三条线每跨正中的抬升量分布图。从图中可以看出，每跨正中抬升量中值主要分布在10～50 mm。

（3）最大抬升量出现位置数据分析

按照3.2节的分析结果，取每跨抬升量最大值出现的可能位置点，对该处的抬升量进行分析和统计。

图10为每跨抬升量最大点出现位置的所有抬升量分布图，图中抬升量主要位于10～60 mm，比图14所示的每跨正中结果略高一些。石济客专的抬升量一致性较好，其抬升最大值分布相较其余线路偏小，其典型抬升量波形如图16所示；图17、18是其余线路的抬升量，都存在一定程度的二级缺陷情况。

图11为石济客专抬升量典型波形图，其抬升整体一致性较好。除锚段关节等高点所在跨外，其余处所跨内抬升都比较平稳。

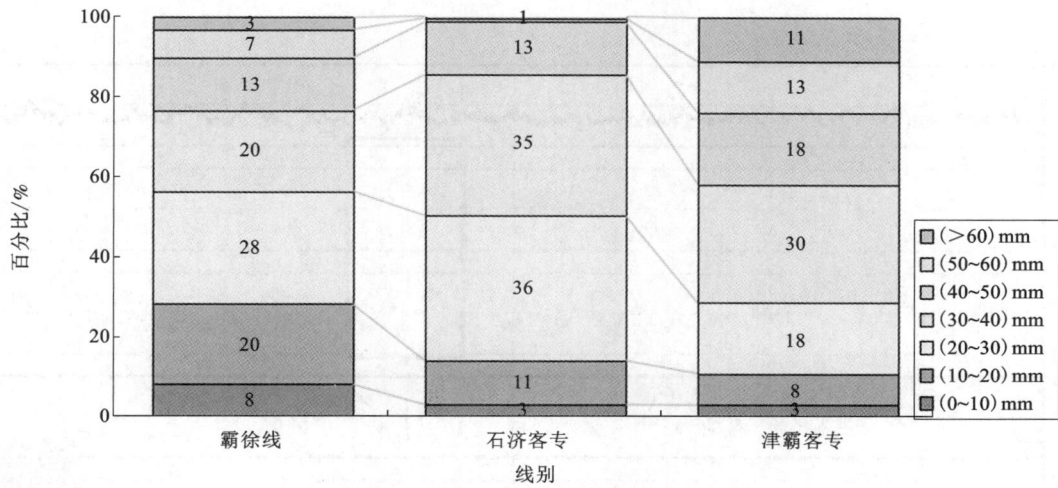

图9　每跨正中接触线抬升量分布图

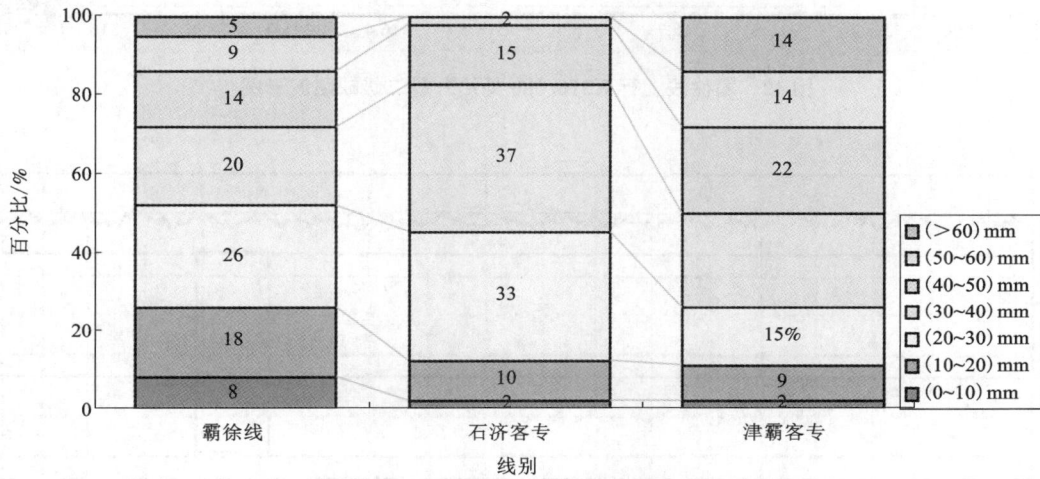

图10　每跨最大接触线抬升量分布图

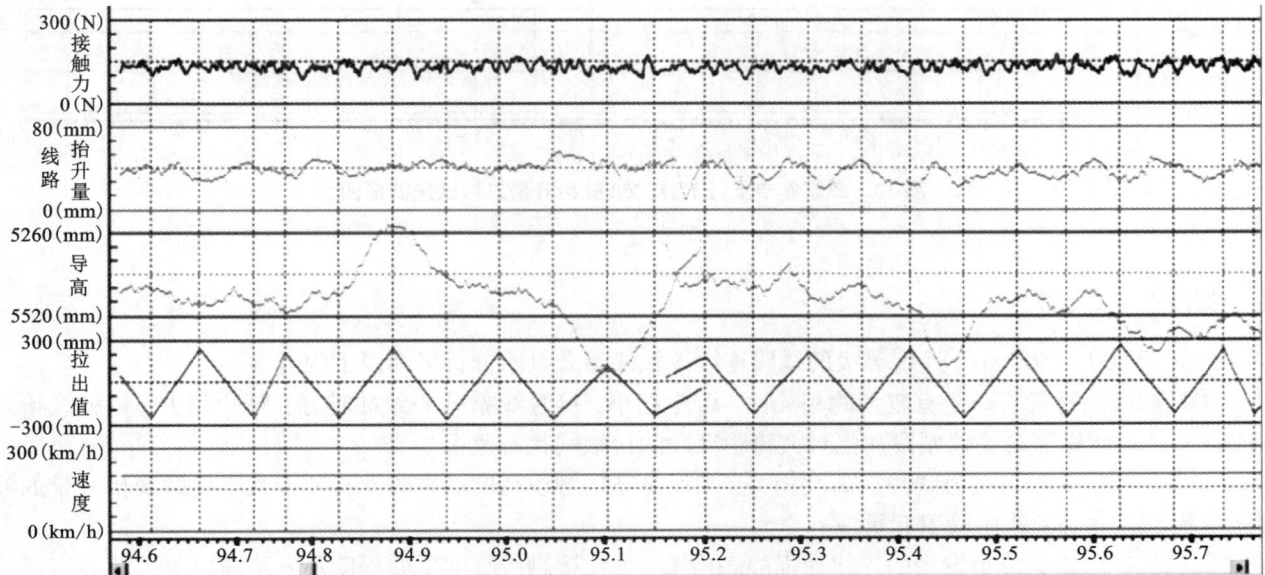

图11　石济客专抬升量典型波形图

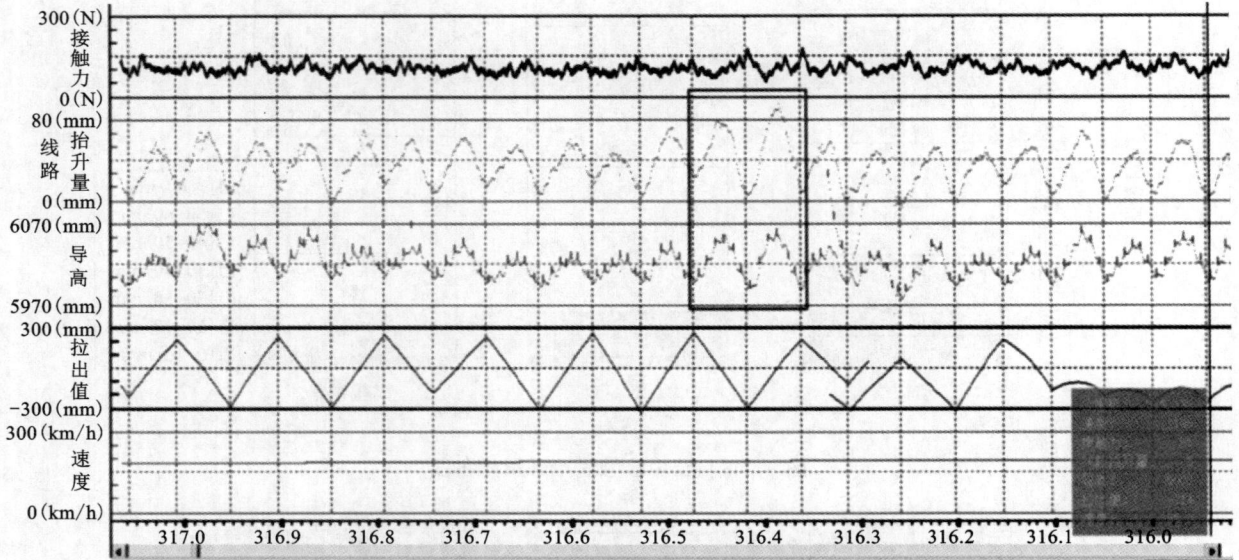

图 12　霸徐线上行 K316.080 处抬升量二级缺陷波形图

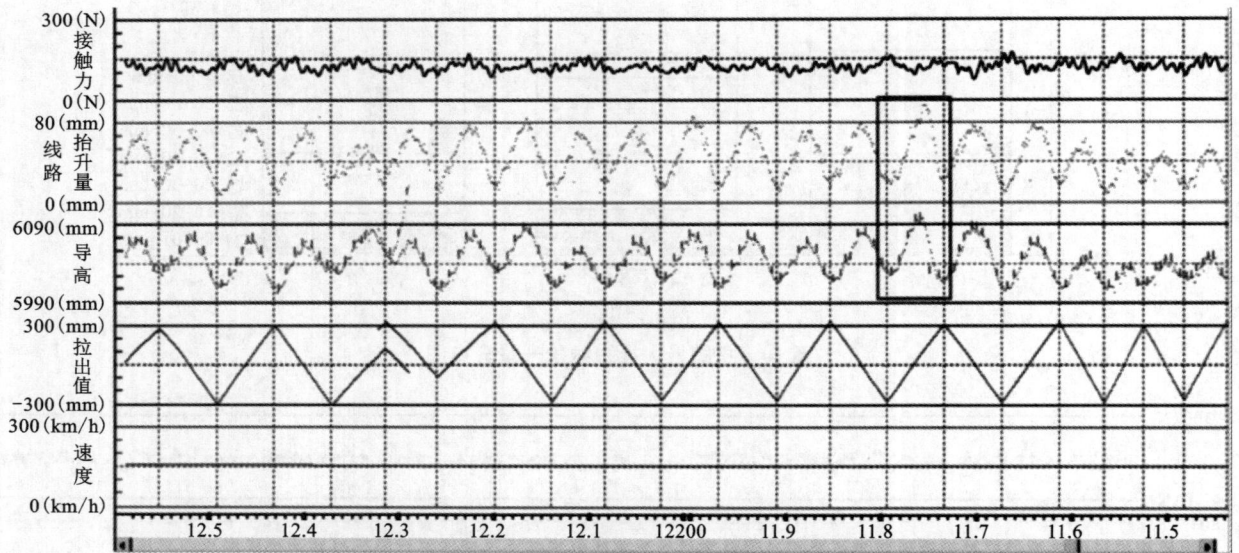

图 13　津霸客专上行 K11.750 处抬升量二级缺陷波形图

4　结论

通过对 200～250 km/h 速度等级的线路连续接触线抬升量的分析可知以下内容。

①接触线抬升量与跨距有较强的相关性：跨距越小，接触线抬升一致性越好；跨距越大，接触线抬升量越大，波动越剧烈。建议站段加强对大跨距区段的接触网状态监视。

②中间跨抬升量与接触线静态高度相关，确保静态接触线高度的平顺性有利于减小接触线抬升量的波动，应提前在静态验收阶段引起重视。

我段已针对数据分析发现的规律加强静态检测，关注接触线高度平顺程度及五跨锚段关节等高点后一跨的动态性能，对影响接触线平顺度缺陷（如最大、最小接触线高度、一跨内高差、拉出值超限）做好综合分析，并与工务部门协调，做好设备维修、养护一体化设计，科学指导接触网设备运行、检修管理。

参考文献

[1] 伏振.高速铁路接触网检测技术运用研究[D].北京：中国铁道科学研究院，2016.

[2] 陈唐龙.高速铁路接触网检测若干关键技术研究[D].成都：西南交通大学，2006.

[3] 徐海东，陈唐龙，隆超.客运专线接触网检测项目及技术标准研究[J].电气技术，2009(1)：44-46.

作者简介

马超群，中国铁路北京局集团有限公司天津供电段，段长。

基于大数据分析下的接触网天窗利用探索

章志豪　孙海东

摘　要： 按照国铁集团及集团公司修程修制改革的总体部署，天津供电段以优化生产机构设置和接触网运行维修模式，强化接触网设备管理，实现接触网"运行、检测、维修"分开，实行集中修组织模式，提高接触网维修效率，降低职工劳动强度和维修成本投入，缓解当前接触网维修人员紧张的局面，全面提升设备维修质量和运行品质，减少设备故障发生。

天津供电段主要担负津秦高铁、津霸客专、京津城际、京沪高铁等 4 条高铁，京沪线、津山线、津蓟线、北环线、西南环线、大北环线、蓟港线、进港线、南港等 17 条普速（支）线以及天津站、天津西站、天津动车运用所 3 个枢纽供电设备养护、维修、监管工作，全段换算接触网 3704.21 条公里。

自 2016 年实施接触网修程修制改革以来，2019 年至 2021 年这三年是接触网修程修制改革的第二个三年周期，2019 年至 2021 年天津供电段接触网专业天窗基础数据保存完成，数据积累齐全准确，且符合修程修制中集中修周期，故结合国铁集团及集团公司接触网专业修程修制改革意见通过大数据统计分析方法从宏观层面上对 2019 年至 2021 年天津供电段接触网专业天窗利用情况进行有关数据的分析研讨，以验证修程修制改革的前沿性、科学性和差异性，并根据天津供电段接触网专业管理实际情况，探索适用于天津供电段接触网专业管理的经验做法。

1　接触网天窗条件及作业人员分析

1.1　天窗数量分析

通过对 2019 年至 2021 年这三年的高铁、普速天窗数量、总体天窗数量总数和月天窗数量进行比对分析，得出一般规律性结论。

（1）高铁天窗数量呈现逐年减少的趋势。普速天窗数量 2021 年较 2020 年天窗数量增多，原因主要为接触网全面检查作业完成条公里数增多。

（2）每年 3 月、4 月是天窗利用的高峰期，主要安排是鸟害整治和接触网集中修工作；每年 7 月、8 月、10 月、11 月天窗利用数量较多，主要安排是接触网集中修工作。

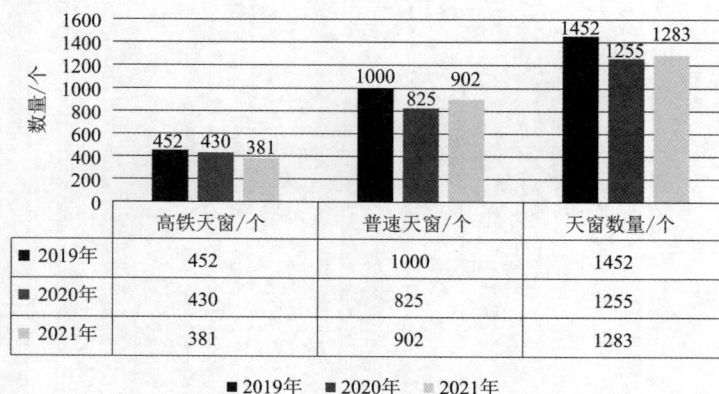

	高铁天窗/个	普速天窗/个	天窗数量/个
2019年	452	1000	1452
2020年	430	825	1255
2021年	381	902	1283

图 1　2019 年至 2021 年天窗总体数量

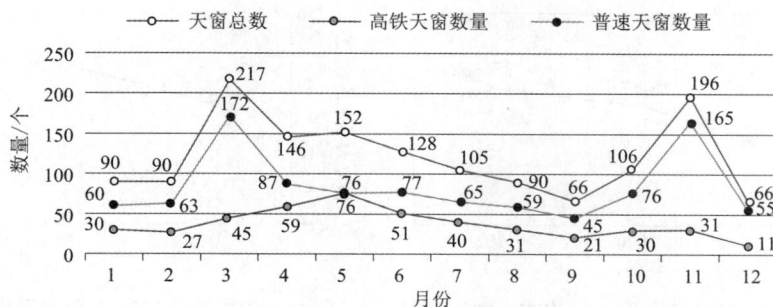

图 2　2019 年月天窗数量

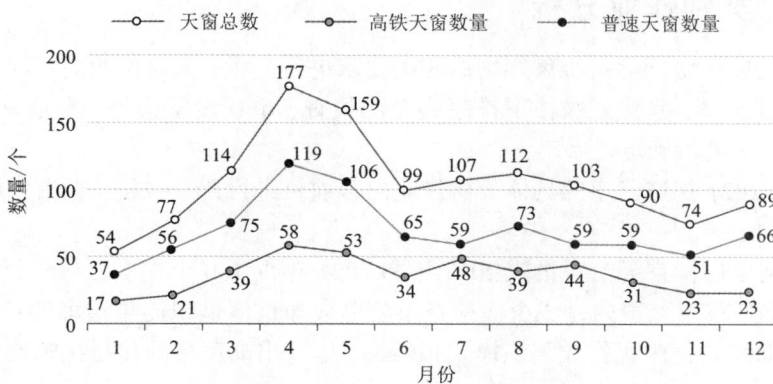

图 3　2020 年月天窗数量

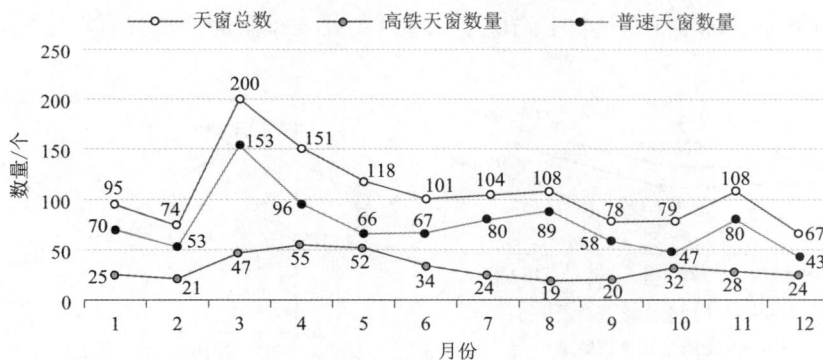

图 4　2021 年月天窗数量

1.2　天窗上网人员分析

通过对 2019 年至 2021 年这三年的天窗上网作业人数和单次天窗作业人员平均数进行比对分析，得出一般规律性结论。

（1）2019 年至 2021 年，天窗上网作业人数呈现逐年增多的趋势，单天窗作业人员平均数也呈现逐年增多的趋势。天津供电段在集中人员作业模式上进行了探索与优化，减少了整体天窗数量。

（2）2019 年至 2021 年，接触网全面检查均未完成，完成率在 80% 左右，且 2020 年接触网全面检查完成率较低，差额达到 143 条公里，差额较大。

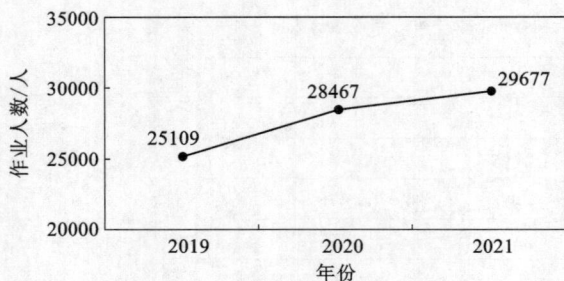

图5　2019年至2021年天窗上网作业人数

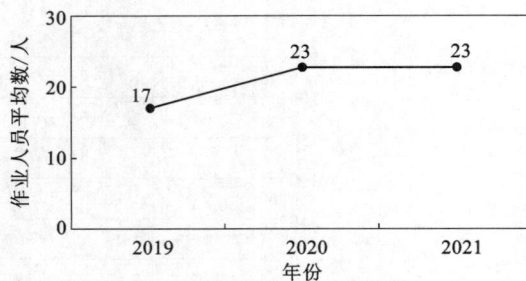

图6　2019年至2021年单天窗作业人员平均数

2　接触网天窗分类别作业分析

将天窗作业内容按照接触网运行维修规则的相关要求进行分类，天窗作业内容项目按照单次作业过程中作业项目工作量超过50%，且优先级往下排序为全面检查、单项设备检查、专项整治、一级修、鸟害整治、绝缘清扫及其他原则进行确定。

通过对2019年至2021年这三年的具体天窗作业内容项目进行比对分析，得出一般规律性结论。

2.1　全面检查作业分析

（1）2020年接触网全面检查天窗数量较2019年和2021年少100个左右，与全面检查完成率、全面检查天窗占比趋势相一致；单个天窗内完成全面检查条公里数却整体呈现逐年增多的趋势，与天津供电段这几年实施的接触网全面检查集中化作业组织模式相匹配，体现出高度集约化是接触网修程修制改革中的关键要素。

（2）接触网全面检查天窗主要安排在每年3月、4月、10月、11月，这几个月的气候、天气等外在环境因素适宜接触网专业全面检查工作的开展。近三年接触网全面检查单天窗完成检修工作量整体呈现逐年增多的趋势，从侧面验证了每年3月、4月、10月、11月主要安排全面检查具有一定的合理性。

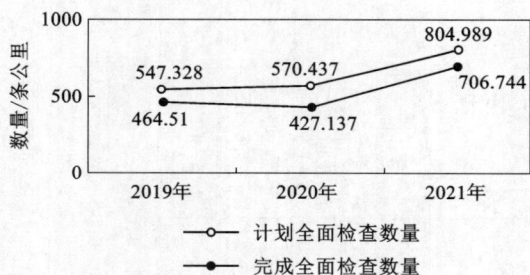

图7　全面检查

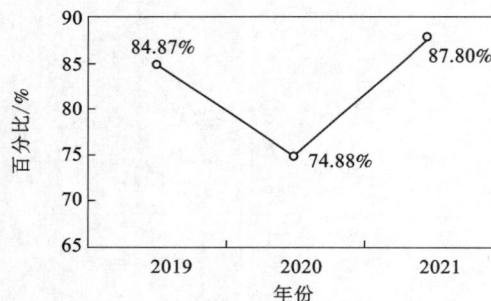

图8　全面检查完成率

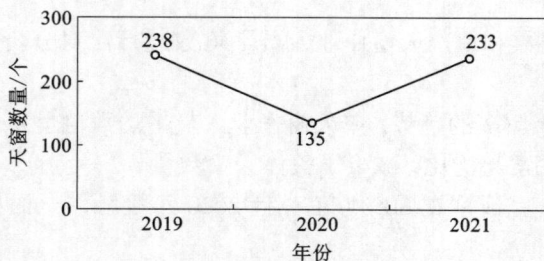

图9　全面检查天窗数量

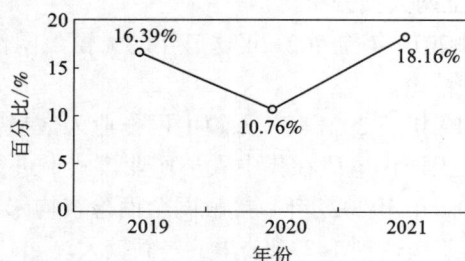

图10　全面检查天窗占比

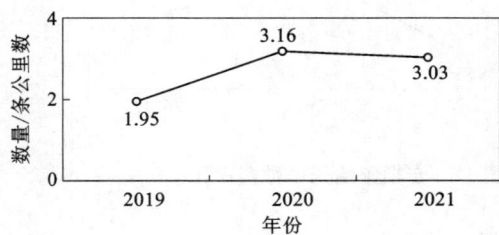

图 11　单天窗完成全面检查数量

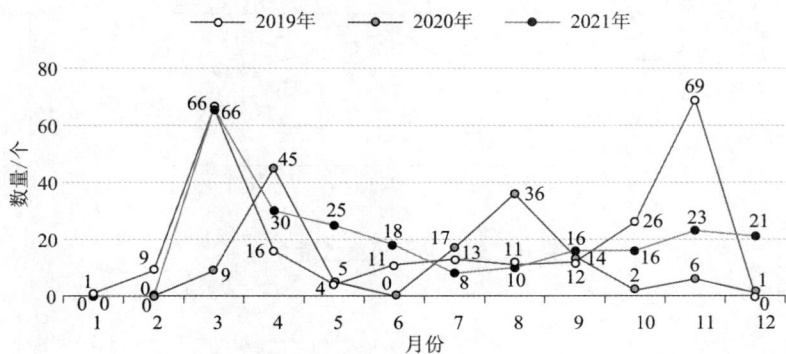

图 12　全面检查月天窗数量

2.2　单项设备检查作业分析

（1）2019—2021 年单项设备检查天窗数量和单项设备检查天窗占比呈现同步减少的趋势，天津供电段接触网专业通过段组织生产模式的实施，针对重点枢纽车站地区范围内的单项设备检查，开创接触网专业"集中力量办大事"的检修模式，确定了 15 个高速、普速站场的段组织生产作业方案，并在此基础上不断优化生产力布局，集中生产力量，高效率、高质量地完成生产组织活动，提高接触网设备运行质量。接触网修程修制改革在天津供电段的具体应用和创新生产组织模式上取得了较大成功，接触网维修效率明显得到了提高。

（2）受各种因素影响，单项设备检查具体实施时规律性不强，组织安排随意性较大。

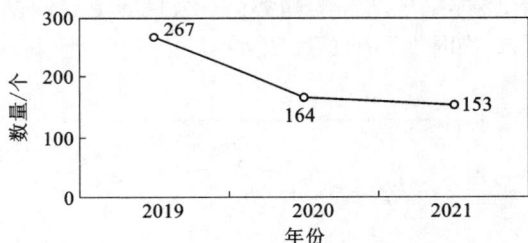

图 13　单项设备检查天窗数量

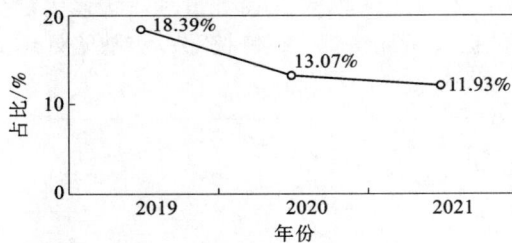

图 14　单项设备检查天窗数量占比

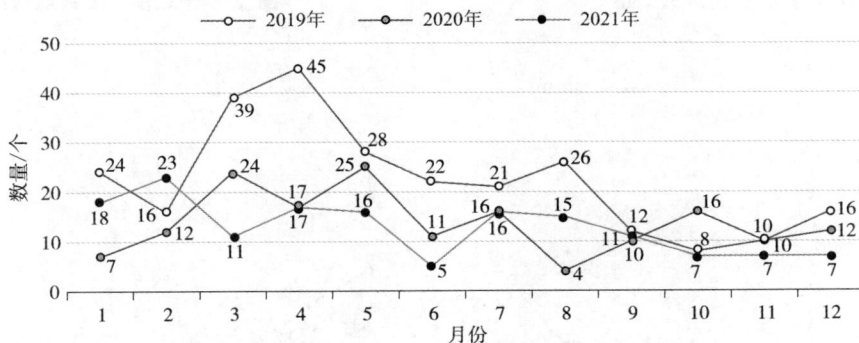

图 15　单项设备检查月天窗数量

2.3　专项整治作业分析

2019—2021 年专项整治天窗数量整体呈现逐年增多的趋势，尤其 2020 年专项整治天窗达到峰值，专项整治天窗数量为 267 个，占比 2020 年天窗总数高达 21.27%，远超同年接触网全面检查（占比 10.76%）、单项设备检查（占比 13.07%）天窗数量。2020 年接触网专项整治工作直接影响了接触网全面检查的完成数量及完成率，这也是导致 2020 年接触网全面检查未完成且差额较大的主要因素。

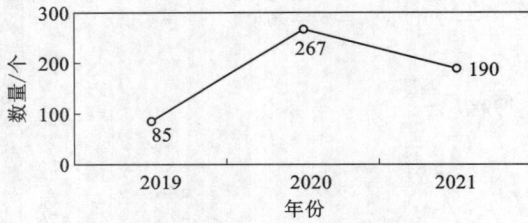

图 16 专项整治天窗数量

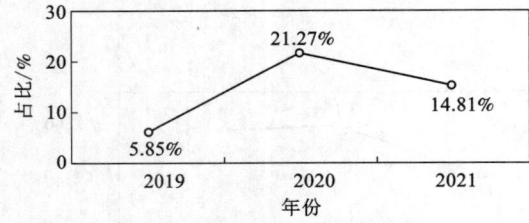

图 17 专项整治天窗数量占比

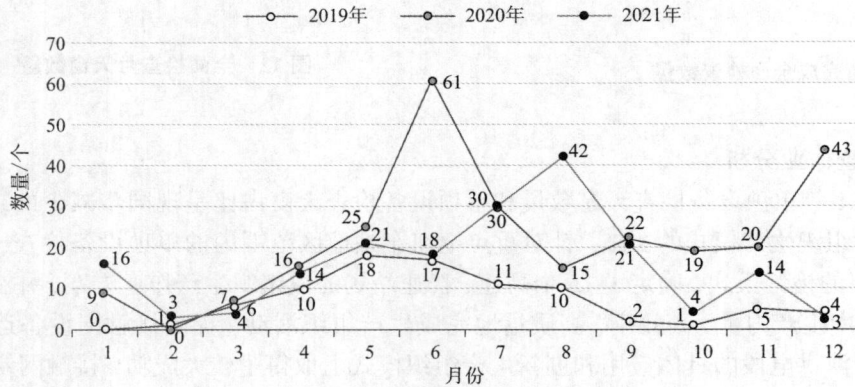

图 18 专项整治月天窗数量

2.4 一级修作业分析

2019—2021 年一级修天窗数量和一级修天窗数量占比整体呈现增加的趋势，一级缺陷主要依据 1C 和 4C 检测数据分析而得，一级修按照一级缺陷处理周期进行，临时性和随意性较大。

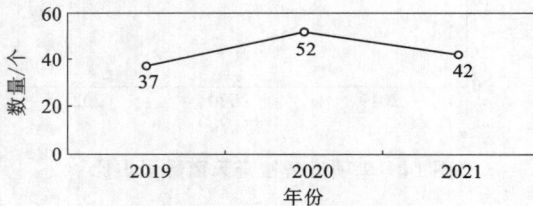

图 19 一级修天窗数量

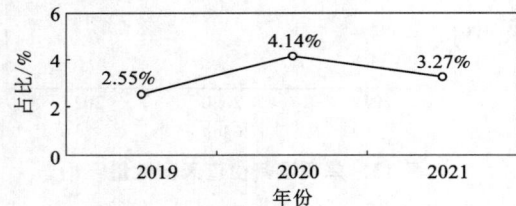

图 20 一级修天窗数量占比

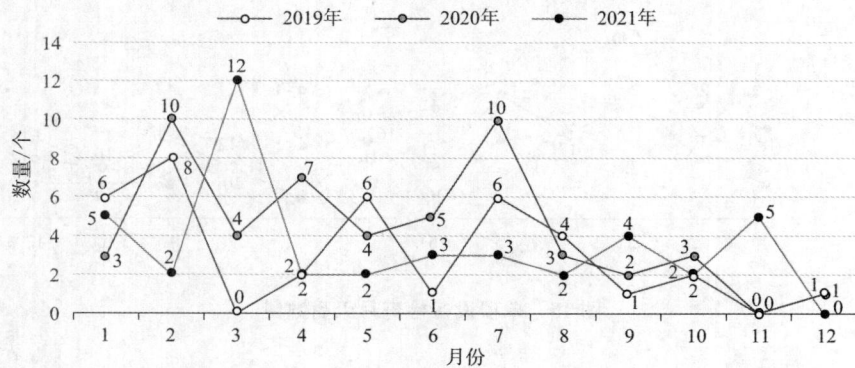

图 21 一级修月天窗数量

2.5 绝缘清扫作业分析

2019—2021 年天津供电段绝缘清扫工作天窗数量呈现逐年减少的趋势，主要集中在每年 10 月、11 月。天津供电段绝缘清扫工作也在探索综合利用和减少天窗的集中组织模式。

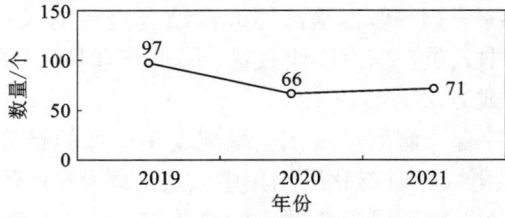

图 22　绝缘清扫天窗数量

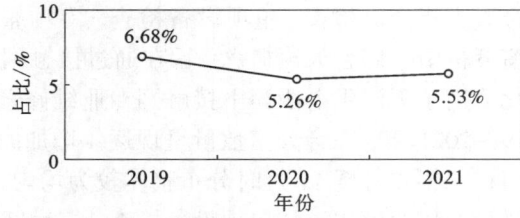

图 23　绝缘清扫天窗数量占比

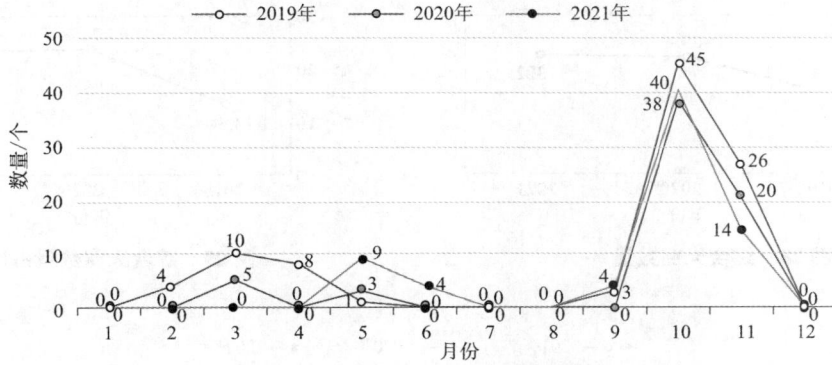

图 24　绝缘清扫月天窗数量

2.6　鸟害整治作业分析

2019—2021 年鸟害整治天窗数量整体呈现逐年增多的趋势，鸟害整治天窗数量占比也呈现逐年增多的趋势，主要集中在每年 2 月至 5 月，说明鸟害逐年发展的趋势越来越严重，发现的时间也在逐步提前，探索鸟害防治新方法和鸟害天窗利用新模式迫在眉睫、亟不可待。

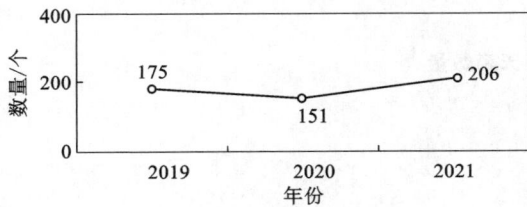

图 25　鸟害整治天窗数量

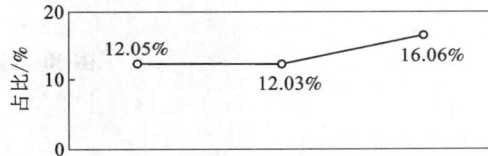

图 26　鸟害整治天窗数量占比

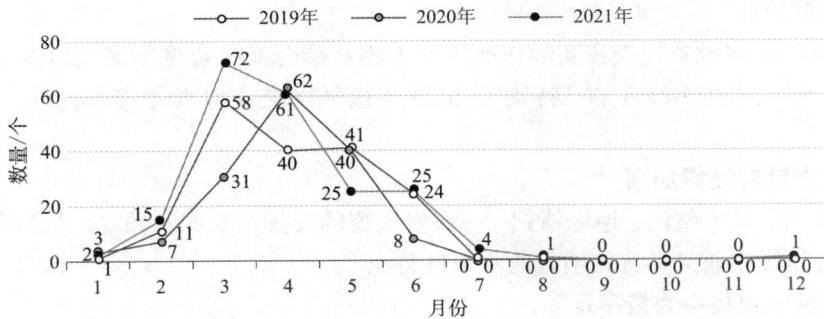

图 27　鸟害整治月天窗数量

2.7 综合天窗作业分析

综合天窗指全面检查、单项设备检查、专项整治、绝缘清扫、鸟害整治等天窗结合进行的天窗作业。本次天窗分析引入综合天窗概念，旨在通过接触网作业集中人员、减少作业数量、降低作业风险的模式探索并优化适用于天津供电段当下接触网专业维修管理的方式方法。

2019—2021 年，综合天窗数量呈现逐年增加的趋势，综合天窗数量占比也呈现逐年增加的趋势；综合天窗利用在每年 2 月至 11 月时分布整体较为均匀，天津供电段已常态化采用集中人员、减少作业数量、降低作业风险的作业模式。从单项设备检查、接触网全面检查天窗数量逐年减少的趋势来看，其说明综合天窗利用模式是提高接触网维修效率、降低维修成本的可靠手段。

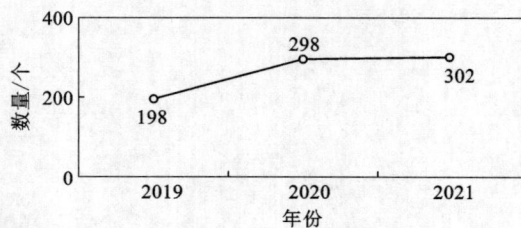

图 28　综合天窗数量

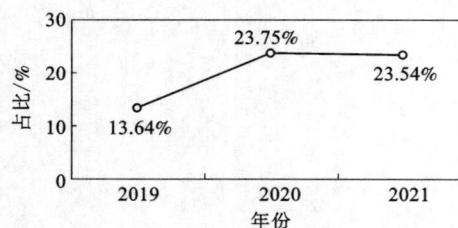

图 29　综合天窗数量占比

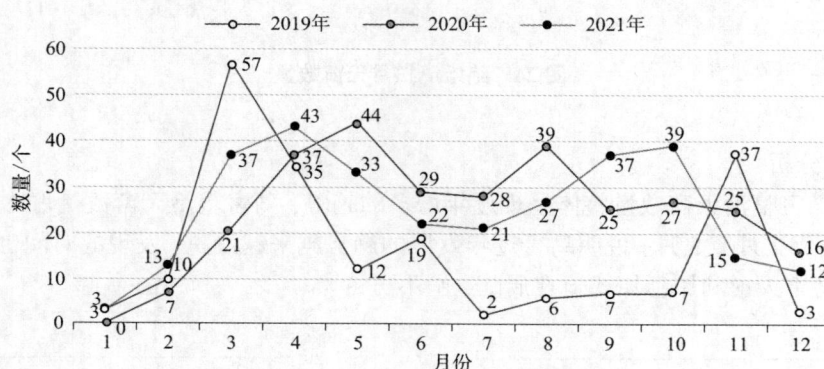

图 30　综合天窗月天窗数量

3　接触网天窗利用存在问题

3.1　维修计划整合性不足

在接触网年表的统筹安排上不够细致，各项作业天窗融合度结合得不高，特别是专项整治天窗安排未结合既定检修作业内容进行统筹，整体安排随意性大，在计划安排利用上需要加强。

3.2　全面检查完成率较低

接触网全面检查和单项设备检查在实际作业现场未相互结合或结合度不高，2019 年至 2021 年接触网全面检查均未完成，完成率在 80% 左右，特别是 2020 年接触网全面检查完成率较低，差额达到 143 条公里，差额较大。

3.3　季节性作业需求针对性需加强

从整体分析数据看，鸟害整治、绝缘清扫、一级修天窗的安排相对比较独立，在综合天窗里占比较低。而鸟害整治、绝缘清扫等作业又具有较明显的季节性特点。

3.4　供给困难的天窗作业集中力量不足

个别供给困难的供电臂，如枢纽地区、多方向节点车站的垂直天窗因对行车影响较大，供给比较困难；同样，此类天窗因供给较少，往往存在多项克缺需求，但实际作业中人员、作业条件等原因导致利用率不够，影响设备质量的维护，特殊区段综合天窗的开发利用亟待加强优化。

3.5　信息化手段应用有待提高

通过利用信息化手段分析接触网缺陷、作业效果，预测和研判接触网设备运行趋势方面还相对滞后。

4　优化接触网利用效率策略

4.1　加强维修天窗计划整合

坚持"集中人员、减少上线作业次数，降低上线作业风险"的作业总体原则，并在此原则基础上探索优化生产力布局、设备修程修制改革、创新生产组织方式，继续深层次推进集中化组织、专业化维修，在提高维修效率的同时降低维修成本，落实强基达标、提质增效的目标。

4.2　提高全面检查完成率

单项设备检查启用段组织生产的模式对提高检修效率作用明显，但全面检查完成率无法全部兑现，全面检查需要往更深层次进行拓展，比如将每年全面检查区段包含的单项设备纳入集中修一并进行；全面检查借鉴段组织生产模式，以大兵团作战方式组织全部可利用人力采取段组织生产模式集中进行全面检查，一定程度上能够提高全面检查完成率。

4.3　有计划地应对季节性隐患

以全面检查为主导，在制定年表时，尽可能结合单项设备检查、鸟害整治、绝缘清扫等工作同步实施。在实施过程中新增加的专项整治、一级修等工作，以尽量不增加天窗为原则，采取车间或工区联合作业、增加作业人员的方式，将专项整治、一级修等工作一并纳入其中进行开展。

4.4　提高稀缺天窗利用率

对个别供给困难的供电臂，如枢纽地区、多方向节点车站的垂直天窗，制定专项作业组织方案，一方面协调增加天窗时间，另一方面举全段之力组织全员进行作业，争取在单个天窗内完成全面检查、单项设备检查、专项整治、绝缘清扫、缺陷处理等内容，突破天窗利用不足的局面，提高稀缺天窗整体维修效率。

4.5　信息化手段应用有待提高

加强对接触网信息化手段的运用，搭建统一数据平台网，组建专业技术数据分析人才队伍，将设备维修管理理念和数据科学相结合，将逐年增加的6C检测数据、外部环境隐患数据、鸟窝搭建数据等纳入其中进行分析研究，为接触网设备缺陷整治提供数据支撑、为接触网维修提供方向性指导、为接触网修程修制改革提供指导性的建议和依据。

5　结束语

接触网修程修制改革已经在实践中运用了两个三年周期，天津供电段在落实接触网修程修制改革方面做了大量调整规划、试行探索工作，接触网修程修制改革在天津供电段接触网专业发展运用上也在向深度和广度不断延伸；同时，天津供电段也在大力提升集中修管理水平，深化接触网站段集中修工作，探索集约高效的生产组织体系和作业组织模式，逐步提高维修效率，降低维修成本，减少设备故障。

参考文献

[1] 中国铁路总公司.普速铁路接触网运行维修规程：铁总运[2017]9号[S].北京：中国铁道出版社，2017.
[2] 中国铁路总公司.高速铁路接触网运行维修规程：铁总运[2015]362号[S].北京：中国铁道出版社，2019.
[3] 中国国家铁路集团有限公司.国铁集团关于进一步深化工电设备修程修制改革的指导意见：铁工电[2018]89号.北京：中国国家铁路集团有限公司，2018.
[4] 中国铁路北京局集团有限公司.北京铁路局普速铁路接触网修程修制改革实施方案：京铁供[2015]686号.北京：中国铁路北京局集团有限公司，2015.

作者简介

章志豪，中国铁路北京局集团有限公司天津供电段天津供电车间，副主任。
孙海东，中国铁路北京局集团有限公司天津供电段天津供电车间，副主任。

天津动车运用所隔离开关机构箱误动作分析及改进措施

章志豪　　王仕平

摘　要：本文通过对天津动车运用所检修库内由隔离开关机构箱误动作引起的接触网设备故障跳闸从内到外进行了全面的梳理分析，详细介绍了隔离开关机构箱内电气接线问题对接触网设备正常运行产生的影响；还通过进一步优化隔离开关机构箱内电气部分接线方案，增加回路联锁、电源监控、信号指示功能，在一定程度上为隔离开关的正常运行提供了可靠保障。

接触网隔离开关是电气化铁路电力牵引供电的重要设备，其主要功能是隔离故障、分段作业及改变运行方式等。在枢纽站场的隔离开关数量众多、分布范围较广，一般配合机构箱进行远动操作，隔离开关及机构箱的正常运行直接影响着供电安全，因此，隔离开关及机构箱的运行维护、检修试验的作用就显得尤为重要。

1　问题引入

1.1　天津动车运用所情况介绍

天津动车运用所位于天津市西青区曹庄地区，主要为京沪高铁、津秦高铁提供充足的动车保障，保证天津始发动车的数量，对天津地区的城市发展和提升天津交通枢纽的地位具有重要意义。

1.2　曹庄分区兼开闭所256#馈线跳闸故障

2020年9月2日16时29分19秒，曹庄分区兼开闭所256#馈线跳闸，电流速断保护动作，重合失败，故障距离1.2 km，线路阻抗角71.3°，馈线电压4.68 kV，馈线电流6307.84 A。本次产生跳闸的原因是天津动车运用所在操作检修库66道Ⅱ列位库28#隔离开关远动合闸时隔离开关拒动，现场检查发现66道Ⅱ列位库28#隔离开关操作机构电机回路空气开关跳闸，中间继电器烧损，从而闭合了操作机构电机空气开关，隔离开关操作机构继续执行动车所发出的合闸信号，造成接地跳闸。

1.3　天津动车运用所现场情况调查

1.3.1　跳闸数据分析

9月2日16时29分19秒，曹庄分区兼开闭所242#、243#、256#及曹庄AT所273#、274#馈线跳闸，电流速断动作，重合成功。详细跳闸数据如表1所示。

表1　跳闸数据

序号	跳闸时间	所亭及馈线号	动作类型	电流	电压/kV	阻抗角/(°)
1	16：29：19：900	曹庄分区兼开闭所242#	电流速断	2604	4730	249.2
2	16：29：19：900	曹庄分区兼开闭所243#	电流速断	2076	4730	250.4
3	16：29：19：900	曹庄分区兼开闭所256#	电流速断	6307	4680	71.3
4	16：29：19：857	曹庄AT所273#	电流速断	2592	7630	69.2
5	16：29：19：862	曹庄AT所274#	电流速断	1249	13250	76.0

华苑变电所、曹庄分区兼开闭所、曹庄AT所供电关系如图1所示。

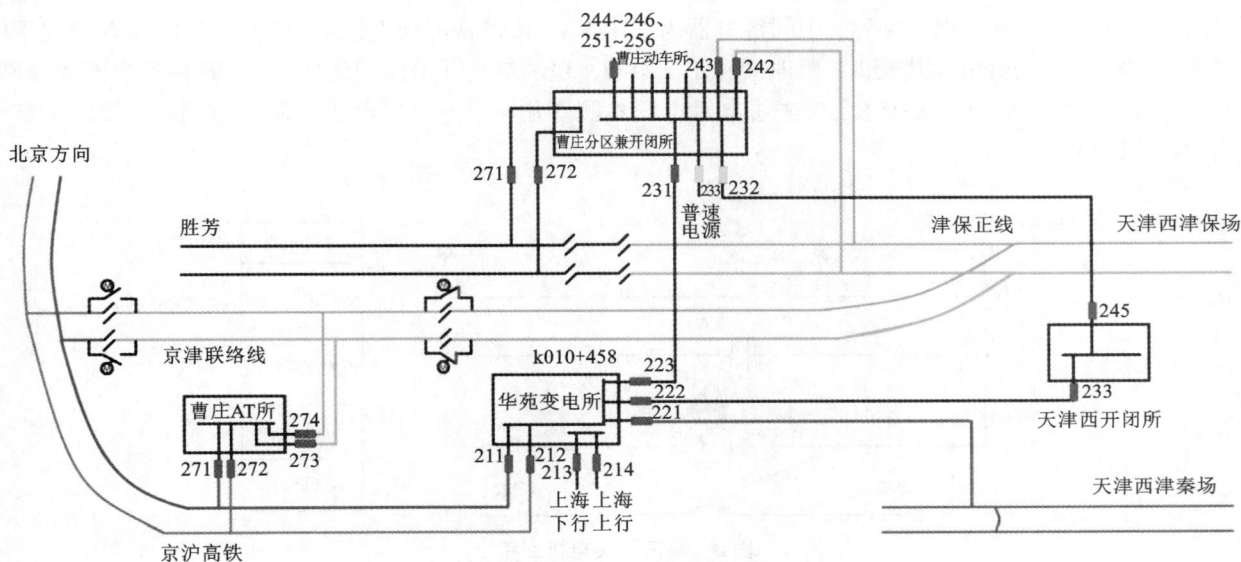

图1　曹庄枢纽供电示意简图

256#馈线发生故障，华苑变电所211#、212#为电源端（27.5 kV），存在电压差，故障电流由高电位流向低电位，经华苑变电所211DL、212DL，曹庄AT所271DL、272DL，曹庄AT所273DL、274DL，曹庄分区兼开闭所242DL、243DL，曹庄分区兼开闭所256DL至故障点。

曹庄分区兼开闭所242#、243#、256#和曹庄AT所273#、274#共设电流速断保护、过电流保护、电流增量保护三种保护，电流速断保护定值均为1440 A，时限均为0.05 s，其中曹庄分区兼开闭所242#故障电流2604 A、243#故障电流2076 A、256#故障电流6307 A，曹庄AT所273#故障电流2592 A、274#故障电流1249 A，由于所经过的电流均达到保护定值，故判定本次跳闸保护正常。

1.3.2　隔离开关动作原理

隔离开关操作机构箱电气回路主要由电机回路和控制回路两部分构成，电机回路主要负责导通隔离开关操作机构电动机，从而实现隔离开关本体的动作；控制电路与电机回路相连，主要实现隔离开关操作机构电动机正反转控制，从而实现隔离开关本体的分合闸动作。

当天津动车运用所内发出远控合闸信号时，控制回路电流导通回路为07→107→109→111→106→104→110→108→104→102，电机回路导通使电机正转，直至隔离开关闭合，限位开关到位，接点111-106间SP1断开，控制回路断开，电机回路断开。

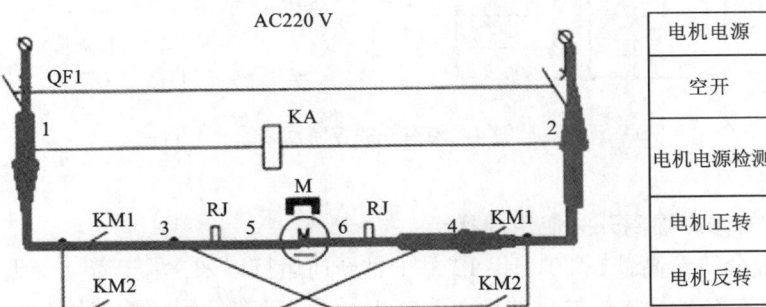

图2　隔离开关电机回路

1.4　曹庄分区兼开闭所256#馈线跳闸原因分析

对隔离开关机构箱内二次设备进行全面检查，发现电机回路中间继电器KA损坏，拆下后用万用表测量发现电阻无穷大，分析造成空气开关跳闸的原因是电机回路中间继电器烧损瞬时短路造成空气开关跳闸，烧损后中间继电器电阻无穷大不影响现场处理时电机空气开关合闸操作。具体动作原理如下文叙述。

图 3 为电动隔离开关电机回路，中间继电器为图中 KA，该设备起到电机电源检测作用，正常情况下电阻约为 14 Ω，当中间继电器烧损时，瞬时短路 1.2 节点，超过空气开关保护动作电流，造成空气开关跳闸。中间继电器 KA 烧损后电阻无穷大，失去了电机电源检测作用，但不影响电机回路正常运行，故闭合空气开关后不再跳闸。

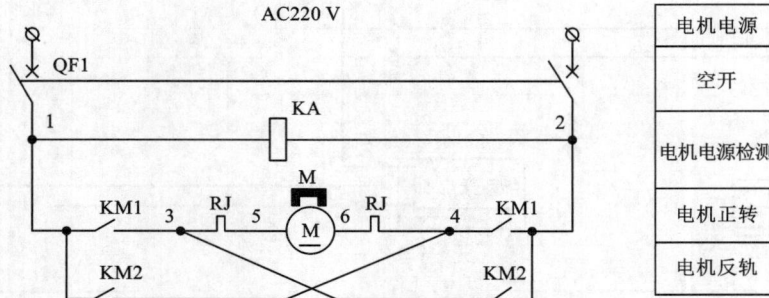

图 3　隔离开关电机回路

图 4 为电动隔离开关控制回路，天津动车运用所执行远控合闸时，电动隔离开关电机回路未正常启动，KM1 交流接触器受电，接点瞬时导通，控制回路一直保持受电状态，现场应急人员闭合电动隔离开关电机回路空气开关后，电动机动作，限位开关到位，控制回路断电，电动机停止动作，隔离开关完成闭合，致使地线接地造成接触网跳闸故障。

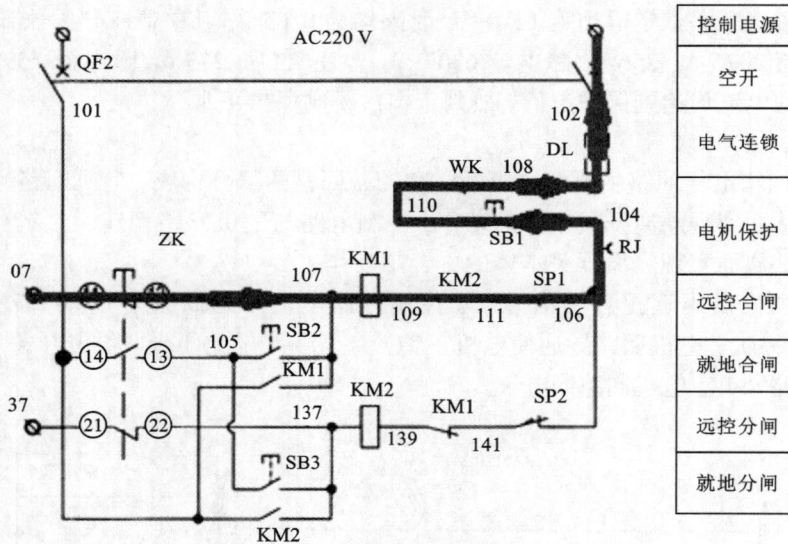

图 4　隔离开关控制回路

1.5　天津动车运用所检修库隔离开关使用现状

天津动车运用所配合津秦高铁在 2013 年 12 月 1 日开通运行以来，承担着整个天津片区乃至部分河北地区动车的检修任务，对其进行检修的重要性尤为突出；天津动车运用所检修库外隔离开关使用频次随着检修库内动车检修频次的增加而不断增加。截至目前，天津动车运用所检修库外隔离开关使用时间已接近 9 年；据统计，天津动车运用所检修库外单台隔离开关日使用频次为 4 次（分合闸一个循环算一次）左右，合计至目前共使用频次接近 1.3 万次，已超出隔离开关正常使用机械寿命。同时，《普速铁路接触网运行维修规则》（铁总运〔2017〕9 号）中第五章第八十五条：对运行年限达到寿命周期且评估后不能满足质量要求，或运行状态不能满足要求的设备、零部件应进行更换。常动隔离开关寿命周期一般为 10~12 年。综合上述原因分析，建议加强对天津动车运用所隔离开关巡视检查，缩短检修周期，同时报备集团公司供电部，组织专家进行现场评估，近期将天津动车运用所检修库外隔离开关更新改造纳入计划。

为确保天津动车运用所检修库动车检修功能的正常使用，确保天津动车运用所接触网设备安全运行，针对天津动车运用所检修库外隔离开关的使用，特提出天津动车运用所接触网隔离开关机构箱防误动措施改造，以便解决天津动车运用所检修库隔离开关误动、误操作引起的接触网非正常原因跳闸故障。

2　制定改进措施

2.1　方案制定

针对天津动车运用所检修库外出现的隔离开关误动、误操作引起的非正常原因跳闸故障的问题，经过现场对天津动车运用所检修库外隔离开关以及机构箱内部电机回路和控制回路等进行分析，特制定以下解决方案。

2.1.1　增设电机回路与控制回路连锁功能

对电机回路和控制回路进行合并改造，将隔离开关机构箱内电机回路与控制回路并联，使用同一电源对其进行控制，同一空气开关进行电气保护，避免隔离开关电机回路和控制回路不同步导致的误动和误操作；当出现隔离开关分合闸故障时，远动操作的隔离开关分合闸信号能够及时得到释放，减少人为原因操作隔离开关引起的故障或事故。

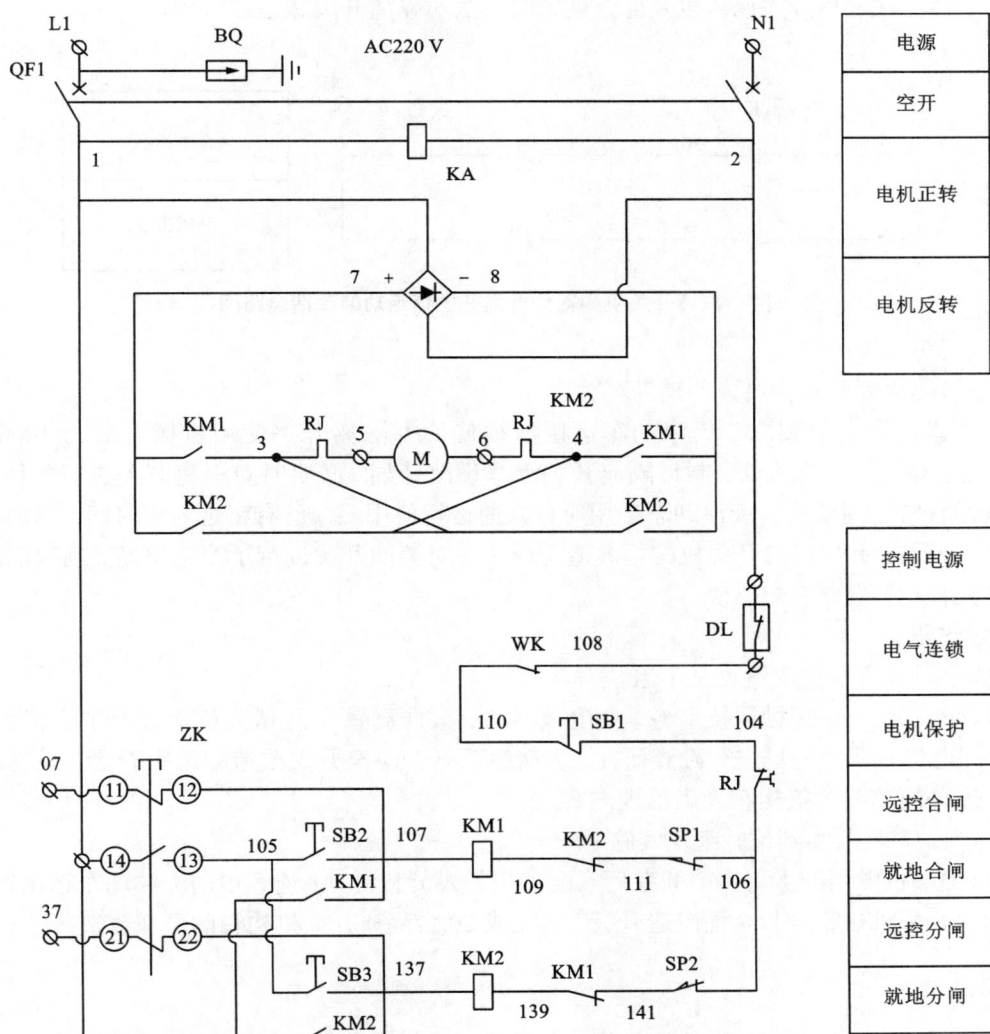

图 5　隔离开关机构箱电机回路与控制回路连锁功能改造电路图

2.1.2　增设电机回路电源监控功能

当控制电源故障时，中间继电器失电导致辅助接点断开，电源失电。此时，应启动中间继电器电源监控功能，将电机失电故障报文实时上传至天津动车运用所调度指挥中心，然后由天津动车运用所调度指挥中心及时进行反馈并按照相关程序进行应急处置，减少故障查找判定时间，为应急处置提供依据。

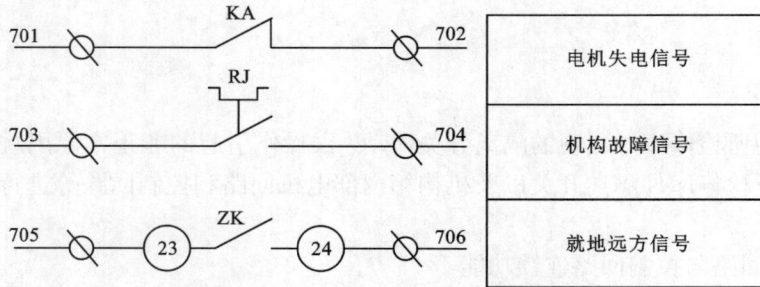

图6　电机回路电源监控功能电路图

2.1.3　增加分合闸开关指示功能

对隔离开关机构箱内分合闸指示按钮进行改造升级，增加灯光指示功能，将隔离开关分合闸状态更直观地显现出来，避免在隔离开关调试以及应急处置时无法对隔离开关状态进行判定。

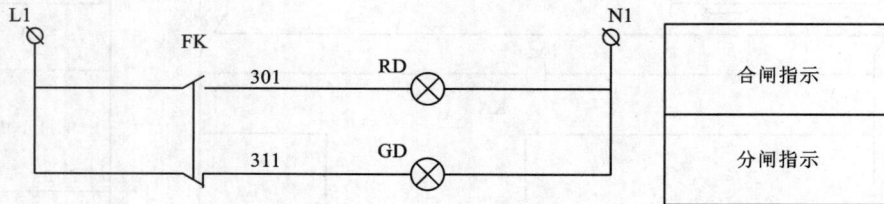

图7　隔离开关机构箱分合闸开关指示功能改造电路图

2.1.4　更换隔离开关机构箱内的辅助开关

根据厂家维修指导手册要求，天津动车运用所检修库外隔离开关使用机械寿命为10000次，超过10000次以后应定期进行巡视维修，制订隔离开关大修设改计划，必要时对隔离开关进行整体更换，以确保设备能够满足日常使用要求。天津动车运用所自开通运行使用至今已有将近8年时间，隔离开关操作总次数已将近1.2万次，此次隔离开关机构箱改造升级一并对辅助开关进行了改造更新，确保隔离开关及机构箱内各电气元件运行状态良好。

2.2　方案实施过程

2.2.1　成立段隔离开关改造攻坚小组

由主管副段长任组长，接触网技术科、变电技术科、天津高铁车间相关负责人及主管工程师任组员，协调厂家、变配电检修车间现场进行勘查研究，多次组织召开隔离开关改造方案审查会，最终确定天津动车运用所检修库外隔离开关机构箱隐患治理方案。

2.2.2　人员、料具落实到位并组织实施

2020年10月，接触网技术科提前联系厂家配备相关人员和料具，连续申请天津动车运用所12个天窗对检修库外隔离开关机构箱进行全面改造升级，共完成20台隔离开关机构箱的更新改造。

3　结束语

经过实际运行检验，自2020年10月天津动车运用所检修库外隔离开关机构箱升级改造以来，隔离开关及机构箱运行状态良好，未出现任何隔离开关电气和机械传动故障。

此次天津动车运用所接触网隔离开关机构箱防误动措施改造项目的顺利实施，解决了天津动车运用所

检修库隔离开关误动、误操作引起的隔离开关分合闸拒动和牵引供电系统非正常原因跳闸等故障，满足了现场实际应用需要。这一成果也为天津供电段管内其他隔离开关及机构箱日常管理、保养维护和应急处置等方面提供了可行经验，提高了牵引供电质量，保证了牵引供电安全，减少了故障延时，具有较高的安全效益和经济效益。在隔离开关施工安装等方面，为新建和改建或大修后电气化项目提供了积极的指导作用。

参考文献

[1] 中国铁路总公司.普速铁路接触网运行维修规程：铁总运［2017］9 号［S］.北京：中国铁道出版社，2017.
[2] 中国铁路总公司.高速铁路接触网运行维修规程：铁总运［2015］362 号［S］.北京：中国铁道出版社，2019.

作者简介

章志豪，中国铁路北京局集团有限公司天津供电段天津供电车间，副主任。
王仕平，中国铁路北京局集团有限公司天津供电段天津供电车间，业务指导。

接触网弓网故障的技术分析及预防措施研究

邢紫佩　罗明祥

摘　要：随着京津城际的提速试验,中国铁路的运行速度已经位于世界前列,但速度的提高对铁路设备的技术要求也随之增加。接触网是电力机车通过受电弓受电取流的唯一来源,因而弓网问题成为制约铁路提速运行的重要因素之一。频繁的弓网故障,不仅对受电弓和接触网造成极大的伤害,甚至威胁到列车的正点运行。本文通过对接触网关键零部件及处所的技术分析,提出了一些预防措施,希望可以为电气化铁路的安全稳定运行提供一些参考。

1　引言

在电气化铁道上,电力机车是从接触网上取得电能并转换为机械能以牵引列车。电力机车顶上的受电弓是电力机车的取流装置,电能的传输是靠运行中的机车受电弓不间断地同接触线做滑动接触来实现的。受电弓升起工作时,弓头在受电弓弹簧作用下对接触线有(68.6 ± 9.8)N的压力。受电弓滑板的最大工作范围为1250 mm,允许工作范围为950 mm,因而要求接触线在受电弓允许范围内布置。

电力机车运行时,要求受电弓在接触线下方与接触线摩擦取流,否则可能发生弓网故障。弓网故障一般有打弓、钻弓、刷弓。

2　接触网关键设备造成的弓网故障及预防措施

2.1　吊弦处发生弓网故障

在简单链形悬挂中,受电弓挂落一个跨距内的一个或几个吊弦,是一种程度较轻的弓网故障。

2.1.1　产生原因

(1)接触线拉出值(之字值)、导高、跨距中接触线对电力机车受电弓的偏移值不符合技术标准。

(2)电力机车受电弓状态不良(如碳滑板破损)。

(3)风力使接触线产生较大的横向偏移,接触线超出受电弓动态包络线进入弓头下方,列车继续运行,致使受电弓在接触线上方。

2.1.2　预防措施

(1)直线区段按规定周期进行测量、调整悬挂点处接触线的高度和跨中弛度、接触线坡度及拉出值等,使其符合技术标准。

(2)曲线区段按周期测量、调整接触线拉出值及跨中接触线对受电弓的最大风偏移,使其符合技术标准。

(3)曲线区段拉出值测量方法,曲线区段接触线拉出值由式(1)确定。

$$a = m+c^{[2]} \tag{1}$$

式中：a——接触线拉出值,mm;

　　　m——定位点处接触线与线路中心线的水平距离,mm;

　　　c——定位点处受电弓中心与线路中心的水平距离,mm。

c值由式(2)确定。

$$c = \frac{hH}{L} \tag{2}$$

式中：h——外轨超高,mm;

　　　H——导高,mm;

　　　L——轨距,mm。

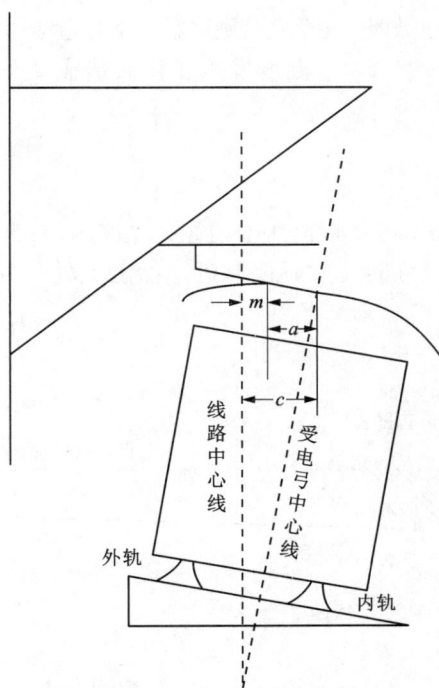

图 1　曲线区段拉出值计算示意图

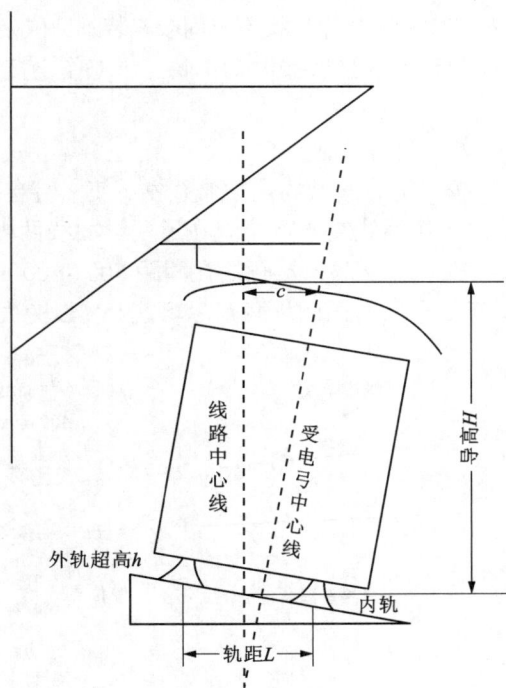

图 2　曲线区段 c 值计算示意图

现场实际测量时，c 值可近似按 c = 4h 计算，即 4 倍的外轨超高量。m 值用多功能红外测量仪进行测量，最后根据式(1)求得曲线区段接触线拉出值 a 值。若 $a_{实际} < a_{标准}$，将定位点向曲线外侧移动；$a_{实际} > a_{标准}$，则将定位点向曲线内侧移动，使拉出值符合技术标准。

(4)支柱处的定位器要严格按照设计标准检修，定位器应处于受拉状态(拉力 ≥ 80 N)。直线区段任意两相邻定位器的受力方向必须相反。

(5)采用优化的吊弦结构，如采用参考文献[3]提出的一种改进的整体吊弦，改进后的零件结构更加紧凑，最大弯矩截面承受的弯曲应力比改进前下降了 11.3%，零件的重量下降了 37.8%，从而使零件的各项性能指标和可靠性都得到了加强。

2.2　线岔处发生弓网故障

线岔处发生弓网故障，一般是因为线岔交叉点位置偏移或两接触线间距 500 mm 处不等高及非工作支抬高不够。此外，由于线岔一般是在站场两端或站场内，所以一旦在线岔处发生弓网故障，很可能对软横跨造成损坏。

2.2.1　产生原因

(1)线岔中两根接触线交叉点在岔心轨距比 630 mm 小得多的地方，使接触距受电弓偏移过大，电力机车过渡时接触线脱弓后造成刮弓。

(2)线岔中两根接触线交叉点在岔心轨距比 760 mm 过大的地方，两根接触线交叉角小，且距受电弓中心偏移小。当机车通过时，将一根接触线抬高，而另一根接触线虽然已在受电弓接触范围，但因抬高不够会造成钻弓后刮弓。

(3)限制管安装位置不满足安装温度的要求，温度发生变化时造成交叉点不能满足位于道岔导曲线两内轨距 630 ~ 1085 mm 外的横向中间位置。

(4)限制管的固定零件、螺栓松动或松脱，造成限制管连接不牢固甚至脱落。

(5)安装、调整时非工作支接触线抬升高度小于 50 mm，并且不符合足延长一跨后抬高 350 ~ 500 mm 后在下锚的技术标准。

(6)限制管前后，两根接触线上的双吊弦安装状态不良(如某一根吊弦松弛，另一根吊弦使接触线抬高)或脱落，造成两根工作支接触线在线间距 500 mm 处不在同一水平高度，或非工作支侧两根接触线相距 500 mm，非工作支抬高不符合技术标准。

（7）线岔处电连接压接不牢固或安装不到位，造成电连接断股、散股，甚至脱落到接触线下方造成弓网故障。

（8）限制管内接触线滑动不畅，非工作支接触线不能自由伸缩移动，温度发生变化时造成交叉点位置偏移。

2.2.2 预防措施

（1）按规定时间及周期检修线岔，使之符合技术标准。

①两根接触线交叉点位置在道岔导曲线两内轨距 735~1050 mm 的横向中心位置，允许偏差±50 mm。

②交叉线岔：两根接触线在间距 500~600 mm 处交叉，并尽可能向岔心侧靠近。始触点处、两根接触线应位于受电弓的同侧且间距尽可能小，以免发生钻弓的情况。

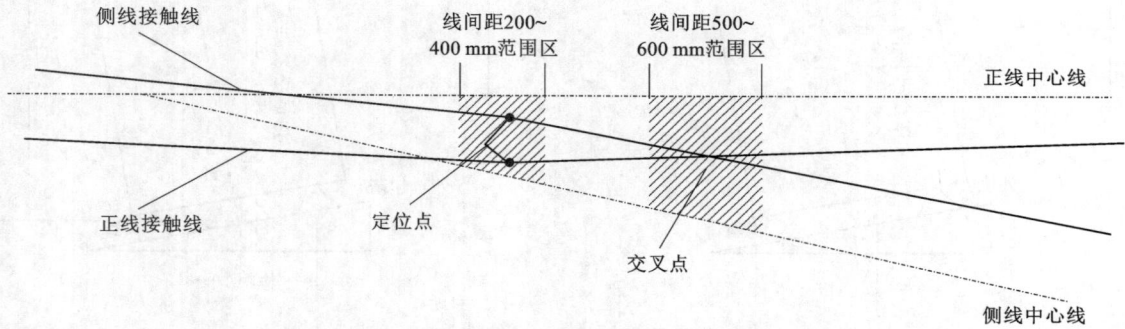

图3 交叉线岔平面布置图

③无交叉线岔：标准定位时，接触网支柱位于两线间距 600 mm 处，正线拉出值为 400 mm，站线拉出值为 350 mm，站线接触线距正线线路中心为 950 mm，两根接触线的水平距离为 550 mm。无交叉线岔平面布置图如图4所示。

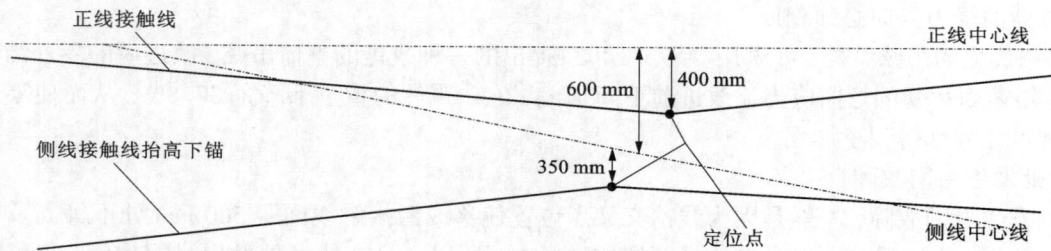

图4 无交叉线岔平面布置图

④限制管应安装牢固，长度符合设计要求，并使两根接触线有一定的活动间隙（上边的接触线与限制管应保持 1~3 mm 的间距），保证接触线自由伸缩。交叉点应位于限制管中心的位置，若安装时室外温度高于平均温度，应略偏于下锚方向；若安装时室外温度低于平均温度，应略偏于中心锚结方向。限制管安装牢固，防松垫片、定位线夹状态应良好无损，各部分的零件无锈蚀。

（2）按规定时间及周期测量调整线岔所在跨距及附近跨距的接触悬挂、定位装置等，使之符合技术标准。

（3）岔区内或站场内严禁电力机车升双弓运行。

2.3 锚段关节处发生弓网故障

锚段关节是两个相邻锚段的衔接部分，所以，锚段关节处一旦发生弓网故障，不仅会对该锚段关节处的接触网设备造成损坏，同时会波及两个相邻锚段的接触网设备。锚段关节处的支持悬挂装置较多并且设有张力补偿装置，技术条件复杂，一旦造成破坏则较难恢复，需要的时间也更长。

2.3.1 产生原因

（1）绝缘锚段关节内工作支与非工作支的间距不符合规定。一端停电并接地后两组悬挂间短路放电烧坏部件造成弓网故障，或者在转换柱处非工作支接触线抬高不够，受电弓打在分段绝缘子串后刷弓。

受电弓打击分段绝缘子串后，一是直接造成锚段关节处剐弓，二是虽未直接造成锚段关节处剐弓，但被损伤的受电弓继续运行，会在其他处所造成弓网故障。

（2）绝缘锚段关节中的转换支柱处，虽然两根接触线的水平距离或垂直距离及中心柱处两根接触线的水平距离满足（500±50）mm 的要求，但两根接触线或承力索上所安装的部件间距小于 500 mm（如两组悬挂的吊弦与吊弦、吊弦与电连接、吊弦与斜拉线及斜拉线与定位器之间），一端停电接地后两部件的空气间隙不够，放电烧坏部件造成剐弓。

（3）绝缘锚段关节中的中心柱两根接触线等高处，两根接触线水平距离虽保持在（500±50）mm 的技术要求范围内，但两根接触线的相对拉出值不合适，致使一支接触线不在受电弓工作范围内，受电弓脱弓或钻弓后造成弓网故障。

（4）电连接状态不良、线夹脱落、电连接线烧断造成剐弓。

（5）非绝缘锚段关节中的转换柱处，非工作支抬高不够（即远小于 200 m）造成剐弓。此种情况就是受电弓将工作支接触线抬高时，由于非工作支接触线抬高不够致使受电弓钻入非工作支上部，从而引起剐弓。

（6）补偿坠砣落地或卡在限制架上，气温升高后补偿器不起作用，非工作支弛度变大，使受电弓通过时钻弓引起剐弓或分段绝缘子串及其他部件打弓后引起剐弓。

（7）其他相邻跨距发生剐弓后，受电弓继续进行到锚段关节处，造成锚段关节损坏。

2.3.2　预防措施

（1）按规定周期标准检修锚段关节处的接触悬挂、电连接器及补偿装置。日常巡视时注意观察各部分的技术状态，不符合技术要求者及时进行调整、处理。保证达到以下要求。

①电分段锚段关节中，两悬挂各带电部分间空气绝缘为（500±50）mm，转换柱处两接触线间的水平距离和非工作支抬高均为（500±50）mm，中心柱处两根接触线等高。分段绝缘子串至锚支定位滑轮间的距离在最高温度情况下不小于 800 mm。

②补偿装置的 a、b 值符合安装曲线，滑轮有润滑油，机构灵活不卡滞，各部件受力良好。

③电连接器装设位置正确牢固、接触良好，电连接线无烧伤、断股，状态良好。

④中心柱处两根接触线水平距离为设计值，误差不超过 30 mm；两根接触线距柜面等高，误差不大于 20 mm。两根接触悬挂接触线工作支过渡处接触线调整符合运行要求。转换跨内非工作支吊弦处接触线高度抬高量如表 1 所示。

表 1　转换跨内非支吊弦处接触线高度抬高量　　　　　　　　　　　　　单位：mm

吊弦序号	1	2	3	4	5	6	7	8
转换跨 6 根吊弦	0	0	0	10	100	250	/	/
转换跨 8 根吊弦	0	0	0	0	10	60	150	250

（2）四跨锚段关节的中心支柱处接触线都是工作支，两根接触线都必须在受电弓的工作面上。尤其在曲线上时，既要计算好受电弓的偏移值，又要考虑两根接触线间距是（500±50）mm。所以，调整中心支柱导线时既要考虑拉出值、两导线间距，又要考虑跨中两导线都不脱弓。

（3）按规定时间周期测量相邻两段内接触线拉出值、高度和最大偏移值。日常巡视时注意定位器坡度和沿线路方向的偏移角度、各零件状态，不符合标准者及时进行调整和处理，如及时调整、更换不符合标准的吊弦和接触网的其他零部件。

2.4　中心锚结处发生弓网故障

中心锚结损坏情况一般以接触线上的中心锚结损坏为主，承力索上的中心锚结损坏情况较少。

2.4.1　产生原因

（1）邻近跨距内发生剐弓后，受电弓继续运行到中心锚结处造成中心锚结损坏。

（2）接触线上的中心锚结线夹不正，被受电弓打掉或发生剐弓。

（3）接触线上中心锚结辅助绳受力不均匀，致使一侧的辅助绳松弛严重，发生弓网故障。一方面受电弓通过时辅助绳打击受电弓，另一方面受电弓可能钻入辅助绳内引起剐弓。

（4）辅助绳与承力索固定处由于某种原因（如螺栓松动）或磨断造成辅助绳松弛、脱落、开断，一方面对地或机车车辆短路放电扩大事故范围；另一方面脱落的辅助绳打受电弓或缠绕受电弓而引起剐弓。

（5）辅助绳由于某种原因断股，且断股线散股严重，打击或缠绕受电弓引起剐弓。

（6）辅助绳由于某种原因断线（如烧断、拉断或腐蚀断），断线的辅助绳缠绕受电弓引起剐弓，同时断线端侧对机车车辆或大地短路放电，扩大设备损坏范围。

2.4.2 预防措施

（1）按时间周期及标准检修中心锚结。接触线中心锚结（半补偿中心锚结，见图4）中，中心锚结线夹两边的锚结绳长度相等、张力相等不松弛，无散股及断股现象，锚结绳安装正确（每端用正反安装的两个钢线卡子与承力索紧固），钢线卡子间距和铺结绳露头均为100~150 mm；露头端部绑扎不少于20 mm，中心锚结线夹安装端正，螺栓紧固。

全补偿链形悬挂的承力索中心锚结绳的固定及受力状态良好，无散股及断股现象。

（2）中心锚结线夹有偏磨、打弓现象时及时安排处理。中心锚结辅助绳有断股、散股时及时进行更换、处理。

3 总结

（1）接触网属于露天设备，受自然环境因素的影响比较大，随机性和不可控性比较高（如雨、雪、雾霾、大风等天气时造成的接触网覆冰、绝缘子污闪及搭接异物等）；同时还会受到外界动力的撞击，对接触网设备造成破坏性的损伤，进而造成弓网故障。对此，一方面需要加强设备抵抗自然灾害的能力，如修建支柱基础护坡和设立防护桩等；另一方面加强步行巡行和添乘检查，对外部环境和接触网关键部位进行重点监测。

（2）在日常的检修作业中，规范标准化作业流程，严格按照作业指导书的检修标准和检修工艺对接触网设备进行检修，认真检查接触网关键部分如线岔、锚段关节、中心锚结等，并加强对两侧相邻吊弦和定位的技术参数的测量，确保接触网技术参数在合理范围内。

（3）从故障信息报告、抢修物资准备、抢修机具状况、现场道路情况、应急处理方案等方面制定详细的故障抢修预案，并采取桌面推演和实战演练相结合的方式，按照工区每月、车间每季度的周期组织抢修演练，提高应急处理能力，最大限度地减少弓网故障造成的列车延时。

（4）充分利用供电6C系统对接触网及受电弓状态进行监控，特别是利用3C实时监控弓网工作状态，认真分析生成的图像或录像，关注列车运行过程中记录的接触网拉出值、硬点超限等技术参数，及时消除可能引起弓网故障的危险因素；利用4C对接触网关键部位进行抓拍，及时掌握设备的异常状态和隐蔽缺陷；利用5C查看出入库受电弓的状态。简而言之，从弓（5C）、网（4C）及弓网耦合（3C）多角度监控受电弓及接触网的运行状态，保证列车安全、稳定运行。

参考文献

[1] 张万里.接触网事故抢修[M].北京：中国铁道出版社，1994.

[2] 于万聚.高速电气化铁路接触网[M].成都：西南交通大学出版社，2003.

[3] 赵戈红.浅谈高铁接触网整体吊弦存在问题及解决措施[J].电气化铁道，2017，28（4）：14-18，22.

[4] 刘让雄.接触网中心锚结缺失引发二次故障分析及建议[J].电气化铁道，2017，28（5）：53-56.

[5] 张建昭.高速电气化接触网交叉线岔与无交叉线岔的对比分析[J].黑龙江科技信息，2013（5）：276-344.

[6] 郭尚坤.电气化铁路弓网故障的原因分析及应急处置[J].郑铁科技，2018（2）：36-38.

[7] 李瑞.四跨非绝缘锚段关节的缺陷分析和应对措施[J].郑州铁路职业技术学院学报，2018，30（3）：9-12.

[8] 贺利斌.浅谈中心锚结的检修[J].内蒙古煤炭经济，2010（3）：57-58.

作者简介

邢紫佩，中国铁路北京局集团有限公司天津供电段，助理工程师。

罗明祥，中国铁路北京局集团有限公司天津供电段，工程师。

接触网电气烧伤原因及防治措施

赵玉明

摘　要： 电气化铁道中，接触网设备零部件电气烧伤现象已越来越突出，而且电气烧伤故障往往在事前不易被发现，一旦发生设备故障，将直接影响铁路运输。本文主要对接触网零部件烧伤原因和预防措施进行了分析、总结。

电气化铁道中，接触网设备是在力与电的双重作用下工作的，所以机械故障和电气烧伤故障构成了接触网故障的主体。随着运能的不断增加，受主要干线运输繁忙及动车组开行密度大等因素的影响，接触网设备的电气烧伤现象已愈发突出。接触网零部件电气烧伤，对铁路运输的影响愈来愈大，因此，接触网设备烧伤原因分析及防治已成为牵引供电运营单位重要课题。

1　接触网电气烧伤原因分析

1.1　主导电回路不畅

接触网的主导电回路是由馈电线、隔离开关、开关引线、电连接线、承力索、接触线等组成的。主导电回路各部分间是由各种线夹连接的，从而使得这一回路沿铁路延伸，我们称这些线夹（如承导线接头线夹、馈线线夹、电连接线夹、接线端子等）及其被连接的部分为主导电回路的电气连接。这些电气连接同样应满足主导电回路的设计要求。

所谓主导电回路"畅通"，就是主导电回路的截面积（或当量面积）能保证设计及运营实际所需的载容量，各电气连接良好，能够保证运营电流的畅通；所谓主导电回路"不畅通"，就是主导电回路局部因载流过大、零部件分流严重，烧伤接触网设备，从而无法保证运营电流的畅通。

接触网主导电回路不畅主要有以下三方面的原因。

①设计中采用的主导电回路允许持续载流量偏小。在电气化设计中，虽对线路牵引运能的增加裕量有所考虑，但随着铁路运输的发展，现在牵引运能的增加已超出了裕量。原采用的一些线索因持续载流量偏小，串接在主导电回路中的设备[如隔离开关、吸流变压器（BT 供电方式）、自耦变压器（AT 供电方式）、负荷开关等]的额定电流较小，而承受不了大电流的长期运行，发生了电气烧伤。

②错误接线造成主导电回路中某一处截面减少（如因接线错误将一段非载流承力索串接入主导电回路），阻抗加大，温升过高，从而烧断承力索。

③主导电回路中电气连接不良，如接触线电连接线夹未打楔子导致导电截面减小；供电线夹装反或线夹内有异物造成该处导流降低；电气连接由于长时间的运行、气候变化、电流通过等造成的电或化学腐蚀，使电气连接的阻抗增大造成主回路导流不畅。

1.2　接触网设备烧伤分析

正常的接触网结构中本不应有电流通过的地方，但由于某些条件的巧合通过了部分牵引电流。由于这些地方没有保证牵引电流（或其分流）通过的必要的电气连接，所以烧伤了接触网设备。

①交叉线索、支撑装置等由于线路阻抗的不同而形成电压差，在风力、温度变化、振动等因素的作用下，它们之间的绝缘距离不足，产生了放电现象，通过放电电弧烧伤了接触网设备。

②两端属同相而不同馈线供电的绝缘锚段关节、分段绝缘器因供电臂的阻抗不同而形成电压差，当电力机车通过受电弓短接两供电臂的瞬间，会在短接点处产生电弧，造成设备的烧伤。

③不宜长时间承受较大压差的设备会被烧伤或击穿，如隔离开关的分段绝缘器长期承受对地电压，分段绝缘器、绝缘子长期承受不同的相电压差，造成绝缘损伤或击穿。

1.3 零部件分流

1.3.1 烧伤斜拉线、定位环线夹和定位器等设备

①在锚段关节处，易出现斜拉线与另一支承导间间距不足的问题，斜拉线与另一支承导间存在一定的电位差，若不能及时处理，将会烧伤或烧断斜拉线。

②高速铁路要求定位环、定位器的连接部位导电性能要良好，必要时加装等位线。否则，若定位环、定位器的连接面积偏小，就会在定位器和定位环处发生烧伤现象。

1.3.2
即使在周围电气连接性能良好的情况下，环节吊弦锈蚀得也很快，在调整导高的过程中，夹在接触线吊弦线夹内的中4.0铁线回头弯曲处常常被折断；吊弦的环节之间也有烧伤现象，越在大坡道区段此类现象就越多。这是吊弦分流引起的。

1.3.3
在使用整体绝缘吊弦的区段，支持装置连通承力索和接触线，所以支持装置内也存在分流现象。钩头鞍子、定位器和"软尾巴"等设备易出现烧伤现象。

1.4 维护检修方面原因

1.4.1 在施工时未严格执行标准，如安装时未涂抹电力复合脂等，导致电连接的线夹导流性能差。

1.4.2 电气接续检修中多是做些外观上的检查，没有对线夹内部进行检查，导致不能及时发现导电性能不良问题。

1.4.3 日常绝缘设备清扫不及时，导致绝缘污闪的发生。腕臂绝缘子发生绝缘污闪后，造成承力索座内承力索的烧伤。

1.4.4 对设备的巡视特别是夜巡工作执行不力，不能及时发现明显的发热、放电点，造成线索或零部件的烧伤。

2 接触网电气烧伤问题的防治措施

在主导电回路"不畅通"的因素中，接线错误和电气连接安装错误虽然造成的后果比较严重，但因其数量较少，产生原因较明显，易于防止，是通过提高广大接触网运行检修人员的技术业务水平，特别是突出了主导电回路的概念之后就可以解决的。

对于因长期运行而产生的电气连接的电的或化学的腐蚀，由于其沿整个电化区段分布，数量很多，各区段的外界条件又有较大差异，使得腐蚀及阻抗增大的程度各不相同，相对来说比较难控制。

零部件分流有其固然性，不能将分流问题统统归结为电气接续不良。有分流就会产生电气烧伤，尤其是对活动部位的危害性较大。因为活动部位处多为点线接触而非面面接触，且活动铰接的活动量大，这样活动部位处的电气接触电阻也就比较大，所以分流烧伤程度比较重。在接触网中，电气接续数量越多、性能越好，零部件的分流量就越小，但是，电气接续数量再多、性能再好，也不可能把其他零部件的分流减为0。因此解决零部件分流问题只能尽量减小分流量。

在长期的接触网设备运营检修中，可以采取以下办法减少或消灭接触网零部件烧伤问题的发生。

2.1 在新建、大修接触网时，应按远期发展目标来选定主导电回路中的零部件。对既有的一些载流量偏小的线索、设备及时进行技术改造。

2.2 设计、施工时采用面面接触的设备线夹；在安装引线、电连接时，要保证主导电回路连接正确且严格按照施工工艺施工。

2.3 加强锚段关节部位斜拉线与另一支等间距检查，发现间距偏小时及时进行调整。绝缘锚段关节处的隔离开关应安装在两根接触悬挂不交叉的转换柱上，以避免隔离开关引线与承力索立体交叉。

2.4 利用先进的测温设备，如红外测温仪或测温贴片，来监测电气连接的导流性能和状态；加强夜巡工作，以便及时发现电气烧伤问题。

2.5 在接触网上适度增加横向电连接，减少其他零部件的分流。

2.6 按照技术标准检修主导电回路，车梯巡检时对电连接线夹进行解体检查，清除杂质，打磨氧化层、涂导电膏。做好巡视（特别是夜间巡视）工作。

2.7 腕臂绝缘子有部位发生绝缘污闪时需将承力索座打开检查，若发现承力索烧伤，应及时采取措施，防止发生事故。

参考文献

[1] 王祖峰，董昭德. 接触网[M].北京：中国铁道出版社，2010.
[2] 张灵芝，龙剑，严兴喜. 接触网设备检修与维护[M].成都：西南交通大学出版社，2016.

作者简介

赵玉明，中国铁路北京局集团有限公司天津供电段，工程师。

高速铁路接触网跳闸故障测距分析与验证计算

李　智

摘　要：通过对京沪高铁变电所故障测距异常的分析，找出测距异常的原因，指出吸上电流比法测距存在的不足，提出横联线电流比法测距的对策及算法，以供高速铁路运行管理参考。

电气化铁路接触网故障跳闸后，故障测距装置（以下简称故测装置）测定的故标是故障点查找及动车组（电力机车）限速运行的重要依据，其准确性对于快速排除故障、缩短故障停时、及时恢复列车运输秩序、减少不良社会影响有着十分重要的意义。近年来，随着我国高速铁路的快速发展，接触网的故障测距技术取得了长足的进步，但对于一些较复杂的接触网故障，故测装置仍存在测距不准的情况，供电运维人员应予以高度重视并采取有效的应对措施。

1　故障概况

××年 4 月 28 日 17：55，京沪高铁昆山南牵引所 217、218DL（京沪高铁 747、748 单元）阻抗一段动作跳闸，重合闸成功，下行 T-R 故障，故标 11.30 km，对应昆山南—黄渡线路所区间下行 K1278+970 处 343#支柱（AT 所上网点牵引所侧 3.463 km）。接触网跳闸后，747 单元供电臂末端分区所 271DL 未重合闸，分区所 271T 线压互电压显示为 0。

17：59，昆山南牵引所 217、218DL 再次阻抗一段跳闸，重合闸成功，下行 T-R 故障，故标 11.25 km，对应昆山南—黄渡线路所区间下行 K1278+910 处 341#支柱。

18：05，动车 G1817 次司机汇报因接触网无压，停于昆山南—黄渡线路所下行 K1284+365 处（第二 AT 区段）。供电调度检查确认 AT 所上行馈线电压正常，通过分区所对第二 AT 区段环供时送电失败。

19：40，抢修人员汇报根据故标巡视无果，再次组织强送。通过强送电的电弧闪光，抢修人员发现故障点在昆山南—黄渡线路所区间下行 K1282+776 处 497#支柱处（AT 所上网点分区所侧 0.343 km）。因设备线夹烧损，该支柱隔离开关的 T 相引线脱落，造成分区所侧接触网短路接地，故标误差 3.8 公里。

20：13，经临时处理，京沪高铁 747 单元恢复供电。故障造成京沪高铁下行中断运行 138 min。接触网两次跳闸的故障报文如表 1 所示。

表 1　京沪高铁昆山南牵引所跳闸故障报文

时间	设备名称	故障内容
17：55：29.746	昆山南牵引所 218 馈线保护装置	阻抗一段出口 Utf：20.17 kV　It：1935 A If：1365 A　阻抗角：67.8°　故障测距：21.37 km
17：55：29.747	昆山南牵引所 217 馈线保护装置	阻抗一段出口 Utf：20.18 kV　It：2025 A If：1380 A　阻抗角：67.1°　故障测距：20.6 km

续表1

时间	设备名称	故障内容		
17:55:29.629	昆山南牵引所故障测距装置	牵引所测距数据 下行 T-R/吸上电流比原理 故障距离：11.30 km 公里标：K1278+970 上行 IT：1882 A，294° 上行 IF：1331 A，111° 下行 IT：1956 A，294° 下行 IF：1342 A，110° 总吸上电流：1178 A	子所 1 测距数据 上行 IT：2008 A，332° 上行 IF：1046 A，146° 下行 IT：4128 A，148° 下行 IF：1081 A，145° 总吸上电流：4257 A	子所 2 测距数据 上行　IT：147 A，346° 上行　IF：285 A，308° 下行　IT：438 A，298° 下行　IF：264 A，312° 总吸上电流：1098 A
17:59:28.113	昆山南牵引所 218 馈线保护装置	阻抗一段出口 Utf：20.0 kV　It：1965 A If：1335 A　阻抗角：71.8°　故障测距 21.67 km		
17:59:28.118	昆山南牵引所 217 馈线保护装置	阻抗一段出口 Utf：19.9 kV　It：2055 A If：1365 A　阻抗角：71.8°　故障测距 20.97 km		
17:59:28.079	昆山南牵引所故障测距装置	牵引所测距数据 下行 T-R/吸上电流比原理 故障距离：11.25 km 公里标：K1278+910 上行 IT：1903 A，290° 上行 IF：1299 A，107° 下行 IT：1988 A，290° 下行 IF：1306 A，107° 总吸上电流：1301 A	子所 1 测距数据 上行 IT：2248 A，312° 上行 IF：983 A，125° 下行 IT：4540 A，129° 下行 IF：1316 A，128° 总吸上电流：4601 A	子所 2 测距数据 上行　IT：328 A，325° 上行　IF：328 A，325° 下行　IT：0.6 A，134° 下行　IF：0.8 A，194° 总吸上电流：657 A

2　故障测距误差的分析

2.1　牵引所馈线继电保护及测距原理

京沪高铁采用全并联 AT 供电方式供电。牵引所馈线继电保护设距离保护、电流速断、过流保护、电流增量保护，其中距离保护为主保护，投入距离一段，保护线路全长。AT 所、分区所馈线断路器独立设置，投入失压保护。

当接触网出现短路故障，牵引所上、下行馈线保护装置均启动并出口跳闸，接触网停电。延时 1 s AT 所、分区所的馈线断路器失压保护动作，上、下行接触网解列。牵引所馈线断路器跳闸后延时 2 s 重合闸，若是瞬时故障，上下行断路器均重合成功，分区所、AT 所馈线断路器分别延时 3 s、4 s 后检有压重合闸，恢复正常的 AT 供电方式。若故障系永久性故障，故障行别的馈线断路器再次跳闸，重合失败，非故障行别的馈线重合成功。

AT 供电方式接触网的故障类型主要分为 T-R、F-R、T-F（即 T 线对地、AF 线对地、T 线对 AF 线短路）三种故障。接触网跳闸后故测装置启动，召测变电所、AT 所、分区所故障时刻的电量参数，并按下列方式进行测距。

（1）判断是否为 T-F 故障。取牵引所、分区所、AT 所吸上电流的最大值 Iatmax，与 T-F 短路吸上电流判定定值进行比较。当小于定值，判断为 T-F 故障，采用线性电抗法进行故障测距；当大于定值，判断为 T-R 或 F-R 故障。因 T-R、F-R 故障时接触网阻抗特性的非线性特点，故测装置通常采用吸上电流比法测距（部分厂家综自对第一 AT 段故障采用上下行电流比法测距）。

（2）判断故障 AT 区段。当判断为 T-R 或 F-R 故障时，若 Iatmax 为牵引所（分区所）的吸上电流，则判断故障在第一 AT 段（或第二 AT 段）。若 Iatmax 为 AT 所的吸上电流，则比较 AT 所相邻所亭的吸上电流，取其大者确定故障区段。

（3）判断故障线别。比较牵引所、分区所和 AT 所上、下行馈线的 T 线、F 电流（IT 上、IT 下、IF 上、IF 下），由 Imax 确定故障线别。

（4）判断出故障区段、线别后，根据吸上电流比法公式计算故障距离

$$L=L_n+\frac{D_n}{100-Q_n-Q_{n+1}}\left(100\times\frac{K_{n+1}I_{n+1}}{K_nI_n+K_{n+1}I_{n+1}}-Q_n\right) \tag{1}$$

式中：L——故障点与变电所馈线断路器出口的距离（包括供电线）；

L_n——变电所与第 n 个 AT 的距离；

D_n——第 n 个 AT 与第 $n+1$ 个 AT 之间的距离。

I_n，I_{n+1}——分别为第 n 个、$n+1$ 个 AT 中性点的吸上电流和。

Q_n，Q_{n+1}——整定值，与 AT 之间的距离大小、钢轨漏抗、馈线长短、钢轨连接导电情况等因素有关，取 5~10 经验值。

K_n，K_{n+1}——电流分布系数，范围可根据站场情况调整，标准区间线路 $K=1.0$。

2.2 故障测距的数据分析

昆山南牵引所 17：55 跳闸时所亭的电流分布如图 1 所示。通过电流分布可以看出，虽然最终的故障现象是下行 T 相断线，但 17：55 跳闸时分区所下行 T 线、F 线有故障电流通过，此时是全并联 AT 供电方式，吸上电流比法对该次跳闸的测距适用。

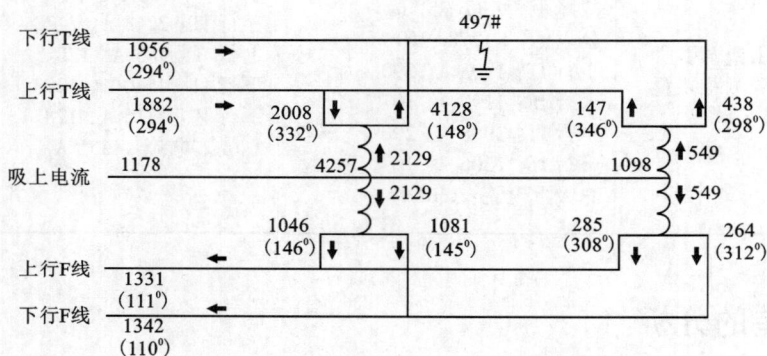

图 1　昆山南牵引所第一次时跳闸所亭的电流分布（单位：A）

本次跳闸 AT 所的吸上电流最大，为 4257 A；其次为牵引所的吸上电流，为 1178 A；分区所的吸上电流最小，为 1098 A。根据吸上电流比的测距原理，故测装置判断故障区段在第一 AT 区段，运用式（1）计算故标：

$$L=0+\frac{13.629}{100-7-7}\left(100\times\frac{4257}{1\times1178+1\times4257}-7\right)=11.30 \tag{2}$$

昆山南牵引所 17：59 跳闸时所亭的电流分布如图 2 所示。结合电流的分布情况以及 17：55 接触网跳闸后分区所 272DL 未检有压重合的现象可以推断，17：55 接触网跳闸后 497# 支柱 GK 的 T 相引线脱落，主导电回路出现断口，而且断口的牵引所侧悬空，分区所侧接地。

本次跳闸的原因是该区间运行的 G1817 次列车通过 497# 支柱处的绝缘锚段关节时，受电弓短接绝缘间隙将电源与短路点导通。此时，第二 AT 区段已经不是全并联 AT 供电方式，但故测装置仍然根据吸上电流的分布判断故障点在第一 AT 区段并计算故标：

$$L=0+\frac{13.629}{100-7-7}\left(100\times\frac{4601}{1\times1301+1\times4601}-7\right)=11.245 \tag{3}$$

比较这两次跳闸的电流参数：

第一次跳闸短路电流为 6511 A，牵引所、AT 所、分区所的吸上电流分别占牵引回流（等于故障短路电流）的 18%、65%、17%。牵引所、AT 所的吸上电流比值约为 0.28∶1。

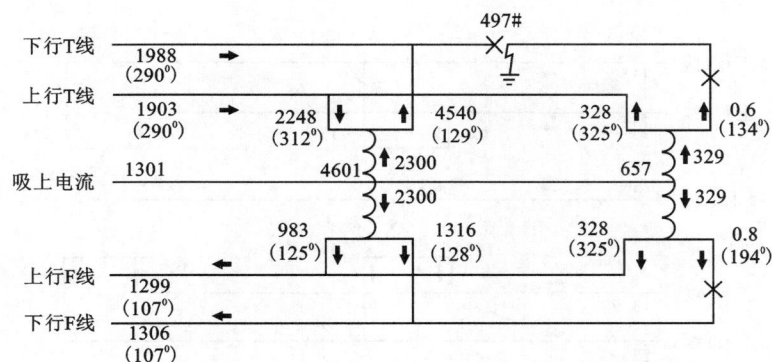

图 2　昆山南牵引所第二次跳闸时所亭的电流分布(单位：A)

第二次跳闸短路电流为 6496 A，牵引所、AT 所、分区所的吸上电流分别占牵引回流的 20%、71%、10%。牵引所、分区所的吸上电流比值约为 0.28∶1。

第二次跳闸时由于第二 AT 区段的供电方式被破坏，分区所的吸上电流占牵引回流的比重下降 7%。但因为第一个 AT 区段供电方式未被破坏，所以牵引所和 AT 所两者之间的吸上电流比值仍为 0.28∶1，未发生变化，这也是昆山南牵引所两次跳闸虽然供电方式不同但故测装置测距却非常接近的原因。

如果故测装置能正确判断第一次跳闸的故障点在第二区段，则故障点可计算如下：

$$L = 13.629 + \frac{13.787}{100-7-7}\left(100 \times \frac{1098}{1 \times 4257 + 1 \times 1098} - 7\right) = 13.629 + 2.165 = 15.794 \qquad (4)$$

故障点在 AT 所上网点分区所侧 2.165 km 处，误差 1.822 km。

对于发生在 AT 所上网点附近，与牵引所、分区所吸上电流接近的故障，吸上电流比法测距存在误判故障区段的不足，进而造成故标误差过大，影响故障的查找与处置。

类似的案例在沪宁高铁也出现过。2018 年 8 月 6 日是雷雨天气，沪宁高铁常州牵引所 211、212DL 跳闸，重合闸成功，下行 F-R 故障，吸上电流比法测距故标为 16.51 km，对应常州—丹阳区间下行 K178+241 处 479#支柱(AT 所上网点分区所侧 1.754 km 处)。实际巡查发现，故障点在常州—丹阳区间下行 K175+450 处 361#支柱(AT 所上网点牵引所侧 1.037 km 处)，故标误差 2.791 km。跳闸的故障报文及所亭电流分布关系分别如表 2 及图 3 所示。

表 2　沪宁高铁常州牵引所跳闸故障报文

时间	设备名称	故障内容		
20:26:02:458	常州牵引所 211 馈线保护装置	阻抗一段出口 Utf: 23.1 kV　It: 1230 A If: 1800 A　阻抗角: 67.5°　故障测距: 20.27 km		
20:26:02:455	常州牵引所 212 馈线保护装置	阻抗一段出口 Utf: 22.8 kV　It: 1200 A If: 1350 A　阻抗角: 62.6°　故障测距: 22.9 km		
20:26:02:566	常州牵引所 故障测距装置	牵引所测距数据 下行 T-R/吸上电流比原理 故障距离: 16.51 km 公里标: K178+241 上行 IT: 1165 A, 294° 上行 IF: 1317 A, 114° 下行 IT: 1152 A, 293° 下行 IF: 1749 A, 114° 总吸上电流: 756 A	子所 1 测距数据 上行 IT: 983 A, 112° 上行 IF: 1542 A, 296° 下行 IT: 935 A, 111° 下行 IF: 3446 A, 113° 总吸上电流: 3848 A	子所 2 测距数据 上行 IT: 199 A, 124° 上行 IF: 197 A, 126° 下行 IT: 234 A, 125° 下行 IF: 235 A, 124° 总吸上电流: 871 A

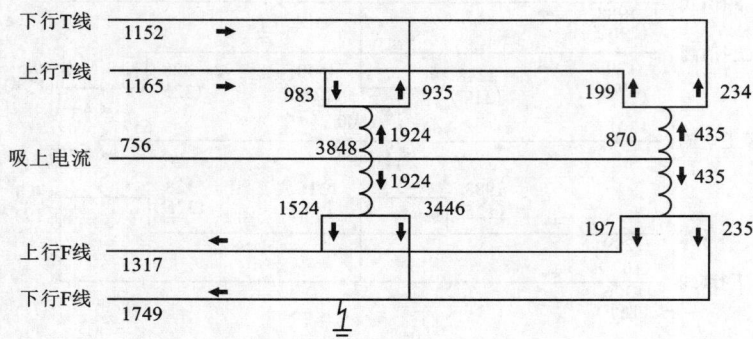

图 3　常州牵引所跳闸时所亭的电流分布（单位：A）

3　减小故标误差的对策

吸上电流比法测距除了对 AT 所上网点附近短路存在误判故障区段的不足，还具有不适用于 T-F 短路测距、计算公式比较复杂、公式中 Q 值为经验值需要修正的缺点。

全并联 AT 供电方式下接触网跳闸，对于故标地点附近未发现故障点的，运维人员要考虑存在故标指向错误的问题，在扩大巡视范围的同时，可以运用横联线电流比算法对故标的准确性进行验证。

横联线电流是指全并联 AT 供电方式下接触网故障时，变电所、AT 所和分区所的上下行并联处都存在非故障线路流向故障线路的电流。类似于吸上电流比法，横联线电流比法通过计算和比较牵引所亭横联电流中最大的两个电流值，确定故障区段和故障距离。该方法公式简单、无修正系数，不受自耦变泄漏电抗及短路过渡电阻的影响，适用于 T-R、F-R、T-F 故障。其计算公式如下：

$$L = L_{n-1} + L_n \cdot \frac{I_{\mathrm{HL}n}}{(I_{\mathrm{HL}(n-1)} + I_{\mathrm{HL}n})} \tag{5}$$

式中：$I_{\mathrm{HL}n}$——第 n 个所亭的横联线电流。

以 4 月 28 日京沪高铁昆山南牵引所 17：55 跳闸为例，判断跳闸时的运行方式为全并联供电方式后，计算可得：

$$I_{\mathrm{HL}牵} = \frac{|\dot{I}_{\mathrm{TF1}} - \dot{I}_{\mathrm{TF2}}|}{2} = \frac{|(1956+1342)-(1882+1331)|}{2} = 42.5 \text{ A} \tag{6}$$

$$I_{\mathrm{HLAT}所} = |\dot{I}_{\mathrm{T1}} - \dot{I}_{\mathrm{F1}}| = |2008+1046| = 3054 \text{ A} \tag{7}$$

$$I_{\mathrm{HL}分区所} = |\dot{I}_{\mathrm{T1}} - \dot{I}_{\mathrm{F1}}| = |285-147| = 138 \text{ A} \tag{8}$$

判断故障区段。AT 所的横联线电流最大，分区所次之，判断故障点在第二 AT 区段。

判断线别。AT 所下行 T 线电流最大，判断为下行 T 线故障。

计算故标。供电臂的第一 AT 区段长 13.629 km，第二 AT 区段长 13.787 km。将数据代入公式可得：

$$\begin{aligned}
L &= L_{n-1} + L_n \cdot \frac{I_{\mathrm{HL}n}}{(I_{\mathrm{HL}(n-1)} + I_{\mathrm{HL}n})} \\
&= 13.629 + 13.787 \cdot \frac{138}{(3054+138)} \\
&= 13.629 + 0.596 \\
&= 14.198 \text{ km}
\end{aligned} \tag{9}$$

计算得出故障点在 AT 所上网点分区所方向 0.596 km 处，与实际故障点误差 0.253 km。

对于 T-F 短路故障，横联线电流比法同样适用，其计算过程与 T-R、F-R 故障类似，不同之处在于当故障点在第二区段时判断故障线别的方法。

以沪宁高铁栖霞牵引所的 T-F 短路跳闸为例。2018 年 2 月 8 日 14：31，栖霞牵引所 211、212DL 距离一段动作跳闸，重合闸成功，上行 T-R 故障，故标 1.529 km，对应宝华山—仙林区间下行 K278+292 处 144#支柱。跳闸时牵引所亭的电流关系如图 4 所示。

2018 年 3 月 2 日 09：00，沪宁高铁栖霞牵引所 211、212DL 再次距离一段动作跳闸，重合闸成功，上行 T-R 故障，故标 1.644 km，对应宝华山—仙林区间下行 K278+407 处 150#支柱。

故障跳闸后，检修人员根据故标采取了添乘动车巡视、上道检查、视频回放等多种手段多次排查故障，均未发现故障点。

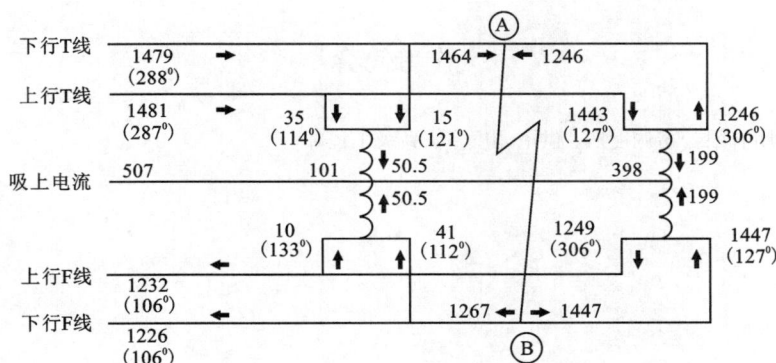

图 4 栖霞牵引所跳闸时所亭的电流分布（单位：A）

本次故障的实际原因是施工不规范，造成沪宁高铁南京城际场 K301+726 处 145#支柱（分区所下行上网隔离开关支柱）隔离开关 T 线线夹与 AF 线母排支持绝缘子上部铁件间的安全距离不足，仅为 310 mm，特定条件下 T、F 相间短路放电。故测装置的 T-F 短路吸上电流判定定值（为经验值）整定过小，错误判断故障性质为上行 T-R 故障并采用吸上电流比法测距，给出牵引所近端短路的错误故标。

确认跳闸时运行方式为全并联供电方式后，计算横联线电流：

$$I_{HL牵} = \frac{|\dot{I}_{TF1} - \dot{I}_{TF2}|}{2} = \frac{|(1479+1226)-(1481+1232)|}{2} = 4 \text{ A} \tag{10}$$

$$I_{HLAT所} = |\dot{I}_{T1} - \dot{I}_{F1}| = |35-10| = 25 \text{ A} \tag{11}$$

$$I_{HL分区所} = |\dot{I}_{T1} - \dot{I}_{F1}| = |1249+1443| = 2692 \text{ A} \tag{12}$$

判断故障区段。分区所的横联线电流最大，AT 所次之，判断故障点在第二 AT 区段。

判断线别。T-F 短路无法根据牵引所亭馈线的最大 T 线或 F 线电流判断故障线别。对于全并联 AT 供电方式接触网故障，牵引所非故障相馈出的短路电流经 AT 所、分区所的馈线流向故障点。根据基尔霍夫电流定律可知，非故障相牵引所、AT 所、分区所的馈线电流在 AT 所的 T 接点处矢量和为 0。栖霞牵引所跳闸时，AT 所上行 T 接点的 T 线电流矢量和为 1481-35-1443＝3 A，F 线电流矢量和为 1249-10-1232＝7 A，同时考虑误差因素，T、F 线的电流矢量和实际都为 0，可以判断故障发生在下行，不在上行。

计算公里标。该供电臂第一 AT 区段长 13.023 km，第二 AT 区段长 11.582 km。将数据代入公式可得：

$$\begin{aligned} L &= L_{n-1} + L_n \cdot \frac{I_{HLn}}{(I_{HL(n-1)} + I_{HLn})} \\ &= 13.023 + 11.582 \cdot 2692/(2692+25) \\ &= 13.023 + 11.475 \\ &= 24.498 \text{ km} \end{aligned} \tag{13}$$

计算故障点对应线路里程为 K301+628，故标误差 98 m。

4 结束语

故测装置测得的故标是接触网跳闸后查找故障的重要依据。对于高速铁路接触网跳闸，若出现根据故标无法发现故障点的情况，供电运维人员应及时检查故测装置的测距方法与接触网的运行方式是否匹配，同时人工计算验证故标的准确性以指导现场查找故障点。横联线电流比法测距简单易行，值得广大牵引所的供电运维人员在实践中学习并运用。

参考文献

[1] 田锋，赵强. 接触网故障点距离测量方法对比分析[J]. 铁道技术监督，2016，（2）.

作者简介

李智，中国铁路上海局集团有限公司调度所，供电调度室，高级工程师。

两种接触网波形数据的综合分析及研判

张朝宇

摘 要：接触网波形是综合反映接触网运行状态的数据合集，本文通过总结两种接触网特征波形，提出相应的综合分析手段，以此研判接触网设备存在的缺陷。

为贯彻供电系统修程修制改革的精神，深化"运、检、修"分离改革，近年来集团公司在检测方面投入了巨大的人力、物力和财力，供电接触网检测设备投运的数量也实现了逐年增长。随着检测设备的大量投运，检测的手段日益丰富，大量设备的上线也使得测量的数据呈指数级增长，因此如何通过有效结合各种类型的检测数据来综合分析接触网设备状态，是实现供电系统大数据管理必须解决的问题。本文旨在通过对弓网综合检测数据(含非接触式检测设备数据)的两种特征波形进行分析，结合其他检测手段进行横向对比，来综合判定接触网设备存在的隐患，探讨接触网大数据给设备养护带来的思考。

1 波形曲线的定义

本文所论述的弓网综合检测数据所含的各类曲线可以是接触网弓网综合检测设备所检测的数据，也可以是各类非接触式检测设备连续测量得到的数据形成的波形图形。为方便论述，本文采用的检测波形均为波形分析系统软件显示的波形。

弓网综合检测数据是通过受电弓与接触线动态匹配的情况所采集到的数据，更能够精确地反映出弓网匹配时的动态关系。当接触网设备正常与受电弓匹配动态运行时，接触力、硬点、导高等主要参数波形应平稳，不应有大范围的起伏、突变等情况，拉出值波形应符合"之"字形布置，如图1所示。

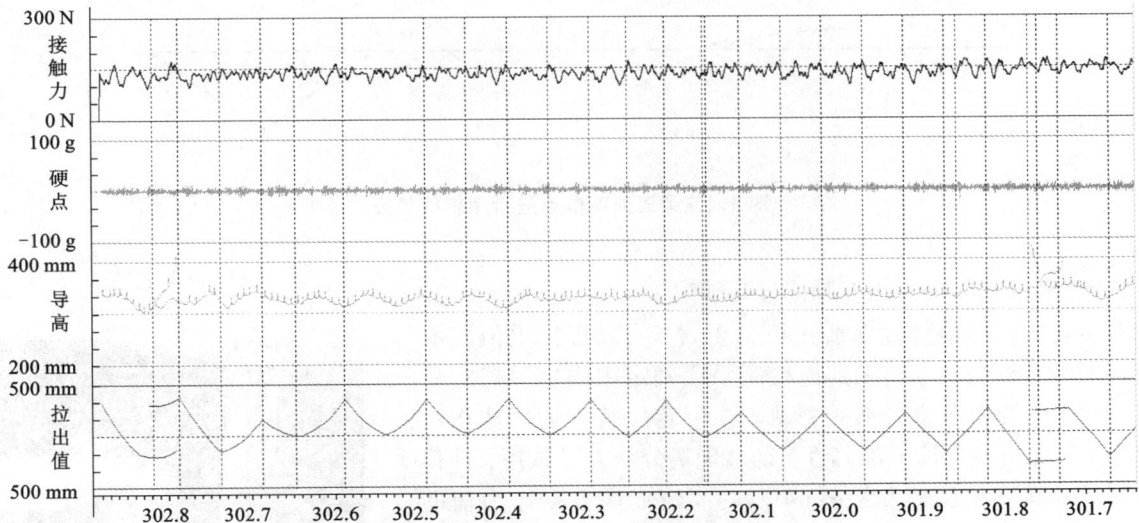

图1 正常状态下各接触线动态参数波形

在此波形图的基础上，按照《普速铁路接触网运行维修规则》中接触网动态检测评价标准，可以通过设置阈值的方式，直接判读出接触网设备是否在导高、拉出值、接触力等参数方面超限，确定是否形成缺陷。通过该方法判读接触网设备的参数存在缺陷较为直观，也是接触网行业从业者应具备的基本技能之一。

2　特性曲线的分析、判定

上述波形分析，通过对两种特性曲线的分析，结合其他检测手段进行横向对比，即可判定接触网设备存在的特定隐患。

2.1　通过特性曲线判定定位器是否受力正常

该分析方法主要是通过对波形中的拉出值波形进行特性曲线分析，来判定接触网定位器设备是否受拉力。

2.1.1　通过分析特性曲线筛选分析目标

正常状态的定位点拉出值波形呈"之"字形排列，且"拐点"特征明显，该分析方法主要用于分析拉出值波形的两个特征：（1）当连续 3 个定位点的拉出值波形呈"直线"图形特征时（见图 2），位于 3 个定位点中间定位点处的拉出值虽然能读出数值，但定位器实际不受力或受力有可能小于 80 N；（2）当连续 3 个定位点的拉出值波形呈"折角斜线"图形特征时（见图 3），位于中间定位点的定位器受力有可能小于 80 N 或承受压力，且"折角斜线"中的中间定位点处角度越大，现场定位器不受力的可能性就越大。

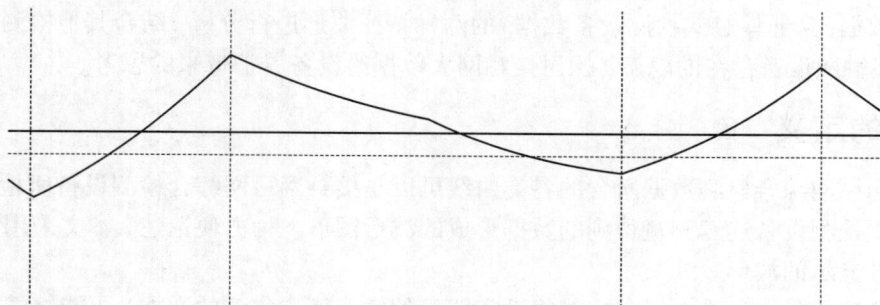

图 2　连续三处定位点呈直线特征

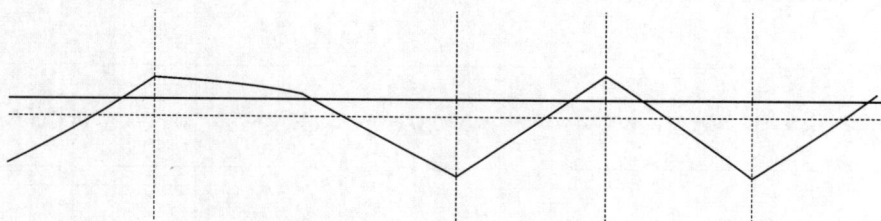

图 3　连续三处定位点呈折角斜线特征

2.1.2　通过其他手段综合判读设备缺陷

在对接触线拉出值特性曲线进行分析时，当发现拉出值波形出现上述两种特征后，应利用其他检测手段确定中间定位器的受力状态，判读是否为定位器不受力缺陷。因定位装置的尺寸相对较小，为保证分析及判读的准确性，结合现场分析人员试用，推荐将接触网悬挂状态检测监测装置（4C）的高清成像数据作为辅助手段。

复核定位器处的 4C 图像。4C 图像有以下几种图像特征：①定位钩与定位底座之间存在磨损痕迹（见图 4）；②定位钩豁口与定位底座搭接（见图 5）；③定位钩上部与定位底座贴合（见图 6）。符合这些特征，即可以判读为该处定位器不受力或受力有可能小于 80N，可能导致定位器与底座相磨或定位线夹 U 形销磨损，需要现场作业人员对定位线夹进行开盖检查、调整或更换定位装置。

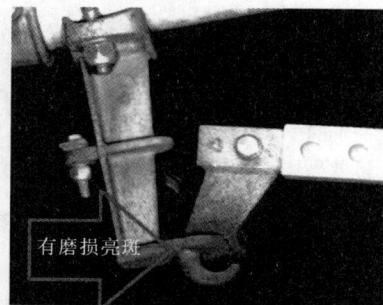

图 4　定位钩与定位底座之间存在磨损痕迹

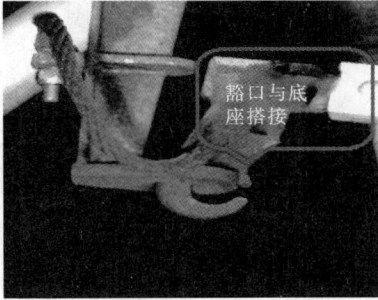

图5　定位钩豁口与定位底座搭接

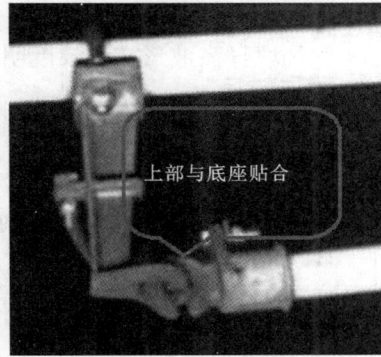

图6　定位钩上部与定位底座贴合

2.2　通过分析特性曲线研判中锚设备受力是否异常

接触网张力补偿装置技术状态异常时，会导致接触网纵向张力不平衡，并在中心锚结处的检测波形上有所反映。该分析方法主要是通过对波形中的接触线导高及弓网接触力波形进行特性曲线分析，来判定中锚设备受力是否异常。

2.2.1　通过分析特性曲线筛选分析目标

正常状态下的中锚绳处接触线导高和弓网接触力波形应过渡平稳，不应有接触线波形"鼓包"、弓网接触力突变等异常现象。

该分析方法主要用于分析接触线导高或弓网接触力波形的六个特征分析单次检测波形时发现有以下四种特征曲线：①中心锚结位置的接触线高度峰值比锚段内其他位置显著较高，如图7中1号位置所标记的；②中心锚结位置的接触线高度与锚段内其他位置的检测数据构呈倒"V"字特征，且倒"V"字两腰夹角显著较小，如图7中2号位置所标记的；③中心锚结附近的弓网接触力波动比锚段内其他位置显著较大，如图7中3号位置所标记；④中心锚结附近的弓网接触力峰值比锚段内其他位置显著较高，如图7中4号位置所标记的。

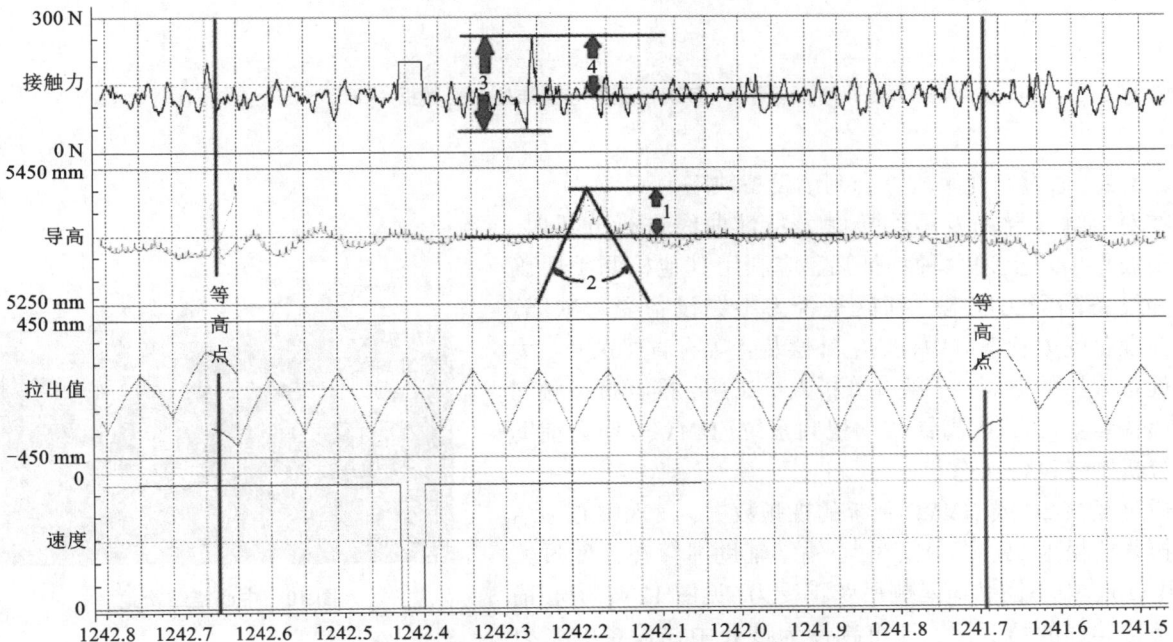

图7　单次检测中心锚结处波形数据

分析多次检测波形时发现有以下两种特征曲线：①中心锚结附近位置的接触线导高波形出现异常拉

升，且与另一次波形对比有明显抬升，同公里标附近弓网接触力也出现明显波动，如图 8 所示；②以中心锚结处为分界，一侧锚段导高波形变化幅度明显大于另一侧锚段的导高波形振幅，如图 9 中两条红线分别代表一半锚段的导高波形振幅。

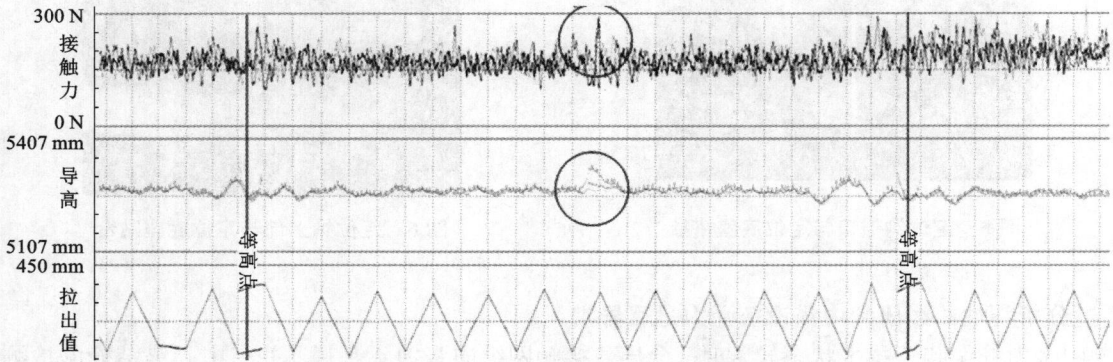

图 8　多次检测中心锚结处波形数据

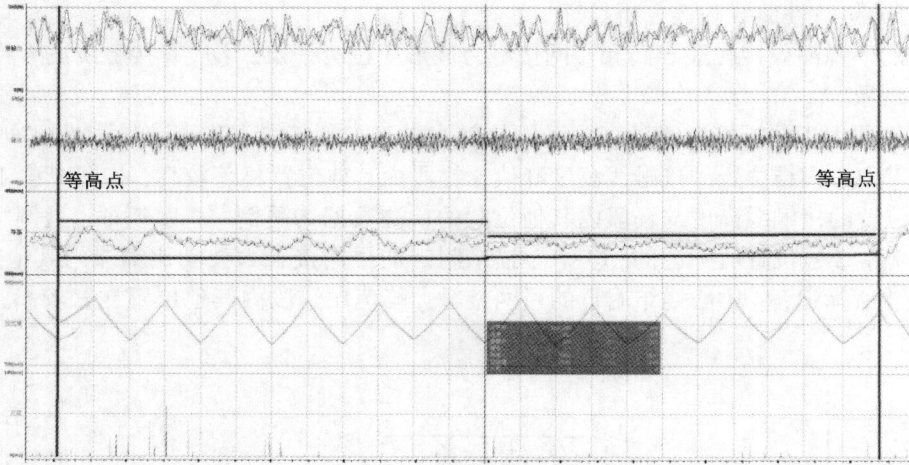

图 9　多次检测中心锚结处波形数据

2.2.2　通过其他手段综合判读设备缺陷

在对接触线导高及弓网接触力特性曲线进行分析时，当发现波形出现上述六种特征后，应利用其他检测手段确定中锚设备的受力状态，判读是否为中锚设备受力缺陷。因中锚设备受力状态与中锚绳、补偿装置等有直接关系，为确保设备分析的全面性，结合分析人员试用，推荐将接触网安全巡检装置（2C）或高铁移动视频系统（HMVP）作为辅助手段分析中锚设备状态。

通过复核 2C 或 HMVP 系统的视频数据，发现中心锚结存在拉紧或松弛（见图 10）、中心锚结辅助绳存在弛度过大（见图 11）、中心锚结绳两侧吊弦不受力（见图 12）、中心锚结处腕臂偏移的情况后，即可判读为该处中锚设备的张力

图 10　中心锚结松弛

不平衡，可能由该锚段两端的补偿装置卡滞引起，需要现场作业人员除了对中锚设备进行检查，还要检查和调整补偿装置。

图 11　中锚绳弛度过大

图 12　中心锚结绳两侧吊弦不受力

3　特性曲线的案例分析

3.1　定位器不受力案例

分析沪昆高铁的 1C 检测数据中拉出值波形图可以发现，诸暨站该定位点处前后三个定位点呈现"直线"特征（见图 13），符合上文所述特性波形特征。中间定位点拉出值较小，复核该处定位点的 4C 图像，发现该处定位钩豁口与定位底座搭接，可判读为中间定位点定位器底座不受力（见图 14）。经现场检查，测量该定位点处拉力不足 80 N，定位器处于受力不足的状态。

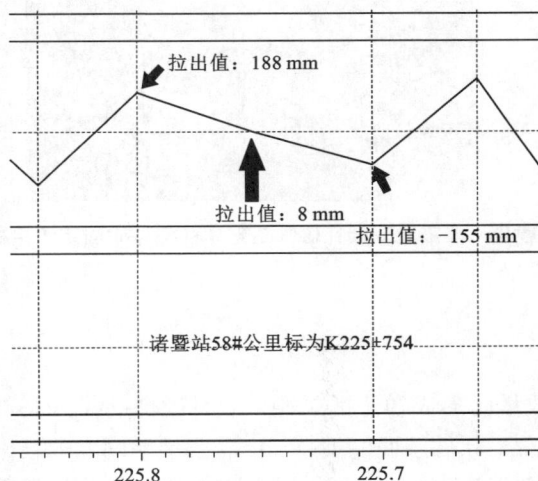

图 13　沪昆高铁诸暨站 1C 波形图

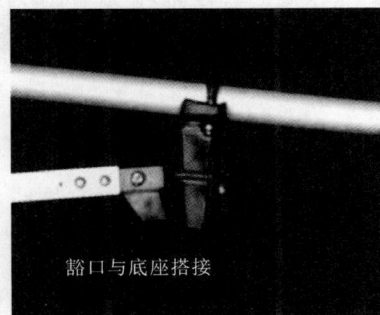

图 14　该处对应的 4C 图像

3.2　补偿卡滞导致中锚受力异常案例

分析宁杭高铁的 1C 波形图（见图 15）可以发现，该锚段的中心锚结处位置的接触线导高波形与上一次检测相比有明显上升，且同地点的弓网接触力波形有明显波动，其波形特征符合中锚波形缺陷特征。

经复核 2C 图像（见图 16）发现，该处中心锚结绳有拉紧的现象，附近吊弦明显松弛，符合上文所述特性波形特征，确定该锚段中锚受力状态异常。

经现场检查发现，补偿坠陀固定螺栓与补偿限制架螺栓有互磨的迹象（见图 17），使补偿运转不畅，导致中锚处接触线导高和弓网接触力波形异常。

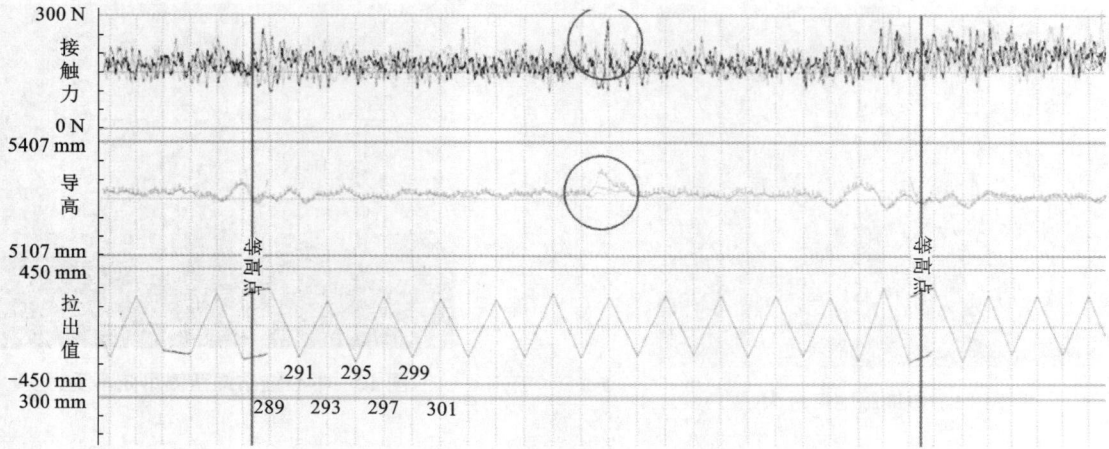

图 15　宁杭高铁 1C 波形图

图 16　宁杭高铁该处 2C 图像

图 17　该锚段一端补偿限制架螺栓与坠砣固定螺栓相磨

4　结束语

就上海局集团公司管辖范围来说，各类检测设备投运数量已形成初步的规模，大量硬件的投入必然会产生大量的数据，如何有效结合、处理、分析这些数据，既需要软件层面的支持，更需要接触网专业技术人员的经验积累，特别是在供电系统近些年来智能化和大数据的浪潮推动下，利用检测数据综合分析研判设备隐患，是满足接触网设备 PHM 技术管理要求的，也是我们供电系统实现大数据分析的重要一环。希望本文提出的两种分析方式能够为一线工作的开展提供思想启迪和实践指导。

参考文献

[1] 中国铁道科学研究院集团有限公司基础设施检测研究所.高速铁路接触网中心锚结及补偿装置异常状态专项分析报告[R].北京：中国铁道科学研究院集团有限公司，2022.

作者简介

张朝宇，中国铁路上海局集团有限公司工电检测所，工程师。

接触网感应电对平行 10 kV 电力线路的危害

蒋　森

摘　要：随着电气化铁路建设的不断发展，铁路供电安全性问题越发突出，因既有的自闭、贯通线路多是沿着铁路线路架设，与接触网之间的距离较短，其平行路程较长，接触网中产生的静电感应电压与电磁感应电压较强，由此形成的强电场和强磁场容易对电力线路造成影响。感应电的存在，严重影响着检修人员的生命安全，因此本文在分析感应电的基础上，提出相关预防措施，以保障人员的安全。

1　感应电概述

电气化铁路在运营中，因其牵引供电具备强磁场、大电流及高电压等特点，对铁路沿线设备及电力线路的影响较大。铁路 10 kV 电力自闭、贯通线路多为架空线路，与接触网平行架设，最小间距不足 8 m，而接触网磁场较强，会导致电力线路中产生感应电压，因此为保障作业人员人身安全，需要研究接触网感应电产生的原理以及感应电压的大小，并提出相应的预防措施。

2　接触网感应电压产生的原理

接近线路感应电压产生的原理主要包括两个方面，分别为导体之间存在的互感电磁感应与存在电容耦合的静电感应。接触网对自闭、贯通线的感应电压，即带电运行中接触线通过静电感应及电磁感应在自闭、贯通线路中产生的静电感应电压及电磁感应电压相加之和。按照电磁感应原理，当导体内经过交流电流时，导体周围产生交变磁场，而处于交变磁场范围内的其他导体会产生感应电势。感应电势值与导体互感及电流变化率为正相关关系，导线之间的互感则与其距离为负相关关系，与导线之间的平行长度为正相关关系。

3　感应电压的计算

感应电压主要为电磁感应电压和静电感应电压。假设电力线路长度为 10 km，接触线流过的电流为 200 A，计算分析感应电压。

3.1　静电感应电压及其计算

静电感应一般是由于导体中的自由电荷受到电场力的作用而产的。通常我国电气化铁路接触网上的额定电压是 25 kV，会在其周围产生较强大的电场，而根据静电感应的原理，V 停（双线电化区段一行停电）时在临近停电接触导线上的自由电荷在电场力作用下重新分布，就会产生较高的静电感应电压。图 1 为 V 形天窗作业时静电感应示意图。

图中，A 是带电的接触导线；A' 是 A 相对于地面的镜像；B 是停电检修的导线；a 是接触导线之间的垂直距离；b 是接触导线对地距离；c 是导线的对地距离。接触网型号及相关数据：TCG-110、$R = 5.92$ cm、$b = 6.35$ m、$c = 10$ m。

图 1　V 形天窗作业时静电感应示意图

静电感应电压：

$$V_2 = \frac{P \times K \times V_1 \times b \times c}{a^2 + b^2 + c^2} \tag{1}$$

式中：V_1——接触网额定电压；

　　　P——屏蔽系数，一般取 0.75；

　　　$K = \dfrac{2}{\ln(2b/R)} = 0.26$。

当接触线与电力线路距离为 10 m 时，即 $a = 10$ m。计算 $V_2 = 1416.92$ V。

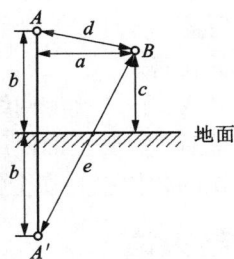

当接触线与电力线路距离为 20 m 时，即 $a = 20$ m。计算 $V_2 = 630.21$ V。

当接触线与电力线路距离为 50 m 时，即 $a = 50$ m。计算 $V_2 = 128.97$ V。

由上面的公式和计算结果我们可以得出，当带电接触电压 V_1 与 R 为定值时，通过接触导线的对地高度可确定静电感应电压 V_2 的值。当 c 值一定时，V_2 与 a 成反比关系；而当 a 值一定时，V_2 可忽略不计。因此，当接触导线对地高度一定时，V_2 与 a 的关系如图 2 所示。

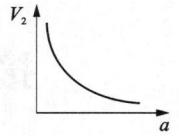

图 2　V_2 与 a 的关系

3.2　电磁感应电压计算

电磁感应电压指的是带电的接触导线中电流由于电感耦合而产生的电压。我国电气化铁路大部分采用的是交流、工频 50 Hz、单相的制式，根据电磁场的工作原理，停电导线会在电磁场的作用下产生感应电动势。电气化普速区段一般采用直供加回流方式供电，回流线一般与接触导线同杆架设在田野侧，回流线与接触导线之间存在互感作用，为了加强两者间的互感，需尽量使回流线靠近接触导线，使得钢轨中的电流尽可能地由回流线流回至牵引变电所。回流线对接触导线的电磁感应有一定的屏蔽能力，此时的感应电动势如下：

$$E_2 = 2\pi f M L I_1 \lambda \tag{2}$$

式中：$M = \left[4.6 \lg(D_g/d) - j\pi/2 \right] \times 10^{-4}$；$D_g = 0.2085/\sqrt{f\delta \times 10^{-9}}$；

　　　　δ——大地电导率，一般取 0.01 s/m；

　　　　d——两道线平行距离。

假设电力线路停电检修范围 $L = 10$ km，流过接触网的电流为 200 A 时，可得到以下结论。

当接触线与电力线路距离为 10 m 时，即 $a = 10$ m。计算 $E_2 = 192.73$ V。

当接触线与电力线路距离为 20 m 时，即 $a = 20$ m。计算 $E_2 = 165.66$ V。

当接触线与电力线路距离为 50 m 时，即 $a = 50$ m。计算 $E_2 = 128.36$ V。

3.3　感应电压计算

综上所述，两端不接地时，平行线路为 10 km。

当接触线与电力线路距离为 10 m 时，即 $a = 10$ m。计算 $V = V_2 + E_2 = 1609.65$ V。

当接触线与电力线路距离为 20 m 时，即 $a = 20$ m。计算 $V = V_2 + E_2 = 795.87$ V。

当接触线与电力线路距离为 50 m 时，即 $a = 50$ m。计算 $V = V_2 + E_2 = 257.33$ V。

4　预防感应电压伤害的措施

分析上述计算结果可知，平行导线、接触网线路与距离成反比关系。根据上述感应电压计算过程，建议采用以下预防措施。

首先，挂地线。地线是保护检修人员的重要安全措施，它可以降低电磁感应电压，防止电压过大给人带来的伤害。

其次，距离接触网线路较近的区段，需要增设接地线。

最后，需要正确使用和规范劳保用品以及绝缘工具；检修人员在进行作业时，需要按照规定穿戴有反光标识的防护服和安全帽等。

5　结束语

综上所述，本文主要对接触线与平行导线间的静电感应电压、电磁感应电压进行了详细的分析和计算，并探讨了预防感应电压伤害、强电侵入伤害的有效措施，希望能够增强检修人员的安全性，进而保证行车设备安全。

参考文献

[1] 李惠杰. 接触网 V 形天窗停电作业感应电压分析与触电预防[J]. 山西科技，2014，29(4).

[2] 李立. 接触网"V"形天窗作业感应电压的分析与预防[J]. 电气化铁道，2015(3).

作者简介

蒋森，中国铁路上海局集团有限公司徐州供电段，接触网维修车间主任、工程师。

关于弓网燃弧问题分析及对策探讨

李忠文

摘 要： 自 2004 年公布《中长期铁路网规划》以来，经过 10 多年的高速铁路新线建设及既有线提速改造，我国已拥有世界上最大规模、最高实际运营速度的电气化高速铁路网。电力机车通过受电弓与接触网的耦合能不间断地获得牵引变电所的电能，从而达到保证其高速且正常运行的目的，因此，电能的可靠传输关乎高速铁路的运营效率和运营安全。但随着电气化铁路运营速度的提升，弓网燃弧问题已成为影响牵引电能传输可靠性的关键因素之一；现有的关于弓网燃弧研究成果均主要从电气理论着手，与实际运营结合得不够紧密。因此本文主要从动态检测燃弧问题着手，通过分析燃弧缺陷产生的原因，结合运营实践经验对弓网燃弧问题提出改善建议。

1 问题概述

1.1 目前高铁主要悬挂类型

接触网是电气化轨道交通特有的沿轨路"之"字形架设用于为电气机车（动车组）提供牵引电能的供电线路，具有单一、无备用特点，是电气化轨道交通牵引供电系统的重要组成部分，按铺设方式不同可分为架空柔性接触网、架空刚性接触网与接触轨（第三轨）式接触网。我国电气化铁路中基本采用架空柔性接触网，架空刚性接触网与接触轨式接触网一般用于地铁线路。架空柔性接触网按照其悬挂模式分类，主要有简单悬挂接触网、简单链形接触网、弹性链形接触网和复式链形接触网四种形式，主要组成设备包括接触悬挂（接触导线、吊弦、承力索）、附加线（AF 线、PW 线等）、支持装置（腕臂、绝缘子）、定位装置（定位管、定位器）、支柱与基础装置。

简单悬挂接触线是直接固定在支持装置上悬挂的接触网，其特点是弛度大、弹性不均匀、结构简单、造价低。简单链形悬挂是接触线通过吊弦悬挂在承力索上，承力索在接触线上方，利用腕臂上的固定装置固定；其接触网结构简单，造价便宜，不仅一次性投资小，而且运营费用也相对较低，但是弓网受流质量一般，火花严重，接触线寿命也较短。目前我国采用的简单链形悬挂结构主要为德式悬挂结构（如京津城际客运专线）及日式刚性悬挂结构（如广深港客运专线），其中日式刚性悬挂结构高度低，因采用全封闭整体腕臂结构而防风性较强。弹性链形悬挂在简单链形悬挂基础上在定位点处增加了弹性吊索及弹性吊索吊弦，用于改善定位点处的弹性均匀度；其接触网结构较为复杂，一次性投资较简单且链形大，但是受流质量良好，火花较小。复式链形接触网从上到下分别由承力索、辅助承力索、接触线三条线组成，它结构复杂、一次性投资大，但是其受流稳定性和弹性均匀度较好，目前仅日本采用该悬挂类型。

目前，我国高速接触网采用的悬挂类型以简单链形悬挂和弹性链型悬挂为主，一般前期建设运行速度在 200~250 km/h 的线路（如京津城际客运专线）及部分采用日式结构线路（如运行速度 300 km/h 的广深港客运专用等）采用全补偿简单链形悬挂，设计运行速度在 250~350 km/h 的高速客运专线（如武广客运专线、杭深线、梅汕客专等）采用全补偿弹性链形悬挂。

为适应不同运营要求，目前我国高速铁路主要选用的接触线高度有 5300 mm（如武广客专、广深港）、5500 mm（梅汕客专、贵广线、在建赣深铁路）、6400 mm（杭深铁路）。承力索主要采用截面积为 95 mm²，使用 120 mm² 铜合金绞线，部分线路侧线使用 70 mm² 铜合金绞线，接触线主要采用 120 mm²、150 mm² 铜合金线，部分线路侧线使用 85 mm² 铜合金线。补偿张力一般采用 15 kN+20 kN、20 kN+20 kN、20 kN+25 kN、23 kN+28.5 kN 等类型。如设计运行速度 200 km/h、预留 250 km/h 的杭深线正线接触悬挂线索及张力采用 CTS150（25 kN）+JTMH120（20 kN）形式，隧道外正线采用全补偿弹性链形悬挂结构，弹性吊索长度 18 m、接触线标准高度为 6400 mm、结构高度为 1600 mm，路基区段区间一般采用滑轮组补偿、桥梁上采用棘轮补偿；隧道内采用全补偿简单链形悬挂结构，接触线标准高度为 6380 mm、结构高度为 1000～1100 mm，一般采用滑轮补偿。设计运行速度 350 km/h 的广深港正线接触悬挂线索及张力采用：JTMH120（23 kN）+CTSH150（28.5 kN）形式，全线采用日式结构全补偿简单直链形悬挂，设计导高为 5300 mm，结构高度为 950 mm。

1.2 高铁运行主要受电弓情况

目前，我国干线机车车辆受电弓特性和试验标准一般采用（GB 21561.1—2018），在该标准第 7.3.1 点，当受电弓处于工作范围的 20% 以下或 80% 以上时，允许其静态接触力存在 10～15 N 偏差（见图 1）。

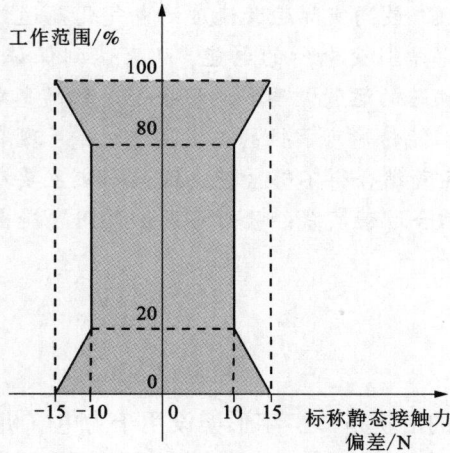

图 1 标称静态接触力偏差

我国高速运行动车组主要采用 DSA250（BSP）、法维莱 CX018、TSG19 A、CX-GI030 等型受电弓。其中 CRH1 型及 CRH2 型、CRH6 A 型动车组主要采用 DSA250（BSP）型受电弓；CRH380BL 型动车组主要采用法维莱 CX018 型受电弓；CRH380 A 型、CRH380 AL 型动车组主要采用 TSG19 A 型受电弓；标准动车组第 1 列单滑板一般采用 CX-GI030 型受电弓，第 2 列双滑板一般采用 DSA380 型受电弓。如车体高度为 3700 mm 的 CRH2 A 型动车组采用的 DSA250 型受电弓，其最大升弓高度为 3081 mm，最高工作高度为 2850 mm，最低工作高度为 940 mm，工作范围为 1910 mm。

1.3 弓网燃弧评判标准

我国在高速铁路运行检测中，对弓网燃弧的评判标准主要参考《高速铁路接触网运行维修规程》（TG/GD 124—2015）附件 5 及《高速铁路工程动态验收技术规范》（TB10761—2013）中的第 8.2.2 点。具体标准如表 1 所示。

表 1 弓网燃弧评判标准

采用标准	TG/GD 124—2015		TB10761—2013
缺陷项目	一级缺陷	二级缺陷	达标
最大燃弧时间 T_{max}/ms	$T_{max} \geq 100$	$50 \leq T_{max} < 100$	$T_{max} < 100$
燃弧率 μ/%	$\mu \geq 5$	$1 \leq \mu < 5$	$\mu < 5$
燃弧次数 n/次	$n \geq 6$	$4 \leq n < 6$	$n < 1$ 次/160 m
硬点 A_v/(m·s^{-2})	$A_v \geq 588$	$490 \leq A_v < 588$	$A_v < 588$

在接触网运行检测中，对弓网燃弧缺陷的评判标准高于线路开通运行时的动态试验标准。此外，在既有线提速检测中，接触网动态检测试验除满足 TB10761 相关要求外，还需满足《250 km/h 铁路营业线达标验收办法（试行）》（铁总运［2016］287 号）文件要求，即检测车按 250 km/h 及以下速度进行动态检测，每正

线公里总扣分 $t<10$，全线优良率达到 100%，一级缺陷为 0。

1.4 动态检测（1C、3C）燃弧问题分析

统计 2019 年至 2021 年 5 月 20 日间全补偿简单链形悬挂结构（日式刚性悬挂结构）的广深港、广惠城际和全补偿弹性链形悬挂结构的杭深线、梅汕客专 1C 检测缺陷（见表 2）及燃弧缺陷各年度检测数量（见表 3），分析发现 1C 检测缺陷主要集中在动态最大（小）接触力，但在燃弧缺陷中，简单链形悬挂结构燃弧缺陷数量明显高于弹性链形悬挂结构。

表 2　检测缺陷类型

缺陷类型	广深港	广惠城际	杭深线	梅汕客专
燃弧	109	4	12	9
动态最大（小）接触力	1222	62	4167	795
缺陷总量	1651	499	6534	1647
单位公里年平均检测缺陷量	5.80	1.94	7.14	5.50

表 3　各检测数量

检测年度	广深港	广惠城际	杭深线	梅汕客专
2019 年	0	1	0	0
2020 年	32	2	12	9
2021 年	77	1	0	0
总计	109	4	12	9

统计 2019 年至 2021 年 5 月 20 日间全补偿简单链形悬挂结构（日式刚性悬挂结构）的广深港及全补偿弹性链形悬挂结构的杭深线 3C 检测缺陷（见表 4），分析发现杭深线 3C 检测缺陷主要集中在燃弧缺陷，占缺陷总量的 59.82%，广深港燃弧缺陷仅占缺陷总量的 22.52%；同时广深港燃弧缺陷主要集中在分段绝缘器处，占燃弧量 70.59%，杭深线分段绝缘器处燃弧仅占燃弧缺陷总量的 21.17%。但在单位公里 3C 检测缺陷数量上，广深港较杭深线高 111.96%，简单链形悬挂结构弓网关系明显劣于弹性链形悬挂结构。

表 4　3C 检测缺陷数量

线别	3C 分段处燃弧缺陷量	3C 燃弧缺陷总量	3C 缺陷总量	单位公里 3C 燃弧缺陷量	单位公里 3C 缺陷总量
杭深线	29	137	229	0.37	0.63
广深港	24	34	151	0.30	1.43
总计	53	171	380	0.36	0.79

分析 3C 检测燃弧缺陷分布情况可发现，燃弧主要发生在以下三处：一是因设备安装产生的质量集中点造成接触线"硬点"处，如跨中中心锚结处（见图 2）；二是因接触线转换导致高差处所，如关节转换柱（见图 3）、线岔始触区（见图 4）；三是同时存在接触点转换及质量集中点处，如分段导板过渡点（见图 5）。

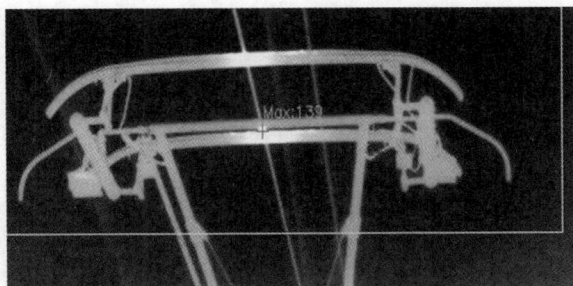

图 2　中心锚结处

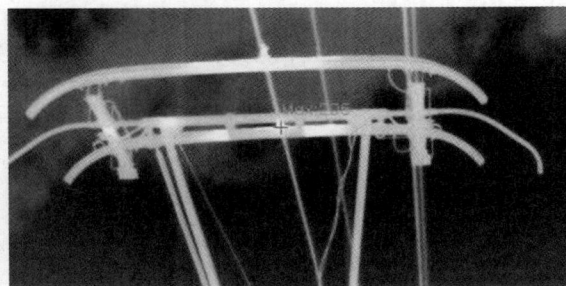

图 3　关节转换柱

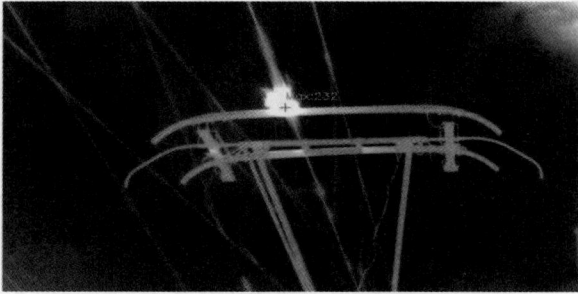

图 4　线岔始触区

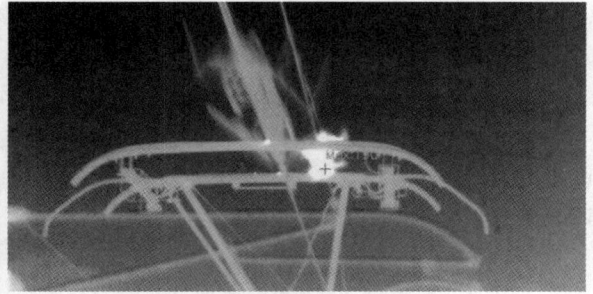

图 5　分段导板过渡点

2　典型弓网燃弧问题的分析及对策探讨

2.1　接触线平顺度对弓网燃弧参数的影响

弓网检测燃弧缺陷与个别独立出现的接触线高度、拉出值等超限缺陷相关性不高，但与接触线整体平顺性相关。通过进一步优化接触网平顺性，能一定程度上改善弓网燃弧现象。

比如，对 2021 年杭深线的深圳北至诏安区段动态弓网受流性能动态检测燃弧较剧烈区段进行分析，发现燃弧较剧烈区段主要集中在陆丰至惠州南区段，其发生次数共计 62 次，占总次数的 58%。同时，按区间对发生最大燃弧时间次数与检测几何参数缺陷频次进行对比分析（见图 6），弓网受流燃弧最大时长发生分布情况与接触线单个拉出值或高度检测超限分布情况呈无规则排列。同时，对发生处所按照路基、桥梁、隧道、路桥、路隧过渡区四类线路条件进行分析（见图 7），发现桥梁和路桥过渡区共计出现 45 次（路桥、路隧类重复叠加），占总次数的 42.06%，过渡区剧烈燃弧的出现频次更为集中。

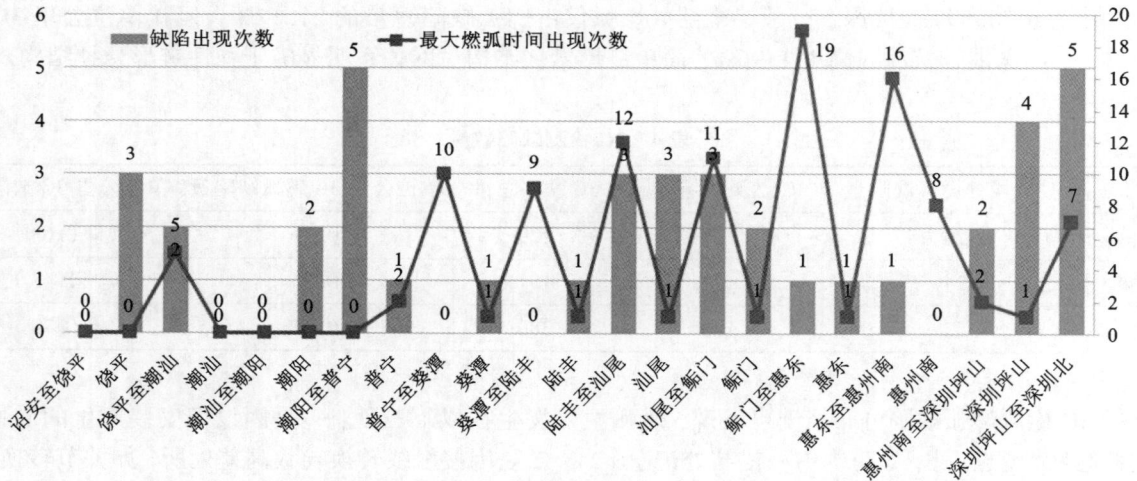

图 6　杭深线历次检测几何参数缺陷及最大燃弧时间出现次数分布图

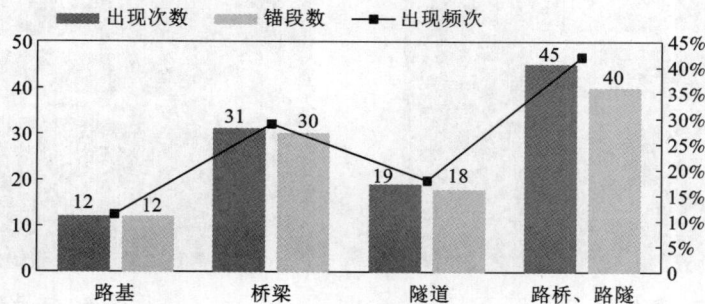

图 7　燃弧区段线路条件

又如，针对广深港 K2359+400 锚段关节附近接触线跨中接触线连续降低并与关节转换点形成波谷–波峰情况，导致 1C 检测时燃弧较为剧烈，经对静态参数进行调整后（调整前后的静态波形见图 8），检测接触压力、燃弧均得到明显改善（调整前后的动态检测波形见图 9，其中彩色为参数调整后的检测参数）。

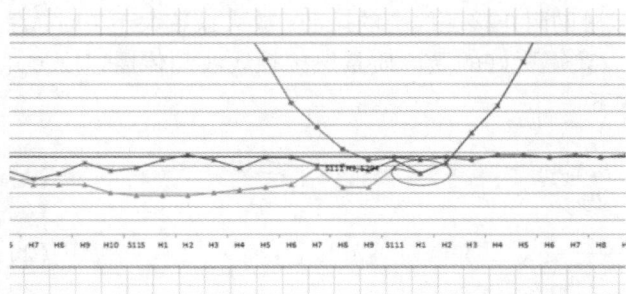

图 8

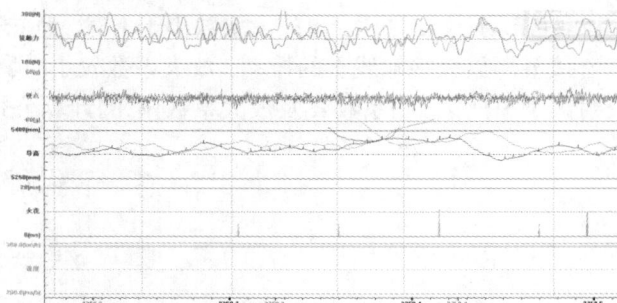

图 9

再如，对杭深线接触线跨中接触线悬挂点高差过大形成的连续波峰—波谷，造成 2021 年杭深线动态检测该处时燃弧剧烈，经进行削峰调整后（调整前后的静态波形见图 10），该处动态检测接触压力、燃弧均得到明显改善（调整前后的动态检测波形见图 11，其中彩色为参数调整后的检测参数）。

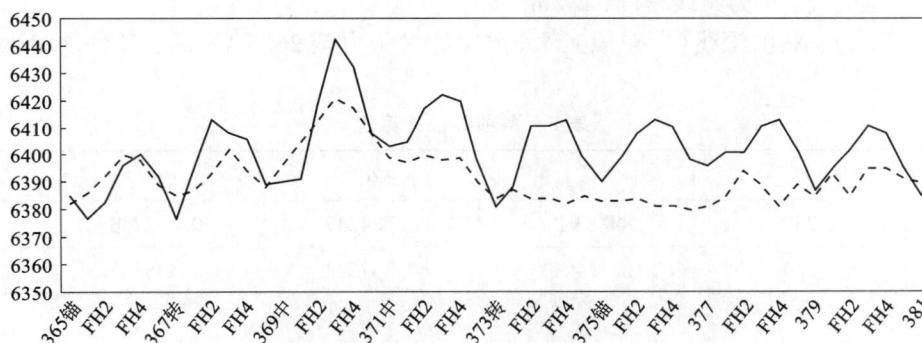

图 10 调整前后静态波形

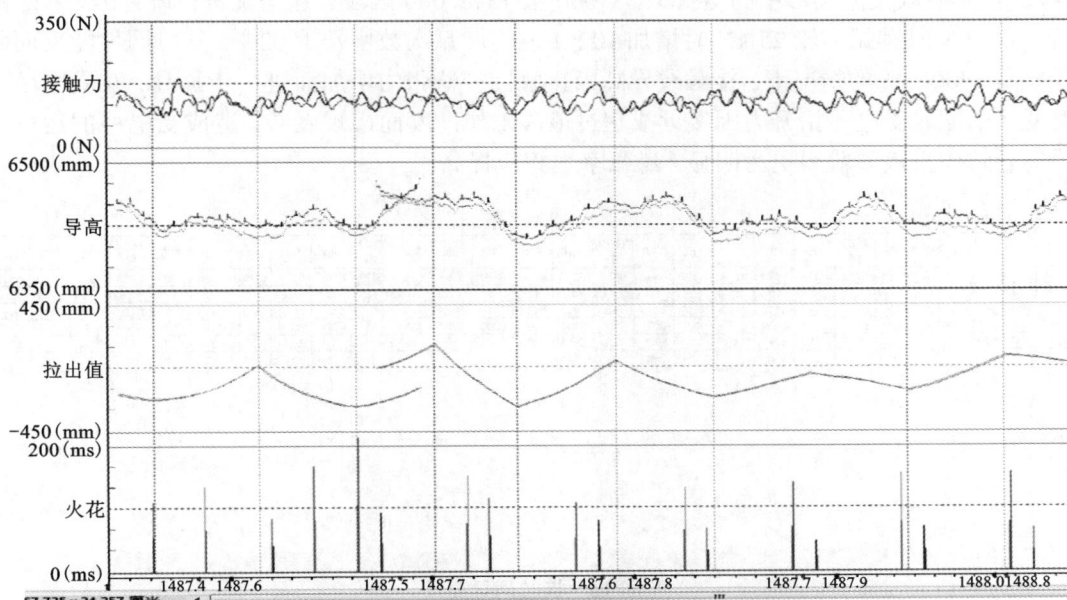

图 11 调整前后动态检测波形

2.2 接触线张力对弓网燃弧参数的影响

相关研究表明，机车运行速度 v 与接触线波动传播速度 C_p 之比越低，接触网受流质量越好；EN 50119—2001 中第 5.2.1.5 点要求"电气化铁路运营速度应当低于接触线中波动传播速度的 70%"。反射因子 γ 反映波动通过接触网吊弦处的性能，反射因子越小，则吊弦松弛的风险越小。放大系数 γ_v 是反射因子 γ 和多普勒系数 α 之比，当放大系数小于 1 时，意味着接触网阻止接触线上的振动；放大系数大于 1 时，意味着接触网放大接触线上的振动；放大系数较小时，可以获得更好的受流质量。接触线波动传播速度 C_p、反射因子 γ、多普勒系数 α 及放大系数 γ_v 的计算公式如下：

$$C_p = 3.6\sqrt{\frac{H_c}{m_c}} \tag{1}$$

$$\gamma = \frac{1}{1+\sqrt{\dfrac{H_c \cdot m_c}{H_T \cdot m_T}}} \tag{2}$$

$$\alpha = \frac{C_p - v}{C_p + v} \tag{3}$$

$$\gamma_v = \frac{\gamma}{\alpha} \tag{4}$$

式中：H_C、H_T——接触线、承力索张力，N；

m_c、m_c——接触线、承力索线密度，kg/m。

根据式（1）~式（4），对杭深线（广东段）部分锚段加大张力至 26.5 kN 后，其各项参数计算值如表 5 所示。

表 5 各项参数计算值

H_C	v	C_p	α	γ	γ_v
25	250	489.918	0.324249	0.442738	1.365425
26.5	250	504.4014	0.337223	0.435563	1.291617

从理论计算分析，在加大接触线张力后，其受流性能应得到改善。但在不调整接触线高度的情况下，加大张力后，接触线导高会整体小幅增大（见图 12）。经过对 3 月 6 日、21 日时速均为 250 km/h CRH2J-0205 车接触线几何参数检测波形中的上行 1538.000 至 1548.000 区段火花情况进行统计分析（见表 6），接触线张力为 26.5 kN 时燃弧率较 25 kN 时增加 102.18%、燃弧次数增长 1.02%，其弓网性能反而降低。由此可见，在导高 6400 mm 的情况下，接触线导高因接触网补偿张力增加而进一步提高，在受电弓动态抬升力下也变化更大，同时受电弓抬升力因接近或超过最高工作高度而出现衰减，造成受电弓的运行工况进一步恶化，最终导致碳滑板弹跳得更为明显，燃弧率也相应提高。

悬挂点	T091锚	FH1	FH2	FH3	FH4	FH5	T095转	FH1	FH2	FH3	FH4	FH5	T099中	FH1	FH2	FH3	FH4	FH5	T101中	FH1	FH2	FH3	FH4	FH5	T105转	FH1	FH2	FH3	FH4	FH5
修前导高	6379	6380	6376	6374	6378	6375	6375	6380	6379	6378	6377	6380	6375	6376	6374	6387	6381	6380	6379	6385	6379	6369	6366	6365	6363	6368	6360	6361	6361	6362
修后导高	6383	6385	6380	6384	6378	6377	6381	6383	6381	6382	6385	6385	6387	6385	6385	6387	6383	6380	6369	6388	6375	6365	6368	6363	6367					
调整上限	6410	6410	6410	6410	6410	6410	6410	6410	6410	6410	6410	6410	6410	6410	6410	6410	6410	6410	6410	6410	6410	6410	6410	6410	6410	6410	6410	6410	6410	6410
基准中线	6390	6390	6390	6390	6390	6390	6390	6390	6390	6390	6390	6390	6390	6390	6390	6390	6390	6390	6390	6390	6390	6390	6390	6390	6390	6390	6390	6390	6390	6390
调整下限	6370	6370	6370	6370	6370	6370	6370	6370	6370	6370	6370	6370	6370	6370	6370	6370	6370	6370	6370	6370	6370	6370	6370	6370	6370	6370	6370	6370	6370	6370
高差	2	-5	1	3	-6	-1	9	-5	1	2	-2	1	-4	4	11	-8	0	0	2	-4	-8	-7	2	-1	6	-10	3	-5	4

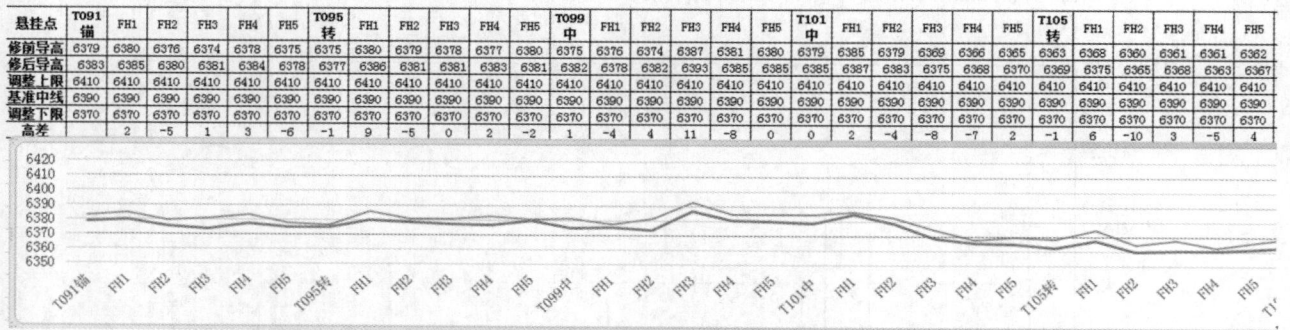

图 12 接触网导高

表 6　火花情况统计分析

检测日期	接触线张力/kN	μ/%	燃弧次数/次
3 月 6 日	25	7.79	2.93
3 月 21 日	26.5	15.75	2.96

2.3　线索架设施工工艺对弓网燃弧参数的影响

2013 年杭深线开通前采用单列动车组、2021 年杭深线拟提速至 250 km/h 前采用单列动车组使用速度 250 km/h 分别进行了动态检测。其中，2013 年及 2021 年动态检测上行燃弧时间散点图（见图 13、图 14）、下行燃弧时间散点图（见图 15、图 16）、上行燃弧次数散点图（见图 17、图 18）、下行燃弧次数散点图（见图 19、图 20）如下所示。

对比分析 2013 年及 2021 年弓网受流性能燃弧时间散点图、燃弧次数散点图。2013 年杭深线集团管段弓网受流检测燃弧率、燃弧次数等指标处于临界值状态的情况较多；2021 年弓网燃弧相关指标均要好于 2013 年，反映出杭深线经逐年的设备检查整治，接触网运行品质整体上有所提升。

对比 2021 年杭深线单列动车组 250 km/h 时的动态检测燃弧时间、燃弧次数散点图，可以发现杭深线上、下行燃弧时间及燃弧次数分布呈现断崖式突变，中在上行 K1441+000 附近、下行 K1390 附近向大里程侧，其燃弧时间、燃弧次数增长趋势较为明显，在上网检查时未发现接触线有异常硬点、磨耗、硬弯等问题。结合前期施工记录，杭深线集团管段开通前电气化施工工期紧张（2013 年度），中铁武汉电气化局多台放线车 24 h 抢工架线作业，施工可能未按照 8~12 kN 张力、3~5 km/h 的标准匀速架线，最终导致接触线产生细微波浪弯。查阅相关资料发现，秦沈、津秦客专也存在接触线细微波弯造成弓网燃弧现象的情况，采取的措施为整锚段更换接触线，解决了弓网燃弧超标的问题。

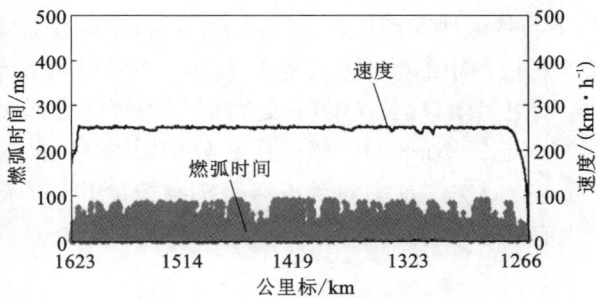

图 13　2013 年上行燃弧时间散点图

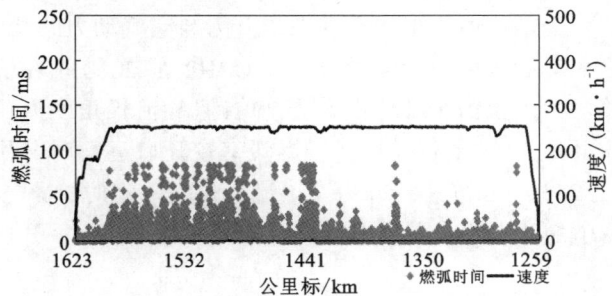

图 14　2021 年上行燃弧时间散点图

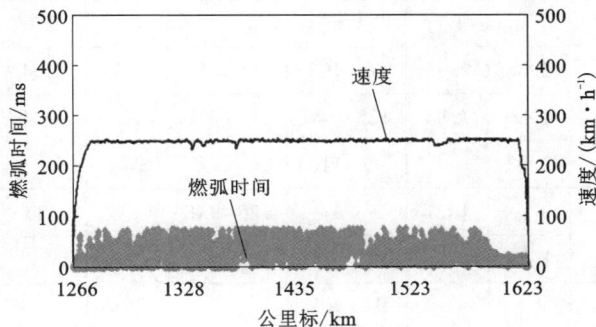

图 15　2013 年下行燃弧时间散点图

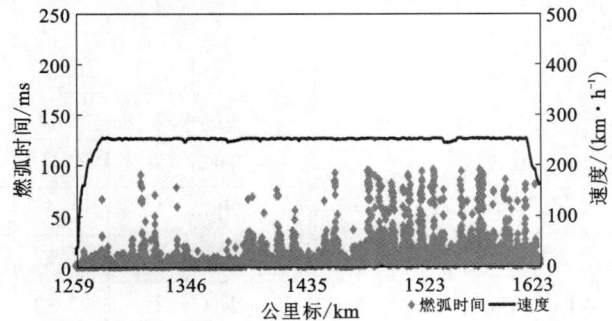

图 16　2021 年下行燃弧时间散点图

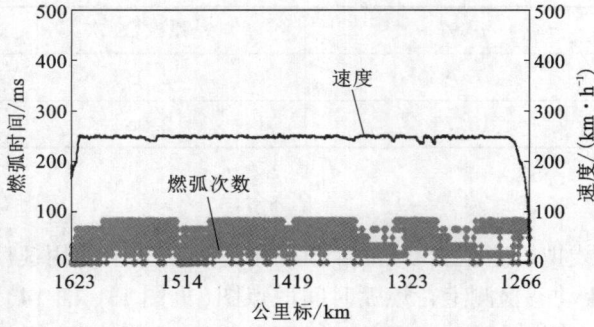

图 17　2013 年上行燃弧次数散点图

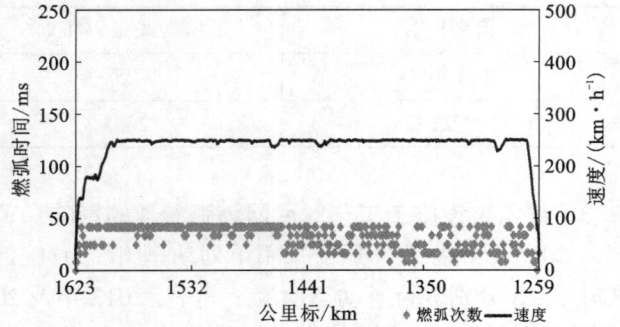

图 18　2021 年上行燃弧次数散点图

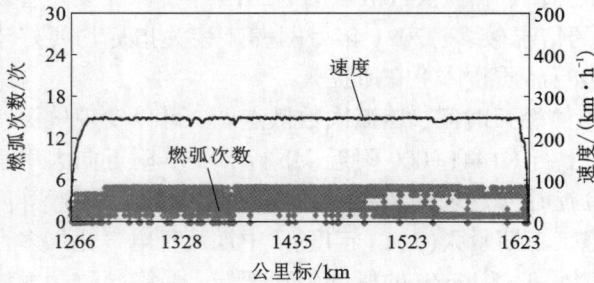

图 19　2013 年下行燃弧次数散点图

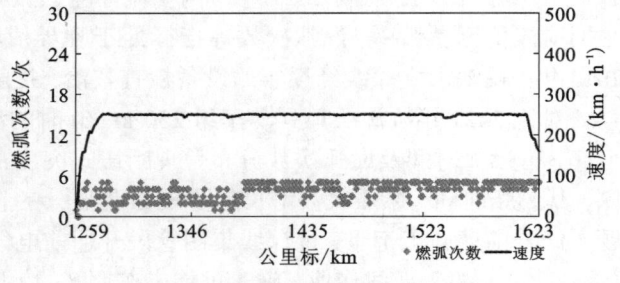

图 20　2021 年下行燃弧次数散点图

2.4　检测车受电弓运行工况对弓网燃弧参数的影响

受电弓弓头滑板在静态抬升力与空气动力的共同作用下与接触线间产生动态接触力，运行中的接触力大小会影响弓网燃弧参数。如 CRH2 A-2010 车在杭深线动态检测中的数据（见表 7）显示，在受电弓静态接触力下拉为 84 N、上升为 70 N 且导流板角度为 0.9°时，受电弓闭口运行较开口运行时平均接触力低 25～40 N，上、下行闭口运行燃弧率较开口运行时分别增加 63.06%、26.88%，燃弧次数分别增加 54.84%、41.75%。当静态抬升力及导流板角度一定时，受电弓开口运行时空气动力对受电弓弓头滑板抬升分力的影响更为明显，在受电弓接近极限工作高度时，开口运行更有利于改善弓网关系。

表 7　动态检测数据

静态接触力	导流板角度	受电弓运行方式	μ		燃弧次数		F_m		T_{max}	
			上行	下行	上行	下行	上行	下行	上行	下行
下拉：84 N 上升：70 N	0.9°	闭口	6.93	6.42	2.88	2.75	90～105	90～105	277	264
		开口	4.25	5.06	1.86	1.94	125～145	115～130	220	224
下拉：94 N 上升：80 N		闭口	6.61		2.02		95～110		243	
		开口		4.63		1.21		125～140		211
下拉：84 N 上升：70 N	3°	上行开口	4.66		1.83		125～152		254	
		反向闭口运行	22.32		2.8		91～108		294	
		下行闭口		10.37		4.39		97～111		373
		反向开口运行		5.19		3.1		109～129		180

分析表 7 中的下行闭口检测数据，受电弓静态接触力下拉为 84 N、上升为 70 N 且导流板夹角为 3°时，受电弓平均接触力较同静态接触力下导流板夹角 0.9°时高 6～7 N，但其检测燃弧率、燃弧次数分别较导流

板在 0.9°时增加 61.53%、59.64%。当静态抬升力及受电弓同在开口(闭口)状态运行时,导流板与接触线夹角越小,越有利于改善弓网关系。

对比在杭深线动态检测时采用与 CRH2 A-2010 车同型号受电弓(DSA250 型受电弓)的 CRH2J-0205 车检测数据(见表 8),CRH2 A-2010 车在受电弓静态下拉 94 N、上升 80 N(均较 CRH2J-0205 车大 2 N),且导流板角度为 0.9°(较 CRH2J-0205 车小 1.1°)的情况下,其下行开口运行时燃弧率、燃弧次数分别比 CRH2J-0205 车增加 864.58%、290.32%;在受电弓静态下拉 84 N、上升 70 N(下拉较 CRH2J-0205 车大 2 N,上升小 2 N),且导流板角度为 3.0°(较 CRH2J-0205 车大 1.0°)的情况下,其下行闭口运行时燃弧率、燃弧次数分别比 CRH2J-0205 车最大检测值增加 110.82%、357.29%。CRH2 A 车型的车体高度为 3700 mm。忽略在受电弓动态检测过程中接触线抬升量,该车受电弓的实际工作高度为 2700 mm,仅比最大工作高度 2850 mm 低 150 mm,已处于工作范围的 94.73%处;而 CRH2J-0205 车为检测单位改装安装,在受电弓下方增设了"板凳",降低了检测受电弓工作高度。由此可见,当受电弓静态抬升力、开(闭)口运行状态等工况一致且受电弓趋于极限工作高度时,受电弓稳定性对弓网关系的影响极为剧烈。

表 8 动态检测数据

静态接触力	导流板角度	受电弓运行方式	μ		燃弧次数/次		F_m		T_{max}	
			上行	下行	上行	下行	上行	下行	上行	下行
下拉 82+1 N,上升 71±1 N	上行 3.1°下行 2.0°	闭口	3.81	4.82	0.88	0.95	95~120	90~125	104	115
			4.36	4.94	0.91	0.96	115~135	100~120	112	106
下拉:下行 92 N,上升 90 N,上升:78 N		开口	3.52	0.48	0.69	0.31	95~115	120~165	81	84

3 对策研究

一是针对接触线细微波浪弯问题,建议加强施工质量管理,对接触线放线严格落实恒张力、恒速放线要求,同时做好放线后的超拉工作,减少因施工工艺造成的细微波浪弯及线索内部应力集中问题。

二是针对接触线平顺性问题,在设计时,对同一线路根据受限条件选取唯一且最适接触线高度,减少不同接触线高度交替过渡的情况;在建设施工中,除关注接触线硬点及一跨内高差外,还需注意接触线整体几何参数的平顺性,防止因接触线高度连续降低(升高)造成的波峰(波谷)问题;在后期运维中,需加强监控桥隧、路隧等过渡区段参数,减少外部因素对接触线高度的影响;同时,还需加强质量集中点负弛度管理,通过负弛度降低质量集中点对弓网运行参数的影响。

三是针对受电弓运行工况问题,建议尽量避免受电弓在极限工作高度下工作,同时在受电弓趋于极限运行高度工作时,优化使用动车组运行弓,尽量使受电弓开口运行,从而通过提高受电弓平均动态接触力来改善弓网关系。

4 结束语

接触网动态检测弓网燃弧超标,与弓网系统的匹配、耦合性能等存在系统性关联。分析造成弓网燃弧的原因时,除对接触线本身设计、施工、参数缺陷进行考虑外,还需考虑受电弓导流板状态、受电弓开(闭)口运行、隧道内气动效应、天气等因素。只有综合考虑,才能更好地改善弓网关系。同时,严格执行接触线恒张力放线施工质量卡控,才能从源头解决因接触线细微波浪弯问题导致的弓网燃弧问题。

作者简介

李忠文,中国铁路广州局集团有限公司供电部,总工程师。

京广高铁连续接触力超标缺陷分析及思考

谭 华

摘 要：随着高速铁路接触网检测技术的发展，接触网动态检测成为评价线路运行质量的重要标准。本文针对检测发现的京广高铁接触网接触力超标问题，通过对数据的深度分析和现场调查，查找接触力连续超标缺陷的原因，在现场验证并整治，以形成高铁接触网接触力超标的整治方法，指导现场解决接触力超标缺陷，提升高铁接触网运维管理水平。

1 引言

弓网接触力是指受电弓和接触线之间的垂直压力，接触力一般由四部分组成：一是受电弓升弓系统施加于滑板以使之向上的垂直力；二是由于接触悬挂本身具有弹性差异，接触线在受电弓抬升作用下产生不同程度的升高，导致受电弓在运行中的上下振动使受电弓产生一个与本身归算质量相关、上下交变的动态接触力；三是受电弓在运行中受空气流作用产生的一个随速度增加而迅速增加的气动；四是受电弓各部件在升降弓过程中产生的阻尼力。

2020 年 8 月，京广高铁接触网 1C 检测开始评价弓网接触力指标，通过检测发现该线路上有较多接触力超标点，部分区段的接触力超标具有连续性。下文通过对这些超标数据的分析和现场调查，查找接触压力连续超标缺陷的原因，并希望通过对接触力检测数据的深度分析，探索动态检测接触网关键设备运行状态的方法。

2 情况简介

2020 年 8 月 6 日，某综合检测车在检测线路时，发现管内京广高铁有 146 处接触力超标缺陷，其中含一级缺陷 5 处。分析接收到的缺陷数据可知，数据主要集中在郴州西高铁供电车间管内，大部分数据分布在下行公里标 K1900～K1919，其中有 6 个锚段的超标数据相对比较集中，呈连续性，也就是从锚段的起锚到落锚连续报接触力超标，表 1 统计了其中 6 个锚段的情况。

表 1 六个锚段统计情况

隧道名称	锚段号	起锚点	公里标	落锚点	公里标	超标数量
九子仙隧道	69	T001#	1902.066	T059#	1903.105	17
九子仙隧道	70	T041#	1902.885	T097#	1903.855	11
豪里隧道	75	2259#	1906.789	2305#	1908.11	11
天鹅岭隧道	78	2361#	1909.294	T023#	1910.028	8
天鹅岭隧道	79	T005#	1909.792	T077#	1911.123	22
天鹅岭隧道	80	T059#	1910.665	T119#	1911.937	10

从表 1 中的数据可以看出有 6 个锚段中，4 个位于隧道内，1 个位于半桥半隧，1 位于隧道外。因分析涉及的数据较多，只抽取其中 1 个典型锚段（天鹅岭隧道 79 锚段）进行分析，从共性缺陷数据入手，确保能找到问题的症结所在。

3　初步分析

3.1　选取锚段情况

天鹅岭隧道位于耒阳西至郴州西区间，临近郴州市区，长度 2365 m，北口里程 K1909+631，南口里程 K1912+006，线路坡度 15‰；选取的 79 锚段起锚 T005#（K1909+792）位于隧道进口处，中锚 T041#（K1910+456），落锚 T077#（K1911+123），锚段长 1331 m，中锚位于锚段的中心位置，锚段内基本是 48 米的标准跨距。

2019 年 3 月 5 日，管辖车间配合施工单位对该区段进行了三级修，更换了该锚段内所有吊弦、电连接，并将部分不受力的正定位斜拉索改为硬支撑安装方式，具体杆号是 T003#、T031#、T039#、T043#；三级修后的每根吊弦都有静态测量数据，2020 年 8 月中旬根据安排再次对该区段进行了静态测量，经分析发现数据都在标准状态内。

3.2　分析情况

3.2.1　超标区段波形图和数据分析

从图 1 可以看出，下行方向过了关节等高点 T015#（K1909+930）处中心柱开始，接触力有一个明显的上升过程，因图形较多，此处不一一列举。从表 2 中综合检测车反馈的超限数据可以看出，进入起锚侧等高点 T015#（K1909+930）到落锚侧的等高点 T071#（K1911+031）止，整个锚段内有 22 个接触力超标的点，平均每 50 m 就有一个，但考虑到综合检测车数据取样的离散性，实际超标数据会更多。

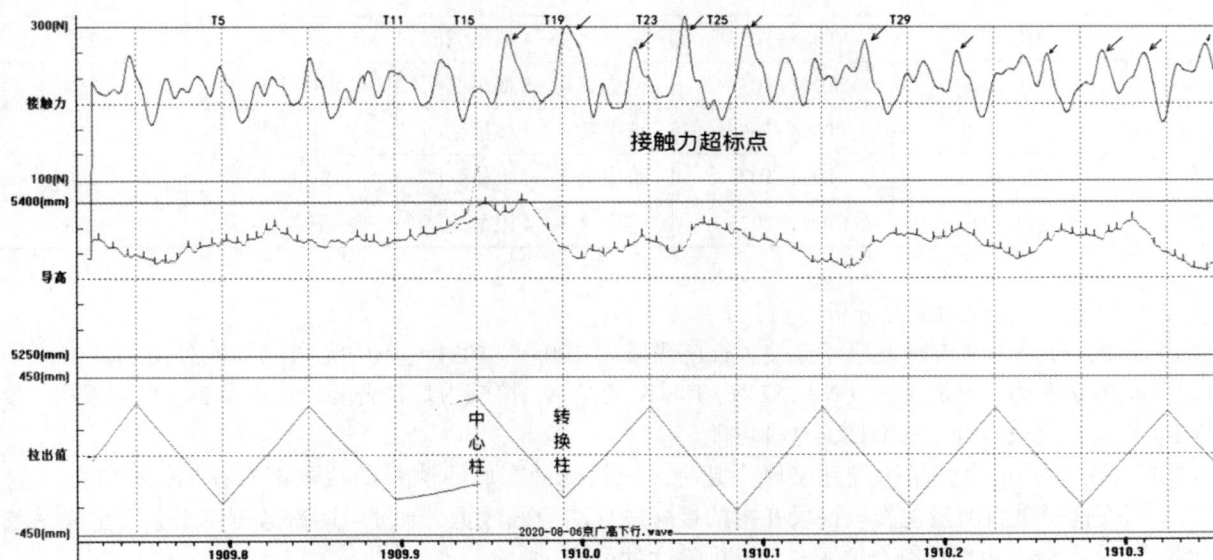

图 1　超标区段波形图和数据分析

表 2 总计 22 处超标数据，其中定位点超标 0 处，跨中超标 22 处（其中跨中第 3—4 根吊弦处 9 处，第 4—5 根吊弦处 5 处，第 5—6 根吊弦处 4 处，第 1—2 根吊弦处 2 处，第 2—3 根吊弦处 1 处，第 1 根吊弦处 1 处）。除分布在跨距内且较多超标数据临近跨距中部这个特性外，没有其他规律可循。

表 2　22 处超标数据

序号	超标点里程	杆号	超标具体位置	设备情况	接触力/N
1	1909.922	T013-T015	跨中第 3—4 根吊弦间	中心柱	257
2	1909.959	T015-T019	跨中第 3—4 根吊弦间	转换柱	289
3	1909.992	T019-T023	跨中第 1—2 根吊弦间	中间柱	301

续表2

序号	超标点里程	杆号	超标具体位置	设备情况	接触力/N
4	1910.057	T023-T025	跨中第3—4根吊弦间	中间柱	313
5	1910.092	T025-T027	跨中第1—2根吊弦间	中间柱	301
6	1910.157	T027-T029	跨中第4—5根吊弦间	中间柱	282
7	1910.208	T029-T031	跨中第4—5根吊弦间	中间柱	269
8	1910.257	T031-T033	跨中第4—5根吊弦间	中间柱	264
9	1910.287	T033-T035	跨中第2—3根吊弦间	中间柱	269
10	1910.344	T035-T037	跨中第3—4根吊弦间	中间柱	277
11	1910.406	T037-T039	跨中第5—6根吊弦间	中间柱	264
12	1910.443	T039-T041	跨中第4—5根吊弦间	T41中锚	269
13	1910.475	T041-T043	跨中第1根吊弦	中间柱	265
14	1910.553	T043-T045	跨中第5—6根吊弦间	中间柱	278
15	1910.603	T045-T047	跨中第5—6根吊弦间	中间柱	257
16	1910.701	T049-T051	跨中第5—6根吊弦间	中间柱	251
17	1910.782	T053-T055	跨中第3—4根吊弦间	中间柱	257
18	1910.828	T055-T057	跨中第3—4根吊弦间	中间柱	257
19	1910.882	T057-T058	跨中第4—5根吊弦间	中间柱	262
20	1910.962	T063-T067	跨中第3—4根吊弦间	中间柱	257
21	1910.017	T067-T071	跨中第3—4根吊弦间	中心柱	290
22	1911.056	T071-T075	跨中第3—4根吊弦间	转换柱	258

3.2.2 网上设备变动情况分析

（1）改硬支撑是否与接触力超标有关。查该锚段内T003#、T031#、T039#、T043#四处由斜拉索改硬支撑处定位点的接触力，分别是240 N、232 N、188 N、223 N，接触力均符合要求，从表2也可以看出，没有一个超标点是在定位点处，基本排除这种可能。

（2）三级修更换的吊弦是否导致接触力超标。三级修静态验收测量的数据都有存档，2020年8月中旬，该车间安排了重新测量包含该锚段在内的接触线导高静态数据，通过对两次数据的分析，更换吊弦后接触网静态导高和平顺性均符合要求，可以排除这种可能。

3.2.3 已知数据的辅助分析

（1）分析历史1C数据，未发现该锚段历史1C数据（不含接触力）有问题，导高等参数符合规范要求，历史数据均优良。

（2）分析历史2C数据，因该锚段在隧道内，不具备分析价值。

（3）分析历史3C数据，该锚段内没有燃弧、超温等数据超限的情况，弓网动态参数均符合要求，没有历史报警信息。

（4）分析历史4C数据，该锚段内没有未处理的缺陷；分析最近的4C照片，也没有发现接触悬挂、支撑定位装置、棘轮补偿等方面的问题；分析销号的历史4C问题，未发现异常。

（5）分析全面检查记录，今年的全面检查已经开展，检修人员未发现异常；分析检修视频，结果无异常。

（6）检查该锚段缺陷问题库，未发现接触悬挂方面的缺陷问题。

在对波形图和数据进行初步分析和检查后，对于该整锚段出现连续的接触力缺陷，结合波形图、数据等的特点，认为有很大可能是锚段内线索的弹性出现了问题，因为超标都集中在跨中。根据相关资料可知，接触网系统在跨距中心处的弹性主要取决于跨距、接触线张力和承力索张力，跨距中间的弹性可以用下列公式计算：

$$e = \frac{l}{[k \cdot (Hcw + Hca)]}$$

式中：e——弹性，mm/N；

l——纵向跨距，m；

Hcw——接触线张力，kN；

Hca——承力索张力，kN；

k——常系数，无弹吊时取 4.0，有弹吊时取 3.5。

根据前文的分析，可以排除该锚段跨距因素，弹性出现问题的最大可能是张力。影响线索张力的因素是多方面的，主要与补偿装置相关，即棘轮、补偿绳、导向轮、坠砣及限制、限制装置等出现各种形式的卡滞、互磨、牵扯、粘连等，从而导致补偿效率下降，线索达不到恒定和额定的张力。这些问题都可以通过现场的检查发现，也不难解决。

现场检查过程中，补偿装置传动效率和补偿效率类的缺陷具有一定的隐蔽性，现有的部分检查和维护手段没有可以量化的标准，靠检修人员感知的因素多，也没有办法深入检查其内部状态，如巡视中推动坠砣、检查升降是否灵活这一点，就与人员个人的判断、感知和力气的大小等相关；高铁线索的张力大，坠砣重量重，力气小的人很难推得动，也会加重这一主观因素的干扰，影响人员的判断。另外，部分补偿装置内轴承的缺陷、补偿绳的卡滞等，可能只是运行到某个点、某种温度才会出现问题，如轴承内滚动体偏磨、制造缺陷或补偿绳叠加、挤压棘轮内凸点、限制架偏斜等问题都有一定的隐蔽性、季节性和偶发性，不能通过一次检修就发现全部的问题。

希望通过对 1C 接触力数据的精度分析，在补偿装置出现隐性缺陷、传动或补偿效率下降后，能快速诊断、精准定位缺陷。

4　精度分析

为确保对比历史数据的准确性，精度分析的波形图均是同一趟车、同一侧受电弓和同一速度（10%以内的差别），分析的隧道属于郴州地区，环境温度参考郴州市的历史气温。

4.1　对比 7 月份波形情况

将 2020 年 8 月 6 日（紫色）的检测波形与 2020 年 7 月 22 日（灰色）的检测波形叠加，同比 7 月份检测波形情况。

查郴州地区历史气温：

2020-08-06，32℃—25℃，晴，南风 2 级。（紫色）

2020-07-22，36℃—26℃，晴，南风 3 级。（灰色）

从接触力波形图（见图 2）上分析，发现 7 月份和 8 月份检测的接触力波形基本相同，但 7 月份的波形峰值要略高于 8 月份，波形出现稍许差别可以理解为检测设备的误差；正常情况下，因为补偿传动效率等，外部因素如气温、风力等也会较小程度地影响到接触力的数据。

在历史天气对比中，隧道内排除风的因素，两次检测最大的差别就是温度，同比 7 月份的检测结果，7 月 22 日的环境温度比 8 月 6 日高了约 4℃，隧道内温度变化更小，但线索对温度的变化很敏感。这个细微的波形差别，虽可能是检测设备的误差，但有必要对其进行进一步的深究，下面继续扩大范围对比不同环境温度下同一锚段的历史数据情况。

4.2　对比安装平均温度天气时的波形情况

查郴州地区历史气温：

2020-08-06，32℃—25℃，晴，南风 2 级。（紫色）

2019-04-19，26℃—20℃，阴，南风 2 级。（灰色）

图 3 中选定的对比日期为 2019 年 4 月 19 日，这天的环境温度接近隧道内的安装平均温度，比 2020 年 8 月 6 日的环境温度低了大概 6℃；从对比的波形图可以看出，除个别的点外（后续单独分析），接触力数据

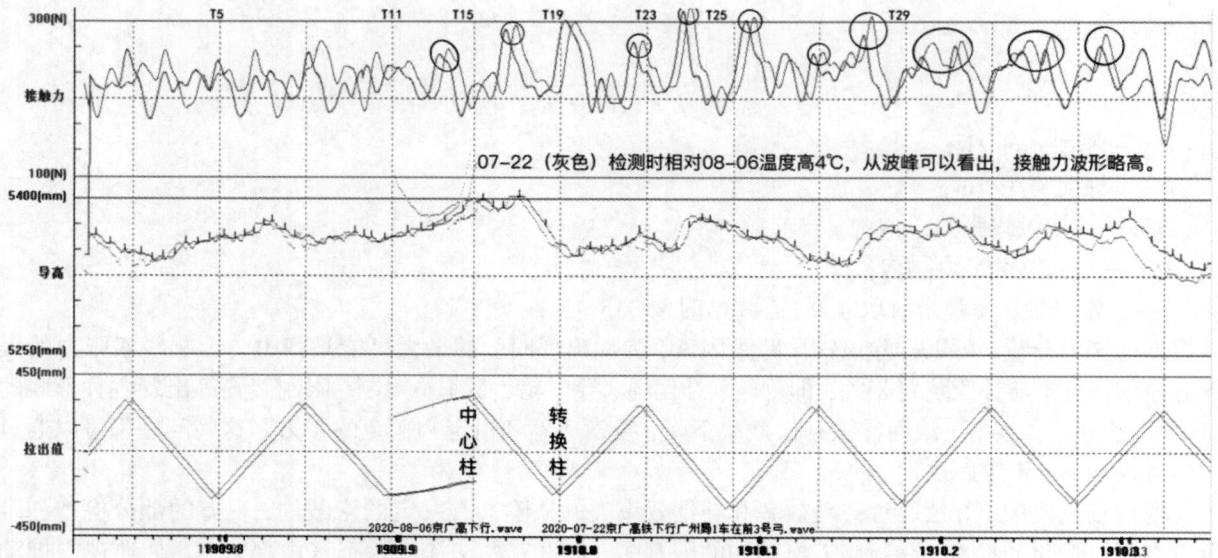

图 2　接触网波形图分析

维持在 200N 这根中轴上下浮动，弓网接触力相对处于一个理想的区域。

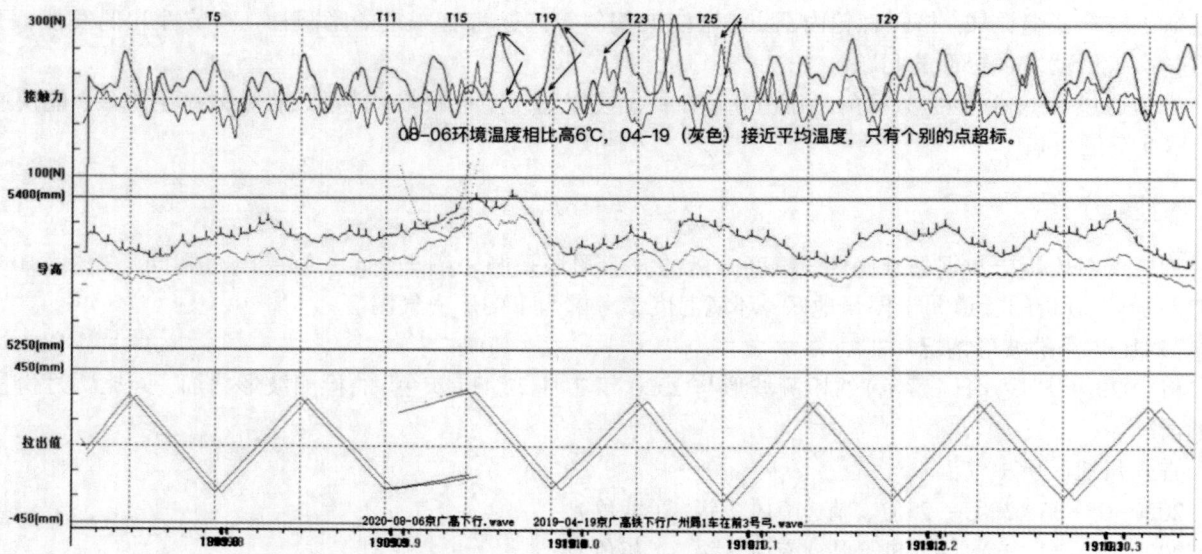

图 3　接触网波形图分析

通过两张波形图的对比和分析，这个锚段的接触力似乎与温度有较大的相关性，外部温度中几个摄氏度的变化都可以明显影响接触力的大小，这显然不符合接触网的运行质量要求。前面提到接触力的大小与张力和跨距相关，与外部环境温度不应有过多相关性，所以外部环境如果能明显影响接触力的大小，说明张力补偿装置没有发挥应有的作用，温度变化时没有让线索补偿到恒定和额定的张力。

为了更加直观地反映这个问题，防止对比数量太少误导结论，继续用更大温差天气下的检测数据进行对比。

4.3　对比低温条件下的检测波形情况

查郴州地区历史天气情况：

2020-08-22，34℃～25℃，晴，南风 1 级。（紫色）

2020-02-05，12℃～7℃，阴转雨，北风 1 级。（灰色）

2019 年 3 月该隧道三级修后，经历了暖冬，2020 年 2 月 5 日检测时的环境温度相对最低。

图 4 中，通过 20℃ 左右的外部环境温差可以看出，温度低于平均温度时，该锚段检测出来的接触力指标相对于高过平均温度天气时检测的结果更好，但比平均温度时要差。

温度低时，虽然相对温度高时接触力超标的情况偏少，但波形很不稳定，波动幅度较大，围绕 200 N 的中轴线"上蹿下跳"，受电弓处于一种波动前行的状态；对比温度高时的波形，有近一半的波形呈背离的状态。统计对比此锚段上述两种温度下的平均接触压力值，平均压力差在 80 N 左右，温差大小对该锚段接触力的影响更加明显。

这是因为坠砣式的下锚靠坠砣自身重力通过补偿装置来平衡张力，如果补偿装置有缺陷，会导致补偿效率下降。气温高时，坠砣很难下降，导致线索张力变小，跨中线索下垂；气温低时，坠砣难以上升，导致线索张力变大，跨中线索绷紧上提。这两种结果都会影响到接触网的弹性，导致弓网接触力超标，综合前面的波形分析判断，该锚段符合这种特性。

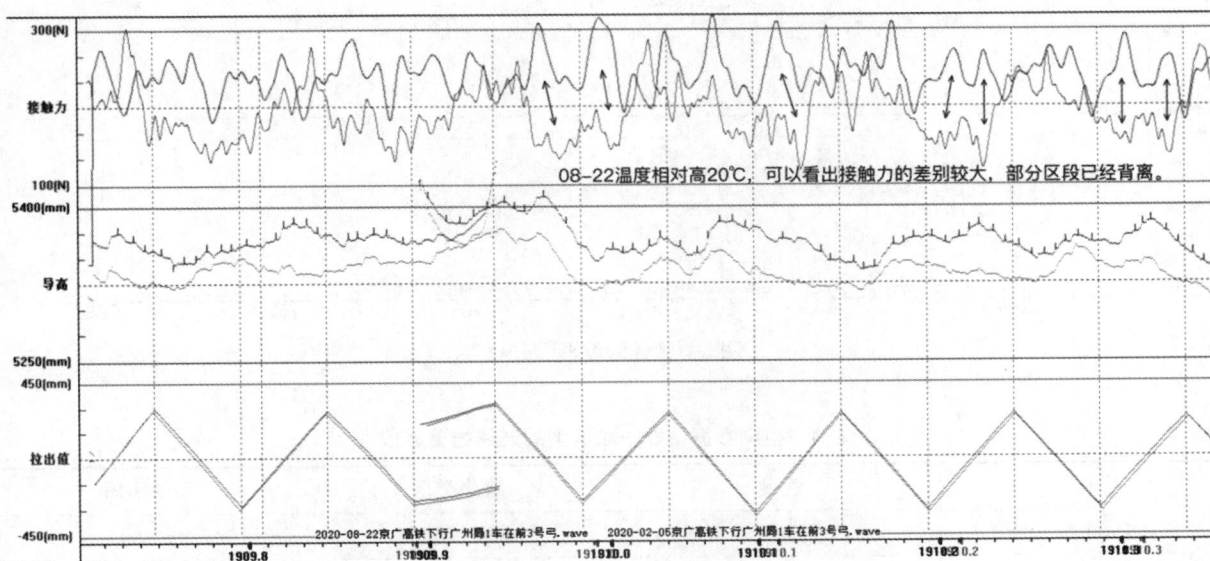

图 4　接触网波形图分析

4.4　正常的接触力波形图

正常的接触力波形也用一张波形图来说明，还是用上面温差大的两次检测波形数据进行对比。

查郴州地区历史天气情况：

2020-08-22，34℃~25℃，晴，南风 1 级。（紫色）

2020-02-05，12℃~7℃，阴转雨，北风 1 级。（灰色）

从图 5 中可以看出，温度虽然变化较大，但两次外部环境相差 20℃ 的检测接触力波形的波动幅度较窄，基本在 200 N 中轴线上下 60 N 幅度的区域内交织，统计此锚段不同温度的平均压力差时发现其在 10 N 以内。

这说明该锚段的补偿装置发挥了良好的作用，不管温度如何变化都能快速响应，迅速升降，使接触线保持恒定的张力，因此弓网间的接触压力自然不受外部气温变化而有大的影响，也不会超标。

4.5　抽样验证精度分析的正确性

通过前面的波形分析，对补偿装置存在问题的锚段归纳出以下几个特点。

（1）锚段内波形的峰值连续偏高。

（2）锚段内波形的幅度较大。

（3）对比低温与高温天气波形图，有较多波形背离。

（4）线索的动态抬升量较正常时有一定的差别，在此不详细说明。

前面虽然验证了一个锚段的情况，但其他连续接触力超标的锚段是不是也符合这个特点。随机从 2020 年 8 月 22 日检测数据里面抽取了一段典型的连续报警区段（见表 3），同时通过图 6 对比 2020 年 2 月 5 日低温时的波形，以验证这几条的正确性。

查郴州地区历史天气情况：

2020-08-22，34℃—25℃，晴，南风 1 级。（紫色）

2020-02-05，12℃—7℃，阴转雨，北风 1 级。（灰色）

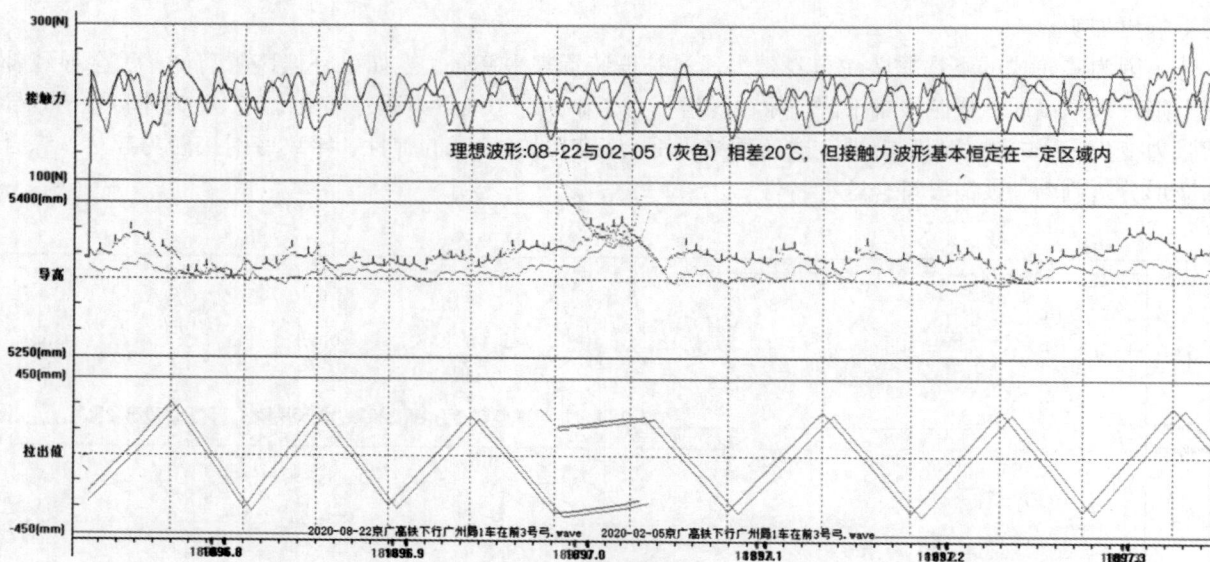

图 5　接触网波形图分析

表 3　检测数据抽取一段典型的连续报警区段

里程	速度	缺陷类型	缺陷值
1900.5	303	最大接触力	280
1900.52	303.1	最大接触力	253
1900.553	303.1	最大接触力	251
1900.618	303.2	最大接触力	269
1900.626	303.2	最大接触力	277
1900.718	303.1	最大接触力	267
1900.791	303.1	最大接触力	267
1900.854	303.1	最大接触力	251
1900.904	303.3	最大接触力	258
1900.975	303.5	最大接触力	256
1901.02	303.5	最大接触力	267
1901.078	303.6	最大接触力	292
1901.147	303.8	最大接触力	267

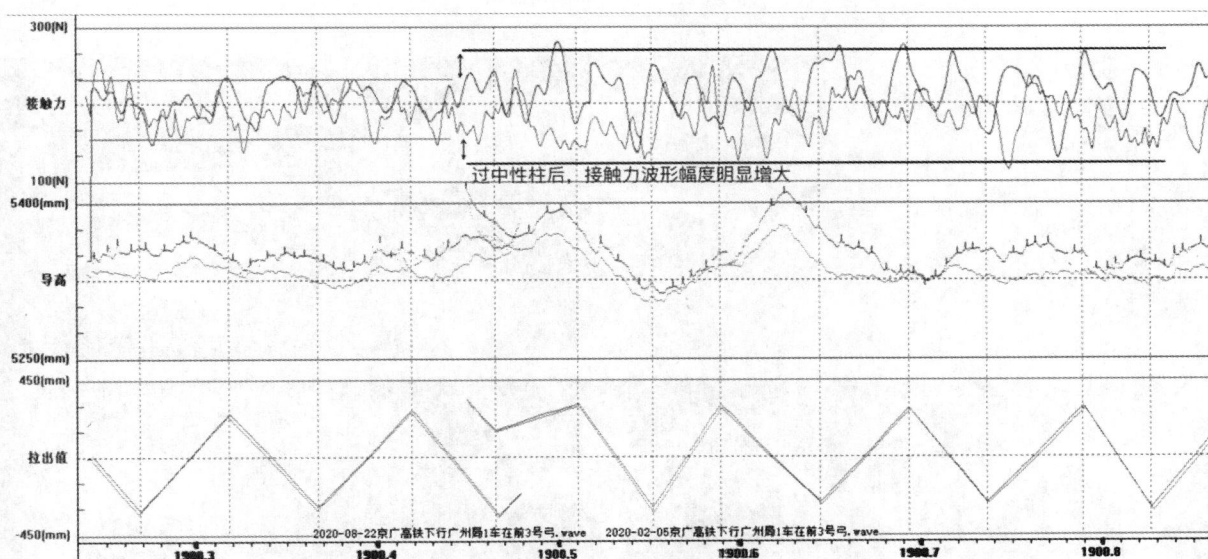

图 6 接触网波形图分析

5 现场的复核和验证

5.1 设备检查和处置情况

5.1.1 坠砣称重情况

从表 4 可以看出,补偿两侧坠砣虽然块数不等、大小尺寸不同,但重量和核算张力是符合要求的,且在规定的误差范围之内(测量时也有一定的误差),T005#承锚与 T077#承锚之间约有 1% 的张力差,应该是施工时考虑隧道口和隧道内温差的影响而采取的一种平衡方法,这也是在设计所允许的偏差范围内。

表 4 坠砣称重情况

杆号	坠砣块数	重量/kg	张力/N	张力误差	备注
T005#线锚	9	1031	30311	≈1%	隧道口
T077#线锚	18	1041	30605	≈2%	
T005#承锚	6	723	21256	≈1%	隧道口
T077#承锚	12	733	21550	≈2%	

5.1.2 补偿装置检查

通过对该锚段的棘轮补偿装置检查,未发现棘轮的外观有问题,但在棘轮转动灵活性检查过程中,发现该隧道内有三处线锚的棘轮有卡滞或转动不灵活的问题,这其中就包括 79 锚段的 T005#线锚补偿装置,另外两处补偿存在问题的锚段也是检测接触力连续超标的区段。10 月份安排对其进行检查和更换,通过分析、检查和拆解,发现以下问题。

(1)棘轮补偿装置

该线路采用的是国外原型棘轮补偿装置,铜轴套两端带有密封圈,且密封圈相比铜轴套向外凸出,密封圈使用密封油脂,对棘轮轴起到保护作用。隧道内的棘轮采用倾斜安装方式,棘轮除了承受水平拉力,顺着棘轮轮轴方向还会承受斜向下的分力,棘轮轮体在该分力作用下靠近两侧连板中较低的一边,也就是密封圈会与一侧连板接触摩擦,这种相互摩擦和挤压在长期服役后,会出现两种情况:一是在连板上形成明显压痕,影响棘轮的正常转动;二是密封圈磨损,导致棘轮轴密封不严,空气中的灰尘、水汽等杂质进入棘轮轴后也会影响轴承与轴之间的配合间隙,进而影响棘轮的正常转动。以上两方面是棘轮转动受阻、传动效率下降的主要因素,如图 7 所示。

图 7　棘轮补偿装置的现场照片

（2）坠砣限制架

坠砣串上下移动时，会在坠砣限制架的两侧滑道上出现明显的摩擦痕迹。从出现痕迹的部位来看，主要有以下三种情况：一是坠砣限制架不垂直，两侧的限制滑道偏斜，有偏左右或前后的情况，导致出现不正常磨痕；二是部分坠砣串采用加宽加厚坠砣(见表4)，与挡板之间的空间间隙不足，导致在挡板背面发现有摩擦痕迹；三是坠砣码放不齐整，坠砣串上下左右参差不齐，与限制滑道摩擦如图8所示。

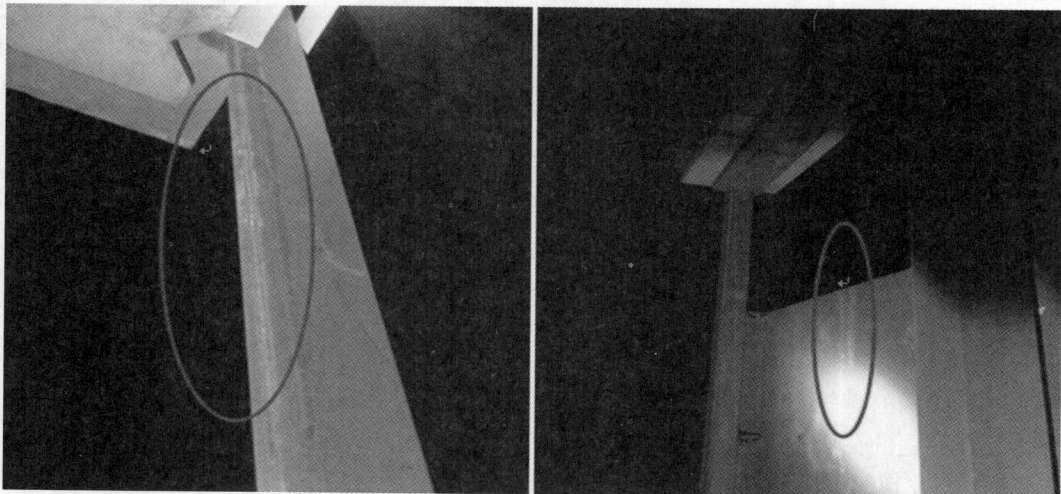

图 8　出现摩擦痕迹的现场照片

5.1.3　整改措施

首先是对棘轮本体进行更换，更换的棘轮要能适应隧道内倾斜安装的工况。同时，对坠砣限制架按以下方案进行整改。一是坠砣串调整。外形参差不齐的坠砣串重新堆码或进行整体固定。二是限制滑道调整。松开相应连接螺栓，让坠砣串在重力作用下自然铅垂后调整限制滑道。限制滑道偏前或偏后时需要调整两侧的连接板，偏前往后调整，偏后则往前调整；限制滑道偏左或偏右时需要调整槽道，偏左往右调整，偏右则往左调整。三是挡板调整。若坠砣串与挡板摩擦，先排除坠砣串码放原因，然后更换或调整挡板与限制滑道之间的连接板，使得挡板远离坠砣串。

5.2　结果验证

通过对影响补偿装置补偿效率的相关因素进行更换和调整后，分析更换棘轮后的波形数据对比情况。因每月检测次数不多，棘轮更换后检测对比的波形比较少，通过对比最近两次的波形数据来验证结果。

查郴州地区历史天气情况：

2020-11-12，21℃—10℃，晴，西北风 1 级。（红色）

2020-08-22，34℃—25℃，晴，南风 1 级。（灰色）

从波形图（见图 9）可以看出，11 月 12 日的检测波形数据没有超标点，对比 8 月 22 日的波形有较大幅度的下降，接触力基本都在 200 N 以下。

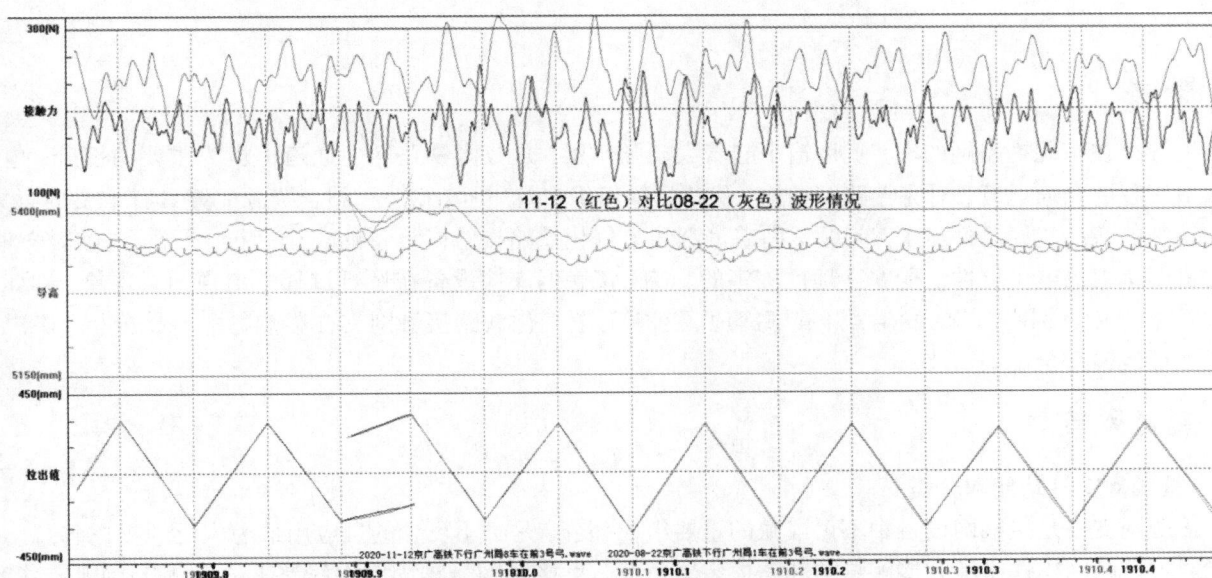

图 9　接触网波形图分析

6　结论

（1）对于成区段连续的接触力超标，首先要检查补偿装置是否存在缺陷导致补偿效率降低，影响线索的恒定张力。

（2）可以通过较大环境温差的 1C 波形图的对比分析，提前分析诊断出补偿装置的"亚健康"状态；也可以找出具有补偿装置隐性、倾向性和普遍性的缺陷，作为修前调查、维修、整治或三级修的依据。

（3）相同速度下，同一锚段在不同温度时平均接触力的差值越大，补偿装置存在问题的可能性也越大。差值的量化分级指标还需要对数据进行进一步统计、分析和现场验证才能作为指导依据。

（4）要选用适应隧内倾斜工况的成熟棘轮补偿装置和带滚轮的坠砣限制装置，以确保补偿效率。

（5）在日常巡视和检查过程中，若有条件要经常推动坠砣，检查补偿装置上下活动的情况，同时要根据产品说明书的要求，按时加注润滑油脂。

作者简介

谭华，中国铁路广州局集团有限公司衡阳供电段，总工程师。

寒冷地区冻害对电气化铁路接触网支柱的影响及整治方案

李凤欢

摘　要： 随着中国寒冷地区铁路电气化建设项目逐渐增多，接触网设备在运营过程中受低温环境影响引发的设备缺陷问题逐步增多，给运输供电安全管理带来严峻挑战。本文对滨洲铁路电气化改造工程开通运营后，接触网支柱受冻害影响引发的隐患问题进行分析，并结合滨洲沿线寒冷地区环境特点、地质特征、支柱倾斜柱的危害性，研究确定接触网倾斜支柱的整治方案。

1　概述

滨洲线在东北铁路网的客、货运输中起着大动脉作用，是我国铁路网主通道中极为重要的部分，电气化改造工程的开通运营，对完善路网结构、优化运输组织、提升运输效率、整合资源配置具有重要的意义。由于特殊的寒冷气候条件，冻害问题威胁着滨洲线电气化铁路接触网设备的安全运行，严重影响着滨洲线电力机车牵引供电可靠性。受寒冷地区冻害的影响，接触网支柱设备在运行过程中出现倾斜现象，因此为消除隐患，减少弓网事故的发生，开展寒冷地区冻害对电气化铁路接触网支柱影响的危害性分析、隐患整治对保证运输安全至关重要。

2　接触网支柱

2.1　接触网支柱功能和分类

接触网支柱是接触网设备中不可或缺的重要组成部分，是必不可少的且应用最为广泛的支撑装置。我们能通过接触网支柱来承载接触悬挂和支撑装置负荷，将接触网悬挂固定在线路上方并固定在规定高度。按材料区分，接触网支柱主要有预应力钢筋混凝土支柱和钢柱两大类。

2.1.1　预应力钢筋混凝土支柱

预应力钢筋混凝土支柱，在生产过程中预先使钢筋产生抗拉强度。在同等容量状况下，它与普通的钢筋混凝土支柱相比，具有节省材料、抗拉强度大、支柱本身更加轻巧等优势。支柱为整体结构，根据外形区分为矩形斜腹杆式、矩形横腹杆式以及等径圆柱，其中斜腹杆式支柱抗拉抗压强度高、承载能力较好，而且使用寿命较长，在滨洲铁路电气化改造工程中得到广泛应用。

2.1.2　钢柱

钢柱为用角钢焊接而成的一种桁架构件，具备重量小、强度高、抗冲击等优点，钢柱在电气化铁路工程中应用于跨越股道数量较多、所需支柱的高度较高、容量较大的软横跨、硬横梁支柱，架设位置不同，所使用的钢柱的规格型号、容量也有所区别。钢柱需要立在由钢筋混凝土浇筑成的基础之上，采用法兰连接，牢固的基础是确保支柱本体不发生倾斜和沉降的重要保障；还需要根据现场实际、支柱型号与所立支柱处的土壤特性，选择基础类型来满足不同接触悬挂的受力需求。滨洲铁路电气化改造工程中使用的G150/G350 型号钢支柱居多。

2.2　接触网支柱倾斜率标准

按照《普速铁路接触网运行维修规程》（铁总运［2017］9 号）的有关规定，支柱顺线路方向应保持铅垂状态，倾斜率不超过 0.5%。所有锚柱应沿拉线的方向倾斜，其斜率不得大于 1%。支柱在垂直线路方向应保持直立，可以向受力的反方向倾斜，软横跨支柱高度 13 m 的倾斜率为 0.5%~1%，软横跨支柱高度如在15 m 及以上的斜率应为 1%~2%。各类支柱均不得朝受力方向倾斜，如朝线路方向倾斜，无论在什么情况下都不能够侵入铁路的基本建筑限界内。

3 线路概况和环境特点

3.1 线路地理位置

滨洲线地处黑龙江以西、内蒙古自治区以东，起于黑龙江省哈尔滨市，往西北行经安达市、龙江县、内蒙古自治区海拉尔直至中俄边境车站满洲里站，沿线途经让湖路、红旗营、兴安岭、牙克石、海拉尔等站。

3.2 自然特征

滨洲线哈尔滨—龙江区段为松嫩平原，地势平坦低洼，线路穿越大庆龙凤湿地，龙江—博克图区段为低山丘陵地带，博克图—免渡河区段为大兴安岭山脊区域，免渡河—牙克石区段为大兴安岭至盆地间的过渡地区，牙克石—海拉尔区段地处盆地，地势平坦开阔，略有起伏，而海拉尔—嵯岗区段为沙丘平原，风沙运动较多，嵯岗—扎来诺尔区段为倾斜平原，地势较为平缓，扎来诺尔—满洲里为低山丘陵。

滨洲线沿线除沙漠地区外，地下水资源较为丰富，其中哈尔滨—龙江区段的含水层主要为砂类土等，地下水埋深 2~5 m，水位变幅 2~3 m；博克图—免渡河区段山间平原冲洪层孔隙潜水，水资源丰盈，蕴含地下水的深度为 0.5~3.5 m，呈带状分布；海拉尔盆地地下水埋深 0.5~5 m，水位变幅约为 2 m。

3.3 气象体征

滨洲线沿线大部分地区属于中温带亚湿润—亚干旱大陆性季风气候，牙克石附近属于寒温带亚干旱大陆性季风气候区。冬日严寒空气湿度较低、夏日雨量较大，大庆地区极端最低温度−39.2℃、博克图极端最低温度−37.5℃、牙克石极端最低温度−46.7℃、海拉尔最低温度−42.3℃、满洲里最低温度−40.5℃，按照电气化工程影响气候划分，均处于严寒地带。

4 危害性

滨洲线位于严寒气候区，冻结时期漫长，特别是博克图—免渡河区段属少冰冻土以及多冰冻土。沿线其他地区在底部表面有结节性冻土，厚度为 1.89~3.89 m，通常于每年 10 月份下旬逐步开始结冰，次年 3 月份中旬达到最大冻结深度。冻害对电气化铁路接触网支柱的影响较大，为确保接触网设备稳定运行，需要采取相应的技术措施。

受寒冷地区冻害影响，基础上拔接触网倾斜支柱倾斜的形式基本分为内倾、外倾、顺线路方向倾斜三种形式。接触网支柱、支撑装置布置形式的不同，导致接触网机械性能、电气性能以及导线高度、拉出值等几何参数造成的影响也不同。

4.1 对接触网软横跨支柱的危害

滨洲线站场横穿多个股道、多条线路并行区间设置软横跨，支柱可使用热浸镀锌钢柱或者是大容量横腹式水泥支柱，预制混凝土基础，支柱法兰盘与基础地脚螺栓相连，受横向承力索张力及支柱基础冻害影响通常为接触网支柱内倾情况。接触网设备运行过程中的常见支柱内倾，表现为软横跨弹簧补偿器松弛，横向承力索、上下部固定绳下沉，定位立柱和直吊线位置发生偏移，导致对应股道导线高度降低，影响弓网关系，造成接触力缺陷增加。

4.2 对接触网混凝土腕臂柱的危害

滨洲线区间路基段的腕臂支柱基本使用横腹杆式预应力混凝土支柱，混凝土腕臂柱基础选用带底板、横卧板的直埋式基础，受冻害影响，腕臂柱出现内倾和外倾状况。支柱布置形式和定位方式的不同，导致接触网导线高度和拉出值的影响也各不相同，定位器反定位安装时支柱内倾拉出值加大，而正定位安装则使支柱外倾拉出值加大，当支柱曲线布置情况对定位点和跨中拉出值影响也很大时，容易引起拉出值超限问题，从而造成电力机车受电弓脱弓故障的出现。

4.3 对接触网锚柱的危害

接触网支柱的倾斜对接触网锚柱、转换柱的影响危害性较大。锚柱发生倾斜问题时，补偿装置坠坨串受重力作用仍处于铅垂状态，补偿装置限制架、限制管随支柱方向倾斜，补偿装置升降将不灵活，在夏季温度升高时补偿坠坨底面与限制角钢易发生卡滞问题，导致承导线得不到补偿，线索弛度增加，导线高度降低，存在接触网跳闸、弓网事故隐患；当冬季温度降低时，补偿作用失效，承导线的张力增加，存在承导线断线事故隐患。

4.4　对接触网关节转换柱的危害

锚段关节内转换柱结构复杂、负荷集中，关节内转换柱承担两支悬挂负荷，当接触网转换柱发生倾斜时，会影响关节工非支线索平顺性，易发生接触线 V 型布置情况，吊线、定位点高差过大，关节过渡区不平滑，电力机车受电弓通过时燃弧率提高，从而提高弓网故障发生概率。同时也对锚段关节内工非线索间距造成影响，在机械方面增加线索相磨隐患，对绝缘锚段关节、关节式电分相的危害也极大，易造成关节断口线索烧伤、断线事故的发生。

4.5　对接触网拉线基础的危害

接触悬挂下锚采用拉线基础，受到多方向的拉力，对接触网锚柱的顺直起到了很大的作用。受冻害影响，拉线基础上拔，地锚拉力失效，拉线松动，锚柱在顺线路方向拉力的作用下，将会发生顺线路方向的倾斜，对接触网设备运行安全的危害极大。如果接触网锚柱折断倒伏，弓网发生故障的同时将造成剐碰机车车辆事故。

5　整治方案

5.1　接触网软横跨支柱倾斜整治方案

5.1.1　改造吊索式硬横跨

将既有软横跨结构（跨距小于 40 m）改造为吊索形硬横梁结构，从而提高既有软横跨支柱的整体稳定性以及局部稳定性。将三角形钢管硬横跨横梁布置到既有软横跨支柱上，根据支柱与横梁的抗弯刚度及拉伸刚度确定截面形式，按照支柱中心线垂直地面预制横梁，还要充分考虑横梁自身跨度，横梁在支柱上的安装位置和支柱的锥度、现场实际的高差，对连接板开孔距离和连接螺栓的影响。

5.1.2　加固软横跨支柱基础

电化线路高水位冻土区段、地势平坦地段、现场作业条件有限处所，对接触网软横跨混凝土支柱基础两侧采用植筋补加基础方式进行加固，整治处所支柱基础容量应不大于 450 kN·m。补加 C35 混凝土基础时采用植筋方式施工，后补加基础长度 1.4 m、宽度与既有基础等宽，深度考虑无效埋深，有效埋深 2.5 m 且不小于冻深线下 200 mm。一侧基础植筋量为 ϕ20 mm 主筋 16 根、ϕ10 mm 箍筋 10 根、850 mmϕ20 mm 主筋 36 根，植筋采用热浸镀锌防腐，附着量不小于 350 g/m^2。植筋时要提前进行位置校准，钻孔直径为 24 mm，钻孔位置必须提前探测并避开基础地脚螺栓，将钢筋混凝土底板植入钢筋，满足埋深要求。采用水钻研磨钻孔，孔内填充三分之二以上的锚固胶黏剂，拉力设计值不小于 20 kN，植入后应逐根进行拉拔试验，以保证锚固效果。

施工前，首先要做好既有软横跨支柱防护，补加强基础施工完成后，应在加强基础周外侧 500 mm 时采用土质较干且透水性强的非冻胀土换填并分层夯实，换填深度不小于 1500 mm，分层夯实厚度为每层土壤厚度 300 mm。钢筋锚固完成后，将新旧混凝土结合部分基础范围内适当凿毛，清理干净，适度洒水后再浇筑混凝土，以保证新旧混凝土结合良好。

5.1.3　加固软横跨支柱基础护坡

电化线路高路堤段接触网软横跨支柱基础护坡加固，支柱基础容量不大于 450 kN·m。施工前，清理加固范围内原护坡上的土体，将其挖成台阶状并夯实，新护坡应采用土质较干且透水性较强的非冻胀土并分层夯实，其物理性能不低于原基础坑土的标准，新培土后护坡按照 1:2、1:1.5 放坡。

新增混凝土护坡与软横跨支柱基础采用植筋方式锚固，植筋胶适用于开裂混凝土化学锚固胶黏剂填充锚固，路肩下 150 mm 以下每间隔 300 mm 分别将 4 组 850 mmϕ20 钢筋锚固于混凝土基础中，植入 400 mm、预留 450 mm；植筋完成后，按照 1:1.2、1:1.5 放坡修砌混凝土。

5.2　横腹式预应力混凝土腕臂柱倾斜整治方案

5.2.1　加固直埋基础

接触网预应力混凝土支柱直埋基础容量不大于 93 kN·m，支柱基础线路内侧上部横卧板距离地面 1200 mm 范围内采用土质较干且渗水性强的非冻胀土换填并分层夯实，分层夯实厚度为每层土需厚 300 mm。

5.2.2　更换 Gy120/9 钢支柱

采用扩底桩井圈护壁基础形式格构钢支柱，季节性冻土标准冻结深度为 2~3.2 m，冻结线以上为强冻胀土，冻胀等级Ⅳ级，全面考虑了地基承载力、内摩擦角及土壤容量的密切关系，地基承载力大于基础底面的平均压力等，抗倾覆安全系数不小于1.5，以及土壤容重不小于15 kN/m³、地基土的计算内摩擦角不小于15°、桩端组立标准值（qpk）不小于400 kPa的地质情况。

按照接触网平面布置图确定桩位，人工挖孔桩，基础、承台为C35混凝土，基础钢筋保护层厚度为50 mm。为减轻冻胀，采用桩基外侧设置刚性护壁，桩基刚性护壁与基坑护壁间采用防冻胀土填实方式来减少切向冻胀力对基础的影响，扩底桩井圈护壁基础剖面分别为基坑护壁、中粗砂、桩基础护壁、钢筋混凝土桩，基础深4200 mm，承台长、宽1000 mm、高700 mm，承台底面100 mm下为桩基护壁、承台底面300 mm下为基坑护壁，基坑护壁外径1600 mm、壁厚100 mm，中粗砂厚度200 mm，路基表面200 mm处范围换填碎石压实水泥砂浆砌护，避免地表水对基础的渗透和浸泡。基础混凝土做到连续浇筑，当强度达到设计强度的70%以上时，进行钢支柱安全；强度达到100%时，对钢支柱进行加载。

6　结束语

滨洲铁路电气化改造工程开通运营后，对寒冷地区接触网运行安全规律进行分析与总结，在冻害引发接触网支柱倾斜方面仍处于探索阶段，但在设计、施工、运营单位的共同努力下，寒冷地区接触网支柱倾斜隐患问题已经得到了有效的整治，后续工作要从设计标准、施工工艺各环节把握产生接触网支柱倾斜的可能性，在日常检查和维护中不断总结经验、摸索规律，从而逐步提升接触网的运行管理水平。

参考文献

[1] 中国铁路总公司.普速铁路接触网运行维修规则[S].北京：中国铁道出版社，2018.
[2] 住房和城乡建设部.混凝土结构后锚固技术规程JGJ145–2013[S].北京：中国建筑工业出版社，2013.
[3] 国家铁路局.铁路混凝土与砌体工程施工质量验收标准TB10424[S].北京：中国铁道出版社，2018.

作者简介

李凤欢，中国铁路哈尔滨局集团有限公司齐齐哈尔供电段，副段长，工程师。

接触网开关站队列式控制指令时间溢出的危害

石　磊　张云峰

摘　要：接触网开关站是供电系统的重要组成部分，其可靠动作是保证供电系统安全、运行的基础。本文针对接触网隔离开关控制指令因时间函数错误而导致的开关误动问题进行研究和分析，阐述远动控制装置软件故障的危害。

接触网隔离开关误动是指人为或设备故障造成的非预期分合闸故障。其危害性质严重，可能会造成刀闸损坏、接触网停电、分相短路等设备故障，同时还威胁到作业安全。2015 年，原铁路总公司下发了《接触网电动隔离开关远动控制优化技术方案》(运供设备函[2015]37 号)，针对光纤控制电动隔离开关存在的多项薄弱问题，从控制优化、网络优化等方向提高设备可靠性。相对于开关控制系统的硬件问题，其软件缺陷危害同样严重，且这类问题值得运营和检测单位高度重视。本文针对接触网开关站队列式控制指令因时间函数错误，导致溢出后造成隔离开关拒动和误动的故障进行研究和分析。

1　程序 BUG 引发的隔离开关误动故障

2019 年 12 月 10 日 9：44：29，SCADA 系统中两台隔离开关产生分、合闸信号。通过调取 SCADA 历史报文，主站未下发遥控报文，首先排除人为误操作和主站功能异常可能。通过调取开关站的后台记录nkyk. log(见图 1)，故障时刻开关站 RTU 向柱上隔开的远动终端发送了分、合控制指令，因此判定是 RTU故障造成的。

save time： 2019−12−10 09:48:29:608 add ctrl single lamp to send YK Queue ：YK:1GKBtuLamp.LampState, ctrlstate:0
由按钮灯发出的遥控命令：1隔开控分
save time： 2019−12−10 09:48:30:929 add ctrl single lamp to send YK Queue ：YK:2GKBtuLamp.LampState, ctrlstate:1
由按钮灯发出的遥控命令：2隔开控合

图 1　遥控记录

故障 RTU 站具有远方控制和本地控制两种方式。远方控制时，RTU 采集报文后按照本地配置向对应的远动终端发送控制命令；本地控制包含后台、盘控两种方式，其中盘控原理采用了命令队列缓冲的设计方式，RTU 采集按钮按下和抬起的 AD 转换信号，判断按下时间超过防抖时间后，将指令加载到 RTU 队列区等待出口。故障设备在 12 月 3 日曾进行过定期试验，试验期间误动的两台隔离开关曾进行过试验，当时盘控拒动由于远控成功就忽视了拒动问题。至此，初步判定为历史缓存命令导致了误动。

2　RTU 控制命令缓存及出口原理分析

目前工业控制软件编程多采用 C++计算机高级语言，此次 RTU 缓存程序产生 BUG 是由于数据类型错误，造成时间溢出。具体原理如下所述。

2.1　出口条件的程序代码

If((ABSDEC (i_sendFinishTime, i_lastCtrlExecTime) > SEND _ YKEXEC _ DELAY&&(sCtrlQueue [i_readCtrlQueueCounter]. iCmdCode==2))。其中 i_sendFinishTime 为装置实时时间，是 RTU 的时钟频率，i_lastCtrlExecTime 为上条遥控命令的执行时间，SEND_YK_EXEC_DELAY 为 500 ms 延迟时间。当前绝对时间大于上条指令出口时间 500 ms 后，再向线路控制终端发出队列区中的下条命令。

2.2　拒动原因

12 月 3 日拒动的前一条命令出口时间为 2019 年 11 月 15 日 13：16：23：106，如图 2 所示。

```
529  save time: 2019-11-15 01:14:29:183  <ykRet> to buttonlamp ykRtuNo:6,ykNo:7,seqtype:0x02,ykval:0x33,ykres:0x01
530  save time: 2019-11-15 13:16:22:929  <yksnd> ykRtuNo:7,ykNo:14,CmdCode:0x01,ActionCode:0xcc,DirectExec:0x00
531  save time: 2019-11-15 13:16:22:970  <ykRet> to buttonlamp ykRtuNo:7,ykNo:14,seqtype:0x01,ykval:0xcc,ykres:0x01
532  save time: 2019-11-15 13:16:23:065  <yksnd> ykRtuNo:7,ykNo:14,CmdCode:0x02,ActionCode:0xcc,DirectExec:0x00
533  save time: 2019-11-15 13:16:23:105  <yksnd> ykRtuNo:7,ykNo:14,seqtype:0x02,ykval:0xcc,ykres:0x01
534  save time: 2019-11-15 13:16:23:106  <ykRet> to buttonlamp ykRtuNo:7,ykNo:14,seqtype:0x02,ykval:0xcc,ykres:0x01
535  save time: 2019-12-03 01:47:39:304  <yksnd> ykRtuNo:9,ykNo:0,CmdCode:0x01,ActionCode:0xcc,DirectExec:0x00
536  save time: 2019-12-03 01:47:39:351  <ykRet> to buttonlamp ykRtuNo:9,ykNo:0,seqtype:0x01,ykval:0xcc,ykres:0x01
537  save time: 2019-12-03 01:47:42:832  <yksnd> ykRtuNo:9,ykNo:0,CmdCode:0x02,ActionCode:0xcc,DirectExec:0x00
```

图 2　拒动的前一条命令

其绝对时间为 1836952106 ms，即赋值给上次执行的时间 i_lastCtrlExecTime。时间变量定义为 longint 整数型变量，longint 在 64 位系统中是 8 字节 64 位参数，即使是毫秒级的绝对时间也可以满足，不会发生溢出的情况；而在 32 位 CPU 芯片中，longint 和 int 型函数长度一样，都是 4 字节 32 位，用 32 位长度定义毫秒级的时间变量将会溢出，如果第 31 位符号标志位被置 1，计算结果就是负数。比如，2019 年 12 月 3 日 02：03：07：336 的绝对时间：

1575338587336 ms	（64 位、十进制）
0001 0110 1110 1100 1001 0111 1111 0011 0100 1100 1000	（64 位、二进制）
−914410296	（32 位、十进制）

本地时区为北京东八区，还需减去 28800000 ms（8 小时），即 −914410296−28800000 ms＝−943210296 ms，i_sendFinishTime 为 −943210296 ms，此时 i_lastCtrlExecTime 为 1836952106，（−943210296）−（1836952106）的值为 −15148048946，也是个溢出值。时间差不满足 500 ms，指令没出口造成拒动，同时 i_lastCtrlExecTime 也没有重复赋值，保持不变。

2.3　误动原因

拒动故障发生后，最后一次的出口时间保持不变，而 RTU 的晶振时钟一直在工作，直到绝对时间不溢出且时间差大于 500 ms 后产生了误动。误动时间为 2019 年 12 月 10 日 09：48：29：608，绝对时间为 −310487392 ms，此时 i_lastCtrlExecTime 为 1836952106，（−310487392）−（1836952106）的绝对值为（2147439498），时间差满足 500 ms 条件，遥控命令发出口，i_lastCtrlExecTime 重新赋值为当前执行出口时间。

3　数据溢出分析

数据溢出是 C++语言普遍存在且危害较严重的 BUG，如果程序中移位运算、算术运算的结果超出相应类型的表达范围，就可能引起数据溢出。相关的正数与负数之间的补码转换原则如下：2147483647 每加 1 顺时针移动 1 个单位，−2147483648 每减 1 逆时针则移动 1 个单位。根据模型，如执行的是 2147483647+1 操作，应从 2147483647 顺时针移动 1 个单位，因此结果为 −2147483648。实际上是第 31 位符号标志位被置 1，造成数据溢出，如图 3 所示。

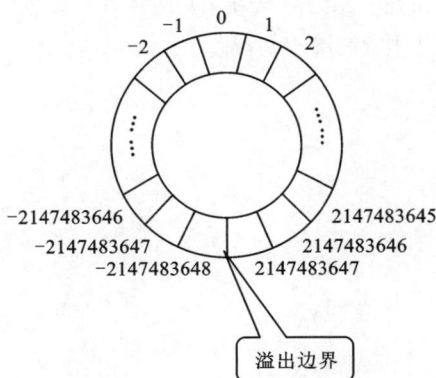

图 3　数据溢出分析

4　解决方案

为解决这个程序 BUG，同时避免产生其他问题，本文研究并采用了改变数据结构、增加按钮控制网开关的控制命令出消息队列的判断、增加按钮控制网开关命令的时间节点处理三个方案来增强 RTU 的可靠性。

4.1　改变时间变量的结构类型

时间变量改为结构类型，这样秒和毫秒用两个成员表示，以消除时间溢出问题。

```
struct
{   uint8    second；//秒
    uint16   msecond；//毫秒
    } SysClock；
```

4.2　增加按钮控制网开关的控制命令出消息队列的判断。程序按钮控制网开关的数据离开缓冲区的判据判据如下。

（1）当地远方位置是否满足，否则清空队列。

```
if( !（（iNowLRState = = sButtonLamp. m_iConfigRLSwitchValue））
{ClearCurYKCmdFromQue( )；            //清空队列}
```

（2）遥控执行数据进入缓冲区时间与即将出缓冲区时间的时间间隔是否在超时时间之内，否则清空队列。

```
if( llDiffMSecs> = 400 * 500）        //时间为 200 秒
{ClearCurYKCmdFromQue( )；            //清空队列}
```

4.3　增加按钮控制网开关命令的时间节点处理，对网开关设备是否在超时时间之内已经进行了动作的判断，否则将清空异常数据。避免发生因为核心板件或遥信遥控数据处理板件异常而导致错误指令误离开缓冲区的情况。

5　结束语

提高自动化设备运行的可靠性，保障牵引供电的稳定运行，自动化设备厂商以及专业检验机构应在形式试验之后，利用软件模型模拟各种工况并检测分析，以此检查设备动作的可靠性和稳定性，这在自动化设备上线运行前是十分必要的工作。专业检测部门在实验室检测中应拓宽思路，发散思维，多角度思考，提早发现并避免故障问题的发生。

作者简介

石磊，中国铁路哈尔滨局集团有限公司供电部，副主任，高级工程师。
张云峰，中国铁路哈尔滨局集团有限公司工电检测所，工程师。

对一起高铁接触网开关引线造成
分相短接跳闸故障的分析

张宝奇 马少奎 梁清元

摘 要： 本文对某高速铁路发生的一起锚段关节式分相的接触网开关引线造成短路跳闸故障的原因进行分析，指出高速铁路分相中性区长度控制和接触网开关引线安装存在的问题，并对我国关节式分相接触网开关引线设计、施工和运营管理提出改进措施和建议。

2021 年 11 月 29 日，某高铁发生一起六跨关节式分相接触网开关引线造成分相短路跳闸故障。本文对此次故障的发生原因进行分析，指出我国高铁电分相及分相开关引线的设计和施工存在的问题，对关节式分相接触网开关引线设计、施工和运营管理提出改进措施和建议。

1 故障概况

2021 年 11 月 29 日 12 时 46 分，接供电调度通知，某高铁某牵引变电所 212#、213#、214#馈线跳闸，重合成功，T-R 故障，故标指向变电所出口六跨关节式电分相处。跳闸时故障点风速检测仪持续大风报警，报警值最高 25.5 m/s。中国六跨关节式电分相平面布置标准图如图 1 所示，446#支柱是图中右侧 D 柱，434#支柱是图中左侧 D 柱。

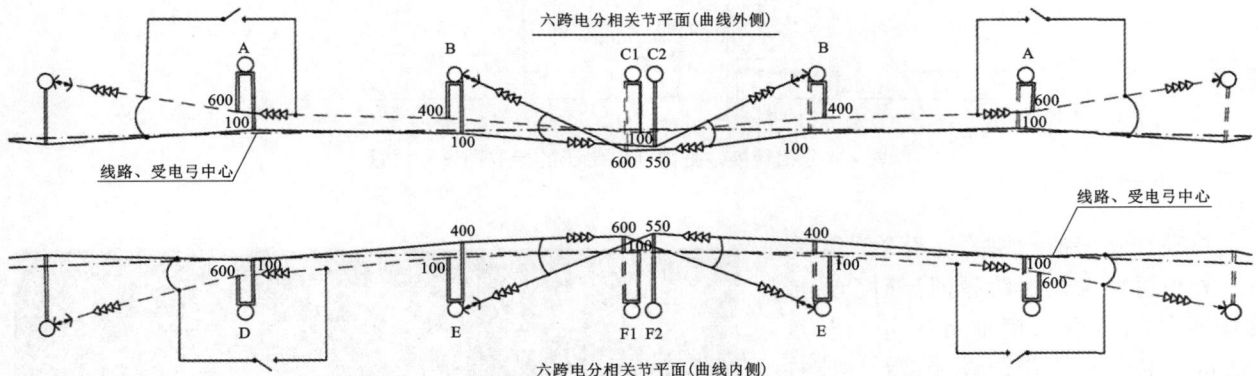

图 1 六跨关节式电分相平面布置图

2 故障原因分析

综合行车、跳闸参数、故标指示和天窗点检查确认情况，判定跳闸原因为 G7942 列车通过分相中性区时，446#(K145+951)救援开关引线因弛度过大在大风天气下引起线索舞动，瞬间短接分相隔断绝缘子，致使分相中性区带电，所以 G7942 列车受电弓在 434#支柱处短接 212#和 214#馈线时造成相间短路跳闸。现场开关引线与承力索放电痕迹照片如图 2 所示。故障时 446#支柱处救援开关引线安装状态如图 3 所示。

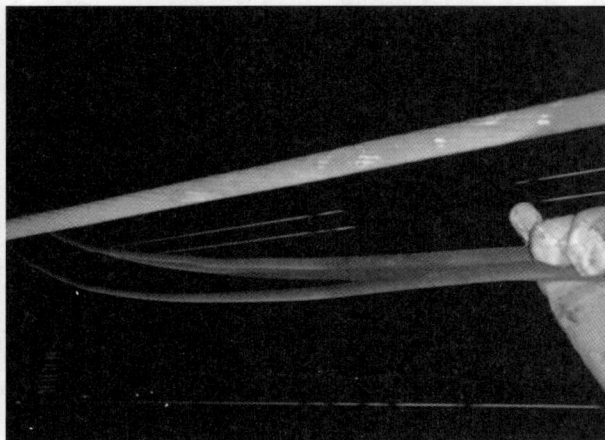

图 2　现场开关引线与承力索放电痕迹

图 3　故障时 446#支柱处救援开关引线安装状态

3　存在的问题

3.1　分相隔断绝缘子位置不当

中国六跨关节式电分相平面布置标准图中分相转换柱处隔断绝缘子的设计位置如图 4 所示（图中长度单位为 mm）。

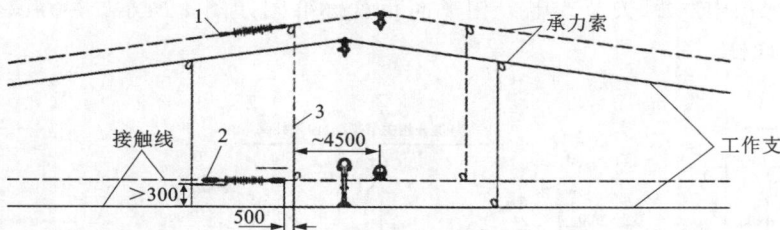

图 4　分相转换柱处隔断绝缘子的标准图设计位置

该高铁施工时，相关建设单位未考虑分相位置桥梁两次跨越河流时会造成现场预制的桥梁长度非标准箱梁长度（32 m），仍然按通用图设计接触网支柱分布，造成分相中性区两端定位支柱间距总长 209 m。为保证中性区长度不大于 190 m（目前设计部门的通常做法）的要求，施工时违反分相安装通用图，将救援开关处绝缘子向跨中加装。现场设备安装示意图如图 5 所示。实测隔断绝缘子右侧距离 446#支柱的左侧定位支撑装置 6.22 m，多出标准图 6.2−5.0+1.0＝2.2（m）左右（双腕臂底座间距按 1.0 m 计），为隔离开关引线弛度过大埋下隐患。

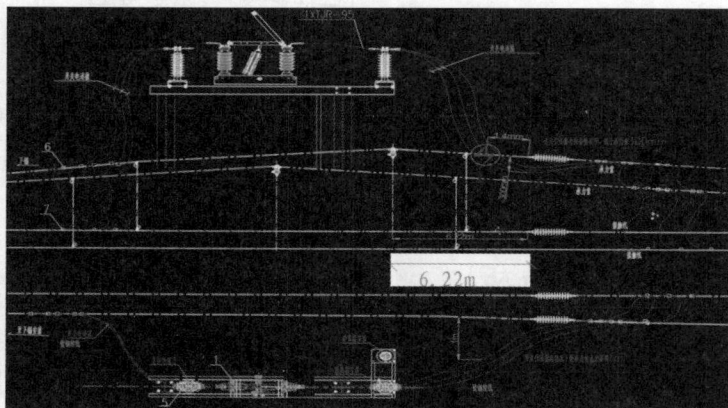

图 5　故障现场接触网安装示意图

3.2　开关引线弛度大

现场实测 446#支柱引线最大弛度处低于承力索 300 mm，如图 5 所示。正常安装的济郑高铁和徐兰高铁（郑西段）分相开关引线现场照片如图 6 和图 7 所示。

图6　济郑高铁分相开关引线安装照片（正常安装，左右图为不同角度）

图7　徐兰高铁（郑西段）分相开关引线安装照片（正常安装）

4　对策和建议

4.1　准确认识关节式分相中性区长度要求

对于锚段关节电分相中性段长度，《关于电气化接触网电分相与进口动车组受电弓配合相关问题的通知》（铁鉴函〔2005〕485号）要求"根据目前时速200 km动车组的技术条件，两受电弓间最小距离不得小于190 mm，接触网电分相按此条件进行设计"。《关于规范客运专线接触网锚段关节电分相设置的通知》（铁集成函〔2010〕474号）要求"对于时速200～250 km近期兼顾货运的客运专线，接触网电分相宜采用中性段长度小于双弓间距的短中性段电分相方案，中性段长度小于200 m"。《铁路技术管理规程》（高速铁路部分，TG/01 A—2017）第170条规定"动车组重联或长编组时，工作受电弓间距为200～215 m"。由于组成电分相的绝缘锚段关节转换柱处（图1中的A柱）非工作支抬高450 mm及以上，外转换柱处两非支中绝缘子串间的距离为200 m也是绝对安全的。《时速350 km高速铁路接触悬挂安装图（隧道外）（六跨分相锚段关节）》（通化〔2016〕1302-Ⅷ）明确"外转换柱处两非支中绝缘子串间的距离不大于190 m"，10 m可视为安全余量。对于此次故障发生现场的非通常50 m等跨距支柱布置情况，工程处理时就可缩短隔断绝缘子与转换柱间的距离，相应缩短开关引线长度。

4.2　严格控制关节式电分段处隔离开关引线长度

锚段关节电分段处隔离开关引线长度既要满足所固定锚段承力索随温度变化伸缩的要求，还要满足与隔离开关安装肩架及不同供电单元带电线索空气绝缘距离的要求，因此是接触网设计和运用管理控制关键点，现场采取了增加隔离开关安装支柱高度、加装引线支撑绝缘子等措施。2020年，国铁集团组织制定《电气化铁路接触网隔离开关设计安装技术要求》（工电供电函〔2020〕83号），给出了具体要求和隔离开关引线长度计算方法。引线长度满足极限温度承力索伸缩要求即可。

4.3　优化开关引线安装位置

接触网安装通用图（本文图 4）固定了隔断绝缘子的设计位置。我国普速铁路锚段关节电分段的隔断绝缘子位置设计如图 8 所示，隔断绝缘子位置按距离转换柱最近的腕臂支撑装置 1 m 控制，从而增大了隔离开关引线与线路的夹角，可以更可靠地满足安全运行要求。法国电分相处绝缘关节隔离绝缘子位置要求如图 9 所示，相较中国关节式分相通用图（图 4 所示）中的 4500+500＝5（m）减少为 3 m。因此，建议本次高铁分相转换柱处隔断绝缘子位置的标准图设计参考图 8 优化。下锚支在转换柱处靠近下锚侧还是靠近中心锚结侧支撑装置安装对运行影响不大，可以与图 8 一致改在靠近中心锚结侧。显然，除了本次故障特殊情况，对于通常 50 m 等距布置的分相区接触网支柱，优化后也完全能满足中性区长度小于 200 m 的要求。

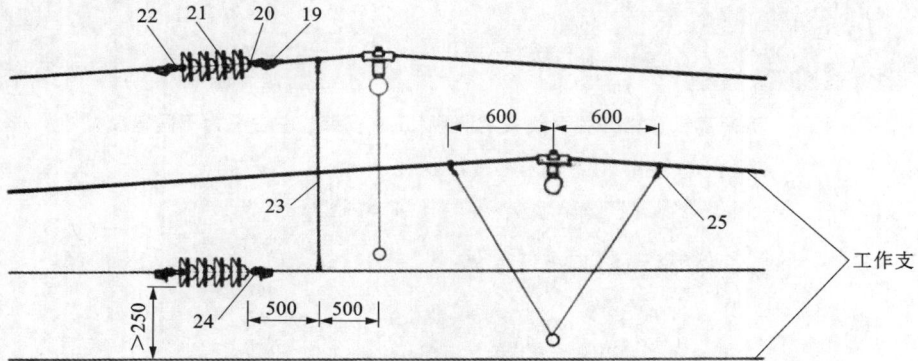

图 8　普速铁路锚段关节电分段的隔断绝缘子位置设计

图 9 为法国电分相处绝缘关节隔离绝缘子位置示意图。锚段关节隔断绝缘子距离最近支撑装置也只有 2 m 左右。

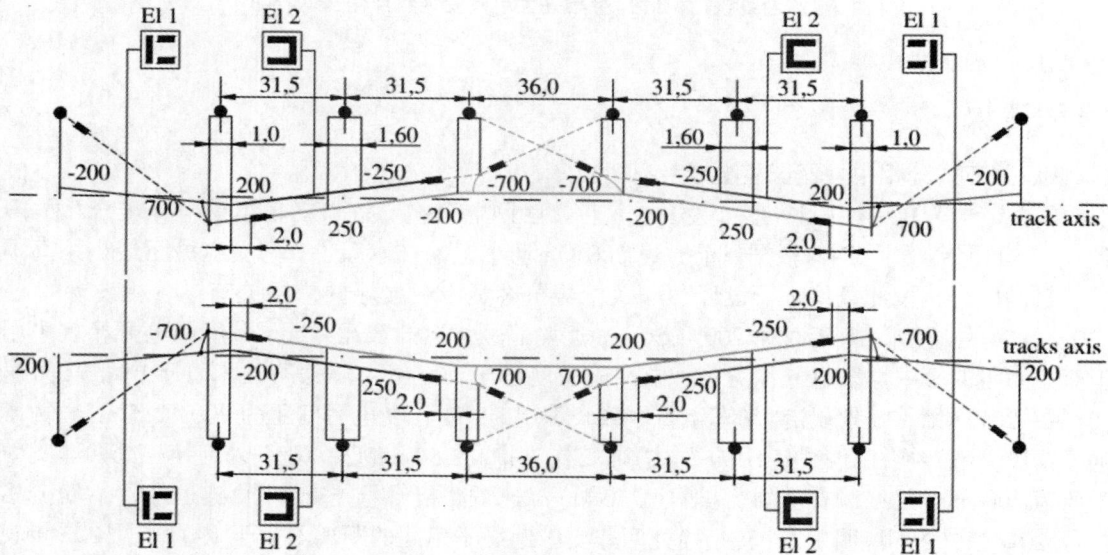

图 9　法国电分相处绝缘关节隔离绝缘子位置示意

图 10 为从两个视角拍摄的按照标准图安装的某高铁绝缘锚段关节开关引线现场照片。可以看出，绝缘锚段关节隔断绝缘子右移 2 m 左右，可以拉大开关引线与非支承力索夹角，更好地保证开关引线对支持绝缘子底座距离。

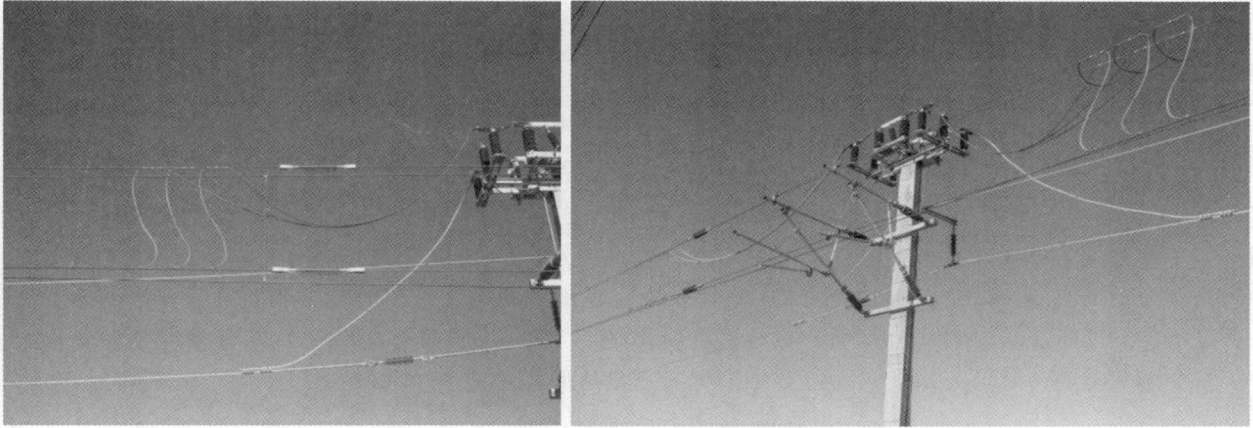

图10　从两个视角拍摄的某高铁绝缘锚段关节开关引线现场照片

4.4　严格控制电分相区支柱跨距工程

高铁接触网支柱基础由站前单位实施。由于高速铁路的特点，线路开通前接触网支柱基础位置改变所产生的影响大，所以运营阶段则基本不能改变。此次故障跳闸表明，工程阶段电分相支柱位置必须得到严格控制，以满足电分相中性区长度要求，保证关节式电分相结构与双弓运行匹配关系，避免发生电分相相间短路事故。

参考文献

［1］于万聚.高速电气化铁路接触网［M］.成都：西南交通大学出版社，2003.

［2］中铁第四勘察设计院集团有限公司.时速350 km高速铁路接触悬挂安装图（隧道外）（六跨分相锚段关节）.北京：中国铁路总公司，2016.

作者简介

张宝奇，中国铁路郑州局集团有限公司工电检测所，副主任、正高级工程师。

马少奎，中国铁路郑州局集团有限公司郑州高铁基础设施段，副段长、工程师。

梁清元，中国铁路郑州局集团有限公司郑州高铁基础设施段供电维修中心，主任、工程师。

关于电气化铁路接触网覆冰舞动的分析与探讨

马　强

摘　要： 本文主要介绍了我国电气化铁路宁西线 2022 年发生的一次罕见的接触网设备舞动现象，结合国内外输电线路防治覆冰危害的经验，通过对此次覆冰舞动现象原因和处置措施的分析和探讨，提出了关于防止接触网覆冰舞动的一些措施和建议，对于进一步提高电气化铁路接触网设备管理和应急处置能力及最大限度减少对运输干扰有一定的借鉴意义。

1　基本概况

2022 年 1 月 22 日 9 时许，郑州局管内宁西线南阳地区发生雨夹雪，伴随 4~5 级东北风，导致唐河至白秋间 K448+980 附近 5.4 km 接触网覆冰 5 mm，伴随接触网上下舞动 200 mm。14 时许，覆冰增加至 8 mm，接触网覆冰舞动加剧至上下 500 mm，最大处达到 800 mm。洛阳供电段迅速组织唐河、南阳、南阳西车间作业车和接触网工赶赴现场，先后采取了在舞动范围内电力机车限速 45 km/h 运行、舞动严重的 2 公里范围内降弓通过、内燃机摆渡客车、开行除冰列车等方案，优先保障了客车的畅通。客车疏通后，21 时 01 分，组织 40 名接触网工使用 2 台接触网作业车人工打冰。23 日 11 时 52 分，再次组织上线人工打冰，该区段于 15 时 00 分全部恢复正常行车。

2　应急处置情况

1 月 22 日 9 时 51 分，17306 次列车司机反映宁西线白秋-唐河上行 K449+200 接触网摆动大，停车。

10 时 35 分，经郑州局行调联系，17306 次列车启动并运行至唐河站。

10 时 40 分—46 分，应急处置人员到达现场巡视确认接触网舞动情况及舞动范围后，于 10 时 52 分，根据《郑州局集团公司接触网覆冰应急处置办法》，在 K447+600~K453+000 处共 5.4 公里，采取了限速 45 km/h 运行的措施。

9 时 50 分，在该区间下行线运行的 25673 次列车因接触网舞动而停车。

11 时 31 分，25673 次机车升弓取流准备启动，但因接触网舞动、网压不稳，列车风压达不到要求，无法启动，郑州局开行内燃机车自唐河站进入区间，通过尾部连挂将列车推行至白秋站。

13 时 16 分，25673 次列车运行至白秋站。洛阳供电段准备申请人工打冰，但由于列车积压较多，列车调度考虑接触网舞动区段具备降弓惰行的条件。13 时 53 分，应急处置方案变更为电力机车降弓运行通过 K447+800~K449+800 舞动最严重的 2 km 区段，待列车积压情况得到缓解后再组织人工打冰。

18 时 55 分，考虑现场覆冰舞动情况，如覆冰加剧，则舞动情况将愈加严重。洛阳供电段申请利用列车空档，使用铜基粉末冶金滑板除冰车上线除冰。除冰车沿白秋-唐河上行线运行过程中，司机反映"接触网摆动大，除冰车主断路器跳闸 2 次"。除冰车于 19 时 57 分到达唐河站，司机坚持不再从唐河至白秋下行线运行除冰。

20 时 45 分，接触网舞动超过 500 mm，最大时达到 800 mm，且舞动现象已从当日 10 时左右开始持续超过 10 小时，为保证安全，洛阳供电段申请使用接触网作业车进入区间进行人工打冰。

21 时 01 分至 23 时 44 分，接触网作业车从唐河站发车进入唐河-白秋区间下行线进行人工打冰，对舞动较为严重的 K448+900 至 K450+763 间计 1.863 公里接触网设备进行了人工打冰。打冰后，接触网舞动情况有所缓解，振幅降为 200 mm 左右。

1 月 23 日 0 时 47 分，现场人员观察舞动区段上行线接触网舞动情况有所缓解（振幅 100 mm 左右），申请上行线电力机车升弓限速 45 km/h 运行，下行线舞动振幅超过 200 mm，仍维持降弓运行。

0 时 47 分至 7 时 27 分，现场人员对舞动区段进行不间断监控，唐河-白秋区间上行线 K447+600 至 K453+000 维持限速 45 km/h 运行，下行线 K449+800 至 K447+800 未进行人工打冰区段维持降弓运行。

7 时 27 分至 8 时 38 分，现场人员分组对 K447+600 至 K453+000 进行步行巡视，根据现场舞动情况申请使用接触网作业车进行人工打冰。

12 时 52 分至 15 时 00 分，使用接触网作业车对剩余 1.8 km 进行人工打冰，因时至中午且冻雨天气结束，覆冰已开始大量融化；至打冰结束，接触网舞动已停止。

15 时 00 分，唐河-白秋下行线恢复正常运行。15 时 05 分，白秋-唐河上行线恢复正常运行。

3　当地天气情况

唐河县气象局出具的气象证明显示，2022 年 1 月 22 日 10 时至 17 时，唐河县出现大风、雨雪天气过程，极大风速 12.3 m/s（6 级），最低温度-6.2℃，降水量为 11.4 mm。

此次雨雪天气过程自 1 月 20 日夜里开始，持续到 23 日上午，气温维持在 0℃左右，东北风。宁西线为东西走向，风向基本垂直于线路。

4 线路及接触网设备基本情况

4.1　地形条件

此次接触网覆冰舞动区段均位于河南省南阳市唐河县境内，舞动严重区段位于唐河县西部区域。该区域为平原地形，宁西铁路在该区域呈东西走向，多为路堤区段，路堤高于地面约 5 m，如图 1 所示。

图 1　覆冰舞动河道地段地形

4.2　线路条件

宁西铁路为双线电气化铁路，2015 年 12 月开通运营，接触网悬挂类型为简单链形悬挂，正线采用 JTMH95 承力索+CTS120 接触线，额定工作张力（15+15）kN，回流线为 LBGLJ-185 型铝包钢芯铝绞线，最大工作张力 10 kN，采用直供加回流的供电方式，线路允许速度 120 km/h。

4.3　接触网设计气象条件

该区段接触网设计气象条件：最低气温-20℃，最高气温 40℃，覆冰时气温-5℃，风偏计算风速 25 m/s，覆冰时风速 10 m/s，基本结构计算风速 35 m/s，覆冰厚度 10 mm。

5　覆冰舞动情况

5.1　舞动最严重区段

2022 年 1 月 22 日 9 时 51 分，17306 次列车因接触网舞动严重，在唐河-白秋间下行线 K449+800 处停车，距离停车位置东侧约 14 km 的唐河供电车间应急人员反映当地风力较小，距离停车位置西侧 3 km 的白秋牵引变电所值班人员反映该处风力中等。

10时05分至10时23分，白秋变电所值班人员观察K446+500处白秋站接触网设备，未发现有明显舞动现象。

10时40分，巡视人员发现K450+800处上行线接触网无明显舞动，下行线接触网跨中上下晃动量约100 mm。

10时46分，巡视人员发现K449+300处上下行接触网均有明显舞动现象，晃动量约200 mm。通过进一步检查发现，K449+000处接触网舞动情况最为严重，晃动量约500 mm。由此判断，接触网舞动的中心位置应在K449+000附近，并向两侧延伸。该处为平原地形，线路路堤高约5 m，接触网距地面高度约13 m，地面西侧为一深度约为5 m的河沟。

10时40分至10时50分，现场人员在巡视过程中发现接触网有轻微覆冰现象，如图2所示，此时现场为大风冻雨天气，风向为东北风。

随着大风冻雨天气持续，接触网覆冰舞动情况加剧，至12时30分左右，现场接触网覆冰已达到

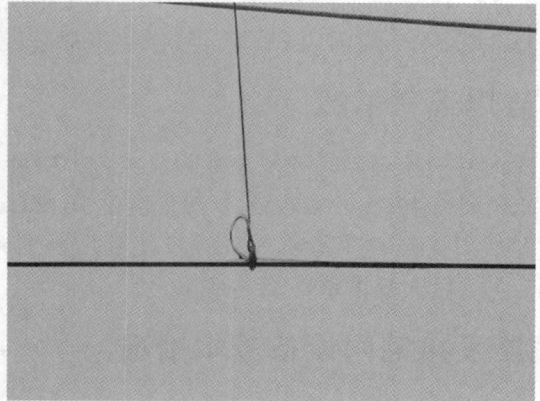

图2　唐河至白秋间接触网轻微覆冰情况

8 mm，接触网晃动量超过500 mm，最大晃动处甚至超过800 mm。补偿装置滑轮、补偿绳、回流线等均可以目测到有覆冰现象，如图3所示。

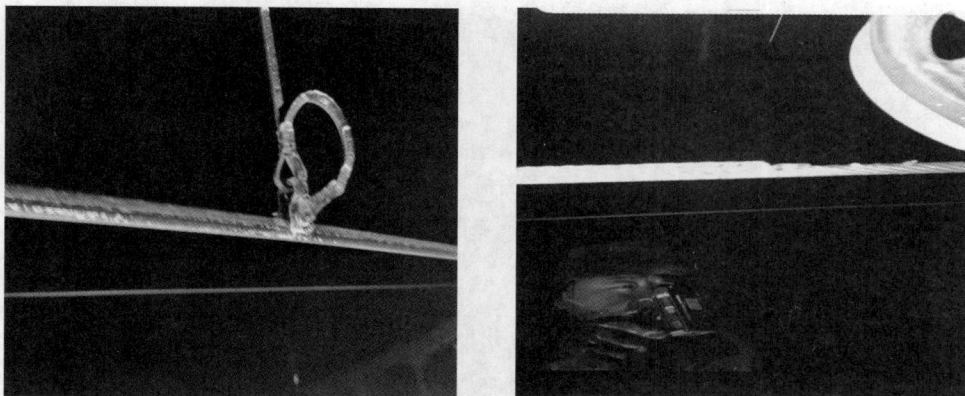

图3　唐河至白秋间接触网严重覆冰情况

23时46分，人工打冰结束后，接触网舞动情况有所缓解。随着气温继续降低，冻雨天气转变为降雪，覆冰情况逐渐稳定，不再加剧。

23日7时21分，随着风力减小，虽有降雪，但接触网晃动量不到100 mm。未打冰区段，接触网在微风作用下晃动量约200 mm。

23日9时许，降雪逐步停止，气温有所回升，同时接触网始终处于受流状态，覆冰逐渐融化。

23日15时许，人工打冰后，22日接触网舞动最严重区段的舞动现象停止。

5.2　其他区段舞动情况

22日14时57分，溧河-白秋区间上下行线舞动幅度较小，上下晃动量不超过100 mm。16时27分，安棚-唐河区间回流线晃动幅度较大约200 mm，接触网出现时断时续的舞动现象，舞动幅度约100 mm。

24日6时18分，宁西线安棚站6道因长时间未进电力机车，25680次列车进入后因取流不畅请求救援。现场承力索、接触线和吊弦上有约4 mm覆冰，如图4所示。

图4 安棚站6道接触网覆冰情况

6 原因分析

6.1 电力机车运行对接触网覆冰舞动的影响分析

下行线舞动被发现前，因图定天窗时间约 3 h 无电力机车通过，舞动发生后直至恢复正常运行期间均降弓运行。上行线舞动发生前，电力机车运行间隔约 1 h，舞动被发现后直至恢复正常运行期间，仅有一趟列车降弓通过，其他电力机车均升弓运行。人工监控期间，下行线舞动幅度较上行严重，而且下行安排了人工打冰，上行仅开行了除冰列车，未进行人工打冰。

综上所述，只保持电力机车限速升弓运行，在一定程度上可缓解接触网覆冰程度及舞动幅度。

6.2 地形及天气对接触网覆冰舞动的影响

应急处置人员到达现场后，现场风向大致为东北风，冻雨天气。接触网舞动最严重区段在 K448+800 至 K449+200，中心位置约在 K449+000 处，该处为平原河沟区域，线路布置方式为自西向东"路堤–桥梁–路堤"形式，桥梁两侧路堤高约 5 m，桥梁长度 36 m。应急处置人员在此处可明显感觉到风力大于其他位置。

从现场掉落的冰块、人工除冰时掉落的冰块，以及作业人员在接触网作业车平台上观察到的覆冰情况可知，此次舞动范围内接触网覆冰均在线索的北侧（即来风方向），南侧未发现有覆冰现象。22 日 12 时 31 分，巡视人员发现冰块厚度约 5 mm，如图5 所示；22 日 22 时左右，打冰人员发现覆冰厚度约为 8 mm 左右。

图5 巡视发现的覆冰掉块

综上所述，本次覆冰现象均出现在来风方向，并随着持续大风冻雨天气，接触网覆冰加剧。覆冰舞动的中心位置位于桥梁区域，下方为河沟，湿度和风力均大于周边地段。

6.3 风力对接触网覆冰舞动的影响

此次应对接触网覆冰舞动过程中，22 日白天风力基本保持在 4~6 级，舞动情况始终比较严重；晚上至 23 日 7 时左右，风力逐渐减小，舞动现象减轻；23 日人工打冰后接触网舞动停止。

接触网覆冰时，线索截面呈不规则状态，且质量增大至一定程度时，在风力作用下会形成舞动，并随着风力变化而变化。覆冰消除后，舞动才停止。

6.4 线索张力对接触网覆冰舞动的影响

回流线由于张力较小、无补偿，其舞动幅度和范围比接触线大。回流线舞动时，通过下锚跳线带动了锚段关节和中心锚结处接触网舞动。接触网覆冰舞动时，采取了分别在承力索和接触线补偿装置上增加 10% 的张力的措施，但效果不明显。下一步，再选取舞动严重的锚段，按照设计增加接触线张力进行试验。

综上所述，排除受电弓取流运行的影响，现场存在线索弛度越大、张力越小，在风力作用下舞动的幅度越大的情况。

7 经验教训及建议

7.1 尽快查明舞动范围

应急处置过程中，需尽快查明舞动区段具体范围，并参照范围设置限速、降弓运行区段，防止舞动范围扩大，为应急处置和决策提供技术支撑。

7.2 保持电力机车升弓运行

应对接触网覆冰舞动过程中，上行线在舞动发生前，电力机车约每小时 1 趟；覆冰舞动后，虽时间间隔有所变化，但仍保持不间断运行。下行线不仅在覆冰舞动前约 3 h，因图定天窗时间段无电力机车运行，且发生舞动后，电力机车区间停车，并且设置了降弓区段，除冰列车因舞动严重也未进入下行线除冰，造成下行线长时间无电力机车通过升弓取流，故下行线接触网舞动较为严重。对比上下行电力机车运行情况，电力机车持续升弓取流运行，可在一定程度上减轻接触网舞动幅度。

7.3 尽快组织人工打冰

应急处置过程中，人工打冰在舞动发生约 9 h 后才开始，22 日 12 时至 22 时许，覆冰增加厚度约为 3 mm，接触网舞动情况较为严重。22 日晚人工打冰后，打冰区段的舞动情况有所缓解，未打冰区段的舞动仍在持续。当接触网覆冰舞动，电力机车限速升弓运行、除冰列车除冰等措施无法实施后，在设置降弓区段、内燃机摆渡客车缓解运输压力后，应尽快安排人工打冰，彻底消除舞动问题。

7.4 及时上网检查

本次接触网舞动停止至恢复运行前，上网检查发现有 2 处防风拉线折断、1 处防风拉线抽脱。因此，在恢复运行前，需对整个舞动区段进行上网检查，避免发生次生问题。

7.5 开行除冰列车

此次应急过程中，受接触网舞动、机车救援、降弓运行、内燃机摆渡客车等影响，除冰列车直至发生覆冰舞动后 8 h 才上线，时间相对滞后，造成因接触网舞动严重，除冰列车的除冰效果不佳。因此，发生接触网覆冰后，应尽快申请开行除冰列车。同时，如覆冰持续加重，应加密除冰列车除冰频次，并穿插于列车行车间隙，上下行折返交替开行。

8 结束语

此次接触网出现大面积覆冰舞动情况，近年来在郑州局集团公司管内罕见。在应急处置过程中，信息纵向传递和横向沟通及时畅通，同时得到了车务、机务、工务、通信、运输调度等各部门的大力支持与配合，现场覆冰舞动情况得到了及时的遏制，保证了行车安全。通过深入且仔细的分析和研究，此次接触网覆冰舞动事件为进一步优化应对方案措施和更好的防范覆冰影响等积累了经验。

作者简介

马强，中国铁路郑州局集团有限公司洛阳供电段，副段长，高级工程师。

关于接触网检测车高压设备维护和运用安全若干问题的探讨

张宝奇 王 佳 黄敬军 陈 曦

摘 要：接触网检测车是重要的铁路行车设备，运用和维护有自身特点。随着供电检测监测 6C 系统在我国普铁接触网维护中全面应用，网检车在铁路基础设施检测中心和各局集团公司的运用数量增加，运用频次加大，网检车运用安全问题逐渐凸显。本文针对网检车运用、高压设备维护和故障应急处置等方面存在的主要问题进行探讨，提出应对措施。

供电 1C 检测装置(也称接触网检测车，以下简称网检车)是重要的铁路行车设备，其运用安全直接影响铁路运输安全。网检车运用和维护有自身特点：一是高压设备维护达不到机辆专业的条件，如电力机车(含动车组，下同)有较为完善的修程和修制等；二是高压设备运用与电力机车有差异，一般附挂在客车车辆尾部，网检车工作人员不能够及时发现前方接触网有故障，并采取停车、降弓等应急处置措施。

随着供电检测监测 6C 系统在我国普铁接触网维护中全面应用，网检车在铁路基础设施检测中心和各局集团公司的运用数量增加，运用频次加大，网检车运用安全问题逐渐凸显。如 2020 年 7 月 21 日 13 时 47 分，某局集团公司接触网检测车在检测中，电压互感器故障后升弓，造成接触网断线 C14 事故。本文针对网检车运用、高压设备维护和故障应急处置等方面存在的主要问题进行探讨，提出应对措施。

1 关于车顶高压设备的日常检查标准和预防性试验

网检车车顶高压设备运用工况与电力机车(动车组)类似，可参考选用电力机车修程和修制。我国电力机车检修技术规程规定设备检修为 C1、C2、C3、C4 和 C5 五级修[1][2]。其中 C1~C4 修为段级修程，C5 为厂修。后一级修程包含前一级修程的全部检修要求。C1 修检修周期：不超过 3 个月。C2 修检修周期：不超过 6 个月。C3 修检修周期：不超过 1 年。C4 修检修周期：50×(1±10%)万 km，不超过 3 年。C5 修检修周期：不超过 6 年。

网检车车顶高压电气设备主要有绝缘子、受电弓、高压电压互感器和避雷器。网检车高压电气设备应按规定定期开展预防性试验，以确保其运用安全。某局网检车预防性试验现场照片如图 1 所示。比照电力机车修程和网检车运用周期的实际，网检车顶高压电气设备检修可分为日常上线检测前检查、一年修、三年修和六年修，具体如表 1 所示。

图 1 某局网检车预防性试验现场照片

表1　网检车车顶高压设备检测周期

设备名称	每次检测前	每年	每三年	每六年
高压绝缘子	√（外观检查）			√（憎水性检查）
受电弓	√（外观检查）		√（建议委托修）	√
电压互感器	√（外观检查）	√（预防性试验）	√（更换）	√（更换）
避雷器	√（外观检查）	√（预防性试验）		√（憎水性检查）
隔离变压器	√（外观检查）	√（预防性试验）		

1.1　高压绝缘子和受电弓

网检车车顶高压绝缘子和受电弓上线检测前检查、三年修和六年修的标准可比照电力机车检修技术规程的相关规定进行。值得重视的是车顶复合绝缘子，运行六年应进行憎水性能检查，性能不良者及时更换。受电弓是对性能要求高的行车设备，应按照动车组四级检修规程每三年进行一次全面维修检查，必要时应积极委托机务段或动车段等有丰富成熟经验的单位维修。

1.2　电压互感器和隔离变压器

电压互感器。根据厂家说明书要求，寿命期3~8年。考虑网检车相比电力机车上线时间短，为防止受潮，建议每三年更换一次。网检车较电力机车上线频率低，电气绝缘易受潮气侵入影响，电压互感器每年要进行预防性试验，标准为用2500 V兆欧表测量，一次绕组对二次绕组及地绝缘电阻不小于200 MΩ；用500 V兆欧表测量，二次绕组对地绝缘电阻不小于100 MΩ。

隔离变压器。比照动车组四级检修规程，每三年进行一次隔离变压器绝缘电阻测量。标准是用1000 V兆欧表测量，变压器输入、输出端对地的绝缘电阻不小于2 MΩ。

1.3　避雷器

每年开展一次预防性试验。

2　关于提高高压设备运用安全可靠性的技术措施

2.1　安装受电弓自动降弓装置

目前，并非所有厂家生产的网检车都安装有受电弓自动降弓装置。自动降弓装置（ADD）是机车的一个保护装置。当发生弓网故障造成滑板断裂或磨损到限时，会导致控制管路内的气压下降，而自动降弓装置检测到气压变化后动作，能使受电弓快速脱离网线，以避免网线和受电弓的进一步损坏。相比运行中的电力机车，网检车不能及时、有效地控制受电弓的升降，因此更有必要加装自动降弓装置。

另外，运行经验表明，电力机车和动车组的受电弓自动降弓装置车顶部分与受电弓连接风管是薄弱部分，运行中受鸟害和异物撞击时极易发生动作。目前已有部分厂家将动车组车顶连接风管改装为外装有机绝缘子形式，如图2和图3所示。网检车也应该积极改造，避免异物撞击影响检测。

2.2　加装车顶绝缘检测装置

电力机车高压绝缘检测系统是一种成熟、可靠的安全检测装置，用于检测车顶母线、受电弓、隔离开关、绝缘子等是否符合绝缘强度要求，避免因绝缘不达标以及升弓引发25 kV接触网直接接地，造成跳闸断线事故。该装置由高压绝缘检测箱（见图4）、连接器和线缆组成。

原理：该装置在机车乘务员升弓前，通过测量高压设备对地的漏电流等，检测机车的绝缘状况。

使用条件：每次车顶设备维修作业后；每次升弓检测前；检测过程中异物击打降弓后。

该装置可以在升弓前确认高压设备绝缘状态，有条件的网检车应积极加装，确保检测工作安全。

图 2　动车组车顶连接风管(未改装)

图 3　动车组车顶连接风管(改装后)

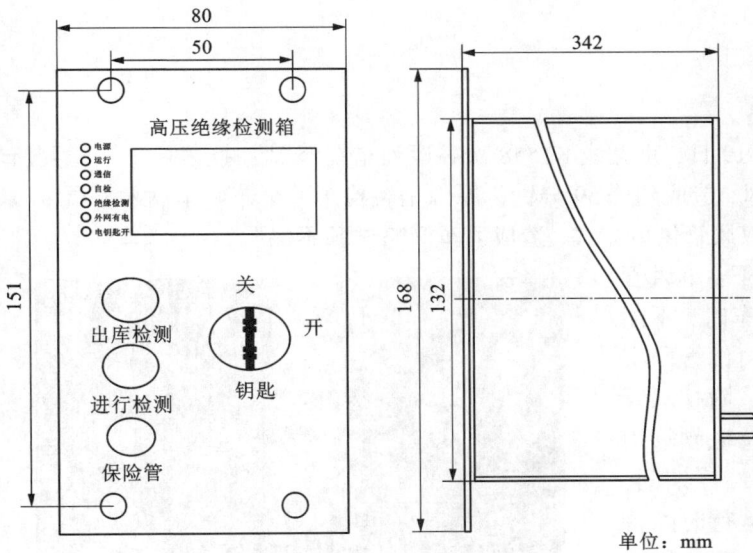

单位：mm

图 4　高压绝缘检测箱

2.3　避雷器加装脱离器

氧化锌避雷器通过脱离器与被保护的接触网高压设备连接是目前高铁普遍采用的做法,如图 5 所示。其基本原理是在带电状态下,避雷器状态正常时,脱离器可以承受雷击动作放电电流和绝缘泄漏电流;避雷器电气状态不正常时,通过脱离器泄漏电流增大到一定程度,脱离器爆裂,随引线一起跌落,高压带电设备脱离故障避雷器。高铁动车组避雷器故障相对较多,某高铁运行动车组避雷器被击穿(弓网视频监视装置拍摄)的照片如图 6 所示。借鉴接触网专业做法,网检车车顶避雷器可以加装脱离器,杜绝避雷器故障引起接触网跳闸情况的发生,消除避雷器故障情况下升弓引发断线事故的风险。

脱离器

图 5　避雷器通过脱离器与接触网连接

车次：G135

车厢号：7

位置号：0

图 6　某高铁运行动车组避雷器被击穿（弓网视频监视装置拍摄）

3　明确与车辆部门分工分界

3.1　关于网检车人员能否兼职随车乘务员

目前全路各局做法不一。2022 年 3 月 19 日，京九线 K1558 次客运列车在××站加挂某局工电检测所轨检车后，进行简略试验时司机发现车辆漏风，造成超停 59 分钟。原因是轨检车随车兼职车辆乘务员未按轨检车挂车电报要求，将轨检车单风管改为双风管供风方式，造成列车简略试验不保压。

目前对网检车加挂客车的专业要求如下：单风管供风的检测车遇直供电列车或双管供风列车时，不能编挂直供电列车机次位；网检车挂运前，由代管段实施"双改单"，挂运途中保持单管供风状态；附挂双管供风列车，编挂在机次位置时制动软管和总风软管均需连结，编挂在尾部时只连结制动软管；站停期间，随车工作人员不得使用厕所；网检车检查运行时除特殊说明外均挂列车尾部；能否编挂在直供电列车机次需核准；网检车独立供电。经调查并询问了多名网检车人员，均深感除去人员配置数量因素，车辆乘务员随车工作专业性强，行车安全责任重大。从专业管理和专业分工看，随车乘务员工作不宜由接触网检测人员兼任。

机车与网检车之间的风管连接如图 7 所示。

图 7　机车与网检车之间的风管连接

3.2　细化车辆设备维修和运用分工管理

2022 年 2 月 26 日，××局网检车在与工务轨道检测车连挂后，利用单机执行××线检测任务。14：18 检测车列运行至×××站正常停车，14：25 再次出发时风压异常。经检测人员与车辆段检车人员共同检查后确认，网检车上向检测设备供风的旁路风管存在泄漏情况，关闭对应阀门后，检测到风压恢复正常，后续采用非接触检测方式执行检测任务。原因：出现泄漏的风路软管材质为 PU 聚氨酯（网检车 2005 年出厂），2016 年检测车返厂大修时安装，已使用近六年。近几年生产的检测车升弓风管已采用钢制风管，钢制风管较聚氨酯风管抗老化性、外力击打以及对恶劣工况的适应性更优。铁路局组织对网检车升弓风管进行了改造，彻底消除了故障隐患。

结合部是铁路安全管理重点。网检车检测设备与车辆设备同车安装，必须明确设备分界和维修分工。网检车与车辆段的设备管理单位应签订分工分界协议，明确各自责任和义务。各铁路局客车车辆段负责网检车列检、库检走行部分作业，网检车配属段和代管段要确认在检查运行期间车辆定检不过期。网检车出入库、转头及其他调车作业时，车上必须留有工作人员值班并将两侧车门打开，为调车作业人员提供方便。网检车进入客技站时安排无网区停放，便于车顶设备维护，作业时间满足完成车顶检测装置光学镜头擦拭和其他设备检查维护等工作要求。

4　加强网检车上线运行安全管理

网检车受电弓安全运行与接触网设备状态相关，是行车设备，能发生行车事故。这一点不同于轨道检查和电务检查的检测车辆。上线运行的网检车附挂在机车次位或客车车辆尾部，一方面，网检车工作人员不能接收到接触网临时降弓点等列车调度命令；另一方面，网检车工作人员也不能像机车(动车组)乘务员那样，及时发现前方接触网故障(如异物搭挂，接触网临时断线、塌网等)，并采取停车、降弓等应急处置措施。网检车上线运行安全重点如下。

4.1　网检车受电弓与机车受电弓的间距应满足检测线路接触网关节式分相参数要求

安排检测计划和每次上线检测作业前，网检车负责人需确认网检车附挂位置，校核运行线路上接触网关节式分相结构尺寸与工作受电弓间距的匹配情况。受电弓间距不满足过分相要求时不得升弓检测。三断口分相不受此限。

4.2　网检车非检测期间应降下受电弓

一是使用内燃机车牵引网检车进行附挂客车调车作业时，遇有接触网 V 形停电作业，行车调度部门应将该调车车辆视为电力机车，严防网检车受电弓短接电分段将电带入无电区，危及接触网作业人身安全。此种事故全路已有发生。二是进行附挂客车调车作业时，禁止将网检车受电弓停在电力机车禁停区。三是接触网跳闸停电排查故障电力机车时，应将升弓的网检车视为 1 台电力机车，按照接触网停电—升弓—接触网送电程序排查是否为网检车故障引起的接触网跳闸；禁止网检车盲目升弓。为防止使用内燃机车牵引网检车进行附挂客车调车作业和网检车在车站等待调车作业时引发相关事故，网检车应降下受电弓，待附挂客车调车作业完成后再升起受电弓。

4.3　确保与机车乘务员、车辆乘务员通信畅通

网检车配置列车无线调度通信设备等(如无线对讲设备)。检查运行期间接到列车调度下达的临时降弓运行命令、遇有纳入运行揭示调度命令的降弓处所及其他紧急情况需立即降弓处所时，由司机及时通知网检车负责人降下检测车受电弓。检查运行期间网检车发生危及行车安全的故障时，检测车负责人应立即通知车辆乘务员，并按有关规定处理。为做好该项工作，必要时应有接触网人员添乘机车，保持与网检车人员的不间断联系。检测列车途中遇故障降弓地点应按降升弓标位置降升弓。

5　做好设备故障应急处置工作

5.1　弓网故障

《铁路技术管理规程(普速铁路部分)》(铁总科技〔2014〕172 号)第 337 条规定了车辆乘务员、客运乘务组等列车乘务人员发现火灾及其他危及行车和人身安全情形时，应使用紧急制动阀(紧急制动装置)停车。列车乘务人员应将使用紧急制动阀(紧急制动装置)的情况报告机车乘务员。网检车工作人员应学懂并弄通该条规定，在火灾和钻弓等情况下正确、果断使用紧急制动装置，并设法尽快报告机车乘务员。

停车后，网检车工作人员应和司机对受电弓和停车地点可见范围内的接触网进行检查。若受电弓、接触网外观无明显异常，可恢复运行并报告车站值班员(列车调度员)。需登顶检查处理受电弓时，由机车乘务员向列车调度员提出申请。列车调度员还应通知该供电臂内的所有列车停车并降弓，与供电调度员办理接触网停电手续，得到供电调度员"接触网已停电"的通知后，发布准许登顶作业的调度命令。网检车工作人员做好验电、接地后方可登顶作业。

5.2 受电弓挂异物

《铁路技术管理规程(高速铁路部分)》(铁总科技[2014]172 号)第 391 条规定:列车运行途中,发现受电弓有异物时,应立即降弓、停车,报告车站值班员(列车调度员),车站值班员报告列车调度员。司机检查受电弓无明显损坏时,隔离受电弓,报告车站值班员,可换弓继续运行。网检车发现受电弓有异物时,应果断使用紧急制动装置停车、降下受电弓,并设法尽快报告机车乘务员。

6 其他应对措施

6.1 加强计算机网络安全工作

网检车系统是一个多模块、高度集成的复杂计算机系统,计算机运用安全工作同等重要。2020 年 10 月 21 日,某局网检车发生同步预处理软件故障,后经厂家远程视频指导下修复成功。原因:工作计算机多安装了一个杀毒软件,该杀毒软件开启时影响了检测计算机运行。网检车计算机应严格管理,一是除厂家专业人员外其他任何人不得安装其他软件,二是严格检测数据转存管理,转存数据时要使用专用硬(U)盘,并做好病毒查杀工作。

6.2 做好网检车随车工机具配置

如配置水冲洗枪,用于整备时车顶绝缘子快速清扫;配置激光测距仪,用于在车站站台对受电弓间距进行快速准确测量;配置车顶设备带电检查工具,可在接触网不停电情况下对车顶高压和检测设备状态进行检查。

参考文献

[1] 国家能源局. 电力设备预防性试验规程: DL/T596—2021[S]. 北京:中国电力出版社,2021.

[2] 中国铁路总公司. 交流传动机车检修技术规程(C1-C4)(试行)[S]. 北京:中国铁道出版社,2015.

[3] 中国铁路总公司. 交流传动机车检修技术规程(C5)(试行)[S]. 北京:中国铁道出版社,2015.

[4] 中国铁路总公司. 和谐 2A/2B/2C 一阶段/2E/2G 型动车组三级检修规程[S]. 北京:中国铁道出版社,2017.

[5] 中国铁路总公司. 和谐 2A/2B/2C 一阶段/2E/2G 型动车组四级检修规程[S]. 北京:中国铁道出版社,2015.

[6] 中国铁路总公司. 和谐 2A/2B/2C 一阶段/2E/2G 型动车组五级检修规程[S]. 北京:中国铁道出版社,2016.

作者简介

张宝奇,中国铁路郑州局集团有限公司工电检测所,正高级工程师。

王佳,中国铁路郑州局集团有限公司工电检测所,高级工程师。

黄敬军,中国铁路郑州局集团有限公司工电检测所。

陈曦,中国铁路郑州局集团有限公司工电检测所。

接触网软横跨电气烧损的研究与防治

边书剑

摘　要：本文选取宁西线西峡站软横跨电气烧损案例，对电力机车取流路径进行研究，找出电气烧损原因，并对接触网的电气参数进行计算，建立多股道电路模型。然后利用 Matlab/Simulink 仿真软件，得到西峡站上网点至烧损点各支电流分布情况，量化主导电回路不畅引发的危害程度。最后根据现场运行经验，提出了截流法、电气连接法、分流法三种防治办法，并对最优的分流法进行了模型验证，为接触网运行管理提供参考。

随着中长期铁路网规划的实施，近些年来铁路运输量逐步增长，大型车站应运而生，电气化铁路接触网载流量也在不断增加。在电气化铁路中，牵引回流系统主要由变电所、接触网、电力机车、钢轨等组成[1]；软横跨作为站场接触网支撑装置，一般不参与系统回流，但由于主导电回路不完备，造成软横跨长期承担分流，进而在零部件铰接部位产生大量焦耳热，烧损设备，引起故障。目前国内研究接触网电流分布主要集中于正线，对站场多股道电流分布情况研究甚少，本文将通过案例分析、参数计算、仿真软件，使得软横跨电流分布数字化，找到电气烧损原因，并提出防治方法。

1 案例分析

1.1 故障概况

2019 年 2 月 9 日，宁西线西峡站牵出线末端 161 号定位器脱落，经停电上网检查，发现该定位器钩环已经熔化殆尽，与之连接的定位环也即将烧断。

1.2 故障原因

该站接触网设备运行不足 4 年，烧损定位器距离待机线末端为 19 m，无电力机车走行，排除弓网震动造成磨损的原因，只能为电气烧损。

图 1-2 是该站接触网供电分段示意图，牵引变电所位置及电力机车取流方向如图中标画所示，148-161 号软横跨为牵出线末端最后一组软横跨。在变电所馈电线上网点至 148 号—161 号软横跨之间主导电回路电连接：116 号—107 号软横跨附近的上网点、126 号—125 号股道电连接、线岔电连接，148 号—161 号软横跨距离最近的主导电回路电连接为 105 m。

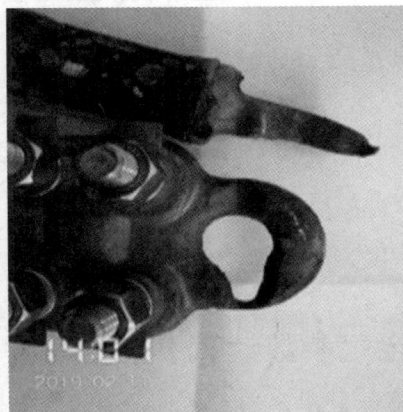

**图 1　牵出线 161 号定位器和
定位环烧损现场图**

当电力机车在待机线取流时，如图 2 所示，电流有两条重要路径：①牵引变电所→上网引线→Ⅰ道接触网→148 号—161 号软横跨→电力机车；②牵引变电所→3 道接触网→电力机车，这其中 23 号、25 号线岔和 146 号—159 号软横跨也参与分流。当电力机车在区间或 148 号—161 号软横跨以东取流时，如图 3 所示，电流有三条重要路径：①牵引变电所→上网引线→Ⅰ道接触网→电力机车；②牵引变电所→3 道接触网→148 号—161 号软横跨→Ⅰ道接触网→电力机车；③牵引变电所→3 道接触网→线岔→Ⅰ道接触网→电力机车。

由以上分析可以看出，待机线 161 号定位器和定位环烧损的原因为电力机车取流时，在两个部件铰接部位持续有电流通过，产生大量焦耳热，从而烧损定位环和定位钩头。

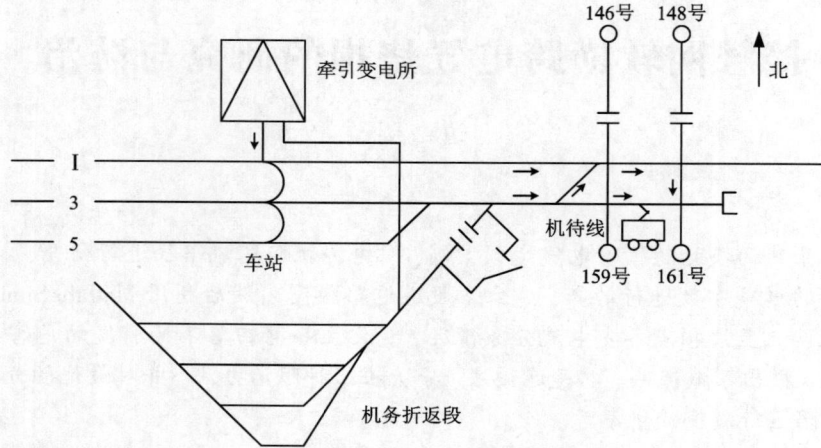

图 2　西峡站供电示意图及机待线取流走向图

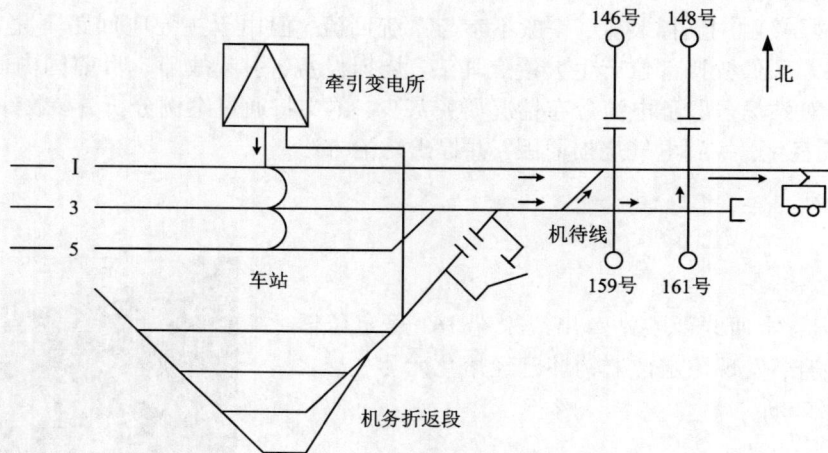

图 3　西峡站供电示意图及正线取流走向图

2　电气参数计算

根据 J. R. Carson 的研究理论[2]，可以得出单导线(α)–地回路自阻抗和多导线(α, β)–地回路间互阻抗的计算公式，频率 f 取铁路通用值 50 Hz 可得：

$$Z_\alpha = r_\alpha + 0.049 + j0.1446\lg\frac{D_g}{R_{\varepsilon\alpha}}\ (\Omega/\text{km}) \tag{1}$$

$$Z_{\alpha\beta} = 0.049 + j0.1446\lg\frac{D_g}{d_{\alpha\beta}}\ (\Omega/\text{km}) \tag{2}$$

式中：Z_α——导线 α 对地回路的单位长自阻抗；

$\quad$ r_α——导线 α 的单位长有效电阻；

$\quad$ $Z_{\alpha\beta}$——两导线(α, β)对地回路的单位长互阻抗；

$\quad$ D_g——两导线(α, β)对地回路的等值深度；

$\quad$ $d_{\alpha\beta}$——两导线(α, β)之间的几何距离。

在站场多股道接触网软横跨中，承力索与接触线基本呈水平分布，通过每 10 m 左右分布的吊弦，横向将两导线进行并联。本文主要研究软横跨与接触网间的电流分布，因此可以将承力索和接触线等效成一个整体，该单位等效阻抗 Z_T 可由下式计算。

$$Z_T = \frac{Z_C Z_J - Z_{CJ}^2}{Z_C + Z_J - 2Z_{CJ}}(\Omega/km) \tag{3}$$

Z_C——承力索的单位自阻抗，按照式（1）计算

$$Z_c = r_c + 0.049 + j0.1446 \lg \frac{D_g}{R_{gc}}(\Omega/km) \tag{4}$$

Z_J——接触线的单位自阻抗，按照式（1）计算

$$Z_J = r_J + 0.049 + j0.1446 \lg \frac{D_g}{R_{gJ}}(\Omega/km) \tag{5}$$

Z_{CJ}——承力索和接触线之间的单位互阻抗，按照式（2）计算

$$Z_{CJ} = 0.049 + j0.1446 \lg \frac{D_g}{d_{CJ}}(\Omega/km) \tag{6}$$

将上、下部固定绳等效为一个整体，忽略横向承力索的分流。该等效单位阻抗 Z_R 计算如下：

$$Z_R = \frac{Z_s Z_x - Z_{sx}^2}{Z_s + Z_x - 2Z_{sx}}(\Omega/km) \tag{7}$$

Z_s——上部固定绳的单位自阻抗，按照式（1）计算

$$Z_s = r_s + 0.049 + j0.1446 \lg \frac{D_g}{R_{gs}}(\Omega/km) \tag{8}$$

Z_x——下部固定绳的单位自阻抗，按照式（1）计算

$$Z_x = r_x + 0.049 + j0.1446 \lg \frac{D_g}{R_{gx}}(\Omega/km) \tag{9}$$

Z_{sx}——上、下部固定绳之间的单位互阻抗，按照式（2）计算

$$Z_{sx} = 0.049 + j0.1446 \lg \frac{D_g}{d_{sx}}(\Omega/km) \tag{10}$$

实际情况中，上、下部固定绳线径相同、材质相同、长度相同，可以得出 $Z_s = Z_x$。由于接触网与软横跨空间互相垂直，故二者之间无互感。

3 建模及仿真

3.1 多股道接触网电路模型

在多股道站场接触网中，是以软横跨的形式将接触网分为一个一个单元。在建立电路模型时，我们将某一股道的接触网看作一个整体，将某一组软横跨看作一个整体，构建多股道接触网的电路模型。在构建电路模型时，由于多股道接触网线索构造复杂，因此做以下假设。

①将每股道接触网中接触线、承力索、吊弦的并联电路看作一个整体，通过研究空间分布，计算其单位自阻抗、单位互阻抗，并采用电路原理，求得单股道的接触网单位等效阻抗。

②由于软横跨和接触网垂直分布，忽略软横跨与接触网间的互阻抗。

③将软横跨看作一个整体，横向承力索未直接与接触网、承力索连接，将其视为无电流分布，因此通过研究上、下部固定绳空间位置，计算其单位自阻抗、单位互阻抗，并采用电路原理，求得一组软横跨的单位等效阻抗。

④忽略邻线及附近跨越电力线的电磁影响。

⑤接触网中每根导线都平行于大地。

根据以上假设条件，建立站场单行别 2 股道接触网电路模型，如图 4 所示。

图中，Z_{T1-n}——Ⅰ股道第 n 跨内接触网阻抗；Z_{T3-n}——3 股道第 n 跨内接触网阻抗；Z_{R-n}——两股道间第 n 组软横跨的阻抗；Z_{M-n}——Ⅰ股道与 3 股道间第 n 跨内的互阻抗；n——取 1，2，3，…。

3.2 参数选取和计算

西峡站地质条件为多岩地质[3]，从待机线最后一组软横跨（烧损点）至上网点处软横跨，共计 16 组软横跨，具体从 148 号—161 号软横跨到 116 号至 107 号软横跨，牵引变电所 116 号至 107 号软横跨东侧通过

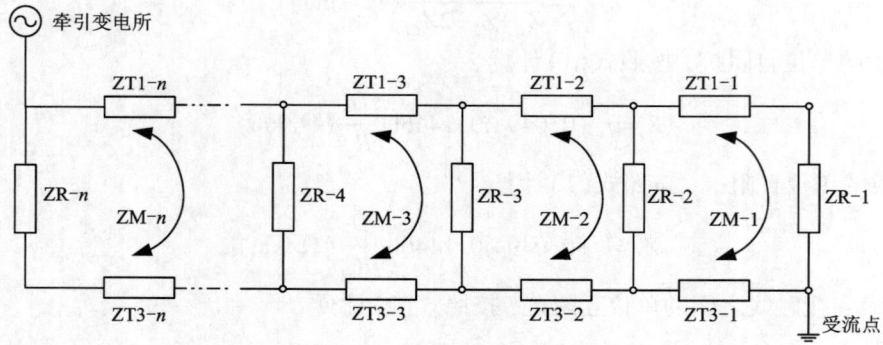

图4　站场接触网单行别2股道电路模型图

供电线上网，Ⅰ、3股道间距选为5 m，Ⅰ股道采用JTM-95+CTS-120线索悬挂，3股道采用JTM-70+CTS-85线索悬挂，软横跨采用LBGLJ-70线索。具体跨距值和各部阻抗如表1所示。

表1　西峡站接触网软横跨阻抗值

软横跨	148号—161号	146号—159号	144号—157号	142号—153号	140号—151号	138号—145号
跨距/m	50	55	54	50	59	50
$Z_{T1}(\times10^{-3})$	7.8+j29	8.53+j31.9	8.424+j31.32	7.8+j29	9.204+j34.22	7.8+j29
$Z_{T3}(\times10^{-3})$	12.5+j32.05	13.75+j35.355	13.5+j34.614	12.5+j32.05	14.75+j37.819	12.5+j32.05
$Z_R(\times10^{-3})$	1.12+j3.36	1.12+j3.36	1.12+j3.36	1.12+j3.36	1.12+j3.36	1.12+j3.36
$Z_M(\times10^{-3})$	2.45+j16.4	2.695+j18.04	2.646+j17.712	2.45+j16.4	2.891+j19.352	2.45+j16.4
软横跨	136号—141号	134号—137号	130号—133号	128号—127号	126号—123号	124号—119号
跨距/m	55	26	50	55	55	55
$Z_{T1}(\times10^{-3})$	8.53+j31.9	4.056+j15.08	7.8+j29	8.53+j31.9	8.53+j31.9	8.53+j31.9
$Z_{T3}(\times10^{-3})$	13.75+j35.355	6.5+j16.666	12.5+j32.05	13.75+j35.355	13.75+j35.355	13.75+j35.355
$Z_R(\times10^{-3})$	1.12+j3.36	1.12+j3.36	1.12+j3.36	1.12+j3.36	1.12+j3.36	1.12+j3.36
$Z_M(\times10^{-3})$	2.695+j18.04	1.274+j8.528	2.45+j16.4	2.695+j18.04	2.695+j18.04	2.695+j18.04
软横跨	122号—115号	120号—111号	118号—109号	116号—107号	—	—
跨距	55	55	55	—	—	—
$Z_{T1}(\times10^{-3})$	8.53+j31.9	8.53+j31.9	8.53+j31.9	—	—	—
$Z_{T3}(\times10^{-3})$	13.75+j35.355	13.75+j35.355	13.75+j35.355	—	—	—
$Z_R(\times10^{-3})$	1.12+j3.36	1.12+j3.36	1.12+j3.36	1.12+j3.36	—	—
$Z_M(\times10^{-3})$	2.695+j18.04	2.695+j18.04	2.695+j18.04	—	—	—

3.3　仿真模型及论证

在MATLAB 7.0系统环境下，使用SimPowerSystems模块，对西峡站上网点至多股道最后一组软横跨的电路进行仿真，频率按照牵引网通用50Hz设定，采用取流端接地模拟电力机车取流，并将元件按照表3-1计算出的阻抗进行赋值。

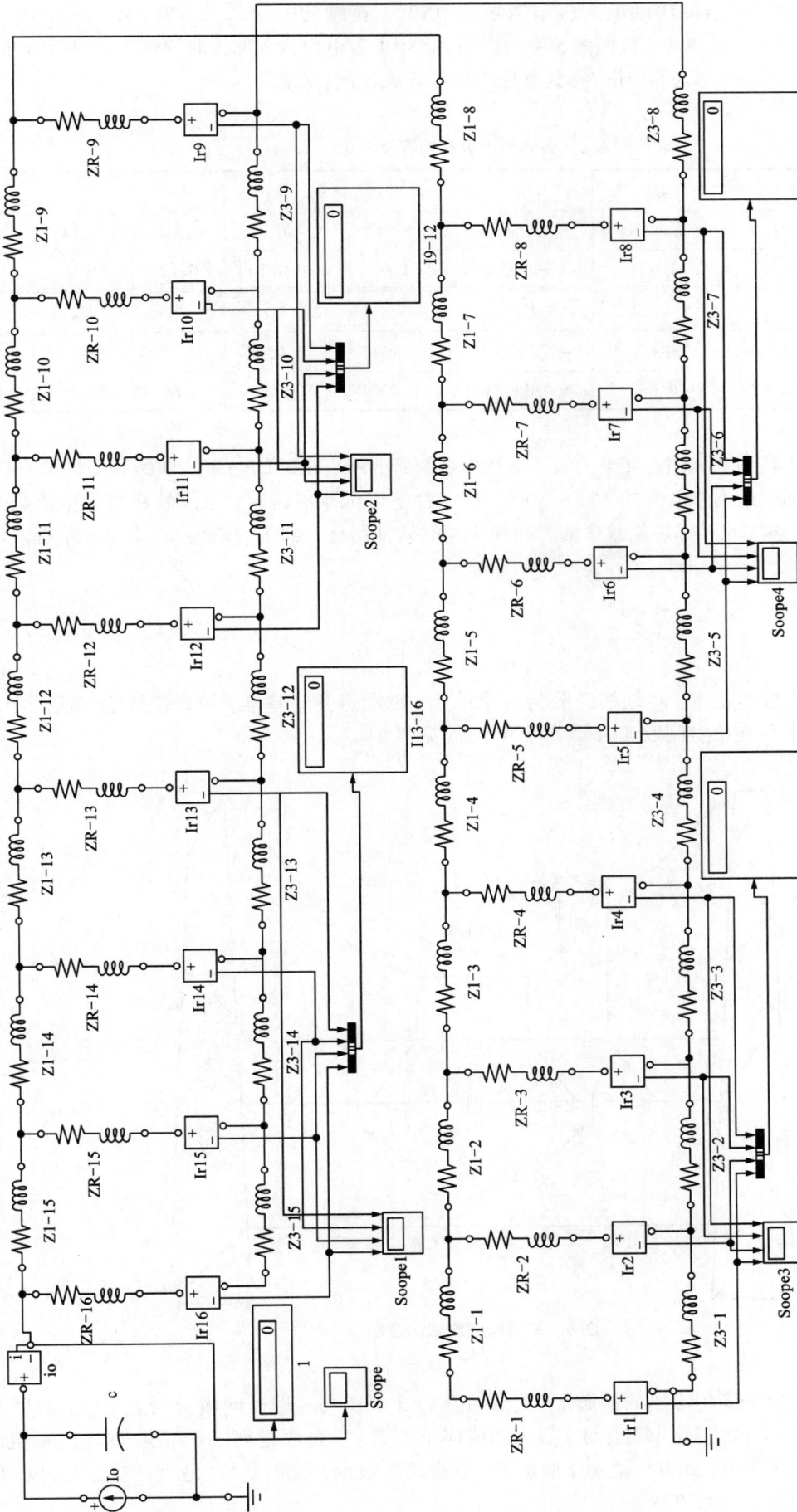

图5　某站接触网软横跨仿真模型图

目前普速铁路运输中普遍使用的电力机车型号为HX3C,持续功率为7200 kW,接触网电压一般为27.5 kV,因此持续电流为261.8 A。按照图5中的模型,模拟1台电力机车取流时软横跨的电流分布情况。设定电流源幅值为260 A,频率为50 Hz,得到软横跨各部分流情况(见表2)。

表2 各点电流分布情况及占比

名称	I_0	I_{r1}	I_{r2}	I_{r3}	I_{r4}	I_{r5}	I_{r6}	I_{r7}	I_{r8}
电流/A	261.4	131.4	2.803	-2.531	2.842	-0.252	0.319	-0.185	2.86
占比/%	100	50.27	1.07	-0.97	1.09	-0.10	0.12	-0.07	1.09

名称	I_{r9}	I_{r10}	I_{r11}	I_{r12}	I_{r13}	I_{r14}	I_{r15}	I_{r16}	
电流/A	-2.604	-0.319	-7.1×10^{-3}	-1.3×10^{-4}	1.2×10^{-3}	0.0584	2.71	124.3	
占比/%	-1.0	-0.12	-0.003	-0.00005	-0.00047	0.02	1.04	47.55	

从表2中各支路电流占比来看,在电力机车取流时,距离上网点最近的一组软横跨和沿取流方向最后一组软横跨分流最严重,达到总电流的45%~50%,在一台电力机车取流时,通过软横跨的电流高达130 A,这对于接触网绞合连接的零部件是致命的。而在中间的软横跨中,分流效果很小,仅1%左右,对接触网零部件的影响不大。

4 防治方法

4.1 截流法

截流法就是通过隔断绝缘子,将软横跨分为各个单元,以股道数为基准,使每条股道对应一个单元,这样可以杜绝机车受电弓在接触网取流时软横跨的分流(见图6)。

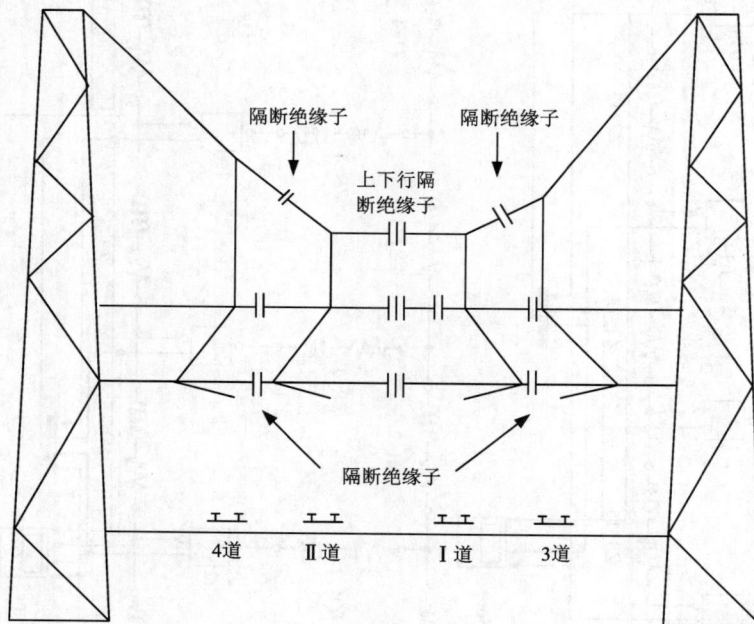

图6 软横跨截流法示意图

在原有软横跨上下行隔断绝缘子的基础上,分别在下行Ⅰ股道与3股道间横向承力索、上部固定绳、下部固定绳增加隔断绝缘子,上行Ⅱ股道与4股道间横向承力索、上部固定绳、下部固定绳增加隔断绝缘子。但由于设计复杂、成本高,此方法适用于股道少、软横跨组数少、线间距大、地理位置受限的处所,例如联络线进入站内时可以采用此方法。

4.2 电气连接法

收集近些年来关于软横跨分流造成接触网零部件烧损的故障,可以发现故障主要集中在定位器根部、定位支座、定位环等铰接部位。由于受电弓-接触网是个动态耦合结构,过往车辆都会引发接触网震动,导致绞合部位电阻增大,导流不畅,从而引起发热烧损。目前电气化铁路普遍采用矩形铝合金定位器,在定位器与定位支座间安装 2 条电气连接线,可以有效降低绞合部位的阻抗,增强导电性能,降低发热。但是该方法不适用于软横跨其他零部件,例如悬吊滑轮,且电气连接线材质一般为软铜绞线,而定位器和定位环一般为铸铁或者铝合金,容易发生电腐蚀。

4.3 分流法

分流法主要是采用增加股道电连接的方式实现电流重新分配,达到降低软横跨载流的目的。所选股道电连接型号为 JT-120,长度为 5.5 m,其阻抗值为 $(0.735+j1.705)\times10^{-3}$ Ω。

(1)上网点处软横跨加装股道电连接

①加装单支股道电连接。

将单支股道电连接参数值赋予元件中,运行仿真模型,我们主要是为了解决首位两端软横跨分流问题,因此在观察数据时仅提取总电流 I_0、上网点处软横跨电流 I_{r16}、末端软横跨电流 I_{r1}、加装电连接电流 I_d。

仿真采样取流 $I_0 = 261.2$ A 时,各部电流分布情况及所占百分比如表 3 所示。

表 3 上网点首端增加股道电连接时的电流分布

名称	I_0	I_{r1}	I_{r16}	I_d
电流/A	261.2	131.7	45.06	80.47
占比/%	100	50.42	17.25	30.81

从表中我们可以看出,增加单支 JT-120 电连接后,上网点附近软横跨分流 I_{r16} 由 47.55% 降低至 17.25%,降幅 175.65%;最后一组软横跨分流 I_{r1} 由 50.27% 升为 50.42%,变化幅度很小,其他各组软横跨分流基本无变化。

②加装双支股道电连接。

在上网点处增加双支股道电连接时,仍然重点分析总电流 I_0、上网点处软横跨电流 I_{r16}、末端软横跨电流 I_{r1}、加装电连接电流 I_{d1} 和 I_{d2}。

仿真采样取流 $I_0 = 261.2$ A 时,各部电流分布情况及所占百分比如表 4 所示。

表 4 上网点首端增加双支股道电连接时的电流分布

名称	I_0	I_{r1}	I_{r16}	I_{d1}	I_{d2}
电流/A	261.2	131.7	27.54	49.33	49.33
占比/%	100	50.38	10.54	18.87	18.87

从表中我们可以看出,增加双支 JT-120 电连接后,上网点附近软横跨分流 I_{r16} 由 47.55% 降低至 10.54%,降幅 351.13%,效果比较明显;最后一组软横跨分流 I_{r1} 由 50.27% 升为 50.38%,变化幅度很小,其他各组软横跨分流基本无变化。

(2)中部增加电连接

我们在上网点和最后一组软横跨中间第 8 组增加单支股道电连接,通过 Simulink 仿真可以得到表 5 中的数据。

表 5　中间增加股道电连接时的电流分布

名称	I_0	I_{r1}	I_{r16}	I_{r9}	I_d
电流/A	261	131.2	124.2	0.981	1.743
占比/%	100	50.27	47.59	0.38	0.67

从表中我们可以看出，第 8 组增加单支 JT-120 电连接后，上网点附近软横跨分流 I_{r16} 由 47.55%升至 47.59%，最后一组软横跨分流 I_{r1} 保持 50.27%不变，中间 I_{r9} 由 -1%升至 0.38%，其他各组软横跨分流也基本无变化。

（3）两股道最后一组软横跨增加电连接

按照上述方法，通过 Simulink 仿真可以得到表 6 中的数据。

表 6　最后一组软横跨增加股道电连接时的电流分布

名称	I_0	I_{r1}	I_{r16}	I_d
电流/A	261.7	47.69	124.4	85.98
占比/%	100	18.22	47.54	32.85

从表中我们可以看出，增加单支 JT-120 电连接后，上网点附近软横跨分流 I_{r16} 仍维持在 47.54%，最后一组软横跨分流 I_{r1} 由 50.27%降为 18.22%，降幅 175.9%，但是其他各组软横跨分流基本无变化。

通过以上分析，可以得出在牵引变电所上网点附近和两股道远端最后一组软横跨处增加电连接时，分流效果比较明显，尤其是增加双支电连接可以有效扼制软横跨载流，从而避免故障的发生。

5　结束语

鉴于目前《铁路电力牵引供电设计规范》和《铁路电力牵引供电工程施工质量验收标准》均未明确软横跨主导电回路施工标准，因此在新线建设和设备改造过程中，需要对上网点、最后一组软横跨、牵出线、联络线等关键处所的电连接设置进行查验，以防因设备长期分流而造成电气烧损。

参考文献

［1］李群湛，贺建闽.牵引供电系统分析.第 3 版［M］.成都：西南交通大学出版社，2012.

［2］陈珩.电力系统稳态分析.第 3 版［M］.北京：中国电力出版社，2007.

［3］中铁第一勘察设计院集团公司.改建铁路宁西线西安至南阳段增建第二线施工图第九篇电气化［S］.西安：中铁第一勘察设计院集团公司，2013.

作者简介

边书剑，中国铁路郑州局集团有限公司洛阳供电段，主任、助理工程师。

关于电气化铁路接触网鸟害治理的实践与探索

张云涛

摘　要： 随着生态环境的改善，鸟类活动对电气化铁路接触网安全运行造成的危害不容小觑，鸟害已成为导致接触网设备跳闸的重要因素，严重干扰了铁路的正常运输秩序。在生态保护与保证铁路运输秩序的矛盾中，铁路供电人进行了许多探索和实践，本文以中国铁路郑州局集团有限公司洛阳供电段鸟害最为严重的邓州供电车间为例，针对接触网鸟害的成因及其危害进行了分析，对治理方法和成效进行了总结，并提出了进一步深化鸟害治理的建议。

郑州局集团有限公司洛阳供电段邓州供电车间管辖正线 95 km 接触网设备，因地处鄂豫两省平原地区，河渠沟壑众多，生态环境好，鸟害十分猖獗，经常造成接触网跳闸，严重干扰了铁路运输秩序，也给正常设备检修带来了极大影响。因此，通过治理鸟害来防止接触网跳闸，成为该车间的一件"头等大事"。

1　现状分析

1.1　鸟类在接触网上筑巢的成因

在保护和改善生态环境已成为普遍共识的当下，鸟类繁衍生息的空间不断扩展，在接触网上搭建鸟巢的灰喜鹊分布于我国大部分地区，是国家保护的益鸟之一。灰喜鹊体长 33~40 cm，喜欢在高大的杨树等处筑巢，由雌雄二鸟共同筑巢。因邓州供电车间地处平原，河流沟壑多，适合鸟类繁衍生息，高大的接触网支柱及其结构特点易于鸟类筑巢，但鸟类筑巢会引起接触网跳闸，对运输秩序和生产秩序造成了极大干扰。通过分析接触网鸟巢搭建位置，发现鸟巢搭建位置最为频繁的是跳线肩架、下锚角钢、钢柱，占比分别为 38%、24%、12%，其中在跳线肩架处搭建数量最多，树枝短接跳线引起接触网跳闸的情况也最常见。

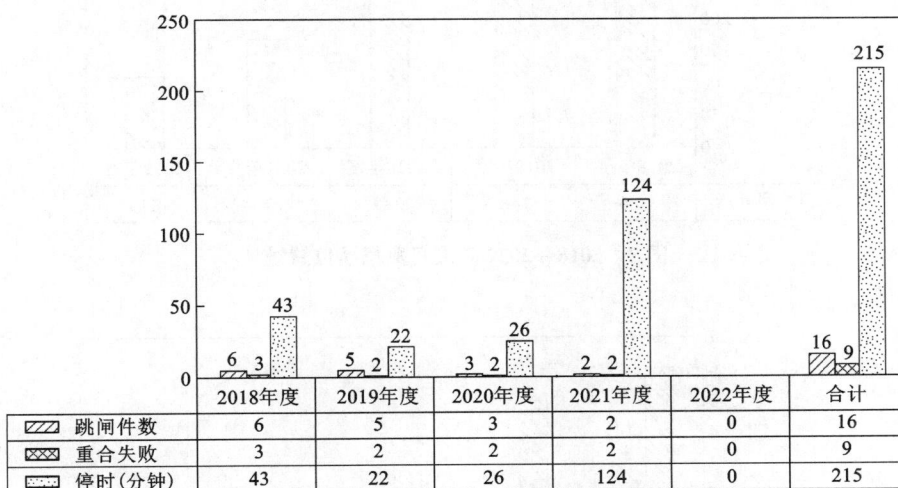

	2018年度	2019年度	2020年度	2021年度	2022年度	合计
跳闸件数	6	5	3	2	0	16
重合失败	3	2	2	2	0	9
停时（分钟）	43	22	26	124	0	215

图 1　2018—2022 年度鸟害跳闸统计表

1.2　鸟类筑巢造成的危害

鸟类在筑巢过程中，因树枝短接绝缘或是鸟类自身短接绝缘引起接触网跳闸，以及因树枝被卡在接触网跳线回头或腕臂铁锚压板处，造成变电所断路器重合失败造成行车中断。仅 2018 年至 2021 年四年间，共发生鸟害跳闸 16 件，重合失败 9 件，造成接触网停电 215 分钟，平均每件 23 分钟，严重影响了铁路行车安全和运输秩序。据统计，在过去四年发生的 9 件接触网跳闸重合失败中，有 7 件为树枝与跳线短接所致。

1.3 鸟巢搭建的数量惊人

据统计，2018 年至 2022 年五年间，邓州供电车间管内鸟窝搭建处所分别为 386 处、348 处、289 处、171 处、113 处。这些鸟巢重复搭建，数量惊人，在鸟害高峰期的 2 月至 4 月，车间每天投入三个小组 12 人，使用 3 台汽车用于处理搭建过程中的鸟巢，耗费了大量人力、物力，持续几个月的"人鸟大战"严重干扰了车间正常的设备检修，但结果差强人意。通过分析，当他虽然实施了一系列鸟害治理措施，使得鸟巢数量、跳闸件数逐年下降，但在"人鸟"拉锯战的过程中，因鸟害跳闸重合失败造成的影响并没有大幅消除，因此，跳出传统的鸟害治理模式，探索实施"和平共处"的鸟害治理模式，才是"突破重围"的出路。

2 主要治理方法

2.1 驱鸟，阻止鸟类搭建鸟窝

对鸟类在接触网设备上搭窝"零容忍"，每天安排专人添乘巡视，发现目标通报现场人员进行"定点清除"；采用鸟刺、驱鸟剂、超声波惊鸟器等各种驱鸟措施，干扰鸟类搭窝。这些措施虽然起到了一定的驱赶作用，但付出的人力和物力巨大，投入的劳动和汗水，与避免或减少跳闸的目标不成正比，效果有限。

2.2 防鸟，封堵隔离防止跳闸

以降低跳闸率为目标，变"驱鸟"为"防鸟"，探索"人与自然和谐共存"的鸟害防控新举措。针对鸟类喜欢在格构式钢柱上搭窝的现状，采用防鸟网将搭建鸟窝的材料与带电设备隔开，以达到防止巢材短接绝缘引起跳闸的目的。2021 年和 2022 年保留钢柱上的鸟窝分别为 49 个、50 个，均处于安全受控状态；先后在接触网腕臂上加装防鸟绝缘护套 730 套、绝缘挡板 161 套。对腕臂采取绝缘隔离措施后，跳闸件数从 2018 年的 6 件、2019 年的 5 件，减少至 2020 年的 2 件、2021 年的 2 件，首次跳闸的时间也从每年的 1 月、2 月，推迟至 4 月，说明这些措施发挥了关键性作用，达到了防鸟的目的。

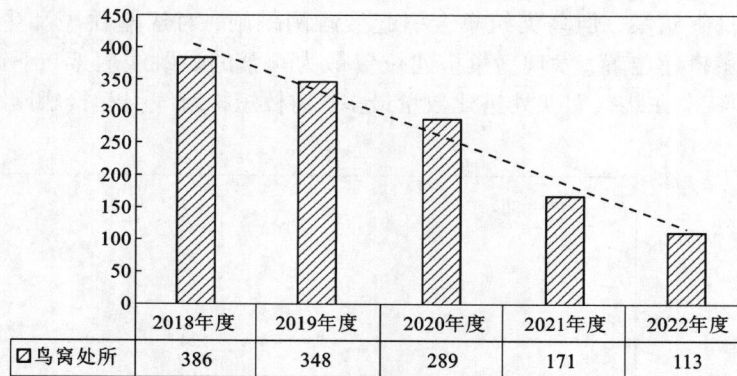

	2018年度	2019年度	2020年度	2021年度	2022年度
鸟窝处所	386	348	289	171	113

图 2 2018—2022 年度鸟窝搭建位置统计

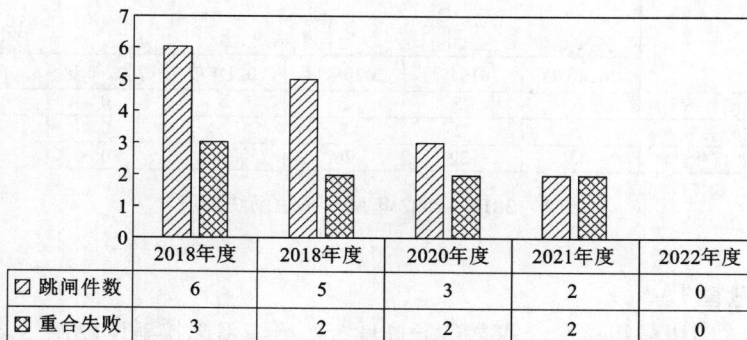

	2018年度	2018年度	2020年度	2021年度	2022年度
跳闸件数	6	5	3	2	0
重合失败	3	2	2	2	0

图 3 2018—2022 年度鸟害跳闸统计表

2.3 引鸟，主动帮助鸟类安家

在防鸟成效逐步显现的同时，"引鸟"措施也发挥了重要作用。"引鸟"措施是自行研制人工鸟窝平台，将其安装在支柱田野侧吸引鸟类前来筑巢。2021年，针对韩堂至穰东间分相处隔开底座、避雷器底座频繁搭窝的难题，先后安装人工鸟窝平台4个，成功引鸟到平台搭建2个鸟巢，消除了在隔开底座、避雷器底座搭建鸟巢引发跳闸的风险。在2022年鸟害季前，又在鸟窝搭建频繁的区段安装50个人工鸟窝平台，成功引鸟搭窝12处。可见，主动引鸟在安全处所筑巢安家，能够有效解决鸟类频繁搭建、频繁清除鸟窝带来的跳闸风险，也做到了人与自然和谐相处。

2.4 拆除跳线肩架，减少跳闸风险

通过对驱鸟、防鸟、引鸟措施的实施，减少了跳闸次数，但跳闸重合失败的难题依然没有得到根本解决。以2021年为例，车间管内2次跳闸均重合失败，原因为树枝卡在跳线回头处。通过对鸟巢搭建位置的分析，跳线肩架处搭建鸟巢的数量占38%，过去四年发生的9件接触网鸟害跳闸重合失败中，有7件为树枝与跳线短接。由此，在充分研讨的基础上，洛阳供电段提出了在鸟害重灾区实施拆除跳线及跳线肩架的措施，延长"电地"距离。2021年底，邓州供电车间率先对韩堂至邓州三个区间的跳线全部进行了改造，共改造1362处，占车间管内支柱数量的40%，使韩堂至邓州三个站场三个区间鸟窝数量从2020年的179处下降到了67处。车间管内鸟窝搭建数量，从2018年的386处下降至2022年的113处；这113处中，搭建在钢柱、人工鸟窝平台等的安全位置73处，临时搭建37处动态处理，仅有3处搭建在隔离开关和避雷器底座上。

3 结论与建议

3.1 结论

通过对驱鸟、防鸟、引鸟措施的实施，以及拆除跳线及肩架消除易于筑巢的环境，减少跳闸风险，鸟窝搭建数量、鸟害跳闸件数逐年下降，2022年，邓州供电车间实现了鸟害零跳闸。可见，鸟害治理只要打破传统思维，认真分析，抓住主要矛盾逐一破解，降低鸟害跳闸率，实现鸟害零跳闸的目标是完全可能的。

3.2 不断优化鸟害治理制度

充分借鉴洛阳供电段在跳线改造中出台奖励制度进行激励的经验，进一步在鸟害日常治理中出台激励制度。突出"不跳闸"这个目标导向，将鸟害分为严重、一般、轻微三个层级，以月为战，在鸟害季对未发生跳闸的车间进行不同等级的奖励，激发干部职工共保安全的积极性。

3.3 逐一破解难点问题

设立鸟害治理专项资金，对干部职工在鸟害治理中提出的"金点子"进行奖励。针对隔离开关、避雷器底座等特殊处所搭建鸟巢的难题，与专家共同研究解决，制定切实可行的治理措施，比如对底座进行绝缘处理，或制作绝缘隔离罩等，以达到不短路跳闸的目的。

3.4 从设计层面考虑防鸟措施

建议在接触网设计上对鸟害治理问题进行思考，对现有接触网易搭窝筑巢的结构从设计层面进行优化，比如对能够插入树枝的腕臂底座进行封堵，取消跳线肩架，对下锚角钢进行斜披处理，在格构式钢柱上加封堵网，在接触网支柱田野侧设计易于筑巢的人工鸟窝平台等，以减少设备投用后二次施工造成的浪费。

接触网鸟害具有季节性、区域性、复杂性、动态性、持久性等特点，只要坚持"预防为主、综合治理"，按照驱鸟、防鸟、引鸟，"疏"与"堵"并重的思路抓落实，在鸟害治理模式上勤探索，就一定能够降低鸟害跳闸率，破解跳闸重合失败的难题并最终战胜"鸟害"，找到"人鸟共处"的新方案，提升治理接触网外部环境安全的能力和水平。

作者简介

张云涛，中国铁路郑州局集团有限公司洛阳供电段，车间副主任、助理工程师。

关于开具接触网工作票的方法探讨

汪如飞

摘　要: 工作票是接触网专业开展作业的重要凭证,是确保施工作业各项安全卡控措施落实的主要依据。随着安全风险管理在铁路系统的深入推行,各管理部门对接触网工作票的要求更加严格和精细,如何减少作业组开具工作票的工作量,并提高开具工作票的准确性和规范性,直接影响接触网施工作业安全和作业效率。本文结合当前各单位所采用的工作票开具方法,权衡利弊,以减少工作量为最终目的,提出利用 Microsoft Excel 工作表开具工作票的新方法。

根据原铁道部《接触网安全工作规程》的要求[1],接触网因作业形式的不同使用第一种、第二种、第三种工作票,分别为绿色、红色和黑色表格。接触网工作票主要由工作票、命令票组成,供电段根据现场实际作业的需要还增加了分工单、安全预想及收工会记录等内容;随着安全风险管理不断深入推行,根据安全风险研判的要求,又增加了《工具材料物品风险检查登记表》《现场作业安全风险及主要控制措施》等内容,开具工作票的工作量不断增加。

1　目前接触网工作票填写的主要方法及优缺点

1.1　手写填充

手写工作票是最原始的方法,其优点是发票人能逐条斟酌工作票所列各项安全措施的合理性,不易出现作业时间、地点等基本信息错误,投入成本最低,缺点是书写速度慢,开具一张工作票所耗费的劳动时间过长,受书写人笔迹的限制容易出现字迹不清的问题,书写错误后付出的重复性工作量过大。

1.2　普通打印机套打

普通打印机套打是指技术部门将成批量印刷的工作票表格配发到接触网工区,由接触网工区根据即成的表格格式在电脑上制成表格,将需要手写填入工作票的内容通过电脑和打印机,打印到工作票表格内。

这种方法的优点是出票速度快,开具工作票所耗费的时间大大减少,减少了发票人的工作量,字迹统一,缺点是工作票内容与表格容易错行,同时职工为了加快出票速度、减少发票工作量,进行盲目的复制、粘贴操作,容易出现作业时间、地点等基本信息错误,以及所列出的安全卡控措施缺乏针对性等问题。

1.3　彩色打印机打印

彩色打印机打印是直接在空白纸上打印工作票的方法,其优点是工作票表格对应整齐、美观,表格调整较自由,开具工作票工作量与普通打印机套打相同,缺点是投入成本较高,还是容易出现盲目复制、粘贴现象。

1.4　研发软件套打

此方法虽然能有效避免因盲目的粘贴、复制操作容易造成的作业时间、地点等基本信息错误,以及所列出的安全卡控措施缺乏针对性等问题,但是,前期软件研发需要投入大量的人力、物力,软件格式较为呆板,不利于工作票内容增加或补充,后期扩展还需要相当大的投入,非专业人员不宜掌握其方法。

2　存在的问题

2.1　开具工作票的工作量没有从根本上减少

工作票的填写虽然由手写发展到机打,极大地减少了人力劳动成本,但随着接触网施工作业的不断发展,对施工安全的要求越发精细,工作票所要记录的内容不断增减,实际并未从根本上减少工作量,不论是机打还是手写,工作票中的内容都需要逐行、逐句、逐字地进行审验,程序比较烦琐,也是工作票盲目复制、粘贴的原因之一。

2.2　工作票的内容不断增加

为了满足现场作业和安全管理的需要，一套工作票的页数由最初的 4 页发展到目前的 6 页，内容不断增加，造成既有的工作票管理系统已不能满足当前工作的需要，需要对该系统进行扩展，而生产一线的职工并不能掌握软件扩展的方法。

2.3　成本投入增加

工作票表格的批量生产成本是比较低廉的，如果改为彩色打印则所需成本大大增加，加之打印机原本因频繁打印工作票就很容易出现故障，使得接触网工区的办公用品成本急剧上升。

3　采取的方法及对策

针对上述分析中开具接触网工作票工作量不断增加的弊端，同时最大限度地减少接触网工区办公耗材成本，作者利用 Excel 工作表开发制成了工作票打印模板，现将制作思路进行简单介绍。

3.1　功能实现

本文所介绍的方法主要是通过利用 Excel 工作表制成普通激光打印机能套打的工作票打印模板，模板中工作票以扫描的工作票图片为背景（若打印时出现串行，可通过调整左、上方页边距进行修正），工作票的生成主要依靠工作领导人输入作业时间、区段、公里标、支柱号、地线支柱号、停电馈线等基本信息由 Excel 工作表根据嵌入的逻辑程序自动完成。除此之外，工作领导人只需进行作业组分工和重点风险控制点的选择，相应的控制措施将由工作表根据风险控制点自动生成。

3.2　基本组成

本文所制成的工作票打印模板主要由接触网工区天窗计划记录本、接触网第一种工作票、接触网停电作业命令票、接触网停电作业分工单、安全预想及收工会记录、安全风险预控表、工具材料，物品风险检查登记表、接触网作业车天窗修运行车网联控登记表以及组成工作票所需调用数据的数据源等几部分组成，具体组成如下图所示（注：蓝色字体部分即工作领导人或发票人需要填写的内容）。

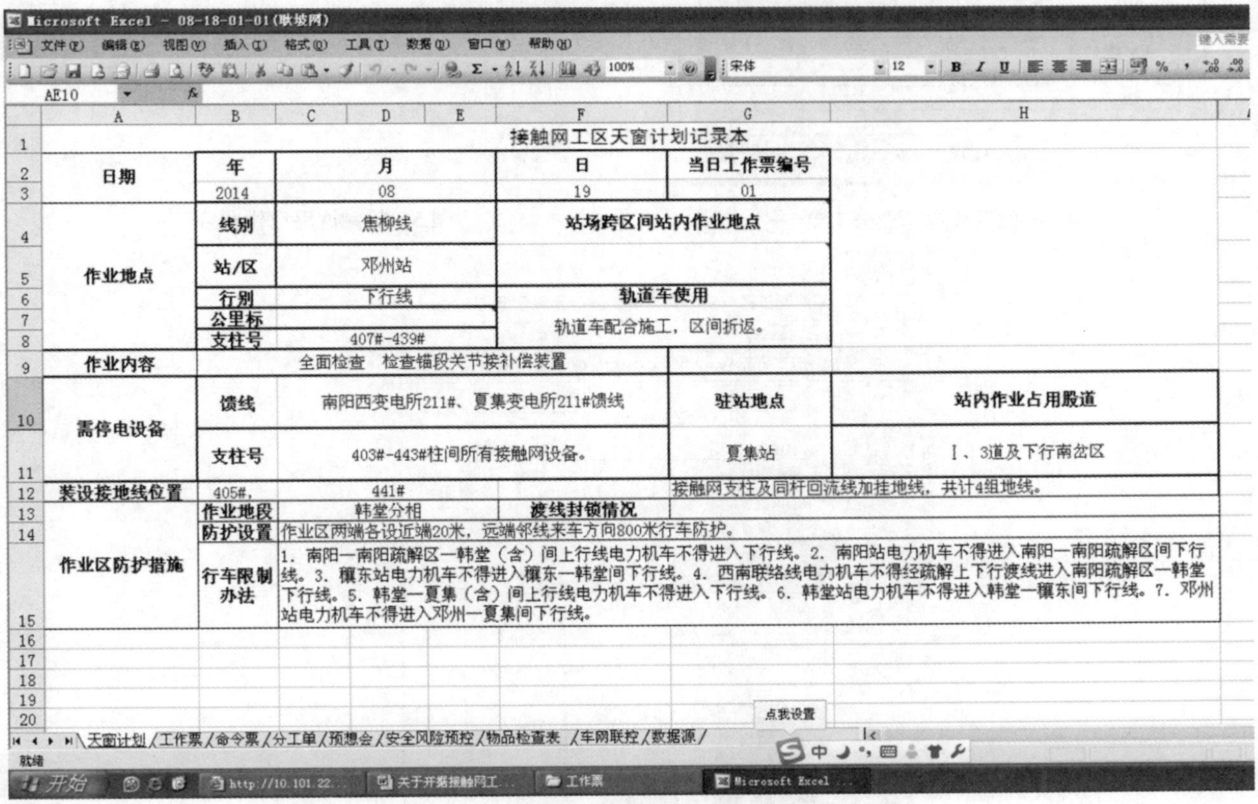

图 1　接触网工区天窗计划记录本

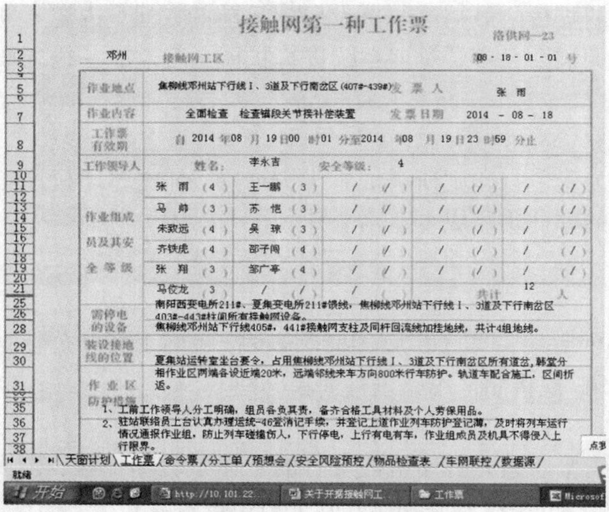

图 2　接触网第一种工作票

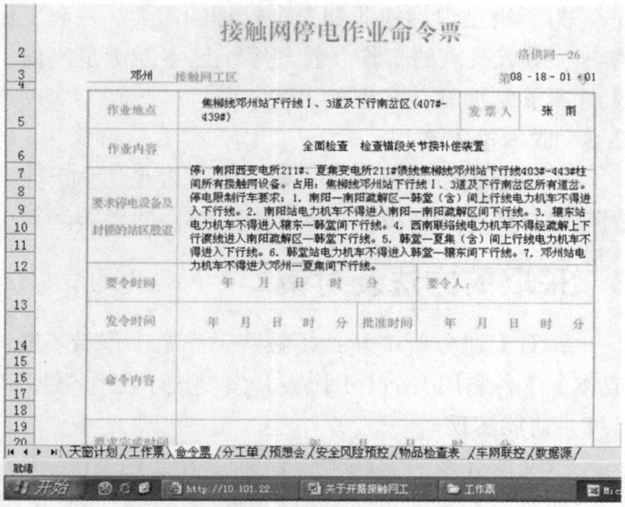

图 3　安全预想及收工会记录

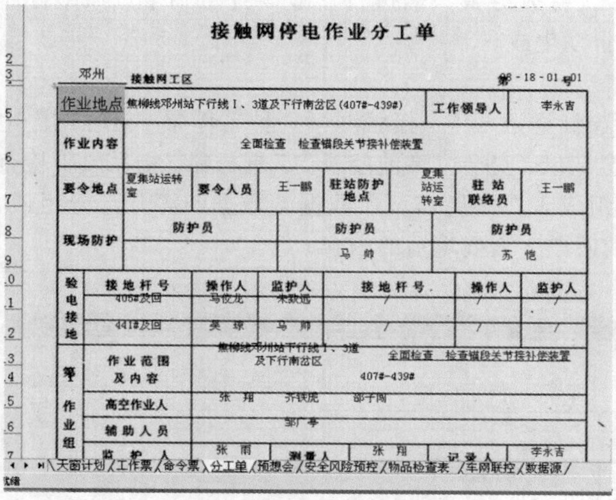

图 4　接触网停电作业分工单

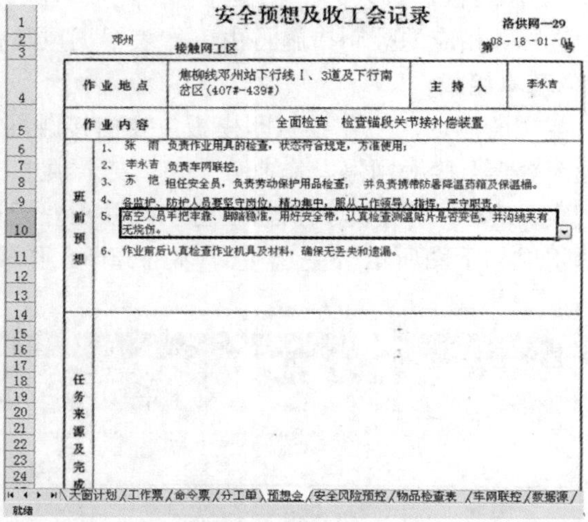

图 5　接触网停电作业分工单

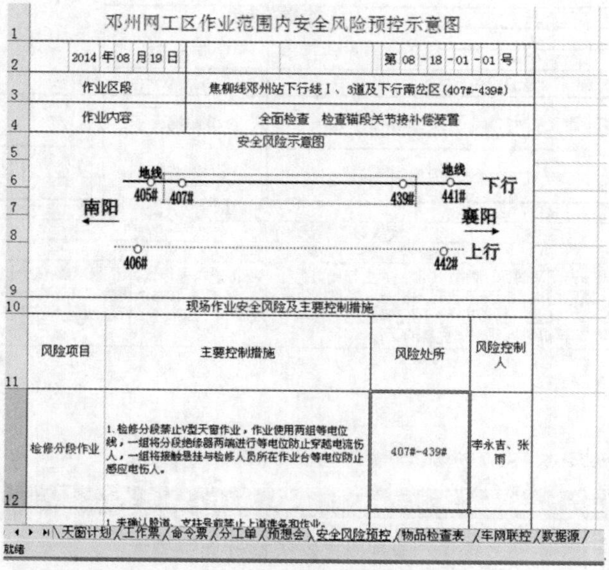

图 6　安全风险预控表

3.3　主要方法

工作票打印模板的编制主要使用了 Excel 工作表的函数嵌套和"数据–有效性"序列功能。函数嵌套主要应用了 Excel 工作表中的 IF 语句、逻辑"与"（"&"）等函数。"数据–有效性"序列功能主要是建立下拉菜单选项，方便发票人或工作领导人选用。

3.4　具备优势

工作票打印模板具有扩展性能好、程序编写方法易掌握、易于推广、后期维护费用少、仍然使用普通的激光打印机套打、办公耗材成本低、大大减少了发票人和工作领导人的工作量等优点，通过在接触网工区的试用发现，开具工作票时间被压缩至 40 分钟以内。

4　结论

现阶段，铁路行业正在大力推进标准化管理，将"现场操作简单化，简单操作程序化"是标准化管理能够快速实施的有效途径。虽然本文所阐述的方法在现阶段降低了工作任务量、提高了准确性，但仍然存在打印串行的问题，而且出现该问题时需要人工手动进行调整，因此尽快研究出更加有效、便捷的方法是我们今后努力的方向。

参考文献

[1] 铁道部.接触网安全工作规程[S].北京：中国铁道出版社，2007.

作者简介

汪如飞，中国铁路郑州局集团有限公司洛阳供电段，邓州供电车间主任助理，助理工程师。

直驱式接触网隔离开关控制系统关键技术研究与解决方案

石 磊 王 涛 穆 琦

摘 要： 高速铁路普遍采用直驱式接触网隔离开关控制系统，但在控制回路故障情况下调度端不能实时报警，运行人员无法及时发现隐患，从而影响操作及供电安全。为解决此问题，本文研究了直驱式接触网隔离开关控制系统的优化方案，通过控制回路与信号回路通道融合技术，实现对接触网开关控制系统的全过程实时监测，解决了控制系统故障影响供电安全的问题。

接触网隔离开关控制系统是牵引供电运动系统的重要基础设备，接触网隔离开关的运行安全直接影响高铁运输组织及行车秩序。哈牡客专于2018年开通运行，接触网隔离开关在应用中暴露出一些机构电源、控制电缆故障等问题，本文针对这些突出安全隐患的问题进行了研究，提出了优化建议。

1 既有接触网隔离开关控制系统状态

既有直驱式接触网隔离开关控制系统包括通信设备、电机电源转换、控制逻辑和时序电路等设备，接触网隔离开关机构箱中仅保留驱动电机和辅助接点。接触网隔离开关控制系统控制器对驱动电机的电源进行自动投切，在进行开关分合闸操作时，经过电缆直接把电能送到开关驱动电机，分合闸操作过程的逻辑和时序也由监控系统控制，从而在不进行开关操作期间、开关控制箱内没有电源的情况下，避免接触网隔离开关误动作，同时也无须安排专人对接触网隔离开关机构箱进行专项维修作业，减少了铁路线路上的作业量和降低了机构箱内的复杂程度，将弱电设备及易损坏的继电器等设备纳入运行环境较好的接触网隔离开关监控站内进行管理。由于接触网隔离开关控制站与隔离开关机构箱之间有两条电缆，分别为4×10 mm² 控制电缆和4×2.5 mm² 信号电缆。控制电缆为控制接触网隔离开关分合闸动作的电机电源，信号电缆为检测接触网隔离开关分闸位置与合闸位置的遥信回路。控制电缆在隔离开关不操作时不带电，也没有相应的监测信息，调度端无法对控制电缆状态进行实时掌握。

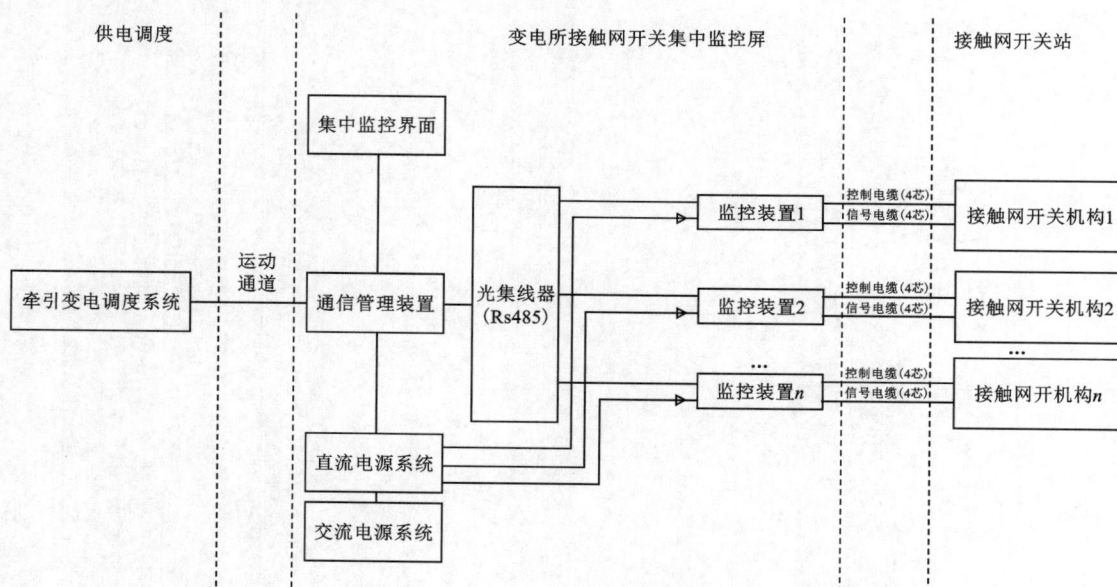

图1 既有接触网隔离开关控制系统示意图

2　主要问题

直驱式接触网隔离开关控制系统在哈牡客专、滨洲铁路投入运行和维护多年，发现接触网隔离开关多次出现拒动情况，影响了供电安全及应急处置效率。经调查，拒动原因多为接触网隔离开关控制电缆被损坏，隔离开关本体接收不到直驱式接触网隔离开关控制系统传递来的能量。接触网隔离开关控制电缆损坏后由于隔离开关在一段时间内没有操作需求，控制电缆在无操作时不带电，故障或断线后无报警信息，导致无法第一时间发现故障。当牵引供电设备故障需要操作隔离开关时，隔离开关拒动，会影响接触网设备供电，对铁路运输组织造成干扰。因此，如何保障接触网隔离开关运行安全就显得尤为重要。本文主要研究优化直驱式接触网隔离开关控制系统的方案，从根源上解决此类问题，消除设备安全隐患。

3　技术优化方案

3.1　既有接触网隔离开关站改造优化方案

3.1.1　在原有的直驱式接触网隔离开关控制系统的基础上，增加直流电源装置、继电器、辅助开关等设备，为控制电缆增加在线监测手段，实时监测控制电缆运行状态。

3.1.2　检测原理：假设图 2 所示的隔离开关处于分位置，这时电动隔离开关的 X-1/X-4 行程开关处于闭合状态，X-2/X-3 行程开关处于断开状态。在隔离开关控制空闲期，在直驱装置控制下，KM1/KM2 与控制电缆连接断开，KA1/KA3 与控制电缆接通，KA5 的 1 和 2 接通，这时检测用低电压恒流源信号依次流过 KA5、KA1、X-1、机构电机线圈（M）、X-4、R1、D1、U1，最后返回到低电压恒流源信号地，由于当前检测回路处于连通状态，所以光耦 U1 输出低电平，经直驱装置检测判断，确定控制电缆的合闸控制回路完整，完成合闸回路检测；同时 KA5 的 1 和 3 也接通，低电压恒流源信号依次流过 KA5、KA2、X-2（不通）、X-3（不通），由于当前回路不通，所以光耦 U2 输出为高电平，完成控制电缆的分闸控制回路完整性检测。此检测完成后，当信号回路电缆或信号回路接点故障时，可以依据控制回路的完整性来判断隔离开关的位置状态。

3.1.3　控制电缆完整性检测动作安排在直驱式接触网隔离开关未动作期间，开关动作期间不检测，合分闸回路检测分时间隔进行，间隔时间可根据实际情况进行调整，也可实时监测；同时可根据实际需要在隔离开关处于合闸位置时检测分闸控制回路，在隔离开关处于分闸位置时检测合闸控制回路。

3.1.4　控制电缆完整性检测结果作为新增遥信信号，经通信管理装置上传至站级直驱监控盘集中监控界面、中心级远动调度客户端软件，用于存储、记录及显示。

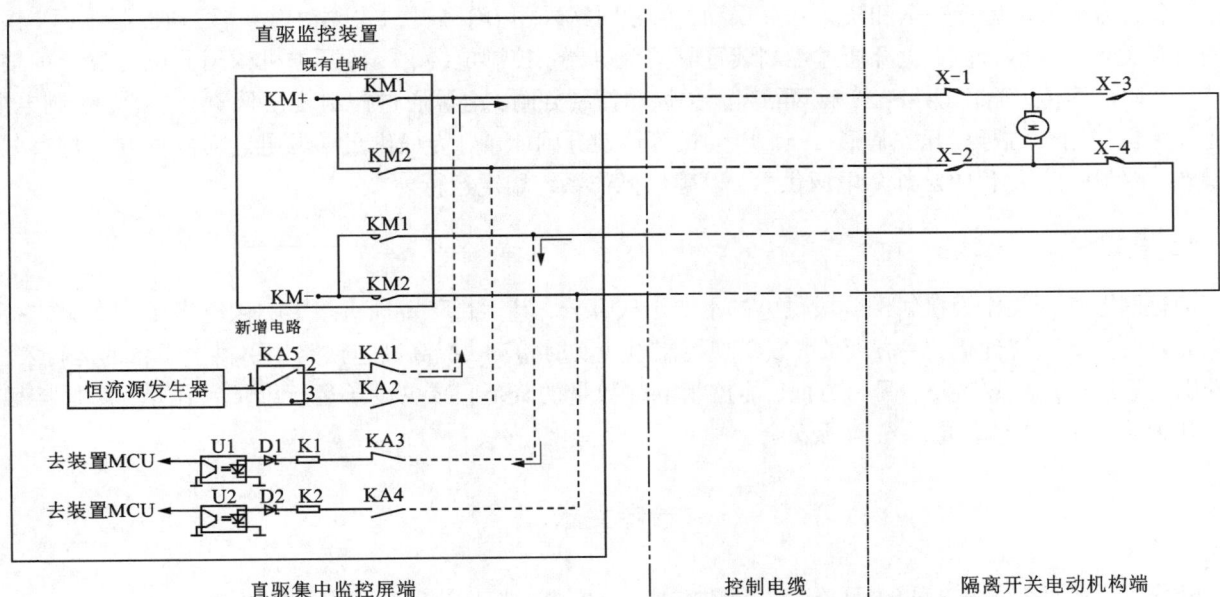

图 2　改造后直驱式触网开关站控制回路原理图

3.2 新接触网隔离开关控制系统优化方案

新接触网开关站与接触网隔离开关电动机构箱通过一根四芯电缆连接，隔离开关电动机构箱直接接受接触网隔离开关控制系统的驱动控制，四芯电缆既传递隔离开关控制能量又传递隔离开关的位置信号。

新接触网隔离开关控制系统合并控制单元与信号单元，室外隔离开关机构箱内只保留隔离开关电动机构箱，明显改善了系统设备工作气候、电磁环境，可提高设备稳定性，减少隔离开关误动、遥信误报等现象。该方案采用一根四芯电缆传递所有控制、遥信信号及控制能量，实现直接驱动控制，明显减少中间环节，既可提高系统可靠性，还可明显降低建设成本、施工成本及后期运行维护成本。

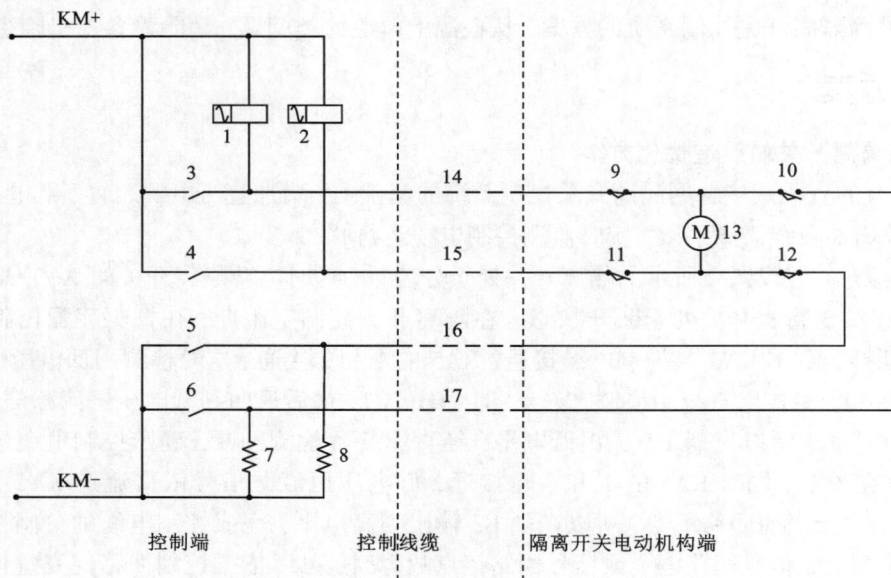

图 3　新直驱式接触网隔离开关控制系统结构图

新接触网开关站包括控制端、控制线缆、隔离开关电动机构端，在遥信检测方面，接触网隔离开关在合位时，电源通过控制装置信号采集继电器、控制电缆、隔离开关机构箱分位行程开关辅助接点、电动机等传递合位信号，确认接触网隔离开关位置；接触网隔离开关在分位时，电源通过控制装置信号采集继电器、控制电缆、隔离开关机构箱合位行程开关辅助接点、电动机线圈等传递分位信号，确认接触网隔离开关位置，而为了保证运行安全和防止开关误动，信号回路采用 DC24 V 或 DC48 V。在远动控制方面，接触网隔离开关远动控制合闸，电源通过控制装置驱动继电器、控制电缆、隔离开关机构箱分位行程开关辅助接点、电动机等传递合闸能量；接触网隔离开关远动控制分闸，电源通过控制装置驱动继电器、控制电缆、隔离开关机构箱合位行程开关辅助接点、电动机等传递分闸能量，为提供足够的电能对隔离开关进行分合闸操作，控制回路采用 DC220 V 电源供电，以确保操作系统稳定运行。

4　结束语

接触网隔离开关作为接触网分段供电的重要组成部分，其运行稳定性直接影响供电安全。直驱式接触网隔离开关控制系统优化，一方面，可以实现控制电缆实时检测，提高高速铁路牵引供电设备的运行安全，提升供电系统应急处置效率；另一方面，能控制电缆数量的降低，减少设备运行维护工作量，降低接触网隔离开关故障率，保障供电系统运行安全。

参考文献

［1］中国铁路总公司.接触网电动隔离开关远动控制优化技术方案［S］.北京：中国铁道出版社，2015.

［2］中国铁路总公司.接触网电动隔离开关远动控制优化技术方案补充规定［S］.北京：中国铁道出版社，2017.

[3] 中国铁路总公司.接触网电动隔离开关及其控制装置暂行技术条件[S].北京：中国铁道出版社，2018.

作者简介

石磊，中国铁路哈尔滨局集团有限公司供电部，副处长，高级工程师。

王涛，中国铁路哈尔滨局集团有限公司供电部，工程师。

穆琦，中国铁路哈尔滨局集团有限公司供电部，高级工程师。

分段绝缘器检调作业智能化研究

张志佳　姜坤政　宋士玉

摘　要： 分段绝缘器是高铁接触网的重要组成之一，其状态好坏关系到高铁列车的运行是否会平稳。分段绝缘器要求的运行条件苛刻、停电检修维护困难及哈大高铁弓网配合条件较差等诸多原因，导致目前分段绝缘器故障已成为哈大高铁接触网的惯性故障。如何通过改进分段绝缘器结构、优化分段绝缘器检修工艺，改善弓网关系，提高受流质量，成为运行管理单位迫切需要解决的问题。

　　分段绝缘器在接触网系统中是最大的集中荷载，在有限的空间内，集接头线夹、导流滑道和绝缘元件等刚性部件于一体，悬挂弹性不如柔性较大的线索结构。在自然环境、行车速度、受电弓压力、接触网振动和线路条件等因素的综合作用下，分段绝缘器始终处于被动应对状态，目前哈大高铁站场正线与正线、正线与侧线以及侧线与侧线之间均设置了分段绝缘器，由于前期施工等因素，存在受电弓与分段绝缘器不匹配、参数不达标的情况，经常干扰正常的弓网关系，严重影响运行安全，迫切需要对其进行改进，因此如何确保分段绝缘器的运行状态良好在运营检修时十分重要。

1　分段绝缘器缺陷原因解析

1.1　设备缺陷

　　2013年2月22日，哈大高铁大连北站发生 AF 分段绝缘器刮弓故障，经现场调查并进行数据分析，发现 CRH380 型受电弓碳滑板为单滑板，在通过 AF 分段时受力不平衡，受电弓与分段绝缘器滑轨极易发生碰撞，长时间反复磕碰导致分段绝缘器滑轨螺丝松动，最终造成刮弓。目前哈大高铁大部分采用瑞士 AF 分段绝缘器和吴江天龙Ⅱ型分段绝缘器。

　　瑞士 AF 分段绝缘器。20世纪90年代初我国开始引进、仿制如 XFFP-(1.6)(1.25)T(G)型，属于消弧、绝缘滑道型，中间2根绝缘棒对受电弓起辅助过渡作用，绝缘棒绝缘层允许磨耗为2 mm，磨损后可以通过绝缘棒转动角度72°继续使用。哈大高铁运行之初均采用该类型分段绝缘器，绝缘棒长度为1600 mm，但结构复杂、笨重以及国内生产的绝缘棒材质不过关等都给安装调试、运行安全带来了诸多问题。主绝缘棒聚四氟乙烯的不黏附特性造成绝缘棒击穿，电晕造成绝缘棒产生电蚀空洞，引起绝缘击穿。最严重的设计缺陷是导流滑道撞击打弓、磨损严重，经长期观察发现，该类型分段绝缘器易造成弓网故障。

　　吴江天龙Ⅱ型分段绝缘器[DXF-(1.6)Ⅱ型]。DXF-(1.6)Ⅱ型分段绝缘器是在 DXF-(1.6)Ⅰ型的基础上，结合当前电气化铁路发展的技术特点对其薄弱环节进行改进、补强，性能优异，其主要技术特点如下：①分段绝缘器空气绝缘间隙达到300 mm，在同类产品中属于首创，填补了国内外的空白；②抗拉强度大，能满足接触网张力使用需求；③选用自洁性好、耐电弧性能强、爬距达1730 mm的硅橡胶绝缘棒，可实现绝缘部件的免维修、少维护；④各类零部件选材优质、耐腐防锈、重量轻、连接可靠，可以持续安全可靠运行，达到免维修、少维护要求；⑤适应各种恶劣的工作环境，如适用于重污染、潮湿区段的电气化铁路，可用于分段绝缘器一端长期接地的货物线、机务整备线等处所。其缺点是精密度较高，检调较复杂。

　　通过调查及现场试验对比，吴江天龙Ⅱ型分段绝缘器性能要优于瑞士 AF 分段绝缘器，该分段绝缘器装设有辅助滑轨，能很好地解决单滑板受电弓通过分段绝缘器的不平衡问题。吴江天龙Ⅱ型分段绝缘器更适合哈大高铁，该建议最终被采纳推广，并很好地解决了此类故障的再次发生，这也是哈大高铁运行以来第一次大批量更换设备部件。

1.2　参数超标

　　2017年12月5日10时40分，哈大客运专线 G377 次运行至瓦房店西站Ⅰ道96 km040 m处，动车组受电弓与1-3渡线分段绝缘器（AF型）刮碰。现场测量该分段绝缘器发现沈阳侧长支滑道低于大连侧长支滑道8 mm，两支滑道底面与轨面不平行。分段绝缘器参数不达标是发生本次弓网故障的重要原因。

消弧角安装不平整、吊弦安装受力不均、绝缘器安装高度过大、绝缘器的滑道与绝缘滑道安装高度不相等、分段绝缘器安装调整存在方向问题等，都会因为检修工艺的不精细、检修质量的不达标而漏掉检修，从而导致弓网故障的发生。

2 分段绝缘器检调

分段绝缘器的检调大致分为"粗调""精调"两步。所谓"粗调"既通过调整吊弦、斜吊线等使分段绝缘器达到粗略平衡状态，各参数值误差10 mm左右即可；"精调"是通过调整分段绝缘器的花篮螺栓，使各参数值达到符合设备正常运行的标准值。

2.1 "粗调"

2.1.1 分段绝缘器位置选择

务必使得分段绝缘器工作于受电弓中央部位，不然，当分段绝缘器偏离受电弓中央时，不匀称磨耗的受电弓滑板呈凹形，会因冲击分段绝缘器的部件而造成弓网故障。另外，不宜在曲线区段安装分段绝缘器，必须安装时，要尤其注重调解，务必使分段绝缘器的滑道底面平行于轨道平面，使得受电弓工作面与分段绝缘器底面绝对平行。分段绝缘器严禁安装在机车经常停车的上方位置，分段绝缘器下方严禁机车停车并启动运行，不然会因频繁启动取流而烧损分段绝缘器滑道。分段绝缘器安装处，在分段两侧的2 m之内应安装接触网吊弦，防止承力索、接触线产生悬浮电位差。

2.1.2 对分段绝缘器负弛度进行调整

根据高速铁路分段绝缘器负弛度标准及现场经验值，哈大高铁分段绝缘器负弛度在30~50 mm时弓网关系状态能达到最佳。在分析负弛度时，结合现场实际情况分段处于不同的位置需要测量的范围也不一样。分段处于跨中时，如在渡线上，需要测量分段所在跨的跨中偏移值、前后定位点导高和拉出值、跨中各吊弦点导高。当分段离一端定位点很近（10 m以内）时，如靠近线岔、分束开关柱，需向靠近的定位点方向顺线路延长一跨测量定位点（含拉出值）及各吊弦定位点导高。

2.2 "精调"

实践发现，我们很容易通过调节分段绝缘器4根斜吊线、相邻吊弦等使其达到"粗调"状态，接下来就要对其进行"精调"。所谓"精调"就是通过调节4处花篮螺栓使分段绝缘器各参数值达到理想状态，从现场调节来看，各花篮螺栓的上下调节对各参数点的影响不尽相同，需要反复调整各处花篮螺栓、反复进行测量，但有时也很难达到参数标准，分段检调效率较低。因此哈大高铁自运行以来，始终关注分段绝缘器运行情况，经过多次更换分段绝缘器、反复测量和分析数据，得到了一套系统的调节方法。

2.2.1 数据采集

通过多次的现场试验，建立"分段检调数据库"，对"分段检调数据库"中的数据进行分析、计算，得到调节任意花篮螺栓时，分段绝缘器六个点的"检调变化曲线"。

2.2.2 数据分析

通过"检调变化曲线"制作"设备检调指导"程序，然后在"设备检调指导"程序中输入现场实测数据，程序会自动算出每个花篮螺栓需要调整的圈数，并指导现场进行调整。

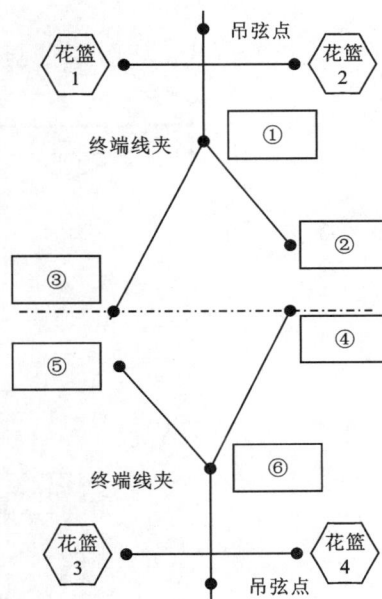

图1 DXF-（1.6）Ⅱ型分段平面简图

2.2.3 实践检验

通过现场反复测量、实验，"设备检调指导"程序的计算结果与实际测量结果的误差不大于1 mm，证明此检调规律及编程方法符合现场实际。

分段检调变化数据库

花篮1(隔)	花篮2	北吊弦点	变化值	北等高点	变化值	北长1	变化值	北短	变化值	北长	变化值	南长	变化值	南短	变化值	南等高点	变化值	南吊弦点	变化值	花篮3	花篮4
				5144.9	1.3			5108.2	-0.5	5180.3	2.9	5105.1	0.5	5178.8	2.9	5143.5	1.3				2
				5146.6	1.7			5109.9	1.7	5181.1	0.8	5105.4	0.3	5182.2	3.4	5145.7	2.2				2
				5145.9	-0.7			5108.5	-1.4	5183.1	2	5104.2	-1.2	5182.7	0.5	5145.7	0				2
				5146.6	0.7			5108.7	0.2	5183.7	0.6	5103.2	-1	5185.9	3.2	5147.2	1.5				2
				5146.6	0			5108.7	0	5183.5	-0.2	5101.5	-1.7	5185.7	-0.2	5146.4	-0.8				2
				5146.3	-0.3			5106.3	-2.4	5184.1	0.6	5101.8	0.3	5186.4	0.7	5145.7	-0.7				2
				5145.5	-0.8			5105.1	-1.2	5180.6	-3.5	5099.4	-2.4	5183.1	-3.3	5147.5	1.8				-2
				5143.4	-2.1			5104.6	-0.5	5180.6	0	5099.6	0.2	5179	-4.1	5143.7	-3.8				-2
				5141.4	-2			5104.6	0	5179.9	-0.7	5099.1	-0.5	5181.4	2	5143.5	-0.2				-2
				5141.2	-0.2			5107	2.4	5177.4	-2.5	5102.8	3.7	5176.3	-5.1	5143	-0.5				-2
				5144.1	2.9			5125.8	18.8	5177.2	-0.2	5103	0.2	5174.4	-1.9	5144.9	1.9				-2
				5292.8				5295		5294.7		5293.6		5293.4		5297.6					-2
				5291.2	-1.2			5292.4	-2.6	5294.6	-0.1	5293.3	-0.3	5294.5	1.1	5291.5	-6.1				-2
				5293.8	2.2			5292.3	-0.1	5293.6	-1	5292.5	-0.8	5294.5	0	5295.6	4.1				-2
				5292.6	-1.2			5291.8	-0.5	5293.6	0	5295	-2	5295.5	1	5295.5	-0.1				-2
				5294.8	2.2			5292.9	1.1	5292.6	-1	5287.5	-3	5293.5	0	5292.5	-3				-2
				5291.7	-3.1			5290	-2.9	5292.6	0	5286.7	-0.8	5295.5	2	5294.5	2				-2
				5085	-206.7			5037.8	-252.2	5126.1	-166.5	5086.4	-200.3	5190.5	-105	5090.5	-204				2
				5084.5	-0.5			5038.4	0.6	5125	-1.1	5031.9	-54.5	5122.8	-67.7	5079	-11.5				2
				5085.1	0.6			5038.9	0.5	5129.2	4.2	5033.3	1.4	5123.9	1.1	5082.1	3.1				2
				5084.9	-0.2			5039.5	0.6	5126.9	-2.3	5035.9	2.6	5125	1	5083.8	1.7				2
				5084.2	-0.7			5042.1	2.6	5126.9	0	5037.1	1.2	5123.6	-1.4	5084.3	0.5				2
				5094.6	10.4			5098.2	56.1	5093.6	-33.3	5095.5	59.4	5093.4	-30.2	5098.4	14.1				2
				5096.7	2.1			5098	-0.2	5092.6	-1	5098.6	2.1	5093.6	0.1	5098.1	0.1				2
				5093.7	-3			5094.7	-3.3	5093.6	1	5098.4	-0.2	5091.5	-2	5099.6	1.1				2
				5092.8	-0.9			5097.4	2.7	5092.6	-1	5097.8	-0.6	5091.5	0	5098.5	-1.1				2
				5092.6	-0.2			5096.8	-0.6	5092.6	0	5099.6	1.8	5090.5	-1	5099.6	1.1				2
				5091.6	-1			5098.7	1.9	5092.7	0.1	5098.8	-0.8	5091.5	1	5099.6	0				-2
				5095.6	4			5095.7	-3	5092.6	0	5096.8	-2	5091.5	0	5098.4	-1.2				-2
				5093.8	-1.8			5094.7	-1	5092.6	0	5095.6	-1.2	5092.4	0.9	5098.4	0				-2
				5093.7	-0.1			5096.4	1.7	5092.6	0	5093.6	-2	5092.4	0	5097.5	-0.9				-2
				5093.6	-0.1			5095.5	-2.9	5092.6	0	5092.7	-0.9	5093.5	1.1	5098.5	1				-2
				5294.1		5293.3				5293.6		5292.6		5292.6		5293.4					5292.4
-2		5296.6	2	5297.2	3.9	5299.4	5.8	5295.6		5296.2	3.6	5296.4		5300.2	3.9	5301.6	9.2				
-2		5296.6	0	5295.2	-2	5294.7	-0.9	5293.6		5296.2	2.1	5296.4		5300.2	0	5300.6	-1				
-2		5296.6	0	5294.3	-0.9	5299.8	-0.1	5293.6		5298.3	0.3	5296		5300.3	0.1	5300	-0.6				
-2		5294.9	-1.7	5293.9	-0.4	5300.3	0.5	5299		5299	-2.3	5299.9			-0.4	5300.4	0.4				
-2		5294	-0.9	5291.8	-2.1	5302.2	1.9	5289.5	-2	5297.9	-1.1	5293.2	-0.9	5308.9	9	5301.4	1				
5		5294.9	0.9	5294.9	3.1	5301.3	-0.9	5297		5297	-0.9	5299.9	2.1	5299.9	-9	5301.1	0				
5		5297.9	3	5296.6	3.7	5299.3	-2	5297.4		5298	1	5298.3		5300.9	1	5303.3	1.9				
		5299.7	1.8	5299.3	0.7	5301.7	2.4	5299.7	2.3	5298.5		5300.4	2.1	5302.3	1.4	5302.5	-0.8			4	
-10		5293.6	-6.1	5292.3	-7	5300.7	-1	5290.6	-9.1	5299.5		5293.4	-7	5301.2	-1.1	5302.6	0.1				

图 2　分段检调变化数据库

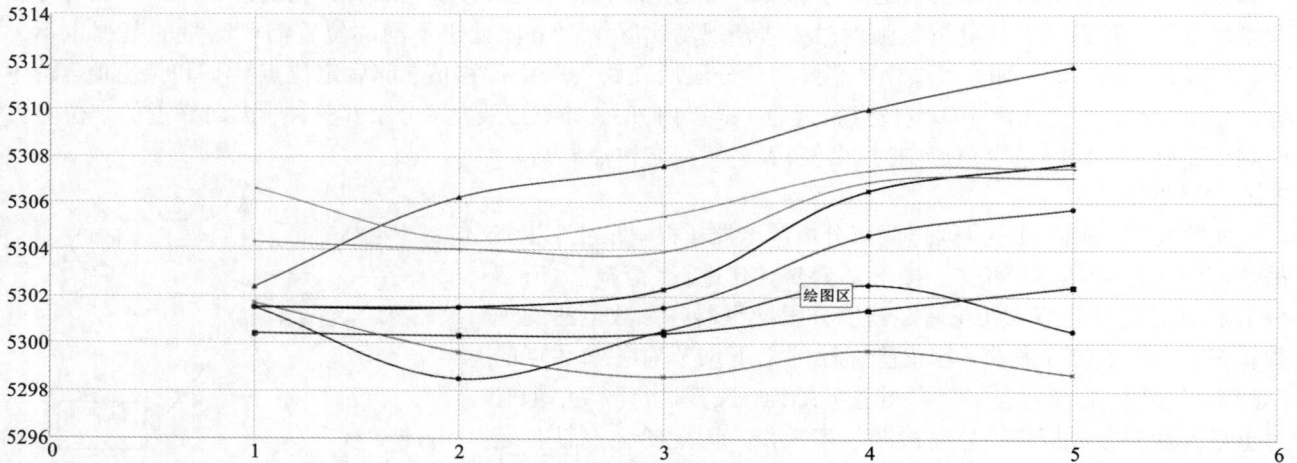

图 3　分段检调变化曲线

数据变化计算终端

调整圈数	北长	北短		南短	南长
北长				北短	
	5301.7				5302.4
		5301.7			
		5301.7			5302.4
			5301.7		5302.4
南短				南长	
	5301.5				5301.5
		5301.5			
		5301.5			5301.3

图 4　分段滑板导高

3　调整效果

通过不懈的努力、多次调整和规律摸索，顺利完成了管内分段绝缘器的全部调整工作，极大地提高了分段绝缘器的检修效率和检修质量，达到预期目标。在分段绝缘器调整完毕后，结合巡检、检修作业等多次对分段绝缘器进行跟踪观测后，拉弧放电现象明显减少，说明列车通过分段绝缘器时弓网关系状态良好，受流质量较高。

4　结束语

在高速铁路接触网设备运营管理方面，重点设备的运行检修一直是一个比较薄弱的环节，需要不断探索和总结经验。分段绝缘器作为一种重要接触网分段设备，在设备发生故障时能够达到局部停电整体供电的要求、缩小故障范围。目前，高速铁路分段绝缘器的调整还存在着诸多不确定的因素，这也是我们进一步研究的方向，以达到规范、标准检修作业的目的，提高设备检修水平和设备质量，保障设备运行安全。

参考文献

[1]　于万聚.高速电气化铁路接触网[M].成都：西南交通大学出版社，2003.

作者简介

张志佳，中国铁路沈阳局集团有限公司大连供电段，车间主任，工程师。
姜坤政，中国铁路沈阳局集团有限公司大连供电段，技术科专职，工程师。
宋士玉，中国铁路沈阳局集团有限公司沈阳高铁基础设施段供电维修技术中心，副主任，工程师。

高铁接触网避雷线安装类型、存在问题及有关建议

康红新

摘　要： 新建高铁接触网一般采用避雷线作为接触网主要防雷措施，但由于各接触网设计院设计的避雷线不同，给今后避雷线日常维修带来困难。本文针对济南局管内各高铁接触网避雷线线索张力、安装方式存在的问题，提出今后避雷线建设相关建议，对今后避雷线设计、施工、维修有一定参考意义。

高速铁路一般采用高架桥形式，接触网距离地面一般 20 m 左右，夏天很容易遭受雷击，造成接触网跳闸，对接触网设备造成严重威胁。接触网设备一旦遭受雷击将会引起接触网绝缘子、线索等设备损坏、动车组停电，导致动车组限速或运输中断，如因雷击损坏的接触网设备掉落线路上与动车组相碰撞，造成行车事故，严重威胁人身、接触网设备安全。

2016 年，国家铁路集团发布了《高速铁路牵引供电系统雷电防护技术导则》，对高速铁路避雷线设置进行了明确，"对处于雷电地闪密度 2.78 次/（km² · a）及以上或者雷暴日 40 天及以上地区的接触网，应采用以避雷线为主的措施进行雷电防护"。避雷线具有安装简便、其他接触网设备无须改造、减少接触网雷击跳闸发生和避免绝缘子损坏等优点，但各设计院设计的避雷线安装类型不同，给后续运营维护带来诸多问题。

1　京沪高铁加装避雷线概况

2010 年京沪高铁开通，每年经常发生接触网雷击跳闸故障，严重干扰正常运输秩序，自 2013 年开始逐步将京沪高铁济南局管内正线 28 个供电臂第 1 AT 段加强线改避雷线及第 2 AT 段新架设 140 个锚段 214.2 条公里避雷线，2015 年已全部完成，至今已安全运行 6 年。2012 年至 2020 年京沪高铁雷击次数如表 1 所示，从表中可以看出加装避雷线后接触网的防雷效果非常明显。总的来说，增设避雷线是一项投资小、收益大、施工简单、效果明显的防雷措施，增设避雷线后雷击跳闸率大幅降低。

自 2017 年后设计、开工建设的石济客专、济青高速、日兰高速、潍莱高速、潍烟高速、济莱高铁等高铁接触网大部分采取避雷线作为接触网防雷的首选，截至 2021 年底，济南局集团公司管内避雷线已达到了 2200 多条公里。

表 1　2012 年至 2020 年京沪高铁雷击次数

年份	2012	2013	2014	2015	2016	2017	2018	2019	2020
次数	29	25	9	12	6	5	3	2	1

2　避雷线类型的选择

2.1　避雷线线材及张力选择

京沪高铁避雷线采用截面积 63 mm² 铝包钢芯铝绞线，型号为 JL/LB1 A-63-6/1，最大工作张力为 6.5 kN。

石济客专避雷线采用截面积 63 mm² 铝包钢芯铝绞线，型号为 JL/LB1 A-63-6/1，最大工作张力为 6.5 kN。

济青高速、潍莱高速避雷线采用截面积 50 mm² 镀锌钢绞线，按 GB/T20492—2006，型号为 GJ-50（Zn-5%Al-RE GJ 1×19-9-1270-B），最大工作张力为 5.0 kN。

日兰高速东段（日照至曲阜段）避雷线采用 70 mm² 镀锌钢绞线，按 GB/T20492—2006，型号为 GJ-70

（Zn-5％Al-RE GJ 1×19-11-1170-D），最大工作张力为6.5 kN。

日兰高速西段（曲阜至庄寨段）避雷线采用50 mm²镀锌钢绞线，按GB/T20492—2019，型号为GJ-50（Zn-5％Al-RE GJ 1×7-9-1270-D），最大工作张力为5.0 kN。

济莱高铁避雷线采用70 mm²镀锌钢绞线，按GB/T20492—2019，型号为GJ-70（Zn-5％Al-RE GJ 1×19-11-1270-C），最大工作张力为6.5 kN。

通过比较发现各线路避雷线型号、张力选择不一样，考虑到避雷线后期维护，镀锌钢绞线比铝包钢芯铝绞线机械强度高，建议统一采用GJ-70（Zn-5％Al-RE GJ 1×19-11-1270-C）镀锌钢绞线，最大工作张力为6.5 kN。

2.2 避雷线安装形式

2.2.1 京沪高铁安装形式

避雷线通过软母线固定金具在避雷线肩架上进行固定，固定点处避雷线加装预绞式护线条，材质为镀锌钢丝，并再缠绕2×10 mm铝包带，缠绕方向与导线绞制方向一致，缠绕长度应超出金具两段出口且各不小于20 mm。

避雷线肩架通过4个螺栓与支柱连接，高度一般为1000 mm，受跨线构筑物净空限制时高度可降低，京沪高铁避雷线安装方式如图1所示。

2.2.2 石济客专安装形式

避雷线通过预交式悬垂线夹、球头挂环、双联碗头挂板在避雷线肩架上进行固定。避雷线间架与避雷线间增加与避雷线同型号的连接跳线，确保避雷线与间距可靠连接，提高遭雷击时的泄流能力。

避雷线肩架通过4个螺栓与支柱连接，高度一般为1200 mm，石济客专避雷线安装方式如图2所示。

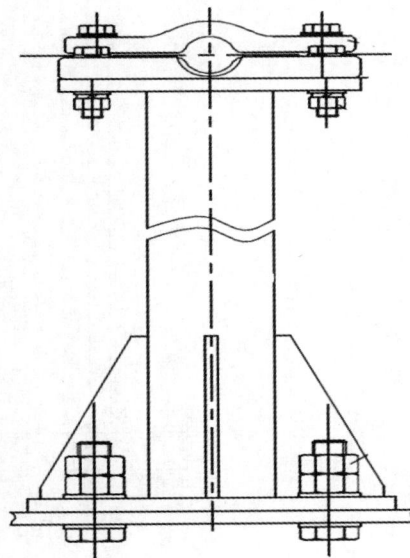

图1　京沪高铁避雷线安装方式

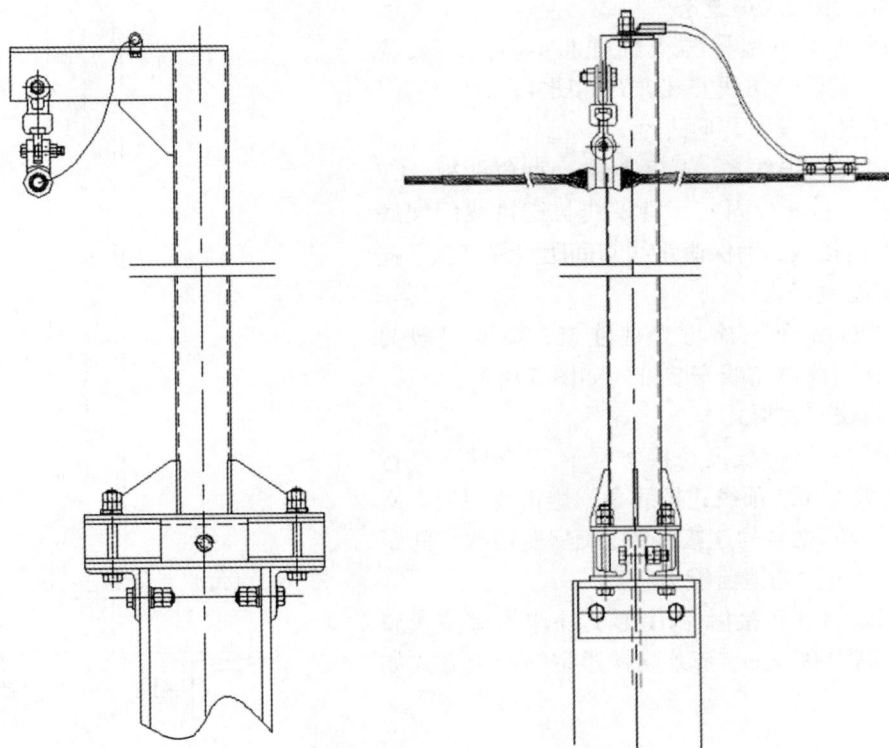

图2　石济客专避雷线安装方式

2.2.3　济青高速、潍莱高速安装形式

避雷线通过避雷线支持线夹在避雷线肩架上进行固定，固定点处避雷线加装预绞式护线条。避雷线间架与避雷线间增加与避雷线同型号的连接跳线，确保避雷线与间距可靠连接，提高遭雷击时的泄流能力。

避雷线肩架通过 4 个螺栓与支柱连接，高度一般为 1100 mm，济青高速、潍莱高速避雷线安装方式如图 3 所示。

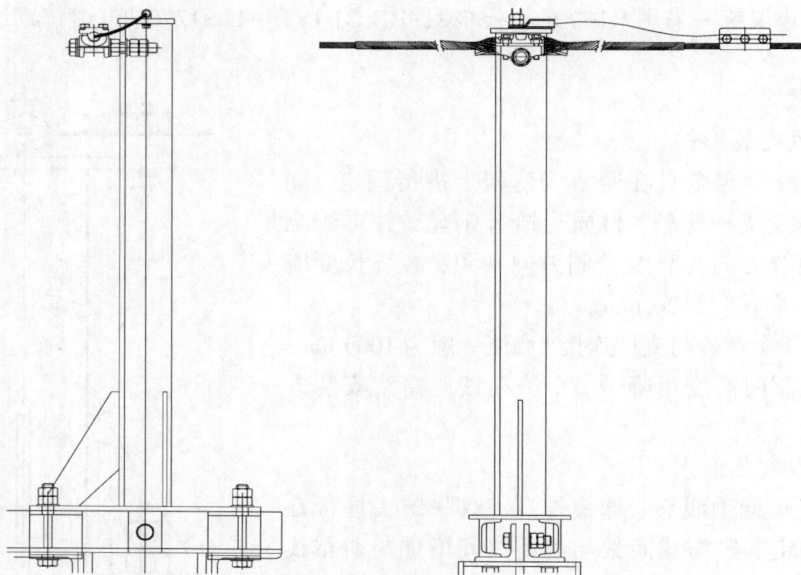

图 3　济青高速、潍莱高速避雷线安装方式

2.2.4　日兰高速东段安装形式

避雷线通过避雷线支持线夹在避雷线肩架上进行固定，固定点处避雷线加装预绞式护线条。

避雷线肩架通过 4 个螺栓与支柱连接，高度一般为 1100 mm，日兰高速东段避雷线安装方式如图 4 所示。

2.2.5　日兰高速西段安装形式

避雷线通过预绞式护线条、悬垂线夹、直角挂板、LV 形联板在避雷线肩架上进行固定。避雷线与避雷线间架底部间增加 LJ-70 的连接线，确保避雷线与间距可靠连接，提高遭雷击时的泄流能力。

避雷线肩架通过 2 个螺栓与支柱连接，高度一般为 1300 mm，日兰高速西段避雷线安装方式如图 5 所示。

2.2.6　济莱高铁安装形式

避雷线通过避雷线支持线夹在接触网 H 形支柱上进行固定，固定点处避雷线加装预绞式护线条。避雷线间架与避雷线间增加与避雷线同型号的连接跳线，确保避雷线与间距可靠连接，提高遭雷击时的泄流能力。

济莱高铁采用增高既有接触网 H 形支柱作为避雷线肩架，比平腕臂底座高 1900 mm，济莱高铁避雷线安装方式如图 6 所示。

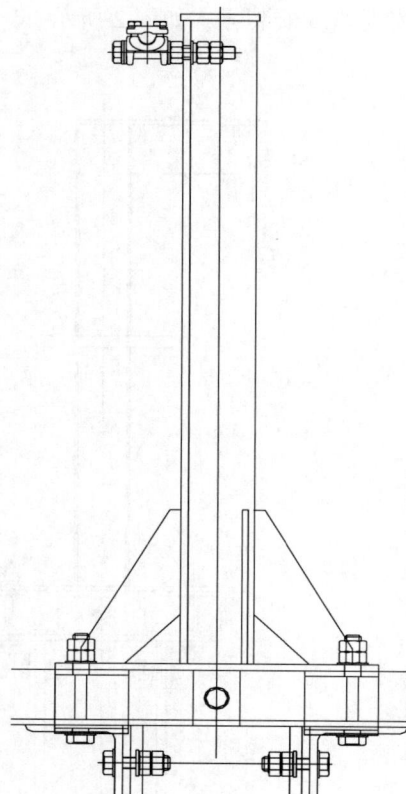

图 4　日兰高速东段避雷线安装方式

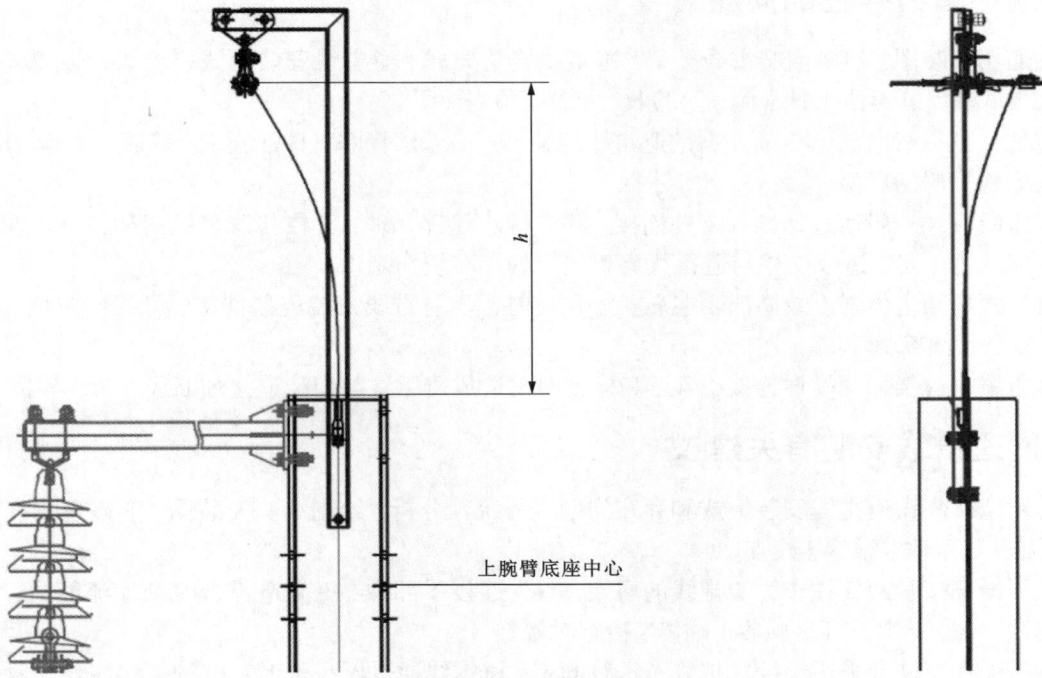

图5　日兰高速西段避雷线安装方式

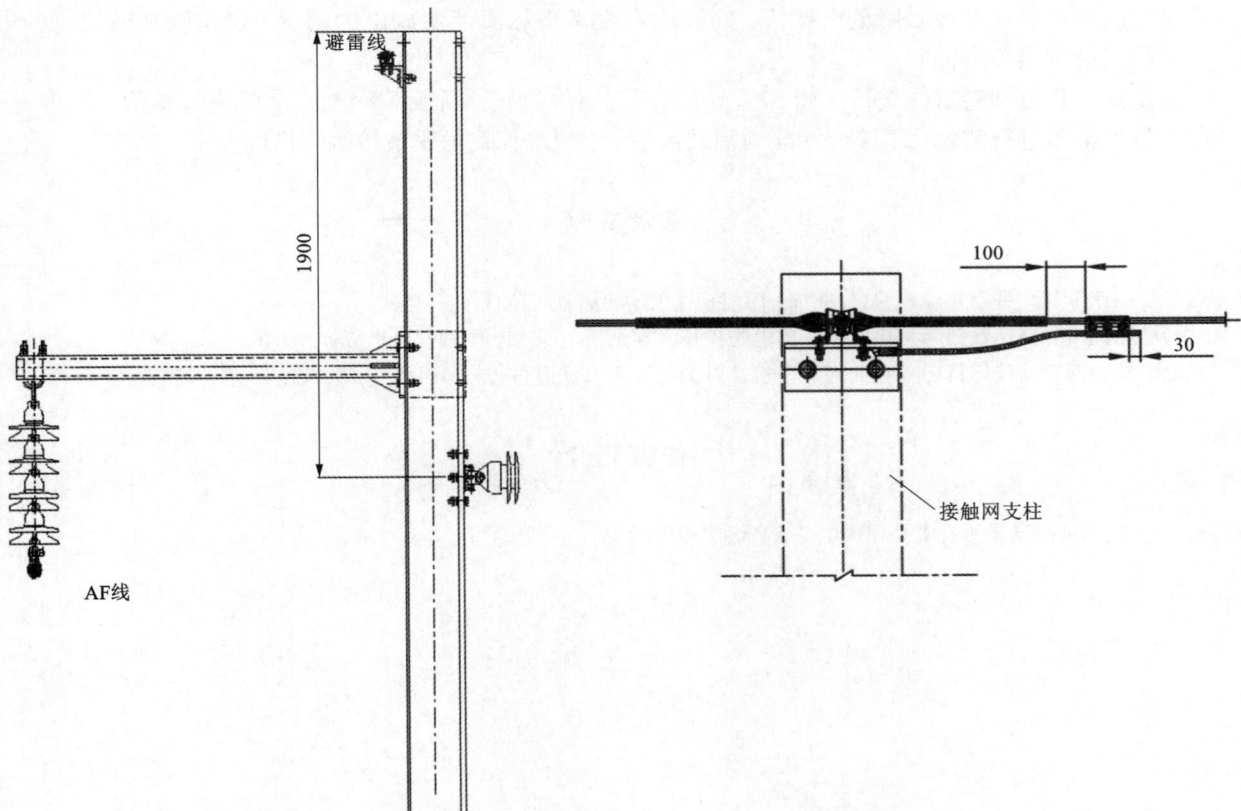

图6　济莱高铁避雷线安装方式

3 接触网避雷线存在的问题

一是无通用安装图，接触网避雷线类型、避雷线连接方式、避雷线安装形式每个设计院都不一样，造成现场安装形式较乱，不便于日常施工、验收、维修、检查。

二是支柱上方一般增加 1.2 m 左右的避雷线肩架，人工无法攀登，日常施工、验收、维修、检查困难，避雷线存在失检失修的风险。

三是避雷线肩架一般通过螺栓与支柱连接，并进行热镀锌处理，支柱与避雷线肩架接触电阻增大，遭雷击时的泄流能力不足，造成支柱与避雷线肩架连接处存在烧伤隐患。

四是避雷线肩架本体强度及防腐工艺较接触网支柱差，避雷线安装连接件多，可靠性较低，增加了维护工作量，提高了故障概率。

五是避雷线与肩架采用硬性连接，风摆和振动时易造成避雷线与肩架连接处断股、断线等情况发生。

4 接触网避雷线安装有关建议

一是针对全路高铁避雷线安装形式和存在问题进行统计分析，绘制统一安装图，明确避雷线安装方式标准，方便施工、验收、维修、检查。

二是采用增高接触网支柱作为避雷线的肩架，减少连接零部件，提高遭雷击时的泄流能力，提高避雷线肩架稳定性，方便日常施工、验收、维修、检查时攀登。

三是避雷线在支柱处采用预绞式护线条进行固定，避雷线通过不小于 LJ-70 的短接线与接触网支柱可靠连接，提高遭雷击时的泄流能力。

四是避雷线两段用不小于 70 mm² 铜芯电缆单独与综合接地连接，中间每条 500 m 避雷线单独引下一次，与通信、信号等其他弱电设备接入综合接地的接入点间距不小于 20 m。

五是为减少避雷线与接触网重点设备、处所线索交叉不足而产生放电的情况，避雷线在隧道、车站、关节式分相等两侧提前下锚。

六是定期对接触网避雷线进行维修、检查，发现避雷线烧伤、断股等问题应及时进行整治，每年雷雨季节前对接地电阻进行测量，不符合标准的则进行整治，以确保雷雨季节接触网供电安全。

参考文献

[1] 于万聚.高速电气化铁路接触网[M].成都：西南交通大学出版社,2003.

[2] 中国铁路总公司.高速铁路牵引供电系统雷电防护技术导则[S].北京：中国铁道出版社,2016.

[3] 陆加华.接触网避雷线运行中存在的问题分析及对策[J].上海铁道科技,2018(2)：55-56.

作者简介

康红新，中国铁路济南局集团有限公司供电部，高级工程师。

曲线区段接触线拉出值动态超标原因分析

芦志广

摘　要：本文通过对曲线区段接触线动态拉出值超标的影响因素进行理论分析，解决了现场对拉出值动态超标但静态不超标无法分析查找缺陷的难题，并提出了整治建议。

接触线拉出值是接触网自身结构参数，表征接触线距离运行受电弓中心线的横向偏移量，其状态值直接关系列车运行安全。综合检测车（高速 1C）和接触网检测车（普速 1C）检测中经常出现曲线区段拉出值超标，但现场测量拉出值符合设计标准的问题，这是因为曲线区段拉出值是按照机车常速通过的状态条件设计的，而在现场测量中缺少运行速度、线路参数、机车参数等多种影响拉出值动态变化的因素。基于此种情况，有必要对曲线区段拉出值动态影响因素进行深入分析，找到曲线区段拉出值动态、静态偏差规律，这有利于指导现场对动态拉出值缺陷进行科学整治。

1　曲线区段动态拉出值超标现象

在接触网动态检测中，即使排除了许多不可预见的偶然因素，曲线区段动态拉出值（受电弓升起运行测量值）与静态测量拉出值（人工实测值或 4C 检测车测量值）之间仍然有一定的偏差，尤其是在机车低速通过小半径曲线时，这种偏差更明显。下面是接触网检测车在京沪线检测拉出值缺陷分析情况。

接触网检测车于 2022 年 2 月检测过程中，发现京沪线泰山站下行 K556 范围存在多处拉出值二级缺陷，而人工现场静态复核缺陷位置时拉出值均在设计标准范围内，查找前期同交路 2021 年 4 月、5 月检测数据，均在相近位置出现同类缺陷，动态拉出值缺陷重复性较高，且通过视频分析接触线位于受电弓碳滑板边缘位置，与动态缺陷数值特征吻合。查阅相关技术资料可知，缺陷位于小曲线半径区段，曲线半径 600 m，曲线长度 900 m，最大外轨超高 100 mm，拉出值设计值 400 mm。京沪线泰山站下行曲线区段拉出值动态检测与人工静态复核数据如表 1 所示。

表 1　京沪线泰山站下行曲线区段拉出值动态检测与人工静态复核数据

线路	检测车型	受电弓型号	检测时间	缺陷里程	检测速度/(km·h⁻¹)	缺陷等级	接触网检测车	现场实测	动静态差值
京沪线	WX25T	DSA250	2022 年 2 月	K556+870	27	2	479	405	74
				K556+902	32	2	459	389	70
				K556+941	36	2	482	377	105
			2021 年 5 月	K556+823	31	2	488	409	79
				K556+860	38	2	455	366	89
				K556+908	40	2	477	375	102
			2021 年 4 月	K556+797	26	2	496	405	91
				K556+835	28	2	471	392	79
				K556+882	31	2	457	372	85

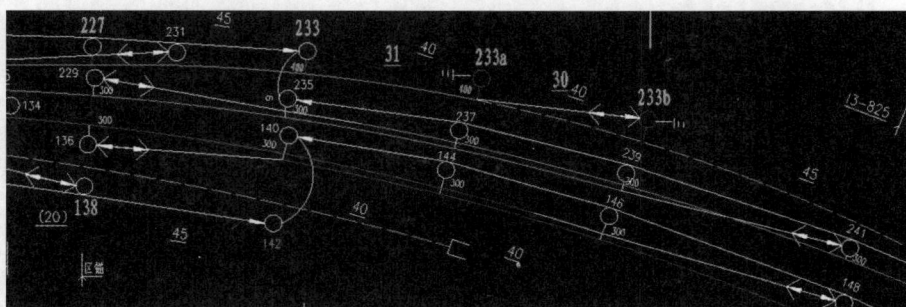

图 1　京沪线泰山站下行动态拉出值缺陷区段平面布置图

图 2　京沪线泰山站下行动态拉出值缺陷视频截图

2　曲线区段动态拉出值超标影响因素

拉出值是指定位点处接触线与受电弓滑板中心的距离，在曲线区段拉出值的选取由拉出值计算公式确定。拉出值计算公式如下：

$$a = m + c \tag{1}$$

式中：a——接触线拉出值，mm；

　　　m——定位点处接触线与线路中心的水平距离，mm；

　　　c——定位点处受电弓中心与线路中心的水平距离，mm，由 $c = h \cdot H / L$ 确定（h 为外轨超高；H 为接触线高度；L 为轨距）。

由于列车实际上不是一个完全的刚性体，列车运行是一个非常复杂的动态耦合关系，主要由轮轨关系、机车自身动态变化、弓网关系三大关系组成，直线运行受线路影响，呈现不规则随机摆动。通过曲线的各次列车受力方向是固定的，其速度不可能是相同的，当运行速度 $V > V_p$ 时，外轨超高不足，产生欠超高；而当 $V < V_p$ 时，产生过超高，这些未被平衡的超高使得设置在机车与转向架之间的弹簧产生压缩或伸张，进而使受电弓中心线发生偏移，如图 3 所示。

下面就影响曲线区段动态拉出值变化的几个主要因素做一些理论分析。

2.1　受电弓本体横向偏移

受电弓在车辆运行过程中受接触压力、空气动力等因素影响，主要以垂向运动为主，横向结构设备方面可以看作是一个

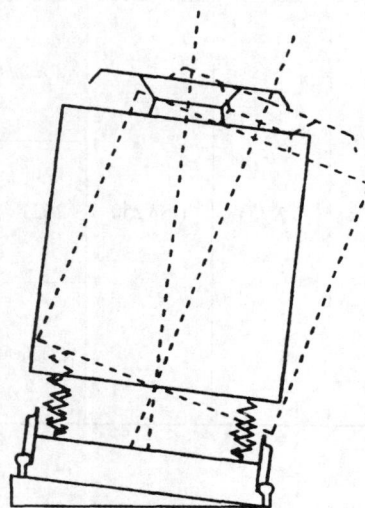

图 3　曲线区段机车运行状态

刚体，列车运行时按照受弓型号不同，根据受电弓归算质量、运行速度、车辆及线路等参数可计算出受电弓本体横向偏移值，但这种方法所需的数据较多，计算也相当烦琐，不便于实际操作。GB/T21561.1 中规定，受电弓横向刚度为每侧施加 300 N 的力时，每侧位移均不应超过 30 mm，由此可以得出，受电弓本体在曲线状态下横向位移最大值为 30 mm，曲线非常速状态下可参照此值。

2.2　车体水平偏差

机车在转向架间设有弹簧减震机构，当机车以 V_p 的速度通过曲线半径时，车体离心力和重力的合力垂直于轨道平面，使两轨承受的正压力基本一致。轨道的外轨超高值应满足一定的条件，即当抬高外轨使车体倾斜时，轨道对车辆的支撑反力与车体重力的合力所形成的向心力，应等于车体以设计速度 V_p 通过曲线时产生的离心力。当运行速度 $V>V_p$ 时，外轨超高不足，产生欠超高，外轨侧弹簧压缩，内轨侧弹簧松张；当运行速度 $V<V_p$ 时，外轨过越高，外轨侧弹簧松张，内轨侧弹簧压缩，结果使底板与轨顶线不平行，进而使受电弓中心线发生偏移。

2.3　钢轨动态下沉

机车通过曲线时，由于受自身重力及曲线上离心力的影响，将造成该点钢轨的动态下沉。钢轨动态下沉量可通过轨检车动态欠速状态下检测外轨超高与现场实测外轨超高差值计算得出，对拉出值影响的换算，根据相似三角形知，线路动态水平偏差对拉出值的影响可用下式表示：

$$Z = \frac{h \cdot H}{S}$$

式中：h——钢轨动态下沉量，mm；

　　　H——静态接触线高度，mm；

　　　S——轨道两轨中心距，mm。

车体产生的离心力大于设计超高值 h 所提供的向心力时，会导致外轨承受偏载，即外轨承受的压力大于内轨承受的压力，这时车体不仅有因外轨超高带来的倾斜，还有因外轨承受偏载而过度弹性下沉带来的附加反倾斜。这个附加反倾斜会使车体向曲线外侧倾斜，故此时测出的定位点拉出值会小于静态值，跨中拉出值会大于静态值。

2.4　轮轨游间+曲线轨距加宽

为使机车车辆在线路两股钢轨间正常运行，机车车辆的轮对宽度应适当小于轨距，当轮对的一个车轮轮缘紧贴一股钢轨的作用边，另一轮缘与另一股钢轨之间的间隙称为轮轨游间。根据《铁路技术管理规程》规定，我国标准轨距为 1435 mm，最大轨距为（1435+6）mm，机车轮对宽度的最小值为 1396 mm，那么轮轨最大游间为最大轨距−最小轮对宽度＝45 mm。

2.5　影响因素综合分析

由曲线区段动态拉出值超标影响因素可知，动态拉出值超标主要是因为机车欠速状态下通过曲线时，在设计外轨超高影响下，车体整体向内轨偏斜，由此造成的受电弓本体横向偏移、车体水平偏差、钢轨动态下沉、轮轨游间和曲线轨距加宽等诸多因素相互影响，导致曲线区段拉出值超标，且曲线半径越小、速度越慢，所造成的拉出值超标值理论上就越大。而在人工复核时，因缺少动态影响因素，无法查找缺陷，造成了拉出值动态超标而静态不超标的情况。以上技术分析，能够充分解释京沪线泰山站下行 K556 范围内检测出多处动态拉出值缺陷，而人工复核无缺陷的问题。

3　曲线区段动态拉出值超标整治

拉出值的设计是为了让运行受电弓碳滑板与接触线摩擦均匀，不发生钻弓、刮弓等弓网故障，因此必须认真分析并及时处理拉出值缺陷。由于拉出值动态检测和静态检测分别有不同的缺陷标准，对于欠速运行通过曲线区段造成的拉出值缺陷，特别是对于动态拉出值超标而静态不超标的问题，需要结合实际情况制定整治方案。拉出值动态、静态缺陷标准如表 2 所示。

表 2 拉出值动态、静态缺陷标准

项目	一级缺陷	扣分标准	二级缺陷	扣分标准
动态拉出值/mm	高速：$a \geqslant 550$（普速：$a \geqslant 600$）	40 分	$450 \leqslant a < 500$	5 分
	高速：$500 \leqslant a < 550$（普速：$500 \leqslant a < 600$）	10 分		
项目	警示值		限界值	
静态拉出值/mm	400		450	

3.1 人工静态复核超标

动态检测拉出值超标且人工静态复核同样超标，应立即按照《接触网运行维修规则》拉出值设计值±30 mm 进行调整。

3.2 人工静态复核不超标且拉出值位于外轨方向

动态检测拉出值超标但人工静态复核拉出值不超标，如果此时拉出值位于外轨方向，可将拉出值调整至设计值±30 mm 外轨方向标准状态允许值位置。

3.3 人工静态复核不超标且拉出值位于内轨方向

动态检测拉出值超标但人工静态复核拉出值不超标，如果此时拉出值已位于外轨方向且位于设计值±30 mm 临界值，此时应结合运行速度、线路状态、检测车辆及气象条件等多方面因素综合分析，同时要分析弓网视频中接触线位于受电弓的实际位置，制定整治方案，确保受电弓安全运行。

4 结论

接触网技术参数是在静态情况下调整的，但静态调整的最终目标还是保证接触网动态运行安全，所以在进行接触网检修过程中应充分考虑动态对静态的影响，将动态与静态检测数据结合起来分析，实现二者的和谐统一。曲线区段拉出值检测数据分析中，不仅要对接触网数据进行分析，还应结合运行速度、机车参数、线路参数等进行综合分析，在指导现场分析缺陷成因，科学整治接触网动态缺陷。

参考文献

[1] 孙国强.曲线超高调整对接触线拉出值影响及调整探讨[J].电气化铁道，2017，(4).
[2] 郭凤平，陈唐龙.曲线区段接触线拉出值的确定[J].铁道技术监督，2007，(2).
[3] 赵隽.电气化铁路接触网几何参数检测方法与标准研究[J].中国铁路，2020，(12).
[4] 周兴无，刁伯仁.曲线上高低速度混行对弓网关系的影响[J].中国铁道科学，1997，(2).
[5] 潘南红，张翔鸥.接触网动态检测数据在设备运行维护中的应用[J].电气化铁道，2014，(4).
[6] 方岩.接触网静态几何参数确定依据研究[J].电气化铁道，2017，(1).

作者简介

芦志广，中国铁路济南局集团有限公司工电检测所供电检测分析室主任，工程师。

接触网检测车分级绝缘电压互感器感应耐压试验研究

董国震

摘　要： 为有效检查铁路接触网检测车车顶高压系统电气设备的绝缘性能和质量状态，本文提出通过接触网检测车分级绝缘电压互感器对车顶高压电气设备进行感应耐压试验的技术方案，对于不同工况下接触网检测车车顶高压电气设备绝缘故障的判断和处理具有重要的实践意义。

1　引言

铁路接触网检测车车顶高压系统电气设备由于露天设置，其绝缘性能和质量状态受气候及工作环境变化的影响较大，经长期运行会出现绝缘性能降低、质量状态变差及易导致电气设备对地绝缘击穿等问题，造成铁路接触网因牵引变电所相应供电臂断路器保护跳闸而停电，影响铁路行车安全和正常运输秩序。对于在线运行的接触网检测车，由于存在登顶作业和邻近接触网带电作业的安全风险，目前对接触网检测车车顶高压系统电气设备的检查维护，主要是对高压电气设备的外观和工作状态进行检查，以防止污闪、雨雪闪电、异物搭挂等外部原因导致的高压系统对地绝缘问题的发生，但对高压电气设备本身的绝缘性能和质量状态检查缺少有效的检测手段。

2　接触网检测车高压电气设备

接触网检测车高压系统电气设备设置在接触网检测车车顶，主要有电压互感器、隔离变压器、避雷器、隔离开关、高压熔断器、支柱绝缘子等，如图1所示。

图1　接触网检测车高压系统电气设备

接触网检测车在降下受电弓时的高压系统电气设备连接如图2所示，其中 TV 为分级绝缘电压互感器，T 为隔离变压器，F 为避雷器，QS 为隔离开关，FU 为高压熔断器。

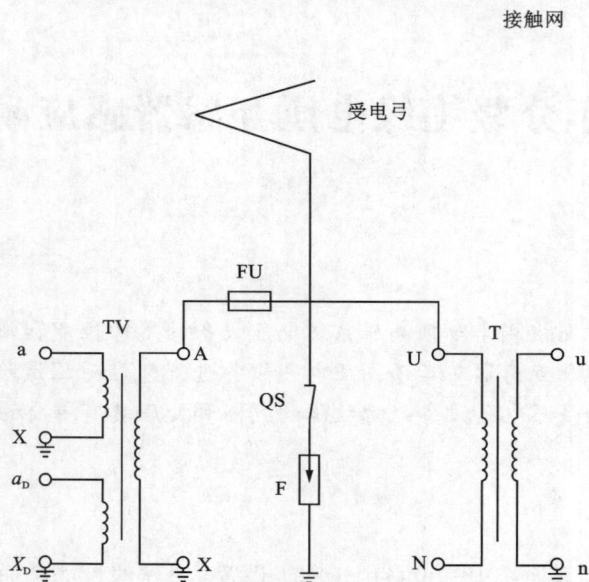

图2 接触网检测车高压系统结构图

3 分级绝缘电压互感器感应耐压试验

对接触网检测车车顶高压系统电气设备进行预防性交流耐压试验是检查电气设备绝缘性能和质量状态的有效手段，可以及早发现高压电气设备存在的绝缘和质量隐患，预防因设备内部绝缘损坏和质量问题引发的事故。

在接触网检测车降下受电弓后，通过在接触网检测车内对车顶分级绝缘电压互感器某个二次绕组的引出线施加交流电压，在互感器一次绕组高压端感应出所需要的试验电压，可实现对车顶高压电气设备的感应耐压试验。

3.1 耐压试验电压标准的确定

通过分级绝缘电压互感器感应出的高压对接触网检测车车顶高压系统同一电压等级、不同试验标准的电气设备连在一起进行耐压试验，试验标准应采用连接的各种设备中的最低标准[1]。

3.2 感应耐压施压及电压测量方法

进行感应耐压试验时，对分级绝缘电压互感器二次辅助绕组 a_D、X_D 端施加交流电压，在电压互感器高压侧直接测量电压。当试验现场不具备从电压互感器高压侧直接测量电压的条件时，可在电压互感器测量准确度较高的二次绕组 aX 端进行测量，如图3所示。由于电压互感器二次绕组 aX 端及辅助绕组 a_D、X_D 端的引出线已引至检测车内低压柜，因此可在检测车内

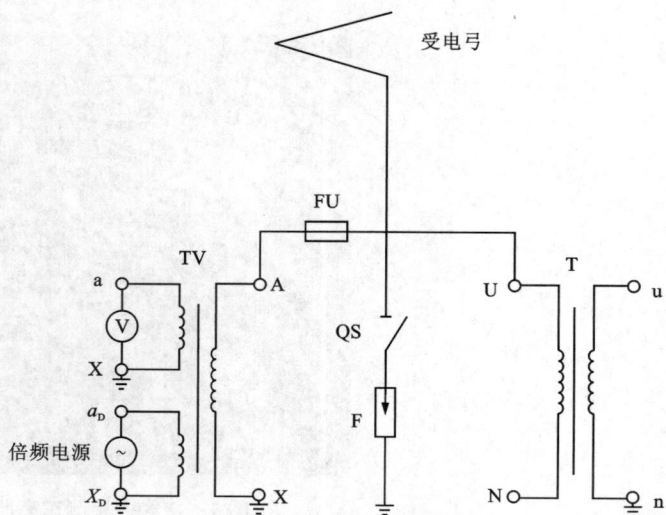

图3 高压电气设备倍频感应耐压接线图

操作耐压试验设备加压并监测试验电压，通过试验设备显示的交流泄漏电流，判断车顶被试设备的绝缘状况。

4 分级绝缘电压互感器倍频感应耐压试验

在接触网检测车降下受电弓后，对接触网检测车车顶高压系统电气设备进行感应耐压试验时，为避免工频感应耐压试验电压过高而引起分级绝缘电压互感器铁心饱和及励磁电流过大时损坏电压互感器，通常

进行倍频感应耐压试验。将接触网检测车分级绝缘电压互感器、隔离变压器以及受电弓支架、隔离开关、高压熔断器、高压箱的支撑绝缘子连在一起进行耐压试验，如图 3 所示。对分级绝缘电压互感器二次辅助绕组 a_D、X_D 端施加倍频交流电压，在电压互感器一次绕组高压端感应出的高压为所连接设备中的最低试验电压。

4.1　电压互感器的容升电压

在倍频感应耐压加压时，应考虑电压互感器的容升电压。电压互感器的容升电压与其漏抗及杂散电容有关。倍频感应耐压时，容性电流在电压互感器绕组上产生的漏抗压造成实际作用到互感器一次绕组上的电压值超过按变比计算所输出的电压值，从而产生容升效应。电压互感器的漏抗及电容性越大，容升效果越明显。接触网检测车常用的 JDZX9-35 型环氧树脂绝缘分级绝缘电压互感器三倍频耐压时的容升电压百分数为 3%，因此在电压互感器二次绕组施加的倍频电压只有相应降低，才能保证一次感应电压值的准确性。

4.2　倍频感应耐压试验电压持续时间

在对接触网检测车车顶高压电气设备进行倍频感应耐压试验时，当试验电压频率小于或等于 2 倍额定频率时，全电压下试验时间为 60 s；当试验电压频率大于 2 倍额定频率时，全电压下试验时间 t 按下式计算[2]：

$$t = 120 \times \frac{f_N}{f_S} \tag{1}$$

式中：t——试验电压持续时间，s；

　　　f_N——额定频率，Hz；

　　　f_S——试验频率，Hz。

试验电压持续时间不应小于 15 s。以某铁路接触网检测车车顶高压系统电气设备倍频感应耐压试验为例，车顶高压电气设备采用 JDZX9-35 型环氧树脂绝缘分级绝缘电压互感器，一次绕组高压端子出厂耐压试验电压 95 kV；JDZ17-35 型干式隔离变压器，高压绕组出厂耐压试验电压 70 kV；FQJ3-25/8、FQJ3B-25/8 型复合绝缘子出厂耐压试验电压 100 kV。将电压互感器和隔离变压器及复合绝缘子连在一起进行 3 倍频交流耐压试验时，感应耐压电压为被试设备出厂耐压试验电压的 80% 中的最低试验电压 56 kV，试验电压持续时间为 40 s。

4.3　耐压试验前后空载试验结果对比

由于分级绝缘电压互感器和隔离变压器的线圈在耐压试验时因绝缘击穿发生匝间短路，流过的环流引起的损耗会使空载损耗增加、空载电流增大，因此为检查分级绝缘互感器和隔离变压器线圈是否有绝缘损伤，在倍频感应耐压试验前后均应通过电压互感器对连在一起的隔离变压器进行一次额定电压时的空载试验，如图 4 所示。读取空载电流值，并将两次试验的测得值与以往历次的测得值进行比较，没有明显差别方能判定合格。

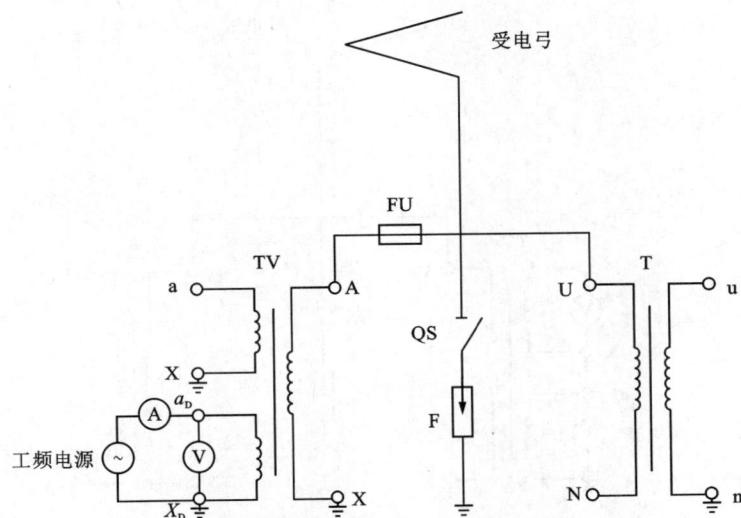

图 4　电压互感器和隔离变压器空载试验接线图

5 分级绝缘电压互感器工频感应耐压试验

5.1 接触网运行电压的感应耐压试验

在接触网检测车出车检测前，为检查车顶高压系统电气设备的绝缘性能是否良好，在接触网检测车受电弓降下时，可通过分级绝缘电压互感器二次绕组施加工频交流电压时，在电压互感器一次绕组感应出接触网运行电压 27.5 kV，对车顶高压电气设备进行耐压试验，试验电压持续时间为 1 min。试验前确认串接氧化锌避雷器的隔离开关在合位，如图 5 所示。耐压试验的泄漏电流值与历次耐压试验值比较无明显变化，方可出车进行接触网检测。

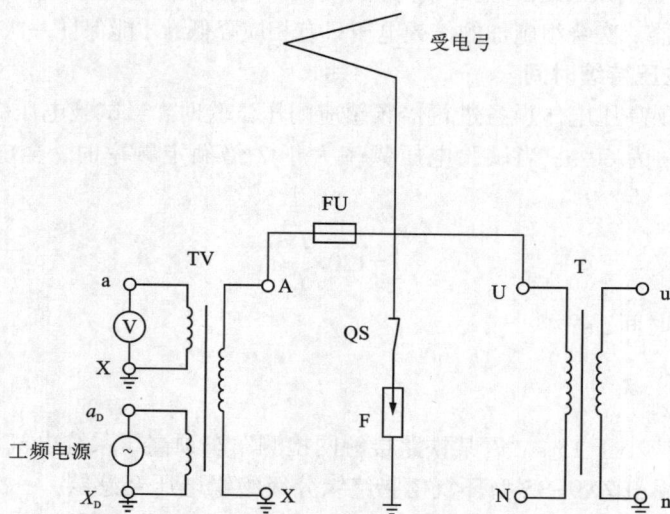

图 5　高压电气设备工频感应耐压接线图

5.2 氧化锌避雷器在持续运行电压下的电流测量

通过分级绝缘电压互感器感应出的工频高压，定期对接触网检测车车顶氧化锌避雷器施加电压，在避雷器接地端测量持续电流，以检查氧化锌避雷器的质量状况[3]，如图 6 所示。如接触网检测车常用的 YH10WT-42/105 型氧化锌避雷器的额定电压为 42 kV，持续运行电压为 34 kV，将测得的全电流和阻性电流与其投运时的初始检测值进行比较，差值应不明显。当阻性电流增加 50% 时，应缩短检测周期；当阻性电流增加 1 倍时，应停电检查。

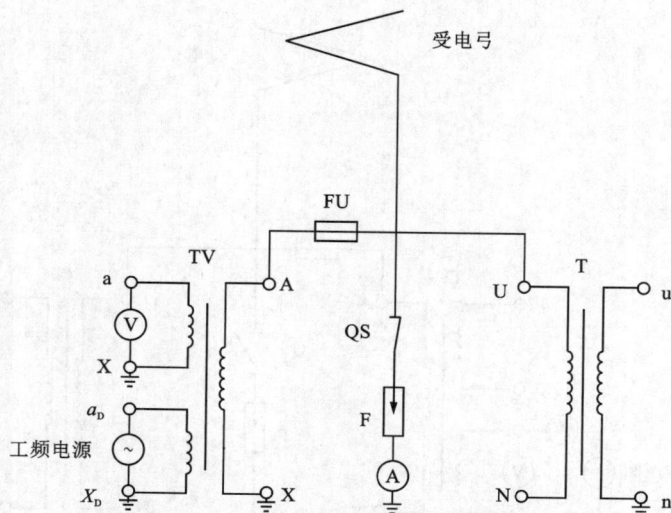

图 6　氧化锌避雷器电流测量接线图

6 结束语

接触网检测车降下受电弓后，在车内操作耐压试验设备，通过分级绝缘电压互感器感应出的高压对接触网检测车车顶高压系统电气设备进行耐压试验，能够有效检查高压电气设备的绝缘性能和质量状态，预防电气设备绝缘故障的发生；能够减少人员登顶作业和邻近带电作业的安全风险，对于不同工况下接触网检测车车顶高压系统绝缘故障的判断和处理具有重要的实践意义。

参考文献

［1］国家能源局.电力设备预防性试验规程：DL/T 596—2021［S］.北京：中国电力出版社，2021.

［2］国家能源局.电气装置安装工程电气设备交接试验标准：GB 50150—2016［S］.北京：中国电力出版社，2016.

［3］国家能源局.现场绝缘试验实施导则：DL 474.1~5—2018［S］.北京：中国电力出版社，2018.

作者简介

董国震，中国铁路济南局集团有限公司工电检测所，高级工程师。

黄东联络线 CDI 超标整治探索研究

栾焕然

摘 要: 本文结合黄东联络线联调联试期间 CDI 超标的情况,开展整治探索,通过分析 CDI 检测数据,找到设备技术性能参数超标位置和类型,再通过检测波形图分析缺陷原因并结合平面布置图确定对应支柱号,最后在现场复测分析数据和调整,并通过后期动态检测进行确认。完成黄东联络线 CDI 超标整治,对后期检测缺陷整治和新开通线路 CDI 超标整治有指导意义。

1 CDI 介绍

接触网动态性能指数(CDI),是以动态检测中的高速 1C 检测数据为主,在评价单元划分上以锚段和分相等接触网固有结构单元为基础,在计算中将要用到检测过程中每一个采样点的数据,因而其结果能够从整体上客观地反映弓网动态运行质量。[1]

接触网动态性能指数 CDI 更注重从接触网的结构特征出发,其基本计算单元是跨,而在该基础之上的评价单元是锚段、分相等。[2]

2 CDI 超标分析

2022 年 8 月 12 日,黄东联络线联调联试期间进行接触网技术参数检测,本文对其中的 CDI 检测数据超标进行分析。

2.1 超标检测数据分析

表 1 是黄东联络上行线各锚段 CDI 管理值。

表 1 黄东联络上行线各锚段 CDI 管理值

起始里程 /km	终止里程 /km	单元长度 /km	锚段内平均速度 /(km·h⁻¹)	燃弧率	CDIs	CDI_H	CDI_F	CDI_A	CDI	当前锚段得分是否有效	CDI 是否得分
9.6777	9.1884	0.4850	120.8	0.0047	0.0002	0.7049	0.3087	0.4794	0.4	有效	是
9.1884	8.2857	0.9050	121.5	0.0106	0.0048	1.4042	0.5068	1.4849	0.8	有效	是
8.2857	7.8861	0.4000	121.6	0.0011	0	3.3582	0.7288	0.0754	1.5	有效	是
7.8861	7.5040	0.3800	121.6	0.0011	0.1063	1.345	0.9262	0.0801	0.8	有效	是
7.5040	7.1866	0.3150	120.9	0.0056	4.6785	4.0329	0.4637	0.6105	2.5	有效	否
7.1866	6.6302	0.5550	120.7	0.0039	0.0001	1.2022	0.0768	0.3835	0.5	有效	是
6.6302	5.4212	1.2050	121.1	0.0024	0.0001	0.6963	0.0666	0.207	0.3	有效	是
5.4212	4.2863	1.1350	120.7	0.0024	0	1.1569	0.1274	0.2039	0.5	有效	是
4.2863	3.0003	1.2850	117.8	0.0023	0.0301	0.5734	0.1307	0.2005	0.3	有效	是

表 1 中,CDI_S 表示接触网拉出值动态性能指数,CDI_H 表示接触网高度动态性能指数,CDI_F 表示弓网接触力动态性能指数,CDI_A 表示接触网燃弧率动态性能指数。

通过分析,为黄东联络上行线一处 CDI 超标。按照文献[3],CDI 值大于 1.5,均需要调整。表 1 中的起止里程为 K7+186—K7.504，锚段 CDI 值为 2.5，已超标。另外，该锚段 $CDI_S = 4.6785$、$CDI_H = 4.0329$、$CDI_F = 0.4637$、$CDI_A = 0.6105$，可以看出是因为该锚段拉出值和导高超标，才导致 CDI 值超标。

2.2　检测波形图分析

结合检测速度为 120 km/h 的检测波形图（见图 1）分析，在 K7+259 里程位置，拉出值为 −521 mm，明显超标。另外，该位置出现在锚段关节处，初步推断为接触网关节过渡位置技术参数不达标，需要通过平面布置图进一步确定杆号位置。

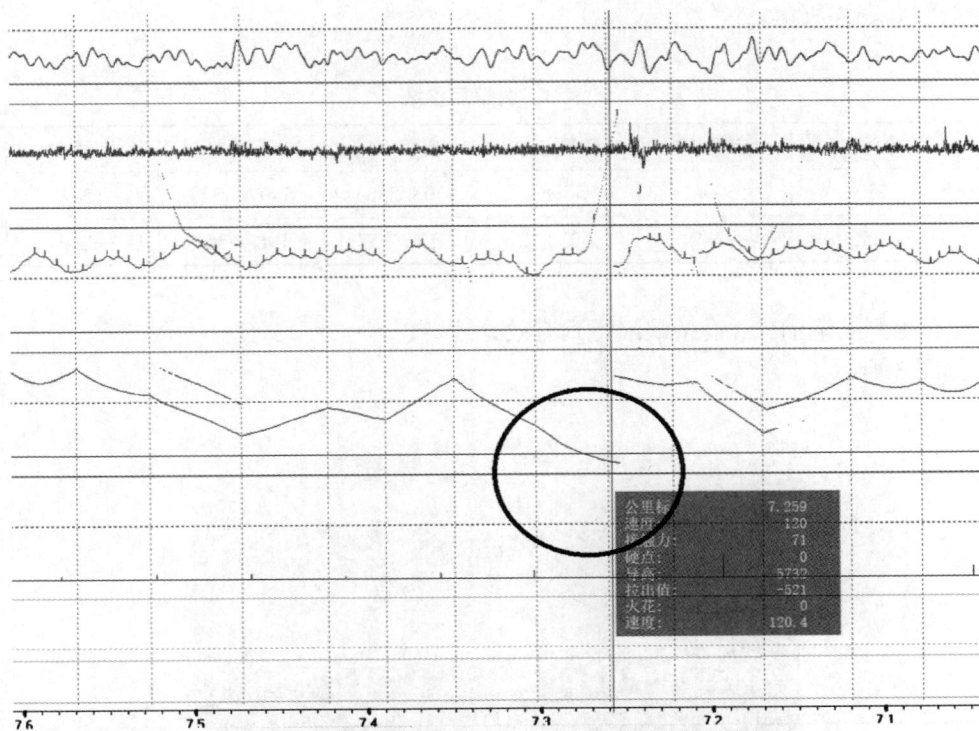

图 1　检测速度为 120 km/h 时检测波形图

2.3　平面布置分析

通过查阅平面布置图（见图 2），里程 K7+259 对应的接触网杆号为疏解 014#。

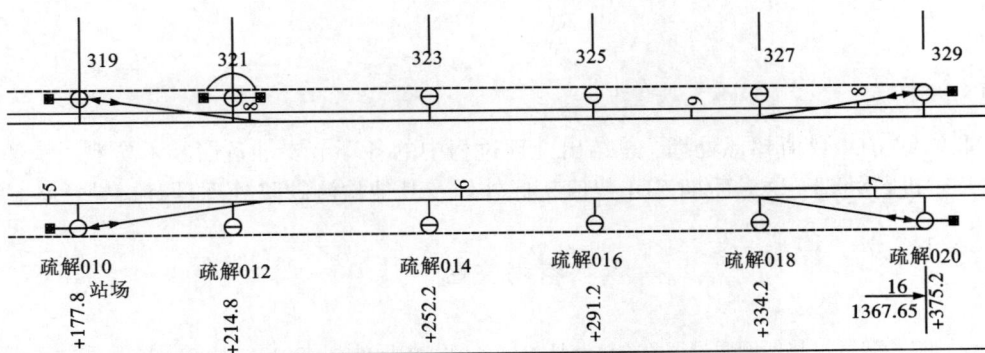

图 2　平面布置图

2.4　现场复测调整

考虑检测定位误差，以得到的故标杆号疏解 014#为中心，在前后 3 跨进行测量。测量得到的原始数据如表 2 所示。

表2　测量原始数据

杆号	疏解08	疏解10	疏解12	疏解14	疏解16	疏解18	疏解20
导高	5502	5496	5498	5503/5531	5514/5529	5501	5496
拉出值/mm	255	-249	233	-126/357	398/-361	-245	228

通过数据分析，疏解16#支柱处，正线导高、拉出值均较大，随即进行调整。

调整后的参数如表3所示。

表3　调整后参数

杆号	疏解08	疏解10	疏解12	疏解14	疏解16	疏解18	疏解20
导高	5502	5496	5498	5503/5531	5497/5529	5501	5496
拉出值/mm	255	-249	233	-126/357	198/-361	-245	228

调整后，动态检测缺陷消失，设备缺陷得到有效处理。

现场照片如图3所示。

图3　调整后现场照片

3　结束语

通过黄东联络线CDI数值超标处理，总结出处理过程中的各环节要准备段技术资料，快速确定缺陷位置和原因，并及时进行处理，这对后期CDI数值超标处理及其他检测缺陷处理具有指导意义。

参考文献

［1］张文轩，王婧，杨志鹏，等.接触网质量评价方法与评价体系［J］.中国铁路，2019(1)：21-25.

［2］刘会平.接触网动态性能评价指标应用研究［J］.铁道机车车辆，2018，38(2).

［3］王志良，田亮.高速铁路接触网质量综合评价指标研究及应用［D］.北京：中国铁道出版社，2019.

作者简介

栾焕然，中国铁路济南局集团有限公司济南供电段，供电技术科，助理工程师。

湿陷性黄土地质对接触网设备的影响及应对策略

姬艳龙

摘　要： 湿陷性黄土地质对接触网设备基础稳定性的影响很大，本文针对浩吉铁路运营以来发生的问题，分析了湿陷性黄土地质对牵引供电设备的具体影响，剖析了湿陷性黄土塌陷等问题的产生原因，结合现场整治此类问题的成功经验，提出了具体的应对措施和建议。

湿陷性黄土主要分布在黄河流域，是一种具有特殊性质的土壤，土质均匀、结构疏松、孔隙发育。未受水浸湿时，一般强度较高，压缩性较小。受水浸湿后，上覆土层在自重应力和附加应力的共同作用下，土壤结构会迅速破坏，强度迅速降低，产生较大的附加下沉，甚至空洞，严重影响建筑物、构筑物基础稳定性和运行安全。

浩吉铁路靖边东—灵宝东区段的路基均为湿陷性黄土土质，2019 年 9 月 28 日浩吉铁路自开通运营以来，每个汛期内都会发生大量的路基陷穴、溜坍等问题，也造成多处接触网支柱和拉线基础下沉、支柱倾斜，严重影响接触网运行安全和行车安全。研究湿陷性黄土塌陷的原因，找到正确有效的整治措施，对保证接触网运行安全和行车安全而言十分迫切和必要。

1　湿陷性黄土对接触网设备的主要影响

2019 年浩吉铁路自开通运行以来，靖边东—灵宝东区段累计发生 563 件接触网支柱基础下沉、8 件支柱基础边坡溜坍、9 件支柱倾斜、8 件拉线基础下沉。分析问题发生的规律发现，这些问题全部发生在湿陷性黄土地段，发生时间均为雨中、雨后，地点均为支柱及其周围受雨水浸泡严重的位置。

分析发现，湿陷性黄土地段的路基经历长时间、大雨量的雨水浸泡后，会造成坍塌、下沉、内部形成大的空洞，对接触网支柱和拉线基础造成以下影响：一是造成支柱及拉线基础回填土塌陷，因未及时整治在积水后形成恶性循环，最终造成更严重的后果；二是造成接触网支柱整体下沉，导高变小，不满足列车运行需要，严重时会打、碰受电弓；三是造成接触网支柱基础溜坍，支柱向田野侧倾斜，拉出值超标，严重时会发生钻弓；四是支柱拉线基础下沉，支柱顺线路方向倾斜，严重时发生支柱折断；五是支柱周围发生大面积溜坍，发生倒杆断线事故。现场照片如图 1、图 2 所示。

图 1　接触网支柱、拉线基础溜坍下沉照片

图 2　供电支柱基础溜坍下沉照片

2　湿陷性黄土塌陷等问题的产生原因

调查分析发现,湿陷性黄土地段接触网支柱、拉线基础发生塌陷问题的原因,除了和湿陷性黄土受到水浸泡后容易塌陷的特质有关,还和路基施工质量、接触网支柱和拉线基础施工质量、运行期间的隐患排查整治及养护有很大关系。

2.1　路基未按工艺标准施工

调查分析浩吉铁路 2019 年以来的接触网支柱和拉线基础、路基水害问题时,发现湿陷性黄土地段的部分路基在施工中,存在未按要求换填三七灰土并分层压实等问题,使雨水渗入路基、路肩、边坡内部的土层后,导致出现路基陷穴、路肩塌陷、边坡溜坍等问题,影响路堤上的接触网支柱和拉线基础稳定性。

2.2　接触网支柱和拉线基础未按工艺标准施工

路基地段的接触网施工都是在路基工程完成后进行的,接触网、拉线基础开挖时,会破坏路肩既有的结构、防水,接触网支柱、基础浇筑完成后回填时大多是直接回填,很少进行分层夯实,运行后支柱、拉线基础周围的回填土很容易产生自然沉降,若不及时处理,下雨时支柱周围就会积水,造成路基上的湿陷性黄土被水浸泡后发生塌陷、边坡溜坍,甚至路基坍塌等更为严重的问题。

还有一部分支柱位于水沟内或水沟边沿,支柱施工或水沟施工时,都未在支柱周围采取防雨水渗入路基或支柱基础周围的措施。下雨后,水沟里的大量雨水流入支柱基础下方,也是造成支柱基础塌陷甚至路基坍塌的主要原因。

2.3　接触网支柱和拉线基础周围回填土未采取防水措施

现场检查发现,部分施工单位在支柱施工完成后会使用混凝土将支柱周围进行封闭,部分路肩全部使用混凝土进行硬化,经过这两种措施处理的,就很少出现支柱周围塌陷问题。2021 年开始,对部分区段接触网支柱周围地面全部使用混凝土硬化后,2022 年汛期内处理过的接触网支柱周围再未发生塌陷。

2.4　运行中对接触网支柱和拉线基础的维护不到位

汛期内,每次雨中、雨后都会安排防洪隐患排查整治,但部分排查人员排查时不认真,对位于水沟边的支柱基础、水沟有无漏水情况不认真检查,支柱周围、水沟下方小的空洞、漏水点没有及时发现和及时整治,造成大量雨水进入路基内,从而导致路基、支柱基础塌陷。还有一些支柱周围回填土发生沉降后,巡视人员未及时采取措施进行回填夯实,造成积水进入路基内部,引起路基、支柱基础塌陷。

3　消除湿陷性黄土对牵引供电设备影响的措施及建议

通过对 2022 年以来浩吉铁路靖边东-灵宝东区段接触网支柱和拉线基础塌陷问题的整治效果来看,要想保证湿陷性黄土区段接触网支柱和拉线基础不发生下沉、塌陷、溜坍等问题,必须从设计、施工和后期的运营维护方面综合施策。

3.1　优化完善支柱和拉线基础防水设计和施工工艺标准

湿陷性黄土区段进行接触网基础、拉线基础浇筑施工破坏路基原有结构后,基坑底部宜使用混凝土浇筑垫层；支柱立好后进行基坑回填时，必须使用防水性好的三七灰土或水泥土进行回填、分层夯实，必要时采取注水试验；地面必须采用混凝土对支柱周围、拉线基础周围进行硬化和封闭，防止雨水从支柱、拉线基础周围深入地下，建议支柱和拉线基础周围 1.5~2 m 全部硬化，并高出地面 100 mm 或以上，从根源上解决问题。接触网支柱和拉线基础施工过程中，要提前介入，做好现场施工盯控，提高基坑回填和地面封闭防水施工质量，提前消除隐患。

3.2　加强雨中、雨后隐患排查整治

雨中、雨后，对湿陷性黄土区段的接触网支柱和拉线基础做好添乘巡视和现场步行检查，尤其是维护水沟边、路基低洼地段易发生渗水、积水处所的支柱和拉线基础，发现有积水、渗水、漏水问题，应立即采用堵漏、填补、彩条布覆盖等措施，防止因大量雨水流入支柱和拉线基础下方引发更严重的后果。雨后，应及时针对支柱和拉线基础表面及周围的破损、裂缝、塌陷等问题，采取回填三七灰土、采用混凝土硬化封闭处理等措施，防止雨水进入支柱和拉线基础下方。

3.3　加强与工务专业的联合整治

对已出现向路基、支柱和拉线基础下方渗水、漏水、塌陷、边坡溜坍的处所，要积极协调工务部门开展联合整治，采取对路肩、支柱和拉线基础周围整修一定的排水坡度或使用混凝土硬化封闭，对水沟内的空洞采用高强度混凝土填补或重新整修、及时清理水沟内杂物，对易发生塌陷的路基、接触网支柱和拉线基础周围进行注浆处理等措施，有效消除雨水浸泡湿陷性黄土导致路基、接触网支柱和拉线基础沉降坍塌及边坡溜坍等安全隐患。

3　结束语

湿陷性黄土地段的接触网支柱和拉线基础下沉、塌陷、溜坍等隐患排查整治是一项长期而艰巨的任务，必须摸清问题发生的规律，找准产生问题的原因，在设计、施工、运营维护各个阶段及早动手，采取有效的措施进行整治，才能有效防控湿陷性黄土被雨水浸泡引起的接触网支柱和拉线基础下沉、塌陷、溜坍等严重问题。

参考文献

[1] 李文英.土力学与地基基础[M].北京：中国铁道出版社，2005.

[2] 朱武卫，罗宇生，等.TB GB50025—2018 湿陷性黄土地区建筑标准[S].北京：中国建筑工业出版社，2018.

[3] 李秉涛，李永金，韩柱先.蒙西至华中地区铁路煤运通道工程浩勒报吉至三门峡段施工图(站后工程)[A].

[4] 杨德志，冯世进，熊巨华，胡斌.湿陷性黄土中桩基的数值模拟[A].

作者简介

姬艳龙，中国铁路西安局集团有限公司延安运营维修段，工程师。

分段绝缘器的检修调研

闫站伟

摘 要：本文以近年来西安局管内分段绝缘器发生的故障为例，结合日常监督检查情况，对分段绝缘器的检修提出了建议。

1 分段绝缘器

分段绝缘器是接触网的重要设备。在交流电气化铁道区段同相之间，是靠绝缘锚段关节或分段绝缘器来实现电分段。分段绝缘器又称分区绝缘器，它被安装在各车站装卸线、机车整备线、电力机车库线、专用线等处，因为在这些区段设立绝缘锚段关节受站场股道限制，既不经济又无法实现。

2 近年来分段绝缘器故障案例

2.1 零部件松脱失稳碰弓

2020 年 7 月 17 日 0 时 30 分，西安局 55581 次试验列车运行至徐兰高铁线西安北郑西场下行正线 K1074+589 处停车，司机汇报 HMI 屏显示故障代码 63C2（2 车受电弓碳滑板故障）。1 时 08 分，随车机械师汇报 2 车受电弓检查无明显异常，视频监控回放发现接触网上挂有异物（不能确定位置）。1 时 30 分，供电人员上道检查；2 时 23 分，供电销记检查完毕，设备正常。2 时 30 分，55581 次试验列车换为 7 车受电弓开车；2 时 37 分返回西安北郑西场。55581 次试验列车及其后续交路更换为西安动车段 CRH380B-3637 号动车组担当。根据分段绝缘器金属滑板断痕，分析西安北站郑西场 402#~404#支柱间Ⅻ道至Ⅹ道渡线分段绝缘器靠西安北站方向北侧连接板处的金属滑板在长期磨耗下部形成三角坑，加之金属滑板紧固螺栓无防松措施，长期运行震动松脱，致使分段绝缘器失稳，55581 次试验列车以 73 km/h 速度运行时受电弓碳滑被击打断裂，升弓装置排风，从而使受电弓自动降下。

2015 年 9 月 21 日，供电 2C 影像检索发现新丰镇至原零口站间 L34 号柱（K1031+837 m）处分相绝缘器东侧第二根吊弦连接螺栓因长期震动而松脱，导致吊弦下部脱开，13 时 12 分至 13 时 33 分要点处理，影响货车 3 列、客车 3 列。

2.2 吊弦断裂

2017 年 5 月 13 日 1 时 20 分，米脂供电工区人员发现，米脂站 15 号至 16 号柱间分段绝缘器西安侧拉弧严重且有两根吊弦被烧断。8 时 00 分至 8 时 30 分要点对吊弦进行更换。影响货车 4 列、客车 1 列。原因：事发时该下行线供电臂运行 2 列货车、上行供电臂无列车运行，分段绝缘器两侧存在电压差，当 21949 次列车于 1 时 20 分从下行线经渡线分段绝缘器去上行线时，机车受电弓滑过分段绝缘器时拉弧造成吊弦烧断是故障发生的直接原因。绥德供电段对该分段绝缘器未安装防烧伤吊弦是故障发生的主要原因。

2020 年 4 月 9 日 16 时 47 分，西康线供电在青岔站点外作业发现 69 至 67 号支柱间上下行渡线分段绝缘器安康侧吊弦断裂 1 根，吊弦下部低于接触线工作面，17 时 25 分至 18 时 07 分要点停电更换。影响货车 3 列。

2.3 滑道断裂

2019 年 6 月 8 日 16 时 22 分，包西线供电巡视发现田庄镇至绥德区间上行 616#至 618#器件式分相绥德方向第一台分相绝缘器铜滑道断裂，19 时 04 分至 19 时 30 分要点更换。未影响列车。

2.4 主绝缘烧伤

2020 年 7 月 30 日 14 时 30 分，陇海线供电巡视发现新丰镇车站Ⅰ场联一线 203 号柱分段绝缘器烧伤，14 时 58 分至 15 时 48 分要点更换。影响货车 5 列。

2016 年 2 月 18 日 10 时 40 分，新丰供电车间巡视新丰六场设备，发现新丰镇六场 6051—6053#分段绝缘器主绝缘器烧伤，16 时 34 分至 17 时 35 分要点更换。

2.5 分段不水平

2021 年 6 月 28 日 12 时 25 分宁西线供电设备巡视检查发现，站内 32#~39#渡线分段不水平 42 mm（标准误差不超 10 mm），14 时 17 分至 14 时 45 分要点调整，影响货车 2 列。

2020 年 12 月 10 日 16 时 28 分，陇海线供电添乘检查发现，原零口 206 号分段绝缘器吊弦疑似松动，19 时 20 分现场巡视确认分段绝缘器吊弦松动，分段绝缘器不水平，22 时 06 分至 22 时 40 分要点处理。影响货车 2 列。原因：2020 年 3 月 17 日更换该分段绝缘器时，未及时更换既有分段绝缘器防烧伤吊弦，该绝缘吊弦（承力索端）U 形环内部的塑料垫块因老化在气温变化、线索移动时脱落，吊弦位置滑移后导致吊弦松弛，分段绝缘器不水平，是故障产生的直接原因。更换绝缘器时没有同步更换吊弦，是分段绝缘器不水平的主要原因。

2.6 飞禽短接主绝缘

2019 年 10 月 19 日 13 时 55 分，陇海线宝鸡站 1~10 道接触网跳闸重合成功，未影响列车。原因：飞鸟短接宝鸡车站 137 号至 139 号间西侧上下行渡线分段绝缘器主绝缘。

2.7 机车闯分段绝缘器

2017 年 12 月 7 日 16 时 41 分，西安局陇海线宝鸡机车检修厂回送 HXD3D0395+0489 号机车出库时越过检修厂走行线 2006 号柱分段绝缘器进入停电区，引起宝鸡开闭所 5 号馈线跳闸，16 时 49 分强送成功。延时 8 分钟，未耽误列车。产生原因如下分析。一是宝鸡东站信号员（东端）在未得到车站值班员同意的情况下，盲目执行车间监控干部的违章指示，同意检修厂机车出库；车站值班员在停电前也没有确认宝鸡机车检修厂回送机车出库情况，盲目同意供电部门进行 Ⅱ 场 Ⅵ~9 道接触网停电检修作业，是事故发生的直接原因。二是宝鸡供电段登记停电检修影响范围时漏记"宝鸡东 Ⅱ 场至宝鸡电力机车检修厂走行线调车作业"的内容，供电驻站联络员也不掌握检修厂走行线出车情况，供电防护人员未及时到位。车站值班员、车站监控干部、供电驻站联络员等对停电检修影响范围不清楚，是事故发生的另一主要原因。三是宝鸡东站调度车间干部在监控期间，忙于审核电子运统-46 登记内容，对行车关键作业监控疏漏；车站信号员在接到停电命令后，对检修厂走行线正在有机车出库，也没有报告提醒车站值班员，工作互控失效，是造成事故的重要原因。

3　监督检查调研发现分段检修问题

3.1 分段绝缘器漏测负弛度

2022 年 6 月 1 日检查宝鸡供电段蔡家坡接触网运行工区发现，2022 年 3 月 23 日检测眉县车站 11-18、64-25、58-27 分段绝缘器时，未测分段绝缘器负弛度，违反了《普速铁路接触网运行维修实施细则》（西铁供［2020］184 号）第一百四十五条"分段绝缘器应位于受电弓中心，一般情况下偏差不超过 100 mm。相对于两侧吊弦点有 5~15 mm 的负弛度"的规定。

3.2 分段绝缘器漏测导磨

2022 年 3 月 28 日检查渭南车站接触网设备整治施工发现，施工单位西安供电段检修分段绝缘器人员未携带游标卡尺，未测量分段绝缘器导线接头重点磨耗，违反了《普速铁路接触网运行维修实施细则》（西铁供［2020］184 号）第六十七条"接触线重点磨耗测量"的规定。

3.3 分段绝缘器检修超周期

2022 年 5 月 2 日检查西安供电段蒲城东接触网运行工区发现，蒲城东站 13—18、22—25 号分段绝缘器最近的检查日期为 2021 年 9 月 23 日。2022 年 5 月 10 日检查西安供电段灞塬接触网运行工区发现，砚川车站 92—87 号、89—100 号支柱处分段绝缘器最近的检查日期均为 2021 年 6 月 15 日，砚川车站 54—56 号、44 号支柱处分段绝缘器最近的检查日期均为 2021 年 7 月 12 日。2 月 8 日检查新丰接触网运行工区发现，新丰三场 3159—61 号柱、3125—3127 号柱间分段绝缘器最近的检修日期为 2021 年 3 月 31 日。这些都违反了《普速铁路接触网运行维修实施细则》（西铁供［2020］184 号）第 68 条"单项设备检查周期和项目：（一）6 个月检查 1 次的项目：1.分段绝缘器"的规定。

3.4　分段绝缘器修后状态不达标

2022 年 5 月 10 日检查西安供电段灞塬接触网运行工区发现，灞塬车站 85—76 号支柱处分段绝缘器于 2022 年 4 月 19 日检查后负弛度为 4 mm，不达标。2 月 8 日检查新丰接触网运行工区发现，新丰三场 3125—3127 柱间分段绝缘器检修后负弛度为 18 mm，不合格。这些都违反了《普速铁路接触网运行维修实施细则》（西铁供［2020］184 号）第一百四十五条"分段绝缘器应位于受电弓中心，一般情况下偏差不超过 100 mm。相对于两侧吊弦点有 5~15 mm 的负弛度"的规定。

3.5　枢纽地区分段检修任务完成有难度

调研新丰镇枢纽地区发现，2022 年 1 月—6 月累计申请兑现站场天窗作业 35 次，其中检修分段申请兑现天窗 20 次，检修分段 81 台，出动人员 722 人次。新丰供电车间接触网运行工区有分段绝缘器 128 台，检修 81 台，超周期 47 台，按照《普速铁路接触网运行维修规则》中分段绝缘器检修周期为半年检修 1 次的规定，需要检修完剩余超周期 41 台分段，按照检修 1 台分段需 9 人来换算，1 个天窗点检修分段 4 台，还需 12 个天窗点，累计需 369 人。

4　检修建议

4.1　把好设备入库关

对分段绝缘器要按照规定进行入库验收。确认分段绝缘器出厂合格证、安装维护手册（使用说明书）、出厂试验记录和试验报告与产品一致后实施验收，向供电段提供验收报告，否则不得上线使用。

4.2　抓好日常检修关

严格落实作业指导书要求，更换分段绝缘器吊弦为防烧吊弦，对分段绝缘器的位置、主绝缘、负弛度、吊弦状态、滑道、接头、磨耗、空气绝缘间隙、防松螺母、"分段下方禁停机车"标志牌等重点部位做到精检细修，按照工艺要求使用扭矩扳手坚固螺栓，以确保检修质量。

4.3　管好巡视检查关

按照规定对分段绝缘器进行巡视检查，对大电压差、大电流易拉弧地段，电力机车受电弓滑板是碳滑板或带有润滑脂的滑板以及污染严重的地区，应加强巡视检查。

4.4　用好联劳协作关

加强机供联控和受电弓联合检查，发现受电弓碳滑板有异常的磨耗面应及时检查分段绝缘器的状态，必要时跟踪列车入库检查受电弓状态，特别是跨局长交路列车需严加检查，若受电弓损伤严重，及时通知机务部门更换。

4.5　强化定期培训关

消除分段绝缘器长时期处于对地耐压状态，定期对供电人员、车站工作人员、机务段工作人员和司机进行相关知识和技能的培训。

4.6　建好设备档案关

供电作业人员更换分段绝缘器、零部件后，应记录所更换的设备的名称、材质、型号、厂家等信息；供电段应及时修订接触网"一杆一档"、检修作业指导书和绝缘部件寿命管理卡等相关技术资料。

4.7　枢纽地区提高天窗兑现率

运输部门合理安排，提高枢纽地区天窗兑现率；供电部门采取集中修等形式，解决枢纽地区设备检修难的问题。

作者简介

闫站伟，中国铁路西安局集团有限公司安全监察室，监察，高级工程师。

供电 6C 系统运用管理常见问题及解决方案

何 俊

摘 要：本文列举了日常在现场检查发现接触网 6C 系统运用管理存在的常见问题，提出了解决方案，对做好接触网 6C 运用管理有一定的借鉴意义。

1 铁路供电安全检测监测系统概述

铁路供电安全检测监测系统(以下简称 6C 系统)作为铁路供电系统的组成部分，是保障接触网设备安全可靠运行的必要手段，是保证铁路运输安全畅通的重要技术装备。6C 系统主要包括弓网综合检测装置(1C)、接触网安全巡检装置(2C)、车载接触网运行状态检测装置(3C)、接触网悬挂状态检测监测装置(4C)、受电弓滑板状态监测装置(5C)、接触网及供电设备地面监测装置(6C)和 6C 系统综合处理中心。6C 系统运用管理工作实行国铁集团、集团公司、供电(维管)段三级管理，各级管理单位应设置专门机构，明确岗位职责，建立管理制度及检查考核办法。

2 日常运用管理中存在的常见问题

2.1 部分 6C 监测和检测项目未实施

《普速铁路接触网运行维修规则》(TG/GD 116—2017)第六十条规定"主导电回路电气节点监测优先采用在线实时监测，无在线实时监测时采用示温贴片监测"，部分单位的接触网及供电设备地面监测装置(6C)对主导电回路电气节点监测，无在线实时监测，也没有示温贴片监测。个别单位未按照《普速铁路接触网运行维修规则》(TG/GD 116—2017)第五十七条的规定，收集车载接触网运行状态检测装置(3C)的数据进行分析诊断。

2.2 不认真分析 6C 数据

调查追踪 2021 年发生的 4 起定位支撑管松脱信息发现，供电段未及时组织 4C 检测数据分析，未及时发现设备缺陷。另外，负责 4C 全面分析的工区发现缺陷较少，而负责重点分析的供电检测队发现的缺陷多，如 4 月份综合维修车间管内 4C 一级缺陷 11 条，工区分析发现 2 条，供电检测队抽查发现 9 条；另一综合维修车间管内 8 条 4C 一级缺陷，均为供电检测队抽查时发现。

2.3 部分缺陷未纳入 6C 数据中心管理

部分工区 4C 检测分析的设备缺陷(含部分一级缺陷)，如"区间 44 号柱定位环装反""12 号柱斜腕臂绝缘子脏污严重"等缺陷；8 月份检查工区 2022 年 6 月 4C 分析发现二级缺陷 18 条，2021 年 12 月 4C 分析发现二级缺陷 15 条。这些缺陷均未录入 6C 数据系统，违反了《供电安全检测监测系统(6C 系统)运用管理办法》第四十六条"6C 系统各装置产生的各类数据，集中纳入数据中心管理"的规定。

2.4 不按规定时限分析 6C 数据

运行工区于 2022 年 2 月 21 日分析 2021 年 12 月 11 日的 4C 检测数据，发现"46 号柱承力索底座缺失螺栓"并判定为一级缺陷，3 月 16 日分析 1 月 8 日 4C 检测的数据发现 2 条一级缺陷，违反了《普速铁路接触网运行维修规则》(TG/GD 116—2017)第七十七条"4C 全面分析时限 20 日"的规定。检测工区于 2022 年 1 月 25 日分析 2021 年 12 月 30 日的 1C 检测数据，发现"车站 23 号柱一跨内接触线高差 299 mm"并判定为一级缺陷，违反了《普速铁路接触网运行维修规则》(TG/GD 116—2017)第七十七条"1C 全面分析时限 10 日"的规定。

2.5 缺陷等级判定错误

现场检查发现，高铁和普铁各段不落实集团公司《供电安全检测监测系统(6C 系统)运用管理办法》中的缺陷判定标准，缺陷等级判定错误的现象较为普遍。如：检测工区将 1C 检测"160 号柱导高 6623.9 mm""36 号柱上行 K103+696 处拉出值 524 mm"等一级缺陷判定为二级缺陷，将 2C 检测"2017 号柱接触线补偿 b 值 200 mm""2039 号支柱处线岔卡滞""号码牌单边脱落""17 号柱吊弦鸡心环脱出"等一级缺陷判定为二级缺陷，将重复发生 3 次的"上下行渡线分段燃弧"判定为二级缺陷；运行工区将 4C 检测"跳线针瓷螺栓松动""铁锚压板螺栓松动"的一级缺陷判定为二级缺陷。

2.6　不按规定时限审核缺陷

2022 年 1 月 5 日 4C 分析发现"239 号斜腕臂底座销钉缺失螺帽及开口销"的一级缺陷，1 月 10 日供电技术科审核下发缺陷通知书；1 月 30 日 2C 分析发现"9 号支柱上下底座间有鸟窝"的一级缺陷，2 月 7 日供电技术科才审批下发。2 月 4 日 4C 分析发现"15 号支柱线岔限制管卡滞"的一级缺陷，供电技术科 2 月 7 日审批下发缺陷通知书。2 月 14 日 4C 分析并录入 6C 系统的"517 号柱定位环螺母松"的一级缺陷，供电技术科 3 月 11 日审批下发缺陷通知书。5 月 17 日 3C 分析发现"768 号支柱处中锚线夹及电连接线夹处燃弧，重复 13 次"的一级缺陷，供电技术科 5 月 24 日审批下发缺陷通知书。

2.7　不按时限对缺陷处理销号

2022 年 6 月 17 日检查段 4C 检测一级缺陷有 296 处未处理，其中 2021 年检测缺陷 112 处、2020 年检测缺陷 164 处、2019 年检测缺陷 20 处。某段有 96 处缺陷的处理时间超过 1 个月，其中有 6 处超过 3 个月。车间 2022 年 1 月确定 2C 检测"闫庄则-鱼河上行 292 号柱补偿绳鼓包"一级缺陷，截至 3 月 1 日检查时仍未更换该缺陷补偿绳。2022 年 4 月 20 日检查 2021 年 12 月 30 日 4C 检测"020 号柱吊柱底座缺一组螺帽"的一级缺陷及 2021 年 12 月 4 日 4C 检测"021 号吊柱缺膨胀螺栓"的一级缺陷，至检查时工区尚未安排处理。2022 年 5 月 10 日检查工区对"区间 308 号柱接触线高差 202.2 mm"的 1 月 18 日 1C 检测分析的一级缺陷，尚未进行复测。这些都违反了《普速铁路接触网运行维修规则》第十条"达到或超出限界值的一级缺陷纳入一级修（临时修），由运行工区及时组织修理"的规定。2022 年 4 月 26 日检查车间管内超过处理时限的 6C 二级缺陷共计 92 条，其中有 2017 年 10 月检测的 4C 二级缺陷 40 条，未纳入 2020 年的二级修进行处理；5 月 5 日在工区管内进行接触网停电集中修，工区未将 6C 检测分析的二级缺陷通知维修队，导致集中修时未整治部分二级缺陷。这些都违反了《普速铁路接触网运行维修规则》第十条"达到或超出警示值且在限界值以内的二级缺陷纳入二级修（综合修），由维修工区按计划修理"的规定。

2.8　缺陷假销号

2C 检测区间 275 号支柱承锚补偿绳断股，工区现场确认"补偿绳完好无损、未断股"并销号，但工区销号时上传的照片显示该补偿绳存在明显的扭绞变形情况。1 月 10 日 4C 分析发现"1854 号支柱斜腕臂绝缘子破损"的一级缺陷，工区未进行更换处理，但 3 月 7 日已在 6C 系统中销号。车间复测"区间 114 号柱拉出值 505.1 mm"的 1C 检测一级缺陷时，测量 114 号柱拉出值为 432 mm，测量附件的 120 号柱拉出值 442 mm、122 号柱拉出值 439 mm、124 号柱拉出值 417 mm，均超出拉出值警示值（400 mm），但未超出限界值（450 mm），认为不属于一级缺陷，以"现场复核数据符合要求"为由，未调整拉出值就直接对缺陷销号，未将缺陷核定为二级缺陷并纳入二级修（综合修）。运行工区复测"区间 811 号柱拉出值"1C 检测缺陷时，静态测量 811 号柱拉出值 372 mm，并测量附近的 807 号柱拉出值为 452 mm，随即以 811 号柱拉出值未超标为由对缺陷销号，未将超过接触线拉出值限界值（450 mm）的 807 号柱拉出值列为一级缺陷进行处理。

3　解决方案

3.1　完善 6C 管理

集团公司供电部要督促 6C 系统各配属单位，及时修订完善 6C 管理规章制度，按照规范完善 6C 检测和监测设备设施，配齐、配强 6C 管理和分析的人员，遵循专业化、机械化、集约化维修方式，依靠铁路供电安全检测监测系统（6C 系统）等手段，建立信息资源共享平台，实行"运行、检测、维修"分开和集中修组织模式，确保接触网运行品质和安全可靠性。

3.2　优化 6C 数据分析手段

利用 AI 智能分析等高科技手段进行 6C 数据自动分析，降低 2C 和 4C 检测对人员经验的依赖程度，降低人工判断标准不一带来的不确定性，减轻分析人员的工作强度以加快分析进度，减少缺陷和缺陷等级误判、错判的现象。

3.3　做好缺陷的审核

各单位技术部门要及时认真审核缺陷，按照时限规定完成缺陷通知书的审核下发，缩短缺陷在 6C 系统中的滞留时间，便于车间工区及时收到缺陷处理的通知，及时做好安排处理缺陷。

3.4　抓好缺陷处理销号

各单位技术部门要将设备缺陷处理纳入生产计划，督促车间工区按照缺陷等级和轻重缓急情况，及时组织复测和整治工作，尽快完成缺陷整治工作，以提高接触网设备运用质量。

3.5　做好监督检查

集团公司要做好 6C 系统运用的监督检查，督促现场完善规章制度，按规定组织 6C 检测，发挥好 6C 系统装备的功能，及时准确地检测和分析出设备缺陷，及时组织整治设备缺陷，不断完善 6C 系统运用管理。

4　结束语

铁路供电安全检测监测系统作为铁路供电系统的组成部分，是保证铁路运输安全畅通的重要技术装备，必须规范系统运用管理，才能提升接触网设备质量，保证供电设备安全可靠地运行。

参考文献

[1] 中国铁路总公司.高速铁路供电安全检测监测系统(6C 系统)维修管理暂行办法：TG/GD302—2016[S].北京：中国铁道出版社，2016.

[2] 中国铁路总公司.高速铁路接触网运行维修规则：TG/GD124—2015[S].北京：中国铁道出版社，2015.

[3] 中国铁路总公司.普速铁路接触网运行维修规则：TG/GD116—2017[S].北京：中国铁道出版社，2017.

[4] 国铁集团.供电安全检测监测系统(6C 系统)运用管理办法：XAG/GD248—2021[S].北京：中国铁道出版社，2021.

作者简介

何俊，中国铁路西安局集团有限公司安全监察室，工程师。

一种接触网接地线防误操作装置的方案探讨

王庆荣

摘　要： 接触网设备检修过程中，其接地线的安全装设直接影响到作业人员的人身安全，现有接地线装置由于导线端子与接线端子操作顺序错误导致事故时有发生。本文提出一种具备高电压警示功能的接地线防误操作装置，首先在接地端锁头与导线端锁头安装由相应压力传感器、继电器控制模块和 Zigbee 无线通信模块构成的小型内置控制系统，锁头防误操作控制开关由一个与电磁铁相连的金属推杆和内置电源构成，由压力传感器获取接地端和导线端的状态信息，通过控制器实现接地端锁头和导线端锁头二者动作的逻辑关系。该装置可规范装设和拆除接地线时导线端及接地端的作业顺序，可减少接触网检修作业中的安全事故。

1　接触网接地线挂接基本情况

铁路接触网设备检修是一项对安全性要求很高的工作，首要重点是接地线要安全装设到位。接地线可以保护作业人员的人身安全，是重要的安全工具之一；也被称为安全回路线，是一条生命线。挂地线是保护作业人员的重要措施，可以有效将接触网剩余电荷引入大地、防止来电等突发状况，释放雷电和邻近带电设备对检修设备的感应电，因此接地线挂接正确与否直接关系到操作人员的人身安全。在实际

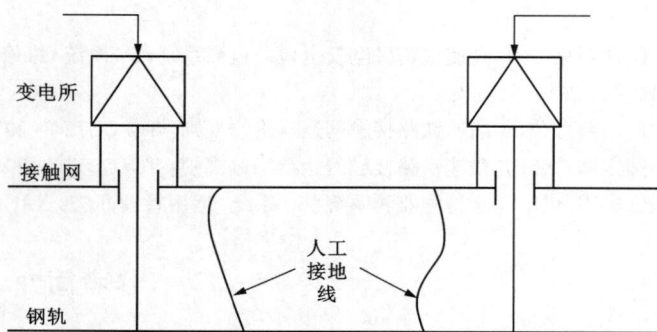

图 1　挂地线示意图

作业过程中，接地线的操作常常会出现因监护人员工作做得不到位、人员本身的疏忽大意以及技术方面的一些问题导致"带电挂地线"，或者因误操作导致接地线的操作顺序错误等问题。

接地线装设较为频繁但操作简单，这就容易导致作业人员麻痹大意，忽视操作顺序的重要性。一方面，在挂接地线时，若未进行验电，带电挂接地线除引起接地短路、设备损坏停电外，还会烧伤作业人员。另一方面，在装设接地线时，若先接导线端，带电的接触网将会对作业人员造成严重伤害；拆除接地线时，若先拆除接地端，则泄放的感应电荷的通路被隔断，作业人员就有触电的危险。因此，有必要研究一种具备高电压警示功能的接地线防误操作装置，保障作业人员的安全，确保供电线路的可靠运行。

2　接地线操作流程及不足

2.1　接地线操作流程

接地线主要由接地线操作棒、导线端线夹、短路线、接地端线夹组成，接地端线夹连接接地端，导线端线夹连接短路线，操作棒主要起绝缘作用，用来悬挂、装卸导线端线夹。

使用接地线前，必须先进行验电，只有确认接触网不带电，才可进行接地线作业操作。

挂接地线时的具体操作如下。

（1）安装：若接地线没有连接成套，应先将接地软铜线固定在接地线操作棒的导线端线夹以及接地端线夹的相应位置上，构成一套完整的接地线。

（2）核实接地线的电压等级与操作设备的电压等级是否一致。

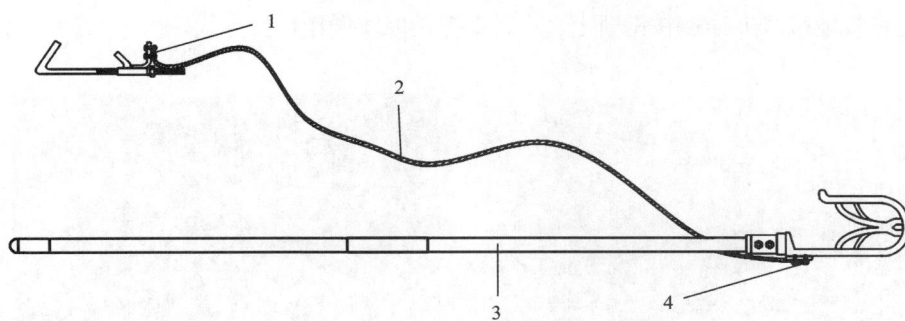

1—接地端线夹；2—短路线；3—接地线操作棒；4—导线端线夹。

图 2　接地线

图 3　挂接接触网接地线

（3）使用验电器检测线路是否带电，如图 4 所示。

图 4　接地线挂接前验电

（4）挂接：先将接地端线夹连接在钢轨上，然后手持接地线操作杆使导线端线夹与接触网连接（见图5）。

（a）导线端   （b）接地端

图5　挂接好之后的导线端与接地端

（5）拆除：拆除接地线时，必须按程序先拆除导线端线夹，后拆除接地端线夹。

接地线现场作业时一般由两人协同操作，其中一人执行挂接接地线的任务，另一人负责防护。

2.2　接地线操作不足

（1）由于接地线操作棒本身没有预防误操作功能，不能闭锁导线夹，若未对其进行验电，则带电挂接地线除引起接地短路、损坏设备停电外，还会烧伤工作人员危及生命安全。

（2）装设和拆除接地线时的顺序依赖人工核对，缺乏行之有效的技术手段或措施。装设时若先接导线端线夹，线路中存在感应电或突然来电将给作业人员造成严重伤害；拆除接地线时，若先拆除了接地端线夹，则泄放感应电荷的通路会被隔断，作业人员再接触地线时就会有触电危险。

3　接触网防误操作装置方案

3.1　装置构成以及功能

接地线作业由两人负责完成，一旦有一人操作过程中疏忽大意或者对挂接地线作业不熟悉，都会导致严重的电气事故，轻则损坏接地线装置，重则引发大面积停电事故，危害人身安全。本文通过对现有接地线进行研究，提出新的接地线防误装置设计方案。

具备高压电警示功能的接地线防误操作装置由高压电预警装置、接地端、导线端、手持控制器、绝缘操作棒、短路线等构成。

在接地端和导线端装有压力传感器，用来确定线夹是否连接到位，手持终端控制器通过Zigbee获取接地端和导线端的状态信息，实现二者动作间的逻辑关系，接地端如图6所示。

在接地端锁头以及导线端锁头安装由相应的继电器控制模块、Zigbee无线通信模块与手持终端控制器构成的控制系统，并且在锁头处安装了一个与电磁铁相连的金属推杆和内置电源构成的锁头防误操作控制开关。导线端如图7所示。

手持操作终端具备装设、拆除接地线指令发送功能，同时具备高电压警示功能。设置某一个电压阈值（阈值应高于接触网感应电压），当接触网带电高出设置的阈值时，将发出语音警报提醒作业人员接触网带电。该高电压验电模块只是一种警示，不能替代原有的验电设备，不能忽略原有的验电步骤。当进行装设和发送拆除接地线指令时，每一个步骤都具有语音提示功能。

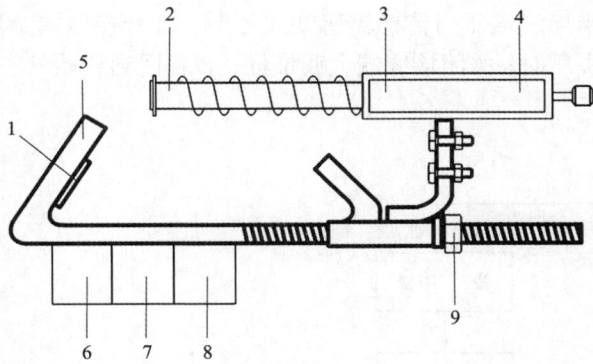

1—压力感应模块；2—金属推杆；3—电磁铁；
4—内置电源；5—接地端锁头；6—继电器控制模块；
7—从控 2 Zigbee 无线通信模块；8—控制器；9—接地锁定螺母。

图 6 接地端

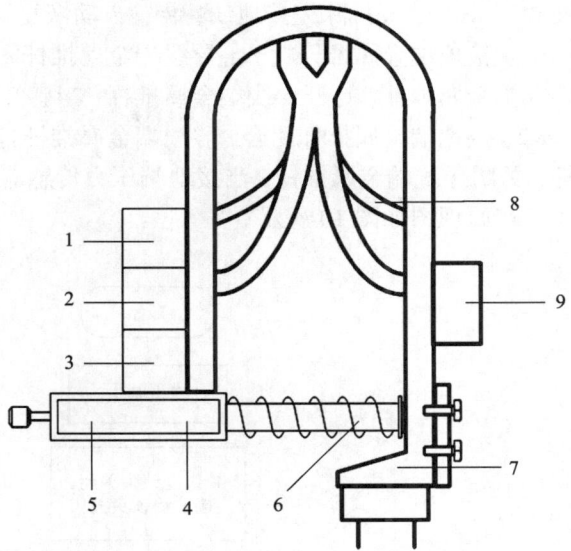

1—继电器控制模块；2—从控 1 Zigbee 无线通信模块；
3—控制器；4—电磁铁；5—内置电源；6—金属推杆；
7—接线端锁头；8—压力感应模块；9—高压传感器。

图 7 导线端

3.2 工作原理

本方案控制系统中包含一个主控模块和两个从控模块，相互之间的通信采用 Zigbee 无线通信，三个模块节点组网如图 8 所示。

控制系统示意图如图 9 所示。

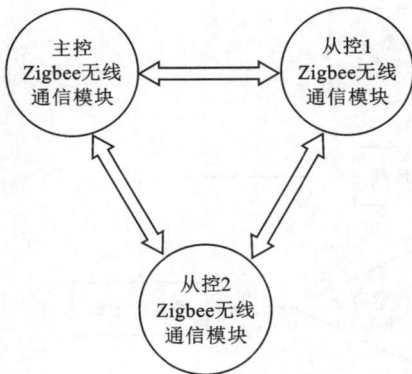

图 8 通信方式

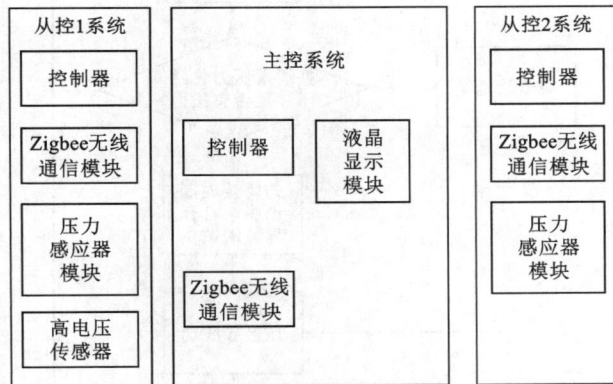

图 9 控制系统示意图

手持控制终端为主控系统，其显示屏可显示目前的状态和下一个状态的指示。从控 1 在导线端，通过 Zigbee 无线通信模块将压力传感器获取到的导线端状态信息传送给主控制器，由主控制器决定导线端金属推杆的工作状态，当主控制器接收到信息需要将导线端金属推杆打开时，主控制器将控制继电器模块上电，使继电器常开端吸合，从而接通导线端的内置电源，让电磁铁产生强大磁力将金属推杆吸下来，打开导线端锁头，同时也可以将高电压感应器获取的电压信息传送至主控系统。从控 2 在接地端，通过 Zigbee 无线通信模块将压力传感器获取到的接地端状态信息传送给主控制器，由主控制器决定金属推杆的工作状态，当主控制器接收到信息需要将接地端金属推杆闭合时，主控制器将控制继电器模块断电，使继电器常开端打开，从而断开接地端的内置电源，让电磁铁失去磁力导致金属推杆闭合，导线端锁头关闭。手持控制终端除电源开关外只有一个控制键 K，按一下 K 则进入挂接地线状态（K1），再按一下 K 则进入拆除接地线状态(K2),等拆除完接地线,装置自动恢复到初始状态(导线端与接地端锁头均处于闭合状态)。

K1:接地端金属推杆打开,导线端金属推杆闭合,当接地端压力感应器感知到接地产生的压力时,关闭接地端金属推杆,打开导线端金属推杆;当感知导线端有压时,关闭导线端金属推杆。

K2:接地端金属推杆闭合,导线端金属推杆打开,当导线端压力传感器感知失压时,打开接地端金属推杆,关闭导线端金属推杆;当接地端压力传感器感知失压时,关闭接线端金属推杆,装置回到初始状态。

工作原理图如图10所示。

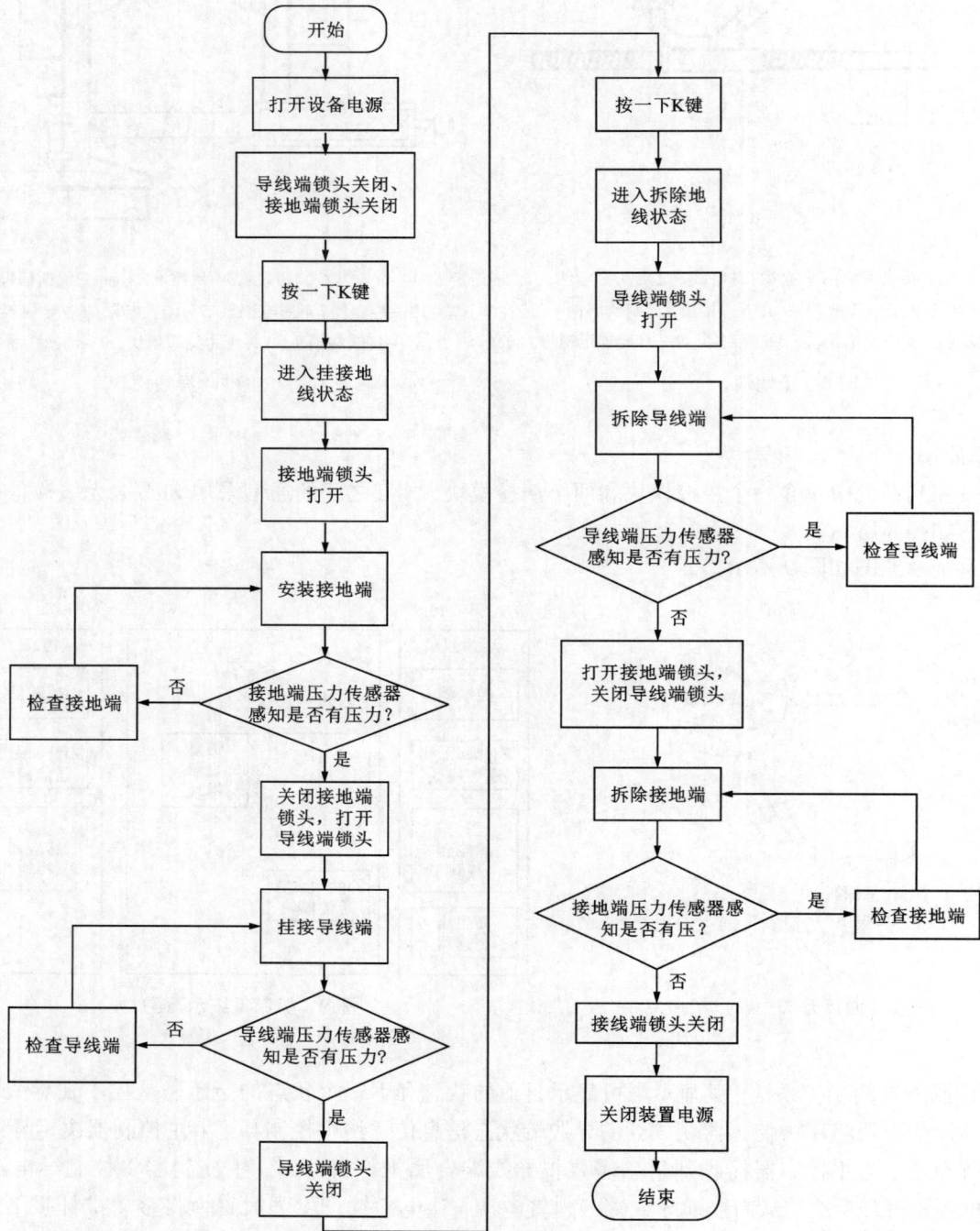

图10 工作原理图

3.3 操作流程

操作时,先打开手持终端电源键,使用自检功能,等语音提示该装置自检无误后才可进行接地线作业。

在作业过程中，一人拿手持控制终端进行控制操作，另一个人则根据提示进行装设和拆除接地线作业。

步骤 1：一人按一下手持控制终端 K 键，接地端金属推杆打开，装置语音提示装设接地端，另一个人则去装设接地端，此时导线端金属推杆处于关闭状态，如没有先装设接地端而去装设导线端，将无法装设导线端。

步骤 2：等接地端装设完毕后，接地端压力传感器感知到接地端产生的压力后，导线端金属推杆将自动打开，语音提示装设导线端，此时另一个人方可装设导线端。

步骤 3：待接触网检修作业完成后，按一下 K 键，此时导线端金属推杆打开，语音提示拆除导线端；拆除导线端后，接地端金属推杆打开，语音提示拆除接地端。

步骤 4：接地线完全拆除完毕后，关闭装置电源。

4　总结

接触网检修是一项对安全性要求很高的工作，首要重点是接地线要安全装设到位，然而接地线在使用过程中通常由于操作人员的疏忽大意而发生"带电挂接地线"以及"操作顺序错误"等事故，带来严重的后果。为了杜绝此类事故的发生，本文提出一种具备高电压警示作用的接地线防误操作装置，通过 Zigbee 无线通信模块实现控制器控制导线端锁头和接地端锁头的逻辑关系，从而防止接地线的误操作，避免事故的发生，保障作业人员的人身安全以及供电的可靠性，同时该装置可以为今后建立接触网接地线预警管理系统提供大数据依据。

参考文献

[1] 胡艳艳.变电站接地线防误操作探究[J].水利与电力，2014(12).
[2] 杨康.地铁接触网可视化自动挂拆地线系统研究[D].徐州：中国矿业大学，2016.
[3] 李春晓.基于 RFID 和 Zigbee 的作业现场接地线管控系统设计[D].北京：华北电力大学，2013.
[4] 顾剑锋，万书亭.新型接地线防误管理装置简介[J].农村电工，2015(1).

作者简介

王庆荣，中国铁路西安局集团有限公司科研技术研究所，工程师，硕士研究生。

沪昆线接触网站场模块化检修方案思考与探索

邱昌信　董梦林

摘　要：双线电气化铁路沪昆线接触网检修作业采用 V 形天窗，其中办理货运站场、枢纽站场实施分区封锁计划，作业组织难度大，触电伤害、车辆伤害及破坏轨道电路等高风险多。经研究，本文运用多专业技术规章，充分征求车务、电务等部门意见，量身定制了适用于不同接触网站场的模块化检修方案，这是管控作业风险、提升劳动效率的有效手段。

1　实行模块化检修的必要性

双线铁路枢纽性站场的轨道电路、分区封锁天窗单元、接触网分区供电及交叉跨越等情况复杂多样，V 形天窗接触网检修作业，存在错误跨接轨道电路短接绝缘节影响行车、在有电接触网错误接挂地线产生红轨及触电伤害、人员和车辆侵入未封锁单元构成车辆伤害等诸多重大风险。2016 年 7 月 18 日，上饶站作业跨接渡线绝缘节造成 D9 事故的教训深刻，日常检修中采取相对固定作业范围、作业项目和对应措施的安全技术方案十分必要而且可行，优化后的作业方案可有效强化风险管控，大幅减少接挂地线数量，同时提升了劳动效率。

2　模块化检修方案基本思路

2.1　全面调查站场绝缘节分布状态及其性质，清晰界定轨道电路边界，确保检修作业不会发生短接轨道电路。

2.2　全面调查站场作业天窗分区边界，确保人员和机具不会侵入未封锁范围，同时最大化利用天窗封锁单元。

2.3　全面调查接触网供电分区边界，确保没有错误接挂有电设备，避免触电伤害。

2.4　全面调查接触网布置状态，确保多个来电方向均有接挂地线，选取最优方案，以减少地线数量。

2.5　把上下行渡线附近设备作为独立检修单元模块，采取垂停天窗计划，尽量避免 V 停作业时在有电渡线上接挂地线。

3　模块化检修方案的编制原则

3.1　严防短接未封锁区域轨道电路。防范未封锁线路红轨的 4 个关键处所：站场两端进站信号机绝缘节，上、下行渡线绝缘节，轨道电路分区即天窗单元分区绝缘节，侵限绝缘节。

3.2　确保作业区域内各来电侧均有接地封线。封闭来电侧的 4 个关键处所：东西两端接触网，各条渡线，其他线路接触网，上网点。

3.3　严禁作业人员及料具侵入未封锁限界。防侵限的 4 个关键处所：渡线上接挂的地线位置和防护作业人员的站立位置，临近站界位置接挂地线和作业车运行，不同供电臂共用吊柱的股道 V 停作业时人员及料具的位置，天窗作业分区之间的安全限界。

3.4　按等效电路的钳位电压原理安排电连接处所的地线。一是股道间电连接上只接挂一组地线，即相关各股道在该处所已经装设了接地点；二是锚段关节、线岔的电连接处只接挂一组地线，即相关两支已经装设了接地点。

在以上两种接地情况下的作业，需遵守要求：可能来电的电流到作业点的距离必须大于电流到达接地线的距离。

3.5　在保证每一个天窗内工作量饱满的基础上，尽可能划小作业单元，达到既减少作业风险又减少接地线数量的目的。

3.6　上、下行渡线涉及的接触网集中区域作为垂停作业的独立单元进行检修时，可减少出现 V 停作业时在渡线上接挂地线的高风险行为。

3.7　以完成日常检修任务为主，分别编制 V 停作业、垂停作业、跨站区作业共三种作业模块，班组根据作业范围和作业内容的实际需要选取其中的模块。风险较低的单一股道内及小范围的缺陷处理等作业不纳入模块化检修方案。

4　具体做法

4.1　借助"联合教学"准确掌握轨道电路。积极搭建"电务–供电联合教学""车务–供电联合教学"平台，通过跨专业学习，充分掌握轨道电路工作原理、侵限绝缘节和人工割接绝缘节的分布及特殊性质、图定天窗作业分区的边界识别和判定、接触网作业产生的正常红轨与造成事故红轨的区别、车站接发车径路之间的闭锁逻辑关系等与供电专业相关的基础知识。

4.2　加强车务部门间的沟通，改变传统的作业配合方式。长期以来，车务部门为了减少接触网工区在枢纽性站场作业时来回调车的风险，在接触网作业计划审批和实际配合中，一般只同意供电部门封锁一端岔区带其中一条股道的作业方式，很大程度上限制了天窗利用效率。经请示集团公司施工办的指导意见及征求电务部门的支持意见，通过充分论证，车务部门同意站区内同时封锁多条股道作业并配合转线调车，使提高模块化检修的灵活多样性成为可能。

4.3　调查确认接触网及其他专业设备的分布状态。全面收集并在现场复核、接触网绝缘关节、渡线分段、上网点、交叉线索、被软横跨电气导通的股道、禁止 V 停等关键处所，以及相关的信号绝缘节、信号机、轨道电路区域分界、无轨道电路区域等，作为模块化检修方案"量身定制"的基础支持数据。

4.4　精准位置粘贴标识，严防渡线误接地的风险。在 V 停条件下的渡线上接挂地线，是产生触电伤害和行车事故的最大风险。通过现场识别信号绝缘节与电分段位置、准确计算邻线的行车限界，按照"渡线与封锁线路间距≤1.7 m"的理论计算安全值控制，进行现场测量定位，模仿工务、电务部门在钢轨轨腰上粘贴"供电接地"范围的标识，建立了防止误接地的"红线"屏障。

4.5　科学严谨编制模块化检修方案。模块化检修方案直接关系到人身安全、行车安全和设备安全，方案中的任何一个细节错误或模糊表述都可能引发事故。模块化检修方案需由专业技术人员负责调查和编制，车间、班组现场核对验证，段级技术委员会专题审查论证，最终完成包括计划封锁和停电范围、允许作业的区域范围、项目内容、接挂地线数量和固定位置、防护固定位置及关键安全措施等六个基本项目内容在内的科学、严谨的方案。

4.6　印制图册，将方案作为日常检修的指导性工具。图册资料包括模块化方案表、模块化区域图、接触网平面布置图、供电分段示意图、信号平面布置图、站细图、天窗作业单位分区图及图册使用说明等八项内容，装订成册并下发到车间、班组，做到"一册在手、资料全有"，方便班组日常作业计划的提报、工作票和分工单的开具、安全措施布置时的资料查找，也利于安全预想和布置的直观讲解。其中，接触网平面布置图应增加绝缘节、信号机等信号设备数据。

5　上饶普速场模块运用例子

上饶站共编制了 10 个 V 停、4 个垂停和 2 个一站一区共 14 个作业模块，每一个模块以"一表一图"的形式体现。

5.1　在"一表"中，确定了每一个模块的固定作业范围、作业内容，以及相应的封锁范围、停电范围、固定接地线位置、固定防护位置、关键安全措施，作为开具工作票的基本依据和统一的文字范本。图 1 是 V 形天窗检修上饶普速场上行线 5–13 道交岔区的四种固定模块，工区可根据当日检修项目内容需要，选择使用其中一种模块。

5.2　在"一图"中，对应标画出每一个模块的区域范围和固定接地线位置、防护位置，直观明了地布置和理解各项安全措施。图 2 是上饶普速场使用"上维 1"模块 V 形天窗检修"102#–296#间的 5 道、6 道、7 道及两端线岔"的固定接地、防护示意图。

5.3　为有效防止因在渡线上错误接挂地线而造成的红轨、触电、短路跳闸风险，经工务部门配合，在上饶普速场上、下行间 5 条渡线两端轨腰处的固定位置粘贴接挂地线范围的醒目反光标识（30×140 mm），如图 3 所示。

图 1　"一表"——模块化方案表

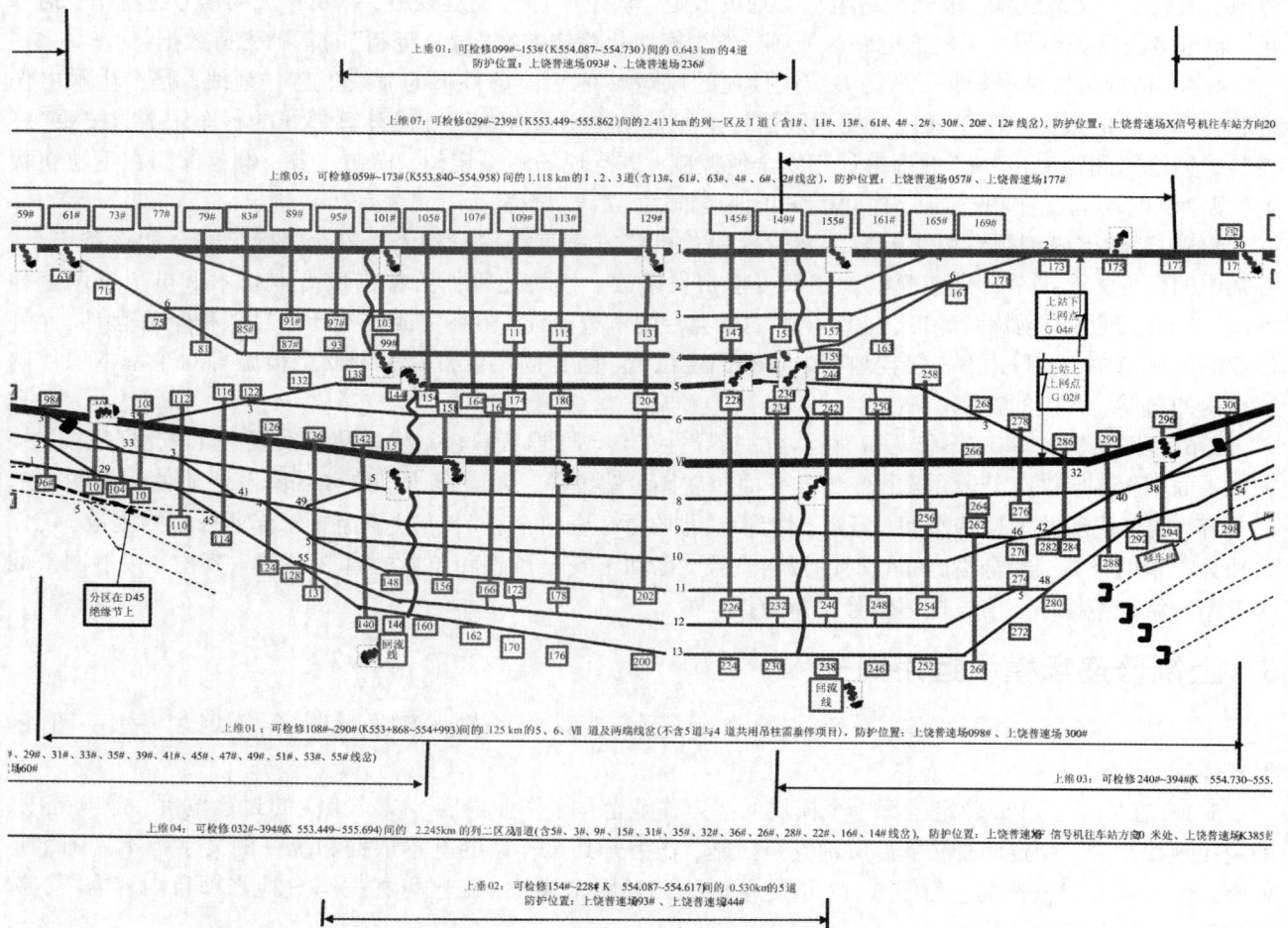

图 2　"一图"——模块化区域图

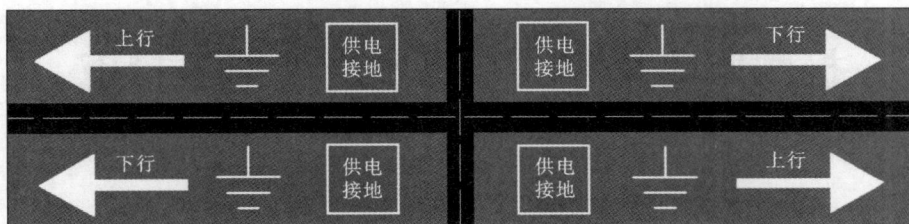

图 3　固定接地位置标识

6　预期效果

6.1　切实提升作业安全可靠性。通过实施模块化检修方案，固定作业范围、固定接地线和防护位置，有效防范传统做法的临时编制检修计划、临时编制安全措施产生的随意性风险，切实有效地强化现场作业安全管理。

6.2　大幅提高劳动效率。优化后的检修方案可减少每次作业约 1/3 的接地线数量，也因科学地划分作业单元（即每次作业任务量的适度饱和）而提高了天窗利用率。

6.3　进一步规范安全技术管理工作。一是通过分区分块的检修任务安排，消除检修死角，避免漏检、漏修。二是秉持"管理层麻烦、作业层简单"的工作理念，将作业范围、内容、地点及安全措施等内容采用样板化表述方式，特别是接车进路区段、A 线 B 线等衔接区段的线名线别的标准名称，既规范了作业计划单、工作票、分工等标准用语，减少了表述错误，又大大减少了班组日常管理工作量。

6.4　促进提升业务技能。现场职工对照行车和专业技术规章，具像化学习和掌握模块化检修方案，能更加直观、具体、准确地理解和牢记规章要义。

7　结束语

近年来随着铁路交通的快速发展，线路布局多样化，接触网修程修制全面改革，检修模式发生了根本性变化，思考和探索灵活多样的适应性作业组织方式显得必要而紧迫。

参考文献

［1］中国铁路总公司.铁路技术管理规程（普速铁路部分）：TG/01 A—2017［S］.北京：中国铁道出版社，2017.
［2］中国铁路总公司.普速铁路接触网安全工作规则：TG/GD 15—2017［S］.北京：中国铁道出版社，2017.
［3］国铁集团.车站联锁设备维护管理办法［S］.北京：中国铁道出版社，2019.

作者简介

邱昌信，中国铁路南昌局集团有限公司鹰潭供电段，副段长。
董梦林，中国铁路南昌局集团有限公司鹰潭供电段安全科，科员，工程师。

接触网隔离开关常见故障及应对措施

邱松平

摘　要：本文针对福州枢纽接触网隔离开关操作机构及远动部分的常见故障，进行深入分析和总结，同时提出了故障排查及应对措施。

1　引言

随着高速铁路的不断发展，牵引供电接触网设备的正常运行尤为重要，接触网隔离开关（以下简称网开关）在应急处置中起着至关重要的作用。网开关用于枢纽站场、电分相、二分之一供电臂绝缘锚段关节、各牵引所亭上网点等处，是一种应用在电气化铁路上的特殊的隔离开关。高铁和客专线网隔的操作与监控纳入 SCADA 系统，电调通过远方操作，能达到隔离故障、缩小事故范围、分段作业区段等目的。网开关在牵引供电系统内大量应用，所以网开关故障占牵引供电故障的比例逐年上升。通过对网开关的常见故障进行归纳，其故障类型大致可以分为隔离开关触头接触电阻过大引起的故障，瓷柱闪络、击穿引起的故障，网开关引线、设备线夹接触不良引起的故障，以及操作机构故障、操作电源故障、远动设备故障和远动通道故障。

2　接触网隔离开关的构成

网开关主要由网隔及其操作机构、RTU、接触网开关控制站三部分构成。RTU 是实现网隔遥控、遥信及故障报警的远动终端。开关控制站为就近的网隔提供操作电源及远动信号采集，采集完后统一传送至通信机房交换机。

2.1　网隔操作机构箱

网隔操作机构箱分为操作机构及 RTU 上下两部分，其中操作机构的电源及光缆由箱底引入，交流电源引入电源端子排，通信光缆经由光纤终端盒通过光电转换器（RS232 转光纤）最终引入远动终端。

2.2　操作电源

网隔的操作电源由网隔附近的无人所（AT 所、分区所、牵引变电所、开闭所）的网开关控制屏提供（一般由控制屏开关引出到网开关后回到所内的防雷控制箱形成电源回路），或者是离无人所、牵引所较远的开关由附近电力箱变或者其他可靠的电源提供（福州供电车间樟林片区隔开由附近的箱变分接箱提供）。以上两种电源供电方式均采用双电源供电。

2.3　远动通道

网隔的 RTU 通过光电转换器将电信号转换为光信号后通过尾纤传输至光纤终端盒，然后由光纤终端盒通过操作机构箱底通信光缆引到所内光纤扩展装置及通信管理机，最终传送到通信机房。

3　接触网隔离开关的常见故障

3.1　操作电源故障

此类故障表现为一是 RTU 失电报警，失电灯常亮；二是 RTU 所有灯全灭。接触网操作机构箱有 2 个空气开关，一路供给操作机构，一路供给 RTU。其中还有蓄电池作为备用电源给 RTU 提供不间断电源。

如果 RTU 失电报警，应先测量进线电源是否正常。一般在空气开关的上端头进行测量，正常为 AC220 V 或 DC110 V。如果没电则需找到上级电源进行处理；如果测量出有电，但是电压过低，需要检查网隔操作机构，因为电压过低会造成继电器不断地吸合，此时需找到上级电源欠压问题。

对于 RTU 电源空气开关跳闸，应先检查接地是否可靠。一是检查操作机构箱端子排是否接在箱体上，二是检查浪涌保护器的火线、零线是否接反。

3.2　远动故障

（1）总 RTU 柜故障。

网开关发生远动故障时，首先判断是一台不能控制还是多台网开关同时不能控制。如果是多台网关同时不能控制，一般就可以判断是总 RTU 柜内设备发生故障造成的（RTU 柜一般安装在 AT 所、分区所、变电所。如网开关附近无 AT 所、分区所、变电所则安装在箱变附近，箱变附近 RTU 柜通道用的是箱变内的电力远动通道）；如果只是单台网开关不能控制，说明是这台网开关本身远动终端的故障。

如果是总 RTU 柜问题，先打开 RTU 箱检查远动终端面板上的指示灯是否正常显示。面板指示灯正常显示时有以下几种情况。

一是第一盏灯为电源指示灯，长亮（代表电源正常）。

二是第二盏指示灯，闪亮（代表 RTU 至网开关间的通道正常）。

三是第三盏指示灯，闪亮（代表 RTU 至调度端的通道正常）。

如果第二盏灯不亮，就检查网开关间的通道是否出了什么问题。

一是检查光电转换器是否正常，查看右下方的三盏灯的显示情况：第一盏为电源指示灯应长亮，第二盏红灯和第三盏绿灯正常情况下应交错闪亮，如果通道不通则绿灯长亮（可将光纤重新插拔）。

二是也有可能是 NK5730 远动终端背面左上方第一根网线到端子排间的连线松动，需将其重新上紧。

三是如果 NK5730 面板第三盏灯不亮，就检查远动终端背面左下方的 ETN-0 口的网线的指示灯是否不亮（正常情况下为常亮），如不亮可能是 RTU 数据量太大造成数据堵塞，只要将这根网线重新插拔或将 NK5730 电源关掉后重新上电即可。

四是在重启 NK5730 数分钟后，应将前面面板的对位按钮按下，此时网开关显示的位置信号与实际位置对应。

五是如果第一盏灯不亮应检查电源是否正常。检查对应的空开是否在合位，如空开下端有电，则应检查 NK5730 装置背面最右边最后一块板的 2、4 端子是否有 220 V 的交流电，如果有电但装置的灯又不亮则说明是电源板出现了故障。

（2）遥信故障。

此类故障表现为 RTU 所有的 DI 遥信灯不亮；RTU 烧坏，所有指示灯不亮；RTU 的运行灯、通信灯等不亮。

首先利用复示终端检查通道是否正常，若通道正常，则检查隔离开关的分合状态，并根据分合状态检查对应 RTU 上的指示灯是否一致。如果指示灯与现场的状态不一致，则检查 RTU 的接线是否正确，可用短接 RTU 出口遥信点与公共端，再通过复示终端检查信号有无上传；如果有上传信号则确认是操作机构二次回路故障，如果没有上传信号则确认是 RTU 故障。

（3）遥控故障。

如果供电调度对现场网开关遥控不了，首先应先判断通道是否正常，如果正常，应联系供电调度对开关进行分合合实验，如果电调下达指令后，RTU 内部继电器有动作的声音，说明指令正常下达，此时应对网隔进行近控分合闸操作，（短接 RTU 控制分合闸回路），如果短接后分合闸正常，说明是 RTU 故障，若不正常说明是网隔操作机构控制回路故障。此时应检查 RTU 与操作机构间的连线部分，看是否有无虚接现象。

（4）通道故障。

首先利用复示终端检查远动通道是否正常，若通道正常，检查网隔操作机构箱内尾纤与光电转换器、尾纤与熔纤盒的接口处是否紧密；再检查开关控制站内尾纤与光缆终端盒、尾纤与 485 光纤通信扩展装置的接口处是否紧密。若上述接口处连接不紧密，需更换至预留光纤接口，预留光纤另一端的尾纤同时更换至该条光纤接口，确保光路导通。

4　常见故障的产生原因

4.1　施工工艺不高

网开关施工时不按标准进行作业，如：操作机构箱体未接地、浪涌保护器火线和零线接反、各端子连接线破损等。

4.2 日常维护不到位

在操作机构以及 RTU 处，未做到堵漏箱体，导致许多小动物进入箱体并咬坏端子连接线以及箱内各种绳索。

4.3 远动设备状态不良

运行过程中常出现 RTU 死机或内部元件故障的情况，这对 RTU 设备本体抗干扰、防雷措施提出了更高的质量要求。

4.4 动车组运行时产生震动

操作机构箱设置在网隔支柱下方，动车组经过时会引起周边设备的震动，从而在长期的震动下，发生操作机构箱内端子虚接和光信号接口松动的现象。

5 应对措施

针对上述网开关的常见故障，建议采取如下应对措施。

（1）严格按照高速铁路牵引供电工程设计规范进行设计审查，严格按照工程施工标准进行施工监管，特别是操作电源电缆敷设、光缆敷设等隐蔽工程。

（2）加强日常巡视检查工作，缩短检修周期对隔离开关箱体进行维护、堵漏，尽早发现 RTU、操作机构存在的故障。

（3）在操作机构与接触网支柱刚性连接处增加阻尼材料，减缓操作机构与 RTU 间的剧烈震动。

6 结束语

本文主要针对福州枢纽接触网隔离开关操作机构及远动部分的常见故障进行分析，并提出有效的应对措施，为隔离开关的运营维护提供参考。

参考文献

［1］国家铁路局.高速铁路设计规范：TB10621—2014［S］.北京：中国铁道出版社，2014.

［2］中国铁路总公司.高速铁路接触网安全工作规则［S］.北京：中国铁道出版社，2014.

［3］中国铁路总公司.高速铁路接触网运行维修规则［S］.北京：中国铁道出版社，2015.

作者简介

邱松平，中国铁路南昌局集团有限公司福州供电段。

接触网作业接挂地线引起轨道电路红光带的防范措施

刘宗益

摘　要： 在进行接触网检修作业时，由于临时地线的装设错误造成轨道电路出现红光带的问题具有典型性和普遍性。轨道电路作为铁路的重要信号设备，出现红光带不仅影响接触网检修作业的进程和安全，而且还会影响铁路的信号提示和正常行车运输，形成责任事故。本文结合轨道电路的基本工作原理，对接触网检修作业中接挂地线造成轨道电路红光带的原因进行分析，为相关技术人员提供参考。

1　引言

在进行接触网检修作业时，接地线的装设是接触网检修人员的作业安全和质量的基本保障，但由于站场或者岔区等地点轨道电路的复杂性和接挂地线操作人员缺乏相关轨道电路知识，在上述处所接挂地线时经常出现因接挂位置不当而引起的轨道电路红光带。

2　轨道电路及其与牵引电流回路关系

2.1　轨道电路的工作原理

轨道电路由送电端设备、轨道线路、受电端设备、钢轨绝缘节和钢轨接续线组成。

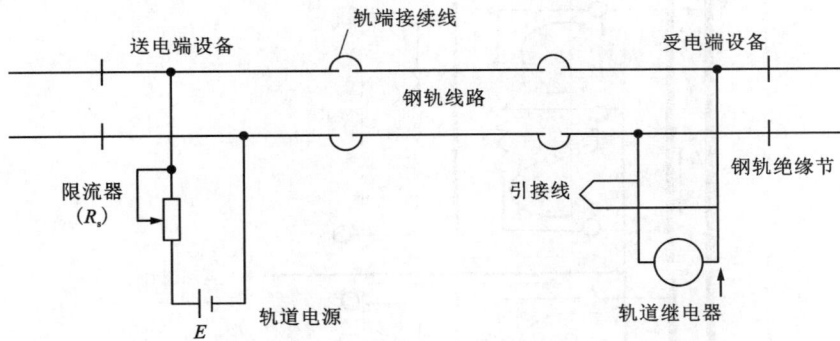

图1　轨道电路组成

将铁路线路上的两根钢轨作为导体，钢轨间的轨缝用接续线连接起来，两端的轨缝装上钢轨绝缘，一端送电，另一端受电，这样构成的电气闭环回路就称为轨道电路。

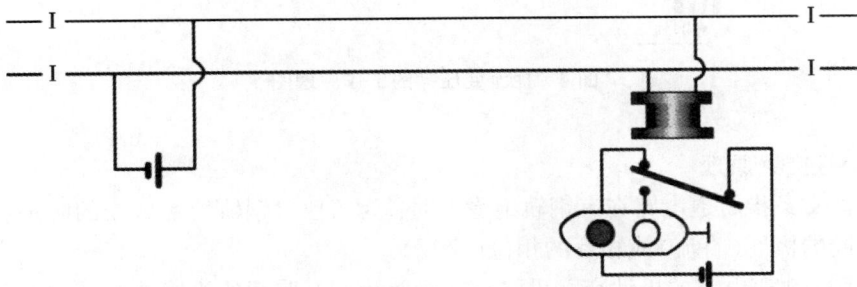

图2　轨道电路示意图

当轨道无车占用时,受电端的继电器仍在可靠地工作,此时轨道电路处于正常调整状态。

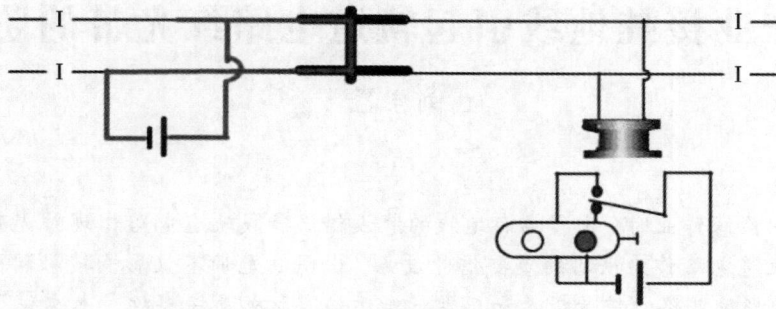

图 3   轨道电路处于正常调整状态

当轨道有车通过时,轨道被占用,但同时列车轮对的电阻远小于轨道电路线圈电阻,使轨道电流大部分流经列车轮对。此时的轨道继电器可靠落下,该轨道电路区段显示有红光带。

2.2   牵引电流回路的基本原理

在电气化铁路区段,牵引电流同样经钢轨进行回流,为避免钢轨绝缘节对牵引回流的影响,需在绝缘节处设置扼流变压器。

2.3   扼流变压器的工作原理

扼流变压器设于电气化区段双轨条轨道电路的钢轨绝缘处,是对轨道电路中的信号电流起绝缘作用的一种特殊的变压器。其既能将相邻的轨道电路中的信号电流隔开,又可使牵引电流通过它从一个轨道电路区段流向另一个轨道电路区段,不致被钢轨绝缘隔断。

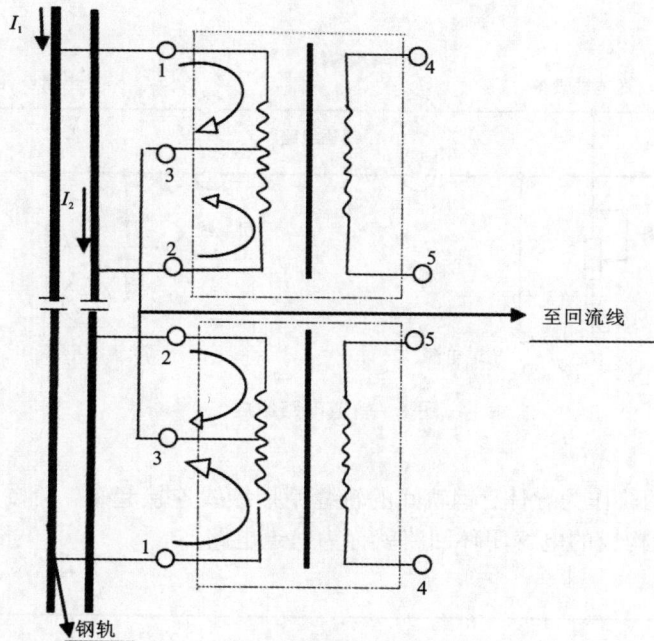

图 4   扼流变压器的工作原理图

2.4   轨道电路的极性交叉原理

轨道电路的极性交叉指轨道电路在有钢轨绝缘上时,为实现对钢轨绝缘破损的防护,要使绝缘节两侧的柜面电压具有不同的极性(直流)或相反的相位(交流)。

极性交叉的作用:轨道电路的极性交叉可防止在相邻轨道电路间的绝缘节双破损时,引起轨道继电器

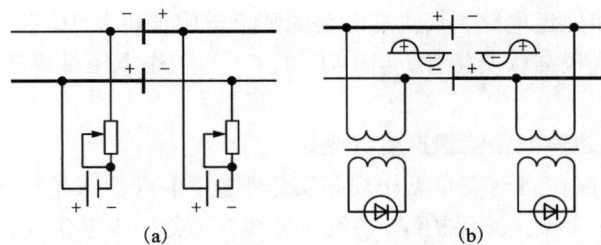

图5 轨道电路的极性交叉原理

的错误动作。对于接触网交流供电来说，只要两相邻轨道电路的电流相位相反，它们的瞬间极性也相反，达到了极性交叉的效果；若轨道电路的电流相邻相位相同(或极性交叉被破坏)，就有可能造成轨道继电器的错误动作。

3 接触网检修接挂地线引起红光带的原因

3.1 通过接挂地线直接产生红光带

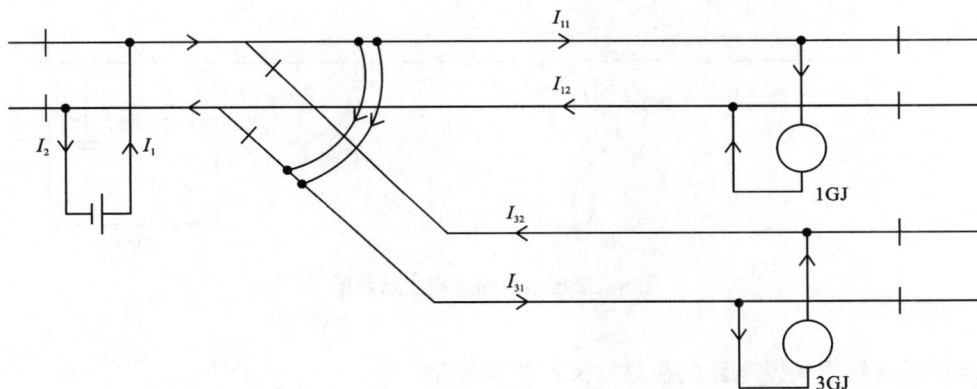

图6 无接地线情况示意图

正常情况下无接地线时，若 $R_{1G} = R_{3G}$，则 $I_1 = I_2$，且 $I_1 = I_{11} + I_{31}$、$I_2 = I_{12} + I_{32}$，可以得出 $I_{1GJ} = I_{3GJ} = 0.5I_1$，其 1GJ 与 3GJ 正常运行。

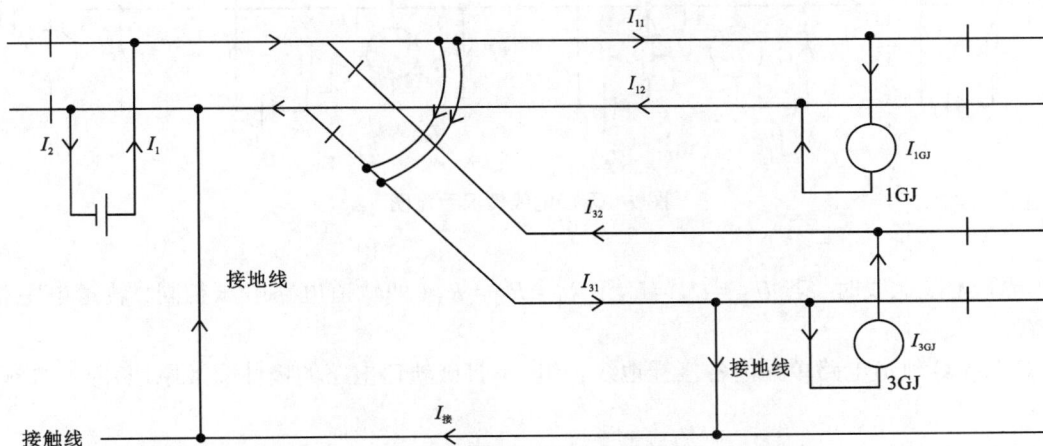

图7 挂接地线情况示意图

当接触网与1G和3G各接挂地线一组时，如上图所示3G的电流I_{31}通过接地线有一分流（即$I_{接}$），通过接地线到接触网后再并入该轨道电路，其轨道电路的整个电阻值以及1G和3G的电流均发生了变化，若$R_{1G}=R_{3G}$，则$I_{1GJ}=I_{3GJ}<0.5I_1$。根据伏安特性，当1GJ和3GJ的工作电压低至额定工作值时，即1GJ和3GJ将会出现红光带的现象。

3.2 通过接挂地线间接短接轨道电路绝缘产生红光带

根据成都铁路局《普速铁路接触网安全工作规则实施细则》第八十八条规定，涉及正馈线、回流线（保护线）作业时，需要对正馈线、回流线（保护线）装设接地线，避免感应电伤人，从而引发劳动安全事故。

目前普速铁路多数回流线（保护线）支柱无独立的接地极，所以导致现场作业人员盲目将回流线（保护线）的接地与钢轨连接在一起，而回流线在变电所接回流箱，且回流箱与大地网连接在一起，等同于轨道电路通过回流线在接挂地线后与大地之间形成间接接地，致使轨道电路产生红光带。

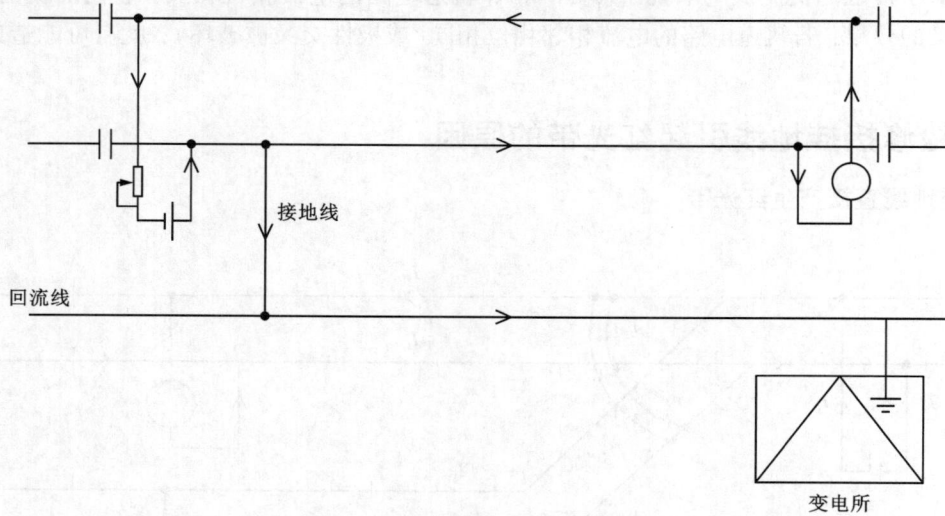

图8 接挂地线间接短接示意图

3.3 通过接挂地线破坏原轨道电路的极性交叉产生红光带

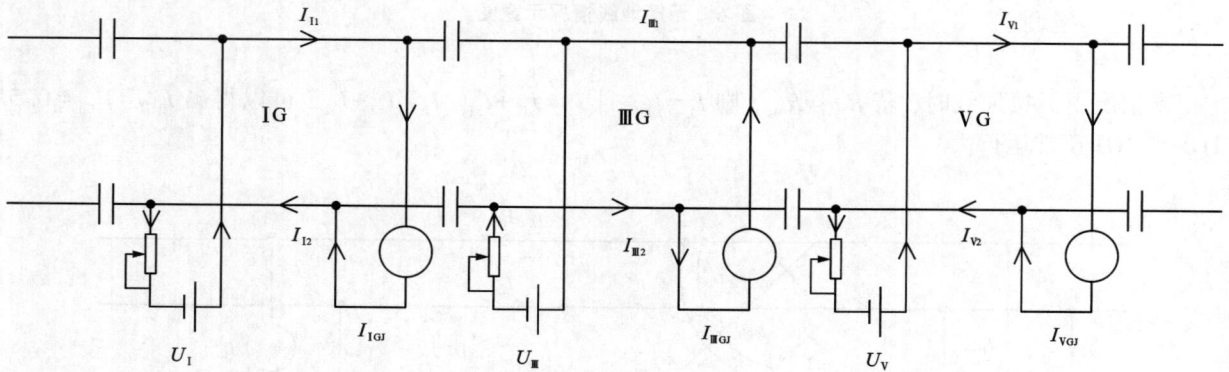

图9 无接地线情况示意图

正常情况下无接地线时，若$U_{\mathrm{I}}=U_{\mathrm{III}}=U_{\mathrm{V}}$、$R_{\mathrm{I}}=R_{\mathrm{III}}=R_{\mathrm{V}}$（即轨道电路电压相同，轨道电阻相同），则$I_{\mathrm{IGJ}}=I_{\mathrm{IIIGJ}}=I_{\mathrm{VGJ}}$。

当在ⅠG与ⅤG轨道电路单元内各接挂地线一组（不打破轨道电路的极性交叉原理）时，如图10所示。

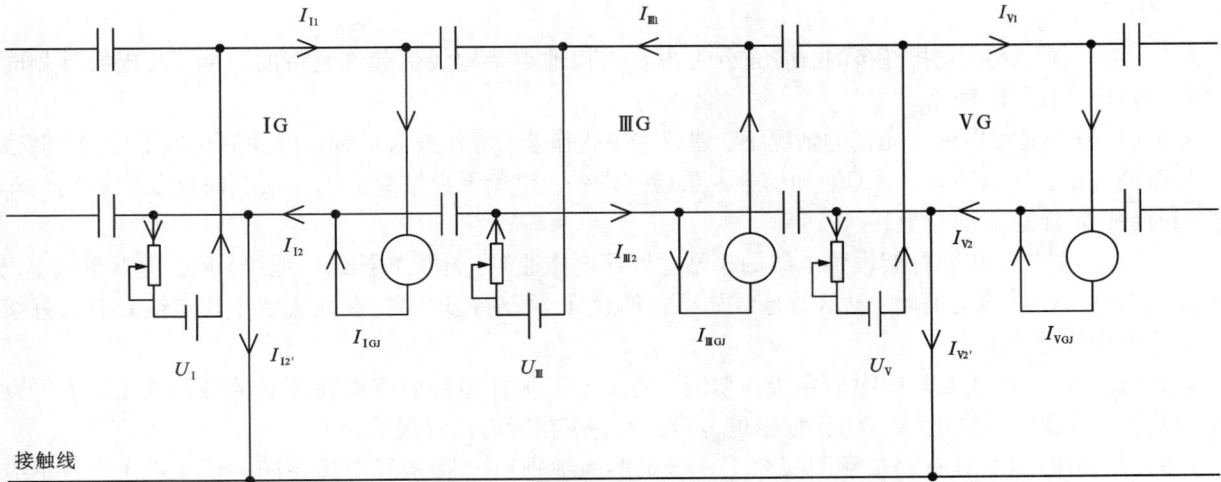

图10　挂接地线情况示意图(不打破轨道电路的极性交叉原理)

ⅠG与ⅤG轨道电路通过接地线以及接触网形成串联,其ⅠG轨道电路电流I_{I2}与ⅤG轨道电路电流I_{V2}通过接触网的分流$I_{I2'}$和$I_{V2'}$大小相等,方向相反,可以得出$I_{IGJ}=I_{VGJ}$(且$I_{I1}=I_{I2}$,$I_{V1}=I_{V2}$),所以ⅠGJ与ⅤGJ的轨道继电器一侧的两端电流大小相等,无不平衡电流产生。

若在ⅠG与ⅢG轨道电路单元内各接挂地线一组(打破轨道电路的极性交叉原理)时,如图11所示。

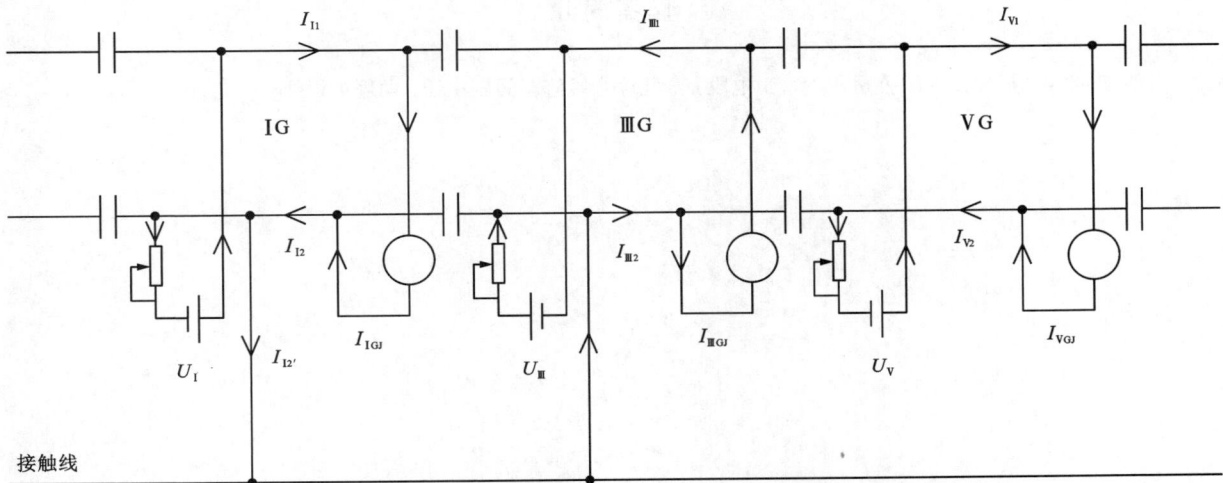

图11　挂接地线情况示意图(打破轨道电路的极性交叉原理)

ⅠG与ⅢG轨道电路通过接地线以及接触网形成串联,其ⅠG轨道电路电流I_{I2}通过接触网的分流$I_{I2'}$与ⅢG轨道电路电流I_{III2}大小不相等,但方向相同,可以得出$I_{IIIGJ}=I_{III2}+I_{I2'}$,所以在ⅢG轨道继电器的两端电流大小不相等(即$I_{III1}\neq I_{III2}$),从而产生一个不平衡电流。不平衡电流越大,则电动势E越大。若钢轨中牵引电流的不平衡程度用不平衡系数K表示,则$K=(I_{III1}-I_{III2})/(I_{III1}+I_{III2})\%$。通过查阅资料可知,当$K\geqslant5\%$时,会引发轨道电路的防护设备启动,造成红光带。

由此可以看出,接触网接挂地线时需充分考虑轨道电路单元的极性交叉,接地线的位置应根据现场实际情况设置,接地线应统一设置在依次为奇数(或偶数)的轨道电路单元内,不可奇偶混接,避免破坏轨道电路的极性交叉。

4　防范措施

4.1　工作领导人在安排任务时，应充分考虑在类似地点接地线引起红光带的可能，在提报计划时应注意作业范围，并封闭线路。

4.2　在挂设地线出现红光带的情况下，建议先停止作业，等作业人员到达地面后再取下地线，观察红光带是否消失了，如未消失，立即通知信号人员检查设备，避免天窗结束后因无法及时恢复而影响列车运行。同时，必须注意劳动安全。

4.3　在类似长距离同杆架设供电线的车站岔区停电作业时，建议先挂站内地线，后挂岔区地线，以避免感应电流冲击岔区轨道电路；岔区接地线如果条件允许，可将接地端接在扼流变中性点或具有良好接地的设备或支柱接地点上。

4.4　在开展回流线及其他附加导线检修时，附加导线加挂地线应安设在独立的接地极上，不可直接连接钢轨；在对变电所供电线（含上网点）进行检查时，应在所内设置接地线。

4.5　严格执行《普速铁路接触网安全工作规则实施细则》中"接地线应接在同一侧钢轨上，且不应跨接在钢轨绝缘两侧、道岔岔尖轨处。必须跨接在钢轨绝缘两侧时，应封闭线路。地线穿越钢轨时，必须采取绝缘措施"的规定，避免短接轨道电路引发的红光带。

4.6　信号专业应联合供电专业在变电所所在地回流集中区段进行调查，其回流集中区段的扼流变应选择较大容量，以适应牵引集中回流的需要。

4.7　供电专业应积极联系信号专业，对较为复杂的车站进行联合调查，并根据轨道电路极性交叉法则，固化接触网停电作业的接地位置。

作者简介

刘宗益，中国铁路成都局集团有限公司六盘水工电段，金北综合维修车间副主任，助理工程师。

衡柳线弓网燃弧的产生原因及整治措施分析

蒋晓明

摘　要：接触网弓网燃弧分量作为接触网动态检测质量评价标准的重要组成部分，燃弧的出现对弓网受流质量的影响较大，本文通过对衡柳线弓网燃弧的产生原因进行分析，找出内因，并制定相应的整治措施来确保弓网受流质量。

接触网动态检测，是通过采集安装在机车或受电弓上的数据采集模块的数据或图像，再由计算机处理得到用于评价接触网性能的接触线高度、弓网接触力、拉出值和燃弧率分量，用于评价接触网整体动态性能。本文将对衡柳线弓网燃弧的产生原因进行分析，并制定相应的整治措施。

1　弓网燃弧的危害

一是瞬时高能量集中在弓网接触点（见图1），高能量在释放过程中会直接侵蚀和灼伤接触线和受电弓，增加接触线的电气磨耗，严重时可能造成接触线断线事故。二是弓网燃弧产生的瞬时过电压，威胁接触网绝缘性能，加速绝缘设备老化。三是弓网燃弧产生的同时伴随着高频次电磁辐射干扰，影响附近通信设备的运行。

图1　弓网燃弧现场照片：瞬时高能量集中在弓网接触点

2　弓网燃弧分类及产生的原因

根据《高速铁路接触网动态检测评价标准》，燃弧率 $\mu \geqslant 5\%$ 为一级缺陷，$1\% \leqslant \mu < 5\%$ 为二级缺陷。为了便于分析弓网燃弧的产生原因及制定整治措施，本文根据弓网燃弧分布特点，将弓网燃弧分为离散区段弓网燃弧和集中区段弓网燃弧。

2.1　离散区段弓网燃弧及产生原因

离散区段弓网燃弧是指在不同跨距内，燃弧分布较为分散，没有规律的弓网燃弧现象（见图2）。

抽取衡柳线全州南综合维修车间管内的10个离散区段弓网燃弧缺陷中，发现有3处位于锚段关节处，5处位于中心锚结处，2处位于跨中硬点处。可将其归结为硬点燃弧及平顺度燃弧，硬点燃弧主要集中在中心锚结、定位线夹、接触网硬弯等处所，主要原因是施工过程中接触网设备安装不规范产生的硬点；平顺度燃弧集中表现在锚段关节等高点附近，主要原因是等高点过渡不平顺造成受电弓与接触线接触力不

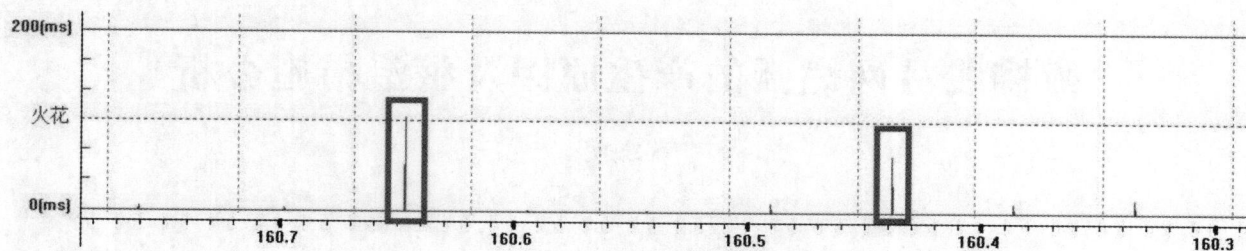

图2 离散区段燃弧波形图

足,引起弓网燃弧。

2.2 集中区段弓网燃弧及产生原因

集中区段弓网燃弧主要体现在1个或连续多个跨距内发生的燃弧现象,分布特点是较为密集(见图3)。

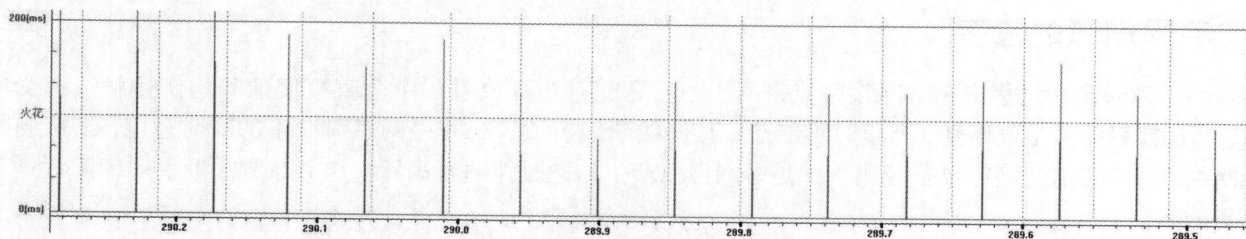

图3 集中区段燃弧波形图

通过对衡柳线接触网动态检测波形图进行分析,发现松川至兴安北区间Y24锚段接触线、兴安北至大溶江北区间Y10、Y11锚段接触线存在整锚段多数跨距内弓网燃弧现象,现场检查发现松川至兴安北区间Y24锚段接触线存在大量硬点,而兴安北至大溶江北区间Y10、Y11锚段43个跨距接触线中,有30个跨距内存在大量硬点和多处扭面。在查阅施工资料时发现,这三个锚段接触线都采用人工放线方式架设,放线张力不足,接触线内部应力不均匀,施工工艺不合格,从而造成集中区段弓网燃弧。

2.3 其他原因

(1)机车缺陷原因,主要是受电弓碳板磨耗不均匀,抬升力不足,在运行过程中产生"跳弓"现象。

(2)线路原因,主要是路基下沉,钢轨的不平顺导致晃车,造成受电弓瞬时抬升力不足或离线,引发弓网燃弧。

(3)外部环境影响,主要是冻雨天气情况下,接触线覆冰,引发燃弧。另外,受电弓受隧道内或桥梁上强气流的扰动,也可能产生燃弧。

综合分析上述引起弓网燃弧的原因不难发现,由于偶发的外部因素产生的弓网燃弧对接触网不会有太大的影响,而接触线本身的不平顺、线坡大以及硬点和扭面,则是引起弓网燃弧最根本的因素。

3 整治措施

通过分析弓网燃弧分布特点和产生的原因,制定如下措施。

3.1 离散区段弓网燃弧整治措施

离散区段弓网燃弧主要是局部硬点或关节过渡处不平顺等原因造成的,应根据波形图确定弓网燃弧的具体位置。但由于检测系统存在数据采集传输延迟的问题,导致波形图对应的里程有一定的误差,需要根据波形图波形特征确定杆号。

(1)对于局部硬点产生的离散型弓网燃弧,可以通过五轮校直器局部校直方式进行校直,消除由硬点产生的燃弧。

（2）对于锚段关节过渡处不平顺引起的离散区段弓网燃弧，在确定燃弧位置后，测量燃弧点前后两跨内定位点、吊弦点的导高，对不符合标准的地方进行调整，消除锚段关节过渡处不平顺引起的局部燃弧。

3.2　集中区段弓网燃弧整治措施

集中区段弓网燃弧是整个锚段单元均连续不间断地出现大量燃弧，且这些燃弧并非孤立的缺陷，无法逐个复测和整治。一般采用整锚段换线或五轮平推应力放散的方式消除整锚段燃弧。

（1）进行换线试验。在换线前衡柳线兴安北至大溶江北区间 Y11 锚段，整锚段燃弧，燃弧时间普遍超过 200 ms（见图 4）；在对衡柳线兴安北至大榕江北区间 Y11 锚段接触线进行换线后，再进行检测，所有燃弧缺陷基本得到消除（见图 5），接触网 CDI 评分得到明显的改善（见图 6）。

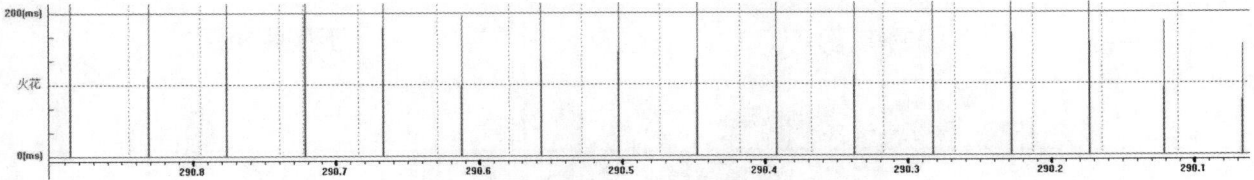

图 4　换线前 Y11 锚段燃弧时间波形图

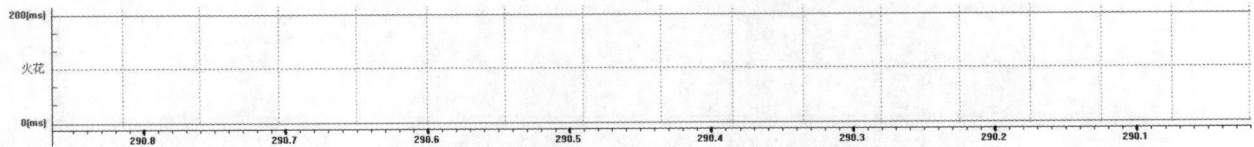

图 5　换线后 Y11 锚段燃弧时间波形图

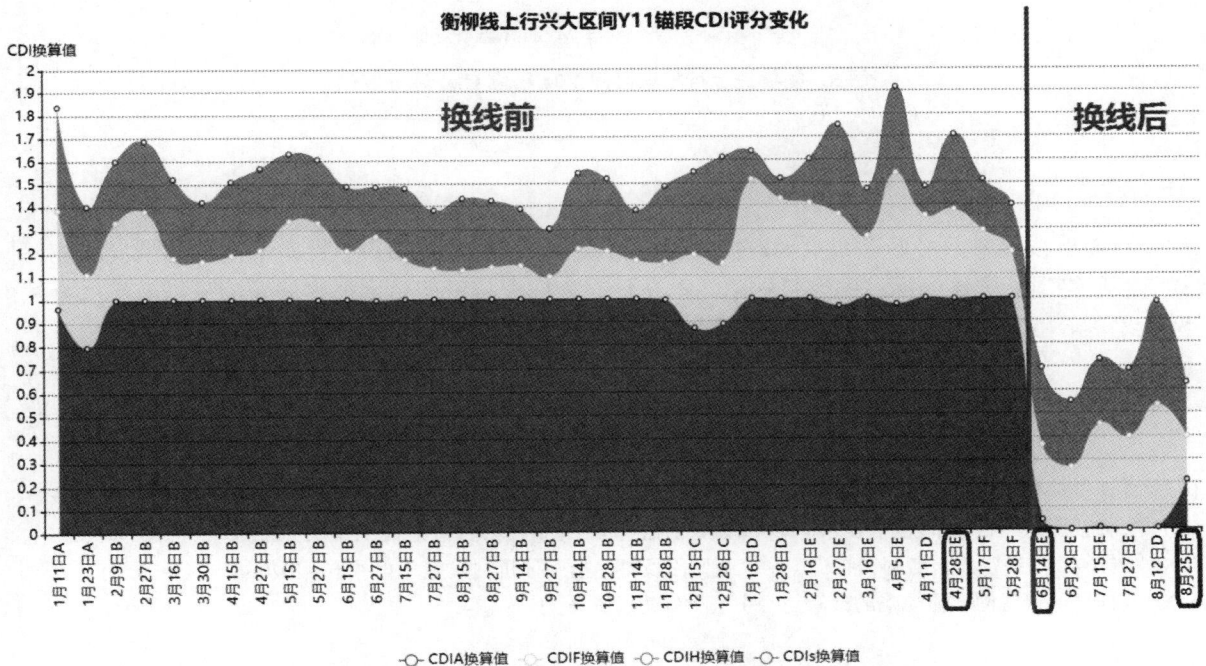

图 6　衡柳线上行兴大区间 Y11 锚段 CDI 评分变化

（2）进行五轮平推应力放散试验，即由中心锚结处往两边下锚方向依次拆开线夹，并用五轮校直器往下锚方向平推，将硬点推至非工作支，然后将接触线应力进行均匀放散。在对衡柳线松川至兴安北区间 Y24 锚段进行五轮平推应力放散后，再进行检测，结果燃弧时间成倍地缩短，但是并未完全消除燃弧缺陷（见图 7），接触网 CDI 评分得到一定的改善（见图 8）。

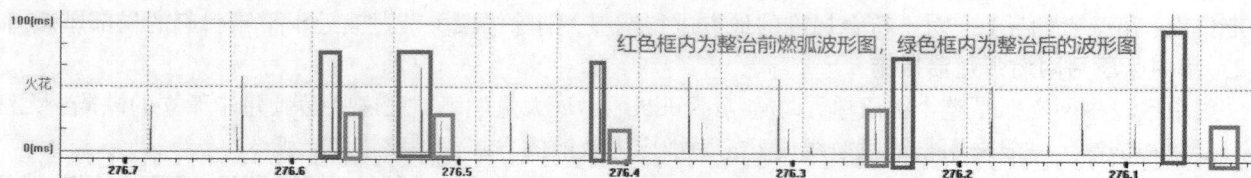

红色框内为整治前燃弧波形图，绿色框内为整治后的波形图

图7　整治前后波形图

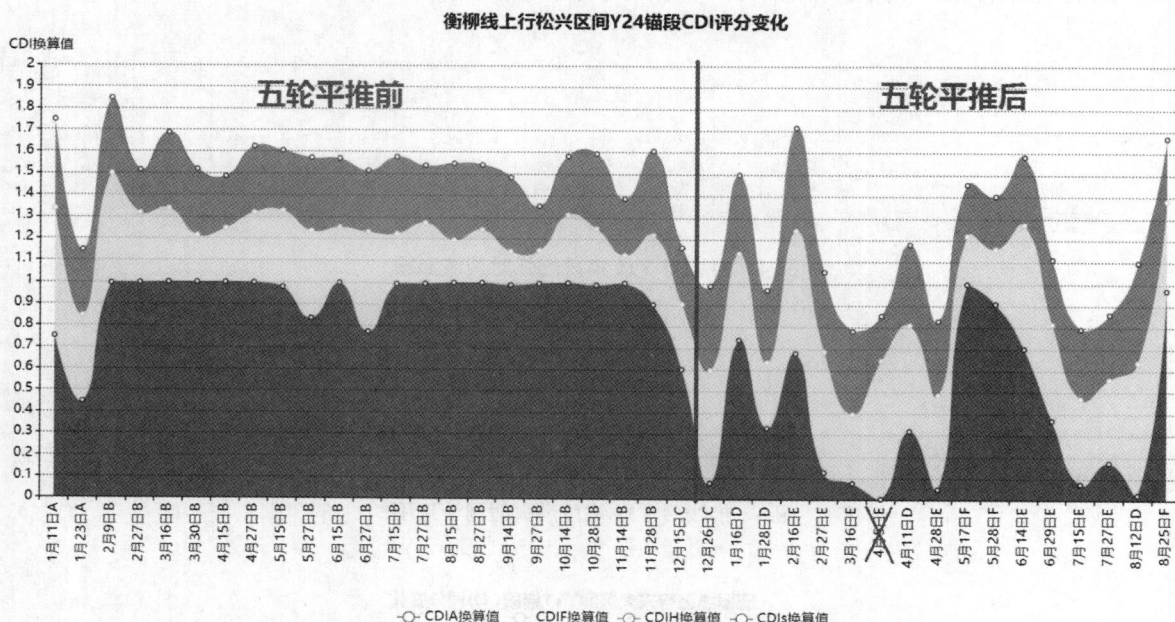

衡柳线上行松兴区间Y24锚段CDI评分变化

五轮平推前　　　五轮平推后

—○— CDIA换算值　　—○— CDIF换算值　　—○— CDIH换算值　　—○— CDIs换算值

图8　衡柳线上行松兴区间 Y24 锚段 CDI 评分变化

4　结束语

　　通过对衡柳线接触网弓网燃弧检测数据进行分析，结合现场检查情况，针对不同缺陷情况采用不同的整治措施，最终消除了接触网弓网燃弧缺陷。本文针对衡柳线接触网弓网燃弧问题的分析及解决办法的探索，为后续整治弓网燃弧缺陷提供弓网解决思路。

参考文献

[1] 伏振.高速铁路接触网检测技术运用研究[D].北京：中国铁道科学研究院，2016.
[2] 张卫华，梅桂明.接触线弛度及表面不平顺对接触受流的影响分析[J].铁道学报，2000，22(6)：50-54.
[3] 于迪，古晓东.高速铁路接触网动态检测中燃弧原因及整治措施分析[J].电气化铁道，2020(4)：55-58.
[4] 赵勇.高速铁路接触网燃弧缺陷的整治[J].电气化铁道，2021：181-184.

作者简介

蒋晓明，中国铁路南宁局集团有限公司桂林高铁基础设施段。

接触网动态性能指数应用研究

杨国栋　罗丞君

摘　要：本文通过阐述接触网状态评价体系的应用情况，对接触网动态性能指数（CDI）及其各分量进行重点阐述和分析，并结合某条高铁线路现状研究高分 CDI 锚段单元的成因，提出优化线路 CDI 均值的思路和整治方法，指导维修工作，从而助力接触网质量的科学管理。

1　接触网状态评价体系

利用弓网综合检测装置（1C）的检测结果对接触网质量进行评价，可得到"分析诊断"和"状态评价"两个方面的内容。2021 年之前，全铁路大多数供电设备管理单位对于 1C 检测结果的运用仍集中在基于"阈值管理"的"分析诊断"，专注于 1C 一、二级缺陷的复测和整治，侧重于预防弓网事故的发生。但仅关注一、二级缺陷使 1C 检测积累的大量连续检测的参数数据未得到充分利用，同时孤立的"点"缺陷无法反映接触网整体质量水平，难以从全局把握设备运行状态的发展趋势，而且随着 1C 一、二级缺陷不断被整治，缺陷数量也会不断减少，因此单纯依靠"分析诊断"无法充分利用 1C 检测结果做出科学决策和维修预判，不能有效指导接触网设备质量提升工作。

2　接触网动态性能指数（CDI）研究

国铁集团于 2020 年 8 月重新构建并推广以接触网动态性能指数（CDI）和接触网静态性能指数（CQI）为主要技术指标的"状态评价"方法。接触网"状态评价"是通过 CDI 和 CQI 对接触网质量状态进行定量描述的，为接触网设备管理单位掌握设备整体状态、跟踪设备状态变化趋势、实现预防性维修提供了有力的数据支持。CDI 具体是锚段单元为评价单元，选取接触线高度、弓网接触力、拉出值和燃弧率这四个相关性弱的弓网相互作用关系及受流状态检测参数进行计算，其计算结果能从整体上客观地反映弓网关系和受流质量，评价接触网的动态性能。

根据《接触网动态检测评价方法》（Q/CR 841—2021），各评价单元的接触网动态性能由 CDI 进行量化描述，取值范围为 $0 \leqslant CDI \leqslant 10$。CDI 值越大，说明接触网动态性能越差。

整条线路的接触网动态性能一般用 CDI 均值表示，即线路中所有参与评价的锚段单元 CDI 平均值。

3　案例分析

3.1　线路 CDI 概况

以某线路上行 CDI 为例进行分析，研究利用 CDI 进行接触网动态性能评价分析的过程，进而找出 CDI 均值优化思路和方案。

表 1　某线路 2022 年 CDI 各分量占比统计情况

年份	CDI_s 平均	CDI_s 占比/%	CDI_H 平均	CDI_H 占比/%	CDI_F 平均	CDI_F 占比/%	CDI_A 平均	CDI_A 占比/%	CDI 平均
2022 年	0.079	1.37	0.742	25.76	1.091	37.84	3.633	35.02	1.034

2022 年各月份 CDI 分量变化如图 1 所示。

根据图 1 可看出某线路 CDI 及各分量值在不同时期是在不断变化的，不同时期的 CDI 均值及各分量占

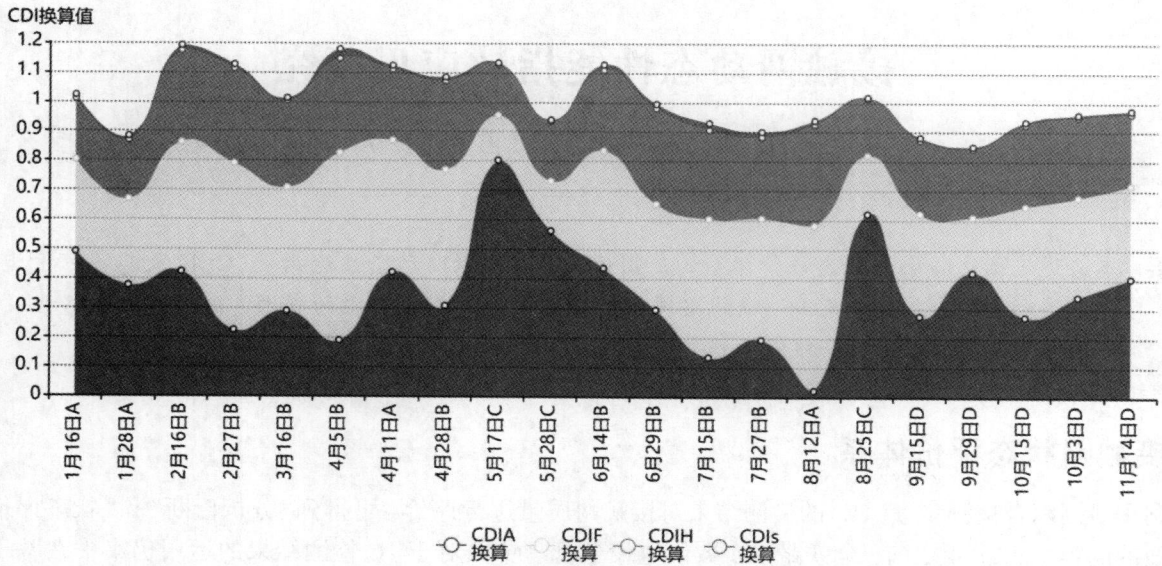

注：日期后的 A～D 表示不同的检测车。

图 1　某线路上行 2022 年各月份 CDI 分量变化堆积面积图

比是不同的。这说明对 CDI 的研究不仅要看全局的均值变化趋势（见图 1），更需要研究 CDI 各分量在全线的分布变化情况（见图 2），找出直接影响 CDI 均值的高重复性的高分评价单元进行深入研究。

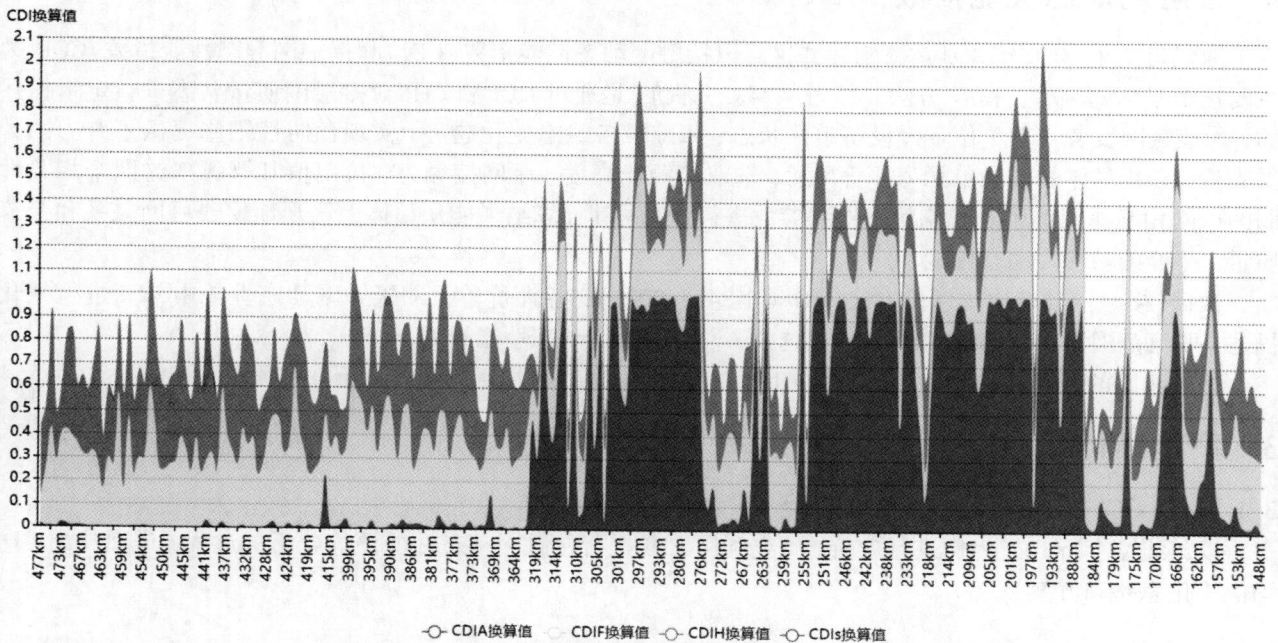

图 2　2022 年 10 月 30 日某线路上行 CDI 评分堆积面积图

3.2　线路 CDI 各分量研究

3.2.1　对 CDI$_A$ 燃弧率分量的研究

从图 2 中可看到某线路公里标范围 150 km 至 320 km，共 170 km 存在大量接近满分（10 分）的高燃弧分量（红色面积），且查看 1C 波形曲线和回放弓网视频可看到，高燃弧区段的火花在整个锚段都不间断地存在，可将这些区段称为"整锚段燃弧"锚段单元。

选取某线路上行某站 277.507 km 至 278.482 km"整锚段燃弧"锚段单元进行研究并现场复查,该锚段单元 2022 年总计出现 6 次燃弧一级缺陷,其评分如表 2 所示(CDI$_A$ 为 10 分)。

表 2 某线路上行某站"整锚段燃弧"锚段单元 CDI 评分情况

起始里程/km	线别	行别	计分方式	CDI$_S$	CDI$_H$	CDI$_F$	CDI$_A$	CDI
278.482	某线路	上行	原始	0.05	0.65	0.58	10.00	1.50
终止里程/km	单元长度/km	车速	分量加权	0.01	0.24	0.21	1.00	1.45
277.507	0.965	197.8	加权后占比	0.61%	16.18%	14.42%	68.78%	100.00%

该锚段单元 1C 波形图如图 3 所示,可看到图中有连续的火花波形,查看检测当天弓网视频和观察白天过车情况均可看到明显火花。现场检查发现该锚段均匀分布着大量的硬点和部分接触线扭面,造成该锚段有大量的拉弧。运行车间集中力量对该锚段进行过多次硬点整治,但收效甚微。

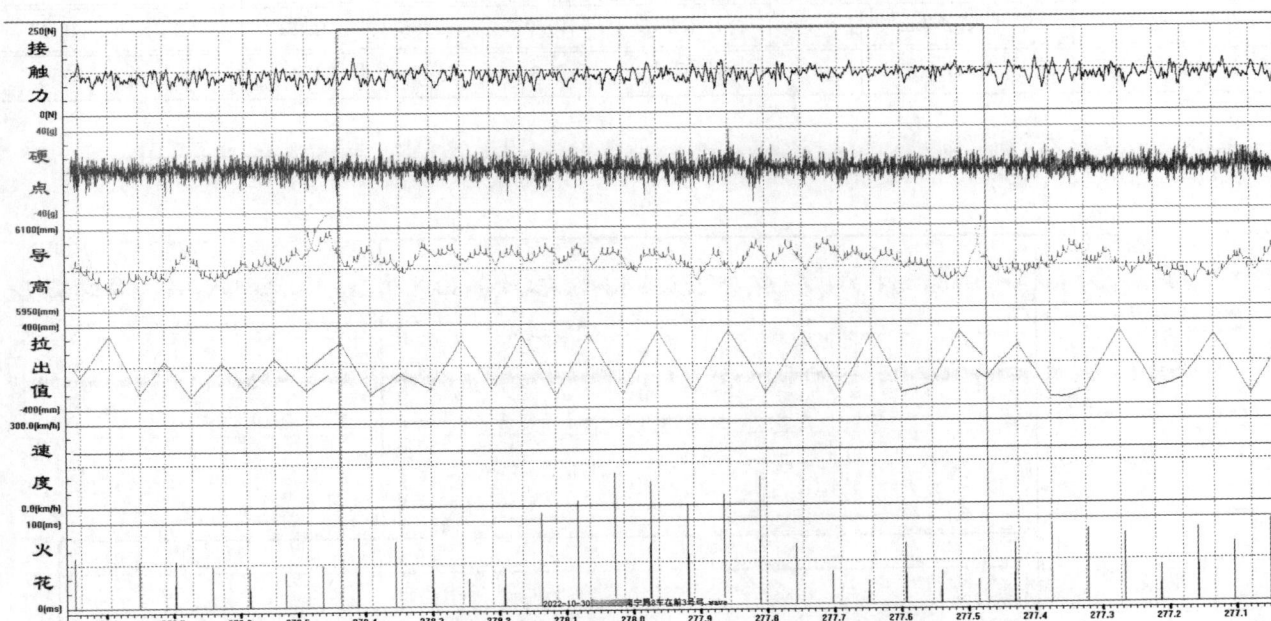

图 3 某线路上行某站"整锚段燃弧"锚段单元 1C 波形图

经过对多个此类"整锚段燃弧"锚段单元的研究及现场调查,总结出"整锚段燃弧"锚段单元的定义、成因和整治方法。

"整锚段燃弧"定义:系统原因导致整个锚段单元连续不间断地出现大量燃弧,且这些燃弧并非是孤立的缺陷,无法逐个整治。

"整锚段燃弧"成因:新线建设时期因为人工非恒张力放线造成接触线平直度不符合要求,接触线存在多处硬点、扭面和变形,且导线内应力未被有效放散。长期运行后因补偿传动效率下降、接触线张力分布不均匀、吊弦高差变化等问题,使接触线内部应力不均问题更加恶化,硬点燃弧增多。

"整锚段燃弧"整治方法:一般采用"整锚段换线"或采用"调整接触线平顺性查找硬弯,解开全锚段吊弦,利用五轮整弯器从中心锚结向两端平推,增加张力后对导线进行拉伸"的"五轮平推"的方式消除"整锚段燃弧"。经过两种方式实施后的效果的比对,"整锚段换线"对"整锚段燃弧"的整治效果更为彻底,要强于"五轮平推"的整治效果,类似于"治本"和"治标"的区别。

3.2.2 对 CDI$_H$ 动态接触线高度分量的研究

由图 2 可看到整个行别均匀地存在 CDI$_H$ 动态接触线高度分量,本节选取某线路的某个高 CDI$_H$ 锚段单元进行研究,其前期波形评分如表3所示(CDI$_H$为3.00分),工区调整该锚段导高平顺度后,波形评分如表4所示(CDI$_H$为1.83分)。

表3　某线路高 CDI$_H$ 锚段单元前期 CDI 评分情况

起始里程/km	线别	行别	计分方式	CDI$_S$	CDI$_H$	CDI$_F$	CDI$_A$	CDI
424.462	某线路	上行	原始	0.12	3	1.5	0	1.6
终止里程/km	单元长度/km	车速	分量加权	0.02	1.08	0.54	0	1.64
425.436	0.97	199.1	加权后占比	1.2%	65.8%	32.9%	0%	100%

表4　某线路高 CDI$_H$ 锚段单元调整后 CDI 评分情况

起始里程/km	线别	行别	计分方式	CDI$_S$	CDI$_H$	CDI$_F$	CDI$_A$	CDI
424.462	某线路	上行	原始	0.14	1.83	0.62	0	0.9
终止里程/km	单元长度/km	车速	分量加权	0.03	0.66	0.22	0	0.9
425.436	0.97	192	加权后占比	3.3%	73.3%	24.4%	0%	100%

该锚段单元未整治(导高波形为红色)与整治后(导高波形为灰色)1C 波形对比图如图4所示。

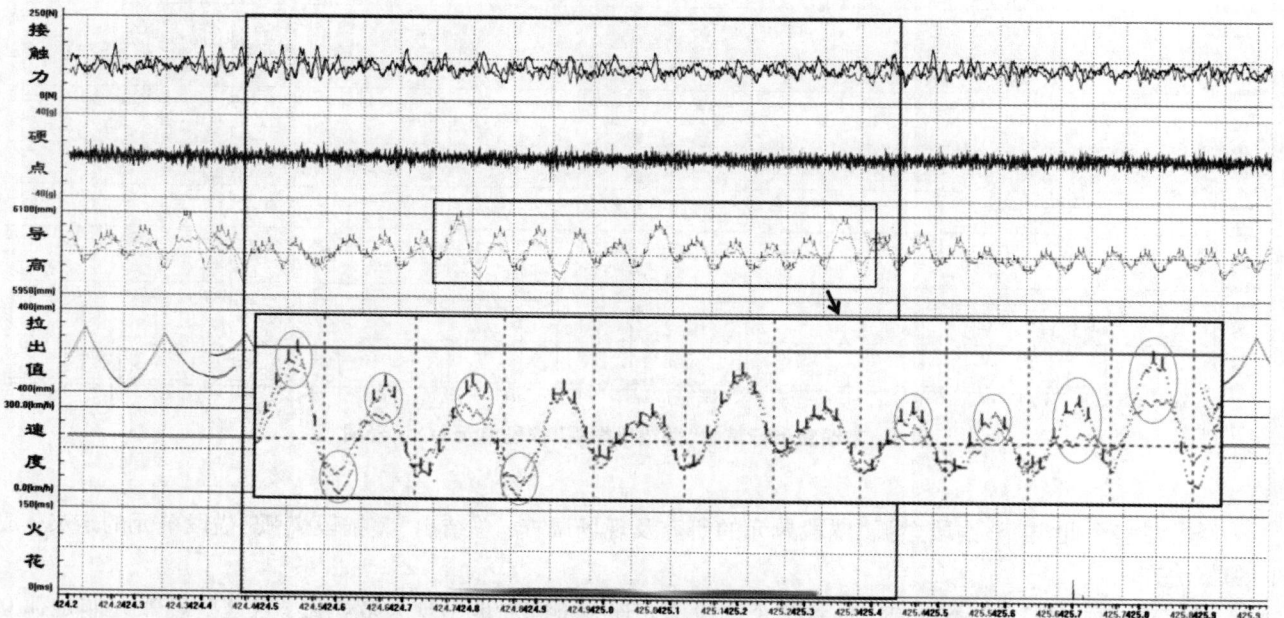

图4　某线路各锚段的 CDI$_H$ 分量分布面积图

由波形图可以看出整治前该锚段单元有 5~6 个跨的跨内高差超过 80 mm,是该锚段单元 CDI$_H$ 评分超过3分的主要原因。针对跨内高差大的处所进行导高调整后,波形整治前与整治后相比,可见图中黄圈处有6处大的跨内高差缩小 20~30 mm,其他导高波形基本一致,但 CDI$_H$ 由 3.00 分降低至 1.82 分,降低了 1.18 分,CDI 从 1.6 分降低至 0.9 分,降低了 0.7 分,降分效果明显。

可见,降低 CDI$_H$ 动态接触线高度分量关键在于减小锚段单元跨内导高的波动程度,核心就是减小跨内高差的均值,最高效的处理方式是对高差最大的若干个跨的导高进行调整。整治方法为日常维修天窗灵活调整或利用三级修(精测精修)整锚段调整。除 1C 波形数据和现场测量参数外,还需结合接触线张力情况、下锚卡滞情况、中心锚结情况以及各跨内吊弦受力情况来制定整治方案。

3.2.3 对 CDI_F 弓网接触力分量的研究

由图 2 可看到整个行别均匀地存在 CDI_F 弓网接触力分量，不同于几何参数的直观性和燃弧的画面性，弓网接触力是受电弓与接触网相互作用的参数，通过弓网视频无法观察弓网接触力的大小，现场也基本无法复测弓网接触力，故对 CDI_F 的研究较为困难。

由于弓网接触力与接触线高度和硬点存在相关性，而燃弧率分量的整治包含硬点整治，则在整治 CDI_A 和 CDI_H 分量的过程中，也间接地对 CDI_F 分量进行了整治。因此本文不再单独对 CDI_F 进行研究分析。

3.2.4 对 CDI_S 动态拉出值分量的研究

由表 1 和图 2 可看出 CDI_S 各时期的占比极小，且无明显变化，对 CDI 均值也影响不大，因此本文对 CDI_S 不再单独进行研究分析。

3.3 制定降低某线路 CDI 均值方案

降低某线路 CDI 均值的大致方案整理如下。

（1）利用历史 CDI 数据筛选燃弧率高且重复性高的锚段单元，将其划归为"整锚段燃弧"锚段单元，优先安排"整锚段换线"整治，然后安排"五轮平推"整治。

（2）在剩余锚段单元中筛选出 CDI_H 分量高且重复性高的锚段单元，将其划归为"平顺度不佳"锚段单元，采用日常维修天窗灵活调整或利用三级修（精测精修）整锚段调整。

（3）根据 CDI 整治优先级、整治难易度及资金安排等因素制定整治计划，对即将整治的评价单元逐个通过 1C 波形曲线、现场测量参数及评价单元内跨距、张力、曲直度、桥梁隧道等各类情况，制定每个评价单元的具体整治方案。

（4）逐个锚段单元组织实施 CDI 整治工作，并在整治完毕后通过后续 1C 波形曲线、1C 检测报告，结合现场测量数据持续评估整治效果，记录某线路 CDI 均值变化，从而不断积累 CDI 均值优化经验。

4 结论

通过定期检测监测积累检测数据，关注长周期各维度的数据变化，选取典型案例进行强化数据分析，制定科学合理的接触网线路优化质量方案，实现状态修是接触网修程修制改革的重要任务。对接触网动态性能指数（CDI）的研究和应用正处于快速发展阶段，受到了各层级干部职工的重视，因此利用接触网动态性能指数（CDI）指导现场养护维修工作必将成为大趋之势。

参考文献

[1] 刘再民，张文轩，王婧.接触网质量评价体系构建与推广[J].中国铁路，2021(10)：1-5.
[2] 乔凯庆，汪海瑛，杨志鹏，等.接触网动态性能评价指标应用研究[J].中国铁路，2021(4)：80-84.
[3] 王斌，王婧，杨志鹏，等.高速铁路典型线路接触网动态性能分析[J].中国铁路，2020(10)：35-40.
[4] 于迪，古晓东.高速铁路接触网动态检测中燃弧原因及整治措施分析[J].电气化铁道，2020,31(4)：55-58.
[5] 王婧，张文轩，王斌，等.弓网运行质量指数评价函数优化研究[J].中国铁路，2020(8)：1-6.

作者简介

杨国栋，中国铁路南宁局集团有限公司桂林高铁基础设施段。
罗丞君，中国铁路南宁局集团有限公司桂林高铁基础设施段。

隧道整治施工中的接触网下锚迁改方案与工艺

蒋立伟　裴　振

摘　要： 近年来，在隧道检测中发现了防水板切割二衬、冷缝、空洞等隧道质量问题，土建部门对此类问题的整治以制作套衬补强为主。在整治施工过程中，难免会遇到接触网设备迁改，而在诸多迁改工程中，以隧道内下锚迁改最为繁复。本文以南广线花培岭隧道配合套衬施工接触网下锚迁改为例，探讨了隧道内下锚迁改的关键技术，可为今后实施相同工程提供工程实践方面的参考。

高速铁路接触网一般一个锚段的长度在 1.6 km 至 1.8 km，因此，在遇到长大隧道时，下锚补偿装置不可避免地要设置在隧道内。在隧道内的下锚补偿装置一般设置在下锚洞内，以避开隧道内人行道，保证侧面限界。但近年来，因隧道内防水板切割衬砌，存在冷缝、空洞等问题，大量隧道需要进行整治施工，在这个过程中则不可避免地会涉及下锚洞内接触网下锚补偿装置的迁移施工。如何实施隧道下锚迁改是亟待解决的关键性问题。

1　工程概况

在南广线隧道整治排查过程中，发现花培岭隧道内上下行 I−15 及 II−15 锚段的三处下锚洞存在空洞现象，土建部门计划开展衬套补强施工。施工前，需将接触网下锚补偿装置从下锚洞中迁出。两锚段长1263 m，承力索为 JTMH−120，接触线为 CTS−150。安装方式为全补偿简单链形结构，滑轮补偿装置，承力索综合张力 15 kN，接触线综合张力 25 kN。在建设过程中，为保证隧道强度，I−15 与 II−15 锚段两端下锚装置间朝广州方向错开 5 m，隧道内每个下锚洞截面呈现为不规则偏心椭圆形。

2　下锚补偿设备选型方案

2.1　补偿装置的选型

因迁出下锚洞后，滑轮补偿装置的单体滑轮的轮槽与滑轮组的轮槽水平高度很难保持一致，同时，接触线、承力索补偿装置在线路里程上也存在偏移的现象；第一个单体滑轮与后面单体滑轮的轮槽在断面里程上存在 5 m 的偏差，滑轮补偿装置难免会出现严重的偏磨情况。因此，采用棘轮补偿装置作为迁出时的下锚方案。

2.2　坠砣及限制架的选型

隧道内动车组高速通过时，根据其空气动力学特性，对隧道内每一处所均会产生一定的压强，这一压强是以隧道内风压的形式体现的。风压作用在接触网下锚补偿装置上时，理论上会造成补偿绳及坠砣的风摆，长期作用下会造成限制架的变形，从而导致坠砣卡滞，影响其补偿能力。本次研究的花培岭隧道为5918 m 的长大隧道，其隧道内压力波动比短隧道平缓，在列车通过前均处于正压状态，通过后处于负压状态。其最大压强在以 250 km/h 的时速通过 16 节编组动车组时约为 4.43 kPa[1]，经计算，风压在坠砣上施加的额外压力在水平线路方向约为 500 N。

同时，根据铁科院李红梅等的研究可知，在列车 250 km/h 时速下隧道内各点风压分布在增加套衬后变化率最大增幅为 2.44%，最大降幅为 2.03%，套衬带来的空气动力学变化较小，可忽略[2]。

为减小隧道风压对坠砣的影响，采用了 JL57JSA−A 型限制架及 JL46SA−A 型坠砣框架，以减小隧道风压变化可能造成坠砣的卡滞。因隧道两侧人行道设有电缆沟及排水沟，为方便检修，限制框架下部与电缆沟盖板间保持 600 mm 间隙。

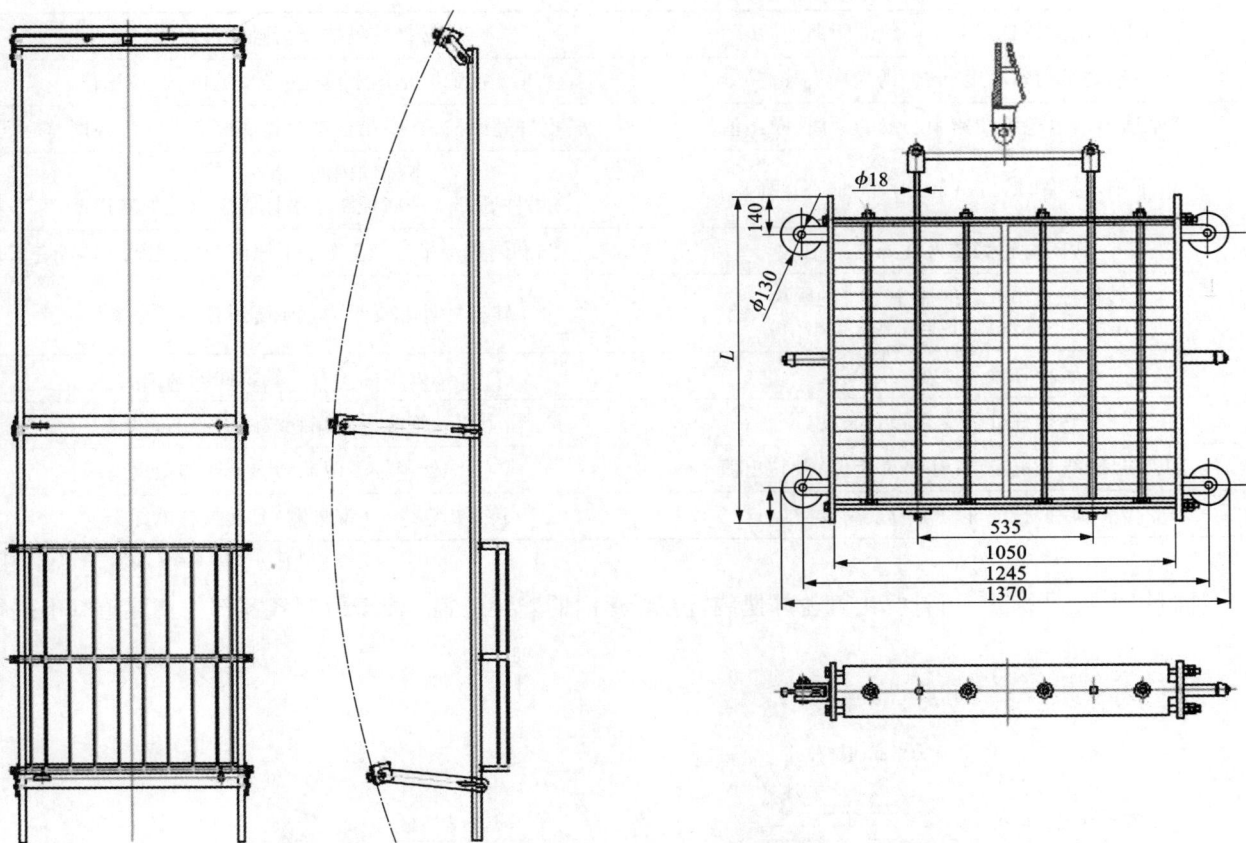

图 1 JL57JSA-A 型限制架及 JL46SA-A 型坠砣框架

在安装时，为避免风摆对施工中隧道内套衬稳固用锚杆的绝缘间隙不足，相关间隙 27.5 kV 带电体对隧道套衬及套衬模板的间歇不应小于 380 mm，保护线对隧道套衬及套衬模板的间歇不小于 150 mm，正馈线降低后对另一行平腕臂或承力索的间隙不小于 540 mm，否则需在腕臂上方增设一处正馈线吊柱悬挂装置。

3 施工方案与工艺流程

3.1 施工方案的确定

根据现场施工勘察和设备选型结果，确定了施工方案。施工过程共分为七个部分，具体介绍如下。

(1)测量参数：采用人工上网的方式对现有接触网参数进行测量。

(2)定置打孔：根据测量参数确定下锚补偿各零部件的位置，对安装位置进行定测标记、打孔。

(3)安装化学锚栓：安装化学锚栓并在 24 h 后进行拉拔试验。

(4)调整接触网参数：更换下锚吊柱，根据套衬施工要求调整附加导线、承力索安装高度。

(5)安装棘轮装置、坠砣限制架。

(6)倒锚作业：进行倒锚，并根据倒锚后测量到的数据调整绝缘距离。

(7)开通确认。

3.2 各工艺流程的组织要点

(1)测量参数。为保证计算准确，每个下锚装置需测量接触网参数数据 20 个，如表 1 所示。

表 1　每处下锚装置需要的接触网参数

承力索转向滑轮到线路中心线的距离（拉出值）	转换柱处非支接触线高度
下锚处承力索高度（转向滑轮中心导高）	非支接触线是正定位（还是反定位）及拉出值
接触线转向滑轮到线路中心线的距离（拉出值）	转换柱处吊柱长度（吊柱法兰盘底座和下端部高度差）
下锚处接触线高度（转向滑轮中心导高）	下锚洞内两个吊柱长度 （吊柱底部水平底板距离吊柱固定点处的隧道壁）
转向滑轮到转换柱处的跨距	下锚洞内两个吊柱位置处，下锚洞与常规断面的高差
转换柱处吊柱到线路中心线的距离 （吊柱下端部靠近线路部分拉出值）	转换柱处非支承力索到隧道顶部的距离
转换柱处工支承力索高度	下锚处绝缘子两端到轨面的高度
转换柱处工支接触线高度	下锚处绝缘子两端到线路中心的距离
工支接触线是正定位（还是反定位）及拉出值	下锚处绝缘子两端到隧道壁的距离
转换柱处非支承力索高度	下锚处绝缘子（带电侧）到转换柱的距离

　　通过以上参数测量，可计算出棘轮补偿装置在隧道内的安装位置，便于后期各零部件在隧道壁上进行定置。

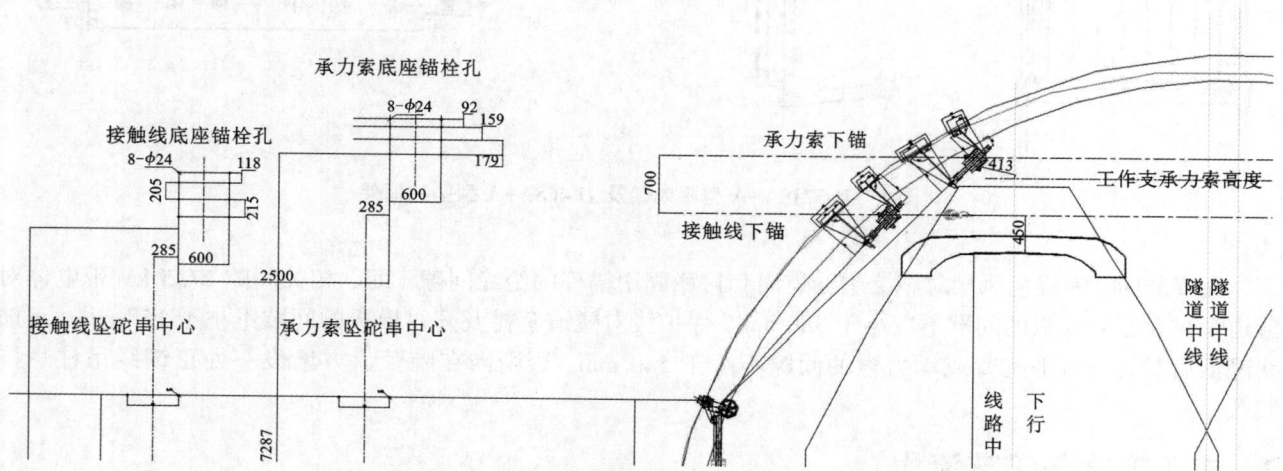

图 2　现场各主要零部件安装位置确定图

　　（2）定置打孔。按照各零部件外形制作打孔位置模板，根据计算所得将各零部件在隧道壁安装位置画定空位后进行打孔作业。推荐使用 20 mm 左右的木质材料制作模板，其取材方便、可塑性强，结构轻便。模板宜采用正四边形，便于使用水平仪找平。模板定置作业时，可用激光测量仪强光档作为辅助，对各零件中心位置进行定心，确保安装时补偿绳与地面保持铅直。打孔后需使用高压空气或毛刷对空洞内碎屑、粉末进行清理，以保证化学锚栓与隧道壁密贴良好。

　　（3）安装化学锚栓。接地引线在隧道壁固定采用 M16 的化学锚栓，棘轮底座及转向定滑轮采用 M20 的化学锚栓，坠砣限制架采用 M16 的化学锚栓。化学锚栓需通过 ETA 认证的防开裂倒锥定型化学锚栓，安装后应静置 24 h 保证强度，然后逐根进行拉拔试验；M16 的化学锚栓拉拔试验荷载为 40 kN，M20 的化学锚栓拉拔试验荷载为 60 kN。化学锚栓拉拔试验通过后方可进行接触网设备安装。

　　（4）调整接触网参数。需要降低整治区域及其附近的附加导线、承力索、接触线安装高度。套衬两侧腕臂吊柱上的附加导线降低 200 mm 安装高度（孔外安装）；正馈线吊柱需要更换加长。调整相邻跨定位点处的导高调整时，按照接触线最大坡度变化不应大于 1‰ 的原则进行调整。为保证绝缘距离，将接触网结构高度降至 800 mm，实施过程中有条件时可适当增加结构高度，但需保证最短吊弦在任何情况下都不得小于 500 mm。定位点两侧不小于 200 m 的接触网吊弦需进行更换，以确保接触网的平顺性。所有吊弦在改变结构高度时不得使用打斜、移位的方式，需进行整体原位更换。反定位管吊线按原设计标准采用 V 形拉线，长度根据现场实际可适当缩小。

（5）安装棘轮补偿装置、坠砣限制架。棘轮补偿装置在安装时因还未受力，其轮齿被卡在止动板上。为保证安装顺利，可适当调整止动板使其将棘轮顶起，但棘轮受力后需立即将止动板调回，保证其下落距离不大于 200 mm。安装棘轮时要使用水平尺检查有无倾斜的情况，如有微量倾斜可适当放松螺栓，用胶锤敲击进行调整，如倾斜量较大则需重新定测是否是打孔位置出现偏差。安装坠砣时，根据现场温度将安装温度控制在（1700±100）mm。

（6）倒锚作业。为保证锚段内设备变化最小，在倒锚时，应保证原下锚绝缘子相对位置不变。使用本线加长的方式将下锚绝缘子与棘轮补偿装置进行连接，接头采用接触线、承力索终端锚固线夹。坠砣加载后，应进行不少于 10 次的人工举升，以最大限度消除因生产工艺而产生的毛刺对棘轮、定滑轮等传动、转动部件造成的卡滞。同时，在举升过程中应观察坠砣是否平衡、棘轮是否偏磨。

检查完成后，应自下锚绝缘子起至棘轮装置逐米测量绝缘距离。绝缘距离的测量包括带电部分与无电部分、带电部分与隧道壁、上下行间三个位置，确保其均在安规及设计范围内。同时，安排地面测量组测量接触线导高、拉出值是否符合参数要求，并测量下锚各部件是否有侵入受电弓动态包络线的问题。如发现参数异常，需立即组织处理。

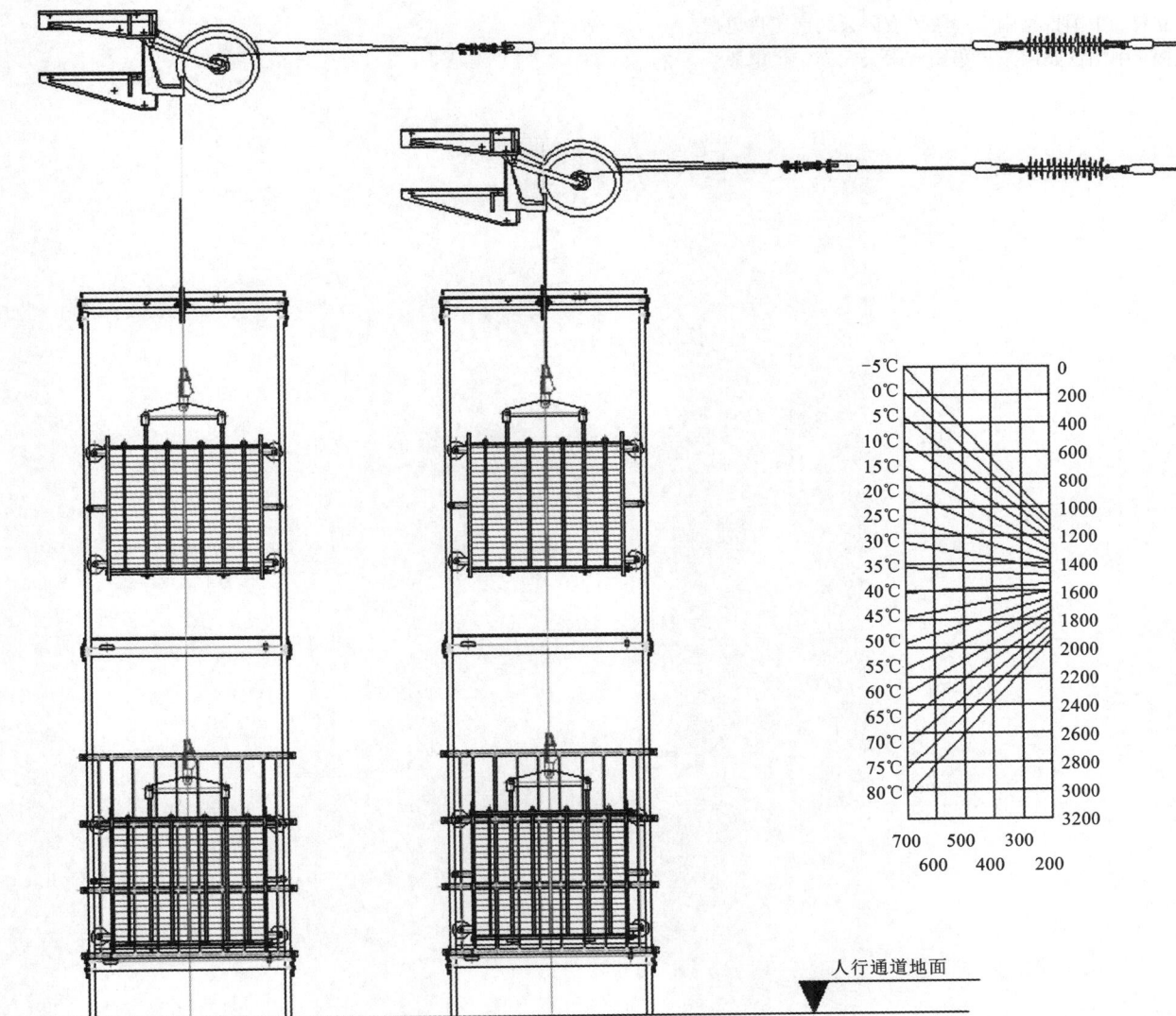

图 3　倒锚完成后最终状态示意图

（7）开通确认。完成所有施工步骤后，将人员、机具、材料全部撤至安全地带，撤除接地线组织并进行送电。送电后，需组织人员进行现场外观检查，耳听是否有放电声响，熄灯目测是否有放电拉弧。如无异常，组织人员撤出栅栏门后销记运统—46开通线路，登记第二日首趟列车（一般是动检车）限速160 km/h通过，并安排人员登乘。

4 结论

经过现场人员的不懈努力，花培岭隧道顺利完成了下锚迁改工作，将作业面准时交付土建部门开展整治作业。通过迁改作业的实施，本文摸清了隧道内接触网下锚迁改实施的重点难点工作，为今后类似接触网施工作业组织提供了有效的工程实例参考。

参考文献

[1] 郭瑞.高速列车通过隧道时洞内压力载荷特征及最不利隧道长度特性研究[D].兰州：兰州交通大学，2019.
[2] 李红梅，刘磊，白鑫，等.套衬对隧道空气动力学效应的影响研究[J].铁道建筑，2015(12)：66-69.

作者简介

蒋立伟，中国铁路南宁局集团有限公司南宁供电段。
裴振，中国铁路南宁局集团有限公司南宁供电段。

既有宁波站接触网供电线过渡工程方案研究

刘白剑 易水寒 陈昱珺 孟祥威

摘　要： 本文以宁波枢纽庄桥至宁波段增建三四线工程中的宁波站接触网供电线过渡工程为例，根据工程特点及施工重难点对该工程既有供电线改造施工技术方案进行优化，在保证施工灵活性的前提下，减小了对既有供电方式、设备的影响，缩短了过渡工程施工工期，大幅增强了方案的可实施性，减少了大部分高空作业，降低了对既有线行车安全的影响，为后续类似过渡改造施工提供了参考。

宁波站是中国"八纵八横"高速铁路客运专线上的一个大型综合交通枢纽，也是一个集地铁、公交、出租等各种交通方式于一体的客运综合体。1959年9月30日，萧甬铁路通达宁波；宁波站正式设立在宁波南门，并投入运营。1998年5月20日，宁波站完成第二次改扩建工程，并成为中国全国一等火车客运站；经过多次的改建及扩建，宁波站成为16股道接发车的大型一等火车站。其中，宁波站1~6道由宁波分区所兼开闭所馈出的宁波枢纽09供电单元供电；7、Ⅷ道由奉化牵引变电所馈出的杭深高铁411供电单元供电；Ⅸ道由奉化牵引变电所馈出的杭深高铁412供电单元供电；10~16道由宁波分区所兼开闭所馈出的宁

图1　宁波站既有架空供电线路（局部）

波枢纽08供电单元供电。受庄桥至宁波区间增建三四线接入既有宁波站引起的站场改造及路基施工影响，需对宁波站既有架空供电线路进行过渡施工，而如何进行最优的方案设计，在满足土建路基及站场改造施工的前提下，减小施工难度和对既有线行车安全的影响成为需要解决的问题。

1　既有供电线现状

既有宁波枢纽08、09供电单元供电线采用架空线同杆合架的方式在既有声屏障外侧15~20 m处沿既有铁路架设，在柳汀街公路上跨立交桥处下锚并降低高度，通过供电线支柱跨越及上网。

既有杭深高铁上下行正线接触网正馈线、保护线采用架空线同杆合架的方式，在既有声屏障内侧距离既有线6~8米内沿既有线路架设，在柳汀街小桥位置411、412单元回所T线T接既有接触网取电并与上下行正馈线及保护线同杆合架至既有宁波分区所兼开闭所位置。

2　原设计方案

原设计方案为在土建路基施工影响区域以外新立格构式钢柱并架设两路架空供电线路，分别对既有宁波枢纽08、09供电单元供电线及既有杭深高铁上下行正馈线、保护线进行过渡施工，并将既有杭深高铁411、412单元回所T线T接位置从柳汀街桥改至靠近既有宁波分区所兼开闭所位置。

3　存在问题

为了完成过渡施工，原设计方案在土建路基施工影响区域以外新立支柱并重新架设供电线。但经现场调查，发现存在以下施工问题。

图 2　既有宁波枢纽 08、09 单元出所处

图 3　既有 411、412 单元 AF、PW、T 同杆架设

（1）按照最新房屋还建位置平面图，原设计方案中新立支柱及架设过渡供电线的位置与还建电力车间、车务综合楼、还建建筑车间、还建地方十六户等后期规划的铁路房屋（图 4）还建位置冲突，部分支柱位置影响还建房屋，同时不能满足绝缘距离要求。

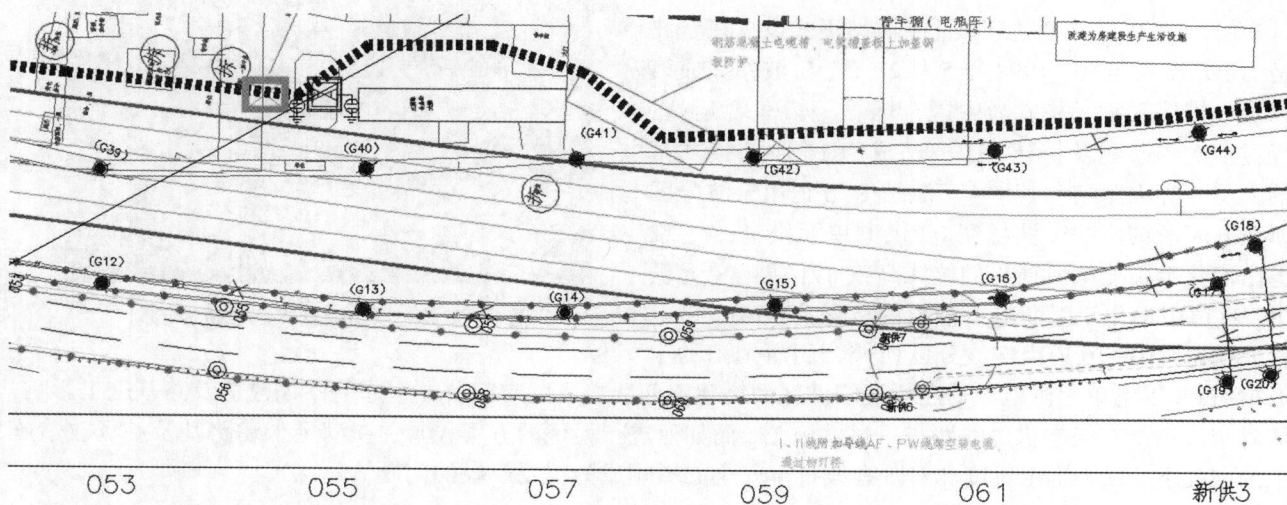

图 4　原设计供电线过渡平面图

（2）按照最新房屋征拆会议纪要要求，既有鸿兴公司三层办公楼取消拆除，导致原设计方案中架空供电线路无法通过鸿兴公司路段。

（3）原设计方案中维持既有降低高度通过柳汀街上跨立交桥的方式，增加了供电线下锚节点且不能保证在台风等恶劣气候条件下的供电线与桥身、桥墩的电气绝缘距离，提高了施工难度，并且不符合设备管理单位对降低供电线巡查维护难度的要求。

（4）原设计方案中全部采用供电线架空形式，在正式工程完工后需拆除相关供电线支柱及线索，在还建房屋已交付启用的情况下，不具备大型机械吊装作业的条件，同时高空作业、吊装作业多，安全隐患较大。

根据以上四点，原设计方案的可实施性不高，施工难度较大，对现场施工人身安全及既有线行车安全有较大安全隐患。

4　新设计方案

针对原设计方案存在的问题，建设单位萧甬铁路有限责任公司组织相关设计、监理、施工、运营单位会同相关技术人员，结合现场实际调查情况及相关数据，研究形成了"08、09 单元采用全电缆敷设方式；411、412 单元采用电缆+架空方式"的过渡方案（见图 5、图 6）

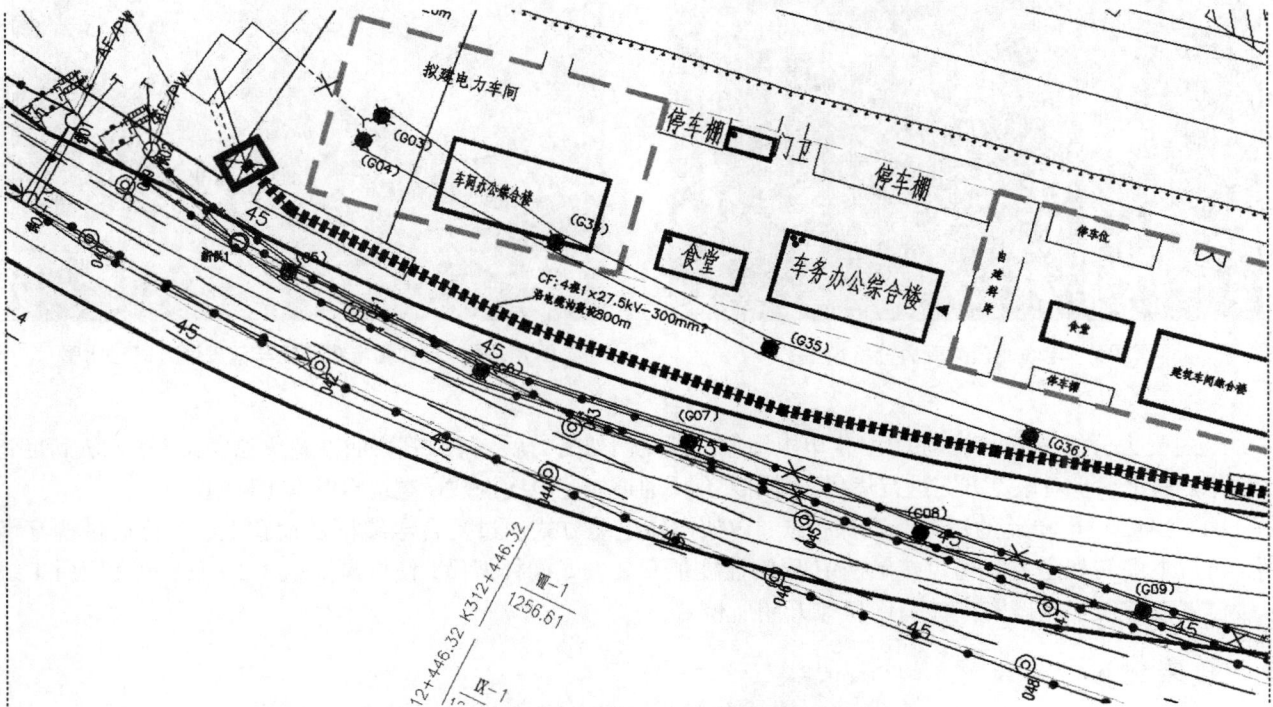

图5 三千枢纽08、09单元过渡图

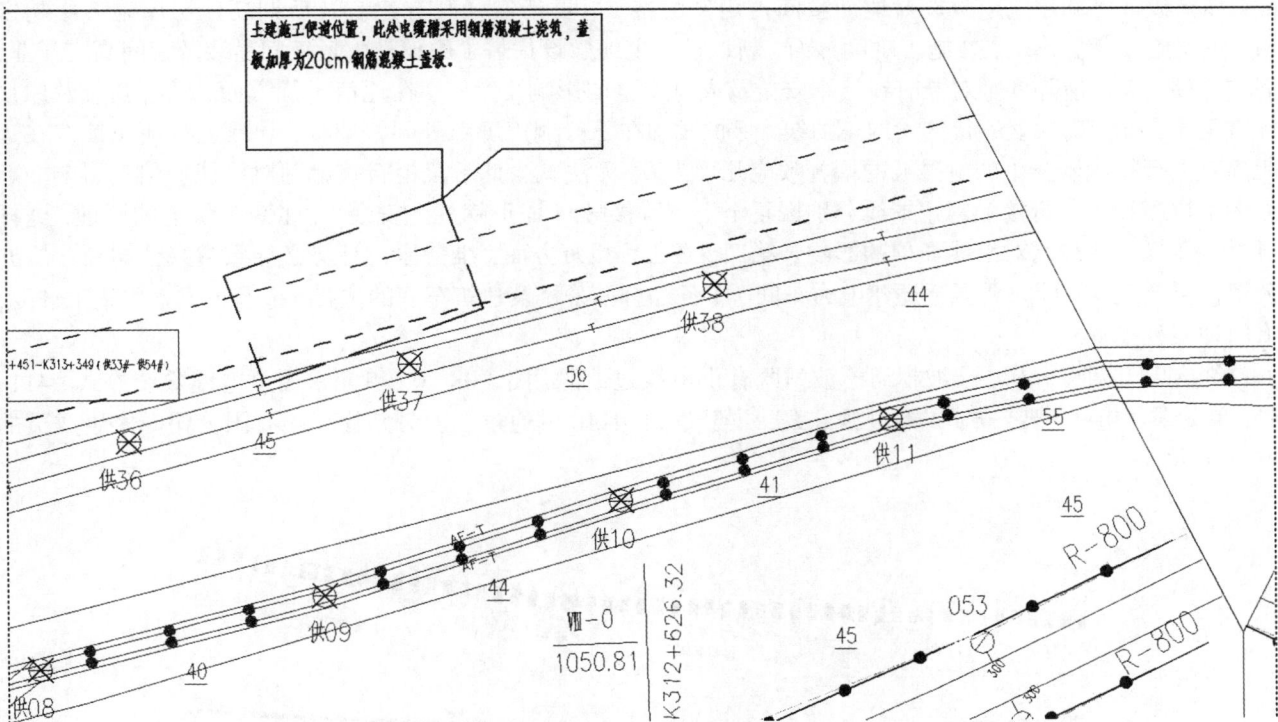

图6 411、412单元架空+敷设电缆方式过渡图

08、09单元采用新敷设电缆从既有宁波分区所兼开闭所内的箱式开闭所中引出后，在新建三四线声屏障外侧2 m位置修建电缆槽并沿声屏障敷设电缆至柳汀街。新设计方案中利用龙门架将电缆架空通过柳汀街1、2号小桥到达上网点，考虑到此处两龙门架之间的跨距达到30 m，跨距较大，故利用(有限元分析)软件对该模型进行受力分析。

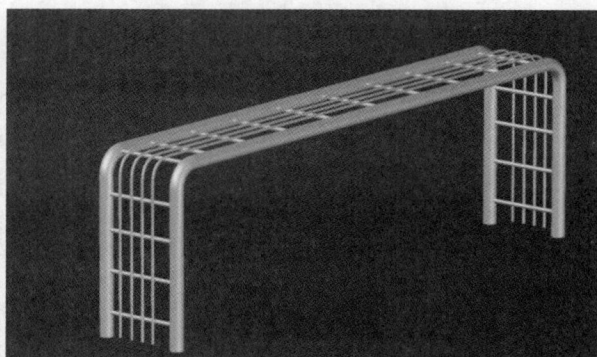

图7　电缆龙门架受力分析模型

图8　进一步优化电缆路径与新设计方案对比图

经过受力分析，此处跨距过大，供电电缆靠两处龙门架受力后，导致其弯曲度及负弛度较大，无法满足施工要求，故进一步对该点方案进行优化，利用废弃桥通道修建电缆沟敷设电缆至既有上网点。

411、412供电单元的正馈线及保护线，以架空转电缆方式通过复合电缆槽敷设在上、下行通过柳汀街桥，再以电缆转架空方式通过接触网H形钢柱柱顶安装方式同杆架设，使杭深高铁411、412单元回所T线T接位置改移至靠近既有宁波分区所兼开闭所位置。

5　效果分析

将原设计方案与新设计方案进行对比，第一，在工程施工可行性方面，原设计方案中新建过渡架空供电线路径与土建后期规划房屋还建位置冲突，且无法通过鸿兴公司既有三层办公楼，使原设计可实施性不高；而新设计可利用电缆敷设对地面空间占用低的特点，灵活避开既有建筑及后期还建房屋施工影响区域，可实施性高。第二，在施工难度方面，新设计用电缆敷设代替了原设计大量夜间吊装及夜间高空作业，简单方便，极大地降低了对既有线行车安全及人身安全的影响。第三，在通信干扰方面，既有安装及原设计方案中，杭深高铁上下行接触网正馈线、保护线均在下行侧声屏障外同杆架设，导致上行侧正馈线在远距离对上行接触网产生的电磁波的耦合效应几乎为0，无法减少此区段上行接触网对沿线通信的影响。新方案中杭深线上下行接触网正馈线分别恢复至上下行接触网H形钢柱上安装，根据AT供电的原理，这样可以显著降低接触网对沿线通信的影响。第四，在工程投资方面，维持原设计势必导致鸿兴公司原三层办公楼征拆及还建，同时要调整还建电力车间、车务综合办公楼及建筑车间的位置，拖慢正式工程施工进度，将增加工程投资。

综合以上四点分析，宁波枢纽宁波站既有供电线过渡采用了"08、09单元采用全电缆敷设方式；411、412单元采用电缆+架空方式"的过渡方案，并于2021年10月通过了上海路局集团有限公司专家组成员的方案评审。

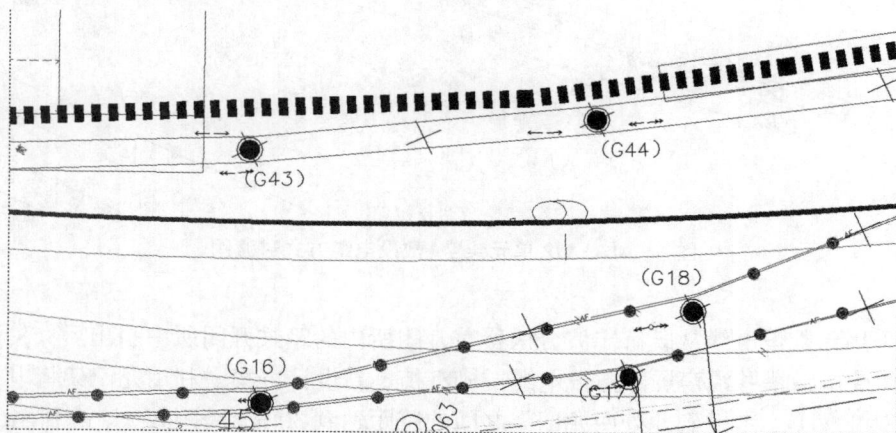

图9　供电线过渡总平面图

6　结束语

在大型既有铁路站场改造工程建设中，必然会遇到很多具有特殊形式的设计，如何尽可能地降低施工难度，减少长期投资，同时缩短施工工期以及避免对行车、人身等安全的影响，是在设计、施工过程中值得思考的问题。宁波枢纽庄桥至宁波段增建三四线工程施工中，对宁波站既有架空供电线路过渡方案的比选优化调整也是对这个问题的思考。通过优化，采用常规接触悬挂的安装以减少对沿线通信的影响、通过调试降低了既有线施工安全风险，达到了减少投资、加快施工进度的目的，值得在后续的站场改造工程施工中遇到类似问题时学习与参考。

参考文献

[1] 于万聚.高速电气化铁路接触网.成都.西南交通大学出版社，2003.
[2] 中国铁路总公司.QC/R9523—2018 高速铁路电力牵引供电细部设计和工艺质量标准[S].北京：中国铁道出版社，2018.
[3] 汪自杰.高速铁路接触网施工质量控制研究[J].技术与市场，2013.

作者简介

刘白剑，中国铁路南宁局集团有限公司柳州供电段，工程师。
易水寒，中铁二局电务公司，宁波段增建三四线工程项目经理，工程师。
陈昱珺，中国铁路南宁局集团有限公司柳州供电段，助理工程师。
孟祥威，中国铁路南宁局集团有限公司柳州供电段，助理工程师。

高速铁路锚段关节及关节式分相电气、机械结构分析及故障预防措施

韦益广

摘　要：锚段关节及关节式分相是高速铁路接触网中电气结构、机械结构较复杂的部分，不仅仅是锚段关节的参数，同时还涉及下锚装置、附加导线、隔离开关及其引线、避雷器及其引线等，而随着速度的提升、接触网晃动的加剧，各参数的调整难度也进一步加大。

1　结构形式

1.1　锚段关节

以四跨锚段关节为例，相邻两个锚段重合的部分有四个跨，即图 1 中从左边下锚至右边下锚的部分，其中各部分参数根据非绝缘锚段关节或绝缘锚段关节而不同，相对来说，绝缘锚段关节的参数更为复杂、参数对弓网状态的影响更明显些。

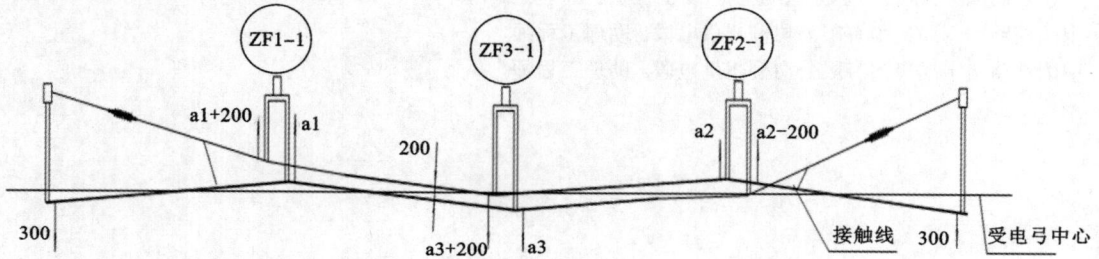

图 1　四跨锚段关节

由于高速铁路一般都是双线设计，每线的接触网支柱都在同一边，故锚段关节两侧根据平面图上的两支接触线是否存在交叉而区分为开口侧、闭口侧，如图 1 左边 ZF1-1 侧是开口侧，右边 ZF2-1 侧是闭口侧。

1.2　关节式分相

以六跨式关节式分相为例，两个四跨绝缘锚段关节重合两跨在一起组成六跨形式，除了两个锚段只重合两跨，另增加了一个六跨的锚段作为中间段，从而形成了完整的六跨式关节式分相，在分相的两根转换柱附近（即图 2 中两根 ZFX3 柱附近）形成了两个电气断口，以满足高速列车受电弓高速运行条件下上述两个锚段的电气绝缘。

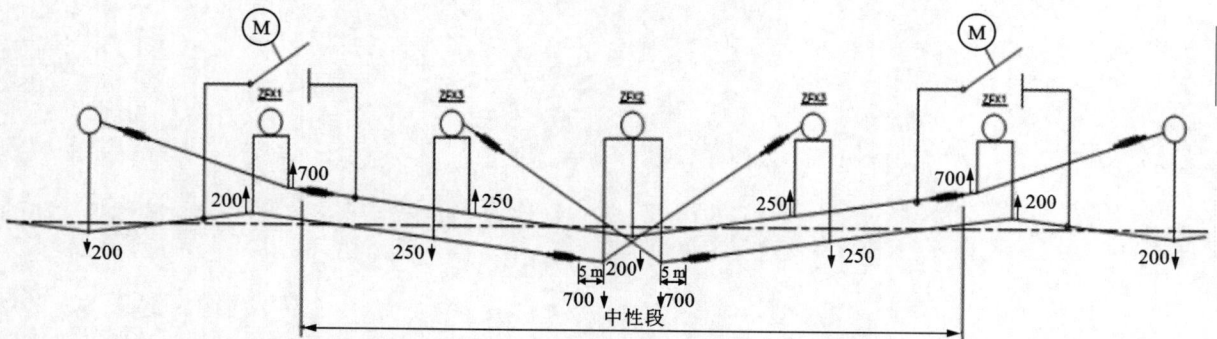

图 2　六跨关节式电分相

同样，关节式分相的锚段关节也会存在开口侧、闭口侧。

关节式分相也是变电所、分区所的上网点所在，并且一般都设置有上网隔离开关，所以也是各种引线的汇集处所。

AF 线的下锚分断一般也在分相范围以内。

2 电气结构分析及其结构薄弱点

2.1 锚段关节

作为相邻锚段衔接的部分，电气方面一般也是相互连接的，电流通过电连接线（非绝缘锚段关节）或隔离开关引线（绝缘锚段关节）在两个锚段之间流动。对于非绝缘锚段关节，由于有四组电连接作为两个锚段的电流通路，每组电连接的载流能力都要求不小于接触线+承力索的复合载流能力，所以只要按检修规程和标准工艺进行维护，问题一般不大；而如果是绝缘锚段关节，由于两个锚段之间仅仅通过隔离开关及其引线作为电气连接，引线依据各线设计不同有时是两根有时是一根软铜绞线，其电气连接相对非绝缘锚段关节来说只有 1/4 或者 1/2 的载流能力，故绝缘锚段关节的隔离开关及其引线是电气结构的薄弱点。

2.2 关节式分相

两个锚段（再加上中性段，其实是三个锚段）电气必须是相互绝缘的，因此形成了所谓的分相断口，而分相断口的存在使断口间必然存在电压差。

如果分相两边的相位相同，那么断口处的电压差可能达到数百伏；如果分相两边的相位不同，那么断口处的电压差可能达到几千伏甚至上万伏。

这个电压差在受电弓经过的时候就会在两支的接触线与受电弓之间引起燃弧，同时也有可能击穿两支的承力索之间、吊弦之间的空气造成闪络放电，极端情况下会烧伤线索甚至导致塌网。

另外，由于电力机车过分相时必须断开主断路器，以惯性通过电分相后闭合主断路器并恢复负载，这个断开、恢复的过程极易引起过电压，从而可能烧伤（击穿）绝缘子、烧伤线索。

2.3 各种引线、下锚非支、跨越线等比较多，会对相互间空气间隙及线索对地距离造成不利影响。

3 机械结构分析及其结构薄弱点

（1）锚段关节及关节式分相在机械结构上都是双腕臂甚至三腕臂，且都是锚段末端，线索受到温度变化的影响导致长度变化也大，而这个温度变化导致的线索伸长或缩短对于两个锚段来说是反向运动的，也就是说一个向左、另一个向右，或者一个向右、另一个向左，如果一支的接触线、承力索与另一支的腕臂、定位管等部件的安装参数不良，有可能造成相磨，而这种相磨如果不及时处理，很有可能造成伤线甚至断线的情况。

案例：2017 年 12 月 7 日，黎湛线发生了锚段关节处因为一支承力索与另一支的腕臂相磨，导致断线的事故。

（2）由于闭口侧存在线索交叉，有可能造成两支的吊弦之间、吊弦与另一支的线索之间的距离不足，在强风及高速受电弓的冲击下，有可能引起相磨、放电。

在柳南线集中修期间已经发现几处闭口侧吊弦与吊弦相磨、吊弦与接触线相磨。

（3）锚段关节的下锚装置中，由于承力索、接触线与终端锚固线夹是刚性连接的，承力索、接触线受到的冲击力在这个刚性连接上得不到缓冲，容易在线索展放阶段受到冲击，也容易在设备运行阶段受到冲击，而由于冲击造成的应力损伤、裂纹等又不能被及时发现，最终有可能造成断线。

如图 3、图 4 所示，终端锚固线夹中，螺栓销与终端双耳、螺栓销与双耳楔形线夹外壳连接的地方就是机械结构的薄弱点。

案例：2017 年 4 月 16 日的柳南线及 2019 年 7 月 30 日的南昆线都发生过因终端锚固线夹的螺栓销与终端双耳接连处断裂而导致塌网的事故，教训极为深刻。

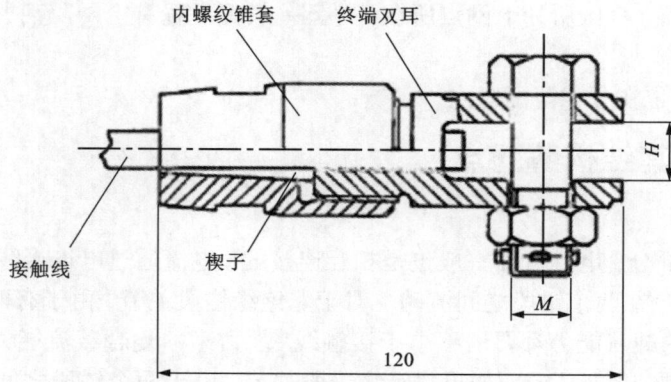

图 3　锥套形接触线终端锚固线夹示意图

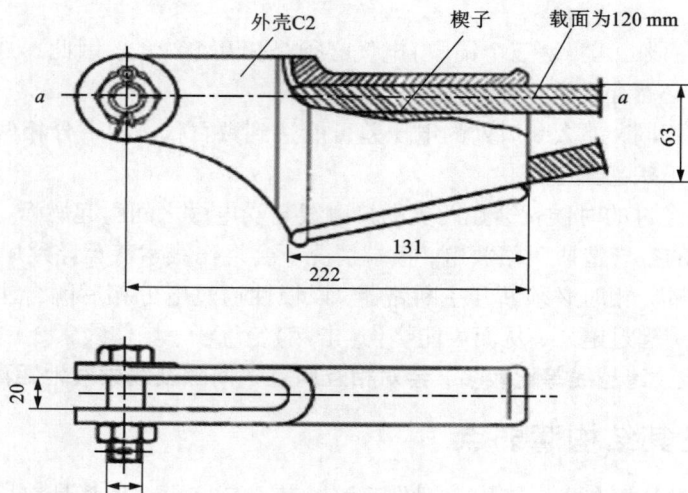

图 4　双耳楔形承力索终端锚固线夹示意图

4　故障预防措施

针对上述分析，提出以下预防措施。

（1）在日常检修以及 6C 分析中，重点针对锚段关节及关节式分相的导高等高点附近进行仔细检查和分析，防止燃弧造成不可接受的线索损伤。

（2）不管是新线验收还是日常运行，如果线索受到过机械冲击，必须对下锚装置进行重点检查，特别是要拆开终端锚固线夹进行检查，发现不良时立即更换。

（3）对于锚段关节及关节式分相的闭口侧，重点检查两支的吊弦间距以及吊弦与另一支接触线、承力索的间距，检查是否存在相磨以及放电痕迹。

（4）注意关节处电连接、各类引线长度及弛度是否合适，定位器偏移是否标准。对于绝缘锚段关节的隔离开关引线，建议均改为由双支软铜绞线连接，且加强检修质量及工艺标准。

（5）注意锚段关节处各两支的接触线、承力索与另一支的零部件之间的间隙，视情况加装等位线或保护条，甚至重新调整整个支持装置和接触悬挂，以保证足够的间隙。

（6）注意各引线与下锚非支的间距、引线之间的间距、引线对地的距离。

5　其他问题

（1）关节式分相断口的电压差具体是多少？目前没有方法能够准确测量。

（2）如何将电压差导致的不可避免的燃弧造成的损伤降到最低？对于承力索可以加装预绞丝保护条（电压差达到多少才需要加装保护条也是一个问题），但是对于接触线及吊弦该如何进行保护？

参考文献

［1］于万聚.高速电气化铁路接触网［M］.成都：西南交通大学出版社，2003.
［2］国家铁路局.电气化铁路接触网零部件［S］.北京：中国铁道出版社，2010.

作者简介

韦益广，中国铁路南宁局集团有限公司，助理工程师。

一起新型电缆直控式接触网隔离开关不定态故障的分析

陈　乾　张　斌　孟祥威

摘　要：接触网隔离开关是电气化铁路牵引供电系统中的重要设备，其功能可靠性对于保障牵引供电系统安全运行具有重要意义。本文对焦柳线新型电缆直控式接触网隔离开关的一起不定态故障进行分析和探讨，并提出对应的整治措施。

1　引言

焦柳线塘豹站(不含)至洛满站间共有53台接触网电动隔离开关、31面隔开监控屏，按《接触网电动隔离开关及控制装置暂行技术条件》(铁总工电[2018]138号)进行设计建造，每台隔离开关由单独的监控装置进行控制，各监控装置集中安装在隔开监控屏内，通过电缆直接与隔离开关机构箱连接，经监控屏内的通信管理机接入焦柳线牵引供电SCADA系统，从而实现开关的远动控制和监视功能。31面隔开监控屏中，有5面安装在牵引变电所主控室，5面安装在区间分相处，21面安装在车站。

2　概况

2.1　设备基本情况

水团变电所网开关站中，隔开监控屏安装在变电所主控室，监控3台接触网隔离开关，一是水团变电所分相隔开3001WG，二是水团变电所212馈线上网隔开3121WG，三是分段隔开3201WG。隔开监控屏两路电源分别从变电所交流屏一、交流屏二馈出回路接引。

12月24日焦柳线水团变电所的运行方式：Ⅱ回2#变运行，Ⅰ回1#变热备用。交流屏运行方式：主用1#交流电源(1ZB，27.5 kV所变)，合交流屏母联开关供电，1#交流电源同时供交流屏一、交流屏二；2#交流电源(2ZB，贯通线10 kV所变)变热备用。

2.2　不定态故障情况

2021年12月24日22时42分59秒，焦柳线水团变电所212馈线保护装置距离一段保护动作，212DL断路器跳闸。

22时44分，主站端出现水团变电所网开关站远动通信中断警告；22时47分，自动恢复正常，但全部3台隔开位置均显示为不定态状态，供电调度员无法判断隔开实际状态、无法遥控操作开关，监控功能失效。

23时17分，水团变电所网开关站3台隔开位置信号恢复正常，不定态问题共持续30分钟。

2.3　存在的问题

存在两方面的问题待调查解决，一是跳闸后网开关站远动通信中断又自动恢复正常的原因，二是远动通信恢复后出现隔开位置信号不定态的原因。

3　故障调查及分析情况

3.1　远动通信中断问题调查及分析

问题发生后，工作人员立即组织开展了相关调查。一是到水团变电所内检查隔开监控屏设备状况，经检查确认，通信管理机、监控装置等关键设备均运行正常，未发现明显异常。二是调查该时间段主站系统的SOE事件记录，梳理事件经过，相关事件记录如图1所示。

分析事件记录发现，在馈线跳闸与网开关站远动通信中断之间，22时43分交流屏有电源切换的记录，由1ZB电源主供、2ZB电源备供运行方式，切换为2ZB主供、1ZB备供运行方式。切换后网开关站主通道

日期	时间	被控站	供电类型	电压等级	类型	对象名	描述	操作员
2021-12-24	22:42:59.450	水团_牵引变电所	牵引	27.5KV	事故	212DL馈线保护装置距离I段保护动作	产生	—
2021-12-24	22:42:59.540	水团_牵引变电所	牵引	27.5KV	重要开关动作(非远动操作)	212DL断路器	分	—
2021-12-24	22:42:59.580	水团_牵引变电所	牵引	27.5KV	其他报警	A相馈线测控装置203YH自动切换信号	消失	—
2021-12-24	22:42:59.583	水团_牵引变电所	牵引	27.5KV	其他报警	A相馈线测控装置204YH自动切换信号	产生	—
2021-12-24	22:43:02.350	水团_牵引变电所	牵引	27.5KV	其他报警	1号交流屏进线交流投入(1KM)	消失	—
2021-12-24	22:43:02.483	水团_牵引变电所	牵引	27.5KV	其他报警	2号交流屏进线交流投入(2KM)	产生	—
2021-12-24	22:44:58.920	水团牵引变电所_网开关站	牵引	27.5KV	站通信状态	通信状态	异常	—
2021-12-24	22:44:58.920	水团牵引变电所_网开关站	牵引	27.5KV	链路状态	装置链路状态(10.188.228.99)	异常	—
2021-12-24	22:44:58.920	水团牵引变电所_网开关站	牵引	27.5KV	链路状态	装置链路状态(10.188.228.107)	异常	—
2021-12-24	22:47:58.833	水团牵引变电所_网开关站	牵引	27.5KV	站通信状态	通信状态	正常	—
2021-12-24	22:48:00.973	水团牵引变电所_网开关站	牵引	27.5KV	链路状态	装置链路状态(10.188.228.107)	正常	—
2021-12-24	22:48:01.897	水团牵引变电所_网开关站	牵引	27.5KV	链路状态	装置链路状态(10.188.228.99)	正常	—

图1 事件记录

链路 10.188.228.99(通信管理机 A 机 IP 地址)和备通道链路 10.188.228.107(通信管理机 B 机 IP 地址)同时中断,这一现象说明两台通信管理机同时出现异常,大概率是电源出现了问题,需进一步分析隔开监控屏电源情况。隔开监控屏两路电源结构如图2所示。

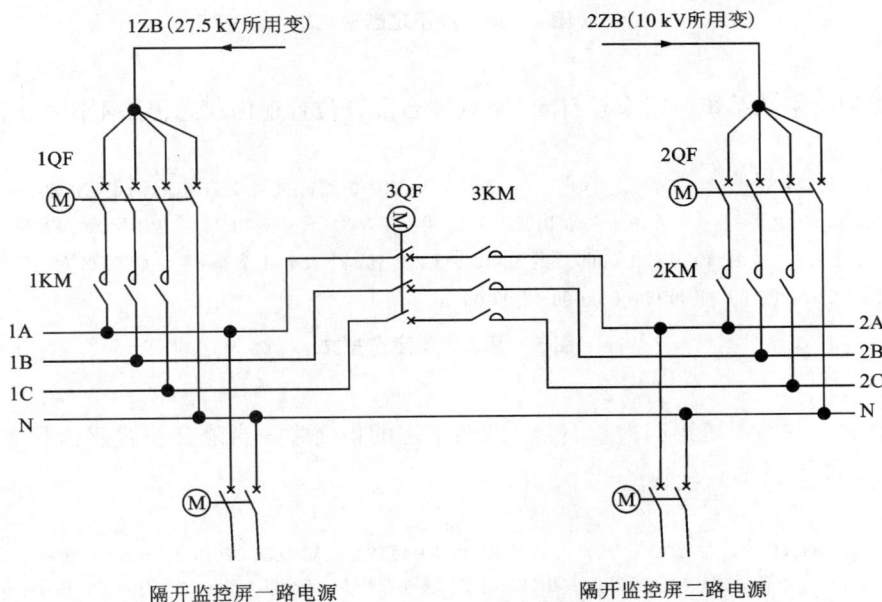

图2 隔开监控屏两路电源结构图

因为变电所交流屏正常运行方式为合母联开关(3QF)供电,主用 1ZB(27.5 kV 所变)交流电源,1KM 接触器闭合,2KM 接触器断开,所以隔开监控屏的两路电源实际上只由 1 台所变供电,当 212 馈线跳闸时引起变电所 27.5 kV 母线电压波动,交流屏将切换至 2ZB(10 kV 所变)主供,1KM 接触器断开,2KM 接触器闭合。为避免所变电源波动导致交流屏电源频繁切换和 2 台所变并网供电问题,交流屏两路电源切换设有一定延时,结合现场设备检查结果,基本可分析判断网开关站远动通信中断又自动恢复正常,是交流屏电源切换,隔开监控屏内通信管理机瞬间停电关机、来电开机所致的。

3.2 隔开位置信号不定态故障调查及分析

22 时 47 分，隔开监控屏设备来电开机后出现隔开位置信号不定态现象；23 时 17 分，自动恢复正常。为查明这一问题，首先调取了主站端原始报文分析，判断不定态故障发生在主站还是在被控站。

经分析报文发现，22 时 47 分 59 秒，水团变电所网开关站响应主站系统总召唤指令，通信管理机 B 机（IP 地址 10.188.228.107）上送遥信报文，经解析报文，发现此时上送的 3 台隔开位置遥信状态均是不定态。报文解析如图 3 所示。

```
111039071        2021/12/24        22:47:59.302/-0:32AC:2C54/IEC104Master/IEC104Master
/YaoXin -［水团牵引变电所_网开关站_DIOBJECT_2］接收不带时标遥信报文(3)：发送序号=5 接收序号
=2 长度=24 本地 IP=10.188.223.100 远程 IP=10.188.228.107 RTUAddr=1 数据=68 16 0A 00 04 00 03 03
14 00 01 00 02 00 00 00 0D 00 00 00 18 00 00 00
        ⇑           ⇑         ⇑            ⇑
    3201WG位      不定态   3001WG位      3121WG位
    置遥信地址            置遥信地址     置遥信地址
```

图 3　报文解析

根据主站系统每 10 分钟轮巡总召的设定，22 时 57 分 59 秒主站系统第二次下发总召唤指令，通信管理机 B 机上送遥信报文，3 台隔开位置遥信状态仍是不定态，报文如图 4 所示。

```
111040794        2021/12/24        22:57:59.279/-0:32AC:2C54/IEC104Master/IEC104Master
/YaoXin -［水团牵引变电所_网开关站_DIOBJECT_2］接收不带时标遥信报文(3)：发送序号=16 接收序号
=4 长度=24 本地 IP=10.188.223.100 远程 IP=10.188.228.107 RTUAddr=1 数据=68 16 20 00 08 00 03 03
14 00 01 00 02 00 00 00 0D 00 00 00 18 00 00 00
```

图 4　第二次不定态报文

23 时 07 分 59 秒，主站系统第三次总召唤，此时 3 台隔开位置遥信状态仍是不定态，报文如图 5 所示。

```
111042523        2021/12/24        23:07:59.248/-0:32AC:2C54/IEC104Master/IEC104Master
/YaoXin -［水团牵引变电所_网开关站_DIOBJECT_2］接收不带时标遥信报文(3)：发送序号=33 接收序号
=7 长度=24 本地 IP=10.188.223.100 远程 IP=10.188.228.107 RTUAddr=1 数据=68 16 42 00 0E 00 03 03
14 00 01 00 02 00 00 00 0D 00 00 00 18 00 00 00
```

图 5　第三次不定态报文

23 时 17 分 59 秒，主站系统第四次总召唤，此时上送的报文中 3 台隔开位置遥信状态恢复正常，不定态问题消失，报文如图 6 所示。

```
111044211        2021/12/24        23:17:59.443/-0:32AC:2C54/IEC104Master/IEC104Master
/YaoXin -［水团牵引变电所_网开关站_DIOBJECT_2］接收不带时标遥信报文(3)：发送序号=44 接收序号
=9 长度=24 本地 IP=10.188.223.100 远程 IP=10.188.228.107 RTUAddr=1 数据=68 16 58 00 12 00 03 03
14 00 01 00 02 00 00 02 0D 00 00 01 18 00 00 02
                     ⇑          ⇑          ⇑
                 3201WG合闸   3001WG分闸   3121WG合闸
```

图 6　隔开位置遥信状态恢复正常报文

根据以上报文分析，22 时 47 分水团变电所网开关站因外电源停电、来电重启恢复通信，至 23 时 17 分 59 秒的 30 分钟内，主站端前后 3 次收到所内上送的隔开位置遥信状态均是不定态，可判断不定态故障发生在网开关站。

继续分析网开关站设备，其结构图如图 7 所示。NSC682 装置通过控制缆采集对应隔离开关的位置信号开入量，经 485 串口线采用 ModBus 规约与 NSC2202 管理机进行数据交互，管理机与 SCADA 主站采用 104 规约进行数据交互，两台管理机之间利用接入后台的交换机实现网络互连。

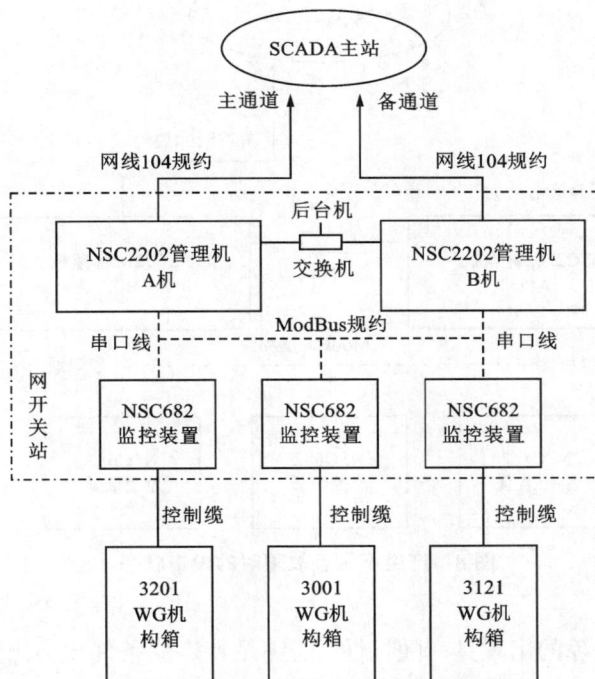

图 7　网开关站设备结构图

经现场检查，确认与隔开位置信号相关的机构箱辅助开关、二次回路、控制缆、NSC682 监控装置、NSC2202 管理机等各设备均运行异常，未发现硬件故障现象，基本排除硬件方面的问题，继续查找程序方面的问题。

因网开关站的 NSC2202 管理机无存储功能，故无法查询不定态故障发生时管理机的历史记录。分析隔开位置信号的采集、上传过程，NSC682 装置采集的隔开位置信号是单点遥信，经 485 串口线上传至 NSC2202 管理机，NSC2202 管理机内部的单遥信转双遥信逻辑功能模块计算合成双点遥信后，经以太网线上送 SCADA 主站。因 NSC682 装置与 NSC2202 管理机之间采用串口通信，在两台管理机中，只有一台能接收到 NSC682 装置上送的数据，包括隔开的单点遥信位置信号，另一台管理机需通过互备规约获得数据，而互备规约的程序设定为开机互备一次，之后每 30 min 互备一次，这两台管理机通过各自的逻辑功能模块计算合成隔开位置双点遥信。进一步检查通信管理机内的单遥信转双遥信模块设置情况，发现存在设置不合理的问题，设置为互备模式，但在此种模式下，只有管理机 A 机的逻辑功能模块计算合成双点遥信，管理机 B 机的逻辑功能模块未工作，无法计算合成双点遥信，只能等 30 分钟后通过互备规约得到 A 机计算合成的双点遥信状态。

通过以上调查情况，可基本分析梳理出不定态故障产生的原因和当时的设备状态，以及不定态故障产生和消失的经过。22 时 47 分，各设备因停电、来电重启后，NSC682 监控装置向管理机 A 机上送单点遥信数据，管理机 A 机通过互备规约将单点遥信数据传送给 B 机；A 机的单遥信转双遥信逻辑功能模块工作计算得出正确的隔开位置双点遥信数据，B 机因模式设置错误，单遥信转双遥信逻辑功能模块未工作，故 B 机此时的隔开位置双点遥信状态为不定态。因管理机与 SCADA 主站采用的是以太网 104 规约，设备重启恢复后，SCADA 主站随机与 B 机建立了数据链接恢复通信(可通过原始报文中的远程 IP 证实)，随即主站向 B 机下发总召唤命令，B 机响应命令上送了隔开不定态遥信数据(见图 3)，导致主站端系统显示水团变电所网开关站 3 台隔开均为不定态，监控功能失效。并在随后的 22 时 57 分、23 时 07 分响应总召命令，再次上送了 2 次不定态数据(见图 4、图 5)。直至 23 时 17 分，到达两台管理机的互备规约周期，A 机将正确的隔开位置双点遥信数据传送给 B 机，此时恰好主站端再次下发总召命令，B 机才上送了正确的隔开位置双点遥信数据,不定态故障消失。不定态故障产生时的状态如图 8 所示。

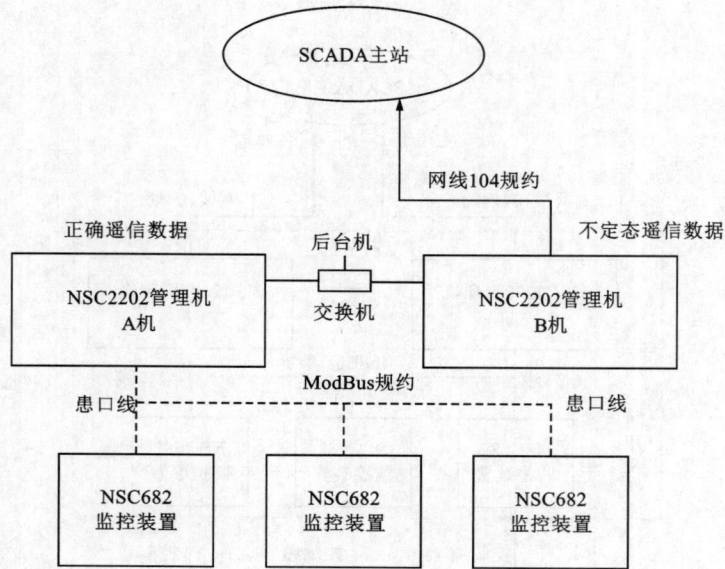

图 8　产生不定态故障时的设备状态

　　根据以上分析,不定态故障的出现具有随机性,需满足特定的条件才会出现,故前期的调试和运行过程中均未能及时发现该故障。

4　整改措施

4.1　优化变电所网开关站电源结构

　　为提高变电所网开关站的电源可靠性,避免因所变电源波动和切换导致隔开监控屏设备停电、来电重启,经报供电部审批同意,对焦柳线 5 个变电所网开关站的电源接引位置进行了优化,优化后的隔开监控屏两路电源结构如图 9 所示。

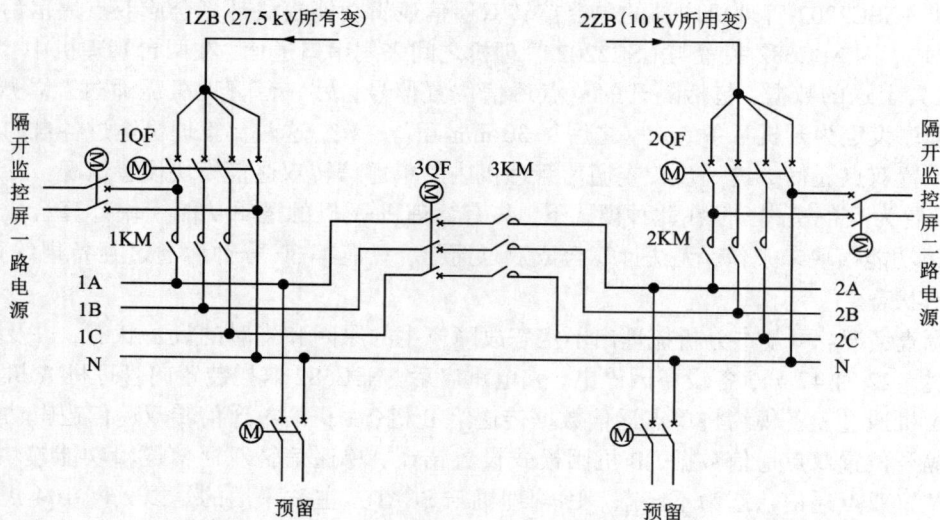

图 9　优化后的隔开监控屏两路电源结构图

　　优化后的隔开监控屏两路电源分别从交流屏切换接触器上端取电,减少切换延时的影响,并可将 1ZB、2ZB 两台所变电源同时接入隔开监控屏,由监控屏内配备的无延时切换接触器进行双路切换,从而提高设备电源可靠性。

4.2　优化通信管理机模式设置

根据 NSC682 装置与 NSC2202 管理机采用 485 串口 ModBus 规约通信、管理机与 SCADA 主站采用以太网 104 规约通信的情况,应将管理机内单遥信转双遥信逻辑功能模块的互备设置取消,使 2 台管理机独立计算合成隔开位置双点遥信,则 SCADA 主站与任何一台管理机通信时都可避免不定态故障的发生。优化设置后,现场进行多次设备停电、来电试验,监测管理机及上送主站的数据情况,未再发生不定态故障,后续对焦柳线全部 31 面隔开监控屏的管理机设置进行了优化,设备恢复正常运行。

5　经验教训

一是工程设计方案审查方面,对接触网隔离开关监控屏这一重要技术设备的电源设计方案审查不够仔细,设计、审查、施工、调试阶段均未发现交流屏运行模式及切换延时对设备运行造成的不良影响。二是关键核心设备的技术规格编制有缺漏,未明确监控屏内通信管理机历史记录存储方面的技术要求,生产厂家未配备相关功能,不利于对设备故障、隐患的调查分析。三是调试方案不够全面细致,只进行常规的设备运行状况检查和三遥功能调试,未及时发现管理机单遥信转双遥信逻辑功能模块模式设置不合理的问题。

作者简介

陈乾,中国铁路南宁局集团有限公司柳州供电段,供电技术科科员,工程师。

张斌,中国铁路南宁局集团有限公司柳州供电段,供电技术科科长,工程师。

孟祥威,中国铁路南宁局集团有限公司柳州供电段,供电技术科科员,助理工程师。

接触网绝缘子防污闪的处置与应用

聂子林

摘　要： 接触网绝缘子的防污闪工作一直是电气化作业人员要密切关注的，也是近几年来专家研究者们非常感兴趣的一大研究课题。本文对接触网绝缘子污秽的产生机理和影响，以及防治的主要措施做了相关研究与论述。

1　引言

绝缘子是铁路接触网供电系统的重要组成部分，用于不同的电压等级线路上，其中接触网绝缘子对半采用 25 kV 的工频单相交流制，在户外进行绝缘工作时，会受到多半来自路外隐患的伤害，使其产生污秽物后绝缘性能大幅度受到影响。绝缘子表面产生污秽的主要原因有环境污染。当货运客车运行过程中，货物会产生一些化学粉尘或者其他粉尘，内燃供电混合运行的区段上会有内燃机排放的烟尘，一些横来的金属皮屑之类的物体，黏附到绝缘子表面处，使接触网因绝缘子表面污秽造成闪络的事故频繁发生。接触网中绝缘子安设高度又比一般高压供电线路低，污染就更严重，污秽的产生与污秽性质及其浓度有关，在工业排放区段，烟尘和地面飞扬起来的颗粒中较大的污物在风力、重力和电场力的作用下积聚在绝缘子表面，使在线路运行过程中的绝缘子表面难免黏附一些污秽物，这些特殊的污秽物均有一定的导电性和吸湿性，这些性能会在湿度较大的条件下大大降低绝缘子的绝缘水平，从而使绝缘子表面泄漏更多电流，以致在工作电压下也能发生绝缘子闪络事故。

2　绝缘子污闪的产生机理

自然环境因素会使在线路运行中的绝缘子表面逐渐沉积一些污秽物。在天气潮湿的情况下，这些表面带有一些污秽物的绝缘子很难保持高绝缘水平。由于绝缘子的形状和结构及绝缘子表面的污垢物分布不均匀等不同因素，使它的各部位上的电流密度不相同，所以在电流密度较大的部位形成了干燥的地带。干燥状态下，绝缘子表面的污秽物一般不导电甚至导电性能较差，放电电压和绝缘子的干燥洁净时期的放电电压非常接近，只有当这些污秽物吸水受潮时，它表面上的闪络电压才会有所变化。对污闪来说，最恶劣的天气主要包括冰雪天气和浓雾天气。绝缘子表面受到固体、液体和气体导电物质所带来的污染，以及在遇到雾、露水和毛毛雨等湿润作用时，会使其污层电导增大，从而泄漏的电流增加，会产生局部放电。在运行电压下，瓷件表面的局部放电发展成为电弧闪络。在绝缘子污闪时，一些设备的重合闸成功率很低，它们往往会造成大面积停电，出现停电事故。污闪中所带来的强力电弧还会经常损坏电气设备，使停电时间延长。这种大面积、长时间的停电，给工农业生产和人民生活带来的危害是十分严重的。因此，防止绝缘子发生污闪已经成为保证接触网供电系统安全生产的重要工作。

在线路运行中的绝缘子，容易在自然环境中受到化学成分的影响，表面逐渐出现一层层污秽物。受到天气的影响，绝缘子的绝缘性能降低了。

3　绝缘子污闪的影响

3.1　影响供电臂的正常运行

在线路正常工作状态下，绝缘子污闪导致供电设备出现问题后，会影响供电环节。污闪是对供电可靠性危害极大的频发事故。在绝缘子发生污闪后，线路供电很有可能中断，重要线路的停电将会造成整个接触网供电系统的瘫痪，从而产生直接或间接的损失，这些损失所带来的后果比较严重。绝缘子污闪多发生在秋末冬初和冬末春初，其与污秽来源和污染程度有关，这些也直接影响到线路供电的可靠性。户外绝缘子在常年的挂网运行中会受到工业污秽或自然界盐碱、飞尘等污染，主要污秽来源有被排放的废气，其中含有 SO_2（二氧化硫）、NH_2（氨基）、NO_3（硝酸根）等，遇潮湿空气形成酸碱溶液，粉尘的导电性颗粒和化学污秽源附着在绝缘子表面，会降低绝缘子的绝缘水平，绝缘效果也大大降低，更会使整个线路发生供电故障，让整个线路的接触网供电系统没有保障。供电故障很大一部分是由于绝缘子污闪放电造成的。在污闪出现的时候，由于没有做到防污闪的相关工作，使得设备没有办法在正常的状态下运行，从而直接影响到线路供电。

因为绝缘子是供电线路中的一种绝缘控件，在架空的供电线路中起到重要的绝缘作用，还能支撑导线和防止电流回地，所以绝缘子的污闪会对绝缘子以至于整个供电线路造成严重的危害。污闪时，绝缘子表面附着的污秽物在潮湿条件下形成的导电膜，对于绝缘子的绝缘水平有严重影响。

当污闪情况严重时，会严重影响绝缘子的绝缘作用，造成电流回地，因此可以说绝缘子的污闪对于整个高压供电线路的影响极为严重，防污闪就成为一种必要的措施。绝缘子在通常作用与高压供电线路中，它最早应用于线杆上方，一方面起到支持导线的作用，另一方面防止电路回流；常见的绝缘子是线杆上方的盘状绝缘体，通常由玻璃或陶瓷构成。污闪则是绝缘子表面的一些附着物或者污秽，且由于一定的溶水性，使其在绝缘子的表面形成了导电膜，进而导致绝缘子的绝缘水平降低。

3.2　影响绝缘子的绝缘性能

绝缘子通常是采用瓷材料制成的，结构紧密，表面涂有釉质用以提高电气绝缘性能。当绝缘子发生污闪时，表面的釉质会受到污闪的影响，从而使得绝缘子的绝缘性能大大降低。在高压环境下，绝缘子发生污闪容易使得绝缘子出现老化问题，同时也降低了绝缘子的机械强度和耐污水平。这些都极易影响到绝缘子的绝缘性能。因为不同绝缘子的绝缘性能不相同，绝缘子的电气特性也不相同，所以在不同电气特性的绝缘子发生污闪后，绝缘性能发生改变。当绝缘子发生闪络后，绝缘子表面出现烧伤痕迹，通常绝缘子的性能不发生改变。当绝缘子发生击穿时，瓷材料的部分配件发生损坏，虽然表面不见有烧伤等痕迹，但是却大大降低了绝缘子的绝缘性能。若绝缘子的绝缘性能降低，在户外工作时，如遇到自然灾害的影响，比如大雾、雷雨等天气，将会给整个电网线路带来重大的打击。

3.3　影响线路正常用电

绝缘子污闪容易影响接触网供电系统的稳定与安全运行，包括断电停电现象。出现污闪事故后容易引发跳闸断电现象，直接影响到铁路电力机车的正常取流用电。造成不可避免的损失。污闪事故容易使绝缘子绝缘性能下降，在供电设备不能行之有效的工作时，容易出现大小事故，直接被影响到的就是铁路安全运输。降低污闪跳闸率，是提高电气化铁路供电可靠性的重要内容之一。

4　绝缘子防污闪措施

污闪故障波及面广且时间较长，有时造成多条供电臂单元污闪停电。所以，防止污闪对保证线路安全极为重要。一般可根据本地区的运行经验，采取以下防污措施。

4.1　及时清扫绝缘子

根据污秽季节的判断，在此时间段到来之前，登高进行清除工作，清扫的方法在每年雨季来连前清扫一次，采用清扫工作时也要做出正确的选择，干布湿布以及添加清除剂或者肥皂水，擦拭清理绝缘子表面。对不易进行登高清理的绝缘子先更换新绝缘子，之后再将旧的绝缘子拿下仔细清理，完成后再将原本的新绝缘子换下。在污秽到来之后就要进行一系列的定时定量的清扫工作，不仅要防微杜渐，也要在后期进行有力的维护清理。按照国家规定规程，需要在停电状态下，进行人工清扫方面的防污工作。由维护人员爬到支柱绝缘子上，对每个绝缘子进行全方位的清扫，在清扫的过程中要注意对瓷裙是否有缺陷等故障的检查。清扫绝缘子是一种经济有效的防污闪措施，但是，也有一定的弊端，因为受生产及气候等因素的限制，各地区难以实现最佳清扫时间和周期。加上线路年年增加，清扫工作量大，浪费了人力资源。需要用其他方法与此相结合，起到相辅相成的作用。

4.2　采用防污涂料

RTV 涂料是首当其冲的选择，对污秽严重地区的绝缘子，必要时可采取定期在表面涂有机硅油等防污涂料，以增强其抗污能力。有条件时，也可采用半导体釉绝缘子。在绝缘子防污闪的工作上，成本较为低廉且功效有一定的把握是选择的重要条件，所以在涂料方面上选择 RTV 涂料。即使在憎水性上面来看 RTV 涂料都具有优良的憎水性和憎水迁移性，当绝缘子受到 RTV 涂料喷涂之后，憎水性会使其绝缘子表面产生水滴，不会使其受到水流于表面的影响。即 RTV 涂层的憎水性迁移到了污层表面，当喷淋水滴时，污层表面只存在有不连续的小水珠，而不会被浸润、连片、使供电设备的抗污闪性能得到极大的提高。随着运行时间的增加，以及环境方面的影响，RTV 涂层会逐渐老化甚至是退化，防污闪能力受到阻碍，下降到一定程度的时候可以使用清除剂配合 RTV 涂料一起使用，会达到事半功倍的效果。清除的过程时间简短而且操作容易控制。RTV 有效运行时间长，维护简单，有效期内免清扫，效率高，在有效期内（5~15 年）不做任何防污闪专业处理情况下，其 RTV 涂料层仍长期具有良好的憎水性和憎水迁移性。运行 5 年以上的 RTV 涂料层，不做清除，可再复涂一层，且各项电气性能可恢复到新涂层状态。

4.3 使用复合绝缘子

对防污成本的控制在日新月异的发展科技下，防污成本有时候会适当的需要增加，所以在绝缘子上，可以使用针式复合绝缘子。目前铁路电气化接触网使用较多为瓷瓶绝缘子的较多，其材质在防污方面比针式复合绝缘子要有弱化，复合绝缘子是由环氧玻璃纤维棒制成芯棒和以硅橡胶为基本绝缘体构成。它的强度非常高，尤其是在抗张力强度下。硅橡胶绝缘伞裙具有良好的耐污闪性能，这些良好的合成绝缘子在防止污闪的工作中会起到画龙点睛的作用，而且它们的使用强度高，但是成本也非常高，不过也不失为一种好的防污闪有效措施。

5 结束语

2021 年，据相关部门统计，我国电气化铁路营业里程 14.6 万公里，电气化率达到 72.8%，但在电气化铁路的日益建设与推广中，污闪事故却并未从供电运行过程中消失，我国电气化铁路的安全运行仍面临着大面积污闪的风险。因此，分析和了解影响绝缘子污闪放电的因素，探索防止污闪发生的管理和技术措施，对最大限度地减少污闪事故的发生具有十分重要的意义。另外，需要通过广大工作人员的努力，国家制定的有效方针，将防污闪工作进行得步步为营，确保安全生产工作稳步向前。

作者简介

聂子林，广西沿海铁路股份有限公司钦州供电段，助理工程师。

浅析重载铁路自动过分相装置误动原因

赵建军

摘　要：本文针对大秦线、迁曹线等多次发生电力机车自动过分相接收装置在非分相位置动作跳闸，仅
2021 年 10 月集中修期间就发生了 775 次自动过分相装置动作跳闸，引发列车停运，严重影响××
线运输秩序的问题，进行了现场调查、仿真、测试，通过对钢轨电流、电位测试进行分析，认为造
成该问题的原因是在轨回流的交变磁场和备用轨磁化后剩余磁场的共同作用下，产生了一定幅值
的磁场干扰信号，而自动过分相系统未能将干扰信号有效屏蔽，从而引发误动作。为降低该装置
误动作的概率，确保运输任务顺利完成，本文提出了等多种解决方案。

1　引言

自 2020 年 10 月集中修以来，大秦线、迁曹线多次发生电力机车自动过分相接收装置在非分相位置动
作跳闸，仅 2021 年 10 月第二次集中修期间开始 14 天内就发 775 次自动过分相装置误动作跳闸，引发列车
停运，严重干扰了大秦线的运输秩序。因此亟须对自动过分相装置误动原因进行分析，以解决过分相磁感
应装置误动，从而影响运输秩序的问题。

2　现状调查

2.1　国内现状

大秦线重载铁路自动过分相装置分为两大部分：机车接收、控制部分和地面磁铁部分。

目前，大秦线重载铁路自动过分相装置机车接收、控制部分采用的是广州铁路（集团）公司科学技术研
究所研制生产的 GFX-3S（H）型车载式自动过分相系统。该系统由车载磁感应器（以下简称车感器）、自动
过分相信号处理器两部分组成。其车感器采用通过切割磁场（法拉第原理）获取地面信号的感应模式。地
面部分采用枕木端部固定永磁铁，以产生足够强的磁信号。

2005 年，大秦线曾经出现过频繁误动作跳闸的故障，经现场测试分析后，车载式自动过分相系统增加
了 50 Hz 以上频率的数字滤波板，部分解决了误动问题。但该装置一直存在以下两方面问题：一是机车在
长大坡道运行，时速为 10 km/h 以下的运行工况时，自动过分相系统不能正常工作；二是受钢轨磁化影响
而误发跳闸信号，造成非分相位置机车跳闸停电。

2017 年，广州铁路（集团）公司科学技术研究所通过改变原有车感器依靠切割磁场获取地面信号的感
应模式，研制了一种采用霍尔线性器件采集外部磁场信号的新型传感器，但未在全铁路推广使用。

2.2　自动过分相装置动作跳闸的共性现象

经调查，自动过分相装置误动作跳闸的处所具备以下共性现象：一是线下有备用钢轨或换下的旧钢
轨，与走行轨水平的距离为 450~600 mm；二是误动位置多为隧道内、坡道、弯道或道岔区段。

3　原因分析

初步分析，造成该问题的原因主要有以下两方面：一是地面备用轨受各种因素影响有磁化现象而发出
磁信号；二是机车过分相感应装置检测出了非分相区的干扰信号，产生误动作。

3.1　自动过分相装置原理

自动过分相地面磁铁安装位置如图 1 所示。根据《太原铁路局磁感应器自动过分相装置使用和维护管
理实施细则》（技术规章编号：TYG/GD248—2015）规定，重载线路：$S1 = 265$ m，$S2 = 60$ m。

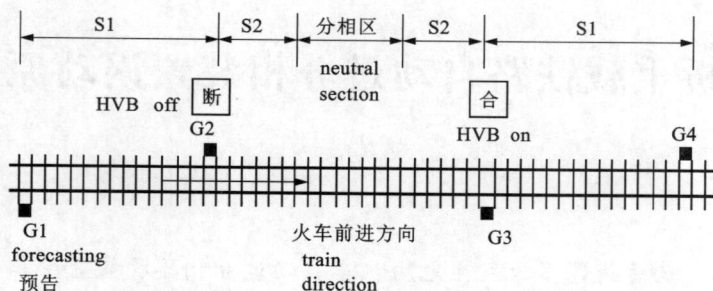

图 1　自动过分相地面磁铁安装位置示意图

自动过分相装置通过车感器（安装位置如图 2 所示）感应轨道两侧地面磁铁所生磁场信号，获得该分相区的位置后，将其发送给列车过分相信号，机车控制系统根据自动过分相信号处理器发出的信号，自动控制机车通过分相区间。

如图 1 所示，当机车由左侧向右侧运行时，机车右侧的车感器首先感应到地面磁铁 G1 的场强，然后产生 T2 信号发送给处理控制器。信号处理器则立即发出一个预告信号给机车控制系统，机车控制系统随即平稳卸载并断主断；随着机车的运行，当机车左侧的车感器感应到 G2 的场强，产生 T1 信号，此时若主断未断，则

图 2　车感器安装位置

发出强断脉冲，断主断。若系统已正常接收到 T2 信号，则 T1 信号不起作用（强断模式）。机车通过无电区后，右侧车感器感应到 G3 的场强时，产生 T2 信号发送给处理器，处理器产生预告信号，合主断，机车平稳恢复到过 G1 点前的工况。机车继续运行，当感应到 G4 的场强时，若主断未合闸，则处理器送出恢复信号给机车控制系统，控制机车平稳恢复到过 G1 点前的工况。

3.2　自动过分相装置误动原因分析

3.2.1　理论分析

GFX-3S（H）过分相装置采用的感应原理是法拉第电磁感应定理。根据法拉第电磁感应定理，将车感器铁磁线圈连接在一个闭合回路里，当地面磁场发生变化时，在闭合回路里产生感生电动势 E，其大小如公式（1）所示：

$$E = BLv \tag{1}$$

式中：B 为车感器处的磁感应强度；v 为机车速度；L 为感应线圈长度。

当 E 超过阈值，车感器电路则发出一个脉冲信号，处理器接收到该脉冲信号则立即产生控制信号，控制机车主断路适时分合闸，从而实现自动过相。

由公式（1）可知，感应线圈长度一定时，影响动作阈值（感生电动势 E 大小）的主要因素如下：车感器处的磁感应强度 B 和电力机车速度 V。大秦线重载铁路运行时速为 10~90 km/h，满足运行要求。因此，车感器处的磁感应强度 B 就成为影响动作阈值的主要因素了。

车感器处的磁感应强度 B 会受到如下因素的影响：

（1）在进行换轨作业前后，备用轨或更换下来的旧轨受到磁化后而产生的剩余磁场。

（2）机车大功率牵引时钢轨回流会产生交变磁场，自动过分相系统的感应接收器线圈切割磁力线而产生的磁场。

因此分析认为，可能是在两种磁场的共同作用下，产生幅值超过阈值的磁场干扰信号，而自动过分相

系统未能将干扰信号有效屏蔽，从而可能引发误动作。

3.2.2　现场测试

3.2.2.1　钢轨电位测试

为了排除是钢轨电位过高引起的备用轨磁化，选择在平谷分区所附近进行了钢轨电位测试。测得的钢轨电位最大值仅 40 V，故对磁化备用轨的作用有限。

3.2.2.2　钢轨电流测试、仿真

为深入研究轨回流对备用轨的磁化影响，首先进行了轨回流测试。我们测量了遵化北至迁西区间 K503+050（765#）吸上线回流大小，无车时回流大小为 24~44 A；有列车通过时，回流可以达到 86 A。

依据实测轨回流进行了钢轨的磁场仿真，即对走行轨钢轨加以有效值 50 A 和 100 A 的工频交流电流激励，分别针对走行轨与备用轨的不同距离进行磁场仿真。仿真数据如表 1 所示。

表 1　仿真磁感应强度（Gs）统计表

两轨距离/m	0.2	0.3	0.5	1
100 A	130	88	64	20
50 A	70	48	38	10

由仿真结果可知，当电流流经走行轨时，对备用轨表面引起一定磁感应强度变化，距离越近影响越大；当备用轨和走行轨距离 0.5 m 时，走行轨中有 100 A 电流时就能产生 64 Gs 的磁场强度。

另外通过仿真发现，走行轨和备用轨皆会由于不断变化的回流产生涡流场，而由涡流场在钢轨表面产生磁感应强度，且有邻近效应和端部效应。邻近效应即走行轨外侧轨面、备用轨内侧轨面磁感应强度偏高；端部效应即轨端头磁感应强度偏高。

3.2.2.3　现场磁感应强度测试

（1）湖东焊轨基地现场测量钢轨磁性。现场贴着轨面进行测量焊接后钢轨磁性，测量结果显示：攀钢产钢轨具有一定剩磁，磁感应强度相对较大的约为 18.5 Gs，磁性较强的部位主要集中在轨头处，包钢产钢轨几乎无剩磁；而按标准位置测量（即机车车感器安装位置）时，则攀钢产钢轨、包钢产钢轨均无剩磁，如图 3 所示。

（2）委托五家钢轨生产厂家攀钢、鞍钢、武钢及邯钢现场测量钢轨磁性。经现场测量后发现：未吊装钢轨几乎无磁性，经磁力吊车吊装 2~4 次后装车，剩余磁感应强度为 10~20 Gs。

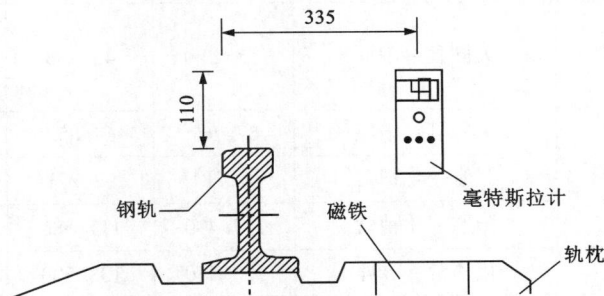

图 3　磁感应强度标准测量位置

（3）现场测量钢轨磁性。主要对自动过分相装置动作频繁的军都山（延庆—下庄间）、庄户庙隧道（茶坞—下庄间）、景忠山隧道（遵化—迁西间）以及柏庄站进行了测量。

测量结果显示：备用轨端面最大磁感应强度可达 41.5~68.2 Gs，磁性较强的备用轨端面位置明显吸附铁屑。其中军都山隧道内备用轨端面最大磁感应强度可达 41.9 Gs（该处备用轨与走行轨距离最近，约 450 mm）。

但按照标准测量位置测量时，磁感应强度明显降低，仅 13.9 Gs，且其他处所按标准测量位置测量值均小于 0.5 Gs，远小于规定值 36 Gs。

3.2.2.4　钢轨特性测试

衡量材料磁性性能的重要参数有剩磁 B_r、矫顽力 H_c。

铁磁性材料在外加磁场的作用下会迅速磁化，到饱和磁化后，在外加磁场减小到 0 时，铁磁性材料中的磁场强度并不会衰退到 0，该剩余磁场强度即为剩磁 B_r。只有施加反向磁场，铁磁性材料的磁感应强度才会减小到 0，此刻外加磁场的磁场强度即为矫顽力 H_c。

目前,大秦铁路重车线普遍采用强度等级为 1280 MPa 的 U78CrV 在线热处理钢轨,空车线主要采用强度等级为 980 MPa 的 U75 V 热轧钢轨。这两种钢材的矫顽力分别为 U75 V 钢材 1500 A/m、U78CrV 钢材 1900 A/m。由此可知这两种钢材均为矫顽力较大的非软磁性材料。

非软磁性材料的特性:不易受外加磁场磁化,也不易受外加磁场或其他因素退磁,外加电流切断后,所产生的磁性不易消失且保持剩磁。

通过上述理论分析、仿真及现场测试,得出如下结论:①备用轨存在一定的磁化现象;②在轨回流作用下的交变磁场和备用轨磁化后剩余磁场的共同作用下,产生一定幅值的磁场干扰信号,而自动过分相系统未能将干扰信号有效屏蔽,从而可能引发误动作。

4 车载磁感应传感器性能测试

为了验证两种不同原理的车感器的性能,2021 年 7 月 14 日由湖东机务段出发,7 月 15 日到达秦东二场,对两种车载过分相磁场感应信号进行了测试。

这两种车感器如下:一是大秦线一直沿用的广州铁路(集团)公司科学技术研究所的 GFX-3S(H)过分相装置(该装置目前已经超过服役年限),安装于前部机车上,其车载感应接收器基于法拉第电磁感应定理,电路为模拟电路;二是同单位升级换代的新型产品 GFX-4 AH,安装于中部机车上,其车载感应接收器不仅更改为基于霍尔效应原理的,且感应接收器内的感应变换电路也更改为抗干扰性更好的数字电路。这两种装置的后续信号处理和控制器不变,按标准将感应到的信号转换为机车过分相的控制信号。

所谓霍尔效应原理,即电荷在磁场中运动时(即电流)会受到洛伦兹力的作用而发生偏转,进而产生霍尔电压,且大小和直流磁场的大小成正比。

表 2　55031 次机车过分相时间记录表

序号	站间或站名	起点里程	终点里程	中心里程	前部机车通过时间	中部机车通过时间	备注
1	大同县—阳原	43.248	43.338	43.293	14:33	14:35	自动断,未自动合,测试装置有问题
2	大同县—阳原	67.767	67.857	67.812	15:03	15:04	
3	阳原—化稍营	92.181	92.271	92.226	15:23	15:24	
4	阳原—化稍营	117.496	117.586	117.541	15:46	15:47	
5	化稍营—涿鹿	138.410	138.500	138.455	16:05	16:07	
6	化稍营—涿鹿	153.509	153.599	153.554	16:21	16:23	
7	化稍营—涿鹿	167.163	167.253	167.208	16:35	16:36	
8	涿鹿	185.208	185.298	185.253	16:52	16:54	
9	涿鹿—沙城东	199.230	199.320	199.275	17:05	17:06	旧装置未动
10	沙城东—北辛堡	219.262	219.352	219.307	17:24	17:26	
11	北辛堡—延庆北	239.183	239.273	239.228	17:50	17:51	
12	北辛堡—延庆北	259.490	259.580	259.535	18:19	18:20	
13	延庆北—下庄	283.870	283.960	283.915	18:49	18:50	旧装置未动
14	下庄—茶坞	309.584	309.674	309.629	19:30	19:32	
15	茶坞—平谷	330.613	330.703	330.658	20:01	20:02	
16	茶坞—平谷	351.496	351.586	351.541	20:18	20:19	
17	茶坞—平谷	367.132	367.222	367.177	20:31	20:32	

续表2

序号	站间或站名	起点里程	终点里程	中心里程	前部机车通过时间	中部机车通过时间	备注
18	平谷—大石庄	385.796	385.886	385.841	20：48	20：50	
19	大石庄—蓟县西	397.450	397.540	397.495	20：59	21：00	
20	翠屏山—玉田北	422.376	422.466	422.421	21：38	21：39	
21	玉田北—遵化北	447.131	447.221	447.176	22：02	22：03	
22	玉田北—遵化北	466.993	467.083	467.038	22：27	22：29	
23	遵化北—迁西	492.853	492.943	492.898	22：55	22：57	
24		501+600			23：06	23：08	通过人为设置的磁场。旧装置未动
25	迁西—迁安北	509.772	509.862	509.817	23：22	23：24	
26	迁西—迁安北	528.365	528.455	528.410	23：45	23：46	
27	迁西—迁安北	552.366	552.456	552.411	0：28	0：29	
28	卢龙北—后营	574.883	574.973	574.928	0：46	0：48	
29	卢龙北—后营	599.708	599.798	599.753	1：11	1：13	
30	后营—秦东上联线路所	622.944	623.034	622.989	1：52	1：54	
31	秦东上联线路所—柳村南一场	637.606	637.696	637.651	2：20	2：22	

通过实测数据可知，新型产品 GFX-4 AH 在大秦线 30 个分相区能全部正确感应及产生过分相控制信号，而既有 GFX-3S(H) 过分相装置产生 3 次拒动。造成该问题的原因分析如下。

(1)新装置根据霍尔效应检测交直流磁场，受机车速度变化影响小；而老装置采用的是电磁感应原理，和机车速度变化有关，采集到的信号受多种因素影响。

(2)新型产品 GFX-4 AH 所产生的 T1、T2 数字信号量的幅值较大，处理器根据其频率的变化(T2 信号局部放大如图 4 所示)，而非根据感应信号阈值发出控制信号，这种方式不易受干扰；旧装置则是感应出一个较小的突变信号(T2 信号局部放大如图 5 所示)，根据幅值是否达阈值产生控制信号，容易产生因干扰而引起的过分相拒动和误动。

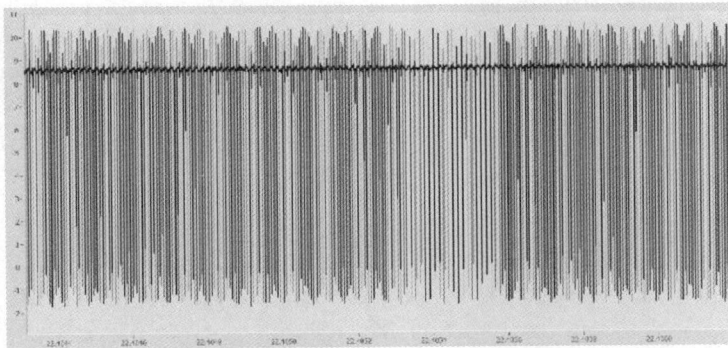

图4　新装置 T2 信号局部放大

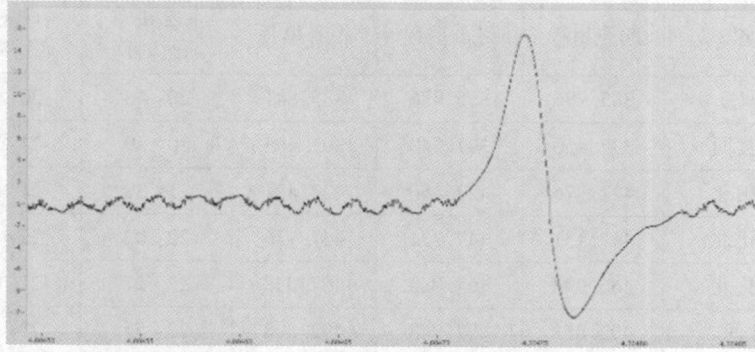

图 5　旧装置 T2 信号局部放大

两者相比较，无论从感知地面磁场的原理，产生感应信号的电路（数字对模拟电路），还是处理器得到感应信号变化的方式（频率变化对幅值变化），霍尔效应原理的装置都具有信噪比高、抗干扰强等优越性。

5　结论及建议

通过理论分析、仿真、现场测试等多种手段研究，得出如下结论：一是大秦线两种钢轨材料皆为矫顽力较大的非软磁性的材料，被磁化后不易消磁。二是轨回流对备用轨有一定的磁化现象，但远小于规定值，且备用轨距走行轨越远，磁化现象越弱。三是目前使用的车载传感器存在缺陷，不能有效屏蔽干扰信号，造成自动过分相装置误动作。四是基于霍尔效应原理的车载传感器，信噪比高，抗干扰强，不易产生过分相误动和拒动。

建议：（1）机车换装基于霍尔效应原理的车感器，以减少自动过分相装置误动作；（2）自动过分相装置与机车 LKJ 建立逻辑联系，在检出分相区段后，再进行自动过分相控制，降低非分相区误动概率；（3）更换钢轨时，尽量快放快换，及时清运换下的钢轨。该方案 2021 年第二次集中修期间已经采用，效果良好，但不能彻底解决自动过分相装置非分相区误动作。

作者简介

赵建军，大秦铁路股份有限公司大同西供电段，高级工程师。

对接触网检修作业引起红光带问题的
原因分析及预防对策

王吉红

摘　要： 接触网检修作业引发红光带的现象主要出现在车站天窗作业时，频发于站场股道和两端咽喉区，同时因为上下行钢轨横向连通，牵引回流汇集处及在牵引变电所亭上、下行牵引回流集中的位置最容易发生。接触网检修作业引发红光带的原因较为复杂，与作业人员行为、接挂地线位置、所处检修区段范围以及轨道电路实时状态均有直接关联，单纯从技术层面分析有两类：一类是作业短接钢轨绝缘节；另一类是装设接地线后接触网瞬间感应电流过大，或者牵引回流经一侧钢轨单边回流等因素，使得流过两根钢轨的不平衡电流增大，在轨间产生较大电压差，感应到二次信号线圈形成更高的干扰电压，从而造成轨道电路开关跳闸甚至烧损设备。

轨道电路是以铁路两根钢轨为通道构成的电路，用于自动、连续检测该段线路是否有机车车辆占用，还用于控制信号装置或者转辙装置，进行正常的进路排列和接发列车。轨道电路有分路和调整两种状态，即占用状态和空闲状态。此外还有一种故障状态，当某段轨道电路处于空闲状态时，由于钢轨断轨或者各种连接线断线，轨道电路开路，行车控制台显示红光带故障。接触网原因造成的轨道电路红光带故障也较为常见，一种情形是由于存在严重的牵引回流不畅，几百甚至上千安培的牵引电流无处回流，侵入信号回路造成设备直接烧损；另一种情形是因接触网检修作业引起的，由于发生频率高，对接触网维修作业造成了很大干扰。因此采取有效措施，减少和防止接触网原因带来的红光带故障的发生就显得尤为迫切。

1　轨道电路的组成

在电气化区段，钢轨既是 50 Hz 牵引电流的回流通道，也是 25 Hz 轨道电路信号电流的通道。由于牵引电流频率与轨道电路的频率不同，可共有钢轨而互不影响。在相邻轨道电路的衔接处，即钢轨绝缘节位置，安装有两台扼流变压器，其是实现电路共用的关键部件，工作原理如图 1 所示。通过中性连接板进行沟通，使牵引电流顺利越过绝缘节流向下一区段轨道电路，信号电流则通过扼流变轨道线圈连通两根轨条后形成闭合回路，如图中虚线所示。

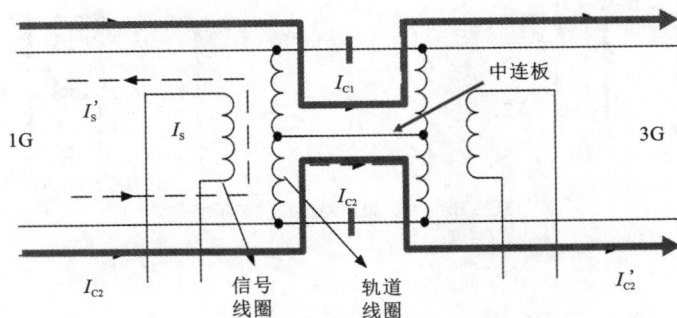

图 1　扼流变压器工作原理

每一段独立轨道电路是由钢轨、钢轨绝缘、轨端接续线、送电设备（含扼流变）、受电设备（含扼流变）、限流电阻等组成。轨道电路无论是较简单的直流轨道电路、25 Hz 相敏轨道电路，还是先进的移频轨道电路、ZPW2000 A 轨道电路（UM-71 轨道电路），其结构和基本原理是一样的（见图 2）。本文所述均以 25 Hz 相敏轨道电路为例。

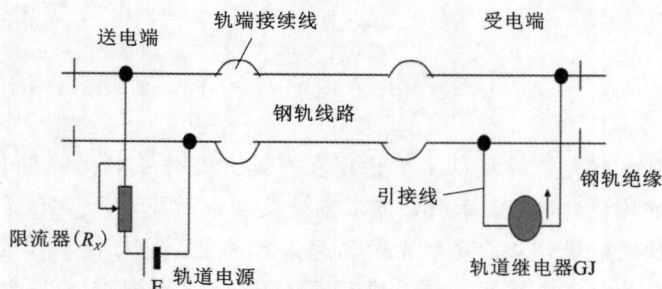

图 2　轨道电路组成及原理

2　轨道电路的工作原理

在轨道电路中，最终是靠轨道继电器（GJ）衔铁的吸起和落下实现红绿灯信号显示的。轨道继电器由轨道线圈和局部线圈两部分共同控制，当为轨道线圈和局部线圈供电电源满足规定的相位（局部电源电压恒超前轨道电源电压 90°）和频率（25 Hz）要求时，轨道继电器吸起，轨道电路处于工作状态，表示空闲，如图 3（a）所示；反之轨道继电器落下，轨道电路处于不工作状态，表示占用，如图 3（b）所示。图 3 中 1、2 线圈接 110 V 局部电源，3、4 线圈接轨道电源。

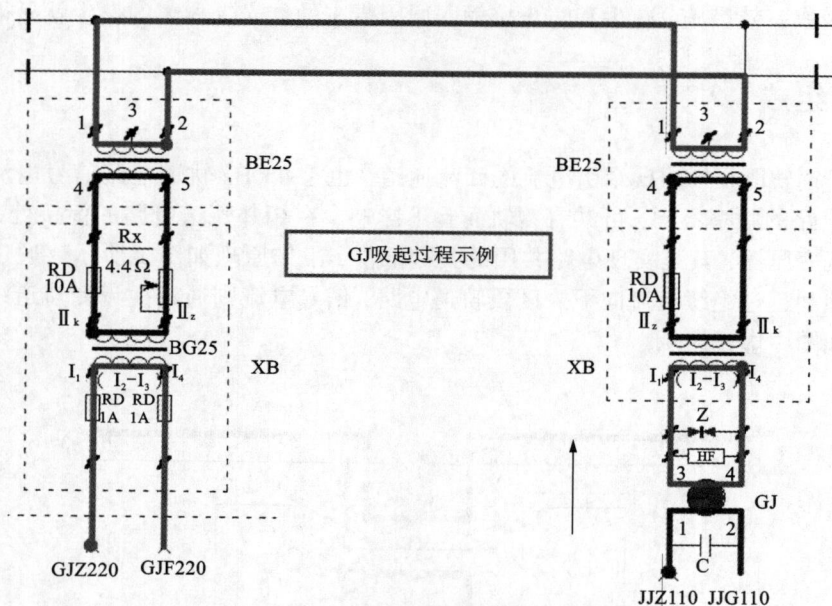

（a）25 Hz相敏轨道电路工作状态示意图

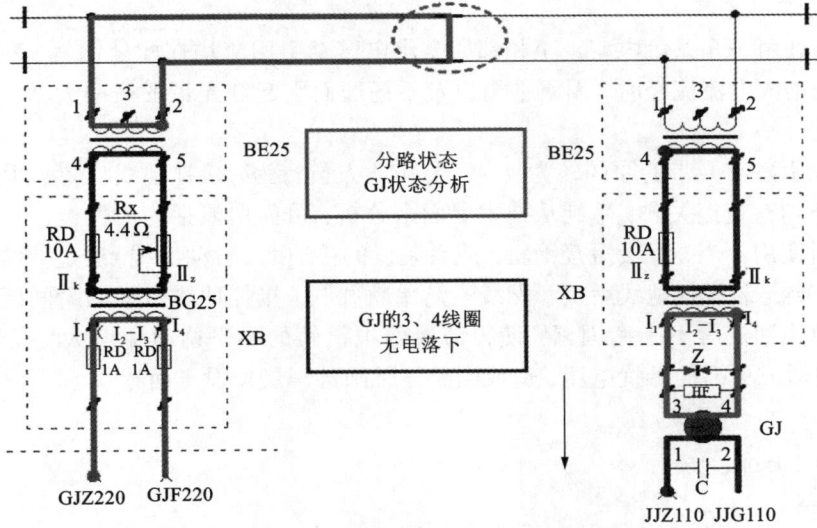

(b)25 Hz相敏轨道电路分路状态示意图

1. BE25：送电端扼流变压器；2. XB：信号变压器箱；3. Rx：送电端限流电阻；
4. RD：熔断器；5. HF：防护盒；6. GJ：轨道继电器。

图3　25 Hz 相敏轨道电路分路状态示意图

3　接触网检修作业对轨道电路的影响

接触网检修作业引发红光带的现象主要出现在车站天窗作业时，高发于站场股道和两端咽喉区，同时因为上下行钢轨横向连通，牵引回流汇集处，在牵引变电所上下行牵引回流汇聚集中的位置最容易发生。

为了提高咽喉区使用效率，站场岔区范围内将轨道区段适当划短，按道岔、信号机及股道分布设置轨道电路，其数量按车站大小多达几十甚至上百处，这就使接触网检修作业区段内客观存在多处相互独立的轨道电路，如图4所示，如有不慎就会造成干扰。此为其客观限制条件之一。

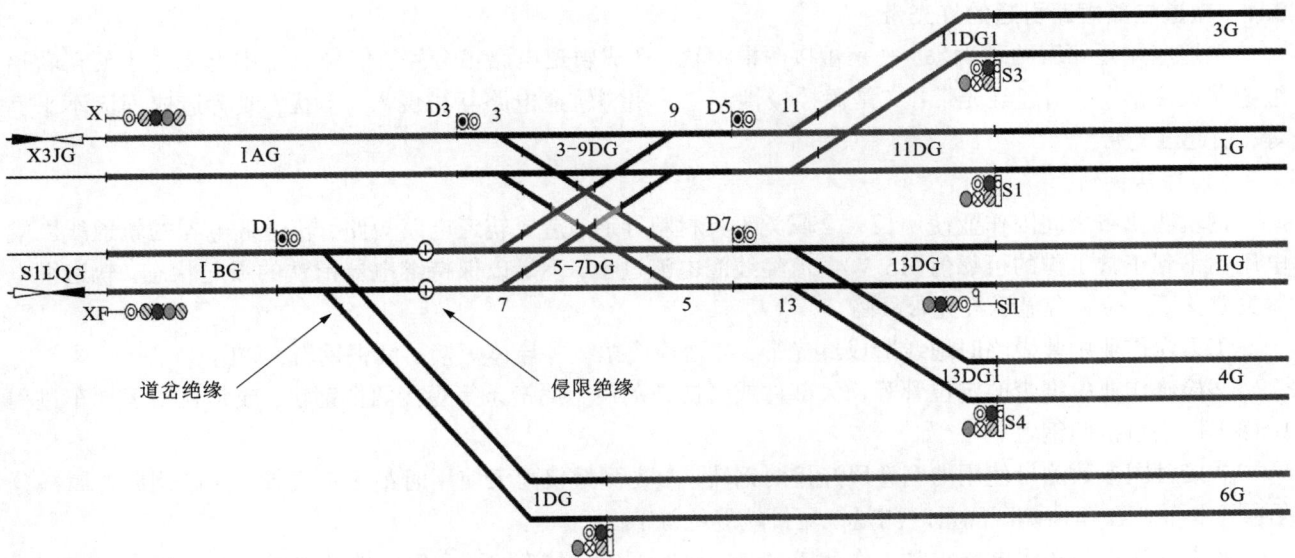

图4　站场轨道电路及绝缘设置示意图

二者在双线电气化区段，车站两端和大站场内以及区间每隔一定距离均设置了横向连接线，使得上下行线路钢轨连通等位、分流，无论上行或者下行停电，钢轨上都存在牵引回流，导致作业区段存在穿越电流。此为其客观限制条件之二。

另外，变电所亭处由于多条供电臂甚至相邻所亭供电臂牵引回流均在此处钢轨、吸上线、回流线上汇集，几百甚至上千安培大电流流经时，因不平衡或者不畅通而引起红光带的概率大增，如图 5 所示。此为其客观限制条件之三。

接触网检修作业引发红光带的原因较为复杂，与作业人员行为、接挂地线位置、所处检修区段范围以及轨道电路实时状态均有直接关联，单纯从技术层面来分析，可简单概括为两大类，一类是作业人员所携带的金属工具或材料使用不当，直接短接钢轨，或者装设的接地线（滑动地线）通过导线、回流线等通路短接钢轨绝缘节；另一类是装设接地线后接触网线索与单轨并联，接挂地线带来的瞬间感应电过大，或者牵引回流经一侧钢轨单边回流等不平衡因素，使得流过两根钢轨的不平衡电流增大，在轨间产生较大电压差，感应到二次线圈形成更高的干扰电压，造成断路器跳闸甚至烧损设备而导致。

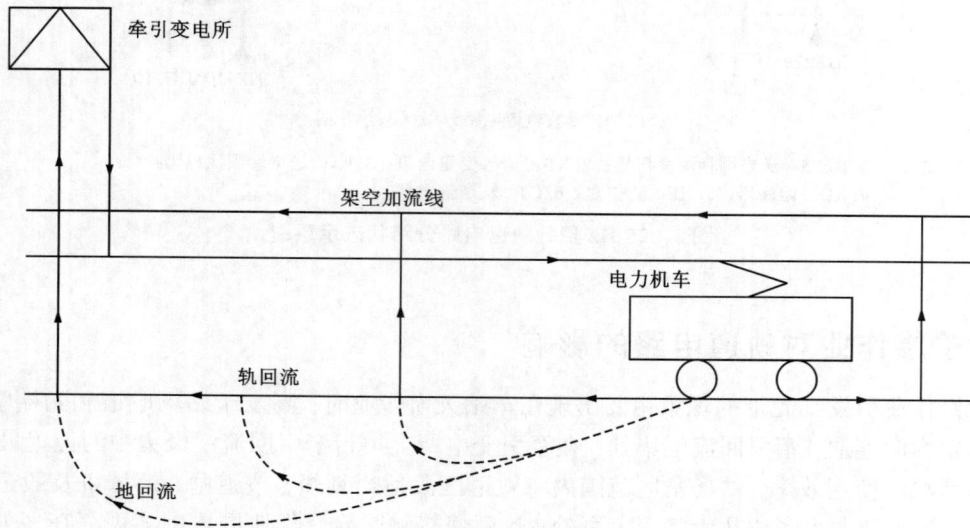

图 5　接触网牵引回流示意图

3.1　轨道电路短路引起的红光带

轨道电路短路有两种现象，一是短接两根钢轨，造成轨道电路被分路，信号回路中电流过小使得轨道继电器失磁落下，引起红光带；二是短接极性绝缘，相邻轨道电路互相侵入、干扰，或者造成回流不平衡等，引起红光带。

（1）短接钢轨。

钢轨两轨条之间因作业使用长大金属类工具材料导通，造成轨道电路短路，轨道继电器的轨道线圈端电压达不到正常工作的可靠值（15 V），流经线圈电流过小，不足以保持继电器衔铁的吸起状态，轨道继电器失磁落下，控制台显示红光带故障。

①天窗作业中装设临时地线造成红光带，如地线或抛线等导体短接了两根钢轨，如图 6 所示。

②检修作业中携带的定位管等长大部件或者链条葫芦金属链条等短接两根钢轨，或是在搬运梯车过程中梯车框架短接两钢轨。

③接触网参数测量使用的钢卷尺连接两钢轨，激光测量仪雨天使用时绝缘垫失效，或倾倒后金属部分短接两钢轨，在车站岔区测量时测量仪短接轨缝绝缘节。

此类红光带与轨道电路正常工作状态一致，相当于分路状态，不会损害轨道电路，能在短路点消除后自动恢复正常，无须电务人员处理，属于最简单的红光带故障，也是可防止的。

（2）短接绝缘节。

机械绝缘节的短接（见图 7）会造成相邻轨道电路之间互相侵入，由于极性交叉的两相邻轨道电路电压

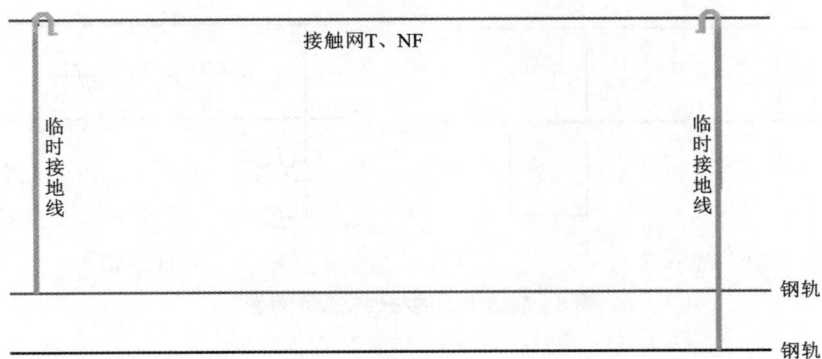

图 6　短接钢轨示意图

相位差 180°，就会发生冲突干扰，导致轨道继电器的轨道线圈相位发生变化，不再与局部线圈超前 90°的要求相匹配。由于相敏特性造成继电器不工作，出现红光带；或者相互抵消后电流过小失去励磁作用，造成轨道继电器失磁落下。

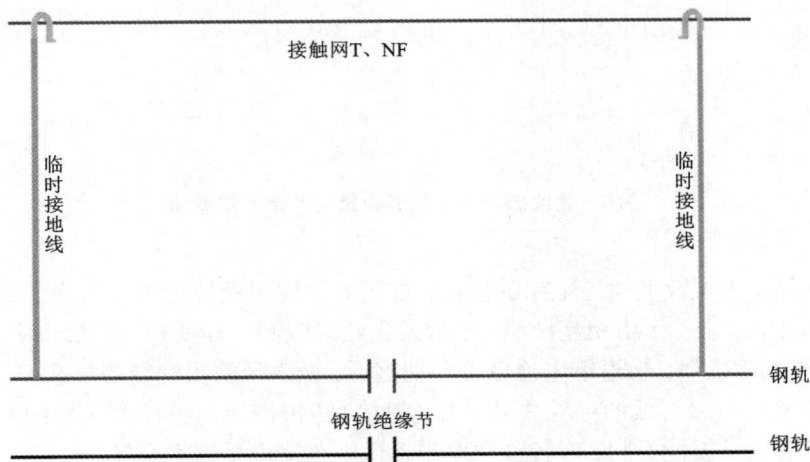

图 7　短接绝缘节示意图

当钢轨绝缘节被短接时，牵引回流便不经过扼流变线圈（阻抗大），直接越过绝缘节流通，使得该区段的双轨条电流不再平衡，即在扼流变中性点两侧的电磁感应不能相互抵消，信号次级线圈感应出 50 Hz 的干扰电压，导致红光带发生。即使仅仅是单轨短接，其影响和后果也都是基本一致的。

还有一种特殊情况是临时滑动地线的使用，当接触网轨道车与接地线分别位于钢轨绝缘节两侧时，轮轴使该区段处于分路状态，滑动地线使绝缘节两侧处于短接状态，此时对轨道电路的影响也是同样存在的。其原因是，当钢轨上有回流时，也会不经扼流变线圈直接越过绝缘节进入分路区段，并重新分配到两轨条上，区别在于此类短接对车辆所在区段轨道电路没有损害，只干扰地线侧钢轨电路，而非两侧都有影响。

（1）极性交叉。

有钢轨绝缘的轨道电路为了实现对钢轨绝缘破损的防护，要保持绝缘节两侧的轨面电压具有不同的极性（直流）或相反的相位（交流），这就是轨道电路的极性交叉，如图 8 所示。

（2）极性交叉的作用。

轨道电路如果不按"极性交叉"的要求来配置极性，当相邻两区段中有一个区段为轮对所占用时，则在绝缘破损的情况下，经破损短接处，信号电流在 1GJ、3GJ 两个区段形成回路，如图 9 所示。占用区段虽然处于分路状态，但受端的轨道继电器与相邻电路送端电源形成串流回路，在串电流的作用下有可能保持在

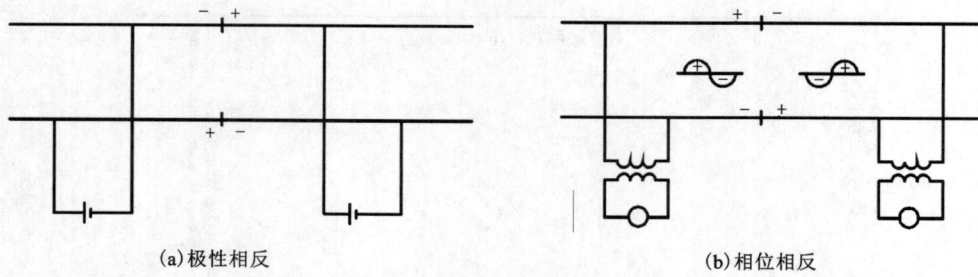

(a)极性相反 　　　　　　　　　　　　　　(b)相位相反

图 8　轨道电路的极性交叉示意图

吸起状态，即占用时显示绿色信号灯，这是不允许的。

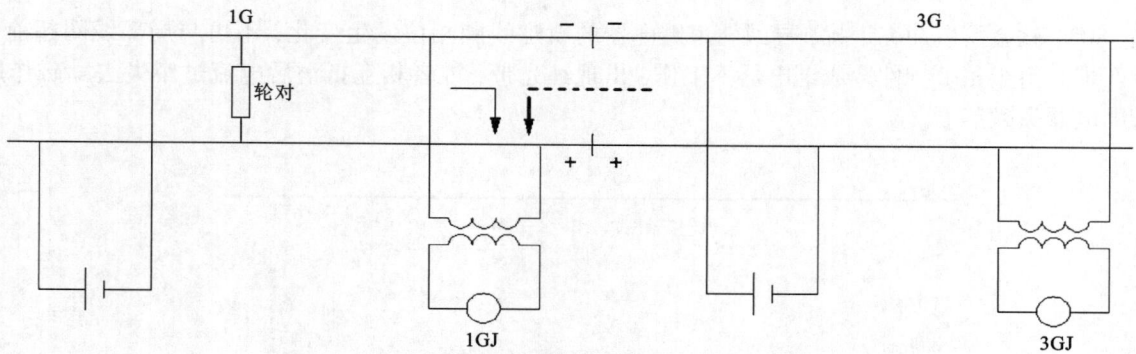

图 9　绝缘破损造成相邻轨道电路串流示意图

　　为了解决这个问题，需要改变轨道电路的接法，如图 8 设置为极性交叉。当绝缘破损短接时，1G 电源和 3G 电源一起叠加在 1GJ 上，作用相互抵消，不致发生错误吸起。即使在 1G 无车时，如果绝缘电阻降为 0，由于两边轨道电源互相抵消，轨道继电器也可自动落下，及时反映出绝缘破损故障，实现了故障——安全原则。所以极性交叉是行之有效的绝缘失效（或者短接）防护措施。极性交叉原则对交流轨道来说是相位交叉，对直流电路来说是极性不同，对各种频率制轨道电路来说是频率交叉。

　　（3）极性交叉的设置。

　　在无分支线路上，极性交叉配置比较容易，只要依次变换轨道电路供电电源的极性就行；而在有分支线路上，即有道岔处，极性交叉的配置就要复杂一些，如图 10 所示。

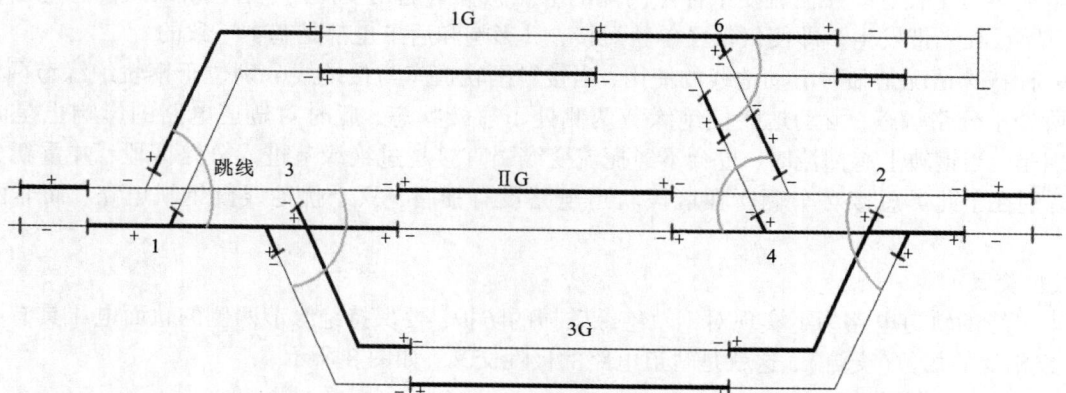

图 10　站场极性交叉设置示意图

当接地线跨接在相邻轨道电路钢轨绝缘节两侧时，从信号回路方面来说，由于该处极性交叉，相位相反，两轨道电路相互作用，或者轨道线圈和局部线圈原有相差90°相位关系受到影响难以继续匹配，或者回路电压参数发生变化，难以维持正常工作状态，均会导致轨道电路红光带的产生。从牵引回路方面来说，接触网等于短封线，靠田野侧单根钢轨被短接，该轨条牵引回流将不通过牵引线圈直接流通，导致牵引线圈中点两侧一半有电流，另半边无电流，原来的相互抵消变成了半边感应于次边的信号线圈中，形成干扰电压并出现干扰电流，导致轨道电路不能正常工作，引发红光带故障，甚至烧损信号设备。

3.2　轨间不平衡引起的红光带

轨间不平衡造成干扰的有两类现象，一是接挂地线连通单根钢轨后接触网上的感应电侵入，导致两轨间出现电压差，引发红光带故障；二是相邻带电线路有车通过时，钢轨上的接地线将牵引回流单侧吸上至接触网，导致流过两根钢轨的电流不平衡，在扼流变次边感应出干扰电压，产生红光带故障。

3.2.1　感应电压影响

感应电压侵入单轨条，会造成轨间电压不平衡，即扼流变压器两端之间产生电压差，副边信号线圈感应出过大干扰电压，引起轨道电路红光带故障。

（1）感应电及其计算。

感应电按其产生原理不同，一般分为静电感应和电磁感应两类。带电线路上有电压就有电场存在，就会出现静电感应；有电流就有电磁场存在，就会在附近电线路上产生电磁感应电，这是一种客观存在的现象。

接触网 V 停作业时，停电接触网处在带电线路的交变电场中会出现静电感应。当相邻接触网线路上有机车取流时，对停电接触网线路就会产生很大的电磁感应。随着机车从上下行供电臂并行区段的驶离，电磁感应又趋向于低值。因此，感应电对停电线路的影响始终是一个变量。

电气化铁道接触网线路属于强电高压线路，线路中通过的电流也是大电流，因此静电感应和电磁感应远胜于电力系统，对附近电线路的影响非常大。

同时存在静电感应影响和电磁感应影响时，总感应电压应为两种影响的相应感应电压的相量和。一般情况下，应同时考虑架空接触网停电线路的静电感应和电磁感应。

举例：若上、下行接触网间距离为 5 m，接触网导高为 6 m，接触网电压为 25 kV，根据静电感应电压公式，则此时的静电感应电压为 $U_S = K \cdot \dfrac{bc}{a^2+b^2+c^2} \cdot U_j = 0.4 \times \dfrac{6 \times 6}{5^2+6^2+6^2} \times 25000 = 3711(\text{V})$。

假设通过的牵引电流在 600 A 以上，平行感应长度为 1 km，则产生的电磁感应电压为 $U_M = I_j \omega M \lambda l_p = 600 \times 314 \times 1040 \times 10^{-6} \times 1 \times 1 = 195.9(\text{V})$。

（假设平行感应长度为 10 km，则产生的电磁感应电压接近 2000 V。）

总感应电压计算公式如下：

$$U_\Sigma = \sqrt{U_M^2 + U_S^2 + 2U_M U_S \sin\varphi}\ (\text{V}) \tag{1}$$

根据式（1），采用近似计算法，求得总感应电压 3.72 kV。感应电动势高达几千伏，地线接通瞬间，较大的脉冲电压在扼流变上就会感应并产生对轨道电路的危险影响。在回路闭合时，如图 11 虚线所示路径的静电感应趋于低值，但在电磁感应影响之下，即使是很小的感应电流，也会在扼流变半边牵引线圈上产生对信号线圈的影响，很容易超出5%的不平衡系数值，出现轨道闪红现象。

（2）感应电的影响。

当接地线与钢轨相连时，如果除锈不彻底或者连接不牢靠，接触电阻增大，钢轨与接触网间出现较大电位差，会造成单侧钢轨电位升高，在扼流变主边两端产生较高电压差，对副边信号线圈存在较大的电磁干扰。实际上在现场从信号微机监测就可以观察到，只要接触网接挂地线后，信号回路中的电压会出现明显波动并降低，电压小于规定值时就会出现红光带，电压恢复到最小工作电压则红光带消失，如此往复就造成了闪红光带。因为随着感应电大小的变化，轨道电路受到的冲击一直在变化，钢轨电位始终处于变化之中，信号回路在电磁干扰下处于不稳定状态。如果干扰电压过大，就会造成轨道继电器难以正常工作，出现红光带故障。

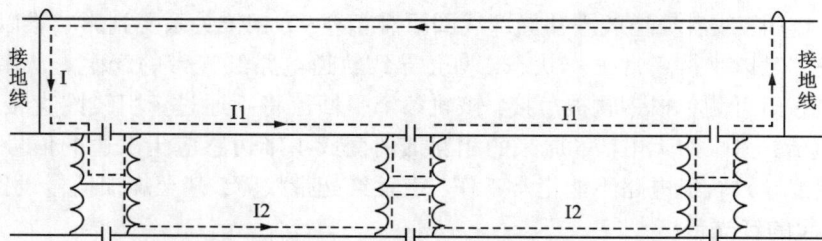

图 11 感应电对轨道电路影响

当感应电压侵入单轨条时，会造成两轨间不平衡，在扼流变两端出现电压差，感应到信号线圈（变比 1∶3）产生更高的干扰电压。信号回路中由于叠加了 50 Hz 的感应电压，与原来的 25 Hz 电路相互干扰产生冲突，造成相敏轨道电路相位失调，或者继电器轨道端电压低于工作值，继电器失磁落下，引起红光带故障。一般情况下，感应电压因电流较小，不会造成轨道电路 10 A 空开跳闸，只会影响继电器工作状态且造成红光带，但在地线撤除后应能自动恢复。

由于感应电压的大小与线路并行长度成正比关系，因此要降低感应电压，减少感应电压对轨道电路的影响，就要适当缩短接地线的间距。

需指出的是，在同等条件下，相邻轨道电路所受影响并不完全一致，可能相邻电路都出现了红光带故障，也可能只是一侧出现，这与轨道电路的实时状态有关。接触网接挂地线后，信号回路随即处于受干扰状态，但如果轨道继电器分路残压仍然大于释放值（8.6 V），即使达不到 15 V 的可靠工作值，轨道继电器还可能继续保持吸起状态，无红光带现象发生。一旦波动低于最小值（7.4 V），继电器彻底失磁落下，红光带出现。但电路残压再次上升到 8.6 V，并不能使继电器再度恢复到工作状态，必须达到最小工作值（10 V）以上才有可能。也就是说相同的电压（8.6 V）可以让衔铁由原来的吸起状态继续保持吸起，但不能完成由落下再到吸起的恢复；相邻的轨道电路受到同样的干扰，但造成的后果并不是完全一致的。这就是对轨道电路影响的即时性和不确定性，有可能造成绝缘节两侧相邻区段同时发生故障，或相邻区段虽未出现红光带，但轨道继电器端电压明显降低，趋于故障临界值。这就是在现场接挂地线后有时会出现红光带，有时不会出现红光带的原因所在。譬如，一端地线接好后该处轨道电路受到干扰，电压降至 10 V 以下，但大于释放值，并无红光带出现。此时接触网作业车进入该区段，因轮对分路继电器失压落下，表示占用（同红光带），作业完毕驶出该区段后，电压恢复至原来受干扰状态下低于 10 V 的残值，但继电器不能恢复正常工作，则表明有红光带故障产生。因此现场作业中要避免类似情况，可以驶离但不要将作业车再次驶入有地线干扰的轨道区段，否则必定会在该处出现红光带，影响正常作业的开展。这也是红光带在地线接挂后并未出现，但在作业期间又出现的原因之一

3.2.2 牵引回流不平衡的影响

牵引回流不平衡，主要是发生钢轨单边回流，或者两轨间牵引回流差值超出允许不平衡值（97 型相敏轨道电路最大允许不平衡电流 60 A，不平衡系数 5%），引起断路器跳闸甚至烧损电务设备。

（1）钢轨的横联设置。

在复线区段，为了平衡且降低两线间的牵引回流，以及轨道电路防雷需求和改善干扰状况，电务部门在自动闭塞区间及车站两端上下行线路钢轨间，每隔一定距离设置一组横向等位连接线，如图 12 所示，区间连接电气绝缘节的空心线圈中心点，车站设在机械绝缘节的扼流变中性点连接板上。对接触网来说，等于增大了牵引回流的路径，同时也减小了钢轨的对地泄漏电阻，即钢轨并联后通过钢轨回流更加畅通，通过大地的回流电阻更小（增大钢轨与大地的接触面），可以在一定程度上防止回流不畅引发的设备烧损，是有利于牵引供电系统运行安全的。横向连接分为简单连接和完全横向连接，简单连接不接地，完全横向连接则与吸上线相连且中间接地，其设置距离不小于 2000 m，或者不少于两个闭塞分区。由于电力机车运行时牵引回流在各横向连接处会重新分配，并出现明显降低，有效抑制了钢轨电位抬升，减少了对轨道电路的干扰和影响。当车站两端进站信号机距离大于 2000 m 时，两端都要设置横向连接线；如果小于 2000 m，

在靠近变电所一侧设置。

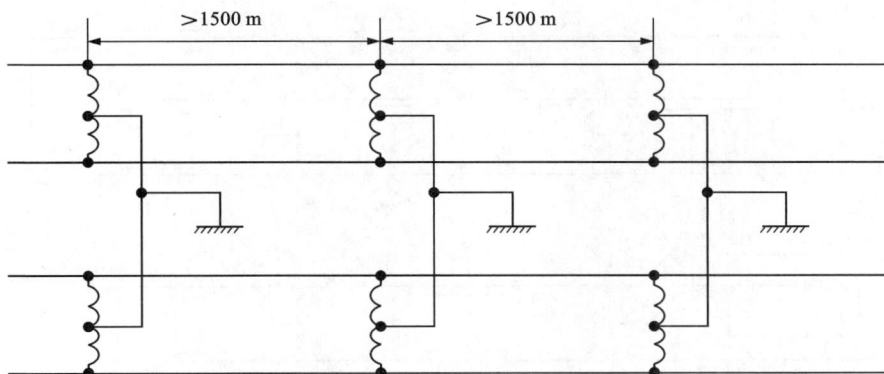

图 12 完全横向连接线示意图

（2）接触网穿越电流。

在接触网 V 形天窗停电检修作业时，一行线路停电，另一行线路中仍有电力机车运行取流。此时在停电线路的钢轨上，由于横联线设置，仍然会有牵引回流流经，即接触网穿越电流。实际上，电力机车在上、下行线路均正常运行时，下行（上行）回流也会流过上行（下行）钢轨，这就是穿越电流的两种不同方式。也就是说，接触网一行停电与否，两行钢轨上都有回流存在。

当停电作业的接触网线路两端与轨间装设接地线后，钢轨与接触网成为两条并联通道，邻线有电力机车取流时，通过接地线，接触网成为回流的一条支路；但由于电阻小于钢轨，其也是该时段的主要流通路径之一。在接触网 V 停作业时，馈线首端变电所内接地刀一般处于闭合状态，停电侧线路钢轨中的一部分牵引回流因此直接通过接触网流入变电所接地网，最终回到主变接地端，如图 13 所示，其流通路径为带电接触网→电力机车→未停电线路钢轨→扼流变中心点→横联线→扼流变中心点→停电线路单侧钢轨→接地线→接触网→馈线首端接地刀→接地网→主变压器。经现场测试，如果变电所闭合接地刀，兰州局管内天兰、兰武、武嘉都存在牵引回流通过接地线-接触网-变电所接地刀回流的问题，且大小相当于馈线电流的 1/3。也就是说，在接触网检修作业时段，相比上下行钢轨、回流线等原有通道，该临时回流通道也是主要通路之一，电流能达到 100 A 以上甚至几百安，另一部分牵引回流经钢轨到吸上线（接地线）→回流线，流入变电所接地网，还有少部分通过钢轨、大地流回牵引变电所。从图 13 可知，接地线在吸上线处并不能随意设置，必须设置在回流方向上吸上线内侧。如果设置在吸上线之前，那接地线就等同于吸上线，会造成严重轨间不平衡。

即使不闭合馈线首端接地刀，穿越电流也会因接触网与钢轨并联，形成从钢轨→接地线→接触网，再通过接地线回到钢轨的流通路径，毕竟接触网阻抗要更小。

无论哪种方式，都会使得两根钢轨间流通的牵引回流差值超出轨道电路的允许值，从而引发故障。以一趟机车取流 200 A 计，不平衡系数为 5%，差值超过 10 A 就会造成红光带的发生。当两根钢轨上的电流 $I_a \neq I_b$ 时，牵引电流不平衡，即当 $\Delta I = |I_a - I_b|$ 存在时，扼流变压器的一次侧所产生的磁通不能相互抵消，则相应地在次级产生一个感应电压 $E = \pm K \Delta \phi / \Delta t$，方向看 I_a、I_b 的值谁大而定。由于不平衡所造成的感应电压会直接侵入次级信号回路，当 ΔI 达到一定值时，有可能使 GJ 发生误动。如果按目前 4000 t 的吨位计算，牵引电流约 200 A 左右，按部标的不平衡系数计算，从扼流变压器（EB800/25 变比为 1：3）上允许产生 10 A 的不平衡电流来考虑，不平衡电流等效流过初级线圈的半边即折算变比应为 $1/2 \times 1/3 = 1/6$，这样感应到扼流变压器的二次侧的不平衡电流 $I_1 / I_2 = n_2 / n_1$，其中 $I_2 = n_1 / n_2 \times I_1 = 1/6 \times 10 = 5/3$ A，也就是说 5/3 的不平衡电流就会造成信号回路不平衡。

通过以上分析可知，在复线区段进行 V 形天窗停电检修时，如果上行接触网接地线设置完毕后，下行线路有机车取流，则上行接触网也会成为牵引回流通道的一部分。而且由于阻抗小、分流大，上行侧单轨中牵引回流将明显降低，与另一轨条间不平衡电流的差值增大，流经扼流变中性点时产生的电磁感应不能

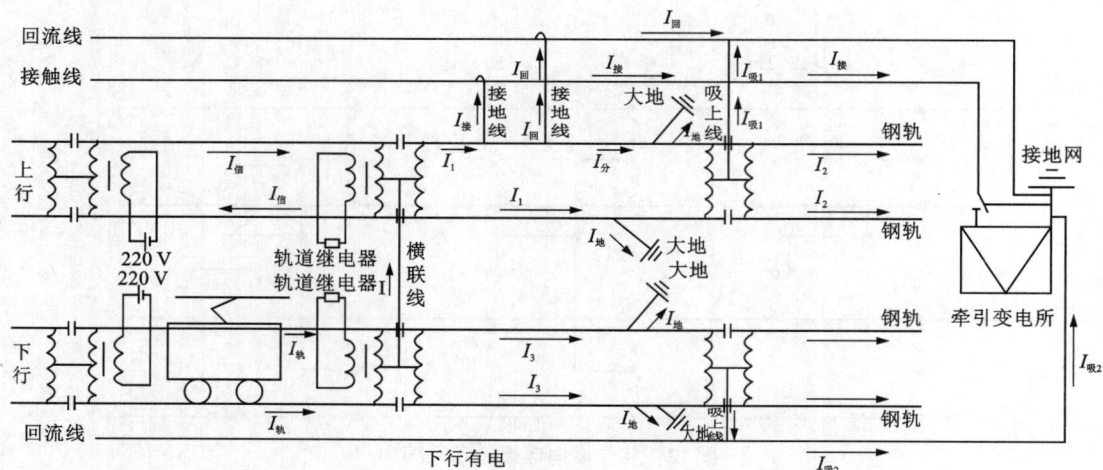

图 13　接触网穿越电流示意图

相互抵消。较大的不平衡电流通过扼流变压器的半边线圈时，在信号线圈二次侧产生很大的干扰电压和电流，就会熔断熔丝或者烧损设备，造成轨道电路故障红光带的出现。

从牵引回流路径来说，易造成红光带的区段有以下几个位置。

（1）变电所亭所处位置。牵引变电所对应位置（电源点）是所有牵引回流（包括沿钢轨传播的和泄漏入地的）电流集中的地方，越是回流集中处所，越容易发生轨间不平衡问题。无论哪条馈线有车，牵引回流都要流回变电所，如前文所述，即使回流不大也很容易造成不平衡系数超出允许值，引发红光带故障；多趟机车回流汇集，就会出现上千安的大电流，轨间较小差异就会造成不平衡电流超出 60 A 的最大值，烧损电务设备。因此，在变电所亭位置接挂地线对轨道电路的影响更大，红光带发生概率更高。

（2）电力机车取流位置。如图 14 所示，电力机车所在位置（负荷点）向钢轨注入电流，这里电流最大，引起的钢轨电位抬升也最大。牵引回流一部分经轨道流入大地，大部分沿轨道流回牵引变电所。沿轨道的电流一部分经过吸上线、回流线流通，另一部分沿途又相继流入大地，之后又相继由地中流上轨道。换言之，沿轨道的电流先是多，后是少，最后是较多；地中电流则先是少，后是多，最后是更少。在负荷点与牵引变电所的中段，轨道中的电流就只剩一些感应电流，牵引回流接近于无。

当作业区段位于机车附近时，就会对轨道电路产生很大影响，只有当位于距机车 3~5 km 和机车与变电所之间的中部时，才对轨道电路基本没有影响。这就是现场在通过电力机车后出现红光带的原因之一。

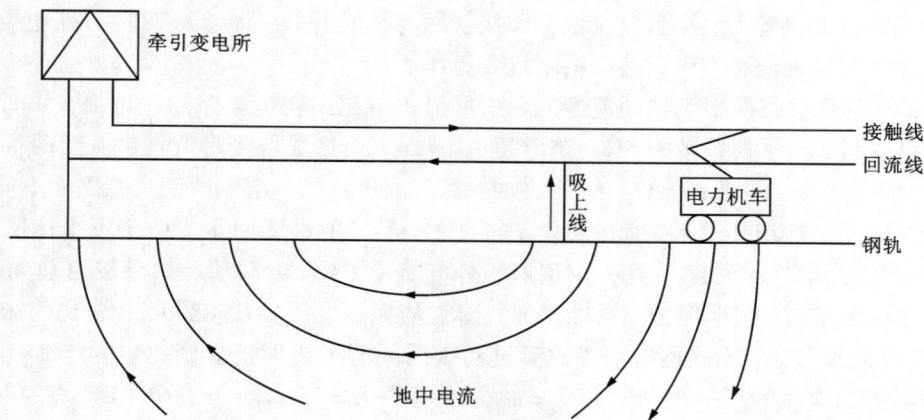

图 14　牵引回流的分布特点

（3）上下行扼流连通处。从图 13 可知，此处牵引回流从带电侧钢轨分流到停电侧钢轨后，沿钢轨继续流通直至吸上线处，大部分吸上至回流线流回变电所，一部分继续在钢轨上流通；还有部分经大地流通，虽占比较小，但沿着钢轨流通时，只要钢轨上有回流，就会不断泄漏入地，总体接近20%。如果接挂接触网地线后，地线相当于吸上线，分流效果明显，但只是单侧钢轨分流，造成的轨间不平衡急剧增大，对轨道电路的影响就会很大。现场作业时，如果接地线位于吸上线之前，即与变电所的距离远于吸上线，则会先于吸上线分流，其不平衡影响要远大于地线位于吸上线之后。

为了降低电位，减小对地泄漏电阻，现场应该尽可能多地进行横向连接，原则上接触网吸上线与电务横联线应一同设置，便于牵引电流从回流线回流。考虑到串流影响，吸上线设置不得小于两个闭塞分区，在站场一般位于车站两端，但站内横向连接分布不止一处，其间距可以减小到600 m。站场有电力机车通过时，牵引回流就会通过横联线、钢轨向吸上线流通，此时站内设置的接触网地线等同于吸上线，造成双轨回流不平衡。

3.3　接地线位置的选择

接触网检修作业时对轨道电路影响最大的就是将接地线设置在钢轨上，无论是感应电侵入，还是牵引回流不平衡，都是接触网接挂地线后形成的临时电气回路造成的。那么，如何减少甚至避免对轨道电路的影响，是当前现场亟待解决的难题。

电气化铁路设备现状决定了信号电流与牵引回流共轨是必然选项，不可替代，相互干扰也就不可避免，除非不在钢轨上设置地线。《普速铁路接触网安全工作规则》（铁总运〔2017〕25号）第80条规定："接地线应可靠接在同一侧钢轨上，且不应跨接在钢轨绝缘两侧、道岔尖轨处。必须跨接在钢轨绝缘两侧时，应封锁线路。"早前曾对供电、电务结合部有过规定，检修作业时接触网地线应增加一接地靴，先连接两条钢轨，再连接触网。除与国铁集团颁布的专业规程不相符外，现场操作时"连接两条钢轨"会直接导致红光带的出现，需解决规程修订和钢轨短接许可问题。

此外，如果将接地线设置在扼流变中心板上，轨间平衡可轻易实现，但在现场，两端扼流变并不都是连通的。按电务规定，站场为防止正线侧线两平行线路之间形成迂回串流，对扼流变需要一头堵，即远离变电所一侧的轨道电路双扼流断开中性点。侧线股道两端有一端必定是未连通的，此处显然无法设置地线。但正线均是连通的，如果要设置就只能设置在正线股道。这是限制之一。其二则还是专业规程对地线接钢轨的限制。至于中性点与钢轨电位差的问题，由于扼流变对50 Hz牵引电流阻抗很小，应不会产生高于人体安全电压的威胁。

目前，接地线必须设置在钢轨上才符合规程要求，才能确保作业安全，地线设置构成的临时电路就必然会出现，其影响也无法避免，只能想方设法减少对轨道电路的干扰。但在V形天窗停电检修作业条件下，只要邻线过车，感应电和轨回流就会产生，地线位置的选择并不能从根本解决这一问题，只能通过风险研判和加强组织减少简单的短接失误和位置接挂错误，并利用现有作业车等机具对轨道电路进行合理的分路短接利用，来将红光带出现的概率降至最低。

3.3.1　接地线间距

两端接地线距离并非越远越好。

先从感应电规律来看，由于感应电压的大小与线路并行长度成正比，因此，要降低感应电压，减少感应电压对轨道电路的影响，就要适当缩短接地线的间距。

若上、下行接触网间距离为5 m，接触网导高为6 m，接触网电压为25 kV，通过的牵引电流在300 A以上，平行感应长度为1 km，则采用近似计算法，求得总感应电压3.71 kV。当变电所闭合接地刀后也能达到300 V左右时，即接挂地线瞬间要释放的电压降。如图15所示，两端地线接好回路闭合时，磁感应电动势产生的感应电流即使很小，只有几安，也会在扼流变半边牵引线圈上产生对信号线圈的影响，很容易超过不平衡系数。因此，在牵引负荷（动态）、接触网设备布置（固态）无法改变时，缩小地线设置间距是减少感应电压影响的唯一手段。现场只要根据作业需求适当缩减即可。

再从电气回路进行分析：接地线会造成轨道电路的迂回通道，使得轨道继电器即使线路被作业车占用，仍然保持吸起状态不落下，其前提是迂回通道长度不大于最小允许长度。如果超出最小容许值，由于钢轨阻抗增大，造成继电器电流的衰减，最终无法保障正常工作电流，衔铁会失磁落下并出现红光带。只有小于容许值，才能使得迂回通路有可能保持继电器吸起状态，才不会发生红光带。根据轨道电路能耗衰

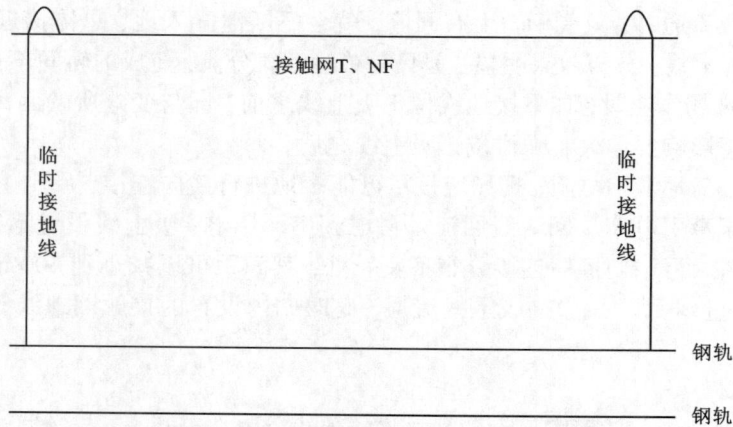

图 15　一侧轨接地

减规律，地线范围内所包含轨道电路以 3~5 个区段为宜。

3.3.2　接地线位置

（1）避免直接短接。不能将接地线设置在绝缘节两侧，或者因同一轨道电路两根钢轨上直接短接钢轨及绝缘节而造成红光带。

（2）接地线要设置在离绝缘节较远位置，有条件时可设在轨道电路中部。其目的是尽可能增加感应电压对地泄漏，使流过扼流变的感应电压最小。

（3）上下行道岔渡线处不在分段绝缘器处设置接地线。因为对电务设备不熟悉，无法判定其对轨道电路的影响程度。

（4）不得在安装侵限绝缘位置（即绝缘节距道岔警冲标小于 3.5 m）接挂地线，否则有可能造成在侵限绝缘区段因不平衡出现红光带时，闭锁邻线行车信号无法开放，影响未封闭线路的行车安全。

（5）岔区要尽量避免接挂地线。一是岔区轨道电路短而多，且极性交叉，供电维修人员对轨道电路缺乏认知，易出现误接，影响邻线轨道电路。二是由于尖轨曲股等限制，无法安装在合理位置。

（6）站场作业不涉及外三线时，避免在回流线接挂地线，造成正常回流经接地线导入钢轨时发生两轨不平衡回流问题。如要检修附加悬挂，可利用区间加站场侧线模式一次完成，并申请电务配合。

（7）在吸上线处，接地线要设置在回流方向上的吸上线内侧。如果设置在吸上线之前，有牵引回流时接地线就等同于单轨吸上线，会造成严重的轨间不平衡。

需指出，感应电和轨回流的客观存在和不可预见性决定，在站场任何轨道电路区段接挂地线都可能会出现红光带。只要邻线通过电力机车，停电线路接触网上就会通过两端地线产生闭合的感应电流。只要邻线有轨回流出现，必然在停电线路钢轨上出现分流，接地线上就会出现穿越电流，造成单轨分流。这两种情况都会造成两轨间的不平衡电压差，进而在信号回路感应出更高的干扰电压，严重时（超出电务设备现有抗干扰能力）造成红光带甚至烧损电务设备。在整个天窗检修期间，要采取的防护措施（短接分路）除非是自始至终的，否则就不能完全避免红光带的出现。举例来说，作业车占用轨道电路时接挂地线，可以消除不平衡现象，但在作业车出清该区段后，当邻线过车时有钢轨回流，还是有可能会造成该区段出现红光带问题。

3.3.3　接地线造成的影响

从电务设备集中监测显示端可以对地线接挂后轨道继电器端电压的变化情况进行对比分析：一旦地线设置完成后，轨道电压就出现波动并下降，从正常 18 V 工作电压降低到 10 V 左右，只要不低于 8.6 V，依然可以维持继电器不落下，但由于电压不稳可能出现闪红现象。当电压继续降低，则发生红光带故障，此时应该是电路受到地线干扰加大，继电器相位失调或者电压损耗造成的。当电压归为 0 时，表示信号回路受到严重的冲击，导致空气开关跳闸，轨道电路处于开路状态。

第一阶段是地线加挂后的必然反应，此时该区段不能再发生作业车轮轴等短路现象，否则红光带不会自动消失,继电器端电压无法恢复到最低工作电压,只有撤除地线才能排除。第二阶段是受到持续增大的干扰,电路不平衡系数超限后导致的相位角或者电压等参数发生变化,无法维持工作状态,继电器失磁落下。第三阶段则是钢轨间不平衡电流已经超过 60 A 的最大限度,在信号回路感应出 10 A 以上的工频电流,造成空开跳闸。因轨道继电器局部线圈由电源屏直接供电,不会因受到接触网的直接干扰而影响正常供电,受到上述影响的都是轨道线圈(见图 2 和图 3)。

4 预防、减少及处置红光带的措施

如前文所述,部分红光带故障存在主观因素,是可以避免的,也有部分是客观因素导致的。在现有轨道电路技术条件下,只能减少红光带故障的发生,并不能完全避免,建议采取以下措施进行防范。

4.1 组织措施

(1)加强轨道电路知识的培训。供电部门组织对专业管理和检修人员进行轨道电路知识专门培训,了解其基本原理、简要防范措施和应急处置方法,并提高警惕,加强防范,切实提高施工作业安全管控能力。

(2)供电部门要摸排管内站场的轨道电路情况,掌握道岔绝缘设置和每处轨道电路所包含的道岔及信号机编号数量;提报计划时,应将同一轨道电路内的道岔和信号机一并纳入封锁范围,以防超出封锁范围的道岔出现红光带故障,造成作业事故的发生。

(3)多股道站场提报接触网停电作业计划时,协调电务人员配合作业。发生红光带现象时,供电驻站人员应立即通知现场负责人研判光带性质和影响情况,并预留时间进行恢复,必要时可停止作业。若地线拆除后仍存在红光带,腾空线路后也未消除,则属于信号电路空开跳闸,需通知电位人员及时处置。

(4)协调车务部门对 V 形天窗内有电务人员配合的接触网作业轨道电路红光带现象,按正常现象而非故障对待,允许供电部门和电务部门在相互协商同意后,预留时间自行处置,减少对检修作业的过度干扰。

4.2 技术措施

(1)站场作业时,严禁将所有金属机具、工具及其金属把柄、金属材料等放置在钢轨绝缘接头部位、轨道电路引接导线上及两股钢轨上。如图 16 所示,在道岔危险区(道岔上有两组极性绝缘,从绝缘接头往岔尾方向看,两相邻钢轨分别属于两个极性,所夹的红色椭圆形区域称为危险区)作业,禁止使金属工具或铁头木把工具的金属部分碰到相邻两股钢轨。使用金属工具时要采取与钢轨绝缘的防护措施。

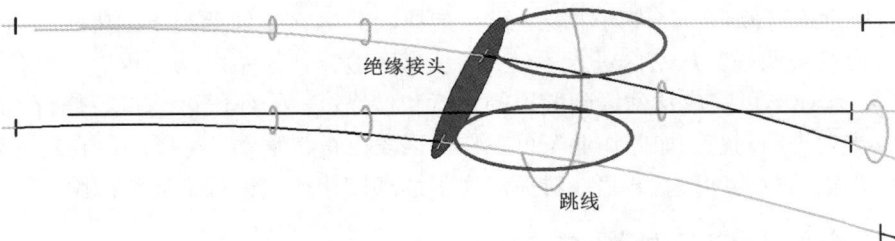

图 16 道岔危险区

(2)验电接地时防止携带的机具短接轨道两根钢轨或绝缘节,发票人要熟悉管内车站轨道电路情况,开具工作票时避免设置的接地线通过接触网线索间接短接轨道电路。

(3)V 形天窗作业装设接地线,应在邻线无电力机车通过、钢轨上无回流,以及接触网感应电压相对较小时时接挂。但该方法只能避免接挂当时立即出现红光带,对整个天窗检修时段并无全程防护作用。因为 V 形天窗作业条件下,邻线没有电力机车通过只是暂态,间隔一定时间后还是会有列车通过并取流。

(4)V 形天窗作业装设接地线时,利用作业车轮轴占用分路的情况下接挂,也就是在钢轨短接状态下接挂,以平衡两根钢轨受到的牵引回流和感应电压的冲击。但同样有局限性,等到作业车离开该区段后即失去作用,邻线过车时同样产生对轨道电路的影响。也有人建议将两台车分解,一台在股道内作业,一台在岔区作业来消除红光带,这样就可以确定消除股道内红光带。但岔区随着车辆移动,离开地线所在轨道区段,也就失去了作用。

（5）钢轨上安装接地靴前必须用钢丝刷对钢轨进行除锈打磨，降低接触电阻，保证良好的接触性，减少因接触电阻过大在接地靴处产生感应电压压差，造成钢轨与接触网非等位，出现两轨不平衡问题的风险。

（6）为消除接挂地线瞬间的感应电压过高导致的不平衡，首先是利用变电所内接地刀闭合使得感应电压有个较大的降幅（此方法只适用于供电臂首端，在末端时接地刀的放电作用会大幅减弱），其次是现场作业车停留在首端地线处以平衡两根钢轨接受的瞬间脉冲电流，这样即使感应电压很高，也不会造成红光带。

（7）供电部门应与信号工区加强联系，对车站上下行渡线或场间渡线分段绝缘器与电务绝缘节位置关系进行调查确认，了解管内各车站安装侵限绝缘的位置，明确管内站场V形作业接地线会影响相邻线路的地点，不得将临时地线下部安装在有侵限绝缘的钢轨上。

（8）在涉及上、下行渡线处的接触网检修作业时，分段绝缘器处不装设临时地线。如要设置，均应统一接在停电线路一侧钢轨上。

（9）区间带站场一并封锁进行检修时，以封锁最外侧股道为宜，一是红光带出现概率高，积极申请电务部门配合，二是可以将外三线一次检修完成，之后天窗只进行接触悬挂部分的检修，消除了回流线接挂地线造成的引下分流问题，降低了红光带出现的概率。

（10）轨道电路较复杂站场接触网作业，对于接触网挂地线的位置，可邀请电务人员根据上行或下行作业类型，针对供电、电务专业工作特点将整个站场供电作业网格化分区，在每个网格内确定能同时满足两个专业工作的固定接地点，最大限度地减少专业间的相互干扰。

（11）垂直天窗上下行同时停电时，既无感应电，也无轨回流，仅需防范短接风险，可不要求电务部门进行配合作业。

（12）建议对现有接地方式进行改进。《普速铁路接触网安全工作规则》（铁总运〔2017〕25号）第80条规定："接地线应可靠接在同一侧钢轨上……"之前兰州局曾对供电、电务结合部有过短暂规定，检修作业时接触网地线应增加一接地靴，将两条钢轨短接。除与国铁集团专业规程不相符外，更主要是现场操作时会直接产生红光带，导致现场径路排列开放无法正常进行，作业车辆无法在作业区段运行（现有规定为只能从岔区排列进入股道的轨道电路，但不能排列从股道出到岔区的轨道电路）。但利用该方式短接钢轨后，对电务设备的影响是可以降到最低的，地线拆除即红光带消失。对此，需要解决的是接地和行车两个问题，一是对接触网规章进行修订，允许两端接地线在接挂同一侧钢轨的前提下，辅助连通双轨条；二是将作业车检修走行方向统一明确为从岔区进入股道，即从岔区地线处往站内股道依次检修且不可逆，车站可对此进路开放信号，作业车可完成从岔区到股道的运行和检修；三是对《行规》进行修订，对站场岔区的检修按不开放信号只排列进路对待，如此作业车可在作业区段内正常移动，可解决在红光带情况下径路难以正常排列而影响车辆运行的问题。再者，对扼流变中性点接挂地线进行论证和试验，并逐步推行。

4.3 现场采取措施及应急处置方法

（1）车站检修作业时，要利用作业车对占用轨道电路进行短接，先接挂车辆停留处地线，使高达几千伏的感应电压均衡释放在双轨条上，再接另一端地线，防止在导通瞬间感应电流过大造成信号断路器跳闸。该方法完全可以避免因感应电压过大造成空开脱扣并需要电务人员现场紧急处置的问题，其余因感应电压干扰而带来的红光带故障，一般都能在撤除地线后自行消失。

（2）车站岔区设备检修，在小站时远端接地线一般设在车站最外侧无岔轨道电路上，并位于吸上线回流方向内侧的较远处，另一端地线设置在股道内。较大以上车站的地线范围以不超过五个区段为宜，一端设置在股道内，另一端选择在无岔轨道电路或者较长的岔间轨道电路装设。

（3）对于检修作业中发生红光带后的应急处置，应遵循"提前联系、实时监测、准确判断、迅速处置"的原则进行，即驻站防护人员要提前与现场配合人员，或者信号设备集中监测人员沟通，确定配合相关事宜。到达现场后及时取得联系，对作业过程中信号设备参数和轨道电路状态进行实时监测，掌握信号电压波动情况并反馈给现场负责人。这样一旦出现红光带，就能根据电压波动准确判断故障性质和影响范围，确定是否继续作业，并迅速落实。

红光带故障性质判断如前文所述，如果电压归零，必定空开跳闸，需由电务人员现场处置。恢复的关键是电务人员到达现场的速度，而非检修作业继续与否。故障原因是牵引回流时，感应电压造成跳闸只能出现在刚开始作业接挂地线瞬间，且未采取轨间短路防护的情况下。

如果还有残压，则排除空开跳闸，也能确定对信号设备的影响是临时性的，人员机具撤离后即可恢复。譬如，接触网作业车在接地线区段作业完毕后遗留红光带，是因为轮轴短路并离开后，继电器端电压在地线干扰下不能恢复最小工作电压。故障发生时，即使有钢轨分流也是均衡的，不会造成空开跳闸，该红光带在地线撤除后自行消失，只需做好车站的沟通协调，就可以继续作业至天窗结束。但现场作业中要注意避免将作业车驶入有较大地线干扰的轨道区段，否则必定会在该处出现红光带，影响正常作业的开展。

参考文献

[1] 林瑜筠，张秉涛，熊五利.电气化铁路信号设备[M].北京：中国铁道出版社，2017.
[2] 谭秀炳，刘向阳.交流电气化铁道牵引供电系统[M].成都：西南交通大学出版社，2002.
[3] 郭金平，赵施林，周存志，杜中成.电气化铁路感应电危害与预防[M].北京：中国铁道出版社，2010.
[4] 倪东.接触网检修作业引发轨道电路红光带的原因分析[J].电气化铁道，2019(4)：88-91.

作者简介

王吉红，中国铁路兰州局集团有限公司兰州供电段，工程师。

兰新线头坝河车站软横跨下部固定绳烧伤断线的原因分析及对策

王 华

摘 要： 在接触网设备运行多年、牵引运能不断增加的情况下，接触网设备的电气烧损现象越来越突出，而且电气烧损问题往往存在事前不易发现，一旦出现则会产生断线、塌网等严重后果的特点。因此，防治接触网设备电气烧损已成为运营单位确保安全供电的一个重要课题。本文通过对兰新线头坝河车站一起典型的软横跨下部固定绳烧伤断线的进行分析，提出具有针对性的对策，探讨对接触网设备电气烧损的预防及整治。

1 概况

2020 年×月×日，黄羊镇网工区在执行点外计划进行步行巡视作业时，发现头坝河车站上行线 26#（K249+395）软横跨支柱处，下部固定绳从距线岔定位立柱 300 mm 处断裂，断开部分垂落挂在支柱弹簧补偿器上（见图 1）。

图 1 头坝河车站 26#软横跨支柱处下部固定绳烧伤断线现场照片

现场作业组在发现该问题后，立即停止步行巡视作业并向供电车间、段调度指挥中心汇报，现场采取设置升降弓手信号等应急处置措施；随后申请临时天窗上网，对断开的下部固定绳进行了临时接续处理，后期又申请天窗更换下部固定绳，确保其彻底恢复。

2 现场设备调查情况

2.1 头坝河车站软横跨布置

头坝河车站 26#-27#软横跨位于兰新线头坝河车站东岔区，上行侧悬挂三支线索，分别是 2 道接触悬挂、4 道接触悬挂及渡线接触悬挂。其中 2 道、4 道接触线在 26#软横跨支柱处形成 9#线岔，渡线接触线在 26#软横跨处抬高至 28#支柱处下锚（见图 2）。

2.2 头坝河车站 26#-27#软横跨附近电联接布置

头坝河车站 26#-27#软横跨 60 m 范围内共有线岔电联接 3 组，承力索交叉跨越等位线 1 组，同时在距 26#-27#软横跨 150 m 来电方向设置 1 组股道电联接。电联接布置如图 3 所示。

下部固定绳烧损断裂处所，位于非支接触线下悬吊滑轮下方

GW2
1164.66

渡3
301.95

4
1206.04

NF2 | NF1
1761.73 | 395.00

(32)　　(30)　　(28)　　(26)　　(24)　　(22)　　(20)

GW1
1164.66

NF4 | NF3
1650.73 | 491

3
1160.04

5
1326.54

(33)　　(31)　　(29)　　(27)(25)　　(23)　　(21)(19)

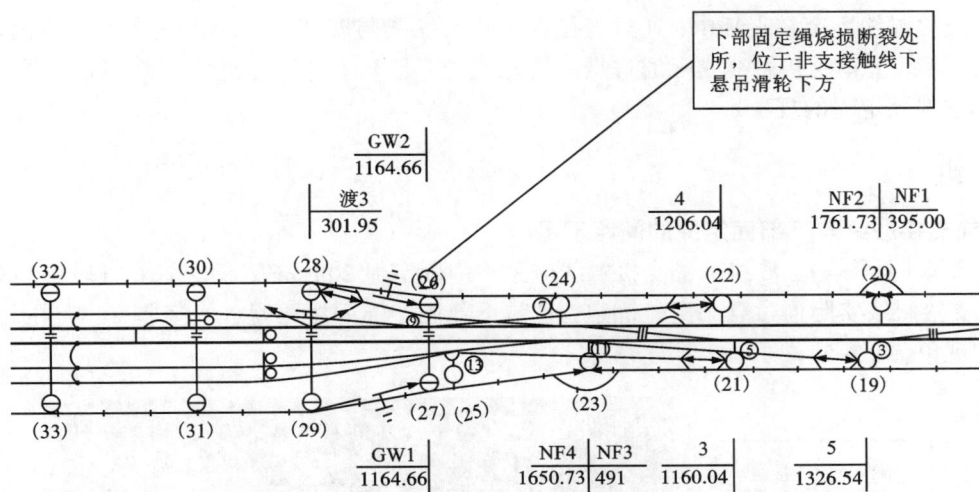

图2　兰新线头坝河车站东咽喉接触网平面布置图

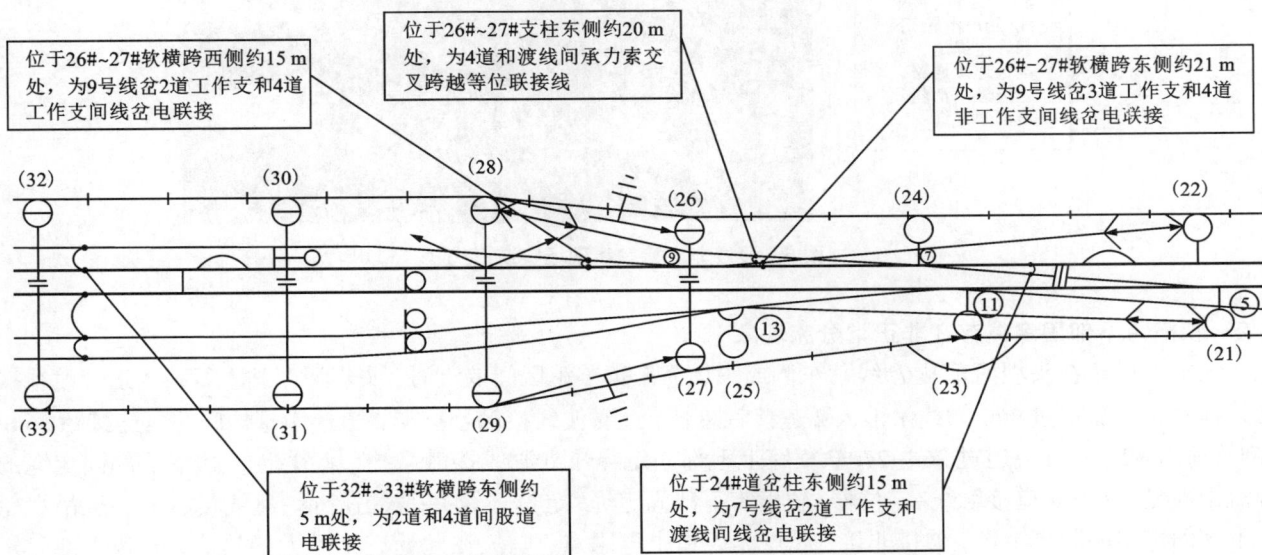

位于26#~27#软横跨西侧约15 m处，为9号线岔2道工作支和4道工作支间线岔电联接

位于26#~27#支柱东侧约20 m处，为4道和渡线间承力索交叉跨越等位联接线

位于26#-27#软横跨东侧约21 m处，为9号线岔3道工作支和4道非工作支间线岔电联接

(32)　　(30)　　(28)　　(26)　　(24)　　(22)

(33)　　(31)　　(29)　　(27)(25)　　(23)　　(21)

位于32#~33#软横跨东侧约5 m处，为2道和4道间股道电联接

位于24#道岔柱东侧约15 m处，为7号线岔2道工作支和渡线间线岔电联接

图3　兰新线头坝河车站 26#软横跨附近电连接布置示意图

2.3　头坝河车站 26#-27#软横跨 9#线岔装配形式

头坝河车站上行线 9#线岔处采用软横跨节点 Z7+10a 组合装配方式，如图4所示。

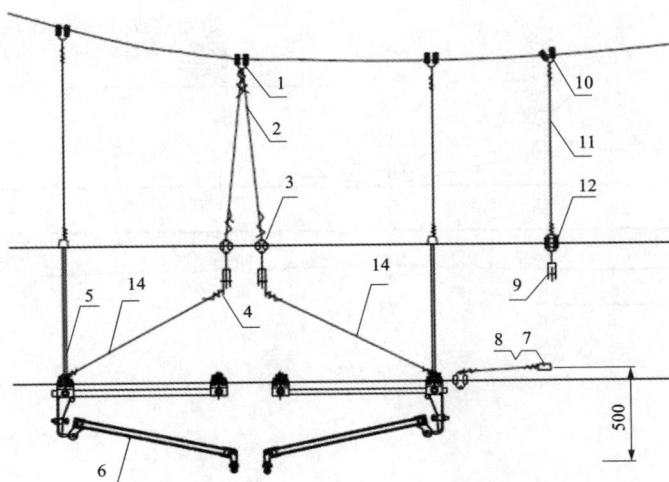

图4　头坝河车站 9#线岔安装示意图

渡线下锚支接触线固定在夹环中，通过直径为4.0的铁线与安装在下部固定绳上的定位环线夹连接。现场调查发现，渡线下锚支接触线实际通过悬吊滑轮固定，且与下部固定绳的间距不足，似接非接，存在分流电流烧损下部固定绳的现象。

3 原因分析

3.1 渡线下锚支接触线与下部固定绳的间距不足

按安装图要求（见图4），渡线下锚支接触线应距下部固定绳200 mm。但2月6日段检测车4C数据显示，渡线下锚支接触线实际通过悬吊滑轮固定，且与下部固定绳间距不足，似接非接，存在分流电流烧损下部固定绳的现象（见图5）。

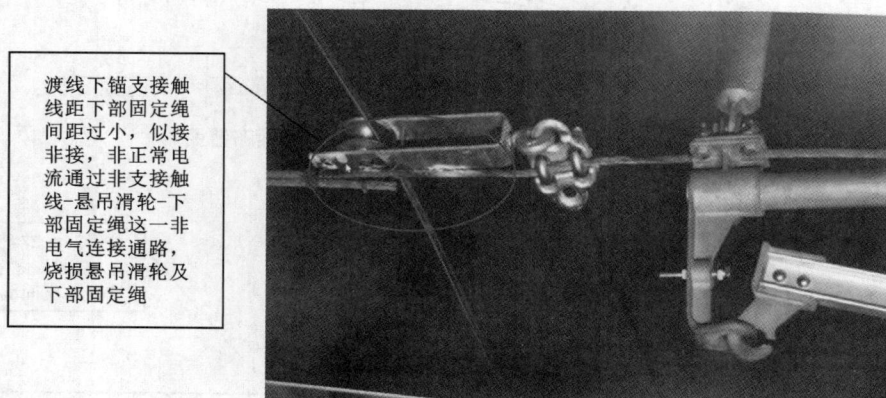

图中文字框：渡线下锚支接触线距下部固定绳间距过小，似接非接，非正常电流通过非支接触线-悬吊滑轮-下部固定绳这一非电气连接通路，烧损悬吊滑轮及下部固定绳

图5 渡线非支接触线现场安装形式

3.2 软横跨下部固定绳存在非正常分流现象

当电力机车在头坝河车站7#线岔东侧或头坝河至黄羊镇区间取流时，头坝河车站上行线4道及渡线接触悬挂牵引电流通过9#、7#线岔汇入2道接触悬挂，此时渡线接触悬挂与2道接触悬挂间的电连接距26#-27#软横跨60 m，分流通过26#-27#软横跨上下部固定绳流到渡线接触悬挂（见图6）。其中下部固定绳的分流走向是2道、4道接触线-定位器-软横跨下部固定绳-定位环线夹-悬吊滑轮-渡线接触线。悬吊滑轮与下部固定绳的距离不足，似接非接，此点成为集中电阻点，电流在此处产生了大量热能，导致下部固定绳烧损断裂。同时因悬吊滑轮的挂钩转轴是活动连接（见图7）的，在此非电气连接处同样发生了烧损现象。

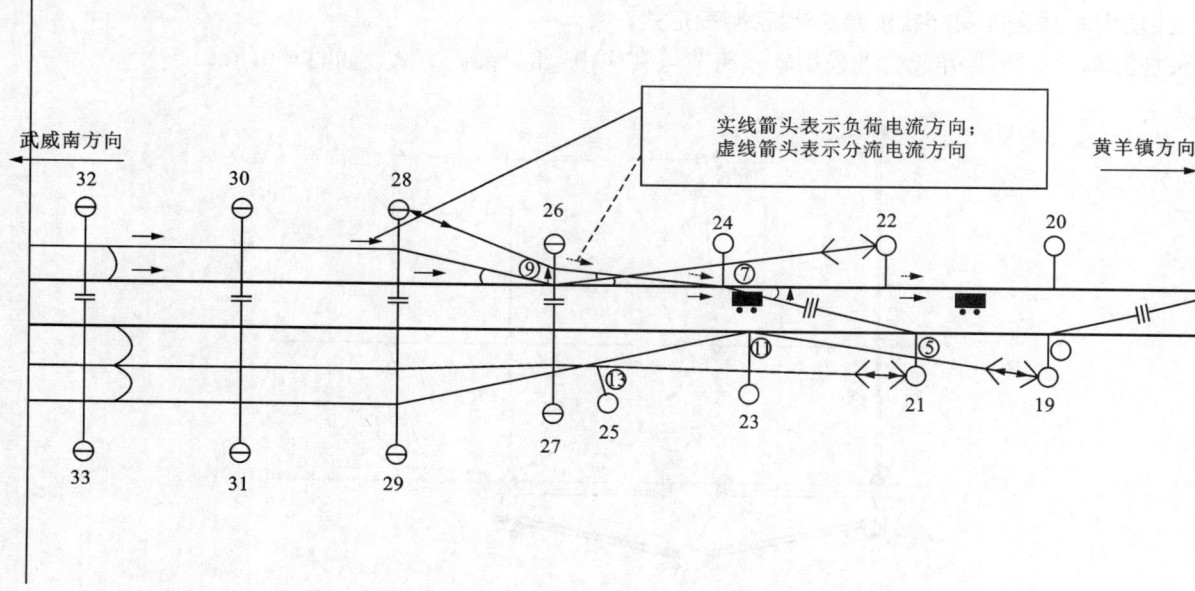

图中文字框：实线箭头表示负荷电流方向；虚线箭头表示分流电流方向

图6 头坝河车站上行线电流流向示意图

图 7　悬吊滑轮挂钩活动连接处烧损照片

3.3　兰新线货物列车提速后负荷电流增大凸显非正常分流问题

2019 年 10 月 20 日，兰新线货物列车提速至 90 km/h，根据武威南牵引变电所的负荷监测数据可知，提速后头坝河（含）—武威南上行供电臂最大负荷电流达到了 1257 A。负荷电流增大后，提速前软横跨分流处所出现的烧损的问题就显现出来，除此次头坝河车站发生的下部固定绳烧损问题外，在相近的时间段内兰新线还出现打柴沟车站、大路车站等多处接触网设备烧损问题。

4　防止软横跨分流的对策

4.1　调整渡线下锚支接触线的安装方式

为增加渡线下锚支接触线距下部固定绳的间距，将渡线接触线通过悬吊滑轮固定在下部固定绳上定位环线夹的安装方式，调整为在线岔定位立柱上距下部固定绳 400 mm 处安装定位环—双股 4.0 铁线—悬吊滑轮—渡线下锚支接触线的安装方式（见图 8），并通过调整邻近吊弦将渡线下锚支接触线固定在距下部固定绳 150～200 mm 的位置，防止因渡线接触线距下部固定绳距离不足导致的放电烧伤。

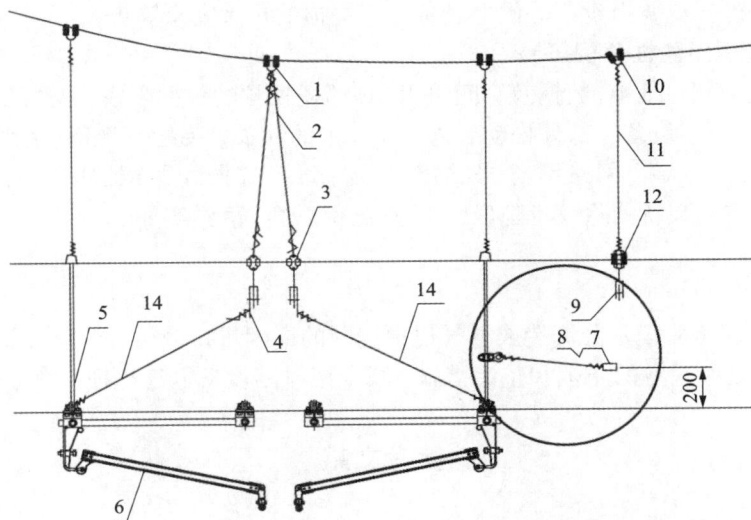

图 8　头坝河车站 26#-27#渡线下锚支安装方式改造

如上文所述，根据现场设备的实际运行情况，通过调整不合理的安装方式或零部件装配组合，可有效解决既有接触网设备中存在的线索间距不足、受力状态不良等问题。

4.2　合理加装电连接消除软横跨分流

针对前述软横跨非正常分流的原因，在距 26#-27#软横跨西侧 15 m 处，4 道接触悬挂与渡线下锚支接触悬挂间加装一组电连接(见图9),增加一条可靠的电流通路,从根本上消除软横跨分流导致的接触网设备烧损的问题。

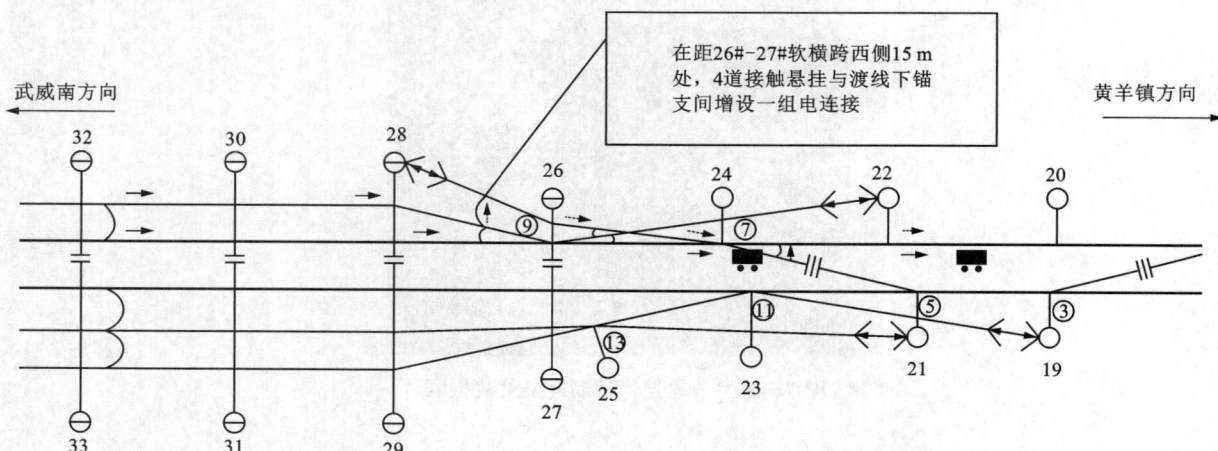

图 9　头坝河车站 26#−27#软横跨东侧加装电连接位置示意图

当站场内接触网延长下锚时,应在接触悬挂延长径路上形成的交叉处所增设电连接,对于存在的线索立体交叉而间距不够的处所采取加装铠装预绞丝保护条、加装等位连接线等措施。在牵引电流较大(500 A 及以上)及高坡区段采取电气连接加强措施,必要时每100~150 m设横向电连接一组,防止软横跨、线索、吊弦的烧伤、烧断问题。

4.3　加强对主导电回路的检查

供电设备电气烧损的原因,究其根本是主导电回路电连接设置不合理,没有考虑从电源侧即来电方向设置电连接,从而造成不该载流的设备分流。因此,在供电设备大修、改造施工中,必须确保主导电回路的畅通,科学设置主导电回路电连接。针对兰新线货物列车提速后负荷电流增大凸显非正常分流问题的情况,需要组织班组对管内各车站进行巡视检查,认真排查、梳理软横跨可能产生分流的处所,重点检查线岔电连接、站场的股道电连接、上网点等处所并及时采取设备安装方式调整、加装电连接、检查连接线夹等针对措施,消除软横跨分流烧损设备等供电设备电气烧损的重大安全隐患。

4.4　4C 数据由显性分析向隐性分析拓展

进一步加强对集团公司、段4C数据及车间班组2C巡视视频的数据分析,提高分析质量。将分析的重点由发现设备显性缺陷(如:设备零部件松动脱落、开口销的缺失、装配不规范、绝缘部件破损等)向发现设备隐性缺陷的方面(如:主导电回路不畅、软横跨分流、设备烧损变形)延伸拓展,做到提前发现、提前处理,充分应用先进的技术装备消除设备隐患,让"科技保安全"落到实处。

5　结束语

本文主要通过对软横跨非正常分流造成电气烧损烧断的原因进行分析,结合目前供电设备实际运行状况,探讨对非正常分流处所采取的防范和整治措施,减少接触网设备电气烧损,确保接触网供电运行安全。

参考文献

[1] 于万聚.高速电气化铁路接触网[M].成都:西南交通大学出版社,2003.
[2] 中国铁路总公司.高速铁路接触网技术[M].北京:中国铁道出版社,2014.
[3] 中国铁路总公司.普速铁路接触网运行检修规则[S].北京:中国铁道出版社,2017.

作者简介

王华,中国铁路兰州局集团有限公司兰州供电段,助理工程师。

关于电动接触网电动隔离开关处防强电侵入措施的研究

汤兴科　王建武　王荣智

摘　要： 目前，我国电气化铁路接触网电动隔离开关部件及传动机构基本采用金属元件，在接触网电动隔离开关附近发生短路、落雷或因隔离开关机械变形而引发电弧时，强电经隔离开关传动杆或底座接地引下线会侵入电动操作机构箱控制电源电缆，进而烧损牵引变电所控制设备和电务、通信、车辆等弱电设备。本文分析了接触网电动隔离开关经常出现的问题，并针对隔离开关强电侵入问题，通过设置独立接地极、在隔开瓷柱加装跳线，采用碳纤维环氧树脂复合材料制作隔离开关传动杆等措施，来杜绝强电侵入烧损相关设备的问题，避免引发更严重的供电故障。

隔离开关是组成接触网主导电回路的重要部分，一般装设在车站两端、车站装卸线、专用线、电力机车库线、机车整备线、绝缘锚段关节、电分段和电分相等处，其作用是连通或切断接触网供电分段间的电路，增强供电的灵活性，以满足供电和检修的方便，而且在分闸状态时有明显的断开点，能保证其他电气设备进行安全检修。隔离开关的设置增强了供电的灵活性，发生接触网故障时能通过远动操作分段查找故障，隔离故障，缩小事故范围，因此，保持隔离开关良好的运行状态对保障供电安全、可靠有十分重要的意义。

1　接触网电动隔离开关存在的问题

经过长时间的实践调研发现，接触网电动隔离开关是运行器件中最容易出现故障的设备，其故障发生原因为触头合闸不到位、上网线烧损等[1]，因此必须提高设备的可靠性。接触网电动隔离开关主要由底座、支持绝缘子、导电部分、传动机构、安全接地部分和电动操作机构箱六部分组成，其电流流向示意图如图1所示。电气化铁路接触网电动隔离开关的电动操作机构箱二次控制电源一般与电务、通信、车辆设备的供电电源设备有电气连接，控制电缆与牵引变电所有连接，在接触网电动隔离开关附近发生短路、落雷等问题时所引发的高电压、大电流，经底座接地引下线、传动杆等金属部件侵入电动操作机构箱，通过隔离开关控制回路侵入与其有电气关联的牵引变电所及电务、通信、车辆设备，从而造成相关设备烧损。据不完全统计，我国电气化铁路接触网电动隔离开关处发生短路、落雷而导致与电动操作机构箱二次控制回路有电气关联的供电、电务、通信、车辆设备烧损的故障每年均有发生，给电气化铁路的正常运输秩序造成较大影响，导致了不必要的经济

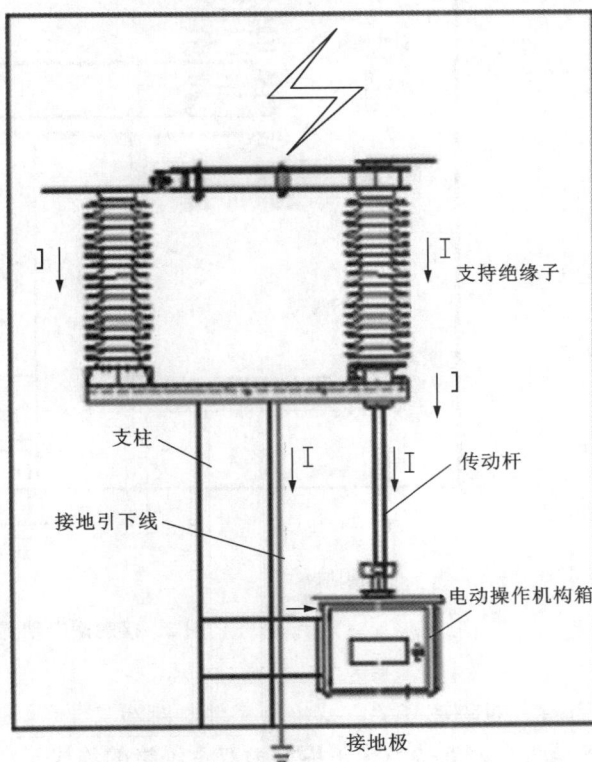

图1　接触网电动隔离开关电流流向示意图

损失[2]。

2020年6月1日，阿克塞站002号接触网隔离开关触头燃弧放电，导致阿克塞变电所211馈线断路器跳闸，影响41046次阳关站停车47分钟，另有上行货车1列等点。经过调查后得知，事故原因为阿克塞站002号接触网电动隔离开关引线弛度过紧，致使隔离开关触头接触不密贴，触头间燃弧放电导致隔离开关触头烧损，弧光短路引起阿克塞变电所211馈线断路器跳闸，短路电流经隔离开关底座接地引下线、传动杆等侵入隔离开关机构箱，烧损电务、车辆设备。

2 接触网电动隔离开关防范措施

为防止接触网电动隔离开关处发生短路、落雷等引发的高电压、大电流侵入隔离开关控制电源及与其有电气关联的供电、电务、通信、车辆等弱电设备，造成相关设备烧损的情况，本文给出了解决接触网电动隔离开关强电侵入问题的具体防范措施。

2.1 对隔离开关底座与电动操作机构箱之间设置隔离

为防止在接触网电动隔离开关附近发生短路、落雷等问题时所引发的高电压、大电流，经底座接地引下线、传动杆等金属部件侵入电动操作机构箱，对隔离开关底座与电动操作机构箱之间设置电气隔离，其结构示意图如图2所示。

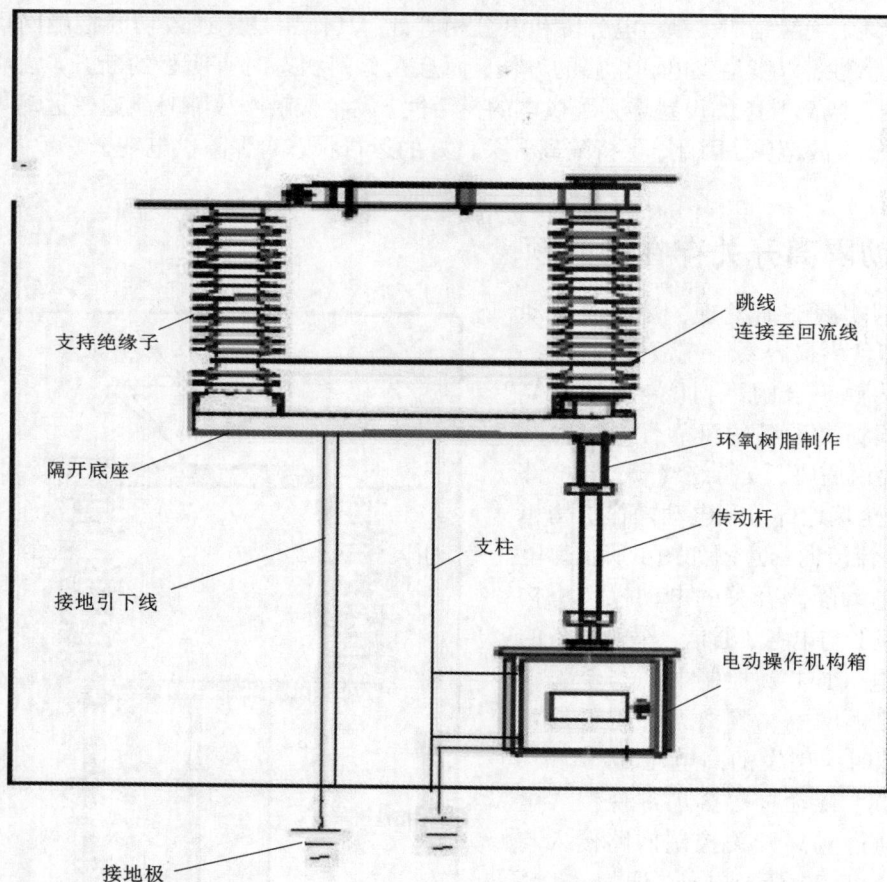

图2 接触网电动隔离开关组成部分

2.1.1 对隔离开关支持绝缘子加装跳线

将隔离开关支持绝缘子更换为双重绝缘的绝缘子，在绝缘子上加装跳线接引至回流线。当发生绝缘子击穿、闪络放电等故障时，短路电流经跳线流入回流线，不经过底座及电动操作机构箱。

2.1.2 对隔离开关操纵杆加装绝缘部件

为防止短路电流经隔离开关传动杆侵入电动操作机构箱，在传动杆上部加装一截高强度绝缘材料，如碳纤维环氧树脂复合材料。环氧树脂是一种具有优良力学性能、介电性能、突出的黏接能力和稳定性的高分子化合物，它能被制成涂料、复合材料、浇筑剂、模压材料和注射成型材料，在电工绝缘领域得到了广泛应用，其电气绝缘及机械强度能够满足传动杆的要求，按照绝缘部件 3 kV/cm 的要求且考虑安全系数，加装环氧树脂的传动杆长 30 cm 就能够实现在故障情况下的电气绝缘。加装环氧树脂复合材料制作绝缘操作杆后，隔离开关高压部分、隔开底座和电动操作机构箱之间的电气绝缘隔离，能够有效防止绝缘子击穿或闪络后电流侵入电动机构箱，进一步保障检修人员和供电、电务、通信设备的安全。

2.1.3 对隔开底座与电动操作机构箱分设接地极

为防止短路电流经接地引下线及接地极侵入电动操作机构箱，对隔离开关底座及电动操作机构箱分别装设接地极。按照《普速铁路信号维护规则技术标准》（铁总运［2020］238 号）"13.2.8 信号电缆与接触网地线的距离最近处不得小于 2 m，否则应采用水泥槽，并灌注绝缘胶加以绝缘防护"的规定，对隔离开关底座接地引下线采用 50 mm² 绝缘导线（JKLYJ-50），防止短路电流经接地引下线侵入电动操作机构箱，两接地极之间保证有 2 m 以上的距离，接地电阻不大于 10 Ω。

2.2 对隔开开关控制回路设置隔离

在对隔离开关底座与电动操作机构箱之间设置电气隔离的基础上，对照《牵引变电所二次系统防强电侵入优化技术方案指导意见》（运供设备函［2016］325 号）及《牵引变电所综合应急保护整治技术方案》《牵引变电所浪涌保护器优化设置实施方案》《接触网隔离开关电源回路隔离变压器实施方案》《接触网电动隔离开关远动控制优化技术方案补充规定》（运供设备函［2017］240 号）要求，在隔离开关电源回路设置隔离变压器和电涌保护器对电源回路进行防强电侵入保护。

3 结论

本文通过分析接触网电动隔离开关在实际运行过程中出现的问题，结合管内电动隔离开关触头放电引发的短路故障，导致电流侵入隔开操作机构箱并烧损弱电设备的事故案例，研究提出接触网电动隔离开关处防强电侵入的措施，通过对隔离开关底座与电动操作机构箱之间设置电气隔离，实现隔离开关高压部分与操作机构箱的电气绝缘，并在隔离开关控制回路中设置隔离变压器和电涌保护器，防止接触网电动隔离开关处发生短路、落雷等产生的高电压、大电流对牵引变电所电源设备和电务、通信等弱电设备的损伤，避免铁路正常运输秩序受到影响，最大限度地减少强电侵入并烧损设备的经济损失。

参考文献

［1］纪东岳，张宁，刘永利.高铁接触网远动隔离开关误动原因分析及对策［J］.山东工业技术，2019，16：167.

［2］于万聚.高速电气化铁路接触网［M］.成都：西南交通大学出版社，2003.

［3］左新斌，高永强，苏梓铭，徐雷，郑佐琦，朱国峰.一种环氧树脂复合绝缘材料制备与应用性能研究［J］.粘接，2020，3：32-36.

作者简介

汤兴科，中国铁路兰州局集团有限公司嘉峪关供电段。

王建武，中国铁路兰州局集团有限公司嘉峪关供电段。

王荣智，中国铁路兰州局集团有限公司嘉峪关供电段。

关于解决关节式分相吊弦烧断问题的研究

王政彤　王荣智　王梦奇　汤兴科　王建武　刘延鑫

摘　要： 随着电气化铁路的不断发展，列车运行速度大幅度提高，对接触网的平顺性要求也越来越高。为了减少接触网硬点、增强接触网弹性，既有线通过设置关节式分相实现不同相之间的隔离，以保证高速运行中的电力机车在锚段间平滑过渡的同时能够稳定取流，但运行中的关节式分相仍存在烧断、烧伤吊弦的现象。本文通过分析关节式分相燃弧原因，结合近期管内平原堡车站分相吊弦烧伤、烧断情况，提出了解决关节式分相吊弦烧伤、烧断问题的方案，最大限度地避免或减少关节式分相燃弧对接触网设备的影响。

牵引供电系统将电力系统供应的三相交流电，经牵引变压器变换为满足电力机车(动车组)运行的单相交流电，并通过三相电源轮换供电的方式平衡电力系统的各相负荷，同时为保证牵引供电系统相与相之间的电气隔离，在不同供电臂的衔接处设置了绝缘结构，也就是电分相。我国电气化铁路常用的电分相有器件式分相和关节式分相两种[1]，器件式分相结构简单，但运行中易形成硬点打碰受电弓，不利于高速运行；关节式分相比器件式分相具有显著的优势，关节式分相结构复杂但利于列车高速运行，能消除列车高速运行过程中由于器件式分相产生的明显硬点，使受电弓平滑地由一相接触线过渡到另一相接触线，提高列车运行的稳定性[2]，但在实际运行过程中仍然存在一定的问题。本文将结合管内平原堡车站关节式分相吊弦烧伤、烧断的情况，分析七跨关节式分相燃弧原因，根据分相设备特点制定科学合理的解决方案，以保障接触网设备的运行安全。

1　存在的问题

兰新线武嘉段采用直供+回流的供电方式，悬挂方式为全补偿简单链形悬挂，平原堡车站上行86#至100#分相为七跨两断口关节式分相。为降低关节式分相处空气断口产生的过电压危害程度，武嘉段扩能改造时在88#、96#设置有RLC过电压吸收装置(TOVPI-X-2型)，平原堡车站西头上行进站坡道为1.7‰。

2022年8月25日，管内平原堡车站上行关节式分相88#至90#间有1根吊弦烧断，90#中心柱两侧跨距内多根吊弦有烧伤痕迹，烧断点位于接触线吊弦线夹上部约100 mm处，初步判断为机车过分相时发生燃弧烧断吊弦。为防止烧断的吊弦引发弓网故障，班组随即申报天窗更换烧断、烧伤的吊弦，使用激光测量仪测量关节式分相的相关参数，并安排专人观察受电弓通过时的分相运行状态，观察列车通过时发现，中心柱(90#)两侧跨距内有明显燃弧现象，燃弧时长与列车运行速度有关，列车慢行通过时，燃弧时间较长，持续时间约为3 s。

2　燃弧原因

分析七跨关节式电分相结构可知，七跨式绝缘锚段关节式电分相由2个四跨绝缘锚段关节交叉组合而成，共有7个跨距，其原理是利用2个四跨绝缘锚段关节的空气绝缘间隙来达到电分相的目的。中性区正常情况下不带电(无机车通过时)，但不允许接地，其对地仍按25 kV电压等级要求绝缘。一般在关节处的行车方向远端设置一台手动隔离开关，以疏导中性区的故障机车。平原堡车站上行七跨关节式电分相示意图如图3所示，七跨关节式分相吊弦布置示意图如图4所示。

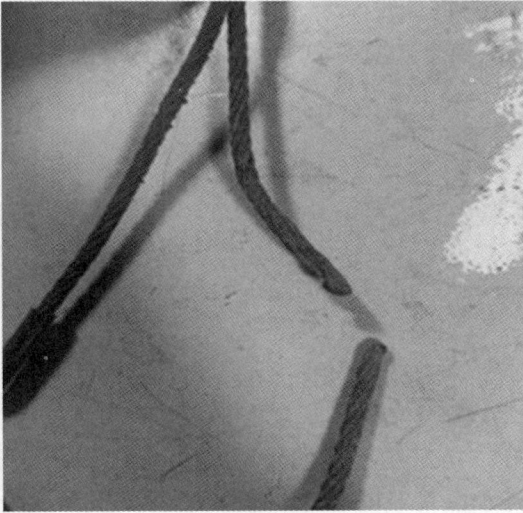

图 1　烧断的吊弦

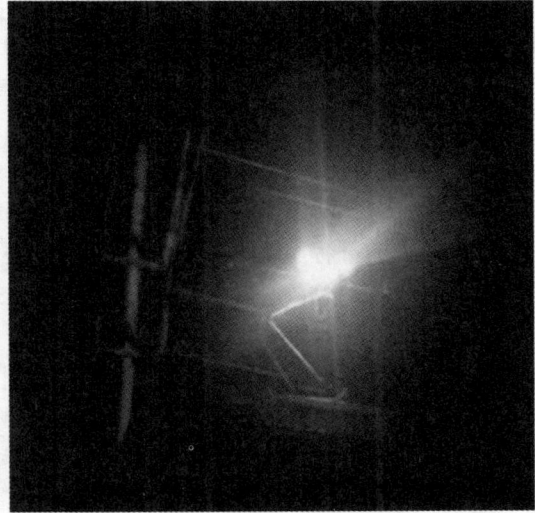

图 2　列车通过时燃弧现象

　　经分析后得到燃弧区 1 产生燃弧的原因：当电力机车准备经过电分相时，机车主断路器打开，受电弓不降弓通过，由 A 相接触线过渡到中性区导线，在关节式分相中性区范围内利用中性区导线作为工作支，此时受电弓只接触不带电的中性区导线（图中的绿线），并借助惯性向前运行；当受电弓运行至中心柱（90#）左侧，接近关节式分相等高点时，受电弓一侧接触中性区导线，另一侧接近 B 相接触线（图中的粉线），电压击穿 B 相接触线与受电弓之间的空气绝缘间隙产生电弧；继续运行至中心柱等高点处，受电弓同时接触中性区导线与 B 相接触线后，电弧消失。

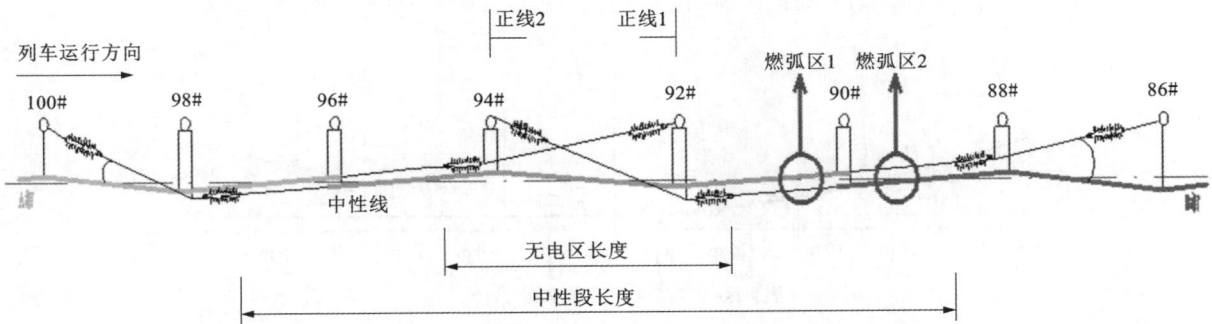

图 3　七跨关节式分相示意图

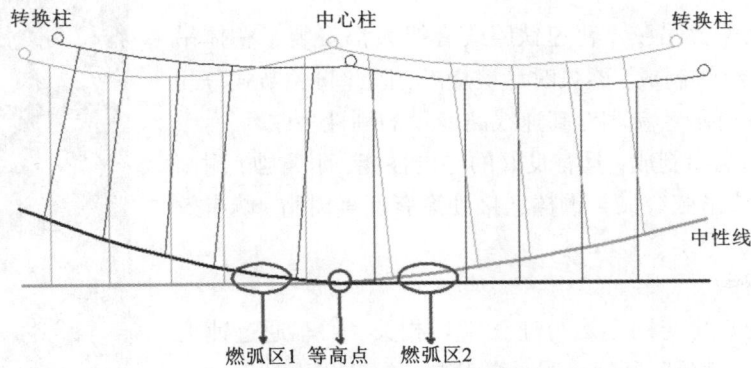

图 4　七跨关节式分相吊弦布置示意图

燃弧区2产生燃弧的原因：受电弓驶离中心柱等高点后，中性区导线抬高，受电弓运行至一定位置时，有一侧中性区导线脱离受电弓，脱离瞬间电压击穿中性区导线与受电弓之间的空气间隙产生电弧；继续运行至中性区，导线抬高至空气绝缘间隙足够大时电弧消失，受电弓完成了由一个锚段到另一个锚段的过渡。

3 解决方案

受电弓通过七跨关节式分相时，要经过从有电导线转换至中性区导线，再由无电的中性区导线转换至另一相有电导线的过程，从无电到有电的转换必然会出现燃弧现象，但长时间的燃弧会烧断、烧伤吊弦，进而引发严重的弓网故障，现提出以下三种关节式分相吊弦烧伤、烧断问题的解决方案。

3.1 增大吊弦间距

调整关节式分相燃弧区吊弦间距。原有分相中心柱两侧第一根吊弦距定位为 4 m，一般非工作支此处抬高 40 mm，在该吊弦处已经产生电弧；中心柱两侧第二根吊弦距定位约 14 m，一般非工作支此处抬高约 150 mm，在普速 160 km/h 及以下区段，受电弓动态抬升量 120 mm，在该吊弦处不能使电弧熄灭。调整吊弦间距的原则是将吊弦移出燃弧区，且吊弦间距要满足《普速铁路接触网运行维修规则》第 110 条"吊弦间距限界值：15 m"的规定。具体的调整方案是将燃弧区内工作支、非工作支靠近中心柱一侧的第一根根吊弦（吊弦①②）朝定位方向调整，并将两个吊弦处调整为等高，消除在该吊弦处产生的电弧；将工作支、非工作支靠近中心柱两侧的第二根吊弦（吊弦③④）朝转换柱方向调整，并将该吊弦处非工作支抬高 200 mm，使受电弓运行至吊弦处时电弧已熄灭。吊弦间距根据现场设备安装情况、悬挂方式、跨距长度和燃弧区的长度确定。平原堡车站七跨式关节式分相计划调整的吊弦间距示意图如图5所示，通过增大燃弧区两侧吊弦间距，确保受电弓通过吊弦时电弧还未产生或者已经消失，进而避免电弧烧伤、烧断吊弦。

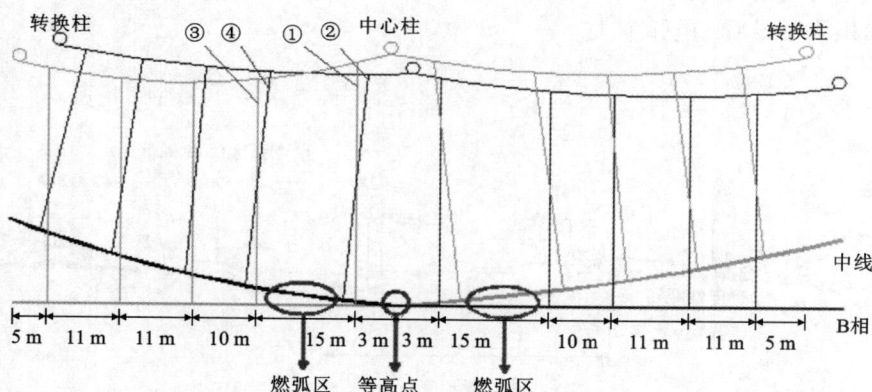

图5 调整后吊弦间距示意图

3.2 更换吊弦种类

更换燃弧区吊弦为刚性吊弦。普速铁路既有线大都安装了整体吊弦，吊弦线采用铜合金绞线制成，燃弧时易被烧断，因此将关节式分相燃弧区吊弦更换为图6所示兰新客专高速线路专用的刚性吊弦。

刚性吊弦由磷青铜铜棒制成，具有良好的导电性能，耐腐蚀，耐高温，机械强度大，接触线吊弦线夹与铜棒连接处涂有环氧树脂，能有效防止电弧烧伤。

3.3 加强设备巡视工作

分相处燃弧时间的长短与列车运行速度密切相关，列车通过速度慢，燃弧时间长，反之，燃弧时间短。吊弦的烧断并不是短期形成的，是慢行车通过时持续电弧多次灼烧的累积结果，因此，在日常工作中需加强巡视检查与检测工作，及时发现吊弦烧伤情况，研判烧伤影响

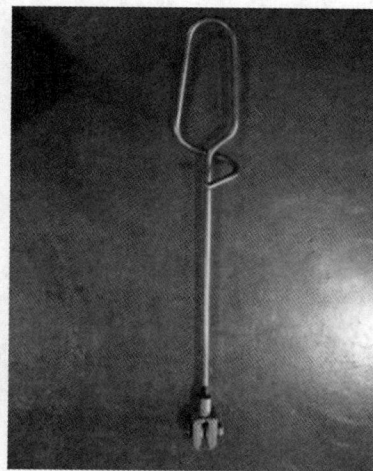

图6 刚性吊弦

程度,以有效预防事故的发生。

加强日常检修与巡视检查。严格按照《普速铁路接触网运行维修规则》第61条"静态检测周期12个月的项目:绝缘锚段关节、关节式分相"、第68条:"单项设备6个月检查1次的项目:分段绝缘器、分相绝缘器、远动隔离开关及其操作机构"的周期规定进行巡视和检修,重点关注等高点两侧的吊弦状态,观察吊弦线是否有烧伤痕迹,若烧伤严重需及时更换。步行巡视时,巡视人员应在有机车通过时进行检查,观察受电弓通过时分相的运行状态与机车取流情况,必要时可申请夜间巡视计划,以便观察电弧持续时长,研判燃弧影响程度。

充分发挥检测与监测手段。一是通过分析接触网1C波形数据(见图7)。了解关节式分相处导高、拉出值、线索间水平与垂直间距等重要参数是否超标;二是借助接触网2C、3C(见图8)和4C的视频资料、图像资料和燃弧报警信息,如关联分析关节式分相各部件有无烧伤、缺失、断裂、松动等异常现象,为现场检修提供专业指导。三是加装分相视频监控装置,实时远程监控分相状态,在不增加作业人员工作量的同时缩短关节式分相巡视检查周期,依托技防手段及时发现关节式分相存在的问题和缺陷,科学合理地制定解决方案,以确保接触网设备的安全运行。

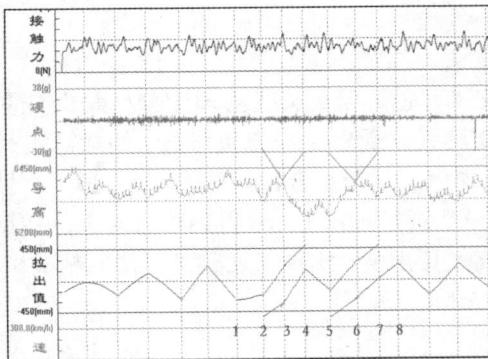

图7　关节式分相1C波形

图8　3C红外视频

4　结论

本文通过分析关节式分相燃弧原因,结合平原堡车站分相吊弦烧伤、烧断现象,研究提出了三种普速铁路关节式分相吊弦烧伤、烧断问题的解决方案,通过调节燃弧区吊弦间距、更换刚性吊弦等措施,减少分相处燃弧对吊弦的烧伤,借助人防、技防手段,加强日常巡视、检修与检测工作,及时发现吊弦烧伤情况,预防事故的发生,以保障供电设备的安全运行。

参考文献

[1] 于万聚.高速电气化铁路接触网[M].成都:西南交通大学出版社,2003.
[2] 吉霄鹏.电气化铁路接触网[M].北京:化学工业出版社,2015.

作者简介

王政彤,中国铁路兰州局集团有限公司嘉峪关供电段。
王荣智,中国铁路兰州局集团有限公司嘉峪关供电段。
王梦奇,中国铁路兰州局集团有限公司嘉峪关供电段。
汤兴科,中国铁路兰州局集团有限公司嘉峪关供电段。
王建武,中国铁路兰州局集团有限公司嘉峪关供电段。
刘延鑫,中国铁路兰州局集团有限公司嘉峪关供电段。

银兰客专(吴中段)18号无交叉线岔理论分析

刘如意　魏兆博

摘　要： 高速铁路的快速发展,对接触网性能和弓网关系提出了更高的要求,而无交叉线岔作为高速铁路接触网设备中最关键的设备之一,对高速电气化铁路安全运行有着十分重要的作用。受电弓始触区、无交叉线岔正侧线之间的过渡区的位置与受电弓宽度、道岔辙叉角、导曲线半径以及道岔定位柱参数之间有着紧密的联系,本文主要通过研究受电弓宽度、道岔辙叉角、导曲线半径以及道岔定位柱参数之间的关系建立数学模型,分析受电弓在通过无交叉线岔时与正线、侧线之间的位置关系,为良好的弓网关系研究提供参考依据。

1　引言

银兰客专(吴中段)正线与侧线过渡线岔均采用18号无交叉线岔,无交叉线岔理论分析是保证受电弓从正线向侧线、侧线向正线过渡的基础。结合数学模型对无交叉线岔受电弓动态包络线、始触区进行理论分析,将抽象的弓网关系具体化、可视化,是本文的主要研究内容。作者结合银兰客专(吴中段)18号无交叉线岔设计参数和18号无交叉线岔空间模型,通过建立数学模型进行理论分析,得到了道岔定位柱拉出值与始触区及过渡区之间的关系,从而通过控制道岔定位柱导高及拉出值,实现了无交叉线岔的精确调整。

2　18号道岔和无交叉线岔介绍

2.1　18号道岔主要参数

银兰客专(吴中段)18号道岔设计全长 $L=69.00$ m,理论岔心前端长度 $a=31.729$ m,后端长度 $b=37.271$ m,前端尖轨尖端至轨缝中心距离 1.955 m,辙叉角 $\tan\theta=1/18$,圆曲线长度为 61.048 m,过渡圆曲线半径 $R=800$ m,圆曲线理论起点与实际起点之间的直线部分长度为 5.168 m。以圆曲线理论起点计算,18号无交叉道岔曲股与直股之间以圆曲线相切的方式连接,18号无交叉道岔主要尺寸如图1所示。

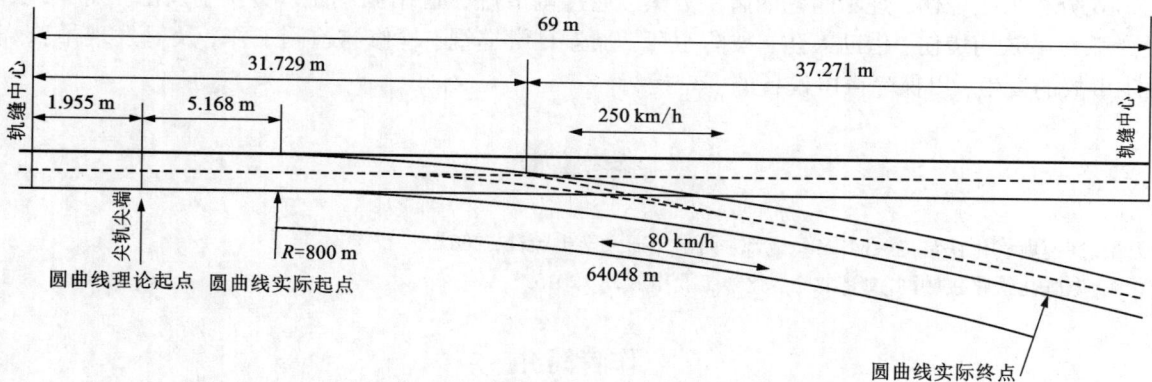

图1　18号无交叉道岔主要尺寸图

2.2　18号无交叉线岔工作原理

18号无交叉线岔布置于18号道岔上方,用于受电弓正线、侧线之间的空中转换。其主要由A道、B道、C道岔定位柱组成,通过调整A道、B道岔定位柱的导高、拉出值,实现机车受电弓正线高速通过时,使侧线接触悬挂部分位于机车受电弓动态包络线以外,从而保证机车受电弓正线高速通过时,不会碰触侧线接触悬挂。而机车受电弓从正线进入侧线或从侧线进入正线时，通过调整道岔定位柱导高和拉出值，使受电弓实现侧线和正线之间的平滑过渡。受电弓的平滑过渡，主要靠 A 道、B 道岔定位柱定位处的导高拉出值来确定，从而使两支接触线的导高和拉出值维持在相对距离的位置，不发生弓网故障。

2.3　银兰客专(吴中段)18 号无交叉线岔设计参数

在银兰客专(吴中段)中，与正线有关的站线或渡线道岔均采用无交叉线岔形式，管内无交叉线岔共计 30 组，其中红寺堡北站 8 组、中宁东高速场 8 组、中卫南站 14 组。以站线与正线支柱同侧下锚为例(支柱位于正线侧)的理论设计参数如下：A 柱距离理论岔心大于 25 m，设计直股侧导高 5500 mm，拉出值 150 mm，曲股侧导高 5500 mm，拉出值 150 mm；B 柱距离理论岔心 10~15 m，设计直股侧导高 5500 mm，拉出值 400 mm，曲股侧导高 5620 mm，拉出值 1100 mm；C 柱设计工作支导高 5500 mm，拉出值 200 mm，非工作支导高 6000 mm，拉出值 800 mm，导曲线半径为 800 m。18 号无交叉线岔平面示意图如图 2 所示。

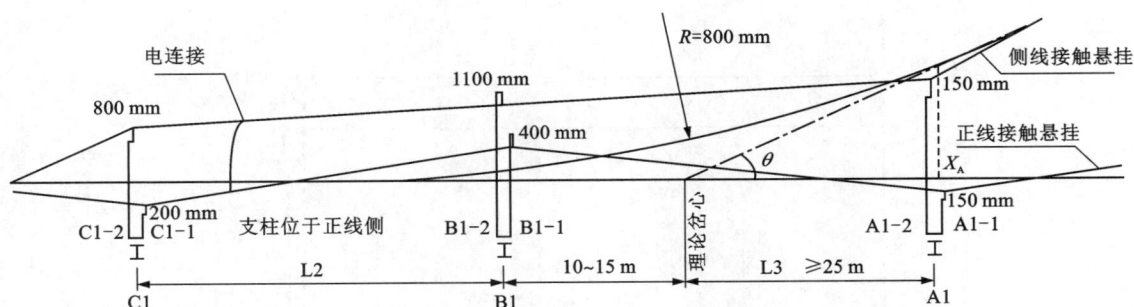

图 2　18 号无交叉线岔平面示意图

3　18 号无交叉线岔工作原理分析

3.1　始触区定义

根据受电弓特性可知，当受电弓滑板拐点(距受电弓中心 600 mm)至弓头之间部位与接触线接触时，若接触线有线夹，就可能引起线夹打弓，因此将滑板拐点与弓头区段定义为受电弓无线夹区，也就是通常所说的始触区。考虑受电弓动态运行过程最大摆动量，受电弓上升到极限位置(即上升 150 mm)时，受电弓有效工作面会加宽 75 mm，则可得下式：

$$L = 725 + 250 + 75 = 1050 \text{ mm} \tag{1}$$

由式(1)可得受电弓无线夹区范围为 600~1050 mm，即对应线岔始触区范围为 600~1050 mm，由于银兰客专(吴中段)采用接触线吊弦线夹为夹环式，以及受电弓拐点至弓头部位的斜率，当接触线在不扭面情况下，吊弦线夹本体不会碰触接触线。因此规定：线岔两工作支中，任一工作支的垂直投影距另一股道路中心 600~1050 mm 的区域不得安装除吊弦线夹以外的其他线夹(《高速铁路接触网维修规则》第 111 条规定)。受电弓动态包络线及始触区示意图如图 3 所示。

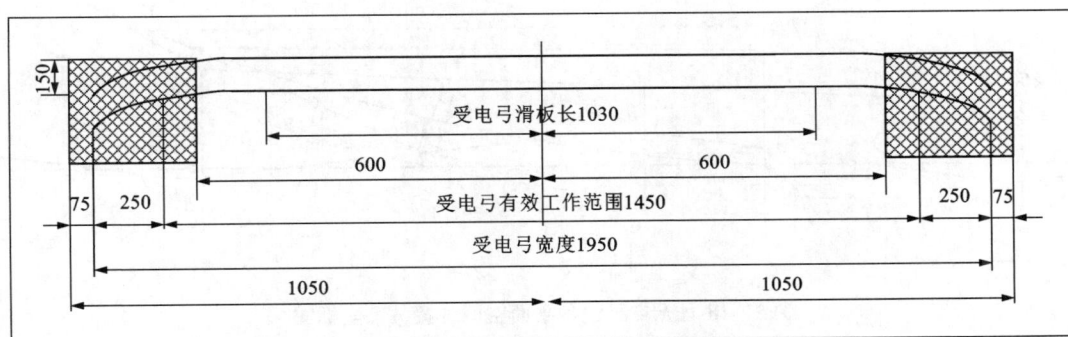

图 3　受电弓动态包络线及始触区示意图

3.2 18号无交叉线岔始触区分析

3.2.1 受电弓正线通过情况

由于银兰客专（吴中段）采用弓长为1950 mm的受电弓，左右最大摆动量 $\Delta S = 250$ mm，因此受电弓左右最大轮廓为 $L = 1950/2 + \Delta S = 1225$ mm。而银兰客专（吴中段）B柱曲股设计拉出值1100 mm，B柱处两线路的中心线距离为150 mm，即侧线相对于直股拉出值为1250 mm>1225 mm，因此B柱侧线位于正线运行的机车受电弓动态包络线以外。以正线线路中心为横坐标，在垂直柜面方向建立纵坐标，如图4所示，A柱处两线路的中心线距离设计不小于1350 mm，当取两线间距为1350 mm时，A柱侧线对曲股拉出值为150 mm，则侧线定位点相对于整线线路中心的拉出值为1350 mm−150 mm = 1200 mm<1225 mm。受电弓运动到极限位置时，受电弓弓头比受电弓工作面低368 mm，则实际在A柱侧线定位点处，受电弓高度为 $5500 - (368 - 25/\tan 40°) = 5159.8$ mm<5500 mm，因此A柱侧线定位点位于受电弓动态包络线以外。

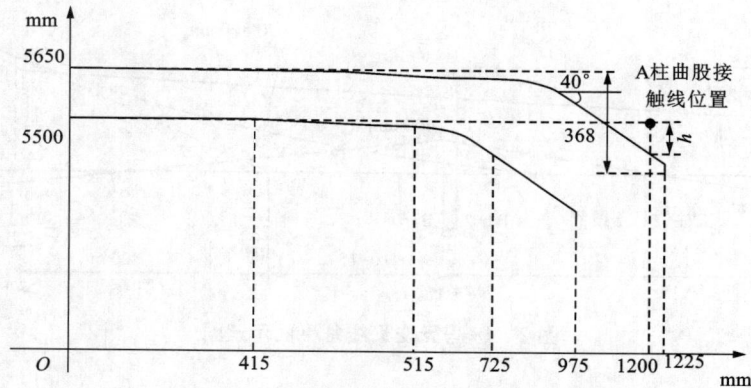

图4 受电弓动态包络线与侧线空间位置关系坐标图

3.2.2 受电弓由侧线进入正线始触区

当机车受电弓从侧线进入正线时，随着机车的前进，与正线接触线接触后，再随着正线拉出值减小，诱导角过渡，受电弓逐渐进入正线；由于银兰客专（吴中段）设计从A柱至B柱之间，侧线导高由5500 mm逐渐抬升至5620 mm，随着侧线均匀抬升，受电弓逐渐脱离，并从侧线过渡到正线。如何确定正线始触区的具体对应的位置以及受电弓和正线接触的临界状态不会脱离侧线呢？以《新建吴忠至中卫施工图接触网道岔安装图》站线与正线支柱同侧下锚（支柱位于正线侧）设计标准为例，具体分析如下。

以圆曲线理论起点计算，即侧线线路中心在尖轨尖端与正线线路中心相切，以尖轨尖端为原点，正线线路中心为横坐标，垂直于正线线路中心的为纵坐标，建立坐标系（均不考虑A柱、B柱正线、侧线两悬挂之间的距离），如图5所示。

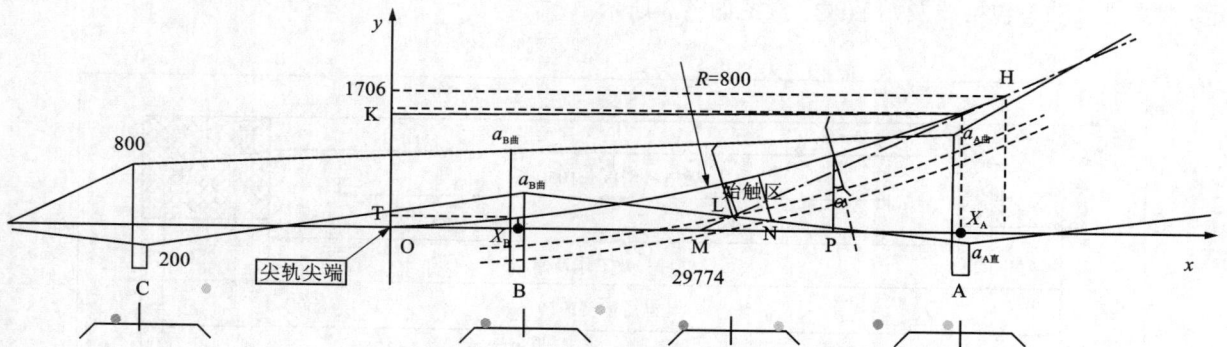

图5 18号无交叉线岔平面空间位置关系坐标图

由勾股定理得到曲股线路中心圆弧曲线轨迹方程：

$$y = R - \sqrt{R^2 - X^2} \tag{2}$$

设圆曲线终点为 H，则根据 18 号道岔设计参数可知：$y_H = 1706$ mm。结合现场设计及测量可得，A 柱处两线路中心线间距小于 1706 mm，则在 A 柱、B 柱之间，若受电弓中心和线路中心重合，受电弓的运动轨迹即为上述圆弧曲线轨迹。

设机车受电弓运行过程中，受电弓本体与正线线路中心投影线夹角为 α，受电弓端部与受电弓中心的距离为 b，则受电弓端部的轨迹方程（图中用虚圆弧线画出）可得：

$$y = R - \sqrt{(R+b)^2 - x^2} \tag{3}$$

设 A 柱直股设计拉出值为 $a_{A直}$，曲股设计拉出值为 $a_{A曲}$，A 柱距离尖轨尖端为 X_A；B 柱直股设计拉出值为 $a_{B直}$，曲股设计拉出值为 $a_{B曲}$，B 柱距离尖轨尖端为 X_B，A 柱处正线、侧线路中心线间距为 K，B 柱处正、侧线路中心线间距为 T，由于 A 柱、B 柱两悬挂点之间正线、侧线接触线均以直线形式布置，则正线接触线直线方程如下：

$$\frac{(y - a_{A直})}{(a_{A直} - a_{B直})} = \frac{(x - X_B)}{(X_A - X_B)} \tag{4}$$

侧线接触线直线方程如下：

$$\frac{[y - (a_{B曲} + T)]}{[(K - a_{A曲}) - (a_{B曲} + T)]} = \frac{(x - X_B)}{(X_A - X_B)} \tag{5}$$

按照银兰客专（吴中段）设计参数及其在坐标系中的位置关系，可得 $a_{A直} = -150$ mm、$a_{B直} = 400$ mm、$X_A = 51774$ mm、$X_B = 14774$ mm。A 柱布置于线间距 1400 mm 处，当受电弓运行至始触点，即 $b = 1050$ mm 处，设受电弓端部运动轨迹与正线接触线相交于 N 点，根据式（3）或式（4）可求得交点处 $X_N = 41.60$ m。

当受电弓滑板拐点运行至和正线接触线相交时，即 $b = 600$ mm 时，设距离受电弓 b 处运动轨迹与正线接触线相交于 L 点，根据式（3）和式（4）可求得交点处 $X_L = 34.24$ m。

因此侧线进正线始触区范围为距离尖轨尖端 34.24 m 至 41.6 m 之间。若按照设计参数，A 柱距离理论岔心 15 m，B 柱距离理论岔心 25 m，则正线接触线始触区位于 A、B 柱之间，距离道岔定位 B 柱范围为 17.51~24.87 m。

将 $X_N = 41.60$ m、$X_L = 34.24$ m 代入式（4）和式（5），并取受电弓与垂直于正线线路中心方向夹角 $\alpha = \theta$，得到始触点 1050 mm 处纵坐标方向两线间距为 1218.9 mm，则沿受电弓方向两线间距为 $1218.9 / \cos\alpha = 1220.69$ mm，即侧线对应曲股拉出值为 $1220.69 - 1050 = 170.69$ mm；同理得出 600 mm 处两线间距为 1119.4 mm，即侧线对应曲股拉出值为 $1119.4 - 600 = 519.4$ mm，均在受电弓滑板拐点 600 mm 范围内，因此在正线始触区范围内，受电弓与侧线完全接触，可以保证受电弓由侧线顺利向正线过渡。

注：由于 18 号道岔辙叉交 $\theta = 3.167°$，当受电弓在受电弓圆弧起点与终点之间运行时，受电弓与垂直于正线线路中心方向的夹角 $\alpha < \theta$，则 $\cos\alpha > \cos\theta = 0.9985$，因此计算始触区处沿受电弓方向线间距时夹角 α 按照辙叉角 θ 计算。

3.2.3　受电弓由正线进入侧线

受电弓从正线进入侧线时，由于侧线线路中心远离正线，正线接触线对于侧线线路中心的拉出值随之增大，因此受电弓逐渐脱离正线；而侧线接触线从 B 柱至 A 柱的拉出值逐渐减小、导高逐渐降低，因此受电弓会逐渐接触侧线，从正线过渡到侧线。但是如何确定受电弓即将脱离正线时，侧线会进入受电弓工作面内而不会脱弓呢？以《新建吴忠至中卫施工图接触网道岔安装图》站线与正线支柱同侧下锚（支柱位于正线侧）设计标准为例，具体分析如下。

在不考虑尖轨尖端处直线部分的情况下，即侧线线路中心在尖轨尖端处与正线线路中心相切，以尖轨尖端为原点，正线线路中心为横坐标，垂直于正线线路中心为纵坐标，建立坐标系（均不考虑 A 柱、B 柱的直股、曲股两悬挂之间的距离），如图 6 所示。

受电弓从侧线进入正线的运动轨迹和受电弓从正线进入侧线的运动轨迹相同，因此当受电弓于正线即将脱离，即正线位于受电弓滑板拐点（正线距离受电弓中心 600 mm）处时，根据 $X_L = 34.24$ m 可得：

$$X_Q = X_L = 34.24 \text{ m} \tag{6}$$

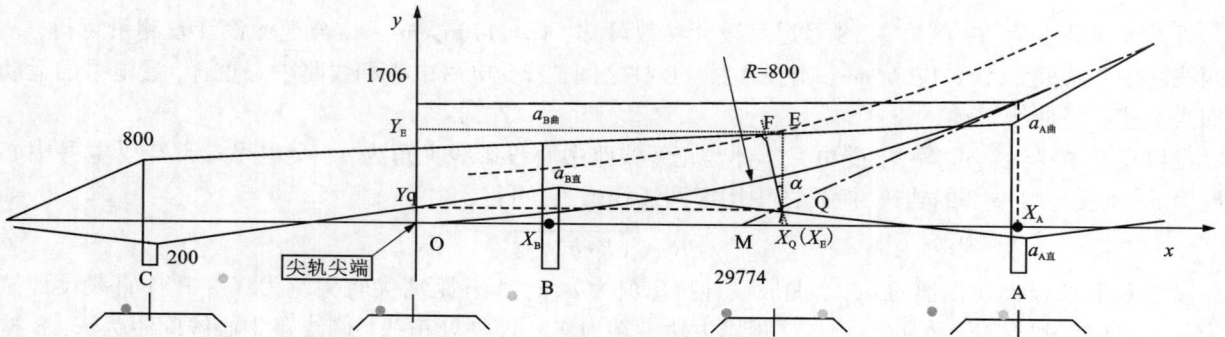

图6　18号无交叉线岔平面空间位置关系坐标图

将其代入接触线正线参数方程，得到 $Y_Q=43.9$ mm。

将 X_Q 代入式（4）和式（5），得到轨平面垂直于正线线路中心方向两线间距为 $Y_{QE}=1206.1$ mm。

考虑受电弓与轨平面垂直于正线线路中心方向夹角为 θ，因此求得受电弓方向的两线间距：

$$Y_{QF}=\frac{Y_{QE}}{\cos\theta}=1207.9 \text{ mm} \tag{7}$$

正线位于受电弓滑板拐点（正线距离受电弓中心600 mm）处时，侧线对曲股拉出值为 $a_F=1207.9-600=601.9$ mm。

由于607.01 mm<725 mm（受电弓有效工作面），因此保证受电弓不会从侧线脱弓。

在不考虑线索自重的情况下，侧线接触线由B柱到A柱之间，设计导高由5620 mm均匀下降至5500 mm，以正线线路中心为横坐标，竖直方向垂直于线路中心方向为纵坐标，建立的坐标系如图7所示。

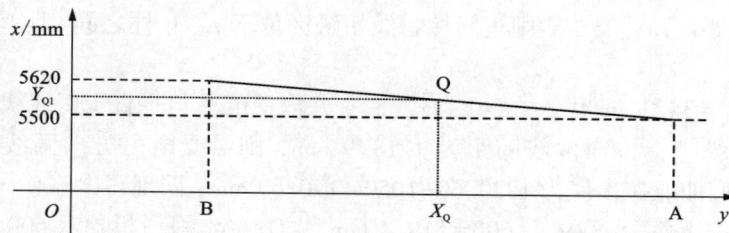

图7　18号无交叉线岔A柱、B柱侧线垂直轨平面空间位置关系坐标图

侧线接触线垂直于轨面下降直线方程：

$$y=-0.003x+5664.322 \tag{8}$$

当受电弓即将脱离正线时，即正线距离受电弓中心为600 mm处时，$X_Q=34240$ mm，代入方程得 $Y_{Q1}=5561.182$ mm。

受电弓和正线即将脱离（正线接触线位于受电弓600 mm处）时，侧线接触线导高为5561.182 mm，由 $a_F=601.9$ mm可知，此时侧线接触线水平方向已位于受电弓中心601.9 mm处。考虑到受电弓侧线以80 km/h速度通过时，及120 km/h及以下区段，受电弓动态抬升量为100 mm，受电弓竖直方向理论高度（不考虑受电弓通过时的抬高）为5500+150=5650 mm>5561 mm。

这说明当受电弓由正线进入侧线过程中，当正线位于受电弓滑板拐点600 mm处时，侧线接触线纵向已经位于受电弓另一端动态包络线以内，横向位于受电弓中心601.9 mm处，从而受电弓由正线接触线过渡到侧线接触线。

4　结论

弓网关系研究是接触网理论研究的重点，和谐的弓网关系既能延长接触网各设备部件的运行寿命，同时也能增加供电可靠性。由于无交叉线岔结构优越，在高速铁路发展中得到推广及使用，但是无交叉线岔理论研究一直是我们研究的重点及难点。本文将抽象的空间关系具体化、可视化，通过建立数学模型，结合几何计算方法在坐标系中进行理论分析。比如，通过计算得到机车受电弓从侧线进入正线始触区范围为距离 B 柱 17.51 m 至 24.87 m 之间，且在 1050 mm 处侧线对应曲股拉出值为 170.69 mm，在 600 mm 处侧线对应曲股拉出值为 1119.4−600＝519.4 mm，均在受电弓滑板拐点 600 mm 范围内，因此可以看出受电弓由侧线顺利过渡到正线。机车受电弓由正线进入侧线过程中，当正线位于受电弓滑板拐点 600 mm 处时，侧线接触线拉出值为 601.9 mm，因此可以得出机车受电弓由正线接触线顺利过渡到侧线接触线。若现场实际调整过程中，已知始触区范围和过渡区参数，也可反向推出 A 柱、B 柱对应的正线、侧线拉出值，从而实现无交叉线岔的精测、精调。

参考文献

［1］于万聚.高速电气化铁路接触网［M］.成都：西南交通大学出版社，2002：243−255.

［2］铁道部电气化局电气化勘测设计院.电气化铁路设计手册-接触网［M］.北京：中国铁道出版社，1987：158−170.

［3］李文豪，崔校玉，陈维荣.弹性链型悬挂高速接触网选取参数的研究［J］.铁道工程学报，2009(8)：83−87.

［4］王国梁.MATLAB 结合 AutoCAD 在无交叉线岔设计中的应用［J］.铁道工程学报，2008，(12).

作者简介

刘如意，中国铁路兰州局集团有限公司银川供电段，工程师。

魏兆博，中国铁路兰州局集团有限公司银川供电段，工程师。

高速铁路接触网故障快速切除及分段重构技术

刘长利　刘永红　张　韬

摘　要：为进一步完善智能牵引供电系统和提高接触网智能化水平，本文通过分析高速铁路智能牵引供电系统的难点，从细分最小停电单元、故障快速切除的角度考虑采用供电分段重构模式，提高了供电灵活性。另外，在此基础上提出接触网智能化升级策略：接触网隔离开关升级为真空断路器，接触网故障时以供电分段为最小停电单元进行测控和保护，构建接触网智能开关站并将其纳入广域保护测控系统，调度端可直接控制接触网真空断路器，接触网故障停电时采用车-网智能化协同调度。

1　引言

接触网是向动车组供电的"最后一公里"，无备用运行且故障率较高，接触网故障导致动车组降弓停车一直是铁路供电领域难以妥善解决的问题。目前国内学者已取得智能牵引变电所和广域保护测控系统等研究成果[1-6]，但对高速铁路接触网故障自愈重构和停电影响行车方面的研究较少。接触网智能化发展目前主要集中在智能建造和智能运维方面，已取得接触网6C检测监测、PHM健康管理等成果，但在智能供电调度方面仍处于起步阶段，接触网故障时如何尽量缩小停电范围和快速恢复供电，需开展进一步研究工作。本文通过分析高速铁路接触网故障特点和应急处置措施，归纳出高速铁路牵引供电系统智能化的难点，从细分最小停电单元、提高应急处置效率的角度提出接触网智能化升级策略。

2　接触网故障的应急处置

2.1　接触网故障特点

高速铁路接触网故障点多发且诱因复杂，其中接触网停电对动车组运行的影响较大。接触网瞬时性故障主要是绝缘子闪络、导线大风舞动和异物侵限等引起的，通过牵引变电所自动重合闸一般能够恢复正常供电；在接触网永久性故障中，供电线、正馈线等附加导线故障属于部分可恢复故障，通过降级供电方式可恢复动车组运行，但需采取限车流、限车速或反向行车等措施；接触网大部分故障或弓网事故属于不可恢复故障，接触网需停电抢修，动车组需停车或降弓惰行通过（依靠惯性无动力滑行）。

2.2　供电调度端的应急处置

牵引供电系统兼具变配电功能，但接触网与电力系统的输电网、配电网相比，在用途、供电运行方式及可靠性要求等方面存在较大的差异，如表1所示。高速铁路供电具有特定性和时效性，接触网无差别地为每列动车组提供不间断供电，旅客在封闭线路和车厢内乘坐出行，一般情况下动车组失电且空调失效超过20 min需打开车门并通知救援。因此，接触网故障时的应急处置是高速铁路调度指挥工作的重点，需要铁路局供电调度和行车调度人员配合完成。

表1　高速铁路接触网与电力系统输电网、配电网的比较

分类	用途	供电运行方式	供电可靠性
高速铁路接触网	向动车组提供牵引动力电能	全并联AT供电	供电可靠性要求高，夜间按计划检修设备
输电网	向负荷中心输送电能	多电源供电的环网结构	供电可靠性要求高，按计划检修设备
配电网	向各类用户分配电能	辐射型供电	根据用户的重要等级进行差别对待，可协商停电检修设备

目前供电调度在列车调度台设有复视终端，供电调度与行车调度实现信息互动，SCADA远动系统与CTC调度集中系统实现联动，因此行车调度员可随时了解本调度区段的牵引供电状态。当供电调度端接收到供电系统故障信息后，牵引变电所自动重合闸或试送电成功，判明为未侵入铁路建筑限界的变电设备原因、过负荷或供电线（缆）等原因时，动车组可不限速、降弓；涉及接触网永久性故障时，供电调度员应协调行车调度员及时采取动车组限速、就地降弓停车或车站扣停等措施，限速范围为故障点前后各2km，当故障点不明确时，按整个供电臂限速。当牵引变电所试送电失败且供电臂内停有动车组时，在确认故障点位置和故障性质后，供电调度员通过SCADA远动系统对接触网隔离开关进行分合闸操作，切除故障点，恢复故障点所在最小停电单元以外的区段供电。

2.3　牵引供电系统智能化的难点

智能牵引供电系统的未来发展重点是提高自愈控制和网络重构能力。其中，自愈控制以不间断供电为原则，发生故障以尽快恢复正常供电为控制底线，如不能恢复正常供电则转为网络重构模式；网络重构即故障隔离与恢复供电，通过降级供电方式缩小停电范围，隔离故障点，恢复非故障区域供电。

2.3.1　提高接触网智能化程度

目前，在智能运维方面取得的接触网6C检测监测、PHM健康管理等成果属于自愈控制中的预防性措施。接触网是向动车组供电的架空线路，无备用运行，牵引变电所是接触网唯一电源，接触网运行状态受各所亭的馈线断路器和接触网隔离开关控制。接触网隔离开关是唯一纳入牵引供电系统测控的接触网设备，也是SCADA远动系统测控数量较多的高压设备，主要用于接触网故障排查和改变供电运行方式。目前的接触网隔离开关故障率较高，接触网开关站的远动控制问题较多，并且隔离开关的分合闸操作需要馈线断路器配合，速动性较差，是接触网智能化发展的薄弱环节。

总体而言，目前接触网智能化程度较低，可以考虑对隔离开关、接触网开关站进行智能化升级。

2.3.2　细分最小停电单元

在《智能牵引变电所及智能供电调度系统总体技术要求》（Q/CR721—2019）中，牵引变电所的广域保护测控系统具有层次化保护、自愈重构等功能，层次化保护分为就地保护、站域保护和广域保护；自愈重构可分为所内自愈重构和供电臂自愈重构，所内自愈重构由所内故障触发，供电臂自愈重构由供电臂故障触发。另外，在供电臂范围内的牵引变电所、分区所、AT所、开闭所等通过广域保护通道实现信息共享，完成以供电臂为单元的广域保护测控功能[7]。

高速铁路牵引供电系统普遍采用全并联AT供电方式，接触网发生故障时继电保护装置的选择性较差，以供电臂为单元进行广域保护测控和自愈重构，停电范围较大，对动车组运行的影响较大。根据高速铁路接触网故障抢修"细分供电单元，缩小供电范围，准确判断故障，压缩故障停时"等原则，可以考虑进一步细分最小停电单元，按供电分段单元进行网络重构。

2.3.3　故障快速切除

在《智能牵引变电所及智能供电调度系统总体技术要求》（Q/CR721—2019）中，牵引变电所的广域保护测控系统可将故障发生后的网络重构方案上传至供电调度端，对于供电臂故障触发的网络重构需经调度端人工确认后执行。供电臂故障多数为接触网故障，且涉及受电弓取流和行车安全，在应急处置中需要供电调度和行车调度配合完成。为了缩短人工确认、电调/行调联动等环节耗时，提高综合调度组织能力，在智能供电调度系统架构中，供电调度Ⅰ区（SCADA）、供电调度Ⅲ区（调度运行）与CTC/TDMS系统接口实现互联互通，随着硬件、软件系统的逐步搭建和完善，未来可提高智能运营的应急调度协同水平。

在接触网故障的应急处置过程中，供电调度端存在故障排查、分段试送电等环节耗时较长问题，影响应急处置效率，目前智能供电调度系统的框架方案不能较好地解决该问题。另外，SCADA远动系统、广域保护测控系统和电调/行调互联均采用网络通信，存在网络延时问题。为提高应急处置效率，可以考虑在接触网智能化、自愈重构模式或继电保护等方面想办法，当接触网发生故障时实现自感知、自适应和自愈重构，能尽快发现故障点、快速切除故障和恢复供电。

综上所述，目前智能牵引供电系统发展尚存在一些难点，可以考虑从提高接触网智能化程度、细分最小停电单元和故障快速切除等方面着手，开展进一步研究工作。

3 供电分段重构模式

3.1 供电分段重构模式的特点

高速铁路牵引供电系统的网络重构模式可分为供电臂重构和供电分段重构两种模式[8-10]。由于广域保护测控系统以供电臂为单元进行测控，目前我国高速铁路牵引供电系统采用供电臂重构模式。当接触网发生故障时，为了减少区间动车组的停车数量，尽快恢复铁路运输秩序，应进一步缩小接触网停电范围，同时因为接触网的最小停电单元是供电分段，可以考虑采用供电分段重构模式。

供电臂内各供电分段单元是由电分段（绝缘锚段关节或分段绝缘器）细分出来的独立电路，利用接触网隔离开关进行连接或隔离。高速铁路沿线设置有牵引变电所、分区所、AT 所，以及接触网的绝缘锚段关节、分段绝缘器、隔离开关等，这些构成了供电分段网络结构。

供电分段重构模式是对电分段处接触网隔离开关进行分合闸操作，从而改变一个或多个供电分段单元的运行状态，实现供电臂内供电分段单元的网络重构。在供电分段重构模式下，当接触网发生故障时，不仅牵引变电所、分区所及 AT 所等变电设施参与网络重构，接触网隔离开关也参与网络重构，最小停电单元为供电臂内某 1 个纵向分段单元或横向分段单元，可达到"尽量缩小停电范围"目的。供电分段重构模式对动车组运行的影响较小，当接触网发生故障时一般仅涉及 1 个供电分段单元（最小停电单元），具有较高的供电灵活性。

3.2 对动车组惰行方式的影响

目前在整个供电臂或半个供电臂（AT 段）停电情况下，作为应急措施，动车组可以考虑采取惰行方式通过。根据我国高速铁路线路上多次开展的动车组长距离惰行试验和研究成果可知，动车组惰行距离主要受初始速度、制动风压、线路条件及自然环境风速等因素影响，条件适宜时动车组惰行通过整个供电臂或半个供电臂是可行的，但考虑到动车组在车站经停和启动加速问题，目前铁路供电部门一般是按半个供电臂进行实施。西成客专、京包客专等动车组惰行试验结果表明，当供电臂内隧道较多、坡度较大时，动车组难以实现长距离惰行[11-13]。另有理论研究表明，根据接触网隔离开关设置分布，将整个供电臂划分为若干供电分段单元，减小接触网故障停电区段长度，可实现动车组惰行通过，为制定以供电分段单元应急抢修方案提供决策依据[14]。总体而言，采用供电分段重构模式可缩小停电范围，有利于实施动车组惰行方案。

4 接触网智能化升级

接触网智能化升级应遵循智能铁路的基本理念，智能铁路是通过对铁路移动装备、固定基础设施及相关内外部环境信息的全面感知、泛在互联、融合处理、主动学习和科学决策，高效综合利用铁路的各种资源，实现铁路建设、运输全过程、全生命周期的高度信息化、自动化、智能化。

目前高速铁路接触网检修采用垂直天窗，一般以供电臂为停电单元，夜间检修时可以不必现场查看隔离开关断口状态，隔离开关主要用于故障排查、改变供电运行方式或在特殊情况下为动车组供电，可以考虑将接触网隔离开关升级为真空断路器，使其具备带负荷操作和速动能力，技术条件参考牵引变电所户外 27.5 kV 真空断路器，在运行环境、电气参数等方面与变电设备保持一致。

接触网智能化发展的重点是提高自愈重构能力，按照最小停电单元进行故障切除，保障其余单元尽快恢复供电。在供电分段重构模式的基础上，可将隔离开关升级为真空断路器，构建接触网智能开关站，如图 1 所示，增设智能组件和测控装置，实现接触网故障的自感知、自适应和自愈重构，提高接触网故障的应急处置效率。智能组件应符合《智能牵引变电所及智能供电调度系统总体技术要求》（Q/CR721—2019）中高压开关设备的智能组件结构及功能要求。就地保护测控装置是以失压保护、电流速断保护和自动重合闸为基本配置的成套装置，并配置广域保护功能，对于智能开关站而言，就地保护为主保护，广域保护（纵联差动保护）为后备保护，牵引变电所馈线保护为远后备保护。RTU 远动单元配置与现有接触网开关站的 RTU 保持一致。

接触网智能开关站与牵引变电所、分区所、AT 所、开闭所等一并纳入广域保护测控系统，可实现分段测控功能，高速铁路沿线接触网的分段测控网络如图 2 所示。接触网智能开关站具有就地保护功能，各智

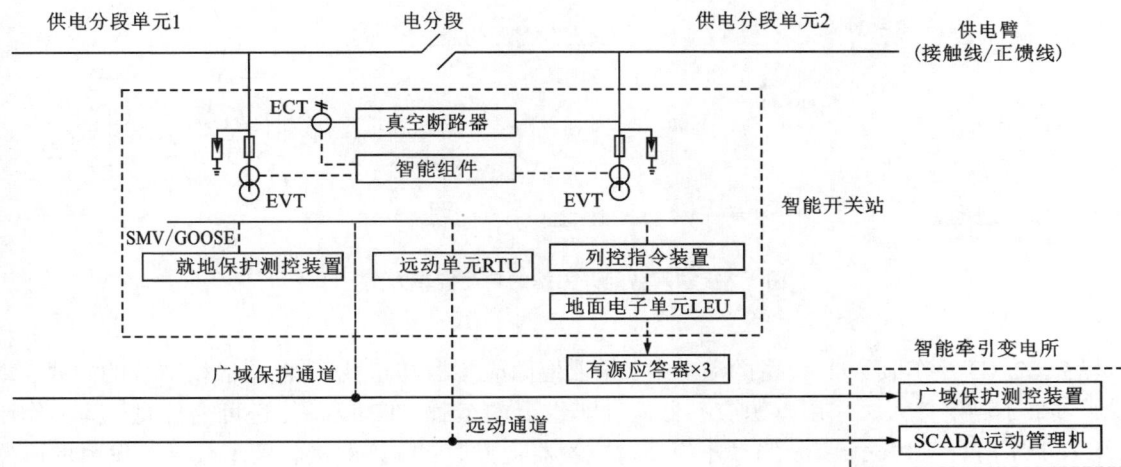

图 1　接触网智能开关站的总体架构

能开关站之间通过广域测控保护系统实现广域保护功能。在供电分段重构模式和分段测控的条件下,牵引变电所可不必配备故障测距装置。当接触网发生电气类故障时,测控系统按供电分段单元(最小停电单元)进行自动切除,并通过广域保护测控系统将数据上传至铁路局的供电调度端和供电段复视终端,由供电调度员核对后通知供电段及时安排抢修。

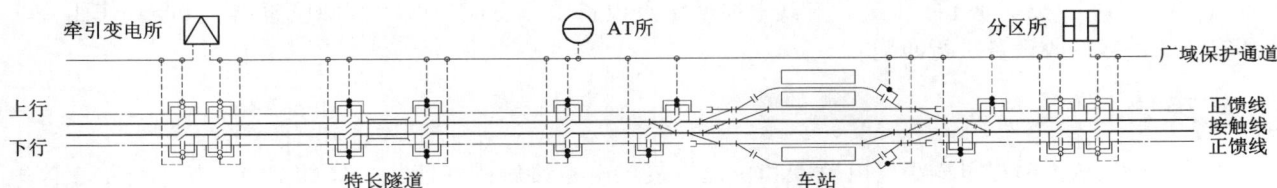

图 2　高速铁路沿线接触网的分段测控网络

5　快速应急处置方案

5.1　应急处置模块 1:调度端直控接触网

调度端直控接触网真空断路器,可实现故障快速切除。当接触网发生非电气类故障(如异物侵限、零部件机械故障或弓网事故等)时继电保护装置无动作,或者当广域保护测控系统/广域保护通道失效时,供电调度端可根据接触网 6C 检测监测、PHM 健康管理或视频监控等信息,通过 SCADA 远动系统直接对接触网真空断路器进行分合闸操作,进行故障排查或局部停送电操作。

供电调度端直控接触网,不仅能以最小停电单元进行故障快速切除,而且使倒闸程序变得简化和程控化,有利于供电调度系统的智能化升级。在智能调度指挥系统方面,可考虑制定基于供电分段重构模式的接触网故障应急处置预案,包括调度指挥预案和供电调度端远程操作预案,开发应急处置场景模拟仿真系统,以用于优化应急预案和调度培训。另外,可通过供电调度与行车调度的信息交互融合,实现列车运行计划的智能动态调整。

5.2　应急处置模块 2:车-网智能化协同调度

当接触网故障采取供电分段单元(最小单元)停电时,如果不能立即通知邻近该单元的动车组停车,则动车组带电闯入的概率较高,不仅影响停电单元的抢修工作,而且与电分相无电区类似,动车组在主断路器未分闸的情况下闯入停电单元将引起受电弓拉弧或烧损接触网,极端情况下可能发生弓网事故,因此应及时通知动车组惰行通过或停车降弓。目前常规的电调/行调联合作业流程难以实现快速反应,未来应考虑在智能调度指挥系统中增加车-网智能化协同调度,在接触网智能开关站处采用自动控车方案,如图 3 所示。

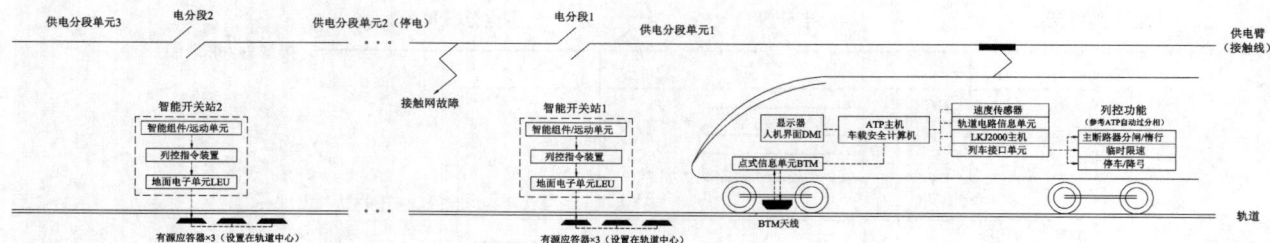

图3 接触网智能开关站的自动控车方案

对于装备C2/C3级车载ATP设备的动车组，采取地面应答器与车载ATP设备相结合的方式，动车组断电惰行通过最小停电单元。采用有源应答器向动车组上的车载ATP设备传送可变信息，其工作原理如下：有源应答器平时处于休眠状态，当动车组经过应答器上方时，应答器接收到车载天线发射的电磁能量后将能量转换为工作电源，启动电子电路工作，受接触网智能开关站的LEU控制可将报文循环发送出去，直至电磁能量消失（即车载天线已经离去）。接触网智能开关站的LEU是一种数据采集与处理单元，可根据外界变化的条件，选择存储在LEU中的一条报文传送给有源应答器，或将上游发送的指定报文直接传送给有源应答器。

综上所述，接触网智能开关站的自动控车方案可以理解为"动车组自动过分相"的延伸技术，信号列控系统在接触网智能开关站处增设有源列控布点。另外，对于动车组无车载ATP设备或在普速铁路采用地面磁感应方式过分相时，动车组惰行通过最小停电单元时可参考《列车过分相系统—车载控制自动过分相装置》（TB/T 3197—2018）进行设置[15]，其中地面定点设备由磁感应器改为有源应答器，并与动车组头车底部安装的信号接收设备进行匹配。

6 结束语

接触网产生故障时尽量缩小停电范围和快速恢复供电是接触网智能化发展的重点。从细分最小停电单元、故障快速切除的角度考虑采用供电分段重构模式，提高了供电灵活性。接触网智能化升级应在供电分段重构模式的基础上，将接触网隔离开关升级为真空断路器，构建接触网智能开关站，实现接触网故障的自感知、自适应和自愈重构。接触网发生故障时以供电分段为最小停电单元进行测控和保护，并纳入广域测控保护系统，供电调度端可直控接触网真空断路器，从而快速切除故障点，减少接触网停电对动车组运行的影响。在车-网智能化协同调度方面，当接触网发生故障时，可采用接触网智能开关站的自动控车方案。

参考文献

[1] 王同军.中国智能高铁发展战略研究[J].中国铁路，2019(1)：9-14.

[2] 何华武，朱亮，李平，等.智能高铁体系框架研究[J].中国铁路，2019(3)：1-8.

[3] 王同军.中国智能高速铁路体系架构研究及应用[J].铁道学报，2019，41(11)：1-9.

[4] 刘再明.高铁供电应用技术发展的几项重点及工程化路径[J].电气化铁道，2018，29(6)：1-5.

[5] 蒋先国，陈兴强.智能牵引供电系统现状与发展[J].中国铁路，2019(9)：14-21.

[6] 刘再民.铁路智能牵引变电所工程化应用[J].电气化铁道，2020，31(3)：1-3.

[7] 井友刚.电气化铁路广域保护系统自愈重构功能研究与应用[J].电气化铁道，2020，31(3)：12-15，32.

[8] 王潘潘.京张高铁智能牵引供电系统自愈重构方案研究[J].电气化铁道，2020，31(S2)：126-131.

[9] 刘长利.高速铁路智能牵引供电系统的快速自愈重构技术研究[J].铁道标准设计，2020，64(4)：162-167.

[10] 赵朝蓬，胡志洪.高铁动车组长距离降弓通过方案的研究与实践[J].电气化铁道，2014(1)：25-28.

[11] 张宝奇，茹庆文.高铁动车组惰行试验与应用实践[J].电气化铁道，2016(1)：20-23.

[12] 杜清全，程玲.高铁动车组降弓惰行通过整个供电单元可行性研究[J].电气化铁道，2019，30(3)：17-20.

[13] 刘伟.高速铁路动车组应急惰行通过供电小单元应用研究[J].电气化铁道，2020，31(2)：25-27，35.

作者简介

刘长利，中铁第一勘察设计院集团有限公司，电气化设计院技术室主管，正高级工程师。

刘永红，中国国家铁路集团有限公司工程管理中心，四电处处长。

张韬，中国铁路郑州局集团有限公司供电部，正高级工程师。

双线电气化铁路接触网 V 停天窗作业穿越电流问题分析

刘 星 楚振宇 魏宏伟 郭 亮

摘 要：双线电气化铁路接触网 V 停天窗作业时，停电侧接触网存在的穿越电流会对人员和设备安全造成潜在威胁。本文分析了穿越电流产生的原因，并结合实际发生的典型案例，提出了解决方案；还通过现场验证，为双线电气化铁路牵引回流系统设计提供了优化思路。

1 概述

在我国普速双线电气化铁路中，接触网的检修通常采用 V 形停电天窗作业模式。在这种模式下，一行接触网停电进行检修作业，而另一行则继续带电正常运行。尽管已停电的一行接触网不会向线路馈电，但由于上、下行轨道之间通过横向电连接线、车站咽喉区渡线等相互连通，牵引回流通路依然存在。这会导致停电一行的接触网及接地线上产生穿越电流，为人身安全和设备安全带来风险和隐患。

2 穿越电流分析

2.1 穿越电流产生原因

在正常运行时，牵引供电系统的回流路径为牵引变电所→接触网→电力机车→轨道(回流线、大地)→牵引变电所。在进行 V 停天窗作业时，尽管其中一行接触网已停电，但轨道横向电连接线、轨道、检修地线、接触网、供电线构成了一个局部的回流路径。具体来说，牵引回流(轨回流)通过车站中间的横向电连接线，由下行轨道流向上行轨道，然后通过距离最近的接触网检修地线进入接触网，再进入牵引变电所的馈线(供电线)，并通过馈线(供电线)的检修地线进入所内地网，最终回流至变压器，如图 1 所示。

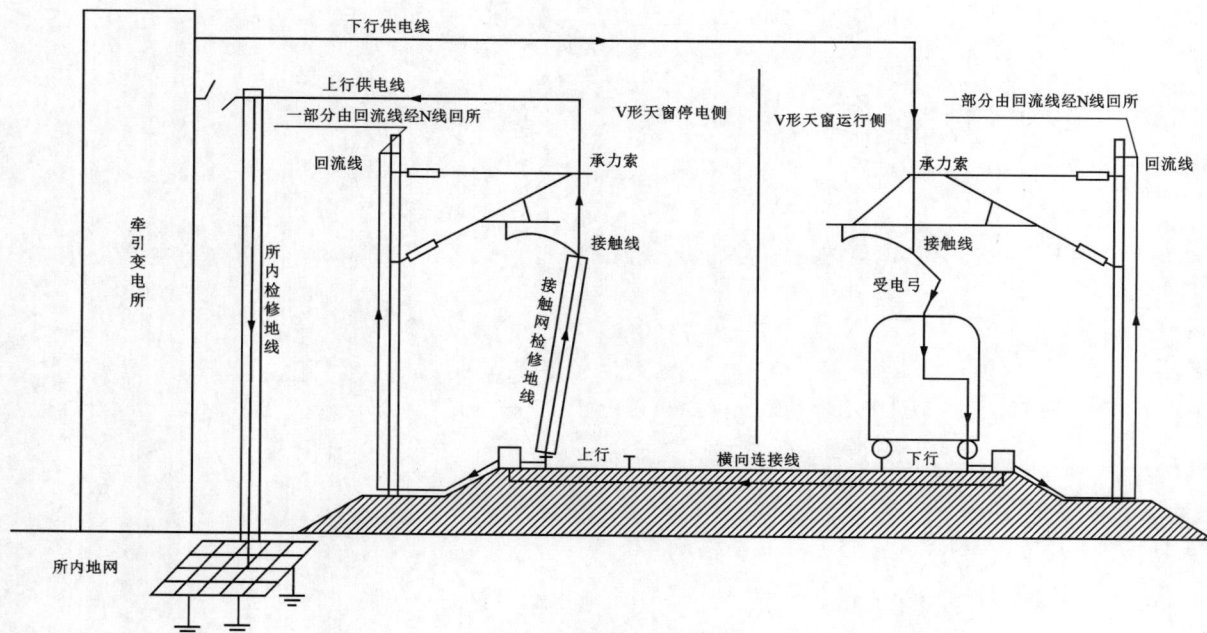

图 1 穿越电流途径示意图

2.2　穿越电流危害

穿越电流的产生与扼流变压器的设置位置、吸上线以及回流电缆的连接状态有关，其数值大小则与接触网、钢轨、机车电流及位置等因素相关。通常情况下，由于人体电阻的阻值远大于接地线的阻值，且地线在接地良好的情况下感应电压并不高，因此穿越电流对检修人员产生的分流可视为开路，基本不会造成危害。但是，如果接地线接触不良，或接触导线与接地线构成的回流通路中任意一点出现开路情况，此时穿越电流将主要经由人体进行分流，从而对人体产生危害。危害的程度取决于穿越电流的大小以及持续时间，轻者可能出现灼伤，重者可能危及生命安全。因此，在检修维护接触网时，必须采取必要的安全措施，确保所有的接地线接触良好，并严格遵守相关规章制度。

3　典型案例

某双线重载电气化铁路采用带回流线的直接供电方式，接触网采用全补偿简单链形悬挂，在 X 车站附近设置一座 220 kV 牵引变电所。2020 年 11 月间，该车站范围内接触网在进行 V 停天窗作业时，出现了接触网接地线接地端子发热烧损的现象。经排查，站场两端上、下行正线扼流变压器有完全横向连接 2 处（站场两端进出站信号机各 1 处，设有吸上线），站场中部上、下行正线扼流变压器简单横向连接 1 处（未设吸上线）。当 X 车站上行接触网设备进行 V 停天窗检修作业，下行有电力机车通过"站场"时，作业范围内接地线接地端子发热严重，而电力机车通过"区间"时则未出现类似问题。经测量，站场中部简单横向连接出现的最大电流约为 200 A，如图 2 所示。

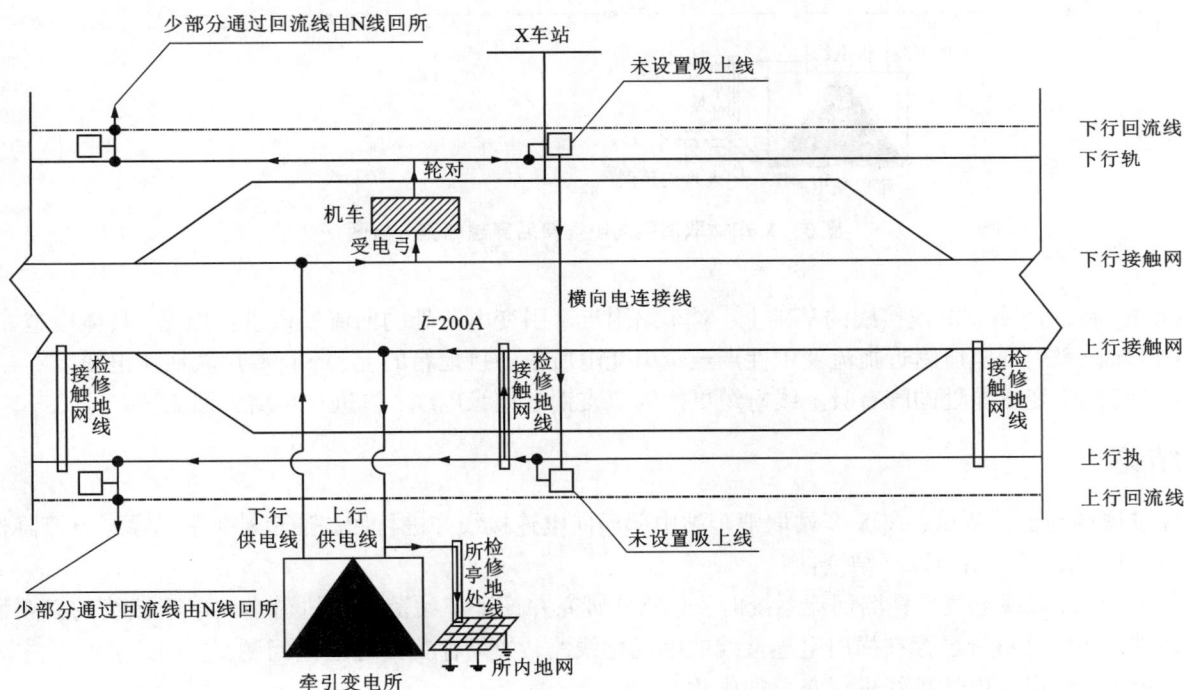

图 2　X 车站现状穿越电流分析图

根据牵引变电所亭分布、回流系统连接以及测试电流初步分析，判定该事故隐患由穿越电流引起。当下行机车行驶至 X 车站中部时，轨回流通过横向电连接线分流至上行轨道，并通过接触网检修地线由钢轨流向接触网。由于该车站中部的横向电连接线未在扼流变压器处设置吸上线，以及 N 线电缆的路径原因，导致轨回流通过 N 线回所的比例较小，因而形成较大的穿越电流。当下行机车驶出 X 车站后，轨回流通路在车站进出站段的吸上线处，一部分分流至回流线并通过 N 线回所，降低了钢轨横向电连接线的分流比，从而减少了穿越电流。

此外，由于 X 车站位于的电气化铁路建成年代较早，未设置独立的轨回流通路，牵引回流除地回流外，仅能通过吸上线-回流线回至牵引变电所。因此在接触网 V 停天窗作业时，分流比相对较大，进一步放大了穿越电流,从而引起检修接地线发热烧损。

4 解决措施

穿越电流主要是通过上、下行轨道间的横向连接线分流产生的,因此最直接的解决方法是取消横向连接线,中断或减少分流通路,从源头解决穿越电流问题,如图3所示。

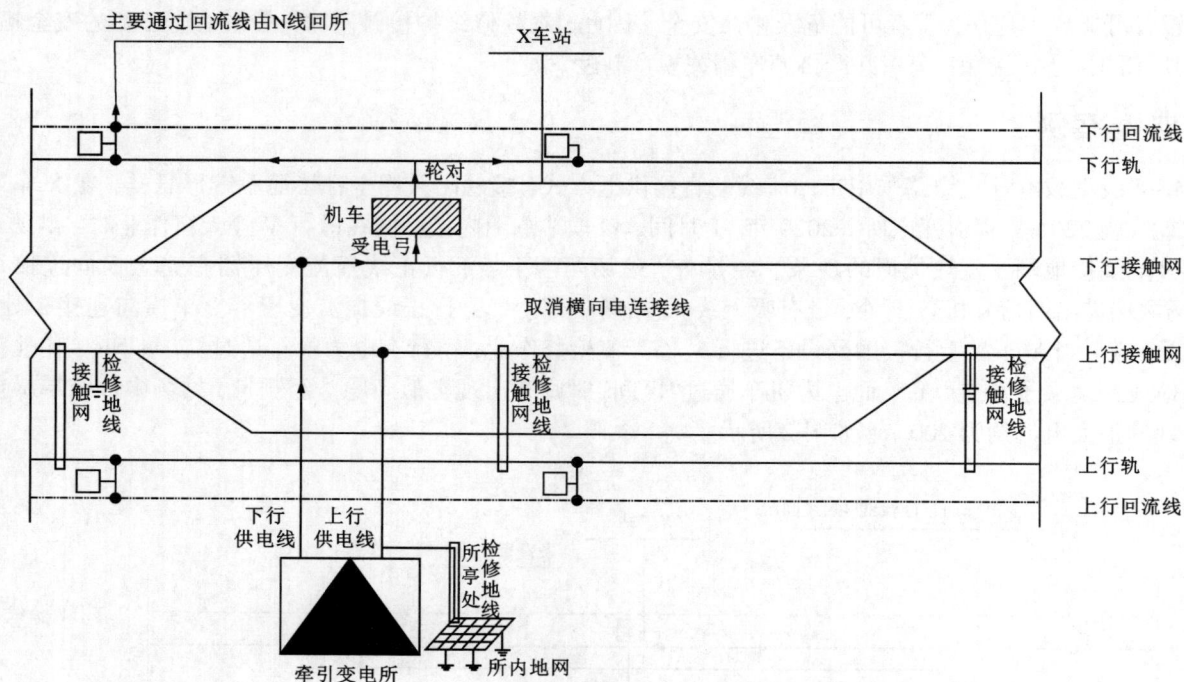

图3 X车站取消横向电连接后穿越电流分析图

此外,在取消横向电连接线的基础上,对车站附近牵引变电所处的回流通道进行加强,具体措施如下:
(1)增设牵引变电所附近扼流变中性点至牵引变电所集中接地箱的上、下行专用轨回流电缆。
(2)将扼流变压器处的既有吸上线电缆更换为双支铜芯绝缘电缆,以进一步增大回流。

5 结论

经过现场验证并测试,在X车站取消车站中部横向电连接线并进行回路通道补强后,穿越电流降低了约50%。因此,可总结出以下结论:

(1)在设计双线电气化铁路回流系统时,应充分研究并论证车站范围内轨道横向电连接线的必要性和设置条件,特别是对于已存在横向电连接线的电气化线路,如果存在穿越电流问题,应与运营单位主管部门进行协商,对横向电连接线进行必要的优化。

(2)对于建成年代较早的电气化铁路,在优化横向电连接线的同时,应补强牵引供电回流系统,增加回流通路,以降低穿越电流的分流比。

(3)在进行接触网V形天窗作业时,应优化并采取人员作业安全措施,严格遵守执行规章制度,对停电侧接触网采用可靠的接地措施,确保作业时的现场人员及设备安全。

参考文献

[1] 国家铁路局.铁路电力牵引供电设计规范[S]:TB 10009—2016.北京:中国铁道出版社,2016.
[2] 李群湛,贺建闽.牵引供电系统分析[M].成都:西南交通大学出版社,2012.
[3] 刘让雄.电气化铁路接触网穿越电流的成因及危害预防[J].铁道机车车辆,2011(1).

［4］马雷，白家琨.接触网"V"形天窗停电作业触电伤害与预防［J］.电气化铁道，2011(06).

［5］施麒.接触网感应电压与穿越电流的分析与防护［J］.上海铁道科技.2012(03).

作者简介

刘星，中铁工程设计咨询集团有限公司电化通号设计研究院，供变电所副所长，高级工程师。

楚振宇，中铁工程设计咨询集团有限公司电化通号设计研究院，院副总工程师，教授级高级工程师。

魏宏伟，中铁工程设计咨询集团有限公司电化通号设计研究院，院总工程师，教授级高级工程师。

郭亮，中铁工程设计咨询集团有限公司电化通号设计研究院，高级工程师。

隧道内预埋槽道缺陷整改方案

武 帅 于素芬

摘 要: 新建铁路隧道区段,接触网一般通过在隧道二衬预埋槽道来安装设备设施。本文对在现场接口检查过程中发现的预埋缺陷进行了整理并提出了解决方案。

1 引言

随着电气化铁路发展,新建铁路工程隧道内一般通过预埋槽道来安装接触网设备设施。同时在工程实施中也发现了大量的预埋缺陷,需通过缺陷整治后方可投入使用。

2 主要技术标准

(1)预埋槽道(槽道本体、锚杆)及 T 型螺栓(含配套螺母、垫圈)需满足《电气化铁路接触网隧道内预埋槽道》(TB/T 3329—2013)的要求。

(2)预埋槽道(槽道本体、锚杆)、T 型螺栓及相关紧固件经 GB/T 9978.1 或 GB/T 26784 耐火试验后耐火承载力不失效。

(3)锚杆应与槽道材质统一。配套 T 型螺栓及螺母强度要求 8.8 级,螺栓材质应符合 GB/T 3098.1—2010 的规定;螺母材质应符合 GB/T 3098.2—2015 的规定。

(4)槽道内部应密实填充,填充材料宜选用环保节能安全的材料,并易于混凝土浇筑后的拆除。填充物燃烧性能等级达到 B2 级。槽道口内应进行填充处理,保证在施工过程中混凝土浆不会渗入槽口内。

(5)对槽道内外表面及锚杆表面整体进行热浸镀锌防腐处理,热浸镀锌为 3 级,厚度不小于 80 μm,且不能产生白锈。槽道应满足相应隧道设计使用年限。对 T 型螺栓及配套的螺母进行热浸镀锌处理,热浸镀锌为 1 级,厚度不小于 50 μm,

(6)T 型螺栓及槽道不允许进行二次切割或其他处理。T 型螺栓性能及允许荷载满足《电气化铁路接触网隧道内预埋槽道》(TB/T 3329—2013)的要求。

(7)所有组件的热浸镀锌加工应在工厂进行,不允许在工地加工。

3 槽道误差要求

接触网预埋槽道对精度要求高,主要误差要求如下。

(1)槽道在二衬中埋入深度误差如图 1 所示。

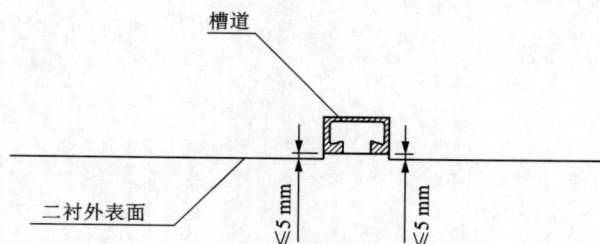

图 1 槽道在二衬中埋入深度误差

(2)其他允许误差如表 1 所示。

表 1　允许误差

序号	项目	允许偏差/mm	备注
1	槽道嵌入混凝土	-5	
2	环向位置	30	
3	同组槽道顺线路方向位置	±500	
4	与纵向、环向平行(每米)	±5	
5	单独槽道倾斜	3	滑槽不得出现扭转、变形
6	同组槽道间距	±5	

(3)槽道组的槽道应平行,不可出现喇叭口。

(4)槽道距离施工缝应不小于 1 m。

4　隧道内槽道预埋主要缺陷

现场接口验收检查时,主要发现有如下预埋槽道问题。

(1)槽道预埋误差超标,槽道呈"八"字形、间距超标等;预留槽道嵌入深度误差超标。

(2)槽道内混入其他异物。

(3)槽道漏埋、少埋或预埋里程错误。

(4)槽道扭曲、变形。

5　整改措施方案

(1)调整安装底座

呈"八"字形、间距超标的部分槽道在其槽道本体质量合格的前提下,通过调整安装底座解决。其他误差较大无法通过调整安装底座措施解决的,按照重新预埋处理。

接触网腕臂吊柱底板原设计结构尺寸,能满足槽道间距在 390~410 mm 的安装要求。当槽道间距超出上述范围时,无法满足接触网悬挂安装的要求。

①将隧道吊柱法兰盘两侧均调整为长孔(长度均为 40 mm),则适用于槽道组间距为 360~440 mm 的槽道进行安装(见图 2)。

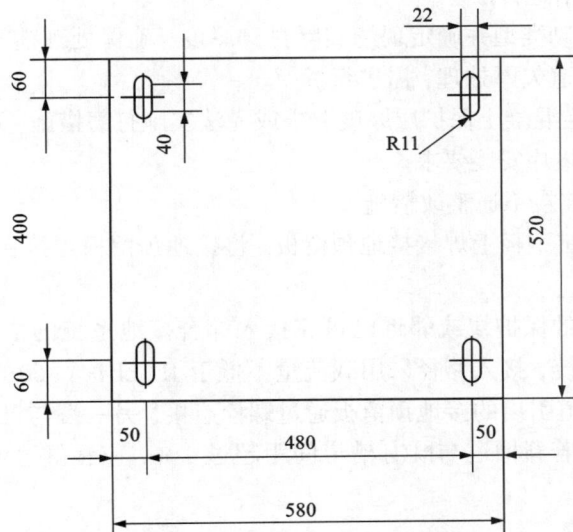

图 2　满足槽道组间距为 360~440 mm 的底座

②新增接触悬挂吊柱底座类型，适用于槽道组间距为 400~480 mm 的槽道进行安装（见图 3）。

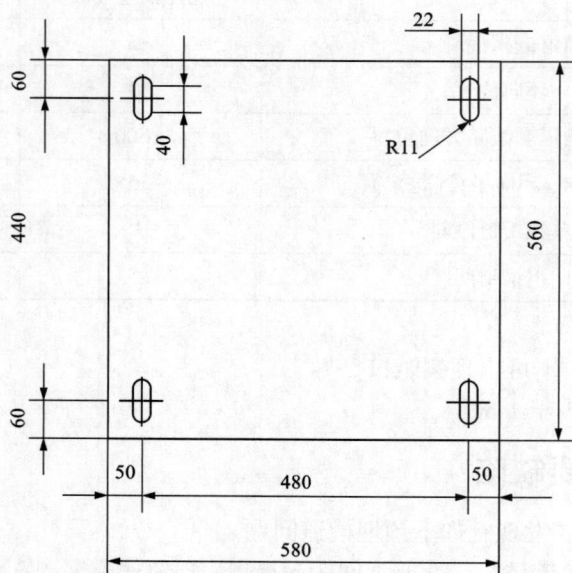

图 3　满足槽道组间距为 400~480 mm 的底座

（2）重新预埋槽道

存在槽道漏埋、方向错误、类型错误、槽道间距严重超标、槽道本体质量不合格等问题的槽道也可采用重新预埋槽道方案。

重新预埋槽道方案需二次衬砌配合拆除重建。拆换横向范围根据接触网重新预埋槽道类型确定。拆换纵向范围根据接触网槽道端头里程及施工缝里程确定，同时需满足隧道专业要求，拆换边缘距离槽道外侧不小于 1 m。

（3）槽道埋深误差超标整改措施

①槽道嵌入深度≤10 mm 的槽道可直接安装。

②槽道嵌入深度在 10 mm 至 30 mm 之间时，可采取以下两种方案。

方案 1：槽道嵌入深度超标的可打磨隧道壁。打磨的隧道壁需平滑且不得出现凹凸不平的现象，打磨时注意不触碰槽道，避免破坏槽道锌层。

打磨方案需核实该段落衬砌类型并确定现场实际衬砌厚度，确保处理前衬砌厚度满足设计厚度要求，否则按照隧道缺陷整治原则隧道欠厚处理，需进行拆换。

方案 2：若打磨后无法满足混凝土保护层厚度要求或无法实施打磨措施，可对 T 型螺栓进行加长处理，T 型螺栓外露时应满足螺母和垫片安装要求。

（4）槽道与综合贯通地线连接不通整改措施

为便于接地的连接，在固定钢板上焊接接地预留板，将接地预留板焊接在靠近隧道中心侧，就近可靠接入综合接地系统。

接地的路径可以通过贯通的保护线或邻近已可靠接入综合接地系统的槽形滑道实现。新槽道可利用既有槽道间接接入综合接地系统，接入路径采用载流量不低于 JL/LB1 A-60/10-6/1 的导线，导线两端各与线鼻压接后，一端与后植槽道引出的接地预留板通过螺栓连接，另一端与已纳入综合接地系统的既有槽道上利用 T 型螺栓连接固定。若新槽道与既有槽道间距超过 1 m，应在隧道壁使用 M12 化学锚栓每间隔 0.5 m 固定一次。

（5）槽道生锈整改措施

需要站前施工单位提供槽道检测报告，证明原材是否合格，如符合标准，由站前单位负责除锈，并做好防腐处理。已锈蚀的接触网预埋槽道可采用冷喷锌涂料冷喷方式进行修复处理，其技术和工艺要求应满足国家有关标准及行业规范。处理前需修复部位表面清洁度应达到 GB/T8923.2—2008 要求，处理后锌层厚度应满足《电气化铁路接触网隧道内预留槽道》(TB/T 3329—2013)的要求。现场进一步排查预埋槽道是否存在锈蚀隐患。

6　结束语

预埋槽道的质量关系到接触网设备设施安全使用，对铁路安全运营起到重要作用。为了提高预埋质量，应从思想和行动上重视接口预埋工程，定期组织接口检查、强化考核。主体实施单位应组织技术人员全面核查从地面预配焊接到台车使用等的工艺工法，做好台账记录。

作者简介

武帅，中铁工程设计咨询集团有限公司电化通号设计研究院，接触网所副总工程师，高级工程师。
于素芬，中铁工程设计咨询集团有限公司电化通号设计研究院，副总工程师，正高级工程师。

用于低净空桥下接触网下锚硬横跨的结构设计

杨 康

摘 要： 针对电气化铁路低净空跨线桥下接触网不能正常通过的情况，本文提出了一种用于多支承力索下锚的特殊硬横跨结构，对该结构的受力进行了有限元仿真分析，并通过实际工程验证了该结构的可靠性。

近年来，国内部分既有普速铁路进行了电气化改造，但由于部分既有跨线桥是按照当时的技术标准修建，跨线桥梁底至铁路轨顶面间的净空高度较低，不能满足接触网正常通过的要求。接触网通过这种低净空跨线桥时，通常要降低结构高度或导高通过。如果跨线桥的净空过低，接触悬挂的结构高度和导高降至最小值仍无法正常通过时，需要将承力在跨线桥的两侧断开下锚，接触线以简单悬挂方式通过桥下。本文结合项目实际情况，提出了一种用于低净空跨线桥两侧承力索下锚的特殊硬横跨结构，并采用 ANSYS 软件对其进行了力学分析。

1 跨线桥下接触网通过的净空分析

目前普速铁路接触网悬挂类型一般采用简单链形悬挂形式，接触网通过跨线桥示意图如图 1 所示。

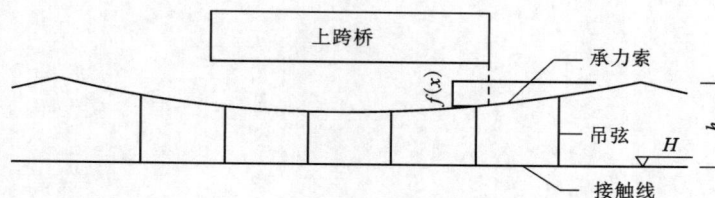

图 1 接触网通过跨线桥示意图

跨线桥的净空高度可按以下公式进行计算[1]：

$$H_k = H + h - f(x) + \delta \tag{1}$$

式中：H_k 为跨线桥下净空；H 为接触悬挂导高；h 为接触悬挂结构高度；$f(x)$ 为承力索在任一点的弛度；δ 为承力索到跨线桥的绝缘距离，一般取 0.5 m[2]。

其中，

$$f(x) = \frac{gx(l-x)}{2T_c} \tag{2}$$

式中：g 为承力索单位长度自重负载；l 为跨距；T_c 为承力索张力；x 为承力索上任意一点到本跨定位点的距离。

某电气化铁路区间线路所处一公路桥跨越正线、联络线以及道岔渡线接触网，桥宽 14 m，公路桥与正线夹角 65°，桥下净空高度为 6.3 m。接触网设计参数如表 1 所示。

表 1　接触网设计参数

参数	数值	参数	数值
接触线张力 T_j	15 kN	结构高度 h	1.4 m
承力索张力 T_c	15 kN	最小结构高度 h_{min}	0.6 m
设计导高 H	6 m	桥下接触网跨距 l	36 m
最低导高 H_{min}	5.7 m	桥边缘承力索与定位点的距离 x	8.5 m

由公式(2)可知,承力索距离桥体最近处的弛度 $f(x) = 0.066$ m;由公式(1)可知,接触悬挂导高和结构高度都选用最小值时,跨线桥的最小净空应为 6.734 m。而该跨线桥的实际净空仅为 6.3 m,不满足接触悬挂以简单链形悬挂形式通过的要求,只能采用承力索在桥两侧断开下锚,接触线单线通过的方式。

2　承力索下锚方案

该跨线桥线有正线、联络线及渡线三组接触悬挂通过,接触网存在交叉悬挂,悬挂方式复杂。为了保证桥下接触线的弛度,在桥两侧需合理安装吊弦。在桥两侧分别设置一组硬横跨,让承力索顺线路方向下锚在硬横梁上,这样能够使桥两侧吊弦间距更短。三组接触悬挂均下锚在横梁上,为减小横梁所受荷载,需适当降低承力索张力。

根据实际需求,采用特殊硬横跨结构,如图 2 所示。硬横跨支柱采用外径 350 mm、壁厚 10 mm 的圆钢管柱;横梁采用外径 250 mm、壁厚 12 mm 的圆钢管柱;横梁上设置三处承锚底座,用于承力索在横梁上、下锚;在下锚相反方向支柱上设置下锚拉线。硬横跨的所有钢结构件的材料均采用 Q235B。

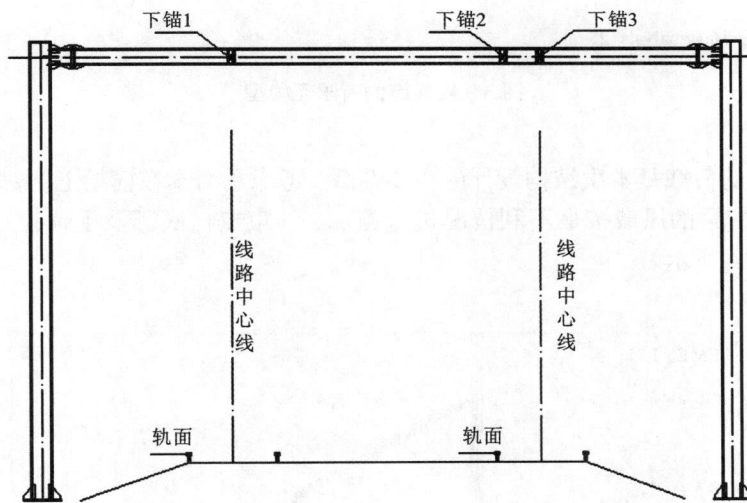

图 2　下锚用硬横跨结构

3　特殊硬横跨的受力分析

采用有限元分析软件 ANSYS 对硬横跨结构的受力进行分析,对该结构的强度进行校核。

3.1　有限元分析方法的基本原理

有限元分析(Finite Element Analysis)是将复杂问题替换为相对比较简单的问题,然后再进行计算求解。它将求解域分解为许多小的互连子域,这些小的子域称为有限元。有限元法分析计算的步骤可归纳如下。

(1)将所需进行计算的结构离散为由各种有限元组成的计算模型。

(2)采用近似的位移函数,建立位移和力的方程式,计算等效节点力。

(3)根据结构的边界条件和力学平衡理论,把各个单元按原来的结构重新连接起来,以形成整体的有限元方程。

（4）引入边界条件，求解有限元方程。

（5）计算单元内部应力和应变。

3.2 硬横跨有限元模型的建立

采用 BEAM188 有限单元模拟硬横跨圆钢管支柱及横梁。BEAM188 是一个基于 Timoshenko 梁理论的二节点三维线性梁，适宜分析细长梁，能够保证仿真的准确性和精度。

模型中支柱及横梁材质均为 Q235B，密度 7850 kg/m³，弹性模量 206GPa，泊松比 0.27。按照实际尺寸建立硬横跨模型，将定义好的单元属性赋予模型，生成的有限元模型如图 3 所示。

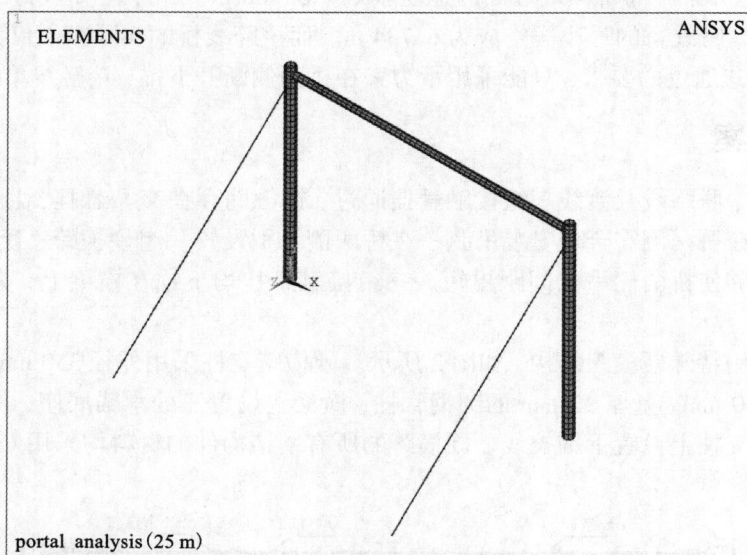

图 3　硬横跨的有限元模型

硬横跨顺线路方向的荷载是本次结构设计的主要荷载，考虑承力索在横梁上下锚的张力以及横梁顺线路方向风载，将支柱及横梁的风载按最不利情况进行施加，约束支柱底部及下锚拉线底部的所有自由度。硬横跨的受力模型如图 4 所示。

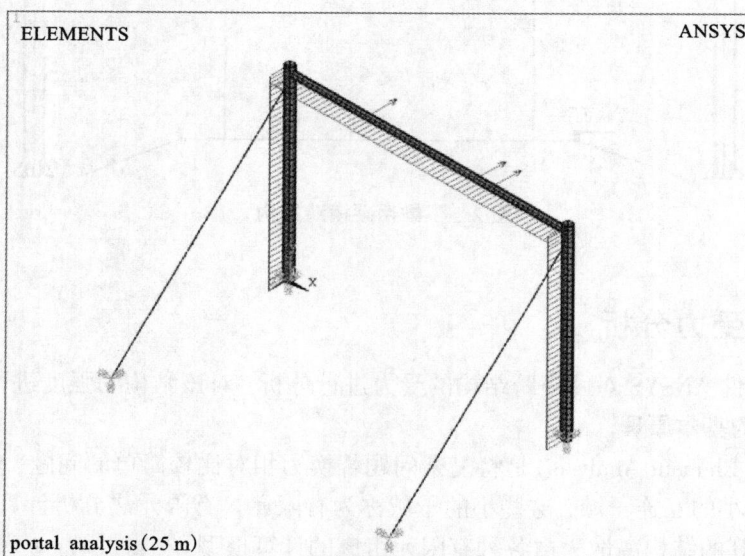

图 4　硬横跨的受力模型

3.3　仿真结果分析

进入求解器，选择静态分析，对硬横跨的受力进行求解计算。在后处理器中可查看仿真结果，硬横跨受力后变形情况如图 5 所示，其主要节点受力位移情况如表 2 所示。

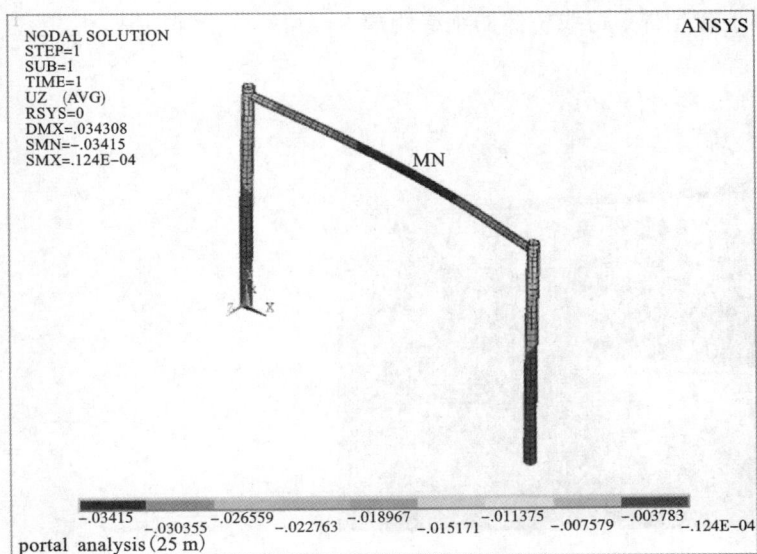

图 5　硬横跨变形位移图

表 2　硬横跨主要节点位移情况

位置	位移/mm
左柱柱顶	9.64
右柱柱顶	11.81
横梁下锚点 1	26.51
横梁下锚点 2	31.52
横梁下锚点 3	29.21
横梁最大位移	34.3

硬横跨支柱高度为 7.8 m，柱顶顺线路方向的最大偏移量为 11.81 mm，偏差为 0.15%，满足《铁路电力牵引工程施工质量验收标准》中 0.3%的要求[3]。

硬横跨受力后应力情况如图 6 所示。该结构在最大负荷状态下的最大应力出现在横梁下锚点 2 附近，应力值为 57.2 MPa，满足 Q235B 钢材质的强度要求。

因此，该硬横跨结构满足承力索下锚的要求。

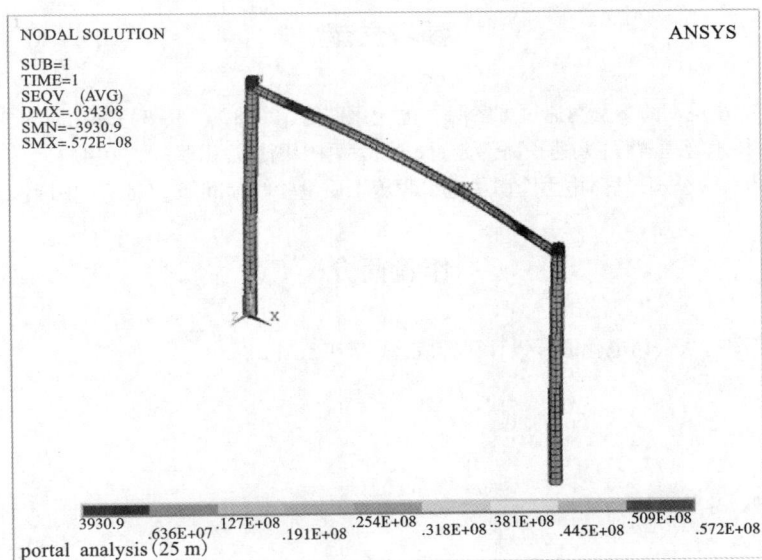

图 6　硬横跨应力图

4 工程应用

该硬横跨结构已被应用于工程项目中，目前运营状态良好。

由于承力索在桥两侧断开下锚，为保证接触网电气上的连续性，需采用电连接线将跨线桥两侧的承力索连接。在实际工程中应注意电连接线与其他接地体、跨线桥体的绝缘距离。

图 7　硬横跨的工程应用

5 结束语

本文结合项目实际情况，针对低净空跨线桥下承力索断开下锚，接触线以简单链形悬挂形式通过的情况，提出了一种用于多支承力索下锚的特殊硬横跨结构，并采用有限元仿真分析计算验证了该结构的可靠性，为低净空跨线桥下接触网安装结构形式提供了一种新的思路。另外，工程中的成功应用验证了该特殊硬横跨结构的可靠性。

参考文献

［1］何庆甫，辛志红.低净空建筑下的接触网通过方案［J］.电气化铁道，2008，（1）：34-36.

［2］中国铁路总公司.铁路技术管理规程（普速铁路部分）［S］.北京：中国铁道出版社，2014.

［3］中国铁建电气化局集团有限公司.铁路电力牵引供电工程施工质量验收标准［S］.北京：中国铁道出版社，2018.

作者简介

杨康，中铁工程设计咨询集团有限公司电化通号设计研究院，高级工程师。

斜坡面齿轨铁路接触网选型及其可行性研究

段立新　关金发

摘　要： 本文介绍了国内外齿轨铁路现状，国外轻型齿轨铁路电力牵引时选用架空接触网类型，国内率先开展设计的齿轨铁路位于斜坡面250‰且齿轨车辆为重型，经比较后接触网选型为地面接触轨类型，但该类型尚无斜坡面及以上坡度齿轨铁路运营经验。本文对斜坡面齿轨铁路接触轨从不同运行速度、不同跨距、高低速端部弯头方面的靴轨关系进行仿真，结果表明该接触轨适应40～60 km/h速度，满足3～5 m跨距，使用高速端部弯头时效果不明显；又对该接触轨系统的整体变形、应力变化的结构受力方面进行仿真，结果显示整体变形不超过1 mm，满足要求，整体应力变化也都在安全范围以内，但若采用普通双支绝缘悬挂中心锚结则应力值超限，需要对中心锚结进行加强处理。该系统研究过程及结果对国内正在规划建设的接触网选型为接触轨类型的斜坡面齿轨铁路具有技术指导和参考作用。

国外运营的齿轨铁路主要有美国新罕布什州华盛顿山上的齿轨铁路[1]、美国科罗拉多州 Manitouand Pike Peak Railwway、瑞士少女峰铁路（见图 1）、瑞士皮拉图斯铁路、希腊 Diahofto 到 Kalavrita 铁路、德国楚格峰铁路、智利海岸的瓦尔帕莱索到阿根廷首都布宜诺斯艾利斯的米轨距国际线等铁路，这些铁路都是山区线路，主要以观光游览为主。国内正在一些著名山区景区（如张家界七星山、四姑娘山、九寨沟等）规划或拟修建齿轨观光铁路[2-3]。

1　齿轨铁路爬坡能力

国内外齿轨铁路的最大特点就是爬坡能力强[4]，具有展线长度少、对节约资源有利的优点[5]，主要依靠铁路钢轨中间敷设的齿轨和为车辆走行架装设的齿轮啮合产生巨大的啮合力保证车辆上下坡平稳运行[6-7]。齿轨铁路敷设坡度都非常大，其中瑞士少女峰齿轨铁路最大坡度为 25%，国内张家界七星山齿轨铁路最大坡度设计值为 250‰，也就是 25%。

国际地理学联合会地貌调查与地貌制图委员会关于地貌详图应用的坡地分类所划分的坡度等级规定如下：0～0.5°为平原、0.5°～2°为微斜坡、2°～5°为缓斜坡、5°～15°为斜坡、15°～35°为陡坡、35°～55°为峭坡和 55°～90°为垂直壁。

其实坡度简单地讲就是坡度面与水平面夹角的正切值。根据 arctan0.25≈14.04°得知，瑞士少女峰、张家界七星山齿轨铁路最大坡度角为 14.04°，介于 5°～15°之间，属于斜坡。

2　齿轨铁路接触网选型

纵观国外齿轨铁路技术，绝大部分都呈现为车辆编组少而轴重轻的特点，因此车辆启动及运行中所需牵引动力相对较小，若由电力牵引且都采用架空接触网类型，基本上采用单根或双根接触网导线的悬挂，另外架设一根接地线作为保护。

国内最早开展设计的张家界七星山齿轨铁路，爬山最大坡度为斜坡，由于载客量大而车辆轴重偏大，该线路具有重型齿轨铁路的特点，在斜坡面上的重型车辆启动及运行的负荷非常大。在采用直流 1500 V 电压制式情况下，最大计算牵引电流超过 3000 A，按架空接触网类型，简单悬挂接触网已经远远不能满足其要求，需由双支承力索、双支接触线、双支加强线构成的简单链形悬挂和一支架空地线组合的接触网类型，在斜坡面上实现复杂接触网悬挂方式，有太多的接触网导线需要进行受力分析计算，因大量线索悬吊导致接触网设计及施工非常复杂，接触网状态稳定性也非常差，势必会带来安全上的风险。

基于斜坡面上重型齿轨铁路架空接触网类型的复杂性及工程性较差的情况，接触网设计专业人员提出采用地面接触轨的悬挂类型。接触轨应沿地面敷设在铁轨旁[8]，将复杂接触网所要实现的功能简单化处理，同时一根接触轨的载流量相当于六根多接触网导线的载流量，架空地线也变成敷设于接触轨支架上的接地扁钢，完全没有在空中架设导线存在着复杂张力变化的情况，实现了接触网类型化复杂为简单，更容易实现授流功能。

齿轨铁路接触网由架空接触网变为接触轨类型，在张家界七星山齿轨铁路开放设计之前国内外还没有先例，尤其齿轨车辆能否装设受电靴加以配合，还有待检验。为此，接触网设计专业人员

图1　瑞士少女峰齿轨铁路

与车辆厂家关于装设方案进行了讨论。经过多次交换意见和技术对接，齿轨车辆底部能够装设受电靴，以往的齿轨弓网关系转换成了靴轨关系，由接触网设计专业人员提出的齿轨架空接触网类型变成地面接触轨类型的方案初步确立。文献[9]~[11]仅提出了水平地面接触轨与受电靴耦合动力学仿真、钢铝接触轨应力随温度变化仿真以及接触轨系统构成等，但接触轨类型在斜坡面250‰及以上坡度的系统性能和可行性等研究尚没有文献涉及，以下利用PanCaDss集电系统动态仿真程序展开系统性仿真计算及研究。

3　齿轨铁路靴轨关系仿真

3.1　不同运行速度仿真分析

3.1.1　40 km/h速度

齿轨铁路运行速度慢，若受电靴以40 km/h的速度从左至右通过接触轨，经仿真得到靴轨接触力、受电靴滑板的加速度与位移，计算结果如图2所示。

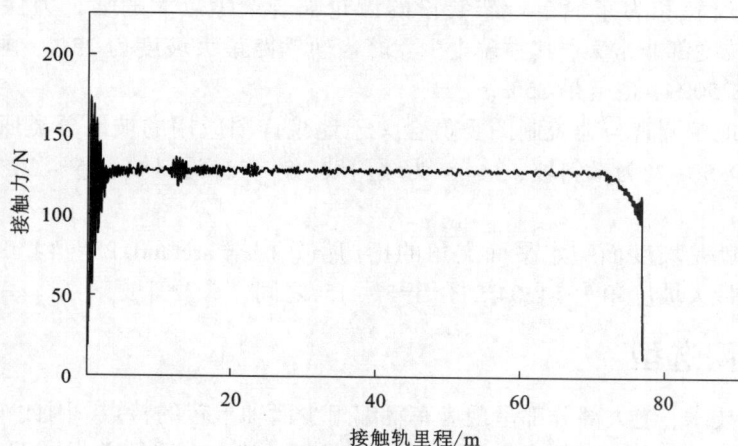

图2　运行速度为40 km/h的靴轨动态性能参数

观察图2中的接触力仿真结果，发现当受电靴进入接触轨时接触力波动较大，当受电靴通过端部弯头后接触力波动较平稳。滑板加速度与接触力均有相同的规律。当受电靴离开接触轨时，滑板加速度产生了一个较大的冲击。

3.1.2　60 km/h速度

若受电靴以60 km/h的速度通过接触轨，经仿真得到靴轨接触力、受电靴滑板的加速度与位移，计算结果如图3所示。

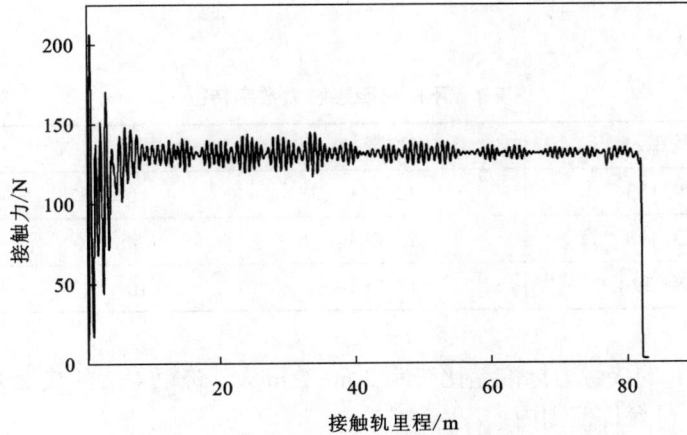

图 3　运行速度为 60 km/h 的靴轨动态性能参数

比较图 2、图 3，运行速度增加，接触力也随之波动增加[12]69: 80。

仿真计算表明，运行速度为 40~60 km/h 的受电靴与接触轨接触力均满足要求，无离线。

3.2　不同跨距仿真

研究跨距变化对靴轨动力性能的影响。接触轨的跨距一般为 5 m、4 m、3 m，按三种跨距分别建立相应的接触轨仿真模型，进行靴轨动力分析。

统计三种跨距的接触力，结果如图 4 所示。比较三种跨距接触力发现，跨距为 3 m 的接触力在接触轨里程 10 m 进入平稳，跨距为 4 m 的接触力在接触轨里程 12.5 m 进入平稳，跨距为 5 m 的接触力在接触轨里程 20 m 进入平稳，跨距为 3 m、4 m 的接触力在集电靴进入接触轨后提早进入平稳状态，跨距为 4 m 的接触力在中间区段的波动较大。

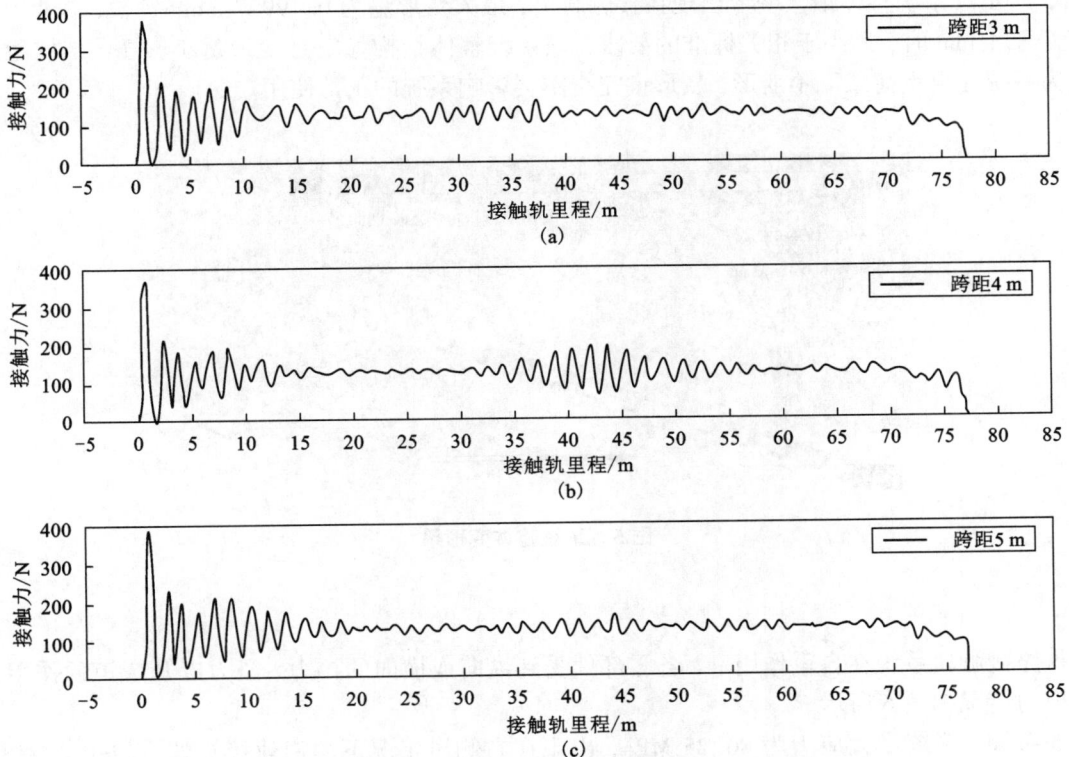

图 4　不同跨距的靴轨动力性能参数比较

由于端部弯头区域接触力的波动较大,为比较不同跨距的靴轨关系,统计中间区段20~70 m的接触力数字特征,如表1所示。

表1 不同跨距接触力数字特征

跨距/m	平均值/N	标准差/N	最小值/N	最大值/N
3	129.153	12.111	100.431	162.632
4	129.118	27.083	56.246	199.374
5	129.29	11.284	101.517	160.715

从表1得出,跨距4 m的接触力标准差比跨距3 m、5 m大,跨距4 m的接触力最小值、最大值范围也比跨距3 m、5 m大,但在可允许范围内。

3.3 不同端部弯头仿真分析

采用高速端部弯头(斜率为1/60)和低速端部弯头(斜率为1/40)进行仿真,当受电靴以40 km/h的速度进入接触轨时,高速端部弯头靴轨接触力与低速端部弯头的幅值振动规律接近,说明采用高速端部弯头并不能显著改善靴轨受流性能。

4 接触轨结构受力仿真计算

在对接触轨敷设在250‰斜坡面上,对采用3 m、4 m、5 m不同跨距,还有对采用一般环境温度22℃、最高温度40℃、最低温度-15℃的三种温度,以及对采用线路左、右侧风和顺线路风三种风向情况,对前述各种工况进行排列组合,对不同组合工况的接触轨系统进行仿真,结果表明在斜坡面250‰上采用5 m跨距、最低温度-15℃和右侧风为最不利的工况,接触轨结构受力仿真具体过程如下。

4.1 变形量

对在斜坡面上采用5 m跨距布置的齿轨铁路接触轨系统进行承受自重荷载的静力学仿真,变形量仿真结果如图5所示。系统整体最大变形出现在接触轨上,最大变形量为0.19927 mm[12]3:30。根据经验,系统的变形量小于1 mm时,远小于相关标准的要求,该系统整体结构稳定且变形量小,符合结构稳定性的要求,可认为系统在自重荷载下不变形,变形量完全不会影响系统的正常使用。

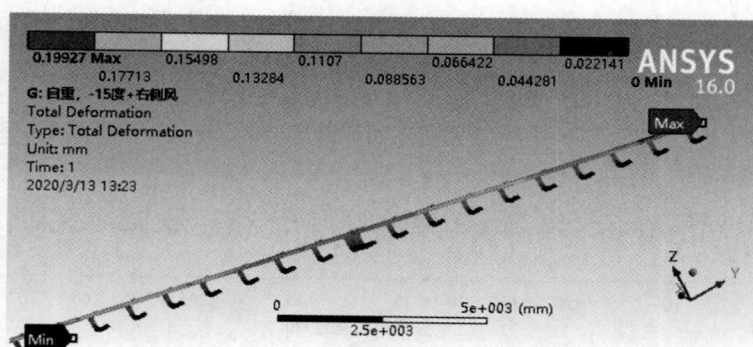

图5 系统整体变形量

4.2 应力

齿轨铁路接触轨系统在自重作用下,各零部件受到纵向或横向的拉力、压力以及弯矩的作用,仿真计算的整体应力情况如图6所示。

由图6可知,系统最大应力为80.25 MPa,出现在右侧风工况下的铝轨接头处。相较于标准温度,-15℃下的应力水平有较大的增加,原因是温度带来的材料收缩使构件接触处的应力增大,在铝轨接头处最为明显,该工况下齿轨铁路接触轨系统出现最大应力值,但仍然符合许用应力的要求。

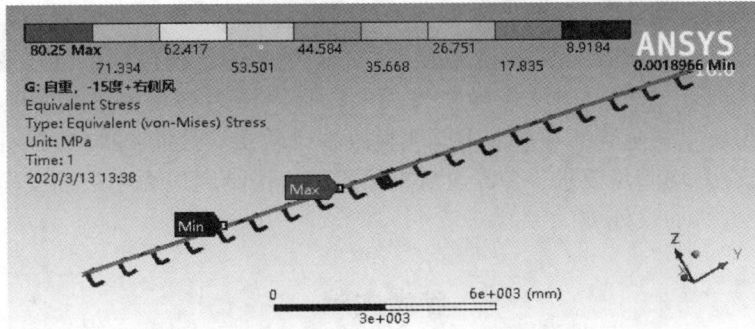

图 6　整体应力情况

在考虑温度变化以及设计风向荷载的工况下，斜坡面 5 m 跨距的齿轨铁路接触轨系统各零部件的应力变化较大，且都满足结构强度要求，其中部分零部件的局部位置应力较大，最小安全系数为 1.33，出现在铝轨接头处。

4.3　中心锚结

受重力沿线路方向分力影响，中心锚结处受力较大，该系统下最大应力出现在中心锚结处的绝缘支架支座与绝缘支架本体的连接处。普通的两绝缘支架经仿真计算结果如图 7 所示，显示最大应力 225.63 MPa，安全系数为 0.69，明显不满足许应力要求。

应力超标是中心锚结与铝轨的自重共同作用导致的[13]，由于沿线路方向的重力荷载分量通过中心锚结传递给卡爪，再传递给支座，又由于支座表面呈锯齿状，支座与支架本体的接触面积小，导致在支座表面出现明显大于其余部位的应力。经研究，采用单支架带斜拉杆方式加强后即可满足要求，仿真计算结果如图 8 所示，最大应力仅 94.705 MPa，远小于 220 MPa 许用应力。

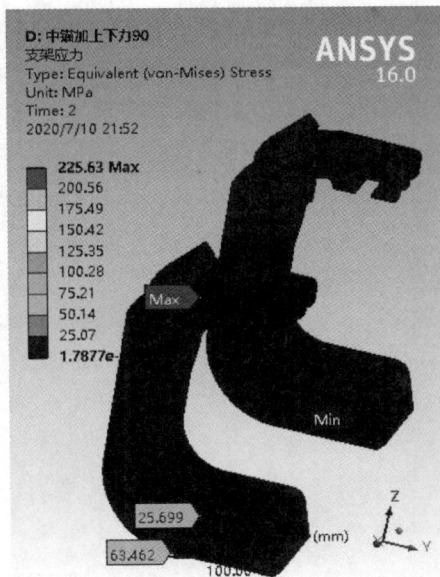

图 7　双支架中心锚结应力

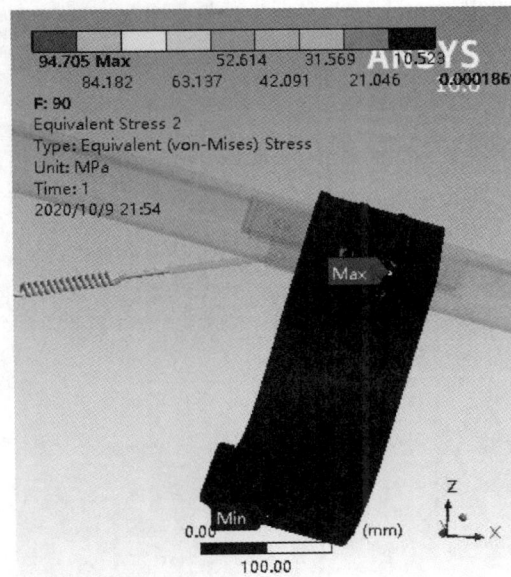

图 8　单支架带斜拉杆中心锚结应力

5　结束语

齿轨铁路在国外运营比较早，但在国内正处于规划或建设的初期，目前虽还没有建成开通运营的铁路，但齿轨铁路所具有的很强的爬坡能力，却越来越多地受到国内一些山区景区的青睐。本文通过对国内率先开展研究的斜坡面齿轨铁路接触网选型经分析对照后认为,接触网采用接触轨类型可以简化接触网的工程设计和实施。鉴于齿轨铁路采用接触轨类型国内外还没有先例,本文对靴轨关系进行仿真,又对斜坡面 250‰接触轨按照 3~5 m 不同跨距、不同环境温度、不同风向的各种排列组合在变形量、应力等方面进行仿真计算,结果归纳如下:①不同速度接触轨与受电靴接触压力满足要求;②接触轨布置时可以采用 3 m、4 m、5 m 跨距;③采用高速端部弯头并不能明显改善靴轨受流性能;④250‰斜坡面接触轨在极端环境条件下的整体变形及应力均满足要求;⑤普通双支架式中心锚结因应力超标而安全系数不满足要求,需要对原结构的加装拉杆进行加强处理。

参考文献

[1] 喜来.历经百年的齿轨铁路[J].交通与运输,2014,20(1):26.

[2] 章玉伟,唐勇.都四山地轨道交通关键技术创新研究[J].中国铁路,2021(3):101-105.

[3] 冯帅.山区旅游观光铁路车辆选型探讨[J].铁道建筑技术,2017,(2):27-30.

[4] 蔡向辉,张乾,贺天龙.张家界七星山齿轨铁路轨道技术研究[J].铁道标准设计,2020,64(7):76-80.

[5] 王争鸣.复杂山区铁路选线思路及理念[J].铁道工程学报,2016,33(10):5-9.

[6] 牛悦丞,李苒,丁军君,等.齿轨铁路发展及应用现状综述[J].铁道标准设计,2019,63(12):37-43.

[7] 尚勤,李廉枫,涂旭.国外齿轨铁路技术的发展及运用[J].机车电传动,2019(2):9-15.

[8] 李鲲鹏,黄德亮,关金发,等.集电靴与接触轨集电系统研究综述[J].都市快轨交通,2018,31(5):92-100.

[9] 尹洪权,李进宁,郭振通,等.地铁车辆受流器与第三接触轨的建模[J].轨道交通装备与技术,2017,(6):19-21.

[10] 张桂林,肖伟强.城市轨道交通牵引供电接触轨系统温度应力有限元分析[J].城市轨道交通研究,2017,20(7):108-111.

[11] 刘卫强,李相泉.钢铝复合接触轨系统概述[J].铁道标准设计,2007,(10):79-82.

[12] 中铁第一勘察设计院集团有限公司.斜坡面重型齿轨铁路接触网技术研究[R].西安:中铁第一勘察设计院集团有限公司,2021:3-80.

[13] 李庆军,关金发,陈俊卿,等.基于静力学分析的齿轨铁路接触轨中心锚结方案研究[J].电气化铁道,2021,(4):86-90.

作者简介

段立新,中铁第一勘察设计院集团有限公司电化院,副总工程师。

关金发,西南交通大学电气工程学院,讲师,博士。

电气化铁路的架空式接触网故障研究

曾平元　　侯玉龙

摘　要： 目前，我国高速铁路接触网已经成为我国高速铁路建设工程中非常重要的设备和系统之一，通常我国高速铁路接触网主要是架设在城市轨道的上方或者是轨道边上，是一种结构材质特别复杂的输电线。机车常常需要通过电弓（或者是集电靴）从各个接触网中获取电能，这一功能对于机车来说具有非常重要的意义，且接触网担负着给电动火车提供电能的主要任务。

本文主要以架空式接触网为主要研究对象，详细地介绍了架空式接触网在高速铁路中所具有的一定优越性以及架空式接触网不同悬挂类型的优缺点。

1　引言

随着时代的发展，我国现在的城市之间的高速铁路正在从一个城市内的交通转向连接多个城市之间的交通网络发展，并且供电线路也呈现为一个增长加长的趋势，所以城市内的轨道交通建设发展尤为重要。经过许多年的改进与实际的应用，在长距离以及对于供电性能要求十分苛刻的城市地区，对轨道交通的接触网的选择显得尤为重要。架空式接触网具有十分优越的供电能效且受地形影响程度较传统接触式接触网而言要小很多，因此，对高速铁路的架空式接触网进行研究十分有意义。

本文首先通过查阅各个文献综述，对架空式接触网的结构组成以及类型做一个详细的总结与认知，并且将架空式接触网与传统的接触式接触网相比较，总结架空式接触网的优缺点，再通过上海地铁二号线的实际案例从地铁运行的可靠性与其车速、轨道供电性能等方面对架空式接触网进行详细的分析，从而展开对城市轨道架空式接触网的深入研究。

2　架空式接触网概述

2.1　架空式接触网的结构组成

架空式接触网主要结构包括架空接触网的悬挂、支撑架和定位控制装置、绝缘保护元件以及用于架空连接土地的电线等几个部分。

支持使用定位驱动装置：支持和使用定位驱动装置的工作功能主要是通过一个磁性绝缘子将各种铝合金的空气汇流排，接触器导线等直接地将其固定地放到一个隧道顶或者放在隧道两侧墙壁的一个已经规定好的位置上。它们的机械安装操作方式主要用于包括腕臂和二型臂的机械支撑结构。如图1所示。

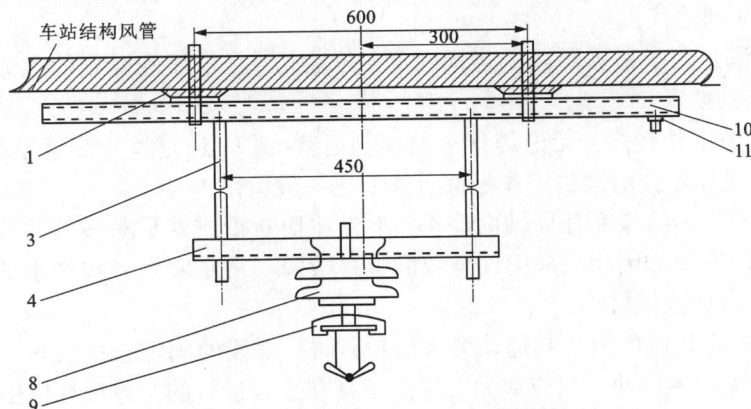

图1　架空式接触网空间结构图

绝缘材料元件：属于绝缘类的元件泛指在物体公称内部泄漏的绝缘距离不得超过 250 mm 或在其物体表面内部涂上一层釉状的一种陶瓷材料绝缘子。

架空接地线：用于架空接地线施工时在隧道内部或吊柱上的底板锚 2.2 架空式接触网的类型

架空式接触网根据其悬挂类型的不同，划分为柔性架空接触网和刚性架空接触网。不同类型的连接电线在各种使用工况下的连接粗细、条数、张力均不相同。架空列车线路的整体悬挂列车运行负载方式，要根据列车架线站点地区的架空列车运行负载速度、电流负载容量等列车运输能力条件和大气环境条件进行一个整体的综合分析考虑，从而决定列车需要选择采用哪种线路运行悬挂方式。

2.2.1　柔性架空接触网

柔性架空接触网有简单卧式悬挂和链形悬挂两种形式。简单卧式悬挂：简单卧式悬架支撑装置及悬挂方式使其结构简单，支柱高度低，支撑悬架装置需要承受的负荷相对较轻，但是松弛度大、弹性不均匀。为了要改善这一特殊情况，一般需要在简易悬挂悬吊点附近增加一个类似倒 Y 形的新型弹性悬挂吊索，称之为新型弹性简易上吊悬挂，这也相应地改善了倒 Y 形简易悬挂悬吊点所处的车体运动稳定弹性和其他运行稳定状态。由于这种新型弹性简便列车悬挂安装施工方式建造工程成本低，施工方便而且安装维修简易，城市有轨电车甚至是城市轻轨常常都会选择采用此类简便悬挂的安装方式。地铁公司为了有效率地减少沿线隧道的大量净空，就特意选择了以弓形弹性悬吊手臂作为支座或者说是采用弓形弹性手臂支座作为悬吊支撑基础部件的简易卧式弹性手臂悬吊。

链形悬挂：与链接触的引线经过运动吊弦将其运动悬挂在固定承力索上的一种方式也被称为链形的运动悬挂。链形吊撑支柱的吊绳承力索悬挂是在吊绳支撑悬挂装置框架上吊绳挂弦，通过吊绳接触到的线将带有承力索的其他支持支撑部件吊挂在带有承力绳的索上，使吊绳接触到的线在整个跨距内增加了一个吊绳悬挂支撑点，调节整个吊绳挂弦高度后就可以有效促进整个线在跨距内的相互接触并使线与支撑轨面之间保持一致的吊弦高度。由于悬挂接触点引线的运动弹性受力是直接用于悬挂整个承力索上的，因而基本上已经消除了悬挂接触点引线在整个悬挂接触点末端处的硬接触点，使整个悬挂接触线在整个运动跨度内的运动弹性都变得比较均匀。显然，链式架形式的连杆悬挂悬架相对于简单的链式悬架悬挂性能来说要优越很多，但是由于其结构复杂，投资巨大，在设计施工和日常维护上如何调整也可能会因此变得更加困难。

链形悬挂的种类有许多，可以根据所悬挂的链数划分为单链形、双链形或者是多个链形。按照线索所在点相对线路的中心位置，又可分为直链形接触式悬挂、半斜链形接触式悬挂、斜链形接触式悬挂。高速铁路的运营速度并不是那么高，列车的功率也并非那么大，一般都是采用简易的链形列车悬挂，应用速度最长可达 100 km/h 以上。

2.2.2　刚性架空接触网

刚性架空接触网广泛应用于大型城市中的地铁直流供电。与一些传统的柔性隧道接触网不同，它们需要一个隧道支柱及其他支撑连接装置，汇流排电缆可以直接通过一个带有绝缘子体的构件将其底部固定连接到一个隧道顶部，所以它们需要占用的隧道空间高度比较低，通常采用刚性悬挂方式。

2.3　架空式接触网的优缺点

2.3.1　架空式接触网的优点

（1）刚性悬架可以满足对于最大距离的运动时间、传输功率、电压和受到的电流、被接触到的电弓和最大受到流量和速度等的要求。

（2）运营和日常维护工作较少，无论是日常的车辆运营维护，还是发生交通事故时的车辆日常抢修，导线的日常更换、刚性线和悬挂的维护工作量都可能要比一般柔性少。

（3）刚性的汇流排与接触线没有任何轴向动作，不存在切断排或者是断线的危险，从而有效地避免由于钻弓、烧融、不均匀的磨损和因为承应力而导致的电弓故障。由于刚性悬挂产生的故障是点式故障，因此刚性悬挂发生事故的影响范围较小。

（4）刚性结构悬挂式金具锚段由于其运动关节简单，而且锚段的固定长度较短，因此固定式锚段金具的垂直窜动和横向回转响应幅度小，相应地大大提高了其在金具运行的全过程环境中的运动安全性与环境适应能力。

（5）实际上观察在生产中和运营中的状态，受电弓的损坏维护使用周期长，接触不到电缆等重要部位，根据电缆损坏后的情况可以推算其实际使用寿命大约有 20 年。刚性管路接触网设计采用的是一种完全无弹性或带接触网的管路安装工作形式，适应于大型隧道的管路安装，设计时的运行工作速度一般不能超过 160 km/h。

（6）架空型接触网络的安全性问题毋庸置疑。从我国汽车发生触电事故的现状分析来看，事故主要出现在车辆的运用维护与电网维修工作中。从地面交通运营的角度分析来看，在市中心平交路段运行的有轨电车或者轻轨车宜选择架空式接触网；当牵引网对于气体压力等级比较高的场合，为了安全及保证必须的绝缘距离，亦宜考虑采用架空电缆。而封闭式运行的大型城市铁路或者轻轨所采用的架空线路或者第三条轨道都完全可以做到保证安全；当发生事故疏散旅游者时，架空型接触网会带给旅游者以更大的安全感。

（7）从一期项目工程建设初期成本计算情况分析来看，1500 V 直流三轨架空输电网络的交流输电系统容量成本优于 750 V 三轨架空授流网络经济，提高了电力输电的工作电压，可以直接使得一些相应的设备减少一些电能的使用损耗，减少了一些变电站维护工作人员们的数量，降低了一些电力设备的维护费用。电压可因此提高一倍，同样从大功率电路下载的电能向其传递的有效距离也甚至可以因此延长将近一倍。750 V 直流供电电源控制管理系统中各个直流变电站之间的电源配置持续时间相对较短，一般为 1.5~2 m；而 1500 V 直流供电电源控制管理系统中各个直流变电站之间的电源配置持续时间最长，范围可达 3.5~4 km。

（8）弓网的各种更换及其周期、刚柔度等应该也都是相似的。由于这种新型柔性电动悬挂悬架机构内部采用了两根动力接触式导线，在均匀动力接触的情况下，滑板和其隔导线之间的压强电流可以达到接近一倍，导线与其隔离线之间的接触电流也可以接近一倍，因此从理论上我们可以得出分析，柔性电动悬挂悬架机构的动力磨耗比其他几种柔性电动悬架悬挂机构磨耗要大。但是，刚性与刚和柔性之间的不同之处就主要在于，刚性之间的接触压力发生变动时的偏差可能比刚与柔性之间的变动偏差要稍微小，因而柔与刚性在机械磨损的均衡和精度设计上又比刚与柔性之间优越。

2.3.2　架空式接触网的缺点

（1）技术方面要求高，设计过程中对于刚性悬挂体和传动系统的性能要求也很高，在进行设计的时候需要根据设计的车辆的运行速度合理布置支撑点的间距，根据气温的变化合理布置锚段的长度。在建筑物的施工过程中，有大部分内容得进行测量。例如前期支撑点的测量、锚段相互关节位置的测量、锚段相互关节长度的测量，以及后期支撑的高度、汇流排的高度、支撑点的拉入值、锚段关节的测量等。由于引线的高度错开，误差区域范围极小，大大提高了调整的困难。

（2）材料不能得到补充、运输困难的严重问题正在日益加剧，由于刚性型悬挂主要是一种采用了刚性硬质或者柔性铝合金等作为悬挂主体的复合材质，在实际施工时有可能会因为一个小的设计失误导致整个汇流排存在一些永久性设计缺陷，比如不小心就可能会直接造成整个汇流排的一些永久性缺陷变形，有可能要是在这些锚段中间直接产生了一些无法进行纠偏或者修正得到的缺陷，它不再用也有可能主要是像这种属于柔性型的悬挂继续下去那么就有可能直接采用通过与运输系统自己得相互直接匹配的材料关系锚段来对其进行材料补充。因此，采用各种刚性材料悬挂施工方式材料进行系统施工时，在系统采用各种刚性材料悬挂施工方式材料进行系统施工时，对系统的各个关键材料节点得到率进行过程控制的人员、技术、工作经验等会因此显得尤为重要，它将直接决定整个建筑工程项目材料获得率和竣工后的工程质量。

2.4　常见的接触网故障分析

接触网的线索的常见故障情况和现象一般表现为断线和短路，这些短路对接触网的运行有很大的影响，主要体现在以下两个方面。

（1）直接造成供电中断，而且如果断线处未落地，没有引起牵引变电所跳闸，则因接触网张力以及驰度的急剧变化，可能在其他位置引起祸弓事件；如果断线处的断头落地，则造成接触网对地短路放电，短路电流可能会损坏、烧断承力索或接触网其他设备或零件。

（2）接触网发生断线后，如果在锚段开关处补偿制动装置的制动装置发生了失灵的情况或者是动作状态情况不好，就会导致坠挫掉一个绊倒或者是长距离的下移，甚至还会再次出现拉环、拉圈定位、拉偏，拉圈腕臂以及电连接器等发生事故的范围变化而增加的情况。

2.5 故障抢修和安全规定

（1）由于接触网在现代铁路和电气化建筑中是很重要的交通运输和行车装置，它们是向客运专用机车、电动汽车等安全、可靠地供电的专用输电传递线路。而且由于接触网沿着铁路的露天地带布置，线长点多，工作环境恶劣，使用的条件严格苛刻，又没能配备好必要的装置，一旦发生事故或者是停电，必须立即中断行车。接触网的相关主管部门必须始终做好准备，及时派遣人员对其进行抢修，尽快恢复供电，保证汽车的安全行驶。

（2）在现场的安全抢修火灾准备管理工作中，需要认真地贯彻执行有关汽车和高空、电气安全防护操作等各个方面的国家有关安全规定及其他安全防护管理措施，防止扩大火灾事故的发生范围及其他可能发生的意外。

（3）在攀杆、登梯和汽车顶上的高空进行作业时，除按照国家的有关规定严格执行外，还特别强调了在接触网上的整个操作过程中必须随身佩戴安全帽及系好安全带。

（4）在进行抢修操作时，必须先执行停电操作的命令及验电后再现场检查，然后才能正式开始抢修。抢修作业小组成员在进行作业前，需要将设备带电的范围向作业者宣布，并划清装置的带电边界。对于可能发生来电的关键区域和抢修场所，需要根据规定选择一条可靠性足够的接地线。

（5）在进行拆除作业时，需要特别注意做到防止作业支柱直接倾斜、线索直接断路、脱落等；在日常进行作业抢修和维护恢复设备作业中，对于需要安装的作业主体结构零部件尤其是其所承载的动力件都一定要注意做到安装紧固、牢靠，防止零件松脱、断线，避免作业事故发生范围的不断扩大。

3 高速铁路接触网吊弦故障的分析与预防

接触网是向电力机车提供源源不断动力的载体。随着高速铁路的发展，城市与城市间的距离在拉近，根据市场的需求，近些年高速铁路在不断开拓运力，增加列车运行对数，给接触网运行管理也带来了不小的压力。在高速接触网中，有五个重要参数(波的传播速度，接触网的弹性，接触网的不均匀性，受电弓-接触网的接触压力，接触线和接触网系统的极限速度)决定着高速接触网运行性能。接触网吊弦不仅影响着接触网的不均匀度，还影响着受电弓-接触网的接触压力，吊弦出现折断故障会造成接触网的不均匀度增大，线路高差变大，弓网接触压力不稳定；而且当吊弦折断低于接触导线面以下时，将对正在高速运行的受电弓造成致命打击。

3.1 故障概况

1. 2018年5月13日10时37分，郑州局郑西高铁线G651次列车运行至郑州东徐兰场至郑州西站间下行线K576+344处(9‰上坡道)自动降弓停车，耽误客车6列。经现场勘察，降弓原因为G651次列车(长编16节)在K571+255处通过第一架受电弓时，吊弦在承力索侧压接环处震动脱落，低于导线面，碰撞G651第三受电弓(位于13号车厢顶部)，造成受电弓弓头风管(材质TPEE)与受电弓直角接头出气端连接处断裂，导致该受电弓自动降弓。

2. 2019年4月20日10时29分，郑西高铁线G26次列车(西安北至北京西，西安动车段CRH380 AL-2633号，西安机务段值乘)运行至渑池南站至洛阳龙门站间上行线K722+500处13号车厢Ⅱ端受电弓不明原因降弓。10时30分，停于该区间K720+675处(20‰下坡道)。10时48分，经随车机械师检查后换13号车厢Ⅰ端受电弓开车。影响客车9列，故障延时19分钟。经夜间停电上网检查，发现洛阳龙门至渑池南区间1296号接触网支柱(K726+368)定位西第2吊弦处吊弦缺失，承力索上残存吊弦线夹。

以上两起接触网吊弦故障从停电后上网检查得知，断裂部位有新痕，也有旧痕，说明并非是短时间内造成的。中铁第四勘察院对国内部分高铁干线投入运行后发生吊弦断、裂、脱等故障的统计结果显示：京津客专自2008年以来，7年的时间发现各种吊弦断丝、断裂问题95件；京广高铁武广段开通5年间，发现吊弦断、散、鼓包等缺陷271个；京沪高铁开通两年半时间，就发现吊弦断股166根；郑西客专在2018年一年就发现吊弦问题566件。根据统计的各大干线数据可知，吊弦问题在接触网运行中已经成为典型故障。

3.2 吊弦折断特性研究

我们针对郑西高铁2018年设备缺陷进行分析，探索高速接触网吊弦引发故障的一般规律，从而研究其缺陷特性。从郑西高铁 2018 年发现的零部件断缺陷 702 件中，吊弦断丝、断股及线鼻子折断的缺陷有 556 件，占全部缺陷的 79.2%。在 556 件吊弦缺陷中，发生吊弦整体折断的缺陷有 14 件，造成故障 1 件，具体信息见下表。

（1）从吊弦折断分布位置分析

在一跨内第 2 根折断的有 8 处，占总数的 57.14%；第 3 根折断的 4 处，占 28.57%；第 4 根折断的有 2 处，占总数的 14.29%；第 1、5、6 根吊弦折断了 0 根。这说明沿着列车运行方向，弹性吊索内的吊弦（第 1 和 6 根）震动较小，不容易折断；第 2、3 根吊弦折断概率很高，超过 4/5。

（2）从吊弦折断本体部位分析

吊弦主线在承力索侧压接管处断裂 8 处，占总数的 57.1%；吊弦主线在接触线侧压接管处断裂 6 处，占总数的 42.9%。承力索侧断裂和导线侧断裂情况基本持平，断裂位置均为吊弦压接管处。吊弦震动导致压接管与吊弦本体出现互磨等情况，同时吊弦压接管压接方式导致吊弦与压接管出现线接触的情况，导致震动时受力较为集中，说明吊弦断裂与压接方式存在很大关联。

（3）从吊弦折断所处的线路条件分析

折断的 14 处吊弦中，有 9 处在桥梁区段，占全部缺陷的 64.3%；路基区段有 2 处，占全部缺陷的 14.3%；隧道区段有 3 处，占全部缺陷的 21.4%。相较于路基区段和隧道区段，吊弦在桥梁区段的断裂情况较多。另外，发现的缺陷中有 7 处位于曲线区段，其余 7 处区段均在直线区段内，各占全部缺陷的 50%。本次排查管内线路曲线区段比例占 44.32%，直线区段比例占 55.68%。不同类型的区段缺陷占比约为 1（曲线）：1（直线）；相比于曲线区段，吊弦在直线区段与曲线区段发生折断的情况几乎持平。发现的缺陷中有 7 处位于关节处，占总数的 50%，在设备中的占比为 21.4%（一个锚段约 28 跨，其中两端关节占 6 跨），所以关节处的吊弦发生断裂的情况相对占比较大。

3.3　预防措施及建议

（1）实施接触网精测精修。接触网精测精修是指根据检测动态条件下的弓网作用参数，测量静态条件下的接触网几何位置，检验零部件质量状态，依据检测、检验分析结果，全面调整接触网静态几何参数、更换失效或接近预期寿命的零部件和设备、更换局部磨耗接近限界的接触导线，以恢复接触网标准状态。根据接触网动态检测数据，对接触网高差在千分之 3 及以上的处所实行精准测量和精准维修，尤其是分析相邻吊弦间的高差，以保证接触网的平顺度。在精修过程中，对吊弦折断进行更换时，将重新测量前后五跨的导高静态参数，静态参数严重不符合标准的对参数进行调整，同时对临近几跨的吊弦进行检查，检查其是否存在断丝、断股的情况，谨防因参数不标准吊弦震动剧烈导致同一地点附近吊弦折断的情况发生。

（2）更新改造耐疲劳吊弦。郑西、武广客专采用的吊弦压接方式为三段式点压接，耐疲劳性能差，且在现场吊弦缺陷中，存在与鸡心环黏合的部位因震动造成断股的情况。目前中铁电气化局设计研究院开发的一种新型耐疲劳吊弦，对吊弦压接采用整体三段式椭圆压接方式，压接时应力减少了 4.6 倍，对吊弦本体起到了保护作用，另外通过拉伸强度试验，较三段式点压接方式拉断力下降了 5%。2018 年对郑西高铁接触网吊弦开展的专项排查中，采用了手触时精细化检修，发现吊弦存在缺陷 587 件，其中断股 47 件、断丝 489 件、其他 51 件（载流环与主线磨损、散股变形等）。将吊弦本体缺陷的 536 处全部更换为三段式椭圆形耐疲劳吊弦，在 2019 年对上述更换处所进行复查时，未发现断丝、断股现象，效果显著。

（3）开展设备差异化管理。通过对吊弦折断的原因进行分析，我们可以发现处在第 2、3 根位置的吊弦更容易折断，说明在相同条件下，第 2、3 根吊弦震动更加剧烈。由表 3-1 还可以看出折断的 14 处吊弦中，有 9 处位于桥梁区段，占总数的 64.29%。因此在日常检修维护中，要对桥梁处所的第 2、3 根吊弦实行差异化管理，通过 2C、3C、4C 画面重点进行分析，全面检查过程中对此要重点检查。

（4）落实施工工艺流程。接触网在建设过程中有一次成型、缺陷难克的特点，很多施工过程中遗留的缺陷在线路开通后，受制于天窗和列车运行，很难处理，而且很多隐性的缺陷在运行很多年后才逐渐暴露出来。因此施工工艺的高低也是决定接触网稳定运行的因素之一，施工前期要做好零部件安装和组件的培训，确保施工人员准确掌握，在安装过程中严格按照紧固力矩紧固，避免造成吊弦损伤、挤伤等，避免造成应力集中，震动过程中发生折断的情况。

通过采取以上措施，郑西高铁 2019 年吊弦折断故障仅发生 1 件，同比减少了 13 件。而且在郑万高铁建设初期就汲取郑西高铁吊弦折断原因，改进压接工艺，提高施工质量，为此还成立了吊弦预制的生产流水线，由固定专业人员进行吊弦预制，确保减少隐性缺陷，在郑万高铁开通前平推检查中，效果明显。

4 结论

每个城市都有自己的历史特征，城市在发展的同时也十分重视当地高速铁路的发展。但是，城市交通建设需要有一定的成熟的技术来支撑，不过也不能忽视了前瞻性。柔性悬挂式接触网与三轨式接触网已经被广泛应用于城市地铁和大型教堂的建筑中已有很多年，这些都是由于其所有的技术都属于成熟的技术，所以在路上的行车也可以得到适应。随着两大类型的新技术和材料在铁路接触网上有了某种程度的进步，将刚性悬挂方式广泛应用到了铁路轨道当中，大大减少了铁路断线事故，同时也减轻了维护工作量和维修工作量。

架空式接触网凭借其在经济、技术上的巨大优势，在当前我国的城市轨道和地铁工程建设中得到了广泛应用，各个方面对于刚性接触网的了解和认知都已趋于一致。结合我国常见地区架线段所处地带的列车运行速度、电流容量等运输条件和对隧道所建地带架设的环境情况进行综合勘察和分析可知，我国的高速铁路和高速公路、地铁将在未来十年内大力发展架空式刚性接触网。

随着"以人为本"的设计思想不断深化，为了有效保证乘客安全，减少隧道的净空，减少隧道的开发费用，降低土建施工的投资，缩短建设周期，进一步增强接触网的设备安全和可靠度，减少运营和维护的工作量，刚性接触网已经在国内大规模地新建，被广泛应用于改造和修复的城市轨道和交通工程等项目当中。

随着我国城市轨道网络交通的快速发展，列车的建造提速也已经是一个必然的发展趋势，架空式和具有刚性的无线接触网也可以有很多机会在城市基础轨道线路的施工设计、制造、施工和列车运营等作为维修工程技术的综合应用和发展趋势，它们将朝着轨道高速化发展方向迈进。

参考文献

[1] 李伟.接触网[M].北京：中国铁道出版社，2016.

[2] 郑瞳炽，张明锐.高速铁路牵引供电系统[M].北京：中国铁道出版社，2015.

[3] 张银，陶艳.高速铁路供电技术[M].北京：人民交通出版，2017.

[4] 胡一州.高速铁路架空接触网的悬挂类型[J].中国铁路，2002.

[5] 喻展.刚性接触网磨耗分析[J].都市快轨交通，2009.

[6] 黄德亮赵勤，李金华，赵海军.高速铁路架空刚性悬挂技术的应用与改进[J].电气化铁道，2019.

[7] 陆晋华.广州地铁一号线车辆的磨耗情况分析[J].电力机车技术，2010.

[8] 韩博怀.接触网检测技术[J].中国铁道科学，1994（03）.

[9] 徐海东，陈唐龙，隆超.客运专线接触网检测项目及技术标准研究[J].电气技术，2009（01）.

[10] 夏煜基.接触网风偏检测方法可行性分析[J].现代商贸工业，2017（33）.

[11] 张志勇.接触网检测数据分析与评价[J].电气化铁道，2019（S1）.

[12] 蒋欣兰，贾文博.高铁接触网异物侵入的机器视觉检测方法[J].计算机工程与应用，2019（22）.

[13] 马金芳，于龙.我国地铁接触网检测现状及发展趋势[J].都市快轨交通，2013（02）.

[14] 曲辉.门窗.浅谈高铁接触网的防雷措施[J].2019（10）.

[15] 刘长志，王京保.盐湖地区接触网基础防腐措施[J].电气化铁道，2019（S1）.

[16] 白璐.电气化接触网硬点原因和改进策略浅谈[J].卫星电视与宽带多媒体，2020（01）.

作者简介

曾平元，中铁电气化铁路运营管理有限公司赣州维管段。

侯玉龙，中铁电气化铁路运营管理有限公司赣州维管段。

电气化铁路接触网设备维修策略综述

邓　华　李加加　李胤岐

摘　要：电气化铁路的牵引力是电力，列车所需电力由牵引供电系统提供。牵引供电系统由变电所和接触网组成，其中，接触网为输电线路，是铁路的基础设施。如果接触网发生故障，将影响列车的正常运行，因此对接触网设备进行高质量的维修和保养，对于提升铁路的运行安全非常重要。基于此，本文介绍了接触网的概念，分析了接触网设备的维修要求，并重点分析了接触网的维修策略，希望对提高电气化铁路的使用效果有所帮助。

铁路运输在我国经济发展建设中占据着重要位置，是人们出行、货物长途运输的主要方式，电气化铁路是一种以电力为能源的现代化铁路运输工具，是铁路事业发展中的一大进步。电气化铁路与传统铁路相比，优势十分明显，不仅能够大幅度提升铁路运输能力，提高列车速度，更能够节约能源，降低运输成本；并且电气化铁路有利于环境保护，更能够提高列车安全性和可靠性，我国已全面进入了电气化铁路时代。电气化铁路中接触网设备十分关键，其运行状态直接影响着列车行驶和行车安全。在长年累月的运行中接触网设备发生故障在所难免，对其进行维护和维修必不可少，因此研究接触网设备维修策略具有重要意义。

1　电气化铁路接触网概述

电气化铁路应用范围广，运力高于传统铁路，成本较低，符合铁路行业的高质量发展需求。在供电线路中，牵引部分是铁路系统最重要的部分。牵引部分由变电站和接触网组成，其中变电站位于铁路附近，可以将高压电能输送到接触网；接触网可以向列车输送电力。牵引部分作为主要动力源，其动力模式分为交流和直流两种。现代电气化铁路的供电方式为交流供电，因为交流供电比直流供电更简单，而且交流变电站可以转换高压电能和三相电能，实现降压供电。

接触网设备在电气化铁路中占据着重要位置，是电气化铁路工程的主体，属于一种沿着铁路线上空架设的向电力机车供电的特殊形式输电线路，由接触导线、基本构件、基础安装结构、辅助构件、接触悬挂、支持装置、定位装置、支柱装置几大部分组成[1]。接触悬挂包括绝缘子、连接件、吊弦、触线、承力索，主要功能是负责将从牵引变电所获得的电能输送给列车，为列车提供动力，保障列车的正常运行。支持装置功能是用来支持接触悬挂，并将其负荷传给支柱，主要包括水平拉杆、悬式绝缘子串、腕臂、特殊支撑、棒式绝缘子等。定位装置的功能是负责固定接触线位置，保证接触线与受电弓不脱离，使接触线在滑板运动轨迹范围内，并将接触线负荷传递给支持装置，主要由定位管和定位器组成。支柱装置是负责承受所有设备的负荷，将接触悬挂固定在规定位置和高度，保障接触网的稳定性和可靠性。

2　电气化铁路接触网维修问题

在整个电气化铁路的运输过程中，电气化铁路接触网发挥着不可替代作用。电气化铁路的运行秩序和运行安全等需要电气化铁路接触网的支持，接触网功能的良好效果也能够实现对电气化铁路运输效果的促进。当接触网发生问题故障之时，电气化铁路的建设将会出现阻碍，电气化铁路的运输能力将会遭受削弱，更可能影响我国铁路运输事业的安全。一旦接触网设备发生故障，列车就不得不停运，会影响人们的出行，因此保障接触网设备安全、可靠运行至关重要[2]。对重视电气化铁路接触网维修问题有重要意义。因为接触网的运行环境较为开阔，周围没有遮蔽物，接触网在被长期使用过程中容易受到恶劣使用环境和自身设备老化磨损等双重影响，从而导致维修问题的产生。同时我国的电气化铁路维修手段也存在一定问题，一些较为传统的维修方式已经不能够适应电气化铁路的使用环境，影响接触网维修效果的提升，因此相关单位要对维修手段进行及时更新。另外，要提升对电气化铁路接触网维修的重视程度，只有维修重视程度得到提高，维修工作做到定期化和制度化，电气化铁路接触网维修的效果才能够得到更好的保证。

3 电气化铁路接触网设备维修要求

电气化铁路接触网设备的故障主要是设计、制造或误用缺陷，维修方式主要是定期维修。一般来说，设备故障率取决于设备自身的复杂程度，电气化铁路接触网设备越复杂，故障率越高。同时，故障率随着设备工作时间的增加而提高。定期维修可提高电气化铁路接触网设备的可靠性，需要根据故障后果和类型来选择维修任务。以可靠性为中心的维修（RCM）是基于设备性能、故障模型和影响分析的维修方法，可以提高电气化铁路接触网设备运行的可靠性，确保系统运行的安全性和可靠性。维修的相关性极强，通过分析设备功能，确定故障后果，可以尽量减少后期的设备故障，达到事半功倍的效果。维修时需要确定适合当前环境的设备运行方法，根据故障的严重程度来处理故障；使用分析技术，优化铁路接触网设备的使用、维修等工作，以最低的成本最大限度地提高铁路接触网设备运行的可靠性。

4 电气化铁路维修策略

4.1 完善接触网维修计划

为了提高接触网的运行效果，减少资源的消耗，需要根据接触网特点和设备组成制订接触网维修计划。根据接触网特点和设备组成制订维修计划时，需要保证接触网设备维修的科学性，然后充分运用维修知识，严格按照接触网维修计划进行维修，保证维修计划的高效实施[3]。

4.2 应用动态规划

动态规划适用于多阶段任务，每个阶段都有有限数量的解决方案。在接触网设备维修中利用动态规划可以对维修进行多方面的优化。接触网设备是由各种部件组成的系统，其损耗与使用情况密切相关，如避雷针、定位装置等的损耗与使用时间相关。接触网设备故障在损坏程度、维修程度、维修费用、组织方式和方法等方面存在差异，应用动态规划可以精简组织维修，确保接触网设备维修的高可靠性，进一步减少维修成本[4]。

4.3 进行状态检测

维修方式影响接触网的可靠性和使用寿命，通过资源的合理组合可以提高设备的管理效率；工作量决定了维修所需的时间，在保证质量的前提下，维修所需的时间和工作量呈正相关关系；维修设备时通常需要停电，所以维修会直接影响铁路交通的运行，维修时间影响经济效益。接触网设备的故障率有一定的规律，设备的服务负载与其状态相关，在进行状态检修时，可以按规律检修设备各部件的缺陷。检修的频率越高，发现早期缺陷的概率就越高；越早发现组件缺陷，造成的损坏及相关的经济损失也就越小。状态检修可以提高接触网设备的维修效率，保证接触网设备运行的高可靠性，同时达到最优的经济效益[5]。

4.4 加强磨损分析

接触网设备的部件很多，其性能、疲劳特性受外界影响的差别很大。例如，不同的接触线有不同的机械性能，抗拉强度、电流和磨损等也有很大的不同。接触线的磨损程度是决定其实际使用生命周期的主要因素，需要根据接触线的剩余高度计算接触线的磨损程度。受张力、高度等因素的影响，对接触线的剩余高度进行测量存在困难，可以根据接触面的宽度来测量磨损，还可以用探测车、测量仪等设备快速测量。

接触线随着使用时间的增加会老化，老化的快慢与接触线本身的材料和工艺等有关，还与自然环境有关。接触线的老化是复杂的过程，其中，使用时间是最重要的影响因素，而自然现象是加速老化的主要原因。由于接触线的材质和工艺的差异，很难一概而论老化程度与使用时间之间的关系。在不同的锚固段中，接触线的老化与其实际的使用寿命呈线性关系。在其他条件相同的情况下，老化程度不同，磨损程度就不同，一般是老化程度越大，磨损程度就越大。老化会削弱接触线的强度、光滑度等，增加磨损。磨损系数是影响接触材料磨损的重要因素。当接触线投入运行时，在故障检测中需要确定接触线及部件的运行参数，包括电压、高度等数据，以确定其是否需要维修。当突发事件导致线路或组件发生故障时，通常会导致相邻组件和相关组件的损坏，需要检修组件的使用性能，以消除故障对组件的影响[6]。

4.5　做好维修记录

维修记录是后续维修的科学依据，虽然接触网设备故障具有一定偶然性，但同样具有一定规律性，一些故障往往是发生在同一故障点。通过对维修记录进行分析，便能找出故障规律，明确频繁故障点，定期维护时便可对其进行重点维护，从而降低故障率。另外，在发生故障时，也可优先对故障频发点进行检测，这不仅缩短了维修时间，更提高了维修效率；并且通过维修记录，还能够迅速找到维修人，明确维修责任。但想要使维修记录发挥职能，必须全面记录，保证记录的真实性和有效性。

5　结束语

综上所述，接触网设备是电气化铁路的重要组成部分。由于接触网设备运行的特性，维修人员需要明确设备的组成，同时必须具备较高的专业技能；需要制订专业的维修计划，并确保维修计划实施的可行性和有效性；应制定接触网定期检修制度，确保接触网设备的长期稳定使用。在接触网设备维修中，必须进行维修记录，确保全面地监控维修过程，并确保设备处于良好的工作状态。

参考文献

[1] 李秋霞.试论电气化铁路电力故障问题[J].上海：上海职业技术学院，2012.

[2] 王华先.如何降低电气化铁路输变电线路故障率[J].北京：北京电力工程学院，2013.

[3] 刘玉宝.电气化铁路接触网电气故障的原因及对策探析[J].光源与照明，2022（2）：183-185.

[4] 郭尚坤.浅谈基于PHM技术的高速铁路接触网设备维修策略[J].电气化铁道，2019，30（6）：86-89.

[5] 邓刚.漯阜铁路接触网检修模式选择及组织实施研究[D].南昌：华东交通大学，2017.

[6] 王宇嘉，贾永刚，杨桉，等.高速铁路基础设施综合维修技术规章体系构建研究[J].铁道运输与经济，2021，43（12）：72-79.

作者简介

邓华，中铁电气化铁路运营管理有限公司南昌维管处南昌维管段，助理工程师。

李加加，中铁电气化铁路运营管理有限公司南昌维管处南昌维管段，工程师。

李胤岐，中铁电气化铁路运营管理有限公司南昌维管处南昌维管段，助理工程师。

高速铁路接触网42#无交分线岔的运行与维护

张　林　张少飞

摘　要： 随着高速铁路的快速发展，人们相应地提高了对接触网的性能的要求，而且能够对高速电气化铁路产生影响的线岔作为接触网性能中最为关键的部分，也需要提高其自身的质量。另外，随着我国电气化铁路的运行速度不断提高，动车组在行进过程中受电弓动态抬升的作用就越大，这极易导致铁路在运输过程中发生交通安全事故。

随着我国经济发展的不断加速，人们对交通运输的速度与安全性方面都提出了更高的要求，再加上我国的人口基数大，人群较为密集，做好交通运输工作就显得尤为必要。我国的交通运输发展近年来取得了一定的成果，而在交通运输业激烈的竞争面前，高速电气化铁路因其具有快速、承载量大、经济性强和便利等优势成为国家重点研究与发展的目标。然而，由于高速铁路在行驶过程中发现42#无交分线岔辅助线存在张力不足的问题，导致出现了弓网匹配不良的现象。

京港高速线昌赣段共计有6处42#无交分线岔，分别位于京港高速线：范家线路所上下行2处、朴树线路所上下行2处、何家线路所上下行2处。

辅助线采用JTMH120+CDMH150，张力分别为15 kN+15 kN。

正线、联络线均采用JTMH120+CDMH150，张力为23 kN+28.5 kN。

1　工作原理

42#无交叉线岔的特点是指通过辅助线使正线和联络线在电气化铁路的岔道悬挂处的平面上不相交，不安装线岔装置，不会产生刮弓事故，也就不会因线岔装置而形成硬点，有利于动车组高速运行。另外，道岔处正线、辅助线、联络线接触网布置互相独立，其在正线高速运行通过时不受联络线接触网的影响，而在正线、联络线相互转换时都能平稳过渡，从而确保列车运营安全。

2　平面布置

京港高速铁路有线路所一般为两处四线，联络线外包正线，两股正线在中间，有利于直达列车高速运行，道岔处接触网支柱一般位于侧线的侧面，如图1所示。

42#无交分线岔布置方式的特点是在正线与联络线间加入第三组辅组悬挂，加入的辅助悬挂分别与正线接触悬挂和联络线接触悬挂形成锚段关节式过渡，使列车由联络线驶入正线和由正线驶入联络线时，能够高速平稳通过。

图1中，E0E1柱联络线为工支辅助线抬高250 mm，D0D1间辅助线为工支侧线抬高250 mm，E0E1与D0D1间受电弓平稳地由联络线过渡到辅助线；C0C1柱辅助线为工支正线抬高200 mm，B0柱正线为工支辅助线抬高200 mm，C0C1与B0间受电弓平稳地由辅助线过渡到正线，D0D1与C0间受电弓只与辅助线接触。这样正线和联络线不会处于受电弓的工作范围。

3　列车过线岔分析

在受电弓从正线高速通过时，可以保证联络线导线与正线线路中心间的距离始终大于受电弓的工作半宽再加上受电弓的横向摆动量，因而当正线高速行车时，在B0柱和E0柱之间的辅助线仅起到过渡作用，受电弓滑板受流经历"正线—辅助线—正线"的变化，因辅助线接触悬挂出现"大线径+小张力"的现象，过渡过程中产生了不平顺的情况，导致CDI均值为不合格锚段。

根据《铁路技术管理规程（高速铁路部分）》规定，接触网采用链形悬挂方式时，最小张力要求如表1所

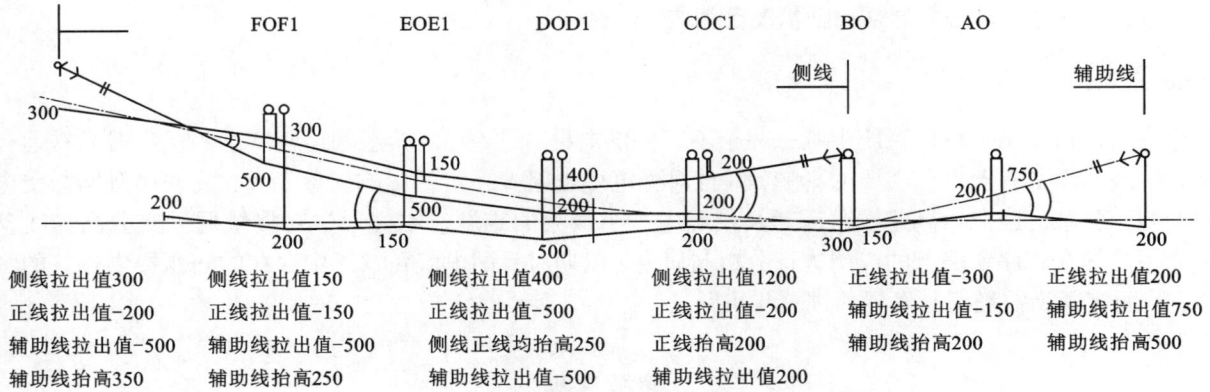

图 1　接触网支柱图

示。由于京港高铁设计速度为 350 km/h，当动车组由京港高铁正线以 350 km/h 速度通过 42#线岔时，辅助线张力组合 15 kN+15 kN 不满足动车组通过速度的要求。42#无交分线岔辅助线张力不匹配，导致接触线平顺性及弓网受流性出现动检缺陷。

表 1　接触网最小张力

列车运行速度/(km·h⁻¹)	综合张力/kN	接触线张力/kN
160<v≤200	30	15
200<v≤300	40~45	25
300<v≤350	48~55	28.5

"大线径+小张力"，即辅助线承力索、接触线线径为 120 mm² +150 mm²，张力为 15 kN+15 kN，线径与正线一致，张力比正线小。

根据《铁路电力牵引供电设计规范》(TB 10009—2016) "5.1.3 接触网应符合下列条件：接触线的波动传播速度不应小于线路最高行车速度的 1.4 倍"的要求，核算隐患处不同线径、张力组合的最大运行速度。

接触线波动传播速度 C_p 计算公式：

$$C_p = 3.6 \times \sqrt{\frac{T_j}{m_j}} \tag{1}$$

列车最大运行速度 V_{max}：

$$C_p \geqslant 1.4 V_{max} \tag{2}$$

"大线径+小张力"隐患，即辅助线承力索、接触线线径为 120 mm² +150 mm²，承导张力为 15 kN+15 kN。

$T_j = 15000$ N，$m_j = 1.365$ kg/m，计算出 $V_{max} = 265.9$ km/h。

核对上述线路允许速度，42#线岔处线路允许速度小于 V_{max}。

4　隐患处所整治情况

根据中铁第四勘察设计院集团有限公司出具的昌赣客专 42#道岔辅助锚段整改联系单，赣州维管段 8 月 18 日、19 日对绩溪北合福场 2 处"大线径+小张力"现象的 42#线岔辅助线张力进行了提升，张力由原 15 kN+15 kN 提升至 23 kN+28.5 kN，线材保持 JTMH120+CTS150 不变。调整张力后，上下行接触线导高在 42#线岔辅助锚段处明显趋于平缓，尤其在 B-C 柱至 D-E 柱两处等高点与相邻吊弦处，弓网过渡更为平顺，弓网接触力也明显改善了。

辅助线张力调整后，综合检测车于 8 月 22 日对该处线岔以 350 km/h 的速度进行检测，查看分析受电弓监控视频，发现弓网运行状态良好，较张力未调整之前，受电弓运行稳定，燃弧放电情况明显减少；查看检测波形，发现弓网接触力异常波动情况已消失。

5　结束语

作为高速铁路牵引供电系统中唯一一个不需要供电设备的系统，接触网运营状态的优劣对高铁运行在安全和效益方面都有着十分重要的影响，并且对受电弓也起着一定的影响。鉴于此，高铁接触网与受电弓之间的制约关系已经成为高速铁路运营及发展中一个最大的难题。本文通过对接触网无交分高速线岔的工作原理与其在广深铁路上的应用进行分析与研究，以期对我国电气化铁路中存在的问题提供较好的解决思路，从而实现高铁经营与发展的进一步飞跃。

参考文献

[1] 王亮.浅谈关于接触网无交分高速线岔的原理及应用[A].2014.
[2] 豆强，鲁相来.武汉至黄石城际铁路接触网无交叉线岔技术的应用[A].2015.
[3] 熊秋龙.高速铁路无交分线岔原理分析及调整[A].2015.

作者简介

张林，中铁电气化铁路运营管理有限公司赣州维管段。
张少飞，中铁电气化铁路运营管理有限公司赣州维管段。

浅谈接触网定位悬挂异常磨耗的原因及解决方法

贾状元

摘　要：接触网作为电气化铁路的重要设备之一是接触网的一项关键定位装置，其运行的正常与否直接关系到电力机车和动车组的安全运营。定位器是一种为了使电力机车或动车组受电弓滑板在运行中与接触线始终良好地接触取流，通过定位线夹把接触线按受电弓的运行要求进行定位的部件，是电气化铁道接触网上的关键零部件。在电力机车或动车组的运行过程中，一旦定位器由于磨损严重发生断裂，则必将会侵入电力机车或动车组受电弓的动态包络线范围内，轻则造成打弓，重则将引起塌网、断线等严重的弓网事故。因此，对发生该现象的原因进行分析，并找出相应的对策，及时整治或提前预防，是非常有必要的。

宝成线供电专业日常巡视检查中发现石马坝—绵阳北区间定位器尾钩、悬吊滑轮与定位环线夹等处出现异常，本文进行原因分析，并结合现场实际情况提出了整改、防治措施，提出整改后的设备状态观测方法，确保设备运行正常。对铁路供电专业设备管理单位具有一定的参考借鉴意义。

1　现场情况

1.1　设备巡视检查概述

2022 年 4 月成都供电段绵阳供电车间在日常步行巡视过程中发现宝成线铁路石马坝–绵阳北区间在涪江桥上，接触网定位环线夹、定位器及悬吊滑轮连接处有疑似电腐蚀烧伤而产生的暗红色现象（图 1、图 2），提报停电天窗计划进行上网检查，发现定位器及悬挂连接处均有不同程度的磨损和电腐蚀现象，当日进行了更换、调整处理。

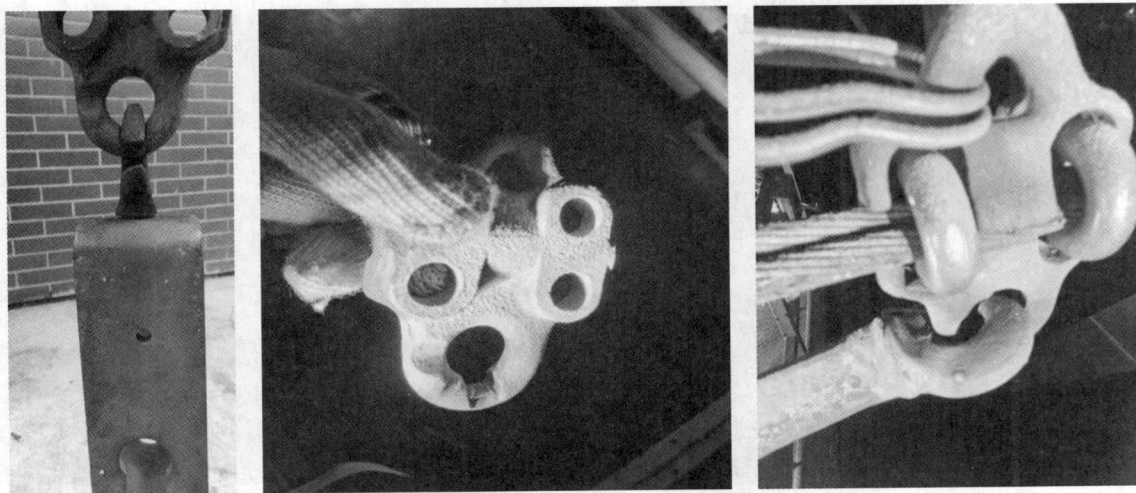

图 1　承力索悬吊滑轮与定位环线夹连接

1.2　现场设备环境及设计安装情况

该处设备位于宝成下行线涪江桥上（图 3），该桥全长 438 m，桥上接触网设计采用软横跨悬挂定位的方式（无横向承力索），共计 5 个定位悬挂点（157#、159#、161#、163#、165#），设计拉出值均为 300 mm（因条件受限现场均未达到标准拉出值状态，线路位于直线区段。

图 2　接触线定位器与定位环线夹连接处　　　　　　　　图 3　宝成下行线涪江桥

1.3　现场参数测量电连接安装布置情况

电连接布置及检查情况：现场线路上 151# 至 169# 共计安装三组横向电连接，其中 151#—157# 约 78 m、157#—169# 约 178 m，符合载流承力索区段 150 米—200 米装设一组横向电连接的技术要求。天窗上网检查三组电连接接触电阻均小于 20 微欧，电连接线夹及连接处无烧伤及其他异常情况（图 4）。

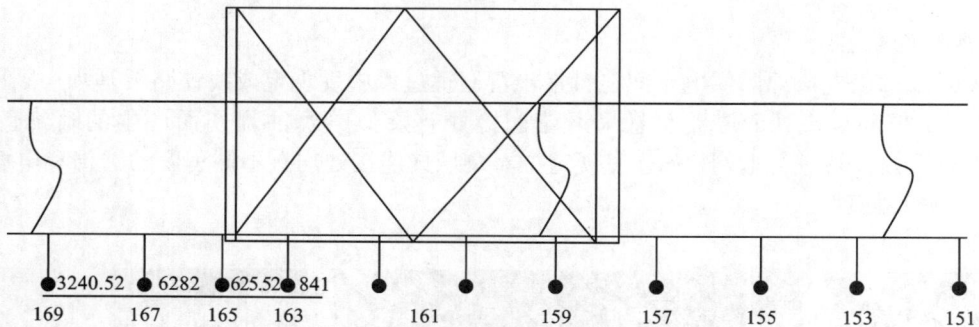

图 4　电连接安装布置情况

2　原因分析

通过测量数据及上网检查情况并结合现场环境特点分析原因如下。

2.1　风力、震动、扭转等造成器械磨损

由于 157#—165# 采用借助桥梁本体立柱安装上下部固定绳方式对承力索、接触线进行悬挂定位，5 处悬挂定位点均处于桥梁风口地段再加上柔性安装方式造成设备防风稳定性较差，在风载荷的作用下，接触网系统会随之产生频繁往复的振动，主要表现为以沿着接触线垂直方向、定位器的前后摆动为主，左右摆动和扭转为辅的振动效应。同时在机车通过时造成桥梁震动带动接触网系统抖动，再加之受电弓抬升力引起的振动，由于定位之字力较小振动加剧（表 1），种种原因之下造成定位钩连接处及悬吊滑轮连接处机械磨损。

表 1　根据现场实际测量数据并根据直线定位之字力 P 之计算公式得出各定位点受力情况

线别	区间	支柱号	拉出值/mm	之字力/N
宝成线	石马坝-绵阳北	157	171	255
宝成线	石马坝-绵阳北	159	187	194
宝成线	石马坝-绵阳北	161	183	271
宝成线	石马坝-绵阳北	163	154	228
宝成线	石马坝-绵阳北	165	151	181

2.2　地理环境因素造成器械电腐

由于地理环境的限制，其拉出值均未达到设计拉出值的参数标准，悬挂定位受力较小，当电力机车通过时产生的牵引电力在定位器与定位环线夹处、悬吊滑轮与定位环线夹处产生分流，因受力较小造成接触电阻过大产生电腐蚀，造成设备受损。

综合上述因素判断造成设备异常的原因为机械磨损与电气腐蚀叠加。

3　防治措施

1. 柔性悬挂方式改为刚性悬挂方式，增强设备的防风稳定性和抗桥梁及受电弓振动性能。

2. 将既有 G2 型定位器更换为 G1 型，调整拉出值增加定位器拉力，即可增加定位器稳定性，又能减少接触不良产生的电腐蚀，从而改善接触受力状态。

3. 对定位及悬吊滑轮处加装等电位电气连接线，避免分流不畅造成设备电气腐蚀。

4. 增设横向电连接线，减少悬挂处的分流电流。

参考文献

［1］许建国.以力学分析计算方法确定接触网定位器状态方式的探讨［J］.铁道技术监督，2003，（04）.

［2］吴燕，吴俊勇，郑积浩.高速弓网系统动态振动性能的仿真研究［J］.铁道学报，2009，（05）.

［3］杨伟超.隧道结构内列车风荷载下接触网系统的风致振动响应［J］.铁道科学与工程学报，2018，（02）.

作者简介

贾状元，中国铁路成都局集团有限公司成都供电段。

第二篇

供 变 电

塘沽开闭所牵引供电可靠性改造措施

章志豪　罗明祥

摘　要：塘沽开闭所作为津山线塘沽站、进港二线新港编组站、北塘新港连线泰达站的主供电源，同时作为京津城际延伸线塘沽城际场至滨海的备用电源，所内综合自动化系统是牵引变电所实现自动化控制的核心，是完成牵引变电所运行监视和控制任务的重要组成部分；同时，出所供电线电缆、隔离开关、避雷器一旦出现故障则影响范围较大，直接导致津山线、京津城际延伸线等线路的行车中断。本文通过对所内综合自动化系统和出所供电线进行可靠性改造升级，以消除牵引供电设备缺陷，降低故障概率，提升高铁及客车径路接触网设备运行品质。

塘沽开闭所的综合自动化系统由于设备寿命到期，频繁发生各类故障及缺陷问题，严重影响供电安全及运输生产秩序。塘沽开闭所供电电缆因前期施工工艺标准较低，电缆终端异常弯曲，隔离开关、避雷器等单项设备运行时间过长导致螺栓出现锈蚀而无法进行分合闸操作，出所供电杆上单项设备存在不满足当前设备运行高质量标准的问题，一旦这些关键设备出现故障将直接影响天津滨海地区的高铁、客车及货运线路的安全稳定运行。通过前期调研，作者与设计院联系，根据现行铁路开闭所施工工艺标准确定了塘沽开闭所所内综合自动化系统和供电线电缆及隔离开关可靠性改造升级方案：对塘沽开闭所所内综合自动化系统进行更新改造，调整上网电缆终端的安装位置，增加电缆母排，为主导电回路加装在线测温装置，更换避雷器、隔离开关等单项设备。这个方案提升了塘沽开闭所的整体设备运行品质，有效提高了高铁及客车径路的运输安全，同时也保证了泰达站、新港编组站等大型编组场的运输秩序，避免了应急处置过程中因无法分合隔离开关而引起的供电设备故障，降低了人员上网处置概率，为牵引供电设备检修提供了可靠保障。

1　问题引入

1.1　塘沽开闭所情况介绍

塘沽开闭所作为津山线塘沽站、进港二线新港编组站、北塘新港连线泰达站的主供电源，同时作为京津城际延伸线塘沽城际场至滨海的备用电源，其一旦出现故障则影响范围较大，将导致津山线、京津城际延伸线、进港二线、北塘新港联络线的行车中断。为保证牵引供电安全可靠运行，作者特提出塘沽开闭所牵引供电可靠性改造的课题，以消除设备缺陷，降低故障概率，提升高铁及客车径路接触网设备运行品质，确保设备安全过冬，迎接春运设备考验，保证设备的安全运行。

1.2　塘沽开闭所运行现状

2021年9月，塘沽供电车间在对管内设备进行秋季设备质量鉴定，发现塘沽开闭所因前期施工工艺标准较低，供电线电缆终端异常扭曲偏移角度接近90°，不符合《普速铁路接触网运行维修规则》第一百五十条规定："电缆终端应保证竖直向上，不得出现偏转、扭曲变形，伞裙不得挤压变形，最大偏移角度不得大于30°"；出所供电线电缆上网点隔离开关、避雷器超周期运行，而且天津滨海地区地处沿海地区，单项设备上螺栓、螺母锈蚀严重，已无法正常分合，避雷器计数器不具备泄漏电流监测功能；无法掌握超周期设备状态；塘沽开闭所整体设备存在薄弱环节和严重缺陷，尤其是避雷器、隔离开关处于状态不良，不具备长期运行的条件，如图1~图3所示。

图 1　电缆终端扭曲变形

图 2　隔离开关设备线夹锈蚀

图3 避雷器螺栓锈蚀、无电流在线监测功能

1.3 塘沽开闭所运行存在问题

塘沽开闭所于2007年开通运行，所内综合自动化系统于2006年投入运行，已在线运行16年之久，按照《牵引变电所运行检修规程》规定"综合自动化系统大修周期为6至8年"，塘沽开闭所所内综合自动化系统已超过大修周期8年且仍在线运行；塘沽开闭所综合自动化系统频繁发生各类故障及缺陷问题；屏内保护插件及开关操作按钮等设备老化严重，急需进行升级改造。

2 制定方案

针对塘沽开闭所所内综合自动化系统老化，出所供电线隔离开关、避雷器超周期运行、隔离开关操作机构锈蚀无法分合、避雷器无在线电流监测功能、供电线电缆异常扭曲、电缆终端安装不符合现行《普速铁路接触网运行维修规则》要求等问题，作者经过现场踏勘调研、与设计院沟通联系，通过对塘沽开闭所所内综合自动化系统、供电线避雷器、隔离开关、供电线电缆等设备安装工艺进行分析和研究，特制定以下解决方案。

2.1 对塘沽开闭所供04#杆回流线加装绝缘包带

塘沽开闭所供04#为军粮城变电所213#馈线回所供电杆，而供04#杆上悬挂有军粮城变电所214#馈线回流线，属于上下行接触网设备同杆架设，不能满足V停检修条件，因此对塘沽开闭所供04#杆进行改造需要垂直天窗。为提升有效天窗利用率，减少申请垂直天窗对运输的影响，通过现场踏勘调研，我们决定利用军粮城变电所214#停电天窗将供04#悬挂的回流线安装绝缘包带，以使回流线满足绝缘的功能，以便后期利用V形天窗进行施工。将回流线需安装的部位的两侧吊起且修正为直线，将绝缘包带开口搭在回流线上，然后推绕使产品紧密地缠绕在回流线上，对供04#两侧各3 m回流线进行绝缘处理；单支包带长度不够时，将多支头尾相连，然后裁1/2支的多功能绝缘包带缠绕在接口处。

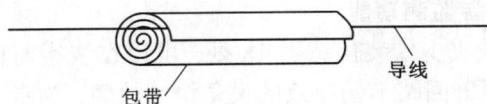

图4 回流线加装绝缘包带

2.2 既有隔离开关及避雷器更新改造

2.2.1 拆除旧隔离开关并进行更换

对供电杆上既有隔离开关进行拆除更换，消除隔离开关锈蚀无法分合闸的隐患缺陷，提升设备运行品质。

2.2.2 拆除旧避雷器并进行更换

拆除塘沽开闭所出所供电杆上的旧避雷器，因更换位置需要变更避雷器安装位置，联系接触网零部件厂家配备避雷器增高肩架，选在电缆母排合适的位置进行安装，以提高供电线及电缆的防雷能力。

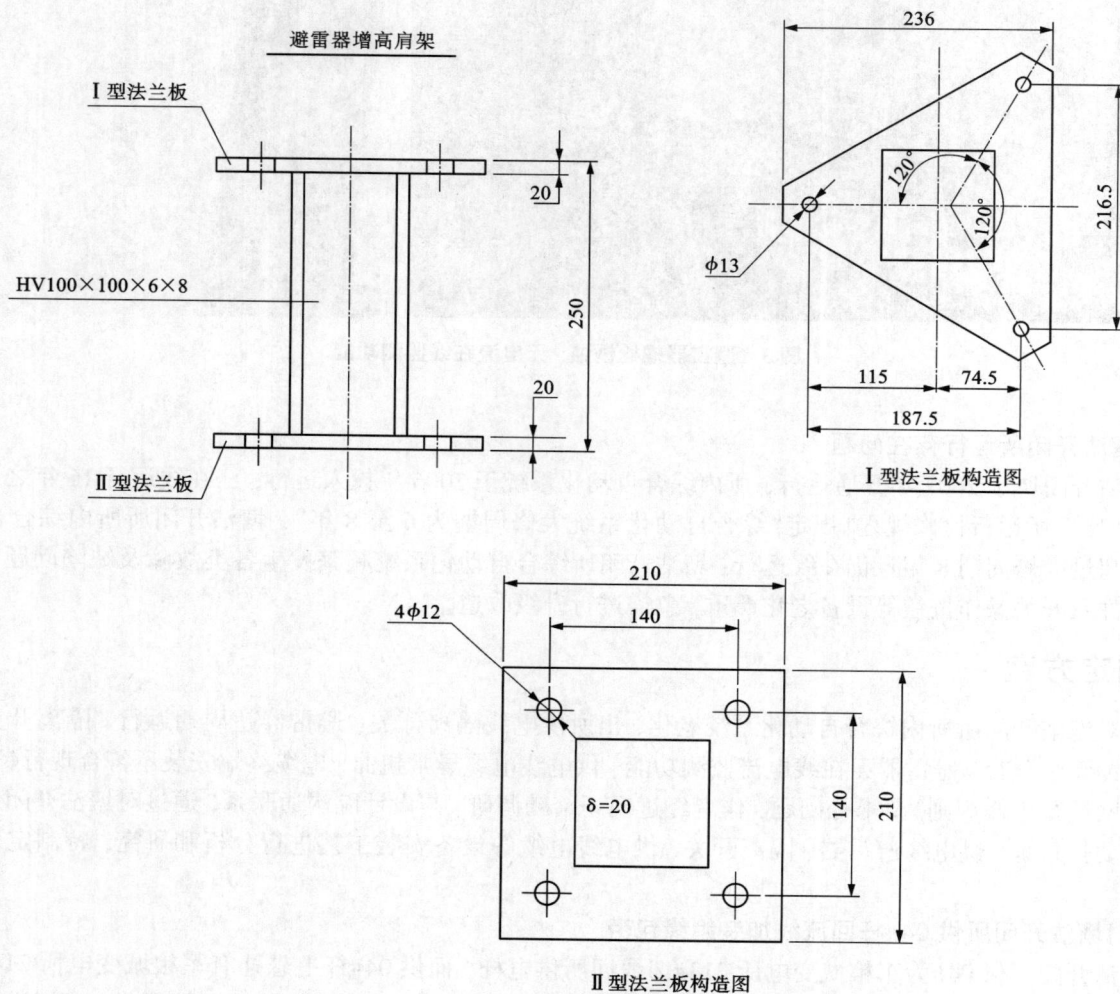

图 5 避雷器安装

2.3 调整塘沽开闭所 27.5 kV 高压电缆

因塘沽开闭所供电线电缆上网方式为电缆转架空，既有安装方式为电缆头直接并联与隔离开关设备线夹相连，需要对塘沽开闭所电缆固定方式进行改造。根据设计图纸，在供电杆支柱上增加电缆固定肩架，用于装设固定电缆母排，如图 6 所示。

2.4 增设所外主导电回路在线测温监测功能

在塘沽开闭所供电线各设备线夹上安装传感器 18 处，可以在线实时监测温度。主导电回路温度监测能观察电气设备安全运行状态，预警回路不畅导致的设备烧蚀故障，为牵引供电设备正常运行预警护航。

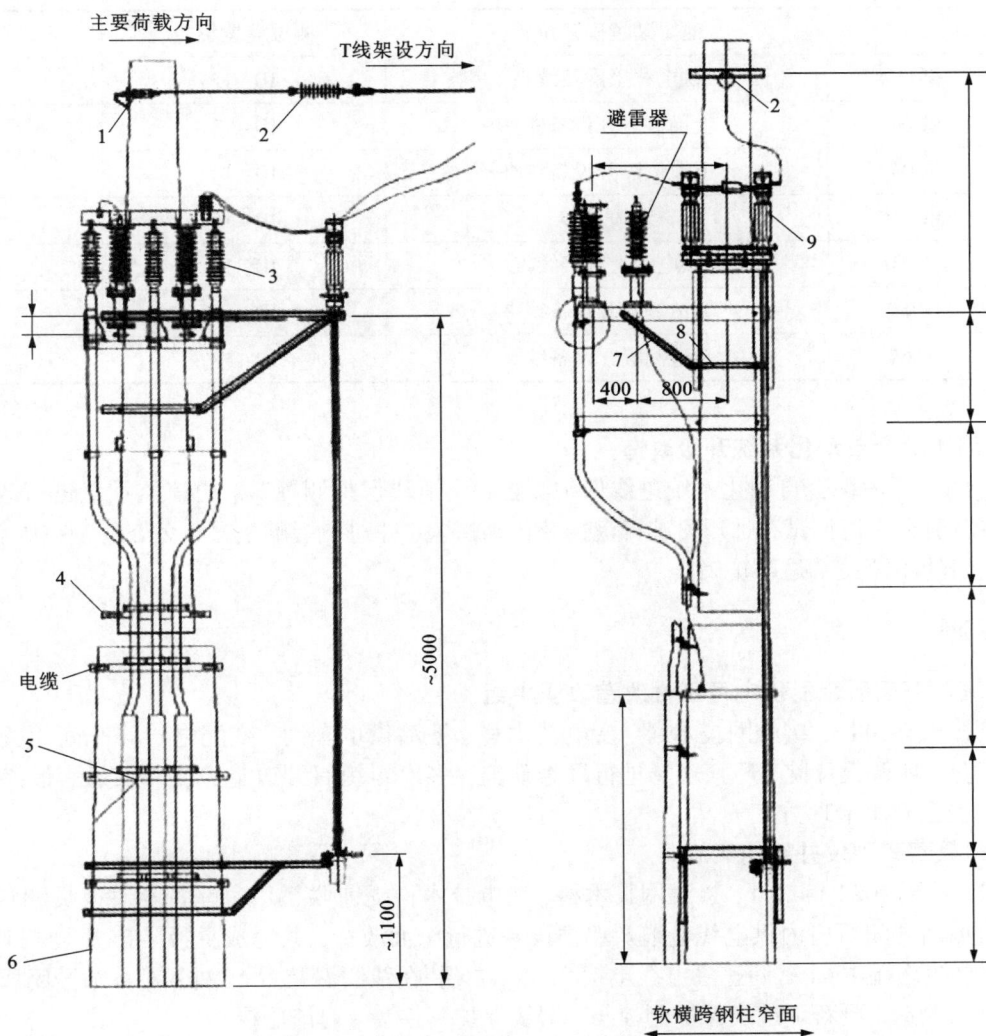

图 6 塘沽开闭所电缆固定方式改造

表 1 在线测温装置安装位置

序号	支柱	测温装置安装位置	测温装置编号	序号
1	供 07#	上网侧隔开设备线夹	ID：1	1
2	供 07#	电缆侧隔开设备线夹	ID：2	2
3	供 07#	电缆母排	ID：3	3
4	供 07#	供电线上网接续点	ID：4	4
5	供 06#	上网侧隔开设备线夹	ID：5	5
6	供 06#	电缆侧隔开设备线夹	ID：6	6
7	供 06#	电缆母排	ID：7	7
8	供 06#	隔开上网承力索线夹处	ID：20	8
9	供 05#	上网侧隔开设备线夹	ID：9	9
10	供 05#	电缆侧隔开设备线夹	ID：10	10
11	供 05#	电缆母排	ID：11	11

续表

序号	支柱	测温装置安装位置	测温装置编号	序号
12	供05#	供电线上网接续点	ID：12	12
13	供04#	上网侧隔开设备线夹	ID：13	13
14	供04#	电缆侧隔开设备线夹	ID：14	14
15	供04#	电缆母排	ID：15	15
16	供04#	供电线上网接续点	ID：16	16
17	306#	塘沽侧隔开设备线夹	ID：17	17
18	306#	新港侧隔开设备线夹	ID：18	18

2.5 塘沽开闭所综合自动化系统升级改造

对塘沽开闭所所内综合自动化系统进线保护测控盘、馈线保护测控盘、通信监控盘进行改造升级，改造完成后，在新后台进行调试，对开关进行盘控及传动试验，并对装置的信号、交流量、保护等内容进行试验，试验开关间的闭锁关系是否正确。

3 方案实施

3.1 成立段塘沽开闭所牵引供电可靠性改造攻坚小组

由主管副段长任组长，接触网技术科、变电技术科、塘沽供电车间、变配电检修车间相关负责人及主管工程师任组员，协调设计院、厂家现场进行勘查研究，多次组织召开改造方案审查会，最终确定塘沽开闭所牵引供电安全隐患治理方案。

3.2 人员、料具落实到位并组织实施

2021年11月至2022年2月，接触网技术科、变电技术科提前联系厂家配备相关人员和料具，连续申请8个天窗对塘沽开闭所所内供电线电缆及单项设备进行全面改造，共完成更换隔离开关5架、更换避雷器3台、调整电缆终端12个、调整供电线电缆960 m，安装在线测温装置16处；对塘沽开闭所综合自动化系统进行了升级改造，更新了进线保护测控盘、馈线保护测控盘、通信监控盘。

3.3 供04#安装绝缘包带

图7 供04安装绝缘包带

3.4　更换隔离开关及避雷器

图 8　更换隔离开关和避雷器

3.5　安装电缆托架调整电缆终端位置

图 9　安装电缆托架调整电缆终端位置

3.6　主导电回路安装在线测温装置

　　在塘沽开闭所出所架空转电缆 4 根供电杆主导电回路分别加装在线测温装置，线下规划好安装位置，做好记录，为后期制作测温监控界面提供依据。

图 10　主导电回路安装在线测温装置

3.7　塘沽开闭所综合自动化系统升级改造

图 11　塘沽开闭所综合自动化系统升级改造

4　结束语

经过实际运行检验，自 2021 年 11 月至 12 月塘沽开闭所供电线电缆及隔离开关可靠性改造以来，塘沽开闭所 27.5 kV 高压电缆、避雷器、隔离开关及机构箱运行状态良好，未出现任何故障，设备不良问题得到了彻底消除。接触网技术科已安排在全段范围内针对极限条件下引线绝缘距离不足处所加装绝缘包带，消除风摆造成放电跳闸的隐患，并将加装绝缘包带这一技术条件推荐给集团公司其他站段进行经验交流和推广。

2022 年 2 月塘沽开闭所所内综合自动化系统进行升级改造，极大地消除了所内综合自动化系统故障频繁的问题，使供电可靠性得到了极大提升。

此次塘沽开闭所牵引供电可靠性改造项目的顺利实施，解决了塘沽开闭所供电线电缆终端长期处于不良状态、隔离开关超周期运行且无法进行分合、避雷器超周期运行因无在线电流监测而无法判定是否运行良好、所内综合自动化系统故障频发等一系列问题，同时采用在线测温装置对在运行电缆进行全天候监测，提升了供电可靠性，满足了现场实际应用需要；有效保障行车设备、牵引供电设备可靠运行，避免事故及故障发生导致严重后果，对解决类似区段的同类问题也具有参考和指导意义。这一成果也为天津供电段管内其他所亭 27.5 kV 高压电缆、避雷器、隔离开关及机构箱、所内综合自动化系统日常管理、保养维护和应急处置等方面提供了可行经验，提高了牵引供电质量，保证了牵引供电安全，具有较高的安全效益和经济效益；同时，对新建和改建或大修后电气化项目在开闭所供电线电缆转架空施工安装方面提供了积极的指导作用。

参考文献

[1] 中国铁路总公司.普速铁路接触网运行维修规程[S].北京：中国铁道出版社，2017.

作者简介

章志豪，中国铁路北京局集团有限公司天津供电段天津供电车间，副主任。
罗明祥，中国铁路北京局集团有限公司天津供电段接触网技术科，副科长。

供电设备在线测温应用

刘海江 芮 鹏 李彦杰 罗明祥

摘 要： 随着电气化铁路的快速发展，在修程修制改革浪潮下，供电安全性提出了更高的要求。对此接触网设备维修质量和修程修制改革后劳产率的提高尤为重要，同时供电设备运行状态的在线检测、故障诊断和及时维修也受到高度重视，需保证供电设备安全。

1 引言

近年来，我国铁路建设事业飞速发展，电气化区段全面普及。但随之而来的是供电负荷逐年增长，供电设备不断向着大容量和高电压发展，运行条件更加苛刻，故障率逐渐提高，造成的经济损失越来越大。为了保障供电安全，国内外对供电设备运行的可靠性提出了越来越高的要求。所以，供电设备运行状态的在线检测、故障诊断和及时维修受到高度重视，保障供电设备的安全可靠运行，成为如今的迫切要求。

2 现状分析及整治方案

供电设备故障的原因主要是供电线或电缆中间接头制作质量不良、压接头不紧、接触电阻过大，长期运行造成主导电回路过热、烧穿绝缘等。运行时间越长，越容易发生过热烧穿事故。如果对各种容易发热的部件进行实时监测，会事先发现故障隐患，及时采取检修措施，使事故损失减少到最低。

因此，投入供电设备在线测温装置，采用计算机控制与信息处理技术、无线传输技术、独有的数据采集技术及电源收集专利技术，能够在线监测电缆接点的表面温度，并将其及时传送到数据处理系统，进行分析和报警。

3 方案实施

方案实施情况具体如下。

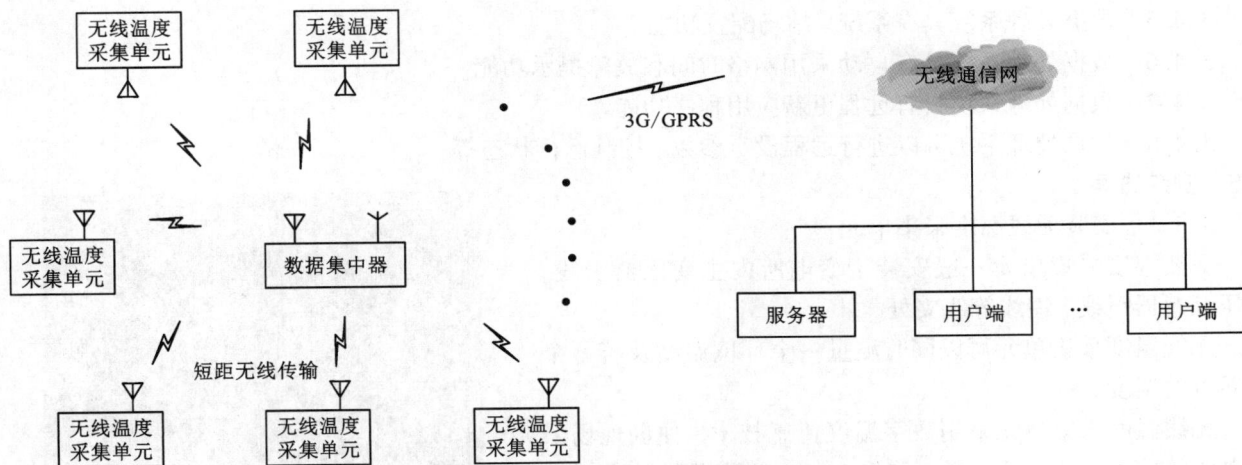

图 1 变电所内通信处理原理图

3.1 无线温度采集单元

3.1.1 无线温度采集单元能采集和缓存导线或线夹表面温度，并将采集结果通过短距离无线传输方式传输到数据集中器或中继。

3.1.2 同一无线温度采集单元具备多路温度监测功能，具有 1 个环境温度监测点、2 个引出式温度监测点（最多可以扩展至 4 个）。

3.1.3 无线温度采集单元具备电池、电容电压自检和故障监测功能。

3.1.4 无线温度采集单元中的每个温度数据均具有时间戳。

3.1.5 无线温度采集单元能够现场采集电源，给电容充电。

3.1.6 无线温度采集单元数据中含有充电电路有电、无电标志。

3.1.7 无线温度采集单元具有唯一的识别地址。

3.2 数据集中器

3.2.1 数据集中器具备与无线温度采集单元、中继和数据处理系统双向通信的功能。

3.2.2 数据集中器具有防护箱内部温度测量功能。

3.2.3 数据集中器与数据处理系统的通信方式：GPRS/GSM/WCDMA 通信方式。

3.2.4 数据集中器具有超级电容电压监测功能并能上传数据。

3.2.5 数据集中器具有蓄电池电压监测功能并能上传数据。

3.2.6 数据集中器具有电池维护功能。

3.2.7 数据集中器具有数据暂存功能，以防网络通信不畅时的暂时存储。

3.3 中继

3.3.1 中继具有 1 个环境温度监测点、1 个引出式温度监测点。

3.3.2 中继能够将采集结果通过短距离无线传输方式传输到数据集中器或下一个中继。

3.3.3 中继能够与无线温度采集单元通信。

3.3.4 中继具备电池、电容电压自检功能，系统具有故障监测功能。

3.3.5 中继能够现场采集电源，给电容充电。

3.3.6 中继数据中含有充电电路有电、无电标志。

3.4 数据处理系统

3.4.1 数据处理系统能通过公共无线通信网络，按一定时间间隔自动接收数据集中器的各种数据。

3.4.2 数据处理系统具备智能分析功能，对温度、电池电压进行越限报警。

3.4.3 数据处理系统能以图形、列表、曲线等方式显示当前的温度数据、电池电压、电容电压。

3.4.4 数据处理系统能查询历史温度数据、电池电压、电容电压。

3.4.5 数据处理系统具有系统、站场配置功能。

3.4.6 数据处理系统具有自动采用网络时间和故障提示功能。

3.4.7 数据处理系统具有远程更新应用程序功能。

3.4.8 数据处理系统可以进行远程设定参数、控制运行状态等。

3.5 安装方案

3.5.1 安装无线温度采集单元

无线温度采集单元一般安装于变电所内主变压器引线、电压互感器引线、馈线等线夹处。

无线温度采集单元可以同时测量一个环境温度及若干个测温点的温度。

无线温度采集单元采用数字温度传感技术、独创现场采集电源的技术，具有低功耗、接触式、主动测温的特点。它能克服供电设备运行环境下高电压、大电流、强电磁干扰、感温元件安装困难的技术难题，能够及时准确、全天候地监测各种接头处的过热隐患。

图 2 无线温度采集单元

3.5.2 安装中继

中继一般安装于备用母线上。中继同时具有太阳能和互感电源采集模式，保证电源供给。

图3 中继

3.5.3 安装数据集中器

图4 数据集中器

3.5.4 安装数据处理系统

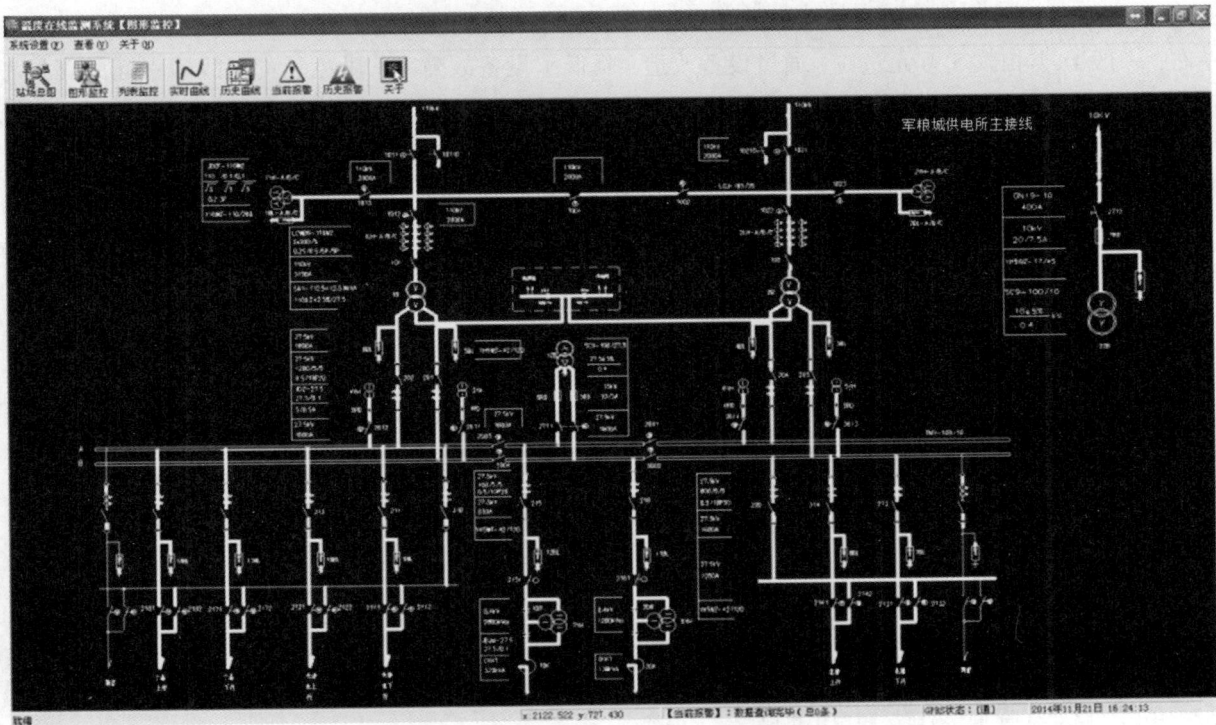

图5 数据处理系统

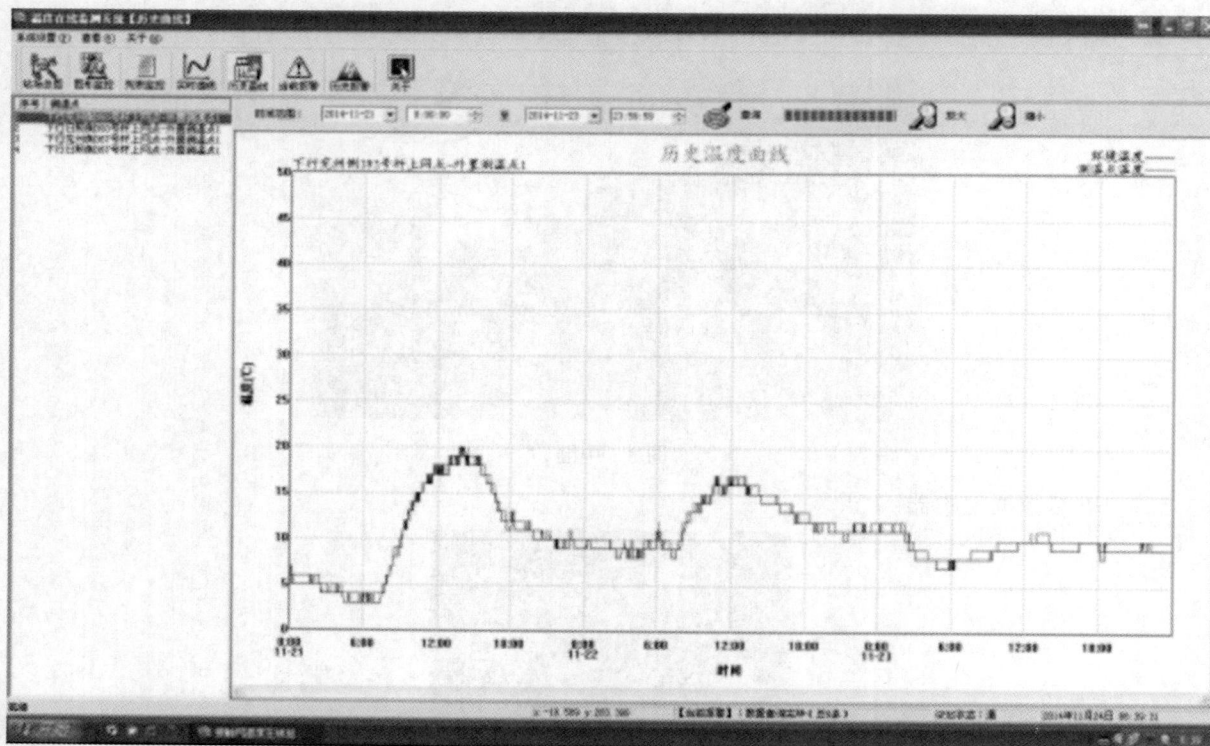

图 6　历史温度曲线

4　实施效果及效益

安装供电设备在线监测装置后，能对供电设备的工作运行状态进行有效的监测，尤其对供电线中间接头制作质量不良、压接头不紧、接触电阻过大等部位的检测效果明显，为今后工作的开展，供电设备安全稳定运行带来诸多益处，具有很高的现实意义，能够带来较高的安全效益和经济效益。

经统计，已经投入供电设备在线监测装置的军粮城变电所进线侧共 18 组接头，馈线侧共 12 组接头，在线实时监测温度可以避免故障的发生。如未及时发现，将造成设备故障，一般 C 类事故预计扣款 15 万元左右，一般 D 类扣款 5 万元左右；通过设备改造，降低了设备故障率，避免了责任故障引起的路局考核扣款。

参考文献

［1］吉鹏霄.接触网［M］.北京：化学工业出版社，2006.

［2］张建斌.接触网结构与计算［M］.北京：中国铁道出版社，1996.

［3］任胜通.接触网施工［M］.石家庄：河北科学技术出版社，1991.

［4］赵军.高速铁路驱鸟方法研究及驱鸟器的使用［J］.城市建设理论研究（创新科技），2011(4).

［5］中国铁路总公司.普速铁路接触网运行运行维修规则［S］.北京：中国铁道出版社，2017.

［6］中国铁路总公司.普速铁路接触网安全工作规则［S］.北京：中国铁道出版社，2017.

作者简介

刘海江，中国铁路北京局集团有限公司天津供电段，工程师。

芮鹏，中国铁路北京局集团有限公司天津供电段，助理工程师。

罗明祥，中国铁路北京局集团有限公司天津供电段，助理工程师。

李彦杰，中国铁路北京局集团有限公司唐山供电段，工程师。

牵引网短路故测装置拒动事件分析

李　智

摘　要：本文对接触网短路故障时牵引变电所故障测距装置未启动的事件进行分析，就牵引网最大负荷电流发生变化时牵引变电所馈线保护定值调整的策略进行探讨，并提出改进建议。

电气化铁路运行过程中，为适应客货运增长带来的牵引负荷变化，减少负荷性跳闸，牵引变电所需要调整馈线保护定值。若馈线保护定值调整不当，将造成继电保护拒动，影响供电可靠性。因此分析馈线保护定值调整中需注意的问题，对保障牵引供电的安全运行具有重要的意义。

1　故障概况

××年5月10日23时05分，宁杭高铁A牵引所211、212DL高阻接地一段保护出口跳闸，重合闸成功，故障测距装置（以下简称故测装置）未启动，雷雨天气。网工区天窗点巡视发现溧阳—宜兴下行0297#支柱平腕臂绝缘子有放电痕迹。故障报文如表1所示。

表1　A牵引所馈线跳闸保护报文

时间	设备名称	故障内容
23：05：52：688	A牵引所 211馈线保护装置	高阻接地一段出口 动作时间：100 ms　距离 26.77 km Ut：11.55 kV　It：1200 A UF：12.24 kV　IF：915 A　阻抗角：67.8°
23：05：52：688	A牵引所 212馈线保护装置	高阻接地一段出口 动作时间：100 ms　距离 26.65 km Ut：11.63 kV　It：1170 A UF：12.21 kV　IF：915 A　阻抗角：68.5°

××年5月14日16时14分，宁杭高铁B牵引所213、214DL高阻接地一段保护出口跳闸，重合闸成功，故测装置未启动，雷雨天气。次日天窗点巡视发现瓦屋山—溧阳上行938#支柱AF线绝缘子有放电痕迹。

2　故测装置未启动原因

宁杭高铁于2013年建成运营，采用全并联AT供电方式供电，故测装置采用国电南自生产的WGB-65U故测装置。连续的接触网故障牵引变电所故测装置未启动事件引起了运营人员的关注。经检查，故障时馈线的阻抗保护和低压过流保护均未动作。

进一步分析发现，继电保护未动作和故测装置未启动的原因与馈线的保护定值调整有关。针对多次出现负荷性跳闸的情况，2020年，技术人员根据《牵引站供电线路的继电保护配置及整定计算原则》（以下简称《原则》）的规定，对宁杭高铁牵引所馈线的阻抗、过流、高阻及PT断线闭锁的定值进行了调整。A牵引所211馈线调整情况如表2所示（A牵引所212馈线保护定值类似，不重复列出）

A牵引所主变为V/X接线的单相变压器组，主变容量为31.5 MVA+31.5 MVA，馈线流互变比为1500，原设计馈线最大负荷电流为1800 A（二次值1.2 A），馈线末端最小短路电流3180 A（二次值2.12 A）。结合表1和表2中的数据，分析保护动作情况如下。

表 2 A 牵引所 211 馈线保护定值调整对比

整定内容	调整前定值	调整后定值
阻抗一段	$R = 56.7\ \Omega$，$X = 57.82\ \Omega$，0.1 s	$R = 52.5\ \Omega$，$X = 115.59\ \Omega$，0.1 s
过电流	73 V/1.02 A，0.1 s	73 V/1.44 A，0.1 s
高阻一段	0.84 A，0.5 s	0.7 A，0.1 s
PT 断线	35 V/1.2 A	48.48 V/1.44 A

（1）低压启动过电流保护。211 馈线故障电流 2115 A（二次值 1.41 A），小于调整后馈线过流保护定值，保护不启动。

（2）阻抗保护。211 馈线的短路阻抗落入四边形特性曲线内部。因为 PT 断线闭锁功能投入，故障时电压 11.55 kV（二次值 42 V）、电流 2115 A（二次值 1.41 A）均低于调整后 PT 断线闭锁启动的电压、电流定值，阻抗保护被闭锁，未能出口。

（3）电流增量保护。故障时短路电流大于电流增量保护定值，保护出口动作。

（4）国电南自 WGB-65U 馈线故测装置采用自启动和外部保护装置开入启动相结合的模式，其中自启动模式由测距装置内部来判断。由于装置投运时间早于《导则》的颁布时间，仅支持阻抗保护和低电压电流保护的自启动功能，因此接触网故障高阻保护出口后故测装置未启动。

综上所述，因为牵引网最大负荷变化引起的定值修改，馈线保护装置阻抗保护被错误闭锁，过电流保护未达到定值，均未出口；故测装置未启动原因为不支持高阻保护自启动功能。

3 牵引网保护定值调整

3.1 PT 断线定值的调整

馈线 PT 断线闭锁条件设电压和电流定值，主要是为防止压互一、二次回路断线造成距离保护误动作，当检测电压和电流均小于整定值时，无延时闭锁距离保护，其原理如图 1 所示。

根据《导则》的规定，PT 断线电压定值按躲过最低运行电压确定：

$$U_{\text{dz.PT}} = \frac{U_{\min}}{(K_k \cdot K_{\text{lm}} \cdot n_{\text{PT}})} \tag{1}$$

式中：$U_{\min}$——保护安装处所最低运行电压；

K_k——可靠系数，取 1.2；

K_{lm}——灵敏系数，取 1.5；

n_{PT}——电压互感器变比。

电流定值按躲过最大负荷电流并保证末端故障有足够的灵敏度确定：

$$I_{\text{dz.PT}} = \frac{\min\left(K_k I_{\text{fh.max}},\ \dfrac{I_{\text{d.min}}}{K_{\text{lm}}}\right)}{n_{\text{CT}}} \tag{2}$$

式中：K_k——可靠系数，取 1.2；

$I_{\text{fh.max}}$——最大负荷电流；

$I_{\text{d.min}}$——末端最小短路电流；

K_{lm}——灵敏系数，一般取 1.2；

n_{CT}——电流互感器变比。

PT 断线闭锁不得在接触网故障时错误闭锁阻抗保护。当压互运行正常时牵引网近端短路，检测电流大于定值，电压小于定值，不满足 PT 断线闭锁条件；当牵引网远端短路，检测电流小于定值，电压大于定值，也不满足闭锁条件；当故障点介于两者之间时，会出现电压、电流整定值配合不当造成距离保护被错误闭锁的情况。

实践中，PT 断线的电压整定值不宜过低，主要考虑 PT 断线后存在感应电压的因素，否则 PT 断线不易检出；电压整定值也不宜过高，否则在发生牵引网远端短路时距离保护易被误闭锁。《导则》规定，电压定值一般整定为 30~50 V。

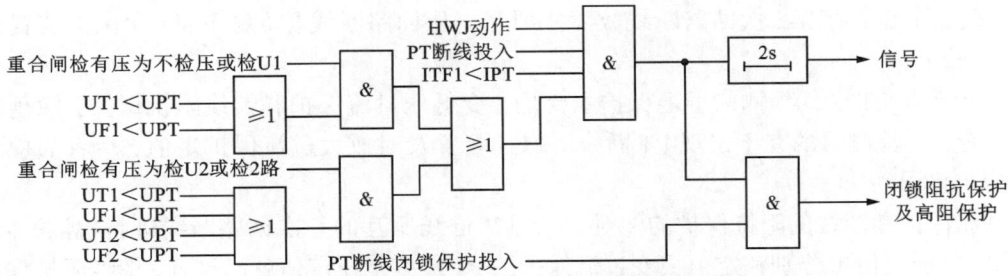

图1 国电南自 WXB661 馈线保护装置 PT 断线检测方案图

3.1.1 PT 断线电流定值的调整

牵引供电系统的负荷位主要是电力机车和动车组。电力机车和动车组均设有最低工作电压，当接触网电压低于最低工作电压时，电力机车和动车组失压保护动作停止取流。以动车组为例，其最低运行网压一般设为 17.5 kV（折算成二次值 63.6 V）。牵引负荷的特点决定了接触网不会出现电力系统因为负荷太大而造成网压过低的情况。因此，当压互的检测电压低于《导则》规定的 50 V 的情况时，可不考虑牵引负荷因素，仅需排除线路短路因素即可确定为 PT 断线故障。所以，笔者认为 PT 断线的电流定值在设计继电保护时仅需保证线路末端故障时有足够的灵敏度即可，不需考虑最大负荷电流。

高速铁路一般采用全并联 AT 供电方式，正常运行时上、下行 T 线和 F 线并联运行，故障重合时为解列状态下的直接供电方式；普速铁路正常运行时上、下行并联运行，故障重合时为解列状态下的直接供电方式。所以，PT 断线电流的整定还需考虑接触网运行方式的影响。以 A 牵引所 5 月 11 日的跳闸为例，AT 全并联供电方式时短路故障电流为 4200 A，分配到上行馈线电流为 2085 A，下行馈线电流为 2115 A，如按设计资料里"馈线末端最小短路电流"为 3180 A 进行整定，馈线阻抗保护将被误闭锁。

再以 2021 年 5 月 27 日连镇高铁灌南牵引所的一起分区所 F 相电缆短路故障为例，故障报文如表 3 所示。全并联供电方式下故障短路电流为 3825 A，上、下行馈线分配电流分别为 1910 A 和 1915 A；重合闸失败时，故障电流为 1530 A。接触网供电方式不同，导致末端短路电流数值差异较大，所以要"保证末端故障有足够的灵敏度"，应以最小运行方式整定下末端短路电流，即全并联 AT 供电系统应以解列状态下整定直供方式 F 线末端短路故障的电流。

表3 灌南牵引所馈线跳闸保护报文

时间	设备名称	故障内容
15:25:54:952	灌南牵引所 211 馈线保护装置	过电流跳闸 动作时间：85 ms　距离 27.84 km Ut：11.37 kV　It：996 A UF：11.49 kV　IF：919 A　阻抗角：68.1°
15:25:54:952	灌南牵引所 212 馈线保护装置	过电流跳闸 动作时间：85 ms　距离 27.84 km Ut：11.34 kV　It：995 A UF：11.47 kV　IF：915 A　阻抗角：68.3°
15:25:57:157	灌南牵引所 212 馈线保护装置	阻抗一段跳闸 动作时间：87 ms　距离 26.83 km Ut：22.3 kV　It：3 A UF：21.1 kV　IF：1530 A　阻抗角：63.4°

当 PT 断线的电流定值按馈线末端的最小短路定值整定,馈线最大负荷发生变化时无须调整电流定值。

3.1.2　PT 断线电压定值的调整

PT 断线分为压互一次回路断线和二次回路断线。一次回路断线故障主要是熔断器熔断或熔断器本体劣化,压互的残余电压较高;二次回路断线故障主要是电压回路断线、接触不良(含保护装置电压转换单元),感应电压较低。

牵引变电所涉及 PT 断线检测的继电保护主要是主变低压过流保护和馈线阻抗保护,除预告信号提醒运营人员外,前者的检测目的在于出现 PT 断线时保护装置及时放大过流保护定值,后者的检测目的在于闭锁阻抗保护防止误动。

主变的过流保护和馈线的阻抗保护均能对 27.5 kV 母线压互的一次回路断线进行检测,但存在冗余,因此 PT 断线的电压定值可分别整定。主变过流保护的 PT 断线电压定值就高配置,馈线阻抗保护的电压定值就低配置,这样做的好处在于既能解决压互一次回路断线残余电压较高的问题,又能提高馈线阻抗保护 PT 断线的电流定值,适应不同运行方式下馈线末端故障电流变化对保护灵敏度的需求。

3.2　馈线保护定值的调整

阻抗保护作为牵引网的主保护,对其电阻和电抗定值进行分别整定,保护的特点决定了当馈线最大负荷发生变化时,调整电阻定值即可。

电流速度按躲过最大负荷电流和供电臂末端最大短路电流整定。当馈线最大负荷变大需调整定值时,按馈线断路器处最大短路电流进行灵敏度的校验,当灵敏度不满足要求时可不投入。

低压过电流保护应能躲过馈线最大负荷电流并保证末端故障有足够的灵敏度。根据电流保护特性及其作为牵引网后备保护的定位,对馈线最大负荷电流接近或大于末端最小短路电流的,宜按最大负荷整定,以减少接触网负荷性跳闸。对最小运行方式下馈线末端的短路保护可由牵引网的主保护——阻抗保护完成。

电流增量(高阻)保护,按躲过线路负荷电流一个工频周期内最大增量整定。当馈线最大负荷发生变化时,无须调整定值。

为应对牵引负荷的增长,除对牵引所馈线保护定值进行适当调整外,还应综合运用动车组限流、降低行车密度等运输组织措施,否则在牵引变压器容量不变的情况下不断调大馈线保护定值,极易出现主变低压过流保护或过负荷保护动作,使继电保护失去选择性,扩大停电范围。

4　结束语

通过对此次故障的分析探讨可以总结出:当牵引所馈线的最大负荷发生变化时,一般仅需调整阻抗保护的电阻定值和低压过流保护定值,无须调整 PT 断线闭锁保护的电压、电流定值;在馈线最大负荷电流接近或大于末端最小短路电流的情况下,线路末端短路时过流保护可能不动作。同时,在实践中,要充分利用线路开通初期接触网短路试验的数据对牵引网继电保护的基础设计参数进行校核验证,以提高继电保护的可靠性。

参考文献

[1] 中国铁路总公司.牵引供电系统继电保护配置及整定计算技术导则[S].北京:中国铁道出版社,2019.
[2] 王亚妮.牵引网距离保护压互断线闭锁整定分析[J].铁道机车车辆,2014,(4).

作者简介

李智,中国铁路上海局集团公司调度所供电调度室,高级工程师。

普速铁路越区供电研究

袁　园

摘　要：越区供电一般是在铁路牵引供电系统非正常情况下，本牵引变电所无法对接触网供电时，由相邻牵引所越过分相对本供电臂进行供电的一种应急组织方式，也可以用于经济运行、动车组及电力机车掉分相救援等。目前的越区供电存在着操作程序复杂，行车限制条件高，对于列车运输组织影响较大的弊端。本文通过对宁启铁路牵引供电设备、电力机车及动车组型号等研究，提出了相应的改进措施。

1　越区供电概念

越区供电是指牵引供电系统中某一个牵引变电所在两路电源全部停电、同一相位的供电单元所在母线需要停电或母线发生故障等无法供电的情况下，需由相邻牵引所的供电单元通过分区所或接触网分相隔离开关（两个牵引变电所之间的联络设备）向该牵引变电所的供电单元应急供电的方式。

越区供电是一种应急情况下的非正常供电方式，向相邻供电单元越区供电时，牵引变压器和主导电回路承担的供电负荷不允许超过设计的最大供电负荷，通常需要对合并后的供电臂内电力牵引的列车运行条件加以限制，保障铁路运输秩序和确保设备供电安全。

另外，在电气化铁路电力机车掉分相救援、牵引变电所经济运行中，也会应用到越区供电。

2　越区供电操作方法及改进措施

2.1　当前的越区供电操作方法

以扬州变电所越过仪征分区所向六合变电所供电为例，介绍当前的越区供电操作方法。供电示意图如图 1 所示。

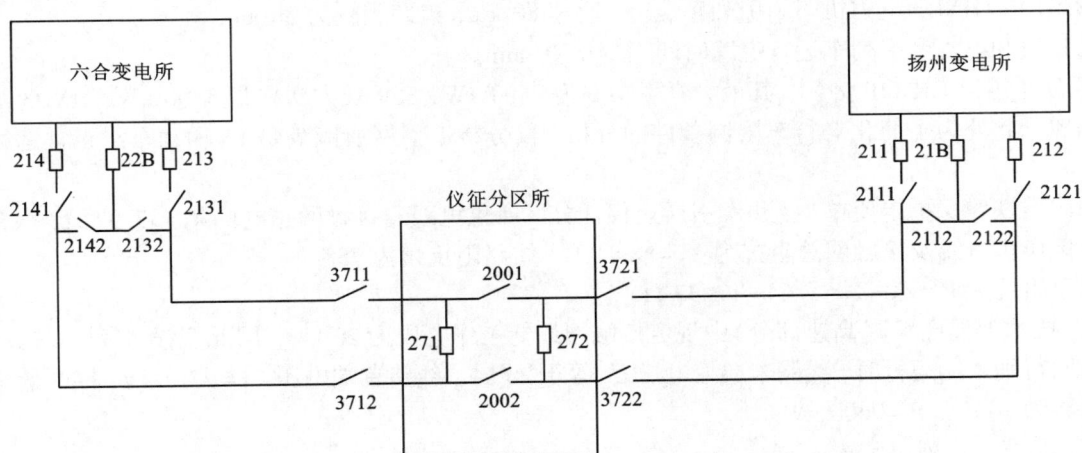

图 1　供电示意图

①六合牵引所断开 213、214 断路器，2131、2141 隔离开关。

②扬州牵引所断开 211、212 断路器。

③仪征分区所断开 271、272 断路器。

④仪征分区所闭合 2001、2002 隔离开关。

⑤扬州牵引所闭合 211、212 断路器。

至此，从扬州至仪征至六合区间的接触网全部恢复供电。但是在执行上述程序前，需要列车调度员先扣停扬州至仪征间供电臂内正常行驶的电力机车及动车组，或者待该供电臂内电力机车及动车组驶入下一个正常的供电臂内再执行。随后列车调度员通知供电调度员扬州至仪征间供电臂准许停电，供电调度员方可开始越区供电的操作。这必然会对运输秩序产生影响。

2.2 越区供电操作方法的改进措施

为了避免对运输秩序产生影响，同时达到减少操作步骤的目的，有供电调度员提出过直接利用 2001、2002 隔离开关向六合至仪征间接触网送电的提议。但由于《普速铁路接触网安全工作规程》中规定："隔离（负荷）开关可以开、合不超过 10 km（接触网延展公里）线路的空载电流，超过时应经过试验，并经铁路局批准。"因此直接利用 2001、2002 隔离开关对停电的接触网送电是不被允许的。

但是《牵引变电所安全工作规程》中规定，与断器并联的隔离开关，只有当断路器闭合时方可操作隔离开关。依据此规定，将 2001/2002 隔离开关视作与 271 断路器、272 断路器为并联关系，可以按如下程序进行越区供电。

①六合牵引所断开 213、214 断路器，2131、2141 隔离开关。

②依次断开仪征分区所 272 断路器，3721 隔离开关。

③依次闭合仪征分区所 2001 隔离开关，272 断路器，2002 隔离开关。

④依次断开仪征分区所 272 断路器、2001 隔离开关。

⑤依次闭合仪征分区所 3721 隔离开关、272 断路器、2001 隔离开关。

⑥断开仪征分区所 271 断路器、272 断路器。

至此，在扬州至仪征间供电臂未停电的情况下，完成了扬州往六合越区供电的操作，减少了对列车运输秩序的影响，缩短了接触网故障停电时间。

3 越区供电行车限制条件及改进方法

3.1 接触网不并联下的行车限制条件

按照相关规章，宁启铁路越区供电时，有下列行车限制条件。

①满足一列 16 辆动车组运行，时速 160 km，追踪间隔为 18 min。

②满足两列 SS9 电力机车牵引列车运行，时速 120 km，追踪间隔为 15 min。

③满足两列 HXD3 电力机车牵引列车运行，时速 80 km，追踪间隔为 30 min。

④动车组和电力牵引列车运行追踪时间不少于 10 min。

16 辆动车组以 CRH2B 为例，其最大牵引功率为 9600 kW，SS9 最大功率为 5400 kW，HXD3 最大功率为 7200 kW。此处为了简化对行车限制条件的分析，仅分析牵引网所能满足 16 辆动车组正常运行时的最大列数。

查阅宁启铁路保护定值单，扬州牵引所至仪征分区所供电线与接触网总电抗 $X_1 = j7.92\ \Omega$，六合牵引所至仪征分区所供电线及接触网总阻抗为 $X_2 = j9.41\ \Omega$，线路阻抗角为 75°。

线路总阻抗为 $Z = Z_1 + Z_2 = 4.64 + j17.33\ \Omega$。

《铁路技术管理规程》（高速部分）中规定接触网最低工作电压为 20 kV。因此假设 N 列 16 辆动车组同时在线路同行别末端运行时，线路末端处电压 U_2 等于 20 kV，线路首端电压 $U_1 = 27.5$ kV，同时假设动车组的功率因数为 100%，$P = 9600$ kW。

由上述条件，可列出此式

$$\begin{cases} \dot{U}_2 = \dot{U}_1 - \dot{I}_{\max} \cdot Z \\ N \leqslant \dfrac{|\dot{I}_{\max}|}{|\dot{I}_{dc}|} \\ |\dot{I}_{dc}| = \dfrac{P}{|\dot{U}_2|} \end{cases} \tag{1}$$

解式（1）得，$\begin{cases} |\dot{I}_{\max}| \approx 802.4 \text{ A} \\ |\dot{I}_{dc}| = 480 \text{ A} \\ N \leqslant 1.67 \end{cases}$。

因此越区供电时，接触网末端电压仅能保证 1 列 16 辆动车组运行。

3.2　提高线路负载能力的方法

常见的提高线路末端电压的方法有调节变压器分接开关提高出线端电压、线路末端串联电容补偿装置等。由于《铁路技术管理规程》（高速部分）中规定接触网最高电压为 27.5 kV，短时（5 min）最高为 29 kV，目前牵引供电系统母线电压已经运行在 27.5 kV，调节分接开关的做法不现实。

串联电容补偿使得线路空载时，末端电压高于首端电压。假设 1 列动车组驶入空载的供电臂内，受电弓瞬间检测到的电压将大于 27.5 kV；若实际电压高于 29 kV，将引起电压超高报警甚至降弓。因此串联电容补偿装置在接触网中应用时需要对接触网阻抗、线路空载容性电流、补偿电容的大小进行匹配，将会很复杂。

3.2.1　采用分区所处并联接触网的方法

在宁启铁路经济运行模式中，采用闭合分区所断路器降低线路阻抗的方法，达到抬升末端电压的目的。仍旧以扬州牵引所越过仪征分区所向六合牵引所越区供电为例，此时闭合仪征分区所 272 断路器，则线路阻抗 $Z' = 3.58 + j13.37 \ \Omega$。

代入式（1）中，解得 $\begin{cases} |\dot{I}'_{\max}| \approx 1040.2 \text{ A} \\ N' \leqslant 2.17 \end{cases}$。

因此当分区所处并联时，接触网网压满足 2 列 16 辆动车组运行的条件。相较于不并联时只能运行 1 列动车组的行车限制条件，此方法极大地降低了对铁路运输秩序的影响。

3.2.2　采用末端牵引所处并联接触网的方法

此前分区所处并联接触网提高网压的原理是通过并联使得扬州至仪征区间的接触网阻抗降低了一半，从而减小了接触网上的电压损失。如果能在线路末端的六合牵引所处对接触网进行并联，则线路阻抗可以降低更多。

具体的操作方法是在越区供电操作结束后，依次闭合六合牵引所 2131、2141 隔离开关，213、214 断路器。此时接触网通过六合牵引所仪征上下行的供电线、母线实现并联。

此时线路总阻抗为 $Z'' = 2.32 + j8.67 \ \Omega$。

代入式（1）中，解得 $\begin{cases} |\dot{I}''_{\max}| \approx 1604.5 \text{ A} \\ N'' \leqslant 3.34 \end{cases}$。

因此在末端牵引所处并联接触网时，接触网网压满足 3 列 16 辆动车组运行的条件。相较于前两种越区方式，此方式对铁路运输秩序的影响更低。

3.3　列车速度限制的研究

CRH2 型动车组在 22.5～29 kV 网压范围内发挥额定功率，因此当接触网末端网压大于 22.5 kV 时，动车组可以满功率运行，此时无须限速；而低于 22.5 kV 时，则需要根据运行阻力与动车组牵引功率进行分析。

3.3.1　接触网在非并联下的限速条件

在此情况下，取 $\begin{cases} N = 1 \\ |\dot{I}_{\max}| = 480 \text{ A} \end{cases}$，代入式（1）中反推 U_2，解得 $U_2 = 23984$ V。

因此在接触网非并联模式下，线路末端运行 1 列 16 辆动车组时，接触网末端网压仍高于 22.5 kV，因此无须限速。

3.3.2　接触网在分区所处并联下的限速条件

在此情况下，取 $\begin{cases} N = 2 \\ |\dot{I}_{\max}| = 960 \text{ A} \end{cases}$ 代入式（1）中反推 U_2，解得 $U_2 = 20884$ V。

因为 CRH2 型动车组在网压为 22.5～19 kV 时牵引功率线性下降至额定功率的 84%，所以此时牵引功率为额定功率的 92.6%。

由于《CRH2 时速 200 km 动车组概述》中只列出了 8 辆编组的技术参数,所以此处只能用 8 辆编组动车组进行分析。依据物理规律,16 辆编组动车组的运行阻力必然小于 2 列 8 辆编组动车组运行阻力之和,因此假如 8 辆编组动车组在该网压下能以 200 km/h 的速度运行,则 16 辆编组动车组也可以。

CRH2 型在定员时的重量为 402.23 t。

单位重量的运行阻力公式:

$$w_0 = 8.63 + 0.07295 \cdot V + 0.00112 \cdot V^2 (\text{N/t}) \tag{2}$$

因此当 $V = 200$ km/h 时,运行阻力 $f = 27360$ N。

动车组满功率时牵引力公式:

$$\begin{cases} F = 175 - 0.36V \, (0 \leqslant V \leqslant 125 \text{ km/h}) \\ F = 16250/V \, (V > 125 \text{ km/h}) \end{cases} \tag{3}$$

F 的单位为 kN。

由式(3)可知,速度大于 125 km/h 时,动车组的运行为恒功率模式。其功率 $P_1 = F \cdot V = 4514$ kW,牵引功率 $P = 4800$ kW。由此可知,其牵引功率转化效率为 94.04%。

因此当牵引功率下降至 92.6% 时,$P_1' = P \cdot 0.9404 \cdot 0.926 = 4180$ kW,对应 $F = P_1'/V = 75240$ N。

动车组牵引力仍大于其运行阻力,故 8 辆与 16 辆编组动车组均可达到 200 km/h 的速度,无须限速。

3.3.3 接触网在末端并联下的限速条件

在此情况下,取 $\begin{cases} N = 3 \\ |\dot{I}_{max}| = 1440 \text{ A} \end{cases}$ 代入式(1)中反推 U_2,解得 $U_2 = 21161$ V。

牵引功率为额定功率的 93.9%。同样地,在此情况下动车组仍可以 200 km/h 的速度运行。

因此建议越区供电采取末端牵引所并联的方式,满足 3 列 16 辆编组动车组运行,时速 200 km/h。受专业方向所限,追踪时间无法分析,故仍采用原方案中的 18 min。

4 结论

本文通过分析宁启铁路牵引供电设备及动车组参数,结合相关规章,提出了一种新的免停电进行越区供电的操作方法;同时分析比较了接触网不并联、接触网在分区所并联、接触网在末端牵引所并联三种模式下的行车对数及速度的限制,提出建议:采取接触网在末端牵引所并联的方式,满足 3 列 16 辆编组动车组运行,时速 200 km/h,追踪间隔 18 min。

按照此方案,将有效减少越区供电操作与运行过程中对列车运行秩序造成的不利影响,提高越区供电期间铁路运输效率。

作者简介

袁园,中国铁路上海局集团有限公司南京供电段,科员、工程师。

智能变电所广域测控保护现场运维管理研究与探讨

邓远毅

摘　要： 本文针对浩吉线智能变电所广域测控保护运行检修中发生的问题，从系统设计、施工质量、运行管理、检测监测、检修维护等方面，对问题产生的原因进行了剖析，对运行维护中采取的措施进行了梳理总结，提出了加强广域测控保护运行维护、检修试验管理，提高设备质量，确保设备安全的方案，可供参考。

1　引言

智能变电所指采用可靠、经济、集成、节能、环保的设备与设计，以全所信息数字化、通信平台网络化、信息共享标准化、高压设备智能化和运行状态可视化为基本要求，能够支持所亭实时在线分析和控制决策，进而提高牵引供电系统运行可靠性及经济性的牵引变电所。国铁集团"十四五"规划（征求意见稿）明确提出，"十四五"时期，要大力"研发应用新型智能牵引供电系统"，智能变电所作为智能牵引供电系统的重要组成部分，将是牵引供电系统发展的技术方向，作为设备管理单位，应用维护好智能牵引变电所，为后期发展积累经验就显得尤为重要。

浩吉线是连接内蒙古鄂尔多斯市浩勒报吉与江西省吉安市的国铁Ⅰ级电气化重载铁路，是中国"北煤南运"的战略运输通道，2019 年 9 月 28 日正式开通运行。

浩吉线陕西段、河南段山区交通不便地段，各有 2 座牵引变电所、3 座分区所、4 座 AT 所采用了智能化变电所技术，运用牵引变电所、分区所、AT 所 220 kV 主变和 27.5 kV 馈线等设备的就地保护、全所的站域保护、所间的广域保护及通信网络，构建了广域测控保护系统（见图 1、图 2）。该系统发挥广域测控保护动作更快、选择性更强、冗余后备更可靠的优势，实现主变、馈线等设备跳闸后自愈重构，达到少事故、少停电、少维护的目标，有效缩小了故障影响范围，提高了供电可靠性。

但在浩吉线智能变电所运行中，因设计、施工、验收、运维、管理方面存在一些疏漏，导致广域测控保护运行中发生误动、拒动、告警信息频发等问题，使广域测控保护系统的优势大打折扣。

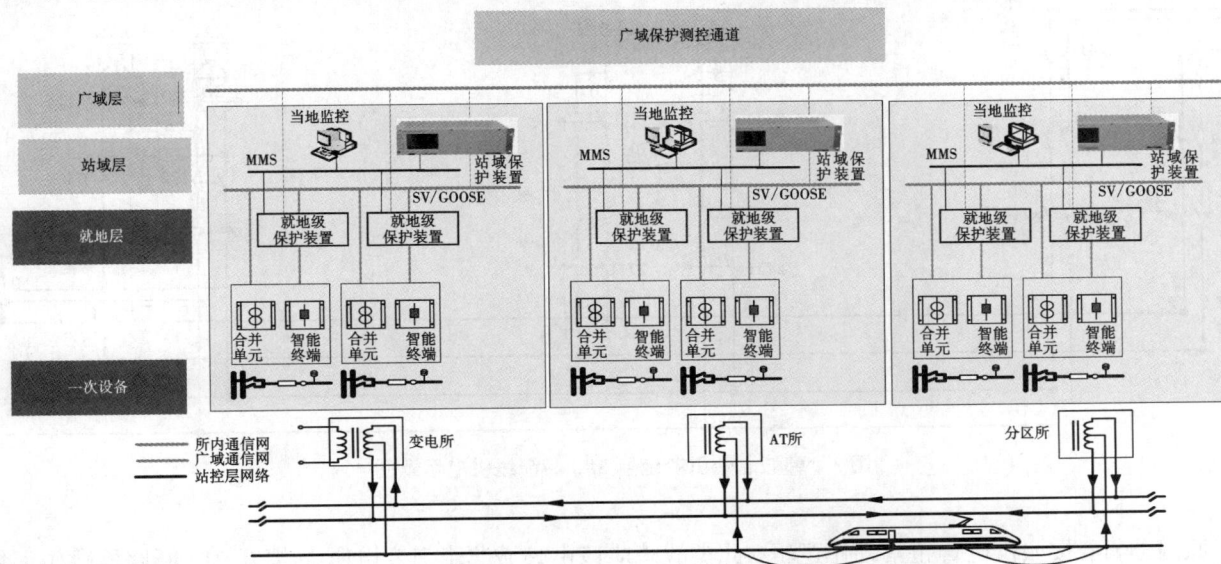

图 1　广域测控保护系统图

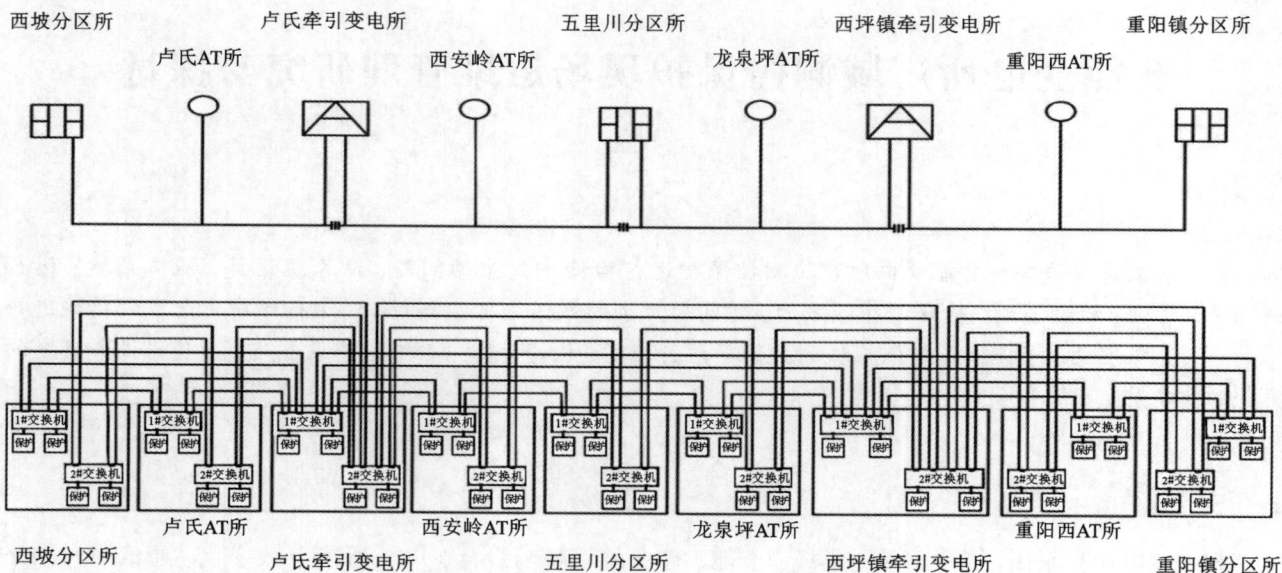

图 2　智能变电所广域测控保护网络结构示意图

2　广域测控保护运行问题及原因

2019 年 9 月 28 日—2021 年 6 月 25 日，浩吉线采用广域测控保护的 4 个智能牵引变电所 16 条供电臂中，共发生跳闸 12 次，其中供电臂保护成功动作 5 次、5 次未启动、2 次误动，主要原因包括定值整定错误、通道故障、检修试验方法错误、技术管理不到位。

2.1　供电臂保护未投入，馈线故障跳闸后供电臂保护拒动 4 次

案例：2019 年 11 月 17 日 9 时 37 分 41 秒，韩城北牵引变电所 3#馈线 213 断路器跳闸，距离 I 段、过电流、电流增量保护动作，重合闸失败；4#馈线 214 断路器跳闸，距离 I 段、过电流、电流增量保护动作，重合闸成功。跳闸原因为 3#馈线接触网设备在大风天气时对地绝缘距离不足，跳闸时供电臂保护未启动。韩城北牵引变电所 3#、4#馈线供电示意图如图 3 所示。

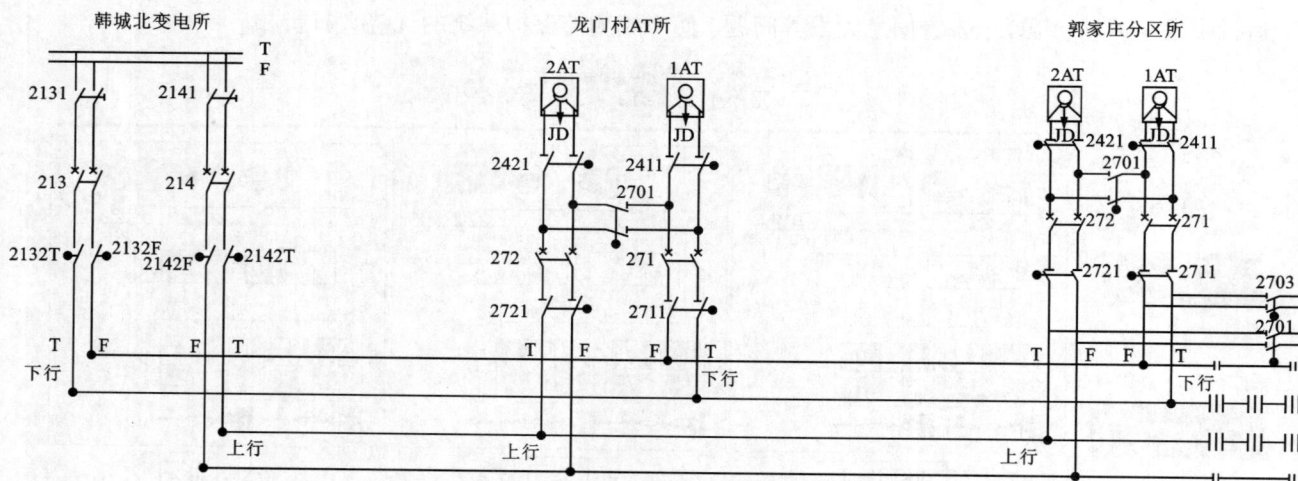

图 3　韩城北牵引变电所 3#、4#馈线供电示意图

原因分析：按照供电臂正常动作逻辑，此类故障应该由韩城北牵引变电所 3#馈线 213 断路器跳闸而缩小停电范围，但实际发生了上、下行供电臂同时跳闸。调查发现，韩城北牵引变电所设备交接验收时，因

设计单位提供的馈线保护定值中仅有常规保护及控制字投撤定值，未提供广域测控保护的供电臂保护及控制字定值。投运前，施工方、厂家、验收人员均未确认供电臂保护是否投入，导致 3#馈线接触网设备接地后，供电臂保护未启动，馈线 213、214 断路器均跳闸，扩大了停电范围。

2.2 通道故障导致馈线故障跳闸后供电臂保护拒动 1 次

案例：2020 年 8 月 12 日 6 时 41 分，浩吉线西坪镇牵引变电所 3#馈线 213 断路器跳闸，距离Ⅰ段、过电流、电流增量保护动作，重合成功；4#馈线 214 断路器跳闸，距离Ⅰ段、过电流、电流增量保护动作，重合失败。跳闸原因为 4#馈线接触网设备被轻飘物短接，但供电臂保护未启动。

原因分析：广域测控保护中的供电臂保护是以供电臂为单元的网络化保护，利用牵引变电所、AT 所、分区所之间独立敷设的光缆直连，构成专用通信通道，完成遥控、遥测、遥信等数据传输任务，通道状态是否良好将直接影响供电臂保护能否可靠工作。调查分析发现，8 月 12 日西坪镇变电所 213、214 断路器跳闸前，西坪镇变电所与重阳西 AT 所、重阳镇分区所之间的广域测控保护专用光缆通道已于 7 月 25 日中断，导致跳闸后供电臂保护未启动。

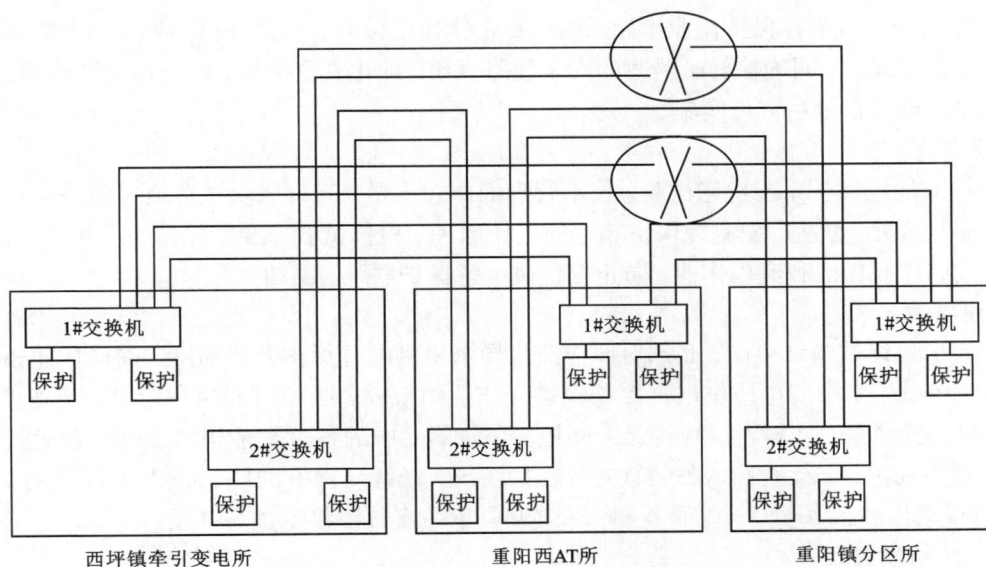

图 4 智能变电所广域测控保护网络通道断开示意图

2.3 分区所、AT 所保护定值设置不正确，变电所馈线供电臂保护误动 1 次

案例：2019 年 12 月 23 日 12 时 46 分，浩吉线韩城北牵引变电所 1#馈线 211 供电臂保护动作，断路器跳闸，重合闸失败。跳闸时，韩城北牵引变电所 27.5 kV 侧 T 线、F 线母线电压均为 27.8 kV，故障电流 0 A，同一供电臂的郭东村 AT 所 T 线母线电压为 0 kV，F 线母线电压 27.77 kV。

原因分析：通过调查分析，造成韩城北牵引变电所 211 供电臂保护动作的原因是同一供电臂上的郭东村 AT 所 271 广域测控保护装置中的"PT 断线闭锁"未投入。当 T 线电压互感器被高压熔断器熔断后，保护装置检测到 T 线电压降为 0 kV，郭东村 AT 所 271 供电臂保护动作，而因供电臂保护具有联跳功能，造成韩城北变电所 211 供电臂保护误动跳闸。

2.4 分区所、AT 所设备检修试验未撤除供电臂保护，变电所馈线供电臂保护误动

案例：2021 年 4 月 6 日，检修试验人员在西坡分区所进行 273 保护装置试验，在施加电压、电流进行保护装置定值校验时，卢氏变电所 1#馈线供电臂保护启动，211 断路器跳闸。

原因分析：通过调查分析，发现卢氏变电所 1#馈线供电臂保护启动 211 跳闸原因是西坡分区所 273 保护装置试验时，未撤除西坡分区所 273 供电臂保护。在施加电压、电流量后，因西坡分区所 273 供电臂保护启动，卢氏变电所 1#馈线广域测控保护采集到西坡分区所上传的电压、电流等信息后，误判断 1#馈线发生故障，启动供电臂保护，造成 211 跳闸。

2.5 其他影响广域测控保护运行的问题

浩吉线智能变电所广域测控保护运行中，还发生过保护装置死机、合并智能单元通信状态异常、装置链路状态异常警告频繁产生/消失等问题。

原因分析：调查分析发现，广域测控保护装置的运行环境温度、湿度对其运行可靠性存在不容忽视的影响，温度过高容易造成室外合并智能单元、智能组件柜内的设备死机、通信异常，湿度太大容易造成内部元器件损坏。光纤及光通信设备状态不良，会直接影响广域测控保护的数据发送、接收、处理。

3 提高广域测控保护运行可靠性的措施

3.1 补强设计源头

广域测控保护不同于常规保护，设计单位提供保护定值时，要和设备厂家充分沟通，明确保护定值设置标准、保护功能投撤标准；在设备开通运行前，逐项核对保护定值、保护功能投撤是否正确，防止误投误撤保护发生拒动、误动。

3.2 规范作业标准

变电专业在编制广域测控保护作业指导书时，要充分和设计方、厂家进行沟通，全面掌握广域测控保护系统的功能、设计理念，明确检修试验时的安全注意事项，细化安全措施、作业标准和流程，并利用停电天窗点进行验证，确认正确后方可实施。

3.3 提升人员素质

对于从事广域测控保护系统检修试验、技术管理的作业人员、管理人员，必须提前进行针对性的业务培训，使其学懂、弄明、悟透广域测控保护装置的工作原理、检修试验、维护保养作业标准，做到不盲动、不臆测，严格按照作业标准和流程作业，防止发生供电臂保护联跳、误动。

3.4 确保作业质量

广域测控保护检修试验结束前，必须对照作业指导书将供电臂保护及时撤除，确认作业条件符合技术标准，防止作业中发生牵引变电所供电臂保护误动。作业结束前，必须对照保护定值、工作票等，逐项核对保护定值、保护投撤是否正确，检查智能组件柜、合并单元中的各个智能组件，避免在运行时连片置于检修状态。日常巡视时，需检查确认各装置光纤连接情况、光纤环网卡的状态是否正常。主变自投、进线自投、AT 变自投动作后，均应检查是否复归，未复归则下一次故障将不进行自投。

3.5 提高监测分析质量

目前，智能变电所广域测控保护的各类信息，都能通过牵引远动 SCADA 系统和复示终端进行有效的监测，负责监测分析的人员必须集中精力，做好广域测控保护及通道运行状态监测。对于每条异常信息，专业技术人员都要认真查找并分析异常信息产生的原因，督促检修试验人员及时处置，确保广域测控保护运行状态良好。

3.6 加强先进检修试验仪器运用

广域测控保护装置信号输入输出、控制屏上断路器和隔离开关操作开关与本体机构之间都是采用光缆连接进行通信，检修试验时建议优先采用具备发送 SV 报文和 GOOSE 报文的智能继电保护测试仪、光功率测试仪等仪器，便于进行更加完善的功能测试。

4 结束语

智能变电所广域测控保护和传统的综合自动化保护相比，在全速动（更快）、全覆盖（更广）、全后备（更可靠）方面优势明显，但在运行中由于应用时间短，有的问题还未充分暴露出来，需要在今后的工作中不断地分析、总结、完善、改进，才能有效保障其安全可靠地运行。

参考文献

[1] 严佳梅，许剑冰，倪明，余文杰.通信系统中断对电网广域保护控制系统的影响[J].电力系统自动化，2016.
[2] 陈鑫，李冰.智能变电站二次系统的调试方法研究及其应用[J].电子世界，2018.

［3］黄健.智能变电站二次系统调试技术分析［J］.通讯世界，2018.

［4］安超.浅析智能变电站二次设备系统及调试方法［J］.通讯世界，2016.

作者简介

邓远毅，中国铁路西安局集团有限公司延安运营维修段，工程师。

浩吉线接触网 V 形天窗感应电谐振过电压危害与防治浅析

邓远毅

摘　要：本文针对浩吉线两座牵引变电所馈线 V 形天窗停电后停电的馈线接触网 T 线上产生的 35 kV 以上高压电，造成设备损坏、严重危及人身安全的问题，结合现场调查分析及整治情况，剖析了问题产生的原因，提出了感应电谐振过电压的概念，提出了防治此类问题的有效措施，并经现场验证，效果良好，特总结出来供同行参考。

1　引言

浩吉线是 2019 年 9 月 28 日正式开通运营的一条国铁 I 级电气化货运重载铁路，是"北煤南运"的重要通道。其中，陶利庙南-构林南区段为双线电气化铁路，牵引供电系统采用全并联 AT 供电方式，由西安局集团公司承担运营管理任务。

2020 年 2 月以来，在淅川东牵引变电所 4#馈线、万荣牵引变电所 2#馈线 V 形天窗停电后，多次发生停电的接触网 T 线上验电有电、网压高达 35 kV 以上的问题，造成淅川东牵引变电所 4#馈线 T 线上引接的九龙乡 AT 所 1ZB、万荣牵引变电所 2#馈线 T 线上引接的郭家庄分区所 1ZB 高压绕组绝缘下降、变压器烧损，严重危及接触网作业人员人身安全和牵引供电设备运行安全。

针对上述问题，笔者组织相关人员进行了全面系统的调查和分析，查明了问题发生的原因，采取了针对性措施，并于现场验证该措施正确，有效消除了馈线 V 形天窗停电后感应电谐振过电压造成网压过高危及人身和设备安全的隐患。

2　存在问题及原因调查分析、整治情况

2.1　网压异常升高问题及现象

2.1.1　浩吉线淅川东牵引变电所 4#馈线 V 形天窗停电后 T 线网压异常升高

2020 年 2 月 20 日 9 时 51 分，浩吉线西峡东供电工区接触网作业负责人反映当日作业中，淅川东变电所 4#馈线 V 形天窗停电后接触网验电有电。段供电维修技术中心负责人查看远动装置，发现该供电臂上的九龙乡 AT 所 T 线上引接的 1ZB 检测电压为 36.94 kV、F 线上 2YH 电压为 5.54 kV（电压曲线如图 1 所示），同一供电臂末端的邓州西分区所 T 线上引接的 1ZB 电压为 36.81 kV，F 线上的 2YH 电压为 5.54 kV。为防止发生触电伤害事故，当日接触网作业取消。10 时 15 分，联系九龙乡 AT 所内处理设备缺陷的职工检查所内设备，现场人员反馈已停电的 1ZB 声响异常，现场测量确认 1ZB 低压侧电压为 305 V（额定电压为 230 V）。10 时 25 分，牵引远动复示终端显示九龙乡 AT 所 1ZB 电压从 37 kV 降为 6.8 kV，邓州西分区所 1ZB 电压同步降为 6.7 kV。11 时 09 分，淅川东牵引变电所 4#馈线 V 形天窗停电结束，供电调度远动操作送电时，九龙乡 AT 所 1ZB 喷油、高压熔断管熔断，后期试验发现高压绕组绝缘电阻严重下降，无法运行。

调查中还发现，2 月 7 日淅川东牵引变电所 4#馈线 V 形天窗停电后，11 月 13 分至 11 时 24 分间也出现过 1 次已停电的接触网 T 线上电压高达 37.26 kV 的现象（电压曲线如图 2 所示）。

2.1.2　浩吉线万荣变电所 2#馈线 V 形天窗停电后网压异常升高

2020 年 6 月 20 日 14 时 16 分 59 秒，万荣牵引变电所 2#馈线 V 形天窗停电，17 时 13 分 20 秒，2#馈线 212 恢复送电。17 时 13 分 38 秒，211、212 断路器跳闸，211 重合成功，212 重合失败，故障性质为上行 T-R 故障。17 时 24 分 00 秒，212 试送电失败。17 时 35 分，调看郭家庄分区所综合视频监控，发现跳闸时室外高压场地 1ZB 及其高压熔断器有放电现象，1ZB 高压熔断器靠 2611 隔离开关侧引线脱落接地，现场人员检查确认 1ZB 已烧损。18 时 34 分，郭家庄分区所 1ZB 高压熔断器引线脱落故障处理完毕，2#馈线送电成

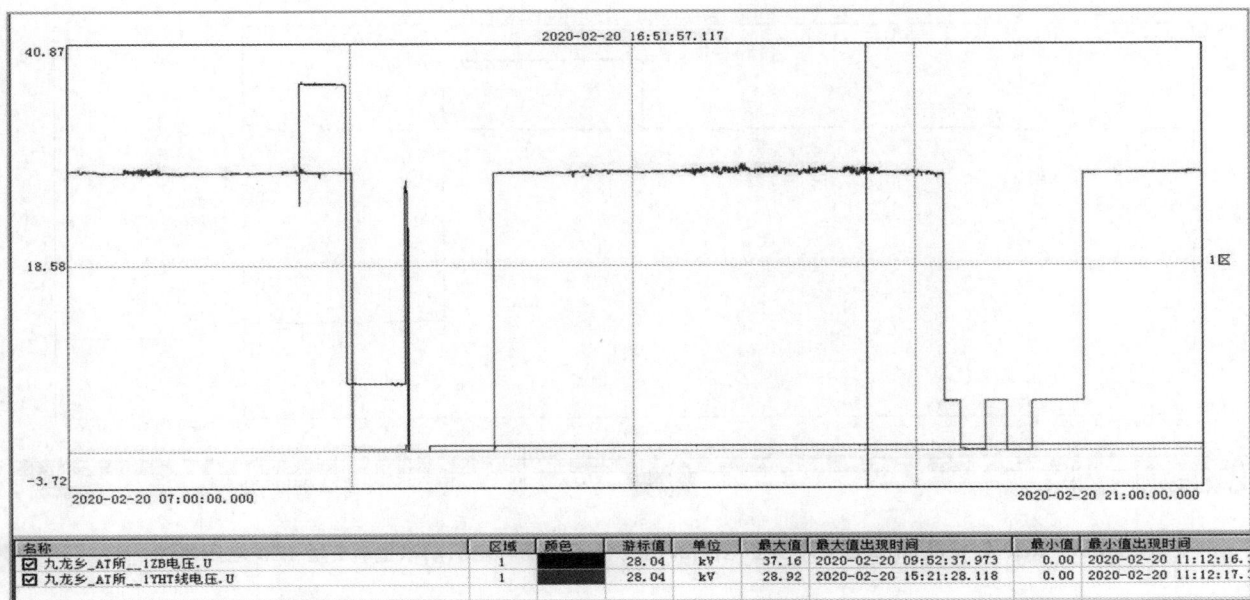

2020-02-20 16:51:57.117

名称	区域	颜色	游标值	单位	最大值	最大值出现时间	最小值	最小值出现时间
☑ 九龙乡_AT所__1ZB电压.U	1		28.04	kV	37.16	2020-02-20 09:52:37.973	0.00	2020-02-20 11:12:16.
☑ 九龙乡_AT所__1YHT线电压.U	1		28.04	kV	28.92	2020-02-20 15:21:28.118	0.00	2020-02-20 11:12:17.

图1 2020年2月20日淅川东牵引变电所4#馈线V形天窗停电后九龙乡AT所1ZB电压曲线

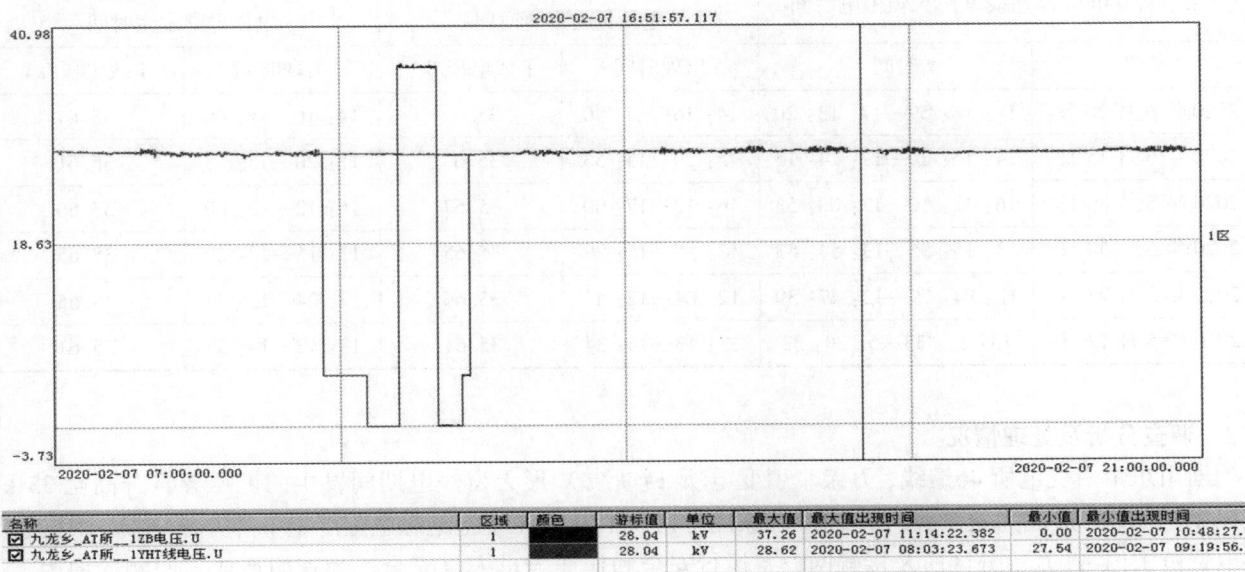

2020-02-07 16:51:57.117

名称	区域	颜色	游标值	单位	最大值	最大值出现时间	最小值	最小值出现时间
☑ 九龙乡_AT所__1ZB电压.U	1		28.04	kV	37.26	2020-02-07 11:14:22.382	0.00	2020-02-07 10:48:27.
☑ 九龙乡_AT所__1YHT线电压.U	1		28.04	kV	28.62	2020-02-07 08:03:23.673	27.54	2020-02-07 09:19:56.

图2 2020年2月7日淅川东牵引变电所4#馈线V形天窗停电后九龙乡AT所1ZB电压曲线

功,中断80分钟。调查跳闸及1ZB烧损原因时,发现6月20日14时16分万荣牵引变电所2#馈线V形天窗停电停电至15时40分期间,停电供电臂上的胡家堡AT所1ZB和郭家庄分区所1ZB均检测到电压高达35 kV的情况(电压曲线如图3所示)。

通过进一步调查发现,5月22日、5月24日、5月30日、6月18日万荣牵引变电所2#馈线V形天窗停电后,胡家堡AT所1ZB和郭家庄分区所1ZB均监测到停电的馈线上电压高达35 kV且持续时间较长的现象,具体情况如表1所示。

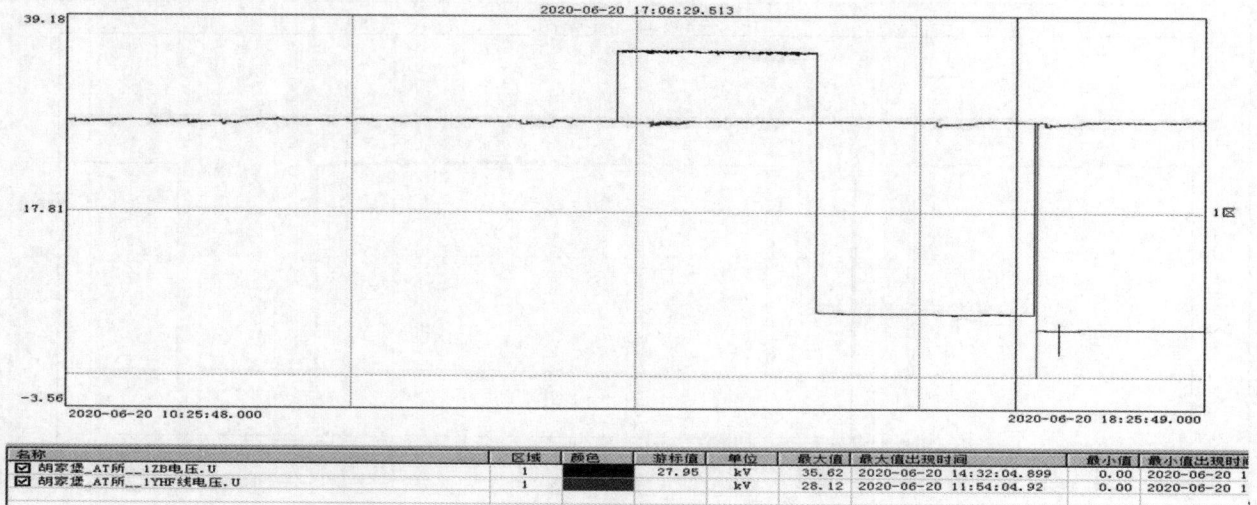

图 3　2020 年 6 月 20 日万荣牵引变电所 2#馈线 V 形天窗停电后胡家堡 AT 所 1ZB 电压曲线

表 1　2020 年 5 月 22 日—6 月 20 日万荣牵引变电所 2#馈线 V 形天窗停电后电压异常统计表

万荣牵引变电所 2#馈线 V 形天窗停电时间		郭家庄分区所 1ZB 电压异常发生时间		胡家堡 AT 所 1ZB 电压异常发生时间	
日期	时间	出现时间	T 线电压/kV	出现时间	T 线电压/kV
2020 年 6 月 20 日	14：16：59—17：13：20	14：16—15：40	35.62	14：16—15：40	35.61
2020 年 6 月 18 日	14：15：20—17：14：15	15：20—15：53	35.62	15：20—15：53	35.61
2020 年 5 月 30 日	16：12：10—17：00：53	16：12—17：00	35.67	16：12—17：00	35.66
2020 年 5 月 30 日	13：15：55—13：54：53	13：15—13：29	35.65	13：15—13：29	35.65
2020 年 5 月 24 日	12：04：29—12：47：39	12：04—12：47	35.66	12：04—12：47	35.65
2020 年 5 月 22 日	13：13：33—5：20：32	13：13—14：34	35.61	13：13—14：34	35.61

2.2　调查分析及处理情况

淅川东牵引变电所 4#馈线、万荣牵引变电所 2#馈线 V 形天窗停电期间发生的网压异常升高至 35 kV 及以上的问题，造成九龙乡 AT 所 1ZB、郭家庄分区所 1ZB 高压绕组绝缘电阻严重下降并被烧损，严重危及供电臂范围内 AT 所、分区所及接触网设备运行安全和作业人员人身安全。为查明造成该问题的原因，及时消除安全隐患，段供电维修技术中心组织接触网、变电专业，从外部环境、运行方式、设备结构、电气特性等方面对可能造成该问题的原因进行了全面调查、分析论证。万荣牵引变电所 2#馈线供电示意图如图 4 所示。

2.2.1　确认不是馈线 V 形天窗停电后断路器和隔离开关未断开或其他电气连接造成的

通过对淅川东牵引变电所 4#馈线、万荣牵引变电所 2#馈线 V 形天窗停电后的电压曲线进行分析，调看视频监控录像，确认两座牵引变电所馈线停电后，馈线断路器及隔离开关可靠断开，供电臂上的 AT 所、分区所内断路器、隔离开关均已可靠断开，供电臂范围内上下行渡线分段绝缘器、软横跨隔断绝缘子状态良好，不是停电后馈线电压异常升高的原因。

2.2.2　确认不是自用变、电压互感器等二次设备反送电造成的

通过对淅川东牵引变电所 4#馈线、万荣牵引变电所 2#馈线供电范围内的 AT 所、分区所所用变和 27.5 kV 电压互感器二次回路设备进行检查测量，确认 AT 所、分区所内的 27.5 kV 所用变和电压互感器二次侧设备正常，27.5 kV 所用变为交流回路备用电源，二次侧有明显的断开点，不存在向一次侧反送电的

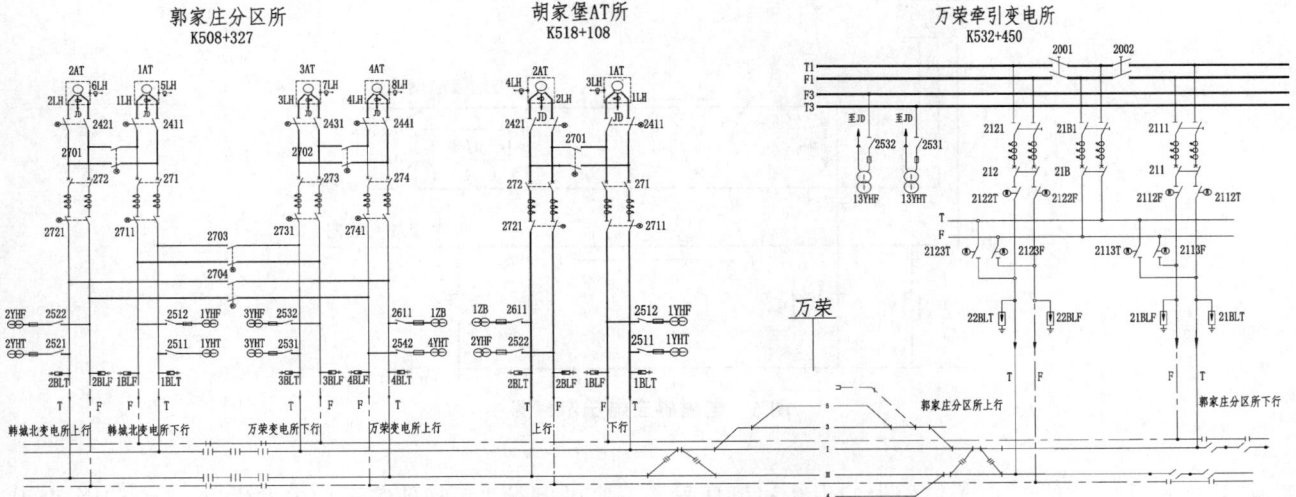

图 4　万荣牵引变电所 2#馈线供电示意图

可能，不是停电后馈线电压异常升高的原因。

2.2.3　确认不是上跨线产生的感应电造成的

问题发生后，组织接触网工区对淅川东牵引变电所 4#馈线、万荣牵引变电所 2#馈线供电臂范围内的上跨线进行了全面排查，所有上跨线状态良好，和接触网的距离符合《普速铁路技术管理规程》中的规定，不是停电后馈线电压异常升高、2 台 27.5 kV 自用变烧损的原因。

2.2.4　确认 V 形天窗停电后带电馈线对停电馈线产生的感应电引起谐振过电压有关

复线区段 V 形天窗停电时，带电的馈线与停电的馈线和大地之间存在电容耦合效应，会产生静电感应电压，如图 5 所示；当带电馈线上有电力机车运行时，还会对停电的馈线产生电磁感应，如图 6 所示（图 6 为《电气化铁路感应电危害与防范》中的附图）。

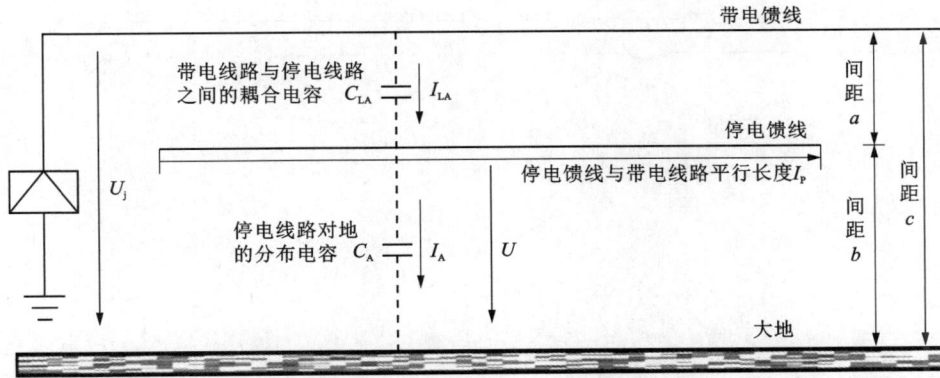

图 5　静电感应电压示意图

通过对淅川东牵引变电所 3#和 4#馈线、万荣牵引变电所 1#和 2#馈线 V 形天窗停电后分区所、AT 所内电压曲线监测结果进行分析，发现网压异常升高的现象都是发生在停电以后，有时是停电后立即出现，有时是停电后过一段时间才出现，且仅仅发生在淅川牵引东变电所 4#馈线和万荣牵引变电所 2#馈线 V 形天窗停电时。淅川东 3#馈线和万荣牵引变电所 1#馈线 V 形天窗停电后分区所、AT 所检测到的 T 线网压都只有 5.2 kV 左右，属于正常的感应电。

查询淅川东牵引变电所 1#和 2#馈线、万荣牵引变电所 3#和 4#馈线、浩吉线西安局管内其他牵引变电所馈线 V 形天窗停电后分区所和 AT 所内电压检测数据和电压曲线，确认除淅川东牵引变电所 4#馈线、万

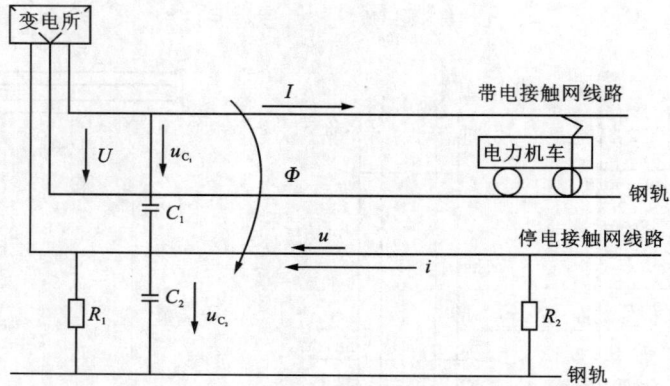

图 6   电磁感应电压示意图

荣牵引变电所 2#馈线 V 形天窗停电时发生过网压异常升高的问题外，其他馈线均未发生过，且淅川东牵引变电所 4#馈线、万荣牵引变电所 2#馈线也不是每次都发生，但发生网压异常升高的时段内，同方向相邻的馈线上均有电力机车牵引的列车运行。这证明淅川东牵引变电所 4#馈线、万荣牵引变电所 2#馈线 V 形天窗停电后网压异常升高的现象具有一定的偶发性，与其供电臂上的设备结构、电气参数、相邻的有电馈线对停电馈线产生的静电感应、相邻的有电馈线上有列车运行时产生的电磁感应等因素有关，且网压异常升高的现象符合谐振过电压的特征。

对比分析 2 月 20 日九龙乡 AT 所 1ZB 烧损退出运行后至 4 月 29 日更换 1ZB 期间淅川东牵引变电所 4#馈线 V 形天窗停电后的网压检测结果、6 月 20 日郭家庄分区所 1ZB 烧损退出运行后至 11 月 6 日更换 1ZB 期间万荣牵引变电所 2#馈线 V 形天窗停电后的网压检测结果，发现九龙乡 AT 所 1ZB、郭家庄分区所 1ZB 退出运行后，淅川东牵引变电所 4#馈线、万荣牵引变电所 2#馈线 V 形天窗停电期间，再未发生网压异常升高至 35 kV 及以上的问题，电压曲线如图 7 所示。根据这个现象判断淅川东牵引变电所 4#馈线、万荣牵引变电所 2#馈线 V 形天窗停电后电压异常升高和 T 线上引接的 1ZB 有关。

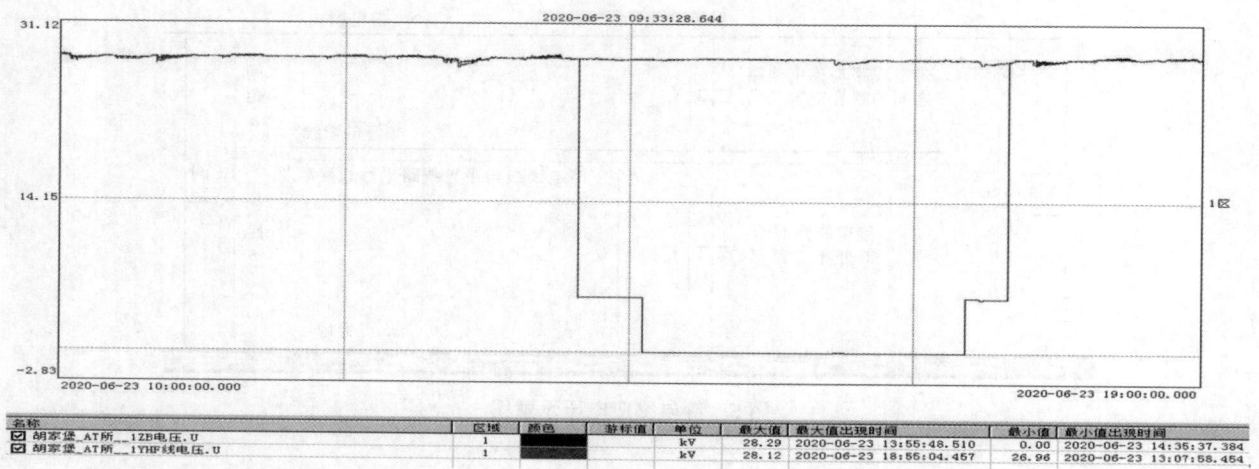

图 7   2020 年 6 月 23 日郭家庄分区所 1ZB 退出运行后的万荣牵引变电所 2#馈线 V 形天窗停电电压曲线

2.3   初步结论及验证情况

通过将淅川东牵引变电所 4#馈线、万荣牵引变电所 2#馈线 V 形天窗停电后网压异常升高发生的时间及特征、供电臂上的设备结构、电气参数、列车运行情况等参数，与该所其他馈线、其他牵引变电所馈线不同工况下的电压监测结果进行综合比对分析，得出初步结论：造成淅川东牵引变电所 4#馈线、万荣牵引变电所 2#馈线 V 形天窗停电后网压异常升高，并造成九龙乡 AT 所和郭家庄分区所 1ZB 高压绕组绝缘电阻严重下降烧损的原因，是 V 形天窗停电后，接触网、AT 所 1ZB、分区所 1ZB、电力机车的电阻电感、空间分布电容等电气参数耦合，在静电感应、电磁感应的共同作用下，在这两条馈线上产生感应电谐振过电压造成的。

为有效解决该问题，彻底消除隐患，经充分研讨，制定整治方案如下：将万荣牵引变电所 2#馈线的郭家庄分区所 1ZB，从 T 线引接改为从 F 线引接，将 F 线上引接的电压互感器改接到 T 线上，通过改变 4#馈线 T 线和 F 线的设备结构和电气参数，验证能否破坏万荣牵引变电所 2#馈线 V 形天窗停电后感应电谐振过电压产生的条件。

2020 年 11 月 6 日，将郭家庄分区所 1ZB 引接到 F 线、将 4YH 引接到 T 线上后，对 11 月 6 日—12 月 25 日万荣牵引变电所 2#馈线 8 次 V 形天窗停电后网压情况进行了监测，确认停电后接触网电压最高为 5.6 kV，属于正常的感应电范围，如图 8 所示。

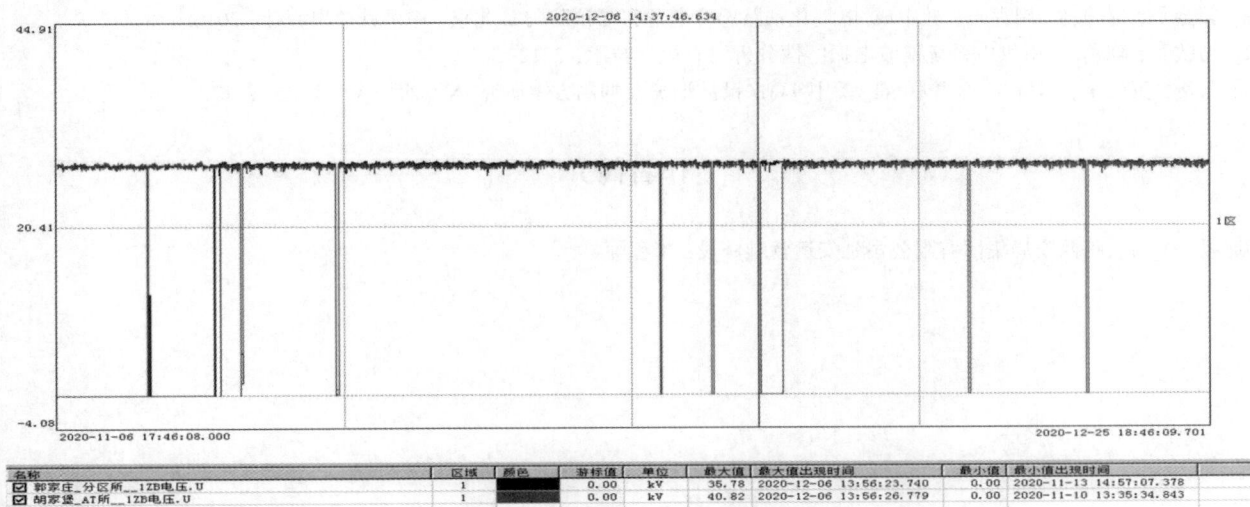

图 8　郭家庄分区所 1ZB 引接到 F 线后万荣牵引变电所 2#馈线 V 形天窗停电电压曲线

2.4　验证结果及结论

2020 年 12 月 29 日，按照此方案将淅川东牵引变电所 4#馈线上邓州西分区所的 1ZB 和 2YH 引线也进行了位置交换。截至发文时，淅川东牵引变电所 4#馈线、万荣牵引变电所 2#馈线 V 形天窗停电后再未发生过网压异常升高的问题。

通过上述分析、效果验证，确认万荣牵引变电所 2#馈线、淅川东牵引变电所 4#馈线 V 形天窗停电后网压异常升高至 35 kV 及以上的原因就是接触网、AT 所 1ZB、分区所 1ZB、电力机车的电阻电感、空间分布电容等电气参数耦合，在静电感应、电磁感应的共同作用下，产生感应电谐振过电压造成的。对此，通过改变供电臂上的部分设备接线方式，从而改变系统电气参数，是解决复线区段牵引变电所馈线 V 形天窗停电后感应电谐振过电压造成网压异常升高问题的有效措施。

3　防止复线区段接触网 V 形天窗停电后网压异常升高的措施

上述案例说明，复线区段接触网 V 形天窗停电后，发生的感应电谐振过电压引起的网压异常升高，不仅严重影响设备运行安全，还严重危及接触网作业人员的人身安全。发生此类问题后，必须找准原因，及时采取针对性措施消除隐患，才能有效降低或消除危害，建议措施具体如下。

3.1　复线区段接触网 V 形天窗停电后，接触网、变电所内在停电的馈线上作业前验电有电时，作业人员应先停止作业，向供电调度汇报，通过查看末端分区所或 AT 所内电压互感器或自用变的电压检测数据，确认电压高低。若属于正常范围内的感应电，确认不会危及作业人员人身安全时，方可继续进行作业。

3.2　复线区段接触网 V 形天窗停电后，若检测到的电压超出正常的感应电压范围，甚至明显高出正常运行方式下的电压，应立即停止在该馈线上进行的接触网和变电作业，防止发生人身触电伤害。同时，要组织变电专业和接触网专业相互配合，系统全面地进行调查分析，查明网压异常升高的原因，并结合设备实际情况，因地制宜地采取措施进行整治。若判断是感应电引起的谐振过电压时，可通过改变馈线上设备接线形式、电气设备参数等方式，破坏谐振触发条件，消除谐振过电压。

4 结束语

本文分析的浩吉线两座牵引变电所馈线 V 形天窗停电后接触网电压异常升高的问题，虽然具有一定的偶发性，也仅仅是现场诸多问题中的一种，但问题发生的机理、分析查找的方法、采取的措施，还是具有一定的参考作用，可供电气化铁路牵引供电专业的同行参考。

参考文献

［1］郭金平，赵施林，周存志，杜中成.电气化铁路感应电危害与预防［J］.北京：中国铁道出版社，2016.
［2］马啟潇，陈莉.牵引供电系统谐波谐振特性分析［J］.电气技术，2012.
［3］张培，黄彦全，唐诗光.全并联 AT 牵引网高次谐波谐振及抑制方案研究［N］.西华大学学报，2017.

作者简介

邓远毅，中国铁路西安局集团有限公司延安运营维修段，工程师。

浅谈电气化铁路牵引供电越区供电

罗　军　龚　锐

摘　要：本文全面介绍了电气化铁路牵引供电越区供电的概念、原因、类型方式和实施流程，从广义和狭义上对越区供电方式进行了分类，重点分析和阐述了越区供电需关注的六个安全关键点及注意事项，强调供电调度和供电设备管理单位人员应熟悉越区供电的机制原理、处置流程和方式方法，以便灵活掌握供电方式，确保运行安全，减少对铁路运输的影响。

1　概述

在电气化铁路运营中，当某牵引变电所发生故障或停电检修，导致全所停电或部分供电设备无法正常向接触网供电时，需相邻牵引变电所采取通一定方式向该牵引变电所原承担的供电单元(臂)供电，这种特殊的供电方式称为越区供电，如图1所示。

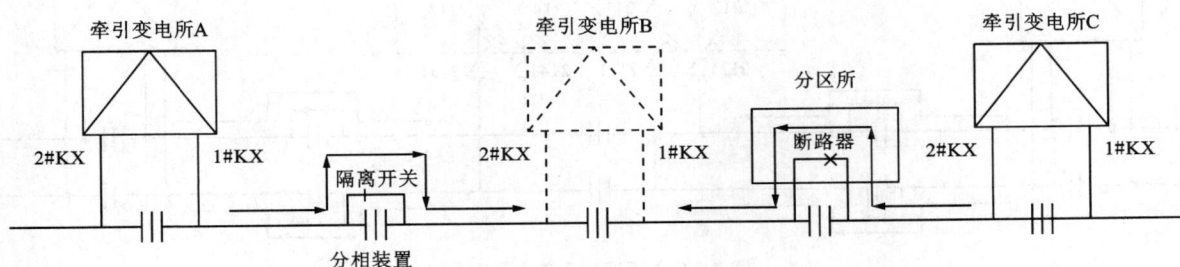

图1　越区供电示意图

2　越区供电原因

越区供电原因可以分为"被动越区"和"主动越区"两种。所谓"被动越区"就是由于某种设备故障、环境影响等，只能采取"应急性越区供电"；所谓"主动越区"就是由于现场设备检修、改造等某种需求，采取"临时性越区供电"。

越区供电是电气化铁路的一种非正常供电方式。造成越区供电的原因很多，主要有以下几种情况：一是由于某个牵引变电所发生故障，无法正常向外送电；二是由于牵引变电所设备正常停电检修，需采取全所停电方式，或"半边"停电方式；三是由于牵引变电所馈线设备故障或供电线等设备故障；四是设备改造或施工等其他原因。基于上述情况，需临时或只能够通过相邻牵引变电所采取一定方式向该牵引变电所原承担的供电单元(臂)供电，才能确保电气化铁路的不间断供电。

上述第一种和第三种情况可称为"被动越区"，第二种和第四种情况可称为"主动越区"。"被动越区"存在突发性和偶发性，"主动越区"一般需套用对应供电单元(臂)正常天窗进行实施。

2.1　牵引变电所故障停电

造成牵引变电所故障停电的原因很多，一般可分"外部原因"和"内部原因"两种。

2.1.1　外部原因(非正常停电)

当牵引变电所外部双回路电源均发生故障，或外部电源其中一回正处于地方供电部门检修状态，另外一回恰逢发生故障跳闸，且在较短时间内无法恢复正常送电，就需立即实施越区供电。

2.1.2　内部原因(变电所故障停电)

当牵引变电所主变压器或其他高压设备发生某种故障后，无法及时投切备用主变压器或其他备用设备。譬如,一台主变压器正处于检修状态,一台突发故障,无法实施主变倒切;高压室内母线故障后,无法切除故障接地点;或由于远动设备故障,无法远动实施开关倒切操作等情况,均需立即实施越区供电。

2.2 牵引变电所停电设备检修

为了提升牵引变电所检修效率并确保人身安全,最大限度地减少对铁路运输影响,目前全路供电专业正在探索和推行牵引变电所"全所退出运行"或"半所退出运行"停电检修模式,随之就需配套相应的越区供电方式。

2.2.1 全所退出运行

"全所退出运行"模式,即检修牵引变电所全所退出运行,相邻两侧变电所同时实施越区供电,如图2所示。

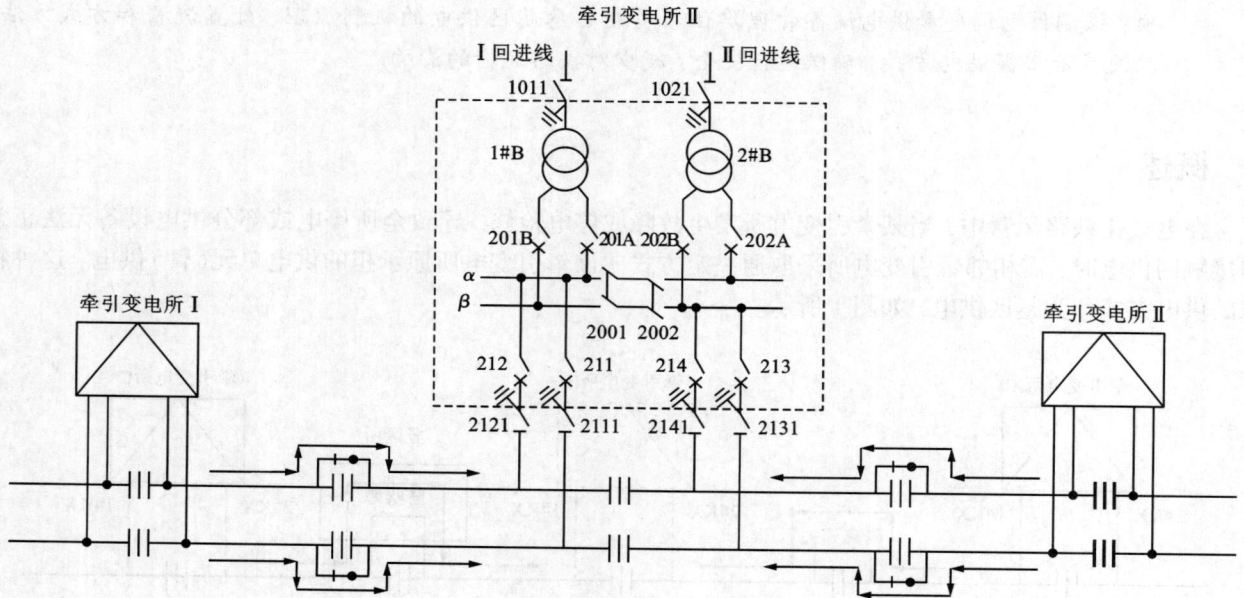

图2 "全所退出"模式示意图

2.2.2 半所退出运行

"半所退出运行"模式,即检修牵引变电所单侧(Ⅱ回系统)退出运行,相邻另一侧变电所实施越区供电,并分系统倒切退出,实施越区后开展检修,如图3所示。

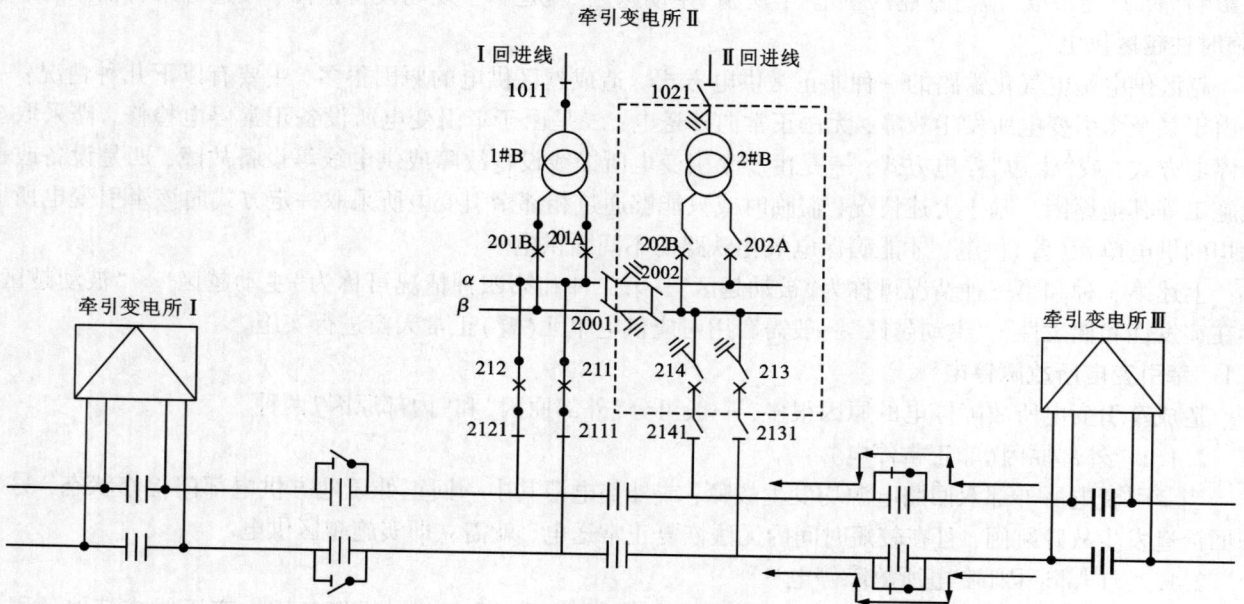

图3 "半所退出"模式示意图

2.3　馈线(供电线)类设备故障

当某牵引变电所馈线侧设备或馈线(供电线)至上网点区段供电设备发生故障,无法正常或及时恢复接触网供电,就需越区供电。一般可分为"变电类设备"故障和"接触网类设备"故障。

2.3.1　馈线变电类设备故障

当某牵引变电所馈线侧断路器、隔离开关及其附属设备(避雷器、YH、LH、抗雷线圈等)发生故障,且无法投入备用设备,或供电线上网隔离开关发生故障,为恢复供电,可临时将该区段(含设备)从既有供电单元(臂)"摘除",使相邻供电单元(臂)越区供电。

2.3.2　馈线接触网类设备故障

当某牵引变电所馈线(供电线)发生接触网类设备故障,譬如断线、支柱倾斜、支柱转角绝缘间隙不足、线索舞动等问题,无法正常向接触网送电,就需临时将该区段设备(接触网)从既有供电单元(臂)"摘除",使相邻供电单元(臂)越区供电。

2.4　设备改造

由于对某牵引变电所供电设备进行改造,可能涉及某供电单元(臂)上变电设备或接触网设备的正常停送电,为了给设备改造或施工提供必要的条件,即在时间上有充裕的"停电天窗",以及在空间上留出足够的"作业范围",可将该区段需改造的供电设备临时"摘除"出来,使相邻供电单元(臂)越区供电。这是一种很好,甚至有时也是唯一的选择。

3　越区供电方式

3.1　常规方式

常规越区供电方式在广义上可区分为"横向越区""并行越区"和"纵向越区"三种形式。同时,可从供电单元(臂)的电压分布上区分:"横向越区"和"并行越区"一般为某牵引变电所"同相位"供电单元(臂)向同所"同相位"供电单元(臂)供电;"纵向越区"一般为相邻牵引变电所"不同相位"供电单元(臂)向相邻所"不同相位"供电单元(臂)供电。

3.1.1　"横向越区"

"横向越区"俗称"环供"或"迂回供电",主要运用在车站、大型枢纽站场或部分特殊地形区段。由于设备检修或故障等,"横向越区"采取并联、串联等方式,由同所一个供电单元(臂)向原来隶属于同所不同供电单元(臂)临时供电;或采取一定方式的开关倒切,对原不同供电分束、单元,由同所的一个供电单元(臂)实现临时供电。"横向越区"一般实现的是"同相位"供电,如图4所示。

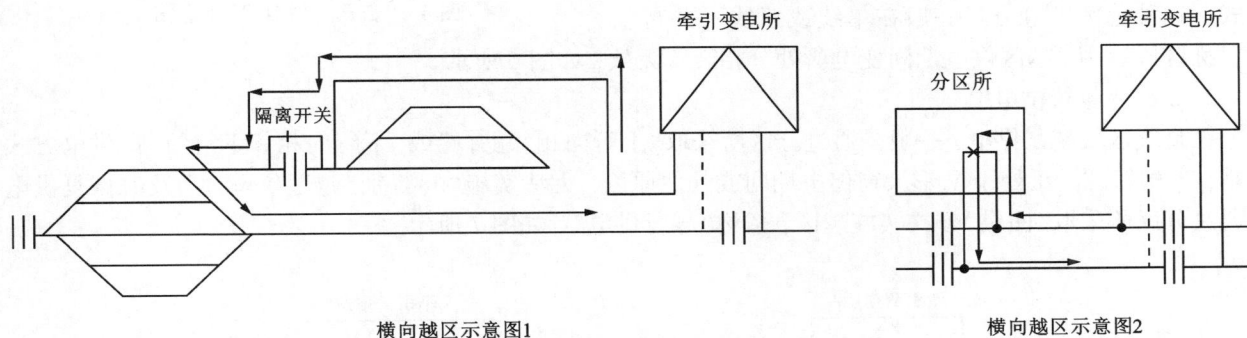

图4　"横向越区"示意图

3.1.2　"并行越区"

"并行越区"又可称为"1带2(N)供电",主要是通过同一牵引变电所一条馈线,采取一定方式的开关倒切,实现向"同侧(方向)上下行两条供电单元(臂)",或N条不同供电分束、单元的临时供电。"并行越区"一般实现的也是"同相位"供电,如图5所示。

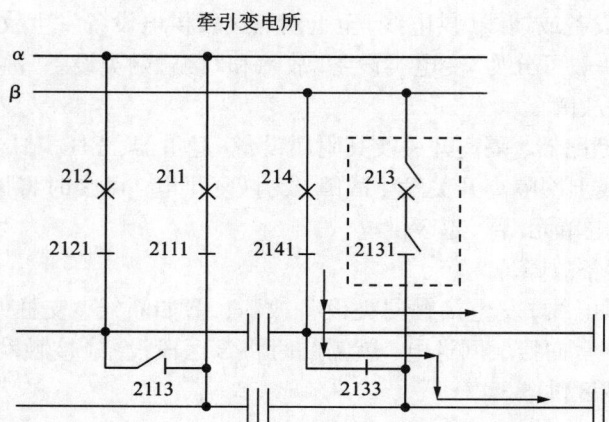

图 5　"并行越区"示意图

3.1.3　"纵向越区"

在电气化铁路实际运营中，"纵向越区"就是在一般意义上（狭义）所指的"越区供电"，即采取一定方式，实现某牵引变电所一个供电单元（臂）向相邻供电单元（臂）的临时供电。"纵向越区"一般实现的都是"不同相位"供电。前文中的图 1 和图 2 都是典型的"纵向越区"供电。

3.2　特殊方式

在"纵向越区"中，除了常规性两个牵引变电所之间通过分区所，或闭合分相装置隔离开关，或短接分相装置等方式实施越区，根据现场实际运行管理需求，还存在以下几种特殊越区供电方式。

3.2.1　"自己越供自己"

当牵引变电所因处理自身设备故障，或进行设备改造，需临时将自身的部分供电设备从既有供电单元（臂）中"摘除"出来，采取临时短接该变电所位置对应的分相装置，即将该所原来馈送出去的两个不同方向、不同相位（α 相和 β 相）的供电单元（臂），短接成为同一个供电单元（臂），也就是采取"本所一侧供电臂向另外一侧供电臂供电"，俗称"自带自"越区供电方式。这种越区供电方式一般在单线或双线不并行、不对称区段运用，越区供电期间变电所处分相装置无效，如图 6 所示。

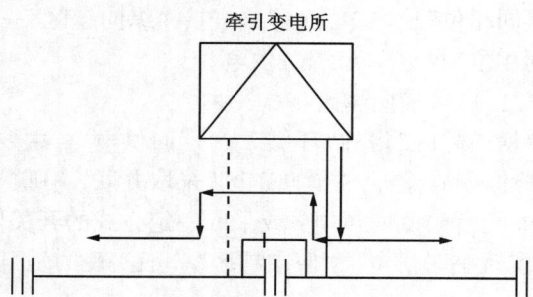

图 6　"自己越供自己"示意图

3.2.2　"越行供电"

在复线区段越区供电，一般是通过分区所采取"上行向相邻上行"或"下行向相邻下行"区段供电方式。但是，当相邻区段正处于 V 形天窗停电期间或其他原因，无法实施"同行别"越区供电，为及时恢复供电，可通过分区所采取"曲供"方式实施越区，俗称"越行供电"，如图 7 所示。

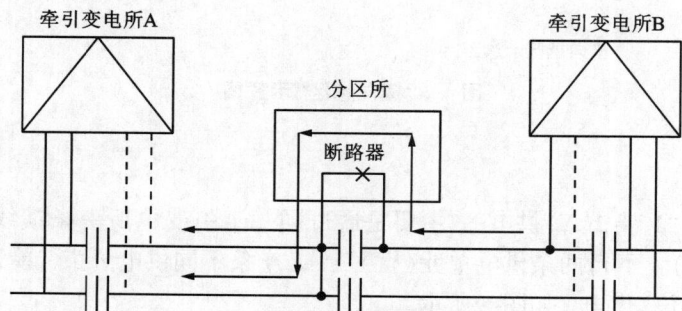

图 7　"越行供电"示意图

3.2.3 "分相中性区送电"

当电力机车由于某种因素，不慎"掉进"接触网分相装置中性区（俗称"无电区"）后，在实施救援过程中若具备条件，可采取向中性区送电方式，配合完成机车救援任务。这也是一种特殊的越区供电方式，当然越区操作方式与分相装置自身结构形式直接相关。

4　越区供电流程

越区供电在总体管理层面应执行"应急处置流程"，在具体实施操作层面应执行"应急操作流程"，这对于供电调度和供电设备管理单位来讲，二者都需熟悉掌握和严格执行。总之，在信息传递、协调联络中，应按照"应急处置流程"办理；在具体接发调度命令、倒闸操作等流程，应按照"应急操作流程"标准操作步骤执行。

4.1　规章依据

实施越区供电时主要依据国铁集团《技规》《调规》《铁路供电调度标准化作业办法》《铁路供电调度应急处置基本流程》和《牵引供电系统保护配置及整定技术导则》等相关条款内容，操作方面还需依据各铁路局集团公司制定的"越区供电方案"文件以及各条线路的"细化措施"文件执行。

4.2　处置流程

实施越区供电处置流程时，各铁路局集团公司应根据供电调度及供电设备管理单位各自的实际情况，制定文件明确规定，一般会采取如图8所示的处置流程。

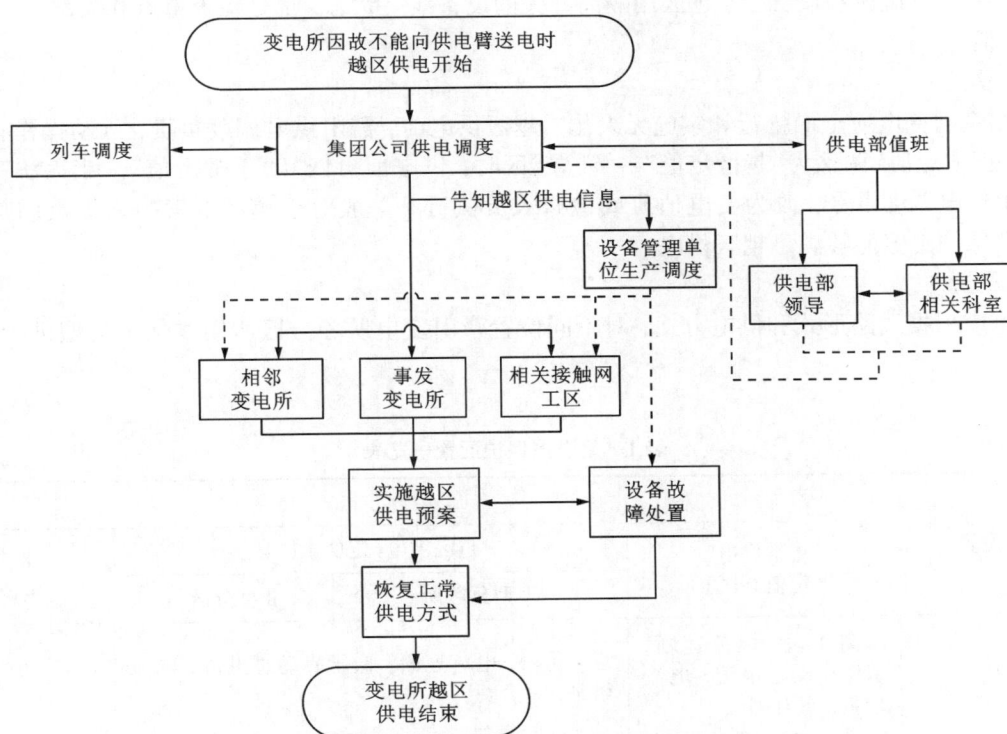

图8　处置流程图

4.3　操作流程

实施越区供电的一般操作流程（见图9）如下：第一步，先将来电侧单元（臂）停电；第二步，闭合相邻供电单元（臂）接驳的分区所开关（断路器和隔离开关），或短接相邻供电单元（臂）接触网分相装置；第三步，调整来电侧单元（臂）馈线保护定值及分区所（若有分区所）保护定值及配置；第四步，来电侧供电单元（臂）送电，通过分区所或"短接线"实现对相邻供电单元（臂）的供电。当然，第二步和第三步可以同步进行。

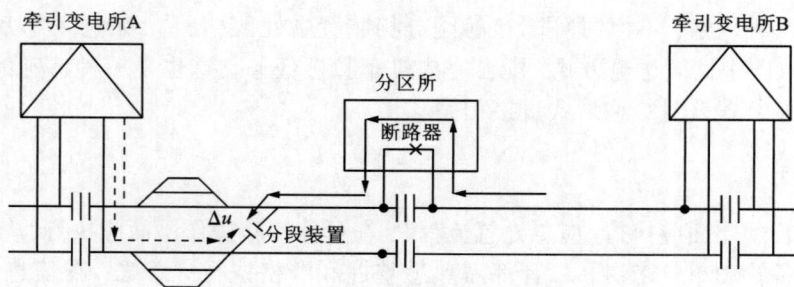

图 9　越区供电操作流程图

5　越区供电安全关键点

越区供电是电气化铁路供电的一种非正常运行状态，一旦启动，供电调度和供电设备管理单位要提前研判和识别越区供电的安全关键点，关注全过程诸多变化要素和关键环节，防止派生事故发生。

5.1　主导电回路

无论是"主动越区"，还是"被动越区"，在整个实施过程中，对于整个供电单元(臂)主导电回路的巡视、检查和监测是必须的。特别对于主导电回路中的薄弱环节和日常运行管理中容易忽视的回路节点，诸如供电线上网点、分区所穿墙套管、越区用隔离开关的设备线夹状态，都是检查重点和关键。

5.2　保护定值

5.2.1　设置

当前铁路牵引变电所全面推行和实施无人化。越区供电前，需由供电调度负责，远动操作将相关设备保护定值由"正常定值"调整为"越区定值"；解除越区时，供电前再恢复"正常定值"。当无法实现远动定值修改时，由供电调度下令，改为变电值班或检修人员执行。一般对于越区方案中未提及调整保护定值的，即原设定保护定值能够满足越区供电。

5.2.2　配置

越区供电应根据线路形式和供电方式，对不同位置牵引变电所和分区所馈线保护类型进行重新配置，如表 1 所示。

表 1　牵引网保护配置一览表

供电方式	位置	运行方式			
		正常供电(定值 0 区)	越区供电(定值 1 区)		1 带 2 运行(定值 2 区)
			Ⅰ型分区所	Ⅱ型分区所	
单线直供	变电所	距离Ⅰ段，电流速断，低压启动过电流，电流增量，重合闸	距离Ⅰ段，电流速断，低压启动过电流，电流增量，重合闸		/
复线直供	变电所	距离Ⅰ段，距离Ⅱ段，电流速断，低压启动过电流，电流增量，重合闸	距离Ⅰ段，距离Ⅱ段，电流速断，低压启动过电流，电流增量，重合闸		/
	分区所	正反向距离Ⅰ段，过电流，电流增量，检双侧有压重合闸	正反向距离Ⅰ段，过电流，电流增量，检双侧有压重合闸		/

续表1

供电方式	位置		运行方式			
			正常供电（定值0区）	越区供电（定值1区）		1带2运行（定值2区）
				Ⅰ型分区所	Ⅱ型分区所	
全并联AT供电方式	变电所		距离Ⅰ段，电流速断，低压启动过电流，电流增量，重合闸	距离Ⅰ段，电流速断，低压启动过电流，电流增量，重合闸	距离Ⅰ段，距离Ⅱ段，电流速断，低压启动过电流，电流增量，重合闸	距离Ⅰ段，电流速断，低压启动过电流，电流增量，重合闸
	AT所		失压保护，检有压重合闸	失压保护，检有压重合闸	失压保护，检有压重合闸	失压保护，检有压重合闸
	分区所	供电侧	失压保护，检有压重合闸	失压保护，检有压重合闸	失压保护，检有压重合闸	失压保护，检有压重合闸
		越区侧	/	失压保护，检有压重合闸	距离Ⅰ段，低压启动过电流，电流增量，重合闸	/

5.2.3　计算

越区保护定值需重新计算和调整。调整后的越区保护定值应预先植入牵引变电所和分区所保护装置内。对于馈电保护装置的不同类型保护越区定值整定原则和计算公式如下。

5.2.3.1　距离Ⅰ段

电抗定值：按照保护越区供电时的线路全长整定，参见式（1）。

$$X_{dzl} = K_k(L_0X_0 + L_1X_1)\frac{n_{CT}}{n_{PT}} \tag{1}$$

电阻定值：按照躲过最小负荷阻抗整定，参见式（2）。

$$R_{dzl} = \frac{U_{min}}{K_K I_{fh.max}}\left(\cos\varphi_{fh} - \frac{\sin\varphi_{fh}}{\tan\varphi_{X1}}\right)\frac{n_{CT}}{n_{PT}} \tag{2}$$

动作时限：一般整定为0.1 s。

5.2.3.2　电流速断

动作电流：按照躲过最大负荷电流和分区所最大短路电流整定，参见式（3）。

$$I_{zd} = \frac{K_k \max(I_{fh.max}, I_{d.max})}{n_{CT}} \tag{3}$$

动作时限：一般整定为0.1 s。

5.2.3.3　低电压启动过电流

动作电压：按照躲过最低运行电压整定，参见式（4）。

$$U_{zd.PT} = \frac{U_{min}}{K_k n_{PT}} \tag{4}$$

动作电流：按照躲过馈线最大负荷电流并保障末端故障有足够灵敏度整定，参见式（5）。

$$i_{zd} = \min\left(K_k I_{fh.max}, \frac{1}{K}I_{d.min}\right)\frac{1}{n_{CT}} \tag{5}$$

动作时限：一般与距离Ⅰ段动作时限相同。

5.2.3.4　电流增量

动作电流：按照躲过线路负荷电流一个工频周期内最大增量整定，一般按照单列电力机车或动车组额定电流估算，参见式（6）。

$$\Delta I_{zd} = \frac{K_k I_{e.max}}{n_{CT}} \tag{6}$$

动作时限：一般与距离Ⅰ段动作时限相同。

5.2.3.5　重合闸

重合闸时间：一般按照 2 s 整定。

复归时限：一般按照 20 s 整定。

5.3　电分段

车站上下行线路是通过不同类型渡线接驳，对应供电单元(臂)是通过接触网电分段连接。在复线区段实施越区供电，当上下行供电单元(臂)任何一行"穿越"车站站场供电时，应对车站上下行同步实施越区供电，否则车站上下行间电分段将会承受不同的相位电压差 ΔU，如图 10 所示。电分段绝缘特性无法耐受不同的相位电压差，因此，在复线区段实施越区时，应提前核对越区供电单元(臂)所带车站上下行电压相位情况，确保同相位，俗称防止"穿袖子"问题的发生。

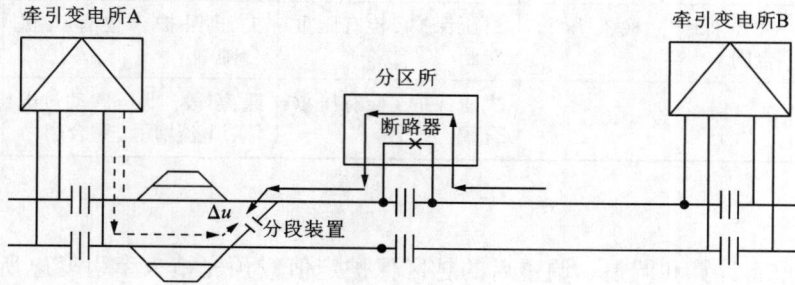

图 10　电分段示意图

5.4　与分区所结构的关系

不同主接线结构型式的分区所直接影响着越区供电的操作流程。

在单线区段的分区所一般采用的主接线型式，如图 11 所示。

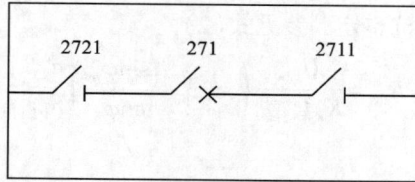

图 11　单线区段的分区所一般采用的主接线型式示意图

在复线区段的分区所采用的主接线型式一般分为Ⅰ型和Ⅱ型，如图 12 所示。

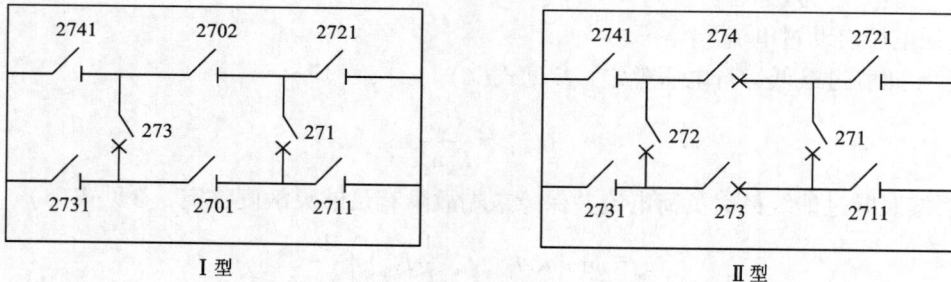

Ⅰ型　　　　　　　　　　　　　Ⅱ型

图 12　复线区段的分区所主接线型式示意图

采取Ⅰ型分区所时，由于靠馈线侧无断路器，只能采取先将电源侧馈线停电，闭合分区所相对应开关后，才能实施电源侧馈线送电的方式。采取Ⅱ型分区所时，由于靠馈线侧安装有断路器，可以实现电源侧不停电直接实施越区。在实际运行中，前者因为需先将电源侧停电，对于运输干扰较大，导致降低了越区实施效率。

5.5　特殊结构供电单元(臂)

越区供电时可能涉及部分特殊结构供电单元(臂)。譬如,带有专用线、机务折返段、动车段等的分支供电臂,或作为开闭所电源线、专用线开关站电源线的供电臂,特别还可能存在多方向分支供电和分束供电情况。由于派生供电单元(臂)与原来供电单元(臂)的连接方式,可能为电分段或者电分相装置,这都将直接影响着越区供电在实施过程中的操作流程。对此,务必高度关注,谨慎操作,严格执行倒闸流程,防止发生次生事故。

5.6　越区期间需注意事项

越区期间,牵引供电系统因供电方式发生了改变,其应急处置和日常运行管理将随之发生变化。

5.6.1　应急

越区供电期间应急对于现场层面,存在"应急值守"和"应急处置"两个方面。实施越区时,供电设备管理单位应立即派人进驻相关牵引变电所、分区所,改为"有人值守模式"。同时,值守人员要对主导电回路、接触网末端网压、薄弱或关键电气节点的状态加强巡视检查和监测。一旦出现异常状况,及时上报并处置。

对于供电调度层面,应在做好相关电压、电流等主要参数监测的基础上,一方面,强化与行车调度的沟通联系,提示和督促严格按照越区供电方案中的行车限制办法组织行车;另一方面,要做好越区期间跳闸超前预想和应急响应。

5.6.2　变化要素

越区供电会造成牵引供电系统诸多要素发生变化,需高度关注并提前做好应对准备。一是修订应供电单元(臂)的"故障测距对照表"。一旦发生相应馈线跳闸,需根据所采取的实际越区方式查阅跳闸数据的对应位置,防止疏漏。二是越区期间的停送电影响范围和操作流程与常规方式不同。原供电单元(臂)的倒闸卡片需重新修订。一般在越区供电情况下,建议供电期间取消日常维修天窗,减少不必要的停送电操作,以进一步减少对运输的干扰。三是实施越区供电单元(臂)相应接触网分相装置由于采取了"短封"措施,将会对运行通过的电力机车"磁感应器"显示无效。

6　结论

随着牵引变电所无人值守模式全面推行,为了确保安全和提升运输效率,实施越区供电的概率将会越来越高。供电调度和供电设备管理单位人员都应当熟悉越区供电的机制原理、处置流程和方式方法,以便更加灵活地掌握供电方式,确保安全,提升效率,为电气化铁路运输畅通保驾护航。

参考文献

[1] 中国铁路总公司.铁路技术管理规程:TG/01—2014[S].北京:中国铁道出版社,2014.
[2] 铁道部.电气化铁路接触网故障抢修规则:铁运[2009]39号[S].北京:中国铁道出版社,2009.
[3] 中国铁路总公司.高速铁路接触网故障抢修规则:TG/GD106—2014[S].北京:中国铁道出版社,2014.
[4] 中国铁路总公司.高速铁路供电调度规则:TG/GD 104—2017[S].北京:中国铁道出版社,2017.
[5] 中国铁路总公司.普速铁路供电调度规则:铁总工电[2017]284号[S].北京:中国铁道出版社,2017.
[6] 国铁集团.铁路供电调度应急处置基本流程:调工电函[2021]55号[S].北京:中国铁道出版社,2021.
[7] 国铁集团.铁路供电调度标准化作业办法:调工电函[2020]74号[S].北京:中国铁道出版社,2021.
[8] 中国铁路总公司.牵引供电系统保护配置及整定技术导则[S].北京:中国铁道出版社,2019.
[9] 国铁集团.电气化铁路牵引变电设备编号规则[S]:TG/GD 127—2020.北京:中国铁道出版社,2020.

作者简介

罗军,中国铁路西安局集团有限公司调度所高级工程师,工学学士,工程硕士。
龚锐,中国铁路西安局集团有限公司调度所工程师。

大修牵引变电所二次回路施工常见故障预防及处理办法

胡军利

摘　要： 近年来随着铁路建设逐步趋向高速重载安全的方向发展，运能及运量不断提高，既有牵引变电所的设备超周期运行、变压器的容量逐渐不能满足运输的需求，因此对牵引变电所设备的改造大修势在必行。本文对大修牵引变电所施工的常见故障预防及处理办法进行了总结分析，介绍了低成本、创新性的现场处理方法，以供参考。

在变电所施工过程中，最不好施工和最容易出问题的部分就是设备二次接线。施工单位技术人员的施工水平良莠不齐，加之设计单位设计的施工图纸中存在的个别问题，设计的施工图纸与设备厂家提供的设备的实际原理接线不相符、不配套，往往会造成施工后设备拒动、保护误动，这在施工过程中是需要尽量避免发生的，但在实际的施工过程中又是普遍存在的一种现象。

1　直流回路

直流回路接线在控制回路中存在开关合不上的现象，主要存在于 110 kV 侧的 SF6 断路器的合闸回路中。随着设计工艺的进步和综自保护的发展，其不仅在综自保护装置的合闸回路中设有"防跳回路"，而且在断路器的本体的合闸回路中也设有"防跳回路"。

开关的"防跳回路"主要作用就是防止开关合闸于发生永久性短路故障线路时，在保护装置动作使开关跳闸后不再进行合闸，从而保护设备不受短路电流的伤害，它的回路主要接的是防跳继电器的电压线圈，电压线圈的阻抗较大，所以在回路中分压较大，如果将两个"防跳回路"均串接入回路中，在回路中将会产生更大的分压，合闸线圈两端的电压将会降低很多，达不到动作时的电压值，合闸线圈不会受电启动，最终导致开关不能正常合闸。因此必须甩开一个"防跳回路"接线，在实际接线时建议去掉开关本体的"防跳回路"，一方面，开关本体的"防跳回路"较为直观且比较好操作；另一方面，保护装置内的"防跳回路"的灵敏度也更高、更可靠。

2　交流回路

在交流回路接线中，作用最大、最容易被忽略、最容易出问题的就是交流二次回路，也就是我们所说的互感器二次回路。在实际应用中，发生问题最多的是其保护回路中的差动保护回路。

主变差动保护是利用比较变压器各侧电流的大小和相位原理而构成的一种保护，对电流的相位要求极其严格。一般保护装置接入的互感器极性均为减极性，这就要求在施工中认真检查和确认电流互感器极性的判断及二次回路的接线，并采取相应措施进行预防，由此可见，互感器极性的判断尤为重要。

在变电所改造施工中主要为分系统、分设备单元的分步改造，需进行新旧设备间过渡匹配调试，加之现场器材工具的限制，现场总结出一种采用 1.5 V 干电池组、一块指针式万用表（最好是毫安电流表）的简单易操作的极性判断方法：用互感器接保护装置的极性判断方法接线（见图 1），判断试验过程不管是电流互感器本体或装置电流绕着极性问题，按照一个电流流向原则接线。

该极性判断方法以高压侧 A 相为例的判断步骤如下。

①干电池组的正极接高压侧 A 相电流互感器的进线，负极接 A 相电流互感器的出线。

②指针式的机械万用表档位打在电流档 50 mA 档。

③在主变控制盘后的主变微机主保护装置后的交流电流输入回路中找到差动保护电流互感器的电流输入引线的相应两个端子排联线（1D1、1D4），并在端子排上打开 1D1 的实验连片，将万用表的黑表笔搭在该试验端子进保护装置侧，红表笔搭在从室外电流互感器到试验端子侧。

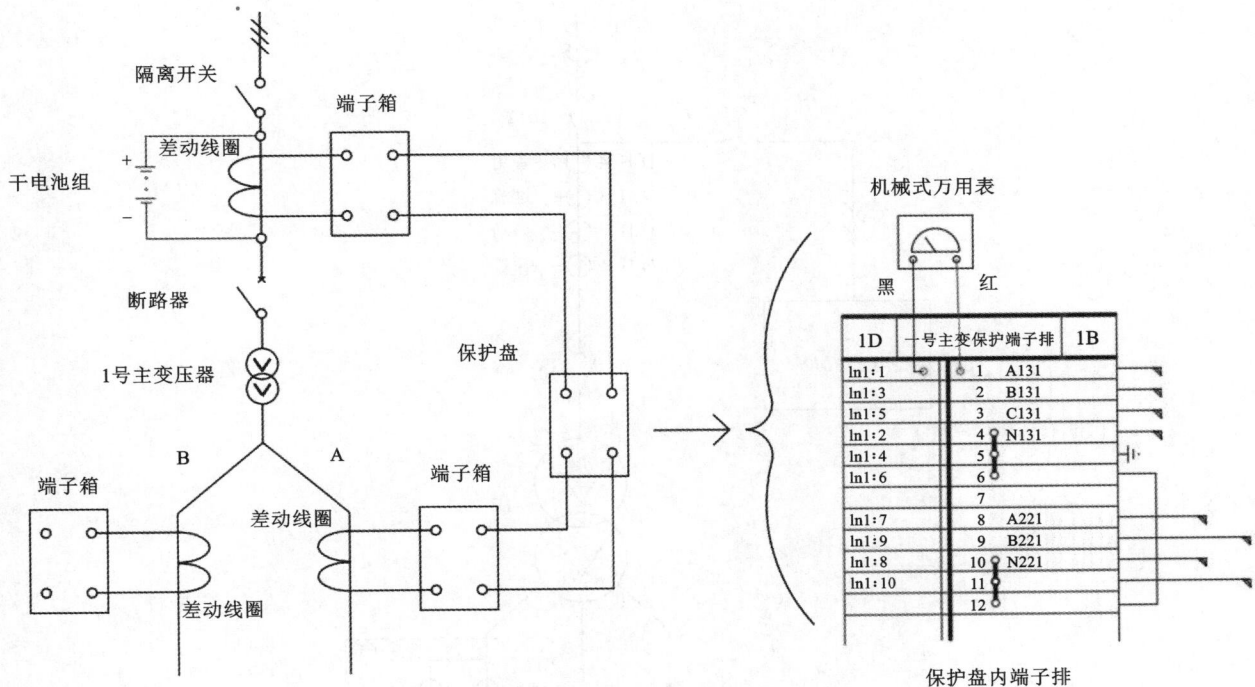

图 1 互感器接保护装置的极性判断方法

④将干电池组的正负极通过连线与互感器的进出线侧进行短时间的接通，观察万用表的指针指示，如果指针正偏，说明互感器的极性为减极性，接线正确；否则要对二次回路接线进行调整，直到输入正确为止。

低压侧的 A 相及其余各相的检查方法与之相同，直到各相均检查完毕且正确。差动保护必须对主变高低压侧电流互感器进行全部检查，至此可以保证差动保护的极性和接线不会出问题。

除了电流互感器的极性影响差动保护误动，电流互感器的两点或多点接地也是影响差动保护误动的原因之一。电流互感器的二次接地属于保护接地，是必不可少的，但是不合理的多点接地会造成保护的误动或拒动，结合现场总结的有效预防及处理两点或多点接地的办法如下。

①施工前规定不管是电流互感器二次侧的测量还是保护回路，都只能有一点接地，而且差动保护回路高低压侧电流互感器二次侧的接地不能分别接地，因为会出现两点接地的情况，所以应统一在控制保护盘侧接地。

②施工后分别对每组电流互感器二次接线用万用表的电阻挡进行对地测量，将万用表的一端表笔搭在一组电流互感器的任一接线上，将另一端可靠接地。这时万用表指示的阻值将会变得很低，将本组电流互感器的二次侧接地从连接部位甩掉，再在同一位置用一块万用表的同一档位进行测量，如果测量显示为"∞"则证明回路只有一点接地；如果测量还有阻值，说明回路中还存在接地点，应该逐段查找，直到查到并处理为止。

排除了极性接反、电流互感器二次回路两点及多点接地，还需进行差动保护接线正确与否的整组传动试验，常规的方法是需借助试验仪器进行检测，但考虑到施工现场不一定常备试验仪器的特殊性，为此经过理论分析研究，新创出低成本、高效的检测方法：采用一稳定三相 380 V 电源模拟进行低等级电压的短路实验方法进行差动保护的系统性检测（见图 2）。该实验方法在现场牵引变电所改造施工中进行了实践检测论证，方法可行有效且低成本。

该实验方法的具体步骤如下。

①将主变高压侧电流互感器两侧的电源进线隔离开关打开并可靠锁闭，使电流互感器可靠脱离系统，并有明显断开点。

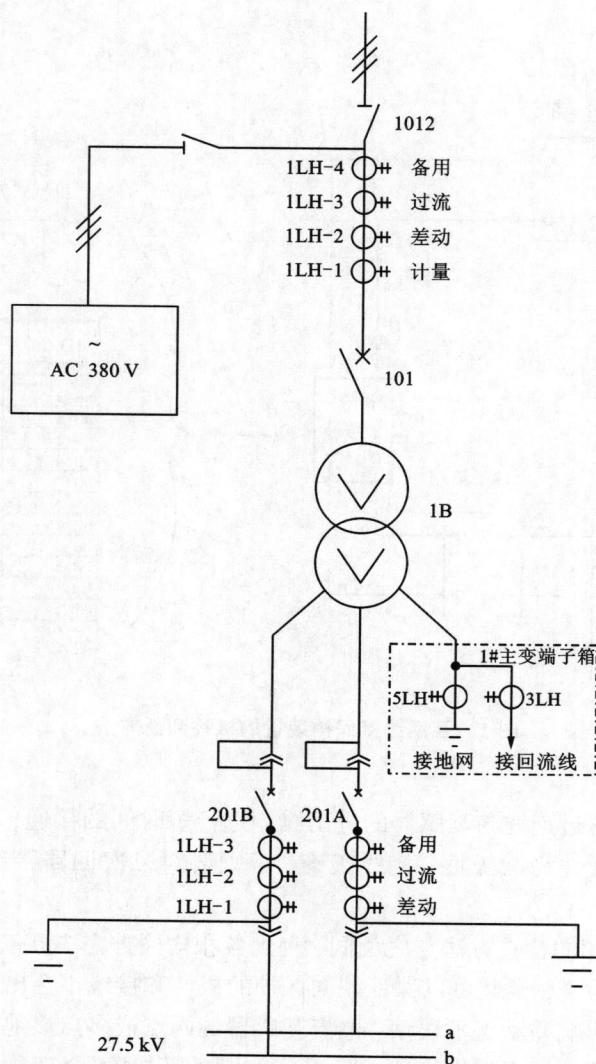

图2　采用一稳定三相380 V电源模拟进行低等级电压的短路实验方法

②将高压室内与实验主变的二次侧有直接关系的两台断路器小车处于退出位。

③用电缆将高压室内的主变低压侧短路器进线端与室外主变低压侧连接,同时将主变低压侧的两台断路器的出线侧分别用接地线与大地可靠连接。

④引用一稳定三相380 V的电源,按照110 kV系统实际接线的A、B、C的相位关系,将三相380 V电源的A、B、C分别与系统的A、B、C连接。

⑤在确认引线连接正确、可靠,人员机具撤至安全地带后,依次合上主变110 kV侧断路器、主变低压侧A相和B相断路器、三相380 V电源开关。

⑥在主变压器主保护装置的显示屏前观察各项参数,重点是观察并记录各相的差动电流和制动电流的显示情况,如果各相的差动电流均小于制动电流,说明差动保护二次接线完全正确。

⑦在完成以上操作后,首先在保护盘后将主变次边的差动电流互感器二次回路接线的任意一相的两根接线进行调换(改为加极性);然后在主变压器微机主保护装置的显示屏前观察各项参数,重点是观察并记录各相的差动电流和制动电流的显示情况,如果各相的差动电流中与调换的这一相有相关的两相差动电流均大于制动电流,调换的这一相的差动保护动作说明差动保护二次接线完全正确;最后将调换的连线按照原来的位置进行恢复。

⑧依次断开三相380 V电源开关和主变低压侧的两个断路器、高压侧断路器,拆除引线和断路器的出

现侧的接地线,恢复设备状态。至此实验完毕,确保了差动保护接线的正确性。

3 结束语

本文所述问题及解决办法均结合了自身的变电所实际施工中发现的较为普遍的问题,和行之有效的一些解决办法。牵引变电所作为电气化铁路的心脏,只有把控好平时施工质量,才能确保变电所新设备的投运一次性成功,供电的安全性、可靠性才能有所保障。

参考文献

[1] 何俊.牵引变电所电流和互感器二次回路接地方式探讨[J].中国铁路,2014(9):74-78.
[2] 姚世军.牵引变电所设备故障应急处理分析[J].建材与装饰,2018(14).

作者简介

胡军利,中国铁路西安局集团有限公司宝鸡供电段,工程师。

压互二次回路自动切换装置远动调试方案研究

张　刚

摘　要：随着无人化变电所的推行，对变电所运行的安全稳定性要求越来越高，为了保证 27.5 kV 压互回路的运行安全可靠性，相关供电段相继安装了 27.5 kV 母线二次电压回路自动切换装置，为了保证该装置远动调试的顺利进行，本文提出了具体的远动调试方案，希望对该装置的远动调试工作提供帮助。

1　引言

近年来，牵引供电管理人员越来越意识到变电所压互失压的危害性，因此开展了压互备自投相关技术研究。牵引变电所 27.5 kV 母线上设有电压互感器 3YH、5YH、4YH、6YH，通常 3YH、5YH 为一组，4YH、6YH 为一组。运行时，一组工作，一组备用，如果发生工作的电压互感器的高压熔断器熔断、二次侧空气开关跳闸等故障时，如果不能及时消除故障，可能引起断路器跳闸、接触网失电，干扰运输生产，尤其是无人变电所的实施，这一安全隐患对牵引变电所管理人员带来了较大的困扰。为了快速发现并消除压互回路故障，迅速恢复压互母线电压，相关牵引变电所陆续安装了 27.5 kV 母线二次电压回路自动切换装置(以下简称：压互自投装置)，如图 1。该压互自投装置的投入，有效解决了这一困扰一线安全生产的实际问题。同时，该压互自投装置在远动调试过程中也遇到了一些具体问题，为了保证远动调试工作安全顺利进行，需对相关技术方案进行认真研究。

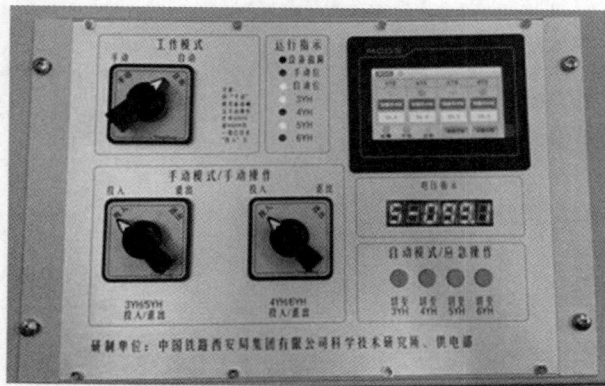

图 1　压互自投装置

2　现场调试存在的问题

(1)存在需要对 IP 地址进行分配问题。由于该压互自投装置接入 SCADA 远动系统时需要分配相应的 IP 地址才能接入，因此需对相关工作进行研究。

(2)存在已将压互自投装置接入变电所既有压互二次回路，但未将装置接入 SCADA 远动系统的问题。

(3)存在压互自投装置未接入变电所既有压互二次回路，需进行 SCADA 远动调试的问题。

3　远动调试方案研究

3.1　关于工作票

压互自投装置远动调试使用第三种工作票，作业前调试人员及相关配合人员应对装置功能进行熟悉，掌握装置工作特性,须组织调试人员、配合人员认真学习调试步骤,做好调试过程中问题的预想及应急处置工作。

3.2　设置 IP 地址

(1)由专业人员分配 IP 地址。由于一些变电所不是同一时期建设,远动系统网络结构不尽相同,IP 地址分配也各不相同,在将装置接入 SCADA 远动系统前,由 SCADA 远动系统 IP 地址管理人员为压互自投装置分配 IP 地址、子网掩码和网关。

(2)设置 IP 地址。调试人员在对装置设置 IP 地址前,须与 SCADA 远动系统负责部门对 IP 地址进行再次确认,避免地址冲突,确认完毕后,完成对压互自投装置的 IP 地址设置。

3.3　压互自投装置调试方案

3.3.1　方案一:设短封线方案

设短封线方案,是在压互自投装置的进线端和出线端,利用短封线直接将压互信号引至盘顶压互小母线上,目的是将压互自投装置从压互回路中甩出,便于装置的远动功能调试。

(1)如图 1,将压互自投装置前面板手动模式操作区的"3YH/5YH 投入/退出"和"4YH/6YH 投入/退出"两个转换开关全部打至"投入"位,将压互自投装置的工作模式区置为"手动"位。

(2)将压互自投装置盘柜后面端子排上的 3YH、4YH 的电压信号接入端子短接后,引至 YMa 上,将 5YH、6YH 的电压信号接入端子短接后,引至 YMb 上,并将 3YH~6YH 的 YHx 线短接后,引至 YMn 上,使压互二次电压信号直接引至电压小母线上。

(3)拆下装置后面板上 4 路压互电压信号的输入、输出端子,使装置与压互回路脱离。

(4)通过继保仪对压互自投装置升压、降压、操作压互自投装置的按钮、转换开关等逐项对各远动点表相关远动功能进行调试。

(5)压互自投装置远动功能调试完后,恢复装置之前的接线,并将压互自投装置打至"自动位",恢复压互自投装置正常运行。

3.3.2　方案二:不设短封线方案

不设短封线方案,是利用压互自投装置及配备的旁路装置配合完成远动功能的调试。

(1)如图 1 中,将手动模式的"3YH/5YH 投入/退出"和"4YH/6YH 投入/退出"两个转换手柄全部打至"投入"位,且将压互自投装置调至"自动"位。

(2)将压互自投装置盘柜后的旁路装置全部打至"合"位,并将其通信线撤除。

(3)拔下压互自投装置后面板上的"IN"和"OUT"端子排线,将与继保仪连接的"试验端子"接至"IN"端口。如图 2 所示。

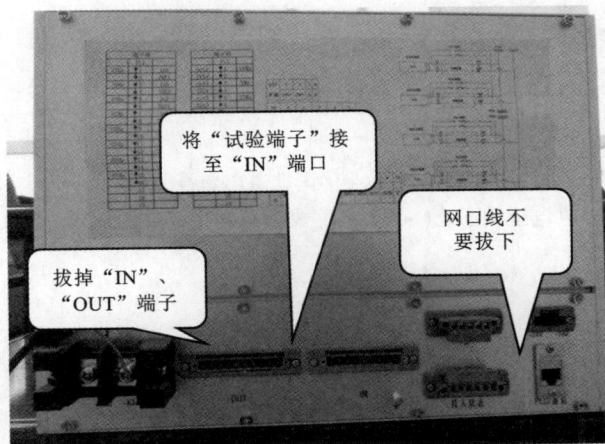

图 2　压互自投装置操作示意

(4)通过继保仪对压互自投装置升压、降压、操作压互自投装置的按钮、转换开关等逐项对各远动点表相关远动功能进行调试。

（5）压互自投装置远动功能调试完后，恢复装置之前的接线，将压互自投装置手动模式的 3YH 至 6YH 全部投入，并将压互自投装置打至"手动"位。

（6）恢复旁路装置的通信线完成对旁路装置的远动功能调试。

（7）以上调试完成后，将压互自投装置手动模式的 3YH 至 6YH 全部投入，将装置打至"自动"位，旁路空开全部打至"分"位，装置进入投运状态，调试完毕。

3.3.3　方案三：装置未接入压互回路的远动调试

由于装置未接入压互回路，此时调试不影响既有设备，是以按如下方案调试。

（1）由专业人员分配并设置 IP 地址。

（2）如图 1 中，将手动模式的"3YH/5YH 投入/退出"和"4YH/6YH 投入/退出"两个转换手柄全部打至"投入"位，且将压互自投装置调至"自动"位。

（3）将与继保仪连接的"试验端子"接至"IN"端口。如图 2 所示。

（4）通过继保仪对压互自投装置升压、降压、操作压互自投装置的按钮、转换开关等逐项对各远动点表相关远动功能进行调试。

（5）对旁路装置的远动功能进行调试。

（6）所有远动功能调试完毕后，撤除调试设备，既可进行安装等工作。

3.4　方案适应场合及优缺点对比

（1）方案三由于装置未接入压互回路，调试时不会对既有设备造成影响，因此，此方案适用于压互自投装置未接入变电所压互二次回路的场合。

（2）方案一和方案二，均适用于压互装置已接入变电所压互二次回路的场合。

（3）方案一优缺点：优点是设置短封线后，接线牢固，保证了调试过程中压互回路的可靠运行；缺点是由于在远动调试过程中需要进行设置短封线操作，操作过程中存在接地、压互回路断线及相间短路等安全风险，因此，作业时应做好安全措施。方案二优缺点：优点是由于调试全程通过压互自投装置及其配套电路的切换来进行，不需要在回路中接线，调试时，装置也与既有回路脱离，因此安全风险较小；缺点是由于进行了接线端子的插拔等操作，可能存在接线松动等问题，因此，调试完成后，应做好相关插拔端子的恢复等工作。

4　结论

以上针对 27.5 kV 母线二次电压回路自动切换装置在现场安装调试过程中遇到的问题进行了分析，提出三种方案，并明确了其应用场景，对方案优缺点及注意事项进行了说明，希望能够对现场的作业提供参考和帮助。

参考文献

［1］铁道部.牵引变电所运行检修规程［M］.第 1 版.北京：中国铁道出版社，2000.

［2］中国铁路总公司.关于印发铁路供电远动系统（SCADA）主站暂行技术条件的通知：铁总运［2015］88 号.北京：中国铁路总公司，2015.

作者简介

张刚，中国铁路西安局集团有限公司科学技术研究所。

隧道内牵引供电设备接地不良危害与防治

邓远毅　安龙

摘　要：本文针对青藏线西格段关角隧道内 DK299 分区所 27.5 kV 供电线电缆铠装层、屏蔽层接地与 2712 隔离开关接地串联且接地不良，造成 271 保护装置电源空气开关频繁跳闸、2712 隔离开关二次设备烧损，严重影响 2712 隔离开关分合闸操作的问题，结合现场检查情况分析了问题原因，结合整治效果提出了防治类似问题的措施。

1　概述

青藏线西格段 DK299 箱式分区所位于长达 32.69 km 的关角 1 号隧道与关角 2 号隧道间的横通道洞室内，距天棚牵引变电所 21.55 km、距察汗诺牵引变电所 17.86 km。

2021 年 12 月 1 日~2022 年 6 月 13 日，该所多次发生 2712 隔离开关远动分合闸拒动、保护装置离线问题，检修人员现场检查发现 271 保护装置电源空气开关跳闸，2712 机构箱内面板和端子排有烧损痕迹，更换相应配件后此类问题仍继续发生，严重影响分区所内设备运行安全和接触网停电作业，详细情况如表 1 所示，机构箱内端子排烧损情况如图 1 所示。

表 1　DK299 分区所 2712、271 故障现象统计表

时间	故障现象	检查情况及处理措施
2021.12.13	DK299 分区所 2712 远动合闸执行超时	12 月 15 日，现场检查发现 2712 发控制回路断线告警信息，因作业时间太短未查明原因，未处理。12 月 20 日，现场检查发现 2712 机构箱内 J1 的 26、27 端子有烧损痕迹，因天窗时间短未处理
2021.12.21	DK299 分区所 271 保护装置通信离线	12 月 21 日，现场检查发现 271 保护装置电源空气开关跳闸，对 2712 机构箱内烧损端子进行了处理，闭合 271 空气开关后，保护装置通信离线消失
2021.12.28	DK299 分区所 271 保护装置通信离线	12 月 29 日，现场检查发现 271 保护装置电源空气开关跳闸，更换空气开关、紧固接线端子后，保护装置通信离线消失
2022.1.24	DK299 分区所 271 保护装置通信离线	1 月 25 日，现场检查发现 271 保护装置电源空气开关跳闸，合上空气开关并向供电调度申请断开 2712 操作机构电源后，保护装置通信离线消失
2022.2.20	DK299 分区所 2712 远动操作拒分	2 月 21 日，现场检查发现 2712 机构箱内二次端子排烧损。3 月 2 日，更换烧损的端子排后，仍无法分闸。3 月 28 日，更换 2712 机构箱内控制面板及分合闸接触器后，就地分合闸正常，远动分闸后立即自动合闸，送电时 2712 退出运行。4 月 25 日，更换保护装置出口板 C 板，更换后合闸正常，但无法分闸，2712 退出运行
2022.5.30	DK299 分区所 2712 拒分	5 月 31 日，现场检查发现 2712 机构箱内分合闸接触器及部分二次端子烧损，更换分合闸接触器、端子排和保护装置出口板后，远方/就地分合正常
2022.6.12	DK299 分区所 2712 拒分	6 月 13 日，更换机构面板、分合闸接触器后远动、屏控分合正常

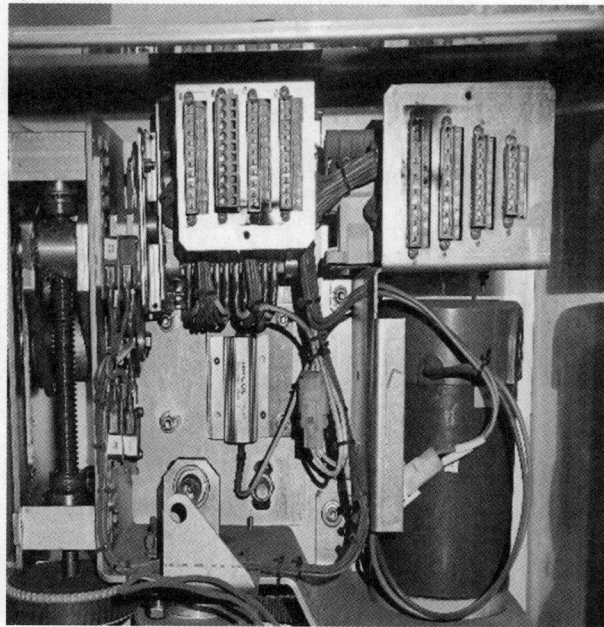

图 1　2712 机构箱内端子排烧损情况

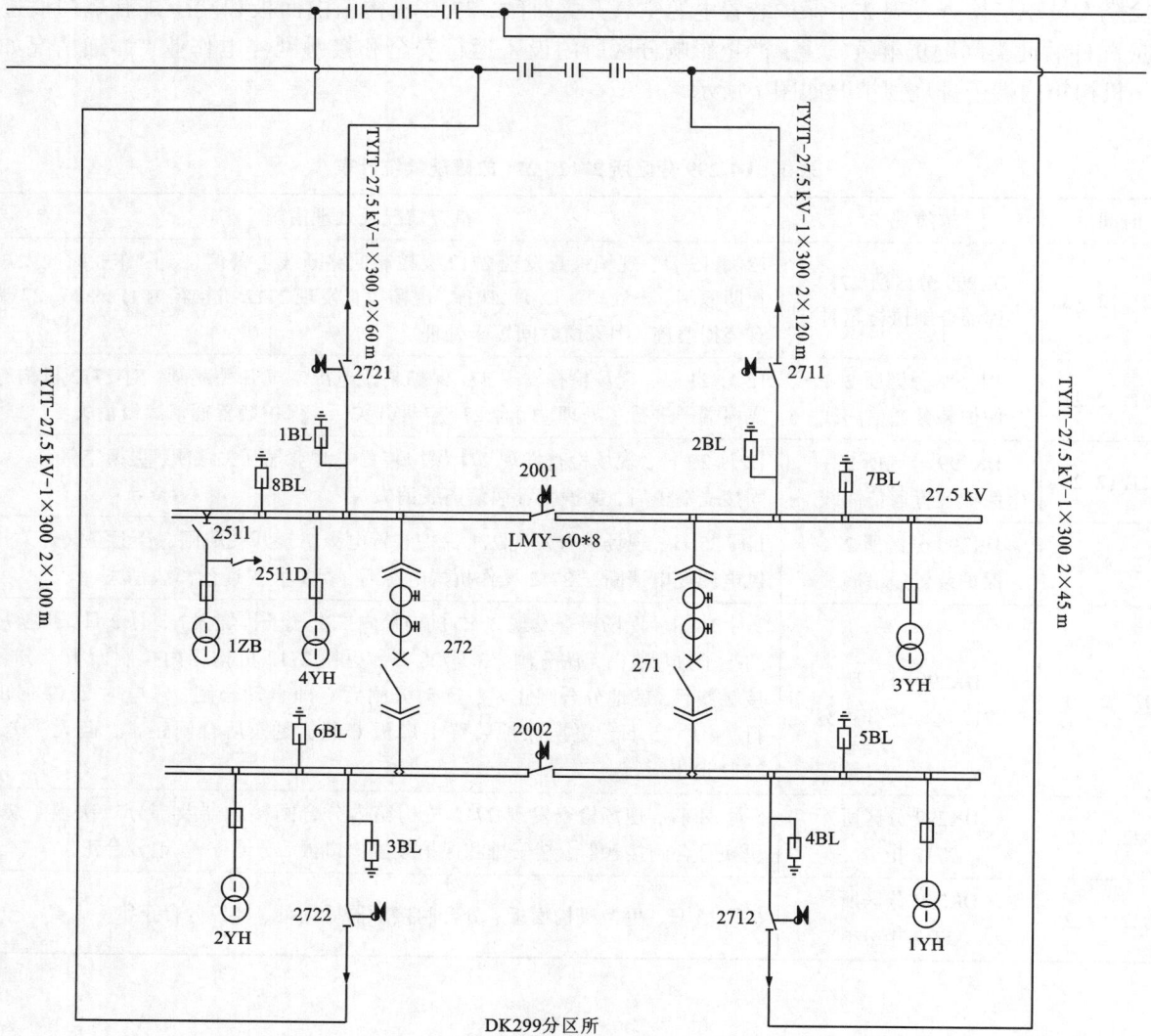

图 2　DK299 分区所供电示意图

2 原因分析及处理情况

青藏线西格段 DK299 分区所 2712 隔离开关拒动、机构箱内二次设备烧损、271 保护装置电源空气开关跳闸问题频繁发生，严重影响设备运行安全和接触网停送电倒闸操作。2022 年 6 月 14 日，供电部、西宁供电段专业技术人员通过现场检查，发现存在以下隐患，导致上述问题发生，并利用接触网天窗时间组织检修工区进行了处理，消除了隐患。

2.1 2712 隔离开关及 27.5 kV 电缆接地不良

DK299 分区所供电示意图如图 2 所示。

2712 隔离开关安装在关角隧道上下行间横洞靠上行侧隧道壁上，一侧通过电连接线与上行侧接触网连接，另一侧通过 27.5 kV 电缆接入 DK299 分区所内母线上。

查询 DK299 防雷接地设计图，确认 DK299 分区所内接地母线与关角隧道内综合接地线相连接。使用万用表测量 DK299 分区所接地与关角隧道内综合接地之间电阻，电阻值为 0.4 Ω，确认 DK299 分区所接地良好。

使用万用表测量 2712 隔离开关底座及操作机构箱接地与综合接地线之间的接地电阻，电阻值为 620 Ω，确认 2712 隔离开关底座和操作结构接地不良。进一步检查，发现 2712 隔离开关与 DK299 分区所之间的 27.5 kV 电缆靠 2712 侧的屏蔽层和铠装层接地通过一根 LJG-70 线与 2712 隔离开关操作机构支架角钢串接在一起，电缆另一端未接地，如图 3 所示。

测量 DK299 分区所 2722 隔离开关底座及操作机构接地与综合接地线之间的电阻，电阻值为 0.6 Ω，接地良好。检查 2722 隔离开关处 27.5 kV 电缆屏蔽层和铠装层接地，发现 27.5 kV 电缆屏蔽层和铠装层直接和综合接地线相连接。

上述问题发现后，立即使用 1 根 35 mm^2 多股铜芯电缆将 2712 底座及操作机构接地、27.5 kV 电缆屏蔽层及铠装层接地与箱式分区所接地母线可靠连接，处理后再次测量，发现 2712 底座及操作机构接地、27.5 kV 电缆屏蔽层及铠装层接地与综合接地线之间的电阻由 620 Ω 降为 1.8 Ω。

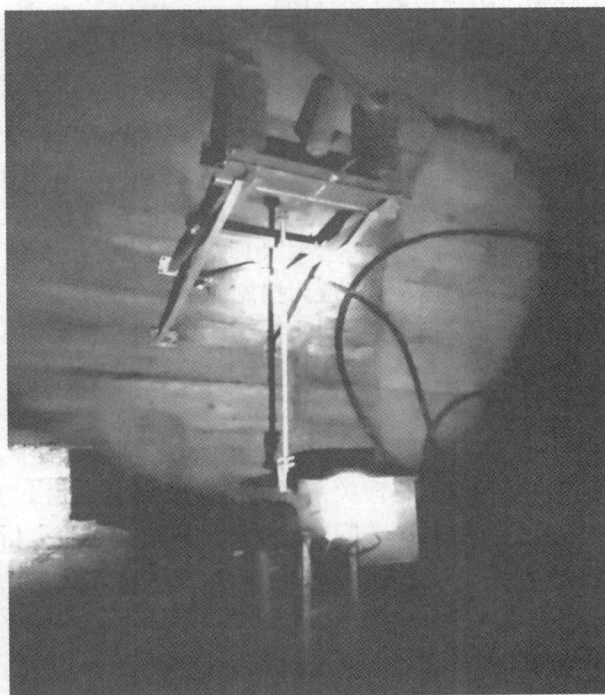

图 3 2712 隔离开关及 27.5 kV 电缆接地现场照片

根据现场检查和测量结果分析，确认造成 DK299 分区所 2712 隔离开关拒动、机构箱内二次设备烧损、271 保护装置电源空气开关跳闸问题频繁发生的直接原因是：27.5 kV 电缆屏蔽层和铠装层接地与 2712 隔离开关底座及操作机构接地串接在一起，因 2712 隔离开关底座及操作机构与综合接地线未可靠连接，接触不良，27.5 kV 电缆带电后会在屏蔽层和铠装层上产生较高的感应电，因屏蔽层和铠装层接地电阻变大（620 Ω），导致 2712 操作机构箱对地电位高，强电侵入二次回路后造成 2712 隔离开关拒动、机构箱内二次设备烧损、271 保护装置电源空气开关跳闸。

2.2 DK299 分区所内断路器、隔离开关二次回路未安装电涌保护器

现场检查发现，DK299 分区所 271、272、2711、2712、2721、2722 二次回路中均未安装电涌保护器，当与 2712 隔离开关相连的 27.5 kV 电缆带电后，在屏蔽层和铠装层上及与其串接在一起 2712 机构箱上产生较高的感应电，强电侵入 2712、271 二次回路后，造成 2712 隔离开关拒动、机构箱内二次设备烧损、271 保护装置电源空气开关跳闸。

3 防治措施

设置在隧道内的分区所、AT 所、并联开关站、隔离开关等牵引供电设备,为保证设备运行安全和人身安全,必须进行可靠的工作接地和保护接地。隧道内多为岩石结构,土壤电阻率高,为达到降阻目的,设计时多采用在分区所、AT 所等所(站)四周沿隧道洞室墙壁设置接地母线,环绕一周后与综合接地线相连的方式。运行中发现,受未按工艺标准施工和验收、运行中牵引供电设备接地松脱、接地装置串接、腐蚀、检修不到位等原因,会造成运行中的牵引供电一二次设备接地不良,导致发生短路等故障时接地部分电位升高、强电侵入二次系统,引起二次设备烧损、空气开关跳闸、断路器、隔离开关无法操作等严重后果。为防止类似问题发生,建议采取以下措施进行防治。

3.1 规范接地装置检修作业标准

隧道内的分区所、AT 所、并联开关站接地装置检修时,不能按照常规方法测量接地电阻,必须检查所(站)的接地母线与综合接地线之间连接是否牢靠,接触是否良好。发现接地母线接地不良时,应及时采取措施整治,确保所(站)接地母线接地良好。必要时,可将接地母线与隧道洞室四周结构内的钢筋相连,达到降低接地电阻和地电位的目的。

3.2 规范接地装置设计、施工和应急处置

隧道内的分区所、AT 所、并联开关站内的一二次设备、接触网隔离开关等牵引供电设备,必须按照设计规范和施工规范要求,设置良好的工作接地和保护接地。设备接地部分与接地母线或综合接地线之间必须连接牢靠,接触良好。每台设备的接地部分应单独与接地母线或综合接地线可靠连接,严禁将不同设备工作接地或保护接地串接在一起。当二次回路设备发生烧损等问题时,应检查一、二次设备接地状态是否良好,发现接地不良时,应及时处理,防止隐患升级。

3.3 补强二次系统防强电侵入措施

隧道内的分区所、AT 所、并联开关站内及接触网隔离开关等牵引供电设备设计或大修改造时,应在二次系统加装防强电侵入设备。

4 结束语

通过对青藏线西格段关角隧道内 DK299 分区所 2712 隔离开关操作机构箱内二次设备烧损、271 保护装置电源空气开关跳闸等问题发生的原因进行调查分析,发现了不同牵引供电设备接地串接在一起、设备接地不良的危害性,验证了原因分析的正确性,整治措施的有效性,对查找处理类似问题、规范隧道内牵引供电设备接地装置设计施工、检查检修、补强隧道内牵引供电设备二次系统防强电侵入设计,具有一定的借鉴和参考意义。

作者简介

邓远毅,中国铁路青藏铁路集团有限公司供电部(西安局集团公司延安运营维修段在青藏集团公司挂职帮扶人员),工程师。
安龙,中国铁路青藏铁路集团有限公司供电部(西安局集团公司宝鸡供电段在青藏集团公司挂职帮扶人员),副主任。

提高牵引变电所备自投装置运行可靠性的措施浅析

靳耀耀

摘　要：本文结合青藏集团公司西宁供电段管内各牵引变电所近年来发生的备自投装置动作失败案例，从设备质量、技术管理、检修维护、人员素质等方面分析了造成备自投装置动作失败的原因，针对制定的措施及其实践和验证情况，总结了提高牵引变电所备自投装置运行可靠性的方法。

1　引言

牵引变电所备自投装置，主要指电气化铁路牵引变电所内能够实现两路电源进线、两台牵引变压器之间自动投切的设备。备自投装置能够自动识别牵引变电所内电源进线和牵引变压器运行方式，进线失压或主变故障时，在满足备自投条件的情况下，能根据备自投装置中设定的自投方式，实现备用电源或备用牵引变压器的自动投入，大幅缩短牵引变电所和接触网停电时间，降低对列车运行的影响。因此，保证牵引变电所备自投装置状态良好、可靠运行，就显得十分必要和重要。

2　备自投装置运行中存在的主要问题

备自投装置运行中主要存在两大类问题：一是备自投失败，统计分析发现，青藏集团公司西宁供电段管内 2017 年~2021 年共发生 11 件备自投失败（含未启动）问题，其中，进线备自投失败 5 件，主变备自投失败 6 件。按原因分，断路器或隔离开关拒动引起的备自投失败占比 64%，备自投装置故障引起的备自投失败占比 18%，线路保护动作导致备自投未启动 1 件占比 9%，施工原因造成备自投未投入 1 件占比 9%。二是备自投误动，主要指未达到备自投装置启动条件的情况下，备自投装置启动，或造成断路器分闸。

3　备自投装置动作失败、误动原因分析

3.1　备自投装置失败的主要原因

通过对 2017 年以来发生的备自投装置失败问题进行深度分析，发现造成备自投装置失败的原因主要有以下三个方面。

3.1.1　断路器、隔离开关拒动造成备自投装置中止

主要表现为发生进线失压、主变差动、重瓦斯、压力释放、温度二段、高压侧失压保护动作后，进线或主变自投已经启动，但执行过程中，因断路器或隔离开关拒动造成的备自投装置中止。

常见问题包括：一是断路器或隔离开关分合闸回路故障，如二次回路接线松动、接触不良，分合闸启动回路中继电器接点闭合不到位，操作机构内部行程开关或辅助开关接触不良，接点闭合不到位等。二是断路器或隔离开关实际位置与备自投装置检测到的开关位置不对应，或与备自投逻辑中设置的开关位置不一致。

3.1.2　备自投装置故障造成备自投装置未启动或中止

主要表现为进线失压或主变故障后，备自投装置未启动或中止。

常见问题包括：一是备自投装置死机。二是软压板、硬压板未投入，控制字、定值配置错误。三是备自投装置硬件故障，如电源板故障、CPU 板故障、DI 模块或 DO 模块上的继电器故障。四是备自投装置电源失压。五是备自投装置充电时间不足。

3.1.3　外部原因造成备自投装置不启动

主要表现为备自投装置状态良好，但发生进线失压或主变故障后备自投装置未启动。

常见问题包括：一是设有电源线路光差保护的牵引变电所，未断开线路光差保护跳所内主变高低压侧

断路器出口连片，光差保护启动后自动分开主变高低压侧断路器，不启动进线备自投装置。二是设有主变高压侧失压保护的牵引变电所，未在备自投装置定值中投入"外启动"功能，当失压保护动作时间小于进线备自投启动时间时，备自投装置不会启动。三是部分厂家的备自投装置中设置有主变差动保护、非电量保护跳闸后，信号远方或当地未复归时自动闭锁主变备自投装置启动。四是主变保护装置动作后，启动自投回路的继电器接点未闭合或二次线接触不良。

3.2 备自投装置误动的主要原因

备自投装置误动在实际运行中发生的几率较小，但这类问题发生的风险仍然存在。备自投装置误动的原因主要有以下三个方面。

3.2.1 电压回路问题造成进线备自投装置误动

主要表现为进线电压正常，因备自投装置二次回路故障引起的进线备自投装置误动。

常见问题包括：一是电压采样回路设计不合理造成进线备自投装置误动，早期的备自投装置，在设计时对进线失压条件的判定仅从主变高压侧电压互感器采样，当电压互感器二次回路的空气开关跳闸或熔断器熔断后，很容易造成备自投装置误动。现在的备自投装置，判定进线失压条件时，一般都是采用同时对主变高低压侧电压互感器检测电压进行采样，有的还增加了抽压装置采样，有效降低了备自投装置误动的风险。二是部分无人值班值守牵引变电所主变高低压侧电压互感器二次回路仍使用熔断器，容易造成熔断器熔断后处理不及时，导致高低压侧电压回路无压引起备自投装置误动。

3.2.2 备自投装置故障造成断路器分闸

主要表现为设备运行正常，备自投装置误动造成断路器分闸。

常见问题包括备自投装置DO模块中的继电器发生故障，接点导通后造成主变高压侧或低压侧断路器分闸。

3.2.3 进线备自投与上级变电所馈出回路重合闸动作时间不匹配造成备自投装置启动

主要表现为进线备自投动作时间小于上级变电所馈出回路重合闸动作时间，当运行的电源进线发生瞬时性故障后，备自投装置优先启动，造成牵引变电所进线备自投动作，延长所内和接触网停电时间，影响列车运行。

3.3 人为原因造成备自投装置动作失败或误动

调查分析发现，备自投装置动作失败虽然大部分是设备问题造成，但和设备检修维护不到位、检修人员业务能力不足也有一定关系。

3.3.1 技术管理、检修维护不到位

主要表现为未定期开展备自投装置试验，无法准确掌握进线失压和主变发生故障后各种不同模式的备自投装置能否成功动作，未定期开展断路器和隔离开关分合闸试验，无法准确掌握自投过程中需要分合闸的断路器和隔离开关能否可靠动作，导致影响备自投装置可靠动作的设备问题无法及时整改。

3.3.2 管理和作业人员业务能力不满足要求

主要表现为管理和作业人员对备自投装置工作原理、影响备自投装置可靠动作的因素及处理措施不掌握，未认真核对备自投装置定值整定是否正确，仅以设计院下发的调整单为准进行了核对，对定值调整单上没有的备自投装置个性化配置标准未逐项核对确认，导致部分软压板、控制字设置错误，如天津凯发的35、65系列备自投装置中"备自投功能"和"备自投"两个软压板必须全部投入，有的作业人员认为"备自投"软压板投入即可，导致部分变电所"备自投功能"软压板未投入；有的作业人员对国电南自的65系列备自投装置控制字中的"PT模式"应该如何配置亦不掌握，导致部分变电所备自投装置中该项配置与实际的PT运行方式不符，影响备自投装置可靠动作。

4 提高备自投装置运行可靠性的措施

为保证进线失压、主变发生故障后，备自投装置能可靠动作，需采取以下措施。

4.1 定期开展备自投装置试验、断路器和隔离开关分合闸试验

一是规范备自投装置试验管理，每年开展一次牵引变电所进线和主变备自投试验，结合主接线型式对各种自投方式全部进行一次试验，对自投试验中发现的问题及时进行整治，然后重新试验，确保备自投装

置各种模式都能可靠动作。二是每季度(最长不超过半年)进行一次非常动断路器和隔离开关分合闸试验,对无法可靠分合闸的断路器和隔离开关及时进行整治,避免断路器和隔离开关无法可靠分合闸造成备自投装置失败。

4.2　做好断路器、隔离开关、备自投装置和综自保护装置检修维护

一是准确掌握断路器、隔离开关运行状态,做好断路器、隔离开关日常维护和周期性检修工作,结合气候、环境特点,做好防断路器、隔离开关拒动措施,重点加强风沙严重区段断路器和隔离开关机构箱的密封,防止机构箱内接触器、继电器等部件卡滞影响其可靠动作。二是做好备自投装置和综自保护装置检修维护。确保定值整定和控制字、软硬压板等设置正确,进线备自投装置动作时间能可靠躲过上级变电所馈出线路重合闸动作时间,主变高压侧失压保护和进线备自投装置外启动模式设置正确,防止造成备自投装置失败或误动。三是做好备自投装置电压回路设备检修维护,将电压二次回路熔断器改为空气开关,防止因电压回路的熔断器熔断、二次线松动等原因造成备自投装置误动。

4.3　规范技术管理,提高管理和作业人员业务能力

一是组织变电专业管理和作业人员认真学习备自投装置及其相关业务,准确掌握备自投装置工作原理、检修维护注意事项。二是规范备自投装置技术管理,不断优化完善备自投装置试验作业指导书,规范开展备自投装置试验,高度重视备自投装置动作失败问题分析,必须查找整治影响备自投装置可靠动作的问题,确保备自投装置及相关设备状态良好。三是加强和全路变电系统同行的业务交流,学习借鉴其他单位排查整治影响备自投装置动作可靠性问题方面好的做法。四是加强和地方电力部门、设计院、备自投装置厂家的沟通交流,共同协调解决备自投装置运行中出现的各类问题,防止发生备自投装置保护定值设置不正确、与上级变电所馈出线路重合闸时间不匹配、线路光差保护动作跳主变高低压侧断路器后备自投装置不启动等问题。

5　结束语

2022年以来,西宁供电段按照上述措施,组织管内2个检修车间进行落实,完成了普速铁路34座牵引变电所备自投装置试验,及时处理了5个所备自投装置试验中发现的问题,有效提高了备自投装置动作成功率,为安全优质供电提供了有力保障。

作者简介

靳耀耀,中国铁路青藏集团有限公司西宁供电段格尔木检修车间,助理工程师。

牵引变电所亭逆变电源故障及防治浅析

李万斌

摘　要： 本文结合电气化铁路牵引变电所亭逆变电源运行维护中发生的问题，从设备质量、施工工艺、工作环境、运营维护方面分析了问题发生的原因，提出了针对性防治措施和建议。

1　引言

在电气化铁路牵引变电所亭(含开闭所、分区所、AT所，下面统称牵引变电所亭)内，逆变电源主要用于向所内的远动通信设备、当地监控工控机、接触网隔离开关控制装置、辅助监控装置工控机和录像机等设备提供电源，保证所用交流电源停电后上述设备继续可靠工作。但在牵引变电所亭实际运行中，受逆变电源质量不适应现场环境、施工不规范、运营维护不到位等因素影响，逆变电源多次发生故障，造成无人值班值守的牵引变电所亭内设备无法远动倒闸、设备运行状态无法远程监控等问题。因此，查明逆变电源故障发生的原因，采取有效措施防止逆变电源发生故障，对保障无人值班值守的牵引变电所亭设备可靠运行来说，十分必要和重要。

2　逆变电源的工作原理

逆变电源是一种将直流电转换为交流电的装置，由静态切换开关、逆变桥、逻辑控制、滤波电路等部分组成，主要包括输入接口、电压启动回路、高频 DC/DC 变换回路、DC/AC 转换回路、控制器、输出回路。

图 1 是青藏线西格段牵引变电所内使用的 GEI-2K 型电力专用逆变电源工作原理框图(杭州奥能电源设备有限公司)。如图 1 所示，当市电输入正常时，输入交流经过静态切换开关、平滑滤波器向负载供电。直流输入经高频电子有源滤波器滤波后，由 DC/DC 隔离变压器变换成电压稳定的 ±360 V 直流电压，经逆变器调整变换为标准的 220 V 正弦波电压后输出。当市电中断或交流输入过电压、欠电压保护启动时，静态切换开关启动，直流逆变器 220 V 正弦波电压自动向负载供电，实现负载不间断供电功能。

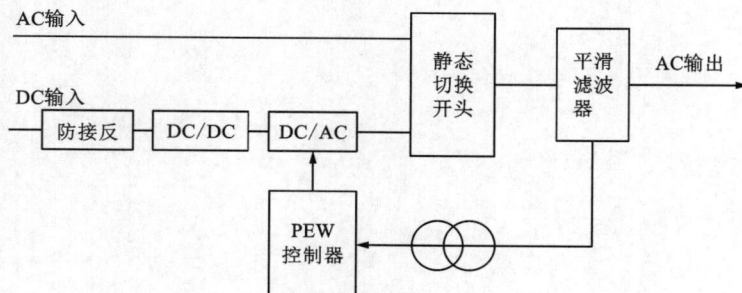

图 1　GEI-2K 型电力专用逆变电源工作原理框图

当交流电源正常时，交流输入电源经由滤波器滤除高次杂波，再经由静态转换开关、滤波后供给负载使用。直流输入电源经逆变器转成纯净的正弦波交流电源，经变压器隔离后作为备用。如图 2 所示。

当交流电源断电或过压(253 V±5 V)、欠压(180 V±5 V)时，由直流输入迅速供电给逆变器，经变压器隔离产生纯净的正弦波交流电源，再经由静态转换开关，滤波器持续供给负载使用，避免造成负载断电。

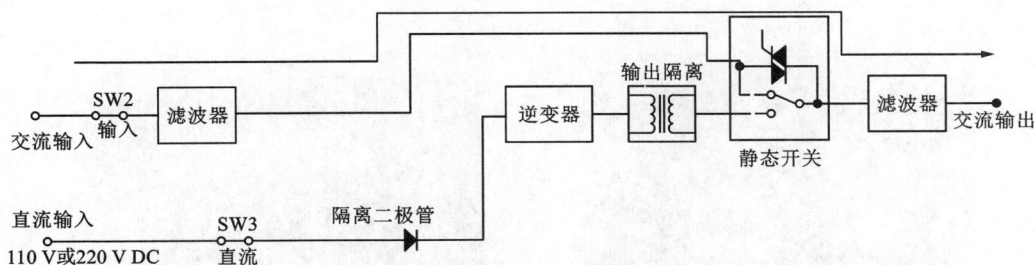

图 2　交流电源正常工作时的原理框图

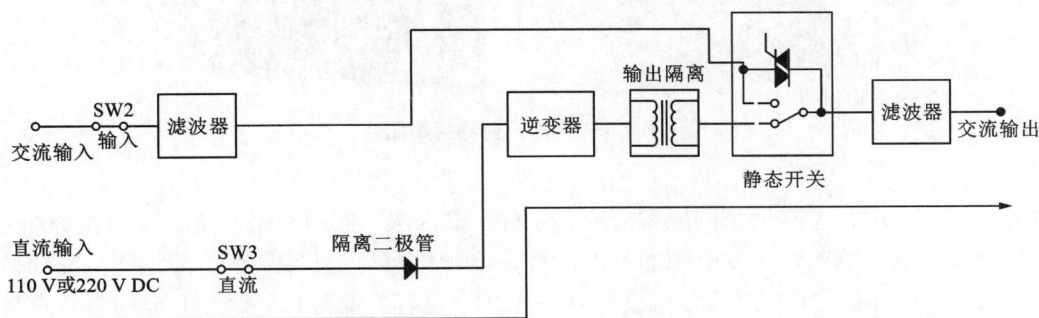

图 3　直流逆变电源工作时的原理框图

3　逆变电源运行中发生的主要问题

统计分析近 5 年来西宁供电段管内各牵引变电所亭逆变电源故障引发的问题，主要有四种类型：一是造成所亭内远动通信电源无电，通信中断，远动离线；二是造成所亭内接触网隔离开关屏"直接"位无法控制；三是造成所亭内视频信号中断，无法远程巡检监测；四是造成所亭内当地监控屏工控机失电。其中影响最大的远动离线问题，尤其是无人值班值守的牵引变电所亭，一旦发生跳闸等问题，无法远动倒闸、监控不到现场设备运行状态、应急处置人员无法及时到达现场时，将造成极为严重的后果。

逆变电源故障，主要有五种类型：一是逆变电源输入端只接入交流电源，未接入直流电源，交流电源停电后，负载无电；二是逆变电源输入端只接直流电源，不接交流电源，逆变电源长期工作在逆变状态下，逆变电源内部发生故障后，负载无电；三是逆变电源输入端交流电源、直流电源同时接入，直流电源故障或直流逆变部分发生故障，交流电源停电后，负载无电；四是逆变电源输入端交流电源、直流电源同时接入，逆变电源内部故障，逆变电源无交流电输出，负载无电；五是逆变电源输入正确、工作正常，负载未从逆变电源输出端引接电源，交流失电后，负载无电。

4　逆变电源故障原因分析

通过现场检查逆变电源的安装方式、对发生故障的逆变电源进行解体检查、和厂家技术人员和其他局同行交流，发现造成逆变电源发生故障影响不间断供电的原因，主要有以下五个方面。

4.1　内部元器件故障

逆变电源内部元器件故障，常见的有保险管熔断、电容击穿、整流桥故障、大功率三极管故障、线路板和元器件短路等，故障现象为逆变电源交、直流输入电压正常，面板上故障灯亮，需开盖进一步检查检测才能判断故障点，现场处理难度大，一般需返厂维修。

逆变电源内部的整流桥、大功率二极管、输出级的三端稳压管、功率电阻在运行中会产生大量的热量，必须保证良好的散热效果。整流桥、大功率二极管、输出级的三端稳压管，一般都是使用导热硅胶与散热片连接（如图 4 所示），导热硅胶运行时间长了会老化，散热效果下降，是整流桥、大功率二极管、输出级的三端稳压管过热烧损的主要原因。此外，逆变电源机箱主要采用风扇散热，风扇发生故障后也会造成机箱内部温度过高,导致元器件过热损坏。

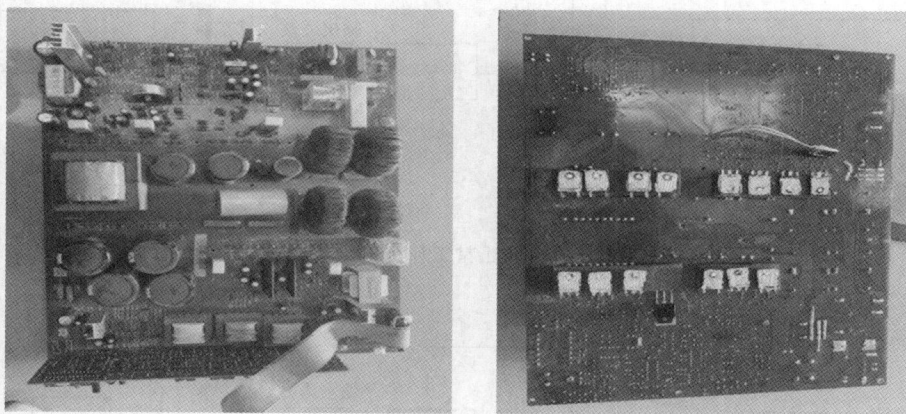

图 4　逆变电源内部拆解图

逆变电源内部的电路板上有大量的电解电容,分布在输入级、控制回路、输出级等各个部分,任何一个部分的电容失效都会影响整个逆变电源的工作特性。电解电容受温度影响大,当温度升高时损耗增大,漏电流随之增大,耐压降低。研究表明,温度每升高 10℃,电容寿命降低一半,电容的寿命直接影响了逆变电源的使用寿命。

采用风扇散热的逆变电源,散热的同时也会造成大量的粉尘吸附在电路板上,当运行环境中湿度较大、空气中的盐分较大、导电性粉尘较多时,容易造成线路板和元器件短路烧损,导致逆变电源故障。如,青藏线西格段察尔汗盐湖区段的牵引变电所亭、关角隧道内 DK299 分区所内的逆变电源故障发生率就比其他地方高很多。

4.2　输入过压、输出过载

逆变电源有两路输入,一路是交流,另一路是直流。牵引变电所亭的交流所用电源一般都来自 10 kV 所用变和 27.5 kV 所用变。使用 10 kV 所用变时,交流电压比较稳定,但使用 27.5 kV 所用变时,受电力机车、动车组运行期间的高次谐波和负荷电流变化影响,逆变电源输入端交流电压波动范围较大、高次谐波含量也较高,容易造成逆变电源输入电压过压、切换开关及滤波回路中的稳压管、电容等电子元器件故障,造成逆变电源故障。逆变电源的负载不允许比额定功率高太多,否则会引起输出变压器绕组和有源驱动器件过热而损坏。

4.3　接线方式错位未及时改正

核查牵引变电所亭的逆变电源输入输出侧接线方式,发现安装时接线方式错误,有的只接入一路交流电源未接入直流电源,有的只接入直流电源未接入交流电源,造成输入电源停电后,逆变电源直接关机。有的负载电源未从逆变电源输出侧引接,交流电源停电后,负载电源直接停电无法工作。造成这些问题的原因主要是施工人员、验收人员、运营维护人员对逆变电源工作原理、安装方法不清楚,造成接线错误问题未及时发现,未正确接线。

4.4　检修维护标准低

调查发现,运营检修人员对逆变电源的检修维护,只清扫外部积尘、检查接线是否紧固,从未对内部进行清扫维护。对故障的逆变电源解体检查,发现风沙大、盐污严重区段的逆变电源,线路板和电气元器件上吸附的粉尘都比较多,有的还有明显的腐蚀痕迹。而一些运行时间长的逆变电源,整流桥、大功率二极管、输出级的三端稳压管上的导热硅胶都已经变干变硬,无法保证良好的散热性能。这些出问题的地方都未纳入逆变电源检修维护项目。

4.5　设计标准低

现场运行的部分逆变电源,接入的直流电源为独立 3 节 12 V 小容量蓄电池,没有从所内既有的直流电源系统引接,逆变电源使用的时间很短,同时也无法有效地对蓄电池进行充电管理。而且,以前的设计都未考虑将逆变电源接入牵引变电所亭远动系统，逆变电源发生故障后无法及时发现，造成影响范围扩大。

5　防治措施

通过深入分析，发现只有从提高设计标准、规范安装接线、加强运营管理、提高检修维护质量入手，才能有效保证逆变电源可靠工作，延长逆变电源使用寿命。

5.1　提高逆变电源设计标准

一是建议将逆变电源的运行状态接入牵引变电所亭远动系统，实现对其输入输出电压、运行模式、告警信息、故障信息的远程监测，对其运行方式的远程操作。二是建议牵引变电所亭内使用的逆变电源直流输入电压与既有的直流系统额定电压保持一致，不需要单独设置蓄电池。三是逆变电源的进气口加装易拆除、易清扫的防尘海绵或风尘网。

5.2　规范逆变电源安装接线

一是输入端必须同时接入交流电源和直流电源。二是负载电源必须从逆变电源的输出端引接。三是逆变电源所带的负载总功率不得大于逆变电源额定功率。四是不得引接非重要负载。

5.3　加强逆变电源运营管理

一是营造良好的运营环境，逆变电源运行场所必须保持清洁、干燥、温度适宜。二是交流电源应优先使用 10 kV 所用变电源，10 kV 所用变电源停电后，应将逆变电源切换为逆变模式运行，不要使用 27.5 kV 所用变电源。三是日常巡视时，必须对检查逆变电源的工作模式、运行状态、告警信息进行检查核对。四是修订完善逆变电源检修维护技术标准和作业指导书，规范逆变电源检修维护。五是对使用年限长的逆变电源，必须增加检修维护项目，优先安排更新改造。

5.4　提高逆变电源检修维护质量

一是建议每半年对逆变电源进行一次开箱检查及清扫维护，重污染区段每季度进行一次开箱清扫维护；清扫维护时，需将内部吸附的粉尘进行清扫干净，对散热风扇进行维护保养，保证散热风扇状态良好。二是运行时间超过 5 年的逆变电源，应解体检查整流桥、大功率二极管、输出级的三端稳压管散热性能，必要时更换导热硅胶、散热风扇。三是逆变电源运行中发生异常，应及时查明原因进行处理，不让逆变电源带病运行。

6　结束语

本文中针对牵引变电所亭的逆变电源发生的问题进行的分析、提出的措施，大部分都经过了现场验证，证实措施是有效的、正确的。提出的一些设想和建议，对提高逆变电源的运行安全和可靠性是有益的，但还需要在今后更新改造中进一步验证。

参考文献

[1] 刘凤君.现代逆变技术及应用[M].北京：电子工业出版社，2006.

[2] 欧阳帆，张亮峰，李刚，荀吉辉，陈宏.微机保护装置逆变电源故障原因分析[J].电力自动化设备，2011(7).

[3] 仲浩，李健.变电站监控系统中逆变电源的实际应用与维护[J].电工电气，2010(6).

作者简介

李万斌，中国铁路青藏集团有限公司西宁供电段，西宁检修车间。

关于牵引变电所二次系统防强电侵入方案
实施现状的分析与思考

黄　勇

摘　要： 针对牵引变电所二次设备防强电侵入，各铁路局按照国铁集团的优化技术方案正对管内牵引供电所二次系统进行补强改造。本文对目前遏制变电所二次回路防强电侵入的方案实施后存在的问题进行分析，并提出改进意见。

随着我国电气化铁路的快速发展，对牵引变电所二次设备安全性、抗干扰性、集成度、运行速度和应急能力的要求越来越高。牵引变电所二次设备的运行处于复杂的电磁环境、运行工况多种多样，易遭受雷电、各种过电压等强电侵入损坏，复杂的运行工况和高标准的运行要求对牵引变电所二次系统设备提出了新的标准。

国铁集团下发的《牵引变电所二次系统防强电侵入优化技术方案指导意见》（运供设备函〔2016〕325号）及对应项目实施方案（运供设备函〔2017〕240号），从应急保护、低压防雷、防远动隔离开关过电压引入等多个方面制定技术方案和实施方案，以达到增强牵引变电所二次系统防强电侵入的能力。目前全路各局供电系统均按照国铁集团的技术方案开展变电所二次回路防强电侵入的技术方案实施设备升级改造取得了较好的效果。

随着二次回路防强电侵入新设备新技术的现场运用，遇到了各种原因造成的使用问题，对投入使用后存在的问题进行深入的分析研究对二次回路防强电进一步发挥作用十分必要。以下就对近年发现的问题和解决方案进行分析和探讨。

1　牵引变电所二次系统防强电侵入方案实施现状目前存在的主要问题

1.1　应急保护系统改造安装与功能投入实施进展较慢

由于直流失电应急保护系统改造涉及变电所原有保护核心部件，增加了牵引变电所二次保护的运行、检修安全风险。同时，国铁集团相关文件提出的方案缺乏强制性要求，在应急状态下出口增加电压、电流信号作为辅助判断条件没有说明是否是必要条件，因此造成现场安装情况不尽相同。一是现场改造安装率不高。辖区内三局改造完成的 248 个所该系统安装仅到达 145 套，安装率不足 59%，如成都局对改造的 142 个所该系统安装仅到达 48 套，安装率不足 34%。二是将保护回路增加电压、电流信号作为辅助判断条件出口情况不一。目前改造完成的 154 个所纳入不足 50%，南宁局 50 个所全部纳入，昆明、成都局纳入率不足 20%。三是装置保护出口投入较少。尽管应急保护系统设计原则要求与原有系统的独立性，但接口部分依然存在，日常运行检修若没有可靠措施，可能引起运行设备误动作：一方面，新的系统在检修维护插拔继电器效验时或新保护传动试验时，会导致原有跳闸回路失电引发断路器拒动；另一方面，在原有系统直流回路故障查找拉合二次电源时引发正常运行系统断路器误跳闸。因此新系统设备接入改造后，对原保护系统带来一定的安全风险，所以各局对改造后的应急保护系统投入十分谨慎，在出口连片的功能性投入使用率不高，目前辖区改造完成的 248 个所仅昆明局少部分投入正常使用，投入使用率不足 15%。

1.2　电涌保护器布置方式需进一步研讨

国铁集团要求 SPD 采用屏式集中布置方式，在"接线方案"上要求"综合防雷屏浪涌保护器的连接导线应短直，其长度不宜超过 0.5 米，并固定牢靠"，但现场由于组屏情况不同，往往接线长度超过且长达 20 米及以上，集中组屏方式接线增多、距离长、相互干扰大，方案客观上增加接地电阻数值，一定程度降低了浪涌保护可靠性。而分布式布置方案虽然存在配置 SPD 电涌保护设备的数量较多、在工程实施中存在安装控件较为紧张等问题，但具备施工安装简单、作用效果好等特点，因此进一步研究布置方式十分必要。

1.3　牵引变电所电源进线避雷线引入的隔离措施未纳入改造方案

国铁集团制定的防强电侵入的改造措施，仅考虑了变电所内部及馈出线防雷要求，但对110 kV(或220 kV)进线系统避雷线引入没有提出隔离整治要求。由于变电所进线系统架设沿线地质条件复杂，安装位置高、距离长，遭遇雷电袭击概率大，引入变电所后又是直接通过变电所门型杆塔引入主接地网，强电侵入变电所地网的风险不容忽视，如昆明供电段红果35 kV变电所电源进线2005年~2010年曾10余次因雷电引入变电所造成进线侧高压及二次设备击穿烧损，后将其避雷线在变电所围墙外前两挡杆塔处隔离终止，并引入新接地极，彻底消除了惯性隐患。因此，制定牵引变电所电源进行系统避雷线引入的隔离措施方案十分必要。

1.4　接触网网隔操作电源回路侵入风险防御措施需进一步加强

防止接触网隔离开关遭遇雷击时，强电通过操作电源电缆侵入变电所二次回路的隔离措施是整治重点，现场隔离开关操作电源提供模式有变电所引出和沿线电力箱变引入两种。调研发现，将接触网隔离开关操作电源从沿线箱变引入、变电所内只需通过光纤操作控制是较为安全的方案，避免从变电所接引隔离开关操作电源是源头防范的关键措施。但现场在对操作电源选取方案中，从箱变电源引入或变电所电源引入现场该项措施没有得到优选。辖区内三个铁路局完成改造的248个牵引变电所中，有183个均由变电所引出操作电源，采取被动的隔离变隔离措施率达64.4%。

1.5　指导方案不够细化、改造产品设备缺乏规范和统一性

变电设备二次回路防强电侵入方案及措施是2017年后提出的技术性措施，属全路变电系统首次进行的大规模改造，存在技术方案新、设备运用新等特点，目前现场设备安装及运用还存在如下问题。一是关键设备安装缺乏统一规范。调研发现，现场设备安装不统一、不规范，生产厂家及型号繁多，缺乏准入资格认证和可借鉴的成熟产品推荐。辖区内三个铁路局现场运用的关键设备如SPD浪涌保护器、隔离开关操作电源隔离变压器、综合防雷屏主机设备等不尽相同，部分厂家运用后故障率较高，如昆明局新安装的综合防雷屏设备采用的三家产品(天津凯发、武汉佳禾、安徽金力)均发生故障，特别是其监测模块故障发生率较高。2017年至2021年，管内发生综合防雷屏内SPD元件故障损坏3件次、监测模块故障发生达28件次。同时，由于各个回路的监控模块在调试时已编程地址码，现场维护采用备用组件更换损坏的监控模块时不能相互替换，需厂家配置相应的程序，造成缺陷处理周期长，并且存在超质保期后厂家要收取费用，造成维护运用成本高的问题。二是改造方案配套措施不细。国铁集团相关方案对增加设备如应急电源保护系统等未明确纳入远动系统，不能很好地适应牵引变电所无人值班的发展需求。对改造涉及的新增设备也没有同步制定运行管理标准及监测、维修规定，不利于运行维护管理。

1.6　设备改造后的运用管理存在差距

部分单位对新设备改造投运的运行管理重视不够。如成都、昆明局部分站段在设备改造竣工后，至今没有为现场配备接线安装图及制定相关应急处置预案，也没有及时制定对应的检修作业指导书。

2　改进建议

2.1　进一步细化实施方案

建议国铁集团专业管理部门对运供设备函〔2016〕325号及运供设备函〔2017〕240号文件实施方案进一步细化，在二次防雷SPD集中组屏方案、应急电源保护出口判断条件、网隔操作电源引入以及综合自动化远动接入等方面细化技术指标及要求，明确强制条件，抓好顶层设计，统一标准，便于现场实施。

2.2　抓好源头质量控制

对改造涉及关键设备如SPD浪涌保护器、应急电源保护系统、隔离开关操作电源隔离变压器等实施准入措施，统一产品规格型号，实施质量验收审核把关，确保安装设备运行质量。

2.3　完善维护标准

组织编制二次防强电侵入技术方案各相关模块如应急电源保护系统定期传动试验、蓄电池定期充放电维护等标准，比照现行《维规》明确试验周期、试验项目及标准，并纳入专业《维规》，实施常态化管理，确保设备长期稳定运行。

2.4 修订设计规范

建议将国铁集团运供设备函〔2016〕325 号及运供设备函〔2017〕240 号文件方案要求纳入新建牵引变电所设计规范及验收标准，使相关方案及措施在新线建设过程中得到同步实施。

2.5 强化新设备安装投运后的教育培训

各设备管理单位要进一步重视变电所二次防强电侵入工程改造后相关人员培训工作，及时为现场配发相关竣工接线图及设备说明书，明确安全风险项点，制定相关应急预案及作业指导书并及时组织适应性培训，确保新设备运行检修安全。

3 结束语

随着我国高速铁路的快速发展，牵引变电所的新设备和新技术不断更新换代，二次设备的防强电侵入重要性越来越突显，只有深入研究掌握防强电侵入设备的原理，保障其正常运行，才能保证牵引变电所正常运行及列车运行安全。

作者简介

黄勇，中国铁路成都局集团有限公司安监特派员办事处。

电力机车谐波与电流增量保护闭锁关系的探讨

杨　彬

摘　要：介绍了牵引供电系统中谐波和电流增量保护的关系，本文通过不同车型、不同工况下谐波含量分析，在传统电流增量保护整定原理基础上，将二次谐波闭锁改为综合谐波含量闭锁电流增量保护，更加有效的区分负荷电流和故障电流，提高电流增量保护的灵敏度和可靠性。

1　概述

　　牵引供电系统中，谐波主要是来自运行电力机车的负荷，在运行过程中，这些负荷主要是指机车中变压器、整流器、旋转电机、继电保护装置等非线性元件，同时还有机车上的辅助与采暖回路如空调、热水器和日光灯等。这些非线性元件在工作的过程中由于其自身的阻抗而产生了谐波电流源，各个非线性元件所产生的谐波电流源相互叠加，以谐波电信号的形式反馈给整个牵引供电网络，如图1所示。

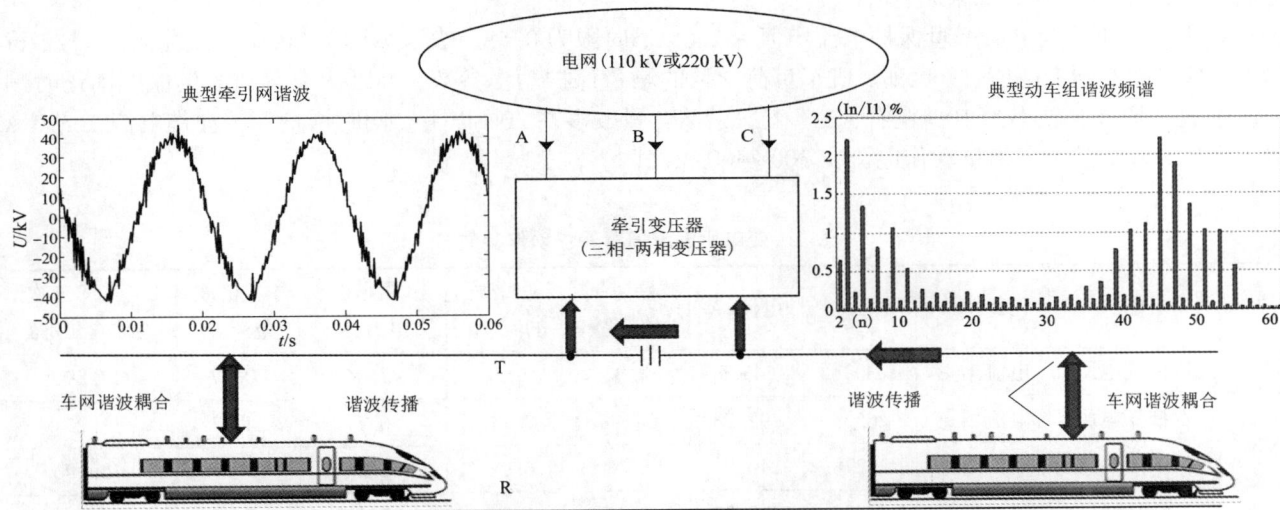

图1　电力机车运行过程中谐波传递过程

　　当发生接触网短路接地电阻较大时，故障电压较高、电流较小，依靠距离保护和电流保护为主的馈线保护容易发生拒动，供电可靠性降低。因此，将电流增量保护作为馈线保护的后备保护，可以有效将高阻接地故障快速切除。

　　目前，我们在进行电流增量保护整定计算时，通常按单列机车的额定电流进行整定。随着铁路动车组、重联机车、重载机车的不断发展，机车额定电流越来越大，电流增量保护动作电流的整定值也相应增大，甚至大于接触网末端最小金属性短路电流，电流增量保护会失去作用，同时在普铁接地系统不完善，接地电阻较大的地方发生小动物、倒树等高阻故障，存在故障电流小于负荷电流情况或突变量较小，电流增量定值较大存在拒动隐患，扩大事故范围或造成故障升级。

2　电流增量原理

　　当电力机车在启动或者运行情况下，短时间内电流增量变化不会很大，而发生接触网短路故障时，电流瞬间增大至故障电流，与机车正常负荷电流增量变化率相差几倍甚至几十倍。同时比较短路与负荷两状态，无论是在机车牵引运行状态还是再生制动状态，负荷电流中均含有大量的二、三、五次谐波，当机车变压器切断后再次投入时，产生的励磁涌流中含有很高的二次谐波，而发生短路故障时，故障电流基本是基波，利用高次谐波抑制和二次谐波闭锁，可以减少正常机车负荷下增量保护误动。这就是目前电流增量保护的动作原理，如图 2、图 3 所示。

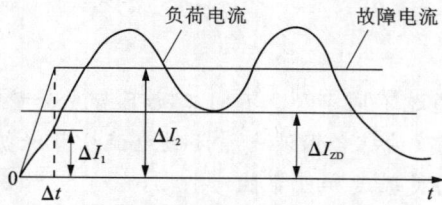

图 2　正常负荷电流与故障电流变化情况

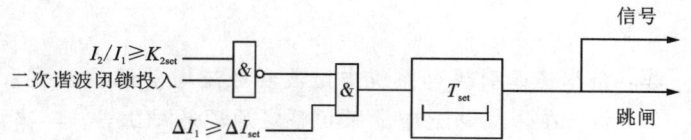

图 3　目前各保护厂家电流增量保护原理图

动作方程

$$\Delta I = I_1 - I_1'$$

投入综合谐波抑制，调整为如下动作方程

$$\Delta I = (I_1 - I_1') - K_{res}(I_2 + I_3 + I_5)$$

式中：I_1、I_1' 为当前时刻基波电流和一周波前基波电流，K_{2set}、K_{res} 分别为二次谐波闭锁系数和综合谐波抑制系数，I_{set} 为电流增量保护定值。

我段变电所馈线电流增量保护电流定值为 240 A，时限为 0.5S。表 1 所示为 2020 年二道岩、六枝、黄桶、六盘水南不同变电所、分区所，机车负荷导致的增量保护动作参数，可以从中看到增量保护动作时刻二次谐波含量普遍较小为 10%左右，三、五次谐波含量较多在 20%以上。同时增量保护动作电流在 500 A 以上占比较小，基本上增量动作电流在 300~400 A 之间。

表 1　变电所电流增量保护动作参数

序号	变电所	保护动作	电压/V	电流/A	线路阻抗角/度	2 次谐波电流/A	3 次谐波电流/A	5 次谐波电流/A	二、三、五次谐波含量/%
1	黄桶变电所	电流增量	23038	543.7	34.02	0.00	77.04	20.27	17.89
2	六枝变电所	电流增量	26559	792.73	24.9	8.11	56.77	24.33	11.25
3	六盘水南开闭所	电流增量	25278	246.93	88.08	6.22	62.25	18.67	35.29
4	二道岩变电所	电流增量	24800	298.83	20.42	6.23	37.35	18.68	20.83
5	黄桶变电所	电流增量	24659	473.15	35.6	12.16	81.1	28.39	25.71
6	马嘎开闭所	电流增量	25626	311.25	82.08	12.45	74.7	18.67	34.00

3　谐波分析

3.1　交-直型机车谐波分析

2020 年 12 月 11 日至 15 日，梅花山变电所馈线电流增量保护动作，三次保护动作，原因均为电力机车正常负荷导致，运行机车车型为 SS3b。通过分析现场变电所增量保护录波文件，分别为图 4 机车在区间运行出现打滑、高频开关器件短时关闭等非正常运行工况时，牵引负荷波形发生突变，电流增量保护动作；图 5 机车过分相，牵引负荷电流迭加过分相涌流，因基波电流较大所产生的二次谐波难以达到闭锁值，电流增量保护动作；图 6 电力机车带电过分段绝缘器时，将变电所同一母线上的另外一条馈线上的负荷电流带入，导致相应馈线的电流增量瞬时增大，电流增量保护动作。

各次谐波比例柱状图

游标1: -0.504ms

	基波	2次谐波	3次谐波	5次谐波	7次谐波	9次谐波	11次谐波	13次谐波	15次谐波	17次谐波
谐波分量	134.43	52.60	27.27	13.64	5.84	0.00	0.00	1.95	0.00	0.00
相对基波的百分比	100.00%	39.13%	20.29%	10.14%	4.35%	0.00%	0.00%	1.45%	0.00%	0.00%
相位	32.80	42.21	49.99	106.60	109.47	109.47	109.47	0.00	nan	nan

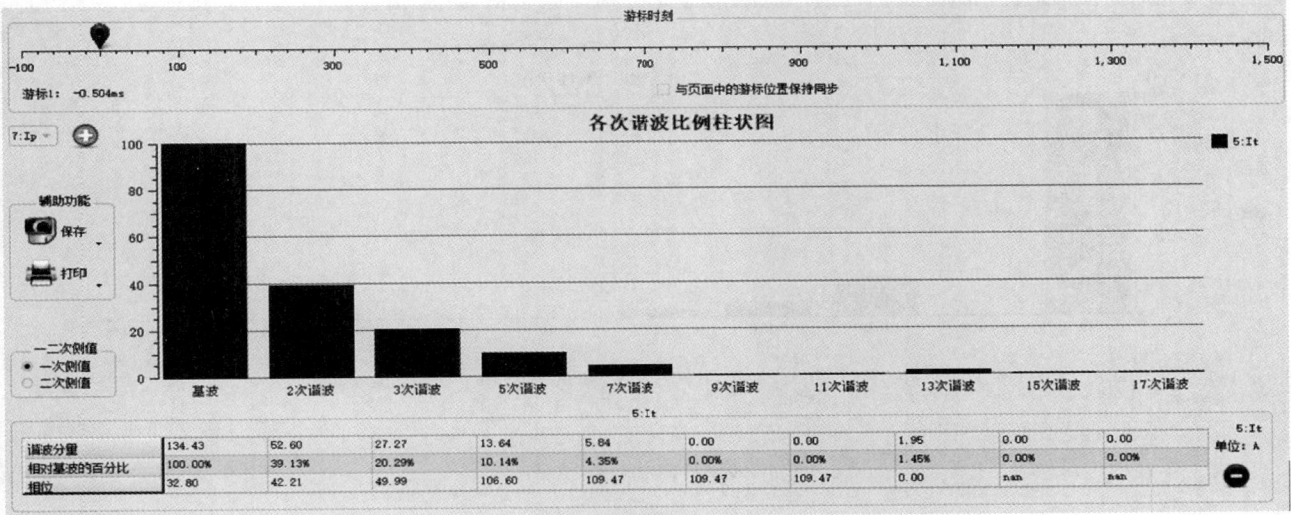

（0 ms时刻电流谐波含量）

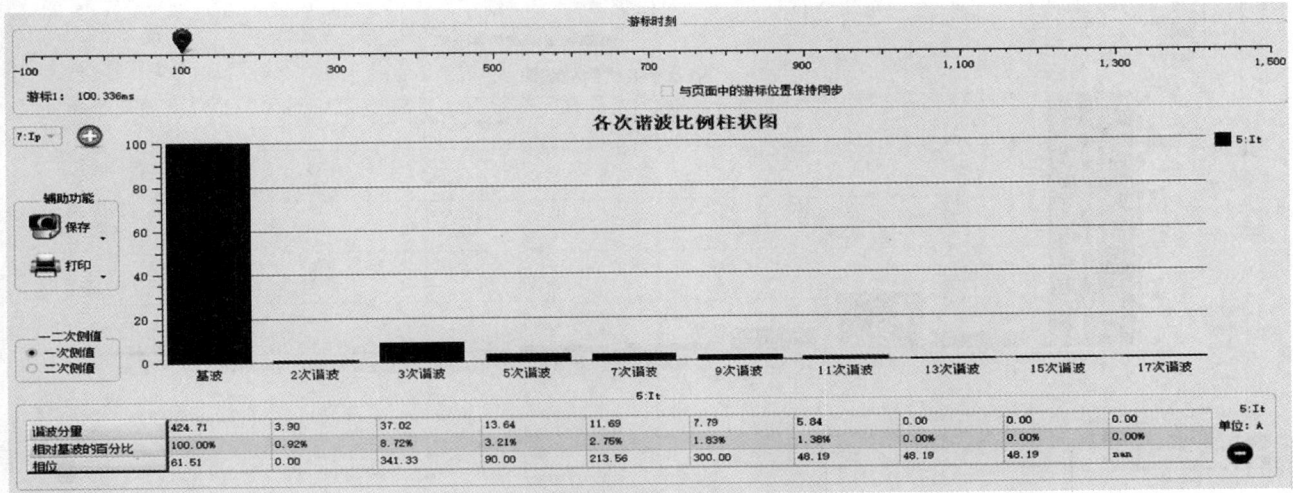

各次谐波比例柱状图

游标1: 100.336ms

	基波	2次谐波	3次谐波	5次谐波	7次谐波	9次谐波	11次谐波	13次谐波	15次谐波	17次谐波
谐波分量	424.71	3.90	37.02	13.64	11.69	7.79	5.84	0.00	0.00	0.00
相对基波的百分比	100.00%	0.92%	8.72%	3.21%	2.75%	1.83%	1.38%	0.00%	0.00%	0.00%
相位	61.51	0.00	341.33	90.00	213.56	300.00	48.19	48.19	48.19	nan

（100 ms时刻电流谐波含量）

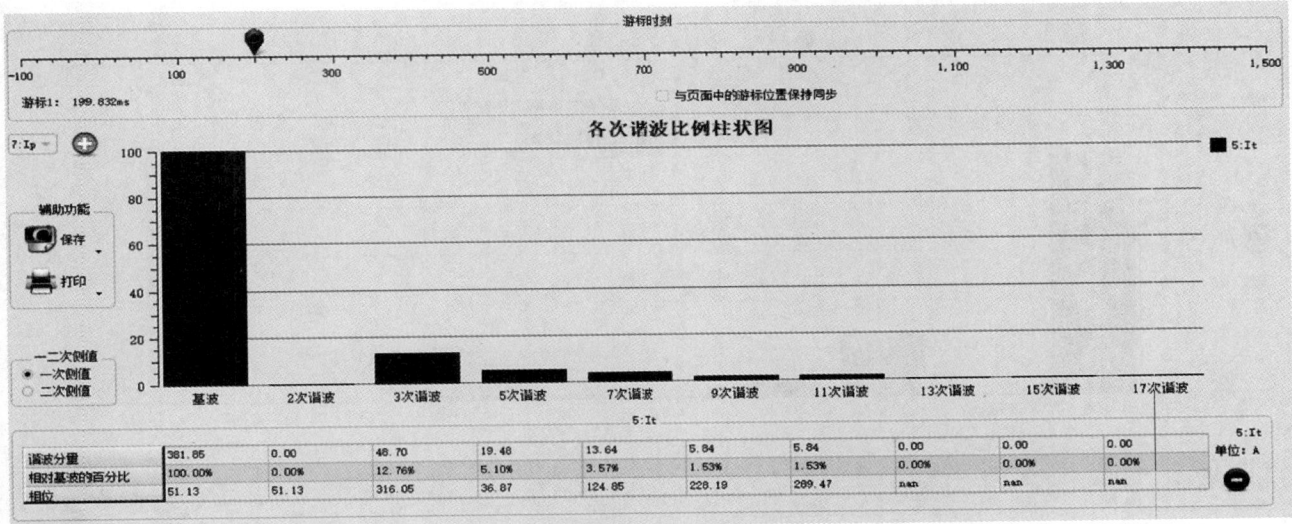

各次谐波比例柱状图

游标1: 199.632ms

	基波	2次谐波	3次谐波	5次谐波	7次谐波	9次谐波	11次谐波	13次谐波	15次谐波	17次谐波
谐波分量	381.85	0.00	48.70	19.48	13.64	5.84	5.84	0.00	0.00	0.00
相对基波的百分比	100.00%	0.00%	12.76%	5.10%	3.57%	1.53%	1.53%	0.00%	0.00%	0.00%
相位	51.13	51.13	316.05	36.87	124.85	228.19	289.47	nan	nan	nan

（200 ms时刻电流谐波含量）

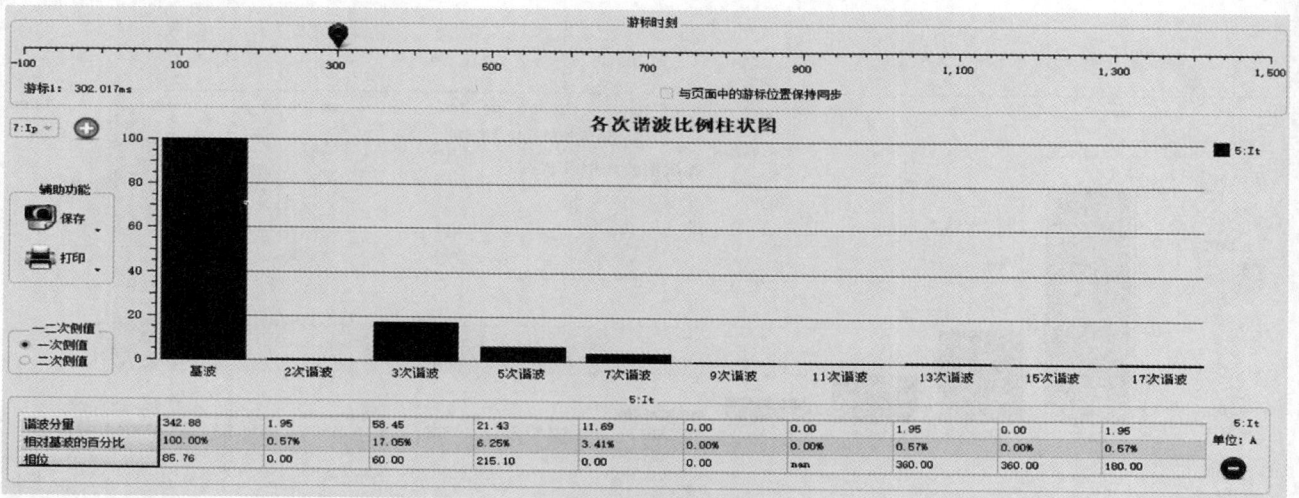

（300 ms时刻电流谐波含量）

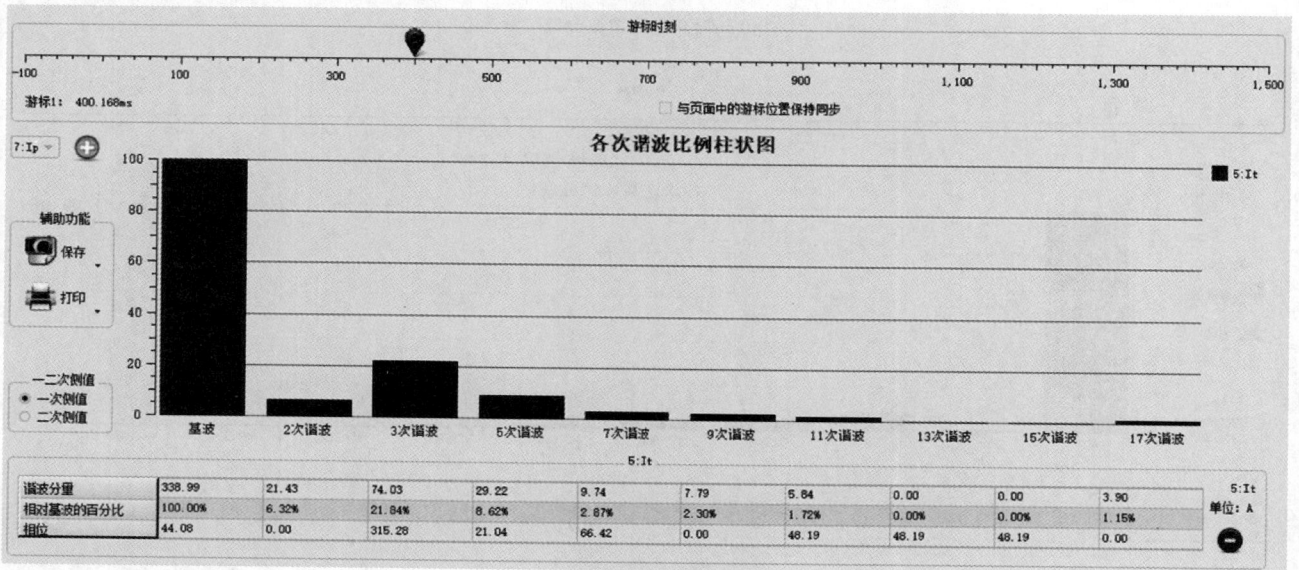

（400 ms时刻电流谐波含量）

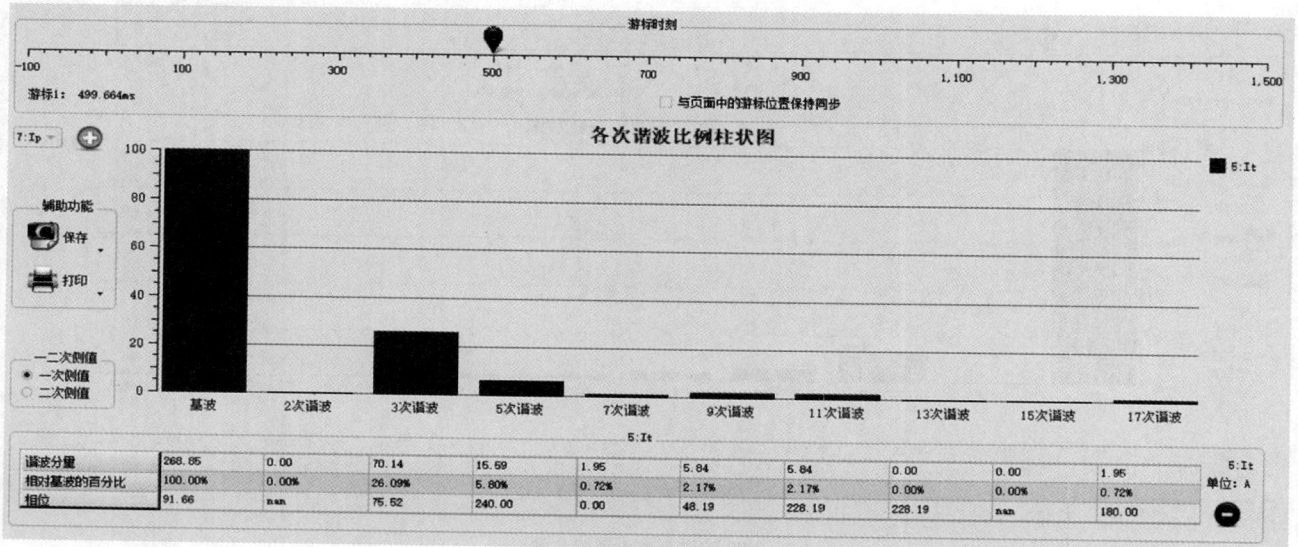

（500 ms时刻电流谐波含量）

图4 机车在区间运行出现打滑等非正常运行工况谐波分析

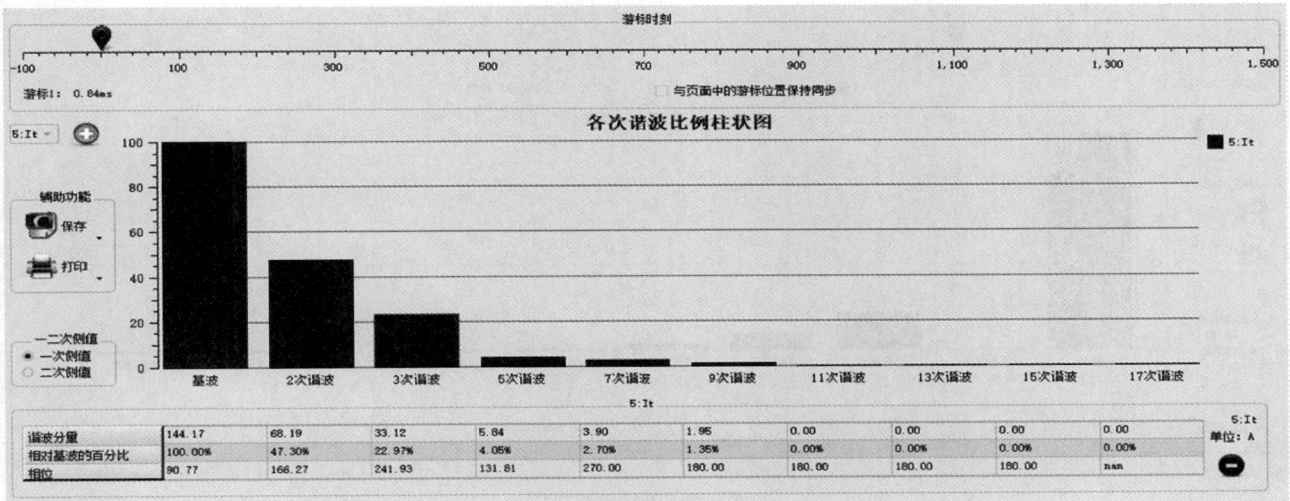

（0 ms时刻电流谐波含量）

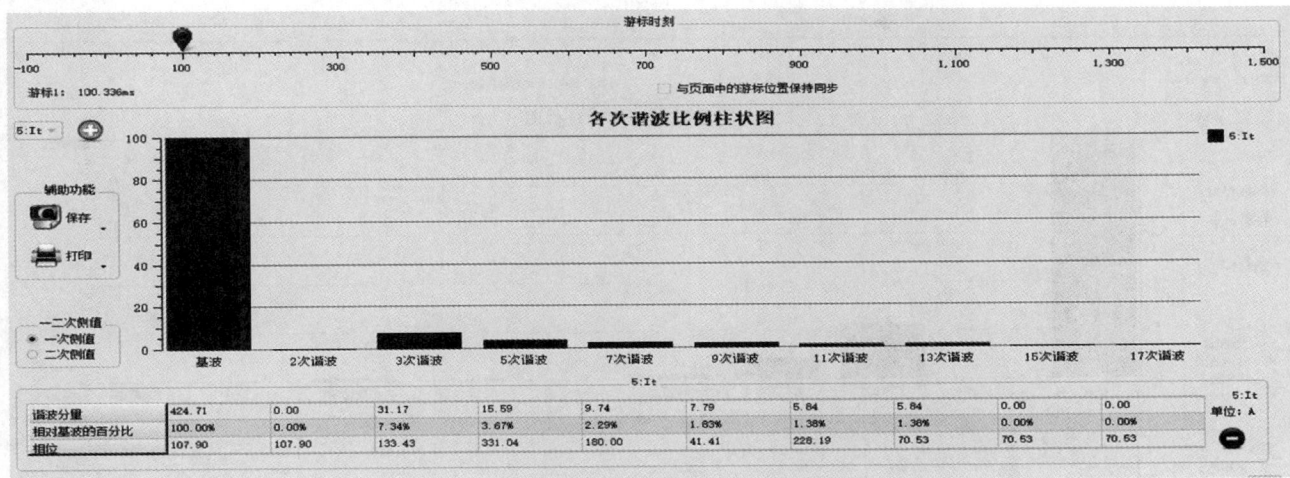

（100 ms时刻电流谐波含量）

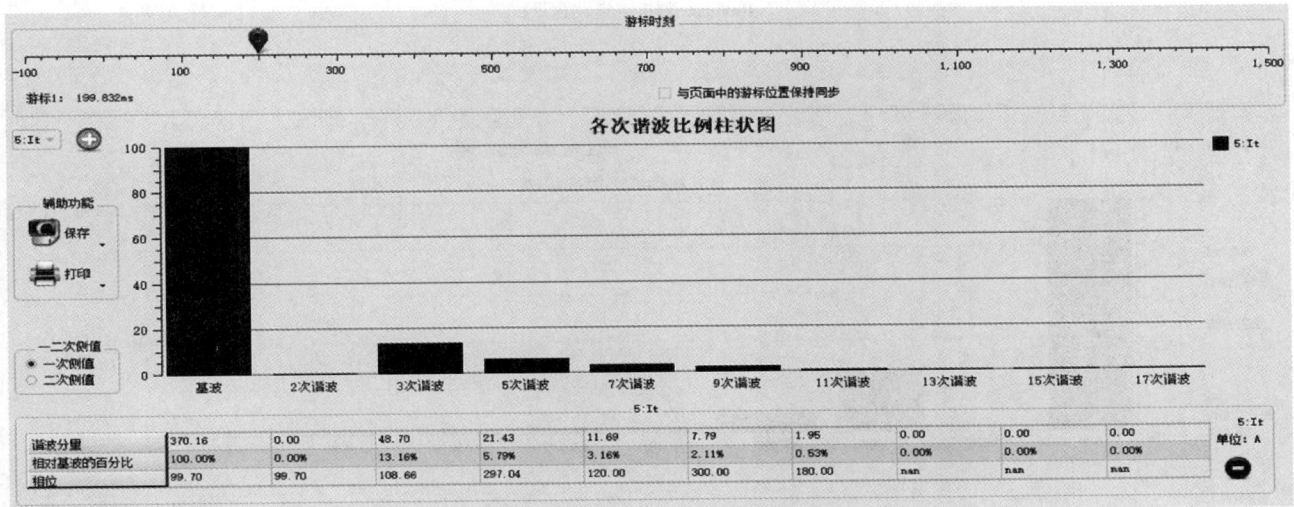

（200 ms时刻电流谐波含量）

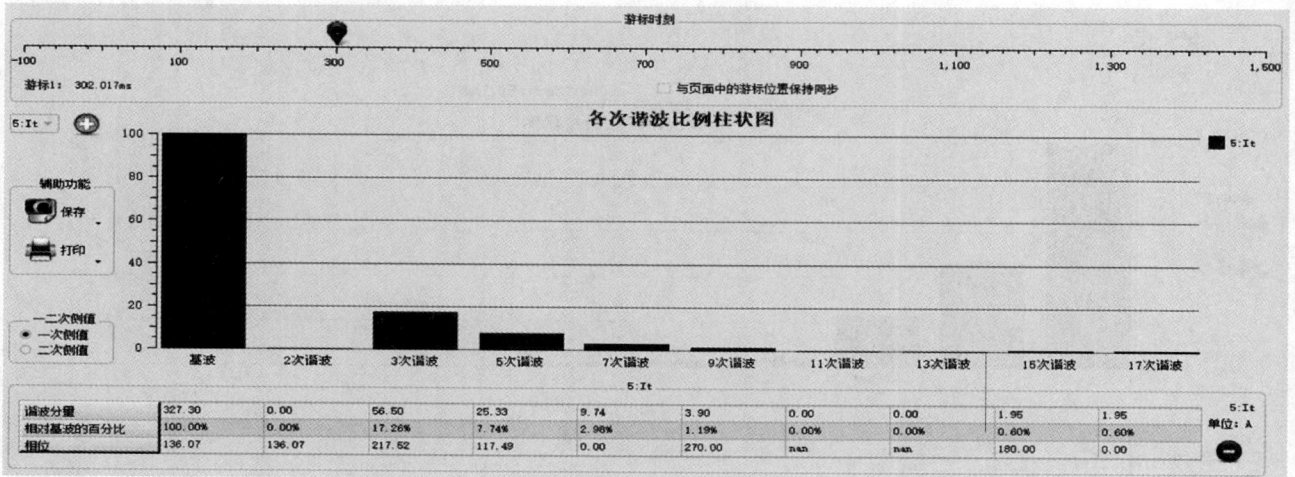

谐波分量	基波	2次谐波	3次谐波	5次谐波	7次谐波	9次谐波	11次谐波	13次谐波	15次谐波	17次谐波
谐波分量	327.30	0.00	56.50	25.33	9.74	3.90	0.00	0.00	1.95	1.95
相对基波的百分比	100.00%	0.00%	17.26%	7.74%	2.98%	1.19%	0.00%	0.00%	0.60%	0.60%
相位	136.07	136.07	217.52	117.49	0.00	270.00	nan	nan	180.00	0.00

（300 ms时刻电流谐波含量）

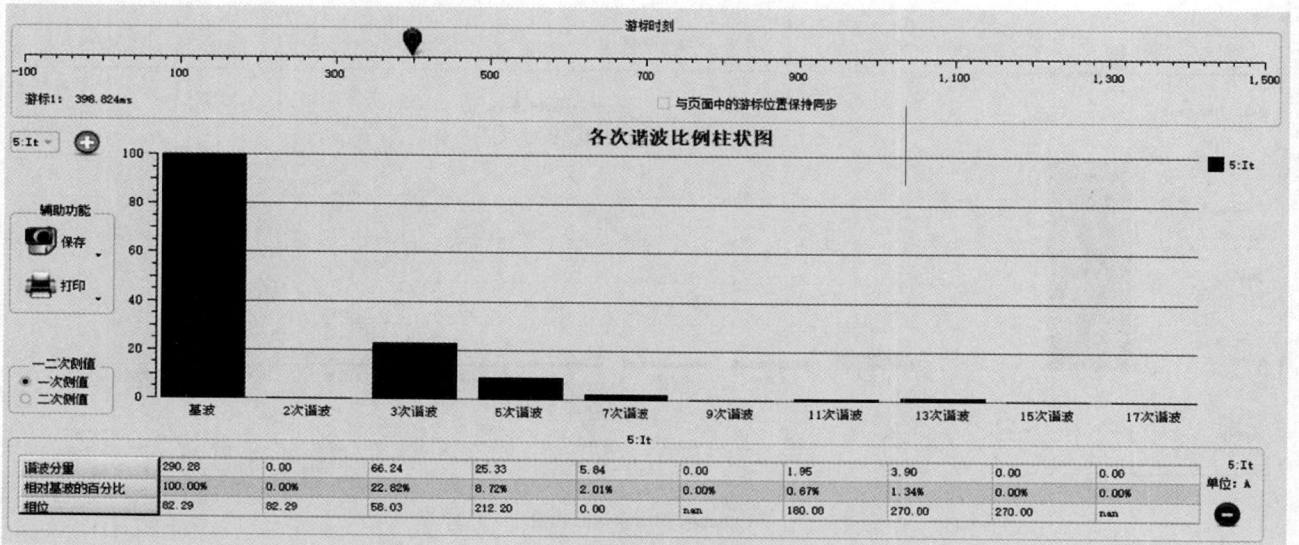

谐波分量	基波	2次谐波	3次谐波	5次谐波	7次谐波	9次谐波	11次谐波	13次谐波	15次谐波	17次谐波
谐波分量	290.28	0.00	66.24	25.33	5.84	0.00	1.95	3.90	0.00	0.00
相对基波的百分比	100.00%	0.00%	22.82%	8.72%	2.01%	0.00%	0.67%	1.34%	0.00%	0.00%
相位	82.29	82.29	58.03	212.20	0.00	nan	180.00	270.00	270.00	nan

（400 ms时刻电流谐波含量）

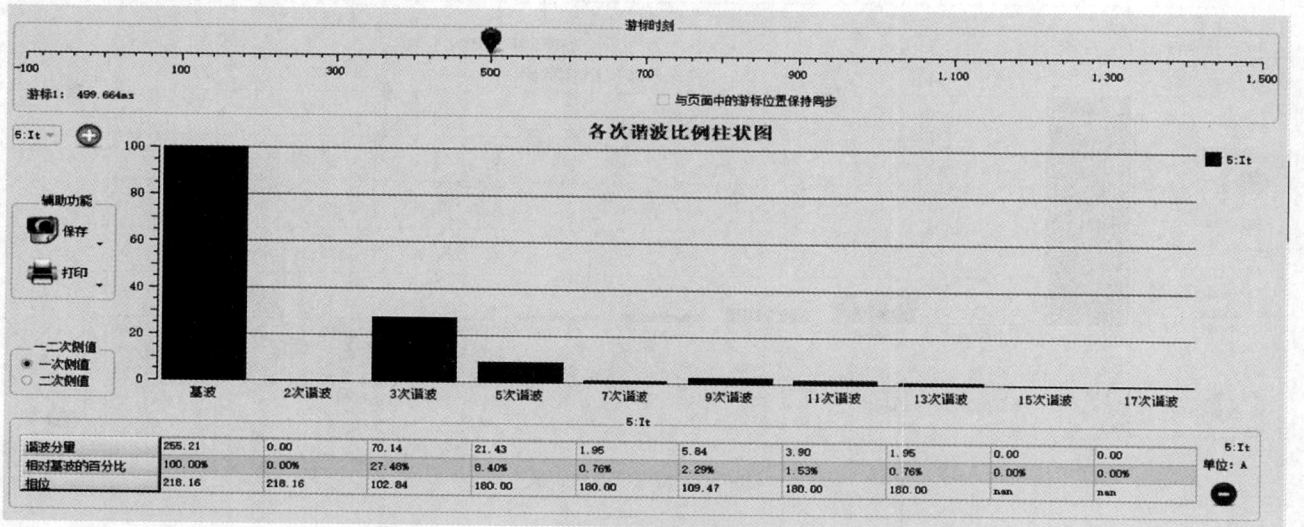

谐波分量	基波	2次谐波	3次谐波	5次谐波	7次谐波	9次谐波	11次谐波	13次谐波	15次谐波	17次谐波
谐波分量	255.21	0.00	70.14	21.43	1.95	5.84	3.90	1.95	0.00	0.00
相对基波的百分比	100.00%	0.00%	27.48%	8.40%	0.76%	2.29%	1.53%	0.76%	0.00%	0.00%
相位	218.16	218.16	102.84	180.00	180.00	109.47	180.00	180.00	nan	nan

（500 ms时刻电流谐波含量）

图 5　机车过分相绝缘器谐波分析

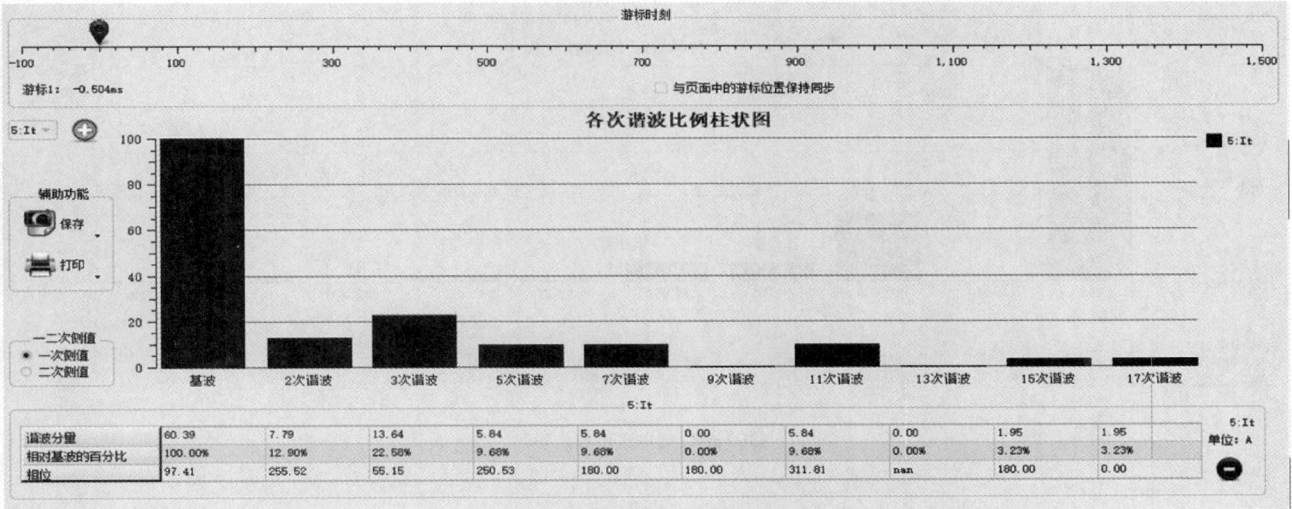

（0 ms时刻电流谐波含量）

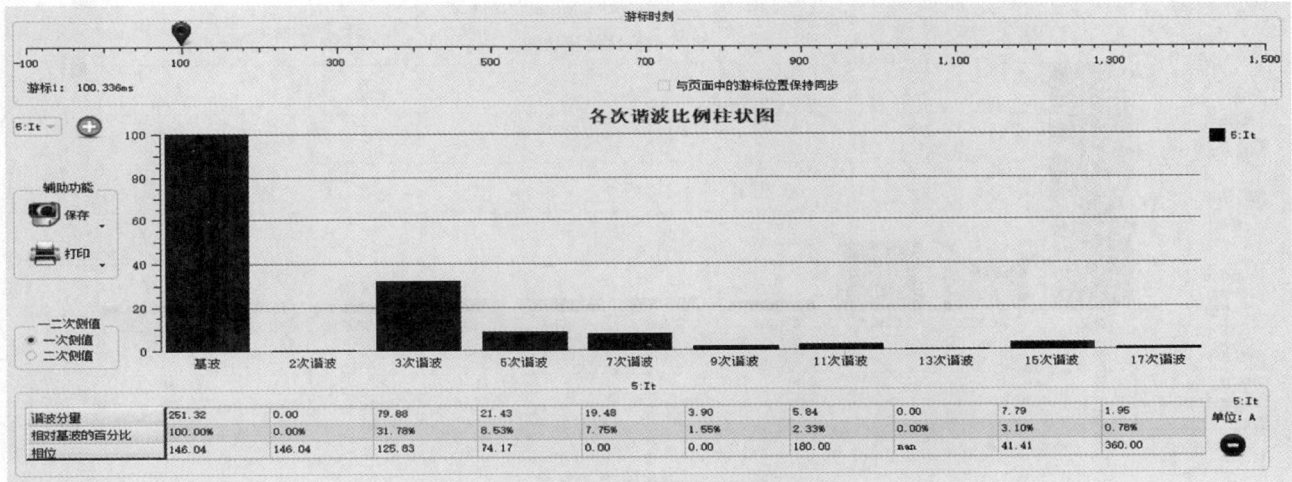

（100 ms时刻电流谐波含量）

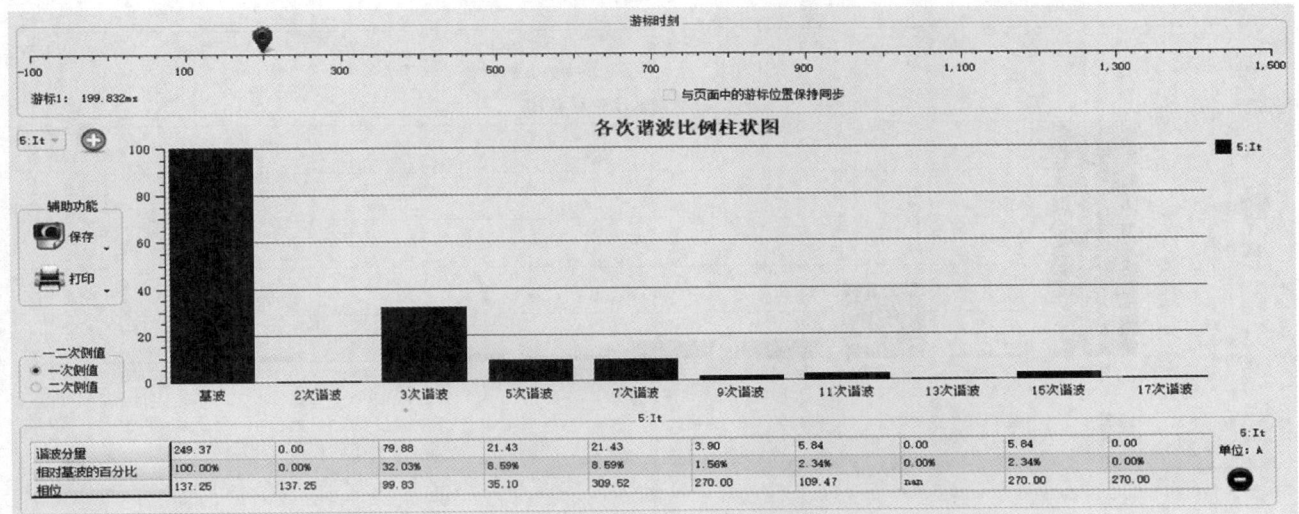

（200 ms时刻电流谐波含量）

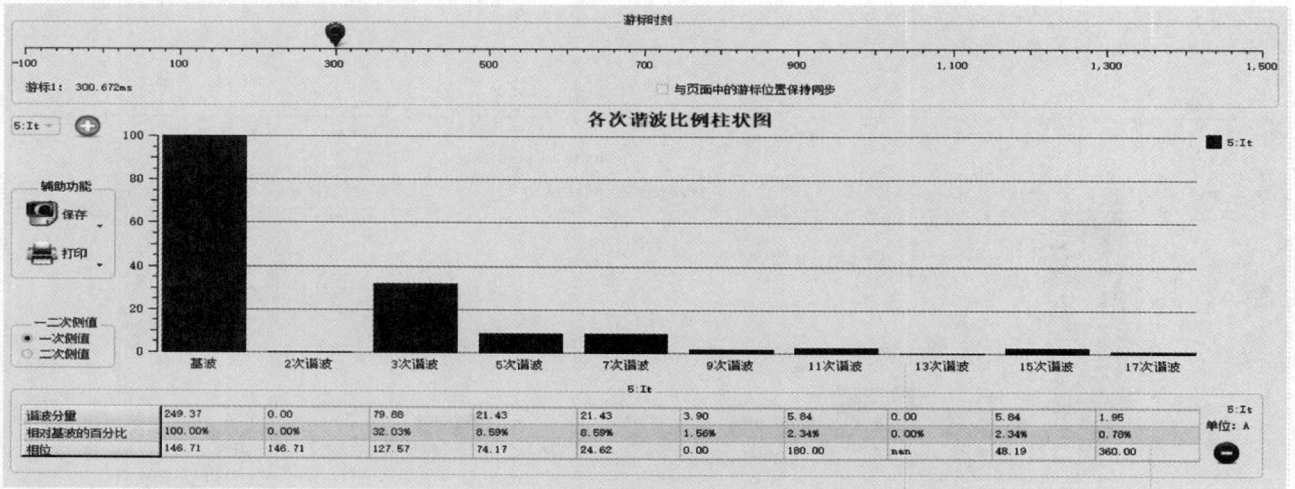

（300 ms时刻电流谐波含量）

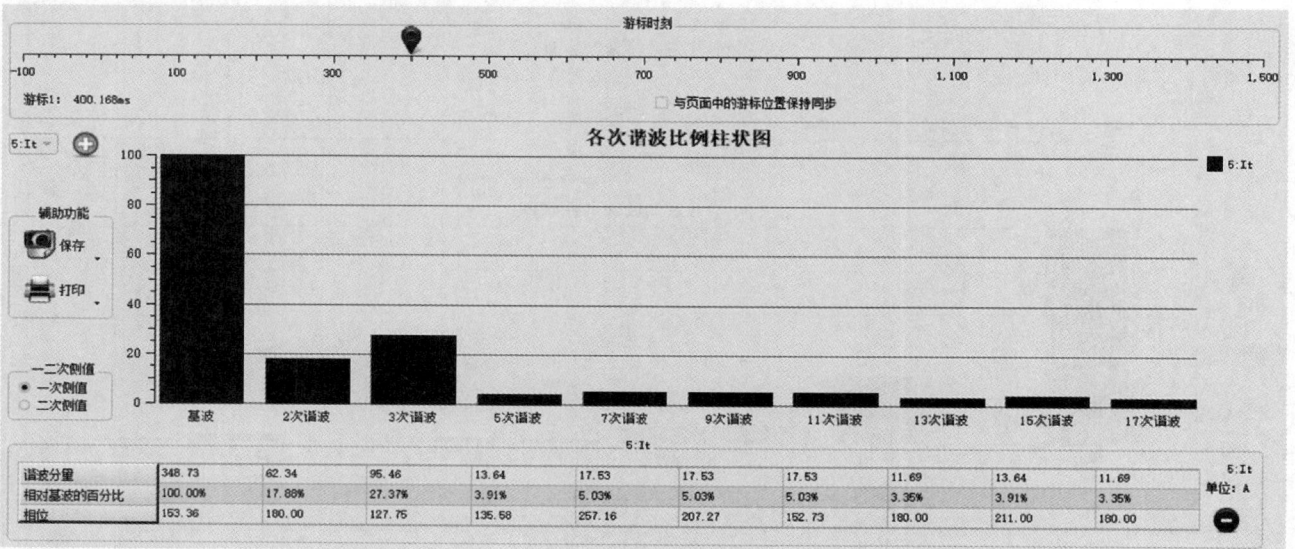

（400 ms时刻电流谐波含量）

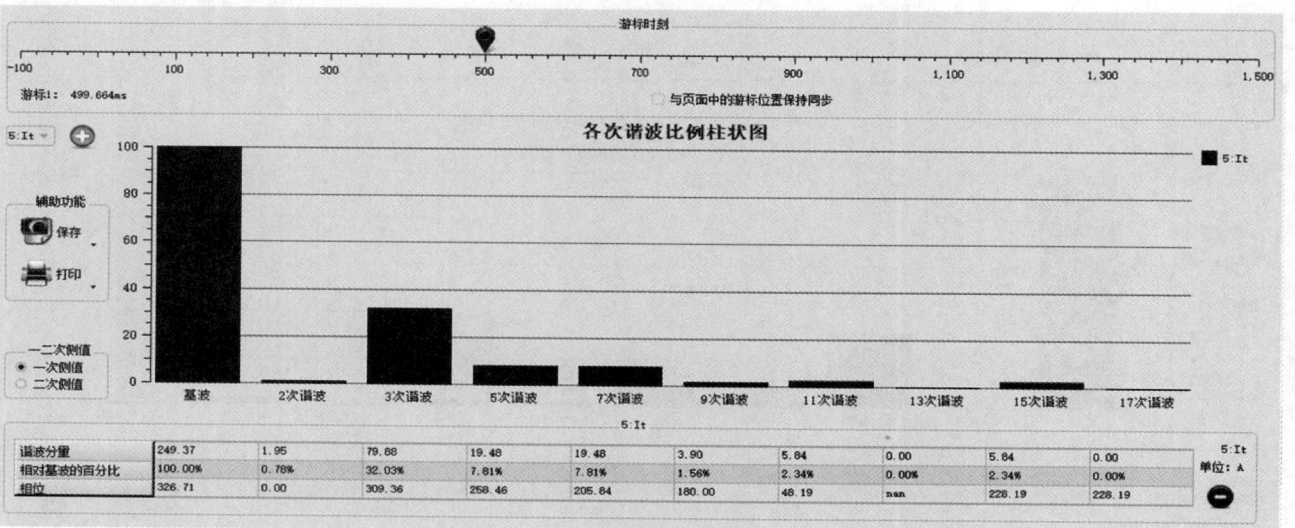

（500 ms时刻电流谐波含量）

图6 机车过分段绝缘器谐波分析

通过变电所三次电流增量保护动作的谐波分析,可以看出无论是在电力机车牵引运行状态还是在再生制动状态,负荷电流中均含有大量的谐波,三次谐波为主,三次、五次谐波较大,二次谐波含量较小。

同时在区间运行和过分相时的 0~100 ms 负荷电流中各次谐波含量均较小,不超过10%,如果增量保护时限设置为0.1S,此时各次谐波含量较低,达不到闭锁条件容易导致增量保护误动。300~400 ms 谐波含量逐步增加保持稳定。谐波含量统计如表3、表4、表5所示。

表3 机车区间运行负荷谐波含量 单位:%

谐波次数	0~100 ms	100~200 ms	200~300 ms	300~400 ms	400~500 ms
二次谐波	7.73	0.49	0	0.60	0.68
三次谐波	7.37	11.09	14.92	18.81	23.84
五次谐波	2.58	4.40	5.57	6.87	6.81
综合谐波	9.95	15.50	20.49	25.67	30.65

表4 机车过分相运行负荷谐波含量 单位:%

谐波次数	0~100 ms	100~200 ms	200~300 ms	300~400 ms	400~500 ms
二次谐波	2.91	0.16	0	4.29	4.75
三次谐波	6.31	9.98	15.16	20.94	25.93
五次谐波	2.67	4.41	6.88	8.38	8.80
综合谐波	8.98	14.39	22.05	29.32	34.72

表5 机车过段绝缘器运行负荷谐波含量 单位:%

谐波次数	0-100 ms	100-200 ms	200-300 ms	300-400 ms	400-500 ms
二次谐波	0.74	0.00	0	3.90	4.26
三次谐波	31.40	31.87	31.99	30.70	30.45
五次谐波	8.48	8.15	8.58	7.55	7.06
综合谐波	39.88	40.29	40.57	38.25	37.52

普通的交-直型机车,负荷电流中高次谐波含量可达20%至40%,因此对于交-直型机车可以根据负荷中谐波含量的大小来有效闭锁电流增量保护。当负荷电流中的二次谐波和综合谐波含量达到保护整定值时,可以有效抑制增量保护动作。

3.2 交-直-交型机车和动车组谐波分析

上面的谐波含量分析已经得到交-直型机车在不同工况下的谐波含量,表6、表7为文献资料中交-直-交型机车和动车组在不同工况下负荷电流谐波含量以及接触网线路短路故障时电流谐波含量。

表6 交-直-交型机车各工况下谐波含量 单位:%

谐波次数	恒工运行	启动	再生制动
THD	5.56	6.41	7.55
二次谐波	0.24	3.26	3.99
三次谐波	5.54	7.40	7.24
五次谐波	0.34	0.84	0.46
综合谐波	6.12	11.5	11.69

表 7　动车组各工况下谐波含量　　　　　　　　　　　　　　　　　　　　单位：%

谐波次数	恒工运行	启动	再生制动
THD	2.58	5.12	6.18
二次谐波	0.13	1.13	1.58
三次谐波	2.55	4.08	4.75
五次谐波	0.54	1.47	0.19
综合谐波	3.22	6.68	6.52

表 8　不同距离短路故障电流谐波含量　　　　　　　　　　　　　　　　　　单位：%

谐波次数	1 km	27 km	53 km
THD	0.52	0.54	0.55
二次谐波	0.41	0.43	0.43
三次谐波	0.20	0.21	0.21
五次谐波	0.10	0.10	0.11
综合谐波	0.71	0.74	0.75

从表 6、表 7 可以看出，交-直-交型机车和动车组不同工况下谐波含量，与交-直型机车对比二次谐波和三、五次谐波含量相对要低，目前各综自保护厂家的电流增量谐波闭锁原理，对正常机车负荷进行闭锁存在一定的局限性。

接触网线路故障后牵引网中的故障电流近似为正弦波，谐波含量几乎没有，相对于交-直型、交-直-交型和动车组负荷电流中谐波含量都要小很多。

3.3　综合谐波闭锁电流增量保护

目前电流增量保护闭锁条件主要是在一定时间内的电流变化率和二次谐波含量的大小，通过以上各类型机车各工况下谐波含量和故障电流谐波比较分析，二次谐波在不同机车、不同工况下，二次谐波含量较低有时可能为 0，导致靠二次谐波闭锁增量保护失效，造成增量保护误动。

在现场录波文件中谐波含量分析，二次谐波在有些机车运行工况下含量较小，无法闭锁电流增量保护，而综合谐波在不同机型和不同工况下负荷电流中含量较高，含量保持的较为稳定，可以作为闭锁条件。将原有的二次谐波闭锁改为综合谐波闭锁。故障电流的综合谐波含量与机车正常负荷情况下的综合谐波含量相比要小很多，我们使用综合谐波含量作为电流增量保护的闭锁条件，对于交-直-交型和动车组我们可以采用将综合谐波进行放大后作为区分故障电流和负荷电流的依据，新的闭锁关系原理如图 7 所示。

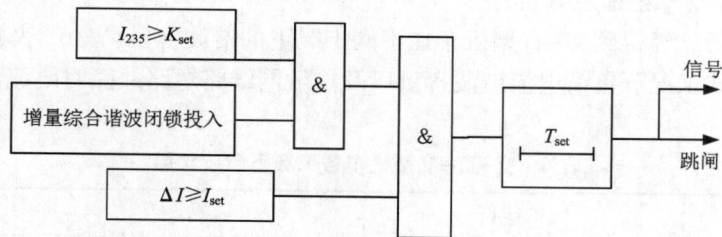

图 7　综合谐波闭锁增量保护原理图

动作方程

$$\Delta I = \Delta I_1 - K_a K_{235} * I_{1h} = I_{1h} - I_{1q} - K_a K_{235} * I_{1h}$$
$$K_b * K_{235} \leqslant K_{set}$$

式中：I_{1q}、I_{1h} 为故障前后时刻基波电流，I_1 为基波电流，$K_{235} = (I_2 + I_3 + I_5)/I_1$ 为二、三、五次综合谐波含量，K_a 为综合谐波抑制系数(一般设置为 1~2)，K_b 为综合谐波闭锁加权系数(动车组可以设置为 4~5，交-直型和交-直-交型机车设置为 2~3)，K_{set} 为综合谐波闭锁定值(设置为 10%)。

从负荷-故障：认为故障电流为纯正弦波，则 $K_{235} = 0$，继电器的动作量为基波电流增量，综合谐波含量小于定值，保护动作出口。

从负荷-负荷：负荷电流中综合谐波含量越大，K_{234} 综合谐波含量放大后值也就越大，继电器的动作量也就越小，继电器的动作边界也就越大，继电器越不容易动作。

当线路发生高阻接地故障时，因为故障短路电流中无综合谐波，所以电流增量保护可以正常动作，有效的保护接触网设备，同时还可以将电流增量保护整定值减小到 100 A 左右，由于机车负荷中综合谐波含量在保护启动 0.2S 后含量较高，保护时限建议整定为 0.3~0.4S，以提高电流增量保护的动作灵敏度和可靠性。

4　结束语

在目前电流增量保护原理基础上，本文通过得到的实际机车负荷电流录波文件，分析了电力机车在不同工况下谐波含量变化。利用高次谐波作为电流增量闭锁条件，达到减小电流增量保护定值，提高电流增量保护的动作灵敏度和可靠性的目的。对于机车本身故障下谐波变化情况还需要加强与机务联系共同分析，精准判断电力机车瞬时性故障，闭锁电流增量保护。

参考文献

[1] 宋春如, 翟启斌. 和谐型电力机车高次谐波问题的研究[J]. 电力机车与城轨车辆, 2013, 20(5)：80-83.

[2] 徐红红. 客运专线 AT 牵引供电系统断线接地故障分析与保护[D]. 四川：西南交通大学硕士论文, 2008, (5)：45-60.

[3] 丰战凯, 王军. 关于提高牵引变电所馈线电流增量保护动作可靠性的探讨[J]. 2013 年铁路电气化技术装备交流展示会, 2013.

作者简介

杨彬, 中国铁路成都局集团有限公司六盘水工电段, 技术科。

机车过分相引起牵引变电所馈线电流增量保护动作分析

郑　兵

摘　要：目前在牵引变电所馈线继电保护整定中，距离保护主要保护金属性接地短路故障，电流增量保护作为牵引供电线路切除高阻接地故障的主要保护，其灵敏性与可靠性直接影响牵引供电线路的安全运行。在机车变压器送电时，会产生较大的励磁涌流，根据电流增量保护动作原理，将会导致牵引变电所馈线电流增量保护频繁启动，在正常励磁涌流谐波含量中二次谐波含量最高，可通过二次谐波闭锁动作。2020年11月，川黔线高炉子变电所发生两起由于机车过分相涌流引起电流增量保护动作跳闸，保护装置二次谐波闭锁未启动，通过对故障电流波形分析，发现其二次谐波含量较少。本文主要分析涌流二次谐波含量少的原因和此种情况下的动作特性，从而优化增量保护整定，尽可能高的保证保护灵敏度。

1　引言

国内牵引机车过分相方式，均采用自动过分相。目前电流增量保护动作逻辑为比较每两个周波电流的突变电流值大于保护整定值则保护起动。在电力机车主断路器分闸、合闸对机车主变压器送电时会产生励磁涌流，目前牵引变电所馈线保护装置均通过二次谐波闭锁来躲过励磁涌流，保证电流增量保护可靠性。在川黔线供电线路运行过程中，监测发现机车过分相后合主断路器，引起牵引变电所馈线电流增量保护跳闸，二次谐波闭锁未启动。

2　机车过分相引起电流增量起动分析

2.1　电流增量保护原理

电流增量保护通过，当前时刻基波电流和一周波前基波电流的差作为突变电流，与保护整定值比较。

$$\Delta I = I_1 - I_1'$$

式中：I_1、I_1'分别为当前时刻基波电流和一周波前基波电流，ΔI为电流增量。

2.2　机车过分相引起增量保护起动

牵引供电采用单相工频交流制，采用轮换相序、分相分区供电的方案，不同供电臂之间设电分相。机车采用地面自动过分相技术，在机车过分相时，机车主变压器会经过一次分闸和合闸操作；在机车变压器恢复供电时，会产生励磁涌流，靠近牵引变电所的分相处，涌流值会大于机车额定电流值；在机车过分相时，将会导致电流增量保护启动。图为机车过分相引起电流增量动作记录，正常工况下二次谐波含量最高，满足二次谐波闭锁要求。电力机车过分相引起牵引变电所馈线电流增保护起动记录，如图1所示。

3　机车过分相引起电流增量跳闸分析

3.1　高炉子变电所基础参数

高炉子变电所主变为VV接线变压器，容量为28.5 MVA，综自保护采用交大许继厂家WKH-892 V3.0馈线保护装置。电流增量保护定值整定为240 A，时间延时为0.5S，投入二次谐波闭锁定值为10%。

事件一：2020年11月5日13∶27∶41高炉子变电所211馈线电流增量跳闸，重合成功，跳闸时一列SS3B型机车，最大功率2*4320 kW，通过变电所外接触网分相进入211供电臂。接触网线路无短路故障。

事件二：2020年11月19日08∶17∶04高炉子变电所211馈线电流增量跳闸，重合成功，跳闸时臂上一列SS3B型机车，通过变电所外接触网分相，进入211供电臂。接触网线路无短路故障。

	2021-01-05 05:00:13.058	都匀东_牵引变电所	211馈线保护装置	62	二次谐波闭锁 二次谐波含量=64.622%
3	2021-01-05 05:00:13.058	都匀东_牵引变电所	211馈线保护装置	62	电流增量返回 增量电流=743.119A
4	2021-01-05 05:00:13.058	都匀东_牵引变电所	211馈线保护装置	62	二次谐波闭锁返回 二次谐波含量=0.000%
5	2021-01-05 05:00:13.058	都匀东_牵引变电所	214馈线保护装置	65	电流增量起动 增量电流=565.908A
6	2021-01-05 05:00:13.058	都匀东_牵引变电所	211馈线保护装置	62	电流增量起动 增量电流=621.246A
7	2021-01-05 05:00:13.058	都匀东_牵引变电所	214馈线保护装置	65	电流增量返回 增量电流=743.024A
8	2021-01-05 05:00:13.058	都匀东_牵引变电所	214馈线保护装置	65	二次谐波闭锁返回 二次谐波含量=0.000%
9	2021-01-07 04:24:06.565	都匀东_牵引变电所	211馈线保护装置	63	电流增量起动 增量电流=304.893A
10	2021-01-07 04:24:06.564	都匀东_牵引变电所	214馈线保护装置	66	二次谐波闭锁 二次谐波含量=69.335%
11	2021-01-07 04:24:06.565	都匀东_牵引变电所	211馈线保护装置	63	电流增量返回 增量电流=292.280A
12	2021-01-07 04:24:06.564	都匀东_牵引变电所	214馈线保护装置	66	二次谐波闭锁返回 二次谐波含量=0.000%
13	2021-01-09 04:24:49.741	都匀东_牵引变电所	214馈线保护装置	67	电流增量起动 增量电流=492.206A
14	2021-01-09 04:24:49.741	都匀东_牵引变电所	211馈线保护装置	64	电流增量起动 增量电流=474.435A
15	2021-01-09 04:24:49.741	都匀东_牵引变电所	214馈线保护装置	67	电流增量返回 增量电流=711.693A
16	2021-01-09 04:24:49.741	都匀东_牵引变电所	211馈线保护装置	64	电流增量返回 增量电流=697.629A
17	2021-01-09 04:24:49.741	都匀东_牵引变电所	211馈线保护装置	64	二次谐波闭锁返回 二次谐波含量=8.677%

图 1 故障报告和录波分析

3.2 事件一分析

2020 年 11 月 5 日，故障报告和录波分析如表 1、图 2 所示，保护动作事件描述如下。

1）0.0394 s，电流幅值为 425.4 A，二次谐波含量为 9.84%，满足增量保护启动条件 $[I_d = 240\ \text{A}，I_2/I_1 < 0.1]$；

2）0.5394 s，即 0.5 s 后，电流有效值为 248.6 A，二次谐波含量为 1.808%，满足增量保护动作条件 $[I_d = 240\ \text{A}，I_2/I_1 < 0.1]$；

3）需要注意的是，在 0.5394 s 时基波电流有效值仅为 236.1 A，小于保护定值，但是由于三次、五次谐波的影响，导致整体有效值超过保护定值；从图（c）中可以看出，三次谐波有持续增大的趋势，最大时超过 73.38 A，含有量超过 30%，谐波畸变严重。

表 1 11 月 5 日跳闸故障报告

故障时间	2020 年 11 月 5 日 13：27：41.065
报告类型	馈线保护
断路器号	211
跳闸标志	跳闸
重合闸标志	重合闸成功
距离标志	相对距离
故障距离	41.26 km
故障动作	电流增量元件动作
电压	26.7 kV
电流	236.8 A
阻抗	112.75 Ω
电抗	112.57 Ω
角度	86.8°
事件 1	1 ms 电流增量启动 $I = 432$ A
事件 2	501 ms 电流增量出口 $I = 236.8$ A
事件 3	509 ms 电流增量返回 $I = 233.6$ A
事件 4	2520 ms 重合闸出口

3.3 事件二分析

2020年11月19日，故障报告和录波分析如表2、图3所示，保护动作事件描述如下。

1）0.0386 s，电流幅值为468.7 A，二次谐波含量为9.18%，满足增量保护启动条件$[I_d = 240\ \text{A},\ I_2/I_1 < 0.1]$；

2）0.5386 s，即0.5 s后，电流有效值为259.7 A，二次谐波含量为1.808%，满足增量保护动作条件$[I_d = 240\ \text{A},\ I_2/I_1 < 0.1]$；

3）从图（c）中可以看出，三次谐波有持续增大的趋势，最大时超过74.83 A，含有量超过30%，谐波畸变严重。

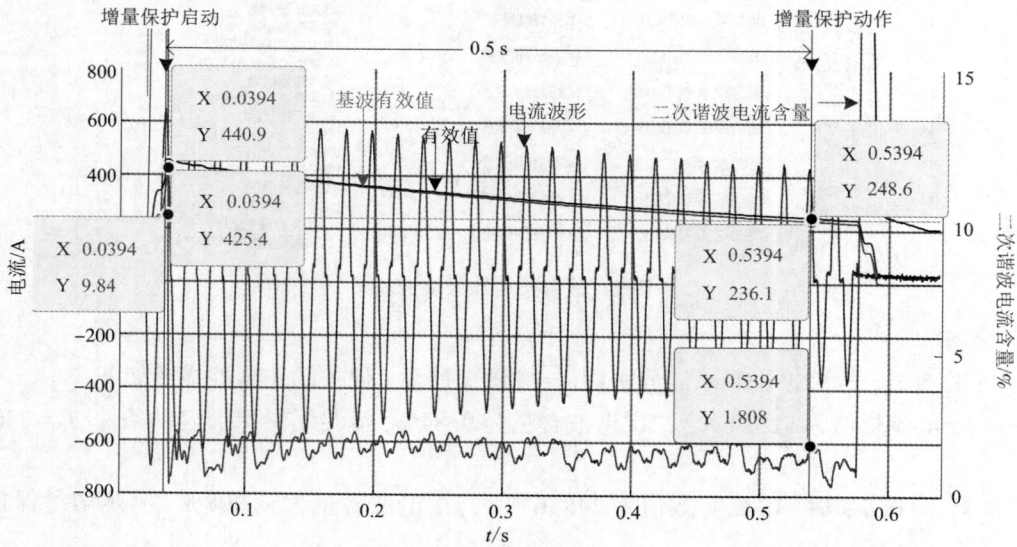

(a) 故障录波分析

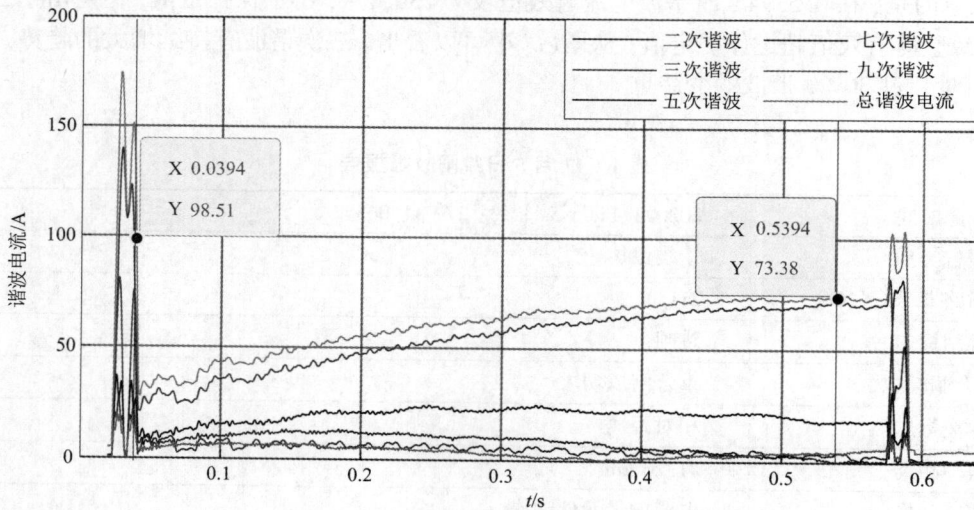

(b) 谐波电流变化情况

图2　事件一录波分析

表2　11月19日跳闸故障报告

故障时间	2020年11月19日 08：17：04.682
报告类型	馈线保护
断路器号	211
跳闸标志	跳闸
重合闸标志	重合闸成功
距离标志	相对距离

续表 2

故障距离	41.29 km
故障动作	电流增量元件动作
电压	27.51 kV
电流	248 A
阻抗	110.6 Ω
电抗	110.36 Ω
角度	86.3°
事件 1	1 ms 电流增量启动 $I = 472$ A
事件 2	501 ms 电流增量出口 $I = 248$ A
事件 3	537 ms 电流增量返回 $I = 232$ A
事件 4	2520 ms 重合闸出口

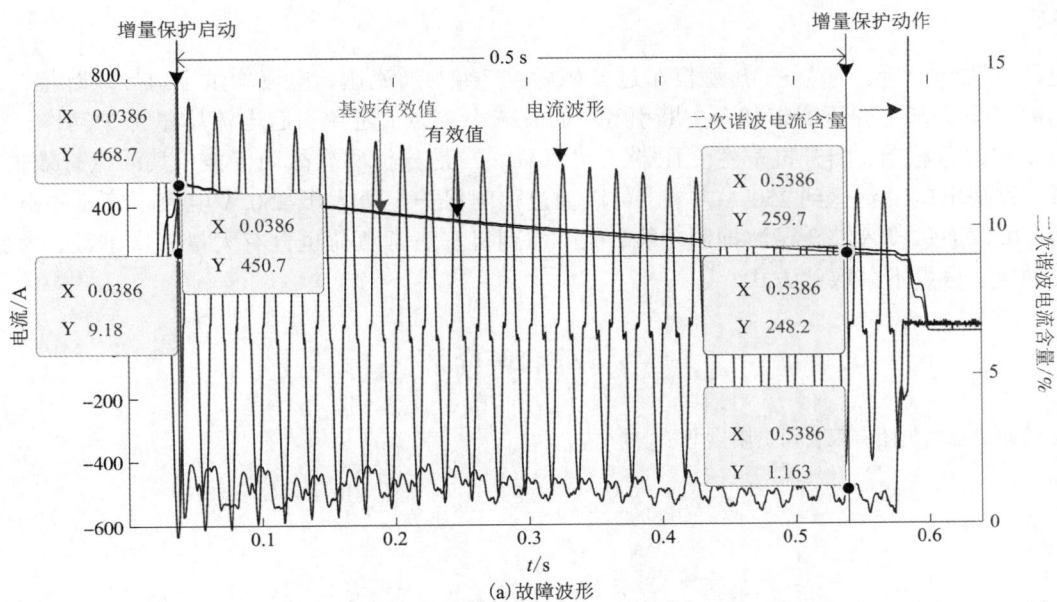

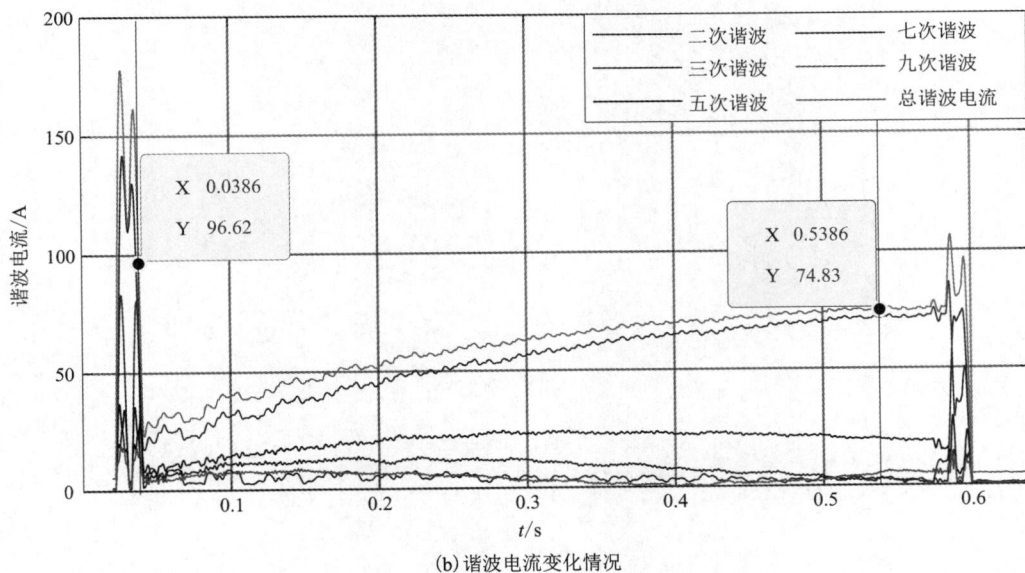

(a) 故障波形

(b) 谐波电流变化情况

图 3　事件二录波分析

4 机车过分相励磁涌流二次谐波含量原因分析

4.1 保护装置采样误差分析

如图1所示，正常情况下机车过分相后，主断路器合闸产生的励磁涌流会含有大量二次谐波，馈线保护装置检测到的大量二次谐波，启动二次谐波闭锁电流增量。若保护装置不能正确采集二次谐波含量，则会导致每列机车过分相均会引起电流增量动作。由此可以看出保护装置二次谐波采样正常。

4.2 机车主变低压侧带负荷过分相

SS3B 型机车主变压器容量为 6700 kVA，重联机车为 2 台变压器，在网压 27.5 kV 的情况下，则机车主变额定电流为 487 A。两次跳闸均为电力机车通过变电所外供电臂首端分相，当电力机车主变压器空载投入时，产生的励磁涌流，一定大于额定电流 487 A，分析两次保护启动突变电流均与机车主变额定电流相差不大，说明机车主变为带载投运。当发生电力机车主变压器二次侧带载过分相时，在主断路器合闸后，电力机车变压器带载投入运行。在变压器带载投入运行时，此时牵引变电所馈线电流，主要为涌流和负荷电流相叠加，随后涌流不断衰减，电流偏向负荷特性，所以三次谐波含量高。

5 结论

通过两次跳闸分析，均为 SS3B 型机车过分相后，产生的涌流达到电流增量定值导致跳闸，二次谐波含量较低的原因为机车主变压器带载合主断引起，涌流减小。为了避免引起电流增量保护动作，一是可以要求电力机车在过分相前，断开机车主变压器二次负载。二是分析两次故障录波，其涌流有效值在 0.5S 内不断衰减，跳闸出口时刻达到 250 A 左右，可以通过跳闸保护定值大于 250 A 电流。三是根据其大量三次谐波含量，可以通过投入综合谐波抑制功能，但考虑到机车正常负荷也含有大量三次谐波，为保证电流增量保护灵敏度，尽量不采取此方式。

作者简介

郑兵，中国铁路成都局集团有限公司贵阳供电段。

牵引变电所 27.5 kV 电压互感器熔断器作用及隐患的探讨

罗永忠

摘　要：介绍了牵引变电所 27.5 kV 电压互感器一次侧熔断器作用及存在的隐患。相比较 35 kV 电力系统和 110 kV 及以上电力系统，牵引变电所 27.5 kV 电压互感器不宜装设熔断器。

1　熔断器工作原理及作用

熔断器是最简单的保护电器，它用来保护电气设备免受过载和短路电流的损害；主要用于高压输电线路、电力变压器、电压互感器等电器设备的过载和短路保护。

熔断器结构一般包括熔丝管、接触导电部分、支持绝缘子和底座等部分。利用熔点较低的金属材料制成的金属丝或金属片制成熔丝，串联在被保护电路中，当电路或电路中的设备过载或发生故障时，熔件发热而熔化，从而切断电路，达到保护电路或设备的目的。熔丝管中填充用于灭弧的石英砂细粒。

电压互感器一次侧装熔断器的作用。

（1）防止电压互感器本身或引出线故障而波及高压系统。

（2）防止高压系统非正常电压损坏电压互感器。

铁路牵引变电所 27.5 kV 电压互感器安装方式分两种：普速铁路安装于室内网栅或隔间；高速铁路安装于室外或 GIS 柜内。两种安装方式均装设在电压互感器一次侧。GIS 柜内电压互感器未装熔断器。

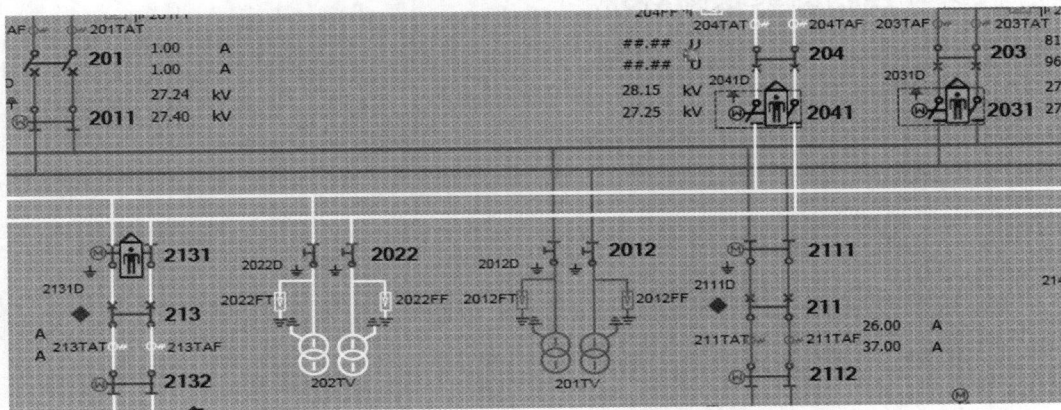

图 1　牵引变电所电压互感器主接线图例

2　熔断器选型

熔断器能否正常运行，给电压互感器提供灵敏正确的过载和短路保护，与熔断器选型是否正确有直接关系，可以遵循以下几种原则进行选型。

2.1　按工作电压选择

即熔断器的额定电压应不小于熔断器安装处电网额定电压。

以石英砂作为熔断器填充物的限流型熔断器额定电压只能等于安装处电网额定电压。此类熔断器熔断最大过电压倍数为熔断器额定电压 2.5 倍，未超过同一电压等级电器的绝缘水平。如果熔断器额定电压大于安装处电网额定电压，熔断时过电压倍数可能增大 3.5~4 倍。

2.2 按电流及保护特性选择

$$I_e \geq I_{je} \geq I_{gzd}$$

式中：I_e——熔断器熔管的额定电流，A；

I_{je}——熔断器熔体的额定电流，A；

I_{gzd}——回路最大持续工作电流，A。

此条件为选择熔断器额定电流的总体要求，其中熔体额定电流的选择最为重要，它的选择与其熔断特性有关，应能满足保护的可靠性、选择性和灵敏度要求。

具体情况

保护配电设备（即 35 kV 及以下电力变压器）：

$$I_{je} = KI_e$$

式中：I_e——变压器回路额定工作电流，A；

K——可靠系数，不考虑电机自起动时，取 1.1~1.3；考虑电机自起动时，取 1.5~2.0。

按此条件选择可确保变压器在通过最大持续工作电流，通过变压器励磁涌流，电动机自起动或保护范围以外短路产生的冲击电流时熔件不熔断，而且能保证前后级保护动作的选择性以及本段范围内短路能以最短时间切除故障。

2.3 按开断电流选择

一般条件

$$I_{ke} \geq I_{dt} (Ske \geq Sdt)$$

式中：I_{ke}（或 Ske）——熔断器的额定开断电流，kA（或额定开断容量 MVA）；

I_{dt}——短路全电流，kA（安装地点）。

对于限流型熔断器取 $I_{dt} \geq I''$（次暂态电流幅值）；对于非限流型熔断器取 $I_{dt} \geq I_{ch}$（稳态短路电流最大有效值）。

3 电压互感器一次熔断器熔断分析

高压侧熔断器不能防止二次侧过电流的影响。因为熔丝是根据机械强度的条件而选择的最小可能值，其额定电流比电压互感器的额定电流大很多倍，二次侧过流时一次侧不能熔断。所以为防止电压互感器二次回路所引起的持续过电流，在电压互感器二次侧还得装低压熔断器或断路器。

110 kV 以上电压等级的电压互感器一次侧未装设熔断器原因：高压系统灭弧困难，成本高；装置相间距离大，故障机会少；电容套管绝缘裕度大，被击穿的概率小；110 kV 及以上系统为中性点直接接地，对地短路会引起继电保护动作。

35 kV 户外电压互感器一次侧装设带限流电阻的角形熔断器，其限流电阻的数值约为 396 Ω。35 kV、10 kV 户内电压互感器一次侧均装设充填石英砂的瓷管熔断器。以上熔断器的额定电流均为 0.5 A，熔断电流为 0.6 A、1.8 A。

牵引变电所中除 GIS 柜外，27.5 kV 电压互感器一次侧装设熔断器，熔断器的额定电流均为 0.5 A。在现实运行中，发生过熔断器熔断，不仅未保护电压互感器，还引起相关保护误动作，危及供电安全，如：① 2020 年 10 月 15 日 18：31，川黔线高炉子变电所 2#主变高压侧过流动作跳闸，动作电流 I_A：2.83 A，I_B：3.63 A，I_C：1.17 A，I_α：2.17 A，I_β：0.89 A；动作电压 U_α：95.6 V，U_β：0.75 V。并补测控装置 262 保护低电压保护，动作电压 13.09 kV、电流 0.4 A。18：42 分 1#主变高压侧过流动作再次跳闸，动作电流 I_A：2.78 A，I_B：3.38 A，I_C：0.60 A，I_α：2.10 A，I_β：0.44 A；动作电压 U_α：93.35 V，U_β：0.840 V。检查发现熔断器熔断，熔管烧损。② 2022 年 02 月 09 日 22：07，贵广线三都变电所 202TV、204TV 压互断线告警，遥测 27.5 kV 母线电压 UF 电压异常（11 kV），变电所后台监控电压为 9 kV 左右波动，检查发现熔断器端头腐蚀，损坏。如未及时处置，将引起阻抗保护和主变低压过流保护动作，扩大事故范围。③ 2017 年 6 月 29 日 19：20，贵广客专线三都隧道至三都县供电臂接触网跳闸停电。三都变电所值班员立即进行检查，发现三都变电所 201 断路器跳闸，27.5 kV α 相母线无电。19：30 局调通过都匀东变电所越区供电成功，恢复送电正常。巡视检查发现 α 相压互爆开成 5 块，高压熔断器及底座已爆成碎片。

环氧树脂熔断器　　　　　　　　　　　　　　瓷管熔断器

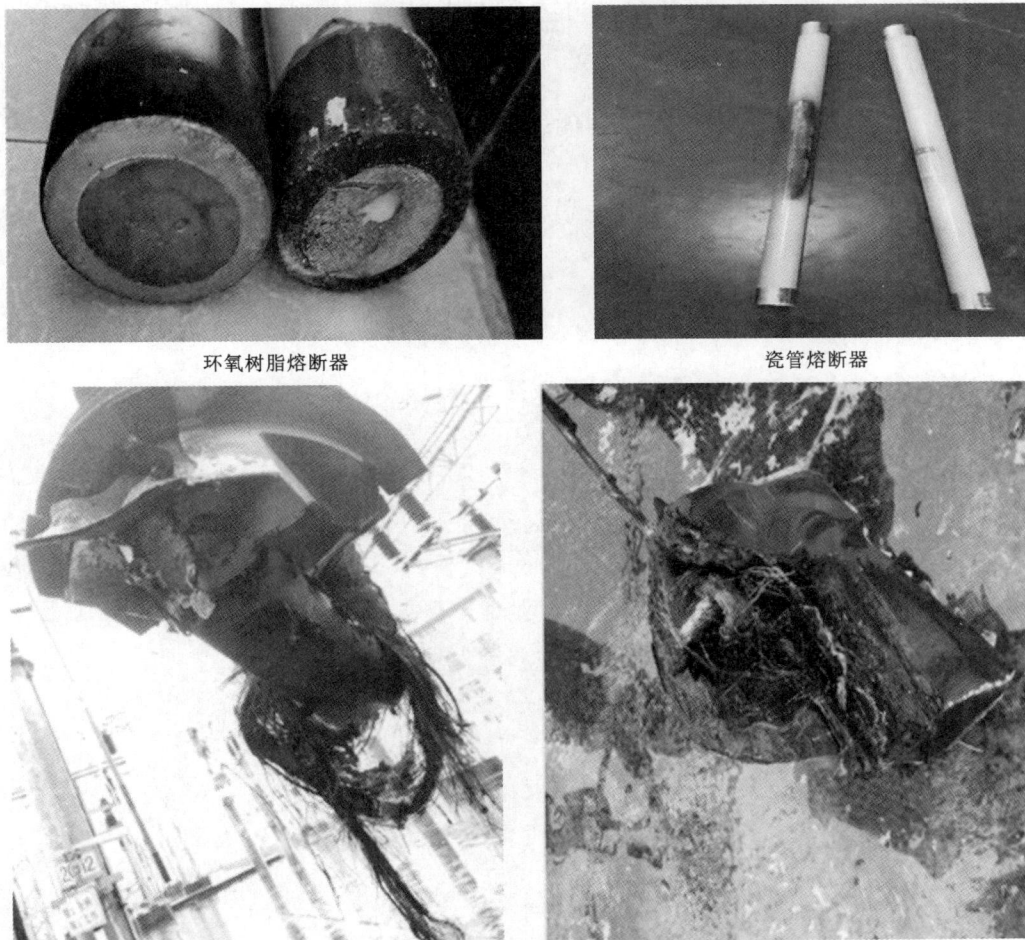

图 2　熔断器熔断照片

　　牵引变电所 27.5 kV 电压互感器如果击穿，熔断器处灭弧困难，熔断器会爆炸，可能扩大事故范围；电压互感器单独安装，相间互不影响；牵引网供电网络属于接地运行网络，发生接地故障，保护迅速启动；牵引变电所用的 27.5 kV 电压互感器熔断器的额定电流均为 0.5 A，熔断电流为 0.6 A 以上，电压互感器容量一般为 150 VA、200 VA、250 VA、300 VA 等，按最大容量 300 VA 计算，一次侧额定电流为 0.0109 A。熔断器电流是电压互感器额定电流的 45 倍以上，未真正起到保护电压互感器作用；电压互感器熔断器易老化，3 年必须进行更换，运营维护成本高；室外熔断器受外部环境影响，进水、腐蚀，影响到熔断器使用寿命；由于熔断器制造工艺原因，自身熔断时有发生。

4　结束语

　　本文针对铁路牵引变电所 27.5 kV 电压互感器熔断器作用及隐患的探讨，27.5 kV 电压互感器熔断器不能满足保护 27.5 kV 电压互感器的作用，反而熔断器自身存在隐患，危急供电安全。所有 GIS 柜安装于柜上电压互感器未装熔断器。相关规范未明确指出 27.5 kV 电压互感器必须装熔断器。所以牵引供电 27.5 kV 电压互感器一次侧不加装熔断器。

参考文献

［1］中华人民共和国国家质量监督检验检疫总局，中国国家标准化管理委员会. GB1207—2006 电磁式电压互感器［S］. 北京：中国标准出版社，2006.

［2］国家发改委.JBT_8510.2—2007_交流电气化铁道牵引供电用电压互感器［S］.北京：中国电力出版社，2007.

［3］中华人民共和国国家质量监督检验检疫总局，中国国家标准化管理委员会.GBT15166.2—2008 高压交流熔断器限流熔断器［S］.北京：中国标准出版社，2008.

作者简介

罗永忠，中国铁路成都局集团有限公司贵阳供电段。

全并联供电方式在越区供电中的应用

杨　姚　袁玉昌

摘　要：本文提出将全并联供电方式应用于越区供电中，改善牵引网电流分配，提高接触网载流能力和接触网末端电压水平。对比分析分开直接越区供电、半并联越区供电、全并联直接越区供电三种方式下的接触网电压损失及接触网载流能力，并通过实例进行验证。

1　引言

全并联供电方式常见于 AT 供电系统中，用于提高接触网载流能力，降低接触网电压损失，提高供电能力。复线直供方式下很少采用，越区供电时未见采用。当变电所因故退出运行，需邻所越区供电时，通常采用分开直接越区供电及分区所合环运行的半并联越区供电方式。但在邻所供电能力薄弱、线路机车密度较大、越区距离长、此两种越区供电方式下，供电末端的电压水平可能不满足列车运行需要。本文提出将全并联供电方式应用于越区供电中，改善牵引网电流分配，提高接触网载流能力和接触网末端电压水平。

2　越区供电原则

为避免重复讨论，本文对越区供电方案的可行性分析论证只讨论单侧越区，另一侧越区方案与此一致。

当变电所 B 故障退出运行时，由变电所 A 通过分区所 C 向变电所 B 供电。此时，有三种越区供电方式可选择。

2.1　分开直接越区供电

当变电所 B 故障退出运行时，由变电所 A 通过分区所 C 向变电所 B 供电，此时变电所 A、分区所 C、变电所 B 开关状态：变电所 A 馈线断路器(211、214)处于合闸位置；分区所 C 越区隔离开关(2901、2902)处于合闸位置，横联断路器(201、202)处于分闸位置；变电所 B 馈线断路器(212、213)均处于分闸位置。如图 1 所示。

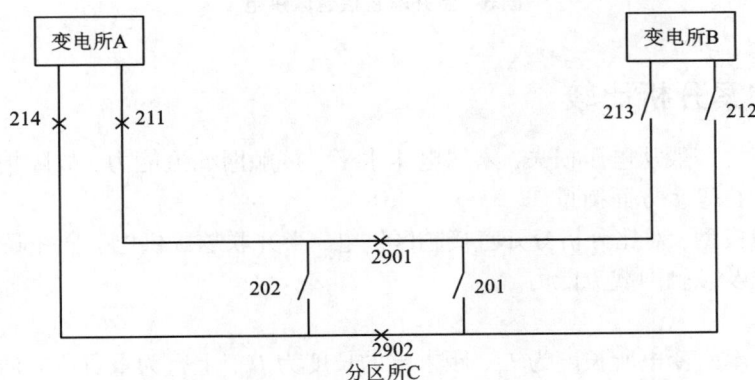

图 1　分开直接越区供电

2.2　半并联越区供电

当变电所 B 故障退出运行时，由变电所 A 通过分区所 C 向变电所 B 供电，此时变电所 A、分区所 C、变电所 B 开关状态：变电所 A 馈线断路器(211、214)处于合闸位置；分区所 C 越区隔离开关(2901、2902)

处于合闸位置，横联断路器被越区侧断路器(202)处于合闸位置；变电所 B 馈线断路器(212、213)处于分闸位置。如图 2 所示。

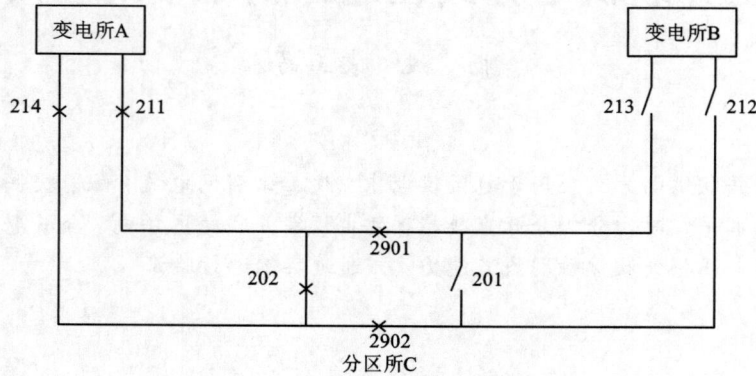

图 2　半并联越区供电

2.3　全并联直接越区供电

当变电所 B 故障退出运行时，由变电所 A 通过分区所 C 向变电所 B 供电，此时变电所 A、分区所 C、变电所 B 开关状态：变电所 A 馈线断路器(211、214)处于合闸位置；分区所 C 越区隔离开关(2901、2902)处于合闸位置，横联断路器被越区侧断路器(202)处于合闸位置；变电所 B 馈线断路器(212、213)处于合闸位置。如图 3 所示。

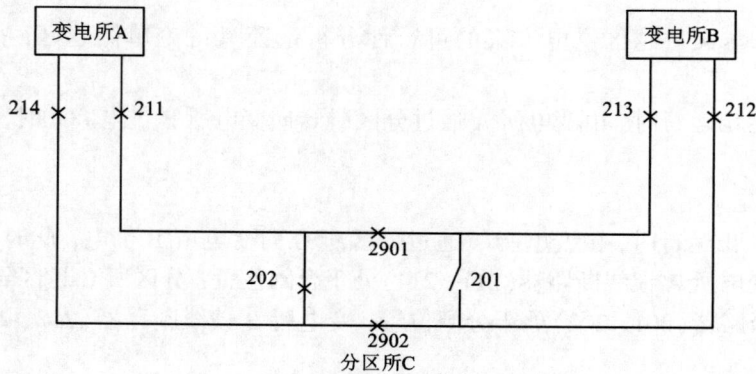

图 3　全并联直接越区供电

3　各越区供电方案分析比较

越区供电的供电能力一般从电压损失，末端电压水平，接触网载流能力，故障情况下快速、可靠切除故障并利于故障点的查找等多方面衡量。

现将通过建立负荷模型，对比分析分开直接越区供电、半并联越区供电、全并联直接越区供电三种方式下的接触网电压损失及接触网载流能力。

3.1　模型建立及分析

设分区所距被越区牵引变电所长度为 L_1，距末端的长度为 L_2，上行为重负荷方向。

上行总共有 N 列机车取流，其中第一个并联区段(变电所 A 与分区所 C 之间)运行机车有 K 列，第一列机车距变电所 A 的距离为 l_1，其中第二个并联区段(分区所 C 与变电所 B 之间)运行机车有 N-K 列，此并联区段第一列机车与分区所 C 的距离为 l_1'，追踪间隔为同样为 l。

下行总共有 T 列机车取流，其中第一个并联区段(变电所 A 与分区所 C 之间)运行机车有 S 列，第一列机车距变电所 A 的距离为 l_1，其中第二个并联区段(分区所 C 与变电所 B 之间)运行机车有 T-S 列，此并联区段第一列机车与分区所 C 的距离为 l_1'，追踪间隔为同样为 l。假设上行为重负荷方向。

1）分开直接越区供电负荷模型（图 4）

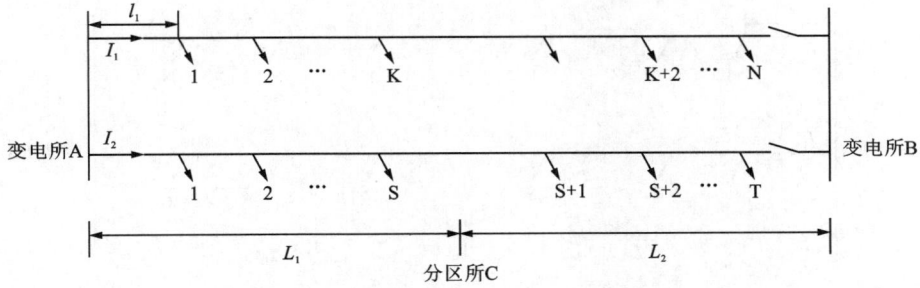

图 4　分开直接越区供电负荷模型

在此越区供电方式下，牵引网电流分布及电压损失计算见公式：

牵引网电流分布：

$$I_1 = \sum_{i=1}^{N} I$$

$$I_2 = \sum_{j=1}^{T} I$$

牵引网电压损失

$$\Delta U_m = Max\left(Z' \sum_{i=1}^{N} I[l_1 + (i-1)l],\ Z' \sum_{j=1}^{T} I[l_1 + (j-1)l]\right)$$

2）半并联越区供电负荷模型（图 5）

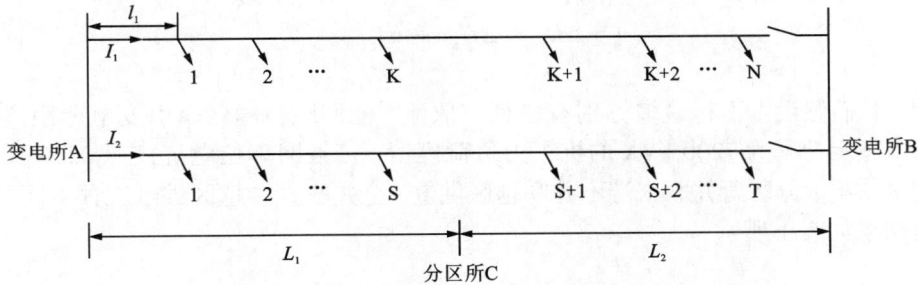

图 5　半并联越区供电负荷模型

对此越区供电方式分析时，可以看出是一个并联区段加一个分开直接供电区段分析。牵引网电流分布及电压损失计算见公式：

牵引网电流分布：

$$I_1 = \sum_{i=1}^{K} \frac{[2L_1 - l_1 - (i-1)l]}{2L_1} I + \sum_{i=K+1}^{N} \frac{I}{2} + \sum_{i=1}^{S} \frac{[l_1 + (i-1)l]}{2L_1} I + \sum_{j=S+1}^{T} \frac{I}{2}$$

$$I_2 = \sum_{i=1}^{K} \frac{[l_1 + (i-1)l]}{2L_1} I + \sum_{i=K+1}^{N} \frac{I}{2} + \sum_{j=1}^{S} \frac{[2L_1 - l_1 - (j-1)l]}{2L_1} I + \sum_{j=S+1}^{T} \frac{I}{2}$$

牵引网电压损失：

$$\Delta U_{K1} = Z'\left[\left(\frac{2L_1 - [l_1 + (i+1)l]}{2L_1}\right) \sum_{i=1}^{K} I[l_1 + (i-1)] + \left(\frac{l_1 + (i+1)l}{2L_1}\right) \sum_{j=1}^{S} I[l_1 + (j-1)]\right]$$

$$\Delta U_{N1} = Max\left(Z' \sum_{i=K+1}^{N} I[l_1' + (i-1)l],\ Z' \sum_{j=S+1}^{T} I[l_1' + (j-1)l]\right)$$

$$\Delta U_m = \Delta U_{K1} + \Delta U_{N1}$$

3）全并联直接越区供电负荷模型（图6）

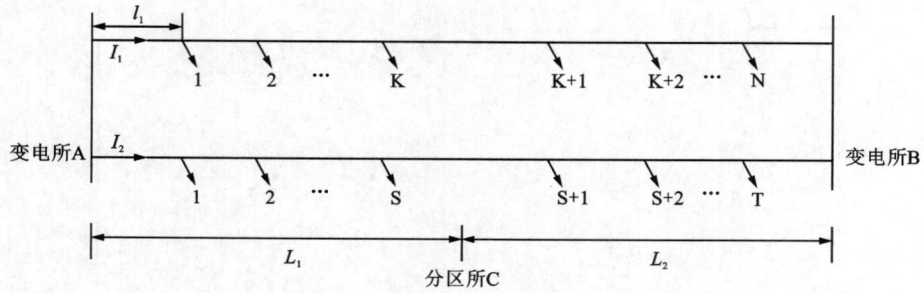

图6　全并联直接越区供电负荷模型

对此越区供电方式分析时，可以看出是一个两个独立的并联区段分析。

牵引网电流分布：

$$I_1 = \sum_{i=1}^{K} \frac{[2L_1 - l_1 - (i-1)l]}{2L_1}I + \sum_{j=1}^{S} \frac{[l_1 + (j-1)l]}{2L_1}I + \frac{1}{2}\left[\sum_{i=1}^{K+1} \frac{[l'_1 + (i-1)l]}{2L_2}I + \sum_{j=1}^{S+1} \frac{[2L_2 - l'_1 - (j-1)l]}{2L_2}I\right]$$

$$I_2 = \sum_{i=1}^{K} \frac{[l_1 + (i-1)l]}{2L_1}I + \sum_{j=1}^{S} \frac{[2L_1 - l_1 - (j-1)l]}{2L_1}I + \frac{1}{2}\left[\sum_{i=1}^{K+1} \frac{[l'_1 + (i-1)l]}{2L_2}I + \sum_{j=1}^{S+1} \frac{[2L_2 - l'_1 - (j-1)l]}{2L_2}I\right]$$

牵引网电压损失：

$$\Delta U_{K1} = Z'\left[\left(\frac{2L_1 - [l_1 + (i+1)l]}{2L_1}\right)\sum_{i=1}^{K} I[l_1 + (i-1)] + \left(\frac{l_1 + (i+1)l}{2L_1}\right)\sum_{j=1}^{S} I[l_1 + (j-1)]\right]$$

$$\Delta U_{N1} = Z'\left[\left(\frac{2L_2 - [l'_1 + (i+1)l]}{2L_2}\right)\sum_{i=K+1}^{N} I[l_1 + (i-1)] + \left(\frac{l'_1 + (i+1)l}{2L_2}\right)\sum_{j=S+1}^{T} I[l_1 + (j-1)]\right]$$

$$\Delta U_m = \Delta U_{K1} + \Delta U_{N1}$$

3.2　数据分析

不失一般性，我们假设上下行最多分别有三列车取流，他们距被越区牵引变电所距离分别为10 km、30 km、40 km。以额定功率为7200 kVA的机车为负荷模型，接触网单位电抗按照0.32 Ω/km进行分析。现对分开直接越区供电、分区所并联末端不并联越区供电、全并联直接越区供电三种不同的越区方式进行分析计算。所得结果如表1所示。

表1　三种不同越区方式分析

	机车到变电所的距离/km			牵引网最大电压降/V			牵引网载流情况		
	机车1	机车2	机车3	分开直接越区供电	分区所并联末端不并联	全并联直接供电	分开直接越区供电	分区所并联末端不并联	全并联直接越区供电
上行	10	30	40	7372.8	7372.8	7372.8	864	864	864
下行	10	30	40				864	864	864
上行	10	30	40	7372.8	6451.2	6125.2	864	720	504
下行	10	30	/				576	720	504
上行	10	30	40	7372.8	5529.2	5387.4	864	576	468
下行	10	/	/				288	576	396
上行	10	30	40	7372.8	5299.2	4377.6	864	576	396
下行	/	/	/				0	288	180

从以上分析结果可以看出：如果上下行负荷完成相同，则三种越区供电方式下的牵引网最大压降相同；随着上下行负荷分布的不同，上下行全并联越区供电方式对牵引网最大压降的减少明显优于分开直接越区供电、半并联越区供电两种方式，并且当上下行负荷分布越不相同，全并联直接越区供电对牵引网电压的改善越明显。同时，由于上下行全并联能够均衡牵引网电流分布，可以提高牵引网载流能力。

4　继电保护配置及故障测距判断

4.1　继电保护配置(表2)

表2　全并联越区供电继电保护配置表

	全并联直接越区供电保护配置(馈线)
变电所A	距离Ⅰ段、距离Ⅱ段、电流速断、低压启动过电流、重合闸
分区所C	失压保护
变电所B	距离Ⅰ段、距离Ⅱ段(动作时限0.1S)、低压启动过电流、失压保护

变电所A馈线定值设置原则：

(1)距离Ⅰ段：动作电抗按照保护范围不超过分区所C断路器整定，时限为0.1S。

(2)距离Ⅱ段：动作电抗按照保护越区后上下行供电臂全长整定。为了使在越区供电臂末端短路时，能够快速将全并联解列，分区所C和变电所B断路器有足够的分闸时间，所以，将变电所A的时限距离Ⅱ段为0.5S。

(3)电流速断：按躲过最大负荷电流和分区所C处最大短路电流整定。

(4)低压启动过电流：动作电压按照躲过最低运行电压整定。考虑机车(线路常跑机车)最低运行电压为17.5 kV，动作电压可选17 kV；动作电流按照躲过馈线最大负荷电流整定。

分区所C定值设置原则：

(1)横联断路器只设置不带低电流闭锁的失压保护。如保护装置的失压保护带的低电流闭锁条件，可将保护装置的电流回路进行短接。

变电所B馈线定值设置原则：

(1)距离Ⅰ段：动作电抗按照保护范围不超过分区所C断路器整定，时限为0.1S。

(2)距离Ⅱ段：动作电抗按照保护越区后上下行全长整定。为了使在越区供电故障下，能够快速将全并联解列，将变电所B的时限距离Ⅱ段为0.1S。

(3)低压启动过电流：动作电压按照躲过最低运行电压整定。考虑机车(线路常跑机车)最低运行电压为17.5 kV，动作电压可选17 kV。

(4)低压起动过电流动作电流：为保证装置低压起动过电流动作电流最小有效值；时限为0.1S。

4.2　故障测距判断(图7)

在全并联直接越区供电方式下，故障时，先将分区所C和变电所B进行解列后故障侧跳闸。

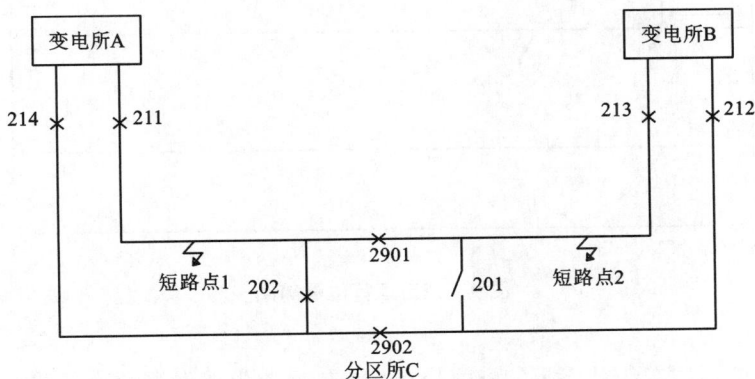

图7　全并联越区供电故障分析图

无论故障点在短路点 1(变电所 A–分区所 C 之间)还是短路点 2(分区所 C–变电所 B 之间),保护动作顺序均为:分区所 C 横联断路器先跳闸(失压保护动作),变电所 B 上下行供电臂 212、213 断路器后跳闸(失压保护、阻抗Ⅰ段保护动作、阻抗Ⅱ段保护动作),变电所 A 故障侧最后跳闸(阻抗Ⅰ段或阻抗Ⅱ段保护动作)。故障点查找方法均为:根据变电所 A 跳闸(故障侧跳闸)数据及电抗对照表进行查找。

5 实例分析

以沪蓉线清泉变电所退出运行为例,其退出运行后由邻近积金、石板滩变电所越区供电。现只分享积金–高板分区所–清泉越区供电区间分析。

调阅越区区间历史曲线(图8),越区期间,积金变电所母线电流值最大值为 1500 A,此时上行供电臂电流为 715 A,下行电流 736 A,母线电压为 22.93 kV,供电臂末端电压 19.64 kV。

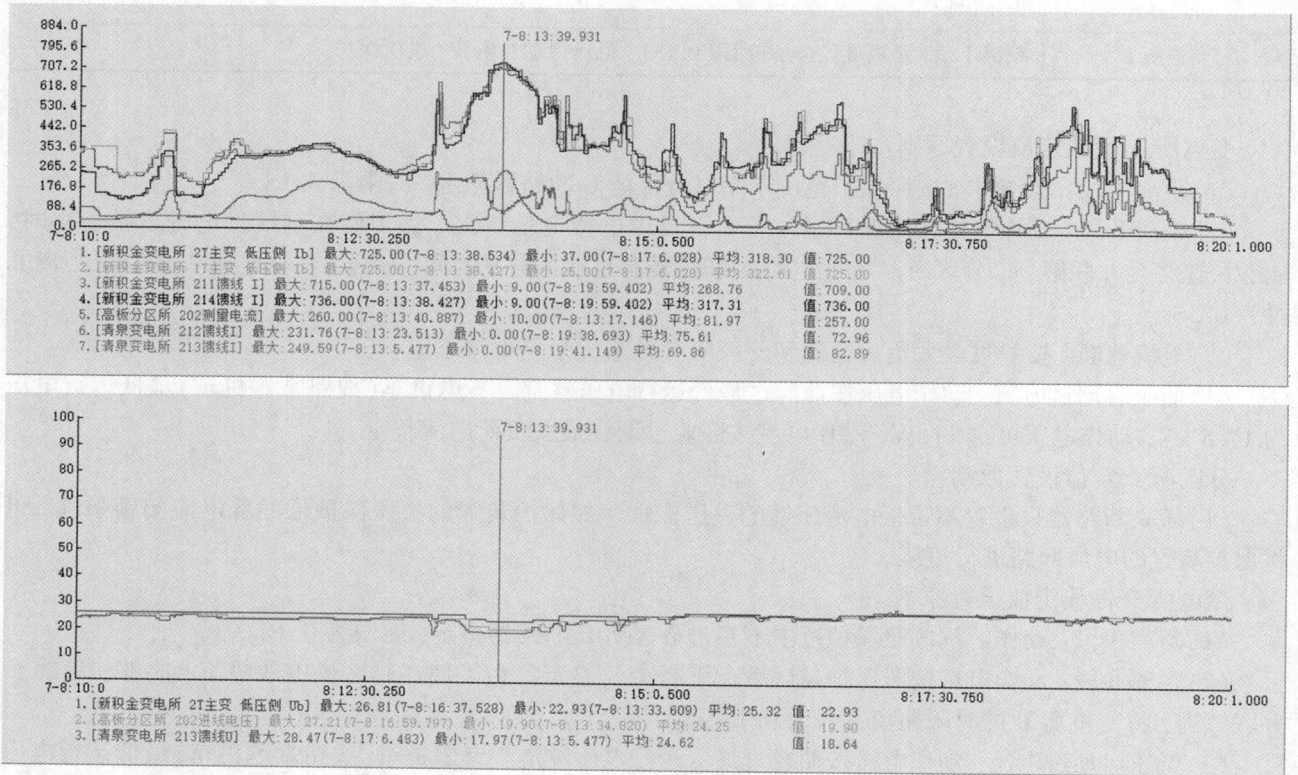

图8 清泉变电所越区后历史曲线图

调阅并分析运行图,此时上行四列车运行,下行 2 列车运行,运行位置简图(图9)。

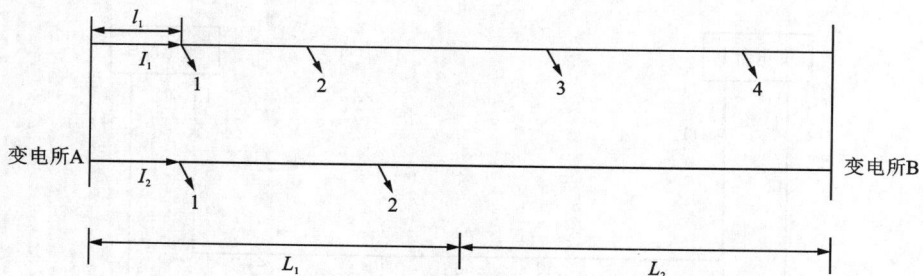

图9 列出运行位置简图

通过分析计算,若此运输组织状态下,采用分开直接越区供电接触网最大压降为 9440 V,半并联直接越区供电方式 8207 V，均不能满足《安规》规定的：接触网最低工作电压为 19 kV。

6　总结

本文通过对全并联供电方式应用在复线区段越区中进行分析，得出以下结论：

全并联直接越区供电不但能减少牵引网最大压降，同时还能提高牵引网载流能力。所以，对复线牵引变电所越区供电时，特别是供电能力薄弱的线路，在条件允许的情况下，优先选用全并联直接越区供电，其次选择分区所并联末端不并联的越区供电。

参考文献

[1] 孙震洋.哈大线牵引供电技术特点分析[J].铁路标准设计，2004(6)：102-104.

[2] 王猛.AT 所全并联供电方式牵引网电压损失分析[J].电铁信息网询，2007(2)：86-93.

[3] 谭秀炳，刘向阳.交流电气化铁道牵引供电系统[M].成都：西南交通大学出版社，2002.

作者简介

杨姚，中国铁路成都局集团有限公司成都供电段。

袁玉昌，中国铁路成都局集团有限公司成都供电段。

直供方式下几种典型轨地回流接线方式的回流分析探讨

侯小兵

摘　要：轨地回流线在铁路牵引供电系统中作为主导电回路，是铁路供电安全运行的关键设备，一旦发生断线，将对人身、设备带来极大的安全风险，影响列车正常运行。轨回流线大部分为穿管和直埋，地回流线则全在地表以下，无法通过巡视发现轨地回流线是否存在问题，因此充分利用数据测量、轨地回流分析，提前掌握设备状态、避免事故发生是非常有必要的。

1　引言

目前普速铁路轨地回流接线形式不一，又因直供方式分不带回流线的直供方式和带回流线的直供方式两种。通过运行变压器轨地回流测量值分析轨回流(轨回流含回流线电流及钢轨回流电流，以下皆同)与地回流比值，过于粗糙，不能正确反映轨地回流比例。

2　直供方式下几种典型轨地回流接线方式

(1)牵引变电所采用双主变端子箱，轨回流线均接入一台主变端子箱，两主变端子箱轨回流流互间通过跨线连接，地回流线分别接入两台主变端子箱情况。

如图1所示：1B运行、2B备用时，$I_{g2}=I_{d2}$，$I_g=I_{g1}+I_{g2}$，$I_d=I_{d1}-I_{d2}$。

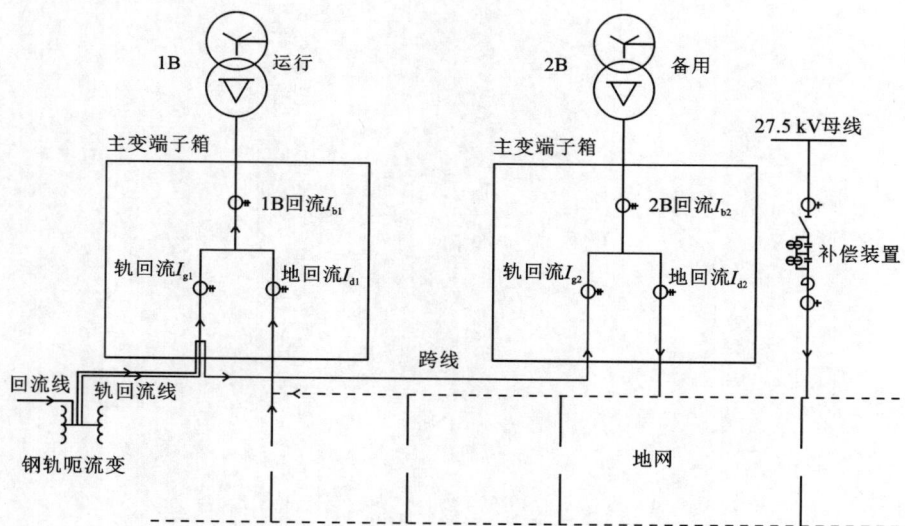

图1　1B运行、2B备用

I_g为实际轨回流值；I_{g1}为1B主变端子箱轨回流流互测量值；I_{g2}为2B主变端子箱轨回流流互测量值；I_d为实际地回流值；I_{d1}为1B主变端子箱地回流流互测量值；I_{d2}为2B主变端子箱地回流流互测量值(以下皆同)。

如图2所示：1B备用、2B运行时，$I_{g1}=I_{d1}$，$I_g=I_{g1}+I_{g2}$，$I_d=I_{d2}-I_{d1}$。

(2)牵引变电所采用双主变端子箱，轨回流线分别接入两台主变端子箱，两主变端子箱轨回流流互间通过跨线连接，地回流线分别接入两台主变端子箱情况。

如图3所示：1B运行、2B备用时，$I_{g2}=I_{d2}$，$I_g=I_{g1}+I_{g2}$，$I_d=I_{d1}-I_{d2}$。

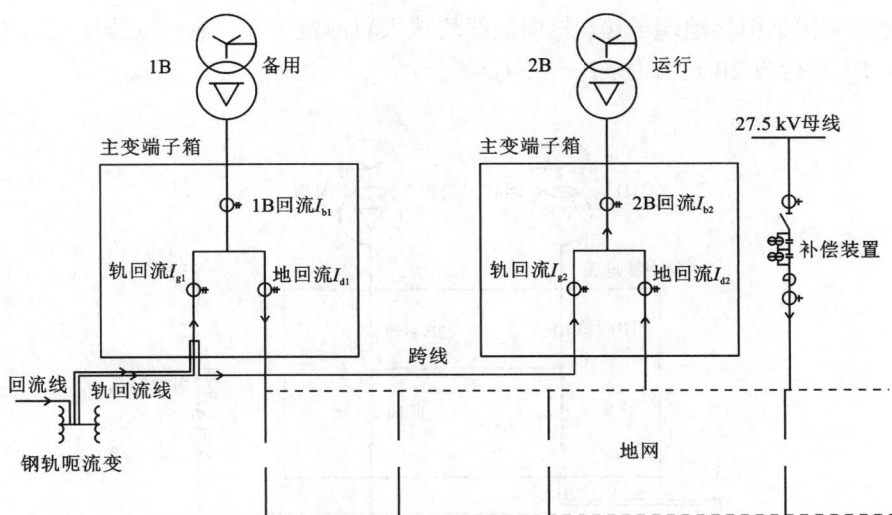

图 2　1B 备用、2B 运行

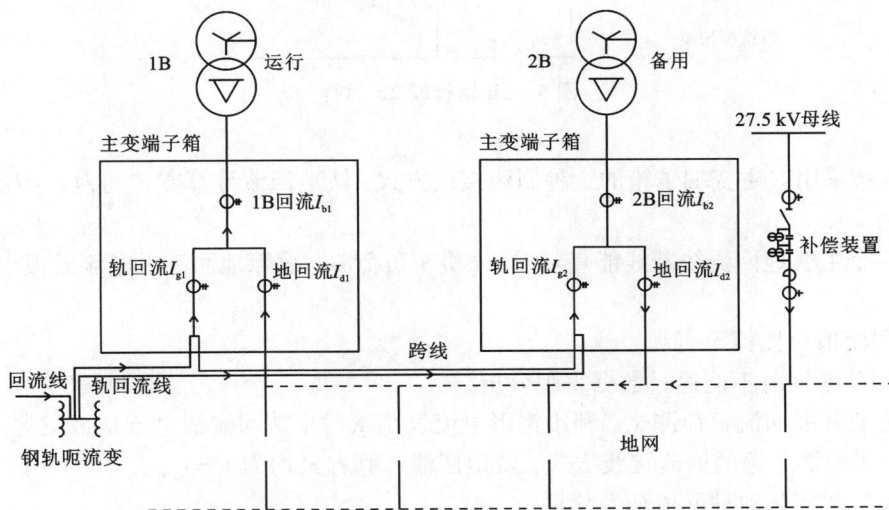

图 3　1B 运行、2B 备用

如图 4 所示：1B 备用、2B 运行时，$I_{g1}=I_{d1}$，$I_g=I_{g1}+I_{g2}$，$I_d=I_{d2}-I_{d1}$。

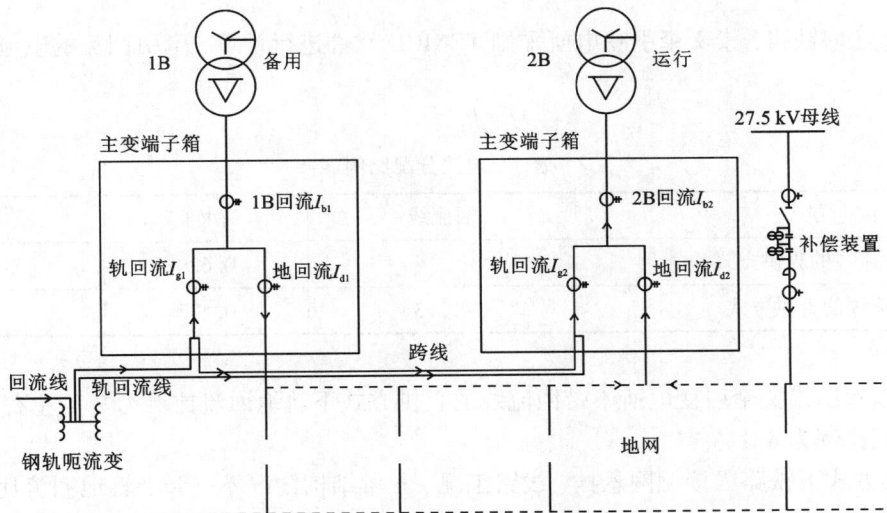

图 4　1B 备用、2B 运行

（3）牵引变电所采用集中接地端子箱，轨回流线均接入轨回流流互，地回流线均接入地回流流互。

如图 5 所示：1B 运行或 2B 运行时，$I_g = I_g$，$I_d = I_d$。

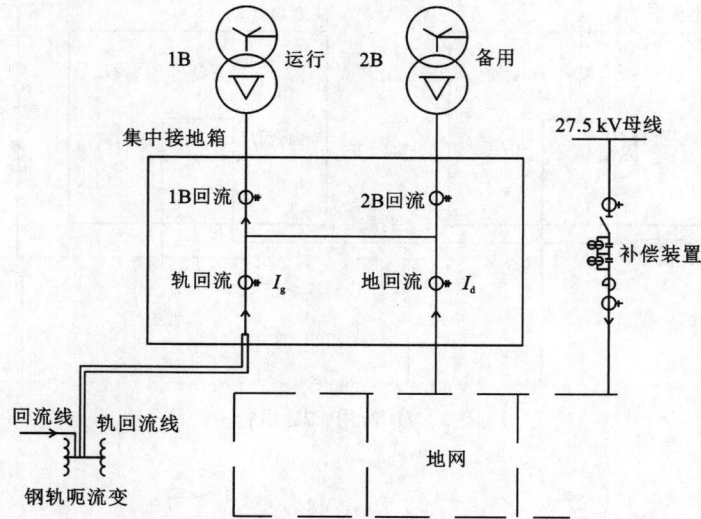

图 5　1B 运行或 2B 运行

（4）牵引变电所采用双主变端子箱的 2 种回流接线方式，轨地回流计算方式均为 $I_g = I_{g1} + I_{g2}$，$I_d = |\ I_{d1} - I_{d2}\ |$。

优点：其中一个主变地回流线断线能直观看出（机车负荷时，故障地回流无电流或很小）。

缺点：

①实际轨地回流值及比值不直观。

②轨回流线部分断线时不能通过数据直观分析。

解决措施：定期开展回流负荷测试，利用钳形电流表测试每根轨回流线电流是否正常。

（5）采用集中接地端子箱的回流接线方式，轨地回流计算方式均为 $I_g = I_g$，$I_d = I_d$

优点：能直观观测实际轨地回流值及比值。

缺点：轨回流线与地回流线部分断线时不能通过数据直观分析。

解决措施：定期开展回流负荷测试，利用钳形电流表测试每根轨回流线、地回流线电流是否正常。

3　直供方式牵引变电所轨地回流比值

（1）成都至都江堰铁路，崇义牵引变电所采用 TENICD 软件进行计算，牵引回流的电流分配比例如表 1 所示。

表 1　电流分配比例

供电方式	回流线	钢轨	大地
不带回流线的直供方式	—	0.628	0.319
带回流线的直供方式	0.373	0.437	0.197

仿真结果可以看出崇义牵引变电所不带回流线的直供方式下轨地回流比例为 2/1 左右，带回流线的直供方式下轨地回流比例为 4/1 左右。

（2）其他直供方式下铁路因接触网悬挂、线路工况、土壤结构情况不一致，轨地回流比值会有所偏差。如不带回流线直供方式的内六线大关牵引变电所轨地回流比例为 1.36/1 左右。带回流线直供方式的内六线彝良牵引变电所轨地回流比例为 5.5/1 左右。

4 牵引变电所电容电流对轨地回流比值的影响

部分牵引变电所投入电容补偿装置，补偿电流一般为 40~150 A 不等，角度−90°，在分析轨地回流比时，该电流会与轨回流和地回流叠加，影响分析。

解决措施：

（1）改为集中接地模式，补偿装置回流线不接入地网，直接接入集中接地箱 1B 回流与 2B 回流之间的公共母线上。

（2）分析轨地回流比时，在大负荷下进行分析，减少电容电流的影响。

（3）对需掌握真实轨地回流比时，可短时退出补偿装置进行测试。

5 案例分析

2019 年 9 月，内六线大关牵引变电所 1B 运行倒切至 2B 运行后发现 2B 地回流流互电流极小，轨地回流比为 9/1 左右，地网地阻测试值为 1.6 Ω。该供电方式为直供不带回流线，回流接线方式为轨回流线分别接入两台主变端子箱，两主变端子箱轨回流流互间通过跨线连接，地回流线分别接入主变端子箱。

原因分析：该所地网 2001 年建设投运，已超过大修周期，地网锈蚀严重，2B 附近主地网断裂。

临时解决措施：将 1B 主变端子箱内流互与 2B 主变端子箱流互用双支 90 mm² 电缆连接，临时过渡，并对 1B、2B 附近地网补强，新增 4 根 2.5 m 深接地极，改善轨地回流。

最终解决措施：2020 年 6 月对该所地网进行大修，大修后轨地回流比例为 1.36/1。

6 总结

在直供方式情况下的轨地回流分析需根据轨地回流连接方式、采取正确的计算方法，才能掌握各牵引变电所正确的轨地回流比值。通过定期大负荷下分析轨地回流比值及测量各轨地回流每根电缆及扁钢的电流值判断轨地回流是否存在问题，可有效掌握设备状态、避免事故发生，保障人身、设备安全。

参考文献

[1] 李良威，楚振宇，邓云川.直供方式下牵引变电所轨地回流研究[J].铁道工程学报，2012(8)：2.

作者简介

侯小兵，中国铁路成都局集团有限公司宜宾工电段。

27.5 kV 电力单芯电缆在线检测手段探究

唐田龙

摘　要：27.5 kV 电力单芯电缆是保证牵引供电系统安全运行的重要设备之一，传统试验手段针对 27.5 kV 电力单芯电缆的检测效果不佳，尤其是对隧道壁架设的接触网供电线电缆及 GIS 户内电力电缆检测效果不佳，在线监测技术为解决这一难题提供了新的途径。

1　引言

27.5 kV 电力电缆设备是电气化铁路牵引变电所重要的电气设备，近年因高速铁路建需求，AT 供电方式下 27.5 kV 电力电缆被广泛应用，对于西南片区的山区铁路，接触网上网电缆也逐渐增多，高压电缆的维护及管理对安全供电来讲至关重要。

电力电缆有电气设备温盆效应的特点，一般 1~3 年易出现故障，3~20 年进入温盆状态，超过 20 年基本都应绝缘老化而损坏。但对于单芯 27.5 kV 的电力电缆，第 1 年是故障高发期，2~8 年属于稳定期，9~15 年基本是引起注意的时间段，15~20 年基本到大修周期。近三年，成都局管内 27.5 kV 电缆故障多起，其中有 4 期都是由于电缆外护套破损，铠装层不断热腐蚀，最终导致主绝缘受损，绝缘厚度不达标而导致内部绝缘击穿，高压电缆一旦爆头必须重新制作，处理困难，接触网电缆基本都挂在隧道壁，拆卸及安装需要大量人力，在铁路的天窗环境下应急时间有限，针对变电所(亭)如果是 GIS 端电缆损坏，连同开关柜内坠都需要整体更换，必须由厂家专门处理；如果是户外终端故障，需要大量人力退出预留电缆。

因此，研究探索新的维护手段，及时发现早期电缆缺陷对确保安全供电具有重要意义。

2　现状分析

对单芯高压电缆的状态评价主要有两个方面，一是内部绝缘的检查，传统试验手段对 27.5 kV 高压电缆隐患绝缘内部绝缘主要是交流耐压，交流耐压试验目前有低频耐压及串联谐振两种方式，对于 GIS 连接的单芯电力电缆，开关柜厂家不建议连接柜体进行耐压试验；对于接触网供电线电缆，由于试验设备体积庞大，电缆两端均需完全撤除，试验引线悬挂位置较高，天窗时间有限因此开展耐压试验难度较大。单纯的耐压试验不仅有一定破坏性，而且对判断绝缘状态的判别效果不显著。二是传统的外护套绝缘检查，主要是通过绝缘遥测，对牵引变电所 27.5 kV 电缆开展可行性相对较高，对接触网供电线电缆开展同样存在难度大的问题，而且对于同沟敷设的多相别电缆，必须要全停才能安全开展试验，对于不易停电的大型枢纽变电所开展外护套试验也存在诸多不便。

因此，结合 27.5 kV 电缆在铁路牵引供电的特殊环境，本文研究在线监测方法，提 27.5 kV 高电缆维护的准确度，节约人力成本。

3　在线局部放电检测手段

《GB50150—2016 电气装置安装工程电气设备交接试验标准》阐述了电缆在线局部放电试验的推广及意义：考虑到电缆局部放电现场测试技术的快速发展，以及部分单位的成功实践经验，增加了对于 66 kV 及以上橡塑绝缘电力电缆线路在条件具备时进行现场局部放电试验的有关要求，27.5 kV 电压等级的橡塑绝缘电力电缆线路，可以结合工程建设条件选择是否进行该试验，未做明确规定。但限于技术发展现状，各种局部放电测量技术对于局部放电量绝对值还不能给出统一的分析判据，不过，各种方法的所规定的参考值还是有一定的实际指导意义，特别是在同一条件下进行测量所获得的局部放电量相对比较值是具有分析判据价值的。所以建议在被试电缆相之间比较局放量的相对值，局放量异常大者，或达到超过局放试验仪器厂家推荐判断标准的，通过周期性的开展局部放电复核放电量变化，对放电量明显增长则应对电缆的绝缘状态判别有一定指导意义。该标准中鼓励："考虑到今后在线检测状态检修的需求，应该鼓励积极开展局部放电测量。"

目前常用的在线局部放电检测方法有以下两种。

（1）超声波检测法是通过检测电力设备局部放电产生的超声波信号来测量局部放电的大小和位置。在实际检测中，超声传感器主要是通过贴在电气设备外壳上以体外检测的方式进行的。超声波方法用于在线监测局部放电的监测频带一般均在 20 kHz～230 kHz 之间。

（2）特高频法（UHF）法是目前局部放电检测的一种新方法，研究认为，每一次局部放电过程都伴随着正负电荷的中和，沿放电通道将会有过程极短陡度很大的脉冲电流产生，电流脉冲的陡度比较大，辐射的电磁波信号的特高频分量比较丰富。其主要的优点是能够进行局部放电定位，可进行移动检测，适用于在线检测。

表 1　各种状态监测方法的适用范围

方法	适用电缆	重点检测部位	针对缺陷	检测方法	备注
红外热像	35 kV 及以上电缆	终端、接头	连接不良、受潮、绝缘缺陷	在线	必做
金属护层接地电流	110 kV 及以上电缆	接地系统	电缆接地系统缺陷	在线	必做
高频局部放电	110 kV 及以上电缆	终端、接头	绝缘缺陷	在线	必做
超高频局部放电	110 kV 及以上电缆	终端、接头	绝缘缺陷	在线	选做
超声波	110 kV 及以上电缆	终端、接头	绝缘缺陷	在线	选做

因 110 kV 电缆在电力系统中被广泛重视，规范中增加了相关在线监测的指导建议，而 27.5 kV 牵引供电电缆在电气化铁路中也是十分重要的供电单元，因此可以考虑比照更高等级电缆执行在线监测规范。

电磁波法局部放电测试，可使用一种巡检式的局部放电测试设备，此种设备体积小、便携带专门为现场带电巡检测量设计（图1）。可以结合 27.5 kV 电力电缆试验周期开展，对供电线电缆进行局部放电检测。此测试方法主要是电磁式的一种超宽频技术（图2），适用于 1 MHz～3000 MHz，对于高频及超高频都适用，但对于高压电缆建议还是采用高频 1 Hz～100 Hz，更符合电缆工况，对判断绝缘状态指导性更强。通过收集电磁波信号，并将其以无线方式传送至电脑，运行相关软件进行分析；测试时只需要将设备指向或放置在电缆终端处（对于隧道壁架设的电缆中间接头可以用绝缘棒辅助），通过后台软件进行分析处理局部放电采集数据。

图 1　在线局部放电检测设备

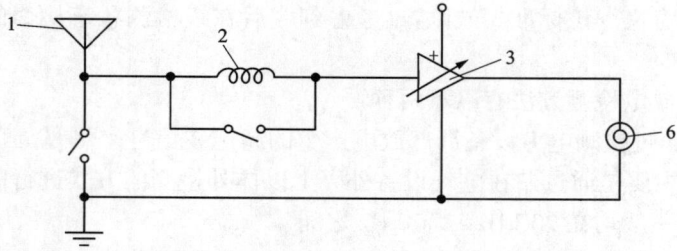

1. 内置天线；2. 信号处理；3. 信号放大；6. 信号发出。

图2　局部放电信号采集等效电路图

现场即可快速收集在线电缆终端接头的绝缘状态，通过图谱（图3）分析、纵向对比或厂家提供的试验标准，将可疑的电缆终端筛选出来，再制下一步应对措施，对提升27.5 kV电力电缆的维护水平十分有益。

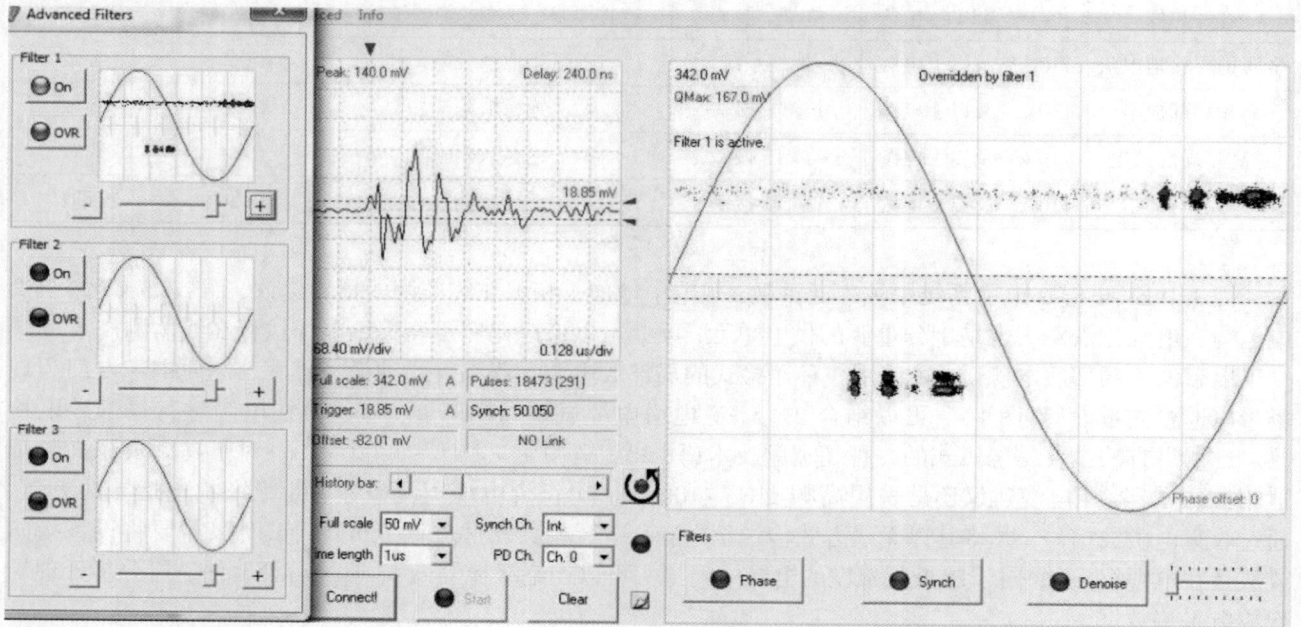

图3　在线局部放电测量图谱

4　在线环流监测检测手段

通过收集近几年27.5 kV电缆故障案例综合分析，多起案例都是因电缆环流引起，近年27.5 kV单芯电缆及电缆附件又经过CRCC认证大幅提升了电缆附件及电缆的质量，郑渝高速铁路27.5 kV电缆及附件均由电缆厂家集中提供，厂家提前进行了电缆及电缆附件的比对工作，大幅提升匹配度。因此，电缆及附件质量方面所引起的故障会越来越少，主要还是施工过程中对电缆造成二次伤害导致外护套破损，支架安装不规范，护层保护器损坏或被短接等引起环流产生热腐蚀电缆主绝缘最终酿成击穿事故。

27.5 kV电力电缆接地方式（图4）是：一端接地，另一端通过护层保护器接地，主要是为了防止单芯电缆金属层产生环流。高压单芯电缆外护套破损与金属构件形成导流通路对电缆的寿命大幅影响，随着电缆使用年限的增加，电缆的附件产品（护层保护器、绝缘胶带）等率先老化，从而形成环流，缩短电缆使用寿命。

在线监测环流方式（图5）有两种，一是使用移动式在线监测设备（钳形电流表、移动式测量装置等），二是通过固定式监测装置实时监测，因电气化铁路的特性，环流在主线芯有电流通过时监测效果更为显

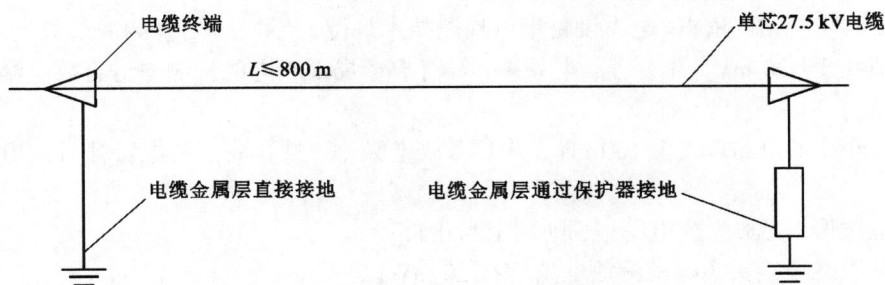

图 4　27.5 kV 电力电缆接地方式

著。在线环流检测装置，设计理念就是将"采集—传输—分析"功能结合在一起的采样装置，能够实时监测分析并上传至终端软件，尤其是对到达一定年限的电缆外护套状态评价有指导性意义。

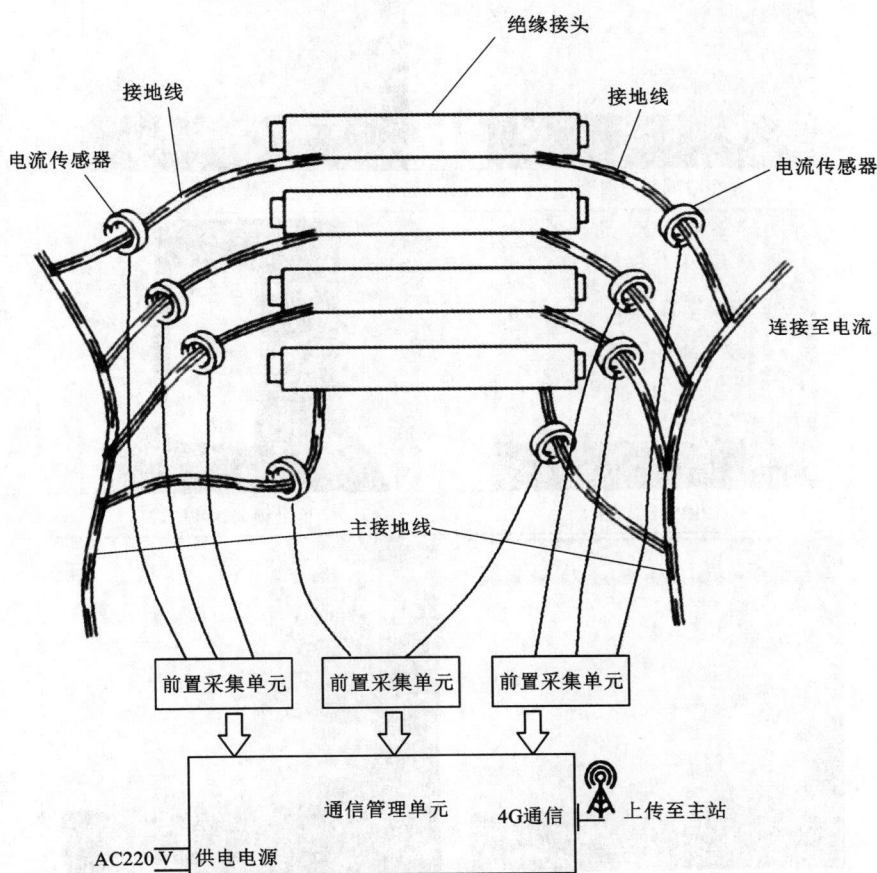

图 5　电缆在线监测原理

5　现场测试情况

局部放电检测现场测试：2019—2022 年，对渝利线铁路 27.5 kV 电力电缆，共计 63 根，其中含 46 个中间接头，126 个终端接头开展在线局部放电试验（采用高频电磁波法），收集相关试验数据。

使用检测设备是普睿司曼集团-意大利公司研发的便携式局部放电检测设备 PRYCAM 进行点状式逐个在正常运行电压下进行局部放电检测的，采用专利传感器以收集局部放电时产生的电磁波信号，并将其以无线方式传送至电脑内的相关软件内进行分析；检测时自动调整增益、自动校准，选取的信号带宽是 0.5~100 MHz。在检测时，将检测系统的信号采集单元直接靠在被测电缆本体上，同时检测人员通过电脑软件收取由信号采集单元传送过来的信号。

根据厂家给定参考标准：依据《电力设备带电检测技术规范》，附录 A，高频局部放电检测标准：

①若放电幅值大于 500 mV，并参考放电频率，具有典型局部放电的检测图谱且放电幅值较大，则判定为缺陷。

②若放电幅值小于 500 mV 大于 100 mV，并参考放电频率，具有局部放电特征且放电幅值较小，则判定为异常。

③若没有放电波形，无典型放电图谱，则判定为正常。

测试 172 个电缆终端接头实际检测放电量均在 50 mV 以下。

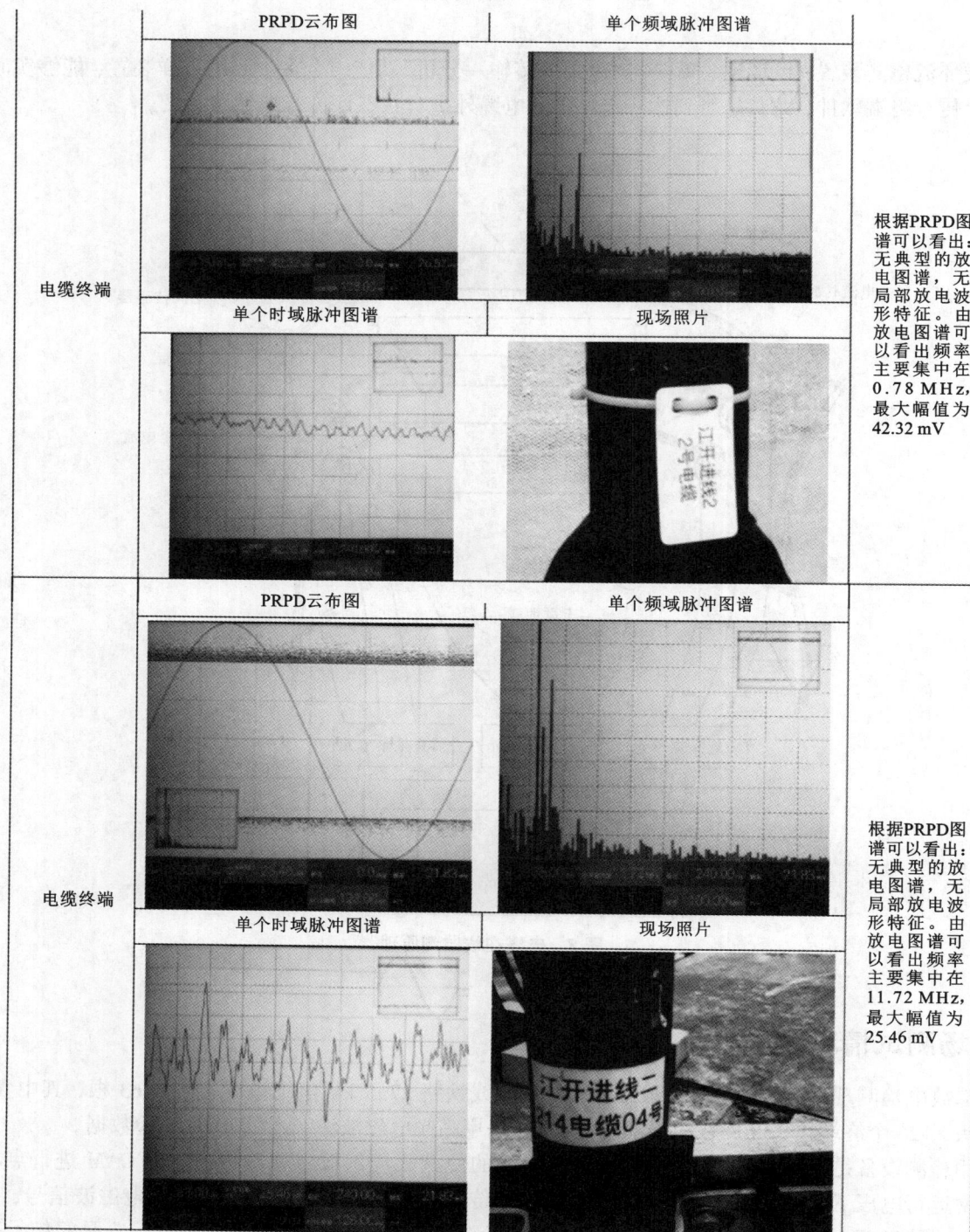

| 电缆终端 | PRPD云布图 | 单个频域脉冲图谱 | 根据PRPD图谱可以看出：无典型的放电图谱，无局部放电波形特征。由放电图谱可以看出频率主要集中在 0.78 MHz，最大幅值为 42.32 mV |
| | 单个时域脉冲图谱 | 现场照片 | |

| 电缆终端 | PRPD云布图 | 单个频域脉冲图谱 | 根据PRPD图谱可以看出：无典型的放电图谱，无局部放电波形特征。由放电图谱可以看出频率主要集中在 11.72 MHz，最大幅值为 25.46 mV |
| | 单个时域脉冲图谱 | 现场照片 | |

PRPD云布图 单个频域脉冲图谱

电缆中间接头

单个时域脉冲图谱 现场照片

根据PRPD图谱可以看出：无典型的放电图谱，无局部放电波形特征。由放电图谱可以看出频率主要集中在2.23 MHz，最大幅值为55.12 mV

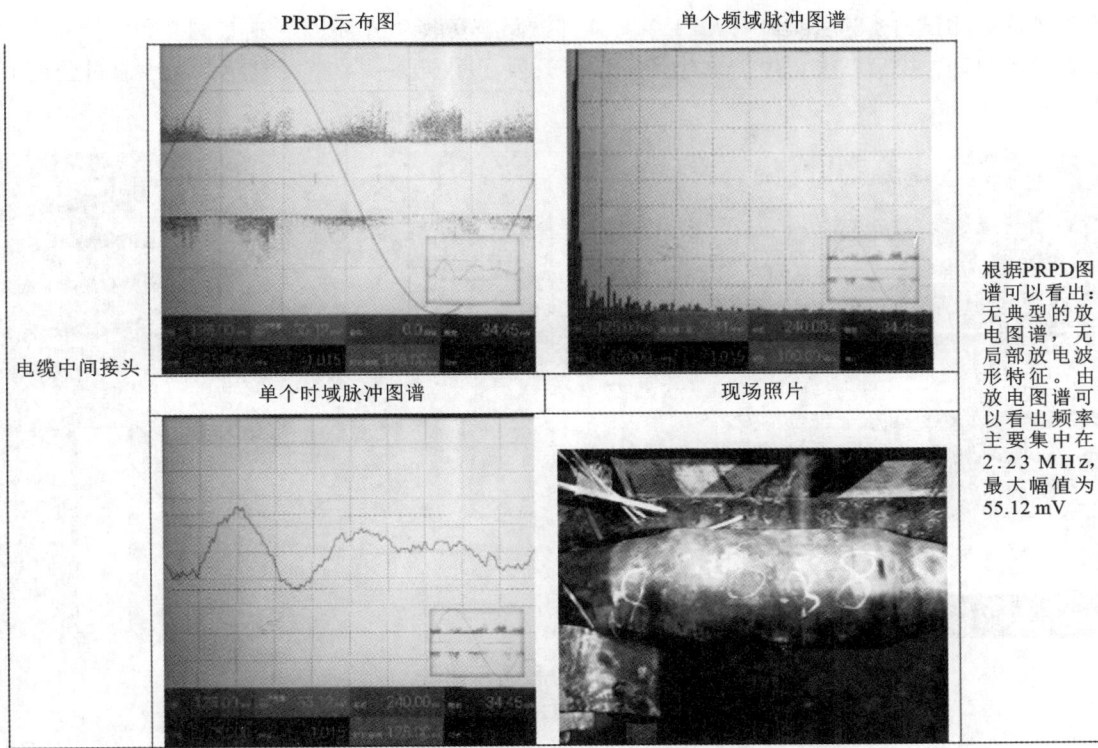

图6 在线局部放电试验

2020年在进行电缆局部放电监测时发现，马鞍山上行供电线电缆局部放电量达到175 mV，初步判断为有沿面放电现象后再次对电缆进行停电检查，发现外护套有破损，电缆头端部有轻微烧伤，立即对电缆接头进行了更换，保障了供电安全(图7)。

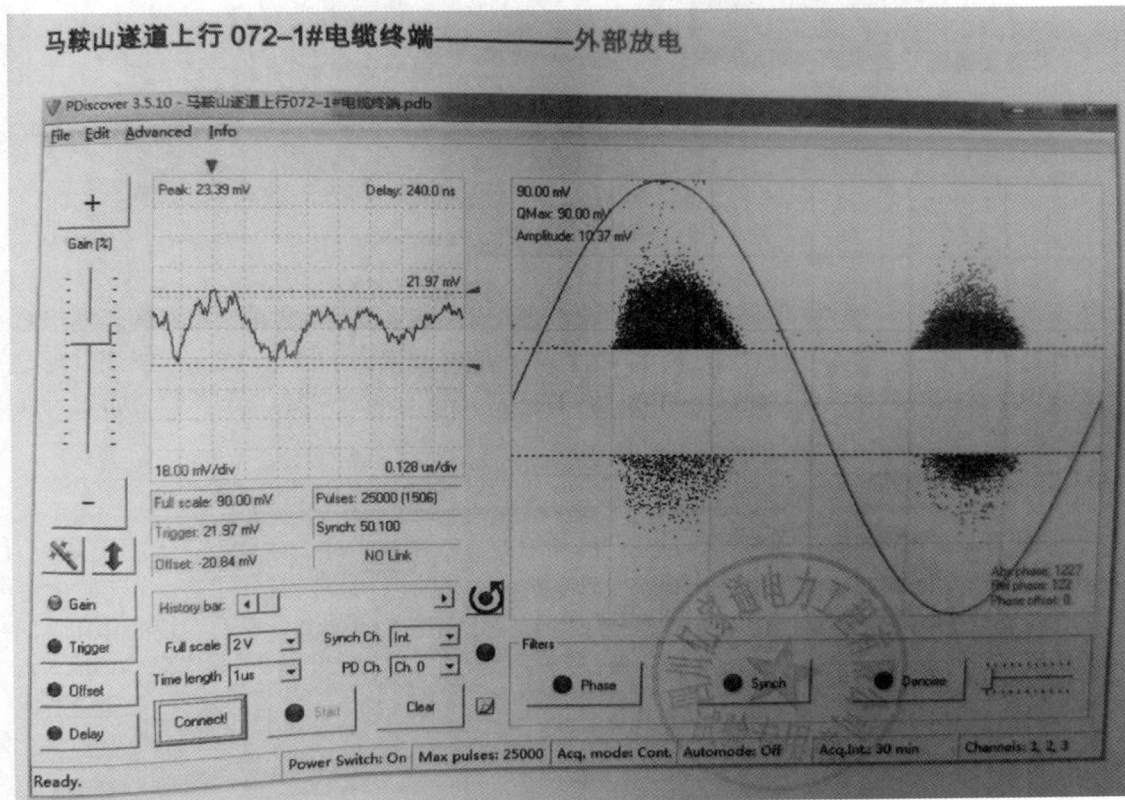

图7 马鞍山上行供电线电缆外部放电

环流监测现场测试(图8):2021—2022年对渝利铁路,安装9处环流在线监测装置,使用产品:为站段自主提供设计原理,找第三方厂家合作生产。同步开发了手机app及电脑复示终端,通过公网开展数据实时监测。

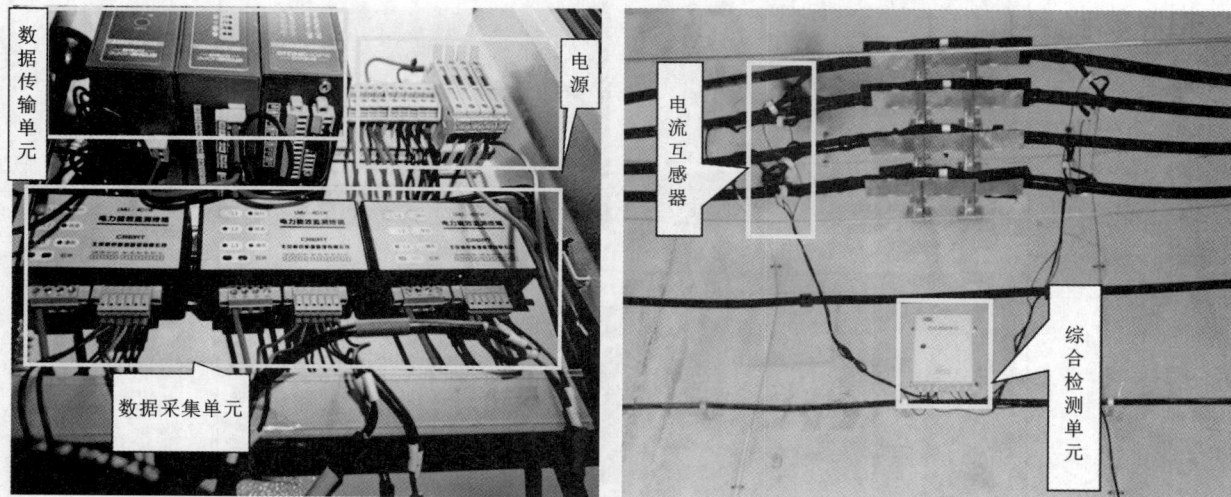

图8 环流监测现场测试

通过半年后台数据分析,铠装屏蔽层内的电流运行情况(图9)基本在1 A以内,峰值在停送电时达到1.4~2.0 A。

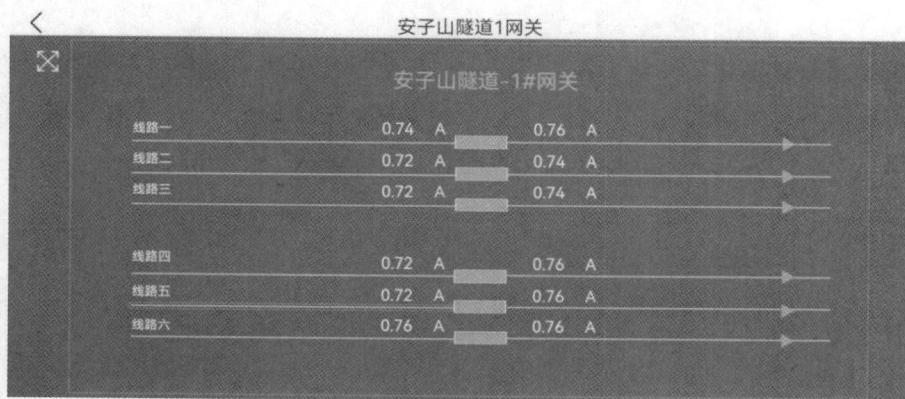

图9 电流运行情况

从上述案例可以看出,两种在线监测手段对GIS一体式开关柜、接触网供电线电缆等不便于监测的情况提供了便利,为探究27.5 kV电力电缆外部绝缘及内部绝缘状态提供了思路,尤其对早期发现电力电缆的潜在故障提供了一定的数据支撑,通过不断的分析总结,形成一定的在线监测标准,对防止早期电缆故障有一定作用。

6 结束语

在线监测手段是27.5 kV电力单芯电缆早期绝缘缺陷的有效手段,对于对GIS一体式开关柜、接触网供电线电缆等不便于开展离线试验的,可开展局部放电检测在线检测初步判断,对于一定年限的电缆可以安装固定式环流在线监测装置,对预防外护套或护层保护器故障产生的环流有提前发现的作用,下一步还需要不断完善局部放电检测的标准,环流检测装置以移动式方式开展。

作者简介

唐田龙,中国铁路成都局集团有限公司重庆工电段。

成都枢纽八里开闭所供电方式优化探讨

袁玉昌 罗楚亮

摘 要： 本文提出了利用成都客变电所闲置的备用馈线，优化枢纽供电方式，解决八里开闭所电源倒替和检修困难的问题。

1 序言

成都枢纽八里开闭所担负着向成都动车所9条供电臂和成渝线八里供电臂供电的任务，现有两回进线电源，Ⅰ回电源（主供）来自成都客变电所的216馈线，Ⅱ回电源（备用）来自石板滩变电所的石八供电臂。主接线图见图1。

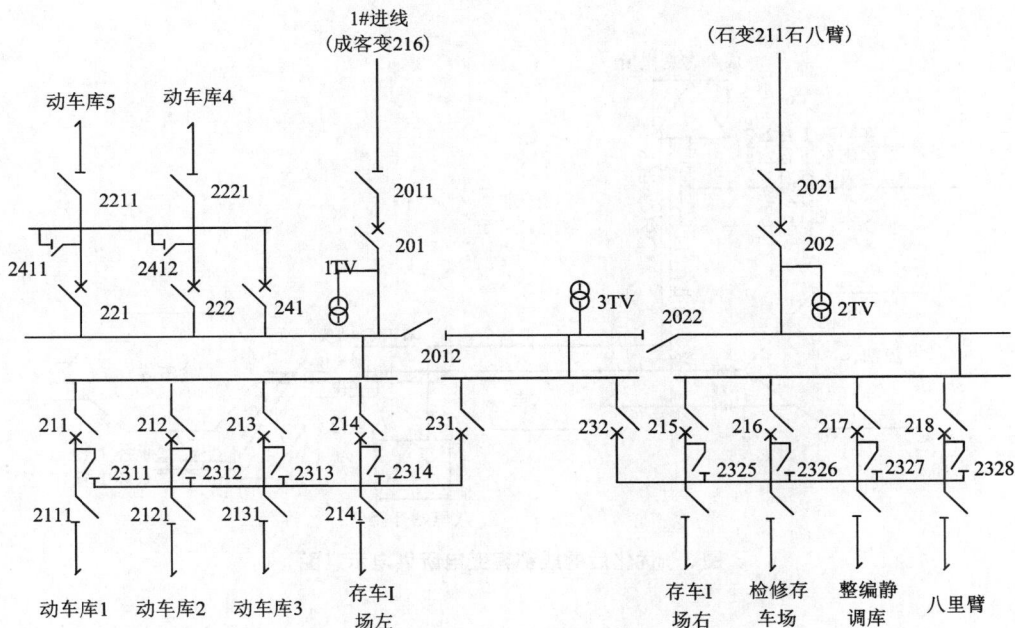

图1 八里开闭所主接线图

现在八里开闭所的供电方式给运行检修带来两个困难：一是两回电源不同相，进线电压差达到50 kV，当进行Ⅰ回进线电源检修时，必须全所停电倒至Ⅱ回进线；二是动车所9条供电臂和八里供电臂天窗点不重合，动车所负荷天窗点在12：00至14：00，八里臂在23：00至00：00，全所停电倒进线和全所停电检修协调工作多，每次倒闸时均要提前到成都动车段召开协调会，实施时又要利用2个天窗点短接（撤除）成都客和八里供电臂之间的分相，极不方便。

2 总体思路

启用成都客变电所的备用馈线215KX（原成都客站上行供电臂，未投运），命名为八里臂应急电源，同时作为八里开闭所的第三路电源。正常情况下，八里供电臂由八里开闭所218KX供电；当八里开闭所Ⅰ回电源线（成客216KX）或八里开闭所全所需要停电检修时，可先把八里供电臂改由成都客215KX供电，然后再对Ⅰ回电源线或所内设备停电检修，可以有效解决八里开闭所馈线天窗点不重合、协调困难的问题。

2.1　优化后的成都客 27.5 kVA 相母线主接线图(图 2)

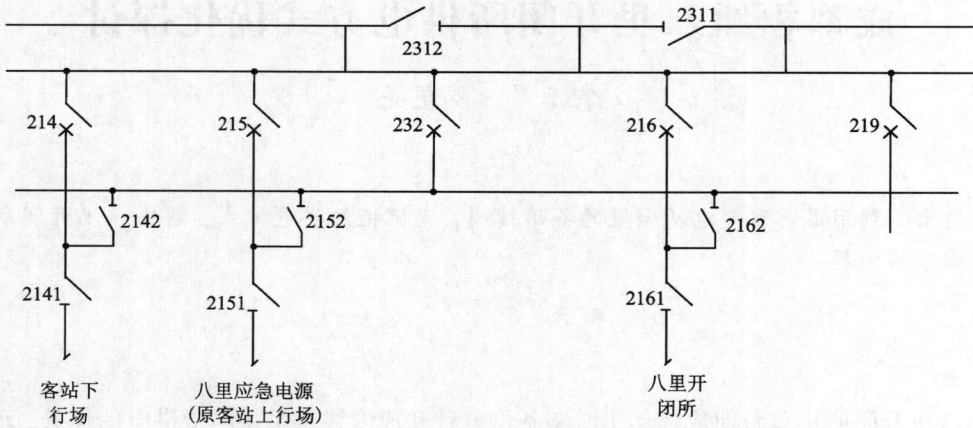

图 2　优化后的成都客 27.5 kVA 相母线主接线图

2.2　优化后的成都客变电所供电示意图(图 3)

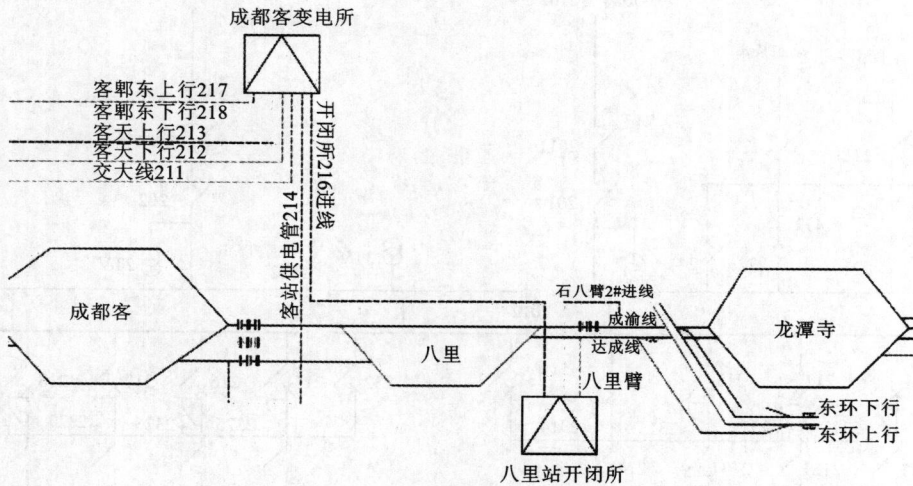

图 3　优化后的成都客变电所供电示意图

3　工程量

3.1　成都客变电所内改造

215KXQF、2151G、抗雷器、馈线综自综自利旧,对穿墙套管至 2151G—抗雷圈—供电线的主导电回路进行补强,供电线单支改双支,从 1 * LXGJ-185 补强为 2 * LXGJ-185。

3.2　所外供电线上网搭火

在成都客变电所围墙外,215 供电线就近上网到八里供电臂,根据线路情况加装股道电连接。

3.3　费用

只是供电线补强材料费和少数人工费,若段自己施工,材料费约为 2 万元。

4　运行方式

4.1　正常情况下运行方式

八里开闭所由成都客 216KX 供电,石八臂作为备用电源,两电源间具备自投功能,向 10 条馈线供电。

为防止误操作，成都客 215 馈线处于冷备用状态，2151G、215QF 处于分位，215QF 手车拉至试验位。

4.2 八里开闭所Ⅰ回电源(成都客 216KX)检修

检修前八里开闭所由Ⅰ回电源供电，先投入成都客 215KX，八里开闭所 218KX 和成都客 215KX 同时向八里供电臂供电，再断开成都客 216KX，成都客 215KX 通过八里开闭所 218KX，反送至八里开闭所内母线，向 9 条动车所负荷供电。

4.3 八里开闭所内 AIS 柜检修

检修前八里开闭所由Ⅰ回电源供电，先投入成都客 215KX，再断开八里开闭所 218KX，八里供电臂改由成都客 215KX 供电。动车所天窗点内，八里开闭所全所退出检修。

4.4 注意事项

如图 4 所示，动车所库 1、库 2、库 3、库 4、库 5 供电臂与八里臂之间为 D016、D025、D019、X006 等电分段结构，不是分相结构，故八里供电臂与动车所负荷的电源必须来自同一个电源。当八里臂由石八臂供电，动车所负荷由成都客变供电时，上述电分段将承受 50 kV 的电压差，在机车通过时会造成短路，烧坏接触网。因此，当成都客变电所 215KX 合闸时，八里开闭所必须由成都客 216KX 供电，且取消八里开闭所的进线备自投功能。

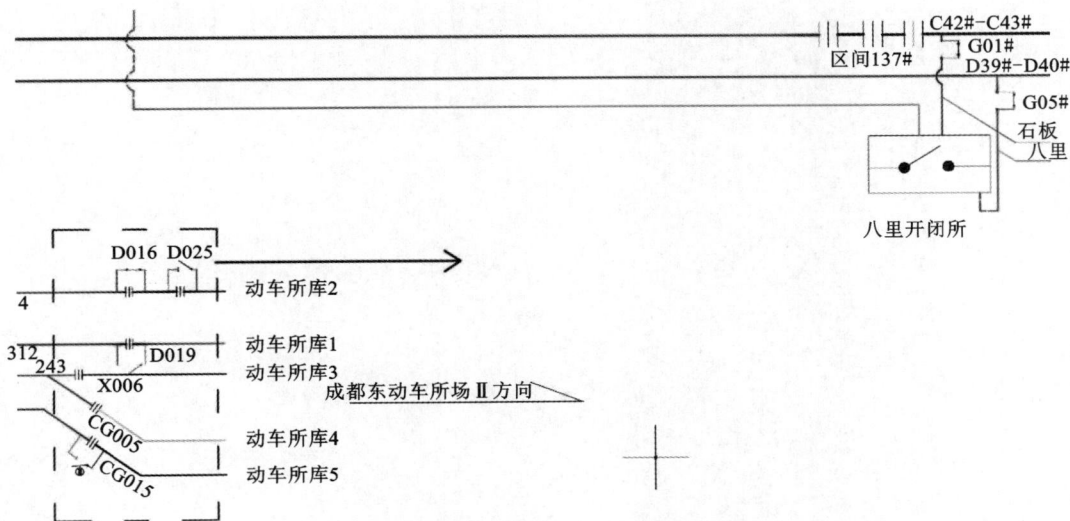

图 4 八里臂与动车所负荷电气分段

5 成都客 215KX 整定计算

215KX 按照 2 个定值分区整定，0 区用于八里开闭所全所退出检修，1 区用于整定值分为八里开闭所Ⅰ回电源检修。

5.1 整定值 0 区

保护范围为八里供电臂。设电流速断、电流增量、阻抗 1 段。电流速断按躲过最大负荷电流整定，阻抗 1 段按保护到供电臂末端，灵敏度为 1.5 整定，延时 0.1 s。电流增量按 450 A 整定，0.4 s 整定。

5.2 整定值 1 区

保护范围为八里供电臂，兼做八里开闭所馈线的后备保护。设电流速断，阻抗Ⅰ段、阻抗Ⅱ段，电流增量。

电流速断。动作电流按躲过八里开闭所母线短路处的最大短路电流整定，时限 0.1 s。

阻抗 1 段。按照成都客到八里开闭所距离的 80% 整定，时限 0.1 s。

阻抗 2 段。按照成都客到八里开闭所最长馈线的末端整定，时限 0.3 s。

电流增量保护。电流增量按照 450 A，0.4 s 整定。

6 结论

启用成都客变电所未用的 215KX，花费极少的费用补强供电线，作为八里供电臂的应急电源，合理调整运行方式，就可以解决八里开闭所 I 回进线及动车所全所停电检修的困难，为检修工作提供良好的条件。

鉴于八里开闭所的极端重要性，I 回进线故障率较高，27.5 kV 高压柜为 AIS 结构，每年的绝缘清扫必须进行，建议尽快实施。

作者简介

袁玉昌，中国铁路成都局集团有限公司成都供电段。

罗楚亮，中国铁路成都局集团有限公司成都供电段。

供电线断股原因及对策措施分析

肖　辉

摘　要： 牵引供电系统由入所电源、牵引变电所、供电线、接触网、回流网络(钢轨、大地等)组成，缺少任何一单元均会导致牵引供电系统失去作用乃至瘫痪，而供电线作为牵引变电所与接触网连接的通道尤其重要，2014 年以来，多次发生供电线断股信息，给安全生产带来很大的隐患，现结合已发生的供电线断股现象进行分析并制定整改措施。

1　概述

由于牵引变电所的位置设置需满足行车检算、运行环境、供电能力、气象条件等综合因素，所以所址位置距离接触网一般较远，供电线的安设又未与接触网平行架设，部分架设在网外山坡上，通过 2C、4C 等检测分析较为受限，日常巡视巡检覆盖不到位，从多次发生的断股分析来看，烧伤点都在供电线过桥连接线夹处外 100~200 mm 处、连接线夹均采用 JB-4 线夹、导线断口呈现正断口和 45°的特性、烧伤熔断点由内至外、线索均采用 LGJ-185/10 等特点。钢芯铝绞线是通过将铝线和钢线两种线形材料进行绞合而制成的导线，各厂家生产工艺质量参差不齐，在实际使用时经常承受多重荷载，比如电气负荷、弯曲磨损作用、张拉荷载、振动疲劳效应等，在实际运行过程中几乎很难发现导线各层间内部线股之间相互的电气和机械磨损情况，目前也没有较好的检测设备对导线内部的磨损状况进行排查，经过长时间的积累最终可能会导致导线内部断股的发生，最后导致断线。本文从我段供电线断股断线产生的原因开展较为浅显的分析，找出存在的问题，尽可能地制定针对性的解决方案。

2　近年来发生的供电线的断股断线

近年来发生的供电线的断股断线如图 1、图 2、图 3、图 4、图 5 所示。

图 1　2017 年 6 月 30 日镇土下断股

图 2　2017 年 7 月 2 日庙土下双支 G2 断股

图3　2019年8月30日镇土下G37断线

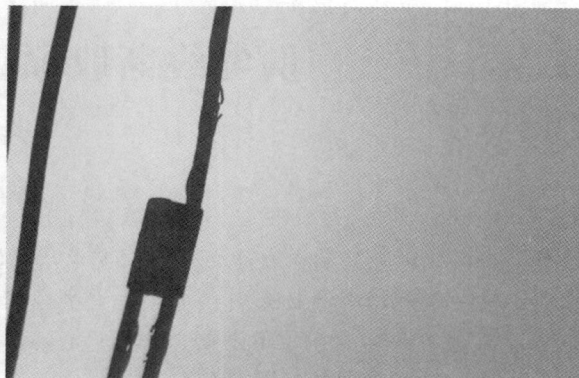

图4　2019年10月6日庙营下断股

图5　外段发生的供电线单支断线

3　供电线断股原因分析

3.1　材质状况分析

（1）生产制造工艺方面存在的问题。

一是导线表面有划伤痕迹，导线连续的划痕是产生电晕现象的最常见的原因，而电晕是电力系统中最重要电能损耗原因之一。二是导线松散和蛇形弯，在质量事故中比较多见的是导线放线时产生"灯笼花"，分析其原因，除了放线设备和放线技术的原因外，主要是由导线松散和蛇形弯引起的，"灯笼花"严重时，会造成整根导线的报废，因此在生产中一定要严格控制。三是原材料铝的缺陷带来的质量问题也不容忽视。例如，轧机熔炉温度过低，会引起铝杆内有气泡；若炉内炉渣清除不彻底，会在铝杆内产生砂眼；若轧机模具表面不光滑，会使铝杆产生飞边；熔铝时加入的添加剂不合理，会造成导体强度或电性能不符合要求。所有这些缺陷都将给成品的导线埋下隐患，造成质量事故。

（2）选用不同型号的供电线对比分析。

①从之前统计的断股供电线所在位置来看，选用的钢芯铝绞线均为LGJ-185/10，结构为18根铝线+1根钢线，单根铝（钢）线直径为3.6 mm，截面积为193 mm²，200C时直流电阻不大于0.1572 Ω/km，额定拉断力为40.51 kN，线索持续载流量在900C时为508 A。

②如选用LGJ-185/30，结构为26根铝线+7根钢线，单根铝线直径为2.98 mm，截面积为211 mm²，单根钢线直径为2.32 mm，200C时直流电阻不大于0.1592 Ω/km，额定拉断力为64.56 kN，线索持续载流量在900C时为512 A。

③对比分析：从两种不同型号材料的对比分析，线索的直流电阻和持续载流量基本一致，可以忽略不计，唯一技术指标相差较大的机械参数，LGJ-185/30在额定拉断力上大30%，而从现场实际调查情况来

看，供电线设置的档距基本为 60~80 m，最大的档距为 110 m，通过负载计算加上风偏因素，并考虑在阵风情况下受到相邻跨距在振动过程中引起的连带影响，也远小于 LGJ-185/10 的额定拉断力。

结论：从以上分析可以看出，两种型号线索的材料，无论选用任一种，在正常情况下都能满足运行的需要。当然，在以后的新线建设或技改中优先选用 LGJ-185/30 的钢芯铝绞线，并建议对单支供电线涉及区段改为双支供电线为宜。

3.2　设备质量存在问题分析

（1）施工不到位造成的危害巨大（图6）。

一是我段目前在跳线接头处普遍采用的为非承力接续的 JB-4 并沟线夹，本体及压板材质为 ZL-102 铝硅合金，采用三螺栓的固定形式。施工单位不按照《电力牵引供电施工技术规程》标准进行施工，出现"施工中对关键零部件不使用扭力扳手紧固；电气连接不打磨、不涂刷电力复合脂；线夹适配线索的选型错误；钢芯铝绞线在耐张线夹处未按规定顺同一方向紧密缠绕；钢芯铝绞线在安装中扭面造成灯笼花"等问题，这些都是引起后期供电线发生断股的原因之一。比如，从 2019 年 8 月 30 日镇土下 G37 断线拆卸下来的线夹检查发现并沟线夹内腔未涂刷电力复合脂，三颗螺栓有两颗螺栓紧固力矩不到位，其中一颗螺栓不借助受力工具就能拧松。二是由于供电线施工地点未顺线路设计，有时要在网外山坡处施工，施工单位在展放线过程中就只能在地面拖拽，造成线索表面出现连续的划痕，在受电后会在导体表面形成电晕现象。三是在跳线接头安装时，由于跳线连接线夹安装的位置距离人员站立的支柱较远，施工人员投机取巧，不按照标准作业流程进行施工，就有可能采取一些损伤线索的作业方式，比如，将跳线人为弯曲后拖拽到支柱处进行作业，造成导线外表面出现松散或灯笼花，运行过程中持续较大电流会造成线索烧伤烧断的现象发生。

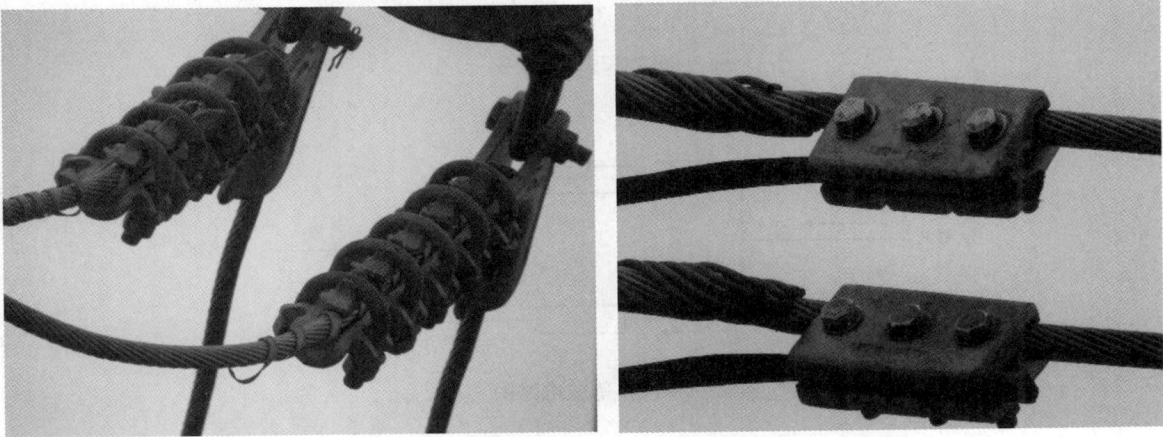

图6　施工不到位造成危害

（2）日常巡视检测监测检修不到位。

依据《成都铁路局普速铁路接触网运行维修施工细则》的要求，"对供电线的监测每年要使用红外热成像仪进行测温检查；对供电线的巡视检查要结合步巡周期进行；供电线要结合本区段全面检查项目同步纳入"。从日常运行工作情况开展来看，一是各车间工区对供电线的巡视检查及测温工作重视程度不高，对巡视和测温工作未同步进行安排，对远离线路的供电线存在巡视盲区，未专门安排人员进行逐杆逐线进行确认检查，同时对供电线的测温数据不分析，不能及时发现供电线运行中存在的隐患。二是在开展全面检查时，施工方案中虽然有供电线的检查项目，但各级组织者对于供电线的检查还是安排不严谨不到位，均存在漏检现象。从 2018 年的达成双线、2019 年的襄渝线和高南线等集中修区段检修情况来看，还是出现 2019 年 10 月 6 日庙营下供电线断股的情况发生。

（3）电气方面分析。

①通过对镇土下行供电臂近 3 个月负荷监测情况进行分析，供电臂内出现的最大电流仅为 570 A，且持续不到 1 m，其余绝大部分时间均为 400 A 以下，并未超出 LGJ-185/10 钢芯铝绞线的持续载流量 508 A

的要求。

②对比襄渝线"单改双"之前的达罩臂、镇罩臂、镇流臂等同样采用单支 LGJ-185/10 的钢芯铝绞线，它们的平均供电负荷基本在 550 A 左右，未发生过类似断裂问题，说明单支 LGJ-185/10 的钢芯铝绞线在供电能力上是满足需要的。

③针对 2017 年 7 月 2 日庙土下和 2019 年 10 月 6 日庙营下的双支供电线一支断股的情况分析，安装结构均是在跳线处采用两个并沟线夹连接，如图 7 所示，并沟线夹实际是起到了电连接的作用。经查阅，两线夹间两支导线相距 30 mm，在运行中，导线表面与空气接触氧化产生氧化膜，由于流经 R_1、R_2 的电流方向相同，产生的磁场方向相同，两支平行导线相互吸引，导致两支导线不规律的多次相互接触、弹开往复循环，形成放电产生温升，造成两平行导线烧伤断股。

④如图 8 所示，假如电阻 R_1 接触不良，R_1 处为断路，电流只流经 R_2，$I_a = I_总$；假如电阻 R_2 接触不良，R_2 处为断路，电流只流经 R_1，$I_b = I_总$；假如 R_1、R_2 均接触不良，则此电路为断路，无电流导通。对此电路进行图 8 等效：两电阻之间的电压差由 U_{ab} 进行表示，$U_{ab} = I_a * R_a - I_b * R_b$。

Ⅰ 若两线夹之间均接触良好，且材质等均相同的条件下，$U_{ab} = 0$。

Ⅱ 若电阻 R_1 接触不良，R_1 处为断路，$I_b = 0$，$U_{ab} = I_a * R_a$，两电阻之间的电压差 $U_{ab} = I_a * R_a$，换句话说也就是两线夹之间导线两端电压不为 0，电流急剧增大，产生热效应，可能导致烧坏两线夹之间的导线。

Ⅲ 若电阻 R_2 接触不良，R_2 处为断路，$I_a = 0$，$U_{ab} = -I_b * R_b$，两电阻之间的电压差 $U_{ab} = -I_b * R_b$，换句话说也就是两线夹之间导线两端电压不为 0，电流急剧增大，产生热效应，可能导致烧坏两线夹之间的导线。

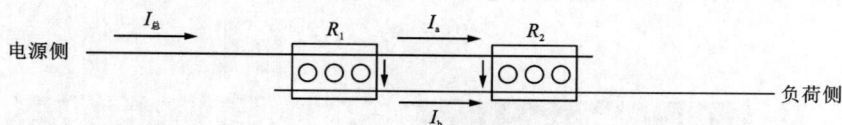

图 7　现场电流图

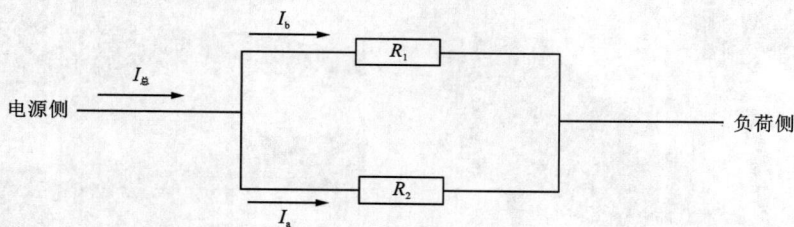

图 8　等效电路图

⑤我段管内发生的多起供电线断股、断裂情况，均发生在动车径路，我们认为这和动车组所带来的谐波影响有关，根据集肤效应原理，所通过的电流频率越大，集肤效应也明显集中在导线表面附近，这也恶化了导线的正常通流能力，给钢芯铝绞线表面的铝绞线带来了更大的温升和断股的可能性。

（4）力学机械方面。

①纵观近 2 年的达成线供电线断股情况，均发生在 6~8 月份，该时间段内属于环境温度最高的时段，查阅电力设计规范关于供电线索选取的规定，主要考虑供电线索在额定电流情况下的发热加上日照温升引起的热量能否通过对流散热和对外辐射散热方式散去，从而达到热平衡。根据我国和英国对日照温升的研究，由于日照的影响，可以产生 9~13℃ 的导线温升，这对于规范允许的 90℃ 导线温度是一个占比不小的量。

②根据电力系统对输电线索的长期研究，供电线股线之间的微动损伤是线索断股、断线的主要原因，国内外架空导线的运行经验表明：在山谷、河谷、沿海等地形条件下运行的架空导线很容易发生严重的微风震动，没有采取任何防护措施的架空导线在几周之内就可能因为微动导致疲劳断股，由于微风震动的振幅很小，很难在日常检查中发现微动损伤，而且，微动损伤的程度要根据线索特性、安装特性形成一个固

定值，在这个固定值与微风振幅匹配时，才会导致线索微动损伤断股，而微风振幅大于或小于这个固定值时，都不会引起明显的损伤和断股，安徽国电研究院对此进行过试验验证，确认铝股线在微风震动 1 mm 时发生断股，在较小振幅和大振幅条件下均为发生断股。从我段镇土下断裂的供电线断头附近绞线看，可以发现内外两侧铝绞线之间存在多处长椭圆状的摩擦痕迹，可以断定微动损伤在此处断点是存在的。

③我段发生的几起供电线断股、断裂均在接头附近，这必然有一定规律，接头是整条线索的最薄弱之处，接头线夹处发生问题，也必然会导致线夹附近的股线发生问题，设计规范允许导线温升可大于 70℃，但接头温度要控制在 70℃ 及以下，接头温度与接触电流密度、材料特性、接触压力、大气成分等因素有关，但主要与下列因素有关：一是接头的固定形式。直线连接或接续管连接将两端导线压于管中，导线各股间不易氧化，其性能优于耐张线夹的螺栓连接，最差的并沟线夹连接，其各股线均直接与空气接触易生成氧化膜。二是安装工艺，最主要的是螺栓的扭矩应符合规定，若松动就容易引起过热。三是运行变化，接头的热胀冷缩及长期慢退火使接触松动，致使大气进入侵入间隙，并在高温作用下使接触面氧化加剧，这是过热的根本原因。

综上所述，既有单支 LGJ-185/10 钢芯铝绞线在综合考虑日照温升影响、达成线动车组引起的高次谐波带来的集肤效应加大对表层铝绞线的电流密度加大影响、微风振幅适时正好匹配线索特性造成的微动损伤影响、并沟线夹连接的影响，加之施工工艺不达标和日常检测监测检修不到位共同造成了该处供电线的断股进而引发断裂的现象。

4　下一步改进措施

（1）对发生问题的镇土下行供电线采取改造为由 LGJ-185 改造为双支 LGJ-185 的供电线，提高自身供电能力和安全运行冗余量，将供电线索的连接方式由并沟线夹改为预绞丝或接续管，在未彻底改造前上网进行检查，重点是对并沟线夹连接处进行拆开检查，防止类似问题发生。

（2）联系厂家，建议将并行安装的两个螺栓式并沟线夹改造成单个六螺栓的单体线夹，消除两平行导线因磁感应相吸造成的放电烧伤。

（3）加强供电线材料上网验收关，同时对施工工艺设备质量严格把控，掌握技术标准，按要求开展平推检查工作。

（4）对供电线的巡视检查纳入每月支线巡视检查的范畴，同步开展供电线测温，测温时由段调度掌握在供电负荷高位时开展，做好检查记录。

（5）供电线的检查纳入停电上网检查，对线索连接处要认真观察各铝股线是否存在长椭圆形的摩擦痕迹。

（6）对于列车的负荷做好实时的检查，对于供电线能力明显不能满足负荷要求的纳入改造范畴，确保供电负荷和供电能力相匹配。

作者简介

肖辉，中国铁路成都局集团有限公司达州供电段，牵引供电科。

关于 27.5 kV 高压电缆常见故障及处理办法

杨银龙　周　文

摘　要： 本文对目前27.5 kV电缆的常见故障类型、原因进行分析，并在此基础上选择合适的检测手段，快速定位故障点，以确保故障能够能及时处理，使高压电力系统能够快速恢复正常状态。

1　引言

目前，我们管内绝大部分27.5 kV电缆使用的交联聚乙烯（XLPE），其优势在加工制造和敷设应用方面有不少优点。如制造周期较短、效率较高、安装工艺较为简便等。但同时，我们还应当知晓其在运行中，会受到诸多因素的影响而出现故障问题，若发现或处理不及时，会直接影响行车。为此我们需要关注电缆运行状态，也需要了解目前常见的故障及处理方法。

2　27.5 kV 电缆常见故障类型分析

2.1　电缆选型及材质不良

在27.5 kV电缆施工中存在采购电缆型号错误，与实际运行电压不符；对电缆生产企业的资质要求和技术条件审核把关不严，致使一些价格低廉、生产能力较弱、质量信誉较差的电缆产品被进场使用，也是造成27.5 kV供电线电缆故障的原因之一。

2.2　电缆敷设不规范

在27.5 kV电缆敷设施工中，电缆没有采取措施对电缆外皮进行有效保护，施工中拖拽电缆造成电缆外皮损伤严重，导致电缆铠装层多点接地引发故障；敷设的电缆弯曲半径不满足要求，造成电缆过度弯曲损坏电缆；供电线上下行电缆和不同回路电缆未分沟敷设或进行物理隔离，不同回路的电缆相互交叉重叠。

图1　错误的敷设方式

2.3　电缆头制作不重视

根据近期铁路电缆故障类型统计，发现电缆故障主要发生在电缆头。而电缆头故障原因主要有以下几种：一是对电缆头的制作工艺不够重视，没有组织专项施工技术交底和开展电缆头制作定标工作，未及时向制作人员明确电缆头制作工艺标准和有关注意事项；二是对电缆头制作人员控制不严，由未经专业技术培训且无资质人员担当；三是在电缆头制作环境和气候条件不符合要求的情况下制作电缆头；四是监管人员对电缆头制作的监控把关不到位，未及时跟踪和检查电缆头制作质量，并进行签字确认；五是对制作好的电缆头安装前的成品保护不当，随意摆放在地面和潮湿环境，未采取有效的包扎、密封等防护措施；六是电缆头制作完成后未经检查和试验确认合格，即投入运行。

图 2 制作后无保护

2.4 电缆接地方式不当

根据目前所了解到的电缆接地问题，主要有以下几种：一是电缆金属保护层没有采取接地措施，电缆运行中产生感应电压击穿电缆；二是电缆采用两端直接接地方式，致使电缆金属保护层形成环流，引起电缆发热烧损电缆；三是长距离敷设的电缆未采用分段接地方式，容易造成电缆金属层感应电压太高而击穿电缆；四是电缆的接地系统未按要求施工或者接地系统的接地电阻不符合国标；五是护层保护器质量不合格、选型错误以及护层保护器超年限使用（要求 5 年）

接地不符合规范

图 3 电缆错误接地方式

2.5 电缆终端固定方式不合理

电缆终端在支柱肩架上的固定抱箍内未安装绝缘护垫且过于靠近电缆头，容易造成电缆头损伤和接地故障。对电缆终端头没有采用固定托架进行固定，致使电缆终端头受风力摆动或自身重力影响产生受拉等问题，引发电缆头故障。

图 4 错误的固定方式

2.6 电缆日常维护不到位

在对 27.5 kV 高压电缆的运营维护管理方面缺乏经验，未采取有效的电缆维护管理措施，日常对电缆的巡视检查和维护检修不到位，且未定期开展电缆绝缘电阻、交流耐压等预防性试验，造成电缆经常出现带病运行的状况而发生故障。

2.7 绝缘老化变质

由于电缆长时间受电会出现绝缘介质老化和电老化的现象。介质在高压的作用下可能发生电离,而该过程产生的化学气体会导致绝缘介质腐蚀,而且电离过程中产生的热量也会促使绝缘介质出现局部碳化;绝缘介质层中所含的水分也会诱导介质的水解发生,降低绝缘介质的绝缘性能,从而导致电缆本体被击穿。

2.8 电缆的局部放电和树枝放电

局部放电主要是指绝缘体中只有局部区域发生放电现象,可能发生在导体附近,但主要出现在高压电气设备中。局部放电会致使导体间的绝缘局部降低,会对绝缘介质造成影响,从而加速绝缘老化,最终出现绝缘失效的情况。

树枝放电的发展可以分为 3 个阶段,即引发期(潜伏期或诱导期)、成长期(发展期)和饱和期。引发期是抑制树枝放电的重要阶段,其过程的长短可以说明树枝放电发生的难易程度;成长期表征树枝放电被引发后的发展速度;饱和期是指在树枝放电发展到一定程度停止后的时期,在树枝放电的饱和期采取措施延长饱和期是抑制树枝放电的一个重要手段。根据树枝放电形成原因的不同,可将其分为 3 种类型:电树枝、化学树枝、水树枝。电树枝主要是由于电缆局部处于高强度的电场而引发的;水树枝主要是由于介质材料的空隙中有水而引发的,比如在水中运行的电缆,绝缘材料中本身含有水分的电缆都容易出现水树枝的情况,且水树枝在较低的电场强度下也容易发生;化学树枝是由于电缆没有金属密封护套的保护而出现的,例如,长期埋在地下的电缆由于土壤溶液的渗透穿过绝缘材料而引起的。

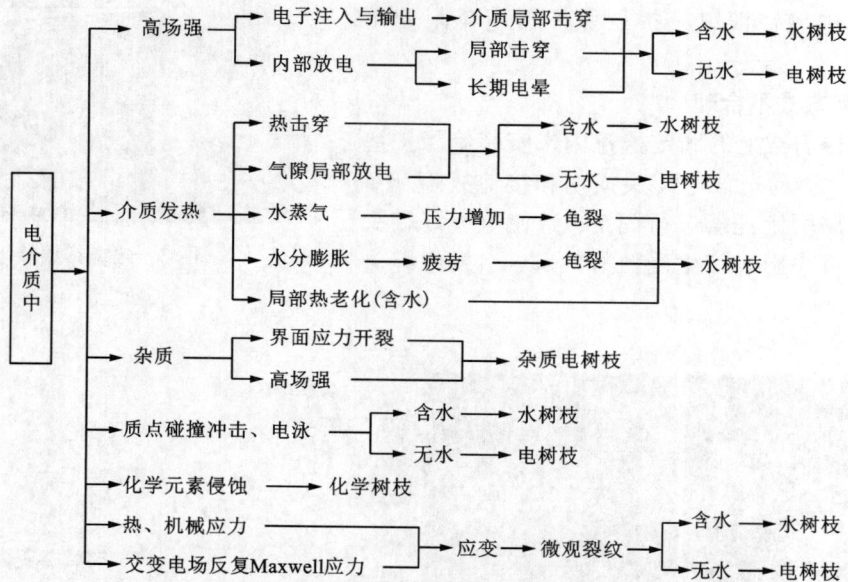

图 5 水树枝和电树枝的形成

3 27.5 kV 电缆故障检测手段

3.1 直流耐压试验

试验设备容量小、电压输出高,直流耐压试验并不能模仿运行状态下电缆承受的电压,直流电压下,电场强度是按照电阻率分布,而 XLPE 电缆层中的材料电阻率分布是不均匀的,这可能在直流试验过程中出现绝缘层有的地方电场强,有的地方电场弱,导致局部绝缘击穿;此外,直流电压试验后交联聚乙烯电缆会有空间电荷累积,在该电缆投入运行时残留的直流电荷会叠加在交流电压上造成电缆运行电压高于其额定电压,加速电缆的绝缘老化。根据《GB50150—2016 电气装置安装工程电气设备交接试验标准》规定:额定电压 U0/U 为 18/30 kV 及以下橡塑绝缘电缆,当不具备条件时,允许直流耐压试验及泄漏电流测量代替交流耐压试验。

3.2 超低频耐压

0.1 Hz 超低频试验装置输出电压波形为 0.1 Hz 正弦波或余弦方波。低频下电缆的容性电流降低，超低频试验装置的容量理论上能降低至工频电源的 1/500。可见超低频试验装置的体积小、重量轻，非常适用于电缆的现场试验，但目前受技术限制仅适用于中压 35 kV 以下电缆，而且试验电压高对于电缆可能会产生损伤。根据《GB50150—2016 电气装置安装工程电气设备交接试验标准》规定：额定电压 U0/U 为 18/30 kV 及以下橡塑绝缘电缆，当不具备条件时，允许有效值为 3U0 的 0.1 Hz 电压施加 15 min 代替交流耐压试验。

3.3 变频串联谐振耐压

变频串联谐振法的试验回路由高压串联谐振主回路和变频调压回路组成。它的工作原理是：用电抗器和被试电缆组成高压串联谐振的主回路，由变频器调节励磁变压器的电压频率从而使主回路达到谐振状态，发生谐振时电路的优点是源的激励功率仅为电缆上电功率容量的 1/Q，在被试电缆上可以获得 Q 倍于励磁电压的试验电压，其中品质因数 Q 值在 30 到 50 之间，大大降低了对试验装置的要求，减小了试验装置的体积和重量，比较适合现场试验。鉴于国内外十几年来采用变频谐振耐压的成功经验，业内已公认交联聚乙烯电缆采用 20Hz～300Hz 的谐振耐压试验比其他耐压方法更有效和便携。根据《GB50150—2016 电气装置安装工程电气设备交接试验标准》规定，新竣工的橡塑电缆应优选采用 20Hz～300Hz 的交流耐压试验。

3.4 超低频介质损耗检测

介质损耗因素（tanδ）是用来描述介质材料绝缘性能的重要参数之一，tanδ 越大的绝缘材料其漏电损耗越大。tanδ 与测试电源电压 ω、角频率 w、电容 C、并联等效电路的绝缘电阻 R 有如下关系：$\tan\delta = 1/(\omega RC)$ 由于 R 和 C 基本不随频率变化，因此，当频率变小时，tanδ 会变大，因此，在低频下应有较大的介质损耗因素。超低频电压下测试 XLPE 电缆的介质损耗角正切值是目前国际上普遍采用的诊断交联电缆整体绝缘老化、受潮以及尤其是发生水树枝劣化的检测手段，且测试本身不会对电缆造成伤害的先进技术。IEEE P400.2/D11 规定，可通过"tanδ、平均值（VLF-TD）""tanδ 变化率（VLF-DTD）""tanδ 随时间稳定性（VLF-TDTS）"三个指标来评价 XLPE 电缆劣化状况。

在 0.5U0、U0、1.5U0 电压下测量介质损耗因数（TD），并计算介质损耗因数变化率 DTD，计算公式为 $DTD = TD(1.5U0) - TD(0.5U0)$。每一个步进电压下应至少完成 6 次介质损耗因数测量，当电源频率为 0.1 Hz 时，两次测量之间应间隔 10 s。介质损耗因数时间稳定性表征在恒定电压下介质损耗因数随时间的变化情况。在介质损耗因数时间稳定性定义为某一特定电压（U0）下介质损耗因数测量值的标准差。

以 VLF-TD、VLF-DTD 和 VLF-TDTS 的绝对值作为评价指标，或者根据与历史数据做比较的结果，IEEE 标准将电缆绝缘的状态分为如下 3 种。

表 1　3 种电缆绝缘状态

电缆绝缘老化状态评价结论	超低频介损随时间稳定性 VLF-TDTS（U₀ 下测得的标准偏差[10⁻³])		介损变化率 VLF-DTD（1.5U₀ 与 0.5U₀ 超低频介损平均值的差值[10⁻³])		介损平均值 VLF-TD，U0 下[10⁻³]
无需采取检修行为	<0.1	与	<5	与	<4
建议进一步测试	0.1～0.5	或	5～80	或	4～50
需要采取检修行动	>0.5	或	>80	或	>50

3.5 振荡波局部放电检测

电缆局部放电量与电力电缆绝缘状况密切相关，局部放电量的变化预示着电缆绝缘一定存在着可能危及电缆安全运行寿命的缺陷，IEEE、IEC 等国际电力方面的权威机构一致认为现场准确检测 XLPE 电缆的局部放电量，是当前判断该电缆绝缘品质的最佳试验方法。

近几年，国内外的研究现状表明：振荡波电压法与交流电压法具有良好的等效性。振荡波检出局部缺陷的实时性好，灵敏度高，预警能力强；测量结果与绝缘状态的关联度高，能够实现绝缘性能的定量评价；而且由于加压时间仅为几十 ms，不会造成电缆绝缘损伤。

振荡波试验方法的基本思路是首先对试品电缆进行充电，利用电缆等值电容与电感线圈的串联谐振原理，使振荡电压在多次极性变换过程中电缆缺陷处会激发出局部放电信号，通过高频耦合器测量该信号达到检测目的，振荡波试验系统具有试验持续时间短，设备轻便易于携带和现场操作，可有效检测 XLPE 电缆中的各种缺陷。对于新敷设电缆测试，可以为未来的测试提供状况基准，对于老旧电缆测试，可以与先前测试结果做比较，了解绝缘变化速率。

DL1576 标准规定 10~35 kV 电缆判断标准如下。

新投运及投运 1 年以内的电缆线路：最高试验电压 2U0，接头局部放电超过 300pC、本体超过 100pC 应及时进行更换；终端超过 3000pC 时，应及时进行更换。

已投运 1 年以上的电缆线路：最高试验电压 1.7U0，接头局部放电超过 500pC、本体超过 100pC 应及时进行更换；终端超过 5000pC 时，应及时进行更换。

振荡波测试系统（OWTS）另一主要优点是对局放源的定位。振荡波测试系统按下边公式计算局部放电发生位置距检测端的距离：

式中：Lc——被测电缆全长；v——电缆中的波速度；Δt——放电点处产生的局部放电信号分成两个相等的脉冲信号并沿相反方向传播，两个脉冲到达测量端的时间差。

3.6 特高频局部放电检测

特高频法（UHF）法是目前局部放电检测的一种新方法，是通过检测、分析局部放电过程中所辐射电磁波信号的频谱，可以了解局部放电源的几何形状及放电间隙的绝缘强度；当电缆组件在供电状态下发生局部放电时，放电脉冲产生的高频电磁信号向外辐射，特高频局放设备通过采集电磁信号，经数据分析处理，产生放电量、放电概率和放电可信度三个定量结果，根据三个定量结果进行判定。其主要的优点可进行移动检测，适用于在线检测。

4　27.5 kV 电缆故障处理建议

4.1 确保电缆产品质量

高压电缆及附件的产品质量是确保 27.5 kV 供电线电缆安全运行的根本保证。铁路使用的 27.5 kV 供电线电缆应选用单芯、交流、铜导体，保护层为非磁性金属铠装层的 27.5 kV 交流聚乙烯绝缘电缆，严禁采用 35 kV 电力电缆代替。电缆采购时，应对电缆生产企业检查认证是否符合 CRCC 认证，确保电缆采购质量符合铁路电缆相关要求。此外，要严格控制电缆及附件产品的进场质量验收，进场验收时，应确保产品规格型号与招标文件相符，产品合格证和检测试验报告齐全，并对产品按规定进行抽样送检，未经进场检验和检验不合格的产品，严禁进场使用。

4.2 提高电缆头制作质量

电缆头制作质量是确保 27.5 kV 供电线电缆安全运行的关键环节。27.5 kV 供电线电缆头制作前应开展专项技术交底和首件定标工作，明确电缆头制作工艺标准、技术要求和有关注意事项，以提高电缆头制作质量。电缆头制作由产品供应商选派经过专业技术培训取得合格证书，并具有 27.5 kV 高压电缆头制作经验的专业技术人员担当，严禁未经专业培训且无资质人员制作。电缆头制作场所应设有温湿度计，并有防雨、防潮、防尘、防污染等防护措施，制作

图 6　电缆头保护

环境和气候条件不符合要求时不得制作。电缆头制作实行见证签认制度，每个电缆头制作均有制作人和施工、监理、运营管理单位人员共同现场见证签认，做到"一头一见证签认"，并对制作过程留存影像资料，建立制作档案，纳入竣工资料管理，确保电缆头制作质量具有可追溯性。电缆头制作完成后应进行绝缘电阻测试和交流耐压试验，未及时安装的电缆头应做好成品保护。防止电缆头损坏。

4.3　规范电缆敷设

27.5 kV 供电线电缆应采用电缆沟敷设，不同供电臂或不同回路的供电线电缆应分沟敷设，避免电缆故障时相互交叉影响，造成接触网停电范围扩大。电缆敷设时，弯曲半径不得小于电缆外径的 20 倍，施工时应注意检查电缆不得有绞拧、铠装压扁、护层断裂和外皮损伤等缺陷。电缆穿越道路、铁路等建筑物时，应采用高强度 PVC 管穿管敷设，埋设深度符合要求，保护管的内径不小于电缆外径的 1.5 倍，保护管的弯曲半径不小于其外径的 10 倍。电缆采用非磁性金具铝合金卡箍固定，不得用铁丝直接捆扎，固定处应使用绝缘胶垫保护，电缆水平固定间距一般为 0.9 m，最大不超过 2 m，电缆垂直固定间距不应超过 0.6 m。每条供电线应敷设 1 根备用电缆，每根电缆终端处应预留 3~5 m 的备用长度。供电线电缆必须敷设在电力电缆槽内时，应采取措施与电力电缆进行物理隔离。电缆敷设的路径应避开积水较多的地方，敷设后电缆的首尾两端应悬挂标识牌，敷设路径按要求埋设电缆标桩。

4.4　确保电缆接地良好

27.5 kV 供电线电缆金属保护层的接地方式宜遵循下列原则：电缆长度不大于 100 m 时，采用一端直接接地；电缆长度大于 100 m，但不超过 800 m 时，采用一端直接接地，另一端通过护层保护器接地；电缆长度超过 800 m 时，划分适当区段，采用电缆中间接地，两端保护接地方式。护层保护器的选择应与被保护电缆外护层绝缘相匹配并符合设计要求，护层保护器安装前应进行检测，确保保护器性能良好。金属层接地线采用截面不小于 50 mm^2 的铜芯电缆，铠装层和屏蔽层应分别接地，接地电阻不大于 1 Ω。

4.5　电缆温度在线监测装置

由于 27.5 kV 供电线电缆故障主要集中在电缆终端头和中间头，故障率达 80% 以上，因此成渝客专变电所、分区所、AT 所加强电缆终端头和中间头的在线运行监测，及时掌握电缆运行状况，消除电缆故障。对提高 27.5 kV 供电线电缆运行的稳定性具有十分重要的意义。

27.5 kV 供电线电缆的终端头和中间头均设置在线温度监测装置进行运行状态实时监测，并将监测信号通过光缆传送至有人值班的牵引变电所、供电调度所和供电段。运行中当电缆头温度发生异常变化时，监测装置发出过热告警信号，提醒值班人员及时查找和处理故障，可以有效预防和减少供电线电缆故障对牵引供电系统造成的影响。

4.6　做好电缆终端头固定

电缆终端头在支柱上的固定应选用托架固定方式，即采用 2 个柱式绝缘子固定在肩架上，绝缘子上方安装铜排用于连接电缆头和接触网引线，并将电缆用非磁性金具固定在肩架上，具体固定方式如下图所示。采用这种固定方式可以确保电缆头安装牢固且不受力。

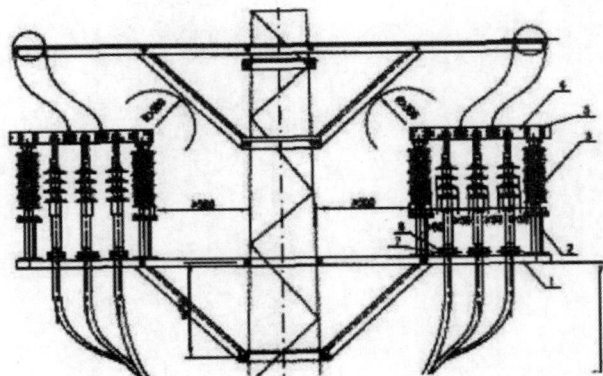

图 7　电缆终端头采用托架固定方式示意图

4.7 加强日常维护检查

每年对 27.5 kV 供电线电缆进行一次全面巡视检查，重点检查电缆中间头和终端头的绝缘套管是否完好、有无裂纹和闪络放电现象，电缆接地是否良好且接地电阻是否符合要求，电缆头温度是否正常，电缆外观有无破损，电缆固定是否牢靠，电缆沟有无积水等；尽可能地对所有供电线电缆进行一次绝缘电阻测试，对牵引变电所等重要场所的电缆进行一次交流耐压试验。

5 结束语

综上所述，电缆故障查找并非易事，需要继续研究，要加强故障检测和综合防范。一方面要加强对电缆建设前期监管力度，严格验收标准；另一方面要加强对电缆巡查，结合目前所掌握的手段，了解电缆运行状态。同时也时刻关注电缆新型检测技术，为 27.5 kV 电缆稳定运行保驾护航

参考文献

[1] 许云升.铁路 27.5 kV 高压电缆绝缘在线监测探讨[J].电气化铁道，2021，32(4)：2021.04.012.

[2] 万桂英.高铁 27.5 kV 高压电缆全过程质量控制管理研究[D].北京：中国铁道科学研究院，2019.

[3] 屈明.铁路 27.5 kV 系统高压电缆试验及绝缘状态评估研究[D].北京：中国铁道科学研究院，2019.

[4] 屈明.交联聚乙烯电缆绝缘状态试验技术综述[J].电子世界，2018(21).

[5] 万桂英，戴晋.浅谈高铁 27.5 kV 高压电缆运行全过程质量控制[J].城市建设理论研究(电子版)，2018(27).

[6] 张宗喜，曾宏，方欣，白欢，李亚伟.电力电缆绝缘整体老化测试技术的研究及应用[J].中国电业(技术版)，2016(2)：49-51.

[7] 徐文.振荡波局部放电检测对耐压试验的补充[J].中国电力教育，2011(3)：115-116.

[8] 王勇.高速客专 27.5 kV 高压电缆的敷设[J].科技资讯，2010(26).

[9] 陈斌，霍光.交联电缆耐压试验方法的探讨[J].电气应用，2010，29(14)：76-80.

作者简介

杨银龙，中国铁路成都局集团有限公司重庆供电段。

周文，中国铁路成都局集团有限公司重庆供电段。

基于多导体回路法的
AT 供电方式长回路电容计算方法研究

邓云川 鲁小兵

摘 要：提出了一种基于多导体回路法以接触网和正馈线为传输导体的电气化铁路 AT 供电方式牵引网长回路电容计算方法。该方法可以以两种方式构建回路，一种方式是以电流方向角度出发构建回路，将接触网中接触线和承力索两导体作为传输导体、其余导体为回流导体，按照电场回流回路和磁场转换回路构成回路；另一种方式是以负荷角度出发构建回路，将接触线、承力索以及正馈线作为传输导体、其余导体作为回流导体构成回路。构建系统回路后，对各回路进行编号，然后计算各回路的自电位系数和互电位系数，得到各回路单位长度电容矩阵，最后通过回路电容矩阵与回路电位的关系，计算各回路中的电荷分布，进而得到牵引网单位长度电场回流回路和磁场转换回路电容以及两回路并联的综合电容。该方法以与电荷唯一对应的回路为基本单元，对复杂多导体传输线系统开展电场描述，实现了 AT 供电方式牵引网长回路电容精确计算。

1 多导体传输线系统空间电场的回路分析方法

电荷是空间电场产生的源，电流（移动电荷）则是空间磁场产生的根本，多导体传输线系统空间电场描述的完备性和准确性取决于是否能够准确反映空间诸多电荷中任一电荷位置和大小变化对电场描述结果的影响。目前普遍采用的以参考导体为基础进行多导体传输线系统空间电场描述的方法，参考导体和主导体的选择具有一定的随机性，基本空间电场单元缺乏与电荷相联系的严格物理意义，因此，对于基本空间电场单元的电场描述并不能直接反应空间诸多电荷中任一电荷位置和大小变化的影响，降低了多导体传输线系统空间电场描述的完备性和准确性。

为了实现诸如牵引供电系统的多导体传输线系统空间电场准确描述，作者提出将复杂多导体传输线系统中导体按照传输和回流功能进行分类，然后再由参与传输和回流的不同导体两两构建回路，以物理意义上与电荷唯一对应的回路作为基本空间电场单元，开展多导体传输线系统空间电场描述方法——多导体回路法。

在电源系统提供稳定电势且不考虑外部其他系统在本系统中产生的电磁场情况下，多导体传输线系统中各回路电荷具有唯一性，参与构成回路的两导体（传输导体和回流导体）所承载的回路电荷相等、极性相反，需要强调的是，回路电荷与导体上总电荷并不是一个概念，一个导体可以参与多个回路的构成，因此，导体上总电荷等于参与构建回路的电荷之和。以回路为基本单元，能够实现空间电场描述的完备性和准确性。多导体回路法，同样适用于多导体传输线系统空间磁场分析，基于多导体回路法，作者对牵引网阻抗计算方法、空间电磁场分布、牵引网综合载流能力、钢轨电位和电流分布、带回流线直接供电方式综合电容计算等进行了深入研究。

电容作为电能传输系统重要的电气参数，是电能传输系统空间电场描述的基本参数，也是开展系统暂态过电压、谐振等问题分析和研究的基础。本文在前期工作基础上，分别以电流方向角度出发、以接触网为传输导体和以负荷电流角度出发、以接触网及正馈线为传输导体两种不同方案，构建 AT 供电方式回路，列写各回路自电位系数和互电位系数，进而得出基于多导体回路法的电位系数矩阵，根据长回路电位关系，完成电荷分布精确计算，进而推导得出 AT 供电方式长回路等效电容计算结果。

2 AT 供电方式

2.1 AT 供电方式牵引网结构

AT 供电方式又称为自耦变压器供电方式，AT 供电方式牵引网结构如图 1 所示。自耦变压器（auto-transformer）是一种电力变压器，AT 供电方式在供电区间内，通常每间隔 10~15 km 设置一台自耦变压器，将其中性点与钢轨相连并且并联于牵引网中,使得牵引网的供电电压提高一倍,可有效提高供电能力,减少沿线设置的牵引变电所数量,减少电气化铁路外部电源的工程投资。AT 供电方式下的导体网络由与电力机车受电弓接触的 T 线(包括接触线 JW 和承力索 CW)、FW 线(正馈线)、R(钢轨),以及与 R 直接联系的 E(大地)、PW 线(保护线)、EW 线(贯通综合地线)等导体构成,其中 T 线与牵引变压器和区间自耦变压器的正极性端子连接,FW 线与牵引变压器和区间自耦变压器的负极性端子连接,R、E、PW 线、EW 线等相互连接并与牵引变压器和区间自耦变压器的 N(中性点)连接。AT 供电方式下由于回路中 T 线和 FW 线(正馈线)的牵引负荷电流大小基本相等且方向相反,因而减小了对沿线通信线路的干扰,具有较好的防干扰效果。设置 PW 线的目的是避免将接触网支柱的接地装置直接与 R 相连,从而提高信号轨道电路工作的可靠性,同时由于 PW 线与 R 并联,对经 R 回流的电流起到了分流的作用,因此将有效抑制钢轨电位。为了降低因电力机车过电分相时短时断电而导致的减速,减少牵引网电压损失和电能损失、减小线路阻抗延长供电距离,降低对铁路沿线通信线路的干扰,我国高速及重载铁路牵引供电系统大量采用了 AT 供电方式。需要进一步说明的是,我国高速铁路还设置了 EW 线(贯通综合地线),为高速铁路各个系统提供了一个统一的"地",用以实现各个系统的等电位,以解决各系统之间的电磁兼容问题。

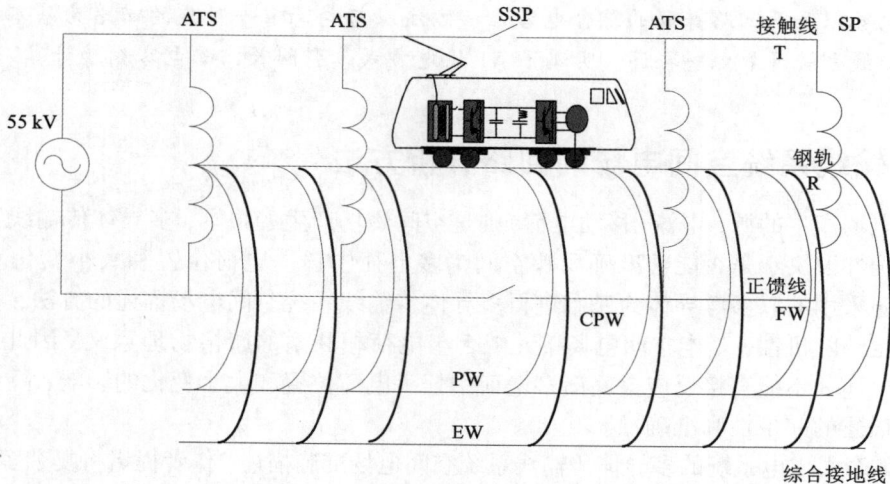

图 1　AT 供电方式的牵引网结构

2.2　AT 供电方式回路组成

多导体传输线系统,其传输导体和回流导体可分别由多个导体构成,如图 1 所示,对于牵引供电系统 AT 供电方式,存在三类导体:由接触线 JW 和承力索 CW 构成的接触网导体,由正馈线 FW 构成的磁场导体和由钢轨 R、大地 E、保护线 PW、贯通综合地线 EW 构成的电场导体。由于通常接触网电流与电场导体和磁场导体电流方向相反,因此,从电流方向出发,可以以接触网为传输导体,以钢轨 R、大地 E、保护线 PW、贯通综合地线 EW 为电场回流导体,正馈线为磁场转换回流导体构建相应回路;当然,由于接触网电流与正馈线电流数量之和等于负荷电流,因此,从负荷角度出发,也可以以接触网和正馈线这两类导体为传输导体,以钢轨 R、大地 E、保护线 PW、贯通综合地线 EW 为回流导体,构建相应回路,开展相关研究和计算,此时,需要特别强调和注意的是,接触网电流和正馈线电流方向相反。

2.3　AT 供电方式长回路和段中回路

对于 AT 供电方式,通常称相邻两个 AT 变压器之间的区段为一个 AT 段。如图 2 所示,系统由两个 AT 段构成(其中一个 AT 段由牵引变压器和区间 AT 所构成),当牵引负荷位于第二个 AT 段时,在简化分析和计算模型中认为第一个 AT 段中的电流仅在接触网和正馈线中流动,通常称此 AT 段为长回路。但实际情况则是:此时电场导体中仍然存在部分电流,这主要是传输导体与磁场转换导体以电场回流导体为轴心空间位置的不对称、传输导体和磁场回流导体参数不一致造成的。对于牵引负荷所处的第二个 AT 段,从端口网络的角度出发,牵引负荷所在位置为一个双端口双边供电网络,对牵引负荷进行供电的电源来自前后两个方向。对于长回路和段中回路中的电流分布，此处给出简化计算公式：$I_{\mathrm{T}}=\dfrac{1}{2}I$，$I_{\mathrm{T1}}=\left(1-\dfrac{X}{2D}\right)I$，$I_{\mathrm{T2}}=\dfrac{X}{2D}I$，$I_{\mathrm{F}}=I_{\mathrm{T2}}$，$I_{\mathrm{R1}}=\left(1-\dfrac{X}{D}\right)I$，$I_{\mathrm{R2}}=\dfrac{X}{D}I$。

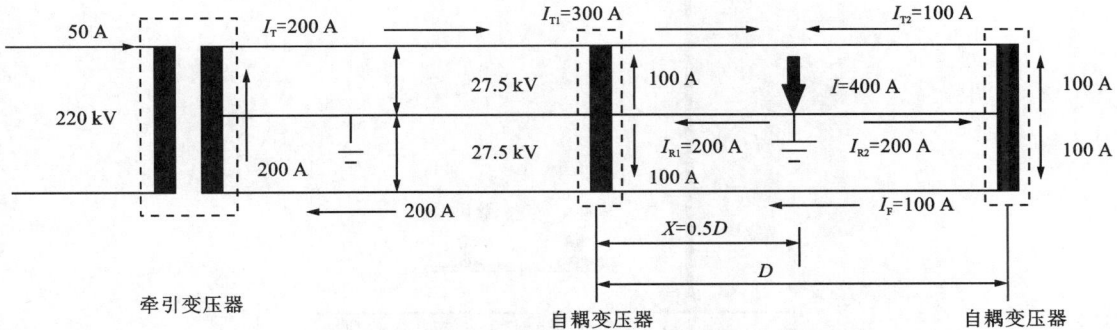

图2　负荷位于 AT 牵引供电系统第二个 AT 段内某一位置处的电流分布

3　AT 供电方式长回路等效电容计算方法

3.1　系统构成及回路构建

3.1.1　以电流方向角度出发构建回路

设置有贯通地线并采用 AT 供电方式牵引网的系统结构见图3，以电流方向角度出发构建回路，则接触线和承力索为传输导体，钢轨1、钢轨2、保护线、贯通地线和大地为电场回流导体，正馈线为磁场回流导体，因此该牵引网系统为2传输导体6回流导体的多回路传输系统。如图4和图5所示。传输导体接触线与电场回流导体（钢轨1、钢轨2、保护线、贯通地线和大地）之间分别构成回路1~回路5，前四个回路中两导体之间的距离依次为 d_1~d_4；传输导体接触线与磁场回流导体正馈线之间构成回路6，两导体之间的距离为 d_6；传输导体承力索与电场回流导体（钢轨1、钢轨2、保护线、贯通地线和大地）之间分别构成回路7~回路11，这五个回路中前四个回路中两导体之间的距离依次为 d_7~d_{10}；传输导体承力索线与磁场回流导体正馈线之间构成回路12，两导体之间的距离为 d_{12}。接触线、承力索、钢轨1、钢轨2、保护线、贯通地线和正馈线的半径分别为 r_1~r_7。承力索与接触线、钢轨1与钢轨2、钢轨1与保护线、钢轨1与贯通地线、钢轨2与保护线、钢轨2与贯通地线和保护线与贯通地线之间的距离为 l_{12}、l_{34}、l_{35}、l_{36}、l_{45}、l_{46} 和 l_{56}。

3.1.2　以负荷角度出发构建回路

设置有贯通地线并采用 AT 供电方式牵引网的系统结构见图3，以负荷角度出发构建回路，则其中接触线和承力索以及正馈线为传输导体，钢轨1、钢轨2、保护线、贯通地线和大地为回流导体，因此该牵引网系统为3传输导体5回流导体的多回路传输系统。如图6和图7所示。传输导体接触线与回流导体（钢轨1、钢轨2、保护线、贯通地线和大地）之间分别构成回路1~回路5，前四个回路中两导体之间的距离依次为 d_1~d_4；传输导体承力索与回流导体（钢轨1、钢轨2、保护线、贯通地线和大地）之间分别构成回路6~回路10，前四个回路中两导体之间的距离依次为 d_6~d_9；传输导体正馈线与回流导体（钢轨1、钢轨2、保护线、贯通地线和大地）之间分别构成回路11~回路15，前四个回路中两导体之间的距离依次为 d_{11}~d_{14}。接触线、承力索、正馈线、钢轨1、钢轨2、保护线、贯通地线的半径分别为 r_1~r_7。接触线与承力索、接触线与正馈线、承力索与正馈线之间的距离为 l_{12}、l_{13}、l_{23}，钢轨1与钢轨2、钢轨1与保护线、钢轨1与贯通地线、钢轨2与保护线、钢轨2与贯通地线和保护线与贯通地线之间的距离为 l_{45}、l_{46}、l_{47}、l_{56}、l_{57} 和 l_{67}。

3.2　各回路电位系数计算

3.2.1　以电流方向角度出发构建回路

根据以电流方向角度出发所构建的回路系统，基于空间电场分析，推导回路内自电位系数和回路间互电位系数，进而构建电位系数矩阵。

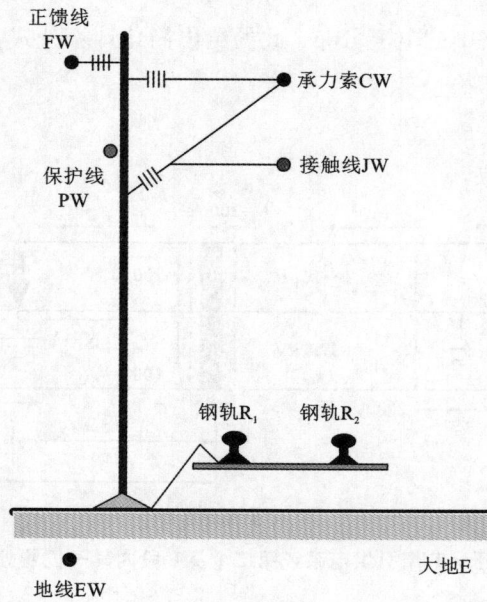

图3 采用AT供电方式的牵引供电系统横截面示意图

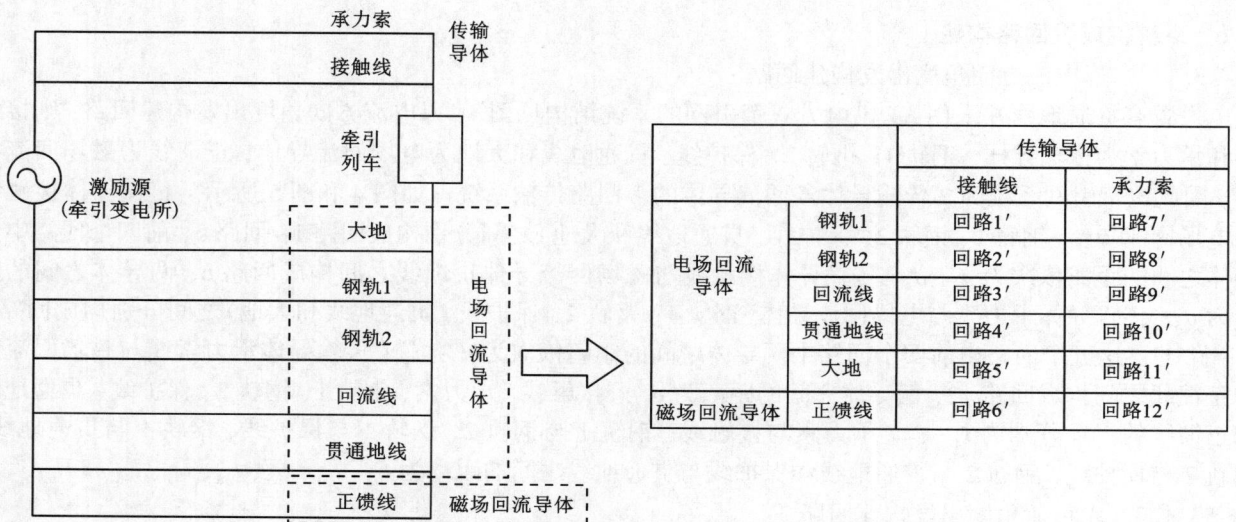

图4 AT供电方式系统回路构成

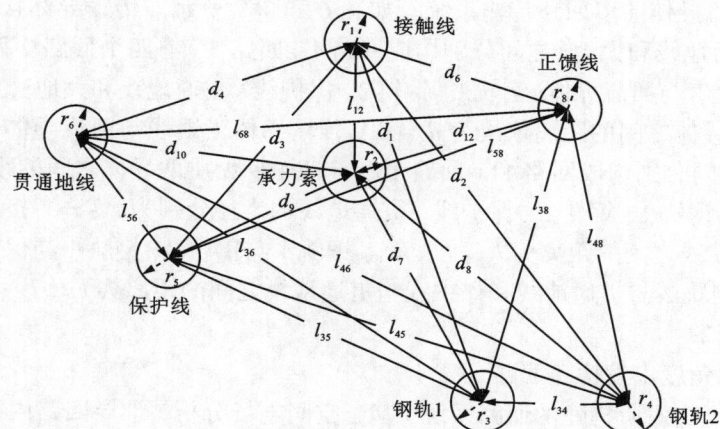

图5 AT供电方式牵引网的传输与架空回流导体示意图

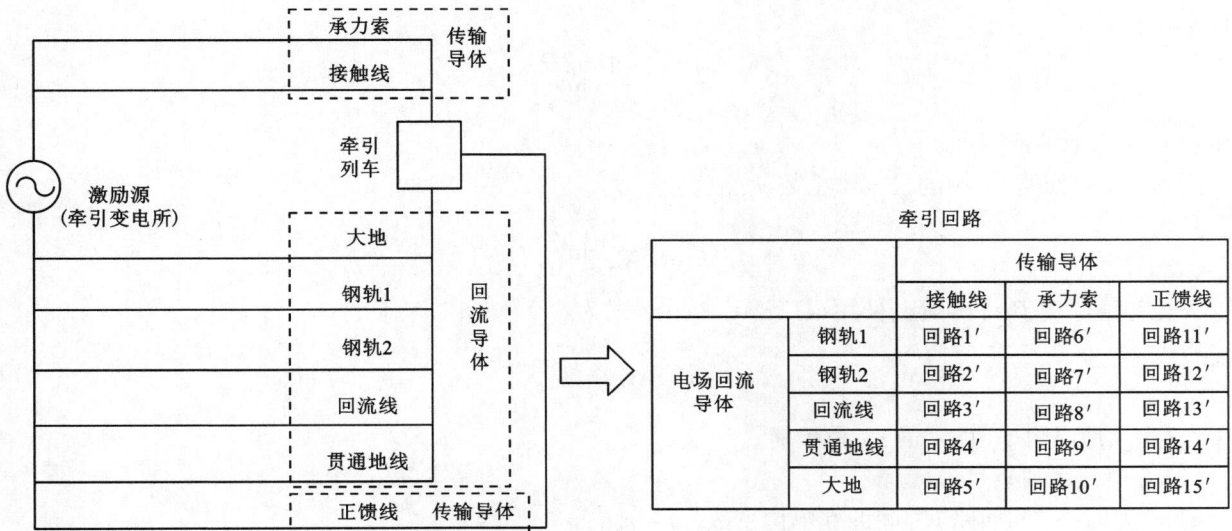

图6 AT供电方式系统回路构成

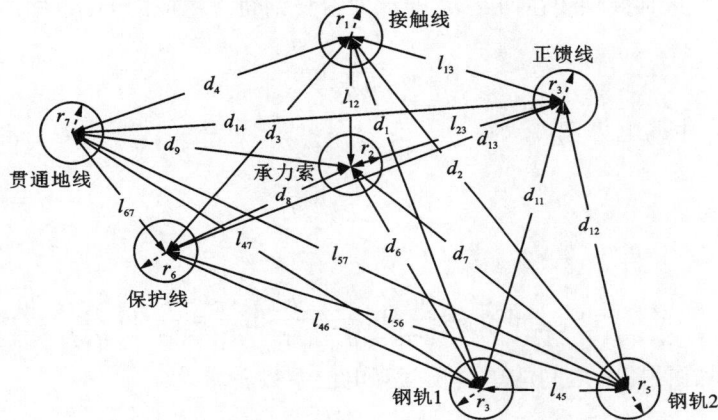

图7 AT供电方式牵引网的传输与架空回流导体示意图

(1)自电位系数

以回路1为例说明非大地回流回路的自电位系数。记p_{ii}为回路i内的自电位系数。在回路1中，假设接触线携带单位长度电荷q_1 c/m，则钢轨1携带单位长度电荷为$-q_1$ c/m，二者共同构成基本空间电场单元，按照构成回路的两导体间电位计算公式可得回路1内的自电位系数p_{0101}为：

$$p_{0101} = \frac{1}{2\pi\varepsilon}\ln\frac{(d_1-r_1)(d_1-r_3)}{r_1 r_3} \tag{1}$$

式中：ε为回路空间介电常数。

因此，结合图4和图5所示的回路编号和导体空间位置关系编号，可得回路1～回路4、回路6内的自电位系数$p_{ii}(i=01, 02, 03, 04, 06)$为：

$$p_{ii} = \frac{1}{2\pi\varepsilon}\ln\frac{(d_i-r_1)(d_i-r_{i+2})}{r_1 r_{i+2}} \tag{2}$$

其中，为保持格式统一，等式左边角标i由两位组成，即回路1～回路9前加0，回路10不变，等式右边角标i直接为回路编号，后文做同样处理。

回路7～回路10、回路12内的自电位系数$p_{ii}(i=07, 08, 09, 10, 12)$为：

$$p_{ii} = \frac{1}{2\pi\varepsilon}\ln\frac{(d_i-r_2)(d_i-r_{i-4})}{r_2 r_{i-4}} \tag{3}$$

以回路 5 为例说明大地回流回路的自电位系数。回路 5（即接触线与大地构成的大地回流回路）中的自电位系数 p_{0505} 为：

$$p_{0505} = \frac{1}{2\pi\varepsilon}\ln\frac{D_g}{r_1} \tag{4}$$

式中：D_g 为大地等值深度。

同理，可得回路 11 中的自电位系数 p_{1111} 为：

$$p_{1111} = \frac{1}{2\pi\varepsilon}\ln\frac{D_g}{r_2} \tag{5}$$

大地等值深度 D_g 的确定，使用最广泛 Carson 公式为：

$$D_g = 659\sqrt{\frac{\rho}{f}} \tag{6}$$

式中：ρ 为大地电阻率（$\Omega\cdot m$）；f 为频率。

（2）互电位系数。

记 p_{ij} 为回路 i 和回路 j 之间的互电位系数，$p_{ij} = p_{ji}$。

以回路 1 和回路 8 为例说明非大地回流回路之间的互电位系数。

在回路 1（即接触线与钢轨 1 组成的回路）中，假设接触线携带单位长度电荷为 q_1 c/m，则钢轨 1 携带单位长度电荷为 $-q_1$ c/m，此时接触线在回路 8（即承力索与钢轨 2 组成的回路）中产生的电势 V_{c0108} 为：

$$V_{c0108} = \frac{q_1}{2\pi\varepsilon}\ln\frac{l_{12}}{d_2} \tag{7}$$

钢轨 1 在回路 8 中产生的电势 V_{h0108} 为：

$$V_{h0108} = \frac{-q_1}{2\pi\varepsilon}\ln\frac{d_7}{l_{34}} \tag{8}$$

则回路 1 在回路 8 中产生的电势 V_{Z0108} 为：

$$V_{Z0108} = V_{c0108} + V_{h0108} = \frac{q_1}{2\pi\varepsilon}\ln\frac{l_{12}}{d_2} - \frac{q_1}{2\pi\varepsilon}\ln\frac{d_7}{l_{34}} = \frac{q_1}{2\pi\varepsilon}\ln\frac{l_{12}l_{34}}{d_2 d_7} \tag{9}$$

由此，可得到回路 1 在回路 8 之间的单位长度互电位系数 p_{0108} 为：

$$p_{0108} = \frac{V_{Z0108}}{q_1} = \frac{1}{2\pi\varepsilon}\ln\frac{l_{12}l_{34}}{d_2 d_7} \tag{10}$$

以回路 1 和回路 2 的互电位系数 p_{0102} 为例说明非大地回流回路之间共传输导体时的互电位系数。

$$p_{0102} = \frac{1}{2\pi\varepsilon}\ln\frac{r_1 l_{34}}{d_1 d_2} \tag{11}$$

以回路 1 和回路 7 的互电位系数 p_{0107} 为例说明非大地回流回路之间共回流导体时的互电位系数。

$$p_{0107} = \frac{1}{2\pi\varepsilon}\ln\frac{r_3 l_{12}}{d_1 d_7} \tag{12}$$

以回路 1 和回路 11 的互电位系数 p_{0111} 为例说明非大地回流回路与大地回流回路之间的互电位系数。

$$p_{0111} = \frac{1}{2\pi\varepsilon}\ln\frac{l_{12}}{d_7} \tag{13}$$

以回路 1 和回路 5 的互电位系数推导结果 p_{0105} 为例说明非大地回流回路与大地回流回路之间共传输回路时的互电位系数。

$$p_{0105} = \frac{1}{2\pi\varepsilon}\ln\frac{r_1}{d_1} \tag{14}$$

回路 5 和回路 10 的互电位系数推导结果 p_{0510} 为例说明大地回流回路之间的互电位系数。

$$p_{0510} = \frac{1}{2\pi\varepsilon}\ln\frac{l_{12}}{D_g}$$

3.2.2 以负荷角度出发构建回路

根据以负荷角度出发所构建的回路系统，基于空间电场分析，推导回路内自电位系数和回路间互电位系数，进而构建电位系数矩阵。

（1）自电位系数。

以回路 1 为例说明非大地回流回路的自电位系数。记 p_{ii} 为回路 i 内的自电位系数。在回路 1 中，假设接触线携带单位长度电荷 q_1 c/m，则钢轨 1 携带单位长度电荷为 $-q_1$ c/m，二者共同构成基本空间电场单元，按照构成回路的两导体间电位计算公式可得回路 1 内的自电位系数 p_{0101} 为：

$$p_{0101} = \frac{1}{2\pi\varepsilon}\ln\frac{(d_1-r_1)(d_1-r_4)}{r_1 r_4} \tag{15}$$

式中：ε 为回路空间介电常数。

因此，结合图 4 和图 5 所示的回路编号和导体空间位置关系编号，可得回路 1~回路 4 自电位系数 p_{ii}（i=01，02，03，04）为：

$$p_{ii} = \frac{1}{2\pi\varepsilon}\ln\frac{(d_i-r_1)(d_i-r_{i+3})}{r_1 r_{i+3}} \tag{16}$$

其中，为保持格式统一，等式左边角标 i 由两位组成，即回路 1~回路 9 前加 0，回路 10 不变，等式右边角标 i 直接为回路编号，后文做同样处理。

回路 6~回路 9 内的自电位系数 p_{ii}（i=06，07，08，09）为：

$$p_{ii} = \frac{1}{2\pi\varepsilon}\ln\frac{(d_i-r_2)(d_i-r_{i-2})}{r_2 r_{i-2}} \tag{17}$$

同理，回路 11~回路 14 内的自电位系数 p_{ii}（i=11，12，13，14）为：

$$p_{ii} = \frac{1}{2\pi\varepsilon}\ln\frac{(d_i-r_3)(d_i-r_{i-7})}{r_3 r_{i-7}} \tag{18}$$

以回路 5 为例说明大地回流回路的自电位系数。回路 5（即接触线与大地构成的大地回流回路）中的自电位系数 p_{0505} 为：

$$p_{0505} = \frac{1}{2\pi\varepsilon}\ln\frac{D_g}{r_1} \tag{19}$$

式中：D_g 为大地等值深度。

同理，可得回路 10 和 15 中的自电位系数 p_{1010} 和 p_{1515} 为：

$$p_{1010} = \frac{1}{2\pi\varepsilon}\ln\frac{D_g}{r_2} \qquad p_{1515} = \frac{1}{2\pi\varepsilon}\ln\frac{D_g}{r_3} \tag{20}$$

大地等值深度 D_g 的确定，使用最广泛 Carson 公式为：

$$D_g = 659\sqrt{\frac{\rho}{f}} \tag{21}$$

式中：ρ 为大地电阻率（$\Omega\cdot$m）；f 为频率。

（2）互电位系数。

记 p_{ij} 为回路 i 和回路 j 之间的互电位系数，$p_{ij}=p_{ji}$。

以回路 1 和回路 7 为例说明非大地回流回路之间的互电位系数。

在回路 1（即接触线与钢轨 1 组成的回路）中，假设接触线携带单位长度电荷为 q_1 c/m，则钢轨 1 携带单位长度电荷为 $-q_1$ c/m，此时接触线在回路 7（即承力索与钢轨 2 组成的回路）中产生的电势 V_{c0107} 为：

$$V_{c0107} = \frac{q_1}{2\pi\varepsilon}\ln\frac{l_{12}}{d_2} \tag{22}$$

钢轨 1 在回路 7 中产生的电势 V_{h0107} 为：

$$V_{h0107} = \frac{-q_1}{2\pi\varepsilon}\ln\frac{d_6}{l_{45}} \tag{23}$$

则回路 1 在回路 7 中产生的电势 V_{Z0107} 为：

$$V_{Z0107} = V_{c0107} + V_{h0107} = \frac{q_1}{2\pi\varepsilon}\ln\frac{l_{12}}{d_2} - \frac{q_1}{2\pi\varepsilon}\ln\frac{d_6}{l_{45}} = \frac{q_1}{2\pi\varepsilon}\ln\frac{l_{12}l_{45}}{d_2d_6} \tag{24}$$

由此，可得到回路 1 在回路 7 之间的单位长度互电位系数 p_{0107} 为：

$$p_{0107} = \frac{V_{Z0107}}{q_1} = \frac{1}{2\pi\varepsilon}\ln\frac{l_{12}l_{45}}{d_2d_6} \tag{25}$$

以回路 1 和回路 2 的互电位系数 p_{0102} 为例说明非大地回流回路之间共传输导体时的互电位系数。

$$p_{0102} = \frac{1}{2\pi\varepsilon}\ln\frac{r_1l_{45}}{d_1d_2} \tag{26}$$

以回路 1 和回路 6 的互电位系数 p_{0106} 为例说明非大地回流回路之间共回流导体时的互电位系数。

$$p_{0106} = \frac{1}{2\pi\varepsilon}\ln\frac{r_4l_{12}}{d_1d_6} \tag{27}$$

以回路 1 和回路 10 的互电位系数 p_{0110} 为例说明非大地回流回路与大地回流回路之间的互电位系数。

$$p_{0110} = \frac{1}{2\pi\varepsilon}\ln\frac{l_{12}}{d_6} \tag{28}$$

以回路 1 和回路 5 的互电位系数推导结果 p_{0105} 为例说明非大地回流回路与大地回流回路之间共传输回路时的互电位系数。

$$p_{0105} = \frac{1}{2\pi\varepsilon}\ln\frac{r_1}{d_1} \tag{29}$$

回路 5 和回路 10 的互电位系数推导结果 p_{0510} 为例说明大地回流回路之间的互电位系数。

$$p_{0510} = \frac{1}{2\pi\varepsilon}\ln\frac{l_{12}}{D_g} \tag{30}$$

3.3 各回路单位长度电容矩阵计算

通过上述步骤，即可得到 $n=12$ 维回路电位系数矩阵 P，其中，p_{ii} 为回路 i 的自电位系数，p_{ij} 为回路 i 和回路 j 之间的互电位系数，$p_{ij}=p_{ji}$。求解电位系数矩阵的逆矩阵即可得到各回路单位长度电容矩阵 $C = P^{-1}$，即：

$$C = INV\left(\begin{bmatrix} p_{0101} & p_{0102} & \cdots & p_{01n} \\ p_{0201} & p_{0202} & \cdots & p_{02n} \\ \vdots & \vdots & \ddots & \vdots \\ p_{n01} & p_{n02} & \cdots & p_{nn} \end{bmatrix}\right) \tag{31}$$

式中：$INV(*)$ 表示矩阵 $*$ 的逆。

4 AT 供电方式长回路单位长度电容计算

4.1 简化模型分析

对于 AT 供电方式长回路单位长度电容，可以按照空载工况开展分析和计算，由于 AT 供电方式导体数量较多，存在电场回流回路和磁场回流回路，为了方便，采用简化模型开展相关分析推导工作。

4.1.1 以电流方向角度出发构建回路

（1）简化模型结构构成

简化模型结构构成如下：传输导体、电场回流导体、磁场转换导体均由单个导体构成的 3 导体空间，如图 8 所示，系统为 1 传输 2 回流传输线系统，假定电场回流回路电荷为 q_1，磁场回流回路电荷为 q_2。

表 1 回路名称表

回路名称	电场回流回路	磁场转换回流回路
回路编号（电荷）	$1(q_1)$	$2(q_2)$

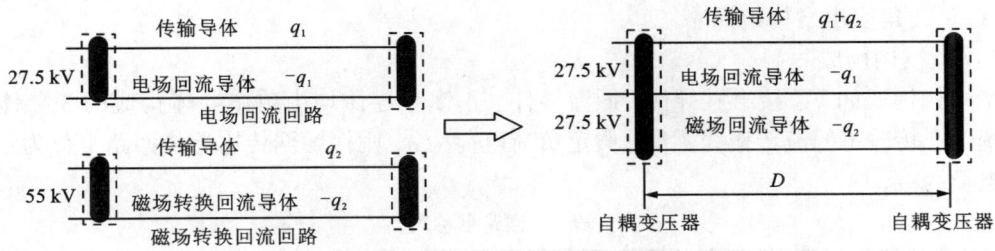

图8 AT 牵引供电系统等值电路

（2）电容参数计算

由于自耦变压器变比为 1：1，磁场转换回流回路电压为电场回流回路电压的 2 倍，因此，列写空间单位长度各个回路的电位系数-电压矩阵方程为：

$$\begin{bmatrix} V_1 \\ 2V_1 \end{bmatrix} = \begin{bmatrix} p_{11} & p_{12} \\ p_{12} & p_{22} \end{bmatrix} \begin{bmatrix} q_1 \\ q_2 \end{bmatrix} \tag{32}$$

假设 $V_1 = "1"$，则根据式（18）可得在 $V_1 = "1"$ 情况下各回路电荷为：

$$\begin{bmatrix} q_1 \\ q_2 \end{bmatrix} = \begin{bmatrix} p_{11} & p_{12} \\ p_{12} & p_{22} \end{bmatrix}^{-1} \begin{bmatrix} V_1 \\ 2V_1 \end{bmatrix} \tag{33}$$

有了电荷和电位的关系后，求解电场回路和磁场回路电容为：$c_1 = \dfrac{q_1}{V_1}$、$c_2 = \dfrac{q_2}{V_2} = \dfrac{q_2}{2V_1}$。假设 k_1、k_2 为 2 个回路的电荷分配系数，显然，$k_1 = q_1/(q_1+q_2)$、$k_2 = q_2/(q_1+q_2)$。

表2 导体主要参数表

导体名称	计算半径/cm	水平坐标/cm	垂直坐标/cm	单位长度电位系数/$10^{11} \cdot km^{-1}$	
				自电位系数	互电位系数
电场回流导体	0.763	340	640	2.2054	1.2966
传输导体	0.72	0	645		
磁场转换导体	1.08	450	760	2.2551	

表3 电荷分布和单位长度电容计算结果表

回路名称	单位长度电位系数/$10^{11} \cdot km^{-1}$	单位长度电容/$10^{-12} F \cdot km^{-1}$	电荷分布比例
电场回流回路	1.1859	8.4324	-0.1218
磁场转换回流回路	1.0572	9.4592	1.1218
综合值（两回路并联值）	55.892	1.7892	1

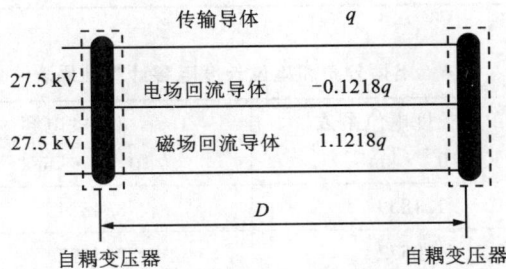

图9 简化模型电荷分布图

4.2.2 以负荷角度出发构建回路

（1）简化模型结构构成。

简化模型结构构成如下：接触网导体、回流导体、正馈线导体均由单个导体构成的 3 导体空间，如图 10 所示，系统为 2 传输 1 回流传输线系统，假定负荷电荷为 q，则接触网传输导体回路电荷为 q_1，正馈线传输导体回路电荷为 $-q_2$。

表 4　回路名称表

回路名称	接触网传输导体回路	正馈线传输导体回路
回路编号（电荷）	$1(q_1)$	$2(-q_2)$

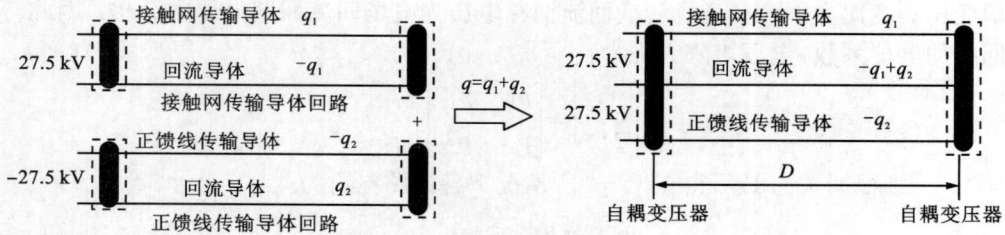

图 10　AT 牵引供电系统等值电路

（2）电容参数计算。

由于自耦变压器变比为 1∶1，接触网传输导体回路电压和正馈线传输导体回路电压相等，相位相反，因此，列写空间单位长度各个回路的电位系数-电压矩阵方程为：

$$\begin{bmatrix} V_1 \\ -V_1 \end{bmatrix} = \begin{bmatrix} p_{11} & p_{12} \\ p_{12} & p_{22} \end{bmatrix} \begin{bmatrix} q_1 \\ -q_2 \end{bmatrix} \Rightarrow \begin{bmatrix} V_1 \\ V_1 \end{bmatrix} = \begin{bmatrix} p_{11} & -p_{12} \\ -p_{12} & p_{22} \end{bmatrix} \begin{bmatrix} q_1 \\ q_2 \end{bmatrix} \tag{34}$$

假设 $V_1 =$ "1"，则根据式（34）可得在 $V_1 =$ "1" 情况下各回路电荷为：

$$\begin{bmatrix} q_1 \\ q_2 \end{bmatrix} = \begin{bmatrix} p_{11} & -p_{12} \\ -p_{12} & p_{22} \end{bmatrix}^{-1} \begin{bmatrix} V_1 \\ V_1 \end{bmatrix} \tag{35}$$

有了电荷和电位的关系后，求解接触网传输导体回路和正馈线传输导体回路电容为：$c_1 = \dfrac{q_1}{V_1}$、$c_2 = \dfrac{q_2}{V_1}$。假设 k_1、k_2 为 2 个回路的电荷分配系数，显然，$k_1 = q_1/(q_{1+}q_2)$、$k_2 = q_2/(q_1+q_2)$。

表 5　导体主要参数表

导体名称	计算半径 /cm	水平坐标 /cm	垂直坐标 /cm	单位长度电位系数/$10^{11} \cdot$ km^{-1}	
				自电位系数	互电位系数
接触网传输导体	0.72	0	645	2.2054	0.9088
回流导体	0.763	340	640		
正馈线传输导体	1.08	450	760	1.8674	

表 6　电荷分布和单位长度电容计算结果表

回路名称	单位长度电位系数 /$10^{11} \cdot$ km^{-1}	单位长度电容 /10^{-12}F $\cdot$ km^{-1}	电荷分布比例
接触网传输导体回路	1.1859	8.4324	0.4713
正馈线传输导体回路	1.0572	9.4592	0.5287
综合值（两回路并联值）	55.892	1.7892	1

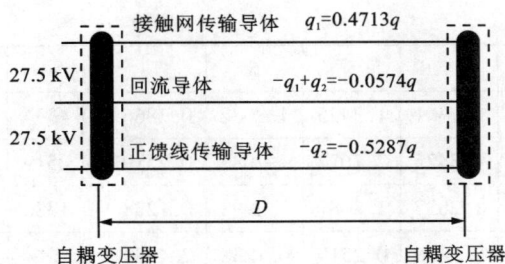

图 11　简化模型电荷分布图

5　实际算例

5.1　基础数据

表 7　导线主要参数表（以轨面中心为坐标原点）

导体名称	导线符号	导线型号	直流电阻/Ω·km⁻¹	导体计算半径/cm	水平坐标/cm	垂直坐标/cm
接触线	JW	CTS-150	0.15967	0.72	0	645
承力索	CW	JTMH-120	0.242	0.7	0	805
钢轨	R	60 kg	0.135	1.279	−71.75	0
					71.75	
保护线	PW	LBJLJ-120/20	0.2382	0.763	340	640
综合地线	EW	DH-70	0.312	0.437	400	−246
正馈线	FW	LBGLJ-240/30	0.1181	1.08	450	760

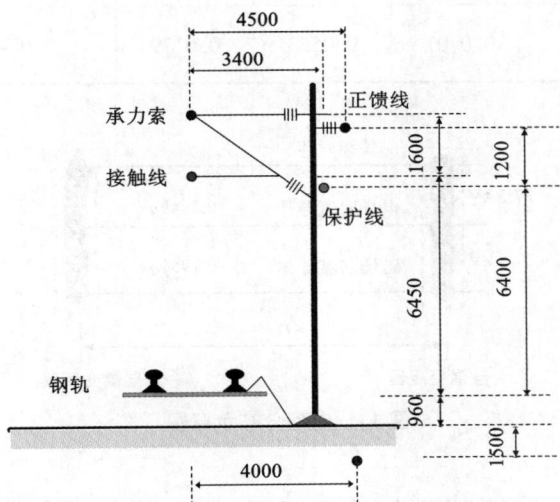

图 12　单线 AT 供电方式牵引网横截面示意图

5.2　以电流方向角度出发构建回路计算结果

表 8　AT 供电方式牵引网各回路单位长度电位系数计算结果表　　　　单位：10^{11}/km

回路编号	1	2	3	4	5	6	7	8	9	10	11	12
1	2.3897	1.5404	1.124	1.3782	1.2689	1.1456	1.4122	0.5629	0.1465	0.4007	0.2914	0.1681
2	1.5404	2.3897	1.1406	1.425	1.2689	1.1604	0.5629	1.4122	0.1631	0.4475	0.2914	0.1829
3	1.124	1.1406	2.2501	1.147	1.1526	1.3413	0.126	0.1426	1.2521	0.149	0.1547	0.3433

续表8

回路编号	1	2	3	4	5	6	7	8	9	10	11	12
4	1.3782	1.425	1.147	2.7301	1.3425	1.2032	0.3866	0.4334	0.1554	1.7384	0.3509	0.2116
5	1.2689	1.2689	1.1526	1.3425	2.1622	1.2087	0.2519	0.2519	0.1356	0.3255	1.1453	0.1917
6	1.1456	1.1604	1.3413	1.2032	1.2087	2.2998	0.1238	0.1386	0.3195	0.1814	0.187	1.278
7	1.4122	0.5629	0.126	0.3866	0.2519	0.1238	2.4383	1.589	1.152	1.4126	1.278	1.1498
8	0.5629	1.4122	0.1426	0.4334	0.2519	0.1386	1.589	2.4383	1.1686	1.4594	1.278	1.1647
9	0.1465	0.1631	1.2521	0.1554	0.1356	0.3195	1.152	1.1686	2.2577	1.1609	1.1412	1.3251
10	0.4007	0.4475	0.149	1.7384	0.3255	0.1814	1.4126	1.4594	1.1609	2.7504	1.3374	1.1933
11	0.2914	0.2914	0.1547	0.3509	1.1453	0.187	1.278	1.278	1.1412	1.3374	2.1318	1.1735
12	0.1681	0.1829	0.3433	0.2116	0.1917	1.278	1.1498	1.1647	1.3251	1.1933	1.1735	2.2598

单位长度电位系数	电场回流回路	77.431
	磁场转换回流回路	97.396
	综合值（两回路并联值）	43.137

表9 各回路及导体电荷分布情况表

回路	1	2	3	4	5	6	7	8	9	10	11	12
电荷分布比例	0.0339	0.0265	-0.0101	0.0113	0.0351	0.3964	0.0362	0.0288	-0.0078	0.0136	0.0374	0.3987

导体	接触线	承力索	钢轨1	钢轨2	保护线	综合地线	大地	正馈线
电荷分布比例	0.4931	0.5069	0.0701	0.0553	0.0179	0.0249	0.0725	0.7951

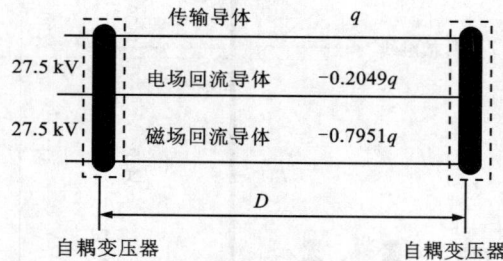

图13 电荷分布示意图

表10 AT供电方式牵引网各回路单位长度电容计算结果表　　　单位：10^{-12}F/km

回路编号	1	2	3	4	5	6	7	8	9	10	11	12
1	0.2283	-0.0638	-0.0023	-0.0145	-0.0215	-0.0014	0.1993	-0.0928	-0.0313	-0.0435	-0.0505	-0.0304
2	-0.0638	0.2333	-0.0044	-0.0229	-0.0181	-0.0027	-0.0928	0.2043	-0.0334	-0.0519	-0.0471	-0.0317
3	-0.0023	-0.0044	0.2166	0.0011	-0.015	-0.0518	-0.0306	-0.0326	0.1884	-0.0272	-0.0433	-0.08
4	-0.0145	-0.0229	0.0011	0.1774	-0.0259	-0.0048	-0.0425	-0.0509	-0.027	0.1493	-0.054	-0.0329
5	-0.0215	-0.0181	-0.015	-0.0259	0.2416	-0.0235	-0.0476	-0.0442	-0.0412	-0.052	0.2155	-0.0496
6	-0.0014	-0.0027	-0.0518	-0.0048	-0.0235	0.2159	-0.0276	-0.0289	-0.078	-0.031	-0.0497	0.1897

续表10

回路编号	1	2	3	4	5	6	7	8	9	10	11	12
7	0.1993	-0.0928	-0.0306	-0.0425	-0.0476	-0.0276	0.2258	-0.0663	-0.004	-0.016	-0.0211	-0.0011
8	-0.0928	0.2043	-0.0326	-0.0509	-0.0442	-0.0289	-0.0663	0.2308	-0.0061	-0.0244	-0.0177	-0.0024
9	-0.0313	-0.0334	0.1884	-0.027	-0.0412	-0.078	-0.004	-0.0061	0.2156	0.0003	-0.0139	-0.0507
10	-0.0435	-0.0519	-0.0272	0.1493	-0.052	-0.031	-0.016	-0.0244	0.0003	0.1768	-0.0246	-0.0036
11	-0.0505	-0.0471	-0.0433	-0.054	0.2155	-0.0497	-0.0211	-0.0177	-0.0139	-0.0246	0.2449	-0.0203
12	-0.0304	-0.0317	-0.08	-0.0329	-0.0496	0.1897	-0.0011	-0.0024	-0.0507	-0.0036	-0.0203	0.2191
单位长度综合电容	电场回流回路						0.1292					
	磁场转换回流回路						0.1027					
	综合值(两回路并联值)						0.2318					

5.3 以负荷角度出发构建回路计算结果

表 11　AT 供电方式牵引网各回路单位长度电位系数计算结果表　　　　单位：10^{11}/km

回路编号	1	2	3	4	5	6	7	8	9	10	11	12	13	14	15
1	2.3897	1.5404	1.1240	1.3782	1.2689	1.4122	0.5629	0.1465	0.4007	0.2914	-1.2442	-0.3949	0.0216	-0.2326	-0.1233
2	1.5404	2.3897	1.1406	1.4250	1.2689	0.5629	1.4122	0.1631	0.4475	0.2914	-0.3800	-1.2293	0.0198	-0.2646	-0.1085
3	1.1240	1.1406	2.2501	1.1470	1.1526	0.1260	0.1426	1.2521	0.1490	0.1547	0.2173	0.2007	-0.9088	0.1943	0.1886
4	1.3782	1.4250	1.1470	2.7301	1.3425	0.3866	0.4334	0.1554	1.7384	0.3509	-0.1750	-0.2218	0.0562	-1.5269	-0.1393
5	1.2689	1.2689	1.1526	1.3425	2.1622	0.2519	0.2519	0.1356	0.3255	1.1453	-0.0602	-0.0602	0.0561	-0.1337	-0.9535
6	1.4122	0.5629	0.1260	0.3866	0.2519	2.4383	1.5890	1.1520	1.4126	1.2780	-1.2884	-0.4391	-0.0022	-0.2628	-0.1281
7	0.5629	1.4122	0.1426	0.4334	0.2519	1.5890	2.4383	1.1686	1.4594	1.2780	-0.4243	-1.2736	-0.0040	-0.2948	-0.1133
8	0.1465	0.1631	1.2521	0.1554	0.1356	1.1520	1.1686	2.2577	1.1609	1.1412	0.1730	0.1564	-0.9326	0.1641	0.1838
9	0.4007	0.4475	0.1490	1.7384	0.3255	1.4126	1.4594	1.1609	2.7504	1.3374	-0.2193	-0.2661	0.0324	-1.5570	-0.1441
10	0.2914	0.2914	0.1547	0.3509	1.1453	1.2780	1.2780	1.1412	1.3374	2.1318	0.1045	0.1045	-0.0323	0.1639	0.9583
11	-1.2442	-0.3800	0.2173	-0.1750	-0.0602	-1.2884	-0.4243	0.1730	-0.2193	0.1045	2.3984	1.5343	0.9369	1.3292	1.2144
12	-0.3949	-1.2293	0.2007	-0.2218	-0.0602	-0.4391	-1.2736	0.1564	-0.2661	0.1045	1.5343	2.3687	0.9387	1.3612	1.1996
13	0.0216	0.0198	-0.9088	0.0562	0.0561	-0.0022	-0.0040	-0.9326	0.0324	-0.0323	0.9369	0.9387	1.8674	0.9023	0.9024
14	-0.2326	-0.2646	0.1943	-1.5269	-0.1337	-0.2628	-0.2948	0.1641	-1.5570	0.1639	1.3292	1.3612	0.9023	2.6235	1.2303
15	-0.1233	-0.1085	0.1886	-0.1393	-0.9535	-0.1281	-0.1133	0.1838	-0.1441	0.9583	1.2144	1.1996	0.9024	1.2303	2.0446
单位长度电位系数	接触网传输导体回路							77.431							
	正馈线传输导体回路							97.396							
	综合值(两回路并联值)							43.137							

表 12　各回路及导体电荷分布情况表

回路	1	2	3	4	5	6	7	8	9	10	11	12	13	14	15
电荷分布比例	0.0732	0.0705	0.0686	0.0598	0.0027	0.0758	0.0731	0.0711	0.0624	-3.1361e-16	0.1100	0.1128	0.1496	0.1082	-0.0378

续表12

回路	1	2	3	4	5	6	7	8	9	10	11	12	13	14	15
导体	接触线		承力索		钢轨1		钢轨2		保护线		综合地线		大地		正馈线
电荷分布比例	0.2747		0.2824		0.039		0.0308		0.0099		0.0140		0.0405		0.4428

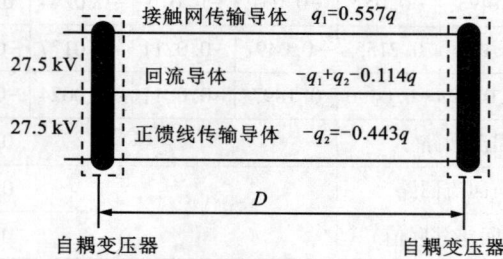

图 14　电荷分布示意图

表 13　AT 供电方式牵引网各回路单位长度电容计算结果表　　　单位：10^{-12}F/km

回路编号	1	2	3	4	5	6	7	8	9	10	11	12	13	14	15
1	1.1521	-0.1564	0.0003	0.0936	0.5788	0.9816	-0.3270	-0.1703	-0.0770	-1.2684	-0.9329	0.3756	-0.0387	0.2376	1.2489
2	-0.1564	1.1539	-0.0223	0.0476	0.6222	-0.3161	0.9942	-0.1821	-0.1122	-1.2684	0.3563	-0.9540	-0.0452	0.2686	1.2477
3	0.0003	-0.0223	0.7964	0.0506	1.0278	0.0951	0.0725	0.8912	0.1454	-1.9834	0.0201	0.0427	-1.1752	0.1433	1.4848
4	0.0936	0.0476	0.0506	0.9634	0.3928	-0.1775	-0.2235	-0.2205	0.6923	-0.9577	0.1147	0.1607	-0.0591	-0.6608	1.1695
5	0.5788	0.6222	1.0278	0.3928	-1.6373	-1.1673	-1.1239	-0.7183	-1.3533	5.4778	0.6955	0.6521	1.5541	0.3132	-5.2524
6	0.9816	-0.3161	0.0951	-0.1775	-1.1673	1.2890	-0.0087	0.4025	0.1299	0.1011	-0.4378	0.8599	0.9550	0.5012	-1.4500
7	-0.3270	0.9942	0.0725	-0.2235	-1.1239	-0.0087	1.3124	0.3907	0.0947	0.1011	0.8514	-0.4698	0.9484	0.5322	-1.4511
8	-0.1703	-0.1821	0.8912	-0.2205	-0.7183	0.4025	0.3907	1.4640	0.3523	-0.6139	0.5152	0.5270	-0.1816	0.4069	-1.2140
9	-0.0770	-0.1122	0.1454	0.6923	-1.3533	0.1299	0.0947	0.3523	0.8991	0.4118	0.6098	0.6450	0.9345	-0.3972	-1.5293
10	-1.2684	-1.2684	-1.9834	-0.9577	5.4778	0.1011	0.1011	-0.6139	0.4118	0.0000	-1.1673	-1.1673	-2.5973	-0.5459	5.4778
11	-0.9329	0.3563	0.0201	0.1147	0.6955	-0.4378	0.8514	0.5152	0.6098	-1.1673	1.3826	0.0934	0.4420	0.3297	-0.3228
12	0.3756	-0.9540	0.0427	0.1607	0.6521	0.8599	-0.4698	0.5270	0.6450	-1.1673	0.0934	1.4231	0.4485	0.2987	-0.3216
13	-0.0387	-0.0452	-1.1752	-0.0591	1.5541	0.9550	0.9484	-0.1816	0.9345	-2.5973	0.4420	0.4485	1.3331	0.5691	0.3816
14	0.2376	0.2686	0.1433	-0.6608	0.3132	0.5012	0.5322	0.4069	-0.3972	-0.5459	0.3297	0.2987	0.5691	1.1650	-0.6520
15	1.2489	1.2477	1.4848	1.1695	-5.2524	-1.4500	-1.4511	-1.2140	-1.5293	5.4778	-0.3228	-0.3216	0.3816	-0.6520	0.3078

单位长度综合电容	接触网传输导体回路	0.1292
	正馈线传输导体回路	0.1027
	综合值（两回路并联值）	0.2318

参考文献

［1］何正友，胡海涛，方雷，等.高速铁路牵引供电系统谐波及其传输特性研究［J］.中国电机工程学报，2011，31（16）：55-62.

［2］高国强.高速列车运行状态暂态过电压机理与抑制方法的研究［D］.成都：西南交通大学，2012.

［3］支永健.弓网电弧电磁干扰传播的若干理论研究［D］.杭州：浙江大学，2013.

［4］吴命利.电气化铁道牵引网的统一链式电路模型［J］.中国电机工程学报，2010，30（28）：52-58.

［5］王斌，胡海涛，高仕斌，等.考虑再生制动时高速铁路牵引网潮流计算与分析［J］.中国铁道科学，2014，35（1）：86-93.

［6］CELLA R，GIANGASPERO G，MARISCOTTI A，et al. Measurement of AT electric railway system currents at power-supply frequency and validation of a multiconductor transmission-line model［J］. IEEE Transactions on Power Delivery，2006，21（3）：1721-1726.

［7］钱澄浩，何正友，高朝晖，等.高速铁路全并联 AT 牵引网短路故障情况下磁场环境特性分析［J］.电力自动化设备，2014，34（3）：155-161.

［8］张杨，刘志刚.基于电磁暂态分析的高速铁路牵引网谐波模型及谐波特性分析［J］.电网技术，2011，5（5）：70-75.

［9］王奇，刘志刚，白玮莉，等.基于 PSCAD/EMTDC 牵引供电系统仿真模型研究［J］.电力系统保护与控制，2009，37（16）：35.

［10］DENG Y，HUANG K，SU D，et al. Spatial magnetic-field description method aimed at 2×25 kv auto-transformer power supply system in high-speed railway［J］. Applied Sciences，2018，8（6）：997.

［11］邓云川，刘志刚，黄可，等.基于多导体回路法的牵引网电气参数计算研究［J］.铁道学报，2018，40（8）：34-42.

［12］邓云川，刘志刚，黄可，等.基于多导体回路系统的带回流线直接供电方式隧道牵引网阻抗计算和应用［J］.中国电机工程学报，2017，37（23）：6846-6854.

［13］邓云川，刘志刚，黄可，等.直接带回流线供电方式的牵引网综合载流能力计算研究［J］.铁道学报，2018，40（12）：13-21.

［14］CARSON J R. Wave Propagation in Overhead Wires with Ground Return［J］. Bell System Technical Journal，1926，5（4）：539-554.

作者简介

邓云川，中铁二院工程集团有限责任公司电气化设计研究所，博士，教授级高级工程师。

鲁小兵，中铁二院工程集团有限责任公司电气化设计研究所，博士，工程师。

浅谈牵引变压器电容式高压套管故障处置及防控措施

黄积江

摘　要： 牵引变压器是铁路牵引变电所的核心设备，是持续向铁路电力机车提供电源的重要保障，而高压套管则是牵引变压器的重要组件之一，是将高压引线引入变压器内部的进线装置，一旦发生故障，严重时直接导致牵引变电所无法供电，影响铁路正常运输。本文浅谈近年发生的一起牵引变压器电容式高压套管因渗油引发炸裂故障情况并深入剖析原因，制定了预防类似情况再次发生的防控措施。

1　引言

铁路牵引变压器将电网 110 kV 或 220 kV 的三相电源变为铁路专用的两相 27.5 kV 电源，是牵引变电所最核心的设备，当铁路变压器出现故障时，将可能导致铁路运输的中断，让国家经济蒙受损失。牵引变压器主要是由器身、铁芯、绕组、分接开关、高压套管、低压套管、绝缘油、储油柜及其他附属零部件组成，高压套管是将 110 kV 或 220 kV 的高压引线通过其内部的引线与变压器内部绕组相连接，作为高压的载流体和高压对变压器外壳及地绝缘之用，其类型主要有单一介质套管、复合介质套管和电容式套管，目前我段牵引变压器安装的全部是电容式高压套管，主要由电容芯子、油枕、法兰、上下瓷套组成，其最重要的特点是运行稳定性高、维护简单。

2　故障情况及现场调查

一台运行中的牵引变压器突然出现差动速断、差动保护、重瓦斯、压力释放动作、出口跳闸，引发系统备自投动作切换至备用系统运行。值守人员巡查发现变压器其中一相油纸电容式高压套管炸裂，立即断开相关开关或拉至试验位将故障变压器进行隔离。

检修试验人员对故障变压器进行绝缘、变比和直流电阻的测试，其中变比及直流电阻测试值与出厂值相比变化不大，高压对低压、高压对地绝缘电阻数据不合格。通过牵引变电所的综自保护监控软件后台调阅查看故障时电流历史数据，记录显示高压侧差动速断保护动作出口时的电流高达 5970 A，对牵引变压器在线油色谱进行启动并分析，显示 C_2H_2 气体含量为 111.73 μL/L，超过 5 μL/L 极限标准值，初步判断结果为牵引变压器内部存在低能放电现象。

图1　高压套管故障图片

气体名称	测量值	警戒值	诊断结果
H2	264.78μL/L	150.0μL/L	超过极限
CO	432.96μL/L	850.0μL/L	正常
CH4	47.26μL/L	100.0μL/L	正常
C2H4	40.75μL/L	100.0μL/L	正常
C2H6	20.99μL/L	100.0μL/L	正常
C2H2	111.73μL/L	10.0μL/L	超过极限
CO2	600.56μL/L	5000.0μL/L	正常
总烃	220.73μL/L	300.0μL/L	正常

图2　变压器在线油色谱结果

查看爆炸的油纸高压套管碎片，外部瓷套没有发现闪络放电的情况，套管比较干净，对受损油纸高压套管进行解体检查，套管尾端深入油箱升高座部分，在下瓷套两端均有剧烈放电痕迹，下磁套内壁被烧得发黑，两端处铝管、铝件和铝箔放电烧蚀严重，绝缘纸炭化发黑。因高压套管电容芯受短路力上移近

10 cm，末屏接地线已被拉断，接地线断裂处未见放电痕迹。逐层剥开绝缘纸和电容铝箔，各层电容铝箔完好，无放电痕迹，未发现金属杂质异物。电容芯最内部多层绝缘纸，尤其套管油枕正下部渗油孔位置的绝缘纸浸水现象严重，绝缘纸发皱，变得非常柔韧，变得很难用手撕开。套管油枕内部的余油倒出后，含有较多水分。油枕内压缩弹簧，下部约 10 cm 高度范围内有多处生锈痕迹。拆卸套管油枕注油孔旋紧螺栓时无法拧动，应该是螺栓旋进时丝纹没有对正引起的，弹簧锈蚀较严重，油枕底部污迹含量多，注油孔下部有锈迹，拆开套管观察窗未见明显锈迹。

图 3　高压套管解剖图

3　原因分析及修复方案

　　由于事发变电所地处亚热带，雨水充沛、环境湿度高，初步判断该台牵引变压器油纸高压套管油枕注油孔密封不紧，潮气和雨水长期渗入套管油枕，进入电容芯腔室，导致电容芯内部铝管发生局部放电或火花放电，使油、绝缘纸不断分解产生 H_2、CH_2、C_2H_2 及 CO、CO_2 等气体，气压不断增大，达到高压套管瓷套承受极限值后导致高压套管爆炸爆燃事故发生。高压套管上瓷套碎裂后，下瓷套失去支撑并出现松动现象，导致整支套管发生倾斜，下瓷套两端处的中心铝管对变压器油箱升高座内壁接地放电，熔蚀严重。电弧放电造成高压套管在油箱内入口端短路，接地短路电流高达 5970 A，差动速断、差动保护相继动作。同时，剧烈放电使得牵引变压器本体内气体迅速增加，引发压力释放阀和重瓦斯相继动作。

　　根据牵引变压器现场电气性能测试情况，变比和直流电阻都正常，放电、短路故障发生在高压套管末端和变压器油箱升高座内壁之间，判断牵引变压器绕组及器身本体没有损伤，初定修复方案：更换故障的油纸电容高压套管、检查清理油箱内熔蚀铝渣、变压器油过滤、变压器器身绝缘干燥。修复步骤：第一步准备滤油机组、真空机组、油罐、吊车等施工机械器具，高压套管、胶垫、变压器油等施工材料；第二步拆除牵引变压器二次接线、接地装置、变压器附件，排放变压器内部绝缘油；第三步检查变压器器身，对油箱底部、器身以及线圈上飞溅、附着的金属铝渣进行仔细清理；第四步安装牵引变压器器身、附属件后进行加注绝缘油；第五步对牵引变压器进行循环滤油并加热、真空注油，静放、排气；第六步对牵引变压器进行试验；第七步制定详细方案对牵引变压器进行连续带电冲击试验及空载运行 48 小时，观察其运行情况。

4 防控措施

为防止牵引变压器高压套管再次出现类似密封不良渗水而引发爆炸事件，结合自身运营经验及相关厂家设备说明书，制定符合现场实际运用的防控措施，具体如下。

①确保高压套管密封是获得耐久寿命的关键，运营单位在安装、检修、维护过程中所动的密封机构位置应仔细检查并恢复到原来的密封状态。需要重点提醒的是，给高压套管进行注油时必须采用真空注油方式，防止高压套管油腔室内部进入空气或水汽，加注完毕后及时将注油孔拧紧。

②油位控制与调整。运行时定期观察高压套管油位的变化，油位过高时，从法兰取油塞处拧开螺栓进行放油，油位过低时，从高压套管油枕的注油孔加入与产品要求一致、油品合格的变压器绝缘油；对历年预防性试验中高压套管绝缘油性能合格的套管，可适当延长试验周期，尽量减少取油量。

③定期对牵引变压器高压套管进行外观维护，对瓷套外表进行清扫，绝缘部件、紧固部件定时进行防锈蚀处理，对状态不良的绝缘部件或紧固部件及时更换。

④根据预防性试验要求，定期对牵引变压器的高压套管进行电气性能测试，主要是对套管本体介质损耗、绝缘、电容值及末屏绝缘、介质损耗等参数进行测试。

⑤针对设计有一主一备系统的牵引变电站，应严格执行每季度轮换牵引变压器运行，让其及时带负荷运行，避免长时间停用而导致变压器相关电气性能下降。

5 结束语

牵引变压器是铁路牵引变电所重要的组成设备，保持其状态良好，有利于铁路运输稳定，同时可减少检修人员抢修出动，节约运输成本。而高压套管是牵引变压器的重要部件，运营检修人员严格执行设备检修维护标准，增强人员业务素质及责任性，防止出现渗水、闪络故障，可以有效地提高牵引变压器的运行寿命。

作者简介

黄积江，中国铁路南宁局集团有限公司南宁供电段，工程师。

浅谈 27.5 kV 高压电缆运维修试

黄拔仁

摘　要：本文从 27.5 kV 电缆故障现象、成因以及电缆维护的痛点和难点入手，探索符合电缆运行规律以及贴近现场的运维修试方案，从日常检查、检测监测、周期性预防试验 3 个方面提出运维修试管理方案、试验方法，做到及时发现电缆故障前兆，防止故障事故发生，确保电缆供电线路安全可靠。

1　引言

随着高压电缆技术的成熟，高压电缆在电力系统输配电领域的运用已非常普及，在铁路牵引供电系统中 27.5 kV 电缆常用于牵引变电所主变低压侧以及馈线主导电回路。特别是时速 350 km 高速铁路，作为推荐使用写入高铁设计规范，电缆+GIS 的运用越来越广泛，这对 27.5 kV 电缆维修修试管理提出更高的要求。然而电缆的运行安全除了与电缆本身的生产质量有关，还与电缆施工安装、电缆头的制作工艺、运行的维护有很大的关系。因此，研究科学有效的 27.5 kV 电缆运维方案、降低电缆故障，是非常必要的。

2　电缆故障及原因分析

2.1　常见电缆故障

（1）电缆终端头击穿（图 1）

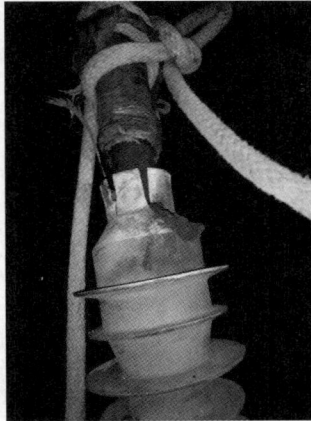

图 1　电缆终端头击穿现场图片

（2）电缆中间击穿（图 2）

图 2　电缆中间头击穿现场图片

（3）电缆本体击穿（图3）

图3　电缆本体击穿现场图片

27.5 kV单芯电缆故障主要由电缆终端头击穿、电缆中间头击穿以及电缆本体击穿3种形式呈现。

2.2　电缆故障原因分析（图4）

27.5 kV高压电缆的使用寿命在20年以上，按照高铁开通运行的时间来看，现状还远未至电缆大修周期，所有的故障基本可以排斥绝缘自然老化的原因。另一方面，目前高铁全并联AT供电方式下，只要电源进线电压、主变挡位设置合适，主变27.5 kV侧电压可保持稳定，所以也可以排除运动电压过高是导致电缆故障的原因。

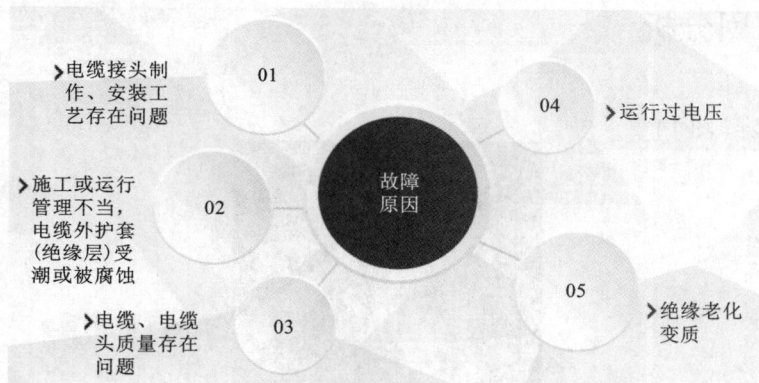

图4　电缆故障原因

根据现场运行经验总结以及资料，27.5 kV高压电缆故障有80%的原因是电缆头（终端头、中间头）制作、安装工艺不达标。另一部分原因是电缆本身以及电缆头质量，电缆展放施工以及后期运行管理不当，电缆外护套（绝缘层）受潮或被腐蚀，缺陷逐步演变至电缆主绝缘击穿。

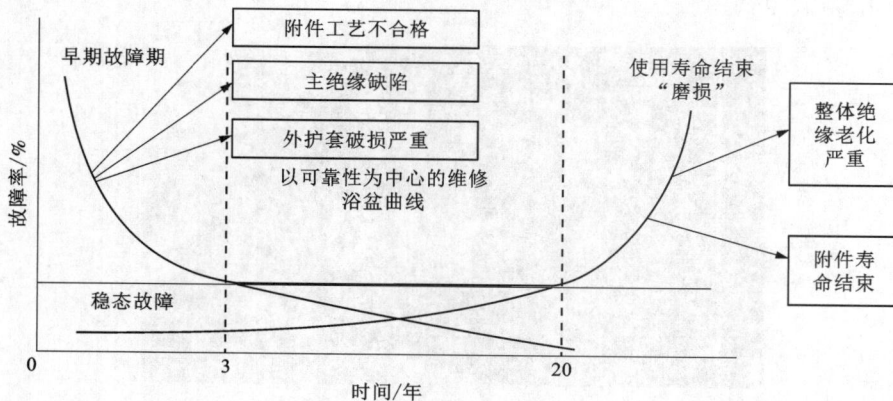

图5　电缆寿命过程浴盆曲线

3　电缆运维管理方案

根据《高速铁路牵引变电所运行检修规则》（铁总运〔2015〕50号），牵引变电所的运行、检修应贯彻"预防为主、严检慎修"的方针，实现"实施监测、科学诊断、精细维修、寿命管理"的目标，制定27.5 kV高压电缆运维管理的方案。

3.1　检规关于电缆试验的要求

（1）电缆绝缘电阻测试

①投运前；

②新做终端头或接头后；

③必要时。

（2）金属屏蔽层电阻和导体电阻比

①投运前；

②重做终端头或接头后；

③内衬层破损进水后或电缆发生短路接地故障后；

④必要时。

（3）电缆主绝缘交流耐压试验

①投运前；

②新做终端头或接头后；

③必要时。

从上述规定看，电缆试验主要是在投运前、新做终端头或接头后、必要时。投运前、新做终端头或接头后的试验项目要求严格按检修规则执行。然而必要时必须综合考虑电缆的日常检查、在线监测数据、运行环境特征以及运行经验，制定符合现场需求的方案。

3.2　27.5 kV高压电缆运维方案

27.5 kV高压电缆运维方案从外观检查、在线监测（温度、环流）、预防性试验3个方面来制定。

3.2.1　电缆外观检查

（1）电缆外乎套龟裂的危害

一是龟裂使得潮气、水汽侵入，慢慢发展至绝缘层，形成水树、电树，逐步发展引发电缆故障；二是龟裂使得铠装、铜屏蔽层多点接地，形成环路，在感应电场作用下，形成环流，环流发热烧伤电缆，进而引发主绝缘击穿。

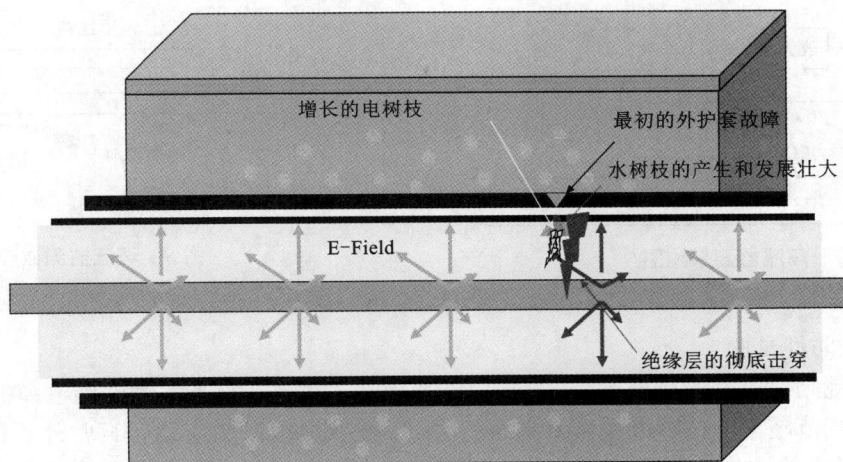

图6　电缆外护套故障发展过程

（2）电缆外观检查存在的问题

电缆外观检查是电缆运维的一项基本内容要求，通过外观检查可以发现电缆头、电缆外护套龟裂以及

417

电缆头轻微放电等现象，及时发现隐患。高速铁路牵引变电所运行检修规则将电缆夹层巡视纳入一般巡视项目，每天至少巡视 1 次。而电缆巡视还存在盲区，如主变低压侧至高压室电缆间的电缆沟未设置巡视通道、电缆室内电缆摆放不整齐规范等，造成巡视死角。

（3）电缆外观检查的改进方案

一是目前国铁集团正大力推进牵引变电所无人值守改造，电缆沟、电缆夹层应纳入视频监控范围，使用固定摄像头或巡视机器人等方式代替人工日常巡视；二是结合牵引变电所无人值守改造实施电缆沟泡水监测，实时掌握电缆沟状态，及时排干存水；三是使用电缆环流监测、电缆温度监测等在线监测系统加强电缆运行监测。

3.2.2　电缆检测、监测

（1）目前电缆检测、监测存在的问题

目前电缆检测、监测主要有电缆头人工红外热像测温以及局部放电测试、电缆头温度在线监测，以上手段一定程度上能解决电缆头运行温度过高、放电的问题，但也存在较大的局限性。首先，无法监测电缆全部本体；其次，电缆头温度在线监测系统存在监测精度较低、易受外部环境影响、故障率高等问题；最后，除了电缆头温度在线监测外，人工监测缺乏实时性，不能根据电流变化监测温度，无法准确评估状态。

（2）电缆检测、监测的改进方案

一是改造电缆头温度在线监测系统，引入分布式光纤感温探测全路径电缆监测系统，原理是利用激光在光纤中传输时产生的自发拉曼（Raman）散射原理和光时域反射（OTDR）技术来获取空间温度分布信息。当在光纤中注入一定能量和宽度的激光脉冲时，它在光纤中向前传输的同时不断产生后向拉曼散射光，这些后向拉曼散射光的强度受所在光纤散射点的温度影响而有所改变，散射回来的后向拉曼光经过光学滤波、光电转换、放大、模-数转换后，送入信号处理器，便可将温度信息实时计算出来，同时根据光纤中光的传输速度和后向光回波的时间对温度信息定位。二是增加电缆环流监测。牵引变馈电电缆多采用一端直接接地，一端保护接地方式，护层正常时，仅存在容性电流，当护套外皮破损造成多点接地时，线路护层电流会显著增大，电缆环流监测系统发出警告。

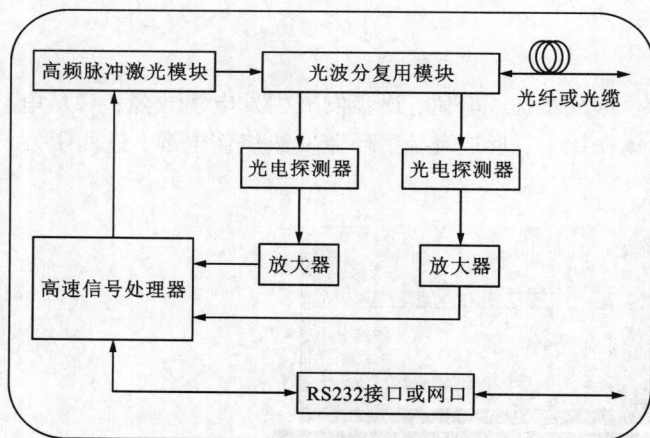

图 7　环流监测系统图

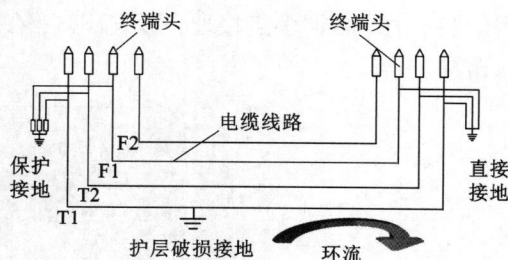

图 8　环流监测原理

3.2.3　电缆预防性试验

虽然运行检修规则要求电缆在投运前、新做终端头或接头后进行试验，考虑到电缆的重要性以及早期开通的高铁对电缆规范施工卡控和电缆质量方面的因素，建议电缆试验应结合日常外观检查、检测监测数据、固定周期性试验制定方案。同时由于高速铁路牵引变电所的母线、馈电线多采用多根单相电缆并联方式运行，其中一端以插拔头的方式接入 GIS 柜，这会给电缆的试验带来许多不便。为解决现场实际困难，综合考虑提出以下试验方案。

首先，当日常巡视（电缆外护套开裂等）、检测监测发现（温度、环流异常，局放异常等）异常时，应进一步对外护套、内衬、主芯进行绝缘测试，并甩开电缆进行单芯耐压试验。其次，周期对外护套、内衬、整组主芯进行绝缘测试(即仅甩开杆塔端电缆头,GIS 柜端保持接入,对所有并联电缆以及 GIS 导通母排进行整体试验),如试验数据有异常,再取下 GIS 端电缆进行单芯绝缘测试,以排查出问题电缆。如须进行耐压试验,须取下电缆两端头后单芯进行试验。

电缆试验的原则遵循:外护套绝缘电阻测量→内衬层的绝缘电阻测量→电缆修复或更换→外护套绝缘电阻测量→内衬层的绝缘电阻测量→主芯绝缘电阻测量→工频耐压试验。

(1)外护套绝缘电阻测量

①测量目的:电缆在敷设过程中或在运行中,受直接外力、自然力的作用会引起外护套破损进水,或受地下水长期浸泡吸水受潮,从而导致铠装层腐蚀损坏,造成护套绝缘电阻降低。测量电缆外护套绝缘电阻的目的是检测电缆在敷设后或运行中外护套是否损伤或受潮。

②试验方法:采用 500 V 兆欧表或数显绝缘电阻测试仪,被测电缆线芯两端悬空(如多跟电缆并联使用,可先采取整组测量),拆除铜屏蔽、钢铠的接地点并悬空保持安全距离。

③周期:3 年 1 次(枢纽地区可缩短为 1 年 1 次)。

④标准:每千米绝缘电阻值不应低于 0.5 MΩ($>$ 0.5 MΩ/km)。

外护套绝缘电阻测量完后须将实测绝缘电阻值换算为每千米长度的数值,换算公式如下:

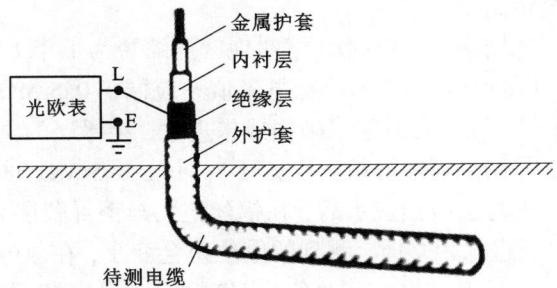

图 9　试验接线

$$R_0 = R_L/L$$

式中:R_0——电缆单位绝缘电阻,MΩ/km;

　　　R_L——电缆长度为 L 时的绝缘电阻,MΩ(实测值);

　　　L——电缆长度,km。

⑤结果判断分析:当实测 R_0 小于 0.5 MΩ 时,还应该用万用表进一步判断外护套是否进水,这种方法的依据是根据不同金属在电解质溶液中能够形成原电池,铠装用铝丝在电解质溶液中的电极电位为 −1.33 V。方法如下图:

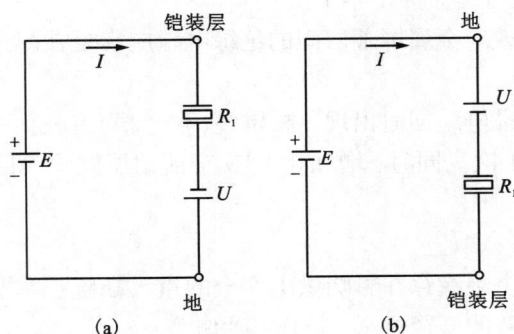

图 10　连接方法

在图 10(a)中,万用表显示的绝缘电阻值 R 和 I 为:

$$R = \frac{E}{I} = \frac{ER_1}{E+U}$$

$$I = \frac{E+U}{R_1}$$

如无进水,则无原电池形成,$U \approx 0$,此时 R 为:

$$R = \frac{E}{I} = \frac{ER_1}{E} = R_1$$

在图 10(b)中,万用表显示的绝缘电阻值 R 为:

$$R = \frac{E}{I} = \frac{ER_1}{E-U}$$

当判定电缆外护套破损进水后须对内衬层的绝缘电阻进行测量，结合内衬层绝缘电阻的测量数据进行综合分析与判断。

（2）内衬层绝缘电阻测量

①测量目的：内衬层是位于铠装层和铜屏蔽层之间的绝缘层，起铠装层衬垫和铜屏蔽层防蚀作用，测量目的是当外护套破损时，防止水分或潮气向电缆内部蔓延，保证电缆内部的完整性。

②试验方法：采用 500 V 兆欧表或数显绝缘电阻测试仪（试验接线参照外护套绝缘电阻测量接线），被测电缆线芯两端悬空（如多跟电缆并联使用，可先采取整组测量），拆除铜屏蔽、钢铠的接地点并悬空保持安全距离。

③周期：3 年 1 次（枢纽地区可缩短为 1 年 1 次）。

④标准：每千米绝缘电阻值不应低于 0.5 MΩ（>0.5 MΩ/km）。当内衬层每千米绝缘电阻值不低于 0.5 MΩ 时，说明内衬层未破损或未进水，绝缘层的电气性能。

⑤结果判断分析：若实测 R_0 小于 0.5 MΩ 时，还应采用上述的原电池原理进一步判断内衬层是否进水。内衬层破损进水后，在铝丝铠装与铜屏蔽层之间形成原电池，产生 0.334−(−1.33)≈1.66 V 的电位差，当进水很多时，测到的电位差会变小，在原电池中铜为"正"极，铝丝铠装为"负"极。

用万用表的"正""负"表笔轮换测量铠装层对铜屏蔽层的绝缘电阻。当两次测量的电阻值相差较大时，表面已形成原电池，说明内衬层已破损进水，这时再对电缆主绝缘进行绝缘电阻测量。

若测量内衬层的绝缘电阻合格，须对成品电缆外护套进行修复，修复后重新对电缆外护套绝缘电阻进行测量。

（3）电缆主绝缘电阻测试

①测量目的：绝缘电阻能灵敏地反映电缆主绝缘存在受潮、老化的情况。

②试验方法：采用 5000 V 兆欧表或数显绝缘电阻测试仪（试验接线参照外护套绝缘电阻测量接线），被测电缆线芯两端悬空（如多跟电缆并联使用，可先采取整组测量），拆除其中一端铜屏蔽、钢铠的接地点并悬空保持安全距离。

③周期：3 年 1 次（枢纽地区可缩短为 1 年 1 次）。

④标准：测量电缆导体对地或对金属屏蔽层间的绝缘电阻应满足在耐压试验前后无明显变化；绝缘电阻测量值一般大于 1000 MΩ。

⑤结果判断分析：当测量同批电缆同时出现 3 根电缆（含 3 根）有任何一项或同一根电缆出现 2 项不合格时，缩短试验周期，改为 1 年 1 次。同时，增加 0.1 Hz 交流耐压试验项目，该试验可发现电缆重大缺陷，直接暴露电缆隐患。

（4）0.1 Hz 交流耐压试验

①测量目的：暴露电缆中的主绝缘存在影响供电安全的重大缺陷；暴露电缆施工时留下的缺陷，主要缺陷有电缆头制作工艺不合格、弯曲半径过小、拉伤、砸伤等。

②试验方法：拆除电缆两端终端头与设备连接，铜屏蔽、钢铠与护层保护器间用短接线短接接地，试验前用酒精纸擦拭电缆两端终端头。运行中电缆应施加 2.5 U_0（15 min）或 2U_0（60 min）。

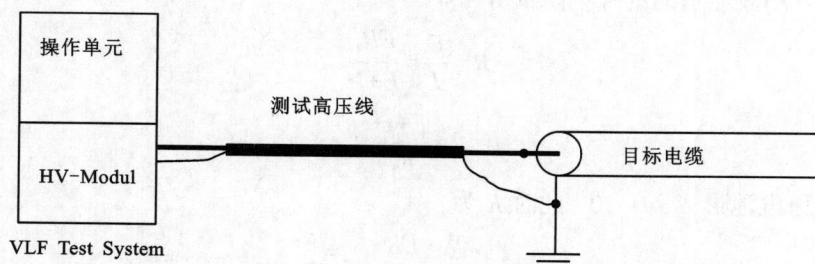

图 10　耐压试验接线图

③周期：不做硬性规定，根据绝缘测试结果等确定。

④标准及结果分析见表1。

表1　标准及结果分析

标准	结果分析	备注
1. 电缆主绝缘大于 400 M/km； 2. 通过 0.1 Hz 余弦方波做 $2U_。$、60 min 耐压试验且电缆没有发生击穿现象； 3. 仪器显示泄漏电流值 5 min 时及不大于 1 min 时； 4. 仪器显示泄漏电流值小于 0.1 mA	正常状态	项目全部符合要求时，评价为此状态
1. 电缆主绝缘大于 400 M/km； 2. 通过 0.1 Hz 余弦方波做 $2U_。$、60 min 耐压试验且电缆没有发生击穿现象； 3. 仪器显示泄漏电流值 5 min 时及不大于 1 min 时； 4. 此次泄漏电流值与上次试验对比泄漏电流值对比不大于 3 倍； 5. 仪器显示泄漏电流值大于 0.1 mA 小于 1 mA	注意状态	项目全部符合要求时，评价为此状态
1. 电缆主绝缘大于 400 M/km； 2. 通过 0.1 Hz 余弦方波做 $2U_。$、60 min 耐压试验且电缆没有发生击穿现象； 3. 仪器显示泄漏电流值 5 min 时及不大于 1 min 时； 4. 此次泄漏电流值与上次试验对比泄漏电流值对比不大于 3 倍； 5. 仪器显示泄漏电流值大于 1 mA 小于 2 mA	异常状态	项目全部符合要求时，评价为此状态
1. 电缆主绝缘小于 400 M/km； 2. 通过 0.1 Hz 余弦方波做 $2U_。$、60 min 耐压试验且电缆发生击穿现象； 3. 仪器显示泄漏电流值 5 min 时及大于 1 min 时； 4. 此次泄漏电流值与上次试验对比泄漏电流值对比大于 3 倍； 5. 仪器显示泄漏电流值大于 2 mA	严重状态	项目有任何一项符合要求时，评价为此状态

注意：须准备好电缆主绝缘故障应急措施，耐压试验有较大的可能发生电缆击穿现象。试验结果评价为"严重状态"时应停用问题电缆，结果评价为"异常状态"应尽快更换问题电缆或重新做头，结果评价为"注意状态"应加密检测周期，尽快处置。

4　结束语

本文总结了当前技术条件下，27.5 kV 高压电缆运维修试方案、试验方法和试验数据分析判断方法，为已投运的 27.5 kV 高压电缆的安全可靠运行提供了参考方案。

参考文献

[1] 赵莉华，杨兰，李巍巍，等.交联聚乙烯热老化与绝缘性能的关联关系[J].中国电力，2020，53(9)：118-124.
[2] 崔艳龙，邓洪，郭琦沛.基于分布式光纤的电气化铁路 27.5 kV 智能电缆研究[J].电气化铁道，2020，31(4)：6-9.
[3] 中国铁路总公司供电部，高速铁路牵引变电所运行检修规则：TG/GD 122—2015[S].北京：中国铁道出版社，2015.

作者简介

黄拔仁，中国铁路南宁局集团有限公司南宁供电段。

牵引供电广域保护测控系统组网与通信研究

李明璟　黄拔仁　何洪赟　柳　斌　李　享

1　引言

目前，铁路变电所自动化系统仍处于综自阶段，其本身采用的通信技术五花八门，如以太网、lonworks、CAN、profibus 等导致不同厂家的产品不能直接互联。通信规约定义数据信息少，传统 103 规约主要定义了"四遥"信息，不满足微机保护对信息传输的要求(如定值整定、详细故障信息、事件报告、历史数据召唤等)，为此各个厂家因为功能实现的需要对规约进行了扩展，不同厂家规约扩展方式的不同造成了装置互连、互换、互操作需要进行规约转换，增加了设备和调试环节。这都给系统的扩展与升级带来了困难，给用户的使用和维护带来不利影响，且不易实现以供电臂、供电系统为单元的系统功能，同时也给供电系统的可靠性带来安全隐患。以数字化变电站为基石，广域信息技术和智能技术不断发展，为提高传统保护的性能提供了新方法。因此，在牵引供电系统的变电所及其供电臂内，如何构建信息通道，布置网络架构方案，实现基于网络的保护和故障快速识别与隔离，也是牵引供电系统安全可靠的重要保障，是牵引供电系统发展的重要内容之一。

2　牵引供电广域保护网络通信

变电站自动化系统从分立元件、集成电路、微机应用逐步发展到综合自动化系统，随着计算机技术、通信技术的发展，变电站自动化系统从 20 世纪初进入了快速发展的时期。随着 IEC61850 标准的出现，基于常规综合自动化系统存在的问题得到了解决，同时适应了一次设备的智能化发展趋势，牵引变电所向着数字化和智能化发展。数字化变电站是由智能化的一次设备和网络化二次设备分层构建，并遵循 IEC61850 标准实现了变电站内各种信息采集、传输、处理、共享全程数字化的现代化变电站，与传统变电站相比，最大的变化是通过"采样数字化、跳闸命令化"来解决二次电缆问题、数据共享问题。传统综自系统和数字化变电站的对比如图 1 所示。

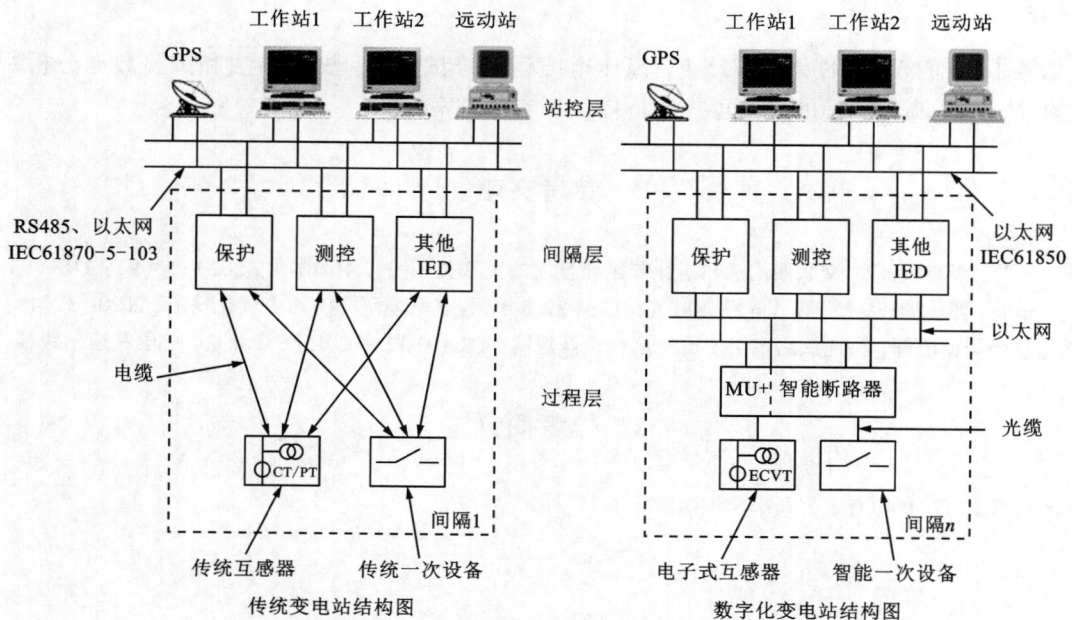

图 1　传统综自系统和数字化变电站对比图

既有牵引综合自动化系统主要存在如下问题。

（1）既有系统主要有以太网、lonworks、CAN、profibus 等通信技术，不同厂家的产品不能直接进行互联，用户需要掌握各种通信技术，对人员的培训、设备的使用维护都带来不利影响。

（2）传统 103 通信规约定义数据信息少，传统主要定义了"四遥"信息，不满足微机保护对信息传输的要求（如定值整定、详细故障信息、事件报告、历史数据召唤等）。厂家对规约进行了扩展，互联、互换、互操作困难。

（3）通信技术和通信规约的限制造成了系统扩展和升级的困难，同时也给用户的使用和维护带来很多负面的影响。

（4）现有的二次系统不能适应一次设备的发展，一次设备和二次设备之间通过电缆连接完成数据采集和控制等功能，所内电缆繁多，设计、施工工作量大，调试复杂，数据传输易受强电磁环境干扰。随着新型互感器、智能开关的应用，过程层数字化打破了一次、二次设备的传统界限，一次、二次设备之间通过光纤通信进行数据、命令传输，节约了电缆，简化了设计、施工、调试，传统的保护测控装置需要适应过程层的数字化。

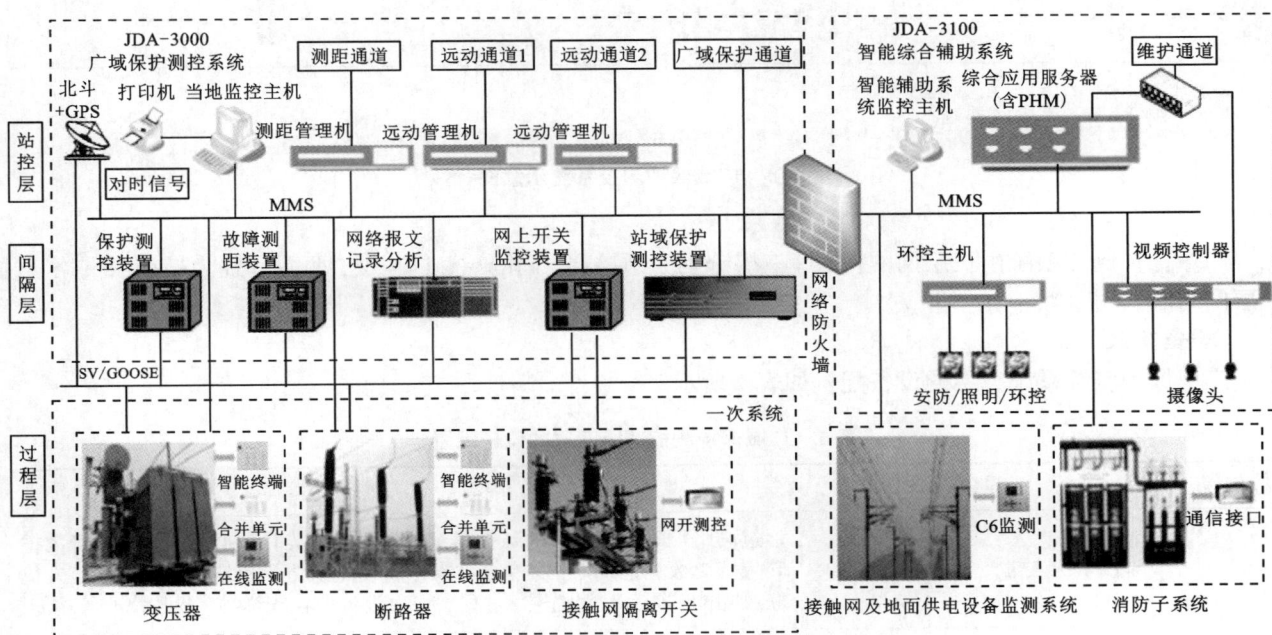

图 2　数字化牵引变电所构成示意图

解决既有自动化系统的问题就是采用 IEC61850 和数字化变电站技术，通过数字化的组网方案，来解决由常规电缆传输电量信息所难以调整和解决的问题。数字化牵引变电所由智能化一次系统、智能辅助系统和广域保护测控系统构成，如图 2 所示。智能化一次系统通过智能终端和合并单元将开关控制信号、位置状态信号、电压电流信号及在线监测信号在一次设备就地转换为数字信号，并实现与广域保护测控系统的光纤通信。智能辅助系统是以机器视觉（智能图像识别）为核心，由集成视频、安防、环控、照明等变电所辅助系统构成。广域保护测控系统作为新一代的牵引变电所综自系统，通过其不同于传统系统的组网和信息传输方案，能够实现所内和所间设备的高速通信、信息共享和互操作。广域保护测控系统按就地、站域、广域层次化设计，独有的供电臂保护、母线保护、快速后备保护、重组自愈等极大地提升了保护控制的功能和性能。

3　广域保护测控系统组网方案

智能牵引供电系统广域保护测控系统，由牵引变电所、开闭所、分区所、AT 所广域保护测控系统和所间的广域通信网络构成，如图 3 所示。

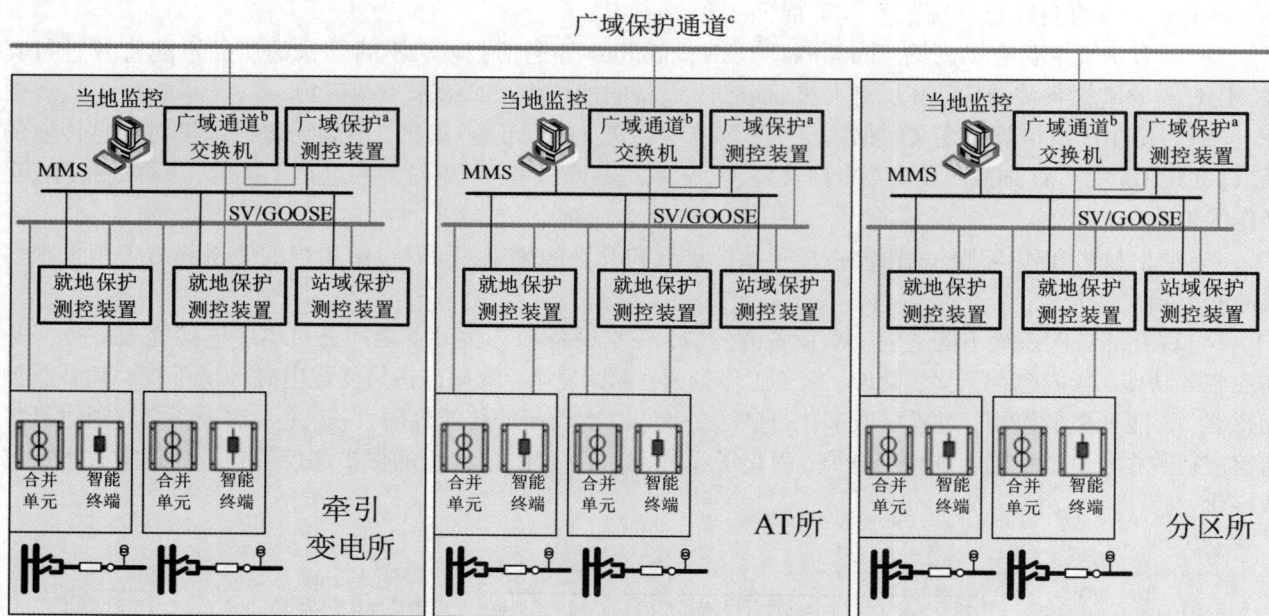

注：a—广域保护测控装置可与站域保护测控装置合并设置；
　　b—广域通道交换机应与广域保护通道相匹配；
　　c—广域保护通道可冗余设置，广域保护装置和就地保护测控装置分别接入冗余通道。

图 3　广域保护测控系统示意图

广域保护测控系统由三层两网构成，三层分别为站控层、间隔层、过程层，两网分别为站控层网络、过程层网络。

3.1　设备构成

广域保护测控系统三层的设备配置如表 1 所示。

表 1　广域保护测控系统三层的设备配置

层级	设备	功能
站控层	监控系统主机	通过网络汇集全站的实时数据信息，不断刷新实时数据库，并定时将数据转入历史数据记录库；具有全站操作闭锁控制功能和站内当地监控、人机联系功能；具有对间隔层、过程层二次设备的在线维护、参数修改等功能
	远动通信管理机	按需要将有关实时数据信息送往调度所；接受调度所的控制调节命令并下发到间隔层、过程层执行
	时间同步装置	接收无线或有线授时信号，为全所设备提供统一的时间同步信号
	网络报文记录分析主机	对全所各种网络报文进行实时监视、捕捉、分析、存储和统计，对网络通信状态在线监测和状态评估
间隔层	保护测控装置等	各个间隔过程层实时数据信息的汇总；完成各种保护、自动控制、逻辑控制功能的运算、判别、发令；完成各个间隔及全站操作联闭锁；执行数据的承上启下通信传输功能，同时完成与过程层及站控层的网络通信功能
过程层	智能一次设备、合并单元、智能终端	完成实时运行电气量的采集、设备运行状态的监测、控制命令的执行等

3.2　组网方案

广域保护测控系统对广域网络、站控层网络、过程层网络提出了不同的组网需求。其中站控层、过程层独立组网，过程层网络 GOOSE 和 SV 共网传输。广域保护测控系统设计遵循分散、分层、分布式思想。间隔层 IED 设备组成自愈式环网，在供电范围内的智能牵引变电所、分区所、自耦变压器所、开闭所等通过广域保护通道实现信息共享，完成以供电臂为单元的广域保护测控功能；广域保护测控系统典型组网方案如图 4 所示。

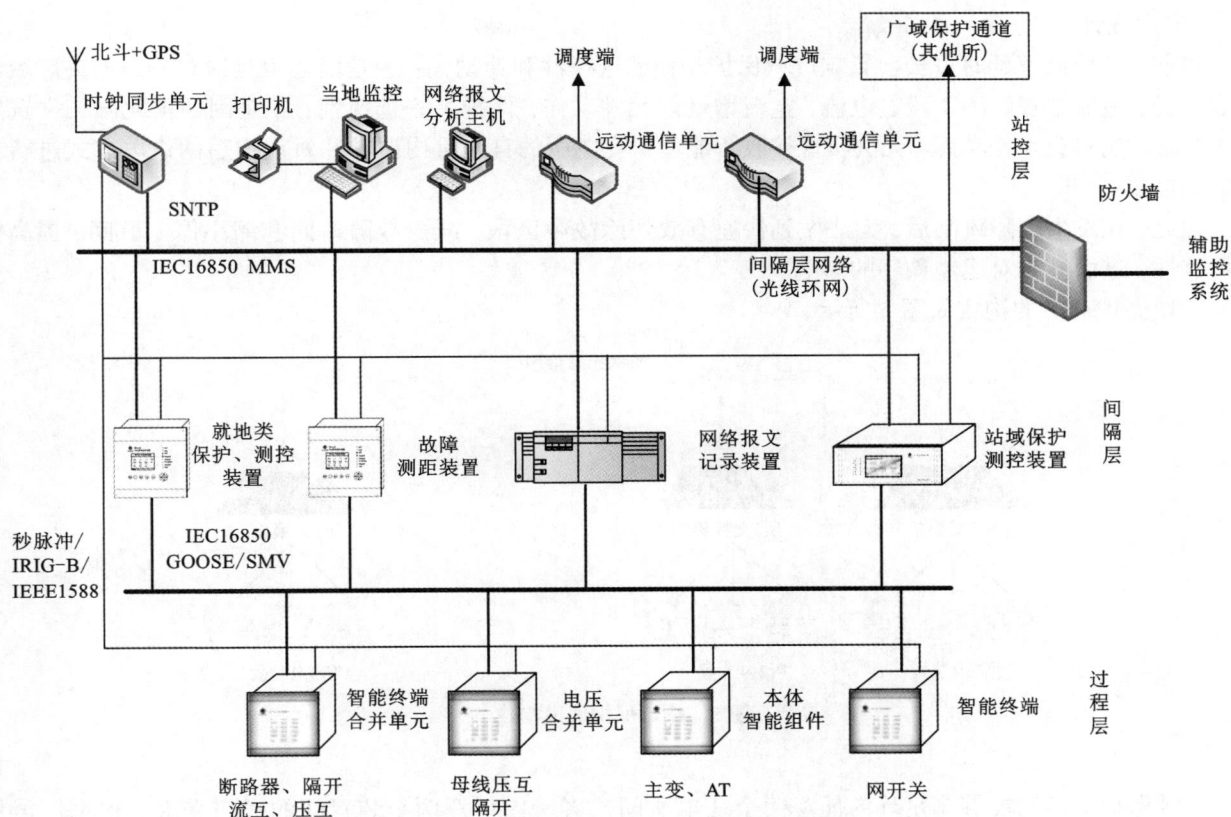

图4　广域保护测控系统典型组网方案

（1）过程层网络

过程层网络是一次设备合并智能单元与保护测控装置、网络记录分析装置、站域保护测控装置连接的网络。按照国网数字化变电站和铁路数字化的应用实践，采用保护直采直跳，其他功能采用网络的方式，同时为减少光缆数量，SV 和 GOOSE 共网传输。即就地保护装置通过光缆直接和合并智能单元连接，站域保护测控装置、网分采用星型网络连接方式，均采用光纤连接。

（2）间隔层网络

间隔层网络连接合并智能单元、就地保护测控装置、站域装置、远动通信单元、监控后台等。控制室内保护测控装置、室外智能柜内装置、27.5 kV 高压室内保护测控装置及合并智能单元均分别采用环网方式连接，解环后与其他站控层设备采用星型网络连接。

（3）广域网络

广域保护要求通信延时小于 10 ms，为保证通信的实时性，所亭间采用光纤直连、交换机组网的模式。广域保护通信通道应冗余配置，满足正常供电、越区供电等各种运行方式下最大供电区间内的全部所亭，构成以太共享通道环网，通过传输专线或所亭间光纤直联，通道带宽不应低于 2 Mbps。按继电保护动作特性要求，任何组网方式下各所亭间传输的保护通信报文延时应当控制在一个范围内。广域通道作为所间供电臂保护的专用通道，由于供电臂保护的动作时间为 20 ms，为了保护动作的可靠性，各所通道延时要求小于 10 ms 才能实现供电臂保护动作时区分上下行，从而实现选择性跳闸。

4　牵引供电广域保护网络通信分析研究

广域保护测控系统可充分发挥所内和所间信息共享的优势，具备分层闭锁和自愈重构功能，能够减少停电时间和停电区间，提高供电可靠性。

有必要对广域保护测控系统、组网方案进行测试，分析组网方案环境下的通道延时数据，以此确定广域保护测控系统正常运行技术条件。

4.1 方案设计

目前,广域通道延时过长会影响广域保护动作的选择性和速动性:一是因通道延时过长,相关广域保护启动慢,造成常规距离Ⅰ段过电流、电流增量等元件动作,保护失去选择性;二是因保护跳闸失去选择性,进而影响自愈重构功能,无法实现接收智能牵引变电所的自愈重构请求并对重构后的供电方式进行预览的功能。

因此,在发生故障跳闸后,无法做到快速有效切除故障区段、减少故障时间和缩小停电区间、提高供电可靠性,进而减少对运输秩序的影响。

广域保护通道的构成如图 5 所示。

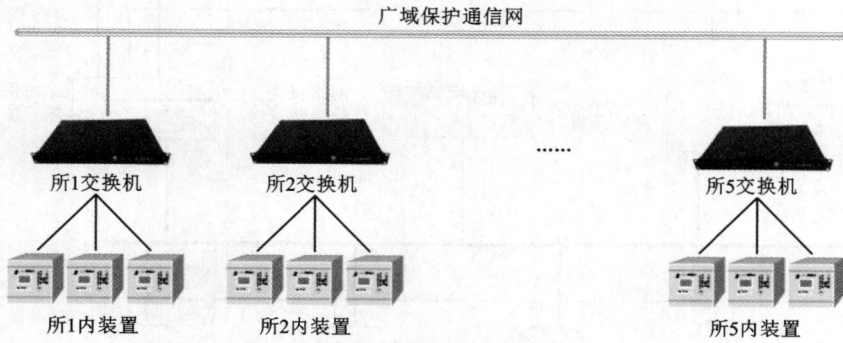

图 5 广域保护通道构成

广域保护通信网能够满足环内任意两个变电所间或者所内任意两个装置间的通信需求。根据广域保护通道构成制定的测试方案如表 2 所示。

表 2 广域保护系统组网通信测试方案

测试项目	测试内容
端到端丢包率测试	测试数据包是否丢失
端到端延时测试	测试各所亭最长端和最短端之间的通信延时
供电臂通道测试	使用馈线保护测控装置具备的供电臂通道测试功能,一键测试通道延时
广域保护测控功能测试	故障的情况下,测试供电臂保护是否启动,以及启动的快慢。并测试在故障跳闸后是否可以完成自愈重构的功能

4.2 试验内容

基于图 5 所示的广域保护通道构成,搭建全臂广域保护系统组网通信测试平台,如图 6 所示,并按照表 2 的测试方案对平台进行组网通信测试。

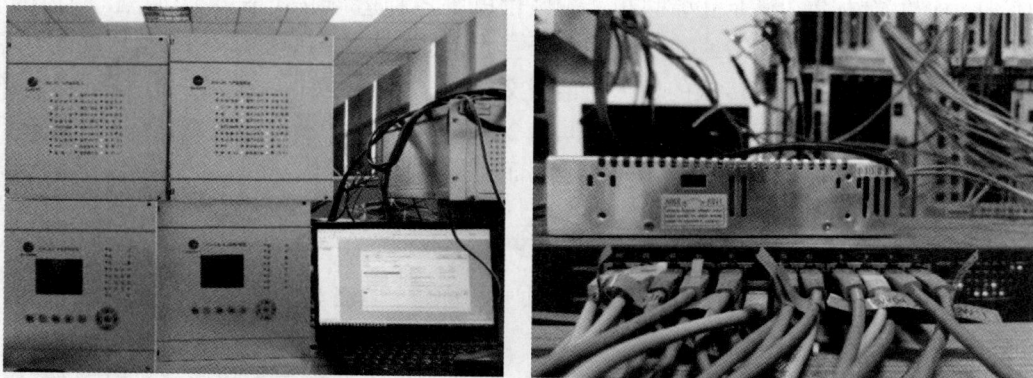

图 6 广域保护系统组网通信测试平台

4.2.1　端到端测试

测试采用报文收发的形式进行。其中端对端测试采用单向测试。报文长度采用 128 字节和 256 字节两种形式，持续时间为 10 s，采用 GPS 卫星同步时间。测试分为通过交换机的光纤传输和去掉交换机的光纤传输两种方式，研究交换机对广域保护网络通信延迟的影响。

表 3　最短端对端时延测试　　单位：ms

单向时延		传输通道时延		含交换机传输通道时延		
测试区间		128 字节	256 字节		128 字节	256 字节
所 1-所 2	A-B max	2.62	2.76	A-B max	2.88	2.91
	A-B min	2.45	2.59	A-B min	2.46	2.63
	B-A max	2.60	2.73	B-A max	2.76	2.80
	B-A min	2.45	2.58	B-A min	2.46	2.65
是否丢包		否		否		

表 4　最长端对端时延测试　　单位：ms

单向时延		传输通道时延		含交换机传输通道时延		
测试区间		128 字节	256 字节		128 字节	256 字节
所 1-所 2-所 3-所 4-所 5	A-B max	8.54	8.80	A-B max	8.77	8.92
	A-B min	7.12	8.14	A-B min	7.17	8.19
	B-A max	8.62	8.69	B-A max	8.66	8.75
	B-A min	7.06	7.92	B-A min	7.12	7.98
是否丢包		否		否		

由表 3 和表 4 可知，无论是在最短端还是最长端，广域保护通信延时均小于 10 ms，因此在不考虑越区供电的情况下，通道条件基本满足广域保护通信延迟需求。考虑到通信报文在传输过程中延迟时间与当时的网络流量有关，存在抖动的情况，以及断路器切断电流时间、电流速断/阻抗 I 段等保护元件返回时间存在不确定性，供电臂保护元件在当前通信延迟条件下存在一定的失效风险，但常规保护元件可以正常动作，不受影响。

4.2.2　广域保护功能测试

根据馈线保护测控装置具备的供电臂通道测试功能，测试供电臂保护中的各所间通道延时，均满足 10 ms 延迟要求，如图 7 所示。

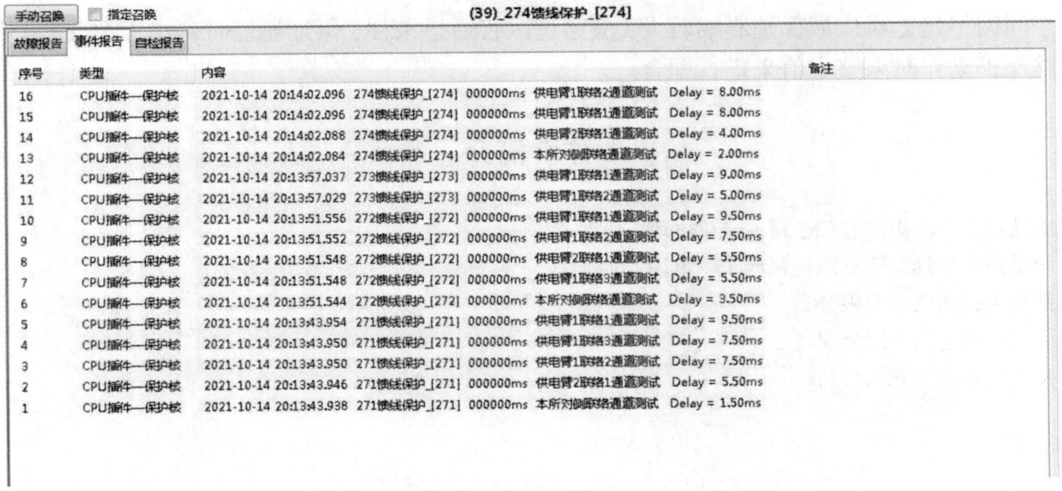
手动召唤　指定召唤　(39)_274馈线保护_[274]

故障报告　事件报告　自检报告

序号	类型	内容	备注
16	CPU插件—保护核	2021-10-14 20:14:02.096 274馈线保护_[274] 000000ms 供电臂1联络2通道测试 Delay = 8.00ms	
15	CPU插件—保护核	2021-10-14 20:14:02.096 274馈线保护_[274] 000000ms 供电臂1联络1通道测试 Delay = 8.00ms	
14	CPU插件—保护核	2021-10-14 20:14:02.088 274馈线保护_[274] 000000ms 供电臂2联络1通道测试 Delay = 4.00ms	
13	CPU插件—保护核	2021-10-14 20:14:02.084 274馈线保护_[274] 000000ms 本所对侧联络通道测试 Delay = 2.00ms	
12	CPU插件—保护核	2021-10-14 20:13:57.037 273馈线保护_[273] 000000ms 供电臂1联络1通道测试 Delay = 9.00ms	
11	CPU插件—保护核	2021-10-14 20:13:57.029 273馈线保护_[273] 000000ms 供电臂1联络2通道测试 Delay = 5.00ms	
10	CPU插件—保护核	2021-10-14 20:13:51.556 272馈线保护_[272] 000000ms 供电臂1联络1通道测试 Delay = 9.50ms	
9	CPU插件—保护核	2021-10-14 20:13:51.552 272馈线保护_[272] 000000ms 供电臂1联络2通道测试 Delay = 7.50ms	
8	CPU插件—保护核	2021-10-14 20:13:51.548 272馈线保护_[272] 000000ms 供电臂2联络1通道测试 Delay = 5.50ms	
7	CPU插件—保护核	2021-10-14 20:13:51.548 272馈线保护_[272] 000000ms 供电臂1联络3通道测试 Delay = 5.50ms	
6	CPU插件—保护核	2021-10-14 20:13:51.544 272馈线保护_[272] 000000ms 本所对侧联络通道测试 Delay = 3.50ms	
5	CPU插件—保护核	2021-10-14 20:13:43.954 271馈线保护_[271] 000000ms 供电臂1联络1通道测试 Delay = 9.50ms	
4	CPU插件—保护核	2021-10-14 20:13:43.950 271馈线保护_[271] 000000ms 供电臂1联络3通道测试 Delay = 7.50ms	
3	CPU插件—保护核	2021-10-14 20:13:43.950 271馈线保护_[271] 000000ms 供电臂1联络2通道测试 Delay = 7.50ms	
2	CPU插件—保护核	2021-10-14 20:13:43.946 271馈线保护_[271] 000000ms 供电臂2联络1通道测试 Delay = 5.50ms	
1	CPU插件—保护核	2021-10-14 20:13:43.938 271馈线保护_[271] 000000ms 本所对侧联络通道测试 Delay = 1.50ms	

图 7　供电臂通道延迟测试

基于广域保护通道的广域保护测控系统,在广域保护通道满足系统要求后,应对广域保护测控系统相关功能进行验证。模拟下行供电臂 AT 所往分区所方向上的短路故障,下行供电臂能够在传统保护出口前准确切除,未发生故障的上行供电臂正常供电。广域测控系统功能项目及验证情况见表5。

表 5　广域保护功能验证分析

序号	试验内容	时间	试验状态
1	广域保护(下行供电臂保护)	启动	√
2	就地保护(过流,速断)	启动不出口	√
3	变电所供电臂保护出口	20 ms 出口	√
4	AT 所供电臂保护联跳	21 ms 出口	√
5	分区所供电臂保护出口	20 ms 出口	√
6	自愈重构	经调度确认	成功

根据表5可知,基于通信的时效性,广域保护能够准确判别故障类别,有选择性地消除故障。满足自愈重构条件后,实现了自愈后部分区段的供电恢复。

就地保护与广域保护均正常启动,层次化保护的快速判别使自愈重构成功,恢复了部分区段的供电,保证车站等重要场所(区段)供电要求,体现了广域保护通信系统的优势所在。

4.2.3　广域保护选择性跳闸测试

基于广域保护系统组网通信测试平台,修改光纤通道容量配置,使得端对端延时大于 10 ms,基于此延时进行供电臂保护试验发现:多次供电臂保护均没有实现选择性跳闸。临时通过修改保护定值将供电臂保护动作时限由 20 ms 改成 40 ms,其余馈线保护动作时限由 100 ms 改为 120 ms。再做短路试验时,供电臂保护均正确动作。即短路试验发现通信延时不满足小于 10 ms 的要求导致供电臂保护不能实现选择性跳闸后,可以通过修改保护时限进行配合完成供电臂保护功能。

5　结论

本文通过研究智能牵引变电所广域保护测控系统的层次化架构,分析了其组网策略,对比传统牵引变电所继电保护的特点进行了分析,梳理了层次化保护配置的需求和对网络通信的特殊要求。结合通道测试试验验证了智能牵引变电所广域保护的通信延迟要求和供电臂保护功能。并得出以下结论。

①智能牵引供电系统能够完成所间信息共享、层次化保护的协同配合、故障的快速判断。

②广域保护能够准确识别故障类别,有选择性消除故障,传统保护可作为广域保护的后备保护,在广域保护失效时完成可靠的保护出口。

③所亭间网络延迟对广域保护影响较大,应通过改善通道条件,保证通道时延小于 10 ms,无法满足时可通过调整保护动作时限整定值来进行配合。

作者简介

李明璟,中国铁路南宁局集团有限公司南宁供电段。
黄拔仁,中国铁路南宁局集团有限公司南宁供电段。
何洪赟,成都交大运达电气有限公司。
柳斌,成都交大运达电气有限公司。
李享,成都交大运达电气有限公司。

电动机构箱损坏案例分析及原因探究

刘 昱 覃小林 王向阳

摘 要：本文通过对电动机构箱运行维护存在的问题进行深入分析，探讨其中薄弱环节及存在的不足，结合日常检修探究提供机构箱稳定性的方法。

1 引言

牵引供电专业中，电动操作机构箱是一类不可缺少的设备，各类变配电所、分区所均有它的存在，此外接触网电动隔离开关也有电动机构箱，它所处的运行环境复杂，因此对其要求也非常高，除了不允许出现误动、拒动外，其自身可靠性也有较高要求，如限位开关损坏极有可能导致电机无法及时断电，进而引起发热损坏或皮带磨损。

2 案例分析及现存问题

2.1 电动机构箱限位开关损坏导致电机烧损

某变电所电动机构箱因限位开关内部触点粘连无法断开控制回路，在远动操作开关分闸后，刀闸到位后分闸线圈仍处于吸合状态，电机堵转导致发热烧损。电动机构箱分、合闸过程均依靠限位开关切断控制回路，从而实现刀闸到位后自动断开回路，在限位开关出现故障后，电动机构箱就无法及时切断控制回路，目前大部分机构箱均采用直流有刷电机，其结构简单、可靠性高，但堵转及大负荷时极易因线圈发热大而烧损，因此在刀闸转到位后未及时切断控制回路，电机极易发热而烧损。

2.2 接触器损坏导致无法断开电机回路故障

在某变电所馈线送电时，电动隔开在合闸到位后电机仍持续转动，最后导致内部传动皮带严重磨损，经现场仔细检查发现：限位开关功能正常，直流控制电压 110 V 稳定且无波动，但在拆开合闸接触器后发现接触器内部线圈烧坏，且内部塑料支撑架结构已出现熔融情况，进而导致接触器吸合后无法复位。虽然控制回路已按正常程序断开，但合闸接触器不复位导致电机回路一直处于导通中，传动皮带在刀闸转到位后仍承受齿轮的极大力量，从而导致严重磨损。

2.3 存在的问题

以上列出两个电动机构箱典型故障，引出两个问题：限位开关触点为何会粘连？接触器线圈为何会发热烧损？特别对于一些无人值守的处所，一旦出现此类故障，将直接影响开关的使用，不但耗费大量人力去现场处置，还会影响接触网供电的应急抢修等。除此之外还有很多电气回路外的故障也会影响电动机构箱的运行，如机构箱内器件被雨水侵蚀（机构箱设计的密封不足）、传动部件松动等。

3 电动机构箱故障分析

下面对电动机构箱两个主要部件进行分析：接触器、限位开关。

3.1 接触器

接触器主要用于控制电机正、反转，其触点两端分别连接电源端及电机，可导通或断开大电流，一般额定电流可达 9 A，可瞬时承受峰值高达 25 A 电流。在电动隔离开关的控制回路中，接触器线圈与分合闸按钮、转换开关（远动/就地）、限位开关等串联，形成电动隔离开关的控制回路，控制回路内电流一般不超过 1 A。

为探究交流接触器在直流回路中使用的可行性，分别对其在交流、直流供电情况下的发热量进行了试验，并利用红外成像记录温度变化。

图 1 中交流接触器工作在额度电压 AC110 V 时温度稳定在 50℃左右。

图 2 中接触器在直流 110 V 供电时，衔铁可正常吸合，但线圈温度在 30 秒时上升 90℃，在 50 秒时温度高达 150℃，同时线圈出现轻微冒烟，其绝缘层出现轻微熔化迹象。

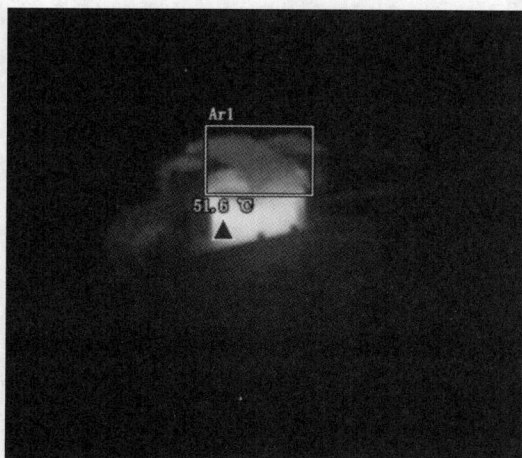

图 1　交流 110 V 供电线圈最高温度

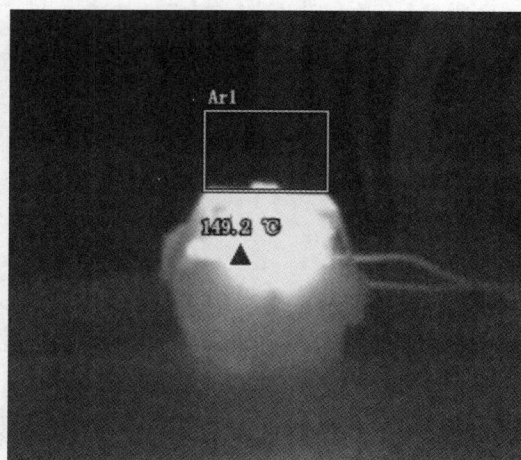

图 2　直流 110 V 供电线圈最高温度

在之前的故障检查时，发现烧损的接触器为交流接触器，额定电压为交流 110 V，50~60 Hz，但其所在的电动隔离开关控制回路中的电源却是直流 110 V，拆开烧损的接触器发现，其内部线圈绝缘层已熔融，且铜丝烧断。分析其烧损原因时，已排除回路电源电压波动因素，接触器线圈回路中其余均为开关器件，并无储能元件，即并非过压导致的烧损。线圈烧融间接导致其结构件变形，故障时产生较大热量，在电压维持不变情况下，接触器线圈电阻变小是其发出大量热量的主要原因，随着温度不断上升，绝缘层逐渐被破坏，线圈电阻进一步降低，最终电流达到峰值后熔断线圈铜丝。以下将对同一交流线圈在交流和直流回路中的发热量进行计算和论证。

在交流电路中，线圈的交流复阻抗 Z 为：

$$Z = R + jX_L \tag{1}$$

其中 $X_L = 2\pi fL$，R 为其电阻值。复阻抗的模为：

$$|Z| = \frac{U}{I} = \sqrt{R^2 + X_L^2} \tag{2}$$

因此交流接触器在交流供电下电流为：

$$I = \frac{U}{\sqrt{R^2 + X_L^2}} = \frac{U}{\sqrt{R^2 + (2\pi fL)^2}} \tag{3}$$

其中接触器线圈电阻值 $R = 120\ \Omega$，电感 $L = 3.4\ H$，交流电压有效值 $U = 110\ V$，最终可计算电流为 $I_1 = 102\ mA$。其产生热量功率为：

$$P_1 = I_1^2 R = 102 \times 102 \times 10^{-6} \times 120 = 1.14\ W \tag{4}$$

在用 110 V 直流回路中，其交流线圈主要是电阻值，因此其在直流回路中总功率为：

$$P_2 = \frac{U^2}{R} = \frac{110 \times 110}{120} = 101\ W \tag{5}$$

其中吸合保持功率约为 10 W，其发热功率高达 90 W，因此交流接触器工作在直流电压下工作时，会在 30 s 左右时升温至 90℃，在约 50 s 时高达 150℃。

接触器分交流接触器和直流接触器，交流接触器线圈阻值一般较直流接触器低很多，如 110 V 交流接触器常见的线圈电阻值为 100~200 Ω，由于线圈在交流下的阻抗特性，其阻抗可到 1000 Ω 以上，所以在通额定交流电时，通过线圈的电流在 100 mA 左右，其产生的热量不大且可长时间通电保持吸合；直流接触器在其额定电压工作时，线圈电阻值即为其实际计算电阻值，因此直流接触器线圈阻值一般较交流接触器线圈阻值大很多，如某品牌 110 V 直流接触器阻值为 3.4 kΩ，直流接触器保持吸合功率为 4 W 左右。

同电压等级下，直流接触器用于交流时常会出现吸合力度不够，无法吸合，而交流接触器用于直流供电，虽可吸合，但会立即出现发热，通电时间一长必然导致烧损。且交流接触器在直流系统中，其线圈断电后，线圈内因自感仍存有能量，若无续流二极管，则线圈的自感电势会击穿线圈绝缘，或损坏与其相关联的其他器件。

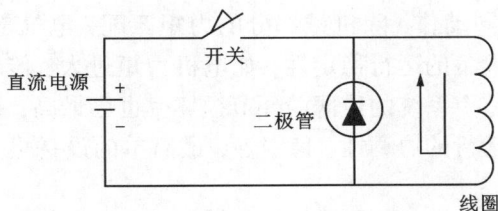

图 3　续流二极管电路

在直流电源供电的系统中使用同电压等级的交流接触器时，短时间导通，设备可以正常使用，但存在两个弊端：一是线圈不可长时间保持吸合，即开关出现卡滞、隔离开关刀头过紧等情况导致电机运动时间延长，线圈发热大加速绝缘层老化，此外设备长时间运行中每次线圈出现的短暂高温均会对绝缘层造成损伤，进而最终导致线圈烧损；二是交流接触器不带续流二极管，在线圈回路切断时，线圈的自感电势会间接损坏与其相连的开关器件等。

3.2　限位开关

直流线路中直流电流的大小和方向是不随着时间而变化的，故分断时产生的电弧更大，相同电压等级的直流开关在用于交流电时候的灭弧能力是足够的，但相同电压等级的交流开关在断开直流电路时灭弧能力显然不足，由于两者开关触点承受力要求不同，设计要求也存在很大区别。

电动机构箱中限位开关控制着接触器回路的断开，限位开关出现粘连情况，一般有两种原因：一是控制回路通过的电流超过限位开关允许的额定电流，导致触点烧损粘连或触点塑料支撑件因发热产生形变；二是限位开关断开时出现电弧灼伤触点，断开电流超过其所能承受的最大电流。前者产生的可能原因是控制电源出现过压波动、接触器线圈损坏导致电流增大，后者则可能是接触器阻值选用过小（限位开关断开电流不满足要求）、直流供电时线圈无续流设计。

在原本设计用于交流的电动机构箱，直接用直流供电会存在极大安全隐患，一是交流接触器线圈用直流供电时线圈电阻是偏低的，短时间内易产生较大热量；二是交流接触器线圈无续流二极管，线圈的自感电势会间接损坏其相连的开关器件，限位开关在断开时其触点将受到其电势的灼伤。以上隐患在短时间内并不会凸显出来，但各器件在参数不合适的条件下运行，其内部器件会随着时间推移出现各种损坏问题，若此时机构箱增加外部因素干扰将促使故障发生，如刀闸处卡滞、电机内碳刷存在轻微破损、传动皮带过紧等。

从此类机构箱拆下损坏的限位开关，其铭牌参数为：AC125 V 或 AC250 V 下正常使用电流为 16 A，DC125 V 下正常使用电流 0.6 A，DC250 V 时电流 0.3 A。而控制回路内交流接触器直流电阻为 120 Ω，其在直流 110 V 电压下电流约为 0.9 A，限位开关实际使用电流已超额值 50%，长期使用会对触点造成不可逆的损坏。

3.3　设备稳定性分析

出现故障的机构箱，其原本设计用于交流供电的系统，但机构箱生产厂家仅将其内部整流桥去掉，并直接用于直流供电系统中，未对其中各关键器件参数进行验证分析，如接触器、开关器件等参数是否留有工作余量，实际工作电流 1 A，其开关器件额定电流至少预留 20% 左右余量，确保开关的可靠性，上述故障中，交流接触器使用与直流电源，虽可短时间正常工作，但通电时间稍长后极易导致发热过大，交流接触器用于直流系统的同时也增加了控制回路电流，这也增加了限位开关的工作条件要求，超额定电流工作对开关触点造成不可逆损坏。

在上述分析的接触器、限位开关中，限位开关控制着接触器，接触器同样也影响着限位开关的稳定性，接触器故障会导致限位开关损坏，限位开关的故障同样也会影响接触器，两者互为共生的关系，各个器件协调、匹配才能保证设备可靠运行。

4　结束语

本文从电动机构箱控制回路中易出故障的部分进行深入分析，探究发生故障的根本原因。电动机构箱每一次分合闸都是多个器件的协同动作，除机械部分的力矩匹配，电气部分也需要有工作余量和参数匹配，任何一部分不匹配都会影响设备的运行稳定性，如电机力矩过大，传动齿轮或皮带无法承受，长时间运行必将导致齿轮或皮带损坏，整个系统的最薄弱环节损坏率也会最高，提高系统可靠性不单单靠保护器件增加，其根源是如何确保设备运行的协调性、稳定性，最简单的设备也是最可靠的，可靠性建立在这些简单设备协调且匹配的运行上。

参考文献

［1］邱关源.电路［M］.5 版.北京：高等教育出版社，2006.

［2］（美）卡罗尼尔·麦克莱曼.变压器与电感器设计手册［M］.龚绍文译.北京：中国电力出版社，2009.

［3］国网福建省电力有限公司检修分公司.高压隔离开关检修技术及案例分析［M］.北京：中国电力出版社，2019.

［4］麻寿光.电子学原理与应用［M］.北京：高等教育出版社，2011.

作者简介

刘昱，中国铁路南宁局集团有限公司桂林高铁基础设施段，工程师。

覃小林，中国铁路南宁局集团有限公司柳州供电段，助理工程师。

王向阳，中国铁路南宁局集团有限公司桂林高铁基础设施段，工程师。

断路器线圈烧损故障分析及优化措施

覃小林 刘 昱 郑惠方

摘 要：本文通过对牵引变电所断路器分、合闸线圈损坏的原因进行分析，并结合运维中的经验，总结出减少线圈烧损的方法，从而达到提高断路器动作可靠性的目的。

1 引言

牵引变电所是直接向接触网供电、保证列车正常运行的关键环节，而断路器作为牵引变电所的重要组成部分，能通断负荷电流和短路电流，断路器的可靠性直接决定着牵引变电所的供电可靠性。近年来，随着国铁集团对牵引变电所无人化的高度重视，各局也逐渐大力推进牵引变电所无人化改造。若牵引变电所无人值守，断路器发生拒动、现场却无人进行应急处置时，会导致故障扩大或无法供电，那么如何提高断路器的可靠性，就成为关键问题。

2 断路器故障情况

2021 年，某 110 kV 牵引变电所在进行运行系统倒为备用系统时，备用系统变压器高压侧断路器合闸失败，同时断路器箱体内冒烟，现场人员检查发现断路器合闸线圈严重烧毁。次日维修人员更换同型号合闸线圈并进行合闸测试，各项参数均正常。但在次日遥控断路器合闸时再次出现线圈烧损，现场人员再次对合闸线圈安装位置及二次线进行检查，确认合闸线圈严格按照标准安装且二次线接线正确、无松动。

一个月内连续 2 次合闸线圈烧损，新换的线圈仅使用不到 24 小时就再次出现烧坏，反映了断路器某个部件已存在明显隐患，因此对断路器分、合闸线圈烧损的原因进行深入分析是很有必要的。

3 原因分析

结合故障情况分析，可能有四方面原因可能导致上述故障情况：一是当时气温导致金属热胀冷缩，造成机械部件间隙变大，断路器机械部分间隙过大则可能导致机械部分无法动作到位；故障发生时均为晚上，而更换线圈并测试均为白天；二是线圈质量存在问题，与原来线圈参数存在差异；三是断路器机械部分存在问题，需要微调内部机械结构；四是挚子动作需要的力度相较以前更大，当前线圈输出力度无法顶动挚子。

维护人员对以上四个分析方向分别进行了验证：①在晚上同温湿度的情况下，更换断路器线圈并测试，断路器依旧会出现拒动情况，因此排除气温原因；②对新、旧线圈检查测试；线圈均从原厂采购，且型号参数完全一致，线圈内阻也与原来完全一致，从而也可排除线圈参数不一致的原因；③断路器内部机械部分均是不可调节的，同时故障及正常时各处传动部件标记线均一致；④经过多次试验发现，断路器出现拒动主要是分、合闸的铁芯顶杆未能使机构及时脱扣导致，但线圈动作行程大于分、合闸挚子脱扣所需行程，理论上开关应可正常动作，唯一可能的原因就是挚子动作的力度需求变大，合闸线圈的铁芯顶杆输出力度不足以顶动合闸挚子。

在联合厂家定制新的分、合闸线圈时，将线圈的输出力矩加大，并采用金属外壳增强其散热。在更换了新分、合闸线圈后断路器再无出现拒动情况。分、合闸线圈在通电后，铁芯顶杆开始逐渐加速，达到一定行程后其加速度逐步减少，加速度减少时力度也会下降，因此线圈顶杆一般距离挚子 2~3 mm 以保证铁芯有一定速度和力度。既有断路器运行已有 8 年，虽然内部均为不可调节的机械部件，但整个机械部分因金属疲劳等原因，相较出厂时运作需更大力度，原装出厂时按照一定裕量设计的分、合闸线圈、顶杆输出力已无法满足当前机构挚子动作力度的要求，这也是导致分、合闸线圈频繁烧损的根本原因。

4　优化措施

断路器日常运行维护中，除要注意辅助开关分合状态位置是否合适、各传动部件是否有形变，还应注意金属疲劳导致的各种连锁反应，如驱动挚子动作的力度变化、弹簧力度变化等，断路器中任何一个部件出现短板均会导致开关拒动，各个机械部件工作相互协调才能确保断路器稳定运行。本次故障案例因断路器长期运行，分、合闸挚子动作所需的力度变大，出厂设计的分、合闸线圈留有的力度裕量已不足以使挚子可靠动作，所以断路器更换原厂线圈后也必然会出现断路器拒动，因此需更换输出力度更大的分、合闸线圈，同时根据线圈的特性调节好挚子与铁芯顶杆的间隙才能使断路器稳定可靠运行。此外对于断路器机械结构内部的变化，不应仅凭各机械部件记号线来确定，还应做相关机械部件的力度测试等。

5　结束语

本文从分、合闸线圈方面阐述了其对断路器可靠性的影响，并通过试验得出线圈烧损的根本原因为断路器机械传动部件老化，线圈的铁芯顶杆输出力度不足以顶动合闸挚子。针对事故原因对断路器的分、合闸线圈进行了改进优化，从而避免了事故再次发生。

参考文献

［1］陈蕾，陈家斌.SF6 断路器实用技术［M］.2 版.北京：中国水利水电出版社，2014.
［2］国家电网公司.SF6 高压断路器状态检修导则［M］.北京：中国电力出版社，2008.
［3］徐国政.高压断路器原理和应用［M］.北京：清华大学出版社，2010.

作者简介

覃小林，中国铁路南宁局集团有限公司柳州供电段，助理工程师。
刘昱，中国铁路南宁局集团有限公司桂林高铁基础设施段，工程师。
郑惠方，中国铁路南宁局集团有限公司柳州供电段，助理工程师。

关于 27.5 kV 母线电压互感器切换控制装置的研究

张昕怡 孟祥威 邓 捷 张 斌

摘 要：本文针对目前牵引变电所 27.5 kV 母线电压互感器切换方式存在的问题进行分析研究，采用逻辑门电路对既有压互切换回路进行改进，解决在日常运行过程中因电压不稳定引起的切换异常问题，确保牵引供电可靠性。

1 引言

在牵引变电所的日常运行过程中，为保证牵引供电系统能够保持正常供电，对设备运行的稳定性和可靠性的要求越来越高。27.5 kV 母线电压的采样涉及了继电保护装置中的多个保护，如阻抗保护、低电压起动过电流保护等，母线电压采样的稳定性直接影响到系统供电的稳定性。目前牵引变电所内每相母线均设置有两台 27.5 kV 电压互感器，但其中一台压互存在绝对的优先级，若此压互因故障导致电压来回波动将导致压互频繁切换，本文针对此切换问题进行深入分析，并根据现场设备提出改进措施。

2 现行运行方式及存在的问题

2.1 变电所 27.5 kV 母线电压采集方式

电气化铁路牵引变电所 27.5 kV 母线每相设置有两台电压互感器，所采集到的母线电压经电压互感器变换至二次侧，经电压继电器至测控屏上的电压小母线，通过小母线分别接入不同继电保护装置实现母线电压的采集。整个电压采集回路由电压继电器控制实现切换，二次回路图如图 1 所示。

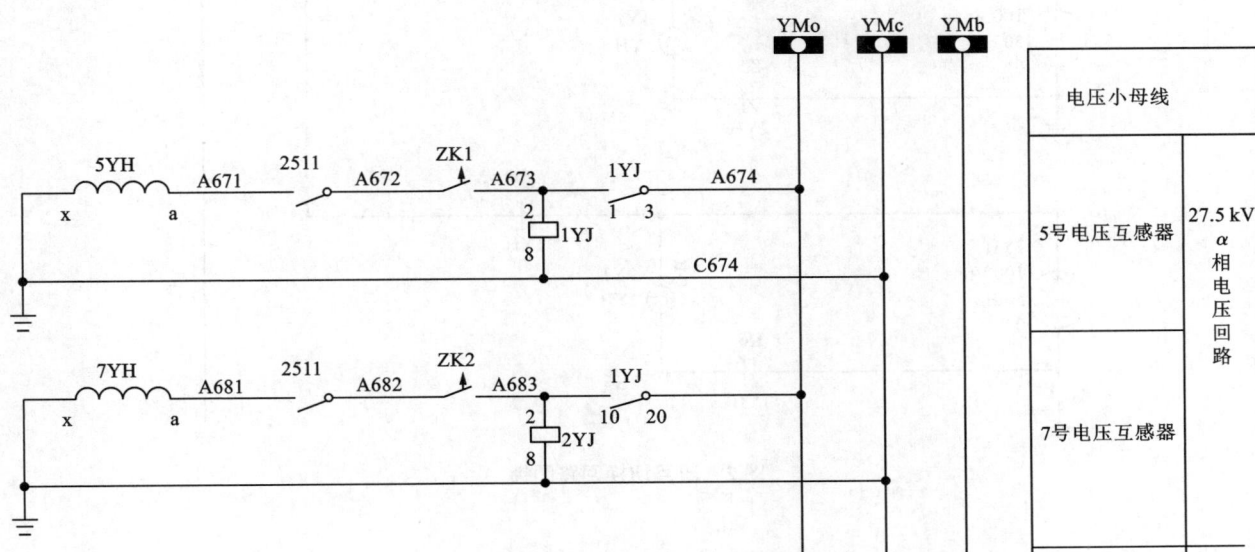

图 1 母线电压回路图

如图 1 所示，当 5YH 失电时，1YJ 失电，1YJ 常闭接点闭合，常开接点断开，回路转为采集 7YH 电压值；当 5YH 恢复供电后 1YJ 得电，回路自行切换回 5YH 采样回路，电压采集回路采用一主一备的方式运行。

2.2 电压切换过程中存在的问题

按照现有的 27.5 kV 电压互感器的运行方式，在整个电压切换过程中存在的问题主要有以下两个。

一是按照电压互感器的安装方式，在隔离开关下端与电压互感器一次侧之间安装有高压熔断管，因为目前暂时没有对熔断管运行状态有效的在线监测手段，当熔断管出现故障导致导通能力下降但未完全丧失的情况时，电压互感器所采集到的电压会出现波动，导致电压继电器进行反复切换，不利于设备运行的稳定性。

二是熔断管导通能力下降后，电压互感器检测电压值下降但未达到电压继电器的切换电压值时，可能导致母线电压回路电压值降低，使得相关保护装置误动作，例如馈线保护装置阻抗保护须采集母线电压值和线路电流值，若电压下降但未达到 PT 断线闭锁值的同时有机车取流，可能会导致装置计算阻抗值落在阻抗保护的动作区内，致使阻抗保护误动作。

3 电压互感器回路切换方式的研究与应用

为避免出现电压互感器因一次侧电压波动而导致电压继电器反复进行切换的情况，在压互二次回路中增加继电器或切换控制回路以实现互为主备的功能，即当 5YH 失电切至 7YH 运行时，7YH 作为主用，5YH 恢复供电后，7YH 作为备用，直至 7YH 出现失电情况再进行切换。

3.1 采用继电器实现切换控制

在现有的压互切换回路中，同相别两台压互电压继电器只应用主用压互压继的接点来实现切换功能，备用压互压继只实现电压监视功能。为解决压互相互切换的问题，可在回路中新增闭锁接点，实现来电时的相互闭锁功能。如图 2 所示。

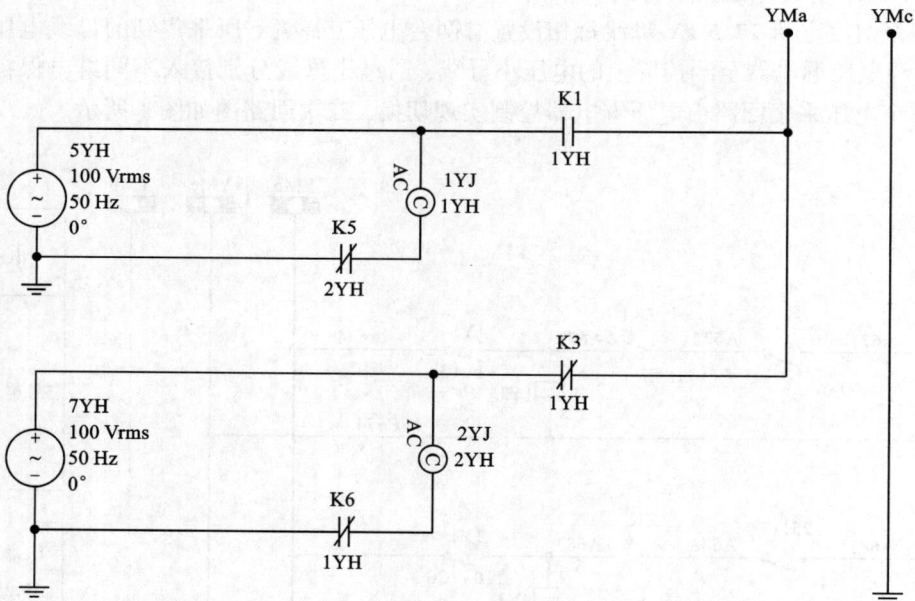

图 2 压互切换回路闭锁

其中 K5、K6 为新增接点，分别为 2YJ 常闭接点和 1YJ 常闭接点（其余辅助开关省略）。当 5YH 失电切至 7YH 运行，5YH 恢复供电后，因 2YJ 已带电吸合，K5 常闭接点断开，回路不会切至 5YH 运行。

但当母线停电恢复供电时刻，5YH 和 7YH 会同时得电，因继电器有动作时间，1YJ 和 2YJ 线圈会同时瞬间通电，然后又同时断电（因互锁的辅助开关切断回路），进而引起不断来回跳变，无法稳定在一个确定的状态。虽然此时可以在回路中添加一个具备滞后断开功能的开关器件用以实现压继优先级的选择，如延时继电器等，但此滞后断开的开关会导致切换存在间隔影响相关保护动作，且使回路复杂化，故放弃此方案。

3.2　采用逻辑门电路实现切换控制

为实现压互切换的主备关系，首先需要解决继电器吸合的先后性问题，同时在单一压互来电时可自动切换至来电那一路。以上两点的逻辑控制均可利用高速逻辑门电路来解决，下面分两部分介绍切换装置：系统电源部分和逻辑控制部分。

3.2.1　电源部分

从两路压互二次侧取电，在至少一路带电时即可正常供电，电路图如图 3 所示。

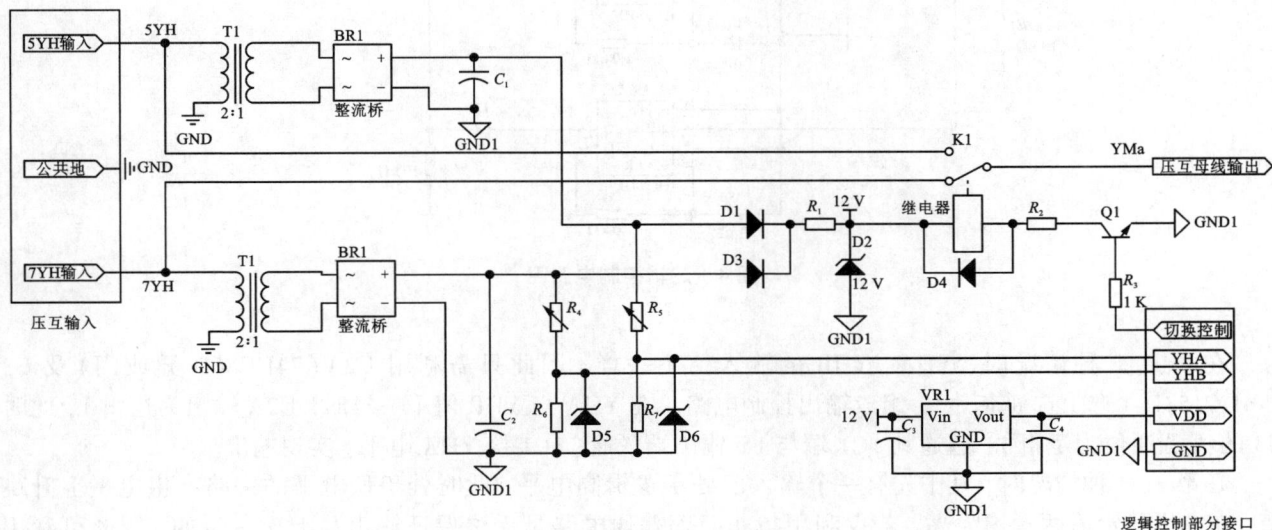

图 3　装置工作电源部分

其中 T1、T2 为 2∶1 隔离变压器，分别经整流桥后输出两路电源，最后通过 D1、D3 汇总为一路具备冗余的电源，经 D2 稳压管稳压得到 12 V 直流电压。12 V 电源为 K1 继电器驱动电源和逻辑电路供电电源。其中 R_4 和 R_6、R_5 和 R_7 分别为 5YH 和 7YH 提供逻辑电平，如 7YH 有电时 YHB 端子将为 4~7 V 逻辑高电平，否则为 0，它为后面逻辑控制电路提供判断依据。

3.2.2　逻辑控制部分

YHA、YHB 分别为两路压互的输入信号，来电时分别产生 5 V 左右电压。在压互送电过程中主要有四种可能性，如表 1 所示，其中 H 表示高电平 5 V，L 表示低电平 0 V。

表 1　压互电平变化逻辑表

序号	YHA（输入）	YHB（输入）	输出控制
1	H	L	H
2	L	H	L
3	H	在 YHA 后变为 H	H
4	在 YHB 后变为 H	H	L

控制回路图如图 4 所示。

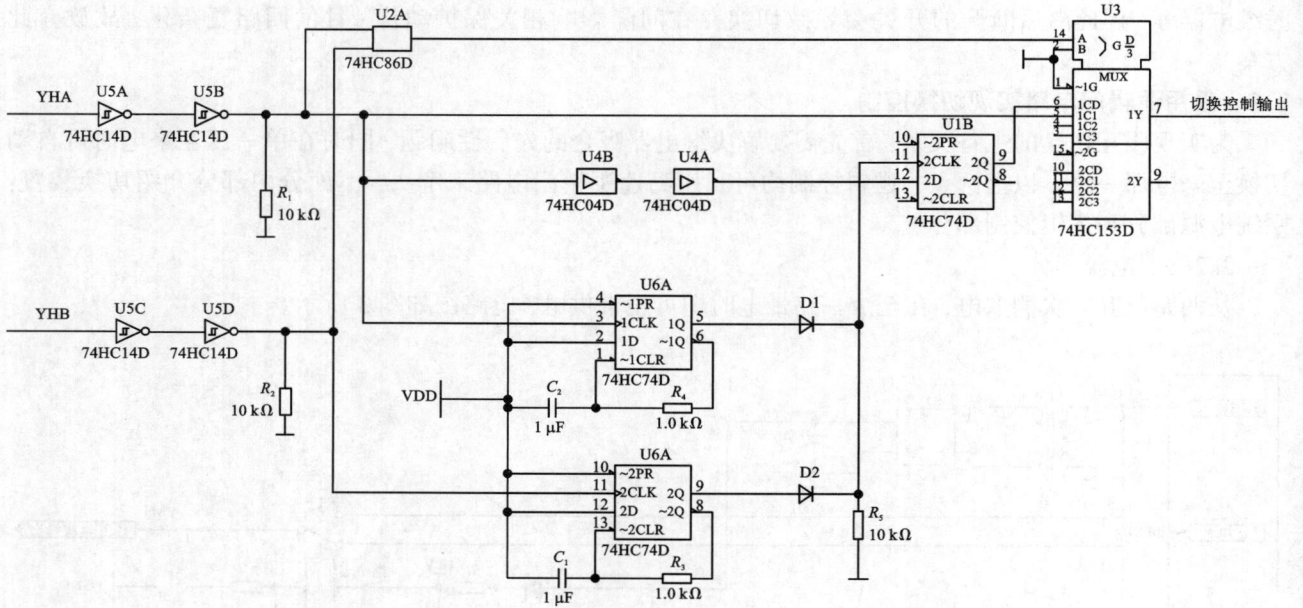

图 4　逻辑控制电路图

在第 1、2 种情况时，YHA、YHB 的输入值不一样，因此只需利用 U2A（74HC86D 异或门）及 U3（74HC153D 4 选 1 选通芯片），组成输出控制电路。在 YHA 与 YHB 值不一样时，U2A 输出为逻辑 1，此时 U3 的 A 选通位为逻辑 1，选通其 1C1 端与 1Y 输出端联通，1C1 接 YHA 电平，实现输出。

在第 3、4 种情况时，其中先有一个输入已处于逻辑高电平，此时处于低电平的一路产生电平上升跳变，在电平稳定后两者均为高，若仅利用与非门等普通电路是无法保证输出与上次一致的，因此可利用 74HC74D 上升沿 D 触发器去锁存上次输出状态并在脉冲产生时输出，即可确保本次压互来电仍维持上次的选通。

U5A、U5B 和 U5C、U5D 是利用两个反向施密特触发器组成的信号整形电路，滤除电压跳变时产生的毛刺。U4A 及 U4B 使 YHA 电平经过两次反向，最终输出 YHA 电平原值，在 YHA 或 YHB 由低变高瞬间，U1B 的 2D 信号输入端仍为跳变前 YHA 值，此时 U1B 的 2CLK 产生上升脉冲则将 YHA 原值输出。U4A 和 U4B 使突变信号滞后到达 U1B，以确保 U1B 输出锁存信号前 2D 端的电平为突变前电平。

表 2　74HC74D 真值表

Input（输入）				Output（输出）	
PR	CLR	CLK	D	Q	/Q
L	H	X	X	H	L
H	L	X	X	L	H
L	L	X	X	H *	H *
H	H	↑	H	H	L
H	H	↑	L	L	H
H	H	L	X	Q0	/Q0

此外 U6A、R4、C2、D1 组成单稳态脉冲产生电路，即在 YHA 由低变为高电平时，U6A 的 1Q 端输出一个瞬时高脉冲，稳态时为低电平，用于触发 U1B 信号输出。（U6B 同理。）

因 YHA 和 YHB 由低变为高时均要输入到 U1B 的 2CLK 端，因此利用 D1 及 D2 隔离两路脉冲信号相互不影响，仅能拉高产生高电平，变低则由 R5 下拉。

在 YHA 或 YHB 变高后，U1B 输出值为单压互带电时的控制电平值，之后再经过 U3 选通输出，因此时 U2A 输出已为 0，则选通输出 1C0 端。

在全所停电时，YHA 及 YHB 均为无电状态（即为 0 V），上电一瞬间因 YHA 及 YHB 电压上升时间并不会完全同步，且 74 芯片均为高速芯片，电平变化在微秒级别，因此有一个先变为高，此时将会经历 YHA 变高→YHB 变高或 YHB 变高→YHA 变高的过程，逻辑电路分别会依据 4 种情况依次进行控制输出。此外极端情况下，YHA 与 YHB 在同一时刻瞬间变高，控制输出端会输出低并选通 7YH 作为主用，不会存在不定态情况。

3.3　逻辑门电路测试

按照现场设备实际运行情况，分别进行同时送电、先后送电和一路失电情况进行测试，其中测试情况见表3。

表 3　电路测试情况统计

序号	测试项目	控制输出选择
1	YHA 和 YHB 同时上电	控制输出低电平，选通 YHB
2	YHA 先带电，YHB 后上电	控制输出高电平，选通 YHA
3	YHB 先带电，YHA 后上电	控制输出低电平，选通 YHB
4	YHA 和 YHB 同时带电，YHA 断电	控制输出低电平，选通 YHB
5	YHA 和 YHB 同时带电，YHB 断电	控制输出高电平，选通 YHA

表 3 列出变电所压互切换可能出现的情况，经过多次切换测试，逻辑电路均能快速进行准确且快速输出控制，此外电路因回路简单且不存在死机等情况，门电路功耗极低不会产生热量，可在变电所复杂的环境下长期运行。

逻辑电路中仅需 6 片 74 逻辑芯片即可解决压互切换问题，成本低廉且高度可靠，现场设备安装也仅需改动少量二次线即可，非常易于推广使用。

4　结束语

本文介绍利用 74 逻辑门电路进行 27.5 kV 母线电压互感器自动切换控制，成本低廉且稳定可靠，解决了原电压继电器无法实现互为主备的问题，保证了继电保护保护装置电压采样的稳定性，提高牵引供电系统运行可靠性，降低继电保护误动率。

作者简介

张昕怡，中国铁路南宁局集团有限公司柳州供电段，助理工程师。
孟祥威，中国铁路南宁局集团有限公司柳州供电段，助理工程师。
邓捷，中国铁路南宁局集团有限公司柳州供电段，助理工程师。
张斌，中国铁路南宁局集团有限公司柳州供电段，助理工程师。

牵引变电所直流系统常见故障分析与对策探讨

阚　友

摘　要：本文结合现场工作实际，发现直流系统常见故障及发生部位有着一定的规律。根据多年运行检修经验，对牵引变电所直流系统运用中发生的常见常见故障进行分析和对策探讨。通过这些分析和探讨，希望对变配电所直流系统的故障排除有一定帮助，同时能提高维修效率和降低变配电所直流系统的故障率，提高直流系统可靠性，确保牵引变电所供电安全。

1　牵引变电所直流系统概况

1.1　牵引变电所直流系统介绍

牵引变电所操作二次回路均使用以蓄电池组为核心的直流供电系统。整流充电机将交流电源变换成直流电，一边向直流负荷供电，一边给蓄电池组充电，当直流负荷较大，直流母线电压降低时，蓄电池组内直流负荷补充供电，维持正常的供电电压；当交流电源停电失压时，蓄电池组代替整流装置向直流负荷供电，维持二次回路的正常工作，保证牵引变电所电气设备的安全运行。因此，人们将直流电比喻为牵引变电所的血液，将蓄电池组比喻为牵引变电所的心脏，可见其地位的重要性。

1.2　牵引变电所直流系统作用

电气化铁路具有高速、重载、对环境无污染等特点，铁道电气化已成为我国铁路发展的必然趋势。作为铁道供电系统心脏的牵引变电所，确保其安全运行，直接关系到整个铁路大动脉的畅通。牵引变电所直流系统是牵引变电所综合自动化系统中的一个非常重要的独立子系统，为综合自动化微机保护、安全监控、通信、电源自投控制各子系统提供不间断电源，并为事故照明提供电源，是牵引变电所二次电源的中枢。二次回路在牵引变电所的安全可靠运行过程中发挥着极为关键的作用，其运行环境(即工作电源)对二次设备的运行可靠性至关重要。例如，工作电源不稳定将会导致开关设备失去控制，继电保护不能正常工作，无法切除故障而烧坏电气设备和供电线路，从而酿成严重事故和灾难性的后果。因此，要求二次回路的工作电源应是稳定的、常备的和不受外界影响的独立电源，显然，交流电源因易受供电系统和负荷的干扰无法担此重任。目前，牵引变电所二次回路均使用以蓄电池组为核心的直流供电系统，

直流系统是十分重要的电源系统，为控制回路、信号回路、继电保护、自动装置及事故照明等提供可靠稳定的电源，它还为断路器的分、合闸提供操作电源。直流系统故障可能导致极其严重的后果，没有直流电源将导致所内保护全部失效，牵引供电系统处于无保护的"裸奔"状态。此时如果发生短路故障，保护将不能动作，甚至造成灾难性后果。

2　直流系统的常见故障

直流自用电系统的故障有交流电源故障、直流负载短路、整流充电机故障、直流回路绝缘下降隐患、蓄电池故障等。

2.1　交流电源故障

直流自用电系统交流电源故障多由交流自用电失压或缺相运行、运行中整流充电装置的交流接触器或空气开关跳闸等造成。负载短路引起的直流盘馈线开关跳闸或直流总保险熔断当发生负载短路引起的馈线开关跳闸后(必须在排除短路后方可送电，千万不可在未排除故障时多次试送电，以免造成故障范围扩大，甚至引起直流总保险的熔断造成变电所的直流系统失效、一次设备瘫痪)。另外，由于直流系统的抗干扰能力相对较差，变电站的直流系统很容易受到交流系统的影响，电压波动现象时有发生。严重时，甚至

会对直流系统的安全和稳定产生巨大的影响。

2.2 直流回路接触不良、负载短路故障

根据直流系统的运行状况,直流回路接触不良、负载短路故障出现的原因有很多。其主要的原因有:直流低压断路器的损坏、工作中的失误导致的直流低压断路器跳闸等。这会造成变电所的某一支路直流电源失电、一次设备缺继电保护运行的不安全风险。这些故障很少发生,但一旦发生,其造成的损失将会不可估量。所以,我们要对这类故障加倍重视,一经发现要及时处理。直流负载质量差、过载、回路接触不良等问题容易引起发热,轻则烧断回路,重则烧熔短路。

2.3 整流充电机故障

当前变配电所一般采用高频模块式充电机的直流电源(其高频模块最少为 $N+1$ 冗余配置),当一个模块发生故障时可以直接退出检修,基本不影响直流系统的正常运行。如直流系统负荷大,根据故障模块的数量,可切除负荷大、相对来说不重要的负载。

整流充电机即为高频开关电源,其特点:一是高可靠性,采用开关电源特有的模块化设计, $N+1$ 热备份,大大提高了可靠性。系统采用20世纪90年代国际的最新技术,所用IGBT器件的耐压水平,电流容量已完全能满足现代电源要求;具有自主均流技术,模块间输出电流最大不平衡度在 $-3\% \sim 3\%$;体积小,重量轻,效率高,输出的纹波极小,有利于延长电池寿命。系统采用模块叠加形式,维护方便;二是高智能化,现代电力电子技术与计算机技术相结合,可实现对电源系统的遥测、遥控、遥信、遥调,满足变电所综合自动化要求,实现无人值守;配合使用的监控模块采用大屏幕,液晶汉字显示,声光告警;具有方便易于操作的优点,可通过监控模块进行充电模块参数设置、开关机控制;蓄电池自动管理及保护,实现自动监测蓄电池的端电压,充放电电流,并控制蓄电池的均充和浮充;可按不同型号及种类的蓄电池设置不同的典型充电曲线进行。

充电模块的异常及故障。充电模块为蓄电池充电乃至直流负载供给正常的工作电源。并且,充电模块还配置有监控模块,可以监视和控制它的运行状况。直流电源欠压时,充电模块显示屏无显示,模块处于失电状态,不利于对工作电源的正常供给。

直流模块因为长期的重负荷运行乃至过载而导致损坏,变电站的直流模块在实际的过程中容量的配置使用的是 $N+1$ 的标准,从而使得一台模块出现故障时,还可以保持其他模块能够正常运转。所以在一般情况下模块不会出现过载现象。然而,由于某些原因,单个直流电源无法满足某些变电站的总功率要求,直流电源模块的并联不可避免,在这种情况下,有些电源模块可能承担更多的电流,甚至在一些极端的情况之下,出现过载现象。

2.4 直流回路绝缘下降隐患

直流回路绝缘下降是由环境的改变、气候变化引起的。如户外露天的二次接线盒因为密封不严而在下雨天进水或过分的潮湿等,这种情况极易导致直流线路的绝缘降低,而发生直接接地故障;外界生物的干扰、破坏而致使直流线路的绝缘皮发生破损,如小动物等的破坏,都有可能破坏绝缘皮,而这种破坏具有偶然性,很难防范;工作过程中人为造成的直流接地,如工作人员在安装线路过程中,接头的螺丝没有能够很好地固定,使得接线处出现了松动脱落,导致了直接接地故障的发生;设备本身问题插件或者是电器元件损坏、绝缘老化等导致的直流接地。

直流系统的正、负母线绝缘电阻均不能低于规定限值(当任何一点出现接地故障时将会造成控制、信号、保护的严重紊乱,必须迅速排除故障,以免出现两点同时接地短路而造成的直流系统熔断器熔断或使断路器出现误动、拒动等。

直流接地的危害:直流系统发生一点接地,不会对系统构成危害。但如果发展成两点接地,就可能造成严重的后果。直流系统发生两点接地故障,便可能构成接地短路,造成继电保护、自动装置误动或拒动,或造成直流保险熔断,使保护及自动装置、控制回路失去电源。直流正极接地,就会有造成继电保护误动的可能,因为一般跳闸线圈(如出口中间继电器线圈和跳闸线圈等)均接电源负极,回路再发生接地或绝缘不良就会形成两点接地,引起保护误动。直流负极接地,有使保护自动装置拒绝动作的可能。因为跳、合闸线圈、保护继电器会在这些回路再有一点接地时,形成两点接地可将跳闸回路或合闸回路短路,保护拒动,此时系统发生故障,保护的拒动必然导致系统事故扩大(即越级扩大事故),同时还可能烧坏继电器的

触点和烧保险。

2.5 蓄电池故障

蓄电池故障主要有：两组蓄电池型号、规格不一致；接点锈蚀，连接条、螺栓等接触不良；20%以下蓄电池有漏液、鼓肚变形等现象；每组电池电压未在合格范围内；单只电池电压不合格数量超过20%；本体、接地体、蓄电池极柱等有异常升温；单组蓄电池、容量偏小；蓄电池接线柱积盐、腐蚀，接触不良；使用年久，内阻增大、容量虚高等。出现这些故障须加强运行维护管理。

以前，应用较为普遍的有镉镍蓄电池和铅酸蓄电池两种，充电设备采用可控硅整流装置，但这两种蓄电池存在维护工作量大且复杂等缺点，不利于集控站的安全运行。而采用可控硅相控技术的充电设备，在纹波、体积、效率等方面不尽人意，监控系统也不完善，采用主从备份行方式，集控站使用起来不方便，达不到电力系统新的技术标准。另外，由于充电设备与蓄电池并联运行，纹波系数较大，会出现蓄电池脉动充电放电现象，影响蓄电池使用寿命。免维护铅酸蓄电池具有体积小、重量轻、放电性能高、维护量小等特点，满足了集控站运行维护的需要。在实际运行中，因为免维护蓄电池不同于以往我们使用的铅酸和镉镍蓄电池，虽然具有日常维护量少，不用补液等优点，但是这不等于日常不用进行维护及运行监视。在实际运行中我们在这方面有过深刻的教训。

免维护蓄电池和高频充电设备的运行维护免维护：铅酸蓄电池为连续浮充电应用设计的，也可用于循环充放电使用。充电方法必须采用限流—恒压方法进行。蓄电池在恒压充电时电流逐渐减少，并最终趋于稳定，如果电流低于 0.01C10，并保持 3~5 小时基本不变时这表明电池已基本充满，可以转浮充运行。充电机均可以根据事先设定好的运行参数，自动完成蓄电池的恒流充电、恒压充电和浮充电过程。

充电设备的参数，根据所配蓄电池的参数进行调整正确，一定要保证浮充电压、均充电压在合格范围内，保证蓄电池正常浮充电运行，不至于造成过充、过放电。参数设定好后，如无特殊需要，不要随意更改。

蓄电池可以在−20~50℃内使用。有效的工作温度 5~35℃，如果要获得最佳的使用寿命应在 15~25℃环境下使用。

若蓄电池在运输、储存和安装过程中花费时间很长会失去一定容量。如果不须校核容量，当单体电池开路端电压≥2.13 V 时可以直接投入浮充运行，但开路端电压<2.13 V 时应先进行均衡充电，然后投入浮充运行。（现在基本使用单个蓄电池额定电压 12 V、端电压为 12.8 V。）

为保证电池有足够的容量，每年要进行一次容量恢复试验，让电池内的活化物质活化，恢复电池的容量。其主要方法是将电池组脱离充电机，在电池组两端加上可调负载，使电池组的放电电流为额定容量的 0.1 倍，每半小时记录一次电池电压，直到电池电压下降到 1.8 V/只（对于 2 V/只的单体电池）或 10.8 V/只（对于 12 V/只的单体电池）后停止放电，并记录时间。静置 2 小时后，再用同样大小的电流对蓄电池进行恒流充电，使电池电压上升到 2.35 V/只或 14.1 V/只，保护该电压对电池进行 8 小时的均衡充电后将恒压充电电压改为 2.25 V/只或 13.5 V/只，进行浮充充电。上述方法，可以放出蓄电池容量的80%，考虑到安全运行，也可以放出蓄电池容量的 30%~50%左右，这需要根据蓄电池的放电曲线来进行。

每月应测一次电池单体电压及终端电压，检查充电设备运行参数是否在合格范围之内，有无故障告警信号。检查一下外观有无异常变形和发热。浮充总电压应达到蓄电池要求，并保持在 1%之内。

不要单独增加或减少电池组中几个单体电池负荷，这将造成单体电池容量的不平衡和充电的不均一性，降低电池寿命。如在整组电池中抽出一部分做其他电源，或充电不在一起，放电时叠加一起。

正常浮充运行不需要均衡充电，如发现出现以下情况应进行均衡充电：正常浮充时，蓄电池单体电压偏差超过 0.1 V；个别单体电池电压低于 2.18 V 或 13.4 V；长期达不到浮充要求，每半年进行一次；放电后 24 小时之内未及时充电；长期小电流深度放电；过流放电（电流大于规定20%）和过量放电（超过额定容量10%应立即进行均衡充电）；蓄电池因单只容量不够须更换时，只能一次性全部更换，不能仅把性能指标不够的蓄电池单独更换下来，否则会因蓄电池的内阻不平衡而影响整组电池的发挥，缩短整组电池的使用寿命；高频电源系统，采用模块化设计，当出现故障时，可以立即投入备用模块，恢复直流供电，保证蓄电池。

2.6　一般故障的分析与措施

首先，在变电站工作的工作人员应该能够熟练掌握直流馈电网络接线和其运行方式，能够很好地掌握直流低压断路器，在出现故障查看其运行状况时，能够迅速地根据其特征来判断故障类型，对故障进行分析和处理。

其次，虽然现在直流系统设有绝缘监测装置、电池巡检装置、微机监控器等机器装置，但工作人员还是不能大意，要通过这些装置对故障点的送电电源是否正常，受电侧是否正常等进行反复观察和确认。根据测量结果来判断失电直流馈线及各种保护和自动化的装置之间是不是存在故障。若发现故障要及时记录，并进行处理。

在完成所有相关的测量、观察以后，工作人员通过电池巡检装置对试送电环节进行观察。在试送电过程中，要考虑一切可能发生的相关问题和对应的解决方案。如：保护和自动装置突然有电，进行运行的时候，可能会有误动作的发生。这时候可以把与其相关的保护跳闸的出口压板停止使用，等到一切运行正常，再将压板投入使用即可。

我们要对直流系统的绝缘监测装置、电池巡检装置、微机监控器等机器装置的有效运作进行定期的检查，以保证直流系统的监控系统的有效运行，以此来减少直流系统故障的发生。

在发生直流接地故障后应采取的措施如下。

首先应确定是正极接地，还是负极接地；是完全接地，还是绝缘电阻降低。然后再根据运行方式、检修、操作及气候等因素的影响，判断可能接地的地点，确定寻找地点的方法和步骤。

为减少直流系统故障，保证直流系统的有效运转，在日常工作中要做到以下几点，第一，加强二次线的清扫，加强直流系统特别是蓄电池系统的巡视和日常维护，保持蓄电池的清洁，及时处理对极板的渗液，并加涂凡士林。第二，加强施工过程管理，防止施工过程中造成的电缆绝缘损坏。第三，对室外容易发生直流接地的端子箱、瓦斯接线盒和刀闸辅助接点接线盒等做好防雨措施。第四，加强工作班成员的技术培训，减少工作过程中人为造成的直流接地。第五，做好防小动物工作。

3　牵引变电所直流系统电源常见故障

3.1　变电所直流系统综自单电源故障隐患分析

对于较老旧点的交直流电源，综合自动化系统、断路器储能及隔离开关电机采用单电源设计与接线。回路中正极或负极有一点接触不良、故障，在其后面接线的负荷就会失去电源，直流电源供电可靠性降低。

针对综合自动化系统单电源问题，可以采取改进措施，综合自动化系统、断路器储能及隔离开关电机电源增加一回路、形成双回路环路供电，回路中正极或负极有一点接触不良、故障，不影响全部负荷电源供电，直流电源供电可靠性明显提高。

3.2　变电所直流系统巡视、检修维护不到位分析

无人值守所亭日常巡视不到位，调度员日常复示终端巡视不到位，以及检修维护不到位、备品备件不足，交直流系统一些刚开始发生的、微小的故障未能及时发现处理，导致故障扩大。整改措施：一是严格按照《牵引变电所运行检修规程》（铁运〔1999〕101号）、《高速铁路牵引变电所运行检修规则》（铁总运〔2015〕50号）要求，做好牵引变电所直流系统检修试验，避免长期漏检、漏修造成直流系统故障。加强对交直流系统蓄电池内阻测试及两路交流电源互投、交直流系统主回路接线端子紧固等小修工作，做好交直流系统各类备品、备件的储备工作，保障设备稳定。二是与交直流电源厂家商讨对其各监控检测单元进行日常检测的方案，对发现异常的监控检测单元及时进行更换。三是加强应急处置培训。将事故列为典型案例，组织各车间进行学习、讨论，举一反三，加强对各厂家交直流系统内部结构原理、设备功能的学习，提高应急处理能力和日常设备巡视水平。四是完善规章制度。制定调度员日常复示终端巡视台账和要求，重点对控母电压、各直路绝缘电阻、直流屏各开关状态等进行巡视。对复试终端各类报警信息根据其可能产生的后果划分严重、一般等级，对各类严重报警信息要进行重点追踪、核查。同时积极协调主站厂家对各类严重报警信息进行语音提示起到警醒作用，及早发现设备隐患信息。五是合理安排生产，确保无人值守所亭能按规定进行巡视，早发现、早处理问题。

3.3 变电所直流监控单元交流采样板故障案例分析

故障概况及原因:2019 年,某县某变电所因直流屏监控单元交流采样板故障,整流充电模块过压保护误启动,引起直流屏监控单元不输出,无法提供直流电源,蓄电池启动供电,供电调度组织越区供电。负责人赶到所内重启直流系统后整流充电模块恢复正常工作,控、合母电压恢复正常,解除越区恢复正常供电,停电 4 分钟。

整改措施:本次故障暴露出牵引变电所直流系统故障、蓄电池输出失效报警级别不够等问题。直流系统故障可能引起极其严重的后果,没有直流电源将导致所内保护全部失效,牵引供电系统处于无保护的"裸奔"状态。此时如果发生短路故障,保护将不能动作,甚至造成灾难性后果。

直流系统是牵引变电所,特别是无人所实施关键中的关键,启用相邻所越区供电是直流系统失效时的首选应急措施。直流系统的故障处理也是我们容易忽略的地方,应认真研究评判直流系统的故障对牵引变电所,特别是无人所可能造成的风险及后果,完善技术要求、日常巡检管理及应急处置。

3.4 变电所直流绝缘监测元件、所用交流故障案例分析

故障概况及原因:近四年某线电气化铁路开通后,交直流电源故障频发。经常报绝缘告警(严重影响直流系统的正常监测)。经排查,直流回路无异常,绝缘监测模块也无问题,原因是部分直流馈出回路的基尔传感器质量问题,使用没多久出现异常、误发数据信息。

整改措施:一是对更换下的基尔传感器,解剖分析原因,采取针对措施,或更换已使用验明质量运行可靠、规格型号类似能使用的基尔传感器,及时恢复对直流系统的正常监测。二是全线变电所、分区所两路所用交流电源,通过软件设置或控制回路技改,设 2 路质量可靠、运行稳定的 10 kV 三相电源为主用,27.5 kV 所用电源为备用(该路电源谐波大、运行不稳定、极易烧坏电子元件);对全线变电所、分区所两路所用交流电源,通过软件设置或控制回路技改,设 2 路质量可靠、运行稳定的 10 kV 三相电源为主用,27.5 kV 所用电源为备用(该路电源谐波大、运行不稳定、极易烧坏电子元件),或任意设置。三是全线变电所、分区所硅链调压装置发热大,散热风扇容易发生故障,其电源是综合监控模块输出,与交直流微机监控单元电源并联,容易造成该电源故障、影响充电模块的正常监控和工作;综合监控模块输出电源,专供交直流微机监控单元;硅链调压装置散热风扇,使用容量足、质量可靠的专用电源模块供电。

参考文献

[1] 中华人民共和国铁道部.牵引变电所安全工作规程,牵引变电所运行检修规程[M].北京:中国铁道出版社,2000.

[2] 中国铁路总公司.高速铁路牵引变电所安全工作规则,高速铁路牵引变电所运行检修规则.[M].北京:中国铁道出版社有限公司,2015.

[3] 贺家李,李永丽,董新洲,等.电力系统继电保护原理[M].北京:中国电力出版社,2018.

[4] 楚树章.电力技术问答[M].北京:中国铁道出版社,1996.

[5] 何其光,陈蓉平,常连齐.牵引变电所运行与检修[M].北京:中国铁道出版社,1990.

[6] 陈家斌,张露江.继电保护 二次回路 电源故障 处理方法及典型实例[M].北京:中国电力出版社,2012.

[7] 陶乃彬.电气化铁道供变电技术(二次系统)[M].北京:中国铁道出版社,2007.

[8] 陈生贵.电力系统继电保护[M].重庆:重庆大学出版社,2003.

[9] 张永生,胡旭东,王伟,等.变电站直流系统接地故障分析[J].电力安全技术,2012(1):2.

[10] 史国生.电气二次回路及其故障分析[M].北京:化学工业出版社,2009.

[11] 林永顺.牵引变电所[M].2 版.北京:中国铁道出版社,2002.

[12] 江智伟.变电站自动化及其新技术[M].北京:中国电力出版社,2006.

作者简介

阚友,中国铁路南宁局集团有限公司柳州供电段。

铁路供电二次设备运维监测技术研究

黄积江　潘春雷

摘　要：铁路供电二次设备运维监测技术是针对铁路供电系统二次设备日常运行状态的监测，主要完成二次模拟量回路异常监视、继电保护装置自动化仿真在线检测、继保整定值校验等功能。运用该项技术可使运行维护人员有效掌控牵引变电所设备运行状态，提高供电系统供电质量，保证供电系统安全、可靠运行。

1　研究背景及意义

保障铁路供电系统的安全运行是供电系统管理部门及基层供电段首要任务。当前供电系统运行管理存在一些困难，影响供电系统安全运行：①二次回路接线模拟量接线错误、施工工艺不到位引起的电缆绝缘受损隐患；②综自系统保护定值管理难度大，保护压板投退检查不到位、控制字投退检查不到位、整定值是否合适无法验证；③定期的春检或秋检以及突发故障的紧急抢修任务繁重，工作量大、检修效率下降、检修可信度下降；④设备检修不区分健康状态，检修一刀切，针对性不强；⑤继电保护试验只单纯检验保护装置性能，无法检验不同保护装置之间动作配合，无法验证继保定值合理性。

国铁集团近两年在牵引变电所智能化、无人值守发展方面制定了一些技术条件，也推动牵引变电行业厂家在这些发展方向上进一步探索新技术推出新产品。这些条件有注重一次设备在线监测系统，例如变压器在线监测、断路器在线监测、互感器、避雷器等容性设备在线监测、电缆在线监测，主要针对变电所内一次设备本身的性能，通过传感器等元件反馈正常或故障状态，实现预警监测；有注重辅助监控方面，综合利用视频巡检、视频监控、环境监控、安防监控、门禁控制、火灾监控、动力照明控制等子系统，集成辅助监控系统，利用图像识别技术、红外图像测温技术等实现变电所内能够看得见的一次设备的运行状态监视；有注重电力参数监控、运行跳闸数据统计分析、一闸一档管理、巡检派工系统等方面，综合利用铁路供电系统内部网络实现运行管理维护管理功能。这些技术虽然已有众多应用实例，也为供电系统安全运行提供了一些保障，但针对牵引变电所综自系统二次回路的日常运行隐患、整定值不合理隐患，以及综自系统保护装置本身运行状态的监视不到位等问题没有得到有效、针对性的解决。

本文主要介绍研究铁路供电二次设备运维监测技术的应用，实现供电系统二次回路状态监视及预警、继保定值在线仿真自动校验等功能，力求保证供电设备安全稳定运行，提高供电系统检修管理效率，减轻日常维护检修工作量及工作压力目标。

2　主要研究内容

2.1　二次回路异常状态监测

2.1.1　功率平衡监测

功率节点的进出线有功总和是平衡的，当某进线或出线断线或错相，计算功率节点的有功失衡，从而判别进线或出线相序异常，有功阈值和无功阈值、方向有功启动阈值和方向无功启动阈值的对应关系，如图1所示。

方向有功、方向无功为纵坐标，有功阈值、无功阈值为横坐标。有功功率制动系数和无功功率制动系数 K 对应如图所示的斜线的斜率。

对图1的说明如下。

当"$\Sigma|P|$"小于"有功阈值时"，"方向有功功率值"大于"方向有功启动阈值"，即报母线有功功率失衡。

当"$\Sigma|P|$"大于"有功阈值时"，"方向有功功率值"大于"方向有功启动阈值"+"$k \cdot \Sigma|P|$"，报母线有功功率失衡。

当"$\Sigma|Q|$"小于"无功阈值时"，"方向功率无功值"大于"方向无功启动阈值"，报母线无功功率失衡。

当"$\Sigma|Q|$"大于"无功阈值时"，"方向功率无功值"大于"方向无功启动阈值"+"$k \cdot \Sigma|Q|$"，报母线无功功率失衡。

功率平衡界面展示功率平衡节点 24 小时内的功率平衡状况，点击曲线上的点，在表格中显示相应的具体信息。

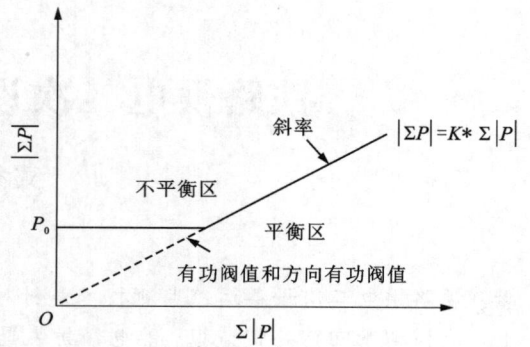

图 1　功率平衡动作区

在界面上可选择需要展示的日期、功率平衡点，点击"刷新"则重新提取功率平衡信息。

2.1.2　二次回路状态异常监测

利用运维监测技术采集跨间隔多个保护测控装置的模拟量数据，采样同步技术，判断模拟量回路的极性反、相序异常、互感器运行异常等情况的状态数据分析，利用实时同步数据比较分析，对比跨间隔数据检测算法，综合判断二次回路异常状态利用网络技术采集跨间隔多个保护测控装置的模拟量数据，研究多间隔模拟量采样同步技术，研究模拟量回路极性反、相序异常、互感器运行异常等情况的状态数据分析，利用实时同步数据比较分析，对比跨间隔数据检测算法，综合判断二次回路相序错、极性反接等异常状态。

2.1.3　互感器二次回路虚接监测

分析电压、电流互感器虚接特点，研究虚接识别算法，针对电流互感器、电压互感器，采用检测突变原理，检测每相电压、每相电流的一周波内多次抖动波形，抖动波形脉宽一般大于 3 ms、小于 20 ms，形成有缺口的波形。利用智能化保护测控装置及相关二次回路采集的电气模拟量，监视互感器虚接状态，实现二次回路状态监视及预警。

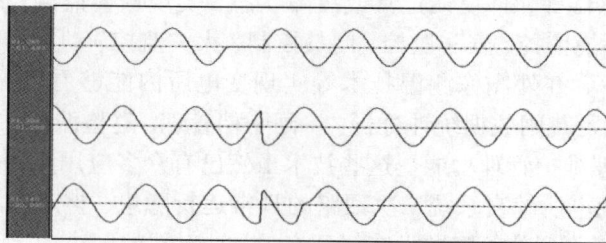

图 2　运维监测平台监记录的互感器二次回路虚接波形

2.1.4　互感器二次回路断线监测

CT 断线是在牵引变电所日常运行过程中难以解决的问题，运维监测平台采用相关跨间隔的电流回路电流向量及系统电流向量关系，综合判断此电路回路是否断线，避免以前突变原理误报，能准确识别电流回路 CT 断线状况。

2.2　保护自动化功能在线检测

利用实际一次主接线设备参数在电气主接线图上形成仿真模型，生成不同故障点电磁暂态数据，定期自动或手动利用该数据对保护装置在线仿真反演，实现单装置或跨间隔多装置保护自动化功能在线仿真检测，自动生成标准化检测报告。同时对继保整定值进行合理性校验，提示误投或漏投的压板、控制字、定值，为继保整定值管理提供依据。

运维监测平台具有组态好的保护自动化在线检测界面。通过在一次主接线图故障预诊断画面上选择故障点，设置检测方案、系统检测方案以及手自动检测设置，生成 COMTRADE 格式的仿真数据下发到智能保护测控装置，装置接收到检测命令自行进行仿真反演，检测报告上送运维主站，运维主站整理成当天的保护自动化功能在线检测报告，按"年月日"的方式保存为历史报告，以供运维人员随时查阅。

3　运维监测平台组成

　　铁路供电二次设备运维监测平台由智能运维监测软件、智能保护测控装置及运维通信管理装置组成。智能化状态监视与保护功能一体化的保护测控装置完成整个系统电气量数据采集处理，处理后的数据上送智能运维软件平台，由智能运维软件平台通过计算完成运维功能。

　　以某牵引变电所综合自动化系统网络拓扑图(图3)为例，二次回路异常监测技术研究对象为牵引变电所变压器的高压侧、低压侧、母线、馈线的PT互感器、CT互感器二次回路以及断路器、隔离刀开关；保护自动化功能在线检测技术研究对象为正在运行的保护测控装置，包括主变差动保护装置、主变后备保护装置、主变综合测控装置、馈线保护测控装置。

　　运维监测平台软件通过运维管理机召唤各保护间隔实时模拟量，依靠同步技术以及变电所的相关向量关系，按照固定的关系比较各模拟量之间的差异，综合判断出模拟回路相序异常，形成模拟量回路在线检测报告；同时利用实际一次系统设备参数在电气主接线图上形成仿真模型，生成不同故障点电磁暂态数据，定期自动或手动利用该数据对保护装置在线仿真反演，实现单装置或跨间隔多装置保护自动化功能在线仿真检测，自动生成标准化检测报告。

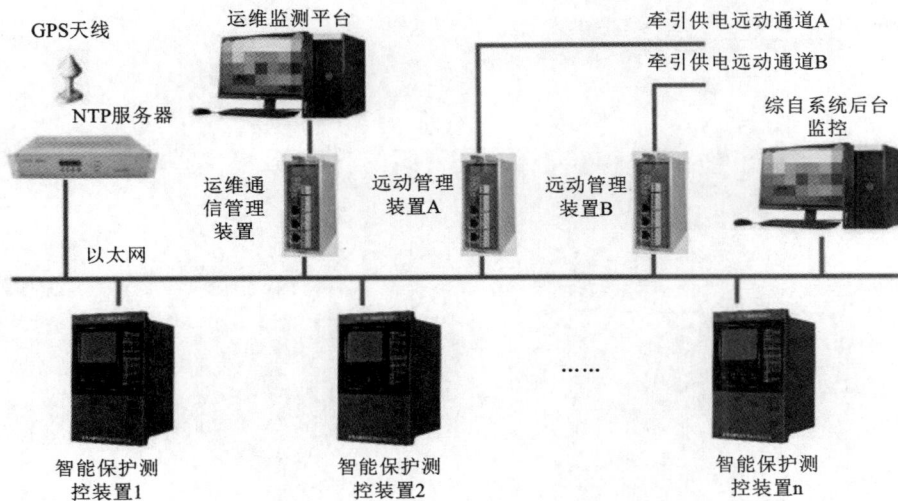

图3　网络拓扑图

4　创新成果

　　通过对铁路供电二次设备运维监测技术的研究，我们进行了一系列的创新应用。主要创新成果如下：

　　(1)在线实时仿真检测运行的保护装置的保护逻辑、保护定值、保护延时、保护压板、控制字等设置是否正确或遗漏，及时发现问题并告警，保证保护装置可靠运行及保护功能的正确性。

　　(2)互感器虚接成功应用于具体工程中，及时检测出二次回路异常，避免因接线虚接造成端子烧毁或保护误动。

　　(3)跨间隔采样应用功率守恒定律判别二次回路状况，利用变压器元件、母线元件守恒定律，分析变压器高低压侧各节点、母线各节点二次模拟量回路数据，并且使用功率平衡识别算法，综合判别二次回路异常情况，实现对变压器设备、母线设备运行情况的监视，针对异常情况早期预警。

5　结束语

　　通过铁路供电二次设备运维监测技术的研究实现了变电所综自系统二次回路的在线监视，有效判断模拟量回路错相、极性反接、互感器二次开路、虚接等异常情况，发现人工难以巡查出的二次回路异常情况。实现了变电所综自系统保护测控装置的在线仿真检测，自动生成标准检测报告，减少检修任务工作量。实现了继保整定值的仿真校验及保护压板、控制字投退的检验，避免人为失误引起保护误动或拒动。节约运维检修成本费用的同时有效防止人为失误导致的整定值设置错误，防止保护误动或拒动，提高供电设备运行可靠性，减轻供电设备管理单位安全生产压力。保障了铁路行车安全，维护了铁路行车秩序。

作者简介

黄积江，中国铁路南宁局集团有限公司南宁供电段，工程师。

潘春雷，北京天能继保电力科技有限公司。

无线测温装置在黎钦线牵引供电系统中的应用

徐　杰

摘　要： 一种基于抗强电磁干扰通信技术的无线温度在线监测装置，应用于广西沿海铁路黎钦线陆屋变电所隔离开关馈线设备线夹处，系统温度监测仪无线发送实时温度，数据采集接收仪接收数据后有线传输至所内后台服务器，装置具有强大的预警功能，可以通过系统大数据以及温度曲线图分析黎钦线陆屋变电所供电系统设备电力参数，为及时排除故障，避免安全事故发生提供强有力的保障。

1　引言

在牵引供电系统中，牵引变电所内设备的安全稳定性是保证铁路安全用电的前提。随着我国铁路事业的迅猛发展，对牵引变电所的安全运行要求愈发严格，牵引变电所内的许多高压带电设备及电气连接点，如所内开关柜、电流电压互感器、断路器、隔离开关等，一些无法预测的外界因素及机械振动、触头烧蚀等原因，可能造成设备接触处温度升高，引起接触点氧化，使接触电阻增加，温度上升，发生局部熔焊或者产生火花甚至电弧放电等现象，从而导致电气设备的损坏，引线脱落，甚至引发安全事故。

针对管内变电所馈线穿墙套管线夹在取流时承载电流较大，再加上由于线夹不合格或者螺丝松动等原因，很有可能会引起线夹局部温度升高，发生灼伤或脱落，造成安全事故。同时随着变电所亭单人（无人）值守模式的推行，很有必要对安全隐患点加强监控技术手段，在主要馈出线安装测温装置，实时监测运行温度，及时发现并消除隐患。

选取陆屋牵引变电所内 27.5 kV 进出馈线穿墙套管线夹加装无线测温系统，监测设备线夹实时温度，所内安装温度数据接收终端，实时有线传输到后台监控电脑，发现温度超过警戒线时进行预警，从而快速发现温度异常点，为及时排除故障进而避免安全事故发生提供强有力的支撑，保障铁路安全运行。

2　技术方案的选取

2.1　高铁国内电气化铁路测温技术发展趋势

由于电力设备的电磁干扰问题的制约，点对点的实时无线测温产品无法在铁路、国网等电力系统中广泛应用，目前，铁路对接点和设备的温度检测方式主要是红外测温设备、人工监测和光纤测温，测温手段多样，技术标准不一，易产生孤岛现象，不能进行区域内统一管理，不利于大数据分析、判断。

测温目前采用的主要方式是贴示温片和采用红外设备进行监测，比如红外热像仪、红外测温枪、机器人+红外设备、无人机+红外设备等。

在电气运行环境下在线智能监测自动综合治理系统的研发与应用，是电气化铁路智能化管理技术发展的重点和必然趋势。电气化铁路在线智能测温自动综合治理系统技术包括抗电磁干扰技术、通信技术、组网技术、数据库技术、管理软件研发、数据库数据利用技术、自动化控制技术等，这些技术的研发、实用化落地发展参差不齐，影响整体研发的推进。其中抗电磁干扰技术、通信技术、组网技术、数据库技术是关键，只有这几项关键的技术突破和完善，电气化铁路在线智能测温系统才能实现真正的自动化控制和综合治理。

2.2　各种测温技术和方式的对比及选取（表1）

表1 温度在线监测技术优劣比较

比较项目	产品类型				
	无线测温	红外热像仪	红外测温枪	机器人巡检	声表面波测温
测温度	√	√	√	√	√
精确定位故障点	√				
区域管理	√				
大数据分析	√			√	
手机app操控	√				
企事业单位配电房档案管理	√				
工作寿命	6年以上	6年以上	2年以上	3年以上	2年以上
运行费用	低	低	低	高	低
性价比	高	低	中	低	低

表2 高低压设备接点温度监测测量方式对比

监测项目	使用方式		
	高低压设备接点温度智能监测预警系统	红外测温枪	红外热像仪
温度测量	直接测量	非直接测量	非直接测量
隔离开关、互感器	可测	大部分可测	大部分可测
变压器连接点	可测	可测	可测
高压开关柜连接点	可测	不可测	不可测
测温方式	自动化	人工	自动化+人工判断
温度显示	直接显示	直接显示	非直接显示
检测方式	连续	不连续	连续
事故追忆	长期	不能	不能
温度变化智能预警	可以	不可以	可能
温度变化临界点报警	可以	不可以	可能
测量精度	±0.01℃	±5℃	不定
测量准确度	高	低	低
对使用环境要求	无	高	高
对其他设备干扰	无	无	可能无
测量场所安全性	安全	不定	安全
仪器能量补充方式	锂电池+太阳能	人工	人工
使用寿命	6年以上	中	中
维护费用	低	低	中
价格	中高	低	高

因此，抗电磁干扰通讯模块的小型化、监测仪器的微功耗和自动补能、测温传感器无缘模式、通讯采用有线或无线传输、测温点利用有线传输至服务器、数据库数据建模、自动化控制是技术研发的方向。

3 技术方案

3.1 系统组成

本系统由无线数据采集器、数字温度传感器、信号采集控制器、专用天线、总控信号接收机和计算机组成，如图1所示。

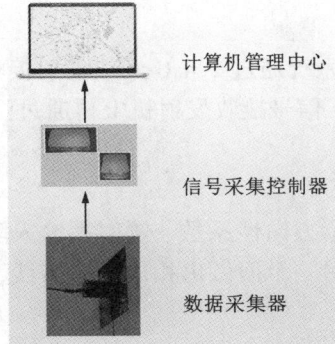

计算机管理中心

信号采集控制器

数据采集器

图1 系统组成图

3.2 技术路线

参技术线路采用目前应用较为广泛的 c/s 架构，这种模式的体系结构是一种以较为简单的客户端为网络基础，以带有数据库的服务器为中心的信息系统软件支持的结构模型。在这种体系结构中，用户所有的操作都在客户端进行，相关操作产生的数据信息可以及时地存储在数据库中，相互隔离，但是又可以随时交互。用户通过一些接口，随时访问服务器端的数据库，来获得自身所需要的网络资源，而服务器遍历数据库给用户(即客户端)提供所需要的服务。

3.3 测温数据采集和接收

本系统属于接触式测温，测温系统包括上位机和下位机两部分，如图2所示，下位机负责数据的采集和发送，上位机负责数据的接收和汇总，然后再通过无线/有线发送给后台系统。

下位机包括高低压测温度数据采集和温度数据接收设备，该设备安装微功耗通讯芯片，可在牵引变电所的强电磁干扰环境下有效地工作，顺畅传输数据，功耗低、寿命长。

上位机为无线/有线信号接收发射机，是温度管理单元，可实现对环网柜、交直流屏、干式变压器柜内电接点，电流电压互感器、断路器、隔离开关、穿墙套管引线设备线夹的温度在线监测数据的接收、传输和控制。

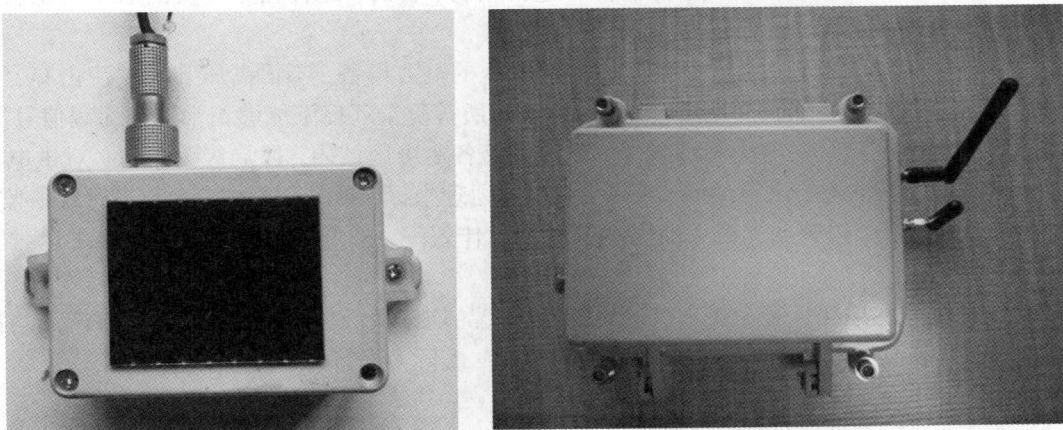

图2 接触式测温系统

4 技术原理

4.1 无线测温仪技术原理

通过数字温度传感器将被测设备温度转换成数字信号，再由温度测量微处理器将采集到的数字温度信息通过 2.4 G 通讯模块发射至信号接收发射机上。

4.2 信号接收发射机技术原理

信号接收发射机的温度测量处理器系统通过 2.4 G 无线发射接收模块传将无线测温仪检测到的温度数据通过 2.4 G 无线发射，接收模块接收，信号接收发射机上再通过温度测量微处理器系统将采集到的温度信息通过有线将数据传输给计算机终端。

4.3 专用天线技术原理

通过对微带天线性能的参数方向图、方向性系数、效率和输入阻抗进行仿真测试，确定技术参数，利用一个介质层附上金属层作为接地板，另一个面做出相应的微带线，通过金属探针对天线供电，构成微带天线。

4.4 总控信号接收机技术原理

工作频段为 2.4 G，采用 GFSK 调制，内置校验纠错电路和协议，校验功率、工作频率等全部工作参数，通过计算机软件设置，工作电压 3.6 V，同时编制特定的信号编码，可降低通讯时的误码率，大大提高通讯质量。

4.5 计算机管理软件技术原理

本软件底层通信基于 TCP/IP 的套接字网络连接。数据流首先由测温终端通过无线或有线的方式传于接收发射机，通过有线方式再传输至计算机管理中心服务器。本软件上层界面采用 VB. NET 设计。设计一个主画面统筹所有子画面，再设计若干个分画面细分各项数据和功能。

5 关键技术、创新点

5.1 关键技术

本装置通过研究抗强电磁干扰通信技术和无线测温等多项技术，开发出一种电气化铁路在线温度智能监测系统产品，在供电安全运行在线智能监测方面，具有强大的预警功能，关键技术如下。

①抗强电磁干扰技术。针对铁路变电所、分区所、开闭所等电力设备运行区域的强电磁干扰问题，所开发的通讯模块，采用国际先进通信技术配合特种天线，可通畅无阻的接收、发射无线信号，一举突破无线测温仪在复杂电磁环境下正常工作的技术瓶颈。

②无线信号编码和解码技术。对测温数字信号重新编码、解码，配合独立开发的通讯模块，有效地解决了在强电磁干扰情况下，信号的顺畅发送和接收。

③等电位和特种天线的外壳设计。适用于各等级电压的电力设备，不惧高压和大电流击穿，不会对其他无线设备干扰。这使产品在铁路变电所、分区所、开闭所等复杂环境下能够正常传输无线信号。

④铁路系统各运维区域统一监测管理技术。铁路系统各运维区域内，以局级为单位，对供电设备所有接点采取统一的检测手段，统一进行编码、组网，并标定地理坐标，对温度等电力参数进行统一监测、运维人员统一调度，智能预警、报警功能极大地提高了运维工作效率，降低了运维成本，减轻了运维人员的工作强度。

⑤产品工作模块的低功耗长寿命技术。项目的所有产品均按微低功耗设计，同时所有产品均按军品要求生产、检验和验收，各类产品的实验室寿命在 8 年以上，实际寿命预计在 6 年以上。

5.2 技术优越性

①针对铁路变电所、分区所、开闭所等电力设备运行区域的强电磁干扰问题，所开发的通讯模块，采用自主研发的加密和解密器以及国际先进的 CDMA 通信技术配合特种天线，可通畅无阻地接收、发射无线信号，一举突破无线测温仪在复杂电磁环境下正常工作的技术瓶颈。

②抗强电磁场干扰监测仪技术和组网技术瓶颈的突破，可改变目前供电系统安全生产监测方式，将各类接点和开关的电力参数监测由过去的多种监测方式变为一种，利用开发的计算机管理软件把运维工作由过去层级管理和维护，变为各路局统一管理、调度，可将有限的人、财、物有机地结合，提高运维工作质量和效率，从而确保安全运行，提高铁路供电安全经济效益。

③项目实施后将把供电系统各类监测点的测温方式统一改变为自动化监测，减少以前各种监测方式的设备采购、维护、技术培训、人力巡查、数据采集、数据集中等工作，加大对监测点电力参数巡检周期、频次，而不增加费用支出，并可消除监测盲点，降低运维人员工作强度和安全生产风险，同时通过网络对故障点进行智能预警、报警，可有效地提高监测点电力参数监测工作效率和质量，最大限度地降低供电安全事故发生概率。

④本系统通过对供电系统所有监测点电力参数监测数据的收集，结合监测点环境气候情况，积累运行数据，从中可发现、分析电力设备氧化变化趋势、电流过载与温度的关系、安全用电与温度变化的关系等，即可有效管控供电线路的利用率，还可推动运维工作从技术检修向状态检修转变。

6　现场应用

图3　温度监测仪安装图

图4　信号采集控制器安装图

图5　计算机管理系统

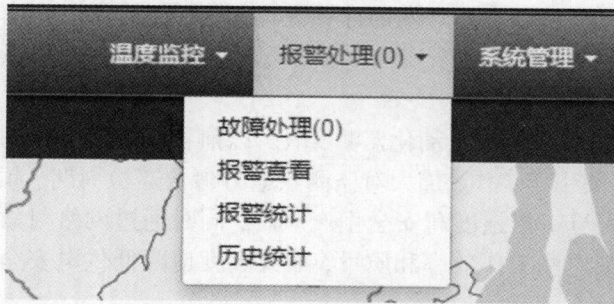

图 6　温度报警界面

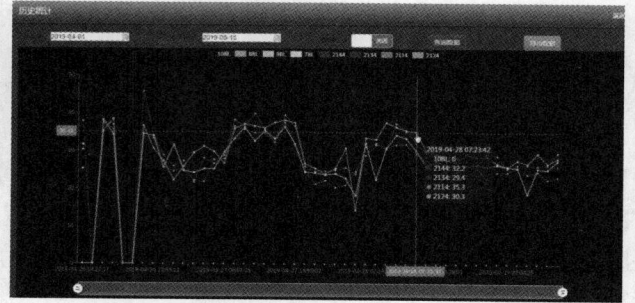

图 7　温度曲线图

7　结束语

　　在陆屋变电所安装使用智能化无线测温装置，具有实时传输、预警和大数据自动分析等功能，可以有效地管控变电所内馈线设备线夹温度变化，为及时排除故障进而避免安全事故发生提供强有力的支撑，建议在公司推广使用。

作者简介

徐杰，广西沿海铁路股份有限公司钦州供电段，助理工程师。

铁路供电 SCADA 系统网络安全补强方案探讨

师 斌 夏小舫

摘 要：本文基于当前铁路供电 SCADA 系统的结构，加强网络安全保护，分析安装防火墙过程存在的问题，查找原因。

1 引言

中华人民共和国工业和信息化部在 2011 年 9 月发布了《关于加强工业控制系统信息安全管理的通知》。原铁路总公司也在 2015 年发布了《中国铁路总公司网络安全管理办法》（TG／XX202—2015）以强化网络与信息系统安全管理，促进自主保护水平的提升。

铁路供电 SCADA 系统是铁路运输关键基础设施之一，网络安全至关重要。依据信息系统网络安全"分级分域、整体保护、积极预防、动态管理"的总体策略。防火墙、网闸、入侵检测装置、漏洞扫描装置、数据库审计装置、运维审计装置、安全管理平台、病毒防护及终端安全管理等硬件设备，对整个系统进行全面风险评估以掌握目前系统风险现状。防火墙是供电 SCADA 系统网络防护的第一道大门。

在安装防火墙后，出现实部分现场被控站 IP 无法 ping 通、调度台功能无法验证。

2 原因分析

数据采集交换机 1、2 通过堆叠线缆连接在一起，从逻辑上虚拟成一台交换设备。数据采集交换机 1、2 之间形成冗余备份，当数据采集交换机 1 故障时，数据采集交换机 2 可以接替数据采集交换机 1，保证系统的正常运行。

通信段路由器采用的是 VRRP 技术—虚拟路由器冗余协议，是一种容错协议，它保证当主机的下一跳路由器出现故障时，由另一台路由器来代替出现故障的路由器进行工作，从而保持网络通信的连续性和可靠性。VRRP 将局域网内的一组路由器划分在一起，形成一个 VRRP 备份组，它在功能上相当于一台虚拟路由器，使用虚拟路由器号进行标识。虚拟路由器是工作在实际的物理路由器之上的。它由多个实际的路由器组成，包括一个 Master 路由器和多个 Backup 路由器。Master 路由器正常工作时，局域网内的主机通过 Master 与外界通信。当 Master 路由器出现故障时，Backup 路由器中的一台设备将成为新的 Master 路由器，接替转发报文的工作。

2.1 既有网络与外部网络接口拓扑图（图 1）

数据采集交换机通过光纤与通信段路由器连接。

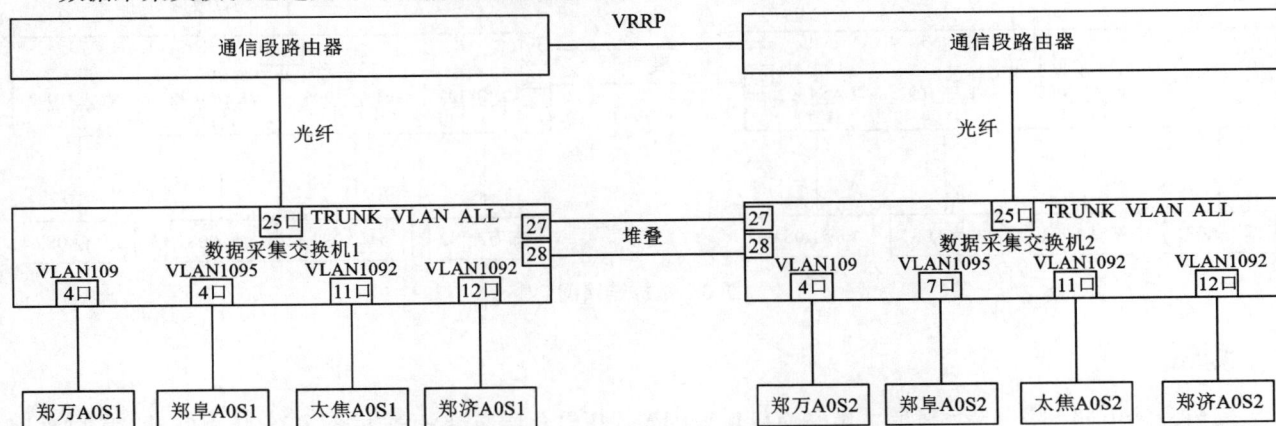

图 1　既有网络与外部网络接口拓扑图

2.2 安装防火墙后网络与外部网络接口拓扑图(图2)

通信段路由器、防火墙、数据采集交换机依次连接。

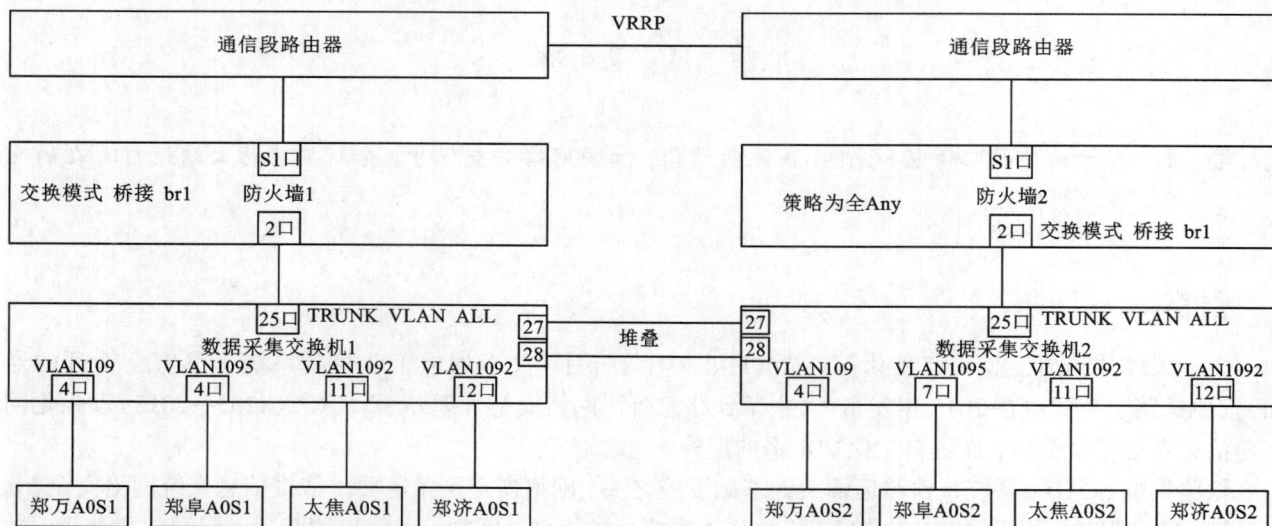

图2 安装防火墙后网络与外部网络接口拓扑图

2.3 数据链路图(图3)

数据采集交换机至两个防火墙间的链路都是激活的状态,所以数据会依据路径最优等因素,选择不同的链路,即部分站点的数据跑在防火墙1这一侧,部分数据跑在防火墙2这一侧。

Master通信段路由器在正常工作状态下,SCADA系统调度主站与被控站数据通过Master通信段路由器进行交互,Backup通信段路由器监视Master通信段路由器,跑在防火墙2这一侧的数据,防火墙2与Backup路由器的链路不是激活的,导致不通。

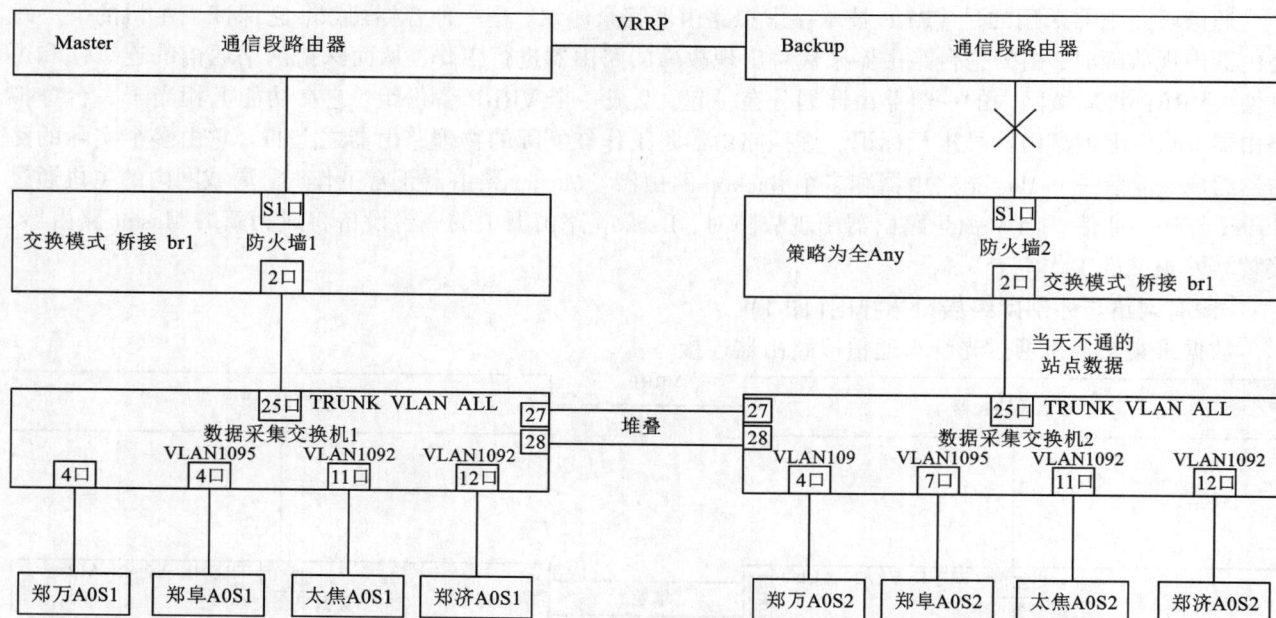

图3 数据链路图

3 测试

通信段路由器、防火墙、数据采集交换机重新配置,开启允许流量异步功能、开启接口联动、接口采用trunk模式,以避免出现数据来回路径不一致、路由器VRRP主备检测不成功出现双主等情况。

3.1 检查通信段路由器配置(图4)

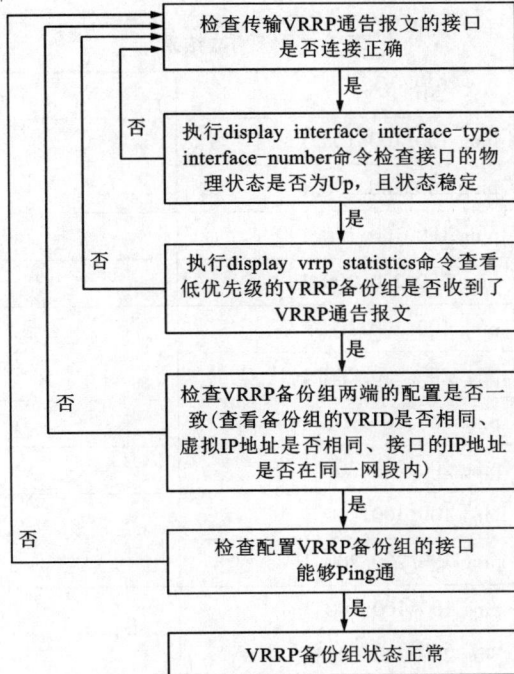

图4 检查通信段路由器配置

3.2 系统测试(图5)

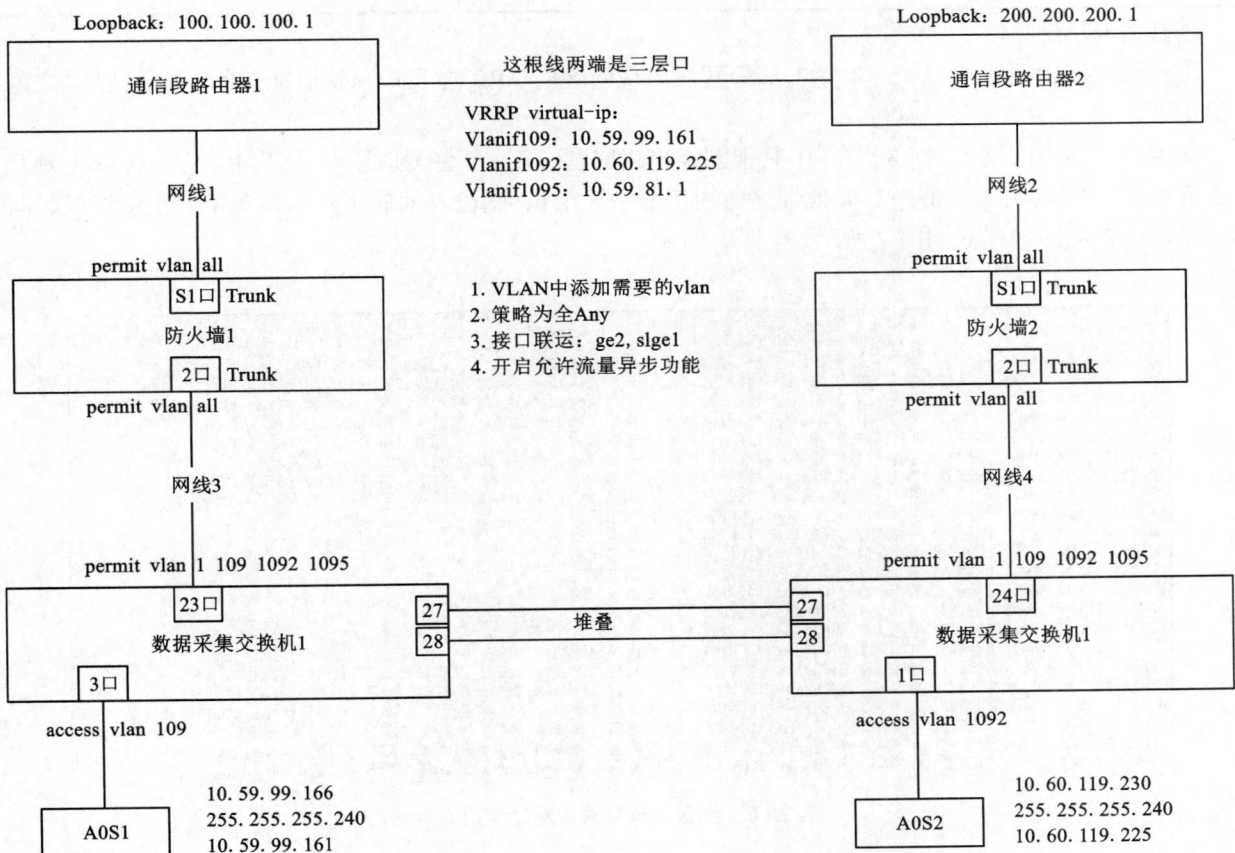

图5 系统测试

测试结果见表 1。

表 1　系统测试结果

步骤	测试步骤	测试内容	测试结果
1	拔掉网线 1	ping 100.100.100.1	正常。最多只丢 1 个包
		ping 200.200.200.1	
2	恢复网线 1	ping 100.100.100.1	正常。最多只丢 1 个包
		ping 200.200.200.1	丢 8 个包
3	拔掉网线 3	ping 100.100.100.1	正常。最多只丢 1 个包
		ping 200.200.200.1	
4	恢复网线 3	ping 100.100.100.1	正常。最多只丢 1 个包
		ping 200.200.200.1	丢 8 个包
5	拔掉网线 2	ping 100.100.100.1	正常。
		ping 200.200.200.1	
6	恢复网线 2	ping 100.100.100.1	丢 8 个包
		ping 200.200.200.1	正常。丢 1、2 个包
7	拔掉网线 4	ping 100.100.100.1	正常。
		ping 200.200.200.1	
8	恢复网线 4	ping 100.100.100.1	丢 8 个包
		ping 200.200.200.1	正常。丢 1、2 个包

测试情况小结：

①当此网络中网线 1、2、3、4 其中某根网线出现问题时，PC 与 loopback 地址（模拟所亭地址）之间的通信正常。

②当此网络中网线 1、2、3、4 其中某根网线出现问题，又重新恢复时，PC 与其中 1 个 loopback 地址之间通信正常，PC 与另 1 个 loopback 地址之间通信会丢 8 个包（这段时间属于路由器正常的主备切换时间）。

测试过程截图如图 6 和图 7 所示。

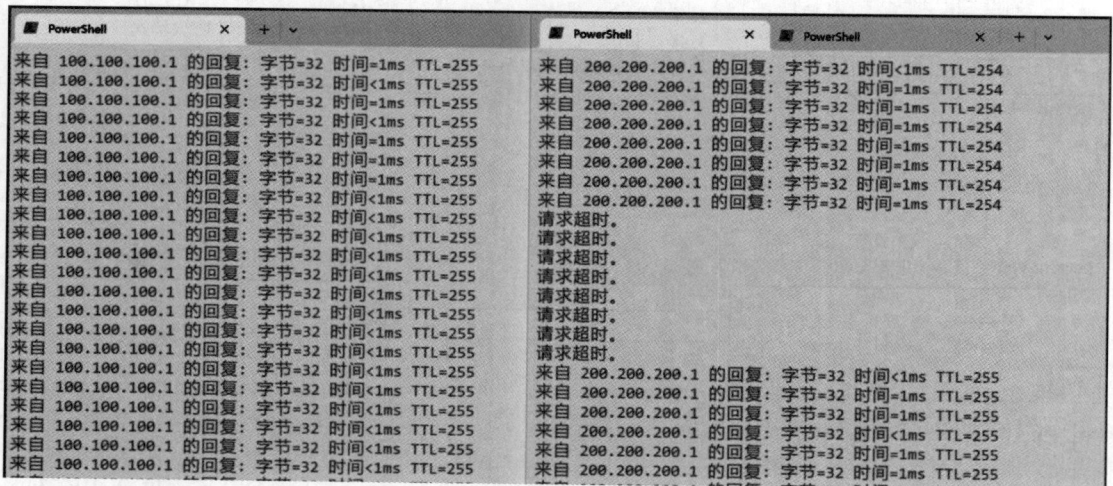

图 6　步骤 2 与步骤 4 测试情况

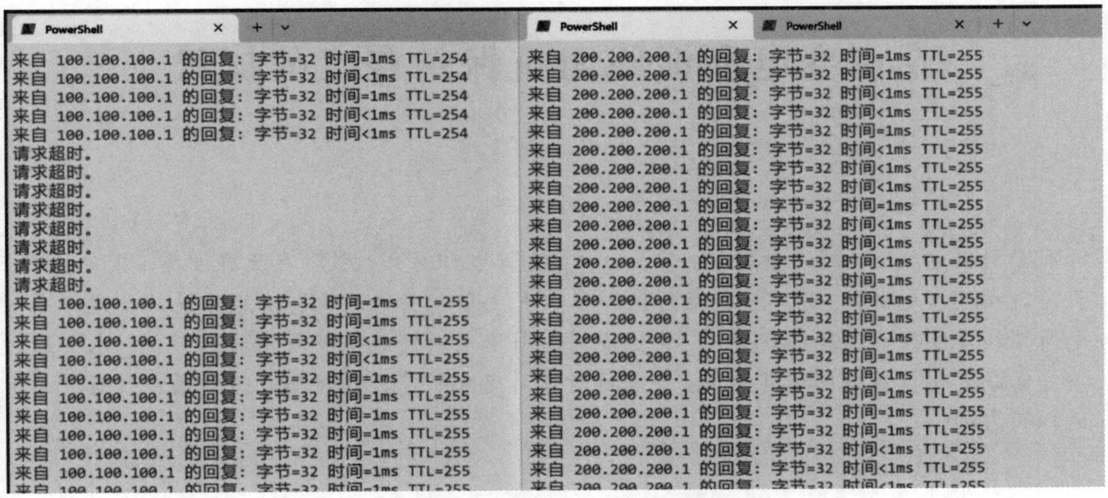

图 7　步骤 6 与步骤 8 测试情况

4　结论

防火墙、数据采集交换机、通信段路由器主备切换正常，测试通过。

5　结束语

防火墙在选型时，提前调查内部网络与外部网络的网络结构，网络配置，按照所需的功能选型。防火墙安装前，按照功能进行测试，保持最小安装策略，即使有些是安全的，不需要的情况下不要安装。防火墙控制在计算机网络中各种信任级别之间传输的数据流，可以阻断攻击，但不能消灭攻击源，也不具备杀毒功能。

作者简介

师斌，中国铁路郑州局集团有限公司供电部。
夏小舫，中国铁路郑州局集团有限公司工电部，科长。

牵引变电所馈线阻抗保护整定的探讨

王 静

摘　要： 既有牵引供电线路，随运量增加，作业方式、列车组织方式改变，在既有设备不变的情况下，V型天窗时间段、大坡道、列车密集运行区间多次发生负荷特性跳闸，按照原设计整定方式对牵引变电所馈线设备距离保护进行整定，常出现对牵引变电所馈线保护负荷特性跳闸，本文通过变电所馈线保护负荷特性跳闸统计分析，合理地对牵引变电所馈线距离保护进行整定，减少牵引供电对运输的影响。

1　正常情况下馈线阻抗保护的计算

按照《牵引供电系统继电保护配置及整定计算技术导则》（Q/CR687-2018），复线直供牵引网正常整定计算。

距离 I 段：电抗定值按保护范围不超过分区所断路器整定，见公式（1）。

$$X_{dzI} = K_k(L_0 x_0 + L_1 x_1)\frac{n_{CT}}{n_{PT}} \tag{1}$$

式中：K_k——可靠系数，取 0.85；

L_0——供电线长度，单位为千米（km）；

x_0——供电线单位电抗，单位为欧每千米（Ω/km）；

L_1——接触网长度，单位为千米（km）；

x_1——接触网单位电抗，单位为欧每千米（Ω/km）；

n_{CT}——电流互感器变比；

n_{PT}——电压互感器变比。

电阻定值：按照躲过最小负荷阻抗整定，见公式（2）。

$$R_{dzI} = \frac{U_{min}}{K_k I_{fhmax}}\left(\cos\varphi_{fh} - \frac{\sin\varphi_{fh}}{\tan\varphi_{xl}}\right)\frac{n_{CT}}{n_{PT}} \tag{2}$$

式中：K_k——可靠系数，取 1.2；

U_{min}——正常供电时变电所最低运行电压，单位为伏（V）；

I_{fhmax}——正常供电时变电所最大负荷电流，单位为安（A）；

φ_{fh}——负荷阻抗角，单位为度（°）；

φ_{xl}——线路阻抗角，单位为度（°）；

n_{CT}——电流互感器变比；

n_{PT}——电压互感器变比。

动作时限：一般整定为 0.1 s。

距离 II 段：电抗定值按保护上下行全长整定，见公式（3）。

$$X_{dzI} = 2K_k(L_0 x_0 + L_1 x_1)\frac{n_{CT}}{n_{PT}} \tag{3}$$

式中：K_k——可靠系数，取 1.2；

L_0——供电线长度，单位为千米（km）；

x_0——供电线单位电抗，单位为欧每千米（Ω/km）；

L_1——接触网长度，单位为千米（km）；

x_1——接触网单位电抗，单位为欧每千米(Ω/km)；

n_{CT}——电流互感器变比；

n_{PT}——电压互感器变比。

电阻定值：与距离Ⅰ段电阻定值相同。

2 近年来因运量增加出现的馈线负荷跳闸的统计和分析

2.1 对管内变电所 2017 年后特性跳闸进行统计

管内变电所 2017 年后特性跳闸统计数据见表 1。

表 1 管内变电所 2017 年后特性跳闸统计数据

序号	所亭	跳闸时间	运行编号	保护名称	故障仪指示/km	电流/A	电压/kV	电阻/Ω	电抗/Ω	阻抗/Ω	阻抗角(°)
1	魏集变电所	2021-03-23	214	阻抗Ⅰ段出口	13.630	1662	19.934	10.94	4.94	12.0040	24.63
2	魏集变电所	2021-02-7	213	阻抗Ⅰ段出口	17.250	1494	18.873	10.95	6.23	12.5980	29.70
3	魏集变电所	2020-12-23	214	阻抗Ⅰ段出口	17.22	1458	20.165	12.35	6.22	13.8280	26.70
4	魏集变电所	2020-12-12	214	阻抗Ⅰ段出口	18.940	1482	19.890	11.53	6.86	13.4160	30.70
5	魏集变电所	2020-11-29	214	阻抗Ⅰ段出口	17.590	1434	19.541	12.02	6.35	13.5940	27.80
6	魏集变电所	2020-11-19	214	阻抗Ⅰ段出口	18.230	1343	20.861	13	6.58	14.57	26.90
7	魏集变电所	2020-01-03	213	阻抗Ⅰ段出口	18.96	1548	20.729	11.50	6.84	13.38	30.80
8	魏集变电所	2019-08-10	214	阻抗Ⅱ段出口	23.34	1296	20.432	13.32	8.40	15.7470	32.20
9	魏集变电所	2019-08-10	214	阻抗Ⅰ段出口	17.31	1368	21.161	14.14	6.25	15.46	23.90
10	魏集变电所	2019-08-09	214	阻抗Ⅰ段出口	18.68	1344	20.564	13.75	6.74	15.3130	26.10
11	魏集变电所	2018-11-24	211	阻抗Ⅰ段出口	13.440	1524	21.780	13.42	4.95	14.3040	20.20
12	魏集变电所	2018-11-24	211	阻抗Ⅰ段出口	13.890	1356	19.772	13.65	5.11	14.5750	20.60
13	魏集变电所	2018-10-20	213	阻抗Ⅰ段出口	17.720	1536	20.438	11.66	6.40	13.3010	28.80
14	魏集变电所	2018-07-03	214	阻抗Ⅰ段出口	16.72	1428	21.851	14.08	6.04	15.3210	23.30
15	魏集变电所	2018-04-24	214	阻抗Ⅱ段出口	19.530	1392	21.194	13.47	7.04	15.1990	27.70
16	魏集变电所	2017-12-21	211	阻抗Ⅰ段出口	14.05	1368	20.036	13.70	5.17	14.6430	20.70

续表

序号	所亭	跳闸时间	运行编号	保护名称	故障仪指示/km	电流/A	电压/kV	电阻/Ω	电抗/Ω	阻抗/Ω	阻抗角(°)
17	魏集变电所	2017-06-01	214	阻抗Ⅰ段出口	14.61	1386	20.281	13.64	5.29	14.63	21.20
18	魏集变电所	2017-02-13	212	阻抗Ⅰ段出口	13.590	1422	17.963	11.60	5	12.6320	23.30
19	魏集变电所	2017-01-23	214	阻抗Ⅰ段出口	18.090	1416	20.856	13.18	6.53	14.7090	26.40

2017 年以来魏集变电所发生负荷特性跳闸 19 件,在负荷特性跳闸时变电所母线电压低,多数低于 20 kV;110 kV 电源电压多低于 103 kV,通过对进线、馈出母线电压分析,系统容量呈现不足的情况。

2.2 原因分析

2.2.1 负荷特性跳闸数据分析

负荷特性跳闸数据基本上是电压 21 kV 左右,最大负荷电流 1500~2000 A,母线电压低于整定值 3 kV 左右,最大负荷电流远高于设计整定的 1000 A。下面以焦柳、陇海线设计定值为例分析。

焦柳线开通时设计部门馈线阻抗保护整定的主要参数:母线最低电压按 24 kV、最大负荷电流分别在 500~900 A。

宁西复线开通时设计部门馈线阻抗保护整定的主要参数:南阳西-信阳段母线最低电压按 24 kV、最大负荷电流 500~1000 A、负荷阻抗角 23.07°;镇平-西坪母线最低电压按 24 kV、最大负荷电流 1000~1900 A、负荷阻抗角 23.07°。

陇海线扩能改造时设计部门馈线阻抗保护整定的主要参数:母线最低电压按 22 kV、最大负荷电流 1200~1700 A,主要依据洛阳供电段提供的扩能改造前期供电段负荷统计及发生的负荷特性跳闸参数进行整定计算。

从中可知:设计部门给出的馈线负荷阻抗计算中负荷电流值选择偏小,母线电压取值偏高(24 kV),特别是同一条线路不同设计部门给出的馈线负荷电流相差一倍,即负荷阻抗相差一倍。

2.2.2 距离保护负荷特性跳闸理性分析

①牵引变压器在馈线距离保护负荷特性跳闸时,牵引变压器均无过负荷报警或跳闸,但系统电压大幅度下降,变电所进线、母线电压降低,系统容量呈现不足情况。

②负荷阻抗的两个电气(U_{min}、I_{maxfh})整定没有原则规定,无论越区供电还是正常供电多数设计部门最低工作电压都是 24 kV 计算,最大负荷电流基本是设计院了解运输部门的车流量平均平铺确定。致使一条线两个设计院编制的负荷阻抗值相差一倍左右。

③距离保护是电压、电流向量的之比,设置距离保护就是为了对电流保护没有方向性进行完善,区分负荷特性和短路特性,使保护更具选择性和可靠性。

④在 V 型天窗作业时,分区所不并联造成馈线电流上下行不分流、负荷特性跳闸。

3 解决方案

3.1 解决设计负荷阻抗整定问题

馈线最大负荷电流的整定的原则改为:按系统最小运行方式下馈线末端最小短路电流并结合负荷的原则进行整定。母线最低电压按末端保证机车最低电压整定。

以魏集变电所为例进行说明。

例如:魏集牵引变电所最小运行方式阻抗 X1Σ. min * 为 0.1965,系统基准容量 Sj(MVA)为 100 MVA,系统基准电压 U_{j_1} 为 115 kV,主变容量 Sbe 为 16 MVA,主变短路阻抗 Ud% 为 10.9%;27.5 kV 基准电压 U_{j_2} 为 27.5 kV;馈线最大阻抗 Zq 为 9.36 Ω,计算和正常跳闸参数反推魏集牵引变电所末端最小短路电流计算值。

　　主变短路阻抗标幺值 $Xb* = Ud\%×Sj/(100×Sbe) = 10.9×100/(100×16) = 0.68$；

　　27.5 kV 基准电流 $Ij = Sj/(\sqrt{3}×Uj_1) = 100/(\sqrt{3}×115) = 2099.46$；

　　27.5 kV 基准阻抗 $Zj = (Uj_2×Uj_2)/Sj = (27.5×27.5)/100 = 7.56$；

　　馈线最大阻抗标幺值 $Zq* = Zq/Zj = 9.36/7.56 = 1.24$；

　　馈线末端最小短路电流 $ID.min.SP = \sqrt{3}Ij/(2(X1Σ.min*)+Xb*+Zq) = \sqrt{3}×2099.46/(2×0.1965+0.68+1.24) = 1572.51$。

　　设计院给出魏集变电所最大负荷电流为 900 A，该值为设计院了解运输部门的车流量平均平铺确定，与实际运行最大负荷电流不符，因此我们将最大负荷电流从 900 A 提高 1400 A，母线电压降低到 22 kV 进行整定计算，较好地解决了馈线负荷特性跳闸又不会发生末端短路时保护拒动问题。

3.2　解决分区所"V"型天窗造成的"过负荷"跳闸问题

　　加强与运输部、调度所的沟通，在运输繁忙取流大的区段"V"型天窗时段，合理安排行车，适当扩大列车追踪间隔，避免同一供电臂内多列重联列车运行。

参考文献

[1] 中国铁路总公司.牵引供电系统继电保护配置及整定计算技术导则：Q/CR687—2018[S].北京：中国铁道出版社，2018.

[2] 中华人民共和国铁道部.铁路电力设计规范：TB 10008—2006[S].北京：中国铁道出版社，2007.

[3] 谭秀炳.铁路电力与牵引供电系统继电保护[M].成都：西南交通大学出版社，2007.

作者简介

王静，中国铁路郑州局集团有限公司洛阳供电段，洛阳变电检修车间副主任，工程师。

关于控制牵引变电所最大需量以减少成本支出的设想

朱鸿元

摘　要：本文介绍了目前牵引供电计费中基本电费的选择，通过对负荷率的对比及分析，提出提高负荷率的意义及经济价值。根据牵引供电负荷的特点，通过控制最大需量，提高负荷率，达到减少支出，提高效益的目的。

1　引言

降低成本支出，提高企业效益，是每个国有企业的目标。随着电气化铁路的发展，陇海扩能、焦柳电化、宁西复线改造、重载列车的运行，洛阳供电段作为铁路运营单位的用电大户，牵引供电用电量逐年递增，2022 年牵引供电支出电费约 11.2 亿。两部制电价的实行，减少了用电企业的电费支出，降低了电气化铁路的运营成本。

2　电费的组成

电费＝电量电费＋基本电费＋功率因数调整电费

基本电费＝计费容量或计费需量×基本电价

本文重点对基本电费进行探讨，对于电量电费、功率因素调整电费（目前管内 27 座牵引变电所功率因数均大于 0.95）不再进行详细说明。

3　如何选择基本电费

近年来，铁路牵引供电基本电价按照大工业企业两部制电价执行，以牵引变压器容量或最大需量作为计算电价的依据，由用电部门根据自身情况进行选择，与供电部门签订合同，确定限额。

需量电费＝最大需量×需量电价（目前河南省按 28 元/kW 执行）；容量电费＝变压器容量×容量电价（目前省内按 20 元/(kV·A) 执行）。

最大需量：是指计量在一定结算期内（一般为一个月）某一段时间（15 min）客户用电的平均功率。

①当最大需量×需量电价＜容量×容量电价时，即最大需量/容量＜0.714 时，可选择按最大需量计费。

②当最大需量×需量电价＞容量×容量电价时，即最大需量/容量＞0.714 时，可选择按容量计费。

4　最大需量及负荷率分析

以宁西线六座执行需量计费的牵引变电所 2023 年 1 月份电量统计为例进行分析，见表 1。

表 1　宁西线变电所 2023 年 1 月份电量统计

序号	名称	容量/(kW·h)	有功电量/(kW·h)	需量/(kW·h)	需量/容量/%	月负荷率/%	5 日负荷率/%	15 日负荷率/%	25 日负荷率/%
1	月河店变电所	40000	3157000	18595.5	46.49	22.81	33.33	38.89	43.75
2	安棚变电所	40000	3438050	17594.5	43.99	26.26	36.11	37.5	50
3	白秋变电所	32000	1986500	13860	43.31	28.96	38.89	62.5	50
4	南阳西变电所	45000	6188160	19624	43.61	42.38	64.44	75.56	64.1

续表1

序号	名称	容量/(kW·h)	有功电量/(kW·h)	需量/(kW·h)	需量/容量/%	月负荷率/%	5日负荷率/%	15日负荷率/%	25日负荷率/%
5	镇平变电所	31500	3791040	16046.8	50.94	31.75	67.65	66.2	47.71
6	内乡变电所	31500	4367880	16288.8	50.71	36.04	55.95	64.68	52.78

①因需量/容量均小于0.714，故6座牵引变电所基本电费均执行以需量计费，执行需量计费后比执行容量计费节省电费约22000×20−102009.6×28＝1543731.2元。

②负荷率指在统计期内（日、月、年）内的平均负荷与最大负荷之比的百分数。从月负荷率进行数据分析，月负荷率偏低。主要原因为牵引供电负荷特性，造成负荷率低。牵引供电的负荷主要来自牵引机车的取流。当线路上列车密集运行时，牵引网负荷大，会产生最大需量；当线路上列车少或无列车时，牵引网电流小或无电流。铁路牵引用电的不平衡的特点，造成需量大，平均负荷小，负荷率低的特点。

③将6座牵引变电所的月负荷率进行对比分析。南阳西变电所因为枢纽变电所，供电臂多，负荷相对均衡，负荷率较其他所高。月河店变电所地处局交界处，运输组织相对难度较大，容易负荷密集，负荷率低。

④将月负荷率与日负荷率进行比较，两者相差1.5~2倍。虽然日负荷率不能全面反映整月的负荷率情况，但是将月负荷率提高5%，甚至是10%是有可能实现的。

⑤提高负荷率，控制最大需量的经济价值（表2）。如果负荷率能提高5%，6座牵引变电所能够节省电费40.42万元/月，如果负荷率能够提高10%，能够节省电费70.57万元/月。

表2　提高负荷率后的经济价值

序号	名称	月负荷率/%	提高5%/%	节约基本电费	提高10%/%	节约基本电费/元
1	月河店变电所	22.81	27.81	93582.94	32.81	158650.9
2	安棚变电所	26.26	31.26	78787.84	36.26	135849.5
3	白秋变电所	28.96	33.96	57134.69	38.96	99605.12
4	南阳西变电所	42.38	47.38	57980.86	52.38	104893.3
5	镇平变电所	31.75	36.75	61124.19	41.75	107609.2
6	内乡变电所	36.04	41.04	55563.4	46.04	99058.81

5　对于如何有效地提高负荷率，减小最大需量的设想

①合理组织行车。例如：天窗点结束后的列车组织秩序，重载列车的运行秩序，尽量避免列车短时密集，产生最大需量。可考虑将需量报警装置引入调度系统，保证有效控制和平衡用电负荷。

②当转移负荷时，会产生最大需量。例如：当某所因故障或停电检修，须邻所越区供电时，其负荷由相邻变电所带，会造成相邻所产生最大需量。不考虑故障保畅通的情况，日常全所停电检修，越区供电时，尽量安排在接触网天窗点时间内进行，此时线路上负荷小。

③调查2023年2月1日—21日月河店牵引变电所最大需量值，出现时间为2月19日5时03分，变压器高压侧负荷如图1所示。三相电流最大值出现在4时58分。其产生到恢复正常时间仅有2 min。牵引变电所供电臂长度、列车运行速度、机车数量、功率、牵引量及线路环境因素决定了牵引供电大负荷出现时间短，故从线路设计、运行图编制等方面均可将此纳入考虑范围，以及更长周期的计算方式也能减小最大需量。

6　结束语

本文介绍牵引供电负荷率的特点，提高负荷率、降低最大需量需要铁路各部门的互相密切配合。

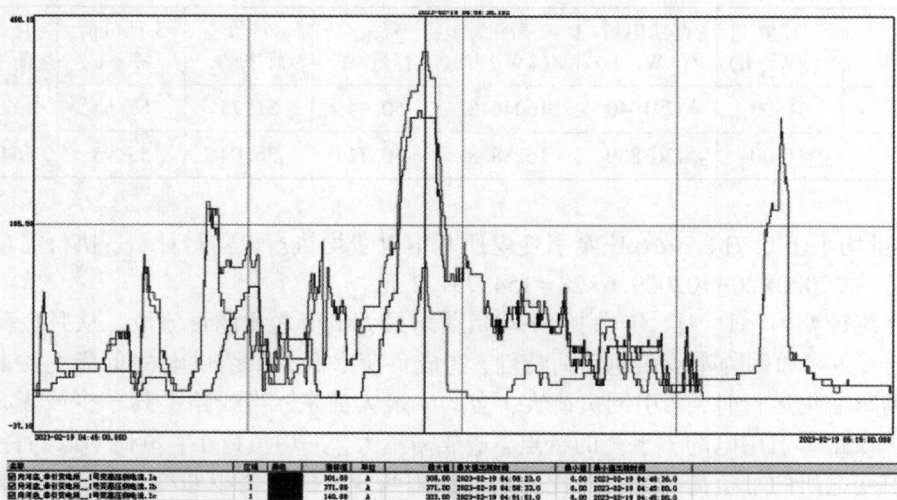

图 1　月河店变电所最大需量出现时的 30 min 负荷图

参考文献

［1］张凯，解绍峰，孙镜堤，等.最大需量法对新建高速铁路的适用性研究［J］.电气化铁道，2019，30（6）：6.

作者简介

朱鸿元，中国铁路郑州局集团有限公司洛阳供电段，工程师。

普速牵引网短延时保护和电力机车保护配合探究

闫 晓

摘 要： 本文对普速复线电气化铁路中牵引变电所、分区所和电力机车的短延时保护进行分析，研究解决三者短延时保护时间之间相互配合的问题，旨在实现故障时刻保护能够选择性跳闸，缩小故障范围，减少对牵引供电系统的影响，保证正常的运输秩序。

1 引言

牵引供电系统为电力机车提供连续可靠的电能，继电保护在其中发挥关键作用，当牵引供电系统故障和不正常运行时，继电保护能够切断故障或发出报警信号，保证供电系统及其设备安全运行。对于牵引网而言，电力机车长期通过受电弓和接触线滑动接触取流，极易出现问题，从而导致牵引网故障，其自身特性和继电保护将直接影响普速电气化铁路继电保护的设置，因此研究牵引网继电保护与电力机车继电保护之间的配合具有重要意义和作用。

2 牵引供电系统

铁路从地方引入电源（110 kV 及以上），经牵引变电所变压器变换为额定电压 27.5 kV、频率 50 Hz 的单相交流电送至电力机车的整个系统叫牵引供电系统。牵引供电系统主要由牵引变电所和牵引网两大部分组成，如图 1 所示。

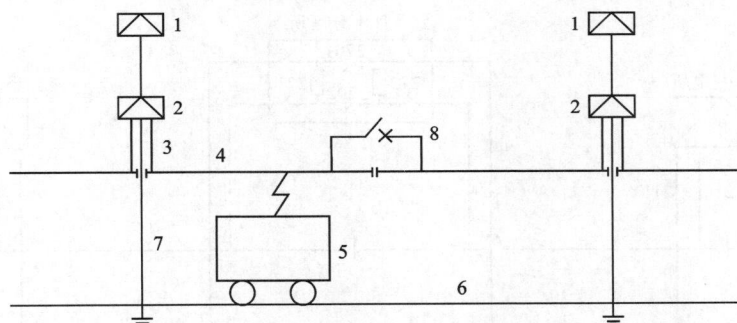

1—地方变电所；2—牵引变电所；3—供电线；4—接触网；
5—电力机车；6—钢轨；7—回流线；8—分区所。

图 1 电气化铁路牵引供电系统

2.1 牵引变电所

牵引变电所作用是将电力系统供应的三相高压交流电转变为适用于电力机车运行的单相交流电，为电力机车提供能源。

2.2 牵引网

牵引网主要包括馈电线、接触网、钢轨、大地和回流线。牵引电流从牵引变压器流出，经由馈电线、接触网供给电力机车，再经钢轨、大地和回流线等返回牵引变电所主变压器。

2.3 电力机车

电力机车通过其顶部升起的受电弓和接触网滑动接触，使牵引电能由接触网进入电力机车，再通过电力机车的牵引电机及其变换和控制机构，将电能转化为可用的机械能，牵引列车运行。

2.4 分区所

复线电气化铁路的两个牵引变电所之间设置分区所，实现电气化铁路上下行接触网并联，提高供电臂末端接触网电压，均衡上下行供电臂电流，降低电能损失；在牵引变电所发生故障的情况下，可通过分区所由相邻牵引变电所实现越区供电。分区所的设置能加强供电的灵活性，提高运行的可靠性。

3 牵引网馈线保护

3.1 距离保护

距离保护是牵引网的主保护，可用测量继电保护安装处的母线电压和线路电流来实现，具有灵敏度高的优点。根据牵引负荷的特点，在距离保护中增加自适应判据，即根据电流中的谐波含量自动调节阻抗保护的动作范围，提高保护躲负荷能力。

3.2 电流保护

当牵引网发生故障短路时，牵引网的电流会急剧增大。电流保护就是根据这一特性反应电流增大而动作的保护。牵引网供电、继电保护方式不同，电流保护配置方式不同。

3.3 电流增量保护

当牵引网发生非金属性短路故障时，如果过渡电阻较大，可能导致距离保护和电流保护都会拒动，此时用电流增量保护实现保护动作。电流增量保护根据电流在短时间内的增加幅度来区分负荷和故障电流。

4 保护配合分析

4.1 保护跳闸实例

2023 年 1 月 27 日 18 时 16 分 32 秒宁西线丹水分区所 272 断路器跳闸，过流速断、距离 Ⅱ 段动作，未投重合闸。故障参数：故障电流 1366 A、短路电压 4 kV、电阻 1.9 Ω、电抗 2.2 Ω。经调查确认，机车内部故障造成保护跳闸，同时引起丹水分区所 272 断路器跳闸。调阅西峡变电所 211、212 断路器保护动作情况，211、212 断路器电流增量保护均启动，但保护未出口。丹水分区所运行情况如图 2 所示。

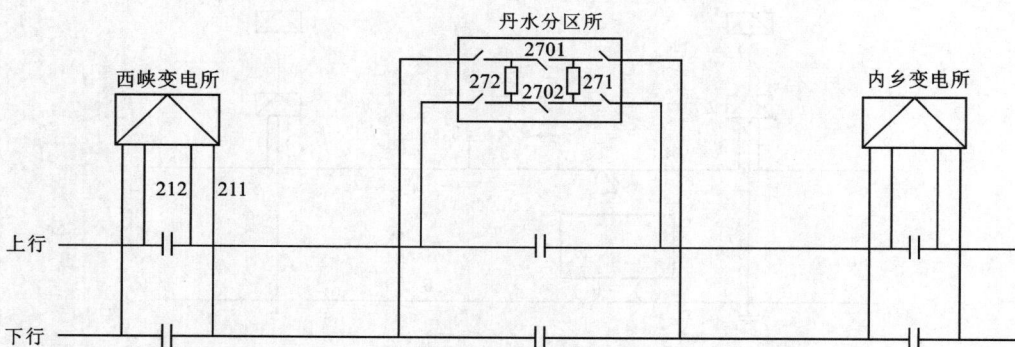

图 2 丹水分区所并联运行

4.2 保护分析

调查该机车电流速断保护动作时限整定为 10 ms；丹水分区所过流速断、距离保护动作时限整定为 10 ms，过流速断整定值为 707.2 A；西峡变电所 211、212 馈线电流速断和距离 Ⅰ 段保护动作时限整定为 100 ms，电流速断整定值为 3147.5 A；西峡变电所 211、212 馈线电流增量保护动作时限整定为 2 s，动作值整定为 900 A。

可分析跳闸过程：电力机车故障时，其电流速断保护动作；丹水分区所 272 并联断路器与电力机车内部保护整定时限一致，均为 10 ms，分区所并联断路器同时跳闸；故障时电流、阻抗值未达到西峡变电所馈线电流速断和距离 Ⅰ 段整定值，保护未启动；故障电流超过西峡变电所电流增量保护整定值，保护启动，但时限不足，保护返回。

通过分析发现：当电力机车发生短路故障时，故障同时在分区所短延时保护范围内，两者保护时限设置一致，导致电力机车电流速断和分区所短延时保护同时动作，失去了保护的选择性。

4.3 标准规范

电气化铁路有关牵引网和电力机车保护要求如下：

《电气化铁道电力机车与牵引供电系统继电保护及自动装置配合的技术要求》(TB/T 2808—1997)明确规定："电力机车 25 kV 侧电流速断应能区分正常工况及故障；包括断路器全断开时间在内整组动作时间不应大于 60 ms。"

《牵引供电系统继电保护配置及整定计算导则》(Q/CR 687—2018)要求"复线变电所电流速断、距离 I 段保护动作时限一般整定为 100 ms，分区所距离保护及过电流保护动作整定时限与变电所电流速断、距离 I 段保护动作整定时限相同"。

4.4 问题研究

解决分区所短延时保护和电力机车电流速断保护同时动作的问题，须延长分区所短延时保护动作整定时限，躲过电力机车电流速断保护动作时间，同时保证分区所短延时保护动作整定时限和变电所短延时保护动作整定时限不能一致，否则会造成接触网上(下)行线路故障时，牵引变电所上下行断路器及分区所并联断路器同时跳闸，扩大停电范围，影响正常的运输秩序。因此，牵引变电所、分区所和电力机车的保护时限要统筹考虑。

在实际运行中，电力机车电流速断保护时间一般整定为 10 ms，其整体保护动作切除故障的时间不大于 60 ms，牵引变电所短延时保护动作时限按导则整定为 100 ms，分区所短延时保护动作整定时限可整定为 50 ms，三者可形成配合。三者之间保护动作时间关系如图 3 所示。

$$t_1 < t_2 + t_0 < t_3$$

t_1—电力机车电流速断整组动作时间不大于 60 ms；

t_2—分区所短延时保护动作时间 50 ms；

t_3—变电所短延时保护动作时间 100 ms；

t_0—牵引网继电保护固有动作时间 20 ms。

图 3 保护动作配合时间

5 结束语

在实际应用中，必须考虑牵引网短延时保护与电力机车保护时间的配合，避免电力机车内部故障时牵引网保护先(或同时)动作，扩大事故停电范围，影响牵引供电系统的正常运行。在普速铁路牵引网保护中，电流速断保护及距离 I 段保护是延时最短的保护，须考虑其与电力机车电流速断保护的配合，实现保护的选择性，保证运输的稳定。

参考文献

[1] 中华人民共和国铁道部.电气化铁道电力机车与牵引供电系统继电保护及自动装置配合的技术要求：TB/T 2808—1997 [S].北京：中国铁道出版社,1997.

[2] 中国铁路总公司.牵引供电系统继电保护配置及整定计算导则：Q/CR 687—2018[S].北京：中国铁道出版社,2018.

作者简介

闫晓，中国铁路郑州局集团有限公司洛阳供电段，助理工程师。

一起牵引变压器比率差动动作情况分析及改进措施

李东发

摘　要：本文阐述了一起牵引变压器在雨雪恶劣天气下，接触网线索浮冰，机车受电弓与接触网拉弧运行，产生大量谐波；同时由于综合自动化装置"CT 断线"保护设计理念不符合铁路负荷特性，导致保护装置误告警，变电所在不能确认告警产生原因时，申请对主变压器进行切换后，造成变压器励磁涌流与机车驶入供电范围时自身励磁涌流叠加，导致运行变压器差动保护动作，全所停电，影响运输安全。

1　故障概况

某年某月某日 9 时，某变电所 2 号主变差动保护装置"差流越限、CT 断线"告警指示红灯亮，"电铃"声响。值班人员对相关设备巡视后未发现异常，对该信号进行"复归"。

10 时 05 分，2 号主变差动保护装置再次"CT 断线"告警指示红灯亮，"电铃"预告音响告警。

10 时 20 分，向局供电调度汇报、申请"将备用的 1 号主变投入运行后，将 2 号主变退出运行"。

10 时 42 分，局供电调度远动操作，将备用的 1 号主变投入运行，并将 2 号主变退出运行。

10 时 45 分，1 号主变差动保护动作，主变高低压侧断路器跳闸，全所失压，2 号主变自投成功。

故障报告内容：B 相比率差动保护动作。

纵差差流 $I_{da} = 0.298 I_e$、$I_{db} = 0.970 I_e$、$I_{dc} = 0.722 I_e$

制动电流 $I_{ra} = 0.302 I_e$、$I_{rb} = 0.722 I_e$、$I_{rc} = 0.518 I_e$

高压侧电流 $I_{ha} = 67.2$ A、$I_{hb} = 206.7$ A、$I_{hc} = 144.3$ A

低压侧电流 $I_{la} = 37$ A、$I_{lb} = 153$ A

当时天气为雨加雪，1 号主变压器跳闸 2 号主变压器投入运行后，2 号主变压器发生多次"差流越限""CT 断线"告警信号，通过现场观察发现在机车进入某车站时机车受电弓与导线间电弧产生，同时保护装置给出"差流越限""CT 断线"告警信号。15 时后雨加雪停止，天气转阴，保护装置无告警信号发出。

2　保护分析

2.1　保护定值

保护定值见表 1。

表 1　保护定值表

保护名称	参数名称	现场定值
差动速断	差动动作电流/A	$6 I_e$
比率差动	动作电流/A	$0.5 I_e$
比率制动	1 段制动电流/A	I_e
	1 段制动系数 K_1	0.3
	2 段制动电流/A	$3 I_e$
	2 段制动系数 K_2	0.5
二次谐波闭锁	二次谐波含量/%	15

2.2　保护动作分析

比率差动保护动作特性图如图 2 所示。

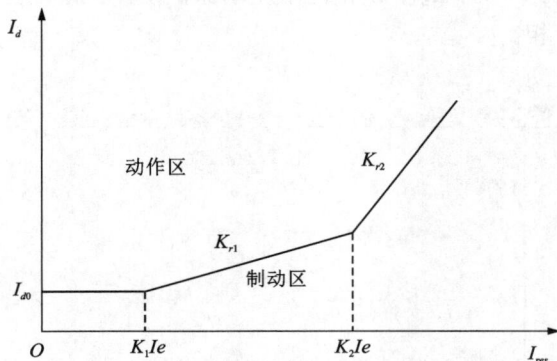

图 1　比率差动保护动作特性图

比率差动保护动作方程式如下：

$$I_d > I_{d0}, \ I_{res} < k_1 I_e \qquad\qquad 式（1）$$

$$I_d > K_{r1}(I_{res} - k_1 I_e) + I_{d0}, \ k_1 I_e \leqslant I_{res} < k_2 I_e \qquad\qquad 式（2）$$

$$I_d > K_{r2}(I_{res} - k_2 I_e) + K_{r1}(k_2 I_e - k_1 I_e) + I_{d0}, \ k_2 I_e \leqslant I_{res} \qquad\qquad 式（3）$$

动作参数分析：$I_{rb} = 0.722 I_e > K_2 I_e = 0.5 I_e$；$I_{db} = 0.97 I_e > 0.5(0.722 - 0.5) * I_e + 0.3(0.5 - 0.3) * I_e + 0.5 I_e = 0.67 I_e$；

满足式（3），故 B 相比率差动动作正常。

3　故障分析

3.1　差动保护范围设备分析

现场对 1 号主变压器差动保护范围内设备进行了全面检查，主要内容为对高低压侧电流互感器（含二次电缆）、主变压器（含绝缘油）、变压器中性点避雷器、主变压器二次侧避雷器、主变压器一二次断路器（含二次电缆）、综自保护装置进行试验，试验结果均合格，说明由变电所设备原因造成保护动作可以排除。

3.2　CT 回路、差流计算分析

正常运行过程中，当高压侧三相电流分别为 4.08 A，1.067 A 和 3.004 A，低压侧电流为 2.134 A，保护装置计算的差流为 0 A，如图 2 所示，说明现场 CT 接线、CT 极性、CT 回路、差流计算均正确。

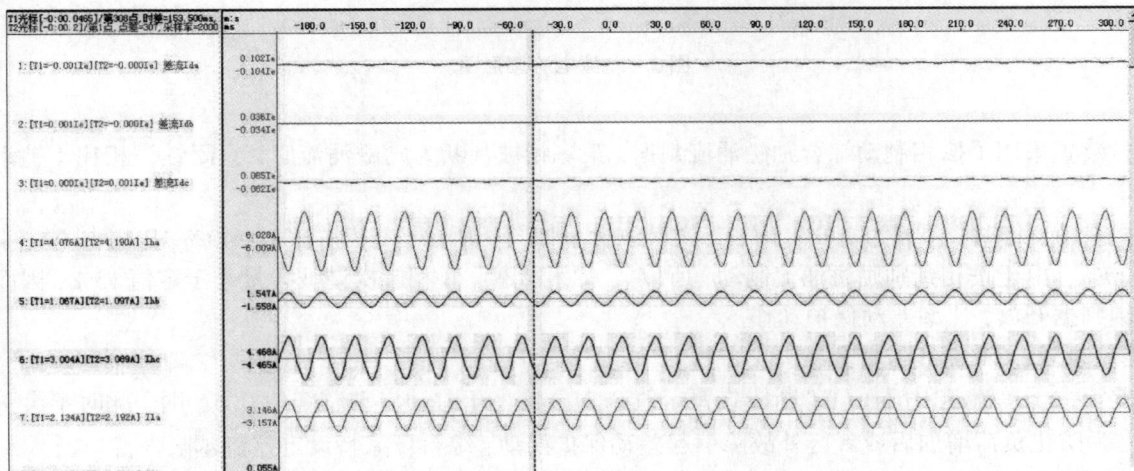

图 2　正常运行差流波形图

3.3 故障波形分析

1号主变差动动作波形如图3所示,10时45分00秒727毫秒主变纵差启动,此时,电流中含有较为明显的涌流特性。10时45分20秒551毫秒B相比率差动保护动作,此时,A、C相涌流特性明显,B相不明显(B相为牵引变压器重负荷相)。

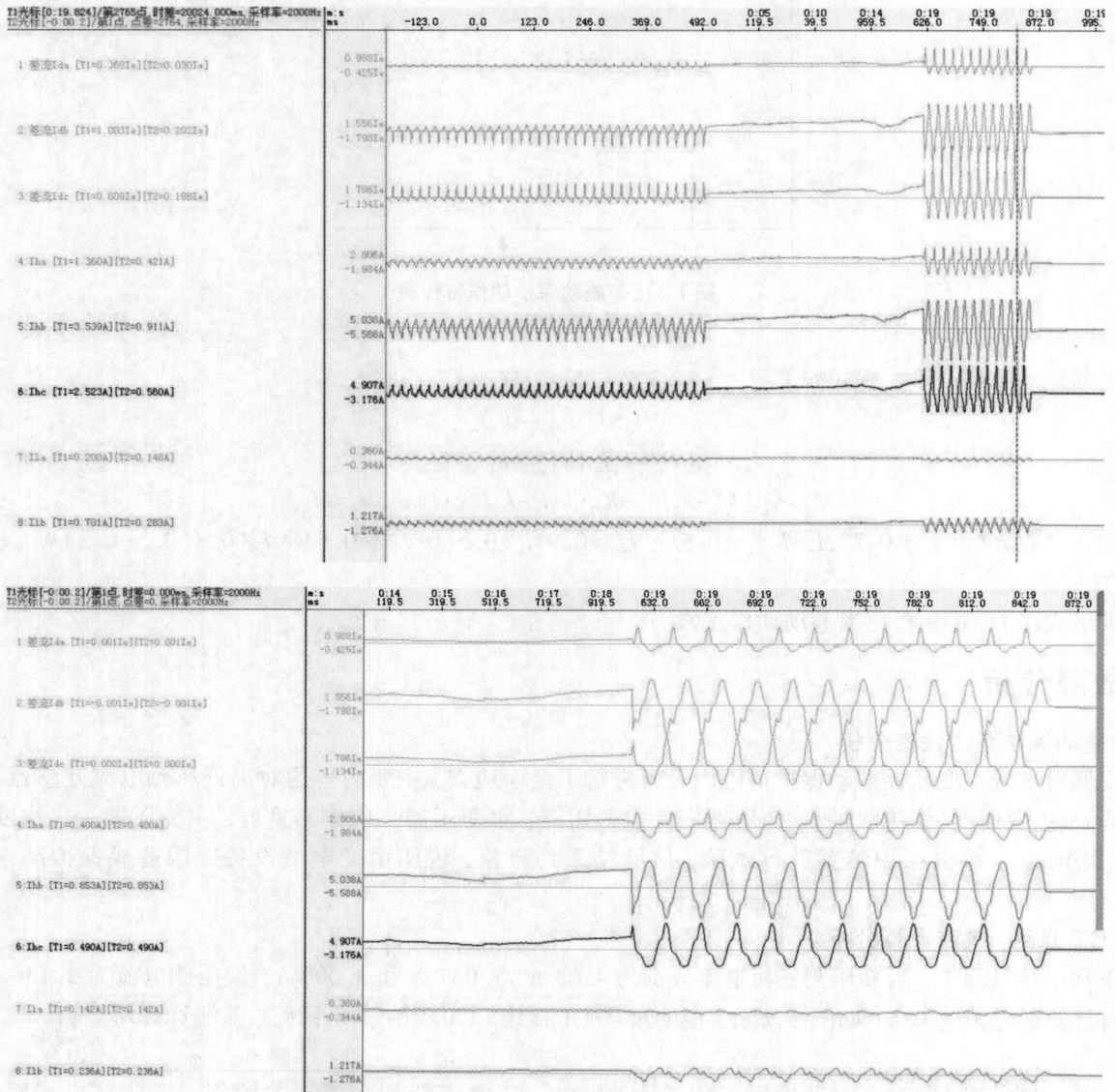

图3 差流电流波形图

保护装置采用了按相制动综合励磁涌流判据,某一相被判断为励磁涌流时,只闭锁该相比率差动元件动作。

B相差动动作时,差流为1.0 I_e 时,二次谐波含量如图4所示,A相占36%~40%、B相占4%~4.8%、C相占20%。由于按相判别励磁涌流制动,所以A、C相闭锁,B相二次谐波含量小于定值15%,因而B相涌流闭锁判据开放,比率差动保护动作。

3.4 差流越限、CT断线告警分析

当差流大于差流越限门槛(CT断线告警定值 $0.3I_e$)且小于差动启动整定值 $0.5I_e$ 时,此时不会引起差动启动,为防止负荷增加后或者区外故障引起差动保护误动,综自厂家特设定差流越限告警功能。

厂家定义当任一相差流大于差流越限门槛的时间超过10 s时,发出差流越限告警信号,不闭锁差动保

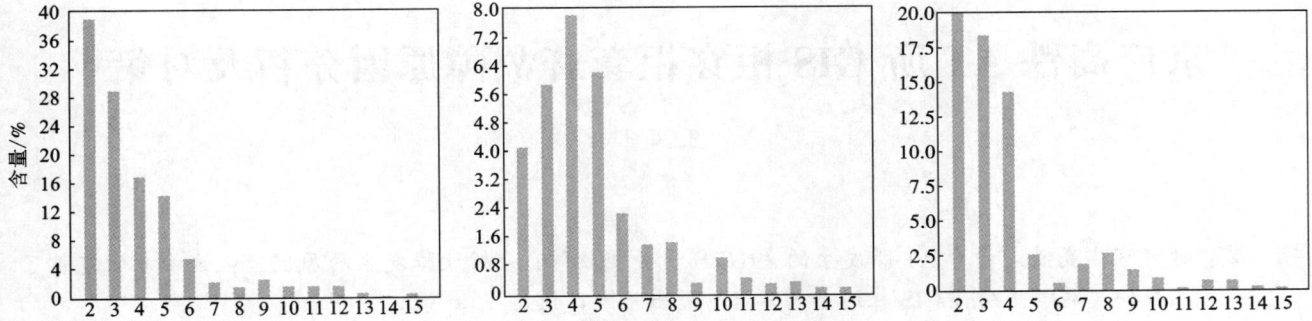

图4 谐波含量分析图

护。在差流越限告警情况下，当某侧任一相电流小于 $0.08In$ 时报该侧 CT 断线，CT 断线告警情况下比率差动保护被闭锁，不会出口，如果 CT 断线后差动电流大于 $1.2Ie$ 时，解除 CT 断线闭锁，允许差动保护出口跳闸。

牵引变电所主变压器运行时主变低压侧经常单相有负荷运行为正常模式，此处综自厂家设计理念不符合铁路负荷特性，导致装置误告警 CT 断线。

4 结论

通过综合分析，在恶劣天气下谐波含量不均，综自厂家设计理念问题，导致装置误告警 CT 断线，变电所值班人员为防止 CT 断线告警造成设备伤害或故障扩大而切换运行模式，1 号主变压器投入运行时产生励磁涌流，同时机车制动状态与浮冰状接触网线索拉弧运行，产生大量谐波，加剧 1 号主变端电压的变化，进而加深 1 号主变的磁通饱和深度，差流进一步增大而导致保护动作。

5 整改措施

一是现场保护装置及时退出 CT 断线功能，确保不发生 CT 断线误报警，建议厂家对 CT 断线定义进行修改；二是将二次谐波闭锁定值由 15% 调整至 12%，防止励磁涌流叠加造成保护误动；三是建议在恶劣天气下、机车运行产生大量谐波时，尽量不进行运行方式调整，避免复合励磁涌流叠加，影响变压器保护可靠性。

作者简介

李东发，中国铁路郑州局集团有限公司洛阳供电段南阳变电检修车间，副主任，工程师。

京广高铁 AT 所 GIS 柜穿柜套管故障原因分析及对策

王风雪

摘　要： 针对京广高铁大寺台 AT 所发生的 291GIS 开关柜故障，分析故障发生的原因，从运营方面完善了相应的措施，并结合 GIS 柜运行的实际，提出几点建议。

1　引言

我国高速铁路建设迅速发展，同时运营安全面临着极大的挑战，供电设备安全对于高速铁路运输保障重要性凸显。目前 GIS(gas insulated switchgear) 高压开关柜作为我国高速铁路牵引供电系统的重要设备之一，与传统敞开式高压开关柜相比，具有占地面积小、维护工作量小、抗干扰性强等优点。但 GIS 柜一旦发生故障，很难及时进行修复更换，会对高速铁路运输造成较大干扰。近年来就发生了多起由于 GIS 柜穿柜套管开裂造成的开关柜损坏事故，严重干扰了高铁的安全可靠运行。现通京广高铁吉营 AT 所发生的 GIS 柜穿柜套管开裂情况进行分析。

2　事故概况

2018 年 12 月 21 日 21 时 43 分 52 秒 350 毫秒，京广高铁鹤壁东变电所石家庄上下行 212、211 跳闸，距离 I 段保护动作，重合失败。下行 T-R 故障，故障距离 11.82 km，公里标 K536+600；电压 10.20 kV，电流 4407.41 A，线路阻抗角 74.60°，电阻 1.16 Ω，电抗 3.71 Ω。

21 时 43 分 52 秒 483 毫秒，大寺台 AT 所发 291 柜气室压力异常。22 时 01 分，大寺台 AT 所退出运行，鹤壁东变电所石家庄上下行 212、211 试送成功，中断鹤壁东变电所至西隆化分区所上、下行供电 16 分钟。

3　现场设备检查情况

抢修组应急人员到达现场，对京广高铁大寺台 AT 所 291GIS 柜体进行检查无异常、无变形，对母线室、断路器室进行气压测量，压力均为 0；在办理相关手续及安全措施后，将该柜体电缆仓后盖打开检查，未发现电缆有过热现象。对该柜体上部泄压孔处防爆膜进行拆卸，观察柜体内部情况发现，291GIS 柜内断路器气室和母线气室间 T 相套管破裂，如图 1 所示。厂家安排人员到现场进一步对气室进行检查，断路器气室和母线气室间 T 相套管开裂，崩出的环氧碎片散落于断路器室内，断路器极柱散热器对气室壳体有闪络放电痕迹，断路器室内被烟气熏黑，如图 2 所示。

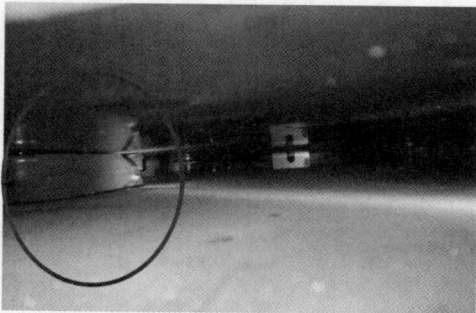

图 1　大寺台 AT 所 291GIS 柜气室间 T 相套管炸裂

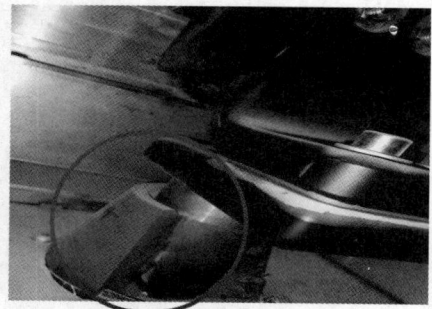

图 2　大寺台 AT 所 291GIS 柜 T 相套管炸裂情况

4 原因分析

4.1 故障录波分析

查看该所 SOE 事件记录时发现 2018 年 1 月 1 日至 2018 年 12 月 21 日无气体压力异常报警信息。12 月 21 日 21 时 43 分 52 秒 351 毫秒跳闸后，12 月 21 日 21 时 43 分 52 秒 483 毫秒时 291 柜产生气室压力异常报警信息。

查看鹤壁东变电所故障录波文件和跳闸故障报告，接地故障从发生到切除，整个过程持续六个半周波（130 ms）。线路阻抗角基本均为 75°左右，而且无谐波含量，判定为金属性接地故障如图 3 所示，与实际情况相符。

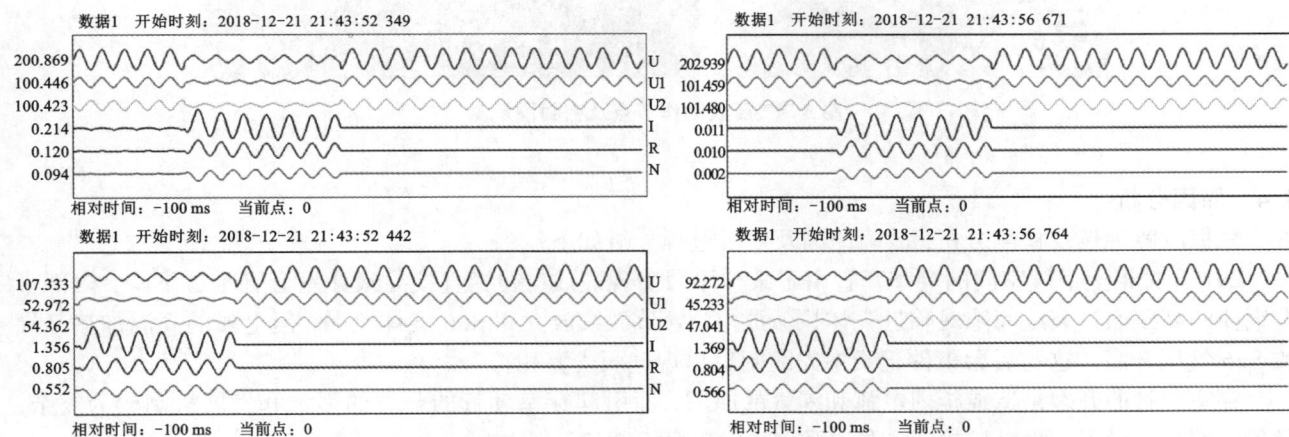

图 3　鹤壁东变电所"12.21"211、212 跳闸故障录波图

4.2 日常维护检修

①该故障 GIS 柜于 2011 年生产，2012 年 12 月开通投入运行。按照厂家的安装使用说明书，高压带电部件被隔离在外壳可触摸的绝缘气室中，完全免维护；各单独气室运行压力由密度传感器进行检测，在综合自动化系统终端显示报警信息。

②日常设备检修维护情况。主要按照《高速铁路牵引变电所运行检修规则》（铁总运〔2015〕50 号）对 GIS 开关柜及组合电器巡视和小修范围及标准的规定，每年对 GIS 柜进行一次小修，主要范围有：对外观检查、辅助回路的接线端子检查、表计及指示灯显示检查、必要时打开电缆室检查高压电缆状态及护层保护器状态等。因这批次 GIS 柜没有直观的压力表，年度检修时对 GIS 柜气室压力进行检测。无人所每月巡视不少于 2 次。GIS 组合高压柜局部放电检测（在负荷较大时段进行），每季度进行一次。上述检查巡视均按要求进行，该 GIS 柜均无异常。

③京广高铁 13 个所高压室均安装有空调（设置自动模式）、棉门帘，柜子本身也具有加热装置。当时高压室环境温度 11℃，满足安装使用说明书中规定的设备运行环境温度（−15~40℃）要求。

4.3 柜体拆解检查情况

对柜体运回厂家进行拆解检查，母线室内部干净，三工位开关动静触头、传动丝杆及铜排等物件完好，如图 4 所示。

图 4　断路器母线部件情况

断路器室与母线室的气压表动作节点经检测均正常，T 相穿墙套管的密封圈受损，其余位置密封圈的外观及尺寸经检测均正常，如图 5 所示。T 相套管严重受损，内部结构已破坏严重，没有必要做 X 光及任何电气试验，对同柜内拆卸下来的 F 相穿墙套管进行 X 光检测，内部结构完好，未见任何气泡和裂纹。

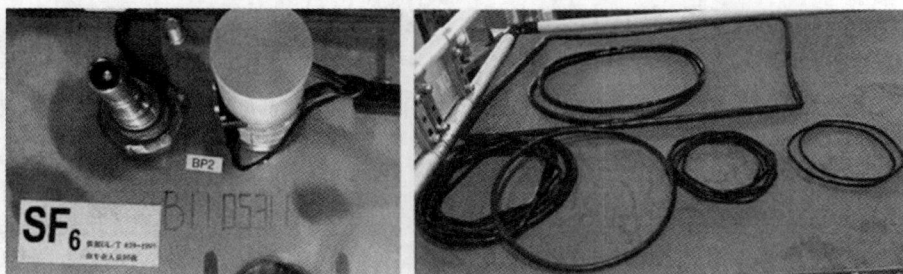

图 5　气压表动作节点及密封圈检测

4.4　原因分析

根据故障现场及检测分析，故障原因及发展过程分析如下。

291 开关柜上下气室间的穿室套管由于某种原因出现裂纹，裂缝直接导致穿室套管绝缘下降，内部带电铜棒的高压通过裂纹间隙对临近壳体拉弧放电，导致裂纹放大和 SF6 气体泄漏，但电弧的高温加热又导致 SF6 气压升高。这与后台事件记录中先跳闸后出现气压告警相符合。

穿室套管的开裂是造成柜内电弧和漏气的原因，而引起穿室套管的开裂的因素和发展机制较为复杂，设备厂家为此做了大量试验检测和仿真研究，发现穿室套管开裂与以下几个因素有关。

①低温环境因素。穿室套管发生开裂故障发生在冬季较多，并且都出现在温度相对较低的时段。环境温度低于−5℃，环氧树脂易变脆，但本次环境温度 11℃，不满足要求。

②套管本身固有缺陷。经查此批设备在出厂时，已对环氧树脂穿墙套管每支做了局放和超声波 X 光检测，但没有参照国际 IEEE−386 标准对其进行 100% 高低温循环试验。高低温循环试验可以避免隐患设备上线。

③机械应力因素。穿室套管是用来连接两个独立的母线室和断路器室，处于两个气室之间的咽喉位置。这种结构设计对地基的水平度有较高要求。另外，运输、搬运及安装环节的碰撞冲力对穿室套管也可能造成影响。

④温度应力因素。高铁负荷电流的大小与供电区间机车数量和牵引力成正比，系统负荷电流的变化比较快，这将直接导致套管内温度的交替变化，在冬季外部低温情况下，负荷电流产生的升温效应与外部低温作用，穿墙套管由环氧树脂浇注金属导电棒、紧固件与屏蔽层构成，由于铜棒与环氧树脂的收缩比不同，因此温度快速交替变化下在穿室套管内部存在较大的应力。

综合分析，本次故障原因是两气室间环氧材料的穿墙套管本身质量问题，该产品属于高低温筛查试验前的生产批次，存在质量瑕疵的穿墙套管在各种应力因素作用下，发生贯穿性开裂导致绝缘下降，高压带电导体对柜体产生电弧放电，同时放电电弧产生的高温导致气室里面压力激增并在母线套管出现开裂处释放压力。造成了 291GIS 柜内断路器气室和母线气室间 T 相套管瞬间破裂，气体泄漏，T 相对地放电，引起鹤壁东变电所 211、212 跳闸。

5　采取措施

①加强 GIS 柜的设备巡视。一是配合厂家全线排查，针对此次设备故障暴露出的问题，配合厂家对管内所有 GIS 柜进行"一台不漏"的全部排查，及时发现问题，消除安全隐患。二是在厂家对 GIS 柜排查前，要求巡视人员每次巡视时，使用手持式气体检漏仪对 GIS 柜进行检漏，发现异常后及时联系专业厂家人员现场复测，确保及早发现、及时处理。三是按照设备厂家建议，一年进行一次压力测量，并将其纳入检修计划，在出现压力异常告警信息后进行压力测量和采取应对措施。

②保证高压室内 GIS 柜运行温度。在高压室安装空调（设置自动模式）、棉门帘等，柜子本身具有加热

装置也处于长期工作状态,确保高压室环境温度常年均为+5℃以上,满足安装使用说明书中规定的设备运行环境温度。

③要求设备厂家针对此次事故进行分析研究,提供书面的检修建议,根据建议对技术标准及作业指导书进行修订补充完善。

6　建议

6.1　严把出厂质量关

因为同类产品出现类似故障次数较多,建议设备生产厂家应该从产品的设计、质量上查找原因,优化产品结构,提高配件质量,针对全路发生的多起 GIS 柜穿柜套管开裂造成的开关柜损坏事故,参照国际 IEEE-386 标准对其进行 100% 高低温循环试验,严格把控出厂检验环节,确保设备可靠性,满足运输要求。

6.2　对 GIS 柜气室进行改造,实时监测 GIS 柜气室压力

目前的运行的 GIS 柜,母线室、断路器室都没有安装气体压力表,巡检人员无法观察 GIS 柜内部的 SF6 气体的压力,每年的设备检修,按照设备厂家建议,使用压力表进行一年一次的压力测量,曾多次出现"天窗"停电因为母线室 SF6 气体泄漏闭锁三工位隔开动作的情况。建议对 GIS 柜气室压力传感器进行改造,将其更换为带压力表的新型传感器,使设备巡检人员能够实时查看压力表数据,直观监测 GIS 柜气室压力,且 GIS 柜气室压力异常信息能够上传到综合自动化系统。

6.3　应急经验

当运行中 GIS 柜发生故障后,要在最短时间内完成柜体更换,需要做好以下准备:一是相关 GIS 柜要有备用,并可以随时可调用;二是工具材料要求准备齐全充足,如检漏仪、真空泵、充气管路、SF6 气体、干燥剂、酒精纸、密封硅脂、紧固件、密封圈、专用工具、安装用专用工具、图纸、试验仪器等。建议设备厂家要配备牵引变电所(包括分区所、AT 所)所需的除馈线 GIS 柜外的其他柜体,以便于关键时刻 GIS 柜的事故应急,缩短 GIS 柜事故应急处置时间。

6.4　加强 GIS 柜内部局部放电的实时监测

由于 GIS 柜的高压元器件都被封闭在金属柜体内,日常设备巡视检修无法观察到其内部各个元器件的运行的状态,且到目前为止,包括设备生产厂家在内,尚未有检测 GIS 柜内部局部放电的有效检测装置。即使是牵引变电所值守人员听到 GIS 柜内部发出的诸如变压器不正常的异音时,也须立即与设备厂家的工程技术人员联系,通过气体定性检漏仪的检测,仔细认真地听开关柜的音响,进行是否有异常的气体味道等多方面的检查分析判断,由设备厂家的专家技术团队,进行综合分析判断给出结论,而且问题性质的确定与现场检查的工程技术人员积累的实践经验有很大关系。随着中国铁路总公司《牵引供电变电所实施无人值班值守工作的指导意见》(工电函〔2018〕101 号)的实施,GIS 高压开关柜局部放电在线监测装置会将局放监测作为标准化配置,推动高速铁路 GIS 柜全行业智能化监测水平的提升,通过 GIS 柜局部放电实时的在线监测,准确的判断 GIS 柜局部放电的类型、大小、位置,清晰显示高压开关柜内部局部放电的幅值、特性图谱等信息,快速捕捉因 GIS 柜内部放电的事故征兆,实现 GIS 柜局部放电故障的早发现、早预警、早处理。

6.5　优化分区所、AT 所保护设置

目前我国高速铁路全部采用全并联 AT 供电方式,这种供电方式不仅在牵引变电所、分区所内实现横向电连接,而且在 AT 所也进行横向电连接,目的是提高我国高速铁路的供电能力。正是高铁的这种不同于普速铁路的 AT 供电方式,所以当高速铁路接触网线路上任何一点故障时,牵引变电所对应馈线上下行断路器 211、212 同时全部跳闸,不仅扩大了接触网线路故障时的停电范围,而且在事故应急处理上,后续高速动车组还需要降速到 160 km/h 以下,严重干扰高铁的运行安全。

(1)正常运行方式分区所、AT 所馈线保护的配置

分区所、AT 所馈线保护都设置失压保护和检压保护。当高速铁路接触网线路上发生短路故障时,牵引变电所对应馈线上下行断路器 211、212(或 213、214)同时全部跳闸,AT 所、分区所馈线断路器 271、272 失压跳闸(上下行解列、AT 解列)。变电所重合闸,如果是瞬时性故障,重合成功,AT 所、分区所 271、272

断路器依次检压合闸，系统恢复供电。如果是上行永久性故障，相应变电所上行馈线断路器加速跳闸，重合失败，AT 所、分区所 271 断路器检压合闸失败。下行馈线断路器重合成功，AT 所、分区所 272 断路器检压合闸成功，下行恢复供电。下行永久性故障同理。

（2）越区供电方式分区所、AT 所馈线保护的配置

越区供电方式时，分区所仅越区负荷侧调整保护设置，越区电源侧同正常运行方式，越区侧负荷设阻抗 I 段保护、过电流保护、电流增量保护，一次自动重合闸。AT 所馈线保护设置失压保护和检压保护。

（3）直接供电方式分区所、AT 所馈线保护的配置

直接供电时仅直接侧调整保护设置。设阻抗 I 段保护，保护线路全长。设低电压启动过电流保护、电流增量保护，检压自动重合闸。AT 所馈线保护设置失压保护和检压保护。

（4）优化分区所、AT 所保护的设置

在这三种供电方式中，正常运行方式时分区所、AT 所馈线保护仅设置失压保护和检压保护。为了防止分区所、AT 所 GIS 开关柜发生爆炸时造成变电所该供电臂上下行同时跳闸，优化正常运行方式时分区所、AT 所馈线保护，在原来馈线保护的基础上，增设电流速断保护等，并在动作时限上与相邻变电所馈线保护相配合。当分区所、AT 所内发生诸如电气设备短路故障时，电流速断保护提前变电所馈线保护动作，不仅切断了分区所、AT 所内短路故障点，同时也避免了变电所馈线的跳闸，确保了高铁的安全供电。

7　结束语

通过该次故障剖析，从完善 GIS 开关柜出厂质量、增加日常维护手段、增设在线监测设备、应急处置、加强 GIS 柜内部局部放电的实时监测、优化分区所 AT 所保护的设置等方面对高铁 GIS 开关柜的运营提出了建议。供电设备运营单位应采用多种手段，监测 GIS 开关柜的运行状态，做好设备发生故障时的应对措施，并减少故障的发生。

参考文献

[1] 中国铁路总公司.铁路技术管理规程（高速铁路部分）：TG/01—2014[S].北京：中国铁道出版社，2014.

[2] 中国铁路总公司.高速铁路牵引变电所检修规程：TG/GD122—2015[S].北京：中国铁道出版社，2015.

[3] 苏保卫.客运专线牵引供电系统 220 kV GIS 安装及调试[J].电气化铁道，2010，（1）：9-11，14.

[4] 张宁.高铁 GIS 开关柜故障时供电运营探讨[J].电气化铁道，2015，（4）：28-30.

[5] 高中杰，涂大石.高速铁路开关设备选型问题研究[J].铁道机车车辆，2014，34（5）：113-119.

[6] 詹广振.基于脉冲电流法的高速铁路 GIS 高压开关柜局部放电在线监测装置研究[J].铁道机车车辆，2019，39（5）：91-95，99.

作者简介

王风雪，中国铁路郑州局集团有限公司安阳综合段工长。

牵引变电所 110 kV 电源进线失压保护动作
原因分析及优化方案

杨 莉

摘 要：针对电气化铁道某牵引变电所设备缺陷处理 110 kV 电源进线运行方式由直供方式改为交叉运行时发生的失压保护动作，分析失压保护动作原因，制定了整改措施，确保了牵引变电所电源进线失压保护可靠地运行。

1 故障概况

2021 年 9 月 22 日 8：50，电气化铁道某牵引变电所 102DL 发气压报警信息（压力 0.45 mp）。值班员联系供电调度，将运行方式由Ⅱ回进线供 2#变，改为Ⅱ回进线供 1#变，102DL 撤出运行。检修人员在接到报警信息后，立即赶往现场。值班员向供电调度申请办理牵引变电所第一种工作票：室外 110 kV 场地 102DL 检查补气。供电调度发布倒闸命令，将 202 A、202B 开关小车拉至试验位，拉开 1022GK 并加锁。当值班人员拉开 1022GK 时，Ⅱ回进线失压启动备自投，自投动作，2#进线供 2#B 运行改为Ⅰ回进线供 1#B 运行。

2 原因分析

2.1 失压保护动作的原理

三相失压保护采用复合判据，装置判断出高压侧三相电压低于失压定值、低压侧两相电压也低于失压定值、此时高压侧三相电流无流、高压侧断路器在合位且高压侧没有 PT 断线，则延时跳闸。

其逻辑关系：

$$T5 = SYBZT \cdot CHR1 \cdot R27U1 \cdot R27U2 \cdot R27U3 \cdot R27U7 \cdot R27U8 \tag{1}$$

其中：SYBZT——失压备自投压板，必须投入；

CHR1——充电条件，必须满足；

R27U1——高压侧 A 相电压；

R27U2——高压侧 B 相电压；

R27U3——高压侧 C 相电压；

R27U7——低压侧 U_α 电压；

R27U8——低压侧 U_β 电压。

其逻辑框图如图 1 所示。

2.2 东田良牵引变电所主接线图

东田良牵引变电所主接线图如图 2 所示。从图 2 看出，用于计量、测量、保护功能的 1、2YH 接线位置具有其特殊性，它是接在 110 kV 1012GK、1022GK 靠近主变压器侧，而不是与其他的 110 kV 普铁牵引变电所一样，接在紧靠电源进线 110 kV 1011GK、1021GK 侧。由于 1、2YH 接线位置特殊，当设备检修拉开 1012GK 或 1022GK 时，1YH 或 2YH 失电。

2.3 保护动作原因

①备自投装置自投动作后，检修组人员以及变电所值班人员检查 110 kV 电源供电情况，2#电源进线电压分别为：U_{ab}112.06 kV，U_{bc}113.24 kV，U_{ca}113.02 kV，2#电源进线没有发生失压。

②查询备自投装置电压显示情况，1#电源进线电压分别为 $U_1 = 60.1$ V、$U_2 = 59.9$ V、$U_3 = 59.8$ V；2#电源进线电压分别为 $U_4 = 0.1$ V、$U_5 = 0$ V、$U_6 = 0$ V；主变二次 a 相电压为 $U_7 = 0.4$ V，b 相电压为 $U_8 = 98.5$ V，说明备自投装置未采集到 2#电源进线电压以及主变二次 a 相电压。用万用表测量备自投装置外部

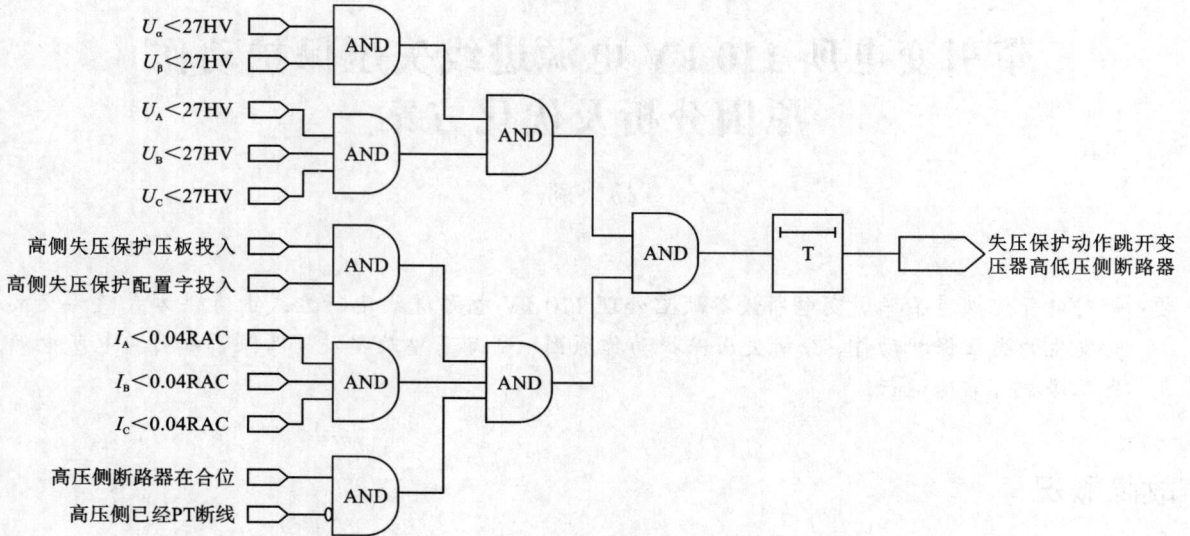

U_A，U_B，U_C—高压侧三相 A、B、C 电压；U_α，U_β—低压侧 α、β 相电压；

I_A，I_B，I_C—高压侧 A、B、C 三相电流；27HV—高压侧失压定值；

RAC—装置额定电流定值，为 1 或者 5。

图 1 高压侧三相失压保护逻辑框图

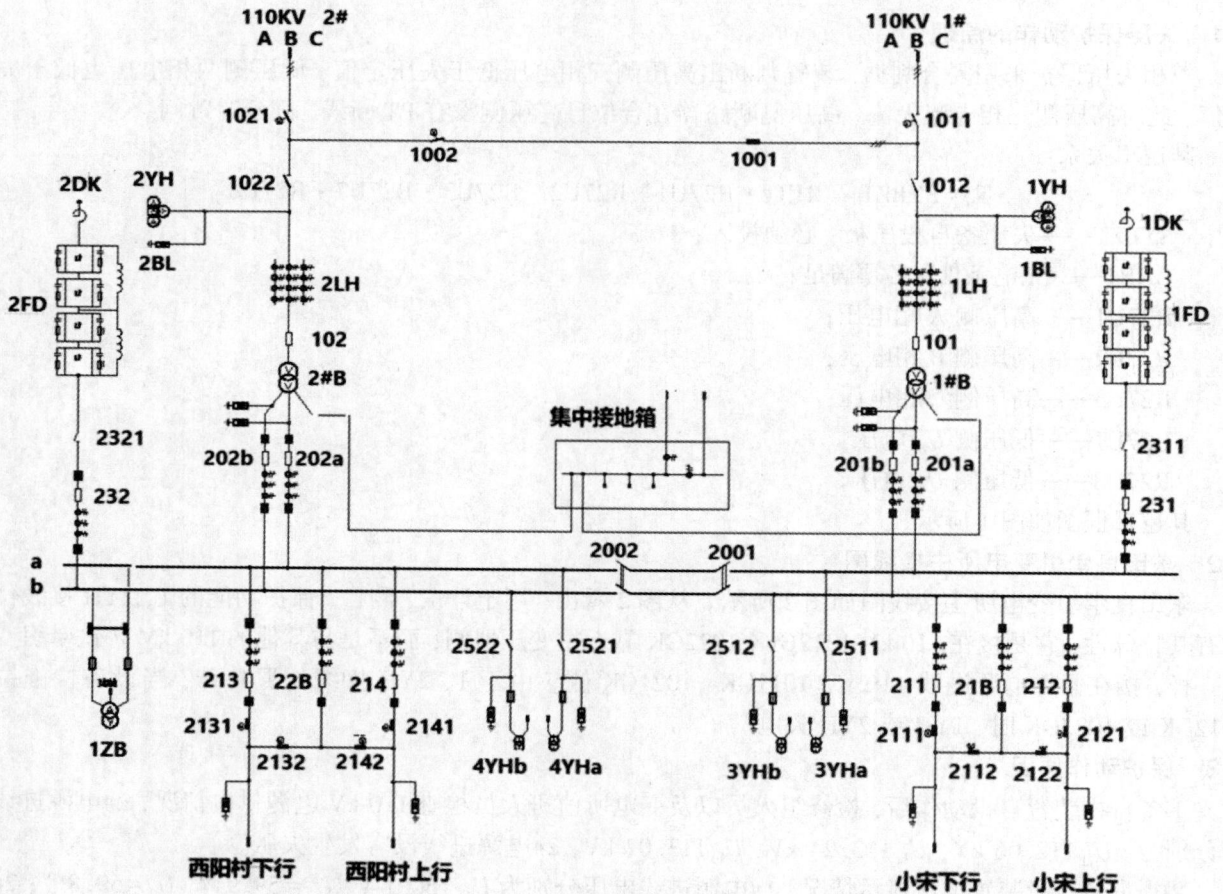

图 2 东田良牵引变电所主接线图

接线端子 A13(yma)、A14(ymn)之间的电压约为 100 V，说明进入备自投装置的电压回路正常，由此判断，备自投装置交流插件异常。

③变电检修人员以及牵引变电所值班人员，在处理设备缺陷进行倒闸作业时，当拉开 1022GK 后，采集牵引变电所 2#电源进线电压的 2YH 撤除运行，2#进线三相电压分别为 $U_4 = 0.1$ V、$U_5 = 0$ V、$U_6 = 0$ V；

而备自投装置交流插件异常，采集的主变二次 a 相电压始终为 $U_7 = 0.4$ V，满足 2#进线失压备自投逻辑条件，造成主变备自投装置备自投动作。

④有关技术人员、检修人员及值班人员，对该所不同于其他主接线的 110 kV 电源进线备自投采压情况不清楚。在牵引变电所交叉供电 2#进线供 1#主变运行方式下，备自投仍从 2#进线 2YH 采压，是造成备自投动作的重要原因。

⑤备自投装置交流采样插件异常，属设备质量问题，牵引变电所值班人员对设备检查巡视不到位，没能及时发现备自投装置主变二次侧电压显示不正常，是备自投保护动作的主要原因。

3 优化方案

3.1 牵引变电所目前采用的失压启动备自投条件

①1#进线+1#主变运行时，1#进线和低压侧母线失压时，启动备自投；

②2#进线+2#主变运行时，2#进线和低压侧母线失压时，启动备自投；

③1#进线+2#主变运行时，1#进线和低压侧母线失压时，启动备自投；

④2#进线+1#主变运行时，2#进线和低压侧母线失压时，启动备自投；

由于交叉运行时 1YH 和 2YH 同时有压，且压互在进线隔开的内侧容易出错误操作的情况。从而修改备自投逻辑为：

①1#进线+2#主变运行时，1YH、2YH 和母线同时失压时，启动备自投

②2#进线+1#B 运行时，1YH、2YH 和母线同时失压时，启动备自投

③1#进线+1#B 和 2#进线+2#B 运行时，不做改变。

3.2 变电所新旧自投逻辑方程

3.2.1 原自投逻辑方程

T1 =! M1 　　　　　　　　　；1#线+1B 方式不对应延时 T1 放电

T2 =! M2 　　　　　　　　　；2#线+2B 方式不对应延时 T2 放电

T3 =! M3 　　　　　　　　　；1#线+2B 方式不对应延时 T3 放电

T4 =! M4 　　　　　　　　　；2#线+1B 方式不对应延时 T4 放电

RCHR1 = T1+! LGINBZT+LOCK+H4 　　　　　　　　；1#线+1#变方式放电继电器字

TCHR1 = LGINBZT * M1 * R59U1 * R59U2 * R59U3 *! LOCK *! H4

；1#线+1#变方式充电时间继电器字 *

CHR1 = TCHR1

；1#线+1#变 充电继电器字

T5 = SYBZT * CHR1 * (R27U1 * R27U2 * R27U3 * R27U7 * R27U8 *! R50I1 * IN29+(! IN29 * IN27)

；1#进线及母线无压

PI1 = T5 　　　　　　　　　　　；1#线+1#变方式失压自投

PI2 = ZBBZT * CHR1 * (/IN5 *! IN6 * IN29+(! IN29 * IN28))；1#主变自投

RCHR2 = T2+! LGINBZT+LOCK+H4 　　　　；2#线+2#变方式放电继电器字

TCHR2 = LGINBZT * M2 * R59U4 * R59U5 * R59U6 *! LOCK *! H4

；2#线+2#变方式充电时间继电器字 *

CHR2 = TCHR2 　　　　；2#线+2#变 充电继电器字

T6 = SYBZT * CHR2 * (R27U4 * R27U5 * R27U6 * R27U7 * R27U8 *! R50I2 * IN29 + (! IN29 * IN27))；2#进线无压 *

PI3 = T6 　　　　　　　　　；2#线+2#变方式失压自投

PI4＝ZBBZT＊CHR2＊(／IN6＊！IN5＊IN29+(！IN29＊IN28))；2#　　　　　主变自投＊＊＊＊＊＊＊＊＊＊＊＊＊＊＊＊＊＊＊＊＊＊

RCHR3＝T3+！LGINBZT+LOCK+H4；1#线+2#变方式放电继电器字

TCHR3＝LGINBZT＊M3＊R59U1＊R59U2＊R59U3＊！LOCK＊！H4

；1#线+2#变方式充电时间继电器字＊＊＊＊＊＊＊＊＊＊＊＊＊＊＊＊＊＊＊＊＊＊＊

CHR3＝TCHR3　　　；1#线+2#变 充电继电器字

T7＝SYBZT＊CHR3＊(R27U1＊R27U2＊R27U3＊R27U7＊R27U8＊！R50I2＊IN29+(！IN29＊IN27))；1#进线无压＊＊＊＊＊＊＊＊＊＊＊＊＊＊＊＊＊＊＊＊＊

PI5＝T7　　　；1#线+2#变方式失压自投

PI6＝ZBBZT＊CHR3＊(／IN6＊！IN5＊IN29+(！IN29＊IN28))；2#主变自投

RCHR4＝T4+！LGINBZT+LOCK+H4

；2#线+1#变方式放电继电器字

TCHR4＝LGINBZT＊M4＊R59U4＊R59U5＊R59U6＊！LOCK＊！H4

；2#线+1#变方式充电时间继电器字＊＊＊＊＊＊＊＊＊＊＊＊＊＊＊＊＊＊＊＊＊＊

CHR4＝TCHR4　　　；2#线+1#变 充电继电器字

T8＝SYBZT＊CHR4＊(R27U4＊R27U5＊R27U6＊R27U7＊R27U8＊！R50I1＊IN29+(！IN29＊IN27))；2#进线无压

PI7＝T8　　　　　　　；2#线+1#变方式失压自投

PI8＝ZBBZT＊CHR4＊(／IN5＊！IN6＊IN29+(！IN29＊IN28))；1#主变自投

3.2.2 新自投逻辑方程

T1＝！M1　　　；1#线+1B方式不对应延时 T1 放电

T2＝！M2　　　；2#线+2B方式不对应延时 T2 放电

T3＝！M3　　　；1#线+2B方式不对应延时 T3 放电

T4＝！M4　　　；2#线+1B方式不对应延时 T4 放电

RCHR1＝T1+！LGINBZT+LOCK+H4；1#线+1#变方式放电继电器字

TCHR1＝LGINBZT＊M1＊R59U1＊R59U2＊R59U3＊！LOCK＊！H4

；1#线+1#变方式充电时间继电器字＊＊＊＊＊＊＊＊＊＊＊＊＊＊＊＊＊＊＊＊＊＊

CHR1＝TCHR1

；1#线+1#变 充电继电器字

T5＝SYBZT＊CHR1＊(R27U1＊R27U2＊R27U3＊R27U7＊R27U8＊！R50I1＊IN29+(！IN29＊IN27)

；1#进线及母线无压

PI1＝T5　　　　　　　　；1#线+1#变方式失压自投

PI2＝ZBBZT＊CHR1＊(／IN5＊！IN6＊IN29+(！IN29＊IN28))　；1#主变自投

RCHR2＝T2+！LGINBZT+LOCK+H4　；2#线+2#变方式放电继电器字

TCHR2＝LGINBZT＊M2＊R59U4＊R59U5＊R59U6＊！LOCK＊！H4

；2#线+2#变方式充电时间继电器字＊＊＊＊＊＊＊＊＊＊＊＊＊＊＊＊＊＊＊＊＊＊

CHR2＝TCHR2　　　；2#线+2#变 充电继电器字

T6＝SYBZT＊CHR2＊(R27U4＊R27U5＊R27U6＊R27U7＊R27U8＊！R50I2＊IN29+(！IN29＊IN27))；2#进线无压＊＊＊＊＊＊＊＊＊＊＊＊＊＊＊＊＊＊＊＊

PI3＝T6　　　　　　　；2#线+2#变方式失压自投

PI4＝ZBBZT＊CHR2＊(／IN6＊！IN5＊IN29+(！IN29＊IN28))　　　　；2#主变自投＊＊＊＊＊＊＊＊＊＊＊＊＊＊＊＊＊＊＊＊＊

RCHR3＝T3+！LGINBZT+LOCK+H4　　；1#线+2#变方式放电继电器字

TCHR3＝LGINBZT＊M3＊R59U1＊R59U2＊R59U3＊！LOCK＊！H4

；1#线+2#变方式充电时间继电器字＊＊＊＊＊＊＊＊＊＊＊＊＊＊＊＊＊＊＊＊＊＊

CHR3＝TCHR3　　　　；1#线+2#变 充电继电器字

T7＝SYBZT * CHR3 * (R27U1 * R27U2 * R27U3 * R27U4 * R27U5 * R27U6 * R27U7 * R27U8 * ! R50I2 * IN29+(！IN29 * IN27))　　　；1#进线无压 *

PI5＝T7　　　；1#线+2#变方式失压自投

PI6＝ZBBZT * CHR3 * (/IN6 * ！IN5 * IN29+(！IN29 * IN28))；2#主变自投

RCHR4＝T4+！LGINBZT+LOCK+H4
；2#线+1#变方式放电继电器字

TCHR4＝LGINBZT * M4 * R59U4 * R59U5 * R59U6 * ！LOCK * ！H4
；2#线+1#变方式充电时间继电器字 *

CHR4＝TCHR4　　　　；2#线+1#变 充电继电器字

T8＝SYBZT * CHR4 * (R27U4 * R27U5 * R27U6 * R27U1 * R27U2 * R27U3 * R27U7 * R27U8 * ! R50I1 * IN29+(！IN29 * IN27))；2#进线无压

PI7＝T8　　　　　　　；2#线+1#变方式失压自投

PI8＝ZBBZT * CHR4 * (/IN5 * ！IN6 * IN29+(！IN29 * IN28))；1#主变自投

3.3 对备自投装置增加 PT 断线报警功能

鉴于这次备自投装置交流插件异常，未采集到2#电源进线电压以及主变二次 α 相电压的情况，对备自投装置增加 PT 断线报警信号，电压整定值设定为 70 V 时。采集电压达到保护整定值时发报警信号以提醒值班员发生了采压异常的情况。

4　结束语

针对电气化铁道某牵引变电所存在的 110 kV 备自投设计缺陷，通过备自投程序的修改，完善了该所备自投程序，确保了牵引变电所电源进线失压保护可靠地运行。

作者简介

杨莉，郑州铁路局集团公司郑州高铁基础设施段，助理工程师。

35 kV 变电所主变接地方式及保护配置分析

赵　亮

摘　要：在电力系统中，中性点与大地之间的电气连接方式，称为电网的中性点接地方式。中性点接地方式对电网的安全性、可靠性、经济性有很大影响；同时也影响着系统设备绝缘水平的选择。铁路供电系统作为电网中的一部分，在遵循普遍性的同时也因其保证运输秩序的稳定的要求而具有一定的特殊性。本文通过对一起典型故障的分析，给出了关于铁路供电系统运行方式及保护整定的建议。

1　故障概况

2022 年 1 月 29 日 21：22：48. 519，哈尔滨西 220 kV 变电所哈南车辆段二电流速断保护动作，故障电流 I=7. 180 A(电流互感器 300/1，整定值 3. 5 A、0S)。

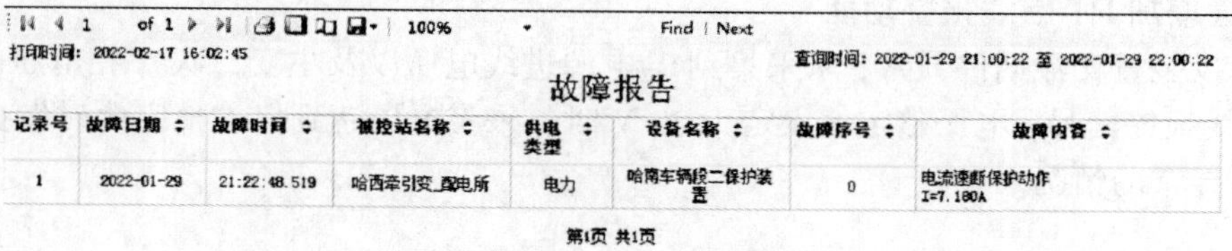

打印时间：2022-02-17 16:02:45　　查询时间：2022-01-29 21:00:22 至 2022-01-29 22:00:22

故障报告

记录号	故障日期	故障时间	被控站名称	供电类型	设备名称	故障序号	故障内容
1	2022-01-29	21:22:48.519	哈西牵引变_配电所	电力	哈南车辆段二保护装置	0	电流速断保护动作 I=7.180A

第1页 共1页

图 1　哈西牵引变电所故障报告

21：22：48. 491，哈尔滨车辆段厅 35 kV 城牵丙电源一 203 盘进线速断保护动作，故障相电流 I_A = 27. 63 A(电流互感器 200/5，整定值 23. 3 A、0S)。21：22：48. 525，35 kV 变压器一 231 盘复压过流Ⅱ段保护动作，故障相电流 I = 28. 10 A(整定值 19. 4 A、0. 07S)考虑断路器开断时间、整套保护动作返回时间、计时误差等因素影响，3 次跳闸同时发生，并产生了越级跳闸。

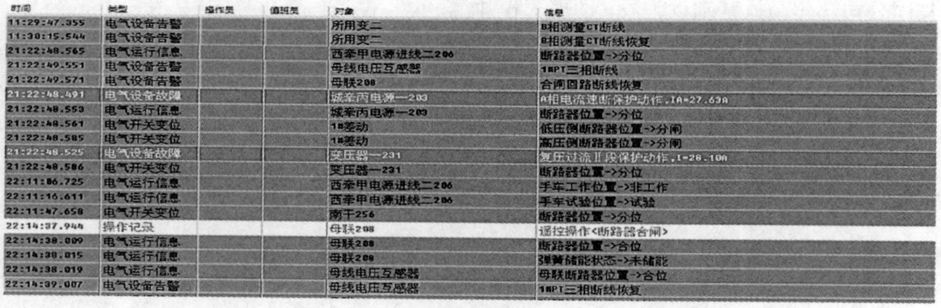

时间	类型	操作员	值班员	对象	信息
11:29:47.355	电气设备告警			所用变二	B相测量CT断线
11:30:15.544	电气设备告警			所用变二	B相测量CT断线恢复
21:22:48.565	电气运行信息			西牵甲电源进线二206	断路器位置->分位
21:22:49.551	电气设备告警			母线电压互感器	1#PT三相断线
21:22:49.571	电气设备告警			母联208	合闸回路断线恢复
21:22:48.491	电气设备故障			城牵丙电源一203	A相电流速断保护动作，IA=27.63A
21:22:48.553	电气运行信息			城牵丙电源一203	断路器位置->分位
21:22:48.561	电气开关变位			1#变动	低压侧断路器位置->分闸
21:22:48.585	电气开关变位			1#变动	高压侧断路器位置->分闸
21:22:48.525	电气设备故障			变压器一231	复压过流Ⅱ段保护动作，I=28.10A
21:22:48.586	电气开关变位			变压器一231	断路器位置->分位
22:11:06.725	电气运行信息			西牵甲电源进线二206	手车工作位置->非工作
22:11:16.611	电气运行信息			西牵甲电源进线二206	手车试验位置->试验
22:11:47.658	电气开关变位			南干256	断路器位置->分位
22:14:37.944	操作记录			母联208	遥控操作<断路器合闸>
22:14:38.009	电气运行信息			母联208	断路器位置->合位
22:14:38.015	电气运行信息			母联208	弹簧储能状态->未储能
22:14:38.019	电气运行信息			母线电压互感器	母联断路器位置->合位
22:14:39.007	电气设备告警			母线电压互感器	1#PT三相断线恢复

图 2　故障记录

故障记录里没有差动保护启动出口，因变压器内部故障引起主变双侧断路器跳闸的故障可以排除。

经查找，故障为哈尔滨车辆段厅 35 kV 城牵丙电源进线高压电缆接头单相对地绝缘不良导致高压电缆烧损，故障点距哈尔滨车辆段厅 100 m 左右。这种因电源侧线路故障引起负荷侧越级跳闸的现象，在我局电力系统设备运行历史故障中比较罕见。

2　跳闸原因分析

21:22:46. 640，电源进线保护装置录波零序电压、电流产生。

21:22:48. 445，主变保护装置录波显示 B 相电压明显开始降低，A、C 两相电压升高，瞬时峰值为 88. 15 V。

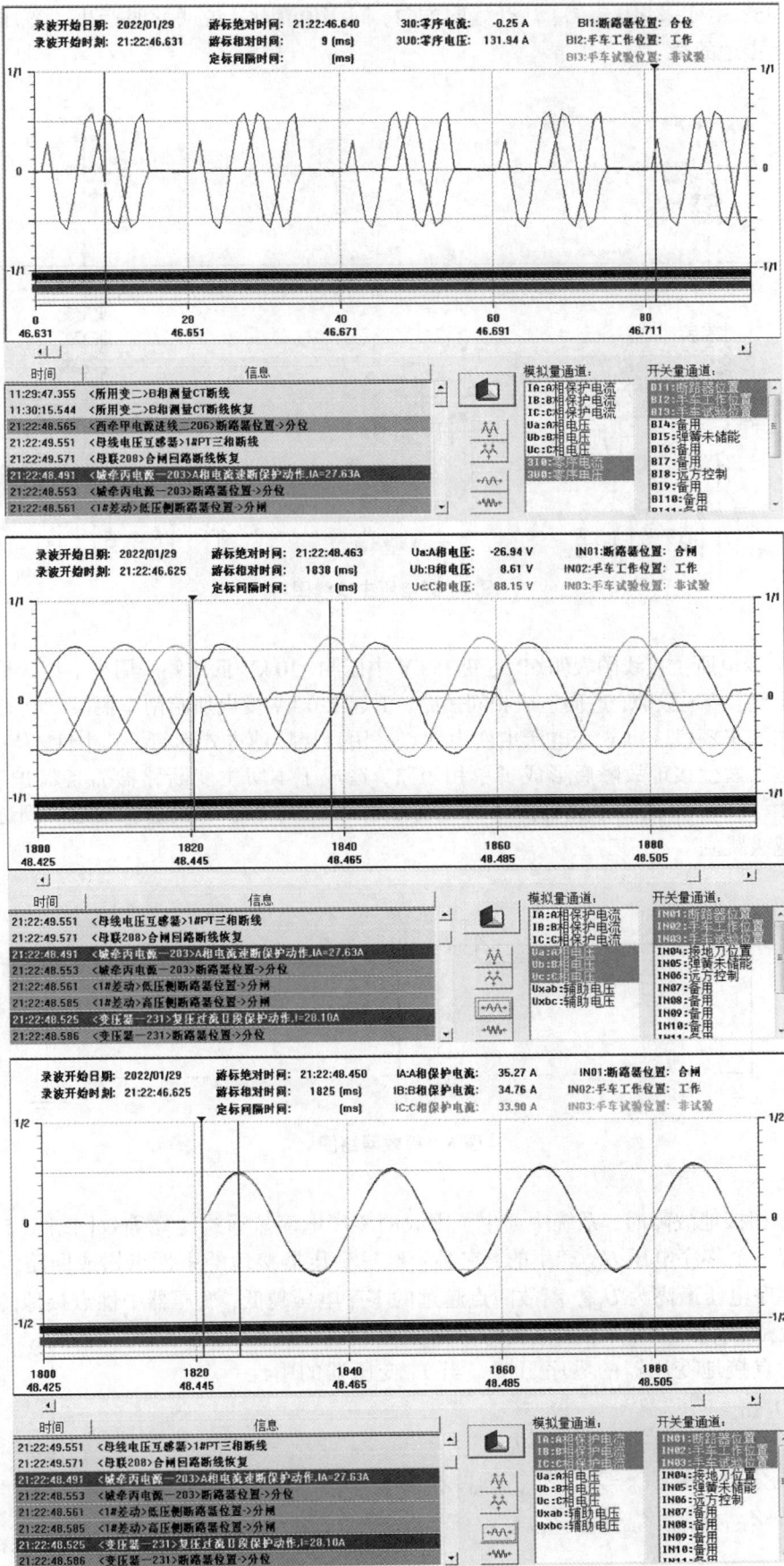

图3 保护装置录波图

21：22：48.445，主变采集 I_A、I_B、I_c 开始同方向、同幅值变化，说明此时产生了零序电流。以上故障录波表明系统发生接地故障。

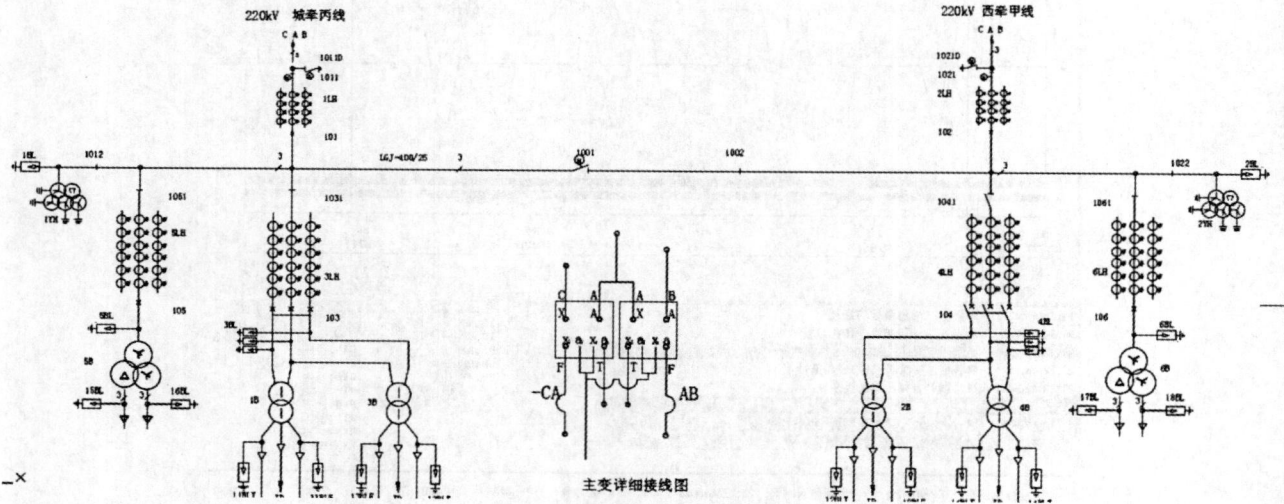

图 4　变电所主接线图

上一级 220 kV 变电所主接线图表明 6B 主变 35 kV 中压测、10 kV 低压侧采用小电流接地方式运行。电缆对地绝缘性能降低产生接地故障，进而造成相间短路，引起 220 kV 变电所哈南车辆段二电流速断保护动作。

而下一级哈尔滨车辆段 35 kV 变电所主变中性点采用直接接地方式运行，其中性点与上一级主变中性点形成了零序通道。发生接地故障后形成了单相短路，造成了本所主变断路器后备保护动作并联跳了 10 kV 进线断路器。因其 35 kV 进线断路器投入瞬时电流速断保护，保护距离过长而达不到选择性要求，造成了进线断路器的越级跳闸。

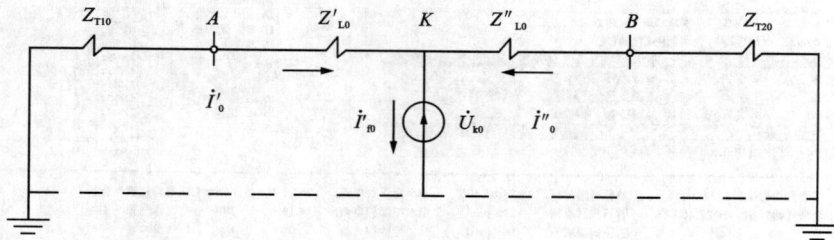

图 5　等效网络图

当 K 点发生单相接地故障时，系统中产生了很大的零序电流。通过建立等效网络图 5，零序电流可以看成在故障点出现一个零序电压 $\dot{U}_{k0}$ 产生的，它必须经过变压器接地的中性点构成回路，电压、电流方向如图所示。故障零序电压最高为 $\dot{U}_{k0}$，离故障点越远的零序电压越低，变压器中性点接地的零序电压为零。

由于零序电流是 $\dot{U}_{k0}$ 产生的，零序电流的分布主要取决于线路的零序阻抗和中性点接地变压器的零序阻抗。当 T_2 变压器的中性点不接地时，$\dot{I}'' = 0$。

可以设接地点的电流为 $\dot{I}'_{f0}$，则 $\dot{I}'_0 = C_0 \times \dot{I}'_{f0}$

C_0 为零序电流分配系数，$C_0 = \dot{Z}''_{L0} + \dot{Z}_{T20}/\dot{Z}_{T10} + \dot{Z}'_{L0} + \dot{Z}''_{L0} + \dot{Z}_{T20}$

即 $\dot{I}'_0 = \dot{I}'_0 \times (\dot{Z}''_{L0} + \dot{Z}_{T20}/\dot{Z}_{T10} + \dot{Z}'_{L0} + \dot{Z}''_{L0} + \dot{Z}_{T20})$

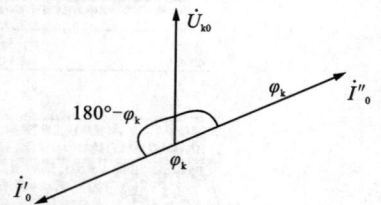

图 6　零序电流相位关系

3　不对称短路故障分析

三相短路时，由于电路的对称性没有被破坏，只需分析其中一相即可。当系统发生不对称短路时，电路的对称性被破坏，网络中出现了不对称电流和电压，这时就不能只取其中一相进行计算。通常是把不对称的电压和电流等不对称量分解成三组对称分量。在线性网络中，这三组序分量是相互独立的，可以分别进行计算，最后再将计算结果按照一定规则组合起来，得到最终的短路电流结果。

任意一组不对称的三相相量 $\dot{F}_u$、$\dot{F}_v$、$\dot{F}_w$ 都可以分解成三组相序不同的对称分量：

（1）正序分量 $\dot{F}_{u1}$、$\dot{F}_{v1}$、$\dot{F}_{w1}$，各相正序分量大小相等，相位互差 120°，相序为 U、V、W。

（2）负序分量 $\dot{F}_{u2}$、$\dot{F}_{v2}$、$\dot{F}_{w2}$，各相负序分量大小相等，相位互差 120°，相序为 U、W、V。

（3）零序分量 $\dot{F}_{u0}$、$\dot{F}_{v0}$、$\dot{F}_{w0}$，各相零序分量大小相等，相位相同。

则一组不对称的三相相量就表示为：

$$\dot{F}_u = \dot{F}_{u1} + \dot{F}_{u2} + \dot{F}_{u0}$$
$$\dot{F}_v = \dot{F}_{v1} + \dot{F}_{v2} + \dot{F}_{v0}$$
$$\dot{F}_w = \dot{F}_{w1} + \dot{F}_{w2} + \dot{F}_{w0}$$

为方便计算，引入一个旋转因子 a：

$$A\ \text{的模为}\ 1，\text{相位角为}\ 120° \begin{cases} a = e^{j120°} = 1\angle 120° \\ a^2 = e^{j240°} = 1\angle -120° \\ a^3 = e^{j360°} = 1 \\ 1 + a + a^2 = 0 \end{cases}$$

注：若将任意一个相量乘上"a"相当于将此相量逆时针旋转120°；乘上"a^2"，相当于将此相量顺时针旋转120°。

则若取 U 相为基准相，利用运算符号 a，可得：

$$\begin{cases} \dot{F}_u = \dot{F}_{u1} + \dot{F}_{u2} + \dot{F}_{u0} \\ \dot{F}_v = a^2\dot{F}_{u1} + a\dot{F}_{u2} + \dot{F}_{u0} \\ \dot{F}_w = a\dot{F}_{u1} + a^2\dot{F}_{u2} + \dot{F}_{u0} \end{cases}$$

解上式，可得 U 相的各序分量为：

$$\left. \begin{array}{l} \dot{F}_{u1} = 1/3\,(\dot{F}_u + a\dot{F}_v + a^2\dot{F}_w) \\ \dot{F}_{u2} = 1/3\,(\dot{F}_u + a^2\dot{F}_v + a\dot{F}_w) \\ \dot{F}_{u0} = 1/3\,(\dot{F}_u + \dot{F}_v + \dot{F}_w) \end{array} \right\}$$

根据对称关系则得 V 相、W 相的分量为：

$$\begin{cases} \dot{F}_{v1} = a^2\dot{F}_{u1} \\ \dot{F}_{v2} = a\dot{F}_{u2} \\ \dot{F}_{v0} = \dot{F}_{u0} \end{cases} \qquad \begin{cases} \dot{F}_{w1} = a\dot{F}_{u1} \\ \dot{F}_{w2} = a^2\dot{F}_{u2} \\ \dot{F}w_0 = \dot{F}_{u0} \end{cases}$$

最后将结果按 U、V、W 三相叠加合成，即得三相不对称系统的最终结果。

对称分量还具有以下性质：

（1）三相正序分量、负序分量的相量和为零，即

$$\dot{F}_{u1} + \dot{F}_{v1} + \dot{F}_{w1} = 0$$
$$\dot{F}_{u2} + \dot{F}_{v2} + \dot{F}_{w2} = 0$$

（2）三相零序分量相量和不为零，即

$$\dot{F}_{u0} + \dot{F}_{v0} + \dot{F}_{w0} = 3\dot{F}_{u0}$$

（3）如果一组三相不对称相量的和等于零，则这组不对称相量的对称分量中不包含零序分量，这是因为

$$\dot{F}_{u0} = 1/3\,(\dot{F}_u + \dot{F}_v + \dot{F}_w) = 0$$

三相系统中，三个线电压之和恒等于零，所以线电压中不含有零序分量。三角形接线中，线电流也不含零序分量。没有中线的星形接线中，三相的相电流之和必然为零，因而也不含零序分量。零序电流必须

以中性线（或以地代中性线）作为通路，从中性线流过的故障电流等于零序电流的 3 倍。

由此可以推算出 220 kV 变电所故障一次电流为 7.18×300 = 2154 A。其中短路电流约 2154×3/4 = 1615.5 A，零序电流约为 2154×1/4 = 538.5 A。哈辆 35 kV 变电所保护动作电流为通过中性点的零序电流 1105 A。

结合以上故障，调阅历史故障记录，2021 年 6 月 8 日，哈尔滨车辆段变电所城牵丙变压器一 231 盘发生一次复压过流跳闸。经查找，故障为上级变电所 35 kV 同一母线其他馈线发生单相接地。

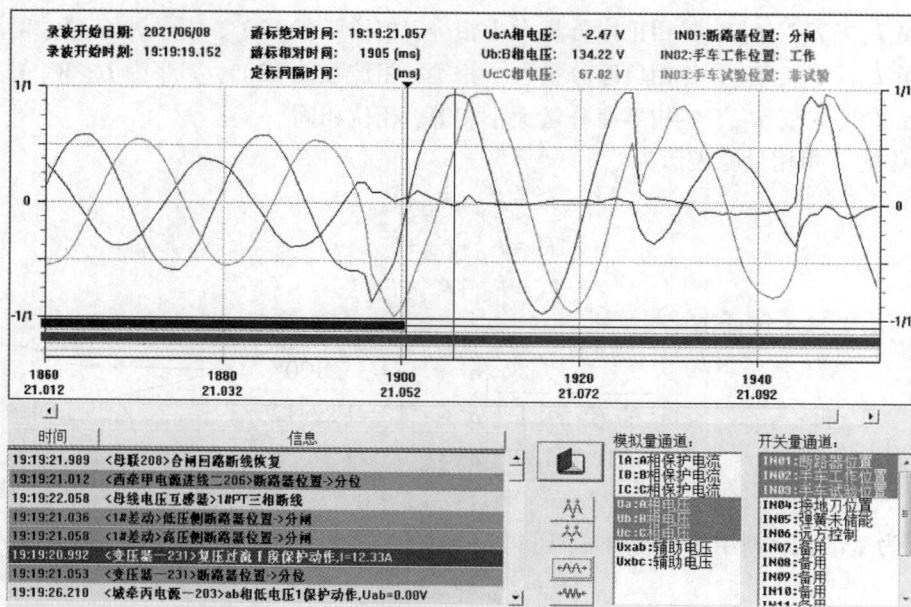

图 7　调阅历史故障记录

电压录波显示，A 相电压降低接近为 2.47 V，B、C 两相电压升高至相电压 $\sqrt{3}$ 倍的特征，瞬时峰值已达到 134.22 V。

以上两起跳闸均不是因为本所所内设备及馈线故障引起的，是由于主变采用的中性点直接接地的运行方式形成的零序通道，在 35 kV 系统发生接地时，造成了主变断路器因单相短路而跳闸。

4　结论

以电缆为主的配电网，在发生单相接地故障时，其接地电流较大，运行于过补偿的条件也经常不能满足。我国 110 kV 及以上电网一般采用大电流接地方式，即中性点有效接地方式，包括中性点直接接地和中性点经低阻接地。这样中性点与大地等电位，在发生单相接地故障时，非故障相电压升高不会超过线电压。而且暂态过电压水平也较低，故障电流很大，继电保护能迅速动作于跳闸，切除故障。系统设备承受过电压时间较短。因此，大电流接地系统可使整个系统设备绝缘水平降低，从而大幅降低建设造价。

而我局管内 66 kV、35 kV 电线路采用架空线为主、电缆为辅的混合供电方式。根据 DL/T620—2016《交流电气装置的过电压保护和绝缘配合》规程中 3.1.2 条：金属杆塔的架空线路构成的系统和所 35 kV、66 kV 系统当单相接地故障电容电流超过 10 A 又需在接地故障条件下运行时，应采用消弧线圈接地方式。满足了铁运【1999】103 号《铁路电力管理规则》第 69 条：中性点绝缘系统和小电流接地系统单相接地故障应及时处理，允许故障运行时间一般不超过 2 小时的要求，保证了供电的可靠性，同时便于故障的查找。

变电所主变采用中性点不接地方式运行时，对馈出线为纯电缆线路的，应加装零序电流互感器并投入零序电流保护，防止接地产生较高的暂态过电压。

根据我局电气设备运行实际并结合电力行业标准及企业标准要求，建议管内 66 kV 及以下电压等级变电所主变中性点不接地或采用经消弧线圈接的运行方式，在降低因单相接地造成的暂态过电压的同时，也减少因接地故障电流较小而引发跳闸对供电稳定性的影响。

　　母线短路电流和各馈线出口及近点的短路电流是相等的，所以电源进线投入瞬时电流速断保护极易发生越级跳闸。结合运行实际和设备特点，撤出进线瞬时电流速断保护或投入定时限电流速断保护是防止越级跳闸的有效方式。

作者简介

赵亮，中国铁路哈尔滨局集团有限公司工电检测所电力试验室主任。

高速铁路沈佳客专牡佳段 AT 变后备保护研究及应对措施

张长春　鲁俊龙

摘　要： 我国高速铁路飞速发展，在运输能力和效益上有着飞跃性的提高。从科学的角度来看，牵引供电系统作为高铁动车组的动力能源，必须保证供电稳定、应急处置迅速，实现安全生产，保障动车组列车的正常运行。牵引供电系统中 AT 供电在整个高速铁路供电中起到至关重要的作用，特别是在高寒地区，自耦变压器（AT）供电方式将牵引网的供电电压提升一倍，而供给动车组的额定电压仍为 25 kV，电分量的数量会有所减少，有效地保证了动车组电力能源的稳定，提高列车行驶速度，并且还有利于列车的安全行驶，增加旅客的安全感和舒适感。此次研究以牡佳高铁 AT 供电方式的故障为切入点，研究采用 I 型分区所的全并联 AT 供电方式中 AT 变应投入失压保护及检有压重合闸，用案例进行分析及探讨，并提出相关建议。

1　高速铁路牵引供电运行方式

高速铁路采用全并联 AT 供电方式，就是通过 AT 所、分区所的母线和断路器将上下行牵引网并联连接的复线 AT 供电方式。全并联 2X25 kV AT 供电系统的分区所一般采用两种主接线方式，分别称为 I 型和 II 型分区所。

采用 I 型分区所的全并联 2X25 kV AT 供电牵引网在正常供电运行方式时的示意图和采用 II 型分区所的全并联 2X25 kV AT 供电牵引网在正常供电运行方式时的示意图分别为如图 1 和图 2。目前牡佳高铁鸡西西牵引变电所、新民 AT 所、兴农分区所采用 I 型分区所的全并联 AT 供电方式，哈大高铁哈西牵引变电所、三姓 AT 所、望哈分区所采用 II 型分区所的全并联 AT 供电方式。

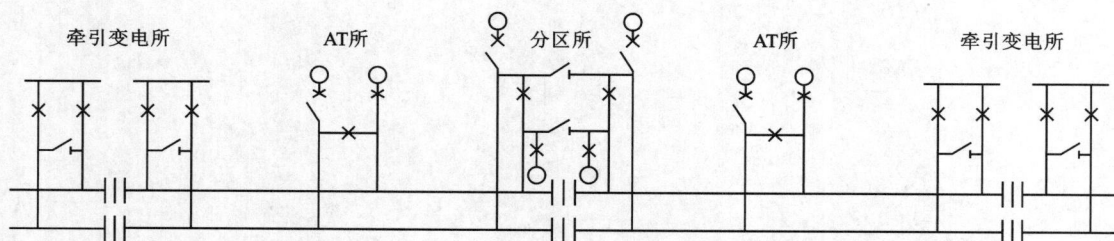

图 1　采用 I 型分区所的全并联 2X25 kV AT 供电牵引网正常供电示意图

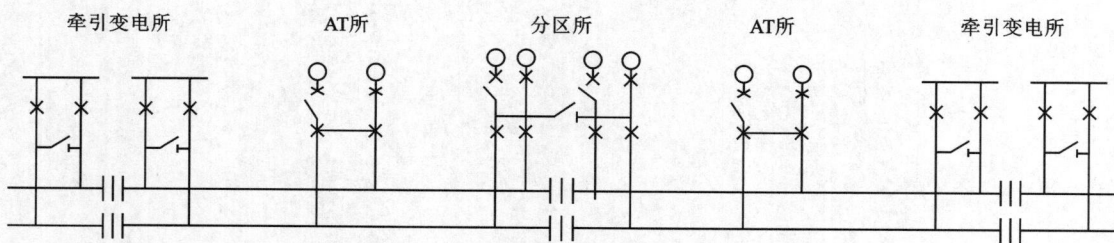

图 2　采用 II 型分区所的全并联 2X25 kV AT 供电牵引网正常供电示意图

2　AT 供电方式 AT 变后备保护情况

牵引供电过程中出现馈线跳闸的次数是比较多的，其绝大部分是由线路上的故障所引起的。全并联 AT 供电方式故障测距，牡佳高铁采用的是横联线电流比法测距，哈大高铁采用的是吸上电流比法测距。两种测距的共同点是根据故障报告显示故障距离、故障类型（T/F/TF）、故障方向（上行、下行）。不同点是除了计算方式的不同，还有根据采用不同类型的主接线分区所，接触网跳闸时 AT 所及分区所供电示意图开关动作情况不同。全并联 AT 供电方式下牵引变电所上/下行供电臂一行故障跳闸，影响下/上行供电臂同时跳闸，然后 AT 所及分区所馈线失压保护动作启动，馈线断路器解列，无故障供电臂会自动重合成功。Ⅰ型分区所的全并联 AT 供电方式自耦变压器的保护配置中后备保护采用单台并联断路器模式，应将 AT 变投入失压保护、检有压重合闸、过负荷保护。Ⅱ型分区所的全并联 AT 供电方式自耦变压器的保护配置中后备保护采用双台并联断路器模式，将 AT 变投入过负荷保护即可。

采用Ⅰ型分区所的全并联 AT 供电方式（牡佳高铁），上/下行其中一行接触网跳闸重合闸失败，AT 所及分区所中采用单台并联断路器解环，如果 AT 所及分区所的 AT 变未投入失压保护及检有压重合闸会造成无法退出 AT 变，造成故测装置选择测距方法错误，影响故障位置的快速查找，增加了抢修时间，降低了高铁运输效率。

采用Ⅱ型分区所的全并联 AT 供电方式（哈大高铁），接触网跳闸重合闸失败，AT 所及分区所中采用双台并联断路器解环，能将 AT 变退出，无故障供电臂在重合后 AT 所及分区所的相应馈线断路器重合后 AT 变带电。重合后采用电抗法测距，能够准确提供故障位置。牡佳高铁鸡西西牵引变电所馈线故障跳闸（采用Ⅰ型分区所的全并联 AT 供电方式）。

3　故障案例分析及研究建议

3.1　故障数据及定值

鸡西西牵引变电所 213、214 供电臂跳闸，均重合闸不成功。第一跳：故测装置显示上行 TR 故障，故障距离 2.4 km，214 供电线长度 3.014 km，横联线电流比法测距，故标 K879+139；213、214 供电臂重合闸均失败，第二跳故测装置显示上行 TR 故障，故障距离 2.419 km，214 供电线长度 3.014 km，电抗法测距，故标 K879+139。故障数据如图 3。

		213		214		213	214	
第一跳数据		下行T	下行F	上行T	上行F	下行R	上行R	总R
变电所	馈线保护装置	4356	1019	4477	571	836.46 (171.709°)	3922.116 (336.451°)	3122.908
	故测装置	232.964 (176.94°)	604.839 (169.696°)	4474.584 (337.963°)	563.418 (168.546°)			
AT所		171.732 (340.744°)	537.014 (340.744°)	860.841 (159.199°)	495.558 (160.8220)	2065.145 (340.744)	0.853 (70.390°)	2065.15
分区所		0	0	0		3.931(108.854°)	0.184(42.891°)	4.009
第二跳数据		下行T	下行F	上行T	上行F	下行R	上行R	总R
变电所	馈线保护装置	4380.072	879.577	无	无	1407.105 (167.483)	5112.399 (337.200°)	3736.349
	故测装置	704.346 (167.212°)	702.775 (167.755°)	5112.286 (337.221°)	1.897 (250.633°)			
AT所		0.226 (348.978°)	2.801 (215.353°)	0.834 (242.984°)	0.926 (43.049°)	1284.011 (2.664°)	0.992 (259.600°)	1283.787
分区所		0.322(126.912°)	0.265(6.048°)	0.997(122.808°)	0594(109.136°)	1.336(99.136°)	2.197(227.507°)	1.722

图 3　故障数据

通过数据分析可知，故障位置在 214T 供电线范围内，213 供电臂在非故障情况下应自动重合成功。定值：电流增量保护定值为 900 A，过电流保护定值为 1210 A，时限均 0.1 s。

3.2 跳闸经过

利用故测装置的故障录波进行说明。图 4 为故测装置录波(全)。

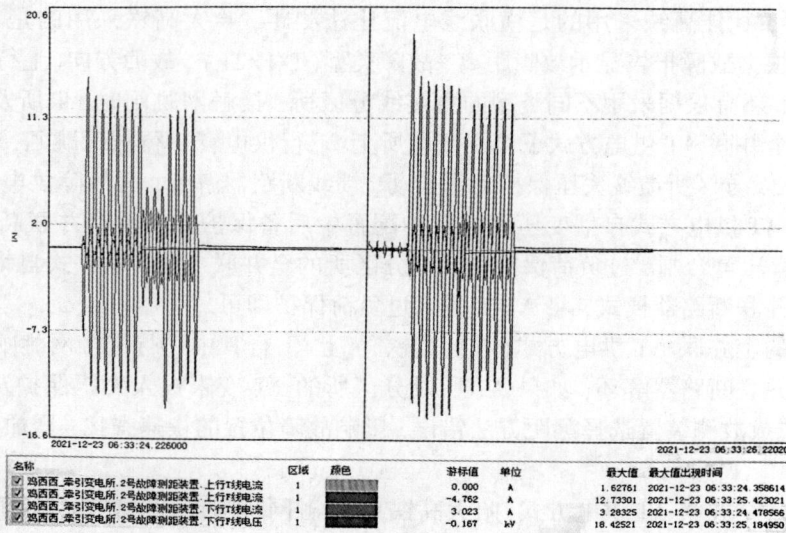

图 4 故测装置录波(全)

从图中可看出,故测装置的录波是错乱的,经过计算和跳闸时间分析,最后留下四组波形,其中"上行 T 线电流"实际上是"上行 F 线电流";"上行 F 线电流"是"下行 T 线电流";"下行 T 线电流"是"下行 F 线电流";"下行 F 线电压"是"上行 T 线电流"。不仅 T、F 电流错了,上下行也错了,甚至电流和电压也都错了。此处有疑问,可根据图中数值——计算并对比故障报告数值,在此不多计算。公式:二次电流幅值×变比/1.414=一次电流有效值(1)

下面将两次跳闸的波形图放大,以供后面分析使用:

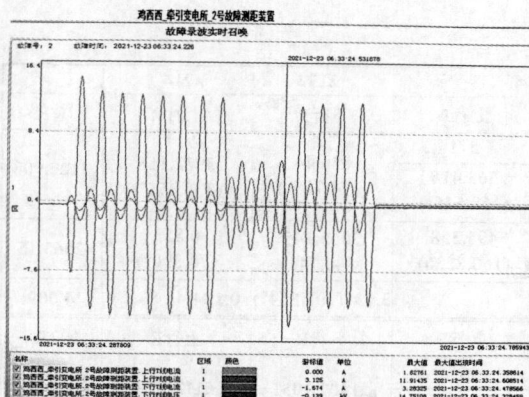

图 5 故测装置第一次跳闸录波放大

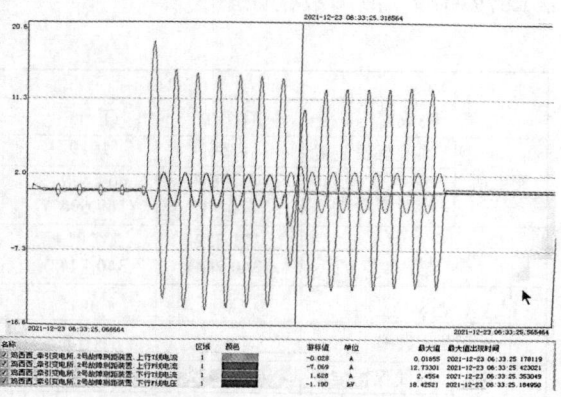

图 6 故测装置第二次跳闸录波放大

从波形可以看出,首先是 214T 线(红)故障,电流很大,214DL 经 8 个正弦波完全跳开,此时 AT 所、分区所 271DL 在合位,213T 线电流(蓝)本是通过母线流向 214 的(可以从 213T(绿)、F(紫)波形看出方向一致,是重合在一起的),214 先跳闸,213T 线电流方向改变,经过 AT 所环至故障点,7.5 个波形后 213DL 完成跳闸,AT 所、分区所 271 失压跳。从波形上看,213 比 214 先合闸,且可从 213、214 馈线保护装置保护动作时间的整合看出,自 214 保护启动为 0 ms 至 2327 ms 213 重合闸动作,300 ms 后 214 重合闸动作(2627 ms);由于 AT 变在下行 213 侧,前面有五个含二次谐波的波形(AT 所处 1 AT 故障录波有 16.5 个励磁涌流波形 330 ms),两者皆可证明 213DL 先合闸且成功。214 合闸后 214T 线继续对支柱放电,214F 线电流由于末端已解环且无 AT 变数值为 0，经 7 个故障波形 140 ms，214DL 跳闸，重合不成功。213IT、IF 电流在 214DL 未分闸时方向相同，214DL 分闸后 213T 线电流瞬间改变方向，流向线路侧，经 7.5 个波形 150 ms，213DL 再次跳闸，重合不成功。

3.3　原因分析

3.3.1　末端解环后，213T 线流向母线的电流从何而来？

AT 所及分区所采用单断路器并联运行方式，且 AT 变未投入失压保护。在牵引变电所上下行馈线跳闸后，造成 AT 所及分区所并联断路器失压保护动作，因 AT 变未投入失压保护，不能自动切除 AT 变。

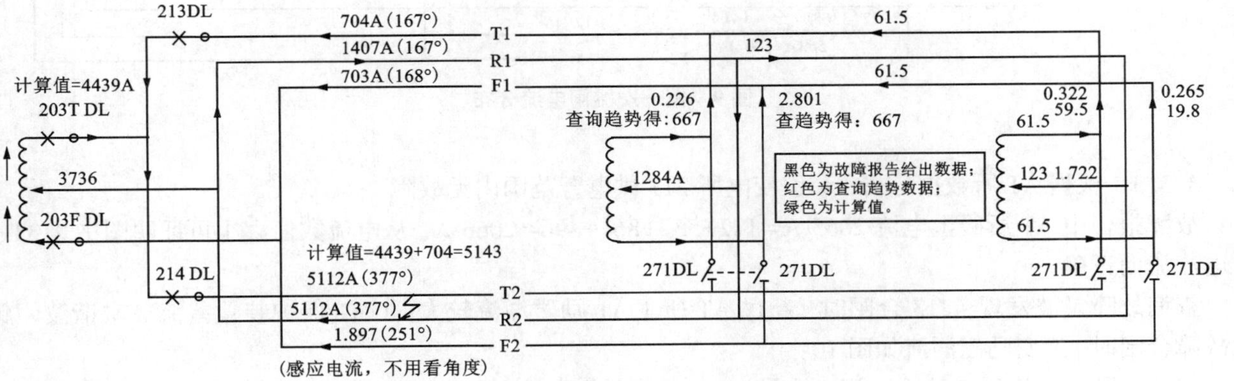

图 7　重合失败电流分布图

此时 AT 所及分区所自耦变位于下行侧（213 供电臂），214DL、213DL 合闸后，因 214 供电臂内故障未切除，故障电流经故障点进入 R 线，一部分流回主变（值为 3736 A），另一部分（1407 A）经变电所下行 R 线流进 AT 所 AT 变（1284 A），故障报告中 AT 所 T、F 电流均很小（最大的 2 A），查询"电流趋势"发现 213 供电臂重合失败跳闸时 AT 所 T 线电流 667 A，F 线电流 667 A，与 AT 所 R 线电流大小相符，且与故障报告中 213T 线电流 704 A（167°）、F 线电流 703 A（166°）电流相当，趋势图如图 8：

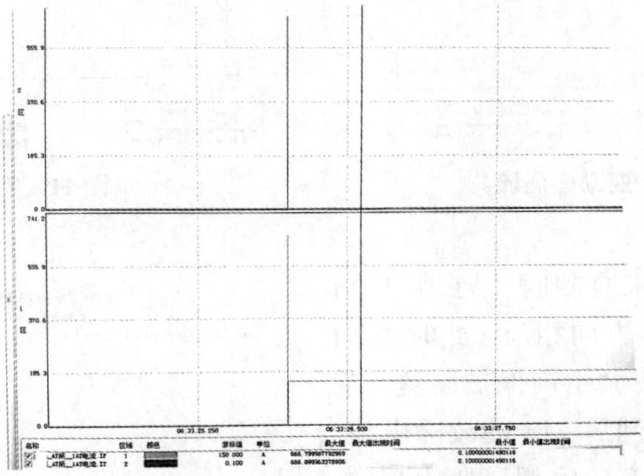

图 8　第二次跳闸 AT 所 T、F 电流趋势

因保护装置电流元件电流值（IT-IF）按矢量差计算，所以 213ITF 不是两者相加的 1407 A，而是 6.853 A。214 未分闸时，213 馈线电流未达到保护定值，但 213T 线电流方向一旦改变，就可达到动作值。

3.3.2　经电流方向及数据分析可知，214 供电臂跳闸时，213 供电臂范围内无故障

通过故障报告判断第一次跳闸时 213T 线（177°）、F 线（170°）电流方向相同，213T 线电流很小且未流向线路侧，而是经母线流向 214 供电臂，如图 9。

查趋势得变电所主变 203T 线电流 4273 A+213T 线电流 233 A＝4506 A，与 214T 线电流 4474 A 相近。如果 213 供电臂也有故障，203 电流就应等于 213 与 214T 线电流之和。

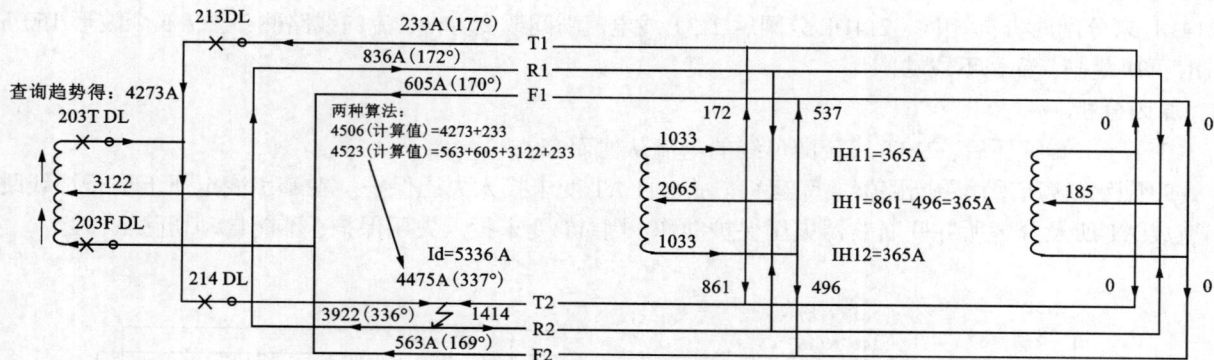

图 9　第一次跳闸电流分布

3.3.3　根据 AT 所数据分析，牵引变电所 213 供电臂范围内无故障

故障报告中 AT 所吸上电流 2065 A＝172+537+861+496＝2066 A，从电流数值大小可证明图中 213T、F 线电流流向正确。

查询故障录波发现，213 合闸时，新民 AT 所 1 AT 励磁涌流较大，1 AT 保护装置差流二次谐波闭锁，无故障合闸时 AT 变励磁涌流如图 10：

但此次励磁涌流后有故障电流，如图 11：

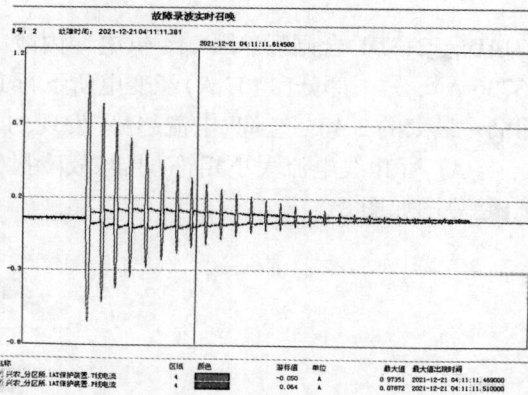

图 10　正常合闸时 AT 变励磁涌流

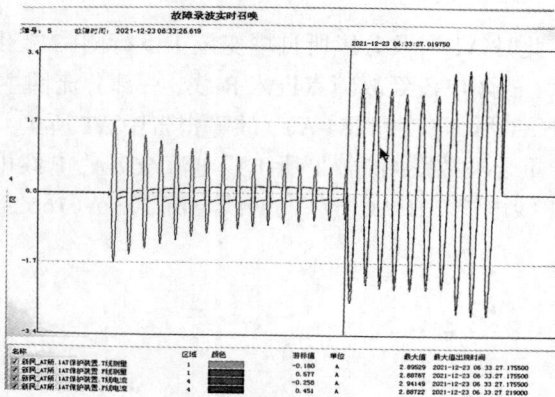

图 11　有故障电流时的录波

前部分为 213 合闸、214 未合闸时，AT 所 1 AT 变的励磁涌流，T 线、F 线电流方向相反，此时 1 AT 差流（IT-IF）较大，但二次谐波大闭锁保护装置。后面部分前 6.5 个波形为 214 合闸后 213 的故障电流，T 线电流方向改变，T、F 电流方向由相反变为相同，T 线电流值不大，为 2.94×500/1.414＝1040 A，故测装置给出变电所处 213T 线电流 704 A 也不大，可再次通过电流流向证明 213、214 供电臂重合后，213T 线电流仍是流向母线，即 213 供电臂此时无故障。

3.3.4　牵引变电所 213 供电臂第一次跳闸，故障电流经 AT 所环至 214 供电臂故障点

查询 AT 所 271 馈线保护装置录波可知（如图

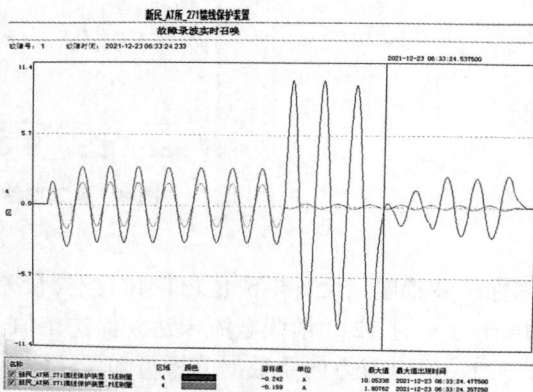

图 12　AT 所 271 馈线保护装置

12），前 8 个波形是 214 未跳闸时的电流，后面 7.5 个电流波形（与变电所处波形相符，图 5）是 213 经 AT

所 271 流向 214 供电臂故障点的。T 线电流前面较大的 3 个波形二次幅值为 10 A，一次有效值为 3536 A，后面 4.5 个波形小到不能启动保护，但是变电所处 213 第一跳前 3 个波形幅值较小，后面 4.5 个波形幅值更大，说明 213 供电臂第一次跳闸最开始是经 AT 所到 214 供电臂的，后期在近端有短路。近端是从 213 供电臂第一次跳闸，电抗值为 0.664 Ω，第二次为 0.743 Ω，与 214 供电臂跳闸的电抗值 0.697 Ω 相近，214 供电臂为供电线故障，与 213 供电线为同杆架设。变电所处 213 供电臂第二次跳闸电流没有第一次的 3 个较小的波形，而是 7.5 个大幅值波形(图 6)，从电抗值来看 213 供电臂近端放电的位置应该与 214 供电臂相近，判断 213 供电臂第二次跳闸是直接对支柱放电，两次都是因 214 供电臂故障引起 213 供电臂的瞬时放电。

4 建议

(1)建议采用 I 型分区所的全并联 AT 供电方式，AT 所、分区所的 AT 变均投入失压保护和检有压重合闸。

(2)重合后故测装置采用的电抗法测距，如果 213 供电臂带 AT 变发生故障应采用吸上电流比法，若跳闸时 AT 变退出，重合闸后应采用电抗法。

5 应用结果

自修改并投入分区所、AT 所自耦变压器失压保护、检有压重合闸定值至今，设备运行良好，保护配合得当。偶尔有几次故障点在变电所供电线及其附近，非故障行别 T 线电流与 F 线电流方向相同，但均未发生上述案例中的异常情况，该问题已被解决。

参考文献

[1] 胡亮.牵引网馈线保护整定计算程序设计模块[J].科技咨讯,2016(20).

[2] 徐红红,张雷.AT 牵引供电方式的分析及应用[J].铁道运营技术,2007.

[3] 贺威俊,高仕斌.电力牵引供变电技术[M].成都:西南交通大学出版社,2005.

作者简介

张长春,中国铁路哈尔滨局集团有限公司调度所供电调度员,工程师。

鲁俊龙,中国铁路哈尔滨局集团有限公司调度所供电调度员,工程师。

哈尔滨局集团公司牵引变电所修程修制改革

张云峰　赵喜军　宋笑雨

摘　要： 随着我国铁路电气化规模的不断扩大，牵引变电设备运维已由传统的"周期修"向"状态修"转变，哈局通过对牵引变电所无人化进行改造工作，实现了修程修制改革，提高了牵引变电所的监控、监视水平，节约了人力成本，改变了牵引变电所的管理模式。

1　引言

伴随通信、信息、人工智能技术的大力发展，我国铁路现代化水平不断提升，电气化铁路根据自身特点，在信息化、智能化研究中取得了很大的进步，智能牵引供电系统得到应用，整体技术达到世界领先水平，其中辅助监控系统、智能牵引变电所等通过试点，正在逐步推广。这些现代化科技手段的应用，使得牵引供电装备技术得到有力的提升，从而可以实现信息采集和监控、远程监视，维护效率得到进一步提高，使得维护管理模式及值班值守改革具备可能性。牵引变电所无人化改造工作是国铁集团生产力改革的一项重要决策，更是哈局供电系统长远发展的一项重要任务。

2　牵引变电所无人化改造工程的意义和目的

2.1　人力成本节约的需要

全局现有变电所 60 座，承担约 3303 km 电气化铁路（其中高铁 1401 km）牵引负荷供电任务。全局现有变电所值班值守人员 147 人。电气化铁路根据技术发展，提出牵引变电所采用无人值班值守方案，可有效减少值守人员，缓解人力资源成本压力，实现减员增效、节支降耗的目标。

2.2　牵引变电设备运维升级的需要

随着我国铁路现代化水平的不断提升、电气化铁路规模的不断扩大、牵引变电所修程修制改革的持续深入推进，牵引变电设备运维已由传统的"周期修"向"状态修"转变，迫切需要提高牵引变电所监控、监视水平。通过牵引变电所无人化技术改造，构建能实时监视变电设备设施运行环境和状态、指导现场检修等功能全面的辅助监控系统，集成所内视频监控及巡检、环境监测、安全防范、火灾报警、动力照明控制等各功能模块，可以全面、及时、准确采集和展示所内设备运行状态信息，实现信息共享和告警联动；可对关键导流设备温度监测、设备状况历史自动对比、趋势曲线等重要数据进行全面统计分析，对各类设备缺陷进行智能识别和图像深度分析，提高设备监控、分析预警的全面性、准确性和及时性；可以适应更复杂的运行环境，降低运营人员的安全风险，提高工作效率，提高应急处置的能力、消除日常运维设备管理盲区，为牵引变电所运维升级提供技术支撑。

3　牵引变电所无人化值守的基本条件

牵引变电所撤出值班值守人员，为保证牵引变电所供电的安全可靠性及远程监控监视的需要，须适当进行牵引变电所、供电段及铁路局集团公司供电调度设备和技术的升级改造，相关技术条件及要求见表 1。

表 1　原铁路总公司、国铁集团颁布的相关规章及技术条件

技术标准	牵引变电所辅助监控系统暂行技术条件 （目前已在修订，预计 2021 年下半年颁布）	铁路总公司	TJGD025—2018
	智能牵引变电所及智能供电调度系统总体技术要求	国铁集团	Q/CR 721—2019
	铁路供电调度 SCADA 系统主站技术条件	国铁集团	Q/CR 796—2020
技术规章	铁路电力牵引供电无人值守工程设计施工补充规定	国铁集团	铁建设〔2020〕112 号
	牵引供变电所实施无人值班值守工作的指导意见	铁路总公司	工电函〔2018〕101 号

其中主要技术条件包括：

3.1　牵引变电所内一次和二次设备具备远动操作条件，重要的隔离开关应采用电动操作机构，综合自动化装置、交直流电源装置及远动装置的运行状态应稳定可靠。

3.2　相邻牵引变电所具备通过远动操作越区供电能力，在应急情况下保证重要列车的通行。

3.3　对 AT 供电方式的电气化铁路，牵引变电所 F 线及 AT 所应具备故障情况下通过远动操作切除隔离功能。

3.4　综合自动化装置应具备远方投切保护、召唤及修改定值、复归信号等功能。

3.5　自用电系统应有可靠两路电源，交直流主要馈电回路纳入远动监控，直流母线应分段，蓄电池组容量应至少满足全所事故停电 2 h 的放电容量和事故放电末期最大冲击负荷容量的要求，直流系统故障应能发出信号告警。

3.6　牵引变电所建筑物应具有一定的防盗反恐水平，安装具有防盗功能（不通透）的院门，实体围墙高度不应低于 2.5 m，围墙上部应安装高度不小于 50 cm（其中 20 cm 向外 45°倾斜角）的金属防护网，必要时加装电子围栏。所内建筑物一楼应少设门窗，对于必要的门窗，应装设实体防护措施。治安条件恶劣地区，可考虑雇用保安人员。

3.7　各供变电所消防设施应完善，功能完好，符合现行国家标准《建筑设计防火规范》（GB50016—2014）、《火力发电厂与变电站设计防火标准》（GB50229—2019）和现行行业标准《铁路工程设计防火规范》（TB10063—2016）的规定。

3.8　牵引变电所应具有功能完备的辅助监控系统，满足供电段、供电调度对牵引变电所的远程监控、监视能力，局、段、所间辅助监控系统通信通道应满足《智能牵引变电所及智能供电调度系统总体技术要求》（Q/CR 721—2019）的规定。

3.9　变电所和开闭所应具备必要的待班房屋、厨灶、卫生间等生活设施，以满足日常值守、应急值班、巡检维护以及修理试验等人员基本生活需求。

4　哈尔滨局牵引所无人化改造工程计划

2020 年按照国铁集团统一部署，我们牵头组织集团公司建设部、计统部等有关部门研究确立了新建或在建工程中纳入无人化改造，既有牵引所利用集团公司技改资金解决的建设思路和费用落实渠道，初步规划了集团公司调度所辅助监控系统平台、供电段级平台及牵引变电所辅助监控系统的总体建设方案。同时明确了集团公司辅助监控系统主站设置在调度所、主站按高速、普速铁路分别搭设服务器并设置在信息机房，系统由工电检测所负责日常运维，辅助监控系统工作站与局供电调度工作站同台显示；段级平台按高、普速分设条件。段级工作站宜与管控、调度中心统筹设置。牵引变电所辅助监控系统通过专用通道接入段、集团公司主站，牵引变电所巡检智能分析基于当地设备实现等。并多次会同客专公司、设计院、工管所、供电段、设备厂家制订技术方案。在建及新建工程中无人化改造变更计划及集团公司无人所技改工程计划见表 2、3。

表 2　在建及新建工程中无人化改造变更计划

年度	在建及新建工程中无人化改造变更计划	管辖单位
2021	搭建局级高速监控系统主站。哈段、牡段、佳段搭建高速辅助监控系统段级主站。哈段、齐段搭建普速辅助监控系统段级主站。开展哈佳线、哈牡客专、佳鹤线、通让线33座牵引所（含小所）无人化改造变更工程，完成牡佳27座（含小所）在建牵引所的辅助监控系统建设	齐供电、哈供电、牡供电、佳工

表 3　集团公司无人所技改工程计划

年度	集团公司无人所技改工程计划	管辖单位
2020	搭建局级普速辅助监控系统主站，开展滨绥线 2 座牵引所改造	哈供电
2021	完成滨绥线 2 座牵引所改造（2020 年未完），搭建滨州线辅助监控系统 2 座，齐供电段辅助监控系统主站 1 座	齐供电

续表3

年度	集团公司无人所技改工程计划	管辖单位
2022	搭建辅助监控系统 13 座、牡丹江供电段辅助监控系统主站 1 座。包括滨州线 8 座、滨绥线 5 座	齐供电、哈供电、牡供电
2023	搭建辅助监控系统 16 套、滨州线 6 座、平齐线 2 座、牡绥线 4 座、京哈普速 2 座。接入并调试入既有牵引供电辅助监控系统主站	齐供电、哈供电、牡供电
2024	搭建哈齐高铁辅助监控系统 5 套、接入并调试入既有牵引供电辅助监控系统主站	齐供电段、哈供电

5 既有牵引所无人化改造工程内容

5.1 无人化改造配套改造标准

5.1.1 高低压开关设备电操远动化

5.1.2 变电所设备设施的补强改造。按辅助监控系统技术条件征求意见稿,辅助监控系统可接入在线监测信息,包括高压设备监测、电缆监测、地回流监测等,通过辅助监控系统上传。

5.1.3 结合无人化改造工程,将牵引变电所二次系统防强电侵入,其中包括应急保护、防强电侵入集中接地箱、直流分段改造、交直流系统监测等纳入配套工程。

5.2 辅助监控系统建设内容

5.2.1 局级辅助监控主站设备(哈尔滨局集团调度所)

5.2.2 段级辅助监控主站设备

5.2.3 所级辅助监控主站设备

5.3 局级主站系统构成及网络架构

局级主站系统应按高铁和普速分别独立设置,包括局级远动监控区设备、局级辅助监控区设备、局级调度运行区设备等,见图 1。

5.4 辅助监控系统改造施工

5.4.1 局级、段级主站设备施工

(1)局级、段级辅助监控系统、工作站。主站系统一般由 10 台机架式服务器及网络设备组成,即 2 面服务器柜、1 面网络设备柜,机房还应考虑设置电源箱和 UPS 空间,机柜占地面积约 3.2 m×0.9 m,机房应设防静电地板及机房空调。局电调工作站与 SCADA 工作站同台安装,双显双工作站配置;段级监控站单显单工作站配置。车间复示工作站单显单工作站配置。

(2)配合进行通信通道的引入。主站服务器引入两条数据网通道,由通信单位按 6Cvpn 业务开通业务,服务器至调度(监控)工作站处敷设网线。

5.4.2 所级辅助监控系统施工

(1)摄像机基础施工。室外机杆分为 1.5 m、10 m 两种。控制室和高压室根据摄像机类型确定安装方式,包括固定式和轨道式两种,建议采用固定式摄像机。控制室一般采用吊柱或壁挂式安装,高压室采用吊柱式安装。室外机杆基础养生一般为 15~25 天时间。

(2)线缆敷设施工。室外通信线采用光缆或屏蔽六类双绞线 1.6 km,室内通信采用六类双绞线 2.4 km,室外 RVVP4×1.5 电缆 2.6 km,室内 RVVP4×1.5 电缆 3.2 km。室外所有强弱电电缆穿管(PPR)敷设,从电缆沟入控制室。

(3)院墙设备安装。室外摄像机约 17 台,房屋外墙安装风雨雪气象站和扩音器各 1 台,院墙上安装环境摄像机 4 台、门禁 3 台、激光对射 5 套等。

(4)控制室内、高压室内设备安装。控制室摄像机 6 台,高压室摄像机 8 台、烟感 5 台、温感 4 台、碎窗 6 台、红外双鉴 5 台等。室内外照明、空调、水泵、风机、除湿机、加热器等自动控制器接线。

(5)柜屏设备组立。包括 2 面 0.8 m×0.6 m 自动化保护屏的组立,屏内软件安装及调试,室外引入的屏内设备接线。辅控系统电源引自交、直流屏各一路。

5.4.3 局、段、所级辅控系统的联合调试

(1)BIM 建模和 2D 制图。根据全所土建、房屋及室内外设备布置进行三维和二维绘图。

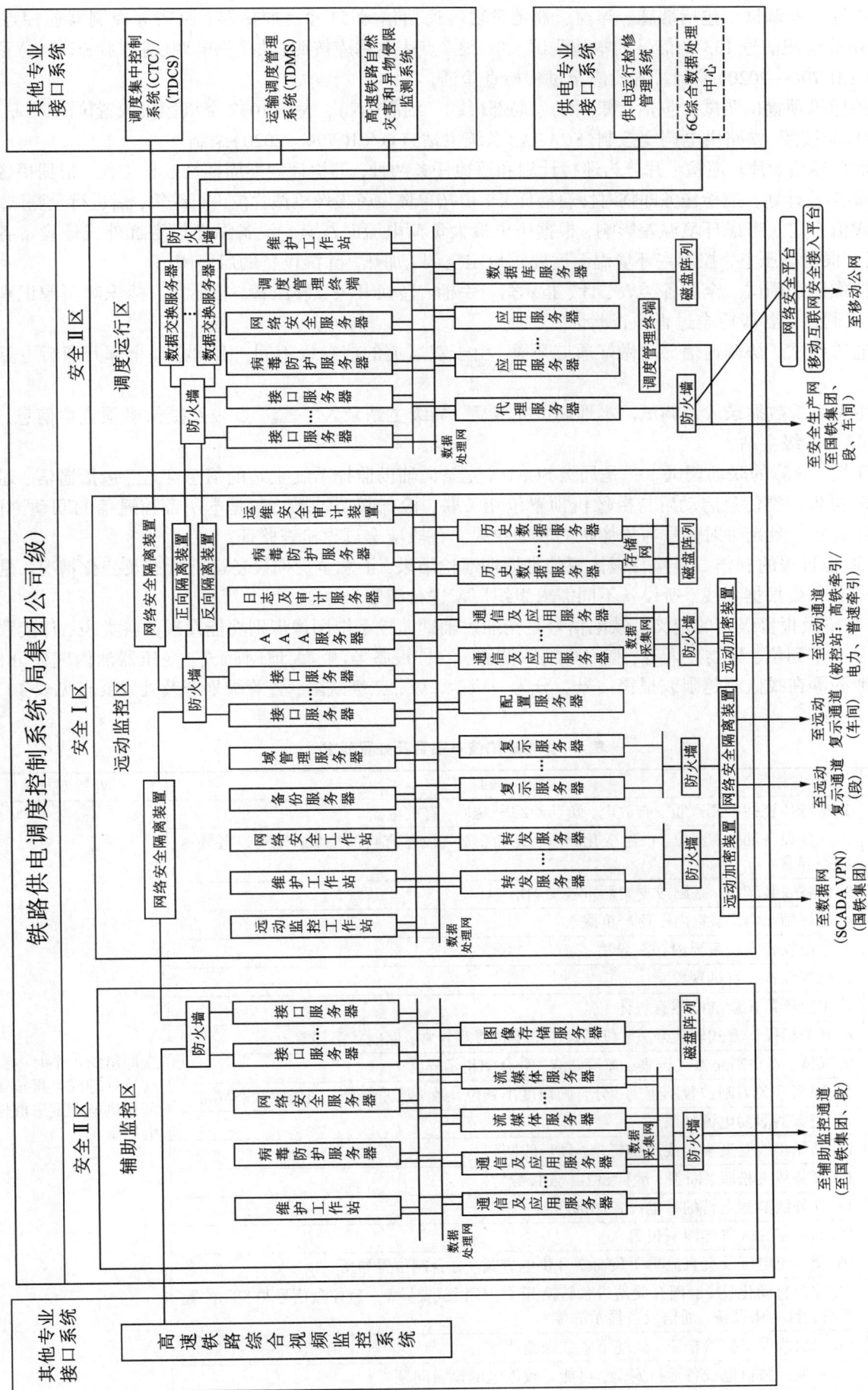

图1 局级主站系统构成及网络架构

499

（2）本地三遥调试。包括烟感、碎窗、激光对射等遥信信号 54 个，加热器、照明等控制器遥控点 17 个，气象站等遥测信号 133 个信号的本地测试。"三遥"点表名称应按照《铁路供电调度控制（SCADA）系统主站》（Q/CR 796—2020）编制。各段应全过程检查验证。

（3）摄像机预置位调试。包括全景（面）、局部（线）、细部（点），大约 1032 个摄像机预置位的调试，预置位的名称应按照《铁路供电调度控制（SCADA）系统主站》（Q/CR 796—2020）编制。

（4）制作巡检卡片。巡检卡片分为巡检计划和巡检任务两种，巡检计划即周期性巡检工作，根据摄像机预置位编辑巡检计划。巡检任务即临时性巡检任务，可按单体设备摄像机预置位进行编辑，后进行全测试。

（5）阈值设定。考虑环境温差影响，根据历史最大负荷电流时线夹、设备温度设定红外成像设备各点位的阈值。根据高压室、控制室环境温湿度要求设定空调、加热、除湿设备的启停阈值。

（6）图像识别调试。全所各类表、计、指示灯、手柄、转换开关、硬压板、指示牌、标识等图像识别的采集和定义调试。各段应全过程检查验证。

（7）通道调试。协调通信部门做好通道开通，由于双通道的信息量不同，因此必须全部开通后方具备调试条件。

（8）主站系统数据录入及调试。本地调试完成后，局级主站录入"三遥"点表及摄像机预置位信息，调试完成后导入段级主站。

（9）遥控、故障的联动调试。一是局级 SCADA 主站向辅助监控系统主站的信息穿透，包括遥信、遥控预置、故障报告三类信息启动后与摄像机预置位相关联，检查联动效果。二是本所辐控遥信的联动测试，包括烟感、碎窗、激光对射信号与摄像机的联动效果。各段应全过程检查验证。

（10）巡检日报的制作。巡检日报体现的是周期巡检结果，汇总全周期设备运行状态及变化情况，是全开放式的，各单位根据各线、所设备不同需求组织厂家进行编制。

（11）缺陷及报警级别的定义。缺陷信号是指通过辅助监控系统图像识别功能发现的各类表、计读数越限，开关分合不到位、异物侵入等，以及电缆头测温、容性设备监测、大地网回流、变压器油内气体分析、SF6 气体泄漏等在线监测越限或报警信号。分为一级、二级、三级缺陷，各等级划分及处置要求见表 4。

表 4 异常缺陷信号项目及处置要求

等级	主要项目	处置要求
一级	1. 绝缘体瓷体破损严重、有放电，负荷绝缘子变形、有放电	立即组织 1 小时内到现场处理或上报集团公司供电调度采取停电措施
	2. 充油设备油标、油位、油温变化严重，充油、充气设备有喷油现象，充气设备气压状态异常	
	3. 设备安装倾斜、基础或支架严重破损剥落	
	4. 场坪雨水内涝，室内屋顶严重漏水	
	5. 带电设备安全限界内存在异物	
	6. 电气设备有冒烟现象	
	7. 主变压器瓦斯继电器有气体	
	8. 开关柜操作方式转换开关、机械操作把手位置等异常，储能状态异常	
	9. 气体、真空断路器气压表、弹簧储能、分合闸指示异常	
	10. 隔离开关刀闸位置不正确、分合闸角度不到位，触头严重烧伤，消弧罩状态异常	
	11. 避雷器泄漏电流超限	
	12. 高压母线弛度不足或严重舞动；硬母线断裂	
	13. 设备线夹松脱、断裂，运行超温、连接异常	
	14. 红外线监测运行的带电设备局部超温	
	15. 高压室 SF6 气体泄漏报警	
	16. 交直流电源及交直流重要负荷空开供电方式、分合闸位置异常	
	17. 综合自动化、接触网开关站设备转换开关、压板位置异常；监控盘信号与实际位置不符；自动化设备、通信设备显示故障	
	18. 二次线缆保护管松脱，线缆下坠或裸露严重	
	19. 其他威胁供电设备运行安全，可能导致停电的设备问题	

续表4

等级	主要项目	处置要求
二级	1. 交直流系统通信状态异常，非重要负荷空开跳闸，直流输出电压及电流值异常，装置信号、指示显示异常；正、负母线对地绝缘异常；蓄电池组变形、渗漏液。交直流系统充电模块损坏2台以上	在4小时内组织到现场处理或采取加强监测待进一步处置
	2. 户外机构箱、端子箱门敞开	
	3. 红外线监测运行的带电设备局部过高	
	4. 其他影响供电运行安全，短期内不会导致供电中断的故障	
三级	1. 绝缘体瓷体轻微破损、有放电痕迹，负荷绝缘子轻微变形、有放电痕迹	巡检时处理
	2. 充油设备油标、油位、油温轻微变化，充油、充气设备有渗油现象，充气设备气压状态轻微变化	
	3. 高压母线松股、散股，硬母线脱漆	
	4. 设备外壳锈蚀、接地不良，支架破损，设备基础剥落	
	5. 高压场、房屋建筑物防小动物措施不完备；场坪内大量积雪或异物；电缆沟盖板丢失、破损严重；室内屋顶渗水	
	6. 设备标识或安全警示牌脱落或绑扎不牢	
	7. 空调机、除湿机、加热器等故障	
	8. 室内外照明损坏	
	9. 开关柜的指示灯，各类仪表等损坏，加热装置异常	
	10. 隔离开关、断路器、综自设备、开关柜等位置指示灯或计数器损坏	
	11. 二次电缆保护管、防火泥脱落	
	12. 避雷器泄漏电流过高	
	13. 综合自动化、交直流屏等各类装置液晶屏损坏	
	14. 其他在线监测装置监测异常或工作报警	
	15. 辅助监控设备摄像机脏污、传感器失灵等影响辅助监控设备运行的缺陷	
	16. 除一级、二级之外的其他异常情况	

　　动环报警信号是指激光对射、碎窗、红外双鉴、水浸、烟感、温湿度、气象站等传感设备产生的动环报警信号，分为一级、二级、三级报警，各等级划分及处置要求见表5。

表5　动环异常缺陷信号项目及处置要求

等级	主要项目	处置要求
一级	1. 烟感报警	立即通过视频、扩音器进行检查或警示，必要时进行现场检查或治安处理
	2. 风速、降雪、降雨传感器发生灾害报警	
	3. 其他威胁供电设备运行安全的动环报警	
二级	1. 激光对射、碎窗、红外双鉴报警	通过视频进行检查和警示，必要时进行现场检查
	2. 水浸报警	
三级	高压室内温湿度超限	检查或启动空调、加热、除湿装置

5.4.4　配套改造施工

（1）土建改造。包括室内外门防盗、防盗网窗安装，场坪面破面修缮等。

（2）设备改造。防强电侵入、在线监测设备、电动化改造设备的安装及调试等。

6 修程修制改革后管理模式

改造完成后，除执行特殊任务、应急或异常天气等情况外，变电所将不再设置固定值班值守人员，并对相关作业责任划分进行调整：将接触网天窗、应急处置等停送电倒闸操作和设备停送电状态确认调整为供电调度远程实施；将设备运行状态巡视、关键设备参数监测、主要供电负荷表计抄录等调整为供电段生产调度主站人员负责；将定期维护保养、巡防安保、临时应急性修理更换、配合地方电网系统作业等工作集中到属地化车间，由5~6人组成巡检组负责3~4个牵引变电所的日常巡视。实现集约高效、降低运行管理成本的目标。

7 结束语

无人化牵引变电所改革工作是铁路生产力改革发展的一项重要决策，也是供电系统修程修制改革的一项长远工作，既有所无人化改造可以大大提高带哦都自动化水平，降低牵引变电所维护成本，提高供电系统生产效益。既有牵引变电所的无人化改造中要充分考虑运行、检修、维护等综合要求，在设计、施工、运营中也应形成相应的规章制度指导和推动，不断探索、完善无人化牵引变电所改革工作。

作者简介

张云峰，中国铁路哈尔滨局集团有限公司工电检测所，工程师。
赵喜军，黑龙江铁路发展集团有限公司，高级工程师。
宋笑雨，中国铁路哈尔滨局集团有限公司概预算所，高级工程师。

直供–AT 供电方式对供电系统的影响

李卫民

摘　要： 当牵引网采用 AT 供电方式发生重合闸失败时，多采用退出正馈线的处置方案，通常是故障行直供，非故障行仍采用 AT 供电、上下行开环的供电方式。笔者发现在运行中采用以上处置方法，会带来影响故障类型判断、影响故障测距准确性、影响重负荷区段的保护线、影响保护动作可靠性四个方面的危害。

1　引言

AT 供电方式因其供电质量高、供电臂较长等优点，现应用广泛，特别是高铁及重载铁路，多采用此供电方式。AT 供电方式增加了正馈线（F 线），正馈线多架设于供电支柱的田野侧（隧道内侧不同），受外部环境影响较大，在发生故障跳闸重合闸失败后，应急时多采用退出正馈线的处置方案。通常是采用故障行直供，非故障行仍采用 AT 供电，上下行开环的供电方式。

笔者发现在运行中采用以上处置方法，会带来一系列其他问题，现分析如下，供大家参考。

2　简介

如图 1、2 所示，侯月线于 1995 年开通，AT 所均未设计电流保护，所内无断路器、流互，仅 AT 变中性点有测量吸上电流的流互，但因无专用通道不能实现 AT 吸上电流传输，故只能采用上下行电流比测距模式。当故障在第二区段时，依靠分区所电流大小、方向判断故障类型，若分区所开环，并联的电流互感器退出运行，此时分区所仅起 AT 所的作用，故测失效。

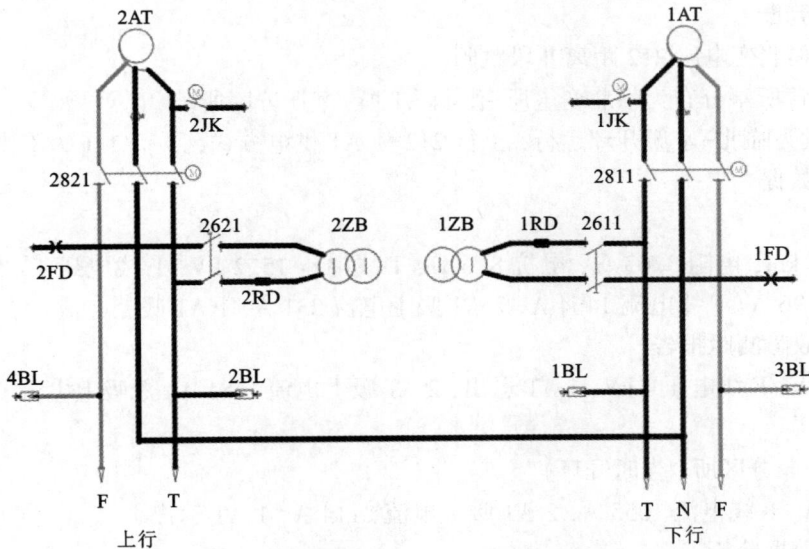

图 1　侯月线 AT 所一次接线图

南同蒲线 AT 所、分区所主接线图与侯月线类似，区别是其保护线是通过集中接地箱与 AT 变中性点连接。南同蒲线采用 AT 吸上电流比法测距，AT 所、分区所均有保护装置来采集 AT 吸上电流，在分区所开环时，若故障点在 AT 所与分区所之间，同样无法判断故障类型。

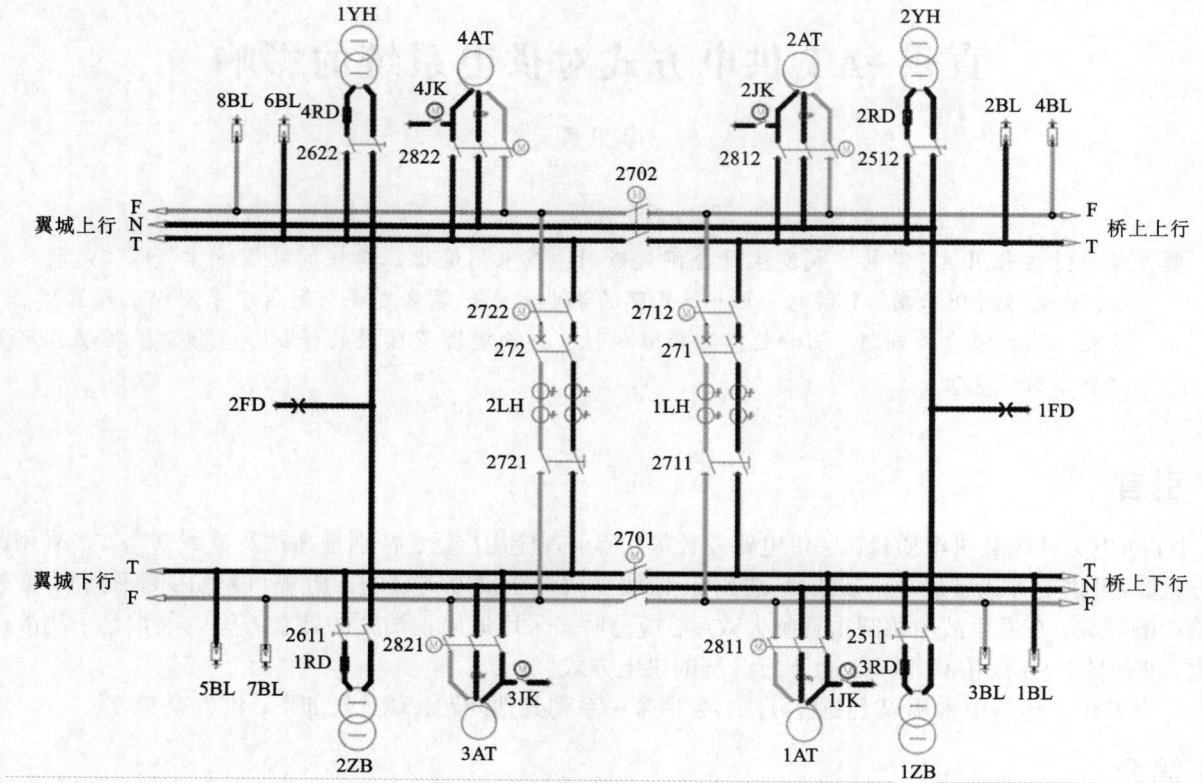

图 2　侯月线分区所一次接线图

在特殊情况下，通常采用直供-AT供电方式，发现存在以下问题。

3　影响故障测距准确性

3.1　影响故障类型判断

3.1.1　南同蒲临北变电所212距离Ⅱ段跳闸

临北-辛堡供电臂所亭分布为临北变电所-洪洞AT所-辛堡分区所。

当时的运行方式为临北-辛堡开环运行，上行212为AT供电方式，下行211为直供方式。

3.1.1.1　跳闸数据

（1）临北变电所

故障距离23.32 km，电阻3.63 Ω，电抗8.6 Ω，T线电压15.2 kV，F线电压15.53 kV，2#馈线电流3264 A，T线电流1796 A，F线电流1464 A，2 AT吸上电流331 A，1 AT吸上电流147 A。

（2）洪洞AT所故障测距报告

T线电压7.63 kV，F线电压0 kV，1 AT退出，2 AT吸上电流1481 A，总吸上电流1483 A。F线未安装压互。

（3）辛堡AT所（兼分区所，当时开环）

T线电流1051 A，F线电流1055 A，2 AT吸上电流2114 A，1 AT退出。

3.1.1.2　跳闸数据分析

变电所馈线T、F线电流分别为1226 A、1154 A，1266÷1154＝1.06，当时故测判据为0.9<1.06<1.1，所以判断为T-F故障。

但AT所吸上电流为2466 A，远大于1000 A，不可能是T-F故障。从子所吸上电流判断，应该是F或T线故障，变电所故测指示错误，利用变电所的数据无法判断故障类型。经巡视实际为F线故障。

人工画出电流分布图如图3所示。

变电所馈出电流 $I_{馈} = 1796+1464 = 3260$ A

短路电流 $I_{短} = 1150+2114 = 3264$ A

总吸上电流 $I_{吸上} = 2114+1481-331 = 3264$ A

以上电流均相等，据此可以确认为 F 线接地故障。

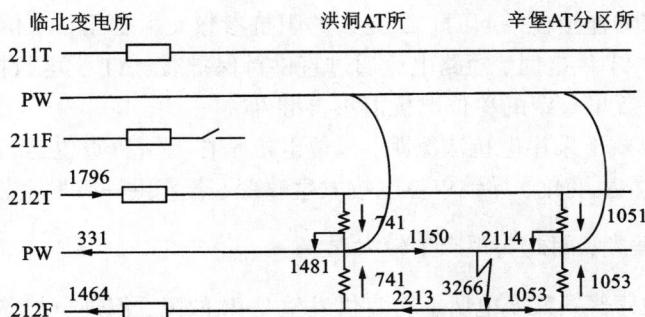

图 3　电流分布图（实际故障位置）

3.1.2　南同蒲介休变电所 212 距离 Ⅱ 段跳闸

介休–平遥供电臂所亭分布为介休变电所–张兰 AT 所–平遥分区所。

当时的运行方式为上下行开环运行，212 为 AT 供电方式，211 天窗停电。

3.1.2.1　跳闸数据

（1）介休变电所

阻抗 Ⅱ 段动作　故障距离 14.08 km，母线电压 15.85 kV，下行 T 线电流 1746 A，下行 F 线电流 1509 A。

（2）张兰 AT 所数据因通道问题接收失败。

（3）平遥分区所。

下行 AT 吸上电流 727 A。

3.1.2.2　跳闸数据分析

跳闸时刻故测装置按照 It>If 的逻辑关系，错误判断为 T–R 故障。实际当日故障为 F–R 故障，原因为树木搭接正馈线。

按照跳闸报告画出电流分布图，由于通道问题，张兰 AT 所数据接收失败，为人工推算而来。

变电所馈出电流 $I_{馈} = 1746+1509 = 3255$ A

短路电流 $I_{短} = 2767-239+727 = 3255$ A

总吸上电流 $I_{吸上} = 2767+727-239 = 3255$ A

以上电流均相等，据此可以确认为 F 线接地故障。

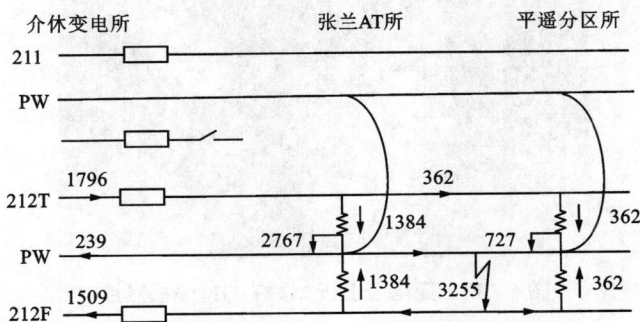

图 4　电流分布图（实际故障位置）

综上，在一行 AT、一行直供的运行方式下，会出现故测误判故障类型、测距误差很大等危害。

3.2 对故测距离准确性带来影响

变电所一行正馈线退出为直供运行方式时，在该行 T 线故障跳闸后，发现非故障行（AT 供电）的 T、F 线有故障电流分布。这将对故测距离的准确性带来很大影响，原因如下。

一是上下行的保护线是连通的，即使下行退出运行，但在变电所、AT 所的出口处及区间线路扼流变处，上下行的保护线是共用并连接在一起的。二是线路阻抗参数发生变化。单位电抗是在上下行直供运行时测算的，一行直供、一行 AT 供电时，短路电流通过直供行保护线、AT 供电行接触线、正馈线回流，此时线路单位电抗发生变化，装置里整定的单位电抗值不再准确。

南同蒲线在直供供电方式下采用电抗法测距，单位电抗是在上下行直供运行时测算的。一行直供、一行 AT 供电时，因回流分配发生变化，导致单位电抗发生改变，若直供一行发生故障采用电抗法测距，根据 $Z=\dfrac{U}{I}$，使得测量阻抗发生偏差，因此测距产生较大误差。

举例如下，图 3 为南同蒲普铁某变电所上行直供发生 T-R 故障，但部分故障电流通过下行回流，测距产生较大误差。负荷不大时，建议上下行均采用直供方式供电。

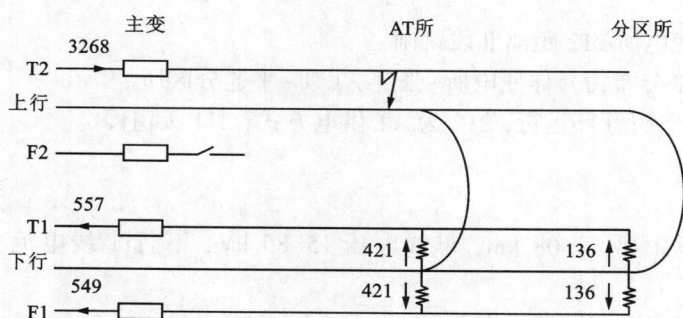

图 5　普铁直供行 T-R 故障电流分布图

侯月线采用上下行电流比测距模式，且不会转换测距方式。当供电臂上下行 AT 分布不对称时，故测完全失效，无法正确指示故障位置。其他采用上下行电流比方法测距的线路，也存在同样的问题。

4 对重负荷区段的保护线带来影响

太原局侯月线为重载铁路，桥上变电所主变接线方式为 V/X，无 AT 变。日最大负荷电流近 2000 A，在该供电臂故障退出区段正馈线时，发现 AT 所附近保护线有多处烧伤断股，后分析为正馈线退出后，电流分布发生变化造成的。

图 6　桥上变电所上行 2142T GK 烧损照片

2022 年，由于桥上变电所-翼东供电臂 F 线有某处烧损，所以退出上行正馈线，运行方式为上行直供、下行 AT 供电、分区所开环。

运行一天后,发现保护线有多处烧损,变电所上行 T 线隔离开关触头也有多处烧损痕迹。

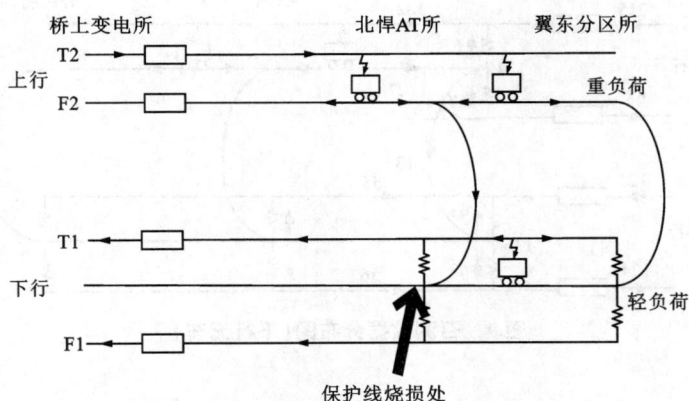

图 7　桥上变电所保护线烧损示意图

此时 AT 所附近的保护线不但承载本行的回流,也要承载另一行的部分电流。侯月曲沃-上交间上行保护线截面为 120 mm²,下行为 70 mm²,线索较正馈线、接触线细,故在采取特殊运行方式时,应统筹考虑。

5　对保护动作的可靠性带来影响

侯月线翼城变电所采用的是斯科特主变,变电所出口处有 AT 变,变电所的馈线保护故障电流取 $\dot{i}=\dot{i}_T-\dot{i}_F$。正常情况下为末端并联运行,此时电流分配如图 8 所示。

为方便表述,图中将两台机车合并为一台。

变电所馈出电流 $I_{馈}$ = 207+202+120+126 = 655 A

机车取流为计算所得,等于变电所馈出电流 $I_{车}$ = 222+433 = 655 A

总吸上电流 $I_{吸上}$ = 30+32+382+210 = 654 A

以上三者相等,电流分布平衡。

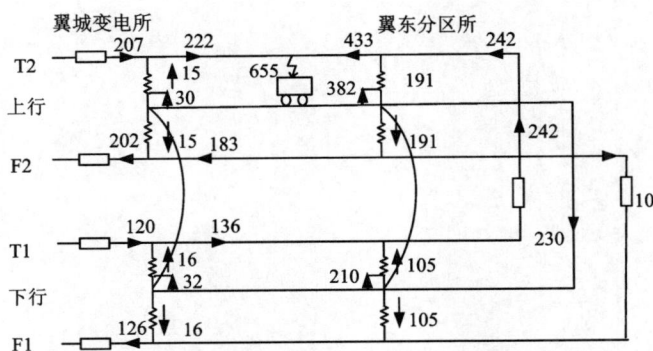

图 8　通常情况下末端并联方式电流分配图(负荷靠近末端)

某日,翼城-曲沃供电臂上行 F-R 接地跳闸,为不影响供电行车,将变电所正馈线退出,分区所开环后,上行采用直供模式,继续运行。为探究此时电流分布情况,在翼城变电所利用故障测距装置召测数次数据,绘图如下。

如图 9 所示,根据 CTC 系统显示的列车位置如图所示。上行为上坡,电流较大。变电所的馈线保护故障电流 $\dot{i}=\dot{i}_T-\dot{i}_F$。某一时刻,上行 AT 所退出,若此时上行发生非金属性接地(高阻接地),速断保护不会动作,故障电流又通过保护线分流至下行,所以变电所上行测得的故障电流 i_{T2F2} 合成电流减小,会造成保护

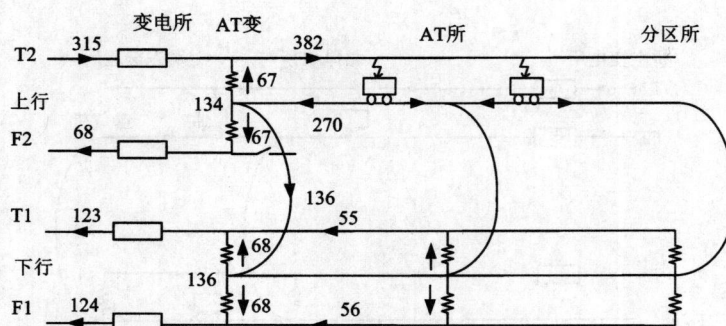

图 9　召测数据分布图（下行无车）

拒动，引发越级跳闸或更大的设备故障。

6　结论

鉴于以上理论分析及实践数据，在运行时应注意以下几点：

（1）直供–AT 供电方式下，不论牵引变电所主变采用何种接线方式，均存在本文所探讨的问题。

（2）尽可能不采用一行 AT、一行直供的供电方式，特殊情况下建议上下行都采用直供方式，且应限流。最大限度减少特殊运行方式的时间。

（3）在重负荷区段，加强保护线的日常巡视、检修，在设计及大修更新改造时，选择较大载流的线材。

（4）优化故测功能，加入 AT 吸上电流的大小、方向作为判据，保证测距功能正常，减少故障类型的误判。

作者简介

李卫民，中国铁路太原局集团有限公司侯马北供电段，高级工程师。

高速铁路牵引变电所
电压互感器二次回路 N 线错误接地案例分析

李卫民　蔡默雯

摘　要：大西高铁变电所故障测距装置多采用横连电流比法计算故障距离，电压项不作为参考。但当上下行解列、系统运行方式为直接供电时，故障测距装置采用电抗法测距，此时要用电压来计算短路阻抗，以此推导故障距离，错误的电压数据将会导致故障测距装置出现误差，延误故障处理，甚至耽误行车。本文根据两例跳闸时的故障测距装置数据，发现故障时故障相电压数据异常，且故障测距距离与实际故障点存在较大误差。经过排查，牵引变电所电压互感器二次回路多点接地及错误接地是造成此次问题的主要原因。由此提出相应的处理措施、注意事项，希望能对施工验收、检修运维人员有所启示和帮助。

1　引言

电压互感器在牵引变电所运行中起重要作用。电压互感器能正确反映运行及故障状态下牵引变电所各级母线电压，是保证变电所监测、继电保护装置、故障测距装置正常运行的基础条件。

若电压测量不准确，测量电压不能正常反映故障状况下的线路电压数据，会给保护动作、故障测距装置判定位置带来严重影响。

近期大西高铁某变电所发生了两起关于 2×27.5 kV 母线电压互感器二次回路 N 线错误接续的故障案例，一例为二次回路多点接地引发的数据异常，另一例为电压互感器二次 N 线错误并接到电流互感器二次的 N 线端子上，两故障不但影响安全运行，而且导致故障测距装置给出错误故障距离，贻误抢修时机。现对故障情况进行分析，由此提出相应的处理措施、注意事项，希望能对施工验收、检修运维人员有所启示和帮助。

2　故障概况

2.1　大西高铁背景概况

大西高铁为全并联 AT 供电方式，当一行有故障时，变电所上下行馈线断路器均跳闸，此时采用横联线电流比法测距，电压是否准确对故障距离的测定很小。上下行馈线断路器跳闸后，该供电臂上的 AT 所、分区所均失压跳闸，使得自耦变压器解列，整个供电臂变为上下行不并联的直供方式。此时测距方式变为电抗法测距，电压的准确与否，将直接影响短路阻抗的测定，从而导致故障距离错误，延误抢修时机。

2.2　变电所馈线侧供电方式示意图

由图 1 所示，变电所用 AT 供电方式，所内 T1、F1、T2、F2 四条母带上各安装两台单相电压互感器，一主一备，用以反映母线对地电压。

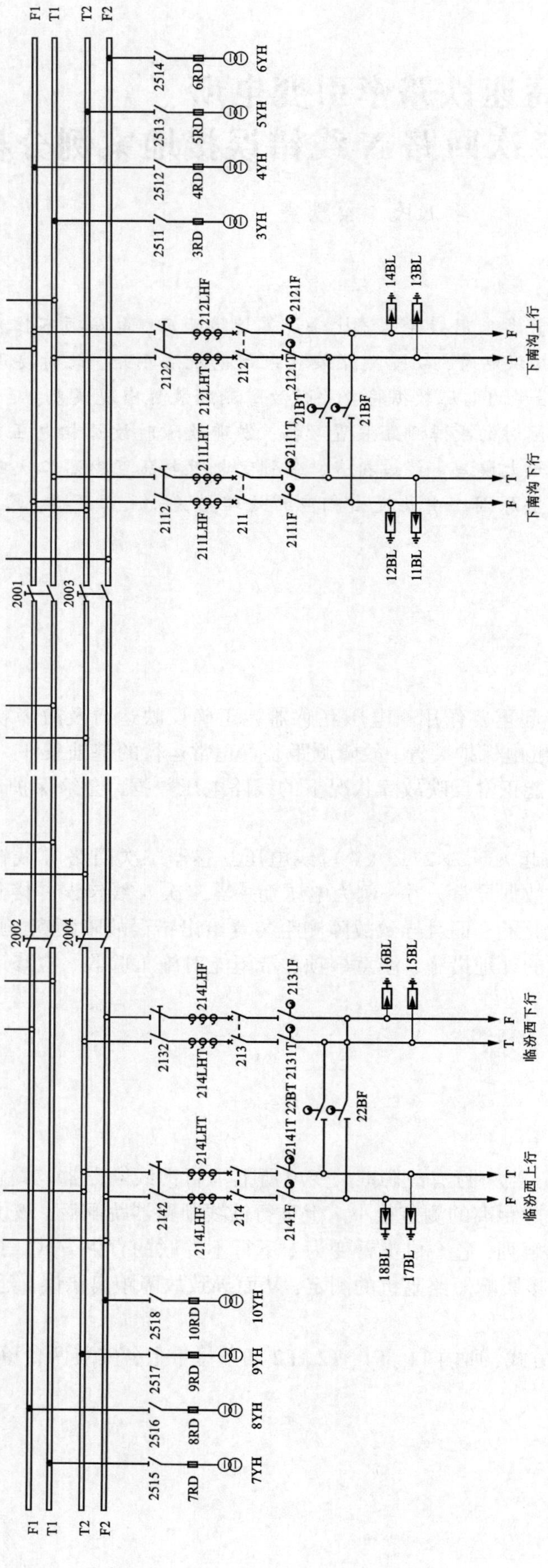

图1　主变二次侧一次系统图

3 故障案例一

3.1 跳闸数据一

2021 年 2 月 24 日 19：19：00：016

H 变电所跳闸，阻抗一段动作，运行方式为直供，采用电抗法测距。

保护动作数据：

母线电压 U：80.57 V(一次值 22.157 kV)

馈线电流 I：2.54 A(一次值 3048 A)

阻抗：31.83 Ω(二次值)

阻抗角：69.7°

故障测距装置数据：

$U1$：22.18 kV　　$U2$：16.34 kV

$IT1$：172 A　　　$IF1$：0 A

$IT2$：3075 A　　 $IF2$：0 A

阻抗角：68.9°

根据保护参数设置，母线电压 U = 22.157 kV，即为跳闸时接触网 T 线电压。故障测距装置数据 $U1$ = 22.18 kV 为跳闸时 T 线电压。$U2$ = 16.34 kV，为跳闸时的 F 线电压。214 跳闸时为直供方式，变电所 F 线隔开在合位，所以 F 线有电压。

采用电抗法测距，故障距离 L = 21.43 km。

3.2 数据分析

跳闸后，安排工区人员进行巡视，通过回看 3C 录像视频，发现故障点约在 L = 17.79 km 处，故标误差 3 km 以上。

当时故障类型为 T 线故障，通过变电所的电流数据可以明确判断，但保护及故障测距装置电压数据显示，T 线电压为 22.18 kV，远大于非故障相 F 线 16.34 kV，说明电压采集数据异常，造成故障测距装置判断不准。

3.3 故障排查

在发现保护及故障测距装置数据不正常后，相关人员对电压回路进行排查，发现电压二次回路存在两点接地，导致电压采集回路数据异常。

3.3.1 正确的电压二次回路接地方式

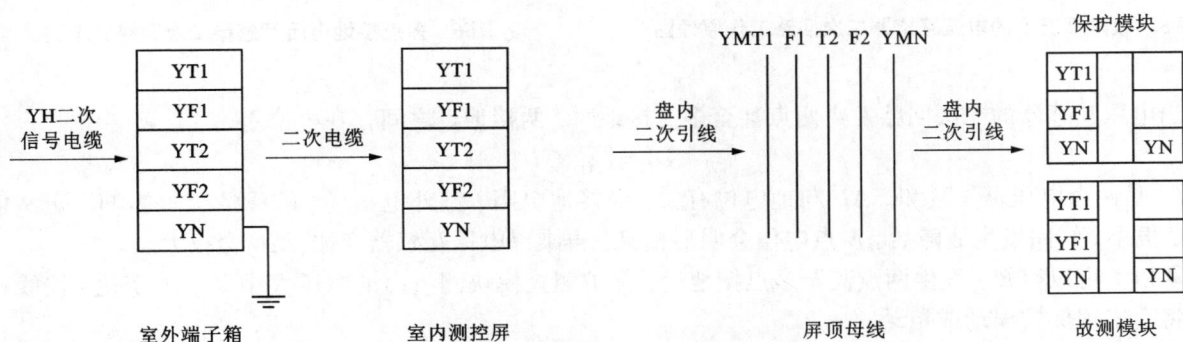

图 2　电压二次回路接线走向图

T1，F1，T2，F2 四台单相电压互感器共用一根地线 YN，通过二次电缆、屏顶电压小母线，至保护及测距模块，YN 在室外端子箱统一集中接地。

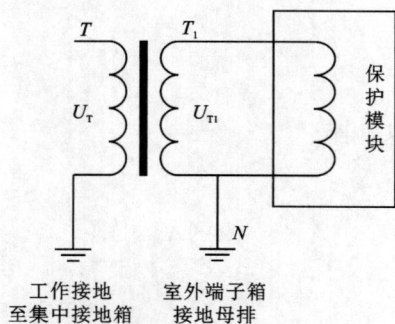

图3 电压互感器二次回路工作原理简图（以 T 线为例）

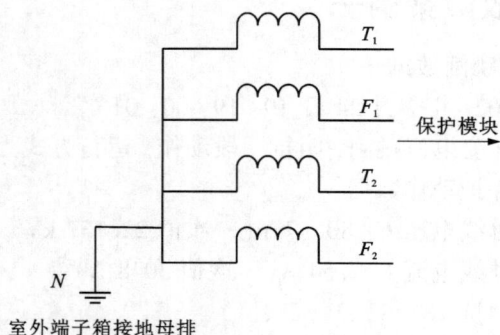

图4 电压互感器二次回路接地方式简图

3.3.2 故障情况下的二次工作原理图

在排查的过程中，发现由室外电压互感器端子箱去往室内测控屏的二次电缆外皮破损，其中的 Y_N 线芯外皮破损，通过电缆支架接地。

N 为正常的室外端子箱接地点，N_1 为电缆破皮接地点。

3.4 原因分析

《继电保护和安全自动装置技术规程》（GB/T 14285—2006）要求，正常运行情况下，电压互感器的二次回路的公共相 N 只允许一点接地，且接地点宜设在控制室内。为保证接地可靠，各电压互感器的中性线不得接有可能断开的开关或熔断器。

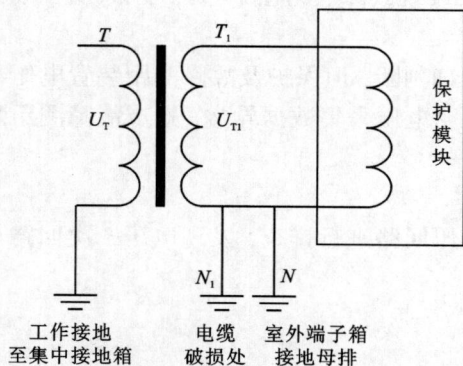

图5 故障情况下的电压互感器二次回路工作原理图

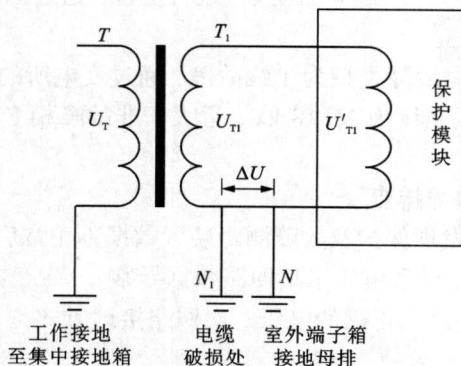

图6 多点接地电压互感器二次回路原理图

当电压互感器的二次回路发生两点甚至多点接地时，两接地点之间存在电位差。

$$U'_{T1} = U_{T1} + \Delta U$$

U'_{T1} 是两者电压求矢量和。ΔU 与地电位有关，受接地电阻、室外电磁场、故障情况等影响。正常情况下 ΔU 很小，线路发生故障后，N 点电位会明显抬高，再乘以电压互感器变比，ΔU 会很大。

从以上可以得知，发生两点甚至多点接地后，保护测控模块测量出的电压大小发生了变化，馈线距离保护将会出现保护误动或拒动。

同样，影响电抗法故障测距的计算。

电抗法测距公式如下：

$$\dot{Z} = \frac{\dot{U}}{\dot{I}}$$

$$X = \dot{Z}\sin\varphi$$

$$L = \frac{X}{X_0}$$

其中，$\dot{U}$、$\dot{I}$、$\dot{Z}$ 为跳闸时的电压、电流、阻抗。φ 为阻抗角。X 为计算出的故障电抗，X_0 为单位电抗定值，L 为故障点距变电所的距离。

根据跳闸数据，得：

$$\dot{Z} = \frac{22.18 \text{ kV}}{3075 \text{ A}} = 7.21 \ \Omega$$

$$X = 7.2\dot{I} \times \sin 68.9° = 6.73 \ \Omega$$

定值数据：

4 段距离：18.28 km

4 段 T 线电抗：5.72 Ω

5 段距离：22.25 km

5 段 T 线电抗：6.99 Ω

$$L = 18.28 + \frac{(6.73-5.72) \times (22.25-18.28)}{6.99-5.72} = 21.43 \text{ km}$$

虽然计算数据与故障测距装置数据一致，但由于电压互感器二次回路多点接地，导致电压数据不准确，从而故障距离与实际存在 3.64 km 的误差。

4 案例二

4.1 跳闸数据一

2020.8.3 13：05　H 变电所 212 跳闸

故标指示 F 型故障横联线电流比测距法

保护动作数据：

母线电压 U：93.08 V（一次值 25.597 kV）

馈线电流 I：6.31 A（一次值 7572 A）

阻抗：14.82 Ω（二次值）

阻抗角：183.9°

故障测距装置数据：

U_1：26.07 kV　　$U2$：34.25 kV

I_{T1}：371 A　　　$IF1$：74 A

I_{T2}：376 A　　　$IF2$：7319 A

I_{at}：6516 A

L：1.15 km

I_{h1}：3692 A

所 1 数据：

下行 T 线电流 $I = 336$ A

下行 F 线电流 $I = 41$ A

上行 T 线电流 $I = 344$ A

上行 F 线电流 $I = 643$ A

所 1 吸上电流：$I = 1386$ A

所 1 横联线电流 $I = 301$ A

所 2 数据：

下行 T 线电流 $I = 35$ A

下行 F 线电流 $I = 35$ A

上行 T 线电流 $I = 37$ A

上行 F 线电流 $I = 37$ A

所 2 吸上电流：$I = 154$ A

所 2 横联线电流 I＝0 A

4.2 数据分析

画出电流分布图，如图 7 所示：

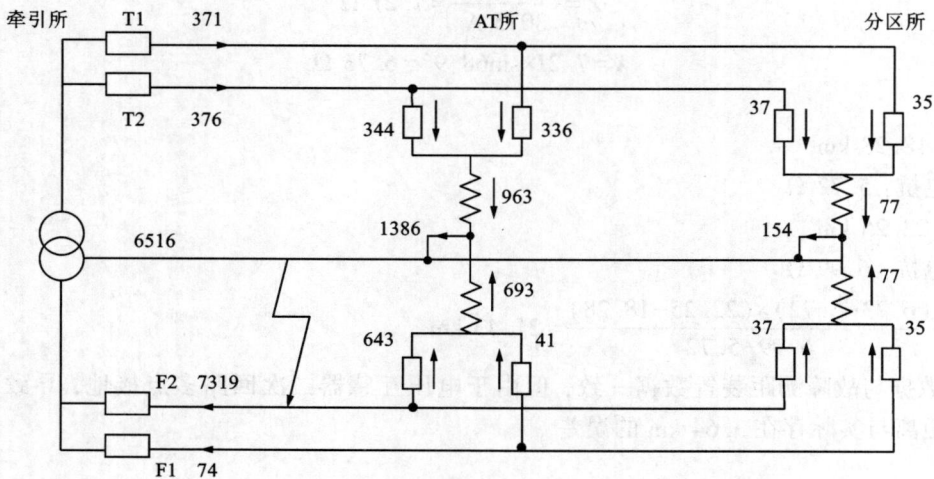

图 7　2020.8.3 洪洞西 212F-R 型故障电流分布图

采用横联线电流比法测距。分析过程如下。

变电所馈出电流 $I_{馈出}$＝371＋376＋7319＋74＝8140 A

变电所横联线电流：

$$I_{hl} = \left| \frac{(I_{T1} - I_{F1}) - (I_{T2} - I_{F2})}{2} \right| = \left| \frac{(371+74)-(376+7319)}{2} \right| = 3625（矢量作差），近似等于 3692 A$$

（装置计算电流矢量差带有方向性，手动计算仅仅按照相差 0°或 180°作简单加减。）

所 1 横联线电流：

$I_1 = \left| I_{T1} - I_{F1} \right| = 336 - 41 = 295（矢量作差），近似等于 301 A$

所 2 横联线电流：

$I_2 = \left| I_{T1} - I_{F1} \right| = 35 - 35 = 0（矢量作差）$

故障位于横联线电流最大与次大的所亭之间。

第一区段距离（变电所-AT 所）：S_1＝14.404 km

故障距离

$$L = \frac{301}{301+3692} \times 14.404 = 1.10 \text{ km}$$

故障位于第一区段，距上网点 1.10 km。

以上计算，经与现场巡视数据对比，均证明第一次故测数据准确。

按照公里表指示，故障点公里标在 K490＋190 处，永久性故障，为金属性接地。经现场巡视，故标误差在准许范围内。第一次跳闸后，AT 所、分区所断路器失压跳闸，AT 变解列，上下行变为直供方式，所以重合失败显示的跳闸报文，采用电抗法测距，但故障距离明显与第一次跳闸不一致，且跳闸时阻抗角为 183.9°，与金属性接地故障阻抗角不符。

我们分析第一次故测数据的数值及阻抗角，U_1: 26.07 kV，U_2: 34.25 kV，即跳闸时刻，T 相电压为 26.07 kV，F 相电压为 34.25 kV，阻抗角为 183.9°。此处电压数据存在三处异常。首先，接触网额定电压为 27.5 kV，U_2 值 34.25 kV 远远超过额定电压值，不符合运行规律，存在明显错误；其次，212F 相电流达到 7319 A，属于近端短路，此时故障电压会达到甚至低于 8 kV，而测量电压二者中较低者也高达 26.07 kV，完全不符合故障电压分布规律；最后，212F-R 型故障，F 相电压 U_2 应低于 T 相电压 U_1。综上，我们判断测量电压回路存在异常。

4.3 故障排查

此变电所前期经过防雷屏改造工程，存在测量电压线误接、错接的可能性。

212 馈线电流回路原理图如图 8 所示。

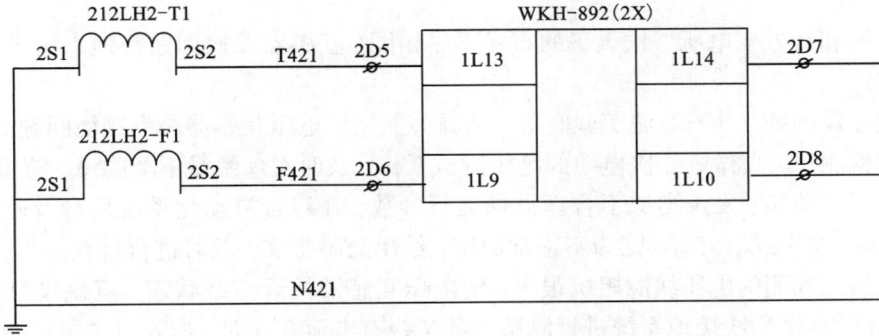

图 8　212 馈线电流回路原理图

我们可以看到电流互感器二次线圈经室外电缆至室内保护装置，电流回路 N 线接在室内端子排 2D7、2D8 端子，并于室外接地。

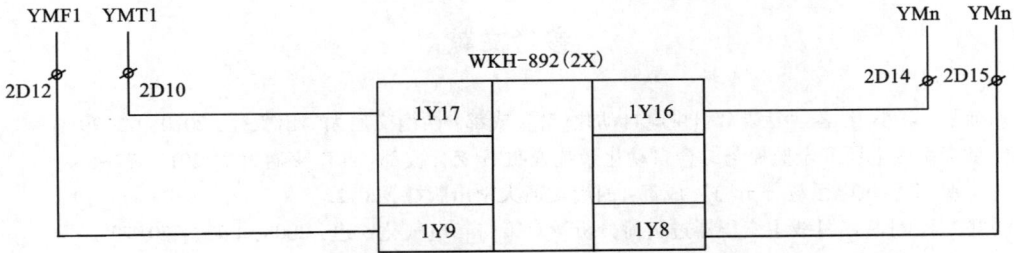

图 9　212 馈线电压回路原理图

电压回路从所内电压小母带接引。N 线接在室内端子排 2D14、2D15 端子。

安装防雷屏时，施工方从 212 馈线保护回路端子排电压端子并接 T1、F1 相电压至防雷屏，但误将电压线的 N 线错误接至电流回路 N 线端子 2D7、2D8，将原本无电气连接的回路接续到一起。

端子排错误接续示意图如图 10 所示。

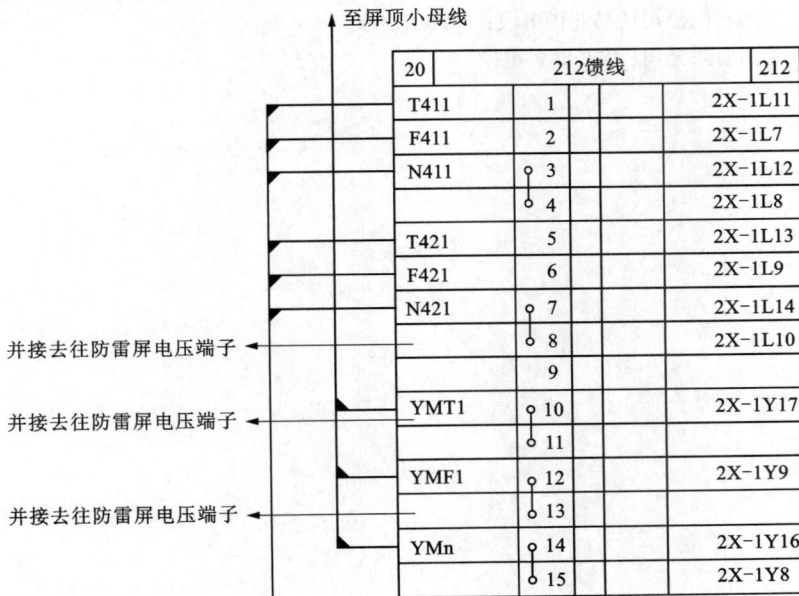

图 10　端子排错误接续示意图

电流、电压回路 N 线接在一起，当线路接地产生故障电流时，抬高 N 线电位，导致电压测量不准确。当采用电抗法测距时，测距误差较大，延误抢修时机。

5 启示与总结

（1）铁路变电所和地方变电所一次设备的布局不尽相同，互感器二次回路接地点可灵活设置。有条件的尽可能设在室内。

（2）加强新线建设的施工审核、施工验收等，从源头上杜绝电压互感器两点接地问题的发生。

（3）加强日常检测，认真做好二次电缆的绝缘测试工作，及时发现绝缘下降隐患，防患于未然。

（4）优化保护报警功能，发生类似不合理数据运行参数，在综合自动化系统后台及时提示，避免故障扩大。当 $I_{T1} \gg I_{F1}$ 时，如果 $U_{T1} > U_{F1}$，则为不正常数据，给出故障报文，及时进行排查。

（5）电压互感器二次侧的电压线圈阻抗很大，使电压互感器接近空载状态，应该没有或者存在微小的电流。定期对电压互感器 N 线接地系统进行测试，当 N 线有电流存在时，应及时进行排查。

（6）施工改造时注意电流回路与电压回路的 N 线接地不得设置在一起，否则影响系统测量准确性，严重时危害系统稳定。

（7）采用横连线电流比法或上下行电流比法等不参考电压数据的测距方式时，虽然电压数据不参与运算，但仍然要关注异常电压数据，据此反映系统内部是否存在其他缺陷。

参考文献

［1］高仕斌，陈维荣，陈小川.客运专线牵引供电自动化［M］.成都：西南交通大学出版社，2010：62-79.

［2］许继.TA21 型牵引变电所安全监控与综合自动化系统说明书［Z］.成都：西南交通大学.2012：72-86.

［3］李群湛，贺建闽.牵引供电系统分析［J］.成都：西南交通大学出版社，2012.

［4］张吉斌，胡鹏，李卫民.侯月线主变压器过负荷分析及对策［J］.电气化铁道，2008，（02）：20-22.

［5］蔡默雯，李卫民.基尔霍夫电流定律在故障分析中的应用［J］.电气化铁道，2020，31（S2）：254-257.

［6］李卫民，张骞，许平安.侯阎线新绛变电所主变差动保护动作分析［J］.电气化铁道，2019，30（06）：90-94.

［7］李卫民，张吉斌.高铁 T-F 线短路故障保护跳闸分析［J］.电气化铁道，2017，28（06）：84-86.

［8］李卫民，张吉斌.一例误差较大的 AT 吸上电流比测距报告分析［J］.电气化铁道，2017，28（05）：84-85+90.

作者简介

李卫民，中国铁路太原局集团有限公司侯马北供电段，高级工程师。

蔡默雯，中国铁路太原局集团有限公司，侯马北供电段。

大秦线再生制动能量综合利用装置的运用

王浩民

摘　要： 通过借助大功率变流技术及信息通信技术，提升牵引供电系统功率潮流的灵活性与可控性，实现牵引供电系统内部能量优化转移及管理，是电气化铁路节能节支技术的重要发展方向。在大秦铁路现有供电模式下，在分区所安装再生能量综合利用装置（EDE），使得不同供电区间的再生制动能量能够相互融通，实现站间再生制动能量综合利用、最大需量优化和末端网压提升等功能，实现重载电力机车再生制动能量的高效利用，减少电度电费，降低变电所的功率峰值，降低最大需量、减少基本电费；此外，该装置还可以实现牵引网末端网压提升，提高供电能力，改善供电品质。当东城乡、永安堡变电所均为牵引工况时，能量利用装置不转移功率；当东城乡、永安堡变电所均为制动工况时，能量利用装置不转移功率；当东城乡变电所为牵引工况、永安堡变电所为制动工况时，能量利用装置转移功率，将永安堡变电所再生功率转移为东城乡变电所可用的功率；当东城乡变电所为制动工况、永安堡变电所为牵引工况时，能量利用装置转移功率，将东城乡变电所再生功率转移为永安堡变电所可用的功率。

1　大秦线再生制动能量综合利用技术简述

1.1　大秦线再生制动能量综合利用技术特点

传统牵引供电系统中通常采用被动式供电方式，因受限于电分相、电分段等客观因素，无法实现能量优化调度及智慧管理，使得牵引供电系统的整体综合能效水平较低。通过借助大功率变流技术及信息通信技术，提升牵引供电系统功率潮流的灵活性与可控性，实现牵引供电系统内部能量优化转移及管理，是电气化铁路节能节支技术的重要发展方向。而储能可实现削峰填谷的天然特性，能够有效减小再生能量转移对供电臂造成的能量冲击，同时可降低能量转移装置的容量，储能系统在列车制动时将再生制动能量存储，在列车牵引时将能量释放，提高再生制动能量利用率。同时储能系统具有电能质量治理等优点，储能系统与能量转移装置的结合，可大幅度提升供电系统节能效果。

大秦铁路自山西省大同市至河北省秦皇岛市，纵贯山西、河北、北京、天津，全长653 km，是中国西煤东运的主要通道之一，日运量为130万吨，年运量达4.5亿吨。大秦线全线共有牵引变电所16座，2019年大秦线牵引电量约为23.87亿 kW·h，存在较大节支降耗的空间。大秦线自西向东行进，线路整体呈下坡走势，海拔最高落差可达1000 m，超过12‰的大坡道线路长度就达93 km，再生制动能量非常可观，这种典型的线路特点具备再生制动能量综合利用的外部条件。

通过综合采用电力电子变流技术、远程通信、能量存储/转移、智能控制等多项技术，结合大秦铁路的实际情况，在大秦铁路现有供电模式下，在分区所安装再生能量综合利用装置（EDE），使得不同供电区间的再生制动能量能够相互融通，实现站间再生制动能量综合利用、最大需量优化和末端网压提升等功能，实现重载电力机车再生制动能量的高效利用，减少电度电费，降低变电所的功率峰值，降低最大需量、减少基本电费；此外，该装置还可以实现牵引网末端网压提升，提高供电能力，改善供电品质。

1.2　大秦线再生制动能量综合利用系统概述

1.2.1　系统构成

大秦线再生制动能量综合利用系统采用分布式设计方案，由再生制动能量管理装置（电能采集单元）和再生制动能量综合利用装置两部分组成。

具体方案：再生制动能量综合利用系统主要由接于大秦线永安堡、东城乡两个变电所的能量管理装置

(电能采集单元)和分别接于三分沟分区所两个供电臂(永安堡-三分沟上行(空车),东城乡-三分沟上行(空车))的再生制动能量综合利用装置(能量调度装置(EDE)、储能系统、保护柜、控制系统等),以及远动系统等构成。

能量调度装置(EDE)由隔离开关(QS1(2431)/QS2(2441))、断路器(QF1(243)/QF2(244))、电流互感器(CT1(43LH)/CT2(44LH))、避雷器(FV1(5BL)/FV2(6BL))、降压变压器(TP1(B1)/TP2(B2))、交-直-交变流器机组(变流柜、控制柜、散热系统)等构成。

储能系统由直流开关柜、储能变流器(DC-DC变流器)、储能电池等构成。

装置的主要技术参数:

额定电压:27.5 kV

额定容量:6 MVA(功率融通容量),100 kWh(储能容量)

系统效率:≥96%(装置单边),≥85%(储能)

再生制动能量综合利用系统接入既有供电系统如图1。

再生制动能量综合利用系统电路构成如图2。

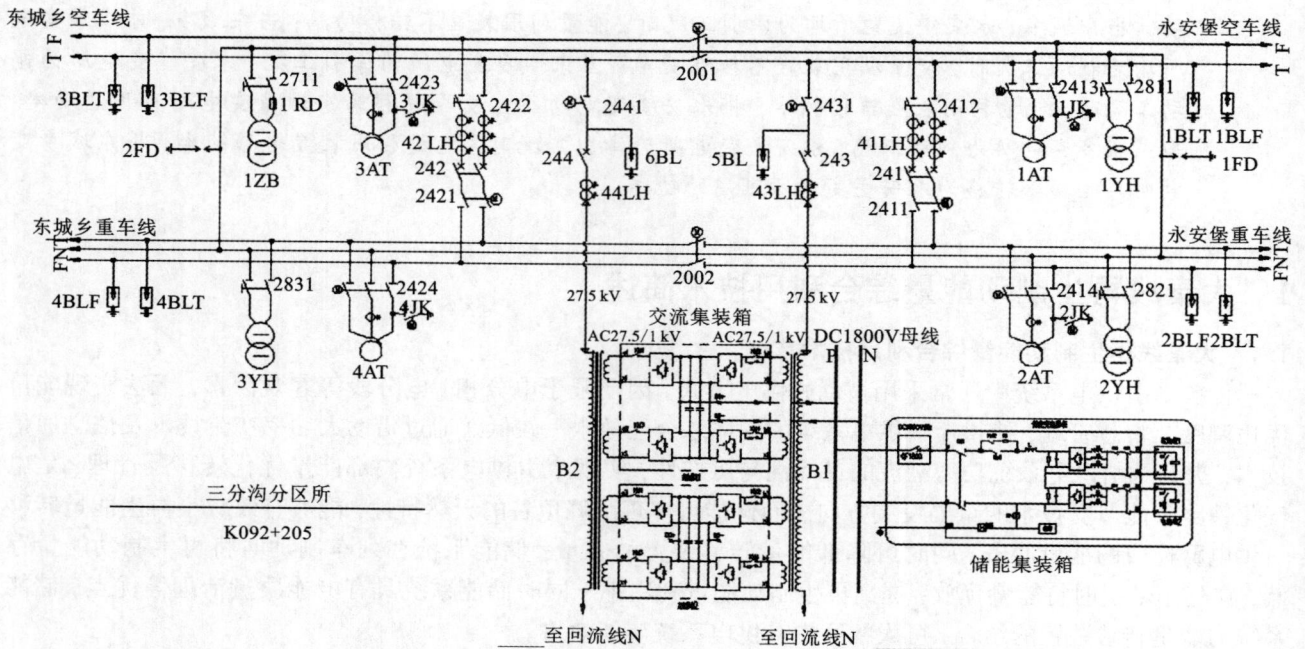

图1 再生制动能量综合利用系统接入既有供电系统

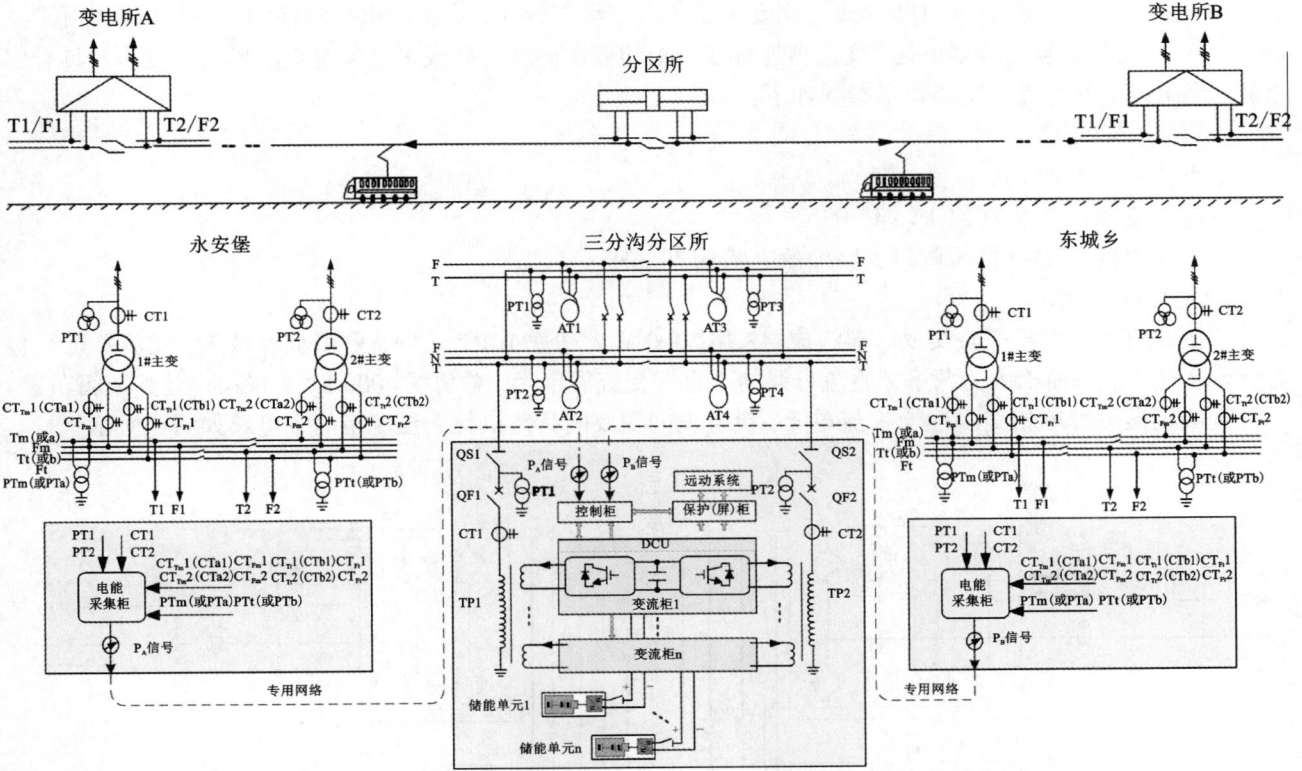

图2　再生制动能量综合利用系统电路构成图

图2主要设备功能说明如表1：

表1　主要设备功能说明

序号		代号	设备名称	备注
1	变电所	PT1、PT2	电压互感器	变电所进线三相电压互感器1、2
2		CT1、CT2	电流互感器	变电所进线三相电流互感器1、2
3		CTtm1、CTfm1	电流互感器	1#变压器M座输出侧T线、F线电流互感器
4		CTtt1、CTft1	电流互感器	1#变压器T座输出侧T线、F线电流互感器
5		CTtm2、CTfm2	电流互感器	2#变压器M座输出侧T线、F线电流互感器
6		CTtt2、CTft2	电流互感器	2#变压器T座输出侧T线、F线电流互感器
7	分区所	PT1~PT4	电压互感器	牵引网末端的牵引母线电压互感器
8		AT1~AT4	自耦变压器	牵引网末端的自耦变压器
9	能量调度装置	QS1、QS2	隔离开关	装置高压侧隔离开关
10		QF1、QF2	断路器	装置高压侧断路器
11		CT1、CT2	电流互感器	装置高压侧电流互感器
12		PT1、PT2	电压互感器	装置高压侧电压互感器
13		TP1、TP2	变压器	装置两侧多绕组降压变压器

（1）单相多重化变压器

单相多重化变压器 TP1、TP2 采用户外油浸式结构，将 27.5 kV 牵引网电压转换为变流器组额定电压 1 kV。为了实现变流装置的多重化，变压器连接变流柜的低压侧通常做成多分裂绕组的形式。变压器具有四重化、高阻抗电气特点。主要技术参数如下：

①容量：6000 kVA

②形式：户外油浸式

③电压变比：27.5 kV/1 kV×4

④短路阻抗：37%（低压侧每支路等效电感 0.78 mH）

（2）变流器机组

变流器机组由单相交直交变流器组成，采用 3300 V 大功率 IGBT 元件，采用水冷散热，变流器机组包含两台变流柜，每面柜内为两重共直流母线的交直交变流器单元，总功率 6000 kW，采用户外集装箱布置。

变流柜是一种单相交-直-交变流单元，负责电能变换的具体执行。变流柜的主电路如图 3 所示。

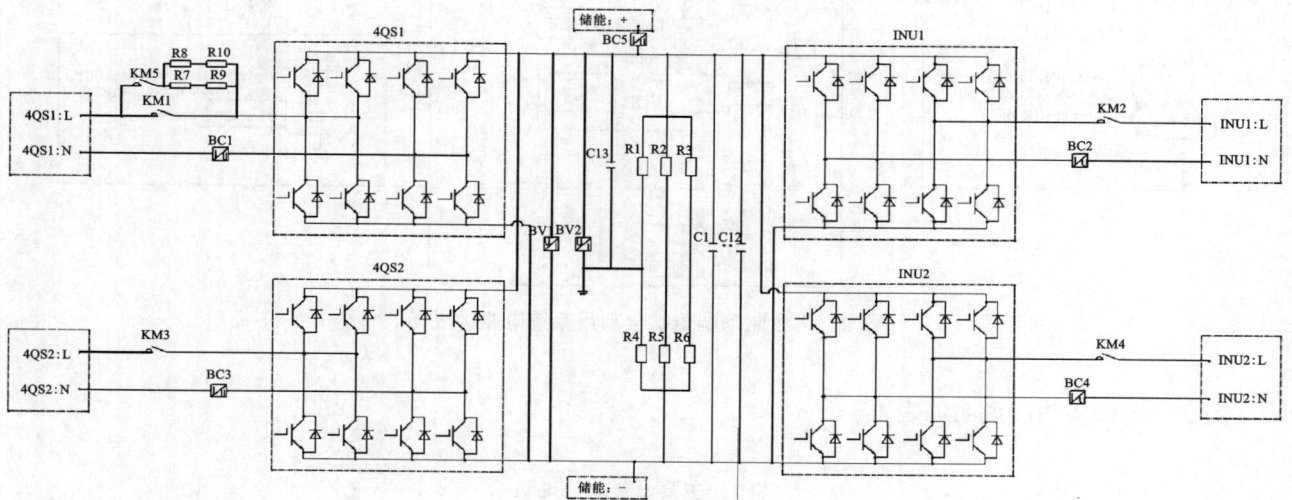

图 3 变流柜主电路图

变流柜主要由控制单元、变流模块、预充电电路、固定放电电路、直流支撑电容、主接触器、整柜散热单元、辅助配电单元等组成。变流器柜采用两重共直流母线的设计方案，机组共包含两个变流柜，技术参数如下：

①额定输入电压：AC1000 V

②额定输入电流：AC1500 A

③输入/输出频率：50±1 Hz

④输出电压：AC 1000 V

⑤额定输出电流：AC1500 A

⑥冷却方式：强迫水循环冷却

冷却单元：可采用风冷或水冷等措施降低变流设备的工作温度。

变流柜内的主要热量由变流模块产生，该部分热量主要通过主水冷系统散至外部，而内部的非水冷大部件，如接触器、充电电阻以及辅助配电相关器件的热量则由柜内风机进行局部循环流动，并借助水风散热器从水系统散至外部。整套变流机组的水冷系统启停指令由主控柜给出。

（3）控制系统

控制系统安装在控制柜内，采用 DCU+HMI 的构架，DCU 主要完成装置级的实时控制、逻辑控制和与运维系统的通信等功能，同时具备完整的故障保护和记录功能。HMI 是设备的人机交互接口，主要完成变流器控制参数的下发以及变流器工作状态和运行数据的显示。

①数字量采集：隔离开关、断路器等状态采集。

②模拟量采集：接触网电压、母线电流采集，设备各支路电流采集等。

③根据采集的数字量、模拟量，实现对变流器机组进行实时控制、变流器级的保护等功能，根据既定的控制策略实现再生能量的转移利用。同时，控制系统与远程监控进行信息和控制指令交互。

（4）能量管理装置

在两个变电所各安装一个电能采集柜，将变电所实时功率信息传输到分区所再生制动能量利用装置的控制系统，实现再生制动能量转移利用。

（5）保护系统

根据故障严重程度采取相应的保护措施，对成套系统进行继电保护，当检测到故障需退出运行时，由该继电保护子系统分断成套设备的主断路器。同时，保护系统与远程监控系统进行信息和控制指令交互。

主要的保护功能有：

①成套设备输入、输出侧的失压、过压保护，速断保护，过流保护等；

②变压器的非电量保护等。

（6）储能系统

由储能变流器和储能电池构成。其中，储能变流器前端通过内部的直流断路器连接至变流机组的直流侧，由变流机组向储能系统充放电，实现再生能量的存储利用。制动能量经过双向 DC/DC 变流器储存至电池柜中；当列车牵引时，电池柜储存的能量经过双向 DC/DC 变流器释放至牵引电网。

（7）远程监控系统

远程监控系统与控制系统、保护系统、远动系统进行信息和控制指令交互，同时传递信息至变电所综合自动化系统后台，供远程查看系统运行状态。当装置出现故障时，进行故障录波，对故障时刻的系统和装置信息进行保存，并及时向现场值班人员发出报警信号，指示故障位置及应急处理措施，同时便于技术人员历史调阅分析。

1.2.2　系统主要功能

再生制动能量综合利用系统具备功率融通功能，电能储存与利用功能、负序抑制功能。

安装于永安堡、东城乡变电所的能量管理装置（电能采集单元），采集运行主变低压侧 T 座、M 座 55 kV/100 V 电压信号，采集运行主变低压侧 T 座 T 线、M 座 T 线（1500/5 A）电流信号（永安堡变电所 T 座-三分沟分区所-东城乡变电所 T 座，永安堡变电所-大同县分区所 M 座，东城乡变电所-下沙沟分区所 M 座），实时计算负荷大小，通过远动系统向三分沟分区所传输功率信号，安装于三分沟分区所的能量调度装置（EDE）采集两路进线（T 线）电流（300/5 A）信号，采集对应两路（空车）电压（27500/100 V）信号，能量调度装置（EDE）的控制系统根据接收永安堡、东城乡变电所传输的功率信号，实时计算并输出指令启动或停止再生制动能量利用系统，实现再生制动能量在两个供电臂间的相互利用。

当一个变电所处于牵引工况、另一个变电所处于再生制动工况时，能量调度装置（EDE）再生制动能量利用功能启动，从再生制动工况变电所的供电臂吸收能量向牵引工况变电所的供电臂释放能量。

当两个变电所均处于牵引工况时，能量调度装置（EDE）再生制动能量利用功能不启动，启动需量优化功能。

当两个变电所均处于再生制动工况，在再生制动能量实时转移利用的基础上，若仍剩余大量再生制动能量，再生制动能量调度装置（EDE）启动能量存储功能，将剩余再生制动能量存储至储能电池中，在后续有牵引负荷时再释放该能量，提高再生制动能量的利用率。

（1）再生制动能量实时转移利用

当一个变电所总功率为正（或大于某个限值）、另一个变电所总功率为负（或小于某个限值）时，表明一个变电所负荷处于牵引工况，另一个变电所处于再生制动工况，输出指令启动能量调度装置（EDE），从再生制动工况变电所的供电臂吸收能量向牵引工况变电所的供电臂释放能量。

（2）降低最大需量

当两个变电所均处于牵引工况，一个变电所处于重载（如有功功率超过某个限值），另一个变电所处于轻载或空载（如有功功率低于某个限值）时，输出指令启动能量调度装置（EDE），从轻载或空载的变电所供电臂吸收能量向重载的变电所供电臂释放能量。当两个变电所均处于重载（如有功功率均超过某个限值）时，输出指令启动能量调度装置（EDE），从较轻载的变电所供电臂吸收能量向较重载的变电所供电臂释放能量，同时可通过释放储能单元能量降低功率峰值。

（3）电能存储与利用

当两个变电所均处于再生制动工况，一个变电所总功率为正（或大于某个限值）、另一个变电所总功率为负（或小于某个限值）时，在能量调度装置（EDE）实时转移再生能量后，根据剩余再生制动能量的大小、储能单元状态，储能单元进行充电或放电。当两个变电所总功率均为负（或小于某个限值）时，根据储能单元状态，对储能单元进行充电。当两个变电所总功率均为正（或小于某个限值）时，根据储能单元状态，储能单元进行放电。

（4）负序抑制功能

再生制动能量综合利用装置投运后，减少牵引变电所向公用电网反送电量，三相不平衡度会减小，使110 kV进线点的负序指标均有改善，有助于改善牵引变电所对公用电网的谐波和负序等电能质量影响。

1.2.3　保护功能

再生制动能量综合利用系统共设计三层保护：第一层保护为三分沟分区所243、244断路器对整体系统进行保护，由南自保护装置实现，当变压器B1或B2出现本体非电量故障或母线失压或电流保护动作时会联跳243、244断路器，保证再生能量综合利用系统设备与既有牵引供电系统安全分离；第二层保护为能量调度装置、储能系统重故障联跳243、244断路器保护，由能量调度装置重故障无源接点信号接于243、244断路器机构保护跳闸回路联跳243、244断路器。保护柜、主控柜出现死机、控制电源掉电等重故障时联跳243、244断路器，保证新增系统不影响既有牵引供电系统安全运行；第三层保护为能量调度装置、储能系统设备自身的保护：当能量调度装置出现一般故障时会跳开对应接触器并进行降额运行，当储能系统出现故障时会跳开对应直流接触器，对故障单元进行切除。

1.2.4　再生能量综合利用系统接入对既有保护的影响

（1）经西南交通大学仿真分析，再生能量利用系统接入牵引供电系统后对牵引供电系统故障过程无影响，因此不影响牵引变电所、分区所自保护的参数设置。

（2）经西南交通大学仿真分析，牵引网短路故障工况下，无论再生能量利用系统能量转移方向，再生能量利用系统的保护系统能识别故障发生并且能够先于变电所触发自身保护动作，优先封锁控制脉冲停止工作，不影响牵引供电系统保护动作。

（3）经西南交通大学仿真分析，牵引供电系统发生断路故障时，再生能量利用系统的保护系统能够在故障发生后快速识别断路故障，并且立即封锁控制脉冲使再生能量利用系统停止工作，接着断开并网断路器与牵引供电系统分离，不影响牵引供电系统运行。

2　大秦线再生制动能量综合利用装置运行

2.1　运行方式

大秦线再生制动能量综合利用装置的主接线如图1和图2所示。系统运行时，装于变电所的电能采集单元和装于分区所的能量利用装置需同时投入。电能采集单元采用了冗余设计，以提高设备的可靠性。能量利用装置按照既定的控制策略和转移功率，控制变流器机组的出力。变流器机组采用了多重化设计，当子单元故障时，自动切除，降容运行；出现严重故障时，自动分前端断路器243和244，隔离能量利用装置。

只有在东城乡至三分沟上下行和永安堡至三分沟上下行供电臂均有电且三分沟分区所两个方向上下行均并联运行时，才可以投入三分沟分区所243和244断路器，三分沟分区所永安堡至三分沟上行（空车线）或东城乡至三分沟上行（空车线）无压时，243和244失压跳闸。

各种运行工况如图4~图9所示：

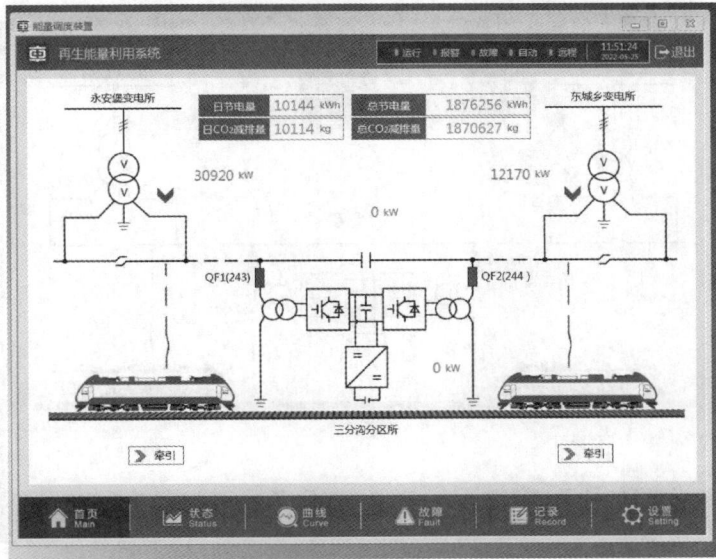

图 4　两变电所均在牵引工况下不进行能量调度

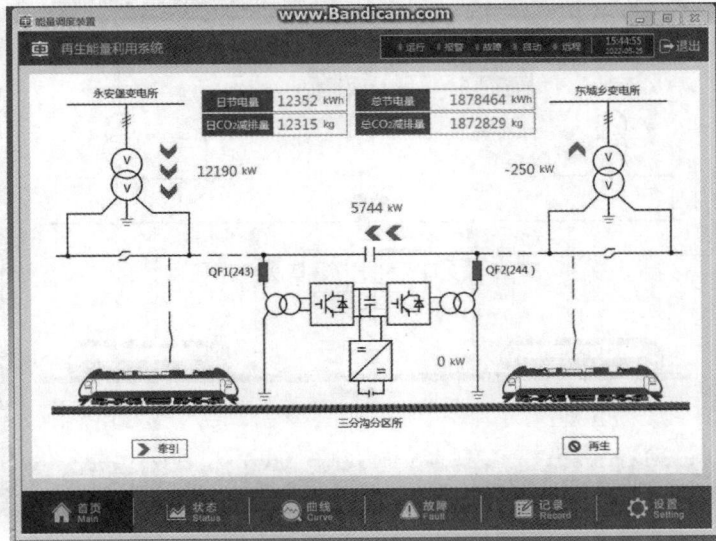

图 5　东城乡方向（再生制动）向永安堡方向（牵引）转移能量

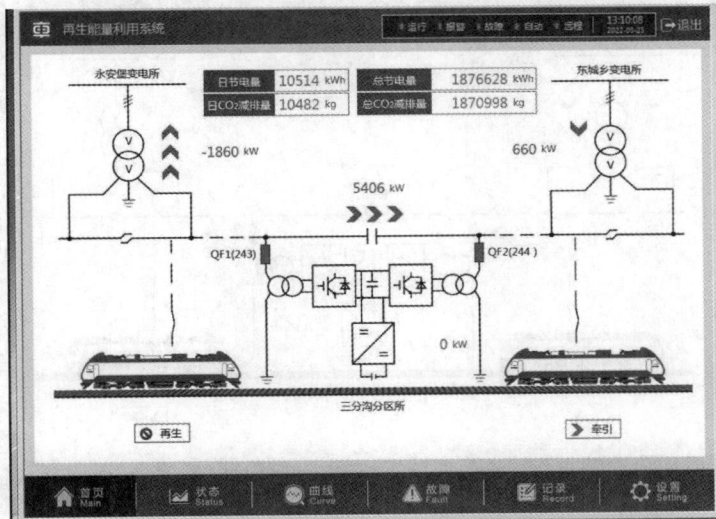

图 6　永安堡方向（再生制动）向东城乡方向（牵引）转移能量

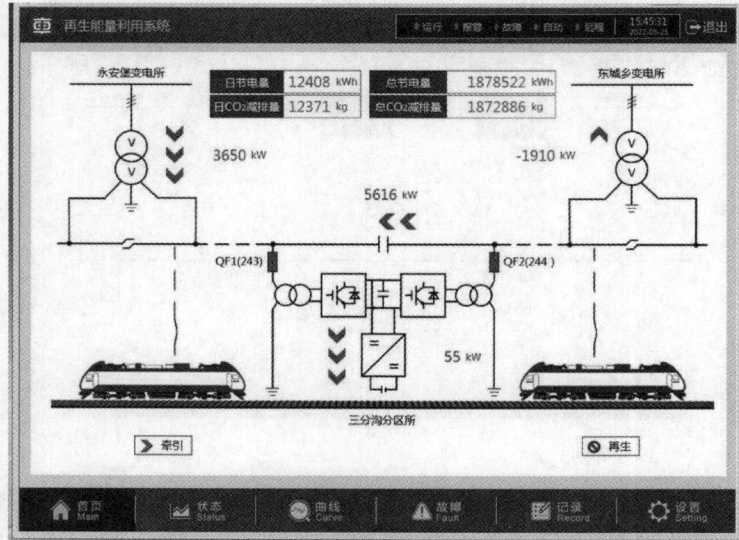

图7 东城乡向永安堡转移能量的同时剩余能量向储能电池进行充电储存能量

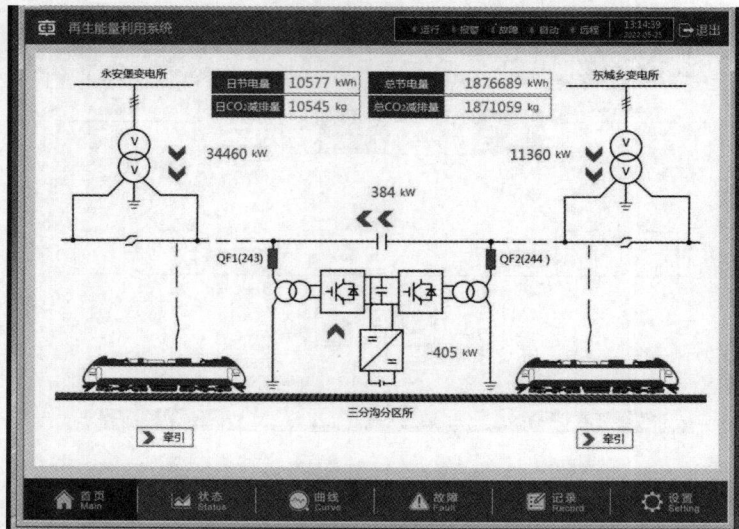

图8 两所均在牵引工况,储能电池向永安堡方向释放能量

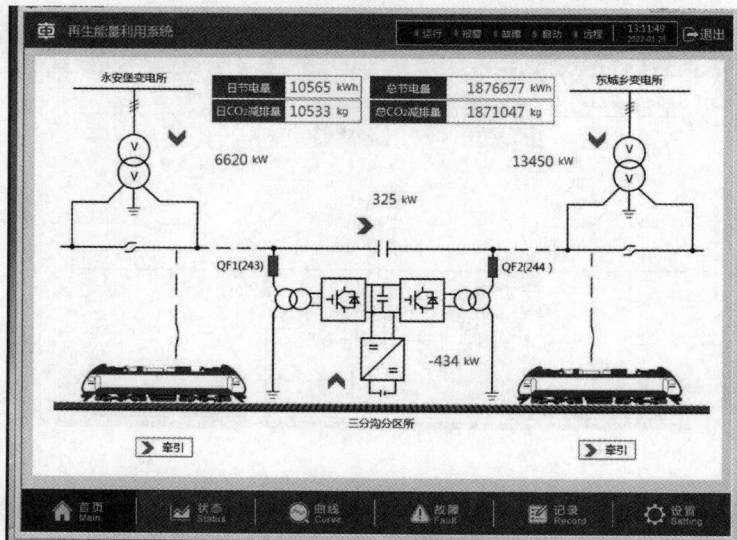

图9 两所均在牵引工况,储能电池向东城乡方向释放能量

2.2　保护定值、配置

2.2.1　保护定值

容量：6000 kVA

27.5 kV 侧额定电流（A）：218.18

1 kV 侧额定电流（A）4 个绕组：1500（1 个绕组）

电流互感器变比 nL：60（300/5）

电压互感器变比 Ny：275

过流一段电流（速断）（A）：18.18

过流一段时间（速断）（S）：0

过流二段电流（过电流）（A）：4.73

过流二段时间（过电流）（S）：0.1

失压电压（V）：70

失压时间（S）：0.5

过压电压（V）：115

过压时间（S）：0.5

2.2.2　保护配置

过流一段（软压板）：投

过流二段（软压板）：投

失压（软压板）：投

过压（软压板）：投

2.3　操作程序

2.3.1　就地投入能量利用装置

（1）将再生能量保护屏上"远方/就地"选择开关打到"就地"位置。

（2）1#变压器投入：合 2431 隔离开关；合 243 断路器，确认合位。

（3）2#变压器投入：合 2441 隔离开关；合 244 断路器，确认合位。

（4）启动能量利用装置：点击再生能量控制屏界面的"启动"按钮，启动能量利用装置。

2.3.2　就地退出能量利用装置

（1）将再生能量保护屏上"远方/就地"选择开关打在"就地"位置。

（2）退出能量利用装置：点击再生能量控制屏界面的"停机"按钮，退出能量利用装置。

（3）退出 1#变压器：分 243 断路器；分 2431 隔离开关，确认分位。

（4）退出 2#变压器：分 244 断路器；分 2441 隔离开关，确认分位。

2.3.3　遥控投入能量利用装置

（1）将再生能量保护屏上"远方/就地"选择开关打到"远方"位置。

（2）投入 1#变压器：合 2431 隔离开关、合 243 断路器，确认合位。

（3）投入 2#变压器：合 2441 隔离开关、合 244 断路器，确认合位。

（4）启动能量利用装置：点击控制界面的"一键启动"按钮，启动能量利用装置。

2.3.4　遥控退出能量利用装置

（1）将再生能量保护屏上"远方/就地"选择开关打到"远方"位置。

（2）退出 1#变压器：分 243 断路器、2431 隔离开关，确认分位。

（3）退出 2#变压器：分 244 断路器、2441 隔离开关，确认分位。

（4）退出能量利用装置：点击控制界面的"一键停止"按钮，退出能量利用装置。

2.4　运行维护要求

2.4.1　日常运行维护

调度端设备的运行监控和投退操作由段供电调度负责。电能采集单元和变流器机组等设备的运行维护按生产厂家说明书执行。日常停送电操作要求如下：

（1）永安堡、东城乡变电所相关馈线停电时，提前将再生制动能量综合利用装置退出运行

永安堡、东城乡变电所相关馈线停电前，供电调度遥控操作再生制动能量综合利用装置停机，断开三分沟分区所243断路器、2431隔离开关，244断路器、2441隔离开关，再生制动能量综合利用装置退出运行。

（2）永安堡、东城乡变电所馈线送电后，及时投入再生制动能量综合利用装置

永安堡、东城乡变电所相关馈线送电后，三分沟分区所永安堡方向、东城乡方向上下行并联运行，供电调度遥控合三分沟分区所2431隔开、243断路器，2441隔开、244断路器，遥控操作再生制动能量综合利用装置启动，再生制动能量综合利用装置投入运行。

（3）若遇三分沟分区所远动通道异常、能量利用装置引入设备拒动等故障，由供电调度通知所属综检工区人员到现场进行人工倒闸操作。

（4）能量利用装置相关设备发生故障后，运行部门立即通知设备生产厂家，维修人员须48小时内到达现场处理故障，恢复运行。

2.4.2 应急处理

能量利用装置设置了较为完善的故障保护措施，当发生轻微故障时，装置能够自复位处理或自动切除故障单元；当发生严重故障时，能够自动跳闸保护（即断路器243和244自动联动分断）。异常情况下按下列方式处置：

（1）若发生装置保护失灵，供电调度遥控分243、244断路器，分2431和2441隔离开关，将装置退出运行；供电调度应立即通知所属综检工区人员立即安排相关人员现场处置，尽快恢复正常运行方式，同时通知电力技术科主管工程师。

（2）当远动遥控操作失败时，供电调度应立即安排综检工区人员现场处置。在保护柜上屏控分243、244断路器；若屏控失败，打开断路器机构箱，就地分243、244断路器。断路器分开后，手动分2431和2441隔离开关。

（3）若情况特别紧急，则遥控分三分沟分区所241、242断路器，遥控分东城乡变电所213断路器、永安堡变电所213断路器，再安排人员手动分三分沟分区所243、244断路器，2441、2431隔离开关，将再生能量利用装置隔离；然后合东城乡变电所213断路器、合永安堡变电所213断路器，合三分沟241和242断路器，既有设备恢复正常运行。

本文通过对大秦线再生制动能量综合利用技术、装置运行等方面的探讨，让大家明白牵引供电系统不同供电区间的再生制动能量能够相互融通，实现重载电力机车再生制动能量的高效利用，对牵引供电系统节能技术有了更明确的认识。

参考文献

［1］谭秀炳.交流电气化铁道牵引供电系统［M］.成都：西南交通大学出版社，2014.

［2］贺威俊，高仕斌.轨道交通牵引供变电技术［M］.成都：西南交通大学出版社，2011.

［3］孙淼洋.铁路供电继电保护原理及应用［M］.成都：西南交通大学出版社，2015.

［4］张福生.牵引供电系统［M］.北京：北京交通大学出版社，2013.

作者简介

王浩民，大秦铁路股份有限公司大同西供电段，工程师。

中川货联线运行中存在的过电压问题及对策

马序英

摘 要：牵引供电接触网在运行中，一方面要经常受到运行工况如电压、温度、海拔等的影响，另一方面，这些设备在运行中还要经受过电压、谐波等的影响和考验，会出现各种故障和不正常运行状态。研究和分析其原因，采取正确的技术、经济措施，对确保牵引供电设备安全运行十分重要。

1 引言

2012 年底，作为"南客北货"的关键性工程兰州北枢纽北环线周家庄—兰州北的中川货联线开通运营，该线路西起兰新线大路车站东侧，经周家庄线路所、中川货联线到达兰州北枢纽站，经大砂坪、青白石车站后，与既有包兰线、兰新线、兰渝线相连通。

2020 年 7—12 月，兰州北至周家庄联络线下行接触网线路连续跳闸 3 次，兰州北开闭所 279 断路器保护启动动作，重合闸均成功，跳闸情况如表 1 所示。

表 1 中川货联线路闸统计表

序号	跳闸时间		保护动作情况	保护参数	设备检查、处理情况
	月日	时分			
1	7.28	5：51	阻抗Ⅱ段	短路电流 2388 A，短路电压 19.343 kV，距离 21.72 km，阻抗 8.09∠63.4° Ω	巡视周家庄分区所发现分区所 1BL 底座处有放电痕迹，引线烧断
2	10.29	5：53	阻抗Ⅱ段	短路电流 2304 A，短路电压 19.313 kV，短路距离 22.09 km，阻抗 8.38∠61.6° Ω	兰州北网工区巡视检查接触网发现线路末端避雷器击穿炸裂
3	12.2	1：15	电流速断	短路电流 2628 A，电压 2.061 kV，短路距离 21.29 km，阻抗 7.829∠65° Ω	巡视周家庄分区所发现所内 1BL 故障并击穿

中川货联线频繁的避雷器故障、跳闸、停电检修、抢修作业，不但增加了我段牵引供电运营维修成本，而且严重干扰了正常的运输和行车秩序，严重威胁着牵引供电设备正常运行。

2 原因分析

中川货联线兰州北-周家庄段线路全长 22.5 km，该线路牵引接触网上、下行均由兰州北牵引变电所经兰州北开闭所进行供电。接触网线路采用简单链形悬挂，直供加回流方式，线材为：周家庄上行馈线 278 供电线 680 m，型号 2×LJ240，接触线长度 20916 m，接触线 CTAH150+承力索 JTM120，单位阻抗 2.29+j 7.17（7.53∠72°）Ω/km；周家庄下行馈线 279 供电线 612 m，型号 2×LJ240，接触线长度 21445 m，接触线型号 CTAH150+承力索型号 JTM120，单位阻抗为 2.35+j 7.35（7.72∠72°）Ω/km，末端电缆长度 180 m，型号：单芯 240 mm²。线路条件：钢轨 P60，线间距 4.5 m，线路坡度：周家庄联络线-兰州北上、下行线路均为起伏坡道，上行线最大坡度 16.0‰、下行线最大坡度 11.0‰。兰州北开闭所跳闸后经巡视和检修作业发现，该三次跳闸均造成有关过电压保护装置的烧损，损坏设备如图 1 所示。

2.1 线路参数分析

兰州北变电所采用两台（40+20）MVA 的 V/V0（6）接线的主变压器供电，经主 218（备 219）断路器和供电线接引至兰州北开闭所，开闭所经周家庄货联线下行 279（上行 278）断路器供电至周家庄分区所，周家庄分区所当时运行方式为末端不并联运行方式，但具备末端并联和跨所供电功能。因兰州北牵引变电所重

图 1　故障跳闸时损坏的电气设备

负荷侧容量为 40 MVA,加之系统阻抗小等,该所 27.5 kV 侧出口短路电流达 10690 A,短路危害较其他牵引所更大。

2.2　设备选型分析

电气设备运行时,除了受到正常电压作用,还受到过电压的作用,因此,为保证电气设备正常运行,设备绝缘不但能承受正常运行电压($U_e \pm 10\%$),而且能承受一定裕度的过电压。为保证设备正常运行,设备绝缘须满足图 2 所示的绝缘配合关系。

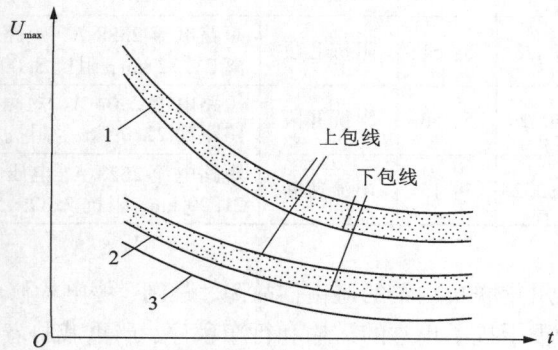

图 2　设备绝缘配合关系图

电气设备能承受一定倍数过电压的能力可通过耐压试验进行严格考验。如图 2 中曲线 1 所示,同一电压等级设备绝缘产品其绝缘特性分布于一定区域内,但不超过一定水平,如图中设备 1 的上包线和下包线。

为限制作用在设备上的过电压,常采用避雷器来保护电气设备。如图 2 中曲线 2 所示。当出现过电压作用在设备绝缘上时,避雷器先行发生放电,将过电压能量予以释放,将过电压下降至避雷器残压以下水平,从而限制了作用在绝缘上的过电压的幅值和时间,起到了保护设备绝缘的作用。

当设备绝缘配合特性低于避雷器保护特性的下包线时,如图中曲线 3 所示,则在过电压作用下,设备绝缘将先于避雷器发生放电,使设备绝缘进一步降低或遭到彻底的破坏,从而导致有关电气设备在运行过程中发生事故。

氧化锌避雷器是目前最先进的过电压保护器,在正常运行电压时,氧化锌阀片呈现出极高的电阻,通过它的电流只有微安级;当系统出现危害电气设备的过电压时,它具有优良的非线性特性和陡波响应特性,使其有较低的陡波残压的操作波残压,在绝缘配合上增大了陡波、操作波下的保护裕度。氧化锌避雷器特别适用于多回路线路、电容器组、电缆等波阻抗低的系统。氧化锌电阻片非线性系数高达 30~50,在标称电流动作负载时无续流,吸收能量少,大大改善了其耐受多重雷击的能力。此外,它的通流能力大,耐受暂时工频过电压的能力强。

经现场检查,周家庄分区所跳闸故障设备均为氧化锌避雷器,采用的避雷器型号如表 2 所示。

表 2 避雷器选型表

序号	型号规格	系统电压	额定电压	持续运行电压	泄漏电流(≤)	2 ms 方流通流容量	备注
1	HY10WT-42/105	35 kV	42 kV	34 kV	50 mA	400 A	既有
2	HY10WT-54/140	35 kV	54 kV	40.8 kV	50 mA	800 A	新改

经短路计算,周家庄分区所馈线末端最大短路电流为 1682~1746 A,最小短路电流为 1617~1675 A。按避雷器过电压保护时间 40 ms 计算,泄压瞬间通过避雷器的电流远大于其 2 ms 方流通流容量,从而造成避雷器在过电压释放时过热炸裂。

2.3 运行方式分析

避雷器"T"接于牵引供电系统中,且当系统行状态发生突变时——由运行经验知:当牵引供电系统进行某些操作,例如切、合空载线路、切除空载变压器真空断路器的截流现象等,或发生故障(如单相接地、断线等)、牵引电机返送电等——电路在过渡过程中会出现操作过电压,在某些情况下,操作(正常或故障)后形成的回路的自振荡频率与电源的频率相等或接近时,会发生谐振现象,而且持续时间长,波形呈周期性重复的谐振过电压。

牵引供电线路可用最简单的电容 C 和电阻 R、有铁芯的电感 L 的并联电路表示,如图 3 所示,在一定条件下会呈现电路端电压和总电流同相位的情形,叫作并联谐振,如图 4 所示,其特点是:并联谐振是一种完全补偿,谐振时频率为 $f_0 = 1/2\pi\sqrt{LC}$,总的输入导纳虚部为零,即 $\omega L = 1/\omega C$,电源无须供应无功功率,只供应电阻所需求的有功功率,此时电路的总电流最小,而歧路电流往往大于电路中的总电流,在电感、电容两端便形成过电压,由于该种过电压是因为铁芯的非线性现象引起的,故称此现象为铁磁谐振,当此谐振的频率等于工频时,称为基频铁磁谐振,此外还有分频谐振和高频谐振。

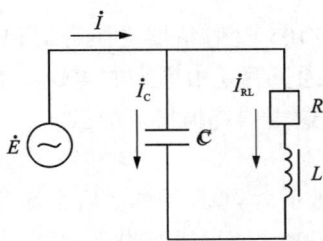

图 3 带有铁芯电感的非线性电路　　　　　　图 4 并联谐振向量图

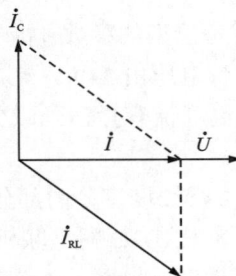

铁磁谐振过电压是否发生以及其幅值、波形受到系统的具体结构(接线和运行方式、电源容量、线路长度、负荷性质、断路器等操作电器的性能)等的影响,具有很大的分散性,由于铁芯线圈的电感是非线性的,为分析这种谐振过电压,求解过电压值,研究其谐振现象的特点,用图解法较为方便。如图 5 所示,开始,电路运行在感性工作状态(电压、电流分别为 U_1、I_1),感抗大于容抗,电路不具备线性谐振的条件。但是当铁芯两端的电压有所升高或回路电容值改变时,电感线圈中出现涌流就可能使铁芯饱和,感抗随电压的上升速度小于容抗随电压上升的速度,当电感和电容两条特性曲线相交,$\omega L = 1/\omega C(\omega = \omega_0)$ 的条件满足时,即出现铁磁谐振过电压,代表电压互感器绝缘的电容上的电流激增,使电容、电感上的电压激增。

铁磁谐振过电压是一种稳态现象，可以直到进行新的操作或跳闸使谐振条件被破坏时才终止。这类过电压往往造成严重后果，故必须在设计与操作前进行必要考虑，或采取一定措施防止其发生或限制其存在的时间，以免形成并联谐振回路。但当 L、C 之一太大时，产生这种谐振的激发电流太大，以至于电网不可能出现这样强烈的冲击扰动；当回路中有有功负荷或电阻损耗时，谐振电压会低一些，当电阻超过一数值时，铁磁谐振就不发生了，也就是说，重负荷线路发生铁磁谐振的可能性较小。当系统存在过电压时，会造成避雷器动作、设备烧损、设备绝缘破坏等设备故障，因过电压具有分散性和统计性的特点，故其原因不易查找，修复或更新设备后投运即恢复正常供电。

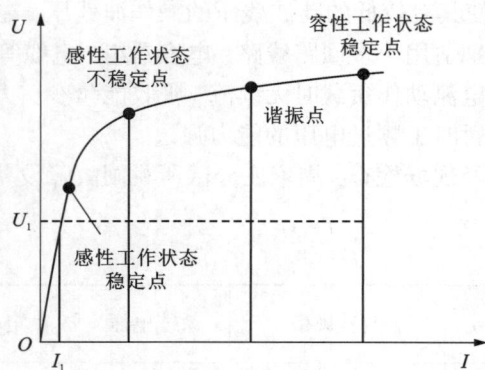

图 5　非线性电路的图解法

经定期巡视和统计，周家庄分区所 1BL 在 2020 年 11 月这一个月的时间内，1BL 动作次数达 46 次，平均每天动作 1.5 次。当泄压时不能及时对工频续流予以截断，过大的持续短路电流通过避雷器引起发热，超过避雷器耐受热量极限值后，将引起避雷器因过热而炸裂。也就是说，避雷器对线路过电压进行了保护，但本身却发生了故障。

3　对策措施

3.1　降低接地电阻

众所周知，接地电阻在设备运行中具有十分重要的作用。一方面当电气设备接地电阻过大时，在发生短路后分配在接地电阻上的电压降增大，会因接地点的跨步电压或接触电压过大而影响从业人员的人身安全；另一方面，当电气设备接地电阻过大时，在发生故障时短路电流会降低，严重时会造成因短路电流过小而保护拒动的严重后果，造成设备烧损或停电范围扩大。因此，《电力设备预防性试验规程 DL/T596—1996》规定："有效接地系统的电力设备的接地电阻 $R \leqslant 2000/I$ 或 $R \leqslant 0.5\ \Omega$（当 $I > 4000\ A$ 时）。"经现场试验和测量，周家庄分区所接地电阻为 $0.40\ \Omega$，满足规程规定的要求，接地不良不是造成避雷器烧损的原因。

3.2　更换新型避雷器

相较电力系统负荷而言，电气化牵引负荷变化大，谐波含量大，过电压频繁。如前所述，在一个月的观察期内，周家庄分区所 1BL 动作次数达 46 次之多。如表 2 所示，第一次避雷器故障后，分析为设备载流量不足引起的发热烧损。

为提高避雷器设备选型的参数，将现场使用的 HY10WT-42/105 型避雷器更换为 HY10WT-54/140 型避雷器，将其持续运行电压由 34 kV 提高至 40.8 kV，2 ms 方流通流容量由原来的 400 A 提高至 800 A，通过提高放电阈值、提高通流容量达到减少放电次数、减小放电时避雷器烧损概率的目的。

3.3　运行方式调整

兰州北-周家庄下行线坡道分两部分，前部分为上坡线路，坡道为 4‰～11‰，后半部分坡度为-4‰～-16‰，使用的机车型为 HXD1C 网重联机车，最大功率（7200×2）kW，该型机车设阻尼制动，制动过程中将机械能转换为电能返送至接触网，从而造成与系统电压的叠加，当满足一定条件时，制动电压会与系统电压在接触网线路中形成分频或高频振荡，从而产生过电压，且以发电机发电点至周家庄线路所末端为共振支路：包括空载接触网线路、电缆和空载电压互感器。

线路发生过电压，其实质为能量的积累，当过电压已临近设备绝缘的下包线时，若不进行电压的释放，将导致有关设备的绝缘破坏。针对周家庄分区所避雷器频繁动作的情况，采取了将该分区所末端并联的措施。一方面，将分区所末端进行并联，线路的参数发生了变化，原来线路存在的固有振荡频率已不复存在，从而大大降低了谐振过电压发生的概率；另一方面，如果线路发生过电压，则过电压波头分别流向线路两侧，若此时有用电负荷，将迅速释放过电压能量，将能量予以消耗，从而使过电压不再发生。跟踪 2020 年 12 月份的避雷器动作次数，月动作次数降为 3 次。可见，改变运行方式确实达到了降低过电压发生概率、减少设备因过电压损伤的目的。

参考文献

［1］中华人民共和国电力工业部.电力设备预防性试验规程(DL/T596—1996)［S］.北京：中国电力出版社，1996.

［2］卓乐友.电力工程电气设计手册-电气一次部分·第八章 高压电气选择·第3节氧化锌避雷器［Z］.北京：中国电力出版社，1989.

［3］赵文中.高电压技术［M］.北京：中国电力出版社，1985.

作者简介

马序英，中国铁路兰州局集团有限公司兰州供电段，工程师。

兰渝线变电所备自投时隔离开关
合闸不到位问题的分析

孟 勇

摘　要： 本文提出了兰渝变电所110 kV电动隔离开关在自投试验时合闸不到位的问题，针对该问题进行了原因的分析和解决方法研究，经过不断探索最终找到了"遥信去抖"延时这样一个解决方法。该解决方法实施简单，切实解决了现场问题，避免了严重事故的发生。

1　引言

为了保证供电的可靠性，牵引变电所具有双电源、双系统固定备用，且具备自动投切功能，按照要求每年需对牵引变电所的自投功能进行一次试验。在备自投工作的过程中涉及多台断路器和隔离开关的动作和多种电气设备的参与，自投过程中任何电气、机械设备故障，将对牵引变电所的安全稳定运行产生直接的影响。在今年兰渝线各所备自投试验过程中，部分变电所室外1011、1021、1001电动隔离开关存在不同程度的合闸不到位现象，严重的甚至因角度偏差过大而产生拉弧放电，这种故障是极其危险的，一旦在实际进线失压备自投动作中隔开合闸不到位，将持续放电烧损刀头，从而造成两路进线均无法供电全所失压的严重后果，而且故障短时间内是无法恢复的。

2　DK3582 A 型自动投切装置简介

我段管内兰渝线普速铁路新窑坡—羊木之间12座牵引所综合自动化系统主要采用天津凯发设备，备自投功能由DK3582 A型自动投切装置控制。自投按照保护的类型分为进线自投和主变自投；按照自投后的效果分为直列优先和非直列优先，目前兰渝线各变电所均采用非直列优先的控制方式。非直列优先控制方式在自投完成后可以最大程度保持原有的运行方式。备自投动作过程示意图如图1所示：

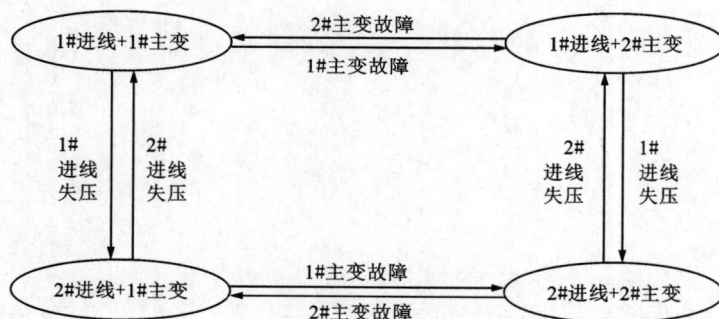

图 1　备自投动作过程示意图

3　故障现象及原因分析

3.1　故障现象

在今年牵引变电所春季预防性试验过程中按要求对各变电所进行备自投试验，首先是3月17日进行陇南西变电所的自投试验，试验过程中1011、1001、1021隔开均出现合闸不到位现象，且1011隔开因合闸角度偏差较大而持续拉弧放电，但四种自投方式均启动正常。故障发生以后立即提报计划对隔开进行检修，3月21日进行1001隔开检修试验，检查发现各电气机械部件状态均良好，而且试验操作隔开分合闸角度都正常,未找到原因。3月23日又对1011隔开检修试验,结果相同,检查各电气机械部件均良好,操作隔开分合闸角度都正常,未找到原因。3月26日进行羊木变电所自投试验,试验过程中再次出现1011、1001隔开合闸不到位现象。此时意识到该故障不是陇南西变电所的个例问题,很可能是兰渝线各变电所的普遍问题。

3.2 原因分析

隔离开关的分合闸角度主要由机构箱内部的两个行程开关控制,在合闸过程中电气回路持续接通,只有行程开关断开后才会切断电气回路从而隔开停止转动。但在现场发现自投过程中隔开停止转动时行程开关并未断开,此时就有两种可能原因:一是机械传动的故障,即在隔开动作过程中出现机械卡滞迫使停止转动,首先隔开大批量出现机械问题是极小概率事件,其次在隔开检修过程中隔开分合均正常,所以这个原因可排除;二是电气回路的故障,即隔开合闸过程中电气回路被提前断开,并非行程开关断开。隔离开关的控制回路原理图如图2所示:

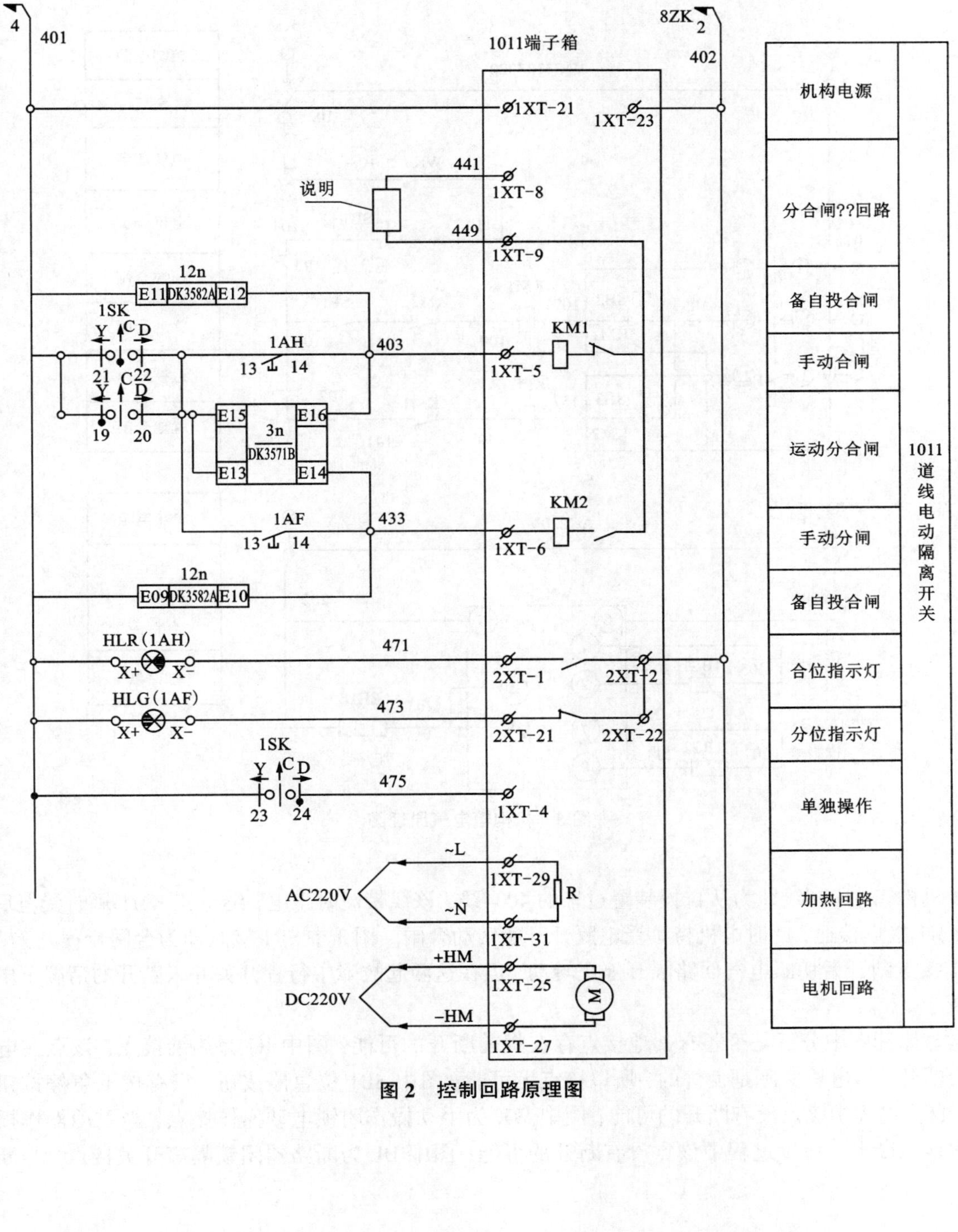

图2 控制回路原理图

图中 12n 为自投装置，从自投装置出来有 403#、433#两根线，分别负责控制隔开的合闸和分闸，403#线是负责控制合闸的，在自投装置控制隔开合闸时，这根线就会带短时正电进入隔开机构箱。机构箱电气原理图如图 3 所示：

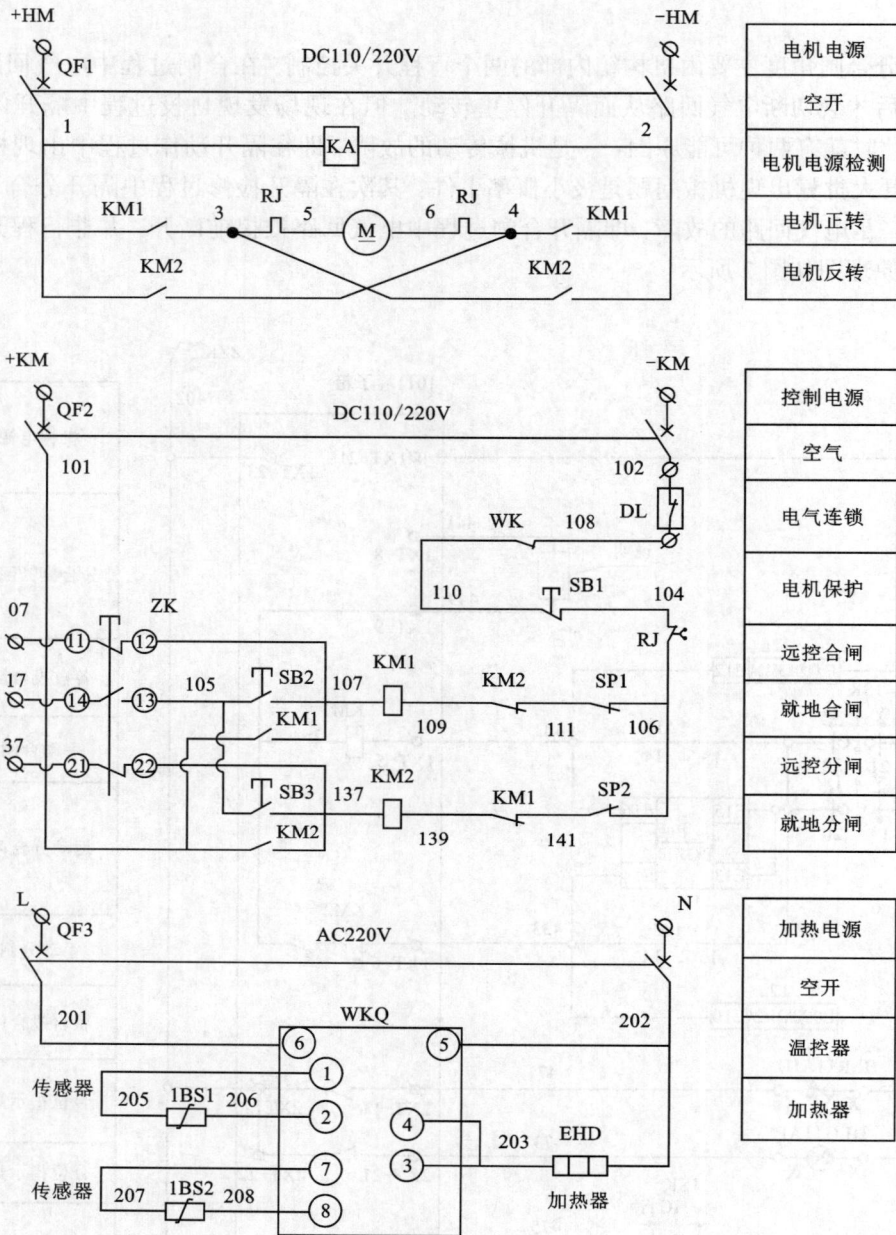

图 3　机构箱电气原理图

图 3 机构箱中 07#线即为从自投装置过来的 403#线，该线带短时正电，继电器 KM1 短时受电后对应保持回路 KM1 接点接通，此时电机持续受电隔开开始转动合闸。图 3 中 SP1 接点即为合闸行程开关，正常情况下 SP1 接点断开后切断电气回路隔开停止转动，但在这两起故障中行程开关并未断开的情况下电气回路就被切断。

从电气原理图中分析是否还有其他接点存在提前断开的可能，图中 RJ 为热继接点，该点在电机故障情况下会断开，但电机实际是良好的，所以该点无可能；图中 SB1 位急停按钮，只有按下急停按钮该点才会断开，自投过程中该点没有断开的可能；图中 WK 为手动操作闭锁电动操作接点，当手动操作摇把插入操作孔后该点断开，自投过程中该点没有断开的可能；图中 DL 为断路器闭锁隔离开关接点，当断路器闭合后该点断开，隔开停止转动，那么自投过程中是否存在断路器提前合闸的可能？

自投过程中所有隔离开关和断路器的分合闸均由自投装置控制，在送电过程中自投装置先控制隔开合闸，当自投装置接收到隔开合闸信号后立即控制断路器合闸。隔离开关的分合闸信号由隔开机构箱内的辅助开关发出，辅助开关安装在隔开传动杆上，安装角度有偏差后会出现提前将合闸信号传输至自投装置的情况，此时隔开实际还在合闸过程中，自投装置此时已控制断路器合闸，因断路器合闸时间为几十毫秒，远大于隔开合闸时间，所以断路器提前合闸后可能打断隔开合闸致使隔开合闸不到位。

分析出上述可能原因后我们进行了验证，隔开辅助开关内部有动静触头，动静触头完全接通状态如图4所示，动触头是有一个较宽的触片，所以在辅开转动过程中动触头与静触头稍有接触就已经将接点导通，如图5所示，但这时辅开没有完全转换到位。同时在隔开检修试验中发现，隔开合闸过程中还未完全到位，辅助开关接点就已接通（后台信号提前发出）。因此原因确定为自投装置提前接收信号从而断路器提前合闸所致。

图4 动静触头完全接触

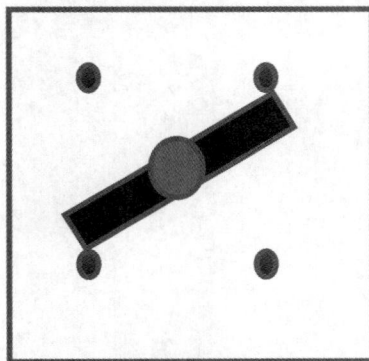

图5 动静触头稍有接触

4 解决方法研究及应用

导致故障发生的原因到此确定，那么如何解决辅助开关提前接通的问题？有两种方法可以处理：一是机械调整，即调整辅助开关转换角度，使隔开完全合到位后辅开动静触头刚好接触，这种方法虽然可以保证隔开完全合到位，但不能保证辅开动静触头接触可靠，因为触头刚刚接触状态属于虚接状态，不能保证信号可靠传输，很可能造成后续断路器拒动的问题发生，不可行；二是控制回路调整，在备自投逻辑中增加隔离开关合闸后延时功能，即自投装置接收到隔开合闸信号发后延时一段时间再控制断路器合闸，这样既可保证隔开合闸到位又可保证辅助开关转换完全。

通过对 DK3582A 型自动投切装置的仔细研究，该装置设有一个"遥信去抖"功能，该功能是指自动化系统中开关信号的采集基本取自开关的辅助开关触点或继电器触点，辅助开关触点间隙放电会引起信号抖动，继电器触点受运行环境影响易氧化脏污导致接触不良，也会引起信号抖动，抖动信号可以认为是"假信号"会造成 SOE 误报或漏报现象，因此抖动信号传入装置后必须去除，也就是带有时限设置的遥信去抖功能。该功能就刚好可以实现我们所设想的控制回路调整工作，通过增加隔开对应遥信去抖的时限，自投装置就可在接收到隔开合闸信号后经过该时限延时后再控制断路器合闸，解决实际问题。在后期各所备自投试验中对遥信去抖功能进行了验证：

（1）5月25日哈达铺变电所自投试验过程中1021GK合闸角度不到位，将1021GK遥信去抖时间设为550 ms后，再次试验时隔开合闸角度正常。

（2）5月27日姚渡变电所自投试验过程中1001GK合闸角度不到位，将1001GK遥信去抖时间设为450 ms后，再次试验时隔开合闸角度正常。

（3）6月21日渭源变电所自投试验过程中1011GK合闸角度轻微不到位，将1001GK遥信去抖时间设为100 ms后，再次试验时隔开合闸角度正常。

5 总结

经过不断探索最终找到了"遥信去抖"延时这样一个解决隔离开关在自投试验时合闸不到位问题的方法，现场还可以根据隔开具体的角度偏差大小灵活调整去抖时间。该解决方法实施简单，灵活性很高，切实解决了现场发现的问题，避免了自投时全所失压严重事故的发生。

作者简介

孟勇，中国铁路兰州局集团有限公司兰州供电段，助理工程师。

浅谈高次谐波的产生及影响电流增量保护的因素

魏文彬

摘　要：本文对牵引网馈线高次谐波的产生进行了阐述，依据电流增量保护的整定原则、动作条件，列举了列车在不同运行情况下运行的影响因素，分析继电保护装置可能误动的原因，并就解决方法提出设想。

1　引言

在机车电能的输送和使用过程中，由于多种外部因素的干扰，线路的电压波形发生畸变。机车变压器产生的励磁涌流，整流–逆变这类非线性电气设备的使用，会向牵引网注入一系列不同频率和幅值的高次谐波，不仅影响电力环境和供电质量，还会引起继电保护装置误动，降低了装置的可靠性，严重时会对铁路的安全运营构成威胁。

2　牵引网高次谐波的产生

2.1　牵引负荷的特点

牵引负荷作为牵引系统主要的谐波来源，具有以下几个主要特点：

(1)单相负荷性：负荷的单向性会在电力系统内产生负序电流。

(2)非线性：机车普遍采用交–直–交型电力机车，整流–逆变电路驱动电机工作。

(3)移动性：线路上机车的运行数量、机车类型随时发生变化，线路负荷电流也随之改变。

(4)冲击性：机车变压器空载合闸会产生励磁涌流。

2.2　高次谐波的产生

以上牵引负荷的特点中，非线性、冲击性两个特点所造成的影响，是产生高次谐波的主要原因。

(1)当机车正常运行时，受电弓将接触网电压引入机车变压器，通过整流器降压整流为直流，再通过逆变器变为可调的三项交流电供机车使用。整流–逆变电路为非线性负载，当电流流过负载时，对应的电压呈现出非线性的关系，电流相应地变为非正弦电流，各次谐波就此产生。

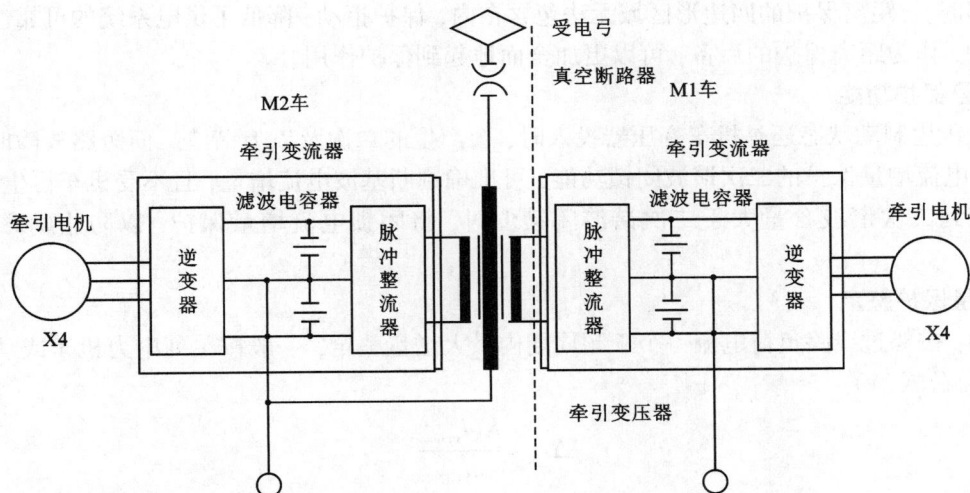

图1　交–直–交型电力机车原理图

（2）冲击性体现在空载合闸上，当变压器空载投入时，出现的暂态电流称为励磁涌流。机车变压器投入前，铁芯中若留有剩磁，且与投入时产生的磁通方向相同时，其总磁通量远大于饱和磁通量，铁芯瞬间饱和，会产生极大的冲击励磁涌流（数值为6~8倍的变压器高压侧额定电流），二、三次谐波为主要谐波。

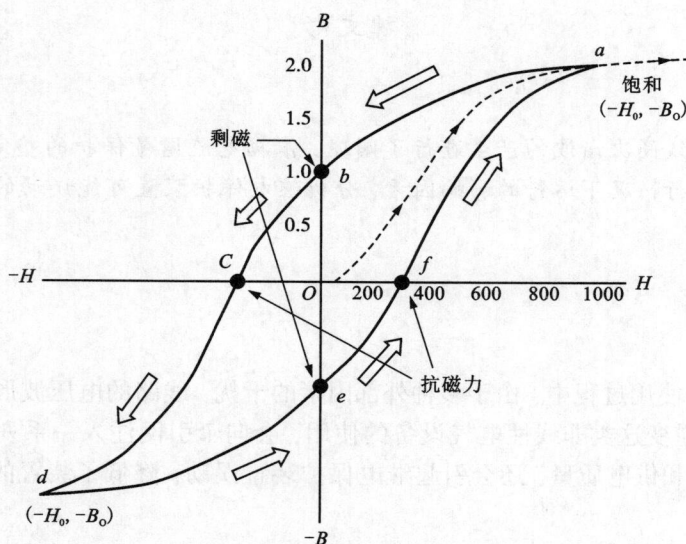

图2 剩磁示意图

如图所示，虚线表示磁感应强度 B 与磁场强度 H 的变化关系，铁磁材料未被磁化时，B 从原点开始逐渐增强，a 点磁感应强度达到饱和。若此时磁场强度 H 逐渐消失为0，B 不会减小到0，而是在 b 点留有一定的剩余，b 点对应的磁感应强度称为剩磁。

（3）另外，为降低铁路供电运输能耗，机车一般采用了再生制动技术。当列车制动时，制动产生的动能通过转化和储存，变为电能供机车的辅助回路使用，或馈于接触网供给其他机车，避免变成无用的热能。在再生制动状态时，负荷电流中三次谐波居多。

3 馈线保护装置中的电流增量保护

3.1 电流增量保护原理

距离保护适用于线路的金属性短路故障，从整定导则可以看出，距离保护电阻按最小短路电压和最大负荷电流之比整定，躲过了线路的最大负荷，整定值较小。当线路短路接地电阻较大时（存在过渡电阻或非金属性短路时），距离保护的四边形区域无法包含在内，保护拒动，降低了供电系统的可靠性。所以设置电流增量保护，作为距离保护的后备，可以更加全面地起到保护作用。

3.2 电流增量保护功能

无论是在再生制动状态还是机车变压器投入时，会产生的二次及以上谐波。而短路故障时，故障电流基本是基波，电流增量保护的二次谐波闭锁功能，可准确判断基波电流增量，且不受机车再生负荷的影响。保护装置监测到二次谐波含量大于二次谐波闭锁值时，将闭锁电流增量保护，以防止励磁涌流引起的误动。

3.3 电流增量保护整定

动作电流：按躲过线路负荷电流一个工频周期内最大增量整定，一般按单列电力机车或动车组额定电流估算[2]，见公式（1）

$$\Delta I_{dz} = \frac{K_K I_{e.max}}{n_{CT}} \tag{1}$$

式中：K_K——可靠系数，一般取1.0；

$I_{e.max}$——线路运行的最大功率电力机车额定电流或机车启动电流；

n_{CT}——电流互感器变比。

下面以武南所为例，可靠系数取 1.0 时，北河方向电流增量值为：

$$\Delta I_{dz} = \frac{K_K I_{e.\,max}}{n_{CT}} = 1 \times 698/200 = 3.49 \text{ A}$$

序号	参数及保护名称WKH-892	北河方向		
		212	21B	211
		上行	备用	下行
一	**基本参数**			
1	单列机车起动电流A	698	698	698
2	流互变比	200	200	200
二	**保护整定值计算及设置**	212	21B	211
1	电流增量保护动作值 A	3.49	3.49	3.49
2	电流增量保护动时间 S	0.50	0.50	0.50

武南变电所电流增量保护

图 3　武南变电所部分整定值

武南牵引变电所采用许继 WKH-892 馈线保护装置，电流增量保护动作条件如下式[3]：
a）动作方程

$$\Delta I = I_1 - I_1' - K_h(I_2 + I_3 + I_5 - I_2' - I_3' - I_5') \geqslant \Delta I_{ZD}$$

b）谐波闭锁

$$I_2/I_1 \geqslant K_{YL}$$

式中：I_1、I_1'——当前和一周波前馈线基波电流；

I_2、I_3、I_5——当前二、三、五次谐波电流；

I_2'、I_3'、I_5'——一周波前二、三、五次谐波电流；

K_h——谐波加权抑制系数；

ΔI_{ZD}——电流增量保护整定值；

K_{YL}——二次谐波闭锁整定值。

c）实现框图

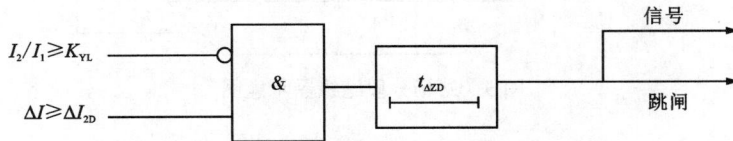

图 4　电流增量保护逻辑框图

4　电流增量保护可靠性分析

当无高次谐波影响、线路上仅发生有高阻接地故障时，电流增量保护能可靠动作，虽然保护装置中带有二次谐波闭锁功能，但在列车实际运行过程中还是会因各种原因发生误动。电流增量保护具备一定的灵敏性，其取值越小灵敏度越高，但会增加误动的概率，取值过大保护又会拒动，可靠性与灵敏性难以平衡。

4.1　电流增量的投退

根据线路环境的不同、所处位置气候不同、周围湿度不同，选择电流增量保护投入或者退出，兰州供电段管内，兰州至天水区段各牵引变电所，属兰州检修车间检修维护，电流增量保护均投入；兰州至截河坝区段各牵引变电所，属武南检修车间检修维护，电流增量保护均退出。

4.1.1 原因分析

兰州至天水区段，隧道较多，气候潮湿，相对多雨，环境适宜更多鸟类生活，容易产生绝缘严重降低、异物短接等情况，容易发生高阻接地故障，在阻抗四边形保护区域之外，所以设置电流增量保护，以防止鸟害、绝缘子闪络造成线路烧损。

兰州至截河坝区段，气候干燥，线路周围空旷开阔，短路故障基本为金属性故障，线路环境条件满足要求，很难发生高阻接地故障，投入电流增量保护不能因高阻接地故障正确动作，而总是误动，所以退出电流增量保护。

4.2 电流增量保护可能误动的原因

（1）线路上运行的机车类型多，动车启动时，保护装置内的机车启动电流整定值偏低，容易误动。

（2）电流增量保护二次谐波制动系数，一般按 $I_2/I_1 \leqslant 15\%$ 整定，当牵引负荷电流叠加过分相时，因基波电流较大，过分相时涌流所产生的二次谐波难以达到闭锁值，电流增量保护会发生误动。

（3）机车启动电流过大，此时电流增量值较大，保护可能误动。

（4）机车从限速区段驶出提速到正常速度过程中，保护可能误动。

（5）在电力机车的高频开关器件短时关闭等非正常运行工况下，牵引负荷波形发生突变，电流增量保护可能发生误动作。

（6）临近站场的变电所，同一相母线往往会引出多条馈线，当机车带电滑行通过分段绝缘器时，会将多条馈线的负荷电流按等效阻抗分流至驶入或驶出馈线，对应馈线电流增量值突增，增量保护可能发生误动，分流值的大小与阻抗成反比。

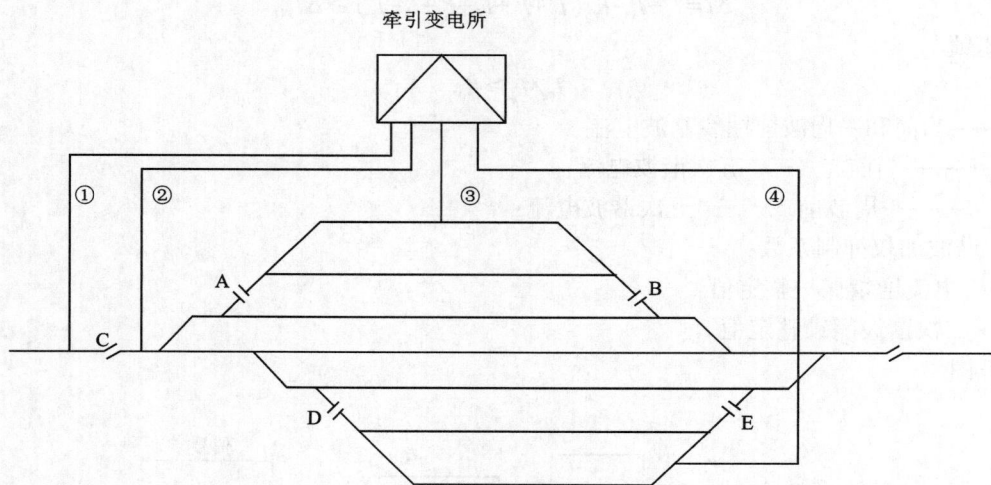

图5　站场分段绝缘器示意图

4.3 误动解决措施

（1）判断线路环境气候情况，若能符合正常运行要求，基本不发生高阻接地，则退出电流增量保护。

（2）根据线路负荷与机车运行实际情况，适当增大可靠系数 K，调节整定值。或将二次谐波闭锁整定值由15%降低为10%，防止误动。

（3）完善升级保护装置功能，优化二次谐波制动判据，将原先的判据（2）式中当前二次谐波值与当前基波值之比，优化为（3）式中，将二次谐波增量电流与基波增量电流进行比较，排除既有负荷对二次谐波制动的干扰，降低负荷叠加涌流的误动概率。

$$K = \frac{I_2}{I_1} \leqslant 15\% \tag{2}$$

$$K_1 = \frac{\Delta I_2}{\Delta I_1} \leqslant 15\%$$

（3）

（2）式中，K 为二次谐波制动系数，I_2 为二次谐波电流值，I_1 为基波电流值。

（3）式中，K_1 为二次谐波制动系数，ΔI_2 为二次谐波电流增量，ΔI_1 为基波电流增量。

参考文献

［1］中国铁路总公司.高速铁路牵引变电所技术［M］.北京：中国铁道出版社，2014.

［2］中国铁路总公司.牵引供电系统继电保护配置及整定计算导则.Q/CR 687—2018［S］.北京：中国铁道出版社，2018.

作者简介

魏文彬，中国铁路兰州局集团有限公司兰州供电段，助理工程师。

浅谈牵引变电所故障情况下值班员应急处置仿真培训技术应用

刘成宝　　白同海

摘　要：调研了解变电专业培训现状，突出应急处置"先通后复"的原则，梳理牵引变电所在远动通道故障或备自投装置启动失败情况下常见的倒闸类型，应用 BIM 技术，通过建模、Unity3d、交互脚本等构建优质仿真教学演练模型，模拟参培人员进入牵引变电所实景场地，实现在仿真工作场所实景环境中提升应急处置能力。

1　变电专业培训现状

1.1　牵引变电所作为电气化铁路的心脏，其作用不言而喻，智能化变电所正在成为潮流技术并加快实施，国铁集团管内牵引变电所主流倒闸操作方式是由供电调度人员进行远方遥控操作的，但在远动通道或者备自投装置故障时，为保证先通后复，在突发状况下的当地应急处置就显得尤为重要。值班人员长期依赖远动操作，看似普通的倒闸送电专业技能培训亟待加强。

1.2　现阶段牵引变电专业职工技能培训仍停留在以纸质教材及电子 PPT 幻灯片或录制视频为主的传统方式层面，实训基地设备设施涵盖面不广且无法复制故障场景，特别是受牵引变电所牵一发而动全身的安全要害因素制约，现有职教基地在培训形式及效果方面达不到要求，现场迫切需要优质职教平台，传承专业技能，解决值班人员突发故障应急处置动手能力得不到锻炼的职教短板问题。

2　应急处置仿真技术

2.1　基于 BIM 技术，通过建模、Unity3d、交互脚本等构建优质仿真教学演练模型，能够涵盖场景、灯光、声效、可操作部件等内容并控制演练过程。

2.2　拟采用 C/S 架构、Unity3d 平台、C#编程语言并 Mysql 数据库管理技术，同时后端通信接口采用 NET5 平台及 MVC 三层框架，实现仿真可扩展性、可操作性和高可靠性。

2.3　综合建模选择进线电压 220 kV(110 kV)，供电方式兼容 AT/直供，接触网侧四条馈线展开，用于功能仿真，突出重载、高铁线路上牵引变电所的特点。系统设计规划应预留应用拓展功能，可在综合建模基础上通过数据库表单修改进线电压、供电方式、故障类型，实现大规模推广应用。

2.4　演练模型定制三维故障模拟过程，涵盖应急处置仿真的相关三维部件并可以通过设定参数来修改故障点预演的效果。

3　应急处置演练场景

3.1　高压侧设备(4 种)

故障主变并列解列倒备用、直列供运行牵引变电所主供电源失压跳闸自投失败停电倒备用、直列供运行牵引变电所主变差动(压力释放、重瓦斯、温度Ⅱ段、三相过流)保护跳闸自投失败停电倒备用、SF6 断路器气体泄漏低气压闭锁倒备用。

3.2　低压侧设备(5 种)

接触网故障馈线断路器拒动引发主变单相过电流保护动作越级跳闸处置送电、馈线断路器拒合应急处置、倒备用自用变压器、垂直天窗停电馈线断路器机构故障无法分闸应急处置、27.5 kV 电压互感器高压断器熔断(或状态不良)处置。

3.3　综自保护装置及交直流设备(5 种)

综自馈线保护装置通信板元件故障更换通信板(CPU 板、开入开出板、出口板)处置、馈线保护装置交

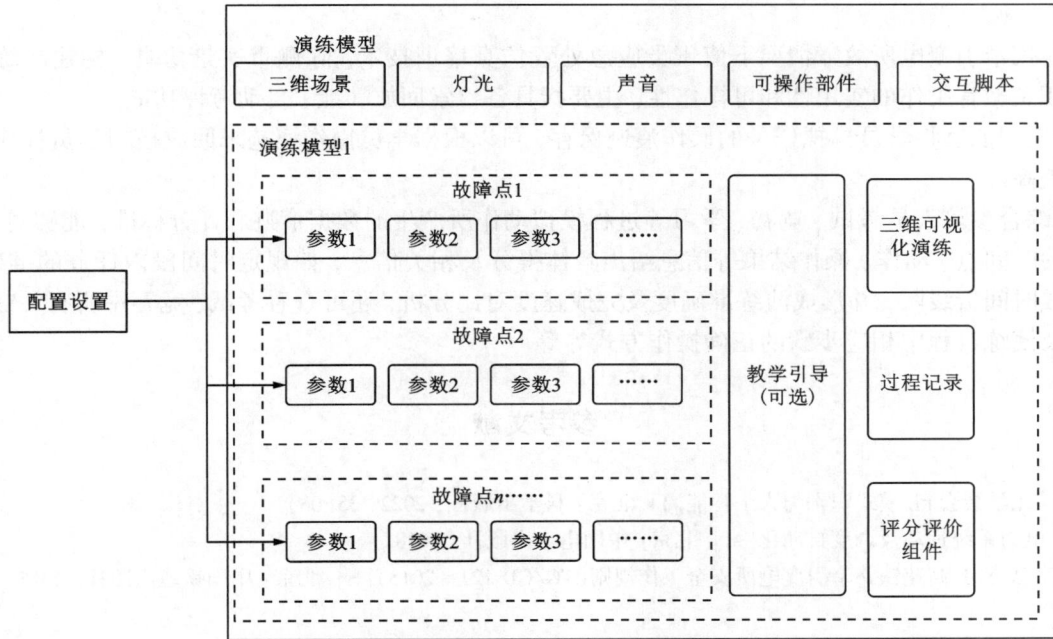

图1　演练模型组成图

流采样板更换处置、综自通信交换器巡视处置、蓄电池电压过低故障处置、巡视 UPS 逆变电源无输出处置。

4　仿真技术应用

4.1　系统中构建故障场景、评分标准、自动考评、专业解析、检索回放模块。选择故障场景进行仿真处置,同步启动自动考评功能,主要突出高压侧设备、低压侧设备、综自保护装置及交直流设备在故障情况下的应急处置实操演练。其中自动考评基于评分标准,评分标准包括用时、反应、步骤。学员竞赛结束后可点击查看专业解析。应用组网技术设置教师机和学员机,实现在随机故障应急模拟场景化下的仿真处置演练,并具备操作检索回放功能。

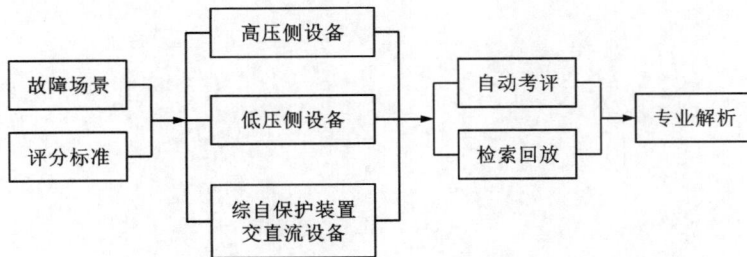

图2　系统构建图

4.2　模拟参培人员进入牵引变电所实景场地,要求系统在仿真工作场所实景环境的基础上实现断路器分合闸指示灯、保护装置异常信息、转换开关位置、报警音响、电流电压表、事故照明、盘后接线及装置接线、通信回路等画面显示,同时画面显示要与操作进程同步联动,实现实景仿真,由培训演练人员进行分合开关、母线验电、短接端子、拆开螺栓、点亮液晶屏幕、用万用表测量、更换电路板、接打电话、填写记录等处置行为,系统设定评分标准并判别操作步骤,实操演练的具体步骤可在仿真画面中添加,以箭头表示,与语音识别一同作为自动考评依据。

5　小结

分析应用牵引变电所故障情况下值班员应急处置仿真培训技术,除侧重实景仿真、构建演练场景外,还应突出职工教育工作的实用性和可操作性,主要指具备检索回放功能、自动考评功能。

5.1　全程能够将学员模拟任务的操作痕迹保存,可以根据学员操作痕迹来回放模拟学员操作的过程,便于总结提高。

5.2　综合参培人员考试、竞赛、学习等过程模拟动作所产生的数据痕迹和评分标准,能够对参培人员模拟过程的时间点、动作、操作结果等信息给出具体得分及相关信息,如规定时间段内任务的准确率及操作正确完成时间折线图,并形成演练准确度及完成速度对比分析,还可查看考试、竞赛中所有关键点得分、丢分情况及演练过程中相应步骤的正确操作方式等等。

参考文献

[1] 中国自动化学会会刊.模式识别与人工智能[J].北京:科学出版社,2022,35(03).

[2] 张明光.电力系统远动及调度自动化[M].北京:中国电力出版社,2018.

[3] 中国铁路总公司.高速铁路牵引变电所安全工作规则(TG/GD 121—2015)[S].北京:中国铁道出版社,2015.

作者简介

刘成宝,大秦铁路股份有限公司科学技术研究所。

白同海,中国铁路北京局集团有限公司天津供电段。

枢纽牵引供电系统等级划分研究

邢晓乾　董志杰　陈　杰　陈兴强　曲江浩

摘　要: 本文首次提出了对枢纽进行分级的方案。枢纽的分级应主要依据城市规模、车站规模以及衔接线路数量进行确定。提出了枢纽供电应依据枢纽等级制订不同的供电方案,最大限度地提高枢纽供电可靠性。针对不同等级的枢纽车站,对供电方案应按差异化设计。开展了牵引变电所主接线供电可靠性仿真计算,从理论上分析验证了不同主接线可靠性差异,提出了适用于不同级别枢纽的主接线方案。

1　引言

随着铁路的快速发展,枢纽地区引入线路和动车所等维修设施不断增加,供电系统越来越复杂。目前枢纽供电中主要存在以下问题。

枢纽供电能力与铁路发展不适应的问题,新线接入困难;越区供电方案复杂、供电能力受限,停电维护检修困难;所亭层级多,保护配合困难;动车组检修试验与接触网停电检修互相矛盾;枢纽内部分绝缘锚段关节处电压差大;枢纽内容易发生谐振、网压波动等问题。

国内对于枢纽的研究集中在线路站场专业,主要对车站分布、线路引入、机辆场段进行研究,牵引供电系统的研究大部分是针对线路进行局部供电方案的研究,系统性的研究较少。如何在满足枢纽地区的运输需求的前提下,实现枢纽内供电可靠、能力匹配、倒切灵活、检修方便、合理分段及保证供电的支援,是亟需研究的问题。

2　铁路枢纽类型

铁路枢纽在铁路网和所在城市地区都具有极其重要的地位,是铁路网的心脏。铁路枢纽中牵引供电设施分布及供电可靠性直接关系着牵引供电系统的安全可靠,影响到铁路枢纽地区的运输业务。

国内外专家及学者将铁路枢纽布局归纳为"一站式、放射形、三角形、十字形、伸长形、并列形、环形、混合型和尽头型枢纽"九种主要枢纽形式。我国现有大型城市所在铁路枢纽分类如下:

表 1　大型城市铁路枢纽分类

枢纽布局类型	枢纽名称	枢纽特点
放射形	长春	枢纽的衔接线路都由枢纽的中心点呈放射状向外伸展
三角形	济南、南京、广州、贵阳	引入枢纽的各衔接线路汇集于三点构成三角形,在各边设置相应的客运、货运车站
十字形	石家庄	在枢纽中心,设有各衔接线路引入线呈十字形的立体交叉疏解设施,枢纽内车站均设置在十字交叉的引入线路上
伸长形	太原、南宁、兰州、乌鲁木齐	各衔接新路集中在枢纽两端引入。枢纽内的客运站、货运站和其他各类车站都串联成纵列式,配置在枢纽内一条伸长的铁路通道上
并列形	郑州、合肥、长沙	客运站和编组站并列,平行配置在枢纽内两条平行布置的通道上
环形	哈尔滨、沈阳、吉林、北京、西安、成都、重庆、昆明	衔接线路较多(一般都有 5 条及以上),并用环形联络线将所有衔接线路联结成一个环状的整体,供各衔接线路通行,避免多条衔接线路汇集而产生较多的行车进路交叉和运行干扰

续表1

枢纽布局 类型	枢纽名称	枢纽特点
混合型	天津、武汉、 徐州、上海、杭州	是任意两种或三种枢纽混合后的变形,布置形状千变万化
尽头型	大连、厦门、 福州、深圳、青岛	凡设置在铁路网尽头的铁路统称为尽头型枢纽,一般均位于滨海地区

　　不同的枢纽形式造成了枢纽内供电设施分布格局,尽头形、放射形枢纽内牵引所相互支援能力弱,一般由枢纽外干线牵引所支援;三角形、环形枢纽内牵引所容易形成相互之间相互支援供电;十字形枢纽内一般设置牵引所,但存在牵引所规模大、全所停电检修困难、越区供电方案复杂等问题。

3　枢纽供电方案

3.1　目前的设计方案

3.1.1　供电系统方案

　　目前,在牵引供电系统设计中,牵引供电系统多采用"由里向外"的供电方式,如图1所示。在大型车站负荷中心处设置牵引变电所能同时向多条铁路干线和车站供电,同时还能够兼顾联络线、动车所和机务设施的供电,减少电分相数量,供电能力可以充分利用。但同时也造成了牵引变电所馈线数目多、越区支援方案复杂、牵引变电所馈线母线检修难,一旦枢纽牵引变电所发生事故影响范围大等问题。

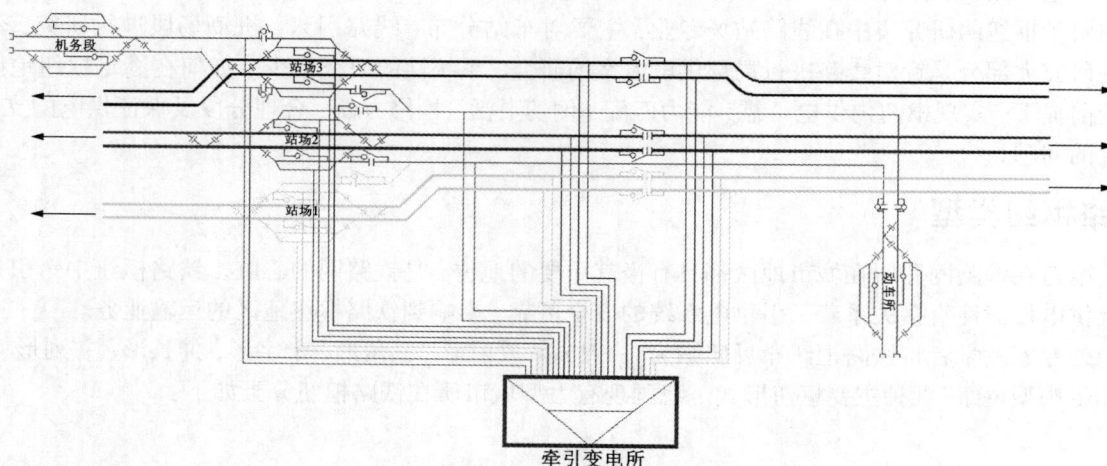

图1　典型"由里向外"枢纽供电格局示意图

3.1.2　牵引变电所主接线方案

(1)牵引变电所高压侧

　　220 kV 及以上电压等级等可靠性较高的外部电源,采用线路变压器组接线方式(如图3所示),110 kV 电压等级外部电源一般采用分支接线方式(如图2所示)。

(2)牵引变电所 27.5 kV 母线

　　牵引变电所 27.5 kV 母线一般采用单母线接线方式(如图4所示),当 27.5 kV 设备采用 GIS 开关柜设备时,母线不设检修用的隔离开关,其他情况下一般在母线中部设检修用隔离开关(如图5所示)。

(3)牵引变电所 27.5 kV 馈线

　　牵引变电所馈线接线方式主要取决于断路器的备用方式。目前常用的馈线断路器备用方式主要有固定备用方式和上下行断路器互为备用方式,高速铁路一般采用上下行断路器互为备用方式,其他铁路一般采用固定备用方式。

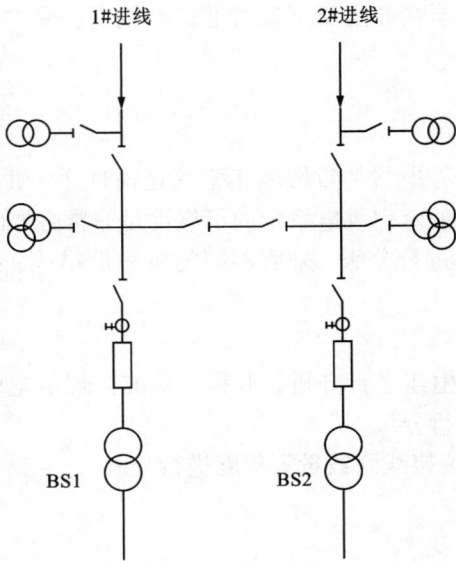

图2　分支接线

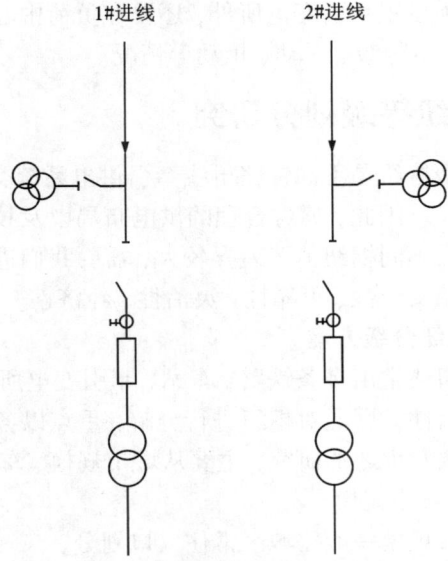

图3　线路变压器组接线

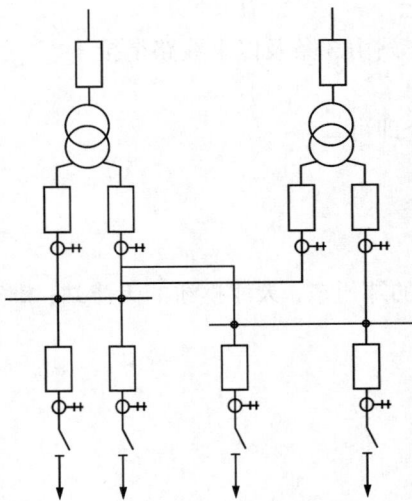

图4　单母线方式

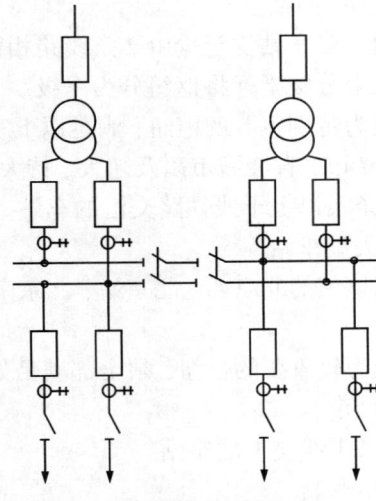

图5　单母线分段方式

3.1.3　接触网方案

接触网在枢纽内设置电分段和电分相。电分段一般采用分段绝缘器，将枢纽分成不同的供电分束。电分相设置有很多限制，例如线路长度和坡度等。

3.2　目前枢纽供电方案存在的问题

（1）维护维修困难

"由里向外"的供电方式，高铁、普铁和动车段所的牵引供电系统的维修天窗不同，变电设备维修困难。"由外向里"的供电方式，供电电源可靠性差。

（2）故障时影响范围大、越区方案复杂

越区供电方案复杂，且供电能力受到制约，对多条线路的运输造成影响。

（3）电分段与电分相设置难度大

不同供电单元之间电分段两侧存在电压差，可能产生危害性燃弧。电分相工程实施难度大。两处电分相距离相近时，不能满足车载自动过分相装置屏蔽自检时间。

（4）所亭层级多，保护配合困难，停电影响范围大

除须设置牵引变电所外，还要在负荷中心设置开闭所，甚至在开闭所下设置Ⅱ级开闭所，保护层级较多，易发生越级、误动、拒动等情况。

4 枢纽等级划分研究

大型枢纽是不同铁路干线牵引供电系统交汇的地方，一旦停电将严重影响正常的运输秩序，供电故障牵涉面广。因此，通过合理的供电布局以及技术手段提高枢纽的牵引供电系统的可靠性是非常必要的。

但是不同枢纽情况差异较大，需要我们进一步对枢纽供电进行分级，采取不同的可靠性措施，提高枢纽供电的安全性、可靠性、灵活性、经济性。

4.1 枢纽分级方案

枢纽通常由多条铁路、车站、牵引变电所构成。若对整个枢纽进行分析，不利于精准梳理供电的可靠性和灵活性。因此对枢纽进行分解，重点以各类车站为单元进行分级。

本次对枢纽的研究，主要从城市规模、车站类型及规模、衔接线路数量等角度进行分级。

（1）城市规模

城市规模一般按城区常住人口划分。

（2）车站规模

车站按高峰时段的高峰小时旅客发送量进行分类。

（3）衔接线路数量

枢纽内一般车站均至少由2条线路相衔接，部分较大型的车站由3条及以上线路衔接。

依据以上分级指标将枢纽分为三级。

第一级为特别重要的枢纽，满足以下三个条件中的任意一个即可。

（1）直辖市、省会城市以及超大、特大城市的主要车站。

（2）三条及以上干线铁路交汇的车站。

（3）特大型车站。

如北京枢纽的北京西、北京站、北京南、丰台站；郑州枢纽的郑州东；天津枢纽的天津站；雄安枢纽的雄安站等。

第二级为较重要的枢纽，须全部满足如下三个条件：

（1）大城市

（2）两条干线交汇的车站

（3）大型车站

如大同枢纽的大同南站；阜阳枢纽的阜阳西站；商丘枢纽的商丘站。

第三级为一般重要的枢纽，为第一级和第二级之外的剩余枢纽，一般指两条干线铁路交汇的中型车站，如齐齐哈尔枢纽的齐齐哈尔站。

4.2 分级枢纽的可靠性要求

长久以来供电系统采取了许多行之有效的供电措施，保障牵引供电系统的高可靠性。若一味提高枢纽供电的可靠性，则易造成供电系统资源的浪费。因此，对不同等级的枢纽供电可靠性提出不同的要求：

一级枢纽：

①停电将造成重大的经济损失。

②停电将造成公共场所秩序严重混乱。

③一级枢纽不允许中断供电，主供电源故障时，备用电源应同时投入运行。

二级枢纽：

①停电将造成较大的经济损失。

②停电将造成公共场所秩序混乱。

二级枢纽不允许长时间中断供电，主供电源故障时，越区供电方案须保证每条铁路均能运行一对车。

三级枢纽：

三级枢纽主供电源故障时，越区供电方案须保证整个枢纽能运行一列车。

5 提高枢纽供电可靠性方案

5.1 通用要求

针对目前存在的问题，提高枢纽供电可靠性须满足以下通用要求：

（1）结合枢纽规划，进行牵引供电系统方案设计，满足枢纽供电的系统性和枢纽远期发展的需求。

（2）大型车站、编组站宜设置牵引变电所，有条件时在相邻的大约一个供电臂距离设置另一牵引变电所。

（3）多条铁路连接的车站可设置牵引变电所或分区所，避免供电臂相互切割。

（4）合理设置电分相，保证枢纽内各条铁路牵引供电系统的相对独立性和完整性。

（5）枢纽或站场的主体部分宜由同一相电源供电，保证枢纽主体供电的完整性。

（6）枢纽的动车所、机务段、车辆段等设施，原则上采用与相邻接触网同相的电源供电。

5.2 按枢纽分级的供电可靠性提高方案

（1）一级枢纽供电方案

在车站就近设置牵引变电所，必要时设置开闭所进行分场分束，牵引变电所设计满足维护检修需要。在主供牵引变电所相邻的大约一个供电臂距离设置另一牵引变电所，兼顾作为枢纽主供牵引变电所的备用电源。当不具备临近设置牵引变电所条件，且牵引所解列后越区供电实施方案复杂时，应重点提高牵引变电所供电可靠性。

对备用牵引变电所的牵引变压器容量全备用，馈线布置、接触网分段和联络开关以及联络线的截面等进行冗余配置，越区供电时满足干线高速铁路以正常速度运行时，追踪间隔可以达到5~6分钟，降速运行时追踪间隔可以达到4~5分钟。

（2）二级枢纽供电方案

一般在车站就近设置牵引变电所。有条件时优先在主供牵引变电所相邻的大约一个供电臂距离设置另一牵引变电所，兼顾作为枢纽主供牵引变电所的备用电源。当不具备临近设置牵引变电所条件，且牵引所解列后越区供电实施方案复杂时，应适当提高牵引变电所供电可靠性。

对备用牵引变电所的牵引变压器容量提高一级，馈线布置、接触网分段和联络开关以及联络线的截面等进行部分冗余配置，越区供电时满足干线高速铁路以正常速度运行时，追踪间隔可以达到7~8分钟，降速运行时追踪间隔可以达到6~7分钟。

（3）三级枢纽供电方案

若两条干线分场设置，干线之间没有渡线，且无动车所独立供电的要求时，可不单独在车站就近设置牵引变电所。若两条干线之间有渡线，无法设置电分相，须在车站就近设置牵引变电所，避免供电臂相互切割。越区供电时可满足上下行各一列车正常运行。

6 枢纽牵引变电所的可靠性分析

6.1 枢纽牵引变电所主接线方案

6.1.1 一级牵引变电所

一级牵引变电所引入2路220 kV及以上的可靠独立电源，220 kV高压侧采用带跨条的简单分支接线。所内设置2组牵引变压器，一组运行，另一组固定备用，如图6所示。

27.5 kV侧采用双母线，馈线100%备用，互相独立，且上下行互为备用。馈线采用带旁路母线的备用方式。

对于特别重要的一级枢纽牵引变电所，为进一步提高供电可靠性，可采用三牵引变压器（组）接线，即引入2路220 kV及以上的可靠独立电源，220 kV高压侧采用带跨条的简单分支接线；所内设置3组牵引变压器，一组运行，另两组固定备用，如图7所示。

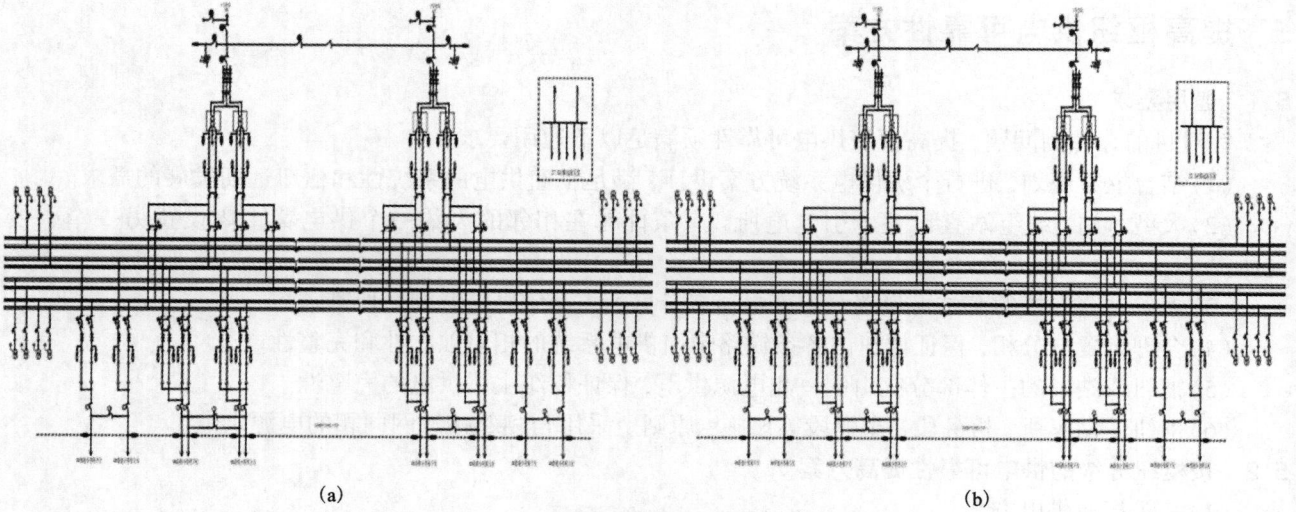

(a)   (b)

图 6   一级枢纽牵引变电所主接线图

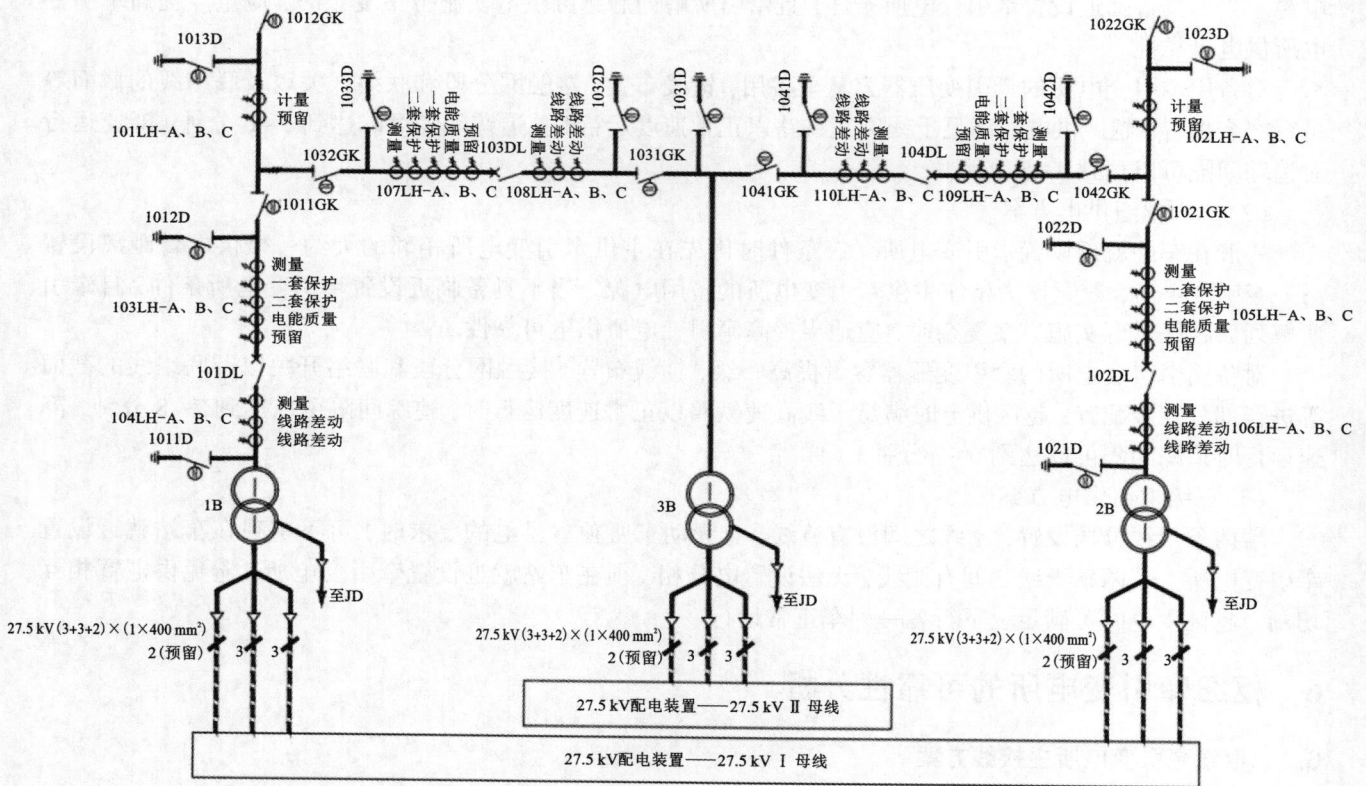

图 7   特别重要的 I 级枢纽牵引变电所高压侧主接线图

6.1.2   二级牵引变电所

二级牵引变电所引入 2 路 220 kV 及以上的可靠独立电源，220 kV 高压侧采用带跨条的简单分支接线。所内设置 2 组牵引变压器，一组运行，另一组固定备用。27.5 kV 侧馈线采用 100% 备用，互相独立，且上下行互为备用，如图 8 所示。

6.1.3   三级牵引变电所

三级牵引变电所引入 2 路 220 kV 及以上的可靠独立电源，220 kV 高压侧采用带跨条的简单分支接线。

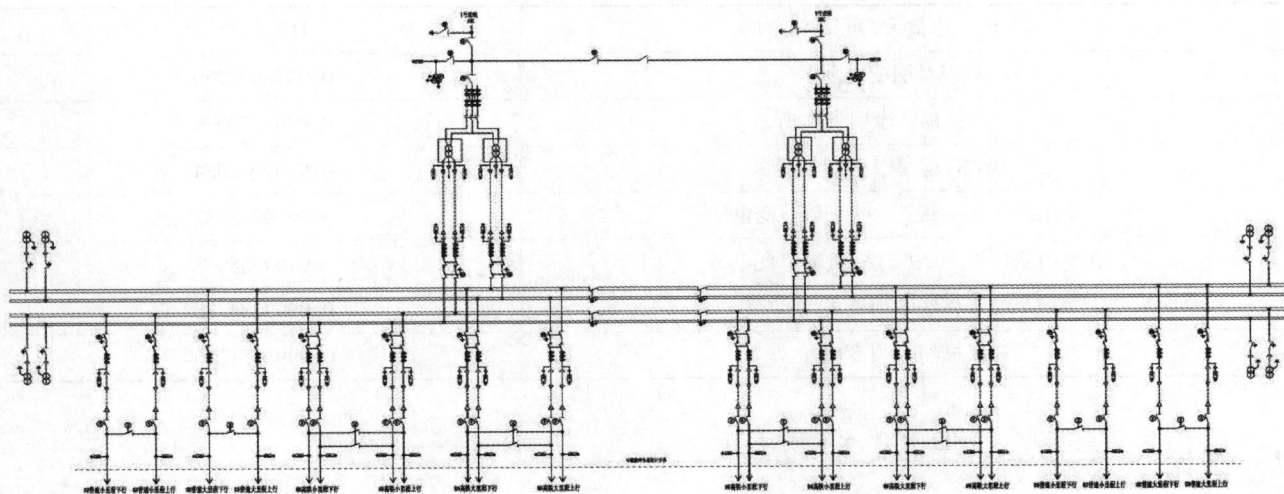

图 8　二级枢纽牵引变电所主接线图

所内设置 2 组牵引变压器，一组运行，另一组固定备用。27.5 kV 侧采用一级母线，馈线上下行互备或设旁路母线备用，如图 9 所示。

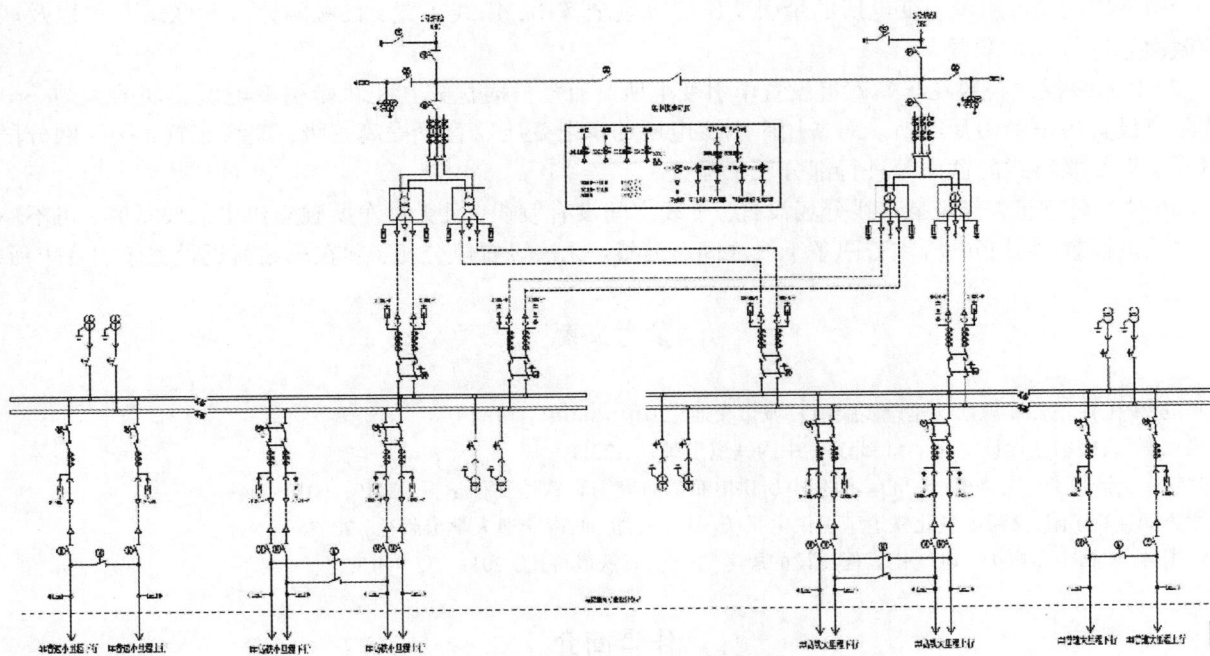

图 9　三级枢纽牵引变电所主接线图

6.2　枢纽牵引变电所的可靠性分析

运用可靠性 GO 法对不同主接线的方案的可靠性进行仿真建模及定量分析，七种主接线牵引变电所可用度计算结果如表 2。分析评价结果对三类枢纽牵引变电所主接线分级配置方案的可靠性进行了分析。

表 2　七种主接线牵引变电所可用度计算结果

平均工作概率（可用度）	计算结果
常规牵引变电所	0.9998033950
一级（a）枢纽牵引变电所	0.9999970079
一级（b）枢纽牵引变电所	0.9999966084
3 牵引变压器一级（a）枢纽牵引变电所	0.9999972037
3 牵引变压器一级（b）枢纽牵引变电所	0.9999968042
二级枢纽牵引变电所	0.9999284788
三级枢纽牵引变电所	0.9998051356

7　结论

通过对枢纽的类型以及可靠性需求分析研究，首次提出了对枢纽进行分级的方案，枢纽的分级应主要依据城市规模、车站规模以及衔接线路数量进行确定。针对不同等级的枢纽车站，对供电方案按差异化设计。枢纽等级越高，中心牵引变电所故障后，越区牵引变电所的越区能力要求越高，越区牵引变电所相关配置的冗余度越高。运用可靠性 GO 法对三类枢纽牵引变电所主接线分级配置方案的可靠性进行了分析。

（1）对一级枢纽建议在车站就近设置牵引变电所，在主供牵引变电所相邻的大约一个供电臂距离设置另一牵引变电所，备用牵引变电所的牵引变压器容量全备用，馈线布置、接触网分段和联络开关以及联络线的截面等进行冗余配置。

（2）对二级枢纽一般在车站就近设置牵引变电所。有条件时优先在主供牵引变电所相邻的大约一个供电臂距离设置另一牵引变电所。对备用牵引变电所的牵引变压器容量提高一级，馈线布置、接触网分段和联络开关以及联络线的截面等进行部分冗余配置。

（3）对三级枢纽，若两条干线分场设置，干线之间没有渡线，且无动车所独立供电的要求时，可不单独在车站就近设置牵引变电所。若两条干线之间有渡线，无法设置电分相，须在车站就近设置牵引变电所。

参考文献

[1] 郑健. 中国铁路发展规划与建设实践[J]. 城市交通，2010，8（01）：14-19.
[2] 吴家豪. 铁路枢纽设计优化[M]. 北京：中国铁道出版社，2011.
[3] 楚振宇，景德炎. 铁路枢纽中心牵引变电所供电布局研究[J]. 铁道工程学报，2019，（01）：74-79.
[4] 谭秀炳，刘向阳. 交流电气化铁道牵引供电系统[M]. 成都：西南交通大学出版社，2002.
[5] 汪国林. 铁路枢纽电力、电气化工程建设的思考[J]. 上海铁道科技，2011，3：9-13.

作者简介

邢晓乾，中国铁路设计集团有限公司，高级工程师。
董志杰，中国铁路设计集团有限公司。
陈杰，中国铁路设计集团有限公司。
陈兴强，中国铁路设计集团有限公司。
曲江浩，中国铁路设计集团有限公司。

太崇铁路牵引供变电工程设计

张长梅　刘　星　楚振宇

摘　要： 太崇铁路连通 2022 年北京冬奥会雪上项目主要比赛地太子城冬奥村和张家口崇礼区两大核心区，是 2022 年北京冬奥会交通保障的重要项目。为满足奥运保障需要，太崇铁路供变电设计从供电能力、运营维护、建设工期等角度出发，在牵引负荷特性、牵引供电方案、外部电源、变电设备选型等方面进行了研究，充分保障了牵引供电能力，满足了运行安全需要，方便了运营维护，圆满完成了奥运保障任务。

1　太崇铁路工程概况

1.1　建设概况

太子城至崇礼铁路(以下简称太崇铁路)位于河北省，南起太子城奥运村核心区，北迄张家口市崇礼城区，预留向北延伸至锡林浩特条件，线路为单线，全长 15.864 km。太崇铁路连通 2022 年北京冬奥会雪上项目主要比赛地太子城冬奥村和张家口崇礼区两大核心区，是连接两大核心区的唯一轨道交通配套工程，是 2022 年北京冬奥会快速周转通勤的重要交通保障项目。

为满足奥运保障需要，太崇铁路建设时间较短，同时其两端衔接铁路的技术标准差异较大(如表 1 所示)，太崇铁路供变电设计应充分考虑供电能力、运营维护和建设工期等需要。

表 1　太崇铁路及衔接铁路主要技术标准

序号	项目	崇礼铁路	太崇铁路	太锡铁路崇黑段
1	铁路等级	高铁	Ⅰ级	Ⅰ级
2	正线数目	双线	单线	单线
3	设计速度	250 km/h	160 km/h	160 km/h
4	最大坡度	30‰	一般 20‰，困难 30‰	一般 20‰，困难 25‰
5	牵引种类	电力	电力	电力
6	机车类型	动车组	动车组	动车组
7	闭塞类型	自动闭塞	站间自动闭塞	自动站间闭塞
8	供电方式	AT	TRNF	TRNF

1.2　供变电工程特点

(1)供电能力保障要求高

太崇铁路自崇礼至太子城方向为单方向长大坡道，最大坡度 30‰。而且太崇铁路在 2022 年冬奥会期间需承接长编组 CR400 智能复兴号动车组运行。长编组大功率动车组在长大坡道上连续取流较大，对供电能力的要求较高。

(2)大功率动车组下线大坡道单线客专的供电设计参照经验少

太崇铁路仅开行动车组，是实质上的单线客专线路，且线路坡度大；大功率动车组在大坡道的取流具有带电时间长、峰值电流大等特点，基于传统电力机车取流概率特性的牵引供电计算方法难以适用，需要针对单线客专牵引负荷特性开展研究。

（3）建设周期短、影响因素多

为满足奥运保障需要，太崇铁路建设时间较短。从项目确定参与冬奥会运输到开工建设再到投入运营，仅短短2年时间，建设时间异常紧迫。同时，太崇铁路南向接轨的崇礼铁路为时速250 km双线高速铁路、采用自耦变压器供电方式（AT）、满足4 min追踪运行，北向接轨的太锡铁路崇黑段为时速160 km单线铁路，拟采用带回流线的直接供电方式（TRNF），二者技术标准相差较大。

太崇铁路牵引供变电设计涵盖方案设计、外部电源接入、变电设备选型等诸多内容，既要满足奥运保障的需要，也要兼顾相邻线路的发展需要，还要综合考虑运营维护的需要，因此设计难度较大。

2 牵引供电设计

2.1 牵引负荷特性

太崇铁路坡度大，奥运期间开行的长编组动车组功率高、取流大。传统的牵引供电计算概率法采用区间带电平均电流进行计算。根据牵引计算资料，太崇铁路上坡方向区间带电平均电流为497 A，与大功率动车组的实际运行取流相差较大。为确保牵引供电能力、保障运营安全，需结合太崇铁路动车组运行过程中牵引电流曲线进行检算。

太崇铁路上行上坡、下行下坡，从崇礼站发车至太子城站的上行方向牵引负荷最重。经行车专业计算，上行长编组CR400复兴号动车组的距离–电流/速度曲线 $f(L, i, v)$ 如图1所示。

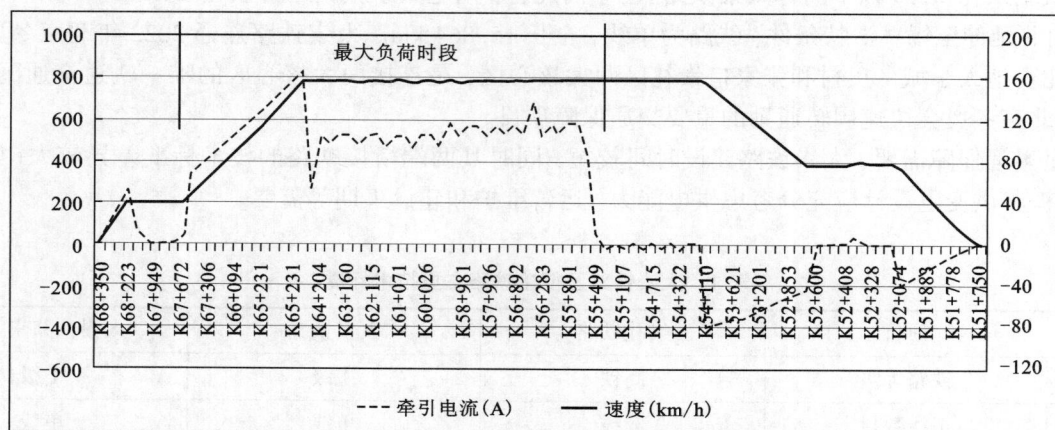

图1 太崇铁路上行距离–电流/速度曲线示意图

由图1可知，列车在运行加速至160 km/h时取流最大，电流最大值831 A，但持续时间较短；经统计，列车取流在700 A以上的时间总共持续约32 s；随后迅速下降至500~600 A并持续约200 s；然后进入惰行和再生工况。在牵引供电设计中，依据图1中的距离–电流曲线对各种运行方式下最大牵引取流时的电压水平进行了计算，确保了供电能力；选取不同时段对牵引网载流能力等进行了计算，为牵引供电设备容量选择提供了依据。

2.2 供电方案

太崇铁路与崇礼铁路、京张铁路一同形成崇礼城区与太子城比赛场馆、北京市区、张家口市区间的大能力、便捷、快速客运通道，其牵引供电设施与相邻线牵引供电设施共同为奥运交通运输提供供电能力保障。太崇铁路及相邻铁路的线路、车站和牵引供电方案如图2所示。

由图2可知，由于太崇铁路与崇礼铁路相连，而崇礼铁路和京张铁路采用供电能力较强的AT供电方式、具备向太崇铁路供电的能力，因此太崇铁路牵引供电方案设计以牵引供电能力保障为核心，以太崇铁路是否设置牵引变电所为重点进行研究，方案比较详见表2。

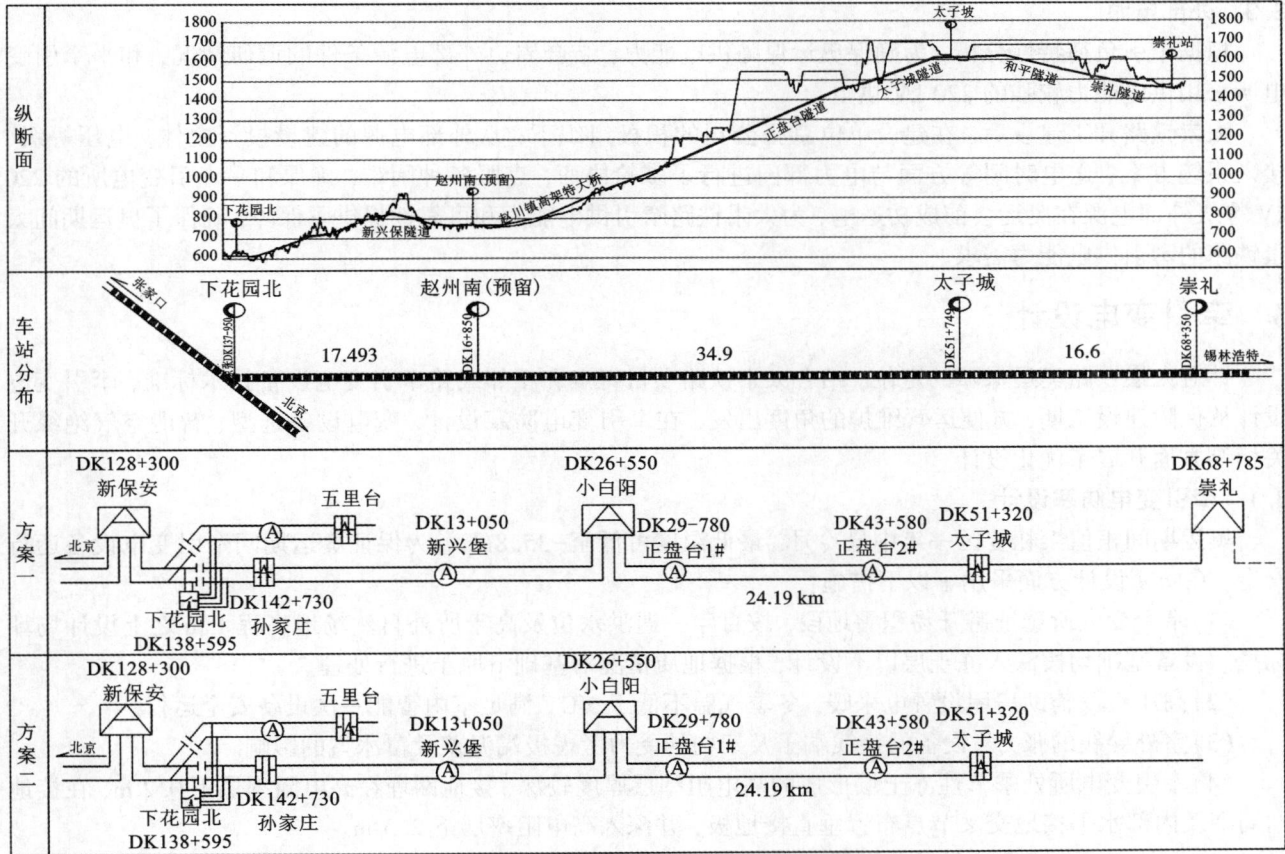

图 2 太崇铁路牵引供电方案示意图

表 2 太崇铁路牵引供电方案比较

项目	方案一	方案二
方案特点	太崇铁路新建和平牵引变电所 1 座，与崇礼铁路独立供电，互不影响	太崇铁路不设牵引变电所，利用崇礼铁路及京张铁路原有设计供电能力向太崇铁路供电方案，工程投资较省
正常运行下的供电能力	供电能力强，太崇铁路和崇礼铁路均能同时按线路能力排车运行	太崇铁路长编组车上坡运行时，崇礼铁路需延长追踪间隔至 8 min，运输能力下降
太崇铁路供电设施短路故障时的影响	太崇铁路独立跳闸，崇礼铁路不受任何影响	崇礼铁路小白阳牵引变电所至太子城 AT 供电臂跳闸，扩大了故障影响范围
向太崇铁路供电的变电所退出运行时的越区供电能力	同方案二"正常运行下的供电能力"	崇礼铁路小白阳牵引所退出，太崇、崇礼铁路均由京张铁路新保安牵引所大越区供电至崇礼站，崇礼铁路及京张铁路需增长追踪间隔（从 20 min 增加到 30 min），并对京张铁路部分区段限制行车（上、下行无车），越区供电能力显著下降
运营维护	供电单元小，运维方便	故障影响范围大，运营维护困难
对相邻线的兼顾性	可兼顾相邻线供电	无法兼顾相邻线供电
供电保障能力评价	较强	一般

综合奥运保障能力、运营维护方便等因素，参建各方一致同意采用方案一，即在崇礼站新建一座和平

牵引变电所向太崇铁路供电,并预留向太锡铁路的崇黑段铁路供电的能力。

2.3 外部电源

根据牵引负荷特性分析,为确保奥运保障供电能力,结合周边外部电源条件的调研情况,和平牵引变电所采用供电能力较强的 220 kV 供电。

太崇铁路开工建设后,在建设单位京张公司的积极组织下,从外部电源的建设投资主体、电压等级、接入系统方案、送电时间等方面与电力部门进行了多轮协商,克服各种困难,确保和平牵引变电所的 220 kV 等级外部电源在奥运会前成功送电,为太崇铁路牵引供电能力和可靠性提供了保障,确保了奥运期间太崇铁路的牵引供电能力需求。

3 牵引变电设计

针对太崇铁路奥运保障的定位,结合太崇铁路项目特点和相邻线路牵引变电设备技术标准,牵引变电设计从保障建设工期、方便运营维护的角度出发,在牵引变电防寒设计、变电设备选型、智能空气绝缘开关柜等方面开展了优化设计。

3.1 牵引变电防寒设计

奥运期间正值崇礼赛区一年中最冷月,最低温度可低至-35.8 ℃,为保证奥运期间牵引变电设备运行安全,在防寒设计方面采用了以下措施:

(1)牵引变电所选址避开易积雪地段,按百年一遇洪水位及高于所外自然场地高程 1 m 之上设计场坪标高。设备基础均按深入冻土层以下设计,根据地质情况对基础下原土进行处理。

(2)高压室及辅助房屋设置电采暖,冬季气温不低于 5℃,满足室内智能一次设备安全运行。

(3)室外导线的张力、设备的接线端子及架构的受力考虑极端温差及覆冰雪的影响。

(4)牵引变电所处季节性冻土层形成的高电阻率层厚度较深,接地网埋在高电阻率层下 0.2 m,在接地网周围及内部水平接地交叉节点布置垂直接地极,并深入高电阻率层下 2.5 m。

(5)室外配电装置均按最低气温进行选型,室内、外配电装置机构应采用耐低温的元器件,机构箱本身具有防寒功能。机构箱设有电加热装置,并具有温控功能。室外隔离开关的破冰能力应保证在最大覆冰厚度时可靠分、合。

(6)室外设备架构采用耐低温钢材,室、内外绝缘材料应具有耐低温性能。室内外电缆沟均采用钢筋混凝土结构,避免冻胀造成的破坏。

3.2 牵引变电设备选型

为便于奥运期间牵引变电设备的运营维护,太崇铁路牵引变电设备技术标准与京张高铁及崇礼铁路基本保持一致,并结合太崇铁路特点进行了适应性调整。

太崇铁路牵引变电设备采用集成"一次设备本体+传感器+智能组件"的一体化智能化牵引变电设备,设备选型、接口、元器件和备品备件与京张高铁及崇礼铁路完全一致,降低了变电设备运营维护的复杂度。智能牵引变电设备在不改变牵引变电设备的完整性和功能性的前提下,能够准确可靠地连续或周期性监测记录设备的状态参数和特征信息,同时以关键性能参数指标为目标,通过长期向牵引变电设备故障诊断与健康评估系统(PHM 系统)提供数据,为实现牵引变电设备状态修和主动运维提供依据。

在辅助监控系统设计中,结合牵引变电所规模对巡检摄像机的数量和位置进行了优化,从而减少了巡检监视盲区,提高了运营维护的可靠性。

3.3 智能空气绝缘开关柜

为适应太崇铁路直供牵引变电所的技术标准,太崇铁路 27.5 kV 配电装置在国内铁路工程中首次采用了智能化空气绝缘开关柜,柜内设置合并智能组件,配置传感器和状态监测智能单元实现相应的状态监测。智能组件配置功能详见表 3。

表 3　27.5 kV 空气绝缘开关柜智能组件配置

项目	主要内容
测量	基本状态信息采集
控制	分合闸控制
监测	操作机构分合闸线圈电流在线监测
	操作机构动作行程在线监测
	储能电机工作电压、电流状态在线监测
	避雷器泄漏电流、阻性电流在线监测
	避雷器放电次数在线监测
	局部放电在线监测

在每台断路器开关柜中设置一台合并智能单元，就地安装在开关柜上，用于完成开关柜中断路器、隔离开关、电压互感器等相关控制、保护、测量等信息的采集和控制，并通过 IEC6180 通信规约接入广域保护测控系统，状态监测智能单元采集状态监测数据接入辅助监控系统并送往供电段辅助监控主站系统和牵引变电 PHM 系统。

4　总结

本文从太崇铁路作为奥运交通保障项目的定位出发，在供电能力、运营维护、建设工期等方面，对牵引供变电设计进行了系统研究：通过牵引负荷特性研究，太崇铁路设置牵引变电所并采用 220 kV 外部电源进线；结合本线及相邻线技术标准确定了太崇铁路牵引变电设备标准，确定了空气绝缘开关柜智能化方案。以上措施充分保障了太崇铁路牵引供电能力，满足了运行安全需要，方便了运营维护，圆满完成了奥运保障任务。

参考文献

[1] 中铁工程设计咨询集团有限公司.太子城至崇礼铁路初步设计[R].北京，2019.
[2] 铁道部电气化工程局电气化勘测设计院.牵引供电系统[M].北京：中国铁道出版社，1988.
[3] 曹建猷.牵引供电系统[M].北京：中国铁道出版社，1987.
[4] 吴命利.牵引变电所采用 220 kV 进线的优越性[J].铁道学报，2001，23(3).
[5] 中国铁路总公司.Q/CR 721—2019 智能牵引变电所及智能供电调度系统总体技术条件[S].北京：中国铁道出版社，2019.
[6] 中国铁路总公司.TJ/GD025—2018 牵引变电所辅助监控系统暂行技术条件[S].北京：中国铁道出版社，2019.

作者简介

张长梅，中铁工程设计咨询集团有限公司，电化通号设计研究院，高级工程师。
刘星，中铁工程设计咨询集团有限公司，电化通号设计研究院供变电所副所长、高级工程师。
楚振宇，中铁工程设计咨询集团有限公司，电化通号设计研究院副总工程师、教授级高级工程师。

电气化铁路双边供电对电能质量的影响分析

蒋芸竹

摘　要: 电分相是牵引网最薄弱的环节和供电瓶颈,采用双边供电方式可以有效解决电分相存在的诸多问题,同时,也对电力系统电能质量问题产生了一定影响。本文对电气化铁路双边供电原理进行介绍,根据工程实例,分析了电气化铁路双边供电方式下的均衡电流、谐波影响和负序影响等电能质量问题。

1　引言

现行电气化铁路中,为使单相的牵引负荷在三相电力系统中尽可能均匀分配,牵引网采用了轮换相序、分相分区供电的方案。通常在牵引变电所出口处和相邻两个牵引变电所之间的分区所处设置电分相。电分相是牵引网最薄弱的环节和供电瓶颈,列车通过电分相存在失电、增加列车运行时间、产生过电压、影响弓网状态、降低供电可靠性等问题。同时,同相单边供电方式供电臂较短还有不利于列车再生电能吸收等问题。双边供电方式可减少甚至取消电分相,实现多座牵引所同时为牵引负荷供电,具有提高牵引变压器容量利用率、改善接触网电压水平、降低牵引网能耗、提高供电能力、节省运营成本等优点。

双边供电为电气化铁路基本供电方式之一,国外类似项目主要在德国、俄罗斯、瑞典等国家。德国铁路供电系统主要为集中式供电(原西德地区),部分为非集中式供电(原东德地区)。原东德地区通过自建电网为铁路提供单相 16.7 Hz 牵引电能,牵引网全线电压同相位,无电分相装置;原西德地区和瑞典是采用交流所将三相 50 Hz 电能转换为单相 16.7 Hz 电能,实现同相供电;苏联交流电气化铁路通常采用双边供电方式,一般只在尽头区段或在从主干线分岔出去的较短的分支线上才采用单边供电。德国电网情况与我国差异明显,俄罗斯电气化铁路供电可靠性要求、技术装备均明显低于我国。虽然部分国家电气化铁路采用双边供电,但其双边供电技术不能完全适用于我国,区别于传统双边供电方式,文献提出了一种电气化铁路树形双边供电方式。

本文对电气化铁路双边供电原理进行介绍,根据工程实例,对树形双边供电方式下均衡电流、谐波影响和负序影响等电能质量问题进行分析。

2　电气化铁路双边供电方式

电气化铁路双边供电是指在分区所处实现连通供电,列车由原来的单边供电的单个牵引变电所取电,实现从两个相邻的牵引变电所同时取电的一种供电方式。双边贯通供电则是在双边供电的基础上进一步取消牵引所出口处的电分相,实现多座牵引所供电范围内接触网电气贯通的供电方式,如图 1 所示。

根据牵引变电所外部电源网络拓扑结构,可将双边贯通供电分为树形双边贯通供电和非树形双边贯通供电两类。当两座牵引变电所由同一座地方变电站同一母线供电时,构成树形双边贯通供电,如图 2 所示。两座牵引变电所由不同的地方变电站或同一变电站不同母线供电,构成非树形双边贯通供电,如图 3 所示。

采用双边贯通供电时,牵引变电所间的牵引网被连通成为电力系统高压侧的低压并联支路,形成电磁环网,导致均衡电流的产生,均衡电流受两路电源电压差、系统穿越功率等因素影响,故障情况下则会影响系统的短路电流水平以及暂态电压分布。对电力系统来讲,树形双边贯通供电不构成电磁环网,能减少均衡电流对电能质量的影响。但同时,采用树形双边贯通供电,一个供电变电站所带的多个牵引变电所供电臂侧联通供电,相当于采用单相牵引变压器的多个牵引变电所并联运行,产生的谐波、负序电流叠加注入供电变电所,有可能加重谐波和三相不平衡问题。

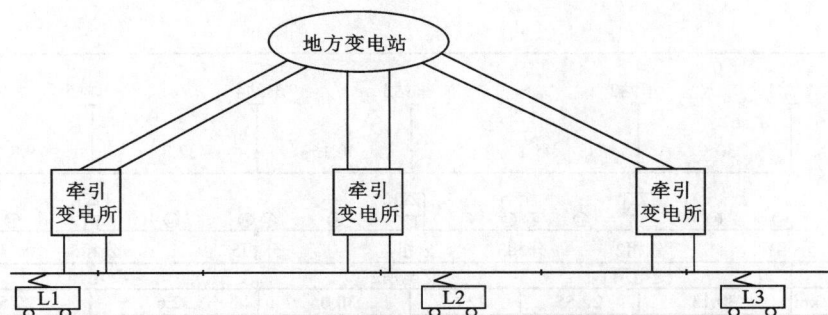

图1 双边供电方式示意图

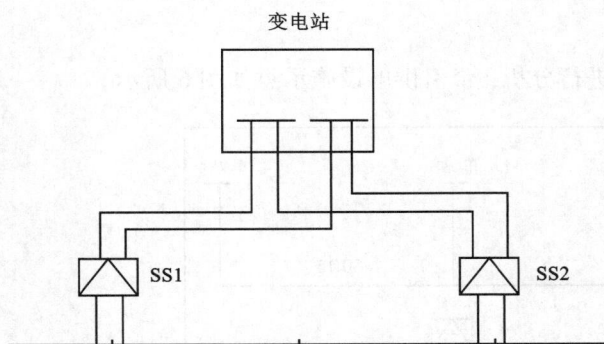

图2 树形双边贯通供电示意图

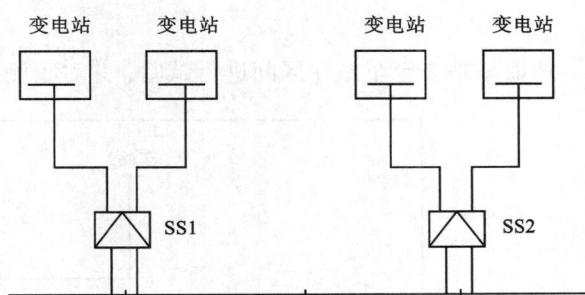

图3 非树形双边贯通供电示意图

3 电气化铁路双边供电均衡电流

3.1 均衡电流分析

电气化铁路采用双边贯通供电后，由于取消了电分相，牵引变电所之间的牵引网电气贯通，使牵引网成为电力系统的并联支路，并可能产生附加电流，该附加电流称为均衡电流。将牵引供电系统与电力系统归算到统一电压等级下，其等效电路如图4所示，Z_d 和 Z_q 分别表示电力系统与牵引供电系统的归算阻抗。

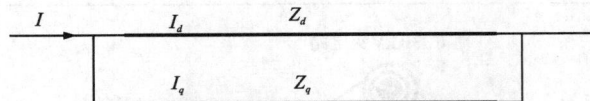

图4 牵引供电系统与电力系统的并联示意图

设传输电流为 I，通过电力系统与牵引供电系统2个支路的电流分别为 I_d 和 I_q，其中 I_q 为牵引供电系统与电力系统并联而在牵引网产生的附加电流，即为均衡电流，如式1所示。

$$I_q = \frac{Z_d}{Z_d + Z_q} I \tag{1}$$

由式1可以看出，当形成树形双边供电时各牵引变电所进线均来自电力系统同一母线，则 Z_d 为零，因此不存在均衡电流。因此，对电力系统来讲，树形双边贯通供电不构成电磁环网，形似地方变电站同一母线所带的两台牵引变压器并列运行（只是在不同的牵引变电所内）的一种合环运行方式，对电网潮流不产生影响。

3.2 实测数据分析

本文以某典型工程区段为例，基于实际工程案例分析电气化铁路树形双边贯通供电对电能质量的影响。选取的某典型工程区段全长 167.48 km，共有6座车站，设置牵引变电所3座，AT所10座，变电所外部电源进线均来自同一地方变电站的同一段母线，牵引供电设施示意如图 5 所示。

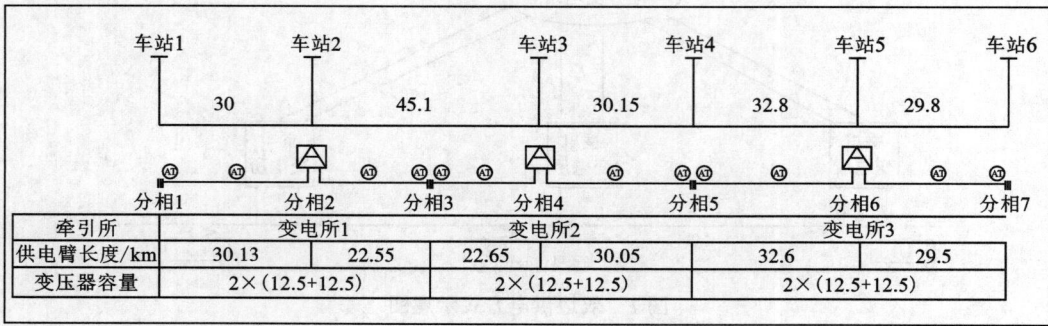

图 5　研究区段牵引供电设施示意图

选取车站 2 至车站 4 区间进行试验，并对实测数据进行分析，牵引供电设施示意如图 6 所示。

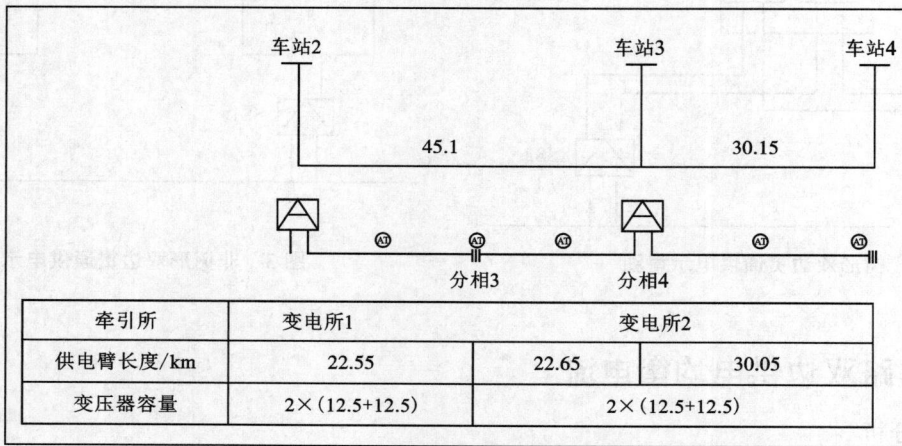

图 6　试验区段牵引供电设施示意图

该试验区段外部电源方案如图 7 所示。

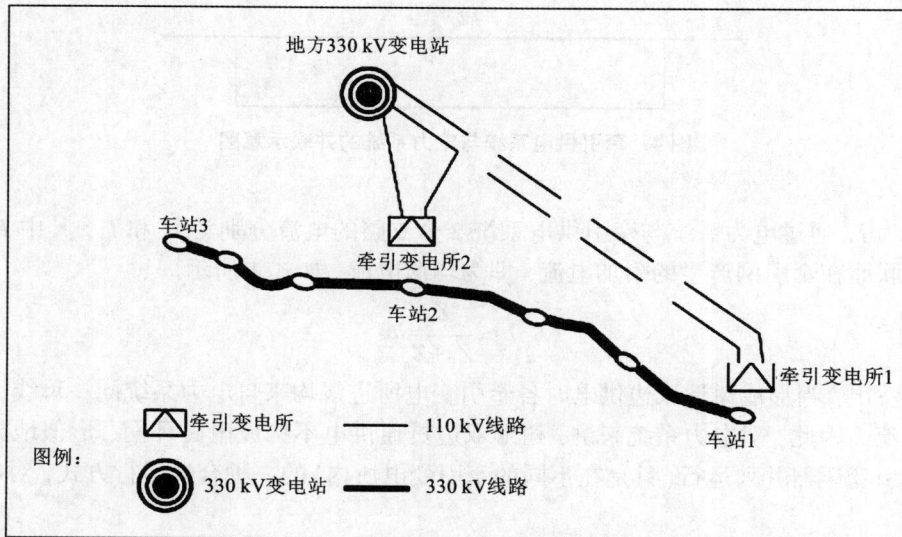

图 7　试验区段牵引供电设施外部电源方案示意图

闭合电分相3、电分相4，牵引变电所2内牵引变压器改为单绕组运行，研究区段的电气化铁路构成树形双边贯通供电。

为分析树形双边贯通供电方式下的均衡电流情况，对外部电源来自电力系统同一母线时的单边供电方式下的相邻2个牵引变电所母线电压进行了测试，两牵引变电所之间的两供电臂分别对应的母线电压的幅值和相位差分别如图8和图9所示。

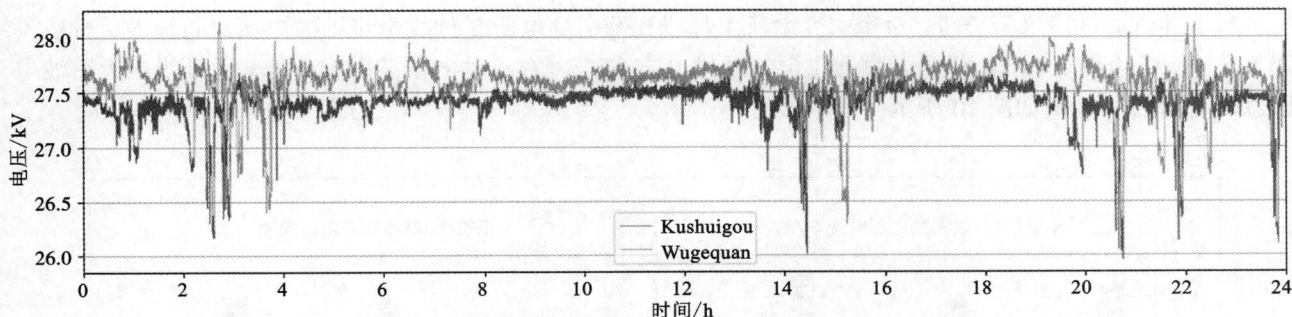

图8 试验区段牵引变电所母线相电压幅值

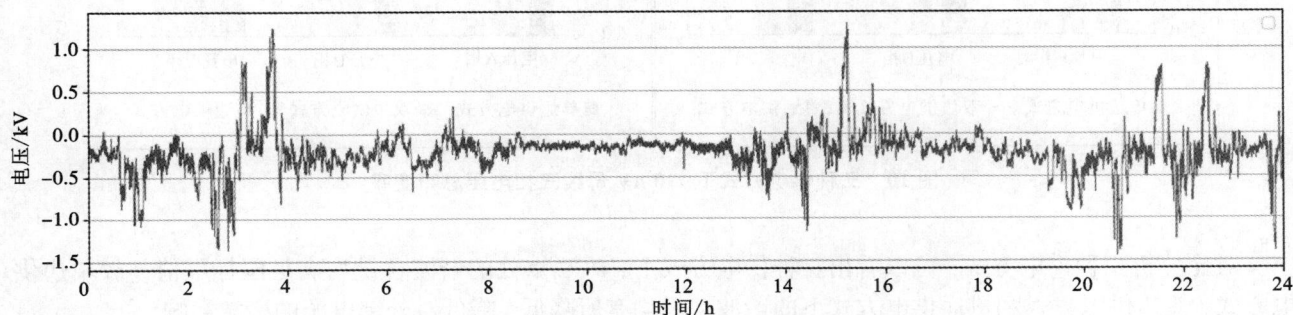

图9 试验区段牵引变电所母线相电压相位差值

由图8和图9可见，当牵引网空载（或小负荷）时，由同一地方变电站同一母线供电的两牵引变电所母线电压相位差接近于0°，电压有效值仅相差0.2~0.6 kV（外部电源线分布电容差异引起），基本无均衡电流影响。

4 谐波影响分析

4.1 谐波计算

以牵引变电所采用三相 V_x 接线形式的牵引变压器为例，其谐波电流的计算公式为：

$$\left.\begin{array}{l} I_{Ah}=I_{ah}/\sqrt{3}\,K_T \\ I_{Bh}=\sqrt{I_{ah}^2+I_{bh}^2+I_{ah}I_{bh}}\,/K_T \\ I_{Ch}=I_{bh}/\sqrt{3}\,K_T \end{array}\right\} \tag{2}$$

式中：I_{Ah}、I_{Bh}、I_{Ch}——注入到系统的 A、B、C 三相 h 次谐波电流；

$\qquad I_{ah}$、I_{bh}——a 臂、b 臂 h 次谐波电流；

$\qquad K$——牵引变压器变比。

将各牵引站作为谐波源，向系统注入各次谐波，从而得到系统母线谐波电压。如果考虑背景谐波的影响，则需要对仿真计算结果和背景测试结果进行叠加，叠加计算时，取二者的相角差为 π/2，即按二者正交考虑，得到公共连接点的各次谐波电压含有率及总谐波畸变率。

当公共连接点的背景和牵引负荷产生的电压总谐波畸变率之间的相角差按正交考虑时，PPC 点的电压

总谐波畸变率计算公式如下

$$THD_{u\Sigma} = \sqrt{THD_{ut}^2 + THD_{ub}^2}$$

(3)

式中：THD_{ut}——牵引负荷产生的电压总谐波畸变率；

THD_{ub}——背景的电压总谐波畸变率；

$THD_{u\Sigma}$——合成的电压总谐波畸变率。

4.2 实测数据分析

对上述试验区段进行分析，对牵引变电所 1 母线和牵引变电所 2 母线全日谐波电压进行监测，分析不同工况下，单边供电、双边供电及贯通供电三种供电方式对 PCC 点处的谐波影响，变电所母线全天谐波电压总畸变率的 95% 值如图 10 所示。

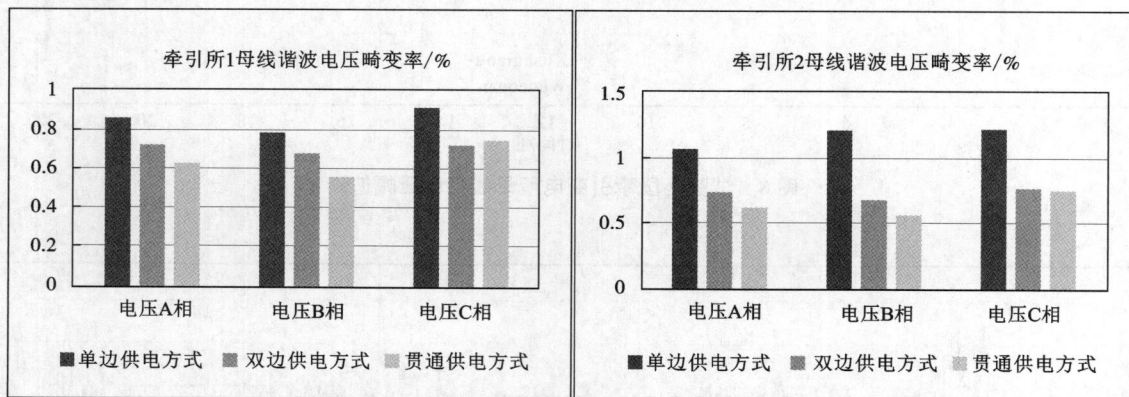

图 10　三种供电方式下 110 kV 母线三相电压总畸变率

对比分析三种供电方式，可以看出三种供电方式下，PCC 点处的谐波含量均满足国标限值。较单边供电方式，双边供电方式和贯通供电方式下的谐波含量均有所降低，降低对外部电源的谐波影响。

为进一步对比分析不同运行方式下谐波电压的变化情况，对三种供电方式下试验列车在试验区段内运行时变电所馈线处谐波电压的变化进行分析，变电所母线谐波电压总畸变率的 95% 值如图 11 所示。

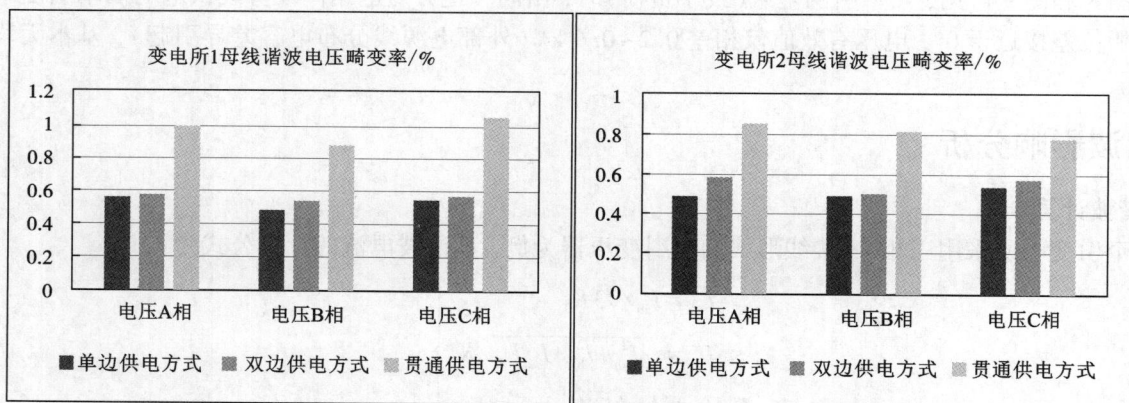

图 11　三种供电方式下 110 kV 母线三相电压总畸变率

由图 11 可以看出在列车运行期间，三种供电方式下 PCC 处的谐波含量均满足国标限值。较单边供电方式和双边供电方式，贯通供电方式下的谐波含量较高，对外部电源的谐波影响略有增大。

4.3 仿真计算分析

为进一步分析多列车运行时三种供电方式下变电所馈线处谐波电压的变化情况，对整个研究区段进行了仿真计算。经进一步计算，三列车运行，单边、双边和贯通供电时的电压总谐波畸变率 THD 分别为 0.

3%、0.29%和0.32%；四列车运行，单边、双边和贯通供电时的电压总谐波畸变率THD分别为0.5%、0.53%和0.53%；五列车运行，单边、双边和贯通供电时的电压总谐波畸变率THD分别为0.71%、0.72%和0.64%，如图12所示。

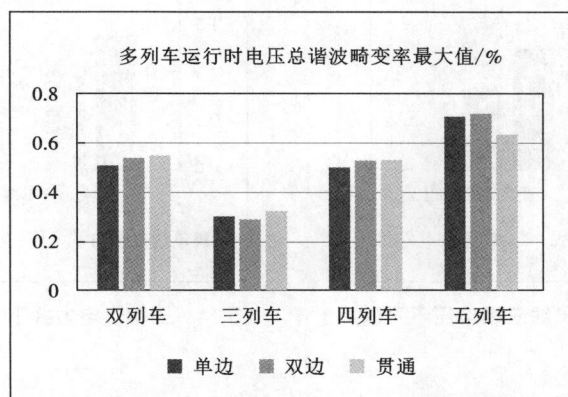

图12　多列车运行时三相电压总畸变率

综合来看，不同运行方式下，单边供电与双边供电对电网的谐波影响相当，双边贯通供电不会增加对电网的谐波影响；多列车运行时的仿真计算结果表明相同牵引负荷下，三种供电方式牵引负荷对电网的谐波影响基本相同。

5　负序影响分析

5.1　负序计算

由于采用树形双边供电的2个牵引变电所相序相同且电源进线来自电力系统同一母线，各牵引变电所单相负荷叠加，并且伴随着交直交机车的广泛应用，电能质量问题以负序为主。

以牵引变电所采用三相V_x接线形式的牵引变压器为例，牵引变注入系统的基波负序电流为：

$$\left.\begin{array}{l}I_1=(I_a+I_b)/\sqrt{3}K_T\\I_2=\sqrt{I_a^2+I_b^2-I_aI_b}/\sqrt{3}K_T\end{array}\right\}\tag{4}$$

式中：I_1、I_2——注入系统的基波正序、负序电流；

　　　I_a、I_b——a臂、b臂基波电流；

　　　K——牵引变压器变比。

电力机车运行时产生的负序电流引起公共连接点母线三相电压不平衡，计算母线三相电压不平衡度时，首先根据发电机、变压器、线路等元件参数建立系统等值负序网络，各牵引站作为负序源注入负序电流，从而进行公共连接点三相电压不平衡度计算。

5.2　实测数据分析

对上述试验区段进行分析，对牵引变电所1母线和牵引变电所2母线全日三相电压不平衡度进行监测，分析不同工况下，单边供电、双边供电及贯通供电三种供电方式对PCC点处的负序影响。变电所母线全天三相电压不平衡度的95%值如图13所示。

对比分析三种供电方式，可以看出三种供电方式下，单边供电时与双边贯通供电时的电压不平衡度接近，对外部电源的负序影响较小。

为进一步对比分析不同运行方式下三相电压不平衡的变化情况，对三种供电方式下三列试验车在试验段内运行时牵引变电所馈线处三相电压不平衡的变化情况进行分析。变电所母线全天三相电压不平衡度的95%值如图14所示。

对比分析三种供电方式，可以看出双边供电时的电压不平衡度单边供电时基本相同。考虑相序轮换、牵引负荷的随机性，贯通供电时的电压不平衡度略高于单边供电。

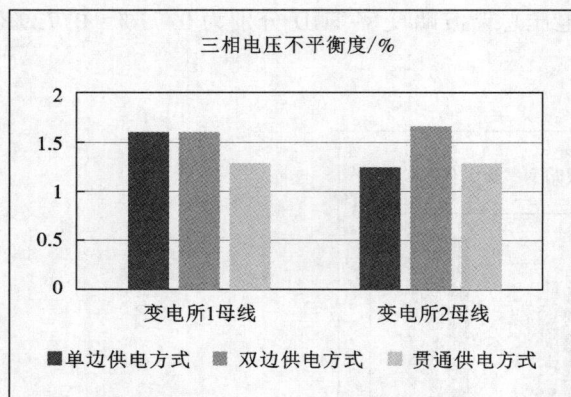

图 13　三种供电方式下 110 kV 母线三相电压不平衡度

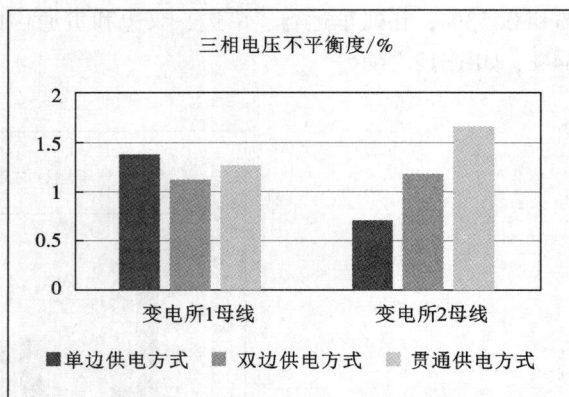

图 14　三种供电方式下 110 kV 母线三相电压不平衡度

5.3　仿真计算分析

为进一步分析多列车运行时三种供电方式下变电所母线处三相不平衡度的变化情况，对整个研究区段进行了仿真计算。经进一步计算，三列车运行时，单边、双边和贯通情况下的电压不平衡度分别为 3.05%、3.07% 和 3.19%；四列车运行时，单边、双边和贯通情况下的电压不平衡度分别为 1.86%、1.85% 和 3.28%；五列车运行时，单边、双边和贯通情况下的电压不平衡度分别为 1.58%、1.47% 和 1.84%，如图 15 所示。

综合来看，双边供电、双边贯通供电时的电压不平衡度与单边供电时接近，贯通供电时由于没有相序轮换，当列车增加时电压不平衡度也相应

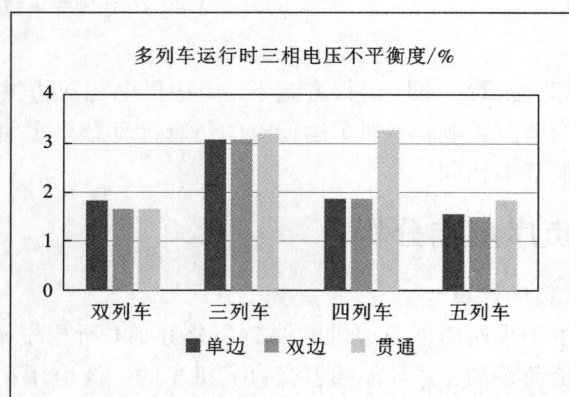

图 15　多列车运行时 110 kV 母线三相电压不平衡度

增加，严重时可采取措施进行治理。列车数量较少时，通过适当的相序轮换，贯通供电后 PCC 电压不平衡度增加不多。

5.4　负序补偿方案

当负序影响较大时，可以考虑在中心所进行集中的负序补偿。提出一种负序集中补偿方案，如图 16 所示，补偿系统主要包含补偿变压器、静止无功发生器（Static Var Generator，SVG）及相应的控制系统。

通过控制图 16 中的 SVG_1 和 SVG_2 发出的无功功率的大小和性质（容性或者感性）可实现对于公共连接点处负序的补偿，一种补偿策略对应的补偿装置 SVG 中单元 1 容量 S_1 和单元 2 容量 S_2 计算式为

$$\begin{cases} S_1 = \dfrac{2}{\sqrt{3}}(S_L - S_\varepsilon)\sin(30° + \varphi_L) \\ S_2 = (S_L - S_\varepsilon)\cos(30° + \varphi_L) - \dfrac{1}{2}S_1 \end{cases} \quad (5)$$

式中，S_L 为牵引负荷功率，φ 为功率因数角。

负序允许功率 S_ε 为：

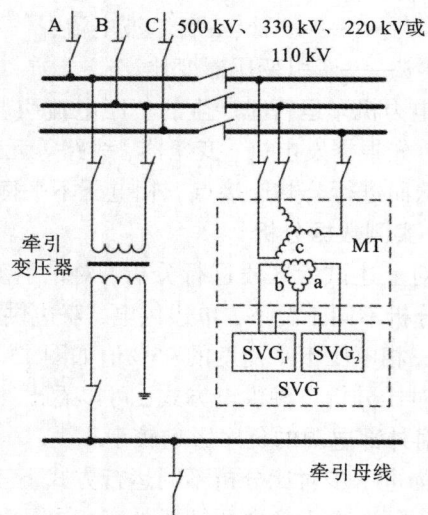

图 16　负序补偿系统示意图

$$S_\varepsilon = \frac{u \cdot S_\mathrm{d}}{100} \tag{6}$$

式中，u 为电压不平衡度限值，S_d 为系统短路容量。

补偿后需对设置补偿装置的牵引变电所处的功率因数进一步校验，若满足要求，则该方案可行。当 $S_\mathrm{L} - S_\varepsilon \leqslant 0$ 时，不需要安装补偿装置。

6　结论

本文对电气化铁路双边供电对电能质量的影响进行了研究分析，主要结论如下：

（1）对电力系统来讲，树形双边贯通供电不构成电磁环网，对电网潮流基本不产生影响。

（2）不同运行方式下，单边供电与双边贯通供电对电网的谐波影响相当，双边贯通供电不会增加对电网的谐波影响。

（3）双边供电时的电压不平衡度与单边供电时接近，贯通供电时由于没有相序轮换，当列车数增多时电压不平衡度也相应增加，严重时可采取措施进行治理。

（4）从 PPC 往电力系统侧看，电气化铁路树形双边贯通供电方式对电力系统电能质量的影响较小。

参考文献

［1］李群湛.牵引供电系统分析［M］.成都：西南交通大学出版社，2007.
［2］李群湛.我国高速铁路牵引供电发展的若干关键技术问题［J］.铁道学报，2010，32（4）：119-124.
［3］李琦，李强，李晋等.树形双边贯通供电车网电气耦合特性分析［J］.电气化铁道，2021，32（S1）：6-10.
［4］辛成山，张美娟.交流电气化铁道双边供电研究［J］.电气化铁道，1998（03）：6-11.
［5］智慧，袁勇，李剑等.高速铁路双边牵引供电系统建模与适应性分析［J］.电工术，2019，15.006.
［6］李群湛，郭锴，解绍锋，等.一种电气化铁路外部电网供电构造［P］.中国：CN207045163U，2018-02-27.
［7］李海燕.牵引变电所群贯通供电系统可靠性研究［D］.成都：西南交通大学，2020.
［8］李鑫.电气化铁路双边供电对电力系统的影响与对策研究［D］.成都：西南交通大学，2021.
［9］盛望群，宫衍圣，黄文勋等.树形双边供电方式下供电能力及电能质量分析［J］.电气化铁道，2020，31（S2）：103-108.
［10］李群湛.论新一代牵引供电系统及其关键技术［J］.西南交通大学学报，2014，49（04）：559-568.
［11］周志成.基于树形双边供电的重载铁路贯通同相供电方案［J］.铁道科学与工程学报，2020，17（03）：722-731.

作者简介

蒋芸竹，中铁第一勘察设计院集团有限公司，助理工程师。

基于 Substation 的牵引变电所 BIM 模型正向设计

陈 静

摘 要： 本文以某牵引变电所为例，基于 Substation 软件，重点介绍了牵引变电所 BIM 模型正向设计方法，并总结了 BIM 正向设计在牵引变电设计中的应用优点，为今后牵引变电专业开展 BIM 正向设计提供技术指导。

1 引言

随着 BIM 技术不断发展，其研究与应用逐步向铁路项目延伸，牵引变电专业 BIM 正向设计技术也得到了很好的研究和应用。牵引变电所的 BIM 正向设计是一种强大的设计方式和表达手段，在真实的三维空间中去表达设计，去推敲设计，去交流设计，以二维或三维的方式去交付设计成果，表达工程项目全生命周期信息，并作为共享信息的资源及项目决策基础的数字化技术，可以指导我们更多、更好、更高效地完成设计。

2 基于 Substation 软件的牵引变电所设计

奔特力平台的 Substation 软件是以符号库、模型库、设备参数库为核心的变电所 BIM 设计软件，具有主接线、设备布置、导线布置、防雷保护范围计算、接地方案设计及工程数量统计等功能。下面以某个牵引变电所为例具体说明牵引变电所的 BIM 模型正向设计的方法。

（1）建立数据库

牵引变电所主要由牵引变压器、断路器、隔离开关、电压互感器、GIS 组合电器、27.5 kV 开关柜等设备、架构、设备基础及各种材料组成。首先应建立各种设备、材料、架构及基础包含几何信息和电气参数的三维信息模型及二维符号模型，形成模型数据库、产品型号库以及工程项目数据库，为完成整个牵引变电所整体三维模型奠定基础。

（2）主接线设计

如图 1 所示牵引变电所高压侧主接线形式主要采用线路分支接线、单母线分段接线；低压侧一般采用带隔离开关的单母线分段接线。利用 Substation 软件的主接线设计功能，通过调用数据库中的二维符号完成主接线设计。为提高设计效率，可以预先以高、低压侧不同电压等级下的进出线回路设计为典型间隔及典型图导入数据库中，后续设计时根据不同的设计需要直接调用，这样可以快速地完成牵引变电所接线图设计。典型图库可以随时进行扩充，设计信息自动保存在项目数据库中。

（3）室内、外设备布置

如图 2 所示，在进行牵引变电所三维设备布置时，设备布置模块自动从项目数据库中获取设备清单，以列表形式显示，方便工程师进行选取。二维原理图的设备参数和三维布置图的参数可以实时共享，并可以相互导航。若二维原理图发生更改，通过刷新数据库信息，三维布置图可以自动进行更改。

（4）导线布置

如图 3 所示，使用三维导线设计模块，方便进行三维软导线和硬导线设计，导线型号存储在型号库中，设计时从型号库中直接读取，导线库可以随时进行扩充。在设计导线过程中，根据项目的具体情况，可以进行绝缘子和金具的选择，从而快速高效地完成设计。导线设计完成后，通过报表生成器，可以自动统计导线、绝缘子和金具数量，生成材料表。

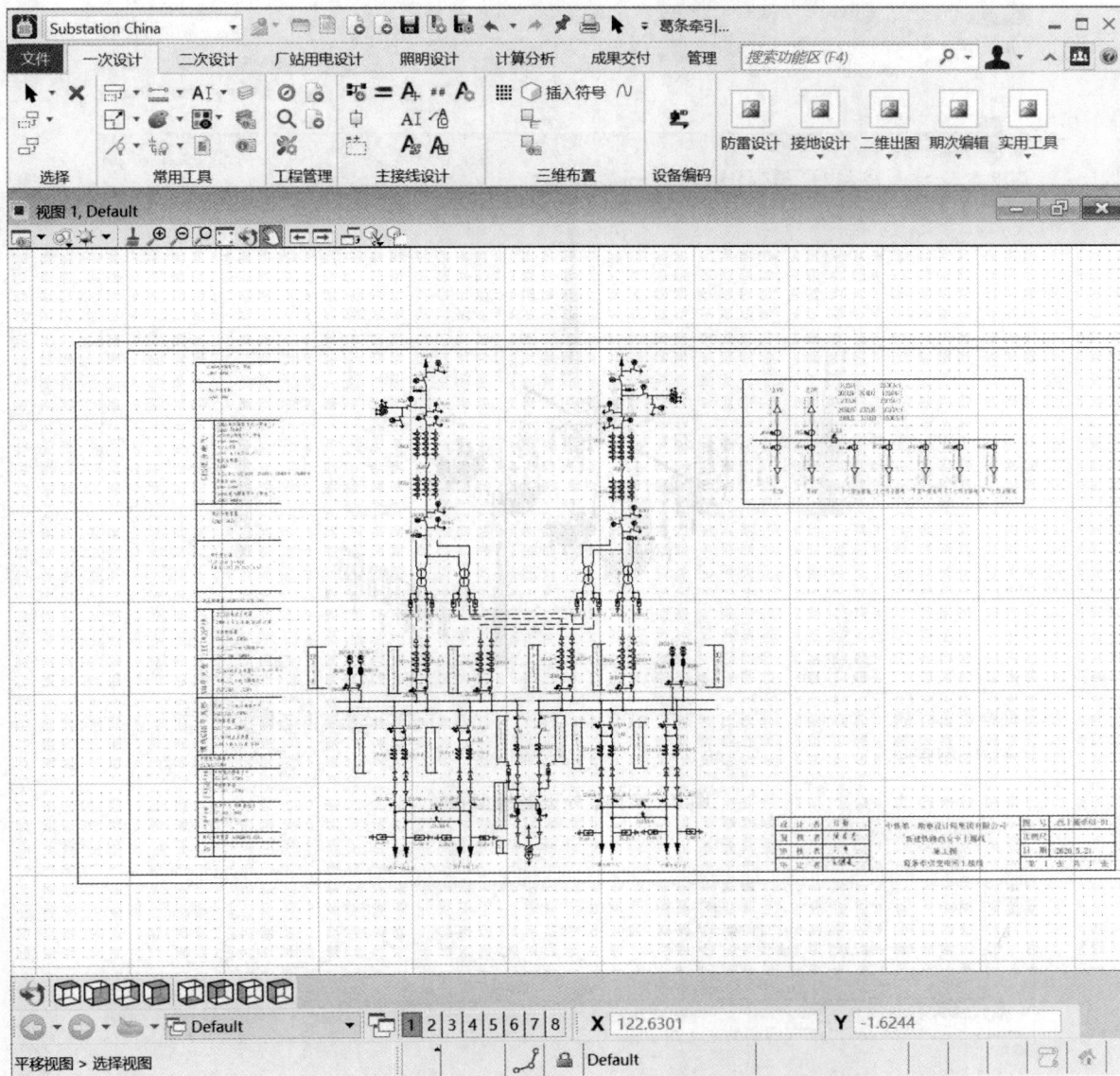

图1　牵引变电所主接线设计

（5）防雷保护范围计算

如图4所示，利用防雷设计模块，可以使用折线法和滚球法完成避雷针及避雷线的联合保护计算，可生成防雷保护范围图和计算书，可在三维的界面上方便地查看设计成果。

（6）接地方案设计

如图5所示，接地系统设计模块可以快速方便地完成接地网、接地线、接地井集中接地装置的布置，可以完成电力行业标准的接地电阻、跨步电压、接触电压计算，生成接地材料表，可以自动生成三维接地布置图，与其他专业进行碰撞检查的校验。

（7）断面图提取及工程数量统计

如图6所示，二维施工图可从三维布置图中剖切出来，获得的二维图纸与三维的布置设计之间保持整体同步关联，如果三维布置设计进行了调整，则相应的二维图纸也会自动地进行同步，避免了漏改、忘改的情况出现，极大地方便了设计人员，既能提高设计质量，又保障了设计效率的提高。

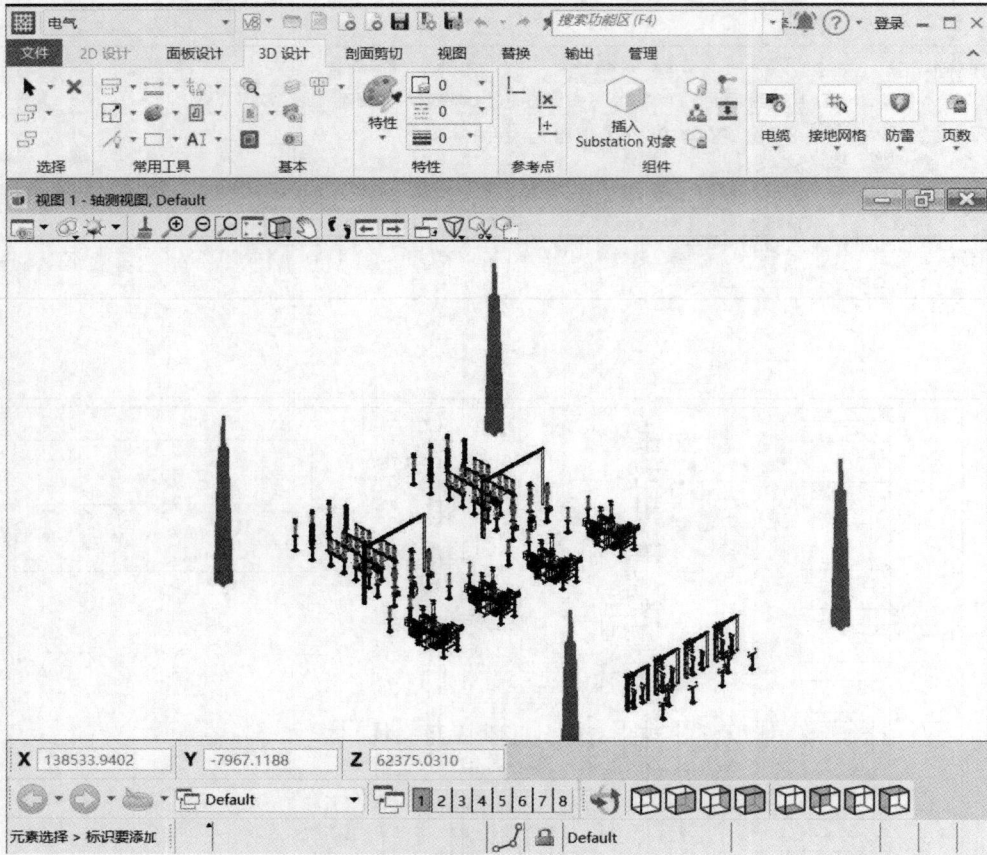

图2　室内、外设备模型布置

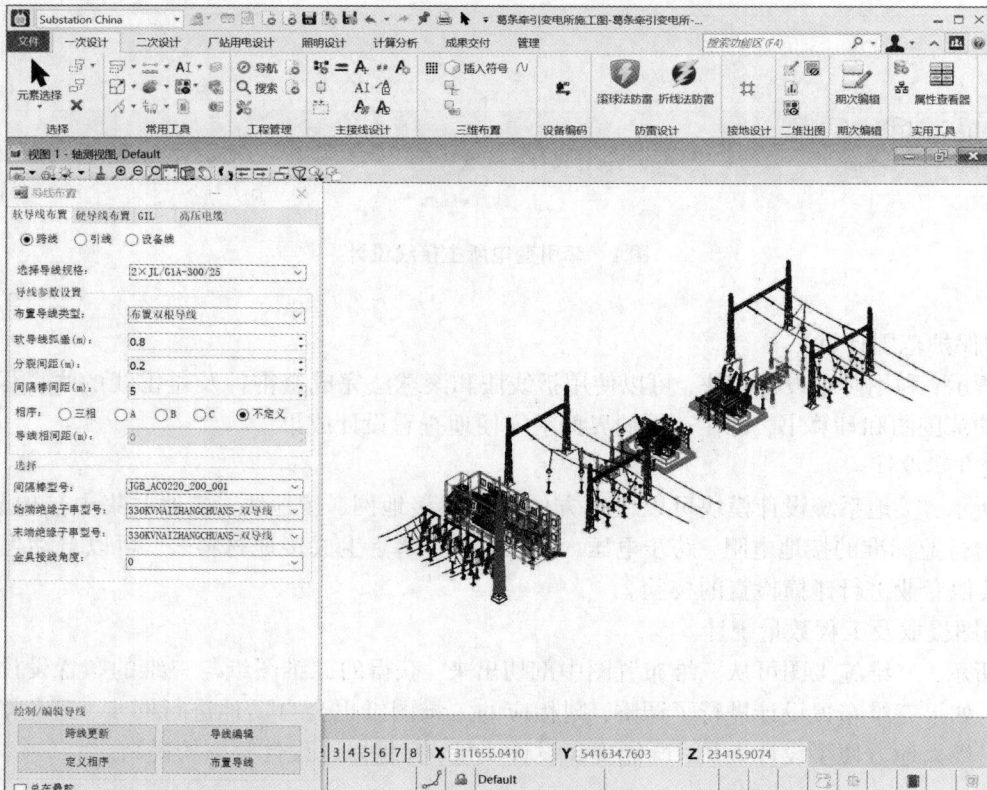

图3　导线布置

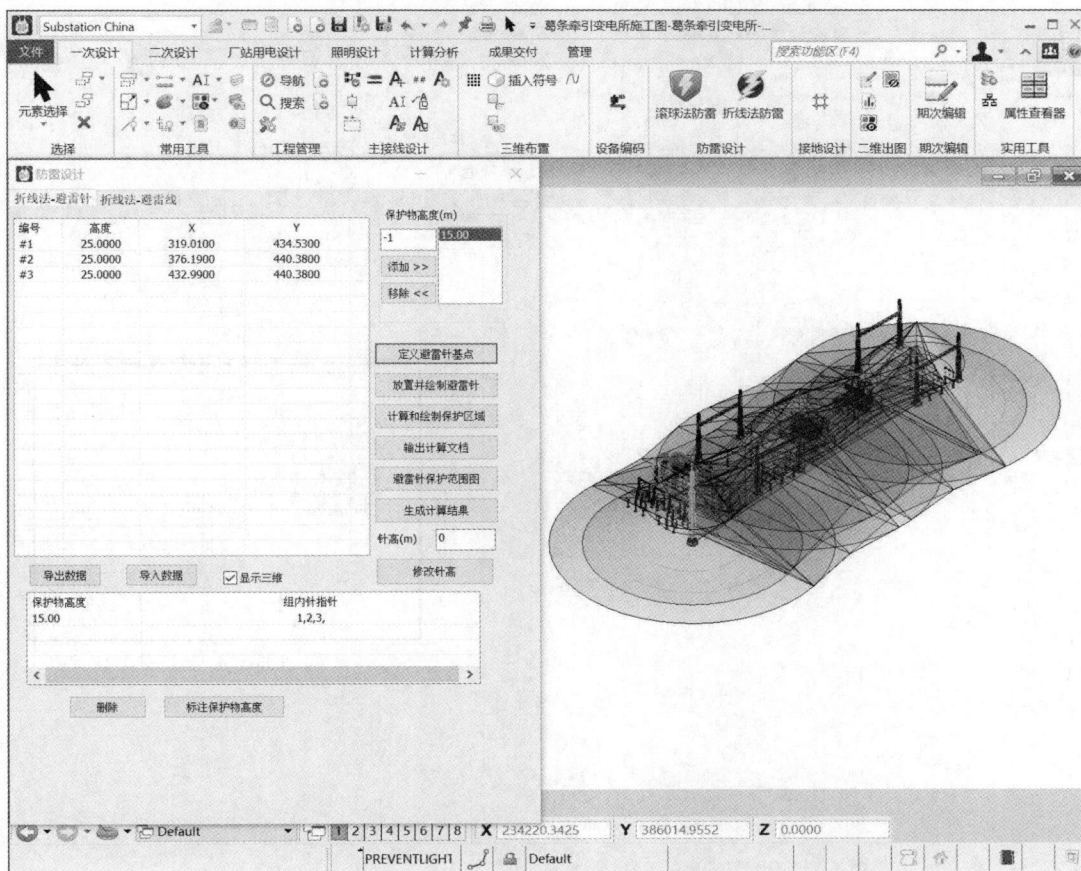

图4 防雷保护范围计算

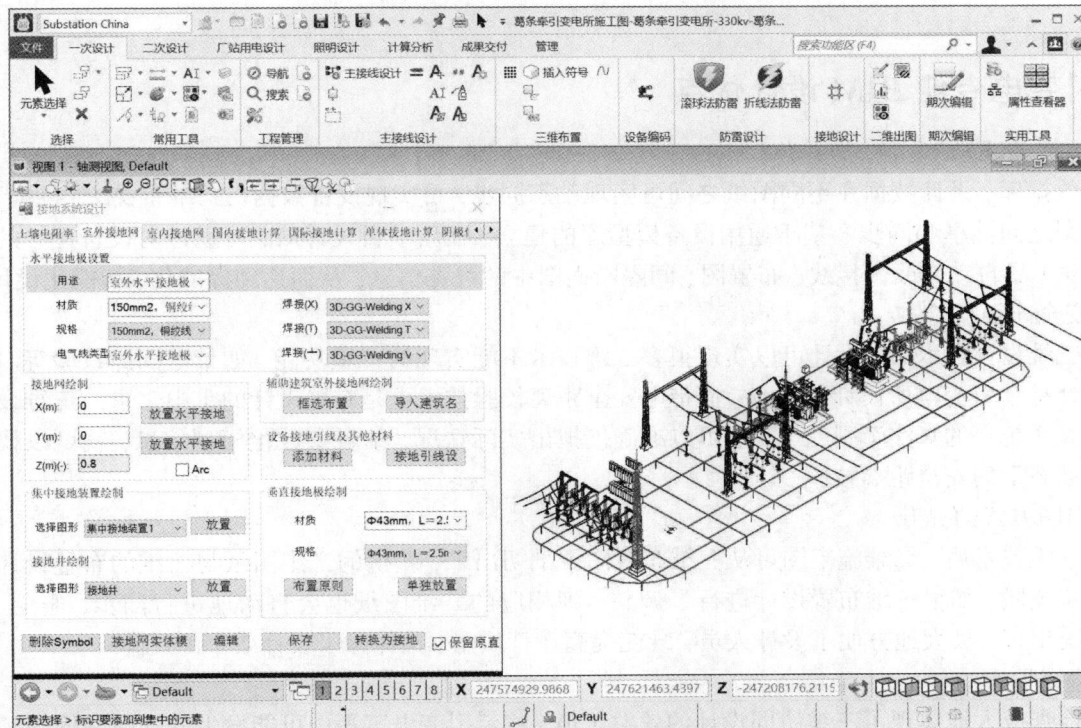

图5 接地方案设计

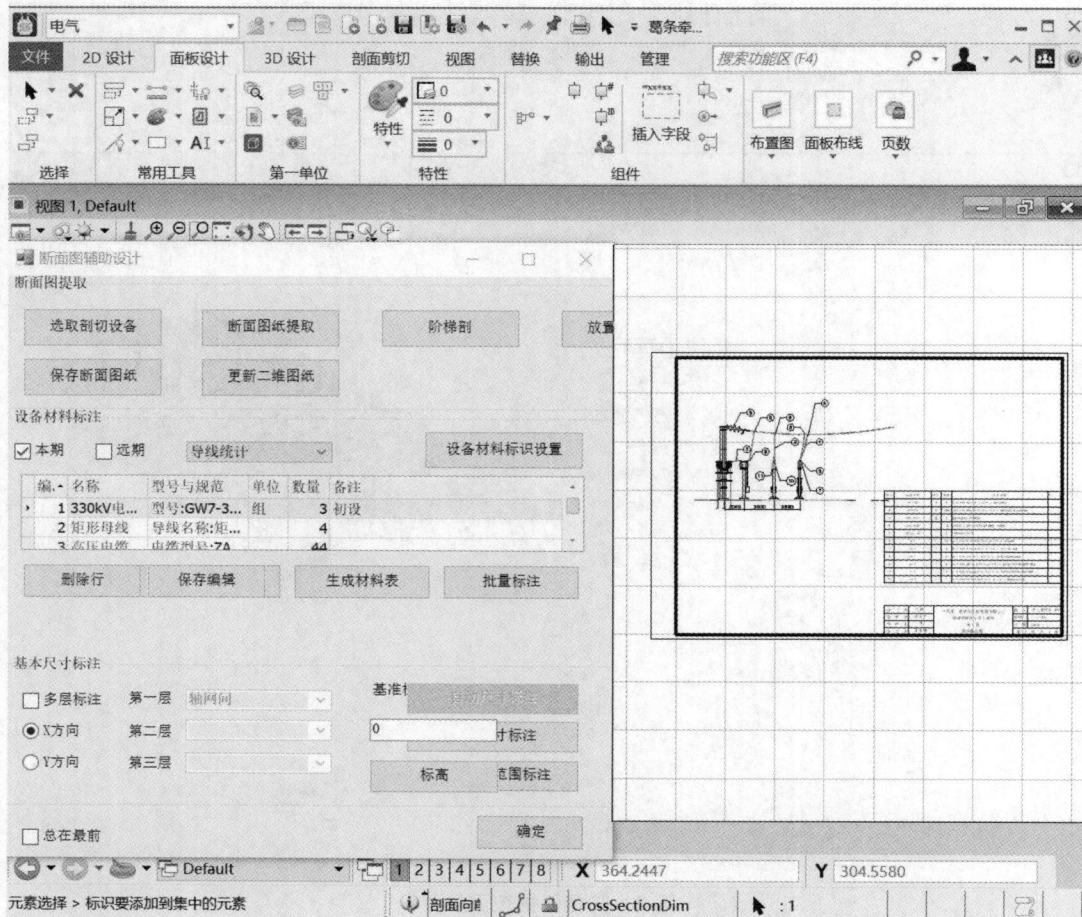

图 6　断面图提取

3　牵引变电专业 BIM 设计优点

（1）数据关联

依据数据库，设计数据在不同图纸之间可实现动态同步，可实现设备数据在三维布置图、间隔断面图、设备安装图之间共享和同步。基于通用设备模型库的建立，在新项目设计时，可通过对设备型号的快速修改，由软件工具自动修改主接线、布置图、间隔断面图中的设备信息，从而达到标准化、智能化设计目标。

（2）安全净距校验

采用三维设计技术后，设计可以实现很多二维技术不能实现的校验功能，如带电间隙校验等。三维模型布置设计是牵引变电所设计的重点，而带电安全距离校验技术更是布置设计的重中之重。三维设计技术等同于计算系统上的真实牵引变电所，可以准确模拟出实际情况，结合参数化模型信息，就可以快速地完成静态和动态下的安全距离校验。

（3）出图方式的提升

采用三维技术后，二维施工图可从三维布置图中剖切出来，获得的二维图纸与三维的布置设计之间保持整体同步关联，如果三维布置设计进行了调整，则相应的二维图纸也会自动地进行同步，避免了漏改、忘改的情况出现，极大地方便了设计人员，既能提高设计质量，又保障了设计效率的提高。

（4）碰撞检查

碰撞检查极大地体现了三维协同设计的效益价值，将牵引变电工程中可能发生的软硬碰撞问题解决在设计阶段，大幅度提高设计质量和设计效率。

（5）精准的成本预算

随着精细化设计要求的提出，精准的材料统计功能成为了设计过程中必要的需求。基于三维信息模型与项目数据库，可以方便地实现精准的材料统计。可以以整个项目、不同电压等级配电装置区域、某个间隔等为范围进行相应的材料统计，完全能够满足不同设计精度及深度的要求。

（6）数字化移交

三维信息模型不仅仅是单纯的几何模型，同时还带有完整的设计数据信息，而且与数据库具有逻辑关联，可方便地实现数据化移交。

（7）多专业协同设计

大型铁路项目的设计工作要求各设计专业间能够实现协同设计，以便提高设计效率，并能及时地发现专业间的配合问题，提高设计的质量。

4 总结

本文介绍了使用 Substation 软件进行牵引变电所 BIM 正向设计方法，并总结了 BIM 正向设计在牵引变电设计中的应用优点。随着 BIM 正向设计技术的不断推广和完善，标准的不断建立，各参与方的共同协作，运用 BIM 技术可以使设备信息在设计、施工和运营维护全过程充分共享，为真正地实现工程信息化设计和信息化管理奠定基础。

参考文献

［1］李良威 李朝阳 徐剑 游霞.BIM 技术在牵引供电系统设计中的应用［J］.铁路技术创新，2014（2）：71-73.

［2］徐博.基于 BIM 技术的铁路正向设计方法研究［J］.铁路标准设计，2018（4）.

［3］常盛杰.基于 BIM 的牵引变电所设备运维系统的设计与实现［D］.2018.

［4］魏州泉.铁路行业 BIM 技术应用难点分析及对策建议［J］.铁路技术创新，2015（3）：14-16.

作者简介

陈静，中铁第一勘察设计院集团有限公司，高级工程师。

电气化铁路电费政策选择研究

马少坡

摘　要： 自国家发改委取消还贷电价、完善两部制电价政策的出台，电气化铁路需要根据外电工程的建设主体缴纳高可靠性电费，基本电价的缴纳方式也更加灵活，可以选择变压器容量、合同最大需量、实际最大需量方式缴纳。本文在介绍国家电费政策的基础上，研究分析了选择基本电价缴纳方式的基本原则，并对比分析了部分高速铁路、普速铁路、货运铁路基本电价缴费方式的经济性。

1　引言

截至 2022 年底，我国铁路营业里程达到 15.5 万 km，其中高速铁路达到 4.2 万 km；复线率 59.6%；电化率 73.8%。随着我国铁路电气化率的不断提升，牵引负荷用电量也在逐年增加，进入激烈的电力市场竞争后，电气化铁路在电费政策选择方面也面临一系列经济性的问题。一是国家发改委为降低社会运输成本，取消了电气化铁路配套供电工程的还贷电价，铁路运输企业等额下浮铁路货物运价，但铁路企业需要根据牵引变电所外电工程的建设主体缴纳高可靠性电费。二是电气化铁路执行大工业用户的两部制电价，分为基本电价和电度电价。电度电价与牵引变电所实际消耗的有功电量有关。基本电价可以分变压器容量、合同最大需量、实际最大需量进行缴费，结合高速铁路、普速铁路、货运铁路的牵引负荷情况合理选择基本电价的缴费方式可以节省基本电费，提高铁路运行的经济性。

2　高可靠性电费

根据《国家发展改革委办公厅关于明确铁路电价有关政策的复函》(发改办价格[2017]1717 号)，铁路企业双回路及以上高可靠性供电费用按照不同的投资主体，对应执行不同的收费标准。电网企业投资建设的执行正常的收费标准，铁路企业应缴纳高可靠性电费；铁路企业自行投资建设的执行自建本级电压外部供电工程标准，铁路企业则不缴纳高可靠性电费。

电气化铁路牵引变电所一般采用两回 110/220/330 kV 电压线路进线，高可靠性电费按照第二回输电线路对应的变压器组容量乘以各省高可靠性电费容量单价计算，在工程建设完成时一次性缴纳。当地方发改委有其他具体执行要求时，以当地发改委的要求为准。

3　电费政策

3.1　电费政策介绍

根据《销售电价暂行管理办法》，作为大工业用户的电气化铁路执行两部制电价，由电度电价和基本电价组成。

3.1.1　电度电价

电度电价是指按用户用电度数计算的电价。

每月电度电价(元) = 用户每月用电度数(kW)×电度单价(元/kW)。

电度电价的电费政策相对稳定，铁路企业电度电费主要与每月牵引变电所消耗的用电度数相关，铁路企业可以通过优化列车操纵、采取节能措施降低电度电费。

铁路企业未纳入直购电部分的电气化铁路牵引用电，不执行峰谷分时电价政策；纳入直购电部分的用电，按双方协定的价格执行，也不执行峰谷分时电价政策。

3.1.2　基本电价

基本电价是指按用户用电容量计算的电价。铁路企业可按变压器容量或合同最大需量缴纳电费，也可选择按实际最大需量缴纳电费。

（1）变压器容量计费方式

按变压器安装容量计算，即铁路企业的热备用变压器容量乘以基本电分单位容量电价，则是铁路企业每月（抄表周期）的基本电费。

设牵引变压器容量 S（kVA），单位容量电价为 C_{kVA}（元/kVA），每月基本电费总价为 V_s（元），则计算公式如下：

$$V_s = S \times C_{kVA}（元） \tag{1}$$

基本电费（月）= 变压器容量（kVA）×单位容量电价（元/kVA）

这种计费方式比较简单，但是当牵引负荷偏小、变压器容量利用率较低时，并不是一种经济的计费方式。

（2）合同最大需量计费方式

最大需量法是以多功能电表每月（抄表周期）连续 15 min 有功功率最大值作为需量进行收费。合同最大需量是以用户和电网企业约定的最大需量作为用户缴纳基本电费的一种方式。在一个月（抄表周期）内，当铁路企业实际最大需量超过合同确定值 105% 时，超过 105% 部分的基本电费加一倍收取；未超过合同确定值 105% 的，按合同确定值收取；申请最大需量核定值低于变压器容量 40% 时，按容量总和的 40% 核定合同最大需量。

设用户约定的合同最大需量为 $P_合$（kW），每月实际发生的最大需量为 $P_实$（kW），单位需量电价为 C_{kW}，每月基本电费总价为 $V_{P合}$，其计费公式如下：

$$V_{P合} = \begin{cases} P_合 \times C_{kW} \times 105\% + (P_实 - P_合 \times 105\%) \times C_{kW} \times 2 \\ (P_实 > P_合 \times 105\%) \\ P_合 \times C_{kW}（P_实 \leqslant P_合 \times 105\%） \end{cases} \tag{2}$$

其中 $P_合 \geqslant 0.4 \times S$；

（3）实际最大需量计费方式

实际最大需量计费方式按每个月（抄表周期）的最大需量核定值缴纳基本电价。

设每月实际发生的最大需量为 $P_实$（kW），单位需量电价为 C_{kW}，每月基本电费总价为 $V_{P实}$，其计费公式如下：

$$V_{P实} = P_实 \times C_{kW} \tag{3}$$

（4）基本电价缴费方式的变更

按变压器容量计费和按最大需量计费方式的变更按季变更，铁路企业可提前 15 个工作日向电网企业申请变更下一季度的基本电价计费方式。

合同最大需量核定值按月变更，铁路企业可提前 5 个工作日向电网企业申请变更下一个月（抄表周期）的合同最大需量核定值。

（5）电气化铁路两台（组）变压器互为备用时，只计算一台（组）变压器的基本电价。

3.1.3　功率因数调整电费

功率因数治理是国家的一项重大政策措施，要求发电、供电和用电三方必须同步有效地治理无功、高次谐波问题，从而提高功率因数。根据《销售电价暂行管理办法》，实行两部制电价的电气化铁路企业按上述规定同时实行功率因数调整电费办法，需满足以下要求：

（1）功率因数标准 0.9，适用于 160 kVA 以上的高压供电工业用户、装有带负荷调整电压装置的高压供电电力用户和 3200 kVA 及以上的高压供电电力排灌站；

（2）功率因数标准 0.85，适用于 100 kVA 及以上的其他工业用户，100 kVA 及以上的非工业用户和 100 kVA 及以上的电力排灌站；

（3）功率因数标准 0.80，适用于 100 kVA 及以上的农业用户和夏售用户，但大工业用户未划由电业直接管理的趸售用户，功率因数标准应为 0.85。

所以，电气化铁路的功率因数不应低于 0.9，高于或低于规定 0.9 时，按功率因数调整表规定的百分比减少或者增加电费。功率因数调整电费的计算公式如下：

功率因数调整电费＝（基本电费+电度电费）×功率因数调整电费增减比例

供电公司从节约电能和改善电压质量等方面考虑，对用户功率因数进行规定：用电负荷在160 kVA以上，功率因数标准为0.9，当功率因数大于0.7小于0.9时，功率因数每降低0.01，电费增加0.5%，当功率因数大于0.9时，每增加0.01，电费减少0.15%。所以电气化铁路应努力提高功率因数以降低或避免功率因数调整电费的发生，我国高速铁路动车组及和谐号电力机车为交-直-交型电力机车，满功率运行时功率因数可以达到0.97，一般高速铁路和和谐号电力机车运行线路的牵引变电所均不再设置无功补偿装置。我国普速电气化铁路中部分线路仍采用韶山系列交-直型电力机车，功率因数低，平均约0.8，可以通过在牵引变电所母线上设置并联无功补偿装置，以提高功率因数。

3.2 各省市单位容量电价和单位需量电价的比较

根据《国家发展改革委关于核定2020~2022年省级电网输配电价的通知》（发改价格规〔2020〕1508号），各不同地区省级电网单位需量电价和单位容量电价如表1所示。由表中可以看出容量电价/最大需量电价在65.79%至80.88%之间变化。

表1 省级电网输配电基本电价表

序号	地区	容(需)量电价		
		最大需量 /（元/kW·月）	变压器容量 /（元/kVA·月）	容量电价/最大需量电价 /%
1	北京	48	32	66.67
2	天津	25.5	17	66.67
3	河北	35	23.3	66.57
4	山西、重庆	36	24	66.67
5	蒙东、蒙西	28	19	67.86
6	辽宁、吉林、黑龙江、四川	33	22	66.67
7	上海	42	28	66.67
8	江苏、浙江、安徽	40	30	75
9	福建	34.2	22.8	66.67
10	江西	39	26	66.67
11	山东	38	28	73.68
12	河南	28	20	71.43
13	湖北	38	25	65.79
14	湖南、宁夏	30	20	66.67
15	广东	32	23	71.88
16	深圳	42	32	76.19
17	广西	34	27.5	80.88
18	海南	38	26	68.42
19	贵州	32	23	71.88
20	云南	37	27	72.97
21	陕西	31	22	70.97
22	甘肃/青海	28.5	19	66.67
23	新疆	33	26	78.79

3.3 基本电价缴费方式的比较

设牵引变压器容量为 $S(kVA)$，单位容量电价为 C_{kVA}（元/kVA），采用变压器固定容量法的每月基本电费总价为 V_s（元）；设用户约定的合同最大需量为 $P_合(kW)$，每月实际发生的最大需量为 $P_实(kW)$，单位需量电价为 C_{kW}，采用合同最大需量计费方式的每月基本电费总价为 $V_{P合}$，采用实际最大需量计费方式的每月基本电费总价为 $V_{P实}$，则按三种方式缴费的基本电费总价与变压器容量、实际最大需量的关系如图1、图2所示（功率因数按1取值，$C_{kVA}=66.67\%\times C_{kW}$）。

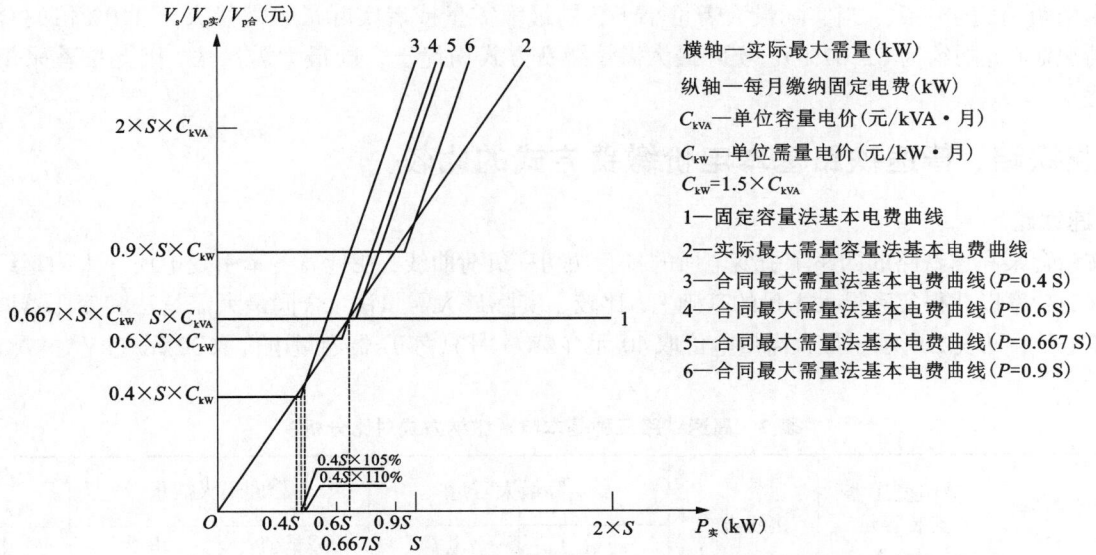

图1 三种不同缴费方式的基本电价与最大需量的关系图

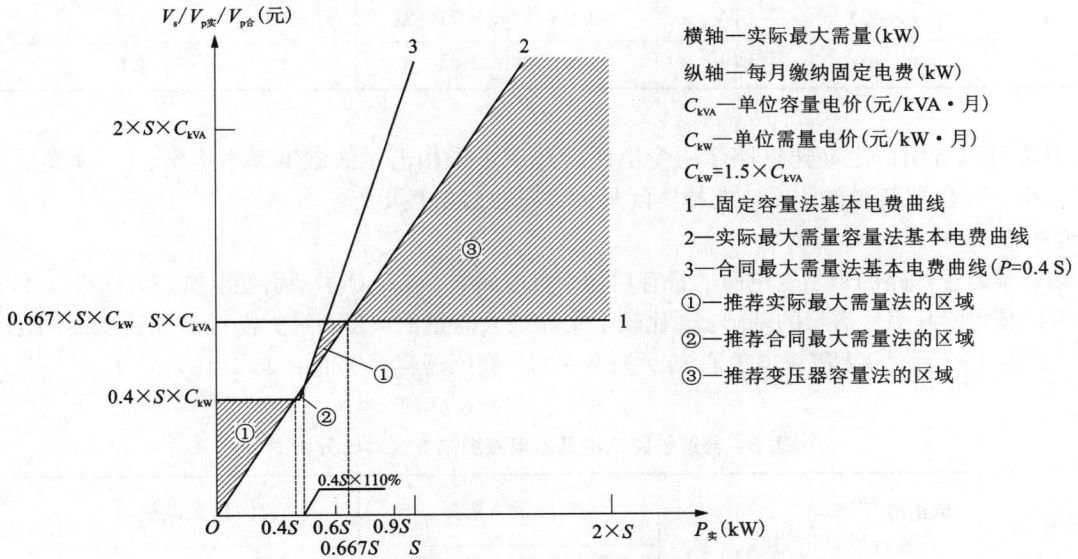

图2 三种不同缴费方式的适用范围比较图

从2图可以看出：

（1）当 $P_实>S\times C_{kVA}/C_{kW}$ 或 $P_合>S\times C_{kVA}/C_{kW}/105\%$ 时，采用变压器容量法缴费经济性较好；

（2）当 $40\%\times S<P_合<S\times C_{kVA}/C_{kW}$ 且 $P_实=100\%\times P_合$，选择合同最大需量法和实际最大需量法的经济性一致，均优于变压器容量法；

（3）当 $40\%\times S<P_合<S\times C_{kVA}/C_{kW}$ 且 $100\%\times P_合<P_实<110\%\times P_合$，选择合同最大需量法的经济性最好；

(4)当 $P_{实}<40\%\times S$ 或 $40\%\times S<P_{合}<S\times C_{kVA}/C_{kW}$ 且 $P_{实}\neq100\%\times P_{合}$,选择实际最大需量法经济性最好。

3.4 小结

结合上文分析,采用变压器容量法还是最大需量法缴费需要根据变压器的连续 15 min 有功功率最大值确定,当连续 15 min 的牵引负荷较大时,采用变压器容量法缴纳基本电费的经济性最好。

在牵引负荷较小时,当实际最大需量大于合同最大需量且小于 110% 合同需量时,采用合同最大需量法才具有经济性。但是这一条件的实现非常困难,例如当合同最大需量取 0.4S 时,实际最大需量的变化范围为 0.4S~0.44S(变化范围仅为变压容量 S 的 4%)。由于牵引负荷随运输条件的变化而变化,不能保证每月的牵引负荷完全一致,当实际最大需量小于合同最大需量或者实际最大需量大于 110% 倍的合同最大需量的情况时(范围约为 62.67%),实际最大需量缴费方式均优于合同最大需量法,因此推荐采用实际最大需量法。

4 高速铁路、普速铁路基本电价缴费方式的比较

4.1 高速铁路

本文结合某高速铁路的四座牵引变电所的日有功功率负荷曲线,在计算各牵引变电所一天内连续 15 min 的最大有功功率以获得实际最大需量的基础上,比较了实际最大需量法、合同最大需量法和变压器固定容量法的基本电价,见表 2 所示。最大需量电价取 40 元/(kW·月),变压器容量电价取 30 元/(kVA·月)。

表 2　高速铁路三种基本电费缴纳方式对比分析

序号	牵引所名称	单组变压器安装容量/MVA	接线方式	实际最大需量		合同最大需量		变压器容量法
				需量值/MVA	电费/万元	需量值/MVA	电费/万元	电费/万元
1	A	(50+50)	三相 V, x	55.04	220.16	55.04	220.16	300
2	B	(50+50)	三相 V, x	54.73	218.92	54.73	218.92	300
3	C	(40+40)	三相 V, x	23.96	71.88	32	128	240
4	D	(40+40)	三相 V, x	31.41	94.23	32	128	240

通过表 2 可以看出以上高速铁路牵引变电所较适用于采用需量法缴纳基本电费,C、D 牵引变电所的日最大需量小于变压器容量的 40%,选择实际最大需量法经济性更好。

4.2 普速铁路

本文结合某普速铁路的牵引变电所的日有功功率负荷曲线,在计算了牵引变电所一天内连续 15 min 的最大有功功率以获得实际最大需量的基础上,比较了实际最大需量法、合同最大需量法和变压器固定容量法的基本电价,见表 3 所示。最大需量电价取 39 元/kW·月,变压器容量电价取 26 元/kVA·月。

表 3　普速铁路三种基本电费缴纳方式对比分析

序号	牵引所名称	单组变压器安装容量/MVA	接线方式	实际最大需量		合同最大需量		变压器容量法
				需量值/MVA	电费/万元	需量值/MVA	电费/万元	电费/万元
1	A	(10+10)	三相 V, v	11.013	42.95	11.013	42.95	52
2	B	(12.5+12.5)	三相 V, v	9.84	38.376	10	39	65
3	C	(10+12.5)	三相 V, v	17.298	67.462	17.298	67.462	58.5
4	D	(12.5+12.5)	三相 V, v	15.902	62.018	15.902	62.018	65

通过表 3 可以看出普速铁路不同牵引变电所的实际最大需量变化很大，按需量法计算的基本电价比按变压器容量法计算的基本电价要高。这说明实际需量法并不适用于所有的牵引变电所，应结合具体牵引变电所的负荷情况进行最大需量法和变压器容量法的比较，综合选择经济性好的基本电费缴纳方式。

5　结论与展望

（1）通过对电费政策的分析，铁路企业可以通过合理选择基本电费的缴纳方式提高铁路运行的经济性。

（2）考虑到铁路牵引负荷的波动性，当采用最大需量法缴纳基本电费时，推荐采用实际最大需量法，尽量避免选择合同最大需量法。

（3）实际最大需量法的缴费方式并不适用于所有的牵引变电所，普速铁路存在采用变压器容量法缴纳固定电费更经济的情况，所以铁路企业应结合牵引负荷合理选择基本电费的缴纳方式，设计单位在设计过程中仍应合理地选择变压器容量。

（4）当牵引负荷发生变化时，铁路企业应进行基本电费缴纳方式的经济性比较，并及时向电网企业提出变更基本电价计费方式申请，选择更加经济的计费方式。

参考文献

［1］国家铁路局. 2022 年铁路统计公报［S］. 北京：国家铁路局，2023.

［2］国家发展和改革委员会. 国家发展改革委关于取消电气化铁路配套供电工程还贷电价的通知［S］：发改价格［2017］1005号. 北京：国家发展和改革委员会，2017.

［3］国家发展和改革委员会. 家发展改革委办公厅关于明确铁路电价有关政策的复函［S］：发改办价格［2017］1717 号. 北京：国家发展和改革委员会，2017.

［4］中国铁路总公司. 中国铁路总公司办公厅转发发展改革委办公厅关于明确铁路电价有关政策的通知［S］：铁总办财点［2017］43 号. 北京：中国铁路总公司，2017.

［5］国家发展和改革委员会. 销售电价管理暂行办法［S］：发改价格［2005］514 号. 北京：国家发展和改革委员会，2005.

［6］国家发展和改革委员会. 国家发展改革委办公厅关于完善两部制电价基本电价执行方式的通知［S］：发改办价格［2016］1583 号. 北京：国家发展和改革委员会，2016.

［7］国家发展和改革委员会. 国家发展改革委关于降低一般工商业电价有关事项的通知［S］：发改价格［2018］500 号. 北京：国家发展和改革委员会，2018.

［8］杨凡. 电气化铁路最大需量计费方法分析［D］. 成都：西南交通大学，2014.

［9］国家发展和改革委员会. 国家发改委关于核定 2020~2022 年省级电网输配电价的通知［S］：发改价格规［2020］1508 号. 北京：国家发展和改革委员会，2020.

作者简介

马少坡，中铁第五勘察设计院集团有限公司供变电所，副所长，高级工程师。

牵引变电所馈线继电保护问题分析及对策

张翼翔

摘　要：牵引变电所综合自动化系统对于保障铁路行车安全具有重要意义。馈线继电保护的灵敏性、可靠性如不能满足要求，极有可能造成接触网设备的严重损坏，并对铁路现场工作人员的人身安全构成极大威胁。本文主要针对接触网故障发生后，牵引变电所馈线保护装置未能有效做出反应的事件，进行初步的原因分析，并针对暴露出的问题，提出了有关措施和建议。

1　故障经过

2018年3月21日，某分区所某区间上、下行接触网并联断路器阻抗I段保护启动出口，断路器跳闸将区间上、下行接触网解除并列运行，但变电所接触网馈线断路器保护未动作跳闸。54s后，某次机车运行到下行K126+500处，B节受电弓撞击悬吊于承力索上的压管和斜腕臂钢管，导致受电弓弓头、上框架断裂飞出，列车紧急制动后惰行395米后停车。电调通知司机临时处理B节受电弓，司机将B节受电弓下臂杆用铁丝固定于B节车顶上。供电专业人员经现场检查确认接触网可以送电后，机车升A节受电弓，机车头处接触网接地，伴有严重放电拉弧和类似于雷声的巨大声响。正在与电力调度员进行手机通话的供电现场抢修负责人，要求立即将接触网停电，电力调度员通过登录远动工作站将变电所馈线断路器远动分闸，远动分闸时，牵引变电所馈线电流1000余安，在此期间某某区间下行馈线保护装置未动作。

某牵引变电所主变压器为V/V接线，容量16000+25000 kVA，一次侧额定电流145.45/325.37/227.27 A，二次侧额定电流581.82/1301.48/909.09 A。主变压器低压侧和214馈线CT变比均为1250/5；27.5 kV母线PT变比27500/100。

某某区间供电方式为复线直供，上下行通过分区所并联运行，上、下行馈线不包含供电线全长均为26.1 km，正线承力索型号为LBGLJ-185，接触线型号为GLCN-250。

2　故障原因分析

2.1　机车受电弓击打压管和斜腕臂的原因

一只黄鼬攀爬至某区间下行K126+500处328#接触网下锚支柱斜腕臂的棒式绝缘子上，形成接触网→腕臂钢管→黄鼬→斜腕臂棒式绝缘子接地跳线→接触网回流线的弧光接地短路回路，造成接触网第一次接地。短路电流致使斜腕臂棒式绝缘子炸裂、接地跳线烧断。同时，在接触网张力和弧光短路电流的共同作用下，压管棒式绝缘子随即断裂，压管和斜腕臂钢管脱离接地悬吊于承力索上，因变电所馈线断路器未跳闸，某区间下行接触网仍然有电，导致机车运行到此处时，B节受电弓撞击悬吊于承力索上的压管和斜腕臂钢管。

2.2　接触网通过机车第二次接地的原因

司机处理B节受电弓后未将B节切除，当机车升起A节受电弓后，致使接触网通过机车接地，接地回路为：接触线→A节受电弓→车顶导电杆→B节受电弓下臂杆→B节车外壳→钢轨。

2.3　接触网第一次接地后，某变电所馈线断路器保护未动作原因

2.3.1　距离保护未动作原因

某某区间馈线设两段距离保护，其中I段距离保护中的电抗定值按照不超过分区所断路器范围整定，整定计算公式：$X_{DZ1} = K_K(L_0X_0 + L_1X_1)n_{CT}/n_{PT}$，式中：$K_K$——可靠系数，取1.2；$L_0$——供电线长度；$X_0$——供电线单位电抗；$L_1$——接触网长度；$X_1$——接触网单位电抗；$n_{CT}$——电流互感器变比；$n_{PT}$——电压互感器变比。电阻定值按照躲过最小负荷阻抗整定，整定计算公式：$R_{DZ1} = U_{min}/K_K \times I_{fhmax} \times (\cos_{\theta f} - \sin_{\theta f}/\tan_{\theta L})$

n_{CT}/n_{PT}

Ⅱ段距离保护中的电抗定值按照保护上、下行全长整定，整定计算公式：$X_{DZ\,Ⅱ}=2K_K\,(L_0X_0+L_1X_1)\,n_{CT}/n_{PT}$；电阻定值与Ⅰ段相同。实际Ⅰ段距离保护定值为电阻 7.08 Ω、电抗 6.13 Ω，Ⅱ段距离保护定值为电阻 7.08 Ω、电抗 17.09 Ω。

接触网第一次接地位置距某变电所距离为 25.99 km，为下行馈线末端，按照保护原理，Ⅱ段距离保护应启动并按时限要求出口切除故障点。但因第一次接地短路电流通过黄鼬并造成弧光接地，造成接地电阻较一般的高阻接地增加，保护装置处测量的电阻值 15.24 Ω、电抗值为 7.39 Ω，短路阻抗角为 25.8°。虽然测量到的电抗值小于Ⅱ段距离保护动作电抗整定值，但测量到的电阻值大于Ⅱ段距离保护动作电阻整定值，测量短路阻抗值落在了保护装置动作区外，故Ⅱ段距离保护不能启动，此为正常。

2.3.2　低电压启动过电流保护未动作原因

馈线设低电压启动过电流保护，保护范围为馈线全长。过电流二次动作整定值为 7.2 A（折算至一次侧为 1800 A），低电压二次动作整定值为 65 V（折算至一次侧电压为 17.9 kV）。

接触网第一次接地位置距某变电所距离为 25.99 km，为馈线末端，按照保护原理，低电压启动过电流保护应启动并按时限要求出口切除故障点。但根据保护装置后台查询到的二次侧短路电流为 5.25 A（折算至一次侧为 1312 A）、二次侧母线残压为 89 V（折算到一次侧为 24.475 kV），保护装置测量到的电流值小于保护动作整定值，电压值大于保护动作整定值，两个条件都不满足，故低电压启动过电流保护不能动作。

2.3.3　电流增量保护（高阻保护）未动作原因

电流增量保护通过比较正常状态下的负荷电流（电感电流）和高电阻故障电流随时间变化的分量 ΔI 的不同来检出故障，可有效弥补因接触网高阻接地时距离保护可靠性降低的问题。但在当时，某变电所馈线未投入电流增量保护，而未投入的原因为：以前投入过，由于和谐号等交—直—交机车的功率因数接近于 1 且启动电流较大，保护装置无法进行正常负载电流与故障电流的有效识别而造成电流增量保护误动，故将增量保护退出。

2.4　接触网第二次金属性接地后，接地点距某变电所 25.595 km，但在馈线保护装置中未能查询保护启动及有关参数

接触网第二次接地点至某牵引变电所的距离，比接触网第一次接地点至某牵引变电所的距离要缩短了 395 米且为金属性接地，按照原理，短路点距离电源越近，短路电流越大，且保护装置测量到的母线残压和电抗、电阻值越小，低电压启动过电流保护和Ⅱ段距离保护更应启动并按时限要求出口切除故障点。但不同于接触网第一次接地后保护装置后台还有相关数据，接触网第二次接地后除无保护启动信息外，故障电流、电压、电抗、电阻等有关参数也没有，此种情况异常，分析如下：

分析 1：馈线以及主变压器低压侧过电流启动低电压保护情况。该馈线过电流保护二次定值 $I_{DZ}=7.94$ A，低电压定值 65 V；主变压器低压侧过电流整定值 $I_{DZ}=5.09$ A，低电压整定值 65 V。根据馈线过电流保护整定计算公式 $I_{DZ}=K_K\times I_{fhmax}/n_{CT}$，式中：$K_K$——可靠系数，取 1.2；$I_{fhmax}$——馈线最大负荷；$n_{CT}$——CT 变比。则可得出：计算过电流定值时，所取的馈线最大负荷电流值 $I_{fh.\,max}$ 达到了 1654 A（折算到一次侧），而实际设计院所给出的馈线最大负荷电流为 1489 A，而按照此电流计算出的馈线过电流定值应为：$I_{DZ}=1.2\times1489/250=7.15$ A；灵敏度方面：按照 TB1009—2005《铁路牵引供电设计规范》（旧版，保护装置投入时的有效版本）、TB1009—2016《铁路牵引供电设计规范》[1]（现行有效版本）中，对近后备保护中电流元件的灵敏系数 K_m 均为 1.3~1.5 的规定，按照前述二次定值 $I_{DZ}=7.94$ A，根据过电流保护灵敏系数校核计算公式 $K_m=I_{Dmin}/I_{dz}$，反向推算得知，如果要满足保护装置灵敏性的要求（即被保护线路范围内故障时，保护装置应具有必要的灵敏系数），接触网全长 26.1 km 的某某间下行馈线，在末端金属性短路时，保护装置安装处测得的一次最小短路电流可达到 2581~2978 A。但根据变电所主变压器容量、供电臂长度等的实际情况计算，在继电保护整定中，所取的馈线最大负荷电流 $I_{fh.\,max}$，以及末端金属性最小短路电流 I_{Dmin} 值，虽然使得过电流保护定值满足了行车要求，但未满足过电流保护动作电流按躲过馈线最大负荷电流、尤其是未满足末端故障时有足够灵敏度进行整定的要求，背离了继电保护灵敏度优先的原则。

分析 2：按照Ⅰ、Ⅱ段距离保护中的电阻整定计算公式：$R=U_{min}/(K_K\times I_{fhmax})\times(\cos_{θfh}-\sin_{θfh}/\tan_{θxL})$，式中：$U_{min}$ 为牵引变电所母线最低工作电压；K_K 为可靠系数取 1.2；$θ_{fh}$ 为负荷阻抗角，一般取 40°~80°；$θ_{xL}$

为线路阻抗角，一般取 70°~85°。需要对牵引变电所母线最低工作电压 $U_{\min}$、负荷阻抗角 θ_{fh}、线路阻抗角 θ_{xL}，在继电保护整定中取值的合理性，做进一步论证。

分析 3：牵引变电所继电保护确认及试验情况

故障发生后，先后两次对某变电所某某馈线有关的定值进行确认并对保护装置进行试验。

第一次试验为故障发生的第二天，内容包括：(1)对某变电所的某某馈线定值进行核实；(2)对电流互感器进行极性校验，回路检查，角比差试验；(3)对保护测控装置做装置测试试验；(4)对断路器进行大电流传动试验(带重合闸)。定值确认和装置试验结果表明：牵引变电所该断路器有关保护定值输入值与定值单一致，该馈线电流互感器极性及接线正确，角比差在允许范围内，大电流传动动作特性符合要求。

针对第一次试验的缺项，安排了第二次试验，进行了馈线距离保护动作特性的自动及手动打点，打点结果符合定值设计。

分析 4：某某变电所馈线保护装置的运行期限已达 9 年零 10 个月，接近原铁道部规定的电子产品 10 年的运行年限，装置后台数据存储不稳定，导致接触网第二次接地参数数据丢失。

3 措施建议

3.1 对低电压启动过电流保护、距离保护定值重新进行核算和调整

(1)根据牵引供电设备和机车设备实际参数的理论计算，以及运行数据的统计分析，必要时进行列车运行取流以及短路试验等实际测试，合理确定馈线最大负荷电流 $I_{\mathrm{fh.max}}$、牵引变电所母线最低工作电压 $U_{\min}$、馈线末端金属性最小短路电流 I_{Dmin}、馈线末端金属性短路时牵引变电所母线最大残压 I_{Dmin}、负荷阻抗角 θ_{f}、线路阻抗角 θ_{L}，并实测 PT 断线后保护装置测量电压等数值。

(2)根据上述确定数值，对距离保护、低电压过电流保护的有关整定值进行重新计算，并校核灵敏系数；同时，做好牵引变电所继电保护装置之间，以及接触网馈线保护与电力机车保护之间的保护范围和保护时限的配合，同时满足对继电保护装置的灵敏性、可靠性、选择性要求。

3.2 对 PT 断线闭锁保护的电压整定值进行调整

为防止接触网短路后，牵引变电所母线二次侧电压降至 60 V 以下时，导致 PT 断线闭锁保护误动，闭锁距离保护，进而引发距离保护拒动致使保护装置可靠性下降的问题，根据相关试验数据[2]，建议将 PT 断线闭锁保护的二次电压整定值从现在的 60 V 调整为 40 V，从而在保持对 PT 断线发生后的灵敏反应的同时，防止装置在接触网故障发生后保护无法出口。

3.3 加快对接近运行年限的继电保护装置更换进度

为防止微机保护装置因老化带来的可靠性下降问题，需要加快对变配电所中接近运行年限的继电保护装置更换进度。

3.4 保护定值计算和调整时建议综合考虑 SS4G 电力机车无欠压保护对变电所保护装置可靠性影响的问题

对 SS4G 电力机车无欠压保护的问题加以综合考虑，如果因此造成供电系统自动保护装置可靠性下降的影响，无法通过其他方法予以弥补时，就要考虑对 SS4G 机车加装欠压保护，以避免在正常运行状态下，牵引变电所主变二次侧母线电压在低电压启动过电流保护误动之前，无限制下降。

3.5 研究电流增量保护和不同机车车型运行模式条件下的影响关系

SS4B、SS4G 等交直型机车运行对投入电流增量保护较为有利，但需要对和谐号交直交型机车运行对电流增量保护可靠性影响的程度，以及单跑、混跑模式分别对保护整定值的影响，做进一步的论证。

3.6 增加牵引变电所，缩短供电臂长度

鉴于某某区间为直供加回流的供电方式，供电臂长达 26.1 km，建议考虑增加牵引变电所，化解实际运输过程中供电臂列车容纳和牵引供电继电保护之间的矛盾。

3.7 明确应急处置流程，提升应急能力

要进一步明确在各种异常和紧急状态下的处置流程、细化应急处置措施，提高应急处置方案的针对性和有效性，并做好有针对性的培训教育工作，提高重点和关键岗位的应急处置理论水平。

要按照关于应急演练的有关规定，对现场处置方案逐一进行实景模拟演练，演练时要全面考虑防止次

生灾害的安全措施, 提高关键和重点岗位的应急处置实操能力与安全意识。

4 结束语

4.1 重点优化保护灵敏性

牵引供电的继电保护的配置以及整定计算, 应同时满足可靠性、速动性、选择性和灵敏性的要求, 当因实际条件限制确实难以兼顾时, 必须优先保证灵敏性, 尤其不能为满足实际运输需求而将定值进行简单调整, 以防止保护拒动对设备或人员造成永久性损害。

4.2 定值整定计算需结合实际运行情况

牵引供电的继电保护的整定计算, 应针对牵引供电以及机车的具体参数和系统运行方式, 加以综合考虑确定, 当不能满足可靠性、速动性、选择性和灵敏性的要求时, 应考虑进行牵引供电系统的改造, 从根本上化解实际运输需求和牵引供电保护之间的矛盾, 从而在安全的基础上保障铁路运输生产效率的可持续维系与提高。

参考文献

[1] 国家铁路局. 铁路牵引供电设计规范: TB1009—2016. 北京: 国家铁路局. 2016.
[2] 赵灵龙, 杨春祥. 牵引变电所馈线保护问题及其解决措施. 电气化铁道, 2013, 5.

作者简介

张翼翔, 朔黄铁路发展有限责任公司安全监察室, 经理。

针对牵引变电所直流接地的分析及处理对策

武　骥

摘　要： 牵引变电所内直流系统为牵引设备的控制、断路器、隔离开关合闸、信号、保护装置、事故照明等提供稳定的直流电源，当直流系统中出现一点接地时，可能会引起设备拒动或误动，本文针对日常运维中出现的直流系统接地的问题进行分析，并提出处理对策，为日常运维过程中快速处理直流接地问题提供参考。

1　引言

朔黄铁路牵引变电所采用牵引、配电合建所，直流系统较为复杂，同时供应牵引及配电设备的控制、信号、继电保护、事故照明等重要负荷，由于支路较多，在一些重要控制回路存在环供的情况，无疑增加了直流接地故障的判断和处置难度。当发生直流接地故障时，设备能够正常工作，但如果在故障过程中出现第二个接地点，可能会引起所内设备跳闸、二次线圈烧损等严重故障，尤其对牵引负荷和重要配电负荷是致命的，严重影响正常运行组织，所以必须通过日常运维过程中出现的同类故障进行分析总结，加快故障处理效率，提升设备运行质量。

2　直流系统组成及接地故障分类

2.1　直流系统组成

直流电源系统按功能分为交流自动切换单元、整流单元、监控单元、直流馈电单元、蓄电池组等，能够为所内设备控制、合闸、信号、远动、保护等提供双路可靠电源，以管内某一变电所直流系统为例。（如图1）

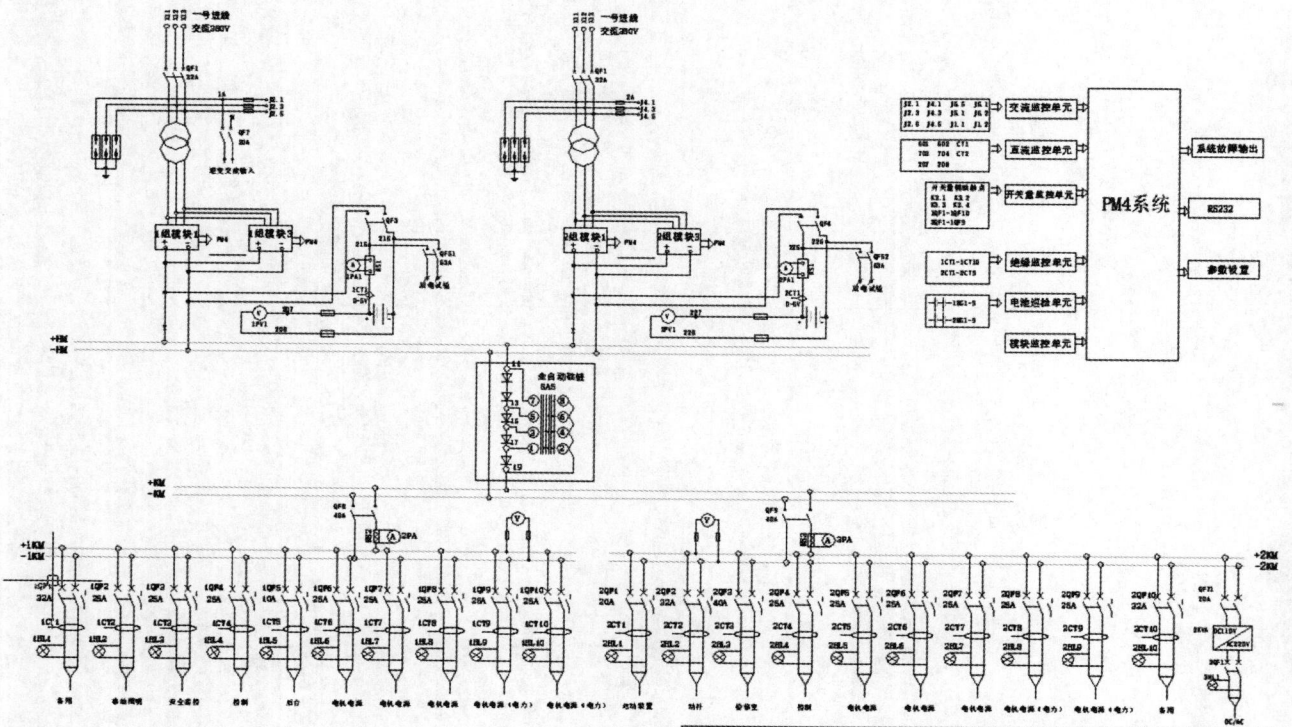

图1　直流系统图

目前采用的直流屏主要以 PM4 主监控为监控系统中心，通过 RS485 通讯口收集各监控单元数据，并根据内部报警设定参数进行报警提示，提示方式有两种：蜂鸣器报警和屏幕背光。每次有故障发生时，蜂鸣器都会发声报警，用手点击 PM4 触摸屏任意位置，消除声音。每次声音报警，只会持续几分钟就会自行停止。所谓声光报警，"声"指的是蜂鸣器报警，"光"指的是触摸屏背光灯持续点亮。当输出回路有接地现象时会报母线绝缘不良，当母线正对地电压与负对地电压差值绝对值超过设定范围时，会报母线差压报警。（如图 2）

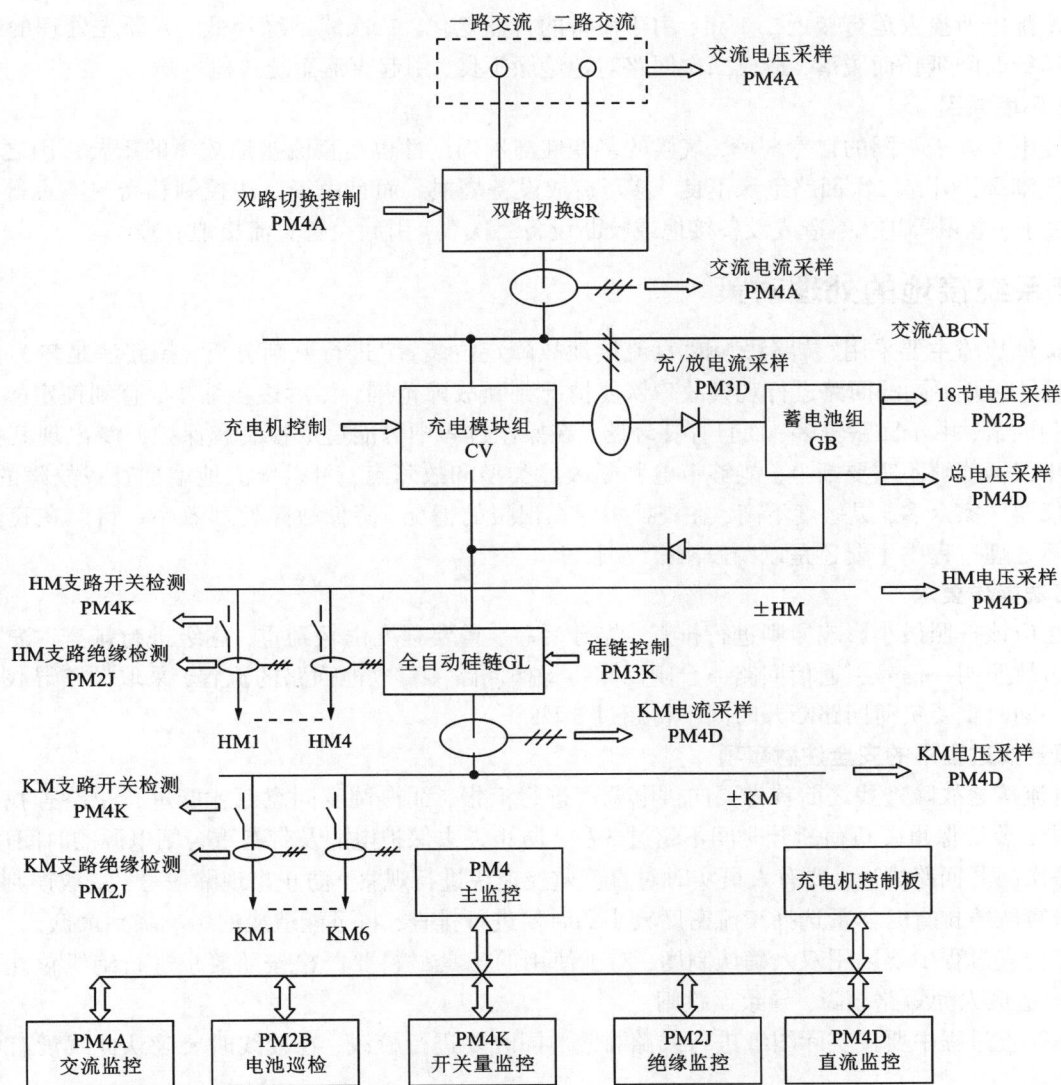

图 2　直流系统二次监控回路原理图

2.2　直流系统常见的接地故障

日常出现的直流接地故障一般为单点接地，当监测模块报绝缘监测不良时需要快速进行故障排查与处理，防止出现两点接地造成设备误动或拒动，我们能够通过监控单元显示的正负极电压判断是正接地或负接地。

3　直流系统接地的原因分析

3.1　施工原因

在变电所二次设备施工或改造过程中，由于没有按照施工工艺要求进行二次线的接续，存在接线头裸露较长、交直流二次缆混铺、做二次接线头时对细铜丝清除不干净、二次缆划伤等隐形缺陷，在设备投运后，由于设备老化，逐渐显象，出现二次电缆对设备外壳放电，引起直流接地故障。

3.2 人为操作失误

在变配电所日常检修过程中，由于在二次回路上作业，工具没有进行绝缘包扎，在进行二次线紧固或二次清扫作业过程中，由于工具与其他金属部分靠近，引起二次回路直流接地；在进行二次回路测量过程中，由于未确认档位或未确认接线是否在电压接线孔，用电阻挡或电流挡进行电压测量，造成直流接地；在检修完成后恢复设备二次盖时由于人为操作失误造成二次回路压接，送电后引起直流接地故障。

3.3 设备老化

有的变配电所投入运行接近二十年，由于设备的自然老化，二次线绝缘降低，或原先处理的绝缘包扎工艺随着运行时间延长而脱落，造成二次回路对地绝缘不良，引起直流系统接地故障。

3.4 自然环境原因

沿线变电所处于不同的自然环境，气候的多变性与不确定性也是直流接地故障的重要诱因之一，由于下雨或空气潮湿，引起二次回路绝缘不良，甚至造成设备烧损。而且由于二次控制箱密封不良等原因，存在蜜蜂、虫子、老鼠等进入，造成设备接地或咬断设备二次线，引起设备直流接地故障。

4 直流系统接地的处理对策

直流接地故障主要采用"拉路法"和"直流接地故障定位装置"进行判断分析，拉路法是较为传统的处置方式，通过断开不同的回路进行观察故障恢复情况判断故障范围，然后逐步缩小，直到锁定故障点，但也存在不利因素，由于回路较多，而且存在环路，在操作过程中可能造成控制和保护回路出现其他人为故障。而利用仪器能够不需要断电，能够带电判断故障类型和故障点，可以极大地增加查找故障的安全性，但也存在仪器厂家众多，灵敏度不高，在查找中存在误报的情况，降低故障处理效率。目前在我们日常直流接地故障处理过程中主要还是以"拉路法"为主。

4.1 拉路法操作要求

拉路法应该按照最小影响原则进行排查，先分后总，重要程度由轻到重，逐级进行排查，按照零时用电负荷→事故照明→信号→通信回路→合闸回路→操作回路→蓄电池回路的流程，采取拉路寻找、分路处理的方法。同时重要负荷回路断开时间不得超过 3 秒。

4.2 故障查找过程中的安全注意事项

（1）直流接地故障查找之前首先要向供电调度进行汇报，征得调度同意后才能进行拉路查找，而且在查找过程中，要确保重要负荷断开时间不超过 3 秒，防止失去保护电源及带有重合闸电源的时间过长。

（2）每次断开回路之后，要有人员实时对直流监控模块进行观察，防止出现漏信号，造成误判断。

（3）进行故障排查时尽量选择车流密度较小的时候进行排查，将可能造成的影响降到最低。

（4）在排查过程中要采用双人确认制度，对于使用的工具材料要严格按照要求进行绝缘包扎，防止在排查过程中造成人为短路故障，导致误跳闸。

（5）在排查过程中要按实际图纸进行线路排查，同时要进行校线，在校线时要确认此线没有电压，并做好记录。

（6）使用万用表进行绝缘测量时，要保证二次线对地的距离，并做好安全防护。

（7）查找故障，必须一人操作一人监护，防止人身触电，做好安全监护。

（8）必要时在瞬断操作电源前，退出可能误动的保护，操作电源正常后再投入保护。

5 处理案例

5.1 案例一

2021 年 12 月 07 日 10 时 17 分，接到某变配电所值班员通知：所内发生直流接地故障告警。

故障报告：正对地电压为 0 V，负对地电压为 110 V 左右，控母正极对地绝缘为 0 kΩ，负极对地绝缘为 9.9 kΩ。

首先利用拉路排除法，进一步缩小故障范围，按照"先室内后室外、先备用后主用"的原则排查。依次对直流回路拉路试验，当切断"一号主变保护盘"和"保护通信盘"空开时，故障消失，系统恢复正常。由于两面保护盘属于环供，必须同时断开后，接地故障才能消失。通过逐级查找，最终确定一号主变本体保护二次回路有接地故障，1#B 本体端子箱内又有多条分支，在甩开 1B-1#压力释放阀二次线后，接地故障消失。故障点精确定位在 1B-1#压力释放至本体端子箱二次回路上。

向供调度申请停电作业，安全措施办理完成后由作业人员对一号主变本体端子箱至 1B-1#压力释放阀的二次电缆及 1B-1#压力释放阀进行开盖检查。

1B-1#压力释放阀及二次电缆均未发现异常现象，然后对其二次回路进行绝缘测试，绝缘测试结果正常，校验回路是否一致时，发现与本体端子箱内排查出来的故障二次线不是同一条电缆。随后又对 1B-2#压力释放阀及二次电缆回路检查校验，发现 1#变本体端子箱内 1B-1#和 1B-2#压力释放阀二次线线号及电缆标识牌挂反，故障回路是 1B-2#压力释放阀至主变端子箱的二次电缆。

打开主变本体顶部二次电缆线槽，对 1B-2#压力释放二次回路电缆进行检查，发现 1B-2#压力释放回路二次电缆有接头，且接头处线芯裸漏未包扎好，导致二次线触碰金属外壳，发生直流接地故障。

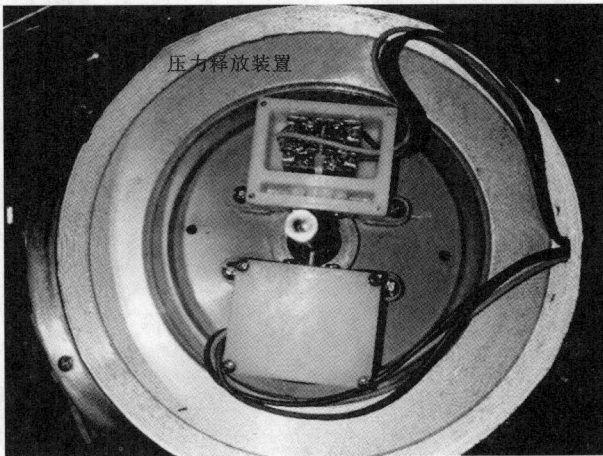

图 3　压力释放阀

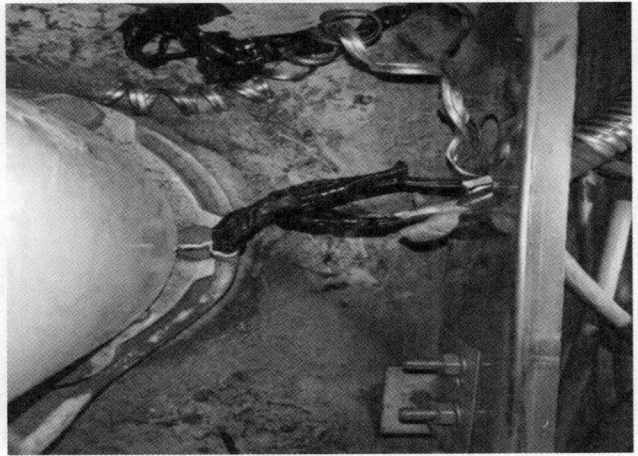

图 4　二次线接头包扎图

由于此线缆为设备专用线缆，是带有插拔头连接方式的电缆，无法彻底更换。退而求其次，重新压接接头，保证其连接牢固，接触良好，并用绝缘防水胶带进行包扎。用绝缘摇表检测后，绝缘情况良好。合上空开，直流接地故障消失，设备恢复正常运行。

5.2　案例二

2022 年 08 月 9 日，某变电所值班员反映，直流盘一段差压报警、一段绝缘故障，时间为天窗时间，设备送电后绝缘故障消失。检修组利用天窗进行检查处理，经检查发现 2322GK 机构箱内控制回路二次线绝缘皮破损，与机构箱外壳接触导致接地。

5.2.1　直流盘相关资料检查

调阅直流盘监控单元，一段绝缘检测：一段合母正对地 92 V，一段控母正对地 92 V，一段母线负对地 20 V。

5.2.2　接地故障排查试验

安全措施办理完毕后，一段母线绝缘故障预告，未复归，通过对后台开关动作情况分析，在 2322GK 分闸后一段母线绝缘故障消失，由此判断为接地故障点在 2322GK 机构箱内。

5.2.3　室外机构箱检查

断开 2322GK 控制电源，甩开控制回路 235#线，用万用表对地测量，235#线与地通，并对 235#线进行绝缘试验，试验数据 1 kΩ，不符合标准，对 235#二次线进行排查发现，二次线在穿越机构箱时接触机构箱外壳，导致绝缘层划伤接地，且其他二次线也均有不同程度划伤。

造成一段母线绝缘故障的原因为 2322GK 二次线由于长期与机构箱外壳摩擦造成绝缘损伤，二次线绝缘下降，导致二次线接地。

图 5　二次线划伤处

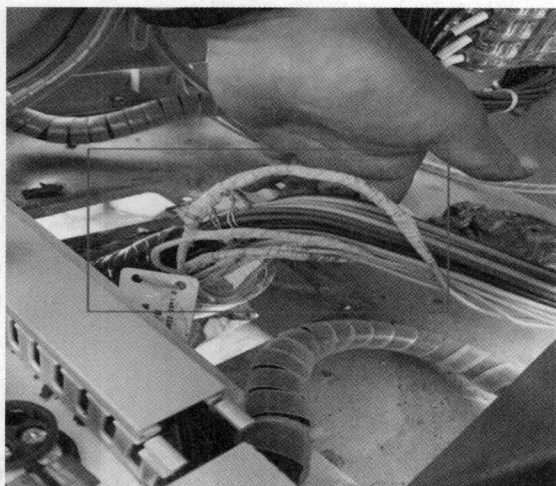

图 6　划伤处处理后

6　整改措施

6.1　施工质量卡控

首先严格要求施工单位按照施工工艺要求进行作业，同时要加强施工盯控人员对于专业施工质量验收标准的学习，制作施工盯控清单，由盯控人员在现场逐条进行销号，提升施工质量与管理水平。

6.2　加强日常检修

针对二次线松动、二次线刮伤等细节问题要本着精简细修的原则进行检查，对于二次电缆进出端子箱的处所要利用橡胶垫进行防护，减少机械损伤，对于端子箱要定期检查密封情况，出现密封不严时要及时进行处理，防止雨水及其他异物进入。

6.3　提升作业标准化

通过标准化作业流程卡控，提升员工作业质量，避免由于人员操作失误造成的设备隐患，同时利用双人确认制度及小组负责人检查制度，保证修后质量。

6.4　加快设备更新换代

充分利用大修计划对问题设备进行整体更换，从根源上消除设备隐患，提升设备质量，建好设备台账，做到设备全寿命周期管理，对于临期超期的设备及时进行申请大修，提升设备更新换代效率。

7　结束语

通过本人在日常工作过程中遇到的故障结合理论知识进行分析论证，能够对此问题有更加清晰地认识，同时也能够为同行提供部分经验，提升人员作业质量及设备质量，减少直流接地故障的发生频次，同时在发生此故障时，也能够更快的进行处理。

参考文献

[1] 缪艺昕，王雨薇，胡娟.变电站直流系统接地故障的监察与诊断[J].机电信息，2022(24)：15-18.
[2] 王军，胡松华，王瑞虎.变电站直流系统绝缘接地故障检测及处理[J].电力工业，2023(07).
[3] 李传东，赵兴永.变电站直流电源系统维护及故障诊断解析[J].电世界，2021，62(11)：6-9.

作者简介

武骥，朔黄铁路发展有限责任公司。

牵引变电所缺相保护零序电压整定值探讨

袁玉昌　陈仲勇

摘　要：本文分析了牵引变电所各种缺相情况下，保护装置采集到的零序电压，为缺相保护判据零序电压整定提供理论依据。

1　引言

根据《牵引变电所整定计算导则及技术条件》（Q/CR 867—2018）规定，牵引变压器应配置失压保护，在进线失压和缺相时能正确动作，切除变压器。进线缺相后，变压器高压侧电压互感器采集的电压里将产生负序分量和零序分量，综自厂家利用这两个特征量，作为缺相保护的判据之一。许继电气、交大运达采用零序电压分量，天津凯发采用负序电压作为判据，国电南自判据暂时保密。本文分析各种缺相情况下，电压互感器采集相电压，综自装置计算出的零序电压，为缺相保护判据零序电压整定值提供依据。

2　缺相时的零序电压

进线缺相必然存在断口，根据断口位置的不同，电压互感器采集到的零序电压不同，下面分别叙述。

2.1　断口在地方变电站和牵引变电所进线压互之间时

压互 1TV 相采集到的电压 UB 为变压器高压侧 B 相套管处的电压 UB′，根据变压器的接线组别及中性点是否接地运行，UB′ 的大小不同。

（1）当变压器为 VV、VX、Scott、YN,d11 以及平衡变压器中性点未接地运行时，接线图见图 1。

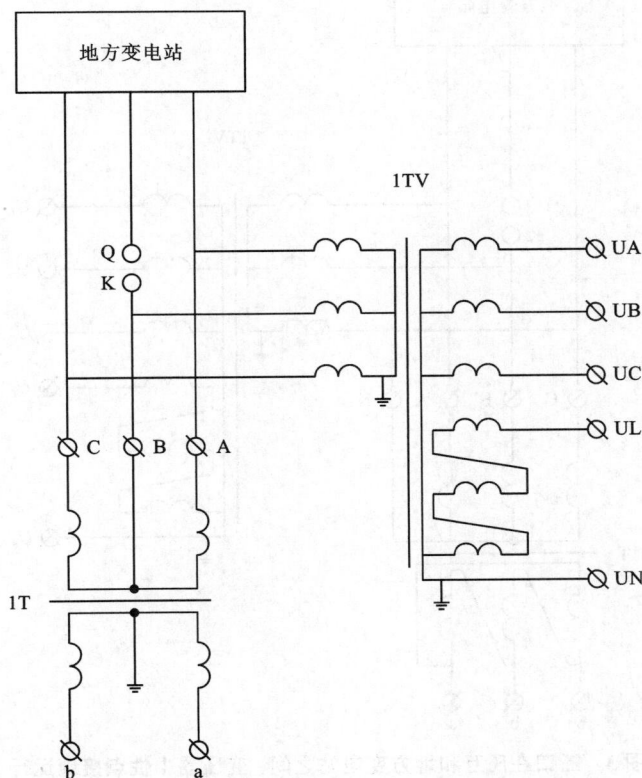

图 1　断口在压互和地方变电站之间

压互采集到的电压 U_A、U_B'、U_C 向量图见图2，计算零序电压 $3U_0$：

$$U_A = 57.7\angle 0°$$
$$U_B' = 28.85\angle 60°$$
$$U_C = 57.7\angle 120°$$ \hfill (1)
$$3U_0 = U_A + U_B' + U_C = 86.55\angle 60°$$

（2）当变压器为 YN，d11、平衡变压器，中性点隔离开关合上（比如投切变压器）时，接线图见图3，B相绕组电压为变压器低压侧 a、c 两相绕组零序磁通感应产生，大小约等于高压侧进线 B 相电压，计算零序电压 $3U_0$：

$$U_A = 57.7\angle 0°$$
$$U_B' \approx 57.7\angle 240°$$
$$U_C = 57.7\angle 120°$$ \hfill (2)
$$3U_0 = U_A + U_B' + U_C \approx 0$$

零序电压不能反映变压器高压侧缺相，存在死区。

（3）压互一次侧或二次一相断线时，压互采集到的电压 U_A、U_B'、U_C 向量图见图4，计算零序电压为：

$$U_A = 57.7\angle 0°$$
$$U_B' = 0\angle 0°$$
$$U_C = 57.7\angle 120°$$ \hfill (3)
$$3U_0 = U_A + U_B' + U_C = 57.7\angle 60°$$

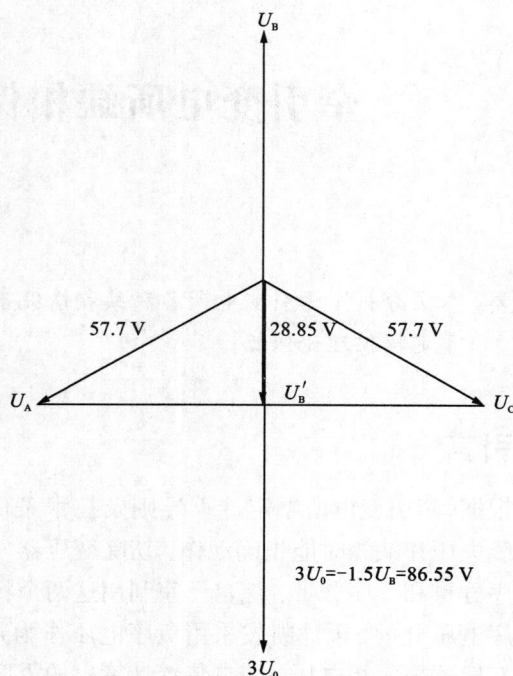

图2 断口在压互和地方变电站之间向量图

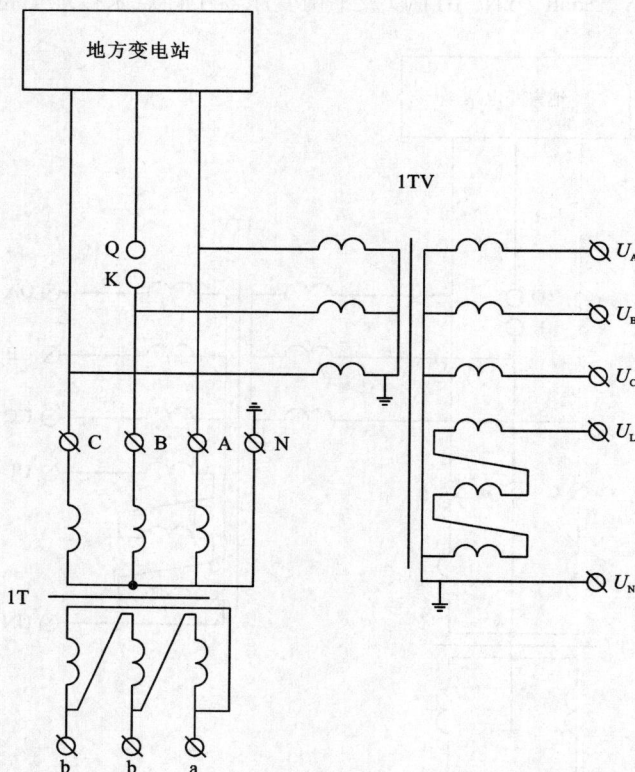

图3 断口在压互和地方变电站之间，变压器中性点接地运行

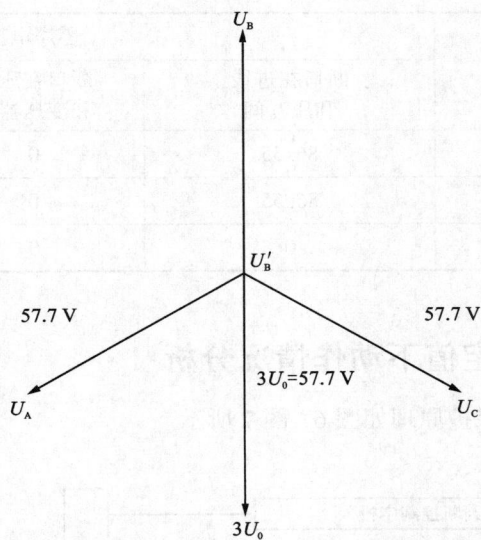

图4 断口在压互和地方变电站之间，变压器中性点接地运行向量图

2.2 断口在压互和牵引变压器之间时

压互 1TV 采集到的电压为线路正常电压，$3U_0 = 0$，零序电压不能反映变压器高压侧缺相，这是缺相保护的死区。接线图见图5。

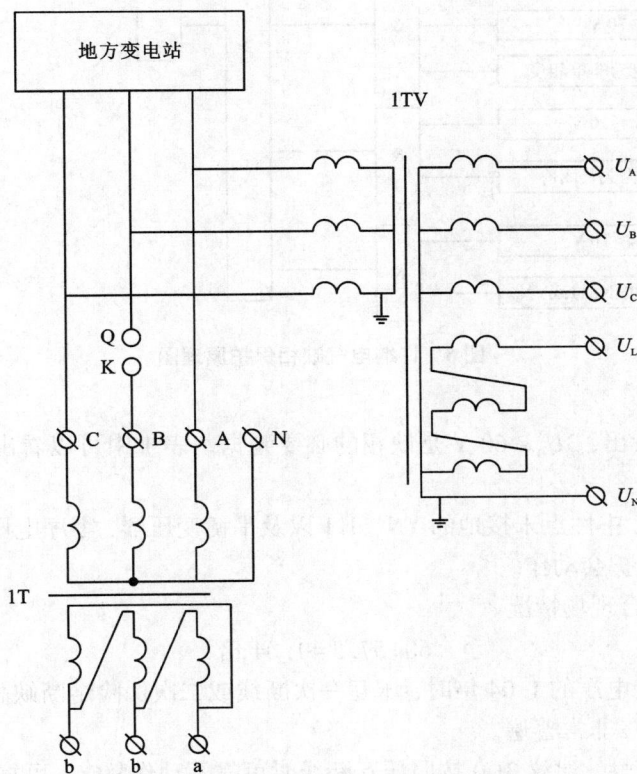

图5 断口在压互和牵引变压器之间

2.3 各种情况下零序电压汇总见表1

表 1　零序电压汇总表

变压器接线组别	高压侧中性点接地	零序电压/V		
		断口在进线和压互间	断口在压互和变压器间	压互一次断线或二次保险熔断
V_v，V_X，Scott	/	86.55	0	57.7
YN，d11；YN，A	否	86.55	0	57.7
	是	0	0	57.7

3　缺相保护原理及现有定值下动作情况分析

许继电气、交大运达的缺相保护原理如图6、图7所示。

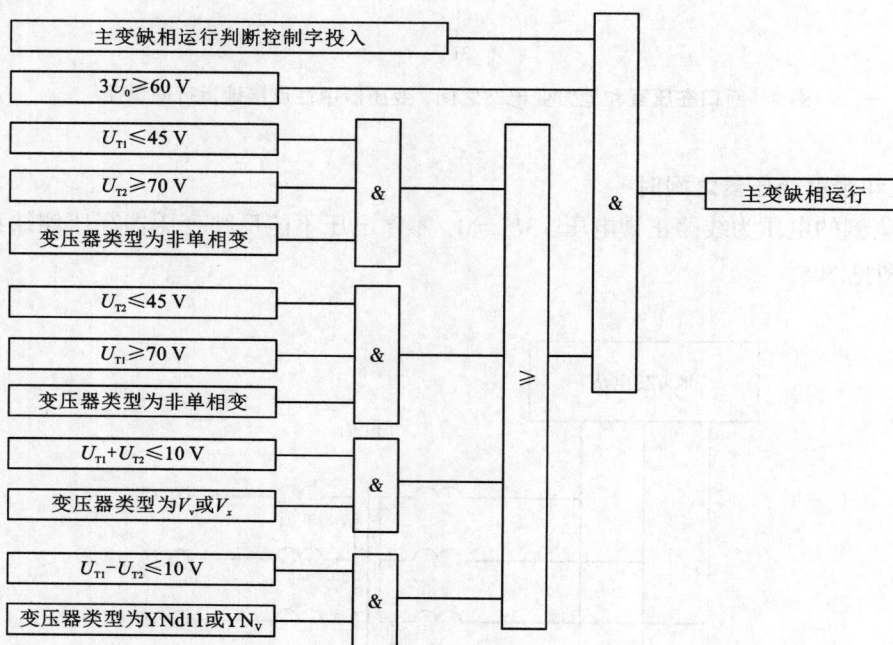

图 6　许继电气缺相保护原理图

从保护原理图中可以看出，$3U_0 \geq 60$ V 是缺相的必要判据。表 1 中可以看出，断口在地方变电站和牵引变电所进线压互之间时：

（1）对 V_v、V_X、斯科特、中性点未接地的 YN，d11 以及平衡变压器，零序电压为 86.55 V，大于整定值，零序电压满足要求，缺相保护会动作。

（2）整定值偏小，不适合现场情况。

$$60 \div 57.5 = 1.04 \ 倍$$

意味着系统电压为额定电压的 1.04 倍时，压互一次断线或二次保险熔断缺相保护均会动作，现场进线实际电压超过额定电压 105% 非常普遍。

为增强缺相保护的适应性，建议 3U0 按照压互断线时可靠不动作整定，可靠系数取 1.2：

$$3U_0 = 57.7 \times 1.2 = 69.24 \ V，取 70 \ V。$$

当进线真正断线时，灵敏度为：

$$K_m = 86.55 \div 70 = 1.23 \quad 缺相保护能可靠动作。$$

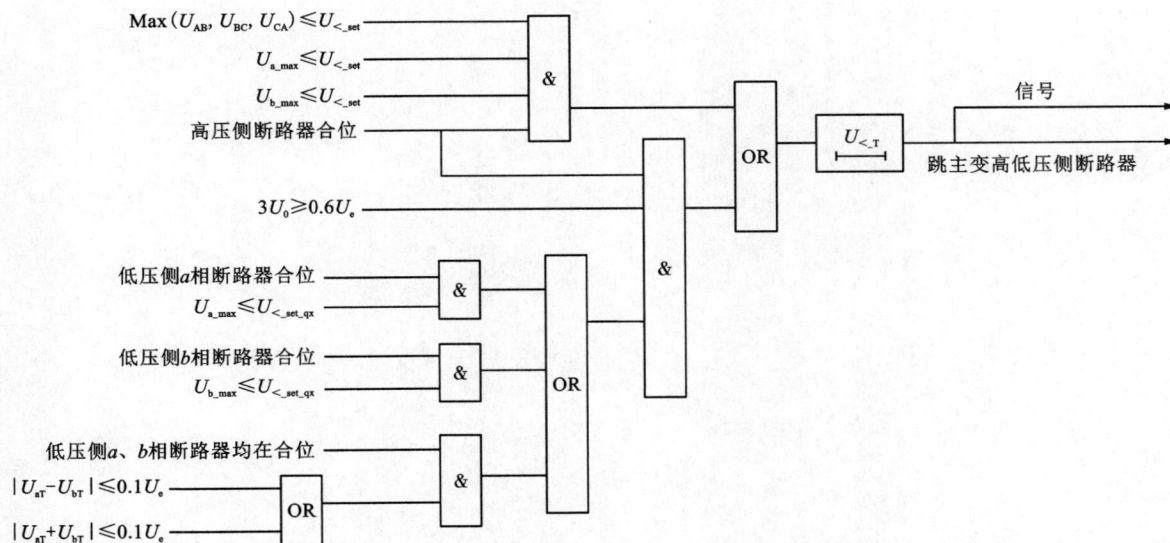

图 7 交大运达缺相保护原理图

4 结论

（1）现有 $3U_0 \geqslant 60$ V 作为缺相的必要判据，整定值偏小，在压互一次短线或二次保险熔断时容易误动，建议整定为 70 V；

（2）缺相保护存在死区。某些断线情况下零序电压为 0，缺相保护不会动作。一是中性点接地的 YN，d11 以及平衡变压器，当断口在进线和压互之间时；二是断口在压互和牵引变压器之间时。

作者简介

袁玉昌，中国铁路成都局集团有限公司成都供电段，工程师。

陈仲勇，中国铁路成都局集团有限公司成都供电段，工程师。

第三篇

电　力

便携式变频谐振高压试验装置研制及应用

孙德英

摘 要： 目前国内交联聚乙烯绝缘电力电缆大多采用直流耐压的试验方法，不仅试验设备体积庞大，不能有效模拟电缆运行，且易损坏被试电缆。鉴于以上情况，提出采用变频谐振方式研制新型便携式高压试验装置。该装置采用了 IGBT 元件的变频调压技术，具有自动寻找谐振点，且便携、安全的特点，适用于现场测试。文中详细介绍了装置的组成及其工作原理，并指出该装置在使用过程中应注意的问题和应用效果。

1 研制目的

在铁路电网建设及设备改造中，10 kV 及以下的 XLPE 交联聚乙烯绝缘电力电缆被大量地投入使用，目前国内交联电缆投运前和运行中的预防性试验大多采用直流耐压的试验方法。这种方法存在以下弊端：

（1）直流耐压试验设备技术含量低，体积、重量大，比较笨重，不利于携带、搬运，给试验工作带来很大的不便，有时甚至无法进入试验现场。

（2）直流耐压试验，由于空间电荷效应，绝缘中的实际电场强度可比电缆绝缘的工作电场强度高 11 倍。交联聚乙烯电缆即使通过了直流试验不发生击穿，也会引起绝缘的严重损伤。

（3）由于交流电的趋表现象，施加的直流电压场强分布与运行的交流电压场强分布不同。直流试验不能真实模拟运行状态下电缆承受的过电压，所以不能有效地发现电缆及电缆接头本身和施工工艺上的缺陷。

为了确保大量 10 kV 及以下的 XLPE 交联聚乙烯绝缘电力电缆的安全可靠运行，我们针对设备现状和运行管理的实际，确定了研制便携式变频谐振高压试验装置的课题。

2 方案选择

目前，国内广泛应用的各式交流耐压试验装置升压方式主要有两种，一种工频谐振升压，另一种是变频谐振升压。

2.1 工频谐振升压方式优缺点

工频谐振升压方式是通过调节试验变压器的铁芯气隙，以改变电感量 L 使之与被试品的电容 C_x 发生串联谐振，这种试验所需功率 90% 以上的无功不再由电源提供，电源仅提供占试验总功率 5% 以下的有功功率。

它的特点是试验中所需电源容量大大减少，仅为传统试验容量 $1/Q$ 的，一般 $Q \geqslant 20$；试验电压波形理想（完全由工频正弦波电源直接供电）。但是工频谐振升压方式的调谐方法单一。升压控制组件工艺、技术含量都很低。Q 值较低（Q 值一般小于 50），这使得设备组件的体积和重量相对还是比较笨重；另外，可调电抗器的生产工艺较为复杂，价格昂贵。并且在耐压试验中长期地频繁调节电抗器的铁芯气隙，不仅加大操作强度，同时容易对电抗器的机械性能造成破坏。

2.2 变频谐振升压方式优缺点

变频谐振升压方式也运用了串联谐振原理，利用励磁变压器激发串联谐振回路，通过变频控制器提供电源，试验电压由励磁变压器经过初步升压后，使高电压加在高压电抗器和试品上。通过改变变频控制器的输出频率，回路中的电抗器电感和试品电容发生串联谐振，谐振电压即为试品上所加电压，再调节变频电源的输出电压幅值，使试品上的高压达到合适的实验电压值。

变频谐振升压方式中所使用的变频电源采用电子设备控制。谐振电抗器采用固定电感量，磁路无须调节，噪声小、结构简单，便于现场使用。整套试验装备品质因数高（一般为 $Q = 70 \sim 150$），谐振时波形失真度极小。试品试验电流受系统谐振条件的制约，当试品击穿或发生短路时，谐振条件被破坏，试验电压迅速下降，短路电流很小，因此，不会对试验装置和试品造成危害。谐振电抗器虽然为固定电感，但通过一定方式的串、并联，其电感量的变化趋向还是可控的，这样就能方便地适应试品容量变化的应用需要。

2.3　方案确定

通过对工频谐振升压方式和变频谐振升压方式优缺点的综合分析，我们充分借鉴国内现有的变频谐振试验设备的优点，从而形成安全可靠、操作简单，便于携带，适用试品广泛的新型变频串联谐振高压试验装置的技术方案。并进行了模拟装配和模拟试验，证实了变频谐振方案的可行性。

3　总体方案及工作原理

3.1　设备构成

整个设备由变频电源控制箱、励磁变压器、高压电抗器（3 个）、高压分压器、补偿电容器等组成。

3.2　主要研究内容和技术关键

（1）变频信号源的生成和控制设计，目的是为变频电源后级大功率输出的 IGBT 功率管提供安全、稳定、可靠的控制信号源。

（2）人机界面的设计，目的是让操作人员能简单、有效地对试验装置进行操作和设置，同时通过试验界面对升压试验的过程进行实时监视，并能保存和查阅试验结果。

（3）谐振电抗器的多个组合设计，目的是便于和不同容量的被试品搭配，适用于多个谐振电流、电压差异较大的试验项目。

（4）变频电源控制箱设计有高、低压过流、过压保护，以及失谐保护、零位保护等多重保护功能，防止试验过程中因操作不当和被试品意外故障对试验装置造成破坏。

（5）该装置的关键技术是变频电源控制器，我们采用目前最流行的高速单片机技术和对交流电量的真有效值采样电路及 A/D 转换电路实现多种界面设计人机界面；电源电路的设计基于我们长期对电源电路的开发研究经验和大量大功率电源器件的综合应用，实现电源电路的安全可靠；将旋转编码器应用到调频电路中，降低了传统调频器件因为频繁使用易坏、调频速度不高、不稳定的损害，提高了单片机对调频信号的处理速度；大功率、高性能的 IGBT 开关器件应用到变频电压输出电路中配以高效的开关器件驱动芯片电路控制，实现了频率在 30~300 Hz 范围内能连续可调的高稳定度交流电压。

3.3　工作原理

3.3.1　工作原理概述

变频式串联谐振高压试验设备的工作原理接线图，如图 1 所示。交流 220 V 或 380 V/50 Hz 电源，经变频控制器输出 30~300 Hz 频率可调的电压，送入励磁变压器，经谐振电抗器 L（视被试电缆的电压等级和长度不同，谐振电抗器可串联或并联使用）和被试电缆 Cx，构成高压主谐振电路。分压器是纯电容式的，先由变频器经励磁变压器 T 向主谐振电路送入一个较低的电压 U_e，调节变频器的输出频率，当频率满足条件 $f = \dfrac{1}{2\pi\sqrt{LC}}$ 时，电路即可达到谐振状态。此时能在较小的励磁电压 U_e 下，使被试品 Cx 上产生几十倍于 U_e 的电压 U_{cx}。

谐振时，被试品上的电压与电流的关系为：$U_{cx} = \dfrac{I}{\omega Cx}$，$I = \dfrac{U_e}{\sqrt{r_B^2 + (X_L - X_C)^2}}$。其中，$r_B$ 为励磁变压器电阻，X_L 为电抗器的电抗，X_C 试品的容抗。

被试品电压 U_{cx} 与输出电压 U_e 之比为试验回路的综合品质因数 Q，$Q = \dfrac{U_{cx}}{U_e}$。

3.3.2　工作特点

（1）品质因数愈高，所需电源容量愈小。

（2）谐振电抗器 L 与被试电缆 Cx 处于谐振状态，此电路形成一个良好的滤波电路，故输出电压 Ucx 为

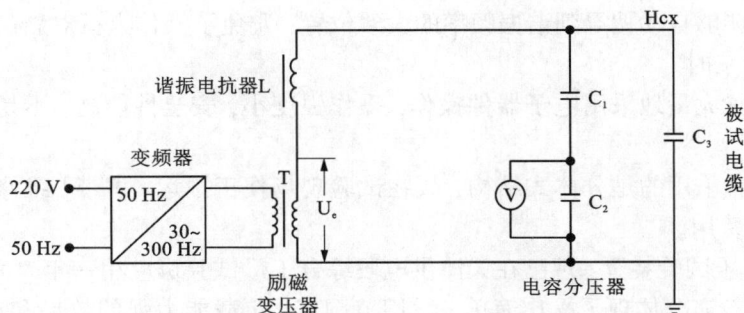

图 1　变频式串联谐振高压试验设备的工作原理接线图

良好的正弦波形。

（3）被试电缆击穿时，失去谐振条件，高压电路和低压电源回路的电流反而减小，故绝缘击穿处的电弧不会将故障点扩大，并确保电力设备和试验人员人身安全。

4　主要技术参数

（1）输出试验电压：0～100 kV　AC，有效值

（2）输出频率：30～300 Hz

（3）谐振电压波形：正弦波，波形畸变率<1.0%

（4）最大被试品电流：6.0 A（25 kV）、3.0 A（50 kV）、1.5 A（100 kV）

（5）最大试验容量：150 kVA

（6）输入工作电源：380 V±10%，三相 50 Hz，最大电流约 13 A（有效值）

5　系统功能特点

5.1　简便

（1）具有自动调谐单触按钮，只需一按，即可自动找到谐振点。

（2）同时具备手动调频，微调 0.1 Hz，粗调按下自动快进。

（3）大屏幕显示主要界面，可按所设置的试验电压和加压时间在谐振频率点上进行试验。

（4）指针表显示调谐电压及电流，直观反映调谐状态和升降压过程。

5.2　可靠

（1）机内设有高、低压过流过压保护，面板上具有过压保护拨码设定。

（2）失谐保护功能能够在突然失谐时自动切断高压。

（3）电压调节具有零位保护功能，以保证调谐的安全性和高压回路的零起升压。

（4）机内放电保护可在高压放电时迅速切断高压，有效保护设备及试验人员的安全。

（5）谐振回路中具有过电压保护，防止反击电压对设备的损坏。

6　应用

6.1　应用注意事项

（1）试验时，升压速度应依据相关高压试验作业规程，或控制在 2～3 kV/s。

（2）不同型号规格电抗器之间不能简单地混合并联或串联。

（3）为减小电抗器漏磁的干扰，应将接地线组与高压取样信号线（即分压器输出线）尽可能地并行放置，布线要集中不分散，且远离电抗器，绝对避免接地线组和高压取样信号线穿梭于电抗器间。

（4）电抗器使用时，应移除其周围的金属物体，否则因涡流引起的发热将导致系统有功输入增加，甚至使试验电压达不到预期试验值。

（5）分压器本体与其高度相等的范围内应无其他物体，高压引线与分压器本体的夹角不小于 90°。

6.2　应用效果

（1）由于试验装置能够自动搜寻到谐振频率的大致位置，避免了操作人员对新的被试品进行试验时盲目寻找谐振频率而浪费工时。

（2）由于该试验装置大量地采用电子器件操作，操作强度小，安全性能高，不易对整套装置造成机械性的永久损坏。

（3）由于该试验装置采用的是分体式结构，故在试验现场便于搬运、携带，维修时也可以进行个体检修，节约了试验和维修费用。

便携式变频谐振高压试验装置，现已在天津供电段综合工厂试验班应用一年时间，经过对 300 余条高压交联电缆的耐压试验，充分体现了操作简单、适用范围广、负载能力强的效果和良好的安全可靠性能，得到了试验操作人员的一致认可。因此便携式变频谐振高压试验装置具有广阔的推广前景。

参考文献

［1］陈昌渔.高电压试验技术［M］.北京：化学工业出版社，2017.

［2］陈伯锋.电力电缆试验及检测技术［M］.北京：中国电力出版社，2014.

作者简介

孙德英，中国铁路北京局集团有限公司天津供电段，主任，高级工程师。

铁路 10 kV 自闭贯通线路电抗器补偿容量的计算

刘 明

摘 要：铁路自闭贯通线路多采用中性点不接地方式，随着铁路自闭贯通线路越来越多架空改为电缆，由于线路容性电流增加造成的单相接地电流过大引发的继电保护动作跳闸日益增多，降低了铁路电力线路供电可靠性。本文从理论、实际方面进行验证，合量计算确定电抗器补偿容量，将取得显著的安全和经济效益。

1 问题的提出

普速铁路 10 kV 自闭贯通线路一般采用中性点不接地的方式。中性点不接地方式结构简单，运行方便，且比较经济，不需任何附加设备，投资省，广泛应用到铁路架空、电缆混合自闭贯通线路。该接地方式若发生单相接地故障，其流过故障点电流仅为电网对地的电容电流，其值小于负荷电流，更远小于短路电流，因此属于小电流接地方式。由于单相接地故障电流小，所以保护装置不会动作跳闸，很多情况下故障能够自动熄弧，系统重新恢复到正常运行状态。由于单相接地时非故障相电压升高为线电压，系统的线电压依然对称，不影响对负荷的供电，故可以带故障继续供电 2 h，提高了铁路自闭贯通线路供电可靠性。

但是，铁路自闭贯通线路因为危树影响、邻近建筑物和对地安全距离不足，逐年将大量架空线改造为电缆，电力线路电容电流越来越大，当电容电流超过一定范围时，可能会造成继电保护的误动作跳闸，接地电弧就很难自行熄灭，会产生以下后果。

（1）导致火灾。电弧产生的高温，有可能烧断架空导线，造成断线，还有可能引燃相邻的易燃物品，最终造成火灾事故。

（2）产生过电压。如果接地电弧不稳定，产生间歇性电弧，电弧不断的熄灭与重燃，会在非故障的两相产生间歇性电弧接地过电压。会对系统电气设备的绝缘造成极大危害，严重时会导致绝缘薄弱处击穿。

（3）诱发 PT 铁磁谐振。PT 铁磁谐振的机理是电磁式电压互感器的励磁感抗在一定的激发条件下有可能出现过饱和，使得感抗值降低并与线路对地的容抗值匹配，最终出现谐振过电压。单相接地是 PT 铁磁谐振的激发因素之一，一旦发生铁磁谐振，可能导致 PT 保险熔断、PT 炸裂，还有可能造成氧化锌避雷器击穿、电缆终端头和中间接头击穿等危及电气设备绝缘的故障。

近年来，我段在集团公司投入支持下，对京沪、津山、北环、津蓟等多条线路投入资金进行架空改电缆改造，平均每年架空改电缆都在 20 km 以上，较多的电缆造成线路单相接地后容性电流较大，超出继电保护过流定值，单相接地容性电流过大跳闸的情况日益增多，影响到了自闭贯通线路供电可靠安全。我段前期还发生了多起因单相接地引起的典型故障。

（1）2018 年 5 月 9 日京沪线沧东自闭接地故障。因喜鹊搭窝时将铁丝搭在一相导线与横担上，造成单相接地，横担 U 形抱箍与电杆造成弧光放电，横担倾斜。如图 1 所示。

（2）2019 年 2 月 3 日津山线天津北站地区电缆单相接地造成故障范围扩大。南仓配电所西干馈出回路中的电缆接盒一相绝缘击穿形成单相接地，因接地原因系统内部产生过电压，造成北站 35 kV 电站馈出的南仓备用 223 线路上的避雷器炸裂导致避雷器上引线接地，与西干接地不同相而形成两相接地短路。短路电流达到西干回路的保护定值而使南仓配电所的西干回路先行速断保护跳闸。但此时，北站 35 kV 电站的 223 回路中避雷器引线继续单相接地且为断续的弧光接地，因为本段母线上电缆数量多，接地容性电流大，造成接地短路时的弧光拉弧的距离长，并与其他非故障相产生相间弧光短路，继而引起主变有载调压重瓦斯保护跳闸的连锁反应。如图 2 所示。

图1 京沪线沧东自闭接地故障

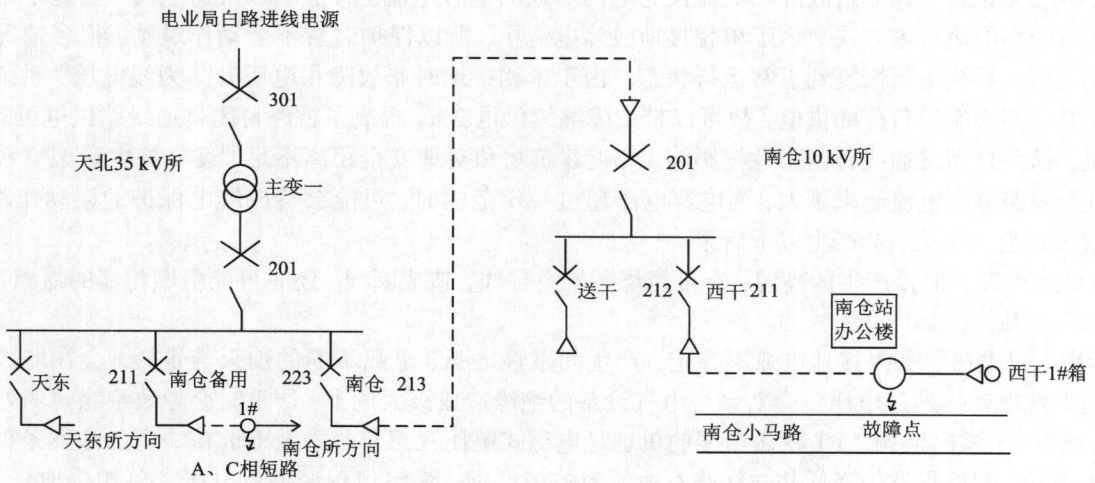

图2 津山线天津北站地区电缆单相接地

图3 避雷器顶部弧光短路放电

图4 故障电缆中间接头

（3）2019 年 5 月 4 日京沪线独静自闭单相接造成断线故障。京沪线独流—静海自闭 60#-61#间导线被挖掘机触碰引起单相接地，因线路上电缆较多使得接地容性电源大且由于断续电弧引起的过电压造成接地电流危害巨大，将挖掘机烧毁，同时将线条烧断。

图 5　车辆烧毁

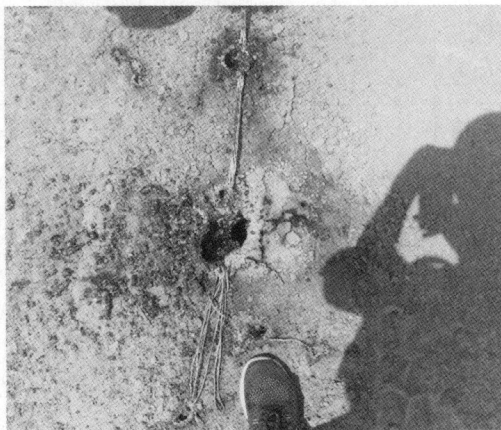

图 6　线条烧毁

2　解决方案

2.1　补偿电缆电容电流较好的办法是设置专用的并联电抗器。补偿电抗器既要补偿电缆线路正常运行时的电容电流，又要补偿单相接地时的电容电流。

2.2　中性点不接地系统中，当发生单相金属性接地故障时，接地相对地电容电流是系统正常时每相电容电流的 3 倍，即 $I_c = 3\omega C U_0$，U_0 为系统相电压（V），C 为相对地电容（F）。接地电容电流还可以近似利用下列公式进行估算，

对于架空线路：$I_c = U_e L / 350$

对于电缆线路：$I_c = U_e L / 10$

上式中，U_e 为电网线电压，单位为 kV；L 为同一电压系统下电网总长度，单位为 km。以上式可见，电缆的电容电流是同等长度架空线路的 35 倍，在计算线路容性电流和容性无功功率时，可以忽略架空线路。同时电力电缆的电容值可以由设计手册查表获得，极大地简化了理论计算。

根据经验公式，10 kV 高压电缆每公里接地电流接近 1 A，按照设计规范，10 kV 系统接地电流大于 30 A 时，中性点不再适用不接地方式。长距离高压电缆产生的容性电流会造成继电保护误动作跳闸，接地电弧造成火灾、人身跨步触电、系统过电压和 PT 保险熔断等故障。

2.3　根据计算公式：

$$I_c = U_e / \sqrt{3} \times 2 \times 3.1415 \times f \times C_0$$

$$Q_c = \sqrt{3} \times U_e \times I_c = U_e^2 \times 2 \times 3.1415 \times f \times C_0 \times 10^3$$

以典型电缆 YJLV22 3×70 为例，查阅附表，工作电容 0.2167 uf/km，可以计算得到 1 km 电缆正常工作时产生容性电流 0.3931 A，发生单相接地故障后，故障相容性电流 1.1793 A，需要补偿电抗器容量 6.8044 kvar。

表 1　电缆 YJLV22 3×70 数据表

YJLV22 3×70	0.2167	uf/km
电缆长度	1	km
电缆电容	0.2167	uf
容性无功	6.8044	kvar
容性电流	0.3931	A

表 2　电缆数据表

8.7/10，8.7/15KV 三芯交联聚乙烯绝缘聚氯乙烯护套电力电缆

导体标称截面	绝缘标称厚度	护套厚度	电缆近似外径		电缆近似重量		20℃时导体直流电阻(R₂₀)		工作温度时导体交流电阻(R)		工作电容 (C)	电缆电感 (L)	电缆电抗 (X)	正、负序阻抗 (Z)		零序阻抗(Z₀)				电缆载流量				短路电流			
			C₀	Al	C₀	Al	C₀	Al	C₀	Al				C₀	Al	铜带	铜丝	铜带	铜丝	在空气中		直埋土地中		导体		屏蔽层	
																				C₀	Al	C₀	Al	C₀	Al	铜带	铜丝
mm²	mm	mm	mm	mm	Kg/Km	Kg/Km	Ω/Km	Ω/Km	Ω/Km	Ω/Km	uF/Km	mH/Km	Ω/Km	Ω/Km	Ω/Km	Ω/Km	Ω/Km	Ω/Km	Ω/Km	A	A	A	A	KA	KA	KA	KA
25	4.5	2.4	48.0	48.0	2480	2012	0.727	1.200	0.9271	1.5385	0.1576	0.4061	0.1275	0.9358	1.5438	3.5161	2.2149	4.1274	2.8260	120	90	125	100	3.69	2.42	2.958	
35	4.5	2.5	50.0	50.0	2963	2300	0.524	0.868	0.6684	1.1130	0.1725	0.3062	0.1213	0.6793	1.1196	3.2573	1.9582	3.7018	2.4025	140	110	155	120	5.15	3.37	2.958	
50	4.5	2.6	53.0	53.0	3481	2534	0.387	0.641	0.4937	0.822	0.1917	0.3655	0.1148	0.5069	0.8300	3.0824	1.7854	3.4107	2.1135	165	130	180	140	7.31	4.79	2.958	
70	4.5	2.7	57.0	57.0	4036	2911	0.268	0.443	0.3421	0.5682	0.2167	0.3445	0.1082	0.3588	0.5784	2.9308	1.6356	3.1565	1.8615	210	165	220	170	10.2	6.68	2.958	
95	4.5	2.8	61.0	61.0	5147	3348	0.193	0.320	0.2467	0.4100	0.2400	0.3290	0.1033	0.2675	0.4234	2.8353	1.0687	2.9992	1.2324	255	200	265	210	13.8	9.68	2.958	

2.4　以我段管内津蓟线为例，津蓟线南仓–宝坻北供电臂电缆全长 34.7 km，宝坻北–蓟州北供电臂电缆全长 23.5 km，高压电缆型号 YJLV22 3×70。2022 年 7 月宝坻北、蓟州北配电所微保交直流改造前，功率因数不达标，改造后所内增加了 300 kVar 集中动态补偿电抗器 2 台，结合既有线路侧 2 台杆架式电抗器共同平衡线路侧容性无功，实现了供电局进线功率因数达标。

理论计算电抗器补偿容量如下表。

表 3　理论计算电抗器补偿容量

区间	电缆截面	容性电流	电缆长度/km	容性电流/A	折算电抗量/kVar
南仓–宝坻北	3×70	0.3931	34.7	13.64	236.25
宝坻北–蓟州北	3×70	0.3931	23.5	9.24	160.00

表 4　津蓟线实测电抗器补偿容量

供电臂	A 相电流 /A	B 相电流 /A	C 相电流 /A	集中补偿电抗器 Q/(kVar)	线路电抗器补偿 Q/(kVar)	合计补偿电抗器 /(kVar)	补偿后功率因数
南仓–宝坻北	6.25	6.29	6.23	107.21	63	170.21	1
宝坻北–蓟州北	3.98	3.95	3.71	72.3	125	197.3	0.95

2.5　电抗器无功补偿分为线路补偿和集中补偿两种。变配电所集中补偿的优点是管理容易、维护方便，缺点是自闭贯通线路降损不起作用，造价较高。线路补偿优点是能够实现无功就地平衡，降低线路损耗，造价较低，缺点是只能进行固定容量补偿，不能动态调整，电抗器保护简单，维护困难，运行环境恶劣。

无功补偿最好的方式是哪里发生，就在哪里补偿，减少系统中无功电流的流动，降低线路损耗。综合起来，线路并联电抗器的原则是集中补偿和线路补偿相结合，以线路补偿为主。同时线路补偿电抗器应多台分布为优，减少线路中无功电流的流动。

以我段管内津蓟线为例，南仓—宝坻北供电臂应在曹子里、崔黄口、大口屯各站设置 63 kVar/3 台，宝坻北–蓟州北间下仓、上仓各站设置 63 kVar/2 台，结合所内集中补偿电抗器，实现电抗器对电缆无功功率的补偿。

电抗器的性能参数如下表所示。

表5　电抗器的性能参数

额定容量/(kVar)	额定电流/A	额定电感/H	额定电抗/Ω	损耗/kW	电阻偏差/%
38	2.194	8.367	2631.5	2	≤2
50	2.887	6.366	1999.8	2.4	≤2
63	3.637	5.053	1587.4	2.7	≤2
72	4.157	4.421	1388.9	3.2	≤2
76	4.388	4.188	1315.7	3.4	≤2
80	4.619	3.979	1249.9	3.6	≤2
100	5.774	3.183	999.9	4.2	≤2
110	6.351	2.894	909.1	4.8	≤2
125	7.217	2.546	800	5.2	≤2
150	8.66	2.122	666.7	6.8	≤2
200	11.547	1.592	500	7.4	≤2
250	14.434	1.273	400	8.6	≤2

3　结论

随着铁路自闭贯通线路越来越多的架空改为电缆，线路容性电流增加造成的单相接地电流过大引发继电保护动作跳闸，降低了铁路电力线路供电可靠性。同时接地电弧造成火灾、人身跨步触电、系统过电压和PT保险熔断等危害都是显而易见的，合理投入电抗器进行线路补偿是非常必要的。同时减小后的线路电流也会为降低线损带来明显的经济效益。

参考文献

[1] 杨以涵，齐郑.中压配电网单相接地故障选线及定位技术[M].北京：中国电力出版社，2014.
[2] 配电线路及动力与照明[M].北京：中国铁道出版社，1995.
[3] 铁路工程设计技术手册电力变压器的经济运行[M].北京：中国铁道出版社，1993.

作者简介

刘明，中国铁路北京局集团有限公司天津供电段。

供电远动系统时钟对时问题的影响及优化方案

陆卫锋

摘　要： 随着高速铁路的不断发展，铁路供电系统稳定运行和快速应急处置的需求越来越强烈，同时也对供电远动系统运行分析水平的要求越来越高，各类告警、报文的准确性是进行快速故障判断和故障分析的基础。本文介绍了日常运行过程中供电系统时钟同步的作用及工作方式，分析了被控站时钟发生异常对调度主站产生的影响，并提出了相应优化方案。

在铁路供电系统运行过程中，由于受设备质量、外界因素、气候等各方面的影响，经常会发生故障，在变电站无人化、调度集中化的趋势下，就更需要在调度主站正确、完整地展示各类记录、报文，从时间维度上得到一个清晰完整的故障事件发生过程，供电调度依据被控站各类装置、设备、系统的动作顺序准确地判断故障性质，按照应急预案进行快速处置，及时恢复设备供电，减少对行车的影响。当被控站时钟对时发生问题时，会影响供电调度对设备的正常监控、故障判断和应急处置，会产生不可估量的影响及后果，因此被控站时钟的正确性在供电系统安全运行、故障追溯方面起着关键的作用。本文通过故障案例来阐述供电远动系统被控站时钟问题对调度主站的影响与优化建议。

1　时钟系统的作用

在铁路系统中，统一的时间系统对于供电系统的故障分析、监视控制及运行管理具有重要意义。被控站内的保护、测量、控制设备出于统一时间的需要，采用相应的对时方法，实现与标准时钟源时间保持同步，从而确保供电系统实时数据采集的一致性，为系统故障分析和处理提供准确的时间依据，提高铁路供电系统运行效率和可靠性。

2　被控站时钟同步的要求和实现方式

2.1　被控站时钟同步的要求

TJ/GD 030—2019《电气化铁路牵引变电所综合自动化系统暂行技术条件》规定，被控站时钟同步装置通过对时网与所内通信设备及间隔层设备联网，实现系统时钟的准确同步。时钟同步装置应支持北斗系统和 GPS 系统单向标准授时信号，时钟同步精度和守时精度满足所内所有设备的对时精度要求，IRIG-B 码对时精度小于 0.1 ms。当时钟同步装置失效时可通过通信网络实现软件对时。

2.2　被控站时钟同步的实现方式

2.2.1　卫星时钟对时

目前变电站综合自动化系统对时系统普遍采用直接接线对时和网络对时相结合的方式，即通过 1 个或多个 GPS 接收装置引入高精度时钟，GPS 装置同时提供秒脉冲、串口报文与 IRIG-B 码对时，通信管理机采用串口报文对时，其他智能装置、保护装置、测控装置等采用 IRIG-B 码及秒脉冲对时，这种对时方式避免了通信管理机处理的延时，使装置对时精度满足要求，如图 1 所示。

2.2.2　调度主站对时

调度主站设置独立的时间服务设备，并具有自动定时同步功能，提供 NTP 服务，定时向所管辖的终端、被控站下发时钟同步命令，通过调度主站和被控站管理机之间的规约对时，然后由管理机给站内装置、设备对时。

图 1　变电站时钟同步示意图

3　调度主站报文解析逻辑

被控站向调度主站上传的 SOE 报文自身的时间来源于本站内的装置，装置通过与时钟系统对时来获取正确的时间，调度主站接收到被控站上传的 SOE 报文后进行解析，主站报文时间是按照 SOE 报文的时间来还原的，而并非是调度主站在接收 SOE 报文时刻的时间，调度主站将各个被控站上传的 SOE 报文解析后按照时间先后顺序在实时报警窗口进行展示。

4　被控站时钟异常对调度主站的影响及案例

供电远动系统正常运行时，被控站向调度主站上传准确时间的 SOE 报文，真实、正确地反映被控站的运行状况，当被控站发生故障时，调度主站就是依靠报文记录自身的时间来分辨每一条故障信息发生的先后顺序，从而分析还原整个故障的发生过程，所以被控站时钟异常对调度主站会产生多方面的影响。

4.1　时钟滞后造成调度主站实时报警不显示

调度主站的报文是按照时间的先后顺序在窗口中进行展现的，在被控站发生时钟异常时，上传主站的 SOE 报文时间就会发生错误，而主站解析的报文由于时间错误就会造成在实时报警窗口中不显示的现象。

案例：如图 2 所示，2021 年 11 月 28 日某信号所 Z3 熔断器熔断，Z3 非远动分，上级电源 A 配电所一级贯通馈出开关 126DL 在调度主站界面显示分位，主站没有实时报警及实时故障报告。

图 2　某信号所事件记录

调度主站维保人员通过抓取跳闸时刻的原始报文进行解析，发现 A 配电所上传的故障报文的时间为 2020 年 12 月 9 日 09：58：05，查询历史事件记录，该配电所保护动作信息均有记录。

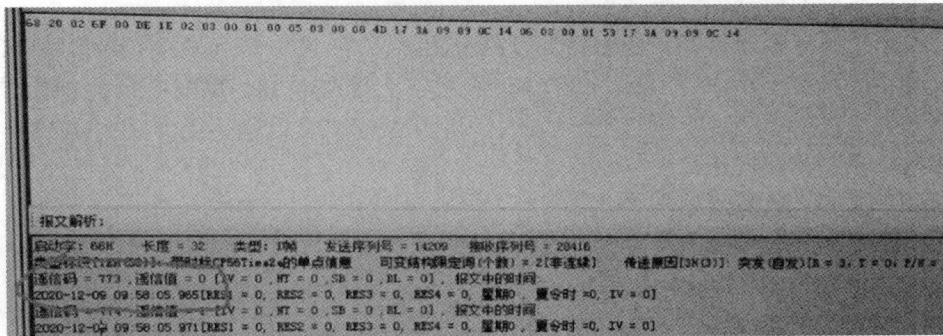

图 3　主站用解析工具对抓取报文进行解析

图 4　A 配电所调度主站历史事件记录

检修人员经检查发现 A 配电所 GPS 对时装置故障,所内后台及装置显示故障跳闸时间为 2020 年 12 月 9 日 09：58：05,与调度主站解析的报文时间吻合,因所内后台及保护装置时间与实际时间不一致,导致保护装置动作后上传的 SOE 报文时间与调度主站当前时间不一致,主站虽对该时间错误的报文进行自动解析,但是由于报文是按照时间先后顺序展现的,造成该故障报文被最近时间的其他报文湮没,无法在实时报警窗口显示,导致调度员第一时间无法看到报文来判断故障,实际调度主站收到故障报文与配电所内一致。综上所述,造成 A 配电所 126DL 保护动作故障报文不显示的原因为配电所 GPS 对时装置故障,保护装置上传的 SOE 报文时间不正确,与调度主站时间不一致,导致报文在实时报警窗口中不显示。

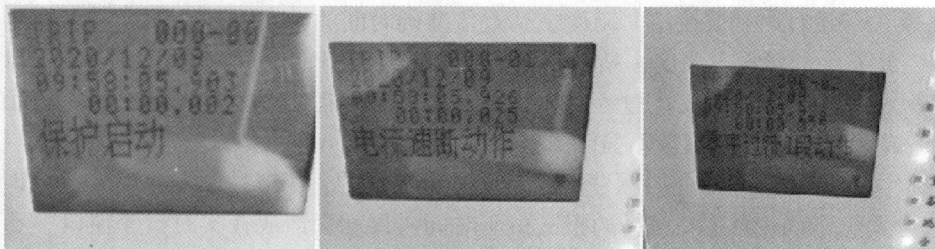

图 5　所内保护装置上显示的故障动作时间

在供电远动系统运维过程中,调度员多次反映调度台有报警音响但实时报警窗口查不到报文的现象,后经过主站厂家抓取音响报警时刻的原始报文进行分析,均发现是被控站上传时间较早的报文,且在主站历史事件中都有记录,被控站检查后发现均是时钟对时问题。从以上案例可以看出,被控站时钟滞后可能造成对故障处置不及时,尤其当接触网分相隔离开关发生误合时,非远动合闸报文不能实时显示,造成调度员不能及时发现,应急处置不及时,情况严重的甚至可能会造成接触网断线、塌网等事故。

4.2　时钟超前对应急处置决策产生干扰

上海局集团公司高速铁路接触网分相区故障(重合失败)应急处置流程规定,接触网分相处同行别相邻两供电臂同时跳闸,一个或两个供电臂重合失败时,供电调度应通知列调邻线后续首列按分相中心里程前后 2 km 限速 80 km/h 运行,了解跳闸时有无列车通过此分相。此时当同行别相邻变电所的相邻两供电臂同时跳闸,某变电所由于时钟超前造成调度主站解析的跳闸故障报文时间超前不准确,影响供电调度对故障性质的判断,干扰后续的应急处置。

案例:2021 年 09 月 18 日 18 时 01 分,某高铁线路 003、004 供电单元跳闸(B 牵引所 213、214 断路器)、005、006 供电单元跳闸(C 牵引所 215、216 断路器),上行 004、006 供电单元重合闸成功,下行 003、005 供电单元重合闸失败,此时调度主站显示 C 牵引所跳闸故障报文时间为 18 时 12 分 32 秒,B 牵引所故障报文时间为 18 时 01 分 44 秒。

图 6　B 牵引所跳闸时刻事件记录

通过图 6 与图 7 跳闸时刻事件记录可以看出两个牵引所的跳闸时间相差 10 多分钟,此时调度员如果光凭两个牵引所的跳闸故障报文来进行应急处置,就会误判故障性质,造成供电调度通知列车调度员邻线

事件记录

记录号	时间	被控站	电压等级	类型	对象	描述
1	2021-09-18 18:12:32.737	昆山南_牵引变电所	27.5kV	事故	215馈线保护装置阻抗I段保护	动作
2	2021-09-18 18:12:32.737	昆山南_牵引变电所	27.5kV	事故	216馈线保护装置阻抗I段保护	动作
3	2021-09-18 18:12:32.787	昆山南_牵引变电所	27.5kV	开关动作(非远动操作)	216断路器	分
4	2021-09-18 18:12:32.790	昆山南_牵引变电所	27.5kV	开关动作(非远动操作)	215断路器	分
5	2021-09-18 18:12:34.737	昆山南_牵引变电所	27.5kV	事故	216馈线保护装置重合闸保护	动作
6	2021-09-18 18:12:34.740	昆山南_牵引变电所	27.5kV	事故	215馈线保护装置重合闸保护	动作
7	2021-09-18 18:12:34.807	昆山南_牵引变电所	27.5kV	开关动作(非远动操作)	216断路器	合
8	2021-09-18 18:12:34.813	昆山南_牵引变电所	27.5kV	开关动作(非远动操作)	215断路器	合
9	2021-09-18 18:12:34.933	昆山南_牵引变电所	27.5kV	事故	215馈线保护装置阻抗I段保护	动作
10	2021-09-18 18:12:34.987	昆山南_牵引变电所	27.5kV	开关动作(非远动操作)	215断路器	分

图7　C 牵引所跳闸时刻事件记录

后续首列动车组限速里程错误，情况严重会产生衍生故障，甚至弓网故障等，所以此时应结合对应分区所的失压报文来进行综合分析判断。

开关动作记录

时间	被控站	电压等级	开关名称	动作描述	动作类型
2021-09-18 18:01:45.813	聚金_分区所	27.5kV	271断路器	分	非远动
2021-09-18 18:01:45.813	聚金_分区所	27.5kV	272断路器	分	非远动
2021-09-18 18:01:49.127	聚金_分区所	27.5kV	272断路器	合	非远动
2021-09-18 18:01:54.660	聚金_分区所	27.5kV	273断路器	分	非远动
2021-09-18 18:01:54.660	聚金_分区所	27.5kV	274断路器	分	非远动
2021-09-18 18:01:57.967	聚金_分区所	27.5kV	274断路器	合	非远动
2021-09-18 18:49:12.850	聚金_分区所	27.5kV	271断路器	合	远动
2021-09-18 18:49:28.530	聚金_分区所	27.5kV	273断路器	合	远动

图8　D 分区所开关动作记录

B 牵引所 003、004 供电单元末端为 D 分区所 271、272 馈线柜，C 牵引所 005、006 供电单元供电末端为 D 分区所 273、274 馈线柜。通过对比 D 分区所开关动作记录可以发现，2021 年 09 月 18 日 18 时 01 分 45 秒，D 分区所 271、272 失压跳闸。2021 年 09 月 18 日 18 时 01 分 54 秒，D 分区所 273、274 失压跳闸。故由此可以判断 B 牵引所与 C 牵引所跳闸时间差 8 秒左右，此时供电调度应按照接触网电分相处同行别相邻两供电臂同时跳闸的应急处置办法来进行处置。检修人员检查 C 牵引所发现所内 GPS 时钟故障，导致所内保护装置时间比当前时间超前 10 分钟左右，装置里的跳闸报文时间与主站报文一致，经过换算，实际跳闸时间与分析的一致。由此可知，造成 C 牵引所故障报文时间超前的原因为 GPS 时钟故障。调度主站虽然会将时钟超前的报文置顶显示，但是由于时间不正确干扰影响调度员对故障的判断，可能会造成应急处置错误，甚至更加严重的后果。

5　优化方案

5.1　调整对时设置方案

由于不同的线路采用的综自设备厂家不同，造成被控站对时方式的设置也不一样，有的采用站内卫星时钟对时，也有的采用调度主站对时，通过总结近 3 年来各线路实际运行的情况发现，发生对时问题的故障有 15 起，都是因站内 GPS 时钟问题引起，站内时钟受设备质量、环境、气候等影响较大，而调度主站对时方式由于时钟源稳定且铁路数据通信网的接入而更加可靠，因此建议可将被控站的对时方式设置为调度主站对时，同时通过通信管理机的优先级策略，协调其他时钟源的行为，保证站内设备获得正确的时钟。

5.2　设置完整的告警功能并提高告警级别

目前既有运行线路的变电站基本都没有设置对时异常告警，主流的综自厂家都支持设置该告警功能，可在被控站、主站同时增设时钟异常的遥信或拓展功能远动点位，并且将该告警信号等级提高至事故级别，引起调度员对时钟故障的重视，实现被控站对时异常调度主站的告警功能。对于新建(改造)线路，从源头上进行控制，要加强远动点表审查，对无对时异常告警功能的问题要求综自设备厂家整改，确保重要告警信号完备。

5.3　加强设备管理及业务培训，提高运维水平

加强对变电站时钟装置的管理，将装置运行状态和维护配置纳入巡视检修范围，制定完善的巡检作业指导书。无人值守牵引变电所的辅助监控系统要设置时钟装置的预置位和巡检卡片，方便人员巡检。

　　加强对现场一线运维人员时钟装置的专业知识培训，各设备管理单位应根据培训制度和计划，将时钟装置的学习内容纳入培训计划，值班(守)人员应熟悉时钟装置的基本原理、结构及运行方式，能熟练地进行正常操作，并能够初步判断时钟装置异常和故障。

　　加强运行分析，定期对时钟装置作运行分析，有异常或缺陷时，应及时作专题分析，及时提出设备运行维护、检修和更新改造的意见和建议。提前配备易损件的备品备件，缩短故障处理周期。

6　结束语

　　综上所述，供电系统被控站时钟的准确性对设备日常运行分析及故障应急处置起着至关重要的作用，被控站时钟滞后或者超前都会对调度主站造成运行安全隐患，干扰调度员对故障的快速判断及处置。本文最后提出了可行的优化方案，以供日常运行维护管理工作进行参考借鉴。

参考文献

[1] 国家铁路局.电气化铁路牵引变电所综合自动化系统暂行技术条件：TJ/GD030—2019.北京：国家铁路局，2019.

作者简介

陆卫锋，中国铁路上海局集团有限公司工电检测所，工程师。

铁路自闭/贯通电力线路分布式
行波测距方式的应用探讨

范增盛

摘　要: 铁路 10 kV 自闭/贯通电力线路供电距离长,线缆混架段多,行波在经过混架段后衰减严重,传统双端行波定位方法误差较大。为解决该难题,本文分析了行波在混合线路上传播时的衰减规律,对自闭/贯通混合电力线路进行建模仿真,对运用分布式行波测距技术进行混架电力线路的精确定位进行了探讨。

1 引言

自闭/贯通电力线路在铁路供电系统中为铁路沿线自动闭塞信号及车站的负荷提供电源,其供电可靠性要求高,是保障铁路安全运行极其重要的一环。铁路电力自闭/贯通配电网属于小电流接地系统,供电臂长、无分支,电缆混架段多,沿线运行环境恶劣,易发生故障,严重时将影响铁路系统的安全稳定运行,因此,快速精确诊断自闭/贯通故障具有极其重要的意义。

目前,行波测距原理已得到了广泛的研究,并在各个电压等级的输电线路上取得成功应用。而铁路电力自闭/贯通线路多为架空线与电缆混架线路,传统的检测故障初始行波波头的双端测距法已经不再适用,主要由于混架段的存在导致行波波头在传输过程中幅值衰减从而影响波头的检测,降低了测距精度,波头衰减严重时甚至故障区间都无法准确识别。在此基础上,本文分析行波在线缆混架线路中的衰减规律,并进行了仿真,将分布式行波测距技术应用于自闭/贯通电力线路故障诊断中,对解决传统双端行波定位中的问题进行探讨。

2 架空线−电缆混合线路行波传播特性

行波在传输过程中,在波阻抗不一致的点会发生折、反射。自闭/贯通线路中存在大量的电缆段,在故障发生后,从故障点会产生向线路两端传输的行波,如图 1 所示。

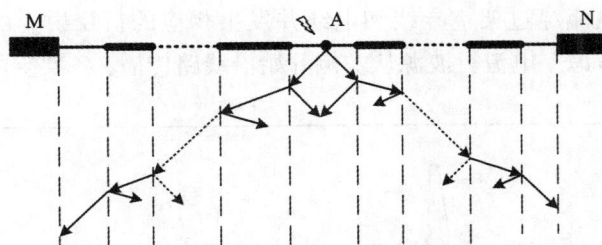

图 1　行波在多段波阻抗不同的线路中传播

当行波浪涌到达波阻抗不同的两种线路的连接点时,在连接点处会发生折射和反射现象。折射波以另一种波速沿着线路继续向前传播,反射波以与入射波相同的波速向相反方向传播,在传播到下一个波阻抗不连续点时会产生新的折射与反射。初始行波经过多次折射后到达监测装置 M 和 N。传统的双端行波测距法通过监测装置 M、N 测得初始行波波头到达的时间,再将行波波速进行归一化处理,即按行波在架空线及电缆中传播的波速比将电缆归算为架空线,按等效线路计算后,再将计算得到的距离换算为实际故障距离。但此方法没有考虑到行波波头在传输过程中幅值的衰减,尤其是在经过多段电缆后,以直角波为例,设架空线、电缆的波阻抗分别为 Z_1(370-410 Ω)、Z_2(30-50 Ω),线路为均匀无损线路,则当一直角波穿过一段电缆时,其初始行波波头会发生两次折射,原直角波幅值为 I,穿出后第一段行波幅值为 I',则:

$$I' = I \times \rho_1 \times \rho_2 = I \times \frac{2Z_1}{Z_1 + Z_2} \times \frac{2Z_2}{Z_1 + Z_2} \tag{1}$$

其中,ρ_1、ρ_2 分别为行波从架空线到电缆和从电缆到架空线的折射系数。

将架空线和电缆的波阻抗代入后可得 $I' \approx (0.253 \sim 0.419)I$,即行波在穿过一段电缆后,初始幅值最少降低 60%,而后续经电缆段反复折反射的行波段会增加后段架空线行波的幅值。在不考虑任何能量损耗的情况下,行波在电缆段内经过 n 次($n \to \infty$)折反射后,后段架空线行波幅值将

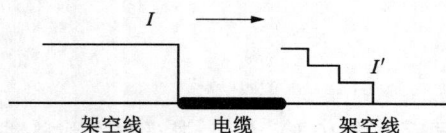

图 2　行波经过一段电缆后示意图

变为 I,即电缆段对行波的最终幅值没有影响,但其最大幅值位置变得"滞后"。在实际应用过程中,考虑到行波传输过程中的损耗,在其经过多段电缆后,初始行波的幅值将变得非常小,监测设备难以分辨,所以检测到的行波达到时间比理论时间要晚,将给计算结果带来较大误差。

3　仿真及分析

自闭/贯通线路仿真模型由 5 段架空线、4 段电缆组成,如图 3 所示,其各段对应长度如表 1 所示。架空线采用 LGJ-3×70 型号导线,电缆采用 YJV22 单芯电缆,根据相关参数可以计算出架空线、电缆中行波波速分别为 290 m/us 和 175 m/us。

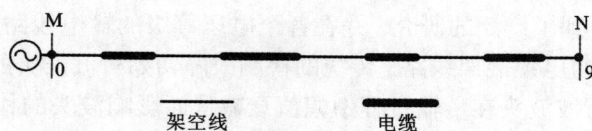

图 3　自闭/贯通线路示意图

表 1　各混架段长度

架空段长度 km(从左到右)	5	6	5	5	4
电缆段长度 km(从左到右)	1	1.2	1	1.1	

3.1　行波的衰减

当电流源合闸时,行波电流穿过架空导线和电缆并发生相应的折反射。由于本次考虑线路为无损线路,因此高频暂态衰减暂不考虑。电流行波源从左侧开始沿线路传播,各架空段波形图如图 4 所示:

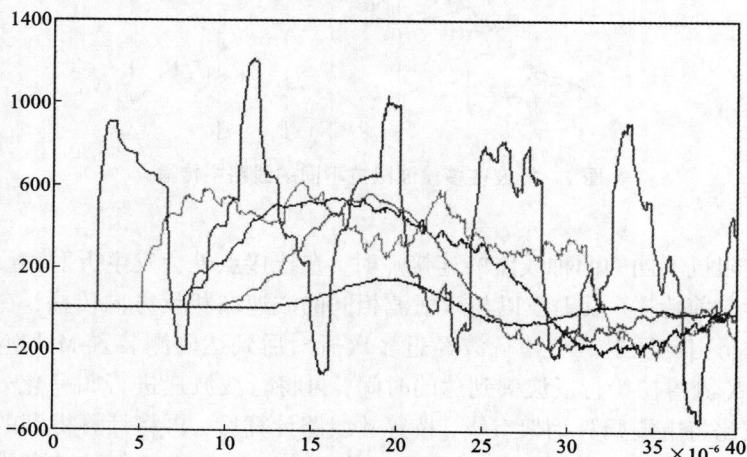

图 4　仿真波形图

由图 4 可以看出，在不考虑能量衰减的情况下，行波初始幅值在每过一段电缆后成指数级衰减，难以分辨，且波形逐渐变缓，第一个行波幅值点变得越来越"滞后"。在实际应用过程中，采集设备精度有限，行波在经过多段电缆后，初始行波衰减严重，无法分辨，幅值减缓，严重时可能无法达到采集触发阈值。

3.2　对测距结果的影响

双端测距法中往往取第一个峰值点来进行计算，而在自闭/贯通线路中，行波经过多段电缆后，第一个峰值点的实际位置由于行波的折反射和衰减已经发生了改变，若此时仍以末端设备所采集到的行波峰值来进行计算，则会存在非常大的误差。

以上述仿真为例，在距离 M 端 4 km 处发生故障，则首、末端采集到的行波如图 5 所示：

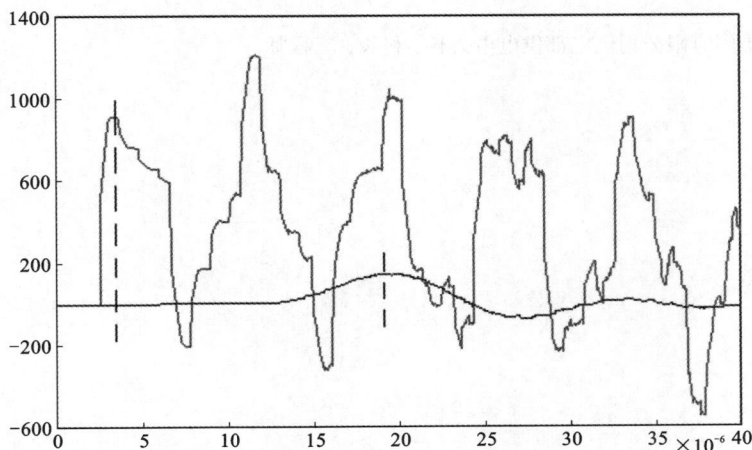

图 5　故障时刻行波电流

两端行波的首个波峰时间如图 5 中虚线所示，代入双端行波测距公式中，计算得到故障点距离 M 端为 −0.414 km，即计算的故障位置在 M 端的左侧 0.414 km 处，这显然不符合实际。

上述案例中，故障点左侧是纯架空线路，右侧到末端之间共有 4 段电缆，而在实际的自闭/贯通线路中，故障点与设备之间可能存在十几段甚至几十段电缆段，因此仅依靠首末两端的监测装置来进行双端行波定位会带来巨大的误差，为了更好地进行区间判断以及故障点的精确定位，将分布式行波测距技术应用于自闭/贯通线路故障诊断中。

4　分布式行波测距的应用意义

分布式监测终端基于电流电压一体化监测技术，通过安装在高压导线上，对行波信号进行采集，其组成主要包括传感器单元、电源单元、GPS 单元、无线通信单元以及采集处理单元等。

分布式行波测距方式在青藏集团公司开展了试点安装，试验效果良好。针对青藏集团公司管内点外线长，且大部分电力线路处在高寒、高海拔、人烟稀少的恶劣环境地区的特点，采用分布式行波测距能精确、迅速判断电力线路具体故障点，能有效地提升应急水平、提升故障抢修效率，同时对减少作业人员劳动强度、改善生产环境有积极的作用。总之，电力线路分布式行波测距方案在铁路自闭/贯通电力线路管内有积极应用前景。

5　结论

研究了行波在自闭/贯通架空线-电缆混架线路中的传输规律，指出了传统双端行波定位方法在自闭/贯通线路上应用时存在的问题，提出分布式行波定位的方法。

通过故障时刻的工频量判断故障区间，在此基础上再利用行波定位的方法进行故障点精确定位，表明了分布式行波测距能很好地解决自闭/贯通电力线路中由于行波在经过多段混架段后衰减导致的测距精度差的问题，具有一定的工程实践意义。

参考文献

［1］李群湛，贺建闵.牵引供电系统分析［M］.成都：西南交通大学出版社，2007.

［2］刘浅，黄海浪.基于 C 型行波法的电气化铁路牵引网故障测距研究［J］.电气化铁道，2018.

［3］周文卫.直流牵引供电系统短路电流计算与故障测距研究［D］.西南交通大学，2012.4.

［4］杜瑞建.提高山区铁路直供方式供电能力的研究［J］.铁道标准设计，2012（1）：105.

作者简介

范增盛，中国铁路青藏局集团有限公司供电部供电电力科，科长，工程师。

浅析铁路净化电源装置运用与提高供电可靠性措施

马君梁

摘 要：介绍了净化电源装置在拉林铁路运用的现状，提出了几种解决拉林铁路净化电源装置供电可靠性的措施，对这些方案的原理和配置进行了分析阐述，提出了在高海拔环境下净化电源装置维护与故障处理所采取的方法措施。

1 概况

拉林铁路现有贡嘎、扎囊、泽当、桑日、加查、郎县、下觉、康莎、米林、林芝 10 座 10 kV 配电所，通过电力贯通线和馈线向铁路沿线及所在车站供电。其中下觉、康莎 10 kV 配电所仅有 1 条 10 kV 进线电源线，净化电源装置作为配电所二路电源提供供电可靠性。

2 净化电源装置运用与故障分析

2.1 净化电源装置工作原理

铁路净化电源装置将铁路牵引供电单相 27.5 kV 电源转换为三相 10 kV 交流稳定电压，用于给电气化铁路的通信、信号系统以及日常工作和生活负荷供电。输出电压不受牵引负荷波动、谐波等影响，具有供电质量高、工作稳定可靠等优点。净化电源装置主要由降压变压器、变流器、升压变压器和 10 kV 输出柜这四部分组成。

2.1.1 降压变压器

降压变压器连接至变电所 27.5 kV 开关柜馈出侧，副边包括两组独立的 690 V 绕组及一组 380 V 辅助绕组，将接触网两相 27.5 kV 变换至副边两组三相 690 VAC 电压，输出给整流柜内的二极管不控整流单元进行变换，同时辅助绕组分别给变压器和直流母线预充磁和预充电。

2.1.2 变流器

变流器由整流单元、逆变单元、dv/dt 滤波单元、控制单元、水冷单元等组成。整流单元把降压变压器二次侧 690 V 交流电压转换成稳定的直流电压；逆变单元由多个基于 IGBT 的两电平逆变功率单元模块组成，通过控制 IGBT 的通断得到所需的 PWM 波形，将直流电压转换成交流电压；dv/dt 滤波单元用于减小逆变器输出的 PWM 电压上升速率，降低对升压变压器的绝缘要求；控制单元包括主控制器、辅助控制电路、PLC 逻辑单元和操作显示单元，负责整个控制系统的运行；水冷单元使用成熟工业产品，采用内部水冷、外部风冷的水–风冷却方式给变流器散热。

2.1.3 升压变压器

升压变压器连接至变流器的输出柜后级，将逆变单元输出电压变换为稳压稳频的三相 10 kV 电压，同时起到电压隔离作用，保证变流装置为低压电气环境。

2.1.4 10 kV 输出柜

10 kV 输出柜内部包括输出电流互感器、输出滤波电容、输出电压检测单元。10 kV 输出柜主要功能一是由通过升压变压器的漏感与高压电力电容组成 LC 滤波器，经过滤波器滤波后可输出谐波含量极低的 10 kV 线电压；二是检测输出电压的幅值，通过闭环控制得到稳定的三相 10 kV 电压；三是检测输出电流的幅值，向控制系统反馈电源输出功率。

2.2 净化电源装置故障处理

2.2.1 输出过流故障

净化电源装置是一个恒压源，输出电流的大小是由负载大小决定的。若装置上报输出过流故障，原因一般有两个：一是装置后级的负载太大，超过了装置的承受范围；二是后级负载发生短路故障。对装置后级的负载进行检查，确认负载正常后可重新启动净化电源装置。

2.2.2 控制电源失电故障

净化电源装置正常运行需要 380 V 的控制电源，该电源取自所内控制室交流屏。交流屏的 380 V 输入电源有两路，两路电源通过双电源切换开关保证所内 380 V 供电的连续性。正常情况下，当交流屏前级两路 380 V 电源任一路出现故障，交流屏都能通过双电源切换开关切换到另一路，保证 380 V 的正常输出，从而保证净化电源装置的正常运行。如果双电源切换开关不能正常切换，导致交流屏长时间没有 380 V 输出，那么净化电源装置会故障跳闸，并上报 380 V 掉电故障。若装置上报 3 控制电源失电故障，需检查以下内容：装置 380 V 输入线缆是否有松脱；装置 380 V 输入空开是否跳闸；交流屏前级 380 V 输入是否有故障；交流屏双电源切换开关能否正常工作。

2.2.3 冷却水过温故障

装置冷却系统使用成熟工业产品，采用内部水冷、外部风冷的水−风冷却方式。

变流器内部功率器件热损耗通过水冷板内部循环冷却介质冷却，同时内部其他元器件产生热量通过水−风热交换器使空气热量由内循环冷却介质带出，内循环冷却介质将热损耗通过外部水−风热交换器传递给外部空气。热交换器的散热片上有很多缝隙，内部风扇运行时会有很多灰尘附着在缝隙上，长时间运行灰尘会堵住缝隙，影响水−风热交换器散热效果，导致净化电源装置过温跳闸，建议每隔三个月清洗一下散热片。

2.2.4 冷却水压力低故障

装置的内循环水需保持一定的压力才能维持正常的冷却效果。装置设有补水箱，冷却液通过补水箱补进装置循环水管路。补水完成后，将补水箱装满冷却液。装置设有自动补水功能，正常运行时，若装置检测到冷却水压力偏低，会触发自动补水功能，将补水箱内的冷却液自动补进装置内部。若水箱内没有冷却液或者自动补水功能异常，导致装置无法补水，则装置会因为冷却水压力过低而故障跳闸。建议每隔一个月检查补水箱水位，及时给补水箱补水，若发现补水箱水位下降太快，如几天就见底，则需要检查水路管道是否有漏水现象，并及时联系厂家处理。

3 净化电源装置提高供电可靠性的措施

3.1 宽范围网压波动下输出高动态稳定性设计技术

接触网供电电压空载设计值为 27.5 kV，当电力机车通过时，相当于给接触网增加负载，当电力机车驶出供电段或在供电段停车时，相当于牵引网突卸负载，牵引网在突加突卸负载和牵引短路阻抗的作用下，必然会导致牵引网电压频繁波动，实际测量牵引网电压波动范围为 17.5~31.5 kV。

对电源装置进行了输出电压稳定性建模仿真，牵引网电压从 27.5 kV 跌落至 19 kV 时电源装置输出电压仿波形如图 1 所示，当牵引网电压从 19 kV 突升至 31 kV 时电源装置输出电压波形如图 2 所示。

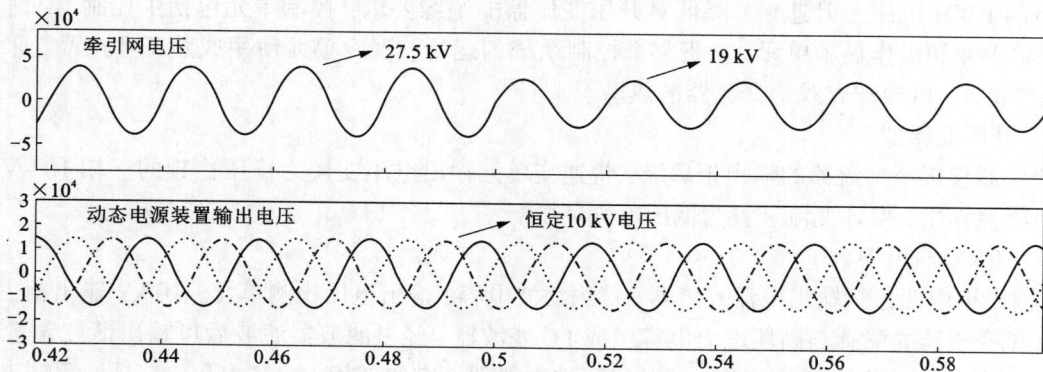

图 1　牵引网电压从 27.5 kV 跌落至 19 kV 时动态电源装置输出电压

根据主电路设计参数和控制策略，用 Matlab 仿真软件建立了电源装置的仿真模型，对电源装置输出电压的稳定性进行了仿真。

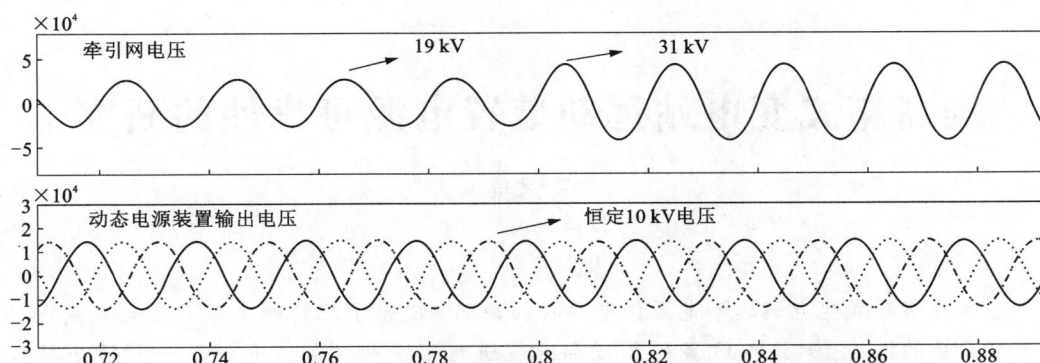

图 2 牵引网电压从 19 kV 突升至 31 kV 时稳压电源装置输出电压

综上所述，从图 1 和图 2 的仿真结果可以看出，当牵引网电压在 19 kV～31 kV 范围内波动时，电源装置都能输出持续恒定三相 10 kV 电压。

3.2 牵引网失电时电源装置故障穿越能力设计技术

牵引网的两供电臂是直接接地系统，当某一供电臂发生对地短路时，将会发生供电臂直接短路故障。由于牵引供电臂裸露于野外，在雷雨天气极易发生对地短路故障。当发生短路故障时，牵引网电压迅速跌落，同时继电保护系统在检测到短路故障时开始计时，在 100 ms 后保护动作，牵引网断路器跳闸，之后牵引变电站的牵引网电压恢复至 27.5 kV。为提高 10 kV 配电网的可靠性，要求牵引网失电 100 ms 内 10 kV 供电系统维持至少 9 kV 输出。

为此，对电源装置进行冗余设计，以满足输入掉电时的能量输出要求。在电源装置输出满载的情况下，当牵引网电压从 27.5 kV 失电时，电源装置输出电压仿真波形如图 3 所示。

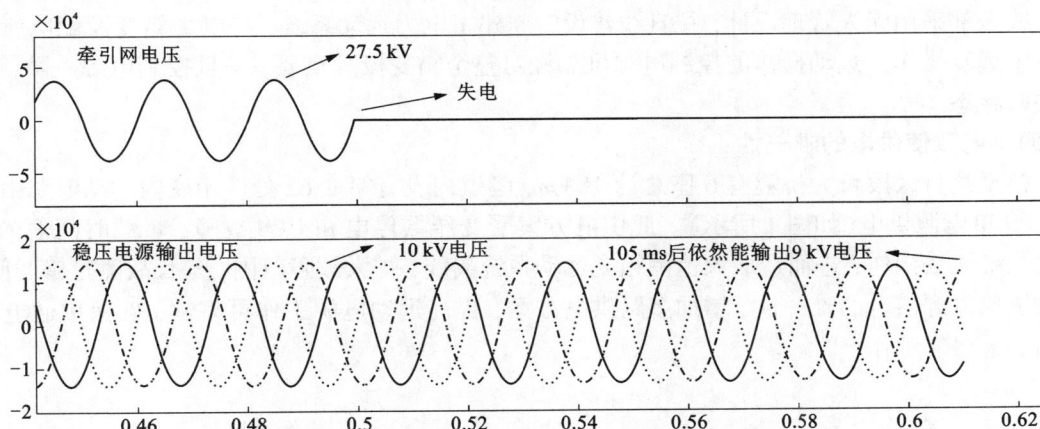

图 3 牵引网电压从 27.5 kV 失电后 105 ms 电源装置维持输出 9 kV 电源

从图 3 中可以看出，当牵引网电压从 27.5 kV 瞬间失电时，电源装置能继续输出电压，间隔 105 ms 后，输出电压从 10 kV 平滑降落为 9 kV，证明了电源装置在牵引网失电时内具有 100 ms 的故障穿越能力，从而保证了铁路 10 kV 配电网的可靠性。

4 结束语

拉林铁路位于西藏自治区东南部，铁路沿线供电电网薄弱，净化电源装置的投入运行解决了铁路 10 kV 配电所二路电源问题，为铁路通信、信号、防灾及生产生活提供了可靠供电。通过对净化电源装置运用与故障的分析，总结了现场运行中解决常见问题的措施，对日常运维具有十分重要的意义。

作者简介

马君梁，中国铁路青藏局集团有限公司工电检测所，工程师。

提高箱式变电站远动装置电源可靠性的研究

马君梁

摘　要：分析了拉日线箱式变电站远动电源供电存在的缺陷，提出了几种解决拉日线箱式变电站远动电源供电可靠性的措施，对这些方案的原理和配置进行了分析阐述。介绍了一种适应拉日线环境的UPS及所采取的方法措施。

1　概况

拉日铁路连接起西藏拉萨和日喀则这两座最重要城市，显著改善了西藏交通基础设施条件，加强了西藏与内地的交流融合，对西藏经济结构和产业优化升级起着举足轻重的作用。

拉日铁路全线 253.68 km，其中 10 kV 贯通线 181.08 km，自闭线 223.2 km，箱式变电站 143 座。共设有尼木、仁布单电源 35/10 kV 变配电所 2 座，日喀则双电源 35/10 kV 变配电所 1 座，拉萨、曲水、当古双电源 10 kV 配电所 3 座。全线在拉萨至尼木段、仁布至日喀则段新建双回 10 kV 电力贯通线路，尼木至仁布段新建双回 35 kV 电力贯通线路，桥梁与隧道占比约为 46%，全线海拔在 3600 m 至 3920 m 之间。

2　箱变远动电源可靠性供电存在的问题分析

由于全线全部采用无人管理设计，拉日线建设时新建了电力远动系统，将电力箱变及配电所控制全部纳入调度系统远动操作。远动操作的控制电源可靠性对整个箱变极其重要，一旦控制电源故障，将使箱变处于失控失联状态。

2.1　单电源供电致使供电的唯一性

在茶巴拉至达竹区段长大桥隧有 6 座总计 41 km，隧道内设有箱变 62 处。箱变内远动电源由所在箱变变压器经 UPS 单电源供电(如图 1 所示)。此供电方案受变压器停电和 UPS 故障、带载时间短的影响，经常造成远动系统无法操作，进而造成大范围箱变远动系统离线，扩大故障范围，延长故障抢修时间等问题。因此需要改进单电源供电的唯一性，增加多路供电方案，提高远动电源工作可靠性，确保贯通电力线路停电后的远动装置可靠工作。

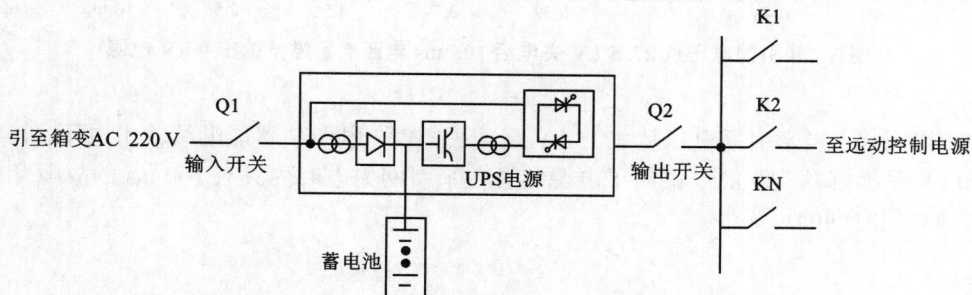

图 1　UPS 单电源供电

2.2　UPS 无外置旁路供电

目前箱变内的 UPS 模块只有 1 路箱变电源输入与自带蓄电池输入，UPS 为内置旁路方案(如图 2 所示)。此方案在 UPS 模块自身切换开关故障，或自身旁路故障后，当主回路断电时，UPS 不能切换为外置旁路供电，进而影响远动系统供电的可靠性。另外此方案无旁路模式，当 UPS 需要维修时，UPS 后端远动电源负载只能停电，或从其他地方接入电源，从而又影响了远动电源供电的可靠性。因此需要改变主路电源，UPS、RTU 接线方式。增加 UPS 供电旁路开关，在 UPS 故障后 RTU 可以通过旁路开关供电。

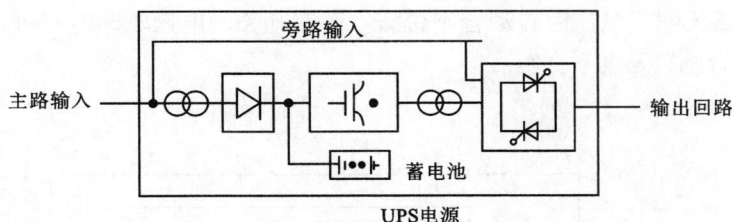

图 2　UPS 无外置旁路供电

2.3　UPS 蓄电池后备时间短，使用寿命短

由于现场的 UPS 都是标机，内置的是铅酸蓄电池。正常情况下备用时间应在两小时以上，但实际现场断电后部分 UPS 备用时间只有几分钟甚至更短的备用时间。另外根据 YD/T 799—2010《通信用阀控式密封铅酸蓄电池》可知，蓄电池的工作环境温度为 20~30℃，由项目概述可知拉日线全年环境温差极大，有些地方受地热影响，最高温度可达 65℃，所以温差对蓄电池运行产生了巨大的影响。运行环境温度每提高 10℃ 蓄电池使用寿命缩减一半，运行环境温度 10℃ 以下时蓄电池容量因内阻提高逐步缩减，故导致蓄电池使用寿命减少、容量下降。

2.4　UPS 工作环境恶劣

由现场概述可知，拉日线平均海拔近 4000 m，全年气温差极大，山体多由砂砾、砂及粉土组成，环境极其恶劣。UPS 电源内部大部分是电子元器件，海拔、温度、粉尘对电子元器件的影响都是致命的，所以提高 UPS 供电的可靠性，既需采用适合拉日线环境的特殊的电子元器件，又需要尽可能地为 UPS 电源提供一个良好的运行环境。

3　提高拉日线箱式变电站远动电源供电可靠性的措施

3.1　增加供电回路，提高供电回路的可靠性

由上文分析可知，目前 UPS 电源供电全部为本箱变变压器输入给 UPS 供电，存在供电的单一性。针对这一问题，我们可以采用增加供电回路的办法来提高供电回路的可靠性。首先我们以就近的两个箱变组成一组，互相引出两路输出回路，其次在每个箱变中配置一台双电源切换装置，将两路箱变输出回路接至双电源切换装置上，最后由双电源切换装置给各自箱变 UPS 电源提供输入电源（见图 3 所示）。

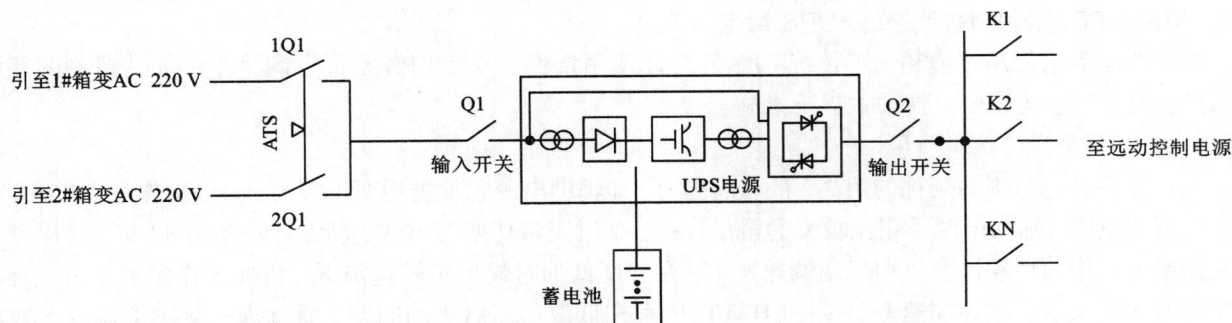

图 3　增加双电源装置

此方案增加了一路供电回路，两路箱变互为备用，当一路箱变故障或检修时，另外一路箱变投入使用，从而解决了供电回路的单一性问题，极大地提高了系统供电的稳定性，为我们的抢修故障回路、维护与检修等工作提供了便利。

3.2 增加 UPS 供电旁路开关，提高供电回路的可靠性

箱变内 UPS 电源全部采用内置旁路方案，UPS 电源只有交流主路输入、直流输入及交流输出接口。针对此问题，我们在 UPS 输入端及输出母线端加设一个 Q3 旁路供电开关(详见图 4 所示)。此开关带远程操控功能，当检测馈线回路无输出电压时自动合闸带载。旁路开关的电操驱动电源可接至 ATS 输出端，确保输入电源有电时可自动合闸，无电不合闸。

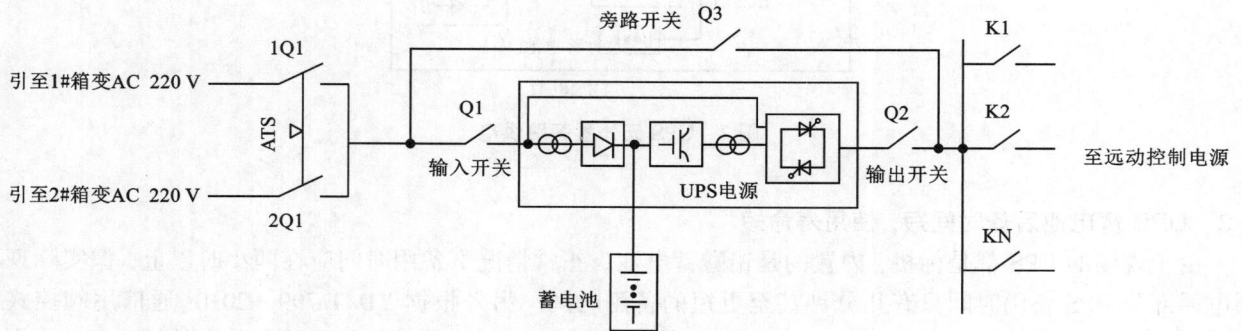

图 4　增加旁路供电开关

此方案在原来 UPS 电源供电基础上增加了一路旁路供电，当 UPS 需要更换或维护时，必须先把 UPS 设置在旁路工作模式下，再合上旁路开关 Q3，再依次断开开关 Q2 与 Q1。维护结束，接好各自线路后，必须先合闸 Q1 输入开关，等 UPS 开机后，设置工作模式为旁路模式，确保 UPS 工作在旁路模式下，合闸 Q2 输出开关，再断开 Q3 旁路开关。正常运行状态时，Q3 为分闸状态。增加旁路供电开关，极大地提升了 UPS 自身故障或维修时供电的可靠性。

3.3 采用卷绕式铅酸蓄电池，提高 UPS 后备电源可靠性

由于卷绕式铅酸蓄电池采用了螺旋卷绕技术，其极板与极板之间的间隙极小，且其酸是固体酸，并能被玻璃纤维网所吸附，整个结构是很紧密的。因卷绕式特性其正负极板间距极小，拥有比普通电池高 2~3 倍的电极表面积，极大降低了内阻，内阻只有普通铅酸蓄电池的 1/3，可在 -55~75℃ 下运行，有效解决蓄电池使用寿命缩减的问题。因此在高温下，基本不存在冒气冒泡的现象，在低温下，没有液态酸可冰冻，不存在电流输出减少的问题。根据美国 SAE 测试标准，卷绕式铅酸蓄电池可在 -55~75℃ 范围内安全工作。可见相对于拉日线的冬天严寒天气和夏天高温天气而言，使用卷绕式铅酸蓄电池将会更安全可靠，大大降低故障维护率。针对蓄电池后备时间短的问题，我们可以采用外置蓄电池供电的方式，或增加卷绕式铅酸蓄电池容量的方式来延长 UPS 后备时间，采用外置式蓄电池供电后备时间可达七八小时，甚至更长。

3.4 提高 UPS 元器件性能，改善 UPS 运行环境

拉日线恶劣的使用环境超出了传统 UPS 的设计使用条件，传统 UPS 是肯定满足不了如此苛刻的环境要求的，因此，建议 UPS 电源采取以下措施：

3.4.1 提高设备选材质量

通过器件的选材提高硬件的耐高、低温的能力，如辅助电源芯片选用军工级的，可以工作到 -40℃。电阻采用陶瓷电阻，辅助电源采用比较大的裕量设计，平时正常功率为 40W，新设计功率为 80 W，这样可以保证低温下工作的可靠性。采用风扇调速技术，在温度低的时候风扇转速降低，机器工作温度上升，自动提高转速加大风量。在高加速寿命试验(HALT)中存在低温不能启机的问题，通过排查解决了低温下辅助电源自动关机的问题，满足了 -40℃ 启机。新设备内设置专门的温度控制单元，提高风扇带载能力，满足铁路的 -40~60℃ 的运行环境。

3.4.2 电路板的三防处理

所有的电路板进行防尘、防潮、防腐的环保三防处理，采用油浸的工艺，确保线路板和电子元器件引脚都能得到充分防护。进风口加装可拆卸防尘网，减少粉尘的进入，防止因凝露、粉尘造成电路板的短路故障。同时免去运营单位拆卸 UPS 清理灰尘工序，只需将防尘网拆卸清理便可。

3.4.3　增大电路板及器件的设计裕量

选用铁硅磁芯的电感，解决铁粉芯电感老化问题。提高 IGBT 的带载容量选择，解决带冲击性负载或过载时 IGBT 损坏问题。加大电路板铜箔截面和间距，提高抗短路能力。选用日本红宝石等国际顶尖品牌铝制电容器。增强承受瞬时冲击电流余量，减缓温度环境对电容器的容量衰减，增强 UPS 带感性负载的能力。UPS 在设计时，电源输入侧增设滤波电路，抑制输入电源的谐波电压峰值，减少因直流电压过高而引起的 UPS 自动关机故障，提高蓄电池的使用寿命。

4　结束语

通过以上的分析我们知道，要提高 UPS 的可靠性必须从 UPS 本身及 UPS 运行环境和人员维护管理方面去下手。对于第一种方法，增加供电的回路数是电力行业提高可靠性的常用方式；第二种方法，增加 UPS 的旁路供电模式是从设计方向去实现的方法；最后提出的采用卷绕式蓄电池及提高 UPS 元器件的性能是从设备本身运行的环境上去探索及验证的一种可行性方案。通过以上几种方法，可以极大提升目前 UPS 电源的可靠性。

参考文献

[1] 沈嘉麟. UPS 不间断电源的维护[J]. 电力系统装备，2018(5)：107-108.

[2] 毕鹭建. UPS 不间断电源分析和维护方法[J]. 中国新技术新产品，2017(3)：50-51.

[3] 王丽. 探究 UPS 不间断电源工作原理及在电力系统中的应用[J]. 大科技，2018(9).

作者简介

马君梁，中国铁路青藏局集团有限公司工电检测所，工程师。

关于高铁配电所中性点接地电阻装置运行的现状及对策研讨

张立贤

摘　要：对现行四川高铁配电系统的中性点接地装置类型及其运行中存在安全隐患、运行风险结合实际典型案例进行探讨、分析并采取针对性对策、措施。

1　高铁配电系统中中性点接地电阻装置运行情况

1.1　运行现状

四川高铁配电系统自 2009 年开通成灌线起，开始在高铁配电所使用中性点接地电阻装置（简称接地电阻）。成灌线采用湖北绍新特种电气股份有限公司制造的无监控装置"铁路发电机中性点接地电阻柜"，型号 DZJN1-10-10/600，额定电流 600 A，额定电压 12 kV，额定电阻 10 Ω，通流时间 10 s。此后，主要采用思源电气生产的无监控装置中性点接地电阻装置（型号 ENGR-10-600-10），2014 年以后逐步在高铁上采用带温度和接地电流监控的中性点接地电阻装置。

1.2　中性点接地电阻装置原理图

分别为带监控装置（图 1）和无监控装置（图 2）两种，等效电路（图 3）及实物（图 4）。

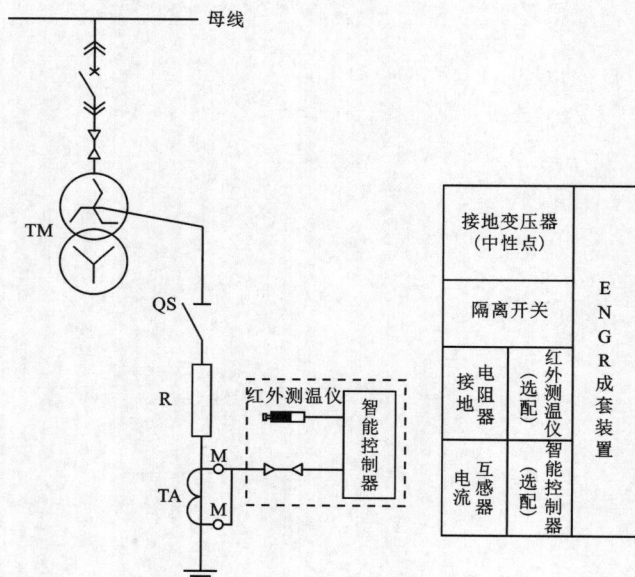

图 1　带监控装置中性点接地电阻装置

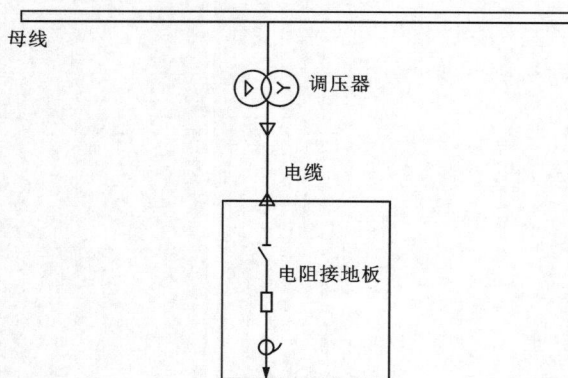

图 2　无监控装置的中性点接地电阻装置

1.3　运行中存在的问题

（1）接地电阻无监控装置是一个必须重视的安全隐患。据调查 2014 年及以前采用无监控装置接地电阻，设备厂家对接地电阻无"监测和保护报警措施"的危害和后果未作相应提示、提醒，实际运行中产品质量也达不到免监控的质量要求。

（2）接地电阻自身无保护，存在很大安全运行风险。无监控装置接地电阻正常运行时不带电，致使运行人员很难对其进行运行监控。设备运行多年后，使用方无法确认其承受过多大的接地电流，也无法判断在实际运行中其发挥的作用。一旦设备质量性能发生改变，再遇故障时，其自身没有相应的保护，容易出现设备烧损的故障发生。

（3）接地电阻保护整定没有统一标准。截至目前调查发现，接地电阻整定基本都是设计院及使用单位按照自行理解及保护装置功能进行整定、设置，厂家一般不介入、不参与具体接地电阻整定，导致设计院及使用单位在整定接地电阻时都没有考虑过接地电阻的热稳定曲线，且到目前为止，厂家还从未主动向设计院及使用单位提供过相应出厂接地电阻的热稳定曲线。

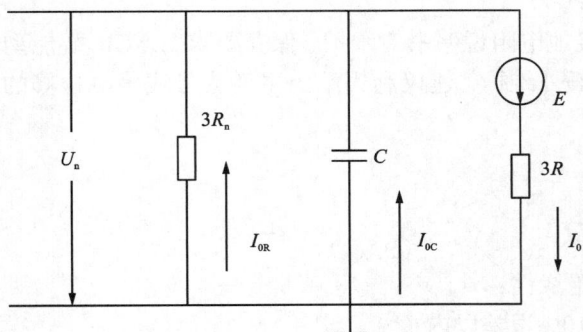

R_n：中性点电阻；C：相与地间的集中电容；R：接地电阻
U_n：中性点电阻 R_n 上的电压；E：电源电动势

图 3　中性点电阻接地的等值零序电路

图 4　接地电阻实物

2　典型案例分析

2.1　事件信息

2020 年 10 月 17 日 03 时 02 分，成都东 10 kV 配电所发出一级贯通母线单项接地告警，03 时 05 分 14 秒一级贯通 927 馈线限时速断保护动作，3 时 15 分发现成都东变 10 kV 配电所一级贯通调压器安装投运于 2014 年 8 月的中性点接地电阻装置（厂家：思源电气股份有限公司，型号：ENGR-10-600-10）箱体冒烟，经停电隔离，检查确认一级贯通中性点接地电阻接地全部烧损。该事件发生后发现一级贯通线路 927 故障跳闸后，一级贯通调压器中性点接地电阻装置因不能自动切除断开，直接导致该中性点接地电阻装置烧损。

2.2　原因分析

（1）无监控装置接地电阻存在运行风险，使用单位对此认识不足，无相应防范措施。对此，思源电气公司接地电阻说明书中有明确指出"老式（第一代）中性点接地电阻缺乏足够的监测和保护报警措施，在装置中只装配一个电流互感器，用于配合接地时间超过限值以后跳开接地变等。没有一套有效的监测系统，对电阻实施实时监控，所以时常会发生电阻烧毁事故，但是在随后的事故分析过程中，由于没有相关的数据记录，很难确定故障的真正原因。"其中的"老式（第一代）中性点接地电阻"即指的是无监控装置的接地电阻。厂家在新投技术培训及使用中对使用方未作重点提示、提醒，导致 2008 年以后的很长一段时间内均继续采用无监控装置接地电阻，且无应对改进措施。同时，该说明中指出的"装置中只装配一个电流互感器，用于配合接地时间超过限值以后跳开接地变等"因其配置的接地开关（QS）无电动操作机构使其"配合接地时间超过限值以后跳开接地变"变为空话，无法实现"跳开接地变"的要求。

（2）厂家对关键运行参数表述含糊，容易误导使用方对相关风险的认识。说明书中介绍"电网系统一般有 2%～5% 的不对称电压，某些地区由于有路灯线路等其他不对称线路，不对称电压会更高，国标规定配电网中性点不大于 15% 相电压均属正常范围，所以在中性点通过中性点接地电阻的系统中，电阻需要长期流过电流，并且电流随线路的变化而变化"。其中"在中性点通过中性点接地电阻的系统中，电阻需要长期流过电流"与铭牌参数"通流时间 10 s"表述存在明显冲突，且无相应的热稳定曲线记录或介绍、说明，导致使用方不清楚在各种电流下到底可以安全运行多长时间。

（3）设备厂家未执行设备关键部件配置及参数要求的重点提醒、告知义务。本案例中厂家现场检查分析指出中性点接地电阻装置存在运行死区，导致该中性点接地电阻装置发热烧损。因对中性点接地电阻装置存在运行死区及持续载流等关键技术参数及必须配置部件改为选配部件等均未告知和提醒，未尽到重要参数的告知、提醒义务，导致使用方、设计院对产品质量短板不清楚，未能从零序电流保护上加以配合，对既有设备安全隐患茫然无知，更无防范预案、措施。

（4）设备可靠性能与维护、保养方法不匹配。按照接地电阻说明书对维护、保养要求"ENGR 智能型接地电阻系统监控及选线成套装置属高可靠性设备，无须额外维护，建议利用站内主变或母线停电检修的机会进行检查维护：

①将电阻柜从系统上断开；

②直接查看箱内有无异常；

③进行清洁处理；

④检查有无破损的绝缘子和套管，用摇表确认瓷套绝缘性；

⑤检查电阻器件的完好性，测量电阻值，其值应在 10% 误差以内；

⑥检查内部连接是否可靠；

⑦检查螺栓的紧固程度。"

实际生产中使用方一般按此要求开展维护、保养工作，本次事件发生前夕，设备管理方才对接地电阻进行了检测、保养。试验报告如下：

表 1　接地电阻试验报告

试验地点：	成都东 10 kV 配电所		试验类别：周期检验			
铭牌	产品型号	ENGR-10-600-10		额定容量		/
	额定阻值	10 Ω	额定电流	600 A	额定电压	10 kV/√3
	额定发热时间	10 s	额定频率	50 Hz	冷却方式	/
	制造厂		思源电气		出厂日期	2014.8
出厂编号	1231140004 A		安装处所		小电阻一	
试验时间	2020.9.1		温度	22 ℃	湿度	55%
试验项目						

一、绝缘电阻/MΩ

整体绝缘	25400

二、直流电阻/Ω

阻值	9.935

三、工频交流耐压

试验电压/kV	试验时间/min	试验结果
/	/	/
检测依据	GB50150—2006	出厂技术文件
评定依据	GB50150—2006	出厂技术文件
检验结论	合格	

备注：

上述试验报告反映该次维护、保养工作在故障发生一个月以前，该设备各项参数监测均符合厂家维护、保养的标准和要求。

（5）接地保护整定单一。接地故障，一般在线路保护装置上投入了零流Ⅰ、Ⅱ段保护，以保证线路接地故障时及时跳闸。但是，接地电阻本身故障时无相应保护。

成都东 10 kV 配电所采用的山东科汇保护装置只有零序Ⅱ段保护，保护定值是 2010 年投运时设计院给的定值，一次值为 60 A/0.3 s。从该装置当时限时速断保护正常跳闸及检测试验确认零序Ⅱ段保护均正常动作情况来可以判断，在当时线路发生的接地故障尚未达到零序Ⅱ段保护 60 A/0.3 s 定值，中性点接地电阻装置已发生烧损，不排除定值整定有进一步根据其热稳定曲线进行调整的空间。

3　改进对策

（1）做好源头管控。从新建新线项目加强设备选型、品牌及技术规格书等的把关，尽量杜绝采用无监控系统的中性点接地电阻装置。

（2）2. 对既有设备逐步完善监控功能。对无监控装置的中性点接地电阻逐步纳入大修改造计划，增加控制器，电阻温度、零序电流等重要运行参数进行实时监控。同时，针对设备运行情况，对中性点接地装置进行检测，定期开展分析，加强既有中性点接地装置的运行质量管控。

（3）规范设置中性点接地电阻装置保护整定。要求厂家提供接地电阻出厂热稳定曲线，使用单位根据热稳定曲线、运行参数及继电保护整定要求对中性点接地电阻装置零序电流保护进行校核、修订。可以通过调压器保护设置接地电阻本体的跳闸保护，使中性点接地电阻装置本体断电，确保发生单相接地故障时中性点接地电阻装置可以通过零序保护及时跳闸、断电。

作者简介

张立贤，中国铁路成都局集团有限公司成都供电段职工教育科，副科长、工程师。

破解电力线路通道治理难题

汪 勇 唐银利 向 乾 吕春良 刘 伟

摘 要： 架设铁路电力线路时常常需要翻山越岭，采用架空与电缆相结合的方式进行敷设，在穿越山林时就常遇到树竹生长侵界的情况，为了做好电力线路运行安全管理，需要对电力线路通道进行整治。通过开展铁路电力线路危树竹专项工作，梳理管内侵界危树竹处所和重难点整治处所，结合危树竹台账，进一步做好侵界危树竹的管理，全面对侵界危树竹从发现到录入系统进行管控，再到日常通道清理，结合基大改施工或委外施工进行迁改，再制定危树竹清理砍伐作业指导书和管理办法，全面做好电力线路通道管理，保障电力线路运行安全。

1 选题背景

1.1 存在问题

重庆供电段管辖范围均属于山区铁路，铁路电力线路大部分采用架空方式沿铁路两旁山地架设。部分电力线路穿越林区、苗圃、果园和良田等，特别是农民进城务工和退耕还林政策实施后，电力线路下方的植被疯长，导致高杆林木侵入铁路电力线路限界引起短路、断线、接地等线路故障，对铁路电力线路安全运行构成极大的威胁，严重影响铁路运输安全。

虽然组织了大量人力、物力和财力对电力线路通道隐患进行排查和整治，但整治进度还是与电力线路通道隐患增长速度不成正比。电力线路通道治理难度主要是工作量大、变化性大、协调难度大和人员畏难情绪严重，特别是协调工作开展困难，长期因补偿单价、林区规划、城市绿化等问题不能达成共识，造成铁路电力线路通道清理困难。更有村民获得补偿后，故意在铁路电力线路下植树，当成所谓的"摇钱树"，无视铁路电力供电安全和人身安全。现场工区送《安全隐患整改告知书》时，当事人以不正当理由拒签字或置之不理。当我段对危及电力线路安全的树木进行清除时，某些村民漫天要价，无理阻挠，导致协调工作量极大，严重挫败我段职工通道治理的积极性。

1.2 选题理由

为了更好地改善我段管内电力线路通道外部环境，减少危树竹倒伏侵界引起电力线路跳闸的安全信息，更好地保障电力线路运行安全。因此，急需破解电力线路通道治理难题，通过通道清理、基大改、外委迁改施工等各类方式，优化电力线路运行环境，解决电力线路外部环境安全隐患。

1.3 问题研究与数据分析。

近年来电力专业发生危树竹侵界信息较多，经过对管内侵界危树竹进行调查分析，发现管内侵界危树竹共计有1627处，其中重难点砍伐处所284处，电力线路通道清理隐患较大，还需要协调整治的处所较多，危及电力线路运行安全。

2 开展情况

水电技术科牵头，组织全段8个供电车间，开展电力通道整治情况的现场调研，重点对通道隐患的形成、排查整治、危树竹管理、路外安全宣传、砍伐风险管控、补偿单价和重难点区域等方面进行了现场调研。同时收到全段11条线路61个区间900.903 km的电力架空线下及两旁的236处危树竹信息，其中重点整治区域11个。

2.1 制定各项措施，规范管理

2.1.1 做好生产管理系统危树竹台账的管理。通过生产管理系统对侵界危树竹信息，日常检查、清理情况，赔偿情况进行全面规范，做好危树竹的动态管理。

2.1.2 制定专门的砍伐方案。对危树竹砍伐制定专门的砍伐方案，并制定危树竹清理砍伐作业指导书，指导车间根据管内危树竹情况，制定专门的砍伐方案，防止危树竹倒伏侵界或伤人。

2.1.3 规范危树竹侵界发函。通过固定化模板的方式对危树竹函件进行规范，明确需要发函危树竹的各类信息，日常协调情况等信息，做到过程管控。

2.1.4 加大宣传，积极沟通。结合铁路安全"五进"活动，大力宣传《重庆市铁路安全管理条例》《铁路法》《电力法》和典型事故案例，增加安全警示标示和下发《安全隐患整改告知书》，切实做到"知法、守法"，利用"双段长"协调机制，加大协调沟通力度，共同保证铁路安全。

2.1.5 规范砍伐，强力整治。规范砍伐作业，加快整治进度，降低安全风险；实施"两固定、两改造"措施，保证电力线路安全运行。开拓创新，提高效率。优化砍伐工具和工法提高劳动效率，降低安全风险。创新通道整治计划管理模式，保证安全整治到位。探索危树竹补偿单价指导标准，降低补偿协调沟通难度，提高工作效率。

2.2 结合优质通道建设工作开展电力线路通道清理

根据课题要求攻关小组开展了现场走访调研和问卷调查工作，结合近五年发生的通道整治不到位问题的原因分析，总结出了电力通道治理存在的难题，并制定了破解难题的系列措施，如编制了《重庆供电段电力线路通道管理实施细则》《重庆供电段电力通道治理作业指导书》《重庆供电段危树竹砍伐作业流程图》等。根据供电部水电专业会要求，水电技术科在2月份拟定下发了《重庆供电段关于开展优质通道建设专项整治工作的通知》，要求各车间按照高普铁砍伐标准，全面开展好优质通道建设及森林防火整治工作。全段2022年排查出危树竹共计1627处，梳理出11处重难点整治区段，组织车间力量进行全面清理，分别为黔江车间西阳至秀山综合贯通线、永川车间白沙至金刚沱贯通线、凤铁电源线、綦江车间转关口至镇紫街贯通线、沱赶电源线、郊铁电源线、渔铁电源线，涪陵车间蔺市至涪陵西综合贯通线，合川车间合川至潼南贯通线、北碚车间清平至磨心坡贯通线、自闭线。全段共计清理砍伐侵界树130089棵，竹子101206根，电力线路通道得到了有效整治，因危树竹导致线路跳闸的安全信息较上年降低了40%。

图1 电力线路通道清理

2.3 开展双段长机制，共同解决外部环境隐患

今年水电专业共计报告4处砍伐协调难度较大的处所，主要有涪三线渔铁电源线、成渝线小南海至伏

牛溪贯通线、渝怀线庙坝至洛碛贯通线、川黔线沱赶电源线，与地方村镇开展现场对接 23 次，下发《安全隐患整改告知书》62 次，向地方政府发函 12 次，联系保卫科与地方政府对接 8 次。其中 8 月 5 日主管副段长亲自到万盛经济开发区与万盛地方政府针对渔铁电源线通道整治问题进行了现场协调，反复强调了铁路电力线路运行安全的重要性，最终与地方政府达成一致，对侵界危树竹及时进行了清理砍伐，保证了电力线路和铁路的安全运行。

图 2　对侵界危树竹及时进行了清理砍伐

2.4　开展路外安全宣传，共保铁路供电安全

今年电力专业结合日常作业，对铁路沿线村庄进行了路外安全宣传，主要宣讲铁路供电安全的重要性，以及危树竹侵界可能引发的铁路安全事故和人身触电伤亡事故。累计开展路外安全宣传 80 余次。同时涪陵、永川车间通过与现场村镇对接，签订相关协议说明 4 份，在三年内砍伐危树竹不再补偿相关费用，累计为段节约补偿费用 3 万元左右，有效地解决了部分区段要求危树竹反复补偿和砍伐难题。

图 3　开展路外安全宣传

2.5　结合大修更改项目和外委工程对电力线路进行迁改

2022 年电力专业利用大修更改、防洪整治、外委工程和段级集中修改造线路共计改造电力线路 32.46 km，其中大修更改项目主要解决了綦江至綦江北电力贯通线、金刚沱至油溪电力贯通线、渭井线三溪口至

石子山电力贯通线、酉阳至龙池综合贯通线的架空线落地5个整治项目,共计改造6.9 km。外委施工项目将渝怀线蔺市至涪陵西贯通线、成渝线江津至黄谦和茨坝至朱杨溪贯通线等9个项目,共计改造23.06 km。段级集中修项目将架空铝绞线改为绝缘共计2 km,架空线改为电力落地共计0.5 km。从源头上减少了外部环境对电力架空线安全运行的影响,保障了电力设备运行安全。

3 下一步计划

继续开展电力线路通道建设,结合全段电力线路危树竹总量,做好排查整治工作统筹,从通道隐患形成、排查、管理、整治等方面进行了调查分析,水电技术科提出了电力线路通道治理系列措施,破解电力线路通道治理难题。

3.1 规范管理,固定标准

严格落实危树竹"三规范、三固定"管控模式,编制《重庆供电段电力线路通道管理实施细则》,明确电力线路通道管理相关要求。

3.1.1 规范排查标准。按照树竹每年自然生长高度计算,树竹自然生长或倒伏时与电力线路的距离不足1 m的,应纳入危树竹排查范围。工区将排查出的危树竹隐患以区间、电源线和站馈线为单元全部录入生产管理系统危树竹台账内,并在备注栏写明危树竹的基本情况(树种、数量、大小、高度、补偿金额,纳入车间级和段级管控的危树竹还应标明行政区划、户主姓名、联系电话等),技术科根据生产管理系统中危树竹台账填写标准和要素进行明确,便于车间工区使用和管理,工区车间排查出的危树竹隐患全部纳入台账管理,并明确整治计划,每周对台账进行动态管理。

3.1.2 规范清理范围。首先是电力线路下方2 m以内及两侧5 m以内危树竹进行全面排查,对于5 m以外土质薄、根系不发达、抓地不稳、风口独树等处所要按照倒伏侵界范围进行砍伐;其次是对倒伏侵界的桉树、杨树、虫树等树种要全面砍伐,保障电力线路通道良好;然后是按照倒伏侵界要求对5 m以外的树木进行全面砍伐,切实做到优质通道建设工作。

3.1.3 规范分级管理。工区负责不停电的矮小危树竹的管控,车间负责高大树木和协调难度较大处所的危树竹的管控,段负责需要协调区县级政府处理的危树竹的管控。危树竹管理既要分级管控,又要综合发力,全面管控。

3.1.4 固定人员管理。工区结合设备包保分工对每一处危树竹固定人员进行管理,主要是牵头对包保内危树竹进行巡视检查和砍伐,对危树竹台账进行动态更新。

3.1.5 固定排查周期。工区每周结合危树竹台账添乘和调阅2C排查危树竹侵界情况,每月结合危树竹台账步行巡视危树竹区段不少于一次,特别是添乘无法检查的区段应进行重点巡视。车间干部每半月结合车间危树竹台账采用步巡或添乘排查危树竹重点区段。

3.1.6 固定检查周期。工区、车间、段技术科每周均通过调阅和现场检查危树竹排查整治情况和台账动态管理情况,发现问题及时督促整改。

3.2 加大宣传,积极沟通

3.2.1 明确宣传内容。根据《重庆市铁路安全管理条例》《铁路法》《电力法》中相关条款和典型事故案例,编辑制作《重庆供电段路外安全危树竹宣传手册》和视频。根据排查的电力线路通道隐患,编辑制作《重庆供电段安全隐患告知书》和《重庆供电段危树竹安全警示牌》。

3.2.2 明确宣传周期。工区每月结合巡视任务开展路外安全宣传,车间每季度结合"五进"活动开展路外安全宣传,段结合"双段长"机制每季度结合地方政府统筹开展路外安全宣传。

3.2.3 明确宣传处所。主要是在危树竹的户主或单位所在地,以及危树竹重点区段所在的村、镇、企业、学校和大型车站进行宣传。

3.2.4 明确宣传模式。宣传人员应统一组织、统一着装,带齐宣传资料,采用走访、张贴、演讲、表演、视频等模式开展宣传。

3.2.5 明确补偿标准。积极协调地方政府,根据树种、大小、位置制定危树竹砍伐补偿标准指导意见,切实做到有据可依。

3.2.6 明确协议模式。根据《重庆市铁路安全管理条例》的规定,积极与地方政府和户主协商,落实危树竹砍伐一次性补偿、后期砍伐不再补偿的协议。

3.3 规范砍伐，强力整治

针对危树竹砍伐困难、风险较大的问题，编制了《重庆供电段危树竹砍伐作业指导书》《重庆供电段危树竹砍伐作业流程图》。

3.3.1 加强砍伐力度，规范砍伐流程。严格执行危树竹砍伐"六确认、两统一、一清理"的砍伐工作流程。砍伐前执行六确认，即确认砍伐对象、确认砍伐方式、确认倒伏范围及条件、确认人员站位及撤退方案、确认料具是否满足要求、确认安全措施。砍伐时执行"两统一"，即"统一指挥、统一行动"，整个砍树作业均由工作执行人统一指挥，砍伐人员、配合人员、防护人员、安全监护人员统一行动，相互配合进行砍伐。砍伐后执行"一清理"，即砍伐后及时将倒伏的树竹进行清理至安全处所。

3.3.2 落实"两固定"措施。对于砍伐风险或协调难度较大暂不能砍伐的处所，对单棵危树竹采用反方拉线或多方拉线进行固定，对多棵危树竹采用相互绑固进行成片固定。

3.3.3 落实"两改造"措施。对于危树竹较多、砍伐难度较大处所，一方面将架空铝绞线改造成架空绝缘线或提高电杆高度，另一方面利用大修更改、外委工程项目和新线建设资金用电缆线路取代架空线路，从源头上消除电力线路通道隐患。

3.4 开拓创新，提高效率

3.4.1 创新工具，提高效率。水电技术科结合停电安全用具组织研发了"铁路电力 10 kV '六合一' 绝缘工具组合套装"，将修枝工具与停电作业安全用具完美组合，便于工区在日常巡视、检修作业时能及时完成高处修枝作业。同时配置先进充电式伐木电锯和油锯，大大提高了砍树效率。

3.4.2 创新工法，提高效率。根据砍树作业中的绑扎、吊装、倒树、修枝、砍伐等工法，水电技术科组织编制了相应的指导书或视频，便于职工学习和掌握，不仅提高了劳动效率，而且降低了安全风险。

3.4.3 创新方法，提高效率。将曾经的分散游离的砍伐方式调整为集中砍和状态修相结合的通道清理方式。在保证安全的情况下，日常主要开展危树竹状态修，每年利用冬春砍伐黄金季节开展大规模集中通道清理，不仅降低了砍伐难度，也降低了安全风险。

3.4.4 创新管理，提高效率。所有危树竹隐患均按照一杆一档建立台账，并统筹做好砍伐倒排并纳入生产计划进行管理，切实做到按期销号，解决前期糊涂账的问题。11 月 17 日我段已经全段开始实施。

3.4.5 创新标准，提高效率。彻底整治砍伐的树木留桩不能超过 0.5 m，竹子留桩不能超过 0.3 m，防止增加后期树竹砍伐难度和安全风险；园林、绿化带、公路边的树木在满足对方要求的情况下留桩尽量不超过 3 m，防止后期修枝或砍伐时增加高空坠落风险。

3.4.6 创新分析，提高效率。一方面分析树竹生长周期、生长速度和发芽落叶时间，制定巡视砍伐周期和时间。另一方面分析近 5 年来树竹砍伐青苗补偿财务凭证，分析区县青苗补偿单价情况，找准"摇钱树"和"回头草"，锁定路外高复种率区段，提高后期协商效率。

作者简介

汪勇，中国铁路成都局集团有限公司重庆供电段。

唐银利，中国铁路成都局集团有限公司重庆供电段。

向乾，中国铁路成都局集团有限公司重庆供电段。

吕春良，中国铁路成都局集团有限公司重庆供电段。

刘伟，中国铁路成都局集团有限公司重庆供电段。

电力远动箱变 UPS 的故障分析和解决方案

席解相

摘　要： 从电力远动箱变运行情况来看，不间断电源（UPS）或多或少都出现了一些问题，是铁路电力远动箱变的薄弱环节。本文对铁路电力远动箱变内 UPS 出现的问题进行了详细分析，探讨其形成原因，针对这些问题提出了解决方案。

铁路电力远动箱变是针对铁路一级贯通线和综合贯通线路供电特点而专门设计的高新技术产品，一般由高压环网柜、变压器、低压柜、RTU、不间断电源（UPS）以及其他自动化检测和通信设备组成。不间断电源（UPS）作为电力箱变控制工作电源的备用电源，其主要作用是：

一是为远动设备 RTU 的使用提供电源，在 10 kV 一级电力贯通线或 10 kV 综合电力贯通线其中一路因故障或检修停电，两路电源在进行切换的过程中，不会导致远动设备短暂失电而停止运行或重新启动；二是在一级 10 kV 电力贯通线和 10 kV 综合电力贯通线两路电源均停电的情况下，为远动设备和低压开关提供操作电源，实现远程监控功能；三是为箱变内二次保护系统提供更加可靠的工作电源，避免谐波浪涌使电网的各类保护及自动装置产生误动或拒动以及在通信系统内产生声频干扰。电力箱变所配 UPS 在运行、维护、通信、应急保障等方面有极其重要的作用。

铁路电力远动箱变主要为与行车密切相关的通信、信号、信息、防灾安全监控设备；电力及电力牵引供电各所操作电源；大型及特大型公共区照明、应急照明及隧道应急照明；大型及重用建筑物火灾自动报警系统设备；特长隧道消防设备等 I 级负荷提供电源。铁路电力远动箱变一旦发生故障，将影响铁路正常运输秩序，甚至出现难以挽回的经济损失。从电力远动箱变在运行中的情况来看，不间断电源（UPS）或多或少都出现了一些问题，是铁路电力远动箱变的薄弱环节。本文对铁路电力远动箱变内 UPS 出现的问题进行了详细分析，探讨其形成原因，并针对这些问题提出了解决方案。

1　铁路电力箱变 UPS 存在的问题

1.1　UPS 主机损坏

UPS 主机不能正常工作，如果有旁路功能则转旁路工作并报警，如果无旁路功能则不能对负载供电，重新启动也不能恢复。

1.2　UPS 主机宕机或保护闭锁输出

UPS 主机停止工作或闭锁输出，在重新启动后能够继续工作，这种情况在高温环境下出现较多，在出现输入电源过电压、欠电压或谐波含量过大，负载超载等情况下也容易出现。

1.3　UPS 主机不能启动

UPS 主机不能启动，这种情况主要出现在低温环境下，当转移到合适温度环境下时可以正常工作。

1.4　UPS 主机不能自启动

在由蓄电池供电时，蓄电池被消耗完后 UPS 关机。在市电恢复供电后 UPS 无法自动开机，需人工开机才能恢复正常运行。

1.5　蓄电池损坏或使用寿命短

蓄电池的使用寿命很短，多数 UPS 所配套蓄电池在投运 2 年后其容量只能后备几分钟时间，有的甚至完全损坏。而这些蓄电池的设计寿命一般超过 6 年。

这些问题的存在，造成了铁路设备的较大浪费，加重了铁路运营维护的工作量，更重要的是，严重威胁了铁路行车安全。因此有必要对造成这些问题的原因进行深入分析，并寻找可行的解决方案。

2 铁路电力箱变 UPS 问题分析

2.1 UPS 使用环境温度问题

目前铁路电力箱变普遍使用的 UPS 是针对数据中心或办公室内的 IT 设备而设计的,适用运行环境温度一般为 0℃~40℃。由于我国南北温差较大,部分地区环境温度在-20℃上下,个别地区可达-40℃。夏季室外气温高达45℃,而在箱变内温度更可达60℃以上。恶劣的使用环境超出了传统 UPS 的设计使用条件,导致 UPS 不能启动、保护性关机或损坏。

2.2 粉尘与凝露造成的问题

国内某大型 UPS 厂商统计,约30%的 UPS 故障与凝露、灰尘有关。而铁路电力箱变的使用环境普遍比较恶劣,这是故障多发的一个重要原因。

图1 现场 UPS 粉尘情况

当 UPS 采用风冷散热时,会将空气中的粉尘吸入 UPS 内部。粉尘粘附在风扇或电路板上,影响 UPS 散热,并有造成电路板短路的风险。

UPS 对环境湿度有严格的要求。若湿度过高,在遇冷气时,会在设备内形成水雾或细水珠,尤其在南方潮湿的雨季，结露容易造成电路板短路。商用 UPS 一般按照 IEC529-598 规定的 IP20 等级设计，即可以防止直径大于 12.5 mm 的外物侵入，防止手指接触内部零件，但没有对湿度的防护要求。高速铁路电力使用的 UPS 装于箱变内，在户外使用，箱变内没有温湿度调节系统，使用环境恶劣。

图2　因粉尘问题造成的线路板短路

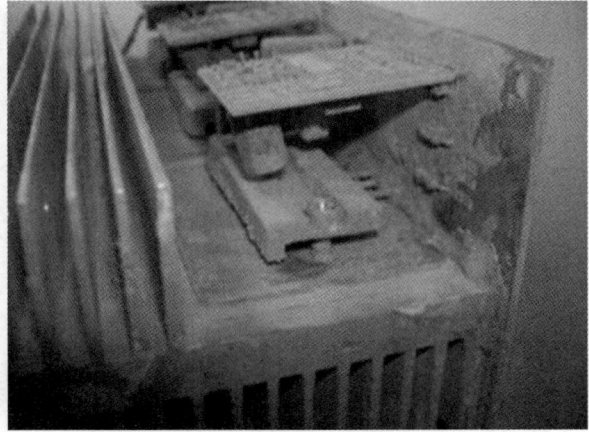

图3　某品牌 UPS 内部灰尘侵蚀情况

2.3　蓄电池组维护问题

对铁路电力箱变内 UPS 配备的 VRLA 蓄电池进行了解，发现影响 VRLA 蓄电池组使用寿命的原因主要有两个方面：一是蓄电池自身特性决定的内在因素，二是外部环境及使用方法带来的外部因素。

2.3.1　影响 VRLA 蓄电池使用寿命的内在因素，主要反映在以下几个方面：

2.3.1.1　失水：VRLA 蓄电池为"贫液式"设计，其中的电解液量受到严格控制，且为出厂前一次性加注，一旦减少很难恢复。因此，当电解液中的水分减少到一定程度时，就会引起 VRLA 蓄电池失效。

2.3.1.2　负极板硫化：VRLA 蓄电池在充电过程中，负极消耗硫酸铅（$PbSO_4$），生成海绵状铅（Pb）；在放电过程中，负极消耗海绵状铅（Pb）生成硫酸铅（$PbSO_4$）。整个充放电过程应该完全可逆，理想情况下，负极的活性物不会减少。但是，实际运行中，如果放电后未及时充电，或者放电时间持续较长（例如小电流深度放电），或者长时间充电不足（例如长期搁置不用），由于硫酸铅本来在电解液中的溶解度较低，容易造成硫酸铅结晶，形成较大的结晶颗粒附着在极板上。当再次进行充电时，结晶后的硫酸铅很难参与反应，一方面直接减少了负极活性物使容量降低；另一方面，结晶后的硫酸铅附着在极板上，堵塞极板微孔，降低活性物有效面积，同时使电池内阻增大，降低电池容量。

2.3.1.3　正极板腐蚀：VRLA 蓄电池充电后期，在正极荷电状态超过 70% 以后，正极板除了发生（6）式的正常反应外，同时发生（7）式的电解水反应。电解水在正极析氧，负极析氢。正极析出的氧气大部分扩散到负极被还原生成水，另一部分氧气将正极板氧化腐蚀，还有一部分通过安全阀排出电池正极析出的氧气大部分扩散到负极被还原生成水，另一部分氧气将正极板氧化腐蚀，还有一部分通过安全阀排出电池。

正极板腐蚀，由金属铅生成 PbO_2，需要耗氧气，因此造成蓄电池失水，降低蓄电池容量。PbO_2 的摩尔体积比铅的摩尔体积大 21%，由于 PbO_2 是铅经过固相反应氧化生成的，因而会在致密的腐蚀层中产生机械应力。因此，正极腐蚀严重时会出现正极增长变形，造成活性物与栅板脱落，甚至正极板失效。

2.3.1.2　热失控：当 VRLA 蓄电池电压超过正极板的析氧的电压（2.3 V），长时间大电流充电时，电解水会产生大量气体。由于正极板产生的氧气可以扩散到负极被吸收，吸收氧气是明显的放热反应，电池的温度会因此提升。如果电池已经出现失水，玻璃纤维隔板的无酸孔隙增加，会加快氧循环速度，产生的热量会更多，电池温升也更高。而电池的温升也会加速正极板析氧，形成恶性循环——热失控。在热失控状态下，析氧量增加，电池内的气压增加，当达到塑料电池外壳的玻璃点温度的时候，电池开始鼓胀变形，这种变形除了影响电池内部的机械结构以外，还会形成电池漏气，而导致更加严重的失水漏酸。尽管电池热失控现象发生得不多，但是一旦发生热失控，电池的寿命会迅速提前终止。

2.3.2　影响蓄电池使用寿命的外在因素

2.3.2.1　过充电：VRLA 蓄电池过充使得正极析氧，加速极板腐蚀，造成蓄电池失水，降低蓄电池容量。大量研究表明，蓄电池过充电超过 5%，连续工作 120 d，其寿命减少 50%，这点也可以从 YTD/799－2010 标准"过充电寿命试验"一节得到印证。

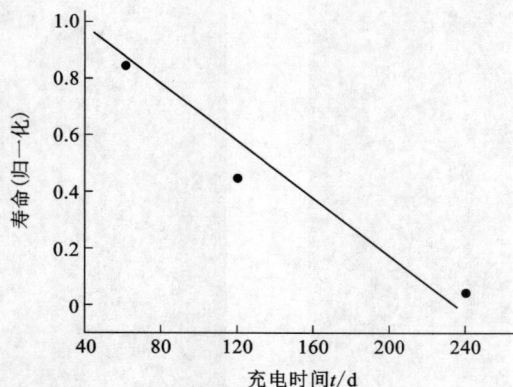

图 4　过充电对 VRLA 蓄电池寿命的影响

表 1　YTD/799—2010 标准中规定的蓄电池寿命折算方法

> 6.22 蓄电池寿命
>
> 　　蓄电池的寿命参见表3的规定。
>
> 表3　蓄电池的寿命
>
> | | 过充寿命(20~30 ℃) | 高温加速浮充寿命 | 循环耐久性 |
> |---|---|---|---|
> | 2 V | 不少于240 d | 不少于8次 | 不少于400次 |
> | 6 V、12 V | 不少于180 d | 不少于6次 | 不少于300次 |
>
> 注1：过充电寿命试验中，每30 d折合寿命1年。
> 注2：高温加速浮充寿命中，每次折合寿命1年。

表 2　YTD/799—2010 标准中过充电寿命的试验方法

> 7.23 蓄电池寿命
> **7.23.1　过充电寿命试验**
>
> 　　按以下步骤进行试验：
> 　　a)按7.7节规定的方法完成容量试验达到额定值的蓄电池，经完全充电后，在25℃±5℃环境中，以0.02C10恒定电流方式进行连续充电30 d；
> 　　b)每30 d的边疆恒定电流充电后，按7.7节规定的方法进行一次1 h率容量试验，然后再以0.02C10恒定电流方式进行连续充电30 d；
> 　　c)重复充、放电，直到蓄电池容量低于1 h率额定容量的80%时再次试验，确认仍低于80%时结束试验，试验结果应符合6.22节的要求。

　　按标准中的过充电试验条件：在 25±5℃ 环境中，充电电流为 0.02C10，对于通信基站常用的 500 AH 蓄电池而言，相当于浮充电流为 1 A 时，连续工作 30 天，蓄电池的寿命将缩短 1 年。这实际上是利用过充电对蓄电池寿命的影响来完成蓄电池寿命的加速测试。

　　2.3.2.2　过放电：VRLA 蓄电池过放电，会造成负极硫酸铅结晶，形成很难参加充电反应的大颗粒硫酸铅(俗称负极硫酸盐化)，造成负极活性物减少，内阻增加，降低蓄电池容量。因此，实际应用中应该尽量避免蓄电池过放电。

　　2.3.2.3　充电不足：VRLA 蓄电池长期充电不足，也会加速负极硫酸盐化，造成负极活性物减少，内阻增加，降低蓄电池容量。因此，一旦电池组出现放电，应尽快给电池组充电。对于浮充应用的 VRLA 蓄电池组，要尽量保持电池组浮充电压的一致性，避免个别单体电池电压偏低长期处于充电不足状态，造成容量下降。

温度与寿命关系

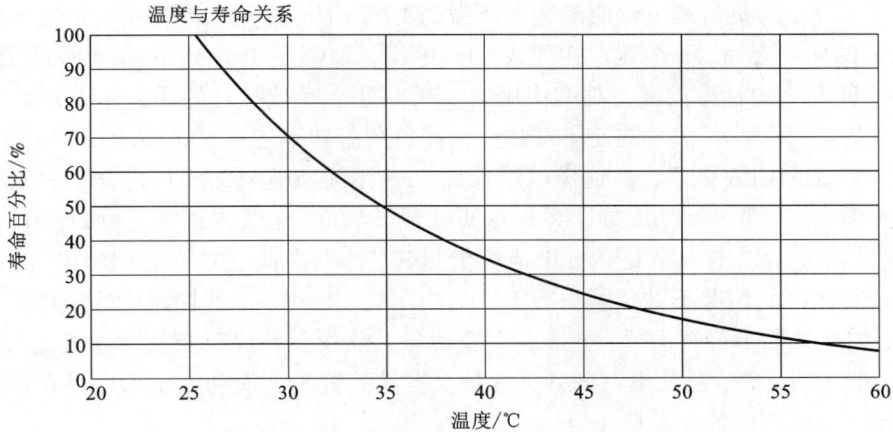

图 5 温度对蓄电池使用寿命的影响

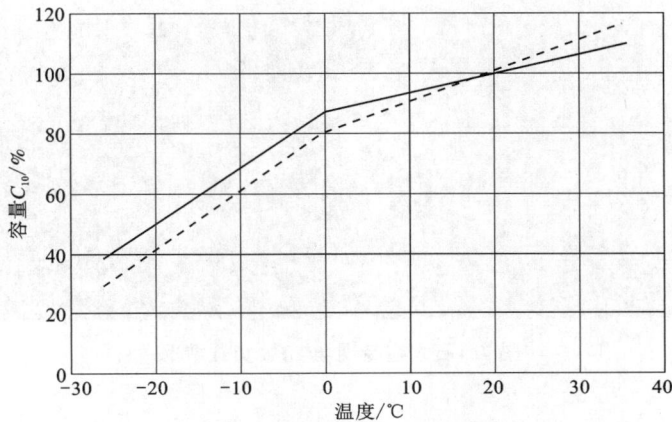

图 6 放电容量与环境温度关系

2.3.2.4 环境温度：环境温度对蓄电池寿命和容量的影响是显而易见的。通常认为，环境温度以 25℃ 为参考点，每上升 10℃，长时间工作蓄电池寿命降低 50%。当以环境温度 0℃ 为参考点时，每降低 10℃，长时间工作蓄电池容量降低 20%。当低于 -20℃ 时，VRLA 蓄电池容量基本为 0。

表 3 YTD/799-2010 标准中高温加速浮充寿命的试验方法

7.23.2 高温加速浮充寿命试验
　　按以下步骤进行试验：
　　a) 按7.7节规定的方法完成容量试验达到额定值的蓄电池，经完全充电后，在60℃±2℃环境中，以 U_{no} 电压连续充电30 d；
　　b) 将蓄电池取出，放置24~36 h，在25℃±5℃环境中按7.7规定的方法进行一次36 h率容量试验，作为一个试验循环，折合寿命1年；
　　c) 重复a)、b)，直到蓄电池容量低于3 h率额定容量的80%并再次试验，确认仍低于80%时结束试验，试验结果应符合6.22节的要求。
　　注：在试验过程中，允许对电池施加安全保护措施。

通信行业标准 YTD/799-2010 中，对高温加速浮充寿命试验给出了具体方法，对于设计寿命为 8 年的蓄电池，60℃±2℃ 连续工作 240 d 其寿命终止。

因此，铁路箱变中 UPS 电源所配备的 VRLA 蓄电池运行环境温度对其造成很大的影响；对 VRLA 蓄电池的实时检测、定期维护管理工作变得至关重要。但铁路沿线电力箱变数量庞大且分布区域广，工区维护人员较少，天窗点等时间限制使其不能够形成一套完整的维护体系，很难实现全面的维护管理工作，这也是铁路电力箱变 UPS 蓄电池寿命降低的主要因素之一。

2.3.3 负载功率匹配问题

用户应根据所用设备的负荷量统计值来选择所需的 UPS 输出功率（kVA 值），为确保 UPS 系统的效率和尽可能延长 UPS 的使用寿命，一般建议在线式 UPS 电源选取额定功率的 70%~80% 的负载量。因此，最好不要按照 UPS 不间断电源标称的额定功率使用它。长期处于满载状态的话，会造成 UPS 不间断电源逆变器及整流滤波器的过热，影响 UPS 的使用寿命。比如负载总功率达到 600 VA 时，选用 UPS 650 VA 就不合适了，而 1 kVA 左右的 UPS 更适合。这样可以延长 UPS 不间断电源的使用寿命。一般铁路电力箱变中 UPS 电源的容量选型会在 1 至 5 kVA 之间，可根据实际现场测量，箱变内正常运行的情况下负载会在 60 至 110 W 之间，如石太客专沿线电力箱变 UPS 电流测量 60W；津秦高铁电力箱变 UPS 电流测量 80 WA；在正常运行不进行分合闸操作的情况下的负载只有 RTU、指示灯、仪表、二次回路中间继电器等。而负载太小对设备会有影响，如此长期小负载运行，会造成空载现象，空载会导致逆变电路和电池损坏。或者对电路产生较多的谐波，谐波的存在，易使电网的各类保护及自动装置产生误动或拒动以及在通信系统内产生声频干扰，严重时将威胁通信设备及人身安全。

图 7　石太客专现场 UPS 负载情况

UPS 应根据负载性质选用负载容量和余量。UPS 负载一般分为线性负载和非线性负载。不同性质的负载有不同的功率因数和峰值因数，所以选择 UPS 时，必须考虑负载的性质。

铁路电力箱变中 UPS 的负载既有非线性负载也有感性负载，正常运行时负载较小，而需要进行分合闸操作时瞬时峰值因数比较高，所以在选择负载容量时还应考虑不同负载的冲击电流，通常 UPS 的峰值因数为 3∶1，适合电脑等非线性负载在正常工作中的峰值因数要求。但当冲击较大时，UPS 等供电设备的电流容量乘以 3 后还不足以满足负载的瞬间电流要求。在这种情况下需要考虑增加供电设备的容量，从而提高电流提供能力。因此在选择 UPS 容量时需要考虑负载波动及冲击余量，适当增大 UPS 余量以抵御负载的波动。

由此可见铁路电力箱变 UPS 因负载特性的不同应减少负载容量增大冲击余量，使其能够在不同负载特性条件下稳定运行。

2.3.4 设计余量问题

对于 1~5 kVA UPS，生产厂家基于成本考虑，各项设计余量都会留得比较小，为了降低成本，元器件选型时多选用临界规格的产品，会产生以下问题：

（1）电路板多采用单层板设计，电流密度和安规距离都比较小。

（2）生产厂商由于成本原因，电感磁芯往往选用铁粉类的磁芯。铁粉类的磁芯有一个致命缺陷，即老化问题。这类磁芯随着使用时间的推移，磁芯性能会逐渐下降，电感量会逐渐降低。当电感量降低到一定程度时，电感就会完全失效，导致机器故障。三年左右，铁粉类磁芯的电感的寿命就差不多终止了。当机器长时间带重载或工作环境温度比较高时，电感老化问题会更严重。

（3）有的厂商为了降低生产成本，IGBT 选型规格过于临界，当 UPS 在带冲击性负载或过载时容易造成 IGBT 击穿。

（4）电容器质量参差不齐，UPS 电容器质量直接影响应对感性负载的能力，有的厂商由于成本原因，选用过于临界的电容器，在恶劣环境中电容器老化严重，降低其负载能力，不能应对铁路电力箱变中 UPS 的负载特性，无法满足冲击余量要求，以至于无法对箱变内操作机构、塑壳断路器等进行分合闸操作。

3　解决方案

根据以上对 UPS 各种故障原因的分析，在新 UPS 设计时，确定以下的技术方案。

3.1　通过器件的选材提高硬件的耐高、低温的能力，如辅助电源芯片选用军工级的，可以工作到 −40℃。电阻采用陶瓷电阻，辅助电源采用比较大的裕量设计，平时正常功率为 40 W，新设计功率为 80 W，这样可以保证低温下工作的可靠性。采用风扇调速技术，在温度低的时候风扇转速降低，机器工作温度上升，自动提高转速加大风量。在高加速寿命试验（HALT）中存在低温不能启机的问题，通过排查解决了低温下辅助电源自动关机的问题，满足了 −40℃ 启机。新设备内设置专门的温度控制单元，提高风扇带载能力，满足铁路的 −40~60℃ 的运行环境。

3.2　电路板的三防处理

所有的电路板都进行防尘、防潮、防腐的环保三防处理，采用油浸的工艺，确保线路板和电子元器件引脚都能得到充分防护。

进风口加装可拆卸防尘网，减少粉尘的进入，防止因凝露、粉尘造成电路板的短路故障。同时免去运维单位拆卸 UPS 清理灰尘工序，只需将防尘网拆卸清理便可。

3.3　采用智能型蓄电池管理系统

可根据蓄电池特性进行自动调节式的均充、恒压、恒流充电方式的转换，也可监测蓄电池放电过程到临界值自动停止。避免出现过放电、过充电、充电不足等外部条件对蓄电池使用寿命的影响。

智能自动活化管理：无须人工干预的蓄电池活化管理系统。能够定期自动对 UPS 的蓄电池组进行浅放电活化，激活蓄电池电离子活跃性。避免快充电、快放电的方式对蓄电池造成容量衰减使用寿命降低等问题，通过芯片对蓄电池容量（AH）和放电电流做精准计算，使其浅放电控制在电池容量的 25% 左右（预留剩余电量应对现场紧急供电需求），免去了蓄电池维护对各运营单位人力物力资源的消耗和工作负担。

采用线核容系统：即可定期核算蓄电池健康状况和实际剩余容量，能够通过 485 通信、现场巡检等方式对 UPS 蓄电池实际的健康状况直观地做出评估，对存在问题的蓄电池可以做到提前发现、提前更换，大大提高了设备运行的稳定性、可靠性。大幅减少运维难度，有效提高对蓄电池问题的排查能力。

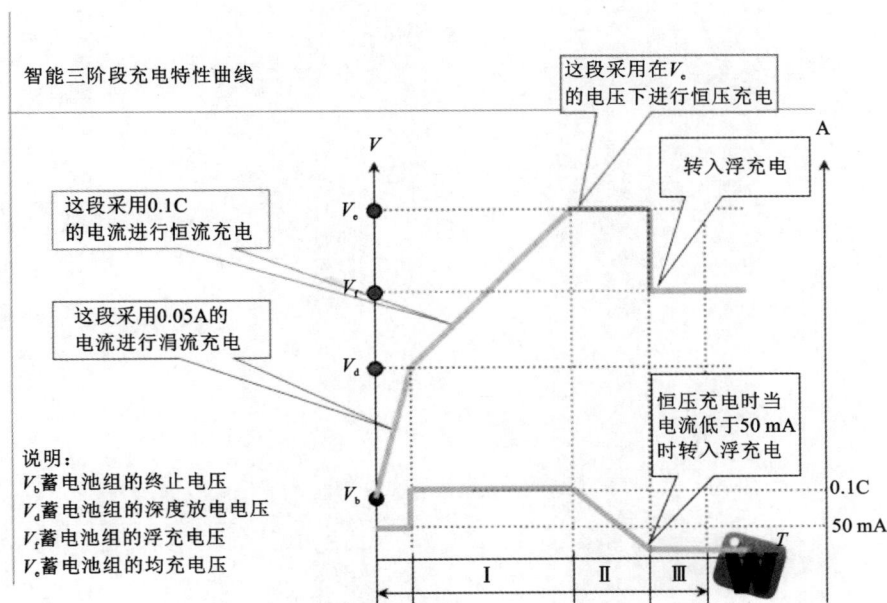

图 8　智能三阶段充电特性曲线

3.4　增大电路板及器件的设计裕量

选用铁硅磁芯的电感，解决铁粉芯电感老化问题。

提高 IGBT 的带载容量选择，解决带冲击性负载或过载时 IGBT 损坏问题。加大电路板铜箔截面和间距，提高抗短路能力。

选用日本红宝石等国际顶尖品牌铝制电容器。增强承受瞬时冲击电流余量，减缓温度环境对电容器的容量衰减，增强 UPS 带感性负载的能力。

UPS 在设计时，电源输入侧增设滤波电路，抑制输入电源的谐波电压峰值，减少因直流电压过高而引起的 UPS 自动关机故障，提高蓄电池的使用寿命。

3.5　采用卷绕式铅酸蓄电池

由于卷绕式铅酸蓄电池采用了螺旋卷绕技术，其极板与极板之间的间隙极小，且其酸是固体酸，并能被玻璃纤维网所吸附，整个结构是很紧密的。因此在高温下，基本不存在冒气冒泡的现象，在低温下，没有液态酸可冰冻，因此不存在电流输出减少的问题。根据美国 SAE 测试标准，卷绕式铅酸蓄电池可在 −55 至 75℃ 范围内安全工作。可见相对于我国的北方寒冷的天气和南方炎热的天气而言，使用卷绕式铅酸蓄电池将会更安全可靠，实现"免维护"。

4　总结

有效延长了设备使用寿命，极大减少运行维护人力物力成本，减缓更新换代时间周期，提高运行稳定性，大幅降低设备故障率，提高安全可靠性。

作者简介

席解相，中国铁路成都局集团有限公司宜宾工电段。

10 kV 电力设备常见故障原因分析及防范措施

左 耀

摘 要：10 kV 架空线路由于长期露天运行，又具有点多、线长、面广，结线方式复杂多变等特点，因此运行中的 10 kV 架空线路经常容易发生故障。这不但影响广大市民的正常生产、生活用电，而且还给供电企业造成了经济损失。近年来，经过大规模的配电网基建改造，高低压配电线路网络结构有了明显的改观。但从近几年的实际运行情况来看，仍然存在许多的问题。文章就 10 kV 架空配电线路常见故障及防范措施方面进行以下探讨。本文对 10 kV 配电运行事故进行分类统计分析，并结合其他单位配电运行事故，找出存在的薄弱点，积极探索防范措施，这对于提高设备管理水平具有重要意义。

1 引言

随着我国经济发展不断加快，产业结构不断优化，国家的经济业已步入发展的快车道，综合实力明显增强。近年来供电量每年都保持着 10% 以上的增长，这对城配网的安全可靠运行要求越来越高。10 kV 线路和设备发生故障不但给供电企业造成经济损失、影响广大居民的正常生产和生活用电，而且在很大程度上也反映出我们的服务水平优劣。根据我公司配电网络的实际运行状况，对近几年间所发生的 10 kV 配电运行事故进行分类统计分析，并结合其他单位配电运行事故，找出存在的薄弱点，积极探索防范措施，这对于提高配电网管理水平具有重要意义。

配电线路是电力输送的终端，是电力系统的重要组成部分。配电线路因点多、面广、线长，路径复杂，设备质量参差不齐，受气候、地理的环境影响较大，又直接面对用户端，供用电情况复杂，这些都直接或间接影响着配电线路的安全运行，造成设备故障率居高不下，故障原因也远比输电线路复杂。

2 常见故障类型

2.1 外界原因造成的故障

因 10 kV 线路面向用户端，线路通道远比输电网复杂，交跨各类线路、道路、建筑物、构筑物、堆积物等较多，极易引发线路故障，具体表现在以下几个方面：①部分线路架设在公路边，经济发展所带来的交通繁忙，以及少数驾驶员的违章驾驶引起的车辆撞到电杆，造成倒杆、断杆等事故发生。②城市建设步伐加快，旧城改造进程中，有大量的市政施工，在社会固定资产投资增幅明显的背景下，其所带来的建设项目快速增长。基建、市政施工时，对配网造成破坏，主要表现在两个方面：一是基面开挖伤及地下敷设电缆；二是施工机械、物料超高超长碰触带电部位或破坏杆塔。③市区规模日趋扩大，原来处于空旷地带中的高压输电线路正逐步被扩大的城市建筑物延伸包围。虽然线路建设在先，但仍然出现部分违章建筑物，直接威胁了线路的安全运行。这样，要么电力线路安全处在不可控状态，要么被迫变更路径。④导线悬挂异物类。社区、广场附近放风筝，城市生活垃圾中的漂浮塑料、市区周边农田用的塑料薄膜等物体，也对配网的安全运行造成了隐患。⑤动物危害。如鼠、猫、蛇等动物爬到配电变压器上造成相间短路，鸟同时从柱上开关上起飞时造成相间短路。⑥盗窃引发的事故比例虽小，但危害程度极大。盗窃电力设施的犯罪分子往往贪图蝇头小利置电网安全于不顾，造成的倒杆、倒塌等重大恶性事故危害非常大。

2.2 自然灾害造成的故障

一般是指雷击事故。因为 10 kV 架空线路的路径较长，加上其沿途地形较空旷，附近少有高大建筑物，所以在每年的雷雨季节中常遭雷击，由此产生的事故是 10 kV 架空线路最常见的。其现象有绝缘子击穿或爆裂、断线、避雷器爆裂、配变烧毁等。

2.3　树木造成的故障

一些地区耕地退耕还林、封山育林，在电力线路下种植大量的树木。二是地方政府绿化造林政策导致电力线路附近新栽危树数量增加较快。由于受到经济利益和政策的影响，这些树木难以砍伐，部分单位、居民对砍伐危树的重要性认识不足，不予配合，甚至拒绝、阻碍，漫天要价，使线路隐患不能够及时清理，每当遇到雷雨、大风天气，一旦倒树将严重威胁线路的安全运行，对 10 kV 电力设备造成较大影响。

2.4　用户产权设施造成的故障

用户产权电力设施普遍存在无人管理、配电房防护措施不完善、电缆沟坍塌积水、自私增加大功率设备等问题，仍然运行着一部分多年的老型号电力设备，一方面，这些老型号的设备相对现行的运行要求，技术标准偏低；另一方面，这些运行已久的设备，其内部绝缘、瓷瓶老化严重，经高温或风吹雨淋后易发生故障。因缺乏维护，内部故障时，分界点的开关未跳闸或高压保险未熔断，甚至有的单位直接将高压保险短接，造成越级跳闸而且发生故障后因产权因素不能在第一时间查找到故障并修复。

2.5　配电设备方面的因素

①变压器故障。由于变压器本身故障或操作不当引起弧光短路。②绝缘子破裂，导致接地或绝缘子脏污导致闪络、放电、绝缘电阻降低，跳线烧断搭到横担上。③避雷器、跌落保险、开关质量较低或运行时间较长未能定期进行校验或更换，击穿后形成设备停电事故。

2.6　管理方面的因素

运行管理中影响 10 kV 线路设备安全的主要因素是巡视不到位、消缺不及时。巡视不到位，主要是人员业务素质不高、责任心不强，对导线在运行中的磨损、断股等缺陷以及设备缺陷等未能及时发现。消缺不及时，主要是人员业务素质不高、检修质量不高、责任考核未落实。这些管理上存在的薄弱点，使一般缺陷往往得不到及时消除，甚至扩大为紧急缺陷，直至发生设备故障。

2.7　一般故障分析

2.7.1　季节对线路的影响

10 kV 电力线路暴露在野外，极易受到外界因素特别是气候因素的影响：洛阳市气象特征：1—3 月份气温普遍较低，时有雾霾、小雨、中雨、雨夹雪、小雪、大雪等天气，有时气温相当湿润；4—5 月份平均风力偏大，极易吹起农民种地使用的地膜、塑料袋等异物并且放风筝的人较多，设备很容易受到影响；6—9 月份进入汛期，雷雨大风、暴雨、雷电、冰雹等强对流恶劣天气对电力设备的影响较大，这时的电力设备极易受到天气甚至自然灾害的影响发生故障跳闸，10—12 月份(秋冬之交)虽然偶尔会有雨、雪天气出现，但故障跳闸率会明显下降，设备会比汛期较为稳定。因天气转冷，会出现用电负荷增大的情况，设备容易出现过负荷运行。从以上分析可知，气候变化对电力线路设备的影响很明显，在气候突变的月份线路故障跳闸就特别厉害，说明 10 kV 电力线路整体抗御自然灾害的能力还较低，设备的本质安全系数较低。

2.7.2　线路故障年度统计

2020 年发生电力故障跳闸 151 件，比上年增加 25 件，同比增长 20%，其中设备原因 22 件，外界原因 80 件，不明原因 39 件，其他原因 10 件。外部原因占比 53%。从数据可知，只要发生设备系统、气候、外力破坏等因素的影响，线路就发生跳闸，特别是气候发生突变时.线路跳闸就特别严重，也相对较集中。

2.7.3　线路故障类别统计

线路故障的主要原因：一是部分 10 kV 电力设备超出大修周期，老化严重；二是外部施工对 10 kV 电力线路的影响；三是车辆伤害(撞电杆、挂线)对 10 kV 电力线路的影响；四是危树对 10 kV 电力线路的影响；五是鸟害对 10 kV 电力线路的影响；六是轻飘垃圾等异物对 10 kV 电力线路的影响；七是交叉跨越、平行接近对 10 kV 电力线路的影响；八是雷害对 10 kV 电力线路的影响；九是洪水滑坡对 10 kV 电力线路的影响；九是外界污染源对 10 kV 电力线路的影响；十是上级电源瞬间失压、波动对 10 kV 电力线路的影响。

2.7.4　线路故障原因分析

(1)因线路设备自身缺陷故障(内因)

(2)线路设备老化严重，因种种原因发生故障的，气候突变时尤为严重

配电线路的一般情况是线径长，分支多，线路未改造，设备老化严重，低值绝缘子、电缆较多，都有可能引起线路故障。

（3）导线断线故障

导线断线故障：①投运的少部分铝绞导线，因质量问题在运行时易断线的，已基本更换；②施工工艺不标准，导线与绝缘子的绑扎处、引流绑扎处扎线脱落，造成烧断导线；③因各类交跨距离不够，放电烧断导线。

（4）配变电台故障

如跌落烧毁、配变烧毁等造成线路故障。

（5）变压器避雷器损坏（或未装设）

造成线路接地停运或雷雨天引起雷电过电压故障。

（6）相间短路故障

线路档距过大，导线弧垂过大，大风时易混线，造成相间短路故障。部分线路因建设初期未考虑线路档距过大，大风时易混线，造成相间短路故障，且因导线间相互鞭击，易断线。

（7）低值、零值绝缘子造成故障

因配电绝缘子打压困难，低值绝缘子得不到及时更换，运行时造成接地停运。春秋两检时都能发现绝缘子击穿现象。

（8）外力破坏造成线路故障（外因）

（9）各类交跨距离不够引起线路故障

因 10 kV 线路面向用户端，线路通道远比输电网复杂，交跨各类高压线路、弱电线路、道路、建筑物、构筑物、堆积物等较多，极易引发线路故障，其中违章建筑易对线路造成影响。

（10）偷盗线路设备，盗割导线等造成线路停运

每年配电线路都会发生偷盗线路设备、盗割导线的破坏；如义马-铁门贯通 45#-47#杆线路被盗，造成线路停运后此案由公安部门侦破。

（11）车辆撞断电杆引起线路停运

由于货场、公路、厂房大量存在及新建公路、货场改造、新建厂房、民房等项目的不断涌现，机动车辆对供电、电力设备影响日益严重，撞断电杆、挂断导线故障时有发生。2021 年，外部环境造成的跳闸 79 件。其中挂碰线条 16 件，挖断电缆 15 件，搭挂异物 6 件，撞断电杆 2 件，用户擅自施工 1 件。

（12）树障

树障是引起线路跳闸的一个重要原因，尤其在大风大雨天的速断动作跳闸，重合成功的，有可能是树障造成线路瞬间短路跳闸。清理树障的难度在于难砍伐、难修剪、与树主人矛盾大，随清随种。

（13）抛扔异物造成短路跳闸

有时跳闸后巡视人员会发现在线路上有铁丝等异物搭在线路上，并且线路附近有高于线路的地形或者建筑，金属线直接搭接在运行的裸导线上，会造成相间短路故障跳闸。

（14）向导线上扔铁丝，造成线路瞬间故障

新安县-磁涧贯通 90#-91#杆间因小孩站在山坡上向线路上扔铁丝，一端接在导线上，一端搭接在横担上，造成线路接地停运。铁丝挂在导线上，如遇风吹会搭界在另一导线上造成相同短路故障。

（15）其他原因不明的故障

2.8 常见故障及其原因

2.8.1 季节性故障

春季风大，一是大风可将郊区种植蔬菜用的塑料大棚或垃圾场大片塑料刮起，搭到 10 kV 线路的线路上，引起线路跳闸；二是易将临近线路的一些设立在建筑物楼顶的基础焊接不够牢固的大型广告牌刮倒，压断或倒压在线路上，造成线路跳闸。

夏季七、八月雨水集中，一是如有大量雨水冲刷和浸泡，易形成电杆倾斜或倒塌事故；二是大雨易引起导线与金具或其他金具之间短路放电。

雷雨季节，雷电较多，线路易受雷击，造成绝缘闪络、断线或避雷器爆裂、变台被烧，引起线路故障。

进入雷雨季节时，在高压线路通道范围内落雷，由于过电压的作用将可能造成被击点处与导线、相间或对地空气绝缘击穿，绝缘子串闪络，从而使线路断路器跳闸。2010 年因雷击造成跳闸 60 件，其中影响行

车1件。2014年2月28日13：33因雷击造成上街-偃师自闭、贯通同时瞬间停电。

冬季气候寒冷、风力较大，易发生倒杆断线事故。当风力太大且下雪时，易发生绝缘闪络故障。

2.8.2　外力破坏

(1)鸟害与放风筝或一些人为地向空中乱抛的杂物落在导线上，造成10 kV架空线路短路或接地，引起线路跳闸。

(2)由于夏季雨水多，树木生长得快，茂盛的树木与架空导线(非绝缘导线)之间安全距离不够，一遇刮风下雨极易造成导线对树木放电或树枝断落后搭在线上，风雨较大时，甚至会发生整棵树倒在线路上，压迫或压断导线，引发线路事故。

(3)一些机动车辆违章驾驶，将电杆碰撞倾斜或撞断，引起线路故障。

(4)市区新建楼房或拆迁时，施工单位挖掘机司机不注意电缆标志挖断电缆，造成线路跳闸。

(5)在郊区、农村老百姓在杆塔周围挖沙取土，引起倒杆、断线事故。

(6)不法分子盗窃破坏电力设施，引起接地短路故障。

2.8.3　线路施工质量与技术方面存在的问题

(1)一些运行中的杆塔基础不够夯实，应装设的拉线电杆没有拉线或是拉线松弛不起作用，受外界影响后导致杆基下沉、土壤松软(经雨水冲刷或浸泡)，最终电杆倾斜很容易引起线路故障。

(2)线路施工中存在有引线、线夹、刀闸连接处不够牢固，运行一段时间后，将会烧损引发线路故障。

(3)变压器避雷器、高压跌落式保险质量较低或运行时间较长未能及时进行校验或更换，易被击穿后形成线路停电事故。

2.8.4　运行维护经验不足，巡视检查不到位

(1)员工业务技术水平不足，运行经验不够丰富，在日常的巡视和维护当中抓不住主要问题，查不出线路缺陷和事故隐患。

(2)由于运行中的配电线路存在高压引线、线夹、刀闸的连接处不牢，受外界环境影响(风、雨、雷、雪及氧化等)后，易发热、发红，如不能及时发现处理，最终烧损或烧断引发线路故障。

2.8.5　设备陈旧、使用年限长

3　10 kV电力设备故障的防范措施

3.1　针对天气因素采取的反事故措施

(1)提高绝缘子的耐雷水平，特别是针式绝缘子的耐雷水平。根据近几年的运行经验，耐张点的悬式绝缘子在雷击时极少发生闪络故障，故障发生点集中在针式绝缘子上，进一步提高绝缘子的耐雷水平有助于提高线路的防雷能力。

(2)安装线路避雷器则是一个经济、简单、有效的措施。配电所10 kV出线端装设避雷器、在线路较长易受雷击的线路上装设避雷器，以及在变压器高低压侧装设相应电压等级的避雷器。

(3)定期检测接地极，确保接地极的接地电阻值合格。

(4)加强与气象部门的联系，积累资料，达到预警预报条件的气象灾害时，提前采取防范措施，最大限度地避免和减少气象灾害所造成的损失。

3.2　针对外部环境采取的反事故措施

为杜绝或减少车辆碰撞杆塔事故，可以在交通道路的杆塔上涂上醒目的反光漆，在拉线上加套反光标志管，以引起车辆驾驶员的注意，对遭受过碰撞的杆塔，可设置防撞混凝土墩，并刷上反光漆。

通过散发宣传单、张贴宣传画、粉刷标语等形式，宣传《电力法》《电力设施保护条例》，对广大群众进行护线宣传和电力知识教育。在宣传教育的基础上，通过执法系统加大对外力破坏特别是盗窃者的打击力度。

健全线路杆塔、埋地电缆警告牌、标志牌等。

加强对线路的巡视，做好线路的清障工作。保证线路通道符合规程要求，及时清理整顿防护区内危及线路安全运行的树木。针对违章建筑进行解释、劝阻、下发隐患通知书并备案，以明确责任。

3.3　加强线路的维护、运行管理工作

（1）对变压器、线路上的绝缘子、避雷器等设备（包括线路使用的各类金具的设计及镀锌质量），定期进行试验、检查，及时处理设备缺陷，提高运行水平。对早期投运的老旧设备，逐步淘汰。

（2）线路上加装开关，缩小故障范围，减少停电面积和停电时间，有利于快速查找故障。

（3）有计划性地对线路、设备进行巡视，定期开展负荷监测。特别是负荷高峰期，密切注意馈线、配变的负荷情况，及时调整负荷平衡，避免接头、连接线夹等因过载发热烧毁。

（4）制定并完善事故应急预案，开展经常性的反事故演习活动，是出色完成事故抢修工作的重要保证。

（5）加强业务培训，提高综合素质。建立激励机制，使运行人员思想到位、巡线到位、处理故障到位。

（6）加强线路的运行管理工作。签订管理责任书，做到故障原因未查到不放过，故障不彻底排除不放过，把线路跳闸次数、跳闸停电时间与责任单位、责任人的经济效益相挂钩考核。制定线路现场运行规程和各种管理制度，建立技术档案，如杆塔明细表、交叉跨越、线路接线图等，并备有各种运行记录，如巡视检查记录、缺陷处理记录等。

（7）加强用户设备管理工作。对用户设备的管理不能放松。对重大设备缺陷要及时下发通知书，阐述设备故障对自身带来的危害并备案。

3.4　针对环境采取的措施

针对外界污染源对 10 kV 电力设备的影响，应采取的措施：（1）缩短重污区绝缘部件的清扫周期，并检查金具腐蚀情况，对腐蚀严重的设备和零部件进行更换；（2）联系有资质的防腐公司有针对性地对部分钢结构支柱和金具进行防腐；（3）对绝缘污染严重的地段采用耐污性较好的有机绝缘子或刷涂高科技绝缘涂料。

3.5　采取的其他措施

3.5.1　强化运行管理

从运行角度考虑，运行人员按运规要求，按时巡视设备，及时、准确提供设备缺陷，为检修试验提供依据，及时发现事故隐患，及时检修，从而降低线路故障率。为此，运行人员应做到从"严""勤""细""熟"上下功夫。严，即制定严格的设备定期巡视制度，并坚决落实；勤，即工作积极、主动，不漏巡，多注重故障率高的线路设备运行工况；细，即认真巡视，认真分析，及时发现并上报缺陷；熟，即不仅熟悉设备，还应熟悉其性能、参数、结构、地理环境、气候因素等，做到心中有数。

3.5.2　加强线路防外力破坏工作

10 kV 电力线路外力破坏现象很严重，高低压线路盗割严重，违章建筑屡禁不止，乡村山田建设，推土造田，杆根取土，人为打破绝缘子，向导线上扔铁丝，盗窃变压器、导线、电缆等造成线路故障，以上种种时有发生，给 10 kV 电力线路的安全运行造成了极大的危害。采取的措施：

（1）在线路杆塔上悬挂警告标识牌、书写宣传标语等，教育小孩等禁止攀登带电杆塔，或打破线路绝缘子，或在导线上扔铁丝类物，或在线路附近放风筝等，有重点地加强外力破坏或盗窃严重区的防范工作。

（2）组织有关单位的人力、物力在电力线路沿线进行《电力法》《电力设施保护条例》等宣传工作。尽可能地与学校、行政村取得联系，并与其共同进行有计划、有组织的散发宣传单、张贴宣传画、粉刷标语等活动，以形式多样的宣传活动教育大家爱护电力设施。

（3）针对违章建筑从建设初期进行解释、劝阻并对违章建筑者签发《整改通知书》，明确双方责任。

（4）在宣传教育的基础上，通过公安部门加大对盗窃者的打击力度。对造成安全供电的严重盗窃电力设施，造成比较严重的财产损失或引发重大事故的，通过公安系统立案侦破，震慑盗窃者，打击盗窃者。

（5）与城建部门及山田建设部门取得联系，配合做好安全生产中的规划、设计、施工等工作，不留电力事故隐患。

3.5.3　加强检修力度

加强春秋两检的检修力度，及时消除缺陷，降低线路故障率。

3.5.4　加强线路改造

要从根本上解决问题，必须投资进行线路改造：尤其是对超出设计运行年限，以及外部环境复杂且存在安全隐患的线路尽快列入计划，下达资金，完成线路改造，使设备满足安全运行的要求；对线路未安装

分段开关或者分段开关较少的，应列计划、资金，逐步完成。

3.6 反事故措施

3.6.1 做好六防工作，即防风、汛、雷、树、寒、暑

（1）对个别档距较大的线路，在风季来临前，应及时检查线路弛度及风偏。

（2）掌握大风规律，平日积累易受风灾地区有关风力、风向季节性资料，采取一定的有效防风措施。

（3）对受外界环境影响造成一些杆塔的基础下沉或土壤松弛的状况，应及时填土夯实，对一些在 10 kV 线路中起主要作用的杆塔，如果是地势较低，容易积水或易受洪水冲刷的，有必要在杆基处修筑水围或者防护堤。

（4）在雷季来临之前，要认真检查台区的避雷装置，及时校验和更换不符合运行要求的避雷器，在开关、电缆头等处安装避雷器。

（5）更换、安装耐压等级高的绝缘子，在受雷害严重的线路上适当采用 20 kV 电压等级的绝缘子，提高其耐雷水平。

（6）检查、整改接地装置。严格定期测试接地电阻，保证线路接地电阻值不大于 10 Ω。

3.6.2 防外力破坏措施

（1）为杜绝或减少车辆碰撞杆塔事故，可以在交通道路的杆塔上涂上醒目的反光漆，在拉线上加套红白反光标志管，以引起车辆驾驶员的注意。

（2）加强宣传教育，着重指出在高压线路附近放风筝、违章施工对人身安全的严重危害性，并在线路杆塔上挂设醒目的禁止警示牌。

（3）加强打击破坏、盗窃 10 kV 配网线路器材、设备的力度。发动群众护线或聘用义务护线员与地方政府、公安部门紧密配合，严厉打击犯罪分子。

（4）运行部门定期巡视检查 10 kV 线路的杆塔基础、拉线基础和违章筑物，对存在缺陷的设备及时处理和检修，对违章建筑物进行清理整顿。

（5）健全埋地电缆标志。可因地制宜制作一些小标志牌，上刻有清楚醒目的"高压电力电缆"字样，沿电缆走向安装在地面上。

3.6.3 施工及运行维护管理措施

（1）减少导线连接接触不良，在施工安装时应严格施工工艺，把好验收关。

（2）在线路运行中，应密切注意 10 kV 馈线的负荷情况，及时调整各馈线的负荷，严禁线路超载运行。

（3）在变压器运行中，须严格按额定容量配装高、低压熔断器，平时做好负荷测量工作，及时采取相应对策，如调整负荷平衡、增容等。

（4）在 10 kV 线路上安装短路故障指示器，即使 10 kV 线路发生短路故障，也能快速查出故障点并及时排除，降低事故损失。

（5）运行部门应合理安排检修计划，按期进行线路检修及其将影响线路安全的重大缺陷和事故隐患处理，力争做到防患于未然。

（6）加强运行人员业务培训，提高综合素质。建立激励机制，使运行人员思想到位、巡线到位、处理故障到位。

3.7 应用新技术新设备

（1）随着用电负荷的不断增长，配电网络的规模越来越大，接点和支路也越来越多，年长日久杆塔上的编号会日渐模糊，给检修和巡线造成很大的不便。应用 GPS 系统，顺利导航并准确定位每一根杆塔、配变位置，工作效率就可以大大改观。

（2）实现 10 kV 电力设备自动化，对电力设备进行实时监测，随时掌握电力设备实时运行状态。

（3）安装小电流接地自动选线装置，此装置能够自动选择出发生单相接地故障线路，时间短，准确率高，改变传统人工选线方法，对非故障线路减少不必要的停电，提高供电可靠性，防止故障扩大。

（4）在线路 T 接点分支线路上装设线路接地故障指示器，用以辅助故障范围及性质的指示。

（5）在新建或改造的线路中的分段、分支开关采用绝缘和灭弧性能好、检修周期长、高寿命无油化的真空断路器，以减少线路断路器的故障。

参考文献

[1] 田淑勤.防止城市基建施工引起配电线路事故的几点措施[J].吉林电力.1984,4.

[2] 杨秀台.用概率统计方法计算和预测配电网的线损[J].中国电力.1980,9.

[3] 林凤羽.110~220千伏输电线路对平行配电线的静电感应[J].中国电力.1980,11.

[4] 姜祥生,汤雅谷.介绍苏州供电局编制的《架空线路导、地线安装表》[J].华东电力.1982,4.

[5] 匡立民.35千伏农电变电所及配电线路综合无功补偿的探讨[J].华东电力.1983,10.

[6] 王庆和.配电线路接地故障点选择法[J].吉林电力.1983,4.

[7] 施夫伸.配电线路可靠性管理的探讨[J].吉林电力.1984,3.

[8] 陈文彬,戴克健.农电配电线路的最佳无功补偿[J].华北电力大学学报.1984,3.

[9] 黑龙江省电力工业局赴日考察组.电线覆冰雪事故和防止的技术措施——赴日考察专题报告之一[J].黑龙江电力.1984,2.

作者简介

左耀,中国铁路郑州局集团有限公司洛阳供电段唐河供电车间,副主任。

铁路 10 kV 贯通线接地故障选段参考案例

景砚桥

摘　要：介绍了铁路贯通线中性点不接地系统发生接地故障时的现象，并有针对性的总结通过电力远动系统判断接地故障区段的方法，通过现场实际进行案例讲解，并介绍站馈线路通过安装零序电流互感器判断接地回路的方法，为铁路电力接地故障精准判断提出了一种有效的处置方案。

1　案例

2021 年 12 月 23 日 9 时 57 分，农安配电所农长贯通及白铁母互有两次瞬间零序过压，农长贯通线 A 相电流达到 20 A(正常 5~7 A)，经各箱变查看，故障电流通过 K4 基站箱变。10 时 04 分长农贯通线合相后远动分开 K4 基站箱变 2YG1，农安配电所恢复正常，长春北配电所显示接地。

故障原因：长白线长农贯通长春北至小城子间 35 号杆被车撞倒造成长春北配电所长农贯通接地。

2　设备示意图简介

各所、箱变跳闸时数据：

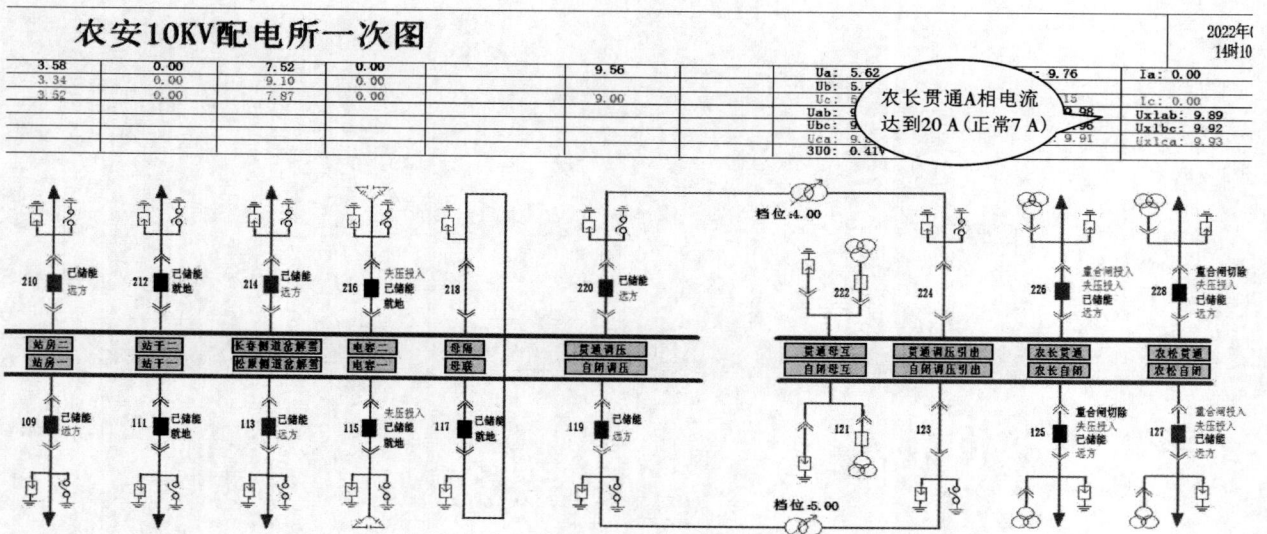

图 1　农安 10 kV 配电所农长贯通电流

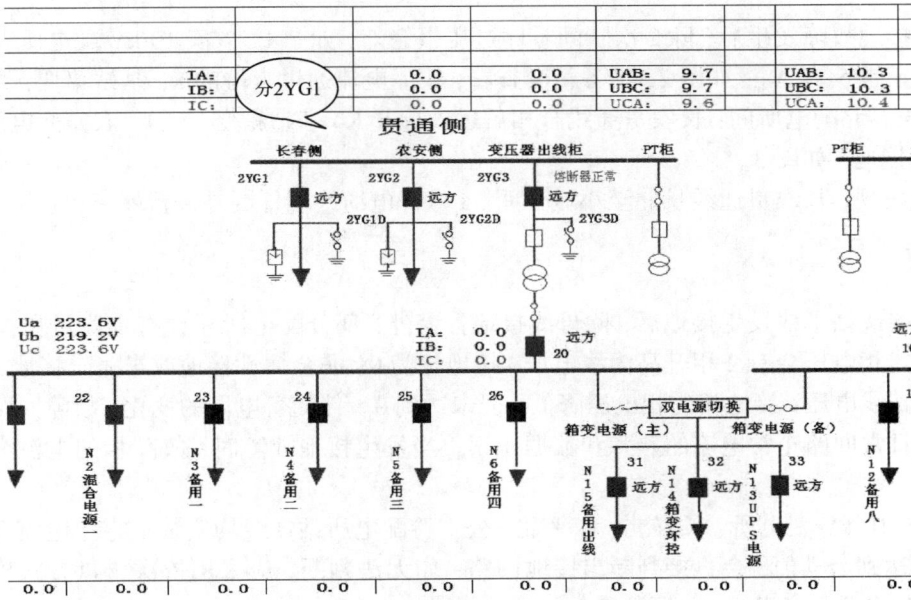

图 2　K4 基站箱变

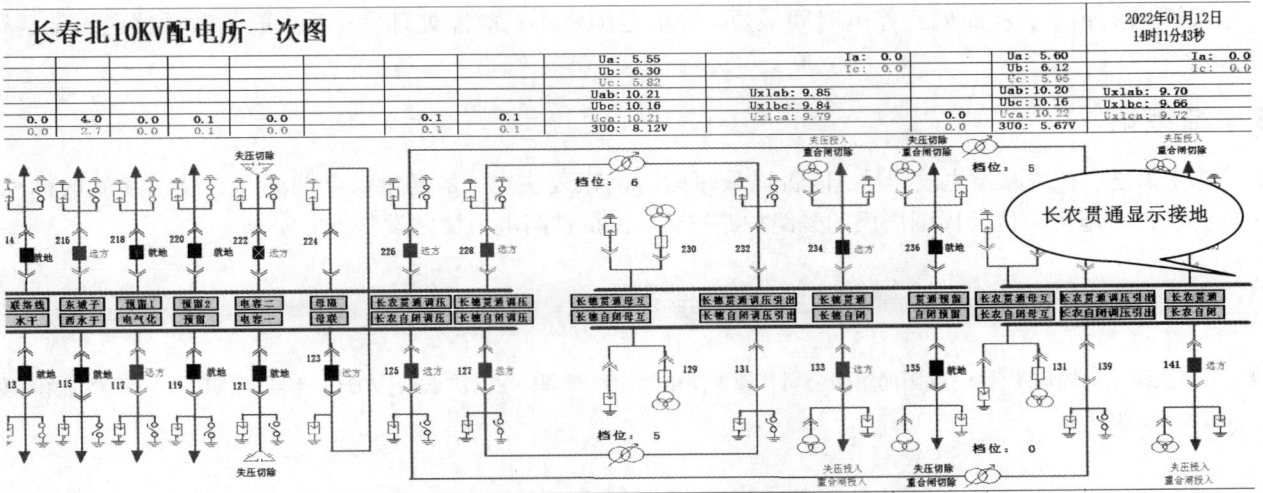

图 3　长春北 10 kV 配电所农长贯通接地

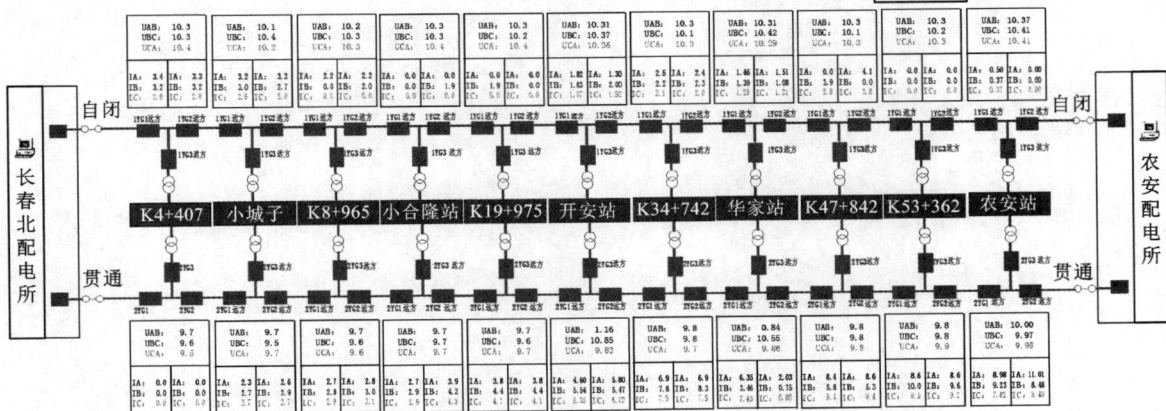

图 4　长春北至农安区间供电示意图

3　对照电流曲线判断故障区段

判断过程：接地故障发生后，除 2 次瞬间零序过压报警外，如图 1，农安 10 kV 配电所农长贯通线 A 相电流达到 20 A(正常 5~7 A)；如图 2，经各箱变查看，故障电流通过末端的 K4 基站箱变，判断故障区段在 K4 基站箱变至长春北配电所间；长农贯通线合相后远动分开 K4 基站箱变 2YG1，农安配电所恢复正常，长春北配电所显示接地，如图 3。

经现场巡线发现，长农贯通线长北至小城子间 35 号杆电缆终端杆因外侵折断。

4　处理建议

自闭、贯通线或站干线发生接地后，除母线接地告警外，部分配电所还会有零序过压。金属性接地后线电压显示正常，相电压会有 2 相升高为线电压，接地相为 0；非金属性接地或未完全接地，非接地相的相电压升高，未达到线电压；接地相的相电压降低，但未达到 0。伴随着电压的变化，故障回路电流也会发生异常，这需要对日常回路正常电流的熟悉和数据积累。当发生接地故障时，故障相的电流会异常，往往高于另外 2 相很多。

我段长春 35/10 kV 变电所、长春北、四平北、公主岭配电所站馈线均安装了零序电流互感器，发生接地时如零序电流达到启动值，会直接判断出接地回路；如无法判断，应采用依次选盘方式确定，原则是优先分一般负荷，后分重要负荷。

在自闭、贯通线判断出区段后，应及时在远方操作切除故障，电力贯通线开口，相邻配电所送电至故障区段两端的箱变，从而做到停电时间最短、停电范围最小。故障处理完毕后，应及时调整至正常运行方式。

5　结束语

综上所述，在线路发生故障后，能否以最短的时间恢复供电，是衡量供电调度综合技术素质的标准；并且要加强对施工单位及周围居民的爱路护路宣传，保护铁路电力设施设备供电安全。

参考文献

[1] 中国铁路沈阳局集团公司.沈阳局集团公司普速铁路电力抢修管理办法：沈铁供【2021】14 号.沈阳：中国铁路沈阳局集团公司，2021.

作者简介

景砚桥，中国铁路沈阳局集团公司长春供电段，主任，工程师。

基于 CAD 命令行的电缆路径图自动绘制及应用

武春波 王 委 金龙生

摘 要：本文针对铁路电力电缆容易出现的电缆路径走向不明问题，阐述利用 Excel 软件和 AutoCAD 软件进行电缆路径图自动绘制的简便方法，进一步应用到 GIS 地图 APP 中。最终提出在电力电缆施工中及运维中都能准确寻找电缆路径关键节点的解决方案，为电力电缆的维护管理提供准确数据资料，为电力电缆安全可靠运行提供技术保障。

1 引言

铁路电力设备具有点多、线长、面广、环境复杂的特点，其中沈阳局集团供电系统高压电力电缆的数量高达 36745 条，且半数以上为地埋敷设方式。地埋敷设方式的电力电缆施工工程属于隐蔽工程，对这类电缆的路径管理一般采用以下几种方式：方式一是依赖于原始的电缆标志桩、电缆标识牌及参与施工的职工原始记忆；方式二是在方式一的基础上，在现场照片上绘制电缆路径图；方式三是在电缆敷设施工时，在电缆关键节点位置同时埋入 NFC 标签，施工后期可以对 NFC 标签进行智能识别。方式一和方式二容易造成电缆路径与实际情况不符，方式三相关成本较高，且在施工结束后应用较为不便。

2 Excel 编辑与 CAD 命令行

Microsoft Excel 在数据统计及整理、公式编辑上非常方便，可以大幅减少文字输入工作，同时为 AutoCAD 提供命令数据。CAD 命令行就是 AutoCAD 的绘图命令入口。Excel 编辑公式与 AutoCAD 命令的配合使用在工程方面有很多应用，能够简单地完成一些重复性工作，在自动绘图时可以大幅减少工作强度。

在 Excel 中进行命令编辑是自动绘图的关键点，熟悉 Excel 公式编辑及 AutoCAD 命令特点可快速掌握 Excel 各种命令公式的编辑工作，最终可以实现电缆路径图的自动绘制。

3 电缆路径图的自动绘制

电缆路径图的自动绘制步骤：首先，利用 APP 获取电缆路径数据；其次，将完整的电缆路径数据在 APP 中保存，再转存至电脑；再次，在电脑中利用 Excel 表格事先编辑绘图命令，再粘贴入电缆路径的经纬度相关数据，批量整理为命令数据；最后，利用 AutoCAD 在命令行中分别粘贴入整理完成的命令数据，从而实现电缆路径图的自动绘制。

3.1 电缆路径数据的快速获取

施工中电缆路径数据的快速获取方法：利用铁路电力设备定位导航 APP 沿电缆路径（即电缆沟）对关键节点进行拍照和经纬度打点，获取单个节点的影像资料及经纬度数据。运维中电缆路径数据的快速获取方法：利用铁路电力设备定位导航 APP 沿电缆路径对电缆首末端、电缆标志桩及电缆中间接头等进行拍照和经纬度打点，获取单个节点的影像资料及经纬度数据。

3.2 电缆路径台账的设计

电缆路径台账字段设计见表 1。

表 1   电缆路径台账字段设计表

模块	字段	功能描述
电缆路径台账	电缆名称	来源于电力电缆设备履历
	电缆节点名称	描述电缆节点,如首端、末端、各个标桩等
	经度	描述电缆节点的经度
	纬度	描述电缆节点的纬度

其中唐家贯通箱变至唐家–励家贯通线 001#杆电缆路径台账采集并录入的信息见表 2 所示。

表 2   电缆路径台账

电缆名称	电缆节点名称	经度	纬度
唐家贯通箱变至唐家–励家贯通线 001#杆电缆	唐家贯通箱变至唐家–励家贯通线 001#杆电缆首端	122.0268741	41.53373801
唐家贯通箱变至唐家–励家贯通线 001#杆电缆	标桩 1	122.0273933	41.53411935
唐家贯通箱变至唐家–励家贯通线 001#杆电缆	标桩 2	122.0279018	41.53448997
唐家贯通箱变至唐家–励家贯通线 001#杆电缆	标桩 3	122.0284478	41.53483377
唐家贯通箱变至唐家–励家贯通线 001#杆电缆	唐家贯通箱变至唐家–励家贯通线 001#杆电缆末端	122.0357542	41.54011362

3.3   绘图命令的设计

(1)电缆节点坐标展点命令,公式:=“C”& 经度 &“,”& 纬度 &“,”& 标高 &“,”& 半径。
(2)电缆路径多段线命令,公式:=“PL”& 经度 &“,”& 纬度。
(3)电缆路径标注命令,公式:=“TEXT J TC”& 经度 &“,”& 纬度 &“字高 0”& 电缆节点名称。
设置标注偏移量为 0.0001,节点坐标展点半径为 0.00001。

3.4   绘图命令的整理

将经纬度数据粘贴到表格指定位置,然后对数据进行批量整理。绘图命令整理结果见表 3 所示:

表 3   绘图命令整理结果

电缆节点名称	Point	Line	TEXT
大虎山配电所大屯贯通盘至大虎山–黑山贯通线 001#杆电缆首端	C 122. 1376276, 41. 62113011, 0 0.00001	PL 122. 1376276, 41.62113011	- TEXT J TC 122. 1376276, 41. 62123011 0.00004 0 大虎山配电所大屯贯通盘至大虎山–黑山贯通线 001#杆电缆首端
标桩 1	C 122. 1373379, 41. 61928475, 0 0.00001	PL 122. 1373379, 41.61928475	- TEXT J TC 122. 1373379, 41. 61938475 0.00004 0 标桩 1
标桩 2	C 122. 1367371, 41. 61914527, 0 0.00001	PL 122. 1367371, 41.61914527	- TEXT J TC 122. 1367371, 41. 61924527 0.00004 0 标桩 2
标桩 3	C 122. 1360612, 41. 61908627, 0 0.00001	PL 122. 1360612, 41.61908627	- TEXT J TC 122. 1360612, 41. 61918627 0.00004 0 标桩 3
大虎山配电所大屯贯通盘至大虎山–黑山贯通线 001#杆电缆末端	C 122. 1402025, 41. 61206961, 0 0.00001	PL 122. 1402025, 41.61206961	- TEXT J TC 122. 1402025, 41. 61216961 0.00004 0 大虎山配电所大屯贯通盘至大虎山–黑山贯通线 001#杆电缆末端

3.5   基于 CAD 命令行的电缆路径图自动绘制

选择电缆路径点字段、线字段及标注字段中全部数据,分别复制后,粘贴到 AutoCAD 绘图界面中的命令内进行粘贴。完成的大虎山配电所大屯贯通盘至大虎山–黑山贯通线001#杆电缆路径图,如图1、图2所示。

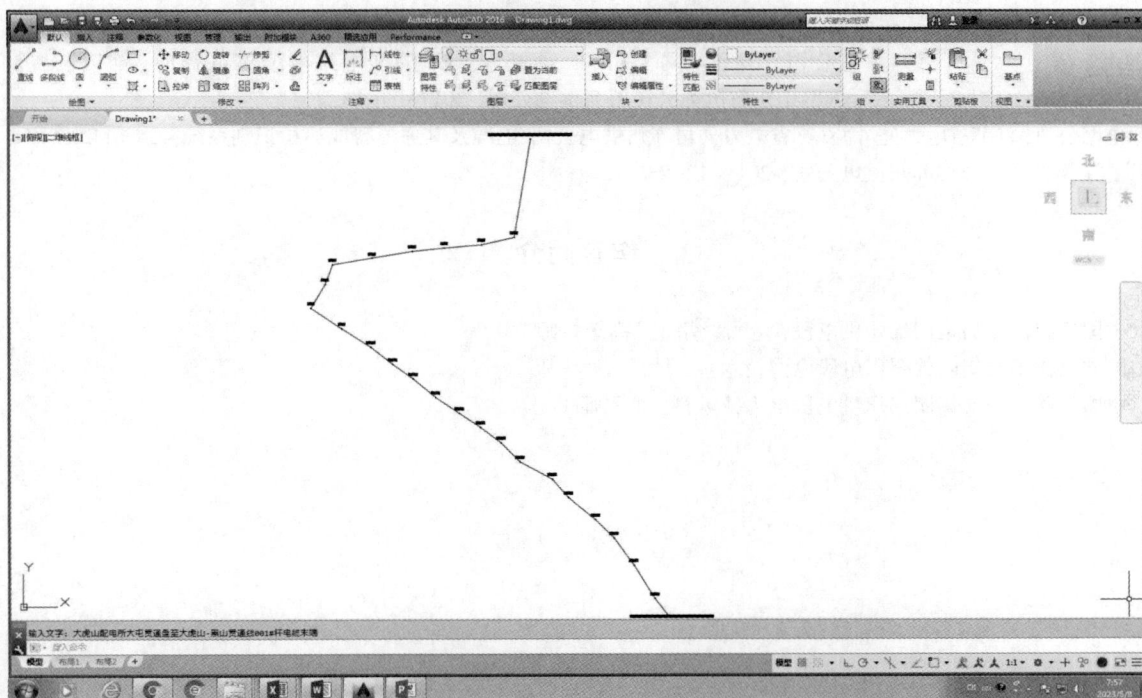

图1 大屯贯通盘至大虎山—黑山贯通线 001#杆电缆路径图

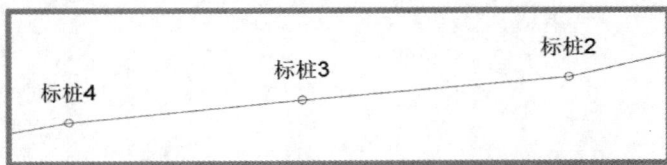

(a)

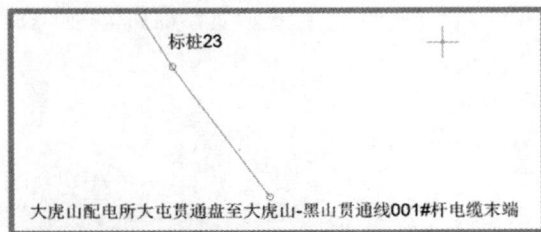

(b)

图2 大屯贯通盘至大虎山—黑山贯通线 001#杆电缆路径细节图

4 基于 CAD 命令行的电缆路径图应用

电力电缆路径图绘制完成后可直接在 AutoCAD 中进行编辑和保存。此外,还可以通过下面两种方式在 GIS 地图 APP 中进行浏览应用。方式一是将. dwg 格式的 AutoCAD 数据转换为. kml 格式数据在 GIS 地图 APP 中进行浏览;方式二是将. xls 格式的 Excel 数据整理到大数据供电管控平台中的电力"一缆一档"中后,导入 GIS 地图 APP 中进行浏览,该种方式还能够实现对具体电缆标志桩进行定位导航的功能,进一步方便了电缆路径关键节点(如电缆中间接头和电缆标志桩等)的查找。

5 结论

基于 CAD 命令行的电缆路径图自动绘制的研究,将电缆路径台账与电缆路径图进行有机结合,运用到电力基础数据管理中,提高了现场技术管理的工作效率,为电力电缆的信息化管理提供了新的思路,有利于进一步提高电力基础数据管理的自动化水平和铁路电力设备的地图可视化水平。

参考文献

［1］国网山东省电力公司莱芜供电公司，国家电网公司. 一种基于 NFC 的变电站电缆信息查询、修改装置和系统：CN201610976626.5［P］. 莱芜：国网山东省电力公司莱芜供电公司，2017-03-15.

［2］国家电网公司，江苏省电力公司，江苏省电力公司苏州供电公司. 电缆及其通道智能巡检识别系统：CN201420344688.0［P］. 苏州：江苏省电力公司苏州供电公司，2014-12-03.

作者简介

武春波，中国铁路沈阳局集团锦州供电段，电力线路工，高级技师。
王委，中国铁路沈阳局集团锦州供电段电力技术科，科长，工程师。
金龙生，中国铁路沈阳局集团锦州供电段电力技术科，工程师。

铁路自闭贯通线路行波故障测距解决方案探索

谭贵宾

摘 要：铁路自闭贯通线路负责向沿线通信、信号、车辆等重要行车负荷设备供电，一旦发生故障停电，将影响列车运行，导致列车晚点，但铁路自闭贯通线路运行外部安全环境较为恶劣，除倒树、施工损伤、绝缘老化、潮湿天气导致的凝露等因素外，雷害等更是影响其安全运行的重要原因。本文基于现阶段对 10 kV 自闭贯通线路运行现状的一系列问题，探索行波故障测距解决方案，以保证铁路自闭贯通线一旦出现故障时，行波故障测距装置正确启动，快速判断故障类型和精准定位故障地点，并尽快对故障进行处置，有效压缩故障停时。

1 引言

行波的故障测距在国内研究的起步相对较晚，但随着相关技术发展日趋成熟，近年来行波故障测距方法正逐步引入了 10 kV 自闭贯通故障测距中。本文主要从以下几个方面对 10 kV 自闭贯通线路采用行波故障测距法存在的问题进行探索，提出解决方案：10 kV 自闭贯通线路采用单电源模式供电，线路末端负荷偏低问题；普速 10 kV 自闭贯通线路大部分采用中性点不接地的系统，存在安全运行隐患问题；10 kV 自闭贯通线路中存在多段电缆架空混架或支路，当采用行波故障测距法时，线路中行波衰减问题。

2 线路过长末端负荷偏低问题

10 kV 自闭贯通线路沿铁路线路铺设，相比地区性 10 kV 配电网，后者只需要在规定的区域内进行供电即可，它含有大量分支，而 10 kV 自闭贯通线路不同，其分支较少，主要是给铁路沿线信号、通信、车辆 5T 及车站内负荷进行供电。通常情况下，自闭贯通线路供电臂 40~50 km 居多，少量也达 70~80 km，线路负载较小，一般不超过 15 A，低负荷小电流情况下采用行波故障测距，条件并不是特别有利。

自闭贯通线路一般采用闭环设计、开环单端供电的方式，其过长的供电半径，导致自闭贯通线路无论采用哪一端供电，另外一端末端都可能存在负荷偏低情况，而行波故障测距装置基本都是安装于自闭贯通导线上的，通过互感取能。解决低负荷小电流供电线路行波故障测距装置取能问题，可通过改进传感器结构，提升其取能能力。传统的感应取能装置，采用罗氏线圈感应取能，对于自闭贯通线低负荷小电流的状况，需改进其罗氏线圈后端电路，提升其取能能力，同时在传统的负荷取能的基础上，在行波监测装置外围添加太阳能板进行取能。另外，在行波监测装置尾部设计一个多电源的装置，此装置只为主板提供电源，当线路中负荷电流上升时快速采用传感器进行取能，或者在天气气候良好的时候利用太阳能进行电池快速充电，实现行波监测装置可靠取能。

3 10 kV 自闭贯通线路中性点不接地问题

普速 10 kV 自闭贯通线路中性点接地系统一般采用中心点不接地系统，即小电流接地系统，当系统发生了单相接地时，因系统不存在零序回路，系统仍可持续带故障运行 2 h，但由于线路处于带故障运行状态，系统中性点发生偏移，三相仍基本处于平衡状态，过流保护和零序保护都无法实现故障的切除。针对此状况，可采用消弧线圈并联大电阻的方式进行中性点保护的方案，这不但可以将中性点电压偏移量抑制在一定的范围内，还可实现对线路瞬时性故障选择性切除。消弧线圈采用过补偿的方式进行，当线路发生瞬时性故障时，线路故障电流较小，利用消弧线圈自动调谐即可实现线路电容电流的补偿，线路保护无须动作；当线路发生永久性接地故障时，消弧线圈不仅自动灭弧，同时利用并联电阻实现零序保护，虽此时零序电流不大，仍可启动零序保护，以实现线路永久性故障的自动切除，如图 1 所示为中性点采用消弧线圈接地系统的运行方式：

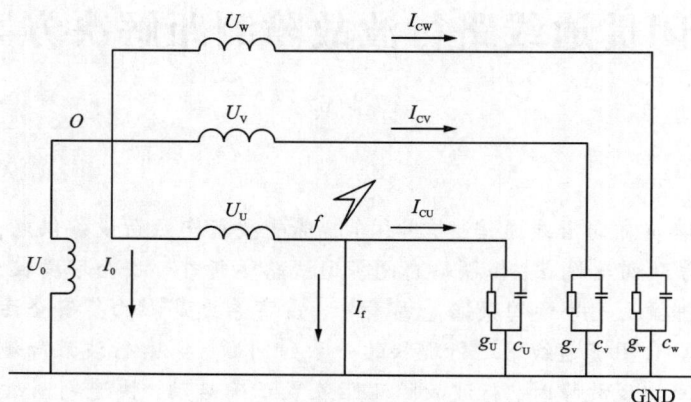

图 1　消弧线圈接地系统故障情况

图 1 所示为系统直接接地时某一相发生单相接地情况等效图，U_0 为直接接地时零序电压，U_W、U_V、U_U 为三相相电压情况，I_{CW}、I_{CV}、I_{CU} 为三相对地电容电流情况，g_W、g_V、g_U 为三相对地电导情况，C_W、C_V、C_U 为三相对地电纳情况，f 点为接地故障点，I_f 为接地电流，则其线路零序电压为：

$$U_0 = - \frac{U}{\left(R + \dfrac{1}{j\omega L} + j3\omega C \sum\right)} \times \left(\frac{1}{j\omega L} + j3\omega C \sum\right)^{-1} \tag{1}$$

同时可求得线路零序电流为：

$$I_0 = j\omega C \left(\frac{1}{\omega L} - 3\omega C \sum\right) \times U_0 \tag{2}$$

线路故障点电流依然为：

$$I_f = I_c \sum = j3\omega C_{\sum} \times U_0 \tag{3}$$

线路在经过消弧线圈接地后，其线路电压电流变化情况如图 2。

如图 2 所示，当 U 相发生单相接地时，系统中性点由原来的 O 点变化为 O' 点，O' 点在以原 OU_u 为直径的圆弧上移动，此时系统中性点会发生偏移，但无论如何移动，系统的零序电压永远等同于 $\overrightarrow{OO'}$，不会发生改变，由于电流情况受到接地电阻情况的影响，500 Ω 以上的电阻和 30 Ω 左右的电阻电流变化较大，不做具体分析，但零序电流同样等同于 $\overrightarrow{OO'}$。

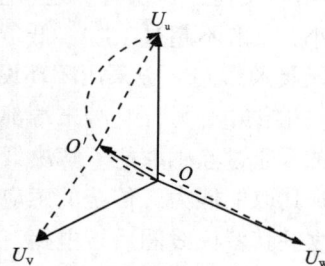

图 2　采用消弧线圈接地后电压变化情况

通过分析，可发现 10 kV 线路经过消弧线圈接地后，线路的零序电压明显相比采用直接接地方式的线路零序电压要小很多，可保证中性点电压偏移不会过大，且零序电流变化较小。但是采用消弧线圈模式，线路在发生单相接地时，系统在发生单相接地或者瞬时性故障时不跳闸，需要通过行波故障测距，定位故障点，对接地点或者瞬时性故障点进行处理。

现阶段新建高铁线路，10 kV 自闭贯通线路多是采用纯电缆线路，需采用中性点有效的接地方式运行，此方式能够实现瞬时性故障的自动切除，避免电缆长时间带故障运行而导致线路起火等事故。如采用消弧线圈并联大电阻的方式进行接地，既可以实现自动灭弧的功能，也可自动切断瞬时性故障和实现大的故障电流的保护跳闸。

4　电缆架空混架过多导致行波衰减问题

普速 10 kV 自闭贯通线路，因外部环境原因，大部分采用电缆架空混架的方式，对于存在多段电缆架空混架的线路无论是采用传统的阻抗法故障测距还是采用行波法故障测距，其测距精度都会受到影响。通过探讨存在较多电缆架空混架段对行波法故障测距的影响程度，研究确定行波故障测距装置在线路上的布置方案。

行波在经过波阻抗不连续的点时会发射行波的折反射，如下所示为行波的折反射的整个过程：

4.1　T接线路与主线波阻抗一致时行波折反射波过程

如图3所示，假设自闭贯通线路为纯架空或纯电缆线路，线路中存在T接时，根据行波的折反射特性，行波从左侧传播到右侧时，行波在T接点处会发生折反射的现象，同时由于T接点支路的分流效应，行波同时会沿着T接支路向前传播，假设无论主、支回路的材质相同，单位长度的波阻抗为Z，根据戴维南等效定律，图3可等效成图4所示的电路图。

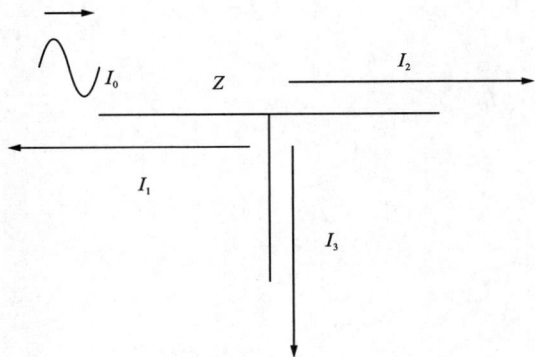

图3　T接线路行波折反射过程

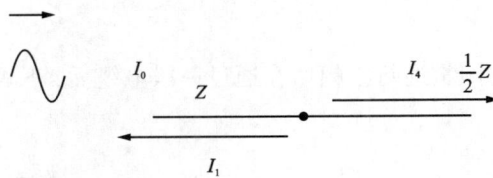

图4　T接线路等效行波折反射过程等效戴维南电路图

依据行波在波阻抗不连续的点会发生折反射，可以计算出：

$$I_4 = I_0 \cdot \frac{2 \cdot Z}{Z + \frac{1}{2}Z} = \frac{4}{3} \cdot I_0 \tag{4}$$

$$I_1 = I_0 \cdot \frac{Z - \frac{1}{2}Z}{Z + \frac{1}{2}Z} = \frac{4}{3} \cdot I_0 \tag{5}$$

所以，$I_2 = I_3 = \frac{1}{2}I_4 = \frac{2}{3}I_0$，可以得出，行波在通过纯架空或者纯电缆线路的T接点时，主路和支路所分的行波幅值和方向都和主波方向相同，幅值为原主路幅值的2/3。

4.2　T接线路与主线波阻抗不一致时行波折反射波过程

如图5所示，假设自闭贯通线路主线为架空线路，T接支线为电缆线路，同样依据行波的折反射原理，行波从左边向右移动经过T接点时，会在T接点附近发生折反射现象，同样以自闭贯通线主线波阻抗为Z计算，而电缆线路的波阻抗约为架空线路的0.1倍，则将T接点后的波阻抗等效为：

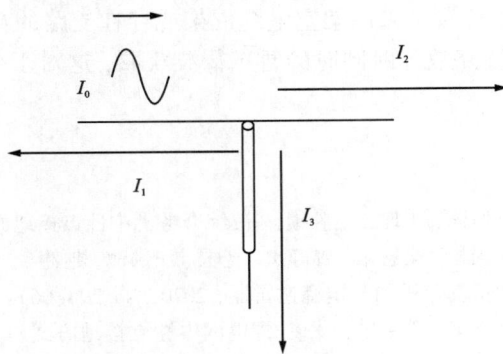

图5　T接线路与主线波阻抗不一致时行波折反射过程

$$\frac{Z \cdot \frac{1}{10}Z}{Z + \frac{1}{10}Z} = \frac{1}{11}Z \tag{6}$$

同样依据等效定理，可以得出：

根据图6等效之后的线路图，同样可以求得其发生折反射后的幅值为：

$$I_1 = I_0 \cdot \frac{Z - \frac{1}{11}Z}{Z + \frac{1}{11}Z} = \frac{5}{6}Z \tag{7}$$

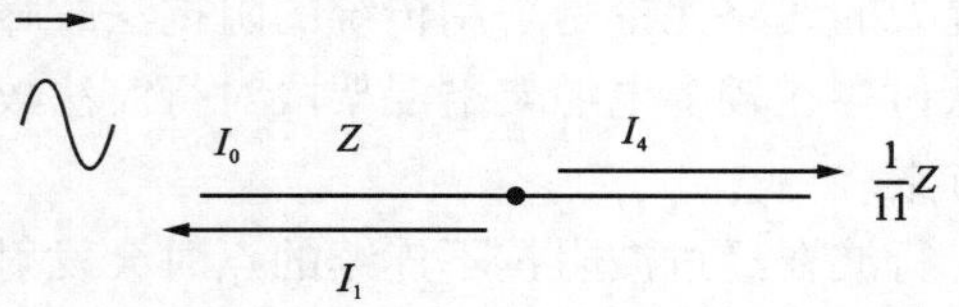

则自闭贯通线路的主路经过 T 接点的行波和 T 接支路电缆经过 T 接点的行波幅值依次为：

$$I_2 = I_4 \cdot \frac{\frac{1}{10}Z}{Z + \frac{1}{10}Z} = \frac{1}{6}I_0 \tag{8}$$

$$I_3 = I_4 \cdot \frac{Z}{Z + \frac{1}{10}Z} = \frac{5}{3}I_0 \tag{9}$$

自闭贯通行波幅值在通过一段电缆后，其幅值为：

$$I_5 = I_3 \cdot \frac{2 \cdot \frac{1}{10}Z}{Z + \frac{1}{10}Z} \approx \frac{1}{3}I_0 \tag{10}$$

上述行波幅值的大小研究都是在无损线路中，即认定为行波在其中传输时不存在任何衰减，依据对自闭贯通线路的研究，取参考文献[8]中的经验值，认定自闭贯通线路架空段的波阻抗约为500 Ω，而自闭贯通电缆段的波阻抗为50 Ω，通过计算可得 $I_1 \approx 0.33\,I_0$，即行波从自闭贯通线路故障点开始沿自闭贯通沿线传播，每通过一点自闭贯通电缆架空混架行波幅值都会成为初始故障点的行波幅值的1/3，因此，在进行自闭贯通线路行波故障测距时，一般选择在经过 3 段电缆后，固定一个故障测距装置，以保证故障时刻行波不会完全衰减至无法进行故障精确定位。再考虑行波的色散特性与传输过程中的衰减特性，其幅值更小。因此，暂态行波在经过一段电缆后幅值势必减小，波头也会减缓。

5 总结与展望

(1)自闭贯通线路过长，其末端线路负荷偏低，通过改进行波故障测距装置的取能线圈结构以及充分利用太阳能以解决故障测距装置的取能。

(2)对于采用中性点非有效接地方式运行的自闭贯通线路，采用消弧线圈并联电阻的方式解决其安全运行隐患问题。

(3)对于采用架空电缆混架或存在支路的自闭贯通线路，合理配置行波故障监测装置有助于实现自闭贯通线路故障跳闸时的暂态行波获取，这对于行波故障测距具有重大意义。

右上角图示：

$$I_0 \quad Z \qquad I_4 \qquad \frac{1}{11}Z$$

$$I_1$$

图6 T接线路与主线波阻抗不一致等效行波折反射过程

参考文献

[1] 赵旭阳，王聪，牛胜锁，等.综合考虑中性点接地方式和网架结构的配电网供电可靠性的评估[J].电测与仪表，2019.

[2] 王国彬、涂恩来、曾静岚、杨磊、汪佛池、赵涛、刘云鹏.基于 ATP-EMTP 的 10 kV 配电系统不同中性点接地方式电气特性仿真分析[J].电瓷避雷器，2020，No.298(06)：92-100.

[3] 毛兴华，禹荣勋，罗俊.配电网中性点接地方式对人身的影响及防范方法研究[J].电力与能源，2020，041(002)：200-204.

[4] 李景录，周羽生.关于配电网中性点接地方式的探讨[J].电力自动化设备，2004(8).

[5] 梁睿，孟祥震，周鲁天，彭楠.配电网故障定位技术发展现状及展望[J].电力工程技术，2018，3706：20-27.

[6] 袁超，薛永端，梅睿，等.不同接地方式下配电网绝缘监察的灵敏性分析[J].电力系统保护与控制，2020，v.48；No.549 (03)：136-143.

［7］涂祖蕾.中性点经消弧线圈接地系统单相接地故障选线方法［J］.中国设备工程,2020,No.453(17):150-151.

［8］王俊强.6 kV 消弧线圈欠补偿接地系统电机接地事故分析［J］.电世界,2020,v.61;No.714(08):40-42

作者简介

谭贵宾,中国铁路南宁局集团有限公司,副处长,高级工程师。

黎塘1#、2#灯桥病害综合整治研究

黎国希

摘　要： 黎塘1#、2#灯桥建成并投入使用已有40多年。因年久失修，出现钢结构锈蚀及桥柱混凝土掉块的病害，影响桥梁的整体质量。2021年南宁供电段委托专业检测机构对该灯桥进行了全面的检查，制定了确实可行的整治方案，并顺利完成整治工作。本文分析该灯桥病害的原因，介绍整治方法和措施，对类似灯桥病害的整治有所启示和借鉴。

1　工程简介

1.1　灯桥概况

黎塘1#、2#灯桥位于黎塘一场，每座灯桥长度126 m，高度18 m。灯桥钢梁体由8根混凝土桥柱支持，横跨黎塘一场西5-西10道、东7-东10道及黎塘驼峰编1-编16道。灯桥建于1978年，上一次大修整治时间是1990年。

1.2　病害情况

1.2.1　桥柱柱体裂损

1#灯桥的3#支柱根部混凝土掉块严重，侧面已经全部露出钢筋；2#灯桥的2#支柱中间部分有一长约4 m、宽0.3 m的露筋面；两座灯桥的其余混凝土桥柱均有不同程度的露筋、混凝土保护层脱落的现象。

1.2.2　桥体钢梁表面锈蚀严重

由于年代久远，桥体钢梁保护油漆脱落面积达90%，涂膜劣化等级达四级，个别焊点脱焊。

1.2.3　灯具及电线情况

每座灯桥有50盏高压钠灯，每盏灯的功率为400 W。供电线路为BLV-70铝芯线路，分别架设在灯桥桥体护栏外侧。大部分灯具不亮，灯具固定连接螺栓锈蚀，电线接头部分发热。

1.3　病害原因分析

1.3.1　桥柱柱体裂损分析

造成的主要原因一是原先混凝土石材采用卵石，导致黏结性能不佳；二是由于维护经验缺失，大修后从未对柱体进行维护。

1.3.2　桥体钢梁表面锈蚀分析

由于长期日晒雨淋，加上日常养护不足，因化学腐蚀导致生锈。

1.3.3　灯具及电线情况分析

一是因运行时间久，缺失维护，钠灯的镇流器、灯泡烧损，导致灯具无法正常工作；二是灯具固定螺栓为普通镀锌铁件，因腐蚀生锈；三是钠灯功率高，电线接头采用缠绕接线，未做好防水工作，导致接头处氧化严重，形成电阻率高的氧化铝，导致发热严重，甚至烧损。

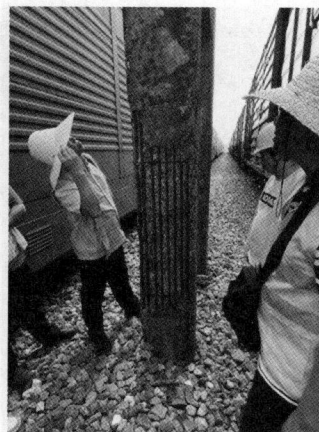

2　整治方案

2.1　桥柱柱体整治

由于各灯桥的 1#、2#、3#、7#、8#桥柱邻近接触网，因此不考虑采用碳纤维布进行加固，采用下部结构加大截面、上部结构掉块修补及整体刷涂环氧树脂砂浆的加固方案。

2.1.1　桥柱下部结构加固

经设计核算，每个桥柱标高 2.71 m 以下的采用截面加大法进行加固。施工时需要提报封锁计划将桥柱两边的股道封锁。将桥柱周边的道砟清理干净，露出原桥柱的承台。将 12 根 φ16 的受力钢筋植入原承台，深度不小于 400 mm。铲除桥柱表面松动的混凝土层直至露出新鲜混凝土，并对露筋部位锈蚀钢筋进行除锈。凿毛原混凝土表面，并整体刷涂一层界面剂。支模后使用强度不低于 C30 的细石混凝土在原基础四周浇筑，每面厚度为 8 mm。因现场作业场地有限，混凝土在站场外搅拌后通过人工搬运至各浇筑点处。因封锁时间有限，模具需要保留至下个天窗点，因此需要注意行车限界问题。

2.1.2　桥柱上部结构加固

针对每个桥柱标高 2.71 m 以上的修补方法如下：①人工凿除混凝土表面松散、破损、污染的混凝土，并用水冲洗干净；②对露筋部位锈蚀钢筋进行除锈，刷涂阻锈剂 2 遍；③对上部桥柱整体刷涂 2 遍双组分环氧树脂水泥砂浆，起到阻水、隔绝空气的作用，避免原混凝土进一步恶化及防止内部钢筋锈蚀。该步骤采用吊篮施工，其中邻近接触网的支柱原则上在接触网停电后施工。

2.2　桥体钢梁处理

2.2.1　打磨喷漆

利用砂轮机人工将桥体钢梁表面打磨，并用水清洗干净。刷两遍丹漆作为封闭底漆，再刷两遍富锌面漆。刷涂时间需要错开，待上一道漆干后方能刷涂下一道漆。后期对漆面进行检查，对不合格处进行修补。该工作利用远离计划实施，需要注意防止高空坠物。

2.2.2　更换锈蚀严重的钢构件

2#灯桥位于东场上方，有 20 多米的走道板锈蚀严重，本次整治中对其进行了更换。该走道板下方有接触网，且无法分股道停电。因此申请封锁编组场内的一条股道，人工搬运材料至已经封锁的股道处，利用电葫芦吊运新旧板。拆装新旧板件时下方的接触网仍然带电，因此需要注意固定好各类材料。

2.3　灯具、线路更换

本次的灯具、线路更换有如下亮点：①新换的灯具采用发光效率高的品牌 LED 节能灯，每盏功率由原先的 400 W 降至 200 W，盏数由原先的 50 盏/座至 38 盏/座，省电的同时大大减少了后期对灯具的维护次数。②原供电线路分别架设在灯桥桥体护栏外侧，存在掉落隐患，因此本次整治改为在护栏内侧敷设电缆。③旧的照明线路仅有 1 条回路，不能满足车站要求的分 3 个场控制关亮的需求。本次在每个灯桥新敷设 4 组 VV22-4×10 的电缆，分别给西场、编组场驼峰方向、编组场峰尾方向、东场的灯具供电。同时加装了遥控开关，车站职工可以根据需求在运转室内通过遥控控制各个场的投光灯关亮。采取以上措施，黎塘 1#、2#灯桥每天可以节省电费约 100 元。

3　结束语

黎塘 1#、2#灯桥经综合整治后，整体结构质量有了很大的改善，且该方案可行性高，便于施工，为灯桥的病害整治提供了新的思路。

作者简介

黎国希，中国铁路南宁局集团有限公司南宁供电段，助理工程师。

降低断路器回路电阻测量误差的研究

周茜芸

摘 要: 断路器回路电阻测量是配电所预防性试验的重要环节。断路器回路电阻值是判断断路器是否良好的重要技术参数。当断路器回路电阻值增大时,将加大接触部位温升,由于导体温度的增加将带来导体电阻率的增加,从而会进一步增加发热,导致断路器导电回路电阻增加,从而引发断路器的分合闸失灵和断路器设备烧损等故障,甚至会引发配电所火灾。为此,研究降低断路器回路电阻测量误差迫在眉睫,在断路器测试中迅速准确判断断路器的状态是否良好变得极其重要。

1 引言

2014 年湛江配电所因断路器接触电阻增大持续发热而导致断路器设备烧损,造成湛江站停电 28 min,影响货车 20 列。2021 年,黎塘配电所 310 母联断路器本体有冒烟,表面有烧焦现象,给铁路运输带来了极大的安全隐患。由此可见,断路器接触电阻过大,将加大接触部位温升,由于导体温度的增加将带来导体电阻率的增加,从而会进一步增加发热,导致断路器导电回路电阻增加,从而引发断路器的分合闸失灵和断路器设备烧损等故障,甚至会引发配电所火灾,对铁路运输安全造成极大威胁。

2 断路器回路电阻测量现状

断路器是铁路配电供电系统的重要组成部分,它主要用来切断线路中的故障电流以对电源线路及电动机等实行保护,断路器的好坏直接关系到铁路供电系统的稳定运行,断路器回路电阻值是判断断路器是否良好的重要技术参数。目前配电所年度检修和预防性试验对断路器做绝缘电阻测试时,一般会将绝缘电阻测试仪的线夹直接连接至断路器的动触头的触头爪子上测量绝缘电阻值。常会遇到线夹与动触头接触不稳或不良,导致绝缘电阻值过大,而引起对断路器设备绝缘状态的误判。从历年年度检修和预防性试验实践中发现,断路器回路电阻值测量存在较大的误差,以 2021 年 1—5 月测量数据为例,共对 127 台断路器回路电阻值进行测量,其中有 64 台断路器回路电阻测量值存在误差,误差率高达 36.22%(见表1)。为此,作业现场往往需要反复试验才能测量出断路器回路电阻的值,给作业现场带来极大的不便,影响作业效率。

表 1 2021 年 1—5 月测量数据

	1 月	2 月	3 月	4 月	5 月	合计
测量断路器台数	14	11	28	34	40	127
测量断路器回路电阻误差台数	5	4	10	11	16	46
误差率/%	35.7	36.36	35.71	32.3	40	36.22

资料来源:《2021 年南宁水电检修车间断路器回路电阻误差统计表》

3 断路器回路电阻测量误差大的原因分析

针对断路器回路电阻测量误差大的问题,经过实践和数据分析,我们将断路器回路电阻测量误差大的原因归纳为以下三个:一是测量工具与设备接触不良;二是测量人员素质不高;三是试验线阻值大。

测量工具与设备接触不良是断路器回路电阻测量误差大的主要原因。

接触电阻由收缩电阻和表面电阻组成。影响回路电阻的要素有很多，如接触压力、接触形式、接触材料等等，根据试验数据得出以下公式：

$$R = \frac{K}{(0.1F)^m}$$

由此可见，断路器的触头接触面经过多次的开断、关合后逐渐磨损，从而导致断路器回路电阻增大，从而产生测量误差。

测量人员素质不高是断路器回路电阻测量误差大的重要原因。一是试验人员对试验设备使用以及被试品不熟悉，会影响直流电阻测量结果的准确性。二是使用设备时操作不当，造成回路电阻试验数据误差。可见，试验人员素质的高低对试验结果有极大的影响。

试验线阻值大是断路器回路电阻测量误差大的必要原因。根据电阻公式（$R = \rho * L/S$）可得出，导线电阻的大小和导线长度成正比、与导线截面积成反比，采用同种材料时，导线越长电阻越大，同样的材料和长度，截面积越小（导线越细）电阻越大。由此可知，试验过程中试验线的阻值必将影响试验结果。

4　应对措施

一是对断路器回路电阻测量回路进行改造，通过利用报废下来的断路器静触头中的镀银紫铜，将镀银紫铜通过连杆与静触头连接，再用螺母将镀银紫铜与动触头固定。该方法模拟了断路器带电运行时动触头咬合静触头的状态，极大地降低了试验设备接线端子与动触头的接触电阻，从而减少了绝缘电阻试验误差。为此，电力试验组专门以从南宁东配电所拆下来的断路器进行绝缘电阻试验，对使用断路器绝缘电阻试验研发装置前后试验数据进行了对比，通过试验数据结果发现：在未使用断路器绝缘电阻试验研发装置前，测得断路器的绝缘电阻值为 67.50 $\mu\Omega$，使用断路器绝缘电阻试验研发装置后，测得断路器的绝缘电阻值为 28.81 $\mu\Omega$，极大地减少了试验误差。

图1　应对措施

二是加强试验人员培训。为解决人员不熟悉设备、操作试验设备不规范的问题，决定对试验人员进行培训。一方面加强班组的业务学习，另一方面结合试验人员自身的情况，开展岗位练兵。针对性地加强培训，让每个试验人员都能熟悉操作设备。

培训过后试验人员对设备使用熟悉程度情况如下：

表2　试验人员对设备使用熟悉程度情况

掌握程度＼姓名	王小班	邓新洁	黄昌勇	农宝超	黄俊宁	樊健斌	王露	覃晓妮	百分比/%
熟练掌握	√	√	√	√	√				62.5
基本掌握						√	√	√	37.5

由表2可知，培训后班组成员已能基本掌握设备的使用，能单独操作试验设备，达到了培训目标。

三是对于试验设备试验引线损坏的情况，总结得出只有做好试验设备维护与保养才能更好地确保设备试验数据的准确性，并要求做到：①每次出工前整理好试验所需的试验设备，出工前确认设备是否良好，是否能正常使用；②试验设备运输过程中，为防止日晒雨淋等情况，定制专门存放试验设备的不锈钢设备箱,便于设备的存放管理;③作业时试验设备要摆放整齐,试验引线要轻拿轻放,避免人员走动时踩到试验线造成试验线损坏;④每次收工后都要检查设备的使用情况,确认其是否良好;⑤制定设备周期检查表,每年至少要有一次设备检查,检查设备准确度以及设备使用是否良好等情况,并做好台账;⑥试验设备定期送检。

5 取得的成效

一是断路器回路电阻测试回路的改造已完成。中国铁路南宁局集团有限公司已完成共计 79 个配电所的预防性试验。预防性试验是将试验结果与该设备历次试验结果进行比较,进行全面分析后,判断设备是否继续投入,以防止和杜绝人身事故和设备事故扩大化的发生。经对比 2021 年和 2022 年 1~5 月断路器回路电阻测量误差,测量误差率由 36.22% 降至 4.7%,准确率提升了 7.70%。因此降低断路器回路电阻试验误差,对断路器状态的判断起着至关重要的作用,从而有力地保障铁路运输正常供电。

二是运用该装置后提高了测量断路器绝缘电阻的工作效率,全局共 675 台断路器,每台断路器测量时间节约 5 min,一共节约 3375 min。

三是经统计 2022 年 1 月至今共发现断路器回路电阻值超标的有 41 台,发现后马上处理恢复正常。若未及时发现,将造成断路器烧损,一台断路器平均 4 万元,共节支 164 万元。减少了因误差反复测量断路器回路电阻值达 40 次,每次差旅费约 300 元,共节支 1.2 万元。故共计节支 165.2 万元。

6 结束语

经过研发断路器回路电阻试验装置、加强人员培训、减少试验线电阻等措施,解决了在年度检修和预防性试验中测试断路器回路电阻的误差。尤其是研发断路器回路电阻试验回路改造,很好地模拟断路器在设备运行状态下的接触电阻值,即安装后,动触头的爪头能自然张开,正好是断路器正常运行时,动触头咬合静触头的状态,有效地减少了回路电阻测试仪的线夹直接连接至断路器的动触头上的接触电阻,直接降低了测量误差。同时,该装置是通过取下断路器的静触头的镀银紫铜研发出来的,研发成本低,制作简单方便,可推广性强。下一步利用班组现有废旧料,再取断路器静触头中的镀银紫铜进行研发,多创造断路器绝缘电阻试验研发装置,使该装置能运用到全段、全局、全路;做好职工操作培训工作,使职工能更好地运用该装置;继续修订、完善方案,升级断路器回路电阻试验装置。

参考文献

[1] 牛文静.断路器导电回路电阻智能测试的研究[D].大连:大连理工大学,2004.
[2] 高飞.断路器导电回路电阻的测量[D].大连:大连理工大学,2002.

作者简介

周茜芸,中国铁路南宁局集团有限公司南宁供电段水电检修车间,工程师。

10 kV 贯通(自闭)线防雷保护方案研究

张 凡

摘 要：结合湘桂线柳州至黎塘所经过地区的地理、气候条件及贯通(自闭)线运行中出现的雷害情况，通过分析电力贯通(自闭)线的雷击类型和作用范围，研究贯通(自闭)线增设避雷器和架设避雷线 2 种方案的雷电防护效果，并提出 10 kV 贯通(自闭)线雷电防护方案设计优化建议，以提高电力线路的雷电防护水平，降低雷击跳闸率。

　　湘桂线柳州至黎塘段位于北纬 26°03′~23°03′，包含中亚热带季风气候和南亚热带季风气候，受季风环流影响，夏季暴雨洪涝和雷雨天气多发，年总降雨量为 1345~1940 mm。

　　湘桂线柳州至黎塘段沿线地区多雷暴，年平均雷暴高达 75 d，属于强雷雨。2021 年全年因雷击跳闸 47 次，占湘桂线柳州至黎塘段跳闸总件数的 83%，特别集中在 6—8 月频繁跳闸，严重干扰电力设备正常运行，影响正常行车秩序。

1 电力线路防雷设计现状及效果

1.1 电力线路防雷设计

　　湘桂线柳州至黎塘段的防雷设计严格按照中国铁道出版社出版的《铁路电力设备安装标准》，在电力线路上的断路器和负荷开关、长度超过 50 m 电缆两端、变配电所进线处安装氧化锌避雷器，共计设置避雷器 1313 组。

1.2 防雷效果

　　采用安装氧化锌避雷器的防护方式，仅仅降低了雷击损坏电力设备的概率，电力线路避雷器脱扣动作、绝缘子损坏的情况时有发生，进德至白山、小平阳至黎塘区间雷害特别突出。避雷器脱扣、烧损和绝缘子放电痕迹图片如下列图片所示。

1.3 现场分析

　　从现场电力设备受累计损坏的情况分析，已安装的氧化锌避雷器保护范围有限，采用线路避雷器加密安装的方案不可取，现场雷电防护效果不理想。贯通(自闭)线部分设备受雷击损坏情况分别见图 1、图 2、图 3。

图 1　避雷器被雷击烧损

图 2　避雷器被雷击脱扣

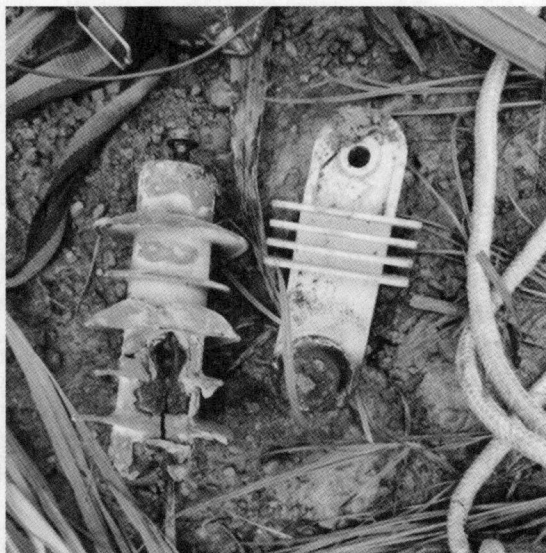

图3　避雷器被雷击炸裂

图4　绝缘子被雷击坏

2　贯通（自闭）线雷电防护方案的效果分析

2.1　贯通（自闭）线雷击类型的划分

根据雷击产生过电压的原理，结合雷击位置的不同，可以将雷击对贯通（自闭）线的影响分为3类，如图5所示。

2.1.1　雷电感应过电压。当雷击中贯通（自闭）线附近的地面、建筑物、树木等时（图中 D 点），一定会产生雷电流，通过电磁感应在贯通（自闭）线上产生感应电压，同比电气化铁路临近接触网电力线路的感应电压。

2.1.2　雷击低压部分产生的过电压。当雷电直接击中贯通（自闭）线的低压线路时，如变压器、低压架空线等，雷电流在变压器低压回路中产生，通过变压器升压，产生极大过电压直接作用在贯通（自闭）线路上。

2.1.3　雷击高压部分产生的过电压。当雷电直接击中贯通（自闭）线的高压带电部分，如导线、绝缘子等（图中 A、B、C 点），雷电高电压直接作用在贯通（自闭）线上。

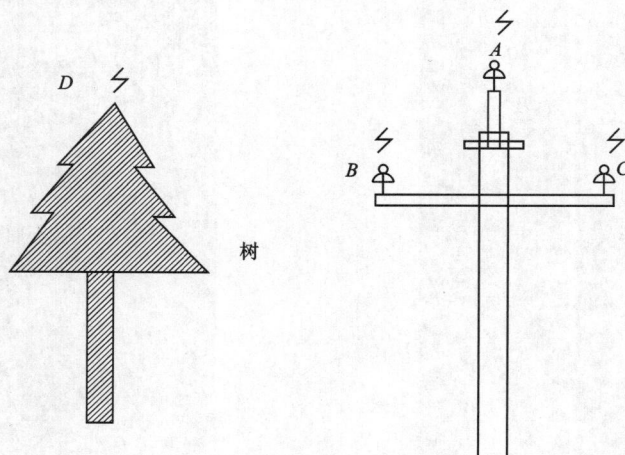

图5　贯通（自闭）线雷击类型

2.2 避雷线防雷效果分析

雷电感应过电压可通过安装避雷器或电涌保护器解决。雷击低压部分产生的过电压,可采用将低压架空线路改为电缆直埋敷设,同时将电缆金属外皮、钢管接到防雷电感应的接地装置上解决。重点分析危害最大的雷击高压部分产生的过电压的情况。

(1)未装设避雷线时贯通(自闭)线的防雷区域见图6所示。从图6可以看出,当雷击点位于 A、B、C 之间时,雷电将直接击中导线灯设备,贯通(自闭)线的耐雷水平为 95 kV 左右。

(2)装设避雷线后贯通(自闭)线雷击区域见图7所示。从图7中可以看出,由于避雷线位置足够高,按照国家标准 GB 50057—1994《建筑物防雷设计规范》规定采用 IEC 推荐的"滚球法"来确定避雷线高度。避雷线通过对雷电场产生一个附加电场,使雷电畸形,从而使雷云放电通道由原来高压部分吸引到避雷线本身通过引下线和接地装置将雷电流泄放到大地中去,确保 ABC 部位在避雷线保护范围内(如图7所示红色弧线到地面上的整个锥形空间就是避雷线的保护范围)。贯通(自闭)线的最低耐雷水平由雷击避雷线决定,具体来讲由避雷线将雷电流引入地下的能力来决定,接地电阻越小,雷电流引流能力越强,保护能力越强。避雷线一般采用不少于 35 mm² 的镀锌钢绞线,由于既是架空,又要接地,因此它又被称为架空地线。

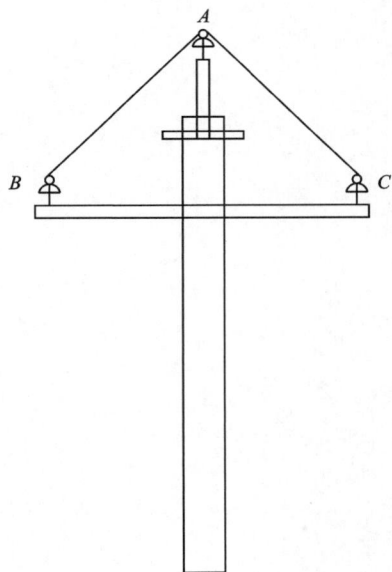

图6 未装设避雷线时贯通(自闭)线

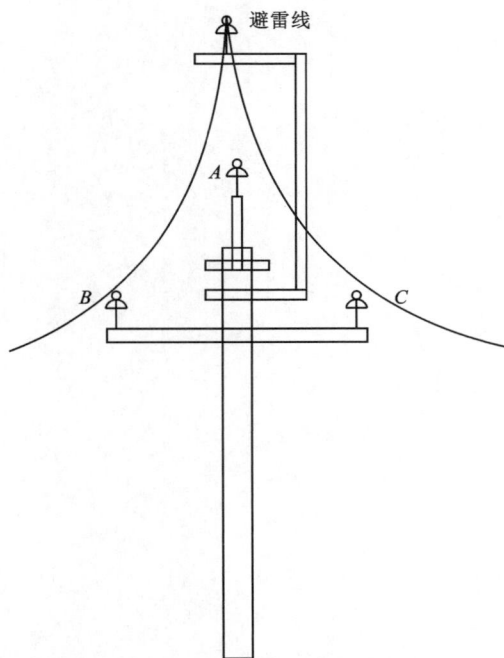

图7 "滚球法"确定避雷线后保护区域

(3)在贯通(自闭)线设计时,推荐采用"滚球法"对避雷线保护范围进行确定,优先在雷害严重区段安装避雷线,提高贯通(自闭)线高压部分应对雷电危害的能力,从而有效保护贯通(自闭)线设备。

2.3 增设线路避雷器的防雷效果分析

选取目前常用的金属氧化锌避雷器分析。氧化锌避雷器在正常工频电压下,呈现极大的电阻,能迅速有效地阻断工频续流,在雷电过电压作用下,其电阻即变得很小,能很好地泄放雷电流,并恢复原状。结合实际运行情况,在雷雨天气同一个区间的避雷器不止一处发生脱扣或烧损,说明避雷器的防护范围有限以及雷击点的密集随机,为达到避雷线的避雷效果需要增设大量的避雷器,从而造成运行设备成倍增加,维护工作量成倍加大,反而降低了贯通(自闭)线的运行可靠性。

3 结束语

随着铁路信息化和智能化的快速发展,对电力运行质量的要求越来越高,特别是在雷雨强对流天气时对运行提出了更高的要求,而当前贯通(自闭)线的防雷设计远不能满足高可靠性的需求,通过初步分析增设避雷器和架设避雷线两种方案的雷电防护效果,目前采用的雷电防护方案还有进一步优化的空间,可通过在进德至白山、小平阳至黎塘区间雷害特别突出区段单独架设避雷线,提高电力贯通(自闭)线整体雷电防护水平,进而从实践上验证避雷线对贯通(自闭)线的雷电防护效果。

参考文献

[1] 架空地线的保护范围及绕击率计算[J].华中工学院学报,1965:1-14.
[2] 张志劲,司马文霞,蒋兴良,孙才新,舒立春.特高压输电线路雷电绕击防护性能研究[J],中国电机工程学报.2005:1-6.

作者简介

张凡,中国铁路南宁局集团有限公司柳州供电段,助理工程师。

浅谈铁路 10 kV 电力线路故障定位技术研究与实践

符 润

摘 要：介绍了铁路电力 10 kV 中性点不接地系统的运行特点，并针对故障排查难点，总结了一种利用突变行波信号理论来分析定位线路故障点的方法，通过试验装置进行现场验证，为铁路电力 10 kV 线路故障点精准定位提出一种有效的深入研究方向。

1 10 kV 铁路电力线路基本特点

10 kV 铁路电力贯通和自闭线路是为铁路车站、通信信号设备、车辆探测、变配电所、接触网隔离开关等重要负荷及各办公场所提供的电力供电的载体，其可靠性直接会影响铁路行车设备的安全运行。我国铁路基本特点为点多线长，从而也使得沿铁路边架设的 10 kV 电力馈线供电臂较长，通常为 50 km 左右，且电力线路挂接设备较多，线路周边环境又过于复杂。例如广西沿海地区山区树林多，农田多，树木、竹子等容易侵权、越界，容易因树木、竹子碰触电力线路而引发瞬时性或永久性等故障；且由于线路绝缘保护水平低，防雷保护水平不高，易引发电缆接头击穿或避雷器、绝缘子受雷击等故障。由于 10 kV 铁路电力线路环境复杂，距离中心城市或工作地点较远，给电力线路故障的判断、故障精确定位及抢修带来很大的困难。

1.1 传统的故障定位方法及其操作缺点

我国铁路沿线相邻两个车站距离一般为 10 km，10 kV 铁路电力线路一般也会在每个车站安装一个配电监控智能开关终端(简称 FTU)。电力调度通过电力远动系统来远程操作 FTU 进行电力线路的停送电和故障隔离。故 10 kV 铁路电力线路发生故障后可以利用两个 FTU 判断并隔离出 10 km 的故障区域，然后在此 10 km 故障区域内结合导线安装的故障指示器显示情况分段安排人员进行人工巡视和检查，直到找到故障点为止。每次故障需要花费大量人力、物力、财力进行查找，故障处理效率低，严重影响了铁路行车设备的供电。

1.2 铁路 10 kV 电力线路故障定位的难点

铁路 10 kV 电力线路在普速铁路区段通常为架空线路或架空与电缆式的混合结构型线路。而在高速铁路区段对电力的要求较高，10 kV 电力线路基本为全电缆线路。普速铁路 10 kV 架空电力线路使用的线材一般有铝芯、铜芯、钢芯以及铝绞线等，由于线路为架空和电缆混合型，且线路挂接设备非常多，线路接地电抗和连续线路电阻是非连续的，故利用传统的故障阻抗法测距原理来对 10 kV 电力混合线路故障进行定位和处理非常困难。目前国内主要使用线路故障指示器系统来定位故障点，存在的问题是线路需要安装足够多的故障指示器才能提高故障定位精度，故研究新型电力线路故障定位技术非常有必要。

2 电力线路利用行波进行故障定位的分析

2.1 电力线路行波传播分析

电力线路忽略自身损耗时可以看作由电感和电容组成，线路某点发生接地、短路或高阻故障时，此点就相当于一个等效电源，将向线路两侧同时分别发生行波电流反射和暂态电流行波折射。此时电缆线的波阻抗一般为 $10 \sim 100 \omega$，架空线路的波阻抗为 $300 \sim 500\ \Omega$，行波速度根据线路电感与电容计算确定。故障在终点两端之间产生的行波电流暂态分为交流毫伏电压行波和直流暂态高压电流行波，以非常小的接近每秒毫米光速的一定行波速度由上向下在输电线路混合后向线路两端之间进行连续传播，并在波阻抗不连续的两个连接地方同时分别发生行波电流反射和暂态电流行波折射。本文以双端行波测距技术为例，假设故障发生点 B 在线路两端 A、C 之间，故障点 B 的电压行波和电流行波会向线路两端 A、C 传播。我们只需把故障点的第一个行波到达两侧行波采集点的时间 T_a、T_c 记录下来并计算就可以得出故障距离。

2.2 行波定位原理

当电力线路的某点发生电压、电流的突变时,这一变化并不能立即在线路其他各点出现,而是以电磁波的形式按一定的速度从该点向其他各点传播,这个沿线路两侧传播的电压波以及与其相伴而行的电流波统称为行波。行波传输的速度仅受分布电感与分布电容影响,若忽略电感与电容,行波的传输速度是光速,在实际中,行波在架空导线的速度 $v=1/\mathrm{sqrt(LC)}$,行波在波阻抗不连续点会发生折射和反射现象,并在传输一段时间后,这部分暂态能量消失,线路趋于稳定状态。通过对该故障发生时产生的第一次行波进行采集、分析和计算,可以进行故障定位以及故障类型识别。

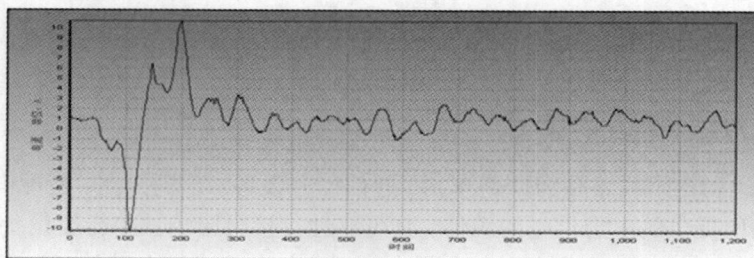

图 1 行波图

目前研究的行波测距方法主要有单端和双端行波测距两种。单端行波测距法成本较低,但测距精度不高;双端行波测距法是在单端行波测距法基础上增加多一台采集装置,成本较高,但测距精度高。双端行波故障测距定位技术是本文主要研究的对象,如图 2 所示,设两个采集监测点间的区间长度为 L,发生在两个采集点之间的 A 点,A 距采集点 1 的距离为 L_1,A 距采集点 2 的距离为 L_2,如图故障所示。

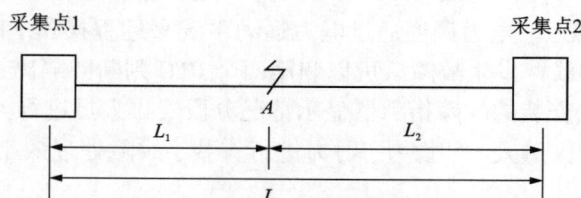

图 2 双端行波故障测距定位

从故障发生到采集点 1 和采集点 2 监测到行波电流的时间分别为 t_1、t_2,行波在线路中的传播速度为 V。则,可以得到故障点距采集点 1 的距离及故障点距采集点 2 的距离分别为:

$$L_1 = \frac{L+(t_1-t_2)V}{2}$$

$$L_2 = \frac{L-(t_1-t_2)V}{2}$$

通过 GPS 提供的准确时间 t_1、t_2,可以定位出故障点 A 距采集点的距离,从而达到判断故障定位的目的。

3 新型 10 kV 铁路电力故障定位技术探究与实践

3.1 新型电力线路故障定位技术背景

10 kV 铁路电力贯通和自闭线路主要功能是给铁路行车设备提供电力,电力线路或者电力设备发生故障将直接影响铁路运输,因此贯通和自闭线路的安全稳定运行至关重要。由于以前缺乏故障定位与诊断技术,电力线路发生故障后,故障排查与恢复正常供电速度较慢,故研究 10 kV 铁路电力线路故障诊断技术能够提高铁路 10 kV 配电线路自动化水平,快速处理故障恢复供电能力以及远程处理故障能力。采用行波故障定位技术能够精确定位故障位置，帮助电力设备管理部门迅速准确及时地排除故障，并且能够提高劳动效率，减少劳力、物力、财力的支出，对保障铁路运输安全有着重要的意义。

3.2 10 kV 电力线路行波故障定位系统组成

行波故障定位系统主要由前端数据采集装置、后台数据处理服务器、用户终端三个部分组成，如图 3 所示。系统能够迅速、有效地对电力运行线路进行状态监测和故障精确定位。前端数据采集装置安装在线路上，主要功能为采集两个装置区间某点故障发生时的线路工频电流、电压数据，暂态电流、电压数据，行波电流、电压等数据并通过 GPRS 等无线信号回传至数据处理服务器；数据处理服务器主要利用应用软件对监测数据进行智能分析诊断，并将诊断的定位结果和分析结果发送给电力设备管理部门，数据处理服务器除具有处理功能外，还需具备数据存储等功能；用户终端主要是接收并显示数据处理服务器发送过来的分析结果。

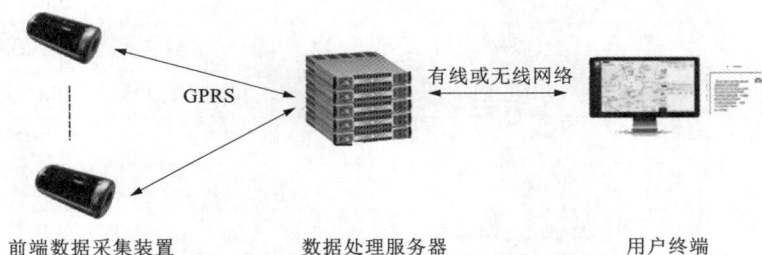

图 3 10 kV 电力线路行波故障定位系统组成

3.3 前端数据采集装置主要功能

前端数据采集装置是 10 kV 铁路电力线路行波故障定位系统最主要的部分，一般安装在架空转电缆杆塔位置上，根据经济投入和线路实际情况可每 3~5 km 安装一台。采集装置具备采集数据、高频录波、GPS 对时、无线传输等功能，实现将线路故障波形数据采集并上传至数据处理服务器处。采集装置应具备以下功能：

（1）数据采集功能：采集故障工频电流波形以及故障行波电流信号，并进行存储、上传。

（2）GPS 校时功能：对 GPS 实时校时，记录故障行波电流电压、工频电流电压的时间。

（3）数据传输功能：通过中国移动、电信或者联通网络将采集的波形数据与时间数据上传至数据处理服务器。

（4）太阳能供电：装置自身耗电小，用电可采用太阳能供电系统，减少投资。

（5）自检功能：定时自检装置状态上报数据处理服务器，并自动重启避免死机。

（6）软件升级功能：可不定时接收服务器下载的管理软件，实现功能自动升级。

3.4 10 kV 电力线路行波故障定位技术的实践

本次试验选取线路全长约 60 km 的电力贯通线，贯通线架空线路为主、电缆敷设为辅的混合线路。电力线路沿着铁路边架设，线路 90%以上穿越山区和树林，环境复杂，故障查找困难。根据线路实际情况及合理投资原则，安装 15 台前端数据采集装置进行试验。

3.4.1 系统可实现的主要功能

（1）故障录波：系统同时具有线路故障事件录波检测功能，可实时记录线路故障发生时的工频输出电流、行波输出电流以及波形。

（2）故障定位。一是每两个前端数据采集装置作为故障分界节点将线路故障进行区间划分，故障发生后，根据线路工频电流流动方向和导电极性，确定故障发生点所在的位置区间。二是根据行波数据进行算法分析，确定各种类型故障行波定位点的位置。

（3）线路故障类型分析。根据故障行波波形特征，自动分析故障类型，其中雷击与非雷击故障辨识准确率要求不低于 90%。

（4）故障告警。系统需具有用户线路系统故障实时诊断检测告警实时检测通报功能，在线路发生故障后,可将线路故障实时诊断检测报告结果通过有线或无线方式告知设备管理人员,实现对线路故障情况实时诊断告警。

3.4.2　结果验证

该 60 km 的电力贯通线安装行波故障定位系统,经过 6 个月的跟踪统计,各种故障跳闸共 20 次,故障定位结果小于 500 m 以内的共 16 次,满足使用需求,故障查找率相比以前有了很大的提高,故障处理周期大为缩短,后续将根据实际情况调整前端数据采集装置的安装位置和服务器的基础数据再进行对比。

表 1　定位技术对比表

定位技术	故障指示器定位系统	行波故障定位系统
采集系统投入	约 30 套(60 km 区间)	15 套左右(60 km 区间)
定位精度	2~3 km	500 m 以内
短路故障	可靠	可靠
接地故障	不可靠	可靠,有效区分单相接地、两相短路故障
高阻故障	失效	可靠
故障在电缆段区分	有盲区	安装杆塔设备,无盲区
配电所备自投影响	无法区分备自投	可以有效区分备自投

4　新型 10 kV 电力线路行波故障定位技术的优势与产出效益

4.1　与故障指示器定位系统进行技术对比

通过表 7 可以看出,与传统的故障指示器定位系统对比分析,行波故障定位技术优势非常明显,线路安装的采集装置少,定位精度高,可逐步推广应用于铁路 10 kV 电力线路上,在电力线路发生故障时,能准确定位故障地点,并能判断出架空线及电缆线路发生的瞬时故障、永久性故障及高阻接地、金属性接地等各种故障类型,且适用各种混合线路,对于故障情况下的应急处置、缩短故障处理周期、快速恢复供电具有十分重要的意义。

4.2　产出效益

行波故障定位技术能够有效减轻电力维护人员的负担,节省了一定的人力、物力、财力。按所选线路年度故障跳闸约 40 次为例,以往每次故障查找至少需投入 5 人,每次花费人力及交通费用约 3000 元,故障查找及处理周期基本需要 8 h 以上,年度费用支出 40×3000 元＝12 万元。行波故障定位技术应用后,每次故障只需投入 2 人,每次花费人力及交通费用约 1200 元,故障查找及处理周期缩短至 4 h 以内,年度费用支出金额为:40×1200 元＝4.8 万元,直接节省费用为 12-4.8＝7.2 万元。直接节省的经济效益虽然不高,但减少的 2 个人的成本和快速恢复供电的产出效益却不可估量。

5　结论

本文根据我国铁路 10 kV 电力线路的运行特点和故障类型,对 10 kV 电力线路系统发生的故障和定位进行行波故障定位技术研究和实践。该定位技术主要利用安装在线路的数据采集装置将电力线路发生故障时可能产生的第一次电压电流行波信号进行采集并回传至数据处理服务器进行数学分析并计算出故障类型和精确位置,为电力设备管理部门迅速查找和处理故障提供科学依据。并通过与传统的电力线路故障指示器定位系统进行技术比较和产出效益分析,说明行波故障定位技术确实可行,是目前对 10 kV 电力线路故障定位较为先进且有效的解决方法。

作者简介

符润,广西沿海铁路股份有限公司钦州供电段,助理工程师。

大型既有场段电缆通道改造方案研究

戚亮亮

摘　要： 既有场段由于设计年代久远，而且经过多次的更新改造，有些地面下的光电缆路径早已模糊不清，有些场段连日常维管的人员都不知道光电缆路径，这样对日常维护、安全运营以及将来的更新改造都造成了较大的影响。因此，对既有场段进行电缆通道的改造，将干线光电缆统一纳入电缆通道，虽然投入成本较高，但改造后的效果立竿见影。本文通过对朔黄铁路黄骅港站现场调查，分析研究了电缆通道的可行性改造方案，从而为朔黄铁路及国内一些大型既有场段的电缆改造提供一些参考思路。

1　引言

随着中国铁路的快速发展，大型车站和场段的数量进一步地增加，对日常光电缆的维护以及更新改造提出了更高的要求。新建场段由于规划设计的理念不断提升，施工技术的不断突破，往往具有较好的光电缆规划和路径；既有场段由于设计年代的久远，而且经过多次的更新改造，有些地面下的光电缆路径早已模糊不清，有些场段连日常维管的人员都未能完全掌握光电缆路径，这样对日常维护、安全运营以及将来的更新改造都造成了较大的影响。因此，对既有场段进行电缆通道的改造，将干线光电缆统一纳入电缆通道，虽然投入成本较高，但改造后的效果立竿见影。

朔黄铁路黄骅港站场区面积较大，经过多年的改造后，各专业光电缆数量众多，更新改造施工时存在安全隐患，而且日常维护存在一定的困难。为避免施工对光电缆造成破坏，保护施工触碰电缆时的人身安全，也为方便光电缆的新增、维护、大修，避免来来回回的与新增、拆改建筑间的避让、改迁、永久埋压，结合站区统一规划，需形成一条光电缆永久通道，实现各专业的使用融合，一次施工永久受益。

2　研究综合通道条件

结合朔黄铁路黄骅港站既有光电缆情况及运营维护人员的要求，研究综合通道应具备满足以下条件：

2.1　参考港务公司内的综合缆沟，底层走水，按复合支架分层铺设线缆等设备，实现了光缆、高低压电缆、控制缆及其他设施在各建筑与翻车机房之间的有效通达与利用。

2.2　后期使用足够多，充分满足综合通道的利用率。

2.3　后期使用中的鱼骨干线应避免与永久建筑的交集、改迁，至少满足50年规划。

2.4　后期使用中的鱼刺路线应尽量避免与主要繁忙干道的交集，以规避各种不必要的麻烦。

2.5　综合通道建设实施时需尽可能地减少对既有管道、光电缆及建筑的干扰。

2.6　综合通道每隔50 m两侧沟帮上各预埋10根两端封口的预埋管，电务通信机械室、信号机械室，电力箱变等处多预留出口或多预埋出口管。实现通道两侧任何一处在未来均可以得到有效利用和具备鱼刺形出口条件而无须破拆综合通道。

2.7　为解决排水问题，在建设设计时可依据港口地区的地形建设发展经验，将沟体标高整体上移，减少开挖量、后期进行部分回填或美化设计（如步行道、观景台）。建设完成后，整体呈锯齿波形布置，设好区段坡度，波谷处设积水点并设小型自动排水。

3　现场既有光电缆情况调查

为对朔黄铁路黄骅港站既有光电缆进行彻底的掌握，需对既有光电缆的接引起始点和终点、光电缆截面积及路径进行完整的调查。

3.1　电务工队自海防大桥一直向东在站场北侧有一条集中光电缆径路走向到港口信号楼，途中沿各用户点及机械室呈鱼刺形布置，光电缆数量数十条。

3.2　供电工队自海防大桥一直向东在站场北侧有一条散布高低电缆径路走向到港口信号楼，途中沿各用户点及箱变呈鱼刺形布置。高压电缆数量为站馈一、站馈二、LTE 两路高压电缆，港口箱变的高压电缆，及各个箱变出口的低压电缆。近期规划将由黄骅港新变电所新布放 6 根 27.5 kV 接触网高电压缆至港前信号楼东侧，及 6 根 10 kV 电缆进港。

既有光、电缆径路都不太集中，相对散布。电力径路中由新建变电所至港前污水厂北侧有一海泡石通道，其他均为直埋。调查图片如图 1 至图 6 所示。

图 1　新建变电所东侧

图 2　港前既有场地

图 3　港前作业区北侧
（各种管线一直沿铁路北侧向东）

图 4　港口一场北侧

图 5　港务公司综合缆沟一

图 6　港务公司综合缆沟二
（此处高低压电缆路径混乱）

4 黄骅港光电缆综合通道方案研究

经过现场的实地调查，将既有光电缆的路径在设计图纸上全部标注清楚，并与现场负责人沟通实际的需求，研究综合通道的方案如下。

4.1 港前新建变电所至信号楼部分

4.1.1 方案一

新建变电所沿站水沟边至信号楼东侧设综合通道。

由变电所电缆出口向北越过进港公路沿水沟一直向东至信号东侧布置综合通道。详见附图8。

若实施需重点研究的问题：

水沟北侧为水沟及中铁地界，后续施工及未来施工是否方便；

水沟本来就是站场排水汇集干道，建设永久性重点工程是否需要规避，后续不需要支线和数量较少的接触网高压电缆除外；

后续综合通道使用中会不定时向南侧分布众多的鱼刺线路，其线路必然会与进港干线公路垂直交叉及经过大面积草皮绿化，是否会形成新的各种麻烦，如果不用鱼刺通道，那么综合通道就没有意义了。

图7 港前卫星地图

4.1.2 方案二

新建变电所沿既有海泡石电缆径路至信号楼东侧设综合通道。

新建变电所沿既有海泡石电缆径路建设综合通道至港前站区停车场，后继续建设通道穿越进港公路至信号楼东侧空地；

具体位置在既有电务光电缆通道北侧，可紧挨既有电务光电缆通道，如附图8；

电缆井可以继续利用；

因既有电缆管道本就埋设在2m左右，后续地面又多次填土增加高程，在既有电缆管道上方新建综合通道对既有电缆管道不会造成影响。

若实施需重点研究的问题：

图8 港前电缆通道

将穿越站区新建好的广场；

须破坏2017年新建好的部分草皮。

4.2　港前信号楼至港口一场部分

利用进港公路扩宽工程，回填部分水沟、扩宽进港公路，让出部分公路南边的位置，在进港公路的南侧、既有站场排水的北侧间建综合通道可满足需求；

将进港公路步行道设在南侧，利用高出公路路面的综合通道当步行道；

将小型停车位设于道路北侧；

既有小房门口可以满足直接通过；

遇水涵处，对水涵进行扩宽。

图9　港前铁路北侧通道

图10　港前铁路北侧通道卫星图

4.3　港口一场至港口信号楼部分

4.3.1　方案一：沿港口四场南侧布置

在2号道口西侧与进港公路交叉通过后，沿2号道口房北侧向东穿越联8、联9，然后东拐，沿港口四场南侧、既有防浪堤边（北侧）一直向东至湖边交叉路口，向南穿越进港公路后沿港口二场北侧至信号楼后结束。

若实施需重点研究的问题：

进港公路南侧、港口一场北侧沿路的东西方向上，有港务公司水管、通信管沟，朔黄通信、信号电缆，电力电缆，对于大型施工来讲，需要合理规避；

沿港口四场南侧、既有防浪堤北侧东西方向上是一条白地，适合机械作业，但既有防浪堤是乱石堆砌而成的，破拆不如土质方便。可考虑少量开挖，最终高程与防浪堤持平；

2号道口附近施工时，可能会影响进港车辆通行，通行车辆可沿四场北侧绕行。

图 11　港口部分一

图 12　港口部分二

4.3.2　方案二：沿港口Ⅰ场、Ⅱ场北侧布置

如图 13 所示，沿港口Ⅰ场、Ⅱ场北侧既有电缆径路布置，直至港口信号楼附近。

图 13　港口Ⅰ场、Ⅱ场卫星地图

若实施需重点研究的问题：

进港公路南侧、港口一场北侧沿路的东西方向上，有港务公司水管、通信管沟、朔黄通信、信号电缆、电力电缆，对于大型施工来讲，相对困难。但如果沿此径路布置却又能最大化地满足港口 1 场、Ⅱ场光、电缆通道的使用需求。

4.4 港口信号楼及两侧部分

沿港口信号楼群后面(南侧)，对既有光、电缆线路进行改造，建设综合通道，然后既有电缆使用新建综合通道，直至港口六号变电所。

图 14　拟设想港口信号楼后通道径

若实施需重点研究的问题：

港口信号楼楼群后面有限空间量相对较小，又为既有光、电缆的主要径路，更是各种用户的主要电缆出入口，施工难度较大，但利用效果最好，更为后期使用提供方便；

楼前广场场地较大，但停车场、水暖下水管线较多，影响施工的因素较多，后期利用率不高，后期维护也相对困难。

5　结束语

大型场段电缆通道的改造不论是从设计还是施工方面来说，都是一个复杂而漫长的过程。设计时需充分调查清楚所有光电缆的既有路径，多种方案对比研究，设计合理的路径，且需满足于道路、排水、规划等一系列的条件，重要的光电缆还需要考虑过渡工程，且需要维管单位各个部门的齐力配合。而且改造的费用还是相对较高的，设计时应充分考虑造价问题，尽可能走更合理的路线降低造价。但电缆通道的好处也非常明显，形成一条光电缆永久通道，实现各专业的使用融合，不论是对维管还是将来的更新改造施工，都将形成非常高效、安全的系统性保障。

参考文献

［1］国家铁路局.铁路电力设计规范(TB 10008—2015)［S］.北京：国家铁路局，2015.
［2］住房城乡建设部.电力工程电缆设计标准(GB 50217—2017)［M］.北京：中国计划出版社，2017.
［3］陈西虎.地铁低压配电系统供电方案探讨［J］.电子测试，2015(02).

作者简介

戚亮亮，北京艾莱时代资讯有限公司，世界轨道交通发展研究会研究部，副主任。

哈尔滨铁路局调度指挥中心电力设计方案

李成胤 王福山 董 琳

摘 要：随着我国高速铁路技术的发展，铁路电力系统也逐步向无人值守、无人巡检、无人报修的智能化方向发展；而为了最大限度实现资源共享、节约建设成本，集成化的电力系统设计方案也势必成为发展趋势。本文介绍了哈尔滨局调度指挥中心无人化、智能集成型的电力设计方案。

1 引言

铁路调度指挥中心在铁路运输安全、列车行车调度方面起到了关键作用，可将其比作铁路系统的大脑。哈尔滨铁路局调度指挥中心建筑结构为框架结构，建筑耐火等级为一级，主楼地上四层，附楼地上七层，地下二层，总建筑面积为 31500 m²。本工程采用的无人化、智能集成型电力设计方案最大限度实现了资源共享，减少了不合理冗余配置，简化了设备报修流程，提高了运营工作效率，实现了无人化、全方位、智能化、集中式的监控方案。自 2018 年 9 月开通运营至今，得到使用单位各部门的一致好评。

本文介绍的无人化、智能集成型电力设计方案主要包含两部分内容：供变电设计方案和建筑电气设计方案。其中供变电设计方案主要将 10 kV 变配电所中的高压柜、低压柜、变压器、柴油发电机组、集中 UPS 电源系统和智能巡检机器人纳入电能管理系统集中监控；而建筑电气设计方案主要将动力照明配电系统、综合防雷接地系统、智能滤波系统纳入 BAS、FAS 综合监控系统深度集成控制。

2 供变电设计方案

（1）"三进线两母联"的 10 kV 供电设计方案

本工程采用 2 路 10 kV 电源供电，预留第 3 路 10 kV 电源接引条件的供电方案。广州、武汉、上海、呼和浩特局等调度所均采用 2 路 10 kV 电源进线，主接线为"两进线一母联"模式。本工程初设批复也是两路电源进线，哈尔滨局为增加供电可靠性，提出要求预留第 3 路电源接引条件。针对铁路局的新要求，设计发挥创新思维，主接线采用了"三进线两母联"的新型模式，使得系统结构合理，逻辑清晰，安全可靠，得到了用户一致好评。

（2）可选择性切除用电负荷的低压供电设计方案

所内设 4 台动力变压器，每 2 台容量相等的动力变为一组，同组内 2 台动力变分别接在不同的 10 kV 母线上，低压主接线采用单母线分段，设有母联。同时在变电所内设柴油发电机组作为所内一级负荷的后备应急电源。

低压主接线采用二级负荷、三级负荷可选择性的切除方式，即低压母线段设置二、三级负荷总开关，当 2 台动力变进线均失电时，切除二、三级负荷，柴油发电机组与低压进线开关通过 ATS 进行自动切换，并在 15 s 内投入并带负荷运行；在一台动力变压器故障情况下或动力变出口至 0.4 kV 电源进口故障时，可切除各三级负荷开关，由另一台变压器供电。减少了故障停电范围，提高了运营工作效率。

（3）集中式 UPS 系统设计方案

根据哈尔滨调度所建筑平面的布局，以及考虑 UPS 电源供电可靠性和安全性，在地下一层集中设置 4 套 2N 型冗余式双总线输入/输出型 UPS 电源系统。设计采用了改进型"1+1"双机冗余型集中式整合 UPS 电源系统，支持多种故障运行模式，真正实现了全部单一部件故障不影响运行，检修更换保证"无电"操作。

端子排张次									预留	预留	预留
原理图张次											
回路名称	进线及计量(二)	电源引(二)	联络(二)	母互(二)	动力变(二)	动力变(四)	馈出(二)	母联	母联联络	电源引入(三)	进线及计量(三)
回路编号	N2	N4	N6	N8	N10	N12	N14	N16	N17	N18	N19

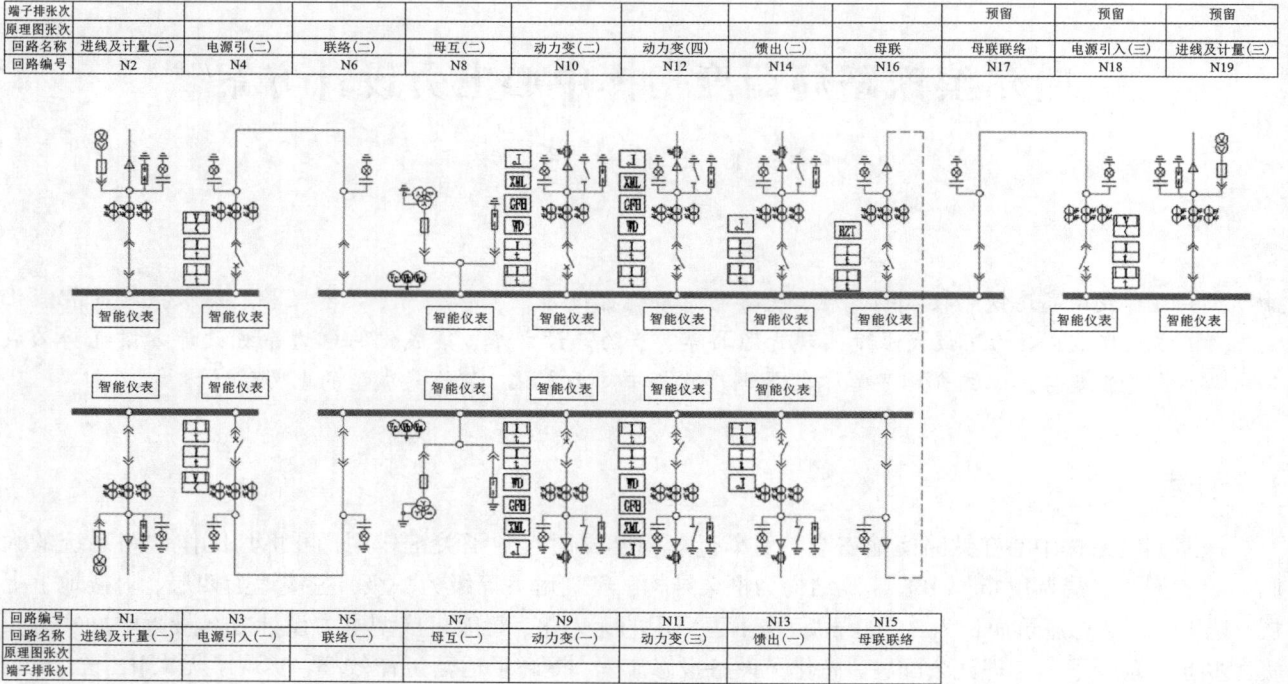

回路编号	N1	N3	N5	N7	N9	N11	N13	N15
回路名称	进线及计量(一)	电源引入(一)	联络(一)	母互(一)	动力变(一)	动力变(三)	馈出(一)	母联联络
原理图张次								
端子排张次								

图 1 10 kV 电气主接线图

图 2 低压开关柜室

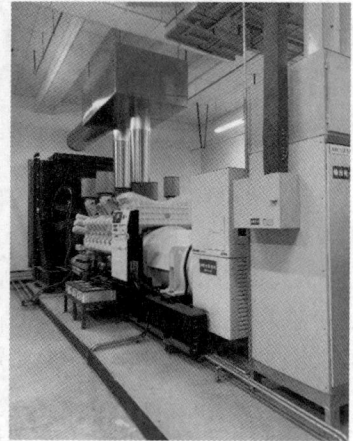

图 3 柴油发电机室

综合分析不同工点及使用部门要求，按照信息、电调、信号、通信、车辆、智能建筑、调度大厅等需设置后备电源(UPS)的系统实际工况和特殊性，合理划分集中式 UPS 电源系统的供电范围，确定集中 UPS 电源系统配置和供电方案。其中 1#、2#UPS 电源系统分别由 2 组 2X500 kVA UPS 并机系统构成 2N 结构，每组最大输出功率为 1000 kVA，主要负责为信息、牵引电调、配线间等设备供电。3#UPS 电源系统由 2 组 2X500 kVA UPS 并机系统构成 2N 结构，每组最大输出功率为 1000 kVA，主要为通信、信号、车辆以及智能建筑等设备供电。4#UPS 电源系统由 2 组 500 kVA UPS 并机系统构成 2N 结构，每组最大输出功率为 500 kVA，主要为调度大厅设备供电。UPS 后备时间 15 min，保证调度系统不间断供电。

(4)智能巡检机器人设计方案

随着现代科学技术的不断发展，铁路变配电所基本实现了无人值守方式，但电气设备实时运行状况无法远程监视的问题尤为突出，鉴于此问题本工程设置了一套智能巡检机器人系统，充分利用视频巡检、关联摄录、图像识别和环境监控的技术来替代人工去现场巡检，如图6所示。具体功能如下：

图 4　UPS 机房

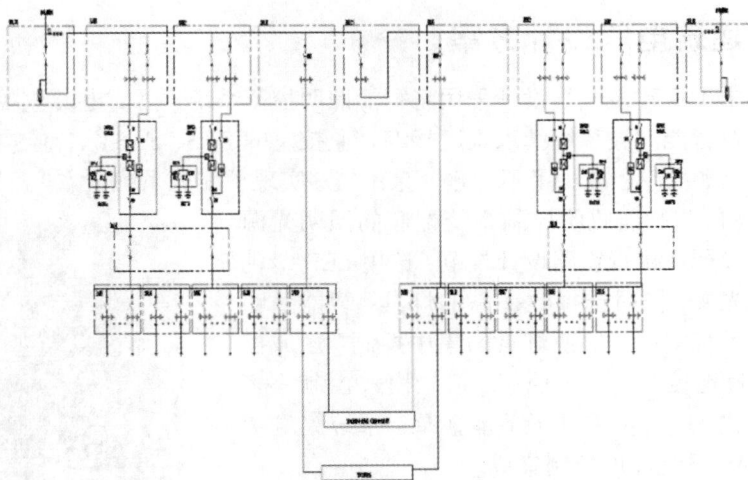

图 5　典型集中式 UPS 系统主接线图

①自动巡检：提前设置机器人每日巡检次数，巡检范围具体到每个柜子的各配电回路。

②手动巡检：在远方的电力监控室监控主机选中需要巡检的回路图标，移动机器人到对应柜子回路位置，控制摄像头缩放操作界面，实时显示巡检画面。

③联动巡检：当开关分合闸或故障报警时，机器人自动移动到故障回路的预置点进行识别确认，实时显示巡检画面和图像识别结果。

④图像识别：可识别断路器的分合闸指示灯、遥控指示旋钮位置（就地、远方）；可识别每一排最外侧的柜子是否倾斜。

⑤环境监控：红外双鉴探测器、门禁可实时监测变配电所人员出入情况；感烟探测器可实现火灾自动报警功能；有害气体探测器可实时监控 UPS 机房电池组有无漏气工况；温湿探测器可实时监测电气设备运行环境工况；水浸探测器可实时监测变配电所有无漏水的工况。

⑥故障报警：与电能管理系统信息联动，视频巡检识别出柜子倾斜、状态与电能管理系统信息不一致时，发出故障报警。

⑦巡检报表：提供巡检报表统计功能，可查询巡检历史记录，包括巡检回路、巡检识别结果、与电能管理系统的一致性、巡检时照片等。

图 6　智能巡检机器人安装图

（5）集中型电能管理系统

本调度所在一楼电力监控室集中设置一套电能管理系统，对本工程的高低压柜、变压器、柴油发电机组和集中 UPS 设备进行连续不断的实时监控，并能够实现按负荷类别、区域、核算单位分别进行计量的功能，以及事件报警、图形化显示、统计报表和打印、历史数据管理、通信管理、自诊断的功能，同时具备与智能巡检机器人系统联动的功能。

3 建筑电气设计方案

本工程建筑电气设计采用将智能照明控制系统、消防电源监控系统、电气火灾报警系统、防雷接地系统以及智能滤波系统纳入调度楼综合监控室的 BAS、FAS 综合监控系统集成控制的设计方案,最大限度实现了资源共享,减少了不合理冗余配置,实现了配电系统全方位、智能化、集中式监控方案。

(1)与智能照明控制系统配套的照明光源的选择严格执行铁路设计规范,选用 LED 绿色照明光源,同时选择效率高的灯具;智能照明控制系统实现了照明灯具的集中控制、区域控制、就地控制、光时控制、情景模式控制等多控方式,进一步提升了节能效果;系统终端纳入 BAS 系统深度控制集成。

(2)电气火灾报警系统用于探测漏电电流、过电流信号,发出声光报警,准确确定故障线路位置,防止电气火灾的发生;系统终端纳入 FAS 系统深度控制集成。

(3)消防电源监控系统可对消防设备的电源状况进行实时自动巡检、监测,通过测量记

图 7 调度大厅照明实景

录该电源的工作状态,判断消防设备电源是否存在中断供电、过压、欠压、过流、缺相等故障;系统终端纳入 FAS 系统深度控制集成。

(4)防雷接地系统智能设计

供配电系统电源防雷采取三级防雷设计,在总输入配电柜加设一级防雷装置,输出配电柜加设二级防雷装置,在配电线路末端配电箱加设三级防雷装置,对计算机设备进行保护。

综合接地设计中采用了接地电阻在线监测系统,实现了接地电阻实时智能监测的功能,省去了运营人员定期摇测接地电阻值的工作,并将系统终端纳入 BAS 系统深度控制集成。

(5)智能滤波系统设计:电网的谐波含量是电能质量的重要指标,调度楼内存在大量非线性负荷,例如计算机、电子存储设备、智能化设备;变频空调、风机、水泵等。为提高电能质量,本工程采用有源滤波和无源滤波相结合的滤波方式,即变电所内设置集中式有源滤波器,进行动态的智能消谐;在各个存在谐波的设备处就近设置无源滤波器,对常见的 3、5、7 次等谐波进行固定消谐;从而最大限度地减少谐波的危害,如图 8 所示。系统终端纳入 BAS 系统深度控制集成。

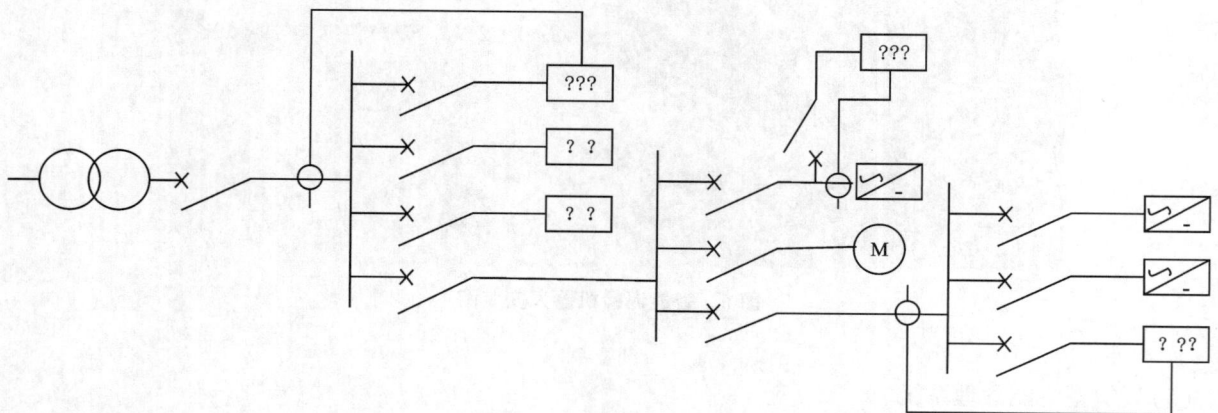

图 8 滤波器配置方式示意图

4 结束语

随着我国高速铁路技术的发展，铁路电力系统也逐步向无人值守、无人巡检、无人报修的智能化方向发展；而为了最大限度实现资源共享、节约建设成本，智能集成型的电力系统设计方案也势必成为发展趋势。本文介绍的新建的哈尔滨铁路局调度指挥中心建筑的电力设计方案正是结合这一发展趋势，采用了一些新技术、新设备、新理念，实现了无人化、智能集成型的电力监控方案，简化了设备报修流程，节省了人力成本，提高了运营工作效率。

参考文献

[1] 住房和城乡建设部.供配电系统设计规范：GB50052—2009.北京：住房和城乡建设部，2009.
[2] 国家铁路局.铁路电力设计规范：TB/T10008—2015.北京：国家铁路局，2015.
[3] 住房和城乡建设部.20 kV及以下变电所设计规范：GB50053—2013.北京：住房和城乡建设部，2013.

作者简介

李成胤，中国铁路设计集团有限公司，高级工程师。
王福山，中国铁路哈尔滨局集团有限公司供电部，高级工程师。
董琳，中国铁路哈尔滨局集团有限公司供电部，高级工程师。

龙龙铁路电力和牵引共用外部电源的方案探讨

黄承良

摘　要：本文以龙龙铁路及相关工程项目为背景，从工程投资和运营成本的角度出发，对龙龙铁路电力和牵引共用外部电源的方案进行了探讨，选择合理的电力外部电源建设方案。

1　引言

电气化铁路建设中，为了节省投资或满足集约化的要求，有的项目将电力变配电所与牵引变电所合建或共用外部电源；另外有些电力变配电所无法就近获取电源时，与牵引变电所共用电源也是一个很好的解决途径。本文以龙龙铁路(龙岩至武平段)及相关工程项目为背景，对电力和牵引共用外部电源方案进行研究，以期对电力配电所利用牵引电源的类似工程有所参考和借鉴。

2　初步设计牵引变电所、配电所分布方案及共用外部电源工点筛选

2.1　牵引变电所

新建观音井牵引变电所 1 座，改建既有赣瑞龙铁路上杭北牵引变电所 1 座。

2.2　电力配电所

全线新建古田会址、上杭北 2 座双电源 10 kV 配电所。

古田会址 10 kV 配电所两路电源一路引自郭车 110 kV 变电站，电缆线路长度 1.5 km，一路与既有古田会址 10 kV 配电所共用外电源。

上杭北 10 kV 配电所两路电源一路引自 110 kV 西郊变电站，电源线路长度 10 km，一路引自 220 kV 龙翔变电站，电缆线路长度 11 km。

2.3　共用外部电源工点筛选

古田会址站附近牵引变电所为改建既有赣瑞龙铁路上杭北牵引变电所，不增加场坪和面积，配电所和牵引所不适合采用共用外部电源方案。

上杭北配电所与观音井牵引变电所较近，具备研究共用电源的价值，以下仅对上杭北配电所共用外部电源进行研究。

3　共用外部电源电费计费情况调研

福州东 10 kV 配电所，南昌西 10 kV 配电所和牵引共用外部电源，均采用两部制电价(既收取基本电费又收取电度电费)。经向福建省电力部门咨询，电力部门对铁路 10 kV 配电所负荷基本采用单一制电价。

根据《福建省物价局关于利用降低重大水利工程建设基金征收标准等措施降低一般工商业电价有关事项的通知》(闽价商〔2018〕167 号)，"三、继续推进工商业用电并价。省电网直供区和长乐、福清等 33 个电网'大工业用电价格'和'一般工商业及其他用电价格'归并为'工商业用电价格'，下设'单一制用电价格'、'两部制用电价格'两个子类，其中大工业用户统一执行两部制用电价格，315 kVA 以下的一般工商业及其他用户执行单一制用电价格，315 kVA 及以上的一般工商业及其他用户可选择执行两部制或单一制用电价格，选定后 12 个月之内不允许调整。"

4　共用外部电源方案研究

4.1　电力自牵引变电所 220 kV 进线侧取电源方案

4.1.1　外电方案

变电所设两回 220 kV 进线电源。进线侧采用带跨条的分支接线方式，跨条设断路器。进线隔离开关的线路侧设置电动接地刀闸，同时每回进线设置电压互感器，以供高压计量、测量及备用电源自动投入使用。牵引变压器与电力变压器进线侧分别设置断路器、电流互感器。牵引变压器采用两台单相变压器组成的三相 V/X 接线形式，固定备用，电力变压器采用两台 Y/△ 接线形式，两台电力变压器分列运行，电力变压器安装容量为 5 MVA。主接线如图 1 所示。

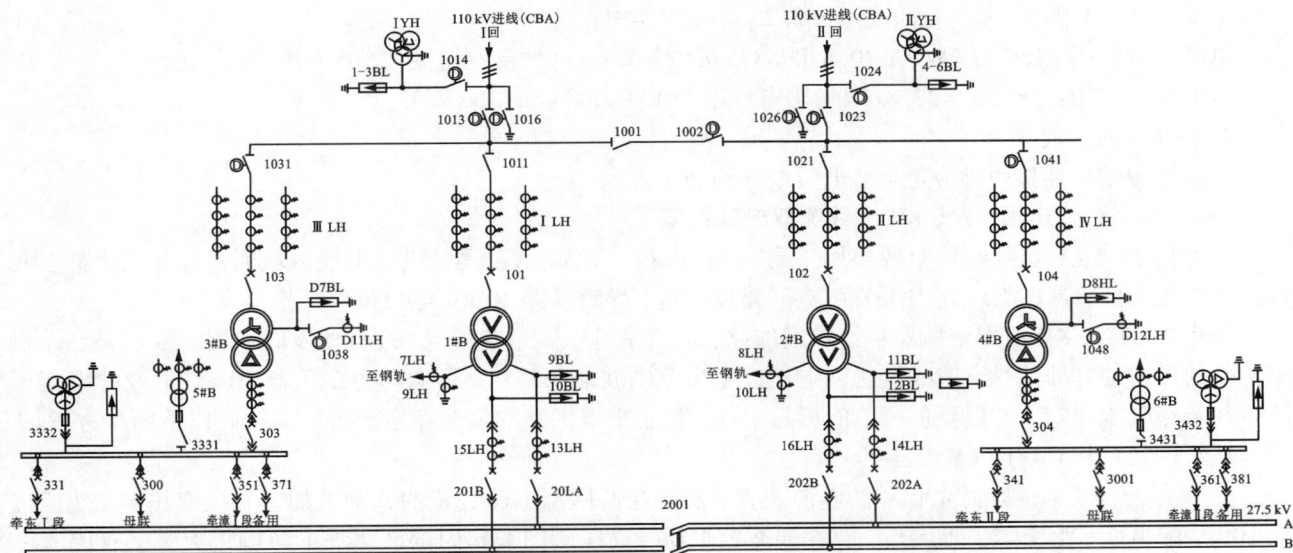

图 1　电力 10 kV 配电所与牵引变电所共用外部电源主接线

4.1.2　投资比较

（1）工程投资

① 变电所 220 kV 侧增加设备及建安费：变电所 220 kV 侧需增加 220/10 kV 电力变压器 2 台，220 kV 三极 SF6 断路器 3 台，220 kV 电压互感器 6 台，220 kV 电流互感器 12 台，220 kV 三极电动隔离开关 5 台，220 kV 三极手动隔离开关 1 台。建安费与设计费总计约 521 万元。

② 10 kV 供电线路费用：自观音井至上杭北 10 kV 配电所直线距离约 6 km，但是中间地形均为山林、沟壑、水库及在建高速公路，电源路径只能沿村道和国道敷设，接引观音井牵引变电所双回 10 kV 电源约有 26 km（其中架空约 10 km，电缆约 16 km），投资约 1326 万元。接引地方 10 kV 电源约有 21 km，投资约 1077 万元。

③ 牵引所外部电源费用：估算外部电源费用为 8000 万元，按照电力变占牵引所总容量比例分劈，铁路承担的费用约为 533 万元。

工程投资比较如表 1 所示：

表 1　工程投资对比表

上杭北 10 kV 配电所	单独接引/万元	共用外部电源/万元
牵引所设备费用	0	521
10 kV 供电线路	1077	1326
牵引所外电费用	0	533
合计	1077	2380

以上比选可知，共用外部电源方案与单独接引 10 kV 电源方案相比，工程总投资增加 1303 万元。本投资比较不含共用电源增加主变及室外配电设施引起征地面积增大等相关费用。

（2）运营成本

经过向南昌铁路局咨询，赣瑞龙铁路古田会址站的年用电量约 150 万 kW·h。古田会址站规模与上杭北站规模类似，因此上杭北站年用电量以 150 万 kW·h 为参考计算。结合上杭北站其他配套设置及负荷用电需求情况，经负荷计算后，若采用与牵引共用电源方案，则上杭地区需设置 2×5 MVA 主变。

①单独接引地方电源

电费：电价按照一般工商业 0.59366875 元/(kW·h)，年电度电费约为 150 万 kW·h×0.59366875 元/kW·h≈89.0503 万元。

②共用外部电源

电费：电度电价费+基本电价费≈353.25 万元。其中：

电度电价费用：150 万 kW·h×0.53096875 元/(kW·h)(两部制电度电价)≈79.65 万元。

基本电价费用：2×5000×22.8(容量用电价格)×12÷10000＝273.6 万元。

③电价方案比较

共用电源较单独接引地方电源，电费增加约 264 万元/年。

4.2 电力自牵引变电所 27.5 kV 出线侧取电源方案

电力自 27.5 kV 出线侧取电源多用于高寒、高海拔、荒漠、戈壁等地带，上述区域通常存在几十甚至几百公里的无人区，且该类地区内无公用电网建设项目，导致铁路 10 kV 电力供应严重不足。

利用 27.5/10 kV 动力变压器供给贯通线路，优点是可以就近获得电源，方便及时取用。缺点是铁路机车负荷的冲击性和非线性，造成接触网电压产生大范围波动和畸变，影响动力变压器 10 kV 以及配电变压器 400 V 侧电压稳定，各重要负荷不能可靠工作，甚至影响铁路的安全稳定运行。主要有以下两种方案：

4.2.1 27.5/0.4/10 kV 变压器

直接从 27.5 kV 转换为 400 V 的电源装置，然后在低压型电源装置的基础上加装升压变压器，然后接入 10 kV 配电所，由于容量加大后，存在滤波效果易受高压侧影响和内部散热需求急剧增大等多种因素影响，现有的功率器件和散热能力已满足其 MVA 以上的容量需求，建议不使用该方案。

4.2.2 铁路净化电源装置

近年有厂家研制的铁路净化电源装置，可以实现宽范围输入，10 kV 电压大容量高功率稳定输出，自身可以双向隔离 27.5 kV 与 10 kV 侧的电能质量问题；但是仍然存在供电可靠性相比公用电网较低及抵抗变压器涌流能力较弱等缺点。本线标准为高速客运专线铁路，电能质量和可靠性要求很高，且属于电源较发达地区，不推荐使用上述净化装置。

5 结论

5.1 电力自牵引变电所 220 kV 进线侧取电源方案，上杭北配电所工程采用外部电源共用的方案较单独接引地方 10 kV 电源方案工程费用增加 1303 万元；电费增加 264 万元/年。

5.2 电力自牵引变电所 27.5 kV 进线侧取电源方案，多用于西北高寒、高海拔、荒漠、戈壁等地带等电源匮乏地区，技术尚未十分成熟，且使用局限性较多。

6 建议

由分析结论可知，本项目不适合采用牵引和电力共用外部电源方案。因此，建议本项目电力配电所采用单独接引地方 10 kV 电源方案。

参考文献

[1] 李群湛、贺建闽.牵引供电系统分析[M].成都：西南交大出版社，2007.

[2] 福建省发展和改革委员会.福建省发展和改革委员会关于电价调整有关事项的通知：闽发改商价〔2020〕669 号.福州：福建省发展和改革委员会，2020.

作者简介

黄承良，福建铁路建设指挥部，工程师。

关于大秦线隧道高压电力电缆故障的分析与探讨

施红斌

摘　要：大秦线是世界一流的重载铁路运输线路，担负着我国"西煤东运"的重任，线路分布在平原、山地等地带，全线共有 51 座隧道，自闭贯通电缆外挂于隧道内墙壁。本文根据近年大秦线隧道内电缆故障情况，深入梳理剖析，就设备现状、存在的问题及解决方案进行细化讨论，借助科学有效的监测手段及切合实际的运营各项举措，不断加强大秦线隧道电缆管理，更好地服务铁路供电系统运营管理，全面提升铁路供电技防水平。

1　引言

2021 年 5 月 23 日军都山隧道、2022 年 1 月 5 日花果山隧道发生电缆中间头击穿故障，故障点位于隧道内且应急处置人员不易到达，严重影响大秦线运输组织。作为设备管理单位，我段对连续发生的隧道电缆的故障高度重视，成立专业技术小组，组织专业技术人员深入探究隧道电缆的运行、管理，结合大秦线隧道电缆的特点，提出切实可行的整治方案，下面就具体情况进行介绍。

2　大秦线隧道高压电力电缆基本情况

大秦线 10 kV 电力线路一期（湖东—大石庄）于 1988 年开通，二期（大石庄—柳村）于 1992 年开通。隧道内共有自闭、贯通电缆 103 条，150.666 km，其中自闭 75.616 km，贯通 74.550 km，电源线 0.5 km，建设初期隧道电缆当时敷设在隧道的地沟内。

大秦线隧道内电力电缆全部采用挂钩敷设在隧道下行侧（重车线）洞壁上，离地面约 3 m。为保证设备增容需求，10 kV 自闭高压电缆采用 YJLV22-6(10)kV-3×50 型；10 kV 贯通高压电缆采用 JLV22-6(10)kV-3×70 型，电缆中间头采用热缩工艺，长大隧道内还设有电缆分支箱。至今隧道内电缆最长运行已达 20 年，超过 15 年大修周期 5 年。隧道内潮湿阴冷、煤尘污染大，一些电缆头表面绝缘体已有老化现象，电缆分支箱大部分也已锈蚀。

3　存在的问题

2021 年 5 月 23 日 74648 次 21 时 12 分汇报：延庆北站至下庄站间下行线 278 km 330 m 处，军都山隧道内电缆冒火花，23 时 23 分设备单位销记处理完毕，不影响行车。

2022 年 1 月 5 日 80111 次 9 时 55 分汇报：延庆北站至下庄站间下行线 303 km 600 m 处（花果山隧道）左侧隧道壁上电缆冒火苗，不影响行车，10 时 42 分设备单位销记处理完毕，设备正常。影响货车 9 列。

综合分析，军都山隧道、花果山隧道长度较长，其中军都山隧道 8.46 km，花果山隧道 3.741 km，由于隧道较长，导致 10 kV 高压电缆中间接头较多，同时由于电缆中间头运行年限较长，致使绝缘老化，大秦线隧道内环境复杂，以煤尘大、潮气重最为突出，电缆运行环境恶劣，电缆绝缘进一步下降，造成电缆中间头击穿。

4　问题剖析

我段专业技术组认真组织分析调研，对隧道内高压电缆运行中存在的问题进行剖析，隧道内高压电缆中间头发生短路故障主要是由于型号材质、施工工艺、使用年限超大修周期及运行环境的影响。

1. 由于大秦线建线较早，受当时电缆材质限制，电缆使用的多是 6(10)kV，即额定电压 6 kV，故障情况下最高承受电压 10 kV。

2. 由于集中修期间作业，时间紧迫，人员工艺简化，同时隧道内煤尘污染大，潮气重，工作环境不符合要求，清洁不到位，造成电缆中间头进入碳等易导电物质，造成绝缘能力下降。

3. 2021年由于降雨频繁，隧道渗漏水问题时有发生，部分渗水点附近就是电缆中间头，潮气更加严重，由于电缆进水或受潮后水分将逐步向内部渗透，受潮后的电缆在高电压作用下会发生"水树枝"现象，使交联聚乙烯绝缘性能下降，更进一步造成电缆中间头绝缘下降。

4. 既有隧道电缆大部分是热缩工艺，对外界抗老化能力较弱，电缆中间头本身就是电缆的薄弱点，20年来在煤尘、潮气的共同影响下，其绝缘能力进一步下降，一旦有故障大电流经过，再加上高电压的作用，势必造成电缆头损伤。

5 解决方案

近年来大秦线接连发生因隧道电缆中间头绝缘降低导致冒火花的电力设备故障，作为设备管理单位，我段立足自身结合新技术新设备的应用，提出适应设备现状的解决方案，不断深化隧道电缆管控力度，确保运输畅通。具体措施如下：

5.1 使用紫外成像仪进行周期检测

利用紫外成像仪对电缆本体及电缆接头进行检测，动态检测电缆头放电情况，每次检测要记录数值进行状态分析，发现异常的及时进行处理。紫外成像仪测试实行周期检测，大秦线隧道电缆划分为三个等级：

第一等级为长度超过3000 m以及曾经出现过故障的隧道电缆，共计14条，每月安排一次紫外线检测作业；

第二等级为长度小于3000 m但大于1500 m的隧道电缆，共计28条，每两个月安排一次紫外线检测作业；

第三等级为长度小于1500 m的隧道电缆，共计65条，每三个月安排一次紫外线检测作业。

5.2 按照周期对电缆进行绝缘电阻摇测工作

按照周期每年对电缆进行绝缘电阻测试工作，达到500 MΩ以上的电缆每年测试一次；对绝缘电阻500~400 MΩ的电缆每半年测试一次并加强动态监控，及时掌握电缆绝缘变化情况；对绝缘电阻100~400 MΩ的电缆进行局放试验，整治问题后达到合格标准；对绝缘电阻100 MΩ以下电缆进行耐压试验，对击穿电缆进行整治，对未击穿电缆做局放试验，整治问题后达到合格标准；对绝缘电阻处于合格临界值的电缆中间头加装电缆防爆盒，防止电缆击穿后发生次生灾害。

5.3 联系专业厂家对电缆进行局放检测

联系专业检测部门，按照电缆绝缘状态及发生故障频次对隐患电缆进行局放试验，测试电缆状态，对状态不良的电缆，查找隐患点，制订整改方案。积极探索电缆在线绝缘监测等先进技术，动态掌握电缆绝缘状况。

5.4 优化应急情况下处置流程

电力线路发生跳闸，涉及隧道电缆区段时，立即安排人员到就近车站驻站，并向车站值班员说明隧道内可能会发生电缆冒火花情况，但不会影响正常行车，做好事前沟通；隧道电缆区域发生故障时，线路区间有企开所的，断开企开所相关开关后只准试送一次，若不成功按照隧道电缆绝缘情况及历史跳闸频次，充分研判故障区域，断开相关隧道两端隔开试送，减少因故障电流冲击将薄弱电缆损伤造成二次故障。

5.5 日常加强职工电力技能培训

由段抽选沿线各供电车间青年职工，由检修车间组织开展专项培训，重点对电力电缆运行、电缆中间头、电缆终端头制作进行培训，确保每一名培训职工能够自主完成电力电缆故障查找及中间头、终端头的制作任务，提高每一名职工的单兵作战能力，使其在应急处置过程中能够自主地迅速进行处理。

5.6 对既有设备进行改造

针对隧道电缆中间头故障频发的问题，举一反三，提前采取措施，组织各隧道车间对隧道内电缆中间头位置、电缆型号进行梳理统计，将既有电缆接头进行改造，通过改造为电缆分支箱、重新进行熔接等手段，消除接头处因前期施工工艺不达标、绝缘老化严重而性能下降的问题，提前消除电缆运行过程中的安全隐患。

5.7 具体应急措施

5.7.1 涉及隧道电缆区段的 10 kV 电力线路发生跳闸时，车间班组立即安排人员到就近车站驻站登记，并向车站值班员说明正在排查电力故障，隧道内可能会发生电缆冒火花情况，但不会影响正常行车，提前做好联系。驻站人员到位后，调度方能开始试送。

5.7.2 生产调度及时通知供电技术科值班人员到供电调度指挥中心共同指挥，供电技术科值班人员立即汇报科长和主管副科长。

5.7.3 隧道群电缆区域发生故障时，线路区间有企开所的，断开企开所相关开关后只准试送一次，若不成功按照隧道电缆绝缘情况及历史跳闸频次，充分研判故障区域，断开相关隧道两端隔离开关，确认架空线路设备良好后再行试送，减少因故障电流冲击将薄弱电缆损伤造成二次故障。结合我段电缆状态情况，隧道电缆易发生故障区段主要集中在长度超过 3000 m 的长大隧道，特别是军都山、花果山隧道。针对隧道群电缆区域发生故障做如下排查预案：

5.7.3.1 延庆配电室—茶坞配电室间

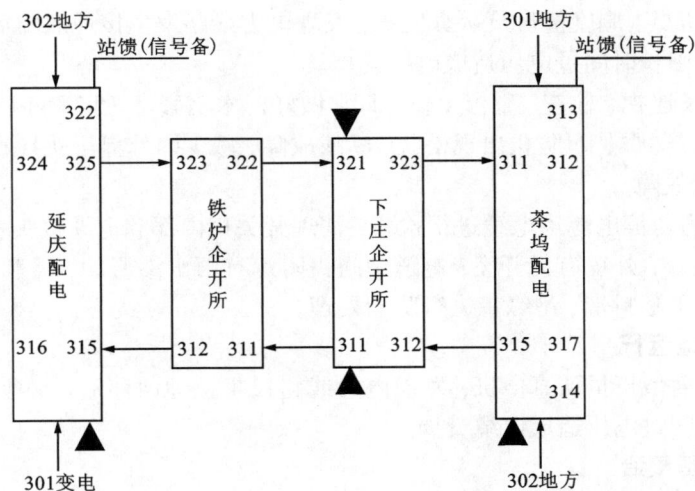

图1 延庆配电室—茶坞配电室间供电示意图

延庆配电室与茶坞配电室间发生跳闸重合(自投)失败，线路间有故障。断开下庄企开所同侧、铁炉村企开所秦侧开关，延庆配电室和茶坞配电室分别各试送一次，判断故障区域。

(1)故障区域在延庆配电室-铁炉村企开所间。

①需断开军都山隧道西口隔离开关。

②延庆配电室若送电不成功，故障点在延庆配电室-军都山隧道西口间，恢复其他地段供电，逐段查找故障点。

③延庆配电室若送电成功，故障点在军都山隧道-铁炉村企开所间。

④需断开军都山隧道两侧洞口隔离开关，使用 5000 V 电子摇表，若绝缘良好，故障点在军都山隧道东口—铁炉村企开所间。

⑤若摇测不良，先恢复隧道两端送电，之后逐段摇测隧道电缆，查找故障段电缆。

(2)故障区域在下庄企开所—茶坞配电室间。

①断开摩天岭隧道东口隔离开关，茶坞配电室试送不成功，故障区域在摩天岭隧道东口—茶坞配电室间，恢复其余地段供电，查找该段故障点。

②若茶坞配电室送电成功，故障点在摩天岭隧道东口—下庄企开所间。

③使用 5000 V 电子摇表，摇测摩天岭隧道电缆，若摇测不良，故障点在摩天岭隧道内，断开摩天岭隧道两端隔离开关，恢复其他区域供电。

④若摇测良好，断开庄户庙隧道东口，茶坞配电室试送，确认故障区域。

⑤以此类推，直至查找到故障点。

（3）故障区域在铁炉村企开所—下庄企开所间。

①断开花果山隧道两端隔离开关，使用 5000 V 电子摇表，逐段摇测隧道电缆，确认隧道电缆状态。

②若摇测不良，故障点在花果山隧道内，断开花果山隧道两端隔离开关，恢复其他区域供电。

③若摇测良好，故障点不在花果山隧道内，确认架空线无异常后，由茶坞配电室试送至花果山隧道西口。

④其余地段电缆按照此排查方法执行，断开相关隧道外隔离开关摇测电缆绝缘后送电，防止故障电流冲击导致电缆头击穿。

⑤其余地段电缆按照此排查方法执行，断开相关隧道外隔离开关后送电，防止故障电流冲击导致电缆头击穿。

⑥隧道内有电缆开关箱时，需分段摇测电缆，缩短故障查找范围。

⑦隧道电缆故障处理时，需安排在天窗点内进行。测试时人员分布观察电缆，发现冒火时及时停止打压测试，确认故障点，立即组织进行故障抢修。

5.7.4 日常配电值班员、调度值班员认真值班，发现电力线路发生接地故障后，必须立即汇报，及时停止故障回路供电，防止因长时间过电压造成电缆受损。

5.7.5 日常加强设备巡视、检查、整修工作，日常做好树木检修、鸟窝清除、轻飘物清理及设备缺陷处理，加强各类接点的检查、紧固，防止出现松脱、断线故障，减少因外界干扰导致的设备跳闸，避免隧道电缆受故障电流冲击引发故障。

5.7.6 日常结合天窗对停电隧道电缆进行检修，清理开关柜内部和电缆接头表面煤灰、潮气，对有雨水冲刷地段需进行重点检查，外皮有无开裂；电缆中间头附近有雨水渗漏的，需利用预留电缆将电缆头移离冲刷点，并对电缆头使用塑料带、绝缘带进行防潮处理。

5.8 禁止线路长时间接地运行

日常配电值班员、调度值班员认真值班，发现电力线路发生接地故障后，必须立即汇报，及时停止故障回路供电，防止因长时间过电压造成电缆受损。

5.9 加强隧道外电力设备整治

日常加强设备巡视、检查、整修工作，日常做好树木检修、鸟窝清除、轻飘物清理及设备缺陷处理，加强各类接点的检查、紧固，清理开关柜内部和电缆接头表面煤灰、潮气；电缆中间头附近有雨水渗漏的，需利用预留电缆将电缆头移离冲刷点，并对电缆头使用塑料带、绝缘带进行防潮处理，防止出现松脱、断线、受潮故障，减少因外界干扰导致的设备跳闸，避免隧道电缆受故障电流冲击引发故障。

5.10 加大隧道电缆技术改造力度

将大秦线隧道电缆分三年计划进行改造，采取高电压等级电缆中间头、电缆头防爆盒等先进工艺，2022 年完成花果山、军都山两座隧道电缆改造，年内更换到位，其余隧道电缆改造分别纳入 2023、2024 年技术改造计划，彻底消除电缆老化带来的安全隐患。

6 结束语

通过对大秦线隧道电缆现状进行剖析，从应急处置、日常检测、技改大修等方面并结合设备现状制定切合实际的措施，落实好日常工作中的巡视周期、做好监测检测等工作，同时强化职工队伍电力素质，加强日常设备维护，通过不断的深入研究，提升大秦线隧道电缆的设备状态，根据地理位置特点，制定一处一缆应急预案，在应急处置过程中畅通联系渠道，进而有效降低隧道内发生电缆中间头爆燃的可能性，保障大秦线运输组织畅通。

作者简介

施红斌，大秦铁路股份有限公司大同西供电段，工程师。

包兰线越级变压器接地存在的问题及改进措施

陆保和

摘 要：本文通过对包兰线各站越级变压器接地中存在的问题的分析，提出了改进措施，对越级变压器的安全运行提供了保障，提高了车站信号Ⅱ路电源的运行可靠性。

1 引言

包兰线各车站的信号、通信Ⅰ路电源由沿线路布置的 10 kV 电力贯通线路上连接的信号变压器提供，信号、通信Ⅱ路电源由 27.5 kV 越级变压器提供；越级变压器的一次工作接地和二次工作接地由于设计、施工的原因存在着一些问题，对越级变压器安全运行有很大的影响。我们在实际运行中发现了问题，提出了改进的措施并进行了一些改进，提高了越级变压器的安全运行能力，为车站信号Ⅱ路电源的安全提供了有力保障。

2 越级变压器工作原理

越级变压器为 27.5 kV/0.23 kV 的单相变压器，一次侧线圈 A 端与各车站接触网相连接，X 端与电务系统各车站越级变专用扼流变压器中性点相连，通过扼流变压器线圈与钢轨连接，钢轨与相邻牵引变电所接地网相连接，进行工作。越级变压器二次线圈输出额定 230 V 交流电压，为各车站提供信号、通信Ⅱ路电源。

3 越级变压器接地存在的问题及改进措施

3.1 越级变压器一次工作接地存在的问题

3.1.1 越级变压器一次工作接地存在的问题及隐患

越级变压器一次侧线圈 X 端与电务系统扼流变压器中性点相连，通过扼流变线圈与钢轨连接与相邻牵引变电所接地网相连接的部分称为越级变的工作接地。包兰线越级变压器在设计、施工标准较低，工作接地联接方式为一端 φ12 mm 圆钢与电务系统扼流变压器中性点相连，另一端 3 mm×30 mm 扁钢与 φ12 mm 圆钢焊接后与越级变压器一次线圈 X 端相连接，φ12 mm 圆钢在大地中直埋敷设，至今已运行 23 年，锈蚀严重，有运行中开路的风险，一旦开路，在断开点会产生 27.5 kV 的高电压，附近会产生严重的跨步电压，对人员和设备造成严重的安全隐患；并且使越级变压器二次侧电压输出不正常，影响信号Ⅱ路电源正常运行。

3.1.2 越级变压器一次工作接地存在的问题的改进措施

用 120 mm² 的单芯铜电缆更换既有 φ12 mm 圆钢材质工作接地线。在近两年我们结合通信、信号专业电源改造施工，协调设计单位、施工部门逐步将大部分越级变压器一次工作接地的 φ12 圆钢更换为 120 mm² 的单芯铜电缆，更换后消除了越级变压器一次钢质工作接地线锈蚀严重的问题，避免了越级变压器一次工作接地线运行中断开的风险，增加了运行安全可靠性。

将越级变压器一次侧线圈 X 端用 50 mm² 的钢绞线与所在车站接触网的架空回流线相连接。施工改造后剩余的越级变压器，准备将既有的 φ12 mm 圆钢材质工作接地线拆除，用 50 mm² 的钢绞线将越级变压器一次侧线圈 X 端与所在车站接触网的架空回流线相连接，形成新的工作接地线，消除越级变压器一次钢质工作接地线锈蚀严重的问题，避免了越级变压器一次工作接地线运行中断开的风险，增加了运行安全可靠性。这种改进措施的优点：一是工作接地线为架空线路，便于检查、检修；二是车站接触网的架空回流线在车站两端与电务系统扼流变压器中性点相连，通过与钢轨形成多个接地点，接地更加可靠，增加了运行安全性。

3.2 越级变压器工作接地与保护接地未分设,共用接地极

3.2.1 越级变压器工作接地与保护接地未分设,共用接地极的隐患。

包兰线越级变压器的设计、施工标准较低,存在一次工作接地 ϕ12 mm 圆钢与越级变压器检修台相连接,二次工作接地与保护接地相连接后共用接地极接地的问题。当越级变一次绝缘件闪络、击穿对地放电或一次引线对地短路放电时,引起接地极对地电位升高,造成越级变压器二次零线点位升高,并在二次回路产生过电压,影响电压质量,进而烧损设备,造成设备故障。

3.1.2 越级变压器工作接地与保护接地未分设,共用接地极的改进措施。

在检修中我们将越级变压器一次工作接地 ϕ12 mm 圆钢与越级变压器检修台相连接部分进行隔离,重新制作接地极作为二次侧工作接地单独使用,消除与保护接地共用接地极接地的问题,消除了故障情况下对越级变压器二次输出电压质量的影响,提升了信号电源供电可靠性。

4 结束语

包兰线各站越级变压器安全可靠运行是确保包兰线信号Ⅱ路电源安全的前提,是确保包兰铁路安全畅通的前提,发现越级变压器运行中的安全隐患,提高越级变压器设备质量和运行管理水平是我们不懈追求的目标,制定对策措施消除隐患是我们牵引供电运行管理人员的责任和义务。

参考文献

[1] 国家铁路局.铁路电力牵引供电设计规范[M].北京:中国铁道出版社,2016.

作者简介

陆保和,中国铁路兰州局集团有限公司兰州供电段,工程师。

信号电源故障分析及应急处置

赵　琼

摘　要：通过对目前兰州枢纽地区 10 kV 电力系统供电方式信号电源运行方式的研究，分析由于信号电源异常造成信号电源屏黑屏或轨道电路红光带出现的各种可能性，提出针对性的应急措施，为故障情况下由于供电或电务原因影响行车时的应急处置提供一种解决思路。

1　引言

信号电源可靠性直接会影响铁路行车组织，兰州枢纽地区特别是西固城、陈官营车站，是兰新线、动车走行线以及中川城际客车通行必经之路，因而对信号电源的可靠性要求更高。众所周知，信号电源为 10 kV 电力系统的一级负荷，电力系统的可靠性很大程度影响信号电源的可靠性。因而在信号电源故障情况下如何压缩应急处置时间，更快地查明故障原因显得尤为重要。

2　电力信号电源供电方式简介

信号电源一般为三相低压电，标准电压为相电压 220 V、线电压 380 V。铁路 10 kV 配电室内有两路母线，分别为自闭侧（高铁为一级贯通）和贯通侧（高铁为综合贯通）母线。两段母线各向车站或高铁线路沿线箱式变电站（以后简称箱变）馈出一路 10 kV 三相电，以车站箱变为例，箱变内自闭侧与综合侧 10 kV 电源来自同一配电室的两路母线，箱变内部自闭侧和综合侧各有一台 10/0.4 kV 变压器，两路信号电源分别取自变压器低压侧。两路电源经低压电缆送至信号机械室内配电箱上端。

3　铁路信号电源系统运行简介

目前，常用的信号电源运行系统为两类，分别为普通铁路信号电源系统和客运专线信号电源系统。两种系统均由外电路输入三相或单相交流 220 V 电源，两路电源一般为铁路电力 10 kV 供电经箱式变电站降压后分别输入，也有一路为 10 kV、一路为 27.5 kV 接触网越级变压器引入的情况。

3.1　普通铁路信号电源系统

普速铁路信号电源系统如图 1 所示，该系统有两路单、三相电源引入，输入总配电具有自动、手动切换及转换电路故障直供功能（两路）；两路电源切换后选择一路经输入配电分配至各交、直流模块进行供电。

3.2　客运专线信号电源系统

客运专线信号电源系统具体又分为双机 UPS 并联系统及双机 UPS 并联加稳压器系统。两种形式的系统均有两路单、三相电源引入，输入总配电具有自动、手动切换及转换电路故障直供功能（两路）。

3.2.1　双机 UPS 并联系统

双机 UPS 并联系统原理如图 2 所示，两路电源切换后选择一路给双机 UPS 供电，双机 UPS 并联输出后给信号电源屏供电；UPS 输出经电源屏输入配电分配至各交、直流模块进行供电。

3.2.2　双机 UPS 加稳压器系统

双机 UPS 加稳压器系统原理如图 3 所示，两路电源切换后选择一路给双机 UPS 和稳压器供电，双机 UPS 并联输出后给信号电源屏供电，同时可在 UPS 故障时，手动转换至稳压器给信号电源屏供电；UPS 输出经电源屏输入配电分配至各交、直流模块进行供电。

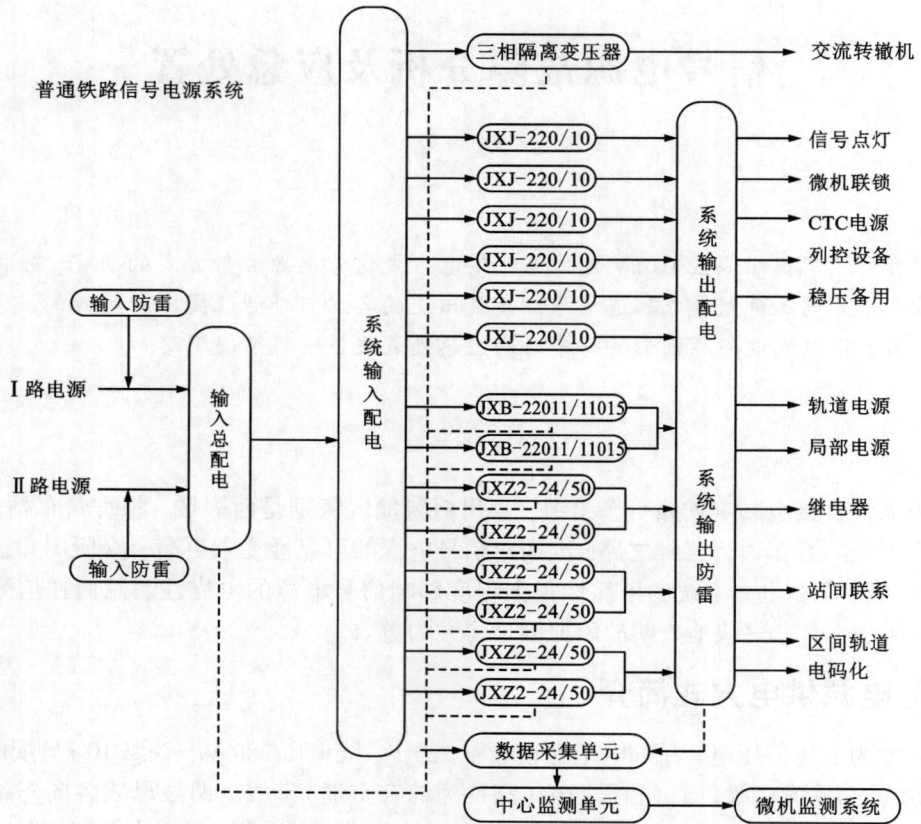

图1 普通铁路信号电源系统原理示意图

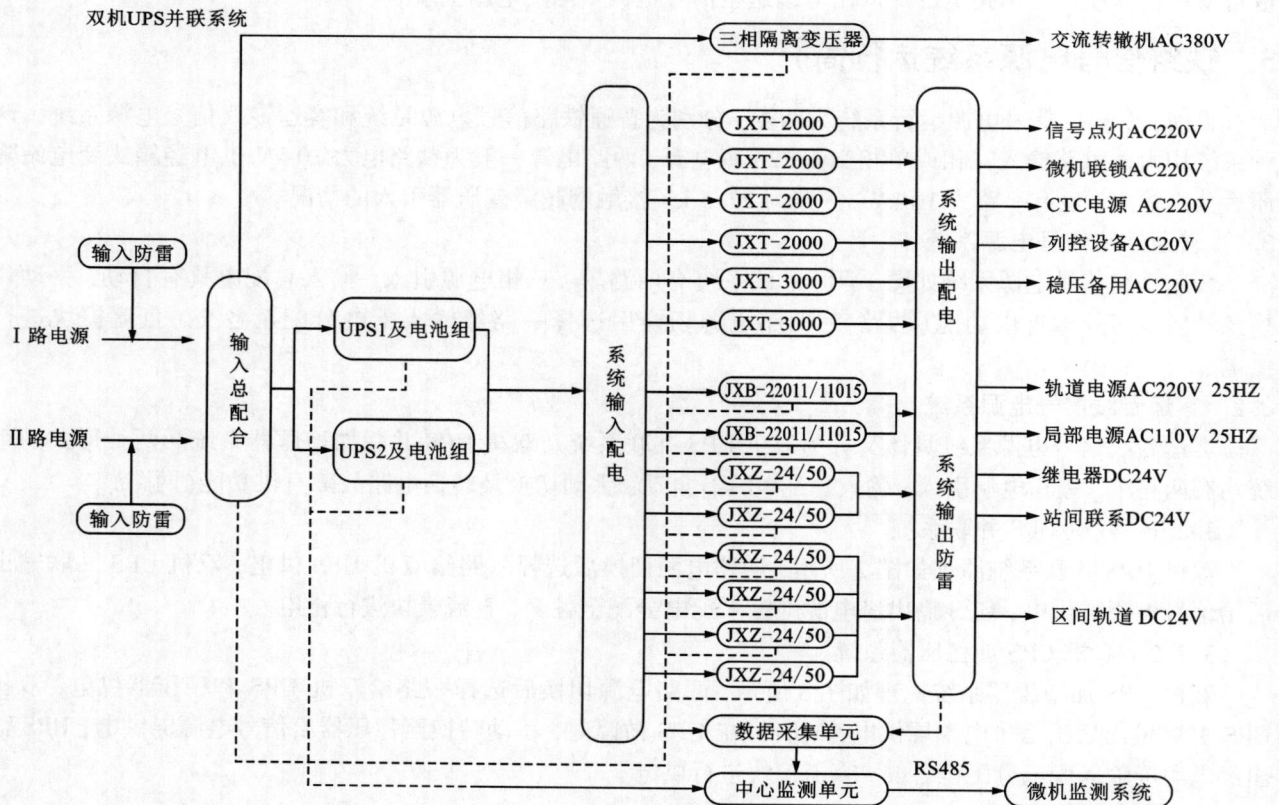

图2 双机 UPS 并联系统原理示意图

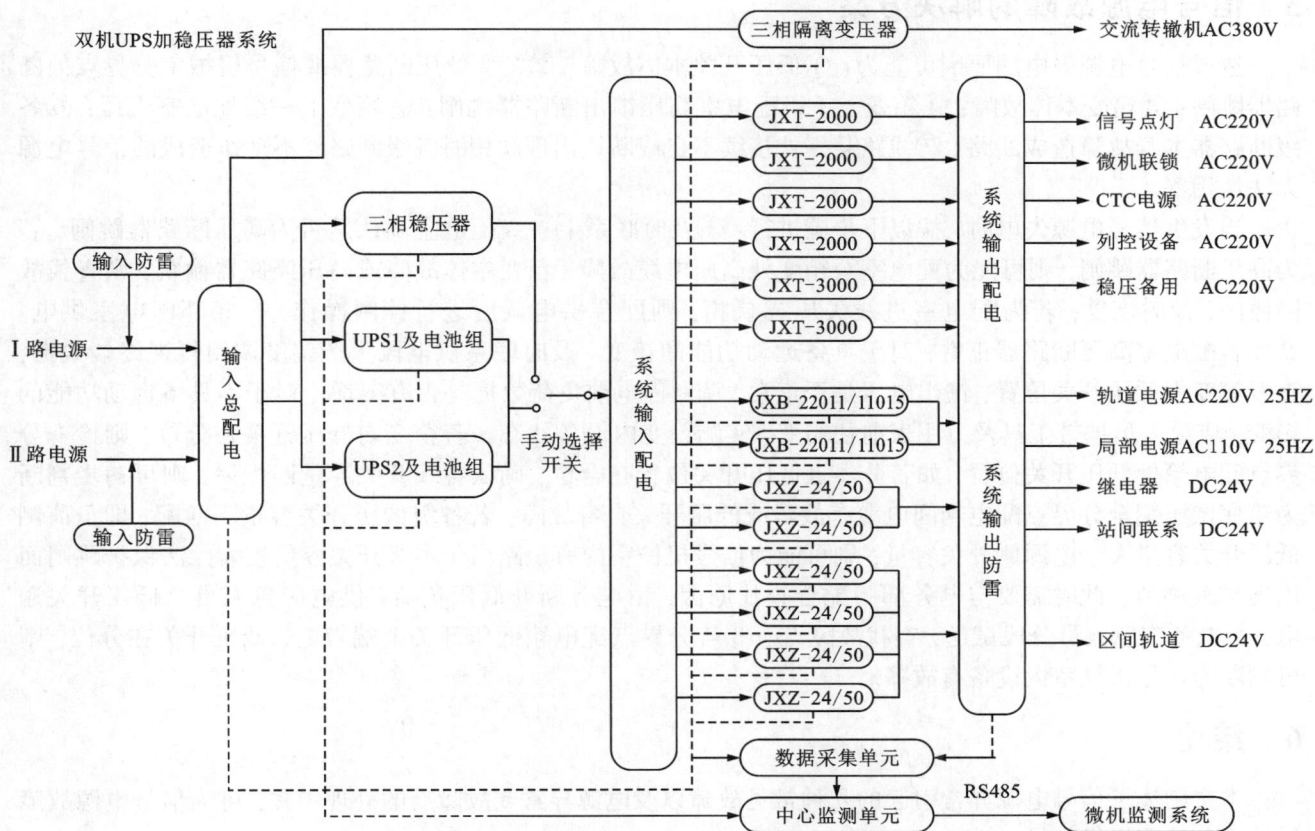

图 3　双机 UPS 加稳压器系统原理示意图

4　信号电源异常引起的几种常见故障

4.1　轨道电路红光带

将一段轨道的钢轨作为导线，两端用绝缘节隔开，中间的轨缝用接续线连接起来，一端送电，一端受电，这样构成的电气回路叫轨道电路。基本原理是轨道电路区段空闲时，电流从送电端电源正极—正极钢轨—受电端轨道电路继电器—负极钢轨—送电端电源负极形成回路，继电器手电吸起。当有车占用或正负极钢轨短接以及轨道断裂、轨道绝缘破损等情况，电流回路中断，继电器失电掉下产生红光带。

此处仅仅分析因电源故障引起的红光带，就普通铁路信号电源系统分析：一是由于两路电源均失电造成轨道电路红光带；二是两路电源有一路在用电源失电后输入总配电部分（电源屏）未能切换至另一路导致轨道电路红光带。对于客运专线信号电源系统，两种方式系统中均加入了 UPS，大大增加了信号系统运行的可靠性。对于这种信号电源系统，当两路电源正常时，UPS 为浮充状态，当电源故障或系统无输入时，由 UPS 供电。客运专线信号电源系统轨道电路出现红光带的概率较普通铁路信号电源系统大大降低，轨道电路若有红光带，一是两路电源失压，且 UPS 故障不能输出；二是一路电源失压后电源屏未切换至另一路电源且 UPS 未启动输出。

4.2　交流转辙机不工作

转辙机是指用以可靠地转换道岔位置，改变道岔开通方向，锁闭道岔尖轨，反映道岔位置的重要信号基础设备。交流转辙机一般使用的是交流 380 V 三相电，由于 UPS 无法提供交流 380 V 三相电，因而无论是普通铁路信号电源系统还是客运专线信号电源系统，只要是外电源无输入或者输入的外电源缺相都会造成交流转辙机无法工作。

4.3　电源屏黑屏

输入两路电源无电会造成电源屏黑屏。

5　信号电源故障的解决方案

造成信号电源失电的原因可能为：①低压开关本体故障；②箱变低压断路器或信号机械室分界点处断路器跳闸；③箱变本体故障；④箱变上一级配电室高压馈出断路器跳闸；⑤箱变上一级配电室失压；⑥各级断路器本身故障造成断路；⑦线路某一处接续不良或断线出现缺相时各级断路器不动作造成的信号电源无法使用等。

当发生信号电源失电时，按以下步骤进行：①及时联系上一级配电室确认是否为高压断路器跳闸，若为高压断路器跳闸，则可能为配电室至箱变处高压电缆故障、箱变本体故障或高压断路器偷跳，则查找故障原因，及时恢复；若为配电室进线失压或缺相，则配合供电调度进行倒闸操作，由相邻配电室供电。②如若配电室高压断路器正常，对于具备远动功能的箱变，及时联系供电段生产调度调阅复视终端数据，查看箱变内低压开关位置，馈出电压是否正常，调阅停电前负荷数据是否有突增。对于不具备远动功能的箱变，应急人员携带工具及万用表前往箱变，实测箱变内设备状态。若箱变内低压开关在分位，则检查分界点配电箱处低压开关位置，如若分界点低压开关位置在合位，确认各级开关容量匹配后，则可初步判断为箱变低压侧至分界点配电箱间电缆有故障或低压开关自身故障；若各级低压开关容量不匹配，即负荷侧低压开关容量大于电源侧开关容量，则可能为信号机械室内有短路由于本级开关容量较大无法保护跳闸而出现越级跳闸。此时需要与电务部门配合查找原因，由电务断开低压负荷，供电应急人员合低压开关送电，由电务应急人员分段试送，查找故障点。③若分界点配电箱低压开关上端带电，低压开关在分位，则可判断为信号机械室内设备有故障。

6　结论

本文阐述了信号电源异常引起的几种常见故障以及电源异常或故障后的处理步骤，可为信号电源故障后的应急处置提供指导。

参考文献

[1] 柳永智.电力系统远动[M].北京：中国电力出版社，2006.

[2] 国家铁路局.中华人民共和国铁道行业标准.北京：国家铁路局，2018.

作者简介

赵琼，中国铁路兰州局集团有限公司兰州供电段，工程师。

关于高寒高铁电力电缆运行故障的分析及应对策略

石　磊　董　琳　王　涛

摘　要： 中国铁路哈尔滨局集团公司管内 10 kV 电缆 7191 km，其中高速 4628 km，普速 2563 km。近两年，电力电缆故障频发，安全风险突出，影响高铁供电安全。

1　引言

　　中国铁路哈尔滨局集团公司位于全国路网的东北端。管辖范围地理坐标北纬 43°56′ 至北纬 52°59′，东经 117°42′ 至东经 134°49′。历史管内最高气温 41.6℃，极端最低气温 -52.3℃，年均气温 -3~3℃，年均降水 400~650 mm。近两年，高铁及电化区段电力电缆故障频发，引发电缆故障因素较多，呈复杂变化趋势。本文对电力电缆典型故障进行深入分析，制定具体应对策略，现场应用效果显著。

2　典型故障分析

2.1　客专 10 kV 电缆头绝缘损坏

　　2.1.1　故障概况。近年来，管内哈齐客专、哈牡客专电缆故障多发。如图 1 所示，2020 年 3 月 29 日，哈齐客专综贯 K237 基站箱变至 K238 直放站箱变间电缆头绝缘击穿；2020 年 11 月 14 日，哈齐客专综贯 K175 基站箱变 -K178 基站箱变间电缆头绝缘损坏，B 相接地；2020 年 5 月 25 日，哈齐客专 K132 箱变至安达配电所电缆头击穿；2020 年 12 月 13 日，哈齐客专 K147 电缆 B 相中间接头箱电缆肘型头绝缘击穿。

图 1　故障电缆示意图

　　2.1.2　原因分析。一是施工工艺问题，电缆肘型头制作过程中铜屏蔽层与接地引线处压接不牢，部分电缆终端剥切尺寸不符合标准，工作粗糙。二是温度变化引发的形变放电，目前普遍采用的聚乙烯护套，柔韧性、防火性好，无毒害，抗老化能力强，低温环境施工不易损伤、龟裂。但该材质线性收缩明显，外护套收缩造成钢铠和屏蔽层变化，在电缆终端、中间接头位置发生抽脱或者变形放电，引发故障。

2.2 杂散电流引发电缆故障

2.2.1 故障概况。平齐线三江贯通电缆全长1000 m，延钢构桁架大桥辐射，巡视发现故障电缆钢铠对桥体放电，造成电缆损伤。佳木斯配电所10 kV电源电缆，YJY63-10 1×300，全长22.32 km，穿越枢纽站场敷设，施工完成后未送电情况下，发生电缆头烧损故障(如图2所示)。

图2　故障电缆示意图

2.2.2 原因分析。一是电缆敷设工艺不规范，钢铠两点接地。二是电力机车回流通过钢铠，穿越电流引发护套破损或电缆头应力弹簧处发热，烧损主绝缘引发故障。电力电缆与铁路平行的距离较长时，电力电缆护层和钢铠中的感应电势和地回流都很大。电气化铁路重负荷区段一个供电臂的最大牵引负荷电流可达800~1000 A，供电臂首端的短路电流为3000~5000 A。因此当电力电缆铺设在牵引供电臂的首端时，1 km电缆护层和钢铠中的感应电势和电流是一般情况的3~5倍。电缆护层和钢铠中长期通过电流时会造成护层和钢铠发热，导致电缆绝缘损坏。

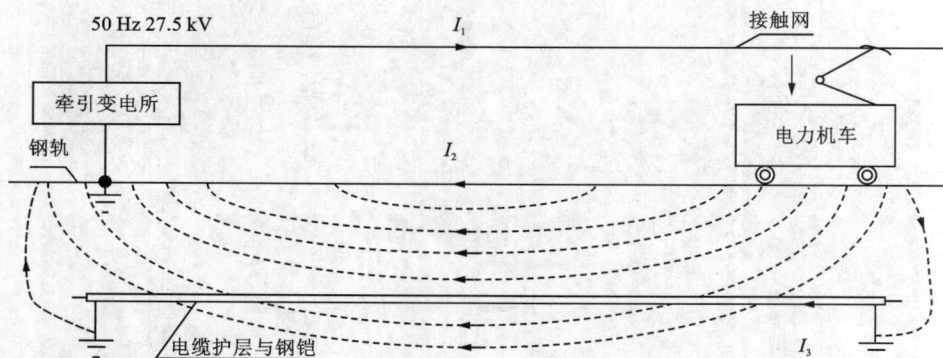

图3　牵引回流示意图

3　存在的问题

按照铁路和供电行业发展趋势，电缆逐步取代架空线路，数量将继续快速增加。提升电缆运行状态和养护维修水平、降低故障率任重道远。简单分析，目前主要存在以下问题。

3.1 人员素质不适应

一是对设备选型、运行防护、应急处置的认知有差距，特别是对高铁单芯电缆运行维护经验欠缺，存在头疼医头、脚疼医脚的情况，不能深入分析掌握运行特点和规律，从根本上解决问题。二是维修能力不适应，各段电缆头制作、故障查找、状态检测等职责均在检修车间，人员少，素质不高，作业能力有限。三是检测水平不适应，针对电缆绝缘电阻、局部放电、外护套绝缘及故障查找作业的水平欠缺，专业修队伍薄弱。四是人员整体素质不适应，供电职工队伍整体素质不高，特别是受近年新线及电气化铁路开通影响，电力专业人才流失严重，高素质人才匮乏，客观上影响电力设备养护和技术发展。

3.2　管理方式不适应。

一是技术管理粗放，技术规范不健全不完善，作业标准覆盖面不够，基本规章在现场落实有差距。部分新技术应用没有规范支撑，现场实施有一定难度。二是管理方式简单，受人员少、素质低、设备多、问题杂等因素限制，专业维修养护开展不理想。检修车间与电力车间接合部问题仍然普遍存在，安全运行与专业维修未能有效衔接，运检修验流程不能形成有效闭环。特别是针对电缆运行状态检测手段和应急处置流程不健全，运维体系还需进一步完善。

3.3　技术手段不适应

一是对电力电缆检测监测手段缺失，工装配备不足，针对电缆绝缘电阻、局部放电、外护套状态、钢铠环流、故障查找的仪器装备不满足现场需求。二是建设标准低，受投资限制，电力电缆多直埋敷设，受环境影响较大，后期维护难度大，应急处置困难。三是系统配套不健全，变配电所接地方式与设备实际不匹配，电能质量监测手段及整治设施不健全。

3.4　整治能力不适应

一是受限于技术手段，无法预先诊断电缆运行问题，提前消除隐患。二是对已知的倾向性问题，受作业能力和技术水平限制无法彻底整治，或整治后引发新的问题，故障重复发生。三是新线建设过程介入能力不足，无法发现并克服现场存在的问题。

4　整治措施

结合现场实际，深入研究电缆运行养护特点，确定了"预防为主、靶向维修、综合整治"的方针，着力开展电缆故障预防和整治工作。

4.1　制定预防故障措施

供电部组织制定《电力电缆预防故障措施》，在路径选择、安装敷设、日常巡视、检查测试等几个方面，预想可能发生故障的各类问题，制定详细的预防和应急措施，通过日常作业消除安全隐患。

4.2　电缆防火灾整治

电缆防火灾整治主要针对多条电缆并行、与通信信号电缆交叉并行处所，以调度所、高铁站房、变配电所、枢纽站等设备为重点，采取电缆分层分束、设置物理隔离、增加防火涂料等措施，防止多条电缆同时烧损，引发大面积停电。

4.3　高铁电缆整治

高铁电缆整治以客专和枢纽为重点，对电缆终端收缩造成钢铠裸露的全部重新处理，对高铁电缆单端接地安装工艺进行检查整治，组织开展单芯电缆外护套绝缘试验。

4.4　电缆接地改造

电缆接地改造主要解决牵引回流烧损电缆问题，实施电化区段三芯电缆单端接地改造，包括为高铁站房、牵引所、综合维修工区等设施供电的三芯电缆及较长低压电缆，补充低压电缆重复接地措施。

4.5　外护套防收缩攻关

对聚乙烯外护套收缩引发电缆故障问题开展科技攻关，优化电缆附件制作工艺，严控电缆蛇形敷设施工规范，研制非磁性电缆防收缩卡具，通过低温试验性能较好，目前已在现场应用。

4.6　优化电缆运行技术方案

优化电缆运行技术，规范电缆选型，推广 YJY 系列电缆应用，防止冬季施工造成电缆损伤。研究探索无钢铠电缆在高铁上的应用，去除钢铠消除环流隐患，采用双层护套满足机械强度要求。通过增加电抗补偿、消弧线圈、有源滤波装置，优化系统运行参数。电力箱变所有接地引线不允许借助构架、箱体连接，保证引线截面满足要求，接续牢固。

4.7　加强新线介入

供电部组织各供电段督促施工单位严格按照设计和施工规范施工，加强质量控制和自检，确保工艺质量。设备管理单位加强现场检查验收，重点检查电缆施工质量，通过电缆外护套试验和局部放电试验检查，发现问题立即整改，确保技术状态达标。

4.8 培养技术力量

主要通过日常培训、技能竞赛、工程介入，有针对性地培养技术力量，提高供电系统人员技术水平和人才储备。

5 应用效果

5.1 高铁电缆整治效果明显

供电部协调客专公司资金支持，组织实施哈牡客专电缆隐患整治，将256处不合格电缆终端重新制作，更换电缆对接箱整治27处，增加防收缩卡具365个。优化电缆终端制作工艺，采取加长应力管、护套管加强电缆头保护，优化应力弹簧位置，预留伸缩空间，防止拉伸变形或抽脱。通过集中整治，降低了故障率。该客专线路2020年上半年共计发生各类电缆故障11件，实施整治后，2020年6月至今仅发生3件。

5.2 确保了新线建设工程质量

在牡佳客专工程介入过程中，抽调人员组建专业队伍，全过程参与施工过程和电缆试验。针对高寒地区高铁单芯电缆惯性问题，对全部1314条电缆进行了外护套测试，发现外护套耐压不合格207条，对839条电缆进行了局部放电测试，发现22条局放超标。施工过程中协调施工单位将1126处不合格电缆终端重新制作，最大限度解决了施工源头问题，消除了大量安全隐患。

5.3 枢纽地区专项整治效果显著

供电部组织各供电段对哈尔滨站、哈尔滨西站、动车所、调度所、佳木斯、牡丹江等枢纽站区电缆进行综合整治，消除各类安全隐患36件，更换重要负荷不合格的电源电缆25 km，重新制作电缆槽16 km，增加物理隔离560多处，补充设置警示标识32处，确保了枢纽、高铁站房等关键处所供电安全。

5.4 消除了火灾隐患

哈尔滨供电段对哈齐客专和哈枢纽10 kV电缆头缺陷进行全面整治，重点排查整治电缆并行处所火灾隐患，对高压与低压、强电与弱电、不同回路电缆增加物理隔离和防火措施，彻底解决了"电缆同沟敷设"等典型隐患，特别是解决了多条电缆同时烧损造成大面积停电的重要隐患，保证了运行安全。

5.5 监控检测措施初见成效

在哈尔滨35 kV电源电缆处设置了电缆环流监测装置和局放在线监测设备，通过关键技术指标监测分析，掌握运行状态，及时发现设备隐患，由事后分析向提前诊断转变，实现设备健康管理。推广电缆头测温技术应用，由传统的变色式测温贴片向红外测温、光纤测温等新技术转变，实现在线监测。

6 结束语

近两年，高铁及电化区段电力电缆按照上述原则进行综合整治，集中力量介入新线建设电缆工程，结合实际整治消除既有设备隐患，有针对性地落实预防措施和监控手段，初步取得了较好的成效。

参考文献

[1] 中华人民共和国住房和城乡建设部.额定电压1 kV到35 kV挤包绝缘电力电缆及附件：GB/T 12706.1—2020.北京：国家市场监督管理总局，2020.
[2] 中华人民共和国住房和城乡建设部.电力工程电缆设计标准(GB 50217—2018).北京：中华人民共和国住房和城乡建设部，2018.

作者简介

石磊，中国铁路哈尔滨局集团有限公司供电部，副处长，高级工程师。
董琳，中国铁路哈尔滨局集团有限公司供电部，高级工程师。
王涛，中国铁路哈尔滨局集团有限公司供电部，工程师。

一次反相序对变压器差动回路相量的影响

赵 亮

摘 要：本文通过对主变绕组 Yn△11 方式的变压器一次绕组正序接线、负序接线，以及一次绕组负序接线后将二次绕组调成正序接线的几种方式的相量进行分析，详细介绍了这几种接线方式的相量关系，重点介绍了一次绕组负序接线后将二次绕组调成正序接线时主变差动保护装置出现差流的原因。

1 引言

某终端变电站电源进线一次相序接入为反相序，母线电压互感器带电后测二次电压为反相序，判断为一次进线相序接错。随即将所有间隔的电压回路和电流回路 B、C 相序反接，将二次倒成正相序，在送 Yn△11 接线的主变时，发现主变差动保护差流不平衡，现对主变差动保护差流出现的原因及解决方法分析如下。

2 正常正序 Yn△11 接线变压器相量分析

如图 1 所示，变压器原边一次为星形接线，副边一次为三角形接线，即 Yn△11 接线。原、副边电流互感器均采用星形接线方式接入微机型差动保护装置。原边输入为三相大小相等的正序电流，即

$$|I_A| = |I_B| = |I_C| = I$$

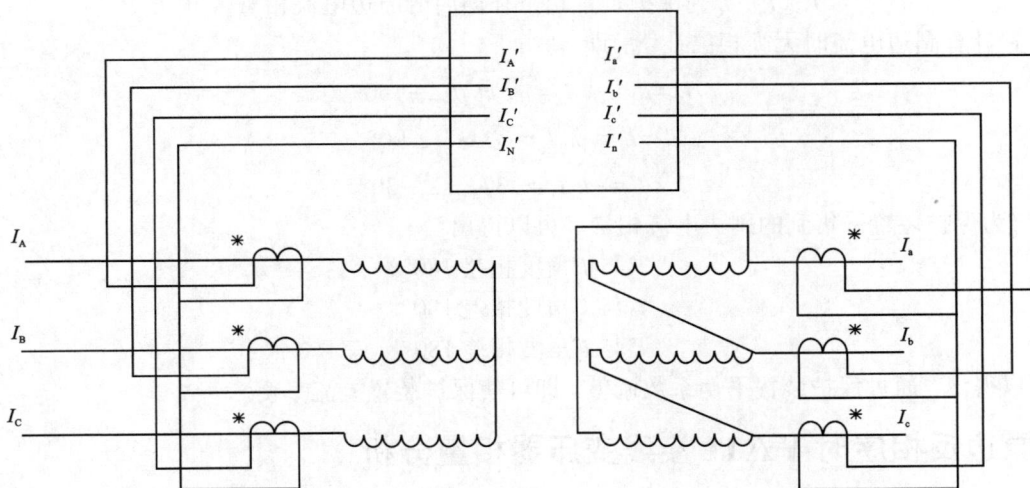

图 1 正常正序 Yn△11 接线

以原边 A 相一次电流为基准，即 I_A 角度为零度，则

$$I_A = I \angle 0°$$
$$I_B = I \angle -120°$$
$$I_C = I \angle 120°$$

电流互感器接成星型，极性端 P1 指向高压侧母线，则电流互感器二次电流大小和角度为

$$I_A' = I_A / k_1 = I/k_1 \angle 0°$$
$$I_B' = I_B / k_1 = I/k_1 \angle -120°$$
$$I_C' = I_C / k_1 = I/k_1 \angle 120°$$

k_1 为高压侧电流互感器变比。

副边一次电流为：

$$I_a = k(I_A - I_B) = \sqrt{3}\,k_I \angle 30°$$

$$I_b = k(I_B - I_C) = \sqrt{3}\,k_I \angle -90°$$

$$I_c = k(I_C - I_A) = \sqrt{3}\,k_I \angle 150°$$

k 为变压器原副边匝数比。

因副边电流互感器的一次 $P1$ 指向低压侧母线，则低压侧二次电流与一次电流角度相差 180°，则副边电流互感器二次电流大小和角度为：

$$I_a' = -k_2 I_a = \sqrt{3}\,kk_2 I \angle -150°$$

$$I_b' = -k_2 I_b = \sqrt{3}\,kk_2 I \angle 90°$$

$$I_c' = -k_2 I_c = \sqrt{3}\,kk_2 I \angle -30°$$

k_2 为副边电流互感器变比。

由此可以得出原边电流互感器二次电流相位与副边电流互感器二次电流相位关系为

$$I_A' 超前 I_a' 150°$$

$$I_B' 超前 I_b' 150°$$

$$I_C' 超前 I_c' 150°$$

因变压器绕组是 Yn△11 接线，保护装置计算差流平衡时，需要进行相位补偿，补偿方式是通过

$$I_A'' = I_A' - I_B' = \sqrt{3}\,I/k \angle 30°$$

$$I_B'' = I_B' - I_C' = \sqrt{3}\,I/k \angle -90°$$

$$I_C'' = I_C' - I_A' = \sqrt{3}\,I/k \angle 150°$$

I_A''、I_B''、I_C'' 为保护装置相位补偿后的原边电流相量。

保护装置计算副边电流时无须相位补偿，即

$$I_a'' = I_a' = -k_2 I_a = \sqrt{3}\,kk_2 I \angle -150°$$

$$I_b'' = I_b' = -k_2 I_b = \sqrt{3}\,kk_2 I \angle 90°$$

$$I_c'' = I_c' = -k_2 I_c = \sqrt{3}\,kk_2 I \angle -30°$$

I_a''、I_b''、I_c'' 为保护装置采集到的副边电流相量。可以得出

$$I_A'' 与 I_a'' 角度相差 180°$$

$$I_B'' 与 I_b'' 角度相差 180°$$

$$I_C'' 与 I_c'' 角度相差 180°$$

由此可以得出，通过保护装置平衡系数调整，即可使保护装置差流平衡。

3 主变原边反相序时 Y△11 接线变压器相量分析

如图 2 所示，电源一次进线 B、C 相接反接入变压器原边，即进入变压器原边为反相序电流，变压器绕组仍为 Yn△11 接线，即原边为星形接线，副边一次为三角形接线。原、副边电流互感器均采用星形接线方式接入微机型差动保护装置。原边输入的为三相大小相等的负序电流，即

$$|I_A| = |I_B| = |I_C| = I$$

以原边 A 相一次电流为基准，即 I_A 角度为零度，则

原边 A 相电流为：

$$I_A = I \angle 0°$$

原边 B 相电流为：

$$I_C = I \angle 120°$$

原边 C 相电流为：

$$I_B = I \angle -120°$$

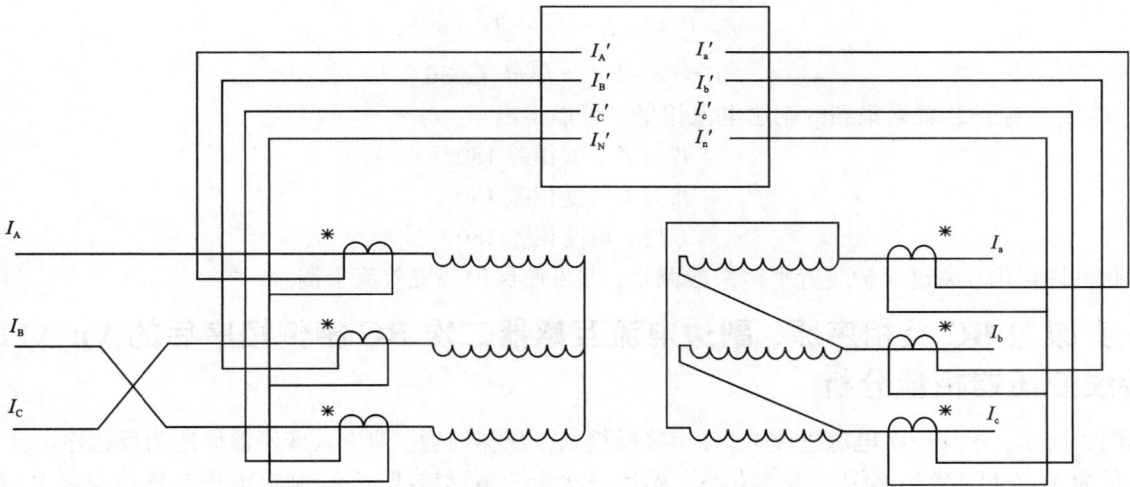

图 2　主变原边反相序时 Y△11 接线

电流互感器接成星形，极性端 P1 指向高压侧母线，则电流互感器二次电流大小和角度为

$$I'_A = I_A/k_1 = I/k_1 \angle 0°$$
$$I'_B = I_C/k_1 = I/k_1 \angle 120°$$
$$I'_C = I_B/k_1 = I/k_1 \angle -120°$$

k_1 为高压侧电流互感器变比。

由上式可以得出输入保护装置的原边电流互感器二次电流为负序电流。

副边一次电流

$$I_a = k(I_A - I_C) = \sqrt{3} k_1 \angle -30°$$
$$I_b = k(I_C - I_B) = \sqrt{3} k_1 \angle 90°$$
$$I_c = k(I_B - I_A) = \sqrt{3} k_1 \angle -150°$$

k 为变压器原副边匝数比。

因副边电流互感器的一次 P1 指向主变低压侧母线，则副边二次电流与一次电流角度相差 180°，则副边电流互感器二次电流大小和角度为

$$I'_a = -k_2 I_a = \sqrt{3} k k_2 I \angle 150°,$$
$$I'_b = -k_2 I_b = \sqrt{3} k k_2 I \angle -90°,$$
$$I'_c = -k_2 I_c = \sqrt{3} k k_2 I \angle 30°$$

k_2 为副边电流互感器变比。

由上式可以得出输入保护装置的副边电流互感器二次电流为负序电流。原边电流互感器二次电流相位与副边电流互感器二次电流相位关系为

$$I'_A \text{ 超前 } I'_a 210°$$
$$I'_B \text{ 超前 } I'_b 210°$$
$$I'_C \text{ 超前 } I'_c 210°$$

因变压器绕组是 Yn△11 接线，保护装置计算差流平衡时，需要进行相位补偿，补偿方式是通过

$$I''_A = I'_A - I'_B = \sqrt{3} I/k_1 \angle -30°$$
$$I''_B = I'_B - I'_C = \sqrt{3} I/k_1 \angle 90°$$
$$I''_C = I'_C - I'_A = \sqrt{3} I/k_1 \angle -150°$$

I''_A、I''_B、I''_C 为保护装置相位补偿后的原边电流相量。

保护装置计算副边侧电流时无须相位补偿，即

$$I''_a = I'_a = -k_2 I_a = \sqrt{3} k k_2 I \angle 150°$$

$$I''_b = I'_b = -k_2 I_b = \sqrt{3} k k_2 I \angle -90°,$$

$$I''_c = I'_c = -k_2 I_c = \sqrt{3} k k_2 I \angle 30°$$

I''_a、I''_b、I''_c 为保护装置采集到的副边电流相量。可以得出

I''_A 与 I''_a 角度相差 180°

I''_B 与 I''_b 角度相差 180°

I''_C 与 I''_c 角度相差 180°

由此可以得出，通过保护装置平衡系数调整，即可使保护装置差流平衡。

4 主变原边 BC 反相序原、副边电流互感器二次 BC 相倒相序后的 Yn△11 接线变压器相量分析

如图 3 所示，主变一次电源进线 B、C 相接反接入变压器原边，即进入变压器原边为反相序电流，变压器绕组仍为 Yn△11 接线，原边为星型接线，副边一次为三角形接线，原、副边电流互感器均将 B、C 倒相序并以星形接线方式接入微机型差动保护装置。原边输入为三相平衡电流，即

$$I_A = I_B = I_C = I$$

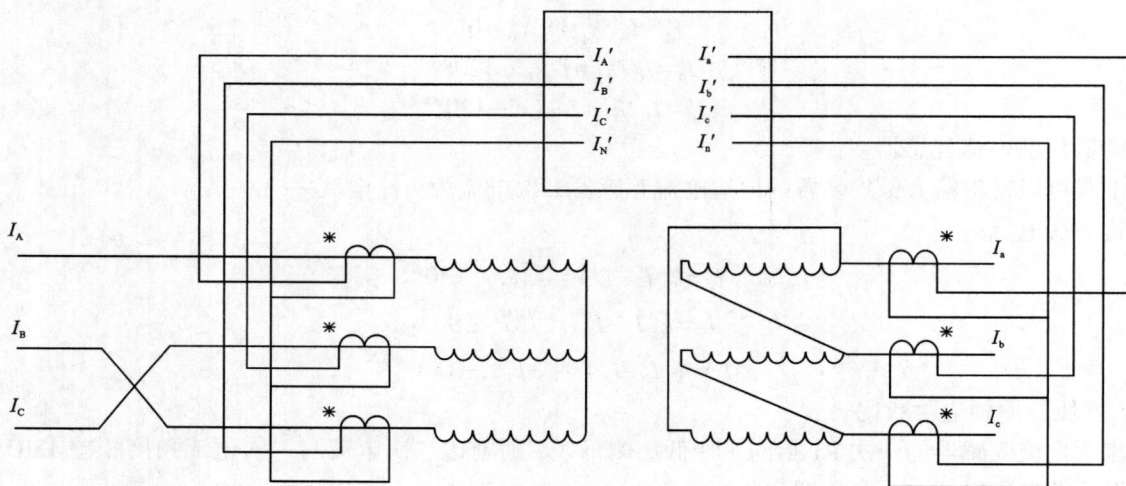

图 3　主变原边 BC 反相序原、副边电流互感器二次 BC 相倒相序后的 Yn△11 接线

以原边 A 相一次电流为基准，即 I_A 角度为零度，则
原边 A 相电流为：

$$I_A = I \angle 0°$$

原边 B 相电流为：

$$I_C = I \angle 120°$$

原边 C 相电流为：

$$I_B = I \angle -120°$$

电流互感器接成星型，极性端 P1 指向高压侧母线，则电流互感器二次电流大小和角度为

$$I'_A = I_A / k_1 = I / k_1 \angle 0°$$

$$I'_B = I_B / k_1 = I / k_1 \angle -120°$$

$$I'_C = I_C / k_1 = I / k_1 \angle 120°$$

k_1 为高压侧电流互感器变比。

可以得出输入保护装置的原边电流互感器二次电流为正序电流。

副边一次电流

$$I_a = k(I_A - I_C) = \sqrt{3} k I \angle -30°$$

$$I_b = k(I_C - I_B) = \sqrt{3}\,kI\angle 90°$$

$$I_c = k(I_B - I_A) = \sqrt{3}\,kI\angle -150°$$

k 为变压器原副边匝数比。

因副边电流互感器的一次 P1 指向低压侧母线，则低压侧二次电流与一次电流角度相差 180°，则副边电流互感器二次电流大小和角度为

$$I_a' = -k_2 I_a = \sqrt{3}\,kk_2 I\angle 150°,$$

$$I_b' = -k_2 I_c = \sqrt{3}\,kk_2 I\angle 30°,$$

$$I_c' = -k_2 I_b = \sqrt{3}\,kk_2 I\angle -90°$$

k_2 为副边电流互感器变比。

可以得出输入保护装置的副边电流互感器二次电流为正序电流。原边电流互感器二次电流相位与副边电流互感器二次电流相位关系为

$$I_A' \text{ 超前 } I_a'\,210°$$

$$I_B' \text{ 超前 } I_b'\,210°$$

$$I_C' \text{ 超前 } I_c'\,210°$$

因变压器绕组是 Yn△11 接线，保护装置计算差流平衡时，需要进行相位补偿，补偿方式是通过

$$I_A'' = I_A' - I_B' = \sqrt{3}\,I/k_1\angle 30°$$

$$I_B'' = I_B' - I_C' = \sqrt{3}\,I/k_1\angle -90°$$

$$I_C'' = I_C' - I_A' = \sqrt{3}\,I/k_1\angle 150°$$

保护装置计算副边侧电流时无须相位补偿

$$I_a'' = I_a' = -k_2 I_a = \sqrt{3}\,kk_2 I\angle 150°$$

$$I_b'' = I_b' = -k_2 I_c = \sqrt{3}\,kk_2 I\angle 30°$$

$$I_c'' = I_c' = -k_2 I_b = \sqrt{3}\,kk_2 I\angle -90°$$

I_a''、I_b''、I_c'' 为保护装置采集到的副边电流相量。可以得出

$$I_A'' \text{ 与 } I_a'' \text{ 角度相差 } 120°$$

$$I_B'' \text{ 与 } I_b'' \text{ 角度相差 } 120°$$

$$I_C'' \text{ 与 } I_c'' \text{ 角度相差 } 120°$$

由此可以得出，因为原边输入达到保护装置经过保护装置相位补偿后的相量与副边保护装置测得的相量角度相差 120°，两次电流无法通过调整平衡系数的方法将差流调平衡，保护装置带负荷后始终存在差流。

5　结论

综上所述，可以看出，不论变压器原边接入的是正序还是负序电源，保护装置经过相位补偿后，原边侧和副边侧的相位相差 180°，均可通过平衡系数调节使保护差流平衡。不同的是一次接入为正序电源时，原边输入保护装置的二次电流与副边输入保护装置的角度为原边超前副边 150°，一次接入为负序电源时原边输入保护装置的二次电流与副边输入保护装置的角度为原边超前副边 210°。如果原边接入负序电源，原、副边二次电流接入保护装置时将负序电流调成正序电流时，原边输入保护装置的二次电流与副边输入保护装置的角度为原边超前副边 210°，但保护装置经过相位补偿后，原边侧和副边侧的相位相差 120°，无法通过平衡系数调整的方法将差流调平衡。

因此无论主变一次接入时是正相序，还是负相序，均不允许将电流二次回路相序调整。

作者简介

赵亮，中国铁路哈尔滨局集团有限公司工电检测所电力试验室，主任。

高速铁路 10 kV 贯通线故障测距研究

朱明轩

摘　要： 安全、稳定的供电系统是高速铁路正常运行的必要条件。本文结合高速铁路供电系统的特点，着眼于电力贯通线这一供电系统中的薄弱环节，通过分析行波测距法的基本原理，研究了适用于高速铁路贯通线的 D 型行波测距方法，采用 Hilbert-Huang 变换（HHT）对行波波头进行提取与分析，并在 MATLAB/Simulink 平台上建立模型进行仿真分析，验证该方法的可行性和准确性。

1　引言

当前我国高速铁路网络在飞速发展与完善，电力配电系统为高速铁路车站与沿线的全部非牵引负荷承担供电任务，是铁路信号系统的唯一供电电源，关系到高速铁路的正常运行。车辆的长期运行数据和大量学者的研究表明，高速铁路供电系统故障主要起因为电缆的故障，常见的贯通线故障原因及发送比例如表 1 所示。

表 1　贯通线故障的主要原因

贯通线故障原因	比例/%	说明
机械损伤（外力破坏）	58	当时不一定损坏
附件质量不合格	27	接头的制作
敷设施工质量不佳	12	没有按规范要求施工
电缆本体缺陷	3	电缆制作工艺与绝缘老化

电力贯通线在条件允许的地区多采用沿沟槽敷设电力电缆的形式，供电距离长且发生故障后难以直接发现故障点，故障后多采用人工巡线的方式分段查找故障点，因此是高速铁路供电系统的薄弱环节。因此如何保障铁路贯通线稳定可靠运行及出现故障后能够对故障点迅速、准确测距并及时排除故障具有现实意义。

2　行波测距原理与方案设计

目前学者们研究的测距方法大体分为阻抗法和行波法。阻抗法受故障接地电阻等因素的影响，在精度要求较高的测距场合，行波法成为电力线路故障定位的研究热点与研究前沿。

2.1　测距原理

通过提取和分析输电线路发生故障会产生的向线路两端传播的暂态行波，可以间接计算出行波监测点与故障点间的距离，实现故障的测距。在此思想下，行波测距法经多年发展主要分为 A、B、C、D 四种类型，其特性如表 2 所示：

表 2　各类行波测距法特性

测距法类型	行波来源	监测方式	适用故障类型
A 型	故障点产生	单端法	瞬时性和永久性故障
B 型	外加脉冲信号	双端法	永久性故障
C 型	外加脉冲信号	单端法	永久性故障
D 型	故障点产生	双端法	瞬时性和永久性故障

　　其中 D 型行波测距法不需要人工单独施加脉冲信号发生器，对瞬时性和永久性故障均有良好的适用性，且相较于 A 型测距法其算法简单，避免了行波折、反射造成的影响，因此是实际工程中的优选方案。

　　D 型测距法需要在线路两侧各设置一个行波监测点，采集故障初始行波的抵达时刻，图 1 为 D 型测距法中故障行波传播路径示意图：

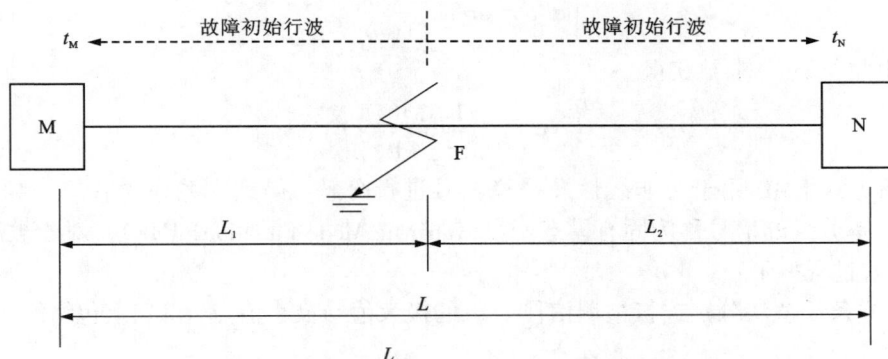

图 1　D 型测距法中故障行波传播路径示意图

　　设故障初始行波抵达监测点 M 与监测点 N 的时刻分别为 t_M 与 t_N，行波在该线路上传播速度为 v，则根据速度距离公式可以推导出以下关系：

$$\begin{cases} L_1 = \dfrac{L+(t_M-t_N)v}{2} \\ L_2 = \dfrac{L-(t_M-t_N)v}{2} \end{cases} \tag{1}$$

　　行波波速 v 与光速 c 同等数量级，若线路参数已知，暂态行波在电力线路上的传播速度由下式计算获得：

$$v = 1/\sqrt{L \cdot C} \tag{2}$$

式中，L 为单位长度导线的电感值，C 为单位长度导线的电容值。

　　对于行波抵达时刻的标定实质上是对行波波形突变点的识别与提取过程。传播常数 γ 反映了行波在线路上的传播特性：

$$\gamma = \alpha + j\beta = \sqrt{(R+j\omega L)(G+j\omega C)} \tag{3}$$

式中，α 为衰减常数，反映行波信号传播过程中幅值的衰减；β 为相位常数，反映行波信号传播过程中速度的衰减。α 和 β 的值与信号频率相关联。行波中频率越高的分量传播速度越快，幅值衰减也越大，在行波上体现为波头上升时间被拉长，坡度变缓。一般将行波波头第一个极大值点出现的时刻认定为行波的抵达时刻，本文选用 Hilbert-Huang 变换（HHT）的信号分析方法对波头极值出现时刻进行检测。

2.2　Hilbert-Huang 变换信号检测方法

　　希尔伯特–黄变换（Hilbert-Huang Transformation，HHT）是一种具有自适应能力的非平稳信号分析方法，主要包含两大步骤：EMD 经验模态分解方法（Empirical Made Decomposition，EMD）和与之相应的 Hilbert 变换。

　　瞬时频率的定义并不唯一，目前获得瞬时频率较为合理的方法是采用 Hilbert 变换构造解析信号后的相位求导法，即通过 Hilbert 变换可以将被检测信号构造为解析信号，建立信号实部与虚部间的关系，在此基础上求取瞬时频率，其具体过程如下：

　　设被检测信号为 $x(t)$，对其 Hilbert 变换后记为 $\hat{x}(t)$，则 $\hat{x}(t)$ 由 $x(t)$ 与 $1/\pi t$ 作卷积计算得到，两者的关系表达为：

$$\hat{x}(t) = H[x(t)] = \frac{1}{\pi}\int_{-\infty}^{+\infty} \frac{x(\tau)}{t-\tau}\mathrm{d}\tau = x(t) \times h(t) \tag{4}$$

被测信号 $x(t)$ 的解析信号的指数形式构造为：

$$z(t) = x(t) + j\hat{x}(t) = a(t)e^{j\varphi(t)} \tag{5}$$

其中指数形式的幅度 $a(t)$ 和相位 $\varphi(t)$ 为：

$$\begin{cases} a(t) = \sqrt{x^2(t) + \hat{x}^2(t)} \\ \varphi(t) = \arctan \dfrac{\hat{x}(t)}{x(t)} \end{cases} \tag{6}$$

瞬时频率即由相位 $\varphi(t)$ 求导获得

$$f(t) = \frac{1}{2\pi} \frac{\mathrm{d}\varphi(t)}{\mathrm{d}t} \tag{7}$$

经验模态分解方法 EMD 用于对非线性及平稳信号进行分解，得到一系列含有单一频率分量的信号，这些只含有单一频率分量的信号称为固有模态函数(Intrinsic Mode Function, IMF)。对于被测信号 $x(t)$，采用 EMD 方法的分解过程如下：

(1)使用三次样条插值法分别连接被测信号 $x(t)$ 的极大值与极小值点，得到上包络线 $v_1(t)$ 与下包络线 $v_2(t)$；

(2)用被测信号 $x(t)$ 与上、下包络线的均值 $m_1(t)$ 作差得到新信号 $h_1(t)$：

$$h_1(t) = x(t) - \frac{1}{2}(v_1(t) + v_2(t)) = x(t) - m_1(t) \tag{8}$$

(3)将 $h_1(t)$ 重复步骤(1)与步骤(2)，新的包络线均值记为 $m_{11}(t)$，与 $h_1(t)$ 的差值记为 $h_{11}(t)$，如此循环直到满足终止条件 $h_{1k}(t) = h_{1(k-1)}(t) - m_{1(k-1)}(t)$，此时 $h_{1k}(t)$ 即为第一阶固有模态函数 IMF_1，记为 $c_1(t)$；

(4)把被测信号 $x(t)$ 与 $c_1(t)$ 作差得到余项 $r_1(t)$，继续将 $r_1(t)$ 重复步骤(1)~步骤(3)过程，建议得到各阶固有模态函数及其残差项：

$$r_i(t) = r_{(i-1)}(t) - c_i(t), \quad i = 1, 2, \cdots, n \tag{9}$$

(5)当残差项 $r_n(t)$ 为单调函数或仅有一个极值点时分解终止，经过以上过程，被测信号 $x(t)$ 可以表示为各阶固有模态函数和残差项之和：

$$x(t) = \sum_{i=1}^{n} c_i + r_n(t) \tag{10}$$

如此，原信号分解为了包含不同频率成分的 IMF 分量，每个层次的 IMF 分量保留了原信号的物理特征。

信号经 EMD 分解得到各 IMF 分量后，接下来应对其进行 Hilbert 变换得到时频谱与边界谱，其具体过程如下：

对式(10)中的 IMF 函数 $c_i(t)$ 进行 Hilbert 变换：

$$c_i(t) = \frac{1}{\pi} \sum_{-\infty}^{+\infty} \frac{c_i(t)}{t - \tau} \mathrm{d}\tau \tag{11}$$

参照式(4)~式(7)中采用相位求导法获得瞬时频率：

$$f_i(t) = \frac{1}{2\pi} w_i(t) = \frac{1}{2\pi} \frac{\mathrm{d}\varphi_i(t)}{\mathrm{d}t} \tag{12}$$

瞬时频率作为时间 t 的单值函数时才具有意义，而被测信号 $x(t)$ 经 EMD 分解后得到的各阶固有模态函数 IMF 对应每个点的频率唯一，均满足该要求。Hilbert 谱分解可以表示在三维空间中信号 $x(t)$ 的幅值与瞬时频率、时间三者的对应关系，投影在时间-频率平面上的时频谱关系表达为：

$$x(t) = H(w, t) = \sum_{i=1}^{n} a_i(t)e^{j\int w_i(t)\mathrm{d}t} \tag{13}$$

将 $H(w, t)$ 对时间轴进行积分，就得到了 Hilbert 边际谱：

$$h(w) = \int_0^T H(w, t)\mathrm{d}t \tag{14}$$

$h(w)$ 的值反映了信号 $x(t)$ 中瞬时频率的总幅值，可以测量各频率分量下幅值的大小。

2.3 故障定位方案

根据前文所述的电力电缆线路的 D 型行波测距法及行波暂态量分析方法，本文研究采用的高速铁路电力贯通线 D 型行波法故障测距方案分为以下步骤：

（1）对于发生故障的贯通线路区段，在其两侧配电所 M 与配电所 N 处采集故障电压波形；

（2）提取两端三相暂态故障电压波形进行 Karenbaner 变换得到故障暂态电压的 α、β 模分量；

（3）将电压模分量进行经验模态分解（EMD）得到四层 IMF 分量，对第一层高频分量 IMF_1 进行 Hilbert 变换，得到时频曲线，分析提取第一个信号突变时刻；

（4）根据步骤三中提取的第一个信号突变时刻得到故障行波波头第一次抵达线路两端测量点的时刻 t_M 与 t_N，采用 D 型行波测距公式计算故障点位置。

3 仿真分析

3.1 仿真模型与仿真参数

本节对 1.3 节中提出的算法进行仿真分析，以验证上述方案的适用性与准确性。在 MATLAB/Simulink 仿真平台上搭建 M、N 两配电所间的电力贯通线仿真模型，M 配电所与 N 配电所间距 40 km，中间设置 21 个箱式变电站。该模型相关仿真参数设置如下：

表 3　高速铁路电力贯通线模型仿真参数

参数	数值
外部供电电源/频率	10 kV/50 Hz
贯通线路长度	39.269 km
10 kV 调压器容量	1000 kVA
箱式变压器容量	10 kVA
电抗器补偿容量	400 kVar/114 kVar
仿真步长/时间	10^{-6}/0.2 s

仿真时长 0.2 s，采样频率 1 MHz，系统在 0.1 s 时发生故障，此后在两配电所处采集故障行波分量并进行相关算法验证。

3.2 仿真过程

本节结合 D 型行波测距法与希尔伯特-黄变换（HHT）提取行波波头的方法，首先对单相接地故障进行仿真分析，下面给出具体过程：

系统运行 0.1 s 时，在距离 M 配电所第 9 个箱变处（$L = 14.915$ km）发生 AG 故障，故障接地电阻 $R_f =$ 10 Ω，两配电所处测量点 M 与测量点 N 接收到三相故障电压信号，截取系统故障后 2 ms 内的暂态信号并对其作 Karenbauer 变换，可将三相完全换位线路解耦为 α 模和 β 模两个独立的线模分量，及一个 0 模分量。一般单相接地故障与三相故障选用 α 模分量，两相故障选用 β 模分量。

对监测点 M 端与 N 端处电压 α 模分量进行经验模态分解（EMD）分解，分解层数设定为 4 层，形成的各层本征模态函数 IMF 分别如图 2 与图 3 所示。

对监测点 M 端与 N 端分别提取经 EMD 分解的第一阶高频 IMF_1 分量进行分析，对其进行 Hilbert 变换得到该本征分量的时频关系，分别如图 4 与图 5 所示。

图 4（a）中第一个瞬时频率突变点所对应的横坐标表征了行波头首次抵达行波监测终端 M 的时刻，从图 4（b）中可以得到故障行波在第 82 个离散采样点处抵达 M 端，在 1 MHz 的采样频率下折算出的对应时间为 $t_M =$ 离散采样点数/采样频率 = 82 μs。同理，从图 5（b）中得到该行波首次抵达 N 端的时间 t_N 为 230 μs。再根据线路参数得到行波波速 $v_1 = 1/\sqrt{L_1 \cdot C_1} = 1.275208377 \times 10^8$ m/s，D 型行波测距法下仿真得到的故障

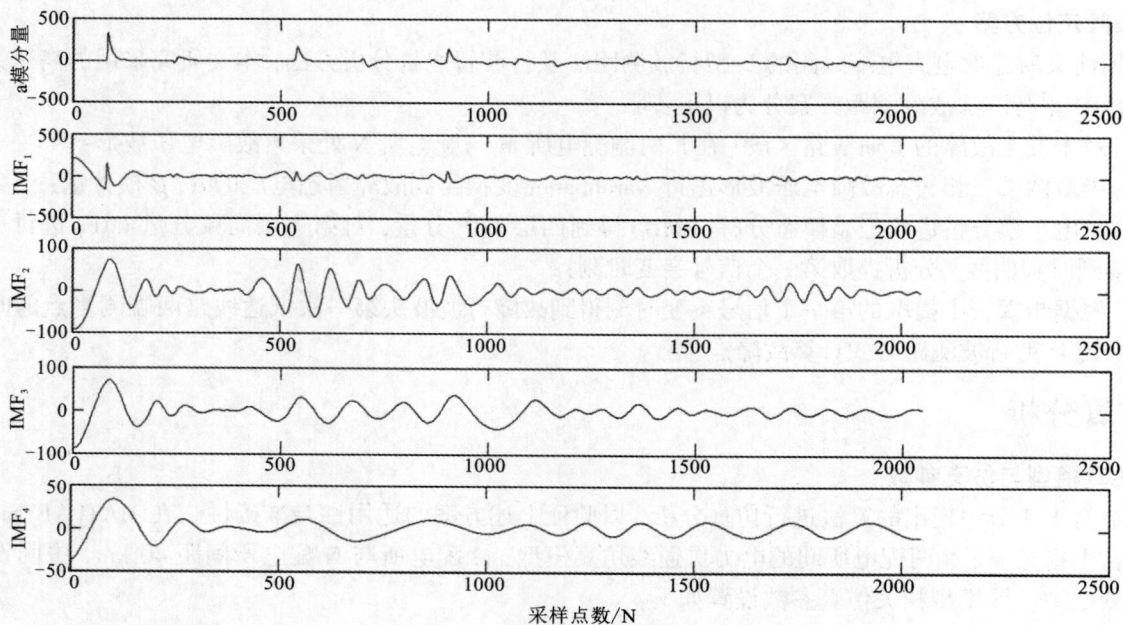

图 2　M 端电压 α 模分量 EMD 分解结果

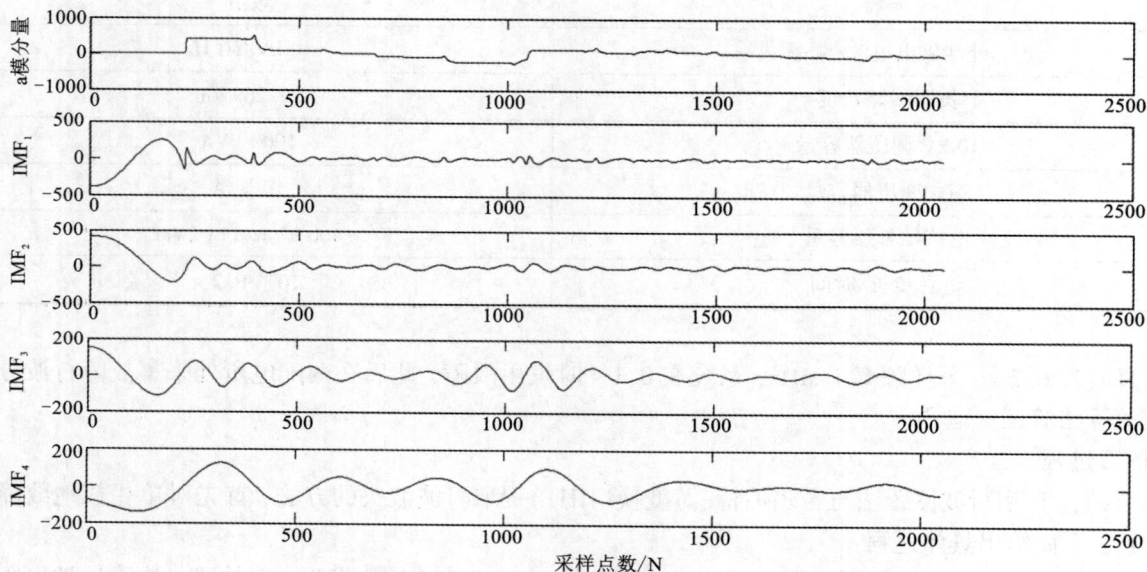

图 3　N 端电压 α 模分量 EMD 分解结果

点距离测量点 M 与距离测量点 N 的区间长度分别为：

$$L_M = \frac{L + v \times (t_M - t_N)}{2} = 10.198 \text{ km}$$

$$L_N = \frac{L + v \times (t_N - t_M)}{2} = 29.071 \text{ km}$$

测距绝对误差为：

$$\Delta d = 仿真测距结果 - 设置故障距离 = 10.198 - 10.235 = -0.037 \text{ km}$$

测距相对误差为：

$$\Delta \delta = \frac{|仿真测距结果 - 设置故障距离|}{线路全长} \times 100\% = \frac{|10.198 - 10.235|}{39.269} \times 100\% = 0.094\%$$

(a)整体波形图

(b)瞬时频率突变局部放大波形图

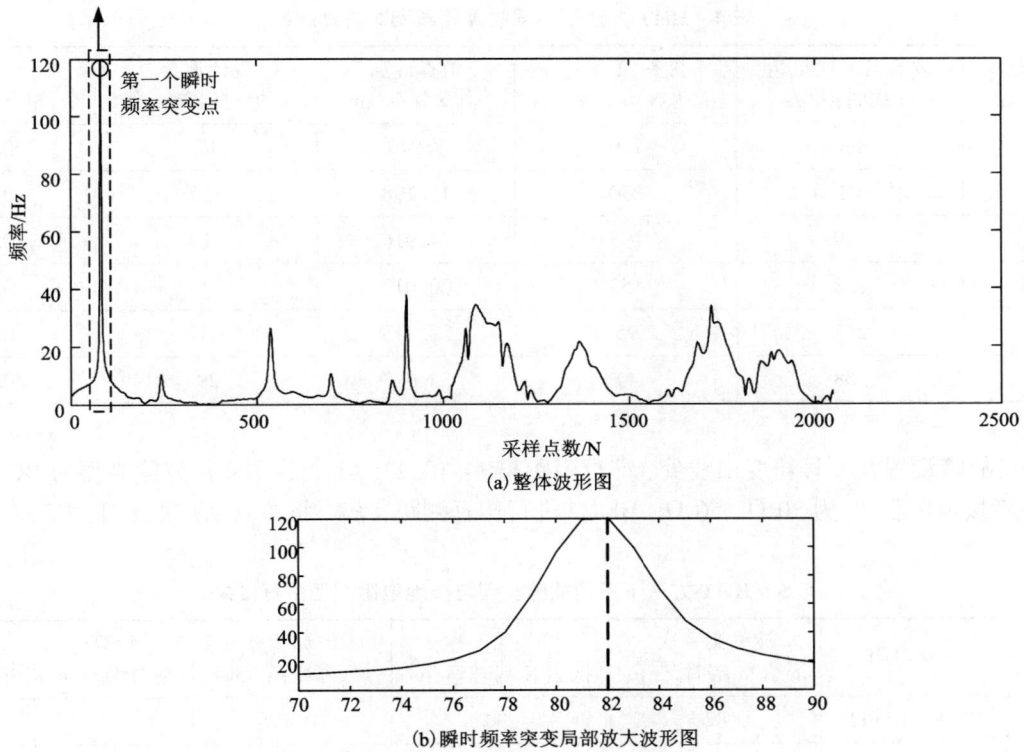

图 4 M 端 IMF$_1$ 瞬时频率谱

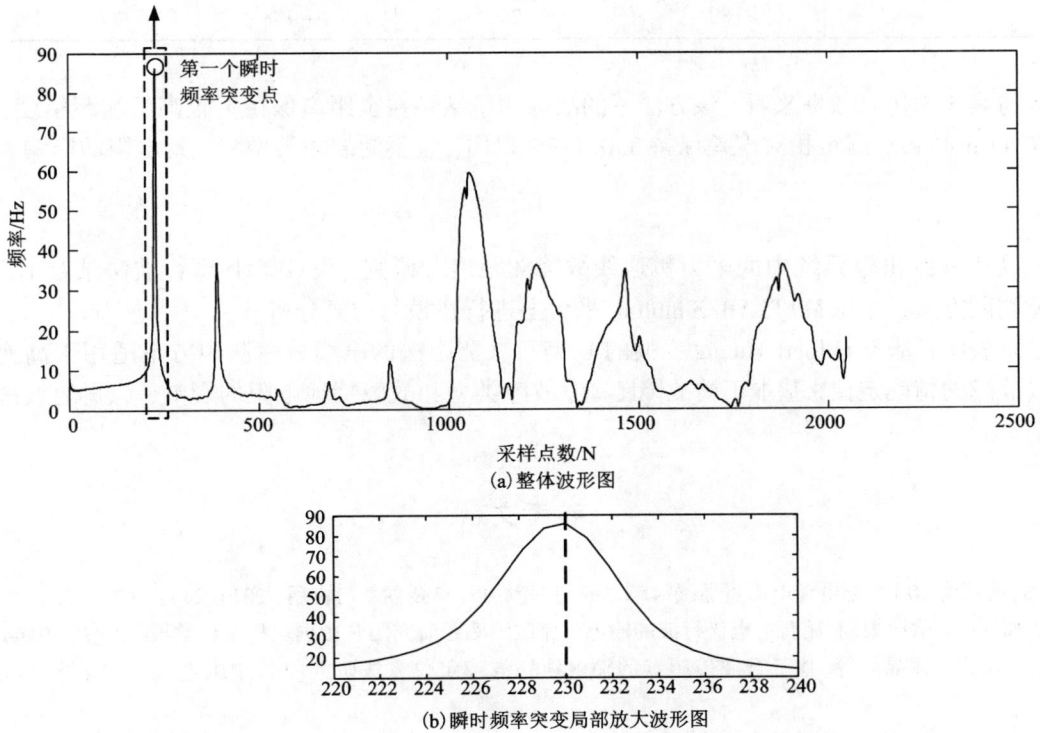

(a)整体波形图

(b)瞬时频率突变局部放大波形图

图 5 N 端 IMF$_1$ 瞬时频率谱

采用同样的方法对高速铁路电力贯通线仿真模型中第 3 号箱变($L=3.937$ km)、第 6 号箱变($L=10.235$ km)、第 9 号箱变($L=14.915$ km)、第 12 号箱变($L=20.079$ km)、第 15 号箱变($L=27.457$ km)与第 18 号箱变($L=33.888$ km)处进行故障测距仿真分析,将以上故障测距结果汇总于表 4:

表 4　HHT 方法下不同故障距离测距仿真结果

仿真设置 故障距离/km	波头第一次抵达 M 端时刻/μs	波头第一次 抵达 N 端时刻/μs	仿真计算 故障距离/km	计算 绝对误差/m	计算 相对误差/%
3.937	33	279	3.949	12	0.031
10.235	82	230	10.198	−37	0.094
14.915	119	193	14.916	1	0.003
20.079	158	153	20.017	2	0.005
27.457	217	95	27.413	−44	0.112
33.888	268	44	33.917	29	0.074

同理，将故障设置在 6 号箱变出线处，即故障距离 $L = 10.235$ km，分别设置故障类型为 BG、BC、BCG 与 ABC，故障接地电阻 R_f 为 20 Ω、50 Ω、100 Ω 进行仿真测距实验，将仿真结果汇总于表 5：

表 5　HHT 方法下不同故障类型与接地电阻测距仿真结果

故障类型	接地电阻	波头第一次抵达 M 端时刻/μs	波头第一次抵达 N 端时刻/μs	仿真计算故障距离/km	计算绝对误差/m	计算相对误差/%
BG	20/50/100 Ω	82	230	10.198	−37	0.094
BC	—	82	230	10.198	−37	0.094
BCG	20/50/100 Ω	82	230	10.198	−37	0.094
ABC	—	82	230	10.198	−37	0.094

从表 4 与表 5 中仿真数据来看，该方法下的故障测距结果在全距离保持了较高的测距精度，测距绝对误差保持在 44 m 以内，测距相对误差保持在 0.112% 以内，且不受故障类型和接地电阻的影响。

4　结论

本文就高速铁路供电系统中的电力贯通线故障测距展开研究，设计了 D 型行波法结合 Hilbert-Huang 变换的故障测距方案，并在 MATLAB/Simulink 平台上进行建模与仿真分析。

仿真结果表明：基于 Hilbert-Huang 变换的 D 型行波测距法的电缆故障测距方案适用于高速铁路电力电缆贯通线故障的精确定位，基本不受故障距离、故障类型和故障接地电阻的影响，为贯通线故障测距提供了理论基础。

参考文献

[1] 朱二中.高速铁路 10 kV 全电缆电力贯通线故障诊断与探测[J].科技创新与应用,2016(26)：162-163.
[2] 董新洲,葛耀中,徐丙垠.利用暂态电流行波的输电线路故障测距研究[J].中国电机工程学报,1999,19(4)：76-80.
[3] 曾祥君,尹项根,林福昌等.基于行波传感器的输电线路故障定位方法研究[J].中国电机工程学报,2002,22(6)：42-46.
[4] 梁恒娜.基于 Hilbert-Huang 变换的电力电缆故障测距方法研究[D].郑州：郑州大学,2013.
[5] 贺伟.HHT 理论算法及其在现代信号处理中的应用研究[M].长春：吉林大学出版社,2019.

作者简介

朱明轩，中铁第一勘察设计院集团有限公司电化院，工程师。

基于等效波形有效值的蓄电池容量计算

刘贻军

摘 要： 电网薄弱地区内燃铁路向通信、信号、道岔融雪设备等重要负荷供电时，难以取得可靠电源，尤其在青藏高原、沙漠戈壁等地区，薄弱的外部电源加上恶劣的自然环境，使得贯通线事故停电时抢修时间长，为提高铁路沿线重要负荷供电可靠性，可采用蓄电池作为备用电源。目前蓄电池容量大多基于向直流负荷供电进行计算，如何准确计算基于逆变装置向通信、信号、道岔融雪设备供电的大容量蓄电池组容量是系统技术经济最优的关键因素。本文采用蓄电池-逆变器等效电路基于蓄电池侧等效波形的有效值对蓄电池容量及其放电小时数进行校核的计算方法，得出单、三相负荷在蓄电池侧的等效波形有效值与计算负荷的有效值之间的关系，采用能量守恒原理，核算基于逆变装置利用选定容量的蓄电池对特定负荷供电时的放电小时数。

我国电网薄弱地区内燃铁路向通信、信号、道岔融雪设备等重要负荷供电时，难以取得可靠电源，尤其在青藏高原、沙漠戈壁等地区，薄弱的外部电源加上恶劣的自然环境，使得贯通线事故停电时抢修时间长，为提高铁路沿线重要负荷供电可靠性，可采用蓄电池作为备用电源。如我国已建成的青藏铁路就采用蓄电池作为通信、信号、道岔融雪设备的备供电源。蓄电池容量的选择一般按照备供时间、计算负荷大小进行选择。由于长期以来蓄电池作为变配电所的直流操作电源使用，因此常用的蓄电池容量均按照直流负荷进行计算。

对于"蓄电池-逆变器"形式组成的铁路备供电源系统，其交流侧有单相负荷、三相负荷，采用目前设计手册常用的等效转化计算方法计算的负荷难以准确转换为蓄电池侧直流电流。本文拟对蓄电池侧电流以等效波形的有效值为基础进行蓄电池容量的计算。

1 蓄电池–逆变器等效电路形式

蓄电池–逆变器按三相四线至逆变装置等效其电路形式，等效电路如图 1 所示。

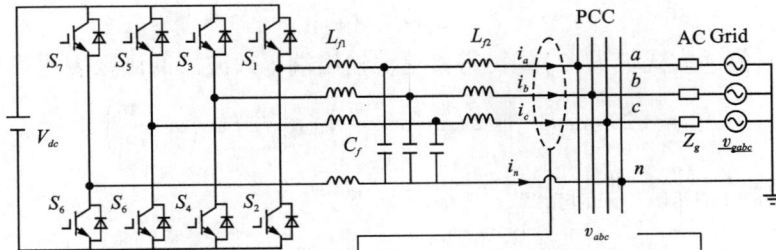

图1 蓄电池–逆变器等效电路

蓄电池直流侧电压、电流波形及其等效波形如图 2 所示。

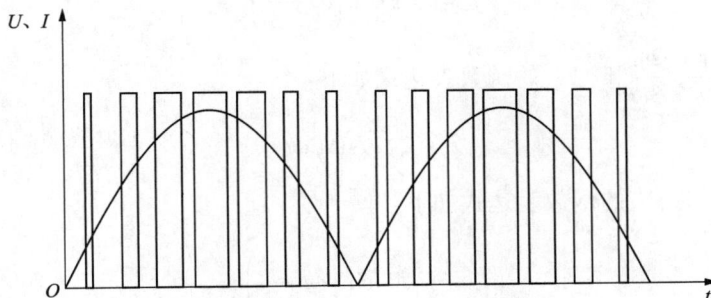

图2 蓄电池侧电压、电流波形及其等效波形

图2中，正弦半波为其等效波形，为简化计算，本文中直流侧电压、电流均采用等效波形。

2 三相对称负荷蓄电池侧电流有效值

将三相对称负荷等效为三个容量相等的单相负荷，A相电流初相角为0时，每相电流的瞬时值为：

$$i_a = \sqrt{2}I\sin\omega t$$

$$i_b = \sqrt{2}I\sin\left(\omega t - \frac{2\pi}{3}\right) \tag{1}$$

$$i_c = \sqrt{2}I\sin\left(\omega t + \frac{2\pi}{3}\right)$$

式中：i_a、i_b、i_c——三相系统中a、b、c每相电流瞬时值，A；

$\quad\quad I$——相电流有效值，A；

$\quad\quad \omega$——角频率。

对于工频电路，上述函数表达式的函数图形如图3所示。

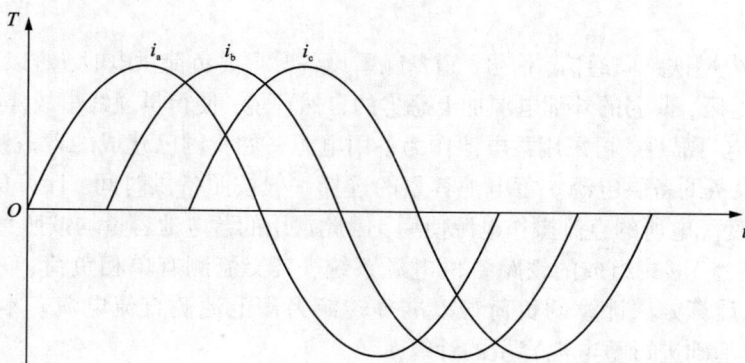

图3 负荷侧电流波形

以i_+表示蓄电池侧电流瞬时值，蓄电池输出端等效波形的函数表达式为：

$$i_+ = |i_a| + |i_b| + |i_c| \tag{2}$$

将i_a、i_b、i_c的瞬时值函数式带入（2）式可得蓄电池输出端等效波形的函数表达式如下：

$$i_+ = |\sqrt{2}I\sin\omega t| + \left|\sqrt{2}I\sin\left(\omega t - \frac{\pi}{3}\right)\right| + \left|\sqrt{2}I\sin\left(\omega t + \frac{\pi}{3}\right)\right| \tag{3}$$

由图3可知，当时间t在$\left[0, \dfrac{\pi}{3\omega}\right]$时，式（3）展开如下：

$$i_+ = \sqrt{2}I\sin\omega t - \sqrt{2}I\sin\left(\omega t - \frac{2\pi}{3}\right) - \sqrt{2}I\sin\left(\omega t + \frac{2\pi}{3}\right) \tag{4}$$

将式（4）进行整理得：

$$i_+ = 2\sqrt{2}I\sin\left(\omega t + \frac{\pi}{3}\right) \tag{5}$$

同理，当时间t在$\left[\dfrac{\pi}{3\omega}, \dfrac{2\pi}{3\omega}\right]$时，$i_+$的函数表达式如下：

$$i_+ = 2\sqrt{2}I\sin(\omega t) \tag{6}$$

当时间t在$\left[\dfrac{2\pi}{3\omega}, \dfrac{\pi}{\omega}\right]$时，$i_+$的函数表达式如下：

$$i_+ = -2\sqrt{2}I\sin\left(\omega t + \frac{\pi}{3}\right) \tag{7}$$

根据式（5）、（6）、（7），可知i_+的时间的曲线如图4所示。

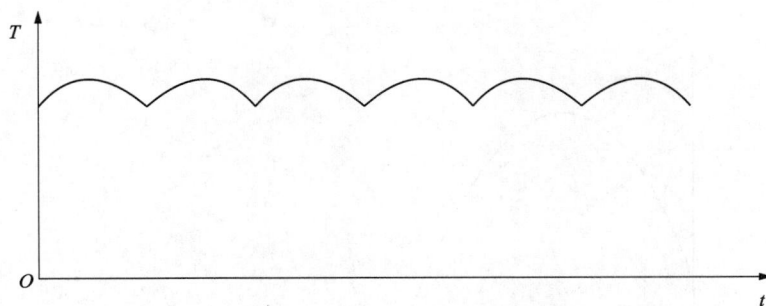

图 4 向三相负荷供电的蓄电池侧电流等效波形

由图 4 可知，i_+ 具有周期性，一个周期为 $\dfrac{\pi}{3\omega}$。

周期电流有效值计算公式如下式所示：

$$I = \sqrt{\frac{1}{T}\int_0^T i^2(t)\,\mathrm{d}t} \tag{8}$$

式中：I——电流有效值，A；

$\quad T$——一个周期的时间，s。

为有效计算蓄电池容量，需对蓄电池输出端等效电流波形的有效值进行计算，将式（5）带入式（8）可得：

$$I_+ = \sqrt{\frac{3\omega}{\pi}\int_0^{\frac{\pi}{3\omega}} 8\left(I\sin\left(\omega t + \frac{\pi}{3}\right)\right)^2 \mathrm{d}t} \tag{9}$$

式中：I_+——蓄电池侧电流等效波形有效值，A；

$\quad I$——三相系统单相负荷电流有效值，A。

对式（9）进行积分得：

$$I_+ = 2I\sqrt{1+\frac{3\sqrt{3}}{2\pi}}$$

对上式进行近似计算可得：

$$I_+ = 2.7298I$$

由上述近似计算公式可知，对于三相对称负荷，当采用蓄电池逆变供电时，蓄电池出口侧电流等效波形有效值为交流侧相电流有效值的 2.7298 倍。

3 单相负荷蓄电池侧电流有效值

以接于 A 相的单相负荷为例，负荷侧电流的瞬时值为：

$$i_a = \sqrt{2}I\sin\omega t$$

上述函数表达式的图形如图 5 所示。

同样，当蓄电池–逆变器组成的电源系统向该负荷供电时，蓄电池输出端等效波形的函数表达式为：

$$i_+ = |i_a| \tag{10}$$

由图 5 可知，当时间 t 在 $\left[0, \dfrac{\pi}{\omega}\right]$ 时，（10）式展开如下：

$$i_+ = \sqrt{2}I\sin\omega t \tag{11}$$

当时间 t 在 $\left[\dfrac{\pi}{\omega}, \dfrac{2\pi}{\omega}\right]$ 时，（10）式展开如下：

$$i_+ = -\sqrt{2}I\sin\omega t \tag{12}$$

因此，i_+ 单相负荷在蓄电池输出端电流是周期性负荷，一个周期为 $\dfrac{\pi}{\omega}$。

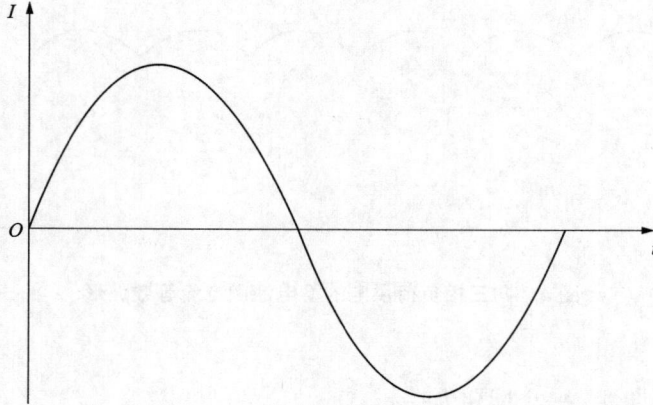

图 5 负荷侧电流波形

根据式（8），单相负荷在一个周期内蓄电池输出端电流等效波形的有效值为：

$$I_+ = \sqrt{\frac{\omega}{\pi}\int_0^{\frac{\pi}{\omega}}2(I\sin(\omega t))^2\mathrm{d}t} \tag{13}$$

经计算可得，$I_+ = I$，因此，对于单相负荷，当采用蓄电池逆变供电时，蓄电池出口侧电流有效值与交流侧相电流有效值相等。

4 蓄电池侧电压有效值

蓄电池直流侧为直流系统，通过逆变装置向交流负荷供电，若将逆变装置的通断看作蓄电池的输出，由于逆变装置周期性的导通、关断，使蓄电池输出侧存在平均效应意义上的有效值。

根据三相对称负荷电流等效波形有效值的分析可知，当"蓄电池-逆变器"形式组成的电源系统向三相对称负荷供电时，蓄电池侧电流有效值为负荷侧电流有效值的 $2\sqrt{1+\dfrac{3\sqrt{3}}{2\pi}}$ 倍，即近似为 2.7298 倍。

以 I 表示负荷侧电流有效值，以 U 表示负荷侧相电压有效值，以 P 表示负荷容量，则三个参数之间的关系如下式：

$$P = 3UI$$

以 I_+ 表示蓄电池侧电流有效值，以 U_+ 表示蓄电池侧电压有效值，以 P_+ 表示蓄电池向负载提供的功率，则三个参数之间的关系如下式：

$$P_+ = U_+ I_+$$

根据能量守恒原理：

$$P_+ = P$$

即：

$$U_+ I_+ = 3UI \tag{14}$$

将 $I_+ = 2I\sqrt{1+\dfrac{3\sqrt{3}}{2\pi}}$ 代入式（14）可得：

$$U_+ = \frac{3\sqrt{\pi}}{\sqrt{4\pi+6\sqrt{3}}}U \tag{15}$$

由上述计算公式可知，对于三相对称负荷，当采用蓄电池逆变供电时，蓄电池出口侧电压有效值为交流侧相电压有效值的 $\dfrac{3\sqrt{\pi}}{\sqrt{4\pi+6\sqrt{3}}}$ 倍，近似为 1.11 倍，对于向标准的三相四线制低压配电系统供电时，其有效值为 244.2 V。

根据单相负荷电流等效波形有效值的分析可知，当"蓄电池-逆变器"形式组成的电源系统向单相对称负荷供电时，蓄电池侧电流有效值与负荷侧的有效值相同，同样根据能量守恒原理，此时蓄电池侧电压有效值也与负荷侧相等。

5　基于等效波形有效值的蓄电池容量计算

以青藏铁路玉珠峰站扩能改造为例，该站信号为三相用电负荷，其计算负荷为 17.76 kW，通信为单相用电负荷，其计算负荷为 6.35 kW。根据三相对称负荷蓄电池侧电流有效值的计算公式，信号负荷等效为三个单相负荷时，每相负荷的电流有效值为 26.9 A，则该负荷在蓄电池侧的电流有效值为 73.43 A。通信负荷的电流有效值为 28.86 A。因此，当采用"蓄电池-逆变器"形式组成的备供电源系统向该站通信、信号负荷供电时，蓄电池侧输出电流的有效值为 102.29 A。

采用铅酸蓄电池组经逆变装置向通信、信号负荷供电，蓄电池供电时间不小于 24 h。蓄电池组总容量计算公式如下：

$$Q \geqslant \frac{KIT}{\eta[1+\alpha(t-25)]} \tag{16}$$

式中：Q——蓄电池组总容量（Ah）；

　　　K——安全系数，取 1.25；

　　　I——负荷电流（A）；

　　　T——放电小时数（h）；

　　　η——放电容量系数；

　　　t——实际电池所在地最低环境温度数值。所在地有采暖设备时按 15℃ 考虑，无采暖设备时按 5℃ 考虑；

　　　α——电池温度系数（1/℃），当放电小时率≥10 时，取 $\alpha=0.006$；当 10>放电小时率≥1 时，取 $\alpha=0.008$；当放电小时率<1 时，取 $\alpha=0.01$。

按照式（16），当放电小时数为 24 h、放电容量系数为 1、本地区有采暖设施时，向信号负荷供电时蓄电池的容量不小于 2375.42 Ah。同理向通信负荷供电时蓄电池的容量不小于 921.06 Ah。

根据上述容量需求，本系统拟采用 2 组蓄电池并联供电，每组采用 180 只 2 V 容量为 1500 Ah 的蓄电池串联，则电池组的额定电压为 360 V，容量为 3000 Ah，考虑蓄电池的放电深度为 80%，逆变器的效率为 92%。当蓄电池-逆变器组向单、三相负荷供电时，蓄电池侧电压等效波形的有效值不同，则蓄电池工作时间按式（17）计算：

$$t = \frac{Q \times U_+ \times \eta_1 \times DoD}{I_3 \times U_3 + I \times U} \tag{17}$$

式中：Q——蓄电池组总容量（Ah）；

　　　η_1——蓄电池效率；

　　　U_+——蓄电池组额定电压（V）；

　　　I_3——三相负荷蓄电池侧等效电流波形有效值（A）；

　　　U_3——三相负荷蓄电池侧等效电压波形有效值（V）；

　　　I——单相负荷蓄电池侧等效电流波形有效值（A）；

　　　U——单相负荷蓄电池侧等效电压波形有效值（V）；

　　　DoD——蓄电池放电深度。

经计算，当采用 2 组并联蓄电池、每组 180 只容量为 1500 Ah 的 2 V 蓄电池串联向通信、信号负荷供电时，蓄电池的放电小时数为 32 h。

6　结论

（1）蓄电池-逆变器向三相对称负荷供电时，蓄电池侧输出电流有效值为交流侧相电流有效值的

$2\sqrt{1+\dfrac{3\sqrt{3}}{2\pi}}$ 倍,蓄电池侧输出电压有效值为 $\dfrac{3\sqrt{\pi}}{\sqrt{4\pi+6\sqrt{3}}}$ 倍。

(2)蓄电池-逆变器向单相对称负荷供电时,蓄电池侧输出电流有效值、电压有效值与交流侧有效值相等。

(3)蓄电池-逆变器系统中,计算蓄电池放电小时数时应综合考虑单、三相负荷。

参考文献

[1] 钢铁企业电力设计手册编委会.钢铁企业电力设计手册(上册)[M].北京:冶金工业出版社,1996:630-638.

[2] 中国航空规划设计研究总院有限公司组编.工业与民用供配电设计手册(上册)(第四版)[M].北京:中国电力出版社,2016:19-21.

[3] 国家能源局.电力工程直流电源系统设计技术规程:DL/T 5044—2014[S].北京:中国计划出版社,2014:52-56.

[4] 邱关源,罗先觉.电路(第五版)[M].北京:高等教育出版社,2006:206.

[5] 中华人民共和国住房和城乡建设部,中华人民共和国国家质量监督检验检疫总局.通信电源设备安装工程设计规范:GB51194—2016[S].北京:中国计划出版社,2016:13-14.

作者简介

刘贻军,中铁第一勘察设计院集团有限公司,所总工程师,高级工程师。

第四篇

安全管理

第四篇

虫害全写

智能牵引供电接触网防灾技术研究

王　超

摘　要：本文主要介绍了影响电气化铁路接触网的主要外界因素，分析铁路沿线火灾、地震、大风、雷电、冰雪、鸟害、危树及异物等对接触网运行安全的影响，从提高接触网状态稳定性、耐久性、结构机械强度和电气绝缘安全性等方面着手，依靠先进科学技术，结合供电安全检测监测系统（6C 系统），完善数字化、可视化的接触网安全监控系统，有效提高接触网供电安全性及防灾能力，确保供电设备稳定可靠和运行安全。

1　引言

电气化铁路建设的加速推进，标志着铁路发展水平已逐步进入高速时代。列车安全、稳定、正点运行离不开牵引供电的正常运行，接触网是牵引供电重要组成部分，大部分沿线线路露天架设，受铁路沿线灾害影响较大。近几年高速电气化铁路快速发展，接触网装备和技术标准显著提高，供电安全检测监测系统（6C 系统）广泛使用，但由于灾害范围扩大、影响加重等趋势，且高速铁路具有长途运输特点，列车和旅客出行安全要求也在增高，为确保供电设备安全，需进一步探索研发智能牵引供电接触网防灾技术体系。

2　灾害对接触网运行安全的影响

2.1　火灾

当电气化铁路发生火灾时，温度迅速升高，在张力作用下，接触网产生断线等隐患，同时大量烟雾、粉尘及有害气体污染接触网绝缘子，造成短路闪络；在隧道内发生火灾时，火势瞬间向上延伸造成隧道拱顶接触网线索熔断和塌网；火灾引起隧道衬砌强度迅速降低，造成接触网基础锚固件松脱的隐患，严重影响铁路安全运行。

2.2　地震

强烈地震的纵波、横波造成电气化铁路接触网基础、混凝土支柱、绝缘子、零部件等开裂或变形，引起接触网线索舞动和摆动，当机车运行通过时易发生弓网事故。隧道洞口或浅埋地段受地震表面波的影响较大，隧道衬砌开裂现象较严重，造成接触网基础锚固件松脱，甚至可能引起接触网整体塌落。

2.3　大风

大风形成一个非定常气流场，气流与接触网、受电弓之间形成流固耦合作用，接触网在大风作用下发生如下状态变化：①当大风吹过路肩时形成一定涡流，接触线受大风的最大偏移值和振动增大。在强风作用下推动定位器将定位管顶偏，受电弓可能与定位管发生碰撞，反定位拉出值增大，加剧了跨距内接触线对受电弓中心线的偏移，严重的存在挂弓与接触网各连接零部件松脱等隐患。②中心锚结附近导线张力下降、弛度加大，大跨距布置将发生风偏超标。③大风天气普遍引发接触网电气安全问题，如承力索与附加导线之间、供电线（或正馈线）与雨棚结构或树木之间绝缘距离不足导致跳闸（见图 1）。

2.4　雷电

接触网大多为露天装置，雷击现象较为频繁，按雷击点的不同，可以将雷击过电压划分为直接雷击过电压和感应雷击过电压。直击雷作用于承力索、接触线、附加导线或支柱上，使接触网产生的过电压峰值可达几百到几千千伏，导致接触网瞬时故障，如绝缘子闪络或间隙放电；永久故障如绝缘子击穿、承力索和吊弦断线、避雷器烧损等（见图 2），造成停电停车，甚至影响行车安全。感应雷击作用于接触网附近并对地放电，空气中迅速变化的电磁场在接触网上产生感应过电压，引发接触网跳闸事故较多，牵引网绝缘耐受雷电冲击电压的能力有限，无论雷电直接击中导线还是雷击线路附近地面，雷电过电压都可能超过接

图 1　大风舞动引起接触网故障

触网的绝缘承受能力，导致线路绝缘放电，引起线路跳闸，影响电气化铁路的运营。

图 2　雷击造成接触网设备故障

2.5　冰雪

接触网覆冰是电气化铁路常见的自然灾害，与其他灾害相比，接触网覆冰具有受灾面积广、危害比较大、抢修难度大的特点。接触网覆冰(见图 3)主要危害有：①线路实际覆冰超过设计最大覆冰厚度，输电线质量增大，覆冰后风压增加，超出杆塔承受范围，而导致机械或电气故障。②不均匀覆冰引起相邻跨距张力差，绝缘子串覆冰过多，引起绝缘子电气性能降低，泄漏距离缩短，将可能造成受电弓难以与导线接触、取电，并引发大范围的吊弦和电连接断裂、绝缘闪络放电，甚至接触网杆塔倒塌、断线停电等严重故障。(3)高速铁路维修天窗时正值凌晨，停电时间长、气温低，接触线易覆冰或结霜，造成动车组失电或动力不足，严重时引发弓网大面积拉弧、停电停车，影响旅客出行和高铁运输安全。

图 3 接触网覆冰情况

2.6 鸟害

我国生态环境不断改善,鸟类的繁衍逐渐加快。因接触网部分设备结构易于鸟类筑巢,接触网上鸟巢数量随之增加,鸟类每年春季开始活动,其巢材有树枝、铁线、建筑金属垃圾等,容易造成带电设备短路,引起接触网跳闸,造成供电设备故障(事故)。主要危害如下:①巢材短路。鸟类在接触网等供电设备上直接造窝筑巢(见图4),其巢材直接或间接(阴雨、大风天气吹散鸟巢,或鸟嘴衔着铁丝等导电巢材在供电设备上穿越飞行时造成短路)造成短路故障。②排泄物污闪。一些鸟类虽不在接触网设备上造窝筑巢,但在上面栖息,其排泄物会使绝缘子发生闪络故障。

图 4 鸟窝在接触网设备上的搭建情况

2.7 危树及异物

电气化区段铁路沿线两侧危树,在遇到雨、雪、雾、风等恶劣天气时,由于树木摆动加之潮湿使绝缘性能下降,频繁造成接触网接地、跳闸故障(见图5),甚至烧断供电线、接触线和承力索等设备,严重影响铁路牵引供电安全,存在很大安全隐患。危树造成接触网接地跳闸不仅严重干扰铁路正常运输秩序,而且所产生的强大短路电流也易造成危树起火烧损,甚至发生危树附近(10 m范围内)人员被短路电流电伤事故,严重危及人身和财产安全。

图5 危树对接触网设备的影响

铁路沿线的居民及建筑工地人员对保护电气化铁路正常运行的意识淡薄,随意将生活、建筑垃圾堆放在铁路沿线,当遇有大风天气时,经常发生建筑生活垃圾、彩钢房等刮落到接触网线路上的情况(见图6),中断列车运行或引起接触网跳闸事故,严重影响铁路运输并且造成极大的财产损失。

图6 异物对接触网设备的影响

3 接触网灾害预防的关键技术

3.1 火灾预防

提高接触网供电灵活性和电气绝缘安全性。在车站枢纽、长大隧道两端设绝缘锚段关节，在紧急情况下可将隧道内接触网单独停电，便于开展救援疏散工作。隧道内绝缘子宜采用瓷质绝缘子。隧道内如有高压电缆，应采用低烟、无卤的聚乙烯交联电缆。

提高隧道内接触网基础稳定性和耐久性，可采用隧道预埋槽道式基础，当采用后锚固技术时，应采用满足抗震要求的防开裂型化学锚栓，并应通过抗疲劳老化测试、耐火承载力测试等性能认证。

3.2 地震预防

接触网设计尽量绕过地震带。如果必须进入地震带活动范围，则先调查清楚地震带走向，然后让铁路与地震带呈垂直走向通过。并装设地震监测报警设备，发生地震报警后系统给列控系统送条件，使列车停车；系统给牵引变电所送条件，使牵引变电线路停电，防止二次事故发生。

提高接触网结构机械强度和稳定性，上部装配采用腕臂支撑及定位管支撑，腕臂绝缘子采用抗弯 16 kN 瓷质棒形绝缘子，承力索和附加导线悬挂点加装预绞丝护线条。支柱采用钢支柱，并宜采用硬横跨安装形式，提高接触网支柱、基础的强度和抗震性能。隧道内接触网基础宜采用预埋槽道式基础。

3.3 大风预防

高速铁路设置了风速监测系统，加强恶劣天气风速监测，当达到报警状态时，应对列车运行进行管制，未设置风速监测系统的，在大风环境下，受电弓运行安全和弓网受流质量满足线路运行速度要求。

大风区段接触网宜结构简单，尽量减少零部件种类，加强零部件与腕臂管、定位管间的连接强度，增加其刚度便于风荷载冲击传递，同时零部件具有良好可加工性，便于施工预配及调整，腕臂旋转灵活，充分满足大风期间导线的线胀要求，提高腕臂绝缘子与腕臂连接处的抗弯强度，紧固件在满足技术性能要求时，采用高强度紧固件，零部件螺栓连接加强防松措施。

根据接触网运行寿命要求，接触网线材需缩短使用年限，零部件需提高强度，附加导线尽量采用电缆方式，当采用架空方式时应考虑"V"形悬挂安装，并应尽量避免承力索与附加导线交叉跨越。

3.4 雷电预防

3.4.1 科学防范，合理采取避雷措施。精确掌握铁路沿线雷电活动特性。根据气象局、供电局复核管内雷区、雷击分布图，找出管内局部雷击概率高的地段和设备，加强对此地段重点设备的检查、试验和更换。结合京沪高铁对既有加强线改架空线和加装架空线取得的良好效果，合理推广在雷电多发区段加装架空线，每隔 1~2 km 单独做接地极，保证雷击过电压及时通过接地引下线泄漏至大地中，从而有效防止直击雷。

3.4.2 加强设备检查。在新建线路中，加大对隐蔽工程的监督验收工作，防止接地体违规连接。雷雨季节来临前，对管内回流线回路、吸上线、接地极连接情况、避雷器和隔离开关等关键设备进行专项检查及接地电阻摇测，对接地电阻不满足标准的采取增加接地极和降阻等措施，保证接地电阻值符合要求。同时减小绝缘子绝缘性能降低带来的影响，逐步更换高绝缘性能的复合绝缘子，装设绝缘子在线监测装置，加强绝缘清扫维护。

3.4.3 进一步完善优化设计。根据电气化铁路沿线地形、地貌条件，合理划分防雷气象区域，结合现场实际进行区域化防雷设计。按照设计规范和总公司防雷指导意见要求，设置避雷设施。同时在未设置避雷线的区段的新线建设或改造中，适当升高附加导线的安装高度。

3.5 覆冰预防

3.5.1 根据地区气象冰雪天气统计分析，设计期间合理加强接触网支柱容量，保证在最恶劣的情况下接触网支柱不倒不垮。同时适当增加导线工作张力，缩短跨距长度，跨距布置尽量均匀，以减少不平衡张力差，加大金具及绝缘子的安全系数，满足部件强度的需要。在承力索与承力索座连接处及正馈线、供电线，保护线等线材与线夹连接处采用预绞丝护条保护，以减轻或防止覆冰线路由于不平衡张力和振荡而损坏导线。在覆冰严重区域，增大线材的抗拉强度，提高线材的安全系数。

3.5.2 采用先进科学技术，增加覆冰在线监测系统。采集环境温度、湿度、风速、风向等数据，监视接触线、承力索覆冰状态，环境数据和接触网图像通过铁路专用通信网传送到铁路供电调度中心，监测主机的软件系统运用视频智能分析技术、专家知识库进行覆冰厚度分析、报警，并计算获得需要的融冰电流、导线温度及融冰时间等。

3.5.3 加强恶劣天气添乘及2C检查监控。安排人员到车站观察接触网覆冰和添乘观察动车组取流情况，及时了解机车取流状况并反馈信息。利用2C对管内供电设备进行检查监控，增派人员昼夜分析检测数据。经添乘或现场巡视人员观察到接触网导线结冰，机车受电弓取流不畅或有放电现象，局部接触网导线覆冰较严重时，采用接触网打冰杆等绝缘工具进行带电局部除冰（见图7）。大面积除冰时，采用停电人工打冰方式除冰或申请加开装有铜基粉末冶金滑板的接触网热滑除冰机车。

图7 采用绝缘工具带电打冰

3.6 鸟害预防

3.6.1 提高认识，加强防范。每年春季为鸟巢搭建的高峰期，每天安排专人全方位、全覆盖、全过程对管内设备进行添乘巡视，及时掌握管内鸟害情况。

3.6.2 建立台账、摸索规律。建立鸟窝位置台账，每拆除一处鸟窝，均拍照留存，借此摸索鸟类搭窝建巢规律，对鸟巢搭建密集、频繁搭建处所，根据设备具体情况采取不同防范措施。

3.6.3 增强意识，关注变化。掌握天气变化情况，遇有雷雨天气预警时，及时排查。对倒立柱底座、跳转肩架、隔开底座、下锚棘轮底座等不能使用绝缘工具进行处理的处所，要果断申请临时天窗进行处理，避免鸟害原因引发接触网故障。

接触网鸟害具有季节性、区域性、瞬时性、重复性、动态性等多重特点，坚持"预防为主、安全第一"的鸟害防治方针，对重点处所加装声光、超声波式驱鸟器、驱鸟刺、棘轮加装驱鸟箱、格构式硬横梁安装驱鸟网、中间柱加装增爬群及涂抹驱鸟剂等措施（见图8），人工防鸟和设备防鸟等多措并举，综合防治，加强技防、人防、物防整治，提高供电系统可靠性。

3.7 危树及异物预防

3.7.1 抓好沿线危树异物的排查清理。一是利用步行、添乘巡视等方式，对铁路线路两侧危树及排查范围内的垃圾投放点、塑料大棚、居民聚集区、建筑施工场所等易产生轻飘物的处所进行普查，对危树、轻飘物隐患位置、性质进行确定，全部登记造册，落实记名排查。并积极与产权人及地方政府联系，争取协商解决，予以整治；对直接影响行车供电安全的A类危树全部清除，杜绝因危树影响而引发的跳闸故障。二是针对大风天气情况，安排专人对铁路沿线危树、轻飘物巡视检查，填埋、清除大棚塑料纸、生活垃圾袋

图 8 接触网重点位置加装驱鸟装置情况

等轻飘垃圾，劝阻放风筝、燃放孔明灯、售贩氢气球人员，并利用 2C 装置对供电设备进行全面巡检。

3.7.2 加强路地联合，共同处理危树及异物。加强铁路与地方的联系合作，借助属地政府这个平台，开展铁路沿线及周边的安全环境建设工作，积极向铁路沿线产权人进行宣传教育，使其清楚地认识到危树、彩钢房、大棚塑料纸在恶劣天气下不仅仅对铁路运输安全构成威胁，而且也对其自身人身和财产安全构成威胁。

3.7.3 加大铁路外部环境宣传力度。利用电视、广播、网络、微信等传媒，广泛开展以《铁路安全管理条例》《电气化铁路有关人员电气安全规则》等为重点的路外安全宣传教育（见图 9），使得"铁路安全大家共保"的理念深入沿线广大群众的内心。

图 9 铁路安全宣传情况

4 构建数字化、可视化的接触网防灾技术体系

在灾害多发地区修建电气化铁路,铁路防灾安全监控系统应涵盖接触网防灾内容,将供电安全检测监测系统(6C 系统)作为运营管理及解决运营初期接触网故障率较高、故障点标定较难等问题的重要手段,对接触网关键点如分相、隧道口、站台雨棚区、跨线桥区域、上网点、隔离开关、分段绝缘器、绝缘锚段关节、动车所出入库等进行实时视频监控,并纳入铁路安全生产指挥中心管理体系和制度,建立接触网防灾安全技术体系(见图 10),确保供电设备安全运营。

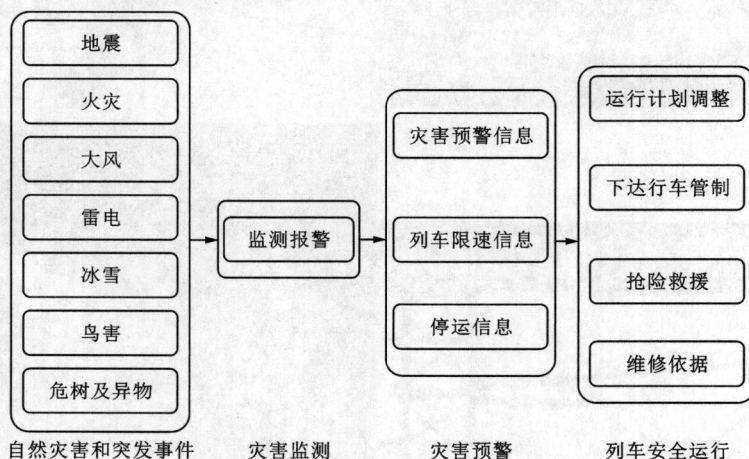

图 10 接触网防灾安全技术体系

5 结束语

针对铁路沿线火灾、地震、大风、雷电、冰雪、鸟害、危树及异物等对接触网运行安全的影响,从提高接触网支柱基础稳定性和耐久性、结构机械强度和稳定性、电气绝缘安全性等方面着手,系统地分析和归纳整理了接触网防灾预防技术,继续深入探索灾害对高铁供电设备安全运行影响规律,依靠先进科学技术,结合供电安全检测监测系统(6C 系统),完善数字化、可视化的接触网安全监控系统,有效提高接触网供电安全性、可靠性及防灾能力,确保供电设备稳定可靠和运行安全,努力打造世界一流的高铁运营品质。

参考文献

[1] 于增.接触网防雷技术研究[J].铁道工程学报,2002(3):89-94.

[2] 李军.接触网鸟害防治方案研究.研究与探讨,2013(10).

[3] 刘长利,刘永红.构建电气化铁路接触网防灾安全技术体系.中国铁道,2013(03):12-16.

[4] 刘长利.铁路长大隧道内接触网防灾安全技术体系研究[J].中国铁道,2012(6):43-47.

作者简介

王超,中国铁路北京局集团有限公司天津供电段,工程师。

关于提升高铁综合维修管理模式下接触网故障应急管理水平的几点思考

樊　帆

摘　要： 推进高铁综合维修生产一体化改革是确保高铁安全万无一失的必然要求，是提高高铁养护维修效率效益、促进提质降本增效的有效途径。本文从综合统筹应急值班值守力量、强化应急处置关键环节盯控、合理运用综合检测监测手段、编制特殊故障应急处置方案等方面提出了一些意见，供读者参考。

1　引言

我国已建成世界最现代化的铁路网和最发达的高铁网，高速铁路技术已达到世界领先水平。随着高铁网规模快速扩大，列车开行速度和密度不断提高，高铁设备质量控制、现场作业管理、应急处置响应、外部环境整治以及检测监测体系建设等方面工作亟需进一步加强，从而充分释放和发展我国高铁生产力。为此，推进高铁综合维修生产一体化改革是确保高铁安全万无一失的必然要求，是提高高铁养护维修效率效益、促进提质降本增效的有效途径。

高铁综合维修管理模式既有接触网专业人员相对精简的弊端，也有综合检测监测系统相对集中的优势。本文就高铁综合维修管理模式下如何强化接触网故障应急管理提出一些意见，供从业者思考启迪，不足之处请大家批评指正。

2　综合统筹应急值班值守力量

高铁综合维修管理模式下接触网专业人员相对精简，为满足应急抢修需要，应急值班值守方案按照专业"互为支撑、互为辅助"的原则编制，满足"力量足、出动疾、判断准、处置快"要求。

2.1　明确各级值班值守力量

（1）段指挥中心每日由段领导（1人）+中层管理人员或技术骨干（1人）+专业技术管理人员（2人），按照工、电、供三个专业进行值班配置，接触网故障应急处置时由供电专业值班干部牵头协调，其他专业值班干部做好辅助。

（2）车间每日至少由车间领导（1人）+技术员（2人），按照工、电、供三个专业进行值班配置，按照分工盯控应急处置协调、登销记指导和上道盯控等环节。

（3）工区每日由工长或副工长（1人）+班长（2人）+职工（9人），按工务专业3人、电务专业3人、供电专业6人、轨道车司机2人、汽车司机1人安排值班，按照"全员响应、分组出动"的要求参与应急处置。

2.2　加强3天及以上小长假期间应急力量

提前统筹调配专修队和道岔综合整治组、综合检查工区力量，按照每日工务专业2人+电务专业2人+供电专业2人的原则补强各综合维修工区的值班值守力量，分别驻守在各工区所在地，所属车间、工区负责调配车辆、应急机具装车待命并做好后勤保障工作。

2.3　落实关键时期高铁车站补强值守

积极落实关键时期高铁车站值守工作要求，在暑运、小长假、春运等关键时期在管内重点车站安排人员应急值守，值守人员在工区选择4名胜任人员担任，由供电2人、工务和电务各1人组成，遇应急处置时必须10分钟内赶到指定站台。

段调度不定期开展值守人员应急点名和应急拉练，检验人员、工机具出动情况，确保应急人员处于临战状态。

3 强化应急处置关键环节盯控

为进一步强化高铁综合维修管理模式下应急处置信息流转、实时监控调阅和登销记办理等关键环节盯控力量，段应急指挥中心每天安排至少10名应急值守人员，分为值班调度员（3人，工、电、供各1人）+盯控调度员（3人，工、电、供各1人）+检测监测分析员（4人，电、供各2人），遇应急处置时分工协作盯控关键环节。具体分工如下：

值班调度员：盯控应急出动情况，故障信息流转和应急处置组织。

按照专业调度通知为主、非专业调度为辅的原则将故障信息流转到工区、车间和段相关人员。具体分工如表1：

表1 分工表

流转部门	工区	车间	段值班人员	分管部门负责人	分管领导 （影响行车）	主要领导 （影响20分钟以上）
工务信息	工务调度	电务调度	供电调度	工务调度	工务调度	电务调度
电务信息	电务调度	供电调度	工务调度	电务调度	电务调度	供电调度
供电信息	供电调度	工务调度	电务调度	供电调度	供电调度	工务调度
综合信息	接报调度	工务调度	供电调度	工务调度	供电调度	电务调度

接触网应急处置组织以供电专业调度员牵头、其他专业调度员协助的原则开展，分别为：值班调度员（供电）负责联系电调，协调外单位调度（动车、机辆、供电段），联系抢修负责人、安排分组出动，报文调阅，设备信息发布、传递；值班调度员（工务）负责联系车站，调阅汽车GPS轨迹、盯控汽车动向，负责邻营施工查询、联系邻营现场负责人；值班调度员（电务）负责联系列调，联系添乘人员、协调添乘事宜，驻站人员到岗盯控联系。

盯控调度员：调阅、回放综合视频、防灾系统等实时监控系统，盯控现场故障登销记或办理远程（异地）登销记。

检测监测分析员：负责调阅CTC、DMS系统，做好列车运行情况追踪分析；接触网6C系统调阅。

4 合理运用综合检测监测手段

4.1 全面梳理整合各类检测监测系统

全面梳理段各专业检测监测监控系统，建立监测监控系统明细表，针对各类系统较为分散的现状，组织将所有系统整合集中，为应急处置提供监控数据支撑。（目前共梳理21项，其中综合7项、工务6项、供电5项、电务2项、轨道车1项）

表2 监测监控系统明细表

序号	类别	监测监控系统名称	监测监控内容
1	综合	线路综合视频	线路在线监测
2		调度应急指挥系统	值班信息；各专业基础信息
3		汽车定位系统	汽车定位信息
4		工作手机定位系统	工作手机定位信息
5		上海高铁涉铁施工平台	邻营视频、数据报警
6		列车运行图	列车预排运行图信息
7		电子登销记系统	故障现象、设备停用和登销记信息

续表2

序号	类别	监测监控系统名称	监测监控内容
8	工务	防灾系统	风速、雨量、异物侵限信息
9		地震播报系统(外网)	地震信息
10		地震应急处置系统(内网)	地震信息
11		维艾思气象信息服务(WIS)	降雨信息
12		限高架、通航视频	限高架、通航河流实时视频
13		车载晃车仪	线路晃车信息
14	供电	SCADA 系统	跳闸报文、隔开远动状态
15		接触网 3C 实时监测	接触网设备、弓网运行状态信息
16		接触网 5C 监测	受电弓滑板监测信息
17		供电线实时监控视频	供电线设备实时监测信息
18		车载高清移动视频	高铁设备在线监测信息
19	电务	DMS 系统	列车追踪、车载信息
20		CTC 复示终端	列车运行实时查询
21	轨道车	轨道车监控系统	开机状态实时视频查询

4.2　统计管内综合视频辐射范围

根据管内通信铁塔综合视频台账逐处调阅分析,建立上海高铁基础设施段线路综合视频辐射范围统计表,为快速锁定故障位置提供有力保障。

表3　上海高铁基础设施段线路综合视频辐射范围统计表

序号	线别	摄像头编号(名称)	类型	公里标	预设朝向	辐射范围	
						小公里标	大公里标
1	宁杭高铁	[宁杭客专 K004+230]NJN-JN01	变焦	K004+230	杭向	K003+530	K004+930
2	宁杭高铁	[宁杭客专 K007+715]NJN-JN02	变焦	K007+715	宁向	K006+015	K008+515
3	宁杭高铁	[宁杭客专 K010+893]江宁站铁塔	变焦	K010+893	宁向	K009+893	K011+893

4.3　制定常见故障应急处置检测监测调阅提示卡

根据前期梳理的各类检测监测系统和综合视频辐射范围统计表,为确保应急处置时能高效调阅,针对接触网13种常见故障制定检测监测调阅提示卡,明确各项检测监测系统调阅分析人员,为各种场景下的应急处置提供检测监测数据保障。

表4　应急处置检测监测调阅提示卡

弓网信息(影响行车)应急处置检测监测调阅提示卡(12项)			
监测监控系统名称	监测监控信息	是否需要调阅	调阅分析人员
线路综合视频	线路在线监测	√	盯控调度员(工务)
调度应急指挥系统	集团公司、站段值班信息;线路坡度、曲线等各专业基础信息	√	值班调度员(供电)
汽车定位系统	汽车定位信息	√	值班调度员(工务)
工作手机定位系统	工作手机定位信息	√	盯控调度员(供电)
列车运行图	列车预排运行图信息	√	值班调度员(电务)

续表4

弓网信息（影响行车）应急处置检测监测调阅提示卡（12 项）			
电子登销记系统	故障现象、设备停用和登销记信息	√	盯控调度员（供电）
车载晃车仪	线路晃车信息	√	值班调度员（工务）
接触网 3C 实时监测	接触网设备、弓网运行状态信息	√	检测分析人员（供电）
接触网 5C 监测	受电弓滑板监测信息	√	检测分析人员（供电）
车载高清移动视频	高铁设备在线监测信息	√	检测分析人员（供电）
DMS 系统	列车追踪、车载信息	√	检测分析人员（电务）
CTC 复示终端	列车运行实时查询	√	检测分析人员（电务）
跳闸重合闸不成功（原因不明）应急处置检测监测调阅提示卡（20 项）			
监测监控系统名称	监测监控信息	是否需要调阅	调阅分析人员
线路综合视频	线路在线监测	√	盯控调度员（工务）
调度应急指挥系统	集团公司、站段值班信息；线路坡度、曲线等各专业基础信息	√	值班调度员（供电）
汽车定位系统	汽车定位信息	√	值班调度员（工务）
工作手机定位系统	工作手机定位信息	√	值班调度员（供电）
上海高铁涉铁施工平台	邻营视频、数据报警	√	值班调度员（工务）
列车运行图	列车预排运行图信息	√	值班调度员（电务）
电子登销记系统	故障现象、设备停用和登销记信息	√	盯控调度员（供电）
防灾系统	风速、雨量、异物侵限信息	√	盯控调度员（工务）
地震播报系统（外网）	地震信息	√	值班调度员（工务）
地震应急处置系统（内网）	地震信息	√	值班调度员（工务）
维艾思气象信息服务（WIS）	降雨信息	√	值班调度员（工务）
限高架、通航视频	限高架、通航河流实时视频	√	盯控调度员（工务）
车载晃车仪	线路晃车信息	√	值班调度员（工务）
SCADA 系统	跳闸报文、隔开远动状态	√	值班调度员（供电）
接触网 3C 实时监测	接触网设备、弓网运行状态信息	√	检测分析人员（供电）
接触网 5C 监测	受电弓滑板监测信息	√	检测分析人员（供电）
供电线实时监控视频	供电线设备实时监测信息	√	检测分析人员（供电）
车载高清移动视频	高铁设备在线监测信息	√	检测分析人员（供电）
DMS 系统	列车追踪、车载信息	√	检测分析人员（电务）
CTC 复示终端	列车运行实时查询	√	检测分析人员（电务）

5 编制特殊故障应急处置方案

针对高铁综合维修管理模式下分界口、联络线较多的实际情况，组织对联络线、分界点等特殊处所接触网设备故障应急出动方案进行梳理，逐处编制接触网故障专项应急方案，补强完善特殊处所应急处置措施。

表5 虹桥联络线专项应急处置方案

序号	故障地点	汽车出动方案	登乘动车方案	轨道车热备方案	横向联动方案	附近通道门	备注
1	虹桥联络线上行	安亭北值检点汽车出动（预计用时15分钟），苏州工区同步出动汽车支援（预计用时80分钟）	昆山南值守点登乘下行列车至上海虹桥，在虹桥登乘上行列车至故障点	苏州工区轨道车热备	向电调申请虹桥供电工区出动（孙斌：13524642297）	虹联线上行 K18+320、南翔北所-安亭北所上行 K21+482	安亭北值检点无专业人员和抢修工器具
2	虹桥联络线下行		昆山南值守点登乘下行列车至故障点				

表6 杭州东线路所至杭州东区间（分界口）专项应急处置方案

序号	故障地点	汽车出动方案	登乘动车方案	轨道车热备方案	横向联动方案	附近通道门	备注
1	杭州东线路所至杭州东区间上行	湖州工区汽车出动（预计用时110分钟）	湖州工区登乘上行列车至故障点	湖州工区轨道车热备	向电调申请杭州供电段杭州东供电工区出动（翟工长：047-25899）	杭州东线路所-杭州东下行 K246+452	
2	杭州东线路所至杭州东区间下行		湖州工区登乘下行列车至故障点				

6 结束语

通过以上措施的落实，不断强化应急处置值班值守、关键环节盯控、综合检测监测和特殊处所应急管理能力，促进了高铁综合维修管理模式下接触网故障应急管理水平的稳步提升。

作者简介

樊帆，中国铁路上海局集团有限公司上海高铁基础设施段生产调度监控中心，副主任。

浅谈安全心理学在安全管理中的应用

卢海燕

摘　要：任何铁路交通事故的发生，都是由人的不安全行为和物的不安全状态在特定的条件下造成的。从大量的铁路交通事故统计分析结果来看，大部分安全生产事故是由于人们思想上麻痹，发生不安全行为所引起的。事故与人员素质和管理水平低有极大的关系，更与不重视人、不了解人的心理行为特点密切相关。要控制事故，就应学会掌控人的心理。

铁路企业的安全生产管理人员，必须具备一定的安全心理学知识，随时掌握员工的愿望和动机，把安全管理由被动的事中、事后控制变为主动的事前分析、预测、控制，并在实践中不断提高安全管理的技巧和水平，最大程度减少事故的发生。

1　安全心理学在安全管理中的应用意义

安全心理学是以生产劳动中的人为对象，从保证生产安全、防止事故、减少人身伤害的角度研究人的心理活动规律的一门科学。心理学认为，人们心理活动的过程，首先是通过自己的感知觉器官获得对客观事物的感觉认识，在此基础上通过大脑的思考、分析、判断等思维活动，形成思想，指挥行动，产生行为。所以，只要有不安全的思想和行为，就必然会造成事故隐患，也就存在着演变成事故的可能性。

越来越多的事故表明，人的心理问题已经成为影响安全的重要因素。例如，2020年7月7日贵州安顺市公交车坠湖事故的起因，是公交车司机因生活不如意和对拆除其承租公房的不满，针对不特定人群实施的危害公共安全犯罪，造成21人死亡，15人受伤，公共财产遭受重大损失。因此，2021年新修订施行的《中华人民共和国安全生产法》要求生产经营单位应当关注从业人员身体、心理状况和行为习惯，就是为了确保从业人员的身体、心理状况和行为习惯符合岗位的安全生产要求。当人的心理因素与外部环境相"匹配"时，表现为"正确"的行为；当心理因素的某些要素与外部环境的某些要素发生冲突时，其行为表现为"失误"。"失误"就是人的不安全行为，即不符合安全规程的作业或操作，有可能导致人身伤亡事故和财产损失。因此，研究并应用安全心理学，探索人的安全心理，掌握心理活动规律，制定出切合实际、保护广大员工的安全管理措施和制度，可及时矫正各种影响安全的不良心理和纠正各种违章行为。

2　常见不安全行为的心理因素分析

在施工生产过程中，人在生产作业中经常受到各种心理因素的影响，这些心理状况直接反映到操作规范性、工作效率方面，对安全生产造成巨大威胁。安全管理人员应明晰常见不安全行为的心理表现，对症下药及时进行干预和疏导，将影响安全生产的因素消灭在萌芽状态。

影响安全生产的常见心理主要包括以下几方面。

2.1　疲劳心理

这是国际上公认的主要事故致因之一。人在疲劳时，心理状态会产生无力感、注意失调、意志减退和睡意等一系列症状，极易引起伤亡事故。在实践中不难发现，在连续工作时间太长或劳动强度较大而疲劳至极时，人们会在毫无觉察的情况下突然入睡。这对于从事铁路营业线施工特别是开展铁路V形天窗作业及夜间天窗作业的现场作业人员来说是十分危险的。

2.2　侥幸心理

侥幸心理是许多违章人员在行动前的一种常见心态。把出事的偶然性绝对化。他们不是不懂安全生产规章制度和安全操作规程，而是"明知故犯"，从而做出非理性的判断，采用非理性的方式行事，对安全生产危害巨大。

2.3 惰性心理

惰性心理是在作业中尽能省事就省事、能将就凑合就将就凑合的一种心理状态，也是懒惰行为的心理依据。实际工作中，常常会看到有些违章操作是由于干活图省事、嫌麻烦而造成的。

2.4 麻痹心理

麻痹大意是造成事故的主要心理因素之一，行为上表现为马马虎虎、盲目自信。

2.5 逆反心理

这是一种无视社会规范或管理制度的对抗性心理状态，有时表现为当面顶撞，拒不改正；有时表现为表面接受，心里反抗。

2.6 逞强心理

争强好胜本来是一种积极的心理品质，但如果它和炫耀心理结合起来，且发展到不恰当的地步，就会走向反面。

2.7 从众心理

这是个人在群体中由于实际存在的或头脑中想象到的社会压力与群体压力，而在知觉、判断、信念以及行为上表现出与大多数人一致的现象。

2.8 紧张心理

有这种不良心理的作业人员，缺乏工作经验，应变能力差，面对突如其来的异常情况，正常的思维活动受到抑制或出现紊乱，束手无策，惊慌失措，甚至茫然无措。

2.9 情绪心理

不良的情绪状态是引发事故的基本原因。这些心理的产生，都对安全生产构成隐患。

3 应用安全心理学保障安全生产的对策探讨

实践证明，不安全行为的心理因素，可通过调整心理状态、合理的激励、适时的教育和谈心等手段进行干预和控制。

3.1 调整安全心理状态，控制人的不安全行为

一个人对环境因素或外界信息刺激的处理程度，决定了人的行为性质。因此，可通过以下措施调节和控制操作者的心理和行为：

3.1.1 利用人体生物节律，预测分析人的智力、体力、情绪变化周期，控制临界期和低潮期，因人、因事、因时地做好安全管理工作，调节人的心理状态，掌握安全生产的主动权。

3.1.2 努力改善生产施工环境，尽可能消除如黑暗、潮湿、闷热、噪声、有害物质等恶劣环境对操作者的心理机能和心理状态的干扰。合理安排工作，注意劳逸结合，避免长时间加班加点和超时疲劳工作。

3.1.3 开展富有特色的安全教育活动，创造满足作业人员技术进步和成长需求的环境，使操作者身心愉快地去工作。

3.1.4 观察工作人员的情绪变化，及时进行情绪疏导。安全管理人员应站在对方的角度去体验员工的心理，让员工感觉到自己是被理解的。通过一定的疏导，能有效排除外界的不良刺激。

3.2 用好激励手段，固化良好的行为和做法

使用激励手段、固化良好的行为和做法要把握好以下 3 个环节：

3.2.1 正确运用激励机制。合理的激励能让操作者产生积极的情绪，成为积极行为的原动力。安全管理人员可通过各种渠道了解员工的愿望和需求，做到心中有数。然后选择适合的激励手段，一般来说，正面表扬或奖励容易调动积极性。而在一定的条件下，惩罚、批评也能起到一定的效果，但应以教育说理为主，在提高思想认识的同时，要为被激励者排忧解难，改善不良的心理反应，引导他们产生积极的行为。

3.2.2 及时进行奖励。奖励的时间与员工所取得成绩的时间离得越近，效果就越好。如果员工现在创造出好成绩，管理者却在年终去奖励，他的工作热情就会被削弱。但如果立刻兑现奖励，其工作热情就会越来越高、动力就会越来越强。因此激励手段要及时。

3.2.3 创新奖励的方式。新颖的、变化的刺激将使员工有下一个追求动力。

3.3 加强心理品质锻炼，提高心理稳定程度

3.3.1 培养良好的心理品质。良好的心理品质，表现为意志坚定、情绪乐观、办事认真。这些品质对于安全生产大有裨益。可把培养这些品质作为培养作业人员安全心理的切入点。通过安全心理学讲座、谈心、实操培训等有效的安全心理教育形式，使其得以有效的实施。作业人员安全心理和安全态度的形成，不是自发产生的，而是一个长期学习的过程。对作业人员进行安全心理培训，就是运用心理学这个手段，建立安全心理模型，形成安全心理定式，提高安全心理容量，从而使作业人员在生产中能够根据客观情况的变化做出适应性的反应，用心理指导行为，达到安全生产的目的。

3.3.2 进行心理暗示，将安全规定内化于人的心理。心理暗示即用含蓄的、间接的方法，对别人的心理和行为产生影响。在安全教育中，有许多方法属于暗示性质。在国外，某些国家的交警对交通肇事者的惩罚是让他们观看交通伤亡录像。交通肇事者在观看后都说，这些血淋淋的画面，让他们再不敢开快车了。与此类似，铁路企业可将违章作业造成事故后果的现场录像作为教育题材。这种把生活再现的录像实际上就是一种暗示，它把人们熟视无睹、习以为常的做法展现在人们眼前，使人们看到了它的危害性。

3.4 合理应用"亲情管理"，增强作业人员责任感

对铁路企业的安全生产来说，家庭的亲情感化是安全生产不可忽视的组成部分。亲情是人与社会交流的基础，亲情管理可以满足作业人员的社会需要，可以增强作业人员的归属感和改善作业人员的工作情绪。家人的一句亲切叮咛，其效果超过领导安全讲话或是奖励。面对家人的期盼和祝福，作业人员心中充满了对幸福的渴望，自然会在生产中珍爱自己的生命，降低违章行为的发生率。这种把亲情管理引入安全管理的做法，使作业人员家属最大限度地参与到企业安全教育工作中，牢固地筑起了安全生产的第二道防线，使安全意识在作业人员心中深深扎根。

参考文献

[1] 尚勇，张勇. 中华人民共和国安全生产法释义[M]. 北京：中国法制出版社，2021.

[2] 邵辉，王凯全. 安全心理学[M]. 北京：化学工业出版社，2004.

作者简介

卢海燕，中国铁路广州局集团有限公司供电部，副科长，高级工程师。

高铁供电设备源头安全质量控制浅析

卓建洪

摘　要： 高速铁路供电设备持续安全稳定，在保障高铁运营安全品质上越发重要。供电设备一旦出现问题，将会给铁路运输安全秩序造成极大的影响。高铁供电设备源头安全质量控制是高铁安全运营品质非常关键的因素，如何有效提升高铁供电设备运行源头质量，成为高铁供电运维体系中的重点、难点。本文通过对开通以来的高铁供电设备典型问题进行系统的分析，旨在提出针对性解决策略，进一步提升高铁供电设备源头安全质量和运维管理水平。

1　广铁高铁供电发展背景

自中国高铁全路第一条准高速铁路广深铁路于 1994 年建设投运以来，经逐年跨越式发展，中国高铁迅速建立起覆盖全国、方便快捷的高速铁路网，为我国现代经济建设发展和广大人民群众出行提供了快速便捷通道。截至目前，全国铁路运营里程已突破 14.63 万 km，其中高铁 3.79 万 km；广铁集团供电系统管辖营业里程 10496 km，其中高铁及城际 4934 km，居全路前列。广铁集团高铁供电设备品类繁多，既有国外进口的原型产品，又有国外引进、国内消化及吸收后的技术创新产品。广铁集团所管辖的高铁供电设备不仅包括全路第一条开通的广深线法系设备，全路第一条长大高铁干线武广高铁德系设备，第一条日系整体结构 300 km 时速的广深港高速铁路，还有后期陆续介入开通运营的广珠城际、杭深、沪昆、怀衡、南广、贵广等 19 条高速铁路。从目前运营情况来看，供电设备保持相对安全稳定，供电设备的安全可靠性基本能够满足运营安全的需求，但也曾因供电设备故障给高铁运营秩序造成了较大的影响。特别是全路第一条 350 km 时速的武广高铁，可以誉为全路高铁建设发展的百科全书，也是全路高铁建设运营的一条试验线，通过对多年来运行暴露问题的系统梳理、摸索、完善、总结、提升，给全路供电设备的设计、施工、运营维护提供了比较完善的经验和制度标准体系。

2　高铁开通以来发生的源头质量问题回顾

通过系统梳理，近十年广铁集团高铁供电设备发生的典型事故故障共有 81 件，其中设备源头质量问题 63 件，占比 77.7%，占比最高。主要包含以下几类。

2.1　接触网专业设备问题

2.1.1　供电线相关问题。一是存在设备线夹紧固螺栓锈蚀严重，导致线夹松或接触电阻增大发热烧伤或烧断供电线。二是供电线过长、过低导致外界环境干扰大，砍青工作量大。三是存在现场踏勘不足，供电线与铁路栅栏动态距离不足导致接地放电。四是双支供电线由于未设置横向连接，在终端锚固线夹三角连接板处所出现的烧伤烧断问题。五是供电线处所防雷设计薄弱，未设置避雷线，雷击跳闸频繁等问题。

2.1.2　接触网 27.5 kV 单芯电缆问题。一是电缆沟设计不合理造成电缆交叉互磨、高低压电缆同沟敷设等问题。二是电缆沟结构不合理给后续运营维护造成不便，甚至造成较大的人身安全风险隐患。如 2015 年广州南高铁供电工区，在电缆检查试验过程中，就因有限空间作业发生了严重的人身伤亡事故。三是电缆选型存在一定优化空间。目前电缆一般都采用 48 kV 电压带铠装安装方式选型，电缆的外护套应选用抗紫外线、耐大气老化、双层组合阻燃、防水防潮，电压的耐压等级 2000 V 耐压水平，减低线路故障大电流产生铠装层过电压击穿外护套风险。四是电缆施工工艺执行不到位遗留隐患。由于电缆敷设时，没有严格按照工艺设置相应的滑轮放线架，造成在敷设过程中在地面上拖拽，损伤外护套。在敷设电缆过程中，也没有采用恒张力牵引机，在电缆转弯位置没有放置导向滑轮，导致敷设过程中电缆受到集中应力损伤。其他的一些问题还包括电缆主芯进水，电缆沟、支架、槽架对外护套损伤遗留隐患。五是电缆接地方式不正确，外护套损伤或多点接地造成电缆环流，长期运行导致烧伤电缆主绝缘。六是电缆头制作工艺标准执行不到位遗留隐患。高铁开通前，由于站前留给供电专业施工工期普遍比较紧张，制作电缆头的施工人员没有经过系统培训，在制作电缆头时没有严格按照工序和相关标准操作，且在后期交叉施工时对电缆造成了二次损伤，给后续运行留下隐患。

2.1.3 零部件及产品质量遗留隐患。高铁开通以来，由于供电设备及零部件源头质量问题引发的故障或事故共16件，其中比较典型的有棘轮补偿卡滞、不锈钢销钉折断、电缆头故障、电连接断裂、分段绝缘器消弧棒折断等故障，这些问题的发生都是零部件及产品源头质量问题造成的。

2.1.4 设备施工工艺不到位留下隐患。施工工艺不到位原因造成的事故故障共18件，典型的问题主要是超力矩施工造成定位线夹、中锚线夹、防风拉线固定环等零部件开裂，特别是武广高铁铸造铝合金零部件持续内部应力腐蚀开裂问题，在运维阶段时有发生。另外，由于施工工期紧张，施工单位对设备零部件紧固不到位造成松脱的问题，也给设备运维埋下较大隐患。

2.1.5 供电防雷、防鸟、防风、防树木等"九防"配套设备设施建设不到位。早期开通的高铁线路，一是由于对接触网防雷问题认识不够深入，仅以避雷器作为防雷手段，造成沿海铁路落雷密度大的区域，雷击跳闸问题比较频发。二是防鸟害在设备源头没有充分考虑。在隔离开关、硬横梁、定位底座等处所，源头设计时没有考虑封堵或不利于鸟类搭窝条件设置，给鸟类搭窝创造了条件，后续运营难度加大。三是在一些特殊区段线索交叉跨越处所，绝缘距离未考虑风摆极限，造成线索动态间距不足放电烧伤设备问题仍然存在。四是沿线的树木倒伏线路影响运输安全，重污染地区、隧道漏水引发绝缘击穿等问题也对供电运营造成了较大的困扰。

2.2 变配电专业设备问题

2.2.1 变配电设备设计容量冗余度不足。在新线建设初期，由于没有考虑到动车开行密度快速提升及大功率双组重联的动车组上线、跨线运行，加之个别地区地方电源容量限制，造成了部分变电所设计容量冗余度不足，多次发生过负荷问题。

2.2.2 断路器、隔离开关存在产品缺陷，以及与沿海气候条件不适应问题。特别是近年来发生的杭深线27.5 kV真空断路器绝缘子受潮绝缘下降炸裂、深湛线AIS组合开关柜穿柜套管工艺质量不高炸裂、怀衡娄邵线断路器机构故障等，均反映出设备存在源头质量问题。同时，广深港分相负荷开关真空泡炸裂、杭深线户外隔离开关导电臂烧损问题也反映出设备设计、选型及产品制造工艺存在诸多不足。这些问题通过后续联合厂家改进工艺、开展全面整治，运行现状得到相应改善。

2.2.3 供电远动SCADA设备状态欠稳定。远动设备存在通道结构设计不合理易发生大面积通信中断；远动板件老化运行、易烧损；通信管理机频发死机；高低压电缆同沟，高压线路故障电流冲击导致网开关操作电源跳闸等问题，使设备远动功能失效。一旦现场设备故障，无法远动操作快速切除故障及实现"先通后复"快速应急处置，影响设备安全运行品质。

2.2.4 27.5 kV干式所用变故障跳闸相对频繁。目前牵引变电所交直流系统电源普遍采用一路由27.5 kV干式所用变供给，另一路由综合贯通10 kV电源供给。从近几年27.5 kV干式所用变运行情况来看，由于27.5 kV级干式所用变产品标准不统一，多次发生故障，连带影响向接触网正常供电。个别所用变还曾出现绝缘击穿发展成火灾情况，对设备运行、人身安全均构成较大隐患。

2.2.5 供电系统回流回路不畅及接地状态不良导致故障。比较典型的事故是2018年发生在广深线的"7.28"事故，该起事故原因是设计回流仅采用了回流线回流及大地回流，钢轨回流未连通变电所。且回流线回流至变电所的主电缆采用铝芯电缆，线芯容量不能满足四条正线同时过载能力，在动车组重联加开情况下，恶劣的运行工况加剧导致事故发生。

2.2.6 部分变电所建设选点不利于后续运行维护。目前在沿线高铁，由于事前踏勘选点不慎重，变电所位置处于乡村比较偏僻区段，且配套道路未同步修通。个别开通了十年的AT所甚至连汽车都不能进入，加大了设备运营维护难度。

2.3 电力及给水专业设备问题

2.3.1 部分电力配电所进线电源稳定性较差。目前高铁沿线配电所大多数修建在高铁站内，部分车站开站时位置相对偏僻，选用的地方供电局电源线等级较低，个别配电所进线电源为架空线。架空线穿越居民区或林区，受外界环境影响较大。个别已开通的正式电源还利用原有的施工临时电源或公用电源顶替，造成配电所进线电源故障率偏高。另外，一些配电所、箱变及附属设备在采购环节存在质量低劣问题，导致故障多发。部分站点建设初期设计选址位置相对低洼，建设期间基础没有处理好等也造成雨季水涝及基础下沉，一定程度上影响设备运行安全。

2.3.2 电缆敷设工艺及源头质量不达标遗留了大量隐患。该类问题大体与 27.5 kV 牵引电缆的问题雷同，也存在电缆外绝缘破损、电缆头击穿问题，是目前电力故障率偏高的原因之一。此外电缆源头质量验收把关不严导致运营中问题多发，主要表现在电缆线芯偏芯、主绝缘状态不良等问题引发故障。比较典型的是南广高铁出现的控制及交流电缆外护套绝缘不合格导致的批量电缆击穿故障。

2.3.3 给水水源设计不合理或管道敷设工艺问题遗留隐患。近年来，由于高铁快速建设开通，部分车站位置相对偏僻，距离城市较远，不具备接入地方水源条件，造成车站水源采用了钻探深水井来解决。但由于钻探的水井水源不足或水源质量不能满足要求，给后续开通的车站生产生活用水造成一定的影响。部分车站在建设过程中因赶工，地基没有充分沉降或沉降不均匀就敷设管道，也引发了后续线路开通后发生给水管道断管事故。甚至部分车站出现将上水设备设计安装至正线线路侧，设备一开通就不能正常使用等问题。

2.3.4 给水设备源头质量问题及自动化、信息化配套不足给设备运营增加难度。由于目前各高铁站均采用了自动上水机上水，自动上水机在国内尚属不断完善的产品，不同的设备厂家由于实力、服务及质量意识不同，设备的改级升级不同，造成了设备质量参差不齐，给设备运营带来很大的难度。故产品投入使用后，连续发生了上水管不能自动回收、自动控制水阀失灵、控制部件失效等问题。此外，各车站的给水加压站在设计时，没有考虑相应的无人值班条件，相应的自动化、信息化配套建设投入不足也增加了运营难度。

2.4 相关配套接口生产生活建设不完善

主要是综合车间及轨道车专用线配套建设，不能满足高铁设备后续运营检修的需要。比较典型的是广深港高铁在沿线车站没有设置综合车间、工区的配套设施，也没有配套建设轨道车、检修列的停放库，相应的车间工区只能设在深圳北尽头站，导致不能满足日常运营维护及应急快速出动、快速处置的需求。同时，目前由于高铁运营安全需求，有节假日、恶劣天气及重点运输需求时，均需在车站设立临时应急值守点，而沿线的车站在建设时未同步考虑该任务需求，造成临时应急值守点的干部职工在车站内值守没有配套的生产生活条件。近几年，国铁集团对沿线检修机械的装备配套不断完善，广大干部职工也感受到技术装备的运用可以极大提高检修安全质量及效率，但由于在站前生产配套设施建设方面考虑不足，造成部分线路、车站不能满足停靠需求，不能充分发挥机械装备作用，这些问题在早期配套接口建设中均应该充分考虑。

3 剖析问题原因及相应对策

从高速及城际铁路近十二年开通运行情况来看，高铁供电设备的设计、施工工艺、设备选型等源头质量控制不到位，是造成设备故障、事故的主要原因之一。深入剖析问题原因，若供电设备运维单位能够按照"高可靠、少维护、免维护、智能化"理念开展新线介入工作，能够从设计、施工、验收及设备、产品选型等源头建立一套完善的质量控制标准体系，对后续高铁供电设备开通运营安全质量会起到积极关键的作用。

3.1 充分开展设计对接工作是确保安全运营的源头

目前，各供电运营单位都形成了"设计多对接一天，后续开通运营少干一年"的普遍共识，设计对接不深入会遗留大量问题，给后续留下大量的设备隐患，加大后续设备运营难度。综合以上共识，广铁集团从2020年起，建立了集团层面各专业的技术人才库，在新建线路设计初期，抽调各段各专业的专业人才，与设计、建设单位充分对接。2020年通过对赣深、张吉怀的深入设计对接，共发现并优化了 76 个设计问题，为后续供电设备建设开通运营安全打下了坚实基础。

3.2 严格卡控设备、产品选型及质量控制是确保安全运营的关键

当前，不管是新线建设还是技改大修项目，设备及产品的选型始终是困扰设备运营单位的一大问题。低价中标、相关技术指标不太明确、设备及产品质保期短，出安全质量问题追责不到位等在一定程度上造成了优汰劣胜的局面，也在一定程度上打击了铁路设备、产品供应厂家追求品质、安全、质量的积极性，长此以往将与铁路"交通强国、铁路先行"战略策略相违背，不可持续。在当前这种大环境下，要严控设备及产品的源头质量，唯有建立一套完善的设备产品正、反方面清单，对产品质量比较差的设备在全路及时曝光，质量好、信誉高的产品能进入正面清单优先采用。不断完善铁路物资采购方式，改变以往最低价中标模式，借鉴地方物资采购一些新模式，在确保设备产品质量的前提下，以相对低的市场价采购到相应的设备。同时，根据 12 年来高铁设备运营的情况，将设备运行安全稳定、质量和服务意识好的产品总结出共性的技术指标，作为后续设备招标选型标准，从源头上卡控设备产品质量。

3.3 严格现场施工工艺质量控制是确保安全质量的保障

从前期运营暴露出来的问题来看，施工单位施工人员没有掌握设备安装流程工艺，没有按标准、流程、步骤对设备进行调试、试验，供电运营单位对施工单位施工工艺执行情况把关不严是遗留设备隐患的主要原因。俗话说"磨刀不误砍柴工"，前期的工作准备越充分，后续执行就越到位。要解决这个问题还是要从以下几个施工工艺执行过程的关键因素着手。一是前期制定规范标准做到有标准可依。应与施工单位一道，对相关建设线路、设备的每一道安装标准、工艺研究透，制定完善的可视化施工工艺安装作业指导书，明确标准。同时，对每样设备需重点控制的技术参数、关键数据做提示，确保数据清晰、关键明了。二是充分的培训让施工及介入人员都全面掌握工艺标准。相关的培训不仅在理论上，还要在实践动手方面进行培训，该项培训可在各段练兵线上实施。结合新线建设的情况，也可采用在一些综合维修基地建设标准练兵线，考虑在线路投入使用后，作为运营单位配套培训设备设施交接。同时，在一些关键设备、关键施工节点开工前，建立首件立标机制。通过立标打样，对相关工艺标准，在新线建设全过程中严格对标落实执行。三是严格设备开通前的全面验收平推整治。在这方面，运营接管单位必须树立主动作为的思路。不能等设备完全施工完毕即将开通前再来开展该项工作，必须做到全过程、全覆盖、全流程验收卡控。对于一些在施工过程中没有按照相关工艺安装的设备，要坚决返工重新安装，必须让施工单位压实责任，能够充分认识到严格工艺流程的重要性、必要性。对部分盯控力量不足的施工，特别是一些隐蔽工程，站前单位全面铺开施工，盯控难度大，必须要提前对接。要通过各种技术手段，对关键环节、关键设备的安装建立历史视频资料留底备查，作为后续验收的依据。对施工完成的设备，要通过专业的试验验收手段充分暴露问题，及时对接督促施工单位进行整治。同时，运营单位在线路开通运营前，需集中组织段上及施工单位的力量，全面精细、逐杆逐部件逐螺栓、高标准地对设备开展精细化对标验收，对相关的设备进行系统全面试验，对存在的问题彻底克缺，并进行全面标识，为后续运营检测工作创造条件。四是开通前进行系统的静动态验收。同时利用各段配备的 4C 检测车开展全面检测分析，对存在的问题安排整治，真正实现"零缺陷"开通目标。

4 高铁供电设备源头安全质量控制展望思考

经过近几年我国经济社会的快速发展，我国的高速铁路网已初具规模，后续一段时间，仍然处在高铁发展的黄金时期，还有大量的高铁建设并投入使用，高铁也将成为广大人民群众出行方式的首选。同时，中国高铁也成为我国一张靓丽的名片，这张靓丽的名片还会不断发展走向世界舞台。

要实现这一目标就要瞄准世界一流去谋求发展，这就需要我们不断总结运行规律，深入研究在运营维护中所暴露出的问题，在设计、建设、施工工艺、设备、产品源头质量控制方面狠下功夫，不断建立和完善相应的制度标准体系。同时，完善配套先进的运营维护检测体系，在确保安全质量前提下不断提高运营效率效益，确保高铁供电实现可持续、高质量发展。

参考文献

[1] 中国铁路总公司.《高速铁路接触网运行维修规则》：铁总运〔2015〕362 号. 北京：中国铁路总公司，2015.

［2］中国铁路总公司.《高速铁路牵引变电所运行检修规则》：铁总运〔2015〕50 号.北京：中国铁路总公司，2015.
［3］中国铁路总公司.《高速铁路电力管理规则》：铁总运〔2015〕49 号.北京：中国铁路总公司，2015.
［4］中华人民共和国铁道部.《铁路给水管理规程》：铁运〔1999〕104 号.北京：中华人民共和国铁道部，1999.

作者简介

卓建洪，中国铁路广州局集团有限公司供电部。

供电施工安全管理浅析

潘光辉

摘　要：近年来，全路因施工安全风险研判不到位及施工安全管控不当造成的事故、故障频发，极大地干扰了铁路正常的运输秩序。如何针对性剖析供电施工存在的安全风险并有效管控，做到从源头上防微杜渐、抓小防大，成为供电施工安全管理的难点。本文通过系统分析近年来供电典型施工事故、故障，旨在剖析问题根源，系统性研究风险防控策略，提升供电系统施工安全管理水平。

1　引言

铁路供电相关施工，既包括以供电单位为施工主体开展的供电设备大修、技改等施工，也包括供电单位为配合主体(配合单位)，配合路内其他单位、路外施工单位开展的配合施工。铁路供电相关施工，往往涉及铁路供电与工、电、房建等各专业之间，与地方市政、供电局等之间设备设施交叉点多、接合部多，施工环境及施工条件相对复杂，施工专业性强。相关施工如稍有不慎，往往会发生接触网支柱倾斜及倒杆、断线塌网、挖断电缆、供电跳闸，以及人员高空坠落、触电、车辆伤害等一系列安全问题，进而考验我们的整体应急处置水平。围绕上述问题，供电施工安全风险如何科学分析及有效研判，供电施工安全管理如何高效"抓、管、防、控"，是我们供电施工安全管理的难点问题。本文通过对近年来全路典型施工案例倾向性问题分析，以期提出应对措施及建议。

2　施工典型问题剖析

梳理近年来的供电典型施工事故及故障，发现主要存在以下几类问题：

(1)上跨施工类：包括跨线桥、跨越线及车站雨棚结构物等施工，对供电设备造成的影响。一是结构物施工不当。在吊装或拆除既有跨线桥、车站雨棚结构物时，因对既有跨线桥、雨棚结构物强度评估不到位或吊装施工措施控制不当，发生吊装偏载、倾斜或脱落，剐蹭或砸伤(断)接触网设备等。二是跨越线施工不当。在展放(拆除)跨越线时，卷扬机发生故障或辅助吊机发生倾覆；在拆除退运跨越线或更换跨越线缺陷导地线时，对既有跨越线导地线缺陷情况、残余强度评估不到位，盲目采取"旧线带新线"等方案施工，缺陷导地线在受牵张力情况下发生断脱，剐蹭或砸伤(断)接触网设备等。三是防护措施不当。上跨施工所加装的防护(抛)网、防电棚、防护栅栏等防护设备设施，因设计强度不足，净空受限，安装工艺标准不到位，积水、覆冰、大风等外在因素考虑不足等，发生了防护设备设施脱落剐蹭(砸断)接触网设备，或与供电设备搭接、绝缘距离不足引发供电跳闸或断线等。如某设计单位因现场勘察错误，导致了上跨连续梁防护棚架设计跨度不能满足铁路限界要求；如某施工单位未按设计图纸施工，违反《铁路桥涵工程施工安全技术规程》挂篮拼装和拆除规定，擅自加装挂篮，强度不足断裂导致了接触网断线事故。

(2)下穿施工类：包括道路、框架涵、隧道等下穿既有铁路施工对供电设备造成的影响。一是开挖、顶管等施工不当。如下穿既有铁路路基、桥梁区段的开挖、顶管等施工作业，因未提前探明开挖处所与既有铁路光电缆、接触网支柱基础等隐蔽设备设施的相对关系，防护措施不当，挖伤(挖断)供电电缆或造成支柱倾斜等；如开挖取土防护措施不当，或注浆压力控制不到位，不均匀沉降危及既有铁路设备设施运行安全，出现接触网支柱、拉线基础倾斜及溜塌等问题。二是隧道施工不当。如新建隧道上穿(下穿)既有铁路隧道区段，因地质条件调查不充分、注浆压力控制不当、排水方案不合理等，以及在既有线隧道病害隐患未调查或整治不到位的情况下，发生了铁路既有隧道漏水、隧道变形等一系列问题，进而影响既有线接触网吊柱、绝缘设备等的运行。三是第三方监测措施不当。监测下穿施工沉降变化，临时加装在既有线路路基、桥梁、隧道的第三方监测设备，因安装工艺不达标、检查维护不到位等发生脱落，进而危及供电行车安全。

（3）开挖、边坡加固施工类：包括邻近接触网支柱及拉线基础，以及埋设供电电缆区段开挖取土等作业对供电设备造成的影响。一是现场踏勘不足。如未按要求组织施工前的联合调查，新增接触网支柱基础定位时，随意选择能满足侧面限界要求的地点进行开挖，忽略了既有接触网支柱下锚拉线基础等。二是现场交底不足。如开挖作业未提前探明、交底，作业过程中损伤既有线路光电缆等铁路设备设施；开挖处所防洪排水考虑不当，造成既有路基段接触网支柱或拉线基础倾斜、溜塌等。

（4）施工机械类：包括施工机械碰撞供电设备，或侵入供电设备限界等对供电设备造成的影响。一是吊装机械侵入邻线限界。如 V 形天窗利用立杆作业车处理废旧支柱，违反《LG-2 型立杆作业车（起重机部分）使用说明书》中"当第二节臂后伸部分未伸到基本臂筒体内时，严禁起吊任何载荷"的规定进行起吊作业，立杆作业车起重机吊臂侵入邻线列车限界。二是施工便道管理不到位。如施工便道处所供电设备未按要求加装防护墩、安全警示标识，施工车辆撞损供电设备；施工车辆经过供电线下方，吊臂未下降侵入供电限界，造成跳闸、断线；施工车辆经电缆直埋区段运行，压伤电缆设备，造成电缆击穿或带病运行。三是违章使用机械作业。在线路未封锁、接触网未停电、无供电配合人员的情况下，施工单位邻近既有线路进行吊装作业，吊机触碰接触网导致跳闸断线等。四是站改施工未统筹。既有线站改施工作业，因站前、站后专业施工未统筹，出现工程线区段新展放接触网设备已带电，站前施工单位施工车辆盲目施工，导致接触网跳闸、接触网设备损伤或断线。

（5）房建雨棚类：包括雨棚整治、站台屏蔽门、站台作业等对供电设备造成的影响。一是防护措施不足。房建等施工单位开展雨棚整治作业，发生施工物件搭接接触网设备造成跳闸或断线；刷油漆作业，未对接触网设备进行包扎防护，油漆等滴落接触网绝缘设备，送电时发生跳闸或绝缘子电晕爬电现象。二是违章违纪作业。房建等施工单位开展站台作业，在无供电单位配合、接触网未停电的情况下，违规向邻近股道抛送施工物件，导致接触网跳闸或断线。

（6）隧道病害整治类：包括隧道渗漏、空洞不密实等整治作业对供电设备造成的影响。一是绝缘管理不到位。隧道衬砌施工整治作业，施工凿除注浆期间产生粉尘，附着在绝缘子表面导致绝缘性能下降，由于隧道通风不良、潮湿、动车组运行等，潮湿粉尘导致绝缘子电晕爬电或闪络跳闸。如发生了未按要求防护接触网设备，注浆的环氧树脂滴落接触网，造成跳闸或绝缘子爬电、闪络。二是迁改防护措施不足。隧道空洞整治存在影响吊柱（埋入杆件）稳定、安全距离不足、破坏槽道或化学锚栓、刮碰线索等情况，未采取改移接触网设备、加装防护措施等。三是开通确认环节失控。隧道衬砌裂损、漏水病害整治等，如施工结束后发生了隧道拱顶粘贴的碳纤维布等异物脱落，搭接接触网引发跳闸或断线。

（7）施工延点类：包括施工安全预想、组织准备不足，施工安全卡控不力等造成延点，影响运输。一是施工安全预想不足。施工方案与现场实际存在偏差，导致施工执行用时过长。二是施工组织准备不到位。包括施工所需的工机料具准备不足或状态不良，施工培训不到位、人员业务技能不达标等，被动施工造成延点。三是施工安全卡控不力。对施工关键环节、关键工艺、关键流程、关键风险卡控不当，出现不可控局面。四是施工动态风险不敏感。对施工接合部各要素、对施工变化的相关信息，未能及时调查及全盘掌控，采取的措施缺乏针对性。

（8）安技管理类：包括施工安全技术管理不到位，关键环节失控所产生的影响。一是"地线关"失控。存在地线未按要求接挂或拆除、地线短接钢轨，造成接触网跳闸，烧坏电务、工务等设备设施，以及危及人身安全。二是"防护关"失控。存在梯车在计划作业范围外作业，或在已消行调、电调命令的情况下搬运梯车上下道造成红光带故障；人员作业侵入未封锁邻线，拦停列车事故。三是"秩序关"失控。存在无计划、无配合、超范围施工，如发生了多起配合人员未到场，施工人员现场擅自变更作业方案，超范围增加作业小组盲目施工造成的事故。四是"技术关"失控。设备管理单位发布牵引供电设备具备动态试验条件等电报时，未认真核对施工单位提供的图纸与现场竣工设备是否一致，依照错误的图纸发布开通电报，导致列车闯无网区。

3　施工倾向性问题分析

对上述施工存在的倾向性问题进一步分析，主要包括以下方面：

（1）施工交底、摸底不足，出现设计、施工、现场互不一致的情况。一是设计、施工交底环节失控。包括未开展设计、施工交底，或交底不及时、不全面、不细致，交底不严谨导致图纸技术资料交接随意，漏洞多；特别是设计、施工已交底但设计发生变更、施工组织发生了变化，基本图纸、技术资料、变更方案不齐全所造成的施工安全问题往往占很大比例。二是现场踏勘未做细做实。如既有线站改、上跨下穿等施工，未对影响供电、行车范围的设备设施开展现场踏勘、核图工作，施工过渡期间安全防护、迁改方案针对性不足，往往是潜在隐患的苗头。

（2）施工方案、计划编制及审批环节失控，漏洞频出。一是施工方案针对性不足。部分单位编制配合施工方案时，对基本的施工文件标准、施工及配合流程不熟，要么措施针对性不足，要么措施存在漏项。二是对施工审批基本流程不熟。特别是对已审批的施工方案，当设计、施工组织、现场设备、审批标准中一项或多项因素发生变化时，未要求施工单位更正及重新制定施工方案报审。三是审批把关不严。施工组织方案及日、月施工计划未对照施工方案审批，以及未按营业线施工文件审批。四是对配合施工标准不熟。个别供电单位配合施工经验不足，对营业线施工的基本规章制度、流程标准等不熟悉，现场施工配合发现不了问题，更解决不了问题。五是不重视配合施工方案的编制。出现配合施工方案未按要求编制、未按要求审批把关，以及重视接触网施工方案编制，轻视变电、电力等施工方案编制的情况。

（3）施工技术管理粗放。一是设备开通电报技术管理不到位。开通供电设备数量、范围，未与设计、施工技术图纸资料，未与现场设备实际，未与工务、电务专业设备开通情况等进行全面核对，签发电报把关不严。二是施工档案管理不足。施工方案、协议、许可证、施工动态、揭示等未按要求建档管理，未充分利用6C、施工视频监控装置时时掌握施工动态。三是施工接合部关注及管理不到位。对既有线站改、上跨结构物等施工站前、站后专业的接合部关注不够，对施工预留、施工条件、安全措施，对方案的整体性、一致性未做到统筹考虑，出现偏差。

（4）施工安全管理薄弱。一是未以我为主。配合施工缺乏主体意识、主动意识。个别供电单位对配合施工不主动，主观上认为是施工单位的项目，施工对供电设备的影响、卡控的关键环节了解不深，对供电主体配合施工同样不够重视。二是责任心不强。个别供电单位配合施工人员安全意识淡薄，责任心不强或存在侥幸心理，基本的施工安全监督管理执行不到位。三是施工安全风险研判不足。配合施工方案编制时，如对开挖、作业机械范围等影响既有供电设备运行的，对变化作业方式、范围、内容等两违作业的，对违反营业线施工基本规定的施工安全风险研判不足，更谈不上有效防范。四是施工培训不到位。"新三会"制度施工安全培训缺乏针对性，对施工单位、供电单位培训均走形式。五是施工失察失管。对房建车站站台、雨棚整治等小型施工，对邻近营业线的相关施工重视不够，出现设备损伤或供电跳闸频发；对外单位施工失管失察，未能有效监管。六是能动性发挥不足。未充分发挥建指、监理的作用，在设计及施工交底、接触网冷热滑试验中出现了较多问题。

4 对策及建议措施

通过对供电相关施工倾向性问题及安全风险的综合分析，建议从"设计施工交底、现场踏勘调查、施工风险防控、审批培训对标、首件施工进场、基本规章标准、施工应急安排、施工安技管理"这八个方面着手，加强供电施工安全管理，做好全流程、全过程、关键项点、关键风险的管控，提升整体管理水平，防止冷门事件发生。具体如下：

（1）设计施工交底，要逐项。施工准备环节中，特别要重视设计、施工方案的交底：一是设计交底要全。全面掌握设计出具的方案，特别是变更设计部分内容，作为我们编制施工方案的依据。二是对照核查要细。核对设计、施工方案是否一致，对施工与设计不一致的部分，要进一步根据现场情况分析判断设计方案、施工方案是否合理。

（2）现场踏勘调查，要逐核。对照交底的设计、施工方案，进一步开展现场踏勘：一是注重多维核查。核查设计、施工方案与现场是否一致，是否能按既定的方案执行。二是注重现场验证。现场踏勘重点考虑是否存在设计、施工未考虑的因素，进一步补强施工防控措施。三是注重隐蔽设施。现场可视的供电设备一般能完整调查，对预埋、直埋等隐蔽处所设备设施的防控措施，还需在工程具体实施过程中采取可靠的开挖防护措施，或提前做好迁改过渡。

（3）施工风险防控，要逐研。施工过程中存在的风险方方面面：一要注重关键项点。关键的风险项点要在核对设计、施工方案及现场踏勘的过程中做到前瞻、系统、统筹分析研判，并提前逐项制定对策，提前做足准备。二要注重研判要素。风险研判要从"人机料法环"各要素入手，综合分析，全面统筹。三要注重变化风险。对变化的信息要敏感，尤其是施工条件、施工组织、施工方案等发生变化时，对变化存在的安全风险因素也要及时梳理，制定措施，全面预防。

（4）审批培训对标，要落责。一是对标审批。审批环节，包括施工方案、施工计划的逐级审批，需严格对照审批标准、条款。重点卡控施工方案是否依据国铁集团、铁路局集团公司施工文件编制，施工方案与设计方案是否对照，施工方案是否补充现场踏勘调查的风险项点及应对措施，以及包括专业部门组织专题会议、专家审查意见是否做到具体落实；重点卡控月度、日施工计划是否严格对照施工组织方案，封锁里程范围、停电单元、行车限制卡等要素是否准确。二是对标培训。对施工规章制度的标准要求，施工方案、施工作业指导书的工艺标准及流程、施工存在的风险及如何防控等，对参与施工作业的人员做好全覆盖理论、实做培训，考试合格方能开展作业。三是对标落责。审批环节是提前防控风险、查漏补缺，培训环节是参与施工作业的人员掌握工艺标准流程、风险项点的关键步骤，相关管理及作业岗位人员履职履责、对规对标对表与否，很大程度上制约着后续施工的顺利开展。

（5）首件施工进场，要评估。施工单位进场，大规模施工作业正式开展前，首件首次施工安全评估非常重要，重点评估"人机料法环"等要素、标准化工地创建等是否达到施工全面铺开的要求。即，安全生产管理措施是否齐全、科学、规范；人员调配、资质、培训等是否与施工相称，职责是否明确；工机料具规格、型号、数量、状态等是否满足施工需求；各类施工技术资料、方案、预案、指导书、协议、台账、报表等是否规范、齐全；后勤保障是否有力，生产生活环境是否达标等。施工首件工作做细、做足，对进场评估存在的问题及时闭环整改，可对阶段施工安全、有序、高效进展起到立标打样的作用，可作为标准程序进行固化。

（6）基本规章标准，要用熟。国铁集团、铁路局集团公司营业线施工的基本规章制度、流程标准、作业指导书等，是我们正确开展施工的依据；只有做到了学标熟标、对标贯标，才能及时发现施工过程中存在的各类问题，按标准整改及防范风险。

（7）施工应急安排，要有备。施工应急，是施工管理不可或缺的部分。一要细化应急保障。要从研判的施工安全风险及防控措施着手，对照现有各类应急预案，制定应急保障措施及安排。二要加强应急预想。施工过程中，要杜绝侥幸心理，臆断应急可有可无或简化相关应急安排，施工要未雨绸缪、防患于未然，做最坏的打算，用最充足的准备来取得最好的结果。三要强化应急联动。大型施工还应加强联动应急预想，与增援的路内外单位提前建立联系机制，如启动应急，可确保快速处置，有效缩短事故或故障延时。四要提升应急水平。要加强应急组织、应急培训，在可控的时间内按预案完成应急处置工作，防止应急处置失水准、掉链子，把安全信息升级为故障，故障扩大为事故。

（8）施工安技管理，要常态。一是加强专业管理。供电的施工安全技术管理要和供电的专业管理一样抓，做到精细化、常态化。二是加强检查督导。和施工单位联合开展供电设备整治改造施工时，对施工单位的施工安全技术管理也须同步加强检查指导，在过程中及时纠偏。

作者简介

潘光辉，中国铁路广州局集团有限公司供电部。

动态精准研判　靶向严格施策
稳步提升现场安全风险管控能力

任化乾

近年来，乌鲁木齐供电段深入贯彻习近平总书记关于安全生产的重要论述和对铁路安全工作的重要指示批示精神，坚决贯彻落实国铁集团安全工作部署，认真落实集团公司运输安全工作要求，践行"人民至上、生命至上"安全发展理念，坚持强基达标、综合治理，紧紧围绕人身触电、高处坠落、车辆碰撞等行业固有的风险，狠抓源头强基础，盯住关键抓攻坚，精准施策除隐患，稳步提升现场安全管理水平，实现劳动安全、行车安全、道路交通安全持续稳定受控。

1　动态精准研判安全风险

1.1　有效运用双重预防机制

该段从领导层面超前研判、科学决策周期性、阶段性要重点管控、整治的项目；专业科室结合设备集中修、日常维保巡视等生产任务，提前思考、排查要盯的安全风险、要整治的安全隐患；车间层面盯住研判并公示的安全隐患和风险，统筹组织现场管控和隐患整治；班组及作业层面将具体的风险管控措施落实到场、互控到位。遵循以上管理思路，该段着力从"没想到""没管住"两方面入手，2022 年动态研判了 10 类别共计 32 项安全风险点，同步制定 221 项管控措施分解并压实于现场作业的全过程。通过学培考和制定指导手册，各级管理人员、作业人员清晰掌握季节转换时段、生产任务实施和单项作业等中的安全风险和重点关键，严格落实具体措施，有效管控现场安全风险。

1.2　搭建问题源头管理体系

问题是检视和提升安全基础管理的第一手资源，该段从梳理七个方面问题来源来搭建源头管理机制，实施问题分级梳理分析：一是车间、班组日常检查发现的问题；二是段领导、科室干部下现场检查发现的问题；三是调度指挥中心和专业科室审核工作票、施工维修作业方案发现的问题；四是调度指挥中心通过视频监控和检测车间通过 GYK、北斗系统、6C 等监控装备分析发现的问题；五是集团公司安监室管控中心通报的问题；六是集团公司安全信息系统和上级部门、安监室通报的问题；七是现场安全生产中发生的设备故障等问题。该段重点管控前四个方面的安全信息，通过日、周、月分析通报点评和追责考核，督促全段上下牢固树立问题意识，逐级压实责任，认真履职尽责；车间和班组层面按照"自查不究"的原则，鼓励勇于揭短亮丑，及时全面暴露现场问题，以有效提升现场自控、互控中安全信息源头的质量、广度、深度。针对后三类安全信息，通过日、周、月交班会等方式深度分析，严肃落责，精准施策，彻底纠治。全面优化对现场问题的追责思路，该段针对车间班组在现场自查发现并落实整改的问题，重点放在找出症结、举一反三、互相借鉴、总结提高方面来完善现场治理管理机制。针对发现的技术规章和管理制度存在上下相悖或有明显缺陷的问题，及时通报奖励，真正让干部"严格管理、履职尽责"、职工"遵章守纪、按标作业"成为思想和行动自觉，打造全员保安全的积极态势。

1.3　高效运用预警预控功能

按照"超前预警、科学防控、快速阻断"的管理思路，该段综合考虑季节转换、天气变化和迅速吸取典型事故教训的要求，针对管内可能衍生的突出的、倾向性的安全风险和潜在隐患，及时下发安全风险预警通知书，督促各科室、车间和班组（值守点）前移关口，全面加强对现场安全风险的逐级管控，隐患的排查整治由科室负责人、车间干部分层分级带队推进落实。2022 年，该段下发涉及施工安全、劳动人身、交通等方面安全预警和专项排查整治通知等 17 份，取得了较好的成效。

1.4　全员树立安全敬畏意识

该段积极落实国铁集团工电部组织的"三反一对标""两学一练一整改"活动部署，坚持常态化开展安全事故案例警示教育，每周编发事故案例学习计划，组织班组利用班前会、分工会开展学习教育。通过作业前警示教育和作业过程中盯住关键环节中的风险点和关键人，促使全员在安全生产中始终保持"如履薄冰"的危机感，"如临深渊"的紧迫感，时时放心不下的责任感。该段全面深化开展安全生产月、"9.24"安全警示日等专项活动，党政工团运用宣传标语、展板、电子显示屏、微信公众号等融媒体，开展以人身伤害典型事故案例、人身安全防控措施、安全红线等为主要内容的宣讲教育和座谈反思活动，营造"人人讲安全、时时讲安全"的安全氛围，树立并夯实全员的安全敬畏意识。

2　靶向严格施策管控风险

2.1　靶向施策整治问题根源

该段针对行车安全方面 GYK 参数录入错误和车机联控用语不标准等反复问题，直面车管干部和指导司机现场未严格对标的问题根源，建立全段车管干部和指导司机日履职通报机制，每日交班会段主要领导对车管人员前日现场检查和履职写实质量进行评价，下发履职通报。每周末，该段合理调配全段车管干部和指导司机，下发次周轨行计划盯控安排，并在段周安全对话会上对上周盯控履责情况进行点评通报。2022 年下半年，该段行车安全方面的问题减幅达 60%。该段针对工作票错误问题反复发生的现象，分析出问题的根源在于班组、车间对工作票不重视，段从"没人审""审核走形式"两个方面入手，优化完善班组安全等级四级人员共同审、车间主管干部先审车间正职后审、段调度审核后专业科室抽审的工作票逐级审核体系，有力保障了工作票内容的准确性和逐级审核的时效性，2022 年工作票方面的问题同比减少 90%。涉及施工、劳动人身、交通、消防等安全风险点，该段针对问题直面问题根源，从细化措施、完善机制入手，实施精准的措施机制进行有效管控。

2.2　精细管理压实管控责任

该段实施安全生产任务目标管理，逐层逐级分解年度安全管理目标和重点工作任务，实施清单化、项目化管理，逐项明确推进落实要求、责任部门、责任人，每月初督办、动态写实、月末通报，实施差异化考核，确保年度安全重点工作任务有序推进。该段修订完善安全监督管理制度体系，动态完善各级管理干部监督检查量化指标任务 114 条，坚持领导带头监督、科室专业监督、全员分工监督的管控体系，严格落实"四严五抓"安全监督检查工作要求，着力织密安全监督网，强化现场安全管控。

2.3　抓住关键加强风险管控

该段针对供电专业的一项作业涉及多方面风险因素的实际，坚持风险研判要全、风险防控要真的思路，每周末由分管安全段领导组织专业科室，重点围绕以下 15 个方面进行次周安全风险的研判部署：一是要理清封锁范围、停电范围、作业范围之间的关系，这是各级干部在审核工作票、施工方案时必须要重点把关的方面。二是全面掌握感应电、穿越电流产生的原理，防感应电、穿越电流对人体伤害的安全措施必须是完备的。三是对管内特殊供电臂的供电方式、回流路径要全面掌握。四是高空作业时安全带、安全绳要科学合理地使用。五是上线作业前必须设驻站联络员、现场防护员。六是对单岗作业的人员要有可行的管控措施。七是对新入职人员的互控措施要全面落实到位。八是变配电设备检修时，有电设备和停电设备的分界一定要清晰。九是检修电流互感器、电压互感器、电抗器、变压器、电容器一定要充分放电，接地后再进行作业。十是电力作业登杆前，一定要对支柱的根部进行认真检查。十一是电力设备停电作业前，必须用自带的验电器进行验明无电后方可进行作业。十二是作业车平台旋转限位的卡控措施要严格落实到位。十三是作业车司乘人员掌握计划，及时确认命令、确认信号、确认径路，昼间行车必须确认道岔的方向。十四是汽车在运行过程中，确保司机不疲劳驾驶、不超速行驶，及时避让大车。十五是有大型机械的作业，配合人员不得侵入机械能够触及的最大范围内，逐层制定安全风险控制措施。会后，该段下发次周安全风险点提示和管控通知，专业科室和各车间落实管控安全风险点的部署要求，结合实际进一步细化明确特殊站场、区段作业中的风险管控措施及责任，每日利用班前会、分工会进行安全风险点提示，分层定人落实风险管控。2021 年以来，该段实现职工"两违"率逐年下降近 5%。

2.4　紧盯短板实施帮促转换

该段坚持"重点帮促"和"精准帮教"相结合的措施手段，针对管理弱化导致安全工作下滑的车间由段组织科室实施"重点帮促"，对生产作业中"两违"突出的关键人，由科室联合车间实施一对一"精准帮教"。

2022 年，该段对管理弱化的阜康、乌鲁木齐等 4 个供电车间实施"重点帮促"，对反复"两违"的轨道作业车司机、接触网工等主要行车岗位中的关键人进行"精准帮教"6 人，离岗培训 2 人。

3　严细精实管控现场安全

3.1　严格落实安全生产职责

该段按照党政同责、一岗双责、齐抓共管、失职追责和"三管三必须"要求，全面压实各级管理人员安全生产责任，分层分级建立 165 个岗位的安全职责计 1368 个项点，突出岗位安全职责与安全风险防控相统一，形成了自上而下逐级管理、自下而上逐级负责的安全生产责任体系，实现安全职责上下全覆盖，横向可衔接、纵向可追溯。每周，该段下发干部作风督查通报，有效督促管理人员落实对安全隐患的整治和安全风险的管控，促进管理人员履职担当、守土尽责。近 2 年来，该段年均下发干部履职通报近 40 期，点名通报、考核干部 300 余人次。

3.2　常态开展对规对标检查

该段常态化开展"零点"行动，严格把对规对标检查贯穿于安全生产管理的全过程。2022 年，扎实有序开展"守底线、补缺陷、除隐患、防风险"、安全生产大检查等安全专项整治，各级管理人员下现场检查 3000 多人次，添乘检查 1800 多人次，检查发现的各类问题均限期整改，实行闭环管理。该段持续运用技防手段监控现场生产作业，建立健全现场视频监控、GYK、北斗系统等"技防"设备的实时监控、视频录像回放分析管理制度 3 个，实施监控"两违"问题和设备缺陷日通报、日追踪的闭环管理机制。调度指挥中心管控平台通过管内 260 个站场（所亭）的 898 个视频终端，实现对现场作业全过程盯控管控，工作领导人现场安全风险提示年均达到 200 余次，纠正制止"两违"行为 300 余起。

3.3　严肃安全问题考核追责

该段秉持抓小防大的安全管理理念，始终坚持对安全问题"零容忍"的态度，针对上级检查发现、集团公司管控中心通报的安全问题，严肃依规考核责任部门、责任人，该段近年年均下发的 300 余件安全监察书实现对问题追责考核无遗漏。针对存在同类问题连续反复、典型问题和违反安全红线问题的部门，严格按照触碰安全红线问题进行调查处理，对相关责任人严惩问责。2022 年，该段对阜康、乌鲁木齐等 6 个车间发生的上道不规范、违反作业程序等典型问题下发安全红线 6 份，各车间自查发现工作票签发错误等典型问题发安全红线 4 份。全段上下大力营造安全事故"不能出、出不起"的管理氛围。

3.4　细密管控现场作业安全

该段每周五召开次周施工计划、方案审查会，甄别复杂程度较高的施工维修项目并结合天气气候变化等特点，针对性地安排安全、技术和轨道作业车的专业干部深入现场驻点，全过程盯控安全生产的关键环节和安全风险。2022 年，该段 4000 余项重点施工维修作业全过程安全受控。该段吸取事故教训不松懈，坚持对触电风险的管控不偏移，动态修订接触网作业安全实施细则，完善防感应电、穿越电流及接地作业安全管理办法，细化防感应电"等电位"、防穿越电流"旁路"等措施。针对供电单元复杂、检修维修作业中电气安全风险较高的大型站场和枢纽区段，逐站场、逐区段细化制定停电防护管理规定，固定接地线位置，严控触电风险，科学排除接合部问题干扰影响。

乌鲁木齐供电段抓实用好安全管理双重预防机制，动态研判安全风险，实施靶向管控，近年来安全生产稳定受控，连续实现自然安全年。2023 年，该段陆续接管乌将双线电化、精（河）阿（拉山口）二线和玛石专用线等多条专用线，施工配合和生产任务较为繁重，新入职作业人员增量较大，该段继续坚持"敬畏生命、敬畏法纪、敬畏责任、敬畏规章"的职业安全敬畏意识，从严务实抓细抓好现场安全隐患整治和安全风险管控，稳步夯实安全基础管理，为推动全段高质量发展保障助力。

作者简介

任化乾，中国铁路乌鲁木齐局集团有限公司乌鲁木齐供电段，副段长，高级工程师。

关于高速铁路回流接地系统结构的几点认识

雷阳成

摘　要： 分析了高速铁路回流接地系统结构中牵引回流并联回路的具体构成及其特点，阐述了高速铁路回流接地系统结构在减少信号设备干扰、保障人身设备安全以及提高牵引网供电回路导电性能等方面的重要作用，提出了关于高速铁路回流接地系统存在设备部件烧伤问题和穿越电流人身伤害问题的一些认识。

1　引言

高速铁路的牵引回流系统与综合接地系统存在电气连通，已集成为具有回流接地功能一体化特征的回流接地系统，并且至少涉及了工务、电务和供电三个专业，涵盖了接触网支柱及距接触网带电体部分 5 m 范围、距贯通地线 20 m 范围以内的所有相关设备部件，形成了内部复杂程度较高的牵引回流并联回路。这种结构在很大程度上解决了电气化铁路存在的一些系统性问题，但也带来了需要进一步解决的细节性问题。

2　结构特点

高速铁路回流接地系统结构表明，钢轨、回流线、保护线、贯通地线和相关接地装置等设备部件都是牵引回流的回路，并且相互之间存在电气连接，形成了复杂的电气并联关系。具体情况是：

（1）上、下行钢轨并联。上、下行钢轨通过站内渡线、扼流变压器、横向连接线以及完全横向连接线实现横向连接，构成并联回路。

（2）上、下行回流线与保护线并联。上、下行回流线与保护线按要求的间隔距离实现过轨横向连接，并且通过吸上线、钢轨、扼流变压器和完全横向连接线实现横向连接，构成并联回路。

（3）上、下行贯通地线并联。上、下行贯通地线在路基地段通过横向连接的接地线，桥梁地段通过梁端横向接地钢筋，隧道地段通过隧道接地钢筋实现横向连接，构成并联回路。

（4）上、下行接地装置并联。上、下行支柱与防雷接地体等规定的铁路沿线接地装置，通过上、下行并联的贯通地线实现横向连接，构成并联回路。

（5）回流线、保护线与钢轨并联。回流线、保护线通过吸上线、扼流变压器或直接与钢轨实现横向连接，构成并联回路。

（6）回流线、保护线与贯通地线并联。回流线、保护线兼作闪络保护接地，通过接地端子、接地装置或直接与贯通地线实现横向连接，构成并联回路。

综上所述，高速铁路回流接地系统结构的特点是，相互之间存在电气并联关系的设备部件量多面广，牵引回流并联回路数量多且对称性强。此外，宏观上，整个回流接地系统与大地也是电气并联关系，也构成了牵引回流并联回路。

3　重要作用

高速铁路回流接地系统结构，对高速铁路各专业子系统之间有着系统性、整体性和协同性的重要作用，主要是：

（1）减少牵引供电系统对信号设备的干扰。钢轨是牵引回流和轨道电路的共用通道，接线阻抗、钢轨阻抗以及对地泄漏等因素容易造成钢轨中的牵引回流不平衡，对轨道电路形成传导性干扰，严重时会引发扼流变压器的电压升高到一定数值，出现信号继电器误动作、信号设备异常显示等严重问题。高速铁路回流接地系统,提高了牵引回流并联回路的对称性,可以有效降低钢轨中牵引回流的不平衡系数,减少牵引供电系统信号设备传导性干扰。并且,高速铁路回流接地系统结构,形成了较多数量的与钢轨并联的牵引回流回路。根据并联电路的分流规律,这些并联回路的存在将会降低钢轨中的牵引回流分量,从而降低牵引供电系统对信号设备轨道电路的干扰程度。

(2)保障人身设备安全。高速铁路牵引电流大、短路电流大、钢轨泄漏电阻大,产生了较高的钢轨电位,并且工务、电务和供电等沿线不同设备之间也会产生较高的电位差,存在乘降旅客和运营维护人员触电人身伤害、沿线信号等设备功能不良、钢轨与轨枕间的绝缘垫板加速老化等人身设备安全隐患。高速铁路回流接地系统结构,因并联的接地装置数量多而增加了与大地的接触面积,因并联的牵引回流回路数量多而降低了整体电阻,可以提高牵引回流的分流能力,降低钢轨电位。同时,高速铁路回流接地系统结构,实现了沿线工务、电务和供电等不同设备的等电位连接,消除了因电位差影响设备安全和功能正常的隐患。接触网的回流线、保护线与贯通地线连接,兼作闪络保护接地,避免了牵引供电系统大短路电流对沿线设备可能造成的影响,以及跨步电压对人身安全形成的威胁。

(3)提高牵引网供电回路的整体导电性能。牵引网是专为电力机车或电动车组提供电力的供电回路,由馈电线、接触网、钢轨和大地、回流线等部件构成。高速铁路回流接地系统结构,把钢轨、回流线、保护线、贯通地线、规定的铁路沿线接地装置等部件进行了复杂的相互电气并联的集成处理,并且整个回流接地系统与大地也构成了牵引回流并联回路。根据并联电路总电阻的计算原理,高速铁路回流接地系统结构的上述特点,在降低回流接地系统整体电阻的基础上,与大地构成的牵引回流并联回路,还可以有效降低牵引网供电回路的整体电阻,提高了牵引网供电回路的整体导电性能。

4   存在的问题

高速铁路回流接地系统结构,在一定程度上解决了人身、设备安全的系统性问题,但也存在一些威胁人身、设备安全的细节性问题,主要是:

(1)牵引回流烧伤设备部件的问题频繁发生,并且烧伤原因已经呈现出了不只是局限于供电专业的趋势。近年来,京广高铁、南广高铁、杭深高铁、成渝城际等线路,均发生了保护线烧伤、烧断的问题,有的甚至产生了比较严重的安全后果。这些保护线烧伤、烧断问题,在技术上的根本原因,都与高速铁路回流接地系统结构有关,是回流接地系统结构带来了牵引回流分布的系统性变化,从而引发了设备部件在细部出现导流不畅的问题。以成渝城际铁路保护线烧伤问题为例说明。烧伤位置在璧山至沙坪坝区间的寨山坪隧道口,烧伤直接原因是隧道口未按要求设置隧道接地钢筋的接地端子,沿隧道壁拱顶排布的非绝缘安装保护线无法通过隧道钢筋连接贯通地线,但是保护线的锚固底座与隧道接地钢筋存在连接点,导致主要作为机械部件使用的预绞式耐张线夹被迫参与导流,出现烧伤。而为保护线→预绞式耐张线夹→锚固底座→隧道接地钢筋→贯通地线这个细部回路提供电流来源的,正是回流接地系统结构中的保护线对牵引回流的分流作用。值得注意的是,成渝城际铁路保护线烧伤问题,是工务专业的设备问题引发了供电专业的设备问题,这说明高速铁路回流接地系统结构带来的细部问题,是不同专业设备集成的系统性变化引发的细节性问题,需要从多专业、多角度来分析。

(2)穿越电流人身伤害隐患可能会在工务、电务和供电等更多专业出现,并且发生概率相对较高。穿越电流的本质是牵引回流分量,产生牵引回流分量的原因是牵引回流并联回路的存在。高速铁路回流接地系统结构内部牵引回流并联回路数量多、覆盖广、构成复杂,并且涉及工务、电务和供电等专业领域,这是穿越电流人身伤害发生概率相对较高、涉及较多专业的根本原因。现阶段,对于回流接地系统整体和局部的牵引回流分量数值,缺乏定性、定量的技术标准约束,尤其是不能准确掌握回流接地系统内部牵引回流并联回路的准确电流数值。鉴于防止穿越电流人身伤害的原理和措施,不是消除穿越电流,而是把流经人体的电流降低到人体安全电流值 10 mA 以下,应当引起高度注意的是:V 形接触网停电的条件下,涉及回流接地系统的工务、电务和供电等专业的作业,既难以确定作业点是否存在高于 10 mA 的穿越电流,又难以确定采取的安全措施是否能够保证流经人体的电流低于 10 mA,容易引发人身伤害。

应对上述问题,可以采取"综合优化、细部解决"的方法。烧伤问题,可以通过综合优化供电绝缘措施设置和细部提高相关部件导电性能的办法加以解决。而防止穿越电流人身伤害问题,一方面需要优化高速铁路回流接地系统结构的牵引回流回路构成，梳理穿越电流的可能路径，另一方面需要研究作业点接地、旁路措施的现实有效性，出台标准。此外，工务、电务和供电等专业，应尽可能在接触网垂直停电的条件下实施作业。

5　结束语

高速铁路回流接地系统结构，解决的是电气化铁路牵引供电系统产生的系统性影响，在确保沿线人身设备安全方面作用显著，但这种结构也带来了一些需要进一步研究解决的问题。设备部件烧伤问题已经暴露且频繁发生，穿越电流人身伤害问题隐蔽性较强且后果严重。在实际运营维护中，这些问题需要引起高度重视。

参考文献

［1］国家铁路局.高速铁路设计规范：TB 10621—2014［S］.北京：中国铁道出版社，2014.
［2］窦文晶.铁路电气化牵引供电对铁路信号设备的影响分析［J］.科技经济市场，2015(8)：194-195.
［3］王波，吴广宁，周利军等.高速铁路综合接地效果评价系统［J］.交通运输工程学报，2011，11(5)：28-34.
［4］张婧晶.高速铁路综合接地系统的研究［D］.成都：西南交通大学，2008.

作者简介

雷阳成，中国铁路南宁局集团有限公司工电检测所接触网检测室，主任。

铁路配电所标准化管理措施研究

翟陆琦

摘　要： 随着社会经济的快速发展，铁路发展速度日益加快，铁路运输结构得到进一步优化。在这样的情况下，不断完善我国铁路基础设施是保障铁路运输安全经济运行的重要环节。随着我国现代化建设的不断推进，电力部门工作人员更多地投入到了铁路系统内的基础设施建设中，随着电力行业标准化体系的形成以及运行效果的不断改善，电力部门在行业内地位逐渐提高。在现代化和安全建设的保障下，铁路必须树立正确的价值观以及思维方式，结合配电所自身发展实际情况深入分析其所面临的挑战和问题，尤其是铁路配电所标准化管理，主要包括制定规章制度、运行维护管理制度、技术操作规程、作业流程等内容，并根据其实际情况进行调整与规范。

1　引言

铁路配电所标准化管理是将设备操作过程中的安全生产行为和管理行为进行统一管理，通过科学合理的措施和方法将标准化工作落实到日常的每个环节。将标准化工作落实到日常运行中，在对各类制度规定进行优化调整的基础上，合理制定作业过程中的工作方案和操作方法，规范作业过程中的各个环节。通过对设备各阶段操作人员进行技能培训、学习教育等来提高设备操作人员思想意识和业务能力，使其熟练掌握设备运行维护相关知识与技能。将标准化工作落实到日常运作中，在日常工作中合理利用现代化设备与自动化系统实现对配电所标准化监管，保证设备正常运转和数据信息实时记录以及准确反馈。因此，加强精细化管理过程是提升铁路配电所能力水平的关键环节，可以通过运用有效措施改善其运行质量和管理方式展开。

2　铁路配电所标准化管理概述

2.1　铁路配电所标准化管理的重要性

为确保配电所在标准化建设过程中能够发挥更大作用，需要在日常工作中不断进行标准化建设。铁路配电所通过标准化建设，可以有效解决传统管理方式中存在的诸多问题。首先，我国现有的配电所都是以电力设备为基础的，需要不断健全和完善相应的管理体系。在实施标准化管理过程中，应该从各个方面对标准化管理进行完善。其次，我国电力设备的运转环境比较复杂，需要严格按照标准以及要求开展相关工作。在标准化工作中要充分考虑环境因素以及人们的情绪等因素，对环境条件进行合理的评价和选择。最后，为进一步提高配电所的运行效率和水平，可以采取多种方式进行优化管理。比如采取增加自动化设备操作流程、增加标准化的操作管理机制等方式，来保证铁路行业规范化管理水平持续提高。在这一基础上构建相应的制度体系和标准体系是提升我国电力生产和使用效率的重要举措之一。

2.2　当前影响铁路配电所标准化管理的因素分析

我国铁路行业所面临的新形势，给铁路管理工作带来了重大影响。我国铁路行业在信息化建设中已经得到了广泛应用，并且取得了显著的成效，尤其是在当前大力推进互联网方面，为信息技术创新应用提供了有力支撑。但铁路行业与互联网相结合的实际情况依然存在许多问题：一是由于铁路信息化的不断升级，对铁路配电所管理造成影响。我国现阶段已经实现了铁路配电网的信息化，铁路配电网是实现信息系统应用的基础单位。当前铁路系统内的信息化应用水平不高、技术更新速度慢、智能化水平不高等问题也逐渐暴露出来。二是管理方法的传统理念与落后现状制约着标准在铁路系统的推广应用效果。在当前铁路配电所标准化管理模式还未完全建立起来的情况下，这种管理方式与模式已不适应当前铁路部门发展需求。

3 铁路配电所标准化管理的相关措施

配电所自身建设对配电所标准化管理具有一定促进作用，这主要是因为其在保障铁路运营安全方面发挥着重要作用。为保证铁路配电所建设成果顺利推广，铁路配电所需对自身进行进一步深入分析以发现不足，进而提高铁路自身建设水平并形成发展优势。首先，加强配电所规范化建设工作的开展。在整个标准化体系中，配电所处于核心位置，各项工作的开展均与其息息相关。只有将所有工作内容进行充分标准化且形成完整管理体系，才能保障相关工作顺利展开并发挥出应有作用。例如：铁路配电所标准化管理体系内容包括安全设施、电力设施和配电设备以及通信设备；完善操作流程、提高运行效率、优化配置资源等。其次，加强铁路企业自身的文化氛围营造。文化是整个铁路存在与发展过程中的重要组成部分，通过对其深入细致研究发现，职工对工作流程的理解程度以及其行为模式影响着铁路的形象。只有提高员工整体素质水平才能更好保证其工作积极性与主动性，进而进一步提高整体竞争力；反之则会造成不利影响。因此必须加大对员工思想教育、技能培训力度以及人文关怀等方面意识的培养力度，提升员工对铁路发展重要性的认识与认同度，从而更好地提高思想意识，有效推动铁路发展与进步；最后完善配电所标准化管理模式工作成果巩固机制。

3.1 制定完善管理制度

当前，随着高铁技术的发展，电力设备运行维护过程中的故障频率和范围不断增加。针对此种情况，必须做好相关管理制度的优化调整工作，完善运行维护标准化工作考核体系，充分发挥考评结果的激励作用。同时，应积极加强相关学习教育活动力度，对各类设备运行维护知识和经验进行充分总结，有效提高工作效率和质量。在对现有制度规定进行优化调整的同时，要注意结合当前电力设备发展趋势，从不同角度出发完善制度的内容，使铁路配电制度与企业文化相结合，最终达到制度完善与优化的目标。在完善各项操作规程的同时，还应注意结合当前实际情况将各类制度规定进行完善和优化。在对各类制度进行优化调整的基础上，要确保其内容符合实际需求和发展趋势；根据具体情况进行修改和完善；通过制定一系列奖惩措施来调动各种人员的进取性和积极性。要将各项规章制度完善到日常运作中并进行严格落实执行，将各类安全管理意识和业务知识向全范围渗透，形成"全员参与、齐抓共管"的良好局面。

3.2 加强管理人员培训

铁路配电所设置一般采用"一站一所"的方式，人才需求数量较大。因此，提高管理人员专业素质，是保障配电所正常运转的关键。铁路配电系统是电力系统的重要组成部分。铁路配电系统按照其功能不同，可以分为铁路牵引供电系统和铁路电力供电系统。其中，铁路牵引供电系统是指向电力机车或者动车组进行供电的系统，其主要由牵引变电所和接触网构成；铁路电力供电系统是为铁路车站及沿线区间等非牵引负荷进行供电的系统。铁路电力供配电系统由外部电源、变配电所、高压配电系统和低压配电系统等组成。配电所应该加强对相关业务管理人员的培训，提高其理论知识与实际操作水平，从思想上树立精细化管理意识，加强对其工作的指导。要求各部门充分认识现代化设备与自动化管理对铁路配电所标准化管理所起到的重要作用。保证各项规章制度与规程得到有效执行，从根本上杜绝违章现象的发生及减少事故的发生。加强对一线操作人员的实际培训是提高效率最直接有效的手段。通过积极开展多形式、多层次的业务培训来提高一线操作人员业务水平和管理能力，使其能够熟练掌握各个设备的日常维护和检修方法，同时为他们提供针对性的专业培训和岗位练兵。

3.3 提升一线设备操作人员技术水平

铁路一线设备操作人员必须要提高对铁路配电所标准化管理的认识，要提升自身技术水平，增强业务能力，只有这样才能更好地实现标准化管理。提高技术水平主要包括以下几个方面：一是加强业务技能培训工作。从实际工作出发对员工进行系统培训，使其能够熟练掌握设备维护基本操作技能、相关规章制度和技术要求等知识，为工作的顺利开展奠定基础。二是强化设备专业知识培训工作，通过各种形式来帮助员工理解和掌握设备技术要求，保证操作人员能够熟练规范使用各项操作工器具以及测量仪器与仪表等。三是通过在专业技能考试工作中对员工采取相应的奖励机制来提高广大职工学习积极性。四是强化现场管理服务作用。铁路配电所应该利用各种有效形式提升员工相关理论知识水平，在此基础上进一步明确工作流程及标准规范等内容。对设备操作人员的技术水平判断的主要依据为，高压开关柜、变压器和低压开关柜等安装与调试工作,以此满足车站的用电负荷,维护铁路车站供电负荷包括用车站信号设备、通信设备操作电源、照明、空调及通风等的正常运转。

3.4 加强基础管理

加强基础管理过程对质量水平和管理水平的提升有着至关重要的作用,是促进生产发展、推动铁路管理现代化的重要途径。基础管理能力薄弱会影响生产质量以及效率,影响铁路运输的竞争力和社会影响力。同时,基础管理是确保生产高效运转、增强铁路核心竞争力的重要环节。首先,坚持安全第一,提高各班组管理能力素质。其次,做好各类设备材料、日常检修、电气性能试验等基础管理。最后,加强对配电所设备日常维护力度以及操作安全情况管理。同时,铁路配电所还需确保电气设备保护装置、隔离开关、避雷设备、刀闸开关、接地装置等设备的运行质量,以此保证供电范围内异常情况的控制工作。

3.5 完善作业流程

随着科技不断发展,先进工艺不断被运用到实际工作中,提高生产效率也需要通过完善作业流程来实现。因此,在实施电力生产过程中,必须完善各个环节流程,合理控制和落实好电力生产人员的作业流程,具体操作可结合《铁路电力设计规范》展开。第一,在优化作业流程的前提下,对现场各生产设备的状况和人员的作业能力等进行评估,并依据评估结果采取相应的措施。第二,加强作业流程的管理力度,将电力生产过程中发现的各种问题及时处理解决。第三,根据电力生产的特点和发展趋势,对电力生产要素进行科学管理。第四,积极推行标准化作业,为电力生产提供更完善的生产流程控制。在铁路配电所开展标准化作业过程中需要建立标准化作业流程,采用标准化作业方法处理日常生产中出现的问题,确保生产流程标准化且完整、流畅、有效。将各项生产条件细化并且在实施过程中按照标准化方法完成,既可节约成本、提升效率又可减少安全隐患。因此我们要加强对各种设备操作技能的培训与考核力度,提高人员的专业水平与综合能力,保证铁路配电所标准化管理过程落实到位;不断加强电力设施设备安全管理、提升供电可靠性以及生产效率程度,从而保障供电正常运转。

4 结束语

铁路配电所是重要的生产场所,需要结合现有生产与安全机制与管理模式进行合理改进。通过建设高标准配电所来保障设备正常运转,通过加强精细化管理来使其运行质量和管理方式得到提升。提高人员专业技能水平,通过采用多种方法不断优化操作流程。针对配电所内存在的各种安全隐患,要进行科学排查,及时消除隐患。通过标准化管理进一步加强各作业环节控制,保证作业人员按照标准化流程作业,在确保电力设备安全稳定运行的基础上有效实现精细化管理目标。

参考文献

[1] 周兴.高速铁路电力远动技术的应用研究[J].电气传动自动化,2022,44(02):60-64.

[2] 左杨帆.智能电力运维系统在铁路变配电所的应用研究[J].电子元器件与信息技术,2022,6(03):138-140.

[3] 马超晨.电气化铁路10 kV配电所电气设备的安装与运维[J].设备管理与维修,2021(24):89-90.

[4] 赵丽娜.铁路数据中心供配电系统设计[J].电气传动自动化,2021,43(06):51-54.

[5] 王志文.铁路无人值班变配电所智能巡检系统的探讨[J].山西建筑,2021,47(02):125-127.

作者简介

翟陆琦,中国铁路南宁局集团有限公司南宁供电段。

探究如何提高滚动天窗利用率、设备检修质量

王　涛　孟祥威　刘创龙

摘　要：滚动天窗是电气化铁路接触网集中修天窗另一种组织新模式，根据电气化铁路变电所各供电线范围划分为若干个片区，每个片区细分若干站场、区间，以周为单位在片区间滚动接触网集中修天窗，在新模式下，存在诸多因素影响滚动天窗利用率和设备检修质量。结合现场实际开展的滚动天窗情况，本文主要从设备修前调查、工前准备、工器具配备、天窗作业组织、设备检修标准、修后鉴定、验收、职工专业素质、激励考核机制这8个方面，系统分析、探究如何提高滚动天窗利用率和设备检修质量。

1　目前滚动天窗存在的问题

1.1　设备修前调查工作不足

根据相关管理文件、办法要求及规定，在接触网滚动天窗实施前，设备管辖单位应组织接触网工区骨干对集中修范围内的接触网设备进行修前调查，并对调查情况进行汇总，确定集中修设备检修工作量，找出设备薄弱点，确保集中修工作的有效性和针对性。在实际工作中，修前调查工作很容易被忽视，常常以重点设备有无超周期、6C检测问题库代替，缺乏严谨性和目的性，对现场设备未实地调查和摸底，难以切实掌握设备真实运行状态，因设备修前调查工作不足会导致集中修天窗作业内容无针对性，盲目性、随机性很大，发现其他设备问题无法短时处理，造成设备问题遗留及影响滚动天窗利用率。

1.2　工前准备工作不足

滚动天窗作业涉及作业人员较多，工具、材料使用及消耗量比常规天窗多2~3倍，职工观念转变较慢，墨守成规，未结合滚动天窗作业内容及作业时间针对性地准备工具、材料，造成滚动天窗作业过程中，经常出现因缺少工具、材料导致能处理的设备问题变为设备遗留问题，影响设备检修质量，须提报下次滚动天窗计划才能处理，处理周期较长，存在较大风险和设备隐患，浪费人力、物力。

1.3　工器具配备不足

工器具配备只满足常规天窗设备检修需求，既有工器具未实时更新换代，高科技、高性能工器具配备不足，造成滚动天窗检修作业事倍功半，影响滚动天窗作业利用率和设备检修质量。

1.4　天窗作业组织不严谨

一是滚动天窗作业现场写实不足，新模式下需要不断现场写实，不断积累经验，不断修订、完善相关规章制度和办法才能更好地服务于现场滚动天窗作业，但现行开展的滚动天窗作业组织缺乏科学性、严谨性，只是按部就班完成滚动天窗作业组织，未切实从滚动天窗作业组织特点、作业整体层面研究各作业小组分工、接触网作业车与梯车作业组的优劣势，未取长补短，影响滚动天窗利用率。二是作业组分配不合理，因滚动天窗作业涉及多个作业组，每个作业组划分不同的作业区段，梯车作业组安排尤为重要，实际滚动天窗作业时，因梯车搬运工作耽误较多时间，造成个别梯车作业组实际作业时间不足滚动天窗作业时间的，浪费滚动天窗作业时间和人力、物力，影响滚动天窗利用率。

1.5　设备检修标准执行有差距

落实好设备检修标准是保障设备检修质量的主要措施，在实际检修作业过程中，缺乏现场监控及指导、检修作业人员业务素质参差不齐、工器具配备不足等问题，造成设备检修标准在执行上存在差距，易出现重点设备漏检、漏修现象，影响设备检修质量。

1.6　修后鉴定、验收工作质量不高

设备修后鉴定、验收概念易被模糊化、弱化，在滚动天窗作业中未严格落实设备修后、验收机制，存在

走过场的情况。缺少设备修后鉴定、验收这一环节导致设备质量无法得到保障，影响设备检修质量。

1.7 职工专业素质有待加强

一是检修作业人员年轻化，近几年新入职的年轻职工较多，工作经验明显不足，加之职工对专业知识学习的积极性、热情度不高，整体业务素质水平偏低，影响滚动天窗作业组织、工作安排及设备检修质量。二是"传帮带"作用发挥不突出，现场是职工成长、成才的最佳场所，技术骨干要切实履职、尽职，传授经验，帮助年轻职工成长，但现实中，技术骨干未履行好自己的职责。三是年轻职工日常培训管理不到位，重视度不够，造成年轻职工业务技能水平提升较慢，滚动天窗作业中，常常因年轻职工自身业务不熟悉造成设备检修花费时间较长，影响滚动天窗利用率和设备检修质量。

1.8 激励考核机制不突出

奖励机制不突出，方法单一，奖励机制只限于发现接触网设备隐患，涉及方面及层次太少，与滚动天窗实际作业结合较少，职工积极性提升不明显；考核机制触发不及时，因漏检、漏修造成设备运行质量不良，造成后果时才触发考核机制，对滚动天窗作业中的作业效率、检修标准缺乏监管和管控，不利于提高滚动天窗利用率及设备检修质量。

2 解决的方法

2.1 加强滚动天窗工前准备工作

(1)丰富滚动天窗分工会形式，采取视频、图片相结合的分工会方式，让职工更直观、清楚地了解自己当天作业内容、重点工作、关键处所的卡控项点，提高职工对作业内容的熟悉度，更好、更快地完成接触网设备检修任务。

(2)分工会时学习贯彻作业指导及相关维修标准，每次分工会时，工作领导人组织职工学习当日涉及接触网设备检修的作业指导和维修标准，指导各作业小组严格按检修流程、维修标准开展接触网设备检修。

(3)强化工前预想，工作领导人组织小组负责人对本次作业涉及或有关的接触网设备，对人员组织、工具、材料、作业特点及安全风险开展全面分析及预想，防止出现人员业务素质水平不高，工具、材料准备不足、造成接触网设备隐患未及时处理或检修工艺不达标的情况，缩短接触网设备隐患整治周期，提高接触网设备检修质量。

2.2 加强集中修天窗作业组织过程控制

(1)加强滚动天窗作业现场写实，把控好每个作业环节所用时间，将各项工作所需时间一一写实记录，包括挂接地封线、接触网作业车准备、分勾、卸载梯车、网上作业、接触网作业车连挂、返回车站等，不断分析、总结、优化，总结出一套适合滚动天窗作业的作业组织流程，做到合理规划滚动天窗作业组织，以此提高滚动天窗利用率，工作领导人负责每日滚动天窗写实与汇总，每月技术部门组织相关车间进行分析和总结，抽丝剥茧，不断优化和升级滚动天窗作业流程控制。

(2)不断探索与实践，发挥梯车作业组与接触网作业车组各自优势，使滚动天窗利用率最大化，减少滚动天窗作业时间。

2.3 强化修后鉴定、验收工作

在滚动天窗作业期间，由技术部门、所辖车间、班组技术骨干成立临时修后鉴定、验收小组，负责本次滚动天窗作业接触网设备修后鉴定、验收工作，对未按检修流程、维修标准作业的职工进行指导和督促，发现接触网设备问题及时告知工作领导人，对于重大设备隐患立即安排作业组进行处理。

2.4 强化职工日常培训，提升业务技能水平

(1)创新和优化职工培训方式，提升职工学习专业知识的积极性，为职工创造和搭建学习业务技能的平台，营造良好的学习氛围，打造"比学赶帮超"的学习圈子。各车间每季度组织一次专业技能竞赛，以班组为单位，开展个人全能及团体项目比赛，对成绩优异者进行奖励，以激励后进职工增强学习业务知识的热情。一方面可以加强职工团结协作的能力，另一方面可以提升个人的业务技能水平，进而提升职工整体业务素质水平。也可以帮助站段、集团公司发掘优秀技能人才，将其送往更高平台展示自己的业务技能。

(2)强化班组现场教学及"传帮带"作用，班组每月按职教部门学习计划严格落实教学内容，加强对作

业指导及检修标准的学习，结合管内设备特点，制订技术骨干"1 对 N"帮扶计划，发扬"传帮带"优良传统，每名技术骨干分配几名需帮扶职工，根据班组月度培训内容，定期对需帮扶职工进行专业知识的指导和培训，并与其一起交流和学习。技术骨干可以在滚动天窗作业时对检修过的接触网设备从技术参数、工作原理、检修方式等方面对需帮扶职工进行讲解，技术骨干在帮扶过程中能促进自己专业知识的融会贯通，间接地提升了自己的专业知识水平，达到与帮扶职工共同进步的目的。这从侧面加强了技术骨干对铁路企业管理发展的认知，使其建立立足岗位、敢于担当做奉献新时代铁路人的使命感。

3 取得的效果

3.1 滚动天窗完成量总体提高

原有天窗全线采用"4+3"模式，每个接触网工区分别作业，每个接触网工区每个天窗点出动约 12 人，使用 2 台接触网作业车，人均完成约 0.07 换算条公里/天窗。采用滚动天窗模式，可节省 12 名辅助人员，人均完成约 0.092 换算条公里/天窗，提升率为 31.4%，滚动天窗利用率得到很大的提升。

3.2 设备检测一级缺陷减少且稳定

开展滚动天窗以来，检测一级缺陷呈明显下降趋势。黔桂线自 7 月份实施滚动天窗以后，检测一级缺陷较上半年明显下降且趋于稳定，没有出现较大起伏，说明在滚动天窗期间，接触网设备检修质量得到了提升，设备运行状态稳定、良好，如图 1 所示。

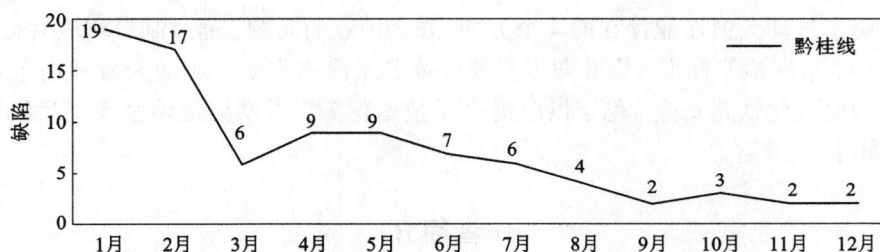

图 1 检测一级缺陷趋势图

3.3 现场 4C 问题发现及克缺稳定下降

在未开展滚动天窗集中修前，黔桂线发现及克缺 4C 问题数量在 17 至 28 个之间浮动，开展滚动天窗之后，7 月至 8 月期间，发现及克缺设备问题数量增幅均较大。主要原因在于滚动天窗期间，作业人员多，作业时间长，作业小组数量倍增，进而发现较多接触网设备问题，克缺问题数量也明显增加，开展滚动天窗 2 个月后，发现及整治接触网设备问题明显下降。由此可见，推行滚动天窗模式后，从发现问题到问题克缺，都取得很好成效，接触网设备检修质量得到有效保障。如图 2 和图 3 所示。

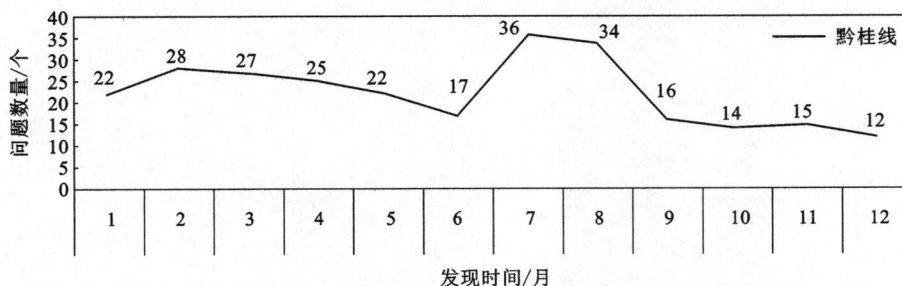

图 2 4C 问题发现趋势图

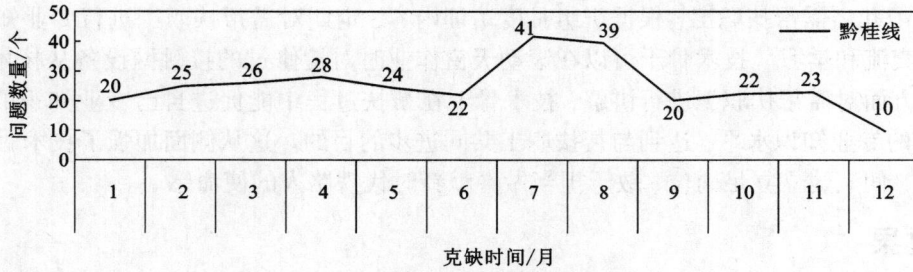

图3　4C 问题克缺趋势图

3.4　有助于快速推进专项整治工作

充分利用滚动天窗停电时间长、作业人员多、作业面广等优势,结合各线设备特点,在滚动天窗内开展专项整治工作,有效保证专项整治质量,加快专项整治速度。原有天窗模式,全线日均可清洗绝缘子 24 个,更换模糊杆号牌 31 个。开展滚动天窗模式后,全线日均可清洗绝缘子 33 个,更换模糊杆号牌 45 个,提升率分别为 37.5% 和 45.1%。

4　结束语

本文分析、总结了滚动天窗作业存在的 4 个方面、8 个项点的问题,通过制订相应对策、规范作业组织流程,细化作业内容,落实检修标准,提升职工素质,做出完善和改变。滚动天窗利用率及接触网设备检修质量稳步提升,为电气化铁路安全、稳定供电提供了技术保障,为铁路运输坚实了后勤基础,更践行了"交通强国、铁路先行"的誓言。

作者简介

王涛,中国铁路南宁局集团有限公司柳州供电段,工程师。
孟祥威,中国铁路南宁局集团有限公司柳州供电段,助理工程师。
刘创龙,中国铁路南宁局集团有限公司柳州供电段,助理工程师。

接触网随车等位线总结、分析及改进建议

韦益广

摘 要：随车等位线作为目前高普铁接触网生产活动中广泛使用的一种安全工具，其使用环境、使用数量、使用目的、材质、具体形式等仍有较大讨论和改进空间，而这些改进对于人身安全、作业效率具有明显的促进作用。

1 随车等位线的文件依据

（1）《高速铁路接触网安全工作规则》（铁总运〔2014〕221 号）（下称"高铁安规"）第五十二条：作业车平台应设置随车等位线，在完成作业平台和工作对象设备等位措施后，方可触及和进行作业。

（2）《普速铁路接触网安全工作规则》（铁总运〔2017〕25 号）（下称"普铁安规"）第五十五条：作业车平台应设置随车等位线，在完成作业平台和工作对象设备等位措施后，方可触及和进行作业。

这就是随车等位线在高铁安规、普铁安规里面的描述。

按照这个规定，使用接触网作业车且人员在作业平台上时，在未挂接好随车等位线前，人员及所持工具材料均不得触及工作对象，因此，这个随车等位线起的是人身保护作用（运维规规定了一种起接触网零部件之间等电位用的等位线，可称之为工作等位线）。

作为对比，之前铁道部、中国铁路总公司、国铁集团的各版本接触网安全工作规程都没有涉及随车等位线。

2 相似、相关的概念和规定

2.1 接地线

（1）接地线应使用截面积不小于 25 mm² 的裸铜绞线制成并有透明护套保护。接地线不得有断股、散股和接头。（高铁安规第七十三条、普铁安规第七十九条）。

（2）装设或拆除接地线时，操作人要借助于绝缘杆进行。绝缘杆要保持清洁、干燥。（高铁安规第七十五条、普铁安规第八十一条）

（3）接地用绝缘杆的试验标准：见高铁安规附件 11 及普铁安规附件 11"常用绝缘工具电气试验标准"。

2.2 等位线（注意不是随车等位线）

（1）高铁安规第六十六条（七）：检修隔离开关、电分段锚段关节、关节式分相和分段绝缘器等作业时，应用不小于 25 mm² 的等位线先连接等位后再进行作业。

（2）普铁安规第六十九条（六）：检修隔离（负荷）开关、绝缘锚段关节、关节式分相和分段绝缘器等作业时，应用不小于 25 mm² 的等位线先连接等位后再进行作业。

（3）《高速铁路接触网运行维修规则》（铁总运〔2015〕362 号）第一百一十三条（五）：极限温度条件下，交叉跨越线索间距不足 200 mm 的处所应加装等位线。等位线及其连接线夹应与被连接线索材质匹配，截面积不小于 10 mm²。

（4）《普速铁路接触网运行维修规则》（铁总运〔2017〕9 号）第一百二十四条：交叉跨越线索间距不足 200 mm 的处所应加装等位线。等位线及其连接线夹应与被连接线索材质匹配，截面积不小于 10 mm²。

2.3 短接线

（1）高铁安规第六十六条（五）检修吸上线、PW 线、回流线（含架空地线与回流线并用区段）、避雷线等附加导线时不得开路，如必须进行断开回路的作业，则须在断开前使用不小于 25 mm² 铜质短接线先行短接后，方可进行作业。

(2)普铁安规第六十九条(四)：检修吸上线、PW 线、回流线(含架空地线与回流线并用区段)、避雷线等附加导线时不得开路，如必须进行断开回路的作业，则须在断开前使用不小于 25 mm² 铜质短接线先行短接后，方可进行作业。

2.4　其他

(1)高铁安规第六十六条(四)：更换长度超过 5 m 的长、大导体时，应先等电位后接触，拆除时应先脱离接触再撤除等电位。

(2)普铁安规第六十九条(三)：更换长度超过 5 m 的长、大导体时，应先等电位后接触，拆除时应先脱离接触再撤除等电位。

(3)普铁安规第八十四条：关节式分相检修时，除在作业区两端装设接地线外，还应在中性区上增设地线，并将断口进行可靠等位短接。

3　随车等位线的作用

3.1　随车

随车即随着作业车平台使用。

3.2　等位线

等位线就是使工作对象与作业车平台(人体)之间电位相等的线，以起到人身安全的保护作用。

由于作业环境的复杂性，接触网挂好接地线后，接地线范围内的工作对象仍存在一定数值的感应电，特别是在大站场、V 形作业、作业地点附近有平行高压线路等情况，感应电数值比较大，甚至能达到数百伏；而作业车平台(人体)通过作业车车体、轮对与钢轨(大地)相连，电位可视为零，即钢轨(大地)的电位，这样工作对象与作业车平台(人体)之间就存在相当大的电位差，严重威胁作业人员人身安全，也严重影响作业效率。

为此，在新安规中，规定了接触网作业车作业必须使用随车等位线，在未挂接好随车等位线、消除工作对象与作业车平台(人体)之间的电位差之前，人体及所持的工具器均不得触及工作对象。

4　使用现状及存在的问题

4.1　使用现状

根据高铁安规、普铁安规的规定，接触网作业按使用的机具，分为三种作业，即接触网作业车作业、登梯作业、攀杆作业。

(1)接触网作业车必须使用随车等位线，这个有明文规定，没有异议，现场也执行得很好。

(2)车梯作业，有些人认为也要使用随车等位线，有些人认为不需要使用，但是在高铁安规、普铁安规的"登梯作业"一节中，没有涉及随车等位线的描述。

车梯作业平台的尺寸仅为 1 m×1 m 左右(各厂家产品的实际尺寸有所不同)，在作业中无法保证在未挂接随车等位线前不触及工作对象，所以对于车梯作业，不具备使用随车等位线的条件。

必须指出，车梯作业是登梯作业的一种形式。

(3)其他登梯作业和攀杆作业，大家比较一致地认为都不需要随车等位线。比如人字梯、竹梯以及近年来出现的蜈蚣梯、挂梯等等。

因此，对于不可避免的登梯作业和全人工作业，是否需要消除、如何消除工作对象与人体之间的电位差仍是一个值得研究的问题。

4.2　随车等位线材质及使用细节

(1)目前高铁安规、普铁安规及其他文件中，均没有涉及随车等位线的材质及使用的细节。

作为对比，关于接地线的材质及使用的描述最为详细：接地线应使用截面积不小于 25 mm² 的裸铜绞线制成并有透明护套保护；接地线不得有断股、散股和接头；以及先接好接地端后接被停电的设备端等。

关于等位线、短接线也规定了材质：25 mm² 的裸铜绞线。

关于固定安装在两线索之间、作为接触网零件的等位线则规定为截面积不小于 10 mm² 且材质与连接导线相匹配。

（2）从现场实际来看，作为接触网作业必须提前准备的工具，绝大部分的随车等位线是利用 25 mm² 的裸铜绞线制成并有透明护套保护，固定在绝缘杆上，类似于接地线，只是裸铜绞线的长度及绝缘杆的长度比较短。连接次序基本也能做到先接作业车车体，再接线索。

一般每个作业小组只准备一条随车等位线，但是，如果涉及关节式分相及附加导线的检修，就必须准备多条随车等位线，因为有多条互不连通的导线需要与作业车平台等电位。

5 建议

（1）明确随车等位线的相关标准：材质为 25 mm² 的裸铜绞线，不得有断股、散股和接头，固定在绝缘杆上，使用随车等位线要借助绝缘杆，以及制订绝缘杆的试验标准。

（2）明确随车等位线的使用细节：安装次序、使用场所、使用数量等，比如只在接触网作业车作业（含检修列）使用随车等位线，涉及分关节式分相及附加导线的必须准备多条随车等位线；攀杆作业、登梯作业等均不强制要求使用随车等位线（但是也不禁止）；使用时先连接好作业车平台侧，再连接接触网线索侧；使用绝缘杆操作等。

（3）特殊条件下，如事故抢修、应急处置或出现标准随车等位线数量不足等情况，允许使用其他导电的线索作为随车等位线，比如截面积不小于 4 mm² 的铁线、铜线或铝线，必须连接牢固，允许不借助绝缘杆使用等。

作者简介

韦益广，中国铁路南宁局集团有限公司南宁供电段南宁东供电车间，助理工程师。

铁路接触网工安全作业与 EAP 体系构建分析研究

邓　捷　王新荣　王　勇　钱国栋

摘　要： 近年来，随着我国高速铁路发展，列车运行速度大大提高，铁路接触网员工的工作环境、实践、技能都发生了重大变化，其劳动强度、心理压力等显著增加。本研究旨在运用 EAP 体系了解接触网工这一特殊群体的心理健康规范，以建立适合安全作业的工作常模，为接触网工人员的选择和转移提供心理健康评估依据。

1　铁路接触网工安全作业心理健康存在的问题

铁路接触网是在铁路钢轨上方用来为高速列车、电力机车供电的一种特殊的输电形式，是铁路三大重要固定基础装备之一。接触网工是一个从事电气化铁路施工、维护管理的技术工种，集高空作业、带电作业、群体作业、手工作业于一身。在现场指挥、安全监督、地勤防护、分散作业、严守时间方面都需要每一个职工的团结协作才能安安全全、保质保量地完成生产任务。接触网工被称作电气化铁路上的"110"。他们长年远离城市中心，在条件艰苦的工区随时待命，在完成每日的检修计划后有故障时要随时出动。随着高铁时代的到来，大量先进的设施和装备广泛运用，迫切要求铁路职工不断更新知识、提高技能，跟上时代发展的步伐。有些职工职业技能提升缓慢，应对工作时感觉压力大，这是产生心理问题的重要原因。同时因为这样的工作性质，来自工作负荷、业务技能、家庭关系、人际关系方面的压力，造成职工队伍思想观念的多元多变、利益诉求的复杂多样，也对接触网职工的心理带来一定影响。心理健康问题不仅影响职工个人的身心健康，也给铁路运输生产带来安全隐患，甚至制约铁路的深化改革与发展。因此，深入研究接触网职工心理健康情况，探索构建心理防御和疏导机制，帮助职工培育积极的心理品质，具有重要的理论意义和现实意义。

2　EAP 体系的构建与应用研究

（1）铁路行车事故的发生，总是由人、设备和环境等相关因素复杂地交织在一起而产生的，不仅跟人员、设备、环境三个要素的单独特性有关，也与人—机、人—环、机—环三个界面的不匹配、不协调有关。据有关资料，劳动过程中有 58%~86% 的事故与人的因素有关。还有统计资料表明，20 世纪 60 年代发生的事故中，人为因素占 20%，而 20 世纪 90 年代以后，人为因素占比上升到 80%~90%，其中最重要的就是人的生理和心理因素，这给安全管理工作指明了方向。要保证安全，归根结底，一是要提高设备的可靠性；二是要提高人的可靠性。针对我国铁路的目前状况，往往采用以下对策和措施来防止人为事故的发生：一是切实加强政治思想工作，提高职工的思想素质，帮助职工解除后顾之忧；二是针对主要行车人员建立招工、培训、考核制度，定期进行身体检查和心理测试，不断提高职工的生理素质和业务素质；三是改善劳动组织，科学地安排工作和休息时间，创造良好的工作和休息环境；四是把安全与职工切身利益紧密挂钩，组织各种形式的安全竞赛，大力推行标准化作业，积极培养群体安全意识。运用 EAP 项目提前发现员工影响行车安全的人员生理素质、心理素质、思想素质等因素是进行主动干预消除不利因素的有效方式。从我国联想电脑公司客服部门 2000 年第一个完整的 EAP 项目为职工提供服务以来，EAP 在我国落地生根，应用范围逐步扩大，被越来越多的企业认可。2004 年，上海徐汇区人民政府启动了包括人际规划等 10 项服务内容的 EAP 项目；2007 年，辽河油田成功地将 EAP 融入思想政治工作；2009 年国内有关机构针对机车乘务员心理健康状况，针对性地探究机车乘务员心理健康常模，为选拔和指导机车乘务员提供科学依据；2015 年中国石化党组下发《关于推广应用员工帮助计划（EAP）的指导意见》，标志着 EAP 工作在整个中石化全面开展。除此以外，国家开发银行、华为、阿里巴巴、腾讯等多家企业也相继全面启动 EAP 项目。从

EAP 引入我国至今，结合中国特色、时代特点和发展需求，EAP 项目不断整合、发展、创新，不仅在职工心理健康方面起到了积极的作用，在思想政治工作、企业文化建设、企业安全生产等多个方面也发挥了重要作用。

（2）铁路企业构建 EAP 体系基础良好。对铁路试行单位调查发现，预期收益显著。一是 EAP 在我国的发展还处于推广阶段，很多企业对职工心理问题的关注意识还很淡薄，认为心理问题属于个人问题，与企业无关，投入大量财力、人力、物力得不偿失；对 EAP 的价值并不了解，甚至存在误解，没有意识到 EAP 能为企业和职工带来什么样的效益。而铁路试行单位领导干部普遍对 EAP 比较认可与支持，普遍表示在条件允许的情况下，会尝试并积极引入 EAP。二是职工的信任和接纳情况良好，心理咨询与治疗事业在我国的发展历史不长，受中国传统习惯的影响，很多人即使意识到自身存在心理困扰也避而不谈，对心理咨询存在种种顾虑，甚至是排斥，但铁路职工对自身的心理健康问题比较关注，大多数职工愿意尝试单位提供的解决心理、生活纠纷等多方面问题的免费福利项目。三是局部或试点开展的有关活动为推进整体构建 EAP 服务体系奠定了基础。在心理健康疏导、法律等方面都有相关讲座，"职工之家""心理疏导室""悄悄话"在法律服务咨询、心理咨询方面的活动都有助于全面推进 EAP 体系的构建。

3　铁路企业 EAP 体系构建设计与实施

EAP 的实施模式分为外设模式、内置模式、整合模式、共同委托模式等。根据铁路供电段的规模及机构特点优先选用内置模式。内置模式指企业自行设置员工援助计划实施的专职部门，聘请具有心理、咨询、辅导等专业背景人员来策划实施该项目。工会成员援助计划是内置模式中的常见形式，由企业工会通过成立专门机构，聘用专职人员，向员工提供直接或间接（发布相关信息或建立网络平台）的援助服务。内置模式的优点是信息收集快、针对性强、适应性好，能够及时为领导层提供决策依据、为员工提供援助服务。

EAP 的实施环节如下。

3.1　调查与诊断

系统主要以段（安全、职教、党群职能部门）、车间、班组为组织构架，建议使用 SCL-90 为测评基础。SCL-90 是世界上最著名的心理健康测试量表之一，是当前使用最为广泛的精神障碍和心理疾病门诊检查量表，将从十个方面来了解心理健康程度。它具有内容多、反映症状丰富、能准确刻画测验对象自觉症状等优点。SCL-90 共有 90 个评定项目。它的每一个项目均采用 5 级评分制。经改良后成为针对铁路职工安全心理测试及评价系统。通过分析接触网工的特征及职工主要的心理、生理活动，构建组成的接触网工安全心理评价指标体系，根据最大隶属度原则，得出实用性和准确性较高的安全心理综合评价等级。本测验的目的是从感觉、情感、思维、意识、行为直到生活习惯、人际关系、饮食睡眠等多个角度，评定一个人是否有某种心理症状及其严重程度。它对有心理症状（即有可能处于心理障碍或心理障碍边缘）的人有良好的区分能力。它适用于测查某人可能有心理障碍，某人可能有何种心理障碍及其严重程度。本测验不仅可以自我测查，也可以对他人（如其行为异常，有患精神或心理疾病的可能）进行核查，假如发现得分较高，则应进一步筛查。

本测验共 90 个自我评定项目，测验的九个因子分别为躯体化、强迫症状、人际关系敏感、抑郁、焦虑、敌对、恐怖、偏执及精神病性。目的是从感觉、情感、思维、意识、行为直到生活习惯、人际关系、饮食睡眠等多种角度，评定一个人是否有某种心理症状及其严重程度。

（1）躯体化：本维度主要反映主观的身体不适感（可能完全是由心理原因或客观病理因素引起）。

根据测试结果，在这一维度得分状态正常，表明躯体化状态正常。建议注意保持好的生活习惯，积极参加有益的活动。定期检查身体；注意劳逸结合，有效地平衡休息、饮食和各方面工作之间的关系。

（2）强迫症状：主要指那种明知没有必要，但又无法摆脱的无意义的思想、冲动、行为等表现。还有一些比较一般的认知障碍（如脑子变空了、记忆力不行等）。

根据测评结果，在这一维度得分状态正常，则无强迫症状。当觉得紧张的时候，可以多参加一些活动，在活动中逐渐放松自己；可以学习一些放松的方法，如呼吸放松法、逐步肌肉放松法等；可以多做一些自己感兴趣的事情；多阅读书籍，不断增长知识面，学习从多方面来思考问题。

（3）人际关系敏感：它主要指个人在与其他人交往时或相比较时感受到的不自在与自卑。在这一维度上得分高的个人往往在人际交往中表现出有自卑感、心神不宁、明显不自在、缺乏自信、难以交流或建立良好的人际关系症状。

根据测评结果，在这一维度得分状态正常，表明与人交往自然、随和，能很好地处理和别人的交往，在交往中体现自我，赢得别人的好感。否则人际交往中不太自在、不自信，但在一般情况下能正常地与人交往。在继续保持好的方面充分发展的前提下，建议多参加一些活动，在活动中进一步培养交往能力，增强自信。寻找能够充分发挥自己特长的机会，担当一定的责任，不断提高和发展自己；适当严格地高标准地要求自己。

（4）抑郁：忧郁苦闷的感情和心境是这一维度的代表性症状，它还以对生活的兴趣减退、感到索然无味，缺乏活动愿望、丧失活力等为特征，并包括失望、悲叹、消极的想法观念及身体方面的问题。

根据测评结果，如果表明有时会存在轻度的情感和心境苦闷，有时会有轻度的悲观、失望，存在一些与抑郁相联系的轻度的认知和躯体症状，抑郁程度较低，可多参加一些活动，在活动中学会释放自己的心情；培养自己多方面的兴趣；多鼓励和表扬自己的进步和长处；可以学习一些放松的方法，如呼吸放松法、逐步肌肉放松法等；给予自己关怀、帮助，继续保持乐观向上的心态，开朗地看待生活。

（5）焦虑：一般指那些内心难以平静下来、烦躁、神经过敏、紧张以及由此产生的身体症状（如震颤），那种游离不定的焦虑及惊恐发作是本维度的主要内容，它还包括一个反映"解体感受"的项目。

根据测评结果，如果在这一维度得分状态正常，但有时会有轻度的烦躁、坐立不安、神经过敏、紧张以及由此产生的躯体征象，建议多参加各种集体活动，在集体中培养和发展自己的同情心和相互信任感；对自己有信心，多鼓励和表扬自己的进步；在完成任务和工作的时候，应充分信任自己能够完成；可以学习一些放松的方法，如呼吸放松法、逐步肌肉放松法等。

（6）敌对：这里主要以三个方面来反映受测者对人或事的异常敌对表现：思想、感情及行为。其项目包括从厌烦的感觉、争论、摔物直至争斗和不可控制的脾气爆发及愤怒等各个方面。

根据测评结果，如在这一维度得分状态较高，表明你有一定程度的敌对性，有时难以宽容地看待自己和别人，有时容易激动，情绪稍微有些暴躁，有时可能会容易与别人发生争论。但总的来说敌对情绪较低，不会轻易与人为敌。加强自制力的锻炼，学会控制自己的情绪；加强知识的学习，不断增长自己的知识，学习从多角度思考问题；培养爱心，学会宽容地对待自己和周围的同事好友。

（7）恐怖：指异常的恐怖状态，即恐惧常人不可能觉得恐怖的事物。恐惧的对象包括出门旅行、空旷场地、人群或公共场合及交通工具。此外还有反映社交恐怖（畏惧社交活动与场合）的一些项目。

根据测评结果，如在这一维度得分状态较高，表明有轻度的恐怖，在出门旅行、空旷场地、人群或公共场所等地方，有可能偶尔感到轻度的恐惧。但此类情况较少发生。大部分时候恐怖程度较低，不容易感到恐惧。建议多和同事朋友交往，多参加多种形式和内容的集体活动；有目的地创设一些活动来培养自己细心、仔细的品质；鼓励自己，做事果断，不能犹豫不决，不过，敢于行动不等于鲁莽，也要培养自己做事三思而后行的品质。

（8）偏执：本维度只是包括了偏执的一些基本内容，主要是指思维方面，如投射性思维（将自己的观念转移到别人身上）、敌对、猜疑、妄想、被动体验和夸大等。

根据测评结果，如在这一维度得分状态较高，表明可能存在轻度的偏执情绪，有时会产生敌对、猜疑、妄想等情绪和观念。但此类情况一般较少发生。建议不断增长知识，扩大知识面，学会从不同的角度思考问题；多参加集体活动，逐步接触和了解与自己意见不同的人；学会宽容地对待自己和他人。继续发扬和保持自己客观看待问题的习惯；适当参加一些有利于表现和发展自己的活动，不断提高对自己的要求，以取得更大进步。

（9）精神病性：反映各式各样的急性症状和行为，是对精神病概括的一般性诊断。其中有幻听、思维扩散、被控制感、思维被插入等反映精神分裂症的症状项目。

根据测评结果，如在这一维度得分状态正常，表明各种急性症状和行为的可能发生率低，生活正常，生活中无重大事故发生，精神健康。如在这一维度得分状态较高，可能最近碰到了某些比较重要事情的发生，精神稍微有些紧张。各种急性症状和行为的可能发生率轻度。建议适当参加一些活动，以放松心情；可以学习一些放松的方法，如呼吸放松法、逐步肌肉放松法等；学会宽容地看待周围的事情和任务，学会用坦然的心态来处理人或物。可以适当参加一些活动，与同事朋友保持正常交往，学会坦然、宽容地看待和处理事情。

心理健康症状自评量表的每个项目采用 5 级评分，即无症状、轻度、中度、偏重、严重。得分越高，症状越明显。量表总分≥160 分或单项均分>2 分的，提示可能存在心理问题。量表总分大于 200 分说明有很明显的心理问题，可求助心理咨询；大于 250 分则比较严重，需要做医学上的详细检查，很可能要做针对性的心理治疗或调换岗位。

由于自评量表是测量个体在一段时间内感觉到的症状的严重与否，所以在量表分数的解释上应该慎重，并不是得分高就一定说明个体出现了很严重的心理问题，某些分量表上的得分较高有可能只是由于个体当时遇到了一些难题如失恋、面临考试、生病等，因此还应该对员工得分高的原因做进一步的了解。如果个体在多个维度上感觉这些症状较为严重，应该加强心理健康的教育，严重时应该到比较权威的心理咨询和治疗机构进行进一步的检查和诊断。

3.2　预警机制的建立和组织干预措施

目前在《中国铁路总公司关于印发铁路大数据应用实施方案的通知》（铁总信息〔2017〕155 号）框架下，铁路局集团公司开展安全度量方法研究，综合考量作业人员、设备、环境、管理方面失效危险等因素，建立以大数据为基础的安全大数据平台，包括安全生产信息、安全问题隐患、安全履职信息等涉及安全管理的所有数据，并与各类铁路管理系统进行数据链接。构建接触网工 EAP 体系并加入建立安全大数据平台，将进一步实现供电专业安全大数据的智能化、可视化、定制化分析，提高风险预警的精准性和安全管理组织干预措施的针对性。

按照安全态势预警机制把控，可将新员工入职、岗前培训、骨干选拔、进行定向测试，根据报告可针对性调整员工履职工作，提高安全履职能力。

新员工入职测试，可防止心身不适、心理客观病理者录入企业；

岗前培训测试，可防止焦虑症、恐惧症的员工在花费大量资源和时间进行岗位培训后却不能胜任接触网工的高空、带电作业而被淘汰；

骨干选拔测试，结合安全履职指数可筛选出既是好工人又能当"领头羊"者，或者是技术全能、心理素质强大的技术尖子人才；

特定任务测试，执行重大任务的员工在执行前测试防止出现情绪波动而影响任务质量。

3.3　帮助员工保持健康心态，增强适应能力，提高工作绩效

铁路企业，一直以政治责任、社会责任、安全责任为己任。随着社会进步和铁路企业发展，铁路员工的生活和工作节奏不断加快，工作压力、安全生产责任越来越大。稍有不慎，就有可能酿成重大的责任事故。一是员工工作时常处在高度紧张状态下；二是知识更新速度加快，新设备、新技术广泛应用，对员工技能水平和综合素质要求越来越高，学习压力明显增加；三是工作时间不规律，长期的野外作业，企业内部各工种优劣并存等，都让部分员工感到心理失衡，压力不断增加。而 EAP 旨在开展员工帮助，提高员工心理"健康指数"和"幸福指数"；注重大多数健康员工的心理素质的优化，同时也包含了解决少数员工心理治疗、压力缓解、情绪管理等问题。

（1）开展职业心理健康宣传。利用宣传栏、网络进行有效的心理健康知识的讲座培训，让职工认识和理解心理健康对行车安全、家庭以及个人健康的重要性。优化和改善生产生活环境，开展各项文体活动，丰富职工业余生活并通过各级工会组织开展职场黄金心态的培训，使职工认识到企业和员工是共赢互利的关系。

（2）利用职能科室建立个人心检、危机预警、危机干预 3 个支撑模块，搭建心理调查、心理咨询、效果评估模块，初步构建起一套 EAP 标准管理模式。成立心理咨询室，培养有资质的国家心理咨询师，建立员工心理健康档案，逐步形成分级服务的心理咨询方式，初步形成以供电段主导、专业机构为技术指导、组织测试与员工自检持续优化的 EAP 常态管理模式。

（3）利用 EAP 做到思政创新、文化融合、企业特色。一是 EAP 要与思想政治工作有效融合。EAP 以互动方式开展思想教育和引导，进一步提高思想政治工作的吸引力、说服力和作用力，实现思想政治工作的创新。二是 EAP 要与企业既有文化有效融合。实施 EAP 项目要对原有企业文化进行整合，创新企业文化活动载体，使其具有更强的针对性。三是 EAP 要与员工工作特点有效融合。接触网工工作连续性强，准军

事化管理,长年 24 小时轮班,员工工作时常处在安全责任感下的高度紧张状态。EAP 要深入结合这些特点,采用有针对性的心理调适方法和载体,以有效缓解员工的心理压力。

3.4 效果评估

效果评估。作为一个项目周期收尾阶段的工作,效果评估是对整个 EAP 项目工作的总结分析。采用数据处理软件对数据进行分析,是对成果和不足的扬弃,同时更是对组织投资回报的一次深入分析。在这一阶段,通过焦点座谈、深度访谈等形式对项目成果进行质性分析,通过问卷调查的形式对员工职业心理健康状况变化和组织改变进行量化分析。然后综合各方信息,对 EAP 整体项目效果进行客观分析,并将结果反馈给组织。

4 结束语

20 世纪 80 年代美国学者对员工帮助计划实施的效果进行的成本回报分析显示,美国企业平均为 EAP 投入 1 美元,可为企业节省运营成本 5~16 美元;康奈尔大学的雇员帮助教育和研究项目认为,实施 EAP 使学校增加了留职率,减少了病假率,节省了经费。

EAP 的应用效果对于接触网工及铁路供电段的作用主要表现在以下三个方面。

(1)企业层面:EAP 是企业"人性化"管理的一个组成部分。它可以增强企业的凝聚力,协助企业管理层掌握员工心理素质和压力状况,为培训、培养提供参考;减少员工问题带来的损失;保持员工良好的工作状态,培养员工的忠诚感,树立良好的企业形象。

(2)员工层面:帮助员工解决生活上的问题,提高生活质量,促进身心健康,改善员工福利,满足员工需求,提高工作热情。帮助员工实现自我成长与职业生涯规划。

(3)效率层面:提高生产效率与安全绩效,帮助员工解决工作方面遇到的问题,减少员工的焦虑,改善工作情绪,提振工作士气。

参考文献

[1] 高文珺. 心理健康学识、感知风险与专业心理求助关系研究[D]. 天津:南开大学,2012.

[2] 宋修德,徐涌,宁勇,等. 铁路安全管理大数据分析平台设计与应用[J]. 中国铁路,2019(8):50-56.

[3] 吴培德,苑双军. 影响铁路行车安全因素的分析[J]. 北京:北京交通大学学报,1995,19(A1):50-54.

[4] 李元韬,曹志宇. 铁路职工安全心理测试及评价系统的研究与设计. 北京:铁路计算机应用,2016,25(3):17-21.

[5] 莫文彬,宋维真. 新版 MMPI—MMPI-2 简介. 上海:心理科学,1991,(1):61-62.

[6] 王淑娟. 张建新. 项目正反向表述影响心理测验效果. 北京:中国社会科学报,2010.

[7] 杨军. 急性应激反应量表编制及实测研究[D]. 西安:第四军医大学,2010.

[8] 孙俊娟. 河南省处级党政干部的领导心理健康及其相关研究[D]. 开封:河南大学,2009.

[9] 朱晓红. 改善列车乘务员心理健康的对策与措施[A]//2008 年科技学术研讨年提速安全与和谐铁路论文集,2008.

[10] 盛志新,刘庆峰,孙明焰,等. 飞行事故后心理危机干预实例与思考[J]. 航空军医,2010,4.

[11] 李凡. 铁路机车乘务员心理状况调查及心理干预. 北京:铁路节能环保与安全卫生,2015,5(2):83-85.

作者简介

邓捷,中国铁路南宁局集团公司柳州供电段。

王新荣,中国铁路南宁局集团公司柳州供电段。

王勇,中国铁路南宁局集团公司柳州供电段。

钱国栋,中国铁路南宁局集团公司柳州供电段。

浅谈高速铁路联调联试关键环节及风险

李 东

摘 要：在我国铁路行业快速发展的背景下，必须重视高速铁路的安全运营的管理工作。在新建高速铁路开通运营前，必须对线路进行联调联试工作，这就需要对其关键环节和风险深入分析，通过将高速铁路联调联试工作的特点结合现场实际情况进行阐述，从而在有关方面进行优化和改进，以此保障我国高速铁路联调联试安全，为高速铁路领域的健康发展提供保障。

1 引言

2021 年中国铁路营业总里程突破 150000 km，全国铁路新增运营里程超过 4000 km，其中高铁约 2150 km，2021 年 12 月 30 日，京张高铁安九段开通运营，至此，中国高铁运营里程突破 40000 km。高速铁路以每年 2000 km 以上的速度增长，高速铁路里程将会持续快速增长。高速铁路在开通运营前，须对新建高速铁路开展联调联试工作，高速铁路联调联试是一项复杂的工作，需要各单位、各部门协调工作。在其工作过程中，主要针对列车在规定速度下的正常运行进行测试和调试，并对整个系统进行优化。合理有效的高速铁路联调联试不仅可以保证列车的正常运行，而且可以促进中国铁路的持续发展。

2 高速铁路联调联试的特点

高速铁路的联调联试工作，是一个烦琐并且庞大的系统工程。其主要特点：所涉及的专业较多，且具备较高的专业性，其中包括供电、通信、信号、工务、运营、客运服务、动车组及牵引等专业，涉及的单位也较多，包括设计、建设、施工、运营速度、科研、咨询、系统集成、设备的厂商等。高速铁路联调联试工程历时也较长，从工程的准备阶段，到实施完成，需要经过数月甚至更长的时间，联调联试的试验测试与系统调整优化工作要并行开展，并且相互交叉。

3 高速铁路联调联试的方法

在高速铁路联调联试工程开展上，主要的联调联试涉及结构周期法、综合集成法、分解辩证法及综合评价法。其中结构周期法主要是将整体工程划分为几个阶段，通过每一个小阶段的进行，从而以规范标准的技术与方法，实现具体的联调联试工作的建设；综合集成法主要是通过将定性与定量相结合，通过数据信息技术的结合，从而对系统进行整体分析，通过系统集成来发挥系统的综合优势，以此实现联调联试工作下系统的自动优化；分解辩证法主要是将复杂的工程分解为系统、模块以及单元。结构周期法是按阶段，而分解辩证法借助每一个层次的解释通过整体论与还原论的辩证形式，从而将高速铁路的整体联调联试性能进行研究，通过辩证的形式对高速铁路系统进行测试与验证；综合评价法主要是对系统进行开发，通过确认综合评价的指标，构建相应的模型，从而对评价数据进行分析，实现高速铁路联调联试工程的综合评价，以此生产报告进行存储。

3.1 结构周期法

结构周期法是将高速铁路联调联试系统的建设开发过程，分成几个阶段进行，在每个阶段当中又分出若干项活动，每项活动运用一系列的标准、规范的方法与技术，完成具体的系统项目建设。结构周期法具体包括以下几个阶段：一是系统的规划阶段，也就是系统的起始阶段，这个阶段的主要任务是根据高速铁路的整体目标和发展战略需要，制订系统的建设总规划。二是系统的分析阶段，就是结合系统的科学原理，针对决策者所要实现的标准化目标和某种特定需求，进行系统的研究和论证，并提供准确、完整且可行的综合资料。分析工作要从系统的可行性分析开始，继而进行可行性的研究论证，如结论为可行，则要开始系统的设计。三是系统设计阶段，此阶段要根据系统的运行体系结构，确定标准化的总体方案，然后在总体设计的基础上将方案细化，从而分解成具体的系统进行细节设计。四是系统的实施阶段，也是现场的施工阶段，包括设备购置、系统的集成和安装调试。五是系统的联调联试阶段，就是运用实际运营的列车或检测列车，对系统的各项性能进行综合的测试和调整，使整个系统达到设计要求。六是系统运行试验阶段，此阶段主要是为了检验各系统在运输组织条件下的适应性，检验在设备故障和自然灾害下的应急处理能力，同时进行相关人员的培训。七是系统的运行与维护阶段，即系统进入正式使用时期的运行与维护。

3.2 整体论与还原论的辩证统一方法

还原论是指将复杂的巨系统层层分解成子系统、模块及单元，并对各个层次进行解释，这是人们较为常用的方法；整体论就是指对一个事物从整体的功能进行研究。整体论与还原论的辩证统一方法，是指高速铁路的联调联试工作既要注重验收安装测试、部分和系统试验，也要注重整体系统的联调联试。就是说既要重视基础的试验与测试工作也要重视对整体系统的检验与验证。按照这一方法将高速铁路系统的测试与整体系统的联调联试关系进行细分。

3.3 从定性到定量的综合集成方法

从定性到定量的综合集成方法是指从定性、定量描述到定性、定量推理，以及在此基础上通过多次迭代、逐步逼近与融合的过程，从而实现系统模式的自动优化。这种方法其实就是定性与定量的相互结合，是各种数据及信息与计算机技术的结合，也是专家的判断力与科学理论的结合。它使大量分散的定性认识以及专家的经验知识汇集成一个整体结构，达到对整体系统的定量认识。运用此种方法进行系统集成，能够较为充分地发挥系统的综合优势和整体优势，是目前为止较为有效地进行系统集成的方法。

3.4 系统综合评价的 WSR 方法论

WSR 是物理、事理与人理方法论的简称，它是一种解决复杂问题的有效方法。用这种方法进行的系统开发，人是要考虑的主体因素。这种方法可具体概括为以下内容：确定综合评价的目的与指标体系；确定所要进行综合评价的模型与方法；搜集相关评价的数据并实施评价；对综合评价的结果进行有效评估与检验，并生成报告，加以利用和储存。运用此种方法进行综合评价要遵守几项基本的原则，即综合的原则、参与的原则、可操作的原则以及迭代的原则。

4 联调联试工作中的关键环节

在联调联试过程中，其主要的关键环节有大纲的编制、前提条件、实施过程与报告总结。

4.1 大纲的编制

对联调联试进行科学合理的大纲编制是联调联试工作的关键前提。大纲编制的内容包括：一是测试项目和内容。在高速铁路联调联试工作中，要结合项目自身的特点，对具体的项目进行测试和内容的优化调整，这是高速铁路联调联试科学性与合理性的保证。二是评价标准。高速铁路的联调联试评价指标与评价标准的建立，是根据工程学的方法和原理，并结合了工程的实践，通过有效地识别系统中的潜在危害，来保证高速铁路系统的安全性和可靠性。三是地面测点。地面的测点包括对轨道、桥梁、道岔、路基以及过渡段、综合接地、噪声振动、电磁环境、信号、车站等测点。进行地面测点选取时，要有一定的要求，如测点的选择在考虑试验的便利性的同时，也要具有代表性，要能满足测试的要求。

4.2 前提条件

高速铁路联调联试开始前，要确保工程能够达到联调联试条件，要保证高速铁路的静态验收达到联调联试的标准，这是联调联试开始的前提条件。工程的全面验收合格是做好联调联试的基础，也是保证高速铁路安全和效率的基础。联调联试开始前一定要保证各项准备工作已经完成，并通过了相关部门的批准，工程的各项细节及规章制度也已经制订完成。要对一些重点的工程条件进行确认，直到完全符合联调联试条件才准许进行。

4.3 实施过程

在高速铁路联调联试的实施过程中，要重点控制铁路的安全与效率。安全是联调联试一切工作成功与否的前提，安全管理是联调联试过程中的重要工作。在试验过程中，要建立和完善相应的安全管理制度，要确认试验的各项条件符合标准；在试验过程中要严格控制试验列车的速度；对设备的使用和维护要加强管理，并制订有效的管理办法，以保证设备的安全；要加强沿线居民的安全意识和法治意识教育，提高防护的力度，保证行车及人员的安全。在保证安全的同时也要注重联调联试的工作效率，提高工作效率就要强化统一的指挥和协调能力，并加强管理的力度，同时要进行分段试验并制订出科学合理的考核机制。

4.4　报告总结

精确、细致、全面的报告总结可以为项目的开通运营提供有力的技术支持，也可以为完善我国高速铁路的技术理论和联调联试水平提供丰富的参考资料。

在高速铁路的联调联试工程开展中，对关键环节的把握，有助于实际工作质量的提升。高速铁路联调联试工作关键环节涉及大纲确认环节、前提条件确认环节以及实施管控环节。其中大纲确认环节主要是对联调联试进行科学合理的大纲编制，其涉及的内容包括测试项目与内容、评价标准以及地面测点等。如测试项目与内容需要结合项目自身的实际特点进行调整，确保高速铁路联调联试工程开展的科学合理性；其中，前提条件确认环节主要是高速铁路联调联试开始前，要确保工程能够达到联调联试条件，要保证高速铁路的静态验收达到联调联试的基础标准，为后续的工程全面验收做好基础保障。前提条件的确认也是保证高速铁路安全和效率的基础，因此需要对重点工程条件进行确认，直到全部都达到相应的标准；其中实施管控环节主要是在高速铁路联调联试的实施过程中，要控制铁路的安全与联调联试工作效率。安全作为联调联试工作成功的前提保障，其联调联试工作的开展，需要配套建立和完善相应的安全管理制度。要确认试验的各项条件符合标准，提高安全防护的力度，保证行车及人员的安全。在保证安全的同时，实现高速铁路联调联试工作效率的提升，以此保障联调联试工程开展质量。

5　高速铁路联调联试工作优化策略

在高速铁路联调联试开展上，联调联试工作的优化策略涉及坚持一个原则、三个关键优化实施以及五项工作落实的策略。

5.1　坚持一个原则

在高速铁路联调联试工作优化上，需要坚持一个统一指挥原则，即成立联调联试领导小组，让各个参试部门与单位都能够跟从领导小组的指挥，通过指挥统一的调度，从而确保各个参试部门能够各司其职、各尽其责，同时积极配合。在高速铁路联调联试中，借助统一指挥来实现按照计划进行相应的试验，从而实现高质量的联调联试工作的开展。

5.2　三个关键优化实施

在高速铁路联调联试工作优化上，需要重视对关键要点的优化。联调联试工程的开展需要领导小组认真编制相应的实施计划，通过对试验地点、试验项目以及阶段目标等相关内容的明确，从而确保相应的联调联试工作内容的完整，通过根据实际的项目进行相应的试验制订，以此便于实际的试验效率的提升。同时，高速铁路联调联试的设备与试验，需要进行及时修订调整，通过合理地安排实践，从而实现时间与试验的统筹兼顾。在联调联试关键要点的优化上，能够确保计划的科学合理性，通过对阶段与每日试验计划的制订，确保高速铁路的联调联试工作有着明确的内容与进度，通过对试验速度与控车模式等多个注意事项的覆盖，以此合理地安排相应的试验列车运行计划，从而在源头上规避不同高速列车间存在的进路冲突，确保试验列车与运营的列车之间不存在进路冲突差异。

5.3　五项工作的落实

在高速铁路联调联试工作优化上，需要在准备工作、试验条件、安全管控、全封闭管理以及检验管理等内容上进行落实。其中，准备工作的完善不仅需要保障设备的状态符合需求，同时也需要对规章制度进行有效管控，通过人员制度以及设备的全面保障，确保能够由专业的技术人员对联调联试工作进行实施，借助制度的保障从而实现联调联试工作的全面、全过程以及全员的控制，为联调联试工作的高质量完成提供保障；试验条件需要重视每日联调联试试验行车条件的确认，通过根据实际的条件进行确认，确保联调联试的顺利开展；安全管控作为联调联试工作的管理要点，需要在试验列车切除 ATP 和 LKJ 控车系统时实施安全管控，从而实现联调联试的安全覆盖；全封闭管理主要是对试验区间进行全封闭式管控，其不仅能够保障安全，同时也能够确保实施指挥的统一调度，确保实施技术的顺利开展；检验管理作为试验列车与检测列车的安全保障，其检验管理的落实能够实现动车组的零事故出库，通过对试验列车的全面检验，从而确保联调联试实验班下的系统能够符合相应的需求，为后续的调整与优化提供重要的数据支撑。通过五项工作的观测落实，能够为高速铁路联调联试工作进行全面总结，也能够推动我国高速铁路的技术理论与联调联试水平的进一步完善，为后续的相关研究提供参考资料。

6　高速铁路联调联试工作的弊端

6.1　缺乏直接的管理制度

在施工阶段，高速铁路线主要依靠施工管理单位的监督，这是按照一定的工程系统进行管理的。铁路线正式上线后，其管理的主体就成为铁路局集团公司，铁路局集团公司根据一定的运行机制进行管理。可以看出，工程系统或运行系统是成熟完善的管理系统，在联调联试工作中，线路是在工程线与线路之间运行的。因此，在没有一套直接、完善的管理制度时，相关单位的工作人员应加强完整的管理方法，促进联调联试的顺利展开。

6.2　员工队伍结构复杂

在整个联合调试工作中，涉及的单位和部门不计其数。在铁路局集团公司的指导下，由建设和检测单位、公安部门和建设单位组成。为有效管理，应建立施工现场领导小组和指挥部，对各施工区实行承包责任制。

6.3　工作内容复杂，工作量大

整个联合检测工作持续时间长，而后需要进行安全评估工作，一旦确定了运行时间，就应尽可能完成联合调试工作，以避免对以后的工作产生影响。因此，在联合调试的整个过程中，由于其工作内容非常复杂，需要及时改变实际工作，制订一系列新方案，保证联合试验顺利完成。

7　高速铁路联调联试风险项点措施研究

7.1　完善规章制度

根据高速铁路的实际情况，结合新设备和新技术的特点，根据实践和重实践的原则，以联合调试试验的安全工作为重点，并制订相应的规章制度。制订试验、施工管理规定和登机试验车的具体规章制度。为了有效提高铁路职工的交通风险意识，有必要对相关突发事件制订应急预案，提高员工的铁路风险意识，确保在突发性铁路事故面前采取预防措施，确保联合调试工作能够顺利进行，进入实施阶段。

7.2　加强业务培训

职工的职业能力是保证联调联试安全的重要因素。为确保员工具备相应的业务能力和业务水平，有必要对参加工作的人员进行组织培训，结合大量的实验案例和教材，培养员工的安全意识，提高员工的安全意识。

7.3　加强监督检查

有必要派专职检查员检查高速铁路线路、施工管理、设备安装、交通标志设置的具体内容，找出问题并反馈给上级，妥善解决。同时，对岗前培训、后勤保卫、试验列车准备、技术资料供应、线路封闭、标志设置、试验过程安排等进行详细检查和认真部署，及时完成工作的进度。及时做好准备工作，确保联调联试工作有序进行。

7.4　集中管理密切相关

高速铁路联调联试相当复杂，需要进行多方面的协调。为了更好地保证各部门能够有机地协同工作，需要在实验中指派专业人员进行实时计划，确保联合实验符合标准体系标准，实现集中管理效果。密切联系各部门的工作，确保工作的有效性。

7.5　动态掌握信息

在进行日常联合调试前，进行日常工作会议，分析测试当天的情况，总结当天的问题和成功经验，制订第二天的工作计划和具体需求；在工作中，召开总结工作会议，对实施效果、数据信息进行分析总结。

7.6　严格遵守规章制度

我们必须严格控制施工安全，遵循行车不施工的原则。未在"天窗"范围内施工的，按照施工技术和平行运行的进度，达到少用，提高施工效率，同时保证"天窗"利用率，严格控制试验安全性。

8　结束语

在高速列车的联调联试工程开展上，其安全管理作为前提条件，是确保联调联试工作稳定开展的要点。同时，对高速铁路方法、关键环节以及风险弊端的重视，确保能够对各个参试部门进行管控，从而确保联调联试工作的安全顺利实施，为相应的高速列车运营提供技术保障。

参考文献

[1] 韩学超.高速铁路联调联试验收评价研究[D].北京：北京交通大学，2017.
[2] 王道奇.京沪高铁京津联络线联调联试项目管理研究[D].重庆：西南交通大学，2013.
[3] 杨东盛，东春昭，韩春明，等.高速铁路联调联试数据管理技术研究与应用[J].中国铁路，2020，09.
[4] 杨晓丽，刘向东.高速铁路工程竣工验收存在的问题与探讨[J].中国安全科学学报，2018.

作者简介

李东，广西沿海铁路股份有限公司钦州供电段，助理工程师。

论如何提高铁路轨道作业车安全管理水平

郝建民　吴远钊

摘　要：轨道作业车行车安全直接影响路网运输安全生产。为有效提高铁路轨道作业车安全管理水平，基于沿海钦州供电段轨道作业车运用安全管理现状，本文分析了轨道作业车运用安全管理普遍存在的问题，并提出了一系列具体应对措施，以进一步提高轨道作业车的安全管理水平，更好地保障铁路安全运输。

1　引言

随着广西沿海铁路公司管内电气化铁路里程的不断增加，轨道作业车作为电气化铁路接触网维修的主要设备，作业车及司乘人员数量也不断攀升，轨道作业车对供电设备进行维修施工过程中发生行车安全的问题亦日益突出。因此，研究轨道作业车行车安全，减少行车事故的发生，无论是对轨道作业车本身，还是对供电设备的抢修以及减少对运输的影响，都具有非常重要的意义。

2　轨道作业车现状及重要性

2.1　管理的现状

钦州供电段管理的轨道作业车包括接触网作业车、接触网轨道起重车、接触网高空作业车、放线平车、接触网专用平板车等，是沿海地区电气化铁路接触网日常检修、大修、事故抢修和电气化铁路施工的重要机具。但钦州供电段的轨道作业车乘务员大多数不是行车专业出身，自身的专业基础薄弱，导致乘务员队伍素质满足不了安全运输的需要。

2.2　管理的重要性

轨道作业车虽未完全具备列车条件，但《轨道作业车管理规则》第四十三条规定："轨道作业车上线运行时按列车办理"。作业车用于抢修任务时，要求能快速出动，迅速到达故障现场进行作业；用于检修作业时，需要提前出动，在作业封锁区段和时间限制内顺利完成作业任务。基于以上种种不利因素和作业车的运行方式、承担任务和速度方面的特殊性，要求轨道作业车管理不仅要保证行车安全，还要保证施工安全和人身安全，这就要求管理者必须从思想上把作业车运行安全放在首位，所谓行车无小事，为了在可控范围内最大限度地确保运输安全，加强作业车安全风险管理就显得尤为重要。

3　轨道作业车安全管理存在问题分析

作业车日常作业性质、沿线分布状态和作业环境决定了作业车行车安全管理的难度较大，需要引起高度重视。

3.1　作业车监控装置系统不完善

2019年，钦州供电段的轨道作业车统一安装了轨道车监控装置，但架设的服务器还未完工，不能进行实时传输，需要专门的人员定期去取监控的存储硬盘，导致监控视频文件都是滞后分析。经过近3年的使用，也暴露出一些问题。比较突出的有：一是文件分析滞后，如发生意外事故需要马上进行分析时，需要安排人员连夜去到沿线车班取回硬盘，耗费大量的人力和物力。二是硬盘取回后，转储耗费大量时间，据统计，一趟出乘作业会产生8个通道、7小时左右、大约20 GB容量视频文件，平均每天出乘趟数7趟左右，产生的视频文件多达150 GB，并且分析完毕后还需要从电脑转储进移动硬盘进行保存。分析人员每天有三分之一的时间花费在转储监控视频上，以至于监控视频的分析只能进行抽检分析，每月只能抽检分析出乘趟数的30%，这样会造成部分司乘人员存在侥幸心理，给行车安全埋下隐患。

3.2 管理力度欠缺，专业管理弱化

一是管理人员"好人主义"思想严重，对行车管理比较松散，对存在的问题的处理方式大而化之，没有将问题列入问题库形成闭环管理，也没有进行通报学习，整改只是针对个人，对于其他人员是否存在同样问题，未进行分析研判，以致类似的问题屡见。二是新提拔的指导司机进入管理角色较慢，思想还停留在司乘人员时期，检查分析及跟班添乘犹如蜻蜓点水、走马观花，作用发挥不突出。指导司机生活中与班组司乘人员关系好，容易网开一面；跟班时对司乘人员提问较少，对司乘人员的业务能力、思想状态实况掌握不够全面。

3.3 轨道作业车司乘人员专业素质不高

一是司乘人员业务能力有待提高。目前轨道作业车司乘人员大多数所学专业为供电系列，或从接触网工转岗而来，系统地接受行车专业培训的人员可谓寥寥无几，缺乏作业车驾驶经验及维修实践，在操作的过程中容易出现违章行为，给作业车的运用带来较大的风险。二是作业标准执行不规范、不严谨。例如，司机及助手在核对监控参数时，没有执行双人核对确认，因此监控参数输入错误的情况时有发生，使得监控不控，给行车造成了严重的安全隐患。三是遇到非正常情况时，司乘人员反应迟缓，手足无措。比如，遇到线路上有行人时惊慌失措，导致错过下闸时机，容易发生交通事故。

3.4 轨道作业车设备检修保养质量有待加强

一是部分司乘人员在对作业车进行保养的过程中，缺乏责任心，未能严格按照"清洁、紧固、调整、润滑"的程序进行日常保养，部分车班甚至出现一个月都未曾对车辆进行清洗、保养给油的情况。二是检修人员业务能力欠缺、缺乏钻研精神。对于作业车的维修问题，并不能有效地处理，对简单的问题都是更换新配件，对一些疑难杂症只能委外处理，由于委外流程手续复杂，需要等待的时间较长，从而导致作业车长时间不能使用，作业车使用率不高，对接触网日常维修造成了一定的影响。三是由于轨道作业车日常分布相对分散，停留于10个网工区，其中博白、曲樟工区驾驶汽车需要4小时才能到达，因此一旦出现影响行车的问题，检修人员并不能及时赶到现场，也对当天的天窗作业造成一定的影响。

3.5 培训及作业流程还有较大的空白待完善

一是培训流程不完善。考取L3驾驶证通过率较低，不足50%。新职工去参加考试取得理论合格证后，回到车班任职司机助手，能进行操作开车的培训很少，因此经验不足，只有在得到通知要去参加实作考试时才临阵磨枪突击培训一星期，导致培训效果并不理想。二是行车提示卡填写较为随意。以往的行车提示卡都是开完分工会之后由车班司乘人员进行填写，然后出乘时按照自己预想的输入，形成一种"既当运动员，又当裁判员"的情况，导致存在运行错误的风险。

4 解决问题的措施与对策

4.1 完善轨道作业车监控装置系统

一是架设作业车监控系统服务器，充分应用科技手段，按技术规格要求架设属于自己的服务器，并构建完善的网络系统，保障安全投入使用。二是系统架设完毕后，可以适当增加分析人员的分析量化，理想状态是达到每一趟出车的关键项点（如出入库、调车）都能进行实时分析，并且每月每车每个司乘人员至少有一趟全面的分析。对作业车乘务员作业全过程进行有效卡控，以达到规避行车安全风险的目的。

4.2 加强作业车专业管理

一是进一步提高各管理人员对供电系统轨道作业车重要性的认识，强化干部添乘。当跟班添乘时，跟班干部必须认真填写添乘信息单，在添乘的同时要把重点放在标准化作业的指导上、放在行车安全措施上，放在车调联控、车机联控、信号瞭望、道岔确认等重点环节的把关上，添乘完毕要参加车班收工会，对作业情况进行点评。二是完善指导司机管理制度，强化干部添乘。从作业车司机中择优选拔指导司机，指导司机在设备科、动力设备车间的领导下，负责对作业车作业运行全程进行监控和指导，负责对全段作业车司乘人员实施安全监督检查和技术业务指导，同时及时向主管领导反馈安全信息，保证作业车的安全运行。

4.3 提高轨道作业车岗位人员准入管理

一是要完善轨道作业车乘务员岗位准入管理办法和任职资格条件，严格行车工种人员的选拔和任用，

同时，通过强化任职前的资格培训、任职后的适应性培训，提高人员素质。通过人员培训和准入制度的源头控制，规避安全素质风险。二是严抓一次作业流程标准及呼唤应答标准，杜绝流于形式的双人确认，严格落实考核措施。三是合理搭配机班、严禁出现关键班，机班人员搭配合理是保证运行安全的根本，由于作业车司乘人员业务能力参差不齐，安全责任心强弱不均，所以在搭配机班时要认真分析，做到安全责任心强弱搭配，技术水平高低搭配，遵章守纪好次搭配，同时教育乘务员做到相互提醒，明确安全上没有放心人，只有多看、多问、多想才能保证安全行车。

4.4　充分发挥自检自修的作用

一是加强维修培训的学习，定期组织司乘人员返回车间进行模拟故障维修和轨道作业车的日常维护保养。二是充分发挥内钳维修班组的作用，首先在内钳维修工的选拔上把好关，安排维修人员多委外培训学习，并和其他兄弟单位的维修班组进行交流学习，提升维修技术，当作业车发生故障时能够及时、准确处理故障，消除行车及作业安全隐患。

4.5　完善空白的流程

一是在培训司乘人员上多下功夫，每年参加实作考试的司乘人员将当年的考试资料带回车间，并反思出错导致考试失格的项点，车间职教员及时更新培训资料保存，根据考试项点设法进行模拟，保证使用的教材的时效性。日常开车时多鼓励新职人员进行操作，提升信心，减少紧张，达到良好的考试心态。二是从基础上规范管理模式，统一行车预想提示卡格式，一改以往的机班自己填写、自己出乘输入监控"既当运动员，又当裁判员"的情况。改成由指导司机根据网工区给出的工作票进行填写，之后再由设备科进行复审，核对无误后挂网，再由司机打印出来进行输入，经过重重审核，大大降低输错的次数。并且遇到新线路，或者不熟悉的线路时，可以安排指导司机或分析人员进行模拟后再填写，尽最大可能避免错输漏输等问题。

5　结束语

安全是铁路永恒的主题，是铁路企业发展的生命线，在今后轨道作业车使用过程中，必须进一步完善各项管理制度，树立"安全第一"的指导思想，为铁路运输安全保驾护航，为经济的发展提供可靠的保证。

作者简介

郝建民，广西沿海铁路股份有限公司钦州供电段。

吴远钊，广西沿海铁路股份有限公司钦州供电段。

浅谈沿海铁路接触网集中修生产组织的发展与未来规划

黄权峰　陈妹夏　黎　波

摘　要： 广西沿海铁路公司管辖电气化铁路 1635.671 条公里，其中高铁区段为邕北、钦防线，普铁区段主要为黎钦线、南防线、钦港线。自 2016 年以来，钦州供电段开展接触网集中修工作，共完成 3689.39 条公里设备检修，整治了约 10600 个设备缺陷，其间接触网集中修作业模式从轨汽、梯车单一模式向多元化作业模式发展，2017 年钦州供电段首次使用接触网检修列开展集中修作业，2020 年在普铁区段推行轨汽、梯车、人工上网组模式，生产组织效率一直稳步提高，高铁人均单天窗生产效益达到 0.11 条公里，普铁人均单天窗生产效益达到 0.09 条公里。本文论述沿海电气化铁路接触网集中修发展历程，沿海铁路供电人秉承着不断探索与精益求精原则，紧跟时代的发展、借助科技的力量，持续不断探索和发展高效、精细的接触网集中修生产组织。

1　接触网集中修重要意义

紧跟供电修程修制改革的大步伐，遵循集约化维修方式，在"运行、检测、维修"分离后，接触网集中修扮演重要角色，也是"运检修"中闭环的最后一环。沿海接触网集中修承载着管辖线路的接触网二级修（综合修）、大型专项整治、缺陷集中整治及部分天窗兑现困难区段集中设备维修等工作职责，是近些年来沿海铁路供电设备安全运行的保障。

2　轨汽、梯车组、人工上网组作业组织模式逐步优化

（1）自 2016 年接触网集中修开展以来，沿海铁路最初组织模式是轨道车与梯车结合作业，随着实践与改进，作业组织逐渐优化，作业效率显著提高。

（2）高铁集中修组织实践与改进。邕北线、钦防线高铁线路接触网集中修作业主要是"2+4"或"2+6"轨汽、梯车作业模式，组织模式分为两种：一种为轨汽、梯车均检修接触悬挂、附加悬挂、定位装置等，另外一种梯车组负责检修支柱跨中吊弦等接触网悬挂设备，轨汽负责检修除跨中外的其他设备。前者相比较后者优势在于安全性较高，对生产组织要求不高，对作业区段、工作量等限制条件要求不高。后者相比较前者优势在于作业效率较高，主要省去了轨汽检修跨中启停时间，但后者轨汽运行穿插在梯车间作业，要求组织合理、人员配合默契，否则存在较大安全隐患。另外，后者组织模式对作业区段、工作量要求特定条件，例如站场里程短不满足特定条件。经过实践的检验，目前沿海公司钦州供电段主要采用轨汽、梯车检修所有设备的组织模式，有效、安全地保障设备稳定运行。

（3）普铁集中修组织实践与改进。黎钦线、南防线、钦港线等普铁线路集中修从"2+4"轨汽、梯车组逐渐转变为"2+2+6"轨汽、梯车组、人工组。普铁集中修天窗点时间较短（2022 年平均天窗时间约为 137 min），轨道车的分勾和连挂以及梯车的卸载和装载约占 30 min，为总天窗时间的 21.9%，为了提高作业效率，于是将组织模式转变为人工组为主，轨汽组、梯车组为辅。轨汽、梯车组、人工组模式：轨汽组在一作业区段先检修支柱定位及跨中，人工上网组与梯车组在另一作业区段检修，人工组负责检修支柱定位等设备，梯车组负责检修跨中设备。该组织模式需要准备时间少，检修效率得以提高。因此，2022 年普铁集中修以"2+2+6"或"1+2+7"轨汽、梯车组、人工组组织模式为主。

（4）高、普设备检修规模、模式效率对比统计见表1。

表1　高、普设备检修规模、模式效率对比统计

项目	作业模式	作业人数/个	单天窗平均检修量/条公里	单作业组检修定位及跨中数/个	检修单个定位及跨中时间/min
高铁集中修	2 轨汽+2 梯车	20	2.18	10.9	9.88
	2 轨汽+4 梯车	32	3.33	11.1	9.45
	2 轨汽+6 梯车	42	4.52	11.3	9.62
普铁集中修	2 轨汽+4 梯车	32	2.46	8.2	9.54
	2 轨汽+6 梯车	42	3.36	8.4	9.42
	2 轨汽+2 梯车+6 人工组	42	4.00	8.0	9.86
	1 轨汽+2 梯车+7 人工组	42	4.15	8.3	9.81

从表格分析：高铁天窗时间固定，接触网集中修作业规模越大，单天窗平均检修量越多，总体上，各组规模检修效率相差不大。另外，普铁天窗时间不稳定且时间短，作业前卸下梯车与作业后装载梯车需使用一定时间，且梯车组需要人数是人工组人数的约两倍（每个梯车组至少需要 5 人，人工组至少需要 3 人）。在出工人数几乎相等情况下，虽然梯车组效率要高于人工组（轨汽、梯车组平均检修定位及跨中数为 8.4 个，轨汽、梯车组、人工组平均检修定位及跨中数为 8 个），但是普铁集中修轨汽、梯车、人工组作业模式检修量要高于轨汽、梯车作业模式（轨汽、梯车组、人工组检修量为 4 条公里，轨汽、梯车组检修量为 3.36 条公里）。因此，普铁集中修从初期的轨汽、梯车作业模式逐步转变为轨汽、梯车、人工组作业模式。当然，轨汽、梯车、人工组作业模式能否发挥最大成效，需要轨汽组和人工组配合熟练，检修定位、跨中衔接及时。

3　剖析接触网检修列车与常规集中修组织优劣

（1）接触网检修列车组（以下简称检修列）是用于电气化铁道接触网检修、维护作业的专用车组，可满足安全、高效、长时间、多个作业组同时作业的需求。2017 年钦州供电段探索并试用检修列集中修作业模式，该检修列由 2 台内燃牵引机车和 8 辆客车车辆组成。整列车顶承载大型作业平台，平台上各作业组对定位支撑装置、接触悬挂、附加悬挂进行检修，整治处理 6C 缺陷以及绝缘子清扫。每次总人数为 38 人，其中出工 30 人、司机 2 名、副司机 2 名、轨司 2 名、列检 1 名、汽司 1 名，组成集中修队伍。

（2）检修列与轨汽、梯车作业效益对比。参考钦州供电段 2017 年 8 月 16 日至 2018 年 1 月 12 日利用轨汽、梯车进行对邕北线钦州北至钦州东高速场集中修作业，钦州接触网维修车间 2017 年 9 月 12 日至 10 月 12 日利用检修列进行对邕北线钦州北至钦州东高速场集中修作业。检修列相对轨汽、梯车作业有以下优点。

①辅助人员大幅减少。与以往的梯车作业和接触网检修车作业相比，在单车人效上，如同一天窗、同样 30 人作业，检修列作业辅助人员较梯车节省 10 人，较接触网检修车节省 5 人，作业人员占比高达 60%，作业人员上网率从既有检修模式的 40% 提高到现在的 74%，有效地提高了上网率。

②安全有序可控。接触网检修列具备连续的长大作业平台、全方位的安全监控设施等特点，依托接触网检修列开展集中修，实现供电检修过程真正意义上的集中控制，有效降低、消除常规集中修模式存在的风险隐患，提升了集中修安全管理水平。

③人员可充分休息。利用一般接触网检修车作业时，作业人员在上网作业前以及作业完回到工区这段时间，只能坐在检修车内而得不到充分休息。而接触网检修列拥有良好休息条件，作业人员可在非作业时间睡觉休息，职工休息时间得到保障。

接触网检修列具备大作业平台，能够集中人员力量开展集中修，但是尾大不掉，作业缺乏灵活性。检修列相对轨汽、梯车作业有以下缺点。

①作业内容局限性大。接触网检修列作业平台作业人员多，多作业组同时作业，为避免影响整体作业效率，作业内容局限于对零部件的紧固以及处理更换螺帽、开口销等简单缺陷，对于更换棒瓶、线夹等需

要长时间处理的缺陷则不适合，且接触网检修列体积大、不便于存放，小站无存放条件。

②生产组织效率较低。一是天窗利用率较低。检修列天窗利用率(实际作业时间/实际停电时间)67%，轨汽、梯车天窗利用率78%，通过对比发现轨汽、梯车小规模作业对天窗利用更多，可作业时间更多。二是接触网工人均完成量较低。接触网工人均完成量(完成条公里数/接触网工出工人数)：检修列人均完成量为0.07条公里，轨汽+梯车人均完成量为0.08条公里，通过对比发现检修列规模大、整体性更强，但没有轨汽+梯车作业灵活，例如检修列1组作业完成需要等其他作业小组完成才能进行其他设备维修，轨汽与各梯车检修作业互不影响。三是总出工人均生产效益较低。钦州供电段集中修作业规模小，而检修列司机、列检、联络员8人更多于轨汽作业司机4人，通过对比发现轨汽、梯车生产效益更多。钦州供电段集中修作业规模较小，不能充分利用接触网检修列大规模作业优势，导致接触网工人均完成量、总出工人均生产效益偏低。

4 科技化、精细化集中修方式——新型绝缘子冲洗车结合轨汽、梯车组、人工组模式

2020年钦州供电段已采购绝缘子冲洗车并逐步推行使用，计划2023年结合接触网集中修工作使用绝缘子冲洗车。经统计分析，高铁区段轨汽、梯车组单天窗单作业组完成11.2个定位，单个定位检修完成需要9.62 min，人工擦拭绝缘子需要4.8 min，占到整个检修时间的一半，因此，要想提高效率可从清扫绝缘子方面入手。经过现场试验，每台绝缘子冲洗车每个定位绝缘子冲洗需要3.6 min，高铁天窗每个天窗单台冲洗车可冲洗约54个定位的绝缘子，可采用先冲洗绝缘子后开展设备检修或冲洗绝缘子、设备检修同时进行。经过清洗后高铁区段检修设备可从单天窗每组完成11.2个定位提高至20个定位，单天窗平均检修量提高了2.48条公里，普铁区段检修设备可从单天窗每组完成8个定位提高至17个定位，单天窗平均检修量提高了1.95条公里。单天窗平均检修量、检修效率、人均生产效率将会有很大提高。具体统计见表2。

表2 科技化、精细化集中修方式统计

项目	作业模式	作业人数/个	单天窗平均检修量/条公里	单作业组检修定位及跨中数/个	检修单个定位及跨中时间/min
高铁集中修	2轨汽+6梯车	42	4.52	11.3	9.62
	2轨汽+5梯车+绝缘子清洗组	42	7	20	4.82
普铁集中修	2轨汽+2梯车+6人工组	42	4	8	9.86
	1轨汽+2梯车+6人工组+绝缘子清洗组	42	5.95	17	5.06

5 结束语

沿海铁路供电人秉承精细化管理、科技化应用的管理理念，将常规接触网组织管理提炼升华，生产效率稳步提高。同时，依托科技手段使用检修列开展大规模集中修，发展安全性高、人性化的生产组织。并持续不断地探索科技化、精细化集中修管理道路，高效地保障了沿海铁路供电设备安全稳定，具有广阔的应用前景。

作者简介

黄权峰，广西沿海铁路股份有限公司钦州供电段，助理工程师。
陈妹夏，广西沿海铁路股份有限公司钦州供电段，助理工程师。
黎波，广西沿海铁路股份有限公司钦州供电段，助理工程师。

关于两起雷击跳闸的思考

周宗纪

摘　要：本文通过对两起雷电天气下跳闸的原因的对比分析，得出上下行、分束供电不同馈线间的分段绝缘器空气绝缘击穿是多条馈线几乎同时跳闸的原因，为今后雷暴天气下查找这种较为特殊的跳闸故障点提供了经验。

夏季是雷电多发季节，接触网设备因露天架设，雷电天气容易导致接触网跳闸，尤其是上下行馈线或者3条馈线同时跳闸的情况时有发生，此种情况对供电、行车的影响较大。如何快速地查找故障点、消除隐患值得我们共同探讨和思考。近五年来，洛阳供电段管内夏季雷电天气下上下行馈线或3条馈线同时跳闸的情况，共计发生8起，在此选取较为典型的两起跳闸，对其跳闸原因进行分析，希望大家有所借鉴。

1　第一起跳闸

1.1　跳闸参数

2022年7月27日13时00分，陇海线观音堂变电所213、214断路器跳闸，重合成功。天气：雷阵雨。跳闸参数具体如下。

13时00分02秒977毫秒，213断路器跳闸，阻抗Ⅰ段保护动作，重合成功。电压9.677 kV，电流2682 A，阻抗3.60 Ω，阻抗角67.8°，故障测距9.05 km（K787+740 m）。故障区段：观音堂-庙沟区间下行碳石隧道49#悬挂点。

13时00分02秒978毫秒，214断路器跳闸，阻抗Ⅰ段保护动作，重合成功。电压9.7 kV，电流1590 A，阻抗6.12 Ω，阻抗角62.4°，故障测距14.59 km（K793+280 m）。故障区段：张茅-庙沟区间上行庙沟隧道09#悬挂点。

1.2　跳闸后设备巡视情况

当日巡视设备正常。7月28日，用无人机对213馈线故标前后2 km接触网设备进行航拍，分析发现观音堂-庙沟区间203#接触网支柱（K788+382 m）斜腕臂棒式绝缘子带电侧第一片瓷裙有明显闪络痕迹、接地跳线并沟线夹处烧伤断2股，其余设备运行状态良好。7月29日，继续用无人机对214馈线故标前后2 km接触网设备进行航拍，分析发现庙沟站东岔区21#—26#上下行渡线分段绝缘器（K790+950 m）东侧两消弧棒顶均有明显的烧伤痕迹。

1.3　跳闸原因分析及故标误差分析

观音堂变电所213断路器跳闸原因很明确，即雷电过电压造成观音堂-庙沟区间下行203#接触网支柱斜腕臂棒式绝缘子与接地跳线间空气绝缘间隙击穿，引发接地跳闸，故标误差：实际接地点公里标K788+382 m-故障测距公里标K787+740 m=642 m，实际接地点在故障测距以远。214断路器跳闸的原因，经综合分析判定如下：213断路器跳闸后，由于间隔时间太短，仅1 ms，自动重合闸还没有来得及启动（自动重合闸时间多数设定为20 s），此时下行213馈线设备处于接地状态，当上下行分段绝缘器两消弧棒间空气绝缘间隙被雷电过电压击穿后，又通过下行的接地点跳闸了，随着雷电的转移，两断路器均重合成功。故标误差分析：故障测距14.59 km（K793+280 m），14.59 km-（分段绝缘器距离变电所距离为分段绝缘器公里标K790+950 m-变电所中心公里标K778+733 m）-（分段绝缘器距离下行接地点距离为K790+950 m-K788+382 m）=0.195 m，实际接地点在故障测距以外。具体如图1所示。

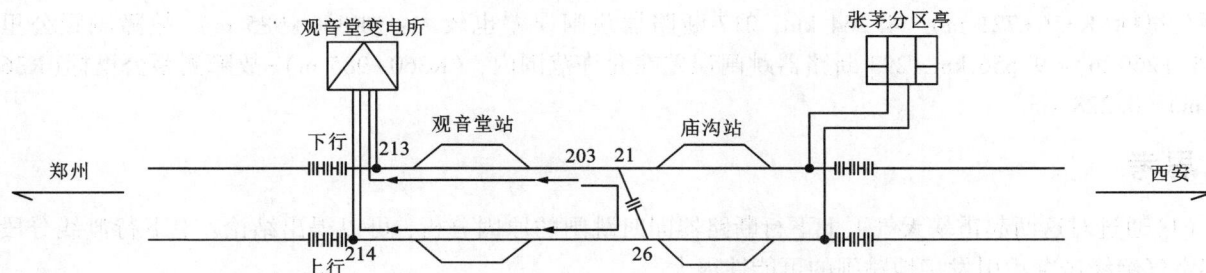

图 1　7 月 27 日观音堂变电所 213 及 214 断路器跳闸短路电流路径示意图

2　第二起跳闸

2.1　跳闸参数

2022 年 8 月 20 日 5 时 20 分，南阳枢纽南阳西变电所 217、218 断路器及南阳开闭所 293 断路器跳闸，重合成功。天气：雷暴天气。跳闸参数具体如下。

5 时 11 分 04 秒 094 毫秒，南阳西变电所 217 断路器跳闸，阻抗 I 段保护动作，重合成功。电压 11.443 kV，电流 1498.129 A，电阻 4.199 Ω，电抗 6.798 Ω，阻抗角 58.301°，故障测距 19.135 km（K351+269 m）。故障区段：南阳-蒲山店区间下行 35#—37#接触网支柱间。

5 时 11 分 04 秒 131 毫秒，南阳西变电所 218 断路器跳闸，阻抗 I 段保护动作，重合成功。电压 12.764 kV，电流 2495.859 A，电阻 1.671 Ω，电抗 4.988 Ω，阻抗角 71.479°，故障测距 13.652 km（K356+721 m）。故障区段：南阳-蒲山店区间上行 234#—236#接触网支柱间。

5 时 11 分 04 秒 450 毫秒，南阳开闭所 293 断路器跳闸，电流速断保护动作，重合成功。电压 11.97 kV，电流 2528 A，电阻 2.295 Ω，电抗 4.682 Ω，阻抗角 60.5°，故障测距 5.50 km。故障区段：南阳上行站线。

2.2　跳闸后设备巡视情况

当日对跳闸区段进行了巡视，发现 218 馈线南阳站上行 4#转换柱非工作支斜腕臂带电侧第一片绝缘子破损，跳线有明显的烧伤痕迹，铁锚压板处有放电痕迹。次日下午，用无人机对南阳站北咽喉雷暴区段进行航拍，发现南阳站北咽喉上行正线与侧线 28#—30-2#柱间分段绝缘器两消弧棒有放电痕迹。23 日，利用垂直天窗对南阳站北咽喉 32#—35#间上下行分段绝缘器检查时，发现下行侧消弧棒间空气绝缘间隙击穿。24—26 日，又组织无人机对这 3 条馈线设备进行了航拍，未再发现其他接地点。

2.3　跳闸原因分析及故标误差分析

从跳闸时间来看，显示的是 217 断路器先跳闸，但从表 1"南阳西变电所 8 月 20 日保护启动时间表"的保护启动时间来判断，本次跳闸 218 馈线首先出现故障，其次是 217 馈线，最后是 293 馈线。

表 1　南阳西变电所 8 月 20 日保护启动时间表

断路器	217	218	293	说明
保护启动时刻	5：11：03.990	5：11：03.921	5：11：04.388	218 整定时间为 0.2 s
保护出口时间	5：11：04.094	5：11：04.131	5：11：04.450	217 整定时间为 0.1 s

218 断路器跳闸的原因很明确，即雷电过电压造成南阳站上行 04#接触网支柱斜腕臂棒式绝缘子与接地跳线间空气绝缘间隙击穿，引发接地跳闸；218 断路器跳闸后，由于间隔时间太短，自动重合闸还没有来得及启动（自动重合闸时间多数设定为 20 s），此时 218 馈线设备处于接地状态，雷电过电压把上下行间渡线、上行正线与侧线间分段绝缘器两消弧棒间空气绝缘间隙击穿，又通过 218 的接地点接地引发跳闸，随着雷电过电压的释放和转移，3 个断路器均重合成功。

故标误差分析：218 断路器跳闸误差较大，实际接地点公里标南阳站上行 4# 支柱（K360+985 m）-故障测距公里标（K356+721 m）= 4.264 km，217 断路器跳闸误差也较大：（K360+985 m）-故障测距公里标（K351+269 m）= 9.656 km，293 断路器跳闸误差在允许范围内，（K360+985 m）-故障测距公里标（K361+213 m）= 0.228 km。

3　思考

（1）通过对这两起雷暴天气下上下行断路器同时跳闸的原因分析，可以得出结论：上下行渡线分段绝缘器空气绝缘击穿后引发接地跳闸的可能性很大。

（2）通过对近五年来我段管内普速铁路直供+回流供电方式跳闸情况分析，2018 年为 2 次，2020 年为 2 次，2021 年为 2 次，2022 年为 3 次，这说明，这种情况呈上升趋势，应引起关注。

（3）关于故障点查找，平、斜腕臂棒式绝缘子的闪络、斜腕臂棒式绝缘子带电侧第一片瓷裙与跳线间空气绝缘间隙击穿以及分段绝缘器消弧棒顶烧伤留下的痕迹，在设备下方步行巡视时由于角度受限，特别是在绝缘子的正上方出现闪络、烧伤时，不容易发现故障点，因此使用无人机航拍不失为一种可行的查找方式。

（4）本文中第一起跳闸的故标误差较小，均在允许范围内，第二起跳闸除 293 断路器跳闸的误差较小外，其余两闸均极为罕见，这需要接触网、变电专业联合进行原因分析。

（5）关于分段绝缘器空气绝缘间隙问题。《普速铁路接触网运行维修规则》（TG/GD 116—2017）第一百四十五条第一款规定了分段绝缘器的空气绝缘间隙不小于 300 mm。但之前的规则均没有此规定，导致目前尚在运行的分段绝缘器的空气绝缘间隙不足 300 mm，本文中描述的分段绝缘器的空气绝缘间隙最小的为 220 mm，这也为雷暴天气下发生空气绝缘击穿埋下了安全隐患。

4　下一步措施

（1）进一步规范雷暴天气下的接触网设备跳闸后的故障查找，尤其是上下行同时跳的这种情况。在地面查找无果时，应尽可能地使用无人机进行航拍。各供电段应注意加强对无人机操作人员的培训和无人机的配备，每个供电车间至少配备 1 台无人机，每个接触网工区至少有 2 名拿到适航证的操机手。

（2）进一步加强设备选型工作。遇有新线建设、大修、改造等工程时，应注意对分段绝缘器的设备选型，应选择空气绝缘间隙大于 300 mm 的产品。

（3）进一步加强绝缘清扫工作。对于污染区域，应严格按照清扫周期清扫绝缘子，保证绝缘子的清洁度，避免发生雷电过电压时的绝缘闪络。

（4）进一步加强保护整定。当遇有故障测距超出允许误差范围时，应当予以重视，从核对供电线长度、校准线路阻抗、调整保护定值等方面入手，确保下一次跳闸故标准确，为故障查找提供较为可靠的依据。

参考文献

[1] 中国铁路总公司.普速铁路接触网运行维修规则：TG/GD 116—2017[S].北京：中国铁路总公司，2017.

作者简介

周宗纪，中国铁路郑州局集团有限公司洛阳供电段供电技术科，副科长、工程师。

浅谈铁路站段落实双重预防机制工作要点

孔 勇

摘 要: 为落实铁路安全风险管控和安全隐患排查治理双重预防机制(以下简称双重预防机制),郑州局集团公司决定推行双重预防机制"一线两库两表两书"管理要求。为使双重预防机制在站段安全风险管控中真正发挥作用,通过强化安全风险意识、规范"五点一线"安全风险管控流程和风险管控履职行为,达到安全生产有序可控的目的。

1 引言

2021 年 9 月 1 日起施行的《中华人民共和国安全生产法》规定,生产经营单位必须加强安全生产管理,构建安全风险分级管控和隐患排查治理双重预防机制,健全风险防范化解机制,提高安全生产水平,确保安全生产。本文通过对铁路站段双重预防机制工作要点进行分析,规范站段安全风险管控流程及风险管控履职行为,不断提高风险管控水平,确保安全生产有序可控。

2 强化干部职工安全风险意识

从近几年发生在我们身边的安全事故情况来看,"安全第一"大家都懂,但"预防为主"的意识却落实得不是非常到位,主体安全意识淡薄,对安全风险预防的主动性不够。因此,一是领导干部要树立安全成本意识,转变安全管理理念,要认识到安全是铁路企业的生命线,前移安全管理重心,把安全管理的重点放在事前的预防上,放在对安全风险的控制上,防患于未然。二是干部职工要树立"安全是自己的"的观念,改"要我安全"为"我要安全",把"一切风险均可控制,一切事故均可预防"的理念根植于心中,以最小的风险成本获得最大的安全保障。

3 双重预防机制工作核心内容及工作流程

3.1 核心内容

构建双重预防机制就是针对安全生产领域"认不清、想不到"的突出问题,强调安全生产的关口前移,从隐患排查治理前移到安全风险管控。核心内容是安全风险管控和安全隐患排查治理。

3.2 安全风险管控流程

"五点一线"安全风险管控流程,包括"研判安全风险、制定管控措施、纳入岗位职责、完善工作标准、实施评价考核"五个要点,又称实现风险管控闭环和周期性循环。

3.3 推行"两库两表两书"管理

(1)"两库两表两书"是保证"五点一线"安全风险管控流程有效落实的载体。

(2)两库:建立风险库、建立隐患库。

(3)两表:管理人员"一岗一月一表""风险管控措施落实情况评价表"。

(4)两书:风险管控岗位履职指导书和作业指导书(管理层建立风险管控岗位履职指导书、作业层完善作业指导书)。

4 安全风险管控工作要点

4.1 风险辨识研判要规范

建立健全段级季度风险库。站段承接集团公司专业部门确定的重大、较大、一般风险项目,一般不再新增风险,同时结合站段实际研判低风险项目;车间层面认领站段派发的涉及本车间的风险项目,细化好本车间安全风险重点管控项点。坚持逢变必研,遇到安全生产结构、要素(生产力布局调整、设施设备更新、新技术新装备投入)、外部环境发生变化时,车间、站段及时组织风险研判,并逐级上报,及时纳入季度、月度安全风险库进行管控。

4.2 风险管控措施要有针对性、能落实

明确牵头部门,组织相关专业科室从生产流程、规章制度、作业标准和生产组织相关内容的制定、执行、检查、鉴定等几个方面,对列入季度风险库的风险项目,逐项制订好各层级风险管控措施,确保每项安全风险管控措施完备、不漏项、能落实。

4.3 风险管控的履职行为要清晰

(1)站段在完善各项风险管控措施的基础上,须组织各科室对每项风险的每条管控措施的派发岗位进一步进行明确,解决多派、漏派问题,使风险岗位派发更精准。

(2)由站段牵头科室组织,统一制订各层级、各岗位的风险管控履职指导书(包含岗位职责、工作标准、工作履职指南),避免同一岗位的风险管控履职标准不统一、五花八门现象。

(3)科室、车间层级在派发风险时,要根据本部门管理人员分工及岗位职责进行分派,解决"人人都管,人人不管"的问题,使各项风险管控措施落实到具体管理人员上,实现管理人员各有侧重地去管控风险。

4.4 规范工作写实,杜绝风险管控两张皮现象

(1)风险派发后,各层级管理人员严格按照每项风险管控岗位的履职指南,制订工作计划、依照工作计划开展履职行为。

(2)各部门负责人是安全风险管理的第一责任人,对本部门管理人员落实风险管控履职情况应经常检查、及时纠偏,要从检查管理人员制订的工作计划入手,从源头上及时发现问题,提高风险管控能力。

(3)做好风险管控履职指导书的动态修订工作,从而使工作标准能落实、可考核,工作计划切合实际,切实消除双重预防机制与实际工作两张皮的现象。

4.5 认真开展风险评价

月度风险评价即对各部门本月安全情况的总结分析,又是对本部门各管理人员履职情况的一个检验,从风险管控结果倒推风险管控过程中存在的问题,针对问题制订补强措施,形成风险管控的闭环管理,从而逐步提高风险管控水平。

4.6 及时修订并严格落实作业指导书,坚持标准化作业

(1)各专业作业指导书的编制要遵照现行国家、行业颁布的标准,内容清楚、准确、完整,确保对作业过程的全过程控制,从规章制度源头上控制现场作业行为。

(2)作业指导书要做到及时修订,与安全风险管理体系相衔接,当环境发生变化时,安全风险也会随之发生变化,这就使作业指导书中的安全风险控制内容发生变化,因此需要根据风险变化情况及时进行补充完善。

(3)作业层只有按章作业,严格落实作业指导书作业程序和标准,防范好每一处安全风险项点,才能确保现场作业安全,这是安全风险控制的基础,也是安全风险控制的关键。否则再完备的作业指导书也会变成一纸空文。

5 安全隐患排查整治工作要点

5.1 规范隐患库,分级盯控安全隐患整治销号

(1)建立段季度安全隐患库、在车间月度安全隐患库、班组月度安全隐患库三级安全隐患库体系,利用计算机信息技术,将各层级安全隐患分层、分类,做到分级盯控安全隐患整治。

（2）站段牵头科室、专业科室做好季度隐患库中安全隐患的整治销号、复验工作，盯控安全隐患及时整治，对一时不能销号的安全隐患要制定相应安保措施。同时不定时对车间级、班组级安全隐患排查整治情况进行抽查，确保各层级安全隐患整治彻底。

5.2 明确车间层级安全隐患排查整治制度

（1）明确安全隐患排查方式，采取安全隐患定期排查、日常排查相结合的方式，加强隐患库动态管理，确保安全隐患及时发现、及时入库。

（2）将安全隐患排查整治情况在车间月度安全分析会上进行通报。一是根据上月专项排查、日常巡视检查、日常作业检修、上级检查发现问题、班组上报问题等情况，对车间的安全隐患进行梳理和分析，确定本月须入库的安全隐患。二是对上月未销号的安全隐患必须列入本月安全隐患库继续进行盯控整治，最终形成车间月度安全隐患库，随车间月度安全风险库一并发布，同时录入隐患库信息系统。

（3）车间本月在日常巡视、检查、检修中发现的各类安全隐患，车间负责人要及时利用日分析会、周交班会组织车间管理人对安全隐患进行研究，并对隐患进行分类、分等，制定整治措施、明确整治期限，动态管理车间月度安全隐患库。

（4）月末，在车间月度安全分析会上，对本月动态新增入库的安全隐患进行梳理、制表，形成本月动态安全隐患库。

（5）对列入车间月度安全隐患库及日常排查中列入月度动态安全隐患库中的安全隐患，车间应立即组织解决，责任到人、明确整治期限。到期后，车间负责人或主管副职组织车间安全、技术人员对整治结果进行复验，确保安全隐患整治彻底。

5.3 重大安全隐患管理

车间须将发现的重大安全隐患及时上报段主管科室及安委会办公室，由安委会办公室牵头组织各科室对上报的安全隐患进行确认分析，能立即安排整治的立即安排整治；如需要一定时间才能整治完成的，由专业科室制订安保过渡措施，并纳入站段领导和相关管理人员一岗一月一表盯控落实，直至安全隐患彻底整治消除。如需集团公司解决的安全隐患，应及时上报集团公司专业部门并纳入集团公司隐患库进行管理，段同时做好安保过渡措施盯控落实工作。

6 结束语

"安全"是铁路企业的生命线，铁路企业提出了"安全生产大如天"和"安全第一、预防为主、综合治理"的管理思路。因此，认真抓好双重预防机制工作，不仅是在贯彻落实《中华人民共和国安全生产法》法律规定，更是确保铁路企业安全的迫切需要。只有不断对双重预防落实过程中存在的突出问题进行分析、总结，及时修正、改进工作思路，才能不断提高风险管控水平，确保安全生产有序可控。

参考文献

[1] 中华人民共和国国务院.中华人民共和国安全生产法[S].2021.

[2] 中华人民共和国国务院.国务院安委会办公室关于实施遏制重特大事故工作指南构建双重预防机制的意见（安委办〔2016〕11号）[Z].

[3] 中国铁路郑州局集团有限公司.郑州局集团公司关于落实铁路安全风险管控和安全隐患排查治理双重预防机制工作的通知（郑铁安〔2019〕126号）[Z].

作者简介

孔勇，中国铁路郑州局集团有限公司洛阳供电段安全科，助理工程师。

双重预防机制在接触网作业中的应用研究

张　凯

摘　要： 安全是企业健康发展的基本保障，对于铁路企业而言，控制和减少安全事故是企业安全管理工作的重中之重。在铁路众多岗位之中，接触网专业又属于铁路高危工种，人身和设备事故频发，构建"风险分级管控"和"隐患排查治理"双重预防机制是防范事故发生的重要措施。文章以接触网一次维修施工作业为例，介绍了维修作业风险辨识、评价、控制的标准化管理流程，通过风险控制措施与隐患的对应关系，建立分级、分类的"接触网专业施工（维修）安全盯控一岗一表"，从而推进接触网作业安全精细化、标准化管理。

1　引言

2016年10月，国务院安委办出台《关于实施遏制重特大事故工作指南构建双重预防机制的意见》，对易发生重特大事故的行业领域，构建风险分级管控和隐患排查治理双重预防工作机制，严防风险演变、隐患升级导致生产安全事故；2019年郑州局集团公司也出台了《郑州局集团公司关于落实铁路安全风险管控和安全隐患排查双重预防机制工作的通知》（郑铁安〔2019〕126号），对双重预防机制工作的开展进行了要求；2021年9月1日实施的《中华人民共和国安全生产法》，又将安全双重预防机制纳入其中，由此可见，双重预防机制工作在安全生产中的位置愈发重要。

铁路供电工作的行业特点为"高空、高压、高速"，为准确把握铁路供电系统的特点和规律，推进铁路供电系统安全管口前移、源头治理、超前防范，把风险控制在隐患形成之前，把隐患消除在事故（故障）发生之前，强化风险意识，抓住关键环节进行有效防范，遏制各类安全事故故障的发生。本文以接触网日常施工作业为例，谈谈供电维修作业安全风险与隐患的标准化管理流程，以及实行双重预防机制后供电安全形势的变化。

2　构建双重预防机制的基本工作思路

双重预防机制就是构筑防范生产安全事故的两道防火墙。第一道是管控风险，从源头上系统辨识风险、管控风险。第二道是排查治理隐患，以隐患排查和治理为手段，坚决把隐患消灭在事故发生之前。

2.1　双重预防机制基本原则

（1）关口前移，超前防范。以安全风险辨识和管控为基础，运用现代风险管理和事故预防理论，规范具体工作程序和方法，从源头上系统辨识风险、分级管控风险；以隐患排查和治理为手段，全面排查风险管控过程中出现的缺失、漏洞和失效环节。

（2）动态管理，持续改进。通过辨识风险、排查隐患，实现安全风险辨识研判、分级管控和隐患闭环管理。

（3）深度融合，整体推动。双重预防机制不是另起炉灶，而是将其融入日常工作中，作为安全管理的主要手段和方法。把风险分级管控、隐患排查治理和构建人防、物防、技防"三位一体"安全保障体系，推进安全生产标准化规范化建设等工作有机结合，推动安全基础工作整体强化。

2.2　风险与隐患的概念及关系

风险的定义：就是特定的威胁利用资产的一种或多种脆弱性，导致资产的丢失或损害的潜在可能性，即特定威胁事件发生的可能性与后果的结合。

《安全生产事故隐患排查治理暂行规定》（安监总局令第16号）将隐患定义为生产经营单位违反安全生产法律、法规、规章、标准、规程和安全生产管理制度的规定，或者因其他因在生产经营活动中存在可能导致事故发生的人的不安全行为、物的危险状态、场所的不安全因素和管理上的缺陷。

由此可以看出,风险产生的根源是危险与有害因素,而事故则是隐患管控不当所导致的结果。从"双重预防机制"的定义中不难看出,安全风险如果得到全面的辨识与控制,便不会产生隐患;隐患如果得到及时的排查与治理,便不会发生事故。安全风险管控与隐患排查治理,遵循着紧密的逻辑关系,构成了防范事故的两道防线,其逻辑关系如图1所示。

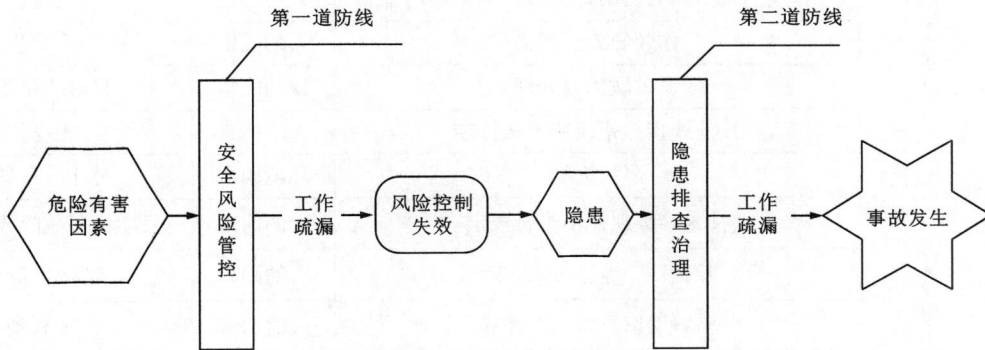

图1　风险、隐患、事故的逻辑关系

3　供电系统作业安全风险管理

作业安全风险管理,需要尽可能辨识出作业过程中存在的各类危险有害因素,通过分级控制手段,从根本上降低危险事件发生的可能性与危害性,从而构筑预防事故(故障)发生的第一道防线。安全风险管理一般包括风险辨识、风险评估及风险控制三方面内容。

3.1　风险辨识

风险辨识是风险管理的第一项工作。对于步骤清晰的施工作业活动,常使用"作业危害分析法"辨识安全风险。它将作业活动划分成若干步骤,分析每一步骤中存在的危险有害因素,综合考虑起因物、引起事故的诱导性原因、致害物、伤害方式等,确定可能导致的事故类别。风险辨识应充分考虑人、物、环境、管理各方面的影响因素,参考《〈安全双重预防机制工作指南(试行)〉的通知》(铁办安监〔2019〕22号),确定施工作业中存在的危险有害因素,并通过《企业职工伤亡事故分类》(GB 6441—1986)确定可能导致的事故后果。

笔者结合自身铁路供电工作管理经验,将接触网停电维修作业过程拆分为"停电作业前期准备""停电维修作业过程""停电维修作业结束"三个作业步骤,制订了接触网停电维修作业安全风险辨识清单,见表1。

表1　接触网停电维修作业安全风险辨识清单

作业内容	作业步骤	危险有害因素	因素类别	可能导致的后果
接触网停电维修作业	停电作业前期准备	作业计划、作业范围制定错误	管理因素	人身伤害
		停电范围超出规定距离	管理因素	人身伤害
		作业人员不具备条件、经验技术欠缺	人的因素	检修质量不达标
		安全措施不符合规定或漏项	管理因素	人身伤害
		恶劣天气	环境因素	无法作业
		交通工具状态及走行路径	物的因素	人身伤害、发生D类事故
		工具、材料状态不良或缺失	物的因素	检修质量不达标

续表1

作业内容	作业步骤	危险有害因素	因素类别	可能导致的后果
接触网停电维修作业	停电维修作业过程	高空作业人员不能正确使用安全用具	人的因素	人身伤害
		接发封锁、停电命令出现错误	人的因素	人身伤害、作业延点
		高空作业人员不按照施工工艺检修	人的因素	检修质量不达标
		作业两端防护人员防护失效车辆碰撞伤害	人的因素	人身伤害
		工作领导人违章指挥	人的因素	人身伤害
		设备缺陷未处理	物的因素	检修质量不达标
		接地线接挂错误或不按标准	人的因素	人身伤害
		恶劣天气	环境因素	停工、人身伤害
	停电维修作业结束	技术参数超标不符合规定	人的因素	发生设备故障或造成事故
		接地线、等位线未撤除	人的因素	造成作业事故
		路料遗留导致列车碰撞	人的因素	造成 D 类事故
		人员未及时脱离作业区域便开通线路送电	人的因素	人身伤害

3.2　风险评价

为明确风险管控重点，辨识出的安全风险须进一步进行定量评估。一般采用"作业条件危险性分析评价法"（LEC 法）来评价其危险性，它是人们在具有潜在危险性作用环境中作业时的危险性半定量评价方法。采用与系统风险率相关的 3 个方面指标之积来评价系统中安全风险的大小。分别是：L，发生事故的可能性大小；E，人体暴露在这种危险环境中的频繁程度；C，一旦发生事故会造成的损失后果。以上述 3 个方面的乘积 D（危险程度）来评价风险的大小：即 $D=L\times E\times C$；根据《国务院安委会办公室关于实施遏制重特大事故工作指南构建双重预防机制的意见》，风险按照危险程度从高到低的原则划分为一、二、三、四等四个级别，分别用"红、橙、黄、蓝"四种颜色表示。D 值越大，说明该作业活动危险性越大、风险越大。由于不同的作业环境，作业及管理人员的能力水平也参差不齐，综合评价得出接触网停电维修作业存在红色风险（一级风险）3 项、橙色风险（二级风险）3 项、黄色风险（三级风险）9 项、蓝色风险（四级风险）4 项（表 2）。

表 2　接触网停电维修作业安全风险等级评估

作业内容	作业步骤	危险有害因素	因素类别	可能导致的后果	风险等级
接触网停电维修作业	停电作业前期准备	作业计划、作业范围制定错误	管理因素	人身伤害	红
		停电范围超出规定距离	管理因素	人身伤害	黄
		作业人员不具备条件、经验技术欠缺	人的因素	检修质量不达标	蓝
		安全措施不符合规定或漏项	管理因素	人身伤害	黄
		恶劣天气	环境因素	无法作业	蓝
		交通工具状态及走行路径	物的因素	人身伤害、发生 D 类事故	红
		工具、材料状态不良或缺失	物的因素	检修质量不达标	黄

续表2

作业内容	作业步骤	危险有害因素	因素类别	可能导致的后果	风险等级
接触网停电维修作业	停电维修作业过程	高空作业人员不能正确使用安全用具	人的因素	人身伤害	橙
		接发封锁、停电命令出现错误	人的因素	人身伤害、作业延点	蓝
		高空作业人员不按照施工工艺检修	人的因素	检修质量不达标	黄
		作业两端防护人员防护失效车辆碰撞伤害	人的因素	人身伤害	红
		工作领导人违章指挥	人的因素	人身伤害	橙
		设备缺陷未处理	物的因素	检修质量不达标	黄
		接地线接挂错误或不按标准	人的因素	人身伤害	黄
		恶劣天气	环境因素	停工、人身伤害	蓝
	停电维修作业结束	技术参数超标不符合规定	人的因素	发生设备故障或造成事故	黄
		接地线、等位线未撤除	人的因素	造成作业事故	黄
		路料遗留导致列车碰撞	人的因素	造成D类事故	黄
		人员未及时脱离作业区域便开通线路送电	人的因素	人身伤害	橙

3.3　风险控制

"4L"风险控制方法。这种方法主要是从企业组织管理的层级来考虑的，针对不同的风险状况，企业应该分类别、分级、分层、分专业从4个层面进行风险控制，也叫"4分管控"原则。分类是对可能涉及的风险进行归纳分类，明确管控对象解决有哪些风险的问题。分级是对风险按其严重度进行排列，为风险管控提供焦点，解决重点关注哪些风险的问题。分层是依据风险程度，落实风险管控的管理责任，解决谁来管的问题。分专业是依据风险对象，落实风险管控的执行主体，解决谁去控制风险的问题。

根据风险评估结果，参照《普速铁路接触网安全工作规则》(TG/GD 115—2017)、《普速铁路接触网运行维修规则》(TG/GD 116—2017)等标准规范及规定要求，通过研究讨论，针对接触网停电维修作业中存在的19项安全风险，制订了"编制接触网停电作业维修方案""使用PPT可视化分工""召开方案制定会及布置会""接触网设备专项修资格认证"等7项控制措施项。按照风险越高管控层级越高的原则，对于操作难度大、技术含量高、风险等级高、可能导致严重后果的作业活动应重点进行管控；上一级负责管控的风险，下一级必须同时负责管控。根据管理实际，接触网停电维修作业可按照风险等级"一级"至"四级"的顺序，分别对应"段""车间""维修作业负责人""作业小组负责人"四个层级的管控。接触网专业施工(维修)安全盯控表见表3(附后)。

4　基于风险的隐患管理

4.1　标准隐患清单的建设

隐患排查治理是防范事故的第二道也是最后一道防线，是"直面事故"的重要管控工作，是项目安全管理的核心内容。通过前文分析，风险控制失效即是隐患，那么，梳理并归纳出风险控制失效的常见情形，就形成了基于风险的标准隐患清单。可划分为五个方面，即人的不安全行为、物的危险状态、环境的不安全因素、管理上的缺陷。制订标准隐患应符合针对性、常见性、归纳性原则，突出重点，数量适中，能够较好地囊括现场管理、现场作业存在的各类问题。隐患对应风险，风险等级越高，产生隐患后的危害性就越大，依照隐患对应的风险等级，将隐患由高到低划分为A级、B级、C级、D级四个层级；结合铁路供电专业的高空坠落、触电伤害、物体打击、车辆伤害、行车安全这5大高发事故类型，根据以上原则，经研究讨论，梳理归纳出接触网停电维修作业标准隐患23项，并形成"标准隐患清单"。

4.2　"标准隐患清单"的应用

参加作业的各级管理人员可根据实际作业情况，参考"风险控制措施"编制《接触网专业施工(维修)安全盯控表》，在现场作业中对照各项风险控制措施的落实情况进行逐一排查，确保风险处于可控状态。

表3 接触网专业施工(维修)安全盯控表

作业地点： 作业项目： 日期：

检查项点	具体内容	落实情况	备注
施工(维修)作业安全措施落实和相关资料	检查施工项目"一施工三方案"制订、审查、落实情况； 检查安全协议签订情况； 检查施工协调会、预备会、总结会制度落实和施工方案制定会、审查会、参加施工单位日生产会制度落实情况，检查施工安全"八禁止"落实情况； 检查维修作业工作票签发、审查、安全措施布置、分工预想会、总结会制度落实情况，检查以上要求相关台账记录		
防触电	检查作业区段高低压带电设备排查和防触电措施制定落实情况； 检查验电接地位置及程序落实情况，绝缘工具状态，停送电及电调、行调命令内容，防止误攀、误爬、误触邻近有电设备		
	检查开展V形天窗作业条件，盯控作业人员、料具与附近高低压带电设备保持安全距离		
	检查电分相中性区等防穿越电流伤害措施		
	检查是否带负荷操作隔离开关，吸回装置作业是否按规定停电或设置可靠旁路措施		
防高空坠落	检查2m以上登高作业，安全带是否打在可靠位置，是否按规定佩戴安全帽		
	检查车梯、梯子、作业车工作台梯凳等登高工具状态，曲线处和大风天气是否采取防倾倒、防滑移措施		
	桥梁区段作业检查铺板状态，防止踩空坠落		
	冬季作业脚踏稳准防止滑倒摔伤		
防车辆碰撞	检查点前点后，侵入行车限界行车防护制度是否落实，是否同时执行"一站、二看、三确认、四通过"要求		
	检查V形天窗作业，人员、料具、作业车平台等是否侵限；大型机具使用是否落实"一人一机"监护		
	检查站内临时上道穿越是否从车站固定位置可靠防护后进出；施工是否按规定设置隔离措施		
道路交通安全	检查司机是否按规定"双证上岗"，证件与准驾车型是否一致，机动车出车前司机是否检查确认传动、方向、制动的状态		
	检查司机是否存在超速、逆行、疲劳驾驶、违章变道等不安全行为		
	检查山区以及恶劣天气条件下，特殊要求的派车和审批制度落实情况		
有限空间作业伤害	检查是否执行先通风、再检测、后作业制度落实情况，无可靠排风和作业防护不得进入		
开通条件确认	电调、行调命令销记前，施工负责人对电气绝缘、空气间隙、机械强度、线索交叉、设备参数、料具清理、人员撤离、防护撤除等进行检查，确认送电和行车开通条件，并将照片传递到驻站联络员，驻站联络员确认后方可销记		
	检查现场职务最高人员及施工负责人是否共同对作业区段及相关设备状态进行巡视检查，并观察一至两趟车		
	检查施工过渡设备是否符合前一日施工方案会要求，机械可靠，电气畅通，无交叉互磨		

施工(维修)包保人：

5 双重预防机制在洛阳供电段应用后的效果

洛阳供电段通过开展每季度安全会研判风险，风险项点内容涵盖设备质量、人身安全、外部环境、消防安全、反恐综治、人员素质、决策研究、源头管控等多个方面共计41项，并且将段、车间、班组分为三个层级实行风险逐级管控，纳入各级管理人员的"一岗一月一表"，在月底各级管理人员对照自己的工作写实记录本进行填写兑现情况，并且由安全、劳人、纪委共同对管理干部的风险兑现情况进行督导检查，月度下发履职考核通报，通过持续的督导检查，极大地提升管理干部履职质量，各级管理干部按照风险管控措施制订的工作标准进行督导检查，保障了现场作业安全和人身安全，大大提高了设备质量，降低了安全事故及故障的发生率。

该段自 2016 年 3 月 12 日发生作业车冒进信号机事故后，打破了安全生产 3000 天的安全成绩纪录，在 2016 至 2019 年间，共计发生各类事故 5 起，在 2019 年双重预防机制工作方法出台后，通过扎实运用双重预防工作机制，认真开展各类研判风险、盯控隐患源头治理工作，至今共发生事故 2 起，有效遏制了事故的发生率，大力提升了安全保障率。

6　结论与展望

洛阳供电段接触网设备管辖范围较大，地形地貌涉及平原、丘陵、山区，桥梁、隧道地段较多，陇海、焦柳、宁西设备寿命周期各不相同，设备基础较薄弱，接触网作业中涉及"高空、高压、高速"人身安全，也存在着极大的风险。因此如何有效分析研判检修作业过程中的风险，制定切实有效的风险评价模型、隐患排查、关键风险分析并提出相应的风险管控措施，成为洛阳供电段管理的一大重要课题。

本文首先对安全双重预防机制基本工作思路以及在铁路系统中常用的风险评价方法及风险控制方法进行介绍，同时通过"解剖麻雀"的方法，对接触网一次停电维修作业的流程进行分析，构建了接触网停电维修作业安全风险分级管控模型和隐患排查流程模型，通过对接触网维修作业的风险项点分析，制订有效的安全管控措施，切实加强和提高接触网专业在停电维修作业中的设备和人身安全系数。通过这种方式和手段，继而指导对每个风险项点按照此类方法进行分析，制订出有效的安全管控措施，从而保证铁路生产的长治久安。

参考文献

[1] 国务院安委会办公室.印发推进构建安全风险分级管控和隐患排查治理双重预防机制：安委办（2016）10 号［S］.北京：国务院安委会办公室，2016.
[2] 国务院安委会办公室.印发关于实施遏制重特大事故工作指南构建双重预防机制的意见：安委办（2016）11 号［S］.北京：国务院安委会办公室，2016.
[3] 中国铁路总公司.普速铁路接触网安全工作规则：（TG/GD 115—2017）［S］.北京：中国铁路总公司，2017.
[4] 中国铁路总公司.普速铁路接触网运行维修规则：（TG/GD 116—2017）［S］.北京：中国铁路总公司，2017.
[5] 曹凯，汪洵.风险分级管控和隐患排查的双重预防机制分析［J］.电力安全技术，2021（6）.
[6] 赵宽.安全风险分级管控和隐患排查治理双重预防机制体系建设及应用［J］.产业观察，2020（3）.

作者简介

张凯，中国铁路郑州局集团有限公司洛阳供电段，安全科科员、助理工程师。

高铁接触网作业车液压系统故障的诊断及排除方法

孙万林

摘　要： 接触网作业车是我段电气化铁路接触网日常维修、大修、事故抢修和施工的重要机具。其作业车液压系统性能好坏，将直接影响其高铁接触网"天窗"作业及行车安全。笔者结合多年的专业理论知识与现场检修工作经验，通过对高铁接触网作业车液压系统产生故障的现象进行分析、判断，详细介绍了现场诊断及排除方法。

1　引言

随着轨道作业车使用年限的增加，液压系统发生的故障越来越多。当液压系统出现故障时，从外观一般看不出液压元件损坏的故障属"软故障"，这种故障寻找起来很困难，特别在作业现场受检测手段和拆装条件的限制，诊断更为困难。本文立足于作业车现场检修，对液压系统故障的检查、诊断及排除方法，诊断时注意事项以及应急处理措施做简要介绍。

2　液压系统主要组成与工作原理

JW-4G 型接触网作业车是专为高速铁路接触网日常维修、施工而生产的。其液压系统主要作用是为升降平台、随车起重机、支腿、调平装置、冷却装置提供动力。其中作业平台油路、随车起重机油路、支腿油路、调平装置油路共用一套作业液压系统，由一个安装在齿轮箱一侧(靠发动机侧)排量为 23 mL/r+5 mL/r 双联齿轮泵分别向随车起重机、液压支腿油路装置、平台立柱、调平装置供油。冷却装置为单独的一套冷却液压系统，由一个安装在齿轮箱一侧(靠燃油箱侧)的排量为 38 mL/r+38 mL/r 的双联齿轮泵向冷却驱动装置两风扇马达供油。两种齿轮泵为常啮合齿轮，分别安装在齿轮箱两侧。

液压系统原理图如图 1 所示，JW-4G 型接触网作业车的液压系统由作业平台、随车起重机、液压支腿、调平装置、应急系统、冷却系统这 6 个回路组成。液压系统的齿轮油泵由变速箱上的取力器驱动，齿轮油泵的起动、停转通过操纵台上的取力开关控制。

3　液压系统故障的检查方法

液压设备由机械、液压、电器及其仪表等装置有机地组成统一体，系统检修中故障分析是受各方面因素影响的复杂问题。因此分析故障必须弄清楚整个液压系统的工作原理、结构特点，然后根据故障现象进行判断，逐步深入，有目的、有方向地逐步缩小范围，确定区域、部位，以至某个元件。

作业车的液压系统由齿轮油泵、溢流阀、电磁换向阀、双单向节流阀、平衡阀、油马达、油缸、手动油泵等组成。由两个液压泵组成各自的子系统，另外还设有操作、辅助工作等的子系统。通过动作观察、压力读数、对照液压系统图分析，一般可初步判断故障点的方位，即判断是哪一套子系统发生的故障。

整机不能动作或动作不正常，有可能是操作系统或者液压油造成的故障。如一台作业车作业平台升降、旋转同时出现故障，并且都由一泵供油，则可能是该子系统泵或阀的故障。若一个液压泵给几个执行元件供油，仅一个执行元件有故障，则故障点可能在该元件的操作阀及其后部件。有些液压系统在某种工况下是合流供油，其故障特征不很明显。这时对照液压系统工作原理图进行试验是非常必要的。在试验时要使发动机达到规定的转速，测量各部件工作速度，有条件时最好能带一定负荷。试验值如果低于说明书规定的 20% 时就很不正常了。我们从实践中体会到，液压系统故障的诊断过程，就是故障层层分解、区域逐渐缩小的过程，一般可分三步进行：首先，将故障分解到某个液压回路中；其次，分解到某个元件；最后，通过这些元件的故障检查，确定故障源。具体来说一般要从以下几个方面着手检查。

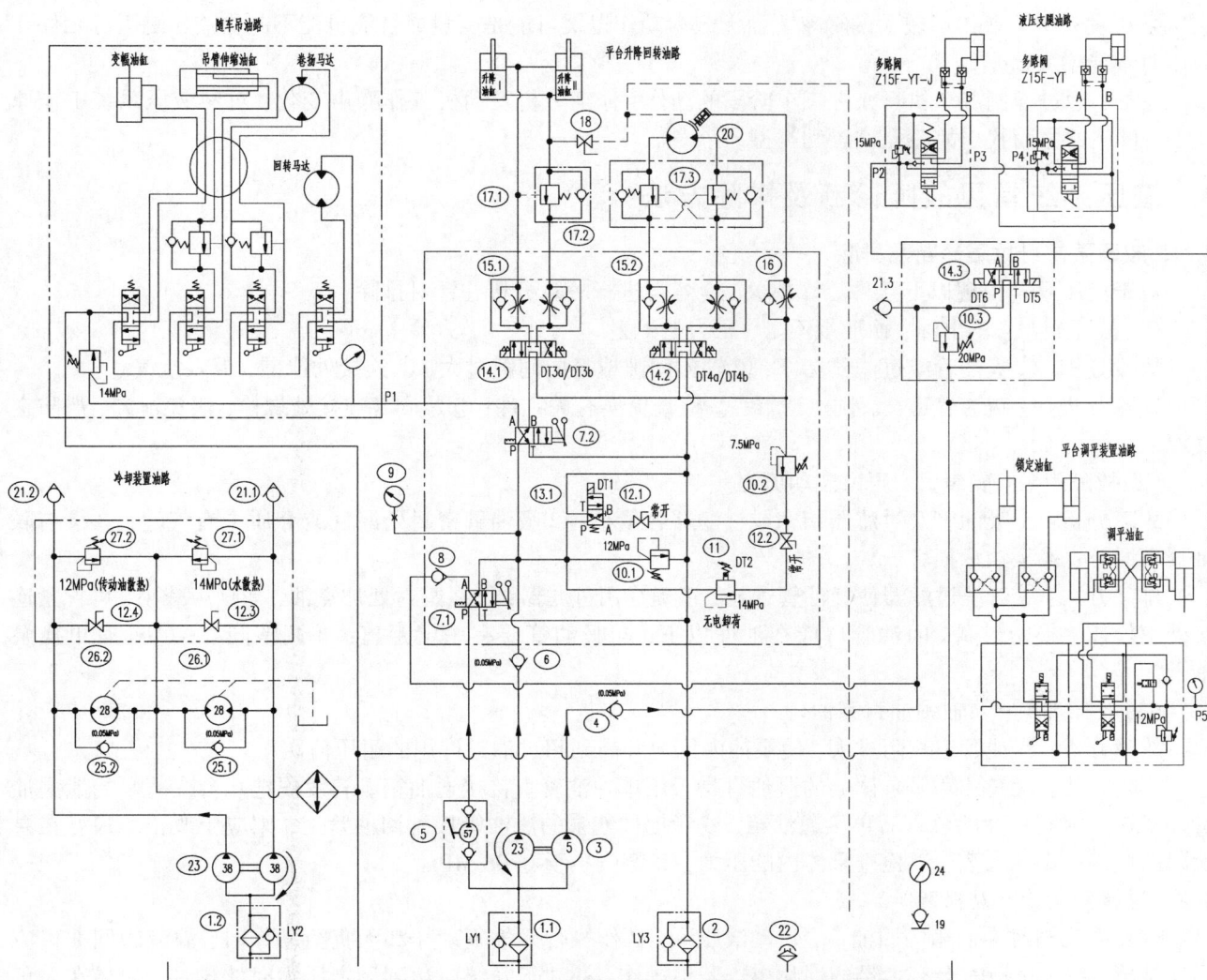

图 1 液压系统原理图

3.1 检查液压油的情况

（1）检查油面位置、箱底沉淀物和水。

（2）检查主回油滤油器。若有块状金属或有机物，或有某种金属粉末，则可能是某种元件损坏的脱落物。可根据其材质、形状分析是哪个部位被损坏。

（3）检查油质、检查黏度。可将被检油和标准油分别放在相同的小瓶内摇晃一下，对比其稀稠情况。清洁度可用斑痕法或在小瓶中沉淀后目测，正常油的颜色应清澈透明。若油的颜色混浊发白，说明含水量过大，已经乳化；若颜色变成较深的棕色，说明该油氧化较严重，须更换。

3.2 根据发动机噪声的变化判断故障的类型

在柴油发动机油门不变的条件下，当外负荷增大时，调速器将自动增大供油量，其工作噪声则必然增大，判断液压泵所取得发动机功率大小的变化。当柴油机外负荷增大时，转速将降低。其诊断步骤和方法如下。

（1）使发动机处于中等转速，固定油门位置。

（2）对于故障的执行元件，进行不动作、无负荷动作和重负荷动作三个阶段的检查，注意其工作噪声变化。仔细将三个阶段的工作噪声进行对比，也可将有故障的子系统和无故障的同类子系统对比。

（3）若这三个阶段噪声无明显变化，说明该工作液压泵并未取得应有的功率，可能由于在该子系统中存在大量泄漏，或因吸油不足等。若在无载荷动作时，发动机声音增大很多，而加载后噪声增加不大，可能是操作阀及以后某元件被堵塞或者执行元件受到机械性阻碍。若加载时发动机噪声突然增大很多，说明液压泵从发动机上取得了较大的功率。而无载荷动作迟缓可能是变量或合流机能不起作用，使执行元件在低压时不能增大流量。

总之，通过控制各个执行元件三个阶段的动作，仔细分析发动机工作噪声变化，对照液压系统工作原理图，可从这方面找出故障点位置和类型。

4 液压系统常见故障诊断及排除方法

4.1 液压泵常见故障诊断及排除

对于液压泵若出现以下几种故障现象，应各自进行故障分析并针对排除。

（1）故障现象：不出油、输液量不足、压力上不去。

故障分析：①吸油管或过滤器堵塞；②轴向间隙或径向间隙过大；③连接处泄漏，混入空气。

排除方法：①疏通管道，清洗过滤器；②检查更换有关零件；③紧固各连接处螺栓，避免泄漏，严防空气混入。

（2）故障现象：噪声大，压力波动厉害。

故障分析：①吸油管及过滤器堵塞或过滤器容量小；②吸油管密封处漏气或介质中有气泡；③泵与联轴器不同心；④泵轴承损坏。

排除方法：①清洗过滤器使吸油管通畅，正确选用过滤器；②在密封处加点油，如噪声减小，可拧紧连接处螺栓或更换密封圈，回油管口应在油面以下，与吸油管要有一定距离；③调整同心；④检查更换泵轴承。

（3）故障现象：泵轴颈油封漏油。

故障分析：漏油管道液阻过大，使泵体内压力升高到超过油封许用的耐压值。

排除方法：检查柱塞泵泵体上的泄油口是否用单独油管直接接通油箱。若发现把几台柱塞泵的泄漏油管并联在一根同直径的总管后再接通油箱，或者把柱塞泵的泄油管接到回油管上，则应予改正。最好在泵泄漏油口接一个压力表，以检查泵体内的压力，其值应小于 0.08 MPa。

4.2 溢流阀的诊断及排除

打开溢流阀对准油箱的回油口，启动液压泵，在作执行元件不动作和无负荷动作时，溢流阀回油口应无油排出，在重负荷时会有大量的油喷出。若不操作，补油子系统应达到调定压力时才排油，如果在无负荷或者在固定压力的 80% 以下就大量排油，该溢流阀芯可能卡住或已损坏需要拆检。若达到规定压力的 80% 左右才大量排油，应对照压力表将它调到规定值），操作补油系统（一般为保压系统）启动以后，系统压力并未达到调定值而溢流阀也不排油，说明该系统其他部位存在严重泄漏点使系统压力建立不起来，需要拆检。排除方法为更换密封件。

4.3 液压马达的故障诊断及排除

对于柱塞式液压马达，可拆开液压马达壳体的泄漏油口，启动主机作执行元件不动作、无负荷动作和重负荷动作三种工况的检查。若漏油口排油量不大，说明液压马达泄漏量不大；若漏油口喷油较大 说明液压马达已损坏，需要拆检，排除方法，更换密封件。

对于其他型式的液压马达，可采取将排油一端油口打开，并将马达转动检查。若马达不转，进油口加压力油后排油口有较多油排出，说明该马达高低压腔间有较严重的内泄漏；若松开马达制动，给压力油时马达仍不转动，也无油排出，说明马达内部被卡住。这两种故障均需拆卸检查。排除方法为更换密封件。

4.4 液压缸的故障诊断及排除

将活塞顶到头，或在故障明显的位置将活塞强行制动，打开排油一端接头。从进油口管给油达到调定压力，若活塞不动作而有油排出则说明活塞密封件泄漏。

对液压缸自动下沉的故障诊断，是在故障明显的位置停机，利用自重或者加上一定负荷后，关闭受压力一边的液压锁或平衡阀，将操作阀一边的油口打开（注意打开油管时要特别小心，防止突然软腿造成事故），打开油管后，若阀的排油口不断有油排出，即使很少也说明该阀关闭不严造成液压缸下沉。若无油排出则可能是活塞处内漏所致。若操纵阀中位是 O 或 M 形，更简便的方法是在停机加载后扳操纵杆于下降位置。观察活塞在扳动前后的变化，若液压泵不工作，扳动操纵阀活塞下沉速度加快，说明液压锁漏油。

在观察下沉速度时，最好用百分表定量比较。

5　应急处理措施

5.1　应急油泵

如果因动力原因或作业油泵本身故障造成锁定油缸液压系统和作业装置液压系统不能工作，应及时启用手油泵。手油泵设在液压阀件柜侧面。机构动作由电磁阀控制时，操纵电磁阀开关或推动电磁阀端部故障应急按钮至相应位置。

5.2　平台紧急停止控制装置

为了防止作业机构运动失控而造成事故，液压系统中专门设置了一条紧急电控卸荷回路，紧急停止控制按钮设在平台的上、下控制面板上。当操纵作业机构时，若关闭开关后平台等机构不能停止动作，应立即按下"紧急停止"按钮，即会停止运动，故障排除后，按照该按钮上箭头所示方向旋转该按钮即可使之复位。紧急卸荷回路中电磁阀后设有一球阀（KHP-10），其作用是在紧急卸荷电磁阀发生故障而使整个液压系统建立不起压力时，可关闭球阀切断紧急卸荷回路即可建立起压力。电磁阀故障排除后应立即打开该球阀。

5.3　手动回转机构

作业过程中，若平台在超出机车车辆限界的情况下，因液压系统故障无法回转复位时，应立即使用该手动装置，使平台回转至中位，如图 2 所示。其操作步骤如下。

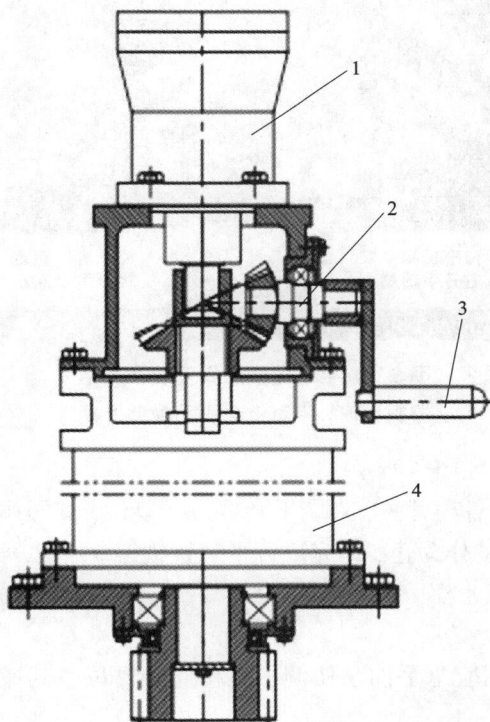

1—马达；2—回转手动装置；3—摇把；4—减速机。

图2　平台回转驱动手动装置

图3　调平、平台应急手动转向阀

（1）使用手油泵或调节制动油缸螺杆，松开制动带。

（2）拆下油马达上油管。

（3）使用随机配摇把连续转动手动回转装置，使平台转至中位后停下。

5.4　平台紧急下降开关

若平台升起后控制开关不能使其下降回落，且不能及时查找原因排除故障时，应在确认平台处于中位、平台下无障碍后，打开平台紧急下降开关，使平台回落至初始位置。

该开关设在回转马达侧,逐步开启立柱紧急下降开关(阀),使平台平缓回落到位。

5.5 电磁换向阀应急手动动作

如果因电气故障或机械原因,电磁阀不能动作或者在某一位置卡死,可使用针状物体(直径约 φ4 mm)推动电磁阀两端的应急按钮,使阀芯推至需要的位置,完成复位动作后再松开。

5.6 平台上旁路制动按钮

平台的上、下控制面板均设有旁路制动按钮。在紧急情况下,可通过按下此按钮使整车制动。只有按箭头方向旋转此按钮才可自动复位。

5.7 调平装置作业急停操作

(1)当调平装置任一项操作遇到紧急情况,需要让作业动作停止时,可按下调平控制柜面板上的急停开关按钮,该项作业动作立即停止,且控制面板的急停指示灯亮起。

(2)当需要作业复位时,须将面板上各作业开关关闭后,将急停开关按钮顺时针旋转,开关弹起后,方可解除急停操作,此时急停指示灯熄灭,表明调平装置可以正常操作。

图4 一人摇动手油泵

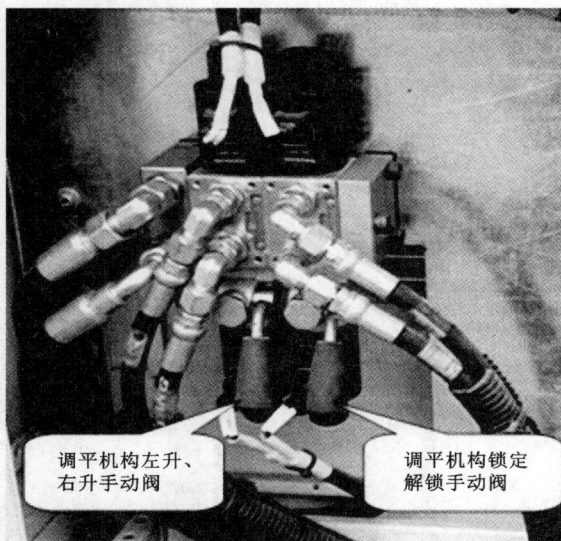

调平机构左升、右升手动阀　调平机构锁定解锁手动阀

图5 调平电磁换向阀安装在调平控制柜内,带有2个手动换向手柄

(3)将下控制柜的"调平/支腿"转换开关置于"调平"位,如图3所示。

(4)一人摇动手油泵(图4),另一个人操作调平控制面板各项开关,对调平装置进行复位,其操作方法和正常操作一样。直至锁定油缸活塞杆伸入锁定销孔内不再动作为止,即完成调平装置锁定。

5.8 调平装置应急复位操作

(1)应急手油泵复位。

当车辆发生故障,发动机无法带动油泵工作时,可以使用应急手油泵使调平机构应急复位。其操作方法如下。

①闭合电源总开关。

②将作业平台液压阀件控制柜内部调平、平台应急手动换向阀向前推至"调平/支腿"位置。

(2)应急手油泵与电磁换向阀手动功能联合复位。

当车辆电路故障或电磁换向阀故障时,可通过应急手油泵与电磁换向阀手动换向功能使调平装置应急复位。

调平电磁换向阀安装在调平控制柜内,此阀带有2个手动换向手柄(图5),根据实际作业需要,操纵相应手柄,可实现调平装置的手动调平等功能。具体操作方法如下:

①将作业平台液压阀件控制柜内部调平、平台应急手动换向阀向前推至"调平/支腿"位置。

②一人操作调平电磁阀手动换向手柄,另一人摇动应急手油泵,对调平装置进行相应动作的操作。

6 结论

鉴于高速铁路运行时高速、定时的特点，液压故障发生后，线路快速恢复行车至关重要，因此司乘或检修人员要尽快使接触网作业车撤离行车线路。文中提出了液压系统常见故障诊断及排除，以及应急处理措施。但是由于液压系统故障检修的特殊性，诊断时应特别注意以下事项。

（1）仔细听取司机和使用人员对故障情况的介绍。

（2）对照实物仔细分析液压系统图。

（3）故障检查尽可能先用非拆卸检查。

（4）未确定故障点位置时，不要随意拆卸液压元件，更不能将液压元件解体检查。

（5）在没检查出故障原因时，不要轻易调整溢流阀、节流阀和方向控制阀。

以上介绍的各种诊断方法，在现场中可以单独或组合应用，判断故障的有无和简单分析故障的原因，所用仪器数量少，操作简便，故非常适用于我们单位及全局、全路各兄弟单位的轨道作业车等液压系统故障的现场诊断。

参考文献

［1］中华人民共和国铁道部.轨道作业车管理规则［S］.北京：中国铁道出版社有限公司.

［2］国家铁路局.接触网检修作业车年修规则［S］.北京：中国铁道出版社有限公司.

作者简介

孙万林，中国铁路兰州局集团有限公司兰州供电段，主管助理工程师。

4C五区模块化流水线分析法助力安全生产

盛日忠　李小勇

摘　要：近年来随着管内接触网线路运营里程、设备总量及种类的不断增加，面对海量接触网设备4C数据，传统分析方法显得不足。在长期实践经验积累过程中，嘉峪关供电段嘉峪关供电检测车间创新地提出"4C五区模块化流水线分析法"，有效提高了4C分析效能，确保了供电设备安全稳定运行。

1　引言

电气化铁路的快速发展和运营品质的需求，对于铁路牵引供电系统供电设备的安全运行提出了更高的要求。为保障电气化铁路的运营秩序，提高供电安全性、可靠性，国铁集团组织构建电气化铁路供电安全检测监测系统(6C系统)；其中接触网悬挂状态检测监测装置(4C装置)是6C系统中重要的一项检测监测系统，通过对接触网支撑装置、定位装置、附加悬挂等重要部位进行高精度、高密度的拍摄和数据分析，及时指导工区解决存在的安全隐患，确保供电安全稳定运行。

2　4C装置及数据分析

2.1　4C装置简介

接触网悬挂状态检测监测装置(4C装置)是6C系统的重要组成部分，安装在接触网检测车、作业车或其他专用轨道车辆上，对支持装置及接触悬挂进行高精度定位与高清成像，使用速度编码器、GPS、GYK、LKJ、射频标签信号、杆号识别等方式准确定位杆号和公里标，输出并存储高清图像进行分析，为接触网的运行维修提供可靠保障。

2.2　4C数据分析运用

4C装置输出高清图像按一杆一挡的方式进行存储后(简称4C数据)，由检测人员使用专用分析软件人工一帧一帧对接触网设备图像进行分析查看，发现缺陷及时反馈设备管理部门安排处理。

3　4C系统应用探索

"工欲善其事，必先利其器。"2017年以来嘉峪关供电检测车间与设备厂家联合攻关，先后解决4C装置数据归档错误、分析软件界面不合理、无法采集吊弦数据等10余项问题，有效提升了4C系统性能。

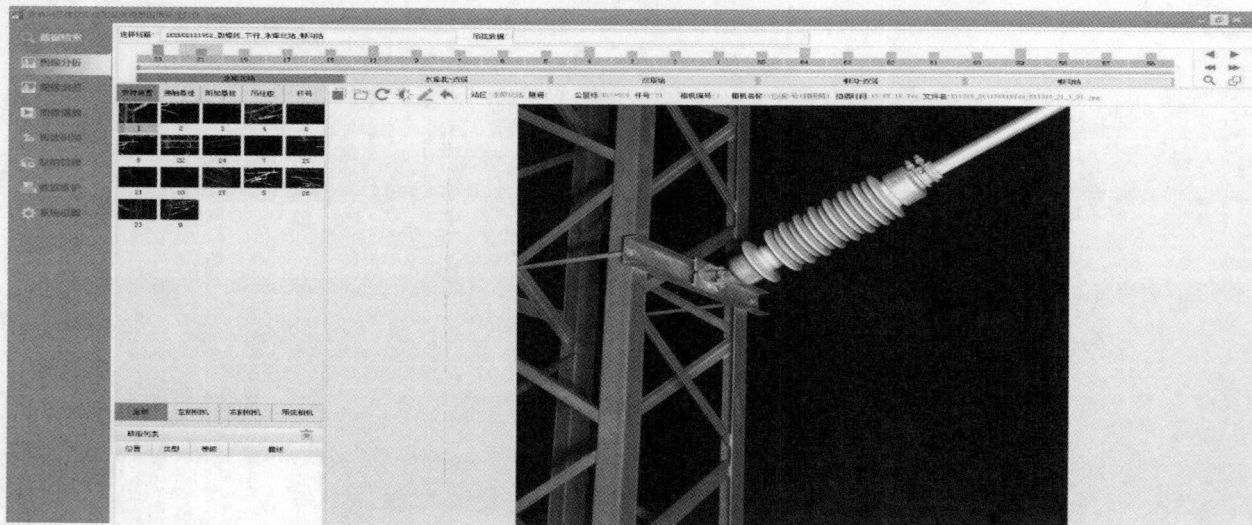

图1　分析软件界面

分析软件功能优化后，检测数据按一杆一档准确显示，支持装置、接触悬挂、附加悬挂、吊柱座、杆号数据分块展示。

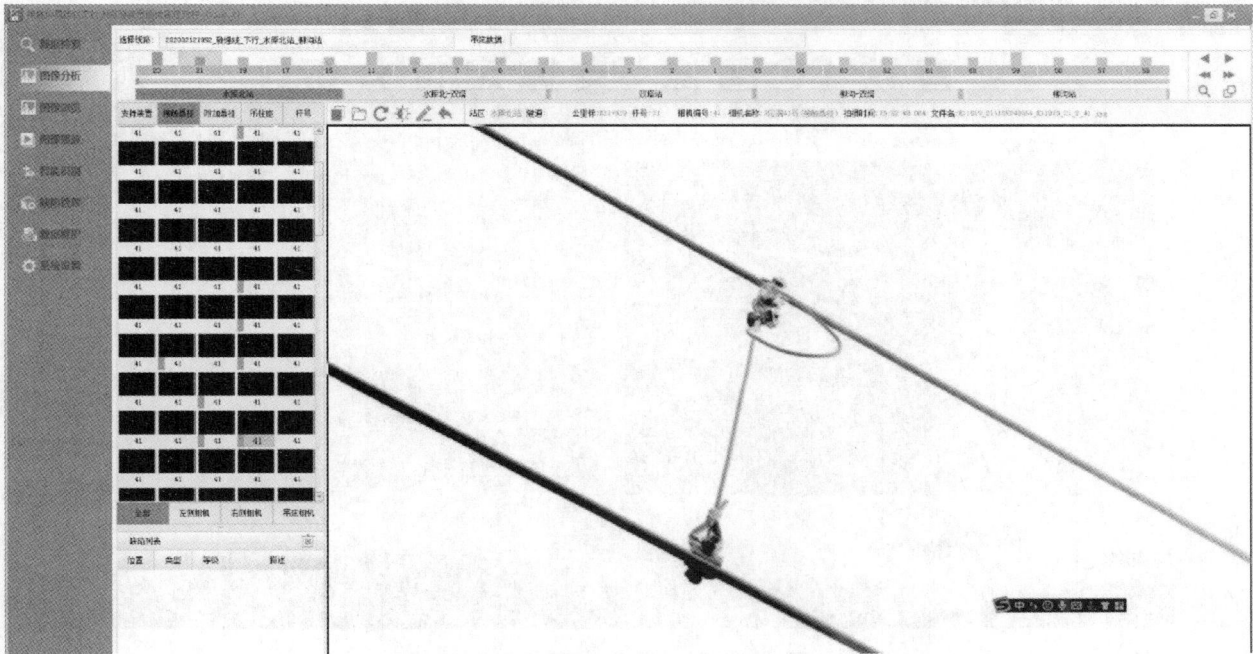

图 2　吊弦数据高清成像

2018 年针对车间青年职工比例较高、现场经验不足的实际，围绕段管内设备特点和前期积累分析经验，围绕支撑定位、附加悬挂、补偿装置、吊弦及线夹 4 个分析单元共计 41 项点制作"2C、4C 数据模块化分析图集"，为探索大兵团流水线式分析方法指明了方向，初步实现了 4C 数据分析工作流程化分析，有效推进了 6C 基础管理工作标准化，确保了设备检测、数据分析、问题整改工作图示化、明示化、流程化。

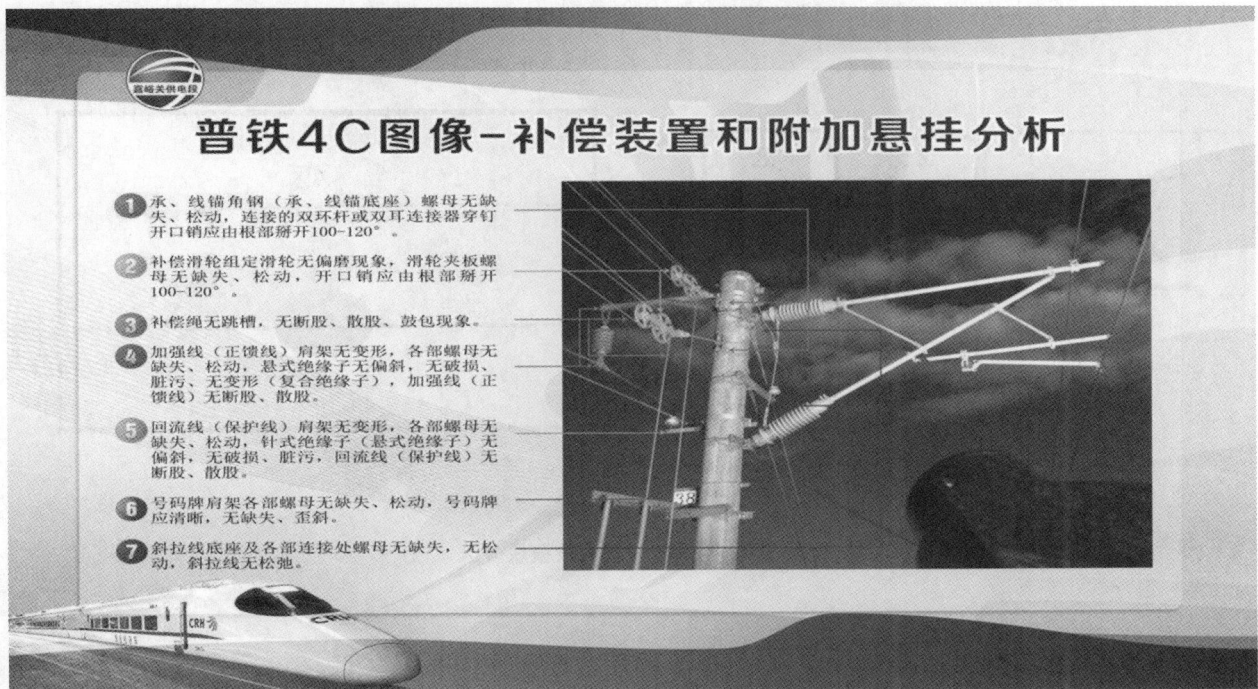

图 3　普铁 4C 图像-补偿装置和附加悬挂分析

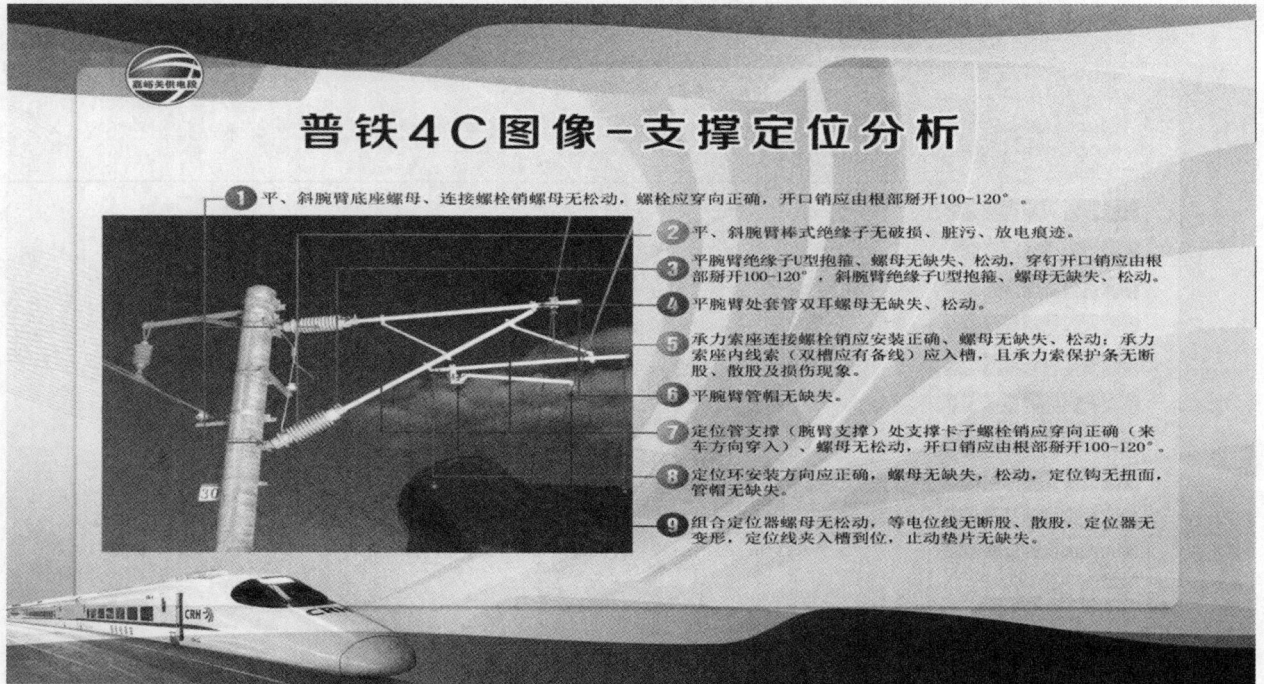

图 4 普铁 4C 图像–支撑定位分析

2021 年以来，嘉峪关供电检测车间通过持续实践探索，将原有单支柱设备指定单人分析改为团队"五区模块化流水线式分析法"。

4 4C 五区模块化流水线分析法

4.1 模块分区

AT 供电方式区段模块分区如图 5 所示。

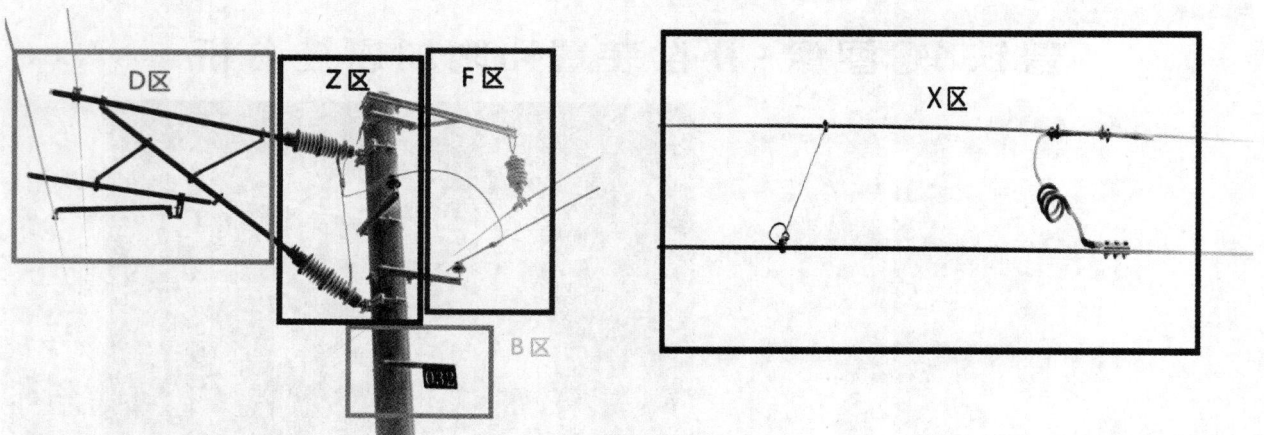

图 5 AT 供电方式区段模块分区

直供+回流供电方式区段模块分区如图 6 所示。

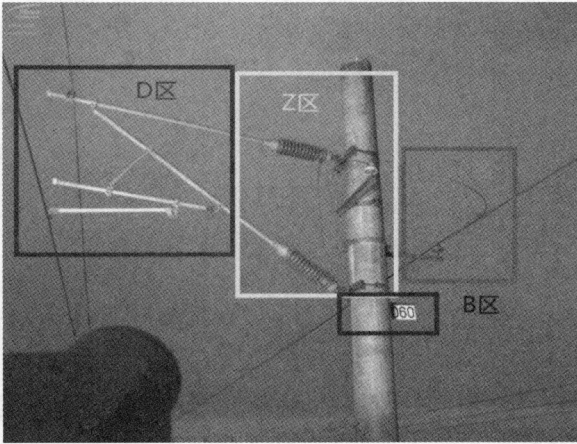

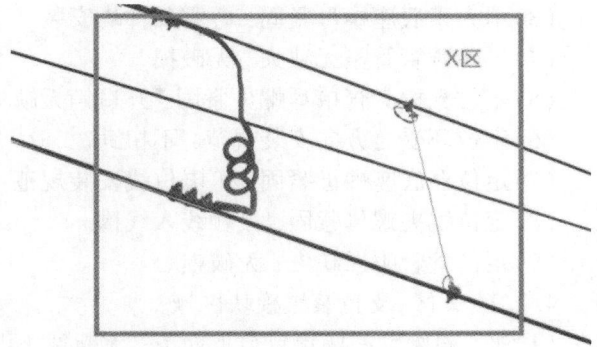

图6　直供+回流供电方式区段模块分区

敦煌线隧道设备模块分区如图7所示。

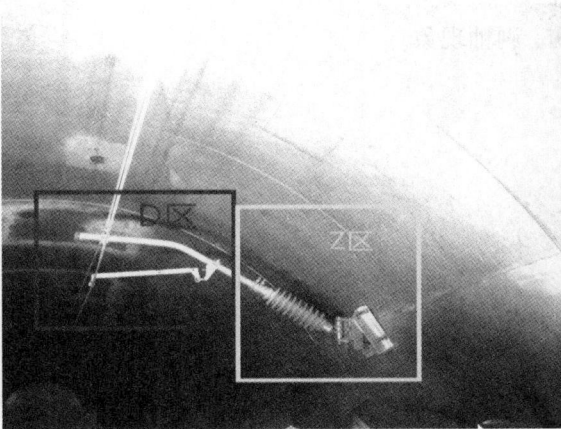

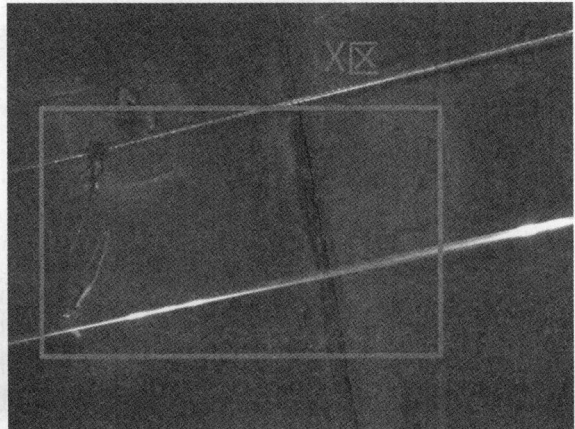

图7　敦煌线隧道设备模块分区

镜铁山支线隧道设备模块分区如图8所示。

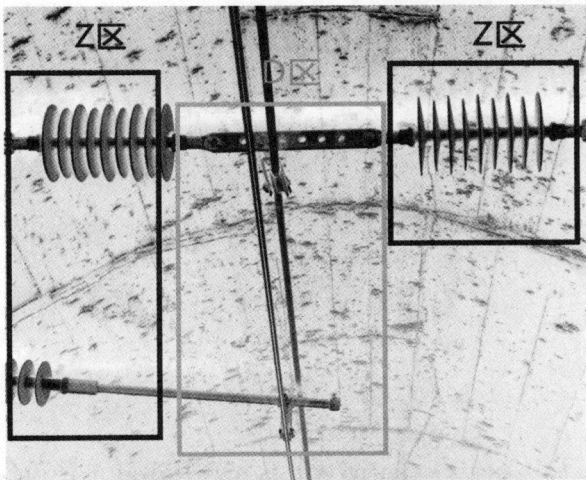

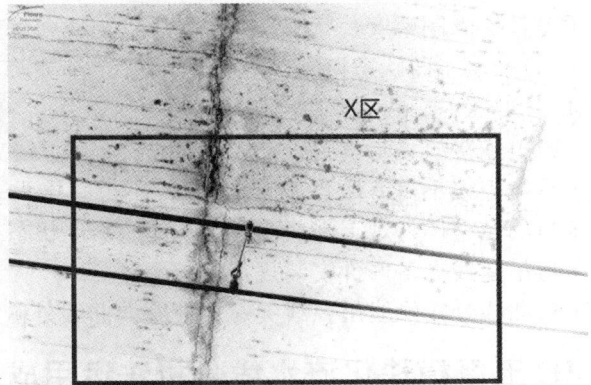

图8　镜铁山支线隧道设备模块分区

4.2　分析项点

4.2.1　D区-定位装置模块区域

（1）平、斜防风支撑套管单耳螺母紧固，开口销无缺失。

(2)套管双耳螺母紧固,开口销无缺失。

(3)承力索底座螺母紧固,各零部件均安装。

(4)平腕臂管管帽无缺失、无破损。

(5)定位支撑套管单耳螺母紧固,开口销无缺失。

(6)定位环受力方向安装规范,不扭劲。

(7)定位器底座螺母紧固,等电位线安装规范、无破损散股现象。

(8)定位线夹螺母紧固,接触线入线槽。

(9)定位管管帽无缺失、无破损。

4.2.2　Z区-支持装置模块区域

(1)平、斜腕臂底座穿钉自上而下、无断裂,开口销无缺失。

(2)平、斜绝缘子跳针抱箍螺栓紧固,跳线绑扎紧固、无散股断股现象。

(3)平、斜腕臂绝缘子无裂纹、破损、烧伤、剥釉现象。

(4)平腕臂绝缘子穿钉安装规范、无螺帽开口销缺失。

(5)平、斜腕臂绝缘子铁锚压板安装规范,螺帽、备帽均紧固。

(6)平、斜腕臂底座安装规范,螺帽、备帽紧固良好。

(7)针式绝缘子螺栓紧固良好,无裂纹、破损、烧伤、剥釉现象。

4.2.3　B区-标志模块区域

(1)支柱号码牌肩架各部螺栓紧固、安装水平。

(2)支柱号码连接螺栓螺帽紧固,无缺失。

(3)支柱号码本体无破损、字迹清晰。

4.2.4　F区-附加悬挂模块区域

(1)正馈线、加强线、回流线肩架水平,本体无变形、开焊现象,连接螺栓螺帽、备帽紧固。

(2)正馈线、加强线、回流线绝缘子无裂纹、破损、烧伤、剥釉现象。

(3)正馈线、加强线悬垂线夹状态良好,各零部件无缺失,螺帽紧固。

(4)回流线跳线并钩线夹螺栓紧固、绑扎牢固、线索无抽脱。

(5)拉线线夹开口销无缺失,螺母紧固。

(6)补偿定滑轮保持铅锤状态,本体无裂纹、变形,补偿绳不得偏磨,不得有散股、断股、接头现象。

(7)补偿动滑轮本体无裂纹、变形,补偿绳不得偏磨,不得有散股、断股、接头现象。

(8)补偿处绝缘子无破损、无烧伤痕迹,跳线无散股、断股现象。

(9)补偿限制架安装状态良好,限制管与地面保持垂直,螺栓紧固。

(10)补偿坠砣状态良好、无破损。

4.2.5　X区-吊弦模块区域

(1)电连接线夹与承力索、接触线连接牢固,线夹各部螺栓紧固、无杂物。

(2)电连接不得有散股、断股现象,不得有接头。

(3)吊弦整体外观无断股、烧伤或其他不良状态。

(4)吊弦线夹各部件安装规范螺母紧固。

(5)曲线处接触线吊弦线夹螺栓应穿向曲线外侧。

5　4C五区模块化流水线分析法运用成果

5.1　持续提升分析效率节约人力成本

在"4C五区模块化流水线分析法"应用过程中发现,同一模块区域内图片在分析软件中随机排列来回切换分析影响数据分析效率,通过对分析软件进行优化,同模块区域照片实现相邻展示、左右两支柱数据快速缓存,实现使用快捷键快速切换分析图片同时前后支柱可快速切换对比,再次有效提升分析效率。经过统计分析,2018年以来分析员按传统分析方法按每人指定区段内所有检测数据进行分析,每名分析员每日可完成150支柱4C数据的分析任务。2021年使用4C五区模块化流水线分析法后,工作效率提高至210

杆/(人·天),分析效率提升40%;一个分析周期(20天)节省480个人工工时,全年减少使用分析员2.5人,按每名分析员每年10万元工资核算,每年直接节资金额为25万元。

5.2　动态优化调整持续提升分析质量

据科学研究统计,人在一段时间内只做一件事,会因为思维固化产生类似狙击手、运动员等职业训练肌肉记忆;同区域专项快速分析,能够准确发现缺陷信息,提升分析质量。但另一种统计表明当一个人不停地反复干某一件事时,每小时专注度会下降3%~5%,极大地影响数据分析质量;为解决此类矛盾,每一个分析周期对各分析员分析区域模块及分析区段进行调整,使分析员在各个模块区域对比分析过程中产生"福流"效应,数据分析质量大幅度提升;同时全面掌握段管内设备状态,技能业务水平得到逐步提升。

6　未来研究的方向

目前大量的4C数据还是依靠人工分析完成,工作量较大、分析项点繁多,导致分析人员分析效率低、分析质量不均衡等现象时有发生,一定程度影响供电安全;所以进一步加强智能分析是4C系统作用发挥未来研究的方向,下一步在人工分析的基础上,根据接触网零部件缺陷的多样性、围绕近年来易发常发的典型缺陷,积极推进智能分析研究,在降低人工劳动强度的同时使分析效率及质量大幅度提升,为供电设备安全稳定运行提供更强有力的保障。

参考文献

[1] 国家铁路局.高速铁路供电安全检测监测系统(6C系统)系统总体技术规范:铁运〔2012〕136号〔S〕.北京:国家铁路局,2012.

[2] 彭凯平.吾心可鉴:澎湃的福流〔M〕.北京:清华大学出版社,2016.

作者简介

盛日忠,中国铁路兰州局集团有限公司嘉峪关供电段嘉峪关供电检测车间,助理工程师。

李小勇,中国铁路兰州局集团有限公司嘉峪关供电段,主任、助理工程师。

电力修程修制改革方案探讨

曾发达　吴可嘉　张　进

摘　要: 本文针对目前段管内电力专业设备及检修现状,从人员素质、设备质量、检修作业、管理制度等方面进行研究分析,提出电力专业修程修制改革的一些方案和建议,以进一步提高电力设备的检修质量与安全,满足生产需要。

铁路电力工作是铁路运输的重要组成部分,其主要任务是不断提高供电设备质量和可靠性,满足铁路运输生产需要。随着铁路企业改革的深入,在站段生产组织改革和运输生产力布局的不断优化调整后,电力专业管理趋于薄弱化,电力专业传统的"粗放型"检修模式已经越来越不能满足生产需要,因此,要加强电力专业管理,提高供电质量,须深入研究与探讨电力检修管理新模式,推进修程修制改革,以适应铁路供电不断发展的需要。

1　电力专业设备现状分析

(1)设备超修程严重,现有能力暂时无法有效解决。我段普速铁路电力设备大部分建于 20 世纪 90 年代前后,设备超大修期数量较多,受历年来大修、更新改造资金投入限制,只有部分电力设备得到大修或更新改造,具体以电力贯通线为例,段管辖普速电力贯通线约 821 km,合计 78 个区间,除新建线路 2 个区间外,其余 76 个区间电力贯通线路均已超大修周期,合计线路长达 794 km,截至目前,在近一个大修周期内,通过大修、更改、站改或迁改等完成的电力贯通线路约 150 km,只占超修程线路总数的 18.8%,变配电等其他设备超修程情况亦不相上下。

(2)设备故障率高,检修质量仍得不到有效提高。根据对段管内 2017 年以来发生的电力设备故障次数(图 1)及故障情况分析,近些年来,针对超修程或薄弱的电力设备,尽管段已下大力度开展设备专项整治及加强检修管理,但故障率仍居高不下,除自然环境恶劣或施工等外界影响外,设备质量不达标或检修不到位导致的惯性及典型故障频发,从故障情况分析来看,普速电力故障(含高铁架空线路)以树木侵限、避雷器、绝缘子、引线、开关、电气连接点设备等日常检修整治项目或强制性更换设备为主,甚至是变压器、断路器等行车重要电力设备故障,既有设备状况堪忧,反映出电力专业在如何按标准做到精检细修、提高设备检修质量方面仍有很大差距和不足。

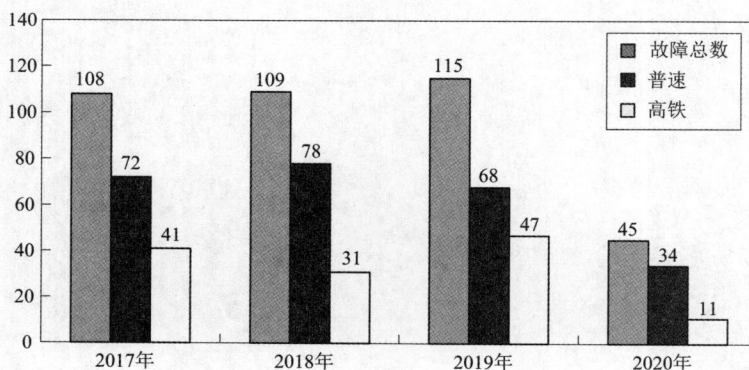

图 1　2017 年至 2020 年 7 月电力设备故障统计表

（3）新线建设电力设备源头质量把控不到位，预介入工作不够全面深入。因高铁线路的不断建成开通，铁路供电段接管的高铁电力设备日益增多，大量新设备、新技术、新工艺在高铁线路上的推广及应用，对新线接管工作提出了更高的要求，站段受生产能力布局限制，新线预介入人员及力量投入相对有限，加之专业管理力量欠缺或介入人员能力不足，以至于在新线全面建设过程中，对设备质量或施工工艺不达标等问题无法及时发现，为后续开通接管运营埋下了隐患，造成近些年高铁故障尤其是电缆或电缆接头等故障频发，据不完全统计，2016 年以来我段高铁线路共发生电缆故障近 50 件，反映出站段在新线介入工作中的投入还不足，在如何以提高建设质量保安全的理论上还有待加强。

2　电力专业检修现状分析

（1）后备人才队伍建设跟不上。近些年来铁路用工政策得到部分改善，铁路局每年都招入不少高职生和本科生，长期以来电力职工队伍老龄化问题得到了解决，以电力线路工为例，目前段管内 30 岁以下电力工占比达 48%，职工队伍建设越来越年轻化，伴随而来的问题是，大部分年轻职工平时自身磨炼不够，安全意识、业务技能、工作经验等方面都很欠缺，实战能力得不到检验和提升，导致出现只有少数的高职生或本科生能成为生产骨干的情况，一批批业务能力强的人员陆续退休后，其他人员素质跟不上，检修力量无形中被大幅度地削弱。

（2）设备失管失修现象还普遍存在。一是部分班组管理松散，检而不修，检修工艺不达标，检修滞后。二是设备基础技术台账管理薄弱，无法为日常检修作业提供有效技术支撑。三是超修设备多，加上班组检修能力受限或安排不足，对修前查勘、修中检查、修后验收、记名检修制度等检修技术管理工作又流于形式，致使检修针对性不强。四是奖惩机制还不够健全，不能体现多劳多得，职工普遍积极性不高，部分职工"等靠"思想严重，长期以来影响检修质量的思想问题得不到有效的解决。

（3）现场作业安全风险点多，现场安全控制还须加强。一是因电力专业自身特点，电力设备所处自然环境条件复杂，交通不便，现场作业条件差。二是电力检修作业尤其是杆上作业体力消耗大，且点多线长，作业时间长，检修计划或人员安排不合理，检修作业效率低，检修作业风险高。三是部分职工的安全意识淡薄，不良的安全习惯、"两违"现象还屡禁不止，现场盯控不到位，容易造成现场作业安全失控。四是电力班组现场作业随意性还十分普遍，故障抢修作业组织、工前预想会、"两票一簿"等制度未贯彻执行，安全事故还时有发生，现场作业安全仍得不到有效的控制。

（4）管理不够精细化，专业管理力量不足。电力检修专业管理粗放，以检修质量保安全的理念不够深入，管理制度不完善、作业标准不健全、超修程设备隐患整治不及时等情况较为突出。在目前的检修方式中，站段专业科室和车间大多只关注检修任务完成情况，加之电力专业管理人员少，专业干部参与整个检修过程的机会并不多，除现场检查跟班作业外，现场的检修进度、质量和安全基本上要靠班组自行安排，无法全面掌握现场设备质量、作业安全风险等，不能及时从源头上控制检修质量和作业风险。

3　电力专业修程修制改革建议

电力设备检修贯彻"预防为主、保养与维修、一般修与重点修、状态检测与计划检修相结合"的原则。目前电力设备的检修周期为每年 1 次，分大修、维修、保养三个等级，供电段是电力设备的日常管理单位，实行段、车间、工区三级管理，工区按照年度编制的维修计划逐月完成检修生产任务。以往的经验及多年的实践证明，针对目前电力设备质量和检修现状存在的诸多问题，现有的修程修制已越来越不能满足运行要求。

一是检修计划针对性不强，按部就班，检修周期未能根据设备使用年限或运行状态实行动态管理，造成有时候检修滞后，加上检修能力跟不上，计划修往往变成故障修。

二是超修程设备管理制度欠缺，日常巡检力度不够，状态检测与计划检修不能有效结合，无法及时根据设备状态开展专项整治或重点检修，设备故障率高。

三是以设备管辖电力工区为主的传统检修模式，运行与检修一体，兼顾各项专项整治、大修更改、施工配合、新线介入等工作实施，检修人员及力量相对有限，检修效率较低。

因此，为保证设备质量、提高检修效率，使电力检修工作实现有序可控，需要尽快对传统的电力修程修制予以改革,积极探索创新电力专业检修模式。

一是推进设备修制改革。借鉴以往水电段及目前接触网集中修的经验,以供电车间所在地检修工区或集中修队伍为基础,集中人力、机械、天窗、成本和管理力量,开展车间级或段级规模集中修。

二是对目前电力专业人员及检修现状进行专题研究分析,提出电力专业车间级、段级集中修的基本框架及思路。并由供电车间率先进行车间级集中修试点工作,再逐步推进段级集中修工作,由普速线路先开始再逐步推进至高铁。

三是对设备修程进行优化。在实施集中修的基础上,将电力设备检修周期从 1 年调整为 3~5 年,并对部分重点设备检修、强制性更换设备周期作适度调整,进一步提高电力设备的监测检测水平。

四是作出超修程电力设备管理的相关规定。将超修程设备作为日常巡视、检修或整治的重点加强管理,推进电力设备标准化(区间、站场)建设,完善鉴定标准,对达到标准、运行稳定的设备检修周期作适度调整。

五是要将成本有效地融入集中修中,并争取上级大修更改资金支持,确保设备一次整治达标,同时要践行"四精"管理,做好节支降耗工作,建立人员流动的长效机制,在做好检修工作的同时满足新线预介入工作。

4 电力专业集中修基本思路

2013 年至 2014 年间,因各工区新入职人员较多,没有实战能力,为了锻炼职工队伍,站段抽调各工区新职人员及部分业务能力强的老职工组建了类似于集中修的电力大修队,顺利完成了多项大修施工和专项整治任务,设备质量得到明显提高,同时经历过那两年锤炼的新职人员,后来都成为工长、业务骨干或技术能手,还有的到了技术管理岗位。经过那两年的试点探索,初步明确了电力专业集中修的基本思路。

(1)首先要形成具体实施的集中修队伍及管理机构。制订电力集中修的技术标准、组织流程等指导性意见,结合"三供一业"移交及变配电所实施无人值班有人值守化后转岗安置等人员的统筹安排,明确队伍组成、机构设置及各部门职责等。

(2)审查确定集中修年度轮廓方案。各车间根据每年电力设备运行状态及设备秋季鉴定结果向站段提报次年的集中修建议方案,技术科负责对建议方案进行审定,编制次年的集中修轮廓方案,召集各有关部门对方案进行集中审查。审查通过后,按照时间节点组织实施。

(3)要充分做好修前准备工作。一是认真组织修前调查工作。调研和熟悉相应站区的作业、交通及吃住条件,为编制集中修组织方案做充分准备。二是精心编制组织方案。召集有关部门共同编制集中修组织方案,明确相应的组织流程、工艺标准、技术及安全措施、应急预案等内容,组织参与的干部职工学习掌握检修标准、检修组织流程、安全卡控等要点。三是做好进场前的其他准备工作。做好材料采购供应、人员组织、车辆调剂等准备工作,为电力集中修的顺利实施创造好条件。

(4)全力抓好现场实施,以集中修为契机,进一步推进电力标准化建设实施。一是完善相关作业及设备标准,在现场作业过程中,要严格贯彻执行作业标准化和设备标准化。二是要求技术、管理干部参与整个集中修过程,明确现场安全责任和盯控职责,保证集中修的安全和质量。三是要对现场作业和设备等安全风险进行全面研判,明确集中修作业现场的组织规模和进度,合理安排作息时间。

(5)建立健全奖惩激励机制。一是进一步完善工效挂钩(计件)等管理制度,在待遇、晋升空间等方面向参与集中修的人员适当倾斜,鼓励职工干部积极参与集中修。二是严格执行记名式检修制度,集中修区段验收达标后,根据适当标准给职工清算津贴。在检修周期内因检修工艺不达标导致出现隐患、缺陷或故障的,将追根溯源,倒查检修人员和跟班干部,进行责任追究。

(6)经过集中修的实践摸索,总结出一套完善的方案,逐步形成以集中修为主要方式开展电力设备标准化建设的检修管理新模式,在成本投入、生产组织方面逐步走向精细化,达到现场作业安全有效卡控,设备检修效率和检修质量大幅度提高,安全风险管理水平上升到一个新台阶的管理新目标。

5 结束语

总而言之,电力修程修制改革是一项系统性、统筹性的项目,涉及面广而杂。本文通过对段管内电力专业存在的问题进行分析，提出一些电力修程修制改革方面的建议，具体改革方案需要进一步地全面思考，经过不断的实践和完善后才能日益成熟。建议有关部门通过进一步的实践论证制订指导性的意见，推进修程修制改革，不断提升电力专业管理水平。

作者简介

曾发达，中国铁路南昌局集团有限公司厦门供电段电力技术科。
吴可嘉，中国铁路南昌局集团有限公司厦门供电段电力技术科。
张进，中国铁路南昌局集团有限公司厦门供电段电力技术科。

高铁接触网修程修制改革探讨

杨宝民　郑春辉

摘　要：《高速铁路接触网运行维修规则》(铁总运〔2015〕362 号)作为高速铁路接触网运行维修工作的基本规章，在规范和推进高速铁路接触网专业的管理工作中起着重要作用，也是高铁接触网修程修制改革的脚本。维修规则中明确了高速铁路接触网运行维修管理、修程修制、机构设置与职责、技术质量管理等要求，制订了作为高速铁路接触网运行维修和质量验收依据的技术标准。本文主要从近几年站段在修程修制改革执行中存在不足的方面及后续采取措施展开叙述，其次就维修规则在执行过程中须进一步细化明确的部分进行了探讨。

1　维修规则执行中存在的不足

《高速铁路接触网运行维修规则》(以下简称维修规则)已印发 8 年时间了，各铁路集团公司在执行过程中也存在一些差异，特别是站段在运行、检测、维修管理方面存在较多差异。供电技术科作为站段技术主管部门，是落实该规则的主体责任部门，通过这几年的摸索与实践，在按照"定期检测、状态维修、寿命管理"原则及遵循专业化、机械化、集约化维修方式等方面，执行过程中还存在一些不到位情况，主要体现在以下几方面。

1.1　定期检测、状态维修方面存在的不足

(1)实时监测固定设备不足。

目前全段共布置 4 套受电弓滑板监测装置(5C)、13 套接触网及供电设备地面监测装置(6C)。全段 6C 地面定点监测装置存在配备不足、关键区段未布置等问题，如 5C 装置未完全覆盖杭深线、南龙线等线路局界、段界，而供电设备地面监测装置(6C)在临海大风区段、长大隧道、污染严重区段、主导电回路测温等未重点布置在线实时监测装置，造成部分参数无法实现定期检测，状态维修也就缺少依据。

(2)检测分析指导接触网检修仍存在差距。

近年来 6C 系统的全面推广应用，使大量可能影响安全的设备缺陷及外部环境隐患得到根治，有效降低了接触网事故故障率。但由于检测工区没有具体人员定编，检测队伍人员较少，分析力量薄弱，且没有智能分析软件，分析工作量较大，无法全面覆盖全段各线接触网 4C 检测数据。另外车间、工区对设备认知和判别标准的掌握不同，导致分析质量参差不齐，同时车间也没有根据 6C 检测情况合理安排检修计划，造成现场设备整修仍存在机械盲目问题，缺乏针对性，离真正实现"定期检测、状态维修""靶向检修"仍有一定的差距。

1.2　寿命管理方面存在的不足

(1)前期对零部件检验工作重视不够，开展较为被动，未纳入年度计划项目，对运行年限达到寿命周期的设备及零部件残余使用寿命期检测管理弱化，另外目前存在送检零部件的检测报告无法明确设备的残余寿命，导致设备寿命管理缺乏有力依据。

(2)维修规则没有明确接触网专业设备强制更换周期及相关要求，加上前期接触网专业科室对达寿命周期单项设备重视不够，未及时申报单项设备更新改造或大修工作，造成设备寿命管理落实不到位情况。

1.3　集约化维修存在的不足

(1)设备状态精准评估不足，修前鉴定针对性不强。维修规则第七十条、第七十三条规定："当接触网零部件接近预期寿命，或日常检查发现质量隐患、无法确认其能否在预期寿命周期内全段运行时，应对该类批零部件进行抽验质量检验；零部件检验结果应纳入分析诊断和质量鉴定报告，作为接触网设备维修的依据。"前期站段对运行服役评估调查不到位，对运行年限达到寿命周期的设备及零部件残余使用寿命期检

测管理弱化，无法全面地掌握接触网设备运行状况和存在的隐患，导致设备维修针对性不强，造成部分锈蚀螺栓或零部件未能及时纳入维修项目。

（2）车间级集中修组织不到位，推行不彻底。《国铁集团关于进一步深化供电设备修程修制改革的指导意见》（铁工电〔2019〕89号）提到深化车间组织生产，根据2020、2021年鹰厦线维修计划执行及现场检查情况，车间仍将设备维护、作业组织的主体职能放在工区，跨工区集约化、专业化维修流于形式，"三年修一遍、一遍保三年"的维修理念未得到落实，维修效率低下，维修质量不尽如人意。2021年12月7日-25日，从鹰厦线部分已开展车间级二级修区段，组织4C集中分析发现各类缺陷问题1949个，缺陷不降反增，仍发现大量零部件缺失、松动等典型问题，在一定程度上说明车间二级修全面检查覆盖不到位、检修不够精细，维修效果欠佳，车间组织生产能力仍须进一步提高。

1.4　机构人员配属方面的不足

维修工区人员配属力量不足，生产组织不完备。维修规则第十三条规定，维修车间承担的维修任务以1200~1500延展条公里为宜。而我段维修车间承担着全段2047.166延展条公里的维修任务，且受全段人员定额限制、人员机构配置影响及考虑运营成本支出，2018年虽然接触网专业运行、检测、维修机构分离模式已基本形成，但维修工区整体维修力量仍然薄弱。在2020年龙漳线、杭深线开展段级二级修，基本依靠属地运行工区力量组织生产。在修后验收制度执行上仍存在一定差距，因维修工区人员不足，在作业分工时往往出现属地运行工区验收人员自检、自验现象，没有做到维修质量验收与维修实施主体的分离，设备修后质量验收的把控有待强化。

1.5　设备质量鉴定分析的不足

设备质量鉴定不全面不深入，鉴定问题整改进度缓慢。维修规则第八十八条、第八十九条规定："质量鉴定主要是通过静态方式对接触网几何参数、设备及零部件状态进行综合统计分析，掌握设备整体技术状态""质量鉴定可采用静态检测、接触网悬挂状态监测检测图像分析、人工检查的方式，按单项设备和整体设备分别进行。"根据每年秋季段接触网设备鉴定检查情况，一方面，工区组织的设备质量鉴定方式浮于表面、缺乏根据性，单纯通过外观检查、参数测量进行简单鉴定，没有根据设备整体技术状态掌握质量状态变化规律，不能真实反映设备存在的质量问题。另一方面，车间、工区对鉴定存在的问题熟视无睹，放任鉴定问题长期存在而得不到解决，缺陷闭环的管理环节严重脱节。

2　下步采取的主要措施

2.1　丰富现场数据检测分析手段，提高检测监测设备效率，进一步挖掘数据分析潜力

（1）一是配足配齐高铁移动视频终端（HMVP）、车载接触网运行状态检测装置（3C）、受电弓滑板监测装置（5C）和接触网及供电设备地面监测装置（6C），结合现场实际，积极推进检测装置在丰富检测内容、扩大检测对象、强化检测缺陷智能识别等方面的运用。从源头上加强对动检大值、检测数据变化的深度分析，坚持抓早抓小，通过数据综合分析与缺陷分类，提高分析结论对维修计划制订的指导作用，总结发现设备运行规律，为实现供电设备服役状态全寿命周期预警创造条件。

（2）规范日常检测数据分析管理，加大对分析周期落实、分析量化标准执行、分析运用质量考核追责力度，严格制订缺陷复核整改计划，采取一级缺陷日跟踪、二级及以下缺陷周跟踪措施，形成一套科学高效的检测缺陷闭环管理机制。

（3）完善机构人员配置，成立检测分析专业化团队，配备智能分析软件，加大检测分析人员培训力度，积极选人参加接触网检测分析技术比武，全面提升检测人员的业务素质。

（4）利用6C检测技术精准掌握设备状态，为运行维修提供决策依据。通过1C、3C、4C装置的动静态测量，全面掌握接触网几何参数的动静态特征，掌握各种工况下的弓网运行状态；通过高铁移动视频、2C装置掌握鸟害、异物等隐患；通过5C装置实现弓网故障的快速追踪和位置锁定；通过6C装置，实现特殊断面和处所的接触网状态全天候监测。

2.2　进一步深化"运、检、修"改革，提高站段、车间、班组二级的组织生产能力

（1）配足配齐检测装置和力量，强化站段、车间、班组三级分析管理，创新优化横向对比、历史关联、阶段性规律总结等分析手段，全面掌握全段各线接触网设备的整体情况，解决日常设备巡视和检修注意不

到、关注不够或检修不彻底的死角问题，达到"科学检测、精准分析、指导接触网检修"的目标。

（2）依据《国铁集团关于进一步深化工电设备修程修制改革的指导意见》（铁工电〔2019〕89号），全面开展段、车间不同层面专业维修，根据修程要求编制年度维修计划，从天窗综合利用、作业内容安排、机械使用、人员规模、作业质量、作业组织、安全控制等方面，调整生产力布局，确保集中修施工、维修效率最大化。

2.3 优化作业计划和劳动组织，推进作业方式向"机械修、专业修、集中修"发展

一是继续推广多功能作业车、DPT多平台作业车、接触网检修列等先进检修机械使用，扩大机械化作业覆盖范围，结合不同作业地点、方式、项目制定针对性作业模式，优化调整机械使用布局，大幅度压缩"小而散"作业，提高机械装备运用水平和作业质量。如在区间大天窗作业采取一行DPT多平台作业车+作业车、另一行进入1台作业车模式，区间小天窗作业采取一行作业车（DPT多平台作业车）、另一行进入1台作业车模式，站场作业采取作业车+梯车模式。二是针对分段绝缘器、分相绝缘器、线岔、隔离开关、高压电缆等单项、关键设备，研究细化技术标准，组织编制专项修作业指导书，明确作业流程、工艺标准，规范设备维修流程，确保修后设备达到设计和维修标准。

3 维修规则执行中不够细化明确的部分

（1）供电车间、检测车间和维修车间及工区设置原则须进一步细化。维修规则第十三条规定，运行工区以运营里程60公里为原则设置。很多工区虽然管辖运营里程少，但管辖的编组站、存车场、机务整备场、客整所及折返段等接触网设备较多，由于天窗计划按分区间、站场提报，在设备正常检修周期内天窗计划无法覆盖所有区间、站场，经常出现设备超周期检修问题。如果以管辖接触网延展公里为运行工区设置原则，将人员配置、工区布局、检修工作量考虑进去，更贴合实际，避免工区虚报检修生产任务或设备因未及时检修造成超检修周期，以满足正常设备检修、应急处置的需要。

（2）运行工区职责缺少专项排查整治内容。维修规则第十五条规定的维修工区职责为按照月度维修计划，负责接触网设备全面检查、二级修（综合修）和专项整治。以集团公司临时下发的专项排查整治通知为例，时间紧任务重，加上维修任务是根据高铁三年维修轮廓计划执行，很多时候只能依靠属地运行工区单独来完成专项排查整治任务。2021年上级临时下发专项排查整治项目达13项，排查整治要求完成时限较短，占用运行工区大量人力、物力及天窗计划，运行工区接触网设备日常运行管理受到严重影响。另外维修规则中未对运行工区与维修工区各自的专项整治职责进行细化明确，易引起现场执行中出现运行与维修分工不明、推诿扯皮的现象。

（3）电缆护层保护器、避雷器动作计数器、脱离器等缺少检测技术标准。段管内赣瑞龙线、鹰厦线发生过护层保护器老化、避雷器计数器失效、脱离器脱落等设备故障，维修规则中监测、静态与动态检测、零部件检验等均未涉及该类零部件检测、分析、诊断手段。在工区缺乏提前预判、评价设备整体状态前提下，无法为后续设备检修、风险防控提供全面、准确的数据支撑，造成现场设备整修机械盲目，无法起到"靶向治疗"的作用，将设备风险防范关口前移。

（4）三级修未明确零部件检验项目，寿命管理未明确相关设备寿命周期。维修规则第五章"修程修制"仅提到更换失效或接近预期寿命的零部件和设备、更换局部磨耗接近限值的接触网，未对分段绝缘器、地面磁感应器及零部件锈蚀等单项设备寿命周期及零部件检验项目进行明确说明，站段在三级修前的零部件检验工作上缺乏依据，没有统一的标准，现实执行中无法判定具体需要送检的零部件项目。

（5）27.5 kV电缆缺少中间头检测试验标准。杭深线、赣瑞龙、龙漳线均发生过供电线电缆中间头绝缘击穿造成接触网跳闸故障，在电缆正常运行期间，由于缺乏检测监测、试验维护手段，无法提前掌握电缆中间头运行状态，可能存在问题电缆状态不良或长期带病运行情况，最终导致绝缘击穿引起接触网跳闸。

（6）维修规则中接触网各种零部件设备防松措施未明确，单项设备检修缺少标志牌等轨旁设备项目，维修规则作为接触网检修依据须进一步明确。

4 结束语

高速铁路接触网维修规则的制订充分汲取了我国高铁高新技术、装备及管理成果，对全国高铁接触网

供电技术进行了指导。高铁接触网设备运行机制十分复杂,全路站段情况各异,需要从实践中不断分析、总结经验,以改革创新精神深入贯彻落实维修规则,进一步推动接触网修程修制的实施。站段执行单位通过这几年的摸索与实践,在按照"定期检测、状态维修、寿命管理"原则及遵循专业化、机械化、集约化维修方式等方面,仍需要不断积累经验,研究解决问题,积极稳妥地予以执行。

参考文献

[1] 中国国家铁路集团有限公司.高速铁路接触网运行维修规则(铁总运〔2015〕362号)[S].北京:中国国家铁路集团有限公司,2015.
[2] 刘再民.高速铁路接触网维修规则框架与管理技术创新[J].中国铁路,2016,(4):13-16.
[3] 王波.铁路供电接触网修程修制改革的研究与探讨[J].太原铁道科技,2018,(1):4-6.
[4] 涂文靖,杨飞,曲建军,等.铁路工电供检测监测技术现状与发展探讨[J].铁路技术创新,2021(6):1-5.
[5] 刘再民.电气化铁路接触网修程修制改革的思考与实践[J].中国铁路,2017,(4):38-42.

作者简介

杨宝民,中国铁路南昌局集团有限公司厦门供电段。
郑春辉,中国铁路南昌局集团有限公司厦门供电段。

基于 AT 供电方式下高速铁路钢轨电位的抑制措施

杨　磊　　王新越　　姜超东　　王志云　　刑又元

摘　要: AT 供电方式下接触网的额定电压为 25 kV, 最高工作电压为 27.5 kV, 为保证人身安全和设备安全, 必须配套设计安全可靠的回流装置, 与接触网构成回流系统, 减弱地回流数值过大的危害。特别值得注意的是高速铁路存在电量需求大、牵引网短路电流大、钢轨泄漏电阻大等特点, 要在研究设计中着重注意、加以解决。

1　AT 供电方式的电流路径

AT 供电方式在牵引网中, 通过并联自耦变压器实现。总体来说, AT 供电方式能大幅度有效降低电气化设备设施对通信信号线路的干扰, 且具有领先于其他供电方式的技术优势。牵引所主变压器输出电压为 55 kV 或 2×27.5 kV, 经变比为 2∶1 的自耦变压器向接触网供电, 一端连接接触网, 另一端连接正馈线(AF 线), 中点抽头与钢轨相连。AT 方式的 AF 线的功能与 BT 方式中的 NF 线一样, 能够防干扰; 理论和实践证实, AF 线的防干扰效果较 NF 线好很多。此外, 在 AF 线下方多架设了一条保护线(PW 线), 能够在接触网绝缘受到破坏时起跳闸保护作用, 同时兼有防干扰和防雷的功能。AT 供电方式的原理如图 1 所示。

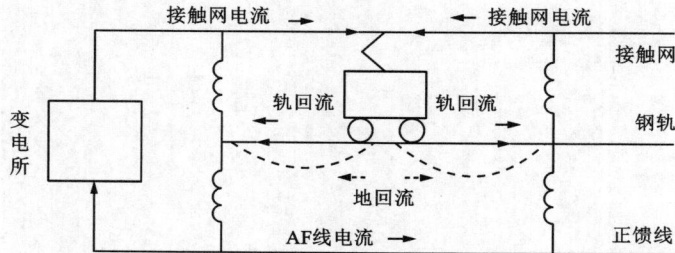

图 1　AT 供电方式的原理图

2　高速铁路综合接地系统

在电气化铁道和与之配套的通信信号等领域, 接地是不可或缺、至关重要的技术。大体来看, 在电力传输领域的接地重点聚焦安全保障, 在通信信号领域则着力于减少回流带来的影响, 保障设备设施可靠运行并正常工作。钢轨在铁道供电系统中举足轻重, 其充当牵引回流的电流通路, 也能作为动车组列车的运行轨道。随着高速铁路的不断发展, "中国速度"不断更新换代, 供电系统中信号电流也不断加大, 致使钢轨的载流量大大增加, 进而牵引网中的牵引电流分布、路基道床结构和通信信号设备设施均须不断升级, 确保系统运行安全稳定。防护结构内部的预应力钢筋降低泄漏阻抗, 将导致牵引网远端短路或遭遇雷电使钢轨电位过大, 严重威胁站台上来往乘客和股道附近的运维检修人员的人身安全; 更有甚者, 可能会使通信信号设备、预应力钢筋和混凝土结构遭到破坏, 加大经济损失。

为突出以人为本和改革创新的思想观念, 加快适应我国高速铁路技术创新和现代化发展, 系统综合接地概念以及配套技术应运而生。当前, 应当聚焦高铁综合接地系统的两个关键点: 一是回流对附近区域人员安全的影响; 二是电力、通信、信号等各设备设施的稳定运行。

3　高铁牵引回流接地技术的概念设计和基本要求

3.1　轨道电位的产生及其抑制要求

牵引网轨道通路中的电流流入大地，与大地中的散逸电阻产生接地电压，进而形成轨道电位。牵引系统正常工作的情况下，轨道故障短路，附近区域内与轨道相连的设备设施将一同产生轨道电位，重点是在不干涉其他通信、信号等系统的前提下，最大程度抑制回流分布、降低跨步、接触电压，但是相关费用较昂贵。

3.2　回流对轨道电位产生的影响

流经牵引网的电流较大时，若轨道通路的电流和大地的接触阻抗均不能降低，就会促使轨道电位大幅度上升。一般来说，轨道电压将以接触、跨步电压的形式表现，严重威胁人身安全和设备安全。

3.3　跨步电压和接触电压的抑制标准

轨道电位可以跨步电压和接触电压的形式呈现，可通过人体形成通路。出于电力、通信信号等设备设施的安全性、可靠性的考虑，铁路领域应采用固定的地面设备，减弱危害人体的电压极值大小，故障发生后的跨步电压和接触电压等效。任何时候，接入接地系统的金属体的接触电压要满足表 1 中列出的值。

表 1　接触电压的允许安全值

高速铁路牵引系统的运行状态	接触电压的安全值/V	轨道电位的值/V
系统正常状态（$t > 300$ s）	60	120
系统正常状态（$t = 300$ s）	65	130
系统故障（$t = 100$ s）	842	1684

3.4　接地位置区域内金属闪络接地的规范要求

在高速铁路牵引系统中，铁路沿线架设的接触网用作闪络保护的金属通道，包含全部与之相连的导体、预应力钢筋、混凝土建筑物内的电气连接，以及其他设备设施金属部分的电气连接，是谓金属闪络接地。接触网和受电弓接地区域指的是脱线的受电弓或扯断的接触网一般不越过的位置。此位置内，系统综合接地设备充当保护，所有不带电的金属接地体部件应与系统综合接地系统短接。这一设计可在系统故障时，快速短接快速断电装置，持续形成泄流通路，消除危险电位。

3.5　等电位连接的方式与要求

降低跨步、接触电压，可采取跨步电压与 0 电位导体连接的方式，必须采用一定措施，针对实际情况逐步逐项进行研究分析、施工，比如大电流、大负荷区段的月台挡栏处等。

3.6　接口专业采用接地控制措施

一般情况下，变电所附近短路电流非常大，电位大幅度升高。所以，广场车站、集市闹区等人多密集区的城市中心区域不宜建立变电所，而且按规定，设置的安全等效接地阻抗须在 0.07 Ω 以下。实际工程项目施工建设进程中，须同时顾及考虑土建、电气、通信、信号等多专业对金属接地体等的过程管控和利用，方能最终实现等效接地阻抗的低值安全，单一专业往往独木难支。其中，大多包含了牵引网、路基道床、桥梁隧道、跨线建筑物、站体结构、通信信号、管道设施等有关的专业设备设施。电气设计必须优化达到性能可靠安全、效能突出、能量利用率高、电磁兼容性强、总体性价比高等要求。

4　AT 供电方式下的钢轨电位抑制

全并联状态下的 AT 供电方式，具备载流量大、可供电区间区段广、可靠性安全性高、与高速铁路提速发展更相匹配等特点，故被广泛应用。

4.1　加装回流线抑制钢轨电位

通过加装回流线的方式，分流流经钢轨的电流，从而降低钢轨电位。回流线的截面积和材料、与钢轨横向连接线的距离和衰减常数这三个因素较大地影响回流线的分流效果。在实际工程施工中，为了获得好的分流效果，在把握好通信信号等专业的要求前提下，尽量选用较大截面的回流线，适当减小横向连接线间的距离，就能增强分流效果。气候较干旱地区回流线的分流效果比气候较湿润的地区效果好，表明同况下，衰减常数越小，回流线的分流效果越好。出于经济方面的考虑，为节约资源和成本，牵引所附近的回流线须具备热稳定性，且要在故障发生后机车密集运行的条件下校验，因为牵引所长周期处于大负荷、大电流的状态。此外，距离牵引所一个半衰长度之外的较远的线路区间上，回流线可依照瞬时电流通过情况选择截面大小。如果受限于地形，需要在线路的不同侧布设接触网支柱，且回流线的布设要越过接触网，这就对接触网的支柱容量的选择提出其他更高要求。

4.2 上行、下行钢轨的横向连接抑制钢轨电位

当下，多数新线铁路为复线铁路，不少既有线也被改造为复线铁路。针对复线铁路，横向连接上行、下行的钢轨。运用此种方式，普遍反映效果好，性价比高。现建立 AT 供电方式下牵引供电系统的示意图，采用图示法分析，设上行有一组动车组列车通过，在上下行钢轨的 m、n 两点横向连接。设线电流为 I_{mn}，方向由 m 到 n，如图 2 所示。

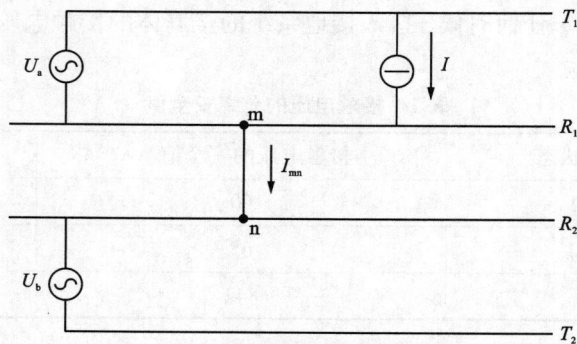

图 2 AT 供电方式牵引系统示意图

针对连接线附近的钢轨电位和电流值进行研究，可将示意图简化，如图 3 所示。

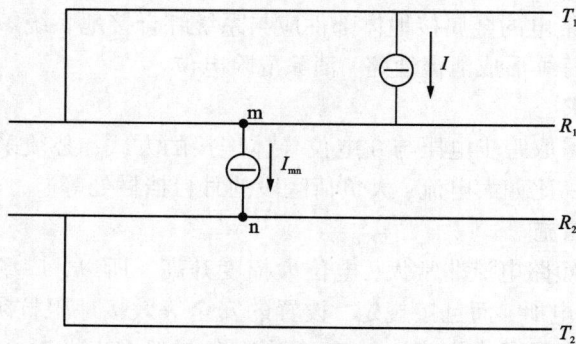

图 3 AT 供电方式牵引系统简化图

在图 3 电路中，R_1 为线路的上行，R_2 为线路的下行。

①在电流源 I 独立作用的情况下，令上行线路 m 点的电位值为 V_{m0}，下行线路 n 点电位值为 V_{n0}。

②在电流源 I_{mn} 独立作用的情况下，令上行线路 m 点的钢轨电位值为 $-V_m$，下行线路 n 点的钢轨电位值为 V_m。

③在电流源 I 与 I_{mn} 同时作用的情况下，上行线路 m 点和下行线路 n 点的钢轨电位值分别为：

$$V_m = V_{m0} - V_{mn} \tag{1}$$

$$V_n = V_{n0} + V_{mn} \tag{2}$$

假设理想状态下，上下行钢轨等电位，既 $V_m = V_n$，根据式（1）、（2）可推出：

$$V_{mn} = \frac{V_{m0} - V_{n0}}{2} \tag{3}$$

联立式（3）、式（1），变形可得：

$$V_m = \frac{V_{m0} + V_{n0}}{2} \tag{4}$$

根据式（4）可知，横向连接上行和下行钢轨后，得出的钢轨电位值是连接前上行和下行钢轨电位的平均值。特别需要注意的是，上行 V_{m0} 是大于 V_{n0} 的。因为 V_{m0} 与 V_{n0} 极性相反，而连接后的钢轨电位值约为之前的 $\frac{1}{2}$，所以 V_{m0} 的 $\frac{1}{2}$ 将大于 V_m。

需要提醒的是，此方法虽然方便快捷、经济成本低，但是也有明显缺陷。比如，当列车交会时，上行线路钢轨与下行线路钢轨横向连接的效果较之前就不明显了；并且上行线路钢轨与下行线路钢轨横向连接，无负载侧的钢轨电位值会升高，从而对运维检修的铁路工作人员人身安全造成威胁。

4.3　加装 CPW 线抑制钢轨电位

以 1 个 AT 供电区间为例，如图 4 所示。

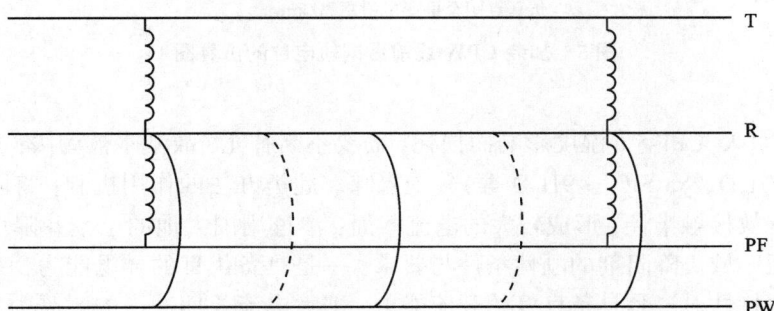

图 4　1 个 AT 供电区间简图

AT 供电区间内，加装钢轨与保护线连接线，可有效抑制钢轨电位。敷设的基本要求是 CPW 线把这一AT 供电区段等分，即每两根 CPW 线之间等距。由此看出，CPW 线的位置要按照数目来敷设。实践表明，要实现减小钢轨电位的目的，采取加装 CPW 线的方式是切实可行的，具体如图 4 所示。实际生产施工情况下，相邻两根 CPW 线间的距离不小于阻抗连接器间的距离（约 1500 m），此项要求同时限制了一个供电区间内 CPW 线敷设的数量。

采取仿真的方式研究加装不同 CPW 线数目的情况下，钢轨电位值的变化。仿真结果如图 5 所示。

根据仿真图，可直观得出结果：

①当加装 1 根 CPW 线时，可抑制钢轨电位值约 10。

②当加装 3 根 CPW 线时，可抑制钢轨电位值约 20。

③当加装 5 根 CPW 线时，可抑制钢轨电位值约 22。

根据统计分析，加装 1~3 根 CPW 线时，钢轨电位较为明显被抑制，但加装 CPW 线 3 根以上时，投入资金大幅度提升，抑制效果显著降低，并趋于饱和。综上所述，在实际工程施工建设时，建议增设 3 条左右 CPW 线，此情况下性价比最好。

4.4　改良部分区段土壤电阻率抑制钢轨电位

一般可以通过改良部分人员走动频繁和钢轨电位值比较高的区域土壤结构，进而减小此类区域的土壤电阻率，以达成减小人体的跨步电压和接触电压，以及设备设施间的电位差，从而保护铁路施工人员安全和设备设施安全。

（1）布设降阻剂。

此类方法是借助无机化学原理的处置办法。一般情况下，降阻剂有多种组分，比如碳类物质、膨润土（蒙脱石）、固化剂、润滑剂等。根据构成材料，可分为凝胶和盐类，因多数无机盐（例如 Na_2SO_4、$CuSO_4$

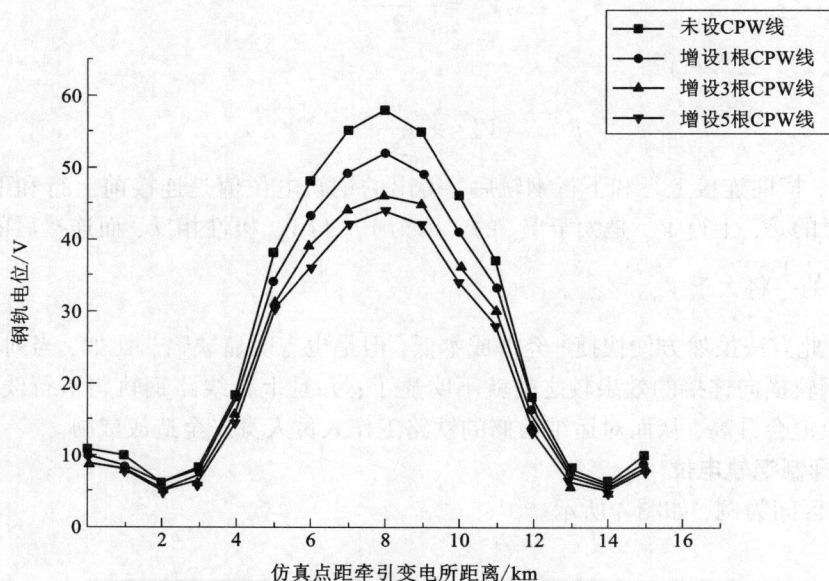

图5　加装 CPW 线前后钢轨电位的仿真图

等)易溶于水,会受雨水天气和空气湿度影响而损耗,需要不断补充,故基本被淘汰;当前凝胶类的降阻剂(例如 $Cu_2Fe(CN)_6 \cdot 7H_2O$、$Na_2SiO_3 \cdot 9H_2O$ 等)较受青睐。此类办法的作用机制:将降阻剂布设在接地体和土壤之间,增大其有效接触半径,形成较大的电流截面;渗透周围大地的土壤并降低接触电阻和土壤电阻率,最终形成低电阻区域。降阻剂的刚性条件与要求:一是具备优良的导电能力,并能够长久地降低电阻,且具备相当的负阻特性。二是具备良好的载流能力,即大电流长期冲击的耐受力,能够耐腐蚀或缓腐蚀。三是自身性质无毒无害,对人体不产生危害;不污染破坏环境,废弃后能够自主降解。

(2)换土法。

此类办法主要将既有电阻率较高的土壤替换成电阻率较低的泥炭类土壤、黑土等,需要置换接地体周围 4 m 范围内的土壤。实际操作过程中,在运输不方便的山区、丘陵地带,采用大规模置换土壤的方式处理接地系统,非常烦琐复杂;另外,运输和置换泥炭类土壤、黑土等电阻率低的土壤本身就大大增加了项目成本,性价比较低。所以,在实际施工过程中,可采取布设降阻剂和置换土壤相结合的方式抑制钢轨电位。具体方式:根据实地情况计算降阻剂用量并预先备好,随后将一圈厚度为 20~30 mm 的降阻剂布设在接地体附近,接着布设一圈 300~500 mm 的低电阻率土壤在降阻剂周围,即可有效抑制钢轨电位。

(3)在低电阻率土壤中埋接地体。

可以将接地体深埋入地层厚度增加引起土壤电阻率减小趋势较快的位置,减小接地电阻。按土壤电阻率特性知,其随深度加大而降低,在深度到达某一特定值附近时,土壤电阻率会迅速降低。于是,可以推出减小接地电阻,可通过降低土壤电阻率实现。故将接地体深埋电阻率低的土壤可有效抑制钢轨电位。

将接地体埋入深层电阻率低的土壤中不会受到区域和其他环境因素的制约。特别当处于拥挤狭窄的建筑和地网区域时,几乎找不到放置接地体的位置空间,因而安全距离难以控制,从而接触、跨步电压会反弹,存在安全隐患。所以,在实际项目施工中,将接地体埋入深层低电阻率的土壤中,可以大幅度有效减小接地电阻,而且还能抑制跨步、接触电压。

4.5　特设综合地线抑制钢轨电位

铁路线路的对地电阻受气象影响较大,变化范围幅度达几十倍,钢轨电位受到很大影响。设钢轨回路的特性阻抗为 Z_0,影响 Z_0 的主要因素是钢轨的泄漏电阻,且地电位与 Z_0 呈正相关。在高速铁路沿线埋入与钢轨相并联的镀锌皮的钢制材料或铜质材料,钢轨泄漏电阻可明显减小。所以,要通过减小钢轨的特性阻抗,进而减少其受气象变化的影响。接下来进行数理分析。

将接地体直接埋设地中,接地电阻为:

$$R_g = \rho \cdot \varepsilon / C \tag{5}$$

式(5)中，ρ 为土壤电阻率，$\Omega \cdot m$；ε 为土壤介电常数，$\varepsilon = \varepsilon_r \dfrac{1}{4\pi \times 9 \times 10^9}$，$\varepsilon^r$ 为相对介电常数；C 为接地体电容，F。

接地线水平埋入大地，接地体的总电容与长度呈正相关。埋在大地中被土壤无限包围的水平接地体接地电阻为：

$$R_p = \frac{\rho}{2\pi L}\left(\ln\frac{L^2}{dh} + A\right) \tag{6}$$

式(6)中，L 为水平接地体总长度，m；h 为水平接地体埋进大地深度，m；d 为水平接地体直径，m；A 为水平接地体形状系数。

那么，1 根长度为 60 m 的水平接地体，接地电阻约为 $R_p = 0.03\ \Omega$。类推至现场实际，通常情况下，电化区段牵引所供电臂长约 30 km，假如高速铁路沿线全部埋有水平综合贯通接地线，钢轨回路特性阻抗会大幅度降低，明显抑制钢轨电位。

(1)综合接地线的材质分析。

综合接地线材质选择应着重考虑这几个因素：一要具备良好的导电能力，质地较为柔软，方便施工；二要符合电缆对安全性和可靠性的要求，电缆外壳具有较强的防水性、防腐性和防污染性等；三要具有优良的机械性能和抗冲击性能，因为电缆埋设在高速铁路附近，高速列车驶过会产生剧烈振动和冲击。

对照上述选材因素，接下来针对铜和铅的各项性能进行对比分析。

①铜(Cu)：若环境潮湿，表面容易生成毒性物质铜绿$[Cu_2(OH)_2CO_3]$，且易被环境中的 SO_2、H_2S 等(弱)酸性气体腐蚀，进而强度减小，使自身电阻大大增加。

②铅(Pb)：化学性质稳定，在常规环境下的耐腐蚀性好，抗酸(HNO_3、H_2SO_4 等无机酸和极少许有机酸)、碱(氨类化合物等)的腐蚀性强；物理性质好，延展性强，易制备，密封性强，用作电缆的表皮不透潮气。但是铅流入大地后不能自主降解，存在环境污染的威胁。

综上，为了满足接地电缆的相关条件，我国近年来研发了环保型地线，已经大力投入市场销售使用，故推荐以环保型综合接地线作为主要原材料。铜是环保型地线的主要材质，因此其物理参数与规格相同的裸铜导线基本类似。

(2)综合接地线的规格。

导线允许载流量指在设定的环境温度下，导线可以长期安全运行且持续承受不超过允许值的最大电流。综合接地线的截面积必须满足导线持续载流量要求。当持续电流流经导体时，将在导体中产生功率损耗，并转化为热能，根据热力学定律，部分热能被导体自身吸收，导致温度上升；由于导体温度上升后与环境介质间产生温差，另一部分热能随着温差的方向进入空气中。

温度稳定上升时，导线允许载流量为：

$$I = \sqrt{\frac{K_s \pi^2}{4}\gamma d^3(t_1 - t_0)} \tag{7}$$

式(7)中 t_1 为导线稳定温度(℃)；t_0 为周围环境温度(℃)；d 为导线直径(mm)；γ 为电导系数；K_s 为散热系数，与导线截面大小、散热场所、布设方式等因素有关，为 $0.0015 \sim 0.003$。

通常，选取环境温度 25℃ 为标准，确定导线和电缆的允许载流量。若导线埋设处环境温度与 25℃ 相差较大，其载流量应乘以温度校正系数 K_w。

$$K_w = \sqrt{\frac{t_1 - t_0}{t_1 - 25}} \tag{8}$$

式(8)中 t_0 表示埋设电缆处周围环境真实温度；t_1 表示该电缆正常工作状态下长期允许的工作温度。

多根电缆并列埋设，存在互热作用，允许载流量又要降低一些，因为 K_w 与电缆的数量、电缆的间距有关。

当接触网产生故障，或短时间受到强雷击时，综合接地线的截面积必须满足抵御瞬间短路电流冲击的要求。对于 AT 供电的线路,列车密度大、运行速度快,当故障发生时,瞬间短路电流会非常大。据目前掌握的资料,结合粗略的计算分析,当时间在 100 ms 左右时,电流将小于 25 kA。

综合接地线的截面积必须满足 $R \leqslant 1\ \Omega$ 的刚性条件。据水平接地电阻 $R_{\mathrm{p}} = \dfrac{\rho}{2\pi L}\left(\ln\dfrac{L^2}{\mathrm{d}h} + A\right)$,决定接地电阻大小的主要是土壤电阻率、接地体长度,剩余因素的影响微弱。

作者简介

杨磊,中国铁路南昌局集团有限公司高铁基础设施段,副段长。

王新越,中国铁路南昌局集团有限公司高铁基础设施段婺源综合维修工区,助理工程师。

姜超东,中国铁路南昌局集团有限公司高铁基础设施段,供电中心主任。

王志云,中国铁路南昌局集团有限公司高铁基础设施段婺源综合维修车间,副主任。

刑又元,中国铁路南昌局集团有限公司高铁基础设施段南昌西城际网工区,助理工程师。

新形势下做好维修车间二级修工作的思考与实践

毛春贵　王建兵

摘　要： 为进一步贯彻落实国铁集团、南昌集团公司关于接触网修程修制改革工作要求，全面提升检修质量和效率，结合鹰潭供电段实际情况，自 2020 年初起鹰潭供电段接触网专业在沪昆线、昌福线、峰福线全面实行"运行、检测、维修"分开和集中组织二级修模式，确保接触网运行品质和安全可靠性。本文就贯彻修程修制改革，开展二级修的基本思路展开探讨。

1　引言

截至 2021 年底，我国铁路高铁营业总里程突破 40000 km，全国铁路电气化率达到 73.3%。在快速扩充运输能力形势下，如何保证高速、高密度、高复杂性路网的运营安全；面对匀速增加的装备数量，如何最大化地提高铁路资产的利用率，实现资产价值；面对企业化改制，如何提高铁路运营效率，挖掘运输潜力，实现现代化企业运营管理，以上这些都是国铁集团要应对的变化和挑战。接触网是电气化铁路重要的行车设备，在保障铁路运输安全、提高运输效率、降低运输能耗等方面发挥着重要作用。近年来，国铁集团管辖电气化铁路比例不断增加，铁路牵引供电专业同时面临供电安全服务品质要求更高、供电新技术和新材料发展迅速、供电设备运行外部环境风险大等诸多压力。因此必须认真研究分析供电维修管理现状，做好顶层设计，创新体制，完善机制，提升铁路牵引供电运营管理水平，引领专业发展，为中国构建经济双循环的新发展格局提供强有力的支撑。

2　传统检修管理的问题

2.1　劳动组织效率低

以接触网工区为单位的分散小规模作业，作业点分散、安全卡控难。检修机具落后，职工劳动强度大，作业质量低，容易造成检修盲区和死角。辅助人员占比高，天窗资源占用多，利用率低，不符合专业化、机械化、集约化的发展方向。

2.2　检修组织不利于设备质量控制

车间、工区的生产布局及人员配置主要以抢修应急和缺陷处理为出发点；现场检修的作业项目、任务、工作量根据设备的运行和人力情况而定，依据能利用或兑现的天窗数量安排；接触网工区检测、检修、抢修应急等各项生产任务大包干，检修计划、任务安排、检修质量全负责。设备质量过度依赖接触网工区人员的个人业务能力和责任心。

2.3　接触网质量评价存在短板

与工务等铁路基础设施专业相比，供电专业在评价接触网维修质量、鉴定接触网设备质量状态、评判设备管理单位接触网运行管理水平等方面，都还没有形成较为规范的操作办法和标准。

3　维修车间工作的方向

3.1　贯彻修程修制改革基本思路

以提高设备检修效率、保证供电质量、降低设备全生命周期运行成本为目标，坚持"预防为主、重检慎修"的方针，按照"定期检测、状态维修、寿命管理"的原则，遵循专业化、机械化、集约化的维修方式，依靠铁路供电安全检测监测系统(6C)等手段，实行集中组织二级修模式，确保接触网运行品质和安全可靠性。

3.2　推行机械化集中规模维修

集中人员、集中编组接触网作业车和运用 JJC 检修列、DPT 多功能作业车等大型维修装备，集中实施接触网全面检查和二级缺陷处理。改变以前接触网工区单组分散作业、单点处理缺陷的组织形式，实行机械化集中规模维修模式。

3.3 铁路线路等级管理，差异化维修

鹰潭供电段管内鹰厦线、沪昆线、昌福线铁路线不仅在速度、弓架次、系统安全可靠性等方面不同，在接触网零部件服役性能、几何参数调整裕度、弓网配合关系要求、行车组织特点、维修天窗条件等方面都具有较大的差异性。在总结接触网运行规律，充分融合吸收工程设计及施工验收有关规范标准的基础上，突出养护维修理念，按照高速和普速铁路两类，分项明确接触网各级修成的维修范围和技术标准，满足当前电气化铁路接触网运行维修需求。

4 维修工作初见成效

4.1 维修任务完成情况

2021年鹰潭供电段维修车间在沪昆线、昌福线、峰福线全面实行集中组织二级修模式推进接触网二级修工作，全面提升检修质量和效率。其间共完成二级修182.53条公里，定位线夹更换401个，预绞丝加装66套，6C缺陷处理441个。此次二级修作业，对接触网设备质量提升主要集中在以下方面。

一是接触网动态检测优良率和CQI指标全面提升，处理接触网1C缺陷341处，导高调整743处，沪昆线坑口-贵溪站区段设备优良率提高，大幅提升受电弓取流质量，进一步优化了弓网匹配关系；二是进一步消除了定位线夹开裂、脱落隐患。此次二级修更换了定位线夹401个，作业区段ABB定位线夹已更换完毕。同时对已更换线夹处所，特别是曲线处进行检查，对前期更换安装不正确的线夹进行调整（例如受力面不正确、螺栓朝向不正确），进一步消除了定位线夹开裂、脱落隐患；三是减少异物侵入造成接触网线索伤害。在上跨桥、隧道口两端加装预绞丝护线条共计66套，大大提升接触网防断能力；四是对河潭埠-贵溪区间供电线危树处理435棵，减少外部环境对接触网运行的影响。五是对峰福线西山-五里峰区间吊弦更换990根、复合绝缘子更换266套、下锚杆环杆更换148根，进一步提升了普速线路接触网设备运行质量。

4.2 好的经验和做法

4.2.1 做好二级修修前充分工作，精细化编制施工组织方案

为确保接触网全面检查、二级修精准性、效率性，首先在接触网进行二级修前，安排动态检测室、维修车间及属地运行车间对该区段设备进行充分的修前调查。主要是通过静态检测、地面巡视和动态检测结合方式进行调查。检测工区对所有6C检测、监测问题进行分析和梳理。收集该线路前期存在问题和施工遗留问题，形成须整治缺陷问题库。其次组织运行及维修车间对作业组织模式进行研讨，做好施工技术交底工作。根据现场实际情况，编制最优作业方式模块，提高作业劳效。

4.2.2 紧盯每日作业组织分工安排，提高作业劳效

根据前期整理的缺陷问题，结合要求的专项排查进行每日分工，细化落实每个小组的每日作业工作量。以现场为基础，从实际出发，根据作业组成员的个人能力，按照作业难度合理安排每个小组的工作量，做到有针对性克服缺陷、有预见性发现缺陷、有能力处理好现场偶发性缺陷。工前观看接触网平面布置图、作业区段4C图片，提升作业人员对现场设备熟悉度。做到工前会预想充足、现场应对自如、作业组织顺畅、作业结束有条不紊。

4.2.3 根据作业任务灵活运用作业车设备

本次二级修维修车间调配1台JJC综合检修列，4台轨道车（其中1台为DPT新型作业车），当作业区段没有导高缺陷，主要任务为二级修、更换定位线夹等平推作业时，使用JJC综合检修列作业效率较高。当在站场作业，需检调软横跨、回流线等设备时使用DPT作业车，方便快捷，对作业车的灵活使用大大减轻了作业难度，提高了作业效率。

4.2.4 不断总结导高调整经验，缩短单个项目作业时间

现场作业人员在修前数据基础上，不断总结1C调整经验，通过线路曲线大小和腕臂长度，可以估算出平腕臂调整套管双耳位移与导高变化的关系，在当天天窗缺陷表中列出调整量，减少了二次调整，极大地缩短了调整单个定位导高所需时间。

4.2.5 控制轨道车运行解列连挂与作业进度协调性

针对各作业组织与作业效率不匹配，作业车解列连挂处GYK防碰，根据不同作业情况，在GYK各项模式下，灵活作业组织调整，作业区能有效避开GYK防碰区段，在第一个天窗结束后能遗留下完整的作业区段，方便后续合理安排作业组织。

4.2.6 作业执标能力得到了进一步提升

此次二级修存在区间作业、站内作业、跨站界作业等多种情况,且采用 JJC 综合检修列、DPT 作业车等先进设备,极大锻炼和提升了接触网工和轨道车司机的业务水平。此外,通过上级部门现场跟班和指导,工区执标能力有了进一步的提升,对多台作业车,多个作业组的施工流程积累了充分经验,这为今后工区的大型施工组织打下了坚实基础。

4.2.7 二级修集结人力物力解决了各类"顽疾"

如横峰–坑口区间九都隧道导高偏低,加装避雷器未接引线等问题在开通运营时就已存在,限于各类客观因素长期无法得到解决,均在此次二级修中得到整治。

4.2.8 完善后勤保障工作。

一是合理安排宿营车住宿,JJC 检修列停靠站场股道接通水电,供人员休息住宿。二是配备补充生活必需品,例如新卧具、行李箱等日常用具;三是保障日常饮食。维修工区人员统一 JJC 检修列餐车用餐,通过保温饭盒,在天窗点内采取带餐、"爱心早餐"等方式,解决了集中修队伍的食宿问题。

5 下一步努力方向

5.1 探索 DPT 多平台作业车的现场应用

一方面,DPT 多平台作业车是新型检修作业车,3 个平台垂直方向最高可以上升至 7.6 m,2 个辅平台水平方向最远可以伸展至距轨道中心 4 m。正是由于这样的特性,检修作业过程中,辅平台能达到柱顶及支柱的田野侧,检修更具有全面性,降低作业难度。在检修过程中,运用 DPT 作业车的这种特性,不仅提高了检查柱顶单项设备(如隔离开关、避雷器、柱顶供电线绝缘子等)的效率,也提高了发现问题整治问题的效率(如隔离开关螺栓螺母锈蚀、避雷器支持绝缘子底座氧化严重等问题)。

另一方面,DPT 多平台作业车具有平台空间较小、准备时间长等缺点,一个作业地点的作业任务完成后,作业车不能马上转为高速运行模式(作业时速度不得大于 10 km/h)前往下个作业地点,需要收起支腿、复位侧门、闭锁平台升降阀门后才能高速运行,到达下一个作业地点后仍需解锁再放下支腿方可作业。

如何扬长避短,灵活运用 DPT+双风管作业车+JJC 此类新型装备是未来的接触网二级修模式主攻方向。

5.2 完善二级修作业组织模式

在本年度的二级修作业中,由于现场多作业车、多作业组、多作业人员的情况,较为依靠工作领导人的个人能力及责任心,各个作业环节尚缺乏严格规范或标准,例如作业过程中,多个作业组联控频繁,对讲机频道时常被占用影响呼唤应答,甚至存在作业车司机误动车的情况,给作业带来不可预知的安全隐患。

两台及以上作业车在同一区间作业时,由于 GYK 设置及要求较多,特别是在解列连挂方面,影响天窗时间的实际作业利用率问题比较突出,须强化作业组织。

不断完善分区检修作业标准,通过录制分析视频、细化检修流程等方式提高作业人员检修效率和质量,使每个作业组的工作量和作业时间趋近,为今后集中修任务量预报提供参考。

5.3 合理提报天窗计划,健全沟通协调机制

加强与工务部门沟通协调,提前掌握工务部门集中修轮廓计划,合理编排供电专业二级修轮廓计划。合理提报天窗计划,沪昆线集中修目前兑现 150 分钟,相对工务部门大机和换轨 240 分钟(行调 240 分钟,电调 180 分钟),建议集团公司协调延长供电集中组织二级修天窗固定时间,可以参照工务天窗模式。

5.4 建立健全供电车间和维修车间沟通协调机制

每月由供电车间安排专业技术人员参加维修车间月度例会,及时沟通协调二级修中存在的问题。

6 结束语

针对如何在集中组织二级修模式下高效、高质量地完成接触网设备维修任务,需要不断总结经验,从理论和实践两方面不断探究作业组织模式,保障二级修的有序实施。

作者简介

毛春贵,中国铁路南昌局集团有限公司鹰潭供电段。

王建兵,中国铁路南昌局集团有限公司鹰潭供电段。

优化接触网集中修作业组织方案的探讨

刘成峰

摘　要：为进一步贯彻落实总公司关于接触网修程修制改革工作要求，提升接触网设备运行质量，结合福州供电段2020年接触网专业在昌福线开始全面实行集中修组织模式，提出优化接触网集中修作业组织方案，全面提升接触网设备运行稳定性和安全可靠性。

高速铁路接触网是沿铁路线上空架设的向电力机车供电的特殊形式的输电线路，由接触悬挂、支持装置、定位装置、支柱和基础组成。其中接触悬挂由接触线、吊弦、承力索以及连接零部件组成。由于高速列车运行速度一般在250 km/h以上，其受电弓沿接触网导线移动速度大大加快，使接触网与受电弓的波动特性发生变化，从而对受电产生影响。这就要求高速铁路接触网的基本参数及动态特性，弓网关系、线材符合高速铁路接触网运行技术要求。而接触网集中修是解决接触网运行技术要求最有效的方法。因此优化接触网集中修作业组织方案显得尤为重要。

1　集中修作业组织优化方案

1.1　作业车组织

作业车组织采用作业车、检修列、车梯加地面组相结合交替开展的方式，区间作业时使用1台JJC接触网检修车列在一行线路上作业，同步安排2台作业车在另一行线路上作业并视情况增加地面组作业的方式进行，站场作业时采用2台作业车增加地面组作业的方式进行。

1.2　天窗安排

针对昌福线天窗兑现率较低的实际情况，集中修作业计划提报时尽可能采取区间和站场同时进行的方式，即一个工作日内提报两个作业计划（区间上下行各一个，或是区间和站场各一个），以确保能按期完成集中修年度工作任务。按年度计划要求，昌福线永泰供电车间管内共计405.27条公里接触网维修任务，计划共需申报178个维修天窗、12个施工计划（一站一区间），根据昌福线近年来天窗兑现情况及每月探伤车、检测车对天窗影响等原因以及考虑到福州维修工区新组建时人员业务技能熟练度、作业组织能力、各作业环节配合等多种因素影响，维修作业拟计划按先简后难、先轻后重的原则来安排作业进度。集中修作业计划提报以提报维修天窗作业计划为主，考虑到一站一区间接合部供电设备维修时的困难，增加提报12个施工计划，施工计划每月25号前由福州维修车间向段安全科提报次月的施工计划，日常的维修天窗作业计划在每周二的计划协调会上进行提报。原则上每一个工作日内提报两个作业计划，每周提报的工作日不少于6个，计划数不少于10个。

1.3　材料配备

昌福线供电设备集中修作业以全面检查、整治缺陷为主，涉及更换设备的情况较少，集中修期间所使用的材料由福州维修车间在每季度向当地供电车间提出需求，由当地供电车间负责申报、库存，每日作业前维修工区向当地供电工区领取材料同时办理手续，集中修作业所使用的工具、安全用具、车辆等由福州维修车间负责。

1.4　人员配备

维修工区人员的组成分为两种，一种是正式下令在维修工区的人员，一种是从当地工区抽调的人员。

由于维修工区人员对集中修作业组织模式比较熟悉，为确保检修质量和工作进度，作业过程中由原维修工区人员担任工作领导人和工作小组组长，抽调人员担任组员，大家互相配合、互相学习、合力做好集中修工作。

2　制订作业标准和作业流程

为保证供电设备全覆盖，提高作业效率，根据作业车、车梯功能及作业条件，集中修作业严格按"五定"（定方案、定区域、定人员、定流程、定标准）作业模式，采取按区域划分、同步作业的原则进行，维修过程及标准严格按段制定的《昌福线全面检查作业指导书》执行。作业车组负责作业区域的 A 区、B 区、C 区内的供电设备维修工作，主要负责对支柱腕臂、部分接触网悬挂、附加悬挂进行全面检查，对二级缺陷进行整治、绝缘清扫等工作；JJC 接触网检修车列负责作业区域的 D 区、E 区内的供电设备维修工作，主要负责对接触网悬挂吊弦、防串中心锚结、定位线夹、电连接等进行维修并抽检定位线夹及其前后第一根吊弦力矩情况；车梯车组负责作业区域的 F 区内的供电设备维修工作，主要负责车站（轨道车不易检修处所）接触网悬挂的维修工作和集中修地段的几何参数超标位置现场测量复核工作，如图 1 所示。

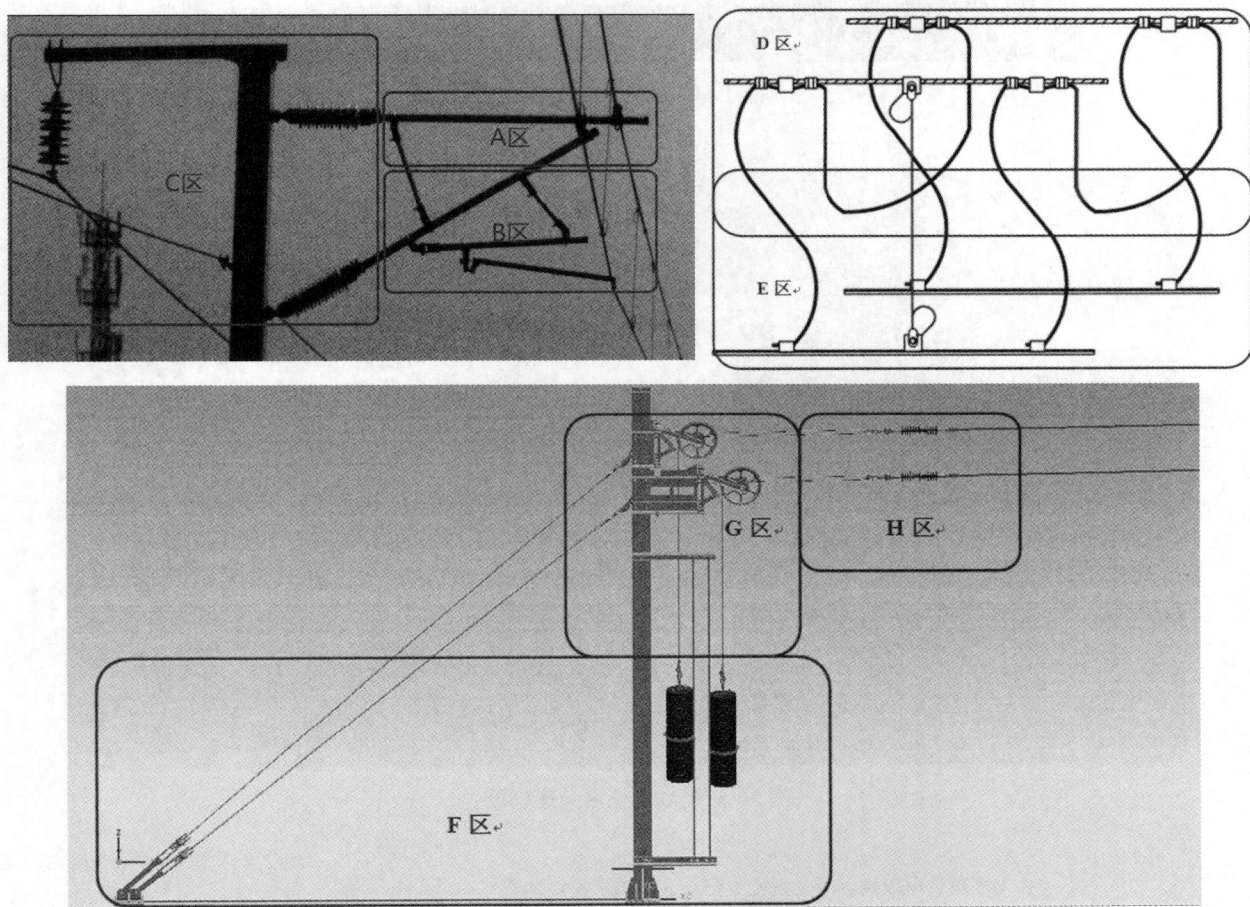

图 1　供电设备维修区域划分

3　质量过程控制

（1）集中修工作开展前由职教部门及维修车间负责组织参加集中修的所有人员学习集中修方案及维修标准、作业流程、质量控制措施等。确保所有人员熟知检修作业标准和重点，提高集中修检修质量，按照施工计划逐一编制工前勘察报告，对重点缺陷，组织现场勘察，制订专项整治方案。

（2）集中修作业过程中，各作业组作业监护人按照"谁维修，谁负责"的原则，记录每处作业地点作业人员，作业结束后填写相应检测、检查记录，落实记名检修、验收制度。

（3）集中修期间对发现的重点缺陷进行详细记录和拍照；供电技术部门对每天处理的缺陷进行统计梳理分析，对发现的重点缺陷和共性缺陷及时通报，确保集中修检修质量，详见图 2、图 3、图 4。

（4）阶段性集中修结束后，根据段 4C 检测计划，对集中修区段 4C 检测情况进行分析，用 4C 检测结果验证集中修质量，及时调整维修作业组织和作业办法，确保质量标准。

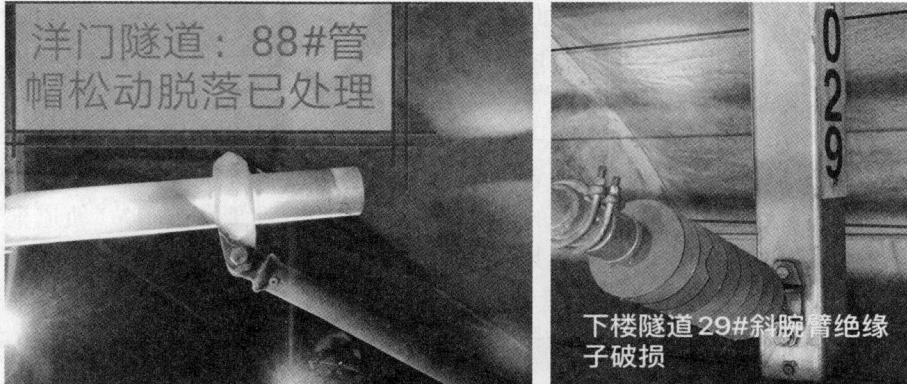

图 2　缺陷现场拍照记录

图 3　设备缺陷记名处理记录

图 4　接触网全面检查实名记录

4　集中修作业组织模式存在的不足和后期优化

4.1　检修列和作业车在集中修过程中的不足和后期优化措施

（1）检修列在集中修过程中存在的不足。

①JJC 综合检修列检修平台在作业时上升高度受检修线路的导高限制，检修人员在检修支持装置上部配件、承力索、吊弦上部配件等零部件时，无法直接到达，需要借助梯子等攀登其他工具方可进行，存在一定的危险性，同时影响作业进度，如图 5 所示。

图 5　上升高度受检修线路的导高限制

②JJC 综合检修列检修平台在进行作业时无法向两侧运动，无法对 C、G、H 区进行检查，后期还须安排作业车对 JJC 检查过的区间重新覆盖检查，影响作业进度，存在重复修的问题。

③JJC 综合检修列全长为 218 m，其中作业平台 10 个总长为 178 m，在进行站内作业时，受各站最外端道岔至进站信号机距离的影响，在一些车站内无法进行转线作业。

（2）检修列在集中修过程中的优化措施。

①对于单线隧道，由于相连吊柱垂直间距较小，站在检修列平台上都可对其覆盖检查，所以笔者提议采用检修列进行作业，针对双线隧道吊柱和区间支柱都是采用一左一右布置，在检修列平台上无法对支柱的 C 区进行检查，我们采用两台轨道车解列作业时站场需要经常转线的特点，笔者提议采用两台轨道车解列方式作业。

②综合检修列全长为 218 m，其中作业平台共 10 个，总长为 178 m，最少能支持 3 个高空作业组同时作业，笔者提议优先使用检修列开展绝缘子的冲洗工作，这样能将绝缘子冲洗效率提升 3 倍。

4.2　作业车在集中修过程中存在的不足和优化措施

（1）作业车在集中修组织管理模式中存在的不足。

①原有 JZW-4 作业车平台在缺陷处理时由于受到接触线的限制无法上升到缺陷所在位置，我们往往采用攀爬支柱、梯子等方法到达缺陷位置，在攀爬过程中存在极大的安全隐患。

②而 DPT 新型接触网检修作业车三平台机构中的两个侧平台只能向左右两侧移动，无法顺线路侧移动，在使用中无法精准对位，需要精准对位时还需要前后移动作业车，浪费作业时间，特别是在冲洗绝缘子过程中，经常只能冲洗到一侧。冲洗另一侧时就需要再次移动作业车对位，大大降低了作业效率。

（2）作业车在集中修过程中的优化措施。

①在处理缺陷时使用 DPT 新型作业车，充分利用车上配备的三个作业平台的灵活性，它在对附加导线、支柱、吊柱、隔开进行检查和缺陷处理，特别是对隔开刀闸检查、吊柱检查、回流线检查等方面有着得天独厚的优势。而利用抬拨线装置更换绝缘子更是能将时间控制在 5 分钟左右，大大提高了作业效率，同

图6　作业车集中修

时有着极大的安全性(图6)。

②在冲洗绝缘子方面，笔者建议优先采用 JZW-4 作业车，利用其宽敞的作业平台，在作业车对位过程中有极大的容错率，大大提高了绝缘子冲洗效率。

4.3　人员作业流程优化

(1)在集中修作业前期我们将支柱上部接触悬挂划分为 A、B、C 三个区域，除此之外我们还需要配备一名组长组织分工同时负责记录缺陷，所以每个作业车小组至少需要 4 名高空作业人员。

(2)笔者在实际作业过程中发现作业人员检查 C 区的时候不仅需要观察绝缘子是否破损，还要检查支柱背部螺母是否松脱，所花费时间较长。然而 A 区、B 区设备相对较少，我们却配备了 2 名作业人员，导致了人员的极大浪费。

经过笔者和车间讨论决定将 A 区、B 区的检查工作由原来的 2 人减少 1 人，所以每个小组高空作业人员由原来的 4 名减少到 3 名，按每个天窗至少安排 4 个作业小组计算，由此可以减少 4 名高空作业人员。与此同时笔者提议适当增加一个地面作业小组负责检查 F 区。这项调整措施使我们的整体进度大大加快。

4.4　现场作业程序优化

(1)现场作业程序存在的不足。

①按照我们既定的作业方案是在作业过程中发现缺陷就立即处理缺陷，然而我们在实际作业过程中发现，边发现问题就边处理问题会延缓整体作业效率。

②以检修列为例，我们高空作业组通常安排 3 组，3 组都在同一时间全面检查完毕，而其中一组却发现有一根吊弦不受力，进行现场调整的话，就会导致其他两组人员无法继续作业，从而影响整体效率。

③或者在使用作业车进行全面检查过程中发现问题，有些时候由于平台上的工具材料准备不足，导致需要安排人员下平台取工具材料，浪费了大量时间，从而影响整体效率。

(2)优化措施。

针对现场作业存在的效率低下的问题，笔者提出的解决措施是采取先排查、后整治的方案，具体方案如下。

①在每月初和每月中旬，我们都不现场处理缺陷，而只将缺陷拍照登记在册，等月底结合 6C 缺陷统一处理。除非在现场发现严重影响行车的设备故障，如吊弦脱落、定位点接触线不落槽等问题，我们会现场处理缺陷。这一措施大大加快了我们的整体进度，每日排查的任务栏由原来每行别的 1.25 条公里增加到现在的 2.45 条公里，作业效率增加 50%。

②针对不同缺陷合理安排不同类型的作业车，笔者每天都会在工前与工作领导人探讨每晚的缺陷分布和缺陷类型，有针对性地安排作业车辆，如在某些区间大量集中的是吊弦缺陷，笔者建议优先使用 JJC 检

修列进行大面积处理；某些区间绝缘子破损比较多，笔者建议优先采用 DPT 作业车进行有针对性的处理而另外一行使用 JZW-4 处理缺陷。

③正是由于我们因地制宜地采取不同缺陷处理方案，有效地提高了作业车的使用效率，大大缩短了我们的集中修工期。

5　结束语

（1）集中修工期大大缩短。经过对原有集中修组织方案和施工进度安排进行调整优化，可以将一年的工期，缩短到 8 个月左右，大大降低了时间成本，提高了工作效率。

（2）优化作业程序，精简作业人员。通过对作业流程优化，我们精简了五分之一的人员，可将 70 人作业优化到 56 人，提高了劳动生产率。

（3）增加作业车运行效率，减少燃油费用。在成本费用中轨道车燃油消耗是成本投入的主要部分，由于优化后合理安排施工作业车辆，轨道作业车运行趟次比原检修模式减少了四分之一，按接触网设备集中修一次保障三年计算，集中检修使车辆使用效率提高了 3 倍，单位燃油支出至少减少 50%，优化后检修成本明显降低。

参考文献

[1] 中国铁路总公司.高速铁路接触网运行维修规则：TG/GD 124—2015G［S］.北京：中国铁道出版社，2016.

作者简介

刘成峰，中国铁路南昌局集团有限公司福州供电段。

关于小动物(蛇)引起跳闸的技术分析

谢　浩　王海鳗　刘洪伟　苏　强　刘玉金

摘　要: 接触网作为电气化铁路常用的两种供电网络方式之一,是沿铁路线上空架设的向电力机车供电的特殊形式的输电线路,对机车稳定运行尤为重要。人烟稀少的地方小动物活动频繁,它们极易侵入铁路沿线界限,造成设备接地短路跳闸,严重威胁变电设备安全稳定运行。本文基于成都供电段故障跳闸历史数据,提出小动物是跳闸的诱因并进行验证,最后提出解决此问题的措施。希望本文的分析能够为铁路事业的安全运行提供一定的参考。

1　引言

铁路是我国经济发展的大动脉,而电力则是铁路在运输生产过程中的重要能源。近年来随着高铁动车不断发展,铁路系统中电气自动化程度也在不断加深,因此对铁路供电系统的安全性要求也在不断提高。

电气化铁路主要由电力机车和牵引供电系统组成。如图1所示,牵引供电系统主要由接触网和变电所组成。牵引变电所将电力系统通过高压输电线送来的电能加以降压和整流后输送给接触网,以供给沿线行驶的电力机车。接触网是牵引供电系统的主要组成部分,据统计,在日常运行中,接触网故障数占牵引供电系统总故障数的90%以上。因此,提高接触网系统的可靠性是保证供电稳定的关键。

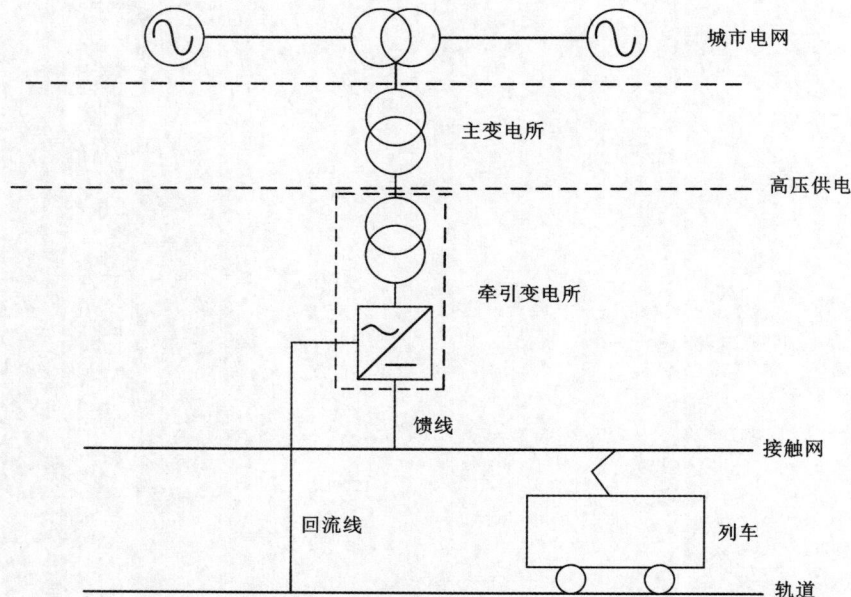

图1　牵引供电系统简图

2　接触网跳闸基本原理

接触网一旦发生故障,故障电流会触发牵引变电所内的继电保护装置,自动将向事故点供电的断路器断开,从而缩小事故范围,保证其他设备的安全运行和继续向非事故线路正常供电。这种因故障而自动断开断路器的动作,习惯上称为"跳闸"。

当接触网由于故障发生跳闸时,系统会自动测到故障点电压、电流等数据,传输回调度台。正常情况下电力机车的额定电压为 25 kV，允许工作电压范围一般为 19~29 kV。

3 跳闸数据分析

2022 年 9 月 7 日成都供电段金堂供电车间积金–淮口供电臂小动物（蛇）引起跳闸，现场巡视人员反映死蛇腹部有明显凸起部位，疑是鸟蛋，如图 2 所示。以此次跳闸为契机，将前期类似问题进行归纳总结分析。

据统计成都供电段 2021 年和 2022 年总跳闸次数 281 次。

3.1 跳闸电压分布

图 3 为成都供电段 2022 年馈线跳闸时的电压分布，从图中可以发现，2022 年馈线跳闸 97 次，其中跳闸电压在 19~29 kV 正常值范围内的有 16 次。

图 2 现场图

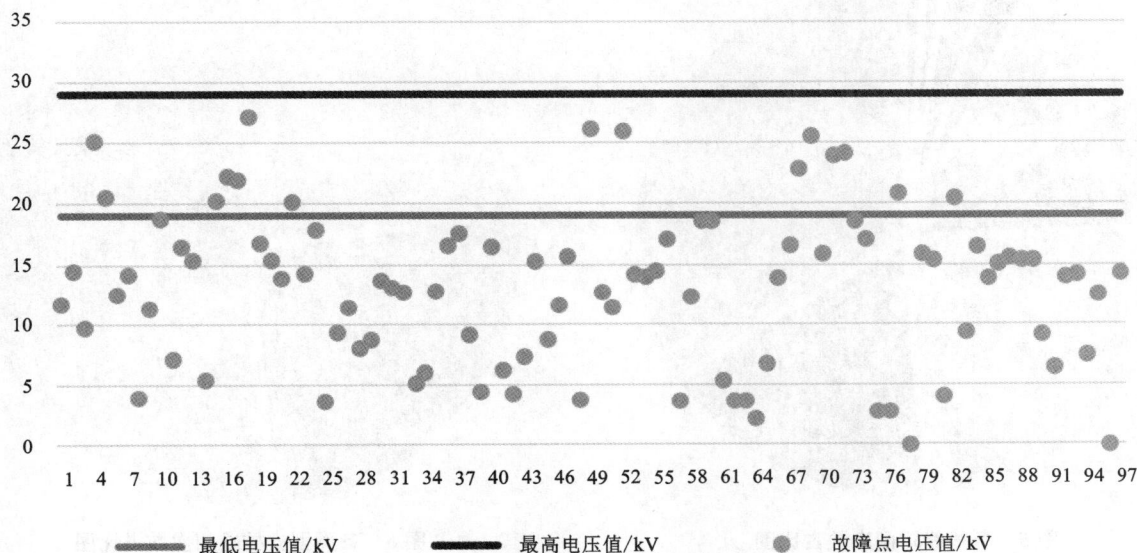

图 3 跳闸电压与正常值对比图

基于跳闸数据统计跳闸电压和故障原因的相关度，结果表明：跳闸电压在 19~29 kV 范围内，一般为过负荷跳闸，占跳闸总数的 16.5%；低于 19 kV 的一般为小动物（蛇）引起的跳闸、倒树或树枝接触跳闸，占跳闸总数的 83.5%。由此可见，解决小动物（蛇）跳闸问题尤为重要。

3.2 跳闸比重分布

成都供电段 2021 年总跳闸 157 次，其中因小动物（蛇）引起跳闸 51 次。2022 年总跳闸次数 124 次，其中因小动物（蛇）引起跳闸 31 次，占比如图 4 所示。

由图 4 可知，小动物引起跳闸占比较大，几乎占总跳闸数的四分之一。小动物引起跳闸，不仅影响电气化铁路的稳定运行，而且还有可能影响小动物生活及生态环境，因此需要找到解决办法。

3.3 线路跳闸分布

分析成都供电段 2021 年和 2022 年总共 82 处小动物跳闸数据，发现以下规律。

（1）各线路跳闸次数分布：达成线 28 次，宝成线 14 次，成都枢纽 11 次，沪蓉线 9 次，成昆线 7 次，成渝线 7 次，成灌线 2 次，兰渝线 2 次，成雅线 1 次，内六线 1 次，占比如图 5 所示。

（2）各类型支柱跳闸次数分布：横腹式支柱 42 处，格构式钢柱 21 处，吊柱 17 处，H 钢柱 2 处，占比如图 6 所示。

2021年度

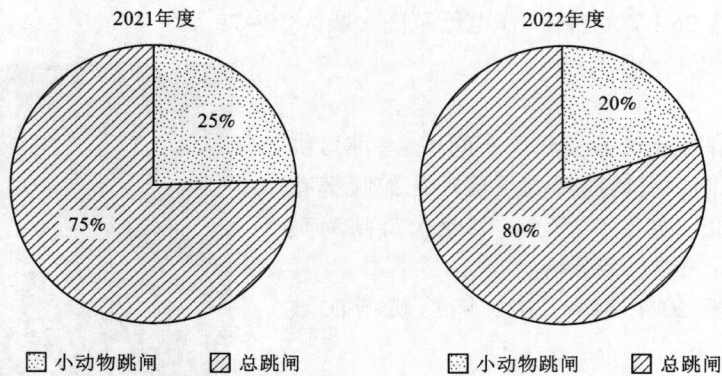

25%

75%

□ 小动物跳闸 ▨ 总跳闸

2022年度

20%

80%

□ 小动物跳闸 ▨ 总跳闸

图 4 小动物（蛇）跳闸数占比图

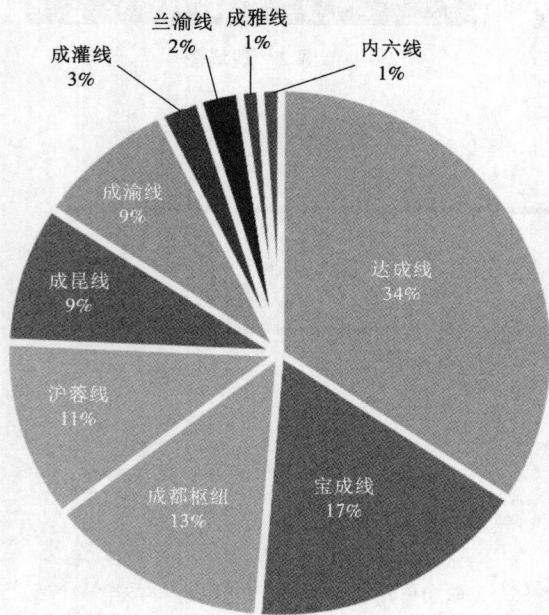

兰渝线 2%
成雅线 1%
成灌线 3%
内六线 1%
成渝线 9%
成昆线 9%
沪蓉线 11%
成都枢纽 13%
达成线 34%
宝成线 17%

图 5 各线路跳闸次数占比图

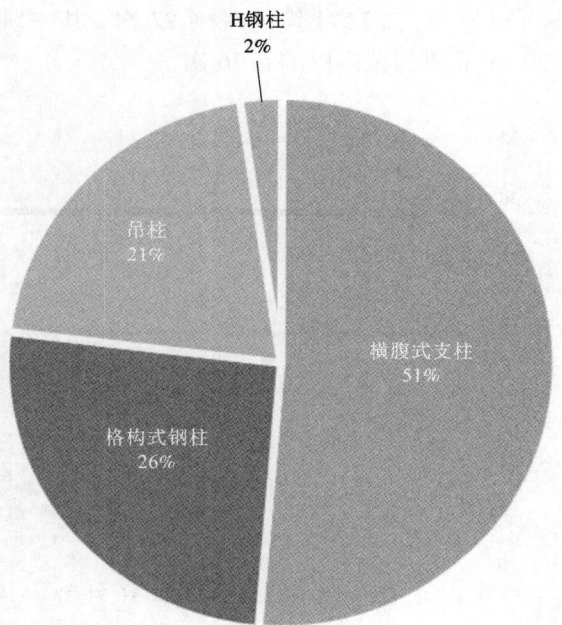

H钢柱 2%
吊柱 21%
横腹式支柱 51%
格构式钢柱 26%

图 6 各类型支柱跳闸次数占比图

结合统计数据，达成线、宝成线、成都枢纽是小动物引起跳闸次数占比前三的线路，建议加强线路运维，及时清除故障；各线路运维的重点应在横腹式支柱、格构式钢柱、吊柱等部位。

4 跳闸诱因研究

4.1 蛇捕食原理简介

蛇的视力较差，主要依靠嗅觉、听觉（地面震动）、热感应器官等进行猎物捕捉。夜间或隧道觅食类多采用嗅觉、听觉；昼间觅食类多采用视觉、听觉；而蝮亚科蛇（蝮蛇、尖吻蝮、罗烙铁头、竹叶青等）采用颊窝的热感应器官。小动物身上都会散发出一定的热量——红外线，肉眼是看不见的。蛇的热感应器接收到这种红外线后就可以判断出这些小动物的位置，从而能将它们捕获。

4.2 跳闸诱因

基于蛇捕食原理，跳闸原因可总结为以下两点。

（1）食物诱发：主要是腕臂底座孔中存在雏鸟或鸟蛋，夜间鸟在接触网上进行停驻等，蛇捕食侵界，造成单相接地故障，引起线路跳闸，如图7所示。

（2）热光源：接触网设备电气不畅，绝缘子污秽引起发热现象。图8为同一地点、同一时间，红外线测温仪测得的运行中和练兵场中接触网同一设备的热光源图。从图中可知，运行中设备的温度比练兵场高，由此可以推断，运行的电气设备发热。据查阅资料推测蛇具有趋光热性，容易侵入界限上网，引起线路跳闸。

图7 鸟类在腕臂底座筑巢图

(a)运行中线路热光源图 (b)练兵场线路热光源图

图8 热光源对比图

图9为成都接触网工区测得的热光源图,从图中可以看出,线路连接处颜色更亮,说明线路连接处更容易发热,更加容易招引小动物侵界,引起线路跳闸。

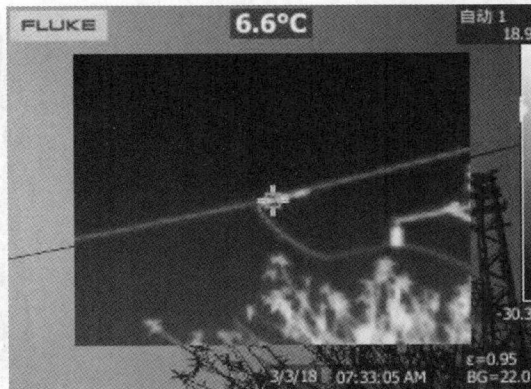

图9 成都接触网工区接触网线路热光源图

4.3 诱因验证

结合近两年跳闸数据和蛇的习性进行分析,得出以下三项数据。

(1)横腹式支柱双腕臂底座跳闸占比51.22%,主要出现的线路为达成线、宝成线,通过实地勘测,以上线路双腕臂底座采用非封堵式槽钢底座,鸟类容易筑巢下蛋,如图7所示。

（2）格构式钢柱跳闸占比 25.61%，主要集中在达成线，该线路站场采用硬横梁与吊装柱安装方式。如图 10 所示，鸟类容易在该钢柱筑巢下蛋。

（3）横腹式支柱双腕臂底座和格构式钢柱跳闸，都是腕臂绝缘子短接引起跳闸，总占比 76.83%。

5 防护措施

基于蛇的捕食性能及支柱结构提出以下应对措施，以降低小动物引起的接触网跳闸概率。

（1）采用高铁线路封堵式腕臂底座设计；对前期未封堵的底座设计，现可采用泡沫胶、橡胶泥等材料进行端口封堵，如图 11 所示。

（2）格构式钢柱易被搭窝处所安装驱鸟装置，使鸟类不易进入，如图 12 所示。

（3）制订绝缘子清扫推进计划，按照绝缘子清扫周期定期进行清扫。

（4）可以在蛇出没高发地段定期喷洒驱蛇剂。

（5）上述（1）（2）两种上网设备须在高架练兵场进行试验，主要检验其可操作性和安装标准；安装后定期检查其状态并进行记录；可作为后期投用的试运行依据。上线使用后，可将练兵场试验模块作为领示点，按规定时间进行观察，如出现异常状态，可为现场提供更换依据。

图 10 格构式钢柱实物图

图 11 端口封堵实物图

图 12 驱鸟装置实物图

参考文献

[1] 张志强. 电气化铁路牵引供变电系统的研究与仿真[D]. 天津：河北工业大学, 2016.

[2] 付昭. 铁路牵引变电所故障跳闸的原因和处理措施[J]. 科技风, 2020(30).

[3] 马国勇. 高速铁路供电系统安全风险探讨[J]. 工程技术研究, 2022, 7(5).

[4] 赵琼. 牵引供电系统接触网可靠性分析研究[D]. 兰州：兰州交通大学, 2014.

[5] 蒋汉成, 施麒. 高速铁路接触网过负荷跳闸的分析与判断[J]. 上海铁道科技, 2014(2)：57-59.

作者简介

谢浩，中国铁路成都局集团有限公司成都供电段，工程师。

王海鳗，中国铁路成都局集团有限公司成都供电段。

刘洪伟，中国铁路成都局集团有限公司成都供电段。

苏强，中国铁路成都局集团有限公司成都供电段。

刘玉金，中国铁路成都局集团有限公司成都供电段。

新建高速铁路联调联试期间接触网
停送电标准化作业流程

郑广金

摘　要： 高速铁路牵引供电设备的机电特性、设计考量、技术要求、施工工艺与普速铁路存在较大差异，联调联试期间更存在施工单位多、维修作业时间不固定等许多临时性变动情况，由此标准化的停、送电流程才能确保现场作业人员的人身安全。为加强新建高速铁路联调联试期间停、送电安全，明晰管理责任，规范管理制度，在深入研判近几年高速铁路联调联试期间供电设备施工作业和安全风险的基础上，提出停、送电标准化作业流程，确保联调联试期间供电安全。

1　引言

2008 年以来，我国铁路建设项目推行标准化管理，形成了以确保工程质量为核心任务，以管理制度标准化、人员配备标准化、现场管理标准化、过程控制标准化为基本内容，以技术标准、管理标准、作业标准和工作流程为基本依据的铁路建设项目标准化管理体系。随着大量新建高速铁路的开通运营，大量新技术、新设备的采用，对供电的需求和依赖越来越大，供电安全重要性日益凸显。接触网作为高速铁路的重要组成部分，正确组织联调联试期间接触网设备的运行、检修和作业，与各工种密切配合，应急处理突发事件则显得尤为关键。本文根据近几年我局牵引供电设备联调联试工作，结合《高速铁路牵引变电所安全工作规则》《高速铁路电力安全工作规则》《高速铁路接触网安全工作规则》《高速铁路供电调度规则》等相关文件规定，从停、送电标准化作业流程方面对调试期间施工作业进行了分析及安全管控措施研究。

2　现阶段联调联试概况

目前在调试期间，我局在联调联试现场指挥部设临时供电调度台，负责新建高速铁路供电设备各项工作，包括开关的操作、下达操作和作业命令、指挥供电设备故障抢修等工作，以及停、送电配合其他施工单位及与临时列车调度台、供电公司地调的联络工作。涉及既有营业线牵引所亭和接触网的停、送电由相关既有调度台负责。

调试期间各工种及施工单位涵盖较多，因此现场作业组人员及机具更是繁杂，严格有序的停、送电，是确保现场作业人员人身安全的重中之重。

3　现阶段联调联试期间高速铁路接触网停送电存在的安全风险分析

（1）运营期间高速铁路根据路局《接触网停电作业行车限制卡管理办法》，每个供电臂都有对应的行车限制卡，限制卡内明确规定了供电臂名称、停电起止里程、停电影响范围及检修地点、行车限制内容等，根据行车限制卡提报的施工计划，其停电范围、施工范围、作业地点等较为固定。调试期间因一些不确定因素，行车限制卡暂不能公布，每次提报的施工计划，停电范围、施工范围、影响范围都存在变化，在停送电前列车调度员、供电调度员须对施工计划进行详细的核对、确认。

（2）运营期间高速铁路施工作业单位为局管站段，其作业流程、作业标准比较统一，停送电签认手续由供电调度员与列车调度员直接办理。调试期间有较多非局管单位，其作业流程、作业标准与局管站段存在差异，作业机具、安全措施的撤除须共同确认，因此在停送电签认手续中须通知供电设备的施工主体单位共同签认。

（3）运营高速铁路接触网停送电，能够通过 SCADA 系统实现调度端远动操作，根据遥信、遥测信息确认开关设备状态。调试期间的部分所亭存在无法远动操作的情况，须经局供电调度员下令变电所当地进行操作,分合开关。

(4)运营高速铁路接触网停、送电作业时,一个施工计划一般只有一个作业组,由要令人通知现场验电后,向供电调度员汇报申请作业命令。调试期间一个施工计划,经常涉及多个作业组,这就需要在停、送电时确认供电施工单位、供电设备接管单位等作业组均消除作业命令后,方可停、送电。

(5)调试期间根据实验列车运行计划,施工日期存在跨日较多,停、送电供电臂不统一的情况,为防止误停、误送电,这就需要严格执行停送电签认手续、登销记管理及停送电标准化流程,确保人身作业安全。

4 联调联试期间高速铁路接触网停送电标准化作业流程的必要性

(1)标准化的作业流程可以使施工单位作业人员严格按照各项规章、文件、命令和安全管理进行作业,有利于供电设备接管单位与供电施工单位作业人员统一配合作业。

(2)明确《施工日计划》的填报方式,有利于施工主体单位按照统一格式填报,设备接管单位与施工主体单位共同确认停电范围、作业范围等内容。明确作业地点、影响范围,采取完备的安全措施。

(3)明确各施工单位在现场指挥部临时供电调度台的人员配置,确保停、送电作业时现场人员及时掌握线路上各供电臂的停电、带电情况,使停送电签认手续能够进一步保障现场人员的作业安全。

(4)通过标准化作业流程,使变电所值班员对远动操作与当地操作停送电方式的使用更为明确,减少因系统故障影响停送电的时间,确保开关分合到位。

5 联调联试接触网停、送电原则

(1)严格执行各项规章、文件、电报、命令和安全管理制度。

(2)掌握辖内牵引供电设备分布情况;掌握主要设备技术状态和变配电所电源及负荷情况;掌握辖内涉及牵引供电设备的施工作业情况;了解辖内列车运行情况。

(3)正确下达倒闸和作业命令,批准在供电设备上的停、送电作业。

(4)按规定与列车调度员、涉及的既有线供电调度员办理停、送电的联系和签认工作。

(5)掌握辖内各供电施工、设备管理单位及班组的值班情况。

(6)依据有关供电调度协议,接受供电公司的停、送电命令。当外部电源非正常时,迅速与电力部门联系处理。

(7)负责审核施工单位或配合施工的主体单位提报的施工作业配合停电项目(停电范围、安全措施等)。

6 调试期间供电人员配置

(1)相关供电施工单位应派若干名胜任的供电专业驻所联络员驻临时供电调度台,并实行24小时值班;同时选派胜任人员在新建牵引所(亭)电力变配电所值班。并在相关车站派驻胜任的驻站联络员,确保停、送电作业安全有序进行。

(2)相关建设、供电施工单位应参照《各局集团公司高速铁路施工(维修)驻所、驻站联络作业办法》等相关规定,做好驻所(站)联络员资格培训、日常管理、驻站联络等工作。驻所(站)联络员应经相关部门培训合格,取得相应资格后持证上岗,驻所(站)联络员作业中必须严格执行作业标准,密切监视、及时通报列车运行情况,加强与车站、供电调度员的联系,严禁擅自离岗,不得中途擅自换人。

(3)相关供电施工单位应按相关规定做好变配电值班员的资格培训、日常管理等工作。供电施工单位变配电值班员应由相应资格人员经过培训取得相应安全等级后持证上岗。值班过程中,值班人员应掌握设备状况,监视设备运行;按规定进行倒闸操作,做好作业地点的安全措施。

(4)供电设备接管单位应安排合格的变配电值班员驻新建牵引变电所、电力变(配)电所,与施工单位变配电值班员共同做好牵引变电所、电力变(配)电所供电设备的运行值班工作。相关供电设备接管单位应做好新建高铁联调联试期间接触网施工作业、配合施工作业的安全监督把关工作。

7 停、送电标准化作业流程

(1)新建牵引变电所、接触网停送电作业申请,应统一由供电设备的施工主体单位或配合供电设备停电的主体单位申报计划,并经供电设备接管单位审核同意。(联调联试停、送电影响已开通运营线路带电设备时,按集团公司营业线施工管理有关规定办理。)

(2)施工计划批准后,报集团公司供电调度员再次进行审核,确认无误后,供电设备的施工主体单位驻站联络员与集团公司供电调度员核对计划。(确认停电范围、影响范围、作业地点、作业内容、作业单位、需停电变电所供电臂、作业时间、计划号等内容。)

(3)集团公司供电调度员与列车调度员办理停电签认手续(签认中供电设备的施工主体单位驻所联络员应一同签认,确保现场与临时调度台对停电进程掌握一致),经列车调度员签认后,由集团公司供电调度员进行停电操作。

(4)停电操作完毕后确认开关位置正确。调试期间若SCADA系统不具备远动条件,由供电调度员向供电施工单位驻所联络员发布停电倒闸作业命令,相关所亭值班员应将停电后开关位置照片发至驻所联络员,待供电调度员与驻所联络员确认开关位置正确,现场验电无电后,方可发布接触网停电作业命令。(驻站联络员接到停电作业命令和列车调度员线路封锁命令后,通知工作领导人工作区段已停电、线路已封锁,可以安排人员进行验电、装设接地线,采取安全措施后方可开始施工作业。)

(5)施工作业结束,驻站联络员确认人员、机具、材料均已撤至安全地带且安全措施均已全部撤除后,向供电调度员消除作业命令。供电调度员与列车调度员、驻所联络员共同确认需送电供电臂所有作业组均已消除作业命令后,与列车调度员办理准许送电签认。

(6)送电操作完毕后确认开关位置正确。调试期间若SCADA系统不具备远动条件,由供电调度员向供电施工单位驻所联络员发布送电倒闸作业命令,相关所亭值班员应将送电后开关位置照片发至驻所联络员,待供电调度员与驻所联络员确认开关位置正确,现场验电有电后,方可与列车调度员办理恢复送电签认。

8 非正常情况接触网停、送电流程

(1)接触网故障处理时停、送电的流程。发现设备故障需要临时处理时,临时处理的主体单位应及时在相关车站行车室设驻站联络员,通过驻所联络员向集团公司供电调度员申请故障修,集团公司供电调度员向列车调度员申请。列车调度员同意后,按照第4条停、送电程序进行。

(2)非牵引供电设备故障,需接触网停电配合时停、送电执行流程。相关单位通过车站值班员向列车调度员申请停电,并说明准确地点公里标及支柱号,列车调度员同意后通知集团公司供电调度员,集团公司供电调度员通知驻所联络员,驻所联络员安排人员赶赴现场配合。其程序按照第4条停、送电程序进行。

9 停、送电安全防控措施

(1)供电设备的施工主体单位应按照已批复的施工日计划,提前拟定停、送电倒闸操作卡片,并送联调联试现场指挥部供电调度员审查签认。

(2)驻站联络员接到停电作业命令后,将该项作业所涉及的停电单元的内容完整地通知对应牵引变电所的变配电值班员,并记录通知时间、通知内容以及值班员的姓名。如作业涉及多个变电所停电时,应分别通知。

(3)接触网停电作业结束,人员、机具、材料全部撤除到安全距离以外、安全措施已经全部拆除,驻站联络员向供电调度员消除该项作业命令后,再通知变配电值班员该项作业已结束,同时记录通知时间、通知内容以及变配电值班员的姓名。

(4)如停电单元含有多个作业组时,供电调度员、列车调度员、驻所联络员均应确认所有作业组已销令,方可进行送电。

(5)所有牵引变电所、电力变(配)电所停送电作业工作均须按施工计划执行,施工计划必须严格按集团公司关于联调联试期间施工有关规定提报,并严格遵守登记、销记的规定。

10 结束语

本文以实用为主,突出流程管理、模板示范和标准要求,明晰流程、职责和标准,着力解决联调联试期间接触网停、送电安全风险卡控。秉承标准化管理理念，纵深铁路建设项目标准化体系发展，建立健全铁路局集团公司层面高速铁路联调联试标准化体系，助力我国高速铁路作业项目的标准化水平。

参考文献

[1] 中华人民共和国铁道部.高铁调度岗位及职责（铁运〔2011〕180号）[Z].北京：中华人民共和国铁道部，2011.
[2] 中国铁路总公司.高速铁路供电调度规则（铁总运〔2017〕12号）[Z].北京：中国铁路总公司，2017.
[3] 中国铁路济南局集团有限公司.关于印发济南铁路局高速铁路供电调度实施细则（济铁供发〔2017〕81号）[Z].济南：中国铁路济南局集团有限公司，2017.
[4] 中国铁路济南局集团有限公司.关于重新公布接触网停送电安全卡控管理办法补充要求（技教〔2015〕19号）[Z].济南：中国铁路济南局集团有限公司，2015.
[5] 中国铁路济南局集团有限公司.关于印发济南铁路局高速铁路接触网安全工作办法的通知（济铁供发〔2014〕451号）[Z].济南：中国铁路济南局集团有限公司，2014.
[6] 中国铁路济南局集团有限公司.关于印发济南铁路局高速铁路牵引变电所安全工作办法的通知（济铁供发〔2015〕236号）[Z].济南：中国铁路济南局集团有限公司，2015.
[7] 中国铁路总公司.高速铁路牵引变电所安全工作规则（铁总运〔2015〕48号）[Z].北京：中国铁路总公司，2015.
[8] 中国铁路济南局集团有限公司.高速铁路牵引变电设备故障抢修办法（供变函〔2018〕190号）[Z].济南：中国铁路济南局集团有限公司，2018.
[9] 中国国家铁路集团有限公司调度中心.铁路供电调度标准化作业办法（调工电函〔2020〕74号）[Z].北京：中国国家铁路集团有限公司，2020.

作者简介

郑广金，中国铁路济南局集团有限公司调度所供电调度室，工程师供电调度员。

优化职能分工强化环节管控多措并举规范施工管理

孟静涛

摘　要：段管施工是安全管控工作的关键点，其安全工作受诸多因素影响，如何规范管理必须引起高度重视。本文针对供电施工存在的问题进行深度分析，从整章建制、优化职能分工、源头防控、精准管控等多方面提出规范施工管理的相关措施。

段管施工作业是各段"砸锅惹祸"的安全关键。由于供电施工点多线长、施工工期长、专业交叉多、施工队伍素质参差不齐、现场作业不可控因素诸多，稍有疏忽极易干扰运输秩序、发生触碰安全红线的问题，更甚者造成铁路交通事故。通过对近期发生的段管施工典型问题进行分析，查明深层次管理原因，研究细化防控措施，进一步提升供电施工安全管理水平。

1　近期段管工程存在的主要问题

截至 2022 年 9 月，供电系统共接集团公司施工类发书 147 张，如图 1 所示，涉及部门职能不清 13 张，占问题总数的 9%；管控流程设置不优 18 张，占问题总数的 12%；违反施工方案、计划问题 34 张，占问题总数的 23%；邻近营业线施工监控不到位 53 张，占问题总数的 36%；安全风险管理不细不实 29 张，占问题总数的 20%。

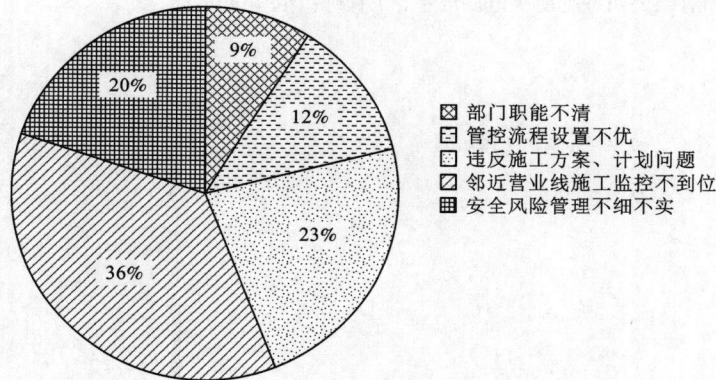

图1　存在的主要问题比例图

1.1　部门职能不清

表现为段管工程按照专业由相关技术科进行管理，从设计、方案审核、施工组织、过程控制、验收都由一个部门负责，没有结合段相关部门职责进行优化，无法发挥部门合力，缺乏有效监督，不能做到多部门、多环节控制。

1.2　流程设置不优

对段管工程前、中、后期各阶段实施细节不明确，如涉及的阶段资料不完善，各环节实施期限不明，造成管理层面施工组织运行不畅、执行层面主动管理意识不强、职工现场监控质量不高等问题，距离精细化管理还存在较大差距。

1.3　施工组织不精

一是施工方案编制、审核把关不严，如施工日方案与现场实际不符，特殊处所供电设备改造后方案未及时进行设计变更，未及时对供电分段示意图和供电单元行车限制卡内容变化进行修改等。二是施工计划管理不到位,如施工日计划编制、审核、提报存在错误,计划未按规定时间上报,现场组织与批准的计划不符等。

1.4　监控质效不高

一是施工单位监督日计划提报混乱,造成监督防护投入过大且实效不高。车间主体作用发挥不到位,未与施工单位建立对接协调机制,施工日计划审核不到位,造成大量不必要的监督防护要求。二是监控质效发挥不突出。如对起重吊装、跨越架搭设等存在安全稳定性隐患的关键作业,存在管理人员不带班、未持证上岗、"一机一人"防护不落实、作业人员不按规定佩戴劳动保护用品等问题。三是科技保安全手段不优。未对危及接触网运行安全和供电专业隐蔽设施等重点施工区段安装视频监控装置,无法实现实时、不间断监护。

1.5　风险管控不实

一是安全风险研判不细,如安全风险研判与现场实际不符,风险项点存在漏项,风险名称表述不准确,风险等级确定不合理,管控措施缺乏针对性。二是安全风险管控不实,如安全风险管控"责任到人、包保到岗"工作要求落实不到位,部分管控人员未掌握自己管控的安全风险及措施,高风险作业时段管控人员不按规定到岗到位实施盯控等。

2　问题原因分析

2.1　接合部较多,无法发挥合力

未明确段各部门(车间)在工程管理各环节中的职责关系,未对施工全过程关键部分、分项工程的安全监督防护要求进行细化,无法发挥多部门联动的效果,距离段管工程标准化规范化的要求还存在较大差距。

2.2　流程不清晰,组织管理粗放

未明确工程实施中各阶段的工作流程和工程项目全寿命周期安全风险研判管控的关键项点,在过程控制中没有将责任传递压实到流程涉及的每一个人员,施工组织距离标准化规范化的要求还存在较大差距。各级管理人员未进行全员培训补强,施工安全主动管理意识缺失,对施工(检修)安全管理规章制度理解不深、运用不熟,施工安全风险管控意识和履职能力还须进一步增强。

2.3　方案不严谨,缺乏精准性

现场调查人员未对施工区域、邻近施工区域供电设备进行细致调查,施工单位对施工日方案、日计划管理不重视,专业管理人员能力素质不高,方案、计划编制质量差,内部审核把关流于形式;车间对营业线施工管理规定不熟悉、未掌握,对施工日方案、日计划审核走过场;段对施工日计划管理制度不完善,审核流程不明确,把关责任不落实。

2.4　信息不通畅,管控效果差

设备管理单位未与施工单位建立有效的沟通、协调、管控机制,责任车间未发挥主体作用,不能有效卡控监督日计划上报的源头关,未对下周日计划提前对接,明确安全监控重点及方式方法,造成现场监督检查人员不能精准掌握施工项目和作业内容,也未加强视频监控等科技辅助手段的应用,从而无法及时发现施工存在的安全问题,造成监督防护投入过大且实效不高。

2.5　盯控不落实,研判不落地

施工类别的多样性导致风险和隐患的复杂性,在预防机制推进过程中风险研判人员更多的是纸上谈兵,对现场情况摸不透,只是针对施工方案进行风险和隐患的梳理,不能切实地找出现场真正潜在的风险及隐患。制度建设不完善,过程管理考核不严格,精准考核问责待实现。《安全责任经济考核办法》未明确各类履职不力情况的考核依据、标准,不能找准安全信息背后深层次的管理原因,应突出对管理人员的靶向考核,从而督促管理人员提升责任意识、规范日常履职。

3　采取的措施及建议

3.1　整章建制,规范工程管理

(1)修订完善办法,明晰管理职责和流程。一是重新修订段工程管理办法,明晰各部门(车间)工程管

理主体责任以及专业管理、监督管理、教育培训等职责,减少接合部问题。二是将段管工程分为四大类(技术改造项目、大修项目、段自主实施工程、委外项目),通过类别的明确划分,细化制订每一类别的技术指导和规章制度。同时将施工过程细分为三个阶段,前期阶段3项工作(项目前期、项目设计、项目立项),实施阶段9项工作(施工交底、施工预算、委外项目、施工组织设计、物资需求、开工条件确认、施工过程控制、设计变更、完工自验),后期阶段6项工作(竣工验收,割接送电,激励约束考核,工程款收支,项目决、核算,施工提成清算),并明确相关工作流程及要求。三是健全安全隐患奖惩激励机制。重新修订段干部、职工奖惩办法等相关条款,现场检查的问题对标考核,加大发现和防止安全事故隐患的奖励。同时通过周期性验收对段管内完成的优质工程项目进行精准奖励,提升项目负责人及技术人员敬业爱岗、主动担当安全责任意识。

(2)全员培训补强,提升管理履职能力。一是找准问题,补强短板。针对段管施工执行过程中存在的"施工与检修""施工方案与施工预案""施工协调小组与施工负责人、盯控把关人员""天窗与点外作业""驻站行车防护与停送电登销记"等管理规章概念不清、运用混淆等问题,深刻认识敬畏规章、执行标准、夯实基础的重要性,组织制订针对性的全员培训考核计划,着力补强短板。二是分专业开展培训补强。在管理层、作业层分接触网、电力、变电三个专业开展理论和典型案例补强培训,通过技术夜校、干部领学、集中学习等方式,组织干部职工定期学习和对照执行,提升现场作业和施工监控检查的针对性。

3.2 源头防控,规范计划落实

(1)强化施工方案源头控制。参加施工现场联合调查人员要对施工区域、邻近施工区域供电设备进行全面细致的调查确认,结合施工单位施工内容、施工方案、施工机械使用等情况,对供电设备影响情况进行充分研判,对施工过程中影响或可能影响供电设备安全运行的填写在《施工现场联合调查记录》中,对于Ⅰ、Ⅱ级施工项目及接触网整锚段更换接触线、承力索、附加线索等重点施工项目采取会议审查方式,其他营业线施工项目采用书面审查,加强施工方案的源头控制。

(2)严格施工日计划落实。每月根据集团公司月度施工计划,梳理、确定管内邻近营业线施工项目,提前三天与施工单位现场对接,审定通知单内容与最终的施工方案及批复的施工计划一致后,方可签订"施工配合通知单",确保计划落实到位。

3.3 周期对接,实现精准管控

(1)建立每周对接协调机制。针对外部施工单位监督日计划提报混乱,造成监督防护投入过大且实效不高的问题,建立每周对接协调机制,发挥设备管理车间主体作用,由车间每周组织施工单位召开施工计划协调会,有效卡控监督日计划上报的源头关。在营业线(邻近营业线)施工月度监督计划的基础上,对施工单位下周拟申报的施工日计划逐条进行沟通确认,剔除大量不必要的监督防护要求,优化人力资源投入。

(2)建立邻近营业线检查清单制度,精准制订安全管控措施。一是利用周对接协调会议,全面总结上周施工安全管理情况,落实问题整改和改进措施。二是适时对接明确下周日计划施工内容、大型机械运用、对管内供电设备影响程度等内容,制订检查清单,明确安全监控重点及方式方法,精准制订防护监控措施,减少因日常交底不明确、监控人员不清楚现场监控重点等问题的发生,确保施工范围内供电设备安全稳定运行。

(3)加大视频监控技防措施运用。一是对营业线(邻近营业线)施工处所必须要求施工单位按规定加装视频监控装置,视频监控装置应对施工范围进行全覆盖、无死角监控。二是施工处所安装的视频监控装置应具备远程实时功能,接入段生产调度指挥中心。三是建立视频监控装置对施工动态进行巡查的管理制度,明确巡查人员、巡查周期、信息反馈、干部检查量化标准等,确保施工现场作业有序可控。

3.4 定期通报,强化安全风险管控

(1)做实安全双机制建设。一是做实风险研判。严格落实安全风险"周研判、日盯控"制度和"责任到人、包保到岗"工作要求,每周组织研判安全风险,制订管控措施,逐级明确管控人员,落实风险管控责任。二是做实隐患排查。定期组织平推检查、专项排查,做到全项目、全过程、全覆盖的隐患排查,并对检查发现的隐患问题实行分级挂牌督办,实施销号闭环管理,防止隐患问题长期存在。

(2)强化问题通报考核追责。一是将现场施工安全管理情况纳入每日调度交班内容,典型问题纳入每

日安全信息进行追踪分析。二是每周对施工安全检查情况进行对话分析,在全段范围内总结推广。三是每月安全例会、各专业月度运行检修会议进行专题通报,明确整改措施和下月施工安全管控重点。四是每季度公布一期施工安全专题通报,针对问题对标考核,所有问题纳入安全管理排序、标准化规范化考评考核,构成事故险情或责任故障的纳入安全生产过程履职督查进行严肃追责问责。

　　以上是笔者对段管施工管理的调研和分析,下一步将继续总结探索更为有效的管控措施,建立更为完善的施工管理长效机制,牢牢拧紧施工安全的"管控螺丝",确保供电施工安全可控。

参考文献

[1] 中华人民共和国铁道部.铁路电力管理规则和铁路电力安全工作规程[M].北京:中国铁道出版社,1999.
[2] 中国铁路总公司.铁路电力安全工作规程补充规定[M].北京:中国铁道出版社,2015.
[3] 中国铁路济南局集团有限公司.铁路营业线施工管理实施细则:济铁施工[2021]186号[S].济南:中国铁路济南局集团有限公司,2021.
[4] 中国铁路济南局集团有限公司.供电系统营业线施工管理细化办法:济铁供[2022]68号[S].济南:中国铁路济南局集团有限公司,2022.

作者简介

孟静涛,中国铁路济南局集团有限公司济南供电段电力技术科,科长、工程师。

重载铁路牵引供电安全检测监测系统应用现状及展望

杨　旺

摘　要：本文基于普速铁路供电安全检测监测系统（简称6C系统）中各装置的主要检测功能等特点，首先，结合重载铁路运输管理和维护需求，对各6C检测监测装置的部署位置、主要检测项点等应用管理进行了简要概述；其次，简要介绍了6C系统在重载铁路管理中，对供电设备运行状态的综合检测分析应用情况；最后，浅析当前6C系统的应用的不足及未来优化方向。

1　引言

随着我国经济的快速发展，重载铁路的运输能力不断提升，对铁路牵引供电设备的稳定性、可靠性和安全性提出了更高的要求。基于目前重载铁路的运输管理特点，在普速铁路供电安全检测监测系统（以下简称6C系统）发展的基础上，需要不断优化完善适用于重载铁路供电设备管理的6C系统，包括完善设备配置、提升系统功能、提高人员素质以及加强管理能力等方面，用于逐步代替传统的人工巡视、检测，减少上线作业的人身安全风险，提高设备检测分析质量。

通过6C系统，对供电安全检测监测数据进行采集、存储、分析、趋势判断等，实现了供电设备运行状态的综合分析，提高了工作效率和设备管理质量，保证了各层级能够及时掌握供电线路异常缺陷的变化趋势。

2　重载铁路6C系统的简介

6C系统主要检测功能包括接触网设备运行状态、接触网几何参数、弓网运行状态和其他特殊情况等进行定期或实时检测监测。6C系统还可以通过对各个子系统的检测数据融合、信息共享，实现不同维度的检测数据横向和纵向对比，对检测到的缺陷进行综合分析，指明设备现有的隐患，深度分析问题产生的原因，研判设备未来的运行状态，提出整治预防的有效方法，为检修计划提出科学有力的指导意见。

根据检测设备的数据采集分析周期，可以将6C系统分为两类：①固定检测周期的装置，包括1C、2C、4C系统装置；②实时在线监测的装置，包括3C、5C、6C系统装置。

根据检测设备安装部署位置，可以将6C系统分为两类：①固定安装于机车车体上，随车进行动态检测装置，包括1C、2C、3C、4C系统装置；②固定安装于地面进行定点监测，包括5C、6C系统装置。

2.1　1C-弓网综合检测装置

1C装置（图1）安装于国铁集团或集团公司的综合检测车车体之上，对接触网动态运行参数，如接触线导高、动态拉出值、硬点、弓网接触力、燃弧、网压及弓网受流性能等技术数据进行实速检测。

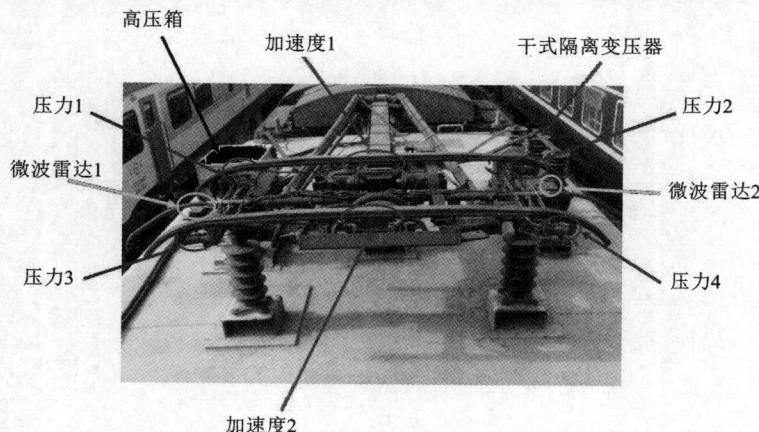

图1　1C系统装置分布图

1C 装置可以在受电弓与接触网接触或非接触、接触网带电或不带电的情况下，对接触网动态或静态参数进行检测，并将相关基础信息与检测数据逐一对应，检测结果存储于硬盘当中。

2.2　2C-接触网安全巡检装置

2C 装置是一种便携式图像采集设备(图2)，由检测人员携带临时安放在机车司机作业台上，对接触网整体运行状态和周边运行环境进行视频数据的采集。

2C 装置一般按照运营里程每 150 km 配置 1 台。考虑到重载铁路线路长、运输任务繁重、列车时刻不固定等现状，需要增配 2C 装置完成重载线路的检测，以增加检测覆盖面、确保检测的时效性和数据的准确度。

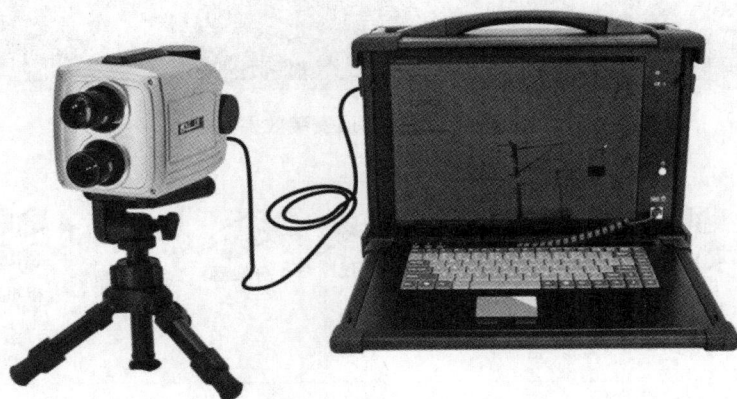

图 2　2C 装置实物图

2.3　3C-车载接触网运行状态检测装置

3C 装置(图3)是加装于机车车顶之上，对弓网运行状态和接触网运行状态进行实时在线检测监测的装置。通过红外成像、图像识别、视频处理、传感测量等技术，实时在线检测接触网动态运行状态下的几何参数，监测弓网运行当中电气回路的温度状态，及时发现受电弓和接触网的设备缺陷及故障隐患等信息。

3C 装置的配置原则上要满足管内电气化线路全覆盖检测。基于重载线路的枢纽地区站场大、开行列车多的特点，应适当增加 3C 装置的配置数量，以增加重载线路特别是枢纽站区的线路检测覆盖面，弥补 1C、2C、4C 的检测盲区。

(a)车顶护罩图　　　　　　　　(b)车内主机部分结构图

图 3　3C 设备实物图

2.4　4C-接触网悬挂状态检测监测装置

4C 装置安装在接触网综合检测车或接触网作业车上，对接触网悬挂系统中各零部件的状态进行高精度成像检测。4C 装置往往和 1C 装置联合进行检测，通过高清成像对接触网的结构状态实现准确监测，从而指导接触网的状态检修，消除故障隐患。其主要系统结构如图4、图5所示。

4C 装置每个供电段配置 1 套，安装在接触网作业车上，段的 4C 检测更侧重于站场侧线、联络线、专用线等线路的检测，与集团公司检测车 4C 检测形成数据互补。

图4 4C装置车顶安装效果图

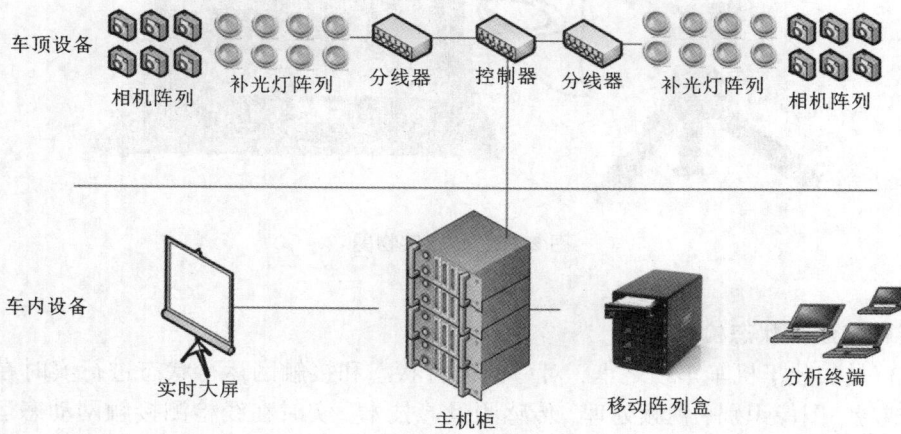

图5 4C系统结构图

2.5 5C-受电弓滑板监测装置

5C装置主要安装在车站、车站咽喉区、列车出入库或者局段界等处(图6)。主要用于监测受电弓碳滑板的运行状态,以及滑板是否异常。5C监测数据通常与3C监测数据关联分析,能够快速精准定位到故障车号、故障位置,方便快捷查找并消除弓网设备隐患。

图6 5C设备实物图

2.6 6C-变电设备运行状态监测装置

6C变电设备运行状态监测装置(图7)具备高清成像和红外成像等功能,安装于变电站内合适位置,可全方位、全时段视频监控变电设备系统的运行状态,并实时传输报警信息,方便工作人员快速制订维护检修计划。

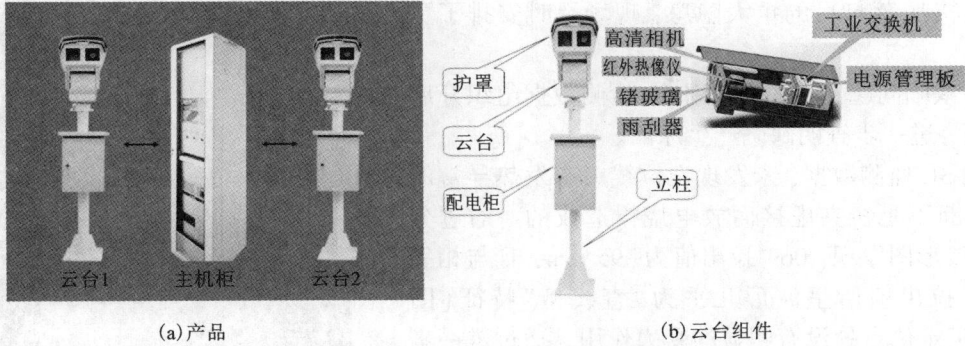

图7　6C变电设备运行状态监测装置

2.7　6C系统综合数据处理中心

6C系统综合数据处理中心通过系统化管理，实现检测数据的集中分析、关联分析、趋势分析，真正通过大数据应用对铁路牵引供电设备的状态监测、变化趋势和运行周期进行精准化管理。6C系统综合数据处理中心具有数据交互、关联分析、趋势判断和结果展示功能，能够在线实时监测供电设备工作状态，提前感知异常或缺陷，为供电设备运行维修提供有力支持。

6C系统综合数据处理中心包含了数据检测系统和数据处理系统，真正实现了1C-6C设备分散数据的集成，实现了彼此之间数据互通、数据融合，使得接触网或弓网系统设备消缺、状态预判更加准确和灵活。同时在管理方面不仅组织性强，目标明确，工作细化，且根据实际情况从多方面确保6C系统的正常运作，信息及时流转。

为了不断适应多变的现场设备和铁路供电管理的需求，6C系统也在不断改进与升级，逐渐成为一套集智能识别、深度分析、信息管理于一体的电气化铁路智能管理系统，多维度开展故障缺陷分析，并根据数据分析指导制订设备检修计划，切实可靠地完成了从数据采集、数据分析、现场核实、改进处理到信息传递的闭环式管理模式，使得6C系统检测监测发挥更大效力。

3　6C综合分析应用

重载铁路中接触网设备的磨损、烧伤等问题发生的概率相对更大，加之外部运行环境的影响，更进一步缩短了设备运行的寿命周期，需要更精细化、精准化的预防检修。通过6C系统综合分析，能够及时发现供电设备运行当中存在的隐患问题，提前做好研判预防。

2022年3月，检测分析人员在对某重载线路的4C图像数据进行分析时发现，某区间的069#定位器线夹与定位器销钉处的间隙异常，疑似有脱开风险，需要现场进一步核实检查(图8)。

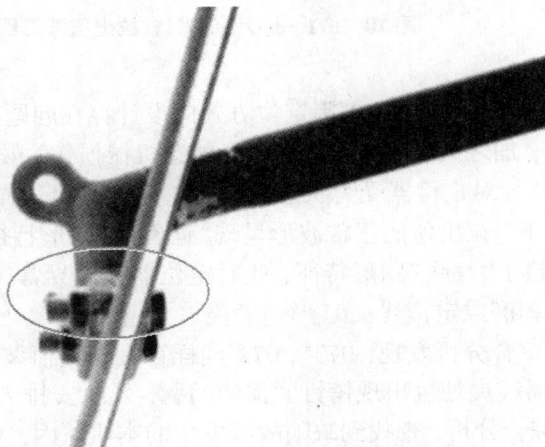

图8　某重载线路069#4C分析图像

经供电车间现场检查确认，069#定位器销钉磨损严重，存在定位器线夹脱落打弓的重大隐患，现场及时安排了更换(图9)。

针对这一缺陷问题，供电段利用 6C 检测数据组织开展缺陷综合分析，进一步查明缺陷产生原因。

通过查阅 3C 监测数据，未发现定位线夹有发热异常的问题，初步判断不是线夹虚接而放电烧损造成的。通过分析 1C 拉出值波形图发现：069#拉出值为 -95 mm，且与相邻的 067#、071#拉出值所呈波形几乎为"直线型"特征(图10)，说明 069#定位点处没有明显的受力作用。通过进一步现场调查发现：该处线路为直线区段，正常情况下每一处定位点的拉出值都应呈现明显的"之字形"特征。而 071#、069#均为正定位方式，067#为反定位方式，位于中间的 069#拉出值设计值为 0 mm，这样的定位设计方式使得 069#定位点处无"之字力"，极易造成 069#定位器磨损。同时，该区段位于山谷间大桥上，大风、列车通过、会车时均会造成线索舞动幅度较大，如果定位器不受力或受力较小，长期受风力作用会造成定位器各连接部件活动或晃动更加剧烈，加速零部件磨损。

图 9　069# 现场缺陷

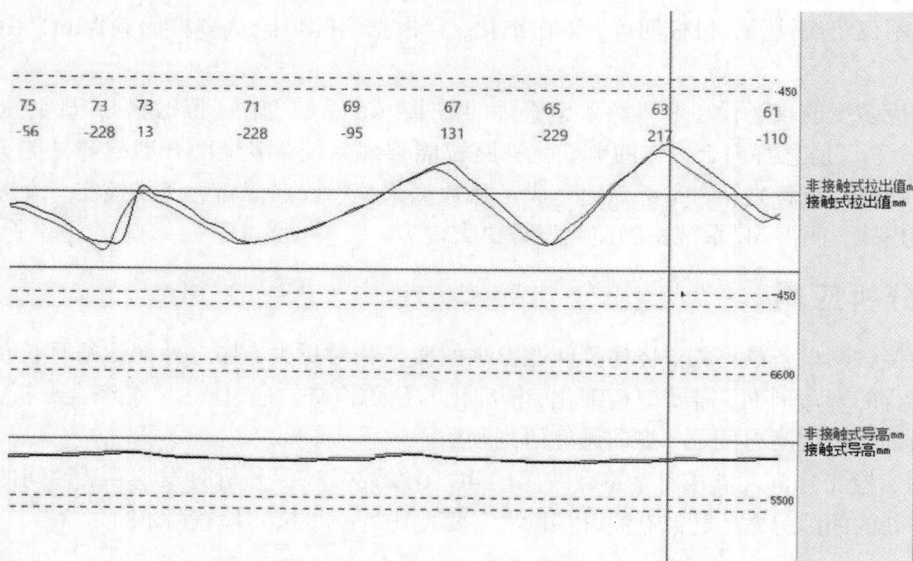

图 10　071#-069#-067#1C 拉出值波形图

综合上述 6C 分析情况可以得出，069#因定位方式的设计存在问题，造成定位器不受力，在长期运行中导致定位器线夹销钉磨损，加之大风影响线索舞动，加速机械损伤，最终导致缺陷的产生。

基于上述 1C 拉出值特征对定位器受力状态的分析，可以得出这样一种检测分析诊断方法：直线区段的接触线在定位器的作用下，拉出值的正常波形呈现"锯齿型"图形特征；若拉出值波形异常，表现为连续 3 个定位点的拉出值波形趋于"直线"图形特征，此时定位器受力异常，包括不受力或受力小，在长期运营中可能导致定位器与底座相磨或定位线夹 U 形销磨损。

按照这一规律进一步综合分析发现，073#、072#同样存在拉出值波形图趋于"直线"的特征。经现场检查核实 073#、072#的定位器线夹处也出现销钉磨损的问题，及时安排天窗更换，调整拉出值至满足技术标准。通过 6C 检测数据的综合分析，查找到缺陷故障发生的本质原因，高效地指导制定设备检修方案，切实保障重载线路的设备运行稳定。

4　6C 系统现状问题

6C 系统设备应用至今，虽然技术有所提升，但是就目前在检测运用管理过程中的实际情况来看，还存在一些不足之处。

（1）1C、3C 的基础检测数据存在质量问题，比如部分区段同一位置的接触网几何参数检测数据，同点对比和历史对比数据波动过大，个别支柱存在定位错位、遗漏、数据遗失等问题。

（2）由于 2C、4C 设备是固定架设，一般不能随意调整拍摄角度，如遇经过暗光隧道或逆光行驶时会导致曝光过大，并且会出现由于角度问题拍摄不到有效图像、漏拍、图像质量不清晰等问题，会导致拍摄结果容易被误判。

（3）近年来重载线路的供电设备升级改造较多，基础数据信息更改较频繁。目前的 6C 系统如果无基础数据，则无法显示当前位置、站场、区间等关键定位信息，没有实现自动识别并生成、修订线路基础信息的功能。

（4）重载线路设备多且复杂，2C 检测数据量较大，在做分析复核时，需要消耗大量的人力、时间，但与之相应的 2C 智能识别技术尚不成熟，无法代替人工分析。

（5）3C 设备检测时在锚段关节、线岔处因为非工作支原因，容易造成定位混乱、误报，硬点缺陷通过视频观测无法明确具体产生原因。

（6）无论是车载还是地面设备在对重载线路检测时，由于一次检测的数据量大，在视频图像拍摄、数据传输和处理上，耗时较长，容易产生应用时效性差问题。

（7）部分牵引变电所的位置较为偏远，无线通信网络不稳定，也可能导致变电 6C 的检测数据无法回传等风险。

另外，目前 6C 系统关于接触网设备的全面健康监测预防管理体系还未成型，主动预警预测功能不多，需要进一步投入研发精力，向主动型和智能化管理体系发展。

5　6C 系统的优化

为确保重载铁路安全、高效、稳定的运营环境，检测设备硬件设施维护与升级应当不断完善，在我国现有铁路成熟的技术装备基础上，还需要兼顾新技术的研发与应用，特别是 AI 智能技术的推广，不断提高工艺技术，严格把关设备生产精度，从根本上降低设备数据采集误差。

同时，可以拓展 6C 系统功能，在积累大量 6C 设备检测数据后，针对不同线路特性深度挖掘智能模块的开发，系统性优化 AI 智能识别技术，实现状态检测、设备变化趋势拟合，完成智能诊断和故障预测，并及时给出预警和建议，最终构建成一套成熟的、适应我国重载铁路的一体化智能综合管理系统。该系统不仅可以实时关注接触网系统及周边环境的健康状态，亦可以实现周期化设备状态观测、生成周期分析报告、研判设备发展趋势。

6　结论

随着我国铁路交通的发展与普及，对牵引供电系统的要求也相应迈入更高的台阶，现代化的检测设备、先进的检测技术和完善的管理制度在电气化铁路系统中发挥着不可替代的作用。为了更加高效快捷地解决接触网系统故障，需要充分了解故障或者设备异常的原因，结合实际情况制订出检修策略，或者针对未造成严重问题的异常状态，制订对应的预防措施。而 6C 系统实现了数据互通、集中处理、平台统一、强化数据分析应用，保障了铁路牵引供电系统的安全运行，推动了智能分析研究工作，提高了接触网系统维修工作效率。

参考文献

［1］郑若忠，王洪武.电子计算机软件数据库原理方法［M］.长沙：湖南科学技术出版社，1983.

［2］国家铁路局.高速铁路接触网运行维修规则（铁总运〔2015〕362 号）［Z］.北京：国家铁路局，2015.

[3] 国家铁路局.铁路供电安全检测监测(6C 系统)系统总体技术规范(铁运〔2012〕136 号)[Z].北京:国家铁路局,2012.

[4] 张发明,于小坤,宋超,等.城市轨道交通供电系统智能运维的设计与实现[J].设备管理与维修,2019.

[5] 李耀云,高英杰,张文雍.高速铁路供电安全检测监测系统(6C 系统)分析方法探讨[J].电气化铁道,2019.

[6] 王键波.地铁供电系统智能设备与智能运维研究[J].智能城市,2020.

[7] 刘航.高速铁路牵引供电系统状态检测与维修决策优化[D].成都:西南交通大学,2016.

作者简介

杨旺,大秦铁路股份有限公司大同西供电段,工程师。

探讨哈尔滨铁路局供电系统构建一体化安全管理体系

苏志鑫　黄远生

摘　要：供电处自 2011 年成立以来，作为机关专业管理部门，一直秉承着"服务、指导、督促、承责"的专业安全管理思维，紧紧围绕为运输生产提供可靠供电保障这一主责主业，着力夯基础、补短板、控关键、强管理，突出供电专业职业行为安全特征，牢固树立"人民至上、生命至上""安全是铁路的政治红线和职业底线""确保高铁和旅客列车安全万无一失"等安全理念，形成"培养勇于担当的大局意识、激励严谨求实的敬业态度、哺育甘于奉献的团队精神、弘扬传承发展的专业情怀"供电安全文化，坚定供电人固守边陲、爱岗敬业的职业素养，保持供电安全稳定良好态势。

1　安全理念及管理思维主要做法

（1）"以人为本、生命至上"理念贯穿作业过程始终。针对供电系统"二难"（即点多线长难管理、作业分散难控制）、"四高"（即高空、高压、高速、高寒）特点，将"防御式"被动安全管理向"攻防式"主动管理转变。一是组织各段建立职工思想教育基地、案例警示教育馆，坚持新职人员由段长上"安全首课"，常态化开展安全形势任务宣讲及事故案例警示教育，提高干部职工敬畏生命、敬畏职责、敬畏规章的安全认识和安全觉悟。二是突出确保高铁、人身、作业车三大安全主线，积极与国铁集团及集团公司相关部门协调，为基层解决劳动保护、安全用具配置、试验标准，为各段配属检修列、多平台作业车等先进工装，减小现场作业难度，提高劳动安全和作业安全保障。三是常态化开展干部职工对规对标活动，推动专业管理"下沉"，通过现场检查监督规范干部安全管理行为，督促职工遵章守纪、行动自觉，实现"要我安全"到"我要安全"的行为转变，近十年来仅发生 1 件责任人死亡事故，与前十年相比减少 6 件。

（2）"定期检测、重检慎修"理念贯穿设备质量控制。以运行为核心，以检测为手段，以维修为基础，以质量验收为保障，通过落实设备检修管理职责、完善设备质量监控手段，实现设备质量和运行管理的全过程控制。一是围绕"一套机制、两个核心、两项制度、五个基础"、一套机制是指建立运检修验"四位一体"设备质量保障体系运作评价与管理考核机制；两个核心是指设备质量和缺陷整治；两项制度是指记名制度和责任追究制度；五个基础是指健全设备履历、明确职责分工、确立工作流程及标准、动态完善岗位作业指导书、人员素质达标。二是按接触网、变电、电力、作业车四个专业自主研发了数字供电管理信息管理系统，解决了以往巡视检修不按周期执行、问题库管理不规范、设备缺陷不及时整治等突出问题，做到数据共享、管理闭环，实现生产过程可跟踪、管理责任可追溯。三是不断提升 6C 检测监测数据分析能力，精准定位设备隐患，超前预警衰变趋势，为精准维修提供了有力技术支撑，逐步实施预防性状态修。拓展无人机检测手段，降低了上线作业的风险，减少了单项设备检查的压力。

（3）"预防为主、超前防控"理念贯穿安全风险管控。贯彻"安全第一、预防为主、综合治理"安全生产方针，坚持目标导向、问题导向、基础导向，坚持风险优先、系统分析、全员参与和持续改进原则，注重综合施策、着力科学管理，构建人防、物防、技防"三位一体"安全保障体系。一是深入贯彻落实"安全法"，梳理完善供电安全责任体系和制度体系，全员修订岗位安全职责，建立供电安全管理制度目录清单。二是落实"关口前移，应急有序"要求，遵循"先通后复，先通一线"的抢修原则，把确保行车供电秩序放在应急处置的首位。分设备、分区段、分类型修订应急预案、细化抢修流程，探索完善与其他专业间的应急联动机制，提高突发事件信息共享、协同联动应对能力和反应速度。三是研究掌握季节性安全生产规律和设备变化特点，超前准备机具材料，细化控制措施，开展隐患排查，春季防春融、防大风、防异物，夏季防洪水、防雷害，秋季防树害、防污闪，冬季防冰雪、防渗漏。针对异物影响较大的隐患，常态化开展路外环境安全综合治理，及时启动双段长联系机制，减少对运输秩序的干扰。四是突出关键环节，抓好生产组织过程管控。完善施工管理流程和安全卡控关键措施，规范停送电倒闸、上线作业防护等关键作业标准，形成"责任共担、安全共保"的良好态势。

（4）"优化组织、改革创新"理念贯穿供电转型发展。自 2012 年京哈高铁开通运营以来，供电专业电化转型进入新时代，在安全意识增强、管理理念转变、专业管理提升上责任更重、压力更大。一是按照"巡检保养属地化、修理试验专业化、运行值班无人化"原则，不断优化生产组织机构，按"运检维"分开设置接触网运行、检修、检测车间，电力车间从 42 个减少到 25 个，撤并 40%；电力班组从 192 个减少到 134 个，撤并 30%；值班点撤销 33 个。作业车实施机务化管理，牵引变电与电力专业实现融合发展。二是强化段级集中管控能力建设，组建供电段生产调度指挥（管控）中心，电力远动及生产调度集中控制系统投入运行，通过数字供电、数字哈局、移动视频监控系统等技术手段实时视频监控。三是 6C 检测监测装置基本配置到位，局、段两级数据分析中心作用发挥较好，2C 检测替代了人工步行巡检，全面检查周期由原来的 1 年延长为 3 年，2021 年集中修占比 83%。

（5）引导各供电段形成特色企业安全文化。组织各段准确把握系统特性与地源特征，提炼沉淀富有特色的供电企业文化，激发广大干部职工爱岗敬业的热情。

2　安全理念及管理思维存在的不足

（1）安全管理理念系统研究不足。供电部在系统安全文化建设内涵上探索不深入，理解不到位，缺少系统性、前瞻性的思考，顶层设计和思路方法不明晰、不准确，在创造共享、共为的安全价值观、规范职工职业道德和行为理念、实现自上而下的工作贯穿，推动供电系统安全文化理念全方位布局、立体化推进方面还有待加强。

（2）安全思想教育效果差强人意。安全文化教育形式、方法多于宣讲、学习，宣传教育通常采取照抄照搬、照本宣科、单纯读原文方式，缺乏创新思维和方法，吸引力、感染力不强，与实际工作结合不够紧密，有时简单贴贴标语、搞搞宣传了事，职工的思想问题不能得到及时的解决，致使宣传教育流于形式，达不到预期的效果。

（3）安全文化品牌宣传不够。先进典型没有打造出叫得响的品牌，随意性大，存在为了完成任务而宣传，典型模范缺乏持久性，不注重动态引导激励机制。典型作用的辐射性不大，比学赶帮超氛围不浓。

3　安全理念及管理思维下一步工作思路

（1）正确理解安全管理理念内涵。以安全管理理念的渗透力、影响力和导向力，引导铁路的干部职工树立正确的安全观，以先进安全文化为核心，把文化内涵和思想意识展现到规章制度建设、安全责任体系建设、职工队伍建设、供电设备质量保障等各个方面，通过现场实践不断创新、完善符合供电特点的安全理念。努力实现安全文化环境建设、安全管理机制建设和安全意识形态建设三个层面的有机统一。

（2）不断拓展安全思想教育形式。通过网上答题赛、安全小故事分享会、安全技能公开课等形式激发学习兴趣，鼓励职工张开嘴、动起手；运用讲座视频、安全挂图、微信公众号等方式丰富学习载体，有效利用职工的碎片时间。在务求实效、深入人心上用心做文章，强化干部职工安全职业道德和遵章守纪行为，将"安全第一、安全责任重于泰山"的意识牢筑于心，把思想和行动集中到严格安全管理、落实作业标准、强化设备质量、确保现实安全上来。

（3）大力开展安全品牌创建活动。及时总结一线确保安全生产的经验做法，不断挖掘干部职工安全生产、服务运输、服务社会典型事迹，大力弘扬劳模精神、工匠精神，打造一批立得住、叫得响的供电安全品牌，营造学习先进、争当先进、共保安全氛围，示范引领体现安全文化建设成果。

4　安全管理体系、制度建设主要工作

（1）以明责立标为先导，规范健全安全管理体系。供电部以"管理有规范、作业有标准、应急有预案、行为有准则"为目标，对照集团公司《安全管理体系文件梳理对照表》中 10 个子体系、47 个模块，梳理完善 84 个系统规章制度办法，努力构建全面、全员、全过程的安全管理控制体系。

（2）以过程控制为重点，切实发挥专业管理作用。坚持"管生产必须管安全"，时刻保持对安全的高度

敬畏感,把安全作为第一职责,动态修订安全职责和工作流程,加强技术管理和设备管理,及时分析评估安全管理态势,加强对生产一线的检查指导和重点帮促。以"对规对标"为抓手,下移专业管理重心,深入一线、查帮结合,发现、分析和解决安全问题,把有限的专业力量投入到现场安全关键环节控制。落实安全风险管控和安全隐患排查治理双重预防机制,动态开展安全风险研判和安全隐患排查治理,强化分级、分层管控,确保安全风险和安全隐患始终处于受控状态。

(3)以考核激励为保障,增释鞭策对规对标动力。扎实运用好安全大数据平台,修订完善安全履职考评制度及"两张清单"规范干部履职行为,注重对管理源头的分析、考核和追责。严格执行"两违"积分限量考核+红线管理,以"零容忍"的态度坚决查处惯性"两违"、违反"红线"等问题,实行重奖快奖激励职工规范作业行为和发现设备隐患。通过推行"车间积分制绩效考核和弹性工时制"调整收入分配结构,合理拉开收入差距,形成"岗位靠能力、收入靠贡献"的激励分配导向,解决干与不干、干多干少、干好干坏"三个一样"问题,通过薪酬分配杠杆,撬动岗位"正能量",最大限度地释放生产力,提高职工保安全的源动力。

5　安全管理体系、制度建设存在的突出问题

(1)与时俱进抓安全管理体系建设不细不实。一是安全管理体系还不完善,供电部组织推进力度不足,各段安全管理体系建设不均衡,制度办法目录不统一,影响系统整体安全管理质量。二是安全管理制度办法修建补废不及时,个别岗位安全职责没有随着岗位变化及时修订,安全履职周期、标准不明确,个别应废止规章未废止。三是安全考核不严肃,有的干部好人主义严重,现场检查满足于完成任务定量,查设备问题多,查管理和两违问题少,发现问题不反馈、不揭丑,在考核执行上不严肃、不认真,导致压力传递不够,造成现场卡控不严。

(2)安全管理制度办法贯彻落实得不紧不严。一是规章制度学习培训不到位,一发了之的现象比较普遍,基层未掌握行文的初衷,只知其然,不知其所以然,在现场执行走样。二是安全管理"说一套、做一套",对基本规章缺乏深钻细研的精神和基本的敬畏感,落实规章任性随意,经验主义代替标准执行,拿习惯当标准,拿底线当标准。三是高铁管理存在普速化倾向,部分供电专业干部包括领导干部由电力转型过来,受电力专业传统的粗、松、懒、散的惯性思维影响,不严格执行技术标准,专业管理不求精、不务实的问题时有发生。四是职工"两违"屡禁不止,不按规定使用安全防护用品,高空作业抛扔工具材料,配合施工不规范,作业期间低职代高职,现场防护联控制度不执行,验电接地简化作业程序,天窗点外作业不按规定登销记等惯性"两违"多发。

(3)安全思想责任意识牢固树立得不深不透。一是安全发展理念发生偏差,没有牢固树立确保高铁和旅客安全万无一失的政治红线和职业底线意识,有的人主观上认为供电专业对运输安全的威胁不大,即使发生故障也不会造成旅客列车颠覆和导致旅客伤亡的严重事故,存在拿事不当事的问题。二是安全风险意识淡薄,对供电安全工作的长期性、反复性、复杂性认识不足,超前预防、居安思危的忧患意识不强,没有根据设备、人员、环境等因素变化动态研判安全风险,及时研究防控措施。三是安全危机意识不足,对安全缺乏如坐针毡、如履薄冰、如临深渊的危机感和紧迫感,思想上麻痹大意、盲目乐观,特别是在安全工作趋于稳定时,对安全工作研究不深入、布置不细致。四是个别干部对安全工作的学习认识不深刻、不全面,推进落实安全工作积极性、主动性不强,"不求有功、但求无过"的思想普遍存在,缺乏主动作为和担当精神。

6　持续完善健全安全管理体系及规章制度建设

(1)从提高安全认识入手,让"人民至上,生命至上"入脑入心。深刻认识供电安全生产的重要性,认清当前供电系统面临的严峻安全形势,坚持第一管理者亲自上手主动抓,坚持开展安全形势任务、安全法律法规、案例警示宣传教育,引导干部职工充分认识"安全风险无时无处不在""安全事故随时可能发生",牢固树立安全风险意识和责任意识,把安全的弦绷紧、安全的烙印打深,清醒认识"生产必须安全,安全促进生产"的辩证关系,站在"全局一盘棋"的高度,树立"大安全"理念,构建领导负责、专业负责、逐级负责、分工负责的安全责任体系,形成人人抓安全、层层抓安全的良好工作氛围。

(2)从完善规章制度入手,将安全管理建设体系化、专业化。动态剖析供电安全管理问题,与时俱进、

不断完善安全管理理念和方法,供电部组织研究确定安全管理 10 个子体系目录,对照目录对现有安全管理机制进行全面梳理,修订完善段级安全基础性文件。让安全制度接地气,在实践中不断探索建立适应新体制的科学、严密、规范、高效的安全管理制度体系。结合上位规章及新设备、新技术应用,对供电专业技术规章全面梳理修订,对"土政策、土办法"及时清理,按照"精简、必须、实用"的原则,规范清理生产技术类表簿册,通过健全完善数字供电等信息平台实现科学化、信息化。持续推进标准化规范化建设,按照"分解作业流程、优化作业清单"的要求持续补充完善作业指导书,逐步构建完整的供电专业作业标准体系,发挥专业管理保安全优势。

(3)从素质提升培训入手,提高干部职工管安全、保安全能力。以"干部会管、职工会干"为目标,对安全规章标准关键条款进行梳理,"干什么学什么,缺什么补什么",逐人进行"培训-评价-补强-提升"周期循环,根据人员年龄结构、技能等级、业务素质差异,调研培训需求,按工种(岗位)制定培训方案,按人员设计培训内容,做到因岗位、因人员、因区段、因环境、因设备分层分类培训。明确该怎么做,哪些不能做,结合对规对标,实施清单管理,促进技术业务素质和应急处置能力的提升。注重交叉学科、交叉专业的培训学习,强化行车知识和新技术培训,丰富专业技术人员的综合能力,培养一批既懂接触网又懂行车、既懂牵引供电继电保护又懂信息技术的复合型人才。

(4)从严肃考核评价入手,提升安全管理工作效率和工作质量。每月开展供电专业管理考核评价,每半年开展安全管理工作评估,硬起手腕严管理、严考核,防止和克服本位主义、好人主义,形成有令必行、有禁必止的从严氛围。常态化开展"对规对标",推动专业管理"下沉",通过加强现场安全监督检查遏制违章违纪屡禁不止,发挥专业技术干部作用,把心思扑到工作上,把目光聚焦到现场上,把精力放到发现问题、研究问题、解决问题上,把对干部职工的约束与激励结合起来,把严格管理与尊重爱护结合起来。在干部安全管理考核上严一格、紧一扣,加大对安全管理履职落责情况的过程跟踪和考核,工作照单落责,失职照单问责,对安全检查发现不了质量问题的干部月度考核降档,且党员的支部考核不能评为优秀。

(5)从作业过程控制入手,推动安全管理制度高质量落实常态化。坚持敬畏专业、敬畏规章,尊重客观规律,着重推动安全制度、规章标准在现场有效落实不空转,适应形势、任务和环境的变化,对已经掌握的隐患、已经定下来的事情,要雷厉风行抓整改、抓落实,提升工作执行力。认真落实安全风险预控、预警机制,严格执行作业现场监督、检查制度,防止触电伤害、高空坠落、车辆撞轧、道路交通伤害等劳动安全风险。强化季节安全过程管控,减少倒杆、断线、塌网、设备烧损、异物侵限、大面积停电等行车设备故障。优化施工过程组织,规范计划审核、调度命令、现场防护、倒闸操作、安全措施采取、质量验收、放行列车条件、作业车运行安全等关键环节,加强与施工办及运输部门的沟通,提升施工综合管理能力,守住施工安全底线。

参考文献

[1] 何永杰. 铁路供电系统安全管理研究探讨[J]. 中国战略新兴产业, 2018(3): 226-228.
[2] 王鹏年. 铁路供电劳动安全风险控制体系建设[J]. 黑龙江交通科技, 2017, 40(1): 143-144.

作者简介

苏志鑫,中国铁路哈尔滨局集团有限公司供电部安全设备科,科长。
黄远生,中国铁路哈尔滨局集团有限公司供电部安全设备科,工程师。

高寒地带牵引供电施工管理与发展思考

黄远生

摘 要：本文介绍了哈尔滨局集团公司电气化铁路发展，以及地域气候对牵引供电施工的影响，并结合集团公司实际，将牵引供电专业在施工组织、供电臂天窗开设、作业风险控制等施工关键管理环节进行科学的管理与规划。

1 概况

（1）中国铁路哈尔滨局集团有限公司地处中纬度欧亚大陆东沿，在我国铁路网的东北端，前身是沙俄时期建设的中东铁路中的一部分，管辖线路地理坐标北纬43°56′（斗沟子站外）至北纬52°59′（月牙湖站，全路最北端车站），东经117°42′（满洲里站外国境线）至东经134°49′（抚远站，全路最东端车站），覆盖黑龙江省全境和内蒙古呼伦贝尔市，是亚洲与太平洋地区陆路通往俄罗斯和欧洲大陆的重要通道。

（2）中国铁路哈尔滨局集团有限公司是全国冬季气温最低的铁路局，每年管内大部分地区10月下旬就已基本进入霜冻期，至次年3月末方可进入春融期，其中12月、1月、2月是一年中最冷的季节，极端最低气温曾达到-52.3℃，日照时间约为每日6：30—16：30。而6月、7月、8月普遍高温，极端最高气温达41.6℃，日照时间约为每日4：00—20：00。呈现出冬夏温差大、冬季日照时间短、极端温度低、霜冻时间长的特点，如表1所示。

表1 2022年哈尔滨局集团公司管内主要城市温度表 单位：℃

月份	温度采集	哈尔滨	齐齐哈尔	牡丹江	佳木斯	海拉尔	根河
1	最高气温	-4	-7	-3	-7	-12	-13
	最低气温	-35	-35	-33	-34	-41	-45
2	最高气温	-2	-5	0	-5	-11	-8
	最低气温	-30	-29	-26	-30	-37	-43
3	最高气温	21	18	21	18	10	14
	最低气温	-27	-21	-24	-26	-30	-36
4	最高气温	25	23	31	25	25	22
	最低气温	-6	-9	-7	-8	-13	-20
5	最高气温	31	31	30	30	33	32
	最低气温	3	3	2	1	-1	-7
6	最高气温	37	37	35	34	37	36
	最低气温	13	13	10	7	7	4
7	最高气温	33	32	35	33	33	31
	最低气温	17	17	11	12	10	8
8	最高气温	32	31	33	29	28	27
	最低气温	14	14	9	11	11	5
9	最高气温	26	26	27	25	27	25
	最低气温	6	4	3	3	-1	-8
10	最高气温	22	24	24	24	22	20
	最低气温	-3	-4	-6	-8	-10	-14
11	最高气温	13	16	18	15	10	6
	最低气温	-15	-17	-19	-22	-25	-35

续表1

月份	温度采集	哈尔滨	齐齐哈尔	牡丹江	佳木斯	海拉尔	根河
12	最高气温	7	6	7	8	4	−2
	最低气温	−25	−25	−23	−24	−34	−42

2 气温对牵引供电施工管理的影响

2.1 宜于牵引供电施工的月份

由于哈尔滨局集团公司地处中温带与寒温带,冬季气温低、霜冻时间长等地域气候特点明显,哈尔滨局集团公司全年只有4—10月份适宜室外现场施工作业,其他月份因室外体感温度较低,不易开展室外作业,尤其是极端低温条件下的室外接触网高空作业,那对现场作业人员来说简直是种毅力上的考验。

2.2 集团公司牵引供电施工数量

(1)现阶段牵引供电施工情况。自2015年起,哈尔滨局集团公司步入全面改造建设期,滨州电化、平齐电化、通让电化、滨绥电化、哈佳新线、哈牡客专、沈佳客专、鹤岗线电化等工程陆续开工,建设类施工项目呈现出覆盖广、密度大、工期紧、任务重、频次高、多样化、周期长的特点,供电系统配合施工任务繁重。而随着各工程项目的开通运营,主体施工数量日趋增多,主体施工与配合施工的数量比发生转换,供电施工管理的侧重点逐步由配合施工导向主体施工,如表2所示。

表2 2015—2022年牵引供电系统施工统计表

年度	主体		配合	
	施工	维修	配合供电改造	配合其他专业
2015	61	993	439	392
2016	72	1680	2045	615
2017	183	1697	1662	721
2018	295	1809	432	702
2019	495	3109	432	792
2020	512	3182	381	856
2021	534	3775	472	832
2022	491	3780	293	874

上述数值统计至2022年末,经对比我们可以看出,2022年集团公司牵引供电系统主体施工数量较2015年增加了7倍,日常维修养护较2015年增加近3倍,配合供电改造类施工已从2016年达到峰值后逐年减少,2022年仅为2016年的1/7,但配合其他专业的施工数量在2016年滨州线开通后变化量基本不大。

(2)集团公司牵引供电施工发展。截至2022年末哈尔滨局集团公司电气化铁路运营里程已达到3303.888 km,而随着集团公司发展,哈铁伊新线、绥佳电化、齐富电化、富加电化、拉滨电化、齐北电化等电气化工程项目将陆续营建,哈尔滨局电气化铁路运营里程也将不断增加。可以预见,哈尔滨局集团公司牵引供电系统的检修任务将会不断增加,主体施工数量也将继续增长,施工安全压力巨大。

2.3 施工面临的问题和解决方法

由于哈尔滨局集团公司与其他铁路局集团公司相比较,施工期相对短暂,只有7个月左右,且各专业的施工均需在此时段进行,施工集中又相互交叉干扰,所以施工组织较其他路局也就相对困难很多。在施工任务不断增加的背景下,以往的生产组织模式因生产效率低下,已不具备牵引供电发展需要,要确保牵引供电设备检修到位及施工安全、顺畅,这就需要我们加强对牵引供电施工规划的顶层设计,充分结合集团公司气温特点,以提高生产效率为目标,创新思路,科学、合理地对牵引供电施工进行统筹布局。

3 施工分类与规划

3.1 施工分类

要科学、合理地规划、摆布牵引供电施工，我们首先就要将牵引供电施工进行细化分类。

（1）按专业分，可分为接触网专业和牵引变电专业，也可简单地理解为室外接触网作业和室内牵引变电作业。

（2）按组织方式分，可分为施工和维修两类。施工项目，其作业内容应为牵引供电设备改造、大修等；维修项目应为日常修理、养护、克缺等作业内容。

3.2 施工规划

由于施工数量不断增加，我们只有科学地规划，才能很好地掌控施工。

（1）每年大约在11月份施工期结束后，对次年施工情况摸底，并进行规划。规划时要充分考虑自然条件对施工的影响，将改造、大修、综合修等大型施工项目安排在4—10月份施工期进行；对当年未完成的检修收尾任务，安排在3月、11月份降温时段进行；1月、2月、12月份气温较低时段，不组织施工，日常以养护、克缺为主。此外，由于变电专业改造类施工多数时候会影响接触网运行，对接触网施工造成干扰，如与接触网专业同时段实施时（即电源侧与线路侧同步作业），由于两个专业分属不同车间，且变电专业检修期间多需要局供电调度配合远动操作，两个专业同步作业，极易引发误操作、误送电，无形中增加了现场作业安全风险。为避免不必要的施工风险，考虑变电专业施工多在室内，对室外温度要求较低，在年初规划时，宜将变电专业的各项施工安排在接触网施工较少的冬季开展。

（2）对于纳入4—10月份施工期进行的改造、大修、综合修等大型施工项目，应以多人员、多机械的集中修方式进行组织，同时为避免天窗资源浪费，供电集中修应结合工务集中修同步开展，编制形成年度施工轮廓计划。编制施工轮廓计划时要充分考虑工务施工对接触网的干扰，如同线别接触网先进行综合修而工务随后施工的话，极易出现工务施工后因线路几何尺寸发生变化，接触网须再次施工进行调整的情况，因此编制计划时要以工务年度施工轮廓计划为依托，同时还要与工务专业的天窗需求相结合，在同线别、不同地点、同一天窗时段进行施工，以避免同一线别重复开设大天窗时间对运输造成干扰。

（3）对于确定的集中修施工项目，应由供电检修车间组织生产，力争将接触网二级修与全面检查的全年任务量完成不少于80%。同时提高接触网施工机械化程度及使用效率，推行接触网检修列+其他接触网作业车联合作业的作业模式，推动生产效率提升，并尽量减少日常维修次数，以降低作业安全风险以及施工对运输的影响。

4 供电天窗开设与使用

4.1 供电天窗开设

确定年度施工轮廓计划后，为确保充足的天窗时间来实施既定的施工计划，牵引供电专业应积极参与列车运行图的调整工作，以确保供电臂天窗的开设。

（1）运量较小、天窗资源充足、具备条件的线路，可与运输部门研讨，开设供电臂天窗。

（2）运量较大但天窗资源相对充足的线路，在编制列车运行图时，应与运输部门协商，确定接触网供电臂内较大时段的客车间隔框架，作为集中修施工天窗预留使用，客车间隔框架内可铺设货车，但须尽量保证60分钟以上的固定维修天窗时间，为日常维修使用。

（3）运输任务重、列车运行图铺画密集、天窗开设难度大的枢纽地区，由于供电专业日常维修次数较少，如开设固定天窗，对运输的影响太大，故在此区段应以确证运输为前提，在确定接触网供电臂内的客车间隔框架后，可不要求开设固定天窗，按月、季提报天窗需求，同时增加施工组织规模，对调整运输所开设的天窗充分利用，集中力量组织对各类缺陷进行整治，避免重复开设天窗影响运输。

4.2 供电天窗使用

（1）大规模的集中修施工，以轨道车作业为主，以往施工管理要求封锁时间与停电时间相同，必须在同时接到线路封锁命令和接触网停电作业命令后轨道车方可进入区间作业，这就使轨道车的走行耽误了接触网停电作业时间，严重影响作业效率。为提高作业效率，确保施工任务进度，以降低施工对运输的干扰，应与施工管理部门协商，在编制施工计划时将线路封锁时间与接触网停电时间分别列清楚，即在线路封锁后，立即安排轨道车进入封锁区间，待接触网停电后组织进行施工，将轨道车走行纳入接触网停电前进行，避免轨道车走行浪费作业时间，以增加接触网的纯作业时间，提高作业效率。

（2）对于天窗时间紧张的枢纽地区，在提报施工计划时，作业地点不宜太大，应以实际需求进行提报。向施工管理部门申请施工天窗时间时，应与车务单位共同研讨，首先考虑的必要条件是停电供电臂内无电力机车运行，其次是作业地点无机车运行即可，不必整供电臂既无电力机车又无内燃机车运行才开设天窗。

5 施工质量与风险控制

5.1 施工质量

为提高生产劳效，实施集中修的区段，日常不再组织全面检查或综合修作业，这就需要集中修的施工质量必须得到保证。为确保设备检修到位，应与接触网 6C 等先进检测技术相结合，建立施工管理考核制度。

（1）首先结合设备检修周期及 6C 日常检测数据确定施工任务。

（2）确定的施工任务由检修车间组织实施，如施工期间发现新的设备缺陷，可对发现并处理缺陷的供电维修车间人员进行奖励，同时考核 6C 检测人员。

（3）维修车间施工结束后，由运行车间验收，发现设备检修不到位时，应考核检修车间相关责任人，并奖励运行车间验收人员。

（4）线路开通后，集中修区段不再组织施工，日常以 6C 检测数据确定设备运行状态，在施工后的一定时期内如 6C 检测发现设备缺陷，应考核运行车间施工验收责任人，同时奖励 6C 检测分析人员。

通过考核带动作业人员的积极性，提升了设备检修质量，"运、检、修、验"四位一体落到实处，实现了对施工质量的闭环管理。

5.2 施工风险控制

所有施工作业，由于现场是动态的，随环境变化，施工中的风险也在不断变化，这就需要在施工前提前研判施工安全风险，并以施工准备会作为风险控制的关键环节。

施工准备会中对人员的分工及任务安排主要应围绕以下几方面开展：一是对人身安全的控制，主要是防止行车、电气对人造成的伤害，如防止机车车辆进入作业区、防止电力机车闯无电区，防止作业人员误登误触有电设备及控制与带电设备的安全距离等；二是对施工安全的控制，主要是防止施工过程中造成其他设备损坏或影响行车；三是对施工质量的控制，主要是工艺标准的执行以及设备检修是否到位；四是对送电开通的控制，主要是控制施工结束有无影响开通的路料遗留或侵限隐患。

通过对风险的控制，施工准备会召开的质量得到了很大提升，从而确保施工安全、顺利实施。

6 结束语

随着哈尔滨局集团公司电气化铁路的发展，牵引供电专业的施工数量将会越来越多，由于大部分单位没有电气化铁路运行的相关经验，同时受哈局地域气候特点影响，施工期短暂，使各专业的施工集中、交叉，这就势必会造成牵引供电专业与运输、建设、工务等其他专业的碰撞，施工所暴露的接合部问题也将越发突出。要缓解或避免施工组织中的矛盾，就需要我们本着"堵不如疏"的施工管理理念，结合现场实际建立科学、合理的管理制度，在安全、规范、劳效上下功夫，将各项施工进行疏导，以避免因为制度堵塞施工造成现场违章引发事故。而科学、合理的制度的建立，需要我们在今后的工作中不断探索。

参考文献

[1] 杨凯. 输电线路施工过程中管理问题研究[J]. 黑龙江科技信息. 2010(36).
[2] 刘振波. 浅谈铁路供电安全风险管理[J]. 无线互联科技, 2014(6).

作者简介

黄远生，中国铁路哈尔滨局集团有限公司供电部安全设备科，工程师。

探讨供列调一体化安全管理系统的应用及管理意义

杨 帆 闫昌浩

摘 要：随着我国高速铁路技术的日益发展，高速铁路正在逐步进入智能化时代。通过互联网、大数据、人工智能等信息技术的不断成熟与广泛应用，传统的供电调度作业、管理模式已不再满足信息智能化发展的需求，为规范供电调度作业标准、提高管理标准水平，哈尔滨铁路局调度所创新研发供列调一体化安全管理系统。此系统不仅实现了供电调度日常作业、应急指挥各项场景的实际应用，还打破了供电调度、列车调度间作业的信息壁垒，解决应急指挥中多方联动协调问题，是实现抢险应急时人、设备和组织三位一体的智能化、专业化管理平台。本文以供列调一体化安全管理系统为例，探索其构建供电调度标准化、智能化、专业化管理平台的实际应用及管理意义，分析此系统在调度日常指挥、应急处置中发挥的重要作用。

1 引言

供列调一体化安全管理系统(以下简称"一体化系统")是基于大数据、人工智能等技术，以数据全景可视化、调度协同化、作业自动化、决策智能化为基本要求，在致力于构建供电调度工作规范化、标准化、智能化、专业化管理平台、提升供电调度管理水平的同时，还创新思维聚焦供电调度、列车调度指挥作业接合部的安全风险点，加强供列调作业紧密融合程度，构建供列调作业一体化安全控制体系，实现多工种调度协作融合的综合性管理系统。

2 供电调度管理模式现状

随着我国高速铁路快速发展、电气化里程的不断增加，牵引供电技术也随之达到世界先进水平，但其中供电调度的作业、管理模式仍处于传统落后的阶段，现有的大量通过人工干预、电话沟通、纸质打印传递的低效率模式已不再符合日益更新的高速铁路智能化时代需求。

调度指挥方式效率低。供列调间的停送电作业及应急处置联系方式一直采用"笔记、口述、电话传达"的操作流程和管理技术，时效性较低，还可能会出现各种无法挽救的漏洞，易引发电力机车(动车组)闯无电区、接触网塌网断线、人身触电伤亡等事故。

工作流程自动化程度低。长期以来，供电调度与列车调度、高铁列车调度、接触网工区、牵引变电所等的联系一直沿用传统的作业方式，纸质签认《供列调接触网停送电签认单》及手工填写《接触网停电作业命令》和《牵引变电停电作业命令》等表簿册，电话联系传递命令内容及生产信息。该作业模式技术手段落后，效率不高，信息传递错、漏现象时有发生。

信息管理智能化程度低。目前，供电调度日常仍然采用人工手写和电脑输入的方式进行数据跟踪记录，但是高速铁路建设规模的快速扩张必然会增加供电调度日常工作量。仍然利用上述传统方式进行数据记录的同时，文件保存及翻阅查看不方便，在一定程度上影响了工作效率。供电调度应依靠全覆盖的信息数据采集系统，实时采集全部数据。

与其他专业联动性差。行车调度专业、供电接触网及变电专业是供电调度的相关专业，目前各专业在配合作业过程中普遍存在"信息孤岛"问题，数据不通畅，影响实时性及准确性。在数据封闭的情况下，难以实现基于大数据的故障分析和工作决策。

正因现有供电调度管理模式存在以上问题，那么为有效规避供列调作业风险、提高供电调度作业效率、强化停送电安全卡控措施、提升应急处置水平、加强运行数据的专业分析，着力构建智能化、专业化、融合化的供列调一体化安全管理系统已是供电调度智能化发展的迫切需求。

3 系统构成

《供列调一体化安全管理系统》(以下简称"一体化系统")采用了 CS(client/server 客户端与服务器)和 BS(browser/server 浏览器与服务器)相结合的架构,供电调度员使用账号登录 web 端,列车调度员使用绑定 IP 的工作站登录客户端。网络结构图如图 1 所示。

一体化系统分为应急处置、施工管理、调度命令、交接班管理、安全分析、人员管理、指挥资料、文电查询八个子系统。

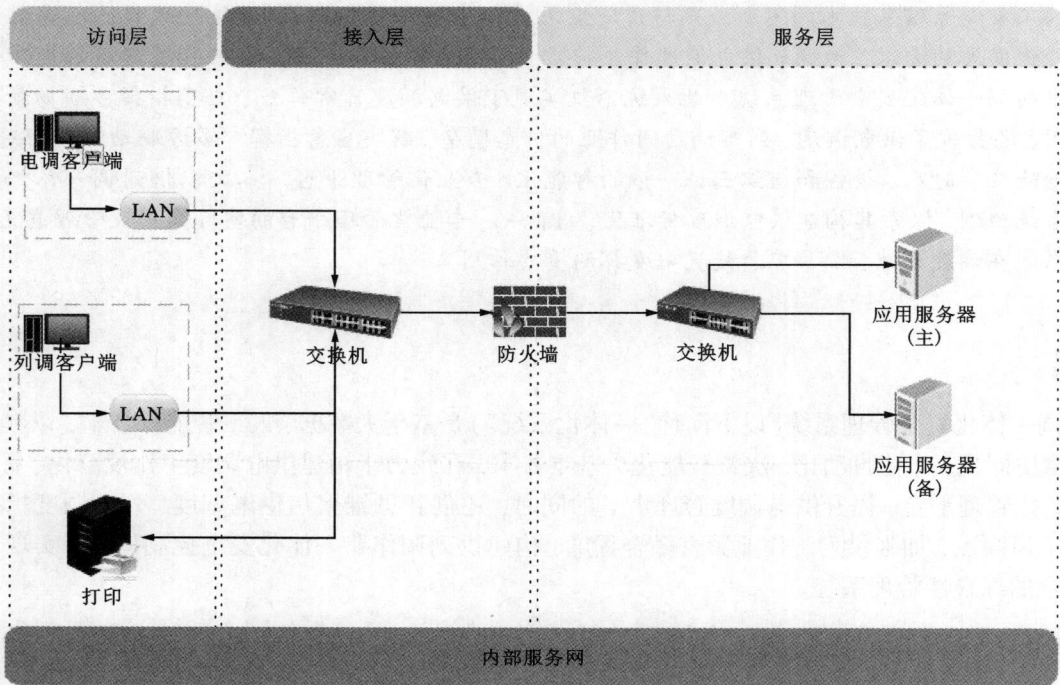

图 1 网络结构图

3.1 应急处置子系统

应急处置子系统打破供列调间信息壁垒,提高应急处置时效性。为防止在调度指挥源头由于术语不通或电话沟通丢失关键性信息要素,前期通过对供电臂停电范围进行组合并区域划分,编制标准停电卡片及停电示意图,建立相应数据库。在接触网故障情况下,列车调度可根据卡片描述及停电示意图快速准确接收关键要素。为保证调度员应急指挥时的时效性,借鉴档案标签管理思维,系统将所亭供电臂名称及多种停电方式进行可视化标注,方便调度员迅速查找相关停电卡片。有效解决供电调度员与列车调度员之间原有作业模式在时间上不同步、作业联系时间长的安全隐患问题,实现供电调度员与列车调度员快速准确联动,提高作业效率,保证运输秩序。

实现了分相救援方案决策安全有序可控。管辖内所有电分相进行技术分割并逐一确定最优救援方案,纳入一体化分相数据库,实现了分相救援方案"字典"式查询,即调度员将司机汇报的停车里程、线别、车型等信息输入系统,系统将自动弹出最优救援方案。解决了以往列车调度员、供电调度员、机车调度员、动车调度员会商救援方案时间长、意见不统一不能确定方案或方案决策失误等安全隐患问题,原救援方案确定从 30～50 分钟降至 2 分钟,极大提高了运输组织效率,把分相救援对运输组织的影响降到最低。

实现了管控突发性弓网关系变化引发的跳闸和接触网断线塌网事故的安全风险。因综合自动化技术可靠性的问题,接触网电分相隔离开关经常发生自动闭合的问题,电分相隔离开关一旦发生闭合,就导致电力机车(动车组)过分相技术条遭到破坏,如果此时电力机车(动车组)升弓过分相,会导致分相两侧供电臂短路跳闸,极易造成接触网断线塌网事故,因此急需列车调度员向即将通过的列车发出降弓指令,而列车发出降弓指令的依据是由供电调度员提供的，为防止列车降弓不及时导致断线塌网事故，通过建立降弓通知书数据库，供电调度可选择分相名称一键向列车调度员发出降弓通知书，列车调度员接到降弓通知书时，可及时向司机发出降弓指令，保证了分相开关自动合闸时的接触网设备安全和行车组织安全，安全效益巨大。

综合高清展示抢修力量布局，优化抢修路线。此板块将供电调度员应急处置时关联的所有抢修力量以高清离线地图坐标形式进行静态展示，包含供电段、车间、接触网工区、轨道车列、所亭设备处所等所有抢修力量。地图中可动态显示抢修力量的抢修半径，可视化查询应急电话、抢修工具配备等情况。应急处置时，可利用此地图快速可视化查询抢修路线，优化抢修出行路线，达到对人员力量进行统筹合理安排，提高运用效率。

3.2　施工管理子系统

施工计划智能筛选、自动化式流程下发。通过系统中录入的各所亭管辖供电臂及里程与施工计划中关键字进行比对，实现在 TDMS 系统下载的计划内容中对各类型施工计划的自动提取，再按照各所亭管辖里程数据库进行智能关联，将各计划实现精准分发，提高调度员流转计划的作业效率，避免了人为查询搜索计划的错漏情况。

利用大数据计算、人工智能对比施工计划内容。系统智能地将施工计划内容中的关键要素与数据库行车限制卡内容进行核对，清晰显示不一致的要素，之后人工介入审查复核确认，极大减少了人工核对的工作量，并保证了因调度员审核不认真导致执行施工计划出现各种安全风险的情况。

系统逻辑智能卡控执行过程、提高作业标准化。倒闸步骤动态卡控功能是系统在倒闸操作过程中，对操作流程顺序及开关分合状态进行动态卡控。系统建立了标准流程，引入信息化的工作流技术，实现了供电调度员与列车调度员间施工作业的全流程电子签认，记录供电调度员与列车调度员的操作信息，同时每步作业过程由系统负责安全控制，错误的停送电操作无法执行，并且提示用户，在整个施工作业过程中，停电命令及操作命令编号均是按照系统编程自动生成相关内容，减少调度工作量的同时提高了作业过程中的安全系数，避免了人为操作失误风险，有效解决了供电调度员与列车调度员联合作业时的安全风险。

3.3　调度命令子系统

调度命令电子化生成、自动化流转模式，提高调度命令准确性。间接带电作业命令利用系统智能化关联"投/撤重合闸功能"，在调度员操作一体化系统智能快速生成调度命令时，系统逻辑将指导调度员须进行投/撤重合闸的操作，系统智能化将两者进行闭锁关联，将"请令、撤重合闸、发令、销令、投重合闸"的全过程，利用系统进行智能安排及卡控，在调度员操作一键式按钮进行发、销令的同时，也与调度员之间下达的操作命令进行关联，实现各项调度命令之间的读取互通。

停电作业命令、操作命令、供电调度通知书、电业局命令均使用系统智能生成调度命令，一键式发、销令，在每项流转过程中，系统将智能规划操作顺序，保证调度员按照提前预想设计的顺序执行。

3.4　交接班子系统

交接班子系统用于供电调度日常值班和交接班的过程管理，使供电调度能够及时准确地掌握牵引供电运行方式、运行状态、运行数据、设备缺陷和安全信息，了解变电所、网工区、应急值守人员和作业车、抢修汽车的值待班信息，以及应急发电机等设备的分布与状态，卡控供电调度员日常值班和交接班过程的标准化作业行为。

3.5　安全分析子系统

此板块实时记录施工计划执行情况，对各项数据进行智能采集、统一归类、全面对比、精准分析。系统智能采集实时数据进行录入，将采集数据按照台别、专业、计划类型等各项数据进行分类，利用计算机算法自动形成各项总结性数据及多种图表展示，此功能支持 10 种分类统计功能及多种统计图根据需求自由切换。一体化系统将此功能与"施工管理"板块相结合，对整个施工形成智能闭环，利用采集数据对施工情况可作出提前精准的预判，利用此板块可加强供电调度管理智能化、降低施工操作安全风险、实现接触网停送电分析的全过程监控。

3.6　人员管理子系统

人员管理子系统用于实现人事技术档案全信息可视化管理。将供电调度岗前资格鉴定、新线业务培训、适应性培训及往年各项考试成绩进行统计及查询。对现有人员结构实现动态分析，对供电调度员理论素质、实作技能存在的短板进行智能分析，为针对性地开展业务培训提供依据。

3.7 指挥资料子系统

指挥资料子系统收录了各供电台管辖线别、管辖所亭、行车限制卡、开关数据、分相数据等各种基础台账信息形成系统各项所需数据库，调度员可通过此子系统对各项所需数据进行实时查询。此板块可大容量收录基础数据，并对各项基础数据进行智能归类、统一管理。

3.8 文电查询子系统

文电查询子系统将国铁集团、路局、调度所三级有关规章及文件进行智能化管理，实现日常工作中相关留存及查询功能。

4 系统特点

将人工智能应用在供电调度管理模式内是一个全新的概念，体现了创新的思维。在探索一体化系统构成时发现，一体化系统是将大数据、云计算、人工智能等智能化信息技术深度融入供电调度核心业务及供列调作业联系之中，形成具备自动预判、自主决策、智能卡控的管理系统。其系统特点如下。

①全部要素数字化：依靠高精度大数据采集系统，实时采集系统内所产生的全部数据，如停送电施工作业流转情况、跳闸故障时间节点等，形成各项针对性数据库，为智能化分析提供依据。

②工作流程智能化：以信息流为工作载体，供电调度日常工作流程及操作依托人工智能等先进技术，实现流程传递智能化，实现了工作规范化、作业标准化、管理智能化。

③调度作业协同化：有效降低了供列调之间作业安全风险，将供列调之间紧密联合起来，增强各工种调度间关联性，确保了调度指挥的时效性。

④全部功能一体化：不仅将供电调度日常作业及应急指挥过程中所需的所有功能都集于一身，还打破调度之间的信息壁垒，是一个规范作业、智能管理的综合性管理系统。

5 结束语

一体化系统将极大地改变调度所内部各专业间的传统作业流程及管理模式，通过建立供/列调度内部协作平台，实现工作流转和事务流转的自动化处理，改变传统管理模式。将信息化手段用于供电调度天窗作业或紧急情况下停送电安全措施的过程控制，有效卡控停送电标准化作业行为。通过对作业计划的智能化、流程化审核，作业计划和各项命令的网络化签认、发布、实施以及安全措施得到有效管控，以强化安全卡控、提高工作效率、提升工作质量为目标，构建工作规范化、作业标准化、管理智能化管理平台。

本文探索了供列调一体化安全管理系统的实际应用及意义。它是智能化技术应用在供电调度管理领域内的先行者，必将会推进传统供电调度作业模式、管理模式的改变。

参考文献

[1] 徐志禹.基于工作流的企业铁路调度指挥信息系统的研究与开发[D].兰州：兰州交通大学，2014.
[2] 宋晓丽，蔡涛，王振一.基于大数据的高速铁路调度指挥系统平台研究[J].铁道运输与经济，2018，40(7)：58-62.
[3] 王同军.中国智能高铁发展战略研究[J].中国铁路，2019(1)：9-14.

作者简介

杨帆，中国铁路哈尔滨局集团有限公司供电部安全设备科，工程师。
闫昌浩，中国铁路哈尔滨局集团有限公司供电部安全设备科，副科长、工程师。

铁路地震预警监测系统设计与实现

魏博文

摘 要：地震是对铁路列车运营安全威胁较大的自然灾害之一。随着我国高速铁路建设逐步发展，地震预警监测系统也在不断发展和创新，结合铁路发展，本文对既有地震监测系统与地震预警监测系统做对比，对地震预警监测系统总体逻辑、系统架构及信息流转几个方面进行分析，结合设计案例，对地震预警监测系统的构成、现场单元设置和接口关系进行了分析。

地震是危害最大的自然灾害，会直接破坏铁路技术设施，导致列车脱轨、倾覆等灾害。为避免这些灾害，要尽可能地使列车在地震发生前或发生时减低运行速度或停运。一套有效的铁路地震监测预警系统，可使列车在灾害发生时的损失程度降至最小。

地震发生时所产生的地震波主要分为 P 波和 S 波两种，其中 P 波传播速度比较快，破坏性较小，S 波传播速度比较慢，但破坏性大。地震监控系统主要监测 S 波，在地震动加速度达到一定阈值后发出报警，采取相应措施减少灾害损失；而地震预警技术则是利用 P 波和 S 波的速度差、电磁波和地震波的速度差，地震发生后，在破坏性地震波尚未来袭的数秒甚至数十秒前发出预警，从而采取相应措施，避免重大的人员伤亡和经济损失。

1 既有地震监测系统

自 2008 年高铁上线以来，中国大陆已经有部分高铁线建立了地震监测系统并投入运用，京津城际铁路地震监测系统已建成并投入试运行，京沪高铁、京石武客专、哈达客专等高铁地震监测报警系统与主体建设同期完成。

既有高速铁路地震监测系统是作为防灾安全监控系统的一个子系统，由现场监测设备、监控单元、监控数据处理设备、监控终端及传输网络构成，为高速铁路动车组列车安全运行提供了安全技术保障。

2 地震监测预警系统

中国铁路总公司与国家地震局联合开展高速铁路地震监测预警系统的研制与试验工作，目前已制订了《高速铁路地震监测预警系统暂行技术要求》和《高速铁路地震紧急处置技术方案》。

2.1 地震监测预警系统总体逻辑架构

高速铁路地震监测预警系统主要由现场的监测单元、传输单元、数据处理单元和控制单元等组成，为保证地震预警信息的可靠性，高速铁路地震监测预警系统还应引入国家地震台网信息。其总体逻辑架构如图 1 所示。

沿线地震仪探测到实时的地震波，经过数据处理，得出本次地震的震级，震中、发震时刻等信息并传输给铁路局中心系统。铁路局中心系统同时接收来自国家台网的地震信息，将两者整合后发出地震处置命令使列车制动。一种方式是铁路局中心系统下达处置命令给信号接口单元，使信号接口单元侧地震预警继电器动作驱动信号系统，由信号系统控制列车制动。另一种方式是铁路局中心通过 GSM-R 网络直接将命令下达给列车车载系统，通过语音播放的方式提示列车司机手动制动列车。若地震级别到达Ⅲ级以上，现场地震监测设备可直接下达制动命令给牵引供电系统或由铁路局中心下达，使得列车接触网断电停车。

2.2 地震监测预警系统架构设计

高铁地震监测预警系统总体架构分为两层：第一层是地震监测预警中心系统，设置在铁路局；第二层是现场检测设备，包括地震监测仪器、监控单元和信号、列控接口单元，布设在铁路沿线，如图 2 所示。

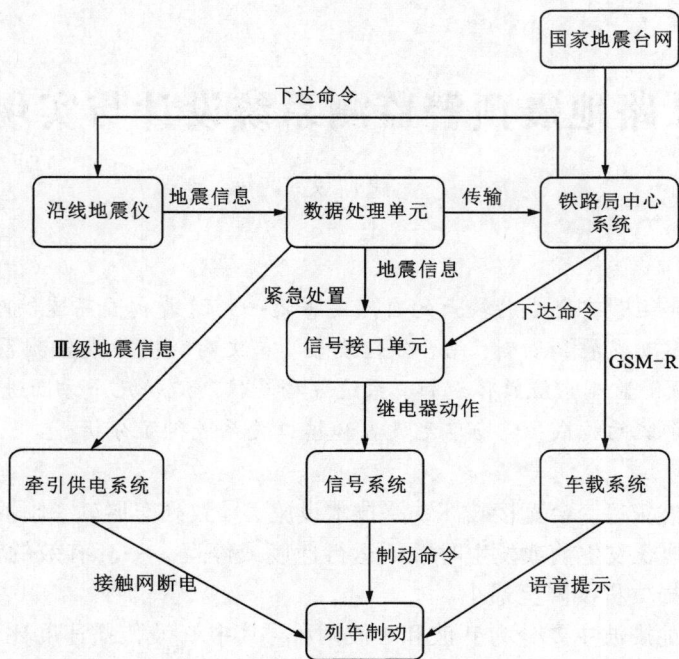

图 1 地震监测预警系统总体逻辑架构

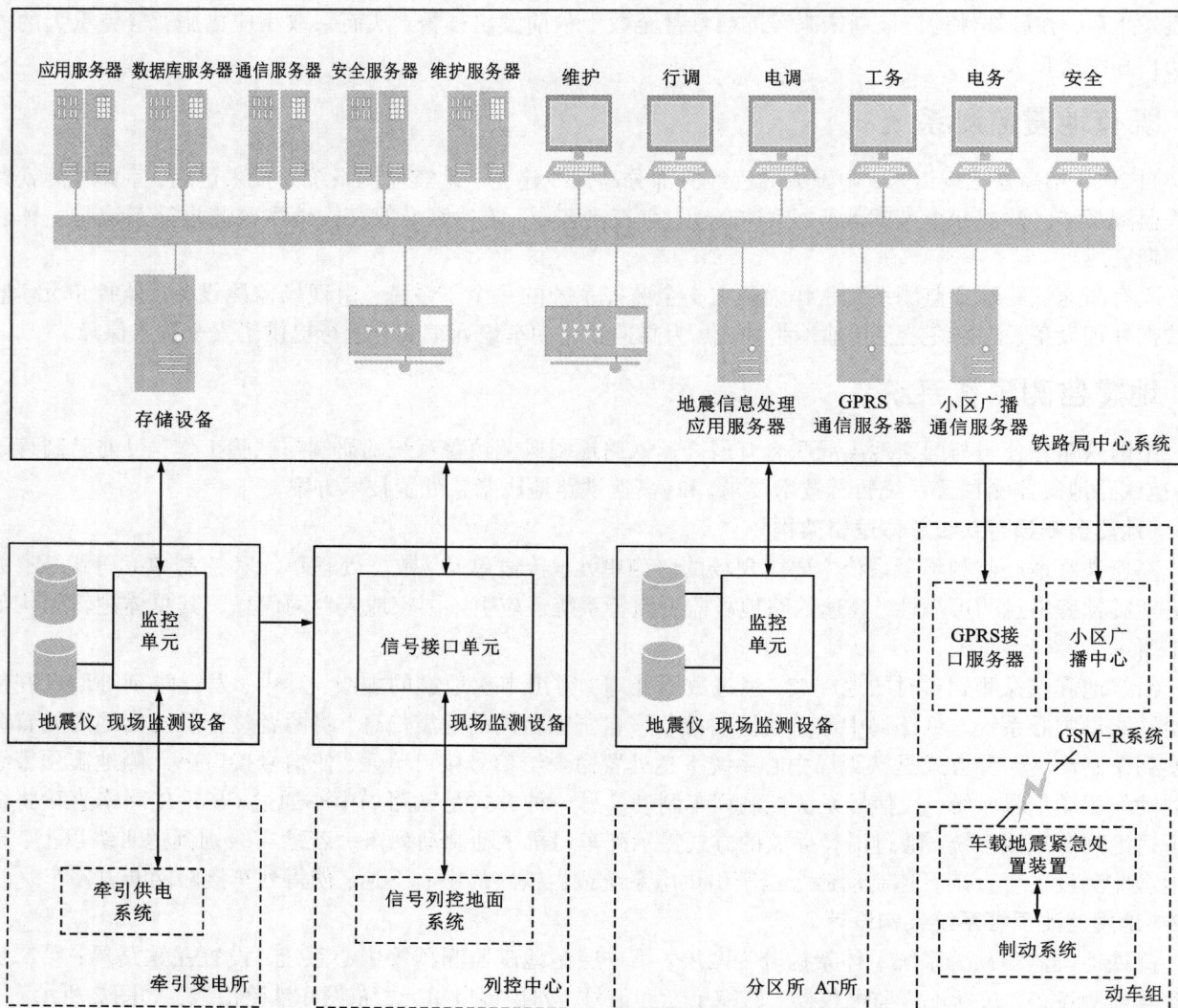

图 2 地震监测预警系统架构设计

（1）现场监测设备。

现场监测设备设置在铁路沿线牵引变电所、分区所、AT所、通信中继站、列控中心附近。

①地震监测仪器。

具有S波和P波监测、识别功能的地震仪，由传感器和数据采集器构成，设置在地震监测台站附近。

②监控单元。

监控单元由地震监测信息接收、处理、报警联动输出和网络通信等单元组成。

③信号接口单元。

信号接口单元由信号接口单元主机、报警输出接口继电器等组成，设置在列控中心。接收路局中心系统紧急处置指令，控制接口继电器输出。

④牵变接口单元。

牵变接口单元由牵变接口单元主机、报警输出接口继电器等组成，设置在牵引变电所。接收路局中心系统紧急处置指令，控制接口继电器输出。

（2）铁路局中心系统。

铁路局中心系统由地震监测预警信息系统和通信接口单元构成，设置在铁路局信息机房内，硬件设备、系统软件根据安全性、可靠性的要求，按照相应的标准和规定进行复用和资源共享。

地震监测预警信息系统硬件由数据库服务器、应用服务器、接口服务器、存储设备、网络设备、安全设备、维护终端、行车调度终端、供电调度终端、公务调度终端、电务调度终端等设备组成。

2.3　地震监测预警系统信息流转

高铁地震监测预警系统信息流转主要有三种途径。

（1）由现场监测设备监测到地震信息，将预警信息传送到铁路局中心系统和信号接口单元，信号接口单元根据地震参数控制列车减速或制动停车，但当监测到地震S波或通过P波预测到地震动达到或超过规定的Ⅲ级报警阈值时，现场地震监测设备直接向牵引供电系统接口输出紧急处置信号，触发牵引供电系统断电。

（2）由地震台网监测到的地震信息，将预警信息发送到铁路局中心系统，铁路局中心根据地震等级，通过信号接口单元控制列车减速或制动停车。

（3）由相邻的铁路局中心系统监测到地震预警信息，通过将信息发给本路局中心系统，本路局中心系统根据地震等级，通过信号接口单元控制列车减速或制动停车。

3　德州至商河铁路地震预警监测系统设计

3.1　线路基本情况

新建德州至商河铁路位于山东省西北部，呈西东走向，线路西起石济客专德州东站，东讫拟建济南至滨州高速铁路商河南站。正线全长74.69 km，设计时速350 km/h。

根据国家质量技术监督局颁发的《中国地震动峰值加速度区划图》（GB18306—2015 图 A1）及《中国地震动反应谱特征周期区划图》（GB18306—2015 图 B1），沿线地震动峰值加速度及基本地震动反应谱特征周期见表1和表2。

表 1　德商铁路基本地震动峰值加速度分段表

方案名称	里程范围	地震动峰值加速度/(m·s⁻²)	地震基本烈度
贯通方案	CK0+000～CK55+500	0.10	Ⅶ
	CK55+500～设计终点	0.05	Ⅵ
联络线	石济德商上、下联络线	0.10	Ⅶ

表 2　德商铁路基本地震动反应谱特征周期分段表

方案名称	里程范围	地震动反应谱特征周期/s
贯通方案	CK0+000～CK30+300	0.40
	CK30+300～设计终点	0.45
联络线	石济德商上、下联络线	0.40

本线 CK0+000～CK55+500 地震动峰值加速度为 0.1 m/s²，在此区段设置地震预警监测系统。其他地区地震动峰值加速度为 0.05 m/s²，小于 0.1 m/s²，不设置地震预警监测系统。

3.2　地震预警监测系统设计

按照铁路总公司发布的《铁路自然灾害及异物侵限监测系统工程技术规范》(QCR 9152—2018)及《高速铁路地震预警监测系统技术条件》(QCR 633—2018)的相关技术要求进行设计。

(1)中心系统。

铁路局中心系统主要由服务器、存储设备、监测终端、网络及安全设备、时间同步设备等组成。铁路局中心系统的信息处理平台包括数据库服务器、前端接口服务器、台网接口服务器、短信服务器、前端预警服务器、紧急处置服务器、地理信息服务器、GPRS 通信应用服务器、地震 GPRS 接口服务器、维护管理服务器等。

本线接入中国铁路济南局集团有限公司地震监测中心系统，根据本线接入需求对地震监测中心系统进行适应性扩容。

(2)现场监测设备。

1)系统组成。

地震预警现场监测设备由地震计等设备组成。

2)布点原则。

①《中国地震动参数区划图》(GB 18306—2015)确定的地震动峰值加速度 0.1 m/s² 及以上的铁路区段应设置地震计。

②地震计设置间距宜为 25 km。

③地震计宜成对设置，两个地震计水平间距不宜小于 40 m，每个测震井内设置 1 个地震计。

④地震计宜设置于牵引变电所、分区所、AT 所内，困难条件下可设置于电力配电所、中继站、基站等处，并应符合场地背景噪声和地震计布设距离要求。

⑤地震计与线路中心线距离不宜小于 50 m。

⑥地震计选址在无列车影响时，场地背景振动噪声宜小于 0.1 gal，最大不应超过 0.5 gal。

3)布点方案。

根据沿线地质资料，本段共设置 3 处地震预警监测现场采集设备。设置地点见表 3。

表 3　地震预警监测现场采集设备布置位置表

序号	设置里程	设置间距/m	设置说明	备注(所亭名称)
	CK0+000		本线地震动峰值加速度 0.1 m/s² 起点	
1	CK13+650	13.65	AT 所	岔河刘
2	CK36+300	22.65	AT 所	西祝
3	CK50+400	14.1	牵引变电所	小韩家
	CK55+500	5.1	本线地震动峰值加速度 0.1 m/s² 终点	

(3)地震预警监测现场监控单元。

本线现场监控单元采用模块化结构，根据设置位置配置不同类型监控单元。现场监测设备应具备地震监测、地震事件记录、P 波预警、阈值报警、误报解除、警报解除、与牵引供电系统接口、与列控系统接口、

858

设备状态监测、隔离、维护管理和时间同步功能。

1）布点原则。

①监控单元的监控主机冗余配置，数据采集器宜单机配置。

②具备地震预警监测功能的监控单元与地震计同址设置。

③具备牵变触发功能的监控单元宜设置于牵引变电所，并宜与具备地震预警监测功能的监控单元同址设置。

④具备信号触发功能的监控单元根据列控中心位置，可合理设置于牵引变电所、分区所、AT所、基站、中继站、线路所、车站等处所。

2）布点方案。

本线共设有现场监控单元10处，设置地点见表4。

表4　地震预警监测现场监控单元布置位置表

序号	设置里程	设置地点	设置说明
1	CK0+300	德州东站	监控单元（信号触发）
2	CK0+300	德州东牵引变电所	监控单元（牵变触发）
3	CK3+800	袁庄村线路所	监控单元（信号触发）
4	CK13+650	岔河刘AT所	监控单元（地震监测）
5	CK19+146	陵城站	监控单元（信号触发）
6	CK36+300	西祝AT所	监控单元（地震监测）
7	CK31+223	信号中继站1	监控单元（信号触发）
8	CK43+300	临邑站	监控单元（信号触发）
9	CK50+400	小韩家牵引变电所	监控单元（地震监测+牵变触发）
10	CK51+200	信号中继站2	监控单元（信号触发）

（4）网络设计及设备类型选定。

1）铁路局中心设备。

本工程接入济南铁路局地震预警监测铁路局中心系统并对其进行适应性扩容，新设2台前端预警服务器纳入既有网络。

2）监测设备。

本线地震预警监测系统现场监测设备主要包括地震计等，选用寿命长、稳定可靠、少维护并维修简便的产品。

3）广域网。

地震预警监测系统广域网设计符合下列规定：

① 相邻铁路局中心系统之间采用数据通信网，主备用通道带宽均不小于10 Mbit/s。

②维护管理单位监测维护终端与铁路局中心系统之间采用数据通信网承载，主备用通道带宽均不小于10 Mbit/s。

③沿线各车站至铁路局中心系统之间采用数据通信网承载。

④监控单元至车站主备用通道带宽按2 Mbit/s考虑。

4）局域网设备。

局域网利用济南铁路局中心机房、济南铁路局调度所以及相关维护管理单位既有局域网设备。济南铁路局中心机房局域网采用千兆以太网，其他局域网设置点均设置百兆以太网。

（5）与其他专业接口设置。

1）通信专业接口。

通信专业在区间通信基站、信号中继站及电化所亭等处为灾害监测系统提供 FE 接口，主备用各一个，并配置于不同的板卡上；各监控单元通过主备用各 1×2 M 通道汇聚至两个邻近车站。各车站采用数据通信网通道汇聚至济南局灾害监测中心系统。

2）电力专业接口。

电力专业在沿线通信基站、信号中继站及车站等处的通信机械室设置灾害监测专用自投自复配电箱，并提供两路一级负荷的外电引至配电盘，配电盘至灾害监测设备配线属灾害监测系统设计。

电力专业在沿线通信基站、信号中继站、电化所亭及车站的通信机械室处预留室内接地端子，接地端子至灾害监测设备配线属灾害监测系统设计。

3）信号专业接口。

地震预警监测系统与列控系统之间采用信号电缆连接，以信号分线盘（不含）为分界，并通过继电方式实现物理接口。

4）牵引变电专业接口。

地震预警监测系统监控单元与牵引变电系统以牵引变电所主变保护测控屏端子排为分界，并通过继电器方式实现物理接口。

4 结论

地震预警监测系统是减轻地震灾害的有效手段之一，高速铁路地震预警监测系统的构建，全面实现铁路地震灾害监测信息的共享和集成，形成统一的地震监测预警中心，从而更大程度发挥预警、监测的作用，同时合理设计地震预警监测现场管理单元，合理设置各专业接口，对保障高铁安全具有重要的作用。

参考文献

［1］杨林，闫璐，郭奇园.地震监测预警中心系统在铁路上的应用研究［J］.铁道通信信号，2015，51(12)：65-69.
［2］马莉，张格明，史建平，等.高速铁路地震预警监测系统测试评价方法的研究［J］.青岛大学学报（自然科学版），2017（3）：43-47.
［3］霍黎明.高速铁路地震监测预警与列控系统接口研究及试验［J］.铁道通信信号，2017(3)：34-38.
［4］胡兆冰.高速铁路地震监测预警系统信号接口单元设计与应用［D］.北京：中国铁道科学研究院，2016.

作者简介

魏博文，中铁工程设计咨询集团有限公司电化通信设计研究院，工程师。

第五篇

技术创新

关于智能供电运行维护管理系统的思考与实践

贾明汉

摘　要： 本文对智能供电运行维修管理系统应具备的功能及希望其达到的智能化水平进行了提纲式的描述，为智能运维系统的开发建设提供了需求参考。

1　引言

众所周知，智能供电系统由智能牵引变电所(接触网)、智能供电调度和智能供电运行维护管理三部分组成。智能牵引变电所已颁布相应的技术条件，并已付诸工程实施；智能供电调度也有相对完整的技术条件，并在部分铁路局试用和深度研发；唯有智能供电运行维护管理系统尚未看到相对完整的技术指引，虽然部分铁路局在研发和应用层面有所行动，但在系统性、完整性和可推广性方面缺少共识。

首先，简述什么是智能。对智能的定义有不同的解释。智慧与能力的总称有之；知识与智力的总和有之；不同的理论也有不同的具体释义。思维理论认为：智能的核心是思维，人的一切智能都来自大脑的思维活动，人类的一切知识都是人类思维的产物。因而通过对思维规律与方法的研究有望揭示智能的本质。知识阈值理论认为：智能行为取决于知识的数量及其一般化的程度，一个系统有智能是因为它具有可运用的知识。智能是在巨大的搜索空间中迅速找到一个满意解的能力。进化理论认为：本质能力是在动态环境中的行走能力，对外界事物的感知能力，维持生命和繁衍生息的能力等。所以，一般认为，智能是指个体对客观事物进行合理分析、判断及有目的地行动和有效地处理周围环境事宜的能力。

那么，什么是智能供电运行维护管理系统呢？根据以上关于智能的定义解释，我们希望它有如下的能力：系统在共享智能牵引变电所(接触网等)、智能供电调度系统等大量知识的基础上，通过对《接触网运行维修规则》(或变电所、或电力维修规则，以下简称《维规》)的学习，对接触网、变电所、电力设备质量状态、各级的管理行为和作业行为进行分析判断，按照《维规》的规定，及时有效地给出执行结果评价和改进及决策建议。简言之，它具有自主执行《维规》的行为能力。下面就以接触网设备为例设想智能运维系统应具有的功能。

2　系统功能设想

2.1　基于 BIM 技术，建立全寿命周期设备基础信息库

(1)《接触网运行维修规则》"设备接管"所规定的所有设计文件和竣工资料。

(2)以站场、区间、锚段、支柱为单位的设备基础信息。具体项目、名称、属性应满足后续统计分析、条件查询的需要。

(3)根据以上信息，自动生成符合规定输出格式的《接触网设备履历簿》，实现不同条件的查询、打印等。

(4)自动汇总生成主要设备数量表和主要工作量换算表，并与后续的劳动生产率和全寿命周期成本相关联。

2.2　基于 GIS 技术，实现以不同图层显示的生产力布局及运维资源信息管理

(1)车间、工区、变电所亭、应急值守点、上道作业门，以及通往作业门的道路、检修作业机械、固定视频等图标显示。

(2)各点生产管理人员、工机具、材料储备等动态信息。

(3)所亭、接触网支柱位置显示，详细信息与设备基础信息库关联。

(4)可利用的社会化应急资源分布(消防、大型机械等)。

2.3 基于接触网 6C 系统及海量故障信息，实现设备质量动态评价及故障预测与健康管理(PHM)

（1）根据 1C 检测的 TQI、TDI 的评价结论，同时加入最近一次的维修记录状态参与评价，实现质量评价与状态鉴定结果动态呈现。年末的评价结果作为年度末次的质量状态鉴定结果计入设备履历。

（2）质量评价及状态鉴定结果可依照全寿命周期按年度、月度查询历史趋势，并以图表和图形等不同方式呈现。

（3）根据检测监测趋势预测分析，给出差异化的维修周期建议意见。

（4）故障预测结果与后续检测维修计划相关联，作为后续检测维修、专项整治计划编制的依据。

2.4 基于《维规》和 PHM 系统，实现设备检(监)测、维修计划的智能管理

（1）项目定义。

定期检测：1C、2C、4C，全面检查。

在线监测：3C、5C、6C。

状态维修：一级、二级、三级修，单项修(具体到《维规》明确的单项设备)。

（2）计划编制方式定义。

均衡安排：年度工作量按月份或指定时段平均安排。

非均衡安排：根据季节性特点，上年度计划执行情况、状态检测和质量评价结果自定义，由编制人员自主安排。

（3）项目和编制方式确定以后，自动生成具体到月份的年度检(监)测、维修轮廓计划。当月计划没能按计划完成时，系统将自动修正后续月度计划。

（4）根据月度计划，生成周计划。根据周计划生成作业车、车梯不同作业方式的日计划。日计划的格式、项点等要满足智能调度(或施工调度)的要求，并按程序实现网络申报和批复计划的下达。

2.5 践行集约化理念，实现全流程、可视化的维修作业管理

全流程指从签收批复的作业日计划开始，到作业结束完成维修记录填写录入为止；可视化是指全程有后台可见的图表、图像等资源支持，现场有实时的音视频监控。

（1）作业组织方式定义：分为模块化和自定义两种。

模块化：对供电设备复杂的大型枢纽地区，根据作业范围和项目不同，可实行以模块划分的作业组织方式。实施模块化维修时，实现停电范围固定，接地线位置固定，行车限制措施固定，人力资源配置固定，工机具材料保障固定等，实现效率、效益最大化。

自定义：根据作业项目、地点，由发票人根据任务计划实际需要自行确定。

（2）根据批复的日作业计划，发票人可利用系统自动生成可编辑的工作票。其中，作业地点、项目等取自于批复的日计划；需要停电的设备、接地线位置、安全行车限制措施等自动地与作业地点、项目适配；作业人员与车间(工区)当日出勤动态人力资源相适配；需要的工机具、材料等，与作业项目、作业分工相适配。

（3）按照工作票签发、宣讲，作业分工、作业准备等程序化的要求，可调阅供电分段示意图、接触网平面布置图、风险库、隐患库等，并辅助完成作业方案的 PPT 文件编制。

（4）实行模块化作业组织方式时，对需要停电的设备、接地线位置等，其执行状态在现场作业手持机终端上可视化显示。

（5）前端远程实时查看现场动静态图像信息等。

（6）工机具、材料准备等，实现出入库、上下道系统自动清点卡控。

（7）作业命令的发布、接受和消除，由专用无线网络和现场专用接收终端来实现。

（8）维修作业记录可以现场手持机终端填写，也可作业结束在车间、工区系统中直接填写。

（9）维修计划完成情况统计分析，可实时以图形和列表的形式显示。实现不同查询条件的汇总分析。对按计划完成、接近维修规定时间，超过维修规定时间，以不同的颜色各自显示。超规定时间(周期)的项目系统自动提醒。

2.6 共享智能调度、智能变电所信息，实现运行管理辅助决策

2.6.1 应急处置辅助决策

基于智能调度的功能，通过应急处置流程指引，实现故障处置情况下的辅助决策和快速处理。

(1)故障情况下，SCADA 系统及其复示系统自动推图，实现故障信息的可视化。具体应包括变电所主接线图、接触网供电分段示意图、接触网平面布置图、视频信息、故障报告、故障区段列车分布等。

(2)故障按最小停电单元实现自动隔离，实现系统重构自愈。

(3)故障性质解析判断。可以问答或判断选项的方式，确定最终故障性质。如故障电参数(电压、电流、阻抗角)、运行环境(跨线桥、上跨线、树木等)、天气(可共享工务或公共气象信息)、就近视频、来自列车等现场人员的信息等。故障性质判定以后，应急方案与应急预案库自动适配。

(4)自动启动应急响应机制。故障信息及初步性质判断并以相对固定的短语信息自动发送至相应的应急人员及设备管理单位相关人员。

(5)应急处置执行方案可预测完成时间，并给出临时处理或一次性处理建议。

(6)根据处理结果，给出临时过渡措施和行车限制条件。

(7)应急资源推送。除常规的设备管理单位应急资源外，对附近的社会化资源根据需要可联系支援。如相近专业的工程队伍、消防资源、大型起重、切割机具等。

2.6.2　经济运行辅助决策

(1)根据国家政策和电网公司的规定，由系统根据变压器安装容量、实际负荷及用电量等，建立电费缴交合理化模型，实现系统以变电所为单位的实时运算，给出电费支出最小化的资费方案。

(2)根据变压器利用率、负荷率趋势预测，给出部分变电所阶段性退出运行的建议方案，实现系统经济运行的辅助决策。

2.6.3　经济技术指标统计分析辅助管理

均可分时段汇总、查询。

(1)供电报 1 数据源自动取自于各变电所，可自定义不同的线别、管理单位等。

(2)供电报 2 数据源与智能调度故障跳闸信息关联，真实客观体现故障跳闸件数及时间。同时为故障预测提供数据。

(3)供电报 3 关联智能调度的天窗作业计划及兑现结果。可自定义不同的线别、管理单位等。

(4)供电报 4、5 同上，数据自动取自变配电所和智能调度系统。

(5)劳动生产率和单位工作量成本分析，数据与设备履历关联。

3　探索实践

实现供电运行维护管理智能化是我们的理想目标，我们为此积极探索，努力践行。目前广铁集团初步完成以下工作。

(1)智能供电运行维护管理系统作为广铁集团信息化建设"智慧广铁"项目的子系统，已于 2020 年立项，由信息技术部牵头建设。初期成果在广州供电段试运行。

(2)部分实现全流程、可视化的"作业管理"功能(含从计划接收、审核到作业命令下达的调度业务部分)。

(3)同一平台共享智能牵引变电所辅助监控信息。

(4)建立了基于 GIS 的不同图层显示架构。

4　结束语

为成体系地推进智能供电系统建设，建议在各铁路局探索实践的基础上，组织专题研讨，尽快形成《智能供电运行维护管理系统技术条件》，并在工程实践中逐步优化改进，不断提升其智能化水平。

作者简介

贾明汉，中国铁路广州局集团有限公司供电部，副主任。

关于铁路供电系统基层站段安全生产调度指挥中心建设和运用的思考和建议

马　强

摘　要：本文主要是针对铁路供电系统基层站段安全生产调度指挥中心的职能和日常运用进行分析和研究，从硬件建设和软件培育等方面进行深入思考和分析。当前指挥中心作为站段日常生产组织、实时盯控和应急指挥的神经中枢和主要负责部门，做强做优基层站段安全生产调度指挥中心，深化其作用发挥就显得尤为重要和迫切。笔者结合实际提出了一些建议、意见，对铁路供电系统乃至其他铁路专业系统安全生产调度指挥中心建设和运用有一定的指导和参考意义。

1　背景和意义

在当前铁路持续深化改革和高速列车大量开行的背景下，确保高铁和旅客安全万无一失已经是每一名铁路干部职工的政治红线和职业底线，如何顺应新时代发展，应对机遇挑战，更好地服务于"交通强国，铁路先行"的中心工作，建立一支安全意识牢固、责任担当高效、职工素质坚实、作业行为规范的干部职工队伍，确保高铁和旅客安全万无一失，实现"决不让故障上升为事故！决不让事故演变成灾难！决不让一念之差，造成终身悔恨！"的三个"决不让"目标，需要我们深入地思考、用心地谋划和不断地实践。

近些年来随着科技的迅猛发展，网络信息技术日新月异，"互联网+"、云技术、大数据分析层出不穷，智慧供电的概念应运而生，其核心是智能化、大数据智慧分析，通过对日常安全生产和管理过程中产生的大量的、离散的数据信息的分类综合统计管理和分析，从而找出日常生产和管理中的苗头性、倾向性问题和发展趋势，并提前采取各类针对性的预防整治措施，从而实现对安全生产和管理的预控和实时管控能力，不断提高管理水平和能力。

当前，铁路供电系统基层站段安全生产调度指挥中心是站段日常生产组织、实时盯控和应急指挥的神经中枢和主要负责部门，做强做优基层站段安全生产调度指挥中心，优化其作用发挥就显得尤为重要和迫切。

2　安全生产调度指挥中心的基本建设架构

2.1　基本建设构架

根据供电系统基层站段安全生产调度指挥中心生产组织、实时盯控和应急指挥三项基本职能，目前供电系统基层站段安全生产调度指挥中心基本建设有牵引供电台、普铁供电台、高铁供电台（高铁未独立出去时）、电力调度台、施工计划台、视频监控台、作业车出退勤及运行揭示台、总调度台和日视频交班会议室等台位。

2.2　建设构架基本标准

2.2.1　房屋布置标准

（1）调度指挥中心房屋采用"1+1"模式，即 1 个调度大厅+1 个作业车调度台，作业车调度台与调度大厅之间采用玻璃墙和玻璃门隔断。

（2）调度大厅：面积 150 m² 左右，白色墙面，浅色地板，窗帘采用烟灰色布帘+白色纱帘。除大屏外，中心大厅设置工作台位 6 个，每排 2 个工作台。

第一排：牵引供电台（高铁设施段设置高铁供电台）；

第二排：电力调度操控 1 台、电力调度操控 2 台；

第三排：总调度兼大屏控制台、施工计划台。

第四排：应急指挥台。

工作台面向大屏居中布置，兼做专家诊断台使用。

第一排前边沿距大屏 3 m，左右台间距 1.5 m，前后排间距 2 m。

工作台尺寸：建议 1 m×3 m，通体浅色。工作椅为高度可调节转椅，通体深色。

作业车调度台：面积 20 m² 左右，白色墙面，浅色地板，窗帘采用烟灰色布帘+白色纱帘。设 2 个工作台位（作业车出退勤台、作业车运行揭示台），沿房屋纵向水平贴墙布置，工作台、工作椅与调度大厅色调相同，建议尺寸：0.7 m×2 m×0.76 m（宽×长×高）。

2.2.2 设备配置标准

牵引供电台：调监复视终端+SCADA 专线复视终端+视频监控复视终端+局域网办公电脑+互联网办公电脑。

高铁供电台：CTC 复视终端+SCADA 专线复视终端+视频监控复视终端+局域网办公电脑（大屏控制）+互联网办公电脑。

作业车调度台：其中出退勤台放置 3 台计算机，分别实现专用、办公、监控职能；运行揭示台放置 3 台计算机，分别实现揭示编辑、揭示审核、揭示模拟功能。

施工计划台：2 套局域网工作站。

总调度兼大屏控制台：1 套局域网工作站+1 套互联网工作站。

应急指挥台：2 部电话、4 把转椅，其他工作台配 1 把转椅。

调度指挥中心内各控制台上计算机显示器按嵌入式上下双排布置，每排 5 个显示器，显示器尺寸均为 22 寸窄边（或无边），安全生产调度指挥中心大厅内不设资料柜，中心大厅附近可设资料室。

3 基层站段安全生产调度指挥中心的职能和作用

3.1 各相关台位的工作职能

3.1.1 普铁供电台

普铁供电台负责普铁牵引供电设备运行情况的监视，负责变电所亭视频监控工作；负责作业现场实时视频的监控抽查。收集普铁牵引供电设备运行情况信息及天窗实施情况。负责配合路局普速电调做好普速牵引供电应急处置工作，及时通知有关人员，协助指挥现场应急处置；对普速各供电班组值班等情况进行抽查；发布供电专业点外上道作业命令。

3.1.2 高铁供电台

高铁供电台负责高铁牵引供电和电力设备运行情况的监视，高铁变电所亭防侵入视频监控工作；负责对高铁作业现场实时视频的监控抽查。收集高铁牵引供电和电力设备运行情况信息及天窗情况。负责配合路局高铁电调做好高铁牵引供电和电力应急处置工作，及时通知有关人员，协助指挥现场应急处置；对高铁各班组值班等情况进行抽查；发布供电专业点外上道作业命令。

3.1.3 电力调度台

电力调度台负责掌握普铁电力设备及远动系统的运行方式、运行状态；将普铁电力停电作业申请进行综合安排，审查作业内容和安全防护措施，确定停电的区段；通过远动设备进行倒闸作业或下达命令当地倒闸；批准在普铁电力设备上进行检修作业，下达作业命令；指挥普铁电力设备异常情况应急处置和故障处理；协调电力变配电所外电源停送电；收集普铁电力设备运行情况信息及日计划完成情况；发布电力专业点外上道作业命令。

3.1.4 作业车调度台

作业车调度台主要负责管内运行揭示的获取、编辑、审核、模拟、核对、发布、确认工作，并检查督促乘务员落实出勤作业标准，对乘务员落实交接班（每日签到）、待乘、测酒、拍照、出勤计划、行车明示图、出勤答题、揭示和文电传达、退勤等情况进行检查、督促、分析，GYK 文件上传并转交检测分析室，按周、月形成通报报安全科；负责出勤系统的日常运用管理工作。负责试题、需传达文件（通报）的录入；对乘务员出勤视频、车载 3G/4G 视频进行实时监控。定期对段作业车相关管理人员及乘务员出勤系统注册（含工号、指纹、头像）及数据更新。检查督促及时更新系统数据。负责作业车作业计划编辑、导入和行车明示图审核。

3.1.5 总调度兼大屏控制台

总调度兼大屏控制台负责本班日常业务管理,各台应急处置的协助,组织每日收集各车间安全生产、生产任务完成、干部跟班作业以及外部有关安全信息等情况,形成信息日报,负责普速电力远动倒闸操作时的监管,对安全生产调度指挥中心大屏的显示进行管理控制。

3.1.6 供电天窗作业计划台

供电天窗作业计划台主要负责段管内天窗日计划的管理。负责段管内各车间天窗日计划的审核,下达路局批复的日施工及维修计划;负责天窗日计划分析等工作。

3.1.7 应急指挥台

应急指挥台主要是协调和协助应急处置领导小组成员指挥应急突发事件,在处置应急突发事件时提供必要的应急处置参考资料,如现场设备、周边环境、应急处置人员等实时情况,并做好应急处置专家组相关指令的具体执行和传递落实。

4 关于基层站段安全生产调度指挥中心的职能和作用发挥的一些建议

随着信息技术日新月异的飞速发展,"互联网+"、云计算、大数据分析层出不穷,想要更好地、更深入地、更及时地发挥好安全生产调度指挥中心的职能,必须要依靠科技力量,不断地引入网络信息技术和手段,在职能定位、硬件投入和日常安全生产管理运用软件开发上精心规划,高质量推进,并不断深化拓展调度指挥中心的各项功能,只有这样才能在日常的各项安全生产和管理过程中更好地服务铁路安全生产管理工作。

所以,笔者结合当前安全生产调度指挥中心的生产组织实时盯控和应急指挥的职能,有以下建议。

4.1 生产组织一体化

生产组织一体化就是统筹生产计划的检查检修周期匹配,优化生产组织模式,实现"检养修"分开、"运检修"分离,突出集约高效,资源综合利用,建立"一体化管理、集中化组织、专业化维修"的管理体系,充分借助于信息化、可视化等手段,围绕生产组织的检查、分析、计划、作业、验收和考核这六个环节持续规范和优化。

研究探索开发生产组织管理信息化平台一是建立设备检测(修)计划管理模块。立足实际,紧紧围绕一体化生产模式,科学统筹建立年、月、周、日设备检修生产计划,并将日常设备检测(修)计划纳入信息化平台,实现段、车间、工区三级计划的填报、三级审核、兑现落实和综合评价考核等功能,利用信息化的管理平台,可自动、全面、系统、实时地统计分析设备检测检修计划的执行和落实情况,从而实现对作业计划的有效管理。二是建立生产单元组织"模块化"管理。探索实施"模块化"检修的生产组织理念,可以推行"五固化"的方法,即固化作业单元、固化人员岗位、固化安全措施、固化检修流程和固化检修周期。也就是说将相关专业的设备划分成若干个小的单元,针对每一个单元,统一研究制定人员分工,并形成固化的套路,然后针对该单元内的设备、外部环境和安全风险等影响因素,研判制定固有的有针对性的安全管控措施,当然了,临时出现的不确定状态和变化点也可以允许再研究和修订。然后研究并固化该单元内对应设备的检修流程,以此循环往复,按照该设备的检测检修周期轮回管控和执行即可。

4.2 设备管理的网格化、色标化

充分借鉴和利用信息化、网格化和可视化等手段,将相关专业的设备按照类别和周期,并考虑具体的检测检修进程统一编制和分布在一张可视化的、网格化的"表"中。

一是设备管理网格化。就是针对管辖的设备情况,借助于信息化手段,对管内的设备进行分类和统计汇总,同一类的设备可以建立一张表,在这张表中可以清晰地看到管内该设备的具体分布和数量,这样我们就可以清晰地看到每个设备的具体情况,也可以和该设备的"一杆一档"或者履历相同步,实现设备管理的可视化和全生命周期管控。

二是设备检修色标化。在上述设备管理网格化管理的基础上,同步的将其检测检修的记录相对应,建立数据连接机制,对设备检测检修实时色标管理,也就是按照设备检修的周期利用不同的颜色来区分设备的检修进程,区别出已检修、邻近检修周期和超周期的设备,如哪些设备检修了,哪些设备邻近检修周期,哪些设备已经超周期,同时还可以在网格化的基础上实现统计汇总显示,可以通过分类分项实时筛选全

段、各车间、各班组对应的相关设备的检修计划和生产任务的完成情况，并实时将各车间每日、每周、每月、每年生产计划和生产任务完成情况进行多个维度和层面汇总显示，一目了然，便于各级有效管控，避免漏检、漏修的情况。

4.3 关键盯控的常态化

结合指挥中心实时盯控的职能，为了更加精准和实时地掌握和管控日常安全生产管理过程中的关键项目、关键环节、关键施工维修作业和关键人员的履职行为等内容，我们可以研究借助于网络信息技术手段建立实时盯控分析管理模块。建立移动视频监控项点（单兵视频装置、4G智能摄像巡检系统）、施工视频监控项点、高铁综合视频管理系统、作业车视频、TDCS复示系统、汽车GPS定位及管理系统等监控项点，可以利用诸多视频监控项点重点对日常作业进出网、工具材料清点确认落实、防护措施落实、地线设置、劳保用品使用、停送电开通确认、干部履职、关键设备检修质量、作业车和汽车运行安全和路外施工安全及路外环境等关键内容和环节进行常态化的实时盯控，发现问题及时通知和纠偏，全面突出对安全生产重点环节和主要风险点的有效、实时的管控，确保纠偏及时有效。

4.4 应急指挥的系统化

围绕指挥中心应急指挥的职能，结合全面构筑人防、物防、技防"三位一体"的安全保障体系要求，通过借助于5G/4G网络信息技术、GPS/北斗定位导航等先进的科技手段，结合铁路安全生产管理工作的实际，综合、系统地建立一套方便、实用、有效的应急指挥管理平台或机制，切实提升应急处置的能力。

一是探索和研究建立和完善应急管理模块。着力提升应急处置能力，全面梳理和完善各专业应急预案和各类常见的应急场景，建立对应的模块化应急处置流程，包含信息流转、应急预案、处置流程、应急专家组和现场应急抢修组、管内线路示意图、供电分段示意图、抢修道路交通示意图、周边环境资料和社会化救援措施等模块，并常态化对应急处置管理模块各项信息进行动态更新和完善，一个场景对应一套处置流程。并充分运用5G/4G、单兵对讲畅连系统、各类高铁综合视频通道等，遇有应急处置等险情时，能将现场画面同步传输至安全生产调度指挥中心，有助于应急专家组判断故障情况和处置，为现场应急判断和处置提供依据和技术支持。

二是引入TDCS或CTC复示系统。一方面，在应急处置时可以及时查看和判断故障区段车辆的滞留或运行情况，方便故障判断和查找，也方便通过添乘检查和巡视设备，同时也有利于专家组针对当时运输秩序综合采取有效的处置方案；另一方面，引入TDCS复示系统，强化作业车运用管控。通过在作业车管理台引入TDCS复示系统，运用TDCS实时数据，实现作业车地乘联控，在作业车管理平台上有效地查看列车径路，并结合作业车视频管理系统，对作业车径路编排情况进行实时核对、确认，并建立地乘联控制度，可以有效地远程盯控添乘干部和司乘人员的作业行为，同时要求在车站开放信号后，添乘干部要向指挥中心作业车台核对作业车信号径路，确认无误后方可动车，有效地卡控了作业车的运用安全。

5 结束语

综上所述，我国铁路的飞速迅猛的发展，特别是高铁的飞速发展，对运输安全和效率提出了越来越高的要求，这就需要我们转换思维观念，跟上时代发展的步伐，不断地创新思路，创新铁路安全生产管理的手段和方法，特别是作为运输安全和生产管理的神经中枢、核心部门的安全生产调度指挥中心，更需要有更加有力的创新技术保障、专业人才保障和先进的科技手段保障。因此安全生产调度指挥中心建设和运用的主要思路和理念可以归纳为：在职能定位、硬件投入、软件开发上精心规划，高质量推进，并不断深化拓展其功能和职能。只有这样我们才能在生产组织中更加科学、合理和优化；只有这样，我们才能常态化地、实时地盯控和管控现实中的关键风险和重点环节的管控和落实；也只有这样，我们才能在日常运输安全保障和应急处置过程中应急有备、处置有序，才能保障铁路安全长治久安，才能守住我们的政治红线和职业底线。

作者简介

马强，中国铁路郑州局集团有限公司洛阳供电段，副段长、高级工程师。

轨道交通供电系统智能运维解决方案应用研究

赵洪波　殷　俊　康利军

摘　要：城市轨道交通供电系统不仅为城市轨道交通电动列车提供牵引用电，且还为城市轨道交通运营服务的其他设施提供电能。为了提高生产作业效率及设备可靠性，本文基于在线监测技术和人工智能技术，研究了供电系统智能运维解决方案。通过分析城市轨道交通供电系统运维现状，基于以需求为导向的原则，提出了智能运维管理系统的架构以及智能运维的应用场景。

1　引言

近年来，我国城市轨道交通建设已经步入全面快速发展期，城市轨道交通运营线路不断增加，运营里程也呈现逐年增长的态势。城市轨道交通涉及的专业非常多，涵盖了结构、火灾报警系统、线路、电客车、低压动照、通信、通风空调(环控)、变电、综合监控、信号、环境与设备监控、接触网、站台门、门禁、电扶梯、自动售检票、给排水、房建、清分、工艺设备等二十多个专业系统，一系列高效的运营使各专业系统能够协调运转，实现安全运输。供电系统作为地铁各系统中的核心系统之一，其安全稳定运行关系着地铁网络运营的质量。供电系统运维贯穿城市轨道交通系统的全生命周期，保质保量地运维对提高安全服务水平、保证系统稳定运行、控制运维成本有重要作用。因此，基于数字孪生技术的轨道交通供电系统的安全、智能、高效的维保解决方案成了待研究的重要课题。

"十四五"期间，我国城市轨道交通发展战略提出，数字化、智能化是其技术发展的主方向。以新一代信息技术与城市轨道交通深度融合为主线，推进城轨信息化，发展智能系统，建设智慧城轨，是实现城市轨道交通高质量发展的技术推动力。在中国城市轨道交通协会颁布的《中国城市轨道交通智慧城轨发展纲要》中，智能运维安全体系是其重要支柱。

随着国内电网智能化发展，以及新型传感器、云计算、大数据、物联网和人工智能等技术的飞速发展，提升地铁供电系统管理已成为行业广泛关注和研究的热点。

2　轨道交通供电系统运维现状

从 2003 年至今，中国城市轨道交通建设已经步入全面快速发展期，地铁逐渐成为解决城市交通问题的主要工具之一。北京、上海和广州等地的轨道交通已经率先进入信息化的运营阶段。上海地铁是我国信息化程度非常高的地铁，在其维修工作的信息化上，上海地铁开发了 EAM 设备管理系统，该系统可以对地铁车辆、路基、轨道、桥梁等设备和设施的维修进行记录，并对供电、信号、机电等设备进行管理和检修。广州地铁在前期建设时针对设备投入很多资金，大型设备大都不需要维护，或者维护周期很长，因此维修压力很小。并且广州地铁与 IBM 公司合作开发了定制化的资产维修管理系统，该项目通过实施自修与委外维修相结合模式，建立有效生产与安全组织管理程序。它不仅可以对日常的设备维修进行管理，还拓展了应对突发故障的故障维修管理，并且实现了信息的共享，有利于提高设备利用率，延长设备生命周期。但是广州地铁委外维修模式缺乏现场监控，对设备维修过程的把控没有到位。香港的地铁起步较早，信息化程度较高，目前采用的是网络化维保控制管理模式和调度管理模式相结合。其系统包括了三个方面的内容，分别是管理、标准和成本。管理是指系统可以管理地铁工作的方方面面，包括人员、资金、设备、客流、风险等；标准是指所有的工作都有一定的规范，保证管理工作标准化；成本是指系统可以通过对资源的合理配置，节约地铁的运营成本。

轨道交通供电系统主要由变电所、动力电缆、接触网/轨等系统构成。传统运维一般包括在线监测、设备评估和状态检修三个部分，其工作重点是对设备状态进行监测和控制。由于设备维护工作复杂、专业多、设备分布广，并且维护频次、成本和要求日益上升，传统的定期检修和事后检修模式难以满足可持续发展的需求，存在以下几个方面的问题。

（1）运维工作人员不足；

（2）各系统之间不能互相关联，缺少全面管理平台；

（3）数据总体处于分散状态，数据综合分析不足。

随着轨道交通整体智能化运营的要求，亟需建立基于设备状态监测、状态评估、故障诊断、故障预测、运维决策于一体的供电智能运维管理系统。智能运维管理平台对供电系统的设备实行全方位、全流程管理。

3　供电系统智能运维管理系统总体设计

供电设备智能运维系统解决方案，综合运用物联网、大数据、人工智能、云计算、移动互联等关键技术，通过智能连接、智能网络、智能认知、智能分析、智能配置、智能执行，实现运维管理方式从被动维修维护向主动健康管理转变，生产执行从以人工为主向以智能体系为主转变。设备状态实时感知预警体系主要实现负荷监测、视频、安防、环境、设备状态监测，感知预警故障。该方案提高了数据采集的准确性和工作效率，为设备可靠性、安全性指标监控提供数据采集支持；全面提升了监控数据的连续性，强化了对监测数据采集的集约化管控。

供电设备智能运维系统由设备状态实时感知预警、设备全寿命管理、生产业务流程管控、数据分析等子系统集成，是多维度的系统平台。该系统平台是整体的大脑，同时也是数据中心。通过该系统平台能及时了解供电关键设备的工作状态，实现设备运行状态、健康状态和环境的监测，实现能耗综合自动化管理；该系统平台可对运维工作的协调指挥和对系统设备的专业化维护提供支撑，防止工作人员在工作或故障处理过程中发生事故，实现运维系统"监测、协调、指挥、分析"的一体化运作，保障供电系统的安全运行和智能运维工作的稳定高效。

基于城市轨道交通供电系统对设备运行管理、在线状态监测、远程故障诊断以及数据分析的需求，设计了一种融合多种运维平台、智能控制技术和现代大数据分析的供电设备智能运维系统。该系统集设备状态实时感知预警、设备全寿命管理、生产业务管控流程、专家分析于一体。测试结果显示：该系统能够满足城市轨道交通供电生产的管理需求，强化了对以设备设施为管理核心的生产管理全过程的控制和优化，提高了城市轨道交通供电设备和相关资源的效能。

（1）搭建完整设备基础信息体系，建立设备相关信息的信息化管理和标准化体系。各类设备必须能够统一管理，通过指定专门角色对设备信息进行维护，能够对设备进行追踪、控制和运行状态评价；建立设备关系模型，包括建立设备层级关系，形成父子设备，每个设备还必须支持关联其维修历史、移动历史和维修成本等动态信息等。

（2）建立维修知识库，收集、整理和存储工单执行中的各种作业标准和规范，从而实现标准管理，沉淀维修人员的个人知识，将其转化为企业层次的知识。还须支持通过移动端向维修人员传授知识和经验，规范运维作业，提高故障维修快速响应能力。

（3）完善计划管理，加强预防性维护管理，引入设备智能化的状态维修，提升运维效率，最终实现故障修、计划修、状态修相结合的总体规划。

（4）建立一套完整的标准化的工单执行流程操作管理体系，统一管理相关的维修信息，包括设备、位置、人工、物料、工具等。在工单执行过程中明确不同角色的职责和相关业务处理范围，实现全程实时监控、作业指导和作业安全等信息可供作业人员随时查阅，为故障统计分析和优化运维策略提供依据。

（5）实现设备的故障情况和维修情况的统计分析，同时满足相关人员对于设备基本信息和标准管理的快捷查阅需求。建立员工考核制度，提升员工的工作效率，实现地铁企业对设备维修实际情况的监控、监督和质量管理。

（6）需要实现系统集成，在故障出现和工单执行等过程中，实现短信通知作业负责人、推送维修物资信息到供应链管理系统、推送施工调度信息到施工调度命令管理系统等功能。

（7）需要实现工班作业可通过移动端 APP 上报设备的业务数据和状态数据，加强维修作业过程的监控,指导现场的运维作业,保障设备维修质量。

智能运维管理系统总体架构及技术架构分别如图1和如图2所示。智能运维管理系统以各式传感器监测数据为核心,不同电气设备分别组建监测子系统,监测子系统依据不同电气设备特征采用多源装置集成技术和多状态量交互的状态诊断技术实现各类型全方位立体监测。子系统主要包括状态监测、状态评估、故障诊断、故障预测、运维策略等部分。

各个电气设备监控子系统通过其配备的各类传感器全面感知设备的状态,获取设备实时状态数据。数据层结合各子系统的海量数据、离线监测数据、仿真数据、环境数据进行安全存储。网络层考虑边缘基础设施的数据安全性、数据实时性、响应性以及网络通信的可靠性。通过数据融合、云边协同的方式,构建"云-边-端"信息服务新架构。平台层科学调用、关联合理数据,开展负荷预测、故障研判和形成综合研判。实时动态评估全站电气设备的健康评估,实现超前预警及主动运维,有效提升智能运维能力。

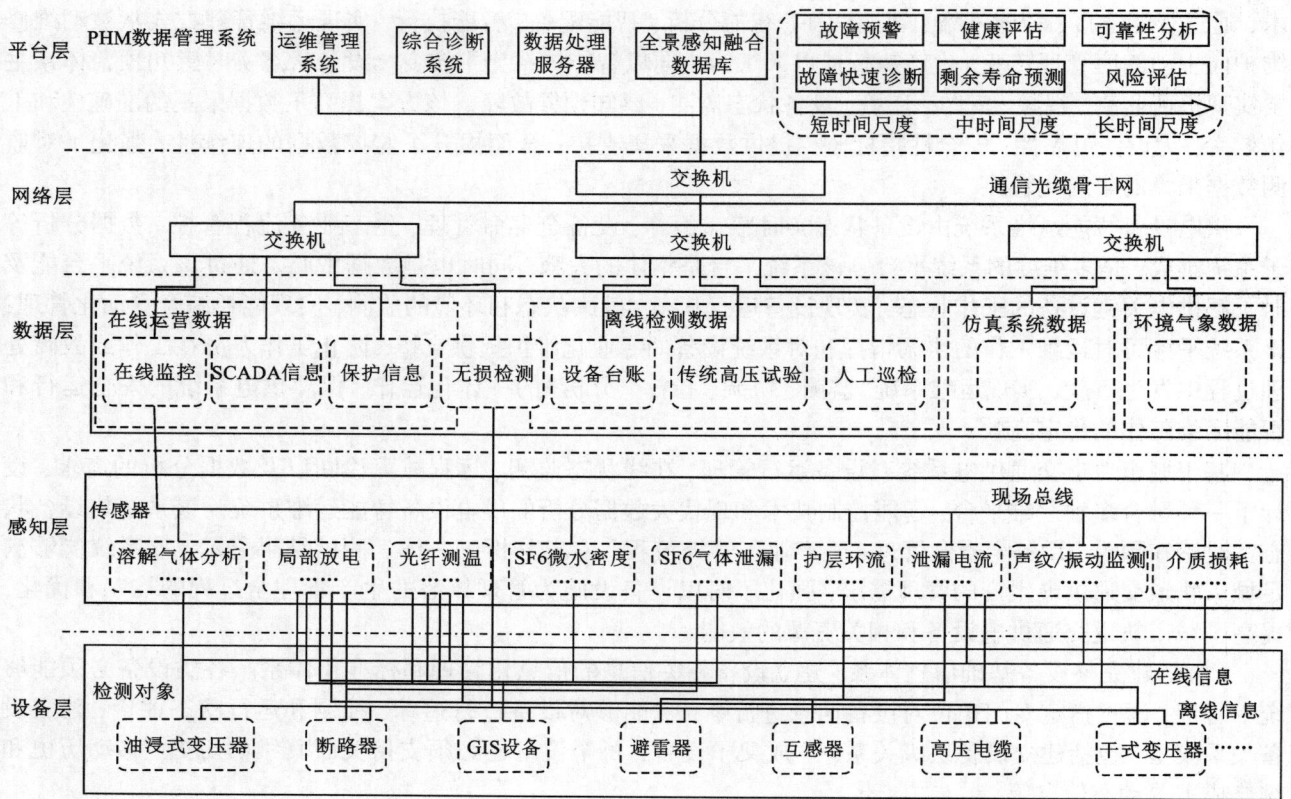

图1　智能运维管理系统总体架构

4　电气设备的状态评估

电气设备监控子系统通过其配备的各类传感器全面感知设备的状态,获取设备实时状态数据。以油浸式变压器子系统为例,采用多源装置集成技术和多状态量交互的状态诊断技术实现变压器全方位立体监测。系统功能主要包括数据获取、数据传输、数据分析与健康评估三大部分。数据获取模块能够同时感知变压器高频、特高频和超声波局放数据、接地电流、绕组温度、油色谱数据、负载率等多种状态信息,从电、热、力不同角度实现变压器状态量的全方位监测,通过对应的变压器监测模型完成对应功能的初级数据筛选和边缘计算,然后将提取到的特征状态量有效数据,结合神经网络、模糊聚类、经典故障模型推理等智能算法,输入到基于多状态量交互的变压器综合评估模型,融合热平衡模型、绝缘老化模型、过负荷模型、故障分类模型关联分析六类监测状态量,结合实时监测数据和历史监测数据,生成变压器特健康态量评估。

专家系统结合变压器监控子系统的评估模型及实时监测结果、运行故障缺陷状态、配套设备运行状态以及历史离线监测数据进行综合评估定期生成健康状态评估报告,研判潜在故障,发出预警信息,提出运

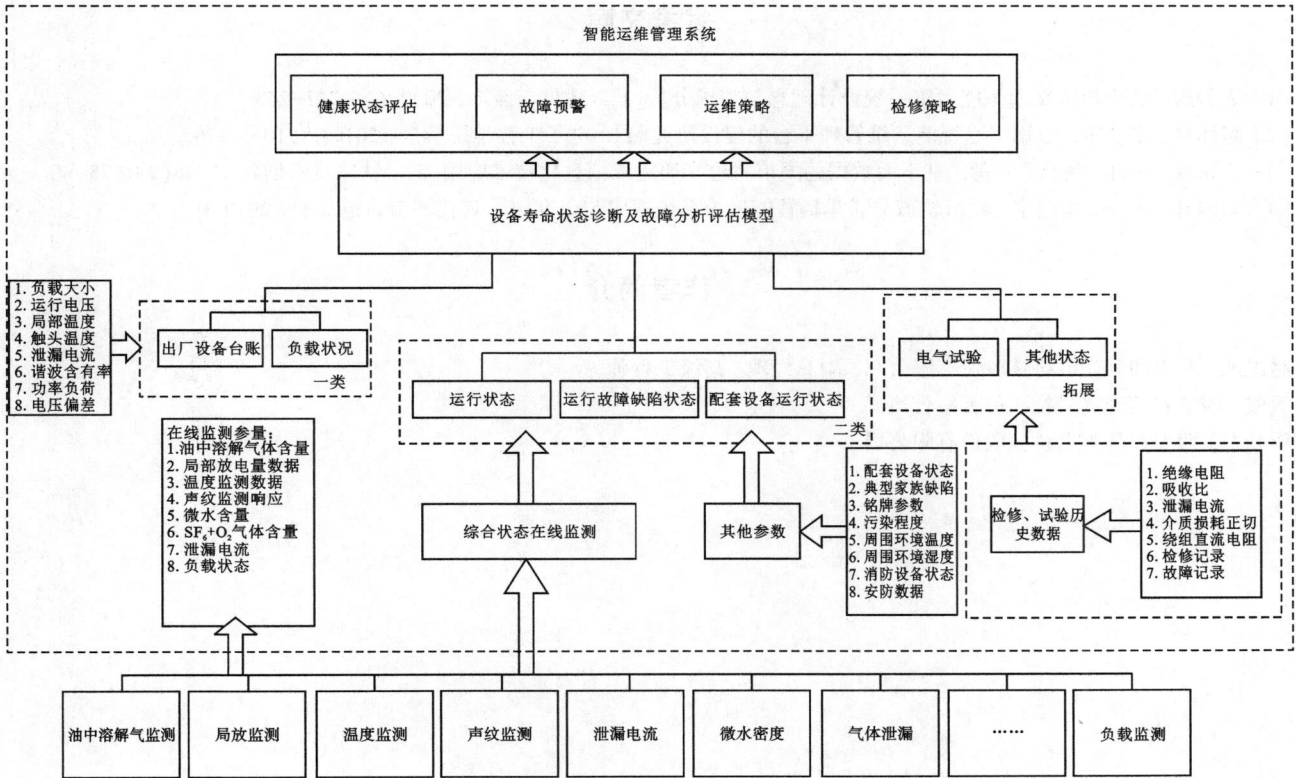

图2 智能运维管理系统系统构成

维策略及检修策略。以诊断结果为依据,分析故障、隐患及其变化趋势对与其关联的关键设备、环境、消防、安防,甚至全站的影响,最终通过全站综合智慧运维管理系统以评分的方式反映健康度。基于现有及历史采集数据的多维度分析,研判规律与趋势,导出综合评估报告。专家分析体系基于大数据技术完成状态分析、风险预警、故障研判和生产指挥及知识库管理。专家分析体系对采集的设备监测数据、历史业务数据进行归类统一和分析处理,为业务运营提供数据支撑、指标统计和动态评价,为周期性维修模式向预防性维修模式的转变提供手段。

供电设备智能运维系统在运行的过程中会生成大量的数据信息,需要按照实时运行状态数据、业务处理数据、故障信息等分类对数据进行分类管理和分析,并根据分析结果建立相应的专家系统,支持设备运维决策,保障供电系统安全、稳定、可靠运行,实现动态技能管理和可持续的数据维护,实现故障的原因分析。此外,积累的数据信息能一定程度上影响设备状态评价指标,为维修策略调整提供依据。根据挖掘的各类数据,可形成故障分析体系,建立预防性维护的特征参数模型,可对设备运行状态进行分析,可对故障预警、故障诊断进行分析,可生成 RAMS(可靠性、可用性、可维护性和安全性)分析报表。

5 结论

本文利用云计算、大数据、物联网和人工智能等新兴技术,实现各专业设备的状态监测、特征提取、状态评估、故障诊断、故障预测、维修模式优化和维修决策等智能化应用功能,构建集合城市轨道交通供电的智能运维系统,达到多特征参量数据统一采集、数据综合监视、故障联动分析、数据统计分析利用的目的。本文介绍了轨道交通供电系统智能运维的总体设计并举例说明了变压器综合监测子系统,智能运维管理系统可为轨道交通供电系统设备维护工作提供决策支持,有效地提升轨道交通供电设备的智能化管理水平,使得现场设备的运行维护更加智能、实时、准确、高效。本文所述智能运维系统已在现场得到初步应用,在以后的工作中须继续进行探索,希望可为轨道行业提升供电设备智能化管理水平提供经验借鉴和参考。

参考文献

[1] 袁和耀. 城市轨道交通智能运维系统设计理念与需求分析[J]. 建材与装饰, 2020(6): 242-243.

[2] 赵伟兴, 李晓宇. 数据中心智能运维管理平台的建设研究[J]. 电子工程学院学报, 2019, 8(10): 126.

[3] 李松峰, 王洋, 姚伟国, 等. 基于大数据的城市轨道交通运维信息化技术应用[J]. 铁路技术创新, 2018(2): 75-80.

[4] 刘丙林, 朱佳, 李翔宇. 城市轨道交通车辆智能运维系统探索与研究[J]. 现代城市轨道交通, 2019(6).

作者简介

赵洪波, 西安和其光电科技股份有限公司, 副总经理、高级工程师。

殷俊, 西安和其光电科技股份有限公司。

康利军, 西安和其光电科技股份有限公司。

长臂 e 眼巡检装置的应用探讨

李永良

摘　要：本文介绍了一种便携式巡检装置，能够对带电的、高空的设备细节及时进行排查确认，及时排除或确认设备隐患。

1　引言

铁路供电系统中大量设备处于高空状态，带电运行过程中，由于风力作用，自然腐蚀老化，设备经常会出现缺陷，如果不能及时发现处理，就会使隐患进一步发展，酿成事故，所以加强设备巡检和及时确认排查隐患就显得尤为重要。对于高空带电设备，通常是目测或者用望远镜观测，由于存在距离、角度、抖动等多种因素影响，往往看不清、看不准、看不透，而等待天窗来排查效率很低，并且可能酿成事故，所以借助专用的电子眼来巡检就成了一种必然需求。

2　概述

长臂 e 眼巡检装置是一款高性能检测产品，采用高速无线网络和大面阵 CMOS 图像传感器组成的高速彩色数字摄像机，图像传输速度可以达到 20 帧/秒，操作软件全面兼容安卓应用环境，使用时采用绝缘杆将相机主体举送至待检部位，靠支臂进行稳固定位，通过手持平板电脑查看待检部位，无线控制拍照、摄像以及补光灯开关，能够对待检目标设备的状态和各处细节进行查看，并且可以根据现场待检距离的实际情况进行变焦、变倍处理，从而直观清晰地确认或排除待检部位的故障与缺陷，同时可对目标待检设备进行高清拍摄、视频录像等，并通过无线网络实现远程高速传输。可广泛应用于铁路、城市轨道交通、通信、工务、机务、供电、电力、给水、燃气等各个领域，对人员需要登高或下井等不便到达的地方，比如接触网、火车车顶、车底、货车车厢等进行方便检测，也可以站在作业车上对柱顶或附加悬挂设备、隧道顶部设备进行检查，免去了爬杆登高检查作业，大大提高检修效率，非常适合供电部门对 6C 系统的缺陷数据进行现场快速检查确认。该产品为施工检修作业时的一款辅助工具，方便携带，安全性极高，同时还可以有效地提高工作效率。

3　装置组成

长臂 e 眼巡检装置主要由相机主体、绝缘杆、平板电脑及操控软件这四个重要部分组成。

3.1　相机主体

相机主体包括主机、支臂、底座三个部分。内部由相机、补光灯、电池和电路板组成。相机用于对目标的拍摄和录像；补光灯用于光线不足的情况下补光作用；支臂用于稳定防抖；底座用于连接绝缘杆，并且可以随意旋转来实现大范围的目标检查。

3.2　绝缘杆

拼接式绝缘杆，每根 1~6 节，每节杆长 1.2 m，可根据现场实际用途任意组合长度；或者选择伸缩式杆体，以上两种绝缘杆均满足耐压高于 120 kV，可放心使用。

3.3　平板电脑

平板电脑为工业级三防手持式无线设备，防水防尘达到 IP68 等级，符合跌落标准 MIL-STD-810G，安装 Android 10.0 系统，可在铁路、施工、采矿、军事及安全等有特种作业和户外作业要求的领域广泛使用。支持无线网络，具有超大 6100 mAh 锂电池、户外阳光环境下清晰可视、超低温环境下可启动等优点。

3.4 操控软件

独有的操控软件可无线连接相机主体，遥控相机拍照录像和补光灯的开闭，实时监控检查待检目标；同时可对拍摄到图片的场站区或线路名称、区间、设备名称、杆(车厢)号等信息进行实时记录，在图片上也可备注序号或名称，便捷地进行信息维护管理。

4 装置功能

(1)用绝缘杆托举设备，安全可靠，可以带电作业，及时高效地检查待检设备，减小人工登高作业的概率，从而避免作业中发生安全事故。

(2)可对高空设备进行高清拍照及视频录像，可变焦检查远近不同的目标，变焦有×1、×10、×100 三个不同的挡位(夜间高清拍摄距离范围为 0.3～6 m)，从而实现真正的高清拍摄，与定焦设备有很大的差别，比定焦设备有更广的应用范围和空间。

(3)采用无线方式进行数据传输及指令操作，图像实时传输低延时(100 ms)，操控方便灵活。

(4)支持远程传输图像和视频。

(5)专业操控软件，四路控制 LED 照明，支持近距离和远距离分开补光，可根据现场实际情况进行调节，避免了近距离补光过亮造成的拍照太亮及远距离补光不足造成的拍照太暗等缺点。

(6)大容量锂电池，操控软件上实现了电量的显示，相机主体可连续工作 3 小时，现场可方便快捷地更换备用电池，每套设备配备了两节专用电池。

(7)主机和绝缘杆采用可旋转拼接的方式，可正向、反向旋转，基本上一次举升即可对设备进行全视角检查，避免了反复举升拼接绝缘杆的作业。

(8)相机主体为 IP68 防水防尘等级设计，可伸到水下环境使用，减少人工工作量。

(9)操控软件可在拍摄完成的照片上进行任意指定两点之间距离测量，精准地把控待检目标的尺寸和距离，以便后续工作的顺利安全进行。

5 参数指标

参数指标见表 1。

表 1　参数指标

设备	指标项	指标值
相机	图像传感器	彩色 CMOS 图像传感器
	传感器有效像素	1080 P
	最低照度	0.1 lux
	变焦类型	50 X 变焦变倍
	扫描方式	逐行扫描
	信噪比	>56 dB
	宽动态	支持
	帧率(全分辨率)	20 fps
	白平衡	自动
	自动曝光控制	自动
	电源	DC5 V，可充电电池，可换电池
	镜头接口	CS 接口

续表1

设备	指标项	指标值
Android 三防终端	处理器	八核 2.0 GHz
	操作系统	安卓
	内存/存储	8 G 运行内存 RAM +128 G 存储 ROM
	显示屏	6.35 寸[①]
	亮度	450~500 nits 阳光下可视
	触摸屏	电容式多点触摸
	无线网络	支持 wifi：802.11 a/b/g/n/ac 2.4 G+5 GHz 双频 WiFi 和蓝牙 5.0
	定位和导航	支持 GPS+格拉纳斯 GLONASS+北斗
	双摄像头	前置 800 万像素摄像头，后置 2100 万+30 万像素摄像头
	传感器	加速器、距离感应、重力感应、陀螺仪/罗盘、光线传感器，地磁传感器等
	尺寸	166.9 mm×81 mm×13.9 mm

6　典型应用

（1）带电检查接触网设备、变电所设备缺陷或故障。

（2）列车临时停车或进站后，带电检查车顶受电弓和绝缘子缺陷或故障，及时发现并排除安全隐患。

（3）接触网发生跳闸等故障后，供电人员及时对车顶设备进行检查，缩短抢修时间。

（4）机车中途发生故障后，相关人员及时对车顶设备进行检查。

（5）货运检查货车的装载或排空状态。

（6）工务检查隧道或桥梁各处设备状态。

（7）给水检查井下作业环境，查看待检设备的工作状态。

（8）列检时，对车底车顶的检查，排查安全隐患。

（9）尤其适合用于大风区、重度腐蚀区对带电接触网设备的及时检查，安全可靠性极高。

7　实用案例

本产品已在太原铁路局太原供电段、大同西供电段、侯马供电段，郑州铁路局郑州供电段，乌鲁木齐铁路局乌鲁木齐供电段、哈密供电段、库尔勒供电段，济南铁路局济南供电段、青岛供电段，哈尔滨铁路局齐齐哈尔供电段等地广泛使用，得到了一致好评。

（1）济南铁路局济南供电段在 4C 车的录像中检查发现线路上有不止一处疑似螺丝松动，在 4C 的录像中确定了具体位置后，带此设备前往各处现场，经过高清拍照取证后，确定和排除了各处的安全隐患；此外，济南局各段应用该设备定期定点检查高空中交叉线索的线间距离，对距离过小的及时调整，避免了交叉互磨断线事故。

（2）乌鲁木齐铁路局乌鲁木齐供电段曾经应用此设备查看线路上的吊弦的制造厂家名称及厂标，还有风区接触网关键节点的磨损情况，避免了额外的登高作业，成功地规避了安全事故的发生。

（3）太原铁路局大同西供电段曾用此设备对桥梁下部的螺丝松动情况做过详细的检查，减少了人员的危险性作业量，在完成作业任务的前提下，提高了作业质量和效率；侯马北供电段在夜间高铁接触网作业车检修时，应用此设备检查隧顶设备、杆顶设备或附加悬挂设备，提高了安全性和检修效率。

（4）郑州铁路局郑州供电段在一次众多设备演练展示时，用此设备成功地检查出了承力索和吊弦之间的螺丝松动情况，避免了一次登高演示的安全事故发生，受到了当时参加的领导们的一致认可和好评。

---

1 寸＝0.033 米。

（5）哈尔滨铁路局齐齐哈尔供电段在冬季极其寒冷的情况下，巡视线路上的设备时，通过此设备检查出了隧道内部吊柱的稳定性不可靠，在有限的时间里，能够快速地检查更多的设备，以此来提高作业效率，保证了其他工作的顺利进行和列车的准时通行。

（6）太原铁路局太原供电段在一次检查线路作业时，应用此设备排查了停电区域的大部分接触网是否正常，避免了梯车沿线推行查看接触网，在有限的停电时间内，完成了工作任务，提高了工作效率。

（7）某局某段在一次事故后抢修线路时，通过四台该设备的同时使用，确定了更换配件的具体位置及其他位置的抢修必要性，大大地缩短了抢修时间，保证了列车的准时通过，而后，该段的领导表示需要再多采购几台此设备，以备不时之需。

除了以上了解到的实用案例，此设备还有其他的应用之处。在众多的使用案例中，得到的回馈大多是以此设备的安全可靠性、便捷性、高效性为主要赞赏之处。我们凭借一流管理，生产一流产品，提供一流服务，回馈广大用户，为各行业结合现场实际需求研发生产实用性、技术性、经济性俱佳的产品。

作者简介

李永良，北京隆博裕丰科技有限公司，总经理。

铁路供电 6C 系统智能化分析的探索与思考

易春明

摘 要：本文主要介绍铁路供电 6C 系统概念及功能，从目前 6C 系统的现状引出 6C 系统智能化分析在实际工作中的应用情况，并对今后 6C 系统智能化分析进行思考。

随着现代高科技技术手段在铁路行业的推广和应用，6C 监测检测系统在保障供电和行车安全方面的强大功能进一步凸显，在铁路牵引供电专业中的地位越来越重要。如何紧随时代步伐，充分利用好科技保安全手段？这需要我们铁路供电人紧密结合当今人工智能技术的发展，探索与思考 6C 系统智能化分析技术的发展趋势与成果应用。

1 6C 系统简要介绍

6C 系统（铁路供电安全检测监测系统）包括弓网综合检测（1C）装置、接触网安全巡检（2C）装置、车载接触网运行状态检测（3C）装置、接触网悬挂状态检测监测（4C）装置、受电弓滑板监测（5C）装置、接触网及供电设备地面监测（6C）装置。

1C 装置是安装在接触网综合检测车上的固定检测设备，可实现弓网运行状态（包括弓网接触力、接触线导高、动态拉出值、硬点、离线、网压等）的动态检测，为接触网运行维修管理提供依据。

2C 装置是运营动车组（或机车）司机室内临时架设的便携式设备，对接触网的悬挂部件技术状态及外部环境进行视频采集，通过分析采集数据（图像资料），指导接触网运行和维修的一种安全监测装置。

3C 装置是安装在电力机车（或动车组）车顶上的检测装置。可实时显示弓网工作状态图像；自动判定接触网拉出值、硬点和导线高度超限阈值；对及时消除接触网隐患、预防弓网故障、保证行车安全具有重要意义。

4C 装置是在作业车或专用车辆上车载的一套高性能检测设备。它利用高清成像相机从不同的角度同时对接触网每个定位点的接触悬挂、支撑装置、定位装置、腕臂绝缘、隧道吊柱等关键部位进行抓拍和录像，能够有效克服常规巡视容易遗漏的弊端，及时发现设备异常状态和隐蔽缺陷，对提高接触网维修质量具有重要意义。

5C 装置安装在动车组及电力机车出入库走行线、集团公司管界、各供电段分界点、车站咽喉区等处所。采用高清摄像机采集受电弓滑板区域的图片，通过分析不同处所采集的图片，能分辨出受电弓滑板的损坏程度、判断受电弓受损的线路区段，为查找和分析弓网原因提供技术支持。

6C 装置是安装在变配电所亭内、接触网下锚补偿、接触网绝缘子、隧道口、支柱顶部或侧面等牵引变电系统关键处所的针对性监控设施。通过分析采集的信息，能对监控的处所或设备进行质量监控、分析、报警和提供技术支持。

2 我段在 6C 系统智能化分析方面的探索

目前我段 1C、2C、3C、4C、6C 正逐步采用智能化分析手段，以实现 6C 系统分析的智能化、高效化、精准化。

2.1 1C 智能化分析

1C 智能化分析主要依靠现有 1C 数据分析程序，拓展缺陷导出模块，改变了以往人工查看波形图查找缺陷的方法，能够快速提取 1C 缺陷，提高了 1C 缺陷处理的时效性（图 1）。

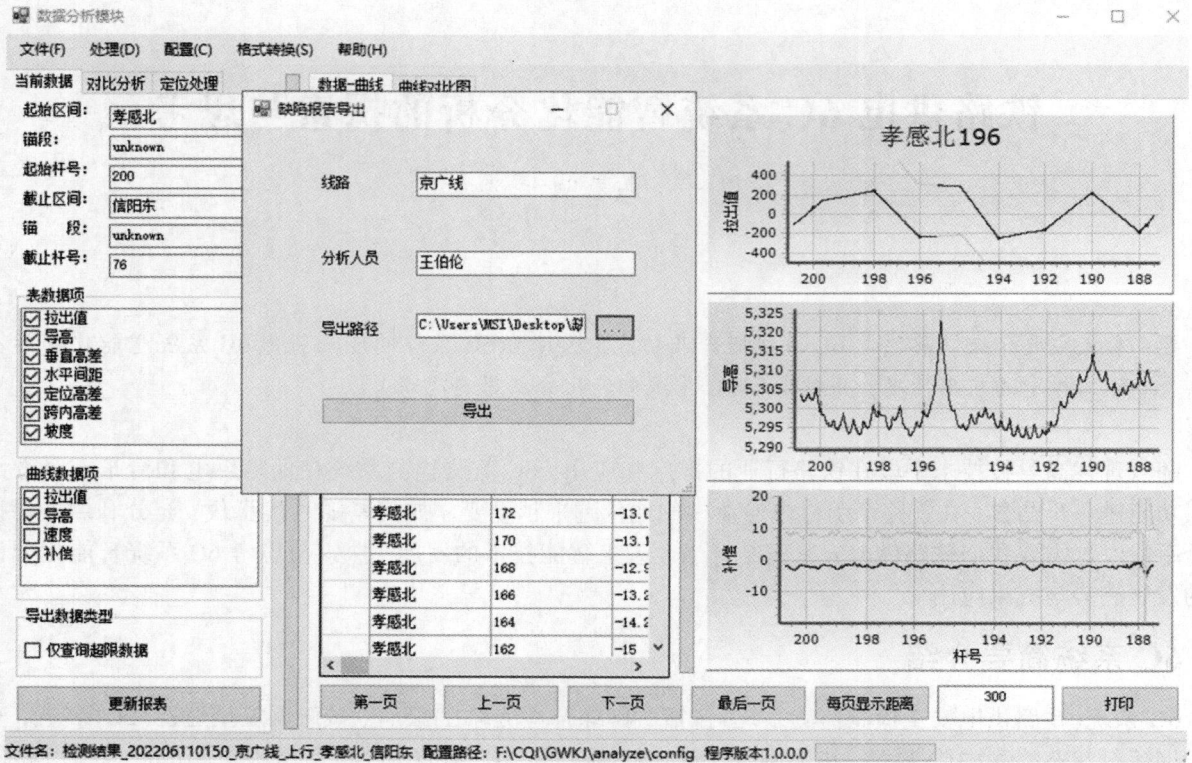

图 1　1C 智能化分析

2.2　2C 智能化分析

2021 年以来,我段试用郑州儒慧信息技术有限责任公司开发的 2C 智能分析系统(图 2)。系统主要利用图像识别技术,通过 2C 图像或视频自动筛选出异物、鸟害、吊弦、危树、AB 值等疑似缺陷。该系统具备深度学习功能,对于误判的缺陷、遗漏的缺陷能够通过系统学习提升判断准确性(图 3);经过确认后的缺陷能够自动导出缺陷通知单/反馈单(图 4)。我段在京广高铁试用过程中,分析图像或视频预筛率约 6%,将原有鸟害季节 6 人的图像(视频)分析工作缩减至 1 人即可完成,实现了更高的效率,减轻了人工劳动强度。

图 2　2C 智能化分析

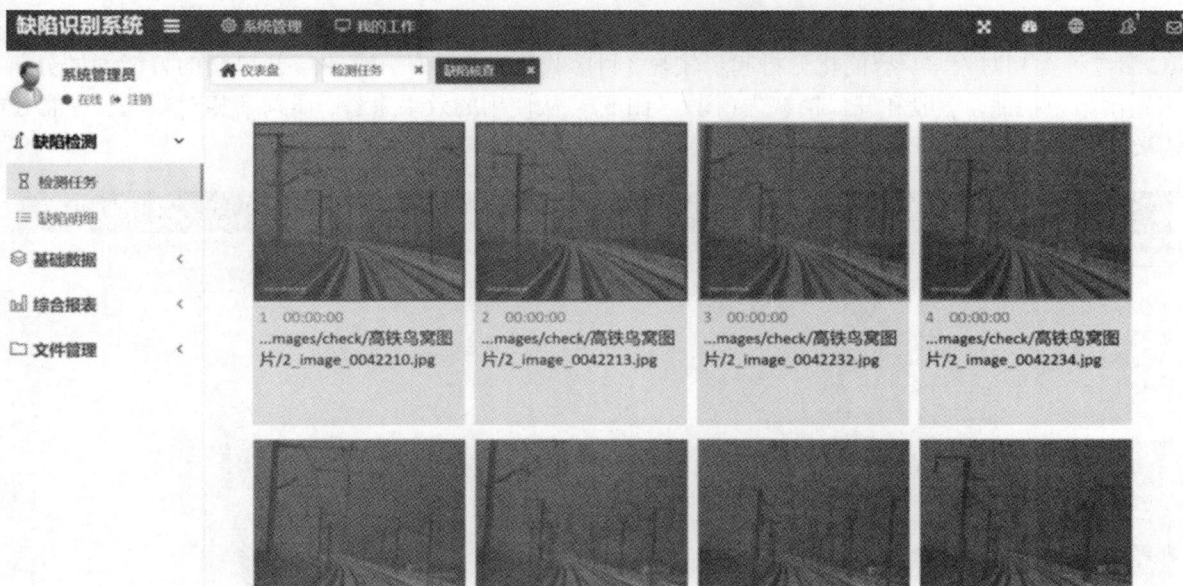

图 3　缺陷识别系统

图 4　2C 缺陷通知单/反馈单

2.3　3C 智能化分析

3C 智能化分析相对比较成熟，目前能够识别接触网拉出值、硬点和导线高度超限缺陷，并自动报警（图 5）。

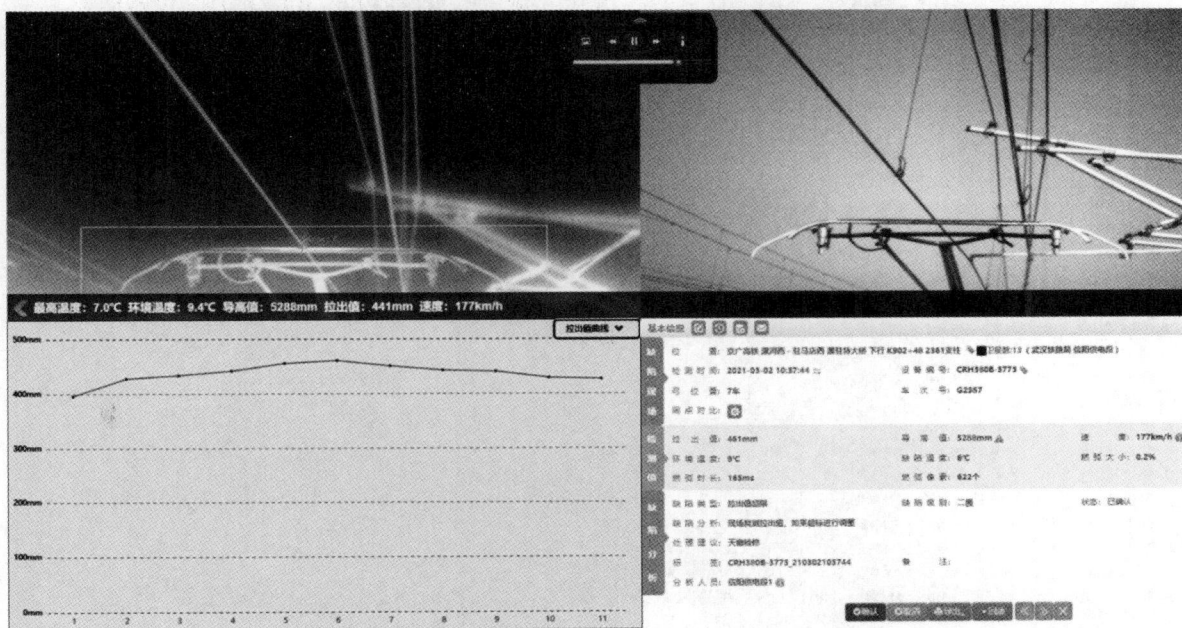

图 5　3C 智能化分析

2.4 4C智能化分析

4C图像种类相对繁多,智能化分析起步较晚,目前我段已初步使用吊弦、开口销的智能辅助分析,能基本识别出吊弦扭曲、散股和开口销缺失(图6~图8);从使用的效果来看,误判率相对较高,智能分析程序还需要进一步优化。

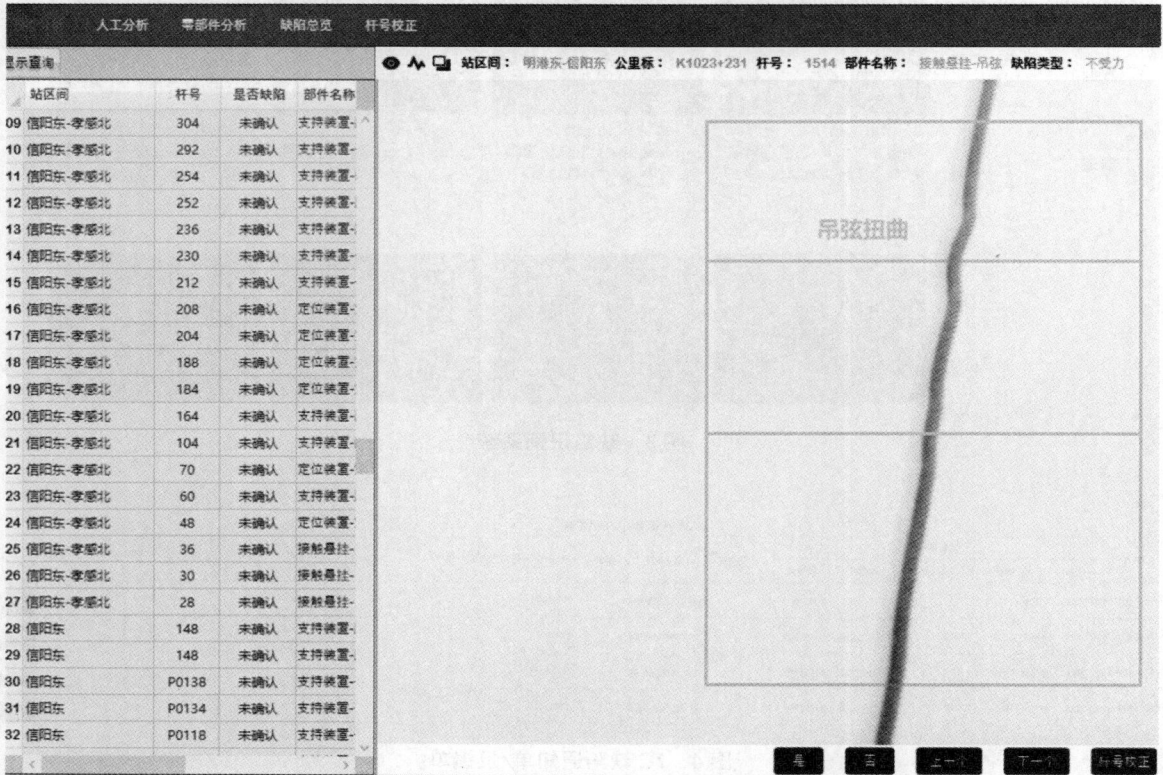

图6 4C智能化分析-吊弦扭曲

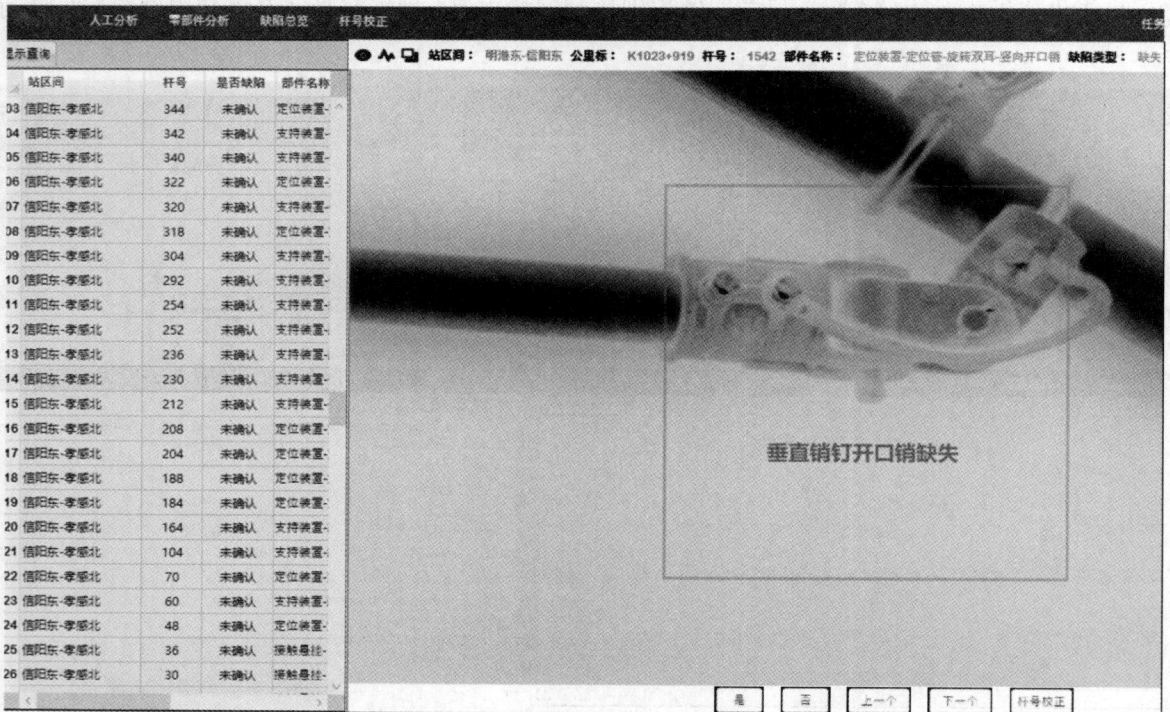

图7 4C智能化分析-垂直销钉开口销缺失

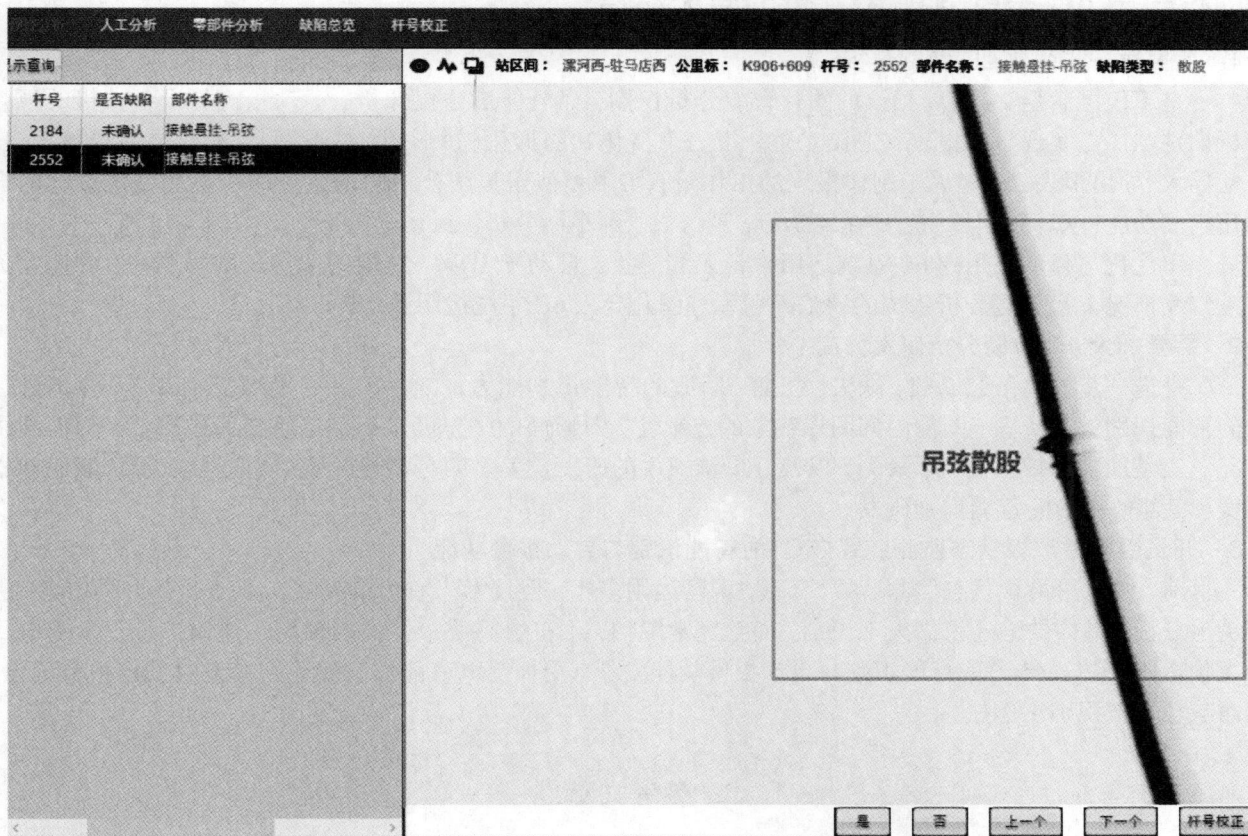

图 8　4C 智能化分析-吊弦散股

2.5　6C 智能化分析

我段 6C 智能化分析主要有补偿监测装置、绝缘在线监测装置,均具备识别缺陷值并自动报警功能(图 9)。

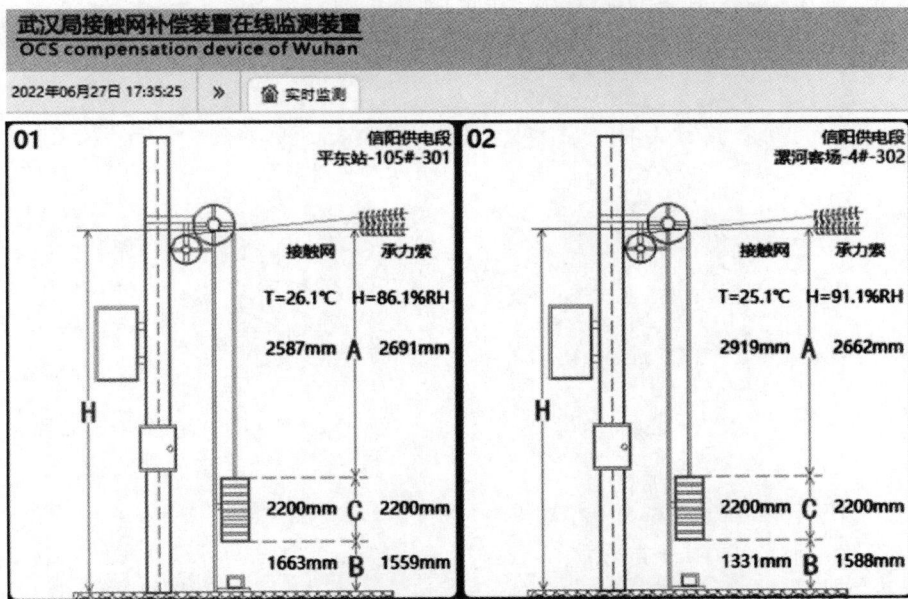

图 9　6C 智能化分析

3 对今后 6C 系统智能化分析的有关思考

3.1 需要进一步强化 2C 智能分析

一是不仅能满足 2C 装置拍摄的图片智能分析识别，而且能满足摄像机、运动相机等设备拍摄的视频分析识别。二是实现自动报表和小结功能，报表表格化和图形化（饼形图、柱形图），能够灵活调整报表、自动导入/导出报表，减轻人工制作报表的工作量，实现类似于集团公司职培系统的一整套办班资料的自动化生成功能（从计划到签到，到在线学习，到考试，到小结分析，到登记每个学员的岗位培训证书）。三是进一步优化与目前在用的 6C 系统运用平台无缝对接，自动导出以一定规则编号的缺陷图片，并能在无人工修改情况下将智能分析系统的缺陷问题库和图片导入 6C 系统运用平台。

3.2 需要加大 4C 智能分析研发力度

一是进一步提高吊弦断裂、缺失、扭曲、断股的智能识别能力。二是解决好绝缘瓷瓶破损、零部件裂纹的智能识别；可以基于图像内部图形线条的连续性、图形面的平整度来识别绝缘瓷瓶破损、零部件裂纹情况。三是加强对螺帽松脱、缺失，以及开口销缺失的研发攻关。四是需要开展对电连接及引线断股和松弛度、零部件变形的智能识别研发。

3.3 开发受电弓滑板状态监测装置（5C）的智能识别与自动报警功能

目前，受电弓滑板状态监测装置（5C）技术已运用多年，但技术未有大的发展，仅仅只有拍照功能，需要趋趋分析，具体缺陷还得靠人工识别，而且经常漏拍，不符合高质量发展的预期。建议推进开发受电弓滑板状态监测装置（5C）的智能识别与自动报警功能，遇有受损受电弓能够智能识别并及时发出报警信息，从而减轻人工识别工作量。

参考文献

[1] 国家铁路局.高速铁路供电安全检测监测系统（6C 系统）总体技术规范：铁运〔2012〕136 号〔S〕.北京：国家铁路局，2012.

作者简介

易春明，中国铁路武汉局集团有限公司信阳供电段检测，车间主任、工程师。

一种三维可塑的多段变色变形示温材料的开发

严祥洲 易春明 田忠新 吕 明

摘 要：本文介绍一种具有三维可塑性的 60~130℃ 多段变色变形示温材料，由有机染料混合硼酸及填充剂制成，受热之后可呈现色彩和三维形态的双重变化，后续可配合塑封或注模工艺制成特定形状。成品具备成本低、示温范围宽、变色反差明显、三维形态可变等优点，适用于电气设备表面测温，有助于提升供电设备检测手段，保障供电安全。

1 引言

在电气设备运行中，异常的工作状态和温度升高会导致热故障。例如，在接触网供电设备电连接装置中，电连接线夹与电连接线之间的氧化腐蚀、连接件松动等情况会导致有效接触面积变小、接触电阻增大，当设备承载电流时会造成连接部位非正常升温，温度过高时会造成设备机械性能及预期寿命下降，影响供电的稳定安全。

在接触网检修相关技术标准中，各种材质的电连接线夹最高允许使用温度不得超过以下规定：铜质为 95℃，铝合金为 90℃，铝质为 80℃，钢质及可锻铸铁为 125℃。当电连接线夹温度异常升高时，电连接线损坏风险逐步增大；当设备温度超过限界值时，需要进行检修更换。因此，开发一种色彩和三维形态双重变化的示温材料用于检测设备温度状态，有利于提高供电设备状态的检测能力，保障设备供电质量。

2 研究过程

示温材料是利用形状或颜色的变化来指示物质表面温度及温度分布的专用材料。它是通过将材料加热到一定温度时，发生某些物理变化或化学变化，如氧化、pH 的变化、升华、晶型转变、失去结晶水、热分解、熔融、固相反应等引起颜色或形状变化，以指示温度。

传统示温蜡片在接触面温度高于额定检测温度时，蜡片受热熔化脱落，只能呈现简单的立体形状改变；而传统示温贴纸在接触面温度高于额定检测温度时，只能呈现简单的平面颜色改变。因此，本课题尝试制作一种结合二者优点的多段变色变形示温材料。

2.1 设计思路

试验材料：发色剂选用碱性品蓝，这类三芳基甲烷类染料具备成本低、工业生产、色彩鲜艳等特点；显色剂选用硼酸，可使所制备的产品在抗氧化性、耐热性、耐光性等方面相比传统的酚类有明显提高；填充剂选用氧化铝陶瓷粉末，使成品的导热性、抗红外线和抗紫外线能力大幅增强；溶剂选用高级脂肪醇或高级脂肪酸，具备可着色性、可塑性、熔点可调节性等操作空间。

2.1.1 发色剂

碱性品蓝又称为维多利亚蓝 B，分子式为 $C_{33}H_{32}ClN_3$。碱性品蓝干燥固体为深紫色（或灰绿色闪光）粉末。溶于冷水、热水、乙醇中均呈蓝色；溶于浓硫酸中呈红光棕色，稀释后由黄变绿再变为蓝色；溶于浓硝酸中呈橄榄绿色。其水溶液加入氢氧化钠产生暗红棕色沉淀。碱性品蓝可用于医药、生物标记染色、工业染色、纺织品染色产业。

2.1.2 显色剂

硼酸是氧化硼的水合物，分子式为 $H_3BO_3 \cdot 3H_2O$，为白色粉末状结晶或三斜轴面鳞片状光泽结晶，可溶于水、酒精、甘油、醚类。硼酸是一元极弱酸，电离常数为 5.8×10^{-10}。

2.1.3 填充剂和溶剂

（1）氧化铝陶瓷粉末是铝的稳定氧化物，分子式为 Al_2O_3，呈白色固态，是一种耐酸碱腐蚀的高硬度化合物，不溶于水及非极性有机溶剂。熔点为2054℃，常用于制造耐火材料，在矿业、制陶业和材料学上又被称为矾土。

（2）脂肪醇指羟基与脂肪烃基连接的醇类。通常称含有1~2个碳原子的为低碳数脂肪醇或低级醇；3~5个碳原子的为中碳数脂肪醇或中级醇；6个碳原子以上的为高碳数脂肪醇或高级脂肪醇。脂肪醇熔点随着碳链长度增加而升高，十二烷醇、十四烷醇、十六烷醇、十八烷醇、二十烷醇等熔点依次呈上升趋势。

（3）高级脂肪酸，指含十个碳原子以上的脂肪酸，分子中含有羧基，具有羧酸的性质。脂肪酸熔点随着碳链长度增加而升高，十二烷酸、十四烷酸、十六烷酸、十八烷酸、二十烷酸等熔点依次呈上升趋势。

2.2 热致变色材料的制备

2.2.1 设计思路的可行性验证

（1）称取适量碱性品蓝，加入不同比例的硼酸和氧化铝，混合均匀搅拌，搅拌10 min成粉末，得到初步样品。以碱性品蓝∶硼酸∶氧化铝质量比为1∶50∶100的材料为例进行观测，样品在玻璃器皿中由边缘向中心的环状加热升温，观察其颜色变化过程。

样品未加热状态为浅蓝色（图1），加热后边缘颜色发生变化（图2），呈现深紫色→墨绿色过渡变色范围，样品颜色过深，不利于观察。

图1　样品未加热状态为浅蓝色

图2　加热后边缘颜色发生变化

（2）基于上述试验，加大填料比例以稀释色料，制得碱性品蓝∶硼酸∶氧化铝质量比为1∶100∶100的样品，以此为例进行观测。样品未加热状态为淡蓝色（图3），加热后边缘颜色发生变化（图4），呈现紫色→绿色过渡变色范围，样品变色效果明显，易于观察。

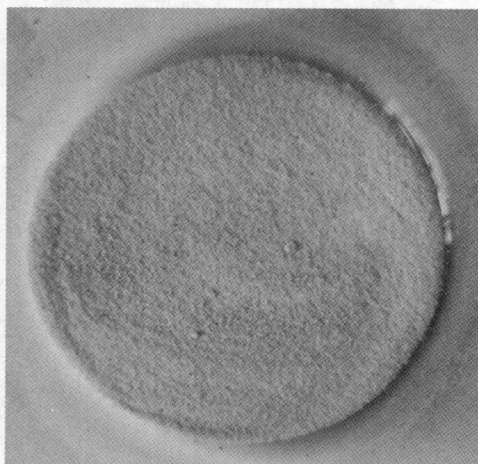

图3　样品未加热状态为淡蓝色

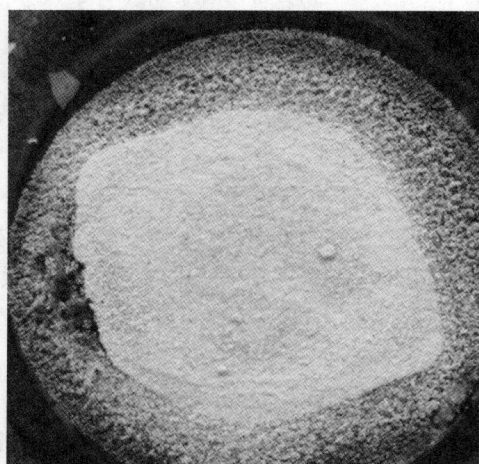

图4　加热后边缘颜色发生变化

2.2.2　加入溶剂后的变色性能测试

基于上述材料，加入不同熔点的溶剂，均匀混合后进行加热，以红外测温枪测定变色临界值。以熔点为60℃的十八烷醇作为溶剂，制备得到碱性品蓝：硼酸：氧化铝：十八烷醇的质量比为1∶100∶50∶150的样品。将样品置于玻璃器皿中，通过水浴均匀加热进行观测。

样品未加热状态为白色固态粉末(图5)，加热30 s至60℃达到溶剂熔点，使碱性品蓝-硼酸体系溶解，样品由白色粉末转变为紫色液体，冷却后变为紫色固体(图6)。

对样品中心区域迅速加热到130℃，中心高温区域在10 s内由紫色快速转变为绿色；边缘低温区域仍保持紫色(图7)，显示出良好的过渡变色示温效果。

图5　样品未加热状态为白色固态粉末

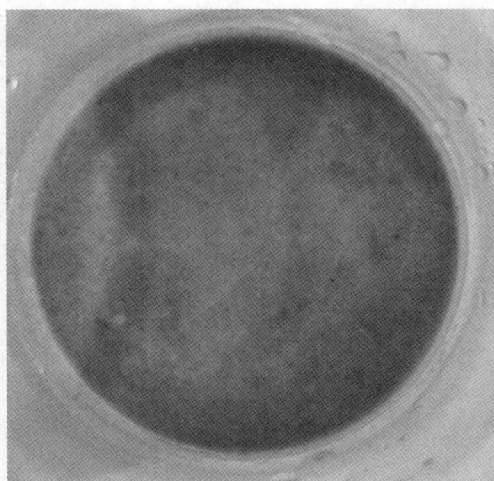

图6　冷却后变为紫色固体

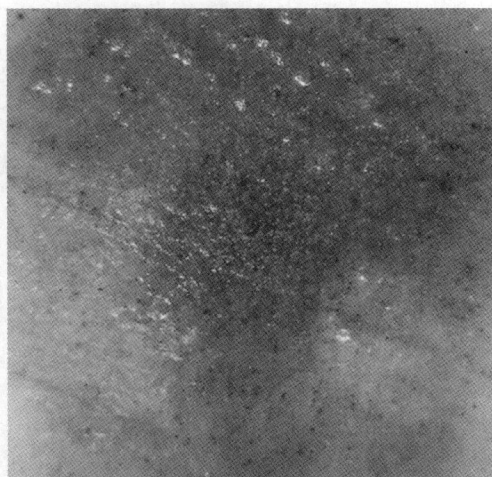

图7　边缘低温区域仍保持紫色

2.2.3　热损伤及腐蚀性实验

考虑到实际应用中金属材质特点，引入热损伤及腐蚀性实验。基于上述材料，样品直接暴露于干净铜片上，进行快速加热升温，观察样品在过热条件下的变色性能及腐蚀性。

样品未加热状态为白色固态粉末(图8)。快速加热15 s至160℃使碱性品蓝-硼酸体系溶解，样品由白色粉末转变为紫色液体并迅速转变为绿色夹杂黄色斑点的分散结晶体，溶剂颜色恢复透明(图9)。

重复取少量样品置于干净铜片上，快速加热25 s至190℃，样品由白色粉末转变为紫色液体并迅速转变为绿色夹杂黑色斑点的片状结晶体，溶剂颜色恢复透明(图10)。

对样品过热后的铜板进行擦拭，观察到样品覆盖区域无腐蚀痕迹(图11)；无样品的区域，铜板与空气直接接触，加热后出现了轻微氧化，铜材质颜色加深；两者区域之间形成微弱色差分界线。

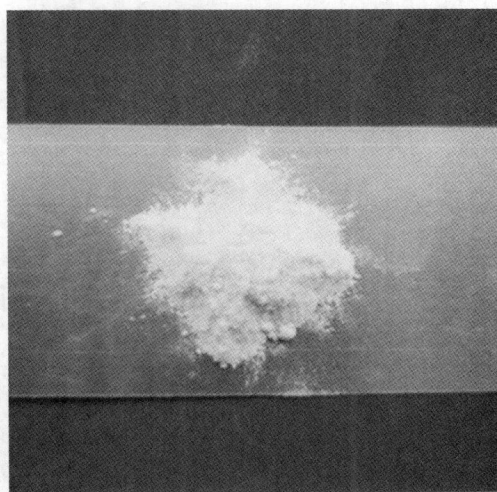

图8　边缘低温区域仍保持紫色

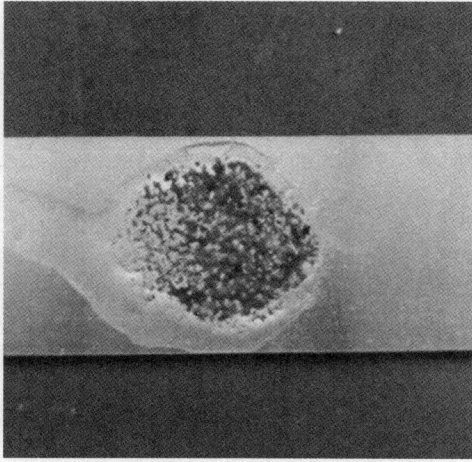

图 9　溶剂颜色恢复透明

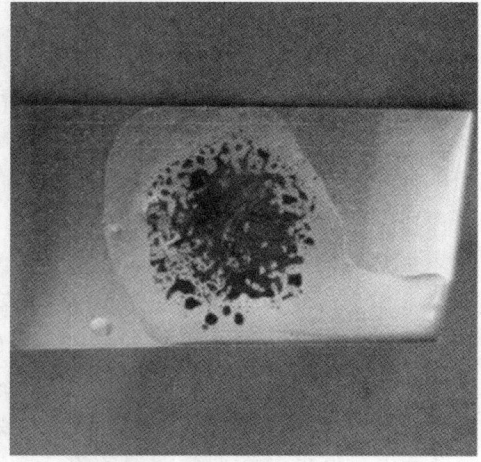

图 10　溶剂颜色恢复透明

图 11　样品覆盖区域无腐蚀痕迹

3　研究总结

3.1　成果展示

（1）室温 30℃下将成品放置于 A4 纸面（图 12），将纸面加热至 60℃，白色粉末熔化为紫色液体（图 13）；将纸面加热至 130℃，紫色液体转变为绿色结晶体（图 14），呈现理想的三维形态和颜色变化。纸张状态良好，无燃烧迹象。

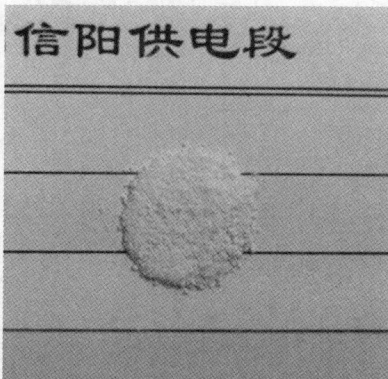

图 12　室温 30℃下将成品放置于 A4 纸面

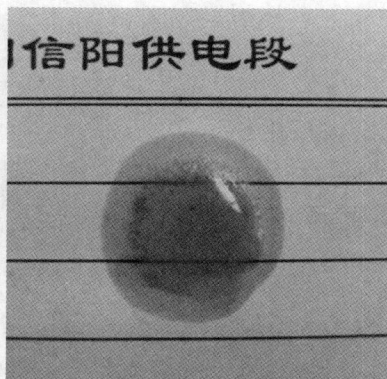

图 13　白色粉末熔化为紫色液体

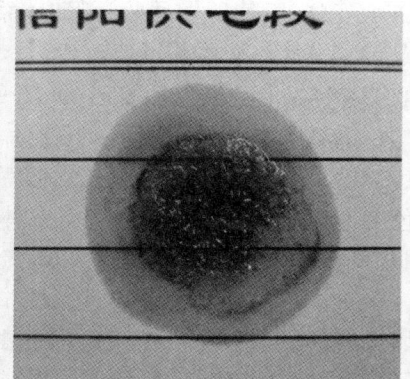

图 14　紫色液体转变为绿色结晶体

(2)室温30℃下将成品放置于A4纸面(图15),将纸面加热至110℃,白色粉末液化、膨胀为紫色泡沫体(图16);将纸面加热至170℃,紫色泡沫体转变为夹杂黑点的绿色结晶体(图17),呈现理想的三维形态和颜色变化。纸张达到相应燃点,出现零星氧化黄斑。

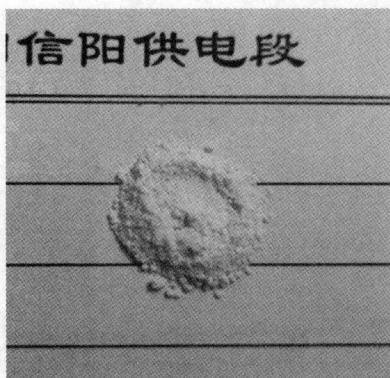

| 图15 将成品放置于A4纸面 | 图16 白色粉末液化、膨胀为紫色泡沫体 | 图17 紫色泡沫体转变为夹杂黑点的绿色结晶体 |

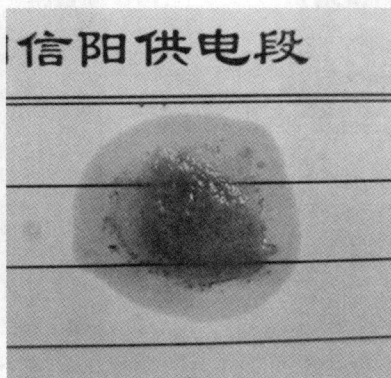

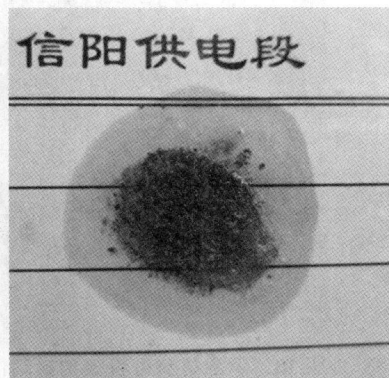

(3)本课题以十八烷醇(硬脂醇)为溶剂,制得碱性品蓝:硼酸:氧化铝:十八烷醇质量比为1:100:50:150的成品。成品加热到60℃时,颜色和三维形态发生变化,成品由白色粉末转变为紫色液体;成品加热到110℃时,三维形态发生变化,成品膨胀为紫色泡沫;成品加热到130℃时,颜色和三维形态发生变化,样品转变为绿色结晶体。本示温材料在60~130℃范围内色彩变化鲜艳、变色跨度大、三维形态变化明显。

3.2 变色变形原理

(1)实验中选用碱性品蓝作发色剂,是电子对的给予体;硼酸作为显色剂,是电子对的接受体,根据电子得失机制,显色剂硼原子上的空轨道可以与发色剂中氮原子的孤对电子结合。当温度升高时,诱发了发色剂与显色剂之间的电子转移反应,使发色剂的共轭体系发生变化,产生多次颜色变化。

(2)硼酸兼作发泡剂,在常温下为$H_3BO_3 \cdot 3H_2O$,存在结晶水;加热至110℃时,硼酸分解为偏硼酸,结晶水逸出并汽化,内部膨胀产生泡沫状空腔结构。

(3)十八烷醇作为溶剂,在常温下可制备为白色粉末,当温度达到十八烷醇熔点60℃时,使碱性品蓝-硼酸体系首次溶解于溶剂中,呈现首次色彩变化。后续可通过调配溶剂种类,进一步调制变色示温区间,具备广泛操作空间。

3.3 主要贡献点

(1)该示温材料具备良好的热敏变色变形性能,实现了示温蜡片与示温贴纸两者特点的结合。成品在达到额定检测温度后,呈现出色彩和三维形态的双重变化。

(2)本课题首次引入碱性品蓝作为发色剂,碱性品蓝作为纺织业染料和细胞染色剂已应用多年,具有安全可靠、成本低廉、色彩鲜艳等优点。通过碱性品蓝-硼酸体系复配溶剂的形式,实现了成本低、示温范围宽、变色反差明显、三维形态可变等优点。

3.4 成果的实用价值

(1)该示温材料可直接塑封制作为立体贴纸(图18),亦可预热注模制作为变色蜡片(图19),在60~130℃下呈现色彩和三维形态的双重变化,能够直观地测量显示设备的异常温度状态,有助于提高供电设备检测能力,保障设备运行质量。

(2)后续可采用其他高级脂肪醇、脂肪酸材料作为溶剂,利用不同种类溶剂的熔点差异,进一步调制多种变色示温区间,具备一定的实用价值。

(3)该示温材料可用于大面积示温,以色彩的过渡变化显示温度分区,用于确定异常温度的位置。

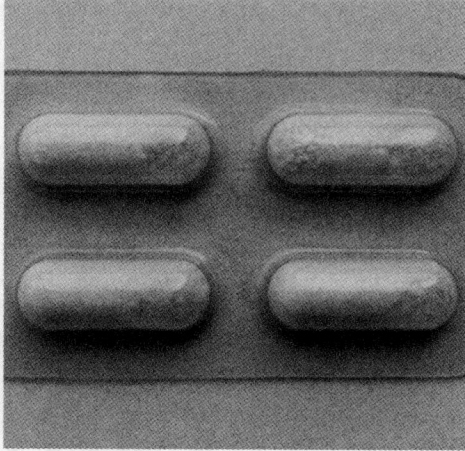

图 18　示温材料可直接塑封制作为立体贴纸

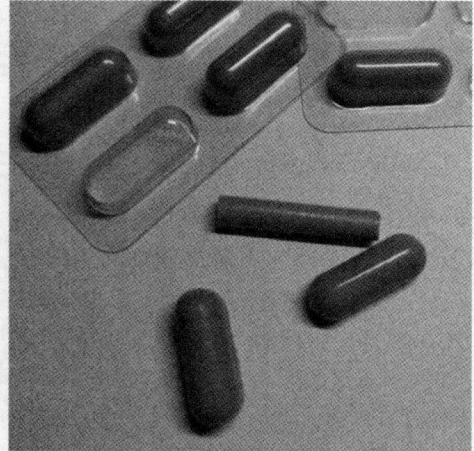

图 19　预热注模制作为变色蜡片

参考文献

［1］于永，高艳阳.孔雀石绿–硼酸体系的热变色性能研究［J］.化工技术与开发，2007，36（5）：19-25.

［2］郝志峰，杨阳，余坚，等.甲酚红–硼酸体系可逆热致变色颜料的研究［J］.精细化工，2004，21（4）：241-244，248.

作者简介

严祥洲，中国铁路武汉局集团有限公司信阳供电段接触网检测车间，副工长。

易春明，中国铁路武汉局集团有限公司信阳供电段，主任。

田忠新，中国铁路武汉局集团有限公司信阳供电段，助理工程师。

吕明，中国铁路武汉局集团有限公司信阳供电段，接触网工。

大气电场预警与防雷装置在电气化铁路系统的应用

金 川 张英男 王科海 陈健聪 李凤欢

摘 要： 电气化铁路的快速发展，对牵引供电系统安全可靠运行提出了更高的要求，提升供电系统防范风险和应对自然灾害的能力至关重要，本文立足当下思考对策，把气象监测融入电气化铁路供电系统防雷工作，开展大气电场预警监测和防雷装置应用，建设监测预警与防雷监管一体化平台，对降低雷害对供电设备的危害、提升运输安全可靠性具有十分重要的现实意义。

1 概述

滨洲铁路是中国东北地区的交通大动脉，是连接亚欧大陆的重要通道，运行于中国与欧洲以及沿线国家的铁路国际联运列车，是深化我国与沿线国家经贸合作的重要载体和推进"一带一路"建设的重要抓手。滨洲铁路承担哈尔滨局集团公司 57% 的运输量，年货物运输能力超过 1 亿吨，线路全长 935 km，分布于黑龙江、内蒙古管内。为有效提高客货列车运行速度、增加输送能力、改善沿线交通条件，2017 年 7 月滨洲铁路电气化改造完成，内蒙古管段呼伦贝尔 500 余 km 范围属雷电多发区域，雷电多发对电气化铁路供电设备运行安全构成威胁，为确保供电设备运行安全、确保运输生产平稳有序，减少雷害引发的供电故障，实施雷电监测预警、雷电防护等预防措施迫在眉睫。

2 雷电的危害

雷电对电气化铁路供电系统运行危害一般分为两类：一是闪电直接击在构筑物及设备上产生热效应、电效应和机械作用。闪电电流高压效应产生高达数十万伏的冲击电压，瞬间冲击电器电气设备，击穿绝缘使设备发生短路，同时闪电电流的高热效应会产生大量热能，在雷击点的热量增加，导致金属熔化等情况。二是雷电的二次作用，雷电流产生的静电感应和电磁感应。雷电静电感应可以使被击物导体产生与雷电性质相反的大量电荷，当雷电没有消失流散时，会产生高电压，发生放电现象，雷电电磁效应为雷击点周围产生强大的交变电磁场，感生出的电流可引起变压器等设备局部过热而导致火灾。电气化铁路接触网供电设备自身携带一定量的电荷，会吸引雷电，接触网线路保护角度大，相对于其他构筑物，更容易遭受雷击，雷电灾害会对接触网设备运行可靠性产生严重影响。

在电气化铁路接触网设备运行管理工作过程中，应从接触网设备所在区域的具体情况进行全面分析，总结区域内历年雷电数据，以及雷害引发接触网设备故障跳闸的详细情况，依据收集的相关数据，为电气化铁路接触网运行期间抗雷设防提供合理依据。近三年滨洲铁路电气化接触网设备发生雷害原因故障跳闸 25 件，其中滨洲线伊列克得牵引变电所供电臂发生跳闸 9 件，三根河等 5 个牵引变电所供电臂各发生雷害跳闸 2 件，海高台子等 6 个牵引变电所各发生雷害原因跳闸 1 件，故障跳闸时段均为雷雨天气，通过巡视检查均发现放电点。

3 滨洲铁路的雷电基本概况

通过分析 2014 年至 2021 年闪电定位数据，内蒙古呼伦贝尔地区年均发生地闪 10 万余次，其中负地闪年均比例在 94% 以上。

3.1 滨洲线内蒙区段雷电月变化

雷电是发生在自然界中常见的放电现象，伴随着强大的电流和电磁辐射，对人类、地面建筑物、输电线及通信设备等具有极大危害。内蒙古呼伦贝尔地区属于雷电的多发区域，雷电活动遍布全年，多发生在 6—8 月，占全年的 91.51%，其中 6 月占 15.6%、7 月占 37.8%、8 月占 36.3%，绝大多数雷电发生在夏季，这与该季节对流旺盛有密切联系。

3.2 滨洲线呼伦贝尔区段雷电日变化

闪电频次的日分布特征明显，总体呈单峰分布。高值区出现在午后、傍晚，低值区出现在清晨、上午。这与局地对流强弱有关，午后对流开始发展，傍晚达到最强，清晨热量不足，不利于对流的形成和稳定。

3.3 滨洲线呼伦贝尔区段雷电流幅值分布

正地闪的平均雷电流幅值为 74.76 kA，最大值 387.6 kA，在 20~60 kA 强度等级发生最为频繁，占正地闪总数的 61.1%；负地闪的平均雷电流幅值为 43.5 kA，最大值 318.7 kA，在 18~42 kA 强度等级发生最为频繁。很明显，负地闪的强度不及正地闪，但负地闪发生频次较多，且分布更为集中。

3.4 滨洲线内蒙区段铁路 10 km 沿线雷电密度

滨洲线内蒙区段铁路 10 km 沿线雷电密度较大，大于 0.1 地段超 80%，尤其扎兰屯市地域范围雷电密度较高，受雷电困扰更为严重。

4 大气电场仪雷电预警系统、无源等离子抗雷装置的应用

4.1 大气电场仪雷电预警系统

大气电场仪雷电预警是通过研究雷电电场变化体征、提供有效预警信息，在雷击发生前的 5~60 min 发出警告信号的系统。雷云的形成分为积云、成长、成熟、耗散等四个阶段，雷云形成或靠近的时候，对地静电场的电场强度将呈现显著变化特征，通过大气电场强度的连续监测，识别电场强度值的大小、连续桂东平均值的趋势、电场瞬间变化率值的大小，实时对雷电电场特征的识别判断，即可为雷电的临近提供有效的预警信息。

雷电监测预警系统包括实时监测的大气电场仪、雷暴记录仪、提前预放电电接闪器以及相应的系统软件，软件用来采集接收电场数据，大气电场仪的工作原理为雷暴云聚集时对地产生强电场，金属在电场力的作用下产生感应电荷，利用静电屏蔽原理，电机带动金属转子以固定频率转动屏蔽或非屏蔽金属定子，金属定子被金属转子屏蔽瞬间产生微电流，测量微电流值来推算电场强度。常态天气情况下，电场强度值较小，雷云团移动过来时其幅值逐渐增大，雷云迅速靠近时，电场过零点，开始有雷电活动。

4.2 无源等离子抗雷装置

无源等离子抗雷装置是以尖端形成的相对均匀的电场，以稍高用电设备的电场强度引聚雷云电场电荷高效中和的设备，是目前国际上最先进的非接闪式防雷产品。

利用阵列抗雷针的"似尖端效应"，使其自身在雷云电场感应下的电场强度高于被保护目标数十倍，从而引聚雷云电场、电荷，使被保护目标处于相对较低电场的安全电位，同时，通过特有技术实现无源强电离，产生高浓度等离子体，形成 30 mA 的消散电流，快速消散雷电先导，破坏雷暴成因，达到消除雷暴灾害的目的。

无源抗雷系统可以真正实现抗雷保护全覆盖，建立免维护、免人工、安全高效的铁路抗雷减灾体系，解决传统防雷技术保护范围小、引雷入地风险高、危害大等问题，弥补传统抗雷技术的不足，全面降低传统防雷避雷日常管理的成本，有效控制和消灭因雷击带来的隐患，全面提升接触网抗雷水平。同时无源抗雷系统可以彻底杜绝雷电对地面目标的打击伤害，有范围广、寿命长两大优势：一是利用雷云电场激励多重放电器在低场强和高场强下均能强电离放电，无源产生的等离子体流量为有源发生等离子体的 500 倍而消散电荷流高达 30 mC/s、保护角大于 86°(相对安装高差 H 的 14 倍)。二是抗雷系统结构简单而结实可靠，比具有电力电子器件的有源等离子发生器具有更好的耐候性和更长的使用寿命。其轻巧的结构更适用于机动或难攀特高目标，还适于经济和灵活地构成阵列布局，满足全方位抗雷和取代干扰抗雷运行的传统避雷针的需要。针对其无源、超耐久、易安装、防护范围大等独家核心优势，对任何电子产品无干扰，是抗雷系统的一次历史性革命。

4.3 大气电场仪雷电预警系统、无源等离子抗雷装置配套应用方案

依据记载的近十年雷暴影响铁路运输秩序事件，因雷暴天气影响铁路沿线频发多发地，故初步选择在有代表性的试验站点处安装两部大气电场仪雷电预警设备及两部无源等离子抗雷装置。

初步拟在扎兰屯站(一部)、博克图站(一部)各安装一套大气电场仪，所有过程采用无线通信方式，确

保区域内信号良好,同时扎兰屯站(一部)、博克图站(一部)各安装一部无源等离子抗雷装置,消除雷暴灾害。

大气电场仪雷电预警系统及无源等离子抗雷装置在雨季来临及雨季结束后进行两次定期维护。由于大风、雷暴、冰雹等气象灾害对设备组件的影响,要进行不定期维护、器材更换等,拟在雷暴活动频发的6~9月期间不定期巡检。

5 结束语

本文通过制订符合滨洲铁路电气化需求的雷电预警系统及雷电防护设备方案,开展大气电场预警监测和防雷装置应用,加强接触网设备运行状态分析,实施主动避险措施,对提升接触网设备防范雷电防护能力、降低雷害对牵引供电系统设备运行安全的影响,具有十分重要的借鉴意义。

参考文献

[1] 高鹏,叶蕾.深入探讨雷电监测数据在雷电灾害风险评估中的应用[J].数码世界,2019,3.
[2] 中国气象局.中华人民共和国气象标准地面大气电场观测规范(QX/T 594—2020)[S].北京:中国气象局,2020.

作者简介

金 川,中国铁路哈尔滨局集团有限公司工电检测所,高级工程师。
张英男,中国铁路哈尔滨局集团有限公司齐齐哈尔供电段,工程师。
王科海,中国铁路哈尔滨局集团有限公司哈尔滨供电段,工程师。
陈健聪,中国铁路哈尔滨局集团有限公司齐齐哈尔供电段,工程师。
李凤欢,中国铁路哈尔滨局集团有限公司齐齐哈尔供电段,副段长、工程师。

电气化铁路运维大数据、6C检测监测技术应用

李施特　吴剑峰　曾晓敏

摘　要： 截至2021年底，我国高铁里程突破40000 km，全国铁路电气化率达到73.3%。电气化铁路供电设备的稳定运行直接关系到铁路运输能力和运输秩序，确保供电畅通的重要性凸显。随着电气化铁路规模的不断扩大及高铁地位的日益提升，在减员增效、提质增效多重考验下，安全高效地进行电气化铁路运营维护，不断提高运维技术水平及管理水平，是保障铁路运行安全及高效正点的关键。本文着重对电气化铁路运维大数据、6C检测监测技术应用进行了研究分析，并对运维大数据、6C检测监测的功能进行了说明，提出运维大数据及6C检测监测系统的改进建议，为高速铁路电气化设备高效智能管理提供了参考依据。

1　概述

1.1　研究背景与动机

我国电气化铁路里程日益增多，电气化铁路供电设备的稳定运行直接关系到铁路运输能力和运输秩序。电气化铁路设备结构复杂，零部件种类繁多，技术参数精度要求较高，受环境气候影响较大，导致电气化铁路设备运营维护工作量巨大，检测维修难度较大。应当加强电气化铁路运维大数据、6C检测监测技术的研究与应用，优化电气化铁路设备的检测监测手段，丰富运维大数据系统的功能，以信息化、精细化、智能化的原则开展电气化铁路设备管理工作，确保供电设备安全稳定。

1.2　运维大数据介绍

铁路运维大数据是指以容量大、种类多、存取速度快、应用价值高为主要特征的铁路数据集合，通过建立供电设备一杆一档等设备履历及各层级岗位人员信息，关联计划管理、作业管理、台账管理、缺陷管理、运营环境等功能模块，利用大数据系统管理人员及设备，借助网络硬件设备储存及运算能力，对巨量繁多的作业流程及设备参数进行信息化管理，显著提高管理效率。

1.3　6C检测监测技术介绍

铁路供电安全检测监测系统(6C系统)包括弓网综合检测装置(1C装置)、接触网安全巡检装置(2C装置)、车载接触网运行状态检测装置(3C装置)、接触网悬挂状态检测监测装置(4C装置)、受电弓滑板状态监测装置(5C装置)和接触网及供电设备地面监测装置(6C装置)。6C检测监测的作用是对电气化铁路的牵引供电系统进行全方位、全覆盖的综合检测监测，主要对接触网悬挂参数和弓网运行参数的检测，对接触网悬挂、腕臂结构、附属线索和零部件的检测，对接触网参数的实时检测，对动车组受电弓滑板状态及接触网特殊断面和地点的实时监测，对接触网运行参数和供电设备参数的实时在线检测等。

2　运维大数据系统功能

2.1　电气化铁路运维数据源

随着现代信息处理技术及监测手段的快速发展完善，电气化铁路运维拥有众多数据源，主要包括人员岗位资质信息、设备基本信息、设备出厂试验数据、预防性试验数据、在线监测数据、离线检测数据、铁路供电远动系统数据、试验检测车采集数据、环境气象信息、设备运行检修信息数据、故障后生成报表信息、铁路供电安全检测监测系统(6C)数据等。

2.2　运维数据采集

电气化铁路运维数据采集主要由供电段、车间、工区三级机构负责建立完善。供电段负责搭建运维数据各类模块，建立各层级人员基础信息；车间负责录入设备履历及一杆一档，完善技术资料及运营环境资

料；工区负责填报作业票据、巡检记录，收集设备几何参数及缺陷整改销号数据。

2.3　运维数据处理分析

2.3.1　运维计划管理

运维计划实现检测(检查)、维修、检修三大类型年度、月度计划管理。年计划分为年计划编制、年计划明细、年计划审核、年计划查询四个模块，其中年计划编制实现年计划编制及实现本段年计划上报审核。月计划明细实现对年计划生成的月计划数据管理，支持按照检修项目汇总月计划数量、兑现数量、兑现率，月计划还支持申请变更操作，如某个月份的区间站场的月计划无法完成全部兑现，则可申请变更部分至下一个月。通过运维计划管理能够清晰掌握各区间、站场供电设备检修完成进度，及时调整变更设备检修计划，确保兑现完成年度工作量。

2.3.2　作业计划管理

作业计划定义了每日具体的检修作业内容，是执行设备运维工作的主要参考依据，对确保劳动人身安全起到至关重要的作用。作业计划分为网检计划、配合计划、天窗点外计划、故障修计划。作业计划下达后须进行办理工作票、分工单、预想会、收工会等各项流程，通过运维大数据系统可以卡控上票人员分工岗位资质、封锁范围内作业里程、停用供电臂的作业地点，能够有效杜绝无证上岗、超范围作业等违章行为。

2.3.3　台账记录管理

电气化铁路运维大数据系统实现了对检测维修台账的填报、查询、审核、缺陷生成、周期提醒，设备检修台账可以关联工作票进行填写录入，并且台账填报界面可以追溯到历史数据的信息。供电设备几何参数为数值型的均设置了阈值卡控，当阈值字段填写超过标准值时会依据所超警示值和限界值进行不同颜色标记，审核结束后则自动生成一、二级缺陷。设备检修完成情况可以通过一杆一档检修进度实现按照杆子维度图像直观呈现，按照设备检修规定周期实现对各个设备的检修情况进行即将到期预警及超期提醒，有效避免设备失检失修的情况发生。

2.3.4　缺陷问题管理

电气化铁路运维大数据系统能够对来源为 6C 检测、运检修、巡视、上级检查的缺陷问题数据进行流转管理，具有问题登记、问题确认、问题整改、问题验证、问题查询等各项功能。系统内遗留的缺陷问题根据处理时限要求能够推送提醒，并且在作业计划管理相应作业区段中进行提醒整改，缺陷问题整改销号必须关联工作票等相关依据，确保缺陷问题能够按时整改、真实销号。

3　6C 检测监测技术应用

3.1　弓网综合检测装置

该装置是安装在高速综合检测列车上的固定检测设备，车顶设备及车内平面布置均为特殊设计，适应接触网检修和受电弓检修的需要。弓网检测设备要根据综合检测车对设备的安装和布置要求对各种参数的测量技术进行专门的研究和设计。其检测目的主要是对接触网悬挂参数和弓网受流参数进行高速车载检测，检测参数包括弓网接触力、接触网网压、接触线高度、接触线动态拉出值、硬点、弓网离线火花、检测速度和里程等。通过弓网综合检测装置缺陷报表，能够实现对接触网导高不平顺、拉出值超标、硬点等缺陷问题整改销号；利用波形图历史对比分析，能够发现设备异常变化情况，且根据波形图特征能够查找定位器不受力、补偿卡滞等典型缺陷；结合 CDI 检测数值，能够分析设备动态性能质量及变化趋势，有针对性地检修维护设备，提高弓网匹配度。

3.2　接触网安全巡检装置

接触网安全巡检装置指为完成指定区段的接触网状态检测，采用便携式视频采集设备，临时安装于运行动车组的司机台上，对接触网的状态进行视频图像采集，事后统计分析接触网悬挂部件技术状态。高铁移动视频系统(HMVP)是指在动车组 EOAS 的基础上扩展功能，对接触网外观及外部环境进行视频采集，通过 4G/GSM-R 网络实时传输至地面视频中心，实时查看动车组运行线路接触网状态。通过定期或加密对接触网巡检分析，能够有效判断接触网设备有无脱落、断裂等异常情况，有无可能危及接触网供电的周边环境因素，有无侵入限界、妨碍车辆运行的障碍，及时发现处理鸟窝、危树、异物及设备缺陷，加强对轻飘物、邻近施工点、上跨物的状态盯控。

3.3 车载接触网运行状态检测装置

车载接触网运行状态检测装置指在运营的动车组上加装接触网检测设备，以实现高速铁路接触网状态的动态检测，能够测量动态拉出值、接触线高度、弓网离线火花、硬点。通过安排专人24小时不间断盯控3C缺陷报警信息，确认报警缺陷是否危及行车安全，指导弓网应急处置和接触网运行维修。

3.4 接触网悬挂状态检测监测装置

接触网悬挂状态检测监测装置安装在接触网作业车或专用车辆上，在一定运行速度下，对接触网悬挂系统的零部件实施高精度成像检测，在检测数据的自动识别与分析的基础上，形成维修建议，指导接触网故障隐患的消缺。通过组织人员对4C检测图片数据进行仔细分析，能够发现支持装置、附加悬挂、定位装置、接触悬挂等各零部件缺陷问题，指导现场开展设备维修整治，有效确保供电设备安全稳定。

3.5 受电弓滑板状态监测装置

受电弓滑板状态监测装置是通过安装在车站(咽喉区)、动车组(电力机车)出入库区域、局界口、段界口、联络线等处所的图像采集装置，24小时不间断监测通过该位置的受电弓滑板状态，能够发现监测并及时发现受电弓挂异物或供电设备及受电弓滑板异常状态。通过观察各处所之间安装的5C装置状态，能够缩短故障排查范围，有效提高弓网应急处置效率。

3.6 接触网及供电设备地面监测装置

接触网及供电设备地面监测装置是指在接触网特定位置(如定位点、锚段关节、线岔、隧道口等)及变电所(含AT所、开闭所、分区所)处设置固定或移动监测装置。通过实时监测接触网张力、振动、抬升量、线索温度、补偿位移及供电设备的运行状态、绝缘状态、温度等参数，指导接触网及供电设备维修。

4 运维大数据系统及 6C 检测监测技术发展方向

4.1 运维大数据系统改进建议

电气化铁路运维大数据系统需要不断升级网络硬件设备储存及运算能力，充分拓展人员信息及设备管理功能，积累设备运营维护历史数据，根据设备检测数据、零部件结构形式、设备出厂日期、故障信息、故障原因等，生成供电设备系统故障树模型，提供对零部件故障影响程度、故障率的评判以及关键零部件寿命的预计，根据当前供电设备的健康状态，从供电系统的可靠性和维修成本出发，提供优化的维修决策参考，通过优化综合检修周期、维修方式、人员配备、计划维修次数等参数，生成供电设备最优维修方案。

4.2 6C 检测监测技术发展方向

电气化铁路6C检测监测技术需要不断完善检测项点，提高检测参数精度，固化监测装置准度，减小天气变化等外部环境影响，提升检测数据的稳定性，为供电设备运行质量分析及变化趋势提供有效指导。开发智能分析功能，探索1C历史波形图自动对比分析、2C及4C图像自动识别等智能分析方法，优化智能分析准确性及时效性，降低智能分析缺陷误报率及漏检率，通过智能分析与人工分析相结合的方式，减少人工分析工作量，提高电气化铁路供电设备运营维护效率。

5 结束语

本文是笔者从事电气化铁路供电设备运营管理工作以来，从接触到的关于运维大数据系统及6C检测监测技术实际运用情况中，通过现场调查分析及查阅相关资料总结出来的一些经验和看法。本文通过归纳运维大数据、6C检测监测系统的功能，提出关于运维大数据及6C检测监测系统的改进建议，为高速铁路电气化设备高效智能管理提供了参考依据。

参考文献

[1] 王卫东.高速铁路基础设施动态检测技术[M].北京:科学出版社,2017.

[2] 方小飞.电气化铁路接触网检测方式探讨[J].中外企业家,2018(23).

作者简介

李施特，中国铁路南昌局集团有限公司南昌供电段动态检测室，工程师。

吴剑峰，中国铁路南昌局集团有限公司南昌供电段动态检测室，主任。

曾晓敏，中国铁路南昌局集团有限公司南昌供电段供电技术科，科长。

便携式正杆器的研制及应用

武春波　王　委　魏　峰

摘　要：电杆在铁路电力系统中起着非常重要的作用，在运行过程中受外界环境影响经常出现不同程度倾斜的情况，严重时会造成倒杆，威胁供电可靠性。为此，供电段电力车间每年要组织人员对倾斜的电杆进行扶正。传统的正杆作业通常采用线路停电人工牵拉的方式进行调整，存在需要停电作业效率低和登杆作业风险高的问题。本文在查阅相关文献基础上，结合现场实际情况，研制了一种便携式正杆器，以工具创新优化铁路电力正杆作业。

1　引言

铁路电力设备具有点多、线长、面广及环境复杂的特点。沈阳局集团供电系统钢筋混凝土电杆的数量高达 195210 根，其中锦州供电段 38460 根。在电力设备运行过程中，由于环境影响容易引起电杆倾斜，倾斜的方向一般与线路方向垂直且角度不会过大，这为便携式正杆器提供了使用空间。研制一种便于携带、便于操作、无须停电且不需登杆进行作业的电力正杆器，可以极大提高现场作业效率和保障作业人员的安全。

2　创新思路

2.1　创新背景

供电段电力车间通常采用线路停电人工牵拉的方式实施正杆作业，该种方式一般需要多人进行，正杆效率低，而且须停电操作。通过调查 4 次正杆作业，得到正杆作业时间统计表，如表 1 所示。首先，正杆作业时间中的停电检电时间和恢复送电时间占比较大，约 140 min，其主要原因在于作业线路两端的隔离开关距离较远，大部分时间消耗在路途中。其次，准备工作时间约为 27 min，大部分时间消耗在车辆无法到达电杆附近时搬运正杆所用器具的路途中。最后，实际正杆操作时间（包括上下杆及固定大绳、挖基础、调整电杆、检查确认、回填、夯实等）约 40 min，操作时间较长。

表 1　电力正杆作业时间统计表　　　　　　　　　　　　　　单位：min

次序号	正杆作业总时间	停电检电时间	准备工作时间	上杆时间	下杆时间	挖基础时间	调整电杆时间	检查确认时间	回填时间	夯实时间	收工结束时间	恢复送电时间
1	213	75	24	3	4	13	5	1	4	5	6	73
2	218	78	19	2	2	19	8	1	4	7	6	72
3	191	61	22	4	2	13	10	1	4	4	5	65
4	241	74	45	4	2	15	7	1	4	5	8	76
平均时间						215.75						

鉴于电力正杆作业总体用时达到了 215 min，有必要通过创新手段对其进行优化。

2.2　创新设计

为满足便于携带、便于操作、不须停电且无须登杆等实际需求，在查阅并借鉴相关创新成果基础上，研制一种便携式正杆器，其包括连接电杆构件、支撑杆、液压千斤顶、支撑板及加长杆等构件。其创新点如下所述。(1)正杆器两端采用抵靠方式连接,不采用螺栓连接,可以方便携带。(2)电杆连接构件采用U形抱箍+M形抱铁设计,适用于全部 10 kV 电力线路电杆。(3)采用加长支撑杆设计,适用范围广。(4)支撑板采用自锚设计,可以方便操作。

3 构件选择

3.1 电杆连接构件的选择

电杆连接构件采用 U 形抱箍+M 形抱铁设计,其中,抱箍直径的尺寸依据,以铁路电力线路中最为常见的高度为 10 m 和高度为 12 m 的钢筋混凝土杆为例进行拉线抱箍的选择。其中 12 m 电杆直径与地面距离的计算数据如表 2 所示。

表 2 电杆直径与地面距离计算表

电杆高度/m	电杆锥度:1/75;电杆高度:12 m;电杆梢径:190 mm		
	电杆直径增量/mm	电杆直径/mm	距地面高度/m
1	13.33	203.33	9
2	26.67	216.67	8
3	40.00	230.00	7
4	53.33	243.33	6
5	66.67	256.67	5
6	80.00	270.00	4
7	93.33	283.33	3
8	106.67	296.67	2
9	120.00	310.00	1
10	133.33	323.33	0
11	146.67	336.67	−1
12	160.00	350.00	−2

考虑到抱箍在电杆距离地面 1.1 m 左右的位置比较方便安装,此时,电杆抱箍的直径初步选择 302 mm。

3.2 液压千斤顶的选择

液压千斤顶宜满足质量轻、方便携带及使用等现场实际需求,对市场中加长高行程液压千斤顶的参数进行模拟实验并比选,加长高行程液压千斤顶的参数对比如表 3 所示,最终选择 5 t 单泵尖底液压千斤顶。

表 3 液压千斤顶参数表

液压千斤顶类型	单泵平底	单泵尖底	双泵尖底	单泵平底	单泵尖底	双泵尖底
承重能力/t	5	5	5	8	8	8
最低高度/cm	61	66	66	61	66	66
起升高度/cm	50	50	50	50	50	50
最高高度/cm	111	116	116	111	116	116
质量/kg	8	8.2	8.8	9	9.3	9.8

3.3　支撑杆的选择

支撑杆采用镀锌方管，兼顾重量较轻、保证支撑强度和方便制作的需求，对支撑杆的尺寸及重量进行分析对比，并确定选型方案。镀锌方管规格参数如表 4 所示。

从表中数据能够看到，镀锌方管的重量随规格尺寸和厚度的增加而增加，同时考虑制作支撑杆的镀锌方管需与液压千斤顶尖部进行可靠连接，因此应选择大于液压千斤顶尖部最宽部分的 50 mm，最终选择 60 mm×60 mm×2 mm 的镀锌方管。

对支撑杆的长度尺寸、电杆正杆器其他构件长度尺寸及现场实际要求进行分析对比，镀锌方管长度计算如表 5 所示。

表 4　镀锌方管规格参数表

镀锌方管厚度/mm	规格/mm	每米质量/kg
1	30×30	0.9
1.5	30×30	1.3
1	40×40	1.2
1.5	40×40	1.8
1.5	50×50	2.3
2	50×50	3.0
1.5	60×60	2.8
2	60×60	3.6
1.5	80×80	2.8
2	80×80	3.6

表 5　镀锌方管长度计算表

电杆距离地面高度/mm	支撑板距离电杆根部距离/mm	支撑板至电杆连接抱箍的距离/mm	液压千斤顶最高高度/mm	支撑杆长度/mm
1200	1500	1921	1160	761
1300	1500	1985	1160	825
1400	1500	2052	1160	892
1500	1500	2121	1160	961
1600	1500	2193	1160	1033
1700	1500	2267	1160	1107
1800	1500	2343	1160	1183

依据表中数据，一方面，考虑选择支撑杆长度族中的较大值以方便现场操作；另一方面，考虑镀锌方管标准长度切割尽量不产生余料，其长度的整数倍宜为方管标准长度值。最终确定支撑杆长度为 1200 mm。

3.4　支撑板的选择

对支撑板从容易加工和方便操作两个方面考虑，决定支撑板采用方形不锈钢花纹板，作为最优方案。计算标准不锈钢花纹板整数分割族，然后结合现场实际初步确定支撑板的边长长度。其计算结果如表 6 所示。

表 6　不锈钢花纹板尺寸计算表

不锈钢花纹板/(mm×mm)	长边分段尺寸/mm	短边分段尺寸/mm	是否完整分割
1240×2440	20	62.0	是
1240×2440	25	49.6	否
1240×2440	30	41.3	否
1240×2440	35	35.4	否
1240×2440	40	31.0	是
1240×2440	45	27.6	否
1240×2440	50	24.8	否

依据表中数据，一方面，考虑选择支撑板适应现场实际环境；另一方面，考虑标准不锈钢花纹板尽量不产生余料，其长边和短边长度的整数倍宜为不锈钢花纹板标准值。最终确定支撑板尺寸为 400 mm×400 mm。

3.5　加长杆的选择

为提高正杆器使用的灵活性，设计加长杆，方便遇到复杂情况时加长支撑杆的伸长距离。加长杆采用镀锌圆管，兼顾重量较轻、保证支撑强度和方便与千斤顶进行连接的需求，对支撑杆的尺寸及重量进行分析对比，并确定加长杆采用规格为 D40、长度为 600 mm、厚度为 2.5 mm 的镀锌圆管。

4　三维建模及试验

4.1　三维建模及仿真试验

为提高研制效率，采用 SoildWorks 软件进行仿真设计。其中各构件的模型及仿真试验如图 1 所示。

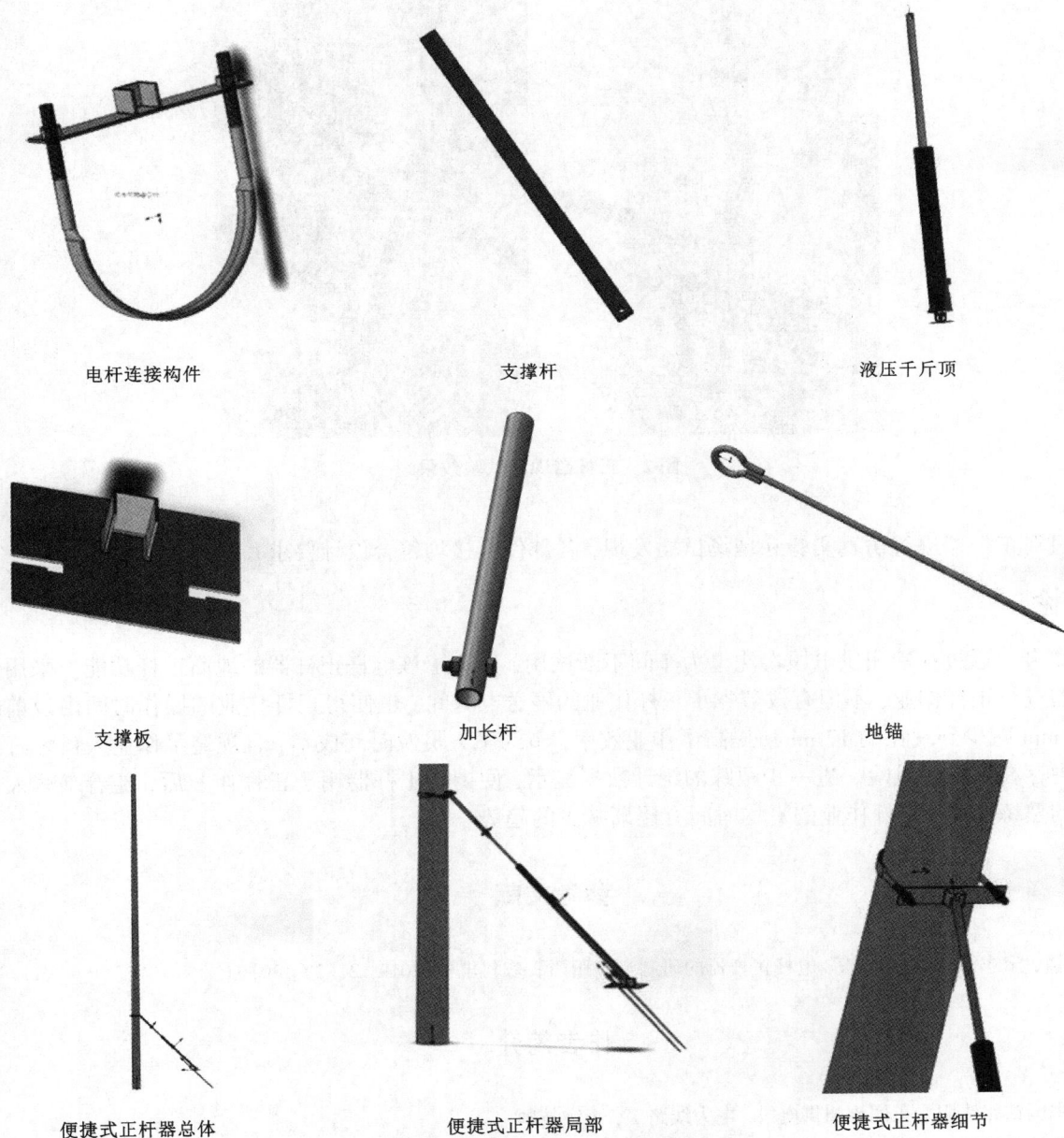

电杆连接构件　　　　　　支撑杆　　　　　　液压千斤顶

支撑板　　　　　　加长杆　　　　　　地锚

便捷式正杆器总体　　　　便捷式正杆器局部　　　　便捷式正杆器细节

图 1　正杆器各构件仿真设计效果

4.2 使用方法及现场试验

在倾斜电杆与地面之间夹角为锐角的一侧放置正杆器。首先,在电杆距离地面1.5 m处选择适当位置放置抱箍并固定。其次,在距离电杆根部1.5 m处地面的适当位置放置支撑板。再次,连接千斤顶与支撑杆后,使千斤顶施力杆与抱箍上的抵靠槽相抵靠,支撑杆下端与支撑板上的抵靠槽相抵靠,并利用地锚固定支撑板。最后,调节千斤顶长度调节器,增加正杆器的整体长度,从而推动电杆增加其与地面垂直的角度,完成正杆操作。

当电杆倾斜角度不大时,可优选调节千斤顶长度调节器来进行电杆扶正操作;当电杆倾斜角度较大,或者现场环境相对复杂时,仅依靠调节千斤顶长度调节器不能扶正电杆,则可以在千斤顶施力杆上增加加长杆,完成正杆操作。正杆器现场试验效果如图2所示。

图2 正杆器现场试验效果

通过对正杆器进行仿真实验和现场试验发现,各部件连接均符合设计要求并达到预期效果。

5 结论

2022年,通过在锦州供电段秦沈电力车间不断试用,验证了该电杆正杆器的地面正杆功能。采用便携式正杆器进行正杆作业,不但有效节省了正杆作业的停送电时间,也使得正杆作业的操作时间由以前的平均约40 min减少到现在的17 min,提高了作业效率,节约了人员及时间成本,且规避了作业人员登杆或拉绳操作中存在的安全风险。进一步跟踪的统计数据显示,便携式正杆器用于正杆作业后,随着维修人员对正杆器的熟练使用,正杆作业的平均时间有逐渐减少的趋势。

参考文献

[1] 郑义清,宁志海,刘孝清,等.电杆正杆器的研制与应用[J].农村电工.2019,27(2):30-31.

作者简介

武春波,中国铁路沈阳局集团锦州供电段,电力线路工,高级技师。
王委,中国铁路沈阳局集团锦州供电段,电力技术科科长,工程师。
魏峰,中国铁路沈阳局集团锦州供电段,主管电力副长,工程师。

浅谈智能供电调度系统功能应用分析

王 敖

摘 要： 本文以赣深铁路(广东段)及相关工程项目为背景，从设计方案和运营效率的角度出发，对电气化铁路采用智能供电调度系统的实例进行分析，总结系统应用经验，提出改进方向及思路，同时为智能牵引供电系统全面运用于铁路工程奠定基础。

1 引言

在电气化铁路建设中，牵引供电系统是铁路安全畅通运输的能源供应系统，但如今也正在面临着更大规模路网下更高效、更安全运行的挑战。推动智能化、数字化等新技术在牵引供电系统中的广泛应用，提升牵引变电设备的技术水平和运营安全水平，是实现电气化铁路高质量发展的必要途径和有效手段。

智能牵引供电系统是牵引供电系统的必然发展方向，而智能供电调度系统又是智能牵引供电系统的重要组成部分，是以调度协同化、作业自动化、决策智能化、数据全景可视化为基本要求，实现对整个牵引供电系统的调度运行管理、远程监控、辅助监控等功能，支持与其他相关系统的协调联动，进而全面提升牵引供电系统的安全可靠、经济高效运行的调度系统。在此期间，国铁集团也通过组织各设计、科研、运营等单位的深入研究，依托在建铁路项目开展试点并进行成果总结，颁布了一系列关于智能牵引供电调度系统的技术条件、标准。例如，依托京沈高铁试验段，结合兰州局供电调度作业管理系统的成果，首次定义了智能供电调度系统的构成与功能，于2016年6月颁布《智能牵引供电系统总体技术方案》；在京沈高铁科研成果上完善，并在南宁、上海等路局试点，颁布了《供电调度运行管理系统暂行技术条件》(TJ/GD 024—2018)；为指导京张智能铁路的建设，规范智能供电调度的标准，颁布了《智能牵引变电所及智能供电调度系统总体技术要求》(Q/CR 721—2019)；为将京张智能铁路的成果普适化，规范未来高铁、普铁供电调度的工程和设计标准，颁布了《铁路供电调度控制(SCADA)系统主站》(Q/CR 796—2020)。由此，智能供电调度系统技术日趋完善和成熟，为今后的高铁全面实施智能供电调度系统奠定了坚实的基础。

本文以赣深铁路(广东段)及相关工程项目为背景，对该项目实施智能供电调度系统的方案进行分析研究，总结经验并提出改进思路，为后续计划实施智能牵引供电系统的电气化铁路项目提供参考。

2 赣深铁路(广东段)智能供电调度系统总体技术方案

2.1 相关工程项目背景

赣深高铁全长432 km，北起江西省赣州西站，终抵深圳北站，线路贯穿江西、广东两省的赣州、河源、惠州、东莞、深圳5市。其中，赣深高铁广东段全长297.03 km，是中国铁路广州局集团有限公司自行承建的第一条时速350 km的高速铁路。该段全线新建6座牵引变电所、6座分区所、12座AT所和2座开闭所，共计26座牵引供电设施，以上牵引供电设施的供电调度均纳入中国铁路广州局集团有限公司的电力调度所内的综合SCADA系统，并由广铁集团新建的赣深电调台管辖。

通过对赣深铁路(广东段)智能供电调度系统建设过程的调研，了解到该项目建设之前，广铁集团既有高铁SCADA系统接入各高铁线别总里程已超出5000 km，不满足《铁路供电调度控制(SCADA)系统主站》(QICR 796—2020)标准中"局级高速铁路供电调度控制系统主站的监控规模不宜超过4000 km"的要求。随后经广铁集团、深建指等各方开会讨论研究后，决定新建广铁集团第二套高铁SCADA系统并单独立项实施，赣深铁路广东段的调度系统接入方案维持原设计方案。

2.2 智能供电调度系统设计方案

2.2.1 总体设计框架

赣深铁路广东段的智能供电调度系统是在拟建的广铁集团第二套高铁 SCADA 系统的基础上,结合智能牵引供电设施的功能特点,以自动化、智能化为基本要求接入既有供电调度系统,实现了对牵引供电系统的远程监视控制、调度运行管理,同时也具备与其他相关系统的接口条件,支持系统间协调联动,保证牵引供电系统安全高效运行。

该工程改造的智能供电调度系统由 SCADA 子系统、供电调度运行管理子系统和辅助监控子系统(局级主站)组成,其主站架构图如图 1 所示。

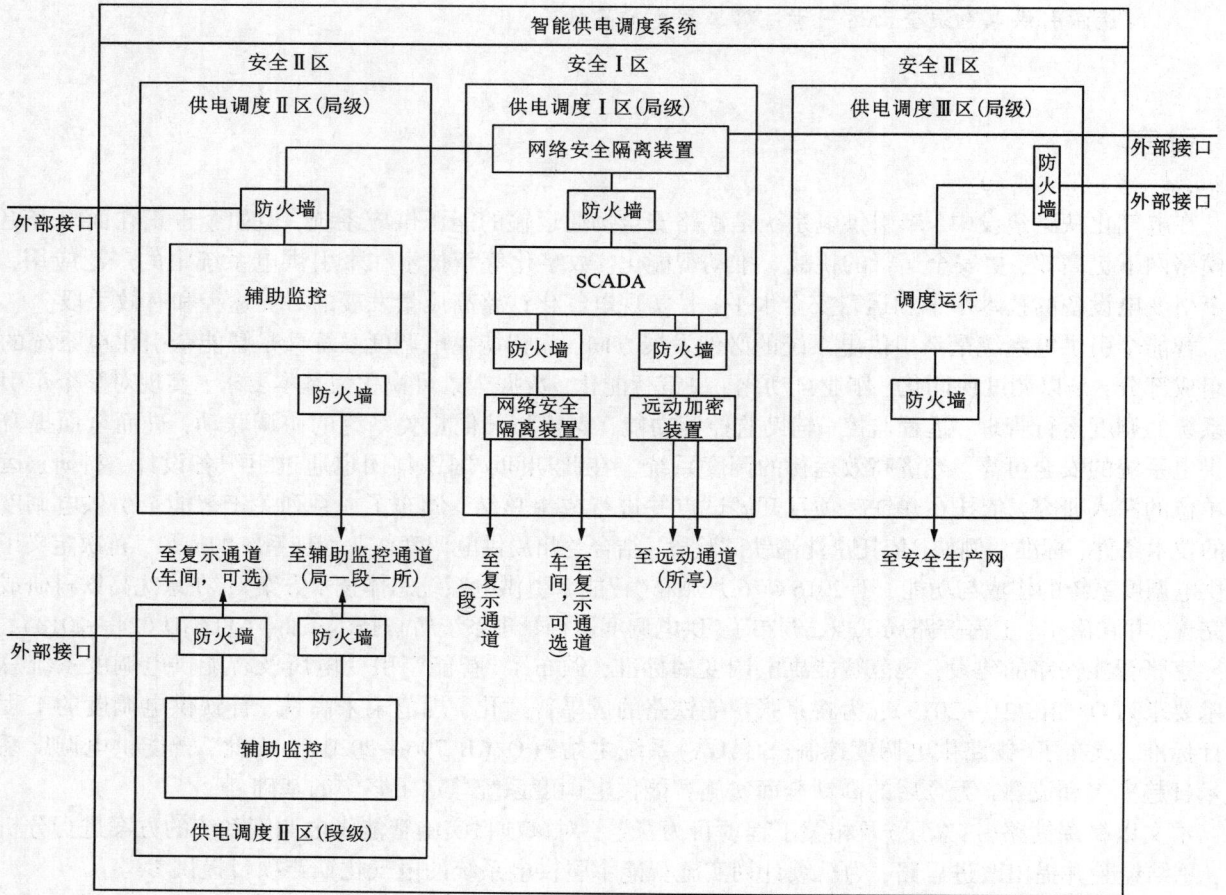

图 1 智能供电调度系统架构

2.2.2 SCADA 子系统设计方案

赣深铁路广东段智能供电调度系统的 SCADA 子系统也是在广铁集团第二套高铁 SCADA 系统的基础上建设的,增加相应接口服务器、接口交换机、防火墙、网闸等调度上传及网络设备进行智能化升级,以完成对全线牵引供电及电力供电设施的调度管理。

改造的智能供电调度系统对既有高铁 SCADA 系统功能进行了智能化扩展,以实现遥视、源端维护、自愈重构等智能功能。系统一并采用了计算机型分层、分布式开放局域网结构、1:N 集中监控形式、网络式或查询式通信规约,系统的硬件、软件的设计也同时遵循了模块化和冗余设计的原则。

由于该项工程实施进度与广铁集团新建第二套高铁 SCADA 系统一致,SCADA 子系统相关内容即由建设第二套高铁 SCADA 系统工程一并实施,减少了接口改造工程。

2.2.3 供电调度运行管理子系统设计方案

考虑到既有供电调度运行管理采用调度集中控制模式,倒闸命令由调度员手填,接触网等作业的命令需要通过调度电话向作业组发布,工作烦琐、费时耗力、效率低下。

该工程建立的一套供电调度运行管理子系统具备值班管理、作业管理、应急处置及质量分析等智能功能,满足运营单位对高效性和准确性的需求,并能适应业务流程不断变化的现状。通过大量智能化运算分析,可以高效地完成各类统计分析管理工作,既提升了牵引供电调度系统运行的可靠性,又能为供电运行管理人员、调度人员针对现场故障情况提供更加精准清晰的判断,最大限度地提高了生产运营的安全和效率,同时又降低了运营成本,大大提升了运营效率。

2.2.4 辅助监控子系统设计方案

赣深铁路(广东段)新建的 6 座牵引变电所、2 座开闭所、12 座 AT 所、6 座分区所均设有辅助监控系统,涵盖了所亭的视频监控、安全防护、环境监测、部分设备在线监测等功能,并与所内综合自动化等系统集成互联,完成所内音视频、环境数据、安全防范等数据的采集和监控,并上传到了广铁集团辅助监控系统局级主站。辅助监控子系统同时可满足智能供电调度系统的接入条件,以满足铁路运营对牵引供电系统安全生产的要求。

通过智能供电调度系统与辅助监控子系统的联动,实现了命令发布与操作结果的同台显示,缩短了作业时间,也提升了运营实效。

3 采用智能供电调度系统的提升分析

3.1 较广铁集团既有高铁 SCADA 系统主要提升的方面

首先,赣深智能供电调度系统较广铁集团既有高铁 SCADA 系统增加了遥视功能,该功能可与设置在牵引供电设施内的辅助监控系统联动,集成视频调阅以及报警功能,并可以在遥控操作以及开关跳闸状态下推出实时图像,提高供电调度的"能见度"。另外,由于赣深既有高铁 SCADA 系统未提供与智能牵引变电所匹配的功能接口,无法决策智能牵引供电设施提供的层次化保护、源端维护及自愈重构等功能,智能牵引供电设施的核心功能无法实现。通过改造智能供电调度系统,与智能牵引供电设施相适应的高级功能得以提供,发挥了智能变电所的效能和价值。最后,赣深智能供电调度系统也提供了与调度集中控制系统(以下简称"CTC")的接口,不仅提供牵引变电所内主变压器的运行状态、供电方式、设备检修状态、供电臂末端电压的集中展示、报警信息等功能,也能提供以供电臂为单元的列车运行情况展示,同时还支持牵引供电设施的各类在线监测系统信息的接入。这些功能的提升都大大增加了调度决策的准确性,同时也增加了停送电的安全性。

3.2 未来智能供电调度系统有待提升的方面

3.2.1 行调与电调的横向协同不够融合

通过调研赣深高铁以及京张高铁目前的智能供电调度系统使用现状,发现目前的智能供电调度系统与 CTC 的融合卡控不足,例如施工作业过程中缺少与行调的电子签认,行调无法通过获取 SCADA 的基础信息下发行车限制卡。为保障列车运行组织的效率和安全,智能供电调度系统可升级智能行电调融合系统。智能行电调融合系统如图 2 所示。

3.2.2 与智能牵引供电设施的纵向协同及信息综合应用有待提升

目前赣深高铁以及京张高铁发生过多次智能牵引供电设施的多重保护(就地保护、站域保护、广域保护)信息的重复上报,影响调度决策的准确性。另外点表的基础数据描述也缺乏一致性标准,源端维护功能难以发挥真正价值。此外,智能供电调度系统新增的智能告警与分析功能并未实现,对牵引变电所运行状态的在线实时分析和判断未能实现,系统也未能收到各牵引变电所的异常情况,故无法提出处理建议。所以,为实现牵引供电的无人化和智能化,智能供电调度系统也应该升级与智能牵引供电设施的纵向协同联系及相应的信息应用。

3.2.3 全方位的电能量监测管理和经济调度不够精准,缺乏牵引供电系统的暂态状态监视

目前的智能牵引供电调度系统缺少对电能量的监测管理功能,无法对牵引供电能力进行分析与预测,也无法预估行车对电网的影响。未来的智能供电调度系统可增强电能量及稳暂态的全方位监测管理,从而实现以下价值。

(1)实时监测。实时采集牵引变电所亭内各回路的负荷和能耗指标,以趋势曲线方式直观展示各回路

图 2 智能行电调融合系统图

的负荷情况,并对负荷越限进行报警和记录。

(2)负荷趋势预测以及继电保护定值选取。基于负荷历史数据和行车取流特征,配合行车计划,预测对应的负荷趋势,对可能的负荷越限进行预警。同时分析历史继电保护事件的各种电能特征,评估风险系数,合理确定保护配置类型和负荷特性跳闸整定值。

(3)削峰填谷。通过分析负荷趋势曲线和行车信息,提取对应列车的行车取流特征,并基于该特征模型,给出列车开行计划建议,降低负荷峰值,合理利用负荷低谷期。同时可配合再生制动储能装置,在负荷高峰期将投入使用储能装置,达到削峰填谷的效果。

(4)列车开行建议。结合历史负荷数据、行车数据、列车功率及能馈数据,综合分析列车开行与供电能力的匹配关系,优化列车开行,提升牵引能耗经济效益。

3.2.4 IT 基础设施仍采用传统分离设备方式,可维护性和可靠性有待提升

目前各铁路局存在调度所机房空间不足、调度机柜摆放位置紧张的情况,由于 SCADA 系统按业务划分,设置独立服务器及网络设备即可完成特定功能的特性,且随着云平台技术在各个行业的成熟应用,SCADA 系统可适当向云化考虑。云技术可最大化利用硬件性能,解耦合硬件与应用的联系,同时拥有高密的运算环境,各类虚拟化的安全组件整合度高,故障迁移时延低,其在安全性、稳定性、维护性方面相较传统架构有很大优势。另外,采用云化的系统平台同时也节约物理空间,有效解决各铁路局机房空间不足的问题。

4 结束语

本文通过对赣深铁路(广东段)智能供电调度系统的设计方案进行分析研究,总结出改造后的智能供电调度系统相较于广铁集团既有高铁 SCADA 系统存在的优势,包括增加了遥视、源端维护、自愈重构以及与CTC 接口等智能化功能,确保调度员更加正确地实施调度决策,更加安全地进行停送电操作,工作效率显著提升,同时也让智能牵引供电设施的效能和价值得到了充分发挥。另外,通过调研目前京张高铁、赣深铁路广东段关于智能供电调度系统的使用现状,本文也总结了目前系统存在的问题,提出了有关改进与提升的方向的建议,例如在目前智能供电调度系统的基础上,升级行电调融合系统,提高与智能牵引供电设施的纵向协同配合,增加对电能量的动态监测管理系统以及系统的云平台化,从而为打造更完善的新一代

智能供电调度系统提供了思路，也为智能牵引供电系统全面运用于铁路工程奠定了扎实的基础。

参考文献

［1］蒋先国，陈兴强. 智能牵引供电系统现状与发展［J］.中国铁路，2019（9）：15-20.

［2］刘再民. 铁路智能牵引变电所工程化应用［J］.电气化铁道，2020，31（3）：1-3.

［3］楚振宇，魏宏伟，汪吉健. 京张高铁智能牵引供电系统设计创新与展望［J］.电气化铁道，2022，33（A1）：1-4，10.

［4］常占宁. 智能供电调度系统的研究与实践［J］.电气化铁道，2018，29（A1）：11-14.

作者简介

王敖，中国铁路设计集团有限公司电化电信院，工程师。

智能高压电击驱鸟器研究

吴寒轩

摘　要: 本文介绍了一种智能高压电击驱鸟器,阐明了其工作原理,提出了结构设计与工程应用方法,最终研发了一种受环境影响小,体积小,拆装方便,功耗低,性能稳定,驱鸟效果好的太阳能分体式智能高压电击型驱鸟器。

1　引言

目前,由于鸟类筑巢活动导致的电气化铁路接触网短路跳闸故障时有发生,防鸟工作长期以来是各供电维护部门的工作重点和难点。现有的防鸟刺、防鸟挡板等被动防鸟装置安装复杂,妨碍检修,且在接近高压部分的隔离开关等处所无法安装。超声波、声光音响等主动式驱鸟器,在安装初期具有一定的驱鸟效果,但鸟类经过一段时间的适应不再害怕后其便会失效。目前的驱鸟设备一般采用红外线感应器对鸟类进行感应,但是红外线感应器暴露在外部环境中,在太阳暴晒、风吹雨淋后会因误差触发,且室外安装的红外线传感器易受粉尘污染从而灵敏度降低。另外现有的驱鸟装置功耗高、体积大、拆装不便,且不能在狭窄位置安装使用,容易影响检修作业。

为了解决现有技术的问题,本文研究了一种受环境影响小、体积小、拆装方便,功耗低,性能稳定,驱鸟效果好的太阳能分体式智能高压电击型驱鸟器。

2　工作原理

无源智能高压电子驱鸟器采用单晶硅太阳能电池为电源,采用大容量高效免维护电容器作为储能元件,当驱鸟器的电击板上有鸟落上时,通过发出高压电子脉冲电压电击驱赶鸟类,其产生的高压脉冲电压微电流对鸟不造成伤害。

3　技术方案

为达到上述目的,设计一种太阳能分体式智能高压电击型驱鸟器,它包括放电板和主机壳体两部分,放电板固定安装在高压设备的安装架(即鸟类经常落脚位置处),主机壳体内部设有单片机、声音播放模块、高压发生器和电源电路,如图1所示。

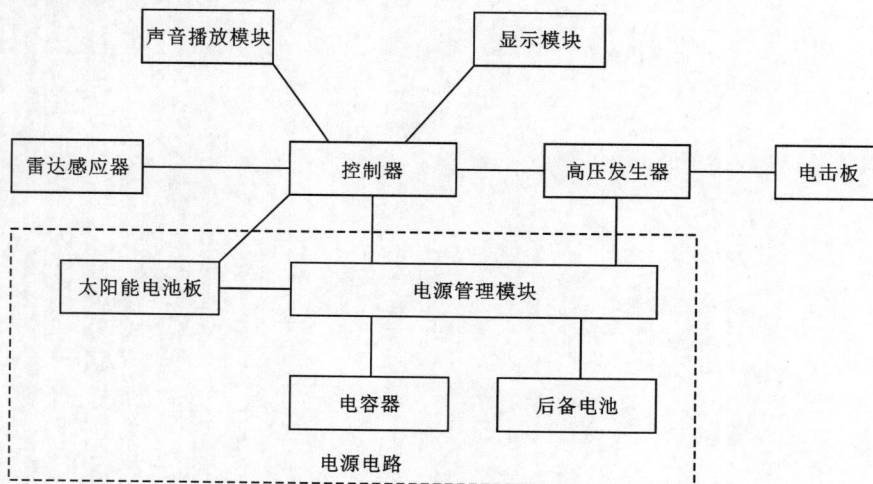

图1　驱鸟器组成

研发难点如下。

（1）放电电压及电流的确定。

驱鸟器的目的是驱赶鸟类，使之不敢在供电设施上面搭窝筑巢，影响供电安全，而不是电死鸟类。如果伤害鸟类生命，其尸体反而更加影响供电安全。因此，需要确定一个合适的电压与电流，既可使鸟类产生恐惧疼痛记忆，又不至于伤害其性命。

为确定电击电压与功率，我们购买与现场鸟类基本相仿的鸽子进行电击测试，从而确定了电击电压与功率大小。

（2）设备供电方案。

电击驱鸟器在产生高压时，其功率较大，而现场高压设备上很难提供稳定的外部电源。经反复研究测试，最终确定采用太阳能电池板的供电方案。

虽说采用太阳能电池板可解决供电问题，但又受限于现场安装空间，不宜采用过大的太阳能面板。过小的太阳能面板产生的电能又非常有限，不够使用。

为了尽量缩小太阳能面板的面积，研究了各种低功耗措施，主要包括夜间自动关机、鸟类探测触发、高效率能量收集等。

（3）鸟类探测方案。

为降低系统功耗，驱鸟器采用了鸟类探测技术。先后比较了热释电红外线传感器、微波雷达、毫米波雷达等技术方案。最后采取了成本高但是性能更稳定、抗干扰能力强的毫米波雷达方案。

（4）电击板安装方案。

为方便安装与更换，本项目电击板采用强力钕磁铁吸附安装、附加钢丝安全绳的方案，满足现场安装快速方便的要求。

4 具体实施方式

4.1 安装示意图

如图2所示，太阳能分体式智能高压电击型驱鸟器包括放电板和主机壳体，放电板水平固定安装在高压设备的安装架即鸟类经常落脚位置处。与现有技术普遍使用红外线感应器来检测靠近高压设备的鸟类相比，通过主机壳体上端设置的雷达感应器来对鸟类进行探测，雷达感应器对鸟类的检测更为准确，能有效避免现有技术中红外感应器由日光造成误触发、易受粉尘影响灵敏度的问题，有效保证了驱鸟器的驱鸟效果。

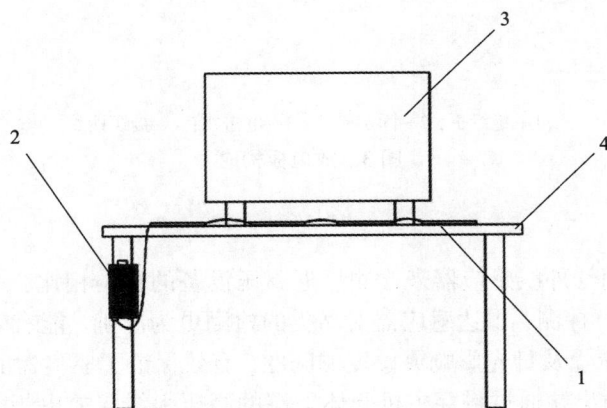

1—放电板；2—主机壳体；3—高压设备；4—高压设备安装架。

图2 安装示意图

4.2 主要结构

主机壳体内部设有单片机、与单片机相连接的声音播放模块、高压发生器和电源电路，雷达感应器连接在单片机的输入端，雷达感应器检测到的信号能及时反馈给单片机。高压发生器连接在单片机的输出端，受单片机控制，高压发生器的高压输出端通过贯穿主机壳体下端的高压引线与放电板相连接，为放电板的高压放电提供电能输出，以便放电板以高电压短脉冲电击方式驱鸟，给鸟类最直接的刺痛感觉，但不伤害鸟类，刺痛的感觉令鸟类形成记忆而不再飞来此处筑巢。

4.3　电源构成

电源电路包括采能供电的非晶硅太阳能电池板、电源管理模块、锂离子电容器和后备锂亚硫酰氯电池。非晶硅太阳能电池板固设在主机壳体的外侧面，太阳能电池板通过主机壳体垂直安装在高压设备的安装架上，垂直安装的太阳能电池板能有效防止灰尘的聚集，避免了现有技术中为了不影响太阳能电池板的发电效率，需要定期清理太阳能电池板上积灰的问题。锂离子电容器采用具有功率密度高、自放电低、静电容量高和循环寿命长的锂离子电容器，能为驱鸟器提供稳定持久的电能，有效保证驱鸟器的稳定性。锂亚硫酰氯是目前寿命最长、能力密度最高的一次电池，可为驱鸟器提供可靠后备能源，当非晶硅太阳能电池发电不足时，提供所需电能。单片机在其自带的模数转换器通过模拟量输入端子测量到太阳能电池板电压降低到设定值以下来判断夜晚来临后，关闭雷达感应器和高压发生器，驱鸟器进入休眠状态，从而节省电能消耗；白天来临，单片机监测太阳能电池板电压升高，从而开启雷达感应器和高压发生器，使驱鸟器进入工作状态，能够有效减少能量的损耗，经久耐用。声音播放模块采用能随机播放驱鸟音乐的扬声器，在雷达感应器检测到鸟类靠近时，通过随机播放鸟类天敌的叫声、枪声等声音达到驱逐鸟类，并避免鸟类很快适应同一个声音所导致的驱鸟效果下降的目的。

4.4　放电板构成

放电板包括平板型设计的绝缘板、电击线、固定磁铁和接线柱，如图 3 所示。电击线是裸露的正负极铜线，当鸟类停留在放电板上时，短接正负极裸铜线放电，刺痛鸟类使其飞离并产生痛苦记忆不再来此筑巢。固定磁铁固定设置在绝缘板底部，采用强力钕磁铁，能将放电板牢固吸附在高压设备的安装架上；同时配合放电板上设置的与安装架固定连接的防坠绳，能防止安装板被强风吹落，能有效提高稳定性，使之更加安全可靠。

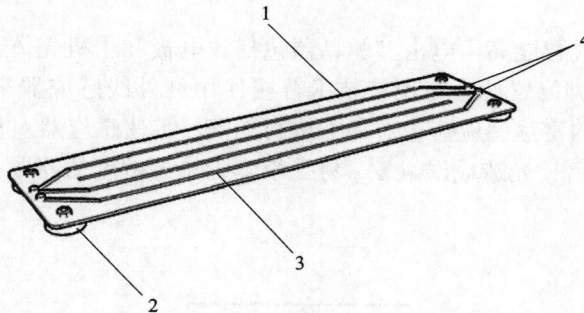

1—绝缘板；2—固定磁铁；3—电击线；4—接线柱。

图 3　放电板构成

5　本项目的优越性

（1）与现有技术普遍使用红外线感应器来检测靠近高压设备的鸟类相比，本项目通过主机壳体上端设置的雷达感应器来对鸟类进行探测，雷达感应器对鸟类的检测更为准确，能有效避免现有技术中红外感应器由老化造成误触发、易受粉尘及日光影响灵敏度的问题，有效保证了驱鸟器的驱鸟效果。

（2）高压发生器的高压输出端通过贯穿主机壳体下端的高压引线与放电板相连接，为放电板的高压放电提供电能输出，以放电板产生高电压短脉冲电击方式驱鸟，给鸟类最直接的刺痛感觉，但不伤害鸟类，刺痛的感觉令鸟类形成记忆而不再飞来此处筑巢。

（3）电容器采用具有功率密度高、自放电低、静电容量高和循环寿命长特点的锂离子电容器，能有效存储非晶硅太阳能电池板所发电能，为驱鸟器提供稳定持久的电能，有效保证驱鸟器的稳定性。

（4）单片机在其自带的模数转换器通过模拟量输入端子测量到太阳能电池板电压降低到设定值以下来判断夜晚来临后，关闭雷达感应器和高压发生器，驱鸟器进入休眠状态，从而节省电能消耗；白天来临，控制器监测太阳能电池板电压升高，从而开启雷达感应器和高压发生器，使驱鸟器进入工作状态，能够有效减少能量的损耗，经久耐用。

（5）平板型设计的绝缘板采用环氧树脂 PCB 板或者柔性硅橡胶薄片，其厚度小于 2 mm，极薄的电极板在有效保证放电板的使用强度之外，能够显著减小放电板的体积，不仅拆装更加方便，而且能最大限度地减小对高压设备安装、使用的影响。而套设在安装架端部的放电板能对落在高压线杆端部的鸟类起到驱逐效果。

（6）采用弱光发电的非晶硅太阳能电池板通过主机壳体垂直安装在高压设备的安装架上，垂直安装的太阳能电池板能有效防止灰尘的聚集，避免了现有技术中为了不影响太阳能电池板的发电效率，需要定期清理太阳能电池板上积灰的问题。

（7）声音播放模块采用能随机播放驱鸟音乐的扬声器，在雷达感应器检测到鸟类靠近时，通过随机播放鸟类天敌的叫声、枪声等声音达到驱逐鸟类的效果，随机播放较好地解决了鸟类对恐怖声音适应后驱鸟效果下降的问题。

6 应用实例

根据本文原理制作的驱鸟器，已经在郑州高铁基础设施段安装使用，据现场职工反映，效果良好，特别是对于前日刚拆除次日又筑巢的"顽固鸟"，取得很好的驱赶效果，安装电击驱鸟器后，"顽固鸟"也不再敢于在此处筑巢。

作者简介

吴寒轩，中国铁路郑州局集团有限公司郑州供电段。

牵引变电所数智化探索浅析

张 宇

摘 要： 伴随着时代与科技的极速发展进步，我国的高速铁路发展迅速，高速铁路里程不断增长，牵引变电所的数量也增加了许多。国家提出了建设中国特色的智能电网的总体目标和实施规划，结合国铁集团电力牵引供电节支降耗、改革创新的要求，牵引变电所需全方位采用检测监测技术保障各型设备安全可靠运行，从而实现真正意义上的无人值班无人值守模式，降低运检压力和运营成本。由此，牵引变电所的数智化便成为牵引供电节支降耗的发展方向。

1 引言

牵引变电所综合自动化系统经过十多年的发展已经达到了一定的水平，微机化从保护到监控已在牵引变电所的二次系统中得到了全面应用。随着牵引供电设备技术的发展，特别是智能化组合电器开关和电子式 27.5 kV、110 kV、220 kV 互感器的发展及应用，牵引变电所的数智化在铁路电力系统发展比较迅速，铁路牵引变电所数字化、智能化是下一步发展的趋势。本文对牵引变电所数智化，将智能化、数字化、网络化技术引入牵引变电所综合监控系统的关键技术进行探讨，并提出了分阶段实施牵引变电所数智化的方案，希望能为相关牵引变电所数智化技术改造提供参考。

2 牵引变电所数智化概念及其主要特点

2.1 牵引变电所数智化基本概念

首先是数智化牵引变电所技术发展的重要性。在数智化牵引变电所的构建过程中，信息交互、全所信息数字化、通信平台的网络化是变电所数智化构建的基石。目前，许多依托先进数据系统建成的优质的智能化集成设施已经投入使用，牵引变电所供电系统依靠这些新的基础设备，能够对需要的信息展开收集、处理、测量及分析，从而实现最终的保护控制目的。牵引变电所数智化系统，同时还涵盖了信息交互的平台及相关的电子式高压设备设施，信息交互平台可以将管理系统中产生的操作信息进行统一收集，进而实现智能化的信息收集分类，同时还能够进一步实现目标的透明化，推动其智能化进程。

牵引变电所数智化系统是由智能化组合电器开关、电子式互感器等智能化一次设备、网络化二次设备分层构建，能够实现牵引变电所内智能电气设备间信息共享、智能处理故障信息、自动化作业操作的新一代牵引变电所。通过智能化的数字信息在线采集，实现牵引变电所数据共享和设备互操作，实时在线监测、数据管理、运行状态评估等功能，较传统牵引变电所综合自动化技术有着深入的发展。从体系架构上一般将智能牵引变电所分为三层，即过程层、间隔层、站控层。过程层主要包括互感器、断路器开关等一次设备；间隔层主要包括继电保护装置、故障录波器、系统测控装置等二次设备；站控层主要包括主机、工作站、远动通信装置和其他功能设备。

2.2 牵引变电所数智化主要特点

传统的牵引变电所建设主要涉及牵引变电部分、数据采集和 SCADA 监控系统等不同部分。牵引变电所数智化具有全息化在线控制、智能化故障应急指示、实时化接口数据共享等特点。采用分布式控制技术的牵引变电所接线将逐步被过渡淘汰，取而代之的是一个本地网络化数智化牵引变电所。如何最大化地将数智化变电所技术应用在电气化铁路供电系统中，提高其运行性能，增加可靠性，确保操作性，简化维护性，解决行车安全问题和控制成本，是需要重点解决的问题。

牵引变电所数智化基于光电技术传感器检测电压和电流，光纤网络通信、高速以太网和主设备的智能化技术，为新型数智化牵引变电所的继电保护及综合自动化控制系统的实现奠定了基础，加快了牵引变电所保护及自动化控制技术的发展。因此，包括信息共享、设备互联和智能运行在内的技术优势必将对牵引供电系统的保护和控制起到实质性的变化影响。

3　牵引变电一次设备数智化

牵引变电所一次设备数智化升级改造，考虑到降低改造成本的需求，可以采用"智能监控终端+数字化传感器+常规高压设备"的方式实现牵引变电所高压设备智能化，传感器实现牵引主变压器绝缘油色谱、局部放电、内部紧固状态，断路器、互感器、隔离开关等一次设备电气、机械、气体、局放，避雷器的泄漏电流、牵引供电回流、接地网等状态参量的在线检测功能，智能终端实现高压设备状态监测、电气测量、自动控制、智能保护等功能。牵引供电设备技术升级改造更换为智能型高压设备，通过自我参量的检测、就地综合评估、实时状态预报，实现高压设备信息互动化、保护控制功能一体化、状态可视化；实现设备监测和控制由单相指标向综合诊断转变，设备运行管理由定期维修转向状态维修，减少检修维护工作量，提升设备安全可靠水平，节省运行管理直接成本。由于既有牵引变电所一次设备均为传统高压设备，须分阶段对牵引变电所设备进行更换，首先对电压、电流互感器、220 kV 断路器、110 kV 断路器、27.5 kV 断路器、隔离开关、牵引变压器等一次设备进行升级改造。

3.1　互感器

互感器是实现智能牵引变电所运行信息采集的基础，互感器测量的准确性、实时性、可靠性是智能变电所安全、高效和优质运行的关键。目前智能牵引变电所互感器有两种实现方案，即采用电子式互感器和传统互感器数字化。

（1）电子式互感器。

电子式互感器相比传统的互感器具有绝缘性能好、抗电磁干扰性能好、测量精度高、体积小、无二次开路危险等优点，分为有源式和无源式两类。有源电子互感器安装在高压侧传感头部分，需要接入供电电源；无源式电子互感器则不需要接入供电电源。有源式电子互感器的关键技术在于远端电子模块、电源供电技术的可靠性以及采集单元的可维护性。无源式电子互感器的优点在于其传感器在设计上不需要考虑电源问题，但是无源式互感器在技术上与磁光材料的选择密切相关，在外界压力、环境温度、磁场强度等参数变换的情况下，磁光材料的稳定性仍是一个难以解决的技术问题。

（2）传统互感器数字化。

传统互感器数字化方案是将传统互感器测量的电压、电流模拟信号传给合并单元，合并单元通过转换，经过硬件电路、数据采样和软件系统的处理，将信号按 IEC61850-9-2LE 通信协议输出。上述两种方案目前都得到了一定的应用，牵引变电所在互感器选型时还须考虑铁路沿线的强电磁场干扰、振动影响等因素，因此目前优先采用传统互感器数字化改造方案。电子式互感器技术目前发展很快，可待其发展成熟可靠时，再推广采用。

3.2　断路器

根据牵引变电所断路器特性，应对断路器的分合闸线圈电流、行程曲线、SF_6 气体压力、机构电机电流和微水含量等参数进行实时监测。变电所断路器数智化组件应支持所属断路器各开关设备的网络化控制，控制系统应满足断路器、隔离开关的保护闭锁和逻辑闭锁要求。断路器智能组件还应支持所属断路器程控卡片的顺序控制，即接受一个完整程控操作的一系列指令，智能组件自动按规定的时序和逻辑闭锁要求逐一完成各指令规定的操作。考虑电子式互感器体积小的特点，结合牵引变电所主接线形式，如采用电子式互感器，则可将其与断路器合并，以减小牵引变电所的占地面积。

3.3　牵引变压器

数智化牵引变电所对牵引变压器主要参数(局部放电、油中溶解气体、铁芯热点温度、铁芯接地电流、油中微水、套管绝缘、绕组等)的监测功能分别由相应的在线监测装置实现。由于传统的油色谱在线监测装置存在半年至一年更换载气的问题，维护成本较高，因此数智化牵引变压器应采用免载气方式，铁芯、绕组热点温度的测量可采用光纤测温直接采集方式。牵引变压器在线监测装置的设置不应影响变压器的绝缘性能，且应可靠性高、维护简单。铁芯接地电流监测装置应采用免维护型，光纤传感器安装于绕组、铁芯内，应具有寿命长、抗高温、不破坏变压器绝缘等特性，在组装变压器时，应注意做好保护措施，防止光纤断裂。局部放电在线监测装置可准确定位变压器内部发生的绝缘破坏故障位置，但传统的局部放电在线监测装置易受到外部环境的干扰而发生误报，所以要求局部放电在线监测装置抗干扰性强，维护维修简单。

4 合并单元数据采集、传输同步

合并单元是对高压设备参数进行合并和同步处理，并将处理后的数字信号按特定的格式提供给间隔层设备的装置。为避免电气量的相位和幅值在采样、传输过程中误差过大，需要间隔层的二次设备数据采样时间相同，因此合并单元输出的数字采样信号必须含有时间信息。合并单元须同时接入模拟信号和数字信号，同步处理后输出至间隔层设备。所以实现合并单元数据采样、传输的同期性是牵引变电所数智化改造的一大问题。在常规牵引变电所数智化改造初期，各电压等级的传统电磁式互感器依然会和电子式互感器并存，合并单元接入的信号不仅包含传统互感器的模拟信号和数字信号，还应该有电子式互感器输出的数字采样值。

5 时钟校对

当前变电站常用的时钟校对方式有硬对时（脉冲对时）、软对时（通信对时）、综合对时、IRIG-B 码对时以及简单网络时间协议 SNTP 对时等。前四种对时方式可以实现较高的同步精度，但需要专门的接线进行点对点连接，接线数量庞大且接线方式复杂，给变电所的建设和维护带来困难。IEC61850 中规定的时间同步协议 SNTP，其同步方式具有经济、高效、简单、规范的优势，但缺点也比较明显，同步精度有限，不能完全满足需要。在牵引变电所对时设计中，时间精度要求不高的站控层可以考虑使用 SNTP 对时，间隔层设备使用电缆 B 码对时或 IEEE 1588 对时，过程层设备考虑用光纤 B 码对时或 IEEE 1588 对时。在当前技术条件下牵引变电所将时间报文和脉冲信号相综合的综合对时方式仍是保证对时精度的有效手段，而 IEEE 1588 凭借其优势可能会逐步成为主要的对时手段。从数智化牵引变电所的项目实施角度来看，IEEE 1588 高精度时钟同步的实现需要硬件资源的支持以及考虑对时的冗余。

6 网络系统

网络系统是牵引变电所的"神经系统"，其可靠性和信息传输的快速性直接影响牵引变电所应急处置速度和故障时间，决定了牵引变电所数智化的水平。目前，以太网提供了单播、组播和广播三种模式。除了网络监控报文为单播以外，事件报文和原始数据报文以及 IEEE1588 同步报文等都是采用组播地址作为它们的目的地址。过程层网络常用的多播报文技术有 VLAN（虚拟局域网）、GARP 多播注册协议和静态多播地址表等。为了提高网络的效率，减少网络负载，降低网络延时，需要对过程层网络上传输的组播报文进行有效的过滤和管理。虚拟局域网技术是目前在数智化变电所中应用最广的多播报文隔离技术，只要确定装置与交换机端口的对应关系，以及装置之间的报文发送关系，就可以在交换机上配置。但是交换机的配置相当烦琐，增加了现场施工和维护的复杂性，而且装置与交换机的端口的对应关系也不能随意更换，否则装置可能无法建立通信。使用 GMR 时，交换机只要打开该功能即可，配置工作量大大减少，但是需要装置支持 GMRP 增大了装置厂家的工作量。与虚拟局域网方式一样，静态多播地址表方式交换机配置灵活性较差，但它省去了虚拟局域网配置时复杂的逻辑运算，配置结果也一目了然，尤其对网络需要支持 EC61588 时配置起来要比虚拟局域网容易。需要注意的是 VLAN GMRP 和静态多播地址表三种方法并不冲突，用户可以根据需要灵活地将三者结合起来使用。站控层网络采用抽象通信服务接口映射到制造报文规范、TCP/IP 以太网或光纤网。过程层网络主要传输通用的面向对象的变电所事件、采样值和 IEEE1588 时钟同步数据，较之站控层网络，要求更高的实时性和更强的报文处理能力。

为了保证过程层数据的实时性，避免不同特点的数据相互影响，系统采用变电所层网络、过程层 GOOSI 网络和 SV 传送网三网分离策略。牵引变电所层网络数据的特点是突发性强、数据量大，传送实时性要求不高。过程层 GOOSI 网数据特点是数据量不大，具有突发性，传输要求可靠性高、实时性强；SV 传送网络特点是数据量特别大，呈周期性，传输的要求是实时性、稳定性、可靠性都要非常高，延时需要确定。若三网相互独立，分工明确，可确保整个智能化牵引变电所系统的安全和稳定。

7 结束语

为了实现牵引变电所无人化、智能化,在保证牵引供电设备安全稳定的同时,节约人工成本,保障铁路供电安全可靠,并进一步确保运输生产安全和能力,牵引变电所数智化是一个发展趋势。随着科技的不断发展,数智化设备也逐渐成熟,数智化牵引变电所也具备实施的基础,其本身有逐步发展成熟的过程,需要在设计、施工、生产运行中不断完善。本文对数智化牵引变电所实施的一次设备、数据采样和传输进行了分析探索,旨在抛砖引玉,为进一步的研究及解决方案提供基础。

参考文献

[1] 高翔,张沛超.数字化变电站的主要特征和关键技术[J].电网技术,2022.
[2] 孙建彬,延涛.智能变电站通信系统的实时性和可靠性研究[J].广东科技,2015.
[3] 侯启方.智能牵引变电站建设方案研究[J].机电工程,2017.

作者简介

张宇,广西沿海铁路股份有限公司钦州供电段,助理工程师。

探讨高铁接触网数智化建设技术以及未来应用

黄权峰　黎　波

摘　要： 目前我国高铁接触网建设整体基于人工建设，工机具水平、施工工艺、技术标准虽然已经达到一定高度，但要大幅度提高建设效率、降低施工安装偏差，以现在的施工水平还是无法达到的。随着社会经济的发展以及科技的进步，高铁接触网建设未来将走向智能化、机械化、自动化，这是高铁时代的发展所需，也是顺应经济发展、科技进步的趋势。未来我国高铁接触网建设将逐步克服人工施工规模大、建设成本高以及施工误差大的难点，提高建设效率、接触网施工质量，最终实现质的飞越。

1　引言

2021 年相关部门统计，我国电气化铁路营业里程 14.6 万 km，电气化率 72.8%，高铁里程 3.8 万 km，高速铁路以每年 2000 km 以上的速度增长，接触网建设工程将会继续增长。接触网建设施工主要包括下部工程和上部工程，下部工程包括支柱与基础，上部工程包括支持结构的安装、线索的架设、悬挂调整等内容。从现在的管理技术水平来看，我国接触网施工以人工为主、机械为辅，在施工技术上，与德国、法国和日本等发达国家相比，还有不足之处。但是，在不断实践、研究过程中，我国将逐步向智能化、机械化、自动化接触网建设方向发展。

2　传统高铁接触网建设模式现存的不足与原因

2.1　施工技术改善空间

我国科学研究表明，当前高速铁路接触网项目的建设工艺实施系统化的诸多环节仍须改善。高技术人员缺乏，施工人员素质参差不齐，机械化施工发展滞后，施工单位往往仅追求速度，不注重质量，导致施工整体质量不高，主要体现在牵引供电与其他专业接口衔接及细部设计深度不够、不按照设计施工、设备产品质量不合格、零部件材质或工艺不达标等方面。

2.2　共性问题内在因素

传统高铁建设模式已经无法满足高速铁路飞速发展的需求，也就是无法满足科技进步发展以及技术飞速发展的工艺优化及变化需求，在某种层次上，可能对接触网设计的优势造成阻碍，导致工程性价比无法实现提升。根据既定施工程序标准，在开展常规施工中，诸多步骤之间传递信息须依托于人工进行衔接或倒接，工效不高而且不可控及不稳固，需投入大量管理者，加强监管手段虽说可以实现有效缓解与弥补，但须投入高成本且效果尚不理想，看似由于高素质人才不足，实际上内在因素为成效的投入比不高。多年以来，此类问题一直阻碍着高铁接触网工程数智化建设水平的提高。

3　未来数智化接触网建设模式

3.1　概念

高速铁路接触网数智化建设须引进新型信息技术和现代工程的建设技术，即物联网、大数据、机械化、自动机等，属于全新的一种生产方式。通过智能计算、机械化施工、自动机生产、大数据检测、实时监测、智能 6C 分析等促进建设项目实现接触网设计、精密接触网设备安装、自动化施工、数字计算平台工厂、动态检测、开通前智能 6C 检测分析，采用智能化装备互联产生的智能化预制场、生产线、现场工地等开展接触网施工。重视技术优化与集成，彰显出铁路项目、生态、环境实现和谐统一，实现机械化、自动化、信息化为一体的接触网建设施工。

3.2　机械化建设

（1）机械化施工装备。

接触网下部工程应主要配备：轨道作业车液压抓斗式挖土机、打桩机，带液压吊臂和卡箍的汽车吊，多功能轨道式安装列车，作业车平台可装配混凝土搅拌、电动振捣机，空压机，螺杆式钻机等。

接触网上部工程应主要配备：带液压升降和360°旋转平台的接触网安装作业车，恒张力放线车作业车，带库房式（材料、工具）的安装作业车，带液压式升降斗枢的轨行车辆，智能化腕臂预配生产线控制系统及自动化载流式整体吊弦生产线，链条式手板葫芦，紧线器，智能化电动梯车，电动压接钳，电动液压钳，电动扭矩扳手，电动破除器等等。

检测仪器仪表主要应配备：数字式拉力计，经纬仪，水平仪，水平尺，拉出值光学测量仪，6C检测车，智能化手推车等等。

（2）机械化建设发展。

目前基坑开挖、支柱组立、安装腕臂、放样、检测等一些操作岗位上的员工自身的水平受机械设备与工器具的制约，很难实现部分作用的充分发挥。高铁接触网的施工操作能力能否提高仍需依靠机械化设备的能力提升，仍须共同开发。智能接触网综合作业车不限于接触网放线、平台升降负载、吊机，而是装备接触网机械化、自动化基坑挖掘、腕臂安装、放线施工装备，如接触网支柱基坑施工，智能接触网综合作业车平均8分钟内可以完成标准的深度、宽度基坑开挖，接触网作业车装配吊机装备，可以标准化地完成放置钢筋笼。最后，利用接触网作业车水泥灌装平板车装置完成灌浆、平整作业。

（3）机械化腕臂组装。

现接触网腕臂预配普遍采用人工作业，施工准备前要组建专业测量技术组，准备的工具材料包括钢卷尺、水准仪、经纬仪、线坠等。腕臂预配主要包括提料、下料、腕臂预配、定位管支撑预配、定位管预配、腕臂安装等工作，其工序繁多、复杂，且预配工艺存在较大的人工误差，比如套管座偏斜、套管双耳发生偏斜等不符合要求，腕臂预配合格率较低、成本高。随着经济的发展以及科技的进步，机械化生产工艺正在逐步取代人工工艺，智能化接触网预配生产线控制系统出现在人们的视线，该系统具有自动上料、自动对钻定位孔、修磨去毛刺、腕臂自动下料等功能，能解决技术难点，实现功能齐全、机械化水平高、实用性强。

3.3　自动化建设

要想保证自动化生产与管理者自身较高的素质水平有效发挥，在增强本身能效比的建设中，还须重视怎样与管理协同方法相结合，使其从 $1×1$ 简单的单兵作战效能转向 $1×N$，也就是方法模式为 N 倍。当前高铁行业为了满足时代要求，自动化管理与工艺的实现需深层分析是否拥有放大模式的实施可能性。有关这一层面除了牵涉到装备，还牵涉到项目部门或者操作组员工管理，牵涉到传递知识经验方法与自动化技术载体，需要将自动化工艺配套功法相结合进行综合分析。如现制作吊弦线均利用简易加工平台，人工测量吊弦线长度、下料及压接，测量误差有可能超过 1.5 mm，存在预制精度低、废品率高等问题。根据2021年的数据，铁路总长度 14.6 万 km，按照最低要求（6~8）米/根吊弦线距离计算，整体用量超过 1800 万根吊弦线。随着电气化铁路建设的飞速推进，新建铁路需要预制大量吊弦线，同时每年需要更换损坏及质量不好的吊弦线，整体用量极大。在这庞大的数据面前，全靠人工进行生产，必将需要巨大的劳动力，用自动化机器代替人工，既节省了人力，提高了工作效率，同时产品还具备高精度、高质量，是人工生产不可能达到的。但现有全自动制造设备在使用时由于各个装置的分离，导致一台电机很难对多个装置进行驱动，从而降低了电机的使用效率，使得生产的效率降低，仍然需要加大研究。

3.4　智能化建设

运用智能技术与专业体系、大数据等企业的知识技能进行挖掘，分析有无分担的可能性或代替必须依靠人工完成的工作。目前有些过分依赖人力环节已经实现淡化至局部代替，在技术的可行性基础上，代替程度也应该取决于经济收益方面而并非先进形式方面。如接触网支柱定位作业，在传统的施工过程中，接触网测量是在站前单位完成轨道铺设后，根据设计图纸提供的支柱与轨道线路的相对关系来确定接触网支柱基础的位置，尤其对于接触网道岔柱的测量定位与道岔的相对位置关系和限界等均有很高的技术要求，针对新建线路在轨道未成形前，依赖于站前单位的交桩来进行接触网基础的测量定位，这不仅存在着诸多的制约因素还无法保证接触网基础位置的准确性,这在新建接触网工程中将很大程度上影响整体工程的进度和质量标准。而接触网支柱数智化定位技术的产生,很好地解决了这个问题,利用 GPS 系统进行接触网支柱测量定位,突破传统利用激光测量仪、人工拉卷尺测量支柱定位,通过接触网设计图纸以及跨距要求,结合站前单位路基相关设计标准和坐标系统,输入 GPS 系统经纬度坐标,可以直观确定接触网基础的位置,再运用 GPS 进行放样测量定位,在运行测量定位系统中,可以有效、合理地控制接触网基础的相关技术标准。

4　结束语

目前而言,高速铁路接触网数智化建设距离实际应用还有一定距离,随着高速铁路发展的需要以及科技的进步,数智化建设技术的实现只是时间问题,智能化的计算、机械化的施工、自动化流水生产将会带来高速铁路质与量的飞速发展,这是社会主义经济发展的必然结果。

参考文献

[1] 何利江.智能化接触网腕臂预配技术研究及应用[J].交通世界,2021(18):6-7.
[2] 粮正林.铁路局集团公司应急管理体系优化研究[D].北京:中国铁道科学研究院,2021.
[3] 戚广枫,寇宗乾,李红梅.高铁接触网智能建设技术研究[J].中国铁路,2021(2):1-10.

作者简介

黄权峰,广西沿海铁路股份有限公司钦州供电段,助理工程师。
黎波,广西沿海铁路股份有限公司钦州供电段,工程师。

接触网动态性能指数整治方案探讨

黄桂宏　李安源

摘　要: 在电气化铁路上,接触网是主要供电设施,接触线张力、弹性吊索张力、接触线平直度等要素是保证列车高速平稳安全运行的关键因素,需要对接触网动态性能指数(CDI)进行评价分析,发现不达标项要进行现场测量与整治,动态检测上下行均无一超限,CDI得分均为100分。本文对整治方案及测量作业设备进行探讨。

在电气化铁路上,接触网是主要供电设施,电力机车是通过接触网受流获取电能的,列车想要快速平稳安全跑起来,接触网整体技术指标是极其重要因素。综合检测车根据联调联试大纲要求,可检测接触网几何参数、弓网受流质量、自动过分相装置工作状态等,同时对接触网静态质量指数(CQI)、接触网动态性能指数(CDI)进行测量分析评价。接触网问题最明显的表现一般为接触线燃弧,这在CDI指标波形图上有明确指示。针对CDI指标得分低或不得分的锚段,初步分析造成燃弧可能存在八个方面的原因:一是线索张力不足(下锚处补偿坠砣数量不够),二是补偿滑轮卡滞,三是弹吊张力不均匀,四是硬点、波浪弯(或异物),五是轨道面与接触线面不平行,六是导高高差偏大,七是工务线路质量(高低、三角坑),八是隧道口风压影响。通过天窗期检测数据分析,CDI指标可以通过锚段换线或者既有线整治来实现达标。基于目前已经运行高铁的繁忙程度,锚段换线大概率还是无法提供时间解决接触线应力释放的问题,故以下对既有线已整治达标的设备及作业方案进行阐述。

1 用接触网参数测量仪测量导高和拉出值

主要关注定位挂点、吊弦挂点及两吊弦中间点,对应的轨道倾斜角度。如果导高、拉出值超差,则需要调整。

2 接触线张力问题

经过分析,接触线张力问题主要有三方面原因。

第一,接触线放线过程中未完全释放应力;

第二,吊弦的承受力均衡度也对接触线平直度产生影响;吊弦长短不合适或在上下行方向有歪斜;

第三,受温度变化影响,补偿轮或坠砣作用失当,卡滞失灵或重量超差。

以上问题可通过如下工具产品处理解决(表1)。

表1　工具产品处理解决表

产品名称	型号	数量	用途	备注
接触线张力测试仪	9.18.40	1台	用于测量接触线的张力	
吊弦制作平台	CDMP-A	1个	用于吊弦制作	
定扭棘轮扳手	FTW-25	4把	用于吊弦安装	25 N·m 定扭

3 弹性吊索张力过大或过小问题

弹性吊索张力过大或过小问题可以通过以下工具产品处理解决(表2)。

表 2　工具产品处理解决表

产品名称	型号	数量	用途	备注
弹性吊索张力测试仪	9.18.20	1 台	用于测量弹性吊索的张力	
弹性吊索安装工具	TZ.TD.01	1 套	用于对弹性吊索的张力调整安装	
定扭棘轮扳手	FTW-25	4 把	用于弹吊线夹紧固	25 N·m 定扭

4　接触线平直度超差问题

接触线平直度超差问题可通过以下工具产品解决(表3)。

表 3　工具产品处理解决表

产品名称	型号	数量	用途	备注
接触线平直度检测仪	CW-FD	1 台	用于接触线平直度快速筛查	
接触线平直度检测尺	CS-MR100	6 个	用于接触线波浪弯或硬点查找	0.02 mm/m
五轮校直器	CWS-5W	6 个	用于对接触线校直及应力释放到两端	
硬点处理装置	9.03.10	1 套	用于接触线有硬点部位的处理	

5　作业流程步骤

本流程方案完成一个锚段作业需要 8 台梯车及配套人员、需要两组导高测量人员,步骤如下。

(1)通过 CDI 指标波形图确定整治锚段。

(2)现场查看张力补偿装置棘轮及坠砣状态,确认张力补偿装置工作性能正常。

(3)测量接触线导高及拉出值。观察吊弦是否垂直,结合导高测量值,判定吊弦是否需要更换或调整(对需要调整和更换的吊弦进行现场制作);

(4)解开吊弦、定位,同时测量接触线张力。

2023 年 07 月 21 日天窗期现场作业,接触线张力测量下锚处和锚段中心处张力分别为:

CHY 2425　FH1:34.6 kN

CHY 2445　YH:33.4 kN

测量接触线张力,用接触线张力测试仪进行测量,主要测量锚段中每个跨度的张力值是否符合标准。

(5)测量弹性吊索张力,用弹性吊索检测装置进行测量,主要测量每根弹吊线接近承力索接头部位(弹性吊索两端)、弹吊中间部位三点张力值,每个点附近测量五个数值,取平均值记录为每组弹性吊索的三个张力值,判定弹性吊索张力是否符合标准。

某燃弧区段弹性吊索张力测量值如表4所示。

表 4　弹性吊索张力测量值表

序号	机构名称	区间/场站	支柱(或悬挂点)号	定位点弹吊张力实测值/kN		
				北线夹处	中间	南线夹处
1	YYD	CHY	2441	2.78	3.07	2.9
2	YYD	CHY	2445	4.06	4.22	4.1
3	YYD	CHY	2447	4.01	4.01	4.07
4	YYD	CHY	2449	3.03	3.02	2.85
5	YYD	CHY	2451	3.76	3.85	3.8
6	YYD	CHY	WJS T2	3.21	3.19	3.22
7	YYD	CHY	WJS T4	3.75	3.77	3.78
8	YYD	CHY	WJS T8	4.51	4.75	4.54
9	YYD	CHY	WJS T12	5.03	5.00	4.86

（6）测量接触线平直度。

某燃弧区段测量值如表 5 所示。

表 5　接触线平直度实测表

序号	机构名称	区间/站场	支柱（或悬挂点）号	接触线平直度实测值/(mm·m⁻¹)							
					YH	FH1	FH2	FH3	FH4	FH5	YH
1	YYD	CHY	2441	0.3	0.3、0.3、0.1、0.2	0.2、0.15、0.15		0.3、0.3	0.4	0.5	0.3

以上测量结果表明，在 CDI 指标所示问题点确实存在接触线张力、弹性吊索张力、接触线平直度等一系列问题。

下面再看看另一处 CDI 失分区段测量数据。

（7）弹性吊索张力测量值如下（对每根弹性吊索两端及中间进行了测量，每个点测量多次，实际张力取平均值或中间值，测量后对弹吊张力进行了调整），如表 6 所示。

表 6　检测超限数据处理记录（弹吊张力）

序号	机构名称	区间/站场	支柱（或悬挂点）号	隧道名或股道	定位点是否有弹吊	实测值/kN（测量日期 2023 年 7 月 27 日）			调整后的张力	测量人
						定位点弹吊张力				
						北弹吊线夹处	弹吊中间位置	南弹吊线夹处		
1	HYD	HL	T1		√	2.99	3.44	2.88	3.5	PSC
2	HYD	HL	T3/T5		√	4.1	4.05	4.15	3.4	PSC
3	HYD	HL	T7/T9	BNC 1 号隧道	×					PSC
4	HYD	HL	T11/T13		√	3.4	3.57	3.44	3.5	PSC
5	HYD	HL	T15/T17		√	4.58	4.73	4.66	3.49	PSC
6	HYD	HL	T19		√	5	5.12	5	3.38	PSC
7	HYD	HL	1265		√	5.45	5.8	5.68	3.53	PSC
8	HYD	HL	1267		√	5.72	5.63	5.72	3.4	PSC
9	HYD	HL	1269		√	4	4.37	4.03	3.61	PSC
10	HYD	HL	1271		√	4.32	4.22	4.18	3.63	PSC
11	HYD	HL	T1		√	6.15	6.53	6.2	3.65	PSC
12	HYD	HL	T3		√	6.5	6.86	6.74	3.62	WJF
13	HYD	HL	T5	BNC 2 号隧道	√	6.62	6.51	6.4	3.2	WJF
14	HYD	HL	T7		√	6.8	7.1	6.85	3.02	WJF
15	HYD	HL	T9		√	5.97	6.04	6.1	3.63	WJF
16	HYD	HL	1273		√	5.78	6.08	5.9	3.5	WJF
17	HYD	HL	1275		√	6.94	7.09	7.03	3.59	WJF
18	HYD	HL	1277		√	6	6.3	6.21	3.6	WJF
19	HYD	HL	1279		√	3.16	3.21	3.19	3.75	WJF
20	HYD	HL	1281		√	6.95	6.8	6.79	3.65	WJF

（8）接触线平直度检测数值如表 7 所示（接触线出现波浪弯的位置在吊弦或定位点处）。

表 7　检测超限数据处理记录（接触线平直度）

序号	机构名称	区间/站场	支柱（或悬挂点）号	隧道名或股道	实测值（测量日期 2023 年 7 月 27 日）							测量人
					接触线平直度/(mm·m⁻¹)							
					测量吊弦位置							
					YH	FH1	FH2	FH3	FH4	FH5	YH	
1			T1	BNC 1号隧道	0.25	0.3	0.5	0.4	0.5		0.4	CZH
2			T3/T5	BNC 1号隧道	0.2	0.4	0.5	0.4	0.5			CZH
3			T7/T9	BNC 1号隧道	0.3		0.4	0.15	0.15	0.4	0.4	CZH
4	HYD	HL	T11/T13	BNC 1号隧道	0.3	0.3	0.4	0.4	0.4	0.5	0.4	CZH
5			T15/T17	BNC 1号隧道	0.2	0.4	0.5	0.5	0.5		0.5	CZH
6			T19	BNC 1号隧道	0.3	0.4	0.5	0.15/0.75			0.4	CZH
7			1265		0.75	0.4	0.75	0.5			0.5	CZH
8			1267		0.4	0.4	0.15/0.3	0.2/0.5	0.75	0.5/0.2	0.4	CZH

6　CDI 失分区段整治过程中使用的工器具设备和仪器

（1）梯车：可行走的登高作业平台，接触网上的处置作业均在此平台（分为人力推行和锂电驱动自动控制两款）上进行（图 1）。

图 1　梯车

(2)接触网几何参数测量仪：主要测量拉出值及关键点(悬挂点)导高，分析各挂点的高差。

图 2 接触网几何参数测量仪

(3)接触线张力测试仪：测量下锚处、中锚、落锚处三个临近点接触线张力。

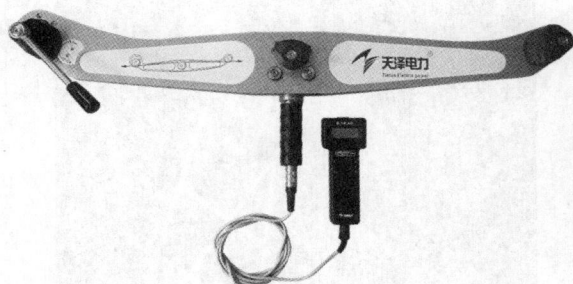

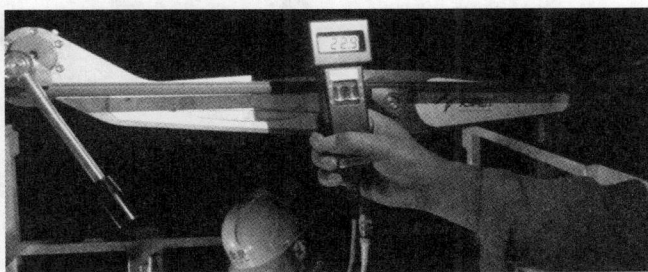

图 3 接触线张力测试仪

(4)弹性吊索张力测试仪：在线测量弹性吊索的张力。

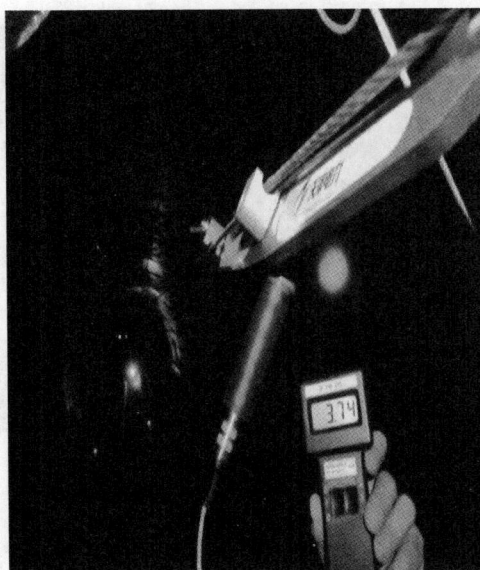

图 4 弹性吊索张力测试仪

（5）弹性吊索安装工具：调整弹性吊索张力再安装达符合限值要求。

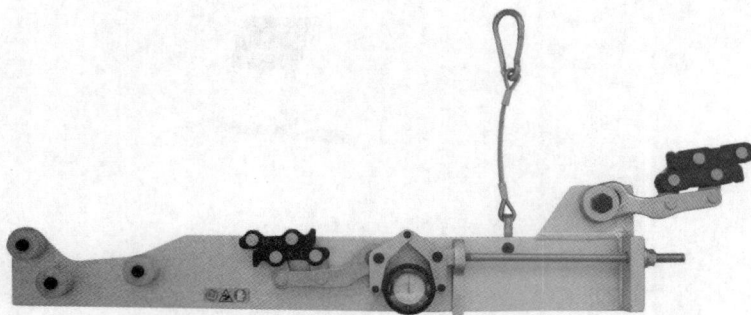

图 5　弹性吊索安装工具

（6）接触线平直度检测仪：快速初步确定硬点或波浪弯的位置。

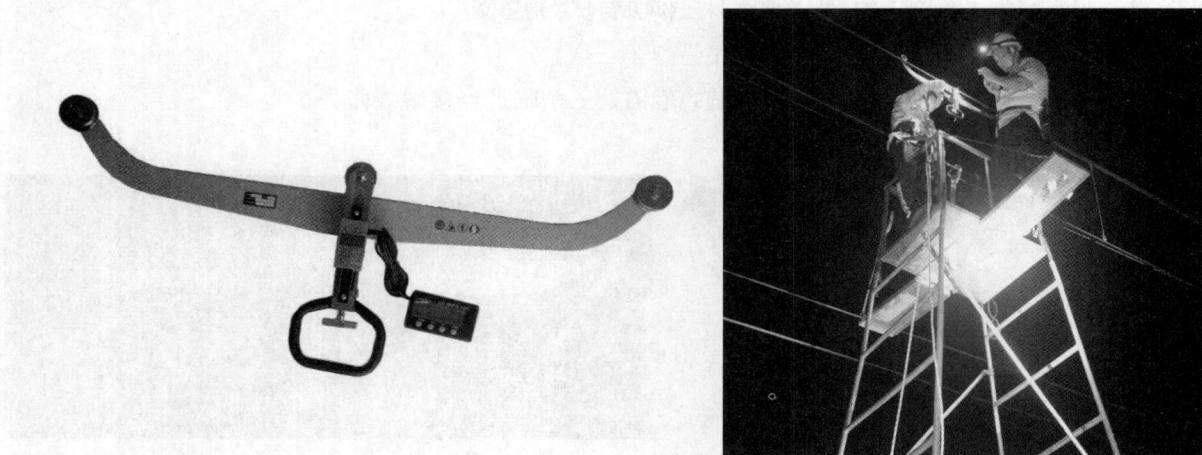

图 6　接触线平直度检测仪

（7）接触线平直度检测尺：确定硬点或波浪弯的精确位置和偏差数值。

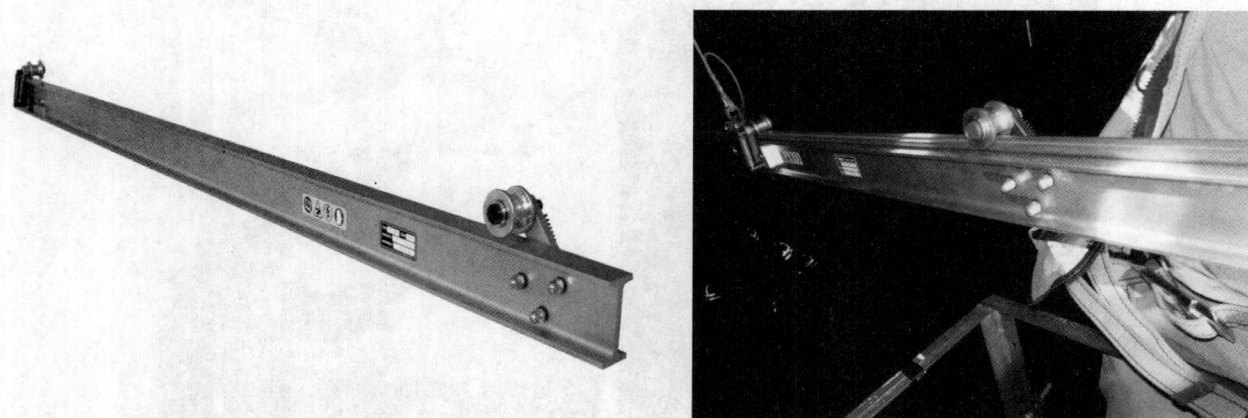

图 7　接触线平直度检测尺

（8）吊弦制作平台：现场制作吊弦以更换。

图8 吊弦制作平台

（9）硬点处理装置：局部消除硬点，可用五轮校直器再校直。

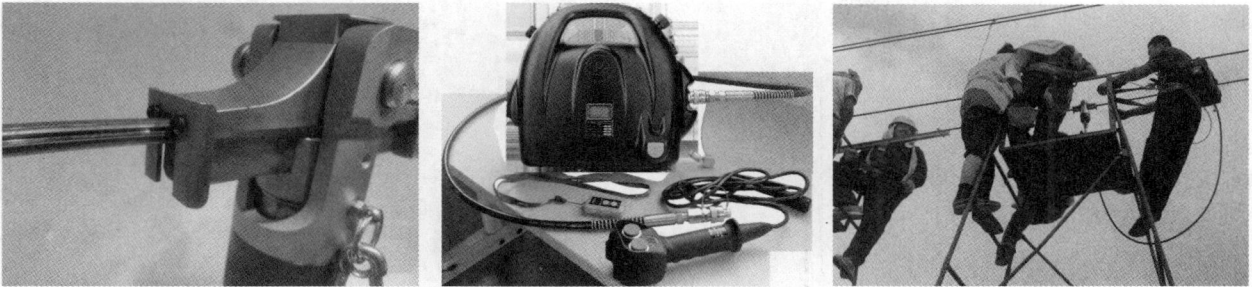

图9 硬点处理装置

（10）五轮校直器：五轮校直器分别向下锚及落锚处推行，消除波浪弯，释放接触线应力。

特别注意：五个轮子要在一个平面内，轮子的摆动极小，两条力臂要有足够的强度，不能发生可感知的形变，调节螺杆一定是细牙。

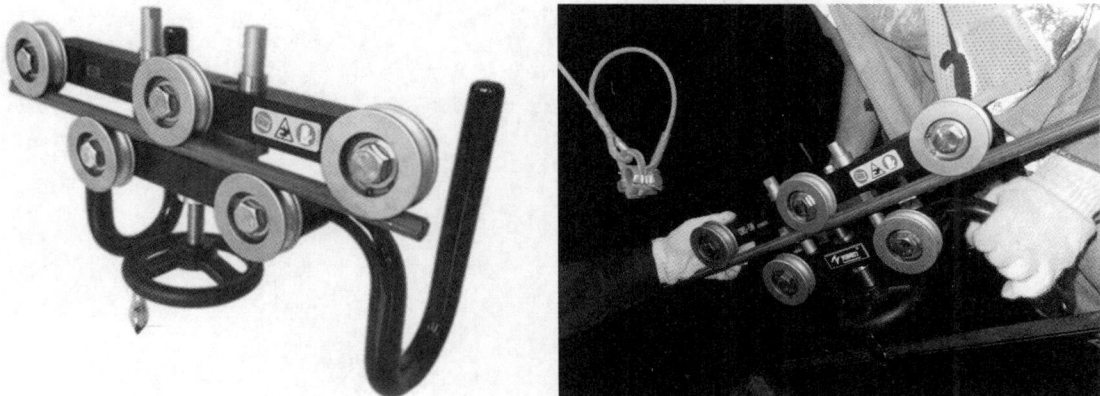

图10 五轮校直器

（11）定扭棘轮扳手：安装弹吊线夹及吊弦线夹。针对 M8 和 M10 螺栓定扭力 25 N·m。

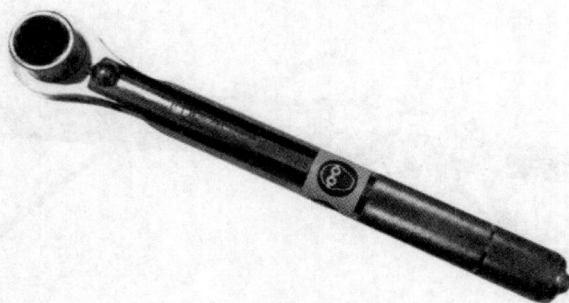

图 11　定扭棘轮扳手

7　小结

通过实施以上方案，对 CDI 评分不合格区段进行整治，基本可消除发现的缺陷。补偿滑轮卡滞、高差缺陷、弹吊张力不均匀、接触线应力等问题，都会以接触线硬点或波浪弯的方式显现。通过检测对发现参数存在问题的吊弦、弹吊、定位器等的调整，可以改善部分燃弧问题；大多数燃弧的直接原因与接触线硬点或波浪弯相关，通过五轮校直器对线索碾压式校直后，可以消除硬点或波浪弯、将接触线应力释放锚段两端，燃弧得到明显改善。

作者简介

黄桂宏，北京天泽电力集团有限公司，技术总监。
李安源，北京天泽电力集团有限公司。

浅谈电力贯通线智能巡检成套技术应用

石少波

摘　要： 铁路电力贯通线主要是为铁路沿线站区行车、生产、生活设备供电，是确保电力贯通安全可靠运行的前提，也是能够及时发现和消除安全隐患的手段之一。本文针对铁路电力贯通线运行环境的多变性和目前无人机的不足之处，通过对无人机的网联化改造，降低使用难度，扩大作业范围，利用工业级无人机作为飞行平台，结合成熟的 4G/5G 通信网络和人工智能技术来进行铁路电力贯通线的巡检工作。

1　引言

铁路是我国极为重要的交通方式之一，在铁路系统中电力贯通线承担着为铁路车站、沿线非牵引供电设备、信号通信设备供电任务，其线路稳定性、安全性对于列车正常运行意义重大。

随着无人机技术与设备发展的突飞猛进，与无人机关联的产业链越发壮大起来。在众多无人机应用领域中，无人机在巡检领域的应用价值日益明显、备受青睐。尤其是在铁路电力系统中无人机智能巡检极具有应用研究价值。相对于传统人工巡检方式，无人机智能巡检不仅摆脱了巡检作业对人力的大量依赖，降低了企业运营成本，还保障了作业安全，避免巡检人员"翻山越岭"，减少事故发生。

目前无人机在电力线路智能巡检方面已有一定的理论基础与应用实践，但在铁路行业，特别是针对铁路电力贯通线巡检方面，尚未有类似的研究与应用，本研究成果有望填补国内该领域应用研究的空白。通过引入工业级无人机、4G/5G 网络通信技术、AI 人工智能技术与巡检系统综合管理技术，研究实现铁路电力贯通线智能巡检的成套技术方法，以无人机智能巡检的方式逐步取代传统人工徒步巡检的工作，提高巡检工作的效率。

2　技术调研现状

目前，铁路线路电力贯通线的巡检主要由人工通过步行巡检完成，但由于电力贯通线多分布在铁路沿线，途径山区、林区及荒郊，道路交通十分不便，且存在发生地质灾害可能性较大的区域或不便工作人员巡检的区域，人工检查费时费力，效率较低，目前巡检效率的平均水平约为每人每小时 2 公里。

3　研究内容

3.1　智能巡检路径规划研究

研究利用北斗导航定位、测量电力贯通线高度及避让树木、房屋等障碍物等技术手段，合理规划无人机巡检路径。

3.1.1　基于北斗导航的电杆定位

基于北斗导航定位系统采用手机 App 进行定点勘测，获取每个电杆的经纬度坐标、海拔高度，记录名称编号并将其导入无人机智能巡检系统存储、管理。在地图界面可显示电力贯通线路电杆的具体位置，其误差范围不超过 10 m。

3.1.2　基于航线规划的障碍物规避

无人机的避障技术中最为常见的是红外线传感器、超声波传感器、激光传感器以及目前应用广泛的双目视觉等。常见的红外和超声波目前都是单点测距，只能获得特定方向上的距离数据，而双目视觉可以在小体积、低功耗的前提下，获得眼前场景的比较高分辨率的深度图，这就让避障功能有了更多的发展空间，比如避障之后的智能飞行、路径规划等。上述避障技术对消费级无人机较为适用，但在工业无人机应用场景方面有些不足。本文所用固定翼网联工业无人机飞行速度较快,可达20 m/s且环境复杂,只能按照预先规划好的航线飞行,飞行过程中如果采用上述避障技术,可能造成无人机无法保持稳定的飞行或电池不足,同时无法确保避障系统的稳定性和可靠性,安全风险较大,难以实现有效避障。

3.1.3 基于千寻位置的偏航校正

无人机智能巡检app下发航线给网联盒(通讯适配器),飞控接收航点数据进行定位,驱使无人机按照预定航线飞行。非网联固定翼无人机RTK差分定位精度到达厘米级,但使用范围一般小于10 km,当飞行距离过大时RTK作用失效。无人机切换变为GPS或北斗定位,此时精度误差较大为3~10米,定位出现偏差可能伴随有掉高、飞不直等现象。通过在千寻位置通过在多个地区搭建基站,实现"互联网+位置(北斗)"的理念。将卫星传输的误差信息进行修改,使得定位更加准确。千寻位置配合北斗可完成精准定位,其精度在厘米级别。

网联盒(通讯适配器)内置4G模组(可切换5G模组),插入SIM卡可实现移动网络数据传输。本文通过网联盒提供的移动网络使用千寻服务结合卫星"互联网+位置(北斗)"完成无人机精准定位,即便网联固定翼无人机飞行距离超过RTK设备作用范围也可安全飞行,实现无人机飞行偏航校正。

3.1.4 基于AI识别与空中三角测量的电杆障碍物距离算法

采用固定翼无人机负载相机对铁路电力贯通线电杆进行航拍。然后利用YOLO V4模型对采集的图片数据进行训练,识别目标特征物——电杆。无人机负载相机飞行时,可实时获取某点拍照的经纬度、海拔高度、图片及识别图片等信息。然后将已有条件代入公式可计算出电杆高度。基于AI识别与空中三角测量的电杆障碍物距离估算算法来计算电杆的经纬度坐标以及电杆与后方障碍物(树木)的距离。

3.2 智能巡检系统功能技术研究

研究贯通线长距离巡检、相关影像图片拍摄存储、红外温度探测、树木等异物测距和偏航校正等技术,在发现温度超过设定值、异物侵界时实时发送告警信息。采用无人机航拍铁路电力贯通线沿线的杆塔、电缆等设施,通过人工智能算法,检测出特定的目标物,如可能对线路造成破坏的外单位施工机械等。目前国内民用领域,尚无采用俯视角度进行目标检测的实际应用案例。本文将采用不同的光学相机进行拍摄,根据照片的拍摄参数,来进行目标检测的算法研究。目的是研究出一套可通过人工智能算法,自动根据航拍照片检测出施工机械的方法。基于热成像技术的铁路电力贯通线无人机温度航测研究,通过无人机搭载的热成像相机设备,航拍电力贯通线的电力设施,获取电缆及其他设施的热成像照片。并且对热成像图像及其温度数据进行灰度化处理,获取对应的灰度图。再根据灰度图像,对热成像图像中的各像素进行插值处理,提取电力设施热成像热图像各像素的温度值。通过设定阈值,可以检测出异常温度区。

3.2.1 目标检测技术路线

3.2.2.1 识别目标

贯通线电缆干线的损害很大一部分是由暴力施工导致的,本文通过深度学习,检测航拍图中的施工场地,从而避免电缆干线被破坏。导致电缆干线破损的施工场地的特征信息主要有临时搭建房、植被破坏以及施工车辆。其中,临时搭建房特征在小型工程中并不一定存在且和农村郊区等厂房比较类似,植被破坏这一特征容易和正常的农耕混淆,故此两种特征不可取。而施工车辆是每个施工场地都必不可少的一部分,且导致电缆干线破坏的施工场地多是使用了挖掘机、推土机类大型施工机械的场地,故本章将电杆以及电缆干线周边存在隐患信息的挖掘机和推土机作为标注目标。

3.2.2 算法概述

3.2.2.1 目标检测

目标检测(object detection)是计算机视觉领域的基本任务之一。我们分别用faster RCNN和YOLO V4模型进行试验。

3.2.2.2 Faster RCNN概述

Faster RCNN是在R-CNN和fast RCNN的基础上改进的。对比R-CNN和fast RCNN,它抛弃了外部的候选区域推荐算法,提出RPN网络结构,将候选区域推荐过程整合到神经网络里面,至此,目标检测中的所有过程都被统一到了一个网络中,可以进行完全的端到端训练。从表1可以看出,从R-CNN到faster RCNN,在检测的速度和精度上都有提高。

表1　R-CNN算法优化对比

	R-CNN	Fast R-CNN	Faster R-CNN
Test time per image(with proposals)	50 seconds	2 seconds	0. 2 seconds
(Speedup)	1x	25x	250x
mAP(VOC 2007)	66. 0	66. 9	66. 9

3.2.2.3　YOLO V4 概述

YOLO V4 的改进主要有以下几点。

(a)主干特征提取网络由 Darknet53 更换为 CPSDarknet53;

(b)加强特征提取网络的改进,使用了 SPP 和 PANet 结构;

(c)数据增强使用了 Mosaic

(d)激活函数使用了 mish 激活函数。

3.2.3　目标检测结果

3.2.3.1　公式说明

为了评判铁路电力贯通线目测检测实验的有效性和其数据的准确性,判断实验误差产生的原因。本文选用查准率、查全率[5]、工作量作为定量分析的标准,其计算公式如下:

$$查准率 = \frac{AI\ 识别正确数}{AI\ 识别隐患数} \tag{4.1}$$

$$查全率 = \frac{AI\ 识别正确数}{有目标照片数} \tag{4.2}$$

$$工作量 = \frac{AI\ 识别数}{照片总数} \tag{4.3}$$

3.2.3.2　实验结果(图1)

针对电杆(暂不包含查准率)、工程机械(挖掘机和推土机)这两大类目标训练了 faster RCNN 和 yolo V4 两个算法模型,表2为工程机械(挖掘机和推土机)训练测试结果。

表2　挖掘机和推土机训练测试结果

不同迭代次数/次	网络	查准率/%	查全率/%	人工复查工作量
4000		48. 60	85. 16	41.23%
5000		51. 46	83. 43	40.16%
6000	faster RCNN	50. 82	82. 19	38.45%
7000		53. 72	80. 38	36.88%
8000		56. 33	78. 67	34.53%
4000		40. 34	91. 15	42.74%
5000		37. 84	90. 10	41.80%
6000	yolo v4	42. 15	89. 52	40.56%
7000		42. 63	88. 19	38.96%
8000		47. 06	85. 33	35.66%

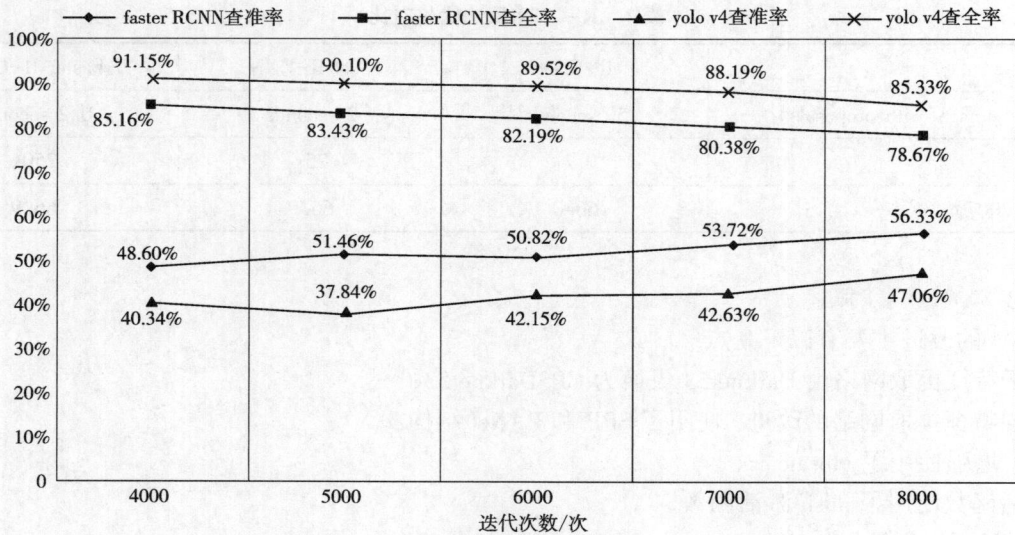

图1 挖掘机和推土机测试训练结果

表3 电杆识别训练测试结果

不同迭代次数/次	网络	查准率/%	查全率/%	人工复查工作量
4000			79.34	40.17%
5000			78.26	39.01%
6000	faster RCNN		76.90	37.38%
7000			76.38	36.15%
8000			74.67	33.52%
4000			88.91	45.82%
5000			86.07	43.19%
6000	yolo v4		84.29	42.53%
7000			83.14	38.16%
8000			81.43	36.73%

查全率代表有多少目标被识别出来,查准率代表 AI 识别出来的目标中有多少是真实有效的。工作量代表应用深度学习后跟不应用深度学习只有人工对巡检照片进行人工识别的工作量的对比(应用深度学习识别后,人工只须确认 AI 识别的隐患是否正确)。

通过表3测试结果可以看出,从工作量看,应用深度学习模型后,可以大大降低铁路电力贯通干线巡检的工作量,提升工作效率。从查全率来看,yolo V4 的性能要好于 faster RCNN;从查准率来看,faster RCNN 的性能要好于 yolo V4;从训练和测试的时间上,识别步骤一步到位的 yolo V4 要快于分两步走的 faster RCNN。

在实际应用中,线路巡检应秉持尽可能发现安全隐患并及时解决的原则,故查全率的实际应用价值要高于查准率。综上所述,在最终的深度学习模型上我们选择使用 yolo V4 模型。

传统的人工巡视的效率比较低且质量较差,缺少及时性。对此,在通信线路的巡视上应使用人工巡视和车辆巡视相结合的办法,对于路况条件复杂且车辆难以通行的地区,由人工进行巡视;而对路况条件好且视野开阔的地区可采用车辆巡视的办法,无论是哪种办法,都需要增派巡视监管人员,对维护人员的巡视工作情况进行监督、记录,促使维护人员加大巡视力度和质量。以上方法都需要投入更多的人力和物力,且对于路况不好的地区仍旧难以及时发现安全隐患。

以往检查电杆是否良好须巡检人员走到电杆附近观察。无人机巡检无需巡检人员翻山越岭，大大的提高了巡检效率，维护了巡检人员的生命安全。电杆目标识别也为后面长度估算、坐标定位提供基础依据。

通过人工智能算法识别航拍铁路电力贯通线电力设备(电杆)以及周围存在的隐患(挖掘机、推土机、危树)，在电杆识别的基础上利用无人机搭载相机拍照，根据图片大小，所含经纬度、飞行高度等信息计算电杆高度及位置。

3.3　智能巡检系统综合管理技术研究

根据应用场景，选取合适的工业级固定翼无人机和适配的云平台服务，以实现通过公网通信网络，对无人机实现监控管理以及巡检沿线的照片管理。同时，针对铁路贯通线巡检的特性，在平台基础上进行二次开发，搭建并验证铁路电力贯通线的无人机智能巡检应用系统，以适合贯通线巡检的业务逻辑。研究中，将采用试验样机进行网联化改造，并在验证系统上进行实验性实飞作业，以确保验证系统在功能上可满足电力贯通线无人机巡检的要求。

铁路电力贯通线无人机智能巡检系统利用手机app通过后台服务器发送指令，网联盒(通讯适配器)收到指令，并向固定翼无人机飞控传达指令，进而控制无人机(搭载相机、通讯适配器等设备)对铁路电力贯通(自闭)线进行智能巡检，后台服务器接收网联盒(通讯适配器)的应答信息并在主控页面(web浏览器)展示实时照片、心跳等动态数据以及管理、存储飞行任务等。通过web和手机APP访问服务器，无人机飞控通过通讯适配器和服务器进行交互。

4　试运行情况

基于铁路电力贯通线智能巡检成套技术研发成果，项目组开展了现场实地飞行测试与巡检试运行工作。以下为实飞巡检的工作情况的详细汇报。

4.1　数据统计

无人机测试区段航线覆盖测试段，全长约为60 km，车间统计涉及约664根电杆，前期已采集完成506根电杆经纬度数据。并已录入到无人机系统，形成电杆路由及巡检航线。

2021年12月至2023年4月期间，项目组使用无人机巡检系统执行现场测试与试点巡检131架次，其中，红外巡检12架次，可见光巡检116架次，视频巡检3架次，共飞巡3107 km，航拍照片41030张，AI识别3813张，输出视频10066 MB。

4.2　巡检效果

4.2.1　隐患数据统计

1)近线施工隐患、金具锈蚀隐患、树木近线隐患、异常温度隐患如表4所示。

表4　AI自动识别隐患数据表

电杆样本506/个			AI自动识别隐患			
序号	任务日期	任务号	施工开挖	金具锈蚀	树木近线	高温隐患
1	2023年9月2日(红外)	2209021951				1
2	2022年9月2日	2209021952	2			
3	2022年9月29日	2209291954	2			
4	2022年10月26日	2210261957	2		1	
5	2023年2月16日-1	2302162006		9	13	
6	2023年2月16日-2	2302162007		9	13	
7	2023年3月10日(红外)	2303102011				1
8	2023年4月7日	2304072013		2	2	

*：仅取样于2022年9月至2023年4月试运营数据；红外测温超60 ℃为异常。

2）倒树挂线隐患、绝缘子破损隐患、绝缘子缺失隐患、瓷瓶碎裂隐患、避雷器脱扣隐患如表5所示。

表5 人工复核隐患数据表

电杆样本（506个）			人工复核隐患				
序号	任务日期	任务号	倒树挂线、断线	绝缘子破损	绝缘子缺失	瓷瓶碎裂	避雷器脱扣
1	2023年3月10日（可见光）	2303102010	1	1			
2	2023年4月7日	2304072013			2	2	1

4.3 效益分析

4.3.1 经济效益

传统人工徒步巡检的平均作业效率约为2 km/h，无人机巡检的平均作业效率约为80 km/h。传统人工徒步巡检的作业方式，一个巡检作业班组由2名巡检员协同作业，人工徒步平均作业效率约为2 km/h，班组需要作业30 h才能完成60 km的巡检线路段的巡检。而班组配备了无人机后，2名巡检员仅需约0.7 h即可完成60 km的巡检线路段的巡检，效率提升20倍。

智能巡检系统的经济效益优势是比较明显的，而且随着巡检覆盖线路长度的增加，其规模效应越来越明显，利用无人机进行巡检可以使巡线平均成本会越来越低。无人机每天作业架次可达2~3架次，如果以每天执行2架次巡检作业计算，则无人机每天可巡检电力贯通线约240 km。而传统人工徒步巡检方式，1组巡检班组起码需要作业120 h。

4.3.2 安全效益

铁路电力贯通线智能巡检成套技术具有极高的安全效益，主要体现在以下两方面：

1）采用智能巡检系统，巡检员仅需在起飞点与降落点执行无人机放飞与接机工作，从根本上避免了野外徒步巡线工作的危险，减少人身意外事故的发生。

2）智能巡检系统可以全天候使用条件，只要在通信覆盖范围内均可以使用，提高了洪水、地震后应急巡检工作效率，降低人员野外工作的风险。

4.3.3 管理效益

通过铁路电力贯通线智能巡检成套技术，实现了"一键巡检"，提高效率，提前发现设备隐患，并提供铁路电力专业智能化水平。实现从制订巡检计划到缺陷识别的全自动化的业务闭环。同时，以大数据为依托，所有的业务流程全部可追溯、可管理、可利用。

4.3.4 社会效益

铁路电力贯通线智能巡检成套技术在铁路行业得到领先使用，促进了电力专业智能化、自动化、信息化的发展，推动铁路电力检测监测系统的建立。同时为下一步在全局、全路的推广使用奠定了基础。

5 创新点

1）针对电力贯通线路巡检，采用自研的5G通讯模组+树莓派智能控制模块，替代传统的飞控模块，能实时和远程服务器进行数据交互，解决了传统PC地面站和飞控通讯受距离限制且操作复杂的问题，实现有网络信号的地方就能进行数据传送。

2）使用任何一部Android手机即可对无人机进行飞前检查和一键起飞、一键返航、紧急降落等操作，并可在手机端实时查看飞行数据和航拍照片。电力贯通线路巡检，用手机替代了传统地面站的复杂操作，采用5G通讯不受距离限制，无须专门的遥控或地面站，用无人机航拍照片实时回传技术解决了人工巡检效率低的问题。

3）针对电力贯通线路巡检，将通过采集大量电力贯通线电杆缺陷图片，通过对不同算法的实际效果进行比较研究，采用适合本研究的目标检测算法yolo v4对电力贯通线电杆缺陷目标物进行检测，通过红外相机测定设备的温度值，自动识别隐患。

6　先进性与可靠性

6.1　技术先进性

1）采用自研的 4G/5G 通讯模组+树莓派智能控制模块，结合传统的飞控模块，实现有网络信号的地方就能进行数据传送；

2）针对铁路贯通线光缆干线巡检，提出了基于深度学习 yolo V4 算法的实时目标检测算法；

3）研发出一款超长航程可适配 5G 网联盒的巡检无人机，突破传统无人机 10 km 飞行距离的限制。

6.2　使用便利性

1）手机一键操作无人机。

使用一部手机即可对无人机进行飞前检查和一键起飞、一键返航、紧急降落等操作，并可在手机端实时查看飞行数据和航拍照片。

2）系统支持航拍照片实时管理。

管理员可以在后台实时查看和管理无人机回传的航拍数据，及时发现并处理可能存在的安全隐患；

3）系统支持多种类型的飞机。

系统支持旋翼机和固定翼多种类型的飞机，可根据巡检需求选择需要使用的飞机。

6.3　安全可靠性

1）飞前检查。

无人机起飞前有严格的飞前检查操作，确保飞行状态良好；

2）防雷设计。

使用具有防雷设计的 NP120 无人机，可有效降低飞行过程中雷害的影响；

3）紧急措施。

如无人机在飞行途中遇到参数故障，可对无人机下发一键返航和紧急降落的指令。

7　下一步研究方向

7.1　基于激光探测仪的相对高度测量

网联固定翼无人机按预设航线飞行时，其设置的航点高度为海拔高度。在某些场景下须知道无人机的相对高度（无人机距离地面的高度），但由于无人机速度较快，很多时候经过之处地形不同，气压相差较大，此时无人机返回的相对高度值可能存在一定误差。针对该问题本文计划采用在固定翼无人机上搭载 Nohawk mini4 激光测距仪的方法来测量无人机离地面的高度，将研究通讯适配器如何采集该设备的数据并且通过网络实时传输给地面服务器。

Nohawk mini4 激光测距仪采用了 905 nm 激光半导体激光器，为便携类设备专门设计的一款集成度高、微功耗、重量低的标准化产品。它距离测量范围 3～500 m，测距分辨率 0.1 m，精度 0.5 m，供电电压 3.3 V，功耗小于 160 mW。相对于 SK-Z-5 激光雷达测距来说，Nohawk mini4 激光测距仪更为适合本课题应用场景。其采用的是 TOF 测距技术，即传感器发出经调制的近红外光，遇物体后反射，传感器通过计算光线发射和反射时间差或相位差，来换算被拍摄景物的距离，以产生深度信息。TOF 测距方法属于双向测距技术，它主要利用信号在两个异步收发机之间往返的飞行时间来测量节点间的距离。TOF 测距技术也是飞行时差测距的方法。

7.2　基于 3D 立体空间树障测距研究

Ugrid 树障分析软件基于图像密集点云匹配和立体测图技术，针对输电线路通道导线弧垂建模，可对线路通道保护区内的竹树隐患、交跨距离等进行安全分析，并根据不同线路等级的安全距离规范区分不同的缺陷等级，精确标识缺陷位置，一键自动生成树障缺陷报告。下一步计划研究如何使用该软件完成树障测距。

7.3　基于激光雷达自动避障

固定翼无人机自动避障可以通过激光雷达、超声波、视觉、GPS 以及传感器等装置来实现。其中，激光雷达是非常有效的避障装置之一。它通过探测环境中的物体，采集距离、角度和强度信息，并将其传输给无人机的控制计算机,计算机通过处理数据判断无人机的飞行方向,发出指令来改变无人机的姿态、速度和方向来避开障碍物。下一步计划研究如何在确保无人机安全的情况下使用激光雷达技术实现固定翼无人机自动避障。

7.4 识别是否管辖区域的贯通线目标物的研究

巡检拍摄图片中如果存在同类型电杆怎么识别是否属于管辖区域的电杆,针对本问题,计划研究管辖区域的电杆的特征,建立特征库,通过 AI 训练,有效识别出管辖区域的贯通线目标物。

参考文献

[1] 李明熹,林正奎,曲毅.说算机视觉下的车辆目标检测算法综述[J].计算机工程与应用,2019,55(24):20-28.

[2] 黎文航,王加友,周方明.焊接机器人技术与系统[M].北京:国防工业出版社,2015.

[3] GIRSHICKR. Fast R-CNN[C]//Proceedings of the 2015 IEEE International Conference On Computer Vision. 2015.

[4] SUTSKEVERI, MARTENS J, DAHL G, et al. On the importance of initialization and Momentum in deep learning [C]// Proceedings of the 30th International Conference on Machine Learning. 2013.

[5] 余丹. 关于查全率和查准率的新认识[J].西南民族大学学报(人文社科版),2009(2):283-285.

作者简介

石少波,北京中润惠通科技发展有限公司,董事长。

基于光纤复合接触网线智能监测方案研究与应用

郑建平　田　庚

摘　要： 电气化铁路已进入智能化、数字化时代，铁路接触网是铁路供电系统中薄弱环节之一。本文通过介绍对光纤复合接触网线和光纤分布式监测技术的研究和方案开发，形成了光纤复合避雷线、光纤复合保护线、光纤复合承力索、光纤复合接触线及安装使用方案，通过光纤复合接触网产品及光纤分布式监测系统在实际线路的应用，说明了该套技术方案对铁路接触网智能化、数字化重要意义，对未来光纤复合接触网产品及光纤分布式监测系统推广应用具有重要参考价值。

1　引言

2022 年底我国铁路营业里程达 15.5 万公里，其中高铁超 4.2 万公里占全球高铁运营里程 2/3，高铁已成为中国高质量发展和走向世界的亮丽名片。随着我国电气化铁路快速发展和运行安全需求的提高，对铁路接触网系统监测技术提出了更高要求。

2　接触网故障监测的重要性

由于接触网工作环境恶劣，多发的接触网故障已成为牵引供电系统中一个最大的薄弱环节[1]。目前接触网日常运维需要大量具有专业经验接触网工人通过定期和不定期人工巡视、车巡检查、检测车检测等方式实现，无法实现接触网运行状态和技术参数连续性记录和监测，不能实时发现和消除运行中出现的问题，不能预知和判定可能出现的故障。而大量人工巡检和判定也容易出现误判情况。当接触网故障时，故障点的查巡也耗费大量人力和时间，浪费不少宝贵的抢修时间。及时掌握接触网运行参数，感知和定位可能出现的故障，成为一个迫切而重要的课题。

3　光纤复合接触网线智能监测方案研究

为解决上述问题，行业内很早就提出智能铁路[2]和智能牵引供电系统[3]的概念和目标。通过广泛采用云计算、物联网、大数据、机器人、下一代通信等技术手段实现对铁路系统的全面感知、泛在互联、融合处理、主动学习和科学决策，具备多维融合、全息感知、智慧运维等功能特性。

光纤复合接触网线是一种将光纤单元复合在接触网线缆中的新型产品，它将光纤与接触网线缆集成在一起，具有接触网线供电和光纤通信双重功能。同时，光纤本身也具备分布式感知能力，利用光纤的传感功能，可以对接触网运行状态实时监控和数据收集，实现接触网运行状态和技术参数连续性记录、监测和故障预警。该技术充分地利用了光纤传感技术的无源、分布式、定位准确、安全可靠等特性，能够很好地解决铁路接触网难以及时发现的隐患和故障，该技术方案已在国内外电网、石油勘探等领域得到了验证与应用。

光纤复合接触网线智能监测方案由光纤复合接触网产品和分布式光纤监测系统两部分组成。光纤复合接触网产品需要对相关产品进行结构设计和工艺方案创新，将光纤内置到接触网使用的诸如保护线、避雷线、正馈线、回流线、承力索、接触线中，复合光纤单元后的接触网产品性能应满足相应标准要求和使用要求。

从表 1~表 4 可以看出复合光纤单元后的接触网线，其性能参数与相应传统接触网线基本一致，且符合标准要求。其中光纤可采用单模 G.652D 或多模 A1a 光纤，其衰减系数要求：单模 G.652D 光纤衰减系数 1550 nm≤0.21 dB/km；1310 nm≤0.35 dB/km。多模 A1a 光纤衰减系数 850 nm≤3.5 dB/km；1300 nm≤1.2 dB/km。

表1　常规保护线与光纤复合保护线结构参数对比

项目		单位	保护线	光纤复合保护线
型号			JL/LB20A-185/30	OPPW-8B1-185/30
计算截面积	铝包钢	mm²	29.6	29.45
	铝	mm²	181	178.7
外径		mm	18.9	18.9
单位长度质量		kg/km	696.6	693
直流电阻		Ω/km	0.1509	0.1509
绞线破断拉力		kN	66.34	68
结构示意图				

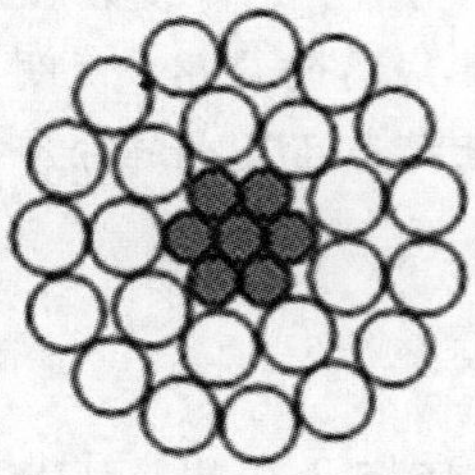

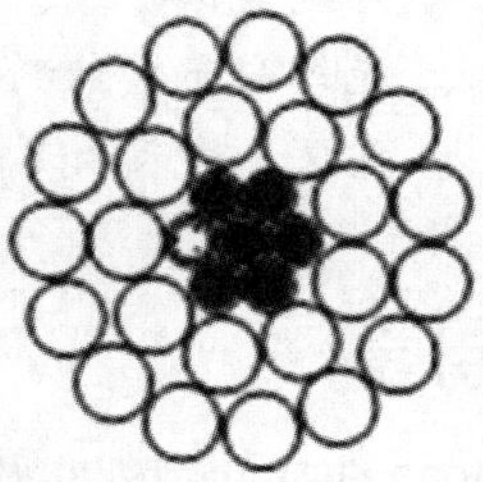

表2　常规避雷线与光纤复合避雷线结构参数对比

项目	单位	常规避雷线	光纤复合避雷线
型号		GJ-50	OPGW-12B1-50
计算截面积	mm²	49.48	49.25
外径	mm	9	9.6
单位长度质量	kg/km	389.2	342
直流电阻	Ω/km	—	0.198
绞线破断拉力	kN	57.8	58.2
结构示意图			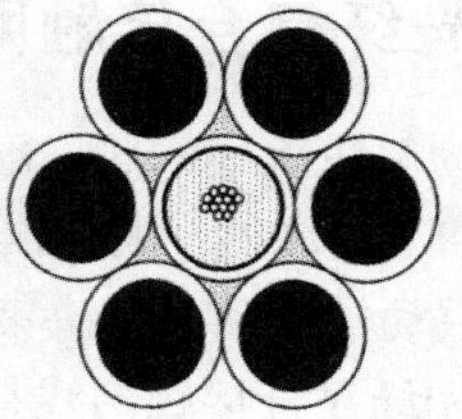

表3　常规承力索与光纤复合承力索结构参数对比

项目	单位	常规承力索	光纤复合承力索
型号		JTMH-120	OP-JTMH-8B1-120
计算截面积	mm²	116.99	110.84
外径	mm	14	14.00
单位长度质量	kg/km	1059	1021.77
直流电阻	Ω/km	0.200	0.198
绞线破断拉力	kN	68.91	68.97

续表3

项目	单位	常规承力索	光纤复合承力索
结构示意图			

表4　常规接触线与光纤复合接触线结构参数对比

项目	单位	铜镁接触线	光纤复合铜镁接触线
型号		CTM-150	OP-CTM-150（4芯）
计算截面积	mm^2	151	148.6
规格、尺寸和角度		满足 TB/T 2809—2017	满足 TB/T 2809—2017
单位长度质量	kg/km	1342.4	1321.9
电阻率	$\Omega \cdot mm^2/m$	≤0.02155	≤0.02155
抗拉强度	MPa	≥430	≥440
结构示意图			

　　分布式光纤监测系统是利用光纤的感知功能对接触网线的温度、应力和振动等物理量进行感知和信息收集，当光纤复合接触网线收到雷击、振动、覆冰等影响时，光纤复合接触网线中的光纤后向散射光（布里渊散射、瑞利散射光、拉曼散射）出现频率、幅度或相位发生变化，通过终端采集信号信息和分析，可以呈现出接触网遭受雷击、风振、载流温升、覆冰、弓网脱离等故障状态，并可以实现数据储存、分析、智能预警和定位，从而实现对接触网运行异常的智能化管理。

　　如图1所示，将脉冲光注入到传感光纤中，脉冲光在光纤中传播时产生后向散射光，当光纤复合接触网线出现故障时后向散射光信号会发生变化，根据后向散射光回来的时间，确定光散射发生的位置，即光时域反射计（OTDR）的定位原理。返回的光信号与入射脉冲的时间差为τ，利用下式就可计算出上述事件点与系统收发设备的距离：

$$Z = c\tau/(2n) \tag{1}$$

式中：c为光在真空中的速度；n为光纤纤芯的有效折射率。

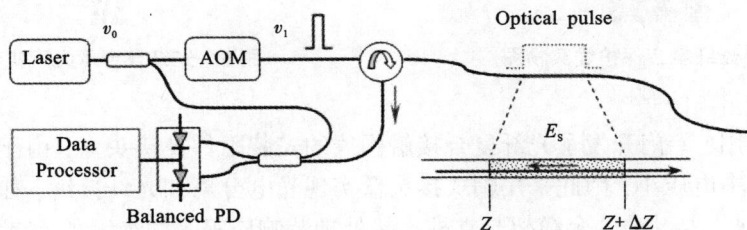

图1　分布式光纤探测定位技术原理结构图

由于分布式光纤监测技术是单端检测技术,分布式光纤监测系统直接接入光纤复合接触网线后,即可对光纤复合接触网线的通断、温度、应变、振动等信息进行监测。

4 光纤复合接触网线的开发和应用

2017年通过对铜及铜合金、铝线、铝包钢线等材料性能提升和工艺方案优化设计,成功开发了光纤复合避雷线、光纤复合保护线、光纤复合承力索和光纤复合接触线,各项性能测试结果均满足标准要求,且光纤衰减系数满足单模 G. 652D 光纤衰减系数 1550 nm≤0. 21 dB/km;1310 nm≤0. 35 dB/km。多模 A1a 光纤衰减系数 850 nm≤3. 5 dB/km;1300 nm≤1. 2 dB/km。

图 2　光纤复合保护线实物图

图 3　光纤复合承力索实物图

图 4　光纤复合保护线实物图

图 5　光纤复合承力索实物图

为实现产品安装应用,专门开发了光纤复合接触网线的安装附件及接头盒,由于光纤复合避雷线和光纤复合保护线日常运行中电压小,因此采用帽式接头盒实现光电分离和光纤接续,如果要时间与立柱的绝缘安装,可以将耐张线夹、接头盒、余缆架与立柱连接处加装响应等级的绝缘子,如图6所示。

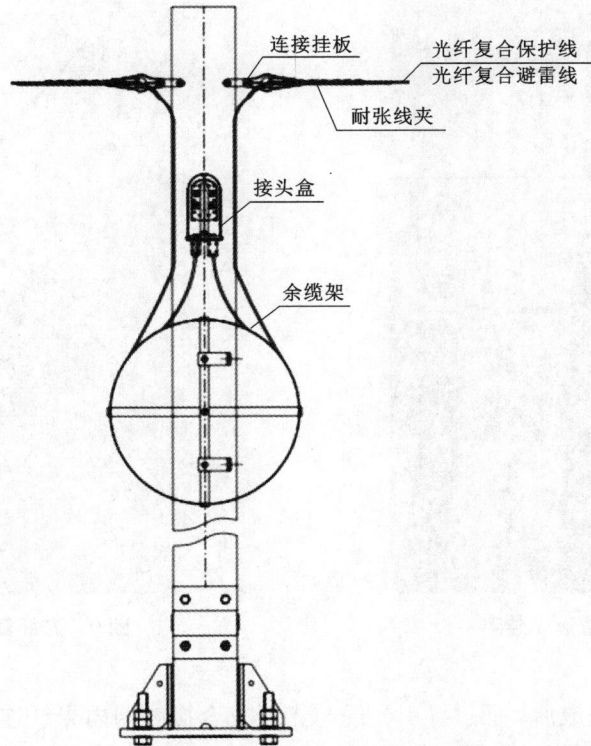

图6 光纤复合保护线和光纤复合避雷线安装示意图

由于光纤复合承力索和光纤复合接触线在铁路运行中为列车直接供电带有27.5 kV电压，且采用对向下锚，相邻两段起、落锚有一定距离，因此需要采用绝缘化光电分离接续方案，并采用非金属导引光缆将有一定距离的相邻起落锚点光纤通道连接成通路。具体方案如图7所示。

光纤复合避雷线和光纤复合保护线率先在大西铁路、茂湛铁路上进行了使用，并在大西铁路中使用了分布式光纤雷击监测系统。

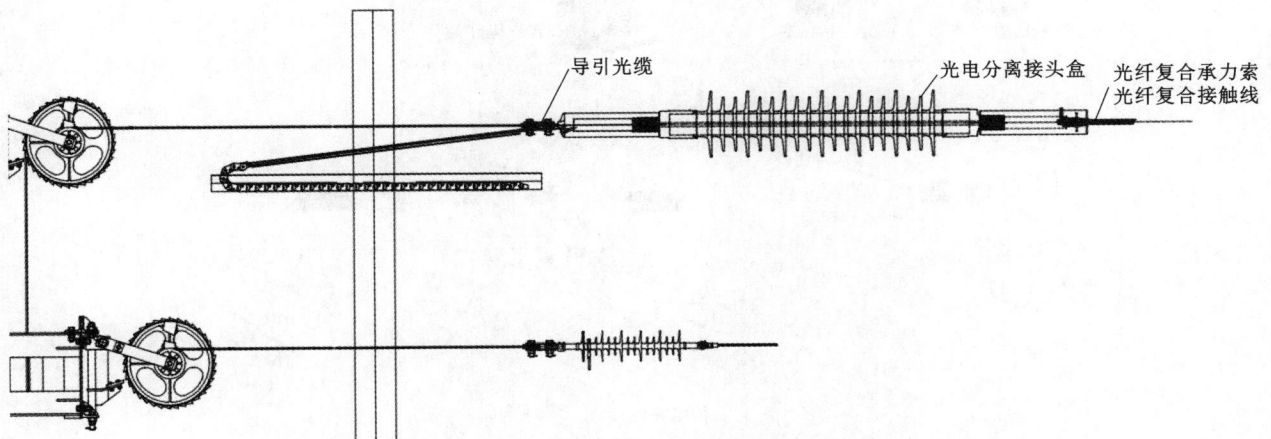

图7 光纤复合接触线和光纤复合承力索安装示意图

图 8 光纤复合避雷线安装图

图 9 光纤复合保护线安装图

光纤复合接触网线安装完成后，通过导引光缆与光纤复合接触网内光纤连接并接入 AT 变电所与监测主机连接，从而形成综合监控中心，如图 10 所示。

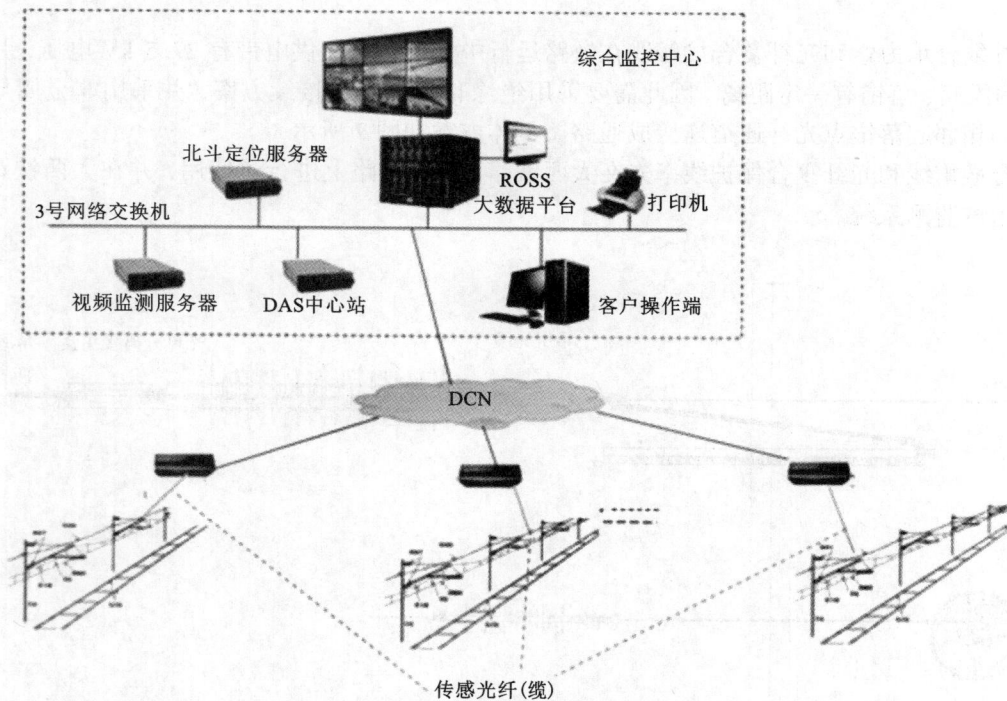

图 10 铁路接触网光纤分布式智能监测构架

说明：光纤分布式雷击智能监测界面的横轴为位置信息，与区间杆号牌相对应，纵轴为雷击次数。

大西铁路一区间雷暴活动频繁，日常雷击事故后对区间巡检和故障点排查困难。通过安装光纤复合避雷线和光纤分布式雷击智能监测系统，区间发送雷击事件后在监测系统界面上显示雷击大小、次数和位置，并实现雷击事件的 24 小时连续记录、长期储存和数据回查，雷击事件可以通过短信、微信等订阅方式，进行信息推送，便于异常事件及时、快速传递至相关人员。光纤复合避雷线和光纤分布式雷击智能监测系统的安装应用大大减少接触网巡检人员对故障点排查的时间和工作量，实现了接触网雷击异常的信息化、智能化管理，如图 11 所示。

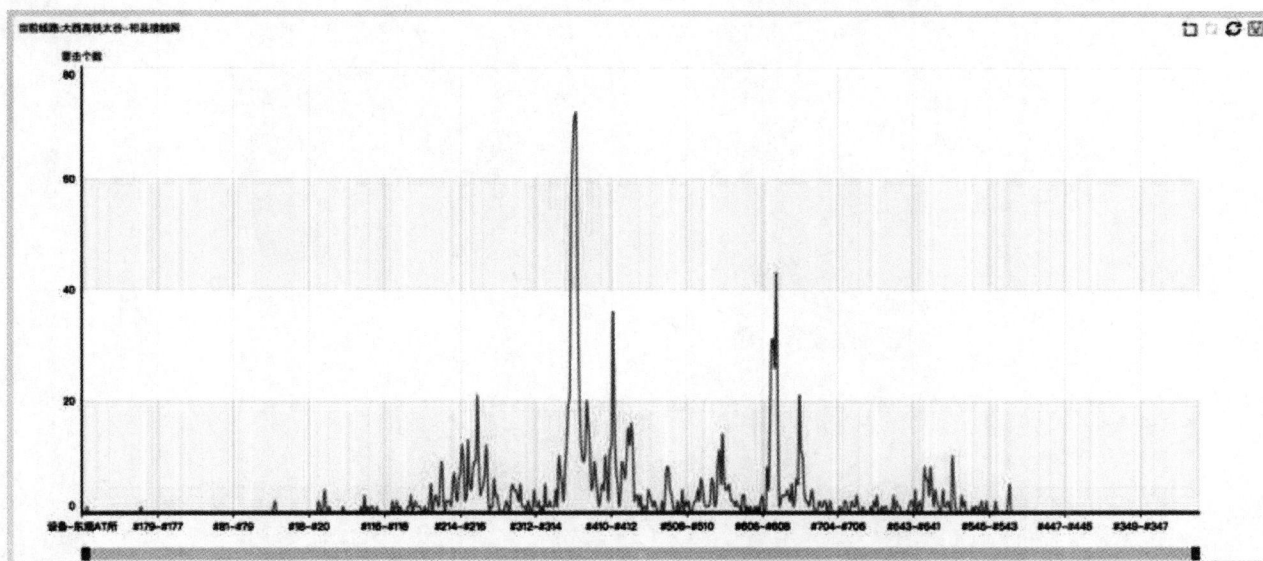

图 11　大西铁路光纤分布式雷击智能监测界面

5　总结

随着智能铁路和牵引供电系统智能化的快速发展，铁路接触网运行安全和智能化需求日益增加，光纤复合接触网产品及光纤分布式智能监测技术取得了快速进步并在实际应用中取得良好效果。研究通过技术方案和工艺创新，将光纤单元复合在接触网线中形成光纤复合接触网产品，采用分布式光纤传感技术，实现对接触网状态感知和信号传输、数据采集、趋势分析和智能预警等功能将成为铁路智能化、数字化建设的重要手段之一。

参考文献

[1] 梁艳明，郎兵，贾彦军.接触网数字化故障定位系统研究[J].电气化铁道，2009.
[2] 王同军.智能铁路总体架构与发展展望[J].铁路计算机应用，2018.
[3] 夏炎.铁路智能牵引供电系统技术研究与发展展望[J].电气化铁道，2020.

作者简介

郑建平，江苏亨通电力电缆有限公司，工程师。
田庚，江苏亨通电力智网科技有限公司，工程师。

第六篇

其他

关于提升安全生产软实力融入中心工作展作为的思考

赵 超

摘 要：洛阳供电段党委坚持凝聚人心、催人奋进的工作定位，注重以提升安全生产软实力为主线，着力发挥宣传思想文化工作思想疏导、典型示范、环境影响和文化引领的作用，为推进全段安全生产持续稳定、有序可控提供了有力保障。

1 引言

近年来，洛阳供电段、洛阳供电段党委认真学习贯彻习近平总书记对铁路安全工作重要批示指示精神，深刻领会"人民至上、生命至上"丰富思想内涵，始终坚持凝聚人心、催人奋进的工作定位，注重以提升安全生产软实力为主线，着力发挥宣传思想文化工作思想疏导、典型示范、环境影响和文化引领的作用，为推进全段安全生产持续稳定、有序可控提供了有力保障。

2 强化思想引领，把干部职工保安全的劲鼓起来

面对新时代对铁路安全的极高要求和确保安全生产的繁重任务，我们注重从三个方面着手，努力把干部职工保安全、促发展的心拢起来、劲鼓起来。

2.1 用主题教育引领意识

段、段党委注重从铁路改革发展的大势和供电段具体实际出发，延伸集团公司"改革促发展、先行展作为"暨深化"四个讲清"主题教育活动触角，启动实施了贯穿全年的"节支降耗促发展，改革创新立新功"主题教育实践活动。为真正发挥主题教育活动统一思想、凝聚人心、鼓舞士气的作用，把教育工作做深、做细、做精、做实，段、段党委紧密结合新冠肺炎疫情对铁路安全经营带来的影响，结合确保安全对实现"五个确保，五个见实效"的重要意义，组织理论骨干编写了近 2 万字的宣讲报告，按照"缺什么，补什么"的原则，采用问题解答的方式，把疫情对铁路安全经营的影响有多大、保安全对铁路改革发展有什么意义、为什么要开展节支降耗等职工关心关注的热点问题，逐项解疑释惑，组织层层宣讲 270 余场次，及时把国铁集团、集团公司的新方略新要求和安全生产的新形势新任务传达给干部职工，教育、引导、激励干部职工解放思想、适应转变、展示作为。

2.2 用谈心活动提振士气

为引导好干部职工正视安全经营面临的困难，变压力为动力，坚定信心、振作精神、克服困难，确保安全稳定，我们结合国铁集团新时代思想政治工作的指导精神，强化职工思想分析，摸清找准职工安全生产过程中关注的热点难点堵点痛点问题，结合"四必访四必谈"制度，组织段管理干部，深入生产一线广泛开展"大谈心"活动。通过制订"大谈心"推进方案，建立健全职工思想动态收集、分析、研判以及周报告等工作制度，运用问卷调查、召开座谈会等途径和形式，倾听职工心声、听取职工意见，协调并帮助职工解决生产生活上存在的实际困难 297 项、帮助解决职工家庭问题 51 个，从而消除了干部职工思想疑虑，调动了干部职工苦干、实干、主动干的积极性和主动性。

2.3 用巡回报告催人奋进

针对年度安全经营压力大、职工士气不振的现状，我们从近 3 年当选集团公司"星耀家园"年度人物，以及段"安全功臣"、优秀党员、安全标兵中选出典型代表，由段党委办公室宣传部门负责，编写《洛供先锋》《榜样的力量》先进人物事迹材料，组成"安全功臣"巡回报告团深入全段 19 个车间 122 个班组进行面对面交流宣讲，以先进人物的现身说法，向职工宣传安全形势、介绍爱岗敬业先进事迹，教育引导干部职工增强战胜困难的信心、增强确保安全的责任，进一步树立牢固"安全大如天、万事排最先"的理念。报告

团深入车间班组,行程达 1000 多千米,历时 1 个多月,直接受众为 2500 余人,取得了凝聚人心、催人奋进的良好效果,为我段特殊时期安全生产提供了强大思想保证。

3 强化典型带动,把保安全就是功臣的导向树起来

实践证明,确保安全生产的长治久安,发挥好先进示范、典型引路的作用至关重要。在具体工作中,我们坚持"让先进典型有名有利有发展"的思路,以评选"安全功臣"为载体,坚持"三个注重",大力营造保安全就是功臣的鲜明导向。

3.1 注重快奖重奖

段、段党委大力开展"安全功臣"表彰活动,通过建立健全发现安全生产重大风险奖励制度,对发现重大安全隐患、防止事故的"安全功臣",给予 2000 元至 10000 元奖励,并由段、段党委组织车间召开表彰大会,段分管领导出席表彰大会,亲自给"安全功臣"披红戴花、颁发"安全功臣奖杯";对受到 10000 元以上奖励的"安全功臣",由段、段党委组织召开全段表彰大会,邀请职工家属参加,由段党政主要负责人亲自为"安全功臣"颁奖。2021 年,发现并正确处置各类安全隐患 2803 件,给予 5447 人次安全奖励 58.8 万元,召开集中大型表彰会 14 场次。今年一季度,全段共发现并正确处置 1509 件典型安全隐患,给予 2933 名有功人员奖励 249900 元。其中,通报表扬 9 期 15 件,奖励 41 名有功人员 71000 元;下发安全奖励通报 3 期隐患 1494 件,奖励 2892 名有功人员 178900 元,极大地激发了干部职工全力以赴保安全、立足岗位做贡献的内生动力,形成了你追我赶、竞相争当"安全功臣"的"海潮效应"。

3.2 注重激励成才

为持续激发干部职工保安全、建功业的积极性主动性,树立让"安全功臣"既有名利更有发展的激励导向,段党委牵头,组织制定出台了一系列配套措施,真正让"安全功臣"有荣誉有待遇,有前程有发展。我们在"星级职工"评定中,给予"安全功臣"适当加分,提高"安全功臣"当选"星级职工"的权重;在工班长、工人技师评聘方面,给予一定倾斜;在评选推荐优秀共产党员、先进工作者时,优先考虑"安全功臣";在竞争上岗、职务晋升方面,对获得"安全功臣"称号的职工优先考虑,等等。鲜明的导向,形成了见贤思齐、应者云集的示范效应。发现安全隐患、争当"安全功臣"在我段蔚然成风。

3.3 注重放大效应

榜样是看得见的哲理,也是最好的说服。段、段党委注重发挥"安全功臣"的影响和辐射带动作用,着力构建"一花独放不是春,百花齐放春满园"的大格局。我们对连续获得"安全功臣"荣誉称号的 5 名职工的先进事迹进行梳理总结、汇编成册,在全段发放。依托"三会一课"、政治学习、集中研讨等多种载体,组织干部职工学比赶超;把获得河南省"五一劳动奖章"、路局"星耀家园年度人物"称号的洛阳变电检修车间职工赵宏伟作为技术创新带头人,建立"宏伟劳模创新"工作室,吸引培养出 10 余名技术创新人才,产生了 20 余项小创新、小发明,赵宏伟成为一线职工心中的"大腕";我们利用国家"轨道车铁鞋报警装置"发明人、动力设备车间职工周银明的人才优势,创建"周银明技师工作室",吸引身边优秀职工大力开展技术创新活动,为安全生产提供了有力人才支撑。

4 强化文化铸魂,把确保安全生产的软实力硬起来

文化是企业发展的灵魂和内生动力,安全文化是推动安全生产的重要手段。面对安全生产的全新实践,我们把加强安全文化建设作为提升安全生产软实力的重要途径,通过理念提炼、设计载体、搭建平台等一系列有形、有效的手段,使安全文化在干部职工心目中生根发芽、开花结果。

4.1 层层提炼,确立安全核心文化

本着"定位准确、契合段情、全员参与、系统思考"的原则,在段机关各部门和段管各车间班组广泛开展安全核心理念征集和讨论活动,经过层层提炼、反复筛选、集中推荐等几个阶段,最终形成了"用心敏感、认真精细"的安全核心工作理念;确立了建设"安全优质高效和谐"洛阳供电段的企业发展目标、美好愿景。理念提出后,很快得到了干部职工的强烈共鸣和广泛认同。

4.2 因地制宜,构建安全差异文化

我们在构建段安全核心文化的基础上,采取差异化安全文化建设的创建思路,鼓励车间、班组根据自

身特点,有序、适度开展安全文化建设。通过在车间、班组职工生活区、设备区、材料工具区设置安全格言、警句、安全漫画,通过建设安全文化长廊、警示活动室等丰富多彩的文化载体,以职工共建共享的方式,先后建成了 70 余处安全文化点,基本做到了车间有品牌、班组有亮点。我段三门峡供电车间临近杨连弟大桥,通过挖掘革命英雄杨连弟先进事迹,结合供电设备作业的特点提出的"登高文化";我段南阳供电车间结合异地管理干部多提炼出的"安全驿站"文化品牌,均具有较强的地域特色。

4.3　多措并举,广泛叫响安全文化

我们充分利用各类宣传资源和教育平台,以安全核心文化为主要内容,广泛开展安全荣辱观、安全效益观和安全责任观教育,使核心文化家喻户晓。同时,在宣传教育方式上,注重形式多样,力求喜闻乐见,避免出现居高临下式的空洞说教,不断增强宣传教育的亲和力和亲切感,使干部职工在参与活动中得到启迪、受到感染,在耳濡目染中达到"润物细无声"的教育效果。我们组织开展的"安全在我心中"演讲比赛、"安全生产千里行""安全小故事征文"等群众性的主题实践活动,都让职工在寓教于乐中受到了教育和启发,从而为确保安全生产凝聚了强大的精神动力。

作者简介

赵超,中国铁路郑州局集团有限公司洛阳供电段,段长。

供电远动 SCADA 系统"非远动分合闸"分析及对策研究

李志宇

摘　要：在供电 SCADA 远动系统中，对开关"非远动分合闸"现象进行原因分析是困扰现场远动维护人员的难题之一。本文通过规约解析、现象梳理，归纳了"非远动分合闸"的概念，剖析了"非远动分合闸"产生原因，提出了防治对策。本文对远动从业人员强化远动设备管理、净化远动设备运行环境具有指导意义。

相信每一个铁路供电 SCADA 从业人员对"非远动分合闸"都耳熟能详。那么，什么是"非远动分合闸"？什么情况下会发生"非远动分合闸"？"非远动分合闸"又应该如何防治呢？本文试从以下几个方面展开论述。

1 "非远动分合闸"的基本概念归纳

首先，必须明确"非远动分合闸"的基本概念。目前，在铁路专业的相关书籍资料中，尚未见到有对"非远动分合闸"的清晰明确定义。尽管不少规章已经明确了在供电系统出现"非远动分合闸"的应急处置措施，如铁总运〔2017〕12 号《高速铁路供电调度规则》第十二条就明确指出："被控端设备发生非远动分合闸(检修和试验除外)或远动系统出现异常时，供电调度应立即通知设备管理单位并进行应急处置。"

以上表述同时也托带出三个方面的清晰脉络：一是"非远动分合闸"司空见惯，日常检修和试验对开关的当地倒闸、二次回路检修都会导致供电系统出现远动开关"非远动分合闸"；二是除此之外的"非远动分合闸"现象对供电系统危害颇大，不可等闲视之；三是"非远动分合闸"只会出现在已纳入远动 SCADA 系统的供电设备中。

结合个人经验及与各厂家技术人员沟通了解相关信息，本文将非远动分合闸概念归纳表述为：在供电远动 SCADA 系统中，由调度主站定义的，属调度管辖的远动开关设备发生不属于调度远动操作的分或合遥信转换，称之为"非远动分合闸"。

广义概念的"非远动分合闸"包含异常遥信变位及经调度授权现场开关分合闸操作导致的遥信变位及信息上传；后者因不属于调度远动操作，仍为"非远动分合闸"范畴。

狭义概念"非远动分合闸"仅包含供电远动 SCADA 系统异常遥信变位，也即通常指称的"非远动分合闸"概念。

2 "非远动分合闸"的报文解析分析

根据国际电工委员会 2000 年出版的 IEC60870-5-104：2000 规约，电力系统控制及其通信标准采用问答式规约，即 polling 远动规约。采用问答的传输控制如图 1 所示。

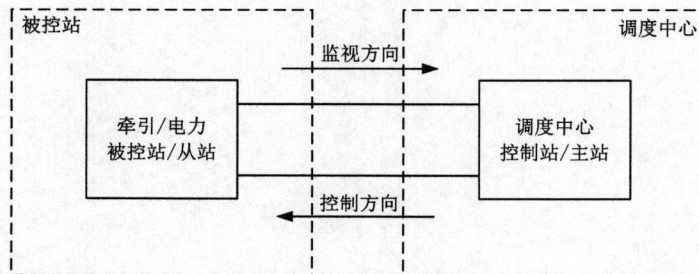

图 1　采用问答的传输控制

2.1 遥控执行过程分析

在通道正常且连接建立后，如图2控制主站（如A站）利用问答方式与被控站（如B站）进行遥控数据传输。

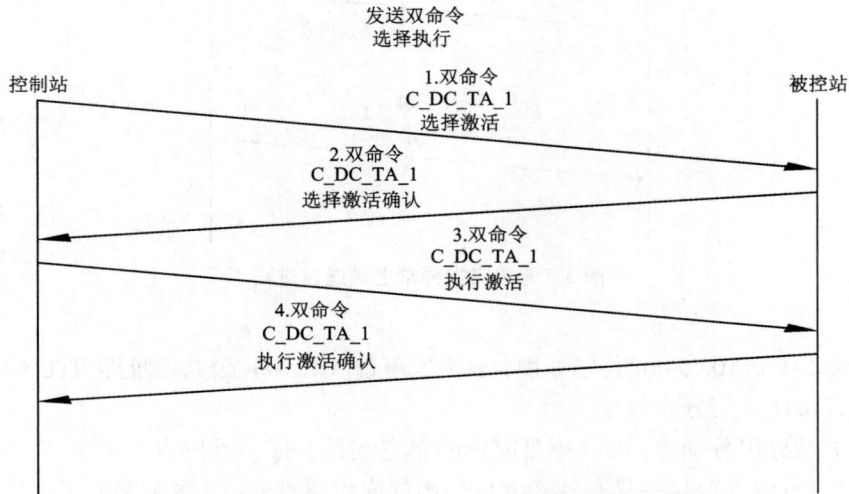

发送双命令
选择执行

控制站　　　　　　　　　　　　　　　　　　　　　　　　　　被控站

1.双命令
C_DC_TA_1
选择激活

2.双命令
C_DC_TA_1
选择激活确认

3.双命令
C_DC_TA_1
执行激活

4.双命令
C_DC_TA_1
执行激活确认

图2　控制主站利用问答方式与被控站的进行遥控数据传输

传统遥控命令由控制站主站发起，须经A站（控制站）遥控选择、B站（被控站）选择确认、A站（控制站）遥控执行、B站（被控站）执行确认过程，B站被控站被动上送相应遥信变位信息。

104规约中典型遥控报文及过程如下例所示。

（1）发送→遥控预置。

68（启动符）0e（长度）20　00（发送序号）06　00（接收序号）2e（类型标示）01（可变结构限定词）06　00（传输原因）01　00（公共地址即RTU地址）05 0b 00（信息体地址，遥控号＝0xb05-0xb01＝4）82（控合）

（2）接收→遥控返校。

68（启动符）0e（长度）0e　00（发送序号）06　00（接收序号）2e（类型标示）01（可变结构限定词）07　00（传输原因）01　00（公共地址即RTU地址）05 0b 00（信息体地址，遥控号＝0xb05-0xb01＝4）82（控合）

（3）发送→遥控执行。

68（启动符）0e（长度）04　00（发送序号）18　00（接收序号）2e（类型标示）01（可变结构限定词）06　00（传输原因）01　00（公共地址即RTU地址）05 0b 00（信息体地址，遥控号＝0xb05-0xb01＝4）02（控合）

（4）接收→执行确认。

68（启动符）0e（长度）12　00（发送序号）08　00（接收序号）2e（类型标示）01（可变结构限定词）07　00（传输原因）01　00（公共地址即RTU地址）05 0b 00（信息体地址，遥控号＝0xb05-0xb01＝4）02（控合）

IEC60870-5-104规约中传输原因帧组用不同的类型码表示遥信上送的原因。传输原因分别表示为：1—周期、循环，2—背景扫描，3—突发，4—初始化，5—请求或被请求，6—激活，7—激活确认，8—停止激活，9—停止激活确认，0a—激活结束，14—响应总召唤。

2.2 遥信变位信息上送过程分析

遥信突发异常上送遥信过程如图3所示，由B站（被控站）发起，B站（被控站）主动上送。

104规约中不同类型遥信传送过程及典型报文如下例所示。

（1）接收→单点变位遥信。

68（启动符）0E（长度）16　00（发送序号）06　00（接收序号）01（类型标示，单点遥信）01（可变结构限定词，有1个变位遥信上送）03　00（传输原因，表突发事件）01　00（公共地址即RTU地址）03 00 00（信息体地址，第3号遥信）00（遥信分）

（2）接收→双点变位遥信。

68（启动符）0E（长度）18　00（发送序号）06　00（接收序号）03（类型标示，双点遥信）01（可变结构限

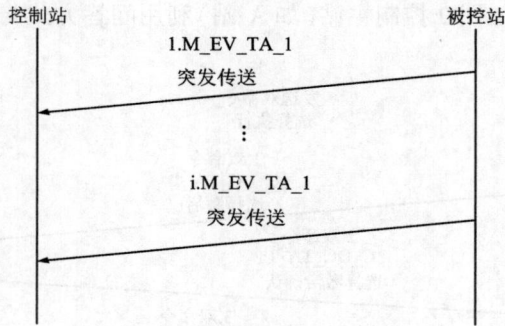

图3　遥信突发异常上送遥信过程

定词,有1个变位遥信上送)03　00(传输原因,表突发事件)01　00(公共地址即RTU地址)06 00 00(信息体地址,第6号遥信)01(遥信分)

上送变位遥信类型标识分别为:01—不带时标的单点遥信,每个遥信占1个字节,03—不带时标的双点遥信,每个遥信占1个字节,14—具有状态变位检出的成组单点遥信,每个字节8个遥信,02—带3个字节短时标的单点遥信,04—带3个字节短时标的双点遥信,1e—带7个字节时标的单点遥信,1f—带7个字节时标的双点遥信。

2.3　主站规约解析中关于"远动分合闸"与"非远动分合闸"报文的区分表示

在主站规约解析中,传输类型码中06(主站下发)、07(被控站上送)分别代表正常的"远动合分闸"过程及结果,人机界面显示执行结果为"远动分合闸"。

传输类型码中03则代表着突发的信息上送,收到该类型的遥信变位报文,经程序解析、人机界面表述则为"非远动分合闸"。

发生"非远动分合闸",调度主站人机界面将产生弹窗(将发生"非远动分合闸"报文的相关站点主接线图推送到最前端主显示窗口)、推图(在相应的主接线图、供电示意图开关闪烁及变色)、报警(弹出故障报文及报警窗口、语音报警)。

结合"非远动分合闸"概念表述"在供电远动SCADA系统中,由调度主站定义的,属调度管辖的远动开关设备发生不属于调度远动操作的分或合遥信转换,称之为'非远动分合闸'"可推知,非远动分合闸来源于被控站的遥信报文突发变位上传,由调度主站报文解析定义,区别于调度的遥控操作结果,显示为遥信变位综合报警。

3　异常遥信变位"非远动分合闸"报警分析

从表现形式来看,由调度主站解析的"非远动分合闸"仍属于广义概念,包含异常遥信变位及经调度授权现场开关分合闸操作导致的遥信变位及信息上传,处置可按非报警类事件报文处置。

通常指称的"非远动分合闸"概念即狭义概念的"非远动分合闸"仅包含供电远动SCADA系统异常遥信变位。应按报警信息进行处置,查实原因并进行整治销号。

结合工作实践,按产生原因不同,可将狭义"非远动分合闸"来源分成以下几类。

3.1　开关误动作

机构脱扣、二次分合闸回路误导通或指令缓存导致开关实际动作并上传突发变位遥信,开关实际已动作。此类遥信变位危害大,且同时伴随有相应电压、电流变化。指令缓存通常表现为控制回路已完成且自保持回路接通,电源回路因故未接通或延后接通导致开关分合。

3.2　遥信回路误导通或误失电

通常为二次回路端子或接线的松脱断及没有采取双点遥信导致,结果为二次回路分回闸遥信回路发生得电/失电切换,误发开关变位遥信。此类开关实际未动作,电压、电流未随之变化。

3.3　通信异常导致遥信上送值为空值

除突发变位遥信上传外，主站还与被控站进行站召唤的遥信问答（通常为 10 min 一次），对全部遥信地址当前状态进行查询与扫描，如赋值前后发生变化或无赋值，也会产生非远动分合闸类型报警。例如在装置失电导致单一保护装置通信异常、站点接收全站遥信召唤时，遥信当前状态赋值为默认"0"或与前一周期值相反，导致发生"非远动分合闸"遥信变位报警。

如采用单点遥信，分位时对象状态＝0，二进制表示为 00；合位时对象状态＝1，二进制表示为 01。如采用双点遥信，分位时对象状态＝1，二进制表示为 01；合位时对象状态＝2，二进制表示为 10。0 与 1 的状态转换通常以二次回路得电、失电状态触发。

根据采用单双点遥信的不同，此类型报警有不同显示方式。采用单点遥信时，通信中断赋值回到初始状态（以二次回路失电状态下为准），开关通常显示为分位；采用双点遥信时，通信中断赋值回到不定状态（分合闸位置不确定），二进制为 11 或 00，也称之为开关的"不定态"。

3.4　时间错误导致的遥控返校产生的非远动分合闸

在带时标的遥信规约中，遥控通常需要在规定时间内返校（通常 15 s，可设定），规定时间内得到的遥信报文（分位或合位）与遥控指令（分或合）一致时，认可为遥控执行的结果；否则仍按遥信突发变位上传，按报警遥信对待，显示为"非远动分合闸"。常见报警为被控站校时出错后导致带时标报文不满足返校时间要求而产生异常报警。

报文时标为被控站上送报文自带，受各保护装置、通信管理机、RTU 授时影响，常出现的日期错误为"2000 年 1 月 1 日"初始日期，时间错误为无法接受 GPS/北斗/网络校时导致的走时误差。

4　"非远动分合闸"缺陷实际表现形式

通过在广州局调度主站查询 2020 年"非远动分合闸"缺陷显示情况发现，在总数 84 件"非远动分合闸"缺陷中，机构正常动作（如过流保护触发保护动作）触发"非远动分合闸"遥信突发上送报文 25 件，占比 30%，对此类型报文应予以高度重视，查明开关动作原因；机构误动导致的"非远动分合闸"遥信突发上送报文 8 件，占比 9%，对此类型报文也应予以高度重视，对机构误动原因进行查找；开关实际未动作，遥信误报 38 件，占比 45%，主要为二次回路的松脱断原因；通信故障导致的"非远动分合闸"9 件，占比 11%；其他原因 4 件（现场无法查明原因 3 件，通过管理机切换后双机数据冗余出错 1 件）。如图 4 所示。

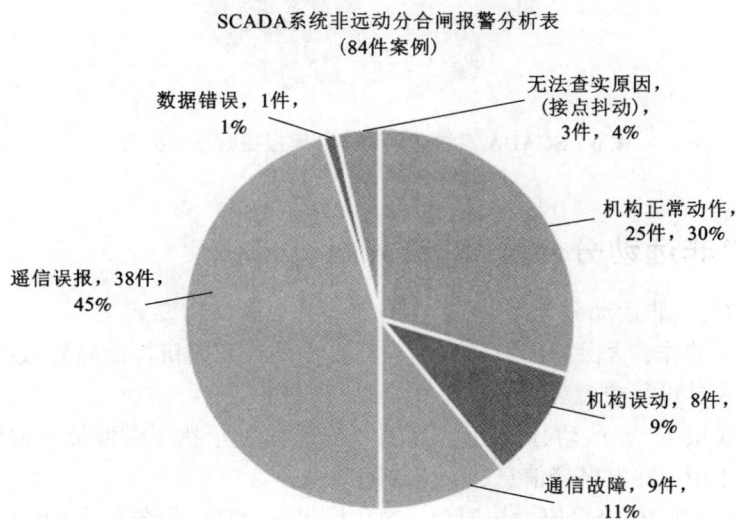

图 4　SCADA 系统非远动分合闸报警分析表

在 38 件"非远动分合闸"遥信误报中，二次接线松动、抖动原因 29 件，占比 76%；采样装置故障原因 7 件，占比 18%；时间错误原因 1 件，占比 3%；数据或软件错误原因 1 件，占比 3%。如图 5 所示。

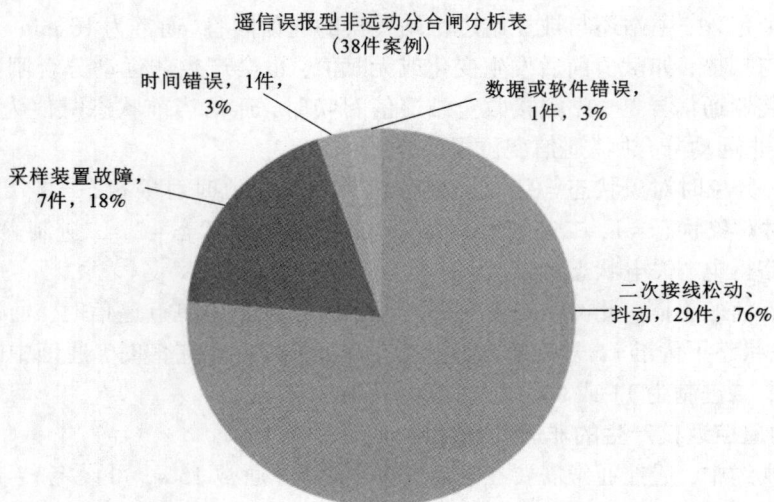

图 5　遥信误报型非远动分合闸分析表

按专业分类，网开关设备"非远动分合闸"16 件，占比 19%；牵引所亭设备"非远动分合闸"21 件，占比 25%；电力所亭设备"非远动分合闸"47 件(箱变 20 件、低压所 27 件)，占比 56%。如图 6 所示。

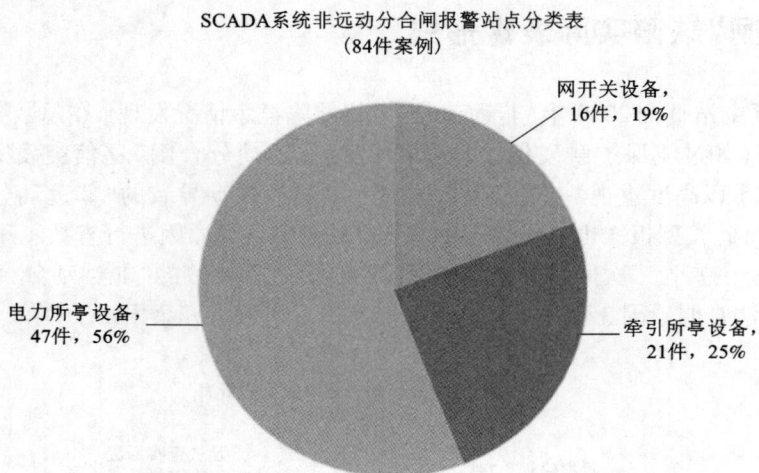

图 6　SCADA 系统非远动分合闸报警站点分类表

5　异常遥信变位"非远动分合闸"对策分析

从上述数据分析来看，"非远动分合闸"的存在有着极其显著的重要意义。

一是可正常监视开关动作，含保护出口导致的开关正常动作及因机构故障导致的开关误动作。以报警发声引导调度员或现场人员进行应急处置，避免故障影响扩大。

二是开关未动遥信误报类"非远动分合闸"虽然在一定程度上干扰了调度员正常工作，但仍可发挥监视开关二次回路状态积极作用，发出报警信息，防止缺陷升级。

但后一类"非远动分合闸"报警仍应设法避免，净化供电 SCADA 系统运行环境。

5.1　加强设计源头治理，把握好设计联络关

在设计上，应避免单点遥信使用范围，用双点遥信减少非远动分合闸的产生。使用双点遥信后，单一回路遥信变位仅显示为"不定态"，不直接显示为"非远动分合闸"，有助于调度员区分对待。

5.2 加强防松、防脱、防断专项治理工作

从上述数据来分析，松脱断仍为"非远动分合闸"遥信变位的主要源头，占比达 76%。应加强变电、电力、接触网开关远动设备的日常检查维护，对二次接线进行清扫、端子紧固，防止二次回路问题导致的遥信变位产生。针对接点抖动导致的遥信变位，也可将易松动硬铜线改用线鼻子进行改造。相关设备厂家在保障可靠性的前提下，应适当提高"消抖延时"时延参数以过滤部分开关接点抖动导致的 SOE 遥信误报。

5.3 采取可靠的电源及防浪涌、校时措施

针对部分装置频繁干扰死机、通信中断、校时出错导致的"非远动分合闸缺陷"（合计占比 21%），应采取可靠的电源及防浪涌、校时措施，保障装置的正常运行，防止装置死机、通信中断、时间出错导致的"非远动分合闸"缺陷。

5.4 从主站源头进行优化设计

开关是否动作可结合电压、电流是否随之变化进行综合判断，对因接点抖动短时间频发"非远动分合闸"转换报警，可加屏蔽条件或按堆迭显示，减少误发"非远动分合闸"报警弹窗、推图，减少现场及调度员处置工作量。

作者简介

李志宇，中国铁路广州局集团有限公司供电部。

一代接触网检修列安全操纵措施的研究

方永忠

为有效推进接触网修程修制改革,实现接触网检修装备现代化,2014 年铁总立项由中车宝鸡工程机械有限公司和北京局联合研发了 JJC 型接触网检修作业车(接触网综合检修列),该车"把厂房、办公室、厨房、宿舍等搬到现场",解决了"大兵团"集中作业中的材料和工具存放、食宿、会议、现场办公等问题,提升了作业效率和工作质量,同时改善了员工的工作、生活环境。目前已在 18 个铁路局集团公司配属了 60 多列该型接触网检修列,乌鲁木齐局也先后接入 JJC 检修列三列,以满足集约化大规模兵团作战需求。

虽然各局都在运用,但目前对该车在不同环境下的牵引、制动性能的研究仍然有很多空白。

基于此,乌鲁木齐局供电部与厂家合作,并组织路局有关部室、大机段、车辆段、工业公司、各供电段技术人员对配属我局的接触网检修列开展了不同环境、不同坡度下的运行试验。

为确保试验取得预期效果,试验小组制订了详细的试验方案,明确具体试验项目及试验目的。试验前组织参加试验人员进行推演,熟悉试验流程。试验中开展验证写实工作,取得大量翔实数据,为确保检修列正式投用尽快发挥作用奠定了良好的基础,同时也为后期改进型的接触网检修列牵引试验提供了经验。

1 主要试验及研究项目

2018 年 11 月 9 日使用乌鲁木齐供电段配属的 1780081 号进行了轨行试运作业车状态静态测试,运行性能试验,GYK 和 BTM 试验控车试验,音、视频系统试验,弓网取电装置性能试验。

2018 年 11 月 10 日使用乌鲁木齐供电段配属的 1780081 号进行了坡道制动机试验、换端操作、坡道起停试验、作业平台试验、检修列配合接触网专业施工试验。

2018 年 12 月 9 日使用哈密供电段配属的 1775011 号对库内 5 km/h 运行时平台顶部人员下蹲情况下进行了紧急制动对人身安全、设备安全的模拟试验,同时在乌鲁木齐供电段检修列试验的基础上补充进行了该列车的相关试验,采集了制动机运行中充风、制动时间;运行中调速、坡道运行速度、发动机功率、燃油消耗、变速箱状态、油温、水温情况。试验取得的数据在全路具有相同环境、相同坡度下的推广运用价值。

2 检修列运用试验情况及有关数据

2.1 检修列在 20‰下坡道单阀制动制动力性能试验

结论:检修列在 20‰及以下的坡道上,在自阀缓解状态下,靠前后两台动力车单阀全制位(制动缸压力 300 kPa),可以保证 2 min 内列车不发生溜逸,满足停车后进行简略试验条件。

2.2 检修列在 12‰下坡道对位停车试验

检修列在 12‰以下的下坡道采用三次停车对位方法,误差分别为 5 m、3 m、2 m,能够准确对位。

检修列在 12‰以下的上坡道采用三次停车对位方法,误差分别为 0 m、3 m、1 m,能够准确对位。

根据第一次停车测算,停车用时下坡较上坡用时增加 22 s。

结论:使用检修列在 12‰以下坡道上进行施工维修作业,上坡及下坡方向均能够保证限速 8 km/h 时以下运行,也能保证准确对位。

2.3 检修列在 20‰下坡道对位停车试验。

检修列在 20‰以下的下坡道采用 5 次停车对位方法,误差分别为 12 m、23 m、9 m、17 m、22 m,且最高运行速度分别为 11 km/h,15 km/h,15 km/h,13 km/h,12 km/h,无法达到要求的低于 8 km/h 的目标值,因此,在目前条件下,超过 12‰下坡道由上坡向下坡方向不能准确对位,也无法保证平台升起后列车运行速度低于 10 km/h 的规章要求。

检修列在 20‰以下的上坡道采用三次停车对位方法,误差分别为 9 m、13 m、5 m,能够保证施工维修时准确对位。

根据不升平台时的试验结果，试验小组取消平台升起后接触网检修试验时下坡方向的 3 次试验，上坡方向试验控速均低于 8 km/h，距离误差均在 10 m 以内。

结论：根据试验结论明确，凡超过 12‰ 以上的下坡道接触网维修作业，必须采取从下坡往上坡方向运行的作业方式。

2.4 检修列在 12‰ 上坡道 3 次起动试验

结论：检修列在 12‰ 及以下的上坡道停车后靠 2 台动力车(4 台发动机)可以正常启动。1 台动力车(含 2 台发动机)故障可维持上坡运行，最高持续运行速度 11 km/h。

2.5 检修列在 20‰ 上坡道 3 次起动试验

结论：检修列在 20‰ 及以上的上坡道运行，1 台动力车(含 2 台发动机)故障后不能继续维持运行，1 台发动机故障，2 台动力车的 3 台发动机良好可维持运行，但需结合坡道长度考虑低速维持运行的延时状况。

2.6 检修列在 20‰ 上坡道持续运行速度

结论：在 20‰ 上坡道 4 台发动机额定功率下，列车持续运行速度为 29 km/h。

2.7 检修列在 12‰ 坡道驻车手制动机制动力性能试验

结论：检修列在 12‰ 及以下的坡道上将两端动力车 4 只手制动机拧紧后，缓解单阀制动机和自阀制动机全列不会溜动。

2.8 完成检修列自动制动机充、排风时间试验，每组试验均采集 3 组，取平均值

(1)列车管充风试验，压力达 500 kPa 后：

减压 50 kPa，自阀运转位 25 s 充满风；过充位 8 s 充满风。

减压 100 kPa，自阀运转位，37 s 充满风；过充位 9 s 充满风。

最大减压量，自阀运转位 45 s 充满风；过充位 11 s 充满风。

紧急制动，自阀运转位 53 s 充满风；过充位 20 s 充满风。

(2)总风缸充风试验：

总风缸余风 180 kPa，启动 2 台发动机；额定转速下，总风缸压力充满(800 kPa)，用时 3 min30 s；

总风缸余风 180 kPa，启动 3 台发动机；额定转速下，总风缸压力充满(800 kPa)，用时 2 min54 s；

总风缸余风 180 kPa，启动 4 台发动机；额定转速下，总风缸压力充满(800 kPa)，用时 2 min01 s。

结论：通过制动机充排风时间写实，为司机准确掌握制动、缓解时机提供了数据。

2.9 验证换端操作流程。重点验证检修列操纵端和非操纵端人员交权换端发动机不熄火的作业

结论：两端分别换端平均用时 2 min12 s。

2.10 完成检修列在作业地段为 20.0‰ 的上坡道进行接触网作业过程中每移动 170 m 所需要的起停及运行时间写实

结论：6 次试验分别用时 2 min13 s，2 min12 s，2 min31 s，2 min24 s，2 min04 s，2 min，平均用时 2 min14 s。

2.11 分别采集在 20.0‰ 下坡道，列车惰性速度 0~10，10~20，20~30，30~40，40~50，50~60，60~70，70~80 各速度段所需时间，为高坡区段制动后最低缓解速度的标准制定提供依据

结论：0~10 运行 18 s，10~20 运行 16 s，20~30 运行 15 s，30~40 运行 15 s，40~50 运行 14 s，50~60 运行 13 s，60~70 运行 12 s，70~80 运行 11 s，总计运行 1 min54 s，运行 1420 m。

在 20‰ 下坡道，自阀减压 100 kPa，列车最低缓解速度低于 50 km/h，则列车增速到 80 km/h(在列车闸瓦压力限制速度没有提供准确数值前，在长大坡道上暂以此为最高限速值)用时 36 s，低于自阀运转位充满风所需的 37 s。考虑增加一定的安全冗余，因此建议：连续长大坡道上最高限速 80 km/h，制动后最低缓解速度不高于 40 km/h。

完成检修列在作业地段为 20.0‰ 的上坡道进行接触网作业过程中每移动 170 m 所需要的起停及运行时间写实。

结论：6 次试验分别用时 2 min13 s，2 min12 s，2 min31 s，2 min24 s，2 min04 s，2 min，平均用

时 2 min14 s。

2.12 分别采集在 20.0‰下坡道，列车惰性速度 0~10，10~20，20~30，30~40，40~50，50~60，60~70，70~80 各速度段所需时间，为高坡区段制动后最低缓解速度的标准制定提供依据

结论：0~10 运行 18 s，10~20 运行 16 s，20~30 运行 15 s，30~40 运行 15 s，40~50 运行 14 s，50~60 运行 13 s，60~70 运行 12 s，70~80 运行 11 s，总计运行 1 min54 s，运行 1420 m。

在 20‰下坡道，自阀减压 100 kPa，列车最低缓解速度低于 50 km/h，则列车增速到 80 km/h(在列车闸瓦压力限制速度没有提供准确数值前，在长大坡道上暂以此为最高限速值)用时 36 s，低于自阀运转位充满风所需的 37 s。考虑增加一定的安全冗余，因此建议：连续长大坡道上最高限速 80 km/h，制动后最低缓解速度不高于 40 km/h。

2.13 耗油量统计

11 月 9 日从乌鲁木齐-大河沿，总计运行时间 2 h2 min，总计运行 137 km，两台车耗油 420 L(每车满表 1450 L，全列 2900 L)；11 月 10 日大河沿-吐鲁番北，总计运行时间 3 h41 min，总计运行 38 km，两台车耗油 300 L。12 月 9 日从哈密站-柳树泉南站往返 131 km，总计运行 2 h55 min，两台车耗油 370 L(每车满表 1450 L，全列 2900 L)。

结论：日常维修作业以 11 月 10 日、12 月 9 日试验为参照物，则全列加满油可保证 6~7 个实际天窗作业(必须保证最低油位)。

2.14 高铁接触网检修作业平台升降试验

检修列不升平台时顶部高度 4070 mm，护栏升起高度 5200 mm，不升平台，两端端部栏杆距接触线 180 mm，两端护栏距定位器 350 mm。

结论：在高铁作业中，作业平台最大抬升量 150 mm，严禁超过 180 mm。

3 试验中暴露出的问题及解决措施

3.1 司乘人员、随车机械师库内整备静态检查标准、整备时间多长不明确

解决措施：每列检修列至少配置 1 名随车机械师，按开行列车机务、车辆进行分工，即两端主车由司机进行静态检查，中部 10 辆车由 2 名随车机械师进行整备检查。供电部牵头制定了整备标准，明确整备时间。

3.2 呼唤应答用语不标准导致各工种间联系不顺畅、检修列停车对位失准

解决措施：乌鲁木齐供电段牵头制定工作领导人与作业车指挥人、作业车指挥人与司机、作业车指挥人与平台操作人、两车司机相互间的联系办法，制订标准的联控用语，报供电部组织进行了审核。

3.3 依据试验结果和其他局的运用经验，要求各供电段做好修前调查，对照超高、坡道、导高三项指标进行排查，梳理禁止检修列作业区段

解决措施：

3.4 日常停放、检修方面

(1)针对检修列与现使用的作业车区别大、日常检查整备中存在的问题，由供电部牵头进行完善，借鉴衡水供电段好的做法，完善平台等特殊设备的保养检查标准，明确了作业期间的检查项点及标准。

(2)针对日常停放地点和整备点的问题，供电部主动与相关部门对接日常停放点、整备点修建工作，在后期格库线、乌准电化改造、精阿双线改造及将淖线设计中均在若干专用线中设计了满足检修列停放需求的线路、吸污、充电等及一定长度的检修地沟，满足检修列日常检查和整备的需求，同时，协调车辆部门、工务机械段提供大型车库及地沟用于每年的入库年修。

3.5 根据试验结果，制订检修列操纵办法

除了确保制动过程的安全性，如在不同坡道的制动初速、缓解速度以确保制动时要充满风等外，针对运行中的不当操纵产生较大的冲动力而造成乘坐人员摔倒的劳动人身安全风险也制订了相应要求。

4 取得的效果

经过近 6 年的运用，结合试验数据，不断完善运用及操纵办法，并结合提高检修列运用效率的新方法，不但杜绝了检修列行车事故、责任设备故障的发生，检修列运用效率也不断提高，2021 年以检修列在动力车中的占比 2.4%，完成了 31.9%的接触网检修量。同时创造了一个 180 min 天窗检修 7 km 接触网的良好成绩。在当前司机数量不足、施工安全压力不断增大以及采用局级跨段集中修的大背景下，接触网检修列已成为我局不可或缺的检修装备。

作者简介

方永忠，中国铁路乌鲁木齐局集团有限公司供电部，高级工程师。

作业车封锁范围安全距离控制系统的开发及应用

马建明

摘　要：本文介绍轨道作业车封锁范围安全距离控制系统的组成及实现的主要功能，解决了轨道作业车在区间作业过程中，车与车之间发生碰撞、车辆越过防护点的安全问题。通过实际的应用，系统达到了预期的设计目标，并获得了很好的应用效果。

长期以来，轨道作业车的防撞一直是困扰各施工作业单位的安全课题，不仅在乌鲁木齐铁路局，在其他路局也发生过轨道作业车之间的碰撞事故，各局各段也都相应制订安全防范措施，但在硬件控制方面仍然缺乏有效手段。电气化铁路事业的快速发展，对于轨道作业车需求及安全提出了更高的要求。

目前，各局各段通过加强、改进轨道作业车的各项安全管理制度，很大程度减少了轨道作业车在运行、作业过程中的不安全因素，从现有 GYK 设备技术方面解决轨道作业车之间防撞的主要措施，是采用 GYK 设备中的"区间作业防碰"模式。该模式是通过设置作业起点和终点公里标来确定作业车的作业范围，GYK 设备利用其控制模式防止作业车越过作业范围，与其他车辆发生碰撞。GYK 设备的区间作业防碰模式在使用中存在参数需要预先设置，多车辆同时作业时，防碰参数设置复杂以及对数据的准确性要求较高等问题，存在人为的违章操作、臆测行车、管理盲区等危及行车、作业安全的重要隐患。

因此，通过科技手段解决作业车之间发生碰撞的安全隐患，已经是迫在眉睫。安全控制系统的目标是研制和开发适合于轨道作业车运行、作业等特点的安全距离防护设备，用于满足目前轨道作业车之间的防护要求，消除作业车之间发生相互碰撞事故的隐患，保障轨道作业车在运行、作业过程中的安全，并进一步提高作业效率。

为此，乌鲁木齐供电段联合高新兴创联科技有限公司研制了作业车封锁范围安全距离控制系统（以下简称系统）。该系统通过车辆运动关系确定防撞目标，通过车辆距离和运行速度确定防撞控制速度，利用提示、预警、制动控制功能，实现防止接触网作业车之间发生碰撞的功能。

1　系统组成

系统主要由安全距离预警主机、距离预警显示器（简称显示器）、无线测距模块、防护信标、轨道车综合监测装置，以及连接电缆、天线等组成。同时还包括专门用于数据分析的计算机软件。安全距离预警主机通过轨道车综合监测装置，获取 GYK 设备的速度、公里标、位移等实时信息。如图 1 所示。

1.1　安全距离预警主机

安全距离预警主机简称主机，其利用卫星定位技术和无线通信技术，进行数据分析和处理，通过运算输出防撞预警信息，实现车辆之间的防撞预警控制功能。对运行状态数据进行实时记录，并提供转储接口和功能。

1.2　距离预警显示器

距离预警显示器简称显示器，用于人机交互功能。显示当前运行状态及邻车信息，输出预警提示语音，提供设置和按键输入的功能。

1.3　无线测距模块

无线测距模块具有精确无线测距功能，用于实现车辆与防护点的距离测算。

1.4　防护信标

防护信标用于放置在防护点的信号发送端，与无线测距模块结合使用计算出车辆与防护点的距离。

1.5　轨道车综合监测装置

轨道车综合监测装置用于转发 GYK 设备的数据，给其他设备提供速度、公里标、位移等实时数据。

1.6　GYK 设备

GYK 设备提供精确的位移和速度信息，用于系统实现车辆之间的距离计算和预警及制动控制。

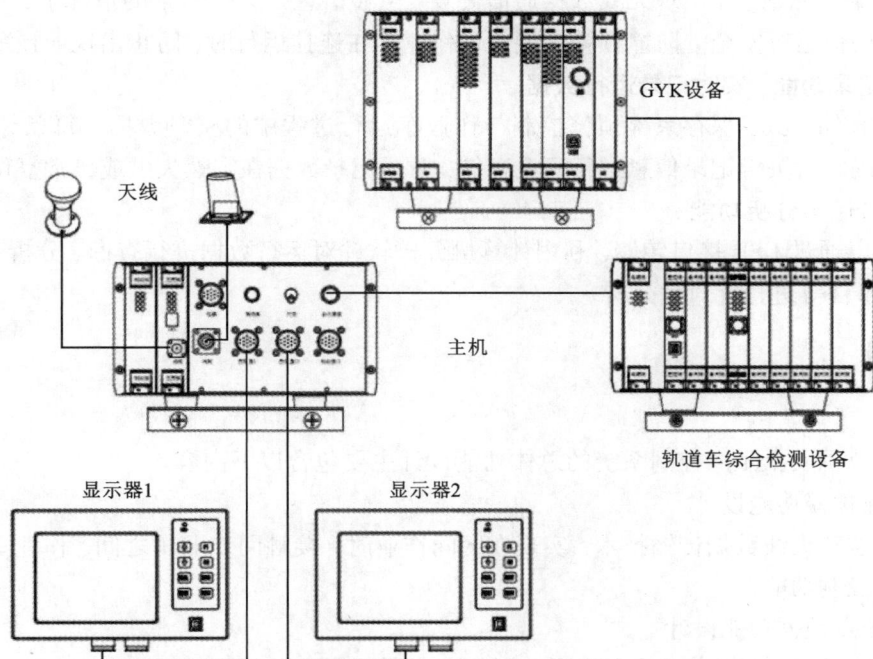

图 1　系统组成

2　系统主要功能

2.1　显示本车运行信息的功能

系统通过显示器可以显示如下信息：本车的车辆速度、车辆编号、预警及控制限速；本车与邻车的运行关系与距离；本车与防护点的距离信息；预警与控制信息。

2.2　安全限速输出功能

系统可以根据本车与前方车辆的距离和速度，结合车与车之间的运动关系，计算出车辆安全运行的限制速度；根据限制速度，系统可以实现对车辆运行速度的预警与控制。

2.3　防撞预警功能

防撞预警功能包括车与车之间的防撞预警、车与防护点之间的距离控制预警。防撞预警功能，按照距离设置了多个预警点，进行分级预警。系统根据与防护对象的运行关系，明确预警及控制对象；根据车辆之间、车人之间的距离，结合限速算法得出保证作业车与防护对象安全的运行限速。根据当前车辆的运行速度，车车、人车之间的距离，系统输出限速预警和距离预警。

2.3.1　限速预警

当车辆的运行速度达到预警限速时，系统通过显示和语音的方式，对司机进行限速预警。

2.3.2　距离预警

系统实时显示与前后车之间的距离和当前安全限速，同时根据与前车的运行关系和距离，在距离前车800 m、500 m、300 m、110 m、55 m、33 m 的时候，通过显示和语音的方式输出预警提示信息，提醒司机注意距离和限速。系统实时显示与防护点之间的距离和当前安全限速，系统根据与防护点的距离，在距离防护点800 m、500 m、300 m、110 m、55 m、33 m 时，通过显示和语音的方式输出预警提示信息，提醒司机注意距离和限速。

2.4　制动控制功能

当车辆运行速度达到限速时，通过输出常用制动，降低车辆运行速度，防止车辆发生碰撞。系统具备制动控制功能,并且从设计上解决了与其他车载制动控制设备之间的相互影响问题,控制方式有效、安全、可靠。

2.5 异常处理功能

根据导向安全的原则,在出现无线数据通信失效、位移信息丢失等异常的情况下,系统进入异常处理模式,最大可能确保运行安全。防撞预警功能保证作业车在连挂运行时,防止出现误预警、制动情况。

2.6 具有数据记录功能,实时记录运行数据

采用可靠的存储方式,保存系统预警控制与作业车运行过程中的实时数据。每条记录包含 CRC16 校验,保证数据准确。对关键记录信息进行冗余存储,防止记录数据在突然失电或异常复位时被破坏。

2.7 运行数据转储与分析功能

记录数据可以通过 USB 接口转储,利用计算机分析软件对运行数据进行查询、分析。分析软件可以通过时间、类别、事件等进行针对性分析。

3 设计说明

3.1 总体设计

作业车封锁范围安全距离控制系统的总体功能设计主要包含以下内容。

3.1.1 防撞预警功能设计

采用卫星定位和无线数据传输技术,实现在区间作业时,接触网作业车之间、作业车与作业起点及终点的防撞预警及控制功能。

3.1.2 防护点预警功能设计

利用无线测距技术,实现作业车与防护点的距离预警。

3.1.3 制动控制功能设计

当运行速度达到限速时,输出常用制动,实现车辆自动减速,防止发生车辆碰撞。实现制动控制功能,同时避免与其他车载制动控制设备之间的相互影响问题,所设计的制动控制方式有效、安全、可靠。

3.1.4 设计基于故障导向安全的异常处理模式

在卫星定位信息、无线通信信息出现异常状态时,按照导向安全的原则进行防撞预警控制。

3.1.5 人机界面功能的设计

包括按键输入、信息显示、语音提示和报警等功能。

3.1.6 实时运行数据的记录

记录内容包括开关机信息、速度变化信息、报警触发信息、故障状态信息、人工操作信息等事件,记录事件的同时记录下记录产生的时间、位置、公里标、运行速度等信息。对运行记录数据下载、转储与分析。

3.2 硬件设计

系统硬件主要由主机、显示器(2个)、无线测距模块、防护信标、轨道车综合监测装置、天线、压力传感器及连接电缆组成,如图 2 所示。图中的 GYK 设备提供系统所需的位移等数据信息,车辆制动系统可以通过系统控制。

主机主要由电源板、主控板、制动控制板、母板、数传电台、测距模块等组成。电源板采用高可靠性电源模块,工作范围直流 9~36 V,额定输出功率达 150 W,保证系统供电要求。主控板是核心部件,负责系统核心功能实现。主控板 MCU 采用高性能 32 位工业级处理器,存储单元采用非易失性数据存储器,可不带电长期保存数据。数传电台采用高速无线数据通信电台,通信距离可为 5 km 以上(视距)。测距模块采用高精度无线测据模块,测距距离可为 500 m 以上(视距),精度 15 cm 以内。

显示器硬件由核心板、底板、按键板、USB 接口、扬声器、蜂鸣器等组成。核心板是显示器的重要部件,采用 ARM9 处理器,主频达 400 MHz,板载 128 M 字节 flash 和 128 M 字节 RAM。底板用于实现对核心板的供电与接口转换。按键板提供 8 个操作按键。

3.2.1 结构设计

系统的结构设计要求设计合理,防冲击、振动,满足作业车安装和使用的要求。

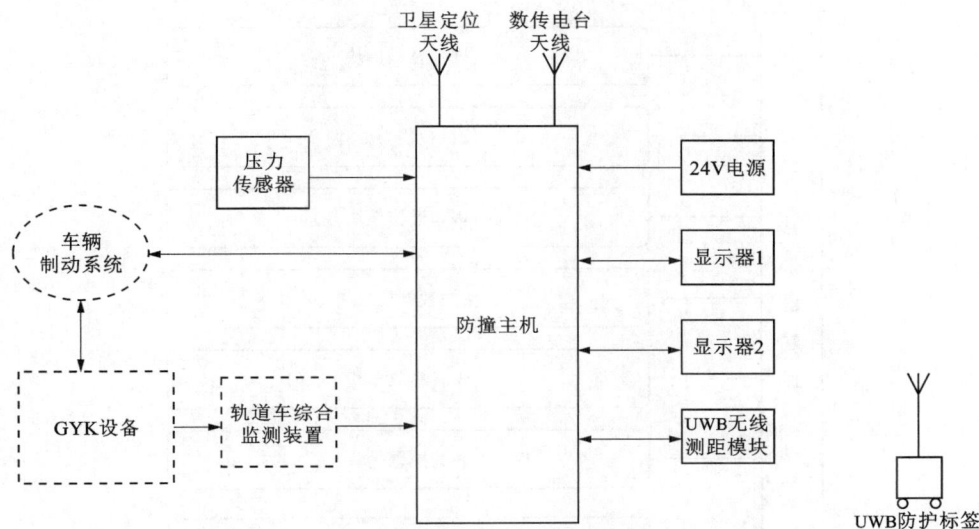

图2　系统硬件组成

3.3　软件设计

系统软件主要包含主控软件、显示器软件、数据分析软件。

3.3.1　主控软件

主控软件是系统软件中的核心软件，主要具有以下功能：

（1）距离计算、车辆运行关系识别、限速确定，综合运行数据，输出提示、预警和制动输出。

（2）负责制动控制的执行与释放。

（3）以 RS485 总线方式实现与两个显示器之间的通信，并由主控软件对通信时序进行控制。主控将主机数据信息同时发送给两个显示器；两个显示器向主机发送按键操作及参数配置信息。

（4）主控采用 CAN 总线方式与制动控制板通信，将制动指令输出给制动控制板，制动控制板反馈输出结果。

（5）主控采用 CAN 总线方式与无线测距模块进行通信，读取距离信息，并发送给显示器。

（6）主控负责接收和处理卫星定位信息、向邻车发送本车的状态信息、接收和处理邻车的数据信息。

（7）实时记录系统运行数据，提供记录数据的转储功能。

主控软件的设计框图如图3所示。

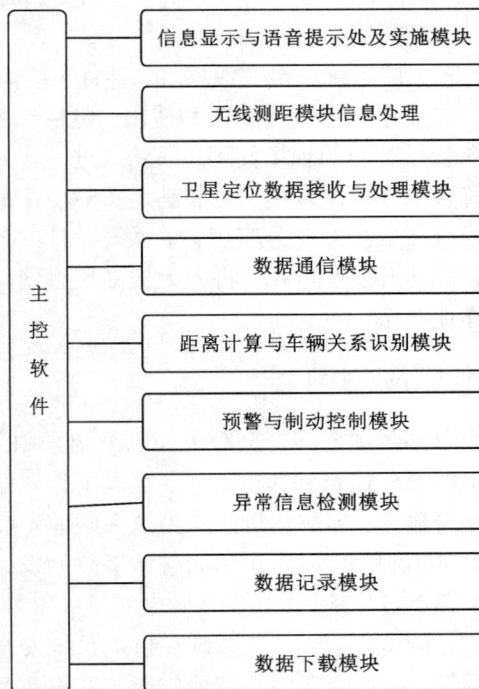

图3　主控软件设计框图

3.3.2　显示器软件

显示器主要提供人机界面功能，这个功能包括本车信息显示、邻车信息显示、车辆距离显示、车辆与防护点距离显示、报警显示、语音报警，以及屏幕亮度调节、音量大小设置、时间修改、相邻车辆设置、车辆编组、电台参数等设置功能。显示器软件设计框图如图4所示。

3.3.3　数据分析软件

数据分析软件是运行在计算机环境下的软件，具有以下功能。

（1）运行数据的解析与存储。

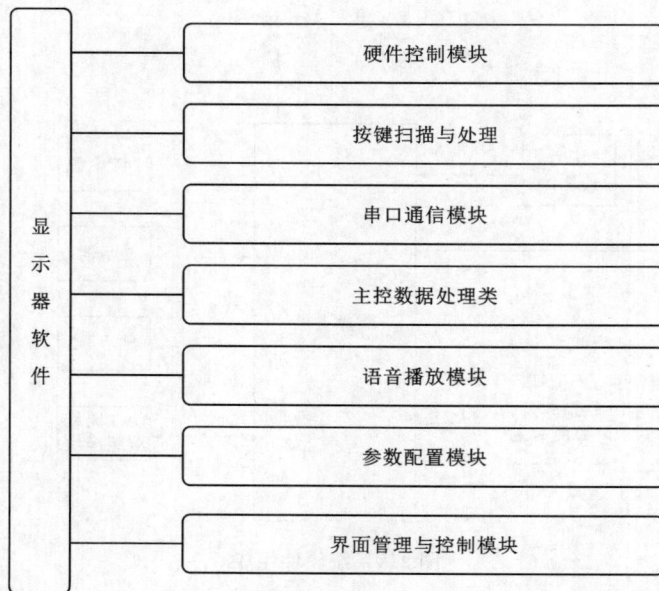

图 4　显示器软件设计框图

（2）运行数据的查询与分析，可以按照时间、类别、事件，对运行数据进行查询与分析。

3.4　现场使用

目前，该系统已经完成软件、硬件、结构的开发，通过了各项功能测试和性能测试。系统设备在 4 辆接触网作业车上进行了安装和使用，包括现场安装与设备调试、实际作业条件下的使用。

在较长时间的现场使用过程中，进一步对系统功能进行了功能、性能等多方面的调整与修改，使系统更加符合实际应用环境，更加满足实际使用的需求。

经过在现场的充分应用，本系统设计的各项功能均得到验证，很好地满足了设计目标和设计要求。该系统的成功开发和应用，将大大提高接触网作业车的运行和作业安全，并在很大程度上提高了接触网作业车的作业效率。

4　推广应用前景

作业车封锁范围安全距离控制系统采用无线通信技术、卫星定位技术、无线测距技术，并利用 GYK 设备输出的位移信息和速度信息，完成了作业车安全距离预警和控制功能。系统提供距离前方车辆不同距离点的预警输出，提醒司机注意距离和限速；系统根据距离计算安全限速值，当车辆运行速度达到限速值时就输出常用制动，以防止车辆碰撞事故的发生。系统利用无线测距技术实现了对防护点的距离预警功能，避免车辆越过作业区间。

一年的试用表明，该系统在供电系统安全生产方面发挥了积极作用，不仅可以应用于接触网作业车的作业场景，也可以应用于其他作业车的作业场景，具有广泛的应用前景。

作者简介

马建明，中国铁路乌鲁木齐局集团有限公司乌鲁木齐供电段，主任、工程师。

浅谈轨道作业车模拟驾驶实训台研究应用

陶 敏

摘 要： 本文针对轨道作业车司乘人员职教工作难度大、效率低等问题，研制轨道作业车模拟驾驶实训台，保障安全行车及生产，并且很好地提高了司乘人员自检自修、应急排故的能力，实现了用科技保安全、用设备保安全，确保了铁路正常的运输秩序。

1 引言

随着我国高铁技术快速发展，轨道作业车目前已经使用了国际先进的技术，新技术使轨道作业车操作舒适简便，提高了司机的使用体验，降低了劳动强度。但目前由于南宁供电段管辖范围点多、线长，司乘队伍快速扩张，轨道作业车的数量也在不断增加，给培训工作造成很大压力。如何做好司机培训、保障轨道作业车的安全行车成为关注的焦点。目前对于保障安全行车还存在客观上的痛点，主要表现为以下几点：一是由于自轮运转特种设备运行线路情况复杂多变，涉及线路、道岔、枢纽等不同情况和工况，并且不同工况的工作模式也不尽相同，设备操作较为困难；二是目前对司乘人员的培训大多在现场，驾驶舱内空间狭小密闭，大多数设备、电路隐藏在车体，难以多人同时讨论学习，这对于安全生产以及训练考核是一个较大的考验，主要体现在对新人的培训难度大、效率低、培训效果不理想。上述问题已影响了安全行车以及生产之初衷。

基于上述情况，研发一套轨道作业车模拟驾驶实训台，集操作练习、电气检修、教学培训考试等功能于一体，很好地模拟轨道作业车运行过程中出现的各种情况，将变得十分有意义。

2 既有轨道作业车操作培训现状

2.1 既有轨道作业车驾驶培训概况

目前全路列装的自轮运转设备已经上万台，但由于轨道作业车运行的线路情况复杂多变，对司乘人员操作驾驶提出了更高的要求。当前轨道作业车驾驶培训以理论培训和实车培训为主，但目前各路局作业车使用单位不具备专用的车辆、场地用于培训司机，而去专业的学校培训时间周期长、费用高。

2.2 既有 GYK 与 CIR 操作培训概况

目前轨道作业车运行控制设备（GYK）已广泛安装到自轮运转设备上，为自轮运转设备的安全行车提供了较好保障，但由于自轮设备运行的线路情况复杂多变，涉及线路、道岔、枢纽等不同工况，且不同工况作业模式也不同，设备操作较复杂。当前 GYK 操作培训大多是理论培训和现场操作培训，对生产影响较大且训练考核较困难，特别是对新人的培训效果不理想。同理，机车综合无线通信设备（CIR）操作培训也面临着与 GYK 相同的问题，操作培训无法与实际运行相结合，培训效果不理想。

2.3 既有作业车车辆电气检修培训概况

现有的轨道作业车车辆电气检修面临检修设备少、故障维修成本高、培训效率低、培训效果不理想的问题。

3 轨道作业车模拟驾驶实训台研究方案

利用微机、PLC、3D 虚拟成像技术，结合现场轨道作业车操纵方法，模拟操纵轨道作业车驾驶线上运行。按照 JW-4G 的操作台尺寸制作出一比一的实训台，将轨道作业车实际控制电路布置好，三项设备、制动机、主手柄按实际位置安装好，制动机和主手柄的位置通过 PLC 检测，输出位置信号给微机，微机处理后输出相应的管压速度信号给三项设备联动。力求在日常教学中便于司乘人员模拟驾驶，模拟处理故障，使司乘人员对轨道作业车设计原理形成直观、完整的印象。

4 轨道作业车模拟驾驶实训台系统组成

如图 1 所示，轨道作业车模拟驾驶实训台由操纵台（JW-4G 车型）、GYK 仿真设备、CIR 仿真设备、电气检修控制设备、虚拟线路场景显示等组成，能满足司机操作轨道作业车的各种运行操作，包括设备自检、正常监控、非正常行车、调车作业、目视模式、区间作业（进入、防碰、返回、连挂）及数据换装人员的演练要求。

图 1　GYK 模拟驾驶实训台实物图

5 轨道作业车模拟驾驶实训台系统功能设计

5.1 三维场景仿真功能

如图 2 所示，学员操作实训台时，通过数据采集装置采集各个操作装置动作，经过中央处理单元处理后，形成操作记录。并采用真实的 GYK、CIR 显示器，结合影像、图形图像、声音以及全三维数字化虚拟现实场景逼真地实现轨道作业车操纵界面、操作显示设备、控制逻辑以及线路场景，能够全面、真实地模拟作业车在各种运行环境下的运行状况、操纵特性、突发事件。学员可在实训台上进行轨道作业车基本操作规范包括出乘、试验、途中运行及 GYK 五种行车模式模拟操作，其操作感受与真实轨道作业车一致，能帮助学员迅速了解、掌握行车及 GYK 操作规范。

图 2　轨道作业车模拟驾驶实训台三维仿真场景图

5.2 调度通话演练功能

通过 CIR 设备实现作业车与车站调度通话、调度命令下发等功能，填补了传统作业车模拟驾驶出车中与调度员通信操作的缺失，实现了正常出车过程操作全覆盖。

5.3　提供电气检修接口

通过信号采集单元采集现有车辆电路电气设备后，独立输出一组车辆电气信息给外部车辆电路电气检修设备，解决了原有电路电气设备隐藏在驾驶台内不好检修的问题和两套电路电气设备互相干扰的问题，司乘人员能直观了解各设备线路布置情况。通过信号采集盒采集实训台的手柄、按键等信息，输出车辆电气信息至车辆电路电气检修设备，实现了车辆模拟驾驶和电路电气的检修。

5.4　互动教学功能

依据教师、学员不同用户权限，可以设置和组织不同类型特色的实训及视频课程，实现教师对学员的一对多培训，并且可查看学员实训考试结果。

5.5　理论及实操技能考核功能

管理人员可通过软件对题库进行管理，可及时更新维护 GYK、CIR 操作试题。可实时调整考核条件，以充分考核学员的能力和水平。可及时发现学员操作问题并给予纠正，避免实际行车过程中出现操作问题，考核结果可导入职教管理系统。

5.6　学员演练监控功能

教师可以实时监控学员 GYK、CIR 实训及考核过程，可查看学员详细操作过程。

6　轨道作业车模拟驾驶实训台的应用

轨道作业车模拟驾驶实训台，可在装备有 GYK 和 CIR 的单位及铁路院校投入使用，集操作练习、电气检修、教学培训考试等功能于一体，培训环境也不受外部环境影响，培训安全风险降为零，模拟了轨道作业车出乘过程的各种场景，可快速帮助司乘人员掌握轨道作业车的运用与维护，提高其个人职业素养及应变能力，较好保障了安全行车及生产作业。在工装设备购置、职工教育培训、检修保养等环节可实现节支降耗。在使用"轨道作业车模拟驾驶实训台"进行培训时，减少了实车培训使用的燃油量和燃油成本费用支出，绿色低碳，可通过三维仿真场景模拟真实轨道作业车运行环境，结合轨道作业车操作逻辑和实际使用设备，大大提升了教学场景的浸入感，通过车机互动、人车互动、人机互动，有效解决司乘人员需要单独进行车辆操纵、GYK 使用、CIR 使用、车辆故障处理等培训的局限性，提高司乘人员对车辆及车载设备综合突发情况的解决能力，一次培训达到原来多次专项培训的效果，很好地提升司乘人员的综合能力，使其在培训结束后能更好地服务于现场。

7　结束语

轨道作业车模拟驾驶实训台有效解决了司乘人员培训周期长、培训时间长、培训成本高的问题和庞大司机队伍培训教学设备不足的矛盾，节能减排、模拟培训过程安全可控、量化学员成绩，保障现场轨道作业车应急职守状态，具有较大的推广应用价值。

作者简介

陶敏，中国铁路南宁局集团有限公司南宁供电段。

JZ-7型空气制动机分配阀不缓解故障分析

韦勇富

摘　要： JZ-7型空气制动机是轨道作业车的制动系统。本文简要介绍了轨道作业车制动系统中分配阀主阀部工作原理，分析制动机分配阀主阀故障的原因，提出分配阀检查和清洗、工艺要求及验收标准，不断提高检修质量，确保轨道作业车运用安全。

目前我国轨道作业车主要装用JZ-7型空气自动制动机，其性能较稳定可靠，维修保养方便，自装车使用以来，基本适应和满足轨道作业车制动的需要，是轨道作业车安全运行的有力保障。但在使用中仍然会出现制动机不缓解或缓解不彻底的现象，存在重大安全隐患，必须时刻重视并加以有效消除。分配阀主阀不缓解故障在运用中时有发生，这种现象发生在运行中，会造成轨道作业车抱闸运行，危及行车安全；通过分析JZ-7型制动机分配阀主阀不缓解的原因，提出相应建议，希望对制动机故障的预防、应急处置和确认行车安全起到积极作用。

1　分配阀主阀部工作原理

分配阀主阀部主要由大模板、小模板、主阀空心阀杆和供气阀等组成。结构详见图1。

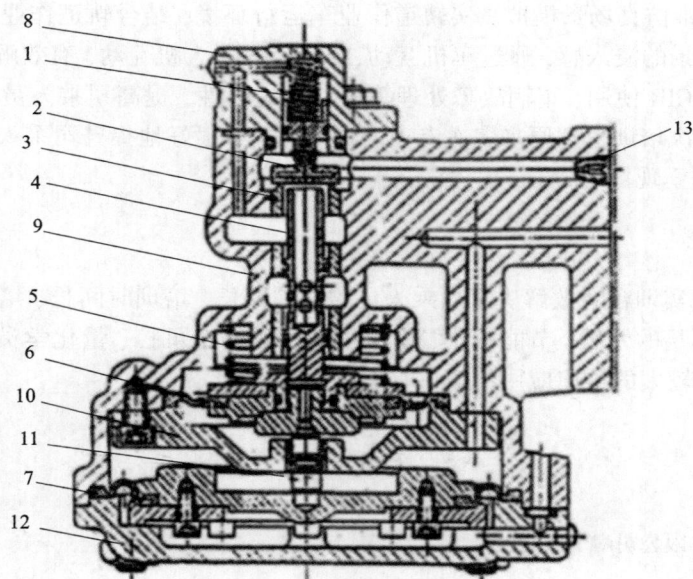

1—供气阀弹簧；2—供气阀；3—供气阀座；4—空心阀杆；5—缓解弹簧；6—小模板鞲鞴；
7—大模板鞲鞴；8—平衡阀盖；9—主阀体；10—中盖；11—顶杆；12—下盖；13—限制堵。

图1　分配阀主阀结构

分配阀主阀部属于三压力机构的阀，大模板上侧是列车管压力(2#管)、下侧是工作风缸压力(23#管)，小模板上侧是作用风缸压力(14#管)、下侧通大气(25#管)，因此整个主阀部的动作是受列车管、工作风缸、作业风缸的压差来实现功能转换。主阀部有"缓解位、制动位、保压位"3个作用位置。

1.1　缓解位

列车管(2#管)充风到一定压力时，大模板上侧列车管压力增高，促使大模板鞲鞴下移，此时小模板鞲韝在作业风缸压力空气及缓解弹簧的作用下，带动主阀空心阀杆下移，使主阀空心阀杆上端脱离供气阀，排气口打开，此时作用风缸的压力空气经主阀空心阀杆、常用限压阀、紧急限压阀、排气口排向大气，此时主阀在缓解状态；直到作用风缸压力下降至与列车管增压相适应时，大模板韝韝上移推动顶杆，再由顶杆推动小模板韝韝带动主阀空心阀杆，直到与供气阀接触，排气口关闭，供气阀也关闭，形成缓解后的保压状态；当列车管再次增压时，主阀再次重复以上动用后显保压状态，由此可见分配阀主阀部虽然能完成轨道作业车的制动、缓解和保压作用，但它的完全缓解必须要等列车管充到规定压力才能完成，缓解时间较长；如果使主阀能加速它的缓解时间，只需使大模板上下两侧的压力在轨道作业车缓解时相等，即缓解时通过分配阀副阀部使大模板上下两侧沟通，此时主阀部相当于"二压力阀"，小模板靠着作用风缸及弹簧的压力就能实现制动机的一次缓解作用，加快缓解速度。

1.2 制动位

列车管压力下降(减压制动)时，大模板韝韝两侧的压力失去平衡，工作风缸压力促使大模板韝韝上移，带动顶杆推动小模板韝韝即空心阀杆上移，顶开供气阀，总风经供气阀口进入作用风缸及小模板韝韝上侧，进入作用风缸→作用管→作用阀，轨道作业车起制动作用。

1.3 保压位

当作用风缸(即小模板韝韝上侧)压力上升到与列车管减压相适应时，小模板韝韝及空心阀杆在作用风缸压力和弹簧力的作用下，带动顶杆推动大模板韝韝一起下移，直到供气阀口关闭，而主阀部的空心阀杆仍与供气阀接触，此时主阀部成制动后的保压状态。

2 故障现象原因分析

2.1 故障一

2.1.1 现象

自阀手柄由制动位移至运转位，列车管、均衡风缸在规定时间内充风至定压 500 kPa，分配阀主阀不缓解，造成制动缸不缓解或缓解不彻底。

2.1.2 原因分析

分配阀管座中间体 25# 管堵塞或者是 25# 管胶堵未取，造成分配阀主阀小模板下方至通大气管路堵塞，导致主阀小模板下部空腔无法与大气相连通，小模板下部空腔内形成压力，小模板及空心阀杆下移行程不够，作用风缸压力空气无法排完，造成缓解不彻底，如故障长时间未得到处理，小模板下部空腔内压力达到一定值，列车管充风缓解时，小模板及空心阀杆无法下移，作用风缸压力空气无法排出，作用阀不动作，制动缸不缓解。

2.2 故障二

2.2.1 现象

自阀手柄置运转位，列车管在规定时间内充风至定压 500 kPa，同时工作风缸压力也同步上升至定压500 kPa，作用风缸压力不能排出，制动缸不缓解。

2.2.2 原因分析

首先应考虑到分配阀主阀大模板螺丝松动脱落，造成主阀缓解时空心阀杆下移行程不够，排气阀口不能打开，作用风缸压力不能排出，制动缸不缓解；再次就是主阀大模板破损，大模板韝韝上方(列车管)与下方(工作风缸)串通，列车管充风缓时，列车管部分压力空气经大模板韝韝破损进入工作风压，造成主阀不缓解或空心阀杆下移行程不足以打开排气阀口，作用风缸压力不能排出，制动缸不缓解。

2.3 故障三

2.3.1 现象

自阀手柄置运转位，列车管在规定时间内充风至定压 500 kPa，制动缸不缓解或缓解不彻底(制动缸压力剩余约 100 kPa)。

2.3.2 原因分析

常用限压阀弹簧断或漏装，自阀常用制动后缓解时，列车管在规定时间内充风至定压 500 kPa，但分配阀常用限压阀柱塞在作用风缸压力空气作用下上移，切断作用管通路，作用风缸压力空气不能正常排出，造成不能缓解或缓解不彻底。

3 建议措施

3.1 加强检查和清洗

将分配阀主阀部大小模板、空心阀杆组装、常用限压阀的检修纳入作业车配件检修范围，认真检查、定期清洗。在轨道作业车定期保养及修程中，将其纳入定期保养和检修修程的检修范围，保证阀件清洁、机能动作灵活，确保其工作性能可靠。

3.2 严格执行工艺要求

分配阀检修过程中严格执行检修工艺标准。各模板质量良好，无老化、龟裂、破损、起泡现象；各弹簧必须符合技术要求，每次检修必须确认符合技术标准，常用限压阀弹簧无弯曲、变形、断裂，弹簧的自由高度为 54 mm，压缩 5 mm 和 18 mm 后其载荷分别为 66 N 和 170 N。

3.3 把好检修质量关

分配阀主阀部检修过程中检查大小模板质量必须符合要求，有老化、龟裂、破损、起泡现象必须更换，阀体内部及暗道（或通气孔）使用压缩空气吹扫干净，阀件组装作业场所要保持清洁，确保制动机阀件检修质量。

4 结束语

JZ-7 型空气制动机是轨道作业车的重要组成部分，要增强检修质量意识，严格执行工艺标准，精检细修，确保产品合格，努力做到以工艺保质量，以质量保安全，夯实轨道作业车行车设备基础管理。

作者简介

韦勇富，中国铁路南宁局集团有限公司柳州供电段，助理工程师。

多功能作业车防滑器故障分析与处理

蒋义平 王 勇

摘 要：电子防滑器首次在多功能作业车上运用，防滑器发生故障后，造成制动缸无空气压力，给作业车运行带来重大安全隐患。本文通过故障分析，提出故障处理方法，补充整备前对防滑器功能检测，防止故障重复发生。

柳州供电段现配属 BR711 型多功能作业车 2 台，多功能作业车制动系统采用气动卡钳盘式制动装置，在电器控制系统中安装了 TFX2L(A)型铁路机车防滑器，通过安装在制动缸管上的两个防滑阀，各控制前后转向架制动缸压力空气进风量。在实施空气制动时，接收由滑行器发出的制动、缓解信号及再制动信号，进行制动缸压缩空气的供气打开、关闭及排气，防止车轮打滑，并抑制制动距离延长。

1 设备状况

1.1 TFX2L(A)型铁路机车防滑器结构

TFX2L(A)型铁路机车防滑器结构由速度传感器、防滑器主机、防滑器充排风电磁阀、压力开关组成。

（1）速度传感器：主要控制速度脉冲信号发生器。

（2）防滑器主机：主机是防滑器的中心，它接受两路速度传感器的脉冲信号，通过对信号调理、计算、比较、做出各种决策，控制防滑器电磁阀产生相应的动作，使相应的制动缸排风或充风。

（3）防滑器充排风电磁阀：为防滑器执行机构，安装在制动管上，根据主机的指令向制动缸排风或再充风。

（4）压力开关（即压力继电器）：实现防滑主机电源自动通断功能，安装在列车管上。当列车管压力达到要求时，常开触点闭合，常闭触点断开；当列车管压力低于一定值时，常开触点断开，常闭触点闭合，触发主机内部定时线路。经过一段时间后切断电源。

1.2 防滑器主机

防滑器主机由 V1L 板卡、CPB 板卡、V4L 板卡、SDY 板卡组成。

（1）V1L 板卡：防滑阀的电源控制卡，附加有按钮输入信号、数码管显示、牵引/制动信号的输入处理功能。三个功能按钮，即诊断、显示和清除。一个两位 LED 显示，用于代码显示及四个指示灯，左上灯亮，DC12 V 电源输出正常。其他三灯无使用。

（2）CPB 板卡：控制防滑器核心，发出所有工作指令。

（3）V4L 板卡：防滑阀动作的控制卡。

（4）SDY 板卡：速度信号的整形处理。

2 故障案例分析

2.1 制动缸无压力故障

2.1.1 故障概况

2018 年 2 月 8 日，1311045 号多功能作业车在柳州供电段动力基地进行单机调车作业，司机在动车前进行制动机性能试验发现作用良好，起车速度在 6 km/h 使用单阀制动停车后再次起车，在速度达 11 km/h 时越过道岔外方须停车返岔时，使用单阀制动，发现制动缸无压力，在采取紧急制动措施后，制动缸仍无压力，司机采取断开电源、停机措施，最终作业车还是停了车，前后溜逸 150 m 左右。从钢轨表面划痕来分析，作业车因紧急制动停车，对该车进行制动机试验正常。制动缸无压力，作业车紧急制动停车原因无法解释。

2018年8月15日,该车在动力基地与其他作业车连挂调车作业时,又发生制动缸无压力故障,使用附挂作业停车,待停车检查时,制动缸又恢复正常压力。

2018年11月10日,该车柳南客专线来宾北网工区配合天窗施工作业,单机作业时,在速度4 km/h情况下,又出现制动缸无压力故障,检查前后端发现,故障现象都一样。使用自动驻车装置(弹停装置)停车后,检查试验,在听到一声短暂的排风声后,制动缸压力恢复正常,制动机试验性能良好。

2.1.2 故障分析

2018年11月12日,技术人员上车检查,启动柴油机将总风缸打满风后试验制动机,自、单阀置制动区,制动缸均无压力显示,检查非操纵端也无显示,确认制动缸制动缓解指示牌,显示"绿色"状态;按下"急停"按钮,柴油机停机,检查制动缸指示牌仍显示"绿色",制动机呈缓解状态,详见图1、图2。发现此故障现象,查阅制动系统配管图,空气制动机与旁路制动是两套制动系统,特别是旁路制动,直接将总风缸压力空气调压后经制动管进入制动缸,此时制动缸都无制动压力,可排除空气制动机阀件故障因素空气制动机装置图详见图3。

图1 制动缸无压力故障1

图2 制动缸无压力故障2

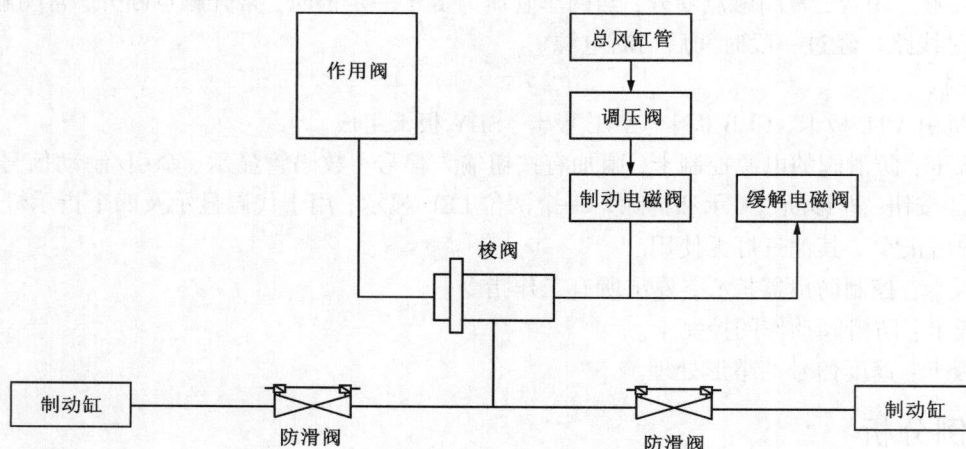

图3 空气制动机装置图

经分析发现制动缸管路上还安装了防滑器,查阅防滑器结构原理图(图4)及防滑排风阀原理图,防滑器在不通电状态,上、下电控阀阀心沟通左右管路通路;空气制动机或旁路制动压力空气进入到防滑排风阀右侧接口分两路,一路压力空气顶开"CM"止阀,压力空气进入防滑阀左侧风路进入制动缸,另一路风路经防滑阀上方电控阀阀芯到达"PM"止阀左侧,将"PM"止阀顶死,防止压力空气通过防滑阀排气口排出,对空气制动机功能无影响。在通电状态下,"CM"止阀右侧进入压力空气,"CM"止阀阻断作用阀或旁路制动制动管风源,"PM"止阀左侧的压力空气经上方电控阀中心排风口沟通大气通道。"PM"止阀打开,将制

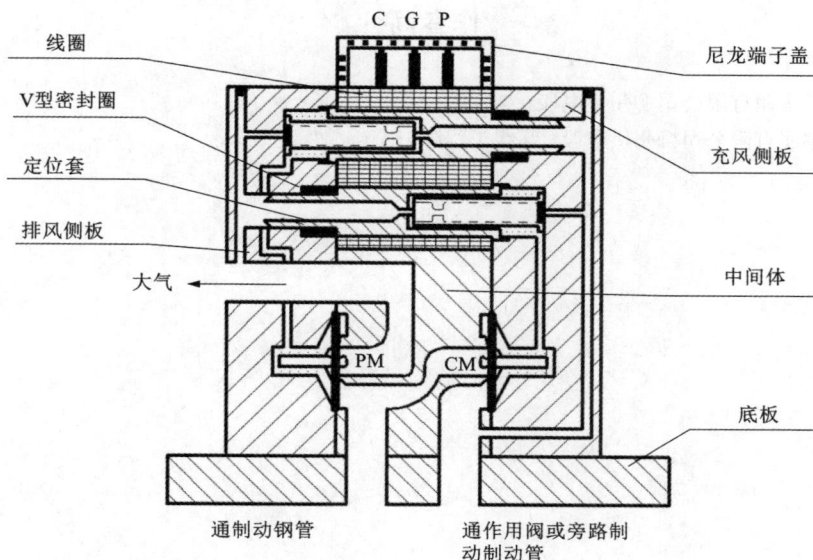

图4 铁路机车防滑器结构原理图

动缸内压力空气排向大气。

检查防滑器主机电源指导灯显示正常，按压防滑器主机面板上的"诊断"功能按钮3 s，检测功能无作用，显示器未能显示89。确定引起制动缸无压力的原因是防滑器故障。

2.1.3 故障原因

1311045号多功能作业车多次制动缸无压力故障是由防滑器主机CPB和V2L板卡损坏造成的。

2.1.4 处置方法

更换防滑器主机CPB和V2L板卡。

3 处置措施

（1）熟悉防滑器主机功能，掌握诊断方法：在防滑器主机面板上设有三个功能按钮，分别为"诊断""显示""清除"。诊断按钮在车辆处于静止状态时使用。当速度超过3 km/h时，按钮功能无效。按下按钮3 s，当显示器显示98才能执行按钮功能；显示器显示88表示系统各部件正常；87表示CPU自检；86表示RAM自检；85表示ROM自检；82表示防滑阀排风自检；99表示故障信息清除完毕。

（2）熟知防滑器防滑作用自动切换功能，掌握故障应急处置。防滑器具有防滑作用的自动切换功能，当某一转向架的速度传感器发生故障时，在切断该传感器作用的同时，只要该转向架的防滑排风阀未有故障，该防滑排风阀的动作转由另一转向架控制。即该转向架的防滑作用与另一转向架同步，如果所有速度传感器全部发生故障，这辆车的防滑功能全部失效，但正常的制动作用不受影响。当某一转向架的防滑排风阀发生故障时，发生电气故障的转向架防滑功能被切断，但不影响司机正常的制动作用。

（3）做好出库前检测防滑排风阀作用，防范故障发生：车辆在制动作用下时，司机按动防滑器的检测按钮。实习司机在Ⅱ端左侧车下观察，检测两个防滑排风阀是否按顺序进行排风，发现不排风或排风异常的防滑阀一律更换。

（4）防滑器主机功能故障应急处置：断开QA51号空气开关或将防滑器主机电源插头拔开。

4 结束语

1311045号多功能作业车因防滑器故障，造成制动机失效，主要原因是在作业车整备作业中未对防滑器在出库前进行检测，又因是新设备，各级技术专业人员对防滑器功能了解不多，且在说明书及培训课件中也未提及。故障查找明确后，多功能作业车整备作业标准应增加防滑功能检测要求，确保设备运行安全的稳定性和可靠性。

作者简介

蒋义平，中国铁路南宁局集团有限公司柳州供电段，工程师。

王勇，中国铁路南宁局集团有限公司柳州供电段，高级工程师。

如何做好供电远动(SCADA)系统网络安全问题整改工作

张云峰 赵喜军 宋笑雨

摘 要：铁路目前使用的生产系统网络安全标准或建设的安全能力已经无法满足当前网络安全等级保护2.0制度要求，根据我局的《供电远动(SCADA)系统的等级保护测评报告》，该系统在基础要求和扩展要求等技术方面还存在一定高危风险，因此，本文梳理主要安全威胁风险，以满足国家等级保护三级标准作为核心目标，提出远动系统的整体加固技术方案，以满足长远业务安全发展要求。

1 引言

近年来，伴随着国际安全趋势和国际形势的变化，计算机网络在满足便利的生产管理需求的同时，网络安全隐患也逐渐暴露。为消除供电远动(SCADA)系统等保测评发现的高危风险，有效降低中低风险，提高等保测评分数，保证远动系统的运行安全，提升整体安全能力，针对远动系统现有的安全保护水平与等保测评扩展要求之间的差距，结合远动系统业务场景的防护需求，制订了"立足等保，高于等保"的解决方案。

2 供电远动(SCADA)系统存在的网络安全问题

目前网络安全等级保护2.0制度中不仅规定了对传统网络安全的通用要求，还增加了对物联网和工业控制系统等方面的安全扩展要求。因此远动系统网络安全既包括通用技术要求，还包括扩展技术要求。根据哈局的《供电远动(SCADA)系统的等级保护测评报告》，该系统距离等级保护2.0的技术要求还存在一定不足，具体如下。

2.1 安全通信网络部分

安全通信网络主要涉及网络架构安全、通信传输安全和通信设备安全等方面，具体包括对网络区域的合理划分、对重要网络区域的可靠隔离、对网络设备性能和网络带宽的有效保障、对通信链路和节点设备的硬件冗余、对数据传输的完整性和保密性保护、对通信设备及通信应用程序的可信验证等。综合当前等级保护测评报告的分析，在通信网络安全方面主要存在以下不足。

(1)使用明文传输协议进行通信，无法保证数据传输完整性。

(2)使用明文传输协议进行通信，无法保证数据传输保密性。

2.2 安全区域边界部分

安全区域边界主要涉及对流入、流出边界的数据流进行有效的控制和监督。具体包括综合信息网内部网络与外部网络之间的边界、内部网络不同安全域之间的边界等。在安全区域边界方面主要存在以下不足。

(1)未采取措施对外部网络攻击行为进行检测。

(2)未采取措施对内部网络攻击行为进行检测。

(3)未在网络关键节点部署恶意代码检测和清除措施。

(4)未在网络关键节点对重要用户行为和重要安全事件进行审计。

2.3 安全计算环境部分

安全计算环境的安全威胁主要来自于远动系统自身的弱点，具体涉及身份鉴别、访问控制、安全审计、数据完整性、数据保密性、数据备份恢复、剩余信息保护、个人信息保护等方面。在安全计算环境方面主要存在以下不足。

(1)网络设备、服务器、终端、系统管理软件仅采用用户名、密码对用户身份进行鉴别，未采用两种或两种以上鉴别技术对用户身份进行组合鉴别。

（2）未对管理员远程登录地址进行限制。

（3）未开启安全审计功能，无法对用户的重要行为和重要安全事件进行审计。

（4）未开启安全审计功能，无法对审计记录进行保护。

（5）使用明文传输协议进行通信，未采取措施保证重要数据在传输过程中的完整性。

（6）使用明文传输协议进行通信，未采取措施保证重要数据在传输过程中的保密性。

（7）未采取措施保证业务数据在存储过程中的保密性。

2.4 安全管理中心部分

安全管理中心主要涉及对网络内部的网络设备、安全设备以及服务器的集中管理，对各种安全事件统一进行分析和管理，提高网络安全管理和运维工作效率，借助自动化、平台化的技术工具提高管理效率。具体包括系统管理、审计管理、安全管理、集中管控等方面。在安全管理中心方面主要存在以下不足。

（1）网络中未采取有效措施对网络链路、设备运行状态进行集中监测。

（2）未采取有效措施对安全事件进行识别、报警、分析。

3 解决方案

通过对远动系统的网络架构的分析，针对该网络的脆弱性，将整个网络的边界、核心区域进行划分，通过工业防火墙实现各个区域的相对独立，控制各个区域的数据流通。并且将上位机与下位机的通信行为进行深层次的管控，可以解决上位机非法指令的拦截、误操作情况的报警或拦截。

在综合信息网互联边界的接入交换机串联部署商业防火墙，确保所有复示终端跨越边界的访问和所有流入、流出的数据均通过其受控接口进行通信、接受安全检查和处理。

针对主机的安全威胁，在主机上安装工业主机安全防护系统，只允许系统操作或运行受信任的对象（如只允许系统运行白名单内的可执行程序，只允许系统加载白名单内的动态链接库、驱动等，只允许使用白名单内的移动存储介质），以达到主机运行安全。

针对普速主站服务器操作系统程序无配套防病毒产品，采取安装防毒墙的方式实现病毒过滤功能，对进出的网络数据流进行病毒、恶意代码扫描和过滤处理，并提供病毒代码库的自动或手动升级，彻底阻断外部网络的病毒、蠕虫、木马及各种恶意代码向网络内部传播。与部署在终端上的工业主机安全防护软件相配合，从而形成覆盖全面，分层防护的多级病毒过滤系统。

针对下位机产品的漏洞威胁，可以在工业防火墙和工业集中管理平台里配置相对应的安全策略，达到防止该漏洞被利用，并且提供实时报警。在核心交换机处部署工控漏洞扫描系统，实现对高铁 SCADA 系统的安全扫描，发现系统中存在的隐患。

部署工业网络安全智能监测审计系统，可以实现全面监控网络中设备，对设备接入或通信中断实时报警，对异常操作行为进行预警，对控制网中蠕虫传播进行预警，在流量异常时进行报警。

在安全运维管理区部署日志审计系统实现对日志进行实时的事件分析和审计分析，从而进行实时的事件监控和异常事件告警，最终实现对各类网络设备、安全设备、操作系统、服务器和其他应用进行全面的日志安全审计。

在核心交换机上部署数据库审计实现对数据库所有访问行为的监控和审计、对其中的危险操作进行多种方式的告警、对数据库访问行为进行多维度的统计。

部署堡垒机，实现集中化账号管理、高强度认证加固、细粒度授权控制和多形式审计记录，使内部人员、第三方人员的操作处于可管、可控、可见、可审的状态，规范运维的操作步骤，避免误操作和非授权操作带来的隐患，有效保障组织机构的服务器、虚拟机、网络设备、安全设备、数据库、业务系统等资产的安全运行和数据的安全使用。

针对复杂的网络现状，部署准入控制系统提供多种准入模式混合应用，并根据不同的用户分配不同的网络区域和访问权限。同时可以对入网请求用户的终端做健康评估，并根据管理员配置的评估策略，对不满足条件的终端进行隔离和提供修复向导，从而确保用户内部网络安全性，实现入网必可信。

部署态势感知（安全集中管理）系统，实现运维管理、态势分析、安全监测、安全处置、安全分析、资产管理、集中管控、知识情报等功能，可对服务器、通信设备、安全设备状态进行监测，可对设备进行集中管理和日志数据收集，全面和及时地掌握整个防护系统的实时状态、趋势分析，以及时响应安全事件，大大提升安全运维人员的工作效率，详见图1。

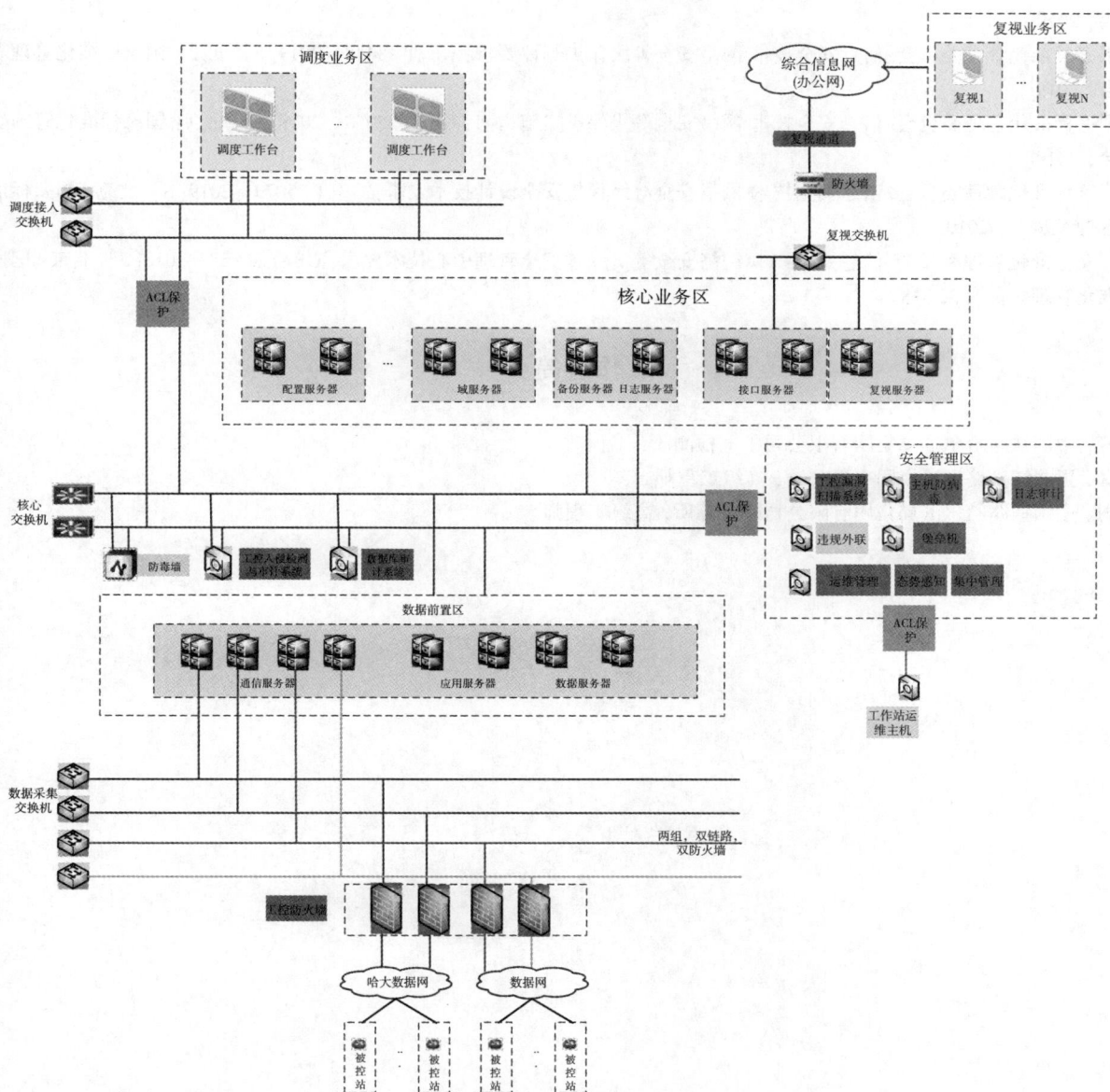

图1　增加网络安全设备后的远动系统主站网络拓扑图

通过以上方案解决了除安全通信网络以外由于网络安全设备不足因素的扣分项，同时与主站设备厂家沟通，通过服务器开启登录地址限制功能等手段，解决了部分主站应用系统的高风险问题。

在研究等保测评问题解决方案过程中，我们也发现目前铁路系统主流的主站厂家为避免因主站系统内部应用数据加密造成远动系统出现主站运行不稳定的情况，无法实现业务应用系统重要数据在传输过程中的完整性、保密性要求，以及因无铁路企业标准、主站系统需要二次开发而暂时无法解决的高风险问题，造成等保测评中发现的高风险问题无法全部消除。

4　结束语

网络安全问题整改除软硬件方面外，还应健全各项管理制度，并认真执行相关制度，确保远动系统的网络能够安全地运行，避免远动系统发生网络安全事件影响运输生产。

参考文献

[1] 国家标准化管理委员会.信息安全技术 网络安全等级保护基本要求:GB/T 22239—2019[S].北京:国家标准化管理委员会,2019.

[2] 国家标准化管理委员会.信息安全技术 网络安全等级保护测评要求:GB/T 28448—2019[S].北京:国家标准化管理委员会,2019.

[3] 国家标准化管理委员会.信息安全技术 网络安全等级保护实施指南:GB/T 25058—2019[S].北京:国家标准化管理委员会,2019.

[4] 国家标准化管理委员会.信息安全技术 网络安全等级保护安全设计技术要求:GB/T 25070—2019[S].北京:国家标准化管理委员会,2019.

[5] 国家标准化管理委员会.信息安全技术 网络安全等级保护安全管理中心技术要求:GB/T 36958—2018[S].北京:国家标准化管理委员会,2018.

作者简介

张云峰,中国铁路哈尔滨局集团有限公司工电检测所,工程师。

赵喜军,黑龙江铁路发展集团有限公司,高级工程师。

宋笑雨,中国铁路哈尔滨局集团有限公司概预算所,高级工程师。

高速铁路岗位资格性培训网络小班教学优化措施

喻红军

摘 要：本文介绍武汉高速铁路职业技能训练段 2022 年高速铁路岗位准入资格性培训，由于疫情影响不能实施线下教学，转为线上教学组织形式，为提升网络教学质量所采取的网络小班教学的具体措施和方法。

1 引言

受疫情影响，在保障培训任务有效完成的前提下，武汉高铁训练段开展了大规模网络培训班，岗位资格性理论培训以网络远程教学的形式开展，为了高质量地完成线上网络教学授课、答疑工作，精准盯控学员学习掌握培训内容，达到岗位准入所具备的职业能力，进一步提高培训质量，在开展网络教学的过程中，同步进行了网络小班化教学探索。以此为契机完善网络教学相关制度，优化网络教学流程，创新网络教学设计，确保网络教学优势充分体现，进一步提升网络教学质量。

2 分析网络教学大班组织形式对培训质量的影响

由于疫情影响，为了完成教学计划，武汉高速铁路职业技能训练段承办的高速铁路接触网维修资格性理论培训班以线上网络远程教学的形式开展。从训练段各工种前期开展的网络教学班组织情况分析来看，每期班级人数多的在 200 人以上，普遍在 100 人左右，学员人数较多。每个培训班线下均有 6~8 个会场，多的分会场达到 10 个以上。个别线下教学点人数在 30 人左右。虽然每个网络教学班按照要求每 30 人配置了一名线上教学助理，但是由于分会场教学点数量过多、人数不均，且每个线下教学点一般只设置一个摄像头，造成学员在线学习状态不易盯控，培训师与学员的教学沟通少，培训质量不高。主要表现在以下三个方面：一是由于一个班级的学员数量多，在一堂 45 分钟的课堂学习时间中培训师不能及时高效地与学员进行交流，掌握培训实效以及时调整授课状态；二是教学助理不能做到有效盯控学员上课状态，导致学员在课堂上精力不集中、思想开小差的现象较频繁；三是部分学员是以考证的心理参加学习，缺乏学习的主动性和积极性，极大影响了培训质量和效果。

3 为提高教学质量训练段网络教学组织形式采取的措施

为了适应线上培训大趋势，同步提高高铁准入资格培训的教学质量，使学员掌握适应岗位能力的专业知识，具备相应的专业技能，同时更好地完成培训任务，在训练段各部门的支持和教研部统筹规划下，供电教研室开展了班级人数控制在 30 人左右的小班网络教学创新试点。通过贯彻落实合理分班、合理安排课程逻辑顺序、调用优秀师资、创新教学方法、科学增加交流互动频次和数量、合理安排课前课后辅导等优化方式方法和资源综合利用，采用翻转课堂形式充分发挥学员主体的积极性和创造性，使学员自主参与学习，达到提高培训质量、提升创新思维能力的目的。主要实施方案、教学方法和措施如下。

3.1 直播教室搭建

（1）直播教室设备：电脑 2 台（网络含连 Wi-Fi、扬声器等基本功能，鼠标、键盘配套）、高清摄像头 1 个，配套三脚架 1 个、无线领夹式麦克风 1 套、音响 1 套（电脑无扬声器功能时需要）、网线 2 根（5 m）、高清显示大屏 1 个（含 HDMI 高清线 1 根）、插线板 1 个。

（2）各集团公司教学点教室设备：电脑 1 台（网络含 Wi-Fi 功能）、高清显示大屏 1 个（或投影仪 1 套）、高清摄像头 2 个（班级学员多时分组使用）、音响 1 套、学员手机（人均 1 台）。

（3）软件要求：电脑系统干净，仅安装必要软件、固定的网络 IP 地址、office 办公软件、腾讯会议、钉钉 APP、微信 APP。

3.2 合理分班

针对小班教学的要求，在每期报名学员中选取 3 至 6 个培训点，30 人左右安排为一个班，每个教学点分别配置 6~8 人。保证每个学员上课状态都能处于受控状态，授课培训师和教学助理通过直播摄像头能随时和学员进行教学交流。

3.3 优化课程计划编排与师资安排

为了提高网络授课知识结构的逻辑性，我们采用由浅入深、从易到难的课程安排，全部课程均选用优秀师资授课，并安排有较强班级管理经验及远程直播经验的专业培训师为班主任兼教学助理，保证教学实施效果。

3.4 优化课程设计、突出教学互动

一是培训师在培训过程中根据培训内容和学员需求运用多种培训方式提高课堂吸引力。综合运用了翻转课堂、故事分享、游戏互动、情景模拟、视频分享、案例分析、看图说话、引导提问、测试分析等多种形式的教学方法，同时还创新尝试了课堂和现场"1+1 联播教学"的方式。通过培训方式的灵活运用提高学员在课堂教学过程中的参与度，从而提升教学质量。

二是每节课培训师依据学员注意力曲线设计教学过程。根据表 1 统计的数据得到的学员行为数据以及上课注意力时间曲线，培训师在每个不同的时间段调整安排教学方法；在前 5 分钟通过课程内容回顾、前置资料学习提问等方式，让学员的注意力回到老师的身上。每堂课的第 6 至 35 分钟时间是学员注意力的黄金时间，这部分时间培训师运用丰富多彩的教学方法讲授本节课教学任务的主要内容。到每堂课的第 35 分钟后由于精力消耗，学员注意力下降，这个时候可以在授课过程中对前面 30 分钟学习的内容以讨论、测试的形式进行复盘，最后进入收尾阶段，由培训师对本节课的知识点进行精练的复盘总结，对学员在课堂中的交流简单地点评，让每个学员感受到培训师在本堂课中时刻都在关注着他们。

表 1　网络培训大班教学学员行为调查表

序号	培训班名称	班级人数	迟到	玩手机	上课盹睡	精力不集中	合计	备注
1	第一期网络二班	99(大班)	19	37	86	78	220	不含心理素质提升课程
2	第二期网络二班	90(大班)	18	35	63	86	202	
3	第五期网络一班	97(大班)	23	52	102	75	252	
4	第七期网络二班	86(大班)	38	77	111	114	340	
		合计/人	98	201	362	353	1014	
		占比/%	5.57	20.72	37.32	36.39		
		每节课发生频次/%	14.06	52.34	94.27	91.93		
		检查发生概率/%	3.52	13.09	23.57	22.98		
检查时间：每节课开始后第 10、20、30、40 分钟（每节课 4 次），共 384 节课，检查 1536 次							
一、行为分析：共发生 1014 次。 1.行为占比：迟到占 5.57%、玩手机占 20.72%、上课盹睡占 37.32%、精力不集中占 36.39%； 2.行为发生频次：迟到每 7.11 节课发生 1 次、玩手机每 1.91 节课发生 1 次、上课盹睡每 1.06 节课发生 1 次、精力不集中每 1.09 节课发生 1 次，所有行为每 0.388 节课发生 1 次； 3.检查发生概率：迟到每检查 28.44 次发现 1 次、玩手机每检查 7.64 次发现 1 次、上课盹睡每检查 4.24 次发现 1 次、精力不集中每检查 4.35 次发现 1 次、所有行为每检查 1.55 次发现 1 次； 4.除迟到外，多数发生在课中第 20~25 分钟、38~43 分钟时段							
二、对策分析。 1.学员的心态：认为只要刷题就行。应转变错误心态，了解、学习并掌握其他知识、技能； 2.学员的兴趣与关注度：借助新设备、新鲜事物、事故案例、工作中的故事激发兴趣，提高关注度； 3.线下学习纪律：教学助理的检查与提醒与线下班主任的监督两方面结合； 4.学习的效果：集中练习与个别提问、小组互动、课后加强等方法，增强记忆，形成反射； 5.对授课老师的建议：课程内容的取向、重点、知识点的提炼与拓展，建议根据授课内容细分时间间隔与互动次数							

三是在课程设计中加入课程思政内容，"润物细无声"地向学员传递铁路企业精神文化，弘扬新时代铁路精神、培育职工的劳模精神和工匠精神。

3.5 整合优化各类资源，提升培训效率效果

一是在教学过程中利用APP小程序，在授课环节中开展"随堂练"作为学员学习成绩评定的一部分。

二是根据培训规范、培训目的要求，将知识点制作成前置学习文档、图片或者视频资料推送到微信群，让学员在课前先自主学习相关知识点，并思考、探讨前置学习中提出的思考题，提高课堂交流的效率。

三是在课前利用APP小程序提前调查学员需求，提前对学员需要了解的知识点、解决的问题进行收集和统计，在课堂上有针对性地对该知识点进行深入的讲解分析，促进培训效率效果的提升。

四是优化既有的教学资源。授课培训师结合小班网课的特点及要求，及时优化各自模块的教学设计和课件，整理随堂练习题目。题目要求严格依据培训科目知识点设置，形式为客观题题型（单选、多选、判断），每课时练习题数量以知识点数量确定，可根据学员上课注意力集中度随时进行互动练习，将学员的注意力拉回课堂。

五是加强学员课堂纪律管理。良好的课堂纪律主要在于学员自觉性及授课老师讲解的生动性，辅之以外部的控制与规则。外部控制与规则方面课堂上主要由线上、线下班主任落实以下三个方面工作：首先，课堂上个别学员注意力不集中时，教学助理在会议室聊天框中提示，分会场班主任或者班级管理学员提醒；其次，授课老师通过与学员的互动、答题练习等形式，将学员状态带回到课堂；最后，学员违纪严重时，由教学助理联系线下班主任，查明具体原因，并进行处理，按训练段学员管理办法进行考核并在班级群中公示，扣分达到20分以上时取消学员的考试资格。

3.6 建立交流平台

组建企业微信群，为培训师、学员提供课后交流服务平台。学员在完成培训回到工作岗位后，工作中的问题可随时咨询培训师，培训师及时与学员交流、探讨、解答相关问题。同时该平台也可作为追踪教学过程对学员在工作中能力提升数据信息回访、统计收集的平台。根据追踪反馈信息，培训师及时调整授课内容及方法等。该平台同时又是发布培训教学信息资料的平台。

3.7 重点关注各项数据统计和学员课后意见反馈

针对学员随堂练习情况、培训师授课设计与实施、学员意见反馈等各项内容设计问卷调查进行数据统计和分析。通过采集各网络培训大班、中班与小班数据，并进行统计分析和对比。针对学员意见，及时整理并发布每日授课调查信息提供给授课培训师及时调整课程设计与知识点展示的教学方法，使授课内容更贴近学员需求。同时对收集到的各类信息和反馈意见进行整理，总结提炼出好的培训师授课组织和方法，促进培训师授课组织及能力的提高。

4 网络小班教学实施效果、成果分析

（1）培训师优化课程设计，在教学过程中综合运用翻转课堂、故事分享、游戏互动、情景模拟、视频分享、案例分析、看图说话、引导提问、测试分析等多种形式的教学方法，让生硬的理论授课课堂更生动，提高学员的专注度和参与度，达到提高学习质量的目的，同时也极大提升了培训师授课综合能力。

（2）创新了课堂和现场"1+1联播教学"的方式。在网课授课中，由两名培训师通过理论课堂和实训场同步授课，通过镜头切换，把理论知识讲解与现场应用实践相结合，极大提升了学员对课堂内容的关注度，激发了学员作为主体学习的兴趣。学员对该授课方式反馈效果极好。在收集到的学员学习心得中，因课堂丰富多彩、授课师资专业能力强，多名学员提到期望到训练段参加线下实作学习以提升专业能力。

（3）利用网络资源，落实线上线下混合式学习和信息反馈统计分析。通过实施前置学习、学员调查问卷等方式方法，充分发挥学员主体的积极性和创造性，提高了学员自主学习的积极性和创新思维能力的有效提升，受到学员们的高度评价。

（4）培训组织、实施和管理水平得到极大提升。在小班教学网络教学组织优化创新过程中，我们优化、固化了网络小班教学组织流程，为其他专业的小班教学进一步推广打好基础。在小班教学实施中，我们以可行性、实操性为原则，不断提炼、总结培训班组织和授课流程，最终优化整理出网络授课教学助理工作流程、网络授课培训师工作流程作为小班教学的模板，通过连续五期培训班的实践应用，证明其完全符合

并满足培训班组织教学要求。

（5）通过对大班网络教学和小班网络教学实施数据的对比分析，发现小班学员对教学满意度高于大班组织形式。学员对培训学习全程的信息反馈，小班教学模式每个学员获得的培训师的关注更多，学员课堂参与度和积极性极大地提高、学员自主学习创新思维能力得到有效提升，学员的学习收获更多，个人学习意愿更强。

4.6　教学实施数据统计及分析

（1）教学互动设计数据对比如表2所示。

表2　接触网第九期网络教学小、中、大班数据分析表

序号	项目	小班数据统计	中班数据统计	大班数据统计
1	随堂练总题数/道	358	354	345
2	班级总人数/人	31	55	100
3	参与练习人次/人次	5390	8025	9590
4	平均覆盖率/%	99.31	98.85	92.15
5	正确人次/人次	5065	7204	8494
6	错误人次/人次	325	821	1096
7	正确率/%	93.97	89.77	88.57
8	单人课堂互动次数/次	166	163	145
9	人均课堂互动次数/次	5.355	2.964	1.450

对比以上小、中、大班互动数据会发现：一是人数越少人均互动次数越多；二是人数越少总互动次数越多；三是人数越少随堂练正确率越高。

（2）学员大班与小班反馈教学质量评估对比如图1所示。

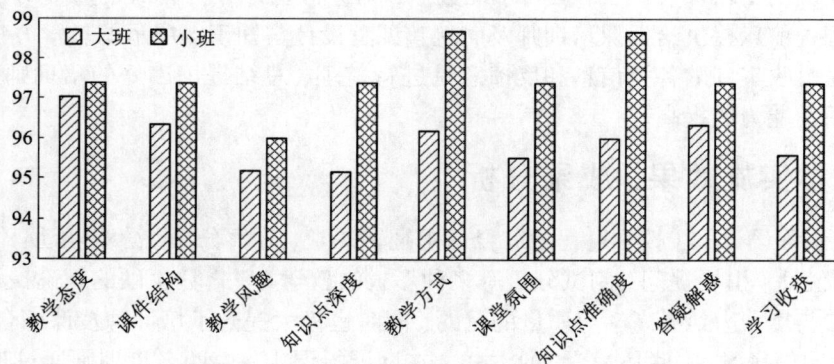

图1　学员大班与小班反馈教学质量评估对比图

通过以上数据分析发现小班学员整体满意度大大高于大班：一是授课老师在课程设计、授课方法运用、重难点的提炼与拓展上，根据授课内容细分时间间隔与互动次数与提升满意度有关。二是有效的设计激发了学员求知欲望和学习兴趣，培养学员的分析、解决问题的能力。三是学员的兴趣与关注度，与新设备、新鲜事物、事故案例、工作中的故事有关。

（3）采取优化教学组织、实行小班教学后，小班教学与中班、大班教学学员课堂专注度、课堂参与度、精神状态数据对比如图2所示。

数据表明：小班教学学员在课堂上的专注度、参与度高。学员玩手机、上课盹睡、精力不集中的现象大幅度降低，表明学员学习心态有较大改观、积极主动学习。

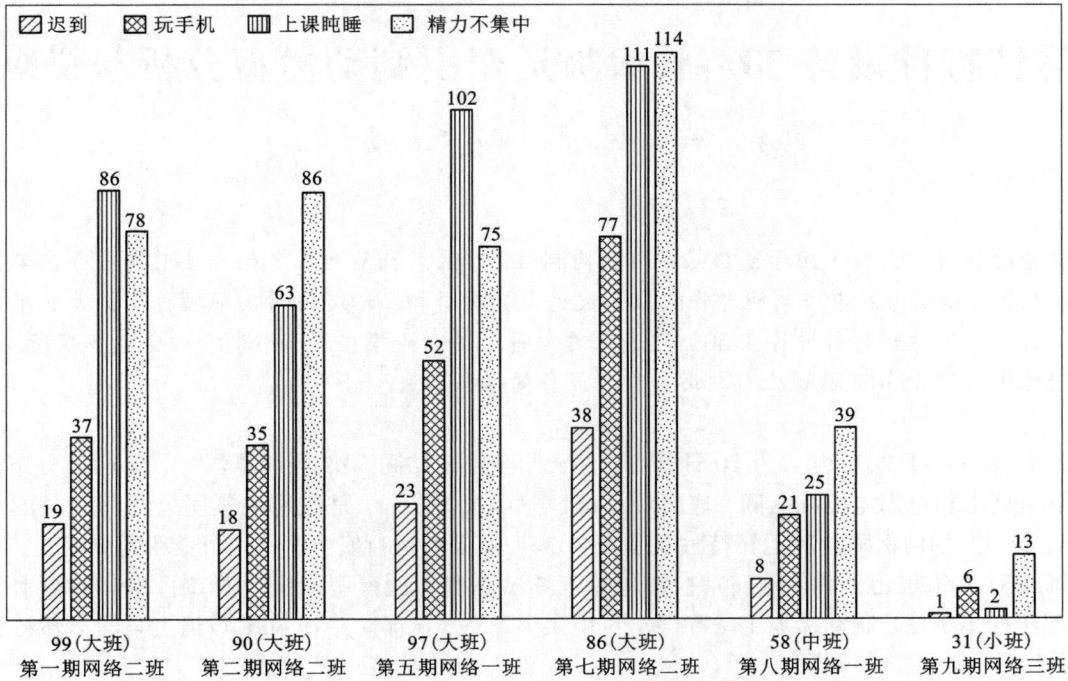

图2 接触网维修岗位理论网络培训班大班、中班、小班行为调查统计对比图

作者简介

喻红军，中国铁路武汉局集团有限公司武汉高速铁路职业技能训练段供电教研室，工程师。

自轮运转特种设备 30‰ 长大坡道牵引制动模型分析与操纵工法

李 军 姚 勇 邓永烈 姜有光

摘 要: 自轮运转特种设备是用于铁路基础设施检测维修、应急抢险等工作的重要装备,存在单位牵引功率较低、制动形式单一的问题,在30‰坡道上其牵引和制动能力对实际操作有极大的限制。本文通过对自轮运转特种设备在30‰坡道上的牵引制动理论模型进行分析,结合现场实际试验数据,提炼出适用于30‰坡道上自轮运转特种设备的操纵工法。

郑渝高铁郑万段于2022年6月20日开通,其云阳至巴东站间30‰坡道总长73.04 km,分布在云阳至奉节、奉节至巫山和巫山至巴东区间,连续最长坡道达到9.85 km,是成都局集团公司乃至全国坡道最大的运营区段之一。如何保障自轮运转特种设备在30‰坡道上的运行安全,是一个全新的课题。

本文通过对30‰坡道上自轮运转特种设备的现场试验和理论模型论证,总结了30‰坡道上自轮运转特种设备起步操纵工法、制动操纵工法和停车对位操纵工法,从而防控在30‰坡道上自轮运转特种设备运行作业的风险。

本文研究的工法适用于国有、地方标准轨距铁路。

1 本文中参与试验的车辆基本情况

参与试验的车辆闸瓦全部使用高摩合成闸瓦,制动形式均为JZ-7空气制动,空压机额定排气量为 1.8 m³/min。

表 1 参与试验车辆基础参数

序号	车号	型号	传动形式	功率/kW	自重/t
1	14406	GCY-300Ⅱ	液力	353	44
2	14409	GCY-300Ⅱ	液力	353	44
3	1407015	DPT	液力	353	49
4	1407021	JW-4G	液力	353	47
5	P142603	NX70	—	—	25.5
6	P142604	NX70	—	—	25.5

2 自轮设备在 30‰ 坡道受力分析及惰行速度增长趋势

自轮设备在坡道上,惰性的动力源自其自身重力在轨道平面的下滑分力 F。该力的大小与坡道的坡度成正比关系,其受力分析如图1所示。

$$F = G\tan\theta \tag{1}$$

式中:G——自轮设备重力;

θ——坡度角,30‰坡道时其 $\tan\theta = \dfrac{30}{1000} = 0.03$。

在20‰的坡道上,其自重在轨道平面上的理论切向力为0.02倍重力;在30‰坡道上,为0.03倍重力。

在30‰坡道上,不考虑运行基本阻力时,自轮设备在坡道溜逸加速度 a' 的理想理论模型如下:

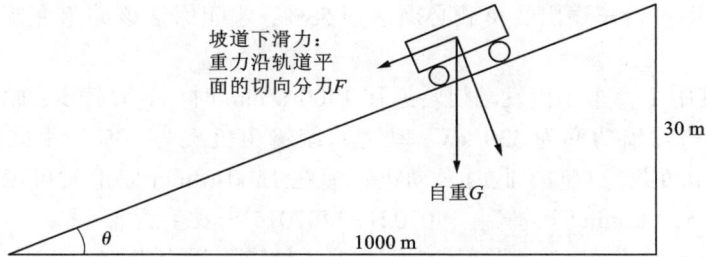

图1 30‰坡道自轮设备受力分析

$$a' = \frac{F}{m} \tag{2}$$

式中：F——重力在轨道平面的下滑分力；

m——自轮设备质量。

将式（2-1）代入式（2-2），在不考虑车辆运行阻力的情况下自轮设备在30‰坡道的加速度为0.294 m/s^2。换算得1.06 km/h^2，即在30‰坡道上，自轮设备每小时速度增加1.06。

由现场试验数据得出，14406+P142603+1407021+1407015编组在30‰坡道上，速度从10 km/h达到60 km/h时间为53 s，即速度每秒钟增加0.94 km/h。与加速度理论数据1.06 km/h的差来自运行单位基本阻力的影响，运行单位基本阻力与质量为正比关系，实际坡道溜逸加速度为：

$$a = \frac{F - \omega_0}{m} \tag{3}$$

式中：F——重力在轨道平面的下滑分力；

ω_0——运行单位基本阻力。

将实验数据代入式（2-3）得到，$\omega_0 = 0.0034G$。即在30‰坡道上，自轮设备实际坡道下滑力约为0.0266倍重力。

3 自轮设备在30‰坡道起步及牵引能力分析

3.1 在30‰坡道起步转速的控制

3.1.1 起步牵引力条件及起步阻力分析

前面已论述自轮设备在30‰上坡道时，坡道下滑力为0.0266倍重力。在30‰上坡道起步时，我们需要在空气制动缓解前，使车辆动力系统输入的轮周牵引力大于坡道下滑力，才能保证车辆制动缓解后不向后溜逸。在车辆动力系统输入的轮周牵引力大于坡道下滑力与车辆起步的基本阻力之和，才能够使得车辆起步。在30‰坡道上，在不考虑曲线附加阻力和隧道附加阻力时，根据《列车牵引计算规程》得到起步阻力W_q如下：

$$W_q = \left[\sum P_q(5 + i_q) + G(3.5 + i_q) \right] \cdot g \cdot 10^{-3} (kN) \tag{4}$$

式中：P_q——动力车自重，单位 t；

i_q——坡度，30‰坡道值为30；

G——平车质量，单位 t；

g——重力加速度，取值9.8 m/s^2。

将编组为14406+P142603+P142604+14409车组，其自重为139 t代入式（3-1）中，得到在30‰坡道上起步阻力W_q等于46.9 kN，在实际试验中，该编组14406单机牵引时，最大运行速度为4 km/h，14406最大牵引力约为47 kN，证明该公式符合实际。

内燃车在连挂运行时，补机牵引力按98%计算。

3.1.2 起步转速理论数据和试验数据分析

编组为1407021+1407015的作业车，其自重为96 t，坡道下滑力约为25 kN，根据式（3-1）得到起步阻

力 W_q 为 32.9 kN（起步阻力是基本阻力与坡道附加阻力之和）。本文中一台轨道作业车 100%负载时其最大牵引能力为 47~50 kN。即一台车输出的负载必须达到 53%，才能保证该编组在制动缓解后不后溜。负载达到 70%，才能够起步。

试验数据表明，当其中 1 台车车辆发动机转速在 1700 r/min 时，车组起步，此时输出负载达到 70%以上，1700 r/min 时，发动机输出功率为 330 kW，动力系统输出负载为 70%。由此推断发动机输出功率为 280 kW 时，动力系统输出负载为 60%，此时发动机转速在 1400 r/min 以上时可以使得车组不后溜。实际试验测得单机发动机在 1500 r/min 时，车组 1407021+1407015 未发生后溜。

试验测得当编组为 2 台作业车+2 台平车（自重 147 t，坡道下滑力为 39.1 kN），转速在 1300 r/min 时，负载约 55%，两台车合计输出牵引力约 51.7 kN，能够保持车组制动缓解后不后溜。

因此，本务车辆在制动缓解前，将发动机转速提高至 1500 r/min 能够满足双机连挂单机起步不后溜；多机编组时所有补机在发动机转速提高到 1300 r/min 时，能够保证整车车组不后溜。

3.1.3 防止起步空转的分析

在起步操作时，需要防止在对空气制动缓解前，使车辆动力系统输出的牵引力过大，超过了车轮的黏着牵引力，在列车缓解后造成空转。在轨面干燥状态下，其黏着牵引力 F_μ 公式如下：

$$F_\mu = P_\mu \times g \times \mu_j \times \lambda \tag{5}$$

式中：P_μ——整车黏着质量，单位 t，即有动力车轮承受的质量，本文中动力车轴列形式均为 2B，所以 P_{μ_i} 为自重的一半；

g——重力加速度，取 9.8 m/s²；

μ_j——计算黏着系数，按下式计算：

$$\mu_j = 0.248 + \frac{5.9}{75 + 20v} \tag{6}$$

式中：v——车速，km/h；

λ——为考虑轴重转移的黏着力使用系数，取 0.9。

将整备自重最小的 GCY-300Ⅱ轨道车 44 t 代入式（3-2），得到轨面干燥状态下黏着牵引力 $F_\mu = 63.4$ kN，其远远大于车辆产生的最大轮周牵引力 47 kN，即在轨面干燥状态下，不容易造成轮对空转。

但当轨面或踏面处于潮湿状态时，其黏着系数 μ_j 会明显下降。最不利的黏着状态是当线路仅为稍微潮湿时而呈现的黏着状态，如刚一下雨，黏着系数从约 0.3 突然下降到 0.1，而大雨所引起的黏着系数降低幅度并不大。当 1 台车发动机转速达到 1700 r/min 时其输出轮周牵引力大于 32.9 kN，至少能够在车组自重达到 126 t 时保持不后溜，因此，在 30‰坡道缓解制动前，不宜将转速超过 1700 r/min，本务车辆根据单机牵引吨位的增加，将转速控制在 1400 r/min 至 1600 r/min 之间。

同时为防止运行途中发生空转，雨天在大上坡出隧道前，须将转速降低至 1600 r/min 以下，防止黏着不利条件引起空转，待车轮踏面和钢轨充分湿润后再提高牵引力。

3.2 在 30‰坡道上最大牵引能力

定义在 30‰坡道上，若最大运行速度能够达到 30 km/h，表示编组牵引能力能够满足运行。

牵引功率、牵引力与速度的关系如下：

$$P = F'v \tag{7}$$

式中：P——牵引功率，kW；

F'——牵引力，kN；

v——速度，m/s。

内燃机牵引功率受到温度、气压等复杂外部环境的影响，为简化计算，假设轨道作业车牵引功率 P 维持不变，那么速度与牵引力成反比关系。

因运行速度本身较低，对列车运行阻力和起步阻力进行近似处理，在达到坡道运行最大速度时，牵引力与列车运行阻力相等，即此时牵引力 F' 与起步阻力 W_q 相等，将式（3-1）代入到式（3-4）得到：

$$P = \left[\sum P_q(5 + i_q) + G(3.5 + i_q) \right] \cdot g \cdot 10^{-3} \cdot v \tag{8}$$

要注意的是，因内燃机功率曲线的影响，该式不适用于速度低于 15 km/h 的估算。

经试验得到，1407021 单机在 30‰坡道上最大运行速度为 53 km/h，其自重 P_q 为 47 t，代入式(3-5)得到此时牵引功率 $P=237$ kW。

在实际试验中，GCY-300 Ⅱ型轨道车的牵引能力大于 JW-4G 和 DPT 车型的牵引能力。各种编组条件下，发动机满载时在 30‰坡道上最大运行速度如表 2 所示。

表 2　不同编组在 30‰坡道上能够达到的最大速度

序号	编组	自重/t	动力车	最大速度/(km·h⁻¹)
1	1407015	49	1407015	53
2	1407015+1407021	96	1407015	24
3	1407015+1407021	96	1407015、1407021	53
4	14409+1407021	91	14409	31
5	14409+1407021	91	14409、1407021	59
6	14406+1 个平车+1407021	116.5	14406、1407021	46
7	14406+2 个平车+14409	139	14406、14409	44
8	14406+2 个平车+14409+1407021	186	14406、1407021	27
9	14406+2 个平车+14409+1407021	186	14406、14409 1407021	45
10	14406+1407015+1 个平车+1407021	165.5	14406、1407021	31
11	14406+1407015+1 个平车+1407021	165.5	14406、1407015 1407021	48

将式(3-5)代入表 2 得到在 30‰坡道最大速度时本文车型的牵引功率如表 3 所示。

单位：kW
表 3　不同车型在 30‰坡道上的牵引功率

序号	车型	发动机功率	牵引功率
1	JW-4G	353	237
2	GCY-300 Ⅱ	353	270
3	DPT	353	247

按照式(3-5)代入 1407021 和 1407015 两台作业车连挂时的试验数据，当 1407021 单机牵引时，牵引功率 237 kW，得出理论最大速度为 25.9 km/h。实测得单机牵引时最大速度为 24 km/h。与理论数据的差主要源于运行区段隧道附加阻力和曲线附加阻力不同以及内燃机功率值不恒定的影响。

一台 JW-4G 型作业车要满足在 30‰最大运行速度大于 30 km/h，代入式(3-5)则其附挂的车辆吨位不大于 36 t。

在非 30‰坡道上，可以通过在其他坡道上的最大运行速度，计算出实际牵引功率后，结合式(3-5)对该编组在 30‰坡道上的最大运行速度进行估算。

4　自轮设备在 30‰坡道制动分析

按照《铁路技术管理规程》(高速铁路部分)第 260 条规定，速度 120 km/h 以下的列车在任何线路上的紧急制动距离限值不得大于 800 m。为提高自轮设备在 30‰坡道上的安全系数，且减少使用紧急制动防止对高铁钢轨造成损伤，现使自轮设备在 30‰坡道上使用最大有效减压量停车时，停车距离须小于 800 m，以此确定在 30‰坡道上最高允许运行速度。

要实现车组制动减速,则作用在制动缸的推力传递到闸瓦上,使闸瓦与踏面摩擦形成摩擦阻力,阻力大于重力在轨面方向的切向力 F 时,对车组产生负加速度。

4.1 闸瓦制动能力的分析

4.1.1 运行速度对闸瓦制动能力的影响

根据高摩合成闸瓦铁道行业标准 TB/T3104.1—2020,高摩合成闸瓦在制动时,常温干燥情况下其瞬时摩擦系数基准值如下:

$$\varphi_k = 0.35 \cdot \frac{2v+150}{3v+150} \tag{9}$$

式中:φ_k——瞬时摩擦系数基准值;

v——运行速度。

该函数是一个双曲线函数,函数图像如图2所示(只取 v 大于 0 的部分)。

速度 v 越大,瞬时摩擦系数 φ_k 就越小。

当 $v=0$ 时,即为车辆在坡道上停驻的静摩擦系数。

下闸初速度设为 v_0,实时速度设为 v,时间为 t,闸瓦作用在踏面的法向推力为 K,车组质量为 m,重力加速度为 g,则得到:

$$v = v_0 - \frac{\varphi_k \cdot K - 0.0266mg}{m} \cdot t \tag{10}$$

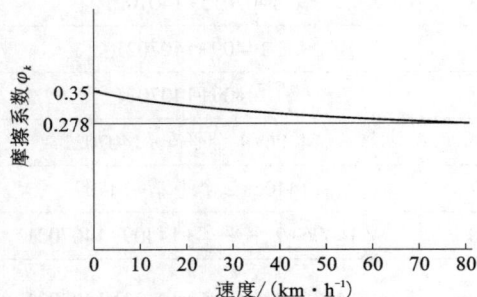

图 2 闸瓦瞬时摩擦系数与运行速度的关系

由式(4-1)和式(4-2)可知,在闸瓦推力保持不变的情况下,当运行速度越大,闸瓦的摩擦系数就越小,闸瓦产生的制动力就越小。速度高时,制动力小,其减速度就小,减速效果就越慢。

4.1.2 闸瓦温度对闸瓦制动能力的影响

试验中采取 1407015 和 1407021 编组,仅使用 1407015 单车的小闸全制动位制动缸压力 300 kPa,在速度 70 km/h 制动,经 57 s 速度下降至 55 km/h,速度维持一段时间后不降反升,其速度时间曲线如图3所示。这表明,当闸瓦经过 57 s 的摩擦温度升高后,其作用到踏面的制动力已削弱到与车组坡道下滑力一致,不再起到制动作用。

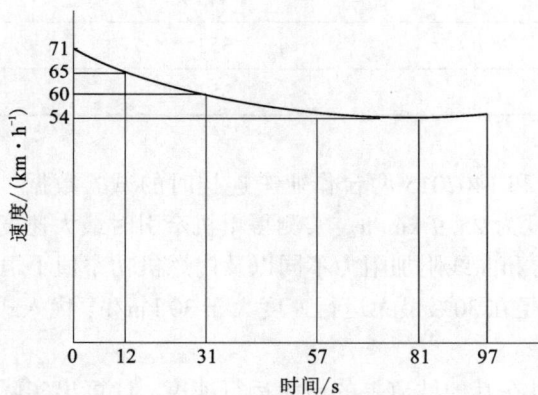

图 3 双机连挂单车小闸制动速度和时间曲线

闸瓦允许温度范围:闸瓦瞬时最高温度应小于 450℃。闸瓦持续最高温度应小于 300℃。在全部上线试验中,测得闸瓦最高瞬时温度为 290℃,试验中的所有试验操纵满足闸瓦温度要求。

因此得出,闸瓦温度升高会导致闸瓦制动摩擦力减小。我们要避免车辆持续制动时间超过 1 min,否则会引起制动力的急剧下降。

4.2　运行速度对车组制动距离的分析

制动停车距离 S 与制动初速度和制动负加速度的关系如下式：

$$S = \frac{v_0^2}{2a} \tag{11}$$

式中：v_0——制动初速度；

　　　a——制动时的负加速度。

由式（4-3）可得，制动停车距离 S 与制动初速度 v_0 是平方倍数的关系，即降低制动初速度，对缩短制动距离的效果十分显著。降低制动初速度同时增加了闸瓦摩擦力，增大了负加速度，其实际降低速度对制动距离的影响是大于平方倍数关系的。图 4 为编组为 1407021 和 1407015 作业车不同速度下，减压 140 kPa 的停车距离图。

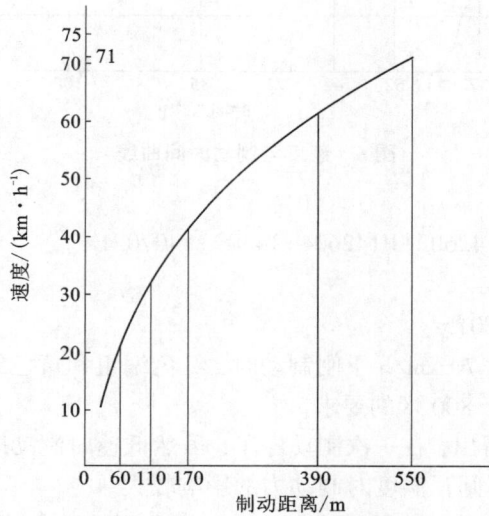

图 4　制动初速度与制动距离曲线

同时，在制动初速度一致的前提下，若在 30‰ 的坡道上要保持与 20‰ 坡道上在制动距离达到一致的制动效果，其表达在制动减压上也需要至少成 1.5 倍关系，考虑到闸瓦温度的综合作用，实际减压量应大于 1.5 倍。

4.3　30‰长大坡道制动距离研究

实际试验中，我们采取不同的编组在 30‰ 坡道进行制动试验，减压 140 kPa 其速度与制动距离曲线和速度与制动时间曲线试验数据如图 5 和图 6 所示。

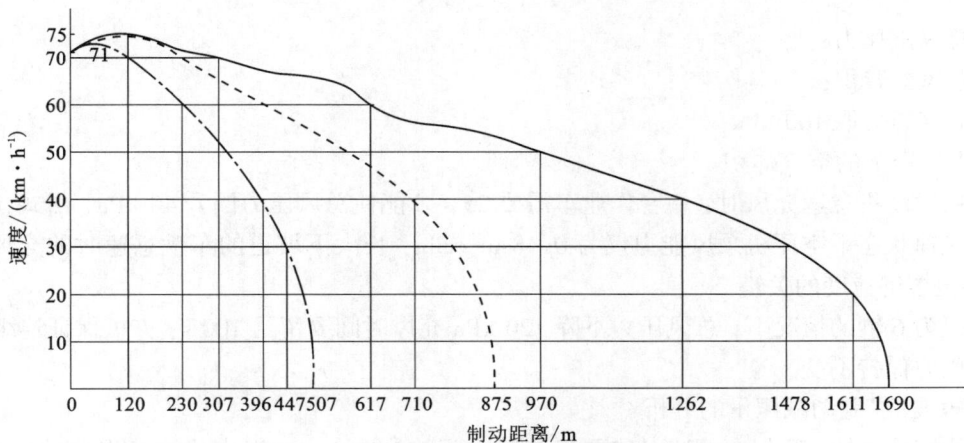

图 5　速度与制动距离曲线

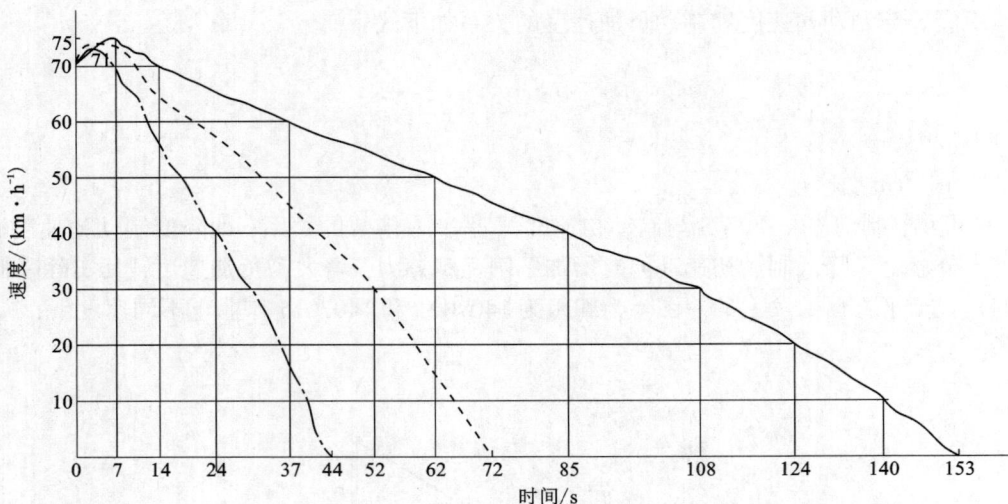

图 6　速度与制动时间曲线

图中：实线编组为：14406+P142603+P142604+14409+1407021

虚线编组为：14406+1407021

点划线编组为：1407021+1407015

由试验数据可得，在运行速度 70 km/h 下闸制动时，红色编组和黄色编组不满足制动距离要求，需降低下闸速度方可满足制动距离小于 800 米的要求。

同时通过实际数据曲线可以得出，在一次制动停车，虽然低速时制动摩擦力增大，但实际低速时速度加速下降的趋势并不明显，也说明闸瓦温度对制动力的影响较大。

由此得出，不同车辆编组的制动力差异较大，GCY-300 II 型轨道车的制动能力较弱，在 30‰坡道上，不同编组制动能力需要在现场进行一次制动距离试验，编组中有 GCY-300 II 型轨道车时下闸速度为 60 km/h，JW-4G 和 DPT 连挂时下闸速度可以为 70 km/h。

4.4　30‰长大坡道短波浪制动研究

4.4.1　一次制动后缓解时间的分析

由试验数据得出双机连挂时，采取一次最大有效减压量制动时，总风压力会下降 10~20 kPa，制动缓解时，总风压力会下降 30~40 kPa，即每增加一台车，制动缓解时总风压力会下降 15~20 kPa。郑渝高速线允许的编组为 6 辆，按照 6 辆编组的情况下，每次制动后缓解总风压力下降 120 kPa 计算。

由空气压强公式可得：

$$P_1 V_1 = P_2 V_2 \tag{12}$$

式中：P_1——总风缸压力；

V_1——总风缸容积；

P_2——大气压力取 100 kPa；

V_2——大气压下的空气体积。

下坡道使用发动机怠速充风时，一台作业车需要 25 s 才能使总风压力回升 40 kPa，由式(4-4)代入数据得出发动机怠速状态下空压机泵风能力仅为 0.48 m³/min，长大下坡道的车辆怠速时的充风效率，是决定 30‰长大下坡道缓解速度的关键。

在假设编组为 6 辆的情况下，总风压力下降 120 kPa 充风时间要留足 100 s，方可保证连续制动每个制动周期内总风压力保持不变。

4.4.2　"短波浪"制动减压量的分析

由 4.1.2 的结论可知，我们在调速时需要将制动时间控制在 1 min 以内才能获得比较好的制动效果。在以初速度为 70 km/h、缓解速度为 40 km/h 为标准，几种编组下的短波浪速度时间曲线如图 7 所示。

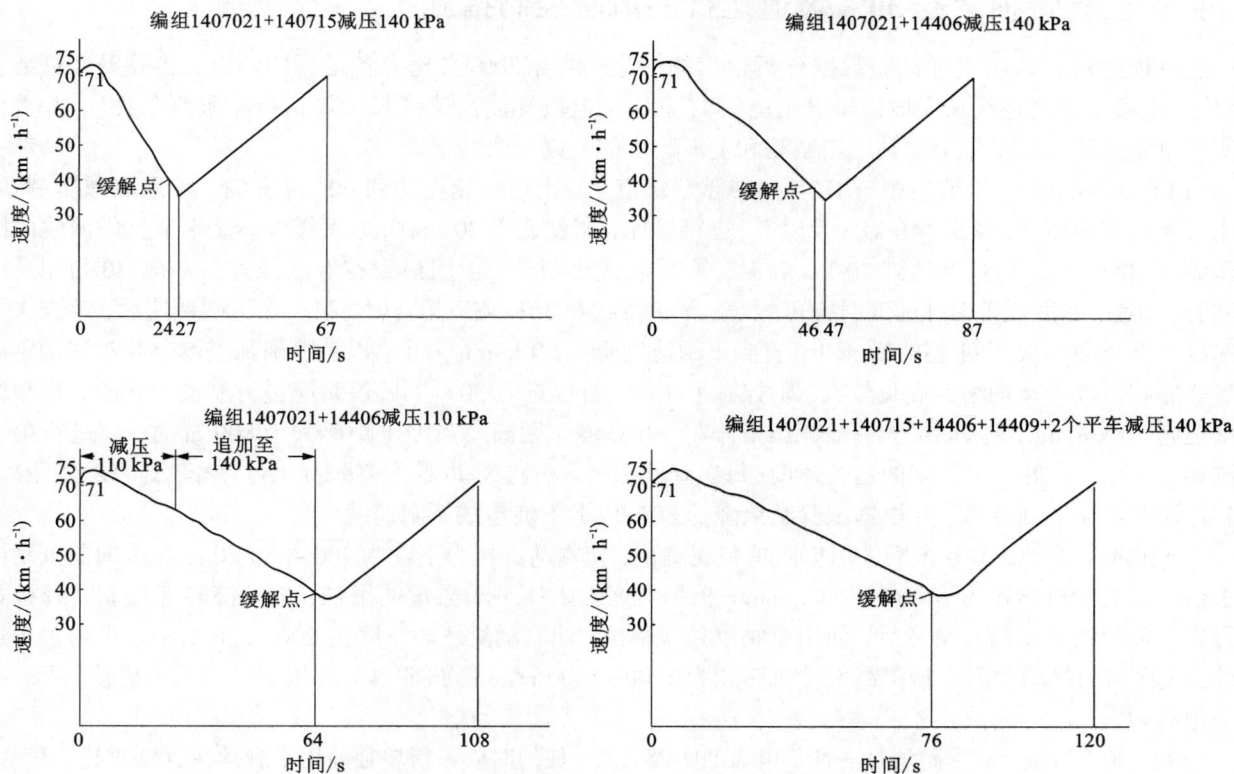

图 7 几种编组下的短波浪速度时间曲线

可以看出，编组 1407021+14406 减压 110 kPa 时，在 26 s 后追加减压 140 kPa 时，制动时间为 64 s，全部采取 140 kPa 减压时制动时间为 44 s，制动周期为 87 s。采取最大有效减压量 140 kPa，才能够使不同编组下的自轮设备均能够尽快调速到规定速度值，减少闸瓦温升和磨损。

经过现场试验得出，制动减压 140 kPa 时，缓解速度低于制动初速度 30 km/h 时，能够同时满足 4.4.1 和 4.4.2 的条件，即同时满足充风时间和制动时间的要求。

4.4.3 作业对位时的制动分析

在 30‰ 坡道上双机连挂，使用大闸制动时，第二位补机制动缸出闸时间为 4 s，在解除牵引力后，车辆每秒减速约 1 km/h。故在 30‰ 坡道往上坡方向运行时，当车速小于 4 km/h 时，不能采取先解除牵引力再下闸的操作方式，否则在制动未起作用时，车辆已发生后溜。而是需要先下闸制动，适当时间后再解除牵引力。

5 自轮运转特种设备在 30‰ 坡道运行的关键风险

本文根据对自轮运转特种设备在 30‰ 坡道的牵引制动特性的分析，研判出 30‰ 坡道自轮运转特种设备的主要运行风险如下。

(1) 在 30‰ 上坡，编组牵引功率过小导致坡停或通过速度低造成运缓事故；坡道起步牵引力控制不当，造成缓解后溜逸存在人身伤害风险，起步时空转可能擦伤钢轨。

(2) 在 30‰ 下坡，运行速度过高，导致发现前方线路异常时无法及时停车、停车对位点严重偏离；减压量不足，制动时间过长导致闸瓦过度磨损、制动能力严重下降、闸瓦掉块；缓解速度过高，充风时间不足，导致总风缸无风实施下一次制动。

(3) 在 30‰ 坡道，防溜措施采取不充分，导致车辆停驻时溜逸，安设撤除铁鞋时未采取其他可靠制动措施造成人身伤害。

6 自轮运转特种设备 30‰ 坡道运行的风险控制措施

通过理论模型联系实际试验数据分析得出的结论，结合 30‰ 自轮设备运行的特点，我段提炼总结了《重庆工电段郑渝高速线长大坡道操纵工法》和《重庆工电段郑渝高速线长大坡道行车限制条件》，并贯彻落实到自轮设备实际操作中。其下坡制动和上坡起步的关键工法如下。

（1）在 30‰ 下坡，①编组中有 GCY-300Ⅱ型轨道车，当运行速度达到 60 km/h 时，须采取减压制动，使用最大有效减压量（减压 140 kPa 及以上）进行调速，速度低于 30 km/h 方可缓解。②奉节巫山派驻的固定作业车编组，当运行速度达到 70 km/h 时，须采取减压制动，使用最大有效减压量（减压 140 kPa 及以上）进行调速，速度低于 30 km/h 时方可缓解；车辆持续在 30‰ 坡道运行时，第一次下闸调速后，第二次下闸速度须低于前一次下闸速度 2 km/h，直到下闸速度降至 60 km/h 为止，以消除闸瓦温度上升对制动距离产生的影响。③当车辆编组变化较大、附挂有平车时，首次进入 30‰ 下坡道时应进行制动力试验，在车组速度达到 70 km/h 时，采取最大有效减压量停车，计算停车距离。当停车距离大于 800 m 时，须进行第二次制动力试验，降低车组下闸的运行速度（每次降低 10 km/h），采取最大有效减压量停车，计算停车距离。直到停车距离小于 800 米，并根据试验结果降低 30‰ 以上下坡道的下闸速度。

（2）在 30‰ 上坡，本务车辆使用单阀单独缓解位，使制动缸压力下降为 200~260 kPa，缓慢向前推动油门手柄提高发动机转速为 1400~1600 r/min。根据坡度和附挂平车数量的增加，偏向高转速控制。补机司机得到本务司机启动信号笛音后，使用单阀单独缓解位，使制动缸压力下降为 200~260 kPa 后小闸置于运转位，缓慢向前推动油门手柄提高发动机转速为 1300~1400 r/min，再向本务司机回示一长声启动信号，确保平稳启动。

（3）在 30‰ 坡道上，手制动是一种不可靠的防溜方式，任何时候不得单独使用手制动在 30‰ 坡道上停驻。

7 效益分析

我段按照形成的长大坡道操纵工法和行车限制条件，在 2022 年 6 月 20 日至 2022 年 8 月 10 日期间在郑万新线云阳至巴东区间已开行 35 趟轨道作业车运行计划。

安全效益：郑万高铁速度等级 350 km/h、30‰ 坡道长达 73.04 km，在成都局集团公司及全路都是首屈一指，本操纵工法有效防控了自轮运转特种设备在 30‰ 坡道区段运行的重大风险，填补了自轮运转特种设备在 30‰ 坡道上操纵标准的空白，有效保障了自轮设备在 30‰ 坡道上的运行安全，对自轮运转特种设备在 30‰ 坡道上的运用安全具有重大意义。

经济效益：轨道作业车是设备管理单位作业人员的主要出行方式，同时是交通轨道化的重要工具，本工法节约了作业人员辅助时间，提升了作业效率，方便职工出行及应急。本操作工法适用于自轮运转特种设备在所有 30‰ 坡道上的运行操纵，为其他长大坡道线路提供了开拓性的参考依据。

8 总结

"高铁高坡高风险，精准操纵保安全"，实践证明，司乘人员掌握本文提出的自轮设备长大坡道操纵工法后既能够保证自轮设备的作业效率，又能有效降低自轮设备在 30‰ 坡道上的运行风险，确保自轮设备在郑万新线的运行安全。

参考文献

［1］国家铁路局.轨道作业车管理规则：TG/GW 2109—2021［S］.北京：国家铁路局，2021.

［2］国家铁路局.列车牵引计算：TB 1407.1—2018［S］.北京：国家铁路局，2018.

［3］王峻，王开云，刘建新.雨雪天气的粘着系数对机车安全性能影响分析［J］.重庆理工大学学报（自然科学）.2013，27（9）：17-21.

［4］中国铁路总公司.铁路技术管理规程（高速铁路部分）：TG/01—2014［S］.北京：中国铁路总公司，2014.

作者简介

李军，中国铁路成都局集团有限公司重庆工电段。

姚勇，中国铁路成都局集团有限公司重庆工电段。

邓永烈，中国铁路成都局集团有限公司重庆工电段。

姜有光，中国铁路成都局集团有限公司重庆工电段。

JDZ-160 接触网多功能综合作业车应用探讨

王相峰

摘　要：JDZ-160 型接触网多功能综合作业车是主要为接触网大修、维修、抢修和接触网系统检修等特殊任务设计和生产的专业设备，具有 160 km/h 的运行速度，如有故障可以快速到达作业现场，在接触网检修作业中切实起到了提高作业效率、减少人工作业安全风险的作用。本文从现场应用效果方面进行了阐述。

1　引言

近几年，各铁路局集团为管内各供电段配备了 JDZ-160 型接触网多功能综合作业车，主要是为更进一步提升接触网作业效率、降低人身作业安全风险。JDZ-160 型接触网多功能综合作业车是主要为接触网大修、维修、抢修和接触网系统检修等特殊任务设计和生产的专业设备。动力系统主要由两个动力转向架、两套动力单元组成，具有作业走行速度 0~10 km/h、自走行速度 0~160 km/h、连挂速度 0~160 km/h 的特点，可以快速到达作业现场。

2　车辆的构成

JDZ-160 型接触网多功能综合作业车采用液力传动，最高运行速度 160 km/h。该车主要用于电气化铁路接触网设施的检修、故障处理及日常检查、保养等。该车主要工作装置配备升降旋转作业平台、高空作业斗、导线拨线装置、接触网检测装置等设备。该车的主车架、司机室及侧墙焊接为整体结构，具有支撑与锁紧装置、车钩及缓冲装置、动力传动系统、盘式制动及气动系统、作业走行液压系统、高速走行系统、高速走行电气系统、作业走行电气系统等。作业机构为帕芬格生产，作业车走行操作系统为昆明厂生产，空调系统为铁科院生产。车辆主要技术参数如表 1 所示。

表 1　车辆主要技术参数

参数名称		参数	参数名称		参数
	线路最大超高/mm	180		轮径/mm	920
	线路最大坡度/‰	33		传动类型	液力传动
	最小曲线半径/m	145	速度 /(km·h⁻¹)	区间运行	0~160
作业条件	轴重/t	21		作业运行	1~10
	海拔高度/m	2500		连挂运行	0~160
	环境温度/℃	-25~40	车钩水平中心线距轨面高度/mm		880±10
	相对湿度	≤95%	转向架轴距/mm		2500
运行时通过的最小曲线半径/m		145	整车质量/kg		84
作业时通过的最小曲线半径/m		145	总宽/mm		3150
轨距/mm		1435	总长/mm		24000
芯盘距/mm		17000	总高/mm		4600
接触网检测装置	接触线高度/mm	5000~6800	升降旋转作业平台	允许负载/kg	500
	拉出值/mm	±600		提升高度(距轨面)/m	8

续表1

参数名称		参数	参数名称	参数
导线拨线装置	拨线臂数量/套	2	高空作业斗 允许负载/kg	280
	水平工作(距距轨道中心)/mm	±4000	最大的提升高度(距轨)/m	19
	最大的拨线力/N	3500	最大的工作高度(距轨)/m	20.5
	最大提升高度(距轨)/mm	9000	最低位置(距车顶面)/m	-12

车辆照片如图1所示。

图1 车辆照片

3 车辆使用前的准备

3.1 车辆操作人员培训

组织专题培训班,邀请厂家技术人员对段设备管理人员、维修人员、司乘人员及接触网工进行专项培训,利用厂家提供的车辆各种操作说明资料,在练兵场由各工种进行多频次试操作,熟悉车辆性能、与厂家人员交流操作方式方法、安全注意事项及应急处置方法,并提前安排相应人员取得相应资格证书。

3.2 车辆整备

车辆使用前组织机修工对车况进行全面检查、保养,使得车辆达到出乘状态。主要对车辆内、外进行清洁除污,检查发动机机油、机滤,电动空压机、辅助空压机油,车轴齿轮箱、分动箱齿轮油,对高空作业吊篮、平台各活动部位加注黄油润滑,并对发电机进行全面维护保养。

3.3 车辆使用现场调查

在人员具备操作技能、车况达到良好状态后,对须使用 JDZ-160 作业车的作业地点、范围、作业内容等进行现场踏勘,明确作业车走行路径及现场作业方案,准备开展相应作业。

4 车辆的应用

4.1 可使用 JDZ-160 接触网作业车开展的作业内容

(1)对电气化铁路接触网进行维修和保养、故障处理等作业。

(2)可用于枢纽及较大站场接触网上部设备的维修或更换等作业。

(3)可用于邻线的接触网抢修作业(图2)。

图 2　可用于邻线的接触网抢修作业

(4)附加线索跨中及悬挂点处的检修、故障处理等作业(图3)。

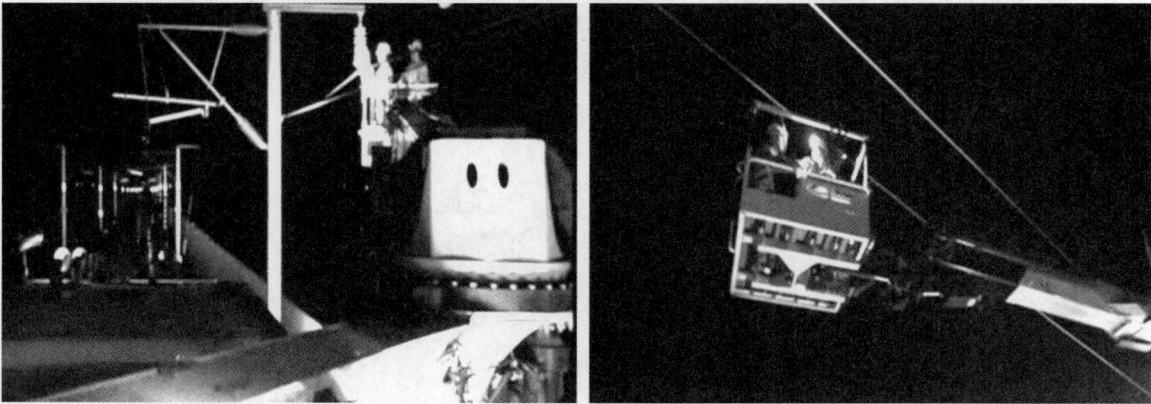

图 3　附加线索跨中及悬挂点处的检修、故障处理等作业

(5)附加悬挂附近高护坡上的危树(人工无法到达或高危处所)砍伐作业(图4)。

图 4　附加悬挂附近高护坡上的危树砍伐作业

（6）高铁桥梁区段声屏障外侧的杂树砍伐、附加悬挂检修等作业（图5）。

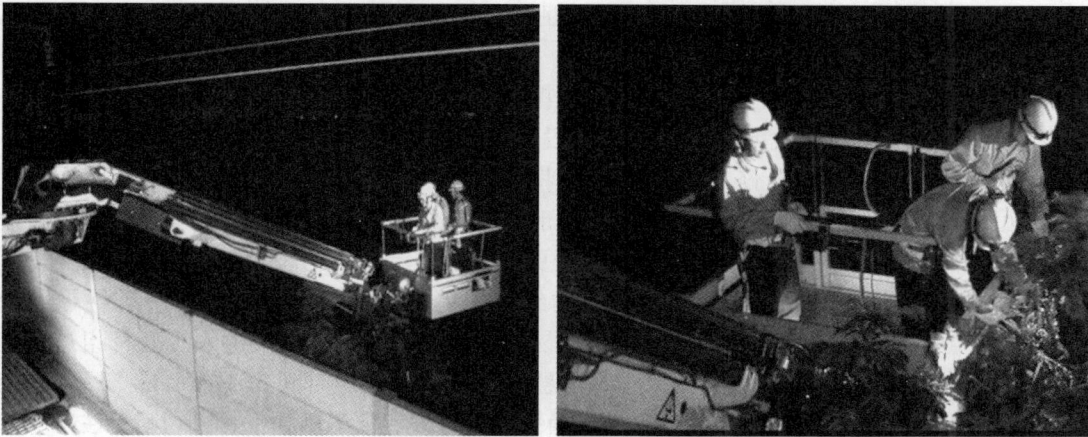

图5　高铁桥梁区段声屏障外侧的杂树砍伐、附加悬挂检修等作业

（7）大型站场软横跨横承力索、上下部固定绳处缺陷处理、绝缘子更换等作业（图6）。

图6　大型站场软横跨横承力索、上下部固定绳处缺陷处理、绝缘子更换等作业

（8）站场作业可对本线及两侧各两个股道的接触网设备进行检修（图7）。

图7　站场作业可对本线及两侧各两个股道的接触网设备进行检修

（9）供电线 T 接上网处所的检修。

（10）用于电气化铁路接触网综合检测。

4.2 现场应用

JDZ-160型接触网多功能作业车造型独特，作业平台分两个组成部分，最长可延展20.5 m，并且能够实现360度旋转，不但拓宽了视野空间，而且能够保证接触网每一处的巡查检修，大大提升了施工质量和作业效率。

JDZ-160型接触网作业车通常结合人工作业相互配合组织开展，更有利于提升整体作业效率。最能体现JDZ-160型接触网作业车作业效率的作业方式一般为枢纽站场内的大型集中修（二级修）作业，或者由维修车间人员配合网工区开展综合修。作业组织中将作业难度较大、安全风险较高处所的作业均安排JDZ-160型接触网作业车进行实施，其他人工作业便于开展的处所交由人工组进行实施，作业效率将会比纯人工作业提升数倍。下面就以向塘枢纽场内绝缘子更换专项整治现场组织为例进行说明。

根据分工，软横跨节点1、2、3、4向承力索上的绝缘子更换，节点8、9、13上所有绝缘子的更换由JDZ-160作业车高空作业平台上人员进行，其余人工易到达地点绝缘子的更换由人工登杆组进行实施。根据现场实际效率，在作业车无须转道的情况下，每串悬式绝缘子的更换时间为3 min（最长不超过5 min），加上作业平台摆动和旋转时间2 min，基本5 min更换一串绝缘子，且车辆和平台到位后，往往每处可更换3串绝缘子，则根据现场掐时间，基本10 min左右就能更换完成一处软横跨节点的双横承、上下部固定绳上的悬式绝缘子；而人工组从开始登杆到更换完1串绝缘子的时间在13～15 min，作业效率提升3倍左右。

由于高空作业平台可负载500 kg，一般情况安排2～3人在高空作业平台内进行作业，其中1人担当高空平台操作人暨作业质量验收人，另外2人分别为检修人和互检人，既提升了作业效率也对作业质量有了保障。

5 JDZ-160型接触网作业车优点

（1）相较于普通接触网作业车，该车高空作业平台最大工作高度可达20.5 m、最低工作高度为−12 m，使得日常作业难度较大的处所的设备检修、施工等项目均可轻易完成，极大地降低了接触网高空作业风险和难度。

（2）人工在高空作业平台内进行作业，工具、材料等均放置在作业平台内，平台设置有防护栏杆，既确保了高空作业人员的人身安全，又杜绝了高空坠物情况的发生。

（3）人员在高空作业平台内进行接触网高空作业，作业效率与人工登杆作业相比提升数倍，直接提升了作业效率和作业质量。

6 JDZ-160型接触网作业车使用注意事项

（1）在高空作业平台人员登顶后，要将高空作业平台的防护栏杆升起，车辆移动时人员要抓稳扶好。

（2）高空吊篮升起后，地面人员不得站立在吊篮作业范围下方。

（3）车辆移动时作业平台内的人员均要面向作业车行进方向，防止作业平台刮碰接触网设备及接触网设备刮碰作业人员。

（4）接触网高空作业车移动前，各作业人员及作业平台必须回到车辆限界内，确定无侵限后方可移动车辆。

7 结束语

通过对JDZ-160型接触网多功能作业车的现场使用、管理，不断总结使用经验和规律，切实能体会到相较于普通接触网作业车、梯车及人工登杆作业，JDZ-160型接触网多功能作业车在作业效率提升、作业质量卡控、劳动安全保障等方面均有显著效果；就作业范围来说，利用其对支柱顶、供电线T接处所、桥梁外侧、附件悬挂等日常无法检修到的处所或检修、攀爬难度较大处所、风险较高处所可轻易开展检修、施工，给铁路供电行业的施工、维修带来极大的便利，运营站段及施工单位均存在大力推广使用的必要性。

参考文献

[1] 中国铁路总公司运输局.普速铁路接触网运行维修规则 TG/GD 116—2017：铁总运〔2014〕9 号［S］.北京：中国铁路总公司运输局，2014.

[2] 国家铁路局.铁路电力牵引供电工程施工质量验收标准 TB10421—2018［S］.北京：国家铁路局，2018.

作者简介

王相峰，中铁电化运管公司南昌维管处，工程师。

如何提升铁路电力牵引供电工程施工质量监督管理水平

王 兵

摘 要： 本文旨在探讨如何提升铁路电力牵引供电工程施工质量监督管理水平的策略。结合电力牵引供电专业特点，通过建立健全的质量监督管理体系，加强人员培训与素质提升，引入信息化技术和管理工具，以及建立质量文化和改进机制等方法，可以有效提升施工质量监督管理水平。这将有助于确保施工质量符合标准和规范，提高铁路电力牵引供电工程的可靠性和持久性。本文对于铁路电力牵引供电系统的安全运行和可持续发展具有重要意义。

1 引言

铁路电力牵引供电工程是铁路运输系统中至关重要的组成部分。为确保铁路牵引供电系统的可靠运行，提升施工质量监督管理水平变得至关重要。通过有效的监督和管理，可以保证施工质量符合标准和规范，减少质量问题的发生，提高工程的可靠性和持久性。本文将探讨如何提升铁路电力牵引供电工程施工质量监督管理水平的策略和方法。

2 当下铁路电力牵引供电工程施工质量的现状分析

2.1 野外作业环境较复杂

铁路电力牵引供电工程施工质量的现状受野外环境复杂性的影响，表现出多个方面的挑战和问题。这主要源于电力牵引供电工程的点多、线长以及野外环境的复杂性等特点。首先，电力牵引供电工程涉及的点多、线长是施工质量的一个重要方面。铁路系统需要通过电力供电来驱动列车，因此在铁路线路上需要安装大量的电力设备和线缆，以提供稳定的电力供应[1]。这些点多、线长的特点意味着施工队伍需要在较长的铁路线路上进行设备安装、布线和连接等工作，而这些工作往往需要在野外进行。其次，野外路况的环境复杂性对施工质量产生了直接影响。野外环境通常具有不同于城市区域的特点，包括地形地貌的多样性、气候条件的变化、植被的覆盖等。这些因素使得施工队伍面临着更加复杂和具有挑战性的工作环境。例如，在山区或沙漠地带施工时，可能需要克服陡峭的山地或沙土的不稳定性。而在湿地或多雨地区，施工过程中可能会受到洪水、泥石流等自然灾害的影响。另外，野外路况的环境复杂性也导致了资源和物资供应的困难。在野外施工中，远离城市和工业中心，物资和设备的运输和供应变得更加困难。这可能导致施工队伍在野外缺乏必要的设备、材料和人力资源，使得不好监管而导致资源与现场不匹配，进而影响施工质量和进度。

2.2 工序作业精度要求高

随着铁路设计运营速度的提升，对牵引供电质量及弓网关系要求更高，对铁路电力牵引供电工程施工质量的每一道工序作业方面要求更高，这主要体现在施工过程中对安装工序的精确性、准确性和可靠性方面。以下是一些表现和原因的详细分析。首先，铁路电力牵引供电工程需要安装大量的供电设备、线缆和精密仪器设备等，如牵引变电所的牵引变压器、流互、故障报警与监测等仪器设备，并敷设各型号的电缆；接触网系统的导线、吊弦、电连接等。这些设备的安装要求非常严格，需要精准安装在指定的位置和角度，并考虑整个系统的稳定性和可靠性。任何安装过程中的偏差或错误都可能导致系统的不正常工作或损坏，从而影响施工质量和供电系统的性能，从而影响行车安全。其次，作业安装工序要求高的原因之一是电力牵引供电系统的复杂性。这些系统由多个组件和部件组成，它们之间存在复杂的电气连接、机械配合和系统受力。在施工过程中，需要准确地连接和布置电缆、导线、支撑体系等，以确保电力传输的稳定性和效率。此外，安装工序要求高的表现还源于电力牵引供电工程的特殊性。铁路是一个运行速度高、负荷大的交通系统，电力牵引供电系统对供电的稳定性和可靠性要求极高，弓网关系要求控制及其严密，比如高铁导线架设时，其导线线面的平直度控制要求在 0.15 mm，接触网调整时，相邻吊弦吊高差不能超过 10 mm。这就要求每道工序的质量得到可控的监管与检验，确保工序质量精度满足要求。

2.3 专业施工点比较分散

铁路电力牵引供电工程专业性质决定其在整个施工作业过程中表现出比较分散的特点，即安装位置相对分散，不是集中于一个特定区域即可完成。这种表现的原因主要体现在三个方面。首先，铁路电力牵引供电工程的点多、线长是导致作业安装比较分散的主要原因之一。由于铁路线路的延伸性，电力设备和线缆需要布设和安装在整个铁路网络中的不同位置[3]。这导致了作业安装工序的分散性，需要在多个地点同时进行安装工作。其中接触网需要贯穿整个铁路线路，牵引所亭则安装在不同的铁路站点或区段，以满足铁路沿线高效的供电需求，例如京张高铁，沿线经历城市、穿越八达岭山、跨越饮水河流，专业中的接触网支柱安装近 8000 根，接触网架近 600 条公里，设备安装 580 台，牵引变电所亭 22 处。其次，铁路电力牵引供电工程所涉及的不同电气设备之间具有相互依赖性和协调性，一个工序完成后，再次返回起点进行下一道工序，这也是作业安装分散的原因之一。再次，电力牵引供电工程属于站后专业，线路上的施工条件需要待站前专业完成后提供作业面后才能进行，而多个标段的站前单位能够提供的施工作业面也是分段分散的，这也是导致作业安装分散的原因之一。因此，专业施工时需要考虑它们之间的相对位置、合理组织工序施工及保障有效的监管。这导致了分散性施工的施工质量监管难度比较大。

2.4 安装的工序不好监管

当前铁路电力牵引供电工程施工质量的现状在安装工序方面存在不好监管的情况，即难以有效监管安装工序的执行和质量控制。以下是一些表现和原因的详细分析。首先，铁路电力牵引供电工程施工涉及的作业安装分布广泛且复杂，监管难度较大。由于铁路电力供电系统需要覆盖大范围的铁路线路，安装工序分散在不同的位置和区域，所以监管人员需要同时关注和管理多个施工现场，而且这些施工现场可能分布在不同的地理位置，增加了监管的困难性。此外，铁路电力牵引供电工程作业安装通常在野外进行，监管人员面临着复杂的自然环境和工作条件，使得监管更具挑战性[4]。其次，铁路电力牵引供电工程施工对涉及的专业知识和技能要求较高，导致监管人员难以全面理解和掌握所有安装工序的细节。施工过程中涉及多个专业领域，包括土建、电气、机械等。不同专业领域的安装工序具有复杂的技术要求和程序，监管人员可能难以同时具备所有领域的专业知识，这导致在实际监管过程中，监管人员可能无法深入了解每个工序的具体要求和操作细节，从而难以全面监管和评估安装质量。此外，铁路电力牵引供电工程通常具有严格的工期要求，监管人员需要在有限的时间内完成工程进度和质量的监管任务，这可能导致监管人员在资源和时间有限的情况下难以进行充分和细致的监管，可能只能进行表面上的检查，无法深入发现问题。

3 提升铁路电力牵引供电工程施工质量监督管理水平的策略

3.1 建立健全质量监督管理体系，保证有效执行

要提升铁路电力牵引供电工程施工质量监督管理水平，建立健全的质量监督管理体系是关键策略之一。首先，建立健全的质量监督管理体系需要明确的组织架构和职责分工。在项目管理机构内部，应设立专门的质量监督管理部门或岗位及兼职岗位，负责施工质量的监督管理工作，岗位要求覆盖至项目贯彻层、作业班组层。明确各级人员的职责和权限，确保质量监督管理工作的有效执行[5]。其次，制订详细的工程质量管理制度和流程。建立一套科学、规范的工程质量管理制度，明确各项任务、责任和流程。包括施工前的质量计划编制、施工过程中的质量控制、施工后的质量验收评价等环节。确保每个环节都有具体的操作指南和要求，使质量管理工作能够系统化、有章可循。此外，建立质量标准和规范也是至关重要的一步。制定适用的现场质量监督细则，明确施工质量监督的要求和指标。这些标准和规范应结合设计和验收标准，以作业指导书或技术交底为支撑，根据施工工序进行细化分解，可以图文、案例加表格的形式。最后，利用数字信息化技术管理平台系统对建立健全的质量监督管理体系也具有重要作用。数字信息化技术管理平台系统应包含施工质量数据的采集、收集、分析、预警和报告生成等功能。平台与移动终端有效结合，可以方便施工现场的信息录入和实时监控。有效的信息共享和沟通机制有助于提高施工人员之间的协作效率。

3.2 利用数字信息化的管理系统，提高数据准确

数字信息化管理系统是提升铁路电力牵引供电工程施工质量监督管理水平的重要策略。首先，建立数字化质量管理系统是关键一步。该系统可以集成施工质量管理的各个环节，包括质量计划编制、施工过程监控、质量问题整改和质量验收评价等。通过该系统，可以实现施工质量数据的在线收集、存储和分析，以及对施工质量的全面监控。这样可以减少手工记录的错误和滞后，提高数据的准确性和实时性[6]。其次，接入移动终端有助于提高施工现场的信息化管理水平。通过使用移动终端设备，监督人员和现场工作人员可以方便地进行信息录入、实时监控和交流。例如，通过移动终端应用程序，监督人员可以随时记录施工现场的质量问题、拍摄照片、提交报告等。同时，现场工作人员可以接收指令，查看施工图纸和标准规范、易出现问题点等提醒信息，提高施工过程中的准确性和效率。另外，引入无损检测技术也是信息化技术在质量监督中的重要应用之一。无损检测技术能够对施工过程中的材料和结构进行非破坏性的检测和评估，识别潜在的质量问题。例如，红外热像仪等技术可以有效地检测电缆、设备和结构的缺陷和故障，为提前发现并解决潜在的质量隐患提供决策。此外，数据分析和人工智能技术的应用也有助于提升施工质量监督管理水平。通过对大量施工数据进行分析，可以发现规律和趋势，提供决策支持和预测预警能力。

3.3 加强人员培训与素质的提升，提高专业素养

为了提升铁路电力牵引供电工程施工质量的监督管理水平，加强人员培训与素质的提升是关键策略之一。这需要从项目管理人员到一线劳务人员的不同层次进行培训，并采用适当的培训方式和方法。首先，对项目管理人员的培训至关重要。项目管理人员在施工过程中起着关键的领导和管理作用，他们需要具备全面的专业知识和项目管理技能。针对项目管理人员，可以开展针对性的培训，包括项目管理培训、施工管理培训、质量管理培训等。培训内容应涵盖项目管理流程、工程质量标准、工期控制、质量监督要点等方面，以提升他们的管理能力和专业素养。其次，对一线劳务人员的培训也至关重要。一线劳务人员在施工现场承担着具体的工作任务，他们的技能水平和素质直接关系到施工质量。针对一线劳务人员，可以进行技术培训和操作规程培训，包括工具及设备操作培训、关键工序控制施工控制要点、质量责任与义务、质量问题后果等。培训方式应注重实操，通过模拟演练、案例分析和实地实训等方式，提升他们的操作技能和问题解决能力。对于一线劳务人员，可以采用可视化教学、现场教学、岗位轮岗和师傅传帮带等方式进行培训。现场教学可以结合实际施工任务，通过实地演示和指导，让劳务人员学习和掌握实际操作技能。岗位轮岗可以使劳务人员在不同的工作岗位中轮流学习，拓宽他们的技能范围和提高综合素质。师傅传帮带则是通过资深施工人员指导和辅导新进人员，传授经验和技巧。除了培训，还应注重素质提升。这包括加强沟通协作能力、团队合作意识和职业道德的培养。通过组织团队建设活动、开展沟通技巧培训和职业道德教育，提升施工团队的整体素质和协同效能。

3.4 建立质量文化和改进的机制，推动质量提升

建立质量文化和改进机制是提升铁路电力牵引供电工程施工质量监督管理水平的重要策略。首先，建立企业质量文化是培养企业施工团队和管理人员共同关注质量、追求卓越的重要基础。通过宣传教育、培训和内部沟通交流，树立全员参与质量的意识。强调质量是企业生存和发展的基石，健全责任制赋予每个员工一定的质量职责，促进每一个员工能对质量负责。创建良好的工作环境和质量氛围，让每个人都认识到质量的重要性，从而形成积极向上的质量文化。其次，建立改进的机制是提升施工质量监督管理水平的关键。这包括持续改进和问题解决的机制。建立定期的质量评估和审查机制，对施工质量进行全面的评估和检查。通过对问题的分析和原因的追溯，找出施工质量存在的问题和不足之处，并制订相应的改进措施。同时，建立反馈机制和学习机制，让各级人员及时了解和吸取改进经验和教训，推动施工质量的不断提升。此外，引入持续改进的方法和工具也是重要的策略。例如，可以采用质量管理工具，如质量管理手册、过程管理、问题解决方法（如 PDCA 循环）、六西格玛等，来促进质量管理的规范化和系统化。通过数据的收集和分析，找出施工过程中存在的问题和瓶颈，并持续改进工程施工质量监督管理方法。

4 结束语

提升铁路电力牵引供电工程施工质量监督管理水平是确保铁路牵引供电系统工程有序可控建成的基本保障，是确保后期安全可靠运行的重要任务。为此，结合专业特点针对性地建立健全质量监督管理体

系，加强人员培训与素质提升，采取信息化管理系统，以及建立质量文化和改进机制等策略都是关键步骤。通过这些努力，可以解决因专业点多、线长、工序要求高、作业环境负责等面临的监督管理难题，实现对专业施工质量的全面有效监督，提高工程质量的可靠性和持久性。铁路电力牵引供电工程的施工质量监督管理水平的提升将为铁路运输安全和可持续发展做出重要贡献。

参考文献

[1] 朱飞雄.高速铁路电力牵引供电工程安全的源头控制[J].铁道经济研究，2020(3)：11-14.
[2] 沈郭阳.铁路电力牵引供电工程施工质量控制措施优化[J].中小企业管理与科技，2019(8)：142+144.
[3] 王兵.高速铁路施工质量管理与控制研究[J].城市建设理论研究（电子版），2015，5(28)：924-925.
[4] 夏炎.铁路电力牵引供电工程施工质量验收标准主要创新[J].电气化铁道，2019，30(3)：1-3，20.

作者简介

王兵，中国中铁电气化局集团有限公司，质量科长，高级工程师。

膨胀囊锚杆在铁路边坡防护应用设计浅析

石少波

摘　要：本文深入研究分析了膨胀囊锚杆在铁路边坡防护中的应用设计。首先，阐述了铁路边坡防护的重要性以及传统铁路边坡锚固结构的局限性。其次，详细探讨了膨胀囊锚杆的工作原理和特点。在此基础上，通过实际工程案例，归纳总结了膨胀囊锚杆在铁路边坡防护中的设计思路和方法。并通过对实际施工数据的分析，验证了该方法在提高边坡稳定性方面的有效性。最后，总结了膨胀囊锚杆在铁路边坡防护中的优势，并对未来研究方向进行了展望。通过本文的研究，我们为铁路边坡防护领域的实际应用提供了有力支持，并为进一步探索该领域的发展方向指明了道路。

1　引言

1.1　研究背景

铁路是现代交通运输中重要的组成部分，而铁路边坡的稳定性对保障铁路沿线的安全运行具有重要意义。然而，由于地质条件、气候因素和铁路运行负荷等影响，铁路边坡经常面临山体滑坡、崩塌等地质灾害问题，给铁路沿线的安全带来了巨大的挑战。因此，如何有效地进行铁路边坡防护成为铁路工程领域亟需解决的难题。

1.2　研究目的

本文的研究目的是针对铁路边坡防护中存在的问题，通过设计膨胀囊锚杆在铁路边坡防护中的应用方案，提供一种有助于提高铁路边坡锚固结构效用的新方法。通过深入分析膨胀囊锚杆的特点和优势，探讨其在铁路边坡防护中的潜力，并提出相应设计思路和方法，从而为实际工程的应用提供参考。

1.3　研究意义

首先，通过深入研究膨胀囊锚杆的工作原理和特点，为铁路边坡防护提供新的解决方案，拓宽了边坡防护技术的应用领域；其次，通过设计计算方法和模型建立，提高了膨胀囊锚杆在边坡防护中的可靠性和稳定性；最后，通过工程案例分析和数据验证，验证了膨胀囊锚杆在实际工程中的应用效果，并总结了经验教训，为今后的工程实践提供了借鉴。

2　铁路边坡防护的困境与挑战

铁路边坡是指位于铁路沿线两侧的斜坡地形，部分边坡地势陡峭、土壤松软，容易发生滑坡、坍塌等地质灾害。随着铁路运输需求的增加，铁路边坡如何维稳成为一个重要的问题。然而，现有的边坡防护技术存在一些局限性，无法完全满足实际需求，存在改进空间。

首先，传统的铁路高边坡和深挖路堑防护方式主要采用土工复合材料、浆石及混凝土护坡墙等，这些支护方式在工程实施中存在一定的局限性。例如，土工复合材料的使用寿命有限，且其支护效果易受环境条件、施工工艺等因素影响；而浆石和混凝土挡墙防护高度有限，并需要大量的时间和人力投入，施工周期较长且费用较高。

其次，由于部分铁路沿线地质构造的特殊性，传统的边坡防护技术在应对岩土性质差、边坡倾角陡峭等方面存在一定的挑战。岩土性质差决定了铁路边坡的稳定性，边坡倾斜度的过大会加大土体的滑动和变形风险。因此，需要一种更为先进和适应性更强的边坡防护技术来应对这些问题。

3　膨胀囊锚杆基本原理与特点

膨胀囊锚杆的结构特点使其抗拔力得到有效增大，以下针对其原理进行详细分析。

（1）膨胀囊锚杆由锚杆体、螺旋筋囊袋和螺纹承载体组成，杆体钢筋全长涂装防腐油脂并用套管隔离保护，囊袋顶部装有注浆自动开关阀；

（2）杆体隔离套管和螺纹承载体使锚杆杆体承受的压应力转化为压应力作用于注浆体，有效地利用了混凝土抗压强度较大的特点，提高了锚固段承载力。当压应力作用于水泥注浆体时，根据泊松效应，水泥注浆体向侧向扩展，增大对锚杆侧壁岩土体的正压力，从而提高锚固力；

（3）囊袋可以保证囊内注浆体纯度和强度，螺旋筋为囊内注浆体提供支撑作用，提高了注浆体强度，进一步保证锚固体的稳定；

（4）由于注浆开关阀的作用，囊内的高压将膨胀囊扩张、使其膨胀，对其周围岩土体产生正压力，囊袋周围岩土体得到压密，土体骨架颗粒间有效应力增加，减少了土颗粒发生位移的空间，并确保边坡的稳定性；

（5）膨胀囊锚杆在施工过程中具有良好的适应性。由于膨胀囊结构可以根据不同地质情况进行局部调整，因此可以有效地针对实际工程项目中面对的特殊情况，因地制宜地解决问题。同时，在不同类型的土体中，膨胀囊锚杆也能够展现出良好的力学性能，具有较强的承载能力和抗拉性能；

4　膨胀囊锚杆在铁路边坡防护中的设计方法

4.1　材料选择与参数确定

在设计膨胀囊锚杆铁路边坡防护方案时，首先需要选择合适的材料以及确定关键参数。材料选择应考虑其强度、耐腐蚀性和可靠性。一般来说，膨胀囊锚杆常使用高强度钢材作为主要材料，以确保足够的承载能力和抗拉性能。参数的确定包括锚杆长度、直径、间距等关键尺寸。这些参数的选取应根据具体的工程条件和设计要求进行综合考虑，并通过结构力学计算和经验数据验证。

4.2　设计计算方法与模型建立

在膨胀囊锚杆的设计过程中，需要采用合适的计算方法和建立相应的数学模型。计算方法通常可以分为极限平衡法和有限元分析等多种方法。其中，极限平衡法适用于地质构造较为单一的边坡工程，而有限元分析方法更适用于复杂的边坡情况以及变形预测。通过数值模拟和力学计算，可以得到膨胀囊锚杆在不同荷载条件下的受力情况和变形特性，为设计提供科学依据。

4.3　施工工艺与质量控制

除了设计方案的合理性外，施工工艺和质量控制也是确保膨胀囊锚杆应用于铁路边坡防护的关键。在施工过程中，需要合理安排施工顺序、选择适当的施工设备，并严格按照设计要求进行施工操作，以确保膨胀囊锚杆的正确安装和囊体的注浆膨胀效果。同时，质量控制包括锚杆的质检、囊体的膨胀压力监测及相关测量和检测等工作，保证工程质量和安全。

5　工程案例分析与数据验证

5.1　工程概况

黎钦线 K26+558.7~+703.1 段位于隆横州市平马镇大榄村，拟建场地西侧有高为 24.00~41.00 m，长约 170 m 的边坡。现有边坡为自下而上按 1:0.3、1:1.00 的坡率分两级老旧浆砌片石挡墙和一级 1:1.2 的坡率植草绿化的防护方式，边坡坡体的主要为全风化砂岩、强风化砂岩和中风化砂岩，人工边坡属软岩地质边坡。K26+629 地质剖面见图 1。

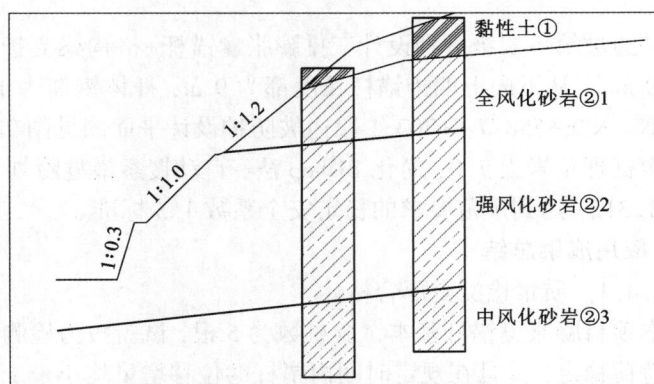

图 1　K26+629 边坡地质剖面图

通过初步设计发现，K26+629 断面边坡在非正常工况下，边坡稳定性系数为 1.267，小于规范要求的稳定安全系数 1.3 标准，不满足规范要求。

5.2 工程地质参数

根据该工程地质勘察报告显示，勘察揭露深度范围内的土层从上而下为黏土、全风化砂岩、强风化砂岩、中风化砂岩。依据土工试验及原位测试结果，各岩土层物理力学参数值见表1。

表1 岩土物理力学参数建议值表

岩土名称	重度 /(kN·m⁻³)	内黏聚力 /kPa	内摩擦角 /(°)	承载力特征值 /kPa	黏结强度标准值 /kPa
黏土	18.3	72	17	200	70
全风化砂岩	19.1	22	9	300	60
强风化砂岩	19.5	45	16	340	150
中风化砂岩	23	120	35	3000	180

5.3 边坡防护设计分析

边坡防护设计分析参数见表2。

表2 边坡防护设计参数表

坡面级别	支护方式	锚杆排号	孔径/mm	锚杆钢筋 型号	锚杆钢筋 长度/m	抗拔力特征值 /kN	地层
一级	膨胀囊锚杆+格梁	1	150		9.0	250	中风化砂岩
		2	150	1ΦPSB1080	9.0	250	强风化砂岩
		3	150		9.0	250	强风化砂岩
二级	膨胀囊锚杆+格梁	4	150		9.0	250	强风化砂岩
		5	150	1ΦPSB1080	9.0	250	强风化砂岩
		6	150		9.0	250	全风化砂岩
三级	喷草绿植	/	/	/	/	/	黏土

该边坡第一二级分别设计三排膨胀囊锚杆+格构梁支护，第三级设计挂网喷草绿植防护方式，锚杆孔径150 mm，从下向上四排锚杆长度都为9 m，杆体钢筋为1ΦPSB1080高精度精轧螺纹钢筋，单根抗拔力250 kN。K26+558.7～+703.1段边坡防护设计平面图见图2，防护剖面见图3。

根据理正岩土7.0，简化Bishop法，自动搜索最危险划裂面计算结果：采取防护后的边坡稳定安全系数为1.312，达到规范要求的稳定安全系数1.3标准。

5.4 应用成果总结

5.4.1 质量检测全部合格

本项目膨胀囊锚杆基本试验桩数为5根，试验拔力检测施加荷载最大值为500 kN。所检锚杆最大荷载下都持荷稳定，并且在规定时间内锚杆的位移增量均小于1.0 mm，抗拔力均满足设计及相关规范要求，工程质量检测全部合格。

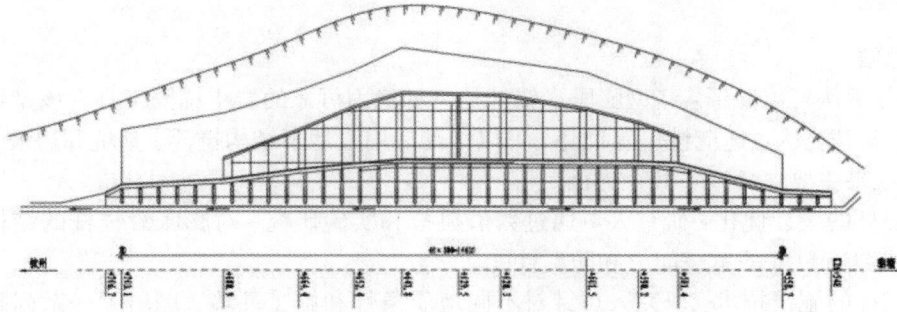

图 2　K26+558.7~+703.1 段边坡防护平面图

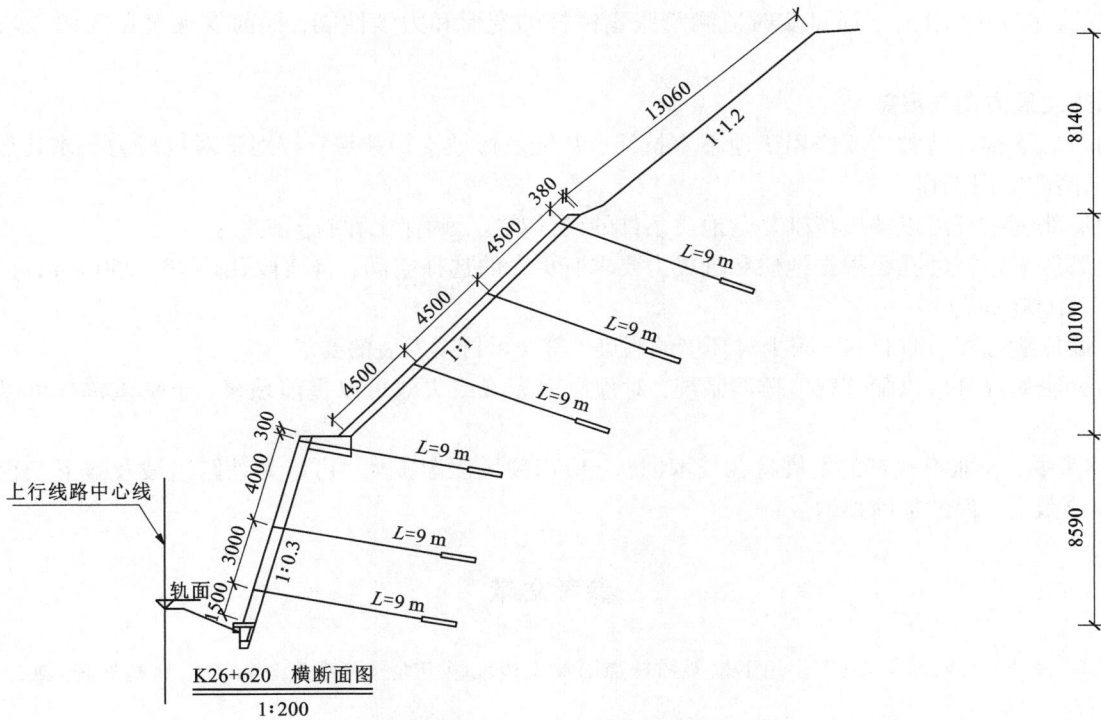

图 3　K26+629 断面增加防护剖面图

图 4　膨胀囊锚杆施工图

5.4.2　应用效益

本项目采用膨胀囊锚杆优化设计后不仅保障了工程质量，而且比常规锚杆节约总成本 18.7%，节约工期 28%。

6 结论与展望

6.1 研究成果总结

根据以上实际案例可以验证：新型膨胀囊锚杆是一种稳固可靠的岩土锚固工具。该型锚杆具有防腐性能高、耐久性强、抗拔力大、适应性广等优势，可以广泛应用于地下结构抗浮、基坑和边坡支护领域。关于膨胀囊锚杆研究成果主要包括以下几个方面。

（1）膨胀囊锚杆的设计优化：研究人员通过数值模拟和实验研究，对膨胀囊锚杆的结构和材料进行了改进和优化，使其具有更好的承载能力和防腐性能。

（2）膨胀囊锚杆的施工技术：研究人员针对不同地质条件和施工环境，提出了一系列膨胀囊锚杆的施工方法和技术，以提高工程施工效率和安全性。

（3）膨胀囊锚杆的监测与评估：为了保证膨胀囊锚杆在使用过程中的可靠性和安全性，研究人员开展了大量的监测与评估工作，通过实时监测膨胀囊锚杆的变形和力学性能，提前发现潜在问题并采取相应措施。

6.2 未来发展方向与展望

（1）膨胀囊锚杆将被广泛应用于地下室抗浮、基坑及边坡支护领域；特别是对抗拔力要求比较大，稳固性要求高的应用工程；

（2）膨胀囊锚杆可以解决特别复杂地质条件的设计难题，确保工程施工质量；

（3）膨胀囊锚杆的孔径根据地质和抗拔力要求有更大的选择空间，普通段孔径 70~250 mm，扩大头段直径 300~1000 mm；

（3）膨胀囊锚杆节省材料，减少对环境的污染，符合可持续发展的要求；

（4）膨胀囊锚杆可以配套智能监测系统，对预应力衰减或失效可以提前预警，于是该锚杆可以进行后期维护。

总体来说，膨胀囊锚杆的发展将在技术创新、应用领域逐渐扩大、可以为铁路边坡及地下工程提供更加可靠、高效、环保的加固技术。

参考文献

［1］叶帅华，曾浩，时轶磊等.地震作用下框架锚杆加固黄土边坡稳定性及可靠度分析［J］.地基处理，2023，5（3）：228-237.

［2］陈云生，苏初明.锚杆布设方式及长度对边坡稳定性的影响分析［J］.西部交通科技，2022（5）：29-31.

［3］孙萍，缪海林，唐雨卉等.囊式扩大头锚索在航道边坡整治中的应用研究［J］.金陵科技学院学报，2021，37（3）：66-72.

［4］王鹏.锚杆支护对边坡稳定性影响分析［J］.路基工程，2021（3）：181-185.

［5］李瑞菌.高速铁路黄土路堑高边坡稳定性分析及加固措施研究［D］.兰州：兰州交通大学，2021.

［6］彭国斌，段昊，刘燕.钻扩注浆一体化囊式锚杆在基坑支护工程中的应用［J］.建筑技术开发，2020，47（17）：147-148.

［7］赵泰翔，李平.囊式扩体锚杆实际施工中的应用与质量控制［J］.江苏建筑，2019（S2）：63-64.

［8］李宝平.铁路边坡支护施工探讨［J］.建材与装饰，2018（43）：269-270.

［9］黄晓刚.囊式扩体锚杆承载特性及群锚效应研究［D］.南京：东南大学，2016.

［10］周斌，侯晓晶.铁路边坡防护工程中的预应力技术［J］.四川水泥，2016（11）：47.

［11］杨卓.囊压式扩体锚杆锚固机理与承载特性试验研究［D］.北京：中国矿业大学（北京），2016.

［12］惠云彩.锚杆框架梁施工工艺对铁路边坡防护作用［J］.工程与建设，2015，29（1）：100-103.

［13］段志文.锚杆工程在成昆铁路边坡加固工程中的应用［J］.四川建材，2012，38（2）：75-76.

［14］周志亮.铁路边坡工程锚固技术的创新应用［J］.铁道建筑技术，2010（10）：74-77，85.

作者简介

石少波，北京中润惠通科技发展有限公司，董事长。

关于接触网检修车列性能优化改造的探讨

郑全生　范正洲

摘　要： 本文就接触网检修车列(以下简称检修车列)运用过程中存在因牵引动力不足造成坡停风险，闸瓦间隙调整频繁、编组长停驻不便等问题，结合实际情况，以车辆的减编及制动系统升级为核心，对检修车列性能进行优化改造，使车辆的编组长度缩短，升级闸瓦间隙自动调节器(以下简称闸调器)，提升车辆的牵引能力及制动性能，同时提高了作业效率，有力保障检修车列运用安全。

1　基本情况

检修车列固定编组 12 辆、全长 220 m、总重 545 t、装机功率 1412 kW。检修车列集贯通平台作业、牵引、弓网取电、发电、料具存储、食宿、会议、办公等功能为一体，由牵引车和多台顶部安装贯通升降作业平台的作业车按固定顺序编组组成，是满足高速铁路运用的现代化装备，主要用于电气化铁路接触网集中修和日常检查、维护。

2　存在主要问题

2.1　上坡区段牵引动力不足问题凸显

实际运用中，因检修车列牵引动力不足，造成在贵阳地区区间坡停至少 3 次以上，且上坡道区段运行速度低，在 30‰ 的区段最高速度仅为 15 km/h 左右，上坡道停车作业后起动困难、移动慢，严重制约作业效率。

2.2　闸瓦间隙人工调整工作量极大

成都局辖区内大于 20‰ 的坡道 328 处(其中 30‰ 的坡道 15 处)，检修车列运行过程中制动频繁，闸瓦磨耗快，导致闸瓦间隙调整频繁，检修车列平均每运行 3 趟将对闸瓦间隙进行一次调整，每次调整闸瓦间隙须对 48 根闸瓦调整杆上的 96 颗锁紧螺母进行松开和紧固，司机的劳动强度极大。

2.3　编组长停驻不便

检修车列长达 220 m，普铁区段专用线及特殊车站站线短，停驻、调车较为困难，对生产作业影响较大。

3　优化改造思路

3.1　优化检修车列编组形式

现检修车列固定编组 12 辆、总重 545 t、总装机功率 1412 kW，在不改变装机功率的情况下，只能通过降低车列的总重，来提升牵引力。为满足生产作业及动力需要，考虑减编非必要车厢来减少编组长度及总重，根据运用工况可选择减编 4 车至 10 车中的任意 3 辆，并对作业平台控制程序进行优化升级，来解决检修车列长大坡道牵引动力不足及特殊区段停驻难问题。

3.2　优化检修车列制动性能

现检修车列配置的基础制动装置，须人工调整闸瓦间隙，将检修车列基础制动拉杆升级为闸调器，能减少司机闸瓦间隙调整次数，降低司机劳动强度。

4　试验情况

4.1　静态调试试验

充分考虑生产任务及动态试验需要，将成都局 1403649 号检修车列作为试验车列，组织对检修车列进行减编及平台控制程序升级，同时改进基础制动纵拉杆为闸调器，并开展了静态调试试验，试验效果良好。

4.2 牵引运行试验

采用检修车列(9 节编组)在久永线双流镇站至永温站间 24‰的上坡道进行了两次牵引运行试验，试验结果如下。

(1)坡道上可正常起步，起步不溜逸转速为 1500 r/min。

(2)坡道上的最高运行速度为 32 km/h。

(3)坡道上到达最高运行速度后最高冷却水温度 82℃，最高机油温度 93℃。

(4)坡道上到达最高运行速度的运行距离约为 28.574 km-27.316 km=1.3 km。

4.3 制动试验

检修车列(9 节编组)在久永线 K21.376-K32.000 区间进行了制动正线动态试验验证，试验线路为 20.8‰~24‰下坡道，连续坡道长度 9.3 km，共进行了四次区间往返试验，完成了闸调器调节性能试验、循环制动试验及紧急制动试验。试验结果如下。

(1)闸调器调节性能试验。对试验前后各车的制动缸行程和闸瓦厚度进行检测，从检测数据看出，运行试验结束后，闸瓦磨耗量在 1~6 mm 之间，制动缸行程变化量均未超过 10 mm，闸调器可以自动补偿闸瓦磨耗后产生的间隙，闸调器调节功能正常，调节性能满足要求。

(2)开展了三次循环制动试验，循环制动过程中，总风压力正常，未出现供风不足现象。

(3)紧急制动试验。整车运行至 K23.000-K24.000 区间，-24‰下坡道，车速达到 35 km/h 实施了紧急制动，紧急制动距离 117 m。停车后检查了基础制动、闸调器、车钩、车轮、钢轨等均正常。

4.4 平台控制试验

作业平台试验项点包含 11 项，其中作业平台动作试验 4 项、安全联锁保护试验 4 项、平台状态监测试验 3 项。试验作业平台各动作功能正常、保护功能良好。

5 验证结果分析

(1)通过将检修车列由 12 编组减为 9 编组，全长由 220 m 减为 167 m，减少了 53 m，总重由 540 t 减为 420 t，减少了 120 t，检修车列 9 节编组在 24‰的上坡道可正常起步，起步后的最高运行速度可达 32 km/h，较 12 节编组提升了 12 km/h，能解决长大坡道牵引动力不足问题。

(2)原 12 编组且未升级为闸调器前，一次运行结束，闸瓦磨耗量在 10~15 mm 之间，制动缸行程变化量在 15 mm 左右；现减编为 9 节编组且基础制动升级为闸调器后，一次运行结束，闸瓦磨耗量在 1~6 mm 之间，制动缸行程变化量未超过 10 mm，闸瓦磨耗量及制动缸行程变化量明显减少。基础制动改造为闸调器后可以自动补偿闸瓦磨耗后产生的间隙，极大减少了人工调整闸瓦间隙次数，能降低司乘人员的劳动强度。

(3)通过减编为 9 节编组且基础制动升级为闸调器后，制动减压、缓解充风时间及制动距离缩短，司机对车辆的操控更好，更利于作业对位，使得停车对位更为准确，减少了启停次数。起停时间由原来的 90~120 s 减少到现在的 60~90 s，起停时间大幅缩短，能提高检修作业效率。

4.由于检修车列长度较长，在现有的普速接触网专用线几乎无停放条件，只有停放在部分高铁综合工区，且原厂设计减编后无法正常使用作业平台，给生产作业带来影响较大。通过对平台控制程序进行优化升级，控制程序可适应任意 9 节编组的平台控制，同时平台的正常动作功能、保护功能良好，减编后平台使用正常，能实现检修车列的自由减编，满足现场作业需要。

6 结束语

通过将检修车列由 12 编组减为 9 编组，能解决长大坡道牵引动力不足及停驻困难问题；减编为 9 节编组且基础制动升级为闸调器后，可以自动补偿闸瓦磨耗后产生的间隙，能降低司乘人员的劳动强度，且停车对位更为准确，减少了启停次数，能提高检修作业效率。

参考文献

[1] 中国国家铁路集团有限公司.接触网检修车列运用管理办法：铁工电〔2022〕109号[S].北京：中国国家铁路集团有限公司，2022.

[2] 李志锋，徐其瑞.轨道车及接触网作业车驾驶资格理论考试专业知识培训教材[M].成都：西南交通大学出版社，2008.

[3] 姜靖国.JZ-7型空气和电空制动机[M].北京：中国铁道出版社，1997.

作者简介

郑全生，中国铁路成都局集团有限公司成都供电段，工程师。

范正洲，中国铁路成都局集团有限公司成都供电段，工程师。

第七篇

供电专业大师工作室优秀案例

郑立春铁路接触网工技能大师工作室

工作室简介

2015年郑立春技能大师工作室授牌成立以来，工作室建立健全了各项活动制度，把"贴紧生产一线、服务生产需求"作为工作室的活动宗旨，把解决现场生产难题作为每年的攻关课题，积极有序开展各项活动。

郑立春

郑立春，男，48岁，1975年9月出生，1996年入职，中共党员，中国铁路太原局集团有限公司大同西供电段茶坞供电车间接触网工高级技师，国务院高技能人才特殊政府津贴、铁路工匠、火车头奖章获得者、全国技术能手、山西省技术能手、全路技术能手、全路首席技师，铁路技能大师工作室带头人、山西省职工创新工作室带头人，入选铁路总公司百千万人才、山西省"三晋英才"专业带头人。

工作室总体工作

1 依据段安排组织，参与新设备、新工具的调试维修等工作，参与新设备操作使用、维护标准的研究、制定，参加重点设备的安装检调天窗作业。

2 通过导师带徒、新职人员定职培训等方式，培养精通接触网理论知识、掌握精湛技艺技能的高技术人才，培育一支30-40人的知识型、技能型、创新型的高素质青年职工队伍。

3 定期举办接触网技能、技术讲座，开展操作实践等岗位练兵活动，不定期将创新成果、绝技绝活、特色技能进行推广，促进职工的技艺技能不断得到提升。

4 依据生产实践中接触网各项维修作业程序，规范标准化作业、生产工艺操作规程。排除事故隐患，安全、高效、高质量地完成运输生产任务。

5 参与接触网专业有关安全、质量、技术等规章、规程、标准的制定、修订工作。

6 营造团队良好学习氛围，搭建创新学习平台，注重"传、帮、带"，推动职工技术、技能创新。

7 工作室目前主要开展的工作有：1、研发改进接触网工具、开发研究项目，解决生产难题，2、通过导师带徒、新职人员技能培训等方式，培养精通接触网理论知识、掌握精湛技艺的人才队伍。3、定期举办接触网技能、技术讲座，开展岗位实践练兵活动，发挥示范、引领和辐射作用。4、承担上级部门交予的其它技术工作。

工作室成果

工作室自主研发的"感应式隧道来车警示装置""腕臂棒式绝缘子更换工具""密封式螺栓保护套""新型导线接头线夹"均获得了国家专利，"一杆多用""便携式螺栓破拆器"等工具，获得太原铁路局工会五小成果一等奖2项，最佳创意奖2项，铁路总公司五小成果二等奖3项。工作室制作了《接触网防倒杆断线系列微课》视频8篇，其他教学视频24篇，工作室编写的31项"供电接触网工实作技能培训演练标准"，全部被集团公司职工教育部采用，工作室组织编写了《接触网工岗位作业技能评价考核手册》《接触网工知识问答》《接触网工应知应会》《接触网工岗位教材》《重载铁路接触网》等4本书籍教材。工作室建立了"立春工作室攻关QC小组"，学习"QC"知识，编写的"腕臂绝缘子更换工具的研制"等8项QC课题，获得山西省优秀QC小组成果奖，另2项获得集团公司二等奖。

彭春林创新工作室

彭春林

中国铁路南宁局集团有限公司柳州供电段电机检修工工长，国铁集团优秀共产党员、"新时代宁铁榜样"、"广西工匠"、"国家铁路总公司岗位技术能手"、"最美铁道科技工作者"、"全国五一劳动奖章"，作为自治区级彭春林创新工作室领军人，他主持参与的多项创新成果获得国铁集团、自治区、集团公司等42项技术成果及国家专利10项。

工作室简介

"彭春林创新工作室"成立于2015年，是南宁局首批示范性创新工作室，团队由变配电、接触网、检修、教育等专业技术骨干组成，通过开展技术攻关与技术改造，提高柳州供电段技术生产维修能力、创新改造能力，至今培养广西岗位技术能手6人，铁道岗位技术能手3人，广西五一劳动奖章5人，广西工匠1人，宁铁工匠5人，技师、高级技师51人。10项专利、4项发明创造获铁总、自治区级、35项获地、市、集团公司级科技成果奖，多项成果参加"中国国际铁道装备展""广西卓越科技成果展""广西创新驱动发展成就展"。

工作室创新成果

基于物联网技术的高铁检修工具管理终端	数字型接触网综合接地速测仪	接触网检修列带电警示保护装置	电极性接地电阻测试仪自检装置
FTU远动系统防雷装置	电磁流量计防雷保护装置	动态安全带拉力试验台	基于NB-IOT技术的贯通管道保护装置
仪器仪表除湿充电存储柜	轨道车微机控制其I/O口保护装置	太阳能（光伏）变频器	

工作室取得荣誉

专利证书《动态安全带拉力试验台》，专利证书《铁路专用接地线夹》，专利证书《一种地桩辅助法接地仪现场自检装置》，专利证书《一种电缆分支箱》，专利证书《一种隔离开关视频监控装置》，专利证书《一种用于高压开关柜的局部放电识别方法》，专利证书《一种铁路变电所用电缆沟盖板》，专利证书《一种双边硬横梁接触网悬挂结构》，专利证书《一种配网断线故障谐振过电压的抑制装置》，专利证书《一种变压器绕组变形在线监测系统》，广西优秀质量管理成果，全国铁道行业优秀质量管理小组，《人民铁道报》报道工作室领头人最美铁道科技工作者事迹，《人民铁道报》报道工作室领头人彭春林全国五一劳动奖章事迹。

领军人物

孙德英创新工作室
带头人孙德英

天津供电段高级工程师、全路科技拔尖人才、北京局专业技术带头人，曾获"火车头奖章"、"全国五一劳动奖章"、"詹天佑铁道科学技术奖"，2011年至2021年连续十一年被评为北京局优秀科技工作者，已发表专业论文30余篇，主研完成的多项科技成果达到行业领先或先进水平。

工作室简介 >>>

孙德英创新工作室

是以天津供电段高级工程师孙德英名字命名的技术创新组织。成立于2012年，是致力于铁路供电领域的接触网及水电设备检修、检测技术研究的科研团队，2014年被北京市总工会命名为市级职工创新工作室。

自成立以来，工作室充分发挥典型引领作用，完成的二十余项科技成果经专家评审达到路内领先或先进水平，并荣获局级以上奖励。

2014年获全国质量信得过班组荣誉称号；
2017-2021年连续五年被评为集团公司党内优秀品牌；
2017年 被评为全国铁路特色工作品牌；
2021年 被国铁集团授予"中国铁路党内优质品牌"。

天津供电段孙德英创新工作室

工作室活动 >>>

孙德英创新工作室从安全生产问题库、合理化建议课题库，选择攻关课题，根据课题技术需求组织工作室成员组成课题组，结合段、集团公司科技工作进行立项、研发、成果转化、推广应用。2014年被北京市总工会命名为"市级职工创新工作室"。

项目研发　　　　人才培养　　　　成果应用转化　　　技术业务培训

创新成果 >>>

① 数字式高压验电器

目前的高压验电器，只能定性测量接触网是否带电。接触网停电后，由于受相邻线路电场影响，一般还存在1-6KV的感应电压，用现有验电器检测，往往还会误认为线路带电，不能挂封线作业。造成了大量人力、物力浪费，并危及作业人员安全。

工作室研制的数字式高压验电器，利用电场原理，解决了不接地测量接触网电压值的世界性难题。能直接显示接触网电压，作业人员通过电压值可有效区分接触网当前电压是属于正常电压值还是感应电压值，杜绝了现有高压验电器的误报问题。该成果获北京局科技进步一等奖，申报专利2项。

② 牵引变电所智能巡检装置

创新工作室将人工智能技术应用于牵引变电所日常巡检工作，研制完成牵引变电所智能巡检系统，系统由室外激光轮式巡检机器人、室内升降式吊轨巡检机器人组成，可实现完全自主巡视变电所设备，代替了变电所值班员的日常巡视工作，实现牵引变电所的无人值守。该智能系统功能有表计识别、红外测温，有害气体监测（CO、挥发性烃烷类气体、二氧化碳等），温湿度报警功能。其自身功能有无线充电、防碰撞、语音对讲、移动检测，声光报警等功能。该系统目前已在天津供电段津保高铁赵家柳变电所投入试运行。

③ 接触网鸟窝智能识别系统

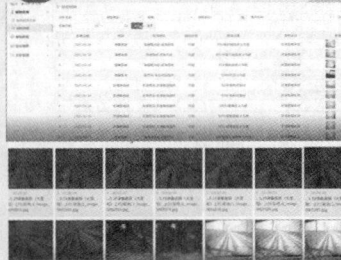

春季因鸟害跳闸导致高铁停运占80%以上。2021年立项研发的《接触网鸟窝智能识别系统》，对接触网柱顶、支柱、腕臂、棘轮、隔离开关和硬横梁等部件正常样本进行自动建模，对需要检测的图片逐张与基准部件模型进行拟合对比，利用计算机视觉技术、深度学习技术和实际场景自我创新技术对鸟害图片进行自动识别、标记和分类输出。该成果大幅提高了接触网2C检测鸟窝识别效率，以前1个人工识别10小时的工作量10分钟即可完成。在2022年鸟害防治工作中，段未发生一起因鸟引起的接触网跳闸故障。

④ 接触网设备顶部巡检应用技术研究

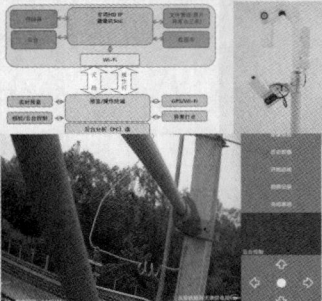

2020年完成的《接触网设备顶部巡检应用技术研究》解决了接触网的日常维护工作中的检测难点和痛点问题，填补了接触网安全巡检装置（2C）和接触网悬挂状态检测监测装置（4C）对接触网零部件检测的盲点问题，简化了人工工作流程，实现不登高检测，大大的提升了巡检工作效率。

⑤ 牵引变电所绝缘清扫应用技术研究

2020年完成的《牵引变电所绝缘清扫应用技术研究》，该课题对变电所室外高压区绝缘子清扫起到了事半功倍的作用，不但效果好，而且降低了人身安全风险。随着高速铁路的不断普及，室外高压设备的绝缘子高度也在增加。绝缘子脏污，造成绝缘子闪络，中断供电，影响铁路正常运输秩序，所以每年都要进行绝缘子清扫工作。以变电所主变加进线系统检修为例，作业人员多，作业时间长，作业时使用平台梯、人字梯、伸缩梯较多。作业人员站在平台梯上使用研布，手工作业，作业安全系数不高，效率不高。原有水冲洗装置需要作业人员站在平台梯上作业，在启动水冲洗设备时，有一定的后推力，很容易造成高空坠落风险，冲洗效果并不明显，也只是单一的水冲洗，使绝缘子不能冲洗干净，还要作业人员再用破布擦一遍，劳产率大大降低。为提高作业安全系数，用设备代替人工清扫绝缘子，达到事半功倍的效果。已投入量产并在段管内推广使用，为工区绝缘子清扫作业提供了有力保障。

⑥ 高速接触网绝缘子轻型水冲洗机

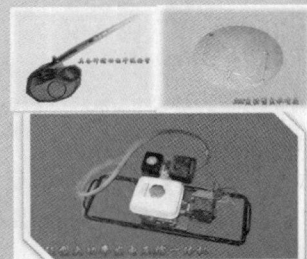

该装置采用发电压缩一体机、双半圆喷头设计，可对绝缘子进行360°高压冲洗，解决了人工清扫绝缘子效率低的问题。经纬科院接触网检测中心检测，清洗后绝缘子等值附盐密度可降低80%以上。该成果荣获北京局科技进步一等奖，北京市首都职工创新成果奖三等奖，并获3项国家专利（1发明、2新型）。目前，该水冲洗机已经在全局五个供电段推广应用52台，解决了高铁接触网绝缘子清扫困难的问题。

⑦ TSC数字全自动跟踪式功率因数补偿装置

在供电系统中，由于功率因数过低会导致供电设备无功损耗增加，并受到供电公司的巨额罚款。目前在用的功率因数补偿装置，因电容投切时间点、补偿电容值不够准确，往往导致供电质量降低或起不到补偿作用。针对这一问题，我们研制了"TSC数字全自动跟踪式功率因数补偿装置"。该装置采用数字化自动跟踪补偿技术，功率因数可提高到0.99，大大降低了无功损耗和线路损失。该成果获得北京局科技进步二等奖，获国家发明专利，并列入路局科技示范性推广应用计划，已在全局供电系统推广应用7套

⑧ 高速铁路接触网综合巡视检测装置

接触网几何参数测量一般采用人工测量方式，作业效率低、强度高，占用天窗点时间长。我们研制的高速铁路接触网综合巡视检测装置实现了在推行过程中，对接触网静态几何参数的测量、存储和传输。极大提高了工作效率，降低了劳动强度。该装置已经在北京局供电系统推广应用19台。该成果获北京局科技进步一等奖，中国铁道学会科技进步三等奖，并获国家发明专利。

⑨ 便携式电缆定位装置

供电线路大量敷设于地下的电缆，由于地形地貌变化，找不到电缆路径，造成电缆抢修困难，或是因为不能确定电缆走向而被施工机械挖断，严重影响供电安全。我们研制的便携式电缆定位装置可以方便的确定电缆埋设位置，保证电缆运行安全。装置由信号基站和手持终端组成，应用北斗、GPS定位系统，和先进的差分计算方式准确定位电缆位置，通过给终端、高差和直观的图形界面，显示电缆路径，便于现场应用。该装置置于在天津供电段、唐山供电段管内进行应用，解决了电力电缆定位的难题，为电缆地下设施的维护、检修提供了技术手段。成果获北京局科技进步二等奖。

取得荣誉 >>>

全国铁路行业QC成果发布会优胜（一等奖）、优秀成果奖杯

2017年天津市质量管理信得过班组

人民铁道报头版头条报道新华网《天津供电段的"科技达人"》

中央电视台《新闻联播》报道

北京市发明创新大赛银奖

孙德英创新工作室2014—2017年连续4年被命名为全国质量信得过班组

在全国质量信得过班组经验交流大会上做创建活动经验介绍

中央电视台《新闻直播间》

兰州供电段石瑾劳模创新工作室

▋ 工作室简介

2019年，以全路劳动模范、火车头奖章获得者石瑾的名字命名的劳模创新工作室在兰州供电段武威南检修车间成立，12名工作室成员全部为生产一线的业务骨干和技术人员。其中工程师2人，助理工程师2人，技师6人，高级工1人，中级工1人。

▋ 石瑾

石瑾，男，1973年出生，大专学历，中共党员，继电保护工、变电值班员双技师。先后荣获全路劳动模范、火车头奖章、铁路工匠、"百千万人才"工程专业带头人；甘肃省技术能手；路局感动兰铁·2019年度十大人物、兰铁工匠、十大技术标兵、学习型职工标兵、优秀技能人才、优秀共产党员等荣誉称号。

▋ 工作室总体工作

攻坚克难，建成解决技术难题的"攻关站"

研制了新的功能更加完善的主变和进线自投装置，在兰武线4座牵引变电所进行了安装和试验，在现场安装过程中又对相关电动隔离开关和断路器的操作、闭锁回路进行了优化和改进，达到了现场安全可靠运行和检修试验简单方便的目的。

探索创新，密织现场作业的"安全网"

变电检修作业"五步六序"工作法
变电倒闸作业"4321"工作法
支柱式高空起吊装置
既杜绝了现场作业中人身安全、设备安全和行车安全事故的发生，保证了安全作业。目前，这两种工作法已在全段推广和应用。

诲人不倦，建成培养职工技能的"练功场"

工作室从安全培训、认识设备、熟悉原理、二次识图，到实物对照、故障分析与查找，由浅入深提升新工业务素质，助力新工成长。先后培养出2名省部级技术能手、5名中国铁路兰州局集团有限公司技术能手和3名高级技师，8名技师。17名青工走上工班长岗位、14名青工走上专业技术岗位。截至目前，工作室成员先后参与举办专业培训班580余场次，受众8600余人次，切实发挥了劳模创新工作室团队的领军带动作用。

▋ 工作室成果

工作室成员潜心钻研变电专业理论，先后发表论文14篇，其中由工作室成员董玉峰撰写的《牵引变电所轨地回流电缆发热问题的分析》先后在西北五省铁道学会"轨道交通牵引供电系统建设与运营技术交流会"上，被评为一等奖、兰州供电段技术论文发布变电专业一等奖；指导班组开展QC攻关29篇。其中，石瑾劳模创新工作室《电压互感器二次故障切换装置研制》课题荣获度甘肃省质量管理小组活动二等奖。参与编制各类专业技术书籍20余本。其中，董玉峰、杜翔、徐青、张玉涛、李盼参与修订了《牵引变电专业岗位作业指导手册》、《牵引变电检修作业手册》、《牵引变电所安全隐患排查治理操作手册》、《变配电作业指导书》、《变配电工值班员技能鉴定题库》等。

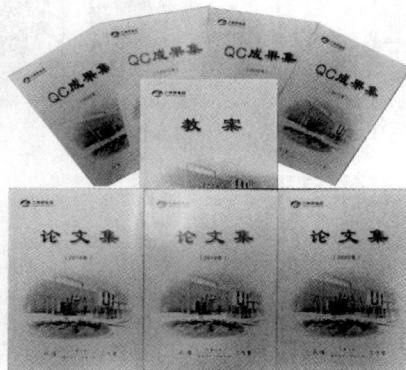

李永昌劳模和工匠人才创新工作室

▋ 李永昌

李永昌，广铁集团首席技师。1988年参加铁路工作，扎根粤西山区新兴电力工区三十年。1997年至今担任电力工长、电力线路工高级技师、广铁（集团）公司首席技师、国家职业技能鉴定高级考评员。自2006年以来，先后获得集团公司"安全十大功臣"、"先进生产者"、"十佳工班长"、"优秀共产党员"等荣誉称号，2010年被原铁道部授予"火车头"奖章殊荣。2013年获"全路技术能手"称号，2015年获"全路劳动模范"称号，2017年获"中国铁路总公司铁路工匠"称号。他所带领的工区连续20年实现无责任设备故障，被集团公司认定为"标准化班组"。在30年的工作实践中摸索出了"四心"管理法和"一二三"安全作业法，被段命名为"李永昌工作法"，并在全段推广应用。李永昌"一二三"安全作业法在2016年被广铁（集团）公司评为优秀党建品牌。

▋ 工作室简介

李永昌劳模和工匠人才创新工作室创建于2018年12月，工作室以全国铁路劳模、铁路工匠李永昌为带头人，由12名技术骨干构成。组建了2个技术创新团队：电力技术创新攻关团队、信号技术攻关创新团队。李永昌劳模和工匠创新人才工作室设在新兴站，由新兴信号水电车间管理，主要的工作载体是围绕安全生产的重点、难点开展创新和攻关活动，重点任务是人才培养，力求提升青工业务技能，培育更多工人技师、技术能手；攻克难题，针对安全生产中的难题，发挥团队作用，研究提高工作效率的方法、提炼解决问题的工作法；技术创新，每年开展创新攻关活动，转化成果实现最大效益。目前工作室已成为职工成长的"大课堂"、技术创新的"孵化器"、成果转化的"中转站"。

▋ 工作室创新成果

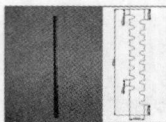

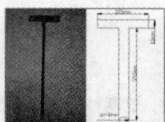

导线压接标尺　　高压熔丝更换辅助工具　　开关箱配线辅助工具

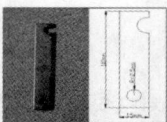

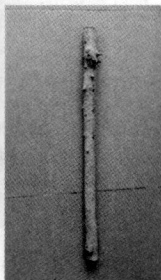

水泥杆脚扣防脱防滑处理法　　砍青辅助工具　　工具收纳袋　　抢修应急灯　　自制砍青刀柄

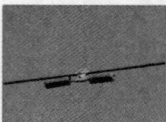

延长防震锤使用寿命　　电力接地封线携带支架　　线环缠绕改进工艺　　自制砍青刀柄

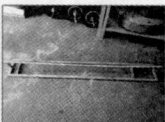

▋ 工作室取得荣誉

李永昌同志1988年参加铁路工作，扎根粤西山区的新兴电力工区三十年。1997年至今担任电力工长、电力线路工高级技师、广铁（集团）公司首席技师、国家职业技能鉴定高级考评员。自2006年以来，先后获得集团公司"安全十大功臣""先进生产者""十佳工班长""优秀共产党员"等荣誉称号，2010年被原铁道部授予"火车头"奖章殊荣。2013年获"全路技术能手"称号，2015年获"全路劳动模范"称号，2017年获"中国铁路总公司铁路工匠"称号。他所带领的工区连续20年实现无责任设备故障，被集团公司认定为"标准化班组"。在30年的工作实践中摸索出了"四心"管理法和"一二三"安全作业法，被段命名为"李永昌工作法"，并在全段推广应用。李永昌"一二三"安全作业法在2016年被广铁（集团）公司评为优秀党建品牌。